Das große Handbuch der Zitate

Inhaltsverzeichnis

Unrecht 973
Unschuld 975
Verbrechen 992

Krise 527

Gefahr 311
Not 703
Problem 758
Sorgen 868

Kritik 528

Kunstkritik 547
Lob 613
Tadel 909
Toleranz 936
Urteil 981
Verbot 991
Zensur 1107

Kultur 532

Kunst 537
Lebenskunst 578
Musik 666
Sitte 865
Theater 922
Tradition 939
Zivilisation 1113

Kummer 536

Ernst 215
Leid(en) 583
Not 703
Schmerz 823
Trauer 941

Kunst 537

Dilettantismus 150
Genie 337
Idee 453
Kommerz 496
Können 504
Kreativität 515
Kultur 532
Kunstkritik 547
Künstler 548
Kunstwerk 552
Mode 659
Snobismus 868
Stil 897

Kunstkritik 547

Experte 229
Intoleranz 464
Kritik 528
Kunst 537
Künstler 548
Kunstwerk 552
Verbot 991
Zensur 1107

Künstler 548

Dilettantismus 150

Genie 337
Kreativität 515
Können 504
Kunst 537
Kunstkritik 547
Kunstwerk 552
Talent 911

Kunstwerk 552

Kunst 537
Künstkritik 547
Künstler 548
Theater 922
Verbot 991
Zensur 1107

Lächeln 555

Charme 116
Freude 271
Freundlichkeit 276
Heiterkeit 428

Lachen 556

Frohsinn 287
Humor 445
Komik 496
Laune 566
Scherz 815
Witz 1083

Landwirtschaft 560

Armut 53
Ernährung 211
Natur 694
Wachstum 1037
Wetter 1064

Langeweile 561

Alltag 27
Freizeit 270
Gewohnheit 381
Jugend 471
Lust 620
Muße 677
Temperament 922

Laster 564

Erotik 215
Fehler 236
Gewohnheit 381
Schwäche 840
Sexualität 857
Sitte 865
Sünde 906
Tugend 951
Übel 957

Laune 566

Gefühl 314
Idee 452

Lachen 556
Problem 758
Seele 844

Leben 567

Existenz 225
Geburt 301
Lebenskunst 578

Lebenskunst 578

Genuß 340

Leid(en) 583

Armut 53
Drogen 154
Kummer 536
Not 703
Problem 758
Schmerz 823
Sorgen 868
Trost 947

Leidenschaft 587

Begehren 74
Begeisterung 74
Gefühl 314
Liebe 597
Sexualität 857
Spiel 872
Temperament 922

Leistung 591

Arbeit 44
Erfolg 204
Experte 229
Karriere 481
Können 504
Mißerfolg 655
Streß 905
Tun 953

Lernen 593

Beispiel 77
Beruf 82
Bildung 94
Erfahrung 199
Erziehung 218
Experte 229
Können 504
Nachahmung 684
Originalität 718
Wissen 1072

Lesen 595

Bibliothek 93
Buch 102
Dichtung 142
Literatur 611
Schriftsteller 832

Liebe 597

Ehe 163

Erotik 215
Familie 230
Freundschaft 276
Gefühl 314
Geschlechterbeziehung 354
Haß 422
Herz 430
Leidenschaft 587
Partner 724
Sexualität 857
Streit 903
Verständnis 1016

Literatur 611

Bibliothek 93
Buch 102
Dichtung 142
Lesen 595
Schriftsteller 832

Lob 613

Begeisterung 74
Bewunderung 90
Erfolg 204
Heuchelei 434
Schmeichelei 821
Tadel 909

Lüge 616

Aufrichtigkeit 60
Ausrede 69
Betrug 89
Ehrlichkeit 174
Gerücht 346
Interesse 463
Irrtum 466
Korruption 510
Opportunismus 712
Schmeichelei 821
Wahrheit 1043

Lust 620

Begehren 74
Begeisterung 74
Erotik 215
Genuß 340
Laster 564
Sehnsucht 851
Sexualität 857
Vergnügen 1001
Versuchung 1018

Macht 622

Autorität 70
Bürokratie 108
Diktatur 146
Gewalt 374
Politik 747
Regierung 778
Reichtum 782
Ungerechtigkeit 967

14

Inhaltsverzeichnis

Neugier(de) 701
Schein 814
Schmeichelei 821
Vorteil 1033

Intoleranz 464
Dogmen 152
Egoismus 159
Freiheit 260
Glauben 384
Toleranz 936
Zynismus 1136

Ironie 464
Beleidigung 78
Humor 445
Satire 810
Scherz 815
Witz 1083
Zynismus 1136

Irrtum 466
Fehler 236
Konsequenz 505
Lüge 616
Wahrheit 1043

Jugend 471
Alter 28
Beruf 82
Bildung 94
Erziehung 218
Kind 484
Lernen 593
Rat 766
Zukunft 1121

Justiz 475
Gerechtigkeit 343
Gesetz 365
Klage 492
Kriminalität 526
Recht 769
Strafe 900
Ungerechtigkeit 967
Unrecht 973
Verbrechen 992

Kampf 478
Feindschaft 241
Frieden 283
Gewalt 374
Heldentum 429
Krieg 518
Niederlage 702
Sieg 864
Spiel 872
Sport 874
Streit 903

Kapitalismus 480
Geld 329
Gewinn 377
Materialismus 629
Sozialismus 869
Wirtschaft 1070

Karriere 481
Beruf 82
Ehrgeiz 173
Emanzipation 188
Engagement 191
Erfolg 204
Führung 288
Leistung 591
Verantwortung 990
Wirtschaft 1070

Kenntnis 483
Bildung 94
Dilettantismus 150
Erfahrung 199
Erkenntnis 209
Können 504
Lernen 593
Menschenkenntnis 651
Wissen 1072

Kind 484
Alter 28
Autorität 70
Bildung 94
Eltern 186
Erziehung 218
Familie 230
Jugend 471
Mutter 682
Vater 985
Verwandtschaft 1022

Kirche 489
Aberglauben 23
Atheismus 58
Christen(tum) 117
Dogmen 152
Gebet 298
Glauben 384
Gott 402
Religion 791
Verbot 991

Klage 492
Justiz 475
Kriminalität 526
Schmerz 823

Klugheit 493
Dummheit 155
Intelligenz 461
Talent 911
Verstand 1014
Wissen 1072

Komik 496
Humor 445
Lachen 556
Scherz 815
Torheit 938
Witz 1083

Kommerz 496
Geld 329
Gewinn 377
Kapitalismus 480
Wirtschaft 1070

Kommunikation 498
Demagogie 123
Medien 630
Öffentlichkeit 707
Reden 773
Zensur 1107

Kommunismus 502
Demokratie 124
Gleichheit 392
Ideal 451
Ideologie 456
Materialismus 629
Revolution 799
Sozialismus 869

Kompromiß 503
Diplomatie 151
Frieden 283
Intelligenz 461
Notwendigkeit 705
Vertrag 1020
Wahl 1039

Konkurrenz 504
Feindschaft 241
Kommerz 496
Partner 724
Streit 903

Können 504
Dilettantismus 150
Erfahrung 199
Genie 337
Kenntnis 483
Klugheit 493
Kunst 537
Künstler 548
Leistung 591
Lernen 593
Qualität 762
Talent 911
Tun 953

Konsequenz 505
Entscheidung 196
Ursache 980
Ziel 1108

Konzentration 507
Interesse 463
Timing 929
Wille 1065

Körper 508
Auge 62
Geist 322
Gesicht 369
Gesundheit 371
Herz 430
Krankheit 512
Seele 844

Korruption 510
Geld 329
Gesellschaft 362
Gesetz 365
Justiz 475
Kriminalität 526
Staat 881
Steuern 895
Vorteil 1033

Krankheit 512
Alkohol 26
Arzt 55
Drogen 154
Gesundheit 371
Körper 508
Medizin 634
Seele 844

Kreativität 515
Denken 127
Fortschritt 247
Freizeit 270
Genie 337
Idee 453
Kunst 537
Muße 677
Phantasie 739

Krieg 518
Fanatismus 232
Faschismus 233
Feindschaft 241
Frieden 283
Gewalt 374
Haß 422
Heldentum 429
Kampf 478
Niederlage 702
Sieg 864

Kriminalität 526
Gesetz 365
Justiz 475
Klage 492
Recht 769
Schuld 837
Strafe 900

13

Inhaltsverzeichnis

Gleichheit 392
Freiheit 260
Gerechtigkeit 343
Harmonie 420
Partner 724
Verhältnismäßigkeit 1003

Glück 394
Freude 271
Freundschaft 276
Genuß 340
Schicksal 816
Unglück 968

Gott 402
Aberglaube 23
Atheismus 58
Christen(tum) 117
Gebet 298
Glauben 384
Kirche 489
Religion 791

Größe 411
Führung 288
Genie 337
Persönlichkeit 732
Staatsmann 886
Stärke 889
Verhältnismäßigkeit 1003

Gunst 412
Geben 296
Gefallen 312
Gelegenheit 335
Hilfe 435
Möglichkeit 661
Vorteil 1033
Zufall 1118

Güte 413
Hilfe 435
Humanität 443
Mitleid 657
Nächstenliebe 687
Qualität 762

Gutes 414
Böses 98

Handeln 418
Dilettantismus 150
Engagement 191
Leistung 591
Tat 914
Tun 953

Harmonie 420
Freundschaft 276
Frieden 283

Gleichheit 392
Heiterkeit 428
Liebe 597
Musik 666
Partner 724
Ruhe 805

Haß 422
Egoismus 159
Enttäuschung 197
Feindschaft 241
Frieden 283
Gewalt 374
Liebe 597
Rache 764
Streit 903
Temperament 922
Verbrechen 992
Wut 1098

Heimat 425
Ausland 65
Deutsches 132
Nation 691
Patriotismus 726
Volk 1028

Heiterkeit 428
Ernst 215
Freude 271
Frohsinn 287
Harmonie 420
Scherz 815
Zufriedenheit 1119

Heldentum 429
Feindschaft 241
Kampf 478
Krieg 518
Mut 679
Niederlage 702
Opfer 710
Patriotismus 726
Ruhm 807
Sieg 864
Tapferkeit 913
Tod 931

Herz 430
Gefühl 314
Körper 508
Liebe 597
Mitleid 657
Seele 844

Heuchelei 434
Aufrichtigkeit 60
Ehrlichkeit 174
Gerücht 346
Interesse 463
Lüge 616
Schein 814
Schmeichelei 821

Hilfe 435
Güte 413
Humanität 443
Korruption 510
Mitleid 657
Nächstenliebe 687
Opfer 710
Rat 766

Himmel 438
Gebet 298
Natur 694
Paradies 720
Wetter 1064
Wunder 1092

Hoffnung 439
Erwartung 216
Illusion 457
Möglichkeit 661
Trost 947
Unmöglichkeit 972
Wunsch 1094

Höflichkeit 442
Achtung 24
Charme 116
Freundlichkeit 276
Respekt 797
Snobismus 868
Stil 897
Würde 1096

Humanität 443
Güte 413
Hilfe 435
Liebe 597
Mitleid 657
Nächstenliebe 687
Zivilisation 1113
Zwischen-
menschliches 1130

Humor 445
Geist 322
Heiterkeit 428
Intelligenz 461
Ironie 465
Komik 496
Lächeln 555
Lachen 556
Satire 810
Witz 1083

Hunger 449
Armut 53
Ernährung 211
Genuß 340

Ideal 450
Begeisterung 74
Egoismus 159
Engagement 191
Individuum 458
Opfer 710
Wirklichkeit 1069

Idee 452
Denken 127
Dilettantismus 150
Gedanken 304
Geist 322
Intelligenz 461
Kreativität 515
Kunst 537
Plan 745
Wirklichkeit 1069

Ideologie 456
Demagogie 123
Diktatur 146
Dogmen 152
Faschismus 233
Kommunismus 502
Materialismus 629
Sozialismus 869

Illusion 457
Einbildung 178
Enttäuschung 197
Phantasie 739
Schein 814
Traum 942
Wahn 1040
Wunsch 1094

Individuum 458
Egoismus 159
Emanzipation 188
Führung 288
Gemeinschaft 335
Gesellschaft 362
Mehrheit 636
Minderheit 654
Öffentlichkeit 707
Persönlichkeit 732

Intelligenz 461
Denken 127
Dummheit 155
Einsicht 182
Erfahrung 199
Gedanken 304
Geist 322
Idee 452
Klugheit 493
Philosophie 742
Verstand 1014
Wissenschaft 1077

Interesse 463
Heuchelei 434

Inhaltsverzeichnis

Hilfe 435
Humanität 443
Nächstenliebe 687

Gefühl 314
Eifersucht 176
Gleichgültigkeit 390
Leidenschaft 587
Liebe 597
Seele 844
Temperament 922

Gegenwart 317
Augenblick 63
Tradition 939
Vergangenheit 994
Zeitgeist 1102
Zukunft 1121

Geheimnis 318
Aufrichtigkeit 60
Ehrlichkeit 174
Neugier(de) 701
Schweigen 841
Takt 910

Gehorsam 321
Befehl 73
Führung 288
Ordnung 716
Pflicht 737
Respekt 797
Sklaverei 866

Geist 322
Bildung 94
Denken 127
Dilettantismus 150
Gedanken 304
Intelligenz 461
Philosophie 742
Seele 844
Vernunft 1008
Weisheit 1054
Wissen 1072
Witz 1083

Geiz 328
Egoismus 159
Geben 296
Geld 329
Sparsamkeit 871

Geld 329
Armut 53
Besitz 86
Geben 296
Geiz 328
Gewinn 377
Kapitalismus 480
Materialismus 629
Reichtum 782

Sparsamkeit 871
Steuern 895
Verlust 1006
Wert 1062

Gelegenheit 335
Augenblick 63
Gunst 412
Möglichkeit 661
Zufall 1118

Gemeinschaft 335
Gesellschaft 362
Individuum 458
Mehrheit 636
Minderheit 654
Staat 881

Genie 337
Dilettantismus 150
Führung 288
Größe 411
Intelligenz 461
Klugheit 493
Können 504
Kreativität 515
Künstler 548
Persönlichkeit 732
Talent 911

Genuß 340
Alkohol 26
Drogen 154
Enthaltsamkeit 195
Ernährung 211
Erotik 215
Gesundheit 371
Laster 564
Sexualität 857
Sünde 906
Trinken 946
Vergnügen 1001

Gerechtigkeit 343
Demokratie 124
Freiheit 260
Gleichheit 392
Justiz 475
Ungerechtigkeit 967
Urteil 981

Gerücht 346
Geheimnis 318
Lüge 616
Übel 957
Verleumdung 1005
Wahrheit 1043

Gesang 347
Frohsinn 287
Harmonie 420
Musik 666

Geschenk 348
Gastfreundschaft 295
Egoismus 159
Geben 296
Opfer 710
Verzicht 1026

Geschichte 349
Diplomatie 151
Erinnerung 207
Nation 691
Politik 747
Schicksal 816
Vergangenheit 994

Geschlechter-
beziehung 354
Ehe 163
Emanzipation 188
Erotik 215
Familie 230
Frau 252
Freundschaft 276
Liebe 597
Mann 626
Partner 724
Sexualität 857

Geschmack 361
Interesse 463
Kunstwerk 552
Mode 659
Stil 897

Gesellschaft 362
Fest 244
Gemeinschaft 335
Individuum 458
Öffentlichkeit 707
Staat 881

Gesetz 365
Demokratie 124
Gerechtigkeit 343
Irrtum 466
Justiz 475
Kriminalität 526
Ordnung 716
Recht 769
Sitte 865
Staat 881
Strafe 900
Ungerechtigkeit 967
Unrecht 973
Verbrechen 992

Gesicht 369
Auge 62
Körper 508

Gesundheit 371
Alkohol 26

Arzt 55
Drogen 154
Körper 508
Krankheit 512
Medizin 634
Umwelt 962

Gewalt 374
Diktatur 146
Faschismus 233
Haß 422
Intoleranz 464
Kampf 478
Krieg 518
Leid(en) 583
Macht 622
Revolution 799
Schmerz 823
Stärke 889
Wut 1098

Gewinn 377
Erfolg 204
Geld 329
Kapitalismus 480
Reichtum 782
Spiel 872
Verlust 1006

Gewissen 378
Moral 662
Pflicht 737
Reue 798
Verantwortung 990
Zwang 1125

Gewohnheit 381
Alltag 27
Ausnahme 68
Erfahrung 199
Langeweile 561
Sitte 865
Tradition 939
Veränderung 986

Glauben 384
Aberglaube 23
Atheismus 58
Christen(tum) 117
Dogmen 152
Gebet 298
Gott 402
Intoleranz 464
Kirche 489
Religion 791
Stärke 889
Toleranz 936

Gleichgültigkeit 390
Gefühl 314
Interesse 463
Intoleranz 464
Toleranz 936

11

Inhaltsverzeichnis

Familie 230

Ehe 163
Eltern 186
Geburt 301
Gemeinschaft 335
Gesellschaft 362
Kind 484
Staat 881
Verwandtschaft 1022

Fanatismus 232

Begeisterung 74
Faschismus 233
Intoleranz 464
Leidenschaft 587
Toleranz 936
Wut 1098

Faschismus 233

Diktatur 146
Fanatismus 232
Freiheit 260
Gewalt 374
Haß 421
Intoleranz 464
Macht 622
Politik 747
Unrecht 973
Zwang 1125

Faulheit 235

Arbeit 44
Fleiß 246
Langeweile 561
Muße 677
Tüchtigkeit 950

Fehler 236

Dummheit 155
Entscheidung 196
Irrtum 466
Konsequenz 505
Laster 564
Leistung 591
Mißerfolg 655
Plan 745
Schwäche 840
Übel 957

Feigheit 240

Angst 36
Furcht 293
Mut 679

Feindschaft 241

Freundschaft 276
Kampf 478
Konkurrenz 504
Nachbar 686
Nächstenliebe 687
Opposition 714

Fest 244

Genuß 340
Gesellschaft 362
Heiterkeit 428
Vergnügen 1001

Fleiß 246

Arbeit 44
Engagement 191
Faulheit 235
Handeln 418
Tüchtigkeit 950
Tun 953

Fortschritt 247

Entdeckung 194
Erfindung 203
Erfolg 204
Tradition 939
Wachstum 1037
Wissenschaft 1077
Wohlstand 1085
Zukunft 1121

Frau 252

Emanzipation 188
Geschlechter-
beziehung 354
Kind 484
Mädchen 625
Mann 626
Mode 659
Mutter 682

Freiheit 260

Demokratie 124
Frieden 283
Gerechtigkeit 343
Gleichheit 392
Recht 769
Verwandtschaft 1022
Zwang 1125

Freizeit 270

Arbeit 44
Freiheit 260
Langeweile 561
Muße 677
Reise 785
Spiel 872
Sport 874

Freude 271

Ernst 215
Frohsinn 287
Genuß 340
Glück 394
Heiterkeit 428
Humor 445
Lachen 556
Lust 620
Vergnügen 1001
Zufriedenheit 1119

Freundlichkeit 276

Gefallen 312
Höflichkeit 442

Freundschaft 276

Feindschaft 241
Geschlechter-
beziehung 354
Liebe 597
Nachbar 686
Partner 724

Frieden 283

Diplomatie 151
Freiheit 260
Gewalt 374
Harmonie 420
Haß 422
Kampf 478
Krieg 518
Politik 747
Ruhe 805
Vertrag 1020

Frohsinn 287

Ernst 215
Fest 244
Freude 271
Heiterkeit 428
Lächeln 555
Lachen 556

Führung 288

Autorität 70
Diktatur 146
Disziplin 152
Engagement 191
Größe 411
Karriere 481
Persönlichkeit 732
Staatsmann 886
Verantwortung 990

Furcht 293

Angst 36
Gefahr 311
Mut 679
Schrecken 831

Gastfreundschaft 295

Fest 244
Freundschaft 276
Gemeinschaft 335
Genuß 340
Gesellschaft 362
Kommunikation 498
Kultur 532
Lebenskunst 578
Zwischen-
menschliches 1130

Geben 296

Armut 53
Egoismus 159
Erbschaft 198
Gastfreundschaft 295
Geiz 328
Geschenk 348
Opfer 710
Rat 766

Gebet 298

Bibel 92
Christen(tum) 117
Glauben 384
Gott 402
Kirche 489
Konzentration 507
Religion 791

Geburt 301

Eltern 186
Existenz 225
Kind 484
Leben 567
Mutter 682
Tod 931
Vergänglichkeit 996

Gedächtnis 303

Erinnerung 207
Tradition 939
Vergangenheit 994
Vergessen 1000

Gedanken 304

Denken 127
Einbildung 178
Erfindung 203
Idee 452
Intelligenz 461
Phantasie 739
Philosophie 742
Wort 1089
Zitat 1111

Geduld 309

Ausdauer 64
Erwartung 216
Ungeduld 966
Zögern 1115

Gefahr 311

Angst 36
Furcht 293
Mut 679
Schaden 812
Schrecken 831
Unglück 968
Vorsicht 1031

Gefallen 312

Freundlichkeit 276

Inhaltsverzeichnis

**Geschlechter-
beziehung 354**
Kind 484
Liebe 597
Mann 626
Partner 724
Verwandtschaft 1022

Ehre 171
Achtung 24
Beleidigung 78
Respekt 797
Ruf 804
Würde 1096

Ehrgeiz 173
Erfolg 204
Fleiß 246
Karriere 481

Ehrlichkeit 174
Aufrichtigkeit 60
Heuchelei 434
Lüge 616
Schmeichelei 821

Eifersucht 176
Betrug 89
Gefühl 314
Leid(en) 583
Leidenschaft 587
Liebe 597
Mißtrauen 655
Vertrauen 1021
Zweifel 1128

Eile 178
Ausdauer 64
Ruhe 805
Streß 905
Timing 929
Zeit 1098

Einbildung 178
Illusion 457
Schein 814
Wissen 1072

Einsamkeit 179
Egoismus 159
Gemeinschaft 335
Gesellschaft 362
Individuum 459

Einsicht 182
Erfahrung 199
Erkenntnis 209
Intelligenz 461
Konsequenz 505
Reue 798
Vernunft 1008

Verstand 1014
Wissen 1072

Eitelkeit 183
Bescheidenheit 84
Einbildung 178
Heuchelei 434
Schmeichelei 821
Stolz 899

Eltern 186
Beispiel 77
Erziehung 218
Familie 230
Jugend 471
Kind 484
Mutter 682
Vater 985
Verwandtschaft 1022

Emanzipation 188
Beruf 82
Frau 252
Freiheit 260
Gerechtigkeit 343
Gleichheit 392
Individuum 458
Karriere 481
Vorurteil 1035

Engagement 191
Begeisterung 74
Beruf 82
Ehrgeiz 173
Karriere 481
Tüchtigkeit 950
Tun 953

Entdeckung 194
Erfindung 203
Fortschritt 247
Technokratie 917
Wissenschaft 1077
Zufall 1118

Enthaltsamkeit 195
Bescheidenheit 84
Genuß 340
Opfer 710
Verzicht 1026

Entscheidung 196
Idee 452
Konsequenz 505
Krise 527
Plan 745
Rat 766
Urteil 981
Wahl 1039

Enttäuschung 197
Illusion 457
Kummer 536

Erbschaft 198
Eltern 186
Geschenk 348
Gewinn 377
Steuern 895

Erfahrung 199
Alter 28
Bildung 94
Dilettantismus 150
Erkenntnis 209
Kenntnis 483
Klugheit 493
Können 504
Rat 766
Wissen 1072

Erfindung 203
Einbildung 178
Entdeckung 194
Fortschritt 247
Idee 452
Märchen 628
Phantasie 739
Technokratie 917
Wissenschaft 1077
Zufall 1118

Erfolg 204
Beruf 82
Fortschritt 247
Gewinn 377
Karriere 481
Konsequenz 505
Mißerfolg 655
Niederlage 702
Plan 745
Sieg 864
Sport 874

Erinnerung 207
Gedächtnis 303
Gedanken 304
Geschichte 349
Ruhm 807
Vergangenheit 994
Vergessen 1000

Erkenntnis 209
Einsicht 182
Erfahrung 199
Gedanken 304
Kenntnis 483
Konsequenz 505
Wissen 1072

Ernährung 211
Armut 53
Genuß 340
Hunger 449
Körper 508
Trinken 946

Ernst 215
Freude 271
Frohsinn 287
Heiterkeit 428
Problem 758
Scherz 815
Sorgen 868
Trauer 941

Erotik 215
Begehren 74
Charme 116
Geschlechter-
beziehung 354
Laster 564
Liebe 597
Lust 620
Mädchen 625
Sexualität 857

Erwartung 216
Ausdauer 64
Geduld 309
Hoffnung 439
Ungeduld 966
Wunsch 1094
Zeit 1098
Zögern 1115

Erziehung 218
Autorität 70
Beispiel 77
Bildung 94
Eltern 186
Familie 230
Lernen 593
Mutter 682
Vater 985

Europa 223
Ausland 65
Heimat 425
Nation 691
Patriotismus 726
Tradition 939
Volk 1028
Zivilisation 1113

Existenz 225
Geburt 301
Gegenwart 317
Leben 567
Umwelt 962

Experte 229
Autorität 70
Beruf 82
Karriere 481
Können 504
Perfektion 730
Qualität 762
Wissen 1072
Wissenschaft 1077

Inhaltsverzeichnis

Beruf 82
Arbeit 44
Bildung 94
Erfahrung 199
Karriere 481
Können 504
Lernen 593
Talent 911
Wissen 1072

Bescheidenheit 84
Eitelkeit 183
Überfluß 959
Zufriedenheit 1119

Besitz 86
Armut 53
Geben 296
Geld 329
Reichtum 782

Betrug 89
Lüge 616
Strafe 900
Unrecht 973

Bewunderung 90
Achtung 24
Begeisterung 74
Beispiel 77
Respekt 797

Bibel 92
Christentum 117
Glauben 384
Gott 402
Kirche 489
Religion 791

Bibliothek 93
Buch 102
Dichtung 142
Lesen 595
Literatur 611
Schriftsteller 832

Bildung 94
Beruf 82
Erfahrung 199
Erziehung 218
Lernen 593
Wissen 1072

Böses 98
Gutes 414
Laster 564
Übel 957
Unrecht 973

Bosheit 102
Böses 98

Übel 957
Ungerechtigkeit 967
Unrecht 973

Buch 102
Bibliothek 93
Dichtung 142
Lesen 595
Literatur 611
Schriftsteller 832

Bürger 106
Bürokratie 108
Demokratie 124
Gesellschaft 362
Individuum 458
Mehrheit 636
Minderheit 654
Staat 881
Stadt 887

Bürokratie 108
Bürger 106
Führung 288
Gesetz 365
Ordnung 716
Staat 881

Charakter 111
Benehmen 79
Individuum 458
Moral 662
Persönlichkeit 732

Charme 116
Lächeln 555
Persönlichkeit 732
Stil 897

Christen(tum) 117
Atheismus 58
Bibel 92
Dogmen 152
Gebet 298
Glauben 384
Gott 402
Kirche 489
Religion 791

Dankbarkeit 121
Gastfreundschaft 295
Geschenk 348
Pflicht 737
Undank 965

Demagogie 123
Diktatur 146
Faschismus 233

Lüge 616
Offenheit 706
Politik 747
Reden 773

Demokratie 124
Bürger 106
Deutsches 132
Diktatur 146
Freiheit 260
Gesellschaft 362
Individuum 458
Mehrheit 636
Minderheit 654
Nation 691
Opposition 714
Partei 722
Recht 769
Staat 881
Volk 1028
Wahl 1039

Denken 127
Gedanken 304
Idee 452
Philosophie 742
Wissen 1072

Deutsches 132
Ausland 65
Heimat 425
Nation 691
Patriotismus 726
Volk 1028

Dialektik 141
Argument 51
Meinung 637
Offenheit 706

Dichtung 142
Bibliothek 93
Buch 102
Lesen 595
Literatur 611
Schriftsteller 831

Diktatur 146
Demokratie 124
Faschismus 233
Freiheit 260
Führung 288
Gesetz 365
Recht 769
Sklaverei 866
Staat 881
Unrecht 973

Dilettantismus 150
Kenntnis 483
Können 504
Lernen 593

Qualität 762
Wissen 1072

Diplomatie 151
Kompromiß 503
Lüge 616
Partner 724
Politik 747
Staatsmann 886
Treue 945
Vertrag 1020
Vertrauen 1021

Disziplin 152
Befehl 73
Freiheit 260
Gehorsam 321
Pflicht 737

Dogmen 152
Demagogie 123
Diktatur 146
Faschismus 233
Glauben 384
Intoleranz 464
Kirche 489
Meinung 637
Religion 791
Theorie 924
Toleranz 936
Verbot 991
Zensur 1107

Drogen 154
Alkohol 26
Arzt 55
Genuß 340
Gesellschaft 362
Krankheit 512
Laster 564
Minderheit 654
Problem 758
Seele 844
Sorgen 868

Dummheit 155
Intelligenz 461
Klugheit 493
Narr 690
Torheit 938

Egoismus 159
Geben 296
Gemeinschaft 335
Gesellschaft 362
Individuum 459
Persönlichkeit 732

Ehe 163
Familie 230
Frau 252

8

Inhaltsverzeichnis

Aberglaube 23
Glauben 384
Gott 402
Kirche 489
Religion 791

Abschied 24

Achtung 24
Autorität 70
Beleidigung 78
Bewunderung 90
Ehre 171
Respekt 797
Ruf 804
Würde 1096

Alkohol 26
Drogen 154
Genuß 340
Krankheit 512
Laster 564
Problem 758
Seele 844
Trinken 946

Alltag 27
Ausnahme 68
Gewohnheit 381

Alter 28
Erfahrung 199
Jugend 471
Kind 484
Würde 1096

Anfang 35
Entscheidung 196
Konsequenz 505
Plan 745
Ziel 1108

Angst 36
Feigheit 240
Furcht 293
Gefahr 311
Mut 679
Schrecken 831

Aphorismus 38
Wort 1089
Zitat 1111

Arbeit 44
Faulheit 235
Fleiß 246
Freizeit 270
Kapitalismus 480
Karriere 481
Kreativität 515
Leistung 591
Muße 677
Talent 911
Tun 953

Ärger 51
Rache 764
Wut 1098
Zorn 1116

Argument 51
Dialektik 141
Meinung 637
Sprache 878
Streit 903
Urteil 981
Vorurteil 1035

Armut 53
Besitz 86
Geben 296
Geld 329
Problem 758
Reichtum 782
Sorgen 868
Überfluß 959

Arzt 55
Drogen 154
Gesundheit 371
Krankheit 512
Medizin 634

Atheismus 58
Christen(tum) 117
Glauben 384

Gott 402
Kirche 489
Religion 791

Aufrichtigkeit 60
Ehrlichkeit 174
Gerücht 346
Lüge 616
Verleumdung 1005
Wahrheit 1043

Auge 62
Gesicht 369
Körper 508

Augenblick 63
Gegenwart 317
Timing 929
Zeit 1098

Ausdauer 64
Geduld 309
Ungeduld 966

Ausland 65
Heimat 425
Nation 691
Patriotismus 726
Volk 1028

Ausnahme 68
Gewohnheit 381
Minderheit 654
Qualität 762

Ausrede 69
Lüge 616
Versprechen 1013
Wahrheit 1043

Autorität 70
Achtung 24
Ehre 171
Führung 288
Karriere 481
Macht 622

Persönlichkeit 732
Respekt 797
Staatsmann 886
Würde 1096

Bauen 71
Stadt 887
Wachstum 1037

Befehl 73
Autorität 70
Führung 288
Gehorsam 321
Pflicht 737

Begehren 74
Besitz 86
Sexualität 857
Wunsch 1094

Begeisterung 74
Bewunderung 90
Fanatismus 232
Faschismus 233
Leidenschaft 587
Lob 613
Nachahmung 684

Beispiel 77
Bewunderung 90
Lernen 593
Nachahmung 684
Originalität 718
Rat 766

Beleidigung 78
Achtung 24
Ehre 171
Rache 764
Respekt 797
Streit 903
Würde 1096

Benehmen 79
Charakter 111
Moral 662

Danksagung

Herausgeber und Verlag waren bis kurz vor Drucklegung bemüht, anhand des aktuellen Verzeichnisses deutschsprachiger Verlage (Verlag der Schillerbuchhandlung Hans Banger oHG Köln) alle Verlage ausfindig zu machen, aus deren Büchern zitiert wird. Leider waren viele Nachfolgeverlage erloschener Verlagshäuser nicht (mehr) festzustellen. Auch versuchten Herausgeber und Verlag bis zuletzt, einige Rechteinhaber im In- und Ausland zu ermitteln, um eine Abdruckgenehmigung zu erhalten. Zahlreiche Anfragen blieben leider unbeantwortet.

Der Bertelsmann Lexikon Verlag dankt insbesondere folgenden Verlagen und Autoren für ihre freundliche Abdruckerlaubnis:

Verlag C. H. Beck München
Günther Anders: Ketzereien
Oswald Spengler: Gedanken

Biederstein Verlag München
Heimito von Doderer: Commentarii 1951-1956; Repertorium; Tangenten

Verlag Darmstädter Blätter Schwarz & Co. Darmstadt
Bertrand Russell: Bertrand Russell sagt seine Meinung

Maximilian Dietrich Verlag Memmingen
Zenta Maurina: Geliebtes Leben - gelebtes Leben; Mosaik des Herzens

Diogenes Verlag AG Zürich
Friedrich Dürrenmatt: Das Dürrenmatt Lesebuch (1991)
Federico Fellini: Spielen wie die Kinder (1989)
George Orwell: Gerechtigkeit und Freiheit (1991)
Pablo Picasso: Über Kunst (1988)

Carl Hanser Verlag München
Ivo Andrić: Wegzeichen (1982)
Elazar Benyoetz: Eingeholt (1979); Vielleicht - Vielschwer (1981); Worthaltung (1977)
Elias Canetti: Alles vergeudete Verehrung (1970); Aufzeichnungen (1965); Das Geheimherz der Uhr (1987); Die Provinz des Menschen (1973)
Rudolf Hartung: In einem anderen Jahr (1982)
Gabriel Laub: Das Recht, recht zu haben (1979); Denken verdirbt den Charakter (1984); Erlaubte Freiheiten (1975); Verärgerte Logik (1969)
Stanislaw Jerzy Lec: Alle unfrisierten Gedanken (1982); Das große Buch der unfrisierten Gedanken (1971); Letzte unfrisierte Gedanken (1968); Neue unfrisierte Gedanken (1964); Spätlese unfrisierter Gedanken (1976)

Insel Verlag Frankfurt
Ernst Bertram: Aus den Aufzeichnungen
Karel Čapek: Das Jahr des Gärtners
Hugo von Hofmannsthal: Gedichte und kleine Dramen

Rainer Maria Rilke: Sämtliche Werke
Paul Valéry: Gedanken; Herr Teste; Windstriche

Verlag Klett-Cotta Stuttgart
Gottfried Benn: Ausdruckswelt; Das Gottfried Benn Brevier; Leben ist Brückenschlagen
Erwin Chargaff: Bemerkungen
Ernst Jünger: Sämtliche Werke in 18 Bänden. Klett-Cotta, Stuttgart (1978–1983)

Verlag Kremayr & Scheriau Wien
Anton Kuh: Luftlinien

Suhrkamp Verlag Frankfurt
Theodor W. Adorno: Minima Moralia
Walter Benjamin: Einbahnstraße; Gesammelte Schriften; Kleine Prosa
Bertolt Brecht: Gesammelte Werke (1967)
Wieslaw Brudzinski: Die rote Katz; Katzenjammer
E. M. Cioran: Auf den Gipfeln der Verzweiflung; Gevierteilt; Der zersplitterte Fluch
Brana Crnčević: Staatsexamen
Max Frisch: Ausgewählte Prosa; Stichwörter; Tagebücher
Hermann Hesse: Lektüre für Minuten; Mit Hermann Hesse durch das Jahr
Ludwig Hohl: Die Notizen oder Von der unvoreiligen Versöhnung; Nuancen und Details; Varia; Von den hereinbrechenden Rändern
Karl Kraus: Aphorismen
Hans Kudszus: Jaworte, Neinworte
Antonio Machado: Juan de Mairena
Rudolf Alexander Schröder: Aphorismen und Reflexionen
Hermann Schweppenhäuser: Verbotene Frucht
Robert Walser: Lektüre für Minuten
Ludwig Wittgenstein: Schriften 1/2; Vermischte Bemerkungen

Paul Zsolnay Verlag Wien
Roda Roda: Das große Roda Roda Buch; Heiteres und Schärferes
Abram Terz (Sinjawski): Eine Stimme im Chor; Gedanken hinter Gittern
Frank Thiess: Die Blüten welken

Der Abdruck der Zitate von Egon Friedell erfolgt mit freundlicher Genehmigung von Annemarie Kotab, Kufstein

Es sei an dieser Stelle auch all denen gedankt, die nicht explizit genannt werden müssen.

Vorwort

Zitatenschätze sind Bücher, die man genießen und zugleich nutzen kann. Schon beim absichtslosen Durchblättern stößt man hier auf einen faszinierenden Gedanken, gewinnt dort eine neue Einsicht in ein altes Thema, lacht über ein Wortspiel oder schmunzelt über eine Rabenweisheit. Vielleicht sind darum Zitatensammlungen so beliebt, weil die Sprüchlein, die Ausschnitte aus größeren Werken oder die Aphorismen Einblicke ins gut und knapp formulierte Denken anderer Menschen möglich machen. Auf leichte Art gewonnen, wirken die fremden oder vertrauten Gedanken in den Alltag: geben dem eigenen Denken und Handeln Impulse, regen an, regen auf, reizen zum Widerspruch, verblüffen, trösten, helfen mitunter.

Immer werden aber Zitatensammlungen auch als Handbücher und Nachschlagewerke genutzt. »Um eine gut improvisierte Rede halten zu können«, sagte Mark Twain einmal verschmitzt, »braucht man mindestens drei Wochen.« Jeder, der zur Firmung der Tochter, der Taufe des Enkels, zur Silbernen Hochzeit der Eltern oder zum Fünfzigsten der Kollegin ein paar Worte gesprochen hat, weiß ein Lied davon zu singen: Reden bedarf der Vorbereitung. Der Anfang soll Aufmerksamkeit erregen, vielleicht witzig sein, die Durchführung logisch, der Schluß gefällig und weltoffen. Man möchte die zuhörenden Kollegen, Freunde, Verwandten nicht langweilen, man möchte »die Dinge so ausdrücken, daß die, zu denen wir sprechen, mit Vergnügen zuhören« (Pascal). Um das zu erreichen, positioniert der professionelle wie der Gelegenheitsredner seit je an den Anfang oder Schluß oder einfach da, wo die Rede eine Wende erfahren soll und er mit der eigenen Formulierungskunst die Kurve nicht kriegt, den Ausspruch eines bekannten Menschen, den gekonnt formulierten Gedanken aus dem Werk eines Dichters und Denkers oder den Geistesblitz eines Aphoristikers. Nun erst ist der Ausspruch zum Zitat geworden. Doch nicht nur Reden zu allen Gelegenheiten stehen Zitate gut an. Auch wichtigen Briefen (und Vorworten!) verleihen sie – dezent hier und da eingestreut – noch größere Wichtigkeit. Lehrer suchen angestrengt nach »Sprüchen fürs Leben« für die Poesiealben ihrer Schülerinnen. Werbetexter und Politiker benötigen immer wieder Zitate, die ihre Botschaften transportieren.

Die vorliegende Sammlung bietet sich Liebhabern wie Nutzern als schier unerschöpfliches Reservoir an. Sie ist von Grund auf neu erarbeitet worden. Das Wertvollste und Beste an Gedanken, Überlegungen, ernsten und witzigen Geistesblitzen vieler bekannter Persönlichkeiten aus allen Kulturkreisen bis hin in die Gegenwart wurde aus Werkausgaben und Spezialsammlungen zusammengetragen. »Viele Worte sind lange zu Fuß gegangen, ehe sie geflügelte Worte wurden«, sagte Marie von Ebner-Eschenbach. Die vorliegende Sammlung enthält vieles, das lange und zu Unrecht im Verborgenen geblüht hat – der Benutzer wird entscheiden, welchem Sprüchlein Flügel wachsen.

Herausgeber und Verlag

Herausgegeben von Hans-Horst Skupy unter Mitarbeit von Helene Hartl

3 8094 1699 1

© 1993 Wissen Media Verlag GmbH, Gütersloh/München
All rights reserved

Sonderausgabe © 2004 Bassermann Verlag in der Verlagsgruppe Random House
GmbH, München

Covergestaltung: Soldan Advertising, München
Redaktion: Dr. Hans Leuschner
Redaktion dieser Ausgabe: Hanna Forster
Herstellung dieser Ausgabe: Hans-Joachim Preußer
Datenaufbereitung: Ernst-Jürgen Bischoff, Brigitte Hell
Layout: Georg Stiller
Druck und Bindung: GGP Media, Pößneck
Printed in Germany

817 2635 4453 6271

DAS GROSSE
HANDBUCH
der
ZITATE
von A bis Z

25 000 treffende Aussprüche und Sprichwörter
von der Antike bis in die Gegenwart,
gesammelt und herausgegeben
von Hans-Horst Skupy

Bassermann

Inhaltsverzeichnis

Unrecht 973
Zwang 1125

Mädchen 625
Erotik 215
Frau 252
Unschuld 975

Mann 626
Ehe 163
Frau 252
Geschlechter-
beziehung 354
Kind 484
Sexualität 857
Vater 985
Verwandtschaft 1022

Märchen 628
Einbildung 178
Erfindung 203
Erziehung 218
Illusion 457
Kind 484
Phantasie 739

Materialismus 629
Ideologie 456
Kapitalismus 480
Kommunismus 502
Sozialismus 869

Medien 630
Demagogie 123
Demokratie 124
Kommunikation 498
Meinung 637
Offenheit 706
Öffentlichkeit 707
Verantwortung 990
Verbot 991
Wissen 1072
Wort 1089
Zensur 1107

Medizin 634
Arzt 55
Drogen 154
Gesundheit 371
Krankheit 512

Mehrheit 636
Demokratie 124
Individuum 458
Intoleranz 464
Minderheit 654
Öffentlichkeit 707
Toleranz 936
Wahl 1039

Meinung 637
Denken 127

Demagogie 123
Dialektik 141
Gedanken 304
Idee 452
Medien 630
Öffentlichkeit 707
Reden 773
Sprache 878
Überzeugung 960
Verbot 991
Wort 1089
Zensur 1107

Mensch 641
Humanität 443
Menschheit 652
Menschenkenntnis 651
Nächstenliebe 687
Zwischen-
menschliches 1130

Menschen-
kenntnis 651
Kenntnis 483
Mensch 641
Nächstenliebe 687
Zwischen-
menschliches 1130

Menschheit 652
Mensch 641
Menschenkenntnis 651
Welt 1057
Zwischen-
menschliches 1130

Minderheit 654
Demokratie 124
Egoismus 159
Individuum 458
Intoleranz 464
Mehrheit 636
Recht 769
Toleranz 936

Mißerfolg 655
Erfolg 204
Niederlage 702
Schaden 812
Unglück 968

Mißtrauen 655
Eifersucht 176
Konsequenz 505
Vertrag 1020
Vertrauen 1021
Vorsicht 1031
Zweifel 1128

Mitleid 657
Güte 413
Herz 430

Heuchelei 434
Hilfe 435
Humanität 443
Leid(en) 583
Nächstenliebe 687
Trost 947
Verständnis 1016

Mode 659
Eitelkeit 183
Geschmack 361
Kunstwerk 552
Schönheit 826
Snobismus 868
Stil 897
Zeitgeist 1102

Möglichkeit 661
Gelegenheit 335
Unmöglichkeit 972
Zufall 1118

Moral 662
Benehmen 79
Disziplin 152
Sitte 865
Tugend 951
Urteil 981
Verbot 991
Zensur 1107

Musik 666
Gesang 347
Harmonie 420
Kultur 532
Vergnügen 1001

Muße 677
Faulheit 235
Fleiß 246
Freizeit 270
Genuß 340
Kreativität 515
Kunst 537
Langeweile 561
Ruhe 805

Mut 679
Angst 36
Feigheit 240
Furcht 293
Gefahr 311
Heldentum 429
Tapferkeit 913

Mutter 682
Eltern 186
Frau 252
Kind 484
Vater 985
Verwandtschaft 1022

Nachahmung 684
Beispiel 77
Originalität 718

Nachbar 686
Feindschaft 241
Freundschaft 276
Hilfe 435
Zwischen-
menschliches 1130

Nächstenliebe 687
Güte 413
Hilfe 435
Humanität 443
Wohltat 1086
Zwischen-
menschliches 1130

Narr 690
Dummheit 155
Fest 244
Humor 445
Intelligenz 461
Komik 496
Lachen 556
Scherz 815
Torheit 938
Witz 1083

Nation 691
Ausland 65
Europa 223
Heimat 425
Patriotismus 726
Staat 881
Volk 1028

Natur 694
Charakter 111
Landwirtschaft 560
Umwelt 962
Wetter 1064

Neid 699
Begehren 74
Böses 98
Eifersucht 176
Übel 957

Neugier(de) 701
Begehren 74
Interesse 463
Sehnsucht 851
Ungeduld 966
Wunsch 1094

Niederlage 702
Erfolg 204
Kampf 478

15

Inhaltsverzeichnis

Mißerfolg 655
Sieg 864
Unglück 968

Not 703

Armut 53
Hunger 449
Krise 527
Kummer 536
Leid(en) 583
Problem 758
Sorgen 868
Unglück 968
Wohltat 1086

Notwendigkeit 705

Disziplin 152
Konsequenz 505
Pflicht 737
Zwang 1125

Offenheit 706

Aufrichtigkeit 60
Betrug 89
Ehrlichkeit 174
Heuchelei 434
Lüge 616
Opportunismus 712
Schmeichelei 821

Öffentlichkeit 707

Demokratie 124
Gemeinschaft 335
Gesellschaft 362
Individuum 459
Medien 630
Mehrheit 636
Partei 722

Opfer 710

Egoismus 159
Enthaltsamkeit 195
Geben 296
Geschenk 348
Hilfe 435
Schaden 812
Überfluß 959
Verlust 1006
Verzicht 1026

Opportunismus 712

Egoismus 159
Erfolg 204
Gesellschaft 362
Heuchelei 434
Karriere 481
Schmeichelei 821
Vorteil 1033

Opposition 714

Demokratie 124

Feindschaft 241
Meinung 637
Regierung 778
Streit 903
Wahl 1039

Optimismus 715

Freude 271
Heiterkeit 428
Hoffnung 439
Illusion 457
Pessimismus 736
Vertrauen 1021
Wunsch 1094
Zukunft 1121

Ordnung 716

Bürokratie 108
Disziplin 152
Gehorsam 321
Gesetz 365
Gewohnheit 381
Gleichheit 392
Moral 662
Plan 745
Prinzip 756

Originalität 718

Beispiel 77
Dilettantismus 150
Kreativität 515
Nachahmung 684

Paradies 720

Himmel 438
Illusion 457
Vergänglichkeit 996
Versprechen 1013
Wunder 1092
Wunsch 1094

Partei 722

Demokratie 124
Engagement 191
Meinung 637
Politik 747
Wahl 1039

Partner 724

Ehe 163
Freundschaft 276
Gemeinschaft 335
Geschlechter-
beziehung 354
Gesellschaft 362
Gleichheit 392
Liebe 597
Sexualität 857
Vertrag 1020

Vertrauen 1021
Wahl 1039

Patriotismus 726

Ausland 65
Demagogie 123
Deutsches 132
Europa 223
Fanatismus 232
Faschismus 233
Heimat 425
Intoleranz 464
Nation 691
Toleranz 936

Perfektion 730

Dilettantismus 150
Experte 229
Können 504
Qualität 762

Persönlichkeit 732

Achtung 24
Autorität 70
Charakter 111
Experte 229
Führung 288
Individuum 458
Karriere 481
Respekt 797
Ruf 804
Ruhm 807

Pessimismus 736

Optimismus 715
Unglück 968
Unzufriedenheit 980
Zufriedenheit 1119
Zukunft 1121

Pflicht 737

Befehl 73
Disziplin 152
Führung 288
Gehorsam 321
Notwendigkeit 705
Recht 769

Phantasie 739

Denken 127
Einbildung 178
Gedanken 304
Idee 452
Kreativität 515
Künstler 548
Märchen 628

Philosophie 742

Denken 127
Gedanken 304
Glauben 384
Idee 452

Ideologie 456
Prophet 760
Religion 791
Weisheit 1054
Wissen 1072
Wissenschaft 1077
Zukunft 1121

Plan 745

Entscheidung 196
Erfindung 203
Idee 452
Konsequenz 505
Wunsch 1094
Ziel 1108
Zukunft 1121

Politik 747

Bürger 106
Bürokratie 108
Demagogie 123
Demokratie 124
Diktatur 146
Faschismus 233
Ideologie 456
Macht 622
Öffentlichkeit 707
Opposition 714
Partei 722
Regierung 778
Staat 881
Vertrauen 1021
Wahl 1039

Praxis 755

Beispiel 77
Erfahrung 199
Kenntnis 483
Tatsache 916
Theorie 924
Tun 953
Wirklichkeit 1069

Prinzip 756

Dogmen 152
Konsequenz 505
Theorie 924
Toleranz 936
Ursache 980
Wahl 1039

Problem 758

Krise 527
Sorgen 868
Übel 957

Prophet 760

Glauben 384
Philosophie 742
Religion 791
Zukunft 1121

16

Inhaltsverzeichnis

Qualität 762
Dilettantismus 150
Güte 413
Perfektion 730

Rache 764
Beleidigung 78
Feindschaft 241
Gewalt 374
Haß 422
Kriminalität 526
Strafe 900
Streit 903
Unrecht 973
Verbrechen 992

Rat 766
Hilfe 435
Idee 452

Recht 769
Demokratie 124
Gesetz 365
Justiz 475
Kriminalität 526
Staat 881
Unrecht 973

Rechthaberei 772
Egoismus 159
Unrecht 973
Vorteil 1033
Vorurteil 1035
Wille 1065

Reden 773
Demagogie 123
Dialektik 141
Kommunikation 498
Lüge 616
Sprache 878
Versprechen 1013
Wort 1089

Reform 776
Ausnahme 68
Fortschritt 247
Gewohnheit 381
Neugier(de) 701
Revolution 799
Tradition 939
Veränderung 986

Regierung 778
Demokratie 124
Macht 622
Opposition 714
Politik 747
Staat 881
Staatsmann 886

Verantwortung 990
Vertrag 1020

Reichtum 782
Armut 53
Besitz 86
Geiz 328
Geld 329
Macht 622
Sparsamkeit 871
Überfluß 959
Wohlstand 1085

Reise 785
Freizeit 270
Genuß 340
Kommunikation 498
Lebenskunst 578
Neugier(de) 701
Muße 677
Vorurteil 1035
Wissen 1072

Religion 791
Aberglaube 23
Atheismus 58
Bibel 92
Christen(tum) 117
Dogmen 152
Gebet 298
Glauben 384
Gott 402
Kirche 489
Verbot 991

Respekt 797
Achtung 24
Alter 28
Autorität 70
Beleidigung 78
Bewunderung 90
Ehre 171
Persönlichkeit 732
Würde 1096

Reue 798
Einsicht 182
Erkenntnis 209
Gewissen 378
Schuld 837
Selbsterkenntnis 856
Vernunft 1008
Verzeihung 1023

Revolution 799
Fanatismus 232
Faschismus 233
Fortschritt 247
Freiheit 260
Gewalt 374
Intoleranz 464
Toleranz 936
Veränderung 986

Ruf 804
Achtung 24
Charakter 111
Ehre 171
Respekt 797
Ruhm 807
Würde 1096

Ruhe 805
Freizeit 270
Frieden 283
Muße 677
Schlaf 820
Schweigen 841
Streß 905
Ungeduld 966
Zufriedenheit 1119

Ruhm 807
Achtung 24
Ehre 171
Experte 229
Persönlichkeit 732
Respekt 797
Star 889
Würde 1096

Satire 810
Geist 322
Humor 445
Idee 452
Intelligenz 462
Ironie 464
Kritik 528
Verbot 991
Witz 1083
Zeitgeist 1102
Zensur 1107
Zynismus 1136

Schaden 812
Fehler 236
Gefahr 311
Unglück 968

Scham 813
Erotik 215
Erziehung 218
Mädchen 625
Sexualität 857
Sitte 865

Schein 814
Einbildung 178
Heuchelei 434
Illusion 457
Märchen 628
Phantasie 739
Wirklichkeit 1069
Zufall 1118

Scherz 815
Ernst 215
Heiterkeit 428
Humor 445
Ironie 464
Komik 496
Lachen 556
Satire 810
Witz 1083

Schicksal 816
Erfahrung 199
Gleichgültigkeit 390
Prophet 760

Schlaf 820
Faulheit 235
Ruhe 805
Traum 942

Schmeichelei 821
Eitelkeit 183
Heuchelei 434
Lob 613

Schmerz 823
Drogen 154
Kummer 536
Leid(en) 583
Mitleid 657
Trauer 941
Trost 947
Verzweiflung 1026

Schönheit 826
Eitelkeit 183
Harmonie 420
Kultur 532
Kunst 537
Mode 659
Snobismus 868
Stil 897
Vergänglichkeit 996

Schrecken 831
Angst 36
Furcht 293
Gefahr 311

Schriftsteller 832
Bibliothek 93
Buch 102
Dichtung 142
Idee 453
Kommerz 496
Kreativität 515
Lesen 595
Literatur 611
Medien 630
Phantasie 739

17

Inhaltsverzeichnis

Schuld 837
Fehler 236
Strafe 900
Sünde 906
Unschuld 975
Verbrechen 992
Verzeihung 1023

Schulden 838
Armut 53
Geld 329
Not 703
Reichtum 782
Steuern 895

Schwäche 840
Laster 564
Leidenschaft 587
Stärke 889

Schweigen 841
Geheimnis 318
Gleichgültigkeit 390
Ruhe 805
Takt 910

Seele 844
Gefühl 314
Geist 322
Herz 430
Körper 508
Unsterblichkeit 975

Sehnsucht 851
Begehren 74
Neugier(de) 701
Wunsch 1094

Selbst-beherrschung 851
Charakter 111
Disziplin 152
Persönlichkeit 732

Selbsterkenntnis 853
Einsicht 182
Erfahrung 199
Erkenntnis 209
Überzeugung 960
Urteil 981

Selbstvertrauen 856
Egoismus 159
Eitelkeit 183
Moral 662
Persönlichkeit 732
Sicherheit 862
Snobismus 868
Stolz 899

Sexualität 857
Eifersucht 176
Erotik 215
Frau 252
Geschlechter-beziehung 354
Liebe 597
Mädchen 625
Mann 626
Partner 724
Scham 813
Treue 945
Verbot 991
Zensur 1107

Sicherheit 862
Kenntnis 483
Selbstvertrauen 856
Vertrag 1020
Vertrauen 1021

Sieg 864
Erfolg 204
Gewinn 377
Glück 394
Kampf 478
Konkurrenz 504
Krieg 518
Niederlage 702
Ruhm 807
Sport 874

Sitte 865
Alltag 27
Benehmen 79
Gesetz 365
Gewohnheit 381
Kultur 532
Moral 662
Ordnung 716
Tradition 939
Volk 1028
Vorurteil 1035

Sklaverei 866
Diktatur 146
Faschismus 233
Freiheit 260
Unrecht 973
Zwang 1125

Snobismus 868
Ausnahme 68
Einbildung 178
Eitelkeit 183
Mode 659
Persönlichkeit 732
Ruf 804
Ruhm 807
Star 889
Stil 897
Stolz 899

Sorgen 868
Alkohol 26
Drogen 154
Krankheit 512
Kummer 536
Leid(en) 583
Not 703
Problem 758
Seele 844

Sozialismus 869
Gleichheit 392
Ideologie 456
Kapitalismus 480
Kommunismus 502
Materialismus 629
Reform 776

Sparsamkeit 871
Geiz 328
Geld 329
Reichtum 782
Überfluß 959

Spiel 872
Freizeit 270
Gewinn 377
Heiterkeit 428
Kampf 478
Kreativität 515
Lust 620
Muße 677
Sport 874
Theater 922
Vergnügen 1001

Sport 874
Freizeit 270
Heiterkeit 428
Kampf 478
Lust 620
Muße 677
Spiel 872
Vergnügen 1001

Sprache 878
Demagogie 123
Kommunikation 498
Literatur 611
Medien 630
Reden 773
Wort 1089

Staat 881
Bürger 106
Bürokratie 108
Demokratie 124
Diktatur 146
Führung 288
Gesellschaft 362
Gesetz 365
Mehrheit 636

Minderheit 654
Nation 691
Partei 722
Politik 747
Recht 769
Staatsmann 886
Wohlstand 1085

Staatsmann 886
Diplomatie 151
Führung 288
Karriere 481
Persönlichkeit ????
Politik 747
Staat 881
Verantwortung 990
Vertrag 1020
Vertrauen 1021

Stadt 887
Bauen 71
Bürger 106
Gemeinschaft 335
Gesellschaft 362
Umwelt 962

Star 889
Beispiel 77
Karriere 481
Persönlichkeit 732
Ruf 804
Ruhm 807
Snobismus 868

Stärke 889
Gewalt 374
Macht 622
Persönlichkeit 732
Schwäche 840
Selbsterkenntnis 854

Sterben 891
Geburt 301
Tod 931
Trauer 941
Unsterblichkeit 975
Vergänglichkeit 996

Steuern 895
Bürokratie 108
Gemeinschaft 335
Pflicht 737
Staat 881
Zwang 1125

Stil 897
Geschmack 361
Kultur 532
Kunst 537
Mode 659
Schönheit 826
Sitte 865

Inhaltsverzeichnis

Snobismus 868
Tradition 939

Stolz 899

Ehre 171
Einbildung 178
Eitelkeit 183
Erfolg 204
Selbstvertrauen 856
Snobismus 868
Überzeugung 960
Würde 1096

Strafe 900

Gerechtigkeit 343
Gesetz 365
Justiz 475
Kriminalität 526
Rache 764
Recht 769
Reue 798
Schuld 837
Ungerechtigkeit 967
Unrecht 973
Unschuld 975
Verbrechen 992
Verzeihung 1023

Streit 903

Achtung 24
Argument 51
Beleidigung 78
Ehre 171
Feindschaft 241
Harmonie 420
Kampf 478
Konkurrenz 504
Respekt 797
Verzeihung 1023
Wut 1098
Zorn 1116

Streß 905

Arbeit 44
Muße 677
Ruhe 805

Sünde 906

Fehler 236
Laster 564
Schuld 837
Tat 914
Verbot 991
Verbrechen 992
Verzeihung 1023

Tadel 909

Kritik 528
Lob 613
Strafe 900

Takt 910

Benehmen 79
Charakter 111
Gefühl 314
Heuchelei 434
Höflichkeit 442
Verständnis 1016

Talent 911

Dilettantismus 150
Genie 337
Größe 411
Können 504
Kreativität 515
Künstler 548
Qualität 762

Tapferkeit 913

Angst 36
Furcht 293
Heldentum 429
Mut 679
Schrecken 831

Tat 914

Engagement 191
Handeln 418
Leistung 591
Tun 953
Verbrechen 992

Tatsache 916

Lüge 616
Praxis 755
Wahrheit 1043
Wirklichkeit 1069

Technokratie 917

Erfindung 203
Fortschritt 247
Geist 322
Intelligenz 461
Schaden 812
Umwelt 962
Wachstum 1037

Temperament 922

Begehren 74
Charakter 111
Gefühl 314
Leidenschaft 587
Natur 694

Theater 922

Kultur 532
Kunst 537
Kunstkritik 547
Spiel 872

Theorie 924

Denken 127

Dogmen 152
Praxis 755
Wissenschaft 1077

Tier 926

Natur 694

Timing 929

Entscheidung 196
Plan 745
Zeit 1098

Tod 931

Geburt 301
Leben 567
Sterben 891
Vergänglichkeit 996

Toleranz 936

Achtung 24
Dogmen 152
Geduld 309
Glauben 384
Gleichgültigkeit 390
Intoleranz 464
Verbot 991
Verständnis 1016
Zensur 1107

Torheit 938

Dummheit 155
Narr 690
Vernunft 1008
Weisheit 1054
Witz 1083

Tradition 939

Erfahrung 199
Geschichte 349
Gewohnheit 381
Kultur 532
Sitte 865
Vergangenheit 994

Trauer 941

Ernst 215
Gefühl 314
Kummer 536
Schmerz 823
Trost 947
Unglück 968
Verlust 1006

Traum 942

Einbildung 178
Illusion 457
Ruhe 805
Schlaf 820
Wunsch 1094

Treue 945

Charakter 111
Liebe 597
Tradition 939
Verrat 1012
Vertrauen 1021

Trinken 946

Alkohol 26
Ernährung 211
Genuß 340

Trost 947

Hoffnung 439
Leid(en) 583
Mitleid 657
Verzweiflung 1026

Tüchtigkeit 950

Engagement 191
Fleiß 246

Tugend 951

Charakter 111
Laster 564
Moral 662
Sitte 865
Unschuld 975

Tun 953

Arbeit 44
Engagement 191
Handeln 418
Können 504
Tat 914

Übel 957

Böses 98
Laster 564
Leid(en) 583
Not 703
Schaden 812

Überfluß 959

Bescheidenheit 84
Enthaltsamkeit 195
Kapitalismus 480
Reichtum 782
Wachstum 1037
Wohlstand 1085

Überzeugung 960

Argument 51
Dogmen 152
Einsicht 182
Meinung 637
Prinzip 756
Verständnis 1016

19

Inhaltsverzeichnis

Umwelt 962
Mensch 641
Natur 694
Stadt 887

Undank 965
Dankbarkeit 121

Ungeduld 966
Ausdauer 64
Erwartung 216
Geduld 309
Zögern 1115

Ungerechtigkeit 967
Gerechtigkeit 343
Rache 764
Strafe 900

Unglück 968
Glück 394
Kummer 536
Leid(en) 583
Mißerfolg 655
Niederlage 702
Not 703
Problem 758
Schicksal 816
Sorgen 868
Verzweiflung 1026

Unmöglichkeit 972
Enttäuschung 197
Illusion 457
Möglichkeit 661
Traum 942

Unrecht 973
Betrug 89
Böses 98
Fehler 236
Gesetz 365
Justiz 475
Kriminalität 526
Rache 764
Recht 769
Reue 798
Strafe 900
Verbrechen 992

Unschuld 975
Mädchen 625
Schuld 837
Tugend 951

Unsterblichkeit 975
Paradies 720
Ruhm 807
Sterben 891
Vergänglichkeit 996

Unwissenheit 977
Dilettantismus 150
Dummheit 155
Erfahrung 199
Können 504
Lernen 593
Wissen 1072

Unzufriedenheit 980
Begehren 74
Wunsch 1094
Zufriedenheit 1119

Ursache 980
Konsequenz 505
Prinzip 756

Urteil 981
Argument 51
Einsicht 182
Entscheidung 196
Erkenntnis 209
Gerechtigkeit 343
Justiz 475
Kritik 528
Kunstkritik 547
Meinung 637
Streit 903
Verbot 991
Vorurteil 1035
Zensur 1107

Vater 985
Eltern 186
Erziehung 218
Frau 252
Kind 484
Mann 626
Mutter 682
Verwandtschaft 1022

Veränderung 986
Fortschritt 247
Reform 776
Revolution 799
Tradition 939

Verantwortung 990
Autorität 70
Führung 288
Gewissen 378
Pflicht 737
Politik 747
Schuld 837
Staatsmann 886
Stärke 889

Verbot 991
Befehl 73
Bürokratie 108

Erziehung 218
Freiheit 260
Gesetz 365
Justiz 475
Kunstwerk 552
Macht 622
Medien 630
Strafe 900
Zensur 1107

Verbrechen 992
Justiz 475
Kriminalität 526
Rache 764
Schuld 837
Strafe 900
Sünde 906
Unrecht 973

Vergangenheit 994
Erinnerung 207
Gegenwart 317
Geschichte 349
Tradition 939
Zeit 1098
Zukunft 1121

Vergänglichkeit 996
Leben 567
Sterben 891
Tod 931

Vergessen 1000
Erinnerung 207
Gedächtnis 303
Vergangenheit 994
Verzeihung 1023

Vergnügen 1001
Fest 244
Freizeit 270
Freude 271
Genuß 340
Heiterkeit 428
Kreativität 515
Lebenskunst 578
Lust 620
Muße 677

**Verhältnis-
mäßigkeit 1003**
Gleichheit 392

Verleumdung 1005
Beleidigung 78
Ehre 171
Gerücht 346
Heuchelei 434
Lüge 616
Rache 764
Ruf 804

Verlust 1006
Gewinn 377
Mißerfolg 655
Niederlage 702
Schaden 812

Vernunft 1008
Einsicht 182
Intelligenz 461
Toleranz 936
Verstand 1014
Verständnis 1016

Verrat 1012
Geheimnis 318
Treue 945

Versprechen 1013
Aufrichtigkeit 60
Ausrede 69
Ehrlichkeit 174
Konsequenz 505
Lüge 616
Sicherheit 862
Treue 945
Vertrag 1020
Vertrauen 1021
Wille 1065
Wort 1089

Verstand 1014
Denken 127
Einsicht 182
Erkenntnis 209
Gedächtnis 303
Geist 322
Intelligenz 461
Klugheit 493
Vernunft 1008
Weisheit 1054
Wissen 1072

Verständnis 1016
Freundlichkeit 276
Gefühl 314
Kenntnis 483
Liebe 597
Menschenkenntnis 651
Mitleid 657
Nächstenliebe 687
Takt 910
Toleranz 936

Versuchung 1018
Laster 564
Lust 620
Sünde 906

Vertrag 1020
Diplomatie 151
Gesetz 365
Partner 724

20

Inhaltsverzeichnis

Pflicht 737
Sicherheit 862
Staatsmann 886
Treue 945
Vertrauen 1021
Wille 1065

Vertrauen 1021
Aufrichtigkeit 60
Ehrlichkeit 174
Erwartung 216
Glauben 384
Hoffnung 439
Optimismus 715
Sicherheit 862
Treue 945
Versprechen 1013

Verwandtschaft 1022
Eltern 186
Familie 230
Kind 484
Mutter 682
Vater 985

Verzeihung 1023
Mitleid 657
Reue 798
Schuld 837
Sünde 906
Vergessen 1000
Verständnis 1016

Verzicht 1026
Enthaltsamkeit 195
Opfer 710

Verzweiflung 1026
Enttäuschung 197
Freude 271
Hoffnung 439
Not 703
Schmerz 823
Trauer 941
Unglück 968

Volk 1028
Bürger 106
Gemeinschaft 335
Individuum 459
Menschheit 652
Nation 691
Patriotismus 726

Vorsicht 1031
Achtung 24
Angst 36
Furcht 293
Gefahr 311
Schaden 812
Schrecken 831
Selbstbeherrschung 851

Vorteil 1033
Gewinn 377
Interesse 463
Korruption 510
Stärke 889

Vorurteil 1035
Argument 51
Illusion 457
Intoleranz 464
Meinung 637
Minderheit 654
Streit 903
Urteil 981

Wachstum 1037
Bauen 71
Fortschritt 247
Natur 694
Überfluß 959
Umwelt 962

Wahl 1039
Entscheidung 196
Führung 288
Konkurrenz 504
Konsequenz 505
Partei 722
Persönlichkeit 732

Wahn 1040
Aberglaube 23
Einbildung 178
Fanatismus 232
Faschismus 233
Genie 337
Illusion 457
Krankheit 512
Künstler 548
Phantasie 739
Torheit 938

Wahrheit 1043
Ehrlichkeit 174
Irrtum 466
Lüge 616
Sicherheit 862
Tatsache 916
Wirklichkeit 1069
Wissen 1072

Weisheit 1054
Bildung 94
Erfahrung 199
Intelligenz 461
Klugheit 493
Narr 690
Torheit 938
Wissen 1072

Welt 1057
Menschheit 652
Natur 694
Paradies 720
Umwelt 962

Wert 1062
Besitz 86
Geld 329

Wetter 1064
Himmel 438
Landwirtschaft 560
Natur 694
Reise 785

Wille 1065
Ausdauer 64
Entscheidung 196
Konsequenz 505
Plan 745
Stärke 889

Wirklichkeit 1069
Ideal 451
Tatsache 916
Wahrheit 1043

Wirtschaft 1070
Arbeit 44
Geld 329
Handeln 418
Kapitalismus 480
Karriere 481
Kommerz 496
Krise 527
Leistung 591
Macht 622
Plan 745
Steuern 895
Verantwortung 990
Wohlstand 1085

Wissen 1072
Bildung 94
Dilettantismus 150
Einsicht 182
Erfahrung 199
Erkenntnis 209
Kenntnis 483
Können 504
Lernen 593
Tatsache 916
Überzeugung 960
Wissenschaft 1077
Zweifel 1128

Wissenschaft 1077
Dilettantismus 150
Entdeckung 194
Erfindung 203
Experte 229

Fortschritt 247
Theorie 924
Wissen 1072

Witz 1083
Geist 322
Heiterkeit 428
Humor 445
Ironie 464
Komik 496
Lachen 556
Scherz 815
Weisheit 1054

Wohlstand 1085
Armut 53
Besitz 86
Geld 329
Kapitalismus 480
Reichtum 782
Überfluß 959

Wohltat 1086
Güte 413
Gutes 414
Hilfe 435
Humanität 443
Nächstenliebe 687
Trost 947

Wort 1089
Aphorismus 38
Dialektik 141
Kommunikation 498
Reden 773
Sprache 878
Versprechen 1013
Zitat 1111

Wunder 1092
Aberglaube 23
Glauben 384
Himmel 438
Hoffnung 439
Illusion 457
Optimismus 715
Paradies 720
Phantasie 739

Wunsch 1094
Begehren 74
Illusion 457
Traum 942

Würde 1096
Achtung 24
Alter 28
Autorität 70
Ehre 171
Erfahrung 199
Persönlichkeit 732
Respekt 797

21

Inhaltsverzeichnis

Ruf 804
Stil 897
Stolz 899

Wut 1098
Ärger 51
Fanatismus 232
Gewalt 374
Haß 422
Zorn 1116

Zeit 1098
Augenblick 63
Ausdauer 64
Geduld 309
Gegenwart 317
Muße 677
Timing 929
Vergangenheit 994
Zukunft 1121

Zeitgeist 1102
Gegenwart 317
Kunstwerk 552
Mode 659

Zensur 1107
Intoleranz 464
Kritik 528

Kunstkritik 547
Toleranz 936
Urteil 981
Verbot 991

Ziel 1108
Entscheidung 196
Erfolg 204
Konsequenz 505
Plan 745
Zweck 1126

Zitat 1111
Aphorismus 38
Reden 773
Sprache 878
Wort 1089

Zivilisation 1113
Bildung 94
Fortschritt 247
Kultur 532
Sitte 865
Technokratie 917
Umwelt 962

Zögern 1115
Entscheidung 196
Geduld 309
Timing 929
Ungeduld 966

Zorn 1116
Beleidigung 78
Rache 764
Wut 1098

Zufall 1118
Glück 394
Möglichkeit 661
Schicksal 816
Timing 929

Zufriedenheit 1119
Bescheidenheit 84
Freude 271
Genuß 340
Gleichgültigkeit 390
Glück 394
Heiterkeit 428
Ruhe 805

Zukunft 1121
Fortschritt 247
Gegenwart 317
Hoffnung 439
Möglichkeit 661
Prophet 760
Tradition 939
Vergangenheit 994
Zeit 1098
Ziel 1108

Zwang 1125
Gehorsam 321
Gewalt 374
Konsequenz 505
Notwendigkeit 705
Pflicht 737

Zweck 1126
Plan 745
Ziel 1108

Zweifel 1128
Opposition 714
Problem 758
Sicherheit 862

Zwischen-
menschliches 1130
Feindschaft 241
Freundschaft 276
Humanität 443
Kommunikation 498
Mensch 641
Nachbar 686
Nächstenliebe 687
Partner 724
Reden 773

Zynismus 1136
Ironie 464
Satire 810

22

Aberglaube

Der Aberglauben schlimmster ist, den seinen für den erträglicheren zu halten.
GOTTHOLD EPHRAIM LESSING

Auch der Aberglaube profitiert vom jeweiligen Stand der Wissenschaft.
JOHANN WOLFGANG VON GOETHE

Der Aberglaube ist das ungeheure, fast hilflose Gefühl, womit der stille Geist gleichsam in der wilden Riesenmühle des Weltalls betäubt steht und einsam.
JEAN PAUL

Je weniger die Leute glauben, desto abergläubischer werden sie.
JEREMIAS GOTTHELF

Aberglaube ist das Kennzeichen eines schwachen Geistes.
HONORÉ DE BALZAC

Ein jeder Aberglaube versetzt uns ins Heidentum.
JUSTUS VON LIEBIG

Aberglaube

Aberglaube ist keine Wissenschaft.
Deutsches Sprichwort

Das einzige Mittel gegen den Aberglauben ist die Wissenschaft.
HENRY THOMAS BUCKLE

Zuschanden werden alle, die den Bildern dienen, die der Götzen sich rühmen.
PSALMEN 97,7

Aberglaube ist die Form der Ehrfurcht, die selbst den Zufall als eine Anordnung höherer Mächte anerkennt.
CARL LUDWIG SCHLEICH

Laßt euch nicht mit falschen Göttern ein!
1 JOHANNES 5,21

Nur Glaube existiert, Aberglaube ist ein monströser Begriff.
GERHART HAUPTMANN

Es gibt sehr viele Leute, die glauben – aber aus Aberglauben.
BLAISE PASCAL

Wenn Aberglaube offiziell zum Glauben gestempelt wird, ist die Wirkung vernichtend.
ANITA

Die Menschen sind aus Gewohnheit abergläubisch und aus Instinkt Schurken.
VOLTAIRE

Aberglaube bedeutet Mangel an Selbstvertrauen.
ROBERT EMANUEL LOOSEN

Der Aberglaube ist ein Kind der Furcht, der Schwachheit und der Unwissenheit.
FRIEDRICH II. VON PREUSSEN

Leichtgläubige Menschen verfallen leicht dem Aberglauben.
MARTIN LUTHER KING

Der Aberglaube traut den Sinnen bald zu viel, bald zu wenig.
GOTTHOLD EPHRAIM LESSING

Er wechselte seinen Aberglauben.
WERNER EHRENFORTH

Abschied

Im Moment des Zusammenkommens
beginnt die Trennung.

Singhalesisches Sprichwort

Erlaube mir zuvor, daß ich Abschied nehme.

LUKAS 9,61

Beim Abschied wird die Zuneigung zu den
Dingen, die uns lieb sind, immer ein wenig
wärmer.

MICHEL DE MONTAIGNE

Die Jugend und die schöne Liebe, alles hat
sein Ende.

JOHANN WOLFGANG VON GOETHE

Sich kennen und lieben lernen – und dann
sich trennen ist die traurige Geschichte vieler
menschlicher Herzen.

SAMUEL TAYLOR COLERIDGE

Man schreibt nicht so ausführlich, wenn man
den Abschied gibt.

HEINRICH HEINE

Abschiedsworte müssen kurz sein wie
Liebeserklärungen.

THEODOR FONTANE

Bei Gott gibt es kein Abschiednehmen.

A. G. SERTILLANGES

Wer liebt und Abschied nimmt, der lebt, um
woanders weiterzulieben.

CLAUDE ANET

Man ist unzufrieden, wenn jemand, dem man
doch selber den Abschied gegeben hat, sich
bald tröstet.

OTTO FLAKE

Kluge Leute verstehen es, den Abschied von
der Jugend auf mehrere Jahrzehnte zu
verteilen.

ROBERT ROSAY

Ein flüchtiger Abschied ist manchmal wie
einer für die Ewigkeit. Man möchte
zurückkehren, noch einmal Adieu sagen.

FRIEDRICH WITZ

Es gibt Menschen, die auf Abschiede
hinleben, und andere, die sich vor ihnen
fürchten.

OTTO HEUSCHELE

Manche nehmen immer noch Abschied von
der eigenen Jugend, wenn sie die fremde
schon lange nicht mehr kennen.

ROBERT LEMBKE

Jeder Abschied ist eine Mobilmachung für die
Erinnerung.

HELLMUT WALTERS

Sei nicht verzweifelt, wenn es ums
Abschiednehmen geht. Ein Lebewohl ist
notwendig, ehe man sich wiedersehen kann.
Und ein Wiedersehen, sei es nach
Augenblicken, sei es nach Lebenszeiten, ist
denen gewiß, die Freunde sind.

RICHARD BACH

Achtung

Was man hat, das achtet man nicht.

Deutsches Sprichwort

Wohlgeachtet ist der Mann, dessen Maß
Rechtschaffenheit ist und dessen Wandel sich
danach richtet.

PTAHHOTEP

Was ist der Mensch, daß du ihn groß achtest?

HIOB 7,17

Du wirst der Achtung aller würdig sein,
sobald du angefangen hast, dich selbst zu
achten.

MUSONIUS RUFUS

Du achtest nicht das Ansehen der Menschen.

MATTHÄUS 22,16

Achtung ist größer aus der Entfernung.

TACITUS

Achte einer den andren höher als sich selbst.

PHILIPPERBRIEF 2,3

Achtung

Die Achtung vor deinem eigenen Selbst ist nächst der Religion der stärkste Damm gegen alle Laster.

FRANCIS BACON

Ehrfurcht ist der Angelpunkt der Welt.

WILLIAM SHAKESPEARE

Unser Verdienst verschafft uns die Anerkennung ehrenwerter Menschen, unser Glück aber die der Menge.

LA ROCHEFOUCAULD

Jede wahre Liebe ist auf Achtung begründet.

GEORGE VILLIERS

Wenn man geschätzt sein will, muß man mit schätzenswerten Menschen leben.

JEAN DE LA BRUYÈRE

Wir achten die Toten mehr als die Lebenden. Man sollte aber beide ehren.

VOLTAIRE

Ein jeder Mensch hat rechtmäßigen Anspruch auf Achtung von seinen Mitmenschen, und wechselseitig ist er dazu auch gegen jeden anderen verbunden.

IMMANUEL KANT

Wahre Achtung kann man nur verdienen; sie läßt sich nicht erschleichen, nicht erpressen.

GEORG CHRISTOPH LICHTENBERG

Friede, wie Freundschaft, setzt Achtung voraus.

JOHANNES VON MÜLLER

Achtung ist der Freundschaft unfehlbares Band.

FRIEDRICH VON SCHILLER

Die Menschen achten den, der sie verachtet.

HONORÉ DE BALZAC

Werde nie der Freund irgendjemandes, den du nicht achten kannst.

CHARLES DARWIN

Es ist sehr leicht, die Menschen zu behandeln, wenn man sie nicht achtet.

FANNY LEWALD

Je größer die Achtung vor dem Menschenleben wird, desto geringer wird die Achtung vor dem Tod.

EDMOND & JULES DE GONCOURT

Für einen Arzt und einen Richter ist es schwer, kein Verächter der Menschen zu werden.

M. HERBERT

Je wertloser der Mann ist, um so weniger Achtung hat er vor Frauen.

M. HERBERT

Niemand nimmt in einem Hause so einen gewaltigen Platz ein wie ein Toter.

ELEONORE VAN DER STRATEN-STERNBERG

Wer aufrecht seinen Weg sucht, stets seinem Gewissen verantwortlich, dem dürfen wir unsere Achtung nicht versagen, er mag mit uns oder gegen uns gehen.

ROBERT BOSCH

Man sollte mit größerer Achtung von dem sprechen, was man mit so viel Verachtung das Zeitliche nennt. Ja, man sollte nur mit äußerster Zurückhaltung von etwas anderem sprechen.

RUDOLF G. BINDING

Unterlegen ist man im Leben erst dann, wenn man seine Selbstachtung definitiv verloren hat.

MARCEL PROUST

Wer seiner eigenen Sache untreu wird, kann nicht erwarten, daß ihn andere achten.

ALBERT EINSTEIN

Ehrfurcht ist das Erschaudern vor fremder Größe.

B. WARTH

Das Bedürfnis, geliebt zu werden, entspringt oft der Einsicht, nicht der Achtung wert zu sein.

KURT GUGGENHEIM

Die junge Generation hat auch heute noch Respekt vor dem Alter. Allerdings nur beim Wein, beim Whisky und bei den Möbeln.

TRUMAN CAPOTE

Achtung

Achte fremde Standpunkte, auch wenn sie deinen nicht widersprechen!

MICHAIL M. GENIN

Viele verlieren die Selbstachtung früher als ihre Gesundheit.

VYTAUTAS KARALIUS

Verehrung ist tiefgekühlte Liebe.

FRANÇOISE SAGAN

Alkohol

Am Rausch ist nicht der Wein schuld, sondern der Trinker.

Chinesisches Sprichwort

Lasset uns essen und trinken; wir sterben doch!

JESAJA 22,13

In vino veritas (Im Wein ist Wahrheit).

ALKAIOS

Ihr trinkt – und bleibt doch durstig.

HAGGAI 1,6

Zeige dich nicht tapfer beim Wein, denn viele hat er schon zugrunde gerichtet.

BEN SIRA 31,25

Soll ich den Kelch nicht trinken?

JOHANNES 18,11

Der Wein ist die erste Waffe, derer sich die Teufel im Kampfe gegen die Jugend bedienen. Die Habsucht macht den Menschen vor Gier zittern, der Stolz bläht ihn auf, der Ehrgeiz reizt ihn an, aber schlimmer ist die Wirkung des Weins.

HIERONYMUS

Der Wein ist die Arznei der Welt.

ABU MUHAMMAD NIZAMI

Die Süßigkeit des Rausches kommt aus des Weines Herbe.

HAFIS

Der Wein reizt zur Wirksamkeit: die Guten im Guten, die Bösen im Bösen.

GEORG CHRISTOPH LICHTENBERG

Der Wein erfindet nichts, er schwatzt's nur aus.

FRIEDRICH VON SCHILLER

Viele, die vernünftig sind, müssen sich betrinken. Das Beste im Leben ist nichts als Rausch.

LORD BYRON

Alkoholismus – Ursache aller modernen Krankheiten.

GUSTAVE FLAUBERT

Der Alkohol ist eine Brücke, aber kein Weg.

ALEXANDER VON SACHER-MASOCH

Wem der Wein nicht schmeckt, wie soll der den Trunkenen begreifen?

ISOLDE KURZ

Wie will man das Dasein Gottes leugnen und zugleich die Existenz von Kognak erklären?

RODA RODA

Es ist mir völlig gleichgültig, wohin das Wasser fließt, so lange es nicht in den Wein läuft.

GILBERT KEITH CHESTERTON

Der Alkohol ist ein Gift. Das haben die Physiologen bewiesen. Aber gegen den Alkohol ist damit gar nichts bewiesen. Denn ein Gift kann immer noch eine Medizin sein.

EGON FRIEDELL

Der ganze Unterschied zwischen einem der sich erhängt und einem Trinker ist der, daß sich der Trinker etwas mehr Zeit nimmt, seinem Leben ein Ende zu machen. Selbstmörder sind sie beide.

W. J. OEHLER

Schade, daß man einen Wein nicht streicheln kann.

KURT TUCHOLSKY

Alkoholiker haben allen Grund, auf ihre Gesundheit zu trinken.

WOLFRAM WEIDNER

Der Alkohol bewirkt Anfälle von Irresein.

JEAN COCTEAU

Der Wein hat mehr dazu beigetragen, die Menschen Gott anzunähern, als die Theologie. Seit langem haben die traurigen Trunkenbolde – gibt es denn überhaupt andere? – die Eremiten übertroffen.

É. M. CIORAN

Alkohol bewahrt alles, bis auf Würde und Geheimnisse.

ROBERT LEMBKE

Alkohol ist der einzige Feind, den der Mensch wirklich lieben gelernt hat.

ROBERT LEMBKE

Quartalsäufer versuchen immer wieder, Bruderschaft mit ihrem ärgsten Feind zu trinken.

WOLFRAM WEIDNER

Aus den kleinsten Gläsern trinkt man die größten Räusche.

HERBERT EISENREICH

Weekend: Alkoholidays.

HANNS-HERMANN KERSTEN

Alkoholismus: Gift und Gegengift sind identisch.

GERHARD UHLENBRUCK

Alkoholismus: Manche Liebe wird durch den Durst gelöscht.

GERHARD UHLENBRUCK

Steter Tropfen höhlt das Sein.

GERHARDT HILDEBRAND

Der Säufer macht nur einen Schluck zuviel: den ersten.

HELLMUT WALTERS

Versuche nie, Ärger in Alkohol zu ertränken. Du wirst ihn nicht los, denn – Alkohol konserviert.

OSKAR KUNZ

Der Mensch lebt nicht vom Brot allein. Nach einer Weile braucht er auch einen Drink.

WOODY ALLEN

in vino veritas – das entschuldigt den wein: das entschuldigt die wahrheit.

OSWALD WIENER

Trinkt einer, heißt es, er säuft. Säuft er, heißt es, er trinkt.

NIKOLAUS CYBINSKI

Trinker sind Menschen, die sich mit Alkohol über Wasser halten.

WERNER MITSCH

Alkohol löst Zungen, aber keine Probleme.

WERNER MITSCH

Alkohol ist fester Bestandteil unserer Gesellschaft geworden. Nun hat sie daran zu beißen.

HARDY SCHARF

Die Grenze zwischen einem starken Trinker und einem Säufer ist fließend.

BURCKHARD GARBE

Entwöhnungskur – Ende einer Schnapsidee.

HANS-HORST SKUPY

Anonym sind wir schon – jetzt werden wir Alkoholiker.

RALF BÜLOW

Alltag

Alte Gewohnheit ist stärker als Brief und Siegel.

Deutsches Sprichwort

Ein Tag sagt's dem anderen.

PSALMEN 19,3

Man findet am Altar die Frommen und in der Kneipe die Bezechten.

DANTE ALIGHIERI

Nur wenige Menschen erheben sich in ihrem Denken über das alltägliche Denken; noch weniger Menschen wagen das auszuführen und zu sagen, was sie denken.

HELVÉTIUS

Alltag

Das Tagtägliche erschöpft mich!

LUDWIG VAN BEETHOVEN

Unser Alltagsleben besteht aus lauter erhaltenden, immer wiederkehrenden Verrichtungen. Dieser Zirkel von Gewohnheiten ist nur Mittel zu einem Hauptmittel, unserem irdischen Dasein überhaupt, das aus mannigfaltigen Arten zu existieren gemischt ist.

NOVALIS

Vorurteile und all die Gemeinheiten und Widrigkeiten des Alltags sind notwendig; denn sie werden zu guter Letzt zu irgend etwas Brauchbarem verarbeitet wie der Dünger zu fruchtbarem Humus.

ANTON P. TSCHECHOW

Alltagsleid ist Alltagslied.

ELEONORE VAN DER STRATEN-STERNBERG

Jeder Dummkopf ist imstande, in irgendeinem Momente zum Helden zu werden. Aber der echte große Mann ist im alltäglichen Leben noch groß.

SWAMI VIVEKANANDA

In feierlichen Augenblicken schreitet jeder auf Stelzen einher. Erst im alltäglichen Leben zeigen wir uns, wie wir sind.

ROBERT SAITSCHICK

Dicht unter dem Alltag liegt die Poesie. Man braucht die Schicht des Alltäglichen nur zu ritzen, dann kommt sofort Poesie zum Vorschein.

EUGENE O'NEILL

An den großen Männern tröstet sich die Menschheit über die Erbärmlichkeit ihres Alltags.

EUGEN BÖHLER

Die Bedeutung eines Menschen, die Kraft seiner geistigen Strahlung, spürt man auch dann noch, wenn er sich im Alltag bewegt.

FRIEDRICH WITZ

Von allen Despotien der Weltgeschichte zeitigt die Despotie des Alltags die verheerendsten Folgen.

MARTIN KESSEL

Seelen, die ganz in Gott zu leben versuchen, erfahren die göttliche Gegenwart auch in den kleinsten Dingen des Alltags.

ADRIENNE VON SPEYR

Es gibt keinen Alltag. Es gibt nur Alltagsmenschen.

ANITA

Der Alltag ein Metronom. Wir gehorchen dem Diktat seines Pendels.

HEINRICH WIESNER

Das Alltägliche ist der Humus für unseren Lebensgarten.

ERNST R. HAUSCHKA

Der Festtag leistet sich Prinzipien, der Alltag lebt von Kompromissen.

HELLMUT WALTERS

Alltag. Taten schrumpfen zu Tätigkeiten.

WERNER MITSCH

Pflicht und Auftrag sind die Handschellen des Alltags.

RICHARD MUNK

Den sogenannten Alltag sollte man nicht alltäglich gestalten.

J. F. BLOBERGER

Erst der Alltag bringt das Nichts des Tages zutage.

THOMAS SCHMITZ

Alter

Es dauert lange, bis man der Welt Pulsschlag kennt.

Englisches Sprichwort

Das Alter ist nur eine zweite Kindheit.

ARISTOPHANES

Tote heilen und Greise ermahnen ist dasselbe.

DIOGENES

Alter

Genau wie ich einen jungen Menschen gutheiße, in dem eine Spur von Alter ist, billige ich einen alten Menschen, der das Aroma der Jugend hat. Wer sich bemüht, Jugend und Alter zu vermischen, wird wohl körperlich altern, aber nie geistig.

CICERO

Gibt es etwas Schöneres, als Greisentum umringt vom Wissensdurst der Jugend?

CICERO

Niemand ist so alt, daß er nicht noch ein Jahr leben zu können glaubt.

CICERO

Vor nichts muß sich das Alter mehr hüten, als sich der Lässigkeit und Untätigkeit zu ergeben.

CICERO

Alter gibt Erfahrung.

OVID

Die beste Wegzehrung des Alters ist das Leben gemäß der Natur, indem man denkt und tut, was man soll.

MUSONIOS VON VOLSINII

Einen Alten schilt nicht!

1 TIMOTHEUS 5,1

Alt ist derjenige, der Wahrheit erworben hat.

TALMUD – KIDDUSCHIN

Vor dem Ergrauten sollst du dich erheben und das Alter ehren.

TALMUD – KIDDUSCHIN

In der Jugend sind wir Männer, im Alter Kinder.

TALMUD – BABA QAMMA

Wer das Alter nicht ehrt, ist des Alters nicht wert.

TAUSENDUNDEINE NACHT

Es gibt kaum Menschen, die beim ersten Nahen des Alters nicht verrieten, wo ihr Körper und Geist zuerst schwach werden dürften.

LA ROCHEFOUCAULD

Im Alter der Liebe wie im Alter des Lebens lebt man noch für Leiden, aber nicht mehr für Freuden.

LA ROCHEFOUCAULD

Je älter man wird, desto törichter und weiser wird man.

LA ROCHEFOUCAULD

Nicht die Jahre, sondern die Untätigkeit macht uns alt.

CHRISTINE VON SCHWEDEN

Man fürchtet das Alter, obwohl man gar nicht sicher ist, es zu erreichen.

JEAN DE LA BRUYÈRE

Mancher Mensch hat weniger Klugheit als ein Tier und denkt nicht ans Alter, bis es da ist.

DANIEL DEFOE

Kein Weiser hat sich je gewünscht, jünger zu sein.

JONATHAN SWIFT

Jeder will lange leben, aber keiner will alt sein.

JONATHAN SWIFT

Man spricht viel von der Erfahrung des Alters. Das Alter nimmt uns die Torheit und Fehler der Jugend, aber es gibt uns nichts.

MONTESQUIEU

Wer da nicht den Geist hat seines Alters, hat vom Alter alle Wehen.

VOLTAIRE

Mit dem Alter nimmt die Urteilskraft zu und Genie ab.

IMMANUEL KANT

Die Arroganz des Alters muß sich damit abfinden, von der Jugend zu lernen.

EDMUND BURKE

Wenn alte Leute sich recht kennten, so würden sie nicht über Kinder die Schultern zucken.

JOHANN GEORG HAMANN

Das Alter macht mürrisch, tadelsüchtig und oft hartherzig und ungerecht gegen andere.

WILHELM LUDWIG WEKHRLIN

Alter

So wie der Mensch unabläßlich vor Alter stirbt, so werden andere Sachen unabläßlich durch Alter gut. Es geht mit unserer Weisheit nicht besser.

GEORG CHRISTOPH LICHTENBERG

Nichts macht schneller alt, als der immer vorschwebende Gedanke, daß man älter wird.

GEORG CHRISTOPH LICHTENBERG

Der Alte verliert eines der größten Menschenrechte: er wird nicht mehr von seinesgleichen beurteilt.

JOHANN WOLFGANG VON GOETHE

Keine Kunst ist's, alt zu werden; es ist Kunst, es zu ertragen.

JOHANN WOLFGANG VON GOETHE

Was man in der Jugend wünscht, hat man im Alter in Fülle.

JOHANN WOLFGANG VON GOETHE

Wenn man älter wird, muß man mit Bewußtsein auf einer gewissen Stufe stehenbleiben.

JOHANN WOLFGANG VON GOETHE

Man muß den guten Kern im Menschen bis ins späteste Alter aufbewahren. Wenn Verstand und Herz sich nicht trennen, altert der innere Mensch nie.

FRIEDRICH MAXIMILIAN KLINGER

Das Alter raubt dem geistreichen Menschen nur die für die Weisheit zwecklosen Eigenschaften.

JOSEPH JOUBERT

Der Abend des Lebens bringt seine Lampe mit.

JOSEPH JOUBERT

Das reife Alter ist aller Freuden des blühenden Jugendalters fähig und das hohe Alter aller Freuden der Kindheit.

JOSEPH JOUBERT

Das Alter ist nicht trübe, weil darin unsere Freuden, sondern weil unsere Hoffnungen aufhören.

JEAN PAUL

Wenn alte Gäule in Gang kommen, sind sie nicht zu halten.

CHRISTIAN GODFRIED LEHMANN

Das Alter erscheint mit den Jahren allmählich, aber mit einer Krankheit oder einem großen Unglücksfall, den nichts je wieder gutmachen kann, plötzlich.

WILHELM VON HUMBOLDT

Das Alter ist ein natürlicher, menschlicher Zustand, dem Gott seine eigenen Gefühle geschenkt hat, die ihre eigenen Freuden in sich tragen.

WILHELM VON HUMBOLDT

Es ist sichtbar ein Vorzug des Alters, den Dingen der Welt ihre materielle Schärfe und Schwere zu nehmen und sie mehr in das innere Licht der Gedanken zu stellen, wo man sie in größerer, immer beruhigender Allgemeinheit übersieht.

WILHELM VON HUMBOLDT

In natürlich gut gearteten Menschen sind dem Alter Ruhe, Aufhören vom Zufall abhängiger Bestrebungen, Geduld, Freiheit von zu ängstlichen Sorgen eigen, und diese Vorzüge erhöhen und verschönern alles.

WILHELM VON HUMBOLDT

Je älter und stiller man in der Welt wird, um so fester und froher hält man sich an erprüfte Gemüter. Und das ist auch ganz notwendig, denn das, was man hat, versteht und ermißt man erst recht, wenn man sieht, wie wenig manches andre ist.

FRIEDRICH HÖLDERLIN

Je länger der Mensch Kind bleibt, desto älter wird er.

NOVALIS

Im Alter gibt es keinen schöneren Trost, als daß man die ganze Kraft seiner Jugend Werken einverleibt hat, die nicht mitaltern.

ARTHUR SCHOPENHAUER

Das Alter ist ein großes Übel, denn es beraubt den Menschen aller Genüsse, läßt ihm aber das Verlangen danach und bringt alle Leiden mit sich.

GIACOMO GRAF LEOPARDI

Alter

In der Jugend herrscht die Anschauung, im Alter das Denken vor; daher ist jene die Zeit der Poesie, dieses mehr für Philosophie.

ARTHUR SCHOPENHAUER

Das Alter findet die Kraft des Ausdrucks; selbst die Gesichtsfarbe klärt sich.

RALPH WALDO EMERSON

Im beginnenden Alter empfindet man es als ein ungemeines Glück, wenn man mit der Abwägung der Welt im Reinen ist und die Dinge weder durch die eigenen Empfindungen noch durch die Darstellung anderer in wechselnden Farben sieht.

ADALBERT STIFTER

Drohend und fürchterlich ist das herannahende Alter, und da ist nichts, was es euch zurück und wieder hergibt! Selbst das Grab ist barmherziger.

NIKOLAJ W. GOGOL

Nicht die Jugend bedarf bei ihrem Schaffen der Ermunterung, sondern das Alter.

FANNY LEWALD

Die Jugend schafft, das Alter sammelt.

JOSEPH UNGER

Jung sein ist schön, alt sein ist bequem.

MARIE VON EBNER-ESCHENBACH

Alt werden heißt – sehend werden.

MARIE VON EBNER-ESCHENBACH

In der Jugend lernt man, im Alter versteht man.

MARIE VON EBNER-ESCHENBACH

Schlimmer noch als eine Jugend ohne Hoffnung ist ein Alter ohne Frieden.

MARIE VON EBNER-ESCHENBACH

Lacht nur über das Alter, ihr Jungen, lacht nur über eine Vergangenheit, die eure Zukunft ist!

MARIE VON EBNER-ESCHENBACH

Was einen, wenn man jung ist, als eine Mücke umschwirrte, das wird im Alter zu einer Hornisse.

WILHELM RAABE

Alter ist jene Lebensperiode, in der wir die Sünden, die wir noch begehen, dadurch wettmachen, daß wir jene verabscheuen, die zu begehen wir nicht mehr imstande sind.

AMBROSE BIERCE

Bei den meisten Menschen altert das Herz mit dem Körper.

GUY DE MAUPASSANT

Die Tragödie des Alters besteht nicht darin, daß man alt ist, sondern daß man jung ist.

OSCAR WILDE

Alte Leute sind gefährlich: Sie haben keine Angst mehr vor der Zukunft.

GEORGE BERNARD SHAW

Altwerden ist nur steigende Müdigkeit vor dem Schlafengehen.

M. HERBERT

Alter ist Verzicht auf Glück; glückliche gute Menschen werden innerlich nie alt.

M. HERBERT

Alterserscheinungen sind Drohbriefe des Todes.

ELEONORE VAN DER STRATEN-STERNBERG

Der Jüngling, der keine Tränen vergossen hat, ist ein Wilder. Der Greis, der nicht lachen will, ist ein Narr.

GEORGE DE SANTAYANA

Das Alter wird durch Erfahrung weitsichtig.

CARLOS VON TSCHUDI

Langlebigkeit ist nur erstrebenswert, wenn sie das Jungsein verlängert, nicht aber das Altsein hinauszieht.

ALEXIS CARREL

Alt ist jedermann von dem Tage an, da er sich nicht mehr bemüht, seine Fehler abzulegen.

SALOMON BAER-OBERDORF

Vielleicht die größte Tragödie des Alters, daß die Vorzüge der Jugend – Leichtsinn, Beweglichkeit, Liebesbereitschaft – beim alten Mann komisch wirken.

RODA RODA

Alter

Ein armseliges Alter, das nichts anderes hat als seine Erfahrungen.

SALOMON BAER-OBERDORF

Das Gute an der Senilität ist, daß sie einen selbst hindert, sie zu bemerken.

ALFRED POLGAR

Keine Grenze verlockt mehr zum Schmuggeln als die Altersgrenze.

KARL KRAUS

Vielleicht ist dies das Alter: wenn uns die Schmerzen leicht, die Freuden schwer werden.

WILHELM VON SCHOLZ

Das Alter beginnt in dem Augenblick, wo man nicht mehr ohne die Vergangenheit leben kann.

HEINRICH WOLFGANG SEIDEL

Die Jahre machen nicht alt. Das Altsein macht alt.

LISA WENGER

Es gibt eigentlich Jung und Alt nur unter Dutzendmenschen; alle begabteren und differenzierteren Menschen sind bald alt, bald jung, so wie sie bald froh, bald traurig sind.

HERMANN HESSE

Eines der vielen Dinge, die einem niemand über die mittleren Jahre verrät, ist die Tatsache, daß sie eine so angenehme Abwechslung vom Jungsein sind.

DOROTHY CANFIELD FISHER

Jugend hat keine Tugend, aber das Alter hat viele Laster.

FRITZ DE CRIGNIS

Wer auch im Alter jung bleiben will, muß sich möglichst vieler persönlicher Erinnerungsstücke entledigen, denn Erinnerungen machen alt.

ANDRÉ MAUROIS

Es sollte schön sein, alt zu werden, voll des Friedens, der aus Erfahrung stammt, und voll der Falten reifer Erfüllung.

D. H. LAWRENCE

Arme Menschen, die schon von Geburt an sehr alt sind!

INA SEIDEL

Jung ist, wer sich am Abend genauso fühlt wie am Morgen, alt, wer sich morgens so fühlt wie abends.

TADEUSZ KOTARBINSKI

Die Leute, die nicht zu altern verstehen, sind die gleichen, die nicht verstanden haben, jung zu sein.

MARC CHAGALL

Nicht das Alter der Greise, sondern ihre Jugend macht sie für die Umwelt befremdlich.

HUGO DIONIZY STEINHAUS

Die Gefahr ist heute nämlich, daß die Jugend durch Erziehung vermischt wird mit den Erwachsenen. Es geht ein Wert verloren, ein Phänomen an sich. So ist es auch beim Alter: dieses verarmt durch „Verjüngung".

MAX PICARD

Jedes Alter ist ein Gewordenes, das seine gesammelten Wege und Ankünfte an das Kommende weitergibt. So legt sich Schicht über Schicht. Aber jedes ist von anderer Struktur und Dichtigkeit.

ALBERT TALHOFF

Man ist dann alt geworden, wenn man nur noch von der Vergangenheit zehrt.

FRIEDL BEUTELROCK

Das Alter ist eine Zwangsjacke; wohl dem, der sie wie eine Uniform trägt!

K. H. BAUER

Frauen sind so alt, wie sie sich fühlen; Männer sind alt, wenn sie ihre Gefühle verlieren.

MAE WEST

Im Alter wickelt sich der Wolf aus dem Schafspelz.

EUGEN BÖHLER

Es wäre nicht so schlimm zu altern, wenn alle ersten Lieben in ewiger Jugend blühten.

LUDWIG MARCUSE

Alter

Wer jung bleiben will, muß mit der Zeit und ein Stück ihr voraus leben, mit Witz begabt sein und lachen können, vor allem über sich selbst.

JOHANNES R. BECHER

Es gibt nichts Schöneres in dieser Welt als einen gesunden weisen alten Mann.

LIN YUTANG

Älter werden heißt, auf Grund veralteter Erfahrungen falsche Schlüsse auf die Gegenwart ziehen.

KURT GUGGENHEIM

Das Alter lehrt die Kostbarkeit des Lebens.

KURT GUGGENHEIM

Endlos und glücklich ist das Greisenalter der Bösen, der Lüstlinge und der Erotomanen.

HENRY DE MONTHERLANT

Man muß den Mantel konkreter Tätigkeit im Alter dichter um die Schultern ziehen, um bei herandringender Weltraumkälte bestehen zu können.

HEIMITO VON DODERER

Wer sich im Alter noch wichtig fühlt, der ist am Leben vorbeigegangen.

JACOB LORENZ

Das Alter beneidet die Jugend zuletzt noch um ihr Zahnweh.

SIGMUND GRAFF

Im Alter werden wir in bezug auf andere klüger.

SIGMUND GRAFF

Sein Alter verbergen heißt, seine Erinnerungen abschaffen.

ARLETTY

Man begeht im Alter nicht mehr so viele Dummheiten, weil man sich nicht mehr so gescheit vorkommt.

CHARLES TSCHOPP

Alte Leute gleichen Reisenden, die nach einem längst verjährten Fahrplan reisen wollen.

CHARLES TSCHOPP

Alt werden heißt, sich selbst ertragen lernen.

HANS KUDSZUS

Die jüngere Generation ist der Pfeil, die ältere der Bogen.

JOHN STEINBECK

Es ist schön, jung zu sein. Aber es ist auch schön, bewußt alt zu werden.

JOHANNES HEESTERS

Im Alter bringt oft nur der Teufel noch Freuden.

JOACHIM GÜNTHER

Das Alter ist unheilbar.

BERNHARD POLLAK

Torheit schützt vorm Altern nicht.

JOSEF VIKTOR STUMMER

Je älter man wird, eine desto engere Beziehung unterhält man zu Gegenständen.

HANS HABE

Das Alter ist eine Wunde, in die die Jugend ihr Salz streut.

KEN KASKA

Der Vorteil des Alters liegt darin, daß man die Dinge nicht mehr begehrt, die man sich aus Geldmangel früher nicht leisten konnte.

WALTER MATTHAU

Wie alt man geworden ist, sieht man an den Gesichtern derer, die man jung gekannt hat.

HEINRICH BÖLL

Alt werden und dumm bleiben, das ist ein richtiges Kunststück!

HANS KASPER

Geschenk im Alter: Die Neugier bescheidet sich, ohne zu erlahmen.

HANS KASPER

Ist es denn nicht ein ungewöhnliches Glück, im Alter zu wissen, daß man dagewesen ist?

HANS KASPER

Jugend kommt aus heiterem Himmel, Alter bei Gott nicht. Kein Grund, Überraschung zu mimen.

HANS KASPER

Alter

Man kann am Leben hängen oder auf sein Alter schimpfen. Beides gleichzeitig zu tun ist verbreitet, aber wenig logisch.

HANS KASPER

In dem Maß, wie man altert, wühlt man immer mehr in seiner Vergangenheit statt in Problemen. Es ist eben leichter, Erinnerungen zu wälzen als Ideen.

É. M. CIORAN

Wenn beim Menschen die Muskeln versagen, merkt er das selbst. Wenn es im Kopf nachläßt, merken das zuerst die anderen.

PHILIP ROSENTHAL

Alter sollte Befähigung bedeuten, nicht Beschränkung.

MALCOLM FORBES

Alter ist meistens nur eine Ausrede.

RUDOLF ROLFS

Erst im Alter merkt man, wie sehr die Jugend und die besten Jahre von Klischees beherrscht waren.

OLIVER HASSENCAMP

Ich fühle mich nicht alt, weil ich so viele Jahre hinter mir habe, sondern weil nur noch so wenige vor mir liegen.

EPHRAIM KISHON

Altern. Die Schöpfung entläßt uns allmählich.

HEINRICH WIESNER

Pension ist die begehrteste Alterserscheinung.

WOLFRAM WEIDNER

Rentenalter – Lebensabschnitt, in dem nur noch Politiker voll bezahlt werden.

MICHAEL SCHIFF

Ältere Leute haben oft das Gefühl, sie würden in einem fremden Land leben.

WENDELIN SCHLOSSER

Wer der Sklave seiner Altersstufen ist, kann nicht Herr seiner selbst sein.

GERHARD BRANSTNER

Jugend eilt, Alter weilt.

GUIDO HILDEBRANDT

Alter schützt vor Liebe nicht, doch die Liebe schützt einen bis zu einem gewissen Grade vor dem Alter(n).

JEANNE MOREAU

Zwei zuverlässige Alterssymptome: auf die Jugend zu schimpfen und der Jugend zu schmeicheln.

GABRIEL LAUB

Viele Menschen altern ihrer Zeit voraus – weil sie das Alter fürchten, verschleudern sie ihre Jugend und verpassen den Anschluß an die Zeitlosigkeit.

GOTTFRIED EDEL

Im Alter ist noch Jugend, in der Jugend schon Alter.

GOLO MANN

Alt werden: Das Lernen verlernen und den Mut zum Mut verlieren.

GERHARD UHLENBRUCK

Altern ist die Kunst zu resignieren, ohne den Humor zu verlieren.

GERHARD UHLENBRUCK

Hörig wird man mit zunehmendem Alter sich selbst.

RAIMUND VIDRANYI

Die Kunst des Alterns besteht darin, in zunehmendem Maße sich überflüssig zu machen.

HELLMUT WALTERS

Die Kunst des Alterns besteht vor allem in der Kunst des sinnvollen Weglassens und nicht im Weglassen des Sinnvollen.

HORST FRIEDRICH

Altersweisheit: Wir reden fachmännisch über unseren Blutdruck und die Cholesterinwerte.

NIKOLAUS CYBINSKI

Es kommt nicht darauf an, wie alt man wird, sondern wie man alt wird.

WERNER MITSCH

Alter – Auszeichnung, die man sich in der Jugend verdient.

HANS-HORST SKUPY

Alt wird man von heute auf morgen.
LOTHAR SCHMIDT

Die Zeit zwischen Lebensende und Tod nennt man Alter.
ŽARKO PETAN

Ein alter Mann ist ein Kind mit Vergangenheit.
ŽARKO PETAN

Anfang

Wer gut sät, erntet gut.
Spanisches Sprichwort

Ich will es anfangen und – vollenden.
1 SAMUEL 3,12

Der Ausgang einer Sache ist besser als ihr Anfang.
PREDIGER 7,8

Der Anfang ist die Hälfte vom Ganzen.
ARISTOTELES

Der Anfang ist nicht die Hälfte des Ganzen, sondern er erstreckt sich bis ans Ende.
POLYBIOS

Wie du gesäet, so wirst du ernten.
CICERO

Im Anfang war das Wort, und das Wort war bei Gott – und Gott war das Wort.
JOHANNES 1,1

Was der Mensch sät, das wird er ernten.
GALATERBRIEF 6,7

Am Anfang steht der Glaube, am Ziel die Schau.
AUGUSTINUS

Aus Furcht vor einem Fehler nichts anzufangen, ist das Zeichen eines schlechten Mannes.
HITOPADESHA

Aller Anfang ist hingeordnet auf Vollendung.
THOMAS VON AQUIN

Leicht wird ein kleines Feuer ausgetreten, das – erst geduldet – Flüsse nicht mehr löschen.
WILLIAM SHAKESPEARE

Sein Beginnen vorher beschlafen ist besser, als nachher darüber schlaflos liegen.
BALTAZAR GRACIÁN

Falsch angelegte Dinge sind nie von Bestand; schon daß sie soviel verheißen, muß sie verdächtig machen, weil selbst nicht richtig ist, was zuviel beweisen will.
BALTAZAR GRACIÁN

Fang alles an nur mit Bedacht; führ alles mit Bestand; was darüber dir begegnen mag, da nimm Geduld zur Hand.
FRIEDRICH VON LOGAU

Anfang, bedenke das Ende!
GEORG WILHELM KURFÜRST VON BRANDENBURG

Es ist ein langer Weg vom Beginn einer Sache bis zu ihrer Durchführung.
MOLIÈRE

Aller Anfang ist leicht, und die letzten Stufen werden am schwersten und seltensten erstiegen.
JOHANN WOLFGANG VON GOETHE

Das Jahrhundert ist vorgerückt; jeder einzelne aber fängt doch von vorne an.
JOHANN WOLFGANG VON GOETHE

Nur der erste Schritt macht Schwierigkeiten.
GERMAINE (MADAME) DE STAËL

Schwerer Anfang ist zumeist zehnmal heilsamer als leichter Anfang.
JEREMIAS GOTTHELF

Aller Anfang ist schwer, jawohl; aber das rechtzeitige Aufhören ist eine noch schwierigere Kunst.
JOHANNES SCHERR

Nicht im Kopfe, sondern im Herzen liegt der Anfang!
MAKSIM GORKIJ

Anfang

Jedem Anfang wohnt ein Zauber inne.
HERMANN HESSE

Erfahrungen vererben sich nicht – jeder muß sie allein machen. Jeder muß wieder von vorn anfangen.
KURT TUCHOLSKY

Im Anfang war die Freude.
ZENTA MAURINA

Wer einfach nur anfängt, der hört bald auf. Den Anfang mobilisieren – das ist der Witz.
MARTIN KESSEL

Im Anfang war der Gedanke. Jedes Wort, jede Tat war zuerst Gedanke.
OTHMAR CAPELLMANN

Am Anfang war der Vorsatz.
ANITA

Der schwere Zug fängt langsam an zu rollen...
JOSEF VIKTOR STUMMER

Das Ende diktiert dem Anfang seine Leuchtkraft.
HANS ARNDT

Die Kunst. Anfangen, ohne aufgehört haben zu müssen.
WOLFDIETRICH SCHNURRE

Wehret den Anfängern!
SIEGFRIED & INGE STARCK

Dummer Anfang – teurer Fortgang.
GERHARD BRANSTNER

Aller Anfang ist leicht, wenn man ihn mit dem Ende vergleicht.
GERHARD UHLENBRUCK

Aller Anfang ist nur dann schwer, wenn man ihn sich zu leicht macht.
FRED REINKE

Aller Anfang ist schwer. Alle reden von der Vernunft und erwarten, daß die anderen endlich damit anfangen, sie zu gebrauchen.
AUREL SCHMIDT

Man wehre den Anfängen. Aber auch dem Ende.
MANFRED KUBOWSKY

Die Anfänge währen schon wieder.
WINFRIED THOMSEN

Mehret die Anfänge!
ANDRÉ BRIE

Daß wir beginnen, ist unser Ziel.
SULAMITH SPARRE

Angst

Angst und Schrecken bringen den Lahmen auf die Beine.
Deutsches Sprichwort

Wir sahen die Angst seiner Seele.
1 MOSE 42,21

Ich will reden in der Angst meines Herzens.
HIOB 7,11

In der Angst rief ich den Herrn an.
PSALMEN 118,5

Ängste erlebt, wer Sünde auf Sünde häuft.
BEN SIRA 3,27

Rascher als alles andere entsteht Angst.
LEONARDO DA VINCI

Die Angst wird sich immer Götzen schaffen.
HONORÉ DE BALZAC

Angst ist der Schwindel der Freiheit.
SØREN KIERKEGAARD

Mag uns die sichtbare Welt zuweilen anmuten wie aus Liebe gebildet; der Stoff des Unsichtbaren ist die Angst.
HERMAN MELVILLE

Die Angst ist unerträglicher als der Schmerz; die Angst schärft die Empfindungen, während der Schmerz sie abstumpft.
CARMEN SYLVA

Angst

Der Edle hat Angst um andere, der Gemeine um sich selber.

PAUL ERNST

Der Mensch, der von sich sagen darf, er habe stets in großer Angst gelebt, ohne je die Furcht zu kennen, ein solcher Mensch – was anderes bleibt ihm übrig, als zu marschieren, drauflos, ziellos, sinnlos?!

RUDOLF KASSNER

Die Angst kann die Unsterblichkeit nicht schaffen. Sie ist nicht so produktiv, einen solchen Gedanken hervorzubringen.

MAX PICARD

Angst haben wir alle. Der Unterschied liegt in der Antwort auf die Frage: wovor?

FRANK THIESS

Die Ängste bezeichnen die Grenzmarken unserer Persönlichkeit.

KURT GUGGENHEIM

Was nützt es, um sich keine Angst zu haben, wenn man um die Menschen, die man liebt, Angst haben muß?

HENRY DE MONTHERLANT

Die Menschen haben Angst und probieren gar nicht aus, wieviel Härte und Armut sie ertragen können.

WILLIAM FAULKNER

Der große Glauben ist die einzige sichere Rettung vor den kleinen Ängsten.

ANITA

Die Geistesstärke eines Menschen ist zu messen im Zustand der Angst. Nicht, daß jeder in gewaltige Angst gestürzt werden könne: jedoch ist der Unterschied der, ob er in diesem Zustand noch auf Überlegungen des Verstandes zu hören vermag oder nicht.

LUDWIG HOHL

Je mehr sich die Potentiale der Selbstzerstörung abzeichnen, um so mehr hilft die Angst.

HANS-GEORG GADAMER

Angst: Beweis für Sachkenntnis.

ROBERT LEMBKE

Er hatte seine Lebensangst so erfolgreich verdrängt, daß er sich gar nichts mehr vorstellen konnte.

RUDOLF HARTUNG

Die Atombombe ist ein Symbol unserer Daseinsangst.

PATER LEPPICH

Wer keine Angst hat, hat keine Phantasie.

WILLY STAEHELIN

Tausend Ängste bergen tausend Verluste.

D. M. FRANK

Angst ist die Voraussetzung fürs Überleben.

PETER SCHOLL-LATOUR

Tyrannen fällt es leicht, Angst zu verbreiten, weil sie genug davon haben.

WOLFRAM WEIDNER

Menschen ohne Phantasie haben keine Ängste.

GERHARD UHLENBRUCK

Angst hilft der Tugend auf die Beine.

THEO SOMMER

Angst einzugestehen – dazu gehört Mut.

FRITZ VAHLE

Angst: Mut mit Ladehemmung.

RUPERT SCHÜTZBACH

Mit der Angst könnten wir leben – wenn bloß die Ängste nicht wären...

NIKOLAUS CYBINSKI

Die Angst sieht die Gefahr durch ein Vergrößerungsglas.

ELISABETH HABLÉ

Angst hat Zukunft.

HANS-HORST SKUPY

Ich trage die Gänsehaut innen.

BIRGIT BERG

Dem Menschen die Angst wie einen Rucksack abzunehmen, wäre bereits ein Kunststück.

GERHARD JASCHKE

Aphorismus

Geist ist gut, aber Verstand besser.

Deutsches Sprichwort

Du wirst zum Sprichwort und zum Spott werden.

5 MOSE 28,37

Er hat mich zum Sprichwort unter den Leuten gemacht.

HIOB 17,6

Kürze ist erforderlich, um den Gedanken fortlaufen zu lassen.

HORAZ

Man müßte die Geistesblitze aus den Irrenhäusern sammeln, man fände viele.

MONTESQUIEU

Ich denke mir, über kurz oder lang werden die Menschen dazu kommen, mit Ausnahme der rein berichtenden Erzählung, alles in Aphorismen zu schreiben.

SAMUEL JOHNSON

Aphorismen sind die Einfälle der Philosophen.

VAUVENARGUES

Will man ein Aphorismenbuch lesen, ohne sich zu langweilen, so soll man es auf gut Glück aufschlagen, es weglegen, wenn man Interessantes gefunden hat – und nachdenken. Liest man es in einem Atem, so glaubt man, wie wenn man eine Reihe Kupferstiche gesehen hat, nur einen gesehen zu haben.

CHARLES JOSEPH FÜRST LIGNE

Eine ganze Milchstraße von Einfällen.

GEORG CHRISTOPH LICHTENBERG

Aphorismen können nur, insoweit sie Resultate sind, auf Mittelbarkeit Anspruch machen. Einfälle, als solche, mitzuteilen, setzt entweder große Anmaßung voraus, indem man sie für wichtig hält, oder Selbstgeringschätzung, indem man sich zur Belustigung des Augenblickes hergibt.

Resultate aber nenne ich nicht nur das Abschließliche, sondern auch das aus der Betrachtung von Problemen sich ergebende Anregende.

ERNST VON FEUCHTERSLEBEN

Warum rümpft ihr bei Aphoristischem so vornehm die Nase, lange Philister! Bei Gott, ist denn die Welt eine Fläche und sind nicht Alpen darauf, Ströme und verschiedene Menschen? Und ist denn das Leben ein System? Und ist es nicht aus einzelnen, halb zerrissenen Blättern zusammengeheftet, von Kindergekritzel, Jugendköpfen, umgestürzten Grabesschriften und weißen Zensurlücken des Schicksals?

ROBERT SCHUMANN

Aphoristische Bemerkungen sind oft wie ein farbloser Niederschlag aus lebendigen Wahrnehmungen, erst demjenigen wieder einen farbigen Inhalt darbieten, der eine eigene Lebenserfahrung hinzubringt. So gibt es Flüssigkeiten, die wie reines Wasser aussehen, aber durch Hinzutun eines neuen Stoffes den darin aufgelösten zur Erscheinung kommen lassen.

BERTHOLD AUERBACH

Ein guter Aphorismus ist die Weisheit eines ganzen Romans in einem einzigen Satz.

THEODOR FONTANE

Aphorismen sind vielleicht der beste Weg, um philosophische Überzeugungen darzulegen. Ein Philosoph, der darauf ausgeht, ein ganzes, kompliziertes System zu entwickeln, ist zuweilen unfreiwillig nicht mehr ganz aufrichtig. Er wird der Sklave seines Systems, dessen Symmetrie zuliebe er oft bereit ist, die Wahrheit zu opfern.

LEW N. GRAF TOLSTOJ

Ein Aphorismus ist der letzte Ring einer langen Gedankenkette.

MARIE VON EBNER-ESCHENBACH

Aphorismus: vorverdaute Weisheit.

AMBROSE BIERCE

Der Aphorismus, die Sentenz, sind die Formen der „Ewigkeit".

FRIEDRICH NIETZSCHE

Aphorismus

Aphorismen sind nur Fetzen der Wahrheit, geben sich aber für die ganze aus.
ROBERT GERSUNY

Richtige Aphorismen kommen nicht aus dem Gehirne, sondern aus dem Leben.
PETER ALTENBERG

Aphorismen sind doch keine Aphorismen um Gottes willen! Es ist doch nur, um euch im Leben rasch kurz zu helfen. Sie können doch daher weder geistreich noch blöd sein. Wie die Medizinen: die können doch auch weder geistreich noch blöd sein, sondern helfen oder nicht helfen!
PETER ALTENBERG

Aphorismen sollen nicht ausgedachte Wahrheiten sein, sondern momentane Erleuchtungen aus dem Unterbewußtsein.
PETER ALTENBERG

Aphorismen: Wenn der blitzartig rasche Gedanke richtig ist, bedarf er keiner historischen Entwicklung. Und wenn er unrichtig ist, kann ihn eine langsame, naturgemäße, historische Entwicklung auch nicht verbessern!
PETER ALTENBERG

Ein Aphorismus erscheint mir wie ein Zwergobstbaum, der auf wenig Ästen oft mehr Früchte trägt, als ein großer knorriger Baum, der viel falsches Holz treibt.
ELEONORE VAN DER STRATEN-STERNBERG

Schüttle ein Aphorisma, so fällt eine Lüge heraus und eine Banalität bleibt übrig.
ARTHUR SCHNITZLER

Die Aphorismen – was sind sie eigentlich in der gemischten Gesellschaft der literarischen Produkte? Wohl die Nervösen, Blasierten, Süffisanten. Nervös in der hastigen Weise, in der sie sich geben, blasiert durch den halblauten Ton, in dem sie gehalten sind, süffisant insofern sie konstatieren, daß irgend etwas, das sie eben bemerken, schon hundertmal dagewesen ist.
ARTHUR SCHNITZLER

Aphorismen sind Gedankenreliefs.
JOHANNES NACHT

Die Geistesblitze machen's nicht, machen kein Licht. Wenn das wäre, hätte Gott nicht, außer den Blitzen, noch eine Sonne zu schaffen brauchen.
CONSTANTIN BRUNNER

Mancher Aphorismus ist das Grabmal eines frühzeitig verstorbenen großen Gedankens.
HERMANN BAHR

Ein brillanter Aphorismus ist eine feierliche Platitüde, die gerade vom Maskenbildner kommt.
LIONEL STRACHEY

Aphorismen sind die speziellen Sätze des Typischen.
HEINRICH GERLAND

Aphorismen sind Betätigungen des sich ausruhenden Geistes.
HEINRICH GERLAND

Der gute Aphorismus ist wie eine mathematische Formel. Er stellt eine Erfahrungstatsache dar, in die eine ganze Menge Einzelerscheinungen aus Welt, Leben und Gesellschaft mit mehr oder weniger Rest aufgehen.
CARL HAGEMANN

Der treffende Aphorismus setzt den getroffenen Aphoristiker voraus.
ALFRED POLGAR

Einen Aphorismus zu schreiben, wenn man es kann, ist oft schwer. Viel leichter ist es, einen Aphorismus zu schreiben, wenn man es nicht kann.
KARL KRAUS

Einer, der Aphorismen schreiben kann, sollte sich nicht in Aufsätzen zersplittern.
KARL KRAUS

Der längste Atem gehört zum Aphorismus.
KARL KRAUS

Der Aphorismus deckt sich nie mit der Wahrheit; er ist entweder eine halbe Wahrheit oder anderthalb.
KARL KRAUS

Aphorismus

Ein Aphorismus braucht nicht wahr zu sein, aber er soll die Wahrheit überflügeln. Er muß mit einem Satz über sie hinauskommen.

KARL KRAUS

Einen Aphorismus kann man in keine Schreibmaschine diktieren. Er würde zu lange dauern.

KARL KRAUS

Aphorismen sind Persönlichkeits-Extrakt. Das innerste Knochengerüst des Geistes tritt da heraus. Nun liebt oder haßt, wie es euch gefällt!

RUDOLF VON DELIUS

Der Aphorismus ist eine Kunstform wie jede andere. Er ist kein Keim, kein Abfall, kein Rest, kein Bruchstück, sondern ein Ganzes. Er ist weder eine Frühgeburt der Ohnmacht noch ein überhitztes Wunderkind.

OSCAR A. H. SCHMITZ

Der gute Aphoristiker muß hassen können.

OTTO WEININGER

Aphorismen: Gedanken als Ereignisse.

VILHELM EKELUND

Ein guter Aphorismus soll auf der Zunge zergehen wie ein Bonbon und – weg ist er! So nach üblicher Auffassung.

ROBERT MUSIL

Wichtig zu Aphorismus: Wer sagt das? Ein Mensch, nicht bloß der Autor! Also: der Autor als Mensch.

ROBERT MUSIL

Aphorismen schreiben sollte nur einer, der große Zusammenhänge vor sich sieht.

ROBERT MUSIL

Aphorismus – das kleinste mögliche Ganze.

ROBERT MUSIL

Aphorismen sind die Schwalben der Dialektik.

EUGENIO D'ORS Y ROVIRA

Aphorismen – Geist in Raten.

ADOLF REITZ

Ein guter Aphorismus dankt seine Knappheit dem Verstande, seinen Gehalt dem Herzen. So kann es nicht fehlen, daß in ihm die ganze Welt enthalten ist.

PAUL GRAF THUN-HOHENSTEIN

Ein Aphorismus ist für eine lange Gedankenkette der kürzeste und schönste Faden.

CARL AUGUST EMGE

Von seinem Schöpfer geprägt und meisterlich facettiert, ist der Aphorismus ein an sich unscheinbarer und kaum ins Auge springender, inhaltsmäßig aber ein von geistigem Feuer erfüllter und farbensprühender Kristall von einem Wert, den oft nur ein Schätzmeister sprachlicher und gedanklicher Juwelen festzustellen vermag.

MAX STEBICH

Der Aphorismus ist der Kristall unter den mehr oder minder durchsichtigen Mineralien des Gedachten; er ist ein Blitz, der für die Dauer eines Augenaufschlages das Dunkel des dumpf Gefühlten erhellt; er spricht aus, was sich gemeinhin der Aussage entzieht.

FRIEDL BEUTELROCK

Ein Band Aphorismen ist nicht so sehr der Ausdruck einer Gedankenbewegung als eine Sammlung von Gedankensplittern, wobei sich in einem Splitter – seltener Fall – das ganze Problem spiegeln kann.

JOHANNES R. BECHER

Der Aphorismus ist ein geistiges Florett.

OTTO MICHEL

Aphorismen sind geballte Ergebnisse von Denkvorgängen, gerundet, gefeilt und kunstvoll ins geschliffene Wort gebracht.

FRIEDRICH WITZ

Der gute Aphorismus ist ein Ventilstoß geistiger Blähung.

HEINRICH LEXA

Der Aphorismus will nicht Dumme gescheit, sondern Gescheite nachdenklich machen.

SIGMUND GRAFF

Aphorismus

Aphorismen sind Kernsätze. Gute Aphorismen sind Kernsätze, bei denen auch die Lüge zu ihrem Recht kommt.

LUDWIG FRIEDRICH BARTHEL

Die Würze des Aphorismus ist Vielen ein Ärgernis.

FRANZ SLOVENČIK

Ein Buch voll Aphorismen ist wie eine Gewitternacht voll Blitze: Ein glänzendes Feuerwerk; aber nur selten schlägt es ein.

CHARLES TSCHOPP

Ein treffender Aphorismus spießt die Wahrheit auf, ohne sie zu beschädigen.

CARL MERZ

Der echte Aphorismus trifft ins Zentrum und strahlt von dort aus.

MARTIN KESSEL

Ein echter Aphorismus ist ein Universum im Wassertropfen.

MARTIN KESSEL

Der Witz des Aphoristischen besteht in der Kunst, durch ein bloß Angedeutetes die Vorstellung einer Totalität heraufzurufen.

MARTIN KESSEL

Aphorismen in die Welt senden heißt, nach einem Nicken des Einverständnisses fahnden.

MARTIN KESSEL

Aphorismen sind Gegengaben: der Geist gibt als Weisheit zurück, was das Leben ihm schenkte.

MARTIN KESSEL

Der Aphorismus ist ein Anstoß zu einer sich im Leser vollziehenden Kristallisation.

MARTIN KESSEL

Aphorismen sind Spiele des Denkens mit sich selbst. Deshalb bedienten sich ihrer niemals Propheten oder Heilige.

HANS KUDSZUS

Jeder Aphorismus ist das Amen einer Erfahrung.

HANS KUDSZUS

Der Aphorismus ist die älteste, die einfachste und die allgemeinste Form philosophischer Erwägung.

HANS MARGOLIUS

Jeder Aphorismus ist Bekenntnis persönlicher Erfahrung und philosophische Besinnung zugleich – Leben und Gedanke in einem.

HANS MARGOLIUS

Aphorismen sind Gedanken – und als solche, wie alle Gedanken aller Wissenschaft, aller Dichtung, aller Philosophie – nicht das Leben selber. Aber Aphorismen sind Gedanken voll unmittelbarer, lebendiger Erinnerung des Lebens – dem Leben, der Wirklichkeit nahe.

HANS MARGOLIUS

Wenn die Sonne auf ihn fällt, glitzert ein Splitter kräftiger als ein Spiegel; dies gilt auch für den Aphorismus.

ERWIN CHARGAFF

Es gibt Aphorismen, in denen ein ganzes Buch durch die Auslassung alles Wesentlichen konzentriert wird.

ERWIN CHARGAFF

Ein Wortspiel ist wie ein Baum, der in den Blitz einschlägt.

ERWIN CHARGAFF

Manchem mag es scheinen, daß ein Aphorismus nur ein Satz ist, mit dem eine Katze sich als Tiger aufspielt: sie sammelt sich zum Sprunge, aber sie kommt nicht weit. Und doch hat es Aphorismen gegeben, die durch die Zeiten donnern.

ERWIN CHARGAFF

Aphorismen nach dem Inhalt zu ordnen, verleiht ihnen den Reiz eines Flohzirkus.

ERWIN CHARGAFF

Aphorismen sind die Lyrik der Vernunft.

ERWIN CHARGAFF

Aphorismen sind, was übrig bleibt, wenn alles Wichtige nicht gesagt wird.

ERWIN CHARGAFF

Aphorismus ist die Wortwerdung der Wörter.

ERWIN CHARGAFF

Aphorismus

Der Aphoristiker ist eigentlich ein Verzweifelter: er hat die Hoffnung aufgegeben, daß er es jemals weiterbringen wird. Mögen die Perlen, die aus ihm hinausfallen, noch so vollkommen sein, sie sind fast nicht wahrnehmbar, man braucht ein Mikroskop.

ERWIN CHARGAFF

Der Aphorismus ist ein Stolpern über ein Elfenbein.

ERWIN CHARGAFF

Der Aphorismus ist eine freche Frühgeburt.

ERWIN CHARGAFF

Der Aphorismus: ein zum Bleistiftspitzen verwendeter Damaszenerdolch.

ERWIN CHARGAFF

Die großen Aphoristiker lesen sich so, als ob sie alle einander gut gekannt hätten.

ELIAS CANETTI

Ein Aphorismus, der lebhaften Widerspruch auslöst, hat seinen Sinn fast ebensowenig verfehlt wie einer, der rasche Zustimmung findet.

JOACHIM GÜNTHER

Beim Aphorismus muß etwas stimmen, nicht er.

JOACHIM GÜNTHER

Manche Aphorismen blenden, statt zu erleuchten.

GÜNTER BLÖCKER

Aphorismen sind Telegramme stenographierten Lebensgefühls.

KURT WORTIG

Aphoristisch zu denken ist der Versuch, der Unvollkommenheit gedanklicher Perfektion zu entgehen.

HANS KASPER

Der sprachliche Ausdruck ursprünglichen Denkens ist der Aphorismus; und man wird bei den großen Denkern, auch wenn sie ihre Gedanken nicht in dieser Form mitgeteilt haben, doch unschwer überall inmitten des zusammenhängenden Textes das

Aphoristische ihrer eigentlichen Aussagen erkennen.

WOLFGANG STRUVE

Der Aphorismus – selber eine Sprach- und Gedankeninsel, daher die angemessenste Form ihrer Verlautbarung.

WOLFGANG STRUVE

Der Aphorismus ist der Handschlag der Sprache.

HANS LOHBERGER

Der Aphorismus ist der Kurzstreckenläufer der Prosa. Sportsfreunde, erspart ihm die Hürdendistanz!

JUPP MÜLLER

Die schlechtesten Aphorismen sind es nicht, die davon träumen, auf Kalenderzetteln zu enden.

KURT MARTI

Die aphoristische Definition ist eine Definition, der zum Glück die Perfektion fehlt.

LOTHAR SCHMIDT

Aphorismen sind Sternschnuppen der Seele.

ELISABETH MARIA MAURER

Aphorismen schreiben heißt, auf die Sprünge helfen oder Beine machen.

KARLHEINZ DESCHNER

Aphorismen sind Randbemerkungen, die es zu etwas gebracht haben.

WOLFRAM WEIDNER

Aphorismen regen den Verfasser zum Denken an.

HEINRICH WIESNER

Aphorismen sind Ansätze, die keine Angst haben, steckenzubleiben.

WOLFGANG HERBST

Aphorismen führen den Leser nur ein Stück in besondere Richtung; die Weite des Weges muß er selbst zurücklegen.

FRANZ PETER KÜNZEL

Gibt es eine Form, die weniger langweilen dürfte als der Aphorismus?

ROBERT EMANUEL LOOSEN

Aphorismus

Vom Aphorismus erwartet der Leser ohne weiteres, daß er einen Gedanken enthält. Daher müßte es jedem Schriftsteller zur Pflicht gemacht werden, der Kontrolle halber auch Aphorismen zu schreiben.

GERHARD BRANSTNER

Der Aphorismus ist ein gewitztes Kerlchen, das Kunst und Philosophie in Liebe gezeugt haben: von der Philosophie hat es die Art zu fragen, von der Kunst die Art zu antworten.

GERHARD BRANSTNER

Sprüche lassen sich leichter klopfen als Steine.

KARL GARBE

Ein Aphorismus ist ein Roman, aus dem der Lektor alles Überflüssige gestrichen hat.

MICHAIL M. GENIN

Aforismen sind auf Entlarvungen aus.

HUGO ERNST KÄUFER

Aphoristiker sind schlechte Parteiredner – die brauchen mehr Zeit.

HUGO ERNST KÄUFER

Das Potenzproblem des Aphoristikers: je kürzer, desto besser.

HANNS-HERMANN KERSTEN

Aphorismen: Hobelspäne vom Baum der Erkenntnis.

HANNS-HERMANN KERSTEN

Aphorismus: Ein Indiz dafür, daß jemandem ein Gedanke durchgegangen ist. Durch den Kopf.

HANNS-HERMANN KERSTEN

Der Aphorismus bekämpft die Beschränktheit auf beschränktestem Raum.

HANNS-HERMANN KERSTEN

Der Aphorismus ist die Philosophie in äußerster Nähe zur Herrschaft – der Hofnarr unter den literarischen Gattungen...

HERMANN SCHWEPPENHÄUSER

Aphorismen: Die Schlüsselsätze von Texten, die nicht geschrieben wurden.

GABRIEL LAUB

Aphorismensammlung: billigster Gedankenausverkauf.

GABRIEL LAUB

Aphorismen entstehen nach dem gleichen Rezept wie Statuen: Man nehme ein Stück Marmor und schlage alles ab, was man nicht unbedingt braucht.

GABRIEL LAUB

Der Aphoristiker ist ein Specht am Baum der Erkenntnis; er klopft Sprüche mit scharfem Schnabel an den Stellen, wo der Wurm drin ist.

GERHARD UHLENBRUCK

Aphorismen sind gedankliche Kurzschlüsse, die mit einem Geistesblitz enden.

GERHARD UHLENBRUCK

Die eigene Betroffenheit macht den Aphoristiker so treffsicher.

GERHARD UHLENBRUCK

Aphorismen sind Weltliteratur in Drogenform.

GOTTFRIED EDEL

Der Aphorismus ist das philosophische Knochenmark der Satire.

MATTHEW HODGART

Aphorismen von Rang kommen mit Geist und Körper zugleich auf die Welt.

HELLMUT WALTERS

Der Aphorismus ist gleichsam die Emanzipation einer kleinen Wahrheit aus der Verlogenheit eines etablierten Zusammenhangs.

HERBERT HECKMANN

Aphoristische Definitionen sind kandierte Früchte vom Baum der Erkenntnis.

HELMAR NAHR

Im Aphorismus ist der Gedanke nicht zu Hause, sondern auf dem Sprung.

HELMUT ARNTZEN

Ein Aphorismus zieht aus der Inkongruenz von Gedanke und Sprache Nutzen für beide.

PETER BENARY

Aphorismus

Aphorismen: Kopfkonfekt.

RUPERT SCHÜTZBACH

Aphorismen sind die Galle des Einzelnen gegen die Gesamtheit.

MARGARETE LANGKAMER-NORDMANN

Überheblichkeit ist die Grundhaltung des Moralisten, ohne die kein Aphorismus glückt.

ELAZAR BENYOËTZ

Ein guter Aphorismus ist von erschöpfender, ein schlechter von ermüdender Kürze.

ELAZAR BENYOËTZ

Was haben Striptease und Aphorismus gemeinsam? Bei beiden kommt es darauf an, soviel wie möglich wegzulassen.

MARKUS M. RONNER

Der Aphorismus ist ein Spatz im Adlerkäfig.

PETER TILLE

Aphorismen sind verlogene Wahrheiten.

RICHARD MUNK

Den Dingen den Zusammenhang vorzuenthalten ist die Sünde der aphoristischen Unzucht.

BEAT SCHMID

Der Aphorismus muß sitzen. Möglichst auf einem Nadelkissen.

WOLFGANG ESCHKER

Aphoristiker – literarische Don Quijotes.

HANS-HORST SKUPY

Entdeckung, daß der Teufel im Detail steckt: Geburt des Aphorismus.

HANS-HORST SKUPY

Aphorismen – vollendete Sätze.

HANS-HORST SKUPY

Aphorismen – abgeleitete Geistesblitze.

HANS-HORST SKUPY

Es gibt fremde Aphorismen, die ich sehr gerne adoptieren möchte.

ŽARKO PETAN

Ein Aphorismus erspart oft eine Polemik.

FRANK EDINGER

Arbeit

Arbeitsschweiß an Händen hat mehr Ehre als ein goldener Ring am Finger.

Deutsches Sprichwort

Angenehm sind die erledigten Arbeiten.

CICERO

Unablässige Arbeit, die Arbeit im Schweiße des Angesichts, besiegt alles.

VERGIL

Welche Gegend auf Erden ist nicht erfüllt durch unsere Arbeit?

VERGIL

Was die Nahrung für das Leben, ist für das Sittlich-Schöne die Arbeit.

PHILO

Jeder Tag hat seine Plage.

MATTHÄUS 6,34

Der Arbeiter ist seiner Speise wert.

MATTHÄUS 10,10

So jemand nicht will arbeiten, der soll auch nicht essen.

2 THESSALONICHERBIEF 3,10

Heil dem Menschen, der alle Arbeit und alle Last auf sich nimmt!

TALMUD – AWODA SARA

Derjenige, der von seiner Hände Arbeit lebt, steht höher als der Fromme.

TALMUD – BERACHOT

Es ist etwas Großes um die Arbeit, denn sie ehrt ihren Mann.

TALMUD – GITTIN

Für alle gibt es eine Zeit der Ruhe und eine Zeit der Arbeit.

POLYDORE VERGIL

Du, Gott, verkaufst uns alle guten Dinge zum Preise der Arbeit.

LEONARDO DA VINCI

Arbeit

Keines Arbeit gelte gering.

FIRDAUSI

Der Mensch ist zur Arbeit geboren wie der
Vogel zum Fliegen.

MARTIN LUTHER

Es paßt sich aber nicht, daß einer auf des
andern Arbeit hin müßig geht, reich ist und
wohllebt, während es dem Arbeitenden übel
geht, wie es jetzt die verkehrte
Gewohnheit ist.

MARTIN LUTHER

Man soll die gar nicht hören, die da vorgeben,
daß allein Handarbeit eine Arbeit zu
nennen ist.

MARTIN LUTHER

Die Arbeit, die uns freut, wird zum
Vergnügen.

WILLIAM SHAKESPEARE

Die Arbeit ist der Preis, für den man den
Ruhm erkauft.

BALTAZAR GRACIÁN

Solange wir jung sind, arbeiten wir wie
Sklaven, um uns etwas zu schaffen, wovon
wir bequem leben können, wenn wir alt
geworden sind. Und wenn wir alt sind,
merken wir, daß es zu spät ist, so zu leben.

ALEXANDER POPE

Arbeit ist das sicherste Kapital.

JEAN DE LA FONTAINE

Lebe ich noch einen Tag, schaff ich auch
noch einen Tag.

KIN-KU KI-KUAN

Wir müssen arbeiten, um uns für eine bessere
Verwendung recht würdig zu machen; das
Weitere geht uns nichts an, das ist die Sache
der anderen.

JEAN DE LA BRUYÈRE

Der Mensch ist nicht arm, wenn er nichts
besitzt, sondern wenn er nicht arbeiten mag.

MONTESQUIEU

Arbeit ist häufig der Vater des Vergnügens.

VOLTAIRE

Laßt uns arbeiten, ohne zu grübeln; das ist
das einzige Mittel, das Leben erträglich zu
machen.

VOLTAIRE

Das Wort Arbeit läßt eine weite Bedeutung
zu. Wenn wir das Wohl unserer Mitmenschen
zu fördern suchen, wenn wir den
Anforderungen des Lebens zu genügen
bemüht sind, so arbeiten wir. Jeder muß
seiner Stellung entsprechend mit seinem
Pfunde wuchern.

JEAN-JACQUES ROUSSEAU

Es ist von größter Wichtigkeit, daß Kinder
arbeiten lernen. Der Mensch ist das einzige
Tier, das arbeiten muß.

IMMANUEL KANT

Wenn man einmal eine Arbeit vorhat, so ist
es gut, bei der Ausführung sich nicht gleich
das Ganze vorzustellen. Man arbeite an dem,
was man gerade vor sich hat, und wenn man
damit fertig ist, gehe man an das nächste.

GEORG CHRISTOPH LICHTENBERG

Arbeite nur, die Freude kommt von selbst!

JOHANN WOLFGANG VON GOETHE

Die Langsamkeit des Alters erleichtert die
Geduld bei der Arbeit.

JOSEPH JOUBERT

Arbeit ist des Bürgers Zierde, Segen ist der
Mühe Preis.

FRIEDRICH VON SCHILLER

Arbeit ist das beste Heilmittel für alle
Krankheiten und alles Elend, das die
Menschheit je befallen hat – ehrliche Arbeit.

THOMAS CARLYLE

Arbeiten und nicht verzweifeln.

THOMAS CARLYLE

Gesegnet ist der, der seine Arbeit liebt. Er
möge keinen anderen Segen erbitten.

THOMAS CARLYLE

Ein Mann, der gern arbeiten möchte und
keine Arbeit finden kann, ist vielleicht der
traurigste Anblick, den uns die Ungleichheit
des Glückes unter der Sonne sehen läßt.

THOMAS CARLYLE

45

Arbeit

Man erkundige sich nur näher nach den Personen, die durch ehrloses Betragen sich auszeichnen; immer wird man finden, daß sie nicht arbeiten gelernt haben oder die Arbeit scheuen.

JOHANN GOTTLIEB FICHTE

In der Arbeit ist das Wissen aller religiösen Grundbegriffe enthalten, die unsere Gesellschaft lebensfähig macht.

HONORÉ DE BALZAC

Arbeite und erwirb, und du hast das Rad des Zufalls angekettet.

RALPH WALDO EMERSON

Das höchste Glück, das einem Menschen widerfahren kann, ist, zu einer Beschäftigung geboren zu sein, die ihm Arbeit und Freude spendet, ob er Körbe oder Säbel macht, Kanäle oder Statuen baut oder Lieder dichtet.

RALPH WALDO EMERSON

Ich brauche Ruhe und Heiterkeit der Umgebung und vor allem Liebe, wenn ich arbeite.

ADALBERT STIFTER

Heimisch in der Welt wird man nur durch Arbeit; wer nicht arbeitet, ist heimatlos.

BERTHOLD AUERBACH

Unser Leben ist der Mord durch Arbeit; wir hängen sechzig Jahre lang am Strick und zappeln.

GEORG BÜCHNER

Es wird ein Dekret erlassen, daß, wer sich Schwielen in die Hände schafft, unter Kuratel gestellt wird; daß, wer sich krank arbeitet, kriminalistisch strafbar ist; daß jeder, der sich rühmt, sein Brot im Schweiße seines Angesichts zu essen, für verrückt und der menschlichen Gesellschaft gefährlich erklärt wird.

GEORG BÜCHNER

Wenn der Mensch keinen Genuß mehr in der Arbeit findet und bloß arbeitet, um so schnell wie möglich zum Genusse zu gelangen, so ist es nur ein Zufall, wenn er kein Verbrecher wird.

THEODOR MOMMSEN

Durch Arbeit macht sich der Mensch frei; durch Arbeit wird er Herr der Natur; durch Arbeit zeigt er, daß er mehr ist als Natur.

SØREN KIERKEGAARD

Kein Mensch hat das Recht untätig zu sein, wenn er Arbeit finden kann, selbst wenn er so reich wie Krösus sein sollte.

JOSIAH G. HOLLAND

Die Gesellschaft findet nun einmal nicht ihr Gleichgewicht, bis sie sich um die Sonne der Arbeit dreht.

KARL MARX

Der Mensch, der nicht arbeiten will und keine Art intellektuellen Genusses kennt, wird so sicherlich ein Werkzeug des Bösen werden, als ob er sich persönlich dem Teufel verschrieben hätte.

JOHN RUSKIN

Nicht, was er mit seiner Arbeit erwirbt, ist der eigentliche Lohn des Menschen, sondern was er durch sie wird.

JOHN RUSKIN

Das Immer-arbeiten-müssen macht egoistisch wie alles Ausschließliche; es ist bürgerlich respektabel und verdirbt doch den Charakter.

THEODOR FONTANE

Die Arbeit ist die erste Grundbedingung allen menschlichen Lebens, und zwar in einem solchen Grade, daß wir in gewissem Sinn sagen müssen: sie hat den Menschen selbst geschaffen.

FRIEDRICH ENGELS

Es ist sündhaft, in Apathie zu verfallen. Verstärkte Arbeit – mit Liebe verrichtet – das ist das wirkliche Glück.

FJODOR M. DOSTOJEWSKIJ

Arbeit ist nur dann Arbeit, wenn sie ohne Zweifel notwendig ist.

LEW N. GRAF TOLSTOJ

Arbeit ist der unvermeidliche Zustand im menschlichen Leben, die wahre Quelle menschlichen Wohlergehens.

LEW N. GRAF TOLSTOJ

Arbeit

Der Mensch lebt nicht darum, daß man für ihn arbeite, sondern daß er arbeite für andere.

LEW N. GRAF TOLSTOJ

Man muß arbeiten, wenn nicht aus Lust an der Arbeit, dann aus Verzweiflung, denn, wenn man es recht bedenkt, ist die Arbeit doch schließlich weniger langweilig als das Vergnügen.

CHARLES BAUDELAIRE

Der Arbeiter soll seine Pflicht tun, der Arbeitgeber soll mehr tun als seine Pflicht.

MARIE VON EBNER-ESCHENBACH

Im Schweiße des Angesichts verdient man nur Brot, aber keinen Lorbeer, und es erfordert daher viel Arbeit, damit man der Arbeit die Arbeit nicht anmerke.

DANIEL SPITZER

Die Natur hat weise... dem Arbeitsmann rauhe Hände gegeben.

LUDWIG ANZENGRUBER

Die einzige Wahrheit liegt in der Arbeit: die Welt wird eines Tages das sein, wozu die Arbeit sie gemacht haben wird.

ÉMILE ZOLA

Die Arbeit breitet Fangnetze aus, in welchen eines schönen Morgens die Visionen zappeln.

CARL SPITTELER

Arbeit um der Arbeit willen geht gegen die Natur.

JOHN LOCKE

Ich habe nie Wertvolles zufällig getan. Meine Erfindungen sind nie zufällig entstanden. Ich habe gearbeitet.

THOMAS ALVA EDISON

Der Schweiß ist die Träne der Arbeit.

PETER HILLE

Arbeiten ist bei sich selbst sein.

PETER HILLE

Arbeit, die wir lieben, ist das einzige, was uns mit dem Leben versöhnen kann.

HERMANN BANG

Wir wollen immer eingedenk sein, daß Arbeit und Beschäftigung mit etwas Bestimmtem und Nützlichem eine unerläßliche Bedingung des Lebensglückes ist.

RALPH WALDO TRINE

Eines Tages Arbeit ist eines Tages Arbeit, weder mehr noch weniger, und der Mensch, der sie leistet, bedarf eines Tages Nahrung, einer Nacht Ruhe und angemessener Muße – sei er Maler oder Landmann.

GEORGE BERNARD SHAW

Kein Mensch bedarf des Mitleids, weil er arbeiten muß. Bei weitem der schönste Preis, den das Leben zu bieten hat, ist die Möglichkeit, schwere, jedoch lohnende Arbeit zu verrichten.

THEODORE ROOSEVELT

Arbeit hat für mich etwas Faszinierendes. Ich kann stundenlang davorsitzen und sie betrachten. Ich habe sie gern in meiner Nähe: der Gedanke, sie loszuwerden, zerbricht mir fast das Herz.

JEROME K. JEROME

Arbeit ist eigentlich nur das, was anderen nutzt.

M. HERBERT

Der Reichtum des Landes sind seine arbeitenden Menschen.

THEODOR HERZL

Eine Arbeit, die dich freut, ist nicht Arbeit, sondern Würze des Lebens.

ELEONORE VAN DER STRATEN-STERNBERG

Auf Arbeit haben wir ein Recht, doch nicht auf ihre Früchte.

SWAMI VIVEKANANDA

Die Arbeit ist der Eckstein, auf dem die Welt ruht; sie ist die Wurzel unserer Selbstachtung.

HENRY FORD

Was ich aus der Hand gebe, muß so redlich und gut sein, wie jedes Wort aus meinem Munde. Wer lumpige Arbeit macht, wird langsam selber ein Lump.

HERMANN STEHR

Arbeit

Arbeit geben ist seliger denn nehmen.

A. BERTHOLD

Was sich alle Menschen wünschen:
ausreichend Arbeit und ausreichend Kraft, sie
zu verrichten.

RUDYARD KIPLING

Bei allen Menschen ist zu wissen wichtig, ob
sie aus Not, aus Eitelkeit, aus Langeweile
oder aus Liebe schaffen.

WALTHER RATHENAU

Ich glaube fest an das Glück. Je schwerer ich
arbeite, desto mehr habe ich davon.

STEPHEN BUTLER LEACOCK

Wem die Arbeit Andacht ist, der kann sich
das Beten ersparen.

SALOMON BAER-OBERDORF

Ohne Diskussionen, Dispute und
Meinungsstreit ist keine Bewegung, auch
keine Arbeiterbewegung, möglich.

WLADIMIR I. LENIN

Wer sich die Unsumme von Geduld
vergegenwärtigt, mit der die Masse der
Menschen ihr tägliches Arbeitslos trägt, der
wird sie namenlos achten müssen, diese
„Menge", trotz alledem und alledem.

CHRISTIAN MORGENSTERN

Es gibt zwei Arten von Arbeit: einmal die
Lage von Dingen auf oder nahe der
Erdoberfläche zu verändern; zum andern
Menschen anzuweisen, es zu tun. Die erste
Art ist unangenehm und schlecht bezahlt; die
zweite ist angenehm und hoch bezahlt.

BERTRAND EARL RUSSELL

Ich glaube, daß in der Welt viel zuviel
gearbeitet wird, daß die Überzeugung,
Arbeiten sei an sich schon vortrefflich und
eine Tugend, ungeheuren Schaden anrichtet,
und daß es not täte, den modernen
Industrieländern etwas ganz anderes zu
predigen, als man es bislang immer tat.

BERTRAND EARL RUSSELL

Arbeit ist Leben, gewiß. Aber Leben ist
nicht – Arbeit.

FRIEDRICH KAYSSLER

Ein nicht arbeitender Mensch, auch wenn er
betete und fastete, ist Gott fremd.

KAROL BRZOZOWSKI

Die Menschen scheinen am glücklichsten zu
sein, wenn sie umsonst arbeiten und es sich
leisten können.

ROBERT LYND

Andere arbeiten zu sehen, macht hungrig.

GUSTAV HILLARD

Was nützt die schönste geniale Idee ohne
ehrliche Arbeit?

FERDINAND EBNER

Arbeit als Freude – unzugänglich den
Psychologen.

FRANZ KAFKA

Arbeitslosigkeit ist keine
Selbstverständlichkeit.

GOTTLIEB DUTTWEILER

Der Versuch, beschäftigt zu wirken, wenn
man es nicht ist, ist die schwerste Aufgabe
von allen.

WILLIAM FEATHER

Maßhalten im Ruhen ist sehr gut, aber auch
Maßhalten in der Arbeit.

DHAN GOPAL MUKERDSHI

Kraft durch Freude. Der Arbeiter gibt die
Kraft und der Unternehmer hat die Freude.

FRIEDRICH SCHRÖDER-SONNENSTERN

Wer sich dem Schaffen entzieht, verdirbt
seine Ruhe. Wer sich dem Schaffen versklavt,
verdirbt sein Schaffen.

LUDWIG STRAUSS

Nur bei der Arbeit ist der Mensch nicht gern
allein.

WLADIMIR MAJAKOWSKIJ

Die Leute taugen nichts, die zu viel arbeiten
und zu wenig denken.

PJOTR L. KAPITSA

Man kann aus der geringsten Arbeit ein
Denkvergnügen machen.

KURT GUGGENHEIM

Arbeit

Die Arbeit wurde erst bei der Vertreibung aus dem Paradies als Strafe auferlegt.

PETER BAMM

Je mehr eine Arbeit um des Menschen willen geschieht, desto segensreicher ist sie.

ZENTA MAURINA

Keine Gnade der schlechten Arbeit!

BERT BRECHT

Wer nicht arbeitet, kann sich auch nicht freuen.

HANNS EISLER

Für die Mehrheit der Menschen ist Arbeit die einzige Zerstreuung, die sie auf Dauer aushalten können.

DENNIS GÁBOR

Wer nicht an sich selbst arbeitet, arbeitet nicht an dem Werke oder an der Aufgabe, die er übernommen hat.

OTTO HEUSCHELE

Wer sich zu wichtig für kleinere Arbeit hält, ist meistens zu klein für wichtige Arbeit.

JACQUES TATI

Man kann einen Menschen nicht bloß in seiner Beziehung zum anderen Geschlecht vorstellen, einen Mann nicht; die meiste Zeit unseres Lebens verbringen wir mit Arbeit.

MAX FRISCH

Für den die Arbeit ein Vergnügen ist, der hat keine Zeit.

MAX SCHWARZ

Auch unsere Urgroßeltern haben regelmäßig ein Beruhigungsmittel genommen. Es hieß Arbeit.

ROBERT LEMBKE

Durch Arbeit wirst du eher bucklig als reich.

GREGOR VON REZZORI

Stille Arbeit bekommt nur selten gerechten Lohn.

LEO LOHBERGER

Arbeitsplatz geht vor Menschenleben.

OLIVER HASSENCAMP

Wer selbst arbeitet, verliert leicht den Überblick.

WILLY STAEHELIN

Es ist ein großer Unterschied, ob einer einer Arbeit nachgeht oder nachläuft.

ERNST DITTRICH

Tunix ist besser als arbeitslos.

WOLFGANG NEUSS

Arbeit ist der Quell der Lebensfreude. Man bleibt jung, wenn man gefordert wird.

ANNELIESE ROTHENBERGER

Arbeitslosigkeit erkennt man daran, daß es Arbeit macht, Arbeit zu finden.

WOLFRAM WEIDNER

Arbeit ist der Fluch der Menschen, die es nicht verstehen, andere für sich arbeiten zu lassen.

WOLFRAM WEIDNER

Arbeit ist die altmodische Form der Vermögensbildung.

WOLFRAM WEIDNER

Der Prolet gilt viel im eignen Lande.

SIEGFRIED & INGE STARCK

Die Sinnlosigkeit der Arbeit, das ist die Psychologie eines Sklaven.

ANDRZEJ WAJDA

Nimm es mit der Arbeit nicht so genau, sie könnte sonst Spaß machen.

GERHARD BRANSTNER

Die Arbeit stellt einen Menschen auf die Probe, es ist die beste Art, ihn kennenzulernen. Man sieht die Müdigkeit, die Konzentration, die Stärke, die Zerbrechlichkeit, auch die Komplexität der Beziehungen untereinander, man erlebt auch die Spannungen und den Respekt voreinander ganz anders.

JEANNE MOREAU

Wir alle arbeiten bis zur Selbstvernichtung. Einige bringen dabei sogar etwas zustande.

GABRIEL LAUB

Arbeit

Teamwork – eine Verschwörung der Mittelmäßigkeit.

DAVID OGILVY

Keine Arbeit ist unbedeutend. Jede Arbeit zum Nutzen der Menschheit hat ihre Würde und Wichtigkeit, und jede sollte mit dem steten Streben nach Vollkommenheit getan werden.

MARTIN LUTHER KING

Arbeit ist die Hauptbeschäftigung zwischen zwei Urlauben.

GERHARD UHLENBRUCK

Ein Auskommen läßt sich immer finden, wofern man nur seine Sache recht gründlich halb macht.

HERMANN SCHWEPPENHÄUSER

Wer die Arbeit auf viele Schultern verteilt, sollte wenigstens wissen, wem er was aufgeladen hat.

HORST FRIEDRICH

Das Recht auf Arbeit wird nicht dadurch verbessert, daß wir es in den Grundrechtskatalog aufnehmen; ich halte es für ein angeborenes Naturrecht. Es kommt mehr auf die Verwirklichung durch die Gesetze an.

NORBERT BLÜM

Arbeitskraft. Die kürzeste Formel, auf die sich im Sprachgebrauch gewisser Wirtschaftsführer der Mensch bringen läßt.

AUREL SCHMIDT

Ehrenamtliche sind die weißen Schafe unter den Schwarzarbeitern.

GISELA KNAPPE

Er kannte sein Recht auf Arbeit, aber er war nicht rechthaberisch.

MANFRED STRAHL

Betrug und Wucher sind strafbar; nur nicht im Verhältnis von Arbeitgeber zu Arbeitnehmer.

WOLFGANG BITTNER

Im Kapitalismus arbeiten alle für einen; im Kommunismus keiner für alle.

WOLFGANG ESCHKER

Arbeit ist des Lebens Kürze.

WERNER EHRENFORTH

Wir sind nicht glücklich – aber beschäftigt.

GERT UDO JERNS

Arbeitslosengeld macht frei.

WINFRIED THOMSEN

Arbeit adelt. Die Finanzaristokratie.

HANS-HORST SKUPY

Kurzarbeit: Gipfel der Rationalisierung.

HANS-HORST SKUPY

Im Arbeitsprozeß machen Mikroprozessoren mit den Arbeitsplätzen kurzen Prozeß.

HANS-HORST SKUPY

Arbeitslosenmillionär.

HANS-HORST SKUPY

Arbeit ist ein Fluch. Alles andere ist Gerede.

TORSTI LEHTINEN

Betriebsklima: Summe aller Witterungsfaktoren, die die Arbeitskraft beeinflussen.

GERD WOLLSCHON

Arbeit geben ist seliger denn Arbeit nehmen.

GERD WOLLSCHON

Arbeit adelt. Ein umgekehrter Fall ist nicht bekannt.

GERD WOLLSCHON

Proletarier aller Länder, schämt euch!

RADIVOJE DANGUBIĆ

Arbeitnehmer: Geistig unterentwickelter Mensch, der acht Stunden täglich in einem Sklavendasein auf seine ideologischen Befreier wartet.

KONRAD GERESCHER

Arbeit schändet nicht, deshalb freuen sich die Prostituierten.

MANFRED HAUSIN

Jeden Morgen erhebt sich das Volk. Und geht zur Arbeit.

MICHAEL AUGUSTIN

Alles läßt sich gerecht verteilen. Bloß die Arbeit nicht.

WOLFGANG MOCKER

Die Früchte unserer Arbeit umgeben uns. Nun genießt sie auch!

LUTZ HÄSCHEL

Tausche verdienstvolle Tätigkeit gegen gehaltvolle Arbeit.

THOMAS SPANIER

Ärger

Ärger hat keine Augen.

Indisches Sprichwort

Schwer ist der Stein, eine Last der Sand; doch Ärger weges des Toren ist schwerer als beide.

SPRÜCHE 27,3

Selig, der nicht Ärgernis nimmt an mir.

MATTHÄUS 11,6

Daß niemand seinem Bruder ein Ärgernis bereite.

RÖMERBRIEF 14,13

Immer wieder auf einen Verdruß zurückkommen, ist eine Art von Verrücktheit.

BALTAZAR GRACIÁN

Es ist unmöglich, jemandem ein Ärgernis zu geben, wenn er es nicht nehmen will.

FRIEDRICH VON SCHLEGEL

Leid ist manchmal leichter zu ertragen als Verdruß.

MARIE VON EBNER-ESCHENBACH

Die Welt ist einmal darauf gegründet, daß sich einer an dem andern ärgere.

WILHELM RAABE

Manchmal läßt es sich nicht vermeiden, daß man Anstoß erregt.

VINCENT VAN GOGH

Er läßt sich seinen Ärger beim Essen durch keinen Appetit verderben...

KARL KRAUS

Wer sich ärgert, büßt für die Sünden anderer Menschen.

KONRAD ADENAUER

Ärgern ist Energieverschwendung.

CURT GOETZ

Es gibt zwar Ärger ohne Liebe, aber keine Liebe ohne Ärger.

FELICITAS VON REZNICEK

Ärger ist seelische Akne.

SIEGFRIED & INGE STARCK

Ärger und auch Krach und auch heftige Zusammenstöße sind außerhalb des Paradieses nicht zu vermeiden.

HERMANN KANT

Der Ärger ist als Gewitter, nicht als Dauerregen gedacht; er soll die Luft reinigen und nicht die Ernte verderben.

ERNST R. HAUSCHKA

Mensch ärgere mich nicht!

GERHARD UHLENBRUCK

Mit dem Happy-end kann ein neuer Verdruß beginnen.

HANS-HORST SKUPY

Argument

Die Anklage hören viele, die Rechtfertigung wenige.

Deutsches Sprichwort

Ein jeglicher sei seiner Meinung gewiß.

RÖMERBRIEF 14,5

Man würze, wie man will, mit Widerspruch die Rede: wird Würze nur nicht Kost, und Widerspruch nicht Fehde.

GOTTHOLD EPHRAIM LESSING

Argument

Was Männer am schwersten verzeihen, das ist der offene Widerspruch gegen ihre Meinungen.

SUZANNE NECKER

Alle Disputationen zielen nicht auf Eintracht, sondern auf Sieg.

WILHELM LUDWIG WEKHRLIN

Sei nicht ungeduldig, wenn man deine Argumente nicht gelten läßt.

JOHANN WOLFGANG VON GOETHE

Es ist der Wahrheit nichts so gefährlich, als wenn einseitige Meinungen einseitige Widerleger finden.

FRIEDRICH VON SCHILLER

Fehler, daß man den andern nur widerlegen, nicht überreden will.

JEAN PAUL

Das Gleiche läßt uns in Ruhe; aber der Widerspruch ist es, der uns produktiv macht.

JOHANN PETER ECKERMANN

Seid nicht zu beflissen, einen tiefen Sinn aus den Worten anderer herauszulesen.

CHARLES KINGSLEY

Der Standpunkt macht es nicht, die Art macht es, wie man ihn vertritt.

THEODOR FONTANE

Wir müssen die Diskussion zulassen, um nicht zur Sekte zu werden, aber der gemeinsame Standpunkt muß gewahrt bleiben.

FRIEDRICH ENGELS

Niemals sollt ihr euch rechtfertigen.

LEW N. GRAF TOLSTOJ

Die Leute, denen man nie widerspricht, sind entweder die, welche man am meisten liebt, oder die, welche man am geringsten achtet.

MARIE VON EBNER-ESCHENBACH

Es ist sehr gefährlich, zuzuhören. Hört man zu, kann man überzeugt werden, und wer sich durch ein Argument überzeugen läßt, ist ein von Grund auf unvernünftiger Mensch.

OSCAR WILDE

Ich gebe mir die größte Mühe, die passende Erwiderung zu finden. Und dann sage ich sie mit der größtmöglichen Leichtfertigkeit.

GEORGE BERNARD SHAW

Ohne Widerspruch können wir nicht sein, nur am Widerspruch entzündet sich immer das Leben wieder.

HERMANN BAHR

Im Wortgefecht ist jeder zweite ein Deserteur.

ELEONORE VAN DER STRATEN-STERNBERG

Bevor einer etwas bestreitet, sollte er immer sagen, was er nicht bestreitet.

GILBERT KEITH CHESTERTON

Nicht wie ein Mensch zustimmt, sondern wie er abwehrt, läßt bisweilen seinen Charakter erkennen.

FRIEDL BEUTELROCK

Wen es nicht manchmal zwingt, für den Gegner zu argumentieren, der steht noch nicht ganz im Gespräch.

LUDWIG STRAUSS

Man muß den Mut haben, auch längst Gesagtes immer neu wieder zu sagen, sofern es sagens- und denkenswert ist.

FRIEDRICH WITZ

Mehr widerlegen, weniger widerstreiten!

HEINRICH LEXA

Nimm niemals ein Nein als Antwort entgegen!

PAUL WILLIAM GALICO

Argumente fruchten nur wenig, weil nicht zu beweisen ist, daß etwas wahr sei, sondern daß jemand irrt.

KARL HEINRICH WAGGERL

Im Munde gewisser Leute reizen die eigenen Ansichten zum Widerspruch.

KARL HEINRICH WAGGERL

Seinen Gegner anhören ist würdiger, als ihm das Wort verbieten.

HERBERT BÖHME

Jede andere Gewalt als die des Arguments muß bei der Leitung von Menschen ausgeschaltet werden.

WERNER EGK

Wenn dir niemand mehr widerspricht, frag dich, warum.

BERNHARD POLLAK

Argumente verpflichten nicht, darum hat man sie immer bereit.

ROBERT SCHALLER

Man kann Argumente und Überzeugungen seines Sohnes nicht deswegen weniger respektieren, weil er jung ist.

WILLY BRANDT

Liefert eurem Gegner keine Argumente schlechter Qualität!

WIESLAW BRUDZINSKI

Argumente sind Ausreden mit Hand und Fuß.

WOLFRAM WEIDNER

Polemik ist, was die Gegenseite vorbringt.

WOLFRAM WEIDNER

Zustimmendes Nicken verbeugt sich vor dem Argument.

HEINRICH WIESNER

Götz-Zitat: Ersatz für sachliche Argumente.

MICHAEL SCHIFF

Verteidige deinen Standpunkt so lange, bis du sicher bist, recht zu haben.

MICHAIL M. GENIN

Hüte dich vor schlagenden Argumenten!

HEINRICH NÜSSE

Bei Vergleichen, die hinken, gehen die Argumente am Stock.

GERHARD UHLENBRUCK

Das letzte Argument des Starken ist die Faust.

HELLMUT WALTERS

Des Geistes beste Munition – treffsichere Argumente.

HORST FRIEDRICH

Eine gute Sache bedarf nicht vieler Worte, um zu überzeugen. Endlose Debatten aber sind ein Zeichen dafür, daß mit zweierlei Maß gemessen wird.

ELIZABETH SCHULER

Geld ist ein Argument – und oft nicht einmal das schlechteste.

WERNER MITSCH

Seine Argumente waren stärker als meine – um eine ganze Dienstklasse.

PAJO KANIŽAJ

Wer etwas zu sagen hat, bediene sich nicht der Aggression; Deutlichkeit genügt.

PETER HORTON

Wer durch Fußtritte auf geistige Argumente reagiert, beweist, welches Organ er hauptsächlich im Erkenntnisprozeß einzusetzen hat.

BERND KOLF

Wer denkt, bevor er spricht, kommt heutzutage mit seinen Argumenten immer zu spät.

JÜRG MOSER

Armut

Ein Armer ist arm daheim und in der Fremde.

Persisches Sprichwort

Wer sich des Armen erbarmt, der leiht dem Herrn.

SPRÜCHE 19,17

Wer dem Armen gibt, dem wird nicht mangeln.

SPRÜCHE 28,27

Die Armut in einer Demokratie ist dem gepriesenen Glücke bei den Despoten gerade so sehr vorzuziehen wie die Freiheit der Knechtschaft.

EURIPIDES

Armut

Armut und Reichtum wohnen nicht im Hause, sondern im Herzen der Menschen.

ANTISTHENES

Schmerzlose Armut ist besser als verbitterter Reichtum.

MENANDER

Es ist etwas Edles um eine fröhliche Armut.

EPIKUR

Je mehr Verbote und Beschränkungen das Reich hat, desto mehr verarmt das Volk.

LAO DSE

Laß die Armen rühmen deinen Namen.

PSALMEN 74,21

Lieber Armut mit Anstand als Reichtum mit Gemeinheit. Lieber sterben in Ehren als leben in Schande.

DSCHENG HÜAN

Wer ausreichend für seinen Bedarf hat, ist nicht arm.

HORAZ

Überall liegt der Arme am Boden.

OVID

Wer einen gerechten Pakt mit der Armut geschlossen hat, ist reich.

SENECA

Auch ein Armer, der selbst von der Wohltätigkeit lebt, soll einem noch Ärmeren Wohltaten erweisen.

TALMUD – GITTIN

Nur in den Armen können wir Gott etwas schenken.

FRANZ VON ASSISI

Es gibt nichts Törichteres, als immer Armut zu leiden, um einmal nicht Armut leiden zu müssen.

FRANCESCO PETRARCA

Wer Arme quält, quält selbst den lieben Gott.

LOPE DE VEGA

Der Arme ist nie frei. In jedem Lande dient er.

VOLTAIRE

Unter allen Lagen bleibt stolze Armut stets die schlimmste.

CALDERÓN DE LA BARCA

Armut ist die einzige Last, die schwerer wird, je mehr Geliebte daran tragen.

JEAN PAUL

Habt Mitleid mit der Armut, aber noch hundertmal mehr mit der Verarmung! Nur jene, nicht diese macht Völker und Individuen besser.

JEAN PAUL

Armut macht keine Schande, aber sie ist verdammt unbequem.

SYDNEY SMITH

Nach den fetten Kühen die mageren, nach den mageren gar kein Fleisch.

HEINRICH HEINE

Gegen nichts ist die Welt so hart wie gegen Armut, und nichts verdammt sie mit mehr Strenge als das Streben nach Reichtum.

CHARLES DICKENS

Der Gedanke, daß für die meisten Menschen auch die armseligsten Genüsse und Freuden unerreichbare Kostbarkeiten sind, macht mich sehr bitter.

GEORG BÜCHNER

Wenn du einem Menschen das Gefühl der Armut geben willst, gib ihm 1000 Dollar. Die nächsten 100 Dollar, die er kriegt, werden ihm nicht mehr wert sein als die zehn, die er üblicherweise erhielt.

HENRY DAVID THOREAU

Der innere Reichtum steht in geradem Verhältnis zur äußeren Armut. Bei kaltem Wetter brennt das Feuer mit reinerer Flamme.

HENRY DAVID THOREAU

Armut schändet nicht; das Wort haben die Reichen erfunden.

CARL SCHURZ

Arm ist nicht, wer wenig hat, sondern wer viel braucht.

PETER ROSEGGER

Die besten unter den Armen sind nie dankbar. Sie sind undankbar, unzufrieden, ungehorsam, Rebellen. Sie sind es mit vollem Recht. Sie empfinden, daß die Mildtätigkeit eine lächerlich unzulängliche Art teilweiser Rückerstattung oder ein sentimentales Almosen ist.

OSCAR WILDE

Ein Armer, der stiehlt, ist nicht viel schlechter als ein Reicher, der nichts gibt.

MAX BEWER

Der Klügere gibt nach, sagte man einst; der Ärmere gibt nach, sagt man jetzt.

ELEONORE VAN DER STRATEN-STERNBERG

Armut hält mehr Heime zusammen als sie zerbricht.

SAKI

Wahrhaft arm sein heißt, reich scheinen müssen.

ROBERT WALSER

Die Verarmung eines Menschen oder eines Landes verwandelt seine Freunde in Ratgebende, Kritiker und Richter.

FRANÇOIS MAURIAC

Einem Reichen darf man seine Armut nicht zeigen, einem Armen seinen Reichtum nicht.

KURT GUGGENHEIM

Wie arm wäre die Welt, hätte die Armut nie zu leiden gehabt!

KARL HEINRICH WAGGERL

Der Arme ist am sichersten vor Verarmung und kann sich unter Gleichen sogar für begütert halten.

SIGMUND GRAFF

Wer die Armut nicht verträgt, wird den Reichtum nicht vertragen.

CHARLES TSCHOPP

Unser Leben in Armut ist so notwendig wie die Arbeit selbst. Erst in der ewigen Seligkeit werden wir erkennen, wieviel wir den Armen für ihre Hilfe schulden, Gott zu lieben.

MUTTER TERESA

Der Wohlfahrtsstaat löst die Armut nicht von selbst auf.

BRUNO KREISKY

Der Reichtum auf dieser Welt hat ein geradezu obszönes Ausmaß erreicht und ein geradezu obszönes Ausmaß hat auch das Elend erreicht.

JOSÉ SARAMAGO

Der Traum macht die Welt für den Armen reich.

ERNST R. HAUSCHKA

Auch arme Leute haben manchmal kein Geld.

GERHARD BRANSTNER

Armut wird auf Dauer nicht durch Almosen überwunden, sondern nur, wenn sich die Armen durch Arbeit aus der Armut herausarbeiten können.

NORBERT BLÜM

Wir leben auf Kosten der Dritten Welt und wundern uns, wenn das Elend anklopft.

GREGOR GYSI

Arzt

Frage lieber einen Erfahrenen als einen Arzt.

Arabische Weisheit

Oft stirbt eines guten Arztes Sohn an einer Krankheit.

MENG DSE

Eine lange Krankheit spottet des Arztes.

BEN SIRA 10,10

Die Starken bedürfen des Arztes nicht.

MATTHÄUS 9,12; MARKUS 2,17

Vergiß nicht, wie viele Ärzte tot sind, nachdem sie so oft die Stirn über ihre Patienten gerunzelt haben.

MARC AUREL

55

Arzt

Der Arzt ist unseres Herrgotts Flicker.
MARTIN LUTHER

Dieses soll der Arzt wissen: die Natur ist auch ein Arzt, eine Apotheke und eine Arznei. Ihr soll der Arzt den Vortritt lassen.
PARACELSUS

Der Arzt soll nicht einen Patienten abschätzen wie ein Metzger ein Tier, das er schlachten will.
PARACELSUS

Die medizinische Kunst ist nicht so beschränkt, daß man nicht die Erlaubnis für das erhalten kann, was man gern tun möchte. Wenn Ihr Arzt es für unzuträglich hält, daß Sie schlafen, Wein trinken oder eine besondere Speise essen, machen Sie sich keine Sorgen. Ich werde einen anderen für Sie auftreiben, der mit ihm nicht übereinstimmt.
MICHEL DE MONTAIGNE

Das Beste an diesem Beruf ist eben, daß unter den Toten eine Diskretion, eine Ehrbarkeit herrscht, wie sonst nirgends in der Welt: noch nie hat sich einer über den Arzt beklagt, der ihn umgebracht.
MOLIÈRE

Merke dir, daß der Zorn eines Arztes mehr zu fürchten ist, als man sich denken kann.
MOLIÈRE

Vom philosophischen Standpunkt aus betrachtet, gibt es für mich überhaupt keinen drolligeren und lächerlicheren Hanswurst als einen Menschen, der sich einbildet, einen anderen gesund machen zu können.
MOLIÈRE

Solange die Menschen sterblich sind und am Leben hängen, wird man über die Ärzte spotten, sie aber gut bezahlen.
JEAN DE LA BRUYÈRE

Wenn ein Arzt hinter dem Sarg eines Patienten geht, folgt manchmal tatsächlich die Ursache der Wirkung.
VOLTAIRE

Gott heilt. Der Arzt kassiert.
BENJAMIN FRANKLIN

Ehe es Ärzte gab, kannte man nur Gesundheit oder Tod.
WILHELM VON HUMBOLDT

Die gefährlichsten Ärzte sind die, welche es dem geborenen Arzte als geborene Schauspieler mit vollkommener Kunst der Täuschung nachmachen.
FRIEDRICH NIETZSCHE

Für einen Arzt ist der Mensch alles.
LUDOLF VON KREHL

Da wir aus Ärzten Kaufleute machen, zwingen wir sie, die Handelskniffe zu erlernen.
GEORGE BERNARD SHAW

Was die Ehre und das Gewissen der Ärzte betrifft, so haben sie davon so viel wie jede andere Menschenklasse, nicht mehr und nicht weniger. Und welche andere Menschenklasse wagt zu behaupten, sie sei unparteiisch, wo ein starkes Geldinteresse auf dem Spiele steht?
GEORGE BERNARD SHAW

Man kann kein guter Arzt sein ohne Mitleid.
AXEL MUNTHE

Es gibt Menschen, die halten den Arzt für den Blitzableiter des Todes, sie vergessen aber, daß schlechte Blitzableiter den Blitz anziehen.
ELEONORE VAN DER STRATEN-STERNBERG

Als Arzt an das Leben nach dem Tode glauben muß schrecklich sein.
A. O. WEBER

Die Sprache der Ärzte ist notgedrungen mit vielen Fremdworten durchsetzt; es ist die medizinische Gaunersprache.
AUGUST BIER

Die Kunst vieler Ärzte: das Vertrauen ihrer Patienten.
SALOMON BAER-OBERDORF

Es ist ein armseliges Geschäft, die Leute auszunützen, unter dem Vorwand, sie zu heilen, und eine peinliche Lage, sich in der Menge der Einfaltspinsel und der Schufte zu verlieren, die die ärztliche Welt korrumpieren.
ALEXIS CARREL

Arzt

Der Arzt muß sich mit dem konkreten Leiden auf Gedeih und Verderb auseinandersetzen und weiß nichts mehr hinter sich als das Mysterium der Weltregierung.

C. G. JUNG

Ein Landarzt bedarf größerer Intelligenz, um seine Arbeit einigermaßen zufriedenstellend auszuführen, als es die fünfzig größten Industriellen in der Welt benötigen.

WALTER B. PITKIN

Der moderne naturwissenschaftliche Arzt: nicht mehr Priestertum ist seine Sache, sondern Humanität.

KARL JASPERS

Irren ist ärztlich.

CURT GOETZ

Ein Arzt, der kein Künstler ist, ist auch kein Arzt.

CURT GOETZ

Wenn man an die Grenze geht, muß man sich den Zollwächter gefallen lassen, darum hadre keiner mit seinem Arzt.

HANS OSSENBACH

Zum Arzt wird man geboren, Medizin kann gelehrt werden.

WERNER KOLLATH

Die Forderungen, die an den Arzt gestellt werden, werden immer über das hinausgehen, was ein einzelner Mensch zu leisten vermag.

PETER BAMM

Es gibt Ärzte, die es sich leisten können, ihre Patienten rasch zu heilen.

HANS BRÄNDLI

Das Berufsgeheimnis der Ärzte wird in ihren Wartezimmern ausgeplaudert.

SIGMUND GRAFF

Um den Arzt zu kontrollieren, empfiehlt es sich, ihn zu wechseln.

SIGMUND GRAFF

Der beste Arzt, den die Welt gesehen, war Dr. Guillotin.

CHARLES TSCHOPP

Alle guten Ärzte müssen in erster Linie begeisterungsfähig sein. Wie Schriftsteller, Maler und Priester müssen sie von ihrer Berufung überzeugt sein und müssen den tief eingewurzelten unsentimentalen Wunsch haben, Gutes zu tun.

NOEL COWARD

Der wahrhaft vornehme Arzt, der für jeden seiner Patienten eine neue Krankheit erfindet.

ELIAS CANETTI

Ärzte haben es am besten von allen Berufen: ihre Erfolge laufen herum – und ihre Mißerfolge werden begraben.

JACQUES TATI

Je besser ein Patient seinen Arzt behandelt, desto besser der Arzt.

MAX SCHWARZ

Jeder gute Arzt kommt zu großen Erfolgen, wenn vorher einige große Fehler gemacht worden sind.

MAX SCHWARZ

Ein Zahnarzt ist ein Mensch, der von der Hand im Mund lebt.

ROBERT LEMBKE

Ein Chefarzt ist eine *persona non gratis.*

GERHARD UHLENBRUCK

Eines Tages wird es noch den Facharzt für humane Medizin geben.

GERHARD UHLENBRUCK

Ich habe den Arztberuf aufgegeben, weil ich – auch wenn das zynisch klingen mag – einen Beruf haben wollte, in dem man mehr nachdenken muß.

ESTHER VILAR

Es ist ein seltsamer Sprachgebrauch, nur bei den Ärzten von Kunstfehlern zu sprechen.

NIKOLAUS CYBINSKI

Zu viele Patienten verderben den Arzt.

GERHARD KOCHER

Und welcher Arzt hat Sie?

WINFRIED THOMSEN

Arzt

Modeärzte passen ihren Doktorhut der Mode an.

HANS-HORST SKUPY

Man soll den Arzt nicht vor der Rechnung loben.

WINFRIED BORNEMANN

Atheismus

Nicht alle sind Heilige, die zur Kirche gehen.

Isländisches Sprichwort

Der Gottlose wird fallen durch seine Gottlosigkeit.

SPRÜCHE 11,5

Sein Leben lang ängstigt sich der Gottlose.

HIOB 15,20

Wer das Dasein Gottes leugnet, zerstört den Adel der Menschheit.

FRANCIS BACON

Der Teufel teilt die Welt in Atheismus und Aberglauben.

GEORGE HERBERT

Ganz und gar nicht zu dulden sind diejenigen, die die Existenz Gottes leugnen. Versprechen, Verträge und Eide, die das Band der menschlichen Gesellschaft sind, können keine Geltung für einen Atheisten haben. Gott auch nur in Gedanken wegnehmen, heißt alles auflösen.

JOHN LOCKE

Der Mensch ohne Religion ist ein Automat, der auf das Glück zuläuft und zerbricht, bevor er es erreicht.

FRANÇOISE DE MAINTENON

Wer gegen die Religion ist, muß notwendig ein Narr sein, daher lesen wir auch, daß Gott von allen Tieren die Erstgeburt eines Esels zurückwies.

JONATHAN SWIFT

Ein Mensch, der zuvor nie religiös war, wird genauso wenig religiös, wenn er krank ist, wie ein Mensch, der nie Ziffern kennengelernt hat, rechnen kann, wenn er eine Berechnung anstellen muß.

SAMUEL JOHNSON

Ungläubigkeit bedeutet nicht, zu glauben oder nicht zu glauben. Es bedeutet, sich zu etwas bekennen, was man nicht glaubt.

THOMAS PAINE

Der Ungläubige an die Menschheit wird ebenso oft betrogen wie der Gläubige an die Menschen.

JEAN PAUL

Abergläubische Jahrhunderte beschuldigen neue Meinungen leicht der Gottlosigkeit; ungläubige Jahrhunderte dagegen beschuldigen sie nicht minder leicht der Narretei.

GERMAINE (MADAME) DE STAËL

Erziehe Menschen ohne Religion, und du machst sie nur zu klugen Teufeln.

DUKE OF WELLINGTON

Wenn es einen Gott gibt, muß der Atheismus ihm wie eine geringere Beleidigung vorkommen als die Religion.

EDMOND & JULES DE GONCOURT

Gott leugnen heißt, sich selbst als geistiges und vernünftiges Wesen leugnen.

LEW N. GRAF TOLSTOJ

Ein erwachsener Mensch ohne religiöse Weltanschauung, ohne Glauben, ist ein geistiger, ein sittlicher Krüppel.

LEW N. GRAF TOLSTOJ

Die Gottlosigkeit ist eine Zwangsvorstellung, die allen hochmütigen Dummköpfen als Strafe auferlegt wird.

AUGUST STRINDBERG

Es gibt starre Atheisten, die sofort an Gott glauben würden, wenn man sich nur entschlösse, sie als dieses Gottes Propheten zu verehren.

FRANZ VON SCHÖNTHAN

Atheismus

Einer der Gott leugnet ist wie einer, der die Sonne leugnet. Es wird ihm nicht viel helfen, sie scheint doch.

JULIUS LANGBEHN

Atheismus ist ein notwendiger Protest gegen die Gottlosigkeit der Kirchen und die Enge ihrer Dogmen. Gott benutzt ihn als Stein, um diese beschmutzten Kartenhäuser zu zerstören.

SRI AUROBINDO

Die Gotteslästerung ist ein künstlicher Vorgang, denn es liegt ihr eine philosophische Überzeugung zugrunde. Die Gotteslästerung hängt mit dem Glauben zusammen und verschwindet mit ihm.

GILBERT KEITH CHESTERTON

Es sind nicht die Gottlosen, es sind die Frommen seiner Zeit gewesen, die Christus ans Kreuz schlugen.

GERTRUD VON LE FORT

Jede Gottesleugnung erweist sich zuletzt als Leugnung der Freiheit und wahren Menschentums... Letztlich kann allein die Lehre von der allumfassenden Güte Gottes unser Wissen rechtfertigen und unserer Kultur Würde verleihen.

HELEN KELLER

Nichts ist schrecklicher als der priesterliche Eifer der Ungläubigen.

ANTONIO MACHADO

Der Atheismus ist das Werk der Theologen.

HUGO DIONIZY STEINHAUS

Eine Welt ohne Gott hat viele Gesichter, aber kein Gesicht.

LUDWIG STRAUSS

Zu einem atheistischen Freund: Gott hat dich zu mir gesandt, mich vor den Gefahren des Glaubens zu warnen.

LUDWIG STRAUSS

Pfaffen gibt's überall. Bei den Gottesleugnern ganz besonders.

HEINZ STEGUWEIT

Ich bin ein Atheist von Gottes Gnaden.

LUIS BUÑUEL

Theologen können durch ihre Lehren den Glauben mehr gefährden als Atheisten.

OTTO HEUSCHELE

Atheismus ist ein Zeichen, daß man die Religion ernstnimmt.

SIR KARL RAIMUND POPPER

Der Atheismus ist eine Form der Religion, vielleicht sogar der echten.

HANS F. GEYER

Keine der philosophischen, moralischen, ästhetischen oder biologischen Erkenntnisse gestattet es, Gott zu leugnen. Vielmehr hat der Tempel, erbaut von den Wissenschaften, kein anderes Dach als den Himmel Gottes.

SALVADOR DALI

Der Atheismus ist noch eine Abteilung der Theologie.

ERNST WILHELM ESCHMANN

Der Atheist ist das größte Kompliment, das Gott sich selbst zollt: er schafft ein Wesen, das stark genug ist, von ihm abzusehen.

ERNST WILHELM ESCHMANN

Wer nichts mehr glaubt, glaubt noch zuviel.

MAURICE BLANCHOT

Die Atheisten zehren davon, daß Gott ihnen Freiheit läßt, ihre Seligkeit zu verschmähen.

WALTER NENZEL

Wer Gott nicht in sich hat, kann seine Abwesenheit nicht empfinden.

SIMONE WEIL

Ohne Gott ist alles nichts; und Gott? Höchstes Nichts.

É. M. CIORAN

Der Religiöse verläßt sich auf Gott, der Unreligiöse auf sich selbst.

MAX SCHWARZ

Atheist: Ein Mensch, der ohne unsichtbare Unterstützung auskommen muß.

ROBERT LEMBKE

Der Atheismus der Aufklärer ist nicht widerlegt, sondern diffamiert worden.

C. W. CERAM

Atheismus

Ob einer Atheist ist, kommt auf die Definition
von Gott an.
ANTON NEUHÄUSLER

Sein Unglaube war unerschütterlich.
ARMIN RIESEN

Atheist ist nur der, der sich auch aus dem
Atheismus keinen Gott macht.
GABRIEL LAUB

Wer nicht glaubt, wird auch nicht selig.
GERHARD UHLENBRUCK

Nur wer vom Schicksal schonend behandelt
wird, kann es sich leisten, nicht zu glauben.
HELLMUT WALTERS

Ein Atheist ist einer, der sich ein Bild macht
und es verneint.
PETER HORTON

Gott, wenn's dich gibt, mach doch endlich
was, wenigstens für uns, die Ungläubigen.
STEPHAN SULKE

Fürchte den Gott, an den du nicht glaubst!
MILOVAN VITEZOVIĆ

Aufrichtigkeit

Ein aufrichtiges Donnerwetter ist
besser als ein falsches Vaterunser.
Deutsches Sprichwort

Gott hat den Menschen aufrichtig gemacht.
PREDIGER 7,29

Gott läßt es den Aufrichtigen gelingen.
SPRÜCHE 2, 7

Wie unwirksam sind doch aufrichtige Reden!
HIOB 6,25

Ein Mensch ohne Aufrichtigkeit ist ein
Gefährt ohne Achsen, unbeweglich und
unverwendbar.
KONFUZIUS

Zeigt nicht gerade die Strenge gegen einen
Menschen, daß man ihn aufrichtig liebt?
Beweist nicht gerade die Aufrichtigkeit gegen
einen Vorgesetzten, auch wenn sie ihm nicht
schmeichelt, daß man gewissenhaft ist?
KONFUZIUS

Nur vollkommene Aufrichtigkeit unter dem
Himmel kann die angeborene Fähigkeit
erfüllen und den Kelch des Lebens leeren. Er,
der den Kelch des Ichs rein werden läßt, kann
die geborenen Anlagen anderer zur
Vollkommenheit führen.
TSI SI

Das Bewußtsein, in seiner Selbstprüfung
aufrichtig zu sein, ist die größte aller Formen
des Glücks.
MENG DSE

Nicht verlassen kann man sich auf jene
Menschen, die allgemein als schlecht gelten;
und dennoch scheint mir, daß sie manchmal
aufrichtiger sind als die anderen, die durch
ihre Güte bekannt sind.
SEI SHONAGON

Feinde hassen einander immer aufrichtig,
aber die Liebe der Freunde ist nicht allemal
so beschaffen.
CHRISTINE VON SCHWEDEN

Ein Mensch, der alles beim richtigen Namen
nennt, könnte kaum die Straße
entlanggehen, ohne als gemeinsamer Feind
niedergeschlagen zu werden.
LORD HALIFAX

Falschheit ist die Nachahmung des Echten:
ein falscher Mensch zahlt mit Aussehen und
schönen Worten; der echte Mensch mit
seinem Verhalten.
ANNE THÉRÈSE DE LAMBERT

Alle Menschen werden aufrichtig geboren und
sterben als Lügner.
VAUVENARGUES

Auf die Länge habe ich wohl erfahren,
gewinnt man bei einem guten Manne gewiß,
wenn man aufrichtig bei ihm gewinnen will.
GOTTHOLD EPHRAIM LESSING

Aufrichtigkeit

Die Freunde nennen sich aufrichtig, die Feinde sind es.

ARTHUR SCHOPENHAUER

In der Welt ragen jene Menschen schon als Rechtschaffende hervor, von denen du bei näherem Verkehr zwar keine guten Dienste zu erhoffen hast, aber auch keine schlechten Dienste zu befürchten brauchst.

GIACOMO GRAF LEOPARDI

Wenn wir uns ins Gesicht sagen würden, was wir hinter dem Rücken übereinander sagen, dann wäre keine Gesellschaft mehr möglich.

HONORÉ DE BALZAC

Tiefe Aufrichtigkeit ist die einzige Grundlage der Begabung wie des Charakters.

RALPH WALDO EMERSON

Die Lippen sollen nicht bekennen, was dem Herzen fremd ist.

GABRIEL RIESSER

Von allen bösen Geistern, die zur Stunde in der Welt unterwegs sind, ist Unaufrichtigkeit der gefährlichste.

JAMES ANTHONY FROUDE

Ein einziges Wort, gesprochen mit Überzeugung, in voller Aufrichtigkeit und ohne zu schwanken, während man Auge in Auge einander gegenübersteht, sagt bei weitem mehr, als einige Dutzend Bogen beschriebenen Papiers.

FJODOR M. DOSTOJEWSKIJ

Es gibt wenig aufrichtige Freunde; die Nachfrage ist auch gering.

MARIE VON EBNER-ESCHENBACH

Aufrichtigkeit ist der Gipfel guter Manieren.

GEORGE BERNARD SHAW

Die Aufrichtigkeit ist die Gesundheit der Seele.

M. HERBERT

Nur wer versteht darauf zu hören, was die Leute nicht sagen, kann sich ein einigermaßen klares Bild von ihnen und ihren Affären machen.

A. O. WEBER

Gibt es eine Aufrichtigkeit ohne Tat?

GERHART HAUPTMANN

Viel Kälte ist unter den Menschen, weil wir nicht wagen, uns so herzlich zu geben, wie wir sind.

ALBERT SCHWEITZER

Aufrichtigsein ist selten anständig.

ROBERT WALSER

Die bittersten Worte, die Menschen einander sagen, wirken selten so entzweiend wie die unausgesprochenen, die der eine vom anderen vergeblich erwartet.

HANS CAROSSA

Alle Klüfte, die zwischen Menschen entstehen können, kommen von der Unaufrichtigkeit zwischen ihnen.

ANTON WILDGANS

Mangelnde Aufrichtigkeit, auch gegen sich selbst, ist der Gipfel der Gewissenlosigkeit.

PAPST JOHANNES XXIII.

Weil er alt ist und gebrechlich und ihm die Lüge schwer wird, übt er Aufrichtigkeit...

HANS PETER KELLER

Aufrichtig, mehr noch: richtig.

GÜNTHER CWOJDRAK

Am gefährlichsten leben die Aufrichtigen.

HANNS-DIETRICH VON SEYDLITZ

Unaufrichtigkeit beginnt durch Vorsicht.

MILAN RŮŽIČKA

Heute kann man die Wahrheit nur durch die blumige Sprache der Sprichwörter verbreiten.

GERHARD UHLENBRUCK

Die Aufrichtigkeit des Mannes geht nur soweit, bis er einsehen muß, daß er zu weit gegangen ist; dann ist er der Frau bereits ausgeliefert.

HEINZ WEDER

Aufrecht ist man um so verwundbarer, jedoch nicht mehr verletzlich.

ELAZAR BENYOËTZ

Auge

Augen sind nie satt.

Bantu-Weisheit

Augen sind genauere Zeugen als Ohren.

HERAKLIT

Das Gesicht ist das Abbild des Hirns, die Augen seine Berichterstatter.

CICERO

Schwächeren Eindruck macht, was vom Ohr zum Herzen gelangt, als das, was das Auge schuf.

HORAZ

Ihr habt Augen und sehet nicht?

MARKUS 8,18

Oh, elende Menschen, öffnet die Augen!

LEONARDO DA VINCI

Die Augen sprechen überall die gleiche Sprache.

GEORGE HERBERT

Niemand ist so blind wie die, die nicht sehen wollen.

JONATHAN SWIFT

Wenn man mit den Blinden tanzt, so muß man die Augen zudrücken.

WILHELM LUDWIG WEKHRLIN

Die Augen, wo der Sitz der Scham ist, werden von den Verliebten am meisten angesehen.

WILHELM HEINSE

Es ist etwas in den Augen eines Menschen, was der geübteste Schurke nicht in seiner Gewalt hat. Dieses Etwas verrät ihn.

LUDWIG BÖRNE

Im Leben gilt das Wort viel, in der Liebe gilt mehr der Blick.

KARL JOHANN BRAUN VON BRAUNTHAL

Das Auge ist der Punkt, in welchem Seele und Körper sich vermischen.

FRIEDRICH HEBBEL

Das Auge: ein Verkleinerungsglas nach innen.

FRIEDRICH HEBBEL

Sehen ist alles.

HANS VON MARÉES

Es gibt auch seelisch Farbenblinde, denen just für Hoffnungsgrün und Freudenrot das Auge fehlt.

FRANZ VON SCHÖNTHAN

Erst das Auge schafft die Welt.

CHRISTIAN MORGENSTERN

Jeder hat seine eigene Sicht, aber nicht jeder sieht etwas.

BRUNO WINAWER

Kinderaugen machen gläubig.

ERNST BERTRAM

Das Auge muß liebe Menschen sehen, in Liebe sehen. So erholt es sich vom Zweckhaften.

MAX PICARD

Das Sehvermögen der leiblichen Augen ist unendlich kleiner als das der geistigen.

JAKOW TRACHTENBERG

Der Laie möchte gern sehen – aber er hat kein Augenglas. Der Fachmann hat eine Brille und ist blind. Schauen können beide nicht.

KURT TUCHOLSKY

Wer es versteht, im Auge seiner Mitmenschen zu lesen, liest jede Schrift, auch die verborgenste.

CARL J. BURCKHARDT

Der Blick ist die Neige des Menschen.

WALTER BENJAMIN

Die Art, wie einer etwas sieht, ist immer wichtiger als das, was er sieht.

FRITZ USINGER

Von allen Wesen sind die Menschen die einzigen, die sich bei der Paarung in die Augen sehen können.

KURT GUGGENHEIM

Um klarzusehen, genügt ein Wechsel der Blickrichtung.

ANTOINE DE SAINT-EXUPÉRY

Das Auge ist mitleidiger als das Ohr. Der kurze Anblick eines schmerzverzerrten Antlitzes erschüttert uns mehr als eine lange Klage.

HANS KUDSZUS

Das Auge sieht erst, was der Geist angetippt hat.

JOACHIM GÜNTHER

Manche Menschen drücken nur deshalb ein Auge zu, damit sie besser zielen können.

BILLY WILDER

Manche sehen mit dem rechten und mit dem linken Auge genau dasselbe. Und glauben, dies sei Objektivität.

STANISLAW JERZY LEC

Könnte man sich mit den Augen der andern sehen, man würde sogleich spurlos verschwinden.

É. M. CIORAN

Sehen heißt die Augen schließen.

WOLS (A. O. W. SCHULZE)

Man sieht nicht mehr, man photographiert.

WOLFGANG STRUVE

Der Mund lügt, aber das Auge spricht die Wahrheit.

FRITZ RÖTHLISBERGER

Sehen kann man auch mit einem Auge, schielen aber nicht.

GERHARD BRANSTNER

Die Augen braucht man zuerst, um zu sehen, und später dann, um sie zuzudrücken.

HELLMUT WALTERS

Beim Wiedersehen und beim Abschiednehmen hat man andere Augen.

FRITZ VAHLE

Übe dein Auge, damit es auch verborgene Dinge sehen kann.

ESTHER GUT

Schlüssellochgucker sehen nur mit einem Auge.

REINHARD GUNDELACH

Der Einäugige drückt selten ein Auge zu.

THOMAS SPANIER

Augenblick

Entfloh'ner Augenblick kommt nie mehr zurück.

Deutsches Sprichwort

Jede Verzögerung, die unsere Freuden aufschiebt, ist lang.

OVID

Bin ich nicht selbst für mich – wer ist für mich? Bin ich nur für mich selbst – was bin ich dann?! Und wenn nicht jetzt, wann denn?!

HILLEL

Kluge Leute haben keine Freude an Dingen, die erst nach dem rechten Augenblick geschehen.

MAHABHARATA

Wir werden verwandelt werden in einem Augenblick.

1 KORINTHERBRIEF 15, 51/52

Der Augenblick ist zeitlos.

LEONARDO DA VINCI

Der den Augenblick ergreift, das ist der rechte Mann.

JOHANN WOLFGANG VON GOETHE

Es ist schwer, gegen den Augenblick gerecht zu sein: der gleichgültige macht uns Langeweile, am guten hat man zu tragen und am bösen zu schleppen.

JOHANN WOLFGANG VON GOETHE

Die Möglichkeiten der Zukunft sind ungewiß, aber der Schmerz des Augenblicks ist das wahre Übel.

GERMAINE (MADAME) DE STAËL

Augenblick

Was sind Jahrhunderte gegen den
Augenblick, wo zwei Wesen sich ahnen und
nahen?

FRIEDRICH HÖLDERLIN

Nur wer für den Augenblick lebt, lebt für die
Zukunft.

HEINRICH VON KLEIST

Ein einziger Blick, aus dem Liebe spricht,
gibt der Seele Kraft.

JEREMIAS GOTTHELF

Der Schmerz liegt in der Dauer, die Freude
im Augenblick.

FRIEDRICH HEBBEL

Man müßte das Leben so einrichten, daß
jeder Augenblick bedeutungsvoll ist.

IWAN S. TURGENJEW

Die Herrschaft über den Augenblick ist die
Herrschaft über das Leben.

MARIE VON EBNER-ESCHENBACH

Wenn ihr mehr an das Leben glaubtet, würdet
ihr weniger euch dem Augenblick hinwerfen.

FRIEDRICH NIETZSCHE

Danke jedem Augenblick des Seins und
verewige ihn.

WASSILIJ W. ROSANOW

Der Lärm des Augenblicks verhöhnt die
Musik des Ewigen.

RABINDRANATH TAGORE

Große Augenblicke sind immer jenseits der
Zeit.

STEFAN ZWEIG

Jeder Augenblick hat seine besondere
Botschaft.

HAZRAT INAYAT KHAN

Jeder Augenblick ist die Ewigkeit – in der
Verwandlung ist die Seele der Welt.

MAX BECKMANN

Nur die Augenblicke schenken die wahren
Offenbarungen. Sie sind die einzigen
glaubhaften Sinnbilder der Ewigkeit.

ERNST BERTRAM

Die Wirklichkeit jedes Augenblicks in
unserem Leben hängt davon ab, inwieweit
unsere Außenwelt und unsere Innenwelt
einander wechselseitig übergreifen.

HEIMITO VON DODERER

Nicht der Tage erinnert man sich, sondern
der Augenblicke.

CESARE PAVESE

Jede Minute des Lebens trägt in sich ihren
Wert als Wunder und ihr Gesicht ewiger
Jugend.

ALBERT CAMUS

Der Augenblick gehört dem Festsaal, das
Leben dem Wartesaal.

HELLMUT WALTERS

Der Augenblick: die Arbeitszeit der Ewigkeit.

VYTAUTAS KARALIUS

Das Leben besteht aus schönen
Augenblicken, man muß sie sich nur
verschaffen.

INGOMAR VON KIESERITZKY

Ausdauer

Eile ist die Mutter der
Unvollkommenheit.

Brasilianisches Sprichwort

Mit Langmut kann man den Fürsten bereden,
und eine gelinde Zunge zerbricht Knochen.

SPRÜCHE 25,15

Nicht durch die Kraft höhlt der Tropfen den
Stein, sondern durch wiederholtes
Niederfallen.

CHOIRILOS VON SAMOS

Wenn ihr beharrt, werdet ihr euer Leben
gewinnen.

LUKAS 21,19

Die ersten Schritte sind wertlos, wenn der
Weg nicht zu Ende gegangen wird.

SHANKARA

Alles, was sich zu lange hinschleppt, ehe es zu etwas nur irgend Sichtbarem wird, verliert an Interesse.

WILHELM VON HUMBOLDT

Courage ist gut, aber Ausdauer ist besser. Ausdauer – das ist die Hauptsache.

THEODOR FONTANE

Je länger eine Glocke geläutet wird, um so schöner wird der Ton.

SEBASTIAN KNEIPP

Ausdauer ist der Schlüssel zum vollen Speicher.

ELEONORE VAN DER STRATEN-STERNBERG

Die Ausdauer ist die Ernte. Mangel an Ausdauer läßt die Frucht auf dem Halme verfaulen.

KARL FOERSTER

Um zu anderen Dingen zu gelangen, muß man Geduld und Lächerlichkeit in Kauf nehmen.

KURT GUGGENHEIM

Nichts hat weniger Dauer als die Ausdauer.

ANITA

Alles ist schön, was man lang anschaut.

ERWIN CHARGAFF

Wer Ausdauer besitzt, ist schon fast am Ziel.

ERNST R. HAUSCHKA

Ausdauer kann die beste Zeitersparnis sein.

HORST FRIEDRICH

Ausland

Der Fremde ist blind, auch wenn er Augen hat.

Arabische Weisheit

Einen Fremdling sollst du nicht bedrücken. Ihr wißt, wie dem Fremdling zumute ist; seid ihr doch auch Fremdlinge gewesen...

2 MOSE 23,9

Bist du ein Ausländer, so mußt du Schmach hinunterschlucken.

BEN SIRA 29,25

Das Gesetz will denen, die Ohren in den Seelen haben, laut verkünden, daß man einem, der einem anderen Volke angehört, kein Unrecht zufügen dürfe, wenn man ihm nichts anderes vorzuwerfen habe, als seine fremde Abstammung, was doch keine Schuld ist.

PHILO

Etwas ist faul im Staate Dänemark.

WILLIAM SHAKESPEARE

Ich weiß, wie gute Menschen denken; weiß, daß alle Länder gute Menschen tragen...

GOTTHOLD EPHRAIM LESSING

Die Schweizer sind kein poetisches Volk, und man ist mit Recht erstaunt, daß der wunderbare Anblick ihres Landes ihre Einbildungskraft nicht stärker entflammt hat. Immerhin ist ein religiöses und freies Volk stets einer gewissen Begeisterung fähig, die von den materiellen Beschäftigungen des Lebens nie ganz erstickt werden kann.

GERMAINE (MADAME) DE STAËL

Die Schweiz – ein armes Land von sehr begrenzter Ausdehnung, ohne Luxus, ohne Glanz und ohne Macht wird von seinen Bewohnern geliebt, wie ein Freund, der seine Tugenden verborgen hält, um sie alle dem Wohlergehen derer zu widmen, die ihn lieben.

GERMAINE (MADAME) DE STAËL

Gegen das Ausland gilt kein Patriotismus, sondern nur Kosmopolitismus.

HEINRICH ZSCHOKKE

Jeder Engländer ist eine Insel.

NOVALIS

Um den Wert des Fremden zu fühlen, müssen wir uns erst in die Gesinnung und die geistige Richtung eines anderen Volkes versetzen lernen.

WILHELM GRIMM

Ich liebe Deutschland und die Deutschen; aber ich liebe nicht minder die Bewohner des

65

Ausland

übrigen Teils der Erde, deren Zahl vierzigmal größer ist als die der Deutschen. Die Liebe gibt dem Menschen seinen Wert. Ich bin also vierzigmal mehr wert als jene, die sich nicht aus dem Sumpfe der Nationalselbstsucht hervorwinden können und die nur Deutschland und Deutsche lieben.

HEINRICH HEINE

Herr, lasse die Grenzen überflüssig werden.

ADOLF GLASSBRENNER

Wir Russen sind keine Ärzte – wir sind Schmerz.

ALEXANDR HERZEN

Daß Amerika entdeckt wurde, war erstaunlich. Noch erstaunlicher wäre jedoch gewesen, wenn Amerika nicht entdeckt worden wäre.

MARK TWAIN

Wenn wir Österreicher auch im Herzen Deutsche sind, so sind wir doch im Knopfloch Kosmopoliten.

DANIEL SPITZER

Wie es scheint, stehen wir jetzt wieder an dem in neuerer Zeit so beliebt gewordenen Vorabend eines mörderischen Krieges, den – wie man liest – Rußland im Interesse der Humanität, Kultur und Zivilisation sowie ähnlichen Kaviars gegen die barbarische Türkei zu führen beabsichtigt...

DANIEL SPITZER

Amerika – du Land der unbegrenzten Möglichkeiten.

LUDWIG MAX GOLDBERGER

Alle Russen sind sonderbar. Es ist nicht zu begreifen, was sie wollen – eine Republik oder eine Sintflut.

MAKSIM GORKIJ

Es müssen einige Götzen gestürzt werden, vor allem der Götze der absoluten Souveränität der Einzelstaaten.

LEONHARD RAGAZ

Wir sind Gegner der nationalen Feindschaft, des nationalen Haders, der nationalen Absonderung. Wir sind Internationalisten. Wir erstreben die engste Vereinigung und völlige Verschmelzung der Arbeiter und Bauern aller Nationen der Welt zu einer einheitlichen Welt-Sowjetrepublik.

WLADIMIR I. LENIN

Um ein fremdes Land kennenzulernen, muß man nicht nur dort gelebt haben und im eigenen, sondern auch mindestens noch in einem anderen.

WILLIAM SOMERSET MAUGHAM

Die Juden kann man ausrotten, aber nicht besiegen.

HANS FEHR

Wenn die Österreicher von uns Reparationen verlangen sollten, dann werde ich ihnen die Gebeine Adolf Hitlers schicken.

KONRAD ADENAUER

Wenn die Franzosen ihrem Wesen nach Deutsche wären, wie würden sie dann erst von den Deutschen bewundert sein.

FRANZ KAFKA

Wenn die Schweiz schwach ist, so ist daran nicht ihre Kleinheit schuld, sondern einzig und allein das Fehlen eines Willens, einer Idee, die uns eint.

EMIL BRUNNER

Den Deutschen muß man verstehen, um ihn zu lieben; den Franzosen muß man lieben, um ihn zu verstehen.

KURT TUCHOLSKY

Man ist in Europa ein Mal Staatsbürger und zweiundzwanzigmal Ausländer: Wer weise ist, dreiundzwanzig Mal. Ja, aber das kann man nur, wenn man in die Sparte Nationalität schreibt: reich.

KURT TUCHOLSKY

Das Fremdsein ist mein Handwerk.

FRANZ WERFEL

Österreich: eine Schweiz der Komfortlosigkeit.

ANTON KUH

Für uns ist „gut deutsch" und „gut österreichisch" das gleiche.

ENGELBERT DOLLFUSS

Ausland

Länder schafft das Leben, Grenzen die Willkür.

LUDWIG STRAUSS

Die Introvertiertheit des Schweizers in allen Ehren, aber bisweilen hält es schwer, sie von frühzeitiger Verkalkung zu unterscheiden. Das Schwerfällige im Gesamtwesen garantiert sicher das Solide, das Zuverlässige, die Basis, auf die man Häuser bauen kann, täuscht sogar Tiefe und mitunter abgründige Weisheit vor – ist aber meistens nichts anderes als geistige Trägheit, vorzeitiger Verzicht auf den weiten Horizont, Bescheidung aufs Berufliche.

FRIEDRICH WITZ

Dem Flüchtling wird die Freude der freien Wahl nicht zuteil, weder was die geographische noch was die seelische Landschaft betrifft.

ZENTA MAURINA

Der Neid ist die spanische Sünde par excellence.

LUIS BUÑUEL

Die wirklichen Schweizer sind hart, eingebildet und bösartig. Der richtige Schweizer ist jederzeit bereit, einzuspringen, um Institutionen zu verteidigen, ohne im mindesten gefragt zu haben, ob diese Institutionen einen Sinn oder noch einen Sinn haben; ein wirklicher Automat. Das Entgegengesetzte vom Menschlichen.

LUDWIG HOHL

Ins Exil gehen heißt seinen Platz in der Welt verlieren.

JEAN-PAUL SARTRE

Die Amerikaner werden mißtrauisch, wenn man nicht einer von ihnen werden will – im Gegensatz zu den Franzosen, Engländern, Deutschen und den meisten anderen Völkern, die es gerade mißtrauisch macht, wenn man zu ihnen gehören möchte.

BILLY WILDER

Es geht nicht darum, Grenzen zu verschieben, sondern ihnen den trennenden Charakter zu nehmen.

RICHARD VON WEIZSÄCKER

Alle Amerikaner sind Immigranten.

OCTAVIO PAZ

Wer das Trennende der Grenzen mildern will, muß sie achten.

WALTER SCHEEL

Die Völker beneiden einander um die Eigenschaften, die die wertlosesten sind.

HANS LOHBERGER

Die Schweiz noch immer ein Flüchtlingsasyl. Für Steuerflüchtige.

HEINRICH WIESNER

Die Schweiz ist das Gelobte Land. Mit Geld ist alles zu haben.

RENÉ & DENISE DAVID

Rußland ist der Konkursverwalter großer Ideen.

RENÉ & DENISE DAVID

KGB-Psychiatrie: Entarztete Kunst.

RAIMUND VIDRÁNYI

In der Geschichte der Vereinigten Staaten haben die Einwanderer aus Armut – Iren, Polen, Deutsche – keinen sonderlich prägenden Einfluß erlangt. Anders die Auswanderer, die politischer oder religiöser Verfolgung entweichen mußten: von den Puritanern bis zu den jüdischen Intellektuellen.

JOHANNES GROSS

Tourismus – die Staatsform der Schweiz.

ULRICH WEBER

Die Emigration kann ein Zeichen der Stärke oder der Schwäche einer Nation sein.

ISMAIL KADARÉ

Bei der Völkerverständigung sind kleine Gesten wichtiger als große Worte.

WERNER MITSCH

Der Russe. Die Amerikaner.

AUREL SCHMIDT

Eins wird dem Franzosen immer bleiben: Die Illusion vom wunderbaren Frankreich.

ULRICH WICKERT

67

Ausland

Schweiz-Steuerflüchtige: Meineidgenossen.
HANS-HORST SKUPY

Exil – Weltbürger werden.
HANS-HORST SKUPY

Palästinenserstaat: Al Fatah morgana.
HANS-HORST SKUPY

Öl in die wunden Nahoststellen gießen...
HANS-HORST SKUPY

Asylgewährung: Armutszeugnis mancher Länder.
HANS-HORST SKUPY

Der in Österreich übliche touristische Mechanismus von Anpassung und Verachtung gilt nur für zahlende Fremde. Wer ein Fremder ist, den trifft nur die Verachtung. Die Fremden, die uns nichts bezahlen können, die uns aber etwas geben können, wohnen gleich um die Ecke.
PETER TURRINI

Ausnahme

Er nimmt sich aus wie in der Baßgeige die Laus.
Deutsches Sprichwort

Nur seltenen Menschen ist es angeborene Art, den hochbeglückten Freund neidlos zu ehren.
AISCHYLOS

Alles Vortreffliche ist selten.
CICERO

Man soll die Stimmen wägen und nicht zählen.
CICERO

Seltenheit verleiht der Freude Würze.
JUVENAL

Alles Sonderbare ist auch selten.
CHRISTINE VON SCHWEDEN

Alles Vortreffliche ist ebenso schwierig wie selten.
BARUCH DE SPINOZA

Wo immer Menschen vorhanden sind, die von der scheinbaren Einmütigkeit der Welt bei irgendeinem Gegenstande eine Ausnahme bilden, ist es stets wahrscheinlich, daß solche Ketzer etwas Hörenswertes zu sagen haben und daß die Wahrheit durch ihr Stillschweigen verlieren würde. Dies gilt auch für Fälle, in denen die Welt im Recht ist.
JOHN STUART MILL

Was den ungewöhnlichen Menschen im guten Sinne macht, das ist die intensive Kraft, mit der von ihm das Menschliche zum Ausdruck gebracht wird.
SØREN KIERKEGAARD

Nur wenige Muscheln haben Perlen.
THEODOR STORM

Ausnahmen sind nicht immer Bestätigung der alten Regel; sie können auch Vorboten einer neuen Regel sein.
MARIE VON EBNER-ESCHENBACH

Ein stolzer Mensch verlangt von sich das Außerordentliche. Ein hochmütiger schreibt es sich zu.
MARIE VON EBNER-ESCHENBACH

Es ist traurig, eine Ausnahme zu sein. Aber noch trauriger ist es, keine zu sein.
PETER ALTENBERG

Nur alltägliche Menschen haben alltägliche Schicksale. Das Ungewöhnliche kommt zu den Ungewöhnlichen.
M. HERBERT

Die Ausnahmen von der Regel machen den Märchenzauber des Daseins aus.
MARCEL PROUST

Das Recht zum Anderssein legitimiert sich in dem Empfinden für das Recht eines jeden anderen.
LEO BAECK

Der Seltenheitswert ist kein echter Wert.
HEINRICH WOLFGANG SEIDEL

Alle Feigen sind grausam, fast alle Tapferen human. Davon macht nur das Urteil über uns selbst eine Ausnahme.

MAX KEMMERICH

Nur das Seltene erweitert unseren Sinn.

STEFAN ZWEIG

Wer nicht nach dem Ungewöhnlichen strebt, dem glückt auch das Gewöhnliche nicht.

KARL HEINRICH WAGGERL

Wer immer auf Stelzen gehen muß, sehnt sich nach Hausschuhen.

ANITA

Ausnahmen bestätigen die Flegel.

ERNST DITTRICH

Ein Extrem kommt selten allein.

GERHARD BRANSTNER

Die schwarzen Schafe lenken von der Tatsache ab, daß es auch viele schwarze Hirten gibt.

GERHARD UHLENBRUCK

Entwurzeltes ist in der Welt, damit man darüber stolpert.

HELLMUT WALTERS

Es ist manchmal sehr schwer, eine Ausnahme zu sein. Aber noch viel schwerer fällt es, keine zu sein.

OSKAR KUNZ

Regle die Ausnahme, und du korrumpierst die Regel.

WERNER EHRENFORTH

Unter Blinden ist der Einäugige Extrem.

VOLKER ERHARDT

Ein Ketzer ist ein Mensch, den Schlafmittel munter machen.

BIRGIT BERG

Was kann die Ausnahme nur dagegen tun, daß sie die Regel bestätigt?

BIRGIT BERG

Rahmen sind dazu da, daß man aus ihnen fällt.

ULRICH ERCKENBRECHT

Manche Regel ist eine Provokation für die Ausnahme.

KLAUS BERNHARDT

Im Lande der Blinden ist der Einäugige – Ketzer.

MATTHIAS HEMMANN

Ausrede

Wer eine Ausrede sucht, findet zehn.

Deutsches Sprichwort

Die Schlange betrog mich, so daß ich aß...

1 MOSE 3,13

Den Menschen führt seine eigene Torheit irre, und dann zürnt er im Herzen über den Herrn.

SPRÜCHE 19,3

Eine faule Ausrede verringert das Gewicht aller guten Gründe, die man schon vorgebracht hat.

JONATHAN SWIFT

Da ich alt sein und die Gicht haben muß, nutze ich diese Nachteile seit langem gut aus und schiebe sie bei jeder Gelegenheit vor, wenn sie mich davor bewahren können, etwas zu tun, was ich nicht mag.

HORACE WALPOLE

Wer die Menschen kennenlernen will, der studiere ihre Entschuldigungsgründe.

FRIEDRICH HEBBEL

Still mit dem Aber! Die Aber kosten Überlegung.

GOTTHOLD EPHRAIM LESSING

Was wissen wir nicht alles zur Entschuldigung von Fehlern und Übelständen vorzubringen, aus denen wir Nutzen ziehen!

MARIE VON EBNER-ESCHENBACH

Die einen Grund nicht haben, führen hundert Gründe an.

MARIE VON EBNER-ESCHENBACH

Ausrede

Die Ausrede ist die Waffe der
Pflichtdeserteure.

ELEONORE VAN DER STRATEN-STERNBERG

Alles ist richtig, auch das Gegenteil – nur:
zwar und aber ist nie richtig.

KURT TUCHOLSKY

Es gibt kaum eine Tugend, die sich nicht als
Ausrede für den Mangel an einer anderen
eignen würde.

SIGMUND GRAFF

Am besten können wir uns Ausreden von
Schuld einreden.

GERHARD UHLENBRUCK

Wir – das sind immer die anderen.

HANS-HORST SKUPY

Ausrede des schießenden Soldaten: Das
Gewehr tötet, nicht ich.

SULAMITH SPARRE

Autorität

Ein berühmter Fürst wird geehrt, ein berühmter Dieb wird gehängt.
Indisches Sprichwort

Es gibt keine Autorität, die nicht von Gott
verliehen wird.

RÖMERBRIEF 13,1

Wer streitet und sich dabei auf die Autorität
beruft, benützt keineswegs seinen Geist,
sondern eher sein Gedächtnis.

LEONARDO DA VINCI

Wer zur Quelle gehen kann, der gehe nicht
zum Krug.

LEONARDO DA VINCI

Ohne Autorität kann der Mensch nicht
existieren, und doch bringt sie ebensoviel
Irrtum als Wahrheit mit sich.

JOHANN WOLFGANG VON GOETHE

Eine verlorene Schlacht läßt sich durch eine
gewonnene wieder ersetzen, ein verfehltes
Werk läßt sich verbessern, aber eins läßt sich
nicht mehr herstellen, wenn es einmal
abgewiesen worden ist: die Autorität.

FRANZ GRILLPARZER

Wehe dem, der eine Autorität sein will und
sein soll, und er untergräbt die Autorität
dessen, von dem er seine Autorität hat, und
auf dem dieselbe beruht.

JEREMIAS GOTTHELF

Autorität – nicht Majorität.

FRIEDRICH JULIUS STAHL

Der Glaube, der auf Autorität beruht, ist kein
Glaube. Die Bedeutung der Autorität ist das
Maß für den Verfall der Religion, das Maß
dafür, wie sehr der Geist bereits aus ihr
entwichen ist.

RALPH WALDO EMERSON

Ich bin ein Mann, der an Autoritäten glaubt
und sich ihnen da, wo ich nicht notwendig auf
mein eigenes Urteil verwiesen bin, gern
unterordnet.

OTTO FÜRST BISMARCK

Autorität ist ein Mysterium: wie sie entsteht,
ist dunkel, wie sie aber verwettet wird, das
greifen wir mit Händen.

JAKOB BURCKHARDT

Wer fest im Sattel der Autorität sitzt, lernt
bald zu glauben, daß Sicherheit und nicht der
Fortschritt höchste Staatskunst sei.

JAMES RUSSELL LOWELL

Das unfehlbare Mittel, Autorität über die
Menschen zu gewinnen, ist, sich ihnen
nützlich zu machen.

MARIE VON EBNER-ESCHENBACH

Der Glaube an Autoritäten ist die Quelle des
Gewissens: es ist also nicht die Stimme
Gottes in der Brust des Menschen, sondern
die Stimme einiger Menschen im Menschen.

FRIEDRICH NIETZSCHE

Autorität über sich erkennen ist ein Zeichen
höherer Menschlichkeit.

HUGO VON HOFMANNSTHAL

Nichts ist im Menschen, auch im scheinbar aufgeklärtesten, fester verwurzelt als der Glaube an irgendwelche Autoritäten.
EGON FRIEDELL

Autorität scheint sich auf die Übung zu stützen, den Einfluß nur spärlich merken zu lassen.
ROBERT WALSER

Ein charakteristisches Zeichen unseres Geisteslebens ist, daß unsere Autoritäten meist große Unbekannte sind.
KAROL BRZOZOWSKI

Nichts fördert so sehr die Autorität wie die Anarchie. Von der Anarchie ist es nicht weit zum Despotismus.
SARWAPALLI RADHAKRISHNAN

Ohne Autorität im großen und kleinen läßt sich auf die Dauer keine Gesellschaft in Ordnung halten.
ERNST BOESEBECK

Autoritätshörigkeit geht Hand in Hand mit Verantwortungsscheu.
WILHELM WEYDANZ

Große Männer sind fast immer schlecht, auch wenn sie nur Einfluß, nicht Autorität ausüben.
JOHN E. LORD ACTON

Aufpassen, daß man sich beim Einbruch in den Bereich anderer nicht blamiert. Eintreten und Umschauen ist erlaubt, aber Autorität muß mit Vorsicht beansprucht werden.
WILLY STAEHELIN

Wenn deine Autorität nicht mit jedem deiner Fehler wächst, dann bedeutet das, daß du keine mehr hast.
WIESLAW BRUDZINSKI

Die beste Agitation ist die erworbene Autorität.
HORST FRIEDRICH

Autoritär: Die Weigerung der Alten, nach der Pfeife der Jugend zu tanzen.
KONRAD GERESCHER

Bauen

Bevor du ein Haus baust, such dir den Nachbarn aus.
Afghanisches Sprichwort

Laßt uns eine Stadt und einen Turm bauen.
1 MOSE 11,4

Wehe dem, der sein Haus mit Sünden baut!
JEREMIAS 22,13

Durch Weisheit wird ein Haus gebaut.
SPRÜCHE 24,3

Die Natur hat uns frei und ungebunden in die Welt gesetzt: wir kerkern uns ein in ein kleines Stück Land.
MICHEL DE MONTAIGNE

Jedes Fundament ist gut, wenn das Gebäude sich bewährt.
GIORDANO BRUNO

Was Hände bauten, können Hände stürzen.
FRIEDRICH VON SCHILLER

71

Bauen

Die Baukunst ist gefrorene Musik.
FRIEDRICH VON SCHLEGEL

Ärzte können ihre Fehler begraben, aber ein Architekt kann seinen Kunden nur raten, Efeu zu pflanzen.
GEORGE SAND

Keine Kunst ist der Mystik verwandter als die Architektur. Als abstrakte Geometrie, als stumme, leidenschaftslose Mystik lebt sie von Symbolen, Metaphern und Andeutungen.
ALEXANDR HERZEN

Der Ehrgeiz der alten Turmbauer von Babel war wohl begründet für diese Welt; es gibt nur zwei starke Überwinder der Vergeßlichkeit der Menschen: die Dichtkunst und die Baukunst, und die letztere umschließt in gewisser Hinsicht die erste und ist noch mächtiger in ihrer Wirklichkeit. Es ist gut, nicht nur das zu besitzen, was Menschen gedacht und gefühlt haben, sondern auch, was ihre Hände gehoben und gehauen...
JOHN RUSKIN

Die Befriedigung des Bedürfnisses für Obdach wird einen Maßstab abgeben für die Art, in welcher alle übrigen Bedürfnisse befriedigt werden.
FRIEDRICH ENGELS

Bei der Betrachtung der Architektur kommt es auf die Maße, die Verhältnisse von Höhe und Breite zuerst an; was dem großen Publikum am nächsten liegt, die Ornamentik, steht in zweiter Linie.
HERMAN GRIMM

Architektur darf sich nicht ungestraft von der Natur entfernen.
KONRAD FIEDLER

Nicht jeder Stein eignet sich als Grundstein.
ELEONORE VAN DER STRATEN-STERNBERG

Wenn die Baukunst einmal mit der Sprache verglichen werden darf: Ohne ein durchaus redliches Handwerk wird die Art zu reden zur Redensart.
THEODOR FISCHER

Nur wer aufbauen kann darf zerstören.
MAHATMA GANDHI

Das Haus ist so menschlich, wie das Nest und die Höhle tierisch sind.
WALTER GROPIUS

Jeder Stoff ist nur das wert, was wir aus ihm machen.
LUDWIG MIES VAN DER ROHE

Wir müssen danach streben, Natur, Gebäude und Menschen in einer höheren Einheit zusammenzubringen.
LE CORBUSIER

Der Unterschied zwischen einem guten und einem schlechten Architekten besteht heute darin, daß dieser jeder Versuchung erliegt, während der rechte ihr standhält.
LUDWIG WITTGENSTEIN

Architektur verewigt und verherrlicht etwas. Darum kann es Architektur nicht geben, wo nichts zu verherrlichen ist.
LUDWIG WITTGENSTEIN

Ist die Phantasie oder die Phantasielosigkeit der modernen Architekten grauenhafter?
ERICH BROCK

Das Erbaute ist meistens alles andere als das Erbauliche.
CARL OSKAR JATHO

Architektur wird nicht durch Licht, sondern auch durch Klang illuminiert; tatsächlich wirken alle unsere Sinne mit, sie uns ganz gegenwärtig zu machen.
RICHARD NEUTRA

Warum werden Börsen wie Tempel gebaut?
THOMAS NIEDERREUTHER

Wenn Architektur sich gräßlich vor dem Abendhimmel abzeichnet, hat sie sich selbst gerichtet.
LÉOPOLD HOFFMANN

Verbrecher und Architekten zieht es an den Ort ihrer Tat zurück.
SIR PETER USTINOV

Die zitatenreichste Kunst ist die Architektur.
JOHANNES GROSS

Mit einem Eigenheim hat schon manch einer seine Zukunft verbaut.

WERNER MITSCH

Vielleicht planen die Raumplaner so oft an den Menschen vorbei, weil sie ein (Reiß-) Brett vor dem Kopf haben.

CHARLOTTE SEEMANN

Neubausiedlungen. BETONt kinder- und umweltfeindlich.

HANS-HORST SKUPY

Auf Sand bauen. Für manche ein Kinderspiel.

HANS-HORST SKUPY

Im Zeitalter der Massenkünste wird der Elfenbeinturm ein frech-avantgardistisches, revolutionäres Bauwerk.

CHRISTOPH HEIN

Man kann auch zwischen den Häuserzeilen lesen.

BIRGIT BERG

Der Mensch baut auf Zerstörung.

FRANCIS LOUIS BANDELIER

In das Poesie-Album eines Architekten: Laß Gras über die Sache wachsen!

GÜNTHER SCHATZDORFER

So wie wir heute bauen, werden wir morgen rekonstruieren.

ULF ANNEL

Befehl

Befehl ist der Herren Bitte.
Deutsches Sprichwort

Niemand kann gut befehlen, der nicht zuvor gehorchen gelernt hat.

ARISTOTELES

Es ist geschehen, was du befohlen hast.

LUKAS 14,22

Sollte es jedem einzelnen freistehen zu fragen, warum ihm ein Befehl gegeben wird, bricht mit dem Zerfall des Gehorsams auch die oberste Führung zusammen.

TACITUS

Strenge gebiert Furcht, Barschheit gebiert Haß.

FRANCIS BACON

Wer tun kann, was er will, befiehlt, wenn er bittet.

PIERRE CORNEILLE

Es ist immer verkehrt zu befehlen, wenn man des Gehorsams nicht gewiß ist.

GRAF MIRABEAU

Wer über meine Seele gebietet, der gebietet auch über meinen Leib.

FRIEDRICH THEODOR VISCHER

Befehl ist eben nicht Befehl, wenn ein Verbrechen befohlen wird; es gibt keinen zwingenden Befehl gegen das Gewissen.

GERTRUD VON LE FORT

Wer Geist einsetzen kann tut's. Wer's nicht kann – befiehlt.

WERNER EGK

Wo das Prinzip der Unterordnung besteht, da ist das Gewissen außer Kurs gesetzt.

WALTER-GERD BAUER

Du mußt bloß befehlen können; Gehorchende findest du immer.

HANS W. KOPP

Befehl – kein Schutz für mangelnde Initiative.

HORST FRIEDRICH

Leicht ist, anderen zu befehlen, schwer sich selbst.

PAJO KANIŽAJ

Befehl – es mangelt an Einsicht.

HANS-HORST SKUPY

Wer nicht viel zu sagen hat, befiehlt.

MILOVAN VITEZOVIĆ

Begehren

Begierde wird nie satt.
Deutsches Sprichtwort

Du sollst nicht begehren deines Nächsten
Weib.
5 MOSE 5,21

Der Ungerechte ist immer voller Gier.
SPRÜCHE 21,26

Essen und Beischlaf sind die beiden großen
Begierden des Mannes.
KONFUZIUS

Knaben-, nicht Mannesart ist es, maßlos zu
begehren.
DEMOKRITOS

Herr, du kennst all mein Begehren.
PSALMEN 38,10

Nicht wer zu wenig hat, sondern wer mehr
begehrt, ist arm.
SENECA

Mit wenigem begnüge ich mich, wenn schon
ich viel begehre.
MIGUEL DE CERVANTES

Die Begierde sättigt man nicht durch Liebe,
sondern durch Heirat.
IMMANUEL KANT

Um seinen Verstand auszubreiten, muß man
seine Begierden einschränken.
GOTTHOLD EPHRAIM LESSING

Nicht im Genuß besteht das Glück, sondern
im Zerbrechen der Schranken, die man
gegen das Verlangen errichtet hat.
MARQUIS DE SADE

Willst du einen glücklichen Tag haben, so
überwinde eine deiner täglichen Begierden.
DAGOBERT VON GERHARDT AMYNTOR

Lieben können ohne zu begehren – darin liegt
die Erlösung.
ROBERT REININGER

Man ist so lange jung, wie man begehrt wird.
A. O. WEBER

Unser Verlangen gibt den bloßen Nebeln und
Dünsten des Lebens die leuchtenden Farben
des Regenbogens.
RABINDRANATH TAGORE

Wo das Ziel Begierde heißt, wird nichts
erreicht.
HANS OSSENBACH

Weil etwas unmöglich ist, glaubt man, es
nicht mehr zu begehren.
MARCEL JOUHANDEAU

Die schöne Frau hält sich für häßlich, wenn
sie nicht begehrt wird, die häßliche für schön,
wenn sie begehrt wird.
SIGMUND GRAFF

Die Katze meint es ehrlich, wenn sie sagt,
daß sie die Mäuse gern hat.
GABRIEL LAUB

Man kriegt die Frau, die einen kriegen will.
GERHARD UHLENBRUCK

Männer lieben die Frauen, die sie begehren,
und Frauen begehren die Männer, die sie
lieben.
STEVEN SODERBERGH

Begeisterung

Zu jäh bringt Weh.
Deutsches Sprichwort

Willst du deinen Eifer brennen lassen wie
Feuer?
PSALMEN 79,5

Wes das Herz voll ist, des geht der Mund
über.
MATTHÄUS 12,34

Die Begeisterung beginnt, die Schurkerei
vollendet.
VOLTAIRE

Begeisterung

Ohne Begeisterung schlafen die besten Kräfte unseres Gemütes. Es ist ein Zunder in uns, der Funken will.

JOHANN GOTTFRIED HERDER

Begeisterung ist keine Heringsware, die man einpökelt auf einige Jahre.

JOHANN WOLFGANG VON GOETHE

Mit andern kann man sich belehren, begeistert wird man nur allein.

JOHANN WOLFGANG VON GOETHE

Ein Mensch, den die Sonnennähe eines großen Menschen nicht in Flammen und außer sich bringt, ist nichts wert.

JEAN PAUL

Enthusiasmus allein kann dem Egoismus die Waage halten.

GERMAINE (MADAME) DE STAËL

Begeisterung jeder Art erscheint dem, der sie nicht mitfühlt, lächerlich.

GERMAINE (MADAME) DE STAËL

Enthusiasmus kann in nichts dem Fanatismus verglichen werden, kann auch nicht in seine Irrungen verfallen. Enthusiasmus ist duldsam, nicht aus Gleichgültigkeit, sondern weil er uns den Wert und die Schönheit der Dinge spüren macht. Vernunft ersetzt nicht das Glück, das sie uns nimmt; Enthusiasmus dagegen findet in der Träumerei seines Herzens und in der Weite seiner Gedanken alles das, was Fanatismus und Leidenschaft an nur eine Idee oder nur einen Gegenstand hängen.

GERMAINE (MADAME) DE STAËL

Das ist ein großer Unterschied zwischen dem Falle, sich dem freien Nachdenken oder der Begeisterung überlassen zu können.

LUDWIG VAN BEETHOVEN

Wie unvermögend ist doch der gutwilligste Fleiß der Menschen gegen die Allmacht der ungeteilten Begeisterung!

FRIEDRICH HÖLDERLIN

Noch steht über aller Begeisterung, über allem Enthusiasmus, selbst über allem Genie und Talent – die Gesinnung.

RAHEL VARNHAGEN

Begeisterung ohne Verstand ist unnütz und gefährlich.

NOVALIS

Wenn man von jemandem sagt, daß er schwärme, so bezieht sich dieser Vorwurf auf eine gewisse Tätigkeit seines Geistes, und zwar seines Vorstellungsvermögens; wir tadeln also seine Gedanken, die er sich macht.

BERNARD BOLZANO

So mancher Enthusiasmus hat eine Zugabe von Torheit.

J. ST. ZAUPER

Wo ein Begeisterter steht, ist der Gipfel der Welt.

JOSEPH VON EICHENDORFF

Begeisterung ist's, die alles Edle schnell gebiert.

FERDINAND RAIMUND

Wir sind schwer zu begeistern ohne das Wohlwollen, das die Begeisterung erst tatkräftig und ausdauernd macht.

RALPH WALDO EMERSON

Ist nicht Begeisterung ein Affekt, und ist sie nicht die Flamme, die das Leben des Menschen nährt und erhält?

ERNST VON FEUCHTERSLEBEN

Ohne Enthusiasmus wird nichts Rechtes in der Kunst zuwege gebracht.

ROBERT SCHUMANN

Ohne Begeisterung und Wärme des Herzens läßt sich nichts Großes leisten.

JOSEPH UNGER

Die Hauptquelle der Melancholie ist Sattheit. Not und Kampf sind es, die uns anfeuern und begeistern.

WILLIAM JAMES

Wer den Menschen dienen will, der muß alle Vernunft als lästigen Ballast über Bord werfen und auf den Schwingen der Begeisterung emporfliegen. Wer denkt, wird nie fliegen lernen.

ANATOLE FRANCE

75

Begeisterung

Es ist besser, feurig von Geist zu sein, selbst wenn man dann mehr Fehler begeht, als beschränkt und übervorsichtig.

VINCENT VAN GOGH

Es sind immer Taten, die uns hinreißen, nicht Worte. Oder Worte nur, wenn sie Taten spiegeln.

CARL HAUPTMANN

Nichts ist so dünn gebaut wie der Triumphbogen, den das Volk in der Begeisterung baut.

ELEONORE VAN DER STRATEN-STERNBERG

Enthusiasmus hat immer recht, selbst am falschen Ort.

HERMANN BAHR

Enthusiasmus ist das schönste Wort der Erde.

CHRISTIAN MORGENSTERN

Begeisterung ist ein guter Treibstoff, doch leider verbrennt er zu schnell.

ALBERT SCHWEITZER

Gib einem Menschen alle Gaben der Erde, nimm ihm aber die Fähigkeit der Begeisterung, und du verdammst ihn zum ewigen Tode.

ADOLF WILDBRANDT

Den, der die Begeisterung zur Kunst erhoben hat, versetzt niemals mehr etwas in Begeisterung.

ERNÖ OSVÁT

In dieser armseligen Zeit kommt es vor allem darauf an, Begeisterung zu wecken. Begeisterung ist es, was uns und der Jugend vor allem nottut.

PABLO PICASSO

Niemals vermindert Erkenntnis die wahrhafte Begeisterung, sie erhöht und festigt sie nur.

STEFAN ZWEIG

Die Scheu vor der Begeisterung will mir immer als provinzlerischer Snobismus erscheinen, als verkappte Unsicherheit, Angst vor dem Ja.

FRIEDRICH WITZ

Wer sich schnell erhitzt, zeigt, daß er keine Wärme hat.

GUSTAV HILLARD

Was leicht entzündbar, ist schnell verbrennbar.

JAKOW TRACHTENBERG

Das entscheidende Merkmal der Begeisterung ist Verlust der Urteilskraft.

PETER BAMM

Wer vor Begeisterung stirbt, hüte sich vor der Auferstehung.

STANISLAW JERZY LEC

Was nicht begeistert, das langweilt.

GEORGES KRASSOVSKY

Es ist schwierig, im Enthusiasmus zu leben, wenn man Zahnschmerzen hat.

EUGÉNE IONESCO

Eifer ist gut, aber Eiferer führen ins Unglück.

WILLY BRANDT

Ein großer Lehrer ist einer, der aus seinen Schülern Funken herausschlagen kann, Funken, an denen ihr Enthusiasmus für Musik – oder was immer sie studieren – schließlich Feuer fängt.

LEONARD BERNSTEIN

Begeisterung schlägt gelegentlich um in Fanatismus, Fanatismus jedoch wohl kaum wieder in Begeisterung.

LÉOPOLD HOFFMANN

Es ist leichter, die Masse zu begeistern als eine Minderheit.

RUPERT SCHÜTZBACH

Seine Augen leuchteten. Das Stroh im Kopf brannte.

NIKOLAUS CYBINSKI

Begeisterung kennt keine Grenzen. Und schon gar nicht die des Nachbarn.

HANS-HORST SKUPY

Erst Feuer und Flamme, dann Asche.

JÜRGEN KÖDITZ

Beispiel

Gutes Beispiel ist dem Schlechten zu nichts nutz.

Persisches Sprichwort

Sie richten mehr Schaden an durch ihr schlechtes Beispiel als durch ihre tatsächlichen Sünden.

CICERO

Ein Beispiel habe ich euch gegeben.

JOHANNES 13,15

Setze dir ein Muster und Vorbild, und lebe danach, sowohl wenn du allein bist, als wenn du unter die Leute kommst.

EPIKTET

Keine Tat, die ein böses Beispiel gibt, bringt dem Geber Freude.

JUVENAL

Böse Beispiele verderben gute Sitten.

TERTULLIAN

Greise geben gern gute Ratschläge, denn dies tröstet sie über die Tatsache hinweg, daß sie kein schlechtes Beispiel mehr geben können.

LA ROCHEFOUCAULD

Man bessert sich oft gründlicher durch den Anblick des Bösen als durch das Vorbild des Guten; und es ist gut, sich daran zu gewöhnen, aus dem Bösen Nutzen zu ziehen, da es so häufig ist, während das Gute so selten vorkommt.

BLAISE PASCAL

Wer aus Worten lernt, ohne die Sachen zu kennen, der macht sich oft falsche Begriffe, die – sonderlich in sittlichen Dingen – in gefährliche Irrtümer stürzen.

JOHANN CHRISTOPH GOTTSCHED

Wenn die Reichen die Armen ihrer Rechte berauben, so wird das ein Beispiel für die Armen, die Reichen ihres Eigentums zu berauben.

THOMAS PAINE

Narrenpossen sind eure allgemeine Bildung und alle Anstalten dazu. Daß ein Mensch etwas ganz entschieden verstehe, vorzüglich leiste, wie nicht leicht ein anderer in der nächsten Umgebung, darauf kommt es an.

JOHANN WOLFGANG VON GOETHE

Man soll in der Moral nicht die Tugend in gleichgültigen Handlungen – z.B. im Fasten – sehen wollen; all das kann den andern Menschen nichts nützen.

ANTOINE DE RIVAROL

Es ist doch merkwürdig, daß manchmal ein Mensch, hinter dem man nicht viel sucht, einem anderen eine gute Lehre geben kann, der sich für erstaunend weise und verständig hält.

JOHANN PETER HEBEL

Um Kindern Moral in Beispielen zu lehren, dazu braucht man die Geschichte. Das heißt: ihnen Schwert und Lanze als Messer und Gabel in die Hände geben.

LUDWIG BÖRNE

Ein Präzedenzfall ist ein Urteil, das ein Prinzip konserviert.

BENJAMIN DISRAELI

Es gibt kein gefährlicheres Beispiel, als wenn ehrliche Leute das Gute mittels Willkür und Gewalt einführen.

ALEXIS DE TOCQUEVILLE

Wir können die anderen nur durch uns selbst erziehen.

LEW N. GRAF TOLSTOJ

Kinder schauen mehr darauf, was die Eltern tun, als was sie sagen.

MARIE VON EBNER-ESCHENBACH

Wenige Dinge auf dieser Welt sind lästiger, als die stumme Mahnung, die von einem guten Beispiel ausgeht.

MARK TWAIN

Dasjenige, das auch die Kleinen von wahrhaft großen Männern lernen könnten, die Bescheidenheit – das lernen sie nie.

M. HERBERT

Beispiel

Einen großen Mann übertreffen ist leichter als ihm gleichen.

ROBERT HAMERLING

Du mußt zuerst, wenn du willst, daß der andere soll.

CARLOS VON TSCHUDI

Die Kinder und die Tiere sind unsere großen Lehrmeister.

WILLIBRORD VERKADE

Es gibt keine andere vernünftige Erziehung als Vorbild sein; wenn's nicht anders geht – ein abschreckendes.

ALBERT EINSTEIN

Ein einziges trockenes Zündhölzchen ist mehr wert als eine ganze Predigt über das Feuer.

W. J. OEHLER

Klug wird der Mensch von selbst, menschlich aber erst durch ein Vorbild.

THOMAS NIEDERREUTHER

Vorbilder können auch im Wege stehen.

GERHARD UHLENBRUCK

Vorbilder dürfen nicht unerreichbar sein, aber man sollte ihnen auch nicht zu nahe treten.

GERHARD UHLENBRUCK

Beispiele sind die Schwimmbojen der Logik.

HELMAR NAHR

Beleidigung

Der Geschmähte ist immer anwesend.

Sprichwort aus Uganda

Vergiß Kränkungen, doch vergiß Freundlichkeiten nie.

KONFUZIUS

Das Heilmittel gegen Kränkungen ist, sie zu vergessen.

PUBLILIUS SYRUS

Entweder ist's ein Mächtiger, der dich beleidigt hat, oder ein Schwächerer. Ist er schwächer, so schone ihn; ist er mächtiger, schone dich.

SENECA

Bittet für die, so euch beleidigen und verfolgen.

MATTHÄUS 5,44

Verunglimpfungen sind für den, der sie ausspricht, schimpflicher als für den, dem sie gelten.

PLUTARCH

Ergib dich nicht der Stimmung dessen, der dich beleidigt, und folge nicht dem Weg, auf den er dich verführen möchte.

MARC AUREL

Wer es zuläßt, daß man ihn beleidigt, verdient es.

PIERRE CORNEILLE

Die kleinsten Anlässe kränken kleine Menschen.

LA ROCHEFOUCAULD

Man darf sich nicht fürchten, jemand zu beleidigen, wenn es nötig ist.

CHRISTINE VON SCHWEDEN

Sprechen und beleidigen ist für gewisse Leute ein und dasselbe.

JEAN DE LA BRUYÈRE

Sei doch zu groß, von jeder Kleinigkeit beleidigt zu werden.

ALEXANDER POPE

Eine Verletzung wird viel schneller vergessen als eine Beleidigung.

EARL OF CHESTERFIELD

Schreibe Kränkungen in den Staub, Wohltaten in Marmor.

BENJAMIN FRANKLIN

Soll ich dem Mann die Auszeichnung antun und mich beleidigt fühlen von ihm? Nein, ich bin nicht in der Stimmung, Gnaden zu erteilen!

JOHANN NESTROY

Niemand hat das Recht, einen anderen in eine so schwierige Lage zu versetzen, in der er entweder den Betreffenden dadurch kränken muß, indem er die Wahrheit sagt, oder in der er sich selbst dadurch verletzt, indem er lügt.

SAMUEL JOHNSON

Beleidigung mit Beleidigung zu vergelten ist die Art des Pöbels.

FRIEDRICH II. VON PREUSSEN

Das Wort verwundet leichter als es heilt.

JOHANN WOLFGANG VON GOETHE

Derjenige, der beleidigt wurde und gelassen die Beleidigung erduldet und sie nicht mit Gleichem vergilt, hat einen großen Sieg über sich selbst errungen.

LEW N. GRAF TOLSTOJ

Beleidigungen gleichen falschen Münzen. Wir können nicht verhindern, daß sie uns angeboten werden, aber wir brauchen sie nicht zu nehmen.

CHARLES H. SPURGEON

Die Zunge einer Frau gleicht einem Stilet. Sie mordet, ohne daß äußerlich eine große Wunde zu sehen wäre.

ELEONORE VAN DER STRATEN-STERNBERG

Kann einer, dem selbst die Kraft zur Größe fehlt, andere erniedrigen?

RABINDRANATH TAGORE

Es gehört feineres Ehrgefühl dazu, eine Beleidigung nicht zu beachten, als sich dafür zu rächen.

ROBERT GERSUNY

Gewisse Leute beleidigt man aufs tiefste und fordert sie grimmig dadurch heraus, indem man ihnen keine Gelegenheit bietet, sich beleidigt zu fühlen.

SALOMON BAER-OBERDORF

Die vom Messer beigebrachte Wunde heilt zu, die von der Zunge beigebrachte nicht.

KARL KRAUS

Es wehte bei uns im öffentlichen Leben ein reinerer Wind, wenn nicht alle übel nähmen.

KURT TUCHOLSKY

Nur nicht gleich sachlich werden! Es geht ja auch persönlich.

ANTON KUH

Jemandem zu sagen Idiot – das ist keine Beleidigung, sondern Diagnose.

JULIAN TUWIM

Man würde etwas geben für Kränkungen: Sie setzen einen ins Recht.

HENRY DE MONTHERLANT

Eine Demütigung beginnt erst in dem Augenblick, wo wir solche Dinge überhaupt beachten.

THORNTON WILDER

Die Wunde, die das Wort schlug, kann die Tat heilen; nie umgekehrt.

HANS KUDSZUS

Verstimmte finden nie den richtigen Ton.

SIEGFRIED & INGE STARCK

Er starb an einer unheilbaren Kränkung.

NIKOLAUS CYBINSKI

Für Wortwunden gibt es keine Ärzte.

PETER TILLE

Alle Demütigungen geschehen für immer.

SULAMITH SPARRE

Benehmen

Der wohlerzogene Wolf wird kein Lamm.

Armenisches Sprichwort

Zeige dich wohlerzogen in deinem ganzen Wandel.

TOBIT 4,14

Schweigend und ohne ein Wort zu reden, sich in Gesellschaft miteinander vollstopfen, ist nur den Schweinen eigen.

PLUTARCH

Benehmen

Wenn es sich nicht ziemt, tu es nicht, wenn es nicht wahr ist, sag es nicht.

MARC AUREL

Mich muß man mit dem Hirn in der Hand grüßen!

FERNÁNDEZ Y GONZÁLEZ

Hinke nicht vor einem Lahmen.

FRANÇOIS RABELAIS

Sittsamkeit steht den Schönen wohl an.

MIGUEL DE CERVANTES

Wenn ein Mensch gütig und höflich ist, beweist er, daß er ein Weltbürger ist.

FRANCIS BACON

Zusammenfassung des Benehmens: die eigene Würde zu bewahren, ohne die Freiheit anderer zu stören.

FRANCIS BACON

Dreistigkeit ist ein Kind der Unwissenheit und Gemeinheit.

FRANCIS BACON

Schlechte Manieren verderben alles, sogar Vernunft und Gerechtigkeit.

BALTAZAR GRACIÁN

Gravitätisches Auftreten ist ein Geheimnis des Körpers, erfunden, um die Mängel des Geistes zu verbergen.

LA ROCHEFOUCAULD

Die meisten jungen Menschen glauben, daß sie sich natürlich verhalten, wenn sie grob und unhöflich sind.

LA ROCHEFOUCAULD

Seine eigene gute Erziehung ist der beste Schutz eines Menschen gegen schlechte Manieren anderer.

EARL OF CHESTERFIELD

Wer zu sittsam ist, um zu schmeicheln, und zu stolz, um zu dienen, dem wird die freudlose Würde zufallen, zu verhungern.

TOBIAS GEORGE SMOLLETT

Das Betragen ist ein Spiegel, in welchem jeder sein Bild zeigt.

JOHANN WOLFGANG VON GOETHE

Wer im Verkehr mit Menschen die Manieren einhält, lebt von Zinsen, wer sich über sie hinwegsetzt, greift sein Kapital an.

JOHANN WOLFGANG VON GOETHE

Vor zwei Dingen hüte dich im Weltverkehr: nicht lächerlich und nicht beklagenswert zu erscheinen.

FRIEDRICH MAXIMILIAN KLINGER

Bei gewissen Leuten ersetzt Grobheit die Lebensweisheit.

JEANNE MANON ROLAND

Man muß das gesamte Wesen eines Mannes oder einer Frau studieren, um zu wissen, wie man sich ihnen gegenüber zu benehmen hat.

GERMAINE (MADAME) DE STAËL

Hüte dich, über den Mitteln nicht den Zweck zu verlieren, den reinen Charakter der Menschheit: schlichtes, verständiges, humanes Betragen.

NOVALIS

Glück oder Unglück heißt ein jeder Vorfall, der uns unvorhergesehen trifft, den aber Gott immer sehr absichtsvoll und mit genauester Beziehung auf unser eigenes Betragen herbeigeführt hat.

BERNARD BOLZANO

Er hat es in der Ignoranz am weitesten gebracht.

HEINRICH HEINE

Es ist merkwürdig, daß fast alle bedeutenden Menschen einfache Manieren haben und daß fast immer einfache Manieren als ein Zeichen von geringer Bedeutung eines Menschen angesehen werden.

GIACOMO GRAF LEOPARDI

Die Gewohnheit, auch in kleinen und kleinsten Angelegenheiten sich auf nichts als auf sein eigenes Anstandsgefühl zu verlassen, bildet die Basis aller Ritterlichkeit.

RALPH WALDO EMERSON

Wieviel Behagen können angenehme Manieren hervorbringen; wie viele Bande werden durch sie geknüpft!

RALPH WALDO EMERSON

Benehmen

Sittsamkeit ist das Gewissen des Körpers.

HONORÉ DE BALZAC

Gute Manieren erfordern Zeit – denn nichts ist vulgärer als Überstürzung.

RALPH WALDO EMERSON

Nicht nach dem Lernen, nicht nach der Sittsamkeit erkundigen sich die Menschen in Gesellschaft – sondern nach den Manieren.

WILLIAM THACKERAY

Die Grobheit spare wie Gold, damit, wenn du sie in gerechter Entrüstung einmal hervorkehrst, es ein Ereignis sei und den Gegner wie ein unvorhergesehener Blitzstrahl treffe.

GOTTFRIED KELLER

Wer sich andauernd unpassend oder unbequem benimmt, mit dem bricht man den Verkehr ab. Wer sich im Einzelfall unpassend benimmt, dem sagt man es offen.

THEODOR FONTANE

Du kannst dich nicht sicherer unbeliebt machen, als wenn du dich dort gut aufführst, wo man sich schlecht benimmt.

LEWIS WALLACE

Daß so viel Ungezogenheit gut durch die Welt kommt, daran ist die Wohlerzogenheit schuld.

MARIE VON EBNER-ESCHENBACH

Wohlerzogene Menschen sprechen in Gesellschaft weder vom Wetter noch von der Religion.

MARIE VON EBNER-ESCHENBACH

Glücklichsein ist die beste Schule für gute Manieren. Nur Unglückliche sind grob.

WILLIAM MORRIS

Wo das Gemeine überhaupt geduldet wird, da gibt es den Ton an.

JULIUS LANGBEHN

Wohlerzogen zu sein, ist heutzutage ein großer Nachteil. Es schließt einen von so vielem aus.

OSCAR WILDE

Erst Manieren, dann Moral.

OSCAR WILDE

Anständigkeit wird zur Lüge, wenn sie über die richtigen Grenzen hinausgeht.

INAZO NITOBÉ

Wichtig ist nicht, wie sich einer zu mir verhält, sondern wie ich mich verhalte.

AUGUST LÄMMLE

Ein Gruß, der nicht ehrt, beleidigt.

SALOMON BAER-OBERDORF

Manieren sind in der Gesellschaft oft mehr geschätzt als Moral. Unmoral mit guter Manier vorgetragen wirkt auf viele Menschen eher anziehend als abstoßend.

WILHELM NEUMANN

Schließlich ist uns Anständigkeit immer nur anerzogen; bei manchen aber sitzt sie so tief, daß sie wie herzlich wirkt.

RODA RODA

Das Maß des Anstandes liegt bei der Wirklichkeit.

HUGO VON HOFMANNSTHAL

Niemand ist berechtigt, sich mir gegenüber so zu benehmen, als kennte er mich.

ROBERT WALSER

Die Menschen retten sich gern in das Flachland der Albernheit, wenn Nähe und Ahnung einer großen Seele sie befällt.

WALDEMAR BONSELS

Gibt es etwas Schlimmeres und Gefährlicheres als Pseudo-Anständigkeit? Fair play ist ein Ausdruck, womit öfter Arges als Argloses verbrämt wird.

FRIEDRICH WITZ

Gute Manieren sind das Öl im Getriebe der zwischenmenschlichen Beziehungen.

LIN YUTANG

Eine Grobheit kann ja so fein sein!

HEINZ STEGUWEIT

Wer seine Manieren von Fall zu Fall ändert, hat keine.

SIGMUND GRAFF

81

Benehmen

Die Jugend ist trotz ihrer Frechheiten schüchterner, das Greisenalter trotz seiner Würde frecher, als man glaubt.

SIGMUND GRAFF

Die guterzogenen Menschen sind in der ganzen Welt gleich. Nur die schlechterzogenen haben nationale Eigenschaften.

WILHELM LICHTENBERG

Wenn man mich von oben herab behandelt, reagiere ich von unten herauf.

ERWIN STRITTMATTER

Ein arroganter Mensch ist um so dümmer, je mehr er weiß.

MAX THÜRKAUF

Wenn man sich Lumpen gegenüber anständig verhält, die gucken immer so ungläubig.

HORST DRESCHER

Kein Anstand ohne Abstand.

HELLMUT WALTERS

Es gibt auch eine Macht der Gewöhnlichkeit.

GERD W. HEYSE

Konventionen: Krücken für gutes Benehmen.

CHARLOTTE SEEMANN

Beruf

Ein Dienstbote ist ein Dienstbote; zwei Dienstboten sind ein halber Dienstbote; drei Dienstboten sind gar keiner.

Polnisches Sprichwort

Der heißt Meister im Fach, wer Nützliches eint mit dem Schönen.

HORAZ

Wer seinen Sohn kein Gewerbe erlernen läßt, hat ihn gleichsam zum Räuber erzogen.

TALMUD – KIDDUSCHIN

Wer ein Handwerk ausübt – wem gleicht er? Einem Weinberg, der von einem Zaun umgeben ist und einem Beete, das umhegt ist.

TALMUD – KIDDUSCHIN

Ich habe wirklich die Absicht, mich für mein ganzes Leben der Medizin zu widmen. Ich finde, das ist das beste Handwerk: ob man's gut macht oder schlecht, bezahlt wird man in gleicher Weise.

MOLIÈRE

Ein Komödiant auf der Kanzel ist unerträglich, und ein Andächtiger auf der Bühne ist lächerlich.

CHRISTINE VON SCHWEDEN

Die eine Schwester ergriff den Schleier und die andere den Hosenschlitz.

GEORG CHRISTOPH LICHTENBERG

Dein Wesen ist dein Beruf. Was keiner als du tun kann und soll, das tue, so tust du recht.

JOHANN GOTTFRIED HERDER

In der Beschränkung zeigt sich erst der Meister.

JOHANN WOLFGANG VON GOETHE

Jahrelang bildet der Meister und kann sich nimmer genug tun.

FRIEDRICH VON SCHILLER

Um es in einem Berufe weit zu bringen, muß man nicht allein die Vorzüge, sondern auch die Fehler desselben haben. Die ersten sind der Geist, die zweiten der Körper der Aufgabe.

FRANZ GRILLPARZER

Ein Advokat ist ein Schwätzer, der seine Worte verkauft, der für Geld lügt, ein Phrasenhändler, ein Fabrikant von Paradoxen...

DELPHINE DE GIRARDIN

Nicht die Stellung im bürgerlichen Leben, sondern einzig und allein die, welche man sich in seinem Fache zu erringen weiß, bringt dauernden Frieden.

ROBERT FRANZ

Beruf

Aller Kunstunterricht und mithin auch der Musikunterricht gehört zu den edelsten Berufen im weiten Reiche der gesamten Lebenstätigkeit: denn er ist geistige Mitteilung im Dienste des Höchsten und Ewigen. Nur muß man darin die Kunst- von den Handwerks-Pädagogen streng unterscheiden.

LOUIS KÖHLER

Ist es nicht genug, daß Ärzte und Lehrer nur Menschen sind – müssen auch noch soviel Schwachköpfe zu diesen beiden heiligen Berufen sich drängen?

ROSALIE PERLES

Apotheker. Der Komplize des Arztes, der Wohltäter des Leichenbestatters, der Ernährer der Würmer.

AMBROSE BIERCE

Wer Chemiker werden will, muß Chemie studieren. Wer Jurist oder Arzt werden will, muß Jura oder Medizin studieren. Aber um Politiker zu werden, ist lediglich das Studium der eigenen Interessen erforderlich.

MAX O'RELL

In jedem Beruf ist der erste Schritt zum Erfolg, sich dafür zu interessieren.

SIR WILLIAM OSLER

Mancher kann von seinem Beruf nur deshalb nicht leben, weil er ganz für ihn lebt.

SALOMON BAER-OBERDORF

Wer seinen Beruf zu zivilisieren versteht, kann selbst als Rechtsanwalt ein vollkommener Liebhaber sein.

FRANZ BLEI

Die meisten Menschen haben nicht den Beruf ihres Charakters, sondern den Charakter ihres Berufes.

WALTER HUECK

Wer nicht Herr seines Handwerks ist, wird zu seinem Sklaven.

FERENC MOLNÁR

Man soll vom Künstler nicht mehr verlangen, als er geben kann und vom Kritiker nicht mehr, als er zu sehen vermag.

GEORGES BRAQUE

Man findet viel mehr Liebe im Beruf als in den Herzen. Man findet viel mehr Liebe und Freundschaft im Beruf, als irgendwo sonst auf der Welt.

PAUL GÉRALDY

Gott hat die Materie dem Handwerker in die Hand gelegt.

EUGEN WYLER

Durch nichts auf der Welt wird die reine Menschwerdung mehr gefördert als durch das Werk der Hände. Handwerk erzieht den Menschen, er wächst höher und höher, er blüht und reift seiner göttlichen Vollendung entgegen.

HERMANN HILTBRUNNER

Man kann seinen Beruf auch verfehlen, indem man ihn ausübt.

KARL HEINRICH WAGGERL

Die Apotheker bemühen sich, ihr kaufmännisches Interesse durch ihre wissenschaftliche Vorbildung zu verdecken.

SIGMUND GRAFF

Der Arzt, der Prediger, der Richter und der Politiker oder Staatsmann hätten niemals zu Brotberufen ausarten dürfen.

SIGMUND GRAFF

Politiker leben von der Vernachlässigung ihres Berufes.

SIGMUND GRAFF

Wer mit der Seele nicht dabei ist, hat keinen Beruf, sondern nur eine Beschäftigung.

CHARLES TSCHOPP

Die Größe eines Berufs besteht vielleicht vor allem darin, daß er Menschen zusammenbringt. Es gibt nur eine wahrhafte Freude: den Umgang mit Menschen.

ANTOINE DE SAINT-EXUPÉRY

Von der Berufung zum Beruf.

SIEGFRIED & INGE STARCK

Man kann auch mit seinem Beruf glücklich verheiratet sein.

GERHARD UHLENBRUCK

Beruf

Je öfter man seinen Beruf an den Nagel
hängt, um so vielseitiger wird man.

WERNER MITSCH

Beruf: Gedankenfluglehrer.

EGBERT SCHEESKRACH

Die Berufsethik bleibt nach Abzug der
Gewinne übrig.

EMIL BASCHNONGA

Ein funktionährendes Pöstchen.

HANS-HORST SKUPY

Bescheidenheit

Bescheidenheit ist eine Dattel, die
an der Palme des Reichtums selten
reif wird.

Ägyptisches Sprichwort

Eine größere Gabe als die Fähigkeit zum
Maßhalten kann der Himmel keinem
schenken.

KONFUZIUS

Bescheidenheit ist der Anfang der Sitte,
Recht und Unrecht unterscheiden ist der
Anfang der Weisheit.

MENG DSE

Der größte Reichtum ist die
Selbstgenügsamkeit.

EPIKUR

Die schönste Frucht der Genügsamkeit ist
Unabhängigkeit.

EPIKUR

Bescheidenheit ziemt dem Jüngling.

PLAUTUS

Bleibe im Lande und nähre dich redlich!

PSALMEN 37,3

Ist nicht Weniges für den Verständigen
genug?

BEN SIRA 31,19

Sein Licht nicht unter den Scheffel stellen.

MATTHÄUS 5,15

Je besser jemand ist, desto bescheidener
benimmt er sich gegen Götter und Menschen.

PLOTIN

Der Gott ansieht, der bedarf der Dinge nicht.

PARACELSUS

Bescheidenheit ist eine Tugend, doch im
Übermaß verrät sie Arglist.

SCHU SCHUEHMOU

Affektierte Einfachheit ist raffinierter Betrug.

LA ROCHEFOUCAULD

Selbstverleugnung ist eine Wirkung wahrer
Liebe.

CHRISTINE VON SCHWEDEN

Die Bescheidenheit ist für das Verdienst das,
was die Schatten bei den Figuren in einem
Gemälde sind: sie geben ihm Tiefe und
Erhabenheit.

JEAN DE LA BRUYÈRE

Alle großen Männer sind bescheiden.

GOTTHOLD EPHRAIM LESSING

Bescheidenheit schlägt oft ihren Feind.

WILHELM LUDWIG WEKHRLIN

Falsche Bescheidenheit ist die ehrbarste aller
Lügen.

CHAMFORT

Bescheidenheit müßte die Tugend derer sein,
denen die anderen mangeln.

GEORG CHRISTOPH LICHTENBERG

Bescheidenheit ist eine Eigenschaft, die die
Frauen an einem Liebhaber mehr loben als
lieben.

RICHARD B. SHERIDAN

Wer bescheiden bleibt, nicht nach dem Lob,
sondern nach dem Tadel, der ist es wirklich.

JEAN PAUL

Bescheidenheit bei mittelmäßigen
Fähigkeiten ist bloße Ehrlichkeit: bei großen
Talenten ist sie Heuchelei. Was ist denn

Bescheidenheit

Bescheidenheit anderes als geheuchelte Demut, mittels welcher man, in einer von niederträchtigem Neide strotzenden Welt, für Vorzüge und Verdienste die Verzeihung derer erbetteln will, die keine haben? Denn wer sich keine anmaßt, weil er wirklich keine hat, ist nicht bescheiden, sondern nur ehrlich.

ARTHUR SCHOPENHAUER

Die Menschen haben viele absonderliche Tugenden erfunden, aber die absonderlichste von allen ist die Bescheidenheit. Das Nichts glaubt dadurch zu etwas zu werden, daß es bekennt: ich bin nichts.

FRIEDRICH HEBBEL

Vertraue niemals jemandem, der bescheiden spricht, denn er lügt.

MULTATULI

Die Bescheidenheit kriecht aus demselben Loche wie die Eitelkeit.

MARIE VON EBNER-ESCHENBACH

Demut ist Unverwundbarkeit.

MARIE VON EBNER-ESCHENBACH

Neige dein Haupt, wo andere sich verneigen.

SRI RAMAKRISHNA

Er ist nicht bedeutend genug, um so bescheiden zu sein.

DANIEL SPITZER

Bescheidenheit ist der richtige Stolz.

M. HERBERT

Was wir aus der Geschichte des Geistes lernen können, das ist vor allem eine immer tiefere Bescheidenheit, uns zu äußern.

CHRISTIAN MORGENSTERN

Hinter Bescheidenheit vermutet man Kraft.

ROBERT WALSER

Es gibt eine Bescheidenheit, die den, den zu bitten man sich nicht traut, beleidigt.

W. J. OEHLER

Natürliche Bescheidenheit drückt natürliches Selbstbewußtsein aus.

ANITA

Bescheidenheit ist weniger Unterschätzung unserer selbst, als Hochschätzung anderer. Der Bescheidene ist der Ehrfürchtige.

HANS MARGOLIUS

Auch die Bescheidenheit ist eine Waffe; aber nur wenn sie unbegründet ist.

ERWIN CHARGAFF

Wer sich nicht bescheiden kann, wird letztlich nicht genießen.

GÜNTHER SIBURG

Bescheidenheit ist die ungesundeste Form der Selbstbewertung.

SIR PETER USTINOV

Sich bescheiden tut weh.

SIEGFRIED & INGE STARCK

Wie bescheiden vermag der Mensch zu leben, nur um zu leben!

ERNST R. HAUSCHKA

Bescheidenheit ist aller Laster Anfang.

HANNS-DIETRICH VON SEYDLITZ

Prahle nicht mit deiner Bescheidenheit!

GERHARD BRANSTNER

Wer vor Gott demütig geworden ist, der wird und muß es auch vor Menschen sein.

LILLY VON HACKEWITZ

Bescheidenheit – der Stolz auf andere.

ELAZAR BENYOËTZ

Bescheidenheit, die beliebteste Form der Anmaßung.

PETER TILLE

Der Anfang der Genügsamkeit: gleichen Lohn für halbe Arbeit.

MANFRED STRAHL

Betrachte alles als ein Geschenk Gottes, dann wirst du genügsam.

GABRIELE WITTEK

Ein bescheidener Mensch kann nie dumm sein, höchstens unwissend.

PETER HORTON

Bescheidenheit

Große Männer sind bescheiden, kleine wissen Bescheid.

BEAT LÄUFER

Bescheidenheit ist die Kunst, andere herausfinden zu lassen, wie wichtig man ist.

HANS-DIETER SCHÜTT

Besitz

Habsucht wächst mit dem Besitz.

Italienisches Sprichwort

Verlaß dich nicht auf deine Schätze, die dir als eine Gabe der Gottheit zuteil geworden sind.

PTAHHOTEP

Ein Armer, der nicht schmeichelt, und ein Reicher, der nicht stolz ist, sind annehmbare Charaktere. Sie kommen aber nicht den Armen gleich, die vergnügt sind, und nicht den Reichen, die dennoch die Regeln des Anstands bewahren.

KONFUZIUS

Tausend Reden übertrifft an Macht das Gold.

EURIPIDES

Alles Gut der Sterblichen ist sterblich.

METRODOROS

Jeder pflegt, wo es auf Güter ankommt, doch immer mit seinen Wünschen sich selbst der Nächste zu sein.

ARISTOTELES

Damit du nichts entbehrst, entbehre!

CATO

Ich bin das Einzige in meinem Haus, das ich mein Eigen nennen kann.

TERENZ

Wie ungerecht es ist, daß die, die weniger haben, immer zum Besitz derer hinzufügen, die mehr haben.

TERENZ

Sei du der Dinge Herr, nicht Knecht!

HORAZ

Glücklich – die Besitzenden!

HORAZ

Die verbrecherische Gier – zu haben.

OVID

Nicht der ist arm, wer wenig besitzt, sondern wer nach mehr strebt.

SENECA

Weise ist der Mensch, der nicht den Dingen nachtrauert, die er nicht besitzt, sondern sich der Dinge erfreut, die er hat.

EPIKTET

Niemand fragt dich, woher du hast, aber haben mußt du.

JUVENAL

Lasset euch genügen an dem, was da ist.

HEBRÄERBRIEF 13,5

Der Besitz: mäßig ist er erträglich, übermäßig – schädlich.

TALMUD – GITTIN

Erfreue dich deines Besitzes, als würdest du morgen sterben, jedoch gebrauche ihn mit Maß, als lebtest du lange.

LUKIAN

Besitz und Reichtum sind nur Trug, geliehen zu des Augenblicks Nutzen; lieb sie nicht allzusehr und horte sie nicht.

PHADAMPA SANGAY

Solange das Eigentum besteht, wird auf dem weitaus größten und weitaus besten Teil der Menschheit Armut, Plackerei und Sorgen als eine unentrinnbare Bürde weiter lasten; sie mag ein wenig erleichtert werden können; sie gänzlich zu beseitigen ist – unmöglich.

THOMAS MORUS

Wer etwas haben will, muß auch etwas geben.

MARTIN LUTHER

My home is my castle.

SIR EDWARD COKE

Besitz

Wer nicht dann will, wenn er könnte, wird nichts haben, wenn er wollte.

JOHN HEYWOOD

Es gibt kein Gut, das wirklich unser ist.

FRANCIS BACON

Die Erfahrung zeigt: Was wir besitzen, dünkt uns selten wert, da wir es genießen; ging es uns verloren, so steigt sein Preis.

WILLIAM SHAKESPEARE

Die Erde gehört dem, der sie einnehmen und erhalten kann.

CHRISTINE VON SCHWEDEN

Es bedarf eines gewissen Genies, ein Vermögen zu erwerben, und insbesondere ein großes Vermögen. Es ist weder auf Güte, Intelligenz, Begabung, Kraft noch auf Feinfühligkeit zurückzuführen. – Ich weiß nicht genau, wie man es schafft: ich warte darauf, daß es mir jemand mitteilt.

JEAN DE LA BRUYÈRE

In allen gut organisierten Gemeinwesen sorgt man dafür, den Besitz des Einzelnen zu begrenzen. Dies geschieht aus vielerlei Gründen. Einer von ihnen wird nicht oft erkannt. Wenn den Wünschen der Einzelnen Grenzen gesetzt sind, nachdem sie soviel erworben haben, wie das Gesetz ihnen erlaubt, hören ihre privaten Interessen auf. Sie haben dann nichts anderes mehr zu tun, als sich um das allgemeine Wohl zu kümmern.

JONATHAN SWIFT

Alle Menschen eignen sich gern den Besitz anderer an: Es ist ein allgemeiner Wunsch. Nur die Art der Durchführung ist verschieden.

ALAIN RENÉ LE SAGE

Es ist ein falscher Schluß, wenn man sagt, Gemeinnutz gehe vor Eigennutz; dies gilt nur für die Fälle, in denen es sich um die Herrschaft der Gemeinschaft, d.h. um die Freiheit des Bürgers handelt; denn das Gemeinwohl besteht immer darin, daß jeder unveränderlich das Eigentum bewahrt, das ihm die bürgerlichen Gesetze zuerkennen.

MONTESQUIEU

Hüte dich, alles, was du besitzt, als dein Eigentum zu betrachten und dementsprechend zu leben.

BENJAMIN FRANKLIN

Der Dämon des Besitzes verpestet alles, was er berührt. Ein Reicher will überall den Herrn spielen und befindet sich nirgends wohl, wo er es nicht ist. So ist er genötigt, stets vor sich selber auf der Flucht zu sein.

JEAN-JACQUES ROUSSEAU

Hienieden braucht der Mensch nicht viel, noch braucht er's lange Zeit.

OLIVER GOLDSMITH

Der Mensch im gesellschaftlichen Leben kann sein Gut nicht genießen, ohne es mit dem Staat zu teilen.

WILHELM LUDWIG WEKHRLIN

Der Besitz der wahrhaftigen Güter wird ohne Schweiß des Angesichts nicht erworben.

MATTHIAS CLAUDIUS

Nur halb ist der Verlust des schönsten Glücks, wenn wir auf den Besitz nicht sicher zählten.

JOHANN WOLFGANG VON GOETHE

Sei im Besitze und du wohnst im Recht!

FRIEDRICH VON SCHILLER

Eigentum ist Diebstahl.

JACQUES PIERRE BRISSOT

Manche Menschen achten die Güter, die sie nicht haben, gering; andere achten im Gegensatz dazu nur die gering, die sie haben. Die letzteren sind edler und unglücklicher.

ARTHUR SCHOPENHAUER

Man liebt den, der unsere eigenen Güter schützt, immer weit weniger als denjenigen, der uns fremde Güter verspricht.

HEINRICH HEINE

Da der Besitz nur kraft der bloßen Tatsache des Besitzers existiert, so hat ein jeder, so wie er nur auf die Welt kommt, Recht auf irgendeinen Besitz.

HONORÉ DE BALZAC

Besitz

Bald wird der politische Kampf zwischen den Besitzenden und den Besitzlosen ausbrechen; das Eigentum wird das große Schlachtfeld bilden, und die hauptsächlichsten politischen Streitfragen werden sich um die mehr oder weniger tiefgreifenden Veränderungen drehen, denen die Rechte der Eigentümer unterworfen werden sollen.

ALEXIS DE TOCQUEVILLE

Der beste Zustand im Leben: nicht so reich sein, daß man beneidet wird, und nicht so arm, daß man verdammt wird.

JOSH BILLINGS

Was den Kommunismus auszeichnet ist nicht die Abschaffung des Eigentums überhaupt, sondern die Abschaffung des bürgerlichen Eigentums.

FRIEDRICH ENGELS

Der Mensch rechnet immer das, was ihm fehlt, dem Schicksal doppelt so hoch an, als das, was er wirklich besitzt.

GOTTFRIED KELLER

Besitz verlockt zur Sünde, und die Anhäufung von Reichtümern entsittlicht den Menschen; nur die einfache Arbeit gibt Glück und Zufriedenheit.

LEW N. GRAF TOLSTOJ

Was du wirklich besitzt, das wurde dir geschenkt.

MARIE VON EBNER-ESCHENBACH

Die Menschen irren sich. Man hat nur Freude an dem, was einem nicht gehört. Alles Übrige ist Last.

WILHELM RAABE

Es ist nicht üblich, das zu mögen, was man besitzt.

ANATOLE FRANCE

Selbst das ärmste Herz hat noch irgendein Kleinod, an dem es hängt.

KARL EMIL FRANZOS

Sorge dafür, das zu haben, was du liebst, oder du wirst gezwungen werden, das zu lieben, was du hast.

GEORGE BERNARD SHAW

Es ist amoralisch, Privateigentum zur Milderung der schrecklichen Übelstände zu verwenden, die aus der Einrichtung des Privateigentums entspringen. Es ist nicht nur amoralisch, sondern auch unehrlich.

OSCAR WILDE

Alles, was wir an materiellen Gütern mehr besitzen als Gott, zeigt nur um so deutlicher, wie sehr wir von ihm verschieden sind.

CHARLES DE FOUCAULD

An seinen Besitz gekettet, ist der Mensch nur ein Sklave.

JAKOB WASSERMANN

Wenn die Demokratie zu nichts anderem wird als zum Fischzug auf das allgemeine Volksvermögen, sind wir am Ende!

HEINRICH BRÜNING

Wer genug hat, hat zuviel.

KARL HEINRICH WAGGERL

Vom Besitz besessen – Fluch vieler Menschen.

ANITA

Jeder Besitz besitzt uns. Ein Anwesen ist immer anwesend.

ARTHUR HAFINK

Besitz ist die Voraussetzung für Kultur.

WERNER FREYTAG

Spekulieren ist kein Spiel mehr, es ist eine Maßnahme zum Schutz des Vermögens.

ANDRÉ KOSTOLÁNY

Was man zu teuer erkauft, besitzt man nie ganz.

HANS ARNDT

Um zu Besitz zu gelangen, sind die Menschen tapfer, um ihn zu bewahren, werden sie feig.

HANS LOHBERGER

Was man sich nimmt, kann einem nie mehr geschenkt werden.

ILSE AICHINGER

Alles, was zu besitzen sich lohnt, lohnt auch, daß man darauf wartet.

MARILYN MONROE

Was allen gehört, das gehört keinem. Und damit niemandem.

HORST DRESCHER

Wir werden in unserer Generation keinen Frieden finden, wenn wir nicht wieder lernen, daß niemand davon lebt, daß er viele Güter hat.

MARTIN LUTHER KING

Eigentum: eigentümlich.

BERT BERKENSTRÄTER

Miß deinen Besitz nach seinem Wert – und du bist arm. Miß ihn an dem, was er dir bedeutet – und du bist reich.

ELSE PANNEK

Der Mörder raubt seinem Opfer dessen einzigen wirklichen Besitz – den Tod.

TORSTI LEHTINEN

Eigentum verpflichtet. Es sei denn, man hat welches.

GERD WOLLSCHON

Mancher würde sein Letztes hergeben, um alles haben zu können.

HANS-DIETER SCHÜTT

Eigentum verpflichtet, vor allem den, der keins hat.

BERND DREISSEN

Betrug

Wer dir schmeichelt, hat dich entweder betrogen, oder er hofft es zu tun.

Russisches Sprichwort

Wer andere überfordert, ist ein Räuber.

SCHEN DSE

Durch Betrug erlistet ist noch nicht gewonnen.

SOPHOKLES

Oft werden wir unter dem Scheine des Rechten getäuscht.

HORAZ

Frommer Betrug.

OVID

So leget nun ab alle Bosheit und allen Betrug.

1 PETRUS 2,1

Die Wahrheit erstarkt durch Augenschein und Dauer, der Betrug durch Eile und Unbestimmtheit.

TACITUS

Betrug, der stets Gewissenswunden schlägt, begeht man wider den, der uns vertraut, wie gegen jenen, der kein Vertrauen zu uns hegt.

DANTE ALIGHIERI

Trug ist Grundübel menschlicher Natur.

DANTE ALIGHIERI

Die Welt will betrogen sein.

SEBASTIAN FRANCK

Es bereitet doppeltes Vergnügen, einen Betrüger zu betrügen.

JEAN DE LA FONTAINE

Man kann alle Menschen betrügen, nur sich selbst nicht.

CHRISTINE VON SCHWEDEN

Man kann alle Leute eine Zeitlang zum Narren halten. Man kann auch einige Leute die ganze Zeit zum Narren halten. Aber man kann nicht alle Leute die ganze Zeit zum Narren halten.

ABRAHAM LINCOLN

Es scheint, als würden die Menschen geboren, andere und sich selbst zu betrügen.

VAUVENARGUES

Die Welt will betrogen sein; es ist nicht jedermanns Sache, sich diesem Verlangen zu bequemen.

JOHANN GEORG HAMANN

Man wird nie betrogen, man betrügt sich selbst.

JOHANN WOLFGANG VON GOETHE

Betrug

Alle Betrüger der Welt sind nichts im Vergleich mit den Selbstbetrügern.

CHARLES DICKENS

Ob jemand Wechsel fälscht, sagt nichts über sein Geigenspiel.

OSCAR WILDE

Der Betrüger mag sich über sein Opfer lustig machen, aber er wird ihm nie eine innerliche, fast neidische Hochachtung versagen.

M. HERBERT

Aus einem bestimmten Anlaß betrügen heißt beinahe schon treu sein.

ARTHUR SCHNITZLER

Wer betrügen will, darf kein Herz haben.

HEINRICH FEDERER

Wir sind empört über den Betrug durch andere, finden dafür den Selbstbetrug aber zumeist ganz in Ordnung. Richtet er aber nicht viel mehr Unheil an?

MAX KEMMERICH

Man darf niemanden betrügen, auch nicht die Welt um ihren Sieg.

FRANZ KAFKA

Große Menschen kann man so wenig betrügen wie die Natur. Man betrügt immer nur sich selber.

GEORG STAMMLER

Wenn ein Betrüger hereinfällt, so hat er nicht alle Gesetze im Kopf.

JAKOW TRACHTENBERG

Niemand betrügen wir zärtlicher als uns und keinen Feind so häufig.

LUDWIG FRIEDRICH BARTHEL

Eine der zersetzenden menschlichen Leidenschaften ist der Selbstbetrug.

ERWIN STRITTMATTER

Wer einen Betrüger betrügt, bringt der die Welt wieder ins Lot?

HELMUT LAMPRECHT

Wer sich anschmieren läßt, ist der Lackierte.

RUPERT SCHÜTZBACH

Wer einmal übers Ohr gehauen wurde, der hört beim nächstenmal besser.

ERNST R. HAUSCHKA

Niemand weiß mehr, wer die Hand in wessen Tasche hat.

NORBERT BLÜM

Wo gemogelt wird, fallen Pläne.

RONALD JANNASCH

Bewunderung

Es ist kein Tor so groß, daß es nicht noch einen größeren gäbe, der ihn bewundert.

Slowakisches Sprichwort

Nichts bewundern!

HORAZ

Erkennet an, die an euch arbeiten.

1 THESSALONICHERBRIEF 5,12

Nichts ist leichter, als das einfache Volk und eine schlichte Versammlung durch einen Schwall von Worten zu täuschen; denn je weniger sie an sachlichem Verständnis aufbringt, um so mehr wächst die Bewunderung.

HIERONYMUS

Unsere Bewunderer mögen wir immer.

LA ROCHEFOUCAULD

Es gibt Menschen, die man immer mehr bewundert und fürchtet, je mehr man sie kennenlernt.

CHRISTINE VON SCHWEDEN

Wenn Kenntnisse und Lebensklugheit sich in einer Person vereinigt finden, frage ich nicht nach dem Geschlecht; ich bewundere.

JEAN DE LA BRUYÈRE

Von dem Ruhme der berühmtesten Menschen gehört immer etwas der Blödsichtigkeit der Bewunderer zu.

GEORG CHRISTOPH LICHTENBERG

Bewunderung

Man schätzt manchen viel zu hoch, als daß man ihn lieben könnte. Er flößt Bewunderung ein; aber er ist zu weit über uns, als daß wir mit der Vertraulichkeit der Liebe uns ihm zu nähern getrauen.

IMMANUEL KANT

Die Fehler und Dummheiten überragender Männer entzücken uns; sie gestatten der Bewunderung eine Ruhepause.

JEANNE MANON ROLAND

Eine zu große Bewunderung macht unsere Eitelkeit mundtot. Laut loben wir nur, was wir auch kritisieren könnten.

GERMAINE (MADAME) DE STAËL

Jeder große Mann steht einsam in seiner Zeit da, meist in der Bewunderung selbst unverstanden.

LUDWIG TIECK

Bewunderung selbst dem Feinde abzutrotzen, das ist süß.

HEINRICH HEINE

Wer bewundern will, findet immer etwas zu bewundern, denn die Bewunderung ist eine Art Aberglaube, der immer Wunder erwartet.

JOHANN NESTROY

Das Kleinliche macht den Fluch des Lebens aus. Die ärmlichen Sorgen des Tages, des Körpers, reiben uns auf. Darum nährt den göttlichen Teil eurer Natur: den Trieb der Bewunderung.

EDWARD EARL BULWER-LYTTON

Kleine und unedle Seelen können nicht aufrichtig bewundern.

SAMUEL SMILES

Wie demütigend ist es, von Leuten bewundert zu werden, die uns nicht verstehen.

MARIE VON EBNER-ESCHENBACH

Weder bewundere ich immer, was ich liebe, noch liebe ich immer, was ich bewundere.

JOSEPH ROUX

Bewunderung ist nur überlegenen Geistern gegeben.

SULLY PRUDHOMME

Gott selbst steht voll Staunen vor jedem neuen Morgen, den er geschaffen.

RABINDRANATH TAGORE

Bewunderung, die man erfährt, macht klein; Geringschätzung groß.

GERHART HAUPTMANN

Mir ist es unbehaglich, an einem Menschen zu bewundern, was er kann, wenn ich lieber bereit wäre, zu verehren, was er ist.

HERMANN BAHR

Uneingeschränkte Bewunderung kann beides bedeuten: Unverständnis oder tiefstes Verständnis.

JULIE ELIAS

Eine Frau bewundert immer den, der eine ganze Welt herausfordert.

OTTO FLAKE

Trachte geliebt und nichtbewundert zu werden.

LUDWIG WITTGENSTEIN

Wenn eine Frau dich bewundert, dann will sie etwas von dir.

FELICITAS VON REZNICEK

Die Frau möchte an dem geliebten Mann nicht etwas bewundern, was ihr selbst fehlt, sondern was anderen Männern fehlt.

SIGMUND GRAFF

Um etwas bewundern zu können, bedarf es der Demut des Herzens. Die Bewunderung bereitet die Liebe vor, der Neid aber nur die Verachtung.

ANTOINE DE SAINT-EXUPÉRY

Nirgends spiegelt schöner sich das Schöne als im Menschenauge, das bewundert.

OTHMAR CAPELLMANN

Erst durch Bewunderung wird Schönheit existent.

HEINRICH WIESNER

Eine kluge Frau lernt beizeiten, ihren Mann ohne Grund zu bewundern.

JOAN STEWART

Bibel

Im Munde Bibel, im Herzen übel.

Deutsches Sprichwort

Suchet nun in dem Buch des Herrn und lest!

JESAJA 34,16

Du kennst seit deiner Kindheit die heiligen Schriften. Sie können dir den Weg zur Rettung zeigen...

2 TIMOTHEUS 3,15

Die Schrift betrügt niemanden, wenn nur der Mensch sich nicht selbst betrügt.

AUGUSTINUS

Die Heilige Schrift ist ein Spiegel der Seele. Wer in ihr liest, der weiß erst, was leben heißt; wer sie versteht, dem erwächst die Frucht dieses Verständnisses.

PIERRE ABAILLARD

Einzig die Wahrheit ist es, was wir uns von den heiligen Schriften erwarten sollten, nicht der Prunk des Wortes.

THOMAS VON KEMPEN

Der Glaube ist der Heiligen Schrift Schlüssel.

MARTIN LUTHER

Der Teufel kann sich auf die Schrift berufen.

WILLIAM SHAKESPEARE

Die Heilige Schrift ist ein durchaus praktisches Buch, in dem Gott mit seinen rebellischen Geschöpfen rechtet, indem er die Gerechtigkeit seines Gerichtes und den Fortgang desselben an zahlreichen Beispielen und in immer neuer Weise beschreibt.

JAN AMOS COMENIUS

Ich bin überzeugt, daß die Bibel immer schöner wird, je mehr man sie versteht, d.h. je mehr man einsieht und erschaut, daß jedes Wort, das wir allgemein auffassen und im besonderen auf uns anwenden, nach gewissen Umständen, nach Zeit- und Ortsverhältnissen einen eigenen, besonderen, unmittelbar individuellen Bezug gehabt hat.

JOHANN WOLFGANG VON GOETHE

Den Gesetzen, die man in der äußersten Sorgfalt und Genauigkeit in der Sprache des Volkes aufgezeichnet hat, wird oft eine falsche Bedeutung untergeschoben. Warum wundern wir uns, wenn es auch mit der Bibel geschieht?

JONATHAN SWIFT

Die Bibel ist das einzige Buch, das für alle Menschen paßt – ein göttliches Elementarbuch.

THEODOR GOTTLIEB VON HIPPEL

Die Grundlage der Heiligen Schrift ist Wahrheit, ihr Endzweck Liebe. Wer sie liest, um daraus etwas anderes zu suchen als Wahrheit und Liebe, findet an ihr nur eine eitle Unterhaltung, die ihn in seiner vorigen Armut, in Blindheit und in Elend zurückläßt.

BERNARD OVERBERG

Mir ist die Bibel nur wahr, wo sie naiv ist, in allem andern, was mit einem eigentlichen Bewußtsein geschrieben ist, fürchte ich einen Zweck und späteren Ursprung.

FRIEDRICH VON SCHILLER

Die Bibel ist die Geschichte des menschlichen Gemütes, welche nach dem Wesen des Gemütes schlechthin Offenbarung ist, insofern diese Geschichte Abdruck, Abbild der Entwicklung ist, ohne für den Abbilder, Abdrucker, Schreiber irgendeinen anderen äußeren Zweck zu haben als das Abbilden selbst.

FRIEDRICH FRÖBEL

Habt ihr wohl einmal daran gedacht, fromme Leser, wie exzentrisch die schönsten Stücke aus eurer Bibel sind?

MULTATULI

Alles, was in der Bibel steht, ist wahr, aber es steht nicht alles in der Bibel, was wahr ist.

JULIUS LANGBEHN

Man kann nichts Besseres tun, als in allem, in jeder Lage, überall und jederzeit den Gedanken an Gott festzuhalten und mehr Erkenntnis von ihm zu erlangen suchen, und die kann man aus der Bibel gewinnen wie auch aus allen anderen Dingen.

VINCENT VAN GOGH

Wir brauchen die Bibel nicht zu verteidigen;
sie verteidigt sich selbst.

JEANNE WASSERZUG

So mancher wackelnde Tisch wird durch eine
Bibel gestützt.

KAROL IRZYKOWSKI

Die Bibel ist für jeden das, was er sich aus ihr
macht. Es hat zu allen Zeiten Männer
gegeben, die das Buch der Bücher zu lesen
verstehen und aus ihm unendlich mehr Kraft
schöpfen, als die Menge der Ungläubigen und
der sogenannten Gläubigen ahnt.

A. J. COLDFIRE

Die Bibel ist die Liebesgeschichte Gottes mit
seinem Volk.

W. J. OEHLER

Die Bibel muß das Göttliche nach
menschlichen Maßstäben darstellen, denn sie
soll Menschen lehren.

GOTTLIEB DUTTWEILER

Die Heilige Schrift, das bedeutendste Buch
der Menschheitsgeschichte, ist mit ihrer
strengen Trennung von Gut und Böse eine
einzige Schwarzweißmalerei. Warum sollte
man sich der Schwarzweißmalerei
schämen...?

HANS HABE

Die Bibel ist inmitten der Steine entstanden.

ALBERT CAMUS

Die Bibel, die Unzählige zu tiefsten
Erkenntnissen geführt hat, kann niemals als
Privatbuch abgelehnt werden.

PATER LEPPICH

Gottes Wort ist gebunden.

HEINRICH WIESNER

Selbst die Bibel verliert an Wert, wenn man
sie als ein heiliges Buch betrachtet.

GABRIEL LAUB

Der eine ist bibel-, der andere manifest.

GERD W. HEYSE

Bestseller Bibel: Sachbuch oder Belletristik?

HANS-HORST SKUPY

Bibliothek

Vergoldete Bücher machen aus
faulen Studenten keine Doctores.

Deutsches Sprichwort

Einem Haus eine Bibliothek hinzuzufügen
heißt, dem Haus eine Seele zu geben.

CICERO

Viele brachten die Bücher zusammen und
verbrannten sie.

APOSTELGESCHICHTE 19,19

Ich brauche die Bücher, wie die Geizigen ihre
Schätze, damit ich weiß, ich könne sie, wenn
es mir beliebt, gebrauchen: meine Seele ist
bloß mit diesem Eigentumsrechte zufrieden.
Denn, ich kann nicht sagen, wie viel ich mir
auf diese Vorstellung zu gute tue, daß ich sie
zur Hand habe, mich zu rechter Zeit daraus
ergötzen und lernen kann, wie viel sie mir in
meinem Leben helfen. Sie sind der beste
Vorrat, den ich auf unserer Lebensreise zu
finden weiß.

MICHEL DE MONTAIGNE

Wendet sich jemand von den Werkstätten zu
den Bibliotheken und zollt er der ungeheuren
Mannigfaltigkeit der vorhandenen Bücher
seine Bewunderung, so wird sich sein
Staunen gewiß in das Gegenteil verkehren,
sobald er den Stoff und den Inhalt der Bücher
geprüft und sorgfältig untersucht hat. Wenn
er da bemerkt, daß die Wiederholungen kein
Ende nehmen und die Menschen dasselbe
treiben und reden, so wird seine
Bewunderung der Mannigfaltigkeit in ein
Sichwundern über die Dürftigkeit und
Kargheit derjenigen Dinge umschlagen, die
den Verstand der Menschen bisher gefesselt
und beschäftigt haben.

FRANCIS BACON

Ich finde und habe immer gefunden, daß sich
ein Buch gerade vorzugsweise zu einem
freundschaftlichen Geschenk eignet, man
liest es oft, man kehrt oft dazu zurück, man
naht sich ihm aber nur in ausgewählten
Momenten, braucht es nicht wie eine Tasse,
ein Glas, einen Hausrat in jedem

Bibliothek

gleichgültigen Augenblick des Lebens und erinnert sich so immer des Freundes im Augenblick eines würdigen Genusses.

WILHELM VON HUMBOLDT

Die meisten Leser stecken ihre Bücher in die Bibliothek, die meisten Schriftsteller stecken ihre Bibliothek in ihre Bücher.

CHAMFORT

Eine gut ausgewählte Büchersammlung ist und bleibt der Brautschatz des Geistes und des Gemüts.

KARL JULIUS WEBER

Wer viele Bücher hat und keines recht gelesen, ist wie ein Geiziger mit seinem Schatz gewesen.

FRIEDRICH RÜCKERT

Bücher haben Ehrgefühl. Wenn man sie verleiht, kommen sie nicht mehr zurück.

THEODOR FONTANE

Ein vortreffliches Buch: erstens verschlingt man's, zweitens liest man's, drittens schafft man sich's an.

MARIE VON EBNER-ESCHENBACH

Bücher haben dieselben Feinde wie der Mensch: das Feuer, die Feuchtigkeit, Tiere, die Zeit und – den eigenen Inhalt.

PAUL VALÉRY

Ich kann mir kein angenehmeres Alter vorstellen als eines, das man auf dem nicht allzu entlegenen Lande verbringt, wo ich all meine Lieblingsbücher wiederlesen und kommentieren könnte.

ANDRÉ MAUROIS

Leihe nie ein Buch zum Scherz – denn es könnt' behalten sein.

KURT TUCHOLSKY

Eine Lücke im Bücherregal ist wie eine leere Grabnische.

RAMÓN GÓMEZ DE LA SERNA

Ich nehme ein Buch so in Angriff, wie man sich aufmacht, um ein paar Minuten mit einem Freund zu verbringen, den man gern hat.

WILLIAM FAULKNER

Geliehene Bücher – geliehene Kleider der Seele.

ZENTA MAURINA

Durch die Jahrhunderte sind die Bibliotheken Vorratshäuser gewesen, unermeßliche Schober, aus denen man nehmen konnte, wann immer man wollte und brauchte. Aus ihnen können die Wiederaufstiege kommen, die großen Erinnerungsfeste des Geistes, ohne welche er blind und öd wäre wie ein alter Hund...

ERHART KÄSTNER

An der Privatbibliothek läßt sich ablesen, wann ihr Besitzer aufgehört hat, sein Geltungsbedürfnis mit Neuerscheinungen und Bestsellern abzusichern.

OLIVER HASSENCAMP

Ein schöner Buchrücken kann auch entzücken.

ERNST KOBSIK

Bildung

Je ungebildeter, desto hochmütiger.
Koreanisches Sprichwort

Die höchste Stufe menschlicher Bildung ist die vollkommene Ausgeglichenheit der Seele und der maßvolle Lebenswandel.

KONFUZIUS

Früher erwarb man Bildung, um von ihr beeindruckt zu werden, heute macht man den Bildungsgang mit, um zu beeindrucken.

KONFUZIUS

Die Bildung ist der Glücklichen Schmuck und der Unglücklichen Zuflucht.

EURIPIDES

Gebildete Menschen sind den ungebildeten genauso überlegen wie die Lebenden den Toten.

ARISTOTELES

Bildung

Nur die Unwissenden verachten die Bildung.

PUBLILIUS SYRUS

Ein einzelner gelehrter Mann ist mehr wert als tausend Unwissende.

MAHABHARATA

Jeder gelehrte Mensch trägt den Reichtum stets bei sich.

PHAEDRUS

Der Lehrer ist der Lenker und Bildner fremden Talents. Schwerer ist es freilich, die eigene Natur zu bilden.

QUINTILIAN

Das Lernen allein genügt nicht, sondern man muß auch die Gewöhnung hinzunehmen und dann die Übung.

EPIKTET

In allen Ausgaben soll sich der Mensch einschränken, nur nicht in jenen, die das Studium seiner Kinder erfordert.

TALMUD – BETSA

Reden und Lehren ziemt dem Meister, dem Jünger aber kommt Schweigen und Hören zu.

BENEDIKT VON NURSIA

Kläglich ist der Schüler, der seinen Meister nicht übertrifft.

LEONARDO DA VINCI

Wer da sieht einen geschickten Knaben, der helfe, daß er studiere.

MARTIN LUTHER

Jeder Mensch erhält seine Bildung von seinem Zeitalter; nur sehr wenige können sich über die Sitten ihrer Zeit erheben.

VOLTAIRE

Die Welt allein bildet einen vollkommen Menschen nicht. Das Lesen der besten Schriftsteller muß dazu kommen.

GOTTHOLD EPHRAIM LESSING

Es ist ein altes Gesetz, daß – bei feinen Nationen – das Frauenzimmer die Männer bildet.

WILHELM LUDWIG WEKHRLIN

Die Welt ist nicht dazu da, um von uns erkannt zu werden, sondern uns in ihr zu bilden.

GEORG CHRISTOPH LICHTENBERG

Willst du also, Freund! ein wirklich guter Erzieher werden, so befolge meinen Rat und mäßige dich im Lesen. Bedenke, daß das Lesen immer nur Mittel zur Erreichung höherer Zwecke sein muß ....

CHRISTIAN GOTTHILF SALZMANN

Allem Leben, allem Tun, aller Kunst muß das Handwerk vorausgehen, welches nur in der Beschränkung erworben wird. Eines recht wissen und ausüben gibt höhere Bildung als Halbheit im Hundertfältigen.

JOHANN WOLFGANG VON GOETHE

Es ist nichts schrecklicher, als ein Lehrer, der nicht mehr weiß, als die Schüler ebenfalls wissen sollen. Wer andere lehren will, kann wohl oft das beste verschweigen, was er weiß, aber er darf nicht halbwissend sein.

JOHANN WOLFGANG VON GOETHE

Gebildete Menschen und die auf Bildung anderer arbeiten bringen ihr Leben ohne Geräusch zu.

JOHANN WOLFGANG VON GOETHE

Sich mitzuteilen, ist Natur. Mitgeteiltes aufzunehmen, wie es gegeben wird, Bildung.

JOHANN WOLFGANG VON GOETHE

Jeder ungebildete Mensch ist die Karikatur von sich selbst.

FRIEDRICH VON SCHLEGEL

Nur durch die Bildung wird der Mensch, der es ganz ist, überall menschlich und von Menschheit durchdrungen.

FRIEDRICH VON SCHLEGEL

Alles, was dem sich bildenden Menschen schwer dünkt, da soll er nachgerade seine Kräfte versuchen. Was einem Mühe kostet, das hat man lieb.

NOVALIS

Jede Stufe der Bildung fängt mit Kindheit an. Daher ist der am meisten gebildete irdische Mensch dem Kinde so ähnlich.

NOVALIS

Bildung

Man muß alle seine Kräfte üben und regelmäßig ausbilden.

NOVALIS

Wir sind auf einer Mission: zur Bildung der Erde sind wir berufen.

NOVALIS

Natürlicher Verstand kann fast jeden Grad von Bildung ersetzen, aber keine Bildung den natürlichen Verstand.

ARTHUR SCHOPENHAUER

Die Ungebildeten haben das Unglück, das Schwere nicht zu verstehen, dagegen verstehen die Gebildeten häufig das Leichte nicht, was ein noch viel größeres Unglück ist.

FRANZ GRILLPARZER

Der Weg der neueren Bildung geht von Humanität durch Nationalität zur Bestialität.

FRANZ GRILLPARZER

Es ist ein Beweis hoher Bildung, die größten Dinge auf die einfachste Art zu sagen.

RALPH WALDO EMERSON

Bildung ist ein durchaus relativer Begriff. Gebildet ist jeder, der das hat, was er für seinen Lebenskreis braucht.

FRIEDRICH HEBBEL

Alle Belehrung geht vom Herzen aus, alle Bildung vom Leben.

FRIEDRICH HEBBEL

Wer Bildung wahrhaft besitzt, über den ist nicht zu spotten: er ist allen überlegen. Der Besitzer der Gebildetheit aber läßt über sich reden.

RICHARD WAGNER

Das Neueste in der Welt ist das Verlangen nach Bildung als Menschenrecht, welches ein verhülltes Begehren nach Wohlleben ist.

JACOB BURCKHARDT

Bildung ruht auf drei mächtigen Säulen: Geist, Natur und Kunst.

HEINRICH MARTIN

Bildung macht frei.

CONRAD FERDINAND MEYER

Ein Sohn seiner Zeit zu sein und zugleich die vergangene, der wir alle viel schuldig sind, zu begreifen und zu ehren, das ist ja der Boden der geschichtlichen Bildung.

CONRAD FERDINAND MEYER

Bildung ist die Fähigkeit, Wesentliches von Unwesentlichem zu unterscheiden, und jenes ernst zu nehmen.

PAUL DE LAGARDE

Bildung ist jedem zugänglich, der den einzigen Satz festhält, daß er jeden Abend besser zu Bett gehen muß, als er morgens aufgestanden ist.

PAUL DE LAGARDE

Dem ungebildeten Menschen erscheint alles als Einzelheit, dem gebildeten alles im Zusammenhange. Es gibt da aber allerlei Nuancen.

WILHELM RAABE

Erkenntnis macht frei, Bildung fesselt, Halbbildung stürzt in Sklaverei.

WILHELM RAABE

Die Gelehrtesten unterscheiden sich von den Unwissenden lediglich durch das anerworbene Vermögen, sich an vielfältigen und komplizierten Irrtümern zu weiden.

ANATOLE FRANCE

Die Bildung wird täglich geringer, weil die Hast größer wird.

FRIEDRICH NIETZSCHE

Weisheit ist immer ein Segen, Bildung manchmal ein Fluch.

JOHN A. SHEDD

Ungebildet ist, wer nie zu gestehen wagt: das kann ich nicht, das weiß ich nicht.

JOSEF HOFMILLER

Die größte Schwierigkeit der Ausbildung besteht darin, Erfahrungen aus Gedanken zu sammeln.

GEORGE DE SANTAYANA

Wahre Bildung besteht darin, zu wissen, was man kann, und ein für allemal zu lassen, was man nicht kann.

HERMANN BAHR

Bildung

Wenn du sie zu deiner Entschuldigung brauchst, ist deine Bildung nichts wert.

SALOMON BAER-OBERDORF

Kommunist kann einer nur dann werden, wenn er sein Gedächtnis um all die Schätze bereichert, die von der Menschheit gehoben worden sind.

WLADIMIR I. LENIN

Kein Mann kann innerlich so zynisch sein wie eine gebildete Frau.

WILLIAM SOMERSET MAUGHAM

Der Bildungsgang ist um so glücklicher, je mehr seine einzelnen Phasen den Charakter von Erlebnissen annehmen.

HUGO VON HOFMANNSTHAL

Bildung ist das, was die meisten empfangen, viele weitergeben und wenige haben.

KARL KRAUS

Lerne nicht mehr als du unbedingt brauchst, um durchs Leben zu kommen.

KARL KRAUS

Der Hauptzweck der Ausbildung besteht nicht im Lernen, sondern im Vergessen.

GILBERT KEITH CHESTERTON

Bildung ohne Herz ist eine der schlimmsten Sünden gegen den Geist.

HERMANN HESSE

Echte Bildung ist nicht Bildung zu irgendeinem Zwecke, sondern sie hat, wie jedes Streben nach dem Vollkommenen, ihren Sinn in sich selbst.

HERMANN HESSE

Der Ungebildete ist ein Mensch, der oft ein schlechtes Buch für gut hält. Der Gebildete ist ein Mensch, der genauso oft ein gutes Buch für schlecht hält.

ROBERT LYND

Die Schule sollte es sich immer zum Ziele setzen, den jungen Menschen als harmonische Persönlichkeit und nicht als Spezialisten zu entlassen.

ALBERT EINSTEIN

Bildung ist die Fähigkeit, fast alles anhören zu können, ohne die Ruhe zu verlieren oder das Selbstvertrauen.

ROBERT LEE FROST

Bildung kann die Zucht verfeinern, aber nicht ersetzen.

OSWALD SPENGLER

Bildung ohne Herzensbildung ist auf einer Stufe mit Wissen ohne Gewissen.

MAX RODEN

Kenntnisse, bloßes nacktes Wissen, machen keine Bildung. Der Gelehrte ist nicht immer der Gebildete. Zum Kennzeichen der Bildung gehört die innere Aneignung.

EDUARD SPRANGER

Eine gebildete Hand ist etwas anderes als ein angelerntes technisches Können.

EDUARD SPRANGER

Die Gelehrten wissen es jetzt genau, wie es Cäsarn zumute war...

ERNST BERTRAM

Der Gebildete ist eine Sammlung von Fragmenten, die schön geordnet ist.

CARL EINSTEIN

Bildung ist Überblick.

ANTON KUH

Es gilt als ein Zeichen von Bildung, über die Errungenschaften der Technik orientiert zu sein und über die seelische Not des Nächsten die Achsel zu zucken.

ZENTA MAURINA

Der Gebildete ist grundsätzlich sein eigener Lehrer und Erzieher – er ist ein echter Autodidakt.

HORST GEYER

Bildung ist die Fähigkeit, Parallelen zu sehen.

SIGMUND GRAFF

Die älteste Form von Erwachsenenbildung sind Kinder, die eine höhere Schule besuchen.

ROBERT LEMBKE

97

Bildung

Bilden, nicht ausbilden.

JOSEF RECLA

Bildung in unserem Jahrhundert erfordert vor allem und zunächst die instinktsichere Abwehr überzähliger Informationen.

HANS KASPER

Das Lied, das du im Vaterhaus nicht gelernt hast, wirst du in der Ferne nimmermehr in deinen Kopf bekommen.

RASSUL GAMSATOW

Bildung setzt Muße und Zeit voraus, sie kann daher nicht programmiert werden.

MAX THÜRKAUF

Die einzig wahre Bildung scheint die Vermögensbildung zu sein.

GERHARD UHLENBRUCK

Primitivität ist keine Frage der Bildung, sondern des Charakters.

HANS-HORST SKUPY

Was tun denn Computer für ihre Bildung?!

HANS-HORST SKUPY

Böses

Das Böse ist ein Hügel: jedermann steigt auf seinen eigenen und zeigt auf einen andern.

Sprichwort aus Nigeria

Du sollst der Menge nicht auf dem Weg zum Bösen folgen.

2 MOSE 23,2

Vergeltet Böses mit Gerechtigkeit und Gutes mit Gutem!

KONFUZIUS

Der Hilflose ist am leichtesten grausam.

FU-KIANG

Wer Böses tut, gefällt dem Herrn.

MALEACHI 2,17

Niemand will bösartig sein.

SOKRATES

Böse Ereignisse stammen aus bösen Ursachen.

ARISTOPHANES

Des Bösen Anfang bei den Menschen ist zumeist das Gute, das Allzugute.

MENANDER

Der Mensch ist von Natur aus böse; wenn er dennoch gut ist, so ist dies die Frucht der Kultur.

HSÜN DSE

Das Böse stammt nicht aus Gott, sondern es haftet dem Stoff an und wohnt den sterblichen Wesen inne.

CELSUS

Niemand ist so schlecht, daß er schlecht zu erscheinen wünscht.

QUINTILIAN

Überwinde das Böse mit Gutem!

RÖMERBRIEF 12,21

Der böse Trieb im Menschen ist gerade wie das Spinngewebe, dann aber wie dicke Taue.

TALMUD – SUKKA

Einem schlechten Menschen einen Gefallen zu erweisen, ist genau so gefährlich wie einen guten zu kränken.

PLAUTUS

Die menschliche Natur ist für das Gute so schwer empfänglich wie nasses Holz für Feuer; dagegen sind die meisten gerne zum Bösen bereit; sie gleichen trockenem Stroh, das beim Winde leicht von Funken Feuer fängt.

GREGOR VON NAZIANZ

Den Seelenkranken, das heißt den Bösen und Lasterhaften, erscheint das Böse als gut und das Gute als böse; ferner verlangt der Böse stets nach den Extremen, die in Wirklichkeit etwas Böses sind, ihm aber wegen der Krankheit seiner Seele etwas Gutes zu sein dünken.

MAIMONIDES

Böses

Das Böse darf auch nicht gedacht werden.
PELAGIUS

In der Welt findet sich nichts, das ganz und gar böse wäre.
THOMAS VON AQUIN

Es gibt Böse, welche weniger gefährlich sein würden, wenn sie nicht einige Güte hätten.
LA ROCHEFOUCAULD

Der Mensch ist ein böses Lebewesen.
MOLIÈRE

Böse Menschen werden ihrer Bosheit selten froh.
CHRISTINE VON SCHWEDEN

Das Böse in der Welt rührt uns viel mehr als das Gute.
CHRISTINE VON SCHWEDEN

Bei gewissen Leuten muß die Anmaßung die Stelle der Größe, inhumanes Wesen die eines festen Charakters und Schufterei die des Geistes vertreten.
JEAN DE LA BRUYÈRE

Bösartigkeit hat ein gutes Gedächtnis.
THOMAS FULLER

Sag, was du willst, ein Schurke ist oft nur ein Narr.
VOLTAIRE

Eine abscheuliche Tat quält uns nicht, wenn wir sie soeben getan, sondern erst viel später, wenn man an sie zurückdenkt, denn die Erinnerung daran verlischt nicht.
JEAN-JACQUES ROUSSEAU

Alles, dessen es zum Triumph des Bösen bedarf, ist, daß die Guten die Hände in den Schoß legen.
EDMUND BURKE

Halte dich zu gut, Böses zu tun.
MATTHIAS CLAUDIUS

Nichts Böses tun, ist gut; nichts Böses wollen, ist besser.
MATTHIAS CLAUDIUS

Sprich nicht Böses von einem Menschen, wenn du es nicht gewiß weißt; und wenn du es gewiß weißt, so frage dich: warum erzähle ich es?
JOHANN CASPAR LAVATER

Die Menschen kennen einander nicht leicht, selbst mit dem besten Willen und Vorsatz; nun tritt noch der böse Wille hinzu, der alles entstellt.
JOHANN WOLFGANG VON GOETHE

Eine Wahrheit, in böser Absicht berichtet, schlägt alle Lügen, die man erfinden kann.
WILLIAM BLAKE

Das eben ist der Fluch der bösen Tat, daß sie fortzeugend Böses muß gebären.
FRIEDRICH VON SCHILLER

Es ist der Charakter des Bösen, daß es immer mit Energie anfängt und mit Schwäche aufhört.
FRANZ VON BAADER

Wer das Böse nicht verabscheut, kennt das Gute nur dem Namen nach.
FRANZ VON BAADER

Wenn das Böse nun ausbleibt, so muß man sich zuweilen in das Unnütze in Gottes Namen schicken.
ANNETTE VON DROSTE-HÜLSHOFF

Es gibt sehr wenig böse Menschen, und doch geschieht so viel Unheil in der Welt; der größte Teil dieses Unheils kommt auf die Rechnung der vielen guten Menschen, die weiter nichts als gute Menschen sind.
JOHANN NESTROY

Geh mit gemeinen Menschen, und du wirst glauben, daß das Leben gemein ist.
RALPH WALDO EMERSON

Es gibt keinen anderen Teufel, als den wir in unserem eigenen Herzen haben.
HANS CHRISTIAN ANDERSEN

Der Name ist heutzutage so nur das einzige, welches die Menschen am Teufel nicht mögen.
FRIEDRICH HEBBEL

Böses

Das Schlechte, das aus unserem Munde kommt, fällt häufig in unseren Busen hinein.
SAMUEL SMILES

Das Böse und der Böse sind nie weit voneinander.
ADOLF KOLPING

Das Dämonische ist immer ehrlich; ehrlich wie eine abgeschossene Kanonenkugel.
JOHANNES SCHERR

Wir vermeiden das Böse nicht, indem wir vor ihm fliehen, sondern indem wir uns darüber erheben oder unter seine Ebene tauchen.
HENRY DAVID THOREAU

Die schönste List des Teufels ist es, uns zu überzeugen, daß es ihn nicht gibt.
CHARLES BAUDELAIRE

Es gibt Charaktere, die alles vergessen, was sie anderen Böses angetan haben, sich aber an alles erinnern, was ihnen angetan wurde.
LEW N. GRAF TOLSTOJ

Vergelte Böses mit Gutem, und du wirst dem bösen Menschen das Vergnügen, das ihm das Böse gewährt, zerstören.
LEW N. GRAF TOLSTOJ

Es kann Böses im Leben geben, das Leben selbst aber kann nicht böse sein.
LEW N. GRAF TOLSTOJ

Es würde viel weniger Böses auf Erden getan, wenn das Böse niemals im Namen des Guten getan werden könnte.
MARIE VON EBNER-ESCHENBACH

Ein böses Wort läuft bis ans Ende der Welt.
WILHELM BUSCH

Lieber Gott, mach die bösen Menschen gut und die guten Menschen etwas netter!
MARK TWAIN

Sich vom Bösen befreien ist das Schwerste, was es gibt, öffnet aber die Seligkeit.
KARL MAY

Damit der Mensch vor sich Achtung haben kann, muß er fähig sein, auch böse zu sein.
FRIEDRICH NIETZSCHE

Wir wollen jedem Menschen und jedem Ding seine schuldige Ehre erweisen, aber nichts fürchten als das Tun des Bösen.
RALPH WALDO TRINE

Das Böse ist das, wovor man Furcht empfindet. Kann es bei starken Menschen viel sein?
ADOLF SCHAFHEITLIN

Das Gute geht oft einen spurlosen Weg; das Böse zieht immer seine Folgen nach sich.
KNUT HAMSUN

Auf zweierlei soll man sich nicht verlassen: Wenn man Böses tut, daß es verborgen bleibt, wenn man Gutes tut, daß es bemerkt wird.
LUDWIG FULDA

Wenn einer anfängt, von häßlichen Dingen zu reden, muß man nur weggehen; dann ist er mit seinem Unrat allein.
AUGUST LÄMMLE

Das Böse ist alles in allem genommen das Gute, das sich täuscht.
MAURICE MAETERLINCK

Die gar so leicht bereit sind, Böses mit Gutem zu vergelten, haben gewöhnlich kein gutes Gewissen.
SALOMON BAER-OBERDORF

Wer nicht auch böse sein kann – kann der wirklich tief sein?
CHRISTIAN MORGENSTERN

Nichts trägt mehr zu unserem Wohlbefinden bei als der Gedanke, daß jemand anderer ein Bösewicht ist.
ROBERT LYND

Der Teufel ist der Mensch, der alles hat ohne Güte, den ganzen Himmel kennt ohne Wahrheit, während alles nur durch Güte ist.
OTTO WEININGER

Es bedurfte der Vermittlung der Schlange: das Böse kann den Menschen verführen, aber nicht Mensch werden.
FRANZ KAFKA

Böses

Das Böse hat wirklich keine andere Macht als die Ohnmacht des Guten.

GERTRUD VON LE FORT

Versuche, Böses nicht zu sagen, dann versuche, es nicht zu denken.

LISA WENGER

Die Hölle ist von dieser Welt.

FRANÇOIS MAURIAC

Das Gute hat gefesselte Hände, denn es wird immer durch etwas gezügelt; das Böse ist frei, es ist zügellos.

TADEUSZ KOTARBINSKI

Das individuelle Mittel, die Dämonen zu besiegen: Klarheit und Richtigkeit des Denkens. Das kollektive Mittel: Religion und Liebe.

WILHELM FURTWÄNGLER

Nur der Böse erkennt einen anderen. Der Gute deckt das Böse im anderen mit seinem Vorrat an Güte zu, ja er macht erst durch diesen Vorrat das Leben des anderen möglich.

MAX PICARD

Der Wille zum Bösen ist beim Menschen größer als der Nichtwille zum Guten.

JAKOW TRACHTENBERG

Einem Menschen, den man nicht kennt, traut man schnell das Böse zu, schneller als das Gute.

KURT TUCHOLSKY

Wer sich nie vom Scheitel bis zur Sohle vor Zorn oder Haß hat erbeben fühlen, ist ein armseliger Mensch; es liegt kein Verdienst darin, gut zu sein, wenn man nicht die Kraft hat, böse zu sein.

HENRY DE MONTHERLANT

Wie einfach ließe sich das Leben an, wenn nur die Schlechten schlecht sein könnten.

KARL HEINRICH WAGGERL

Wer nicht Böses tut, hat damit noch nichts Gutes getan.

KARL HEINRICH WAGGERL

Der Mensch ist gar nicht so böse von Jugend auf, er ist nur nicht ganz gut genug für die Anforderungen des modernen Gesellschaftslebens.

KONRAD LORENZ

Wem Böses (an)getan wird, der vergelte mit Bösen.

W. H. AUDEN

Schon das Böse nennen ist Schuld.

WALTER-GERD BAUER

Es geht nicht darum, das Böse zuzulassen, sondern das Gute zu stärken.

MICHEL QUOIST

Der Teufel gehört nicht an die Wand gemalt, sondern gestellt.

ALBERT MATHIAS KEUELS

Erst dann wird etwas böse, wenn es nicht mehr komisch ist.

SIR PETER USTINOV

Böse Absichten reisen nicht so weit wie gute.

YUKIO MICHIMA

Unsere Generation wird eines Tages nicht nur die bösen Taten der schlechten Menschen zu bereuen haben, sondern auch das furchtbare Verschweigen der guten!

MARTIN LUTHER KING

Der Mensch kann aus eigener Kraft niemals das Böse aus der Welt schaffen.

MARTIN LUTHER KING

Der Abgrund des Bösen vertieft unsere Gedanken.

GERHARD UHLENBRUCK

Man kann auch des Bösen zuviel tun.

GERHARD UHLENBRUCK

Es ist eine christliche Erkenntnis, eine reale Wahrheit, daß das Böse existiert; nicht nur im einzelnen Menschen, zwischen einzelnen Menschen, sondern auch zwischen Völkern und Staaten.

HEINER GEISSLER

Das Böse hat sein Gutes in der Unterlassung.

WERNER MITSCH

Bosheit

Bosheit ist ein schlimm Handwerk, sie muß allezeit die Hefen von ihrem eigenen Gifte aussaufen.

Deutsches Sprichwort

Wehe dem boshaften Geschlecht!

JESAJA 1,4

Aller Dinge schlimmstes ist Genossenschaft mit Schlimmen.

AISCHYLOS

Die Bosheit wird durch Tat erst vollendet.

WILLIAM SHAKESPEARE

Jede Bosheit kommt von Schwäche; nur weil es schwach ist, ist ein Kind böse. Macht es stark, so wird es gut sein; wer alles könnte, würde niemals Böses tun.

JEAN-JACQUES ROUSSEAU

Bosheit steht für Geist.

VAUVENARGUES

Wenn die Menschen recht schlecht werden, haben sie keinen Anteil mehr als die Schadenfreude.

JOHANN WOLFGANG VON GOETHE

Ich begreife, wie man ein Tyrann sein kann; aber nicht, wie man einer einen ganzen Tag lang sein kann.

JEAN PAUL

Ein vergiftet Gemüt saugt Gift aus den süßesten Blumen.

JEREMIAS GOTTHELF

Die Dummheit geht oft Hand in Hand mit Bosheit.

HEINRICH HEINE

Niedrigkeit kann man nicht zertreten, sie ist zu platt.

HONORÉ DE BALZAC

Die Gedankenlosigkeit hat mehr ehrliche Namen zugrunde gerichtet als die Bosheit.

MARIE VON EBNER-ESCHENBACH

Die meisten Menschen sind viel zu sehr mit sich beschäftigt, um boshaft zu sein.

FRIEDRICH NIETZSCHE

Boshaft sein ist die Verzweiflung über sich selbst.

PETER ALTENBERG

An gewandten Leuten bemerkt man stets irgend etwas Gemeines.

ROBERT WALSER

Boshafte Menschen sind gekränkte Menschen.

ANTON FRANKE

Man kann einem Menschen nichts Böseres antun, als sich ausschließlich mit ihm beschäftigen.

ELIAS CANETTI

Der Bazillus der Niedertracht wird ebenfalls zu wissenschaftlichen Zwecken gezüchtet.

STANISLAW JERZY LEC

Der Boshafte zieht die Konsequenz aus enttäuschtem Vertrauen.

HEINRICH WIESNER

Wer Mißtrauen sät, ernährt die Boshaftigkeit.

HORST FRIEDRICH

Der Mensch ist bös-artig.

ULF ANNEL

Buch

Ein Buch ist wie ein Garten, den man in der Tasche trägt.

Arabische Weisheit

Ganz wie der Leser sie aufnimmt, so haben die Bücher ihr Schicksal.

TERENZ

Kein Buch ist so schlecht, daß es nicht in irgendeiner Weise nützte.

PLINIUS D. J.

Buch

Bücher sind stumme Lehrmeister.

AULUS GELLIUS

Bücherwürmer fressen sich durch ein Buch und setzen sich auf den Text; trotzdem können sie nicht lesen.

SAKYA PANDITA

Der Umgang mit Büchern bringt die Leute um den Verstand.

ERASMUS VON ROTTERDAM

Wer einen Menschen mordet, tötet ein vernunftbegabtes Geschöpf – das Ebenbild Gottes. Wer aber ein gutes Buch vernichtet, der tötet die Vernunft selbst.

JOHN MILTON

Die besten Bücher sind die, von denen jeder Leser meint, sie selbst geschrieben zu haben.

BLAISE PASCAL

Manchmal lese ich ein Buch mit Vergnügen und verachte den Autor.

JONATHAN SWIFT

Die besten Bücher sind die beste Gesellschaft.

EARL OF CHESTERFIELD

Die nützlichsten Bücher sind diejenigen, welche den Leser zu ihrer Ergänzung auffordern.

VOLTAIRE

Mir sind alle Bücher zu lang.

VOLTAIRE

Wahrhaftig, das schlechte Buch ist rar, in welches sich gar nichts Gutes, auch nicht von ungefähr, eingeschlichen hätte.

GOTTHOLD EPHRAIM LESSING

Ein Buch ist ein Spiegel. Wenn ein Affe hineinguckt, so kann freilich kein Apostel heraussehen.

GEORG CHRISTOPH LICHTENBERG

Ein sicheres Zeichen von einem guten Buche ist, wenn es einem immer besser gefällt, je älter man wird.

GEORG CHRISTOPH LICHTENBERG

Eine seltsamere Ware als Bücher gibt es wohl schwerlich in der Welt. Von Leuten gedruckt, die sie nicht verstehen; von Leuten verkauft, die sie nicht verstehen; gebunden, rezensiert und gelesen von Leuten, die sie nicht verstehen; und nun gar geschrieben von Leuten, die sie nicht verstehen.

GEORG CHRISTOPH LICHTENBERG

Wenn ein Kopf und ein Buch zusammenstoßen, und es klingt hohl, ist denn das allemal im Buche?

GEORG CHRISTOPH LICHTENBERG

Das Buch muß erst ausgedroschen werden.

GEORG CHRISTOPH LICHTENBERG

Ich möchte wohl den Titel des letzten Buches wissen, das gedruckt werden wird.

GEORG CHRISTOPH LICHTENBERG

Ein Buch hat oft auf eine ganze Lebenszeit einen Menschen gebildet oder verdorben.

JOHANN GOTTFRIED HERDER

Es gibt Bücher, durch welche man alles erfährt und doch zuletzt von der Sache nichts begreift.

JOHANN WOLFGANG VON GOETHE

Gewisse Bücher scheinen geschrieben zu sein, nicht damit man daraus lerne, sondern damit man wisse, daß der Verfasser etwas gewußt hat.

JOHANN WOLFGANG VON GOETHE

Bücher sind nur dickere Briefe an Freunde.

JEAN PAUL

Die Bücher machen nicht gut oder schlecht, nur besser oder schlechter.

JEAN PAUL

Der Geizige liest jedes gekaufte Buch aufmerksamer: er will etwas für sein Geld haben.

JEAN PAUL

Bücher sind eine moderne Gattung historischer Wesen, aber eine höchst bedeutende. Sie sind vielleicht an die Stelle der Traditionen getreten.

NOVALIS

Buch

Die Früchte eines Buchs gehören nicht einer Saison an. In den erforderlichen und natürlichen Abständen können wir Jahr für Jahr darauf zurückkommen, und es wird uns die gleiche Nahrung und die gleiche Befriedigung gewähren, wenn wir nur mit dem gleichen gesunden Appetit zu ihm zurückkehren.

SAMUEL TAYLOR COLERIDGE

Kein gutes Buch oder irgend etwas Gutes zeigt seine beste Seite zuerst.

THOMAS CARLYLE

Bücher sind auch eine Predigt.

THOMAS CARLYLE

Ein Buch will seine Zeit – wie ein Kind. Alle schnell in wenigen Wochen geschriebenen Bücher erregen bei mir ein gewisses Vorurteil gegen den Verfasser: Eine honette Frau bringt ihr Kind nicht vor der Zeit zur Welt.

HEINRICH HEINE

Wir werden durch das Buch vielleicht sicherer und länger herrschen als durch das Schwert.

HONORÉ DE BALZAC

In der höchsten Zivilisation bereitet das Buch noch immer die größte Freude. Wer einmal seine Befriedigung gekannt hat, der besitzt ein Heilmittel gegen jedwedes Unheil.

RALPH WALDO EMERSON

Es geht den Büchern wie den Jungfrauen. Gerade die besten, die würdigsten, bleiben oft am längsten sitzen. Aber endlich kommt doch einer, der sie erkennt und aus dem Dunkel der Verborgenheit an das Licht eines schönen Wirkungskreises hervorzieht.

LUDWIG FEUERBACH

Je mehr sich unsere Bekanntschaft mit guten Büchern vergrößert, desto geringer wird der Kreis von Menschen, an deren Umgang wir Geschmack finden.

LUDWIG FEUERBACH

Je höher ein Buch, desto mehr muß der Leser dazu mitbringen; freilich wiegt dann dieser Leser ganze Königreiche auf.

ADALBERT STIFTER

Bücher sind Brillen, durch welche die Welt betrachtet wird; schwachen Augen freilich nötig zur Stütze, zur Erhaltung. Aber der freie Blick ins Leben erhält die Augen gesünder.

ERNST VON FEUCHTERSLEBEN

Bücher sind der geschätzte Reichtum der Welt, die richtige Erbschaft von Generationen und Völkern.

HENRY DAVID THOREAU

Außer einem lebenden Menschen gibt es nichts Herrlicheres als ein Buch, eine Botschaft an uns von menschlichen Seelen, die wir nie gesehen haben. Und trotzdem erregen, entsetzen, beruhigen sie uns und eröffnen uns ihre Herzen als Brüder.

CHARLES KINGSLEY

Alle Bücher können in zwei Klassen eingeteilt werden: die Bücher der Stunde und die Bücher für alle Zeiten.

JOHN RUSKIN

Ein Mann verlangt manchmal von einem Buch die Wahrheit, die Frau immer nur Illusionen.

EDMOND & JULES DE GONCOURT

Man druckt viele neue Bücher; man würde gut tun, wenn man einige alte Bücher von neuem druckte.

HIPPOLYTE TAINE

In einem guten Buch stehen mehr Wahrheiten, als sein Verfasser hineinzuschreiben meinte.

MARIE VON EBNER-ESCHENBACH

Heutzutage werden Bücher lanciert, wie man eine Zahntinktur lanciert, ein Mittel gegen Sommersprossen oder gegen das Ausfallen der Haare.

MARIE VON EBNER-ESCHENBACH

Es gibt zwei Arten von Büchern: solche, die in den Menschen die Freude am Leben, die Sehnsucht nach dem Guten steigern, und solche, die das nicht tun. Die ersten sind gut, die anderen sind schlecht, so ausgezeichnet und genial sie auch im Einzelnen sein mögen.

BJØRNSTJERNE BJØRNSON

Buch

Wir brauchen Bücher, immer mehr Bücher!
Durch das Buch, nicht durch das Schwert,
wird die Menschheit die Lüge und
Ungerechtigkeit besiegen, den endgültigen
Bruderfrieden unter den Völkern erobern.

ÉMILE ZOLA

Ein Buch voller Geist teilt auch an seine
Gegner davon mit.

FRIEDRICH NIETZSCHE

Bücher sind wie Kinder: wenn sie zur Welt
kommen, machen sie Freude; später machen
sie auch Verdruß: schließlich sind sie ein
Schutz im Alter.

ARMANDO PALACIO VALDÉS

Um die Zeit der Lese und die Güte eines
Weines zu erkennen, braucht man nicht das
ganze Faß zu leeren. Man wird in einer
halben Stunde sehr leicht ein Urteil darüber
gewinnen, ob ein Buch etwas oder gar nicht
taugt.

OSCAR WILDE

Der Vorteil der meisten Bücher liegt darin,
daß man ohne sie auskommen kann.

GEORGE BERNARD SHAW

Von allen toten Objekten, von allen
Schöpfungen der Menschheit, stehen uns
Bücher am nächsten, denn sie enthalten
unsere Gedanken, unseren Ehrgeiz, unsere
Empörungen, unsere Illusionen, unseren
Glauben an die Wahrheit und unsere
beharrliche Neigung zum Irrtum. Aber am
stärksten ähneln sie unserem unsicheren Halt
am Leben.

JOSEPH CONRAD

Die Bücher sind die Freunde der Einsamen,
nicht der im Leben Stehenden.

M. HERBERT

Umgang mit Büchern ist meist profitabler als
Umgang mit Menschen.

A. BERTHOLD

Von den vielen Welten, die der Mensch nicht
von der Natur geschenkt bekam, sondern
sich aus eigenem Geist erschaffen hat, ist die
Welt der Bücher die größte.

HERMANN HESSE

Von dicken Büchern nährt sich die Intelligenz.

MAKSIM GORKIJ

Der Ungebildete ist ein Mensch, der oft ein
schlechtes Buch für gut hält. Der Gebildete
ist ein Mensch, der genauso oft ein gutes
Buch für schlecht hält.

ROBERT LYND

Ein Buch muß die Axt sein für das gefrorene
Meer in uns.

FRANZ KAFKA

Die Tugenden, ohne die das Buch nicht leben
kann, sind Liebe und Ehrfurcht.

JOSEF NADLER

Das Vorurteil gegen Bücherwissen entstand
aus der Beobachtung der Dummheit von
Leuten, die Bücher bloß gelesen hatten.

EZRA POUND

Bücher und Dirnen kann man ins Bett
nehmen. Keiner sieht ihnen an, daß die
Minuten ihnen kostbar sind. Läßt man sich
aber näher mit ihnen ein, so merkt man erst,
wie eilig sie es haben. Sie zählen mit, indem
wir uns in sie vertiefen.

WALTER BENJAMIN

Bücher sind Werkzeuge zur Selbstfindung,
und jeder benötigt andere.

ZENTA MAURINA

Es gibt Bücher, die zur Güte verpflichten.

ZENTA MAURINA

Ein Buch ist ein aufgeschobener Selbstmord.

É. M. CIORAN

Kein Buch öffnet sich von selbst.

ERNST R. HAUSCHKA

Das eine Buch lehrt uns das Leben, das
andere verschönt es.

MICHAIL M. GENIN

Bücher wechseln mit dem Älterwerden ihren
Inhalt.

FRITZ VAHLE

Manche Bücher haben den Informationswert
eines ungedeckten Schecks.

HELMAR NAHR

Buch

Bücher sind Beichten.

RUPERT SCHÜTZBACH

Bücher zu verbieten ist dasselbe wie Bücher verbrennen.

VÁCLAV HAVEL

Es kommt darauf an, einem Buch im richtigen Augenblick zu begegnen.

HANS DERENDINGER

Gute Bücher sind heutzutage mit ungeheueren Auflagen verbunden.

WINFRIED THOMSEN

Das Feuer verbrannter Bücher erfaßt später auch deren unerwünschte Verfasser.

HANS-HORST SKUPY

Es gibt viele Bücher, die zu Unrecht einen Titel tragen.

ULF ANNEL

Bürger

Die Bürger machen eine Stadt, nicht die Ringmauern.

Deutsches Sprichwort

Ich bin weder Athener noch Grieche, sondern ein Bürger der Welt.

SOKRATES

Männer sind es, die das Gemeinwesen ausmachen, nicht Mauern!

THUKYDIDES

Ein guter Mensch ist nicht immer ein guter Bürger.

ARISTOTELES

Ich habe dies Bürgerrecht um einen hohen Preis erstanden.

APOSTELGESCHICHTE 22,28

Wer nicht stöhnt als Fremdling, wird nicht frohlocken als Bürger.

AUGUSTINUS

Jeder Bürger steht nicht unter seinem eigenen, sondern unter dem Recht des Staates, dessen Gebote er gehalten ist zu befolgen. Er hat kein Recht, darüber zu entscheiden, was billig und unbillig, was recht und unrecht ist.

BARUCH DE SPINOZA

In den griechischen Demokratien sahen die Politiker in der Bürgertugend ihre einzige Stütze. Heute sprechen sie uns nur von Industrie, Handel, Finanzen, Reichtum, ja sogar von Luxus.

MONTESQUIEU

Es ist ebenso gefährlich, wenn der Souverän in die Ämter der Regierung wie wenn die Regierung in die der Souveränität eingreift.

JEAN-JACQUES ROUSSEAU

Laßt uns Menschen werden, damit wir wieder Bürger, damit wir wieder Staaten werden können!

HEINRICH PESTALOZZI

Alle Bürger eines Staates sind die geborenen Verteidiger desselben.

GERHARD VON SCHARNHORST

Nur in der Jugend ist man Weltbürger. Die besten unter den Alten sind nur Erdenbürger.

LUDWIG BÖRNE

Dem deutschen Bürgerstande wird Angst gemacht vor dem Pöbel, und er bewaffnet sich, stellt sich in seiner viehischen Dummheit unter das Kommando der Militärmacht und vermehrt dadurch nur die Gewalt der Regierungen.

LUDWIG BÖRNE

Denn darum haben wir ja den Staat, daß wir in ihm Menschen seien, und darum muß er uns zu Menschen machen, daß er Staatsbürger habe und ein Staat sei, keine Strafanstalt, in der man immer Kanonen braucht, daß die wilden Tiere nicht losbrechen.

ADALBERT STIFTER

Herr, verwandle unsere jetzigen Helden in Bürger und unsere Bürger in Helden.

ADOLF GLASSBRENNER

Bürger

Die Bourgeoisie hat keinen König; die wahre Form ihrer Herrschaft ist die Republik.

KARL MARX

Jeder Mensch wird am Ende Philister, nur mit dem Unterschiede, daß es der eine innerlich, der andere äußerlich, der dritte aber traurigerweise total wird.

GOTTFRIED KELLER

Der deutsche Philister ist die inkorporierte Feigheit, er respektiert nur den, der ihm Furcht einflößt. Wer sich aber lieb Kind bei ihm machen will, den hält er für seinesgleichen und respektiert ihn nicht mehr als seinesgleichen, nämlich gar nicht.

FRIEDRICH ENGELS

Jede Wirksamkeit der Regierung ist segensreich, welche die Selbsttätigkeit der Bürger hervorruft, fördert, läutert; jede von Übel, welche die Selbsttätigkeit der Einzelnen unterdrückt. Denn am Ende beruht die ganze Würde des Staates auf dem persönlichen Werte seiner Bürger, und jener Staat ist der sittlichste, welcher die Kräfte der Bürger zu den meisten gemeinnützigen Werken vereinigt und dennoch einen jeden, unberührt vom Zwange des Staates und der öffentlichen Meinung, aufrecht und selbständig seiner persönlichen Ausbildung nachgehen läßt.

HEINRICH VON TREITSCHKE

Wer im Staate nur ein Mittel sieht für die Lebenszwecke der Bürger, muß folgerecht nach gut mittelalterlicher Weise die Freiheit vom Staate, nicht die Freiheit im Staate fordern.

HEINRICH VON TREITSCHKE

Der Bürger schluckt alles, außer Gott.

LÉON BLOY

Der Zweck des Staates ist das Glück seiner Bürger.

MEIJI TENNO

Der Philister: das Fazit eines glatt aufgehenden Rechen-Exempels; der höhere Mensch: ein von Rätseln – Vergangenheit, Zukunft, Tod, Unendlichkeit – umbrautes Fragezeichen.

KURT WILHELM GOLDSCHMIDT

Es ist des Bürgers gutes Recht, dem Staate seine Mitwirkung zu verweigern, wenn diese Mitwirkung für ihn zur Erniedrigung wird.

MAHATMA GANDHI

Den bürgerlichen Staat kann nur die Revolution aufheben. Der Staat überhaupt, d.h. die vollkommenste Demokratie, kann nur absterben.

WLADIMIR I. LENIN

Der Kleinbürger hat drei echte Leidenschaften: Bier, Klatsch und Antisemitismus.

KURT TUCHOLSKY

Die Phantasielosigkeit des Spießers ist noch größer als seine Feigheit.

FRANZ WERFEL

Der Kleinbürger, der Spießbürger, das ist der Mensch, der es nicht wagt, auf Reisen zu gehen, der überbetont, zu Hause bleibt, der keine andere Sprache je erlernt, kein Abenteuer auf dieser Erde je bestanden hat; das ist der Mensch, der Minderwertigkeitsangst hat gegen alles Fremde, Neue, Unbekannte, der Mensch der Angst und Sicherung, schlechthin der Fetischist seiner Gewohnheiten, das friedlose Klageweib seiner eigenen Unbefriedigung, der Götzenanbeter seines eigenen Stubengeruches. – Wer anders als dieser Kleinbürger sollte also der Träger des Nationalismus und mithin dieses Krieges sein?

FRANZ WERFEL

Der Staatsbürger: ein armes Warte-Tier.

ANTON KUH

Diesen Kleinbürgern ist schlechthin alles zuzutrauen; vorne haben sie kein Gesicht und im Hinterkopf eine Mördergrube, oft auch ein von Bosheit tolles Affenhaus.

HEIMITO VON DODERER

Die Spießbürger? Das sind die andern.

CHARLES TSCHOPP

Der Bürger des Wohlfahrtsstaates sehnt sich, wenn er satt ist, nicht nach der Moral, sondern nach einer Siesta.

IGNAZIO SILONE

Bürger

Bürger, schützt eure Trivialitäten! Genossen, seid selig!

MARTIN KESSEL

Der Bürger wünscht sich die Kunst üppig und das Leben asketisch. Umgekehrt wäre es besser.

THEODOR W. ADORNO

Die Bourgeoisie stirbt, aber sie ergibt sich nicht.

ERWIN CHARGAFF

Jede Klasse hat ihr Spießbürgertum.

STANISLAW JERZY LEC

Der beste Untertan ist nicht der beste Patriot.

WILLY BRANDT

Der Kurs des Bürgertums verbürgt uns seinen Konkurs.

OTMAR LEIST

Staatsbürger zu sein ist ein teurer Spaß; Gottesbürger zu sein, ein heiliger Ernst.

ELISABETH MARIA MAURER

Mündig nennt man heutzutage den Bürger, den auch große Worte nicht kleinkriegen.

LOTHAR SCHMIDT

Unruhe: die erste Bürgerpflicht.

GUIDO HILDEBRANDT

Jeder wahre Christ ist ein Bürger zweier Welten: der zeitlichen und der ewigen.

MARTIN LUTHER KING

Mief ist die Herzenswärme des Spießers.

GERHARD UHLENBRUCK

Der Bürger. – Ein Mensch, der eine Satire lebt und es nicht merkt.

WOLFGANG BEUTIN

Ein Phantom, das immer dann herumgeistert, wenn eine politische Partei irgend etwas durchsetzen will. Meistens auf Kosten jener, die sie dann „mündige Bürger" nennt.

AUREL SCHMIDT

Kleinbürgertum – die Provinz in uns.

HANS-HORST SKUPY

Bürokratie

Vierzehn Ämter – fünfzehn Unglücke.

Niederländisches Sprichwort

Für den Schatzmeister gibt es keinen Sohn und für den Festungskommandanten keinen Erben. Ämter haben keine Kinder.

ANII

Kein Amt zu haben ist nicht schlimm. Aber schlimm ist es, keine Fähigkeit für ein Amt zu haben, das man innehat.

KONFUZIUS

Großzügig fragt der Staat nicht danach, aus welchen Aktivitäten einer herkommt, wenn er in den öffentlichen Dienst treten will. Vielmehr gibt er ihm seinen Segen, wenn er nur versichert, er sei ein guter Demokrat. Das muß demnach eine ergötzliche anarchische und buntscheckige Gesellschaft sein, die ohne Unterschied eine sogenannte Gleichheit an Gleiche und Ungleiche austeilt.

PLATON

Die meisten Beamten meinen, der Staat sei vor allem da, um ihnen eine geachtete, mühelose und einträgliche Stellung zu sichern.

MENG DSE

Man muß erklären, wie man am besten die Richtung auf das natürliche Ziel einhält und wie man von Anfang an nicht aus eigenem Antrieb die von der Menge zu vergebenden Ämter bekleidet.

EPIKUR

Zeige mir, Herr, den Weg deiner Satzungen, und ich will ihn bis ans Ende einhalten.

PSALMEN 119,33

Nicht zu unserem Amte gehört es, solchen Streit zu schlichten...

VERGIL

Niemand behandelt eine Sache schlechter, als wer selbst gefällt, während die Sache mißfällt.

QUINTILIAN

Bürokratie

Nicht das Amt ehrt den Menschen, sondern der Mensch ehrt sein Amt.

TALMUD – TAANIT

Der schlimme Feind ist, wer zehn Ämter einem einzigen Mann überträgt, während er zehn Männern nicht einmal ein einziges Amt zuteilt.

NIZAM UL-MULK

Die besten unter den hohen Beamten des Landes beenden ihre Laufbahn mit einem häßlichen Schriftstück, das sie auf das Land verbannt – mit einer öffentlichen Anklage. Selbst die allerschlimmsten Menschen erhalten am Ende ihrer Tage eine schöne Schrift – die Lobrede auf ihrem Grabstein.

SCHU SCHUEHMOU

Wer treu dem Lande dient, bedarf der Ahnen nicht.

VOLTAIRE

So sagt man, jemand bekleidet ein Amt, wenn er von dem Amt bekleidet wird.

GEORG CHRISTOPH LICHTENBERG

Alle Regierungskunst bis auf unsere Zeit bestand darin, daß man jedem einzelnen Bürger weis machte, er sei sehr schwach und krank und könne kaum auf den Beinen stehen, und wenn er glaube, seine Nachbarn würden ihm helfen, so irre er sich, denn diese wären auch allesamt blind und lahm. Er sähe nun selbst ein, wie er keinen Schritt ohne Führer tun dürfe, und zu diesem Zwecke habe man mild und weise eine gehörige Zahl Beamten angenommen, die – wie billig, da sie bloß zu seinem Beistande da wären – bezahlen müsse.

LUDWIG BÖRNE

Die Nation ist fortgeschritten in der Erkenntnis. Die Bürokratie ist nicht einmal in der Theorie nachgekommen, geschweige in der Praxis.

FRIEDRICH LIST

Für die Güte der Republik könnte man denselben Beweis anführen, den Boccaccio für die Religion anführt: sie besteht – trotz ihrer Beamten.

HEINRICH HEINE

Was bei uns anderen die Gesundheit fördert, die Bewegung, das macht ein Ministerium krank.

HEINRICH HEINE

Bürokratie – ein gigantischer Mechanismus, der von Zwergen bedient wird.

HONORÉ DE BALZAC

Es ist nicht möglich, auf den Federspitzen der Beamten die Gesellschaft zu stützen. Feder und Bajonett sind keine soliden Stützpunkte.

FRIEDRICH VON SCHWARZENBERG

Was man für ein Amt in der Welt bekleide, man muß die Amtsmiene so gut studieren und ausüben als die Amtspflicht.

ERNST VON FEUCHTERSLEBEN

Als Präsident oder Minister kommt man nicht mit Menschen, sondern nur mit Papier und Tinte in Berührung. Man schickt seine Verfügungen in die Welt, und während man meint, mit dem Abarbeiten der vorliegenden Akten seine Pflicht redlich zu erfüllen, richtet man mit dem toten Buchstaben, der unverstanden und unbiegsam zwischen Menschen geworfen wird, die man nicht kennt, häufig mehr Unheil und Streit an, als die ganzen Vorteile unseres Regierungswesens aufwiegen können.

OTTO FÜRST BISMARCK

Jeder Narr kann eine Regel aufstellen, und jeder Narr wird sich danach richten.

HENRY DAVID THOREAU

Wäre der Beamte nicht so kümmerlich, und wäre der Bourgeois nicht so protzig, engherzig und ungebildet, so würde ich sagen, einer ist so gut wie der andere. So kann ich nur sagen: einer so schlecht wie der andere.

THEODOR FONTANE

Um ein öffentliches Amt glänzend zu verwalten, braucht man eine gewisse Anzahl guter und – schlechter Eigenschaften.

MARIE VON EBNER-ESCHENBACH

In der Natur beginnt die Fäulnis nach dem Tode; die Bürokratie dagegen fault zuerst, dann stirbt sie.

HENRYK SIENKIEWICZ

Bürokratie

Für gewöhnlich ist Grausamkeit einfach Dummheit. Sie entspringt einem gänzlichen Mangel an Phantasie. Heutzutage ist sie das Ergebnis stereotyper Systeme, unverrückbarer Verordnungen und der Dummheit. Überall, wo Zentralisation ist, ist Dummheit. Was im modernen Leben unmenschlich ist, das ist – Bürokratismus.

OSCAR WILDE

Den Bürokratismus restlos, bis zum vollen Sieg, zu bekämpfen ist erst dann möglich, wenn die ganze Bevölkerung an der Verwaltung teilnehmen wird... Wichtig für uns ist die Heranziehung aller Werktätigen ohne Ausnahme zur Verwaltung des Staates.

WLADIMIR I. LENIN

Eine Gesellschaft, die nicht durch ihre Menschen, sondern durch ihre Institutionen lebt, ist keine Kollektivseele, sondern eine Maschine. Ihr Leben wird zu einem mechanischen Produkt.

SRI AUROBINDO

Wenn Amtsgeheimnisse gelüftet werden, gibt es Stunk.

JOACHIM RINGELNATZ

Wem Gott Verstand gibt, dem gibt er auch ein Amt.

KURT TUCHOLSKY

In Deutschland arbeiten die Arbeiter, damit die Angestellten etwas zu schreiben haben.

KURT TUCHOLSKY

Das Ideal eines höheren Angestellten ist, so viel zu verwalten und so wenig zu tun zu haben, daß er schon beinah einem Beamten gleicht.

KURT TUCHOLSKY

Das deutsche Leben gehört dem Aktenverkehr.

KURT TUCHOLSKY

Die Zehn Gebote sind deshalb so kurz und verständlich, weil sie ohne Mitwirkung einer Sachverständigenkommission entstanden sind.

CHARLES DE GAULLE

Die Bürokratie ist die verrückte Anstrengung, ohne viel Mühe ein Ding im Gange zu halten, von dem man nichts weiß und das einen nicht schiert.

FRANZ WERFEL

Was ist Bureaukratie? Eine Regelung der einzelnen Inkompetenzen im Sinne der allgemeinen Verantwortung.

ANTON KUH

Vom Matriarchat über das Patriarchat zum Sekretariat.

CARL J. BURCKHARDT

Wir wollen keine Parteimaschine aus der Beamtenschaft machen; sondern wir wünschen die Verwaltung des öffentlichen Lebens aus tiefstem, sittlichem Ernste.

ENGELBERT DOLLFUSS

Die Bürokratie und die diktatorischen Neigungen der Funktionäre müssen bekämpft werden: in allem, was die Massen angeht, muß Diktatur durch Überzeugungskraft ersetzt werden.

MAO ZEDONG

Die Zeit, welche die Technik erspart, kostet der Bürokrat, der sie organisiert.

LUDWIG MARCUSE

Daß man mit dem Dienst nach Vorschrift die Vorschriften lächerlich machen kann, ist eine herrliche Pointe der Bürokratie.

CYRIL N. PARKINSON

Hätte ein Bürokrat die Welt erschaffen, wir wären noch nicht bei der Sintflut.

JERZY JURANDOT

Eines ist der Mensch, und etwas anderes die Personalakte.

KONSTANTIN M. SIMONOW

Treffen Einfalt und Gründlichkeit zusammen, entsteht Verwaltung.

OLIVER HASSENCAMP

Staatsorgan: Weder Herz noch Lunge, sondern ein ständig wachsender Verdauungsapparat.

RON KRITZFELD

Was gibt uns die Verwaltung? Die Verwaltung gibt uns zu denken.
LOTHAR SCHMIDT

Die Öffentliche Hand hat die *Res publica* abgelöst.
SIEGFRIED & INGE STARCK

Eine machtvolle Selbstverwaltung ist eine wichtige Grundlage der Demokratie.
MANFRED ROMMEL

Wem Gott ein Amt gibt, dem gibt er auch Verstand. Nur werden die Ämter leider nicht von Gott vergeben.
GERHARD UHLENBRUCK

Beamter: Ordnung ist das ganze Leben.
GERHARD UHLENBRUCK

Der öffentliche Herrschaftsapparat heißt öffentlicher Dienst.
JOHANNES GROSS

Es gibt eine institutionelle Dummheit.
JOHANNES GROSS

Eine total verwaltete Welt wäre schlimmer als Anarchie.
RUPERT SCHÜTZBACH

Bürokraten haben immer recht. Sie halten sich an ihre Vorschriften, und die Vorschriften stimmen immer. Nur das Leben weicht manchmal von den Vorschriften ab, das ist das Dumme.
AUREL SCHMIDT

Die Kartei hat immer Recht.
WINFRIED THOMSEN

Amtssprache: Bescheidwissen.
HANS-HORST SKUPY

Der Staatsapparat wird automatisiert.
MILOVAN VITEZOVIĆ

Am ruhigsten schläft das Gewissen auf dem Stempelkissen.
GÜNTER HARTMANN

Ein Bürokrat drückt dem anderen seinen Stempel auf.
WOLFGANG MOCKER

Charakter

Hörst du, daß sich ein Berg bewegt habe, so glaube es; hörst du jedoch, jemand habe seinen Charakter geändert, so glaube es nicht.
Arabische Weisheit

Übergroße Ehrerbietung wirkt mit der Zeit aufdringlich; übermäßige Vorsicht wird zu Ängstlichkeit; Mut soll nicht zu Draufgängerei ausarten und schrankenlose Aufrichtigkeit erscheint schließlich als Grobheit.
KONFUZIUS

Der Charakter ist das Schicksal des Menschen.
HERAKLIT

Die Umgebung, in der sich der Mensch den größten Teil des Tages aufhält, bestimmt seinen Charakter.
ANTIPHON

Unser Charakter ergibt sich aus unserem Benehmen.
ARISTOTELES

Charakter

Der Charakter ist die Quelle des Lebens, aus der die einzelnen Handlungen strömen. Er ist aus der äußeren Erscheinung erkennbar.

ZENON

Gewöhnlich umwickelt sich der Charakter eines jeden Menschen mit einer Menge von Hüllen und Schleiern, die ihn etwas ganz anderes scheinen machen, als er ist. Stirn, Augen und Miene lügen öfters, die Zunge fast immer.

CICERO

Gewohnheit kann nie die Natur besiegen.

CICERO

Es gibt keine Charaktereigenschaft, die hartnäckiges Mühen und angestrengte sorgsame Zucht nicht bezwingen würden.

SENECA

Gib dich damit zufrieden, so zu erscheinen, wie du wirklich bist.

MARTIAL

Der Charakter ist weiter nichts als eine langwierige Gewohnheit.

PLUTARCH

Die Vorzüge oder Fehler eines Menschen spiegeln sich nicht so sehr in seinen glänzenden Taten, vielmehr verrät oft eine unbedeutende Handlung, eine Rede oder ein Scherz den Charakter viel deutlicher als große Kriegsunternehmungen, blutige Schlachten oder Belagerungen.

PLUTARCH

Wer böse ist, der sei fernerhin böse.

OFFENBARUNG 22,11

Erscheinung und Wesen sind nicht voneinander zu trennen.

YOSHIDA KENKO

Der Charakter eines Menschen tritt am klarsten in vertraulichem Umgang hervor, weil da kein Zwang herrscht; im Ausbruch der Leidenschaft, weil da die Haltung verlorengeht sowie im Falle von etwas Ungewöhnlichem, weil ihn da die Gewohnheit im Stich läßt.

FRANCIS BACON

Wir machen uns nie so lächerlich durch die Eigenschaften, die wir besitzen, als durch die, die wir vortäuschen.

LA ROCHEFOUCAULD

Wahre Freundschaft verdrängt den Neid, wahre Liebe die Koketterie.

LA ROCHEFOUCAULD

Der Leute Wesen ist nicht aus ihrem Äußeren zu lesen.

JEAN DE LA FONTAINE

Zwei Dinge belehren den Menschen über seine Natur: der Instinkt und die Erfahrung.

BLAISE PASCAL

Ich werde euch nicht sagen: Ändert den Charakter! Denn man wandelt sich nicht... Vertreibt das Naturell, es kommt doch im Galopp zurück.

PHILIPPE DESTOUCHES

Es ist schwer für einen leeren Sack, aufrecht zu stehen.

BENJAMIN FRANKLIN

Niemals wird der ehrliche Mensch auf die Ehre verzichten, niemals wird der Schurke etwas aus Liebe zum Gesetz tun.

JEAN-JACQUES ROUSSEAU

Je mehr Verstand jemand hat, desto besser wird sein Herz sein. Was ist ein guter Gemütscharakter anders, als gute Begriffe von Schönheit, Tugend, Glückseligkeit, von dem, was edel und groß ist, und die Harmonie der Welt befördert? Übelgesinnt sein heißt übel denken.

EWALD VON KLEIST

Das sind auch nicht immer die schlechtesten Menschen, die störrisch sind.

IMMANUEL KANT

In der Einheit des Charakters besteht die Vollkommenheit des Menschen.

IMMANUEL KANT

In jedes Menschen Charakter sitzt etwas, das sich nicht brechen läßt – das Knochengebäude des Charakters.

GEORG CHRISTOPH LICHTENBERG

Charakter

Über nichts wird flüchtiger geurteilt als über die Charaktere der Menschen, und doch sollte man in nichts behutsamer sein.

GEORG CHRISTOPH LICHTENBERG

Ich habe durch mein ganzes Leben gefunden, daß sich der Charakter eines Menschen aus nichts so sicher erkennen läßt, wenn alle Mittel fehlen, als aus einem Scherz, den er übelnimmt.

GEORG CHRISTOPH LICHTENBERG

Wer keinen Charakter hat, ist kein Mensch, sondern eine Sache.

CHAMFORT

Alles, was uns imponieren soll, muß Charakter haben.

JOHANN WOLFGANG VON GOETHE

Die Geschichte des Menschen ist sein Charakter.

JOHANN WOLFGANG VON GOETHE

Durch nichts bezeichnen die Menschen mehr ihren Charakter, als durch das, was sie lächerlich finden.

JOHANN WOLFGANG VON GOETHE

Es bildet ein Talent sich in der Stille, sich ein Charakter in dem Strom der Welt.

JOHANN WOLFGANG VON GOETHE

Unreine Lebensverhältnisse soll man niemand wünschen; sie sind aber für den, der zufällig hineingerät, Prüfsteine des Charakters und des Entschiedensten, was der Mensch vermag.

JOHANN WOLFGANG VON GOETHE

Unsere Eigenschaft müssen wir kultivieren, nicht unsere Eigenheiten.

JOHANN WOLFGANG VON GOETHE

Reißt den Menschen aus seinen Verhältnissen; und was er dann ist, nur das ist er.

JOHANN GOTTFRIED SEUME

Wenn unser Charakter ausgebildet ist, fängt leider unsere Kraft an, zusehends abzunehmen.

JOHANN GOTTFRIED SEUME

Ehe der Körper eines großen Mannes Asche ist, kann man selten mit einiger Richtigkeit über seinen Charakter urteilen.

JOHANN GOTTFRIED SEUME

Nie zeichnet der Mensch den eignen Charakter schärfer als in seiner Manier, einen fremden zu zeichnen.

JEAN PAUL

Ohne Freude kann die ewige Schönheit nicht recht in uns gedeihen. Großer Schmerz und große Lust bilden den Menschen am besten.

FRIEDRICH HÖLDERLIN

Ein Charakter ist ein vollkommen gebildeter Wille.

NOVALIS

Einen starken Charakter haben heißt, lange und nachdrückliche Erfahrung in den Enttäuschungen und Mißgeschicken des Lebens besitzen: Entweder man begehrt ständig, oder man ist überhaupt wunschlos.

STENDHAL

Zuweilen mag die Gewalt des Lebens einen Charakter verbergen oder zurückhalten, der, wenn die letzte Stunde naht, in seiner ganzen Wahrheit und Fassung hervortritt.

JACOB GRIMM

Der Charakter des Mannes entwickelt sich mehr durch Tun, der des Weibes mehr durch Leiden, und wirklich tritt die eigentümliche Kraft und Schönheit des weiblichen Charakters gewöhnlich mit einer besonderen Macht da hervor, wo die Tiefe des Gemütslebens durch vielfältige Leiden geprüft worden ist.

CARL GUSTAV CARUS

Die Kraft des Charakters läßt sich durchaus nicht ersetzen, weder durch Beten noch durch Singen, weder durch Geduld noch durch Demut, ja nicht einmal durch die Blüte des Lebens im Gemüt, die Frömmigkeit selbst.

ADOLPH DIESTERWEG

Vor seinem Tode ist niemand als Charakter zu preisen.

HEINRICH HEINE

Charakter

Es genügt nicht, ein anständiger Mensch zu sein. Man muß es auch zeigen.

HONORÉ DE BALZAC

Ein königliches Paar sitzt seit Anbeginn auf dem Erdenthron und regiert den staatlichen Menschenbund. Egoismus heißt der Herrscher, die Herrscherin heißt Eitelkeit, und die nimmersatten Leidenschaften bilden ihr unverantwortliches Ministerium.

JOHANN NESTROY

Jede Gabe ist ein Geschenk Gottes, der Charakter aber ein Produkt der eigenen Seele, weshalb Gaben entzücken, Charaktere aber geliebt werden.

ADALBERT STIFTER

Jeder, auch der geistig Schwächste, hat die Erfahrung an sich gemacht, daß er die Kraft zu wollen besitzt, die sich im Starken zum Charakter ausbildet.

ERNST VON FEUCHTERSLEBEN

Drei Charaktere hat jeder Mensch: einen, den er zeigt, jenen, den er hat, und den, den er zu haben glaubt.

ALPHONSE KARR

Der Charakter gleicht einem Baum, und der Ruf gleicht seinem Schatten. Der Schatten ist das, woran wir denken; auf den Baum kommt es an.

ABRAHAM LINCOLN

Es gibt Menschen, die sich auch innerlich kleiden, wie es die Mode heischt.

BERTHOLD AUERBACH

Man sollte endlich einsehen lernen, daß die verschiedenen Menschenrassen, wie die verschiedenen Tierspezies, ihren besonderen Charakter haben und daß das nicht ihre Schuld ist. Kein Mensch zürnt dem Stier, weil ihm die Schönheit des Pferdes, die Schnelligkeit des Hirsches fehlt; und niemand tadelt das Pferd, weil sein Filet nicht so schmackhaft ist wie das des Ochsen.

ALEXANDR HERZEN

Der Charakter des Menschen ist sein Schicksal.

OTTO LUDWIG

Eigensinn ist das wohlfeilste Surrogat für Charakter.

FRIEDRICH HEBBEL

Jede Nichtswürdigkeit wird verziehen, nur kein Charakter. Wer die Welt verstehen will, der merke sich das.

FRIEDRICH HEBBEL

Dein Charakter ist das Wort, das du der ganzen Welt gibst. Wirst du also deinem Charakter ungetreu, so brichst du der ganzen Welt dein Wort.

FRIEDRICH HEBBEL

Wenn wir die Schattenseiten einzelner Menschen oder Parteien kennenlernen wollen, brauchen wir sie nur im Sonnenschein des Glückes zu sehen; dann werden sicherlich auch die Schatten nicht fehlen.

JÓZSEF VON EÖTVÖS

Charakter heißt: vorwärts streben und mit vollkommener Willensreife und Überzeugung handeln.

HEINRICH MARTIN

Der Charakter ist der größte Multiplikator menschlicher Fähigkeiten.

KUNO FISCHER

Die Palme beugt sich, aber nicht der Pfahl.

MARIE VON EBNER-ESCHENBACH

Eine brave Frau mit schlechtem Charakter – wie oft kommt das vor!

MARIE VON EBNER-ESCHENBACH

Charakter eines Menschen: seine gebändigte, zugehauene, zugeschliffene oder seine wild wuchernde Natur.

MARIE VON EBNER-ESCHENBACH

Hat man Charakter, so hat man auch sein typisches Erlebnis, das immer wiederkommt.

FRIEDRICH NIETZSCHE

Nichts ist dem Auge so schön wie die Wahrheit der Seele. Nichts ist so häßlich und so wenig mit dem Verstande zu vereinbaren wie die Lüge.

JOHN LOCKE

Charakter

Charakter hat der Teufel auch, aber er hat keine Seele.

JULIUS LANGBEHN

Die Basis des Charakters ist die Willenskraft.

OSCAR WILDE

Ein guter Charakter kann zuweilen den Erfolg im Leben außerordentlich behindern.

GEORGE BERNARD SHAW

Charakter ist ein Nebenprodukt. Er wird in der großen Fabrik der täglichen Pflicht produziert.

WOODROW WILSON

Angeboren werden uns unsere Anlagen; ob wir sie zu Lastern oder Tugenden machen wollen, das steht bei uns.

M. HERBERT

Wer Charakter hat, kann das schwerste wagen: nichts als ein gewöhnlicher Mensch zu sein.

HERMANN BAHR

Der Charakter ist in unserer Gesellschaft mehr das Fazit der Lebenslagen als der Lebensanlagen.

A. BERTHOLD

Charakter haben heißt überwinden, am rechten Ort widerstehen, am rechten Ort zugreifen.

RUDOLF VON TAVEL

Wer Charakter hat, trägt ihn nicht auf der Zunge.

SALOMON BAER-OBERDORF

Merkwürdig, welche Veränderungen in einem Menschen vorgehen, wenn er sich auf einen Ministersessel setzt.

KONRAD ADENAUER

Man kann Menschen gut daran erkennen, wie sie geliehene Bücher behandeln.

MAXIMILIAN EICHBAUM

Die beste Art, einer Haltung zum Siege zu verhelfen, ist, sie so treu wie möglich zu leben.

TEILHARD DE CHARDIN

Einen von Grund aus gemeinen Menschen soll man gemein sein lassen: dann ist er immer noch am erträglichsten.

PAUL GRAF THUN-HOHENSTEIN

Viele verwechseln ihre schlechten Eigenschaften mit persönlicher Note.

FRIEDL BEUTELROCK

Charakteristisch für einen Menschen ist das, was ihm selbstverständlich ist.

KURT TUCHOLSKY

Zweifellos ist Unglück als Maßstab für die Beurteilung eines Charakters zuverlässiger als Glück.

PETER BAMM

Charakter ist ein feineres Wort für Sentimentalität. Ein sehr schädliches Wort. Es kostümiert ein Laster als Tugend. Es ist Schuld an den Katastrophen, die den Machtwechsel zu begleiten pflegen.

ERICH KÄSTNER

Gewisse Krankheiten gehören zum Charakter bestimmter Leute.

CHARLES TSCHOPP

Im Unglück groß sein, ist einfach. Charakter bewährt sich erst im Glück.

GÜNTHER ANDERS

Für jede Eigenschaft hat der Mensch eine eigene Hoffnungslosigkeit.

ELIAS CANETTI

Charakter vererbt sich nicht, nicht der gute, zum Glück aber auch nicht der schlechte.

JOACHIM GÜNTHER

Die Liebe vermindert die schlechten Eigenschaften eines Menschen, die Ehe verstärkt sie.

ARTHUR HAFINK

Geld verdirbt nur den Charakter, der schon verdorben ist.

EDGAR FAURE

Fahre nicht aus der Haut, wenn du kein Rückgrat hast!

STANISLAW JERZY LEC

Charakter

Nicht auf dem Markt der Eitelkeiten – nur in der Stille gebiert sich das Reine.
PETER CORYLLIS

Ich würde lieber Fehler machen im Üben von Güte und Mitleid, als Wunder wirken in Rücksichtslosigkeit und Härte.
MUTTER TERESA

Der Charakter, den man mit 20 Jahren gehabt hat, ist mit 40 unbrauchbar, mit 60 beinahe eine Schande.
HANS HABE

Wer keinen Charakter hat, muß sich wohl oder übel eine Methode zulegen.
ALBERT CAMUS

Charakter: Die Fähigkeit, sich selbst im Wege zu stehen.
ROBERT LEMBKE

Manchen aus gutem Hause schützt schon sein Name vor seinem Charakter.
ALBERT MATHIAS KEUELS

Der erste Hauptzug in der Gründung des Charakters, von Kindheit an, ist die Wahrhaftigkeit.
BRUNO ALEXANDER SCHULTZE

Vernichtet eure Kernwaffen: Verleumdung und Lüge, Habsucht und Haß!
PHIL BOSMANS

Haltungsschäden beginnen im Kopf. Nicht im Rücken.
JUPP MÜLLER

Charakter: Die Unfähigkeit, anders zu sein.
RON KRITZFELD

Mancher kommt durch eine Neigung auf die schiefe Ebene.
ARMIN RIESEN

Der Charakter bewegt sich in Grenzen.
HEINRICH WIESNER

Der Charakter ist ein Notaggregat, welches dann anspringt, wenn ein Kurzschluß zwischen Gefühl und Verstand eingetreten ist.
GERHARD UHLENBRUCK

Wer viel Charakter hat, hat wenig Eigentum.
JOHN OSBORNE

Nicht allen ist eine Übergangsperiode zwischen kindlicher Einfalt und Senilität gegönnt.
RAIMUND VIDRÁNYI

Man kann seinen Charakter nur einmal verkaufen. Er sollte einfach unbezahlbar sein.
GERT UDO JERNS

Wer kein Rückgrat hat, braucht seinen Kopf nicht hoch zu tragen.
HANS-HORST SKUPY

Wir haben das Herz auf der linken Seite und die Brieftasche auf der rechten.
ŽARKO PETAN

Seltsam: Jeder Mensch besitzt ein Rückgrat, aber viele haben trotzdem keins.
BERND DREISSEN

Charme

Wer kein freundliches Gesicht hat, soll keinen Laden aufmachen.
Chinesisches Sprichwort

Auf den Lippen des Verständigen findet man Anmut.
BEN SIRA 21,16

Die Anmut einer Frau ergötzt ihren Mann, und ihre Klugheit erquickt sein Gebein.
BEN SIRA 26,13

Charme ist im Menschen wie das Brennen beim Feuer, das Leuchten bei der Kerze, das Funkeln bei kostbaren Steinen, Gold und Silber. Es ist etwas Geistiges.
LI LIWENG

Zorn und Liebe haben ihre Anmut.
CHRISTINE VON SCHWEDEN

Dieses Auge, voll Liebreiz und Bescheidenheit.
GOTTHOLD EPHRAIM LESSING

Ohne Talent zur Liebenswürdigkeit kein Talent zum Glücklichsein.

MARIE VON EBNER-ESCHENBACH

Alle charmanten Leute sind verdorben. Es ist das Geheimnis ihres Charmes.

OSCAR WILDE

Lege deinen Charme nicht mit deinem Hütchen ab.

FRIEDL BEUTELROCK

Der Charme ist die Chance der Häßlichen.

SIGMUND GRAFF

Fast jede Frau ist schön, wenn sie Charme hat. Fast jede Frau hat Charme, wenn sie Scham hat.

SIGMUND GRAFF

Ein häßlicher Mensch mit gutem Geschmack kann mehr Charme haben als ein schöner Mensch ohne Geschmack.

MAGGY ROUFF

Charme ersetzt die Pünktlichkeit junger und die Höflichkeit älterer Damen.

ARTHUR HAFINK

Charme ist das, was manche Leute haben, bis sie beginnen, sich darauf zu verlassen.

SIMONE DE BEAUVOIR

Charme, zur Haltung gemacht, ist etwas Fürchterliches. Waffenstillstand mit der eigenen Lüge. Daher das Kampflose, Müde, Mumifizierende.

MAX FRISCH

Charme sollte sein wie ein Veilchen, das nie den Duft verliert.

ELISABETH MARIA MAURER

Es gibt Personen, die mit ihrem Mangel an Charme äußerst verschwenderisch umgehen.

RAIMUND VIDRÁNYI

Charme kann der Routine zum Opfer fallen.

ELISABETH HABLÉ

Charme ist der Tanz des Körpers mit dem Geist.

PETER TILLE

Christen(tum)

Die guten Christen sind dünn gesät.

Deutsches Sprichwort

Du bist der Christus, der Sohn des lebendigen Gottes.

MATTHÄUS 16,16

Alle, die berufen sind, erfahren in Christus Gottes Macht und sehen in ihm Gottes Weisheit.

1 KORINTHERBRIEF 1,24

In Christus ist alles zusammengefaßt, was Menschen jemals über Gott wissen können.

KOLOSSERBRIEF 2,3

Wenn wir nicht solche Christen sind, wie Christus es haben will, so liegt die Schuld nicht an ihm, der uns helfen will, sondern an uns, die wir seine Hilfe ausschlagen.

JAN AMOS COMENIUS

Es trägt der rechte Christ den Glauben nicht am Rocke und hängt die Frömmigkeit nicht an die große Glocke.

MOLIÈRE

Wird Christus tausendmal zu Bethlehem geboren und nicht in dir; du bleibst verloren.

ANGELUS SILESIUS

Mein ganzes Leben lang kannte ich keinen Menschen, der eines anderen Unglück nicht mit wahrhaft christlicher Fassung ertragen hätte.

ALEXANDER POPE

In Christus sieht der Mensch, wozu er berufen ist und was er werden kann.

MATTHIAS CLAUDIUS

Von meinen Schicksalen geführt, halte ich das Christentum für nichts anderes als für die reinste und edelste Modifikation der Lehre von der Erhebung des Geistes über das Fleisch – und diese Lehre für das große Geheimnis und das einzig mögliche Mittel, unsere Natur im Innersten ihres Wesens ihrer wahren Veredelung näher zu bringen.

HEINRICH PESTALOZZI

Christen(tum)

Die ursprüngliche Darstellung des Christentums ist polemisch, und so muß sie auch bleiben, nämlich relativ polemisch.

FRIEDRICH SCHLEIERMACHER

Die christliche Religion ist die Religion der absoluten Freiheit; und nur für den Christen gilt der Mensch als solcher in seiner Unendlichkeit und Allgemeinheit.

GEORG WILHELM FRIEDRICH HEGEL

Wenn man mir vom christlichen Staate spricht, so möchte ich die Gewalthaber fragen: Wenn man euch einen Backenstreich gibt, haltet ihr die andere Wange hin? Liebt ihr eure Feinde, oder schlagt ihr sie nicht vielmehr tot? Setzt ihr euren Vorteil dem eurer Nächsten (der benachbarten Völker) nach? Erlaubt ihr nicht dem reichen Gläubiger, den armen Schuldner zu pfänden, wenn er dessen Handschrift in Händen hat? Gebt ihr den Dürftigen oder fordert ihr nicht vielmehr Steuern von ihnen? Wenn ihr nun als Staat gerade das Gegenteil von dem tut, was das Christentum lehrt, wie könnt ihr ein christlicher Staat sein? Die einzelnen mögen, können und sollen Christen sein, der Staat ist keine christliche, sondern eine weltliche, auf das starre Recht und den Nutzen gerichtete Anstalt. Er ist nur insofern christlich, als dieses mit dem Menschlichen zusammentrifft.

FRANZ GRILLPARZER

Das Christentum ist in der Welt die unsterbliche Saat der Freiheit.

ALEXANDRE VINET

Das Christentum setzt sich in seiner Eigenart hartnäckig dem Gedanken eines Bündnisses zwischen Staat und Kirche entgegen, und von seinem Standpunkt aus bedeutet eine solche Absicht nichts weniger als Ketzerei.

ALEXANDRE VINET

Das Christentum ist eine Idee und als solche unzerstörbar und unsterblich wie jede Idee.

HEINRICH HEINE

Der Patriotismus ist ein nur augenblickliches Vergessen der eigenen Interessen, während das Christentum ein vollkommenes System darstellt, das gegen die zersetzenden Einflüsse Front macht.

HONORÉ DE BALZAC

Wenn ein Christ allein mit der Erwartung auftritt, in der Welt Unruhe auszulösen, so muß man fürchten, daß er nicht so demütigen Sinnes ist, wie er sein sollte.

JOHN HENRY KARDINAL NEWMAN

Will man das mittelalterliche Christentum das klösterlich-asketische nennen, so könnte man das Christentum unserer Zeit das professoral-wissenschaftliche nennen. Mit dem Professor kam die Wissenschaft, und mit ihr kamen die Zweifel, und mit der Wissenschaft und den Zweifeln kam das wissenschaftliche Publikum, und dann kamen die Gründe pro und contra...

SØREN KIERKEGAARD

Wo einer Christ werden soll, da muß Unruhe sein; und wo einer Christ geworden ist, da wird Unruhe.

SØREN KIERKEGAARD

Wenn das Christentum so leicht und gemütlich wäre, wozu hätte Gott in seiner Schrift Himmel und Erde in Bewegung gesetzt, mit ewigen Strafen gedroht?

SØREN KIERKEGAARD

Es ist das Unglück der Christenheit, das Christentum zu einer bloßen Lehre gemacht zu haben. – Das Christentum des Neuen Testamentes existierte gar nicht. Hier gibt es nichts zu reformieren. Es gilt, Licht zu bringen in ein durch Jahrhunderte fortgesetztes, von Millionen (unschuldig oder schuldig) verübtes christliches Verbrechen, wobei man klug, unter dem Namen einer Vervollkommnung des Christentums, nach und nach versuchte, Gott dem Christentum abzuluchsen, und das Christentum gerade zum Gegenteil dessen gemacht hat, was es im Neuen Testament ist.

SØREN KIERKEGAARD

Außer dem Reiche Gottes, das heißt dem wirklichen positiven Christentum, ist ewige Unruhe, Plage und wachsendes Elend.

ADOLF KOLPING

Ich will eine so zarte, schöne Sache, wie es das Christentum ist, auch mit Liebe behandelt wissen, und wenn es zehnmal auch ein Irrtum wäre.

GOTTFRIED KELLER

Christen(tum)

Im Westen hat man Christus verloren – und deshalb kommt der Westen zu Fall, einzig und allein deshalb.

FJODOR M. DOSTOJEWSKIJ

Dadurch, daß Jesus Christus der Welt die Empfindung für das Leiden gebracht hat, hat er die Leidensfähigkeit gewaltig vermehrt. Sein Tod ist der körperliche und geistige Tod der heidnischen Gesundheit gewesen. Die Neurose stammt von Golgatha her.

EDMOND & JULES DE GONCOURT

Die christliche Religion sollte Vergleiche mehr herausfordern als scheuen. Wenn wir gewisse Anschauungen, die wir für das ausschließliche Eigentum der Christenheit hielten, auch in anderen Religionen finden, verliert dann das Christentum oder sind diese Lehren weniger wahr, weil sie auch von anderen Lehrern anerkannt werden?

F. MAX MÜLLER

Das wahre Christentum ist die Übereinstimmung der innersten Herzensempfindungen mit dem Wesen Jesu Christi. Wo das ist, ist Christentum, wo es nicht ist, bei aller Lehre keines.

CARL HILTY

Das Christentum führt nicht an Gefahren vorbei, sondern in Gefahren hinein.

HERMANN VON BEZZEL

Erst das Christentum lehrte die Menschen, in jeder Seele die Welt zu sehen.

M. HERBERT

Christus ist an dem Christentum, wie es heute ist, nicht schuld, und dennoch schreibt es sich von ihm her.

HERMANN STEHR

Die christliche Barmherzigkeit kann nicht mit wahrem Ernst ihr Werk ausrichten, ohne auf soziale Mißstände zu stoßen, deren Beseitigung unerläßlich ist, wenn die christliche Liebe ihr Ziel erreichen will.

NATHAN SÖDERBLOM

Das Christentum als Weltanschauung nützt wenig, es muß sich als Lebenskraft beweisen.

JEANNE WASSERZUG

Die in Christus erschienene Wahrheit muß die Ordnung der Welt werden.

LEONHARD RAGAZ

Das Christentum hat über den Sohn Gottes und seine Mutter beinahe den Vater vergessen.

JOHANNES NACHT

Das Christentum ist eine typisch weibliche Religion: es besitzt auch nicht eine männliche Tugend, sondern nur weibliche: Demut, Liebe, Hilfsbereitschaft, Mitleid usw.

JULIAN PRORÓK

Man muß nicht Christ heißen, um es zu sein. Manche sind es sogar, ohne zu wollen.

FRIEDRICH KAYSSLER

Christentum ist nie Statik, stets Dynamik.

CARL SONNENSCHEIN

Christus – Gottes Sohn. Die Schuld der Väter rächt sich an den Kindern.

LUDWIG GOLDSCHEIDER

Das ist eben das nicht abschaffbare Gesetz der Welt, daß Böses durch Böses bekämpft wird, ja, der Teufel durch Beelzebub ausgetrieben wird. Und solange das nicht geändert wird, hat das Christentum nicht gesiegt.

THEODOR HAECKER

Der mittelalterliche Mensch hatte ein ideelles Verhältnis zum Christentum. Der moderne Mensch hat nicht einmal das. Er meint: das Christentum sei historisch erledigt.

FERDINAND EBNER

Was hat Jesus die Menschen gelehrt? Die Mißbildungen ihrer Phantasie nicht für Gott und göttliches Wirken zu halten.

FERDINAND EBNER

Christentum schließt immer die Moral ein, aber die Moral nicht das Christentum.

W. J. OEHLER

Christus predigte den Mächtigen die Demut. Wenn er wiederkommt, wird er den Demütigen den Stolz predigen.

ANTONIO MACHADO

Christen(tum)

Christentum kann nur vom Leben her begriffen werden, nicht vom Intellekt.

INA SEIDEL

Die Kirche hat es dazu kommen lassen, daß das Christentum immer weniger der Sauerteig war und das Salz, sondern daß es im Teig der Welt zur vereinzelten Rosine wurde. Es stand dann jedem frei, die Rosine nicht mitzuessen – Christentum wurde Geschmackssache.

INA SEIDEL

Das christliche Europa hat sich seines Christentums entledigt, wie ein Mensch sich der Vitamine entledigt.

GEORGES BERNANOS

Humanismus und Religion laufen, als historische Tatsachen, keineswegs parallel; der Humanismus tritt sporadisch auf, das Christentum kontinuierlich.

THOMAS S. ELIOT

Die Künstler haben mit ihren Werken mehr zur Verbreitung des christlichen Glaubens beigetragen als die Kirche selbst.

JAKOW TRACHTENBERG

Das Christentum steht erst an den Anfängen seiner Entwicklung, und es gibt keinen größeren Irrtum, als den, es für überlebt zu halten.

ARNOLD J. TOYNBEE

Im Christentum sagt der liebe Gott gleichsam zu den Menschen: Spielt nicht Tragödie, das heißt Himmel und Hölle auf Erden. Himmel und Hölle habe ich mir vorbehalten.

LUDWIG WITTGENSTEIN

Das Christentum ist eine gewaltige Macht. Daß zum Beispiel protestantische Missionare aus Asien unbekehrt wieder nach Hause kommen – das ist eine große Leistung.

KURT TUCHOLSKY

Das Christentum hat viel Gutes auf Erden bewirkt. Doch wird dies tausendfach durch das Schlimme überboten, das die christliche Idee mit der Vergiftung des Liebeslebens angerichtet hat.

KURT TUCHOLSKY

Fehlt nicht dem Christentum noch immer die volle Ehrfurcht vor der Erde? Es ist noch immer auf dem Weg zu sich selbst.

CARL OSKAR JATHO

Das Christentum bringt keine neuen, wunderbaren, engelgleichen Wesen hervor, sondern menschliche Wesen, in deren Schwachheit sich die göttliche Kraft entfalten kann.

TO-SHENG NEE

Es geht nicht darum, das Christentum den Menschen anzupassen, sondern darum, die Menschen Christus anzupassen.

HENRI DE LUBAC

Die Menschen haben viele Passionen – Christus hat nur eine.

G. E. SCHNEIDER

Christliche Liebe besagt wohl zugleich: in seinem Nächsten den Herrn erkennen und im Herrn seinen Nächsten.

ADRIENNE VON SPEYR

Eines ist mit dem Christenglauben ganz unvereinbar: Grausamkeit.

FRITZ DIETTRICH

Christlicher Staat – christliche Schießgewehre.

MAX HOGREFE

Das gesamte Christentum ist nur ein Tränenanfall, von dem uns allein ein bitterer Nachgeschmack bleibt.

É. M. CIORAN

Nichts hat den Spießer so exakt geformt wie das Christentum.

KEN KASKA

Wenn heute sich einige Atomphysiker ausdrücklich zum Christentum bekennen, so sagt das nicht das geringste über Wert oder Unwert des Christentums aus, sondern nur über den Charakter dieser Atomphysiker; über ihre Ängste und Zweifel.

C. W. CERAM

Er trat aus der Kirche aus und wurde Christ.

HUGO ERNST KÄUFER

Christentum: die Liebesgeschichte von Gott und Mensch.
PHIL BOSMANS

Es gibt sowenig einen christlichen Staat, wie es christliche Parteien gibt.
FRIEDRICH DÜRRENMATT

Der Christ kennt keine Doktrin; er ist der Pragmatiker par excellence.
KARL THEODOR VON UND ZU GUTTENBERG

Zweitausend Jahre nach Christi Geburt ist es nicht leicht zu erkennen, wo das Publikum anfängt und wo das Christentum aufhört.
WERNER JETTER

Das Christentum besteht darauf, daß der Mensch seinen Wert in sich selbst trägt, weil er ein Kind Gottes und nach seinem Bild geschaffen ist.
MARTIN LUTHER KING

Vielen Christen bedeutet das Christentum eine Sonntagsbeschäftigung, die schon am Montag vergessen ist.
MARTIN LUTHER KING

Dasselbe Christentum, das zu Weihnachten Gott in die frierende Welt schickt, läßt ihn bereits zu Ostern sich wieder verflüchtigen.
HERMANN SCHWEPPENHÄUSER

Eines wahren Christen Verstand ist die Liebe.
RUPERT SCHÜTZBACH

Christen müssen ein Risiko eingehen. Saubere Hände können auch durch Nichtstun kommen.
NORBERT BLÜM

Vielleicht sind ja gar nicht jene die lauen Christen, deren Wissen noch fertigbringt, was ihr Glaube nicht mehr schafft.
NIKOLAUS CYBINSKI

Am meisten lernt man vom Christentum, wenn man nicht an Gott glaubt.
WERNER EHRENFORTH

Der christliche Menschenfresser frißt seinen Nächsten.
PAJO KANIŽAJ

Dankbarkeit

Die Dankbarkeit ist in den Himmel gestiegen und hat die Leiter mitgenommen.
Polnisches Sprichwort

Man soll niemand dankbar sein, von dem man gelobt wird.
ANTISTHENES

Werdet nicht müde, Gott zu danken.
KOLOSSERBRIEF 4,2

Nichts erwirbt so sicher allgemeine Gunst als Dankbarkeit.
AMBROSIUS

Die Dankbarkeit ist von allen Tugenden am meisten zu loben.
GIOVANNI BOCCACCIO

Die Dankbarkeit, die sich auf fromme Wünsche beschränken muß, ist nur ein totes Wesen, wie der Glaube, dem die guten Werke fehlen.
MIGUEL DE CERVANTES

Dankbarkeit

Solange das Schachspiel dauert, hat jede Figur ihre besondere Bestimmung; ist es aber aus, so mischt man sie durcheinander und wirft sie in einen Beutel, wie man die Toten ins Grab wirft.

MIGUEL DE CERVANTES

Die Dankbarkeit der meisten Menschen drückt nur den geheimen Wunsch nach weiteren Wohltaten aus.

LA ROCHEFOUCAULD

Wer Dankbarkeit für Wohltaten verlangt, der verdient Undank.

CHRISTINE VON SCHWEDEN

Es gibt im Leben selten ein schöneres Übermaß als das in der Dankbarkeit.

JEAN DE LA BRUYÈRE

Menschen sind in demselben Maße dankbar, als sie rachgierig sind.

ALEXANDER POPE

Sind wir nicht denen, die uns die Mittel zu unserer Belehrung verschaffen, eine gleiche Dankbarkeit schuldig wie denen, die uns das Leben gegeben haben?

FRIEDRICH II. VON PREUSSEN

Die Dankbarkeit ist eine Last, und jede Last will abgeschüttelt sein.

DENIS DIDEROT

Begegnet uns jemand, der uns Dank schuldig ist, gleich fällt es uns ein. Wie oft können wir jemand begegnen, dem wir Dank schuldig sind, ohne daran zu denken?

JOHANN WOLFGANG VON GOETHE

Wer fertig ist, dem ist nichts recht zu machen; ein Werdender wird immer dankbar sein.

JOHANN WOLFGANG VON GOETHE

Gemeine Naturen zahlen mit dem, was sie tun, edle mit dem, was sie sind.

FRIEDRICH VON SCHILLER

Belohnung nennt man die Erhöhung der Glückseligkeit, die einem freien Wesen um seiner guten Handlungen willen zuteil wird.

BERNARD BOLZANO

Wer sich ganz dem Dank entzieht, der erniedrigt den Beschenkten.

FRANZ GRILLPARZER

Die Dankbarkeit ist das einzige ganz uneigennützige Gefühl, dessen unsere jetzige Natur fähig ist.

ALEXANDRE VINET

Die Dankbarkeit soll eine der schwersten Tugenden sein. Eine noch schwerere möchte sein, die Ansprüche auf Dank nicht zu übertreiben.

FRIEDRICH HEBBEL

In jede hohe Freude mischt sich eine Empfindung der Dankbarkeit.

MARIE VON EBNER-ESCHENBACH

Wenn du einen hungernden Hund mitnimmst und durchfütterst, wird er dich nicht beißen. Das ist der wesentliche Unterschied zwischen einem Hund und einem Menschen.

MARK TWAIN

Man darf wohl eine Bitte abweisen, aber nimmermehr darf man einen Dank abweisen oder, was dasselbe ist, ihn kalt und konventionell annehmen. Dies beleidigt tief.

FRIEDRICH NIETZSCHE

Tust du etwas um Dank, dann mästest du deinen Egoismus.

WILHELM WEBER-BRAUNS

Wer dankbar ist, fürchtet das Nehmen.

SALOMON BAER-OBERDORF

Dankbarkeit hat kurzen Atem.

LISA WENGER

Man darf sein Leben nicht vorübergehen lassen, ohne ein Wort der Dankbarkeit an jene zu richten, die man innig verehrt.

STEFAN ZWEIG

Dankbar sein ist leicht. Aber danken ist eine große Kunst und schwer, wie jede Kunst, zu meistern.

STEFAN ZWEIG

Dank kommt meistens zu spät, denn er wird immer früher erwartet.

FRIEDL BEUTELROCK

Demagogie

Bei einem von Natur wenig dankbaren Geschöpf, dem man jedoch einen außerordentlichen Dienst erwiesen hat, kann die Dankbarkeit zur Leidenschaft werden.

HENRY DE MONTHERLANT

Dankbarkeit ist keine Tugend. Sie ist eine Kunst.

RICHARD FRIEDENTHAL

Die einen belohnen, die andern bezahlen nur.

CHARLES TSCHOPP

Wer zu danken vermag, dem ist Großes widerfahren. Danken adelt.

OTTO HEUSCHELE

Du hast allen Grund zu danken, weil es immer fremdes Brot ist, das wir essen!

FRITZ DIETTRICH

Dankbarkeit ist das Gedächtnis des Herzens.

JOSEF RECLA

Ein Mensch hat so viel Charakter, wie er dankbar ist.

JOSEF VIKTOR STUMMER

Das Lob für den Meister darf nicht den Dank für den Gesellen vergessen.

HORST FRIEDRICH

Wo man zuviel Dankbarkeit verlangt, erreicht man bekanntlich das Gegenteil.

SULAMITH SPARRE

Demagogie

Der Teufel hilft seinem Volk.

Deutsches Sprichwort

Dein Plaudermund ist lieblich.

HOHES LIED 4,3

Die meisten Tyrannen sind aus Demagogen hervorgegangen, die durch Verleumdung der Vornehmen das Vertrauen des Volkes gewannen.

ARISTOTELES

Die Volkstribunen suchen Arbeit und wünschen daher immer etwas Krankhaftes am Staate zu finden, damit es nie an etwas fehle, zu dessen Heilung sie gebraucht werden können.

LIVIUS

Es gibt Schwärmer ohne Fähigkeit, und dann sind sie wirklich gefährliche Leute.

GEORG CHRISTOPH LICHTENBERG

Demagogie – die häufige Allianz der Völker.

HEINRICH HEINE

Demagogie ist die fragwürdige Fähigkeit, die kleinsten Ideen in die größten Worte zu kleiden.

ABRAHAM LINCOLN

Demagoge – ein politischer Gegner.

AMBROSE BIERCE

Sogar die Besten können bei einer prinzipiellen Demagogie landen, wenn sie auf einem einmal bezogenen falschen Standpunkt beharren.

WLADIMIR I. LENIN

Dem totalitären Betrüger ist es keineswegs darum zu tun, den Massen – wäre es auch aus reinem Interesse – die Wohltat irgendeines Glaubens zu geben, sondern er will ihnen jeden Glauben und schließlich ihre Ungläubigkeit selbst verleiden.

GEORGES BERNANOS

Raffinierte Redner beginnen uninteressant.

SIGMUND GRAFF

Die Aufklärer haben sich inzwischen zu Aufhetzern verwandelt.

JOACHIM GÜNTHER

Demagogen kochen ihr Süppchen auf der Volksseele.

WOLFRAM WEIDNER

Die da laut schreien, sind heiser, wenn sie bekennen müssen.

FRANZ HANNEMANN

Einem schlauen Politiker gelingt es, das Volk zu überreden, sich *seiner* Fehler zu schämen.

VLADA BULATOVIĆ -VIB

Demagogie

Demagogie: längere Wurzeln für die Bäume versprechen.

VYTAUTAS KARALIUS

Demagoge – Mund voller Ideen.

HANS-HORST SKUPY

Demagoge: kluger Kehlkopf.

HANS-HORST SKUPY

Demagogen gelänge es sogar, Seelen zu transplantieren.

HANS-HORST SKUPY

Die Demagogie herrscht seit Jahrhunderten auf Gemeinplätzen.

WOLFGANG MOCKER

Demagogie macht Zündstoff zum Löschmittel.

OLIVER TIETZE

Demokratie

Besser mit Klugen in die Hölle, als mit Narren ins Paradies.

Bulgarisches Sprichwort

Des Volkes Stimme, wahrlich groß ist ihr Gewicht!

AISCHYLOS

Die Demokratie ist die allerliebste Staatsverfassung: zügellos, buntscheckig, eine Sorte von Gleichheit gleicherweise unter Gleiche wie Ungleiche verteilend.

PLATON

Demokratie ergab sich aus dem Gedankengang der Menschen: wenn sie in einer Beziehung gleichberechtigt sind, dann sind sie völlig gleichberechtigt.

ARISTOTELES

Die Volksherrschaft besteht nicht darin, daß alle ohne Unterschied das Gleiche haben, sondern daß jeder das seinem Verdienste Gemäße erhalte.

DIONYSIUS CASSIUS

Es ist nun einmal der Fehler der Demokratien, daß sie nicht leben können ohne Mißtrauen und Tadelsucht gegen ihre leitenden Männer, und wenn nutzbringende Anträge ohne Widerstand allgemeine Anerkennung finden, so werden sie oft genug als Vorschläge einer verschworenen Gemeinschaft verdächtigt.

PLUTARCH

Laß das Volk glauben, daß es regiert, und es wird sich regieren lassen.

WILLIAM PENN

Die wahre Demokratie stellt das gesamte Volk dar.

ERNST MORITZ ARNDT

Die vollkommene Republik müßte nicht bloß demokratisch, sondern zugleich auch aristokratisch und monarchisch sein; innerhalb der Gesetzgebung der Freiheit und Gleichheit müßte das Gebildete das Ungebildete überwiegen und leiten und alles sich zu einem absoluten Ganzen organisieren.

FRIEDRICH VON SCHLEGEL

Das ist ein eigener Reiz der Republik, daß sich alles in ihr viel freier äußert. Tugenden und Laster, Sitten und Unarten, Geist und Dummheit, Talent und Ungeschicklichkeit treten viel stärker hervor, und so gleicht eine Republik dem tropischen Klima, nur nicht in der Regelmäßigkeit der Witterung.

NOVALIS

Das allgemeine Stimmrecht, das einem unvorbereiteten Volke aufgedrängt wurde, diente ihm bloß als Rasiermesser, mit dem es sich fast den Hals abgeschnitten hätte.

ALEXANDR HERZEN

Das Höchste und die Krönung der Demokratie ist, daß sie allein alle Nationen, alle Menschen noch so verschiedener und entfernter Länder zu einer Bruderschaft, einer Familie vereinen kann und immer zu vereinen bestrebt ist.

WALT WHITMAN

Die Demokratie rechtfertigt sich nicht erschöpfend in sich selbst, ja vielleicht überhaupt nicht, gleich der Natur. Sie ist nur,

Demokratie

soweit wir sehen, das beste, vielleicht einzige wirklich geeignete Mittel, die einzige Bildnerin, Erweckerin, Erzieherin für die Millionen, und zwar nicht nur für große Persönlichkeiten, sondern für unsterbliche Seelen.

WALT WHITMAN

Die Demokratie – das ist heutzutage der Kommunismus. Eine andere Demokratie kann nur noch in den Köpfen theoretischer Visionäre existieren, die sich nicht um die wirklichen Ereignisse kümmern, bei denen nicht die Menschen und die Umstände die Prinzipien, sondern die Prinzipien sich selbst entwickeln. Die Demokratie ist proletarisches Prinzip, Prinzip der Massen geworden.

FRIEDRICH ENGELS

Die Demokratie beruht auf der Freiheit des Gewissens, auf der Freiheit der Rede und auf der Klugheit, keine der beiden in Anspruch zu nehmen.

MARK TWAIN

Demokratie ist die Kunst, sich selbst im Zaum zu halten, damit man nicht von anderen im Zaum gehalten werden muß.

GEORGES CLÉMENCEAU

In einer Demokratie ist das Volk seinem eigenen Willen unterworfen, und das ist eine harte Knechtschaft. Denn der Wille der Gesamtheit ist im einzelnen Menschen wenig oder gar nicht vorhanden, und doch muß sich der einzelne seinem Zwange voll und ganz fügen.

ANATOLE FRANCE

Die Demokratie ist die politische Form der Menschlichkeit.

TOMÁŠ G. MASARYK

Demokratie ist nichts anderes als das Niederknüppeln des Volkes durch das Volk für das Volk.

OSCAR WILDE

Demokratie hat zur Voraussetzung die allgemeine Erkenntnis und Anerkenntnis der geistigen Rangunterschiede.

AUGUST LÄMMLE

Demokratie ist heute nicht mehr ein Ziel, sondern eine Voraussetzung. Diese Voraussetzung aber muß erfüllt werden mit neuem lebendigen Ideengehalt. Und diesen werden wir nicht mehr empfangen können aus dem großen französischen Jahrhundert der Aufklärung und aus der französischen Revolution.

WALTHER RATHENAU

Ohne restlose Verwirklichung der Demokratie kann der siegreiche Sozialismus seinen Sieg nicht behaupten und das Absterben des Staates für die Menschheit nicht Wirklichkeit werden lassen.

WLADIMIR I. LENIN

Es ist ein Vorzug der Demokratien, gekrönter oder ungekrönter, daß sie alle starken menschlichen Qualitäten zum Verschwinden bringen.

FRANZ BLEI

Alle Menschen sind Demokraten, wenn sie glücklich sind.

GILBERT KEITH CHESTERTON

Demokratie ist die Notwendigkeit, sich gelegentlich den Ansichten anderer Leute zu beugen.

SIR WINSTON S. CHURCHILL

Demokratie sollte Moral sein, nicht Politik; sie sollte Güte sein von Mensch zu Mensch, Güte von beiden Seiten. Denn der Herr bedarf der Güte des Dieners ebenso sehr, wie dieser der Güte jenes bedarf.

THOMAS MANN

Demokratie ist auf der Überzeugung aufgebaut, nach der gewöhnliche Menschen ungewöhnliche Fähigkeiten haben.

HARRY EMERSON FOSDICK

Demokratie heißt, daß jeder ein Gewissen für das Ganze haben soll.

EDUARD SPRANGER

Demokratie wächst mit dem Denken des Volkes. Ohne dieses ist sie eine entsetzliche Täuschung. Daß die Entwicklung dieser Urteilskraft möglich ist, ist die Idee der Demokratie.

KARL JASPERS

Demokratie

Eine betende Demokratie wird automatisch zur Theokratie.

W. J. OEHLER

Die Demokratie hat dem gewöhnlichen Arbeiter im großen und ganzen, von skandalösen Ausnahmen abgesehen, mehr Würde verliehen, als er je zuvor besaß.

SINCLAIR LEWIS

Letzten Endes läuft Demokratie auf Ausreden-lassen und Zuhören-können hinaus.

HEINRICH BRÜNING

Zivilcourage ist der kostbare, seltene Stoff, der die Demokratie am Leben erhält.

GOTTLIEB DUTTWEILER

Die ist die wahrste aller Demokratien; die Demokratie des Todes.

KURT TUCHOLSKY

Die menschliche Fähigkeit gerecht zu sein, ermöglicht die Demokratie. Die menschliche Neigung zur Ungerechtigkeit jedoch erfordert die Demokratie.

REINHOLD NIEBUHR

Die Demokratie erstrebt einen Zustand, in dem jeder jedem eine Frage stellen darf.

ERNST JÜNGER

Der ganz besondere Segen einer rechten Demokratie scheint mir zu sein: Die bewußte und kontrollierte Rücksichtnahme aller gegen alle, einzelner gegen alle, aller gegen einzelne.

OTTO BUCHINGER

Jede Demokratie fördert ihren Mißbrauch.

WILHELM WEYDANZ

Politische Demokratie kann nie wie eine Maschine funktionieren; man kann sie nicht einfach einschalten und laufen lassen. Wirksame politische Demokratie erfordert Intelligenz, Reife und Toleranz.

MOHAMMED REZA PAHLEWI

In der Demokratie gibt es eine Pflicht, die allem anderen vorgeht: Nämlich zu sagen, was ist.

KARL THEODOR VON UND ZU GUTTENBERG

Demokratie heißt – ins Deutsche übersetzt – Volksherrschaft, und daher glauben so viele Kinder aller Altersstufen, daß das für die Theorie der Staatsform, die die Griechen einst Demokratie nannten, oder der Staatsformen, die wir im Westen heute so nennen, von Bedeutung sei.

SIR KARL RAIMUND POPPER

Ein Demokrat ist ein freier Bürger, der sich dem Willen der Mehrheit beugt.

EPHRAIM KISHON

Die tragischen Helden demokratischer Zeitläufe sind die Menschen, die fähig sind, die Dummheit zu sehen, und unfähig, sie zu ertragen.

HERBERT EISENREICH

Ohne Zweifel haben die Schweizer die Demokratie erfunden, wenn sie das selber glauben.

RENÉ & DENISE DAVID

Demokratie: Man regiert mit dem Willen der überwältigenden Mehrheit.

GERHARD UHLENBRUCK

In der Demokratie geht die Macht vom Volk aus, doch häufig kehrt sie nicht zu ihm zurück.

HELLMUT WALTERS

Wir leben in einer Demokratie, nicht in einer Demoskopie.

HEINER GEISSLER

Ich kann mir nicht vorstellen, wie es ohne Kritik Demokratie geben kann. Damit fängt sie an.

MICHAIL S. GORBATSCHOW

Immer verlangen die Feinde der Demokratie das meiste von ihr.

KURT TACKMANN

Es steht schlecht um die Demokratie, wenn sich jeder nur Freiheiten herausnimmt.

WERNER MITSCH

Demokratie – Nicken oder Kopfschütteln, je nachdem.

AUREL SCHMIDT

Ein Vorzug der Demokratie: Wer recht hat, kann überstimmt werden.
MANFRED STRAHL

Unmöglich, daß beides hinhaut: Demokratie und Polizei.
BERT BERKENSTRÄTER

Demokratie – Herrschaft um jedes Volk.
HANS-HORST SKUPY

Die Mehrheit war dafür, daß die Mehrheit recht hat.
DANIEL TEXTOR

Demokratie – ein bei Wahlen immer wieder auftauchender Begriff.
GERD WOLLSCHON

Demokratie. – Zu viele Köche verderben den Brei.
JÜRG MOSER

Denken

Fürs Denken tut man keinen henken.
Deutsches Sprichwort

Nüchtern sein und kritisch. Das sind die Gelenke des Denkens.
EPICHARMOS

Das Denken für sich allein bewegt nichts, sondern nur das auf einen Zweck gerichtete und praktische Denken.
ARISTOTELES

Denken und Sein werden vom Widerspruch bestimmt.
ARISTOTELES

Die Tätigkeit des Geistes heißt Denken, und die Erkenntnis der Wahrheit hängt von der Übung des Denkens ab. Sind erst die Hauptgrundsätze festgelegt, können die kleinen Einzelheiten nicht entrinnen.
MENG DSE

Es gibt nichts Machtvolleres als das Denken.
MENANDER

Wenn einer mit unreinem Denken spricht oder handelt, dann folgt ihm das Leiden nach wie das Rad dem Fuße des Zugtieres.
DHAMMAPADA

Vieles Grübeln führt in die Irre.
MA TSCHI YÜAN

Wer wenig denkt, der irrt viel.
LEONARDO DA VINCI

An sich ist nichts weder gut noch böse, das Denken macht es erst dazu.
WILLIAM SHAKESPEARE

Er denkt zu viel, die Leute sind gefährlich.
WILLIAM SHAKESPEARE

Ich sage wenig, denke desto mehr.
WILLIAM SHAKESPEARE

Auf Nichtdenken bedacht sein, ist immer noch Denken.
TAKUAN SHUHO

Cogito, ergo sum (Ich denke, also bin ich).
RENÉ DESCARTES

Man muß denken wie die wenigsten und reden wie die meisten.
BALTAZAR GRACIÁN

Der Mensch ist nur ein Schilfrohr, das schwächste der Natur, aber er ist ein denkendes Schilfrohr.
BLAISE PASCAL

Die Ehrgeizigen und die Wollüstigen haben nur selten Zeit zu denken.
VOLTAIRE

Kenntnisse kann jeder haben, aber die Kunst zu denken, ist das seltenste Geschenk der Natur.
FRIEDRICH II. VON PREUSSEN

Das außergewöhnliche Gedächtnis bringt die Gelehrten hervor, das tiefe Nachdenken die Genies.
HELVÉTIUS

Denken

Dem denkenden Menschen verwandelt sich
Alles in Idee und Gefühl.

CARL GOTTLOB SCHELLE

Ein Narr denkt, daß andere nicht denken.

GOTTHOLD EPHRAIM LESSING

Das Denken bietet Trost und Heilung für
alles. Hat es einem wehgetan, so verlange
man von ihm das geeignete Gegenmittel, und
man bekommt es.

CHAMFORT

Laßt die Menschen nur ein Menschenalter
hindurch nicht mehr laut miteinander denken
dürfen: und seid gewiß, sie haben ihre
Denkkraft verloren.

JOHANN JAKOB ENGEL

Wenn alle das gleiche denken, denkt keiner
richtig.

GEORG CHRISTOPH LICHTENBERG

Wenn man die Menschen lehrt, wie sie
denken sollen, und nicht ewighin, was sie
denken sollen: so wird auch dem
Mißverständnis vorgebeugt.

GEORG CHRISTOPH LICHTENBERG

Je mehr und je tiefer der Mensch denkt,
desto sparsamer wird er in seinen Worten.

HEINRICH PESTALOZZI

Alles Gescheite ist schon gedacht worden;
man muß nur versuchen, es noch einmal zu
denken.

JOHANN WOLFGANG VON GOETHE

Denken ist interessanter als Wissen, aber
nicht als Anschauen.

JOHANN WOLFGANG VON GOETHE

Jeder Mensch muß nach seiner Weise
denken: denn er findet auf seinem Wege
immer ein Wahres oder eine Art von
Wahrem, die ihm durchs Leben hilft.
Nur darf er sich nicht gehen lassen:
er muß sich kontrollieren;
der bloße nackte Instinkt geziemt nicht
dem Menschen.

JOHANN WOLFGANG VON GOETHE

Tief und ernstlich denkende Menschen haben
gegen das Publikum einen bösen Stand.

JOHANN WOLFGANG VON GOETHE

Wer das Wort Denkfreiheit erfunden hat, war
gewiß ein Dummkopf, der weiter keine
Erfindung machen wird.

JOHANN GOTTFRIED SEUME

Denken lernt man nicht an Regeln zum
Denken, sondern an Stoff zum Denken.

JEAN PAUL

Eigentlich denkt der Mensch das, was und
wie er fühlt.

FRANZ VON BAADER

Wer das Tiefste gedacht, liebt das
Lebendigste.

FRIEDRICH HÖLDERLIN

Ich habe nie einen Menschen gefunden, der
zwei Minuten hintereinander denken konnte.

SYDNEY SMITH

Denken ist Graben und mit einem Senkblei
messen. Viele Menschen haben keine Kräfte
zum Graben, auch andere keinen Mut und
Gewohnheit, das Blei ins Tiefe sinken zu
lassen.

RAHEL VARNHAGEN

Denken ist beten.

BETTINA VON ARNIM

Alle Menschen sollen denken lernen, aber
nicht alle sind zu Philosophen berufen.

HEINRICH VON KLEIST

Wenn Gesinnungen gerichtet werden dürfen,
wo fände man dann vor dem Schwerte des
Henkers Schutz?

LUDWIG BÖRNE

In einem Palast denkt man anders als in einer
Hütte.

LUDWIG FEUERBACH

Ein Mensch ohne eigenen Verstand ist auch
ein Mensch ohne eigenen Willen. Nur wer
denkt, ist frei und selbständig.

LUDWIG FEUERBACH

Denken

Das reine Denken ist ein Phantom.

SØREN KIERKEGAARD

Alles, was die Menschen in Bewegung setzt, muß durch ihren Kopf hindurch; aber welche Gestalt es in diesem Kopf annimmt, hängt sehr von den Umständen ab.

FRIEDRICH ENGELS

Wer so tut, als bringe er die Menschen zum Nachdenken, den mögen sie. Wer sie wirklich zum Nachdenken bringt, den verachten sie.

THOMAS H. HUXLEY

Die Menschen leiden mehr durch das Denken als durch irgend etwas anderes.

LEW N. GRAF TOLSTOJ

Nur der Denkende erlebt sein Leben. Am Gedankenlosen zieht es vorbei.

MARIE VON EBNER-ESCHENBACH

Wer nur mit dem Kopfe denken kann, ist ein halber Mensch; der ganze Mensch denkt auch mit dem Herzen.

DAGOBERT VON GERHARDT

Gehirn: ein Organ, mit dem wir denken, daß wir denken.

AMBROSE BIERCE

Es liegt eben in der menschlichen Natur, vernünftig zu denken und unlogisch zu handeln.

ANATOLE FRANCE

Heutzutage ist es ein Wunder, einen Menschen zu treffen, der bis zu Ende denkt.

LÉON BLOY

Es gibt keinen Ausweg, den ein Mensch nicht beschreitet, um die tatsächliche Arbeit des Denkens zu vermeiden.

THOMAS ALVA EDISON

Man soll Denken lehren, nicht Gedachtes.

CORNELIUS CURLITT

Das Denken und das Denken allein trennt Recht vom Unrecht. Das Denken und das Denken allein erhebt oder erniedrigt menschliche Taten und Wünsche.

GEORGE MOORE

Der Intellekt ist eine Art Übertreibung. In dem Augenblick, wenn sich einer hinsetzt, um zu denken, wird er ganz Nase oder ganz Stirn oder sonst was Schreckliches.

OSCAR WILDE

Wer nicht auf seine Weise denkt, denkt überhaupt nicht.

OSCAR WILDE

Denken ist die schwerste Arbeit, die es gibt. Das ist wahrscheinlich der Grund, warum sich so wenige damit beschäftigen.

HENRY FORD

Das, was uns antastet und angreift, ist unser Heil; es bewahrt uns vor Erstarrung.

RICARDA HUCH

Jeder Mensch muß, so er ein wahrer Mensch ist, lernen, allein innerhalb aller zu stehen, allein für alle zu denken – wenn es not tut, sogar auch gegen alle! Aufrichtig denken heißt, für alle denken, selbst wenn man gegen alle denkt. Die Menschheit bedarf derer, die ihr aus Liebe Schach bieten und sich gegen sie auflehnen, wenn es nottut!

ROMAIN ROLLAND

Denken heißt Vergleichen.

WALTHER RATHENAU

Des Denkers Geist kann nur auf das hinweisen, was ist. Er kann Schläfer wecken, daß sie schauen mögen, was es zu sehen gibt. Zu großen Ideen kann nur das Leben die Menschen heranreifen.

JULIUS TOLDI

Es gibt nur eine Form des Denkens – die Logik, aber es gibt viele Formen des Wissens.

KARL SONNEN

Alles Denken ist Zurechtmachen.

CHRISTIAN MORGENSTERN

Es gibt nichts Hemmenderes als Gemeinplätze und Redensarten. Jede Redensart ist die Fratze eigener Gedanken, ein Mitesser im Zellengewebe des Denkers.

CHRISTIAN MORGENSTERN

Denken

Worüber wir nicht ernsthaft nachgedacht haben, das vergessen wir bald.

MARCEL PROUST

Das Denken erschafft die Welt in jedem Augenblick neu.

MARCEL PROUST

Aus Lebensüberdruß zum Denken greifen: ein Selbstmord, durch den man sich das Leben gibt.

KARL KRAUS

Der Analytiker macht Staub aus dem Menschen.

KARL KRAUS

Jeder anständige Mensch denkt für sich selbst; es wäre höchst unbescheiden, für jemand anderen zu denken.

GILBERT KEITH CHESTERTON

Denken ist nicht dasselbe wie Gelesenhaben.

ANTONIO MACHADO

Nur was aus dem Denken geboren, sich an das Denken wendet, kann eine geistige Macht für die ganze Menschheit werden.

ALBERT SCHWEITZER

Verzicht auf Denken ist geistige Bankrotterklärung.

ALBERT SCHWEITZER

Wer viel denkt, macht sich unbeliebt.

ROBERT WALSER

Die meisten Mißverständnisse beruhen auf sprachlicher Schlamperei, Ungenauigkeit, Unschärfe des Ausdrucks. Diesem aber liegt meist Verschwommenheit des Denkens voraus: das sogenannte gefühlsmäßige Denken.

INA SEIDEL

Man sollte den Mut haben, unbequem zu denken; denn nur indem man das Passende, Hergebrachte verwirft, gelangt man dahin, die Wahrheit zu sagen.

SIR HAROLD NICOLSON

Jedes Tun hat sein Ende, das Denken nie.

JAKOW TRACHTENBERG

Auch im Denken gibt es eine Zeit des Pflügens und eine Zeit der Ernte.

LUDWIG WITTGENSTEIN

Wir leben in dem am wenigsten selbstsüchtigen Zeitalter, denn kaum jemand ist so egoistisch, daß er den Wunsch hat, für sich selbst zu denken. So viele sind immer bereit und begierig, es für uns zu tun.

CHRISTOPHER D. MORLEY

Ein Mensch, der denkt, ist so allein wie ein Mensch, der stirbt.

KAREL ČAPEK

Was wir denken, bestimmt das, was wir sind und tun, und umgekehrt bestimmt das, was wir sind und tun das, was wir denken. Falsche Gedanken ergeben schlechte Handlungen; und wem schlechtes Handeln zur Gewohnheit wird, der begrenzt dadurch sein Bewußtseinsfeld und macht es sich selbst unmöglich, gewisse Gedanken fassen zu können.

ALDOUS HUXLEY

Klares Denken in unklarer Sprache ist ausgesprochener Junggesellenstil. Man merkt: der Betreffende hat sich nie einer Ehefrau begreiflich machen müssen. Beispiel: Immanuel Kant.

LIN YUTANG

Das Ausgedachte ist immer zu wenig durchdacht.

FRITZ USINGER

Überlegung hilft mehr als Erfahrung.

HEINZ STEGUWEIT

Denken ist Lebens- und Genußmittel.

BERT BRECHT

Der Mensch ist sehr brauchbar. Er kann fliegen und er kann töten. Aber er hat einen Fehler: Er kann denken.

BERT BRECHT

Du denkst nur dann folgerichtig, wenn du als Einzelwesen Egoist bist. Jedes idealistische Denken beruht auf einer geistigen Unselbständigkeit.

HANS DOMIZLAFF

Denken

Denken mit dem eigenen Kopf will gelernt sein.

OTHMAR CAPELLMANN

Alles Denken ist Nachdenken, der Sache nachdenken.

HANNAH ARENDT

Wenn der Mensch sich vom Tier durch das Denken unterscheidet, muß er Mut und Kraft haben, unbedingt zu denken.

GUSTAV RENÉ HOCKE

Bedenke, bevor du denkst.

STANISLAW JERZY LEC

Was du denkst, ist falsch – du weißt es nur noch nicht. Gefühl ist entscheidend; es gibt uns Kontinuität.

SERGIU CELIBIDACHE

Denken ist ohne Vertrauen nicht möglich: ohne die Hoffnung, daß man auf diesem Wege all das, wovon man fortgeht, in anderer Form wiedergewinnt.

RUDOLF HARTUNG

Auch das Denken erfordert – Charakter.

ROCHUS SPIECKER

Natürlich, man denkt nur noch, wenn nichts anderes übrigbleibt.

MIROSLAV HOLUB

Was uns zu denken gibt, verspricht kaum Gutes.

KARLHEINZ DESCHNER

Um das Gehirn in Funktion zu halten, genügt es zuweilen, einen Schrittmacher fürs Herz zu haben.

HELMUT LAMPRECHT

Auch in der Fremde sind wir in unserem Denken von der Heimat abhängig. Und das Handeln ist eine Folge des Denkens.

FRANZ PETER KÜNZEL

Mögen wir auch seit Jahrhunderten seßhaft geworden sein: Nomaden des Denkens sind wir noch immer.

ERNST R. HAUSCHKA

Ich denke. Weshalb bin ich?

HANNS-DIETRICH VON SEYDLITZ

Es hat nie eine moralische Bestrafung für den gegeben, der nicht nachdenken will.

DIETER HILDEBRANDT

Mit vollem Bauch denkt man schwer, aber loyal.

GABRIEL LAUB

Denker sind Verfolgte ihres Gedankenregimes.

HELLMUT WALTERS

Denken heißt, das Naheliegende suchen.

HELMAR NAHR

Ich denke, also bin ich...verdächtig.

KAREL TRINKEWITZ

Die Fähigkeit, heute auch einmal anders zu denken als gestern, unterscheidet den Klugen vom Starrsinnigen.

PIGAULT LEBRUN

Er denkt aus Prinzip anders. Also nicht!

FELIX RENNER

Beim Denken muß der Mensch seinen Kopf hinhalten.

WERNER MITSCH

Der Mensch denkt, doch vieles spricht dagegen.

WERNER MITSCH

Denken ist oft schwerer, als man denkt.

WERNER MITSCH

Man sollte viel öfter nachdenken; und zwar vorher.

WERNER MITSCH

In schlimmen Zeiten sind Denkende Andersdenkende.

WERNER MITSCH

Denken heißt, Gedachtes anzweifeln.

WERNER MITSCH

Klare, zweckgerichtete Denkarbeit führt zu konzentriertem Handeln.

ESTHER GUT

Denken

Ein Intellektueller ist ein Mensch, der über das nachdenken kann, was andere tun müssen.

GERT UDO JERNS

In der Wüste unseres Gehirns sollten wir eine kleine Oase entdecken.

HANS-HORST SKUPY

Es gibt Denkprozesse, die den Tatbestand strafbarer Handlung erfüllen.

HANS-HORST SKUPY

Manchmal ist das Gehirn ein Hindernis für richtiges Denken.

ŽARKO PETAN

Wer sich das Denken abnehmen läßt, darf sich nicht wundern, wenn man ihm bald auch den Kopf abnimmt.

BIRGIT BERG

Denkprozesse kann man nur gewinnen.

BIRGIT BERG

Der Mensch unterscheidet sich von anderen Lebewesen durch die Fähigkeit zu denken. Nur wissen das die meisten nicht.

USCHI FLACKE

Herzschrittmacher – schön und gut! Wo aber bleiben die Hirnschrittmacher?

GERD KARPE

Deutsches

Was der Deutsche bezahlt, das ißt er auch.

Deutsches Sprichwort

Alle Mühsal können die Deutschen ertragen; könnten sie ebensogut doch auch ertragen den Durst.

MARTIN LUTHER

Welches ist das beste Deutsch? Dasjenige, das von Herzen geht.

JULIUS WILHELM ZINCGREF

Ich habe seit einigen Jahren so viel Schönes von deutschem Patriotismus und deutschen Patrioten rühmen gehört, und die Anzahl der wackeren Leute, die sich für diese Modetugend erklären und nützlichen Gebrauch von ihr machen, nimmt von Tag zu Tag so überhand, daß ich – wäre es auch nur, um nicht zuletzt allein zu bleiben – wohl wünschen möchte, auch ein deutscher Patriot zu werden.

CHRISTOPH MARTIN WIELAND

Sagt, ist noch ein Land außer Deutschland, wo man die Nase eher rümpfen lernt als putzen?

GEORG CHRISTOPH LICHTENBERG

Die Deutschen sollten in einem Zeitraum von dreißig Jahren das Wort Gemüt nicht aussprechen; dann würde nach und nach Gemüt sich wieder erzeugen. Jetzt heißt es nur: Nachsicht mit Schwächen, eigenen und fremden.

JOHANN WOLFGANG VON GOETHE

Die Deutschen wissen von nichts anderem, als wenn sie keinen Feind zu bekämpfen und zu verderben haben, so tun sie einander den Gefallen selber.

JOHANN PETER HEBEL

Das liebten die Deutschen von jeher, Händel auf eigenem Boden.

JOHANN PETER HEBEL

Wir sind jetzt die Nation der Titel, des Adels, des Dienstzwangs, der Fröne, des Unsinns, der Dummheit, kurz, die privilegierte Nation oder die Nation der Privilegien.

JOHANN GOTTFRIED SEUME

Denker und Dichter, welche Deutschlands Kultur auf eine hohe Stufe der Bildung emporgehoben...

SAUL ASCHER

In der Gesellschaft erscheint der Deutsche selten als Mensch, d.h. als Gesellschafter, sondern als guter Beamter, Professor, Soldat.

JEAN PAUL

Berlin ist mehr ein Weltteil als eine Stadt.

JEAN PAUL

132

Deutsches

Da dem Deutschen zum Witze nichts fehlt als die Freiheit, so gebe er sich doch diese!

JEAN PAUL

Zum Ruhm der deutschen Nation kann man sagen, daß ihr fast ganz die kühne Geschmeidigkeit fehlt, die alle Wahrheiten nur den eigenen Interessen unterordnet und alle eingegangenen Verpflichtungen nur ihren Rechnungen und ihren Projekten opfert.

GERMAINE (MADAME) DE STAËL

Es gibt doch nie ein Vaterland, dem man lieber angehören möchte als Deutschland.

WILHELM VON HUMBOLDT

Arbeitsamkeit, Sparsamkeit, Nüchternheit des Verstandes, Langmut ohne Feigheit, Ehrlichkeit mit etwas klimatischer Unbehilflichkeit versetzt, sind alte anerkannte Volkstugenden der Deutschen.

ERNST MORITZ ARNDT

Es ist ein hartes Wort, und dennoch sag ich's, weil es Wahrheit ist: ich kann kein Volk mir denken, das zerrissner wäre als die Deutschen. Handwerker siehst du, aber keine Menschen, Denker, aber keine Menschen, Priester, aber keine Menschen, Herren und Knechte, junge und gesetzte Leute, aber keine Menschen.

FRIEDRICH HÖLDERLIN

Wir, die Deutschen, haben noch keine Sprache. Es gab in unserem Lande keine Gelegenheit zum Sprechen als die Kanzel. Alle übrigen Gedanken müssen ohne Ton, Gebärde, unpersönlich, zu überirdisch, aus dem Geist an den Geist wirken. Also langsam, künstlich und dann plötzlich.

RAHEL VARNHAGEN

Der Deutsche ist lange das Hänschen gewesen. Er dürfte aber wohl bald der Hans aller Hänse werden. Es geht ihm, wie es vielen dummen Kindern gehen soll: er wird leben und klug sein, wenn seine frühklugen Geschwister längst vermodert sind und er nun allein Herr im Hause ist.

NOVALIS

Die Preußen schienen mir unter allen Deutschen bei weitem die anmaßendsten.

JOSEPH VON GÖRRES

Ist Bayern nicht deutsches Blut, sind Bayern nicht deutsche Brüder?

JOSEPH VON GÖRRES

Der Geist der Deutschen fängt an, sich immer erbärmlicher zu zeigen; überall sieht man eine solche Charakterlosigkeit und Schwäche der Gesinnungen hervorbrechen, daß die Tränen uns in das Auge treten möchten.

CARL VON CLAUSEWITZ

Man wird vor sich selbst bestürzt, wenn man sich die Möglichkeit gestehen muß, daß unsere Regierungen ganz unmittelbar auf so großartige und erhebende Begebenheiten, als wir in Deutschland erlebt haben, in ein System von Furcht und Ängsten, Mißtrauen, Beschuldigungen und allen den kleinlichen und schändlichen Handgriffen der Polizei verfallen können. Man schöpft, indem man einige Verbrechen, und noch dazu meistens eingebildete, entdecken will, von hundert edlen, herrlichen Dingen oben den Enthusiasmus ab und zerstört unwissend die Liebe und Ruhe, von der ein kleiner Teil hingereicht hätte, um den Ausbruch des besorgten Übels zu verhindern. Was ist denn herausgekommen bis auf den heutigen Tag?

JACOB GRIMM

Ich hoffe, der Himmel wird Deutschland erhalten. Wird dem deutschen Volk bewilligt, was ihm nicht vorenthalten werden kann, so muß auch das geschwächte Nationalgefühl neues Leben empfangen.

JACOB GRIMM

Es ist ein Jammer mit den Deutschen, daß sie, weil keinen Spaß, auch keinen Ernst verstehen.

LUDWIG BÖRNE

Die Deutschen sind in einem unseligen Wahne befangen. Sie meinen immer noch, es käme darauf an, Recht zu haben, zu zeigen, daß man es hat.

LUDWIG BÖRNE

Daß die Deutschen diesen schaukelnden Träumen, dieser bild- und begrifflosen Ahnungslosigkeit einen so hohen Wert beilegen, ist eben das Unglück dieser Nation.

FRANZ GRILLPARZER

Deutsches

Wenn man die Deutschen für unfähig zur Freiheit erklärt, so meint man damit nicht ihren natürlichen Charakter. Ihre falsche Bildung macht sie unfähig, daß sie ihren natürlichen Charakter für einen gemachten aufgegeben haben, in dem kein Bestand ist, eben weil er gemacht ist.

FRANZ GRILLPARZER

Das ist schön bei uns Deutschen: Keiner ist so verrückt, daß er nicht einen noch Verrückteren fände, der ihn versteht.

HEINRICH HEINE

Pflanzt die schwarzrotgoldene Fahne auf die Höhe des deutschen Gedankens, macht sie zur Standarte des freien Menschentums und ich will mein bestes Herzblut für sie hingeben.

HEINRICH HEINE

Die Deutschen arbeiten jetzt an der Ausübung ihrer Nationalität, kommen aber damit zu spät. Wenn sie dieselbe fertig haben, wird das Nationalitätswesen in der Welt aufgehört haben, und sie werden auch ihre Nationalität gleich wieder aufgeben müssen, ohne Nutzen davon gezogen zu haben.

HEINRICH HEINE

Die Deutschen werden nicht besser im Ausland wie das exportierte Bier.

HEINRICH HEINE

Gefährliche Deutsche! Sie ziehen plötzlich ein Gedicht aus der Tasche oder beginnen ein Gespräch über Philosophie.

HEINRICH HEINE

Ich glaube nicht mehr, daß das deutsche Volk ein Riesenkind ist, jedenfalls ist es kein Kind mehr, es ist ein großer Junge, der viel natürliche Anlagen hat, aus dem aber doch nichts Ordentliches wird, wenn er nicht ernsthaft die Gegenwart benutzt und die Zukunft ins Auge faßt. Wir haben keine Zeit mehr zum Spielen oder die Träume der Vergangenheit auszubauen.

HEINRICH HEINE

Der Deutsche gleicht dem Sklaven, der seinem Herrn gehorcht, ohne Fessel, ohne Peitsche, durch das bloße Wort, ja durch einen Blick. Die Knechtschaft ist in ihm selbst, in seiner Seele; schlimmer als die materielle Sklaverei ist die spiritualisierte. Man muß die Deutschen von innen befreien, von außen hilft nichts.

HEINRICH HEINE

Einigkeit und Recht und Freiheit für das deutsche Vaterland! Danach laßt uns alle streben – brüderlich mit Herz und Hand!

HOFFMANN VON FALLERSLEBEN

Die Deutschen haben dem Weibe mit der Bezeichnung Frauenzimmer so ziemlich deutlich seine Bestimmung bezeichnet und angewiesen; wie, umgekehrt, sie sich selbst nur (sehr bescheiden!) für den Schein dessen ausgeben, was sie sein sollen – Mannsbild.

KARL JOHANN BRAUN VON BRAUNTHAL

Der Deutsche erst und er allein bekundet den weltgeschichtlichen Beruf des Radikalismus; nur er allein ist radikal, und er allein ist es – ohne Unrecht. So unerbittlich und rücksichtslos wie er ist keiner; denn er stürzt nicht allein die bestehende Welt, um selber stehen zu bleiben; er stürzt – sich selbst. Wo der Deutsche umreißt, da muß ein Gott fallen und eine Welt vergehen. Bei dem Deutschen ist das Vernichten – Schaffen und das Zermalmen des Zeitlichen – seine Ewigkeit.

MAX STIRNER

Ich will kein einiges Deutschland mit hungernden Bauern und Arbeitern.

FRIEDRICH THEODOR VISCHER

Soll nicht einmal auch Deutschland es sein, von dem ein neues Leben ausgeht?

FRIEDRICH THEODOR VISCHER

Herr, setze dem Überfluß Grenzen und lasse die Grenzen überflüssig werden. Gib allem Glauben seine Freiheit und mache die Freiheit zum Glauben aller. Verwandle unsere jetzigen Helden in Bürger und unsere Bürger in Helden. Lasse die Dichter volkstümlicher werden und das Volk dagegen dichter. Gib den Regierungen ein besseres Deutsch und den Deutschen dafür bessere Regierungen.

ADOLF GLASSBRENNER

Deutsches

Weil die Deutschen wissen, daß die wilden Tiere frei sind, fürchten sie, durch die Freiheit zu wilden Tieren zu werden.

FRIEDRICH HEBBEL

Das Wort Wenn ist das deutscheste aller deutschen Worte.

FRIEDRICH HEBBEL

Selbst im Fall einer Revolution würden die Deutschen sich nur Steuerfreiheit, nie Gedankenfreiheit zu erkämpfen suchen.

FRIEDRICH HEBBEL

Der deutsche Genius scheint fast bestimmt zu sein, das, was seinem Mutterlande nicht eingeboren ist, bei seinen Nachbarn aufzusuchen, dies aber aus seinen engen Grenzen zu erheben und somit etwas Allgemeines für die ganze Welt zu schaffen.

RICHARD WAGNER

Deutsch sein heißt, eine Sache um ihrer selbst willen treiben.

RICHARD WAGNER

Der Deutsche ist eckig und ungelenk, wenn er sich manierlich geben will: aber er ist erhaben und allen überlegen, wenn er in das Feuer gerät.

RICHARD WAGNER

Ein Appell an die Furcht findet im deutschen Herzen niemals ein Echo.

OTTO FÜRST BISMARCK

Es liegt ohne Zweifel etwas in unserem Nationalcharakter, was der Vereinigung Deutschlands widerstrebt.

OTTO FÜRST BISMARCK

Tapferkeit läßt sich im einzelnen nicht belohnen; sie ist, Gott sei Dank, ein Gemeingut deutscher Soldaten.

OTTO FÜRST BISMARCK

Wie sind wir Deutschen doch in den Ruf schüchterner Bescheidenheit gekommen? Es ist keiner unter uns, der nicht vom Kriegführen bis zum Hundeflöhen alles besser verstände als sämtliche gelernte Fachmänner.

OTTO FÜRST BISMARCK

Wir müssen uns daran gewöhnen, in jedem Deutschen zuerst den Landsmann, nicht den politischen Gegner zu sehen.

OTTO FÜRST BISMARCK

Setzen wir Deutschland in den Sattel; reiten wird es schon können.

OTTO FÜRST BISMARCK

Wir können durch Liebe und Wohlwollen leicht bestochen werden – vielleicht zu leicht – aber durch Drohungen ganz gewiß nicht! Wir Deutsche fürchten Gott, aber sonst nichts in der Welt.

OTTO FÜRST BISMARCK

Der große Fehler bei den Deutschen ist, sich die Revolution als ein über Nacht abzumachendes Ding vorzustellen. In der Tat ist sie ein mehrjähriger Entwicklungsprozeß der Massen unter beschleunigenden Umständen.

FRIEDRICH ENGELS

Es liegt nichts Aggressives in der deutschen Natur. Nur wehren will man sich.

HERMAN GRIMM

Darin sind wir Deutschen den anderen Völkern über, daß unsere Natur uns seit den zweitausend Jahren nun schon, die wir in der Geschichte drin stehen, die Eigenschaft versagt hat, ohne äußerste Reizung von außen her gegen andere Völker nationalen Haß zu fühlen. Unsere Unfähigkeit, fremdes Verdienst nicht zu schätzen und nicht zu lieben, ist uns oft schlecht genug bekommen; aber wir vermögen uns nicht von diesem Triebe zu befreien, wir so wenig von ihm, wie die anderen Völker von der tief eingeborenen Abneigung gegen uns.

HERMAN GRIMM

Dieses Deutschland hängt wie ein nasser Waschlappen zwischen den Völkern der Erde.

WILHELM RAABE

Das ist deutsche Art, die alles hübsch in Fächlein und numerierte Aktendeckel zu ordnen liebt und sich wenig darum kümmert, daß das Leben unsere niedlichen Schulmeister- und Amtsweisen nicht beachtet, ja nicht einmal kennt.

MAX VON EYTH

Deutsches

Man soll unser gutes Deutsch nicht ausbeinen und entnerven.

AUGUST BEBEL

Wer dem deutschen Volke das Volkslied, das entschwindende, wiederbringt, bringt ihm seine Seele wieder.

PETER ROSEGGER

Ein Land, das Kant und Bach – die den Dombau deutschen Denkens tragen – hervorgebracht, kann nicht erniedrigt werden.

CARMEN SYLVA

Mütter, werdet deutsch! Lehrt eure Kinder von frühesten Tagen an Wahrheit und Treue; pflanzt in sie das Bewußtsein der Pflicht; unterdrückt die Keime der Ich- und Genußsucht. Pflegt in ihnen die Kraft des Gemüts, weist sie hin auf Gott. Erzieht die Knaben zu Männern, die Töchter zu echten Müttern. Das Vaterland wird euch dafür segnen.

OTTO VON LEIXNER

In dem kommenden Jahrhundert wird das deutsche Volk Hammer oder Amboß sein.

BERNHARD VON BÜLOW

Meine Kultur ist in ausgedehntem Maße eine deutsche Kultur.

GEORGE BERNARD SHAW

Der Deutsche hat den Stolz des Dieners eines Lords.

A. O. WEBER

Wir Deutschen haben uns um Politik früher nicht gekümmert; so sind wir in den Krieg geraten und arm geworden. Lernen wir uns bescheiden und uns regieren. Lernen wir uns umstellen und die verbitternden Klassengegensätze beseitigen. Fange jeder einmal bei sich an. Kein Messias wird uns helfen, wenn wir uns nicht selbst helfen.

ROBERT BOSCH

Einheitsstaat oder Bundesstaat Deutschland? Man muß sich klar machen, daß dafür vor allem die wirtschaftliche Zukunftsorganisation wichtig ist.

MAX WEBER

Dem deutschen Volk muß die Wahrheit pillenförmig eingegeben werden. Alle fünf Jahre ein Eßlöffel voll, mehr würde tödlich wirken.

SILVIO GESELL

Im Wesen unseres Volkes ist etwas, das uns vor dem Reichwerden warnt; eine Angst vor jäher Größe und Macht. Unsere tiefsten Märchen sind das vom Fischer und seiner Frau und Hans im Glück... Mit den anderen Völkern verglichen, sind wir Philister, und unser Traum vom Glück ist das Idyll.

JOSEF HOFMILLER

Germanischer Humor ist oft nur schlecht vergorene Wehleidigkeit; oft nur Unvermögen zur Sachlichkeit; oft nur Mangel an Distanz zum Gegenstande; oft nur unzulängliche Technik.

JOSEF HOFMILLER

Wir Deutsche haben niemand als uns selbst. Wir wollen uns darum nicht nieder einschätzen.

AUGUST LÄMMLE

Art der Deutschen ist es, alles in seinem Kreis zu lassen. Der Künstler weiß von der Wissenschaft, der Gelehrte von den Künsten nichts, und kein Staatsmann vernimmt die beiden. Wäre jeder einmal nur ein Jahr im Metier des anderen, sie würden wunderlich gedeihen.

HERMANN BAHR

An Stelle eines Nationalstolzes haben wir – oder müssen wir haben – einen Nationalschmerz.

EMIL GÖTT

Die Deutschen haben in den letzten Jahrzehnten eine Wandlung durchgemacht, wie sie sonst nicht in Jahrhunderten durchgemacht wird. Der Charakter des Volkes hat sich vollständig verändert.

PAUL ERNST

In Deutschland wählte der Patriotismus die aggressive Form. Die Liebe zum Heimischen kleidet sich in den Haß gegen Fremdes: Mangel an Selbstgefühl und Sicherheit.

WALTHER RATHENAU

Deutsches

Neujahrswunsch an das deutsche Volk:
Weniger Rede, mehr Gedanken; weniger
Interessen, mehr Gemeinsinn; weniger
Vorsatz, mehr Willen; weniger Wissen, mehr
Urteil; weniger Zwiespalt, mehr Charakter.

WALTHER RATHENAU

Des Deutschen Vaterland ist so weit und groß
und schön, und seine Vaterlandsliebe so eng
und klein und häßlich.

SALOMON BAER-OBERDORF

Der Deutsche singt seine schwermütigsten
Lieder, wenn er anfängt, angeheitert zu
werden.

SALOMON BAER-OBERDORF

Siegesfeiern ohne Sieg, große Männer, die
nicht einmal Männer sind, Gebrüll ohne
Inhalt, Volksverbundenheit in der Lüge, im
Selbstbetrug, in der alleräußersten
Instinktlosigkeit – das ist der deutsche Fall.

HEINRICH MANN

Das macht den Deutschen von heute so
unbeliebt: er beruft sich bei jeder Gelegenheit
auf seine Geistesheroen, die doch fast immer
nur im Gegensatz zu ihm gelebt haben, und
ist dabei genauso auf seinen Vorteil bedacht
wie der Nachbar.

CHRISTIAN MORGENSTERN

In Deutschland bilden zwei einen Verein.
Stirbt der eine, so erhebt sich der andere zum
Zeichen seiner Trauer von seinem Platze.

KARL KRAUS

Die deutsche Sprache ist die tiefste, die
deutsche Rede die seichteste.

KARL KRAUS

Die Franzosen haben Angst vor den
Deutschen. Wenn wir uns nicht ganz eng mit
ihnen verbünden, dann werden sie sich an
Rußland wenden, und dann ist Deutschland
eingekreist.

KONRAD ADENAUER

Deutschland ist eines der am wenigsten
christlichen Länder Europas, und in Berlin
fühle ich mich wie in einer heidnischen Stadt.

KONRAD ADENAUER

Das gerade ist deutsche Art, Krieger zu sein
und Kind zu bleiben.

GUSTAV SCHRÖER

Die Deutschen sind kein Volk – die
Deutschen sind eine Epidemie.

GEORG KAISER

Eine deutsche Wahrheit, einen deutschen
Gott als Aufgaben deutschen Strebens gibt es
nicht, aber was ein Deutscher um der Sache
willen tut, wird unentrinnbar deutsch.

GUSTAV RADBRUCH

Die Götter der Deutschen schminken sich,
rollen die Augen und brüllen – kein Wunder,
daß man sie Barbaren nennt.

THEODOR HAECKER

Die Deutschen werden nicht durch
Menschenkraft besiegt werden. Sie sind das
stärkste und furchtbarste Volk der Erde. Sie
werden von Gott selber besiegt werden, ach,
wahrscheinlich ohne es zu merken.

THEODOR HAECKER

In Deutschland kann es keine Revolution
geben, weil man dazu den Rasen betreten
müßte.

JOSIF W. STALIN

Auch der geniale Fluchtversuch der
Deutschen in die Musik brachte nicht die
Befreiung. Die Musik blieb unsere platonische
Liebe zur Wahrheit, zum Absoluten. Nichts
konnten wir mit ihr erfassen und zu uns
niederzwingen. Sie ging, wie sie gekommen
war, ein deutscher Traum der absoluten
Formen, der einer europäischen Wirklichkeit
um zwei Jahrhunderte voraus erschienen ist.
Das unsägliche Glücks- und Zukunftsgefühl
der deutschen Musiker können nur Deutsche
ermessen.

FRANZ MARC

Der deutsche Spießbürger ist der übelste
Herold unseres Volkstums.

EHM WELK

Woher kommt der ungeheure Seelendünkel
der Deutschen? Das Selbstbewußtsein der
Deutschen nährt sich aus den Schichten
seines Wesens, die besser unbewußt blieben.

INA SEIDEL

Deutsches

Deutschland ist als Volk leistungsfähig wie vielleicht sonst keines in der Welt, aber es wird ständig hin und her gerissen zwischen Tat und Traum. Der Wille zum Ausgleich ist das, was unser Volk immer von neuem zerspalten hat.

WILHELM PINDER

Die verhängnisvolle Eigenschaft deutschen Wesens, keinen Gegner zu achten und jeden politischen, religiösen oder weltanschaulichen Gegensatz mit einer Beschimpfung der Person oder des Charakters zu beantworten...

ERNST WIECHERT

Ich bin ebensowenig darauf stolz, ein Deutscher zu sein, wie ich stolz darauf bin, männlichen Geschlechts zu sein.

ARNOLD ZWEIG

So groß die Verbrechen Deutschlands auch sein mögen, ich glaube nicht, es könne Europas, seiner Vergangenheit, der Dienste, die es der Zivilisation erwiesen hat, würdig sein, auf dieses Volk unterschiedslos die ganze Schuld abzuwälzen.

GEORGES BERNANOS

Man kann nicht bestreiten, daß Deutschland entsetzliche Dummheiten begangen hat, wenn man auch zugeben muß, daß es nach Not, Verzweiflung und Terror geschah. Man kann auch nicht bestreiten, daß andere Nationen entsetzliche Dummheiten begingen, wenn man auch zugeben muß, daß es dort ohne Not, ohne Verzweiflung und Terror geschah. Auf dieser Erkenntnis sollte man sich einigen gegen den gemeinsamen Feind – die Dummheit.

CURT GOETZ

In Deutschland sollten Gummistempel verkauft werden mit der Aufschrift: Obgleich vom Parteistandpunkt manches dagegen einzuwenden wäre...

KURT TUCHOLSKY

Es besteht kein Grund, vor jedem Fleck Deutschlands in die Knie zu sinken und zu lügen: wie schön! Man schämt sich beinahe zu sagen: man liebe seine Heimat.

KURT TUCHOLSKY

Wegen ungünstiger Witterung fand die deutsche Revolution in der Musik statt.

KURT TUCHOLSKY

Die Deutschen sind stets ein Gruppenvolk gewesen; wer an diesen ihren tiefsten Instinkt appelliert, siegt immer. Uniformen; Kommandos; Antreten; Bewegung in Kolonnen... das sind sie ganz.

KURT TUCHOLSKY

Wenn dem Deutschen so recht wohl ums Herz ist, dann singt er nicht. Dann spielt er Skat.

KURT TUCHOLSKY

Der Deutsche will nicht sein – er will anders sein als der Nebenmann.

KURT TUCHOLSKY

Berlin liegt nicht an der Spree; es liegt am laufenden Band.

KURT TUCHOLSKY

Der Deutsche ist ein Regimentskamerad. Der Österreicher ein Mitschüler.

ANTON KUH

„Verzweifelt deutsch" nennt sich Thomas Mann, und wir werden nichts unversucht lassen, daß aus diesem unseren verzweifelten Deutschtum ein Deutschsein wird, zu dem wir uns voll Stolz bekennen dürfen und sagen können: „Es ist eine Lust, ein Deutscher zu sein!"

JOHANNES R. BECHER

Unser größtes Nachbarland müßte endlich begreifen, daß es vielleicht ein nicht ganz ungefährliches Spiel ist, wenn ein Land, dessen Bedeutung, auch wenn es klein ist, im mitteleuropäischen, ja im gesamteuropäischen Raum allseits verstanden und anerkannt wurde, von einer Großmacht – leider noch dazu von einem Staat, den ein Brudervolk bewohnt – in seiner Freiheit und Unabhängigkeit ständig bedroht wird.

ENGELBERT DOLLFUSS

Ihr Ordnungstrieb, nicht ihre Kriegslust hat die Preußen in Verruf gebracht.

ERNST JÜNGER

Deutsches

Der Patriotismus in Deutschland ist so furchtbar, weil er grundlos ist.

MAX HORKHEIMER

Daß man überhaupt die Frage stellen konnte: Was ist des Deutschen Vaterland? zeigt, wie anders wir dran sind als andere.

CARLO SCHMID

Wir haben uns gemeinsam erlöst zu einem neuen deutschen Leben.

LUDWIG ERHARD

Wir Deutschen bilden uns auf unseren Ernst viel ein, wir haben die Auffassung, daß das Gegenteil von Ernst Leichtfertigkeit ist und daß Leichtfertigkeit verdammt werden muß. Andere Völker haben andere Auffassungen.

BERT BRECHT

O Deutschland, bleiche Mutter! Wie haben deine Söhne dich zugerichtet, daß du unter den Völkern sitzest! Ein Gespött oder eine Furcht.

BERT BRECHT

Wie soll man uns zum Humor „umerziehen"? Ein ganzes Volk, dessen Erzieher, Richter, Dichter, Pfarrer, Minister, Partei- und Museumsführer nur sonntags Sinn für Humor haben. Und die sich noch etwas darauf einbilden. Helfen da Bücher? Hilft da ein Buch?

ERICH KÄSTNER

Von der heiteren Kunst, dem höchsten Kleinod der Zweibeiner, sprechen die deutschen Dichter und Denker und vor allem die Hinterdreindenker allenfalls am 29. Februar.

ERICH KÄSTNER

Vielleicht gipfelt die Bestimmung des Deutschen wahrhaftig darin, möglichst ein Deutscher zu sein, aber was das eigentlich sein soll, darüber müßte er erst ein Leben lang nachdenken.

MARTIN KESSEL

Zivilcourage und gesunder Menschenverstand waren im Millenium des Heldentums und der Gleichschalterei nicht gerade dicht gesät.

GÜNTHER ANDERS

Ein Deutscher ist ein Mensch, der keine Lüge aussprechen kann, ohne sie selbst zu glauben.

THEODOR W. ADORNO

Hitler: der Ersatzteufel, der synthetische Beelzebub.

ERWIN CHARGAFF

Wenn der Deutsche das Wort Pflicht hört, verliert er sofort den Verstand.

THOMAS NIEDERREUTHER

Wenn die Deutschen ohne (belehrenden) Zeigefinger zur Welt kämen, müßten sie mit Hilfe des Mittelfingers ihre Weltverbesserertätigkeit apostrophieren. Das würde ihre Emsigkeit ins Lächerliche ziehen, und man hätte wenigstens einen Spaß an ihnen.

ERWIN STRITTMATTER

Wir haben in Deutschland eine beträchtliche Fähigkeit, uns Fäden zu ziehen, über die wir dann stolpern.

WILLY BRANDT

Es sind die schlechtesten Deutschen nicht, die unruhig werden, wenn sie des Nachts an Deutschland denken.

WILLY BRANDT

Die Deutschen haben eine Tendenz, Medizin zu studieren, wenn es sie wo juckt. Glückliche Völker kratzen sich einfach.

ROBERT LEMBKE

Deutsch: eine merkwürdige Sprache; wenn es ernst wird, sagt man: das kann ja heiter werden.

ROBERT LEMBKE

Wir dürfen nicht die Dauerbüßer der Geschichte sein.

FRANZ JOSEF STRAUSS

Ich entdecke die deutsche Humorlosigkeit in fast allem, was bei uns öffentlich passiert – manchmal sogar bei mir selbst.

HEINRICH BÖLL

Warum nur tun die Deutschen so viel für ihre Toten und so wenig für ihre Lebenden?

HEINRICH BÖLL

Deutsches

Der Tod ist ein Meister aus Deutschland.

PAUL CELAN

Die schlimmste Form von Deutschtum
verdanken wir einem Österreicher.

OLIVER HASSENCAMP

Gastarbeit ist die deutsche Spielart der
Gastfreundschaft.

WOLFRAM WEIDNER

Das Unbehagen in der Nation trägt in
Deutschland neuerdings Ortsnamen: vormals
Weimar, nun Bonn; und am Ende wird's
wiederum Krähwinkel heißen.

HERBERT EISENREICH

Die deutsche Tiefe: man gähnt nach innen.

HERBERT EISENREICH

Viele Deutsche suchen im Ausland
eingentlich nicht das fremde Land, sondern
Deutschland mit Sonne.

ERWIN K. SCHEUCH

Deutsch – auch eine schlechte Eigenschaft?

GERHARD UHLENBRUCK

Ein deutscher Beamter geht nicht über
Karteileichen.

GERHARD UHLENBRUCK

Die deutschen Intellektuellen haben das
Talent, so lange von der Notwendigkeit einer
neuen Aufklärung zu reden, bis wieder ein
neuer Mystizismus daraus geworden ist.

HELLMUT WALTERS

Deutsche. Die Religion von Juden. Die Kultur
von Griechen. Den Staat von Römern. Den
Stolz von Germanen.

PAUL MOMMERTZ

Die Deutschen haben keine Zeit, sich mit
Auschwitz zu beschäftigen, sie müssen sich
über den Sittlichkeitsverbrecher von gestern
aufregen.

HELMUT ARNTZEN

Ein anständiger Deutscher liebt Probleme
mehr als ihre Lösungen.

JOHANNES GROSS

Deutschland ist das Land, wo die
Ungebildeten anmaßend sein dürfen.

JOHANNES GROSS

Der Deutsche fühlt sich erst wohl, wenn er
jemand hat, den er schikanieren kann!

BRUNO HORST BULL

Der Staat, die Nation, das Volk – das klingt
im Deutschen wie Vater, Mutter
und Kind.

KURT TACKMANN

Ein kultivierter Mensch kann eigentlich nur
ein deutsches Auto fahren.

MARTIN BANGEMANN

Es gibt Deutsche, die denken an Deutschland
in der Nacht und träumen tagsüber von ihm.
Dem Land ist das bisher nicht sonderlich gut
bekommen.

NIKOLAUS CYBINSKI

Was ist das für ein unbegreifliches Land, wo
einer fühlen muß, wenn er nicht hören will?

NIKOLAUS CYBINSKI

Was machen wir bloß, wenn der deutsche
Wald stirbt und das deutsche Gemüt
überlebt?

NIKOLAUS CYBINSKI

Die Deutschen nennen ihre Katastrophen am
liebsten Schlamassel. Das enthebt sie jeder
Verantwortung.

NIKOLAUS CYBINSKI

Den Deutschen fehlt der Witz, ihren eigenen
zu begreifen.

WERNER SCHNEYDER

Gefühle – das, was die Deutschen stets
investieren, statt zu verschenken.

WERNER SCHNEYDER

Je schneller sich Deutschland wie ein
normaler Staat benimmt, desto besser.

TREVOR TAYLOR

Wenn ein Deutscher etwas sagt, hört es sich
so an, als lese er aus einem Buch vor.

AUREL SCHMIDT

Deutschland: deutscher Name für Germany.
WERNER MITSCH

Mit der Kapitulation am 8. Mai 1945 ist das Deutsche Reich nicht untergegangen.
THEO WAIGEL

Deutsche Wertarbeit ist am Allerwertesten.
WOLFGANG ESCHKER

Das schlechte GewiSSen der Nation.
HANS-HORST SKUPY

Germoney.
HANS-HORST SKUPY

Ein Deutscher hat keinen Humor. Er lacht nur auf dem Dienstweg.
GERD WOLLSCHON

Deutschland hätte Lehrer werden können. Doch ging es lieber in die Industrie.
BIRGIT BERG

Deutschlandlied: Das Lied, das einst aufbrach, das Fürchten zu lernen.
KONRAD GERESCHER

Im Erfinden von Bedenken sind wir immer noch Weltspitze.
ERICH HÄUSSER

Das Leben geht schon sonderbare Wege. Es ist kaum zu glauben, aber der Bau der Berliner Mauer hatte seinerzeit den gleichen Zweck wie ihre Öffnung später: Die Menschen in der DDR zu halten.
MARTINA NAVRÁTILOVÁ

Deutschland – ein Land voller Widersprüche – schickt Entwicklungshilfe in die Dritte Welt und übersieht dabei die Dritte Welt im eigenen Land.
FANNY ATHERAS

Welch Gefühl, in einem Land zu leben, das laut Statistik literarisch von Karl May und Hermann Hesse beherrscht wird.
BERND MATTHEUS

Ausländer, laßt uns mit diesen Deutschen nicht allein!
SPONTI-SPRUCH

Dialektik

Eins denkt der Gast, der Wirt das andere.
Deutsches Sprichwort

Der Krieg ist nur um des Friedens willen da, die Arbeit um der Muße, das bloß Notwendige und Nützliche um des Guten willen.
ARISTOTELES

Der Erkenntnis nach sind wir Engel und dem Leben nach Teufel.
GOTTHOLD EPHRAIM LESSING

Leib und Seele – ein Pferd neben einen Ochsen gespannt.
GEORG CHRISTOPH LICHTENBERG

Alle Dinge sind uns ja nur durch ihren Gegensatz erkennbar.
HEINRICH HEINE

Der Religion ist nur das Heilige wahr, der Philosophie ist nur das Wahre heilig.
LUDWIG FEUERBACH

Es gibt keine reine Wahrheit, aber ebensowenig einen reinen Irrtum.
FRIEDRICH HEBBEL

Es ist nicht recht, nur eine Sache zu kennen, man wird dumm davon; man sollte nicht ruhen, bis man auch das Gegenteil kennt.
VINCENT VAN GOGH

Unsere Bestimmung ist, die Gegensätze richtig zu erkennen, erstens nämlich als Gegensätze, dann aber als Pole einer Einheit.
HERMANN HESSE

Lieben ist ein Verschwenden, Kunst ein Sparen. Es gibt für mich keine gehässigeren Gegensätze.
ROBERT WALSER

Dialektik ist das Herausfinden des Widerspruchs in der Identität und der Identität im Widerspruch.
JOACHIM GÜNTHER

Dialektik

Man kann durch Dialektik nicht nur klug,
man kann durch eine Überdosis Dialektik
auch wie besoffen werden; man will dann
nicht mehr, daß es nachts dunkel ist und am
Tag hell.

HORST DRESCHER

Dialektik ist der Tanz der Worte.

ALFRED RADEMACHER

Dialektik: über jede Sache gibt es zwei
Ansichten – eine falsche und unsere.

HANS-DIETER SCHÜTT

Wem man nicht in die Quere kommen darf,
dem muß man von vorne kommen.

GÜNTHER SCHATZDORFER

Dichtung

Reisfelder anbauen trägt mehr ein
als Dichten.

Japanisches Sprichwort

Ich habe noch nie einen Dichter gekannt, der
sich nicht für den besten hielt.

CICERO

Zwar sei der Dichter keusch und rein, doch
seine Verse brauchen's nicht zu sein.

CATULL

Die Dichter wollen nützen oder ergötzen.

HORAZ

Wenn das Talent es versagt, dann macht die
Entrüstung den Dichter.

JUVENAL

Verse, die Menschen nicht neue und
erregende Wahrheiten lehren, sind nicht wert,
gelesen zu werden.

VOLTAIRE

Poesie ist die Muttersprache des
menschlichen Geschlechts.

JOHANN GEORG HAMANN

Eltern, die bemerken, daß ihr Junge ein Poet
von Profession werden will, sollten ihn so
lange peitschen, bis er das Versemachen
aufgibt, oder bis er ein großer Dichter wird.

GEORG CHRISTOPH LICHTENBERG

Es ist mit den Sinngedichten wie mit den
Erfindungen überhaupt; die besten sind
ebenfalls diejenigen, wobei man sich ärgert,
den Gedanken nicht selbst gehabt zu haben.

GEORG CHRISTOPH LICHTENBERG

Jeder Mensch ohne Ausnahme hat jährlich
wenigstens drei Augenblicke der Genialität,
und der größte Dichter hat vor keinem unter
uns etwas voraus, als die häufigere
Wiederkehr solcher Augenblicke und die
besonnene Auffassung derselben.

GEORG CHRISTOPH LICHTENBERG

Poesie ist die Mutter des
Menschengeschlechts.

JOHANN GOTTFRIED HERDER

Schöne Verse entschweben gleichsam wie
Klänge oder Düfte.

JOSEPH JOUBERT

Was ist das Leben ohne Täuschung oder, wie
es andere nennen, ohne Poesie?

JOHANN PETER HEBEL

Gedichte sind Balsam auf Unstillbares im
Leben.

KAROLINE SCHLEGEL

Dichtung ist das spontane Übersprudeln
gewaltiger Gefühle. Ihr Ursprung rührt von
Gefühlen her, die in Ruhe zurückgerufen
wurden.

WILLIAM WORDSWORTH

Das Leben und die Kraft der Poesie besteht
darin, daß sie aus sich herausgeht, ein Stück
von der Religion losreißt und dann in sich
zurückgeht, indem sie es sich aneignet.
Ebenso ist es auch mit der Philosophie.

FRIEDRICH VON SCHLEGEL

Die Poesie heilt die Wunden, die der Verstand
schlägt.

NOVALIS

Dichtung

Viele Menschen lieben Dichter bloß so, wie sie den Käse lieben, d.h. sie finden ihn nur dann erst gut, wenn er von den Würmern angegangen ist.

MORITZ GOTTLIEB SAPHIR

Die Poesie ist ein Gemeingut der Menschheit, sie soll aufgehen über alle wie die allbeleuchtende, allerwärmende Sonne.

LUDWIG UHLAND

Der Dichter ist das Herz der Welt.

JOSEPH VON EICHENDORFF

Kein Dichter gibt einen fertigen Himmel, er stellt nur die Himmelsrichtung auf von der schönen Erde. Wer – zu träge und unlustig – nicht den Mut verspürt, die goldenen, losen Sprossen zu besteigen, dem bleibt der geheimnisvolle Buchstabe immer tot, und er täte besser, zu graben und zu pflügen, als so mit unnützem Lesen müßig zu gehen.

JOSEPH VON EICHENDORFF

Die Poesie ist sinnliche Darstellung des Ewigen.

JOSEPH VON EICHENDORFF

Es ist das höchste von des Dichters Rechten, daß er da redet, wo die Menge schweigt.

THEODOR KÖRNER

Dachstubenlyrik lebt vom Luxus der Gefühle – was würde aus der Liebe ohne diesen Reichtum werden!

HONORÉ DE BALZAC

Die größten Dichter der Welt sind nach großen, öffentlichen Unglücksfällen erstanden.

VICTOR HUGO

Es hat nie einen Dichter gegeben, dessen Herz nicht am rechten Fleck war.

RALPH WALDO EMERSON

Dichter, wenn sie es im rechten Sinne sind, sind zu den größten Wohltätern der Menschheit zu rechnen. Sie sind die Priester des Schönen und vermitteln als solche bei dem steten Wechsel der Ansichten über Welt, über Menschenbestimmung, über Menschenschicksal und selbst über göttliche Dinge das ewig Dauernde in uns und das allzeit Beglückende. Sie geben es uns im Gewande des Reizes, der nicht altert, der sich einfach hinstellt und nicht richten und verurteilen will.

ADALBERT STIFTER

Der Ernst der Gesinnung macht noch nicht den Dichter.

FRIEDRICH THEODOR VISCHER

Poesie ist für das Leben, was Lichter und Musik für die Bühne. Nimmt man dem einen seinen falschen Glanz und der anderen ihre Illusionen, bleibt dann noch etwas, wofür man sich abmühen möchte?

CHARLES DICKENS

Viele Leute betrachten die poetische Literatur als eine Art Irrenhaus, worin sie alles sagen dürfen, was ihnen anderwärts die Zwangsjacke zuziehen würde.

FRIEDRICH HEBBEL

Die Menschen erwarten von dem Dichter mehr, als daß er nur die Schönheit und Würde weist, die allen stummen, leibhaftigen Dingen eigen sind: sie erwarten von ihm, daß er den Pfad zwischen der Wirklichkeit und ihren Seelen weise.

WALT WHITMAN

In der Jugend und im Mannesalter sind alle Gedichte angefüllt mit Sonnenschein und mit dem wechselreichen Prunk des Tages. Wie aber das Seelische mehr und mehr die Oberhand gewinnt – das Sinnliche immer noch dabei -, wird die Dämmerung die Atmosphäre des Dichters.

WALT WHITMAN

Jeder gesunde Mensch kann zwei Tage lang auf Essen verzichten, aber niemals auf Poesie.

CHARLES BAUDELAIRE

Nach meiner Ansicht ist die Poesie nicht ein vornehmer Salon, wo man nur in großem Staat, geschniegelt und in Lackschuhen erscheint, sondern ein Tempel, den man auch in Wanderschuhen, ja, sogar barfuß betreten darf.

SÁNDOR PETÖFI

Dichtung

Ein in den weitesten Kreisen zum Speisen
eingeladener Dichter...

DANIEL SPITZER

Unter dem Vorwande, daß er unglücklich sei,
machte er lyrische Gedichte.

DANIEL SPITZER

Lyrik darf man nicht mit Löffeln essen.

DETLEV VON LILIENCRON

Ein echter Dichter haßt nichts so sehr wie
das Poetische.

PETER HILLE

Es soll ein Dichter nicht mit den Fürsten
gehen, auch nicht mit dem Volk, sondern er
soll allein gehen.

GUSTAV FRENSSEN

Die Dichtung hat die Aufgabe, die Sprache
einer Nation in einigen vollendeten
Anwendungen zu zeigen.

PAUL VALÉRY

Der Dichter ist das Herz im Leib des Volkes;
ein dichterloses Volk ist nichts als Staub.

MUHAMMAD IQBAL

Die Erfahrung lehrt, daß es beim Dichten wie
beim Pistolenschießen immer ein wenig die
Hand verreißt. Meist nach unten. Man muß
höher zielen, als man treffen will.

ALFRED POLGAR

Wir dichten alle mehr, als wir ahnen.

ALBERT SCHWEITZER

Verse sind nicht, wie die Leute meinen,
Gefühle, es sind Erfahrungen.

RAINER MARIA RILKE

Dichtung ist eine Form der Liebe.

GERTRUD VON LE FORT

Ein Dichter ist ein Mensch, der für sich nur
noch eine einzige Privatangelegenheit
anerkennt: die Sache der Menschheit.

EGON FRIEDELL

Dichten ist Gerichtstag halten über sich
selbst; mit einem sicheren Freispruch!

ROBERT MUSIL

Dem Begriff Poesie müßte man in unserer
Epoche der Maschine einen neuen Sinn
geben.

FERNAND LÉGER

In Wirklichkeit ist der Dichter immer viel
kleiner und schwächer als der
gesellschaftliche Durchschnitt. Er empfindet
darum die Schwere des Erdendaseins viel
intensiver und stärker als die anderen
Menschen.

FRANZ KAFKA

Beim wahren Lyriker ist jeder Vers Teil eines
großen Ganzen – und zerfiele sein Werk in
tausend einzelne Lieder.

INA SEIDEL

Ein Gedicht ist immer die Frage nach dem
Ich.

GOTTFRIED BENN

Wir müssen die Poesie wiederentdecken in
allen Künsten – aber eine Poesie ohne
Literatur.

MARC CHAGALL

Das Dichter-Sein ist keine Karriere, sondern
ein verlorener Einsatz.

T. S. ELIOT

Die Leute verlangen, daß man ihnen die
Poesie erkläre. Sie wissen nicht, daß die
Poesie eine geschlossene Gesellschaft ist, wo
man nur selten empfängt, wo es sogar
vorkommt, daß man niemanden empfängt.

JEAN COCTEAU

Für einen Dichter ist es die größte Tragödie,
bewundert zu werden, weil er mißverstanden
ist.

JEAN COCTEAU

Die Dichtkunst hat keine Lösungen parat; sie
entdeckt die Wirklichkeit und ihre Konflikte.
Die tiefste und stärkste Beziehung zur
Wirklichkeit ist, sie zu kennen, ihre Schönheit
und ihre Gefahren, ihre Schmerzen und ihre
Freuden. Es gilt, stets die Augen
offenzuhalten, die Wirklichkeit neu zu sehen
und von Gewohnheiten und Banalitäten zu
befreien.

KAREL ČAPEK

Dichtung

Jede Dichtung wird groß am Widerstand der Zeit, aber Widerstand muß es sein.

CARL J. BURCKHARDT

Poesie beginnt dort, wo Tendenz ist.

WLADIMIR MAJAKOWSKIJ

Es handelt sich nicht mehr darum, zu dichten. Das wichtigste ist das Beobachtete.

JOSEPH ROTH

Ein Dichter muß ein Kind sein, auch wenn er bereits graue Haare und Sklerose hat.

PAUL ÉLUARD

Dichter sind nicht zum Leben da, sondern zum Dichten.

FRITZ USINGER

Dichtung ist keine Unterhaltung; sie soll weder spannen, noch entspannen, sondern zur Sammlung führen, sie soll verinnerlichen, was wir in dieser veräußerlichenden Zeit mehr als notwendig haben.

ERNST WALDINGER

Die Arbeit des Dichters besteht nicht im Dichten, sondern in dem Aufspüren von Gründen, sie herrlich zu finden.

JORGE LUIS BORGES

Junge Dichter sind strenge Richter. Später sind sie dann mitleidiger und werden Verteidiger.

ERICH KÄSTNER

Die Poesie ist die einzige Welt, in der nur das Notwendige leben kann.

PAUL LA COUR

Der Dichter will keine Lebensregeln geben. Ein Stück Leben will er geben. Und die bloße Wirklichkeit geben die Dichter auch nicht.

JOSEF MÜHLBERGER

Der Dichter, pflegt er auch zu Übertreibungen zu neigen, in der Folter schätzt er die Dinge richtig ein.

RENÉ CHAR

Das poetische Wort verbindet Menschen und Völker: Es baut Brücken zwischen den Toten und den Lebenden.

LEW KOPELEW

Gedichte können die Welt durchsichtig machen.

OCTAVIO PAZ

Wenn ein Volk seine Dichter nicht mehr lesen will, dann feiert es sie.

SIR ALEC GUINNESS

Poesie ist manchmal ein Sammelbecken trüber Wunschträume.

LÉOPOLD HOFFMANN

In allem ist Poesie. Das ist das stärkste Argument gegen die Poesie.

MIROSLAV HOLUB

Dichtung ist Liebe zum Dasein. Im einzelnen ist sie einer der vielen menschlichen Versuche, sich dem Geheimnis der Weltordnung zu nähern.

FRANZ PETER KÜNZEL

Natürlich kann man durch ein Gedicht nicht die Welt verändern, das ist unmöglich, man kann aber doch etwas bewirken, und diese Wirkung ist eben nur mit dem größten Ernst zu erreichen, und aus den neuen Leid-Erfahrungen, also nicht aus den Erfahrungen, die schon gemacht worden sind, von den großen Dichtern, vor uns.

INGEBORG BACHMANN

Dichterleben: große Worte, kleine Brötchen.

HANNS-HERMANN KERSTEN

Lyrik ist, was sich in der Einsamkeit verdichtet.

GERHARD UHLENBRUCK

Daß heute nicht jeder Lyrik liest, liegt an den kleinen Auflagen.

HORST BÜNGENER

Der Zeit auf den Versen bleiben.

JORG SCHRÖDER

Mancher Herrscher kann von Glück sagen, daß er einen Dichter verfolgt hat, so überlebt er wenigstens als Fußnote zu einem Gedicht.

PETER TILLE

Magere Verse machen dicke Dichter.

PETER TILLE

Dichtung

Seit es Regierungsbulletins gibt, gilt die Ode als ausgestorben.

HANS-HORST SKUPY

Dichtung ist Auslegware.

RALPH GRÜNEBERGER

Man muß die Verse schmieden, solange sie heiß sind.

THOMAS SPANIER

Diktatur

Wer als Tyrann lebt, stirbt als Tyrann.

Deutsches Sprichwort

Jede Ausrede genügt einem Tyrannen.

AESOP

Der Tod ist vorzuziehen, da jedes Schicksal besser ist denn Tyrannei.

AISCHYLOS

Was rühmst du dich der Bosheit, du Tyrann?

PSALMEN 52,3

Der Tyrann ist das abscheulichste und häßlichste, Göttern und Menschen verhaßteste Lebewesen, das man sich ausdenken kann. In seinem äußeren Erscheinungsbild stellt er zwar einen Menschen dar, aber sein Wesen ist so unmenschlich, daß es selbst die wilden Tiere in den Schatten stellt.

CICERO

Unter den wilden Tieren ist der Tyrann, unter den zahmen der Schmeichler das allergefährlichste.

PLUTARCH

Ein guter Hirte darf seine Schafe wohl scheren, aber nicht schinden.

SUETON

Gehöre zu den Verfolgten und nicht zu den Verfolgern.

TALMUD – BABA KAMMA

Es gibt kein lieblicheres Opfer als Tyrannenblut.

GIOVANNI BOCCACCIO

Tyrann ist der Name eines Menschen von üblem Lebenswandel, des schlechtesten unter allen Menschen, der mit Gewalt über alle herrschen will, und besonders – wenn er sich vom Bürger zum Alleinherrscher aufgeschwungen hat.

GIROLAMO SAVONAROLA

Die Tyrannen sind in Gefahr, daß mit Gottes Einwilligung die Untertanen sich aufmachen und sie erwürgen und verjagen.

MARTIN LUTHER

Diejenige Regierung wird die gewaltsamste sein, wo einem jeden die Freiheit, zu sagen und zu lehren, was er denkt, verweigert wird.

BARUCH DE SPINOZA

Das Gesicht der Tyrannei ist am Anfang stets freundlich.

JEAN RACINE

Ein despotisch regierter Staat ist seinen Bürgern kein Vaterland.

JEAN DE LA BRUYÈRE

Es gehört sicherlich ebensoviel Trägheit wie Schwäche dazu, sich von anderen beherrschen zu lassen.

JEAN DE LA BRUYÈRE

Ein Volk, das lange an Bedrückungen gewöhnt war, verliert allmählich die einfachsten Begriffe der Freiheit; die Menschen sehen sich als auf Gnade oder Ungnade ausgelieferte Geschöpfe an, und sie glauben, alle Lasten, die ihnen von einer stärkeren Hand auferlegt werden, seien gesetzmäßig und bindend.

JONATHAN SWIFT

In der Despotie gibt es keine Milderung, Mäßigung und Anpassung, keine Bedingungen, Vergleiche, Besprechungen und Vorstellungen, keine Vorschläge zu etwas Gleichwertigem oder Besserem. Der Mensch ist eine Kreatur, die einer anderen Kreatur, die etwas will, gehorcht.

MONTESQUIEU

Diktatur

Eine dem Despotismus unterworfene Nation kann sich selten von einem freien Volk einen Begriff machen. Deshalb ist es zweierlei, ob man mit Republikanern oder mit Despoten verhandelt. Die einen folgen ihren Interessen, die anderen ihren Launen.

HELVÉTIUS

Jedes Zeitalter und jede Generation muß auf jeden Fall Freiheit haben, für sich zu handeln, ebenso wie sie frühere Zeitalter und Generationen besaßen. Die über das Grab hinausreichende Anmaßung und Eitelkeit sind die lächerlichste und unverschämteste Tyrannei. Der Mensch hat am Menschen kein Eigentumsrecht, noch hat eine Generaton ein Eigentumsrecht an den nachfolgenden Generationen.

THOMAS PAINE

Seit altersher nutzen Tyrannen einen Teil des Volkes aus, um den Rest in Schach zu halten.

THOMAS JEFFERSON

Der Despotismus ist bequemer als die Freiheit, wie das Laster bequemer ist als die Tugend.

FRIEDRICH HEINRICH JACOBI

Für despotisch beherrschte Staaten ist keine Rettung als in dem Untergang.

FRIEDRICH VON SCHILLER

Der Tyrann fällt den Geist früher als den Körper an; er sucht seine Sklaven vorher dumm zu machen, ehe er sie elend macht, weil er weiß, daß Leute, die einen Kopf haben, ihre Hände damit regieren und sie gegen den Tyrannen aufheben.

JEAN PAUL

Eine freie Nation kann einen Befreier haben, eine unterjochte bekommt nur einen anderen Unterdrücker.

ERNST MORITZ ARNDT

Anarchie folgt immer auf eine absolute Regierungsform.

NAPOLEON BONAPARTE

Nirgends sitzt die Gewaltherrschaft so fest im Sattel wie unter dem Bildnis und der Fahne der Freiheit.

WALTER SAVAGE LANDOR

Wer Tyrannei stürzen will, muß ihr dienen.

LUDWIG BÖRNE

Die ersten Verbrechen der Freiheit waren überall die letzten der Tyrannei.

LUDWIG BÖRNE

Nichts liegt dem Despotismus näher als Freiheit, und nichts liegt von der wahren Freiheit entfernter, als die falsche, die halbe.

LUDWIG BÖRNE

Verfolgung macht kluge Leute toll und roh, dabei gutmütige und wohlwollende grausam und boshaft.

BEN DAVID

Der Despotismus beraubt die Bürger alles gemeinsamen Strebens, allen Wechselbezugs, aller Notwendigkeit gemeinsamer Beratung, aller Gelegenheit, gemeinschaftlich zu handeln.

ALEXIS DE TOCQUEVILLE

Die Vorliebe, die man für die despotische Regierungsform zeigt, steht in geradem Verhältnis zu der Geringschätzung, die man gegen sein Vaterland äußert.

ALEXIS DE TOCQUEVILLE

Selbst die Despoten leugnen nicht, daß die Freiheit etwas Herrliches sei, nur daß sie für sich allein alle ihre Segnungen beanspruchen und behaupten, daß alle anderen Menschen so hoher Güter durchaus unwürdig seien.

ALEXIS DE TOCQUEVILLE

Der einzige Gedanke des Despotismus ist die Menschenverachtung, der entmenschte Mensch; und dieser Gedanke hat vor vielen anderen den Vorzug, zugleich Tatsache zu sein. Der Despotismus sieht den Menschen immer entwürdigt.

KARL MARX

Jeder provisorische Staatszustand nach einer Revolution erfordert eine Diktatur, und zwar eine energische Diktatur.

KARL MARX

Die Tyrannei ist eine Angewohnheit; sie ist der Entwicklung fähig; sie wird schließlich zur Krankheit. Blut und Gewalt machen trunken:

Diktatur

es entwickeln sich Roheit und Liederlichkeit; dem Verstande und dem Gefühle werden die absonderlichsten Erscheinungen zugänglich und zuletzt angenehm. Der Mensch und Bürger erstirbt im Tyrannen auf ewig, und die Rückkehr zur Menschenwürde, zur Reue, zur Wiedergeburt wird für ihn fast unmöglich.

FJODOR M. DOSTOJEWSKIJ

Wenn unsere Gesellschaftsordnung schlecht ist und eine kleine Anzahl von Menschen Macht über die Mehrheit hat und sie unterdrückt, dann wird jeder Sieg über die Natur unvermeidlich nur dazu dienen, diese Macht und die Unterdrückung zu verstärken. So ist es heute tatsächlich.

LEW N. GRAF TOLSTOJ

Kein Tyrann ist stärker als das Volk, das schwächste Volk stets stärker als sein Tyrann. So ist denn jedes Volk des eigenen Geschickes Schmied und hat kein Recht, für die herrschenden Zustände den Despotismus der Fürsten, den es erträgt, verantwortlich zu machen. *FRIEDRICH VON HELLWALD*

Es gibt drei Arten von Despoten: den Despoten, der den Leib knechtet, den Despoten, der die Seele knechtet und den Despoten, der Leib und Seele gleichzeitig knechtet. Der erste ist der Fürst. Der zweite ist der Papst. Der dritte ist das Volk.

OSCAR WILDE

Jeder Tyrann, der je gelebt hat, hat an die Freiheit geglaubt – für sich selbst.

ELBERT G. HUBBARD

Ein Mann kann sich einen Thron aus Bajonetten bauen, aber er kann darauf nicht sitzen.

DEAN WILLIAM INGE

Die Weltgeschichte geht unaufhaltsam der Diktatur des Proletariats entgegen, aber sie schlägt nicht glatte, einfache, gerade Wege ein.- Die Diktatur des Proletariats ist ein zäher Kampf, ein blutiger und unblutiger, gewaltsamer und friedlicher, militärischer und wirtschaftlicher, pädagogischer und administrativer Kampf gegen die Mächte und Traditionen der alten Gesellschaft.

WLADIMIR I. LENIN

Diktatoren reiten auf Tigern hin und her, von denen sie nicht abzusteigen wagen. Und die Tiger werden hungrig.

SIR WINSTON S. CHURCHILL

Ein Volk, das nicht innerlich frei und sich selbst verantwortlich ist, verdient nicht die äußere Freiheit; es kann über Freiheit nicht mitreden, und wenn es die klangvolle Vokabel gebraucht, so gebraucht es sie falsch.

THOMAS MANN

Tyrannen sind nie groß. Tyrannei schließt jede Größe aus, deshalb, weil die unausgesetzte Lüsternheit sie blind macht.

ROBERT WALSER

Es gibt auf der Welt weder Unterdrücker noch Unterdrückte. Es gibt solche, die dulden, daß man sie unterdrückt, und solche, die es nicht dulden.

KEMAL ATATÜRK

Es gibt keinen Totalitarismus, der nicht auf der Verachtung des Menschen basierte.

FRANÇOIS MAURIAC

Unter Tyrannen festigt sich die Freiheit.

GOTTFRIED BENN

Man kann Völker unterjochen; aber auch der Unterdrücker ist nicht frei; er kann, er darf weder gerecht noch ehrlich, weder rein noch menschlich sein.

JOSEF ČAPEK

Diktaturen werden aus der Verzweiflung geboren.

SARWAPALLI RADHAKRISHNAN

Nicht die Diktatoren schaffen Diktaturen, sondern die Herden.

GEORGES BERNANOS

Das unsicherste und ungeeignetste Fundament für die Regime ist das aus den Köpfen der Bürger.

JAKOW TRACHTENBERG

Ein Tyrann macht viele. Das ist ein großes Geheimnis...

KURT TUCHOLSKY

Diktatur

Ein Machtmittel des Tyrannen: Niemand weiß jemals, woran er mit ihm ist.

CARL J. BURCKHARDT

Die Erfahrung hat gelehrt, daß Freiheit ohne Brüderlichkeit zur Anarchie führt und Gleichheit ohne Brüderlichkeit zur Tyrannei.

RICHARD GRAF COUDENHOVE-KALERGI

Eine Diktatur ist ein Staat, in dem man all das tun muß, was nicht verboten ist.

JOHN B. PRIESTLEY

In der Diktatur glaubt man an unfehlbare Meinungen, in der Demokratie an unabhängige.

SIGMUND GRAFF

Fast alle Tyrannen der Weltgeschichte sind als angebliche Ordnungshüter zur Macht gelangt.

SIGMUND GRAFF

Eine Diktatur ist eine menschlich untragbare Situation. Es ist daher einfach unsere moralische Pflicht, alles zu tun, um zu verhindern, daß eine solche Situation eintritt... Demokratien sind also nicht Volksherrschaften, sondern in erster Linie gegen eine Diktatur gerüstete Institutionen.

SIR KARL RAIMUND POPPER

Der größte Staat ist letzten Endes machtlos gegen den kleinsten Einzelstaat: die Familie. Diktaturgesetze kommen gegen Naturgesetze nicht auf.

ANITA

Warum ich totalitäre Systeme verabscheue? Weil alles, was das Leben liebenswert und lebenswert macht, dabei zum Teufel geht.

WERNER BUKOFZER

Die Tyrannis, das ist nicht nur der Tyrann, allein oder mit seinen Komplizen, sondern das sind auch die Untertanen, seine Opfer, die ihn zum Tyrannen gemacht haben.

MANÈS SPERBER

Diktaturen sind Einbahnstraßen. In Demokratien herrscht Gegenverkehr.

ALBERTO MORAVIA

Wo die Tyrannis anfängt, beginnt das Flüstern.

GUSTAV RENÉ HOCKE

Analphabeten müssen diktieren.

STANISLAW JERZY LEC

Achillesfersen verstecken sich gerne in Tyrannenstiefeln.

STANISLAW JERZY LEC

Wehe den Diktatoren, die glauben, sie seien keine.

STANISLAW JERZY LEC

Wer der Folter erlag, kann nicht mehr heimisch werden auf dieser Welt.

JEAN AMERY

Lieber aufrecht sterben als auf Knien leben.

ALBERT CAMUS

Wer einen Diktator einen Dämon nennt, verehrt ihn heimlich.

FRIEDRICH DÜRRENMATT

Diktatur: Wenn sich alle an Spielregeln halten, die keiner billigt.

RON KRITZFELD

Diktaturen haben immer Gegner auf Lager.

WOLFRAM WEIDNER

Diktatoren haben die Gewohnheit, schleichend an die Macht zu gelangen.

MAX THÜRKAUF

Diktatur: Man regiert mit dem Unwillen der überwältigten Mehrheit.

GERHARD UHLENBRUCK

Der Zeigefinger der Diktatoren ist der Daumen.

GERD W. HEYSE

Wenn ihr mich schon abhört, dann sagt mir wenigstens etwas über meinen Herzschlag.

VLADA BULATOVIĆ -VIB

Selbstmord angesichts so vieler Henker, das wäre direkt unintelligent.

BRANA CRNČEVIĆ

Diktatur

Der Mensch stirbt in all jenen, welche schweigen angesichts der Tyrannei.

WOLE SOYINKA

Die Diktatur ist die Regierungsform der kleinsten Minderheit.

WERNER MITSCH

Diktatur: Schweigegeld als Landeswährung.

JEANNINE LUCZAK

Diktatoren auf Lebenszeit überleben sich wirklich.

HANS-HORST SKUPY

Säuberungswelle – künstlich angelegtes Blutbad.

HANS-HORST SKUPY

Diktaturen bieten Sicherheit. In Zuchthäusern.

HANS-HORST SKUPY

Wenn Diktatoren Freundschaftsbesuche machen, lassen sie sich von ihren Armeen begleiten.

MILOVAN VITEZOVIĆ

Diktatur: Der einzige Ausweg aus einer gescheiterten Demokratie.

KONRAD GERESCHER

Dilettantismus

Nur der schlechte Handwerker schimpft auf sein Handwerkszeug.

Italienisches Sprichwort

Dilettantismus, ernstlich behandelt, und Wissenschaft, mechanisch betrieben, werden Pedanterie.

JOHANN WOLFGANG VON GOETHE

Worüber die Künstler tage-, monate-, jahrelang nachgedacht haben – das wollen die Dilettanten im Husch weghaben?

ROBERT SCHUMANN

Autodidakten übertreiben immer.

THEODOR FONTANE

Der Dilettant übt die Kunst zu seinem Vergnügen, der Künstler zum Vergnügen der anderen – das ist ein gewaltiger Unterschied im Sinne der an beide zu stellenden Anforderungen und der Beurteilung ihrer Leistung.

ANTON RUBINSCHTEJN

Der gescheite Mensch ist nur ein Dilettant in der Dummheit; aber wenn er es einmal versucht, einen dummen Streich zu begehen, so ist dieser trotzdem gewiß weit dümmer als der des virtuosesten Dummkopfes.

DANIEL SPITZER

Woran erkennt man sofort den Dilettanten? Nicht wie er meint, an Sprachfehlern, sondern an Geschmacksfehlern.

CARL SPITTELER

Immer spricht der Dilettant den Künstler als Bruder an. Der Künstler mag sich dies ruhig gefallen lassen – er hat keine Pflicht der Aufrichtigkeit gegen ihn.

ISOLDE KURZ

In allen Dingen, wo man das Metier nicht vom 15. Lebensjahre an beherrscht, ist man Dilettant.

RICHARD STRAUSS

Eine Kunst aus Liebe zur Sache üben, das macht den Dilettanten in der edlen Bedeutung des Wortes.

JAKOB WASSERMANN

Den Dilettanten gegenüber ist die Kritik eine Guillotine, welche versucht, kopflose Leute zu enthaupten.

WILHELM ALTMANN

Eitelkeit, das sicherste Kennzeichen des Dilettanten.

KURT GUGGENHEIM

Man nennt herabsetzend Dilettant einen Menschen, der alles liebt, was geliebt zu werden verdient.

HENRY DE MONTHERLANT

Dilettantismus ist Undisziplin. Der Künstler muß ein Gesetz erfüllen, der Dilettant will sich ausleben. Dilettantische Kunst ist unbeherrschte Kunst.

SIGMUND GRAFF

Nicht der Dilettantismus ist unsympathisch, sondern der unverhältnismäßige, riesige Aufwand, der mit manchen Produkten des Dilettantismus getrieben wird, läßt diese verdächtig erscheinen.

LOTHAR KUSCHE

Alle Dilettanten schreiben gern. Darum schreiben einige von ihnen so gut.

FRIEDRICH DÜRRENMATT

Der Mensch ist der Dilettant seiner Zeit.

HANNS-DIETRICH VON SEYDLITZ

Nur Dilettanten schreiben mit Herzblut.

GERHARD UHLENBRUCK

Diplomatie

Wenn du gelogen hast – lüge zweimal, lüge dreimal, aber es müssen immer die gleichen Lügen sein.

Nepalesisches Sprichwort

Über vieles habe ich aufgehört mich zu wundern; aber daß sich zwei Diplomaten ansehen können ohne zu lachen, darüber erstaune ich alle Tage.

LUDWIG BÖRNE

Die Diplomaten rangieren in geistiger Hinsicht mit den Weibern. Sie haben Verstand, aber es ist – Weiberverstand.

FRANZ GRILLPARZER

Das ist die unerschöpfliche Diplomatensprach'; so oft sie auch das alte Recht verdrehen, erfinden sie einen neuen Ausdruck dafür.

JOHANN NESTROY

Sollte die Lüge, die jeden Stand schändet, einen der vornehmsten Stände – den der Diplomaten – schmücken und dessen Glieder nicht zu Schuften erniedrigen?

OTTO FÜRST BISMARCK

Diplomatie – Kunst der Patrioten, fürs Vaterland zu lügen.

AMBROSE BIERCE

Diplomaten lernen zehn Sprachen, um in jeder das nicht zu sagen, was sie denken.

ELEONORE VAN DER STRATEN-STERNBERG

Armee: Eine Streitmacht, die die Fehler der Diplomaten berichtigt.

JOSEPHUS DANIELS

Weltgeschichte ist eine Verschwörung der Diplomaten gegen den gesunden Menschenverstand.

ARTHUR SCHNITZLER

Das Militär könnte ohneweiters ohne Krieg leben. Sie kämen ganz gut mit den Manövern aus. Nur die Diplomaten brauchen ihn dringend. Laßt die Soldaten regieren, so wird es mit dem Krieg vielleicht bald ein Ende haben, mindestens so lange, bis die Diplomaten wieder ans Ruder gekommen sind.

ARTHUR SCHNITZLER

Mit dem Diplomaten geht es wie mit dem Geschäftsmann: beide machen die Sache schlecht, die sie haben wollen.

WILHELM WEBER-BRAUNS

Diplomatie ist ein Schachspiel, bei dem die Völker matt gesetzt werden.

KARL KRAUS

Nichts in der Welt ist gefährlicher als Phantasie und Beweglichkeit des Geistes, wie jeder Diplomat bestätigen wird.

CURT GOETZ

Mancher sagt, er sei Diplomat. Und er ist nur ein Weichensteller seiner Lügen.

HEINZ STEGUWEIT

Von Beruf Hiobsbotschafter.

HANS KASPER

Diplomatie

Ein Diplomat ist heutzutage nur ein Oberkellner, der sich gelegentlich mal hinsetzen darf.

SIR PETER USTINOV

Es liegt im Wesen der Geheimdiplomatie, daß die dabei getroffenen Abmachungen einen internationalen Bekanntheitsgrad erreichen.

RUPERT SCHÜTZBACH

Nur die halbe Wahrheit zu sagen, nennt man Diplomatie.

CHARLOTTE SEEMANN

Diplomatie: überreife Konflikte durch faule Kompromisse lösen.

WOLFGANG ESCHKER

Je geheimer die Diplomatie, desto länger die Brennweiten der Teleobjektive.

HANS-HORST SKUPY

Diplomatie ist gesunder Menschenverstand plus Höflichkeit.

RICHARD BURT

Diplomat: Ein Mann, der niemals ja oder nein sagt.

KONRAD GERESCHER

Disziplin

Die Schildkröte beißt nicht in die Pranke des Leoparden.

Pygmäen-Weisheit

Die Toren verachten Weisheit und Zucht.

SPRÜCHE 1,7

Wer Zucht mißachtet, hat Armut und Schande.

SPRÜCHE 13,18

Ein Pferd, das man nicht bändigt, wird störrisch; und ein Sohn, dem man die Zügel schießen läßt, wird frech.

BEN SIRA 30,8

Eine gerechte Disziplin gibt ein sicheres Gefühl, eine ungerechte nie.

WILHELM WEBER-BRAUNS

Die beste Disziplin und Zucht ist diejenige, die einem eigenen seelischen Impuls entspringt.

BERTRAND EARL RUSSELL

Welche Disziplin müssen wir uns doch auferlegen, wenn unsere Lebensführung, Tag für Tag, jede einzelne unserer Handlungen, unser Gedicht formt. Keine von ihnen war geschrieben, alle waren sie hervorgelebt.

PAUL LA COUR

Halte Disziplin, auch wenn du allein bist.

MADELEINE DELBREL

Disziplin ohne Demokatie führt zur Gewalt, Demokratie ohne Disziplin zur Anarchie.

MOHAMMED REZA PAHLEWI

Erziehung wird häufig mit Dressur verwechselt. Das Ergebnis nennt man Disziplin.

JAKOB STEBLER

Disziplin: Man windet sich, um sich nicht überwinden zu müssen.

GERHARD UHLENBRUCK

Wie oft wird Angst mißverstanden als Disziplin.

BERND WEINKAUF

Dogmen

Wie die Bischöfe sind, so ist auch ihre Lehre.

Deutsches Sprichwort

Ist eine Lehre zur Satzung erstarrt, hat sie geendet.

LAO DSE

Hab acht auf dich selbst und auf die Lehre.

1 TIMOTHEUS 4,16

Dogmen

Je weniger Dogma, desto weniger Streit; je weniger Streit, desto weniger Unglück.

VOLTAIRE

Keiner denkt mehr frei, der ein System hat.

JEAN PAUL

Das ist das Wesen eines Doktrinärs, daß er für alles, was er tun will, eine Doktrin findet.

HEINRICH HEINE

Das Dogma ist die Bestätigung der Seele in der Vergangenheit.

ADAM MICKIEWICZ

Das Dogma ist nichts anderes als ein ausdrückliches Verbot zu denken.

LUDWIG FEUERBACH

Unsere Theorie ist eine Theorie, die sich entwickelt, kein Dogma, das man auswendig lernt und mechanisch wiederholt.

FRIEDRICH ENGELS

Unsere Theorie ist kein Dogma, sondern eine Anleitung zum Handeln.

WLADIMIR I. LENIN

Das religiöse Dogma ist veraltete Wissenschaft.

JULIAN PRORÓK

Es trifft sich herrlich, daß von vielumstrittenen Lehrsätzen auch immer das Gegenteil richtig ist.

RODA RODA

Wahrheiten verwandeln sich in Dogmen, sobald sie diskutiert werden.

GILBERT KEITH CHESTERTON

Wer mit Wut gegen ein Dogma streitet, hat immer schon ein anderes Dogma in der Tasche, mit dem er hausieren möchte.

HEINRICH WOLFGANG SEIDEL

Nach meiner Erfahrung ist der ärgste Feind und Verderber der Menschen der auf Denkfaulheit und Ruhebedürfnis beruhende Drang nach dem Kollektiv, nach Gemeinschaften mit absolut fester Dogmatik, sei diese nun religiös oder politisch.

HERMANN HESSE

Wer von einer Irrlehre erfüllt ist, der ist keiner Belehrung zugänglich.

JAKOW TRACHTENBERG

Irrlehren wären weniger gefährlich, wenn sie gar nichts Wahres in sich hätten.

ANTON FRANKE

Der Glaube kann durch Dogmen und Gebote nicht ausgeschöpft werden.

OTHMAR CAPELLMANN

Auch aus Dogmen werden babylonische Türme gebaut.

FRITZ DIETTRICH

Dogmatiker denken innerhalb eines durchdachten Systems. Also nicht.

HEINRICH WIESNER

Die Dogmatiker sind sonderbare Hyänen. Sie nähren sich vom Aas der Gedanken, die sie selbst getötet haben.

GABRIEL LAUB

Der Weg eines Dogmatikers führt vom kleinen Wissen zum größeren Glauben.

HORST FRIEDRICH

Dogmen sind Antworten, deren Fragen verlorengegangen sind.

HANS-DIETER SCHÜTT

Doktrin: Der Zwang, einen anderen nach eigenem Gutdünken glücklich zu machen.

KONRAD GERESCHER

Die Dogmatiker schreiben die Wahrheit vor.

MOJCA DRČAR-MURKO

Wenn ein Dogmatiker zu fest im Sattel sitzt, sollte man sein Pferd erschießen.

ULF ANNEL

Dogmatiker halten an der Regel fest, wenn schon das ganze Volk von der Ausnahme lebt.

THOMAS SPANIER

Dogmatiker verstehen selten, was man sagt, glauben aber immer zu verstehen, was man meint.

RONALD JANNASCH

Drogen

Neue Seuchen verlangen neue Arzneien.

Deutsches Sprichwort

Ich will dies Volk mit Gift tränken.

JEREMIAS 9,14

Alle Dinge sind Gift und nichts ist ohne Gift. Die Menge allein macht, daß ein Ding kein Gift ist.

PARACELSUS

Es ist eine Forderung der Natur, daß der Mensch mitunter betäubt werden muß, ohne zu schlafen; daher der Genuß in Tabakrauchen, Branntweintrinken, Opiaten.

JOHANN WOLFGANG VON GOETHE

Was beim Opiumgenuß den Organismus dem Tod entgegenführt, ist euphorischer Art. Die Martern kommen von einer Rückkehr zum Leben, einer Rückkehr gegen den Strich. – Das Opium erträgt keine ungeduldigen Adepten, keine Stümper. Es weicht ihnen aus und überläßt ihnen das Morphium, das Heroin, den Selbstmord, den Tod.

JEAN COCTEAU

Der Mensch lebt nicht vom Brot allein, sondern vom Gift.

GEORGES BATAILLE

Das gegen ihn gespritzte Gift verwandelt der Kapitalismus sogleich und laufend in Rauschgift und genießt dieses.

BERT BRECHT

Physische Leiden wären vielleicht gar nicht nötig, wenn die Seelen in ihren Leiden nicht so viele Narkotika zu ihrer Verfügung hätten.

ADRIENNE VON SPEYR

Ein zum zehnten Male genossenes Gift kann nicht schädlich sein.

STANISLAW JERZY LEC

In der Verführung durch Gifte zu senkrechten Höhen ist der Absturz gleich mit einkalkuliert.

HANS ARNDT

Überglücklich sind nur die Süchtigen, sie baden im Wellengang der Trauer ihres Todes.

KEN KASKA

Durch Drogen wird die Weisheit so sehr strapaziert, daß es schwerhält, sie im wachen Zustand zu verwirklichen.

LÉOPOLD HOFFMANN

Wenn jedes andere Aufputschen zu schwach ist oder zu kurzlebig, wenn jemand eine konzentriertere Dosis wünscht, um sich ein Paradies zu erzaubern, dann bleiben: Opium, Kokain, Marihuana, Drogen, Tabletten. Sie werden zur Pforte traumhaft schöner Seligkeit, für Stunden gemietet – und vielfach mit dem letzten an Geld, an Charakter, an Gesundheit bezahlt.

PATER LEPPICH

Die Produktion der Schriftsteller versiegte: Dopingkontrolle.

HEINRICH WIESNER

Es gibt Wahrheiten, auf die man Gift nehmen kann.

HEINRICH NÜSSE

Die Sucht, Drogen gegen die Angst zu nehmen, nimmt einem nicht die Angst, daß die Droge zur Sucht wird.

GERHARD UHLENBRUCK

Der Süchtige raubt sich seine Freiheit selbst.

GERHARD UHLENBRUCK

Der berechtigte Widerstand einer Generation gegen das Manipuliertwerden endete interessanterweise vor der Droge.

WERNER SCHNEYDER

Länder, die noch die Todesstrafe kennen, können auf das Doping weitgehend verzichten.

WERNER SCHNEYDER

Rausch, das Unvermögen, sich zu begeistern.

ELAZAR BENYOËTZ

Rauschgift – Alkohol's der Teufel!

MARKUS GROSSENBACHER

Droge – zeitgeistiges Allheilmittel?

HANS-HORST SKUPY

Dummheit

Auf tausend Dummköpfe kommt ein Weiser – und drei, die sich dafür halten.

Deutsches Sprichwort

Was ist dümmer als Ungewißheit mit Gewißheit, Falschheit mit Wahrheit zu verwechseln?

CICERO

Diejenige Dummheit ist die größte und gefährlichste, die glaubt, sie könne jede Schlechtigkeit ungestraft begehen.

YOSHIDA KENKO

Die Dummheit ist eine böse Eigenschaft. Aber sie nicht ertragen können, sich darüber aufregen und ärgern, das ist eine Krankheit anderer Art, die der Dummheit nichts nachgibt und die geradeso unleidlich ist.

MICHEL DE MONTAIGNE

Es ist unvermeidlich, daß jeder Mensch Dummheiten ausspricht. Unheil wird nur angerichtet, wenn es absichtlich geschieht.

MICHEL DE MONTAIGNE

Wer einmal sehr dumm gewesen ist, wird zu keiner Zeit sehr klug sein.

MICHEL DE MONTAIGNE

Eines Narren Bolzen sind bald verschossen.

WILLIAM SHAKESPEARE

Dumm geboren sein ist eine unheilbare Krankheit.

BEN JONSON

Die Dummheit fällt allemal mit der Tür ins Haus: denn alle Dummen sind verwegen.

BALTASAR GRACIÁN

Es gibt keine unbequemeren Dummköpfe als die, die Geist haben.

LA ROCHEFOUCAULD

Wer ohne Dummheiten lebt, ist nicht so klug wie er glaubt.

LA ROCHEFOUCAULD

Zu allen Zeiten haben die Kleinen für die Dummheit der Großen büßen müssen.

JEAN DE LA FONTAINE

Ein gelehrter Dummkopf ist ein größerer Dummkopf als ein unwissender Dummkopf.

MOLIÈRE

Ein Dummkopf findet immer einen größeren Dummkopf, der ihn bewundert.

NICOLAS BOILEAU-DESPRÉAUX

Nichts erfrischt unser Blut so sehr, wie wenn es uns gelungen ist, eine Dummheit zu vermeiden.

JEAN DE LA BRUYÈRE

Auch ein Dummkopf pflegt manchmal nachzudenken; aber immer erst nach der Dummheit.

JEAN-JACQUES ROUSSEAU

Die Dummheit anderer erscheint denen am lächerlichsten, die selbst am dümmsten sind.

OLIVER GOLDSMITH

Ein Dummkopf, der einen geistvollen Einfall hat, setzt in Erstaunen und erregt Ärgernis wie ein galoppierender Droschkengaul.

CHAMFORT

In der Dummheit ist eine Zuversicht, worüber man rasend werden möchte.

FRIEDRICH HEINRICH JACOBI

Das Menschenpack fürchtet sich vor nichts mehr als vor dem Verstande; vor der Dummheit sollten sie sich fürchten, wenn sie begriffen, was fürchterlich ist.

JOHANN WOLFGANG VON GOETHE

Den Dummkopf erkennt man an seinem Verhalten: Er ärgert sich ohne Grund, schwätzt nutzloses Zeug, vertraut ahnungslos, wechselt seine Meinung, fragt nach Dingen, die ihn nichts angehen und weiß nicht den Freund vom Feind zu unterscheiden.

JEANNE MANON ROLAND

Mit der Dummheit kämpfen selbst Götter vergebens.

FRIEDRICH VON SCHILLER

Dummheit

Der Dumme denkt, man hat keine andern Wege, ihn auszulisten, als seine.

JEAN PAUL

Jeder dumme Teufel ist zugleich ein Besessener, von der Idee nämlich, er sei kein Dummer.

CHRISTIAN GRAF BENTZEL-STERNAU

Seit Adam waren stets die Dummen in der Mehrheit.

CASIMIR DELAVIGNE

Wie vernünftige Menschen oft sehr dumm sind, so sind die Dummen manchmal sehr gescheit.

HEINRICH HEINE

Er sprudelte von Dummheit...

HEINRICH HEINE

Je dümmer der Mensch ist, desto mehr Wohlgefallen hat er an sich selbst.

JOHANN NESTROY

Wenn die Dummheit in der Regel mehr Glück als die Weisheit hat, so ist es eigentlich schon eine halbe Dummheit, wenn man nach Weisheit trachtet. Und wie oft hat der Gescheite Momente, wo er sich wünscht, recht dumm zu sein; der Dumme hingegen wünscht sich nie, gescheit zu sein, er glaubt's ohnedem, daß er es ist, und in dieser Leichtgläubigkeit liegt schon eine Art von Glückseligkeit, während das Vielwissen zu gar nix ist, als daß es einem Kopfweh macht.

JOHANN NESTROY

Wenn die Dummheit nur eine Geistesschwäche wäre! Leider ist sie aber eine furchtbare Stärke, sie ist ein Fels, der unerschüttert dasteht, wenn auch ein Meer von Vernunft ihm seine Wogen an die Stirne schleudert.

JOHANN NESTROY

Gegen eine Dummheit, die gerade in Mode ist, kommt keine Klugheit auf.

THEODOR FONTANE

Dummköpfe: Alle, die nicht so denken wie wir.

GUSTAVE FLAUBERT

Die meisten Dummheiten in der Welt hört vielleicht ein Gemälde in einem Museum.

EDMOND & JULES DE GONCOURT

Der Gescheitere gibt nach! Eine traurige Wahrheit; sie begründet die Weltherrschaft der Dummheit.

MARIE VON EBNER-ESCHENBACH

Was nennen die Menschen am liebsten dumm? Das Gescheite, das sie nicht verstehen.

MARIE VON EBNER-ESCHENBACH

Dummheit, die man bei anderen sieht, wirkt meist erhebend aufs Gemüt.

WILHELM BUSCH

Das Recht auf Dummheit wird von der Verfassung geschützt. Es gehört zur Garantie der freien Persönlichkeitsentfaltung.

MARK TWAIN

Man verzeiht jedem seine erste kolossale Dummheit, aber niemals die zweite, die erste verteidigen zu wollen.

DANIEL SPITZER

Die Dummheit drängt sich vor, um gesehen zu werden; die Klugheit steht zurück, um zu sehen.

CARMEN SYLVA

Es ist besser, dumm wie alle zu sein, als klug wie keiner.

ANATOLE FRANCE

Beginnt ein gescheiter Mensch einen Satz, so wissen wir nicht, wie er ihn beendet. Bei einem Dummkopf wissen wir sofort, was kommt.

ALEKSANDER SWIETOCHOWSKI

Dummheiten sind die beste Grundlage für künftige Weisheit.

ISOLDE KURZ

Die Dummen sind eine weitverbreitete Sekte, die die Gescheiten für Ketzer hält.

ELEONORE VAN DER STRATEN-STERNBERG

Nichts ist so fürchterlich als die Macht der Dummheit in den Klugen.

GERHART HAUPTMANN

Dummheit

Lache nicht über die Dummheit der Anderen. Sie ist deine Chance.

HENRY FORD

Großmäuligkeit, Eitelkeit, Arroganz und Egoismus – Rock, Hose, Weste und Paletot der Dummheit.

JOHANNES COTTA

Die Weisheit hat ihre Grenzen, die Dummheit aber ist grenzenlos.

JANIS RAINIS

Die Anzahl der Dummheiten, die eine intelligente Person im Laufe eines Tages sagen kann, ist unglaublich. Und ich würde ohne Zweifel ebensoviele sagen, wenn ich nicht häufiger schwiege.

ANDRÉ GIDE

Eine Dummheit wird immer zuerst von ihren Opfern eingesehen, zu spät von ihren Stiftern.

RODA RODA

Meide die Dummen – sie sind gefährlich; Dynamit explodiert einmal, die Dummen täglich.

RODA RODA

Dummheit ist etwas so Aristokratisches.

ROBERT WALSER

Zwei Dinge sind unendlich: das Universum und die menschliche Dummheit, aber bei dem Universum bin ich mir noch nicht ganz sicher.

ALBERT EINSTEIN

Sprich mit dem fadesten Dummkopf und schimpf über Dummköpfe: immer stimmt er, vertraue darauf, dir mit Begeisterung zu.

WLADIMIR VON HARTLIEB

Der perfekte Stoffel ist derjenige, der niemals über etwas in Erstaunen geraten ist: Nicht einmal über seine eigene Dummheit.

ANTONIO MACHADO

Dummheit hat stets Angst vor jeglichem Wandel. Sie fürchtet das Unbekannte und trottet in den alten Gleisen weiter, wie armselig und elend es dort auch sein mag.

JAWAHARLAL NEHRU

Unsere größten Dummheiten können sehr weise sein.

LUDWIG WITTGENSTEIN

Wenn die Menschen nicht manchmal Dummheiten machten, geschähe überhaupt nichts Gescheites.

LUDWIG WITTGENSTEIN

Die menschliche Dummheit ist international.

KURT TUCHOLSKY

Die ganz großen Dummheiten hält das Schicksal für die großen Männer reserviert.

EUGEN GÜRSTER

Die Albernheit wird um so erhabener sein, je höher der Sockel ist, von dem der Mensch herabspringt.

PETER BAMM

Am auffälligsten unterscheiden sich die Leute darin, daß die Törichten immer wieder dieselben Dummheiten machen, die Gescheiten immer wieder neue.

KARL HEINRICH WAGGERL

Das Gefährliche an Dummköpfen ist, daß sie oft dasselbe denken wie die Gescheiten. Wie soll man sie da erkennen?

CURZIO MALAPARTE

Unsichtbar macht sich die Dummheit, indem sie sehr große Ausmaße annimmt.

BERT BRECHT

Dummheit ist häufig ein Vorteil: deshalb stellen sich die Allerschlauesten dumm.

SIGMUND GRAFF

Dumm ist, wer es nicht merkt.

CHARLES TSCHOPP

Dummheit ist oft, am falschen Orte klug zu sein.

ANITA

Die meisten Menschen zwingen sich unnötig, dumm zu bleiben, indem sie sich scheuen zu fragen und klärende Antworten zu fordern. Ein Fragender will aufsteigen. Ein Beharrender sinkt von selber ab.

FRITZ DIETTRICH

Dummheit

Wer möchte nicht lieber ein bißchen dümmer werden durch Glück, als klug bloß durch Schaden?

DANNY KAYE

Dummheit verkauft sich am besten in der Klarsichtpackung.

THOMAS NIEDERREUTHER

Dummheit kennt keine Grenzen – sie ist überall zu Hause.

ROBERT LEMBKE

Es gibt glückliche Menschen, welche das Leben nie dazu nötigt, ihre Dummheit nach außen zu kehren.

RUDOLF HARTUNG

Die Macht, mit der du ernstlich rechnen mußt, ist die Dummheit – die der anderen sowohl wie deine eigene. Pflege sie beide, mit Verstand, so werden sie dir zum Segen gedeihen.

GREGOR VON REZZORI

Dumm, daß die Menschheit dumm ist; dümmer, daß sie es nicht einsieht; am dümmsten, daß ich selbst ein Mensch bin.

PHILIP ROSENTHAL

Ein Kluger kann sich dumm stellen. Aber ein Dummer wirkt echter.

OLIVER HASSENCAMP

In der Beschränktheit zeigt er sich als Meister.

JO SCHULZ

Dummheit kennt keine Grenzen.

FRITZ RÖTHLISBERGER

Lache keinen Dummkopf aus! Er könnte klüger sein als du.

MICHAIL M. GENIN

Dummheit läßt sich schon an der Fragestellung erkennen.

MILAN RŮŽIČKA

Die Dummheit, hochinfektiös, greift um sich wie die Pest. Die Intelligenz, vor Klugheit steril, will sich auf niemanden übertragen.

HANNS-HERMANN KERSTEN

Was den Idioten vom Dummkopf unterscheidet: der Dummkopf schadet sich manchmal selbst.

GABRIEL LAUB

Dummkopf: ein Idiot, der keine Karriere gemacht hat.

GABRIEL LAUB

Ich bin dumm. Alle sind dümmer. Der Dümmste weiß alles.

HORST JANSSEN

Anstelle von Intelligenztests sollte man Dummheitstests einführen.

GERHARD UHLENBRUCK

Die Dummheit der Menschen besteht darin, daß einer schlauer als der andere sein will.

GERHARD UHLENBRUCK

Wir steuern jetzt mit rasanter Geschwindigkeit auf ein richtiges Vollbad an Ignoranz und Dummheit zu.

KARLHEINZ STOCKHAUSEN

Der Himalaja ist ein Spaziergang gegen das Weltgebirge der Dummheit.

JOSEF MEIER O'MAYR

Alle Menschen sind dumm. Die klugen wissen sogar warum.

WERNER MITSCH

Entgegne der Dummheit mit Klugheit – diese Nahrung bekommt ihr nicht.

ELISABETH HABLÉ

Dummheit unterliegt dem Gesetz der Massenanziehung.

HEINZ JACOBI

Dummheit ist das populärste Hohlmaß der Welt.

PETER HORTON

Unter den Dummen ist der Klügste der Dümmste.

ACHIM CHRISTIAN SCHELLER

Auch Dummheit ist erlernbar.

M. OLAF KURTZ

Egoismus

Eigennutz trägt alles in sein Nest.
Deutsches Sprichwort

Die Eigenliebe steht vor der Nächstenliebe.
EURIPIDES

Die Liebe zu den Menschen schließt die eigene Person nicht aus.
MO-TI

Wer sich ansieht, leuchtet nicht.
LAO DSE

Ich selbst bin mir der Nächste.
TERENZ

Wer gegen sich selbst schlecht ist, wem sollte der wohltun?
BEN SIRA 14,5

Ein Mensch, der nur auf sich denkt und in allem seinen Vorteil sucht, kann nicht glücklich sein. Willst du für dich leben, lebe für andere.
SENECA

Alle Liebe dieser Welt ist auf Eigenliebe gebaut. Hättest du die gelassen, so hättest du alle Welt gelassen.
MEISTER ECKEHART

Die Eigenliebe betrügt alle Menschen.
MICHELANGELO

Das ist das Wesen der krassen Egoisten, daß sie sich nichts daraus machen, ein Haus anzustecken, wäre es auch nur, um ihre Eier daran zu backen.
FRANCIS BACON

Die Eigenliebe gleicht der Ameise, die für sich selbst sehr fleißig und nützlich sorgt, die aber in einem Garten sehr schädlich wirkt.
FRANCIS BACON

Eigenliebe ist die größte aller Schmeichlerinnen.
LA ROCHEFOUCAULD

Unsere Eigenliebe gibt den Maßstab für das Gefühl unserer Freuden und Leiden ab.
LA ROCHEFOUCAULD

Der Stolz will nichts schulden, die Eigenliebe nichts zahlen.
LA ROCHEFOUCAULD

Der Mensch, welcher nur sich liebt, fürchtet nichts so sehr, als mit sich allein zu sein.
BLAISE PASCAL

Eigenliebe kommt nicht einem selbst, sondern anderen trügerisch vor.
CHRISTINE VON SCHWEDEN

Gekränkte Eigenliebe verzeiht nie.
JEAN DONNEAU DE VISÉ

Wir sind derart von uns selbst erfüllt, daß sich alles auf uns beziehen muß. Sogar Unbekannte hätten von Rechts wegen zu erraten, wer wir sind und was wir wollen.
JEAN DE LA BRUYÈRE

Die Eigenliebe ist ein mit Wind gefüllter Ballon, woraus Stürme hervorbrechen, wenn man hineinsticht.
VOLTAIRE

Egoismus

Eigenliebe stirbt nie. Sie ist das Instrument unserer Selbsterhaltung. Sie ähnelt der Vorkehrung für die Beständigkeit der Menschheit. Sie ist erforderlich, sie ist uns teuer, sie bereitet uns Freude, und wir müssen sie verbergen.

VOLTAIRE

Die Motive der besten Handlungen vertragen kein zu genaues Erforschen. Die Selbstliebe mancher Menschen macht sie geneigt, anderen Freude zu bereiten. Die Selbstliebe anderer Menschen wieder beschränkt sich völlig darauf, sich selbst Freude zu bereiten. Dies macht den großen Unterschied zwischen Tugend und Laster.

JONATHAN SWIFT

Wer sich in sich selbst verliebt, wird keine Nebenbuhler haben.

BENJAMIN FRANKLIN

Übermäßige Eigenliebe verschleiert den Geist und enthüllt die Dummheit.

MARIE JEANNE DE RICCOBONI

Die Eigenliebe und jeder Affekt betrügen uns innerlich.

IMMANUEL KANT

Von dem Tage an, wo der Mensch anfängt, durch Ich zu sprechen, bringt er sein geliebtes Selbst, wo er nur darf, zum Vorschein, und der Egoismus schreitet unaufhaltsam fort.

IMMANUEL KANT

Man ist verloren, wenn man zuviel Zeit bekommt, an sich zu denken.

GEORG CHRISTOPH LICHTENBERG

Die eigentliche Eigenliebe läßt uns sowohl unsere Tugenden als unsere Fehler viel bedeutender erscheinen, als sie sind.

JOHANN WOLFGANG VON GOETHE

Interessiere dich für andere, wenn andere sich für dich interessieren sollen. Wer unteilnehmend, ohne Sinn für Freundschaft, Wohlwollen und Liebe, nur sich selber lebt, der bleibt verlassen, wenn er sich nach fremdem Beistande sehnt.

ADOLPH VON KNIGGE

Jeder liebt sich selber nur am meisten.

GOTTHOLD EPHRAIM LESSING

Egoismus ist Einsamkeit.

FRIEDRICH VON SCHILLER

Die gewöhnliche Annahme, daß der Mensch von Natur selbstsüchtig sei und auch das Kind mit dieser Selbstsucht geboren werde, gründet sich auf eine sehr oberflächliche Beobachtung und ist durchaus falsch.

JOHANN GOTTLIEB FICHTE

Am andern liebt man Vollkommenheit, an sich sich.

JEAN PAUL

Eigennützige Liebe ist ein Widerspruch.

JEAN PAUL

Der Eigensüchtige ist für sich selbst überempfindlich, aber er ahnt fast nie die Empfindlichkeit der anderen.

GERMAINE (MADAME) DE STAËL

Selbstliebe in den Schranken der Mäßigkeit und Weisheit ist die Quelle alles Glücks und aller Vollkommenheiten; blind und regellos aber wird sie der Anfang alles Unglücks und aller Leidenschaften.

KARL JULIUS WEBER

Viele Menschen lieben an sich, was sie an anderen hassen.

ERNST GRAF BENZEL-STERNAU

Selbstliebe ist nur insofern sittlich, als sie alle andere Liebe in sich schließt.

FRIEDRICH SCHLEIERMACHER

Der Egoismus, selbst der leiseste, ist aller Größe Tod.

ZACHARIAS WERNER

Eigennutz ist die Klippe, an der jede Freundschaft zerschellt.

LUDWIG TIECK

Der geringste Schmerz in unserem kleinen Finger erregt und bedrückt uns mehr als die Zerstörung von Millionen unserer Mitmenschen.

WILLIAM HAZLITT

Egoismus

Die gleichen Leute, die anderen alles versagen können, verweigern sich selbst nichts.

LEIGH HUNT

Je kälter, berechnender und vorsichtiger wir sind, desto weniger setzen wir uns den Angriffen des Spottes aus. Der Egoismus kann abscheulich sein, aber er ist nicht lächerlich, weil er sehr vernünftig ist.

ALEXANDR S. PUSCHKIN

Uneigennützige Liebe ist doch nur Egoismus in edlerer Form.

JOHANN NESTROY

Entferne den Egoismus, und du kastrierst die Wohltäter.

RALPH WALDO EMERSON

Selbstsucht ist der größte Fluch der menschlichen Rasse.

WILLIAM E. GLADSTONE

Es gibt Egoisten, die nicht über ihren Kreis hinaussehen, die deshalb, wenn sie bloß für ihren Kreis tätig sind, für die ganze Welt tätig zu sein glauben. Diese sind die schlimmsten, denn nicht einmal das Bewußtsein setzt ihnen eine Grenze.

FRIEDRICH HEBBEL

Gott hat die Erde nicht für einen einzelnen Menschen geschaffen.

ADOLF KOLPING

Ich möchte lieber allein auf einem Kürbis als auf einem überfüllten Samtkissen sitzen.

HENRY DAVID THOREAU

Die meisten Menschen sind wie Eier: zu voll mit sich selbst, um etwas anderes zu enthalten.

JOSH BILLINGS

Wo alle selbstsüchtig sind, ist der Weise nicht mehr wert als der Narr. Er ist nur etwas gefährlicher.

JAMES ANTHONY FROUDE

Je kleiner das Sandkörnlein ist, desto sicherer hält es sich für den Mittelpunkt der Welt.

MARIE VON EBNER-ESCHENBACH

Es gibt eine schöne Form der Verstellung: die Selbstüberwindung – und eine schöne Form des Egoismus: die Liebe.

MARIE VON EBNER-ESCHENBACH

Er war durch den fortwährenden Umgang mit sich selber grenzenlos verwöhnt worden.

WILHELM RAABE

Der Egoist duldet keinen Egoismus.

JOSEPH ROUX

Egoist – Mensch von schlechtem Geschmack, mehr an sich als an mir interessiert.

AMBROSE BIERCE

Wenn die Selbstsucht erst einmal größer, klüger, feiner, erfinderischer geworden ist, wird die Welt selbstloser aussehen.

FRIEDRICH NIETZSCHE

Wo immer ich gehe, folgt mir ein Hund namens *Ego*.

FRIEDRICH NIETZSCHE

Lieber ein Narr im Namen Gottes als der klügste Weise im Dienste des Egoismus.

CARL SPITTELER

Das schleichendste, aber tödlichste Gift für den Charakter ist die Selbstliebe, denn sie unterwühlt die sittliche Persönlichkeit und bringt sie unfehlbar zum Fall.

OTTO VON LEIXNER

Die Befreiung von der Selbstsucht ist meist eine schmerzhafte Operation; um so schmerzhafter, je tiefer das Geschwür sitzt. Da muß eben ins Lebende geschnitten werden. Der Kranke soll aber dabei dem himmlischen Arzt nicht in den Arm fallen, nicht ins Messer greifen, sondern sich verhalten, wie man eben bei einer Operation sich verhalten soll: ruhig bleiben, standhalten, mithelfen soweit möglich.

PAUL WILHELM VON KEPPLER

Egoismus besteht nicht darin, daß man sein Leben nach seinen Wünschen lebt, sondern darin, daß man von anderen verlangt, daß sie so leben, wie man es wünscht.

OSCAR WILDE

Egoismus

Selbstliebe ist der Beginn einer lebenslänglichen Leidenschaft.

OSCAR WILDE

Der Egoismus stellt sich als bester Freund vor und verscheucht dir alle Freunde.

ELEONORE VAN DER STRATEN-STERNBERG

Es lebt kein Egoist, um den andern Egoisten zu sehen; sie müssen sich duellieren.

CONSTANTIN BRUNNER

Über den Egoismus der anderen beschweren wir uns nur deshalb, weil er unserem eigenen in die Quere kommt.

JACINTO BENAVENTE

Menschen, die im Spiegel ihren aufrichtigsten Freund sehen, haben keinen aufrichtigen Freund.

RUDOLF G. BINDING

Wie tief der Mensch auch gesunken sein mag – nie wird er auf den Genuß verzichten, sich für stärker, klüger oder auch nur satter zu halten als seinen Nächsten.

MAKSIM GORKIJ

Egoismus ist der erste Schritt zum Bösen.

WILHELM WEBER-BRAUNS

Der Mensch hält sich für den Mittelpunkt der Welt, weil er sich immer um seine eigene Achse dreht.

KARL SONNEN

Die Ich-Sucht vergeht sich nicht so sehr durch Taten, als durch Nicht-Verstehen.

HUGO VON HOFMANNSTHAL

Jeder muß jemanden liebhaben. Die Tragödie ist, daß so viele Menschen sich selbst wählen.

ALBERT SCHWEITZER

Niemand ist leichter zu täuschen, als wer in sich selbst verliebt ist.

ROBERT WALSER

Ein bloßer Gedanke der Eigenliebe genügt, um unzählige andere wertvolle Gedanken für immer zu zerstören.

PAPST JOHANNES XXIII.

Es gibt Egoisten, die grundanständige und zuverlässige Charaktere sind. Und es gibt Menschen mit stark altruistischem Trieb, sogenannte gute Kerle, die wir als Schweinehunde qualifizieren müssen.

OSCAR A. H. SCHMITZ

Das große Werk: den Knoten des Egoismus der Welt zu lösen. Sobald der Knoten gelöst ist, werden die Menschheit und der Kosmos ihre Fülle erreicht haben.

TEILHARD DE CHARDIN

Egoisten sind immer Irregeführte. Das Ich führt falsch.

W. J. OEHLER

Egoismus gedeiht in tiefster Einsamkeit wie im dichtesten Menschengewühl. Doch scheint Einsamkeit noch förderlicher für seine Entfaltung.

PAUL GRAF THUN-HOHENSTEIN

Egoismus von Völkern – heute bereits etwas noch Blinderes als Egoismus Einzelner.

JOSEF ČAPEK

Egoisten setzen immer voraus, daß der andere selbstlos sei.

FRIEDL BEUTELROCK

Das schrecklichste Gefängnis ist ein fensterloses Ego.

ZENTA MAURINA

Wer sich in sein Ich einschließt, erstickt gar bald.

ZENTA MAURINA

Der Egoist läßt sich mit Vergnügen einen Opportunisten nennen.

SIGMUND GRAFF

Der Weg vom Ich zum Selbst führt über die ganze Welt.

HANS-HASSO VON VELTHEIM-OSTRAU

Man liebt doch nur seine eigene Liebe und läuft sein ganzes Leben dieser Illusion nach.

JEAN ANOUILH

Eigenliebe und Nächstenliebe sind große Rivalen.

ELISABETH MARIA MAURER

Man sollte es sich selbst im Alter nicht so leicht machen, immer nur auf seiten der eigenen Meinung zu sein.

HANS KASPER

Egoisten werden nicht geboren, sie entwickeln sich – durch fehlgesteuerte Liebe.

ELISABETH MARIA MAURER

Wahre Liebe ist hieb- und stichfest. Eigenliebe um so verletzlicher.

JO SCHULZ

Egoismus: Verbreitete Weltanschauung aller Einkommens- und Gesellschaftsschichten.

MICHAEL SCHIFF

Das ist die Tragik der Egoisten, daß sie immer ärmer werden, je mehr sie haben wollen.

LOUISE HODEK

An sich denkt der Mensch nur an sich.

GERHARD UHLENBRUCK

Man wäre ja gar kein solcher Egoist, wenn es nur nicht so nützlich wäre.

RAIMUND VIDRÁNYI

Der Egoismus ist oft das Gitter, das uns den Weg zum Du verschließt.

ALFRED RADEMACHER

Der Egoist kennt keine Langeweile. Er hat immer genug mit sich selbst zu tun.

RUPERT SCHÜTZBACH

Der brave Mann denkt an sich selbst zuerst.

KLAUS D. FRANK

Egoismus: Das Ergebnis von Ungleichheit.

AUREL SCHMIDT

Egoismus – höchste Form der Nächstenliebe.

MANFRED STRAHL

Ein Egoist ist eine Schlange, die ihren Schwanz anbetet.

PETER HORTON

Eigennutz verpflichtet auch.

HANS-HORST SKUPY

Ist Selbstmord die höchste oder die niedrigste Stufe des Egoismus?

HANS-HORST SKUPY

Alter ego schützt vor Torheit nicht.

JOACHIM SCHWEDHELM

Egoist: Wer die Wahrheit für sich behält.

VOLKER ERHARDT

Ehe

Zum Heiraten gehören immer zwei: ein Mädchen und – seine Mutter.

Mexikanisches Sprichwort

Heirate nur. Bekommst du eine gute Frau, wirst du sehr glücklich werden; bekommst du eine schlechte, wirst du Philosoph werden.

SOKRATES

Heiraten ist, wenn man die Wahrheit prüft, ein Übel, aber ein notwendiges.

MENANDER

Denke immer daran, daß du als Ehemann dein Leben lang ein Sklave bist.

MENANDER

Wohl dem Manne, der ein gutes Weib hat; die Zahl seiner Tage verdoppelt sich.

BEN SIRA 26,1

Was Gott zusammengefügt hat, soll der Mensch nicht scheiden.

MATTHÄUS 19,6

Besser ist Ehe in Demut als Jungfräulichkeit in Stolz.

AUGUSTINUS

Ich getraue mir zu sagen, daß Verheiratete, wenn sie Demut bewahren, besser sind, als die stolzen Asketen.

AUGUSTINUS

Gut gehängt ist besser als schlecht verheiratet.

WILLIAM SHAKESPEARE

Ehe

Es ist kein lieblicher, freundlicher und holdseliger Verwandtnis, Gemeinschaft und Gesellschaft denn eine gute Ehe.

MARTIN LUTHER

In der Ehe geht – wie auch sonst – Zufriedenheit über Reichtum.

MOLIÈRE

Liebe und Ehestand vereint sind fast unerträglich.

CHRISTINE VON SCHWEDEN

Das Angenehme der Ehe wiegt ihr Unangenehmes nicht auf.

CHRISTINE VON SCHWEDEN

Die Menschen heiraten einander, ehe sie sich kennen; und sie hassen sich, sobald sie sich kennen.

CHRISTINE VON SCHWEDEN

Eine Ehefrau muß Gott danken, daß ihr Mann Fehler hat; ein fehlerfreier Mann ist ein gefährlicher Beobachter.

LORD HALIFAX

Der Ehestand hat viele Kinder: Reue, Zwietracht, Armut, Eifersucht, Krankheit, Launenhaftigkeit, Abneigung und andere mehr.

JONATHAN SWIFT

Die wahrhaft eheliche Liebe ist ganz wie die Frühlingswärme, durch deren Einfluß alles den Trieb bekommt zum Wachsen und Fruchtbringen.

EMANUEL SWEDENBORG

Ehe – das einzige Abenteuer, das auch dem Feigling offensteht.

VOLTAIRE

Der Ehstand ist kein Schandgerüste.

JOHANN CHRISTOPH GOTTSCHED

Halte die Augen vor der Ehe weit offen und halbgeschlossen danach.

BENJAMIN FRANKLIN

Menschen heiraten nicht aus Vernunft und weiser Voraussicht, sondern aus Neigung.

SAMUEL JOHNSON

Heiraten – das heißt, in einer Glückslotterie setzen, in der es nur wenig Gewinnlose gibt.

JULIE JEANNE DE LESPINASSE

Man muß gestehen, daß bei keiner Religion mehr Glauben erfordert wird als bei der Ehe.

WILHELM LUDWIG WEKHRLIN

Die Ehe folgt der Liebe, wie der Rauch der lodernden Flamme folgt.

CHAMFORT

Die Liebe gefällt mehr als die Ehe, wie für die meisten ein Roman unterhaltender ist als Geschichte.

CHAMFORT

Die Ehe ist das Thermometer der Moralität.

THEODOR GOTTLIEB VON HIPPEL

Mit dem Band, das ihre Herzen binden sollte, haben sie ihren Frieden stranguliert.

GEORG CHRISTOPH LICHTENBERG

Wenn Heiraten Frieden stiften können, so sollte man den Großen die Vielweiberei erlauben.

GEORG CHRISTOPH LICHTENBERG

Die Scheidung ist das Sakrament des Ehebruchs.

SOPHIE DE ARNOULD

Was kann einen betrogenen Ehemann trösten? Das Bewußtsein, Eigentümer eines Besitztums zu bleiben, an dem andere nur Nutznießer sind.

SOPHIE DE ARNOULD

Mann und Weib sind zwei vereinzelte Hälften, keine kann für sich allein bestehen, jede sucht die ihrige zu finden und sich mit ihr zu vereinigen, und selten sind sie so glücklich.

WILHELM HEINSE

Die Ehe ist der Anfang und der Gipfel aller Kultur. Sie macht den Rohen mild, und der Gebildetste hat keine bessere Gelegenheit, seine Milde zu beweisen. Unauflöslich muß sie sein, denn sie bringt so vieles Glück, daß alles einzelne Unglück dagegen gar nicht zu rechnen ist.

JOHANN WOLFGANG VON GOETHE

Ehe

Die reine Vernunft tut es beim Heiraten noch weniger als das unvernünftige Herz.

JOHANN WOLFGANG VON GOETHE

Eine stille ernsthafte Frau ist übel dran mit einem lustigen Manne. Ein ernsthafter Mann nicht so mit einer lustigen Frau.

JOHANN WOLFGANG VON GOETHE

Im Ehestand muß man (sich) manchmal streiten, denn dadurch erfährt man was voneinander.

JOHANN WOLFGANG VON GOETHE

Liebe ist etwas Ideelles, Heiraten etwas Reelles; nie verwechselt man ungestraft das Ideelle mit dem Reellen.

JOHANN WOLFGANG VON GOETHE

Ehe heißt Ordnung; sie ist der älteste und schönste Orden, den der Schöpfer selbst gestiftet und mit seinem Segen beehrt hat.

JOHANN GOTTFRIED HERDER

Die meisten glücklichen Ehen werden seufzend geschlossen, die meisten unglücklichen im Rausche des Entzückens.

AUGUST VON KOTZEBUE

Um der Schönheit willen heiraten ist ebenso viel, als um der Rose willen ein Landgut kaufen. Ja, das letztere wäre noch vernünftiger, denn die Rosenzeit kommt doch alljährlich wieder.

AUGUST VON KOTZEBUE

Die Ehe fordert Heiterkeit.

JEAN PAUL

Viele Zänkereien in der Ehe kommen davon, daß man fordert, der Gatte solle die Liebe erraten, die man auszusprechen zu stolz und schamhaft ist.

JEAN PAUL

In der Ehe müssen die Männer die Liebe mehr durch Worte, die Weiber durch Taten beweisen.

JEAN PAUL

In der Ehe gibt's keine größeren Fehler als die wiederkommenden.

JEAN PAUL

Die Ehe ist ein kaltes Klima, worin die Freundschaft, die als Same darein kommt, leicht aufgeht und gut gedeiht; aber eine schon aufgeblühte Freundschaft, die darein verpflanzt wird, verdorrt.

JEAN PAUL

In einer unglücklichen Ehe liegt eine Größe des Schmerzes, die alle anderen Leiden dieser Welt übersteigt.

GERMAINE (MADAME) DE STAËL

Derjenige, der durch die Ehe nicht glücklich ist, steht allein da, ja, überall allein, denn er ist früher oder später bedroht, ungeliebt leben zu müssen.

GERMAINE (MADAME) DE STAËL

Ehen, aus leidenschaftlicher, blinder Liebe geschlossen, geraten selten.

KARL JULIUS WEBER

Wer nicht durch das Ehejoch gekrochen ist, kennt die Tugend der Geduld nur halb, welche die Weiber besser lehren als selbst lernen.

KARL JULIUS WEBER

Die Frische der Jugend ist die wahre Grundlage der Ehe.

WILHELM VON HUMBOLDT

Manche Ehe mag nach überstandenem Sturme glücklicher und segensreicher geworden sein, als sie vorher war.

FRIEDRICH SCHLEIERMACHER

Die Ehe ist ein konzentrierter Umgang.

RAHEL VARNHAGEN

Eine Frau sollte einen prosaischen Gatten haben und sich einen romantischen Liebhaber nehmen...

STENDHAL

Die Ehe ist das höchste Geheimnis. Die Ehe ist bei uns ein popularisiertes Geheimnis. Schlimm, daß bei uns nur die Wahl zwischen Ehe und Einsamkeit ist. Die Extreme sind es; aber wie wenig Menschen sind einer eigentlichen Ehe fähig, wie wenige können auch Einsamkeit ertragen?

NOVALIS

165

Ehe

Die Ehe ist das höchste Geheimnis.

NOVALIS

In unserem monogamischen Weltteile heißt Heiraten seine Rechte halbieren und seine Pflichten verdoppeln.

ARTHUR SCHOPENHAUER

Für Eheleute gibt's nur einen Himmel und eine Hölle im eigenen Hause, alles andere ist fortan nur Zugabe – selbst die bestgemeinte Liebe anderer; das ist die Ehe in ihrer vollen Heiligkeit, und wer nur um ein Haar davon ändern möchte, kennt sie nicht oder hat nicht nachgedacht.

ANNETTE VON DROSTE-HÜLSHOFF

Glücklich, der einen wahren Freund findet. Glücklicher, der in seinem Weibe einen wahren Freund findet.

FRANZ SCHUBERT

Die deutsche Ehe ist keine wahre Ehe: Der Ehemann hat keine Ehefrau, sondern eine Magd, und er lebt sein isoliertes Hagestolzleben im Geiste fort, selbst im Kreise der Familie.

HEINRICH HEINE

In der Ehe muß man einen unaufhörlichen Kampf gegen ein Ungeheuer führen, das alles verschlingt: die Gewohnheit.

HONORÉ DE BALZAC

Die Ehe, eine Institution, auf der heutzutage die Gesellschaft beruht, gibt den Frauen allein ihre ganze Last zu spüren: für den Mann die Freiheit, für die Frau die Pflichten.

HONORÉ DE BALZAC

Ein Mann sollte aus seiner Ehefrau auch eine Geliebte machen können. Die Sucht nach Abwechslung ist sicherlich ein Zeichen von Ohnmacht.

HONORÉ DE BALZAC

Ohne Ehe ist der Mensch überall und nirgends zu Hause.

BOGUMIL GOLTZ

Die Ehen werden im Himmel geschlossen, darum erfordert dieser Stand eine so überirdische Geduld.

JOHANN NESTROY

Verheiratete seufzen immer tiefer als die Ledigen.

JOHANN NESTROY

Wer ein witzroutiniertes Frauenzimmer zur Ehe nimmt, kommt gegen sie nicht auf. Und was ist das für ein fluchwürdiges Verhältnis, wenn man die Person, der unsere Zärtlichkeit gewidmet sein soll, profan abtrumpfen oder sich von ihr selbst mit Übermut traktieren lassen muß?

BOGUMIL GOLTZ

In den Hafen der ehelichen Glückseligkeit steuert man nicht offen und gerade, sondern lavierend.

KARL JOHANN BRAUN VON BRAUNTHAL

Ich habe immer die Ansicht vertreten, daß jede Frau heiraten sollte, jedoch nie ein Mann.

BENJAMIN DISRAELI

Die Ehe ist heutzutage die einzige wirkliche Form der Leibeigenschaft, die gesetzlich sanktioniert ist.

JOHN STUART MILL

Man sollte schlechterdings niemand heiraten lassen, der oder die nicht ein Examen über Erziehung bestanden hat. Das Wissen macht nicht alles, aber etwas, ja viel.

FRIEDRICH THEODOR VISCHER

Die erste Stelle im Paradiese werden diejenigen einnehmen, die sich in der Ehe getäuscht haben und doch ausharrten.

KARL GUTZKOW

Die Ehe gibt dem Einzelnen Begrenzung und dadurch dem Ganzen Sicherheit.

FRIEDRICH HEBBEL

Diejenigen, die den Zweck der Ehe in die Kindererzeugung setzen, müssen es höchst unsittlich finden, sich vor dem ersten Kinde zu verheiraten, da erst dies Kind beweist, daß jener Zweck unter bestimmten Personen realisierbar ist.

FRIEDRICH HEBBEL

Die Ehe ist ein höherer Ausdruck für Liebe.

SØREN KIERKEGAARD

Ehe

Heiratet, und ihr werdet den Ernst des Lebens kennenlernen. Eben deshalb soll man aber heiraten.

ERNST HÄHNEL

Die Ehe – ein Amt, dem man dienen muß.

ADOLF KOLPING

Das Band der Ehe sollte nur der Tod lösen, ja, nicht einmal der Tod. In ältester Zeit folgte die deutsche Witwe, wie bis in unsere Tage herein die indische, dem Gatten ins Grab. Dem Manne nachzufolgen in den Tod, das gereichte der Frau zu hohem Ruhme, das Gegenteil zu tiefer Schmach.

JOHANNES SCHERR

Niemand wird gezwungen, eine Ehe zu schließen; aber jeder muß gezwungen werden – sobald er eine Ehe schließt – sich zum Gehorsam gegen die Gesetze der Ehe zu entschließen.

KARL MARX

Die Ehe, zum mindesten das Glück derselben, beruht nicht auf der Ergänzung, sondern auf dem gegenseitigen Verständnis. Mann und Frau müssen nicht Gegensätze, sondern Abstufungen, ihre Temperamente müssen verwandt, ihre Ideale dieselben sein.

THEODOR FONTANE

Wir haben drei Formen der Ehe, die im ganzen und großen den drei Hauptstadien der menschlichen Entwicklung entsprechen. Für die Wildheit die Gruppenehe, für die Barbarei die Paarungsehe, für die Zivilisation die Monogamie, ergänzt durch Ehebruch und Prostitution.

FRIEDRICH ENGELS

Ist nur die auf Liebe gegründete Ehe sittlich, so auch nur die, worin die Liebe fortbesteht.

FRIEDRICH ENGELS

Das einzige, was die Ehe heiligen kann, ist Liebe, und die einzig echte Ehe ist die, die von Liebe geheiligt ist.

LEW N. GRAF TOLSTOJ

Die Ehe ist, abgesehen vom Tode und in der Zeit bis zum Tode, das wichtigste und unwiderruflichste Ereignis.

LEW N. GRAF TOLSTOJ

Heiraten sollte man immer so, wie man stirbt, das heißt nur dann, wenn es nicht anders sein kann.

LEW N. GRAF TOLSTOJ

Nur wenige können sich rühmen, ein Weib zu besitzen, das ihnen mit jedem Tage neu und doch so unentbehrlich ist wie die älteste, liebste Lebensgewohnheit.

PAUL VON HEYSE

Wenn der Mann das Amt hat und die Frau den Verstand, dann gibt es eine gute Ehe.

MARIE VON EBNER-ESCHENBACH

Lieber drei Jungfern als eine Witwe heiraten.

WILHELM RAABE

Eine glückliche, durch keine heiratsfähige Tochter getrübte Ehe...

DANIEL SPITZER

Die Zeit zur Ehe kommt viel früher als die Zeit zur Liebe.

FRIEDRICH NIETZSCHE

Man soll sich beim Eingehen einer Ehe die Frage vorlegen: glaubst du, dich mit dieser Frau bis ins Alter hinein gut zu unterhalten ? Alles andere in der Ehe ist transitorisch, aber die meiste Zeit des Verkehrs gehört dem Gespräche an.

FRIEDRICH NIETZSCHE

Nicht mangelnde Liebe, sondern mangelnde Freundschaft führt zu unglücklichen Ehen.

FRIEDRICH NIETZSCHE

Allzu geistige Männer bedürfen ebensosehr der Ehe, als sie ihr wie einer widrigen Medizin widerstreben.

FRIEDRICH NIETZSCHE

Keine Frau sollte einen Abstinenzler oder einen Mann heiraten, der nicht raucht.

ROBERT LOUIS STEVENSON

Heutzutage ist es für einen Ehemann höchst gefährlich, seiner Frau in der Öffentlichkeit zu viel Aufmerksamkeit zu schenken. Es führt dazu, daß die Leute glauben, er schlägt sie zu Hause.

OSCAR WILDE

Ehe

Das Leben wird durch die Ehe vereinfacht; für den einzelnen Tag gilt das Gegenteil.

JEAN ROSTAND

Die Ehe ist allzusehr in Verruf, als daß sie nicht doch viel Gutes haben sollte.

JEAN ROSTAND

Die Ehe ist beliebt, weil sie ein Höchstmaß an Versuchung mit einem Höchstmaß an Gelegenheit verbindet.

GEORGE BERNARD SHAW

Es ist Sache der Frau, so früh wie möglich zu heiraten. Die Aufgabe des Mannes ist es, so lange unverheiratet zu bleiben wie er kann.

GEORGE BERNARD SHAW

Wer in ein Grübchen verliebt ist, der sollte nicht versuchen, gleich die ganze Wange zu heiraten.

GEORGE BERNARD SHAW

Es gibt genügend Ehepaare, die sich vielleicht sogar lieben würden, wenn sie einander bloß ertragen könnten.

GEORGE BERNARD SHAW

Als Bräutigam verspricht der Mann der Braut Glück in der Ehe. Als Ehemann fordert er es von ihr.

ELEONORE VAN DER STRATEN-STERNBERG

Die Ehe ist die Schule der Einsamkeit. Aber man lernt nicht genug in ihr.

ARTHUR SCHNITZLER

Ehe ist Gewissensgemeinschaft.

HERMANN OESER

Die glückliche Ehe ist das Krematorium, wo alles Unglück gemeinsam verbrannt wird.

CARLOS VON TSCHUDI

Das Glück vieler Ehen: Der Verzicht auf Liebe.

SALOMON BAER-OBERDORF

Die meisten Ehen werden geschlossen, wie nur Liebschaften angeknüpft werden dürften.

CHRISTIAN MORGENSTERN

Die Ehe als Domestizierungsversuch der Liebe trägt den Ehebruch in sich.

FRANZ BLEI

Die Frau heiratet den Mann. Der Mann verheiratet sich mit einer Frau.

CARL HAGEMANN

Die unglücklichsten Ehepaare: wenn er dumm ist und sie es einsieht.

RODA RODA

Der Tod selbst ist für den, der nachdenkt, nichts so Ernstes wie die Ehe.

HUGO VON HOFMANNSTHAL

In einer guten Ehe ernennt einer den anderen zum Beschützer seines Alleinseins.

RAINER MARIA RILKE

Von einem Unverheirateten erwartet man nicht, daß er glücklich ist; wenn er aber heiratet, sind die Menschen aufs höchste erstaunt, wenn er es nicht ist.

RAINER MARIA RILKE

In der Ehe ist das Nachgeben keine Niederlage und das Durchsetzen des Willens kein Sieg.

JULIE ELIAS

Es gibt eine Aufklärung, die Entweihung ist. An dieser Entweihung krankt die moderne Ehe.

HELENE HALUSCHKA

Heirat ist noch lange keine Ehe.

LISA WENGER

In der Ehe ist die Zunge der gefährlichste Dritte.

LISA WENGER

Die Liebe hat in der Ehe einen mächtigen Bundesgenossen: die Gewohnheit.

LISA WENGER

In der Ehe wird zuweilen auch die Güte des anderen zur Qual.

OSWALD BUMKE

Die Ehe ist eine Einrichtung zur Erzeugung gemeinsamer Gewohnheiten.

TILLA DURIEUX

Ehe

Ehe macht erfinderisch.

FRITZ DE CRIGNIS

Die Liebe ist eine Gemütskrankheit, die durch die Ehe oft schnell geheilt werden kann.

SACHA GUITRY

Das große Geheimnis einer glücklichen Ehe besteht darin, alle Katastrophen als Zwischenfälle und keinen Zwischenfall als Katastrophe zu behandeln.

SIR HAROLD NICOLSON

Die Ehe ist doch eine Institution zur Lähmung des Geschlechtstriebes, also eine christliche Einrichtung.

GOTTFRIED BENN

Die Ehe ist das zu sozialer Wirksamkeit erhobene Bekenntnis zur Fleischessünde, die ob so demütigen Eingestehens ihrer Unaufhebbarkeit vergeben wird.

ALBERT PARIS GÜTERSLOH

Ist Liebe ohne Ehe ungesetzlich, dann ist Ehe ohne Liebe unmoralisch.

SARWAPALLI RADHAKRISHNAN

Die Ehen, die bald zerrinnen, sind von Sklaven der Lust geschlossen.

JAKOW TRACHTENBERG

Von einer Madonna bleibt in der Ehe oft nur das Kreuz übrig.

FRIEDL BEUTELROCK

In der Ehe ist sehr wichtig der Charme der Übergänge.

FRIEDL BEUTELROCK

Hin und wieder führt nur der eine Partner eine glückliche Ehe.

FRIEDL BEUTELROCK

In der Ehe pflegt gewöhnlich immer einer der Dumme zu sein. Nur wenn zwei Dumme heiraten – kann das mitunter gutgehen.

KURT TUCHOLSKY

Zur Heirat gehören mehr als nur vier nackte Beine ins Bett.

KURT TUCHOLSKY

Die Katholiken terrorisieren das Land mit einer Auffassung vom Wesen der Ehe, die die ihre ist und die uns nichts angeht.

KURT TUCHOLSKY

Ein Mädchen, das einen Soldaten heiratet, macht nie eine schlechte Partie. Ein Soldat versteht zu kochen, kann nähen, muß gesund sein – und das Wichtigste: Er ist unbedingt daran gewöhnt, zu gehorchen.

CHARLES DE GAULLE

Die Ehe ist eine großartige Einrichtung. Keine Familie sollte darauf verzichten.

MAE WEST

Eine Ehe ohne Kinder ist wie ein Ziehbrunnen ohne Kette.

JACOB LORENZ

Jede Ehe ist ein Sonderfall.

SIGMUND GRAFF

Das Problem der Ehe: daß Hitze sich in Wärme verwandle.

CHARLES TSCHOPP

Jede Ehe ist ein Mittelpunkt des Universums.

BERNHARD MARTIN

Die Ehe ist nicht nur der beiden Ehegatten wegen da, sondern auch um des menschlichen Geschlechtes willen.

PETER MAX BOPPEL

Eine Ehescheidung: wie wenn ein Baum gefällt wird.

JOACHIM GÜNTHER

Das Kriterium der Ehe ist die Kritik.

ARTHUR HAFINK

Mit dem ehelichen Vertrauen ist es genau so wie mit dem Glauben. Man muß ihn haben oder man muß zumindest den Willen dazu haben, um erlöst zu werden.

DOMINIQUE LE BOURG

Soll und Haben, Aktiva und Passiva, sind auch in den besten Ehen nie ganz ausgeglichen.

JACK THOMMEN

Ehe

Eine Ehe führen heißt: nichts für sich allein haben, sich rückhaltlos geben, kein wirkliches Geheimnis haben.

LUISE RINSER

Eine auf Versprechen gegründete Ehe verspricht nicht viel.

ROBERT SCHALLER

Sie waren seit dem ersten Tag ihrer Ehe glücklich miteinander verfeindet.

KEN KASKA

In der Ehe wird das Geschick der Welt entschieden. In der Ehe wird Geschichte gemacht.

FRIEDRICH HEER

Gekonnte Ehe: Nervositäten aussprechen, bevor sie versteinern.

HANS KASPER

Jede Ehe ist eine Einheit. Das Problem ist die Abgrenzung der trotzdem nötigen individuellen Hoheitsbereiche.

WILLY STAEHELIN

Ehemänner sind wie Feuer. Sobald sie unbeobachtet sind, gehen sie aus.

ZSA ZSA GÁBOR

Wo die Liebe aufhört, beginnt die Ehe als Gesetz.

HANS LOHBERGER

Begabte Männer lernen in der Ehe sehr rasch, worauf es ankommt – unbegabte dagegen streiten sich weiter mit ihren Frauen.

YVES MONTAND

Für den Mann ist die Ehe eine Startbahn, für die Frau ein Landeplatz.

SIR PETER USTINOV

Scheiden tut weh. Aber: geteilter Schmerz ist halber Schmerz.

JO SCHULZ

Ehe ist eine Koalition mit der Opposition.

WOLFRAM WEIDNER

Heirat ist die Gründung einer Gesellschaft für Konfliktforschung.

WOLFRAM WEIDNER

Den Rausch der Liebe schläft man in der Ehe aus.

GERMUND FITZTHUM

Die Ehe ist eine Einbahnstraße.

HANNS-HERMANN KERSTEN

Es gibt keine unglücklichen Ehen – sonst müßte es auch glückliche geben.

GABRIEL LAUB

Ehe, wem Ehe gebührt.

GERHARD UHLENBRUCK

Ehe: Man paßt sich an einen Partner an, der zu einem paßt.

GERHARD UHLENBRUCK

Liebe ist ein Naturgesetz, Ehe das Bürgerliche Gesetzbuch.

HELLMUT WALTERS

Einen Mann, den man bis ans Lebensende behalten will, übernimmt man am besten aus zweiter Hand. Gebrannte Kinder sind die besten Ehemänner.

SIMONE BICHERON

Die Ehe ist wie ein Bad: Je länger man darin liegt, desto kühler wird es.

RICHARD HARRIS

Viele Ehen dauern ein Leben lang. Manche sogar eine Ewigkeit.

WERNER MITSCH

Alle Männer sind auf der Suche nach der idealen Frau – vor allem nach der Hochzeit.

HELEN ROWLAND

Die Ehe ist der Kompromiß der Liebe mit der Gesellschaft.

PETER TILLE

Es gibt Ehen, die sind nichts weiter als eine Fristenlösung.

CHARLOTTE SEEMANN

Ehe – die kleinste Keimzelle des Staates.

HANS-HORST SKUPY

Seitensprung. Die Ehe zeigt Risse.

HANS-HORST SKUPY

Heutzutage stürzt man sich früh in eine Ehe,
um beizeiten geschieden zu sein.

BERND-LUTZ LANGE

Ehe – Sparflamme der Leidenschaft.

BIRGIT BERG

Die Ehe ist die satirische Form der Liebe.

ANDRÉ BRIE

Jeder Mann muß – darüber soll sich eine
Frau klar sein – erst einmal zu einem
Ehemann entwickelt werden. Was eine
heiratet, ist ein Junggeselle, der momentan
das Junggesellendasein satt hat.

SABINE SANDERS

Die Ehe ist ein Zustand, die Scheidung ein
Prozeß.

LUTZ HÄSCHEL

Ehre

Deine Ehre ist auf der Spitze deiner
Zunge.

Slowenisches Sprichwort

Der Ehre geht Demut voran.

SPRÜCHE 15,33

So wenig wie Schnee zum Sommer und
Regen zur Ernte, so wenig paßt Ehre zum
Toren.

SPRÜCHE 26,1

Was natürlich ist, ist nie entehrend.

EURIPIDES

Liebe zur Ehre ist das einzige, was nie altert.

THUKYDIDES

Ehre verdient schon, wer nichts Unrechtes
tut, aber mehr als doppelte Ehre, wer es
denen, die Unrecht tun wollen, nicht
gestattet.

PLATON

Die Ehre ist der Tugend Lohn.

CICERO

Was kann das für eine Ehre sein, wenn die
Wahrheit nicht dabei ist?

PHILO

Ehre erweisen bringt oft mehr Ehre als Ehre
empfangen.

PLUTARCH

Bedenke, daß nicht der dich entehrt, der dich
schmäht oder schlägt, sondern nur deine
Meinung davon, daß solches entehre.

EPIKTET

Ehre, dem Ehre gebührt.

RÖMERBRIEF 13,7

Seine Ehre kann auch der Arme behalten,
nicht aber der Schlechte.

MIGUEL DE CERVANTES

Behandelt jeden Menschen nach seinem
Verdienst, und wer ist vor Schlägen sicher?
Behandelt sie nach eurer eignen Ehre und
Würdigkeit; je weniger sie verdienen, desto
mehr Verdienst hat eure Güte.

WILLIAM SHAKESPEARE

Dem König soll man Gut und Leben weihen,
aber die Ehre ist Eigentum der Seele, und die
Seele gehört Gott allein.

CALDERÓN DE LA BARCA

Der Prunk der Begräbnisse steigert mehr die
Eitelkeit der Lebenden als die Ehre der
Toten.

LA ROCHEFOUCAULD

Wer sein Leben in Gefahr bringt, der wagt
nichts; wer aber seine Ehre aufs Spiel setzt,
besitzt die größte Unerschrockenheit.

CHRISTINE VON SCHWEDEN

Ohne Geld ist die Ehre nur eine Krankheit.

JEAN-BAPTISTE RACINE

Oft erlaubt das Gesetz, was die Ehre
verbietet.

BERNARD JOSEPH SAURIN

Die Ehre des Mannes besteht in der
Schätzung seiner Selbst; die des Weibes in
dem Urteile anderer.

IMMANUEL KANT

Ehre

Wenn ihr nicht Tugend haben wollt, so lasset wenigstens Ehre in das Herz eines Kindes, weil ein Mann aus ihm werden soll.

JOHANN GEORG HAMANN

Eine Tugend, die auf Prämien ruht, ist unsicher; das Verdienst, das nach Ehre buhlt, ist heuchlerisch.

WILHELM LUDWIG WEKHRLIN

Kluge Schüler ehren gute Meister.

WILHELM LUDWIG WEKHRLIN

Nur der Betrug entehrt, der Irrtum nie.

GEORG CHRISTOPH LICHTENBERG

Den Ruhm soll der Weise verachten, aber nicht die Ehre.

JOHANN GOTTFRIED SEUME

Es ist besser, tausendmal sein Leben zu wagen, als einmal seine Ehre aufs Spiel zu setzen.

GERMAINE (MADAME) DE STAËL

Ich will meine Truppen lieber totschießen lassen als sie entehrt sehen.

NAPOLEON BONAPARTE

Nach Gott ist mir meine Ehre das Höchste.

LUDWIG VAN BEETHOVEN

Die Ehre ist das äußere Gewissen und das Gewissen die innere Ehre.

ARTHUR SCHOPENHAUER

Ruhm muß erworben werden, Ehre darf nur nicht verloren gehen.

ARTHUR SCHOPENHAUER

Man merkt erst, wenn die Ehre gestürzt ist, wie weit und in welchem Grund ihre Wurzeln gehen.

BERTHOLD AUERBACH

Die Ehre, einmal erkrankt und dann nicht rasch geheilt, steht niemals wieder von den Toten auf.

FRIEDRICH HEBBEL

Meine Ehre steht in niemandes Hand als in meiner eigenen, und man kann mich damit nicht überhäufen.

OTTO FÜRST BISMARCK

Wir sind nur menschlich, insoweit wir empfindsam sind. Und unsere Ehre steht in genauem Verhältnis zu unserer Leidenschaft.

JOHN RUSKIN

Es ist ehrenhafter, Ehrungen zu verdienen und nicht geehrt zu werden, als geehrt zu sein und es nicht zu verdienen.

MARK TWAIN

Das Gesetz schützt auch die Ehre jener, die keine haben.

OTTO WEISS

Ehrlose ehrlos zu schelten ist ebenso nutzlos, wie mit Gehörlosen zu schreien.

ELEONORE VAN DER STRATEN-STERNBERG

Geld kann dir nur jener geben, der es hat. Anders verhält es sich mit dem Ehrenwort.

ELEONORE VAN DER STRATEN-STERNBERG

Es ist leichter, ein Held zu sein, als ein Ehrenmann. Ein Held muß man nur einmal sein, ein Ehrenmann immer.

LUIGI PIRANDELLO

Nichts kann mich mehr entehren als ich mich selbst.

CARLOS VON TSCHUDI

Es war mir immer ein Rätsel, wie Menschen sich durch die Demütigung ihrer Mitmenschen geehrt fühlen können.

MAHATMA GANDHI

Für deine verlorene Ehre gibt es nur einen ehrlichen Finder – dich selbst.

SALOMON BAER-OBERDORF

Das schönste Denkmal, das ein Mensch bekommen kann, steht nicht auf irgendeinem Platz, sondern im Herzen seiner Mitmenschen.

ALBERT SCHWEITZER

Unsere Tugend und Ehre gehen oft nur an einem Geländer, welches dünn ist wie ein Spinnfaden, so daß nur jene Menschen es sehen, die es sehen wollen.

EHM WELK

Die Ehre des Feindes ist deine Ehre.

ERNST BERTRAM

Ehre, was du tust, und du tust, was dich ehrt.
PAUL GRAF THUN-HOHENSTEIN

Es gibt Schurken, die ihr Ehrenwort halten.
HEINRICH LEXA

Ehre ist – feines Gewissen.
OTTO BUCHINGER

Will jemand dir eine Ehre verleihen, dann vergewissere dich, ob er ein so großes Ehrenkonto besitzt, daß er davon auch wirklich etwas ausleihen kann. Ist das nicht der Fall, dann gleicht die Ehre, die du von ihm annimmst, einem ungedeckten Scheck, der dich morgen als Betrüger bloßstellen wird. Laß dich nur von denen ehren, die du selbst ehrst. Manche verleihen Ehren, um Scheiben davon abzubekommen.
GÜNTHER ANDERS

Streichle die Puppe, so küßt du das Kind.
PETER TILLE

Manchmal drückt ein Lorbeerkranz mehr als eine Dornenkrone.
WOLFGANG ESCHKER

Müßte ein Bestseller werden: Ehrenwörterbuch.
HANS-HORST SKUPY

Ich gebe mein Ehrenwort. – Wer gibt mehr?
RADIVOJE DANGUBIĆ

An der Ehre muß man kratzen, damit sie nicht Patina ansetzt.
KLAUS BERNHARDT

Ehrgeiz

Ehrgeiz kann sich nicht verbergen.
Englisches Sprichwort

Handelt nicht aus Ehrgeiz oder Eitelkeit. Keiner soll sich über den anderen erheben, sondern ihn mehr achten als sich selbst.
PHILIPPERBIEF 2,3

Für die Ehrgeizigen, die sich weder mit dem Geschenk des Lebens noch mit der Schönheit der Welt zufrieden geben, liegt eine Strafe darin, daß sie sich selbst dieses Leben verbittern und die Vorteile und die Schönheit der Welt nicht besitzen.
LEONARDO DA VINCI

Ehrgeiz ist die Unbescheidenheit des Geistes.
SIR WILLIAM D'AVENANT

Der Ehrgeiz ist der größte aller Schmeichler.
LA ROCHEFOUCAULD

Edelmut ist nur verkappter Ehrgeiz, der die kleinen Vorteile verachtet, um größeren nachzugehen.
LA ROCHEFOUCAULD

Der Weise wird vom Ehrgeiz durch den Ehrgeiz geheilt.
JEAN DE LA BRUYÈRE

Ehrgeiz ist die gleiche Leidenschaft beim Höfling, Soldaten oder Geistlichen. Doch wenden sie aufgrund ihrer verschiedenartigen Ausbildungen und Gewohnheiten verschiedene Methoden an, um sie zu befriedigen.
EARL OF CHESTERFIELD

Der erste Ehrgeiz hat die Welt vergiftet.
VOLTAIRE

Ehrgeiz hat seine Enttäuschungen, die uns verbittern, aber niemals das Glück, uns zu befriedigen.
BENJAMIN FRANKLIN

Der Ehrgeiz verbannt die Vergnügungen von Jugend an, um allein zu regieren.
VAUVENARGUES

Ehrgeiz – eine ernsthafte Dummheit.
CHAMFORT

Heftigen Ehrgeiz und Mißtrauen habe ich noch allemal beisammen gesehen.
GEORG CHRISTOPH LICHTENBERG

Eine verheiratete Frau hat mannigfachen Ehrgeiz.
HONORÉ DE BALZAC

Ehrgeiz

Ein verfolgter Sklave hat nur einen Herrn. Ein ehrgeiziger Mensch muß der Sklave aller sein, die zu seiner Erhebung beitragen könnten.

JEAN DE LA BRUYÈRE

Der strebsame Mensch muß nichts fürchten, wenig glauben und alles hoffen.

JOHANN NESTROY

Ehrgeiz macht blind; die Vorteile, die er sucht, sind die einzigen, die er begreift; alle anderen mißachtet er nicht nur, er sieht sie überhaupt nicht.

DELPHINE GIRARDIN

Der Ehrgeiz ist die Mutter des Neides, und der Neid ist voll Ungerechtigkeit und Bosheit.

ADOLF KOLPING

Den meisten Menschen würden kleine Dinge gelingen, wenn sie nicht von großem Ehrgeiz geplagt wären.

SAMUEL LONGFELLOW

Wenn der Ehrgeiz als Zwerg zur Welt kommt, nennt man ihn Eitelkeit.

FRANZ SERAPHION HUEMER

Nur der Ehrgeiz, durch den keine Eitelkeit blinkt, hat Zukunft.

SULLY PRUDHOMME

Ehrgeiz ist dem Geiste fast ebenso verderblich wie Hunger. Seine schönsten Gedanken um ein Stück Brot hergeben ist ein Unglück; arbeiten um ein Lorbeerblatt ist eine Gefahr.

CARMEN SYLVA

Ehrgeiz ist die letzte Zuflucht des Versagers.

OSCAR WILDE

Jeder Ehrgeiz ist zulässig, so lange er nicht am Elend und an der Leichtgläubigkeit der Menschen emporklettert.

JOSEPH CONRAD

Alle Ehrgeizigen sind mürrisch, weil das Erreichte ihnen den Vorwand nimmt, ehrgeizig sein zu müssen.

SIGMUND GRAFF

Der Ehrgeizige verscharrt seine Ehre.

RICHARD KATZ

Ein ehrgeiziger Mann verkauft seine Seele, eine ehrgeizige Frau ihren Körper.

ERICH KÄSTNER

Der Ehrgeiz ist der Krebs des Ehrgefühls.

ANTON NEUHÄUSLER

Ehrgeiz ist eine Krankheit, unter der die am meisten leiden, die nicht von ihr befallen sind.

WOLFRAM WEIDNER

Ehrgeiz – Schmarotzer der Ehr'.

SIEGFRIED & INGE STARCK

Ehrgeiz ist ein Wort, das seine Bedeutung entlarvt.

RUPERT SCHÜTZBACH

Ehrgeiz geht mit der Ehre anderer sparsam um.

HANS-HORST SKUPY

Ehrlichkeit

Zwischen ehrlichen Leuten bedarf's keiner Rechnung.

Jüdisches Sprichwort

Besser wenig mit Gerechtigkeit als großes Einkommen mit Unrecht.

SPRÜCHE 16,8

Treuer gemeint sind Schläge vom Freunde als freigebige Küsse des Feindes.

SPRÜCHE 27,6

Laßt uns sagen, was wir empfinden, und empfinden, was wir sagen. Laßt die Rede mit dem Leben übereinstimmen.

SENECA

Dein Ja sei gerecht, und dein Nein sei ehrlich.

TALMUD – BABA METSIA

Ehrlichkeit

Keine Zeit ist so schlimm, wo man nicht ehrlich sein könnte.

WILLIAM SHAKESPEARE

Man kann ein ehrlicher Mensch sein, ohne groß zu sein, aber man kann kein großer Mensch sein ohne Ehrlichkeit.

CHRISTINE VON SCHWEDEN

Man ist auch verzweifelt, wenn man weiter nichts ist als ehrlich.

GOTTHOLD EPHRAIM LESSING

Ein ehrlicher Mensch ist in Gottes Augen für die menschliche Gesellschaft wertvoller als alle gekrönten Raufbolde, die je gelebt haben.

THOMAS PAINE

Ehrliche Leute rufen so wenig in den Haufen: Ihr seid alle Narren, als: Ihr seid alle Kanaillen.

HEINRICH PESTALOZZI

Ein beschränkter, ehrlicher Mensch sieht oft die Schelmerei der feinsten Mächler durch und durch.

JOHANN WOLFGANG VON GOETHE

Die Menschen verzeihen einem wohl noch, gerade und ehrlich zu sein; aber sie fordern tiefes Stillschweigen darüber von dem, der es ist. Auf Kosten anderer nur erlauben sie ihm, sich frei und laut auszudrücken.

FRIEDRICH MAXIMILIAN KLINGER

Die Übertreibung ist der Betrug der ehrlichen Leute.

JOSEPH MARIE DE MAISTRE

So eng auch Freundschaft, Liebe und Ehe Menschen verbinden: ganz ehrlich meint jeder es am Ende doch nur mit sich selbst und höchstens noch mit einem Kinde.

ARTHUR SCHOPENHAUER

Es ist nicht hinreichend, ehrlich zu sein, man muß sich auch vor dem Verdacht der Unehrlichkeit hüten.

HEINRICH HEINE

Rechtschaffenheit ist ein Sicherheitsventil für unsere sittliche Natur.

SAMUEL SMILES

Ehrlichkeit kann dann dienlich sein, wenn sie kunstgerecht benutzt wird, oder aber wenn ihr wegen ihrer Seltenheit kein Glaube geschenkt wird.

GIACOMO GRAF LEOPARDI

Mancher ist zum Lügner, zum Meineidigen, zum Fälscher, zum Dieb, ja zum Mörder geworden, dessen verbrecherische Laufbahn damit anfing, daß er nicht den sittlichen Mut besaß, sich lieber einer Beschämung auszusetzen, als einen Schritt von zweifelhafter Ehrlichkeit zu riskieren.

CARL SCHURZ

Unsere Zeit ist wenigstens ehrlich – ja, ehrlich aus Schamlosigkeit.

MARIE VON EBNER-ESCHENBACH

In jedem rückhaltlos ehrlichen Bekenntnis liegt eine starke sittliche Kraft.

HEINRICH VON TREITSCHKE

Ehrlich währt am längsten: weil es am wenigsten in Gebrauch genommen wird?

A. BERTHOLD

Ehrlichkeit macht sich bezahlt, aber vielen Menschen scheint die Bezahlung nicht auszureichen.

KIN HUBBARD

Ehrlich währt am längsten. – Eine Lüge, die die Gauner ausgestreut haben, um die Überfüllung des Berufes zu verhindern.

RODA RODA

Überlege es dir, ehe du deine ehrliche Meinung äußerst. Zweimal, wenn du verletzen, dreimal, wenn du beschämen mußt.

LISA WENGER

Wer absolut ehrlich mit sich selbst ist, kann sich niemals loben.

FRANZ CARL ENDRES

Ein ehrliches Wort braucht seine Stunde und seinen Ort.

KARL HEINRICH WAGGERL

Ehrlich wartet am längsten...

JOSEF VIKTOR STUMMER

Ehrlichkeit

Es ist keine Kunst, ein ehrlicher Mann zu sein, wenn man täglich die Suppe zu löffeln hat.

HEINRICH BÖLL

Ehrlich wehrt am längsten.

SIEGFRIED & INGE STARCK

Ehrlich ehrt am längsten.

GERHARD UHLENBRUCK

Ehrlich wehrt sich am längsten.

GERD W. HEYSE

Ehrlichkeit: Beliebter Ersatz für gute Manieren.

HELMAR NAHR

Es sind die ehrlichen Zeiten, in denen die Lügner geboren werden.

NIKOLAUS CYBINSKI

Ehrlich bis zum Pfennig, verlogen bis ins Mark.

PETER TILLE

Wer seine Ehrlichkeit plakatiert, führt etwas im Schilde.

PETER HORTON

Ehrlich hat die längste Zeit gewährt.

WOLFGANG MOCKER

Eifersucht

Eifersucht ist eine Leidenschaft, die mit Eifer sucht, was Leiden schafft.

Deutsches Sprichwort

Grimmig mag die Wut sein, überwältigend der Zorn – aber wer besteht vor der Eifersucht?

SPRÜCHE 27,4

Die Eifersucht der Frau setzt ein ganzes Haus in Flammen.

MENANDER

Herzeleid und Weh schafft eine eifersüchtige Frau.

BEN SIRA 26,6

Eifersucht ist der Tod der Liebe.

CALDERÓN DE LA BARCA

Bei der Eifersucht zeigt sich mehr Eigenliebe als Liebe.

LA ROCHEFOUCAULD

Die Eifersucht ist das größte Übel und erweckt doch gerade bei den Menschen, die es verursachen, am wenigsten Mitleid.

LA ROCHEFOUCAULD

Die Eifersucht wächst nur heran unter Zweifeln, und sie wird rasend und stirbt dahin, sobald der Zweifel der Gewißheit weicht.

LA ROCHEFOUCAULD

Liebe erzeugt Eifersucht; allein Eifersucht tötet die Liebe.

CHRISTINE VON SCHWEDEN

Die Eifersucht ist wie das Feuer. Sie bringt vielleicht die Hörner zum Einschrumpfen, läßt sie aber dabei stinken.

JONATHAN SWIFT

Männer sind ebenso eifersüchtig in punkto Geist wie Frauen in punkto Schönheit.

MARQUISE DE DUDEFFANT

Neid und Eifersucht sind die Dornen im Rosengarten der Liebe.

WILHELM HEINSE

Setzten wir uns an die Stelle anderer Personen, so würden Eifersucht und Haß wegfallen, die wir so oft gegen sie empfinden; und setzten wir andere an unsere Stelle, so würden Stolz und Einbildung gar sehr abnehmen.

JOHANN WOLFGANG VON GOETHE

Freundschaftliche Eifersucht ist viel stärker als liebende, schon, weil sie nicht, wie diese, ihren Gegenstand zu verachten vermag.

JEAN PAUL

Eifersucht

Die Eifersucht kann stolzen Frauen gefallen, weil sie eine neue Art ist, dem Manne ihre Macht zu zeigen.

STENDHAL

Man mag nur die Eifersucht des Mannes, auf den man selbst eifersüchtig sein könnte.

STENDHAL

Die Eifersucht macht den Mann dumm, lächerlich und setzt ihn in der Liebe und Achtung des Weibes herab; das Weib macht sie geistreicher, liebenswürdiger, und sie steigert die Empfindungen des Mannes.

LUDWIG BÖRNE

Man ist nie eifersüchtiger, als wenn man in der Liebe anfängt zu erkalten. Man traut dann der Geliebten nicht mehr, weil man dunkel fühlt, wie wenig einem selbst mehr zu trauen ist.

FRANZ GRILLPARZER

Die Eifersucht ist ein Wurm, der sich von Zweifeln nährt – und an Gewißheit stirbt.

FRANZ VON SCHÖNTHAN

Die Eifersucht – das häßlichste Kind der Liebe – ist das unbewußte Bekenntnis eigener Unzulänglichkeit.

ELEONORE VAN DER STRATEN-STERNBERG

Eifersucht ist das beste Gegenmittel gegen die Liebe. Durch Eifersucht wird sie bestimmt getötet – bei dem andern.

CLAUDE ANET

Ein eifersüchtiger Mann kann nur eine alberne Frau glücklich machen.

WILHELM WEBER-BRAUNS

Eifersucht verlangt Liebesbeweise, die echte Liebe nicht geben kann.

SALOMON BAER-OBERDORF

Eifersucht ist ein Hundegebell, das die Diebe anlockt.

KARL KRAUS

Wahrlich, es lohnt nicht, sich durch Eifersuchtsgram die Verdauung stören zu lassen.

THOMAS MANN

Die Eifersucht der Frau auf das Werk des Mannes ist mehr noch als Untreue: sie ist Verrat.

HELENE HALUSCHKA

Eifersucht ist die innere Erkenntnis der eigenen Unzulänglichkeit oder Unverläßlichkeit. Die eifersüchtigsten Männer sind immer die untreuen. Eifersucht und Neid sind nah verwandt, darum prüfe die Art deiner Eifersucht. – Die wahre Eifersucht ist Trauer um eine gefährdete Liebe und hat mit Mißtrauen und verletzenden Verdächtigungen nichts gemein.

HELENE HALUSCHKA

Eifersucht ist der Liebe unglückliche Zwillingsschwester.

LISA WENGER

Eifersucht ist Konkurrenz in der Liebe. Sie ist voll selbstsüchtigen Begehrens.

W. J. OEHLER

Eifersucht lebt länger als Liebe.

ADOLF SPEMANN

Ein Eifersüchtiger weiß nichts, ahnt viel und fürchtet alles.

CURT GOETZ

Eifersucht ist eine Leidenschaft, die das Leiden sucht, das neuen Eifer schafft.

ANTON KUH

Eifersucht: Liebesjucken.

RAMÓN GÓMEZ DE LA SERNA

Eifersucht überdauert oft die Liebe. Eigentlich hat man erst aufgehört zu lieben, wenn man sich nicht mehr dafür interessiert, bei wem sie sich tröstet.

LUDWIG REINERS

Eifersucht ist der Geiz der Liebe. Der Eifersüchtige gleicht dem Schläfer, der sich, um seinen Schlaf zu genießen, alle paar Stunden wecken läßt.

SIGMUND GRAFF

Eifersucht ist jener Zustand, in dem man sterben möchte, um weiterleben zu können.

WILHELM LICHTENBERG

Eifersucht

Eifersucht potenziert ihren Argwohn.

HEINRICH WIESNER

Eifersucht ist die Sucht, einem anderen
nacheifern zu wollen.

GERHARD UHLENBRUCK

Eifersucht ist leidenschaftlicher Neid.

GERHARD UHLENBRUCK

Eifersucht ist Erpressung zur Treue. Treue ist
Konkurrenzausschuß.

HELMAR NAHR

Eifersucht: Geständnis der Austauschbarkeit.

ELAZAR BENYOËTZ

Eile

Die eilige Hündin wirft blinde Junge.

Litauisches Sprichwort

Eile, mir zu helfen!

PSALMEN 22,20

Wer früh spornt, ermüdet früh sein Pferd; und
Speis' erstickt den, der zu hastig speist.

WILLIAM SHAKESPEARE

Nichts nutzt die Eile; brich stets bei Zeiten
auf!

JEAN DE LA FONTAINE

Wer glaubt, hastet nicht.

J. HUDSON TAYLOR

Lebt man rasch, so überholt man sich auch
selbst immer wieder.

KURT WILHELM GOLDSCHMIDT

Immer beschäftigt sein und nicht unter der
Eile leiden: das ist ein Stück Himmel auf
Erden.

PAPST JOHANNES XXIII.

Es eilt nicht; denn wir sterben.

LUDWIG FRIEDRICH BARTHEL

Allzu schnelle Bäche gelangen nie zum Meer.

RASSUL GAMSATOW

Der Eilige kam, um zu gehen.

WERNER MITSCH

Nicht jeder, der rennt, hat ein Ziel.

PETER HORTON

Einbildung

Je mehr du einen minderwertigen
Menschen hofierst, umso höher
trägt er sein Haupt.

Spanisches Sprichwort

Nichts ziemt sich weniger als dünkelhafter
Wahn – zumal für junge Leute.

ZENON

Haltet euch nicht selbst für klug!

RÖMERBRIEF 12,16

Die Erkenntnis bläht auf, die Liebe aber baut
auf.

1 KORINTHERBRIEF 8,1

Hochmut zeugt von Geistes Armut.

TALMUD – SANHEDRIN

Das irdische Leben ist nur ein Vorrat von
Täuschungen.

KORAN

In Schwachen wirkt die Einbildung am
stärksten.

WILLIAM SHAKESPEARE

Man kann sich den Ruhm anderer Leute
ebenso anmaßen wie ihr Vermögen.

CHRISTINE VON SCHWEDEN

Kein Mensch ist so wichtig wie er sich nimmt.

IMMANUEL KANT

Den leeren Schlauch bläst der Wind auf; den
leeren Kopf der Dünkel.

MATTHIAS CLAUDIUS

Einsamkeit

Allgemeine Begriffe und großer Dünkel sind immer auf dem Wege, entsetzliches Unglück anzurichten.

JOHANN WOLFGANG VON GOETHE

Denke nur niemand, daß man auf ihn als den Heiland gewartet habe.

JOHANN WOLFGANG VON GOETHE

Ein großer Fehler, daß man sich mehr dünkt, als man ist, und sich weniger schätzt, als man wert ist.

JOHANN WOLFGANG VON GOETHE

Im Bereich der Einbildung ist das Unbekannte allmächtig.

NAPOLEON BONAPARTE

Die Welt erträgt die Einbildung der Erfolgreichen, aber von niemand anders.

JOHN L. BLAKE

Jeder hat das Recht, eingebildet zu sein, bis er Erfolg hat.

BENJAMIN DISRAELI

Die Made hält ihren Käse für die Welt.

DANIEL SANDERS

Einbildung mag einen Menschen aufblasen, ihn aber nie stürzen.

JOHN RUSKIN

Mancher Hahn meint, daß die Sonne seinetwegen aufgeht.

THEODOR FONTANE

Der Mensch lebt von seinen Einbildungen.

WILHELM RAABE

Wie klein ist das, was einer ist, wenn man's mit seinem Dünkel mißt.

WILHELM BUSCH

Es ist nicht genug Liebe und Güte in der Welt, um noch davon an eingebildete Wesen wegschenken zu dürfen.

FRIEDRICH NIETZSCHE

Die Einbildung ist die Wiege, das Gedächtnis das Grab der Dinge.

RUDOLF G. BINDING

Ein feierlicher Kerl ist niemals groß.

CARL VON SPITTELER

Einbildung wächst wie das Fett auf dem menschlichen Körper, unmerklich, Schicht um Schicht.

JAWAHARLAL NEHRU

Wenn der Topf leer ist, tönt er.

KARL HEINRICH WAGGERL

Einbildung ist der Krebs der Bildung.

ERNST JUCKER

Die Einbildung tröstet die Menschen über das, was sie nicht sein können, und der Humor tröstet sie darüber hinweg, was sie wirklich sind.

ALBERT CAMUS

Lege kein allzu großes Gewicht auf deine Stellung. Die Sprosse könnte es nicht ertragen.

WIESLAW BRUDZINSKI

Ohne Überheblichkeit wäre Bescheidenheit nicht der Rede wert.

GERHARD BRANSTNER

Die meisten Menschen leben von der Annahme, daß sie eine Ausnahme seien.

GERHARD UHLENBRUCK

Einbildung heißt die Bildung der dummen Leute.

CHARLOTTE SEEMANN

Einsamkeit

Einsamkeit ist eine Schule der Weisheit.

Deutsches Sprichwort

Es ist nicht gut, daß der Mensch allein sei.

1 MOSE 2,18

Die Einsame hat mehr Kinder.

JESAJA 54,1

Einsamkeit

Ganz allein leben kann nur Gott oder ein Teufel.

THOMAS VON AQUIN

Da es gute und schlechte Gesellschaft gibt, gibt es auch gute und schlechte Einsamkeit.

FRANZ VON SALES

Die Einsamkeit ist die Nahrung großer Geister.

CHRISTINE VON SCHWEDEN

Einsamkeit ist für den Geist, was Fasten für den Körper: tödlich, wenn sie zu lange dauert, und doch notwendig.

VAUVENARGUES

Wer sich der Einsamkeit ergibt, der ist bald allein.

JOHANN WOLFGANG VON GOETHE

Die wenigsten Menschen verstehen, wie unendlich viel in der Einsamkeit liegt.

WILHELM VON HUMBOLDT

Alles kann man in der Einsamkeit erwerben, nur keinen Charakter.

STENDHAL

Einsamkeit brütet Gemeinsamkeit.

KARL FOERSTER

Erfindungsgeist, Tatkraft, Fleiß und Geduld gestalten das Los des Einsamen erträglich.

KARL FOERSTER

Einsamkeit ist das Los aller hervorragenden Geister.

ARTHUR SCHOPENHAUER

In der Einsamkeit fühlt der Jämmerliche seine ganze Jämmerlichkeit, der große Geist seine ganze Größe, kurz jeder sich, als was er ist.

ARTHUR SCHOPENHAUER

Ganz er selbst darf jeder nur sein, solange er allein ist. Wer also nicht die Einsamkeit liebt, der liebt auch nicht die Freiheit.

ARTHUR SCHOPENHAUER

Der Mensch empfindet Grauen vor der Einsamkeit.

HONORÉ DE BALZAC

Ich fühle mich nie weniger einsam, als wenn ich allein bin.

JOHANN NESTROY

Einsamkeit ist keine Lösung. Man muß allein denken, nicht allein leben.

RABBI ELIMELECH

Es ist leicht, in der Einsamkeit nach der eigenen Neigung zu leben. Aber der große Mensch ist der, der mitten im Gewühl mit vollkommener Anmut die Unabhängigkeit des Einsiedlers bewahrt.

RALPH WALDO EMERSON

Ist die Einsamkeit für größere Geister ein Nahrungsquell, so ist er für kleine eine Qual.

SAMUEL SMILES

Wir wissen wenig voneinander. Wir sind Dickhäuter, wir strecken die Hände nacheinander aus, aber es ist vergebliche Mühe, wir reiben nur das grobe Leder aneinander ab – wir sind sehr einsam.

GEORG BÜCHNER

Ich liebe es, allein zu sein. Nie habe ich Gesellschaft gefunden, die so gesellig wie die Einsamkeit war.

HENRY DAVID THOREAU

Sei artig, und du wirst einsam sein.

MARK TWAIN

Allein. – In schlechter Gesellschaft.

AMBROSE BIERCE

Je größer die Einsamkeit, je lebhafter die Nähe Gottes.

PETER ROSEGGER

Was fürchte ich? Die Einsamkeit! Was ist Einsamkeit? Ich selbst.

AUGUST STRINDBERG

Lebe einsam; lebe einsam – lebe aber nicht zu einsam.

ARMANDO PALACIO VALDÉS

Absolute Einsamkeit schafft entweder Heilige oder – Tiere aus den Menschen.

M. HERBERT

Einsamkeit

Tragisches Paradoxon: Man ist nirgends einsamer und preisgegebener als in seiner Heimat, seinem Volke, seiner Zeit.

KURT WILHELM GOLDSCHMIDT

Einsamkeit wirkt bei manchen Menschen wie Wein: man darf nicht zu viel davon genießen, denn sie steigt zu Kopf.

MARY COLERIDGE

Nur unter deinesgleichen hast du das Recht, dich einsam zu fühlen.

ARTHUR SCHNITZLER

Kein Gespenst überfällt uns in vielfältigeren Verkleidungen als die Einsamkeit; eine ihrer undurchschaubarsten Masken heißt Liebe.

ARTHUR SCHNITZLER

Die Einsamen brauchen mehr Platz im Leben als die Geselligen.

SALOMON BAER-OBERDORF

Die Einsamkeit wäre ein idealer Zustand, wenn man sich die Menschen aussuchen könnte, die man meidet.

KARL KRAUS

Einsamkeit ist der Weg, auf dem das Schicksal den Menschen zu sich selber führen will.

HERMANN HESSE

Darin, wie die Menschen die Einsamkeit scheuen, sehe ich heimliche Furcht vor dem Tode.

ALEXANDR ELTSCHANINOW

Die Einsamkeit ist ein dichter Mantel, und doch friert das Herz darunter.

E. G. KOLBENHEYER

Die Einsamkeit ist mit einer schwächer werdenden Lampe vergleichbar.

FRANCIS PICABIA

Krankheit und Einsamkeit sind verwandt.

OTTO WEININGER

Einsame Menschen erkennt man an der Liebe zu den Tieren.

GUSTAV HILLARD

Die Höhe und Reinheit einer Seele ermißt sich am deutlichsten an dem Grade der Einsamkeit, den sie ertragen kann, ohne Schaden zu nehmen.

PAUL GRAF THUN-HOHENSTEIN

Einsam-sein heißt, sich selber ins Auge sehen können.

FRANZ WERFEL

Einsamkeit wird die Schwester der Tränen oder die Mutter der Kraft.

MARGARETE SEEMANN

Einsamkeit gibt jeder Sache und jedem Menschen Größe.

PETER BAMM

Die Einsamen bedürfen am meisten der Liebe.

ZENTA MAURINA

In der Einsamkeit findet und verliert sich der Sinn vom Sein.

ANITA

Nichts kann den Menschen aus seiner Einsamkeit erlösen, nicht einmal die Liebe.

WERNER BUKOFZER

Einsam fühle ich mich dann, wenn ich eine Hand suche – und nur Fäuste finde.

RALPH J. BUNCHE

Die Einsamkeit ist keine Krankheit zum Tode. Nein, aber wird sie nicht erst durch den Tod überwunden? Und wird sie nicht schwerer, je näher wir ihm kommen?

DAG HAMMARSKJÖLD

Einsamkeit, wie bist du übervölkert!

STANISLAW JERZY LEC

Wenn zwei Einsamkeit suchen, droht der Welt Überbevölkerung.

STANISLAW JERZY LEC

Die Pflicht eines einsamen Menschen ist, noch einsamer zu werden.

É. M. CIORAN

Im Kopf wird die Welt einsam.

KARLHEINZ DESCHNER

Einsamkeit

Keiner ist einsam, wenn er sich mit den Problemen seiner Mitmenschen befaßt.
HERMI LEOPOLD

Die allgemeine Anteilnahme ist die allseitige Bestätigung der Einsamkeit.
GOTTFRIED EDEL

Je einsamer der Mensch, umso besetzter sein Telefon.
GERHARD UHLENBRUCK

Höhenluft macht einsam.
HELLMUT WALTERS

Lieber allein allein als zu zweit.
WERNER MITSCH

Sie begannen ihre Einsamkeit zu zweit.
WERNER EHRENFORTH

Einsamkeit kann auch ein Ausdruck sein von Geiz.
PETER HORTON

Einsamkeit heißt, in der Zeitung zu stehen.
FALCO

Alleinsein ist gewollte Einsamkeit, Einsamkeit ungewolltes Alleinsein.
SULAMITH SPARRE

Einsicht

Ich kann nicht die Kuh verkaufen und die Milch behalten.
Schottisches Sprichwort

Einsicht hilft dem Eichenfäller besser als Stärke.
HOMER

Vernünftige Einsicht zu haben, ist die größte Tugend, und Weisheit ist es, Wahres zu reden und gemäß der Natur zu handeln, indem man auf sie hört.
HERAKLIT

Lerne: wo ist Einsicht, wo ist Stärke.
BARUCH 3,14

Nach seiner Einsicht wird der Mann gelobt.
SPRÜCHE 12,8

Wer Einsicht bewahrt, der findet Glück.
SPRÜCHE 19,8

Demütige dich, bevor du zu Fall kommst.
BEN SIRA 18,21

Das sieht ein Blinder ein...
TITUS LIVIUS

Für jeden Einsichtigen gibt es keinen größeren Schmerz als den, seine Zeit verloren zu haben.
GIOVANNI BOCCACCIO

Je mehr Einsicht man hat, desto mehr Größe und Niedrigkeit entdeckt man im Menschen.
BLAISE PASCAL

Wer bloß nach Einsicht ringt, der bleibt verachtungsvoll.
JOHANN CHRISTOPH GOTTSCHED

Es ist etwas Rechtliches und Gutes darin, wenn ein Mensch von Scharfsinn und Talent am rechten Ort seine Einsicht aufgibt und für nichts achtet, um einer höheren zu huldigen, zu glauben und zu vertrauen.
MATTHIAS CLAUDIUS

Viele würden sehen können, trügen sie nur keine Brillen.
FRIEDRICH HEBBEL

Die Einsicht in das Mögliche und Unmögliche ist es, die den Helden vom Abenteurer scheidet.
THEODOR MOMMSEN

Wer hinter die Puppenbühne geht, sieht die Drähte.
WILHELM BUSCH

Mit Einsicht allein ist es nicht getan; es gehört auch das Handeln dazu: Zucht und Opfer. Wahre Freiheit wächst nur aus der Zucht.
ROMANO GUARDINI

Eitelkeit

Jeder Dumme vertritt seine Ansichten, bevor er Einsichten hat.

HANS-HASSO VON VELTHEIM-OSTRAU

Jede wesentliche Einsicht ist immer nur zur Hälfte wirklich Einsicht – zur anderen Hälfte: Ehrfurcht und Staunen.

HANS MARGOLIUS

Der Mensch hat hier auf Erden überhaupt keine beruhigenden Aussichten mehr, aber äußerst beunruhigende Einsichten.

ARTHUR HAFINK

Das Rationale am Menschen sind die Einsichten, die er hat. Das Irrationale an ihm ist, daß er nicht danach handelt.

FRIEDRICH DÜRRENMATT

Rücksicht setzt Einsicht voraus.

GERHARD BRANSTNER

Einsichten, die bezahlt worden sind, brauchen nicht um Nachsicht zu bitten.

HELLMUT WALTERS

Wer in sich geht, verirrt sich leicht.

PETER TILLE

Er ging in sich. Kein Wunder, daß er sich verlief.

DIETER LEISEGANG

Alterseinsicht gleicht dem Schneematsch im späten Winter.

BEAT LÄUFER

Eitelkeit

Wenn Stolz und Eitelkeit sich vermählen, gibt's närrische Kinder.

Deutsches Sprichwort

Es ist alles ganz eitel!

PREDIGER 1,2; 12,8

Die Hoffart des Menschen wird gebeugt.

JESAJA 2,11

Je eitler der äußere Mensch wird, je dunkler wird der innere Mensch, solange, bis er gar verbleicht.

JAKOB BÖHME

Was die Eitelkeit anderer so unerträglich macht, ist die Tatsache, daß sie die eigene kränkt.

LA ROCHEFOUCAULD

Kein Laster und keine Torheit verlangt so viel Geschick und Sorgfalt wie die Eitelkeit; nichts wirkt aber auch bei schlechter Aufmachung verächtlicher.

JONATHAN SWIFT

Nächst dem Hunger ist die Eitelkeit die stärkste Triebkraft.

MARQUISE DE DUDEFFANT

Die Eitelkeit stürzt mehr Frauen ins Verderben als die Liebe.

MARQUISE DE DUDEFFANT

Eitelkeit ist ihrer Natur nach verleumderisch. Sie setzt herab, um besser zur Geltung zu kommen.

MARQUISE DE DUDEFFANT

Niemand hat Mitgefühl mit den Sorgen der Eitelkeit.

SAMUEL JOHNSON

Mit Ausnahme der Eitelkeit gibt es keine Torheit, von der man einen Menschen, der nicht ein vollkommener Narr ist, heilen könnte.

JEAN-JACQUES ROUSSEAU

So lange die Eitelkeit der menschlichen Gemüter noch mächtig sein wird, so lange wird sich das Vorurteil auch erhalten, das ist, es wird niemals aufhören.

IMMANUEL KANT

Schwache Menschen, ihr gebt vor, es sei euch bloß um Wahrheit und Ausbreitung der Erkenntnis zu tun, in der Tat aber beschäftigt euch bloß eure Eitelkeit!

IMMANUEL KANT

Die Eitelkeit ist ein Affe des Stolzes.

JOHANN GEORG HAMANN

Eitelkeit

Eitelkeit ist eine persönliche Ruhmsucht: man will nicht wegen seiner Eigenschaften, seiner Verdienste, Taten geschätzt, geehrt, gesucht werden, sondern um seines individuellen Daseins willen. Am besten kleidet die Eitelkeit deshalb eine frivole Schöne.

JOHANN WOLFGANG VON GOETHE

Was ist der Mensch für eine elende Kreatur, wenn er alle Eitelkeit abgelegt hat.

JOHANN WOLFGANG VON GOETHE

Der Eitle will geschmeichelt sein; Lob kitzelt ihn unaussprechlich; und wenn man ihm Aufmerksamkeit, Zuneigung, Bewunderung widmet, so braucht nicht eben große Ehrenbezeigung damit verbunden zu sein.

ADOLPH VON KNIGGE

Mancher hält sich für taub, nur weil nicht mehr über ihn gesprochen wird.

TALLEYRAND

Der eitle Tor verrät seine Unwissenheit selber.

JEAN-PIERRE CLARIS DE FLORIAN

Wo Eitelkeit und Prunksucht anfangen, da hört der innere Wert auf.

JOHANN GOTTFRIED SEUME

Fiel einer einmal in den Verdacht der Eitelkeit, so wickelt er sich nicht mehr daraus heraus, er handle, wie er will.

JEAN PAUL

Eitelkeit ist darum so schwer abzulegen, weil man sie, unter allen Lastern allein, den ganzen Tag genießen kann.

JEAN PAUL

Kann die Eitelkeit sich zeigen, so ist sie wohlwollend. Muß sie sich dagegen verbergen, so wird sie aus Furcht vor Entdeckung bitter; sie heuchelt dann Gleichgültigkeit, Überdruß, schließlich sucht sie den anderen klarzumachen, sie habe sie nicht nötig.

GERMAINE (MADAME) DE STAËL

Es ist alles, alles eitel, wenn Gott nicht Leben und Segen gibt.

JEREMIAS GOTTHELF

Eitelkeit ist die Klippe, an der die meisten Großen, gar viele Gelehrte und alle Weiber scheitern.

KARL JULIUS WEBER

Keine Freude vermag sich der triumphierenden Eitelkeit zu vergleichen.

HONORÉ DE BALZAC

Der Grund davon, daß uns die Eitelkeit an anderen mißfällt, ist der, daß sie beständig unserer eigenen Abbruch tut. Von allen Leidenschaften ist sie die rücksichtsloseste; sie schwatzt immer ihre eigenen Geheimnisse aus; ihre Geschwätzigkeit macht sie verächtlich.

EDWARD EARL BULWER-LYTTON

Die Eitelkeit ist der notwendige Fehler aller großen Leute, namentlich derer, welche die Welt mit Worten oder mit Tönen erobern. Ein Künstler, der nicht eitel ist, gleicht einem Weibe, das nicht gefallen will – beide sind langweilig.

HEINRICH LAUBE

Jedes Herz ist eine Bude auf dem Jahrmarkt der Eitelkeiten.

WILLIAM THACKERAY

Man kann niemandem beibringen, wie er es anstellen soll, nicht eitel zu sein. Man kann nur lehren, Eitelkeit zu verbergen.

KARL GUTZKOW

Daß der Mensch, der die Wahrheit so flieht, den Spiegel erfunden hat, ist die größte historische Merkwürdigkeit.

FRIEDRICH HEBBEL

Die menschliche Eitelkeit vermengt sich mit den edelsten Ideen und verleiht ihnen oft eine Hartnäckigkeit, die uns sonst fehlen würde.

GOTTFRIED KELLER

Leben ohne Eitelkeit ist fast unmöglich.

LEW N. GRAF TOLSTOJ

Die Eitelkeit füllt am besten aus, wo Talent und Wille mangelt. Daher sind die Eitlen verloren zur Besserung und immer schwache und kleine Naturen.

CARL HILTY

Eitelkeit

Wo die Eitelkeit anfängt, hört der Verstand auf.

MARIE VON EBNER-ESCHENBACH

Er besaß nur eine Eitelkeit: er glaubte, daß er besseren Rat geben könnte als jeder andere.

MARK TWAIN

Was der Eitelkeit zugutekommt, geht der Lebenskraft verloren.

GEORG VON OERTZEN

Die Eitelkeit anderer geht uns nur dann wider den Geschmack, wenn sie wider unsere Eitelkeit geht.

FRIEDRICH NIETZSCHE

Jedermann hat gerade soviel Eitelkeit, wie es ihm an Verstand fehlt.

FRIEDRICH NIETZSCHE

Mancher mißhandelt aus Eitelkeit selbst seine Freunde, wenn Zeugen zugegen sind, denen er sein Übergewicht deutlich machen will; und andere übertreiben den Wert ihrer Feinde, um mit Stolz darauf hinzuweisen, daß sie solcher Feinde wert sind.

FRIEDRICH NIETZSCHE

Die Eitelkeit lockt die Schmeichler an, wie der Honig die Bienen.

OTTO VON LEIXNER

Die Eitelkeit ist eine Narrenkappe, die wir vor den Augen aller tragen, ohne es zu wissen und zu fühlen.

M. HERBERT

Es gibt Menschen, die sind nur Titularmenschen.

ELEONORE VAN DER STRATEN-STERNBERG

Orden sind ein kostensparender Gegenstand, der es ermöglicht, mit wenig Blech viel Eitelkeit zu befriedigen.

ARISTIDE BRIAND

Welch ein gefräßiges Tier ist doch die Eitelkeit! Sie nährt sich sowohl von Erfolg als auch von Mißerfolg.

ARTHUR SCHNITZLER

Der Eitelkeit wird mehr geopfert als der Güte.

CARLOS VON TSCHUDI

Der Eitle will seine Freude an der eigenen Person auch den anderen zuteil werden lassen.

ROBERT GERSUNY

Im Menschen sitzt ein Verräter, der Eitelkeit heißt und der die Geheimnisse gegen Schmeichelei preisgibt.

PAUL VALERY

Unsere Eitelkeit ist so groß, daß wir sogar wünschen, man interessiere sich für die selbstverschuldeten Folgen unserer Dummheiten.

WILLIBRORD VERKADE

Die Frau braucht in Freud und Leid, außen und innen, in jeder Lage den Spiegel.

KARL KRAUS

Eitelkeit und Demut sind einander nie begegnet.

LISA WENGER

Wenn eine Frau, in entkleideter Stellung überrascht, aufschreit, so ist das oft nur so zu verstehen, daß sie nicht gut genug darin auszusehen fürchtete.

OTTO WEININGER

Die raffinierteste Spielart der Eitelkeit ist übertriebene Bescheidenheit.

CARL TILLY LINDNER

Seine Eitelkeit überwindet man nicht. – Man wird ihrer höchstens müde.

BLAISE GALL

Kämpfe aus Eitelkeit sind Kämpfe zwischen Festung und Festung.

HEINRICH LEXA

Wenn man die eitlen Tröpfe unter den Bekannten zählt, verzählt man sich immer um einen.

KARL HEINRICH WAGGERL

Ein eitler Mensch wird nie ein großer Liebender sein.

OTTO HEUSCHELE

Nur die Eitlen sind immer enttäuscht.

HASSO HEMMER

Eitelkeit

Man erleichtert sich den Umgang mit den Menschen, wenn man jedem das Stichwort gibt, auf das seine Eitelkeit wartet.

SIGMUND GRAFF

Die merkwürdige Eitelkeit des Menschen, die glauben will und glauben läßt, er strebe nach Wahrheit, während er von dieser Welt Liebe verlangt.

ALBERT CAMUS

Aus lauter Eitelkeit hörte er sogar auf, ehrgeizig zu sein.

GABRIEL LAUB

Ruhmsüchtige Eitelkeit ist die Erotik des Alters.

GERHARD UHLENBRUCK

Wäre es nicht wirklich gut, wenn wir viel mehr Spielverderber auf dem Jahrmarkt der Eitelkeiten hätten?

MARTIN KRUSE

Verletzte Eitelkeit trägt demonstrativ ein großes Pflaster.

GERD W. HEYSE

Eltern

Ein Sohn, der seinen Eltern widerspricht, wird seiner Schwiegermutter nicht widersprechen.

Sudanesisches Sprichwort

Verflucht sei, wer seinen Vater oder seine Mutter nicht in Ehren hält!

5 MOSE 27,16

Höre auf deinen Vater, der dich gezeugt hat, und verachte nicht deine alte Mutter.

SPRÜCHE 23,22

Die Eltern wollen nie der Kinder Fehler erkennen.

KONFUZIUS

Immer liebt eine Mutter die Kinder mehr als der Vater. Denn sie weiß, daß es ihre Kinder sind; für die Vaterschaft gibt es keine Gewißheit.

EURIPIDES

Dir bleibt auch dann noch genug zum Leben, wenn du für die Eltern sorgst.

MENANDER

Des Vaters Segen gibt feste Wurzel, aber der Mutter Fluch reißt die junge Pflanze heraus.

BEN SIRA 3,9

Auf Böses sinnend, den Eltern ungehorsam.

RÖMERBRIEF 1,30

Den Eltern müssen alle ihre Kinder gleich lieb sein – das eine darf vor den anderen nicht bevorzugt werden.

TALMUD – SABBAT

Eltern können die Hölle nicht leichter verdienen, als wenn sie ihre eigenen Kinder in ihrem eigenen Hause versäumen.

MARTIN LUTHER

Kein Vater und keine Mutter halten ihre Kinder für häßlich.

MIGUEL DE CERVANTES

Ihr bösen Eltern, merket dies, ihr sammelt euren Kindern Geld; sammelt ihnen gute Seelen, es ist ihnen nötiger.

JAKOB BÖHME

Im allgemeinen erfreuen sich die Eltern der höchsten Achtung, die sie am meisten verdienen.

SAMUEL JOHNSON

Wie die Quelle, so der Bach; wie die Eltern, so die Kinder.

JOACHIM HEINRICH CAMPE

Es ist bloß ein Dünkel der Eltern, wenn sie sich einbilden, daß ihr Dasein für die Kinder so nötig sei.

JOHANN WOLFGANG VON GOETHE

Das hat Gott in die Herzen der Eltern gegeben, daß sie ihre Kinder lieben und ihren Undank vergessen können.

JOHANN PETER HEBEL

Eltern

Die Mütter geben unserem Geiste Wärme, die Väter das Licht.

JEAN PAUL

Die so häufige und feste Elternliebe erkläre ich mir auch daraus, daß im ganzen anfangs alle Kinder gut und sogar schön sind.

JEAN PAUL

Wo rechte Eltern sind, sind Kinder immer eine reiche Gabe Gottes.

JEREMIAS GOTTHELF

Die Eltern gehören den Kindern; denn um der Kinder willen sind sie Eltern geworden.

ADOLF KOLPING

Liebe der Eltern flackert nicht umher wie Liebe junger Herzen, sie sitzt tief und bleibt beständig, und wenn sie auch einmal in den Winkel gestampft wird, so bricht sie immer wieder hervor.

GUSTAV FREYTAG

Der Riß, der die Eltern trennt, geht meistens auch durch die Herzen der Kinder.

FRIEDRICH SPIELHAGEN

Eltern verzeihen ihren Kindern die Fehler am schwersten, die sie selbst ihnen anerzogen haben.

MARIE VON EBNER-ESCHENBACH

Es gibt leider nicht sehr viele Eltern, deren Umgang für ihre Kinder wirklich ein Segen ist.

MARIE VON EBNER-ESCHENBACH

Eltern sollten sich nicht unberufen in das Gefühlsleben ihrer Kinder eindrängen; das keusche, vornehme Verschließen des Innern gehört zum besten, was sie haben.

ISOLDE KURZ

Warum, so frage ich mich, sind unsere Eltern so langweilig?

OSCAR WILDE

Wenige Eltern nehmen heutzutage Rücksicht auf das, was ihnen ihre Kinder sagen. Der altmodische Respekt vor der Jugend stirbt fast aus.

OSCAR WILDE

Es ist notwendig, Kinder vor ihren Eltern zu schützen.

GEORGE BERNARD SHAW

Der Vater kauft dem Sohn mit seiner Fürsorge das Ausreisebillett, die Mutter durch ihre Liebe das Rückreisebillett.

ELEONORE VAN DER STRATEN-STERNBERG

Die mildesten Eltern haben die unbändigsten Kinder.

CONSTANTIN BRUNNER

Kinder haben Eltern, der Mensch nicht.

EMIL GÖTT

Nicht der Besitz an materiellen Gütern erhellt die Kinderjahre, sondern die Liebe und Gemütsverfassung der Eltern.

RUDOLF VON TAVEL

Eltern, die ihren Sohn so sehen könnten, wie er wirklich ist, würden den Kopf schütteln und sagen: Er taugt nichts – wir werden ihn verkaufen.

STEPHEN BUTLER LEACOCK

Das Kind liebt seine Eltern nur aus Gewohnheit, aus nichts anderem.

WILHELM WEBER-BRAUNS

So grausam ist die Moral der Gesellschaft und so pharisäisch: sie verzeiht den schuldigen Eltern die schlecht geratenen Kinder, aber nicht den unschuldigen Kindern die schlecht geratenen Eltern.

SALOMON BAER-OBERDORF

Mutterliebe ist häufig. Vaterliebe ist selten. Hier offenbart sich das Geheimnis des Gebärens.

HANS FEHR

Die Eltern sollen uns nie das Leben lehren wollen; denn sie lehren uns ihr Leben.

RAINER MARIA RILKE

Eltern lieben doch ihre Kinder. Warum wünschen sie eigentlich, daß diese nach ihrem Tod unglücklich und traurig sein sollen?

OSWALD BUMKE

Eltern

Kinder altern die Eltern.

JAKOW TRACHTENBERG

Sobald eine Frau ihrem Mann ein Kind
schenkt, wächst ihre Fähigkeit, sich Sorgen
zu machen: sie hört mehr Einbrecher, sie
riecht mehr Verbranntes, im Theater oder
beim Tanz fragt sie sich, ob ihr Mann
vielleicht seinen Armeerevolver im
Kinderzimmer gelassen hat...

JAMES THURBER

Das Vatergefühl ist ein Zivilisationsprodukt,
das Muttergefühl aber ist ewig wie die Natur.

LIN YUTANG

Jeder junge Mensch macht früher oder später
die verblüffende Entdeckung, daß auch
Eltern gelegentlich recht haben können.

ANDRÉ MALRAUX

Des Kindes erster Haß wie des Erwachsenen
letzte Liebe gilt den Eltern.

ARTHUR HAFINK

Zu gewissen Zeiten scheint Elternschaft
nichts anderes zu bedeuten, als den Mund zu
stopfen, der dich beißt.

PETER DE VRIES

Die Schule ist ein Elterngrab.

KEN KASKA

Eines wissen alle Eltern auf der Welt: wie die
Kinder anderer Leute erzogen werden sollen.

ALICE MILLER

Eltern setzen ohne weiteres Kinder in die
Welt. Aber was für eine Welt setzen sie dann
in diese Kinder?

HANNS-HERMANN KERSTEN

Von wem sonst sollten die Eltern erzogen
werden, wenn nicht von ihren Kindern?

HELLMUT WALTERS

Er schämt sich seiner Eltern, weil sie
genauso waren wie er.

JOHANNES GROSS

Die besten Kinder kriegen oft ungeratene
Eltern.

WERNER EHRENFORTH

Noch glauben sich zu viele Eltern vor die
Berufswahl gestellt.

EMIL BASCHNONGA

Adoptiveltern: Kinder kriegen ist nicht leicht.

HANS-HORST SKUPY

Von seinen Eltern befreit man sich nur, indem
man sie ehrt.

TORSTI LEHTINEN

Eltern sollten versuchen, ihre Kinder nicht
klein-, sondern großzukriegen.

CLAUDIA FISCHER

Emanzipation

Selbst ist der beste Bote.

Schwedisches Sprichwort

Die Frau gehört an den Webstuhl, nicht in die
Ratsversammlung!

MENANDER

Alle menschlichen Arbeiten und
Verrichtungen bleiben ein gemeinsames
Arbeitsfeld für beide Geschlechter. Doch sind
einige geeigneter für die einen, andere für die
anderen Naturanlagen.

MUSONIOS VON VOLSINII

Vor dem Herrn ist die Frau nichts ohne den
Mann und der Mann nichts ohne die Frau.
Zwar wurde die Frau aus dem Mann
gemacht; aber der Mann wird von der Frau
geboren. Und beide kommen von Gott, der
alles geschaffen hat.

1 KORINTHERBRIEF 11,11/12

Frauenspersonen haben keinen Nachteil aus
Rechtsunkenntnis, außer wenn sie unerlaubte
Handlungen begingen.

JUSTINIAN

Es wäre für die Frauen besser, wenn sie
wirklich arbeiteten.

IMMANUEL KANT

Emanzipation

Die Frau hat das Recht, das Schafott zu besteigen. Sie muß gleichermaßen das Recht haben, die Tribüne zu besteigen.

OLYMPE DE GOUGES

Besser ist es, Frauen als Sklavinnen einzuschließen, weder ihren Geist noch ihre Einbildungskraft zu erregen, als sie in die Welt einzuführen, ohne ihre Fähigkeiten zu entwickeln und ihnen dann das Glück zu verweigern, nach dem sich ihre Fähigkeiten sehnen.

GERMAINE (MADAME) DE STAËL

Der Grad der weiblichen Emanzipation ist das natürliche Maß der allgemeinen Emanzipation.

CHARLES FOURIER

Wollt ihr die Unterschiede vernichten, hütet euch, daß ihr nicht das Leben tötet.

LEOPOLD VON RANKE

Ich möchte einem solchen Hohlkopf, der die Emanzipation des Weibes predigt, zurufen: Hast du den Mut, so mache sie doch dem Manne gleich, schneid ihr die reichen Locken, die schweren Flechten ab – und dann laufe sie in die Welt hinaus wie eine Wahnwitzige, wie eine Verbrecherin, ein Abscheu der Menschen! Der Mann sei Mann, und das Weib sei Weib: dann gerade kann das Weib dem Manne alles sein.

SØREN KIERKEGAARD

Die Emanzipation des Weibes ist die Ehe; durch die letztere wird es auch dem Schicksal seiner Nation einverleibt.

GEORG HERWEGH

Jeder, der etwas von der Geschichte weiß, weiß auch, daß große gesellschaftliche Umwälzungen ohne das weibliche Ferment unmöglich sind. Der gesellschaftliche Fortschritt läßt sich exakt messen an der gesellschaftlichen Stellung des schönen Geschlechts; die Häßlichen eingeschlossen.

KARL MARX

Die Befreiung der Frau wird erst möglich, sobald diese auf großem, gesellschaftlichem Maßstab an der Produktion sich beteiligen kann und die häusliche Arbeit sie nur noch in unbedeutendem Maß in Anspruch nimmt... Eine wirkliche Gleichberechtigung von Frau und Mann kann nach meiner Überzeugung erst eine Wahrheit werden, wenn die Ausbeutung beider durch das Kapital beseitigt und die private Hausarbeit in eine öffentliche Industrie verwandelt ist.

FRIEDRICH ENGELS

Eine Frau, die einem Mann ähnlich sein möchte, ist ebenso monströs wie ein weibischer Mann.

LEW N. GRAF TOLSTOJ

Die Versklavung der Frau besteht darin, daß die Männer etwas Angenehmes darin finden, sie als einen Gegenstand des Genusses auszubeuten. Nun, so emanzipieren sie denn die Frau, geben ihr alle Rechte, die der Mann besitzt, fahren dabei jedoch fort, sie vom Standpunkt des sinnlichen Genusses zu betrachten, und erziehen sie in diesem Sinne schon, solange sie noch ein Kind ist, sowie auch später für die Gesellschaft. So bleibt sie stets dieselbe erniedrigte, verdorbene Sklavin und der Mann derselbe korrupte Sklavenhalter.

LEW N. GRAF TOLSTOJ

Als eine Frau lesen lernte, trat die Frauenfrage in die Welt.

MARIE VON EBNER-ESCHENBACH

Jedes Wochenbett löst dem Weibe die Frauenfrage. Und dem Manne auch.

WILHELM RAABE

Die Menschheit, die Gesellschaft besteht aus beiden Geschlechtern, beide sind für den Bestand der Fortentwicklung derselben unentbehrlich. Auch der genialste Mann wurde von einer Mutter geboren, der er oft das Beste, was er besitzt, verdankt. Mit welchem Recht will man also der Frau die Gleichberechtigung mit dem Manne versagen?

AUGUST BEBEL

Es gibt keine Befreiung der Menschheit ohne die soziale Unabhängigkeit und Gleichstellung der Geschlechter.

AUGUST BEBEL

Emanzipation

Der wachsende Einfluß der Frauen ist das einzig Beruhigende an unserem politischen Leben.

OSCAR WILDE

Emanzipation der Frau heißt die vollständige Veränderung ihrer sozialen Stellung von Grund aus.

CLARA ZETKIN

Der Frau Gleichberechtigung mit dem Mann zu gewähren, heißt sie entrechten. Die Frau braucht mehr Schutz und weniger Recht als der Mann.

A. O. WEBER

Die Frau muß aufhören, sich selbst nur als Gegenstand der männlichen Leidenschaften anzusehen. Und das Mittel dagegen liegt mehr in ihrer Hand als in der Hand des Mannes. Sie muß sich weigern, sich für den Mann zu putzen, wenn sie ein gleichberechtigter Kamerad des Mannes sein will.

MAHATMA GANDHI

Ohne die Heranziehung der Frauen zur selbständigen Teilnahme nicht allein am politischen Leben schlechthin, sondern auch am ständigen, von allen zu leistenden öffentlichen Dienst kann von Sozialismus keine Rede sein, ja nicht einmal von einer vollständigen und dauerhaften Demokratie.

WLADIMIR I. LENIN

Was die emanzipierten Frauen anlangt: Nur der Mann in ihnen ist es, der sich emanzipieren will.

OTTO WEININGER

Ob die Frau im Berufsleben steht, Arbeiterin, Bäuerin oder einfach Frau ist – der einzige Sinn ihres Daseins auf Erden ist die Mutterschaft, die körperliche und die geistige zusammen; oder nur die letztere, bei den Frauen, die – wie ich – keine Kinder haben.

GABRIELA MISTRAL

Die Forderung, daß sich alle arbeitsfähigen Frauen nach dem Prinzip „Gleicher Lohn für gleiche Arbeit" in die Arbeitsfront einreihen, muß in möglichst kurzer Frist verwirklicht werden.

MAO ZEDONG

Die Frau sucht sich heute vom Mann zu befreien. Soll sich der Mann, folgerichtig, von der Frau zu befreien suchen?

HENRY DE MONTHERLANT

Die bürgerliche Frau legt wert auf ihre Ketten, weil sie auf die Vorrechte ihrer Klasse nicht verzichten will.

SIMONE DE BEAUVOIR

Heute verstehe ich unter Feminismus – und ich bezeichne mich selbst als Feministin, daß man – parallel zum Klassenkampf – für die speziellen Forderungen der Frau kämpft. Nein, wir Frauen haben die Partie nicht gewonnen... Die soziale Revolution wird nicht genügen, um unsere Probleme zu lösen.

SIMONE DE BEAUVOIR

Ich bin entsetzt über die große Zahl von Männern, die sich verweiblichen sowie über die noch größere Zahl von Frauen, die sich vermännlichen.

KATHERINE HEPBURN

Konserven und Waschmaschinen haben mehr zur Emanzipation der Frau beigetragen als alle Revolutionen.

JEAN DUCHÉ

Der schlimmste Feind der Frauen ist ihre Selbstverleugnung.

BETTY FRIEDAN

Die ewige Frustration militanter Feministinnen: daß es voraussichtlich niemals gelingen wird, den Mann ins Wochenbett zu zwingen.

NORMAN MAILER

Statt „man" schreiben die Feministinnen „frau" – derart efrauziert sind sie.

HANNS-HERMANN KERSTEN

Emanzipiert werden die Frauen sein, wenn sie Witze über heiratslustige Frauen erzählen werden.

GABRIEL LAUB

Man spricht oft von Hintermännern, dabei spielen die Hinterfrauen die größere Rolle.

GERHARD UHLENBRUCK

Eine emanzipierte Frau fordert auch noch den Kopf des Mannes.

GERHARD UHLENBRUCK

Die Emanzipation der Frau ist erst dann beendet, wenn niemand mehr darüber sprechen wird.

HORST FRIEDRICH

Den Prozeß, durch den sich Freiheit des verheirateten Mannes wieder herstellt, nennt man Emanzipation der Frau.

JOHANNES GROSS

Wenn man heute der Emanzipation der Frauen gewogen ist, ist man in einer Situation, die jener der Anhänger der Befreiung der Sklaven vor zweihundert Jahren vergleichbar ist.

SUSAN SONTAG

Feministinnen vergessen gern, daß die Frauen die Männer so gemacht haben, wie sie sind.

RUPERT SCHÜTZBACH

Die unterdrückte Frau streichelt den Mann. Die emanzipierte massiert ihn.

NIKOLAUS CYBINSKI

Als die Liebe schon angeknackst war, kam die Emanzipation und gab ihr den Rest.

GERD BERGFLETH

Ehemalige Männer nennt man Eunuchen, ehemalige Frauen Feministinnen.

WERNER MITSCH

Eine Frau kann Ehefrau, Mutter und noch viel mehr sein, doch es ist ein ganz schön harter Job.

JANE FONDA

Wenn eine Frau die Erfolgsleiter Sprosse um Sprosse höhersteigt, schaun ihr alle unter den Rock.

WERNER SCHNEYDER

Nicht unsere Integrierung ist wünschenswert, nicht die *Vermännlichung* der Frauen, sondern die *Vermenschlichung* der Geschlechter.

ALICE SCHWARZER

Die Frauen werden schon hinreichend lästig werden...

RITA SÜSSMUTH

Das Recht der Frauen, sich genauso blöd zu benehmen wie die Männer.

AUREL SCHMIDT

Frauen müssen noch immer wie ein Springpferd mit gefesselten Vorderläufen durchs Berufsleben gehen.

JOHN MAJOR

Männer und Frauen sind gleichberechtigt. Es sei denn, sie sind weiblich.

GERD WOLLSCHON

In den USA sterben die Männer zehn Jahre früher als die Frauen. Auch dieses Vorrecht wollen die radikalen Frauenrechtlerinnen ihnen jetzt bestreiten.

DON BURKE

Das Gegenteil der freien Frau ist nicht die unterdrückte, sondern die erzogene.

BIRGIT BERG

Eine Frau ohne Mann ist wie ein Fisch ohne Fahrrad.

SPONTI-SPRUCH

Engagement

Unbezahlte Arbeit ist immer noch besser als gar nichts tun.

Persisches Sprichwort

Klar sieht, wer von ferne sieht, und nebelhaft, wer anteilnimmt.

LAO DSE

Gib mir einen Punkt, wo ich hintreten kann, und ich bewege die Erde!

ARCHIMEDES

Öl ins Feuer gießen.

HORAZ

Engagement

Frisch gewagt ist halb gewonnen.

HORAZ

Sein Schwert in die Waagschale werfen.

TITUS LIVIUS

Ohne mich könnt ihr nichts tun.

JOHANNES 15,5

Wir wollen nicht streiten, wie eine Feuersbrunst entstand. Laßt uns lieber an die Arbeit gehen, sie zu löschen!

JAN AMOS COMENIUS

Lebhaftigkeit, die mit dem Alter zunimmt, grenzt an Narrheit.

LA ROCHEFOUCAULD

Wer sich zu eingehend mit kleinen Dingen beschäftigt, wird oft unfähig, große zu verrichten.

LA ROCHEFOUCAULD

Energielose Menschen lassen die Dinge laufen, wie sie mögen, und hoffen, daß alles gutgehen wird.

MARIE JEANNE DE RICCOBONI

Große Männer unternehmen große Dinge, weil sie groß sind; die Narren, weil sie sie für leicht halten.

VAUVENARGUES

Aktivität bringt mehr Glück als Klugheit.

VAUVENARGUES

Nicht auf das Leben kommt es an, sondern auf den Schwung, mit dem wir es anpacken.

HORACE WALPOLE

Die Dienste der Großen sind gefährlich und lohnen der Mühe, des Zwanges, der Erniedrigung nicht, die sie kosten.

GOTTHOLD EPHRAIM LESSING

Es wäre wenig in der Welt unternommen worden, wenn man nur immer auf den Ausgang gesehen hätte.

GOTTHOLD EPHRAIM LESSING

Man muß sich für nichts zu gering halten.

GEORG CHRISTOPH LICHTENBERG

Die sichere Überzeugung, daß man könnte, wenn man wollte, ist Ursache an manches guten Kopfes Untätigkeit, und das nicht ohne Grund.

GEORG CHRISTOPH LICHTENBERG

Wenn man alt ist, muß man mehr tun, als da man jung war.

JOHANN WOLFGANG VON GOETHE

Was man liebt, läßt man nicht ungetan.

FRANZ VON BAADER

Es ist leichter, ein Königreich zu vernichten als einen Gemüsewagen aufzustellen.

WILLIAM HAZLITT

Brich nicht den Stab, sondern frage: was hättest du getan? oder frage lieber nicht; die Handlungen anderer sind dein eigener Spiegel!

J. ST. ZAUPER

Wer die Glocken läutet, kann an der Prozession nicht teilnehmen.

GUY PATIN

Wer sich scheut, die Spreu zu durchsuchen, der wird das drin verschüttete Korn nicht finden.

ANNETTE VON DROSTE-HÜLSHOFF

In unseren Tagen müssen die Wirkungsmittel wirkliche Kräfte und nicht historische Erinnerungen sein.

HONORÉ DE BALZAC

Mit dem Leben fertig werden, ehe das Leben mit einem fertig wird, heißt ja gerade, nicht mit der Aufgabe fertig werden.

SØREN KIERKEGAARD

Viel vermag, wer überraschend wagt.

EMANUEL GEIBEL

Alles, was im Menschen tüchtig ist, wird gesteigert, gibt er sich einer großen Aufgabe hin.

GUSTAV FREYTAG

Stelle keinen Menschen ein, der deine Arbeit für Geld verrichtet, sondern den, der sie gerne tut.

HENRY DAVID THOREAU

Engagement

Es ist viel besser, nichts zu tun, als Nichtiges zu tun.

LEW N. GRAF TOLSTOJ

Tu niemals etwas selbst, was ein anderer für dich erledigen kann.

JOHN D. ROCKEFELLER

Das schwere Leben ist am leichtesten zu ertragen, wenn man sich schwere Aufgaben stellt.

PETER ROSEGGER

Wer unter die Oberfläche dringt, tut es auf eigene Gefahr.

OSCAR WILDE

Selig ist, wer etwas werden lassen kann, ohne sich einzumischen.

HEINRICH LHOTZKY

Im hohen Alter ist man bereit, Aufgaben zu übernehmen, die man in der Jugend vermeidet, weil sie zu viel Zeit in Anspruch nehmen.

WILLIAM SOMERSET MAUGHAM

Wer fragt: „Was hat man zu tun?" – für den gibt es keine Antwort. *Man* hat nichts zu tun. Man kann sich nicht helfen, mit Man ist nichts mehr anzufangen. Mit Man geht es zu Ende. Wer aber die Frage stellt: „Was habe *ich* zu tun?", den nehmen Gefährten bei der Hand, die er nicht kannte und die ihm alsbald vertraut werden, und die antworten: Du sollst dich nicht vorenthalten.

MARTIN BUBER

Vieles ist auf Erden zu tun, tue es bald!

RICHARD BENZ

Ich habe festgestellt, daß diejenigen Männer und Frauen die Spitze erreicht haben, die die ihnen vorgelegten Aufgaben mit ihrer gesamten Energie und ihrem gesamten Enthusiasmus und durch schwere Arbeit erfüllt haben.

HARRY S. TRUMAN

Wenn man eine Aufgabe übernommen hat, ist es gar nicht mehr so wichtig, ob es die rechte ist oder nicht die rechte, sondern daß man sie zur rechten macht.

GEORG STAMMLER

Was wir brauchen, sind nicht Bekenntnisse und Programme, sondern die Kraft des Geistes in den Herzen der Menschen, eine Kraft, die uns unsere Leidenschaften der Habgier und Selbstzucht zähmen und die Welt organisieren hilft.

SARWAPALLI RADHAKRISHNAN

Wenn ein Mensch ein Loch sieht, hat er das Bestreben, es auszufüllen. Dabei fällt er meist hinein.

KURT TUCHOLSKY

Die Geschichte braucht mehr Menschen, die etwas tun, als Leute, die vorschlagen, was getan werden könnte.

KAREL ČAPEK

Man kann durch kleine Verhältnisse als aktive Natur an der Kleinheit der Aufgabe verkümmern.

CARL J. BURCKHARDT

Manchmal übernimmt man eine kleine Aufgabe aus heimlicher Angst vor der größeren und großen. Man ist dann vor sich selbst entschuldigt.

FRIEDRICH WITZ

Nur Pessimisten schmieden das Eisen, solange es heiß ist. Optimisten vertrauen darauf, daß es nicht erkaltet.

PETER BAMM

Es ist wichtiger, etwas im kleinen zu tun, als im großen darüber zu reden.

WILLY BRANDT

Man kriegt Läuse nicht durch Beten weg.

KEN KASKA

Gesucht sind Macher. Nötig wären Verhinderer.

KURT MARTI

Wenn der Fisch schmecken soll, geh zum See und angle ihn!

RASSUL GAMSATOW

Etwas riskieren heißt sich verschulden; sonst war es kein Risiko, bloß ein Bubenstück.

HERBERT EISENREICH

193

Engagement

Sichbehaupten durch Sichversagen...
HANS WIMMER

Ohne Verpflichtung kein Engagement.
SIEGFRIED & INGE STARCK

Investiere in der Zeit, so hast du in der Not.
SIEGFRIED & INGE STARCK

Es kann keiner mit der Faust auf den Tisch hauen, wenn er überall seine Finger drin hat.
DIETER HILDEBRANDT

Das ist eine der Tragödien in der Geschichte der Menschheit, daß die Kinder der Dunkelheit häufig entschlossener und zielstrebiger sind als die Kinder des Lichts.
MARTIN LUTHER KING

Wenn etwas schon getan werden muß, dann auch für Geld.
GERHARD UHLENBRUCK

Häufig leidet man daran, daß man zwar viel Arbeit, aber keine Aufgabe hat.
HELLMUT WALTERS

Wir müssen schon deshalb größer werden, weil die Aufgaben nicht kleiner geraten.
HORST FRIEDRICH

Wir stehen vor großen Aufgaben – viel zu lange.
KURT TACKMANN

Die einen betreiben sonntags die Grundsatzpolitik in feierlichen Reden, und die anderen erledigen dann werktags die handfesten Aufgaben.
NORBERT BLÜM

Ob es der künftigen Welt nicht doch gut täte, wenn wir endlich anfingen, alles in unserer Ohnmacht Stehende zu tun?
NIKOLAUS CYBINSKI

Manche Menschen sind zu allem fähig und zu nichts bereit.
WERNER MITSCH

Er verhielt sich neutral, so ergriff er Partei.
MANFRED HAUSIN

Elftes Gebot: Das Gebot der Stunde!
WOLFGANG MOCKER

Wer zu viele Aufgaben wahrnimmt, erfüllt keine.
SULAMITH SPARRE

Hunderttausende sagen: Einer kann ja doch nichts machen.
SPONTI-SPRUCH

Entdeckung

Das Schöne findet man, das Wahre muß man suchen.
Deutsches Sprichwort

Wirst du ihn suchen, so wirst du ihn finden.
1 CHRONIK 28,9

Das sind schlechte Entdecker, welche denken, da ist kein Land, wenn sie nur das Meer sehen.
FRANCIS BACON

Das Handwerk eines Eroberers wäre das schönste von der Welt, wenn dadurch nicht so viele Menschen unglücklich werden würden.
CHRISTINE VON SCHWEDEN

Leute, die sehr viel gelesen haben, machen selten große Entdeckungen.
GEORG CHRISTOPH LICHTENBERG

Die gegenwärtige Generation entdeckt wiederholt, was die vorangegangene Generation bereits vergessen hat.
JOHANN WOLFGANG VON GOETHE

Wir haben das körperliche Indien gesucht und Amerika gefunden; wir suchen jetzt das geistige Indien – was werden wir finden?
HEINRICH HEINE

Ich weiß überall in der großen Lebenswüste irgendeine schöne Oase zu entdecken.
HEINRICH HEINE

Welcher Entdecker hat das schon bemessen, wie weit sich die äußersten Vorgebirge der Möglichkeit ins Meer der Unmöglichkeit hinein erstrecken?

JOHANN NESTROY

Suchet nicht, so werdet ihr finden.

FRIEDRICH THEODOR VISCHER

Erst zweifeln, dann untersuchen, dann entdecken.

HENRY THOMAS BUCKLE

Die größte Entdeckung, die der Mensch je gemacht hat, ist die Entdeckung des sittlichen Gesetzes, daß der Mensch der Wahrheit umso näher kommt, je mehr er sich in anderen erkennt und empfindet.

RABINDRANATH TAGORE

Kolumbus entdeckte eine neue Welt. Jeder junge Mann glaubt dies in jenem Augenblick zu tun, wo er die Halbwelt entdeckt.

ELEONORE VAN DER STRATEN-STERNBERG

Alle Entdeckungen sind die Früchte von unzähligen Versuchen gewesen.

JOHANNES MÜLLER

Ein verheißungsvolles Land ist eine stürmische Meeresfahrt wert.

CARLOS VON TSCHUDI

Man entdeckt keine neuen Weltteile, ohne den Mut zu haben, alle Küsten aus den Augen zu verlieren.

ANDRÉ GIDE

Auf dem Globus gibt es fast keine weißen Flecke mehr. Unerforschte Gebiete existieren nur noch unter der Schädeldecke.

HANS REIMANN

Dem Sport verdankt die Welt die Entdeckung, daß nicht alle gleich schnell laufen können.

SIGMUND GRAFF

Wenn der Mensch die ganze Welt entdeckt hat, bleibt ihm nichts mehr übrig, als sich selbst zu entdecken.

ANTON NEUHÄUSLER

Sind neue Entdeckungen nicht möglich, druckt man neue Atlanten.

WIESLAW BRUDZINSKI

Wer weit genug in die Wüste geht, wird eine Oase finden und bald mehr als eine Oase.

HANS F. GEYER

Durch jede Entdeckung wird die Vernunft gerechtfertigt und ein Gedanke Gottes offengelegt.

ERNST R. HAUSCHKA

Entdeckungen sind immer unbeabsichtigt.

GERHARD UHLENBRUCK

Abseits der Straße beginnen die Entdeckungen.

HELLMUT WALTERS

Wer zu Entdeckungen nicht fähig ist, ist unablässig auf der Suche nach scheinbar Verlorenem.

BEAT SCHMID

Enthaltsamkeit

Mäßig Feuer kocht am besten.

Deutsches Sprichwort

Enthaltet euch der fleischlichen Lüste.

1 PETRUS 2,11

Gib mir Keuschheit und Enthaltsamkeit – aber jetzt noch nicht!

AUGUSTINUS

Enthaltsamkeit ist das feinste und delikateste aller Lustgefühle.

LOUISE DE CLAVELLES D'EPINAY

Eine kurze Enthaltsamkeit ist schwerer als eine lange.

JEAN PAUL

Enthaltsamkeit ist das Vergnügen an Dingen, welche wir nicht kriegen.

WILHELM BUSCH

Enthaltsamkeit

Es ist schwer, verbotenen Früchten gegenüber enthaltsam zu sein.

OTTO FÜRST BISMARCK

Asketen sind Menschen, die begriffen haben, daß eine völlige Enthaltsamkeit meist leichter ist als eine vernünftige Mäßigkeit.

ANDRÉ GIDE

Entscheidung

Wer seinen Entschluß schon gefaßt hat, bedarf keines Rates mehr.

Deutsches Sprichwort

Nimm dir Zeit zum Beratschlagen, bringe aber schnell zum Abschluß, was immer du vorhast.

AMENOPHIS

Man muß das Eisen schmieden, solange es heiß ist.

TERENZ

Die Sache ist nicht spruchreif.

CICERO

Der Würfel ist gefallen.

CAESAR

Laß dich gut beraten, bevor du beginnst. Doch wenn du dich entschieden hast, handle sofort.

SALLUST

Niemand kann zwei Herren dienen. Entweder er wird einen hassen und den andern lieben; oder er wird einem anhangen und den andern verachten. Ihr könnt nicht Gott dienen und dem Mammon.

MATTHÄUS 6,24; LUKAS 16,13

Unentschlossene nehmen immer gerne solche Vorschläge an, die auf zwei verschiedene Arten ausfallen können und sie folglich nicht zur Entscheidung nötigen.

JEAN FRANÇOIS KARDINAL DE RETZ

Wenn der Mensch den obersten Grund seiner Maximen, wodurch er ein böser Mensch war, durch eine einzige unwandelbare Entschließung umkehrt (und hiermit einen neuen Menschen anzieht): so ist er sofern dem Prinzip und der Denkungsart nach ein fürs Gute empfängliches Subjekt.

IMMANUEL KANT

Wenige Menschen denken – und doch wollen alle entscheiden.

FRIEDRICH II. VON PREUSSEN

Die ersten Entschließungen sind nicht immer die klügsten, aber gewöhnlich die redlichsten.

GOTTHOLD EPHRAIM LESSING

Es gibt Leute, die zu keinem Entschluß kommen können, sie müssen sich denn erst die Sache beschlafen. Das ist gut; nur kann es Fälle geben, wo man riskiert, mitsamt der Bettlade gefangen zu werden.

GEORG CHRISTOPH LICHTENBERG

Man kann sich in allen Lebenslagen so oder so entscheiden, gefährlichen Dingen ausweichen oder ihnen mit verdoppelter Kraft widerstehen.

GERMAINE (MADAME) DE STAËL

Wenn der Mensch nicht weiterkommen kann, so hilft er sich mit einem Machtspruche oder einer Machthandlung – einem raschen Entschluß.

NOVALIS

Wenn man bei einem größeren Entschluß nicht etwas übers Knie bricht, nicht einige Rücksichten unberücksichtigt läßt, so kommt man in diesem Leben um und nimmer zu etwas.

HELMUTH GRAF MOLTKE

Es ist im ganzen nicht zu glauben, wie schlau und erfinderisch die Menschen sind, um der letzten Entscheidung zu entgehen.

SØREN KIERKEGAARD

Wer auf völliger Klarheit vor einem Entschluß besteht, wird sich nie entscheiden. Leben bedeutet Bedauern.

HENRI FRÉDÉRIC AMIEL

Der schwerste Entschluß liegt oft in dem Worte Schluß.

ELEONORE VAN DER STRATEN-STERNBERG

Nur der Gedanke, daß sie es nicht mehr rückgängig machen können, hält viele vom Selbstmord ab.

JOHANNES COTTA

Als ich jünger war, hatte ich die Gewohnheit, Schlüsse zu fassen, die ich für tugendhaft hielt. Ich war weniger interessiert, das zu sein, was ich war, als das zu werden, was ich zu sein wünschte. Heute glaube ich fast, daß in der Unschlüssigkeit das Geheimnis des Nichtalterns liegt.

ANDRÉ GIDE

All unsere endgültigen Beschlüsse werden in einem Geisteszustand gefaßt, der nicht anhalten wird.

MARCEL PROUST

Die Freiheit des Menschen besteht darin, daß er die Entscheidung sucht, auch wenn sie gegen ihn fallen sollte.

FRANK THIESS

Entscheidungen setzen Konflikte voraus, die entschieden werden müssen.

LUDWIG ERHARD

Alles Komplizierte ist einfach, sobald man sich zu einer Entscheidung aufrafft.

HEINZ STEGUWEIT

Man sollte sich angewöhnen, das Laute, Aufdringliche und Auffällige, das Maßlose zu übersehen, und lernen, mehr auf das Stille und Maßvolle zu achten, denn im Stillen, im Lautlosen, im Maßvollen fallen die Entscheidungen.

OTTO HEUSCHELE

Die Entscheidung gegen das Christentum ist die Entscheidung gegen die Würde des Menschen.

ANTON FRANKE

Früher oder später muß man Partei ergreifen, wenn man ein Mensch bleiben will.

GRAHAM GREENE

Bereits unser starker, unbeugsamer Entschluß, entwicklungsrichtig zu handeln, erfüllt uns mit einem tiefen Gefühl der Freude.

TOMOTOM

Besser, sich einmal richtig raufen, als ein Leben lang in Streit liegen.

RASSUL GAMSATOW

Jeder muß sich entscheiden, ob er im Licht der Nächstenliebe oder im Dunkel der Eigensucht wandeln will.

MARTIN LUTHER KING

Wer sich nie entscheidet, entscheidet sich gegen sich selbst. Das tut auch, wer sich ein für alle Mal entscheidet.

PETER BENARY

Eine Fehlentscheidung auf Anhieb spart immerhin Zeit.

HELMAR NAHR

Entscheidung – Wahl zwischen Möglichkeiten, die man nicht wählen konnte.

ROLF F. SCHÜTT

Komisch, daß gerade Männer, die sich nicht entscheiden können, von vielen Frauen sehr begehrt werden.

KARLHEINZ HACKL

Enttäuschung

Gott gibt und erinnert uns nicht dauernd daran; die Welt gibt und erinnert uns unaufhörlich.

Nigerianisches Sprichwort

Gutes erhoffte ich – und Böses kam; ich harrte des Lichts – und es kam Finsternis.

HIOB 30,26

Enttäusche weder einen Armen, noch ein Kind, noch ein Tier. Sie sind wehrlos, hoffnungslos; für sie gibt es kein „morgen".

CARMEN SYLVA

Enttäuschung

Auch eine Enttäuschung, wenn sie nur gründlich und endgültig ist, bedeutet einen Schritt vorwärts.

MAX PLANCK

Der Mensch ist das, was die Enttäuschungen von ihm übrig lassen.

M. HERBERT

Die Enttäuschung ist die Todesstrafe der Illusion.

ELEONORE VAN DER STRATEN-STERNBERG

Wir lesen die Welt verkehrt und sagen, daß sie uns täuscht.

RABINDRANATH TAGORE

Jede Enttäuschung ist nur das Loskommen von einer Täuschung, also ein Schritt hin zur Wahrheit. Immer aber muß man diese mit Schmerzen bezahlen.

AUGUST LÄMMLE

Wer nicht heil durch Enttäuschungen geht, hat kein unvergängliches Kleinod zu hüten.

KARL HENCKELL

Es gibt kaum eine größere Enttäuschung, als wenn du mit einer recht großen Freude zu gleichaltrigen Menschen kommst.

CHRISTIAN MORGENSTERN

Wer die Enttäuschung flieht, den flieht die Erfüllung.

HANS KRAILSHEIMER

Da meinen viele, Enttäuschungen schmerzen weniger, wenn sie diese anderen zufügen.

FRIEDL BEUTELROCK

Man täuscht sich nur in Menschen, von denen man zuviel gefordert hat.

MICHAEL JOSEF EISLER

Die Enttäuschung ist die häufigste und wirksamste Buße für unsere Sünden.

CHARLES TSCHOPP

Jede Enttäuschung enthüllt uns die Selbsttäuschung und damit die eigene Schuld.

MANÈS SPERBER

Die Furcht vor Enttäuschung ist die häufigste Ursache des Pessimismus.

WILHELM WEYDANZ

Enttäuschung: schmerzliche Entlarvung einer falschen Hoffnung.

WALTER NENZEL

Von allen enttäuscht, muß man es schließlich von sich selber sein, es sei denn, man hat damit angefangen.

É. M. CIORAN

Wir geben uns zu wenig Rechenschaft darüber, wieviele Enttäuschungen wir anderen bereiten.

HEINRICH BÖLL

Die große Enttäuschung eines Lebens ist niemals ein anderer als man selber.

HERBERT EISENREICH

Wie verschieden die Menschen sind, sieht man am besten, wenn man sie einmal enttäuscht.

ERNST R. HAUSCHKA

Inmitten erschütternder Enttäuschungen rufen viele nach dem Brot des Glaubens.

MARTIN LUTHER KING

Im gleichen Maß wie ein Mensch zu hoffen vermag, empfindet er Enttäuschung.

ELISABETH HABLÉ

Erbschaft

Ich nahm die Maus in meinem Loche auf – und sie wurde mein Erbe.

Spanisches Sprichwort

Deine Nachkommen sollen die Tore ihrer Feinde besitzen.

1 MOSE 22,17

Das Weinen der Erben ist maskiertes Lachen.

PUBLILIUS SYRUS

Die Menschen verwinden rascher den Tod ihres Vaters als den Verlust des väterlichen Erbes.

NICCÒLO MACHIAVELLI

Die Geizigen sammeln für lachende Erben.

CHRISTINE VON SCHWEDEN

Nur wer selber einmal alte Verwandte zu beerben hatte oder noch zu beerben hofft, weiß zu sagen, welche Mühe das kostet.

JEAN DE LA BRUYÈRE

Wer seinen Arzt zu seinem Erben einsetzt, ist ein Dummkopf.

BENJAMIN FRANKLIN

Was der Vater nicht genießt, das erntet der Sohn.

JOHANN GOTTFRIED HERDER

Was man erringt, behauptet man hartnäckiger, als was man ererbt hat.

JOHANN WOLFGANG VON GOETHE

Der Mensch ist an drei Proben zu erkennen. Erstens: Erzürne ihn. Zweitens: Berausche ihn. Drittens: Teile mit ihm ein Erbe. Wenn er in der letzten Probe nicht mankiert, so ist er probat.

JOHANN PETER HEBEL

Gott hat uns die Erde für Lebenszeit gegeben, sie ist ein großes Fideikommiß. Sie gehört ebensowohl uns sowie denen, die nach uns kommen und deren Namen schon im Buch der Schöpfung eingetragen sind. Wir haben kein Recht, durch unser Tun und unser Unterlassen ihnen unnötige Opfer aufzuerlegen oder sie der Vorteile zu berauben.

JOHN RUSKIN

Was du ererbt hast von deinen Vätern, versetz' es, um es zu genießen.

A. O. WEBER

Der Mohammedaner gräbt zur Rettung seiner Seele einen Brunnen. Es wäre schön, wenn jeder von uns eine Schule, einen Brunnen oder etwas Ähnliches hinterließe, damit sein Leben nicht spurlos vorübergeht und sich in der Ewigkeit verliert.

ANTON P. TSCHECHOW

Liebe Nachwelt, wenn ihr nicht gerechter, friedlicher und überhaupt vernünftiger sein werdet als wir sind bzw. gewesen sind, so soll euch der Teufel holen!

ALBERT EINSTEIN

Die einzigen Zeugen für die Erfolge des Börsenspekulanten sind seine Erben. – Ein seriöser Börsianer darf seine Erben enttäuschen, seinen Bankier nie.

ANDRÉ KOSTOLÁNY

Auch vom Stammbaum fallen die Früchte.

ERNST KAPPELER

Die einen unterschlagen den Nachlaß, die anderen das Testament.

WIESLAW BRUDZINSKI

Vererbung: Eltern haften für ihre Kinder.

GERHARD UHLENBRUCK

Seine Hinterlassenschaft bestand aus dem zu Vielen, das er sich vorgenommen hatte.

WERNER SCHNEYDER

Der Tod ist ein Happy-End für die Erben.

ŽARKO PETAN

Wenn der Vater sammelt und der Sohn vergeudet, rollt dabei das Geld nicht gar famos?

ARTHUR CAFLISCH

Bürger, schützt eure Erbanlagen!

RONALD JANNASCH

Erfahrung

Sieben Weise sind immer noch billiger als ein erfahrener Mensch.

Ägyptische Weisheit

Selbst den Törichten witzigt Erfahrung.

HESIOD

Dem, was ich selbst geschaut, gehört, gelernt habe, gebe ich den Vorrang.

HERAKLIT

Erfahrung

Sieh ein Gebirge, einen Berg, ein Meer, einen Fluß – und du hast alles gesehen.
SOKRATES

Vom Hörensagen kannte ich dich; nun aber hat mein Auge dich gesehen.
HIOB 42,5

Die Erfahrung ist die Lehrmeisterin in allem.
CAESAR

Glaubt es dem, der es selbst erfahren hat!
VERGIL

Alter gibt Erfahrung.
OVID

Fast überall sind Regeln weniger wirksam als Erfahrungen.
QUINTILIAN

Werde reich an Erkenntnis und aller Erfahrung!
PHILIPPERBRIEF 1,9

Was sich in der Erfahrung – die ein Richter ist – bewährt oder nicht bewährt, das soll angenommen oder verworfen werden.
PARACELSUS

Erfahrung wird durch Fleiß und Mühe erlangt.
WILLIAM SHAKESPEARE

Wer stets zu Hause bleibt hat nur Witz fürs Haus.
WILLIAM SHAKESPEARE

Die Liebe und die Wissenschaften belehren, indem sie töten.
ANTONIO ALCALDE VALLADARES

Alles ist schon einmal gesagt worden, und seitdem es denkende Menschen gibt, kommt man um mehr als siebentausend Jahre zu spät.
JEAN DE LA BRUYÈRE

Erfahrung ist der Vater der Weisheit und Erinnerung ihre Mutter.
THOMAS FULLER

Ohne die Erfahrung bleibt eine Menge Wahrheiten ganz unverständlich.
CLAUDINE DE TENCIN

Erfahrung lehrt uns, einen Riesenunterschied zwischen Frömmigkeit und Güte zu erkennen.
BLAISE PASCAL

Gibt es jemand, der so weise ist, daß er aus den Erfahrungen anderer lernt?
VOLTAIRE

Erfahrung ist eine teuere Schule, aber Dummköpfe lernen in keiner andern und kaum in dieser.
BENJAMIN FRANKLIN

Wie wenig können doch die besten Ratschläge helfen, wenn unsere eigenen Erfahrungen uns so wenig belehren.
VAUVENARGUES

Der aus Büchern erworbene Reichtum fremder Erfahrungen heißt Gelehrsamkeit. Eigene Erfahrung ist Weisheit. Das kleinste Kapital von dieser ist mehr wert als Millionen von jener.
GOTTHOLD EPHRAIM LESSING

Man weiß doch nichts, als was man selbst erfährt.
CHRISTOPH MARTIN WIELAND

Nichts ist der Natur gemäßer: man muß zu rechnen wissen oder das Lehrgeld bezahlen.
WILHELM LUDWIG WEKHRLIN

Die Erfahrung ist eine bessere Lehrmeisterin als der Kalkül.
WILHELM LUDWIG WEKHRLIN

Erfahrung bleibt die beste Wünschelrute.
JOHANN WOLFGANG VON GOETHE

Erfahrung ist immer eine Parodie auf die Idee.
JOHANN WOLFGANG VON GOETHE

Wer sich mit reiner Erfahrung begnügt und danach handelt, der hat Wahres genug. Das heranwachsende Kind ist weise in diesem Sinne.
JOHANN WOLFGANG VON GOETHE

Die wahre Weisheit der Völker ist Erfahrung.
NAPOLEON BONAPARTE

Erfahrung

Das Höchste, wozu sich ein schwacher Kopf von Erfahrung erheben kann, ist die Fertigkeit, die Schwächen besserer Menschen herauszufinden.

GEORG CHRISTOPH LICHTENBERG

Bei der Erfahrung kommt es darauf an, mit welchem Sinn man an die Wirklichkeit geht. Ein großer Sinn macht große Erfahrungen und erblickt in dem bunten Spiele der Erscheinung das, worauf es ankommt.

GEORG WILHELM FRIEDRICH HEGEL

Wir machen keine neuen Erfahrungen, aber es sind immer neue Menschen, die alte Erfahrungen machen.

RAHEL VARNHAGEN

Für Erfahrungen muß man teuer bezahlen, und trotzdem will niemand sie haben, wenn man sie verschenken möchte.

LUDWIG BÖRNE

Die Erfahrung gleicht einer unerbittlichen Schönen. Jahre gehen vorüber, bis du sie gewinnst, und ergibt sie sich endlich, seid ihr beide alt geworden, und ihr könnt euch nicht mehr brauchen.

LUDWIG BÖRNE

Vergeben und Vergessen heißt, gemachte kostbare Erfahrungen zum Fenster hinauswerfen.

ARTHUR SCHOPENHAUER

Erfahrung ist der beste Lehrmeister, nur das Schulgeld ist hoch.

THOMAS CARLYLE

Um Erfahrungen zu machen, bedarf es der Weisheit.

JEREMIAS GOTTHELF

Kaum ist die Ernte einer Erfahrung glücklich eingebracht, wird der Acker vom Schicksal neu umgepflügt.

JOHANN NESTROY

Eine Erfahrung, die durch keine bestimmte Methode geleitet wird und nur sich selbst überlassen ist, ist nur ein blindes Herumtappen.

LUDWIG FEUERBACH

Bei anderen nennen wir es Sünde – bei uns selbst Erfahrung.

RALPH WALDO EMERSON

Erfahrung ist das Kind des Denkens und Denken das Kind des Handelns.

BENJAMIN DISRAELI

Wenn es für unser Leben etwas Ewiges geben soll, so sind es die Erschütterungen, die wir in der Jugend empfangen.

THEODOR STORM

Die Erfahrung sitzt im Kopf und in den Fingern; das Herz macht keine Erfahrungen.

HENRY DAVID THOREAU

Ein Dorn der Erfahrung ist mehr wert als eine ganze Wildnis der Warnung.

JAMES RUSSELL LOWELL

Durch die Brille der Erfahrung wirst du beim zweiten Hinsehen klar sehen.

HENRIK IBSEN

Dies alles habe ich nicht ausgeklügelt, sondern ich habe es gesehen.

LEW N. GRAF TOLSTOJ

Vieles erfahren haben heißt noch nicht, Erfahrung besitzen.

MARIE VON EBNER-ESCHENBACH

Man muß in den Dreck hineingeschlagen haben, um zu wissen, wie weit er spritzt.

WILHELM RAABE

Die Erfahrung ist zwar eine gute Lehrmeisterin, aber sie läßt sich die Lehre teuer bezahlen. Um so besser muß man bei ihr das erste Mal lernen.

CARL HILTY

Was ist Erfahrung? Eine armselige kleine Hütte, aus den Ruinen eines Palastes aus Gold und Marmor erbaut, genannt unsere Illusionen.

JOSEPH ROUX

Erfahrung trügt so oft, weil niemals zwei Fälle ganz gleich gelagert sind.

ROSALIE PERLES

Erfahrung

Erfahrung ist der Name, den jeder seinen Irrtümern gibt.

OSCAR WILDE

Die Menschen sind nicht klug im Verhältnis zu ihrer Erfahrung, sondern im Verhältnis zu ihrer Fähigkeit, Erfahrungen zu sammeln.

GEORGE BERNARD SHAW

Erfahrungen sind Wegweiser – keine Lagerplätze.

GEORGE BERNARD SHAW

Wir lernen aus Erfahrung, daß die Menschen nichts je aus Erfahrung lernen.

GEORGE BERNARD SHAW

Erfahrener werden heißt trauriger werden.

ELEONORE VAN DER STRATEN-STERNBERG

Der Weg zu den Erfahrungen ist mit Mißerfolgen gepflastert.

ELEONORE VAN DER STRATEN-STERNBERG

Erfahrungen machen die Menschen öfter bitter als klug.

ELEONORE VAN DER STRATEN-STERNBERG

Die Erfahrung ist das beste Orakel.

SILVIO GESELL

Durch Erfahrung kann der Furchtsame die Furcht verlieren, der Furchtlose sie kennenlernen.

ROBERT GERSUNY

Aus Erfahrung klug werden, ist oft mehr Sache des Charakters als der Intelligenz.

SALOMON BAER-OBERDORF

Jede gründliche Erfahrung muß mit eignem Leben bezahlt werden – und mit fremdem.

CHRISTIAN MORGENSTERN

Das ist meine allerschlimmste Erfahrung: der Schmerz macht die meisten Menschen nicht groß, sondern klein.

CHRISTIAN MORGENSTERN

Die Erfahrungen sind Samenkörner, aus denen die Klugheit emporwächst.

KONRAD ADENAUER

Unsere Erfahrungen sind Giftbecher oder Gefäße heilsamen Lebens, je nachdem, womit wir sie füllen.

HELEN KELLER

Die Guillotine macht den Menschen nicht klüger, nur kürzer.

JAKOW TRACHTENBERG

Wer viel von dieser Welt gesehen hat, der lächelt, legt die Hände auf den Bauch und schweigt.

KURT TUCHOLSKY

Böse Erfahrungen können Humus sein für gute Leistungen, für vermehrte Anstrengungen. Aus dem Mist, den die anderen machen, wächst die schöne Blume der Erkenntnis.

FRIEDRICH WITZ

Erfahrung ist nicht, was einem Menschen geschieht. Sie ist das, was ein Mensch damit macht, was ihm geschieht.

ALDOUS HUXLEY

Erfahrungen wären nur dann von Wert, wenn man sie hätte, ehe man sie machen muß.

KARL HEINRICH WAGGERL

Eigentlich machen nur schlechte Erfahrungen klug; gute machen sicher.

SIGMUND GRAFF

Die Monumente im Leben eines Menschen werden nicht ordentlich aufgereiht. Es ist die Erfahrung, die einen Menschen einordnet.

ANDRÉ MALRAUX

Durch Erfahrung gereift – oder vernichtet.

ANITA

Erfahrungen sind wie eingetragene Anzüge, sie passen einem anderen nur im glücklichsten Falle.

ERWIN STRITTMATTER

Die Erfahrung ist kein Experiment. Man kann sie nicht machen wollen. Man macht sie. Eher Geduld als Erfahrung. Wir gedulden uns – vielmehr: wir dulden.

ALBERT CAMUS

Erfindung

Erfahrungen haben ihren Preis. Die letzte bezahlen wir mit dem Leben.

HEINRICH WIESNER

Ein gebranntes Kind läßt nichts mehr anbrennen.

GERHARD UHLENBRUCK

Erfahrungen – das sind die vernarbten Wunden unserer Dummheit.

JOHN OSBORNE

Durch die Erfahrung entsteht die Welt in uns.

CLEMENS WEBER

Die Erfahrung ist zweifellos die beste Lehrmeisterin, aber das Lehrgeld ist sehr hoch.

FRANÇOISE SAGAN

Erfahrung nährt die Vorsicht.

ELISABETH HABLÉ

Erfahrungen sind wie Photos: aus Negativem wird Positives.

ALAN AYCKBOURN

Erfahrungen muß man teuer bezahlen. Welch ein Verlust, sie nicht wieder zu investieren!

KLAUS BERNHARDT

Die Menschen lernen aus Erfahrung, daß die Menschen aus der Erfahrung nichts lernen.

ELENA KÖLLING

Erfindung

Der Teufel hat das Suchen erfunden und seine Großmutter das Warten.

Deutsches Sprichwort

Die Buchdruckerkunst ist doch fürwahr eine Art von Messias unter den Erfindungen.

GEORG CHRISTOPH LICHTENBERG

Ich denke immer, wenn ich einen Druckfehler sehe, es sei etwas Neues erfunden.

JOHANN WOLFGANG VON GOETHE

Wer das Alphabet erschaffen, hat uns den Faden unserer Gedanken und den Schlüssel der Natur in die Hand gegeben.

RIVAROL

Ein neues Gericht zu erfinden, ist für das Glück der Menschheit wichtiger als die Entdeckung eines neuen Planeten.

BRILLAT-SAVARIN

Der Erfinder ist an keinen zünftigen Beruf gebunden.

MAX VON EYTH

Das bloße Talent sucht und findet, aber das Genie erfindet.

AUGUST HITZSCHOLD

Wo nichts erfunden wird, ist man geneigt, Erfindungen für überflüssig zu halten.

A. BERTHOLD

Dem Mittelalter verdanken wir die beiden schlechtesten menschlichen Erfindungen: romantische Liebe und Schießpulver.

ANDRÉ MAUROIS

Die hysterische Angst, die die Öffentlichkeit jetzt vor der Atombombe hat, oder doch ausdrückt, ist beinahe ein Zeichen, daß hier einmal wirklich eine heilsame Erfindung gemacht worden ist. Wenigstens macht die Furcht den Eindruck einer wirklich wirksamen bitteren Medizin. Ich kann mich des Gedankens nicht erwehren: wenn hier nicht etwas Gutes vorläge, würden die Philister kein Geschrei anheben. Aber vielleicht ist auch das ein kindischer Gedanke.

LUDWIG WITTGENSTEIN

Unsere neuesten Erfindungen: Welcher Triumph der Menschheit und welche Niederlage der Menschlichkeit!

CHARLES TSCHOPP

Die beste Erfindung, die gemacht wurde, ist der Sabbat – in seinen Spuren dann der Sonntag und bei den Moslems der Freitag.

WERNER BUKOFZER

Ohne Erfindungen kein Finden.

GERHARD UHLENBRUCK

Erfindung

Wer erfindet, schafft Vorsprung.
KASIMIR M. MAGYAR

Töricht ist es, aus einem Stein mehr als Funken herausschlagen zu wollen.
HANNA-HEIDE KRAZE

Der Erfindungsreichtum der Unternehmen darf nicht vorrangig auf weniger Arbeit durch Rationalisierung gerichtet sein.
NORBERT BLÜM

Menschen, die von einer neuen Erfindung nur die guten Seiten sehen wollen, nennt man Techniker.
WERNER MITSCH

Der Mensch hat die Atombombe erfunden. Keine Maus der Welt käme auf die Idee, eine Mausefalle zu konstruieren.
WERNER MITSCH

Was müssen das für Patienten gewesen sein, die Doktor Guillotin inspirierten?
HANS-HORST SKUPY

Erfolg

Nimm dir Zeit, um zu arbeiten; es ist der Preis des Erfolges.
Isländisches Sprichwort

Erfolgreiche Lumpen sind unerträglich.
AISCHYLOS

Vergiß nicht: Erfolg ist die Belohnung für schwere Arbeit.
SOPHOKLES

In allen Dingen ist der rechte Augenblick für den Erfolg entscheidend.
MENANDER

Herr, laß wohl gelingen!
PSALMEN 118,25

Der Erfolg ist der Lehrer des Toren.
TITUS LIVIUS

Ich glaube, daß nur der erfolgreich ist, der seine Handlungsweise mit dem Zeitgeist in Einklang bringt.
NICCOLÒ MACHIAVELLI

Erfolg darf nicht der Maßstab sein für die Güte einer Tat.
WILLIAM SHAKESPEARE

Wer keine Verdienste hat, dem kann man keine geben.
CHRISTINE VON SCHWEDEN

Der Erfolg schenkt dem Menschen oft eine schützende Verkleidung, doch der Zufall demaskiert ihn.
CHRISTINE VON SCHWEDEN

Der Erfolg der meisten Dinge hängt davon ab, daß man weiß, wie lange es dauern wird, bis sie gelingen.
MONTESQUIEU

Um Erfolg in der Welt zu haben, muß man närrisch scheinen und weise sein.
MONTESQUIEU

Mittelmäßig und kriechend, das ist der Weg zum Erfolg.
PIERRE DE BEAUMARCHAIS

Zu wissen, wie man abwartet, ist das große Geheimnis des Erfolges.
JOSEPH MARIE MAISTRE

So war's immer – und so wird's bleiben: die Unmacht hat die Regel für sich, aber die Kraft den Erfolg.
FRIEDRICH VON SCHILLER

Man soll nicht bloß handeln, sondern es auch mit der Zuversicht tun, als hänge der Erfolg lediglich von einem selber ab.
WILHELM VON HUMBOLDT

Für die Menschen gibt es nichts Überzeugenderes als Erfolge; willig beugen sie sich dem Glücke und dem Ruhm.
LEOPOLD VON RANKE

Wenn du Erfolg haben willst, begrenze dich.
CHARLES-AUGUSTIN SAINTE-BEUVE

Erfolg

Nichts trägt mehr zum Erfolg bei als die Tatsache, daß man sich nicht allzusehr nach ihm sehnt.

ALEXIS DE TOCQUEVILLE

Nur der ist erfolgreich in seinem Geschäft, der von der Tätigkeit leben kann, die ihm die größte Freude bereitet.

HENRY DAVID THOREAU

Es ist im Wesen der Dinge vorgesehen, daß aus dem Vollgenuß eines Erfolges, welcher Art er auch sei, etwas hervorgeht, was eine noch größere Anstrengung notwendig macht.

WALT WHITMAN

Den Mann, der den Erfolg nicht verachtet, ist unwürdig, ihn zu haben.

EDMOND & JULES DE GONCOURT

Eine stillstehende Uhr hat doch täglich zweimal richtig gezeigt und darf nach Jahren auf eine lange Reihe von Erfolgen zurückblicken.

MARIE VON EBNER-ESCHENBACH

Der Ruhm der kleinen Leute heißt Erfolg.

MARIE VON EBNER-ESCHENBACH

Wenn wir nur geringen Erfolg haben, liegt es oft daran, daß wir selbst nur halb erlöst sind.

J. HUDSON TAYLOR

Um erfolgreich zu sein, benötigt man zweierlei: Unwissenheit und Selbstvertrauen.

MARK TWAIN

Nach einem unerbittlichen Naturgesetz fliegen dem Menschen die gebratenen Tauben nicht in den Mund.

DANIEL SPITZER

Auf allen Gebieten gibt es Erfolge, die weniger ehrenvoll sind als Mißerfolge.

ROSALIE PERLES

Erfolg – die einzige unverzeihliche Sünde gegen unsere Mitmenschen.

AMBROSE BIERCE

Dein Erfolg enthält immer etwas, das selbst deinen besten Freunden mißfällt.

OSCAR WILDE

Jeder Erfolg, den wir erzielen, verschafft uns einen Feind. Um beliebt zu sein, muß man ein unbedeutender Mensch sein.

OSCAR WILDE

Erfolg verdeckt manche Stümperei.

GEORGE BERNARD SHAW

Erfolge finden auf der Straße statt – der Ruhm kommt aus den Sälen.

RÉMY DE GOURMONT

Erfolg, der nicht klingt, wird leicht überhört und übersehen.

SALOMON BAER-OBERDORF

Die allgemeine Annahme, nach der Erfolg Menschen dadurch verdirbt, daß er sie eitel, egoistisch und selbstzufrieden macht, ist ein Irrtum. Im Gegenteil: in den meisten Fällen macht er sie bescheiden, tolerant und liebenswürdig. Mißerfolg verbittert Menschen und macht sie grausam.

WILLIAM SOMERSET MAUGHAM

Erfolg steigt erst dann zu Kopfe, wenn der dazu benötigte Hohlraum vorhanden ist.

KARL KRAUS

Keine Arbeit, die zu tun sich lohnt, erlaubt einen bequemen Abkürzungsweg zum Erfolg.

SHIGERU YOSHIDA

Um bei irgendjemand Erfolg zu haben, muß man so sein wie jedermann.

C. F. RAMUZ

Erfolg ist nie von Dauer. Wer eine vorbildliche Mausefalle erfindet, muß damit rechnen, daß die Mäuse der nächsten Generation von Natur aus klüger sein werden.

ALBERT EINSTEIN

Holzhacken ist deshalb so beliebt, weil man bei dieser Tätigkeit den Erfolg sofort sieht.

ALBERT EINSTEIN

Ich glaube, daß Erfolg das Leben und den Charakter verdirbt.

STEFAN ZWEIG

Erfolg

Damit, daß einer Erfolg hat, ist noch lange nicht erwiesen, daß er auch recht hat.

W. J. OEHLER

Erfolge resultieren oft aus Fehlern, die bei der Konkurrenz gemacht werden.

PAMPHILIUS PFYFFER

Erfolg macht bescheiden.

CURT GOETZ

Bei großen Menschen ist der Erfolg der Anfang ihres Strebens, bei kleinen – das Ende.

FRIEDL BEUTELROCK

Immer ist der Erfolg das Argument, das alle Einwände schlägt. Doch muß man es anderen überlassen, davon zu sprechen.

K. H. BAUER

Wir finden für unsere eigenen Erfolge und Mißerfolge stets eine ehrenvolle Erklärung, während die anderen Menschen, darunter sogar unsere Nächsten, diese unsere Erfolge oder Mißerfolge meist in abschätziger Weise zu interpretieren pflegen. Selbstbetrug und Mißgunst sind die Brennpunkte der gesellschaftlichen Ellipse, die wir in unserer Laufbahn immer wieder durcheilen.

FRANZ WERFEL

Es gibt keinen Erfolg ohne Frauen.

KURT TUCHOLSKY

Nichts führt so leicht zum Versagen wie der Erfolg.

ALDOUS HUXLEY

Das Schicksal ist unberechenbar. Manchmal haben sogar diejenigen Erfolg, die ihn verdienen.

EUGEN GÜRSTER

Erfolg ist der Raum, den man in der Zeitung einnimmt. Erfolg ist die Unverschämtheit eines Tages.

ELIAS CANETTI

Erfolg, das Rattengift des Menschen; ganz wenige kommen davon.

ELIAS CANETTI

Der Weg zum Erfolg ist der Weg zum Philister.

KARL HEINRICH WAGGERL

Erfolge sind wie Kakteen: man sollte sich nicht draufsetzen.

MICHAIL A. SCHOLOCHOW

Mit etwas, mit irgendetwas Erfolg haben wollen, ist Ehrgeiz, schmutziger Ehrgeiz. Es ist daher logisch, zu den schmutzigsten Mitteln zu greifen.

CESARE PAVESE

Mit den Erfolgen steigen die Gefahren.

KURT HÖLLRIGL

Um Erfolg zu haben, muß man so aussehen, als habe man Erfolg.

VALENTIN POLCUCH

Der Erfolg bewährt sich erst bei der Wiederholung.

HANS ARNDT

Der Mensch hat Erfolg, weil er seine Umgebung an sich anpaßt, nicht, indem er sich der Umgebung anpaßt.

L. RON HUBBARD

Glück und Erfolg werden einem nur vergeben, wenn man großmütig einwilligt, beide zu teilen.

ALBERT CAMUS

Wem der Erfolg recht gibt, muß sehen, wo er damit bleibt.

KEN KASKA

Erfolg zu erringen ist weniger schwierig, als Erfolg zu vertragen.

LOTHAR KUSCHE

Erfolg darf verpflichten. Nur nicht zu Zugeständnissen.

JUPP MÜLLER

Erfolg ist kein Kriterium.

WLADYSLAW BARTOSZEWSKI

Erfolg ist nur halb so schön, wenn es niemanden gibt, der einen beneidet.

NORMAN MAILER

In jedem Erfolg steckt mehr Rackerei als Geheimnis.

MILAN RUŽIČKA

Wir neigen dazu, Erfolg eher nach der Höhe unserer Gehälter oder nach der Größe unserer Autos zu bestimmen als nach dem Grad unserer Hilfsbereitschaft und dem Maß unserer Menschlichkeit.

MARTIN LUTHER KING

Erfolg macht süchtig, Sucht macht erfolglos.

GERHARD UHLENBRUCK

Erfolg: Des einen Neid, des anderen Freud.

GERHARD UHLENBRUCK

Er brauchte keine Rechtfertigung – er hatte Erfolg.

HELLMUT WALTERS

Erfolg ist die Kunst, dem Sinnvollen das Rentable vorzuziehen.

HELMAR NAHR

Die erfolgreichsten Organisationen sind jene, die ihre täglich geänderten Ziele als die ewig gleichen auszugeben verstehen.

HELMAR NAHR

Auf der untersten Sprosse der Erfolgsleiter ist die Unfallgefahr am geringsten.

RUPERT SCHÜTZBACH

Über den Markterfolg entscheidet heute vor allem die Qualität der Entwicklung.

HEINZ RIESENHUBER

Wer nur windschlüpfrig ist, bringt auf die Dauer nichts voran.

KARL LEHMANN

Es kann in unserer Welt nicht nur Erfolgreiche geben. Wir brauchen auch Menschen, die arbeiten.

WERNER MITSCH

Das Fundament zu einem verdienten Erfolg sind meist Niederlagen.

ELISABETH HABLÉ

Erfolg hemmt die Verwandlungsfähigkeit.

ELAZAR BENYOËTZ

Das sind die erfolgreichsten: die Instinktiere.

BERT BERKENSTRÄTER

Vor den Erfolg haben die Götter die Beziehung gesetzt.

WOLFGANG ESCHKER

Bestsellerautor: Leserattenfänger.

HANS-HORST SKUPY

Der Schlüssel zum Erfolg ist ein Dietrich.

LUTZ HÄSCHEL

Erinnerung

Wiedergenommene Magd war nie gut.

Italienisches Sprichwort

Erinnere mich – laß uns miteinander rechten!

JESAJA 43,26

Im Menschen ist nicht allein Gedächtnis, sondern Erinnerung.

THOMAS VON AQUIN

Es gibt keinen größeren Schmerz, als sich im Elend an glückliche Zeiten zu erinnern.

DANTE ALIGHIERI

Wo ist der Schnee des verflossenen Jahres?

FRANÇOIS VILLON

Nicht im Vergessen, sondern im Sich-Erinnern besteht das Geheimnis der Erlösung.

BAAL SCHEM TOV

Wüßten wir, woran sich Menschen am ehesten erinnern, wüßten wir vielleicht, was sie am ehesten tun werden.

LORD HALIFAX

Wenn uns alte Laster erzählen, was sie und ihre Gefährten in ihrer Jugend erlebten, denken wir immer, diese Zeiten wären doch viel glücklicher gewesen als unsere.

JONATHAN SWIFT

Erinnerung

Die Erinnerung ist das einzige Paradies,
woraus wir nicht vertrieben werden können.

JEAN PAUL

Man liebt noch den Ort der Liebe, wenn man
gegen die Person keine mehr hat.

JEAN PAUL

Was Erinnerung bedeutet: Da alles, was im
Zeitleben äußerlich verschwindet, ins Innere
tritt, so muß es innerlich wieder findbar oder
durch Aufschluß des Inneren wieder
vergegenwärtigbar sein.

FRANZ VON BAADER

Die Vergangenheit und die Erinnerung haben
eine unendliche Kraft, und wenn auch
schmerzliche Sehnsucht daraus quillt, sich
ihnen hinzugeben, so liegt darin doch ein
unaussprechlich süßer Genuß.

WILHELM VON HUMBOLDT

Die Erinnerung ist der sicherste Grund der
Liebe.

NOVALIS

Alle Erinnerung ist Gegenwart.

NOVALIS

Der ist erst ganz unglücklich, der die kahlen
Wände seines Herzens nicht einmal mit
Bildern der Erinnerung schmücken kann.

JOHANN NESTROY

Eine glückliche Erinnerung ist vielleicht
wahrer als das Glück.

ALFRED DE MUSSET

Die Erinnerung ist das einzig Feste, was dem
Menschen bleibt; dies sollte ein Bösewicht
bedenken, dann würd er sich nicht aus so
vielen Stunden Höllen zusammenzimmern.

FRIEDRICH HEBBEL

Es gibt nichts, das höher, stärker, gesünder
und nützlicher für das Leben wäre als eine
gute Erinnerung aus der Kindheit, aus dem
Elternhause.

FJODOR M. DOSTOJEWSKIJ

Wenn wir aufhören, lebhaft zu hoffen, fangen
wir an, uns lebhaft zu erinnern.

MARIE VON EBNER-ESCHENBACH

Alles hat eine unentdeckte Seite, denn
anstatt die Dinge mit unseren Augen zu
betrachten, betrachten wir sie mit den
Erinnerungen an die Gedanken anderer.

GUSTAVE FLAUBERT

Die Erinnerung – dieser Wachtraum des
Lebens.

HERMANN STEHR

Es gibt zwei schöne Dinge auf der Welt:
Erinnern und Vergessen. – Und zwei häßliche:
Erinnern und Vergessen.

RODA RODA

Die Kraft des Genießens und die des
Erinnerns sind eine von der andern abhängig.

HERMANN HESSE

Erinnerung heißt die Kunst, einmal
Genossenes nicht nur festzuhalten, sondern
es immer reiner auszuformen.

HERMANN HESSE

Erinnerung verbindet immer und zwiefach
jede Erinnerung in Liebe.

STEFAN ZWEIG

Alle Erinnerung, auch die schönste, ist
heimlich an das Leid gebunden.

WALDEMAR BONSELS

Erinnerung ist eine Form der Begegnung.

KAHLIL GIBRAN

Erinnerung sieht den geliebten Menschen
stets verkleinert.

WALTER BENJAMIN

Erinnerung ist Imagination nach rückwärts.

FRITZ USINGER

Wer zurückschaut, fällt.

KARL HEINRICH WAGGERL

Auch die Erinnerung wird ranzig. Beeil dich!

ELIAS CANETTI

Die Dinge enthüllen sich durch die
Erinnerungen, die man daran hat. Sich an
eine Sache erinnern bedeutet, sie – erst jetzt –
zum ersten Male sehen.

CESARE PAVESE

Erkenntnis

Geist hat Gedächtnis, Seele Erinnerungen.
JOACHIM GÜNTHER

Wenn sich der Mensch erinnert, dann muß er auch den Mut haben, in die Asche zu sehen, die seine Jahre zurücklassen.
HANNS CIBULKA

Die Erinnerung gleicht einer Ziehharmonika, deren Enden sich zuweilen nähern, zuweilen voneinander entfernen.
HANS HABE

Erinnerungen – schöpferisch verwendet – helfen leben. Erinnerungen als sentimentale Betrachtungen – helfen sterben.
ERWIN STRITTMATTER

Sich wahrheitsgemäß zu erinnern tut oft weh.
RICHARD VON WEIZSÄCKER

Vergessen ist schlimm, aber schlimmer ist falsches Erinnern.
HELMUT LAMPRECHT

Auch das gehört zu unserem Fluch des Nichtvergessendürfens: Daß uns die falschen Erinnerungen bleiben.
NIKOLAUS CYBINSKI

Erinnerungen: Abenteuer des Gedächtnisses.
ELAZAR BENYOËTZ

Die Erinnerung lügt immer.
AUREL SCHMIDT

Erkenntnis

Wenig Nahrung, ein freier Kopf.
Türkisches Sprichwort

Der Baum der Erkenntnis des Guten und des Bösen.
1 MOSE 2,9

Und ihr werdet sein wie Gott und wissen, was gut und böse ist.
1 MOSE 3,5

Öffne mir die Augen, daß ich schaue die Wunder an deinem Gesetze.
SPRÜCHE 1,7

Achtet Erkenntnis höher als kostbares Gold.
SPRÜCHE 8,10

Wer recht erkennen will, muß zuvor in richtiger Weise gezweifelt haben.
ARISTOTELES

Unser Erkennen ist Stückwerk.
1 KORINTHERBRIEF 13,9

Je mehr jemand zum Frieden mit sich selbst kommt, desto mehr und desto höhere Dinge erkennt er ohne Mühe; denn von oben erhellt ihn das Licht des Erkennens.
THOMAS VON KEMPEN

Jede unserer Erkenntnisse hat ihren Ursprung in der Empfindung.
LEONARDO DA VINCI

Gib Licht, und die Dunkelheit wird von allein verschwinden.
ERASMUS VON ROTTERDAM

Nichts verdunkelt unsere Erkenntnis mehr als die Leidenschaften.
GOTTHOLD EPHRAIM LESSING

Ohne Genuß, ohne innere Vereinigung keine Erkenntnis.
WILHELM HEINSE

Nicht alles Wünschenswerte ist erreichbar, nicht alles Erkennenswerte erkennbar.
JOHANN WOLFGANG VON GOETHE

Allwissend nennt man jene Erkenntniskraft, welche alle Wahrheiten umfaßt.
BERNARD BOLZANO

Der Mensch ist dazu bestimmt, die Wahrheit zu erkennen. Das ist seine wahre Aufgabe.
ALEXANDRE VINET

Die Summe unserer Erkenntnisse besteht aus dem, was wir gelernt, und aus dem, was wir vergessen haben.
MARIE VON EBNER-ESCHENBACH

Erkenntnis

Wie der Mensch ist, so erkennt er.

FRANZ VON BAADER

Mancher sucht ein Leben lang die Brille der Erkenntnis, ohne zu merken, daß er sie schon auf der Nase hat.

WILHELM RAABE

Erkenntnis macht frei, Bildung fesselt, Halbbildung stürzt in Sklaverei.

WILHELM RAABE

Erkenntnis ist Anbetung.

GERHART HAUPTMANN

Unsere gesamte Erkenntnis der Welt ist an einem dünnen Faden aufgehängt: der Regelmäßigkeit unserer Erfahrungen.

LUIGI PIRANDELLO

Selbst die tiefste Erkenntnis ändert nichts am Wesen der Welt, so wenig wie Selbsterkenntnis am eigenen Wesen.

ERNST HOHENEMSER

Eine letzte Erkenntnis gibt es nicht. Sie würde des Geistes Ende bedeuten.

JULIUS TOLDI

Die Erkenntnis ist ein alter Irrtum, der an seine Jugend denkt.

FRANCIS PICABIA

Es gibt keine Grade der Wahrheit, keine Grade der Sittlichkeit.

OTTO WEININGER

Das Glück der Erkennenden: Erkenntnis macht die Wirklichkeit schön.

GUSTAV HILLARD

Wir können bekanntlich über das Licht nie mehr erfahren, als wenn wir uns zu der Finsternis gesellen.

FRITZ VON UNRUH

Wirklich erkennen können wir nur, was wir in irgendeinem Sinne lieben.

ROMANO GUARDINI

Irrtum der Erkenntnis hat nichts mit der Reinheit des Menschen zu tun.

ERNST WIECHERT

Spott und Ironie sind im Gebiete der Erkenntnis und Weisheit zumeist Erweise von Unreife. Selbst der Humor tritt hier nur spärlich auf und immer im Kleid der Trauer.

WALDEMAR BONSELS

Am Pfad der Erkenntnis steht der Zweifel als ein Wegweiser ohne Inschrift.

KARL HEINRICH WAGGERL

Wer A sagt, der muß nicht B sagen. Er kann auch erkennen, daß A falsch war.

BERT BRECHT

Der Baum der Erkenntnis aus dem Geiste der Wahrheit: der ganz Licht ist und der keinen Schatten mehr wirft.

G. E. SCHNEIDER

Die Erkenntnis: eine verbrecherische Indiskretion.

É. M. CIORAN

Ohne eine allumfassende Enttäuschung kann es keine allumfassende Erkenntnis geben.

É. M. CIORAN

Wenn ich aus einem Lebenstag keine Erkenntnis holte, habe ich ihn nicht erlebt, sondern verbracht.

ERWIN STRITTMATTER

Die Summe der Erkenntnis: nach der Erfahrung ist man kein Weiser, sondern ein Sachverständiger. Aber worin?

ALBERT CAMUS

Was wir neue und tiefere Erkenntnisse nennen, ist oft nur eine Veränderung unseres Geschmacks.

ROBERT MUTHMANN

Die Erkenntnis der Ausnahme verlangt die Kenntnis der Regel.

GERHARD BRANSTNER

Über eine gewonnene Erkenntnis sollte man sich mehr freuen als über eine verlorene Illusion.

HORST FRIEDRICH

In der Erkenntnis gibt es weder nach oben noch nach unten eine Grenze.

HORST FRIEDRICH

Ohne die Erkenntnis gäbe es keine
Zufriedenheit.

ELISABETH HABLÉ

Erkenne dich selbst, und du wirst alle Dinge
im rechten Lichte erkennen.

GABRIELE WITTEK

Bei manchen Menschen sind die Früchte der
Erkenntnis nichts weiter als eine Mischobst-
Konserve.

CHRIS HORNBOGEN

Nicht jede Erkenntnis ist gleich ein
Kurzstreckenfahrschein ins Glück.

GERHARD JASCHKE

In der Wüste der Erkenntnis sind die Oasen
rar.

KLAUS BERNHARDT

Ernährung

Die Freude am guten Essen tötet mehr Leute als der Degen.

Französisches Sprichwort

Im Schweiße deines Angesichts sollst du dein
Brot essen.

1 MOSE 3,19

Der Mensch lebt nicht vom Brot allein.

5 MOSE 8,3

Wer sich den ganzen Tag mit Essen
vollstopft, ohne sich mit irgend etwas geistig
zu beschäftigen, ist ein unerfreulicher
Mitmensch. Gibt es denn keine Glücks- und
Schachspieler? Es ist immer noch besser, zu
ihnen zu gehören, als nichts zu tun.

KONFUZIUS

Wir tun unrecht und handeln gottlos, wenn
wir Tiere töten und uns von ihrem Fleisch
nähren, da wir dann unsere Verwandten
morden.

EMPEDOKLES

Wer nicht arbeitet, der soll auch nicht
essen. – Andere Menschen leben, um zu
essen. Ich esse, um zu leben.

SOKRATES

Der Anfang und die Wurzel alles Guten ist die
Lust des Magens; auch Weisheit und
Überlegenheit lassen sich darauf
zurückführen.

EPIKUR

Das Land hat seinen Ertrag gegeben, es
segnet uns Gott.

PSALMEN 67,7

Der Speisen Würze ist Hunger.

CICERO

Eher muß man darauf achten, mit wem man
ißt und trinkt, als was man ißt und trinkt.

SENECA

Anfang und Grundlage eines vernünftigen
Lebens ist das Maßhalten bei Speise und
Trank.

MUSONIUS

Kein Essen, kein Getränk, so schlecht es
auch zubereitet ist, kann so widrig und
schädlich sein wie eine Unterhaltung, die
über Tisch zur unrechten Zeit oder auf eine
unbesonnene Art in Gang gebracht wird.

PLUTARCH

Sprich nicht davon, wie man essen soll,
sondern iß, wie man soll!

EPIKTET

Alles das, das der Mensch aus der Welt isset,
dasselbige ist er selbst.

PARACELSUS

Besser ist es, ein Volk zu ernähren, statt es
mit Worten abzuspeisen.

SCHU SCHUEHMOU

Elend wird vergessen, gibt's nur was zu
essen.

MIGUEL DE CERVANTES

Nahrung aus dem Meer ist nicht salzig,
obgleich sie aus dem Salzwasser stammt.

TSCHEN TSCHIJU

Ernährung

Wenn der Appetit gestillt ist, bleibt es das höchste Vergnügen, das man haben kann, von dort, wo man sich gesättigt hat, wegzugehen.

MIGUEL DE CERVANTES

Kaviar für das Volk!

WILLIAM SHAKESPEARE

Was süß schmeckt, wird oft bitter beim Verdauen.

WILLIAM SHAKESPEARE

Wir mästen alle andere Kreaturen, um uns zu mästen; und uns selbst mästen wir für Maden. Der fette König und der magere Bettler sind nur verschiedene Gerichte; zwei Schüsseln, aber für eine Tafel: das ist das Ende vom Liede.

WILLIAM SHAKESPEARE

O Fleisch, wie bist du verfischt worden!

WILLIAM SHAKESPEARE

Der Geist kann den Körper nicht ertragen, wenn er überernährt ist, wenn er aber unterernährt ist, kann der Körper den Geist nicht ertragen.

FRANZ VON SALES

Im wohlschmeckendsten Bissen fühlt man am meisten die Gräte.

BALTAZAR GRACIÁN

Gott schickt das Fleisch, und der Teufel sendet die Köche.

JEREMY TAYLOR

Mäßigkeit ist Liebe zur Gesundheit oder Unfähigkeit, viel zu essen.

LA ROCHEFOUCAULD

Die Ernährung des Leibes vollzieht sich nach und nach. Übermaß der Nahrung und wenig Substanz.

BLAISE PASCAL

Brot ist der Stab des Lebens.

JONATHAN SWIFT

Das Essen ist einer der vier Zwecke des Daseins. Welches die drei anderen sind, darauf bin ich noch nicht gekommen.

MONTESQUIEU

Das Denken hängt völlig vom Magen ab, aber trotzdem sind die Besitzer der besten Mägen nicht die besten Denker.

VOLTAIRE

Ich habe wenige an Hunger sterben sehen, am Überessen aber hunderttausend.

BENJAMIN FRANKLIN

Ein wenig Fasten ist gesund.

LUDWIG HEINRICH NICOLAY

Wer weiß nicht, daß der Magen eines Wollüstlings starke Speisen nicht verdauen kann?

WILHELM LUDWIG WEKHRLIN

Die Gesellschaft besteht aus zwei großen Klassen: die einen haben mehr Essen als Appetit, die andern mehr Appetit als Essen.

CHAMFORT

Die Art ihrer Ernährung beeinflußt das Schicksal der Nationen entscheidend.

BRILLAT-SAVARIN

Sage mir, was du ißt, und ich werde dir sagen, was du bist.

BRILLAT-SAVARIN

Wer zu viel ißt, weiß nicht, wie man essen muß.

BRILLAT-SAVARIN

Das Tier frißt, der Mensch ißt, nur der geistvolle Mensch versteht zu speisen.

BRILLAT-SAVARIN

Was wäre die Welt ohne Leben? Alles Lebendige aber sucht nach Nahrung.

BRILLAT-SAVARIN

Nonnen mager, Mönche fett, Beweis der weiblichen Mäßigkeit.

JEAN PAUL

Wenn man die Menschen am Abend ihr Butterbrot essen sieht, so kann die Bemühung, das Leben zu erklären, sehr lächerlich erscheinen. Butter und Brot erklären alles.

FRIEDRICH HEBBEL

Ernährung

Der Mensch ist, was er ißt.

LUDWIG FEUERBACH

Die Ernährungsfrage tritt immer mehr in den
Vordergrund. Ob dabei von der Natur nicht
ebensosehr auf das Meer wie auf die Erde
und die Luft gerechnet war?

FRIEDRICH HEBBEL

Fasten ist im Grunde nur eine
gesundheitliche Maßnahme.

GUSTAVE FLAUBERT

Auf der Reise rechnen wir bei jedem
Butterbrote und Glase Bier nach, ob es den
Preis wert sei, der dafür gefordert wird; bei
Freunden essen wir mit der Familie fette und
magere Suppen gleich gern, ohne uns ihrer
als besonderer Gerichte zu erinnern.

HERMAN GRIMM

Die Sprache des Menüs ist wahrhaftig dazu
da, um die Speisen zu verbergen.

DANIEL SPITZER

Ein Teil des Geheimnisses des Erfolges im
Leben besteht daraus, zu essen, was man
mag, und es im Innern des Körpers
ausfechten zu lassen.

MARK TWAIN

Pfui über die schlechten Mahlzeiten, welche
jetzt die Menschen machen, in den
Gasthäusern sowohl als überall, wo die
wohlbestellte Klasse der Gesellschaft lebt!
Selbst wenn hochansehnliche Gelehrte
zusammenkommen, ist es dieselbe Sitte,
welche ihren Tisch wie den des Bankiers füllt:
nach dem Gesetz des „Viel zuviel" und des
„Vielerlei" – woraus folgt, daß die Speisen auf
den Effekt und nicht auf die Wirkung hin
zubereitet werden, und aufregende Getränke
helfen müssen, die Schwere im Magen und
Gehirn zu vertreiben.

FRIEDRICH NIETZSCHE

Viele ausgezeichnete Köche werden dadurch
verdorben, daß sie zur Kunst übergehen.

PAUL GAUGUIN

Übermäßiges Essen und Trinken tötet mehr
Menschen als das Schwert.

SIR WILLIAM OSLER

Nach einem guten Essen könnte man jedem
vergeben, selbst seinen eigenen Verwandten.

OSCAR WILDE

Die Kultur hängt von der Kochkunst ab.

OSCAR WILDE

Hunger ist nicht nur der beste Koch, sondern
auch der beste Arzt.

PETER ALTENBERG

Essen und Trinken, das ist die Kunst und die
Philosophie des Körpers.

CONSTANTIN BRUNNER

Selber essen macht wohl fett, aber
Fettwerden ist eine Seligkeit nur für Säue.

EMIL GÖTT

Wir haben uns so sehr an wohlschmeckende
Nahrung gewöhnt und unsere Liebhabereien
so sehr gehätschelt, daß wir alle Fassung
verlieren, wenn wir Nahrung bekommen, an
die wir nicht gewöhnt sind.

MAHATMA GANDHI

Nahrung ist eindrucksfähiger als Bildung, ein
Magen bildsamer als ein Kopf.

KARL KRAUS

Bei einem Diner sollte man weise, aber nicht
zu gut essen, und gut, aber nicht zu weise
sprechen.

WILLIAM SOMERSET MAUGHAM

Fasten ist empfehlenswert, um sich die
Genußfähigkeit für gute Dinge zu erhalten.

GUSTAV HILLARD

Sattsein ist eine ungesunde Gewohnheit.

JAKOW TRACHTENBERG

Man ißt Brot, nicht Gold.

JAKOW TRACHTENBERG

Eine Breifütterung mit dem Löffel ist weder
für Kinder noch für Nationen gut.

JAWAHARLAL NEHRU

Der Ernährer aller Menschen ist Gott und der
Staat ihr Unterernährer.

WALTER BENJAMIN

Ernährung

Wem nichts schmeckt, dem fällt das Fasten leicht.

EUGEN GÜRSTER

Erst kommt das Fressen, dann kommt die Moral.

BERT BRECHT

Appetit ist konkrete Sehnsucht.

ANITA

Jeder müßte sich beim Essen zusehen.

ELIAS CANETTI

Auch Kochbücher sollten der Zensur unterliegen.

STANISLAW JERZY LEC

Die Fetten leben kürzer. Aber sie essen länger.

STANISLAW JERZY LEC

Wir müssen den Zynismus der Satten überwinden.

WILLY BRANDT

Doppelt genährt hält besser.

ALBERT MATHIAS KEUELS

Ist man anständig oder ißt man anständig?

RUDOLF ROLFS

Manche füllen sich den Magen so, daß er die Stelle des Herzens zusätzlich beansprucht.

RUDOLF ROLFS

Zum Essen gehört oft mehr Verstand als zum Lieben.

RUDOLF ROLFS

Dicke essen soviel aus Kummer über die eigene Linie.

WOLFRAM WEIDNER

So leben, daß man niemandem etwas wegißt.

ABRAM TERZ (SINJAWSKIJ)

Wo der Tellerrand die Grenze des Denkens markiert, hilft auch die richtige Ernährung wenig.

ERNST R. HAUSCHKA

Ich halte Kochen für einen schöpferischen Vorgang, der sich allerdings von den Künsten dadurch unterscheidet, daß man ihn unmittelbar vom Endprodukt her genießen kann.

GÜNTER GRASS

Kaffee und Kuchen sind keine Alternative für Wasser und Brot.

GUIDO HILDEBRANDT

Fasten hält Leib und Seele zusammen.

GERHARD UHLENBRUCK

Vielerorts ist noch immer Schmalzhans Küchenmeister.

RAIMUND VIDRÁNYI

Der Dicke kümmert sich nicht darum, wer seinetwegen dünn geblieben ist.

BRANA CRNČEVIĆ

Die Kochkunst ist die Mutter aller Künste! Denn – sie erhält alle anderen am Leben.

OSKAR KUNZ

Kinder als Lagerplatz des Konsums: Umweltverfettung.

WERNER SCHNEYDER

Ein voller Magen ist keine Entschuldigung für ein leeres Hirn.

WOLFGANG ESCHKER

Mancher ißt sich seines Todes sicher.

HANS-HORST SKUPY

Zwangsernährung: Hohn wider die Dritte Welt.

HANS-HORST SKUPY

Manche Speisen müßten der Rezeptpflicht unterliegen.

HANS-HORST SKUPY

Nicht nur Unterernährte, auch Überfressene haben nichts übrig für Moral.

BEAT LÄUFER

Wer einmal aus dem Fettnapf frißt, leckt nächstes Mal den Speichel.

ULRICH ERCKENBRECHT

Ernst

Mit Ernst ist nicht gut scherzen.
Deutsches Sprichwort

Schau den Ernst Gottes...
RÖMERBRIEF 11,22

Feierlichkeit dient fast immer dazu,
Dummheit zu verbergen.
LA ROCHEFOUCAULD

Nur Toren affektieren steten Ernst.
CARL GOTTLOB SCHELLE

Es gibt Leute, die glauben, alles wäre
vernünftig, was man mit einem ernsten
Gesicht tut.
GEORG CHRISTOPH LICHTENBERG

Die keinen Spaß verstehen, verstehen auch
keinen Ernst.
JEAN PAUL

Mir ist alles, was ohne Ernst geschrieben
wird, allzeit von Grund der Seele zuwider
gewesen.
WILHELM GRIMM

Je mehr ein Mensch des ganzen Ernstes fähig
ist, desto herzlicher kann er lachen.
ARTHUR SCHOPENHAUER

Welch ein Scherz, das Leben ernst zu
nehmen, und welch ein Ernst, wenn man
scherzt!
AUGUST STRINDBERG

Die Hauptsache ist, daß es einem mit sich
selbst ernst ist.
JULIUS LANGBEHN

Das, was immer die Welt mit feierlichem
Ernst behandelt hat, gehört zur
komödienhaften Seite der Dinge.
OSCAR WILDE

An vielem Lachen erkennt man den Narren,
am nie zu erschütternden Ernst den
Dummkopf.
OTTO ERNST

Ernste Menschen haben selten Ideen.
Ideenreiche sind nie ernst.
PAUL VALERY

Es gilt mir als *maxime de vie*, meinen Bedarf
an ernster Lebensweisheit bei den großen
Humanisten zu decken.
ALFRED POLGAR

Nimm das Leben ernst, aber hänge ihm keine
Gewichte an.
FRIEDL BEUTELROCK

Nimm den nicht ernst, der über sich selbst
nicht zu lachen vermag.
JACOB LORENZ

Wenn ein Mann ernst ist, sagt die Frau, daß
er ein verdrießliches Gesicht macht.
HENRY DE MONTHERLANT

Die Menschen nehmen sich gewöhnlich sehr
wichtig, aber nicht ernst.
GEORG SCHULZ

Feierlichkeit ist das Gefühl der Idiotie.
OSAMU DAZAI

Die Verhaltensforschung hat uns gezeigt, wie
tierisch ernst wir Menschen uns benehmen.
GERHARD UHLENBRUCK

Nicht jeder, der sich ernst gibt, ist ernst zu
nehmen.
RUPERT SCHÜTZBACH

Erotik

Wollust ist der Sünden Köder.
Wallonisches Sprichwort

Eros ist der menschenfreundlichste unter den
Göttern, da er der Menschen Beistand und
Arzt ist in den Gebrechen, aus deren Heilung
die größte Glückseligkeit für das
Menschengeschlecht erwachsen würde.
PLATON

Erotik

Der Geliebte ist mein, und ich bin sein; er weidet in den Lilien.

HOHES LIED 2,16

Platonische Liebe kommt mir vor wie ein ewiges Zielen und Niemalslosdrücken.

WILHELM BUSCH

In ihren Mundwinkeln lag ein Regiment Amoretten in Garnison.

DANIEL SPITZER

Erotik ist Überwindung von Hindernissen. Das verlockendste und populärste Hindernis ist die Moral.

KARL KRAUS

Erotik verhält sich zur Sexualität wie Gewinn zu Verlust.

KARL KRAUS

Erotik verhält sich zu Sexualität wie Geruch zu Geschmack.

LUDWIG GOLDSCHEIDER

Erotik ist ein Vulkan, der den Menschen hebt und senkt.

ADOLF REITZ

Wenn Erotik spricht, geht der Verstand zuerst schlafen.

FRIEDL BEUTELROCK

Das Unglück der Deutschen: Sie glauben, daß das Wort Erotik von Erröten kommt.

ANTON KUH

Ehe ein Mann auch nur an Flirt denkt, denkt die Frau schon an Ehe.

FELICITAS VON REZNICEK

Flirt – ihm fehlt der Wille zum Ende und zur Vollendung.

PETER MAX BOPPEL

Flirt ist die Kunst, von einem Paket nur die Verschnürung zu lösen, ohne hineinzuschauen.

ROBERT LEMBKE

Sex ohne Eros ist ein Kontakt zweier Hautbesitzer.

MARGUERITE DURAS

Erotomanie bringt Literaten nicht selten erkleckliche Honorare ein. Außerhalb von Literatur und Kunst ist sie eher kostspielig.

LÉOPOLD HOFFMANN

Eros statt Sex; Sehen statt Greifen; Fühlen statt Wissen; Empfinden statt Kennen; Loslassen statt Halten; Vertrauen statt Scham-Losigkeit; Erinnern statt Haben.

WOLFDIETRICH SCHNURRE

Die Erotik ist ein Chamäleon, sie wechselt ihre Farbe je nach Charakter und Gelegenheit.

ERNST R. HAUSCHKA

Großstadt-Bahnhofbezirk: erogene Zone.

HANS-HORST SKUPY

Flirt ist das Training mit dem Unrichtigen für den Richtigen.

SENTA BERGER

Erwartung

Wer einen Narren schickt, darf keinen Weisen erwarten.

Deutsches Sprichwort

Deine Nachkommen haben viel Gutes zu erwarten.

JEREMIAS 31,17

Freundlichkeiten oder Besuche, die man erwartet hat, berühren einen nicht besonders; unerwartete Freundlichkeiten aber, wenn es auch nur ein warmes Grüßen ist, erfreuen uns sehr.

SEI SHONAGON

Man darf von einem Freunde nichts Unbilliges verlangen.

CHRISTINE VON SCHWEDEN

Gesegnet sei der, der nichts erwartet. Er wird nie enttäuscht werden.

ALEXANDER POPE

Erwartung

Das Erwartete bleibt gewöhnlich unter der Erwartung.

AUGUST VON KOTZEBUE

Erwarte nichts Großes von Interessen, die sich ändern können. Erwarte alles von Gefühlen, wie Glaube, Liebe und Treue sie hegen.

HONORÉ DE BALZAC

Alles wird dem zuteil, der zu warten versteht.

HENRY W. LONGFELLOW

Man muß vom Frühling nicht verlangen, was der Herbst erst bringt; das gilt auf allen Gebieten des Lebens.

EMIL FROMMEL

Alles nimmt ein gutes Ende für den, der warten kann.

LEW N. GRAF TOLSTOJ

Es geschieht zu jeder Zeit etwas Unerwartetes; unter anderem ist auch deshalb das Leben so interessant.

MARIE VON EBNER-ESCHENBACH

Das Unerwartete zu erwarten beweist einen durchaus modernen Intellekt.

OSCAR WILDE

Du mußt nicht allzuviel Gutes von den Menschen erwarten. Sei doch froh, wenn sie dir nichts Böses tun.

M. HERBERT

Warten heißt siegen.

HEINRICH FEDERER

Die Liebe geht, wenn die Erwartung getäuscht wird.

WILHELM WEBER-BRAUNS

Erwarte nie Krankheit oder Schmerzen für morgen, mögen Krankheit oder Schmerzen heute noch so arg gewesen sein, für morgen erwarte nur Gesundheit und Kraft. Mit anderen Worten: Gesundheit, Schönheit und Kraft müssen zum wahren Tagestraum werden, denn Traum drückt weit besser den richtigen Gemütszustand aus als Hoffnung und Erwartung.

PRENTICE MULFORD

Kommen wird, was sich nicht erwarten läßt.

KARL FOERSTER

Geduld verkürzt, Ungeduld verlängert die Zeit des Wartens.

JAKOW TRACHTENBERG

Erwarte nicht. Heute: das ist dein Leben.

KURT TUCHOLSKY

Im Leben lernt man zwei Arten von Menschen kennen: Menschen, die man warten läßt, und Menschen, auf die man wartet.

SAMUEL N. BEHRMANN

Die Kunst zu warten ist bedeutender als die Kunst, warten zu lassen.

PETER BAMM

Wer von andern zuviel erwartet, ist im Begriff, selber zuwenig zu leisten.

MAX RYCHNER

Glück ist: nichts mehr zu erwarten oder – noch alles zu erwarten.

ANITA

Es gibt kein Gutes, das erwartet kommt.

LUDWIG HOHL

Warten ist noch eine Beschäftigung. Auf nichts warten – das ist schrecklich.

CESARE PAVESE

Wenn man keine Höhepunkte im Leben mehr hat, wird man müde.

WILLY STAEHELIN

Unsere Lebenserwartung hängt auch davon ab, was wir vom Leben erwarten.

GERHARD UHLENBRUCK

Die höchste Lebenserwartung hat man als Mitläufer.

HELLMUT WALTERS

Glückliche Menschen haben vom Leben weniger zu erwarten.

BRANA CRNČEVIĆ

Die Lebenserwartung wächst. – Uns allen über den Kopf.

WOLFGANG ESCHKER

Beim Warten auf bessere Zeiten beachte man den Fahrplanwechsel.

HANS-HORST SKUPY

Manche warten, bis Lorbeer über eine Sache gewachsen ist.

THOMAS TRAUTMANN

Erziehung

Hat ein Lehrer Würde, wird seine Lehre respektiert.

Chinesisches Sprichwort

Wer seine Rute schont, der haßt seinen Sohn; wer ihn aber lieb hat, der züchtigt ihn bald.

SPRÜCHE 13,24

Von der Wiege an muß das Gute gelehrt werden.

PHOKYLIDES

Einem Krebs können wir nicht beibringen, gerade zu gehen.

ARISTOPHANES

Man darf die Erziehung nicht geringschätzen, da sie unter den größten Gütern, welche den besten Menschen zuteil werden, den ersten Rang einnimmt.

PLATON

Da der Staat nur einen Zweck hat, so muß es auch für alle seine Mitglieder nur eine Erziehung geben, und die Sorge für diese muß eine Staats- und nicht Privatangelegenheit sein.

ARISTOTELES

Wer nicht geschunden wird, wird nicht erzogen.

MENANDER

Von der Wahrheit zur Klarheit, das ist Naturveranlagung. Von der Klarheit zur Wahrheit, das ist Erziehung.

DSCHENG HÜAN

Wem eine edle und wahrhaft fürstliche Erziehung zuteil geworden ist, der hat erst schweigen und dann reden gelernt.

PLUTARCH

Bei keiner Kunst maßt man sich an, sie zu lehren, bevor man sie gewissenhaft gelernt hat. Wie groß ist demnach der Leichtsinn, wenn Unerfahrene das Lehramt übernehmen; denn die Kunst aller Künste ist die Seelenleitung.

PAPST GREGOR DER GROSSE

Der Mann bildet und erzieht die Welt, aber den Mann erzieht die Frau.

MIGUEL DE CERVANTES

Zuviel Zeit mit Studieren zu verbringen, ist Faulheit; es nur als Schmuck zu verwenden – Affektiertheit; nur danach zu urteilen – Gelehrtenwahn.

FRANCIS BACON

Lehren bedeutet ein Führen von einer bekannten Sache zu einer unbekannten. Und das Führen ist eine milde, sanfte Tätigkeit – keine gewaltsame, eine liebenswürdige – keine gehässige.

JAN AMOS COMENIUS

Kinder können leichter als alle anderen unterrichtet werden, da sie von üblen Gewohnheiten noch nicht besessen sind.

JAN AMOS COMENIUS

An der Erziehung der Jugend hängen Wohlfahrt und Ehre eines ganzen Reiches.

CHRISTINE VON SCHWEDEN

Die Erziehung der Frauen ist wichtiger als die der Männer, weil die letztere der Frauen Werk ist.

FRANÇOIS DE FÉNELON

Lehre dein Kind, den Mund zu halten. Es wird schnell genug reden lernen.

BENJAMIN FRANKLIN

Die Erziehung des Menschen beginnt bei seiner Geburt; bevor er sieht und hört, wird er schon unterrichtet. Die Erfahrung kommt vor der Lehre.

JEAN-JACQUES ROUSSEAU

Erziehung

Das große Geheimnis der Erziehung ist, es so einzurichten, daß die Übungen des Körpers und die des Geistes sich gegenseitig zur Erholung dienen.

JEAN-JACQUES ROUSSEAU

Ein unbedachtes Lachen kann die Erziehungsarbeit eines halben Jahres verderben und ein für das ganze Leben nicht mehr gutzumachendes Unrecht anstiften... Um Herr des Kindes zu sein, muß man Herr über sich selbst sein.

JEAN-JACQUES ROUSSEAU

Wir legen den Worten zuviel Gewicht bei: mit unserer geschwätzigen Erziehung erzeugen wir nur Schwätzer.

JEAN-JACQUES ROUSSEAU

Der wahrhaft freie Mensch will nur, was er kann, und tut, was ihm gefällt... Alle Regeln der Erziehung werden sich daraus herleiten lassen.

JEAN-JACQUES ROUSSEAU

Der Mensch lebt eine so kurze Zeit, sein Gedächtnis ist so schwindend, des Wissenswerten ist so viel, daß er von früh an nur durch das Ausgesuchteste unterrichtet werden sollte.

FRIEDRICH II. VON PREUSSEN

Menschlichkeit ist ein wohlüberlegtes Gefühl; nur die Erziehung kann es entwickeln und festigen.

HELVÉTIUS

Der Lehrer muß keine Liebe des Vorzuges gegen ein Kind besonders zeigen. Sobald das Kind sieht, daß sich nicht alle übrigen auch demselben Gesetz unterwerfen müssen, wird es aufsässig.

IMMANUEL KANT

Eines der größten Probleme der Erziehung ist, wie man die Unterwerfung unter den gesetzlichen Zwang mit der Fähigkeit, sich seiner Freiheit zu bedienen, vereinigen könne. Denn Zwang ist nötig.

IMMANUEL KANT

Der Mensch ist das einzige Geschöpf, das erzogen werden muß.

IMMANUEL KANT

Der Mensch kann nur Mensch werden durch die Erziehung. Er ist nichts, als was die Erziehung aus ihm macht.

IMMANUEL KANT

Der größte Fehler, den man bei der Erziehung zu begehen pflegt, ist, daß man die Jugend nicht zum eigenen Nachdenken gewöhnt.

GOTTHOLD EPHRAIM LESSING

Die Erziehung bei dem einzelnen Menschen ist die Offenbarung bei dem ganzen Menschengeschlechte. Die Erziehung gibt dem Menschen nichts, was er nicht auch aus sich selbst haben könnte. Also gibt auch die Offenbarung dem Menschengeschlechte nichts, worauf die menschliche Vernunft, sich selbst überlassen, nicht auch kommen würde, sondern sie gab und gibt ihm die wichtigsten dieser Dinge nur früher.

GOTTHOLD EPHRAIM LESSING

Wenn man nur die Kinder dahin erziehen könnte, daß ihnen alles Undeutliche völlig verständlich wäre.

GEORG CHRISTOPH LICHTENBERG

Erziehung ist Zeugung einer anderen Art.

GEORG CHRISTOPH LICHTENBERG

Ein kluges Kind, das mit einem närrischen erzogen wird, kann närrisch werden. Der Mensch ist so perfektibel und korruptibel, daß er aus Vernunft ein Narr werden kann.

GEORG CHRISTOPH LICHTENBERG

Die gute Erziehung ist, dem Körper und der Seele alle Schönheit und Vollkommenheit zu geben, deren sie fähig sind.

WILHELM HEINSE

Der erste Unterricht des Kindes sei nicht Sache der Vernunft, er sei Sache der Herzen, die Sache der Mütter.

HEINRICH PESTALOZZI

Ein Lehrer, der das Gefühl an einer einzigen guten Tat, an einem einzigen guten Gedicht erwecken kann, leistet mehr als einer, der uns ganze Reiche untergeordneter Naturbildungen der Gestalt und dem Namen nach überliefert.

JOHANN WOLFGANG VON GOETHE

Erziehung

Man soll nie vergessen, daß die Gesellschaft lieber unterhalten als unterrichtet sein will.

ADOLPH VON KNIGGE

Denkt bei der Erziehung eines Kindes an sein Alter.

JOSEPH JOUBERT

Einen Menschen erziehen heißt: ihm Gelegenheit geben, sich zum vollkommenen Meister und Selbstherrscher seiner gesamten Kraft zu machen.

JOHANN GOTTLIEB FICHTE

Ich erziehe die Kinder nicht *zu* etwas, sondern *in* etwas.

JEAN PAUL

Die Weiber wollen zu erziehen anfangen, wenn schon alles verzogen ist.

JEAN PAUL

Die Erziehung, die spielend geschieht, zerstreut den Gedanken. Die Mühe jeder Art ist eins von den großen Geheimnissen der Natur, und der Geist des Kindes muß sich zu den Anstrengungen des Studiums ebenso gewöhnen wie unser Herz zum Leiden.

GERMAINE (MADAME) DE STAËL

Ohne Zweifel hat die Erziehung auf den Geist und den Charakter Einfluß, aber es ist viel leichter, seine Ansichten als seinen Willen dem Schüler zu übermitteln.

GERMAINE (MADAME) DE STAËL

Alle Erziehung ist schwer, weil sie einfach ist. Der verkünstelte und verdorbene Mensch will immer das Vielfache und Künstliche, und weil durch Kunst unmöglich ist, was durch Natur werden soll, so muß die Erziehung auf seinem Wege verunglücken. Das schlechte Ganze ist in den meisten Dingen besser als das gute oder mittelmäßige Halbe.

ERNST MORITZ ARNDT

Der Mensch bedarf der Erziehung. Nicht als ob er ohne Erziehung nicht gedeihen könnte, sondern weil es nicht dem Zufall überlassen bleiben soll, ob er gedeihen werde.

JOHANN FRIEDRICH HERBART

Der Mann ist Erzieher durch Wahl, das Weib durch seine ganze Bestimmung. Wenn der Vater die Erziehung übernimmt oder sie andern anvertraut, so sind die Kinder ihm schon zuerzogen, aus der gröbsten Tierheit herausgebildet oder tiefer und unmenschlicher darin versunken.

FRIEDRICH LUDWIG JAHN

Erziehung ist Beispiel und sonst nichts als Liebe.

FRIEDRICH FRÖBEL

Jede Erziehung, soll sie Frucht bringen, muß sich auf Religion gründen.

FRIEDRICH FRÖBEL

Äußere Zucht und Ordnung dürfen nie die Hauptsache sein in der Erziehung; sie wirken oft nicht einmal so lange, wie die Eltern über die Kinder die Rute schwingen.

JEREMIAS GOTTHELF

Das Fundament alles sozialen Lebens ist die Erziehung, der pflichtmäßige und unentgeltliche Unterricht... Erst den intellektuellen und den moralischen Fortschritt, sodann den materiellen. Der erste dieser Fortschritte führt von selbst und unwiderstehlich zum anderen hin.

VICTOR HUGO

Das Geheimnis der Erziehung liegt in der Achtung des Schülers.

RALPH WALDO EMERSON

Nur die Liebe kann erziehen; darum muß die Mutter das meiste in der Erziehung tun, weil sie die meiste Liebe hat.

ADALBERT STIFTER

Der Unterricht ist viel leichter als die Erziehung. Zu ihm darf man nur etwas wissen und es mitteilen können, zur Erziehung muß man etwas sein. Wenn aber einmal jemand etwas ist, dann, glaube ich, erzieht er auch leichter.

ADALBERT STIFTER

Eine allgemeine Staatserziehung ist eine teuflische Erfindung, um das Volk ganz nach der Schablone zu formen.

JOHN STUART MILL

Erziehung

Stets hat die erste, von einer zärtlichen und tugendhaften Mutter geleitete Erziehung auf unsere Zukunft ebensoviel Einfluß wie die trefflichste natürliche Anlage.

NAPOLEON III.

Ein rechter Meister zieht keine Schüler, sondern eben wiederum Meister.

ROBERT SCHUMANN

Nur der ist ein geborener Lehrer, welcher die Begeisterung seiner Schüler erwecken kann.

ERNST HÄHNEL

Erziehung und Bildung bis zur vollendeten Ausbildung ist die Aufgabe des menschlichen Lebens. Erziehung ist Leben und setzt Leben voraus.

ADOLF KOLPING

Weniges, aber das Wenige recht, das ist der Grundsatz alles echten Unterrichts.

HEINRICH THIERSCH

Wir können nicht erziehen, weil alle Erziehung auf die Ewigkeit gehen muß und die Eltern der vor uns sitzenden Jugend nicht die Ewigkeit wollen, sondern ganz ausdrücklich das, was zeitgemäß ist.

PAUL DE LAGARDE

Das Leben erzieht die großen Menschen und läßt die kleinen laufen.

MARIE VON EBNER-ESCHENBACH

Neben Freiheit und Gerechtigkeit ist Erziehung wichtig: ohne sie können weder Freiheit noch Gerechtigkeit dauernd erhalten werden.

JAMES A. GARFIELD

Und wenn sich alle Schulmeister der Welt auf den Kopf stellen oder vielmehr fest hinsetzen aufs Katheder; sie erobern die Welt zwischen dem sechzehnten und zwanzigsten Lebensjahre doch nicht durch moralisch, ethisch und politisch gereinigte Anthologien.

WILHELM RAABE

Erziehung ist organisierte Verteidigung der Erwachsenen gegen die Jugend.

MARK TWAIN

Unsere Erzieher sind Ärzte, die uns eine Zeitlang behandeln, während wir gesund sind, und uns verlassen, wenn die Krankheiten kommen.

FRANZ SERAPHION HUEMER

Wo der Säbel regiert, bleibt für Bildung und Kultur nichts übrig.

AUGUST BEBEL

Erziehung ist die Kunst, seine Pflicht zu erkennen und seine Freiheit zu beschränken.

CARMEN SYLVA

Erziehung soll Tugenden, so gut es geht, erzwigen.

FRIEDRICH NIETZSCHE

Wie erzieht man die Kinder so, daß sie ihren Eltern nicht zu sehr gleichen?

OTTO WEISS

Erziehung ist eine wunderbare Sache, doch muß man sich von Zeit zu Zeit besinnen, daß nichts, was von Wert ist, gelehrt werden kann.

OSCAR WILDE

Erziehung ist Politur. Sie verschönert von außen, ändert das Material nicht.

ELEONORE VAN DER STRATEN-STERNBERG

Die Universität entwickelt alle Fähigkeiten, unter anderem auch – die Dummheit.

ANTON P. TSCHECHOW

Richtig ins Herz hinein erzieht nur die Liebe.

CARLOS VON TSCHUDI

Jede wohlverstandene Erziehung geht darauf aus, sich zu erübrigen.

ANDRÉ GIDE

Alle Erziehung, die nicht zur Liebe zur Natur erzieht, ist keine Erziehung, weil sie die Abziehung von Gott ist.

REINHOLD BRAUN

Es versteht sich heute von selbst, daß jede Erziehung höchste Tauglichkeit des Einzelnen zur Verwirklichung der Gemeinschaftswerte anstrebt.

LUDWIG KLAGES

Erziehung

Erziehung kann erbetet werden.

KARL HESSELBACHER

Unglücklicherweise ist es für überlastete Lehrer fast ein Ding der Unmöglichkeit, sich eine instinktive Zuneigung für die Kinder zu erhalten; sie werden allmählich für Kinder unweigerlich das gleiche empfinden wie der sprichwörtliche Konditorlehrling für Süßgebäck.

BERTRAND EARL RUSSELL

Wir stehen vor der paradoxen Tatsache, daß die Erziehung zu einem der wesentlichen Hindernisse für Intelligenz und Freiheit des Denkens geworden ist.

BERTRAND EARL RUSSELL

Alles Erziehen ist ein Künstlerisches, der Versuch, einem individuell Gegebenen, einer menschlichen Seele die ihr gemäße Form zu schaffen, sie zu bilden, sie zu gestalten.

LEO BAECK

Das ist die einzige, ewige Erziehung: von der Wahrheit einer Sache so überzeugt sein, daß man wagt, sie einem Kinde zu sagen.

GILBERT KEITH CHESTERTON

Gute Erziehung besteht in der einmaligen Warnung vor der Lüge schlechthin und in der jeweiligen Warnung vor einer jeglichen Wahrheit.

ADOLF NOWACZYNSKI

Zum Erziehen wie zum Herrschen gehört auch die Kunst, manchmal nicht alles sehen zu wollen.

MAX KEMMERICH

Familien-Erziehung ist nicht bloß Sexual-Erziehung.

HERMANN KLENS

Erziehung nennen es die Leute, wenn sie den jungen Menschen die eigenen Fehler beibringen.

FRITZ DE CRIGNIS

Kein Lehrer ist je an seiner Unwissenheit gescheitert. Dies ist eine Berufserfahrung. Lehrer scheitern daran, daß sie nicht „mit der Klasse zurechtkommen".

EZRA POUND

Gute Erziehung besteht darin, daß man verbirgt, wieviel man von sich selbst hält und wie wenig von den anderen.

JEAN COCTEAU

Die Erziehung ist Selbsterziehung im Volk. Kritik und Selbstkritik ist die grundlegende Methode der Selbsterziehung.

MAO ZEDONG

Die Mutter der Erziehung ist die Gewohnheit.

RUDOLF NAUJOK

Erziehung ist keine Lehre, sondern ein Beispiel.

JOSEF RECLA

Erziehung ist der Versuch, Kinder davon abzuhalten, die Erwachsenen nachzuahmen.

ROBERT LEMBKE

Moderne Kindererziehung ist die Rache der Eltern an ihren Eltern.

WOLFRAM WEIDNER

Unterrichten kann die Maschine, erziehen nur der Mensch.

HELLMUT WALTERS

Es ist ein Unterschied, ob man von Kindheit an lernt, die Hände zu falten oder sie zur Faust zu ballen.

HELLMUT WALTERS

Lehrt eure Kinder die Wahrheit, aber bereitet sie auf eine Welt voller Lügen vor.

WERNER MITSCH

Erziehen heißt, das Kind zu sich selbst, zu seiner eigenen Persönlichkeit führen, nicht aber dressieren.

JUDITH L. BACH

Erziehung. Die Kinder dahin zu bringen, die Fehler der Eltern zu wiederholen.

AUREL SCHMIDT

Lerne unterscheiden zwischen Herzensbildung und Dressur.

ESTHER GUT

Kindererziehung: Auf Sandmann bauen.

HANS-HORST SKUPY

Europa

Laß jedem Volk seinen Brauch und behalte deinen auch.

Dänisches Sprichwort

Besonders merkwürdig ist, daß Europa von asiatischer Herkunft war...

HERODOT

Aus dem, was der Mensch jetzt in Europa ist, müssen wir nicht schließen, was er sein könnte.

GEORG CHRISTOPH LICHTENBERG

Wenn man auf einer entfernten Insel einmal ein Volk anträfe, bei dem alle Häuser mit scharf geladenen Gewehren behängt wären, und man beständig des Nachts Wache hielte, was würde ein Reisender anders denken, als daß die ganze Insel von Räubern bewohnt wäre? Ist es aber mit den europäischen Reichen anders?

GEORG CHRISTOPH LICHTENBERG

Die Kultur Europas kann nur eine Kultur des Menschen sein.

JOHANN GOTTFRIED HERDER

Wahrlich, der Zustand von Europa ist so schrecklich, daß ich lieber weniger davon wissen möchte, und Handlungen der Mächte, wie sie vor unseren Augen geschehen, würden mir in der Historie übertrieben geschildert erscheinen. Europa ist wie vor dem Anfang aller Gesetze; denn das öffentliche Recht ist untergegangen. Europa sinkt zurück in die Nacht der Tyrannei.

JOHANNES VON MÜLLER

Man beginnt in Europa einzusehen, daß die Nationen immer nur den Grad der Freiheit innehaben, den ihr Mut ihrer Angst abbringt.

STENDHAL

Keine Nation ist für sich allein. Es gibt ein Gemeinsames, das sie untereinander verbindet, welches doch wieder einer jeden angehört.

LEOPOLD VON RANKE

Die europäischen Völker, vom Militarismus erdrückt, schicken sich an, einander noch unendliches Herzeleid anzutun, meist, weil es im Innern gärt.

JAKOB BURCKHARDT

Der Zustand muß ein Ende nehmen, daß die Völker Europas bis an die Zähne bewaffnet wie Räuber sich gegenüberstehen, von denen einer auf einen Moment der Schwäche des anderen wartet, um ihn zu überfallen und zu berauben.

AUGUST BEBEL

Ganz Europa ist ein großes Kriegslager, es starrt in Waffen und häuft Schulden über Schulden... Diese ewige Unruhe, diese Rüstungen, diese permanente Kriegsbereitschaft sind der Ausfluß der Politik der herrschenden Klassen... Die Inatemhaltung der Völker mit der auswärtigen Politik wird Mittel der Klassenherrschaft: Man lenkt die Aufmerksamkeit von den inneren Zuständen ab.

AUGUST BEBEL

Im Zerstören haben sich die Japaner groß bewiesen; ich bin begierig, was sie nun dem Abendland geben werden. Wenn es Japan gelingt, der ganzen gelben Rasse seine Energie und Verjüngung einzuflößen, dann mag sich Europa vorsehen.

ADOLF SCHAFHEITLIN

Ich glaube, daß unter Völkern, die geographisch so gruppiert sind wie die europäischen, ein föderatives Band bestehen muß. Die Völker müssen untereinander ein Band der Solidarität knüpfen, das ihnen jederzeit gestattet, ernsten Situationen, die sich ergeben könnten, ins Gesicht zu sehen.

ARISTIDE BRIAND

Das Unglück von heute ist der gewaltsame Ausbruch eines Übels, das Europa seit Jahrhunderten zerfrißt, das Übel des Stolzes und der Gier, des gewissenlosen Staatenfanatismus, der kapitalistischen Pest, jenes lügnerischen Triebwerkes der Zivilisation, das aus Unduldsamkeit, Heuchelei und Gewalttätigkeit zusammengesetzt ist.

ROMAIN ROLLAND

Europa

Was die Nationen hindert, einander zu vertrauen, sich aufeinander zu stützen, ihre Besitztümer und Kräfte wechselweise mitzuteilen und zu genießen, sind nur mittelbar Fragen der Macht, des Imperialismus und der Expansion: im Kerne sind es Fragen der Wirtschaft. Verschmilzt die Wirtschaft Europas zur Gemeinschaft, und das wird früher geschehen, als wir denken, so verschmilzt auch die Politik. Das ist nicht der Weltfriede, nicht die Abrüstung und nicht die Erschlaffung, aber es ist Milderung der Konflikte, Kräfteersparnis und solidarische Zivilisation.

WALTHER RATHENAU

Europa ist heute nur dem Namen nach christlich. In Wirklichkeit betet es den Mammon an.

MAHATMA GANDHI

Europa ist die Quelle des christlichen Glaubens und der christlichen Ethik, der Ausgangspunkt des größten Teils der Kultur, der Kunst, Philosophie und Wissenschaft der alten wie der neuen Zeit. Wenn Europa sich einmal im Genuß seines gemeinsamen Erbes einigen könnte, dann gäbe es gar keine Schranke und Grenze für sein Glück, sein Gedeihen und seinen Ruhm, wovon seine Bevölkerung von dreihundert bis vierhundert Millionen Menschen profitieren würde. Wir müssen eine Art Vereinigter Staaten von Europa aufbauen.

SIR WINSTON S. CHURCHILL

Schuldig an dem heutigen Zustand Europas, an seiner Anarchie, an dem Kampf Aller gegen Alle, an diesem Kriege ist die nationalistische Demokratie. Das nationale Prinzip ist das atomistische, das anarchistische, das anti-europäische, das reaktionäre Prinzip. Die Demokratie ist reaktionär, denn sie ist nationalistisch und ohne jedes europäische Gewissen.

THOMAS MANN

Völker Europas! Hütet eure heiligen Güter – rief vor seinem Laden ein biederer Waffenhändler.

ADOLF NOWACZYNSKI

Das Nationale innerhalb Europas behauptet sich mit Recht nur noch als eigene Lebensform, überlieferte Anschauung, als Sprache, Geist und Erziehung. Als Machtprinzip eines Staates aber hat es nicht nur sein Recht verloren, sondern wird zum Widersacher der abendländischen Einheit.

KARL JASPERS

Einzig der Entschluß, aus den Völkergruppen des Erdteils eine große Nation zu errichten, könnte den Puls Europas wieder befeuern. Unser Kontinent würde den Glauben an sich selbst zurückgewinnen und in natürlicher Folge wieder Großes von sich fordern, sich in Zucht nehmen.

JOSÉ ORTEGA Y GASSET

Europa ist als Gefüge kleiner Nationen entstanden. Nationalgedanke und Nationalgefühl waren in gewissem Sinn seine bezeichnendsten Erfindungen. Nun sieht es sich gezwungen, sich selbst zu überwinden. Wird sich Europa von den Überresten der Vergangenheit befreien können oder für immer ihr Gefangener bleiben?

JOSÉ ORTEGA Y GASSET

Europäer sind Kinder einer Mutter – aber sie haben verschiedene Väter.

INA SEIDEL

Der Fremde in Europa ist rechtlos.

KURT TUCHOLSKY

Die falschen Staaten von Europa: England, Frankreich, Spanien, Italien, Ungarn, Preußen, Estland, Lettland, Rumänien, Bayern. Die Grenzen stehen fest. Die richtigen Staaten von Europa: Arbeitslose, Arbeitsmänner, Arbeitgeber und Nutznießer fremder Arbeit. Die Grenzen fließen.

KURT TUCHOLSKY

Zwischenstaatlich organisiert sind in Europa nur das Verbrechen und der Kapitalismus.

KURT TUCHOLSKY

Europa ist eine Familie. Seine Streitigkeiten werden leicht heftig, aber sie sind, wie in einer Familie, nicht so bös gemeint.

ANTOINE PINAY

Ein einziger Nachbar kann einen
europamüde machen.

WILLY REICHERT

Die Religion der Europäer ist schlimmer, als
wenn sie gar keine hätten.

HENRY DE MONTHERLANT

Offenbar muß Europa immer erst in den
Zustand äußerster Gefahr geraten, ehe es
sich entschließt, das zu tun, was notwendig
ist, um am Leben zu bleiben.

PETER BAMM

Dem Europäer mangelt es nicht an Mut.
Tollkühn umkreist er, in einer Kapsel
eingeschlossen, den ganzen Erdball. Aber die
edelste und zugleich mächtigste und zarteste
Form des Muts, die Demut und ihre
Zwillingsschwester die Sanftmut, ist heute in
Europa von den Hammerschlägen der
Vernunft und Raffsucht, durch den Ego-
Riesen zertrümmert worden.

ZENTA MAURINA

Das Schiff Europa ist leck. Wenn es
untergeht, dann ertrinkt alles – ob man in der
Luxuskabine oder in der Proletenklasse sitzt.

PATER LEPPICH

Unser Europa ist ein religiöser Kühlschrank
im Vergleich mit dem gläubigen Indien.

PATER LEPPICH

Wenn die Freiheit in Europa bedroht ist, dann
nur durch den Sozialismus.

FRANZ JOSEF STRAUSS

Opas Europa ist tot.

WALTER SCHEEL

Europa ist in den letzten Jahren schon derart
integriert worden, daß es nur noch schwer zu
einigen ist.

HELLMUT WALTERS

Europa bauen. Aus lauter Vorwänden und
Hintertüren?

JEANNINE LUCZAK

Europatriarchat.

HANS-HORST SKUPY

Andere Länder, andere Mißbräuche.

HANS-HORST SKUPY

Träume von Pan-Europa: panisch-
europäisch.

HANS-HORST SKUPY

Existenz

Der Krieg und die Liebe – das Salz
der Erde.

Spanisches Sprichwort

Vier Arten der Nahrung sind für die Wesen
vorhanden – den entstandenen zur Erhaltung,
den entstehenden zur Entwicklung:
körperbildende Nahrung, grob oder fein,
zweitens Berührung, drittens geistiges
Innewerden, viertens Bewußtsein.

GAUTAMA BUDDHA

Das Leben ist kurz, die Kunst dagegen lang,
der günstige Augenblick ist flüchtig, die
Erfahrung unsicher, das Urteil schwierig.

HIPPOKRATES

Was ist, ist richtig.

DEMOKRITOS

Der Staat wird dann erst Staat sein, wenn die
Gemeinschaft seiner Mitglieder durch sich
und in sich alles zur Existenz Nötige
hinreichend hat.

ARISTOTELES

Was du hast, das sollst du nutzen, und was
du tust, tu nach dem Maß deiner Kräfte.

CICERO

Was wir waren und was wir sind, nicht eben
dasselbe werden wir morgen noch sein.

OVID

Das Ende ist noch nicht so bald da.

LUKAS 21,9

Das Leben besteht aus kleinen Handlungen
und die Tugend aus kleinen Siegen.

KATHARINA VON SIENA

225

Existenz

Zwischen dem Leben, wie es ist, und dem Leben, wie es sein sollte, ist ein so gewaltiger Unterschied, daß derjenige, der nur darauf sieht, was geschehen sollte, und nicht darauf, was in Wirklichkeit geschieht, seine Existenz viel eher ruiniert als erhält. Ein Mensch, der immer nur das Gute möchte, wird zwangsläufig zugrunde gehen inmitten von so vielen Menschen, die nicht gut sind.

NICCOLÒ MACHIAVELLI

Wir wissen wohl, was wir sind, aber wir wissen nicht, was wir sein könnten.

WILLIAM SHAKESPEARE

Das Vergangene muß man vergessen, das Gegenwärtige dulden oder genießen und das Zukünftige in Gelassenheit erwarten.

CHRISTINE VON SCHWEDEN

Arbeite, als ob du hundert Jahre alt werden würdest, bete, als ob du morgen sterben würdest.

BENJAMIN FRANKLIN

Es ist schwierig, edel zu denken, wenn man nur daran denkt, seinen Lebensunterhalt zu bestreiten.

JEAN-JACQUES ROUSSEAU

Existenz ist Genuß.

JOHANN GOTTFRIED HERDER

Man weiß erst, daß man ist, wenn man sich in anderen wiederfindet.

JOHANN WOLFGANG VON GOETHE

Unser ganzes Kunststück besteht darin, daß wir unsere Existenz aufgeben, um zu existieren.

JOHANN WOLFGANG VON GOETHE

Es gehören nicht nur Augen, sondern auch Verstand und Geschick dazu, wenn man glücklich durch die Welt kommen und in keine verborgenen Fallstricke geraten will.

JOHANN PETER HEBEL

Wir sind nichts, was wir suchen ist alles.

FRIEDRICH HÖLDERLIN

Wer nicht in der Welt wie in einem Tempel umhergeht, der wird keinen in ihr finden.

RAHEL VARNHAGEN

Man kann nur werden, insofern man schon ist.

NOVALIS

Alles ist, aber das Sein wird.

JOHANN WILHELM RITTER

Je mehr inneres Sein, desto weniger äußeres Leben.

FRIEDRICH FRÖBEL

Das alte Gesetz sagte: Tut!, das neue dagegen sagt: Seid!

ALEXANDRE VINET

Woher kommen wir? Ist unsere eigene Menschwerdung nicht ein Wunder?

JEREMIAS GOTTHELF

Ich bin über den Erdball gegangen wie durch den Garten einer Wohnung, die mir gehört.

HONORÉ DE BALZAC

Sobald die Seele den Ursprung des Seins entdeckt, vergeht alle Bitternis.

RALPH WALDO EMERSON

Wieviel begreifen wir denn eigentlich von alledem, was wir tagtäglich vor Augen haben, ja, was wir selber sind?

EDUARD MÖRIKE

Gedanken sind die Nahrung, Gefühle die Atmosphäre des geistigen Lebens. Phantasien sind seine Genüsse, Willensakte seine Kraftübungen.

ERNST VON FEUCHTERSLEBEN

Der Kampf ums Dasein ist die notwendige Folge des stark entwickelten Strebens aller Lebewesen, sich zu vermehren...

CHARLES DARWIN

Keiner kehrt wieder vom Tode, keiner kommt in die Welt herein, ohne zu weinen. Niemand fragt dich, wann du herein willst, niemand, wann du hinaus willst.

SØREN KIERKEGAARD

Die Existenz in unserer Zeit ist nur noch durch Aufopferung alles dessen, was ihr Würde und Wert verleiht, zu erkaufen.

FRIEDRICH HEBBEL

Existenz

Ich verlange in allem – Leben, Möglichkeit
des Daseins, und dann ist's gut; wir haben
dann nicht zu fragen, ob es schön ist, ob es
häßlich ist.

GEORG BÜCHNER

Wir leben nicht in Utopia, sondern auf Erden,
und das Dasein ist keine Schlaraffei, sondern
Arbeit, Sorge und Kampf.

JOHANNES SCHERR

Man kann leben und sterben, ohne sich ein
einziges Mal gefragt zu haben, was Leben
heißt und was Tod.

GUSTAVE FLAUBERT

Nur der ist etwas, der etwas liebt. Nichts sein
und nichts lieben ist identisch.

ANSELM FEUERBACH

Es ist nicht wahr, daß ein Volk, das nicht
mehr den Kampf ums Dasein zu führen
brauchte und dessen Bedürfnisse ganz
befriedigt wären, allmählich die Lebenskraft
verlieren und in Schlafsucht und Stumpfsinn
versinken würde. Die Sehnsucht, das Ideal
werden immer grenzenlos bleiben.

ÉMILE ZOLA

Kein Sieg wird errungen, keine Tat der Treue
oder des Mutes vollbracht, es sei denn
aufgrund eines Vielleicht. Kein Dienst, keine
Anwandlung von Großmut, in der
Wissenschaft keine Forschung, kein
Experiment, kein Werk, das nicht vielleicht
ein Irrtum ist! Nur indem wir unsere Person
von Stunde zu Stunde aufs Spiel setzen,
leben wir überhaupt. Und oft genug ist unser
im voraus vorhandener Glaube an einen nicht
sichergestellten Erfolg das einzige, was den
Erfolg wirklich eintreten läßt.

WILLIAM JAMES

Das Dasein ist köstlich, man muß
nur den Mut haben, sein eigenes Leben
zu führen.

PETER ROSEGGER

Es gibt nur ein Glück: die Pflicht; nur einen
Trost: die Arbeit; nur einen Genuß, das
Schöne.

CARMEN SYLVA

Bei aller Wissenschaft und Philosophie, bei
aller Vernunft und Weisheit, bei aller Vorsicht
und Voraussicht nimmt das Leben des
Individuums und der Nation in bedeutendem
Maße einen anderen Verlauf als wir
wünschen, wollen, erstreben; und trotzdem ist
Logik darin, die wir im nachhinein entdecken.

TOMÁŠ G. MASARYK

Sobald der Kampf ums Dasein aufhört, hat
das Dasein seine Würze verloren.

ARMANDO PALACIO VALDÉS

Wirklich zu leben ist das Kostbarste auf der
Welt. Die meisten Menschen existieren bloß,
sonst nichts.

OSCAR WILDE

Das Geheimnis des Lebens heißt Leiden.
Hinter allem verbirgt sich nur dies! Zu Anfang
unseres Lebens schmeckt das Süße uns so
süß, das Bittere so bitter, daß wir
unweigerlich unser ganzes Streben auf den
Genuß richten und nicht nur einen Monat
oder zwei von Honig leben, sondern am
liebsten unser Leben lang keine andere
Nahrung kosten möchten und dabei nicht
wissen, daß wir unsere Seele Hunger leiden
lassen.

OSCAR WILDE

Wir sind das, wozu wir selber uns machen,
nicht wozu das Schicksal uns machen will.

EMIL COUÉ

Einsam ist man in der Fremde, verlassen
kann man in der Heimat sein, verloren aber
ist man nur in seinen inneren Wüsten. Dort
umspült uns noch überall das Meer des
Lebens, hier überflutet uns nur heißer, dürrer,
unfruchtbarer Sand.

EMIL GÖTT

Wir sind nicht da um des Besitzes willen,
nicht um der Macht willen, auch nicht um des
Glückes willen; wir sind da zur Verklärung
des Göttlichen aus menschlichem Geiste.

WALTHER RATHENAU

Der Kampf mit dem Dasein ist der Kampf um
das werdende Sein.

CARLOS VON TSCHUDI

227

Existenz

Wir sind, was wir fürchten und was die
Ehrfurcht gibt.

THEODOR LESSING

Das, was die Menschen den Kampf ums
Dasein nennen, ist nichts anderes als der
Kampf um den Aufstieg.

BERTRAND EARL RUSSELL

Leben. Daseinsschmerz? Irrtum. Das Leben
darf nicht kritisiert werden.

ALEXIS CARREL

Die letzten Fragen des Daseins gehen über
das Erkennen hinaus.

ALBERT SCHWEITZER

Die beiden großen Mächte, die uns zwingen,
unser Dasein auch unter widrigen Umständen
fortzusetzen, sind die Hoffnung und die
Neugierde.

EGON FRIEDELL

Nichts ist verblüffender als die einfache
Wahrheit, nichts ist exotischer als unsere
Umwelt, nichts ist phantasievoller als die
Sachlichkeit. Und nichts Sensationelleres gibt
es in der Welt als die Zeit, in der man lebt.

EGON ERWIN KISCH

Das reine Dasein läßt sich nicht ertragen.
Man muß ihm entfliehen – ins Leben.

GEORG STAMMLER

Nicht sein soll man etwas in dieser Welt, nur
werden, nur etwas werden.

EGMONT COLERUS

Das sind die zwei wesentlichen Elemente, die
für die Existenz des modernen Menschen
unerläßlich sind: die Idee der Freiheit der
Persönlichkeit und die Vorstellung vom Leben
als Opfer.

BORIS PASTERNAK

Dies ist die Fundamentalregel allen Seins:
Das Leben ist gar nicht so. Es ist ganz
anders.

KURT TUCHOLSKY

Was taten wir, daß Generationen in uns
gemordet werden dürfen?

FRANK THIESS

Im heutigen Existenzkampf werden die
Menschen vom täglichen Brot aufgefressen.

SIGISMUND VON RADECKI

Das Kennzeichen der Menschen unserer Tage
ist die Entwurzelung. Die einen entwurzelt
von der Heimat, die andern entwurzelt
von Gott.

JOHANN ANDREAS BLAHA

Das Wesentliche an der Existenz des
Menschen ist seine Fähigkeit, sich nicht
anzupassen.

KARL HEINRICH WAGGERL

Wir müssen uns in jedem Falle an etwas
Höheres, über uns selbst Stehendes halten
können, wenn wir wirklich leben und nicht
nur existieren wollen.

OTTO HEUSCHELE

Das wahrhafte Glück des Daseins liegt nicht
im Sein, sondern im Werden.

OTTO HEUSCHELE

Alles, was ist, ist Krankheit und Heilung. Es
gibt dann wohl noch viele andere Dinge, aber
die haben keinen Wert – nur Scheinexistenz.

LUDWIG HOHL

Niemand steht so fest in der Zeit wie der, der
die Ewigkeit bejaht durch Werk und Tat.

GERTRUD MAASSEN

Es geht ja nicht darum, ob es noch hundert
Jahre Zweibeiner gibt, sondern, ob es dann
noch möglich ist, Mensch zu sein.

STEFAN ANDRES

Die Verwundbarkeit der kostbaren Dinge ist
schön, weil die Verwundbarkeit ein Merkmal
der Existenz ist.

SIMONE WEIL

Wir müssen nur beginnen zu sein, was wir
eigentlich sind.

MAHARISHI MAHESH YOGI

Die Existenz ließe sich rechtfertigen, wenn
jeder sich so benehmen würde, als sei er der
letzte der Lebenden.

É. M. CIORAN

Wir haben keine Zeit, wir selber zu sein. Wir
haben nur Zeit, glücklich zu sein.
ALBERT CAMUS

Das einzige Mittel gegen das Sein ist das
Denken.
KEN KASKA

Das größte Mysterium ist die Ungewißheit
des Menschen über das wirkliche Sein.
FRANZ JOHANNES SCALA

Alles, was zum Dasein taugt, ist gut.
ROLF VORNDRAN

Sein ist mehr als Haben.
GÜNTHER SIBURG

Manche leben über ihre Verhältnisse, andere
denken über sie.
GERHARD BRANSTNER

Der Mensch hat nur das, was er ist. Nicht
das, was er hat.
HELLMUT WALTERS

Manche Menschen besitzen schon mehr
einen Selbsterhaltungsbetrieb.
GERD W. HEYSE

Existenzminimum: mindestens lebenswert
muß sie noch sein, die Existenz.
GERT UDO JERNS

Das Leben ist schön, aber die Existenz ist
fürchterlich.
HANS-JÜRGEN SCHOBER

Experte

Wer zehn Handwerke erlernt, lernt's
Betteln dazu.
Flämisches Sprichwort

Es ist weitaus besser, etwas über alles zu
wissen, als alles über eine Sache zu wissen.
Universalität ist am besten.
BLAISE PASCAL

Vor zwei Dingen kann man sich nicht genug
in acht nehmen: beschränkt man sich in
seinem Fache – vor Starrsinn, tritt man
heraus – vor Unzulänglichkeit.
JOHANN WOLFGANG VON GOETHE

Connaisseur: Spezialist, der alles über etwas
und nichts über alles andere weiß.
AMBROSE BIERCE

Man ist ein Mann seines Faches um den
Preis, auch das Opfer seines Faches zu sein.
FRIEDRICH NIETZSCHE

Kein Mensch kann ein reiner Spezialist sein,
ohne im buchstäblichen Sinn ein Idiot zu sein.
GEORGE BERNARD SHAW

Ein Spezialist ist einer, der mehr und mehr
über weniger und weniger weiß.
NICHOLAS M. BUTLER

Auch wenn alle Fachleute einer Meinung
sind, können sie sich doch irren.
BERTRAND EARL RUSSELL

Aus einer ganz bestimmten
Zerfallserscheinung heraus bilden sich neue
Berufsgruppen. Die Zerfallserscheinung
heißt: Schwund an Selbstvertrauen. So wird
Spezialisierung die große und gefährliche
Seuche, woran die heutige Menschheit
krankt.
FRIEDRICH WITZ

Ein Musikhistoriker erklärt uns den
Affenbrotbaum – das ist im großen ganzen
immer die Lage.
GÜNTER EICH

Das einzige, was noch schlimmer ist als
Experten, sind Leute, die sich dafür halten.
WERNHER VON BRAUN

Spezialisten wissen alles und haben keine
Ahnung.
ALBERT MATHIAS KEUELS

Nicht wenige Experten sehen ihre
Existenzberechtigung darin, einen relativ
einfachen Sachverhalt unendlich zu
komplizieren.
PIERRE ELIOTT TRUDEAU

Experte

Ein Experte ist ein Mann, der genau weiß, wie alles kommen wird, und der hinterher genau sagen kann, warum alles ganz anders gekommen ist.
JACK LEMMON

Die Steigerung von Idiot heißt Fachidiot.
GERHARD UHLENBRUCK

Fachidiot: In der Beschränktheit zeigt sich auch noch ein Meister.
GERHARD UHLENBRUCK

Spezialistentum ist eine Möglichkeit, die Konkurrenz auszuschalten.
GERHARD UHLENBRUCK

Es gibt Fach- und Mehrfachidioten.
RAIMUND VIDRÁNYI

Wer den Brand nicht zu löschen versteht, soll kein Feuer entfachen.
BRANA CRNČEVIĆ

Bei Experten muß man unterscheiden: Verstehen sie sich auf etwas oder verstehen sie etwas davon?
WERNER SCHNEYDER

Jeder Idiot ist ein Meister seines Fachs.
JÜRG MOSER

Familie

An jenem Tag, an dem du deine Frau heiratest, heiratest du auch deine Kinder.
Irisches Sprichwort

Wenn die Familie in Ordnung ist, wird der Staat in Ordnung sein; wenn der Staat in Ordnung ist, wird die große Gemeinschaft der Menschen in Frieden leben.
KONFUZIUS

Man spricht beständig von Welt, Staat und Familie. Die Wurzeln des Weltreichs sind im Einzelstaat, die Wurzeln des Staates sind in der Familie. Die Wurzeln der Familie sind in der einzelnen Person.
MENG DSE

Dein Weib im Innern deines Hauses ist wie ein fruchtbarer Weinstock, deine Kinder rings um deinen Tisch sind wie junge Ölbäumchen.
PSALMEN 128,3

Wo ist man besser aufgehoben als im Schoße seiner Familie?
JEAN FRANÇOIS MARMONTEL

Familie

Es bereitet nur wenig mehr Mühe, seine Familie zu regieren, als ein ganzes Königreich.

MICHEL DE MONTAIGNE

Aus glücklichen Familien besteht das Wohl des Staates; oder seine Glückseligkeit ist Scheingröße.

JOHANN GOTTFRIED HERDER

Nur um eine liebende Frau her kann sich eine Familie bilden.

FRIEDRICH VON SCHLEGEL

Die Familie ist mir noch näher als der Staat. Man ist auch am allervollkommensten Bürger des Staates, wenn man zuerst für seine Familie ganz da ist. Aus dem Wohlsein der einzelnen Familien besteht der Wohlstand des Staates. Nur durch meine Familie bin ich unmittelbar an mein Vaterland geknüpft – das mir sonst so gleichgültig sein könnte wie jeder andere Staat.

NOVALIS

Jede Familie sollte ihr Familienarchiv haben.

WILHELM GRIMM

Nur in der Ehe, nur im Familienleben wird der Zweck der Menschheit erreicht.

LUDWIG BÖRNE

Wenn die Männer geringschätzig von den Frauen reden, so sollten sie sich tief in ihre Seele hinein schämen, daß sie ihnen doch das Heiligste anvertrauen, was sie im Leben haben: die Erziehung ihrer Kinder!

MORITZ GOTTLIEB SAPHIR

Auch im glücklichsten Haushalt kommen Augenblicke des Bedauerns vor.

HONORÉ DE BALZAC

Der Grundton in der Harmonie der Häuslichkeit muß immer das Kindergeschrei sein, sonst geht die wichtigste Stimme ab.

JOHANN NESTROY

Das Weib, sobald es ein Kind hat, liebt den Mann nur noch so, wie er selbst das Kind liebt.

FRIEDRICH HEBBEL

Die Familie ist es, die unseren Zeiten not tut.

ADALBERT STIFTER

Die Wurzel der Menschheit ist die Familie. Sie ist die Wiege der Menschheit.

ADOLF KOLPING

Die Sicherheit und Erhabenheit der Familie und des Familienlebens sind die ersten Ziele der Zivilisation und der endgültige Zweck aller Arbeit.

GEORGE ELIOT

In der Familie beginnt die wahre Politik.

GOTTFRIED KELLER

Glückliche Familien ähneln einander. Aber jede glückliche Familie ist auf ihre eigene Weise unglücklich.

LEW N. GRAF TOLSTOJ

Ein glückliches Familienleben zwischen Mann und Weib und ihren Kindern ist der Treffer unseres Daseins. Auf ihm beruht der Staat, die Sittlichkeit, die Ruhe, und – im großen ganzen – unsere körperliche und geistige Gesundheit.

DETLEV VON LILIENCRON

Familien mit Kindern und kinderlose Familien bedauern einander.

EDGAR W. HOWE

Jede Familie trägt einen heimlichen Fluch oder Segen. Ihn finde! Ihn lege zugrunde!

GERHART HAUPTMANN

Die Familie ist eines der Meisterwerke der Natur.

GEORGE DE SANTAYANA

Ein reines Familienleben ist Gottes beliebteste Wohnstätte.

CARLOS VON TSCHUDI

Das Wort Familienbande hat einen Beigeschmack von Wahrheit.

KARL KRAUS

Keine Familie kann gedeihen, wenn sie die Gesetze des menschlichen Herzens verletzt.

LIN YUTANG

Familie

Das Familienleben wickelt sich in Krisen ab.
KURT GUGGENHEIM

Die Familie ist keine Demokratie.
ANITA

Die Frau weiß, was der Mann bereits allzulange vergessen hat, nämlich, daß die endgültige wirtschaftliche und geistige Einheit einer jeden Zivilisation noch immer die Familie ist.
CLARE LUCE-BOOTHE

Das Heim besitzt eine unbestreitbare moralische Kraft. In verzweifelten Fällen ist es das Floß, woran man sich bei einem Schiffbruch klammert. In Augenblicken der Freude stellt es das Podium dar, von dem herab ihr der Welt euer Glück verkünden könnt.
GIOVANNI GUARESCHI

Die Schlauheit der Familie ist es, die den Egoismus verknüpft mit dem Bedürfnis, sich nach außen zu wenden, zu lieben, das heißt, sich zu opfern.
CESARE PAVESE

Demokratie darf nicht soweit gehen, daß in der Familie abgestimmt wird, wer der Vater ist.
WILLY BRANDT

Nach den jüngsten statistischen Erhebungen besitzt heute jeder zweite Fernsehapparat eine Familie.
EPHRAIM KISHON

Familie ist ein steuerlich begünstigter Kleinbetrieb zur Fertigung von Steuerzahlern.
WOLFRAM WEIDNER

Viele Ehen werden aus Eigenliebe geschlossen. Darum ist die Familie so oft die Keimzelle blindester Ichsucht.
SIEGFRIED THOMAS

Die Familie ist eine festgefügte Institution. Vermißt man deshalb so oft in ihr Menschliches?
HANS-HORST SKUPY

Familie: Kriegsschauplatz der Generationen.
KONRAD GERESCHER

Fanatismus

Es gibt Gänse, die einen Fuchs zur Strecke bringen.
Litauisches Sprichwort

Wer sein Haus zerrüttet, wird Wind erben.
SPRÜCHE 11,29

Fanaticismus – jenes Ungeheuer, das seine Hörner im Himmel und seine Klauen in der Hölle verbirgt.
WILHELM LUDWIG WEKHRLIN

Unter den Unholden, die auf dieser Erde umherschweifen, ist auch einer, den man den politischen Fanatismus nennt. Dieser böse Geist sucht oft das Gehirn der Menschen von allerlei Gattung und allerlei Gewerben heim.
MATTHIAS CLAUDIUS

Geistlose kann man nicht begeistern, aber fanatisieren kann man sie.
MARIE VON EBNER-ESCHENBACH

Religiöser Fanatismus schwächt zwar den Geist – verhärtet aber das Herz.
OTTO WEISS

Fanatiker sind ehrlich überzeugte Menschen, aber gleich anderen Geisteskranken in dieser Welt nicht zurechnungsfähig. Fanatismus ist eine der gefährlichsten Krankheiten. Er weckt alles Böse in der menschlichen Natur. Er reizt den Menschen auf zu Zorn und Haß und verwandelt ihn in einen Tiger.
SWAMI VIVEKANANDA

Man kann einen unwissenden Fanatiker leichter von seinem Irrtum heilen als einen Schurken von seiner Schurkerei.
MAHATMA GANDHI

Ein Fanatiker ist ein Mensch, der seine Ansicht nicht ändern kann und der das Thema nicht wechseln will.
SIR WINSTON S. CHURCHILL

Es ist das Schicksal jedes Fanatismus, daß er sich selbst überspielt.
STEFAN ZWEIG

Gefährlich ist schon betriebsame Dummheit,
katastrophal aber ihr Fanatismus.

OTTO BUCHINGER

Mancher Fanatismus kommt aus einer
uneingestandenen oder auch eingestandenen
Unsicherheit.

WILHELM PLEYER

Fanatismus ist die hochexplosive Mischung
von Engstirnigkeit und Energie.

HERBERT VON KARAJAN

Wo Fanatismus ist, ist keine Heiterkeit.

HANS KASPER

Fanatiker wollen mit dem Kopf durch das
Brett, das sie vor ihm haben.

WOLFRAM WEIDNER

Fanatiker lassen sich schon aus Überzeugung
nicht überzeugen.

GERHARD UHLENBRUCK

Jedes Ding hat zwei Seiten, Fanatiker sehen
nur die eine.

HELLMUT WALTERS

Fanatismus ist die Begeisterung, die von
allen guten Geistern verlassen ist.

JOSEF MEIER O'MAYR

Fanatismus ersetzt die eigene Meinung.

CHARLOTTE SEEMAN

Faschismus

Töte grad recht, wenn du tötest.

Chinesisches Sprichwort

Der Zornhauch der Tyrannen ist wie ein
Unwetter im Winter, wie die Hitze im dürren
Land.

JESAJA 25,4

Der Geist der Nachsicht müßte uns alle zu
Brüdern machen; der Geist der Intoleranz
aber macht die Menschen zu Bestien.

VOLTAIRE

In jedem Menschen wohnt ein wildes Tier.

FRIEDRICH II. VON PREUSSEN

Du kannst existieren, Mensch, ohne
deinesgleichen zu morden!

WILHELM LUDWIG WEKHRLIN

Wir fressen einander nicht, wir schlachten
uns bloß.

GEORG CHRISTOPH LICHTENBERG

Das Lämmergeschlecht zeugt und gebiert
sich wenigstens nicht selbst den Wolf zum
Wächter; auch darin kann sich der Mensch
des Vorzugs über die Tiere der Erde rühmen.

FRIEDRICH MAXIMILIAN KLINGER

Solange die Menschen nicht alle ihre
Mitmenschen als Brüder und das Leben nicht
als das heiligste aller Güter betrachten,
werden sie immer um des persönlichen
Vorteils willen das Leben anderer zerstören.

LEW N. GRAF TOLSTOJ

Der Mensch ist groß, wenn er menschlich ist;
will er göttlich sein, wird er kindisch, und
denkt er tierisch, wird er zum Vieh.

WILHELM RAABE

Der Mensch ist das einzige Tier, das mit den
Opfern, die er zu essen beabsichtigt,
freundschaftliche Beziehungen aufrechterhält,
bevor er sie ißt.

SAMUEL BUTLER

Sie haßten und töteten, und die Menschen
priesen sie. Aber Gott fühlt die Schmach und
eilt, ihr Andenken unter dem grünen Grase zu
verbergen.

RABINDRANATH TAGORE

Staaten mit einem gefestigten
Nationalempfinden brauchen keinen
Faschismus und keine völkische Bewegung.
Wahre Liebe zum Vaterlande äußert sich
ganz einfach in Fleiß und guter Haltung.

WILHELM NEUMANN

Die Urheber des geistigen Systems, aus dem
der Faschismus sich entwickelt hat, tragen
alle gewisse gemeinsame Merkmale. Sie
suchen das Gute im Willen, statt im Fühlen
und Erkennen; sie werten die Macht höher als

Faschismus

das Glück; sie geben der Gewalt vor dem Argument den Vorzug; dem Krieg vor dem Frieden, der Aristokratie vor der Demokratie, der Propaganda vor der wissenschaftlichen Objektivität.

BERTRAND EARL RUSSELL

Wir Menschen sind doch bessere Wilde.

KARL KRAUS

Nichts Unmenschliches ist dem Menschen fremd.

RICHARD VON SCHAUKAL

Wer aber Gewalt anwendet zu anderem Zweck als dem, die Gewalt dauernd zu bezwingen; wer sie gebraucht, um im Gegenteil die Brutalität zur ständigen Ausdrucksform gesellschaftlicher Abhängigkeiten zu machen, ist nur äußerlich, nur vorübergehend, nur physisch stark, innerlich ist er schwach und haltlos; Faschisten sind Halbstarke.

ERICH MÜHSAM

Wenn die Könige morden, nennt man es Pflicht.

ERNST WIECHERT

Man guillotiniert einen, um den eigenen Kopf zu retten.

JAKOW TRACHTENBERG

Faschismus: der Militarismus der Zivilisten.

ANTON KUH

Wer nicht offen jede Gemeinschaft mit den Terroristen und ihren geheimen Organisationen ablehnt, wer mit Terroristen und ihren Anhängern an einem Tische sitzt, ist ihnen gleichwertig.

ENGELBERT DOLLFUSS

Eigentlich war der Mensch nie besser – aber in einfacheren Verhältnissen weniger raffiniert schlecht.

LUDWIG MARCUSE

Auch der Unmensch ist leider ein Mensch!

HANS BRÄNDLI

Der Tiger ist eine herrliche Bestie; der Mensch aber nie.

HANS BRÄNDLI

Der Faschismus ist keine Naturkatastrophe, welche eben aus der Natur des Menschen begriffen werden kann. Aber selbst bei Naturkatastrophen gibt es Darstellungsweisen, die des Menschen würdig sind, weil sie an seine Kampfkraft appellieren.

BERT BRECHT

Leben heißt töten.

CHARLES TSCHOPP

Es ist wahr, der Mensch ist ein Raubtier. Aber es kommt alles darauf an, ob man das mit Scham oder mit Trotz sagt.

ANTON FRANKE

Wir alle sind mit daran schuld, daß der Mensch den Menschen fürchtet, daß der Mensch den Menschen haßt und daß der Mensch den Menschen tötet.

HEINRICH VOGEL

Das war das Plus des Nazismus, das negative Plus, daß er möglichst viele, möglichst alle mitschuldig werden ließ. Das ist die Quintessenz des Nazispruchs: Wir alle sitzen in einem Boot. Alle sollten teilhaben an den Verbrechen. Keiner sollte, keiner konnte mehr mit reinem Gewissen abspringen. Mitmachen oder untergehen. Ein diabolisch ausgeklügeltes System.

WERNER BUKOFZER

Gibt es unter Kannibalen Vegetarier?

STANISLAW JERZY LEC

Faschismus setzt einfach auf das Tier. Warum der Faschismus zuerst einmal triumphiert: er hat die Natur auf seiner Seite – das Tier.

MAX FRISCH

Nur Menschen können unmenschlich sein.

WALTER HILSBECHER

Gottes grausamste Schöpfung ist der Mensch.

ENZIO HAUSER

Mensch: heruntergekommenes Tier.

KARLHEINZ DESCHNER

Faulheit

Der Kannibalismus hat die pervertierteste Form erreicht. Man tötet den Menschen, ohne ihn zu essen.

HEINRICH WIESNER

Jeder Mensch, der sich für Gott hält, tötet am Ende Menschen.

ELIE WIESEL

Extremisten haben mit dem Faschismus nichts gemeinsam, außer der Ideologie.

RENÉ & DENISE DAVID

Evolution: Die Unmenschwerdung des Menschen.

GERHARD UHLENBRUCK

Ein fähiger Mann geht unter die Faschisten und kommt zurück als Partisan.

BRANA CRNČEVIĆ

Kannibalen fasten nicht.

RADIVOJE DANGUBIĆ

Kein Mensch hat Greuel begangen. Es war immer ein Unmensch.

BIRGIT BERG

Auch der Kannibale schätzt den Menschen am höchsten.

VOLKER ERHARDT

Der Mensch ist, was er ißt, deshalb sind Kannibalen auch Menschen.

MANFRED HAUSIN

Faulheit

Der Faule liegt da, aber Einsicht hat er.

Litauisches Sprichwort

Lässige Hand bringt Armut.

SPRÜCHE 10,4

Der Träge steckt seine Hand in die Schüssel und bringt sie nicht einmal zum Munde zurück.

SPRÜCHE 19,24

Der Faule stirbt über seinen Wünschen.

SPRÜCHE 21,25

Nichtstun ist besser, als mit vieler Mühe nichts schaffen.

LAO DSE

Faulheit ist die Furcht vor bevorstehender Arbeit.

CICERO

Faulheit ist die Mutter des Hungers.

TOBIAS 4,13

Von all unseren Fehlern entschuldigen wir die Faulheit am leichtesten.

LA ROCHEFOUCAULD

Eitelkeit oder Liebe heilen die Frauen von der Trägheit.

JEAN DE LA BRUYERE

Faulheit und Feigheit sind die Ursachen, warum ein so großer Teil der Menschen, nachdem sie die Natur längst von fremder Leitung freigesprochen, dennoch gerne zeitlebens unmündig bleiben; und warum es anderen so leicht wird, sich zu deren Vormündern aufzuwerfen. Es ist so bequem, unmündig zu sein.

IMMANUEL KANT

Nur Mangel an Beschäftigung und Trägheit des Geistes benehmen uns den Mut zu uns selbst und wiegen uns in Schlafsucht.

CARL GOTTLOB SCHELLE

Kein Mensch auf der Erde hat das Recht, seine Kräfte ungebraucht zu lassen und durch fremde Kräfte zu leben.

JOHANN GOTTLIEB FICHTE

Unseres Erachtens ist der faule und untätige Bürger, bei jedem Stande der Bevölkerung, allemal überflüssig, und, um sich selber zuviel da.

JOHANN GOTTLIEB FICHTE

Faulheit ist Dummheit des Körpers und Dummheit Faulheit des Geistes.

JOHANN GOTTFRIED SEUME

Die Faulheit ist der Erbfeind der Menschheit.

NATALIE BAUER-LECHNER

Faulheit

Unmögliches wollen und wünschen ist fast immer ein Zeichen der Faulheit.

FANNY LEWALD

Die Arbeit ist etwas Unnatürliches. Die Faulheit allein ist göttlich.

ANATOLE FRANCE

Faulheit ist eine Form der Willensschwäche.

JULIAN PRORÓK

Mit der körperlichen Verwöhnung und Trägheit geht die geistige Hand in Hand.

HERMANN HESSE

Trägheit ist die Wurzel vieler abwegiger Ansichten.

EZRA POUND

Unsere Müdigkeit nennen wir Erschöpfung, die anderer – Faulheit.

CURT GOETZ

Faulheit ist die Mutter aller Erfindungen.

CURT GOETZ

Wenn die Faulheit auch keine Tugend ist, ein paradiesisches Laster ist sie auf jeden Fall.

PETER BAMM

Von nichts wird man so rasch alt, wie von der Faulheit.

MIGUEL ANGEL ASTURIAS

Wann war das Bequeme schon das Bessere?

JOSEF RECLA

Faulheit – das ist, wenn jemand mit dem Cocktail-Shaker in der Hand auf das nächste Erdbeben wartet.

DANNY KAYE

Die Faulheit ist die gefallene Schwester des Fleißes.

SIEGFRIED & INGE STARCK

Faulheit kommt vom Nichtstun.

GERHARD BRANSTNER

Der Faulpelz hat keine Lust, dauernd zu arbeiten. Deshalb wird er schnell mit der Arbeit fertig.

GABRIEL LAUB

Wie viele nehmen Freiheit als schöneres Wort für Faulheit.

BERND WEINKAUF

Nichtstun ist immer noch besser als Faulenzen.

WERNER MITSCH

Faulheit ist die Antriebskraft zum Nichtstun.

ELISABETH HABLÉ

Fehler

Der Mensch liebt seine eigenen Fehler.

Sprichwort aus Kaschmir

Was einen Fehler hat, sollt ihr nicht opfern.

3 MOSE 22,20

Bist du allein, halte dir deine eigenen Fehler vor Augen, weilst du in Gesellschaft, übersehe die Fehler der anderen.

KUANG DSE

Handle schnell, wenn es gilt, einen Fehler zu berichtigen.

KONFUZIUS

Ein kleiner Mann wird immer seine Fehler zu beschönigen suchen.

KONFUZIUS

Fehler machen und sich nicht bessern heißt fehlen.

KONFUZIUS

Der Fehler begleitet den Menschen.

PLATON

Der Anfang des Heils ist die Erkenntnis des Fehlers.

EPIKUR

Die Furcht zu fehlen ist die reichste Quelle von Fehlern.

VERGIL

Fehler

Niemand wird fehlerfrei geboren; wer die wenigsten Mängel besitzt, ist der Beste.

HORAZ

Wenn wir keine Fehler hätten, würde es uns nicht so viel Vergnügen bereiten, sie an anderen zu bemerken.

HORAZ

Fehler vermeidet der Tor und – rennt in entgegengesetzte.

HORAZ

Wer einen Fehler übersieht, fordert einen weiteren heraus.

PUBLILIUS SYRUS

Ein Geständnis unserer Fehler kommt gleich nach Unschuld.

PUBLILIUS SYRUS

Wenn wir von den Fehlern anderer zu lernen vermöchten, wären wir alle erfolgreiche Menschen.

SENECA

Fremde Fehler sehen wir, die unsrigen aber nicht.

SENECA

Ich verzeihe allen gern ihre Fehler, nur mir nicht die meinigen.

PLUTARCH

Jeder will lieber fremde Fehler verbessert haben als eigene.

QUINTILIAN

Wer anderer Fehler dir zuträgt und gern erzählt, gewiß auch anderen trägt er zu, was du gefehlt.

SAADI

Die Kenntnis der vergangenen Fehler ist die Grundlage für das folgende Gute.

SEAMI MOTOKIYO

Man muß sich sehr hüten, sich über einen Fehler geringschätzig hinwegzusetzen. Denn kein Feind siegt häufiger als der, den man verächtlich behandelt.

ERASMUS VON ROTTERDAM

Kein Irdischer darf wider Glauben und Gewissen sich unfehlbar nennen.

JOHN MILTON

Das Glück heilt uns von mehr Fehlern, als die Vernunft es vermag.

LA ROCHEFOUCAULD

Es gibt gewisse Fehler, die – gut dargestellt – besser glänzen als Tugenden.

LA ROCHEFOUCAULD

Fehler des Geistes nehmen im Alter zu wie die Falten des Gesichts.

LA ROCHEFOUCAULD

Fehler des Gemüts sind häufiger als Fehler des Verstandes.

LA ROCHEFOUCAULD

Großen Menschen kommt es zu, große Fehler zu haben.

LA ROCHEFOUCAULD

Man soll sich trösten über seine Fehler, wenn man die Kraft hat, sie einzugestehen.

LA ROCHEFOUCAULD

Man kann vielen Menschen ihre Fehler abgewöhnen, indem man sie lächerlich macht.

MOLIÈRE

Wenige Menschen haben den Mut, ihre Fehler zu bekennen.

CHRISTINE VON SCHWEDEN

Vergebene Fehler muß man auch vergessen.

CHRISTINE VON SCHWEDEN

Hast du etwas übel getan und wird es getadelt, so bestreite es nicht; trachte statt dessen, deinen Fehler nicht zu wiederholen.

KAIBARA EKKEN

Man verzählt sich stets, wenn man mit Angst und Hoffnung rechnet.

FRANÇOISE DE MAINTENON

In der Freundschaft sehen wir nur die Fehler, die unseren Freunden zum Nachteil gereichen können. In der Liebe sehen wir nur die Fehler, durch die wir selbst leiden.

JEAN DE LA BRUYÈRE

Fehler

Wenn du die Fehler eines Menschen kennst, dem du gefallen willst, mußt du sehr ungeschickt sein, wenn es dir nicht gelingt.

ALAIN RENÉ LE SAGE

Eines Fehlers wegen entsagt man keinem Mann.

GOTTHOLD EPHRAIM LESSING

Fehler schließen Vorsatz und Tücke aus; daher müssen alle Fehler allen zu verzeihen sein.

GOTTHOLD EPHRAIM LESSING

Überdies wird man dadurch nicht besser, daß man seine Fehler verbirgt, vielmehr gewinnt unser moralischer Wert durch die Aufrichtigkeit, mit der wir sie gestehen.

GEORG CHRISTOPH LICHTENBERG

Viele Menschen sehen die Tugend mehr im Bereuen der Fehler als im Vermeiden derselben.

GEORG CHRISTOPH LICHTENBERG

Alle Menschen, wie sie zur Freiheit gelangen, machen ihre Fehler gelten: die Starken das Übertreiben, die Schwachen das Vernachlässigen.

JOHANN WOLFGANG VON GOETHE

Von Natur besitzen wir keinen Fehler, der nicht zur Tugend, keine Tugend, die nicht zum Fehler werden könnte. Diese letzten sind gerade die bedenklichsten.

JOHANN WOLFGANG VON GOETHE

Wir hängen unseren Fehlern gar zu gern das Gewand eines gütigen Gesetzes um.

JOHANN WOLFGANG VON GOETHE

Das ist mehr als ein Verbrechen, das ist ein Fehler!

JOSEPH DE FOUCHÉ

Der Hauptfehler des Menschen ist, daß er so viele kleine hat.

JEAN PAUL

Die schlimmsten Fehler macht man in der Absicht, einen Fehler gutzumachen.

JEAN PAUL

Es ist gut, daß niemand fehlerfrei ist, denn er würde keinen einzigen Freund in der Welt haben.

WILLIAM HAZLITT

Wir sind gegen keine Fehler an anderen intoleranter, als welche die Karikatur unserer eigenen sind.

FRANZ GRILLPARZER

Möchtest du die schwachen Punkte eines Menschen ausfindig machen? Stelle die Fehler fest, die er am schnellsten bei anderen bemerkt.

AUGUSTUS WILLIAM HARE

Man muß keine Jugendfehler ins Alter hineinnehmen, denn das Alter führt seine eigenen Mängel mit sich.

JOHANN PETER ECKERMANN

Wir machen zuviel aus Fehlern; die Einzelheiten verhüllen den eigentlichen Mittelpunkt vor uns. Der schlimmste aller Fehler ist, sich keines solchen bewußt zu sein.

THOMAS CARLYLE

Die Fehler der Jugend sind den Triumphen des Mannestums oder den Erfolgen des hohen Alters vorzuziehen.

BENJAMIN DISRAELI

Wenn ein begangener Fehler einen neuen, bisher verschlossenen Pflichtkreis öffnet, so ist er gerechtfertigt.

FRIEDRICH HEBBEL

Man sollte seine Fehler immer für individuelle und seine Tugenden für allgemeine halten, man macht es leider aber immer umgekehrt.

FRIEDRICH HEBBEL

Ein Mensch, der keine Fehler macht, macht im allgemeinen nichts.

EDWARD JOHN PHELPS

Man wird nicht größer durch die Fehler anderer.

JOSEPH UNGER

Nicht unsere Tugenden, sondern unsere Fehler machen uns zu Menschen.

AUGUST STRINDBERG

Fehler

Der sich gar zu leicht bereitfindet, seine Fehler einzusehen, ist selten der Besserung fähig.

MARIE VON EBNER-ESCHENBACH

Unsere Fehler bringen uns nicht so sehr ins Verderben wie unser Widerstreben, sie zu verbessern, wenn wir sie entdeckt haben.

J. HUDSON TAYLOR

Unsere Fehler kennen diejenigen am besten, die wir gezwungen haben, unsere Vorzüge anzuerkennen.

FRANZ VON SCHÖNTHAN

Es gibt Menschen, die zimmern aus den Fehlern anderer ihr eigenes Postament und stellen sich mit Befriedigung darauf.

ELEONORE VAN DER STRATEN-STERNBERG

Fehler machen ist kein so großes Unglück wie keine Autorität haben. Nur die Freiheit, Fehler zu machen, schenkt die Freiheit, die Wahrheit zu finden.

RABINDRANATH TAGORE

Ich glaube, jeder Mensch hat einen großen Lebensfehler, der ihn abhält, sein Wesen zur möglichen Vollendung zu bringen.

ARTHUR SCHNITZLER

Toleranz heißt: die Fehler der anderen entschuldigen. Takt heißt, sie gar nicht erst bemerken.

ARTHUR SCHNITZLER

Wenn du Menschen beurteilst, so frage nicht nach den Wirkungen, sondern nach den Ursachen der Fehler, die sie machen.

WALTHER RATHENAU

Für die eigenen Fehler nehmen wir gewöhnlich den Radiergummi, für die unserer Mitmenschen das Vergrößerungsglas.

CARLOS VON TSCHUDI

Man verzeiht gern Fehler, von denen man sich frei weiß. Man genießt dabei eine sehr feine und versteckte Eitelkeit.

MORITZ HEIMANN

Ein kluger Mann macht nicht alle Fehler selbst. Er gibt auch anderen eine Chance.

SIR WINSTON S. CHURCHILL

Fehler des Tuns sind meist heilbringender als die des Lassens.

KARL FOERSTER

Wir geben weit leichter prinzipiell unsere Unvollkommenheit zu als einen einzigen bestimmten Charakterfehler.

MAX KEMMERICH

Sind nicht gerade die Fehler, die wie Wegweiser auf die Richtung in das Verstehen hindeuten, das Leuchtende in einem Menschenleben?

ROBERT WALSER

Wir übertragen leicht unsere eigenen Fehler auf Mitbürger, die ja nicht eigentlich gerade dazu da sind.

ROBERT WALSER

Das Recht, Fehler zu begehen, hat man nur, wenn man imstande ist, sie in Zukunft zu unterlassen.

C. F. RAMUZ

Ungern entledigen sich die Menschen ihrer Fehler; lieber gleichen sie sie durch Vorzüge aus.

TADEUSZ KOTARBINSKI

Schlage Geld aus jedem Fehler!

LUDWIG WITTGENSTEIN

Ein Mann ohne Fehler ist kein Mann. Eine Frau ohne Fehler ist langweilig.

FELICITAS VON REZNICEK

Gegen deine eigenen Fehler enthält deine Natur Gegengifte; verfällst du in die Fehler anderer, so bleibst du heillos verlassen.

LUDWIG STRAUSS

Mach keinen Fehler zweimal – es sei denn, er zahlt sich aus.

MAE WEST

Die Erfahrung ermöglicht uns, die alten Fehler zu wiederholen, nur etwas schneller und gründlicher als zuvor.

MARCEL PAGNOL

Unsere Fehler sind Entwürfe zu noch nicht recht ausgebildeten Vorzügen.

ERNST WILHELM ESCHMANN

Fehler

Die Behauptung, wir liebten Freunde, die uns auf unsere Fehler aufmerksam machen, mehr als andere, ist eine Übertreibung.

SIGMUND GRAFF

Wenn man seine eigenen Fehler kennt, muß man nicht darauf warten, daß man auf sie aufmerksam gemacht wird; man ist auch nicht entmutigt, wenn man Kritik hört.

MARLENE DIETRICH

Mit Gründlichkeit, Scharfsicht, Ausdauer suchst du nach den Fehlern des Nächsten, warum nicht nach seinen guten Eigenschaften?

AMANDA SCHÄFER

Die Ausbesserung alter Fehler kostet oft mehr als die Anschaffung neuer.

WIESLAW BRUDZINSKI

Begehe Fehler, die Zukunft haben!

WIESLAW BRUDZINSKI

Aus den Fehlern der Jungen lernen die Alten.

WIESLAW BRUDZINSKI

Kleine Fehler werden erst zu großen durch die, die ihnen oft folgen, aus denen Schuld wird.

RUDOLF RISCH

Nur kleine Geister halten sich für unfehlbar.

GÜNTHER SIBURG

Entschuldigt sich jemand für einen gemachten Fehler, dürfte er die Lebensmitte hinter sich haben.

OLIVER HASSENCAMP

Wie interessant einer ist, hängt ab von der Qualität der Fehler, die er vermeidet.

HELMUT LAMPRECHT

Manche Fehler sind bereits Fehler, andere sind noch Verdienst.

MIROSLAV HOLUB

Ohne Fehler wäre die Welt ein Chaos.

HANNS-DIETRICH VON SEYDLITZ

Könnten wir doch schon über die Fehler lachen, die wir erst noch machen.

GERHARD BRANSTNER

Mitunter machen wir so ungeschickte Fehler, daß wir nicht einmal etwas daraus lernen können.

GERHARD BRANSTNER

Wenn die Fehler meines Lebens Flügel hätten, könnte ich die höchsten Berge überfliegen.

HARDY KRÜGER

Aus meinen Fehlern werden andere klug.

GERHARD UHLENBRUCK

Einen Fehler eingestehen ist keine Schwäche, sondern Stärke.

FRANZISKA MAIER-HÖFFERN

Es gibt Fehler, die einem Ehre machen.

PETER TILLE

So wenig Fehler wie möglich machen – das ist viel.

BERND-LUTZ LANGE

Aus eigenen Fehlern lernt man, mit fremden Fehlern verdient man Geld.

ŽARKO PETAN

Feigheit

Der Feigling hat sein Gesicht im Hintern.

Schwedisches Sprichwort

Aller Menschen Herz wird feige sein.

JESAJA 13,7

Feigheit – die Mutter der Grausamkeit.

MICHEL DE MONTAIGNE

Viele wären Feiglinge, wenn sie ausreichend Mut hätten.

THOMAS FULLER

In der Hand eines Feigen ist auch ein langer Degen ein sehr unbedeutendes Phänomen.

MATTHIAS CLAUDIUS

Feindschaft

Es ist nicht klug, Feiglinge mit Verachtung zu strafen; wenn sie nämlich Scham empfunden hätten, wären sie keine Feiglinge geworden. Ihre eigentliche Strafe ist der Tod, weil sie ihn am meisten fürchten.

JONATHAN SWIFT

Durch Feigheit ganz allein gehn Länder stets verloren.

VOLTAIRE

Das größte Unglück der anständigen Leute ist die Feigheit.

VOLTAIRE

Der Feige droht nur, wo er sicher ist.

JOHANN WOLFGANG VON GOETHE

Die Feigheit macht die Augen des Geistes zu und erkältet das Herz.

RALPH WALDO EMERSON

Selbstmord. Ein Beweis der Feigheit.

GUSTAVE FLAUBERT

Ein Feigling ist ein Mensch, bei dem der Selbsterhaltungstrieb noch normal funktioniert.

AMBROSE BIERCE

Sich mitten unter die Feinde werfen, kann das Merkmal der Feigheit sein.

FRIEDRICH NIETZSCHE

Ich verabscheue Leute, die Hunde halten. Es sind Feiglinge, die nicht genug Schneid haben, selbst zu beißen.

AUGUST STRINDBERG

Es gibt Feige, die zu feige sind, ihre Feigheit zu zeigen, und darum mutig handeln, und es gibt Feige, die mutig genug sind, ihre Feigheit einzugestehen und feig zu handeln.

ELEONORE VAN DER STRATEN-STERNBERG

Die Furcht, daß wir uns lächerlich machen, verursacht unsere größten Feigheiten.

ANDRÉ GIDE

In jeder Unklarheit steckt ein Stück Feigheit: darum ist es eine Schmach, unklar zu sein.

RUDOLF VON DELIUS

Die Furcht, als Feigling zu gelten, macht oft zum Feigling.

HENRY DE MONTHERLANT

Die Feigheit hängt sich gern ein interessantes Mäntelchen um und behauptet, sie sei die Vorsicht.

SIGMUND GRAFF

Feige wird der Mensch nur dort, wo er die Wahl hat.

FRIEDRICH GEORG JÜNGER

Feig, wirklich feig ist nur, wer sich vor seinen Erinnerungen fürchtet.

ELIAS CANETTI

Feigheit ist passive Korruption.

ALBERT MATHIAS KEUELS

Die Feigsten sind doch immer die, die sich ganz unerklärt schweigend zurückziehen.

HANS JOACHIM SELL

Der Feigheit liebstes Kleid ist die Bescheidenheit.

GERHARD BRANSTNER

Feige sind die anderen. Ich bin besonnen.

GABRIEL LAUB

Das schönste Kleid der Feigheit ist die Klugheit.

JOHANNES GROSS

Feindschaft

Wer mit sich selbst nicht im reinen ist, findet überall Feinde.

Chinesisches Sprichwort

Freue dich des Falles deines Feindes nicht, und dein Herz sei nicht froh über seinem Unglück.

SPRÜCHE 24,17

Furchtbar ist ein Gegner, der die Götter ehrt.

AISCHYLOS

Feindschaft

Des Feindes Gab ist keine, bringt uns nie Gewinn.

SOPHOKLES

Selbst von einem Feind kann der Mensch Weisheit lernen.

ARISTOPHANES

Mögen die Kinder meiner Feinde luxuriös leben!

ANTISTHENES

Halte es nicht für möglich, daß das Wort deines Feindes freundlich gemeint ist.

MENANDER

Er wird die Bosheit meinen Feinden vergelten.

PSALMEN 54,7

Trau dem Feinde nie und nimmer, denn wie das Erz rostet, so frißt auch seine Bosheit um sich.

BEN SIRA 12,10

Wer sich aus übler Lage retten will, soll Gemeinschaft auch mit einem Feinde, der von einem Starken bedrängt ist, eingehen. Besser ein kluger Feind als ein törichter Freund.

MAHABHARATA

Oft ist der Mensch selbst sein größter Feind.

CICERO

Unausgesprochene und verhüllte Feindseligkeit ist mehr zu fürchten als offene und erklärte.

CICERO

List oder Kraft? – Was wäre Feinden nicht erlaubt?

VERGIL

Ein kluger Mensch fürchtet seine Feinde, wie unbedeutend sie auch sein mögen.

PUBLILIUS SYRUS

Recht ist's, auch vom Feinde zu lernen.

OVID

Ein Feind, der Schutz sucht, ist unser Feind nicht mehr.

SHUDRAKA

Es ist schön, Feinde – solange sie standhalten – in Schlachten zu besiegen, wenn sie unterlegen sind – durch Wohltaten.

HELIODOR

Die Feindschaft schlägt dem eigenen Herzen weit tiefere Wunden, als je ein Mensch dem Feinde Wunde schlagen kann.

AUGUSTINUS

Dem dummen Freunde ist ein kluger Feind weit vorzuziehen.

PANTSCHATANTRA

Niemand soll seinen Feind verachten, auch wenn er nicht stark und klug ist.

PANTSCHATANTRA

Niemals muß man gewissenhafter auf Posten stehen, als wenn der Feind so tut, als wolle er Frieden schließen; nie haben wir ihn weniger zu fürchten, als wenn er uns offen angreift.

ERASMUS VON ROTTERDAM

Gegen seine Feinde kann man alles einsetzen.

KARDINAL RICHELIEU

Ein Feind ist zu viel.

GEORGE HERBERT

Ein Weiser nutzt seine Feinde besser aus als ein Narr seine Freunde.

BALTAZAR GRACIÁN

Unsere Feinde kommen in ihrer Beurteilung über uns der Wahrheit näher als wir selbst.

LA ROCHEFOUCAULD

Nichts trägt mehr dazu bei, einen Menschen weise werden zu lassen, als wenn er immer einen Feind in seinem Blickfeld hat.

LORD HALIFAX

Ich habe nur einmal Gott gebeten: Mach meine Feinde lächerlich! Und Gott hat es erhört.

VOLTAIRE

Sobald man Gutes tun will, kann man sicher sein, Feinde zu finden.

VOLTAIRE

Feindschaft

Wer seinen Feinden Gutes tat, gleicht dem Weihrauch, der das Feuer parfümiert, das ihn verzehrt.

MARQUISE DE DUDEFFANT

Liebe deine Feinde, denn sie verraten dir deine Fehler.

BENJAMIN FRANKLIN

Wer dir als Freund nichts nützen kann, kann allemal als Feind dir schaden.

CHRISTIAN FÜRCHTEGOTT GELLERT

Wer noch nie einem Feind verziehen hat, hat noch nie eine der höchsten Lebensfreuden genossen.

JOHANN KASPAR LAVATER

Wer keinen Freund hat, verdient keinen; ein halbwahrer Satz. Aber wer keinen Feind hat, verdient keinen Freund.

JOHANN GOTTFRIED SEUME

Der Umstand, daß wir Feinde haben, beweist klar genug, daß wir Verdienste besitzen.

LUDWIG BÖRNE

Ein Mensch mit tausend Freunden hat keinen überzähligen; ein Mensch mit einem Feind wird diesem überall begegnen.

RALPH WALDO EMERSON

Wenn wir die Geheimgeschichte unserer Feinde lesen könnten, würden wir im Leben eines jeden so viel Kummer und Leiden feststellen, daß es ausreichen würde, alle feindseligen Gefühle zu entwaffnen.

SAMUEL LONGFELLOW

Feinde soll man nicht schlechter machen, als sie ohnehin schon sind.

MARK TWAIN

Wenn wir gerecht gegen unsere Feinde sind, so ist das meistens ein Beweis, daß sie nicht die Stelle getroffen haben, wo wir verwundbar sind.

DANIEL SPITZER

Lieber aus ganzem Holz eine Feindschaft, als eine geleimte Freundschaft.

FRIEDRICH NIETZSCHE

Unsere Feinde sollen wir lieben? Wären wir erst so weit, daß wir unsere Freunde liebten!

OTTO WEISS

Meine Freunde wähle ich aufgrund ihres guten Aussehens, meine Bekannten aufgrund ihres guten Charakters und meine Feinde aufgrund ihrer guten Intelligenz. Man kann in der Wahl seiner Feinde nicht vorsichtig genug sein.

OSCAR WILDE

Vergib stets deinen Feinden. Nichts ärgert sie so.

OSCAR WILDE

Schreibe deinem Gegner nie schlechtere Motive zu als deine eigenen.

SIR JAMES M. BARRIE

Es gibt Menschen, die bereichern ihr Leben nicht durch Freundschaften, sondern durch Feindschaften.

ELEONORE VAN DER STRATEN-STERNBERG

Rechne nie darauf, daß dein Gegner etwas übersehen könnte. Setze stets voraus, dein Gegner sei der Gescheitere. Denke dich beständig an die Stelle deines Gegenübers. Proponiere nur, was du selbst in seiner Lage annehmen würdest.

WALTHER RATHENAU

Unsere wahren Feinde sind schweigsam.

PAUL VALÉRY

Wo überhaupt keine Gemeinsamkeit der Gedanken besteht, da kann es keine Feindschaft geben, es herrscht dort gleichgültige Fremdheit. Nur wo gleich gedacht, aber verschieden empfunden wird, dort ist Feindschaft, dort wächst Haß.

THOMAS MANN

Der Luxus, sich wichtige Personen zu verfeinden, ist ein Bettlerluxus, wie etwa die Freiheit, sich nicht waschen zu müssen.

OSCAR A. H. SCHMITZ

Vom wahren Gegner fährt grenzenloser Mut in dich.

FRANZ KAFKA

Feindschaft

Die beste Anknüpfung mit einem Feind ist die, ihn um Verzeihung zu bitten.

W. J. OEHLER

Alles was der Feind bekämpft, müssen wir unterstützen; alles was der Feind unterstützt, müssen wir bekämpfen.

MAO ZEDONG

Es ist absolut ungefährlich, den Feind zu lieben.

VINOBA BHAVE

Mache dir niemanden zum Feind, wenn er nicht würdig wäre, dein Freund zu sein.

KARL HEINRICH WAGGERL

Unser heimlicher Feind verrät sich durch ein verlegenes Lächeln.

SIGMUND GRAFF

Liebet euere Feinde – vielleicht schadet das ihrem Ruf.

STANISLAW JERZY LEC

Ein wahrer Feind verläßt dich nie.

STANISLAW JERZY LEC

Liebe deine Feinde, denn sie ärgern sich darüber!

OTTO F. BEER

Da Freundschaft mit Wahrheit unvereinbar ist, ist einzig der stumme Dialog mit unseren Feinden fruchtar.

É. M. CIORAN

Der Feind: ein Mensch, der vieles vorher gewußt hat.

ANATOL POTEMKOWSKI

Die Liebe auch zu unseren Feinden ist der Schlüssel, mit dem sich die Probleme der Welt lösen lassen.

MARTIN LUTHER KING

Feindbilder sind Negative von uns selbst.

GERHARD UHLENBRUCK

Ein guter Feind ist oft mehr wert als viele gute Freunde.

HELLMUT WALTERS

Mit einem Feind befreundet man sich am besten im Fluß: Das Wasser trägt beide stromabwärts.

VYTAUTAS KARALIUS

Wenn es keinen großen Feind gibt, wird es viele kleine geben; das Feindbild bricht in Stücke. Wer gelernt hat, Angst zu haben, der reproduziert den Feind: Er braucht ihn.

GYÖRGY KONRÁD

Arme Feinde: Sie müssen hassen.

BIRGIT BERG

Wahre Feindschaft soll nicht wanken.

GABRIELE BERTHEL

Fest

Verlasse ein Fest, wenn es dir am besten gefällt.

Kastilisches Sprichwort

Dreimal sollt ihr mir ein Fest feiern.

2 MOSE 23,14

Nicht immer werden Festtage sein.

SENECA

Auf viele Feiertage folgt selten ein guter Werktag.

JOHANN GEILER VON KAYSERSBERG

Erfreulich sind die selt'nen Feste nur, weil nur der sparsame Genuß ergötzt.

WILLIAM SHAKESPEARE

Das Schönste an einem Feiertag ist die Aussicht auf einen zweiten.

JEAN PAUL

Der Gegenstand der Volksfeste muß volkstümlich sein, nicht Freiheit, Aufklärung, Vernunft usw., denn die gehören der ganzen Menschheit an. Erinnerung wichtiger Begebenheiten muß zugrundeliegen, und zwar solcher, die für allgemeine Teilnahme des gesamten Volks geeignet sind.

FRIEDRICH LUDWIG JAHN

Fest

Auf! Abermals ein neues Jahr... Wieder eine Poststation, wo das Schicksal die Pferde wechselt.

LORD BYRON

Die Menschen verkommen, wenn sie kein Feiertagskleid mehr anziehen.

THOMAS CARLYLE

Man muß die Feste feiern, wie sie fallen.

H. SALINGRÉ

Hätte das Judentum nur den Sabbat der Welt gebracht, so wäre es schon dadurch ausgewiesen als Freudenbringer und Friedensstifter.

HERMANN COHEN

Nur ein Narr feiert, daß er älter wird.

GEORGE BERNARD SHAW

Ein Fest ist immer ein Trinken an der Quelle der Person.

CARL HAUPTMANN

Der einzige Unterschied zwischen einem Maskenfest und einem anderen Fest ist der, daß du bei ersterem zum Schluß die Maske abnimmst, bei letzterem aber nicht.

ELEONORE VAN DER STRATEN-STERNBERG

Bei einem Festmahl sollte man mit Verstand essen, aber nicht zu gut, und sich gut, aber nicht mit zuviel Verstand, unterhalten.

WILLIAM SOMERSET MAUGHAM

Fasching ist der Triumph des sexuellen Herdeninstinktes.

WALTER HUECK

Feste, denen es an Freude mangelt, sinken zu Vergnügungen herab.

HANS OSSENBACH

Feste pflegen sich lange zu halten – ihre Motive weniger.

KURT TUCHOLSKY

Bei großen Feierlichkeiten mit zahlreich anwesenden Persönlichkeiten scheinen sich einige zu wiederholen.

RAMÓN GÓMEZ DE LA SERNA

Hohe Feiertage und große Feste können am besten zeigen, wie fern uns auch diejenigen sind, die wir für die Nächsten halten.

IVO ANDRIĆ

Arbeit und Feier vollenden einander.

LUDWIG STRAUSS

Man soll jede gute Gelegenheit benützen zu feiern. Das Leben sorgt schon dafür, daß es nicht zu häufig vorkommt.

HORST WOLFRAM GEISSLER

Der terminmäßig beginnende Karneval hat viel mit einer von oben angeordneten Landestrauer gemeinsam.

SIGMUND GRAFF

Zum Feiern fühlt sich jeder fromm genug.

CHARLES TSCHOPP

Geburtstage sind jene Festtage, die man erleiden muß.

WILHELM LICHTENBERG

Festliche Daten: Kurze Ferienreise ins Innere mit Retourbillet zum Alltag.

ANITA

Party: Eine Zusammenkunft von Leuten, die einander nichts zu sagen haben – und das sehr ausgiebig tun.

BOB HOPE

Echte Feiertage sind Atempausen der Seele.

WALTER NENZEL

Man muß die Feste feiern, wie sie fallen. Immer fröhlich. Nicht zu verwechseln mit Gelage, die in den Unglücksfällen und Verbrechen meist ein böses Ende nehmen.

PIERRE DANINOS

Die Ware Weihnacht ist nicht die wahre Weihnacht.

KURT MARTI

Das Feiertagsgewand des Deutschen: der Schlafanzug.

GUIDO HILDEBRANDT

Wo man Fahnen hißt, da sinkt der Verstand auf Halbmast.

FELIX RENNER

Fest

Das Schlimmste im Leben sind doch die festlichen Anlässe. Jeder sagt, wenn's vorbei ist, aufatmend: das wäre geschafft! – und wendet sich dem Alltag zu. Alkohol muß bei Festen eingesetzt werden, weniger um Stimmung zu machen, als um die sonst fast unvermeidliche Depression hintanzuhalten.

JOHANNES GROSS

Auf einem Gänsekalender wäre Weihnachten Heldengedenktag.

JOSEF MEIER O'MAYR

Weihnachten ist, wenn die Herzen überlaufen – und die Mülleimer.

WERNER MITSCH

An Nationalfeiertagen hält sich unsere Begeisterung in Grenzen.

WERNER MITSCH

Wer sich zu Tode ißt, nimmt den Leichenschmaus vorweg.

HANS-HORST SKUPY

Betriebsfeiern: terminierte Heiterkeit.

HANS-HORST SKUPY

Der Karneval verdrängt den Alltag, das Fasten macht ein Fest daraus.

TORSTI LEHTINEN

Man muß die Manifeste feiern, ehe sie verfallen.

JOACHIM SCHWEDHELM

An Fasching wird gefälligst gelacht! Da verstehen wir keinen Spaß!

MANFRED BOSCH

Beim Anhören festlicher Reden entsteht eine besondere Art von Zwangsneurose: Gemeinplatzangst.

ULRICH ERCKENBRECHT

Schon wieder Neujahr. Dabei hätte das alte noch für Monate gereicht.

MICHAEL AUGUSTIN

Endlich ist wieder Fasching – und die Leute legen die Masken ab.

INGRID ANNEL

Fleiß

Der Fleiß ist der Vater des Glückes.
Spanisches Sprichwort

Der Weg des Faulen ist wie eine Dornhecke; der Pfad der Fleißigen ist gebahnt.

SPRÜCHE 15,19

Kein Tag ohne einen Strich.

PLINIUS D. J.

Die unverdrossene Emsigkeit ist jedes Glückes Mutter.

MIGUEL DE CERVANTES

Mit dem Fleiß bringt ein mittelmäßiger Kopf es weiter als eine Überlegener ohne denselben.

BALTAZAR GRACIÁN

Fleiß ist aller Tugenden Anfang.

FRIEDRICH II. VON PREUSSEN

Seines Fleißes darf sich jedermann rühmen.

GOTTHOLD EPHRAIM LESSING

Ehrt den König seine Würde, ehret uns der Hände Fleiß.

FRIEDRICH VON SCHILLER

Schaffender Fleiß ist das einzige Kapital, welches ein Volk bereichert und das nationale Gedeihen und Wohlbefinden ausbreitet.

SAMUEL SMILES

Der Fleiß bringt heimlichen Segen, wenn du arbeitest mit Lust.

FRIEDRICH HEBBEL

Fleiß – eine bestimmte nervöse Störung, die junge und unerfahrene Menschen befällt.

AMBROSE BIERCE

Der Fleiß ist die Wurzel aller Häßlichkeit.

OSCAR WILDE

Der fleißigste Bürger kann am faulen Staate zugrunde gehen.

CARLOS VON TSCHUDI

Fleiß ist die Genialität mittelmäßig veranlagter Naturen.

SALOMON BAER-OBERDORF

Fleiß kann man vortäuschen, faul muß man schon sein.

ALBERT MATHIAS KEUELS

Jeder Fleiß hat seinen Preis.

GUIDO HILDEBRANDT

Ein fleißiger Mensch arbeitet auch dann, wenn er muß.

GABRIEL LAUB

Der Stein des Weisen ist der Stein des Sisyphos.

GERHARD UHLENBRUCK

Arbeitsmoral ist die Ethik des Fleißes, ohne Überstunden.

GERHARD UHLENBRUCK

Fleiß hat auf die Dauer nur der Tüchtige.

JOHANNES GROSS

Was sich der Mühe nicht lohnt, verdient auch den Fleiß nicht.

HORST FRIEDRICH

Durch Fleiß wachsen Leistung und Ruf, nicht die Bedeutung.

ELAZAR BENYOËTZ

Ohne Preis kein Fleiß.

ROLF SEIFFERT

Fortschritt

Der schreitet rasch voran, dem es leicht ums Herz ist.

Japanisches Sprichwort

Es geschieht nichts Neues unter der Sonne.

PREDIGER 1,9

Da führte mich der Geist fort...

HESEKIEL 8,3

Wer mit gespreizten Beinen geht, kommt nicht voran.

LAO DSE

Wer auf die Bühne kommt, muß Neuerfundenes bringen und auf neue Art. Kann er das nicht, räume er den Platz dem, der es kann!

PLAUTUS

Etwas Neues und bis jetzt Unerhörtes.

CICERO

Den größten Anteil am Fortschritt hat der Wunsch nach Fortschritt.

SENECA

Wenn alte Leute dir sagen: Reiße nieder! und junge Leute dir raten, aufzubauen, so reiße nieder und baue nicht; denn das Niederreißen der Alten ist aufbauend, und das Aufbauen der Jungen ist Niederreißen.

TALMUD – NEDARIM

Eines hält viele vom Fortschritt und von ernsthafter Besserung zurück: die Angst vor der Schwierigkeit und die Mühsal des Kampfes.

THOMAS VON KEMPEN

Die ernste Unterhaltung über geistliche Dinge trägt nicht wenig zum Fortschritt bei.

THOMAS VON KEMPEN

Das größte der Güter ist ein ungehindertes Fortschreiten zu immer weiteren Zielen.

THOMAS HOBBES

Ich brauche etwas Neues, wär's auch nicht auf der Welt.

JEAN DE LA FONTAINE

Die Natur des Menschen ist nicht so, daß sie immer vorwärts ginge. Sie hat ihr Hin und Wider.

BLAISE PASCAL

Der Geist der Neuerungen ist gewöhnlich das Attribut kleiner Charaktere und beschränkter Köpfe. Leute, die nie hinter sich auf ihre Vorfahren blickten, werden auch nie vor sich auf ihre Nachkommen sehen.

EDMUND BURKE

Fortschritt

Die Neuheit an sich ist kein Vorzug: denn
Lächerlichkeiten und Ungeheuerlichkeiten
werden als Neuheiten geschätzt.

GIAMBATTISTA VICO

Sei nicht der erste, dem Neuen nachzujagen,
noch auch der letzte, Altem zu entsagen.

ALEXANDER POPE

Man kommt immer bequemer auf einem Weg
fort, der schon gebahnt ist.

WILHELM LUDWIG WEKHRLIN

Wer nicht vorangeht, geht zurück.

MATTHIAS CLAUDIUS

Man muß etwas Neues machen, um etwas
Neues zu sehen.

GEORG CHRISTOPH LICHTENBERG

Die Katholiken bedenken nicht, daß der
Glauben der Menschen sich auch ändert, wie
überhaupt die Zeiten und Kenntnisse der
Menschen. Hier zunehmen und dort
stillstehen ist den Menschen unmöglich.

GEORG CHRISTOPH LICHTENBERG

Strebt weiter und weiter, doch haltet nur an
der ewig wahren, der alten Natur.

JOHANN WOLFGANG VON GOETHE

Die Zeit ist in ewigem Fortschreiten begriffen,
und die menschlichen Dinge haben alle
fünfzig Jahre eine andere Gestalt, so daß eine
Einrichtung, die einst vielleicht eine
Vollkommenheit war, schon ein halbes
Jahrhundert später vielleicht ein
Gebrechen ist.

JOHANN WOLFGANG VON GOETHE

Es ist eine überkluge Staatskunst, in einer
Zeit der Neuerungssucht das Alte trotzdem zu
behaupten. Vorsicht ist nötig, aber schleichen
heißt nicht behutsam gehen. Über eine
wankende Brücke muß man schnell zu
kommen suchen: die Zeit der Gefahr
verkürzen heißt, die Gefahr selbst verringern.

LUDWIG BÖRNE

Man muß die Neuerungen überhaupt nur
einführen, wenn sie notwendig oder von
unwesentlichem Nutzen sind, sonst hat das
Bestehende das Vorrecht des Natürlichen.

FRANZ GRILLPARZER

Wie groß sind die Fortschritte der
Menschheit, wenn wir auf den Punkt sehen,
von dem sie ausging; und wie klein,
betrachten wir den Punkt, wo sie hin will.

FRANZ GRILLPARZER

Ich glaube an den Fortschritt; ich glaube, die
Menschheit ist zur Glückseligkeit bestimmt.

HEINRICH HEINE

Jede Zeit hat ihre Aufgabe, und durch die
Lösung derselben rückt die Menschheit
weiter.

HEINRICH HEINE

Die Lage ist heute so, daß ein Volk
unmöglich den Weg des Fortschritts getrennt
von den anderen Völkern beschreiten kann,
ohne sich selbst und somit die gemeinsame
Sache zu gefährden.

ADAM MICKIEWICZ

Der Fortschritt der Kultur und das
Wohlbefinden der Massen hängen ab: vom
Priester, vom Arzt und vom Richter.

HONORÉ DE BALZAC

Wir sollen nicht jahrhundertelang dasselbe
wiederholen, sondern auch auf Neues
bedacht sein.

ROBERT SCHUMANN

Der ideale Standpunkt ist der einzige, nach
welchem hinsteuernd im Leben und in der
Kunst ein Fortschritt zu erringen ist.

FERDINAND VON HILLER

Jeder Fortschritt, den die Welt gemacht hat,
ist von Schafott zu Schafott, von
Scheiterhaufen zu Scheiterhaufen gewesen.

WENDELL PHILLIPS

Ich bin bereit, überall hinzugehen, wenn es
nur vorwärts ist.

DAVID LIVINGSTONE

Wer fortschreiten will, der muß in einer und
derselben Richtung vorwärtsstreben. Nicht
Mangel an Fähigkeit oder an kräftigem
Bemühen, sondern vielmehr Mangel an
Konsequenz trägt die Schuld, daß entfernter
liegende Ziele so selten erreicht werden.

JÓZSEF VON EÖTVÖS

Fortschritt

Jeder Schritt wirklicher Bewegung ist wichtiger als ein Dutzend Programme.

KARL MARX

Auf keinem Gebiet kann man eine Entwicklung durchlaufen, ohne seine frühere Existenzweise zu verneinen.

KARL MARX

Alles Alte, soweit es Anspruch darauf hat, sollen wir lieben, aber für das Neue sollen wir eigentlich leben.

THEODOR FONTANE

Es ist ein barer Unsinn, immer von der „guten alten Zeit" oder gar wohl von ihrer Tugend zu sprechen; umgekehrt, alles ist um vieles besser geworden, und in der schärferen Trennung von Gut und Bös, in dem entschiedeneren Abschwenken (namentlich auch auf moralischem Gebiete) nach rechts und links hin, erkenne ich den eigentlichsten Kulturfortschritt, den wir seitdem gemacht haben.

THEODOR FONTANE

Ebenso hat man einige Male zu wenig bedacht, daß nicht alles Neue gut, nicht alles Alte untauglich und schlecht geworden sei.

GOTTFRIED KELLER

Fortschritt – stets mißverstanden und übereilt.

GUSTAVE FLAUBERT

Der Weg zur Vollkommenheit und zu jedem Fortschritt ist fortwährende Selbstkritik.

ARNOLD BÖCKLIN

Nur das Prinzip der gegenseitigen Hilfe ist es, das den Fortschritt der Menschheit bewirkt. Die ganze Geschichte ist nichts anderes, als die immer klarere Erkenntnis und die Anwendung dieses einzigen Prinzips der Solidarität aller Wesen.

LEW N. GRAF TOLSTOJ

Das Schöne an Fortschritten in der Güte ist auch, daß sie kein Anlaß zu Stolz, zu Eitelkeit sein können. Sie sind nur dann Fortschritte, wenn sie für uns selbst unbewußt bleiben.

LEW N. GRAF TOLSTOJ

Der Fortschritt besteht nur in einer immer klareren Beantwortung der Grundfragen des Lebens.

LEW N. GRAF TOLSTOJ

Immerwährender Fortschritt ist nur um den Preis immerwährender Unzufriedenheit zu erkaufen.

MARIE VON EBNER-ESCHENBACH

Nicht teilnehmen an dem geistigen Fortschreiten einer Zeit heißt, moralisch im Rückschritt sein.

MARIE VON EBNER-ESCHENBACH

Man muß den Leuten nur ein bißchen verrückt vorkommen, dann kommt man schon weiter.

WILHELM RAABE

Der rasche innere Fortschritt geschieht nur durch starke Erschütterungen.

CARL HILTY

Aller Fortschritt beruht auf dem Bedürfnis des Menschen, über seine Verhältnisse zu leben.

SAMUEL BUTLER

Wir sind nicht in der Welt, um nach rückwärts zu leben.

MAX VON EYTH

Aller Fortschritt bringt nur Variationen zu dem alten, ewigen Liede des Lebens. Die Grundmelodie bleibt immer die gleiche.

ROSALIE PERLES

Übeltäter – Haupttäter beim Fortschritt der Menschheit.

AMBROSE BIERCE

Alte Menschen beharren viel zu stur auf ihren eigenen Ideen. Darum bringen die Bewohner der Fidschi-Inseln ihre Eltern um, wenn sie alt werden. Auf diese Weise fördern sie den Fortschritt, während wir seinen Vormarsch durch die Begründung von Akademien zurückhalten.

ANATOLE FRANCE

Jeder Schritt vorwärts wird auf Kosten seelischer und körperlicher Schmerzen von jemand gemacht.

FRIEDRICH NIETZSCHE

249

Fortschritt

Fortschritt ist die Verwirklichung von Utopien.

OSCAR WILDE

Der vernünftige Mensch paßt sich der Welt an; der unvernünftige besteht auf dem Versuch, die Welt sich anzupassen. Deshalb hängt aller Fortschritt vom unvernünftigen Menschen ab.

GEORGE BERNARD SHAW

Was wir Fortschritt nennen, ist der Austausch einer Plage für eine andere.

HENRY H. ELLIS

Auf einen Klugen kommen tausend Dumme, auf ein kluges Wort kommen tausend dumme, und dieses Tausend erstickt alles, darum geht es so zäh voran mit den Städten und Dörfern. Die Mehrzahl, die Masse wird immer dumm bleiben, wird immer alles ersticken; der Kluge soll die Hoffnung aufgeben, sie zu erziehen und zu sich emporzuheben; er soll Eisenbahnen bauen, Telegraphen, Telephone – so wird er siegen und das Leben voranbringen.

ANTON P. TSCHECHOW

Wenn du einen Schritt vorwärts zu machen versuchst in der Erkenntnis geheimer Wahrheiten, so mache zugleich drei vorwärts in der Vervollkommnung deines Charakters zum Guten!

RUDOLF STEINER

Jeder Fortschritt beginnt im kleinen bei dem Individuum. Die Masse kann nicht besser sein als die Summe der Individuen.

HENRY FORD

Man muß im Leben genau so probierend vorwärtsgehen, wie man es auf dem Gebiet des Sports ohne weiteres tut.

JOHANNES MÜLLER

Fortschritt ist nichts als der Sieg des Lachens über ein Dogma.

BENJAMIN DECASSERES

Echte Avantgarde ist nichts anderes als der mutige Rückschritt zur Vernunft.

KARL KRAUS

Fortschritt ist die Mutter von Problemen.

GILBERT KEITH CHESTERTON

Der wahre Fortschritt besteht darin, daß man im Vorwärtseilen nach der Stelle ausschaut, auf der man stehenbleiben kann.

GILBERT KEITH CHESTERTON

Unsere Aufgabe als Menschen ist: innerhalb unseres eigenen, einmaligen, persönlichen Lebens einen Schritt weiter zu tun vom Tier zum Menschen.

HERMANN HESSE

Du kannst dich nicht auf den Deckel des Fortschritts setzen. Tust du es dennoch, wirst du in die Luft gesprengt werden.

HENRY KAISER

Leben bedeutet Fortschritt und Fortschritt bedeutet Leiden.

HENDRIK WILLEM VAN LOON

An Fortschritt glauben heißt, nicht glauben, daß ein Fortschritt schon geschehen ist. Das wäre kein Glauben.

FRANZ KAFKA

Das Neue ist sehr oft das Alte, nur in einer von niemand so erwarteten verblüffenden Wiederkehr.

RICHARD BENZ

Mit dem Standpunkt, der junge Mensch ist noch zu unreif und der alte nicht mehr fähig, das Zeitgeschehen richtig zu beurteilen, kommen wir nicht weiter.

ARTUR HOFFMANN

Auf dem Wege des Fortschritts sind Barrikaden aus Gewöhnung errichtet.

JAKOW TRACHTENBERG

Eingeschlagene Fenster und eingeschlagene Köpfe besagen gar nichts für einen Umsturz: aber es besagt wohl etwas, den Mut zu haben, das Alte herunterzureißen, daß es kracht und dann – dann erst! – etwas Neues aufzubauen.

KURT TUCHOLSKY

Reißt man das Alte nicht nieder, kann man nichts Neues aufbauen. Versperrt man dem Alten nicht den Weg, wird man dem Neuen nicht den Weg bahnen.

MAO ZEDONG

Fortschritt

Alles kann man aufhalten, nur nicht den Fortschritt.

K. H. BAUER

An das Neue, das nur aussieht wie das Alte, muß man sich erst gewöhnen.

LUDWIG MARCUSE

Es ereignet sich nichts Neues. Es sind immer dieselben alten Geschichten, die immer von neuen Menschen erlebt werden.

WILLIAM FAULKNER

Noch ein wenig Fortschritt, dann wird die fühllose Natur das einzige beseelte Wesen auf unserem Planeten sein.

KARL HEINRICH WAGGERL

Die Menschheit verzichtet auf keinen Fortschritt, der ihr schadet.

SIGMUND GRAFF

Einen Fortschritt kann man unbeachtet lassen, aber gegen Entwicklung ist man machtlos.

SIGMUND GRAFF

Kein Fortschritt verrät uns, zu was er sich entwickeln könnte.

SIGMUND GRAFF

Jede Verbesserung ist ein Fortschritt, aber nicht jeder Fortschritt ist eine Verbesserung.

SIGMUND GRAFF

Hinter dem ganzen Lärm um die Entwicklung verbirgt sich unsere Ohnmacht und Resignation. Der Mensch traut sich nicht über den Weg. Sein Fortschrittstaumel ist die Selbstbetäubung seines Fatalismus.

SIGMUND GRAFF

Der Fortschritt spiegelt sich in Bauten, die Kultur in Büchern.

SIGMUND GRAFF

Man muß vom Alten lernen, Neues zu machen.

BERT BRECHT

Es gibt keinen Fortschritt ohne eine Bejahung des Bestehenden.

ANTOINE DE SAINT-EXUPÉRY

Fortschritt ist nicht nur die Einführung neuer technischer Methoden, sondern die Einführung neuer technischer Methoden zu neuen gesellschaftlichen Zwecken.

HANNS EISLER

Ist der Fortschritt der Freund des Menschen? Der Lärm ist die Antwort, ob Fortschritt Freund oder Fluch ist.

PETER MAX BOPPEL

Daß sozialer Fortschritt mit steigendem Lebensstandard identisch sei, wird zu einem Glaubensbekenntnis.

JOHN KENNETH GALBRAITH

Der Fortschritt der Medizin wird uns das Ende jener liberalen Zeit bescheren, da der Mensch noch sterben konnte, wann er wollte.

STANISLAW JERZY LEC

Der Fortschritt ist ein Apfel, von dem schon Dostojewskij und Nietzsche gewußt haben, daß er wurmstichig ist.

CZESLAW MILOSZ

Je weiter der Mensch fortschreitet, je weniger Dinge wird er finden, zu denen er sich bekehren kann.

É. M. CIORAN

Inzwischen sind wir in vielem weitergekommen und in vielem wieder zurück.

GUNTER GROLL

Kein Fortschritt ohne Überlieferung.

FRIDEL MARIE KUHLMANN

Der Fortschritt ist träge geworden; viel zu lange fehlten die Widerstände des Zweifels an ihm.

WALTER HILSBECHER

Die Grenzen menschlichen Tuns zu finden, das ist Fortschritt.

LEO LOHBERGER

Bevor man etwas Neues bejubelt, sollte man bedenken, was dafür aufgegeben wird.

WOLFGANG H. LOHMANN

Mal kein Fortschritt – das wäre einer!

OLIVER HASSENCAMP

Fortschritt

Folgten wir nur der Tradition, lebten wir noch immer in Höhlen, folgten wir nur dem Fortschritt, wäre dies bald wieder der Fall.

LESZEK KOLAKOWSKI

Wichtig ist nicht der Fortschritt an sich, sondern seine Richtung.

MICHAIL M. GENIN

Der Fortschritt der Menschen: Schritte vom Menschen fort.

GERHARD UHLENBRUCK

Zum Fortschritt gehört auch der Rückwärtsgang.

HELLMUT WALTERS

Die(se) Mondlandung ist ein kleiner Schritt für einen Menschen, aber ein Riesensprung für die Menschheit.

NEIL ARMSTRONG

Ein fortschrittlicher Mensch ist heute ein Beruf.

BRANA CRNČEVIĆ

Avantgardisten sind Leute, die ihre Irrtümer hundert Jahre früher als alle anderen begehen.

LIV KORTINA

Wenn der Fortschritt lästig wird, beginnt die Technik zu lügen.

WERNER MITSCH

Es gibt keinen Fortschritt, nur ein Fort-Schreiten des Menschen aus der Natürlichkeit ins Ungewisse seines geistigen Abenteuers.

HARTMUT LANGE

Und wann gibt es einen Fortschritt in unserer Auffassung vom Fortschritt?

JEANNINE LUCZAK

Mit Fortschritt bezeichnen gewisse Leute die Zerstörungen, die sie anrichten.

AUREL SCHMIDT

Wenn die Atombombe der Strick ist, den sich die Menschheit gedreht hat – dann ist der Fortschritt der Galgen dazu.

RICHARD MUNK

Der Fortschritt ist ein Kurzstreckenläufer, ihm geht der Atem schnell aus.

ŽARKO PETAN

Wir brauchen neue Fragen für alte Antworten.

ŽARKO PETAN

Wer Fortschritt sagt, denkt zu Fuß.

BIRGIT BERG

Wer vor dem Fortschritt fortläuft, wird von ihm überholt.

ULRICH ERCKENBRECHT

Es ist traurig, daß der Fortschritt das Gegenteil bewirkt.

ACHIM CHRISTIAN SCHELLER

Man kann sich nicht nur einer Sache entledigen, man muß auch etwas Neues hervorbringen. Das ist ein revolutionäres Prinzip.

ULRICH GUMPERT

Frau

Doppelt, heißt es, sei der Appetit der Frauen, vierfach ihr Verstand, sechsfach ihre Unbesonnenheit, und achtfach ihre Liebeslust.

Indische Weisheit

Laß dich von keinem Weib mit prunkenden Hüften betören.

HESIOD

Ein kluges Weib baut sein Haus, aber die Torheit reißt es mit eigenen Händen nieder.

SPRÜCHE 14,1

Zur List sind alle Weiber überaus geschickt.

EURIPIDES

Die beste Frau ist die, von der man am wenigsten spricht.

THUKYDIDES

Es ist keine List über Weiberlist.

BEN SIRA 25,15

Frau

Eine Gabe des Herrn ist ein schweigsames Weib.

BEN SIRA 26,14

Ein Sohn oder eine Stadt geben dem Namen Bestand, aber mehr als beide ist eine Frau, die man liebt.

BEN SIRA 40,19

Das Weib ist stets wankend und unstet.

VERGIL

Entweder liebt das Weib oder haßt – ein drittes gibt es bei ihm nicht.

PUBLILIUS SYRUS

Oh wie vieler Frauen herrliche Taten liegen im Verborgenen.

SENECA

Frauen erlangen die echte Schönheit vor allem, wenn sie mit eigener Hand arbeiten und so ihren Körper üben und sich selbst aus eigener Kraft schmücken, indem sie nicht den von anderen hergestellten Schmuck verwenden.

CLEMENS VON ALEXANDRIEN

Früchte werden gut, wenn sie reifen – mit den Weibern ist es umgekehrt.

ABU MUHAMMAD NIZAMI

Eine Frau, die entschlossen ist, geachtet zu werden, kann es selbst inmitten des Heeres erreichen.

MIGUEL DE CERVANTES

Die Verwandte der weiblichen Rede ist die Konfusion.

MIGUEL DE CERVANTES

Man kann eine tugendhafte Frau mit einem Spiegel aus reinem und hellem Kristall vergleichen, den aber der leiseste Hauch verdunkelt und befleckt. Man muß sie behandeln wie eine Reliquie, die man wohl anbeten, aber nicht berühren darf; man muß sie hüten und schützen, wie man einen schönen Garten voll Rosen und anderer Blumen schützt und verwahrt, dessen Besitzer keinem erlaubt, hineinzugehen und sie zu betasten.

MIGUEL DE CERVANTES

Eines Weibes Bitte, das schön ist, kann die Steine ja erwärmen.

LOPE DE VEGA

Frauen zu ehren ist eine Schuld, zu der jeder Ehrenmann von Geburt an verpflichtet ist.

LOPE DE VEGA

Schwachheit – dein Name ist Weib!

WILLIAM SHAKESPEARE

Wenn Frauen jung und schön nur sind, so haben sie die Gabe, es zu wissen.

WILLIAM SHAKESPEARE

Wer zwischen Geist und Schönheit wählen kann, muß zur Dame die Schöne, zum Weib die Kluge wählen.

CALDERÓN DE LA BARCA

Wer Weib sagt, sage zuerst Wandelbarkeit.

CALDERÓN DE LA BARCA

Man mag Frauen finden, die niemals eine Liebschaft gehabt haben, aber selten eine, die nur eine einzige gehabt hätte.

LA ROCHEFOUCAULD

Bei jeder Frau ist Adel des Herzens wichtiger als äußere Schönheit.

KAIBARA EKKEN

Die galante Frau erregt Besorgnis, die kokette Haß.

JEAN DE LA BRUYÈRE

Wegen der Männer können sich Frauen nicht leiden.

JEAN DE LA BRUYÈRE

Mitunter liebt eine Frau ihr Geld mehr als ihre Freunde und ihre Liebhaber mehr als ihr Geld.

JEAN DE LA BRUYÈRE

Über eine Spur von Geist in einer Frau freuen wir uns ebenso wie über ein paar Worte, die ein Papagei richtig herausbringt.

JONATHAN SWIFT

Frauen machen immer gewisse geistige Vorbehalte.

PHILIPPE DESTOUCHES

Frau

Die Frau, die nachdenkt, ist verloren.

JOSEPH ADDISON

Es soll uns eine Frau so wie ein Buch
vergnügen; wer aber will denn nun stets über
Büchern liegen?

JOHANN CHRISTIAN GÜNTHER

Frauen sind nie stärker, als wenn sie sich mit
ihrer Schwäche wappnen.

MARQUISE DE DUDEFFANT

Frauen haben zuviel Einbildungskraft und
Empfindsamkeit, um viel Logik zu besitzen.

MARQUISE DE DUDEFFANT

Ich liebe den Umgang mit Frauen. Ich liebe
ihre Schönheit, Zartheit, Lebhaftigkeit und ihr
Schweigen.

SAMUEL JOHNSON

Alle Völker, die Gesittung hatten, haben die
Frauen geachtet.

JEAN-JACQUES ROUSSEAU

Denn das ist und bleibt wahr: eine Frau, so
schwach sie ist, ist durch das Gefühl, das sie
einflößt, stärker als der stärkste Mann.

GIACOMO CASANOVA

Die Natur rüstet das weibliche Geschlecht zur
Liebe, nicht zu Gewaltseligkeiten aus; es soll
Zärtlichkeit, nicht Furcht erwecken; nur seine
Reize sollen es mächtig machen, nur durch
seine Liebkosungen soll es herrschen, und
soll nicht mehr beherrschen wollen, als es
genießen kann.

GOTTHOLD EPHRAIM LESSING

Eine Frau, deren erste Triebfeder die
Herrschsucht ist, ist eines jeden Verbrechens
fähig.

CHRISTOPH MARTIN WIELAND

Je tapferer und gesitteter ein Volk war, desto
mehr hat es die Weiber geehrt.

THEODOR GOTTLIEB VON HIPPEL

Man sehe die Geschichte, und man wird
finden, daß, wenngleich die Weiber nicht
regierten, alles doch durch sie regiert wird.

THEODOR GOTTLIEB VON HIPPEL

Frauen geben der Freundschaft nur das, was
sie von der Liebe leihen.

CHAMFORT

Die schönen Weiber werden heutzutage mit
unter die Talente ihrer Männer gerechnet.

GEORG CHRISTOPH LICHTENBERG

Die Natur hat die Frauenzimmer so
geschaffen, daß sie nicht nach Prinzipien,
sondern nach Empfindungen handeln sollen.

GEORG CHRISTOPH LICHTENBERG

Eine Frau ist verloren, wenn sie Angst vor
ihrer Rivalin hat.

MADAME DUBARRY

Liebe führt die Frauen irre; Ehrgeiz verführt
sie nur zur Intrige.

STEPHANIE DE GENLIS

Sie war nicht liebenswürdig, wenn sie liebte,
und das ist das größte Unglück, das einem
Weibe begegnen kann.

JOHANN WOLFGANG VON GOETHE

Frauen haben in ihrem Umgange in der Tat
Rücksichten zu nehmen, die bei uns gänzlich
wegfallen. Sie hängen viel mehr vom äußeren
Rufe ab, dürfen nicht so zuvorkommend sein.
Man verzeiht ihnen einerseits weniger
Unvorsichtigkeiten, andererseits mehr
Launen; ihre Schritte werden früher wichtig
für sie, indes dem Knaben und Jünglinge
manche Unvorsichtigkeit verziehen wird; ihre
Existenz schränkt sich ein auf den häuslichen
Zirkel, wohingegen des Mannes Lage ihn
eigentlich fester an den Staat, an die große
bürgerliche Gesellschaft knüpft; deswegen
gibt es Tugenden und Laster, Handlungen
und Unterlassungen, die bei einem
Geschlechte von ganz anderen Folgen sind
als bei dem andern.

ADOLPH VON KNIGGE

Die Frauen, die mit ihrer Schönheit zufrieden
sind, überlassen sich dem Vergnügen mit
mehr Hingabe als andere.

JOSEPH JOUBERT

Das höchste von allen Gütern ist der Frauen
Schönheit.

FRIEDRICH VON SCHILLER

Frau

Aber durch Anmut allein herrschet und herrsche das Weib.

FRIEDRICH VON SCHILLER

Sagt eine Dame „Nein", so bedeutet das „Vielleicht", sagt sie „Vielleicht", dann denkt sie dabei „Ja", sagt sie „Ja" – ist sie keine Dame.

TALLEYRAND

Sind die Frauen gut, so stehen sie zwischen dem Mann und dem Engel; sind sie schlecht, so stehen sie zwischen dem Mann und dem Teufel.

AUGUST VON KOTZEBUE

An Weibern ist alles Herz, sogar der Kopf.

JEAN PAUL

Die Macht der Frau kann man unterschätzen, nie überschätzen.

JEAN PAUL

Eine Frau kann einem Achtung für ihr Geschlecht einflößen, aber mehrere auf einmal vermindern sie.

JEAN PAUL

Jede Frau ist feiner als ihr Stand.

JEAN PAUL

Wenn die Weiber von Weibern reden, so zeichnen sie besonders an der Schönheit den Verstand und am Verstande die Schönheit aus; am Pfau die Stimme, das Gefieder an der Nachtigall.

JEAN PAUL

Eine nie auf die Probe gesetzte Frau denkt stets von sich zu gut und von dem Sieg zu leicht.

JEAN PAUL

Weiber sind rein menschlicher, weil der Staat ihnen keine einseitige Bildung aufdrängt.

JEAN PAUL

Je weniger die Menschen sind – je weniger Poesie, Philosophie, eigene Bemerkungen –, desto mehr zeigen sie das, was sie wissen. Daher das Schweigen der Weiber.

JEAN PAUL

Eine Frau, die sich nach Kindern sehnt, hat nur egoistische Liebe.

JEAN PAUL

Einer Liebhaberin wird die Treue viel leichter als einer Gattin.

JEAN PAUL

Das Schicksal der Frauen bleibt immer dasselbe, sie haben nur auf die Stimme des Herzens zu hören; die politischen Umstände sollen keinen Einfluß auf sie haben.

GERMAINE (MADAME) DE STAËL

Nichts ist so barbarisch wie die Eitelkeit, und da Gesellschaft, guter Ton, Mode und Erfolg solche Eitelkeit einzigartig in Bewegung setzen, ist das Glück der Frauen am meisten in einem Land gefährdet, in dem alles von der öffentlichen Meinung abhängt und in dem jeder vom anderen lernt, woran man gerade Geschmack zu finden habe.

GERMAINE (MADAME) DE STAËL

Allein auch in Frauen bewahrt das Alter vieles, was man in ihrer Jugend vergebens suchen würde und was jeder Mann von Sinn und Gefühl vorzugsweise schätzen wird.

WILHELM VON HUMBOLDT

Die Natur hat es wunderbar im Weibe gemacht – so beschränkte Kräfte und so unbeschränkte Wünsche.

WILHELM VON HUMBOLDT

Der weibliche Charakter wird so oft nicht verstanden, eben weil es die schöne Natur des Weibes ist, seine Seele zu verhüllen wie seine Reize.

AUGUST WILHELM VON SCHLEGEL

Die Frauen sind ein liebliches Geheimnis. Nur verhüllt, nicht verschlossen!

NOVALIS

Mit den Frauen ist die Liebe und mit der Liebe sind die Frauen entstanden, und darum versteht man keins ohne das andere.

NOVALIS

Je menschheitlicher ein Volk, je größer die Huldigung des weiblichen Geschlechts.

FRIEDRICH LUDWIG JAHN

255

Frau

Weiblichkeit ist die Achse der Erde und die Milchstraße am Himmel.

LUDWIG BÖRNE

Die Natur hat den Frauen nur ein Mittel gegeben, sich zu verteidigen und zu schützen – die Verstellung; diese ist ihnen angeboren und ihre Verwendung so natürlich, wie für das Tier die Anwendung seiner Waffen; ja, sie fühlt sich hierbei bis zu einem gewissen Grade im Recht.

ARTHUR SCHOPENHAUER

Schöne Frauen, die keine Religion haben, sind wie Blumen ohne Duft.

HEINRICH HEINE

Des Weibes Macht und Herrschaft liegt im Gemüte.

JEREMIAS GOTTHELF

In der Liebe gibt es kein Mittelding. Wer die Frau stark und mächtig umfängt, wird von ihr weder geachtet noch geliebt. Er langweilt sie, und Langeweile ist bei ihr nicht fern von Haß.

JULES MICHELET

Welche Mission hat die Frau? Zum ersten, zu lieben; zweitens, einen einzigen zu lieben, und drittens, immer zu lieben.

JULES MICHELET

Von einer verliebten Frau kann man alles erwarten, alles voraussetzen.

HONORÉ DE BALZAC

Eine Frau, die eine erhabene Seele, einen unverdorbenen Geschmack, ein sanftes Gemüt und ein reiches Herz hat, eine Frau, die ein einfaches Leben führt, hat nicht die geringste Aussicht, daß man sie begehrt.

HONORÉ DE BALZAC

In der Liebe haben alle Frauen Geist.

HONORÉ DE BALZAC

Vielleicht hat die rein physische Wirkung einer schönen Frau ihre Grenzen, während der seelische Reiz einer leidlich hübschen Frau unerschöpflich sein kann.

HONORÉ DE BALZAC

Frauen haben mehr Frauen verdorben, als sie Männer geliebt haben.

HONORÉ DE BALZAC

Selbst gebildete Frauen vertragen nicht immer andauernd gleichmäßiges Glück und fühlen einen unbegreiflichen Antrieb zu Teufeleien und Narrheiten, durch die Abwechslung ins Leben kommt.

BOGUMIL GOLTZ

Ohne Demut entartet die Kraft des Weibes zur Dämonie.

BOGUMIL GOLTZ

Das glückliche Weib liebt schwächer als das unglückliche.

KARL JOHANN BRAUN VON BRAUNTHAL

Schöne Frauen haben seit undenklichen Zeiten das Vorrecht, dumm sein zu dürfen.

IDA GRÄFIN HAHN-HAHN

Dämonisch ist das Weib, dessen Reiz noch fortwirkt, während man es schon verachtet.

FRIEDRICH THEODOR VISCHER

Die Weiber wollen keine Verhältnisse, als ewige.

FRIEDRICH HEBBEL

Das Weib ist in den engsten Kreis gebannt; wenn die Blumenzwiebel ihr Glas zersprengt, geht sie aus.

FRIEDRICH HEBBEL

Mit Frauenherzen ist es meiner Kunst immer noch ganz gut gegangen, und das kommt doch wahrscheinlich daher, daß bei aller herrschenden Gemeinheit es den Frauen doch immer noch am schwierigsten fällt, ihre Seelen so gründlich verledern zu lassen, als dies unserer staatsbürgerlichen Männerwelt zu so voller Genüge gelungen ist. Die Frauen sind eben die Musik des Lebens: sie nehmen alles offener und unbedingter in sich auf, um es durch ihr Mitgefühl zu verschönen.

RICHARD WAGNER

Frauen haben die Tugend, immer auf ihr erstes Wort zurückzukommen.

THEODOR FONTANE

Frau

Das Weib ist natürlich, das heißt abscheulich. Und immer ist es gewöhnlich, das heißt das Gegenteil des Dandy.

CHARLES BAUDELAIRE

Wenn die Frau ein Meisterwerk ist, übertrifft sie alle Kunsterzeugnisse.

EDMOND & JULES DE GONCOURT

Die Bestimmung der Frau ist zu allererst die Bestimmung des Menschen überhaupt.

LEW N. GRAF TOLSTOJ

Bilde dir nur nicht ein, den wahren Charakter eines Weibes kennenzulernen, solange es dich liebt!

ROBERT HAMERLING

Alle Menschen, ausgenommen die Damen, spricht der Weise, sind mangelhaft.

WILHELM BUSCH

Die Weiber und die Teufel gehen einen Weg.

PEDRO ANTONIO DE ALARCÓN Y ARIZA

Cherchez la femme! – sagte ich mir.

DANIEL SPITZER

Die Frauen bleiben immer dieselben, sie sind immer veränderlich.

DANIEL SPITZER

Frauen schauen nicht so genau hin. Sie sind leicht mit dem Vogelleim der Worte zu fangen.

ALPHONSE DAUDET

Das Weib lernt hassen in dem Maße, in dem es zu bezaubern verlernt.

FRIEDRICH NIETZSCHE

Die Frau ist schon darüber ungehalten, wenn man an ihr das Geistige weniger schätzt als das Körperliche – nun erst, wenn man an ihr das Körperliche weniger schätzt als das Geistige.

OTTO WEISS

Die Frauen bringen jedes Abenteuer um seinen Duft, indem sie dem flüchtigen Erlebnis Dauer gewähren wollen.

OSCAR WILDE

Wo die Frau nicht den Ton angibt, da haben wir weder Gesellschaft noch Großstadt.

CARL SPITTELER

Frauen verstehen die Schönheit nicht zu würdigen, wenigstens die guten Frauen nicht.

OSCAR WILDE

Nie darf man einer Frau trauen, die einem ihr wahres Alter verrät. Eine Frau, die das tut, ist fähig, alles zu verraten.

OSCAR WILDE

Berechnende Frauen werden lästig, anständige langweilig.

OSCAR WILDE

Die Frauen haben wenig Verstand, aber sehr viel Vernunft.

GEORGE BERNARD SHAW

Ich war immer der Meinung, daß man bei Frauen nichts so sehr zu fürchten hat wie ihre unerschütterliche Beständigkeit.

GEORGE BERNARD SHAW

Eine Frau, die überall Mittelpunkt sein möchte, sollte nicht heiraten.

A. O. WEBER

Das Weib ist das ewig Ruhende mit der ewigen Sehnsucht nach dem großen Ereignis.

HERMANN STEHR

Vorsicht vor einem Weibe, welches logisches Denken offenbart! Denn Logik und Weib sind so heterogen, daß es Unnatur ist, wenn sie zusammen auftreten.

JOHANNES COTTA

Eine Frau ist nur eine Frau, aber eine gute Zigarre kann man rauchen.

RUDYARD KIPLING

Es hat noch kein Spiegel einer Frau gesagt, daß sie häßlich wäre; und selbst wenn er es gesagt hätte, hätte er gelogen.

RUDOLF G. BINDING

Wenn die Seele einer Frau hungert, ist immer der Leib in Gefahr.

SALOMON BAER-OBERDORF

Frau

Das bringen nur Frauen fertig – unterwegs die Dame und daheim das Marktweib spielen.
SALOMON BAER-OBERDORF

Es heißt, daß das Kulturniveau am besten durch die rechtliche Stellung der Frau charakterisiert wird.
WLADIMIR I. LENIN

Der Charakter einer Frau zeigt sich nicht, wo die Liebe beginnt, sondern wo sie endet.
ROSA LUXEMBURG

Frauen sind austauschbare Instrumente für ein stets identisches Vergnügen.
MARCEL PROUST

Unter allen Berufen ist der der anständigen Frau der schwierigste. Du mußt ihn ihr erleichtern.
FRANZ BLEI

Wer von Frauen etwas herausbekommen will, darf nicht die Allüren eines Richters, sondern muß die eines Anwalts annehmen. Anwälten sagen Frauen alles.
CARL HAGEMANN

Meinerseits mißtraue ich allen Verallgemeinerungen über Frauen, günstig und ungünstig, männlich und weiblich, alt und modern.
BERTRAND EARL RUSSELL

Keine Frau ist so attraktiv, daß sie nicht durch Kerzenlicht und Abendkleid noch gewinnen würde.
WILLIAM SOMERSET MAUGHAM

Die Frau braucht in Freud und Leid, außen und innen, in jeder Lage den Spiegel.
KARL KRAUS

Die Sowjetmacht hat der arbeitenden Frau die vollständige politische und rechtliche Stellung gebracht... Unter der Sowjetmacht hat die arbeitende Frau zum erstenmal die Möglichkeit, sich auch vom familiären Joch zu befreien...
INÉS ARMAND

Die meisten Frauen haben kein Ehrgefühl, nur Sittengefühl.
RUDOLF VON DELIUS

Die Frau begeht in der Liebe nicht selten den Fehler, sich innerlich so sehr mit ihrer Leidenschaft zu befassen, daß sie deren Gegenstand vernachlässigt. Sie liebt die Liebe mehr als den Geliebten.
HELENE HALUSCHKA

Frauen avancieren zu Damen, sobald man sie wie solche behandelt.
ROBERT WALSER

Können Frauen Gescheiteres tun als – gefallen?
ROBERT WALSER

Wenn Frauen sich küssen, muß man immer an Boxer denken, die sich die Hände reichen.
HENRY L. MENCKEN

Eine egoistische Frau, die keiner tiefen, starken, hochherzigen, opferfreudigen Liebe mehr fähig ist, hat ihre eigentliche Frauenart verloren.
HERMANN KLENS

Die Frau ist immer entweder eine Königin oder eine Sklavin.
HERMANN KLENS

Unglück in Frauendingen besagt, daß man des Glaubens war, der Erfolg sei ohne Risiko zu haben.
OTTO FLAKE

Mit den Frauen ist es eine eigene Sache: Sie können immer noch Wärme für andere abgeben, auch wenn sie selbst darben und frieren!
HENRIETTE BREY

Wenn du den Charakter einer Frau ergründen willst, so frage sie nach dem einer anderen aus.
FRITZ DE CRIGNIS

Wenn zwei Frauen sprechen, sagen sie nichts aus; wenn eine Frau spricht, enthüllt sie das ganze Leben.
KAHLIL GIBRAN

Wenn Frauen uns lieben, lieben sie nicht wirklich uns. Aber wenn sie uns eines Tages nicht mehr lieben, dann sind es wirklich wir.
PAUL GÉRALDY

Frau

Warum ist uns das Weib so nötig wie rätselhaft? Weil es der falsche Schlüssel ist zu einem Tor und es dennoch öffnet.
ALBERT PARIS GÜTERSLOH

Das Weib ist der Mensch auf Urlaub.
ALBERT PARIS GÜTERSLOH

Immer empfinde ich die Frauen als vekleidete Menschen.
ALBERT PARIS GÜTERSLOH

Eine Frau, die geliebt wird, hat immer Erfolg.
VICKI BAUM

Mitleid ist das tödlichste Gefühl, das man einer Frau anbieten kann.
VICKI BAUM

Frauen sind wie Streichhölzer: reibt man zuwenig, zünden sie nicht, reibt man zuviel, verbrennt man sich die Finger.
CURT GOETZ

Die Frauen ändern zwar manchmal ihre Ansichten, aber nie ihre Absichten.
CURT GOETZ

Frauen sind anders.
CURT GOETZ

Es gibt Frauen, die der Anständigkeit wie einem Laster frönen.
HANS KRAILSHEIMER

Die größten Feinde der Frau sind die Frauen selbst.
JAKOW TRACHTENBERG

Manche Frau ist nur das wert, was man in sie hineingesteckt hat.
. FRIEDL BEUTELROCK

Ist es nicht Ironie, daß der größte Rivale einer Frau der beste Freund ihres Mannes sein kann, statt eine andere Frau?
HENRY MILLER

Eine Frau wird gefährlich, wenn sie hilflos ist.
FELICITAS VON REZNICEK

Frauen haben, wenn sie wollen, ein fatal gutes Gedächtnis.
HORST WOLFRAM GEISSLER

Frauen mit Vergangenheit interessieren die Männer, weil die Männer hoffen, daß sich Geschichte wiederholt.
MAE WEST

Das moderne Weib ist die Lüge des heutigen Mannes.
HEINRICH LEXA

Jede Frau kommt als ein Märchen und scheidet als eine Wahrheit.
FRITZ USINGER

Frauen mögen es nicht immer gern, daß man Nein versteht, wenn sie Nein gesagt haben.
KARL HEINRICH WAGGERL

Man sollte niemals vergessen: auch Damen gehören zu den Weibern.
PETER BAMM

Die Frau ist immer zugleich Haut und Seele.
SIGMUND GRAFF

Der Altar einer gutgewachsenen Frau ist ihre eigene Figur.
MAGDALENA SAMOZWANIEC

Der Geburtsschein ist ein Gerücht, das eine Frau durch ihr Aussehen jederzeit dementieren kann.
MARLENE DIETRICH

Femme fatale: Eine erwachsene Frau von einem gewissen Rang, von einer gewissen Weisheit, einer gewissen Kenntnis der Welt, in der sie lebt, eine Frau, die ihre Lebenserfahrung zu ihrem Vorteil zu nutzen weiß.
MARLENE DIETRICH

Alle Frauen streben nach einem Ziel: dem Glück. Ihr größtes Glück aber ist die Liebe.
DOMINIQUE LE BOURG

Das quälende Gefühl des Alters ist das Gefühl des Überflüssigseins. Man wird jedoch nicht überflüssig, wenn man alt, sondern alt, wenn man überflüssig wird. Die moderne Frau hat es fertiggebracht, den Zeitpunkt ihrer Überflüssigkeit ins Teenager-Alter vorzuverlegen.
HANS HABE

Frau

Damen schwärmen nicht.
MARCEL REICH-RANICKI

Eine Frau kann jederzeit hundert Männer täuschen, aber nicht eine einzige Frau.
MICHÈLE MORGAN

Frauen vergeben, aber sie vergessen nicht.
MICHÈLE MORGAN

Frauen schmücken sich mit den Steinen, die man ihnen in den Weg legt.
WOLFRAM WEIDNER

Die Gefügigkeit der Frauen ist bedrückend. Es steckt darin etwas von unserer allgemeinmenschlichen Unvollkommenheit.
ABRAM TERZ (SINJAWSKIJ)

Feminismus ist die Philosophie der Frauen, die alle Philosophien von Männern ausschließt.
RENÉ & DENISE DAVID

Es ist kein Geburtsfehler, eine Frau zu sein.
OSWALT KOLLE

Die schönsten Frauen sind die, denen wir gefallen.
GABRIEL LAUB

Frauen ähneln Kindern: sie brauchen dann die meiste Liebe, wenn sie sie am wenigsten verdienen.
WARWICK DEEPING

Frau: Eine raffinierte Mischung von Brandstifter und Feuerwehr.
JOHN OSBORNE

Selbst ist die Frau.
GERHARD UHLENBRUCK

Das Innenleben mancher Frauen beschränkt sich auf die Schwangerschaft.
RAIMUND VIDRÁNYI

Die Frau ist das einzige Geschenk, das sich selbst verpackt.
JEAN-PAUL BELMONDO

Die Frauen schlucken die bittere Pille.
WERNER SCHNEYDER

Eine Frau ist verstimmt, wenn man zuviel von ihr verlangt. Aber sie ist tödlich beleidigt, wenn man zuwenig von ihr verlangt.
JEAN PAUL BELMONDO

Eine schöne Frau wäre dumm, wenn sie auch noch klug wäre.
WERNER MITSCH

Die Feministinnen zäumten die Sache vom Schwanz her auf.
WERNER SCHNEYDER

Frauen schauen so lange in den Spiegel, bis sie wieder schön sind.
PETER TILLE

Sie kocht wie eine Göttin und putzt wie ein Teufel.
CHARLOTTE SEEMANN

Es ist leichter, eine Stecknadel in einem Heustock zu finden als die Frau, die dir behagt.
ARTHUR CAFLISCH

Frauen sind nicht dumm. Sie sind bloß die Dummen.
BIRGIT BERG

Bei einer Frau mit Humor haben selbst die Haare auf den Zähnen Locken.
CHRIS HORNBOGEN

Freiheit

Wer frei sein kann, mache sich nicht selber zum Knecht.
Deutsches Sprichwort

Das Geheimnis des Glücks ist die Freiheit. Das Geheimnis der Freiheit aber ist der Mut.
PERIKLES

Die schönste Sache in der Welt ist die Redefreiheit.
DIOGENES

Freiheit

Jedes Gemeinwesen ist so beschaffen, wie das Wesen oder der Wille dessen ist, der es lenkt. Daher hat in keinem anderen Staat, außer wo das Volk die höchste Gewalt in Händen hat, die Freiheit eine Heimstätte. Sie ist das herrlichste Gut, das es geben kann. Wenn sie nicht jedem gleichmäßig zuteil wird, so ist sie keine Freiheit.

CICERO

Für keine Wohltat ist der Dank von kürzerer Dauer als für geschenkte Freiheit, vorzüglich bei Leuten, welche sie durch schlechten Gebrauch verderben.

LIVIUS

Kein Mensch, der in Furcht oder Sorge oder Chaos lebt, ist frei, aber wer sich von Sorgen, Furcht und Chaos befreit, wird dadurch auch aus der Sklaverei befreit.

EPIKTET

Es ist das Glück der Zeit, daß man denken darf, wie man will, und daß man reden darf, wie man denkt.

TACITUS

Seht zu, daß eure Freiheit nicht in Verruf gerät.

KORINTHERBRIEF 8,9

In einem freien Staate müssen Zunge und Meinung frei sein.

SUETON

Glaubt denn der Mensch, daß ihm volle Freiheit gelassen ist? War er nicht ein ausgeworfener Samentropfen?

KORAN

Freiheit von Knechtschaft bedingt das Freisein von Begierde und Leidenschaften.

DVAGPO-LHARJE

So süß klingt allen Menschen das Wort Freiheit, daß selbst Keckheit und Frechheit überall Anklang finden, weil sie mit der Freiheit einige Ähnlichkeiten haben.

FRANCESCO PETRARCA

Nicht sei eines andern Knecht, wer sein eigener Herr sein kann!

PARACELSUS

Die Freiheit ist kostbarer als jedes Geschenk, das dich verleiten mag, sie aufzugeben.

BALTAZAR GRACIÁN

Frei ist, wer der Vernunft gehorcht.

JOHN MILTON

Es ist nicht der Zweck des Staates, Menschen aus vernünftigen Wesen zu Tieren oder Automaten zu machen, sondern im Gegenteil, daß ihre Seele und ihr Körper ihre Tätigkeiten ungefährdet ausüben und daß sie selbst sich ihrer freien Vernunft bedienen und nicht Haß, Zorn und Betrug einander zuvortun noch sich gegenseitig anfeinden. Der Endzweck des Staates ist also im Grund die Freiheit.

BARUCH DE SPINOZA

Freiheit hebt die Notwendigkeit nicht auf, sondern setzt sie voraus.

BARUCH DE SPINOZA

Wenn die Menschen um ihre Freiheit kämpfen, erhalten sie durch ihren Sieg selten mehr als neue Herren.

LORD HALIFAX

Freiheit ist die zweckvolle Aufteilung des Tages in Arbeit, Vergnügen und Ruhe. Freiheit ist nicht Müßiggang, sondern Herr sein über Tun und Lassen.

JEAN DE LA BRUYÈRE

Die Freiheit eines Volkes besteht darin, daß es nur durch Gesetze regiert wird, die unter seiner eigenen Einwilligung erlassen werden.

JONATHAN SWIFT

Welcherlei Freiheit er habe, kann ein Mensch an dem Angenehmen erkennen, das er empfindet, während er denkt, redet, handelt, hört und sieht; denn alles Angenehme gehört der Liebe an.

EMANUEL VON SWEDENBORG

Die Freiheit ist das Recht, alles zu tun, was die Gesetze gestatten, und wenn ein Bürger das tun könnte, was sie verbieten, so gäbe es keine Freiheit mehr, da die anderen dieselbe Möglichkeit hätten.

MONTESQUIEU

Freiheit

Es besteht keine Freiheit, wenn nicht die richterliche Gewalt von der gesetzgebenden und von der ausführenden getrennt ist.

MONTESQUIEU

Ohne Gedankenfreiheit gibt es keine Weisheit. Und ohne Redefreiheit keine öffentliche Freiheit.

BENJAMIN FRANKLIN

Wer grundlegende Freiheit aufgeben würde, um ein wenig vorübergehende Sicherheit zu erkaufen, verdient weder Freiheit noch Sicherheit.

BENJAMIN FRANKLIN

Freiheit in den untersten Stufen eines jeden Volkes bedeutet wenig mehr als die Wahl zwischen Arbeit und Hunger.

SAMUEL JOHNSON

Der Mensch ist frei geboren, und dennoch liegt er überall in Ketten.

JEAN-JACQUES ROUSSEAU

Die Freiheit des Menschen liegt nicht darin, daß er tun kann, was er will, sondern daß er nicht tun muß, was er nicht will.

JEAN-JACQUES ROUSSEAU

Man muß, will man ein Glück genießen, die Freiheit zu behaupten wissen.

CHRISTIAN FÜRCHTEGOTT GELLERT

Der Mensch hat von Natur einen so großen Hang zur Freiheit, daß, wenn er erst eine Zeitlang an sie gewöhnt ist, er ihr alles aufopfert.

IMMANUEL KANT

Wer seine eigene Freiheit sichern will, muß selbst seinen Feind vor Unterdrückung schützen.

THOMAS PAINE

Die Freiheit besteht darin, daß man alles das tun kann, was einem andern nicht schadet.

MATTHIAS CLAUDIUS

Niemand ist frei, der nicht über sich selbst Herr ist.

MATTHIAS CLAUDIUS

Was die wahre Freiheit und den wahren Gebrauch derselben am deutlichsten charakterisiert, ist der Mißbrauch derselben.

GEORG CHRISTOPH LICHTENBERG

Wo Freiheit zu denken ist, da bewegt man sich mit einer Leichtigkeit im Zirkel; wo Gedankenzwang ist, da kommen auch die erlaubten mit einer scheuen Miene hervor.

GEORG CHRISTOPH LICHTENBERG

Ohne Freiheit kein Genie. Das Element des Geistes ist die Freiheit.

WILHELM HEINSE

Das Wort Freiheit klingt so schön, daß man es nicht entbehren könnte, und wenn es einen Irrtum bezeichnete.

JOHANN WOLFGANG VON GOETHE

Nur der verdient die Freiheit wie das Leben, der täglich sie erobern muß.

JOHANN WOLFGANG VON GOETHE

Oh Freiheit, welche Verbrechen begeht man in deinem Namen!

JEANNE ROLAND

Vollkommene Sicherheit und Unverletzlichkeit des Eigentums und der Person: so sieht die wahre soziale Freiheit aus.

ANTOINE DE RIVAROL

Die schönsten Träume von Freiheit werden im Kerker geträumt.

FRIEDRICH VON SCHILLER

Freiheit! du bist wie das Brot; jedem Stande und jedem Alter Bedürfnis. Brot ist des Körpers Nahrung und Freiheit Seelenspeise.

AUGUST VON KOTZEBUE

Die wahre Freiheit ist nichts anderes als Gerechtigkeit.

JOHANN GOTTFRIED SEUME

Wenn man sagt, eine Nation kann die Freiheit nicht vertragen, so heißt das: der weit größere Teil besteht aus Schurken, Narren und Dummköpfen, oder ein Einzelner versteht es, sie dazu zu machen.

JOHANN GOTTFRIED SEUME

Freiheit

Gleichheit ist immer der Probestein der
Gerechtigkeit, und beide machen das Wesen
der Freiheit.

JOHANN GOTTFRIED SEUME

Freiheit ist ein Gut, dessen Dasein weniger
Vergnügen bringt als seine Abwesenheit
Schmerzen.

JEAN PAUL

Man braucht nur über die Freiheit des
Menschen zu räsonnieren, um nicht mehr
daran zu glauben; und wiederum braucht
man nur die Hand aufs Herz zu legen, um
nicht länger daran zu zweifeln.

GERMAINE (MADAME) DE STAËL

Sehnsucht nach Freiheit entsteht nur zu oft
erst aus dem Gefühle des Mangels derselben.

WILHELM VON HUMBOLDT

Das Freie ist der Wille. Wille ohne Freiheit ist
ein leeres Wort, so wie die Freiheit nur als
Wille, als Subjekt wirklich ist.

GEORG WILHELM FRIEDRICH HEGEL

Ruhe und Freiheit sind die größten Güter.

LUDWIG VAN BEETHOVEN

Frei sein kann gar nichts anderes heißen, als
seiner innersten Natur sklavisch folgen zu
dürfen. Absolute Freiheit ist etwas
Unmenschliches.

RAHEL VARNHAGEN

Des Menschen Freiheit besteht in der
harmonischen oder vernunftgemäßen
Befriedigung der Triebe unserer dreifachen
Natur. Der Mensch vereinigt in sich
gleichsam dreifaches Leben – ein sinnliches,
ein sittliches und ein denkendes.

HEINRICH ZSCHOKKE

Niemand erwartet von einem Bettler, daß er
eine Bürgschaft für jemand leistet. Kein
Mensch belästigt ihn mit Fragen über seine
Religion oder politischen Anschauungen. Er
ist der einzige freie Mensch im Weltall.

CHARLES LAMB

Die Freiheit ist die ewige Jugend der
Nationen.

MAXIMILIAN SÉBASTIAN FOY

Denn nicht geduldet, nein, geboten muß die
Freimütigkeit in guter Verfassung sein.

JOSEPH VON GÖRRES

Die Freiheit ist die Blüte des Gesetzes.

CLEMENS BRENTANO

Niemandem gehorchen müssen, niemandem
zu befehlen brauchen, das nenne ich ein
freier Mann sein.

STENDHAL

Es gibt keinen Menschen, der nicht die
Freiheit liebte, aber der Gerechte fordert sie
für alle, der Ungerechte nur für sich allein.

LUDWIG BÖRNE

Herrschsucht ist die Freiheitsliebe einzelner;
Freiheitsliebe ist die Herrschsucht aller.

LUDWIG BÖRNE

Die Freiheit, für die man kämpft, ist eine
Geliebte, um die man sich bewirbt; die
Freiheit, die man hat, ist eine Gattin, die uns
unbestritten bleibt.

LUDWIG BÖRNE

Die Freiheit lebt auch im Grabe fort und
wächst, bis sie den Sarg sprengt. Das sollten
sich ihre Totengräber merken.

LUDWIG BÖRNE

Der Unterschied zwischen Freiheit und
Freiheiten ist so groß wie zwischen Gott und
Göttern.

LUDWIG BÖRNE

Die Freiheit wird einem nicht angeboren; sie
wird nicht geschenkt, sie will erarbeitet sein;
sie ist eine Folge des geistig durchgebildeten
Charakters.

ADOLPH DIESTERWEG

Der Freiheit eine Gasse!

THEODOR KÖRNER

Wer seine Schranke kennt, der ist der Freie,
wer frei sich wähnt, ist seines Wahnes
Knecht.

FRANZ GRILLPARZER

Es sind nicht alle frei, die ihrer Ketten
spotten!

MORITZ GOTTLIEB SAPHIR

Freiheit

Schränke soviel wie möglich deine Bedürfnisse ein, um deine Freiheit zu bewahren.

AUGUST GRAF PLATEN

Die Freiheit ist eine neue Religion, die Religion unserer Zeit.

HEINRICH HEINE

Bediente, die keinen Herrn haben, sind darum noch keine freien Menschen – die Dienstbarkeit ist in ihrer Seele.

HEINRICH HEINE

Durch Freiheit, durch Selbständigkeit wird man ein wahrer Mensch.

ALEXANDRE VINET

Der Freiheit Gräber sind der Zukunft Wiegen!

ADAM MICKIEWICZ

Wenn das Volk unruhig ist, so ist es für die Freiheit nicht reif; wenn es ruhig ist, so verlangt es nicht nach Freiheit.

THOMAS LORD MACAULAY

Manche Politiker pflegen es als selbstverständlich hinzustellen, daß kein Volk frei sein darf, bis es imstande ist, seine Freiheit auszunutzen. Dieser Grundsatz erinnert an die Fabel vom Tor, der nicht eher ins Wasser gehen wollte, als bis er schwimmen gelernt hatte.

THOMAS LORD MACAULAY

Sie geben mir Brot, deswegen haben sie noch kein Recht, mein Fleisch und Blut zu begehren.

JOHANN NESTROY

Wehe dem, der vor den blutenden Wunden der Freiheit unparteiisch bliebe!

VICTOR HUGO

Der eigentliche Bereich der menschlichen Freiheit fordert Gewissensfreiheit im ausgedehntesten Sinne; Freiheit des Denkens und Fühlens, unbedingte Freiheit der Meinung und Anschauung über alle Gegenstände, praktische oder spekulative, wissenschaftliche, moralische oder theologische. Die Freiheit, seine Meinung auszusprechen und zu veröffentlichen, scheint nicht hierher zu gehören, da dies Handlungen betrifft, die andere Leute berühren; da sie jedoch beinahe so wichtig ist wie die Denkfreiheit und großenteils den gleichen Erwägungen unterliegt, so ist sie praktisch nicht von der Gewissensfreiheit zu trennen.

JOHN STUART MILL

Die einzige Freiheit, die des Namens wert ist, ist jene, die es uns gestattet, unser eigenes Gutes auf unsere eigene Weise zu verfolgen, so lange wir nicht versuchen, andere ihrer zu berauben oder ihre Bemühungen hindern, sie zu erhalten.

JOHN STUART MILL

Freiheit ist heilig, Einheit ist notwendig... Die wahre Freiheit ist die Ordnung.

FRIEDRICH THEODOR VISCHER

Die Freiheit eines jeden hat als logische Grenzen die Freiheit der anderen.

ALPHONSE KARR

Die Welt hat nie eine gute Definition für das Wort Freiheit gefunden.

ABRAHAM LINCOLN

Indem wir den Sklaven Freiheit geben, sichern wir die Freiheit den Freien – gleichermaßen ehrenvoll in dem, was wir geben, und in dem, was wir bewahren.

ABRAHAM LINCOLN

Ewige Wachsamkeit ist der Preis der Freiheit.

WENDELL PHILLIPS

Es ist unmöglich, die Menschen in ihrem äußeren Leben freier zu machen, als sie es innerlich sind. So merkwürdig es auch scheint, aber die Erfahrung lehrt uns, daß es den Völkern leichter wird, das Zwangsjoch der Sklaverei zu ertragen, als das Geschenk einer übermäßigen Freiheit.

ALEXANDR HERZEN

Ein sonderbares Wesen, der Mensch! Die Freiheit, die er hat, gebraucht er nie, sondern wünscht sich immer eine, die er nicht hat: Er hat Denkfreiheit, und er verlangt Redefreiheit.

SØREN KIERKEGAARD

264

Freiheit

Die Freiheit und eine Hure sind die kosmopolitischsten Dinge unter der Sonne.

GEORG BÜCHNER

Nichts ist der Freiheit radikaler entgegengesetzt als die Ungebundenheit.

ADOLF KOLPING

Dann hören wir unsere Ketten am lautesten rasseln, wenn sie uns abgenommen werden.

JÓZSEF VON EÖTVÖS

Dem Weltlaufkundigen geht kein Gut mehr über die Freiheit.

EMANUEL GEIBEL

Freiheit: trügerischstes aller Trugbilder! Denn der kleinste Strahl der Vernunft könnte uns sicherlich zeigen, daß nicht nur das Erreichen, sondern überhaupt das Sein der Freiheit unmöglich ist.

JOHN RUSKIN

Freiheit besteht also in der auf Erkenntnis der Naturnotwendigkeiten gegründeten Herrschaft über uns selbst und über die äußere Natur; sie ist damit notwendig ein Produkt der geschichtlichen Entwicklung.

FRIEDRICH ENGELS

Für den Menschen und die menschliche Gemeinschaft hat es niemals und nirgendwo etwas Unerträglicheres gegeben als die Freiheit.

FJODOR M. DOSTOJEWSKIJ

Nicht wie die Menschheit ihre Freiheit erkämpft, sondern wie sie ihre Freiheit täglich, stündlich, in Haus, Kirche und Schule gebraucht – das muß mir die Menschheit auf ihrem Gipfel zeigen.

FERDINAND KÜRNBERGER

Was auch immer dein Schicksal sei, für dich gibt's nur ein Losungswort: den Bettelstab, doch frei!

SÁNDOR PETÖFI

Nicht die Freiheit, sondern, was scharf zu unterscheiden ist, die individuelle Willkür hat ihre Grenze, eine Grenze, die gerade durch das positive und substantielle Wesen der menschlichen Freiheit an ihr gesetzt wird.

FERDINAND LASSALLE

Freiheit wird nicht mit dem Streben nach Freiheit, sondern mit dem Streben nach der Wahrheit erlangt. Freiheit ist kein Ziel, sondern eine Folge.

LEW N. GRAF TOLSTOJ

Für den Menschen gibt es nur ein Mittel, frei zu sein: die Übereinstimmung mit dem Willen Gottes.

LEW N. GRAF TOLSTOJ

Ein Mann darf nicht seine besten Hosen anziehen, wenn er in die Schlacht für Freiheit und Wahrheit zieht.

HENRIK IBSEN

Die Freiheit ist die beste Lehre für die Freiheit; die Selbstregierung kann nur gelernt werden, indem sie ausgeübt wird.

CARL SCHURZ

Freiheit ist Verantwortlichkeit.

MARIE VON EBNER-ESCHENBACH

Je freier man wird, desto mehr fügt man sich der Sitte.

WILHELM RAABE

Das Maß unserer Freiheit ist auch das Maß unserer Verantwortung.

GEORG VON OERTZEN

Jeder strebt nach möglichst größter Freiheit für sich, um desto besser über andere herrschen zu können. Die Geschichte lehrt diese Wahrheit gleichmäßig an den Massen wie an den einzelnen Individuen.

FRIEDRICH VON HELLWALD

Die Erfahrung hat uns gelehrt, daß wir am meisten auf den Schutz unserer Freiheit achten müssen, wenn die Regierung wohltätige Absichten verfolgt.

LOUIS BRANDEIS

Freiheit hat ihren Ursprung nie in der Regierung gehabt. Sie stammte immer von ihren Untertanen. Die Geschichte der Freiheit ist eine Geschichte des Widerstandes, ist eine Geschichte der Begrenzung der Regierungsgewalt, nicht ihrer Vergrößerung.

WOODROW WILSON

Freiheit

Die individuelle Freiheit ist kein Kulturgut. Sie war am größten vor jeder Kultur.

SIGMUND FREUD

Freiheit bedeutet Verantwortlichkeit; dies ist der Grund, warum die meisten sich vor ihr fürchten.

GEORGE BERNARD SHAW

Die Freiheit ist freiwilliger Gehorsam gegenüber einer Vernunft, die mehr und größer als unsere persönliche Vernunft ist.

CLAUDE G. MONTEFIORE

Freiheit ist Hingabe – Hingabe an eine selbstgewählte Idee.

CARL LUDWIG SCHLEICH

Die Inhaber der Gewalt werden nie müde, uns den möglichen Mißbrauch der Freiheit entgegenzuhalten als Grund, sie überhaupt zu versagen. Um ein Ding richtig gebrauchen zu lernen, muß man es erst einmal mißbrauchen; einen anderen Weg gibt es nicht.

RABINDRANATH TAGORE

Die Freiheit ist kein Privileg, das verliehen wird, sondern eine Gewohnheit, die erworben werden muß.

DAVID L. GEORGE

In der Freiheit gibt es Einschränkungen, aber keine Grenzen.

DAVID L. GEORGE

Es gilt, sich loszuringen von der Vergewaltigung durch das Äußere. Denn das Problem des Lebens dreht sich darum, die Tätigkeit immer tiefer in uns selbst zu verlegen. Das ist der einzige Weg zur Freiheit, die einzige Möglichkeit, daß diese ewige Grundforderung des Menschen endlich zur Tatsache wird.

HERMANN STEHR

Nur jungen Leuten kann man die Einfältigkeit verzeihen, die Ware haben zu wollen, ohne den Preis für sie zu zahlen. Wie kämest du zu deiner geistigen Freiheit, wenn du sie nicht mit deinem menschlichen Glück bezahlt hättest?

PAUL ERNST

Die Freiheit ist eine Frucht, die in der Religion lebt.

BERNARDO LÓPEZ GARCIA

Frei ist, wer alles Gott abgegeben hat.

JEANNE WASSERZUG

Die Gedankenfreiheit ist die einzig wahre und die größte Freiheit, die der Mensch erreichen kann.

MAKSIM GORKIJ

Freiheit ist Selbst-Sein.

LEONHARD RAGAZ

Ich bin der festen Überzeugung, daß kein Mensch seine Freiheit verliert, es sei denn durch seine eigene Schwäche.

MAHATMA GANDHI

Alle Erfahrung zeigt, daß dem Menschen eine gewisse Freiheit zum Straucheln in seinem Handeln, zum Irren in seinem Wissen solange gegeben sein muß, bis er sich von innen her von falscher Tat und Irrtum befreit hat.

SRI AUROBINDO

Nur ein Land der Sauberkeit kann für die Dauer ein Land der Freiheit sein.

LEO BAECK

Ein Land verliert seine Freiheit, wenn es sie nicht über alles schätzt. Es verliert Wohlstand und Reichtum zugleich, wenn Wohlstand und Reichtum mehr gelten als Freiheit.

WILLIAM SOMERSET MAUGHAM

Freiheit und Gleichheit. Sie widersprechen einander und können nie zu idealer Vereinigung gelangen, denn Gleichheit trägt in sich die Tyrannei und Freiheit die anarchische Auflösung. Die Aufgabe der Menschheit ist heute, ein neues Gleichgewicht zwischen ihnen zu finden, sie eine neue Verbindung eingehen zu lassen, in der sich freilich nicht die Tatsache wird verleugnen können, daß Gerechtigkeit die herrschende Idee der Epoche, ihre Verwirklichung, soweit sie in Menschenkräften steht, eine Angelegenheit des Weltgewissens geworden ist.

THOMAS MANN

Freiheit

Sage Freiheit, und die Menge versteht Hemmungslosigkeit.

LISA WENGER

Freiheit ist immer gefährlich. Aber sie ist das Sicherste, was wir haben.

HARRY EMERSON FOSDICK

Kunst wie Kultur können nicht gedeihen ohne Freiheit.

STEFAN ZWEIG

Die Freiheit ist nicht für jeden erreichbar. Für viele steht sie zwischen Verbot und Erlaubnis.

GEORGES BRAQUE

Wer sich auf der Welt glücklich fühlt, braucht keine weiteren Freiheiten, und wer nichts zu essen hat, dem nützt die schönste Freiheit nichts.

EDUARD PAUL DANSZKY

Wer Mensch sein will, der darf sich nie so blind seiner Leidenschaft überlassen, seinem sinnlichen Trieb. Denn erst jener Zustand, in welchem der Mensch ruhig nur nach Forderung seiner Vernunft handelt, erst diesen Zustand, den nenne ich – Freiheit.

FRITZ VON UNRUH

Freiheit ist ein Kaugummibegriff geworden: An jedem Schlagbaum versteht man etwas anderes darunter.

OSKAR KOKOSCHKA

Der Mensch, zum größten Teil, verlangt gar nicht nach einer großen Menge Freiheit; aber allein schon das Bewußtsein der Unfreiheit macht ihn unglücklich.

JOSEF ČAPEK

Um sich frei zu fühlen, gibt es ein einfaches Mittel: Nicht an der Leine zerren.

HANS KRAILSHEIMER

Wenn die Menschheit nach und nach freiwillig und förmlich unerbittlich ihren ererbten Anteil an Freiheit einschränkt, indem sie versichert, sie bringe dieses Opfer ihrem zukünftigen Glück, so glaube ihr keinen Augenblick. Sie opfert ihre Freiheit der Furcht vor sich selbst.

GEORGES BERNANOS

Die ideale Freiheit besteht in der strikten Einhaltung der Naturgesetze.

JAKOW TRACHTENBERG

Freiheit ist eine Lebensform, und wenn wir ihrer beraubt werden, so ist es leicht möglich, daß wir sie ganz vergessen.

JAWAHARLAL NEHRU

Kein Opfer ist zu groß für unterdrückte, bedrängte Klassen. Freiheit muß nach Freiheit für die Untersten beurteilt werden.

JAWAHARLAL NEHRU

Es reicht nicht aus zu wissen, wie die Freiheit gewonnen wurde. Genauso wichtig ist es, wachsam gegenüber den Bedrohungen dieser Freiheit zu sein.

DWIGHT D. EISENHOWER

Wer die Freiheit nicht im Blut hat, wer nicht fühlt, was das ist: Freiheit – der wird sie nie erringen.

KURT TUCHOLSKY

Die Freiheit, die alle suchen, besteht nur in der Möglichkeit, nach seinen eigenen Gewohnheiten zu leben. Der normale Egoist begnügt sich mit seiner eigenen Welt. Der Moralist will die andern zwingen, nach seiner Facon zu leben.

EUGEN BÖHLER

Freiheit ist keine Tugend: aber sie ist die Voraussetzung aller Tugend.

RICHARD N. GRAF COUDENHOVE-KALERGI

Dreieinig sind das Wort, die Freiheit und der Geist.

ERNST JÜNGER

Ein Mensch genügt als Zeuge, daß die Freiheit noch nicht verschwunden ist; doch seiner bedürfen wir.

ERNST JÜNGER

Das, was den Geist im Innersten bewegt, ist das Verlangen nach uneingeschränkter Freiheit, und dieser Drang ist ausnahmslos von seinem Gegenteil begleitet, von der Furcht vor den Folgen der Freiheit.

THORNTON WILDER

Freiheit

Je mehr Freiheit es gibt, desto mehr wird die Gerechtigkeit dadurch gefährdet, daß die Stärkeren, Gescheiteren, Geschickteren die anderen schädigen.

MAX HORKHEIMER

Also wollen wir die Musen pflegen; das ist eine Freiheit, die kein Mensch uns nehmen kann.

THORNTON WILDER

Je geistiger wir leben, je größer ist unsere Freiheit.

ZENTA MAURINA

In einer Demokratie muß die Freiheit täglich neu errungen und vor Verfall in Anarchie bewahrt werden. Es gehört zum Wesen der Freiheit, daß sie immer bedroht ist.

OTTO HEUSCHELE

Es gibt nur eine Freiheit für alle – oder es wird keine Freiheit mehr geben.

HANS SAHL

Wenn die Freiheit überhaupt etwas bedeutet, dann das Recht, den Menschen das zu sagen, was sie nicht hören wollen.

GEORGE ORWELL

Der Mensch, der verurteilt ist, frei zu sein, trägt das ganze Gewicht der Welt auf seinen Schultern; er ist, was seine Seinsweise betrifft, verantwortlich für die Welt und für sich selbst.

JEAN-PAUL SARTRE

Ich kann meine Freiheit nicht zum Ziel nehmen, wenn ich nicht zugleich die Freiheit der andern zum Ziel nehme.

JEAN-PAUL SARTRE

Wahre Freiheit vermag es, sich freiwillig in die Unfreiheit zu begeben; die unechte Freiheit tut es unfreiwillig.

PETER DE MENDELSSOHN

Gefesselte Hände können keinen Beifall klatschen.

STANISLAW JERZY LEC

Freiheit kann man nicht simulieren.

STANISLAW JERZY LEC

Freiheit für den Menschen bedeutet nicht die Freiheit, andere zu verletzen. Redefreiheit bedeutet nicht die Freiheit, durch Lügen zu verletzen.

L. RON HUBBARD

Die Freiheit besteht in erster Linie nicht aus Privilegien, sondern aus Pflichten.

ALBERT CAMUS

Das Schlimmste, das man der Freiheit antun kann, ist, sie zu subventionieren.

KEN KASKA

Freiheit – heißt das ohne Schwerkraft existieren?

WOLFGANG ENGEL

Die Qualität deiner Freiheit nimmt zu mit der Qualität des Willens, dem du anhängst.

MICHEL QUOIST

Freiheit wird nie geschenkt, immer nur gewonnen.

HEINRICH BÖLL

Wenn man die Freiheit nicht nützt, dann verkommt sie. Das gilt auch – und vor allem – für die Freiheit des Wortes.

HEINRICH BÖLL

Freiheit, von der man keinen Gebrauch macht, welkt dahin.

HEINRICH BÖLL

Solange die Freiheit nicht in allen Ländern blüht, kann sie in einem einzelnen nicht gedeihen.

JOHN F. KENNEDY

Seltsame Neigung der Freiheit zum Selbstmord.

WALTER HILSBECHER

Es gibt nur einen Mißbrauch der Freiheit: sie nicht zu brauchen.

WOLFGANG STRUVE

Frei ist, wer der Natur gehorcht.

HANS LOHBERGER

Nichts kommt die Menschheit teurer zu stehen als eine billige Freiheit.

FRIEDRICH DÜRRENMATT

Freiheit

Den Raum für die Freiheit zu schaffen, ist Aufgabe der Politik. Die Freiheit selbst zu verwirklichen ist Sache aller und eines jeden.

KARL THEODOR VON UND ZU GUTTENBERG

Freiheit liegt immer dort, wo der Zeitakzent sie nicht sucht.

OLIVER HASSENCAMP

Freiheit ist das höchste Gut und deshalb oft unerreichbar.

RON KRITZFELD

Frei ist, wer Freiheit fordert.

ANDRZEJ SZCZYPIORSKI

Freiheit beruht auf dem Vorhandensein von Gefängnissen.

HEINRICH WIESNER

Freiheit ist die Fähigkeit, eine Wahl zu treffen, deren Gefangener man hinterher ist.

HEINRICH WIESNER

Freiheitskämpfer opfern alles für ihr Volk, auch ihr Volk.

WOLFRAM WEIDNER

Der Preis, den wir für die Freiheit bezahlen, ist deshalb zu hoch, weil wir bloße Freiheiten dafür kriegen.

HERBERT EISENREICH

Manche dünken sich frei, weil es ihnen erlaubt ist, mit ihren Ketten zu spielen.

GERHARD BRANSTNER

Freiwillig gibt ein Unterdrücker niemals die Freiheit; sie muß von den Unterdrückten eingefordert werden.

MARTIN LUTHER KING

Zuhören heißt: Beschränkung der eigenen Redefreiheit.

GERHARD UHLENBRUCK

Wenn man demnächst für die Gehirnwäsche soviel und so schöne Reklame machen wird wie derzeit für die Unterwäsche, wird es wiederum unter dem Slogan geschehen, der Mensch sei ein gutes Stück reiner und freier geworden.

HELLMUT WALTERS

Ohne Liebe wird aus Freiheit Chaos.

MAX THÜRKAUF

Freiheit heißt für die meisten Sicherheit, ihren Privatinteressen zu folgen – keine hinreichende, aber auch keine unvernünftige Vorstellung.

JOHANNES GROSS

Ein freier Mensch denkt, was er will, aber dafür ißt er, was er hat.

BRANA CRNČEVIĆ

Der Mensch kann in seiner Freiheit auf die Dauer nur eingeschränkt werden, wenn seine Moralbegriffe und sein Gewissen mitverletzt werden.

OSKAR KUNZ

Oft sind es bloß unsere Nerven, die der Freiheit die Grenze ziehen.

NIKOLAUS CYBINSKI

Daß wir lieber glücklich sind als frei, ist unser Unglück.

NIKOLAUS CYBINSKI

Beständige Freiheit bedarf einer wachsenden Obsorge.

ELISABETH HABLÉ

Die Freiheit ist das einzige gesellschaftliche Phänomen, das man sich als fugenloses System vorstellen darf.

JEANNINE LUCZAK

Freiheit – der geringste Zwang zur Anpassung.

AUREL SCHMIDT

Die Freiheit ist unser höchstes Gut. Für viele allerdings zu hoch.

WOLFGANG ESCHKER

Freiheit: Ermessen, wo sie aufhört.

HANS-HORST SKUPY

Freiheit: Staatsdarlehen, jederzeit pfändbar.

HANS-HORST SKUPY

Freiheit hat keine Doppelgänger.

HANS-HORST SKUPY

Freiheit

Freiheit kann man nicht kniend erzwingen.
MILOVAN VITEZOVIĆ

Es gehört zur Freiheit, daß man nicht Knecht sein will.
BERND WEINKAUF

Die Freiheit endet an den Grenzen unserer Phantasie.
BIRGIT BERG

Absolute Freiheit heißt: absolute Einsamkeit.
VOLKER ERHARDT

Freizeit

Wer lange müßig geht, spinnt wenig.
Französisches Sprichwort

Wir müssen einen Aufenthaltsort wählen, der nicht bloß für den Körper, sondern auch für die Sitten zuträglich ist. Betrunkene zu sehen, die am Ufer herumtaumeln, Gelage auf Schiffen, von Musikchören widerhallende Seen und anderes – wozu ist das nötig?
SENECA

Sah andere an dem Markte müßig stehen...
MATTHÄUS 20,3

Die Erholung ist die Würze der Arbeit.
PLUTARCH

Wanderer ohne Gepäck, die pfeifen sich eins vor dem Räuber!
JUVENAL

Wandern gibt mehr Verstand als hinterm Ofen sitzen.
PARACELSUS

Die Jagd stärkt den Körper, sie macht aber auch wild.
CHRISTINE VON SCHWEDEN

Nirgends strapaziert sich der Mensch mehr als bei der Jagd nach Erholung.
JEAN PAUL

Die Steckenpferde sind schlechte Kutschpferde. Steckenpferde dienen nicht zum Pflügen.
GEORG CHRISTOPH LICHTENBERG

Das Steckenpferd ist das einzige Pferd, welches über jeden Abgrund trägt.
FRIEDRICH HEBBEL

Zeit ist der Raum zu menschlicher Entwicklung. Ein Mensch, der nicht über freie Zeit verfügt, dessen ganze Lebenszeit – abgesehen von rein physischen Unterbrechungen durch Schlaf, Mahlzeiten usw. – von seiner Arbeit für den Kapitalisten verschlungen wird, ist weniger als ein Lasttier. Er ist eine bloße Maschine zur Produktion von fremdem Reichtum, körperlich gebrochen und geistig verroht.
KARL MARX

Erst die durch die große Industrie erreichte ungeheure Steigerung der Produktivkräfte erlaubt, die Arbeit auf alle Gesellschaftsglieder ohne Ausnahme zu verteilen und dadurch die Arbeitszeit eines jeden so zu beschränken, daß für alle hinreichend freie Zeit bleibt, um sich an den allgemeinen Angelegenheiten der Gesellschaft – theoretischen wie praktischen – zu beteiligen.
FRIEDRICH ENGELS

Die Arbeit bekommt immer mehr als gutes Gewissen auf ihre Seite: der Hang zur Freude nennt sich bereits „Bedürfnis der Erholung" und fängt an, sich vor sich selber zu schämen. „Man ist es seiner Gesundheit schuldig", so redet man, wenn man auf einer Landpartie ertappt wird.
FRIEDRICH NIETZSCHE

Was ist Freiheit? Freizeit. Was ist Freizeit? Freiheit.
GEORGE BERNARD SHAW

Wandern ist weder Mode noch Sport, sondern eine Kunst. Mancher lernt sie zeitlebens nicht. Vielen aber, besonders im deutschen Volke, ist sie angeboren, und das sind die Schlichten, Natürlichen und Innerlichen.
REINHOLD BRAUN

Das köstlichste Gut, das ein vernünftiger
Mensch besitzt, ist seine freie Zeit.

PAUL ERNST

Wenn ein Volk sich bei viel Freizeit glücklich
fühlen soll, muß es gebildet sein, und zwar
herangebildet sowohl im Hinblick auf geistige
Unterhaltung, als auch auf das unmittelbar
nützliche technische Wissen.

BERTRAND EARL RUSSELL

Ein Mensch muß sein Hobby schon sehr
schätzen, wenn er es ohne Hoffnung auf
Ruhm und Geld ausübt, ja sogar ohne jede
Chance, es gut zu machen.

GILBERT KEITH CHESTERTON

Die meisten Menschen haben ebensowenig
freie Zeit, wie sie einen freien Willen haben.

WALTER HUECK

Die Landschaft erobert man mit den
Schuhsohlen, nicht mit den Autoreifen.

GEORGES DUHAMEL

Viele sind unterwegs, sind aber noch keine
Wanderer.

ERNST BERTRAM

Wir kennen ein Volk nicht, bevor wir seine
Lebensvergnügungen kennen, genau wie wir
einen Menschen nicht kennen, bevor wir
wissen, wie er seine Freizeit verbringt.

LIN YUTANG

Früher sind die Menschen für die Freiheit auf
die Barrikaden gestiegen. Jetzt tun sie es für
die Freizeit.

WERNER FINCK

Er fiel in seinen Urlaub wie in eine Grube.

HANS ARNDT

Achten Sie auf Ihr Freizeitprestige!

RUDOLF ROLFS

Freizeit: Niemandsland Einfältiger.

RUDOLF ROLFS

Die ersehnte Ruhe in der Freizeit hat ihre
Tücken. Man könnte zum Nachdenken
kommen.

OLIVER HASSENCAMP

Wo ein Erholungszentrum entsteht, ist es aus
mit der Erholung.

OLIVER HASSENCAMP

Jedes Jahr in der Urlaubszeit bricht das alte
Nomadenblut wieder durch.

ROBERT MUTHMANN

Große Ferien in Sicht – eine Riesenarbeit
kommt auf uns zu. Lernziel: Freizeit von der
Pieke auf.

WOLFGANG NEUSS

Im Urlaub trifft man keine Menschen – nur
Urlauber oder Personal.

GABRIEL LAUB

Urlaub: Wer rastet, röstet.

GERHARD UHLENBRUCK

Erst die Freizeit, dann das Vergnügen.

WERNER MITSCH

Urlaub – Extravakanz.

HANS-HORST SKUPY

An der Freizeit kann man seine Freiheit
ermessen. An der Arbeit auch.

HANS-HORST SKUPY

Feierabend! – einziger bekannter Siegesruf
aus der Arbeitswelt.

GERD WOLLSCHON

Freude

Freude hat einen kleinen Körper.

Nigerianisches Sprichwort

Die Freude kann enden im Leid.

SPRÜCHE 14,13

Süß ist es, allem Ungemach entflohen zu
sein.

AISCHYLOS

Freude – Gesundheit der Seele.

ARISTOTELES

Freude

Unendliche Dauer gewährt keine größeren Freuden als eine beschränkte Frist.

EPIKUR

Wenn wir behaupten, daß Freude Zweck und Ziel des Lebens ist, dann meinen wir nicht die Freuden der Verschwendung und die Freuden der Sinne. Unter Freude verstehen wir einen schmerzfreien Körper und eine sorgenlose Seele.

EPIKUR

Die mit Tränen säen, werden mit Freuden ernten.

PSALMEN 126,5

Kein Gut geht über ein frohes Herz.

BEN SIRA 30,16

Glaube mir: wirkliche Freude ist eine ernste Angelegenheit.

SENECA

Freude kann nur aus dem Inneren stammen; wer sie von außen erklärt, wird sie niemals begreifen.

PO CHÜ-I

Niemand taugt ohne Freude.

WALTHER VON DER VOGELWEIDE

Freude mit guten frommen Leuten, in Gottesfurcht, Zucht und Ehren, obgleich ein Wort oder Zötlein zu viel, das gefällt Gott wohl.

MARTIN LUTHER

Mit allen Kräften müssen wir uns die Freuden des Lebens zu erhalten suchen, die uns die Jahre eine nach der anderen entreißen.

MICHEL DE MONTAIGNE

So wilde Freude nimmt ein schlechtes Ende.

WILLIAM SHAKESPEARE

Wenn du Menschen erfreuen willst, muß du sie auf ihre Weise erfreuen.

EARL OF CHESTERFIELD

Der Schmerz, wie groß er auch sei, kann immer noch wachsen. Nicht so die Freuden; ihre Grenzen sind vorgeschrieben.

FRANÇOISE DE GRAFIGNY

Der Mensch kann gegen seinen Willen überzeugt, aber nicht erfreut werden.

SAMUEL JOHNSON

Die höchste Vollkommenheit der Seele ist, Freude empfinden zu können.

VAUVENARGUES

Das schönste Geschenk der Seele für den Menschen ist die Fähigkeit zur Freude.

VAUVENARGUES

Ist es wahr, daß unsere Freuden kurz sind, so sind unsere Leiden meist nicht lang.

VAUVENARGUES

Innere Freude und Genugtuung sind süßer und beständiger als alle lärmenden Vergnügungen dieser Welt, die müde machen und nichts als eine schreckliche Leere zurücklassen.

MARIA THERESIA

Es ist so traurig, sich allein zu freuen.

GOTTHOLD EPHRAIM LESSING

Freude und Leidenschaft geben uns Kräfte, die nicht dem Körper gehören und immer auf seine Kosten ersetzt werden müssen.

JOHANN GEORG HAMANN

Wisse, nichts ist im Himmel so verachtet wie ein Mensch, der Freuden flieht.

WILHELM LUDWIG WEKHRLIN

Freude fehlt nie, wo Arbeit, Ordnung und Treue sind.

JOHANN CASPAR LAVATER

Wer ist der glücklichste Mensch? Der fremdes Verdienst zu empfinden und am fremden Genuß sich wie am eignen zu freuen weiß.

JOHANN WOLFGANG VON GOETHE

Die beste Freude ist Wohnen in sich selbst.

JOHANN WOLFGANG VON GOETHE

Gering ist die Freude, die keine Sorgen kennt.

WILLIAM BLAKE

Freuden sind unsere Flügel, Schmerzen unsere Sporen.

JEAN PAUL

Freude

Kleine Freuden laben wie Hausbrot immer ohne Ekel, große wie Zuckerbrot zeitig mit Ekel.

JEAN PAUL

Die Freuden des Geistes sind Heilmittel gegen die Wunden des Herzens.

GERMAINE (MADAME) DE STAËL

Die Menschen müssen leiden, um stark zu werden, dachte ich. Jetzt denke ich, sie müssen Freude haben, um gut zu werden.

WILHELM VON HUMBOLDT

Ohne Freude kann die ewige Schönheit nicht recht in uns gedeihen. Großer Schmerz und große Lust bildet den Menschen am besten. Aber das Schusterleben, wo man Tag für Tag auf seinem Stuhle sitzt und treibt, was sich im Schlafe treiben läßt, das bringt den Geist vor der Zeit ins Grab.

FRIEDRICH HÖLDERLIN

Durch die Freude wird der Sinn seßhaft, aber durch die Schwermut geht er ins Exil.

RABBI NACHMAN BEN SIMCHA

In der Liebe kann es keinen Undank geben. Die gegenwärtige Freude ist immer eine Entschädigung und dies über die scheinbar größten Opfer hinaus.

STENDHAL

Freuden, die man übertreibt, verwandeln sich in Schmerzen.

FRIEDRICH JUSTIN BERTUCH

Was anders wäre Freude, als Freude machen?

LORD BYRON

Die Freude ist ein Handelshaus, sie muß wechseln, denn im Wechsel liegt Freude.

FERDINAND RAIMUND

Es darf jeder Mensch Freude haben, aber an guten und erlaubten Dingen.

JEREMIAS GOTTHELF

Übermäßige Freude ist schwerer zu ertragen als jede Menge Kummer.

HONORÉ DE BALZAC

Für die Freude gibt es keine Vorahnungen.

HONORÉ DE BALZAC

Unter den Menschen sind es nur einzelne, die, ohne an sich zu denken, die reine Freude an dem haben, was Gott selbst im Kleinsten so schön geschaffen hat.

ADALBERT STIFTER

Wer keine Freude an der Welt hat, an dem hat die Welt auch keine Freude.

BERTHOLD AUERBACH

Das Wesen der Freude liegt nicht im Genuß einer Sache, sondern in dem begleitenden Bewußtsein. Wenn mir ein einfacher Geist diente, der mir auf meine Bitte um ein Glas Wasser den kostbarsten Wein in einem Kelch servierte, würde ich ihn entlassen, um ihn zu lehren, daß Freude nicht im Genuß liegt, sondern darin, meinen Willen durchzusetzen.

SØREN KIERKEGAARD

Zum Mitleiden gab die Natur vielen ein Talent, zur Mitfreude wenigen.

FRIEDRICH HEBBEL

Immer die kleinen Freuden aufpicken, bis das große Glück kommt. Und wenn es nicht kommt, dann hat man wenigstens die kleinen Glücke gehabt.

THEODOR FONTANE

Man kann die Menschen nicht lieben, ohne ihre Freude zu lieben.

FJODOR M. DOSTOJEWSKIJ

Die Menschen werden immer finden, daß die ernsteste Sache in ihrem Dasein die Freude ist.

GUSTAVE FLAUBERT

Man kann sich keine größere Freude bereiten, als indem man anderen eine Freude bereitet.

JOSEPH UNGER

Wenn du an dir nicht Freude hast, die Welt wird dir nicht Freude machen.

PAUL HEYSE

Freude – das Leben durch einen Sonnenstrahl hindurch gesehen.

CARMEN SYLVA

Freude

Wenn wir an Freuden denken, die wir erlebt haben oder noch zu erleben hoffen, denken wir sie uns immer ungetrübt.

MARIE VON EBNER-ESCHENBACH

Der beste Weg, sich selbst eine Freude zu bereiten ist: zu versuchen, einem anderen eine Freude zu machen.

MARK TWAIN

Die Freude ist nur ein Waffenstillstand für das Leiden. Glück könnte sein, sich dessen nicht bewußt zu werden.

SULLY PRUDHOMME

Was es auch Großes und Unsterbliches zu erleben gibt: den Mitmenschen Freude zu machen ist doch das Beste, was man auf der Welt tun kann.

PETER ROSEGGER

Die Mutter der Ausschweifung ist nicht die Freude, sondern die Freudlosigkeit.

FRIEDRICH NIETZSCHE

Wer viel Freude hat, muß ein guter Mensch sein; aber vielleicht ist er nicht der klügste, obwohl er gerade das erreicht, was der Klügste mit aller seiner Klugheit erstrebt.

FRIEDRICH NIETZSCHE

Das beste Mittel, jeden Tag gut zu beginnen, ist: beim Erwachen daran denken, ob man nicht wenigstens einem Menschen an diesem Tage eine Freude machen könne.

FRIEDRICH NIETZSCHE

Lernen wir uns freuen, so verlernen wir am besten, anderen weh zu tun.

FRIEDRICH NIETZSCHE

Es ist wichtiger, daß jemand sich über eine Rosenblüte freut, als daß er ihre Wurzel unter das Mikroskop legt.

OSCAR WILDE

Freude ist nicht Lustigkeit.

KNUT HAMSUN

Freude wäre für manchen Patienten das beste Heilmittel. Doch die Apotheken mit ihren vollen Tiegeln führen diese Ware nicht.

ELEONORE VAN DER STRATEN-STERNBERG

Ist Freude etwa ein übernatürliches Gefühl? Muß sie nicht der normale Zustand des Menschen sein?! Je höher der Mensch in seiner geistigen und sittlichen Entwicklung steht, je freier er ist, um so größeres Vergnügen gewährt ihm das Leben.

ANTON P. TSCHECHOW

Hoch über dem Vergnügen steht die Freude.

CARLOS VON TSCHUDI

Jede vollkommene Handlung wird von Freude begleitet. Daran kann man erkennen, daß man es tun soll.

ANDRÉ GIDE

Seine Freude zu erobern ist mehr wert, als sich seinem Schmerz zu überlassen.

ANDRÉ GIDE

Ich bin nicht auf die Welt gekommen, um das Leben zu genießen, sondern um anderen Menschen Freude zu bereiten.

FRANZ LEHÁR

Ein glückliches Leben muß zum größten Teil ein ruhiges Leben sein, denn wahre Freude kann nur in einer ruhigen Atmosphäre gedeihen.

BERTRAND EARL RUSSELL

In allem, was lebt, steckt doch die Freude.

ALFRED DÖBLIN

Schadenfreude ist nicht – wie das Sprichwort sagt – die reinste, sondern sie ist die schmutzigste aller Freuden.

FRANZ-CARL ENDRES

Wir sind alle aus der Freude geboren und kehren zu ihr zurück.

WALDEMAR BONSELS

Seine Freude in der Freude des anderen finden können: das ist das Geheimnis des Glücks.

GEORGES BERNANOS

Man kann die Freude verlängern durch Erwartung und Erinnerung.

FRIEDL BEUTELROCK

Freude

Wer das Freuen verliert, den findet bald die Schuld.

MARGARETE SEEMANN

Kleine Freuden lachen ihr Glück, die großen gehen in Tränen.

MARGARETE SEEMANN

In jeder Freude liegt ein Finden des eigenen Ich.

ZENTA MAURINA

Der Schmerz ist auch ohne unser Zutun da, doch die Freude nur, wenn wir selbst sie uns schaffen.

ZENTA MAURINA

Es sind nicht die ganz großen Freuden, die am meisten zählen. Es kommt darauf an, aus den kleinen viel zu machen.

LIL DAGOVER

Die Schadenfreude ist die menschlichste Eigenschaft: kein Tier kennt sie.

SIGMUND GRAFF

Wahre Freuden sind still und verlangen die Stille.

RUTH SCHAUMANN

eDie wahre Freude ist die Freude am andern.

ANTOINE DE SAINT-EXUPÉRY

Freude ist die Krone des Lebens, der Sinn der Schöpfung.

G. E. SCHNEIDER

Freude scheint ein Zustand zu sein, den niemand ernst nimmt.

ANITA

Alle Freundschaft, alle Liebe ist zunächst und vor allem: Freude eines Menschen an einem anderen.

HANS MARGOLIUS

Nur die Freude schafft, was das Leben lebenswert macht.

HANS MARGOLIUS

Jede Freude ist ein Wahrnehmen vom Sinn der Welt.

HANS MARGOLIUS

Jede Freude am Anblick eines Guten ist selbst ein Gutes von eigener Art.

HANS MARGOLIUS

Nur wo Freude ist, kann Frieden sein.

HANS MARGOLIUS

Freude kann dreimal beglücken: als Erwartung, als Erlebnis, als Erinnerung.

OTHMAR CAPELLMANN

Die Freude führt nicht hin zu Gott – aber Gott zur Freude.

PETER MAX BOPPEL

Miß deine Freude nicht am körperlichen Wohlbefinden.

MADELEINE DELBREL

Wer nicht bis zur Freude durchdringt, erweist sich als ein vom Leben Besiegter.

HANS URS VON BALTHASAR

Freude schenken – ohne etwas zurückzuerwarten.

JOSEF RECLA

Niemand ist so reich, daß er uns die Freude am Leben abkaufen könnte.

JULIANE BÖCKER

Was uns bleibt, sind die kleinen Freuden, aber auch mit ihnen müssen wir sparsam umgehen.

ENZIO HAUSER

Warum mich die Freude nie ganz verlassen hat, kann ich nicht erklären. Sie kommt nicht von außen; sie ist in uns, was immer uns geschieht.

JACQUES LUSSEYRAN

Daß der Mensch sich freuen kann, setzt voraus, daß er sich ärgern kann, aber nicht, daß er sich ärgert.

GERHARD BRANSTNER

Wer die Freude verliert, muß sie anderswo suchen.

GERHARD UHLENBRUCK

Die Vorfreude kann die Freude nicht einholen, aber sie kann sie überflügeln.

HORST FRIEDRICH

Freundlichkeit

Nimm dir Zeit, freundlich zu
sein; es ist das Tor zum
Glücklichsein.

Isländisches Sprichwort

Sorge im Herzen kränkt, aber ein freundliches
Wort erfreut.

SPRÜCHE 12,25

Gar unfreundlich reden sie über die Stillen im
Lande.

PSALMEN 35,20

Man lästert uns, so reden wir freundlich.

1 KORINTHERBRIEF 4,12

Wer klug ist, leiste auf Gewalt Verzicht, wenn
sicheren Erfolg schon Freundlichkeit
verspricht.

PANTSCHATANTRA

Mit Freundlichkeit und Güte vermag man
sogar einen Elefanten an einer dünnen
Schnur zu leiten.

TSCHU HSI

Lange Unfreundlichkeit hat Abstumpfung zur
Folge.

JOHANN FRIEDRICH HERBART

Freundlichkeit gegen jedermann ist die erste
Lebensregel, die uns manchen Kummer
ersparen kann; du kannst selbst gegen die,
welche dir nicht gefallen, verbindlich und
höflich sein, ohne falsch und unwahr zu
werden.

HELMUTH GRAF MOLTKE

Zu Leuten, an denen einem nichts liegt, kann
man immer freundlich sein.

OSCAR WILDE

Freundlichkeit ist ein Passepartout.

SIEGFRIED & INGE STARCK

Unfreundlichkeit sollte wie Diebstahl bestraft
werden.

HORST FRIEDRICH

Wäre Gift so häufig mit Zucker vermischt wie
Falschheit mit Freundlichkeit, so gäbe es
keine Übervölkerung.

BEAT LÄUFER

Die Grimasse der Freundlichkeit ist eine
Grimasse der Angst.

SULAMITH SPARRE

Freundschaft

Wer sich selbst den Freund nicht
sucht, der ist sich der eigne Feind.

Georgisches Sprichwort

Des Freundes Ermahnung ist immer von
Nutzen.

HOMER

Schließe Freundschaften nicht voreilig, aber
einmal geschlossen, laß sie nicht fallen.

SOLON

Kleine Freunde können sich als große
erweisen.

AESOP

Nimm dir den nicht zum Freunde, der dir
nicht ebenbürtig ist.

KONFUZIUS

Wer keinen einzigen braven Freund besitzt,
ist nicht wert zu leben.

EURIPIDES

Eigenartigerweise kann ein Mann immer
sagen, wie viele Schafe er besitzt, aber er
kann nicht sagen, wie viele Freunde er hat,
so gering ist der Wert, den wir ihnen
beimessen.

SOKRATES

Ein Leben ohne Freunde ist eine weite Reise
ohne Gasthäuser.

DEMOKRIT

Für einen Freund ist das Täuschen
schimpflicher als das Getäuschtwerden.

XENOPHON

Freundschaft

Dem jungen Menschen ist die Freundschaft eine Hilfe, damit er keine Fehler begeht; dem Greis verhilft sie zur Pflege und ergänzt, wo er aus Schwäche nicht zu handeln vermag; den Erwachsenen unterstützt sie zu edlen Taten; denn zwei miteinander sind tauglicher zu denken und zu handeln.

ARISTOTELES

Ein Freund aller ist niemandes Freund.

ARISTOTELES

Ein Freund ist eine einzige Seele, die in zwei Körpern wohnt.

ARISTOTELES

Wer viele Freunde hat, hat keinen.

ARISTOTELES

Wie jeder zu sich selbst, so verhält er sich auch zu seinem Freunde.

ARISTOTELES

Vergleiche machen unsere Freunde zu Feinden.

PHILEMON

Alter ego (Ein zweites Ich).

ZENON

Jede Freundschaft ist um ihrer selbst willen zu wählen; den Beweggrund dazu aber bildet der Nutzen.

EPIKUR

Nicht durch Mitklagen, sondern durch Mitsorgen und Helfen soll man seinen Freunden seine Teilnahme bezeugen.

EPIKUR

Unter allem, was die Weisheit zum glücklichen Leben beiträgt, von allen Geschenken, die uns das Schicksal gewährt, gibt es kein größeres Gut als die Freundschaft – keinen größeren Reichtum, keine größere Freude.

EPIKUR

Wir brauchen die Freunde nicht, um sie zu brauchen, sondern um des Glaubens zu leben, daß wir sie brauchen dürfen.

EPIKUR

Hast du dich mit deinem Freund ausgesöhnt, so bleibt doch ein kleiner Stachel zurück.

LAO DSE

Den wahren Freund erkennst du in unsicherer Angelegenheit.

ENNIUS

Ein treuer Freund ist eine starke Schutzwehr; wer ihn fand, hat einen Schatz gefunden.

BEN SIRA 6,14

Dasselbe wollen, dasselbe nicht wollen – das erst ist feste Freundschaft.

SALLUST

Einen großen Menschen zum Freunde zu haben, erscheint denen angenehm, die es nie ausprobiert haben; die, die es haben, fürchten es.

HORAZ

Wenn du am Verbrechen deines Freundes teilhast, machst du es dir zu eigen.

PUBLILIUS SYRUS

Ohne Freund ist das Leben wie ein Abfüttern eines Löwen oder eines Wolfes.

SENECA

Eine Freundschaft, die nur aus Besorgnis geschlossen und von Furcht begleitet wird, bedarf der Vorsicht wie eine Hand vor dem Schlangenmund.

MAHABHARATA

Seine Freunde kennen und seine Feinde verstehen, ist eine sehr subtile und von den Klugen geschätzte Sache in der Welt. Freunde werden zu Feinden und Feinde zu Freunden. – Nach Maßgabe des Zweckes entstehen Freunde und Feinde.

MAHABHARATA

Es ist schlimm, erst dann zu merken, daß man keine Freunde hat, wenn man wirklich Freunde nötig hat.

PLUTARCH

Ein beständiger Freund ist selten und schwer zu finden.

PLUTARCH

Freundschaft

Bürgschaft leisten für einen Freund heißt, die Gefahr für das Verhalten einer fremden Seele auf sich nehmen.

PAPST GREGOR DER GROSSE

Der ist ein wahrer Freund, welcher uns aus dem Unglück befreien kann, nicht der, welcher nur Dinge, die nicht geändert werden können, zu tadeln versteht.

HITOPADESHA

Wohl dem, der Freunde hat, aber wehe dem, der Hilfe von ihnen braucht.

PANTSCHATANTRA

Ohne Freunde können wir kein vollkommenes Leben haben.

DANTE ALIGHIERI

Meine Freunde teile ich ein in solche, die ich bewundere, solche, die ich verehre, solche, die ich liebe, und solche, mit denen ich Mitleid habe.

FRANCESCO PETRARCA

Das Band der Freundschaft verbindet enger als das des Blutes oder der Schwägerschaft; denn die Freunde haben wir, wie wir sie uns wählen, die Verwandten aber, wie das Glück sie uns gibt.

GIOVANNI BOCCACCIO

Für die echte Freundschaft genügt die aufrichtige Absicht.

TAUSENDUNDEINE NACHT

Freundschaft hält stand in allen Dingen, nur in der Liebe Dienst und Werbung nicht.

WILLIAM SHAKESPEARE

Mehr als befreundet, weniger als Freund.

WILLIAM SHAKESPEARE

Wozu hätten wir Freunde nötig, wenn wir sie nie nötig hätten?

WILLIAM SHAKESPEARE

Die Freundschaft, welche Weisheit nicht knüpfte, kann Torheit leicht auflösen.

WILLIAM SHAKESPEARE

Wenn ein Freund bittet, gibt es kein Morgen.

GEORGE HERBERT

So selten treue Liebe ist, treue Freundschaft ist noch seltener.

LA ROCHEFOUCAULD

Wenn sich unsere besten Freunde in Nöten befinden, gibt es immer etwas, das uns nicht völlig mißfällt.

LA ROCHEFOUCAULD

Willst du Freunde gewinnen, so laß dich von anderen übertreffen, willst du Feinde haben, so übertriff deine Freunde.

LA ROCHEFOUCAULD

Es ist beschämender, seinen Freunden zu mißtrauen, als von ihnen getäuscht oder verraten zu werden.

LA ROCHEFOUCAULD

Von einem Darlehen sprechen heißt, der Freundschaft ein Ende setzen.

KIN-KU KI-KUAN

Wer aller Menschen Freund, der ist der meine nicht.

MOLIÈRE

Ich stelle als Tatsache fest, daß – wenn alle Menschen wüßten, was jeder über den anderen sagt – es keine vier Freunde in der Welt gäbe.

BLAISE PASCAL

Wer einen Freund betrügt, begeht eine Todsünde.

CHRISTINE VON SCHWEDEN

Es ist ein Unglück für einen Menschen, wenn er keinen Freund in der Welt hat, aber aus diesem Grunde wird er auch keinen Feind haben.

LORD HALIFAX

Reich sind die, die wahre Freunde haben.

THOMAS FULLER

Die meisten Menschen freuen sich über die Unterlegenheit ihrer besten Freunde.

EARL OF CHESTERFIELD

Wechsle deine Vergnügungen, aber nie deine Freunde.

VOLTAIRE

Freundschaft

Freundschaft ist die Ehe der Seele.
VOLTAIRE

Freundschaft ist der einzige Unterschlupf für eine unglückliche Liebe.
FRANÇOISE DE GRAFIGNY

Freundschaft ist die einzige Leidenschaft, die das Alter nicht abtötet.
MARQUISE DE DUDEFFANT

Mit einem törichten Freund intim zu sein, ist, als ob man mit einem Rasiermesser zu Bett geht.
BENJAMIN FRANKLIN

Wähle einen Freund langsam, wechsle ihn noch langsamer.
BENJAMIN FRANKLIN

Freundschaft ist freigebig, aber Liebe ist geizig.
JEAN-JACQUES ROUSSEAU

Die einzige Rose ohne Dornen ist die Freundschaft in dieser Welt.
MARIE JEANNE DE RICCOBONI

Man gewinnt keine Freunde mehr im Alter; dann ist jeder Verlust unersetzlich.
VAUVENARGUES

Wer in Gesellschaft seiner Freunde immer Worte wägt, ist selten ein wahrer Freund und selten der Freundschaft fähig.
EWALD VON KLEIST

Leute, die sich in ihren Begriffen von der Freundschaft nicht höher schwingen können, als daß sie alle gute Bekannte für Freunde halten, denken, daß nichts gewöhnlicher in der Welt als die Freundschaft sei! Wie betrügen sie sich!
FRIEDRICH GOTTLIEB KLOPSTOCK

Was wäre eine Freundschaft, wofern sie unsterblich nicht wäre?
FRIEDRICH GOTTLIEB KLOPSTOCK

Freundschaft – in ihrer Vollkommenheit betrachtet – ist die Vereinigung zweier Personen durch gleiche wechselseitige Liebe und Achtung.
IMMANUEL KANT

Mein Freund muß kein Freund der ganzen Welt sein.
GOTTHOLD EPHRAIM LESSING

Wir haben, solange unser Freund hat.
GOTTHOLD EPHRAIM LESSING

Handel und Wandel leidet keine Freundschaft: aber Freundschaft leidet auch keinen Handel und Wandel.
GOTTHOLD EPHRAIM LESSING

Die Freundschaft ist ein Kapital, von dem die Zinsen niemals verloren gehen.
JOHANN GEORG HAMANN

Die Wahrheit ist die Waagschale der Freundschaft.
JOHANN GEORG HAMANN

Freunde sind eine Gabe Gottes.
JOHANN GEORG HAMANN

Die Liebe teilen Weise und Toren, Kleine und Große, Fromme und Lasterhafte umarmen sich gleich; aber zur Freundschaft erheben sich nur die Geprüften.
HEINRICH PESTALOZZI

Die kleinen Gefälligkeiten der Freundschaft sind tausendmal werter als jene blendenden Geschenke, wodurch uns die Eitelkeit des Gebers erniedrigt.
JOHANN WOLFGANG VON GOETHE

Einen kritischen Freund an der Seite, kommt man immer schneller vom Fleck.
JOHANN WOLFGANG VON GOETHE

Was man durch einen gleichgesinnten Freund erfährt, ist nahezu, als wenn man es selbst erfahren hätte.
JOHANN WOLFGANG VON GOETHE

Wenn meine Freunde einäugig sind, betrachte ich ihr Profil.
JOSEPH JOUBERT

Teuer ist mir der Freund, doch auch den Feind kann ich nützen; zeigt mir der Freund, was ich kann, lehrt mich der Feind, was ich soll.
FRIEDRICH VON SCHILLER

Freundschaft

Dem Vogel ein Nest, der Spinne ein Netz, dem Menschen – Freundschaft.

WILLIAM BLAKE

Die Lieb' ist eine hübsche Blume, die Freundschaft eine süße Frucht.

AUGUST VON KOTZEBUE

Es gehört vielleicht mehr reiner Mut dazu, den Fehler eines Freundes freimütig zu rügen, als dem Dolch eines Feindes entgegenzutreten.

JOHANN GOTTFRIED SEUME

Die Freundschaft duldet Mißhelligkeiten weniger als die Liebe; diese kitzelt damit das Herz, jene spaltet es damit.

JEAN PAUL

Die innige Freude am großen Glück eines Freundes spricht höhere Liebe aus, als dieselbe Teilnahme an dessen Unglück.

JEAN PAUL

In der Jugend liebt und genießt man unähnliche Freunde fast mehr als im Alter die ähnlichsten.

JEAN PAUL

Zürnt dein Freund mit dir, so verschaff ihm eine Gelegenheit, dir einen großen Gefallen zu erweisen; darüber muß sein Herz zerfließen, und er wird dich wieder lieben.

JEAN PAUL

Zur Freundschaft gehört: daß wir einander gleichen, einander in einigem übertreffen, einander in einigem nicht erreichen.

JEAN PAUL

Die Liebe vibriert noch ein wenig fort, wenn das Objekt seinen Wert verloren; die Freundschaft nicht.

JEAN PAUL

Nur ein Mensch, der nach einem Freunde sich ebenso wie nach einer Freundin sehnt, verdient beide. Aber es gibt Menschen, die von der Erde gehen, ohne je darüber betrübt oder besorgt gewesen zu sein, daß sie niemand darin geliebt haben.

DOROTHEA VON SCHLEGEL

Die Liebe geht darauf aus, aus zweien eins zu machen, die Freundschaft darauf, aus jedem zwei zu machen.

FRIEDRICH SCHLEIERMACHER

Ein treuer Freund ist ein wahres Abbild Gottes.

NAPOLEON BONAPARTE

Die Liebe gebar die Welt – die Freundschaft wird sie wiedergebären.

FRIEDRICH HÖLDERLIN

Wer ohne Freund ist, geht wie ein Fremdling über die Erde, der niemandem gehört.

HEINRICH ZSCHOKKE

Es ist eine Kunst in der Freundschaft wie in allen Dingen, und vielleicht daher, daß man sie nicht als Kunst erkennt und treibt, entspringt der Mangel an Freundschaft, über welchen alle Welt jetzt klagt.

LUDWIG TIECK

Man lebt – wenn man das Glück hat, mehrere Freunde zu besitzen – mit jedem Freunde ein eignes und abgesondertes Leben.

LUDWIG TIECK

Wenn alle zu lieben glauben, ist es vielleicht nur wenigen gegeben, im wahren Sinne Freund zu sein.

LUDWIG TIECK

Freundschaft ist Liebe ohne ihre Flügel.

LORD BYRON

Zu seinem Freunde wird wohl jeder lieber den Redlichen, den Gutmütigen, ja selbst den Gefälligen, Nachgiebigen und leicht Beistimmenden wählen als den bloß Geistreichen.

ARTHUR SCHOPENHAUER

Wo können sich Freunde besser begrüßen als vor Gott? Es liegt eine große Freude darin.

ANNETTE VON DROSTE-HÜLSHOFF

Nichts stärkt eine Freundschaft so wie der Glaube eines Freundes, daß er dem anderen überlegen ist.

HONORÉ DE BALZAC

Freundschaft

Der einzige Weg, einen Freund zu besitzen, ist, selbst einer zu sein.

RALPH WALDO EMERSON

Ein Freund ist ein Mensch, vor dem man laut denken kann.

RALPH WALDO EMERSON

Nur der ist hoher Freundschaft fähig, der auch ohne sie fertig zu werden vermag. Diese hohe Aufgabe verlangt hohe, erhabene Fähigkeiten.

RALPH WALDO EMERSON

Gib, und du wirst dir deinen Freund erhalten, selbst wenn du dein Geld verlierst. Borge, und du wirst wahrscheinlich deinen Freund verlieren, selbst wenn du dein Geld je zurückbekommst.

EDWARD EARL BULWER-LYTTON

Freundschaft ist das Geschenk der Götter und die kostbarste Gabe für den Menschen.

BENJAMIN DISRAELI

Wenn man sich von den Bergen entfernt, so erblickt man sie erst recht in ihrer wahren Gestalt; so ist es auch mit den Freunden.

HANS CHRISTIAN ANDERSEN

Die Freundschaft braucht weder Sklaven noch Gebieter. Sie bedarf der Gleichheit.

IWAN A. GONTSCHAROW

Freunde hast du so viele wie Tage im Jahre; doch leider schließt der Plural hier meistens den Singular aus.

FRIEDRICH HEBBEL

Freunde können nicht unparteiisch sein, wohl aber vor lauter Unparteilichkeit ungerecht werden.

FRIEDRICH HEBBEL

Liebe und Freundschaft der meisten Menschen ist ein Füllen ihrer eigenen Leere mit fremdem Inhalt.

FRIEDRICH HEBBEL

Hüte dich, daß nicht dein Freund zuletzt lernt, eine deiner Schwächen zu dulden, und daß dadurch dem Wachstum deiner Liebe ein Hindernis entsteht.

HENRY DAVID THOREAU

Alles, was über die Freundschaft gesagt werden kann, verhält sich zu ihr wie die Botanik zu den Blumen. Wie kann der Verstand von ihrem Wesen Rechenschaft geben?

HENRY DAVID THOREAU

Eine niedrige Freundschaft neigt zur Verengung und Ausschließung, aber eine edle ist nicht ausschließend: gerade das Überströmen und Ausströmen ihrer Liebe macht die Menschlichkeit aus.

HENRY DAVID THOREAU

Die Behauptung, jemand sei ein Freund, besagt in der Regel nicht mehr, als daß er kein Feind ist.

HENRY DAVID THOREAU

Ein wahrer Freund trägt mehr zu unserem Glücke bei als tausend Feinde zu unserem Unglück.

MARIE VON EBNER-ESCHENBACH

Selbst der bescheidenste Mensch hält mehr von sich, als sein bester Freund von ihm hält.

MARIE VON EBNER-ESCHENBACH

Beim Wiedersehen nach einer Trennung fragen die Bekannten nach dem, was mit uns, die Freunde nach dem, was in uns vorgegangen.

MARIE VON EBNER-ESCHENBACH

Die guten Freunde sind da, um uns zu sagen, was unsere Feinde von uns denken.

MARIE VON EBNER-ESCHENBACH

Auf dem Wege zu deinem Freunde soll kein Gras wachsen.

BJØRNSTJERNE BJØRNSON

Man erwirbt keine Freunde, man erkennt sie.

WILHELM BUSCH

Es gibt nur eines, das schwieriger ist, als Freunde zu gewinnen: sie dann auch wieder loszuwerden.

MARK TWAIN

Man spricht viel über schöne Freundschaften zwischen zwei Personen desselben Geschlechtes. Was ist aber das beste dieser

281

Freundschaft

Art im Vergleiche zur Freundschaft zwischen Mann und Gattin, wenn die besten Triebe und höchsten Ideale bei beiden dieselben sind? Man kann diese zwei Freundschaften nicht miteinander vergleichen; die eine ist irdisch, die andere göttlich.

MARK TWAIN

Freundschaft ist wie Geld: leichter zu erwerben als zu behalten.

SAMUEL BUTLER

Anstatt deine Feinde zu lieben, behandle deine Freunde ein wenig besser.

EDGAR W. HOWE

Jedermann kann für die Leiden eines Freundes Mitgefühle aufbringen. Es bedarf aber eines wirklich edlen Charakters, um sich über die Erfolge eines Freundes zu freuen.

OSCAR WILDE

Freundschaft ist weit tragischer als Liebe. Sie dauert länger.

OSCAR WILDE

Ein Mann betrügt seinen besten Freund nie, eine Frau ihre beste Freundin am liebsten.

A. O. WEBER

Mache Freunde nie auf ihre gesellschaftlichen Verstöße aufmerksam. Sie werden die Fehler ablegen und dir nie verzeihen.

LOGAN P. SMITH

Seine Feinde muß man nehmen, wie und wo man sie findet; meine Freunde kann ich mir aussuchen – glücklicherweise.

ARTHUR SCHNITZLER

Gott befreie uns von einem Freund, der uns verzeiht und trotzdem unsere Fehler aller Welt erzählt!

JACINTO BENAVENTE

Wer jedermanns Freund, ist schnell dein Feind.

CARLOS VON TSCHUDI

Nichts ist schwieriger als ein Empfehlungsschreiben für jemanden zu verfassen, den man gut kennt.

KIN HUBBARD

Freundschaft – so fängt die Feindschaft an.

CONSTANTIN BRUNNER

Platonische Liebe und Freundschaft sind dasselbe.

WILHELM WEBER-BRAUNS

Von Freundschaft zur Liebe – ein Schritt, von Liebe zur Freundschaft – ein Ozean.

SALOMON BAER-OBERDORF

Auch bei Frauenfreundschaften dreht es sich letzten Sinnes doch immer um den Mann. Frauen sind unsachlich. Mit einer einzigen Ausnahme: in der Liebe.

CARL HAGEMANN

Mit der Zeit bewerten wir unsere Freunde nach der Feinheit ihres Taktgefühls.

PAUL VALÉRY

Liebe ist ein Tornado, Freundschaft ein ständig wehender Passat.

COLETTE

Im Alter Freunde zu haben, ist unverdientes Glück, für das man früh zu sorgen anfangen muß.

LISA WENGER

Freundschaften beruhen auf Bankrotterklärungen.

WALTER HUECK

Wer keine Freunde hat, hat auch keine Feinde.

JAKOW TRACHTENBERG

Freundschaft ist: dem Freunde auch zu sagen, wenn er aus dem Munde riecht.

JOHANNES R. BECHER

Lebe so, daß deine Freunde sich zu langweilen beginnen, wenn du gestorben bist.

JULIAN TUWIM

Freundschaften ohne Vorbehalte sind undenkbar. Auch sich selber gegenüber muß man ja Vorbehalte machen. Aber die Vorbehalte, die Distanzierungs-Instrumente sind, dürfen die Zuneigung, das Vertrauen nicht dämpfen, sonst ist es eine faule Sache.

FRIEDRICH WITZ

Freundschaft – das ist wie Heimat.

KURT TUCHOLSKY

Durch eine Autobiographie verliert man gewöhnlich den Rest seiner Freunde.

ROBERT NEUMANN

Der Freund vermag eine Wüste in ein Paradies zu verwandeln, aber auch ein Paradies in eine Wüste.

ZENTA MAURINA

An die Freundschaft und das Gute nicht glauben heißt, bei lebendigem Leibe sterben.

ZENTA MAURINA

Prüfstein für jede Freundschaft: Ob uns der andere jederzeit uneingeladen willkommen ist.

SIGMUND GRAFF

Zusammen lachen können ist nicht nur eine Voraussetzung für wahre Freundschaft, sondern beinahe schon ein erster Schritt zu ihrer Entstehung.

KONRAD LORENZ

Erneuerte Freundschaft fordert erneuerten Einsatz.

ROBERT EMANUEL LOOSEN

Einen Freund erkennt man daran, daß man mit ihm schweigen kann.

MAX THÜRKAUF

Freund: Ein Mensch, der dich nicht umsonst verkauft.

GABRIEL LAUB

Deine Freunde sind der Spiegel deiner Persönlichkeit. Durch sie offenbarst du, wer du bist.

ELIZABETH SCHULER

Freund: Etwas, was dem Geld sehr ähnlich ist, weil leichter zu gewinnen als zu halten.

ALFREDO LA MONT

Die Erkenntnis, daß ihre Ellbogen nicht weniger spitz sind als die der anderen, ist wohl die letzte große Entdeckung, die einer bei seinen Freunden machen kann.

NIKOLAUS CYBINSKI

Frieden

Aus Vorsicht wächst Frieden, auf Frieden folgt Wohlstand.

Italienisches Sprichwort

Ich will Frieden geben in eurem Lande.

3 MOSE 26,6

Verlange von dir alles – und von anderen nichts, dann hast du Frieden.

KONFUZIUS

Wenn du Frieden haben willst, rüste für den Krieg.

VEGETIUS

Halten wir uns alles vor Augen, was dem Volke willkommen und angenehm ist: wir werden finden, daß nichts so populär ist wie Frieden, Eintracht und Ruhe.

CICERO

Gar lieblich klingt schon das bloße Wort Frieden; die Sache selbst aber ist so erquickend wie heilsam; denn nicht Heim und Herd, nicht Staat und Gesetz noch Freiheit und Recht liegen am Herzen dem, der Lust hat an Zwietracht, Brudermord und Bürgerkrieg, und ein solcher sollte aus der Menschheit verstoßen und aus dem Bereich der menschlichen Natur ausgeschlossen werden.

CICERO

Kein Heil ist im Krieg; den Frieden verlangen wir alle.

VERGIL

Für Frieden oder Krieg ist nicht der Ausdruck und die wortwörtliche Bedeutung entscheidend, sondern weit mehr die Handlungsweise der Menschen.

HELIODOR

Die Friedensstifter sollen wohl zusehen, zwischen welchen Menschen sie Frieden stiften müssen; denn wie die Zwietracht der Guten ein Übel ist, so ist auch ein Übel die Eintracht der Bösen.

PAPST GREGOR DER GROSSE

Frieden

Den Frieden kauft man nie teuer, denn er bringt dem, der ihn kauft, großen Nutzen.

MARTIN LUTHER

Friede gilt mehr denn alles Recht, und Friede ist nicht um des Rechtes willen, sondern Recht ist um des Friedens willen gemacht. Darum, wenn ja eines weichen muß, so soll das Recht dem Frieden und nicht der Friede dem Rechte weichen.

MARTIN LUTHER

Frieden erhalten ist besser als Frieden schließen.

MARTIN LUTHER

Es ist ein Gebot der rechten Vernunft, den Frieden zu suchen, sobald eine Hoffnung auf denselben sich zeigt, und solange er nicht zu haben ist, sich nach Hilfe für den Krieg umzusehen.

THOMAS HOBBES

Der Friede besteht nicht in einem Verschontsein von Krieg, sondern in der Einigung und Eintracht der Gesinnung.

BARUCH DE SPINOZA

Sollen Friedensverträge aufgesetzt werden, so sind es die Säbel, mit denen man die Federn schneidet.

VOLTAIRE

Ich hoffe, daß der Frieden dauern wird und daß die Menschen auf die Dauer, da sie sich vernünftige Wesen nennen, Vernunft und gesunden Menschenverstand genug haben werden, um ihre Differenzen beizulegen, ohne einander die Kehlen abzuschneiden; denn nach meiner Ansicht gab es noch niemals einen guten Krieg oder einen schlechten Frieden.

BENJAMIN FRANKLIN

Der Friede ist für jeden Nachdenklichen ein erstrebenswertes Ziel, aber ein Friede, der begleitet ist von einem Charakteropfer, ist ein Verbrechen des Verführers und ein Fluch für den Verführten.

THOMAS PAINE

Friede und Zwiespalt liegen nicht in den Verhältnissen, sondern in den Herzen.

JEREMIAS GOTTHELF

Nur du kannst dir den Frieden bringen; nichts als der Sieg der Grundsätze kann dir den Frieden geben!

RALPH WALDO EMERSON

Ein Friede, der der Befürchtung ausgesetzt ist, jeden Tag, jede Woche gestört zu werden, hat nicht den Wert eines Friedens; ein Krieg ist oft weniger schädlich für den allgemeinen Wohlstand als ein solcher unsicherer Friede.

OTTO FÜRST BISMARCK

Friede ist das höchste materielle Glück der menschlichen Gesellschaft.

LEW N. GRAF TOLSTOJ

Mit wem man nichts gemein hat, mit dem ist gut Frieden halten.

ANSELM FEUERBACH

Seit der Erfindung des Pulvers ist jeder Friedensschluß keinen Schuß Pulver wert.

ELEONORE VAN DER STRATEN-STERNBERG

Der Frieden fordert einen langen, ununterbrochenen und harten Dienst; er verlangt Beharrlichkeit und erlaubt keinen Zweifel. Der Zweifel des kritisch überspitzten Geistes, die Skepsis und ein Übermaß an Mißtrauen wirken lähmend.

ARISTIDE BRIAND

Sich fernzuhalten ist leicht. Beiseite zu stehen, sich auf die Ereignisse verlassen oder nur energische, leidenschaftliche, von heißester Vaterlandsliebe durchdrungene Reden zu halten, sogar vom Frieden mit Wärme und Liebe zu sprechen, das alles ist leicht. Aber wirklich auf den Frieden zuzugehen, eine ehrliche Gebärde zu versuchen, das ist schwieriger und für jenen Politiker, der dieses wagt, immer gefährlich.

ARISTIDE BRIAND

Der Friede ist ein Meisterstück der Vernunft.

JOHANNES MÜLLER

Der ewige Friede ist eine ewige Utopie, weil er auf nichts Geringes hinzielt als darauf, die Triebfeder des menschlichen Lebens, das unzertrennlich mit Schmerz und Gefahr verbunden ist, zu zerbrechen.

BENEDETTO CROCE

Frieden

Frieden kannst du nur haben, wenn du ihn gibst.

MARIE VON EBNER-ESCHENBACH

Der Frieden kann nicht allein von oben geschlossen werden. Der Frieden muß von unten herbeigeführt werden.

WLADIMIR I. LENIN

Die Idee des Friedens ist unsterblich.

HEINRICH MANN

Den Friedensnobelpreis verdienen die Eskimos, denn sie kennen den Krieg nicht einmal dem Namen nach.

SVEND FLEURON

Regeln über Friedensschlüsse, mögen sie noch so gut gemeint und noch so gut formuliert sein, vermögen nichts. Nur das Denken, das die Gesinnung der Ehrfurcht vor dem Leben zur Macht bringt, ist fähig, den ewigen Frieden herbeizuführen.

ALBERT SCHWEITZER

Jeder Friede fängt zu langweilen an und ruft daher notwendig Gegenwirkungen hervor.

ROBERT SAITSCHICK

In der heutigen Friedlosigkeit der Völker offenbart sich im Grunde der friedlose Zustand der einzelnen Herzen. Das bedeutet: nur von innen her kann die Friedlosigkeit der Welt überwunden werden.

GERTRUD VON LE FORT

Friede wird der Welt nur vom Willen her. Nicht von der Gesetzgebung.

CARL SONNENSCHEIN

Es gibt nur einen Weg zu Sicherheit und Frieden: Den Weg der übernationalen Organisation.

ALBERT EINSTEIN

Einer muß den Frieden beginnen, wie einer den Krieg.

STEFAN ZWEIG

Stark müssen die Sanftmütigen sein, und die den Frieden wollen, stehen im ewigen Streit.

STEFAN ZWEIG

Sobald im Innern Friede geschaffen ist, hat der Mensch genügend Kraft und Macht gewonnen, den Stürmen des Lebens standzuhalten, innen und außen.

HAZRAT INAYAT KHAN

Der Friede beginnt im eigenen Hause. Der Weltfriede beginnt mit dem inneren Frieden der Staaten. Im innerpolitischen geistigen Kampf um die Herrschaft muß die Gesinnung der Friedlosigkeit, die die Gewalt wollen würde, wenn sie nur könnte, verschwinden. Denn die Friedlosigkeit der Innenpolitik macht auch den Frieden in der Außenpolitik unmöglich.

KARL JASPERS

Friede ist nur durch Freiheit, Freiheit nur durch Wahrheit möglich. Daher ist die Unwahrheit das eigentlich Böse, jeden Frieden Vernichtende: die Unwahrheit von der Verschleierung bis zur blinden Lässigkeit, von der Lüge bis zur inneren Verlogenheit, von der Gedankenlosigkeit bis zum doktrinären Wahrheitsfanatismus, von der Unwahrhaftigkeit des einzelnen bis zur Unwahrhaftigkeit des öffentlichen Zustandes.

KARL JASPERS

Nur eine freie Welt kann zum Frieden kommen. Sie gibt es auf, die Lüge vergeblich durch Lüge zu bekämpfen. Jede Unwahrhaftigkeit ist ein Schritt auf dem Wege zum Totalitären.

KARL JASPERS

Der Friede zwischen den Völkern ist vom Frieden in den Menschen selbst abhängig.

JOSEF ČAPEK

Den Frieden lieben muß bedeuten, auch seine Verteidigung zu mögen. Der Friede darf nicht zur Bequemlichkeit werden, sondern Mut, Tapferkeit fördern. Friede, wirklicher Friede, wird nicht eingelöst – er wird gehalten.

JOSEF ČAPEK

Alle pazifistischen Ideale sind nach einer kleinen Weile zu verdächtiger Sentimentalität verurteilt, weil angesichts des natürlichen Todes der Kampf gegen den unnatürlichen Tod immer wieder sein Pathos verliert.

FRANZ WERFEL

285

Frieden

Friede ist ein Schatz, der lang vorausbezahlt sein will.

MARGARETE SEEMANN

Je mehr Bomber, desto weniger Platz für Friedenstauben.

NIKITA S. CHRUSCHTSCHOW

Von den Pazifisten geht viel Unfrieden aus.

LUDWIG MARCUSE

Wenige wünschen den Krieg; aber viele verfluchen den Frieden.

CHARLES TSCHOPP

Der Friede ist ein Baum, der eines langen Wachstums bedarf.

ANTOINE DE SAINT-EXUPÉRY

Vor den Frieden haben die Götter den Krieg gesetzt.

RICHARD EURINGER

Friede ist, wenn man nicht mehr kann, also eine Erschöpfungserscheinung.

HERBERT MÜLLERSEN

Friede ist dort, wo Gerechtigkeit ist.

JOSEF VIKTOR STUMMER

Der Friede vermag alles, der Krieg nichts.

BRUNO KREISKY

Wer für den Frieden Kasernen baut, wird im Krieg die Kirchen öffnen.

ERNST KAPPELER

Nicht der Krieg, der Friede ist der Vater aller Dinge.

WILLY BRANDT

Es gibt keinen Frieden ohne Recht, ebenso wie es keinen gerechtfertigten Kampf um das Recht ohne das Ziel des Friedens gibt.

RICHARD VON WEIZSÄCKER

Appelle zur Friedensbereitschaft finden ein weltweites Echo. Echo ist keine Antwort.

LISELOTTE RAUNER

Wer nicht stark genug ist, Frieden zu halten, ist noch immer gut genug gerüstet – für den Krieg.

HANS LOHBERGER

Nichts gegen die geistige Auseinandersetzung, alles gegen einen faulen Frieden.

FRIEDRICH DÜRRENMATT

Wo immer die einen Kriege gewannen, haben die andern Kriege verloren; wo immer man Frieden erringt, ist er für alle errungen.

OTMAR LEIST

Für den Frieden sein ist keine Politik, sondern Charaktersache.

D. M. FRANK

Der Pazifist hat militante Gefühle gegen Militärs.

HEINRICH WIESNER

Kriegsende. Der Friede wird als Ausnahmezustand über die Menschheit verhängt.

HEINRICH WIESNER

Das wäre die Rettung: die Erde wird vom pazifistischen Ozean überspült.

HELMUT LAMPRECHT

Soll der Friede etwas taugen, muß man ihn erkämpfen und erbeten.

ERNST R. HAUSCHKA

Friede ist der Überlebenszustand der Menschheit.

GOTTFRIED EDEL

Wahrer Friede bedeutet nicht lediglich die Abwesenheit von Konflikten, sondern die Gegenwart von Gerechtigkeit.

MARTIN LUTHER KING

Wer den Frieden will, muß den Krieg gegen den Krieg vorbereiten.

GERHARD UHLENBRUCK

Wer den Frieden nicht mit den Waffen des Krieges, sondern mit den Waffen des Friedens sichern möchte, ist fortschrittlich, aber immer noch suspekt.

HELLMUT WALTERS

Je größer eine Kriegsgefahr, desto stiller die Friedensbewegung.

JOHANNES GROSS

Die Erhaltung des Friedens beginnt damit, daß der einzelne Mensch friedliebend und zufrieden ist.

XIV. DALAI LAMA

Frieden – die Fortsetzung des Krieges mit anderen Mitteln.

AUREL SCHMIDT

Frieden ist Kampf ohne Krieg.

WERNER EHRENFORTH

Der Frieden ist heute ein aggressives Wort geworden.

WERNER EHRENFORTH

Die größte Gefahr ist heute die Friedensbewegung. Wahrscheinlich wird es nie mehr möglich sein, ungestört Kriege zu führen.

AUREL SCHMIDT

Der Frieden ist auch nur eine Perversion menschlichen Denkens.

WINFRIED THOMSEN

Wer finanziert den Frieden?

HANS-HORST SKUPY

Der Friede ist heute verdammt kriegerisch geworden. Menschen schmieden jetzt die Waffen.

FRANCIS LOUIS BANDELIER

Frohsinn

Nimm dir Zeit, um froh zu sein; es ist die Musik der Seele.

Isländisches Sprichwort

Du machst fröhlich, was da lebet.

PSALMEN 65,9

Versäume nicht einen frohen Tag.

BEN SIRA 14,14

Ein fröhlich' Herz lebt am längsten.

WILLIAM SHAKESPEARE

Nur das fröhliche Herz allein ist fähig, Wohlgefallen an dem Guten zu empfinden.

IMMANUEL KANT

Was kann der Schöpfer lieber sehen, als ein fröhliches Geschöpf?

GOTTHOLD EPHRAIM LESSING

Frohsinn ist die Seele der Gesellschaft.

CARL GOTTLOB SCHELLE

Übe dich stets in der großen Kunst froh zu sein.

WILHELM LUDWIG WEKHRLIN

Die Menschen sollen sich einander bei den Händen fassen und nicht nur gut sein, sondern auch froh. Die Freude ist der Sommer, der die inneren Früchte färbt und schmilzt.

JEAN PAUL

Die Völker und die einzelnen Menschen sind nur am besten, wenn sie am frohesten sind, und sie verdienen den Himmel, wenn sie ihn genießen.

JEAN PAUL

Fröhliche Menschen sind nicht bloß glückliche, sondern in der Regel auch gute Menschen.

KARL JULIUS WEBER

Nur dem Fröhlichen blüht der Baum des Lebens, dem Unschuldigen rinnt der Born der Jugend auch noch im Alter.

ERNST MORITZ ARNDT

Keine Leistung entschädigt für den Verlust an menschlichem Frohsinn.

RALPH WALDO EMERSON

Wer schaffen will, muß fröhlich sein.

THEODOR FONTANE

Ein guter Gedanke macht froh, erst recht eine gute Tat.

PETER ROSEGGER

Die geselligsten Menschen sind oft die einsamsten.

ELEONORE VAN DER STRATEN-STERNBERG

Frohsinn

Ich werde daran froh, daß Gott Gott ist.

CHARLES DE FOUCAULD

Ich komme immer mehr zur Überzeugung,
daß Fröhlichkeit ein Ausdruck der
Dankbarkeit und diese ein Grundzug
christlichen Lebens ist.

RUDOLF VON TAVEL

Das Leben selbst fordert nur eines von uns:
sei fröhlich! Und dies heißt nichts anderes
als: grüble nicht über das Leben, sondern
freue dich seiner... Und wie es auf Erden
nichts Zwiespältigeres, nichts Zerrisseneres
gibt als den traurigen Menschen, so gibt es
auch keine höhere Harmonie als den
fröhlichen Menschen.

KARL HAUER

Frohsinn gibt. Leichtsinn nimmt.

CURT GOETZ

Froh muß sein, wer die Welt ertragen will.

PETER CORYLLIS

Die Zeiten fordern einen: Frohsinn muß man
wieder selber machen.

PETER HORTON

Führung

Zuviel Steuerleute setzen das Schiff
einem Berggipfel auf.

Japanisches Sprichwort

Bist du ein Mann in leitender Stellung und
gibst der Menge Befehle, so strebe nach jeder
Trefflichkeit, bis kein Fehl mehr in deinem
Wesen ist.

PTAHHOTEP

Die Führer machen erst den Staat zum Staat,
das Heer zum Heer.

SOPHOKLES

Klug ist der Herrscher, wenn ihm kluger
Umgang ward.

SOPHOKLES

Dann folgt das Volk am willigsten stets
seinen leitenden Führern, wenn man ihm
Freiheit und Zwang maßvoll und richtig
bestimmt.

SOLON

Die Menschen stürzen sich in Ungemach,
wenn sie als Lehrmeister der andern sich zu
gebärden belieben.

MENG DSE

Wer Menschen führen will, muß hinter ihnen
gehen.

LAO DSE

Das Schicksal aller hängt allein an den
Führern.

POLYBIOS

Nur die Zuneigung der Untertanen ist einer
Herrschaft wirklicher Schutz.

CORNELIUS NEPOS

Was ist das für ein Mensch, daß ihm sogar
Wind und Wellen gehorchen!

MATTHÄUS 8,27

Viele sind berufen, aber wenige sind
auserwählt.

MATTHÄUS 22,14

Jedermann sei untertan der Obrigkeit, die
Gewalt über ihn hat. Denn es ist keine
Obrigkeit ohne von Gott.

RÖMERBRIEF 13,1

Ein Herrscher, der die Angeber nicht züchtigt,
ruft sie hervor.

SUETON

Die schlechten Menschen herrschen infolge
der Feigheit der Beherrschten, und das ist
auch ganz in Ordnung.

PLOTIN

Der Schaden, der die Herde trifft, ist eine
Schande für den Hirten.

HIERONYMUS

Stehe an der Spitze, um zu dienen, nicht um
zu herrschen.

BERNHARD VON CLAIRVAUX

Führung

Mit großen Herren ist schlecht Kirschen essen.

BISCHOF WITTIGO VON MEISSEN

Wer sich nicht zu verstellen versteht, versteht nicht zu regieren.

LOUIS XI.

Eine führerlose Menge ist zu nichts nütze.

NICCOLÒ MACHIAVELLI

Dem Sichersten soll gefolgt werden und dem Gewissen!

PARACELSUS

Mit wie wenig Verstand die Welt regiert wird...!

PAPST JULIUS III.

Wem es glückt, der kann eine hervorragende Stellung einnehmen. Nur muß er wissen, worin das wahre Wesen des Hervorragens besteht, und muß ferner wissen, daß man nur auf geradem Wege wahrhaft hohe Ziele erreicht.

JAN AMOS COMENIUS

Man muß sich vor dem Siege über Vorgesetzte hüten. Alles Übertreffen ist verhaßt, aber seinen Herrn zu übertreffen, ist entweder ein dummer oder ein Schicksalsstreich.

BALTAZAR GRACIÁN

Zum Herrschen ward allein der Mann erkoren.

MOLIERÈ

Fürsten müssen sich die Wahrheit selbst sagen; sie hoffen vergebens, sie von anderen zu erfahren.

CHRISTINE VON SCHWEDEN

Führende Posten machen große Menschen größer und kleine Menschen geringer.

JEAN DE LA BRUYÈRE

Wer nicht zu schweigen weiß, verdient nicht zu herrschen.

FRANÇOIS DE FÉNELON

Herrscher müssen gelegentlich blind und gelegentlich taub sein.

THOMAS FULLER

Nur jene, die eine sehr gute Erziehung besitzen, sind geeignet, jene zu führen, die gar keine haben.

VOLTAIRE

Wind und Wellen sind immer auf Seiten des fähigsten Steuermannes.

EDWARD GIBBON

Es ist besser, daß ein Narr beherrscht werde, denn daß er herrsche.

MATTHIAS CLAUDIUS

Es müssen und können nur wenige sein, wenn etwas Großes ausgeführt werden soll. Die Menge muß allemal herübergebracht werden, man mag das nun Überzeugung oder Verführung nennen, das ist gleichviel.

GEORG CHRISTOPH LICHTENBERG

Der Mensch ist wenig auf Erden, aber der, der ihn beherrscht, und der, der ihn lehrt, maßt sich viel an.

HEINRICH PESTALOZZI

Der Großen Hochmut wird sich geben, wenn unsere Kriecherei sich gibt.

GOTTFRIED AUGUST BÜRGER

Ein edler Mensch zieht edle Menschen an und weiß sie festzuhalten.

JOHANN WOLFGANG VON GOETHE

Ich kenne keine anderen Menschenfeinde als die tätigen, bedeutende Rollen spielenden Männer, welche die Menschen zu allen ihren Absichten wie dazu geschaffene Werkzeuge brauchen und mißbrauchen, gleichviel, wie es diesen Werkzeugen bekomme.

FRIEDRICH MAXIMILIAN KLINGER

Wer, über andere gesetzt, nie vergißt, warum er über sie gesetzt ist, den wird keiner auf seiner Höhe beneiden, jeder wird vielmehr wünschen, ihn noch höher stehen zu sehen.

FRIEDRICH MAXIMILIAN KLINGER

Es ist nicht hinreichend, die Meinungen des jetzigen Geschlechts zu lenken, wichtiger ist es, die Kräfte des folgenden Geschlechts zu entwickeln.

KARL FREIHERR VOM UND ZUM STEIN

Führung

Die großen Herren sind so selten dabei, wenn sie Böses tun; sollten sie auch das Gute im Hinterhalt stiften?

FRIEDRICH VON SCHILLER

Wirke auf andere durch das, was du bist!

WILHELM VON HUMBOLDT

Es ist erfreulich, wenn gleiches sich zu gleichem gesellt, aber es ist göttlich, wenn ein großer Mensch den Kleineren zu sich aufzieht.

FRIEDRICH HÖLDERLIN

So lange ein Mensch mit sich selbst und seinen eigenen Mitteln zufrieden ist, ist alles in Ordnung. Wenn er eine Rolle auf der Bühne übernimmt, um die Welt zu überreden, mehr von ihm zu halten als von sich selbst, begibt er sich auf einen Weg, auf dem er nichts als Dornen, Verdruß und Enttäuschungen finden wird.

WILLIAM HAZLITT

Es ist ein wahres Wort, daß die Heiligen sowie die Schurken Quecksilber im Leibe haben und sich nicht damit begnügen, selber immer in Unruhe zu sein, sondern am liebsten, wenn es nur anginge, die ganze Menschheit in den Tanz zögen.

ALESSANDRO MANZONI

Ein großer Mann zeigt seine Größe durch die Art, wie er kleine Leute behandelt.

THOMAS CARLYLE

Niemand, der an der Spitze der Geschäfte steht, wünscht immer deutlich zu sein.

THOMAS LORD MACAULAY

Wenn du mich erheben willst, mußt du höher stehen.

RALPH WALDO EMERSON

Kein Mensch ist gut genug, um über einen anderen ohne dessen Zustimmung zu herrschen.

ABRAHAM LINCOLN

Einem erst die Augen ausstechen und ihn dann führen: ob das wirklich eine Tugend ist?

FRIEDRICH HEBBEL

Die Geschichte liebt es bisweilen, sich auf einmal in einem Menschen zu verdichten, welchem hierauf die Welt gehorcht.

JAKOB BURCKHARDT

Die große Masse der Menschen endet immer damit, daß sie in schrankenlosem Glauben den Persönlichkeiten folgt, über die sie selbst gespottet, die sie sogar verflucht und verfolgt hat, die aber – ohne sich durch Verfolgungen und Flüche, ja auch nicht durch den Spott der Menge beirren lassen – unermüdlich vorwärtsschreiten, den geistigen Blick nur auf das ihnen allein sichtbare Ziel gerichtet. Sie suchen, stehen auf, und endlich finden sie...

IWAN S. TURGENJEW

Den besten Mann suche unter denen, die die Welt verdammt.

LEW N. GRAF TOLSTOJ

Es gibt keinen falscheren Führer durchs Leben als die menschliche Meinung.

LEW N. GRAF TOLSTOJ

Wer ein Führer oder ein Lehrer des Volkes sein will, muß seine Zuhörer mit Achtung behandeln. Selbst der überlegenste Geist wird an Einfluß auf andere verlieren, wenn er diese durch fortwährende Demonstrationen seiner Überlegenheit zu demütigen sucht.

CARL SCHURZ

Merkmal großer Menschen ist, daß sie an andere weit geringere Anforderungen stellen als an sich selbst.

MARIE VON EBNER-ESCHENBACH

Die Massen in Bewegung zu setzen, braucht's nur der Phrase eines Dummkopfes. Wie lange Zeit gebraucht der kluge Mann, um nur einen einzigen zu seiner Meinung zu bekehren!

WILHELM RAABE

Gut sein ist edel. Aber anderen zu zeigen, wie gut sie sein sollten, wirkt echter und macht nicht so viel Mühe.

MARK TWAIN

Man ist so loyal geworden gegen die Herrschenden, daß man es nicht gerne sieht, wenn die herrschenden Übelstände angegriffen werden.

DANIEL SPITZER

Führung

Kleinliche Parteilichkeit macht einen Vorgesetzten bei seinen Untergebenen verhaßter als Strenge, die er gleichmäßig gegen alle übt.

FRANZ SERAPHION HUEMER

Nur wer gegen sich selbst milde ist, kann es auch gegen andere sein.

ANATOLE FRANCE

Es gibt Menschen, bei denen man fühlt: es liegt ein Stück Zukunft in ihrer Hand.

ELEONORE VAN DER STRATEN-STERNBERG

Wer nicht die Kleinheit des Großen in sich fühlen kann, ist leicht geneigt, die Größe der kleinen Dinge in den anderen zu übersehen.

KAKUZO OKAKURA

Unfähige Menschen erkennst du daran, daß sie ihre Nachfolger zu unterdrücken suchen.

WALTHER RATHENAU

Wer die Menge leiten will, muß es unbedingt ablehnen, von ihr geleitet zu werden.

MAHATMA GANDHI

Einem geistig überlegenen Menschen unterwirft man sich gern, einem an Gewaltmacht überlegenen nur der Not gehorchend.

WILHELM WEBER-BRAUNS

Wer in die Höhe kommt, sehnt sich nach Menschen, nur wer nicht über sie wegkommt, sieht auf sie herab.

SALOMON BAER-OBERDORF

Man muß durch die politische Literatur leiten.

WLADIMIR I. LENIN

Es gibt nichts Schwereres, als einen Menschen, den man liebt, einen Weg gehen lassen zu müssen, der zur nächsten Stadt führt, statt auf den nächsten Gipfel.

CHRISTIAN MORGENSTERN

Es gibt große Menschen, die allen anderen das Gefühl des Kleinseins geben. Wahrhaft groß ist der, der jedem das Gefühl gibt, groß zu sein.

GILBERT KEITH CHESTERTON

Schade, daß die meisten sofort aufhören zu rudern, wenn sie ans Ruder gekommen sind.

ALFRED POLGAR

Wer mit der Führung bedeutender Angelegenheiten betraut ist, muß auf den höchsten Höhen der Leistung bleiben; er darf niemals in die Niederungen direkter physischer und persönlicher Tätigkeit hinabsteigen.

SIR WINSTON S. CHURCHILL

Es gibt Menschen, die sich Größe geben wollen durch Erniedrigung anderer. Anspruch auf Größe hat nur, wer auch andere erhöht.

ERNST DÜBI

Was lange leben will, muß dienen. Was aber herrschen will, das lebt nicht lange.

HERMANN HESSE

Es gibt wenige, die zum Herrschen geboren sind, sie bleiben dabei fröhlich und gesund. Die andern aber, die sich bloß durch Streberei zu Herren gemacht haben, die enden alle im Nichts.

HERMANN HESSE

Wer über den Dingen steht, sieht weit, aber nicht genau.

ALFRED DÖBLIN

Wer Schicksale formt, fällt in Schuld.

STEFAN ZWEIG

Man soll nie einen Menschen aufgeben, bevor er in einer Aufgabe versagt hat, die ihm Freude bereitet.

LEWIS E. LAWES

Am gefährlichsten sind die Leute mit dem bißchen Grips, die sich berufen fühlen, die Maßstäbe zu stiften und anzulegen. Soweit es bei ihnen langt – länger darf es bei niemandem langen.

GOTTFRIED BENN

Man kann die Menschen nicht zum Guten führen; man kann sie nur irgendwohin führen. Das Gute liegt außerhalb des Tatsachenraums.

LUDWIG WITTGENSTEIN

Führung

Wer auf andere Leute wirken will, der muß erst einmal in ihrer Sprache mit ihnen reden.

KURT TUCHOLSKY

Um ein Pionier zu werden, muß man ein Optimist sein.

RICHARD GRAF COUDENHOVE-KALERGI

Niemand wird es je zu einer hohen Stellung bringen, der offen oder insgeheim glaubt, daß er jede seiner Anordnungen verfolgen und dafür sorgen muß, daß sie ausgeführt wird. Er wird auch nie einen fähigen Gehilfen ausbilden.

JOHN LEE MAHIN

Oft scheitert die Größe eines Menschen an der Mittelmäßigkeit seiner täglichen Umgebung.

HANS-HASSO VON VELTHEIM-OSTRAU

Nichts bringt einen Vorgesetzten in mehr Verlegenheit, als ein Untergebener, der alles richtig macht.

WERNER HEISENBERG

Der Mann, der seinen Optimismus alle paar Stunden aufwärmen muß, ist entweder nicht am richtigen Platz oder nicht der richtige Mann.

EMIL OESCH

Das Management ist schließlich die schöpferischste aller Künste. Es ist die Kunst, Talente richtig einzusetzen.

ROBERT MCNAMARA

Von jedem Menschen gehen Strahlungen aus, die zunächst einmal seine nächste Umwelt beeinflussen.

FRIEDRICH HEER

Ein gescheiter Mann muß so gescheit sein, Leute anzustellen, die viel gescheiter sind als er.

JOHN F. KENNEDY

Nur wer sich selbst gehorcht, versteht auch zu regieren.

ROLF VORNDRAN

Gesucht werden fähige Führungskräfte, zu allem fähig.

LISELOTTE RAUNER

Auf die Qualität der Führung kommt es an, nicht auf Zahlen.

SUN MYUNG MOON

Es ist viel behaglicher, regiert zu werden, als mitregieren zu müssen.

PAUL BOCKELMANN

Im Finstern können Blinde unsere Rettung sein.

HELMUT LAMPRECHT

Die große Masse will sich führen lassen. Wohin ist ihr egal.

JAKOB STEBLER

Er versteht es nicht zu delegieren, also versteht er auch nicht zu regieren. – Wer mit Vernunft delegiert, regiert mit Verstand.

SIEGFRIED & INGE STARCK

Ich lenke, also bin ich.

SIEGFRIED & INGE STARCK

Wenn es mir gegeben ist, die Welt ein wenig besser zu machen, für uns, für unsere Kinder, so werde ich glücklich sein, was mir auch immer geschehe.

MARTIN LUTHER KING

Wer zart besaitet ist, kann nie die erste Geige spielen.

GERHARD UHLENBRUCK

Jede Obrigkeit lebt von der Sanftmut der Sänftenträger.

HELLMUT WALTERS

Menschenführung heißt: Gegenseitigen Haß in gemeinsame Schlagkraft wandeln.

HELMAR NAHR

Das Prestige des Wortes Manager im Deutschen beruht hauptsächlich auf den schlechten Sprachkenntnissen der Leute, die es verwenden. To manage bedeutet weit öfter „sich durchwurschteln", als ein Unternehmen in strategischer Zielplanung perspektivisch führen.

JOHANNES GROSS

Sie riefen nach dem starken Mann. Es kam ein stärkerer.

NIKOLAUS CYBINSKI

Will der Einäugige König bleiben, darf er kein Auge zudrücken.

VOLKER ERHARDT

Man muß oft nehmen, was man vorgesetzt bekommt.

GÜNTER HARTMANN

Wer Spitze sein will, muß einen Stachel haben.

STEFAN TSCHÖK

Furcht

Geht's dir wohl, fürchte den Fall.

Deutsches Sprichwort

Furcht ist nichts anderes als die Verzweiflung an der Hilfe der Vernunft.

BUCH DER WEISHEIT 17,11

Wen sie fürchten, den hassen sie.

ENNIUS

Mögen sie hassen, wenn sie nur fürchten!

ACCIUS

Du wirst aufhören zu fürchten, wenn du aufhören wirst zu hoffen.

HEKATON

In der höchsten Gefahr kennt die Furcht in der Regel kein Mitleid.

JULIUS CAESAR

Es ist dumm, das zu befürchten, was unvermeidlich ist.

PUBLILIUS SYRUS

Furcht verhindert jede Tugend.

PUBLILIUS SYRUS

Nicht den Tod fürchten wir, sondern die Vorstellung des Todes.

SENECA

Die Furcht hat zuerst in der Welt Götter geschaffen.

STATIUS

Wo keine Furcht ist, da ist auch keine Besserung.

TERTULLIAN

Furcht führt zur Bereitschaft der Menschen, das Schlimmste zu glauben.

CURTIUS RUFUS

Fürchte, wer dich fürchtet, selbst wenn es eine Fliege ist und du ein Elefant bist.

SAADI

Zu fürchten hat allein man jene Dinge, die Macht besitzen, Schaden zuzufügen, nicht alles übrige; es ist nicht furchtbar.

DANTE ALIGHIERI

Unsere Furcht macht uns zu Verrätern.

WILLIAM SHAKESPEARE

Das Schlimmste zu befürchten, heilt oft das Schlimmere.

WILLIAM SHAKESPEARE

Verzweiflung und Zuversicht verbannen Furcht.

WILLIAM ALEXANDER

Furcht tötet mehr als Krankheit.

GEORGE HERBERT

Furcht ist stärker als Liebe.

THOMAS FULLER

Die Furcht vermehrt unsere Leiden so, wie die Begehrlichkeit unsere Freuden steigert.

MONTESQUIEU

Furcht folgt dem Verbrechen und ist seine Strafe.

VOLTAIRE

Denn alles, was aus Furcht oder Angst geschieht, trägt auch das Gepräge davon.

FRIEDRICH II. VON PREUSSEN

Die Menschen fürchtet nur, wer sie nicht kennt.

JOHANN WOLFGANG VON GOETHE

Wer nichts fürchtet, ist nicht weniger mächtig als der, den alles fürchtet.

FRIEDRICH VON SCHILLER

Furcht

Ein Volk hat am meisten zu fürchten die größte Hoffnung und die größte Furcht.

JEAN PAUL

Das einzige, wovor ich mich fürchte, ist Furcht.

DUKE OF WELLINGTON

Alles mag man fürchten, nur nicht, was man bekämpft...

BETTINA VON ARNIM

Es ist nichts zu fürchten als die Furcht.

LUDWIG BÖRNE

Die Furcht malt das Verschwiegene nur viel schwärzer.

THEODOR KÖRNER

Furcht stammt immer vom Unwissen.

RALPH WALDO EMERSON

Wer nicht täglich eine Furcht überwindet, hat die Lektion des Lebens nicht gelernt.

RALPH WALDO EMERSON

Die Furcht läßt uns Gefahren nie in ihrer wahren Art, meist wohl größer, oft aber auch kleiner sehen.

GEORGE SAND

Der Erzeuger der Furcht heißt Grausamkeit.

JAMES A. FROUDE

Menschen, die das Leben nicht verstehen, können nicht umhin, den Tod zu fürchten.

LEW N. GRAF TOLSTOJ

In der Hoffnung gibt es immer Furcht, und in der Liebe verbirgt sich eine heimliche Unruhe.

A. G. SERTILLANGES

Immer fürchten wir uns vor dem, von dessen Aufrichtigkeit wir überzeugt sind.

JACINTO BENAVENTE

Furcht gibt das Schwert aus der Hand.

CARLOS VON TSCHUDI

Lüge und Unaufrichtigkeit sind Kennzeichen des Furchtsamen.

WALTHER RATHENAU

Wehe dem, der ein Kind in Furcht erzieht, und wenn es die Furcht Gottes wäre. Denn er schändet unabsehbare Menschengeschlechter.

WALTHER RATHENAU

Ich fürchte mich nicht vor dem Tode, also auch nicht vor dem Leben.

ROBERT WALSER

Immer wenn wir uns fürchten, verraten wir Gott.

ERNST BERTRAM

Furcht ist der Quell aller Lüge.

JAKOW TRACHTENBERG

Das höchste Ziel des Menschen ist die Überwindung der Furcht. Es gibt nur einen Weg dazu: Übung im Ertragen von Mühe und Schmerz.

FRANZ WERFEL

Die festeste Fessel ist die Furcht.

WILHELM SCHLOZ

Ich habe nie über einen Menschen gelächelt, der Furcht vor dem Tode hatte.

HENRY DE MONTHERLANT

Furcht ist der Schatten des Unglaubens.

WALTER NENZEL

Die Furcht wird durch den Glauben bezwungen.

MARTIN LUTHER KING

Kleine Leute befürchten immer das Schlimmste. Die Intellektuellen darunter befürchten zudem, daß es nicht eintrifft.

JOHANNES GROSS

Solange du nicht die Furcht vor dem Fall überwunden hast, kannst du nicht fliegen lernen.

EMMERICH LANG

Der Schutzlose lebt mit der geringsten Furcht.

SULAMITH SPARRE

Seid furchtbar und wehret euch!

SPONTI-SPRUCH

Gastfreundschaft

Seid gastlich untereinander ohne Murren.
1 PETRUS 4,9

Ungeladene Gäste sind oft am willkommensten, wenn sie gegangen sind.
WILLIAM SHAKESPEARE

Wenn du einen unangenehmen Besucher loswerden willst, borge ihm stets.
BENJAMIN FRANKLIN

Zu lange auf einen verspäteten Gast warten heißt, die anwesenden Gäste beleidigen.
BRILLAT-SAVARIN

Ein gütiger Herr tut seine Pforten auf für alle Gäste, keinen schließt es aus
FRIEDRICH VON SCHILLER

Das reichste Mahl ist freudenleer, wenn nicht des Wirtes Zuspruch und Geschäftigkeit den Gästen zeigt, daß sie willkommen sind.
FRIEDRICH VON SCHILLER

Die unterhaltsamsten Gäste sind die, die gern hören, wenn andere sprechen.
THOMAS CARLYLE

Freunde, die ein Haus besuchen, sind dessen Zierde.
RALPH WALDO EMERSON

Gastfreundschaft besteht aus ein wenig Wärme, ein wenig Nahrung und großer Ruhe.
RALPH WALDO EMERSON

Ich fühle in einem Augenblick heraus, wenn man mich nicht mehr wünscht, und Seile können mich nicht zurückhalten, sobald ich weiß, daß es mit meinem Willkommensein vorbei ist.
RALPH WALDO EMERSON

Gastfreundschaft – Tugend, die uns dazu bewegt, gewisse Personen zu verköstigen und unterzubringen, obwohl sie weder Speise noch Unterkunft benötigen.
AMBROSE BIERCE

Wenn man einen Besuch macht, dann geschieht das, um andrer Leute Zeit zu vergeuden, nicht die eigene.
OSCAR WILDE

Gastfreundschaft

Was man vor dem Gast versteckt, gehört dem Teufel.
Abchasisches Sprichwort

Schau nicht auf das, was vor dem Gastgeber liegt, sondern schau auf das, was vor dir liegt. Lache, wenn er lacht. Das wird seinem Herzen wohltun, und was du tust, wird ihm angenehm sein.
PTAHHOTEP

Wenn ein Fremdling bei dir wohnt in eurem Lande, so sollt ihr ihn nicht bedrücken. Wie ein Einheimischer aus eurer eigenen Mitte soll euch der Fremdling gelten, der bei euch wohnt, und du sollst ihn lieben wie dich selbst.
3 MOSE 19,33/34

Ich bin ein Gast bei dir, ein Fremdling.
PSALMEN 39,13

Ein Gastgeber ist wie ein Feldherr: erst wenn etwas schiefgeht, zeigt sich sein Talent.
HORAZ

Gastfreundschaft

Im Hause des Bedürftigen wird nie ein Gast Hunger leiden.

SALOMON BAER-OBERDORF

Die Menschheit kann man in zwei Gruppen aufteilen: Gastgeber und Gäste.

SIR MAX BEERBOHM

Bleibe bei einem Großen einen Tag zu Gast, bei einem Gütigen ein Jahr.

LISA WENGER

Das ist aller Gastfreundschaft tiefster Sinn, daß einer dem anderen Rast gebe auf dem Weg nach dem ewigen Zuhause.

ROMANO GUARDINI

Der Logierbesuch ist Gast, nicht Gefangener.

FELICITAS VON REZNICEK

Wer mich besucht, erweist mir eine Ehre. Wer mich nicht besucht, macht mir eine Freude.

HENRY DE MONTHERLANT

Wir unterhalten unsere Gäste am besten, wenn wir uns von ihnen unterhalten lassen. Sie bringen dafür immer ein Programm mit.

SIGMUND GRAFF

Hölle kennt den Begriff Gast nicht!

PETER MAX BOPPEL

Geladne Gäste schießen nicht.

GERHARD BRANSTNER

Manche Gastgeber sind so geizig, daß sie ihren Gästen höchstens das Du anbieten.

WERNER MITSCH

Wenn der Koch ein Asket ist, hungern die Gäste.

PETER TILLE

Es gibt zweierlei Gastgeber: Die einen bewirten uns von vorn bis hinten, die anderen bringen uns auf Gedanken.

STEPHAN KURELLA

Gastarbeiter: Annäherung durch Gestikulation.

HANS-HORST SKUPY

Geben

Eine Liebesgabe in Gesundheit gegeben – Gold, bei Krankheit – Silber, nach dem Tode: Blei.

Jüdische Weisheit

Herr, mein Gott, was willst du mir geben?

1 MOSE 15,2

Hand wird nur von Hand gewaschen; wenn du nehmen willst, so gib.

EPICHARMOS

Vom Geben frei ist der, der nichts zu geben hat.

PLAUTUS

Doppelt gibt, wer gleich gibt.

PUBLILIUS SYRUS

Welches auch die Gaben sein mögen, mit denen du erfreuen kannst, erfreue!

OVID

Wer zwei Röcke hat, gebe einen dem, der keinen hat.

LUKAS 3,11

Gebet, so wird euch gegeben. Ein voll, gedrückt, gerüttelt und überfließend Maß wird man in euern Schoß geben; denn eben mit dem Maß, da ihr messet, wird man euch wieder messen.

LUKAS 6,38

Gib dem, der dich bittet.

MATTHÄUS 5,42

Wer da hat, dem wird gegeben.

MATTHÄUS 13,12

Geben ist seliger als Nehmen.

APOSTELGESCHICHTE 20,35

Ein Wort voll Güte und Milde ist besser als eine unfreundliche Gabe.

KORAN

Seit alters her hat man für zu mächtige Gaben keine Verwendung.

TU FU

Geben

Brotgewähren ist der Gipfelpunkt aller Menschlichkeit und der Kern aller Freigebigkeit.

NIZAM UL-MULK

Den Gebenden schmückt, was den Empfangenden beglückt.

AL-HARIRI

Wer wenig gibt, aber vom Herzen, tut mehr als jener, der viel gibt, weil er sich dazu genötigt sieht.

JUDA DER FROMME

Zu wenig geben heißt: verschwenden.

KARL V.

Besser ist's – verdienen und nicht haben, als zu besitzen unverdiente Gaben.

LUIS DE CAMÕES

Freigebigkeit ist eine Tugend, die sich selbst vernichtet.

CHRISTINE VON SCHWEDEN

Alles, was man gibt, ist Gewinn, und was man nicht gibt, ist Verlust.

CHRISTINE VON SCHWEDEN

Es liegt etwas Rohes darin, auf ungefällige Weise zu geben. Die Hauptsache und das Beschwerliche ist das Geben; was kostet es denn, noch ein Lächeln hinzuzufügen?

JEAN DE LA BRUYÈRE

Der Wille und nicht die Gabe macht den Geber.

GOTTHOLD EPHRAIM LESSING

Lerne dankbarer stets empfangen und fröhlicher geben.

JOHANN CASPAR LAVATER

Denn Geben ist Sache der Reichen.

JOHANN WOLFGANG VON GOETHE

Nur der ist froh, der geben mag.

JOHANN WOLFGANG VON GOETHE

Gott liebt den, der freudig gibt, das gilt für jede Art von Diensterweisung.

ALEXANDRE VINET

Kein Weg ist so weit im ganzen Land, als der von Herz und Kopf zur Hand.

FRIEDRICH VON BODENSTEDT

Ein Onkel, der Gutes mitbringt, ist besser als eine Tante, die bloß Klavier spielt.

WILHELM BUSCH

Dem kleinsten Geber wird man am meisten Schuldner.

FRANZ SERAPHION HUEMER

Die Armen geben spontan, die Reichen wollen gebeten sein.

LÉON BLOY

Schrecklich sind die Anspruchslosen: die nichts fordern, gewähren auch nichts.

PETER HILLE

Wenn Feindschaft herausfließt aus Erkenntnis der Überlegenheit und Haß eine lebenweckende Erregung menschlichen Wesens ist, so muß es einen Grad der Feindschaft und einen Siedepunkt des Hasses geben, in dem Anerkennung und Liebe daraus werden.

HEINRICH LHOTZKY

Es gibt mehr Ratgebende als Gebende.

ELEONORE VAN DER STRATEN-STERNBERG

Das Geben ist leicht; das Geben überflüssig zu machen, ist viel schwerer.

HENRY FORD

Es ist nicht angenehm, mit Menschen zu verkehren, die immer Geber sein wollen und nie Nehmer.

SALOMON BAER-OBERDORF

Es ist ein guter Grundsatz, von niemand mehr zu verlangen, als er ohne Schwierigkeiten geben kann.

WILLIAM SOMERSET MAUGHAM

Es gibt etwas, das man mehr bereut, als zu viel gegeben zu haben: zu wenig gegeben zu haben.

HELENE HALUSCHKA

Gaben müssen den Beschenkten so tief betreffen, daß er erschrickt.

WALTER BENJAMIN

Geben

Schließlich erfordert auch die angemessenste Gabe beim Empfangenden noch eine äußerste Anpassung.

RAINER MARIA RILKE

Wenn du von deinem Besitz spendest, gibst du nur wenig. Erst wenn du einen Teil deiner selbst gibst, schenkst du wahrlich.

KAHLIL GIBRAN

Es gibt eine Regel des Zusammenlebens unter freien Menschen: Gib etwas, und wäre es nur eine Kleinigkeit.

LUDWIG RENN

Nehmen füllt die Hände, Geben füllt die Herzen.

MARGARETE SEEMANN

Alles, was wir geben, wird uns eines Tages fehlen.

HENRY DE MONTHERLANT

Die Männer geben nur, die Frauen gewähren.

CHARLES TSCHOPP

Das Geben ist eine Kunst, und das Nehmen ist eine Kunst.

PETER MAX BOPPEL

Geben ist schwerer als nehmen.

JOSEF RECLA

Man leiht nur, was man vermehrt zurückgeben kann.

RENÉ CHAR

Je mehr ein Mensch gibt, desto weniger darf von ihm verlangt werden.

JOSEF VIKTOR STUMMER

Wer anfängt zu geben, verurteilt sich dazu, nicht genug zu geben, auch wenn man alles gibt. Und gibt man je alles?

ALBERT CAMUS

Wir können nie das vergelten, was uns gegeben wird.

MALCOLM FORBES

Jeder gebe, da Geben gang und gäbe.

HEINRICH WIESNER

Nur dem, der gibt, kann vergeben werden.

HELLMUT WALTERS

Freut euch des Gebens!

RUPERT SCHÜTZBACH

Gebet

Arbeite, als ob du ewig zu leben hättest, bete, als ob du heute nacht sterben müßtest.

Ukrainisches Sprichwort

Wer sich gegen die himmlischen Gesetze vergeht, an wen soll der seine Gebete richten?

KONFUZIUS

Bist du im Recht, wird ein Gott dein Gebet erhören.

MENANDER

Verliere keine Zeit durch Beten.

OVID

Wenn du aber betest, so gehe in dein Kämmerlein.

MATTHÄUS 6,6

Des Gerechten Gebet vermag viel, wenn es ernst ist.

JAKOBUS 5,16

Bedenke während des Gebetes, vor wem du stehst.

TALMUD – BERACHOT

Niemand betet Gott recht an, als der Mensch, der Gott anbetet um Gottes willen und darin nichts anderes meint denn Gott.

MEISTER ECKEHART

Ich glaube mehr an Gebete als an Arzneien.

MICHELANGELO

Wer Gott um Gaben bittet, der ist gar übel dran: er betet das Geschöpf und nicht den Schöpfer an.

ANGELUS SILESIUS

Gebet

Das Gebet, so Christus uns gelehrt hat, ist eine Unterweisung und Lehre alles dessen, was wir tun und lassen und was wir von Gott bitten und warten sollen; je mehr man das betrachtet, je mehr wird darinnen befunden.

JAKOB BÖHME

Gott bitten heißt, sich mit der Hoffnung schmeicheln, durch Worte könne man die ganze Natur ändern.

VOLTAIRE

Wir sind Menschen. Die Gabe zu beten ist nicht immer in unserer Gewalt. Dem Himmel ist beten wollen auch beten.

GOTTHOLD EPHRAIM LESSING

Kirchtürme: umgekehrte Trichter, das Gebet in den Himmel zu leiten.

GEORG CHRISTOPH LICHTENBERG

Große Gedanken und ein reines Herz – das ist's, was wir uns von Gott erbitten sollten!

JOHANN WOLFGANG VON GOETHE

So wie der Weihrauch das Leben einer Kohle erfrischt, so erfrischt das Gebet die Hoffnungen des Herzens.

JOHANN WOLFGANG VON GOETHE

Man kann den nicht hassen, für den man betet, und man liebt den nicht, für den man nicht betet.

FRANZ VON BAADER

Zwischen dem Haß und der Liebe gibt es keine Verbindung. Liebt, liebt – und ihr werdet beten können!

ALEXANDRE VINET

Beten heiligt die Arbeit.

JEREMIAS GOTTHELF

Arbeiten ist schon beten!

HONORÉ DE BALZAC

Gebet ist das Atemholen der Seele.

JOHN HENRY KARDINAL NEWMAN

Es muß wohl Menschen geben, die auch für solche beten, die niemals beten.

VICTOR HUGO

Beten ist nicht sich selbst reden hören, sondern verstummen, so lange schweigen und warten, bis der Betende Gott hört.

SØREN KIERKEGAARD

Worum können wir beten? Nicht um besondere Gaben, sondern nur um Gottes Barmherzigkeit. Wir wissen nicht, was gut für uns und für andere ist. Was würde aus der Welt werden, wenn alle unsere Bitten erfüllt würden? Und doch ist es gut zu beten, d.h. in allen unseren Freuden und Schmerzen mit Gott zu leben, dem unbekannten Gott, mit dem wir nicht rechten, den wir aber lieben und dem wir vertrauen können.

F. MAX MÜLLER

Echtes Gebet erfordert Kraft.

J. HUDSON TAYLOR

Halte dich zu den Zeiten deiner Andacht abseits von Spöttern und jenen, die Frömmigkeit und Fromme ins Lächerliche ziehen.

SRI RAMAKRISHNA

Beten, darunter verstehe ich nicht das Aufsagen von auswendig gelernten Gebeten, sondern die einfache Anbetung mit oder ohne Worte; zu Füßen Gottes verharren im Willen, in der Absicht, ihn anzubeten.

CHARLES DE FOUCAULD

Ohne lebendigen Glauben gibt es kein wahres Gebet.

CARLOS VON TSCHUDI

Der letzte Schritt ist getan, wenn das Gebet nicht mehr dem Willen dient und entspringt, sondern das intuitive Erwachen und Dasein des Menschen zweckfrei offenbart. Dann ist seine Form nicht mehr die Litanei, sondern die Meditation; die Bitte hebt sich selbst auf in der schauenden Hingabe: nicht mein Wille geschehe, sondern dein Wille.

WALTHER RATHENAU

Das Gebet ist die Seele und das wahre Wesen der Religion. Darum muß das Gebet der Kern des Lebens eines jeden Menschen sein, denn kein Mensch kann ohne Religion leben.

MAHATMA GANDHI

Gebet

Beten bedeutet: Der Mensch schaut seinem Nichts ins Auge und bekennt es.

PAUL CLAUDEL

Ein tiefgefühltes Gebet um Reinheit jeden Tag macht uns nach und nach rein.

MAHATMA GANDHI

Das Gebet ist der Schlüssel am Morgen und der Riegel am Abend.

MAHATMA GANDHI

Das Gebet ist die oratorische Form der Seele.

ANDRÉ GIDE

Der Betende erfüllt seine Bitten sich selbst.

SALOMON BAER-OBERDORF

Wer um Gesundheit und langes Leben betet, der bete um Arbeit.

SALOMON BAER-OBERDORF

Es gibt im Grunde nur ein Gebet – das Danken.

KARL FOERSTER

Beten heißt hineinhören in die heilige Stille Gottes.

JOSEPH KÜHNEL

Beten können heißt zuerst danken können.

ALBERT SCHWEITZER

Bete und arbeite heißt: arbeite, und danke Gott dafür.

LISA WENGER

Eine Sache, die mit einem Gebet begonnen wurde, kann nicht ohne Erfolg sein, weil sie mit Glauben, Hoffnung und Liebe begonnen wurde.

ALEXANDR ELTSCHANINOW

Das Gebet ist wirksamer, wenn es von der Buße begleitet wird.

PAPST JOHANNES XXIII.

Betender Zorn wird erhört.

ERNST BERTRAM

Es ist ein großer Unterschied, ob einer sein Gebet verrichtet oder ob er wirklich betet.

W. J. OEHLER

Das Gebet ist überhaupt die einzige Form der Revolte, die den Kopf aufrecht trägt.

GEORGES BERNANOS

Beten ist von allen Kräften die gewaltigste Kraft. Sie ist die Macht der reinen Begegnung. Beten heißt nicht: sich unterwerfen, knien, zagen, bitten – nein, Beten ist ein ins Innere Gehen, dorthin, wo das Endliche des Hiesigen sich ins Unendliche des Überhiesigen aufhebt.

ALBERT TALHOFF

Jede Frau darf beten. Ein Mann, der betet, muß sehr dumm oder sehr weise sein.

KURT TUCHOLSKY

Beten ist mehr Lauschen als Sprechen.

ZENTA MAURINA

Die Größe des Gebets beruht vor allem darauf, daß ihm nicht geantwortet wird und daß dieser Austausch nichts mit einem schäbigen Handel zu tun hat. Und ich ahnte, daß das Erlernen des Gebets im Erlernen des Schweigens besteht.

ANTOINE DE SAINT-EXUPÉRY

Schweigen zwei Menschen miteinander, so ist es immer möglich, daß wenigstens der eine gerade betet.

ADRIENNE VON SPEYR

Nur betend dringen wir weiter; wo das Gebet stillsteht, endet auch das Verständnis.

REINHOLD SCHNEIDER

Gott erhört nicht nur Gebete, auch Seufzer.

JOACHIM GÜNTHER

Die Wirklichkeit ist der Ursprung, und der Traum das Ziel des Gebetes.

HANS LOHBERGER

Bei vielen Leuten kommts weniger darauf an, was sie beten, als daß sie die Hände richtig falten.

JAKOB STEBLER

Stinkt nicht manches Gebet nach Erpressung?

HANS LEOPOLD DAVI

Gläubige Feministinnen beten das Mutterunser.

RENÉ & DENISE DAVID

Wer betet, sündigt auch.

GERHARD UHLENBRUCK

Das Gebet ist etwas Wunderbares: man hat es immer bei sich und ist damit überall zu Hause.

R. F. VON SCHOLTZ

Gebete, welche die Heiligen in die Rolle von Erfüllungsgehilfen und Gott in die eines Vollzugsbeamten unserer Wünsche zwingen möchten, werden zu Recht nicht erhört.

HELLMUT WALTERS

Vorbeter und Nachbeter gibt es genug. Es mangelt an Betern.

RUPERT SCHÜTZBACH

Die meisten Gebete laufen auf eine Veränderung der Naturgesetze hinaus.

WERNER MITSCH

Gebet ist nicht nur, Worte zu formulieren. Gebet ist, sich auf Gott hin zu formieren und sich von ihm formen zu lassen.

URSULA HETTICH

Betende Hände können kein Brot backen.

HANS-HORST SKUPY

Ora et labora. Falten an Händen und Gesicht.

HANS-HORST SKUPY

Geburt

Nur zwischen den Schenkeln wird ein Kind geboren.

Azteken-Weisheit

Unter Mühen sollst du Kinder gebären!

1 MOSE 3,16

Verflucht sei der Tag, da ich geboren bin!

JEREMIAS 20,14

Geborenwerden heißt, zu sterben anfangen.

LAO DSE

Kein Lebewesen tritt ins Leben ein ohne Todesfurcht.

SENECA

Das ist der Anfang der Wehen.

MARKUS 13,8; MATTHÄUS 24,8

Gott hat gewollt, daß der Same des Menschen nicht in den Körper der Elemente, nicht in die Erde, sondern in die Frau gesät wird, daß sein Bildnis in ihr empfangen und durch sie geboren werde und nicht vom Acker der Welt. Und doch ist die Frau in ihrer Art auch ein Erdenacker und von ihm gar nicht verschieden. Sie steht gleichsam an seiner Stelle als Acker und als Gartenerde, in die das Kind gesät und gepflanzt wird, welches dann zum Menschen wächst.

PARACELSUS

Sterben ist ebenso natürlich wie das Geborenwerden, und für einen Säugling ist das eine vielleicht so schmerzhaft wie für uns das andere.

FRANCIS BACON

Des Menschen schwerstes Verbrechen ist, geboren zu sein.

CALDERÓN DE LA BARCA

Die Natur scheint jedem Menschen bei der Geburt Grenzen im Laster und in der Tugend gesteckt zu haben.

LA ROCHEFOUCAULD

Die Geburt ist's nicht, wo die Tugend fehlt.

MOLIÈRE

Die Fürsten wären gar zu glücklich, wenn Fähigkeiten und Verdienste mit zu den Vorzügen ihrer Geburt gehörten.

CHRISTINE VON SCHWEDEN

Eine vornehme Geburt kann uns nicht zu eitel machen, sie legt nur große Pflichten auf und hilft uns nicht, sie zu erfüllen.

CHRISTINE VON SCHWEDEN

Die Geburt bringt nur das Sein zur Welt; die Person wird im Leben erschaffen.

JOUFFROY

Geburt

Die Geburt verleiht weniger Ehre, als sie zur Pflicht macht; mit seiner Rasse prahlen heißt, fremde Verdienste rühmen.

ANNE THÉRÈSE DE LAMBERT

Die Geburt ist offenbar ein Schwerverbrechen, denn sie wird mit dem Tode bestraft.

VOLTAIRE

Das Leben ist nur ein anderer Tod. Des Lebens Geburt, nicht Ende, ist der Tod.

FRIEDRICH HEBBEL

Es ist hart, seine Geburt mit dem Leben zu büßen.

HENRIK IBSEN

Geburt – die erste und traurigste aller Katastrophen.

AMBROSE BIERCE

Warum überhaupt geboren werden? Um die schmerzlich-schöne Lehre zu empfangen, die nur das Leben bieten kann; und dazu braucht es ein ganzes Leben oder ein leidentiefes.

ADOLF SCHAFHEITLIN

Jedes Kind bringt die Botschaft, daß Gott die Lust am Menschen noch nicht verloren hat.

RABINDRANATH TAGORE

Das Neugeborene: das neue Zentrum, die neue Sonne für das Planetensystem und Spiel unserer auseinanderstrebenden Seele.

GERHART HAUPTMANN

Man kann nie spät genug geboren sein.

KARL FOERSTER

Sie bestehen darauf, von Geburtenkontrolle zu sprechen, wenn sie weniger Nachkommenschaft und keine Kontrolle wünschen.

GILBERT KEITH CHESTERTON

Jede Geburt lebender Kinder fördert die Kultur, jeder Todesfall verlangsamt sie.

JAKOW TRACHTENBERG

Geburten sind immer eine Einheit, alle gehören zueinander, es ist wie die eine Geburt vom Anfang der Zeiten.

MAX PICARD

Das Geborene steht selten in einem Verhältnis zu dem Aufwand der Geburt.

FRITZ USINGER

So wie wir geboren werden, werden wir auch gestorben.

KARL HEINRICH WAGGERL

Geburt ist die Aushändigung einer Rückfahrkarte.

HANS KUDSZUS

Die Vorstellung, daß einem das Leben geschenkt worden ist, erscheint mir ungeheuerlich.

ELIAS CANETTI

Erstes Anzeichen für den Tod ist die Geburt.

STANISLAW JERZY LEC

Auch künstliche Menschen werden aus Schaffensfreude erschaffen.

STANISLAW JERZY LEC

Immer, wenn ein Mensch geboren wird, wird ein Mensch aus dem Paradies vertrieben. – Neun Monate der Schwangerschaft müßten die Frau lehren, wie wenig wir wissen. Sie weiß nicht, ob sie Adam oder Eva gebärt. Doch weil sie neun Monate lang Adam und Eva in sich trägt, ist ihr des Menschen Glück anvertraut.

HANS HABE

Nicht geboren werden ist unbestreitbar die beste Lage. Leider steht sie niemandem zu Gebot.

É. M. CIORAN

Wäre man doch vor dem Menschen geboren!

É. M. CIORAN

Geburtenregelung. Man erkläre die gleichgeschlechtliche Liebe zur Norm.

HEINRICH WIESNER

Er erholte sich nie mehr vom Geborensein. Schließlich starb er daran.

HEINRICH WIESNER

Nach dem Leben ist der Mensch tot. Was war er eigentlich vor der Geburt?

JAKOB STEBLER

Daß einer als Mensch geboren wird, ist nicht seine Sache. Seine Sache ist, daß er als Mensch stirbt.

HANS KASPER

Beim künstlichen Menschen wird es möglicherweise keinen Ödipuskomplex mehr geben, sondern einen gemeinsamen Retortenkomplex.

RAIMUND VIDRÁNYI

Mit der Geburt beginnt der Countdown.

HELLMUT WALTERS

Ob das symbolisch ist, daß heute viele Menschen in Krankenhäusern geboren werden?

PETER HORTON

Retortenbaby: Im Reagenzglas den Glauben an den Schöpfer zerstört.

HANS-HORST SKUPY

In jeder Geburt zitiert die Natur sich selber.

MICHAEL RUMPF

Seid fruchtbar und wehret euch.

ULF ANNEL

Gedächtnis

Kommt der Ruhm, so schwindet das Gedächtnis.

Deutsches Sprichwort

Das Gedächtnis ist eine Schatzkammer von Vorstellungen.

ZENON

Zu ewigem Gedächtnis in einen Fels gehauen.

HIOB 19,24

Wer sich seines Gedächtnisses nicht sicher ist, sollte sich nicht auf Lügen einlassen.

MICHEL DE MONTAIGNE

Aller Unterricht beruht auf dem Gedächtnis, und umsonst ist alles Lehren, wenn das Gehörte an uns vorüberfließt. Nicht zu Unrecht nennt man das Gedächtnis die Schatzkammer der Beredsamkeit.

QUINTILIAN

Das Gedächtnis ist die Schatzkammer der Gelehrsamkeit.

PLUTARCH

Unser Leben ist so kurz, und wir haben meistenteils ein so kurzes Gedächtnis, daß wir uns nur über das Auserlesenste unterrichten sollten.

FRIEDRICH II. VON PREUSSEN

Das Gedächtnis üben ist unsere Pflicht; es vernachlässigen heißt: dem Verstande seinen Unterhalt entziehen.

CHRISTIAN FÜRCHTEGOTT GELLERT

Ein gutes Gedächtnis, worin nichts verlorengeht, aber alles sich unmerklich zu jener feinen, bildsamen, halb geistigen Masse vereinigt, woraus die Phantasie ihre Zauber schöpft, ist gar herrlich.

CHRISTOPH MARTIN WIELAND

Wo der Anteil sich verliert, verliert sich auch das Gedächtnis.

JOHANN WOLFGANG VON GOETHE

Das Gedächtnis ist so kurz und das Leben so lang.

HONORÉ DE BALZAC

Der Mensch muß nicht zu viel an Vergangenes denken; wer sich oben erhalten will, hat mit der Gegenwart genug zu tun. Insofern ist das Gedächtnis unser größter Feind.

RICHARD WAGNER

Gedächtnis: Man klage über das seine und rühme sich sogar, keines zu haben; aber man brülle los, wenn einem das Urteilsvermögen abgesprochen wird.

GUSTAVE FLAUBERT

Es gibt ein Gedächtnis des Kopfes und ein Gedächtnis des Herzens.

ROBERT HAMERLING

Gedächtnis

Das Gedächtnis hebt die Zeit auf: es vereint, was dem Anschein nach getrennt vor sich geht.

LEW N. GRAF TOLSTOJ

Das Gedächtnis ist ein Verräter.

RICHARD VON SCHAUKAL

Ehe man das Gedächtnis eines Menschen rühmt, sollte man feststellen, was dieses Gedächtnis zu behalten pflegt.

HEINRICH WOLFGANG SEIDEL

Einer der tiefsten Beweise unserer Unsterblichkeit ist unser Gedächtnis.

RUDOLF ALEXANDER SCHRÖDER

Unser Gedächtnis ist keineswegs eine bürokratisch wohlgeordnete Registratur.

STEFAN ZWEIG

Das längste Gedächtnis auf der Welt haben Elefanten und – Künstlerwitwen.

DANIEL-HENRY KAHNWEILER

Ein gutes Gedächtnis merkt sich nicht alles, sondern vergißt das Unwichtige.

PETER BAMM

Man spricht und hält zuviel von jenem Gedächtnis, das im Oberstübchen wohnt. Und man spricht zu selten vom Gedächtnis des Herzens.

ERICH KÄSTNER

Ein schlechtes Gedächtnis fördert die Erinnerung.

HANS KUDSZUS

Es gibt ein gutes Gedächtnis für Einzelheiten, das viele Menschen haben. Und ein gutes Gedächtnis für Zusammenhänge, das die wenigsten besitzen.

ANITA

Das Gedächtnis ist eine Form der Vergeßlichkeit.

GERHARD BRANSTNER

Ein schlechtes Gedächtnis ist oft Voraussetzung für eine gute Karriere.

ŽARKO PETAN

Gedanken

Mit Gedanken schlägt man kein Fenster ein.

Deutsches Sprichwort

Der Edle hat edle Gedanken und beharrt bei Edlem.

JESAJA 32,8

Alle wichtigen Gedanken entscheiden sich besser in der Nacht.

EPICHARMOS

Der Herr kennt die Gedanken der Menschen.

PSALMEN 94,11

Gute Gedanken, selbst wenn sie vergessen werden, sterben nicht.

PUBLILIUS SYRUS

Aus dem Herzen kommen die bösen Gedanken.

MARKUS 7,21

Für seinen Gedanken wird niemand bestraft.

ULPIANUS

Gedanken sind Träume nur, bis ihr Erfolg erprobt ist.

FRANCIS BACON

Gedanken sind zollfrei.

WILLIAM SHAKESPEARE

Je mehr sich einer in seine eigenen Gedanken vertieft, desto mehr entfernt er sich von dem Ebenbild Gottes, das in Licht und Heiterkeit besteht.

JOHANN ALBRECHT BENGEL

Worte sind für Gedanken, was Gold für Diamanten. Es bedarf seiner, um sie einzufassen, aber es gehört nur wenig dazu.

VOLTAIRE

Um zu wissen, ob ein Gedanke neu ist, braucht man ihn nur recht einfach auszudrücken.

VAUVENARGUES

Gedanken

Die großen Gedanken kommen aus dem Herzen.

VAUVENARGUES

Gedanken ohne Inhalt sind leer, Anschauungen ohne Begriffe sind blind.

IMMANUEL KANT

Meine ersten Gedanken sind gewiß kein Haar besser als jedermanns erste Gedanken, und – mit jedermanns Gedanken bleibt man am besten zu Hause.

GOTTHOLD EPHRAIM LESSING

Es gibt Gedanken und Empfindungen, die auf fettem Boden nicht wachsen.

MATTHIAS CLAUDIUS

Einer erzeugt den Gedanken, der andere hebt ihn aus der Taufe, der dritte zeugt Kinder mit ihm, der vierte besucht ihn am Sterbebette, und der fünfte begräbt ihn.

GEORG CHRISTOPH LICHTENBERG

Je reiner die Gedanken der Menschen sind, desto mehr stimmen sie zusammen.

JOHANN GOTTFRIED HERDER

Eigentlich kommt alles auf die Gesinnungen an: wo diese sind, treten auch die Gedanken hervor, und nach dem sie sind, sind auch die Gedanken.

JOHANN WOLFGANG VON GOETHE

Man sollte manchmal einen kühnen Gedanken auszusprechen wagen, damit er Frucht brächte.

JOHANN WOLFGANG VON GOETHE

Sind die Gedanken einmal erst entbunden, hat sich sogar, wie's allenthalben der Fall ist, das freimütige Wort schon dazu gefunden.

JOSEPH VON GÖRRES

Nichts schwerer, als bedeutende Gedanken so auszudrücken, daß jeder sie verstehen muß.

ARTHUR SCHOPENHAUER

Im Reiche der Wirklichkeiten ist man nie so glücklich wie im Reiche der Gedanken.

ARTHUR SCHOPENHAUER

Der Gedanke ist die unsichtbare Natur, die Natur der sichtbare Gedanke.

HEINRICH HEINE

Weise erdenken die neuen Gedanken, und Narren verbreiten sie.

HEINRICH HEINE

Gedanken, schön gekämmt, frisiert.

HEINRICH HEINE

Ein Gedanke für sich selbst stellt nie etwas Neues dar; die Gedanken jedoch können mannigfaltig bis ins Unendliche sein.

ALEXANDR S. PUSCHKIN

In jedem ehelichen Beisammensein sind auch die Gedanken ansteckend.

HONORÉ DE BALZAC

Der Gedanke legt den Grund für die Tat.

HELMUTH GRAF MOLTKE

Gedanken sind das Eigentum dessen, der sie beherbergen kann, und dessen, der sie entsprechend verwerten kann.

RALPH WALDO EMERSON

Glaube an deine eigenen Gedanken!

RALPH WALDO EMERSON

Der Gedanke ist das Produkt der Individualität.

FRIEDRICH HEBBEL

Der Lohn unserer Gedanken liegt in unserem Gefühle. Jeder wahrhaft große Gedanke muß auch zu edlen Gefühlen führen.

JÓZSEF VON EÖTVÖS

Ein Gedanke, der richtig ist, kann auf die Dauer nicht niedergelogen werden.

OTTO FÜRST BISMARCK

Je einfacher und schmuckloser man seine Gedanken vorträgt, desto stärker wirken sie.

OTTO FÜRST BISMARCK

Um einen falschen Gedanken mit Erfolg zu widerlegen, muß man bekanntlich ein ganzes Buch schreiben, und den, der den Ausspruch getan hat, überzeugt man doch nicht.

OTTO FÜRST BISMARCK

Gedanken

Große Gedanken bedürfen wie große Taten keiner Trompete.

PHILIP JAMES BAILEY

Nichts ist einem Menschen je so fremd und überraschend wie seine eigenen Gedanken.

HENRY DAVID THOREAU

Ist der nicht gastfreundlich, der Gedanken bei sich empfängt?

HENRY DAVID THOREAU

Die unmittelbare Wirklichkeit des Gedankens ist die Sprache.

FRIEDRICH ENGELS & KARL MARX

Der Gedanke ist es, der das Wort adelt.

GOTTFRIED KELLER

Oft wird uns durch einen Gedanken heißer als durch Fegefeuer.

SAMUEL LONGFELLOW

Unsere Gedanken sind oft schlechter als wir selbst.

GEORGE ELIOT

Der Gedanke scheint frei zu sein, aber im Menschen gibt es etwas viel Mächtigeres, etwas, das den Gedanken leiten kann.

LEW N. GRAF TOLSTOJ

Der Gedanke ist der Anfang von allem. Die Gedanken jedoch kann man lenken. Deshalb ist die Hauptsache der Vervollkommnung, seine Gedanken zu bearbeiten.

LEW N. GRAF TOLSTOJ

Zu größerer Klarheit über seine Gedanken gelangt man, indem man sie anderen klar zu machen sucht.

JOSEPH UNGER

An großen Epochen ist die aufregende Macht des Gedankens zu erkennen.

EDUARD LASKER

Gedanken, die schockweise kommen, sind Gesindel. Gute Gedanken erscheinen in kleiner Gesellschaft. Ein göttlicher Gedanke kommt allein.

MARIE VON EBNER-ESCHENBACH

Man liebt zu bemänteln allerorten schwache Gedanken mit starken Worten.

PAUL HEYSE

Dumme Gedanken hat jeder – nur der Weise verschweigt sie.

WILHELM BUSCH

Jeder Mann, der einen ehrlichen Gedanken ausdrückt, ist ein Soldat in der Armee der intellektuellen Freiheit.

ROBERT G. INGERSOLL

Jeder neue Gedanke muß einen Teil der Schmerzen und Gefahren einer Kindesgeburt durchmachen.

SAMUEL BUTLER

Gedanken sind zollfrei, aber nur die unausgesprochenen. Hat man sie aber ausgesprochen, muß man den vollen Zoll dafür entrichten, ja, manchmal mehr, als sie wert sind. Daran ist schon mancher arme Tropf verblutet.

ROSALIE PERLES

Der Gedanke ist eine Tat, und zwar die fruchtbarste, die auf die Welt wirken kann.

ÉMILE ZOLA

Ein Gedanke kann, außer in der Literatur, nicht zum Kunstwerk werden. Die Kunst macht auch bei der Philosophie keine Anleihen.

ODILON REDON

Einen schönen Gedanken zu haben, ist nichts besonderes. Der Gedanke kommt von selbst, und ist er schön und groß, so ist dies nicht des Menschen Verdienst. Aber den Gedanken gut auszuführen und etwas Großes aus ihm zu schaffen, das ist das Schwerste, das ist – Kunst. Wie oft ist der Gedanke auf den ersten Blick einfach, aber in der Ausführung stößt man auf Hindernisse, die nicht zu lösen sind, und wenn man sich auf den Kopf stellte.

ANTONIN DVOŘÁK

Der rastlose Arbeitsmensch von heute hat tagsüber keine Zeit, sich Gedanken zu machen – und abends ist er zu müde dazu. Alles in allem hält er das für Glück.

GEORGE BERNARD SHAW

Gedanken

Die Unabhängigkeit des Gedankens ist der höchste Adel.

ANATOLE FRANCE

Gute Gedanken und schlechtes Gedächtnis sind oft die nächsten Nachbarn.

FRANZ VON SCHÖNTHAN

Wer könnte bestehen, wenn man für seine Gedanken verantwortlich gemacht würde?

AUGUST STRINDBERG

Gedanken sind keine Spielereien wie Schach, Tarock, Dartel, sondern es sind Notwendigkeiten!

PETER ALTENBERG

Der Mensch wußte bald, daß er seine beste Kraft nicht aus den Muskeln, sondern aus den Gedanken bezog.

HEINRICH LHOTZKY

Die Gedankenarmen sind oft die Wortreichsten.

ELEONORE VAN DER STRATEN-STERNBERG

Der Gedanke wächst, indem er sich von seinen eigenen Worten nährt.

RABINDRANATH TAGORE

Gedanken sind zollfrei – meistens als Muster ohne Wert.

A. BERTHOLD

Das Gegengift gegen unreine Gedanken sind reine Gedanken.

MAHATMA GANDHI

Mancher Gedanke fällt um wie ein Leichnam, wenn er mit dem Leben konfrontiert wird.

CHRISTIAN MORGENSTERN

Gedanken sind zollfrei – solang man sie nicht ausführt.

RODA RODA

Jeder Gedanke ist ein Baustein am werdenden Schicksal – im Guten wie im Bösen.

PRENTICE MULFORD

Gedanken sind Tatsachen, und alles, was wir denken, ist Wirklichkeit.

PRENTICE MULFORD

Weil ich den Gedanken beim Wort nehme, kommt er.

KARL KRAUS

Gedanken sind zollfrei, aber man hat doch Scherereien.

KARL KRAUS

Wenn man heutzutage einen Gedanken in der Welt töten will, braucht man nur einen Ausschuß einzusetzen.

CHARLES F. KETTERING

Wenn wir jung sind, gelten alle Gedanken der Liebe. Im Alter gilt alle Liebe den Gedanken.

ALBERT EINSTEIN

Gedanken leben ebenso von der Bestätigung wie vom Widerspruch.

STEFAN ZWEIG

Schöpferische Unruhe zu schaffen, dies allein ist jedes neugeformten Gedankens erste Probe und Pflicht.

STEFAN ZWEIG

Gedanken sind Kinder, die sich in den Kopf gesetzt haben, geboren zu werden.

WILHELM ALTMANN

Niemand kann einen Gedanken für mich denken, wie mir niemand als ich den Hut aufsetzen kann.

LUDWIG WITTGENSTEIN

Auch Gedanken fallen manchmal unreif vom Baum.

LUDWIG WITTGENSTEIN

Ist ein falscher Gedanke nur einmal kühn und klar ausgedrückt, so ist damit schon viel gewonnen.

LUDWIG WITTGENSTEIN

Wir kommen nie zu Gedanken. Sie kommen zu uns.

MARTIN HEIDEGGER

Gute Gedanken sind Wohltaten aus der Ferne.

MARGARETE SEEMANN

Gedanken

Bei oberflächlichen Menschen erzeugen armselige Gedanken große Wirkungen; bei Geistern, mächtig wie der Ozean, kräuselt selbst die Sturzsee der Eingebung kaum die Oberfläche.

PARAMHANSA YOGANANDA

Gedanken sind Realitäten. Sie sind es, die die Wirklichkeit, Wissenschaft, Kunst und alltägliches Leben umgestalten oder auch verunstalten.

ZENTA MAURINA

Gedankenarmut beruft sich auf ihre Erfahrungen.

HANS KUDSZUS

Gedankenlosigkeit – eine Vorstufe der Lieblosigkeit.

OTHMAR CAPELLMANN

Alle Gedanken, die je gedacht wurden, rollen um die Erde in der großen Geistkugel. Die Erde zerspringt, die Geistkugel platzt, die Gedanken zerstreuen sich im Universum, wo sie auf anderen Sternen weiterleben.

MERET OPPENHEIM

Die beste Antwort auf einen falschen Gedanken ist die Wahrheit.

RICHARD M. NIXON

Alle Gedanken sind geliehen. Wir müssen sie zurückgeben eines Tages, in gutem Zustand.

HANS KASPER

Ob die Gedanken wirklich aus den Köpfen stammen? Meist stammen sie aus zweiter Hand.

WIESLAW BRUDZINSKI

Nenne einen Gedanken nicht falsch, nur weil er dem deinen nicht entspricht.

RASSUL GAMSATOW

An der Schwere der Gedanken bewährt sich die Leichtigkeit des Denkens.

HELMUT LAMPRECHT

Deine Gedanken müssen so tief sein, daß du den Lärm der Welt überhörst und die Welt übersiehst.

ABRAM TERZ (SINJAWSKIJ)

Wer ohne Begleitung spazierengeht, kommt in Begleitung vieler Gedanken zurück.

ERNST R. HAUSCHKA

Viele Gedanken sind des einen Tod.

GUIDO HILDEBRANDT

Gedankenepidemien sind ungefährlich. Es finden sich immer genug Geimpfte, die sich freiwillig als Sanitäter melden.

GABRIEL LAUB

Gedankensplitter entstehen, wenn man sich den Kopf zerbricht.

GERHARD UHLENBRUCK

Gedankenaustausch: Nichts gegen nichts.

RAIMUND VIDRÁNYI

Gedanken, denen das Wort nicht folgen kann, soll man laufen lassen.

HELLMUT WALTERS

Gedanken, die länger leben wollen, müssen im Bilde sein.

HELLMUT WALTERS

In jeder dunkleren Ecke eines Gedankens nisten zehn andere, die einstweilen das Tageslicht scheuen.

HERMANN SCHWEPPENHÄUSER

Wahrhaft freie Gedanken setzen befreite Menschen voraus.

HORST FRIEDRICH

Man kann sich für seine Gedanken nicht entschuldigen.

ELAZAR BENYOËTZ

Fremde Gedanken sind Gäste, die am dritten Tage stören.

PETER TILLE

Genial ist meist nicht der Gedanke, sondern die Vitalität, die ihn immer wieder verwirft.

BEAT SCHMID

Paß auf deine Gedanken auf. Eines Tages werden sie zur Tat.

ESTHER GUT

Viele scheuen Gedankengänge wegen ihrer Endlosigkeit.

CHARLOTTE SEEMANN

Gedanken sind zollfrei. Geschriebene oft nicht.

HANS-HORST SKUPY

Tauwetter für eingefrorene Gedanken!

HANS-HORST SKUPY

Für neue Gedanken zahlt man Mut.

SULAMITH SPARRE

Zu viele gute Gedanken heben sich gegenseitig auf. Der Text langweilt.

SULAMITH SPARRE

Geduld

Geduld ist der Schlüssel zur Freude.
Arabische Weisheit

Ein Geduldiger ist besser als ein Hochmütiger.

PREDIGER 7,8

Je mehr du vermagst, um so mehr sollst du geduldig hinnehmen.

SENECA

Die Frucht des Geistes ist Geduld.

GALATERBRIEF 5,22

Geduld ist euch not.

HEBRÄERBRIEF 10,36

Er hat die Sünden getragen in göttlicher Geduld.

RÖMERBRIEF 3,25

Die Geduld aber soll ihr Werk tun.

JAKOBUS 1,4

Laß dich doch von der unreifen Traube nicht anmachen: bald kommt der Herbst, der dir die jetzt noch bleiche in der Farbe des Purpurs zuführen wird.

HORAZ

Die Geduld ist so sehr über die Werke Gottes gesetzt, daß niemand eine Vorschrift zu erfüllen, niemand ein Gott wohlgefälliges Werk zu verrichten imstande ist, der der Geduld entbehrt.

TERTULLIAN

Geduld dient als Schutz gegen Unrecht genau wie Kleidung gegen Kälte. Denn wenn du mit zunehmender Kälte mehr Kleider anziehst, wird sie keine Macht haben, dir etwas anzutun. Auf gleiche Weise muß deine Geduld wachsen, wenn du großem Unrecht begegnest.

LEONARDO DA VINCI

Was Geduld hat, kann alles überstehen.

FRANÇOIS RABELAIS

Geduld ist ein Pflaster für alle Wunden.

MIGUEL DE CERVANTES

Geduld ist mit der Hoffnung blutsverwandt.

LOPE DE VEGA

Aus der Geduld geht der unschätzbare Friede hervor, welcher das Glück der Welt ist. Wer aber zum Gedulden kein Gemüt hat, ziehe sich zurück in sich selbst, vorausgesetzt, daß er wenigstens sich selbst ertragen kann.

BALTAZAR GRACIÁN

Geduld ist bitter, aber sie trägt süße Früchte.

JEAN-JACQUES ROUSSEAU

Wer alles ertragen kann, kann alles wagen!

VAUVENARGUES

Geduld schafft mehr als Gewalt.

EDMUND BURKE

Geduld ist das Göttliche der Freundschaft und Menschen- oder Nächstenliebe.

JOHANN GEORG HAMANN

Predigt nur immer brav Geduld, so ist die Sklaverei fertig! Denn von der Geduld zum Beweise, daß ihr alles dulden müßt, hat die Gaunerei einen leichten Übergang.

JOHANN GOTTFRIED SEUME

Geduld ist die Kunst zu hoffen.

FRIEDRICH SCHLEIERMACHER

Geduld

Geduld ist zweierlei: ruhige Ertragung des Mangels, ruhige Ertragung des Übermaßes. Die echte Geduld zeugt von großer Elastizität.

NOVALIS

Der wesentliche Teil des Glaubens ist Geduld.

GEORGE MACDONALD

Wer Geduld sagt, sagt Mut, Ausdauer, Kraft.

MARIE VON EBNER-ESCHENBACH

Geduld – eine niedere Form von Verzweiflung, als Tugend verkleidet.

AMBROSE BIERCE

Geduld ist eine Tat. Geduld ist eine Kette von Taten, Geduld ist gipfelnde Willensstärke.

CARMEN SYLVA

An der Grenze der Geduld beginnen die Konflikte.

OSCAR WILDE

Gute Menschen reizen die Geduld.

OSCAR WILDE

Es ist leicht, geduldig zu sein – wenn man ein Schaf ist.

ADOLF NOWACZYNSKI

Geduld ist die praktische Kunst zu hoffen.

HELENE HALUSCHKA

Der Teufel läßt sich am besten mit der Geduld schlagen, denn er hat keine.

C. G. JUNG

Geduld ist Kraft in der höchsten Potenz.

GERTRUD VON LE FORT

Geduld ist die halbe Liebe schon, und manchmal denke ich, sie sei die ganze.

OTTO FLAKE

Geduld und Zügel haben nur die Armen.

ERNST WIECHERT

Geduld ist der größte aller Meister, das Ausharren die vollkommenste Leistung jeder Absicht. Nichts versäumen, nichts unterschätzen, auch das Mißlungene nicht – das macht reif.

ALBERT TALHOFF

Geduld ist der Mut der Gelassenen.

FRIEDL BEUTELROCK

Geduld – die Virtuosität des Hoffens.

K. H. BAUER

Geduld ist ein langsamer, aber ein verläßlicher Baumeister.

MARGARETE SEEMANN

Geduld in ihrem höchsten Sinne, d.h. nichts unternehmen, solange die Zeitenreife noch nicht erreicht ist, erzeugt gestaute Kräfte.

HANS-HASSO VON VELTHEIM-OSTRAU

Es bedarf großer Geduld, um sie zu lernen.

STANISLAW JERZY LEC

Habe Geduld in allem, was du tust, und du wirst schneller dein Ziel erreichen.

PETER CORYLLIS

Man braucht viel Geduld, ehe man Geduld mit sich hat.

WOLFDIETRICH SCHNURRE

Auch Geduld kann ein unvorsichtiger Vorgang (ein Verhalten) sein.

HANS JOACHIM SELL

Alles ist Geduld: die Liebe, das Leben, der Tod.

ENZIO HAUSER

Geduld haben heißt, so tun, als ob man sie hätte.

WOLFRAM WEIDNER

Geduld braucht man vor allem dann, wenn man sie leicht verlieren kann.

GERHARD BRANSTNER

Die Zeit arbeitet für die Geduldigen.

WERNER MITSCH

Geduld ist die Fähigkeit, die dann, wenn man sie am meisten braucht, erschöpft ist.

MAC WILLIAMS

Geduld verlangt Geduld.

REINHARD GUNDELACH

Die Mühlen der Ebenen mahlen langsam.

ULF ANNEL

Gefahr

Ein Funken kann eine ganze Stadt
verzehren.

Ungarisches Sprichwort

Mein Leben ist immer in Gefahr.

PSALMEN 119,109

Deine Sache wird gefährdet, wenn das
Nachbarhaus brennt.

HORAZ

Gefährlich erscheint die Kühnheit gegen die
Kühnen.

OVID

Die Gefahren anderer pflegen Vorsichtigen
von Nutzen zu sein.

PHAEDRUS

In der Gefahr ist Mut Männlichkeit,
Nachgiebigkeit Feigheit. Wer aber in
übergroßer Gefahr angreift, statt sich
zurückzuziehen, ist verwegen; wer vor solcher
Gefahr sich zurückhält, geht den sicheren
Weg. Es ist zweierlei, ob man seine Position
verteidigt oder ob man nach etwas verlangt,
was man nicht hat. Jenes ist Ehrensache für
alle Verständigen; dies mag man tun, wenn
es keine Schwierigkeiten bereitet.

GREGOR VON NAZIANZ

Wer die Gefahren fürchtet, der kommt durch
sie nicht um.

LEONARDO DA VINCI

Der Pfad ist glatt, der hinführt zur Gefahr.

FRANCIS BACON

Gefahr erfindet List.

FRANCIS BACON

Die sichtbaren Gefahren bereiten uns viel
weniger Schrecken als die eingebildeten.

WILLIAM SHAKESPEARE

Gefahren fliehen – das bringt erst in
Gefahren.

CALDERÓN DE LA BARCA

Einem Reichen etwas abschlagen ist oft
gefährlicher, als einem Armen etwas
nehmen.

CHRISTOPH LEHMANN

Furcht vor Gefahr ist zehntausendmal
beängstigender als die Gefahr selbst.

DANIEL DEFOE

Toren und gescheite Leute sind gleich
unschädlich. Nur die Halbnarren und
Halbweisen, das sind die Gefährlichsten.

JOHANN WOLFGANG VON GOETHE

Der Furchtsame erschrickt vor der Gefahr,
der Feige in ihr, der Mutige nach ihr.

JEAN PAUL

Wo Gefahr ist, wächst das Rettende auch.

FRIEDRICH HÖLDERLIN

Angst ist bei Gefahr das gefährlichste.

HEINRICH HEINE

Es gibt auf der Welt nur zwei Geißeln, vor
denen alle Mächte der Erde einen nicht
beschützen können: das sind die Pest und die
Gerichtsvollzieher.

HONORÉ DE BALZAC

Der Mann weicht dem Stein aus, der ihn zu
zerschmettern droht, und vermauert ihn in
seinem Gebäude.

FRIEDRICH HEBBEL

Gefahr ist wie Einsamkeit. Beide verengen
kleine Seelen, während sie große weiten;
beide erdrücken gemeine Geister, während
sie edle erheben und stählen.

JOHANNES SCHERR

Es ist doch gut, sich vor der Gefahr zu
fürchten; das erspart wie oft die Furcht in der
Gefahr.

MARIE VON EBNER-ESCHENBACH

Wo Gefahr ist, ist Hoffnung.

GEORGE BERNARD SHAW

Das größte Risiko auf Erden laufen
Menschen, die nie das kleinste Risiko
eingehen wollen.

BERTRAND EARL RUSSELL

Gefahr

Wer in beständiger Gefahr ist, lernt
Bedächtigkeit und Vorsicht.

WILLIBRORD VERKADE

Wer sich nicht in Gefahr begibt, kommt um.

KARL FOERSTER

Solange die Atombombe sich nur in den
Händen der beiden Großmächte befindet, gibt
es keinen Krieg. Gefährlich wird es erst, wenn
sich jeder das dazu notwendige Plutonium
aus der Drogerie holen kann.

OTTO HAHN

Die Gefahr ist nie so groß, als wenn wir daran
glauben.

OTTO MICHEL

Wenn alle für uns sind, ist große Gefahr.

ERNST JÜNGER

Glück und Unglück sind gleich gefährliche
Zustände, wenn man versäumt, sich sofort
damit einzurichten.

KARL HEINRICH WAGGERL

Manche Gefahren muß man auf sich
nehmen, um das Leben zu retten.

ZENTA MAURINA

Die Gefahr ist längst größer als die Angst vor
ihr sein kann.

ALBERT MATHIAS KEUELS

Man entgeht der Gefahr nicht dadurch,
daß man ihr den Rücken kehrt, weil man
ihren Anblick nicht erträgt. Noch keiner
hat je die Freiheit auf leichtem Wege
gewonnen.

KARL THEODOR VON UND ZU GUTTENBERG

Mit jeder Sprosse, die man erklimmt,
schwankt die Leiter mehr.

HELLMUT WALTERS

Lebensgefahr ist schlimmer als Todesgefahr.
Wir leben in Lebensgefahr.

HANS JÖRG WÜGER

Um das nackte Leben zu retten, geben viele
ihren Geist auf.

WOLFGANG ESCHKER

Es ist gefährlich, Hohlköpfe nicht für voll zu
nehmen.

ANDRÉ BRIE

Es gibt Gefahren, die man nicht abwenden
kann, ohne sich ihnen zuzuwenden.

THOMAS SPANIER

Gefallen

Dem einen gefällt der Pastor, dem
anderen die Pastorin.

Deutsches Sprichwort

Der Tor hat kein Gefallen an Einsicht.

SPRÜCHE 18,2

Wer einem andern eine Gefälligkeit erweist,
verlangt nicht, daß sie ihm vergolten werde.
Denn sonst ist es keine Gefälligkeit mehr,
sondern ein Geschäft.

KLEANTHES

Einem schlechten Menschen einen Gefallen
zu erweisen, ist genau so gefährlich wie einen
guten zu kränken.

PLAUTUS

Gefälligkeit erwirbt Freunde.

TERENZ

Zum zehnten Mal wiederholt, wird es gefallen.

HORAZ

Den Schlechten mißfallen heißt, gelobt
werden.

SENECA

Wenn es einmal geschehen sollte, daß du
dich nach Äußerlichkeiten richtest und
jemandem gefallen willst, so wisse: du hast
deinen Widerstand verloren.

EPIKTET

Oft wird mehr durch Gefälligkeit als durch
Hilfe gesündigt.

TACITUS

Gefallen

Wir sollen nicht uns selber zu Gefallen leben.

RÖMERBRIEF 15,1

Erlaubt ist, was gefällt.

SPARTIANUS

Jemanden an die Gefallen zu erinnern, die man ihm angetan, kommt einem Vorwurf ziemlich gleich.

DEMOSTHENES

Gefallen und Mißfallen hinterlassen wie der Vögel Flug nicht Spuren.

PHADAMPA SANGAY

Kein Werk gefällt Gott, es gehe denn aus Glauben in Gott.

JAKOB BÖHME

Der ist verrückt, der jedermann und seinem Vater gefallen will.

JEAN DE LA FONTAINE

Eine häßliche, hochfahrende Person, welche gefallen will, gleicht einer Bettlerin, welche befiehlt, daß man ihr ein Almosen reiche.

CHAMFORT

Allen immer gefallen ist ein Glücksspiel, wenigen gefallen ein Werk der Tugend, wenn's die Besseren sind. Niemand gefallen schmerzt und kränkt. Soll ich wählen? Ich möchte gern die Mitte: wenigen gefallen und nur den Besten.

JOHANN GOTTFRIED HERDER

Das Absurde, Falsche läßt sich jedermann gefallen: denn es schleicht sich ein; das Wahre, Derbe nicht, denn es schließt aus.

JOHANN WOLFGANG VON GOETHE

Erlaubt ist, was gefällt.

JOHANN WOLFGANG VON GOETHE

Es ist die lächerlichste Prätention, allen gefallen zu wollen.

JOHANN WOLFGANG VON GOETHE

Kein Wunder, daß wir uns alle mehr oder weniger im Mittelmäßigen gefallen, weil es uns in Ruhe läßt; es gibt das behagliche Gefühl, als wenn man mit seinesgleichen umginge.

JOHANN WOLFGANG VON GOETHE

Suche in der Welt weniger selbst zu glänzen, als anderen Gelegenheit zu geben, sich von ihrer vorteilhaftesten Seite zu zeigen, wenn du gefallen willst.

ADOLPH VON KNIGGE

Kannst du nicht allen gefallen durch deine Tat und dein Kunstwerk, mach es wenigen recht; vielen gefallen ist schlimm.

FRIEDRICH VON SCHILLER

Was den Vortrefflichen gefällt, ist gut; was allen ohne Unterschied gefällt, ist es nicht mehr.

FRIEDRICH VON SCHILLER

Allgemein gefallen wollen heißt, den Gemeinen gefallen. Nur das Gemeine ist allgemein.

CASPAR DAVID FRIEDRICH

Man kann auch in der Artigkeit, in der Gefälligkeit, zu viel tun.

J. ST. ZAUPER

Je allgemeiner man gefällt, desto oberflächlicher gefällt man.

STENDHAL

Nur Narren wollen gefallen; der Starke will seine Gedanken geltend machen.

HEINRICH HEINE

Der kann's nicht weit bringen in der Welt, der gar nicht fragt, ob er gefällt.

GOTTFRIED KINKEL

Wer Tausenden gefallen will, gefällt nicht einem recht.

FRIEDRICH VON BODENSTEDT

Das Geheimnis zu gefallen besteht darin, kein solches Geheimnis zu haben.

SULLY PRUDHOMME

Wer zu gefallen sucht, wird fallen.

WILLIBRORD VERKADE

Je mehr du vielen Menschen gefallen willst, desto weniger wirst du den Besten unter den Menschen gefallen.

FRANZ CARL ENDRES

Gefallen

Gefallsucht raubt vielen Frauen die Schönheit, um derentwillen sie die Männer bewundern würden.

CARL TILLY LINDNER

Der Mann will immer nur einer gefallen, die Frau einem, allen – und einem und allen.

ANITA

Es ist nicht die Sache des Politikers, allen zu gefallen.

LADY MARGARET THATCHER

In keinem Land kann einem alles gefallen – es sei denn, man kommt als Tourist.

GABRIEL LAUB

Leider gefallen wir uns darin, anderen zu gefallen.

GERHARD UHLENBRUCK

Wem mein Leben nicht gefällt, soll sein eigenes Leben leben.

BRANA CRNČEVIĆ

Gefühl

Gefühl macht glauben.

Deutsches Sprichwort

Wo das stärkere Empfinden, ist auch das größere Martyrium.

LEONARDO DA VINCI

Je behutsamer wir unsere Gefühle äußern, umso weniger brauchen wir zu erröten, wenn wir sie ändern.

THOMAS WILSON

Es ist schwieriger Gefühle zu verbergen, als Gefühle zu heucheln.

LA ROCHEFOUCAULD

Wer nicht zuweilen zu viel und zu weich empfindet, der empfindet gewiß immer zu wenig.

JEAN PAUL

Die Kinder sagen unzählige zarte Gefühle heraus, die die Erwachsenen auch haben, aber nicht sagen.

JEAN PAUL

Von allen Gefühlen müssen wir die Verachtung am sorgfältigsten verheimlichen.

ANTOINE DE RIVAROL

Gefühl ist Basis der Intelligenz, Anfang und Ende. Alles Wissen geht vom Gefühl aus und in Gefühl wieder zurück.

FRANZ VON BAADER

Es gehört viel Kraft dazu, Gefühle zu zeigen, die ins Lächerliche gezogen werden können.

GERMAINE (MADAME) DE STAËL

Je schöner ein Gefühl, desto verhaßter wird die falsche Nachahmung. Das größte Verbrechen ist, sich die Bewunderung der Menschen ungerechterweise zu verschaffen; denn man vertrocknet in ihnen die Quelle der guten Regungen, indem man sie nötigt, darüber zu erröten, daß sie dergleichen empfunden haben.

GERMAINE (MADAME) DE STAËL

Gefühle, die nicht vollkommen wahr sind, richten mehr Unheil an als Gleichgültigkeit.

GERMAINE (MADAME) DE STAËL

Der Instinkt spricht dunkel und bildlich. Wird er mißverstanden, so entsteht eine falsche Tendenz. Das widerfährt Zeitaltern und Nationen nicht seltener als Individuen.

FRIEDRICH VON SCHLEGEL

Die Dinge haben keine Wirklichkeit. Mir ist nur das wahr, was ich empfinde.

STENDHAL

Wissen ist nichts; man muß fühlen und empfinden.

STENDHAL

Mancher Gedanke und manches Gefühl, in der Hirnschale und der engen dunklen Brust eines Menschen sich entzündend, haben Zerstörung um sich her verbreitet und würden, hätten sie frei sich entladen dürfen, gefahrlos verpufft sein.

LUDWIG BÖRNE

Gefühl

Bei der Sprache der Empfindungen mag die Vernunft nicht ganz müßig sitzen.

ARTHUR SCHOPENHAUER

Wo man am meisten fühlt, weiß man nicht viel zu sagen.

ANNETTE VON DROSTE-HÜLSHOFF

Mit erfrorenen Fingern macht man keinen Knoten auf; mit erkältetem Gemüt wird Leichtes schwer vollbracht.

JEREMIAS GOTTHELF

Kein Mensch hat mehr Selbstgefühl als Lebensgefühl.

FRIEDRICH HEBBEL

Das Gefühl ist nur Lebensmaterial, das erst geformt werden soll.

FRIEDRICH HEBBEL

Ein feines Gefühl läßt sich so wenig lernen wie ein echtes. Man hat es – oder hat es nicht.

THEODOR FONTANE

Nicht was wir erleben, sondern wie wir empfinden, was wir erleben, macht unser Schicksal aus.

MARIE VON EBNER-ESCHENBACH

Wir sind doch törichte Menschen! Wie oft durchkreuzt die Furcht vor dem Lächerlichwerden unsere innigsten, zartesten Gefühle! Man schämt sich der Träne und – spottet; man schämt sich des fröhlichen Lachens und – schneidet ein langweiliges Gesicht; die Tragödie des Lebens sucht man hinter der komischen Maske zu spielen, die Komödie hinter der tragischen; man ist ein Betrüger und Selbstquäler zugleich!

WILHELM RAABE

Gefühllos: Mit großer Seelenstärke begabt, um alles Mißgeschick zu ertragen, das einem anderen zustößt.

AMBROSE BIERCE

Es gibt keine Täuschungen des Herzens. Was das Gefühl uns sagt, ist alles wahr, wenn auch mitunter nur für einen Augenblick.

ISOLDE KURZ

Die Gefühle von Menschen, die man nicht mehr liebt, haben stets etwas Lächerliches.

OSCAR WILDE

Wie seltsam, daß Menschen oft die schonungsloseste Härte da zeigen, wo sie früher am tiefsten und weichsten gefühlt haben.

M. HERBERT

Die Sentimentalität ist der Gefühlsersatz, der nicht gleich als solcher erkannt, aber für die Dauer ungenießbar wird.

ELEONORE VAN DER STRATEN-STERNBERG

Sentimentalität ist unterm Preis erhandeltes Gefühl.

ARTHUR SCHNITZLER

Wer die Empfindungen nicht in ihrer tiefen Kraft versteht, der wird überall nur das Gewöhnliche sehen.

GERHART HAUPTMANN

Wir gehen vielleicht mit unseren Gefühlen zu sparsam um, leben zu sehr mit Gedanken, und das verdirbt uns.

MAKSIM GORKIJ

Im allgemeinen werden Menschen freundliche oder feindselige Gefühle füreinander in dem Verhältnis hegen, in dem sie ihr eigenes Leben für erfolglos oder erfolgreich halten.

BERTRAND EARL RUSSELL

Gefühle sind der Reichtum der Menschen und die Armut der Götter.

LUDWIG KLAGES

Mitgefühl ist ein Grundprinzip des Lebens. Es steht höher noch als Mitleid, denn es umfaßt auch die Mitfreude, zu der es bei vielen mitleidigen Seelen nicht reicht.

KARL FOERSTER

Stets nur im Gefühl liegt der Zugang zu dieser, dem Traum nahe verwandten Welt.

ALFRED KUBIN

Es ist schon schwer, in seinen Gedanken einigermaßen sich auszukennen, wieviel schwerer aber in seinen Gefühlen?

THEODOR HAECKER

Gefühl

Jung ist, wer sich am Abend genauso fühlt wie am Morgen, alt, wer sich morgens so fühlt wie abends.

TADEUSZ KOTARBINSKI

Gefühle sind kostbar. Man soll sie nicht verschwenden.

FELICITAS VON REZNICEK

Je sensibler ein Mensch, dersto heftiger die Marter des Gebundenseins.

ZENTA MAURINA

Woran wir alle im Alter kranken, ist die Gesundheit unserer Gefühle.

SIGMUND GRAFF

Erkenntnis bedingt Abstand, Gefühl Nähe.

OTTO BUCHINGER

Jedes starke Gefühl ist abergläubisch.

ATANAS DALTSCHEW

Große Gefühle laufen gern der Vernunft davon.

JURIJ BRĚZAN

Das Schöne wäre weniger trügerisch und tückisch, wenn man anfinge, unabhängig von den festgesetzten Normen alles als schön zu betrachten, was ein Gefühl hervorruft. Das Schöne ist auch gut. Intelligenz ist Güte. Schönheit ist Intelligenz; die eine wie die andere bringen eine Befreiung aus dem kulturellen Gefängnis mit sich.

FEDERICO FELLINI

Gefühle werden zu Musik, Musik wird zu Gefühlen.

RASSUL GAMSATOW

Es gibt Gefühle von öffentlicher und Gedanken von intimer Art.

HEINRICH NÜSSE

Es gibt auch eine fahrlässige Tötung von Gefühlen.

GERHARD UHLENBRUCK

Die Sentimentalität ist der Kitsch unter den Gefühlen.

OSCAR HERBERT PFEIFFER

Gefühlsfäden sind schwerer zu zerreißen als Gedankenketten.

HELLMUT WALTERS

Alles fließt – längst sind wir so weise geworden, es nicht nur zu wissen, sondern für unser Leben auch zu fordern. Nur in der Liebe suchen wir immer das Ruhende; unveränderlich und unwandelbar soll uns sein, was doch am empfindlichsten, empfänglichsten und des ständigen Zusatzes neuer und neuester Erfahrung bedürftig ist: das Gefühl.

HANNA-HEIDE KRAZE

Gefühle sollte man in Geschenkpackung mit einer schönen Schleife drum verschicken können.

HANS JÖRG WÜGER

Schade, daß die tiefen Gefühle eine solche Vorliebe für seichte Gedanken haben.

NIKOLAUS CYBINSKI

Was man nicht empfindet, kann man nicht denken. Empfindungsarmut erzeugt Gedankenlosigkeit.

HARTMUT LANGE

Gefühle und Verstand gehen oft Fuß in Hand.

PETER TILLE

Gefühl – häufigste Form der Flucht vor Denken und Handeln.

ROLF F. SCHÜTT

Wir zeigen erst unsere Gefühle, wenn wir uns der unseres Gegenübers sicher sind.

BERND-LUTZ LANGE

Wer nicht hören will, will auch nicht fühlen.

PETER GRUBER

Das Gefühl ist bestechlicher als der Verstand.

J. F. BLOBERGER

Gefühlsbarometer auf Null? Ein Strauß Neurosen gefällig?

GERHARD JASCHKE

Wer die Zurschaustellung von Gefühlen einklagt, will betrogen werden.

CORA STEPHAN

Gegenwart

Die Gegenwart ist unser.

Deutsches Sprichwort

Ein vernünftiger Mensch beurteilt
gegenwärtige Ereignisse auf Grund
vergangener.

SOPHOKLES

Ernte heute, und vertraue so wenig auf
morgen wie nur möglich.

HORAZ

Der heutige Tag ist des gestrigen Schüler.

PUBLILIUS SYRUS

Nun sind wir alle hier gegenwärtig vor Gott.

APOSTELGESCHICHTE 10,33

Nur weil wir die Gegenwart nicht recht zu
erkennen und zu erforschen verstehen,
bemühen wir uns geistreich um die Einsicht
in die Zukunft.

BLAISE PASCAL

Genau genommen leben sehr wenige
Menschen in der Gegenwart; die meisten
bereiten sich vor, demnächst zu leben.

JONATHAN SWIFT

Man hat zu allen Zeiten über die Gegenwart
geschimpft.

VOLTAIRE

Kann man aber das Vergangene kennen,
wenn man das Gegenwärtige nicht einmal
versteht? Und wer will vom Gegenwärtigen
rechte Begriffe nehmen, ohne das Zukünftige
zu wissen?

JOHANN GEORG HAMANN

Der Dummkopf beschäftigt sich mit der
Vergangenheit, der Narr mit der Zukunft, der
Weise aber mit der Gegenwart.

CHAMFORT

Eine Chronik schreibt nur derjenige, dem die
Gegenwart wichtig ist.

JOHANN WOLFGANG VON GOETHE

Die Gegenwart ist eine mächt'ge Göttin.

JOHANN WOLFGANG VON GOETHE

In dem Heute wandelt schon das Morgen.

FRIEDRICH VON SCHILLER

Man muß die Zukunft abwarten und die
Gegenwart genießen oder ertragen.

WILHELM VON HUMBOLDT

Die Gegenwart allein ist wahr und wirklich:
sie ist die real erfüllte Zeit, und ausschließlich
in ihr liegt unser Dasein.

ARTHUR SCHOPENHAUER

Wer die Gegenwart unzufrieden verachtet,
dem kommen selten Tage des Friedens.

JEREMIAS GOTTHELF

Das Laster, der Höfling, das Unglück und die
Liebe kennen nur die Gegenwart.

HONORÉ DE BALZAC

Heute ist immer anders als Gestern.

ALEXANDER SMITH

Man wird ganz dumm von alledem, was man
sieht, und das ist wirklich ein Glück, weil
einem sonst das, was man hört, nicht ganz
gescheit vorkäme.

DANIEL SPITZER

Wer seine Zukunft mehr liebt als seine
Gegenwart, der darf nicht lachen. Aber wer in
der Gegenwart lebt, der kann lachen.

HEINRICH LHOTZKY

Nur wer die Gegenwart gekannt hat, weiß
wirklich, was die Hölle ist.

JAKOB WASSERMANN

Die Gegenwart genießen nur die Kinder.

RICHARD VON SCHAUKAL

Wir werden nie Ruhe haben: Das
Gegenwärtige ist immerwährend.

GEORGES BRAQUE

Es ist unmöglich, dem Augenblick zu leben.
Man steht immer mit einem Bein in der
Vergangenheit, mit dem anderen in der
Zukunft.

JULES ROMAINS

Gegenwart

Alles Erleiden des Bestehenden ist Weg des Geborenwerdens ins Künftige.
ALBERT TALHOFF

Was in der Gegenwart geschieht, erfährt man in der Regel erst eine ganze Weile danach von den Historikern.
LUDWIG MARCUSE

Der ist ein Narr, der sich an der Vergangenheit die Zähne ausbricht, denn sie ist ein Granitblock und hat sich vollendet. Bejahe den Tag, wie er dir geschenkt wird, statt dich am Unwiederbringlichen zu stoßen.
ANTOINE DE SAINT-EXUPÉRY

Die Wunden der Gegenwart werden geheilt durch die Gedanken an die Zukunft.
HEINZ KÖRBER

Gegenwart ist Zeit in Zeitlupe.
WOLFRAM WEIDNER

Das wichtigste Problem der Gegenwart liegt darin, daß überhaupt niemand herrscht, bloß Verwirrung.
MANFRED ROMMEL

Schwärme für die Gegenwart! Die Zukunft kommt von selbst.
VYTAUTAS KARALIUS

Die ewig Gestrigen sind ewig heutig.
WERNER SCHNEYDER

Der Durchschnittsmensch lebt in der Vergangenheit, der Weise lebt in der Ewigkeit des Jetzt.
PETER HORTON

Gibt es Politiker oder Parteien, die bessere Gegenwart versprechen?
HANS-HORST SKUPY

Wir leben in der Jüngeren Plastikzeit.
BIRGIT BERG

Auf der Höhe der Zeit kann einem manchmal ganz schwindlig werden.
WOLFGANG MOCKER

Abwarten: der Versuch, der Gegenwart zu entkommen.
MATTHIAS HEMMANN

Geheimnis

Was du vor deinen Feinden verbirgst, solltest du auch deinen Freunden nicht unbedingt sagen.
Armenisches Sprichwort

Eher hält der Mensch das Feuer im Munde als ein Geheimnis.
PETRONIUS

Dieses Geheimnis ist groß.
EPHESERBRIEF 5,32

Alles, was geschieht, vollzieht sich in Geheimnissen.
ORIGENES

Du darfst das Geheimnis, das dir der Bruder anvertraute, leugnen, auch wenn du dazu lügen mußt, denn nicht jeden Ortes ist es Pflicht, die Wahrheit zu sagen.
AL-GHAZALI

Ein Geheimnis, das du verborgen halten willst, darfst du keinem – auch nicht dem Vertrautesten – mitteilen, denn keiner wird das Geheimnis besser bewahren als du selbst.
SAADI

Wehe dem, der die Lüge mit den Schleiern des Geheimnisses verbirgt.
SOHAR

Wer ein Geheimnis verrät, ist eines anderen Diener.
GEORGE HERBERT

Die Geheimnisse bewahrt am besten ein Toter.
CALDERÓN DE LA BARCA

Die meisten Dinge müssen unter Verwandten und Freunden unbemerkt bleiben, ja, sogar unter Feinden.
BALTAZAR GRACIÁN

Nichts drückt schwerer als ein Geheimnis.
JEAN DE LA FONTAINE

Geheimnis

Alle Heimlichkeiten bleiben es nur eine gewisse Zeit.

CHRISTINE VON SCHWEDEN

Wer ein Geheimnis ausplaudert, ist unwürdig.

CHRISTINE VON SCHWEDEN

An der Enthüllung eines jeden Geheimnisses ist der schuld, der es jemandem vertraut hat.

JEAN DE LA BRUYÈRE

Ein Mann hütet das Geheimnis eines anderen mehr als sein eigenes; eine Frau weiß ihr eigenes besser zu wahren als ein fremdes.

JEAN DE LA BRUYÈRE

Man hat über Dinge, die man nicht kennt, immer eine bessere Meinung; Geheimnisse, die enthüllt werden, fordern oft den Spott heraus.

GOTTFRIED WILHELM LEIBNIZ

Drei können ein Geheimnis bewahren, wenn zwei von ihnen tot sind.

BENJAMIN FRANKLIN

Ein wenig Geheimnis gehört zur Freundschaft wie zur Liebe. Ohne die Vertraulichkeit gewisser Blößen und Schwachheiten findet kein Genuß der Geister statt.

JOHANN GEORG HAMANN

Verschwiegenheit fordern ist nicht das Mittel, sie zu erlangen.

JOHANN WOLFGANG VON GOETHE

Es verrät keiner dem andern die Handgriffe einer Kunst oder eines Handwerks, geschweige denn die Kunst vom Leben.

JOHANN WOLFGANG VON GOETHE

Alles geht leichter, wenn man einen Gehilfen hat. Aber eine Heimlichkeit verschweigen kann man besser allein als zu zweit.

JOHANN PETER HEBEL

Wer den kleinsten Teil seines Geheimnisses hingibt, hat den anderen nicht mehr in seiner Gewalt.

JEAN PAUL

Mangel an Verschwiegenheit entsteht meist aus Mangel an Redestoff.

JEAN PAUL

Wer verrät, er verwahre ein Geheimnis, hat schon dessen Hälfte ausgeliefert; und die zweite wird er nicht lange behalten.

JEAN PAUL

Freundschaft, Liebe und Pietät sollen geheimnisvoll behandelt werden.

NOVALIS

Nach innen geht der geheimnisvolle Weg; in uns oder nirgends ist die Ewigkeit mit ihren Welten, die Vergangenheit und Zukunft.

NOVALIS

Das größte Geheimnis ist der Mensch sich selbst.

NOVALIS

Zwischen Theorie und Praxis, Regel und Beispiel, Gesetz und Freiheit bleibt immer ein unendlicher Bruch übrig, und vielleicht ist eben dieser Bruch mehr wert als das Ganze. Das Schöne wäre vielleicht nicht mehr schön, wenn irgendein Denker das Geheimnis enträtselte.

WOLFGANG MENZEL

Wenn du ein Geheimnis bewahren willst, hülle es in Offenheit.

ALEXANDER SMITH

Das schönste aller Geheimnisse ist es, ein Genie zu sein und es als einziger zu wissen.

MARK TWAIN

Ein Geheimnis ist wie ein Loch im Gewande. Je mehr man es zu verbergen sucht, desto mehr zeigt man es.

CARMEN SYLVA

Das wahre Geheimnis der Welt liegt im Sichtbaren, nicht im Unsichtbaren.

OSCAR WILDE

Je höher einer steht, desto mehr verschweigt er.

PAUL ERNST

Geheimnis

Von deinen Geheimnissen weiß dein Nachbar oft mehr als du selbst.

SALOMON BAER-OBERDORF

Alle Geheimnisse liegen in vollkommener Offenheit vor uns. Nur wir stufen uns gegen sie ab, vom Stein bis zum Seher. Es gibt kein Geheimnis an sich, es gibt nur Uneingeweihte aller Grade.

CHRISTIAN MORGENSTERN

Das Geheimnis eines geistreichen Menschen ist weniger geheim als das eines Dummkopfs.

PAUL VALÉRY

Alle Unkeuschheit beginnt mit der Ehrfurchtslosigkeit gegenüber dem Geheimnis.

LEO BAECK

Es gibt nicht zwei Menschen auf der Erde, die nicht durch eine teuflisch ausgedachte Indiskretion zu Todfeinden gemacht werden könnten.

HUGO VON HOFMANNSTHAL

Wenn ein Mensch einem andern für etwas sehr Teures zu danken hat, soll dieser Dank ein Geheimnis bleiben zwischen den beiden.

RAINER MARIA RILKE

Wenn man dir ein Geheimnis anvertraut, so lasse es dir zur Warnung dienen, und behalte das deine für dich.

LISA WENGER

Wer ein Geheimnis anderen mitteilt, verliert die Freude an seinem Vorhaben.

A. J. COLDFIRE

Das Schönste, was wir entdecken können, ist das Geheimnisvolle.

ALBERT EINSTEIN

Laß dich vom Bösen nicht glauben machen, du könntest vor ihm Geheimnisse haben.

FRANZ KAFKA

Die ganze Welt ruht auf einem unausgeplauderten Geheimnis.

ERNST BERTRAM

Du magst viele Geheimnisse ergründen, aber nicht dies: ob und wie weit ein spielendes Mädchen ans Leben seiner Puppe glaubt.

LUDWIG STRAUSS

Seltsam: wir haben alle die gleichen Geheimnisse, und dennoch wissen wir nichts voneinander. Ein anderer Mensch, das ist wie ein anderer Stern.

KARL HEINRICH WAGGERL

Wer den Charme einer Frau entdeckt, entdeckt ihr Geheimnis und hat bereits eines mit ihr.

SIGMUND GRAFF

Jedes enthüllte Geheimnis zieht neue unenthüllte nach sich.

OTTO HEUSCHELE

Der Wissenschaftler spürt das verborgene Gesetz auf. Der Künstler legt es der Schöpfung zugrunde.

RICHARD EURINGER

Man sollte die Bücher, von denen man lebt, anderen nicht preisgeben.

ANTON FRANKE

Diskretion und Geheimnis werden sehr oft verwechselt.

ANITA

Das Wesen des Geheimnisses ist seine Mitteilbarkeit.

ERNST WILHELM ESCHMANN

Ein Katholik hat die Beichte, um sich von seinem Geheimnis zu erholen, eine großartige Einrichtung; er kniet und bricht sein Schweigen, ohne sich den Menschen auszuliefern, und nachher erhebt er sich, tritt wieder seine Rolle unter den Menschen an, erlöst von dem unseligen Verlangen, von Menschen erkannt zu werden.

MAX FRISCH

Vollkommene Diskretion wahrt erst der Tote.

HEINRICH WIESNER

Das Geheimnis eines Menschen liegt in der Hierarchie seiner Ängste.

HEINRICH NÜSSE

Ein Wichtigtuer behandelt längst Bekanntes
als Geheimnis.

GERHARD BRANSTNER

Jeder ist so attraktiv, wie das Geheimnis, das
er verkörpert.

KURT RITTIG

Jedes Geheimnis findet seinen Röntgen.

HELLMUT WALTERS

Niemals kann einer ein Geheimnis wahren,
der nicht offen reden kann.

HANS JÖRG WÜGER

Wer oft hinter Kulissen sieht, weiß: dort ist
auch nichts.

BEAT SCHMID

Henker sind verschwiegen bis in den Tod.
Des Opfers.

HANS-HORST SKUPY

Was nützt das Bankgeheimnis, wenn das
Postgeheimnis nicht gewahrt wird?!

HANS-HORST SKUPY

Gehorsam

Gehorchen aus Muß bringt nur
Verdruß.

Deutsches Sprichwort

Gehorsam ist besser als Opfer.

1 SAMUEL 15,22

Mit dem größten Vergnügen gehorchen die
Menschen dem, von dem sie glauben, daß er
ihren Vorteil besser als sie selbst verstehe.

XENOPHON

Man muß Gott mehr gehorchen als den
Menschen.

APOSTELGESCHICHTE 5,29

Ihr Kinder, seid gehorsam euren Eltern.

EPHESERBRIEF 6,1; KOLOSSERBRIEF 3,20

Der Gehorsam ist ein gewaltiger Vorzug; nur
die vernünftige Kreatur ist seiner fähig.

AUGUSTINUS

Das Grundgesetz aller bürgerlichen Ordnung
ist der Gehorsam gegen die Obrigkeit; um
wieviel mehr muß man dann Gott, dem
Herren seiner Schöpfung, ohne Zaudern
dienen in allen seinen Geboten?

AUGUSTINUS

Ein freier Mensch gehorcht besser.

LEONARDO DA VINCI

Wie, wenn denn ein Fürst Unrecht hätte, ist
ihm sein Volk auch schuldig zu folgen?
Antwort: Nein, denn wider Recht gebührt
niemand zu tun; sondern man muß Gott
mehr gehorchen denn den Menschen.

MARTIN LUTHER

Willst du, daß man dir gehorcht, so gibt keine
Befehle.

FILIPPO NERI

Nur Könige sollen herrschen; allen anderen
ziemt es, ihre Befehle auszuführen und zu
gehorchen.

CHRISTINE VON SCHWEDEN

Unbedingter Gehorsam setzt bei dem
Gehorchenden Unwissenheit voraus.

MONTESQUIEU

Man muß nicht handeln aus Gehorsam gegen
einen Menschen, wo man es aus einem
inneren Bewegungsgrunde tun konnte.

IMMANUEL KANT

Es bedarf wahrer Größe zu wissen, wie man
gehorcht und bewundert.

HONORÉ DE BALZAC

Alle Regierungen fordern blinden Gehorsam,
sogar die göttliche.

FRIEDRICH HEBBEL

Der Ungehorsam ist für jeden, der die
Geschichte gelesen hat, die ursprüngliche
Tugend des Menschen. Durch den
Ungehorsam ist man zum Fortschritt gelangt,
durch den Ungehorsam und durch die
Empörung.

OSCAR WILDE

Gehorsam

Ungehorsam, die seltenste und kühnste der Tugenden, unterscheidet sich nicht häufig von Nachlässigkeit, dem faulsten und gewöhnlichsten der Laster.

GEORGE BERNARD SHAW

Der Gehorsam ist das Maß der Liebe: Seid vollkommen im Gehorsam, um vollkommen in der Liebe zu sein.

CHARLES DE FOUCAULD

Die Männer machen die Gesetze und die Frauen die Sitten. Die Männer halten die Gesetze nicht und die Frauen nicht die Sitten.

ELEONORE VAN DER STRATEN-STERNBERG

Gehorsam ist Nachfolge. Im Gehorsam gibt der Mann sich auf, um in die Gemeinschaft einzugehen.

RENÉ QUINTON

Ungehorsam ist nur dann Tugend, wenn er einer höheren Bedeutung entspringt und nicht eine Spur von Bitterkeit, Feindschaft und Gekränktsein enthält. Dann adelt er, sonst erniedrigt er.

MAHATMA GANDHI

Wenn Kinder ihren Eltern nicht gehorchen, so liegt es immer daran, daß die Eltern nicht befehlen können.

RUDOLF VON DELIUS

Gehorsam heißt nicht, daß man eine Herrschaft duldet – Dulden ist Erniedrigung, sondern, daß man sie bejaht und ihr folgt, weil man sich eins mit ihr fühlt.

JOSÉ ORTEGA Y GASSET

Wer Gehorsam finden will, muß befehlen können.

HENRY DE MONTHERLANT

Wenn eine Frau gehorcht, darf sie sogar gebildet sein.

ERICH KÄSTNER

Der Gehorsam ist nur wenig Sache des Leibes, viel aber Sache des Herzens.

MADELEINE DELBREL

Der Gehorsame ist nicht servil.

SIEGFRIED & INGE STARCK

Der echte Gehorsam setzt die wahre Freiheit voraus, aber die wahre Freiheit nährt sich ihrerseits vom Gehorsam.

MICHEL QUOIST

Lerne einem Kind gehorchen.

PETER TILLE

Je hymnischer der Ton, desto weniger hörbar die Pfeife, nach der er tanzt.

ULRICH ERCKENBRECHT

Geist

Geist gleicht dem Schwerte.

Marokkanisches Sprichwort

Der Geist ist für die Menschen die Ursache von Fessel und Freiheit. Zur Fessel dient das Haften an der Sinneswelt, die Abkehr von ihr zur Freiheit.

UPANISHADEN

Nüchternheit und Mißtrauen, das sind die Arme des Geistes.

EPICHARMOS

Körper ohne Geist gleichen Denkmälern auf dem Marktplatz.

EURIPIDES

Wahres Glück ist, seinen Geist frei zu entfalten.

ARISTOTELES

Das Laster des Geistes heißt Selbstzufriedenheit.

DSCHUANG DSE

Wohl dem Menschen, in dessen Geist kein Trug ist!

PSALMEN 32,2

Der Geist kann auf vielen und sonderbaren Wegen zum Genuß gelangen.

CICERO

Wir werden vom Geist ergriffen.

HORAZ

Geist

Keinesfalls läßt ein stiller Bauch den Geist verhungern.

LUCULLUS

Wißt ihr nicht, welches Geistes Kinder ihr seid?

LUKAS 9,55

Selig sind die Armen im Geiste.

MATTHÄUS 5,3

Wie der Körper für gewisse Biegungen der Glieder nur gebildet werden kann, solange er zart ist, so wird auch der Geist eben durch seine Stärke in späteren Jahren für vieles unempfänglich.

QUINTILIAN

Der Buchstabe tötet, aber der Geist macht lebendig.

2 KORINTHERBRIEF 3,6

Die Frucht aber des Geistes ist Friede.

GALATERBRIEF 5,22

Nehmt das Schwert des Geistes!

EPHESERBRIEF 6,17

Der zuchtlose Geist ist sich selbst zur Strafe.

AUGUSTINUS

Was gemeinhin Geist genannt wird, ist intuitive Weisheit.

PADMA SAMBHAVA

Der Geist ist die allumfassende Vernunft selbst.

LU SCHIANG SCHAN

Der beste Beweis für Geist und Wissen ist Klarheit.

FRANCESCO PETRARCA

Unser Geist hat die Lüge als fünftes Element.

LEONARDO DA VINCI

Der Geist ist immer der Narr des Herzens.

LA ROCHEFOUCAULD

In unserem Geist steckt mehr Faulheit als in unserem Körper.

LA ROCHEFOUCAULD

Höflichkeit des Geistes besteht darin, daß man feine und zarte Dinge denkt.

LA ROCHEFOUCAULD

Das höchste Gut des Geistes ist die Erkenntnis Gottes, und die höchste Tugend des Geistes: Gott zu erkennen.

BARUCH DE SPINOZA

Ein Mensch, der nur in einer gewissen Mittelmäßigkeit Geist besitzt, ist ernsthaft und ganz aus einem Stück; er lacht nicht, er scherzt niemals, er weiß aus dem Kleinen keinen Gewinn zu ziehen.

JEAN DE LA BRUYÈRE

Nur ein Unvorsichtiger wagt vor Leuten, die er nicht kennt, Geist zu haben.

HELVÉTIUS

Laßt uns zurückschauen: wie oft prostituierte sich der menschliche Geist durch Verfolgung und Neid!

WILHELM LUDWIG WEKHRLIN

Der Mensch hat einen Geist in sich, den diese Welt nicht befriedigt.

MATTHIAS CLAUDIUS

Man ist noch kein geistreicher Mann, wenn man viele Ideen hat, so wie man noch kein guter General ist, wenn man viele Soldaten hat.

CHAMFORT

Man glaubt nicht, wie viel Geist nötig ist, um niemals lächerlich zu sein.

CHAMFORT

Das Doktorwerden ist eine Konfirmation des Geistes.

GEORG CHRISTOPH LICHTENBERG

Die Muttermilch für den Leib macht die Natur; für den Geist wollen unsere Pädagogen sie machen.

GEORG CHRISTOPH LICHTENBERG

Wären Verstand und Geist von unserer Erde verschwunden, glaubte jeglicher doch: Meinen behielt ich zurück.

JOHANN GOTTFRIED HERDER

Geist

Alles, was unsern Geist befreit, ohne uns die Herrschaft über uns selbst zu geben, ist verderblich.

JOHANN WOLFGANG VON GOETHE

Es ist nicht groß oder klein, was auf der Landkarte so scheint; es kommt auf den Geist an.

JOHANNES VON MÜLLER

Der Geist ist die Atmosphäre der Seele.

JOSEPH JOUBERT

Man verrenkt sich Geist wie Körper.

JOSEPH JOUBERT

Es ist der Geist, der sich den Körper baut.

FRIEDRICH VON SCHILLER

Geistreichsein bedeutet, die Ähnlichkeit der Dinge zu erkennen, die verschieden sind, und die Unterschiede der Dinge, die sich gleich sind.

GERMAINE (MADAME) DE STAËL

Man versteht das Künstliche gewöhnlich besser als das Natürliche. Es gehört mehr Geist zum Einfachen als zum Komplizierten, aber weniger Talent.

NOVALIS

Nichts ist dem Geist erreichbarer als das Unendliche.

NOVALIS

Wir träumen von Reisen durch das Weltall – ist denn das Weltall nicht in uns? Die Tiefen unseres Geistes kennen wir nicht.

NOVALIS

Der Körper ist der Einband des Geistes, das Gesicht der Titel und das Auge der Name des Verfassers.

JOHANN WILHELM RITTER

Geist zu haben hat den großen Nachteil, daß man fortgesetzt genötigt ist, ihn an halbe Narren zu verschwenden.

STENDHAL

Der Geist soll mehr üben als die Finger! Das ist die Hauptsache.

IGNAZ MOSCHELES

Ein Mann von Geist wird nicht allein nie etwas Dummes sagen, er wird auch nie etwas Dummes (an)hören.

LUDWIG BÖRNE

Der Geist hat seine ewigen Rechte; er läßt sich nicht eindämmen durch Satzungen.

HEINRICH HEINE

Auch der Geist hat seine Hygiene: er bedarf, wie der Körper, einer Gymnastik.

HONORÉ DE BALZAC

Für die gemeine Masse ist Geist dasselbe wie Narrheit.

HONORÉ DE BALZAC

Wenn der Geist durch seinen Intellekt haucht, ist er Genius; wenn er durch seinen Willen haucht, ist er Tugend; wenn er durch seine Neigungen strömt, ist er Liebe.

RALPH WALDO EMERSON

Es geht mit den Kindern des Geistes wie mit den irdischen: sie wachsen, während sie schlafen.

HANS CHRISTIAN ANDERSEN

Der Geist der Mittelklasse ist regsam, fleißig, oft unredlich, bisweilen kühn aus Eitelkeit oder Egoismus, aber von Natur furchtsam, gemäßigt in allen Dingen außer in der Lust am Wohlleben, mit einem Wort mittelmäßig. Er ist ein Geist, der Wunder hervorzubringen vermag, wenn er sich mit dem des Volkes oder Aristokratie verbindet, allein aber je und je nur ein Regiment ohne Tugend und Größe erzeugen wird.

ALEXIS DE TOCQUEVILLE

Es ist unglaublich, wieviel Geist in der Welt aufgeboten wird, um Dummheiten zu beweisen.

FRIEDRICH HEBBEL

Geist ist: welche Macht die Erkenntnis über das Leben besitzt.

SØREN KIERKEGAARD

Die Wissenschaft ist die höchste Kraft des menschlichen Geistes, der Genuß dieser Kraft aber ist die Kunst.

RICHARD WAGNER

Geist

Wenn schon eine Rangordnung im Reiche des Geistes stattfinden soll, so mag die Phantasie die niedrigste, der Wille die mittlere, die Vernunft die höchste Stelle einnehmen.

ERNST VON FEUCHTERSLEBEN

Wenn der Geist müd' ist, wo soll er ruhen?

GEORG BÜCHNER

Es ist immer nur ein kleiner Schritt zur Geistesruhe.

HENRY DAVID THOREAU

Der Geist ist die Kraft, jedes Zeitliche ideal aufzufassen.

JAKOB BURCKHARDT

Wenn der Geist sich einmal seiner selbst bewußt geworden, bildet er von sich aus seine Welt weiter.

JAKOB BURCKHARDT

Solange der Geist sich nicht wandelt, ist jede äußere Wandlung nichtig.

WALT WHITMAN

Geistreichsein ist bloß gefährlich wie Schönsein und ruiniert den Charakter.

THEODOR FONTANE

Eine geistreiche Frau ist ein Schatz, eine geistreiche Schönheit eine Macht.

GEORGE MEREDITH

Es gibt viele Glaubensbekenntnisse, aber der Geist ist der gleiche – in mir, in dir und in allen Menschen.

LEW N. GRAF TOLSTOJ

Gemeinsame geistige Fähigkeit verbindet enger als das Band der Ehe.

MARIE VON EBNER-ESCHENBACH

Der Maßstab, den wir an die Dinge legen, ist das Maß unseres eigenen Geistes.

MARIE VON EBNER-ESCHENBACH

Nur was man aus eigenem Geist hinzutut, macht das Wissen zur Wissenschaft und das Können zur Kunst.

ROSALIE PERLES

Die geistigsten Menschen, vorausgesetzt, daß sie auch die mutigsten sind, erleben auch bei weitem die schmerzhaftesten Tragödien: aber eben deshalb ehren sie das Leben, weil es ihnen seine größte Gegnerschaft entgegenstellt.

FRIEDRICH NIETZSCHE

Weltmensch wird man nicht durch das übliche Reisen, durch internationalen und zwischenstaatlichen offiziellen Verkehr, sondern durch die geistige Versenkung in das Leben der Menschen, der Nationen, der Menschheit.

TOMÁŠ G. MASARYK

Geistlose Menschen können nicht freudig sein, die Stofflosigkeit lastet mit zu schwerem Druck auf ihnen.

ISOLDE KURZ

Es geschehen eine Menge geistiger Selbstmorde.

M. HERBERT

Das geistige Auge mancher Menschen ist nur ein Glasauge. Es sieht nicht, aber es täuscht den anderen ein wahres Auge vor.

ELEONORE VAN DER STRATEN-STERNBERG

Ein Geist, der nur Logik ist, gleicht einem Messer, das nichts ist als Klinge. Die Hand wird blutig beim Gebrauch.

RABINDRANATH TAGORE

Es gibt in der Welt allzuviel geistreichen Schweiß.

GERHART HAUPTMANN

Was verwandelt die geistige Atmosphäre in ein Vakuum? Nichts Eigenes mehr sein zu dürfen.

GERHART HAUPTMANN

Jeder lebendige Geist wurzelt im Herzen.

DMITRIJ S. MERESCHKOWSKIJ

Wer den Geist eines Volkes durch seine Kunstwerke in sich aufgenommen hat, bleibt immer von ihm durchdrungen und kann dieses Volk besser verstehen als ein anderer – bis in seine Politik.

ROMAIN ROLLAND

Geist

Gegensätze in unseren geistigen Anschauungen dürfen nie Einfluß auf unsere pesönlichen Sympathien haben; ich erlaube Theorien und Meinungen niemals, eine entscheidende Rolle in meinen Beziehungen zu anderen Menschen zu spielen.

MAKSIM GORKIJ

Geist ist wohl Macht, leider beherrscht er nicht die Welt.

WILHELM WEBER-BRAUNS

Den Geist seiner Zeit erfassen heißt seiner Zeit vorauseilen.

SALOMON BAER-OBERDORF

Es gibt nur zwei Rassen: die geistige und die ungeistige.

ERNST BARLACH

Der Geist von vielen Millionen schöpferischer Menschen schafft etwas unendlich Höheres als die größte und genialste Voraussicht.

WLADIMIR I. LENIN

An Geist fehlt es heute so wenig, daß man ihm aus dem Wege gehen muß, um nicht vom Überdruß erfaßt zu werden.

CHRISTIAN MORGENSTERN

Ich weiß nicht, wie das Bewußtsein eines Toren ist, aber das eines Mannes von Geist ist voller Torheiten.

PAUL VALÉRY

Geist ist die Kraft, Einheit zu geben, und ist darum eine schöpferische Kraft.

LEO BAECK

Geistige Liebe – ewige Erneuerung.

RUDOLF KASSNER

Wahrhaftigkeit ist das Fundament des geistigen Lebens.

ALBERT SCHWEITZER

Dem Geist, wenn er in Reinheit und Kraft auftritt, kann nichts widerstehen.

ALBERT SCHWEITZER

Der geistige Mensch hat die Wahl, entweder Ironiker oder Radikalist zu sein.

THOMAS MANN

Lesen ohne Liebe, Wissen ohne Ehrfurcht, Bildung ohne Herz ist eine der schlimmsten Sünden gegen den Geist.

HERMANN HESSE

Wenn der Geist auf ein Ziel gerichtet ist, so kommt ihm vieles entgegen.

HANS CAROSSA

Nichts in der Welt wird so gefürchtet wie der Einfluß von Männern, die geistig unabhängig sind.

ALBERT EINSTEIN

Wo hat das Geistige noch eine Stätte, wenn der Fanatismus die Herzen aufpeitscht?

STEFAN ZWEIG

Jede Tyrannei eines Gedankens ist eine Kriegserklärung gegen die geistige Freiheit der Menschheit.

STEFAN ZWEIG

Je weiter der Mensch auf dem geistigen Pfade voranschreitet, desto mehr wird er lernen müssen, seine Aufgabe zu erfüllen.

HAZRAT INAYAT KHAN

Gemeinplätze sind die Trams des geistigen Verkehrs.

JOSÉ ORTEGA Y GASSET

Der Geist wird erst frei, wenn er aufhört, Halt zu sein.

FRANZ KAFKA

Manche Menschen sind innerlich so arm, daß ihnen der Reichtum einer anderen Seele als strafwürdiger, verächtlicher Kapitalismus erscheint.

PAUL VON THUN-HOHENSTEIN

Geistreiche Leute sind eitel, und Eitle eben aus Eitelkeit häufig geistreich. Ich mag das eine wegen des anderen nicht. Es gibt wichtigere Dinge, als geistreich zu sein.

WILHELM FURTWÄNGLER

Ein Intellektueller ist ein die Kultur erzeugender Parasit.

TADEUSZ KOTARBINSKI

Geist

Gott ist die Dichtung des Menschengeistes. –
Gewiß! Aber wie soll der Menschengeist
dichten, was er nicht wesenhaft in sich trägt?

GEORG STAMMLER

Das geistige Unkraut wächst überall und ist
überall käuflich.

JAKOW TRACHTENBERG

Rührung trübt den Geist.

JEAN COCTEAU

Der Geist wird nach einer Zeit gegen
Brutalität abgestumpft. Eine schlimme Sache
muß nur lange genug fortgesetzt werden,
dann gewöhnt sich die Welt daran.

JAWAHARLAL NEHRU

Es ist komisch, daß Menschen, die ein sehr
geringes geistiges Kapital haben, dennoch
ein Leben lang davon zehren können.

FRIEDL BEUTELROCK

Geistreiche Frauen sind oft langweilig,
dagegen Frauen mit Esprit – verführerisch.

FRIEDL BEUTELROCK

Der Geist ist ein Bestandteil des Lebens –
nicht sein Gegensatz.

KURT TUCHOLSKY

Oft beweist es mehr Geist, sich um eine
Frage zu kümmern, als sie zu lösen.

HENRY DE MONTHERLANT

Gegen geistige Seuchen versagt die Medizin.

HANS BRÄNDLI

Man muß Geist haben, um ihn aufgeben zu
können.

PETER BAMM

In dem Maße, in dem sich der Sieg des
Geistes über die Materie vollzieht, offenbart
sich die Gegenwart Gottes im Menschen.

ZENTA MAURINA

Es ist der Geist, der die Welt bewegt.

ANTOINE DE SAINT-EXUPÉRY

Das Schönste, was ein geistiger Mensch
besitzen kann, ist Naivität.

MARTIN KESSEL

Ohne den Glauben und ohne von ihm
gespeist zu werden, muß das geistige Leben
nach einer gewissen Zeit unfehlbar absterben.

REINHOLD SCHNEIDER

Der Geist soll wissen, was der Glaube tut.

ERNST WILHELM ESCHMANN

Der Geist macht Augen, eine seiner besten
Kreationen.

JOACHIM GÜNTHER

Von allen menschlichen Gebrechen ist die
geistige Feigheit das größte.

GUSTAV RENÉ HOCKE

Geistreich ist nur, was nicht ganz ernst
gemeint ist.

THOMAS NIEDERREUTHER

Auf der geistigen Ebene gibt es keine
Rivalität. Was mir rechtmässig zusteht, wird
mir aus Gnade auch gegeben.

FLORENCE SCOVEL SHINN

Gegenüber jedwelchem Erlebnis tritt der
Geist als Spielverderber auf.

É. M. CIORAN

Nicht nur das Atom, auch der Geist läßt sich
spalten.

ERNST KAPPELER

Die Größe des Geistes offenbart sich in seiner
Einfachheit.

PAUL E. MAXHEIMER

Es gibt auch so etwas wie geistiges Asthma.
Man bekommt es, wenn man hinter jedem
Trend herrennt.

JEAN MARAIS

Ein großer Geist, ein großer Geist, aber
umgeben von Leibwächtern.

LJUBIŠA MANOJLOVIĆ

Humor und Geist sind zwei
grundverschiedene Dinge.

PIERRE DANINOS

Geistreich ist man meistens auf Kosten der
Vernunft.

ROBERT LEMBKE

Geist

In einem gesunden Körper wohnt ein
gesunder Geist. – Das Sprichwort ist beliebt,
weil klassisch. Ich darf einwenden, daß ein
funktionierender Geist dem Körper auch das
Seine geben kann.

HANS KASPER

Geistesblitze sind selten: es bleibt meist nur
beim Blitz.

ELISABETH MARIA MAURER

Er lebte ständig über seine geistigen
Verhältnisse.

HUGO ERNST KÄUFER

Das der menschlichen Natur Verderblichste
ist ein mittlerer Wohlstand, insbesondere der
geistige.

GERHARD BRANSTNER

Der Geist weht, wo er will. Der Ungeist aber
auch.

HANS LEOPOLD DAVI

Was die Welt bewegt, ist Hunger: sinnlicher
und geistiger.

GERHARD UHLENBRUCK

Geistesblitze können die Welt zwar erhellen,
aber nicht erwärmen.

HELLMUT WALTERS

Schade, daß die Gaben so ungleich verteilt
sind; die Geist haben, haben fast immer zu
wenig Galle.

NIKOLAUS CYBINSKI

Geistige Freiheit beginnt, wo Eitelkeit endet.

PETER HORTON

Auch durch geistige Kanäle fließen viel
Schmutz und Abfall.

HANS-HORST SKUPY

Kaffeehausintellektueller – röstfrisch.

HANS-HORST SKUPY

Die geistige Inflation kommt uns teuer zu
stehen.

HANS-HORST SKUPY

Die meisten Menschen bewegen sich in
geistigen Schienen. Daher die Entgleisungen.

HANS-HORST SKUPY

Geiz

Der Geizige verbrennt seine
Fingernägel, um Leuchtöl zu
sparen.

Japanisches Sprichwort

Gewinne nie Habsüchtige zu Freunden.

EPIKUR

Auf unrechtmäßigem Wege der Habsucht
frönen ist ein Verbrechen, aber auch auf
rechtmäßigem ist es eine Schande. Denn es
ist unanständig, schmutzig zu geizen, wenn
es auch ohne Rechtsverletzung geschieht.

EPIKUR

Der Geizhals tut niemandem etwas Gutes,
aber er behandelt sich selbst am
schlechtesten.

PUBLILIUS SYRUS

Der Schüchterne bezeichnet sich als
vorsichtig, der Geizige als sparsam.

PUBLILIUS SYRUS

Tötet die Habsucht, welche ist Götzendienst!

KOLOSSERBRIEF 3,5

Geiz ist eine Mutter aller Übel.

1 TIMOTHEUS 6,10

Alle Beschwerden und Betrübnis dieser Welt
haben in der Begierde und dem Geiz ihren
Ursprung.

PANTSCHATANTRA

Der Geiz ist eine sehr große Sünde; kein Ding
aber, das mit Sünde belastet ist, kann ein
gutes Ende nehmen.

MICHELANGELO

Das Geld eines Geizigen ist wie eine
untergehende Sonne; kein Mensch hat gut
davon.

MATTHIAS CLAUDIUS

Geizige Minister schaden dem Fürsten – allein
sie sind unvermeidlich.

CHRISTINE VON SCHWEDEN

Geiz und Neid sind lächerliche
Leidenschaften.

CHRISTINE VON SCHWEDEN

Der Geiz ist eine der unedelsten,
schändlichsten Leidenschaften. Man kann
sich keine Niederträchtigkeiten denken,
deren ein Geizhals nicht fähig wäre, wenn
seine Begierde nach Reichtümern ins Spiel
kommt.

ADOLPH VON KNIGGE

Die Geizhälse haben ausgesprengt, daß man
es nur durch Hunger dazu bringe, ein Genie
zu werden.

DANIEL SPITZER

Geiz ist subjektive Armut.

PETER HILLE

Alle Geizhälse werden steinalt. Es ist, als
grauste es selbst dem Tod vor ihnen.

ROBERT WALSER

Geiz ist ein Fehlgriff in der Wahl der Mittel.

PETER BAMM

Das Vergnügen des Geizigen besteht darin,
sich mit Neidischen zu umgeben.

SIGMUND GRAFF

Der Geizige lebt von der Hoffnung
auf schlechte Zeiten, in denen es ihm
gut geht.

SIGMUND GRAFF

Geizhälse sind unangenehme Zeitgenossen,
aber angenehme Vorfahren.

VICTOR DE KOWA

Er gab sich selber das Trinkgeld, von der
Rechten in die Linke.

ELIAS CANETTI

Der Geizige lebt in Habseligkeit.

HEINRICH WIESNER

Geiz: pervertierter Sammlertrieb.

SIEGFRIED & INGE STARCK

Geiz ist die Armut der Reichen.

WERNER MITSCH

Geld

Hast du Geld, so bist du weise; hast
du keins, bist du ein Tor.

Türkisches Sprichwort

Man ist ohne Geld geboren und kann es auch
ins Grab nicht mitnehmen.

KUANG DSE

Was soll dem Toren Geld in der Hand?

SPRÜCHE 17,16

Man darf nicht meinen, man müsse Geld
wegen des Tauschverkehrs oder des Reisens
halber herstellen.

ZENON

Nervus rerum (Der Nerv der Dinge).

DEMOSTHENES

Du mußt Geld ausgeben, wenn du Geld
verdienen willst.

PLAUTUS

Keine Festung ist so stark, daß Geld sie nicht
einnehmen kann.

CICERO

Dem wachsenden Geld folgt die Sorge.

HORAZ

Wenn einer Geld hat, darf er dumm sein, wie
er will.

OVID

Geld stinkt nicht.

VESPASIAN

Wo du kein Geld hast, kannst du niemanden
zwingen, und hast du Geld, so brauchst du
keinen Zwang.

SAADI

Das Gemüt macht reich; es ist besser,
ein Mann ohne Geld, als Geld ohne
einen Mann.

ADOLF VON NASSAU

Geld in der Fremde ist Heimat.

TAUSENDUNDEINE NACHT

Geld

Überall verschafft Geld dem Menschen Ehre und Schönheit; es dient als Zunge dem, der sprechen will, und als Pfeil dem, der Krieg zu führen wünscht.

TAUSENDUNDEINE NACHT

An dem Gelde interessiert uns nicht die Prägung, sondern wir fragen nach dem Material, woraus es verfertigt ist.

GIOVANNI GRAF MIRANDOLA

Ein Reicher, der mit den Armen Umgang pflegt, erwirbt sich einen guten Ruf. Aber ein Armer, der sich den Reichen zugesellt, bekommt nur Geld.

SCHU SCHUEHMOU

Geld gleicht dem Dünger, der wertlos ist, wenn man ihn nicht ausbreitet.

FRANCIS BACON

Sei weder Borger noch Verleiher; sich und den Freund verliert das Darlehen oft.

WILLIAM SHAKESPEARE

Wo Geld vorangeht, sind alle Wege offen.

WILLIAM SHAKESPEARE

Es gibt wenige Möglichkeiten, sich unschuldiger zu betätigen als im Gelderwerb.

BEN JONSON

Liebe zum Geld und Liebe zum Lernen begegnen sich selten.

GEORGE HERBERT

Bis auf Verdienste und Ruhm ist alles für Geld zu haben.

CHRISTINE VON SCHWEDEN

Man suche nur soviel Geld oder andere Dinge zu erwerben, als erforderlich ist, um Leben und Gesundheit zu erhalten und die Landessitten – sofern sie unserem Ziele nicht widerstreben – zu beobachten.

BARUCH DE SPINOZA

Wer der Ansicht ist, daß Geld alles verschafft, kann leicht in den Verdacht kommen, daß er alles für Geld tut.

LORD HALIFAX

Geld, der Meister aller Sachen, weiß aus Nein oft Ja zu machen.

HANS VON ABSCHATZ

Wenn es sich um Geld handelt, gehört jeder der gleichen Religion an.

VOLTAIRE

Wenn du den Wert des Geldes kennenlernen willst, versuche, dir welches zu borgen.

BENJAMIN FRANKLIN

Geld hat die Eigenschaft, anderes Geld anzuziehen.

BENJAMIN FRANKLIN

Soll das Land glücklich sein, will der Fürst geachtet werden, so muß er unbedingt Ordnung in seinen Finanzen halten.

FRIEDRICH II. VON PREUSSEN

Man muß nicht borgen, wenn man nicht wiederzugeben weiß.

GOTTHOLD EPHRAIM LESSING

Das Geld ist's, was Könige und Sklaven erfand. Dieser Zauberer setzte die einen auf den Thron, die andern in Ketten.

WILHELM LUDWIG WEKHRLIN

Auch selbst dem weisesten unter den Menschen sind die Leute, die Geld bringen, willkommener, als diejenigen, die welches holen.

GEORG CHRISTOPH LICHTENBERG

Geld macht bekanntlich nicht glücklich, es ist aber auch keine Voraussetzung für Unglück.

GEORG CHRISTOPH LICHTENBERG

Wer kein Geld hat, hat auch keinen Mut. Er fürchtet, überall zurückgesetzt zu werden, glaubt, jede Demütigung ertragen zu müssen, und zeigt sich allerorten in ungünstigem Licht.

ADOLPH VON KNIGGE

Der Geizige rafft Geld und Gut unnütz zusammen; der Verschwender bringt es zwecklos durch.

JOHANN PETER HEBEL

Geld

Geld ist der Dämon, der auch Freundschaft erkältet und auflöst, er macht auf der Lippe die herzlichen Worte und Beteuerungen erfrieren und erstarren, die sich eben noch aussprechen wollten. Das starre, tote Metall übt einen magischen Zwang aus, und der ist ihm in der Regel auch am meisten untertan, der die größte Masse davon besitzt.

LUDWIG TIECK

Wenn man in der Liebe Geld teilt, mehrt man die Liebe; wenn man Geld schenkt, tötet man sie.

STENDHAL

Das Geld gleicht dem Seewasser: je mehr davon getrunken wird, desto durstiger wird man.

ARTHUR SCHOPENHAUER

Es gibt Leute, die zahlen für Geld jeden Preis.

ARTHUR SCHOPENHAUER

Das Geld ist die menschliche Glückseligkeit *in abstracto*; daher, wer nicht mehr fähig ist, sie *in concreto* zu genießen, sein ganzes Herz an dasselbe hängt.

ARTHUR SCHOPENHAUER

Auch Rothschild könnte eine Walhalla bauen – ein Pantheon aller Fürsten, die bei ihm Anleihen gemacht.

HEINRICH HEINE

Der einzige moderne Gott, an den man glaubt, ist der Mammon; ich bin zeitgemäß, denn ich ehre das Geld!

HONORÉ DE BALZAC

Die Phönizier haben das Geld erfunden – aber warum so wenig?

JOHANN NESTROY

In Räuberhöhlen zahlt man Sonderpreise.

EDGAR QUINET

Einkünfte wirken auf die Moral so verschieden wie Arzneien auf den Körper.

KOSMA PRUTKOW

Ich kann es mir nicht leisten, meine Zeit mit Geldverdienen zu vergeuden.

LOUIS AGASSIZ

Viel Geld erwerben ist eine Tapferkeit; Geld bewahren erfordert eine gewisse Weisheit, und Geld schön ausgeben ist eine Kunst.

BERTHOLD AUERBACH

Die Wege, auf denen man Geld gewinnen kann, führen fast ausnahmslos abwärts.

HENRY DAVID THOREAU

Mit Geld kann man einen guten Hund kaufen, aber es wird nicht das Wedeln des Schwanzes erworben.

JOSH BILLINGS

Das Geld erniedrigt alle Götter des Menschen – und verwandelt sie in eine Ware. Das Geld ist der allgemeine, für sich selbst konstituierte Wert aller Dinge. Es hat daher die ganze Welt, die Menschenwelt wie die Natur, ihres eigentümlichen Wertes beraubt. Das Geld ist das dem Menschen entfremdete Wesen seiner Arbeit und seines Daseins, und dieses fremde Wesen beherrscht ihn, und er betet es an.

KARL MARX

Erstaunlich ist's, mit welch liebenswürdiger Geschäftigkeit wir Geld kassieren, wenn man bedenkt, wie wir allen Ernstes daran glauben, daß Geld die Wurzel irdischen Übels ist und ein begüterter Mann um keinen Preis in den Himmel kommt. Wie wohlgemut wir uns doch der ewigen Verdammnis überantworten!

HERMANN MELVILLE

Wo viel Geld ist, geht immer ein Gespenst um.

THEODOR FONTANE

Wo Geld ist, da ist der Teufel. Aber wo kein Geld ist, da ist er zweimal.

GEORG WEERTH

Ein Bankier ist ein Mensch, der seinen Schirm verleiht, wenn die Sonne scheint, und der ihn sofort zurückhaben will, wenn es zu regnen beginnt.

MARK TWAIN

Für Geld kann man gar den Teufel tanzen lassen.

MEISTER DSI

Geld

Geld ist geprägte Freiheit.

FJODOR M. DOSTOJEWSKIJ

Nichts soll ein ehrlicher Mensch mehr fürchten, als mehr zu verdienen und mehr auszugeben, als ihm zukommt.

ROBERT LOUIS STEVENSON

Eine Frau davon zu überzeugen, daß auch ein Gelegenheitskauf Geld kostet, ist eine der schwierigsten Aufgaben des Lebens.

EDGAR W. HOWE

Es gibt nur eine Klasse in der Gesellschaft, die mehr an Geld denkt als die Reichen, und das sind die Armen. Die Armen können an nichts anderes denken. Das ist die Misere des Armseins.

OSCAR WILDE

Es ist besser, ein dauerhaftes Einkommen zu haben, als faszinierend zu sein.

OSCAR WILDE

Geld ist das wichtigste Ding auf der Welt. Es bedeutet Gesundheit, Kraft, Ehre, Edelmut und Schönheit ebenso einleuchtend und unleugbar wie sein Mangel Krankheit, Schwäche, Schande, Gemeinheit und Häßlichkeit bedeutet. Nicht die geringste seiner Wunderkräfte ist es, daß es gemeine Menschen ebenso sicher zugrunde richtet, wie es vornehme Menschen kräftigt und veredelt... Es ist mit einem Worte nur dann ein Fluch, wenn wahnwitzig soziale Verhältnisse das Leben selbst zum Fluch machen.

GEORGE BERNARD SHAW

Wenn die Regierung das Geld verschlechtert, um alle Gläubiger zu betrügen, so gibt man diesem Verfahren den Namen Inflation.

GEORGE BERNARD SHAW

Alles, was uns wirklich nützt, ist für wenig Geld zu haben, nur das Überflüssige kostet viel.

AXEL MUNTHE

Laster und Tugend sind meist nur Geldangelegenheiten.

A. O. WEBER

Am wenigsten sollten die Menschen nach Geld streben: durch Reichtum wird die Weisheit gehindert.

INAZO NITOBÉ

Es gibt immer Leute, die keinen Pfennig in der Börse und ein bedeutendes Kapital im Strumpf haben.

CONSTANTIN BRUNNER

Geld ist wie ein Arm oder ein Bein – benutze es oder verliere es.

HENRY FORD

Es ist angenehm, Geld zu besitzen und die Dinge zu kaufen, die man mit Geld erwerben kann. Es ist aber auch ratsam, gelegentlich zu überprüfen und sich zu vergewissern, daß man nicht die Dinge verloren hat, die man sich nicht mit Geld beschaffen kann.

GEORGE LORIMER

Wo Geld wächst, wächst alles.

SALOMON BAER-OBERDORF

Die Adelsbriefe von heute entwickeln sich mit Vorliebe aus Pfandbriefen.

SALOMON BAER-OBERDORF

Das Bankkonto ist in demokratischen Zeiten der Geldherrschaft einer der stärksten Liebesbeweise.

FRANZ BLEI

Der typische moderne Mann betrachtet Geld als ein Mittel, zu mehr Geld zu kommen, damit er protzen und Aufwand treiben kann sowie über diejenigen trimphieren, die bisher seinesgleichen waren.

BERTRAND EARL RUSSELL

Geld ist immer da, nur die Taschen wechseln: Nach einer Veränderung ist es nicht mehr in der gleichen Tasche, und das ist alles, was sich über Geld sagen läßt.

GERTRUDE STEIN

Der einzige wahre Verächter des Geldes ist der Tod.

LISA WENGER

Wer nach Geld jagt, den fängt das Geld.

FRANZ CARL ENDRES

Geld

Mit dem Geld ist es wie mit dem Toilettenpapier. Wenn man es braucht, braucht man es dringend.

UPTON SINCLAIR

Manchmal zahlt man den höchsten Preis für Dinge, die man umsonst erhält.

ALBERT EINSTEIN

Es ist ungeheuerlich, wieviel Zeit und Geld Menschen aufwenden, um etwas umsonst zu bekommen.

ROBERT LYND

Der Geist denkt, das Geld lenkt.

OSWALD SPENGLER

Das beste Mittel, seiner Unabhängigkeit verlustig zu gehen, ist, das Geld auszugeben, das man nicht besitzt.

KEMAL ATATÜRK

Leute, die Geld haben, werden von der Polizei entweder geschützt oder gesucht.

FRITZ DE CRIGNIS

Verneigst du dich vor dem Gelde, so wirst du vor ihm auch kriechen.

PAMPHILIUS PFYFFER

Die Menschen sind nur darum so aufs Geld aus, weil sie sonst nichts mehr haben, worum sie sich kümmern können.

MAX PICARD

Geld regiert die Welt. Danach sieht sie auch aus.

RICHARD KATZ

Um Geld verachten zu können, muß man es haben.

CURT GOETZ

Wenn du nicht Nein sagen kannst, kannst du nicht erwarten, innerhalb deines Einkommens zu leben.

WILLIAM FEATHER

Man sollte es verstehen, Geld in Freude zu verwandeln.

FRIEDL BEUTELROCK

Geld will ernst genommen werden; sonst kommt es nicht zu dir.

KURT TUCHOLSKY

Wenn man kein Geld hat, denkt man immer an Geld. Wenn man Geld hat, denkt man nur noch an Geld.

PAUL GETTY SR.

Mit Geld kann man kaufen, was man sonst nicht erwerben konnte.

KURT GUGGENHEIM

Geld ist gemünzte Freiheit.

KURT GUGGENHEIM

Was der liebe Gott vom Gelde hält, kann man an den Leuten sehen, denen er es gibt.

PETER BAMM

Geldleute lesen gründlicher als Bücherliebhaber. Sie wissen besser, welche Nachteile aus flüchtiger Lektüre entstehen können.

BERT BRECHT

Wer dem Gelde nachläuft, muß gut bei Fuß und schlecht bei Verstand sein.

LUDWIG FRIEDRICH BARTHEL

Der Großzügige hat mit dem Verschwender nichts gemein.

ERICH LIMPACH

Seine Intelligenz kann man beim Geldverdienen beweisen; seine Kultur beim Geldausgeben.

CHARLES TSCHOPP

Wenn man Geld verdienen will, muß man verstehen, es auszugeben.

HERBERT MÜLLERSEN

Geld allein macht nicht glücklich, Zeit allein auch nicht.

ANITA

Geld zu haben ist schön, solange man nicht die Freude an Dingen verloren hat, die man nicht für Geld kaufen kann.

SALVADOR DALI

Geld

Sein Geld hebt er in seinem Herzen auf, die Schläge zählen es.

ELIAS CANETTI

Ein Rezept, wie man mit wenig auskommt. Erste Bedingung: daß man wenig verdient.

DENIS DE ROUGEMONT

Geld zählt ausschließlich für den, der rechnen kann.

HERBERT A. FRENZEL

Jedes Land hat die Börsianer, die es verdient.

ANDRÉ KOSTOLÁNY

Einkommen und Vermögen sind keine Schande, höchstens die Art, wie sie zustande kommen.

BRUNO KREISKY

Die großen Geldscheine in den Taschen der Jugend sind Zeichen einer bankrotten Gesellschaft.

LUISE RINSER

Beim Geld fängt die Gemütlichkeit an.

ALBERT MATHIAS KEUELS

Geld sorgt nur für einen Unterschied im Materiellen.

MALCOLM FORBES

Wenn schon Vorschuß, dann bitte keine Lorbeeren.

WOLFGANG NEUSS

Viele Menschen, manchmal gerade besonders kluge, meinen, daß Geld alles ist. Sie haben recht.

EPHRAIM KISHON

Inflation ist, wenn das Geld hochstapelt.

WOLFRAM WEIDNER

Geld ist für den Geist wie das Essen für den Körper: jedes Übermaß schadet.

MAX THÜRKAUF

Bank: Institut, das mit fremdem Geld reich wird.

MICHAEL SCHIFF

Der Scheck heiligt die Mittel?

SIEGFRIED & INGE STARCK

Geld ohne Liebe ist wie Salz ohne Kraft.

MARTIN LUTHER KING

Geld wirkt bestechender als Logik.

RAIMUND VIDRÁNYI

Wer den Pfennig ehrt, betet den Taler an.

HERMANN SCHWEPPENHÄUSER

Man darf kein Träumer sein, wenn man sein Geld im Schlaf verdienen will.

WERNER MITSCH

Einige tun für Geld alles. Andere nichts.

GÜNTHER MAYER

Geld ist nicht alles. Keiner weiß das besser als die Vermögenden.

NIKOLAUS CYBINSKI

Geld allein macht nicht glücklich, es braucht ein bißchen Gehorsam, Anpassung, Unterwürfigkeit.

AUREL SCHMIDT

Geld verdirbt den Charakter. – Vorausgesetzt, daß man einen hat.

WOLFGANG ESCHKER

Wenn du Geld und Herz hast, zeig nur eines von beiden.

PETER HORTON

Was lange währt, wird endlich inflationär.

HANS-HORST SKUPY

Geld zu haben ist kein Verdienst.

HANS-HORST SKUPY

Man muß das Geld zum Fenster rauswerfen, dann kommt es zur Tür wieder herein.

BERNHARD PAUL

Wer für Geld lebt, stirbt an den Zinsen.

FRANCIS LOUIS BANDELIER

Geld regiert nicht mehr die Welt. Der Schein trügt.

WOLFGANG MOCKER

Gemeinschaft

Gelegenheit

Wende dich nicht von einem
Elefanten ab, um Steine nach einem
Vogel zu werfen.

Ghanasisches Sprichwort

Kleine Gelegenheiten sind häufig der Anfang
großer Unternehmen.

DEMOSTHENES

Eine gute Gelegenheit bietet sich selten und
ist leicht verpaßt.

PUBLILIUS SYRUS

Ich habe viele gekannt, die nicht konnten, als
sie wollten, denn sie hatten es nicht getan,
als sie konnten.

FRANÇOIS RABELAIS

Der Weise weiß, daß der Leitstern der
Klugheit darin besteht, daß man sich nach
der Gelegenheit richtet.

BALTAZAR GRACIÁN

Die Gelegenheit, Unheil anzurichten, bietet
sich hundertmal am Tag, und Gutes zu tun,
nur einmal im Jahr.

VOLTAIRE

Gelegenheit macht nicht Diebe allein, sie
macht auch große Männer.

GEORG CHRISTOPH LICHTENBERG

Von allen traurigen Worten der Zunge oder
der Feder sind die traurigsten: es hätte sein
können.

JOHN G. WHITTIER

Nichts wird so oft unwiederbringlich
versäumt wie eine Gelegenheit, die sich
täglich bietet.

MARIE VON EBNER-ESCHENBACH

Viele Menschen warten ihr Leben lang auf die
Gelegenheit, auf ihre Art gut zu sein.

FRIEDRICH NIETZSCHE

Gelegenheiten sind selten gekennzeichnet.

JOHN A. SHEDD

Wenn man friedlich am Wegrande auf die
Gelegenheit wartet, die vielleicht vor einem
stehenbleibt, wird man nie etwas erreichen.
Die Gelegenheit ist ein eiliges Tier, das
vorbeigaloppiert, und man muß im Lauf
hinaufspringen, wenn man es packen will.

PIERRE DE COUBERTIN

Erst der Dieb – dann die Gelegenheit.

SALOMON BAER-OBERDORF

Ergreife immer die Gelegenheit, das ist das
Geheimnis des Erfolgs!

KURT HÖLLRIGL

Glück ist, wenn Gelegenheit auf Bereitschaft
trifft.

LOTHAR SCHMIDT

Gelegenheit schafft Triebe.

HANS LEOPOLD DAVI

Gemeinschaft

Der Nacken der Gemeinde ist stark.

Deutsches Sprichwort

Wer zur Gemeinschaft unfähig ist, der ist es
auch zur Freundschaft.

PLATON

Wir wollen, daß alle Menschen eine einzige
Gemeinschaft bilden.

CICERO

Was hat das Licht für Gemeinschaft mit der
Finsternis?

2 KORINTHERBRIEF 6,14

Auch unsere Gemeinden müssen lernen zu
helfen, wo es nötig ist, sonst hat ihr Glaube
keinen Wert.

TITUS 3,14

Die Wahrung des Gemeinwohles steht vor der
Beachtung des privaten Nutzens.

JUSTINIAN

Gemeinschaft

In gemeinsamen Töpfen kocht sich schlecht.
PETRONIUS

Man kann schlauer sein als ein anderer, nicht aber schlauer als alle anderen.
LA ROCHEFOUCAULD

Es gibt kein größeres Einzelinteresse, als die allgemeinen Interessen zu den eigenen zu machen.
GOTTFRIED WILHELM LEIBNIZ

Das Gemeinschaftsleben ist ein Austausch wechselseitiger Dienste. Man sichert sein eigenes Glück, indem man an das der anderen denkt. Das ist praktische Klugheit.
ANNE THÉRÈSE DE LAMBERT

Die erhabenste Versammlung, sobald sie sich vom Parteigeist hinreißen läßt, begeht immer mehr Fehler als ein einzelner Mann.
VOLTAIRE

Dies ist das Geheimnis der Gemeinschaft, daß nicht bloß der Niedere des Höheren bedarf, sondern auch der Hohe des Niederen.
BAAL SCHEM

Es wäre leicht, ein Buch zu schreiben, in dem bewiesen wird, daß eine Gemeinschaft von Menschen, die streng nach dem Evangelium lebte, nicht bestehen könnte.
HELVÉTIUS

Die Tafel ist die einzige Gemeinschaft, in der man sich nicht schon in der ersten halben Stunde langweilt.
BRILLAT-SAVARIN

Man soll sich immer betrachten als das Kind des ganzen Menschengeschlechts und das Haupt frei halten für den hohen Gedanken, daß die Millionen Gestorbener und Lebender mit uns verbunden sind zu einer unauflöslichen Einheit.
GUSTAV FREYTAG

Es sucht der Mensch Gemeinschaft und flieht sie – wie das Meer das Land in Ebbe und Flut.
EMIL FROMMEL

Gemeinschaft setzt Demokratie voraus.
LEONHARD RAGAZ

Gemeinsame Ehrfurcht und gemeinsame Seelenfreude sind die Grundlagen der echten Menschengemeinschaft.
MARTIN BUBER

Eine Gemeinschaft hat an sich noch keinerlei kulturellen Wert. Sie erhält diesen erst durch ihre sittliche Richtung.
FRANZ CARL ENDRES

Wahre Gemeinschaft ist nicht zwischen solchen denkbar, die miteinander hinabschauen, sondern nur zwischen denen, welche miteinander emporschauen.
WALDEMAR BONSELS

Wo alle nur nehmen wollen, da stirbt die Gemeinschaft.
W. J. OEHLER

Geist, Sprache und Liebe erschaffen jene Gemeinschaft, die wir menschlich nennen und die die Völker untereinander verbindet.
ZENTA MAURINA

Eine Gemeinschaft ist nicht die Summe von Interessen, sondern die Summe an Hingabe.
ANTOINE DE SAINT-EXUPÉRY

In kleinen Kreisen, in Gemeinwesen und kleinen Wirtschaftsorganisationen, die man überblicken kann, wächst der Geist der Freiheit, der Menschlichkeit und des Friedens.
ARTHUR SCHMID

Es gibt keine Gemeinschaft – ohne Erfüllung der Pflicht und keine Erfüllung der Pflicht – ohne diese beiden gemeinschaftsbildenden Kräfte der Seele: Verstehen und Liebe.
PETER MAX BOPPEL

Die Gemeinschaft der Mitbürger gibt das Gefühl des Zuhauseseins.
SIMONE WEIL

Seltsamerweise gedeiht der Mensch nur dann, wenn seine Umgebung ihn fordert.
L. RON HUBBARD

Solidarität ist etwas anderes als Gefühlsduselei.
WILLY BRANDT

Immer mehr mit zunehmendem Alter sollte man die fundamentalste Verkehrsregel beachten: anderen Platz zu machen.

HELLMUT WALTERS

Gemeinschaftsgeist ist oft nur eine Entschuldigung für mangelnden Individualismus.

WERNER MITSCH

Wenn jeder an sich denkt, dann denken alle an alle.

BRUNO JONAS

Gemeinsam sind wir unausstehlich!

SPONTI-SPRUCH

Genie

Dem Genie, dem das Lächeln fehlt, fehlt ein Flügel.

Italienisches Sprichwort

Es gibt kein großes Genie ohne einen Schuß Verrücktheit.

ARISTOTELES

Die Kraft des Genies wächst mit dem Umfang der Dinge.

TACITUS

Wenn ein wahrer Genius in der Welt erscheint, kann man es daran erkennen, daß sich alle Toren gegen ihn verschwören .

JONATHAN SWIFT

Das Genie ist es, das das Wissen nützlich macht.

JEAN-JACQUES ROUSSEAU

Durch das Genie gibt die Natur der Kunst die Regel.

IMMANUEL KANT

Wo Leute von Genie schweigen, da spricht der Geistlose.

WILHELM LUDWIG WEKHRLIN

Das Genie kann sich wohl etwas aneignen, aber es stiehlt nie.

HEINRICH FÜSSLI

Die Genies brechen die Bahnen, und die schönen Geister ebnen und verschönern sie.

GEORG CHRISTOPH LICHTENBERG

Es gibt heutzutage so viele Genies, daß man recht froh sein soll, wenn einem einmal der Himmel ein Kind beschert, das keines ist.

GEORG CHRISTOPH LICHTENBERG

Man liest jetzt so viele Abhandlungen über das Genie, daß jeder glaubt, er sei eines. Der Mensch ist verloren, der sich früh für ein Genie hält.

GEORG CHRISTOPH LICHTENBERG

Jeder Genius muß nur nach dem studiert werden, was er selbst will.

WILHELM HEINSE

Das Erste und Letzte, was vom Genie gefordert wird, ist Wahrheitsliebe.

JOHANN WOLFGANG VON GOETHE

Die Genügsamkeit des Publikums ist nur ermunternd für die Mittelmäßigkeit, aber beschimpfend und abschreckend für das Genie.

JOHANN WOLFGANG VON GOETHE

Das Genie erwürgt alle, die es plündert.

ANTOINE DE RIVAROL

Das wahre Genie richtet sich zwar zuweilen an fremdem Urteile auf, aber das entwickelte Gefühl seiner Kräfte macht ihm bald diese Krücke entbehrlich.

FRIEDRICH VON SCHILLER

Das Genie verachtet so wenig die strenge Regel wie die tüchtige Arbeit, und nur eitler Stumpfsinn strebt nach regelloser Leichtigkeit, weil ihm weder zum schuldigen Gehorchen noch zum rechten Herrschen die Kraft gegeben ist.

ANTON FRIEDRICH THIBAUT

Nach dem Genie gibt es nichts, das ihm so ähnlich wäre wie die Kraft, es zu erkennen und zu bewundern.

GERMAINE (MADAME) DE STAËL

Genie

Geniale Menschen aller Länder sind geschaffen, um sich gegenseitig zu verstehen und sich gegenseitig zu schätzen.

GERMAINE (MADAME) DE STAËL

Für das praktische Leben ist das Genie so brauchbar wie ein Sternteleskop im Theater.

ARTHUR SCHOPENHAUER

Ein Genie ist ein Mensch, in dessen Kopfe die Welt als Vorstellung einen Grad mehr Helligkeit erlangt hat und deutlicher ausgeprägt dasteht. Und da nicht die sorgfältige Beobachtung des einzelnen, sondern nur die Intensität der Auffassung des Ganzen die wichtigste und tiefste Einsicht liefert, so hat die Menschheit von ihm die größte Belehrung zu erwarten.

ARTHUR SCHOPENHAUER

Ein Genie ist immer eine Art Wunder und kann durchaus nicht natürlich erklärt werden. Da es für alle Zeiten gelten soll, kann es nur lose mit einer vorübergehenden zusammenhängen.

FRANZ GRILLPARZER

Keinem wahren Genius lassen sich bestimmte Bahnen vorzeichnen.

HEINRICH HEINE

Das Talent ist ein Wechsel, den die Natur dem Genius ausstellt.

HONORÉ DE BALZAC

Alles was das Genie beanspruchen kann, ist die Freiheit, den Weg zu weisen. Die Macht, andere auf diesen Weg zu zwingen, ist nicht nur mit der Freiheit und der Entwicklung aller übrigen unvereinbar, sondern verdirbt und entwürdigt den starken Mann selber.

JOHN STUART MILL

Wenn geniale Menschen einen starken Charakter besitzen und ihre Fesseln sprengen, so macht die Gesellschaft, der es nicht gelungen ist, sie zur Trivialität herabzudrücken, aus ihnen Warnungszeichen, auf die man mit feierlichem Schauder als auf Zeichen menschlicher Verirrung hindeutet.

JOHN STUART MILL

Zünden kann nur erfindungsreiche Genialität.

IGNAZ MOSCHELES

Genie ist Geist als Naturkraft.

FRIEDRICH THEODOR VISCHER

Das Talent arbeitet, das Genie schafft.

ROBERT SCHUMANN

Das Genie ist die Macht, Gott der menschlichen Seele zu offenbaren.

FRANZ LISZT

Glücklich das Genie, dem nie das Glück lächelte! Es ist sich selbst so ungeheuer viel: was soll ihm das Glück noch sein?

RICHARD WAGNER

Es ist das Recht des Genies, jede Schwierigkeit zu überwinden, und es gibt kein Bevormundungssystem.

THEODOR FONTANE

Genie kann erklärt werden als die Fähigkeit, mit geringer Mühe das zu vollbringen, was der gewöhnliche Mensch selbst unter Aufwand größter Mühe nicht vollbringen kann.

HERBERT SPENCER

Nur wenn Genie mit Wissenschaft vereint ist, können die besten Ergebnisse erzielt werden.

HERBERT SPENCER

Das mit Leichtigkeit zu tun, was anderen schwerfällt, ist Begabung. Das tun, was die Begabung nicht kann, ist Genie.

HENRI FRÉDÉRIC AMIEL

Die Worte Zufall und Genie bezeichnen nichts wirklich Vorhandenes und lassen sich deshalb auch nicht definieren. Diese Worte bezeichnen nur einen gewissen Grad von Verständnis der Erscheinungen.

LEW N. GRAF TOLSTOJ

Der Genius weist den Weg, das Talent geht ihn.

MARIE VON EBNER-ESCHENBACH

Das Genie macht die Fußtapfen, und das nachfolgende Talent tritt in dieselben hinein, tritt sie aber schief.

WILHELM RAABE

Genie

Es besteht der gleiche Unterschied zwischen Begabung und Genie wie zwischen einem Steinmetz und einem Bildhauer.

ROBERT G. INGERSOLL

Die Liebe zur Natur und die Aufrichtigkeit – das sind die beiden großen Leidenschaften des Genies.

AUGUSTE RODIN

Mittelmäßige schwitzen Blut, um Müll herzustellen. Genies schaffen mühelos Wunder.

ANATOLE FRANCE

Auf welchem Gebiete sich die Genies der Zukunft bewegen sollen? Auf dem Gebiete der Sittlichkeit, der Tugend und der reinen Menschlichkeit.

RICHARD FUGMANN

Es ist das charakteristische Merkmal des Genies, daß seine Äußerung als notwendig empfunden wird.

MAX LIEBERMANN

Genie ist ein Prozent Inspiration und neunzig Prozent Transpiration.

THOMAS ALVA EDISON

Wenn wir Genies wollen, müssen wir uns mit ihrer Unbequemlichkeit abfinden, und das ist etwas, was die Welt nie tun wird. Sie wünscht sich Genies, will aber, daß sie sich genau wie der Durchschnitt benehmen.

GEORGE MOORE

Ein Talent kann sehr leicht aus Mangel an Interesse sterben, aber ein Genie braucht keine Stütze, es lebt durch sich selbst und freut sich trotzig seiner Einsamkeit.

M. HERBERT

Das bloße Talent sucht und findet, aber das Genie erfindet.

AUGUST HITZSCHOLD

Es gibt keine Genialität aus zweiter Hand.

JOSEF HOFMILLER

Was die Genies anbelangt, das ist eine Welt für sich und außerhalb der Diskussion – wie die Elemente.

ARTHUR SCHNITZLER

Ein Genie entwickelt sich leichter als ein Talent.

JACINTO BENAVENTE

Das Charakteristische an genialen Kunstleistungen ist, daß einem das fertig Vorliegende ebenso selbstverständlich vorkommt, als es unbegreiflich bleibt, wie es entstehen konnte.

HANS PFITZNER

Um Dichter zu sein, muß man an sein Genie glauben; um Künstler zu werden, muß man daran zweifeln.

ANDRÉ GIDE

Die Wiege des Genies ist die Einsamkeit.

KURT REICHL

Übung ist alles, und insofern ist Genie Charakter.

CHRISTIAN MORGENSTERN

Es liegt im Wesen des Genies, die einfachsten Ideen auszunutzen.

CHARLES PÉGUY

Dilettanten haben Einfälle, kluge Leute Ideen. Das Genie setzt alles in die Tat um.

HEINRICH GERLAND

Ein Genie hat kein Alter, es ist nie alt oder jung; es steht immer nur in dem Alter, in dem seine vorzüglichsten Schöpfungen entstehen.

GERHARD GUTHERZ

Zum Genie wird der Mensch durch einen höchsten Willensakt, in dem er das ganze Weltall in sich bejaht.

OTTO WEININGER

Die Eigentümlichkeit des Menschen will, daß er lieber von einem Genie und Göttersohn besiegt und in den Staub getreten sein will von einem Durchschnittstypen.

ARNOLD ZWEIG

Das Genie schafft nicht in Gemeinschaftsarbeit. Dichter und Propheten besuchen keine Komitees.

SARWAPALLI RADHAKRISHNAN

Genie

Genie ist Liebeskraft, ist Sehnsucht nach Hingabe.

HERMANN HESSE

Wenn Gesetz und Mensch eins werden, dann tritt das Genie auf. Und jedes Genie ist eine gewonnene Zukunft.

ALBERT TALHOFF

Das Genie hat nicht mehr Licht als ein anderer, rechtschaffener Mensch – aber es sammelt dieses Licht durch eine bestimmte Art von Linse in einen Brennpunkt.

LUDWIG WITTGENSTEIN

Genie ist das, was macht, daß wir das Talent des Meisters nicht sehen können.

LUDWIG WITTGENSTEIN

Das Genie ist oft albern und abgeschmackt. Es will sich selber verleugnen. Und eben so entstand es.

BLAISE GALL

Zum Genie braucht man kein Talent.

FRANZ DAHLEM

Das Genie des Autors ist ein und dasselbe im König wie im Wahnsinnigen, der wähnt, König zu sein.

ERNST JÜNGER

Das Genie lebt seiner Zeit voraus.

ZENTA MAURINA

Genie ist Arbeit, ist Kampf, ist Unrast und Schicksal. Nur der völlig Talentlose stöhnt nach Behagen.

HEINZ STEGUWEIT

Das Genie wie auch das Talent sind oft ein schlechter Zuhörer, weil sie beständig in sich hineinhorchen müssen. Sie dürfen alles verpassen, außer sich selbst.

SIGMUND GRAFF

Genie ist der, der keine Wahl hat.

RICHARD EURINGER

Wenn du Genie spielst, wirst du auch eins.

SALVADOR DALI

Auch Genialität ist eine Abnormität.

JOSEF VIKTOR STUMMER

Das Genie hat kein Recht auf Gleichheit.

HEINRICH WIESNER

Nicht jedes Genie wird eins.

GERHARD UHLENBRUCK

Genie ist eine Verkrüppelung.

THOMAS BERNHARD

Viele Genies an einem Ort wirken durchschnittlich.

HANS-HORST SKUPY

Genies sind heute deshalb weniger gefragt, weil wir die Folgen der Genialität vor den Augen haben.

BEAT LÄUFER

Genuß

Treib deine Leute zur Arbeit an, nie zum Essen.

Chinesisches Sprichwort

So sollt ihr des Landes Gut genießen.

JESAJA 1,19

Im Genuß der Schönheit wie im Genuß der Speisen findet eine gewisse Sättigung statt, und in beiden tut Überladung einerlei Wirkung. Die Liebe der Seele hingegen ist desto unersättlicher, je reiner sie ist.

XENOPHON

Diejenigen, die dem Genuß nachlaufen, erreichen ihn am wenigsten. Eine angenehme Lebensweise besteht im Verlangen, nicht in der Sattheit.

CICERO

Einer ist hungrig, der andere ist trunken.

1 KORINTHERBRIEF 11,21

Der Mensch wird dereinst darüber zur Rechenschaft gezogen werden, daß er erlaubten Genüssen, die er sich hätte gönnen können, entsagte.

TALMUD – KIDDUSCHIN

Genuß

Es ist besser, Genossenes zu bereuen, als zu bereuen, daß man nichts genossen hat.

GIOVANNI BOCCACCIO

Jedes Ding wird mit mehr Trieb erjagt als genossen.

WILLIAM SHAKESPEARE

Wenn du in Essen und Trinken nicht enthaltsam sein kannst, so ist dies keine Sünde, denn dein Verhalten betrifft nur dich selbst und fügt anderen keinen Schaden zu.

SZEMA TSCHIEN

Es gibt keinen Genuß ohne Ruhm und keinen Ruhm ohne Genuß.

CHRISTINE VON SCHWEDEN

Nur der Genuß wird zur Schöpfung.

VOLTAIRE

Auch im Genuß soll stets die Weisheit führen.

VOLTAIRE

Im Leben muß man den Sorgen, Enttäuschungen und Kümmernissen ihren Anteil lassen und bescheiden genießen, was übrigbleibt.

MARQUISE DE DUDEFFANT

Die Gaben der Natur und des Glücks sind nicht so selten wie die Kunst, sie zu genießen.

VAUVENARGUES

Meiner Ansicht nach ist die Welt für mich geschaffen, nicht ich für die Welt. Mein Grundsatz ist es daher, sie zu genießen, so lange ich kann. Soll die Zukunft sich um sich selbst kümmern.

TOBIAS G. SMOLLETT

Wenn die einen genießen wollen, ohne zu arbeiten, so werden andere arbeiten müssen, ohne zu genießen.

IMMANUEL KANT

Das Leben des bloß Genießenden ohne Betrachtung und Sitten scheint keinen Wert zu haben.

IMMANUEL KANT

Mäßigkeit des sinnlichen Genusses ist ohne Zweifel eine kräftigere Methode zur Philosophie der Humanität als tausend gelernte künstliche Abstraktionen.

JOHANN GOTTFRIED HERDER

Wehe dem Armen, der seinen Genuß des Lebens sich erst ergrübelt!

JOHANN GOTTFRIED HERDER

Man braucht den Appetit des Armen, um das Vermögen des Reichen zu genießen.

ANTOINE DE RIVAROL

Der Geizige hat keine, der Verschwender hat einen unnützen Genuß von dem Seinigen.

JOHANN PETER HEBEL

Ein Augenblick, wo das Herz genießt, wiegt Stunden auf, wo der Körper schwelgt.

AUGUST VON KOTZEBUE

Die Probe eines Genusses ist seine Erinnerung.

JEAN PAUL

Für den, der sein Glück im Genießen und nicht im Wirken sucht, muß dieses Leben unausfüllbare Leeren haben.

WILHELM VON HUMBOLDT

Es gehört mehr Genie dazu, ein mittelmäßiges Kunstwerk zu würdigen als ein vortreffliches. Schönheit und Wahrheit leuchten der menschlichen Natur in allererster Instanz ein: und so wie die erhabensten Sätze am leichtesten zu verstehen sind (nur das Minutiöse ist schwer zu begreifen), so gefällt das Schöne leicht; nur das Mangelhafte und Manierierte genießt sich mit Mühe.

HEINRICH VON KLEIST

Wie prächtig wäre unsere heutige Zivilisation, wenn jeder feinere Genuß mit etwas Gefahr verbunden wäre!

STENDHAL

Die allein sind imstande, wahrhaft diese Welt zu genießen, die mit der unsichtbaren Welt beginnen.

JOHN HENRY KARDINAL NEWMAN

Genuß

Das Genießen des Glückes vermindert immer das Glück.

HONORÉ DE BALZAC

Der tiefe Mensch arbeitet in Gesellschaft, genießt in der Einsamkeit.

FRIEDRICH HEBBEL

Die meisten laufen so sehr dem Genuß nach, daß sie an ihm vorbeilaufen.

SØREN KIERKEGAARD

Alle Genüsse sind schließlich Einbildung, und wer die beste Phantasie hat, hat den größten Genuß. Nur das Unwirkliche macht den Wert und ist eigentlich das einzig Reale.

THEODOR FONTANE

Genuß ist Tugend.

MULTATULI

Der größte Genuß im Leben ist, das zu tun, wovon die Leute sagen, daß du es nicht kannst.

WALTER BAGEHOT

Ohne Arbeit kein Genuß, keine Arbeit ohne Genuß.

AUGUST BEBEL

Der Genuß ist ein Aristokrat, der sich im Gedränge nicht leicht zu einem gesellt.

PAUL NATHAN

Wie schnell haben wir die Freuden des Lebens ausgekostet und wie langsam seine Schmerzen.

M. HERBERT

Willst du wissen, wie alt du bist, so frage nicht die Jahre, die du gelebt hast, sondern den Augenblick, den du genießt.

ARTHUR SCHNITZLER

Es gibt keine Kur gegen Geburt und Tod, außer – die Zwischenzeit zu genießen.

GEORGE DE SANTAYANA

Zwei Ziele gibt es im Leben: erstens, das zu bekommen, was man wünscht, und danach, es zu genießen. Nur den Klügsten der Menschheit gelingt letzteres.

LOGAN P. SMITH

An den Zigarren, die sie rauchen, und an den Komponisten, die sie lieben, werdet ihr die Beschaffenheit der Menschenseelen erkennen.

JOHN GALSWORTHY

Die Genußsucht entsteht aus der Leere, und ihre Wirkung ist Leere.

LEONHARD RAGAZ

Man muß sehen, wie die meisten Menschen genießen, um zu ahnen, was sie alles entbehren.

SALOMON BAER-OBERDORF

Wer nicht entsagen kann, kommt zu keinem tieferen Genuß.

ROBERT WALSER

Eine genußsüchtige Frau ertötet in sich die Liebes- und Opferkraft, tritt ihre Krone in den Staub und wird eine Sklavin niedrigster Leidenschaft.

HERMANN KLENS

Genüsse verschaffen durchaus nicht immer Genuß.

FRIEDL BEUTELROCK

Gewohnheit verwandelt den luxuriösen Genuß in langweilige tägliche Bedürfnisse.

ALDOUS HUXLEY

Die Fetten leben kürzer. Aber sie essen länger.

STANISLAW JERZY LEC

Eines Tages begreift man: Ich habe mein Leben genossen, aber nicht gelebt.

MAX FRISCH

Wer zuviel genießt, wird geschmacklos.

GERHARD UHLENBRUCK

Eine gute Tasse Kaffee kann die Weltanschauung ändern.

JOSEF MEIER O'MAYR

Der Feinschmecker unterscheidet zwischen eßbar und genießbar.

WERNER MITSCH

Genuß ist eine Frage der Phantasie.

MARKUS M. RONNER

Die Diagnose war exakt: Lungenkrebs, naturrein.

NIKOLAUS CYBINSKI

Eine Welt von Lärm und Nikotin ist Schall und Rauch.

WERNER SCHNEYDER

Er rauchte viel, dafür trank er regelmäßig.

MANFRED KUBOWSKY

Lebenshungrige sind selten Feinschmecker.

HANS-HORST SKUPY

Gerechtigkeit

Gerechtigkeit ist Macht.

Slowakisches Sprichwort

Du sollst das Recht des Armen nicht beugen.

2 MOSE 23,6

Die Gerechtigkeit ist unsterblich.

BUCH DER WEISHEIT 1,15

Unsere Gerechtigkeit ist wie ein beflecktes Kleid.

JESAJA 64,5

Gerechtigkeit, wenn auch langsam, ist sicher.

SOLON

Auf dem Wege der Gerechtigkeit ist Leben.

SPRÜCHE 12,28

Gerechtigkeit erhöht ein Volk.

SPRÜCHE 14,34

Es gibt einen Punkt, bei dem selbst Gerechtigkeit ungerecht ist.

SOPHOKLES

Die größte Frucht der Gerechtigkeit ist der Seelenfriede.

EPIKUR

Der Gerechte muß viel leiden.

PSALMEN 34,20

Es ist Aufgabe der Gerechtigkeit, Mitmenschen kein Unrecht zuzufügen.

CICERO

Nicht Gewinn ist für ein Land Gewinn, sondern Gerechtigkeit.

DSCHENG HÜAN

Die Hand der Justitia sollte kein Schwert halten.

JUVENAL

Wer Gerechtigkeit und Recht übt, der hat gleichsam die ganze Welt mit Milde erfüllt.

TALMUD – SUKKA

Ein Volk zeigt der Gerechtigkeit größere Achtung, noch verweigert es Unterwerfung, wenn es beobachtet hat, daß die Verfasser ihren Gesetzen gehorchen.

CLAUDIAN

Die Gerechtigkeit besteht nicht darin, daß ihr das Gesicht nach Osten oder Westen richtet, sondern: Derjenige ist gerecht, der an Gott glaubt und der mit Liebe von seinem Vermögen gibt den Anverwandten, Waisen, Armen und Pilgern, überhaupt jedem, der darum bittet; der ist gerecht, der Gefangene auslöst, das Gebet verrichtet, Almosen spendet, der festhält an eingegangenen Verträgen, der geduldig Not und Unglück und Kriegsgefahr trägt – der ist gerecht, der ist wahrhaftig gottesfürchtig.

KORAN

Gerechtigkeit ohne Barmherzigkeit ist Grausamkeit.

THOMAS VON AQUIN

Bei allem, was du tust, bedenke das Ende. Wie wirst du vor dem strengen Richter bestehen, der nach Gerechtigkeit richtet?

THOMAS VON KEMPEN

Zur Gerechtigkeit gehören: Macht, Weisheit und Wille.

LEONARDO DA VINCI

Es geschehe Gerechtigkeit, möge die Welt darüber zugrunde gehen!

FERDINAND I.

Gerechtigkeit

Die Gerechtigkeit ist etwas so Gutes, daß sie sogar unter den Spitzbuben notwendig ist.

MIGUEL DE CERVANTES

Bei den meisten Menschen bedeutet Gerechtigkeitsliebe nichts weiter als die Furcht vor Ungerechtigkeit.

LA ROCHEFOUCAULD

Die Qualität von Gerechtigkeit und Wahrheit ist zu fein, als daß man sie mit unseren klobigen menschlichen Instrumenten messen kann.

BLAISE PASCAL

Eine spaßige Gerechtigkeit, die von einem Fluß begrenzt wird! – Wahrheit diesseits der Pyrenäen ist Irrtum jenseits.

BLAISE PASCAL

Die Gerechtigkeit verlangt, daß man die Menschen nach ihren guten und schlechten Taten behandle.

MARIE DE SÉVIGNÉ

Ein wesentlicher Umstand bei der Gerechtigkeit, die man anderen schuldet, ist, daß man sie ihnen sogleich und ohne Aufschub widerfahren läßt.

JEAN DE LA BRUYÈRE

Gerechtigkeit ist nichts anderes als die Nächstenliebe des Weisen.

GOTTFRIED WILHELM LEIBNIZ

Gerechtigkeit ist die unbeirrbare Bemühung um den Nutzen der Gemeinschaft.

GIAMBATTISTA VICO

Der Bestdenkende findet nicht immer Gerechtigkeit; er muß verstehen, diese sich selbst zuteil werden zu lassen.

VAUVENARGUES

Man kann nicht gerecht sein, wenn man nicht human ist.

VAUVENARGUES

Wenn die Gerechtigkeit untergeht, hat es keinen Wert mehr, daß Menschen auf Erden leben.

IMMANUEL KANT

Die Gerechtigkeit hört auf, wenn ihr die Macht fehlt.

HELVÉTIUS

Gerechtigkeit ist der einzige Grund der Macht und der Dauer des Staates sowie das einzige Band der menschlichen Gesellschaft.

CHRISTOPH MARTIN WIELAND

Sie wollen frei sein, und sie verstehen nicht, gerecht zu sein.

EMANUEL DE SIEYÉS

Gerechtigkeit – das Recht des Schwächeren.

JOSEPH JOUBERT

Seid gerecht, ihr Völker, und eure Fürsten werden es nicht aushalten können, allein ungerecht zu sein.

JOHANN GOTTLIEB FICHTE

Man gibt in unseren Staaten meistens der Gerechtigkeit eine Form, die schrecklicher ist als die Ungerechtigkeit selbst.

JOHANN GOTTFRIED SEUME

Das Wohl des Volkes ist das höchste Gesetz. Höchstes Gesetz aber ist Gerechtigkeit.

GERMAINE (MADAME) DE STAËL

Gerechtigkeit ist angenehm, selbst wenn sie vernichtet.

SYDNEY SMITH

Billigkeit, Haß und Vorliebe werden geübt; aber keine Gerechtigkeit.

RAHEL VARNHAGEN

Man muß nicht seine Gerechtigkeit in der Welt suchen.

NOVALIS

Auf der Gerechtigkeit beruht alle Ordnung. Es gibt aber nicht zweierlei Gerechtigkeit auf Erden: eine nach unten und eine andere nach oben.

JOSEPH VON EICHENDORFF

Von allen Tugenden die schwerste und seltenste ist die Gerechtigkeit. Man findet zehn Großmütige gegen einen Gerechten.

FRANZ GRILLPARZER

Gerechtigkeit

Man sagt, die Gerechtigkeit sei blind. Sie ist aber nur so blind wie ein blinder Spiegel: Es schaut nichts heraus!

MORITZ GOTTLIEB SAPHIR

In der unverbrüchlichen Handhabung der Gerechtigkeit besteht vor allem die Majestät und die Heiligkeit des Staates.

FRIEDRICH JULIUS STAHL

Die Wahrscheinlichkeit, daß wir den Kampf verlieren werden, darf uns nicht davon abhalten, eine Sache zu unterstützen, die wir für gerecht halten.

ABRAHAM LINCOLN

Der Mensch hat mehr Trieb als Fähigkeit, gerecht zu sein.

FRIEDRICH HEBBEL

Die Gerechtigkeit ist das Fundament der Ehre.

ADOLF KOLPING

Wenn es auf die Gerechtigkeit ankommt, so will ich nicht um einen Pfennig prinzipiell verkürzt werden.

OTTO FÜRST BISMARCK

Gerechtigkeit ohne Weisheit ist unmöglich.

JAMES A. FROUDE

Wir haben alle einen Punkt, der eine diesen, der andere jenen, wo wir, wenn wir am gerechtesten zu sein vermeinen, am ungerechtesten werden.

THEODOR FONTANE

Eine Idee, die dem Streben nach Gerechtigkeit entspringt, kann nicht unfruchtbar bleiben.

LEW N. GRAF TOLSTOJ

Ich bin peinlich gerecht, weil es die Distanz aufrecht hält.

FRIEDRICH NIETZSCHE

Wahrlich niemand hat in höherem Grade einen Anspruch auf unsere Verehrung als der, welcher den Trieb und die Kraft zur Gerechtigkeit besitzt.

FRIEDRICH NIETZSCHE

Es gibt zwei Klassen von Menschen: die Gerechten und die Ungerechten. Die Einteilung wird von den Gerechten vorgenommen.

OSCAR WILDE

Nur eins ist noch schlimmer als die Ungerechtigkeit, und das ist: Gerechtigkeit ohne das Schwert in der Hand.

OSCAR WILDE

Die meisten glauben an Gerechtigkeit nur in Bezug auf andere, für sie selbst gibt es nur ein hartes Schicksal.

M. HERBERT

Der Eckstein der Gerechtigkeit ist die Gleichheit vor dem Gesetz.

ROBERT BOSCH

Ein wahres Vertrauen in Gottes Gerechtigkeit bedarf der Rache nicht.

CARLOS VON TSCHUDI

Gerecht sein heißt grausam sein.

SALOMON BAER-OBERDORF

Gerechtigkeit sympathisiert von Natur und insgeheim mit der melancholischen, der aussichtslosen Partei.

THOMAS MANN

Kein Mensch kennt Gerechtigkeit, der nicht sich selber kennt.

LISA WENGER

Die Willkür ist ein Zeichen der Schwäche, und die Gerechtigkeit eines Regimes gibt uns das genaue Maß seiner Stärke.

FRANÇOIS MAURIAC

Gerechtigkeit ist der Stolz des Erziehers.

PETER MAX BOPPEL

Rechthaben ist menschlich, darum unzulänglich. Gerechtigkeit ist göttlich, darum geheiligtes Gesetz.

AMANDA SCHÄFER

Werdet einem guten Menschen lange Zeit nicht gerecht, und es mag euch gelingen, aus ihm einen bösen Menschen zu machen.

JOSEF VIKTOR STUMMER

345

Gerechtigkeit

Die Gerechtigkeit eines Menschen ist selbst schon die Gnade; denn allein an solcher Gerechtigkeit erkennt man sie.

WALTER-GERD BAUER

Es gibt keine Gerechtigkeit. Es gibt nur Grenzen.

ALBERT CAMUS

Wenn man zu einem Menschen oder zu einer Gruppe von Menschen gerecht ist, ist man es zu allen.

ELIE WIESEL

Um Gerechtigkeit zu erreichen, ist Gewalt ein unbrauchbarer und unmoralischer Weg. Sie ist unbrauchbar, weil sie ein vernichtender Strudel ist, in dem schließlich alle umkommen werden. Das alte Gesetz „Aug' um Auge" hinterläßt nur Blinde.

MARTIN LUTHER KING

Viele Leute verwechseln Gerechtigkeit mit Pedanterie.

JOSEF MEIER O'MAYR

Liebe ist die schlimmste Bedrohung der Gerechtigkeit.

TORSTI LEHTINEN

Wer nach Gerechtigkeit dürstet, wird heute schnell zum Alkoholiker.

JÜRG MOSER

Gerücht

Ins Ohr geflüsterte Worte können tausend Meilen weit dröhnen.

Chinesisches Sprichwort

Laß deine Zunge nicht eine Fahne sein, die im Wind eines jeden Gerüchts zu flattern beginnt!

IMHOTEP

Du sollst kein falsches Gerücht verbreiten!

2 MOSE 23,1

Unser Wissen ist nichts, wir folgen allein dem Gerüchte.

HOMER

Im Unglück wird jedes Gerücht geglaubt.

PUBLILIUS SYRUS

Gerücht ist eine Pfeife, die Argwohn, Eifersucht, Vermutung bläst, und von so leichtem Griffe, daß sogar das Ungeheuer mit zahllosen Köpfen, die immer streitbare, wandelbare Menge, darauf spielen kann.

WILLIAM SHAKESPEARE

Das Gerücht vermeldet selten die Wahrheit über die Großen dieser Welt.

CHRISTINE VON SCHWEDEN

Klatschen heißt, anderer Leute Sünden beichten.

WILHELM BUSCH

Was man unter den Geschäftsleuten munkelt, hört man oft sehr weit.

PAMPHILIUS PFYFFER

Der Geburtsschein ist ein Gerücht, das eine Frau durch ihr Aussehen jederzeit dementieren kann.

MARLENE DIETRICH

Ein Dementi ist nach internationalen Gepflogenheiten die verneinende Bestätigung einer Wahrheit, die bislang nur als Gerücht verbreitet war.

ROGER PEYREFITTE

Wo Nachrichten fehlen, wachsen Gerüchte.

ALBERTO MORAVIA

Was geflüstert wird, wird am leichtesten geglaubt.

SIMONE DE BEAUVOIR

Wenn Gerüchte alt werden, werden sie Mythos.

STANISLAW JERZY LEC

Das Gerücht ist ein rascher Tausendfüßler.

ARMIN RIESEN

Judas soll eine Minderheit gewesen sein?

HANS-HORST SKUPY

Gesang

Für Raben ist Krächzen Gesang.

Norwegisches Sprichwort

Tue weg von mir das Geplärr deiner Lieder!

AMOS 5,23

Je klassischer die Melodie, desto geringer die
Zahl derjenigen, die sie mit euch singen
können.

SUNG YU

Mein Herz dichtet ein feines Lied.

PSALMEN 45,2

Gesang vermindert dunkle Sorgen.

HORAZ

Ein fröhlich Werk ist der Gesang: er verlangt
Frieden der Seele für sich.

OVID

Ein guter Gesang wischt den Staub vom
Herzen.

CHRISTOPH LEHMANN

Sprich – und du bist mein Mitmensch,
singe – und wir sind Brüder und Schwestern.

THEODOR GOTTLIEB VON HIPPEL

Der Deutsche singt gerne in Kirchen und auf
Landstraßen, am liebsten aber bei der Arbeit.

KARL JULIUS WEBER

Die Elemente der Poesie einer Nation
erscheinen nie reiner und mehr vereinigt als
in den Volksliedern.

WILHELM GRIMM

Der Gesang ist die Ursprache des Herzens,
die Instrumentalmusik eine Übersetzung
dieser Sprache, und so verehren die Frauen
den Herrscher ihrer eigenen Natur, wenn sie
der Muse des Gesanges huldigen.

LUDWIG BÖRNE

Jede Seligkeit des Lebens hat nicht Worte,
nur Gesang. Nur in Tönen kann ich's zeigen,
nur dem Liede sei's vertraut.

THEODOR KÖRNER

Gesang ist der eigenste Schatz des Einzelnen;
er ist zugleich das umspannendste und
festigendste Band musikalischer Geselligkeit.

ADOLF BERNHARD MARX

Höre fleißig auf alle Volkslieder – sie sind
eine Fundgrube der schönsten Melodien, sie
öffnen dir den Blick in den Charakter der
verschiedenen Nationen.

ROBERT SCHUMANN

Die Vermählung von Rede und Ton ist die
edelste Ehe, die je geschlossen worden.

FERDINAND VON HILLER

Das älteste, echteste und schönste Organ der
Musik, das Organ, dem unsere Musik allein
ihr Dasein verdankt, ist die menschliche
Stimme.

RICHARD WAGNER

Was nicht wert ist, gesungen zu werden, ist
auch nicht der Dichtung wert.

RICHARD WAGNER

Kommen Grillen, die dich plagen – wiege sie
mit Liedern ein.

EMANUEL GEIBEL

Der Mensch versteht an fremdem Sange nur
das, was er selbst schon empfunden; im
wortlosen Liede, in der Musik findet er genau
soviel, als er selbst hineinzulegen hat.

PETER ROSEGGER

Der bei der Arbeit singende Mensch ist das
Bild höchster Lebenskunst.

OTTO MARCH

Das Kampflied ist das eigentliche Volkslied
des Proletariats.

HANNS EISLER

Siegeslieder ziemen sich nicht für einen
heiligen Streiter.

MADELEINE DELBREL

Singende Völker sind dumme Völker.

LUDWIG HOHL

Liederabend: Eine der wenigen noch intakten
Formen der Darbietung von Kunst ohne
gesellschaftspolitische Aspekte.

HANS WEIGEL

Gesang

Wo alle einstimmig singen, ist der Text ohne Bedeutung.

STANISLAW JERZY LEC

Der denkende Mensch braucht nicht unbedingt kollektiven Gesang.

KAZIMIERZ BRANDYS

Nichts gegen die Oper! Die Sterbenden singen.

HANS BENDER

Lieder sind wie Gedanken, einen Moment lang können sie die heroische Illusion vermitteln, man könne die Zeit anhalten.

BOB DYLAN

Geschenk

Wer Geschenke annimmt, verliert die Freiheit.

Italienisches Sprichwort

Einem geschenkten Gaul schaut man nicht ins Maul.

HIERON

Das Geschenk des Feindes ist keines und bringt auch keinen Gewinn.

SOPHOKLES

Wer die Leute nach dem Wert ihrer Geschenke beurteilt, ist dumm.

LÜ PU WE

Nehmt nicht Geschenke wider den Unschuldigen.

PSALMEN 15,5

Was immer du auf Erden verschenkst, es wird dich in den Himmel begleiten.

KORAN

Welt, ich kenne deine Art zu schenken: was du mit der einen Hand gibst, nimmst du mit der anderen.

WALTHER VON DER VOGELWEIDE

Ein Beamter mag große Bestechungsgelder bestimmt zurückweisen, aber bei kleinen Geschenken wie Teppichen oder Gewändern beißt er an. Wie auch die Maus in der Speisekammer ihre eigene Vorsicht übt.

SCHU SCHUEHMOU

Es ist schön, den Augen dessen zu begegnen, dem man soeben etwas geschenkt hat.

JEAN DE LA BRUYÈRE

Lang erwartete Geschenke sind Zahlungen, keine Gaben.

BENJAMIN FRANKLIN

Wenn die Menschen sagen, sie wollen nichts geschenkt haben, so ist es gemeiniglich ein Zeichen, daß sie etwas geschenkt haben wollen.

GEORG CHRISTOPH LICHTENBERG

Schenken ist billiger als borgen.

CARLOS VON TSCHUDI

Höre auf, dich zu revanchieren, und immer seltener kommen die Boten, die Geschenke bringen.

SALOMON BAER-OBERDORF

Wer viele Geschenke nimmt, muß entweder ein gutes Gedächtnis oder ein schlechtes Gewissen haben.

SALOMON BAER-OBERDORF

Schenke, wenn's an der Zeit ist!

REINHOLD BRAUN

Viele Frauen können nur schenken, aber nicht geben. Auch in eigener Sache: sie verschenken sich selbst.

CARL HAGEMANN

Nichts ist umsonst in Gottes Welt. Immer bezahlen einzelne, was die Unzähligen empfangen.

STEFAN ZWEIG

Bürgschaften sind Geschenke, die über das Maß der Leistung gehen.

PAMPHILIUS PFYFFER

Geschenke sind wie Ratschläge: Vergnügen bereiten sie vor allem dem, der sie gibt.

EMILE HENRIOT

Das Geheimnis des Schenkens besteht darin,
daß es, von außen betrachtet, Verdruß, von
innen betrachtet, Freude macht.
SIGISMUND VON RADECKI

Gastgeschenke können auch brauchbar sein.
FELICITAS VON REZNICEK

Wer schenkt, beschenkt sich selbst: mit der
Freude, Freudenspender zu sein.
VICTOR WITTNER

Große Geschenke erbittern den Beschenkten
oft bis zur Rachsucht.
RICHARD FRIEDENTHAL

Ein Geschenk muß die Eigenschaft haben,
sowohl nutzlos wie kostbar zu sein.
PETER BAMM

Der erste Riß in vielen Freundschaften
entsteht durch ein unpassendes Geschenk.
SIGMUND GRAFF

Daß wir uns beschenken, ist gut. Aber daß
der Mensch sich selbst zum Geschenk
bestimmt, verändert die Welt von Grund auf.
FRIEDRICH GEORG JÜNGER

Manches Geschenk macht den Beschenkten
ärmer.
FRANZ SLOVENČIK

Die höchste Form des Tauschhandels sind
die Geschenke.
CHARLES TSCHOPP

Schenken ist ein Brückenschlag über den
Abgrund der Einsamkeit.
ANTOINE DE SAINT-EXUPÉRY

Das Eigentliche wird geschenkt, nicht
erworben.
ERNST WILHELM ESCHMANN

Wer nur halb schenkt, ist kein Wohltäter,
sondern ein Bestohlener.
THOMAS NIEDERREUTHER

Wer nicht glaubt, daß mehrere Menschen
genau denselben Gedanken haben können,
der hat noch keinen Tisch mit
Hochzeitsgeschenken gesehen.
PETER SELLERS

Geldgeschenke sind phantasielos. Vor allem
kleine.
WERNER MITSCH

Nur taktlose Menschen rächen sich mit
Gegengeschenken.
WERNER MITSCH

Geschichte

Es gibt keine höhere Herkunft als Adam.
Philippinisches Sprichwort

Ich will eine Geschichte verkünden aus alter
Zeit.
PSALMEN 78,2

Um die Geschichte seines Landes zu
beschreiben, muß man außer Landes sein.
VOLTAIRE

Aber die Geschichte wird schon zu ihrer Zeit
aufstehen und reden; und wenn sie geredet
hat, so kommt alles vorhergegangene
Geschwätz nicht mehr in Betracht.
FRIEDRICH GOTTLIEB KLOPSTOCK

Die Geschichte soll nicht das Gedächtnis
beschweren, sondern den Verstand
erleuchten.
GOTTHOLD EPHRAIM LESSING

Geschichte ist eine durch Völkerrecht und
Konvention beliebte Art, den Gegenstand von
einer gewissen Seite zu zeigen.
THEODOR GOTTLIEB VON HIPPEL

Die Geschichte ist eine göttliche Sache, wenn
sie recht wahr ist; aber dergleichen gibt es
wenig.
WILHELM HEINSE

Das Beste, was wir aus der Geschichte
haben, ist der Enthusiasmus,
den sie erregt.
JOHANN WOLFGANG VON GOETHE

Geschichte

Geschichte schreiben ist eine Art, sich das Vergangene vom Halse zu schaffen.

JOHANN WOLFGANG VON GOETHE

Pflicht des Historikers: das Wahre vom Falschen, das Gewisse vom Ungewissen, das Zweifelhafte vom Verwerflichen zu unterscheiden.

JOHANN WOLFGANG VON GOETHE

Jesus Christus ist der Schlüssel der Historie.

JOHANNES VON MÜLLER

Hütet euch davor zu glauben, daß die Geschichte der Völker von einigen Männern abhängt!

ROBESPIERRE

Wer aus der Geschichte Völkerrecht und Staatsrecht studieren will, wird allerdings wohl ein guter Minister werden können, aber mit der Vernunft wird er nicht beträchtlich weiter kommen.

JOHANN GOTTFRIED SEUME

Geschichte ist jene Fabel bzw. Lüge, auf die man sich geeinigt hat.

NAPOLEON BONAPARTE

Die Weltgeschichte ist das Weltgericht; ich sage: die Weltgeschichte ist auch das Herzensgericht. Wo das große Herz waltet, da ist Glück; wo das kleine Herz waltet, da ist Unglück. Wer an Wunder glaubt, vollbringt sie; wen nach großen Taten gelüstet, der geht gewiß in kleinlichen Sorgen und Dingen nicht unter. Das Große hat in der Weltgeschichte immer das Kleine besiegt.

ERNST MORITZ ARNDT

Die Weltgeschichte ist der Fortschritt im Bewußtsein der Freiheit.

GEORG WILHELM FRIEDRICH HEGEL

Die Geschichte hat noch nie etwas anderes gelehrt, als daß die Menschen nichts aus ihr gelernt haben.

GEORG WILHELM FIEDRICH HEGEL

Der Historiker ist ein rückwärts gekehrter Prophet.

FRIEDRICH VON SCHLEGEL

Die Geschichte der Völker und Staaten hat den Geschichtsschreibern und den Buchhändlern etwas Geld eingebracht; was sie sonst noch genützt, das weiß ich nicht.

LUDWIG BÖRNE

Die Verleumdung eines geschichtlichen Charakters läßt sich durch nichts entschuldigen, mag derselbe uns in der Zeit noch so ferne liegen. Den Toten und Unglücklichen ist man Wahrheit schuldig.

LORD BYRON

Auf den leeren Seiten der Geschichte sind die glücklichen Tage der Menschheit verzeichnet.

LEOPOLD VON RANKE

Die Geschichte ist ihrer Natur nach universell.

LEOPOLD VON RANKE

Die Geschichte ist aus den schlimmen Handlungen außerordentlicher Menschen zusammengesetzt. Alle Begründer von Gewaltherrschaft und falschen Religionen waren kraftvolle Charaktere. Neun Zehntel aller Drangsale, die unser Geschlecht betreffen, haben keinen anderen Ursprung als die Verbindung von hoher Geisteskraft mit niedrigen Begierden.

THOMAS LORD MACAULAY

Die Geschichte hat die Menschheit nie gebessert.

CHRISTIAN DIETRICH GRABBE

Der wirkliche Gegenstand der Geschichte ist der Genius der Menschheit, dessen Biographie in unseren Annalen geschrieben wird.

RALPH WALDO EMERSON

Die Rassenfrage ist der Schlüssel zur Weltgeschichte.

BENJAMIN DISRAELI

Der Hauptzug der Geschichte besteht doch darin, die Mittelmäßigkeit zur vorherrschenden Macht innerhalb der Menschheit zu erheben.

JOHN STUART MILL

Geschichte

Die Geschichte wimmelt von Beispielen der durch Verfolgung niedergetretenen Wahrheit.

JOHN STUART MILL

Der heutige Mensch lacht über den Unverstand der Vorfahren und sieht dabei doch nicht, daß diese Weltgeschichte mit furchtbarer Flammenschrift geschrieben ist, daß jeder Buchstabe darin schreit und daß von überall her ein durchdringender Finger auf ihn ausgestreckt ist, auf ihn selbst, auf das heutige Geschlecht; aber das heutige Geschlecht lacht nur und beginnt in stolzem Selbstvertrauen eine Reihe von neuen Verirrungen, über die dann wieder die Nachkommen lachen werden.

NIKOLAJ W. GOGOL

Geschichte ist Tat.

MOSES HESS

Die Geschichte ist für den Dichter ein Vehikel zur Verkörperung seiner Anschauungen und Ideen, nicht aber ist umgekehrt der Dichter der Auferstehungsengel der Geschichte.

FRIEDRICH HEBBEL

Die Geschichte ist das Bett, das der Strom des Lebens sich selbst gräbt.

FRIEDRICH HEBBEL

Die Geschichte – das Gedächtnis der Menschheit.

FRIEDRICH HEBBEL

Geschichte ist einfach ein bedrucktes Papier. Die Hauptsache ist immer noch, Geschichte zu machen, nicht sie zu schreiben. Jeder kann Geschichte machen. Nur ein Großer kann sie schreiben.

OTTO FÜRST BISMARCK

Wir kennen nur eine einzige Wissenschaft, die Wissenschaft der Geschichte. Die Geschichte kann – von zwei Seiten aus betrachtet – in die Geschichte der Natur und die Geschichte der Menschen abgeteilt werden. Beide Seiten sind indes von der Zeit nicht zu trennen; solange Menschen existieren, bedingen sich Geschichte der Natur und Geschichte der Menschen gegenseitig.

KARL MARX

Die Menschen machen ihre eigene Geschichte, aber sie machen sie nicht aus freien Stücken, nicht unter selbstgewählten, sondern unter unmittelbar vorgefundenen, gegebenen und überlieferten Umständen.

KARL MARX

Das Wesen der Geschichte ist die Wandlung.

JACOB BURCKHARDT

Über geschichtliche Ereignisse beklagt man sich nicht, man bemüht sich im Gegenteil, ihre Ursachen zu verstehen und damit auch ihre Folgen, die noch lange nicht erschöpft sind.

FRIEDRICH ENGELS

Nur zwei große Strömungen gibt es in der Geschichte der Menschheit: die Niedertracht, die die Konservativen macht, und den Neid, der die Revolutionäre macht.

EDMOND & JULES DE GONCOURT

Die Kunst des Historikers besteht darin, ein wahres Ganzes aus nur halbwahren Zügen zu entwerfen.

ERNEST RENAN

Geschichte ist nicht Geschichte, wenn man nicht bei ihrer Lektüre bald entzückt, bald empört, bald betrübt, bald getröstet ist.

ERNEST RENAN

Geschichte wäre etwas Ausgezeichnetes, wenn sie nur wahr wäre.

LEW N. GRAF TOLSTOJ

Wir werden aus unseren Träumen gerissen, wenn wir erfahren, wie kurz im Verhältnis zu dem Vorleben zivilisierter Völker die Zeitspanne ist, über welche die Weltgeschichte sich erstreckt.

EDUARD LASKER

Die Dampfmaschine arbeitet mit an der Weltgeschichte, wie es die glühendste Beredsamkeit, das tiefste Wissen und alle Bücher der Welt, die Bibel und den Koran ausgenommen, nicht zu tun imstande waren.

MAX VON EYTH

Weltgeschichte ist das Börsengericht.

LUDWIG ANZENGRUBER

351

Geschichte

Ich habe zu viel Geschichte geschrieben, um an sie zu glauben. Wenn jemand glaubt, daß ich mich irre, neige ich dazu, ihm zuzustimmen.

HENRY ADAMS

Wer Geschichte schreibt, muß höchst eitel sein und Freude am Erfinden haben.

ANATOLE FRANCE

Die Geschichte wird nur von starken Persönlichkeiten ertragen, die schwachen löscht sie vollends aus.

FRIEDRICH NIETZSCHE

Die erfolgreichen Niederträchtigkeiten werden von den Geschichtsschreibern eines Tages große Taten genannt.

OSCAR BLUMENTHAL

Geschichte ist Bewußtsein und Wissen – und Wissen ist Leben.

EUGEN FUCHS

Die Geschichte besteht hauptsächlich aus Anschuldigen.

GEORGE BERNARD SHAW

Die Geschichte der Welt ist die Geschichte weniger Menschen, die den Glauben an sich selbst besessen haben.

SWAMI VIVEKANANDA

Jenes Volk ist am glücklichsten, das keine Geschichte hat.

MAHATMA GANDHI

Die Geschichte des Menschen – das ist die Geschichte der Wahrheiten, die der Mensch befreit hat.

ANDRÉ GIDE

Machen wir uns doch von der Tyrannei der Geschichte frei! Ich sage nicht: von der Geschichte, ich sage: von der Tyrannei der Geschichte.

CHRISTIAN MORGENSTERN

Die Geschichtsschreiber – rückwärts gewandte Propheten...? Oft sind sie nur verdrehte Journalisten.

RODA RODA

Die Weltgeschichte ist die Summe dessen, was vermeidbar gewesen wäre.

BERTRAND EARL RUSSELL

Die Geschichte ist eine Versteinerung. Sie ist sporadisch und ergibt bloß Aschenreste.

CHARLES PÉGUY

Geschichte beginnt, wo Freiheit beginnt, wo Freiheit im Namen Gottes gefordert wird und ihre Aufgabe stellt. Wo keine Freiheit ist, dort ist auch keine Geschichte.

LEO BAECK

Ich sehe in der Geschichte der Vergangenheit der Welt vor allem eine Erzählung von Ausnahmemenschen, deren Gedanken, Handlungen, Eigenschaften, Tugenden, Triumphe, Schwächen und Verbrechen die Geschicke des Menschengeschlechts beherrscht haben.

SIR WINSTON S. CHURCHILL

Unter allen Umständen ist die Wahrheit wertvoller als die Nichtwahrheit. Dies muß auch von der geschichtlichen Wahrheit gelten.

ALBERT SCHWEITZER

Die Weltgeschichte ist nichts anderes als das systematische Verschweigen großer – guter – schöner Menschen.

ADOLF NOWACZYNSKI

Der spannendste Roman, den es meiner Ansicht nach gibt, ist die Weltgeschichte.

ROBERT WALSER

Die Weltgeschichte liebt keine Wiederholungen.

STEFAN ZWEIG

Die Geschichte nährt sich wie die Landwirtschaft von den Tälern und nicht von den Gipfeln, von der durchschnittlichen Höhe der Gemeinschaft und nicht von ihren Spitzen.

JOSÉ ORTEGA Y GASSET

Es gibt nichts Neues in der Welt mit Ausnahme der geschichtlichen Ereignisse, die man nicht kennt.

HARRY S. TRUMAN

Geschichte

Ein tüchtiger Historiker kann jedes bereits eingetretene Ereignis als unvermeidlich darstellen.

LEE SIMONSON

Wir sind nicht dazu verdammt, die Geschichte sich wiederholen zu lassen; es ist uns freigestellt, ihr in unserem Falle eine neue, noch nicht dagewesene Wendung zu geben. Als Menschen sind wir mit dieser Freiheit der Wahl begabt, und wir können die uns auferlegte Verantwortung nicht auf Gott oder die Natur abwälzen. Wir müssen sie selber auf uns nehmen. Sie will getragen sein.

ARNOLD J. TOYNBEE

Geschichte ist der Beginn einer jahrhundertelangen systematischen Arbeit, die dazu bestimmt ist, das Geheimnis des Todes aufzuklären und endlich den Tod selber zu überwinden. Aus keinem anderen Grund komponieren die Menschen Sinfonien, entdecken sie die mathematische Unendlichkeit und die elektromagnetischen Wellen. Um in diese Richtung vorzudringen, braucht man einen gewissen Aufschwung der Seele.

BORIS PASTERNAK

Ich könnte mir denken, daß die Geschichtsschreibung alle gewesenen Epochen der Menschheit, von der Urzeit bis zur Gegenwart, dereinst als das Zeitalter des Infantilismus zusammenfaßt.

ANTON KUH

Die Historie ist das zweitklassige Surrogat des Mythos.

FRANZ WERFEL

Je jünger ein Land, um so mehr bemüht es sich darum, eine Geschichte zu haben.

FRIEDRICH SIEBURG

Die wichtigste Lehre der Geschichte ist die, daß der Mensch nicht sehr viel aus der Geschichte lernt.

ALDOUS HUXLEY

Persönlichkeiten schaffen Geschichte. Ihre Ideen sind Waffen: Rohstoffe der Politik.

RICHARD N. GRAF COUDENHOVE-KALERGI

Bei den feinsten Schachzügen des Weltgeistes rücken die unbedeutenden Figuren vor.

ERNST JÜNGER

Die Geschichte? Das gleiche Stück mit unterschiedlicher Rollenbesetzung.

HENRY DE MONTHERLANT

Die Geschichte wird ebensosehr von Königen wie von Ammen gemacht.

PETER BAMM

Es ist davor zu warnen, sich geschichtliche Perioden oder Persönlichkeiten für die Tagespolitik gewissermaßen zurechtzuschnitzen und es sich so bequem zu machen.

HANNS EISLER

Die Geschichte eines Volkes ist der Vollzug seines Schicksals.

HERBERT BÖHME

Die Geschichte eilt dahin, aber die Historiker trödeln.

JACQUES PRÈVERT

Wer sich der Geschichte verschließt, muß auf die Dauer verarmen.

OTTO HEUSCHELE

Geschichte wiederholt sich nie, aber die Historiker wiederholen einander immer.

HUGH WILLIAMSON

Die Geschichte ist ein Triumph der Selbstvollstreckung.

MARTIN KESSEL

Geschichte ist das Muster, das man hinterher in das Chaos webt.

CARLO LEVI

Geschichte setzt sich durch Ideen fort; der immerwährende Kampf der Ideen ist die Voraussetzung geschichtlichen Lebens, geschichtlicher Existenz überhaupt.

REINHOLD SCHNEIDER

In der Geschichte wird der Widerspruch zwischen Irdischen und Jenseitigem ausgetragen.

REINHOLD SCHNEIDER

Geschichte

Wenn es wahr ist, daß die Weltgeschichte das Weltgericht ist, so kann man sagen, daß die jüngste Geschichte das Jüngste Gericht ist.

ERWIN CHARGAFF

Die Geschichte lehrt, wie man sie fälscht.

STANISLAW JERZY LEC

Die Weltgeschichte ist ein Hemd, das nicht gewaschen wird, sondern nur gewendet.

THOMAS NIEDERREUTHER

Man soll aus der Geschichte nicht lernen, um beim nächsten Mal schlauer, sondern um für immer weiser zu sein.

FRANZ JOSEPH STRAUSS

Die Geschichte ist der beste Lehrer mit den unaufmerksamsten Schülern.

INDIRA GANDHI

Die Geschichte gehört dem, der sie erzählt.

WILLY STAEHELIN

Glückliche Völker haben keine Geschichte.

HANS LOHBERGER

Sei kein Zuschauer der Geschichte, sondern ihr Gastgeber.

SUN MYUNG MOON

Die Fackeln der Wahrheit haben im Laufe der Geschichte schon manchen Flächenbrand verursacht.

ROBERT MUTHMANN

Die Zeitgenossen haben keine Übersicht, die Nachfolgenden haben keine Einsicht.

PAUL BOCKELMANN

Geschichte darf nicht zu einem Herbarium werden.

SIEGFRIED LENZ

Die Geschichte hält sich nicht an Kursbücher.

HELMUT KOHL

Mit geschichtslosen Gesellen gibt es keine Gemeinsamkeit.

HELMUT KOHL

Wenn man vom Rad der Geschichte spricht, muß man auf Wiederholungen gefaßt sein.

HELLMUT WALTERS

Ich glaube, daß der Mythos überzeugender ist als die Geschichte.

ROBERT FULGHUM

Den besten Rückblick haben die, die bewußt Geschichte machen.

HORST FRIEDRICH

Die Geschichte wiederholt sich nicht. Sie bleibt nur gleich.

WERNER SCHNEYDER

Ein geschichtsloses Volk hat bestimmt ein reines Gewissen.

ŽARKO PETAN

An den Kreuzwegen der Geschichte stehen keine Wegweiser. Höchstens Kreuze.

VOLKER ERHARDT

Der rote Faden der Weltgeschichte ist getränkt mit Blut.

ULRICH ERCKENBRECHT

Geschlechterbeziehung

Die Frau verführt zum Guten wie zum Bösen, aber verführen wird sie immer.

Jüdische Weisheit

Seid fruchtbar und mehret euch!

1 MOSE 1,28

Gar bitter wird der jungen Frau ein alter Mann.

EURIPIDES

Wir heiraten, um legitime Kinder und eine treue Hüterin des Hauses zu bekommen; wir halten uns Konkubinen zu unserer täglichen Bedienung, aber wir suchen die Hetären wegen der Freuden der Liebe auf.

DEMOSTHENES

Die Frau ist für die Männer eine Beschränkung ihres Lebens.

MENANDER

Geschlechterbeziehung

Der Mann ist des Weibes Haupt.

1 KORINTHERBRIEF 11,3

Ist dein Weib klein, so bücke dich zu ihm, um dich mit ihm zu besprechen.

TALMUD – BABA METSIA

Wenn wir mit gesundem Sinn die Ordnung der Dinge überdenken, so werden wir leicht einsehen, daß alle Frauen durch Natur, Sitte und Gesetz den Männern unterworfen sind und nach deren Gutbefinden sich zu betragen und einzurichten haben, so daß jede, die Ruhe, Freude und Zufriedenheit mit dem Mann genießen will, dem sie angehört, ihm unterwürfig, duldsam und ergeben sein muß; von ihrer Ehrbarkeit zu schweigen, welche der höchste und besondere Schatz jeder verständigen Frau ist.

GIOVANNI BOCCACCIO

Gott will den Mann als Mann und die Frau als Frau und will, daß jeder von ihnen ein Mensch sei.

PARACELSUS

Männliches und Weibliches können ebensowenig getrennt voneinander bestehen, wie man Himmel und Erde trennen kann. Nähme man den Himmel von der Erde weg, so würde es nicht nur keine Erde mehr geben, sondern zugleich auch keinen Himmel mehr.

LI LIWENG

Viele Eroberungen scheitern mehr an der Ungeschicklichkeit der Männer als an der Tugend der Frauen.

NINON DE LENCLOS

Wenn eine Frau etwas im Schilde führt, wird auch der schlaueste Mann zuletzt von ihr düpiert.

MOLIÈRE

Die Frauen kostet es wenig, etwas zu sagen, was sie nicht empfinden; die Männer kostet es noch weniger, zu sagen, was sie empfinden.

JEAN DE LA BRUYÈRE

Die gesamte Vernunft der Männer ist nicht ein Gefühl der Frauen wert.

VOLTAIRE

Alle Fehler, die man den Frauen vorwerfen könnte, sind das Werk der Männer, der Gesellschaft und vor allem einer falsch verstandenen Erziehung.

MELCHIOR GRIMM

Die Frau ist niemals mündig ohne Mann.

IMMANUEL KANT

Es gibt gewisse Dinge, wo ein Frauenzimmer immer schärfer sieht als hundert Augen der Mannspersonen.

GOTTHOLD EPHRAIM LESSING

Ein einzig böses Weib lebt höchstens in der Welt: nur schlimm, daß jeder seines für dieses einzige hält.

GOTTHOLD EPHRAIM LESSING

Ein Weib ist ein Komma, ein Mann ein Punkt; hier weißt du, woran du bist, dort lies weiter!

THEODOR GOTTLIEB VON HIPPEL

Jede Frau, die einen Geliebten wählt, stellt stärker in Rechnung, wie andere Frauen diesen Mann sehen, als wie sie selber ihn sieht.

CHAMFORT

So schlecht ein Mann auch über die Frauen denken mag, es gibt doch keine Frau, die über diesen Gegenstand nicht noch schlechter dächte als er.

CHAMFORT

Die schönen Weiber werden heutzutage mit unter die Talente ihrer Männer gerechnet.

GEORG CHRISTOPH LICHTENBERG

Die Frauen sind silberne Schalen, in die wir goldene Äpfel legen.

JOHANN WOLFGANG VON GOETHE

Du verklagst das Weib, sie schwanke von einem zum andern, tadle sie nicht: sie sucht einen beständigen Mann.

JOHANN WOLFGANG VON GOETHE

Es ist nichts Himmlischeres als ein weibliches Wesen, das sich dem geliebten Manne hingibt.

JOHANN WOLFGANG VON GOETHE

355

Geschlechterbeziehung

Ein edler Mann wird durch ein gutes Wort der
Frauen weit geführt.

JOHANN WOLFGANG VON GOETHE

Ein Weiberfreund ist auch ein Menschenfeind.

JEAN PAUL

Frauen sind noch zehnmal listiger und
falscher gegeneinander als gegen Männer.

JEAN PAUL

Die Weiber lieben die Stärke, ohne sie
nachzuahmen, die Männer die Zartheit, ohne
sie zu erwidern.

JEAN PAUL

Es wird einem Mann bei einer ganz
vernünftigen Frau nie recht wohl; sondern bei
einer bloß feinen, phantasierenden, heißen,
launenhaften ist er erst zu Hause.

JEAN PAUL

Man hoffe nie, mit einer Frau sich zu
vertragen, mit der man sich als Braut
gezankt.

JEAN PAUL

Kinderlose Weiber sorgen für ihre Männer
mehr.

JEAN PAUL

Der Mann hat in Rücksicht der Liebe ein
Recht über den Körper der Frau, aber nicht
über ihr Herz.

JEAN PAUL

Der Mann ist der Wind, das Weib das Meer.

ERNST MORITZ ARNDT

Denn gewiß ist es, daß Männer von Natur
bloß heiß oder kalt sind: zur Wärme müssen
sie erst gebildet werden. Aber die Frauen sind
von Natur sinnlich und geistig warm und
haben Sinn für Wärme jeder Art.

FRIEDRICH VON SCHLEGEL

Die Holzkohle und der Diamant sind ein
Stoff – und doch wie verschieden. Sollte es
nicht mit Mann und Weib derselbe Fall sein?
Wir sind Tonerde – und die Frauen Weltaugen
und Saphire, die ebenfalls aus Tonerde
bestehen.

NOVALIS

Der Mann soll kein Schaustück der Frau, sie
kein Spielzeug für ihn werden.

FRIEDRICH LUDWIG JAHN

Die Kraft der Nerven verbraucht sich bei
Männern durch das Gehirn, bei Frauen durch
das Herz. Deshalb sind sie empfindsamer.

STENDHAL

Das ist der Frauen feine Kriegskunst, daß
sie – den Kampf ablehnend – dennoch
siegen.

ERNST RAUPACH

Der Eigensinn einer Frau ist auf eine ganz
wunderliche Art befestigt. Der Graben ist
hinter dem Walle, und hat man die steilsten
Einwendungen erstiegen und glaubt, jetzt
wäre alles geschehen, entdeckt man erst,
daß das Schwerste noch zu tun sei.

LUDWIG BÖRNE

Die Männer glauben, sie seien geboren, um
glücklich zu sein, und die Frauen glauben, sie
seien geboren, um glücklich zu machen.

MORITZ GOTTLIEB SAPHIR

Nur das Weib weiß, was Liebe ist, in Wonne
und Verzweiflung. Bei dem Manne bleibt sie
zum Teil Phantasie, Stolz, Habsucht.

KARL IMMERMANN

Ein Tor ist immer willig, wenn eine Törin will.

HEINRICH HEINE

Wo das Weib aufhört, fängt der schlechte
Mann an.

HEINRICH HEINE

Was eine Frau quält, ist weit weniger die
Tyrannei des Mannes als seine Kälte.

JULES MICHELET

Ein kluger Mann sagt zu einer Frau, er
verstehe sie, und versucht dann nichts, um es
ihr zu beweisen.

HONORÉ DE BALZAC

Die Frau ist dem Manne nur dann gleich,
wenn sie aus ihrem Leben eine ständige
Opfergabe macht. Wie das des Mannes eine
beständige Tat ist.

HONORÉ DE BALZAC

Geschlechterbeziehung

Eine Frau ist nicht immer glücklich mit dem, den sie liebt, aber sie ist immer unglücklich mit dem, den sie nicht liebt.

CLAUDE TILLIER

Ein schönes, herrliches Weib, das unvermählt bleibt, ist eine stille und doch laute Anklage gegen alle Männer.

BOGUMIL GOLTZ

Ich möchte den Mann kennen, der das Weib kennt; aber ich möchte das Weib nicht kennen, das den Mann kennt.

KARL JOHANN BRAUN VON BRAUNTHAL

Was ist die Liebe? Die Einheit von Denken und Sein. Sein ist das Weib, Denken der Mann.

LUDWIG FEUERBACH

Nie verzeiht eine Frau dem Mann, den sie liebt, das Glück, das sie ihm nicht zu schenken vermochte.

DELPHINE DE GIRARDIN

Bei dem Mann liegt die Kraft im Gehirn, bei der Frau im Herzen; und wenn der Kopf auch regiert, so ist es doch das Herz, welches gewinnt.

SAMUEL SMILES

Liebe gleicht die natürliche Feindschaft aus zwischen Mann und Weib.

FRIEDRICH HEBBEL

Weiber werden in Krankheitsfällen, die ihre Männer oder Geliebten betreffen, aktiv: bei Männern ist es umgekehrt. Darum können jene sich auch besser dareinfinden als Männer, die sich durchaus vernichtet fühlen. Weiber können überhaupt Schmerzen hegen wie Kinder; sie können in der Vergangenheit leben, Männer nur in der Zukunft.

FRIEDRICH HEBBEL

Die Frau ist für alle der Spitzbogen des Unendlichen. Das ist nicht vornehm, aber das ist der echte Untergrund des Männlichen.

GUSTAVE FLAUBERT

Frauen mißtrauen Männern im allgemeinen zu sehr und im besonderen zu wenig.

GUSTAVE FLAUBERT

Frauen wollen ohne Warum und Wofür geliebt werden; nicht weil sie hübsch oder gut oder wohlerzogen oder graziös oder intelligent sind, sondern weil sie sie selbst sind.

HENRI FRÉDÉRIC AMIEL

Die Frau ist die notwendige Ergänzung des Mannes – ohne die Frau kann der Mann nicht Mensch sein; ohne eine Teilnahme der Frau kann der Mann kein menschliches Ideal verwirklichen.

WILHELM LIEBKNECHT

Die schwierigen Beziehungen des Mannes zum Weibe oder umgekehrt kann nur ein demütiges Leben lösen, wie einen Knoten, bei dem man jeden Faden und jede Verschlingung verfolgen muß.

LEW N. GRAF TOLSTOJ

Eine Frau, die bloß auf Kosten ihres Mannes lebt, lebt in Abhängigkeit von ihm.

NIKOLAJ G. TSCHERNYSCHEWSKIJ

Es gibt mehr naive Männer als naive Frauen.

MARIE VON EBNER-ESCHENBACH

Wo wäre die Macht der Frauen, wenn die Eitelkeit der Männer nicht wäre?

MARIE VON EBNER-ESCHENBACH

Die größte Gewalt über einen Mann hat die Frau, die sich ihm zwar versagt, ihn aber in dem Glauben zu erhalten versteht, daß sie seine Liebe erwidere.

MARIE VON EBNER-ESCHENBACH

Männer arbeiten und denken, aber Frauen empfinden.

CHRISTINA GEORGINA ROSSETTI

Das Glück des Mannes heißt: ich will. Das Glück des Weibes heißt: er will.

FRIEDRICH NIETZSCHE

Die Frau kann ohne den Mann leben, aber der Mann nicht ohne die Frau.

AUGUST STRINDBERG

Mann ist Tun, Weib ist Sein.

PETER HILLE

Das Weib ist Sonntag, der Mann Alltag.

PETER HILLE

Geschlechterbeziehung

Die Frauen lieben uns wegen unserer Fehler. Wenn wir genügend haben, verzeihen sie uns alles, sogar unseren überlegenen Verstand.

OSCAR WILDE

Von allen Erfindungen, die der Frau die Arbeit erleichtern oder ersparen, ist der Mann die beliebteste.

OSCAR WILDE

Männer können analysiert, Frauen nur angebetet werden.

OSCAR WILDE

Ein Mann ist so gut, wie er sein muß, eine Frau so schlecht, wie sie wagt.

ELBERT G. HUBBARD

Der Mann hat eine Liebe – die Welt. Die Frau hat eine Welt – die Liebe.

PETER ALTENBERG

Mich interessiert an einer Frau meine Beziehung zu ihr – nicht ihre Beziehung zu mir!

PETER ALTENBERG

Eine Frau kann alles sein, was der Mann, der sie liebt, wünscht.

SIR JAMES M. BARRIE

Eine Frau kann die Freundin eines Mannes nur in folgender Reihenfolge werden: zuerst seine Bekannte, dann seine Geliebte, dann seine Freundin.

ANTON P. TSCHECHOW

Ohne männliche Gesellschaft welken die Frauen dahin, die Männer aber werden ohne die Frauen dumm.

ANTON P. TSCHECHOW

Die Vermutung einer Frau ist viel genauer als die Gewißheit eines Mannes.

RUDYARD KIPLING

Wohl kann ein Mann neue Welten allein entdecken, doch ohne die Frau kann er nicht seßhaft werden, kann er nicht zur Ruhe kommen. Die Frau war der erste Arbeiter, und der Mann saß müßig. Daher gehören Heim und Herd ihr.

H. G. WELLS

Der Mann kommt von der Frau und kehrt zur Frau zurück, um Bestätigung und Verwirklichung seiner selbst zu finden.

H. G. WELLS

Nur Frauen sollen über Männer urteilen. Männer wissen zu wenig voneinander. Das große Examen kann ihnen nur eine Frau abnehmen.

CARL HAGEMANN

Das Alter der Geschlechter regelt sich bei Mann und Frau in umgekehrtem Verhältnis: Je älter der Mann wird, desto jünger sind die Frauen, die sich für ihn interessieren.

CARL HAGEMANN

Der Wille des Mannes verhält sich zum Willen der Frau wie eine Fliege, die in Honig gefallen ist und gern herausmöchte.

RODA RODA

Frauen lieben die einfachen Dinge des Lebens, zum Beispiel – Männer.

WILLIAM SOMERSET MAUGHAM

Das größte Verbrechen des Mannes an der Frau ist, daß er nie aufgehört hat, ihr seelisch und körperlich die Schleier vom Leibe zu reißen, um dann erklären zu können: schäm dich!

HELENE HALUSCHKA

Die dem Manne verfallene Frau gibt sich nicht mehr hin, sondern sie gibt sich preis – sie hat nichts mehr zu geben, sie ist nicht mehr die andere Hälfte des Mannes, sondern sie hört auf.

GERTRUD VON LE FORT

Ein Mann, der einer Frau hörig ist, ist noch nicht reif, mag er sonst auch noch so bedeutend sein.

MAX KEMMERICH

Frauen, die viel geliebt worden sind, pflegen gut von den Männern zu denken. Männer, die viel geliebt worden sind, werden oft zu Verächtern des Weibes.

OSCAR A. H. SCHMITZ

Die Männer haben hunderterlei Freiheiten. Die Frauen nur eine: die gewisse.

FERENC MOLNÁR

Geschlechterbeziehung

Es gibt kein Ideal der Frauen vom Manne, das an die Madonna erinnern würde; nicht der reine, keusche, sittliche Mann wird von der Frau gewollt, sondern – ein anderer.

OTTO WEININGER

Wenn Männer alles wüßten, was Frauen denken, wären sie tausendmal kühner.

PABLO PICASSO

Mann und Frau trennen zwei Welten, nicht nur eine.

ADOLF SCHRIEFER

Frauen sind weiser als Männer, denn sie wissen weniger und verstehen mehr.

JAMES STEPHENS

Frauen sind merkwürdig: sie wollen alle einen Don Juan zum Mann – aber einen für sich allein.

HEINRICH SPOERL

Männer leben vom Vergessen, Frauen von Erinnerungen.

T. S. ELIOT

Frauen sind die Chamäleons der Liebe. Wir Männer sind nur die Farbe, der sie sich jeweils anpassen.

MAURICE CHEVALIER

Manche Männer wählen ihre Frau fürs Leben bei einer Beleuchtung, bei der sie nicht einmal eine Krawatte aussuchen würden.

MAURICE CHEVALIER

Ein typisches Verteidigung- und Angriffsmittel der Männer ist Brutalität, der Frauen Perfidie.

ERICH BROCK

Was zehn schlechte Weiber einem Manne von Glauben an die Menschheit genommen haben, kann ein edles Weib hundertfach ersetzen.

OTTO VON LEIXNER

Wenn Männer lieben, dann hören sie auf zu denken. Frauen fangen in diesem Augenblick erst damit an.

FELICITAS VON REZNICEK

Die Schwäche des Mannes ist die Chance der Frau.

FRIEDL BEUTELROCK

Wenn ein Mann anfängt, sich zu ärgern, dann liebt er nicht mehr. Wenn eine Frau sich ärgert, fängt sie an zu lieben.

FELICITAS VON REZNICEK

Was die Männer verschulden, haben stets die Frauenzimmer irgendwie zu büßen.

HORST WOLFRAM GEISSLER

Wenn die Männer aufhören, ritterlich zu sein, stirbt die Freiheit aus; und wenn die Frauen aufhören, mütterlich zu sein, stirbt die Menschheit aus.

RICHARD N. GRAF COUDENHOVE-KALERGI

Die Freundschaft Mann-Frau ist, was die Musik dem Instrument ist, das sie hervorbringt. Die Freundschaft Mann-Frau ist eine völlig entstofflichte und himmlische Musik, völlig anders geartet als die Sinnlichkeit, und dennoch existiert sie nur durch die Sinnlichkeit.

HENRY DE MONTHERLANT

Frauen sind immer erstaunt, was Männer alles vergessen. Männer sind erstaunt, woran Frauen sich erinnern.

PETER BAMM

Das männliche Geschlecht ist ebenso wenig das klügere wie das weibliche Geschlecht das schönere.

HORST GEYER

Die beiden Geschlechter lieben einander, weil es unmöglich ist, das Unentbehrliche nur zu hassen.

SIGMUND GRAFF

Die Frau, die dem Angriff des Mannes widersteht, unterliegt seinem Zögern.

SIGMUND GRAFF

Der Mann will besitzen, die Frau Eigentum sein.

SIGMUND GRAFF

Männer lassen sich durch Liebe zu Dummheiten hinreißen, Frauen durch Haß.

ANITA

Geschlechterbeziehung

Frauen befinden sich in besonderer Gefahr, wenn sie sich männlichem Schutz anvertrauen.

EDMUND REHWINKEL

Es ist für eine Frau sehr leicht, Männer zu entzweien, aber es ist ihr fast unmöglich, sie wieder zu versöhnen.

MARLENE DIETRICH

Der weibliche Charakter und das Ideal der Weiblichkeit, nach dem er modelliert ist, sind Produkte der männlichen Gesellschaft.

THEODOR W. ADORNO

Gesellschaftlich gilt eine Frau nichts ohne einen Mann.

SIMONE DE BEAUVOIR

Frauen sind sadistisch: sie quälen uns mit den Leiden, die wir ihnen zugefügt haben.

STANISLAW JERZY LEC

Der Kampf der Geschlechter kennt nur konventionelle Waffen.

STANISLAW JERZY LEC

Frauen schätzen einen raffinierten Mann, aber nur stundenweise.

HANS ARNDT

Daß es anders nicht geht, daß der Mann immer ein Welträtsel daraus macht, wenn er einer Frau nicht mehr genügt!

MAX FRISCH

Eine Lady ist eine Dame, die aus Männern Gentlemen macht.

SIR ALEC GUINNESS

Eine Frau macht niemals einen Mann zum Narren; sie sitzt bloß dabei und sieht zu, wie er sich selbst dazu macht.

FRANK SINATRA

Wenn Männer in Feuer geraten, löschen Frauen am liebsten mit Benzin.

ALBERTO SORDI

Wenn ein Mann zurückweicht, weicht er zurück. Eine Frau weicht nur zurück, um besser Anlauf nehmen zu können.

ZSA ZSA GÁBOR

Alle Frauen träumen von einem Casanova, den sie ganz allein für sich haben.

MARCELLO MASTROIANNI

Aus ihren Kämpfen wider die Männer gehen die Frauen als beleidigte Sieger hervor.

HERBERT EISENREICH

Männerfang ist Frauensache.

GERMUND FITZTHUM

Ein Mann ohne Weib ist ein Deckel ohne Topf.

GERHARD BRANSTNER

Die Angst kriecht den Männern langsam die Hosenbeine hoch.

OSWALT KOLLE

Der Mann denkt, die Frau lenkt.

GERHARD UHLENBRUCK

Das einzige, was Männer gerne mit den Frauen teilen, ist das Bett.

REINHOLD G. STECHER

Frauen übertreiben selten bei der Beurteilung der Männer. Männer indessen finden die Frauen nie begehrenswerter als in den Augenblicken des Verzichts.

HEINZ WEDER

Gegen den Menschen hilft der Mensch nicht. Gegen Männer helfen Frauen.

WOLF BIERMANN

Wie Mann sich bettet, so liegt die Frau.

HANS-HORST SKUPY

Komisch, daß gerade Männer, die sich nicht entscheiden können, von vielen Frauen sehr begehrt werden.

KARLHEINZ HACKL

Jeder Mann muß – darüber soll sich eine Frau klar sein – erst einmal zu einem Ehemann entwickelt werden. Was eine heiratet, ist ein Junggeselle, der momentan das Junggesellendasein satt hat.

SABINE SANDERS

Er kam, sah – und sie siegte.

REINHARD GUNDELACH

Geschmack

Mißtraue jenem Menschen, der den Geschmack von Quark, den Geruch von Klee und den Gesang der Vögel nicht mag.

Weisheit aus Hindustan

Der gute Geschmack kommt eher von der Urteilskraft als vom Geist.

LA ROCHEFOUCAULD

Man entsagt viel leichter seinem Interesse als seinem Geschmack.

LA ROCHEFOUCAULD

Nur wenige verfügen über einen sicheren Geschmack und ein kritisches Urteil.

JEAN DE LA BRUYÈRE

Den Geschmack kann man nicht am Mittelgut bilden, sondern nur am Allervorzüglichsten.

JOHANN WOLFGANG VON GOETHE

Das einfach Schöne soll der Kenner schätzen; Verziertes aber spricht der Menge zu.

JOHANN WOLFGANG VON GOETHE

Der Geschmack ist das literarische Wissen der Seele.

JOSEPH JOUBERT

Wer Geschmack zu haben glaubt, ist eingebildeter als der, dem Genie zuzusprechen ist. Geschmack ist in der Literatur das, was guter Ton in der Gesellschaft ist. Man nimmt ihn als Beweis von Reichtum und hoher Geburt, zumindest als Zeichen für beide, während Genie dem Kopfe eines Künstlers entspringen kann, der niemals Umgang mit der guten Gesellschaft gehabt hat.

GERMAINE (MADAME) DE STAËL

In allen Ländern, wo die Eitelkeit sich zeigt, spielt der Geschmack die erste Rolle, weil er die Klassenunterschiede bestimmt und weil er zwischen allen Angehörigen der obersten Klasse der beste Kitt ist.

GERMAINE (MADAME) DE STAËL

Noch zu keiner Zeit hat der neue Reichtum versäumt, übelsten Kitsch als Kunst in die Welt zu setzen.

HONORÉ DE BALZAC

Menschen werden heftig, wenn sie ihren Geschmack verteidigen.

RALPH WALDO EMERSON

Hohen ästhetischen Geschmack kann man nicht wie Hosen von der Stange kaufen.

SIR WILLIAM SCHWENCK GILBERT

Das einzige entscheidende Argument, welches zu allen Zeiten die Menschen abgehalten hat, ein Gift zu trinken, ist nicht, daß es tötete, sondern daß es schlecht schmeckte.

FRIEDRICH NIETZSCHE

Und ihr sagt mir, Freunde, daß nicht zu streiten sei über Geschmack und Schmecken? Aber alles Leben ist Streit um Geschmack und Schmecken.

FRIEDRICH NIETZSCHE

Ich habe einen ganz einfachen Geschmack. Ich bin immer mit dem Besten zufrieden.

OSCAR WILDE

Der Geschmacksparvenü starrt verzückt auf die neue Etikette, der eigentliche Kenner traut nur seiner bewährten Nase.

KARL HENCKELL

Der Geschmack ermüdet wie die gute Gesellschaft.

FRANCIS PICABIA

Auch der feinste Geschmack hat mit Schöpferkraft nichts zu tun.

LUDWIG WITTGENSTEIN

Kitsch ist das Echo der Kunst.

KURT TUCHOLSKY

Ein falscher Gott, der weiterhin allmächtig ist, ist der sogenannte gute Geschmack, der nur der Geschmack am Mittelmäßigen ist. Im Namen des sogenannten guten Geschmacks tötet die Gesellschaft jeden ungewöhnlichen Versuch.

JEAN RENOIR

Geschmack

Geschmack lehrt Moral, und die Kraft lehrt Geschmack.

BORIS PASTERNAK

Geschmack hat ziemlich viel mit Mut zu tun, und Mut bzw. Selbständigkeit des Urteils sind bekanntlich höchst seltene Tugenden.

LIN YUTANG

In Sachen des Geschmacks gibt es keine unwichtigen Einzelheiten, es gibt nur grundlegende Irrtümer.

MAGGY ROUFF

Je feiner der Geschmack, desto größer der Ekel.

GEORGES KRASSOVSKY

Geld verträgt sich mit Geschmack erst in der dritten Generation.

WOLFRAM WEIDNER

Am liebsten streitet man um Geschmack.

ROBERT EMANUEL LOOSEN

Es gibt Frauen, die wohl bemerken, was eine andere kleidet, aber bei sich selbst verläßt sie der gute Geschmack.

ELIZABETH SCHULER

Geschmack ist der Schönheitssinn der Unmodernen.

WERNER SCHNEYDER

Gesellschaft

Jeder Vogel will immer mit seinem Schwarm fliegen.

Serbisches Sprichwort

Jeder gleicht der Gesellschaft, in der er sich meist aufhält.

EURIPIDES

Treibe dich in der Gesellschaft weder wie ein Löwe um noch wie eine Stechmücke; denn jenem geht man aus dem Wege und diese belauert man.

METRODOROS

Es kam eine große Furcht über die ganze Gemeinde.

APOSTELGESCHICHTE 5,11

Eine Menge ist noch keine Gesellschaft.

FRANCIS BACON

Der Mensch sucht von Natur keine Gesellschaft um der Gesellschaft willen, sondern um von ihr Ehre und Vorteil zu erlangen.

THOMAS HOBBES

Jede Gesellschaft ist Pöbel. Also kommt bei ihr alles auf die Zeitumstände an.

JEAN FRANÇOIS KARDINAL DE RETZ

In der Gesellschaft gibt die Vernunft stets als erste nach.

JEAN DE LA BRUYÈRE

Alles, was der Gesellschaft, d.h. dem Menschengeschlecht und der Welt nützt, ist ehrenvoll, alles, was ihr schädlich ist, schändlich.

GOTTFRIED WILHELM LEIBNIZ

Schlechte Gesellschaft gleicht einem Hunde. Er beschmutzt die, denen er am meisten zugetan ist.

JONATHAN SWIFT

Gesellschaftlich ist kaum etwas so erfolgreich wie Dummheit mit guten Manieren.

VOLTAIRE

Oft bringt der Taumel der Gesellschaft jene zu schwerem Absturz, die er aufregend emporhob.

JULIE JEANNE DE LESPINASSE

Das erste und heiligste unter den bürgerlichen Gesetzen der Gesellschaft ist das öffentliche Interesse.

WILHELM LUDWIG WEKHRLIN

Die Gesellschaft ist nicht, wie man gewöhnlich glaubt, die Höherentwicklung der Natur, sondern eher ihre Zersetzung und völlige Umformung. Sie ist ein zweites, aus den Trümmern des ersten errichtetes Gebäude.

CHAMFORT

Gesellschaft

Die Gesellschaft ist in jedem Zustand ein Gut.

THOMAS PAINE

Jede Gesellschaft, die Philosophen nicht erleuchten, wird von Scharlatanen betrogen.

ANTOINE DE CONDORCET

Treue und Glauben sind der Eckstein der menschlichen Gesellschaft.

JOHANN GOTTFRIED HERDER

Mit rechten Leuten wird man was.

JOHANN WOLFGANG VON GOETHE

Es ist oft eine höchst sonderbare Sache um den Ton, der in Gesellschaften herrscht. Vorurteil, Eitelkeit, Schlendrian, Autorität, Nachahmungssucht und wer weiß was sonst noch stimmen diesen Ton so, daß zuweilen Menschen, die an einem Orte zusammenleben, jahraus, jahrein sich auf eine Weise versammeln, unterhalten, Dinge miteinander treiben und über Gegenstände reden, die allen zusammen und jedem einzelnen unendliche Langeweile machen. Dennoch glauben sie, sich den Zwang antun zu müssen, diese Lebensart also fortzuführen. Gewährt wohl die Unterhaltung in den meisten großen Zirkeln einem einzigen von den da Versammelten wahres Vergnügen?

ADOLPH VON KNIGGE

Man könnte die Gesellschaft einem Theater vergleichen: die Logenplätze setzen einen höheren Eintritt voraus.

ANTOINE DE RIVAROL

Immer strebe zum Ganzen, und kannst du selber kein Ganzes werden, als dienendes Glied schließ an ein Ganzes dich an!

FRIEDRICH VON SCHILLER

Was vermögen die Erinnerungen der Phantasie, wenn man von allen Seiten von der Macht und Wirklichkeit einer Gesellschaftsordnung umringt ist, die umso zwingender ist, als sie auf edle und wahre Grundsätze aufgebaut ist?

GERMAINE (MADAME) DE STAËL

Sobald man die Gesellschaft nur als Mittel für den Egoismus braucht, muß alles schief und schlecht werden.

FRIEDRICH SCHLEIERMACHER

Keine Gesellschaft kann ohne Moral bestehen; es gibt keine gute Moral ohne Religion; also kann nur die Religion dem Staat einen sicheren und dauerhaften Halt geben. Eine Gesellschaft ohne Religion ist wie ein Schiff ohne Kompaß: ein solches Schiff kann sich weder über seinen Weg vergewissern, noch kann es hoffen, in den Hafen einzufahren. Eine Gesellschaft ohne Religion muß immer von dem Ansturm der heftigen Leidenschaften hin und her geworfen und erschüttert werden.

NAPOLEON BONAPARTE

Was gute Gesellschaft genannt wird, ist meistens nur ein Mosaik von geschliffenen Karikaturen.

FRIEDRICH VON SCHLEGEL

Sich selbst Gesellschaft leisten.

NOVALIS

Ich hasse jede Gesellschaft, die kleiner ist als die menschliche.

LUDWIG BÖRNE

Alle Lumpe sind gesellig, zum Erbarmen.

ARTHUR SCHOPENHAUER

Eine menschliche Gesellschaft, die ganz oder auch nur mehrheitlich aus Menschen ohne Grundsätze besteht, ist eigentlich überhaupt keine Gesellschaft.

ALEXANDRE VINET

Die Gesellschaft ist immer Republik – die einzelnen streben immer empor, und die Gesamtheit drängt sie zurück.

HEINRICH HEINE

Die feinste Gesellschaft ist die, in welcher man am feinsten lügt.

KARL JOHANN BRAUN VON BRAUNTHAL

Die Gesellschaft ist ein Maskenball, auf dem jeder seinen wahren Charakter verbirgt und ihn durch das Verbergen verrät.

RALPH WALDO EMERSON

Man sollte nur den Umgang solcher Menschen suchen, denen gegenüber man sich zusammennehmen mußt.

ERNST VON FEUCHTERSLEBEN

Gesellschaft

Trotz aller Huldigungen, die man wirklicher oder vermeintlicher Überlegenheit zollt, strebt der allgemeine Gang menschlicher Überzeugung immer mehr dahin, die Mittelmäßigkeit zur herrschenden Macht zu erheben.

JOHN STUART MILL

Die Geschichte aller bisherigen Gesellschaften ist die Geschichte von Klassenkämpfen.

KARL MARX

Die Gesellschaft besteht nicht aus Individuen, sondern drückt die Summe der Beziehungen, Verhältnisse aus, worin diese Individuen zueinander stehen.

KARL MARX

Ein Mensch taugt in der Gesellschaft nur soviel, wie er für sich taugt und etwas wert ist.

EMIL FROMMEL

Der Geist der Wahrheit und der Geist der Freiheit – das sind die Stützen der Gesellschaft.

HENRIK IBSEN

Die beste Gesellschaft ist die, in welcher die Verwirklichung großer Wahrheiten möglich ist.

LEW N. GRAF TOLSTOJ

Es gibt Leute, die erst wenn sie in die Gesellschaft aufgenommen sind, offiziell existieren.

DANIEL SPITZER

Was also einer ist, das hat die Gesellschaft aus ihm gemacht. Die Ideen sind nicht ein Produkt, das durch höhere Inspiration von oben in dem Kopfe eines einzelnen entspringt...

AUGUST BEBEL

Ein wenig Gesellschaft ist erforderlich, um einem Menschen seine Fehler zu zeigen.

ROBERT LOUIS STEVENSON

Das gesellschaftliche Leben ist eine Marionettentragödie.

ELEONORE VAN DER STRATEN-STERNBERG

Unsere Gesellschaft ist aus einer flüssigen Materie gebildet. Die gehaltvollen Köpfe sinken unter, die Hohlköpfe schwimmen obenauf.

ARMANDO PALACIO VALDÉS

Es ist gemein, sich um die Gesellschaft von Menschen zu bemühen, an deren Meinung uns nichts gelegen ist.

SALOMON BAER-OBERDORF

Gesellschaftlicher Verkehr: der Austausch von Vorurteilen und Halskrankheiten.

RODA RODA

Wer das Gesellschaftliche anders als symbolisch nimmt, geht fehlt.

HUGO VON HOFMANNSTHAL

Eine große Gesellschaft, aus lauter trefflichen Menschen zusammengesetzt, gleicht an Moralität und Intelligenz einem großen, dummen und gewalttätigen Tier.

C. G. JUNG

Man darf die Gesellschaft nicht negieren. Man muß in ihr leben und für oder gegen sie kämpfen.

ROBERT WALSER

Der Mensch kann in seinem kurzen und gefahrenreichen Leben einen Sinn nur finden, wenn er sich dem Dienst an der Gesellschaft widmet.

ALBERT EINSTEIN

Geschichte und Gesellschaft: Personen, die in einem Raume beisammen sind, bilden immer eine Gemeinschaft gegen Neu-Eintretende.

OTTO WEININGER

In den Augen der Gesellschaft ist ein Mensch schuldig, wenn er der Gerichtsbarkeit ihres Mittelmaßes entschlüpft.

EDGAR VARÈSE

Die Menschen haben keinen aufrechten Gang, wenn das gesellschaftliche Leben noch schiefliegt.

ERNST BLOCH

Die Gesellschaften bekommen die Religionen so gut wie die Regierungen, die sie verdienen.

ARNOLD TOYNBEE

Die Gesellschaft ist immer gemein, wenn sie gegen den einzelnen steht.

FRANK THIESS

Man muß den Menschen viel mehr vom Kreatürlichen her zu verstehen suchen: das Gesellschaftliche ist Schutz, Maske, aber nicht das Wesentliche.

FRIEDRICH WITZ

Zum großen Gefolge gehören auch Narren und Spaßmacher.

ERNST JÜNGER

Wäre der Tod nicht, so wäre das Leben ein endloses Gesellschaftsspiel.

EUGEN GÜRSTER

Es gibt keine Gesellschaft, in der nicht einer verkommen kann.

KURT GUGGENHEIM

Eine formierte Gesellschaft setzt eine informierte Gesellschaft voraus.

LUDWIG ERHARD

Der feinste Reiz guter Gesellschaften besteht oft in dem, wovon man – scheinbar zufällig – nicht spricht.

SIGMUND GRAFF

Der Mensch beurteilt die Gesellschaft nach den Freuden, die sie ihm verwehrt.

THOMAS NIEDERREUTHER

Unsere Gesellschaft gleicht einem Menschen, der ahnungslos in einem Minenfeld herumirrt und sich dabei um seine Altersrente Sorgen macht.

HOIMAR VON DITFURTH

Eine Gesellschaft, deren Verteidiger nichts anderes im Sinn haben, als ihre Haut zu retten, ist dem intellektuellen und dem moralischen Verfall geweiht.

ALEXANDR A. SINOWJEW

In der klassenlosen Gesellschaft wird jeder nach seiner Leistung klassifiziert.

HEINRICH WIESNER

Die Crè me der Gesellschaft ist ranzig.

HANNS-DIETRICH VON SEYDLITZ

Der Mensch sucht und sucht nach einem System, das ihm erlaubt, reibungslos in Gesellschaft zu leben.

ERWIN STRITTMATTER

Leistungs-Gesellschaft, wie und wo hast du Krankheit und Armut untergebracht?

HEINRICH NÜSSE

Jede Gesellschaft hat ihre Abseitsfallen.

HELLMUT WALTERS

Jede Gesellschaft braucht – zunächst – Querköpfe. Und später, wenn sie es verdient hat, Sprengköpfe.

HELLMUT WALTERS

Daraus, daß du ihr Spiel mitspielen mußt, leiten die Menschen das Recht auf deinen Ernst ab.

HERMANN SCHWEPPENHÄUSER

Eine Gesellschaft, die sich mehr leistet, als sie sich leisten kann, nennt man Leistungsgesellschaft.

WERNER MITSCH

Die beste Gesellschaft nennt sich so, um sich von der guten zu unterscheiden.

WERNER SCHNEYDER

Einer Gesellschaftsordnung, die Ideale verwirklicht, kommt das noch größere Verdienst zu, Ideale zu wecken.

WERNER EHRENFORTH

Gesetz

In tausend Pfund Gesetzen ist nicht eine Unze Liebe.

Schottisches Sprichwort

Es ernähren sich alle menschlichen Gesetze von dem einen göttlichen.

HERAKLIT

Das Gesetz ist der König über alles.

PINDAR

Gesetz

Eingeführte Gesetze bedürfen einer ständigen Belebung.

DEMOSTHENES

Die Gesetze müssen sich nach den Verfassungen richten, nicht aber die Verfassungen nach den Gesetzen.

ARISTOTELES

Was das Gesetz nicht gebietet, das verbietet es.

ARISTOTELES

In Hinsicht auf die Weisen bestehen die Gesetze nicht, damit sie kein Unrecht tun, sondern damit ihnen kein Unrecht geschieht.

EPIKUR

Je mehr Verbot, um
so mehr Übertretung.
Je mehr Vorschrift, um
so mehr Nichterfüllung.

LAO DSE

Fern sei es von uns, zu verlassen Gesetz und Satzungen.

1 MAKKABÄER 2,21

Waffen und Gesetze gedeihen nicht zusammen.

CAESAR

Kein Gesetz kann den Wünschen aller entsprechen. Wir müssen zufrieden sein, wenn es im großen und ganzen und der Menschheit nützlich ist.

LIVIUS

Die Herrschaft der Gesetze ist mächtiger als die der Menschen.

LIVIUS

Gesetze wurden gemacht, damit der Stärkere seinen Willen nicht in allen Dingen durchsetzt.

OVID

Ein Gesetz muß kurz sein, damit es leichter von Unkundigen behalten wird.

SENECA

Die das Gesetz tun, werden gerecht sein.

RÖMERBRIEF 2,13

Wo das Gesetz nicht ist, da ist auch keine Übertretung.

RÖMERBRIEF 4,15

Im verdorbensten Staate sind die meisten Gesetze.

TACITUS

Gesetze kennen bedeutet nicht, sich ihre Worte aneignen, sondern ihren Sinn und ihre Tragweite.

JUSTINIAN

Regeln und Gesetze sind gut für die schwachen Stunden, für die starken Stunden brauchen wir sie nicht.

THOMAS VON KEMPEN

Viel Gesetz geben ist, viel Stricke den armen Seelen legen.

MARTIN LUTHER

Gesetze können zu streng oder zu schlaff sein. Die straffe Durchführung von Gesetzen gleicht dem zu festen Anziehen von Saiten, die aber immer noch ein wenig klingen. – Ein Staatswesen ohne Gesetze ähnelt einem Musikinstrument mit zu locker gespannten Saiten, auf denen sich nicht mehr spielen läßt.

SCHU SCHUEHMOU

Die Gesetze sollen die Tätigkeit der Menschen nicht beseitigen, sondern nur leiten; so wie die Natur die Ufer der Flüsse nicht gemacht hat, um die Flüsse aufzuhalten, sondern um ihnen die Richtung zu geben.

THOMAS HOBBES

Gesetze und Polizeiverordnungen sind den Spinnweben zu vergleichen, an denen die großen Mücken durchwischen, die kleinen hangen bleiben.

JULIUS WILHELM ZINCGREF

Es ist nicht Aufgabe der Gesetze, für die Wahrheit von Meinungen, sondern für das Wohl und die Sicherheit des Gemeinwesens und der Güter und jeder einzelnen Person Sorge zu tragen.

JOHN LOCKE

Gesetz

Es gibt keine schlimmere Folter als die Folter der Gesetze.

FRANCIS BACON

Wer alles durch Gesetze bestimmen will, wird die Laster mehr aufstacheln als bessern. Was nicht verhindert werden kann, muß man notwendig gestatten, wenn auch oft Schaden daraus entstände.

BARUCH DE SPINOZA

Menschen, die genug haben, fehlt es nie an Tricks, Gesetze zu umgehen.

BARUCH DE SPINOZA

Gesetze sind wie Spinnweben, die kleine Fliegen fangen, aber Wespen und Hornissen entkommen lassen.

JONATHAN SWIFT

In einem freien Staate muß oder soll das Gesetz von der Mehrheit derer festgesetzt werden, die Landbesitz haben.

JONATHAN SWIFT

Derjenige Staat ist der glücklichste, in dem die Bürger vor den Gesetzen, wie vor einem unbekannten Gott, ehrfurchtsvolle Scheu empfinden.

GIAMBATTISTA VICO

Die besten öffentlichen Maßregeln werden selten aus vorangehender Weisheit angenommen, sondern von der Gelegenheit aufgedrungen.

BENJAMIN FRANKLIN

Darf man sich wundern, daß Geschöpfe, die der Gesetze bedürfen, um gerecht zu sein, auch fähig sind, sie zu verletzen?

VAUVENARGUES

Die Sitten sind die Menschen, aber das Gesetz ist die Vernunft eines Landes.

IMMANUEL KANT

Ohne ein Gesetz kann gar nichts, selbst nicht der größte Unsinn, sein Spiel lange treiben.

IMMANUEL KANT

Wer kein Gesetz achtet, ist ebenso mächtig, als wer kein Gesetz hat.

GOTTHOLD EPHRAIM LESSING

Alle Gesetze sind für Kranke; sie können nicht gut machen, sondern nur das Böse im Zaum halten.

MATTHIAS CLAUDIUS

Alle Gesetze sind von Alten und Männern gemacht. Junge und Weiber wollen die Ausnahme, Alte die Regel.

JOHANN WOLFGANG VON GOETHE

Wenn man alle Gesetze studieren sollte, so hätte man gar keine Zeit sie zu übertreten.

JOHANN WOLFGANG VON GOETHE

Ein Gemeinwesen ist nach der Zahl seiner Gesetze zu beurteilen: je mehr, desto schlechter.

FREIHERR VOM UND ZUM STEIN

Unterm Monde ist jede Vollkommenheit ein negativer Begriff und die vollkommenste Verfassung doch nur die, welche die wenigsten Fehler hat.

KARL JULIUS WEBER

Es gibt einfältige Gesetze aller Dinge: aber nur der Fromme und Einfältige kann sie finden, weil sie den Klugen zu gemein und den Feigen und Schurken zu offenbar erscheinen.

ERNST MORITZ ARNDT

Die gesetzgebende Gewalt ist notwendig, nach den Bedürfnissen der Gesellschaft Ordnungen zu veranstalten. Ein gesetzloser Staat ist kein Staat.

HEINRICH ZSCHOKKE

Die Verfassung wird von jetzt ab eine Wahrheit sein!

LOUIS PHILIPPE

Hätte die Natur so viele Gesetze wie der Staat, Gott selbst könnte sie nicht regieren.

LUDWIG BÖRNE

Gesetze an sich sind tot; man muß jemand haben, der sie lebendig ins Leben trägt.

JEREMIAS GOTTHELF

Wenn es überall Religion gäbe, wären die Gesetze unnötig; religiöse Völker haben stets nur wenige Gesetze.

HONORÉ DE BALZAC

Gesetz

Der Gesetzgeber muß über seiner Zeit stehen. Er arbeitet für die Zukunft mehr als für die Gegenwart, mehr für die heranwachsende als für die alternde Generation.

HONORÉ DE BALZAC

Eine gute Verfassung ist besser als der beste Despot.

THOMAS LORD MACAULAY

Wie die Religion nicht den Menschen, sondern wie der Mensch die Religion schafft, so schafft nicht die Verfassung das Volk, sondern das Volk die Verfassung.

KARL MARX

Alle geschriebenen Gesetze sind Erläuterungen des Sittengesetzes.

JOHN RUSKIN

Das Gesetz kann niemanden zwingen, seinen Nächsten zu lieben; aber es kann es erschweren, seinem Haß nachzugehen.

NEILL LAWSON

Das Gesetz wird von manchem nur als eine Bosheit angesehen, durch welche die höchste Blüte der Kultur, die Gemütlichkeit, in ihrer freien Entfaltung gehindert werden soll.

DANIEL SPITZER

Keine Gesetze, weder politische noch religiöse, vermögen den Bedürfnissen der Menschennatur absolutes Schweigen zu gebieten. Im besten Falle werden sie umgangen, und die Landessitte sanktioniert, was das Gesetz verbietet.

FRIEDRICH VON HELLWALD

Man denkt sich den moralischen Unterschied zwischen einem ehrlichen Mann und einem Spitzbuben viel zu groß. Die Gesetze gegen Diebe und Mörder sind zugunsten der Gebildeten und Reichen gemacht.

FRIEDRICH NIETZSCHE

Die Gerechtigkeit ehelichte die Ungerechtigkeit. Sie bekamen ein Kind und tauften es Gesetz.

OTTO VON LEIXNER

Haben wir das Gesetz, haben wir die Macht.

OSCAR SCHELLBACH

Ohne Gesetz keine Freiheit, ohne Freiheit kein Gesetz.

HEINRICH GERLAND

Wo Satzungen und Herz in Konflikt miteinander stehen, macht uns das Gesetz des Geistes frei von dem Gesetz der Satzungen.

ALBERT SCHWEITZER

Man soll eine Regierung nach der Vorzüglichkeit ihrer Gesetze einschätzen, mag ihre Staatsform heißen, wie sie will.

LISA WENGER

Ein schlechtes Gesetz ist besser als keines.

RICHARD KATZ

Die religiösen Gesetze schützen die Armen, die weltlichen nur die Reichen.

JAKOW TRACHTENBERG

Der Mensch gönnt seiner Gattung nichts, daher hat er die Gesetze erfunden. Er darf nicht, also sollen die andern auch nicht.

KURT TUCHOLSKY

Gesetze binden die Einzelnen stärker als sie die Menschen verbinden.

MICHAEL JOSEF EISLER

Gesetze – die Freiheit der andern.

GEORG OPITZ

Es darf der Geist der Menschlichkeit im Paragraphen nicht ersticken.

FRIDEL MARIE KUHLMANN

Gesetze sind die abgekürzten Vorgänge des Lebens.

HANS LOHBERGER

Gesetze sind Fesseln, die der Gesetzgeber der Nachwelt flicht.

WOLFRAM WEIDNER

Das Auge des Gesetzes zwinkert nicht.

GERMUND FITZTHUM

Das Gesetz ist wirkende Politik, gleichsam die Fortsetzung der Politik mit anderen Mitteln.

LOTHAR SCHMIDT

Die Objektivität der Gesetze besteht darin,
daß sie sich nicht bestechen lassen.
GERHARD BRANSTNER

Der Buchstabe des Gesetzes vergewaltigt das
ganze Alphabet.
HANS-HORST SKUPY

Ge§etz ist Ge§etz.
HANS-HORST SKUPY

Alle Menschen sind vor dem Gesetz
gleichgültig.
ULRICH ERCKENBRECHT

Das Auge des Gesetzes blickt selten hinter
die Kulissen des Lebens.
JÜRG MOSER

Gesicht

Wirf einen tiefen Blick ins Gesicht,
und du hast den Charakter schon in
Sicht.
Malaiisches Sprichwort

Warum verbirgst du dein Antlitz?
HIOB 13,24

Wie die Leuchte auf dem heiligen Leuchter
erstrahlt, so auch die Schönheit eines
Antlitzes auf einer aufrechten Gestalt.
BEN SIRA 26,17

Ein schweigendes Gesicht hat oft Stimme
und Worte.
OVID

Niemand kann lange eine Maske zur Schau
tragen.
SENECA

Sünden der Jugend machen das Antlitz
häßlich im Alter.
TALMUD

Glück und Gesundheit sind die beste
Schminke.
CHRISTINE VON SCHWEDEN

Die Gesichtszüge eines Menschen sind kein
unfehlbares Merkmal, um seinen Charakter
zu beurteilen, sie können uns aber als Anhalt
dazu dienen.
JEAN DE LA BRUYÈRE

Dein Gesicht ist der Spiegel der Seele; ist
diese schön, so muß auch das Antlitz schön
sein.
CHRISTOPH MARTIN WIELAND

Es gibt kein Mittel, die Bewunderung und
Liebe der Menschen in dem Maße zu
gewinnen, wie ein Gesicht voll ungekünstelter
Anmut und ungeschminkter Heiterkeit.
CARL GOTTLOB SCHELLE

Die unterhaltsamste Fläche auf der Erde für
uns ist die des menschlichen Gesichts.
GEORG CHRISTOPH LICHTENBERG

Es gibt Gesichter in der Welt, wider die man
schlechterdings nicht du sagen kann.
GEORG CHRISTOPH LICHTENBERG

Wie ein Gesicht schön wird dadurch, daß es
Seele, so die Welt dadurch, daß sie einen
Gott durchscheinen läßt.
FRIEDRICH HEINRICH JACOBI

Nur im Antlitz tritt das Ich in Erscheinung.
Der Leib bezeichnet mehr das Geschlecht als
die Person, die Gattung mehr als das
Individuum.
JOSEPH JOUBERT

Vom Gesicht strahlt ein Glanz aus wie von
keinem anderen Teil des Körpers.
JOSEPH JOUBERT

Das Gesicht eines Menschen sagt gerade aus,
was er ist; und täuscht es uns, so ist dies
nicht sein, sondern unsere Schuld. Die Worte
eines Menschen hingegen sagen bloß, was er
denkt, öfter nur was er gelernt hat, oder gar
was er zu denken bloß vorgibt.
ARTHUR SCHOPENHAUER

Wenn ein Mann ausschließlich vom schönen
Gesicht einer Frau schwärmt, dann kommt er
mir vor wie ein Winzer, der den Korken lobt,
wenn er von einem edlen Tropfen schwärmt.
ALEXANDRE DUMAS D. Ä.

Gesicht

Aus eines schönen Weibes Antlitz blickt dem Manne, was er ewig sucht und nie findet.

WILHELM HEINSE

Gesicht – Spiegel der Seele. Also gibt es Leute, deren Seele recht häßlich ist.

GUSTAVE FLAUBERT

Ein schönes Antlitz ist oft mit einem Empfehlungsbrief verglichen worden. Es ist auch einer, aber ein versiegelter. Man muß erst den Umschlag entfernen und dann zu lesen verstehen.

OTTO VON LEIXNER

Für den wahren Künstler ist nur das Gesicht schön, aus dem die Schönheit der Seele leuchtet; auf das Äußere kommt es dabei nicht an. Es gibt keine Schönheit an sich ohne Wahrheit. Andererseits kann die Wahrheit sich in Gestalten offenbaren, die äußerlich ganz und gar nicht schön sind.

MAHATMA GANDHI

Ich versuche, aus einem Gesicht die Wurzel zu ziehen.

OLAF GULBRANSSON

Im Gesicht von Kindern ist ein Letztes, das nur das Auge des Vaters oder der Mutter sieht.

HUGO VON HOFMANNSTHAL

Alle Menschen tragen Masken, manche bewußt, die Mehrzahl unbewußt, ohne daß man ihnen deswegen den Vorwurf der Unaufrichtigkeit machen dürfte. Sie empfangen die Masken als Patengabe mit auf den Lebensweg, so wie viele Tiere eine Deckfarbe tragen, um von den sie verfolgenden feindlichen Gewalten nicht sogleich als das erkannt zu werden, was sie in Wirklichkeit sind.

FRANZ NABL

Die heutigen Gesichter sind alle zu sehr zweckbestimmt, zielbestimmt; sie stehen an ihrer eigenen Grenze: es ist alles aufgebraucht. Die Gesichter bestehen nur noch aus Enden, sie sind spitz, Angriffs-Gesichter. – Früher hatte das Gesicht... Freiheit, Natürlichkeit.

MAX PICARD

Gesichter sind Landkarten der Seele.

ADOLF REITZ

Wer sich ewig hinter einer Maske verbirgt, wird eines Tages gleich das ganze Gesicht verlieren.

MAURICE CHEVALIER

Das Gesicht ist die Seele des Körpers.

LUDWIG WITTGENSTEIN

An den Ballsaaltüren steht manchmal angeschrieben: Heute Maskenzwang. Ich träume von einer Lustbarkeit, die unter dem Leitspruch vonstatten geht: Heute Gesichterzwang.

ANTON KUH

Vom Körper her sind wir alle als Massenmenschen angelegt, vom Gesicht her nicht.

EUGEN GÜRSTER

Ganz geringe Dinge können das Gesicht des Mitmenschen preisgeben, seine Größe oder Kleinheit enthüllen.

ZENTA MAURINA

Mit 50 hat jeder das Gesicht, das er verdient.

GEORGE ORWELL

Auf einem Karneval, wo ausnahmslos alle maskiert erscheinen, ist das eigene Gesicht ebenfalls eine Maske.

ATANAS DALTSCHEW

Gesichter sind Landschaften, und die Geodäten, die diese Landschaften deuten, sind die Dichter.

ERWIN STRITTMATTER

Menschengesichter sind die Schreibhefte des Lebens. Es schreibt in Runenschrift. Ich lerne sie mit den Jahren immer besser lesen und vermute, daß Wahrsager und Propheten perfekt drin sind.

ERWIN STRITTMATTER

Von einem bestimmten Alter an ist jeder Mensch für sein Gesicht verantwortlich.

ALBERT CAMUS

Wer in Gesichtern zu lesen versteht, ahnt auch einiges von der Seele dahinter.

LEO LOHBERGER

Wir sollten die frohen Gesichter, die uns im Leben begegnen, zu Meilensteinen an der Straße unserer Erinnerungen machen.

JAN KLAS BOLLHOOF

Von einem gewissen Alter an ist jeder für seinen Gesichtsausdruck verantwortlich.

EPHRAIM KISHON

Gesichtskosmetik – Urkundenfälschung mit dem Ziel, mildernde Umstände zu erwirken.

WOLFRAM WEIDNER

Es gibt Leute, die viel gewinnen, wenn sie ihr Gesicht verlieren.

HELMUT LAMPRECHT

Mein Gesicht ist eine Tür, durch die man herein kann, aber nicht hinaus.

MARTIN WALSER

Eine Maske tragen wir alle. Nur sollte sie zum Gesicht passen.

HEINRICH NÜSSE

In manchen Gesichtern stehen Sachen – das müssen Typfehler sein.

HANNS-HERMANN KERSTEN

Kosmetik ist die Kunst, aus der Not eine Jugend zu machen.

HANNS-HERMANN KERSTEN

Maske: der einzige Teil des Gesichts, den sich der Mensch selber aussucht.

GABRIEL LAUB

Das Gesicht ist das Passepartout der Seele.

GOTTFRIED EDEL

Im Herbst des Lebens welkt die Haut – und blüht die Kosmetik.

GERHARD UHLENBRUCK

Man wahrt sein verlogenes Gesicht.

GERHARD UHLENBRUCK

Wir verlieren unser Gesicht häufiger als unsere Maske.

GERHARD UHLENBRUCK

Die Maske ist unsere Ausgehuniform.

HELLMUT WALTERS

Ihr Gesicht ist eine Wüste, die nicht einmal von Tränen bewässert wird.

VYTAUTAS KARALIUS

Nicht wenige Menschen tragen das Gesicht vor ihrer Maske.

GERD W. HEYSE

Solch Gesicht, wie er eins herumträgt, muß zu einem Kopf gehören, worin niemals gedacht worden ist.

WOLFGANG BEUTIN

Nicht hinter jeder Maske verbirgt sich ein Gesicht.

WERNER MITSCH

Warum eigentlich muß jedesmal das Gesicht büßen, wenn wir eine Mordswut im Bauch haben?

NIKOLAUS CYBINSKI

Die raffinierteste Maske ist das nackte Gesicht.

PETER TILLE

Gesichtszüge kennen ihren Heimatbahnhof.

REINHARD GUNDELACH

Gesundheit

Der Weise braucht nicht krank gewesen zu sein, um den Wert der Gesundheit zu erkennen.

Arabische Weisheit

Keiner mit einem Gebrechen darf herzutreten.

3 MOSE 21,18

Bis zum Haupt ist nichts Gesundes an euch.

JESAJA 1,6

Nicht gut ist, daß sich alles erfüllt, was du wünschst: Durch Krankheit erkennst du den Wert der Gesundheit.

HERAKLIT

Gesundheit

Wer stark, gesund und jung bleiben und seine
Lebenszeit verlängern will, der sei mäßig in
allem, atme reine Luft, treibe täglich
Hauptpflege und Körperübung, halte den
Kopf kalt, die Füße warm und heile ein
kleines Weh eher durch Fasten als durch
Arzneien.

HIPPOKRATES

Wohlgetan ist es, die Gesunden sorgfältig zu
führen, damit sie nicht krank werden.

HIPPOKRATES

Wir wollen nicht wissen, was Gesundheit ist,
wir wollen lieber gesund sein als erkennen,
was die Gesundheit ist.

ARISTOTELES

Wer den Geheilten gut spielt, wird auch
geheilt.

OVID

Wer seine Gesundheit durch allzu strenge
Lebensweise zu erhalten sucht, begibt sich
damit in eine fortlaufende und langweilige
Krankheit.

LA ROCHEFOUCAULD

Diese übermäßige Gesundheit ist
beängstigend, und es wäre nicht übel, an ihr
einen kleinen netten Aderlaß vorzunehmen,
ihr ein kleines sanftes Klistierchen zu
verabfolgen.

MOLIÈRE

In der einen Hälfte des Lebens opfern wir
unsere Gesundheit, um Geld zu erwerben. In
der anderen Hälfte opfern wir Geld, um die
Gesundheit wiederzuerlangen.

VOLTAIRE

Die Gesundheit sieht es lieber, wenn der
Körper tanzt, als wenn er schreibt.

GEORG CHRISTOPH LICHTENBERG

Klassisch ist das Gesunde, romantisch das
Kranke.

JOHANN WOLFGANG VON GOETHE

Dem Genesenen, dem Gesunden bieten sich
so manche Schätze.

JOHANN WOLFGANG VON GOETHE

Glücklich ist man, wenn man aus dem
Zustand der Gesundheit in den der Weisheit
übergeht.

JOSEPH JOUBERT

Das Ideal einer vollkommenen Gesundheit ist
bloß wissenschaftlich interessant. Krankheit
gehört zur Individualisierung.

NOVALIS

Es gibt tausend Krankheiten, aber nur eine
Gesundheit.

LUDWIG BÖRNE

Die größte aller Torheiten ist, seine
Gesundheit aufzuopfern – für was es auch sei:
für Erwerb, für Beförderung, für
Gelehrsamkeit, für Ruhm, geschweige für
Wollust und flüchtige Genüsse: Vielmehr soll
man ihr alles nachsetzen.

ARTHUR SCHOPENHAUER

Gesundheit ist gewiß nicht alles, aber ohne
Gesundheit ist alles nichts.

ARTHUR SCHOPENHAUER

Alle sagen, Gesundheit sei das beste, aber
keiner achtet darauf.

KOSMA PRUTKOW

Die Menschen vergessen gerne die alte Not
und halten die Gesundheit für ein Gut, das
ihnen Gott schuldig sei und das sie in
blühenden Tagen verschleudern.

ADALBERT STIFTER

Ein Zuviel an Gesundheit macht krank.

GUSTAVE FLAUBERT

Es ist Weisheit darin, Lebens-Weisheit, sich
die Gesundheit selbst lange Zeit nur in
kleinen Dosen zu verordnen.

FRIEDRICH NIETZSCHE

Gibt es Epidemien der Gesundheit?

FRIEDRICH NIETZSCHE

Man benutze seine Gesundheit, man nütze sie
selbst ab. Dazu ist sie da. Man gebe alles aus,
was man besitzt, ehe man stirbt, und man
überlebe sich selbst nicht!

GEORGE BERNARD SHAW

Gesundheit

Der Immune ist im gewissen Sinne auch ein Ausgeschlossener.

ARTHUR SCHNITZLER

Es gibt so viele Krankheiten – und nur eine Gesundheit! Man muß immer genau so gesund sein wie die andern, man kann aber ganz anders krank sein wie jeder andere!

ARTHUR SCHNITZLER

Heilen ist Aufgabe des Arztes, Heilung Anliegen des Kranken.

MAX BIRCHER

Es ist ganz gesund, einmal ein wenig krank zu sein.

RODA RODA

Ich meine, daß die Gesundheit uns glücklich macht, aber das Umgekehrte tut auch seine Wirkung. Ich glaube, daß ein glücklicher Mensch weniger leicht erkrankt als ein unglücklicher.

BERTRAND EARL RUSSELL

Der Genesene ist gesünder als der, der nie krank war.

WILHELM VON SCHOLZ

Höchste Gesundheit wird sein, wenn man größtes Vertrauen zu den geistigen Kräften hat, ganz gleich wie sich der Körper befindet.

ALBERT TALHOFF

Für Gesundheit gibt es keinen Test! Der Arzt kann immer nur feststellen: nichts Krankes.

K. H. BAUER

Gesundheit entsteht nicht durch krampfhaftes Wollen, sondern durch Nichtwollen des Falschen.

WERNER KOLLATH

Der Kultus der Gesundheit und der Kultus der Krankheit sind in gleichem Maße unangenehm. Das Fleisch von Leuten, die dem Kultus der Gesundheit frönen, ruft kannibalische Gelüste hervor.

ERNST JÜNGER

Die Gesundheit des Menschen zu definieren, geht über die Möglichkeiten der wissenschaftlichen Medizin hinaus.

PETER BAMM

Gesundheit muß erlitten werden.

FRANZ SLOVENČIK

Die vielen Spitäler und Ärzte machen die Menschen gesund und die Menschheit krank.

CHARLES TSCHOPP

Das einzig Interessante an jeder Gesundheit ist die Krankheit, deren Maske sie ist.

HANS KUDSZUS

Die Frage ist nicht so sehr, ob ein Mensch gesund oder krank sei, wie, was er mit seiner Gesundheit oder Krankheit macht.

LUDWIG HOHL

Gesundheit ist nichts, aber das Streben nach Gesundheit gibt hohen Glanz.

LUDWIG HOHL

Der Gesunde ist egoistisch und der Kranke noch mehr.

MAX SCHWARZ

Gesundheit ist eine Idee. Die Abweichungen sind die Realitäten.

WALTER HILSBECHER

Gesundheit erwirbt man in Raten: genauso wie man sie auch verliert.

GERHARD UHLENBRUCK

Gesundheit ist die Summe aller Krankheiten, die man nicht hat.

GERHARD UHLENBRUCK

Nur der Kranke lebt wirklich gesund.

GERHARD UHLENBRUCK

Was Gesundheit ist, kann nur ein Kranker ermessen.

GERHARD UHLENBRUCK

Wer zu gut lebt, lebt nicht gesund. Wer zu gesund lebt, lebt nicht gut.

GERHARD UHLENBRUCK

Gesundheit: Krankheiten auf Urlaub.

HELLMUT WALTERS

Wir wären gesünder, wenn wir weniger Laufbahnen und mehr Spazierwege hätten.

HELLMUT WALTERS

Gesundheit

Mancher schont seine Gesundheit, mancher schont seine Krankheit.

RUPERT SCHÜTZBACH

Auch der Kampf um die Gesundheit ist multinational.

WERNER SCHNEYDER

Die Gesundheit ist unser höchstes Gut. Und am höchsten Gut wollen eben alle partizipieren.

WERNER SCHNEYDER

Es lachten sich viel mehr Menschen gesund, wenn es die Krankenkassen bezahlen würden...

HANS-HORST SKUPY

Ideal unserer Zeit: ein gesunder Körper in einem gesunden Körper.

TORSTI LEHTINEN

Mit den normalen Neurotikern wird die Psychotherapie heute fertig. Die Probleme sind die unheilbar Gesunden.

BIRGIT BERG

Nur dem Gesunden ist es möglich, bürgerlich zu leben.

SULAMITH SPARRE

Gewalt

Wo es an Gründen fehlt, gebraucht man die Fäuste.

Deutsches Sprichwort

Gewalt geht vor Recht.

HABAKUK 1,3

Wer dem Geringen Gewalt tut, lästert dessen Schöpfer.

SPRÜCHE 14,31

Gewalt zwingt uns zum Gehorsam. Das ist das Bitterste für einen Menschen: bei allem Wissen keine Macht zu haben.

HERODOT

In alter Zeit befestigte man die Pässe, um Gewalttaten fernzuhalten. Heute befestigt man die Pässe, um selbst Gewalt anzuwenden.

MENG DSE

Das Gesetz des Lebens heißt Gewalt.

MENANDER

Verlaßt euch nicht auf Gewalt.

PSALMEN 62,11

Groß ist die Vollmacht des Schwertes.

CICERO

Jede Roheit hat ihren Ursprung in einer Schwäche.

SENECA

Tut niemandem an Gewalt noch Unrecht!

LUKAS 3,14

Keine Manneskunst ist's, mit der Faust den Mund zu stopfen.

SAADI

Keine Gewalt hat Dauer.

LEONARDO DA VINCI

Es gehet Gewalt über Recht.

MARTIN LUTHER

Daß für Staaten die Möglichkeit, Gewalt zu erleiden, schon das Recht gebe, Gewalt zu gebrauchen, ist ohne allen gerechten Grund.

HUGO GROTIUS

Milde erreicht mehr als Gewalttaten.

JEAN DE LA FONTAINE

Die Könige bilden sich ein, sie hätten über alle, die niedriger stehen als sie, eine unumschränkte Gewalt.

CHRISTINE VON SCHWEDEN

Gewalt macht alle Forderungen billig.

CHRISTINE VON SCHWEDEN

Gewalt unterwirft; nur Liebe gewinnt die Menschen.

WILLIAM PENN

Gewalt

Außer der Zeit gibt es noch ein anderes
Mittel, große Veränderungen
hervorzubringen, und das ist – die Gewalt.
Wenn die eine zu langsam geht, so tut die
andere öfters die Sache vorher.

GEORG CHRISTOPH LICHTENBERG

Grenzen- und gesetzlose Gewalt ist die
furchtbarste Schwäche.

JOHANN GOTTFRIED HERDER

Gewalt geht vor Recht.

WILHELM HEINSE

Es gibt zwei friedliche Gewalten: das Recht
und die Schicklichkeit.

JOHANN WOLFGANG VON GOETHE

Man sieht gleich, wo die zwei notwendigsten
Eigenschaften fehlen: Geist und Gewalt.

JOHANN WOLFGANG VON GOETHE

Schrecklich, immer – auch in gerechter
Sache – ist Gewalt.

FRIEDRICH VON SCHILLER

Gewaltsame Revolutionen zu verhindern, gibt
es ein sehr Sicheres; aber es ist das einzige:
das Volk gründlich über seine Rechte und
Pflichten zu unterrichten.

JOHANN GOTTLIEB FICHTE

Auch im Schlimmen gibt es eine Progression.
Wenn man sich gehen läßt, so entsteht
allmählich ein Ungeheuer in seiner Art. So in
Brutalität, in Grausamkeit, Frömmelei usw.

NOVALIS

Sonderbar, daß der eigentliche Grund der
Grausamkeit Wollust ist.

NOVALIS

Genau genommen sind alle Greuel der
Gegenwart nur dadurch entstanden, daß der
Schlechtigkeit, der Unbesonnenheit und dem
Unverstand von oben her statt
dem Verstande nur die Schlauheit
entgegengetreten ist.

FRANZ GRILLPARZER

Jede Gewalt, die sich erheben will, muß sich
auf ein großes Verdienst gründen. Erst
wirkliche Verdienste gewähren Autorität.

LEOPOLD VON RANKE

Die Gewalt besitzt nicht halb so viel Macht
wie die Milde.

SAMUEL SMILES

Vielleicht quälen die Menschen die Kinder
und mitunter auch die Erwachsenen nur
deshalb, weil es so schwer ist, sie zu
erziehen, und so leicht, sie zu schlagen?
Vielleicht rächen wir uns für unsere
Unfähigkeit, indem wir andere Wesen foltern?

ALEXANDR HERZEN

Wo zwei Menschen sich küssen, da
schleichen die andern vorüber; wo sie sich
prügeln, da stehen alle im Chorus herum.

FRIEDRICH HEBBEL

Die politische Gewalt im eigentlichen Sinne
ist die organisierte Gewalt einer Klasse zur
Unterdrückung einer andern.

KARL MARX

Die Gewalt ist der Geburtshelfer jeder alten
Gesellschaft, die mit einer neuen schwanger
geht. Sie selbst ist eine ökonomische Potenz.

KARL MARX

Das Volk, das ein anderes Volk unterjocht,
schmiedet seine eigenen Ketten.

KARL MARX

Je weniger eine Gewalt ihres rechtmässigen
Ursprungs sicher ist, desto unvermeidlicher
drängt es sie, allem Legitimen rings um sich
herum den Garaus zu machen.

JACOB BURCKHARDT

Gewalt mit Gewalt bekämpfen heißt, neue
Gewalt an die Stelle der alten setzen.

LEW N. GRAF TOLSTOJ

Trachte so zu leben, daß du der Gewalt nicht
bedarfst.

LEW N. GRAF TOLSTOJ

Der Haß hat kein Bedenken und die Waffe
kein Gewissen.

CARL SPITTELER

Jeder Mensch hat ein Aggressionspotential,
das er so oder so konsumieren muß.

SIGMUND FREUD

Gewalt

Früher haßte ich Gewalt und Willkür; jetzt aber hasse ich Leute, die Gewalt ausüben; als wenn sie allein daran schuld wären und nicht wir alle, die wir einander nicht zu erziehen verstehen.

ANTON P. TSCHECHOW

Die Brutalität ist der Ausdruck geistiger Ohnmacht.

ELEONORE VAN DER STRATEN-STERNBERG

Fußtritte lassen nur Staub, doch keine Ernten von der Erde aufsteigen.

RABINDRANATH TAGORE

Gewaltlosigkeit war nie als Waffe der Schwachen, sondern der tapferen Herzen gedacht.

MAHATMA GANDHI

Sobald ein Volk die Gewalt nicht mehr fürchtet, wird eine Regierung sie als zwecklos aufgeben. Nur die aber machen sich von der Furcht vor Gewalt frei, die fest entschlossen sind, sie nicht selber anzuwenden.

MAHATMA GANDHI

Gewalt ist immer ein Zeichen von Schwäche.

WALTER HUECK

Stets ist es die Gewalt, die den Geist befehdet.

STEFAN ZWEIG

Wer die Hand als erster zum Schlage erhebt, gibt zu, daß ihm die Ideen ausgegangen sind.

FRANKLIN D. ROOSEVELT

Gewalt und Dummheit unterscheiden sich insofern, als Dummheit der umfassendere Begriff ist. Alle Gewalt ist Dummheit, aber nicht jede Dummheit ist Gewalt. Wer sich gegen Gewalt wehrt, stellt sich mit ihr auf gleichen Fuß.

HANS A. MOSER

Welches Verhängnis, wenn Menschen gutgläubig nachgeben, auf Gewalt verzichten, weil sie an die Gewaltlosigkeit glauben! Sie werden dann nur um so radikaler von der Gewalt überwunden, die hinter dem Schleier der betrügerischen Lehre sich versteckt.

KARL JASPERS

Gewalt und Lüge kämpfen nicht; sie morden.

JOSEF ČAPEK

Nicht der Gebrauch der Gewalt erscheint mir verdammenswert, sondern ihre Mystik, die Religion der Gewalt im Dienste des totalitären Staates, im Dienste der Diktatur der allgemeinen Wohlfahrt, die nicht als ein Mittel, sondern als Ziel betrachtet wird.

GEORGES BERNANOS

Freude und Tod sind in der Unbeschränktheit der Gewalt miteinander vermischt. – Das Gebiet der Gewalt ist grenzenlos.

GEORGES BATAILLE

Es hilft nur Gewalt, wo Gewalt herrscht, und es helfen nur Menschen, wo Menschen sind.

BERT BRECHT

Denn wie man sich bettet, so liegt man. Es deckt einen keiner da zu. Und wenn einer tritt, dann bin ich es. Und wird einer getreten, dann bist's du.

BERT BRECHT

Wo die Gewalt absolut herrscht, wie zum Beispiel in den Konzentrationslagern der totalen Herrschaft, da schweigen nicht nur die Gesetze, sondern alles und alle.

HANNAH ARENDT

Mit einer geballten Faust kann man keinen Händedruck wechseln.

INDIRA GANDHI

Jeder, der Gewalt zu seiner Methode gemacht hat, muß zwangsläufig die Lüge zu seinem Prinzip erwählen.

ALEXANDR SOLSCHENIZYN

Gewalt ist die letzte Zuflucht des Unfähigen.

ISAAC ASIMOV

Zur Gewalt mußt du hassen lernen. Zur Gewaltlosigkeit mußt du lieben lernen.

PHIL BOSMANS

Gewalt widerlegt nicht Gewalt, sie ersetzt im besten Falle die Gewalt durch eine andere.

FRIEDRICH DÜRRENMATT

Wo die Liebe verkümmert, herrscht Gewalt.

ELISABETH MARIA MAURER

Die Gewalt ist an der Leine der Macht ein Hund; von der Leine gelöst, ein Wolf. Dort bellt sie, da beißt sie.

HERBERT EISENREICH

Gewalt ist unmoralisch, weil sie den Gegner erniedrigen will und sich nicht um Verständigung mit ihm bemüht; sie will vernichten, nicht überzeugen. Gewalt ist unmoralisch, weil sie aus Haß entspringt und nicht aus Liebe. Sie vernichtet die Gemeinschaft und verhindert Brüderlichkeit. Sie läßt die Gesellschaft im Monolog zurück, statt im Dialog. Gewalt endet damit, daß sie sich selbst vernichtet. Sie macht die Zerstörer brutal, die Überlebenden verzweifelt.

MARTIN LUTHER KING

Gewalt bringt vergängliche Siege; Gewalt hat mehr soziale Probleme zur Folge, als sie löst, und schafft niemals einen dauerhaften Frieden.

MARTIN LUTHER KING

Die Empfindlichen schlagen am härtesten zu.

BERND WEINKAUF

Die deutliche Sprache der Gewehre verstehen immer nur die Erschossenen.

WOLF BIERMANN

Alle Staatsgewalt geht auf das Volk los.

WINFRIED THOMSEN

Alle Gewalt geht vom Volke. Aus.

HANS-HORST SKUPY

Gewinn

Gewinn geht über Scham.

Deutsches Sprichwort

Was hat der Mensch für Gewinn von all seiner Mühe?

PREDIGER 1,3

Jede schwere Mühe bringt Gewinn.

SPRÜCHE 14,23

Der Edle kennt sich aus in der Pflicht, der Gemeine im Gewinn.

KONFUZIUS

Versprich den Menschen einen Gewinn, so laufen sie dir zu, verlange einen von ihnen, so laufen sie vor dir.

TSCHUANG DSE

Es ist die erste kaufmännische Weisheit: Wo noch ein Groschen zu gewinnen ist, diesen nicht außer acht lassen.

ANTON PHILIPP RECLAM

Du sollst die Dienstleistung über den Gewinn stellen. Der Gewinn muß nicht die Basis, sondern das Resultat der Dienstleistung sein.

HENRY FORD

Nicht alles, was Profit heißt, ist auch Gewinn.

SALOMON BAER-OBERDORF

Wenn wir nie etwas wagen, gewinnen wir nie etwas. Der konservative Mensch, der immer ganz sicher gehen möchte, ist ein verknöchertes Wesen.

ALEXIS CARREL

Es gehört oft mehr Kraft dazu, große Gewinne als große Verluste zu ertragen.

PAMPHILIUS PFYFFER

Gewöhnlich gewinnt man nicht durch sein eigenes gutes Spiel, sondern durch die Fehler des Gegners.

TADEUSZ KOTARBINSKI

Es ist sonderbar, daß die schmutzigsten Geschäfte oft den größten Rein-Gewinn abwerfen.

WILLY REICHERT

Die Rüstung ist das gewaltigste Geschäft, das je in der Weltpolitik getätigt wurde. Kein anderer Wirtschaftszweig erreicht jene Milliardengewinne, die in der Kriegsindustrie selbstverständlich sind.

GÜNTHER SCHWAB

Gewinnen kann man, verlieren kann man, aber zurückgewinnen: unmöglich.

ANDRÉ KOSTOLÁNY

Gewinn

Wer gewinnen will, muß warten können.
PETER CORYLLIS

Abbau erzielt Gewinn.
SIEGFRIED & INGE STARCK

Wer durch Verrat einen Gewinn erzielen möchte, der wird alles verlieren.
WENDELIN SCHLOSSER

Profil-Neurose? Profit-Neurose!
GERHARD UHLENBRUCK

Unter Gewinnern kommt man sich leicht verloren vor.
GERD W. HEYSE

Der Profit gilt nichts im eigenen Vaterlande.
HANS-HORST SKUPY

Gewissen

Das Gewissen läßt sich nicht zwingen.
Deutsches Sprichwort

Mein Gewissen beißt mich nicht.
HIOB 27,6

Eine Narbe auf dem Gewissen ist das gleiche wie eine Wunde.
PUBLILIUS SYRUS

Ein gutes Gewissen ist ein sanftes Ruhekissen.
OVID

Soll man am Sabbat Gutes tun oder Böses tun?
MARKUS 3,4

Wer ein gutes Gewissen hat, darf sich nicht über falsche Anschuldigungen aufregen und nicht glauben, fremder Schimpf wiege schwerer als das Selbstzeugnis.
AMBROSIO DI MILANO

Allein der Glaube ist des Gewissens Friede.
MARTIN LUTHER

Das Recht in ein zeitlich Ding, das zuletzt aufhören muß; aber das Gewissen ist ein ewig Ding, das nimmermehr stirbt.
MARTIN LUTHER

Wer kein Gewissen hat, hat nichts.
FRANÇOIS RABELAIS

Diejenigen, die schnurstracks ihrem Gewissen folgen, sind von meiner Religion, und ich habe die Religion aller braven und guten Leute.
HEINRICH IV. VON NAVARRA

Das Gewissen ist der einzige Spiegel, der weder betrügt noch schmeichelt.
CHRISTINE VON SCHWEDEN

Das Gewissen verschont niemand.
CHRISTINE VON SCHWEDEN

Menschen können nicht zu ihrem Heil gezwungen werden. Und daher müssen sie ihrem eigenen Gewissen überlassen werden.
JOHN LOCKE

Das gute Gewissen ist ein Trostgutschein, den auch die Zeit, so geschickt sie auch spielen mag, uns nicht abgewinnen kann.
ANNE THÉRÈSE DE LAMBERT

Das Gewissen bezeugt Gottes Anwesenheit im Menschen.
EMANUEL VON SWEDENBORG

Wer ein ruhiges Gewissen genießen will, muß ein ruhiges Leben führen.
EARL OF CHESTERFIELD

Halte das Gewissen rein, dann befürchte nichts.
BENJAMIN FRANKLIN

Der größte Philosoph ist das Gewissen.
JEAN-JACQUES ROUSSEAU

Die Qual, die das Gewissen einem Menschen verursacht, der bereits unrecht gehandelt hat, ist bald überwunden. Das Gewissen ist feig; und wenn es nicht stark genug ist, das Unrecht zu vermeiden, so ist es selten so gerecht, sich selber anzuklagen.
OLIVER GOLDSMITH

Gewissen

Man ist nie scharfsinniger, als wenn es darauf ankommt, sich selbst zu täuschen und seine Gewissensbisse zu unterdrücken.

FRANÇOIS DE FÉNELON

Arbeite schwer, um den kleinen Funken göttlichen Feuers in deiner Brust am Leben zu erhalten, der Gewissen heißt.

GEORGE WASHINGTON

Ein böses Gewissen ist ein Ofen, der immer raucht, ein Gewitter ohne Regen. Es ist Kläger, Richter, Henker in einer Person. Die Nachtigall singt dir: du bist ein Dieb, die Lerche: du hast gestohlen.

THEODOR GOTTLIEB VON HIPPEL

Man kann sein Gewissen betrügen, aber nicht täuschen.

JOHANN WOLFGANG VON GOETHE

Gewissen hat genausowenig mit Tapferkeit zu tun wie mit Politik.

RICHARD B. SHERIDAN

Wissen sie nichts Vernünftiges mehr zu erwidern, schieben sie's einem geschwind in das Gewissen hinein.

FRIEDRICH VON SCHILLER

Gewissensbisse sind der einzige Seelenschmerz, den Zeit und Überlegung nicht besänftigen.

GERMAINE (MADAME) DE STAËL

Opfere nie dein Gewissen der Klugheit auf. Aber sei klug.

FRIEDRICH HÖLDERLIN

Eines Menschen Eitelkeit sagt ihm, was Ehre, eines Menschen Gewissen, was Gerechtigkeit ist.

WALTER SAVAGE LANDOR

Kein Gold besticht ein empörtes Gewissen.

HEINRICH VON KLEIST

Des Menschen Gewissen ist der Dolmetsch Gottes.

HONORÉ DE BALZAC

Das Gewissen ist das Herz unseres Herzens.

JOHN HENRY KARDINAL NEWMAN

Jeder Mensch hat ein Gewissen; es mahnt ihn, er soll nichts fürchten und soll nichts versäumen, was das Herz von ihm fordert.

BETTINA VON ARNIM

Ein Anblick ist großartiger als das Meer – es ist der Himmel. Ein Anblick ist großartiger als der Himmel: es ist das Gewissen.

VICTOR HUGO

Der Begriff des Guten und des Bösen kann nicht durch die allgemeine Abstimmung aufgelöst werden. Es steht nicht in der Macht irgendeiner Wählerschaft, die Lüge zur Wahrheit und das Recht zum Unrecht zu stempeln. Das menschliche Gewissen ist unabhängig von Stimmzetteln.

VICTOR HUGO

Das Gewissen ist der elastischste Stoff der Welt. Heute kannst du es nicht über einen Maulwurfshügel spannen, morgen bedeckt es einen Berg.

EDWARD EARL BULWER-LYTTON

Das Gewissen ist die Wunde, die nie heilt und an der keiner stirbt.

FRIEDRICH HEBBEL

Kein Gewissen zu haben, bezeichnet das Höchste und Tiefste, denn es erlischt nur im Gott, doch es vestummt auch im Tier.

FRIEDRICH HEBBEL

Das Gewissen ist ein Spiegel, vor dem ein Affe sich quält; jeder putzt sich, wie er kann, und geht auf seine eigne Art auf seinen Spaß dabei aus.

GEORG BÜCHNER

Ist es nicht auch eine Art Blutvergießen, wenn das Gewissen verwundet wird? Durch diese Wunde strömt die wahre Mannheit und Unsterblichkeit eines Menschen aus, und er verblutet zu immerwährendem Tode.

HENRY DAVID THOREAU

Den Altar und das Gewissen beruhigen die Buße und die Almosen.

MÓR JÓKAI

Nichts ist gewisser als das Gewissen.

JOSEPH UNGER

Gewissen

Das Leben vollzieht sich nicht nach dem Gewissen, das Gewissen paßt sich dem Leben an.

LEW N. GRAF TOLSTOJ

Gewissensfreiheit, ja, ja. Er meint die Freiheit, kein Gewissen zu haben.

MARIE VON EBNER-ESCHENBACH

Auch das Gewissen der Menschen unterliegt der Mode.

DANIEL SPITZER

Der eine Mensch ist für den anderen sein Gewissen; und dies ist namentlich wichtig, wenn der andre sonst keines hat.

FRIEDRICH NIETZSCHE

Der Mensch, ein vielfaches, verlogenes, künstliches und undurchsichtiges Tier, den anderen Tieren weniger durch Kraft als durch List und Klugheit unheimlich, hat das gute Gewissen erfunden, um seine Seele einmal als einfach zu genießen.

FRIEDRICH NIETZSCHE

Es gibt einen Graf von eingefleischter Verlogenheit, den nennt man „das gute Gewissen".

FRIEDRICH NIETZSCHE

Es ist eine Krankheit, das schlechte Gewissen, das unterliegt keinem Zweifel, aber eine Krankheit, wie die Schwangerschaft eine Krankheit ist.

FRIEDRICH NIETZSCHE

Gewissensbisse, warum kommt ihr nachträglich und nicht vorher?

AUGUST STRINDBERG

Die einzigen Menschen, die ein völlig ruhiges Gewissen haben, sind die großen Verbrecher.

ISOLDE KURZ

Das Gewissen macht uns alle zu Egoisten.

OSCAR WILDE

Das Gewissen ist das Gewisse von gestern, aber nicht das Gewisse für morgen.

CARL HAUPTMANN

Das Gewissen ist der Prokurist der Seele.

ELEONORE VAN DER STRATEN-STERNBERG

Bei manchen ist das schlechte Gewissen das einzige Gute.

ELEONORE VAN DER STRATEN-STERNBERG

Das schlechte Gewissen ist der beste Dauerredner.

ELEONORE VAN DER STRATEN-STERNBERG

Der Kompaß deiner Seele ist das Gewissen.

ELEONORE VAN DER STRATEN-STERNBERG

Es gibt noch Menschen, denen das Gewissen befiehlt, ein jeglich Ding dahin zu stellen, wohin es gehört.

RUDOLF VON TAVEL

Gewöhnlich findet sich das Geld erst ein, wenn das Gewissen zu verdörren beginnt. Je mehr Geld, desto weniger Gewissen.

MAKSIM GORKIJ

In Gewissenssachen hört die Gültigkeit des Gesetzes der Mehrheit auf.

MAHATMA GANDHI

Das Gewissen vieler gewissenloser Menschen ist der gute Ton.

SALOMON BAER-OBERDORF

Seltsam, daß sich in so vielen Fällen das individuelle Gewissen mit den Vorschriften der Gesellschaft deckt.

WILLIAM SOMERSET MAUGHAM

Die Überwindung der heutigen Krise wird ausschließlich vom Gewissen abhängig; das Gewissen ist eine Sache des Einzelnen.

GERTRUD VON LE FORT

Das Gewissen ist die innere Stimme, die uns warnt, daß jemand zusieht.

HENRY L. MENCKEN

Wir leben im Zeitalter des Massenverschleißes des Gewissens.

THEODOR HEUSS

Das Gewissen ist stärker als der stärkste Donner. Auch der Taube hört es.

JAKOW TRACHTENBERG

Das Gewissen ist frei. Aber man wird bestraft, wenn man seiner Stimme gehorcht.

FRANZ SLOVENČIK

Gewohnheit

Die meisten guten Werke tut das schlechte Gewissen der Sündigen, nicht das unbefleckte der Gerechten.

KARL HEINRICH WAGGERL

Das Gewissen ist nichts anderes als das in Gott gebundene innere Wissen.

ADRIENNE VON SPEYR

Es gibt keine gewissenlosen Menschen, nur gewissenlose Taten.

ANITA

Früher gab es Methoden zur Austreibung des Teufels, jetzt gibt es Methoden zur Austreibung des Gewissens.

PAUL GROSSMANN

Das Gewissen ist die genialste Schöpfung des Teufels.

HANS ARNDT

Manches Gewissen ist nur rein, weil es nie benutzt wurde.

ROBERT LEMBKE

Die Gewissenlosen sind die Kontaktlosen, die Resonanzlosen, die Liebesunfähigen.

ANTON NEUHÄUSLER

Im Clinch mit dem Gewissen obsiegt die Unschuld.

WOLFDIETRICH SCHNURRE

Jeder Gewissensbiß ist ein Ahnen Gottes.

SIR PETER USTINOV

Wenn die Stimme des Gewissens spricht – gibt es viele Schwerhörige.

WERNER SPRENGER

Hinter der Falltür des Gewissens bin ich der Gefangene meiner eigenen Entscheidung.

KURTMARTIN MAGIERA

Der beste Arzt ist immer noch ein schlechtes Gewissen.

GERHARD UHLENBRUCK

Hat jemand ein schlechtes Gewissen, weil er dir etwas angetan hat, so wird er es dir nachtragen.

R. F. VON SCHOLTZ

Wissen haben wir genug, Gewissen zu wenig.

HELLMUT WALTERS

Das Gewissen von heute ist nicht das Gewissen von morgen.

HELLMUT WALTERS

Dein Gewissen ist das Maß der Aufrichtigkeit deiner Selbstsucht. Höre darauf.

RICHARD BACH

Schlimm, wenn zu den Stichen im Herz noch die Gewissensbisse kommen.

NIKOLAUS CYBINSKI

Mit dem schlechten Gewissen ist der Beweis eines vorhandenen erbracht.

ELISABETH HABLÉ

Gute Gewissen sind schlechte Ratgeber.

PETER TILLE

Politiker sind immun – gegen Gewissensbisse.

HANS-HORST SKUPY

Auch Gewissensbisse hinterlassen Spuren.

HANS-HORST SKUPY

Gewissensbisse werden am erfolgreichsten mit Geld behandelt.

J. F. BLOBERGER

Gewohnheit

Gewohnheit ist ein Hemd, das wir bis zum Tode tragen.

Russisches Sprichwort

Wie viele ungerechte und böse Dinge werden aus Gewohnheit getan!

TERENZ

Die Gewohnheit ist gleichsam eine zweite Natur.

CICERO

Gewohnheit

Gewohnheit ist Meister über alle Dinge.
CAESAR

Der Gebrauch ist ein Tyrann.
HORAZ

Der Charakter ist weiter nichts als eine
langwierige Gewohnheit; und wer etwa die
moralischen Tugenden Gewohnheitstugenden
nennen wollte, würde keinen Fehler begehen.
PLUTARCH

Die Gewohnheiten der Menschen wechseln
wie Blätter an einem Zweig; einige gehen und
andere kommen.
DANTE ALIGHIERI

Gewohnheit wird durch Gewohnheit
überwunden.
THOMAS VON KEMPEN

Allein die Gewohnheit ist es, wodurch die
Natur völlig umgeändert und unterjocht
werden kann.
FRANIS BACON

Wie die Mode, sprich Gewohnheit, die
Anmut schafft, so schafft sie auch die
Gerechtigkeit.
BLAISE PASCAL

Die Gewohnheit ist eine zweite Natur, welche
die ursprüngliche zerstört.
BLAISE PASCAL

Große Dinge verwundern uns und kleine
entmutigen uns. Gewohnheit macht beide
vertraut.
JEAN DE LA BRUYÈRE

Was man Zuneigung nennt, ist in Wirklichkeit
nichts anderes als Gewohnheit gewordene
Sympathie.
JONATHAN SWIFT

Gewohnheit macht den Fehler schön, den wir
von Jugend auf gesehen.
CHRISTIAN FÜRCHTEGOTT GELLERT

Das Übel wird durch die Gewohnheit
gleichgültig und das Laster rühmlich.
WILHELM LUDWIG WEKHRLIN

Durch die Gewohnheit, immer süße Lehre
leicht zu empfangen, erschlafft bei den
meisten das Talent, selbst zu suchen.
GEORG CHRISTOPH LICHTENBERG

Das Wissen ist für den Menschen wenig; das
Gewöhnen ist für ihn alles.
HEINRICH PESTALOZZI

Am Ende läuft es auf eins hinaus, ganz
von einer notwendigen Gewohnheit oder
ganz von der willkürlichen Zufälligkeit
abzuhängen.
JOHANN WOLFGANG VON GOETHE

Einen Regenbogen, der eine Viertelstunde
steht, sieht man nicht mehr an.
JOHANN WOLFGANG VON GOETHE

In der Gewohnheit liegt das einzige Behagen
des Menschen.
JOHANN WOLFGANG VON GOETHE

Gewohnheit ist eine leichte Bürde.
CHRISTIAN GODFRIED LEHMANN

Die Gewohnheit ist ein lästiges Ding, selbst
an Verhaßtes fesselt sie.
FRANZ GRILLPARZER

Die Gewohnheiten des Herzens lassen sich
schwer aufgeben.
HONORÉ DE BALZAC

Der Mensch ist mit der Gewohnheit
verwachsen, das Atemholen ist auch nur eine
Gewohnheit, wenn man sich's aber
abgewöhnt, ist man hin.
JOHANN NESTROY

Gewohnheiten mögen nicht so weise wie
Gesetze sein. Sie sind aber immer beliebter.
BENJAMIN DISRAELI

Die gewöhnlichste Ursache des
Gewöhnlichen ist Mangel an Selbstkritik und
an Verbesserungstrieb.
FELIX MENDELSSOHN-BARTHOLDY

Was der Mund zu sprechen gewöhnt ist, das
gewöhnt das Herz sich zu glauben.
CHARLES BAUDELAIRE

Gewohnheit

Es gibt keine Verhältnisse, an die sich der Mensch nicht gewöhnt. Besonders wenn er sieht, daß alle, die ihn umgeben, das gleiche Leben führen.

LEW N. GRAF TOLSTOJ

Immer dasselbe tun, wenn auch noch so gedankenlos, endlich wird's Methode.

MARIE VON EBNER-ESCHENBACH

Gewohnheit besteht darin, daß man einen bestimmten Platz für jede Sache hat und sie dort nie aufbewahrt.

MARK TWAIN

Nichts bedarf so sehr der Reform wie die bevorzugten Gewohnheiten unserer lieben Mitmenschen.

MARK TWAIN

Der Mensch ist ein mittelmäßiger Egoist: auch der Klügste nimmt seine Gewohnheit wichtiger als seinen Vorteil.

FRIEDRICH NIETZSCHE

Die Gewohnheit engt das Leben ein, verringert die Empfänglichkeit, kurzum, sie macht einen weniger jung.

HERMAN BANG

Ist denn Gewohnheit gar nichts? Ja, ein feiges Verbrechen.

PETER ALTENBERG

Eine beschränkte Natur kann durch eine große Leidenschaft wohl einmal über sich hinausgehen, aber wenn der Strom in sein Bett zurücktritt, nimmt er den alten Lauf.

M. HERBERT

Die Jugend liebt das Seltsame, das Alter das Gewohnte.

ELEONORE VAN DER STRATEN-STERNBERG

Von allem, was es an Schlechtem geben kann, ist die Gewohnheit das Schlimmste, was es gibt.

CHARLES PÉGUY

Die üblen Gewohnheiten eines ganzen Lebens müssen nach und nach entwurzelt werden.

PRENTICE MULFORD

Gewohnheiten werden oft zu Aberglauben.

WILHELM VON SCHOLZ

Wer sich in die Gewohnheiten eines andern einmischt, hat die schlechtesten.

HENRY S. HASKINS

Die Gewohnheit ist Mutter fast aller Sorgen.

JAKOW TRACHTENBERG

Gewöhnung ist Opium für die Einbildungskraft.

ARNOLD J. TOYNBEE

Die meisten leben in den Ruinen ihrer Gewohnheiten.

JEAN COCTEAU

Wer seine Gewohnheiten überwindet, der achte, daß ihm die Überwindung nicht zur Gewohnheit werde.

BLAISE GALL

Gewohnheit läßt Gefühle in Vergessenheit geraten.

PETER BAMM

Kleine Gewohnheiten bilden für viele einen Rettungsgürtel im Strom des Lebens.

ANITA

Widerspruch kann das Festhalten an alten Gewohnheiten nur beflügeln.

HASSO HEMMER

In ausgelatschten Stiefeln kommt man am weitesten.

MAX HOGREFE

Auch dumme Gewohnheiten lassen sich verlernen.

PHIL BOSMANS

Gewohnheiten sind Vorgesetzte, die man nicht bemerkt.

HANNES MESSEMER

Der freigewordene Sklave sucht nach einem neuen Herrn.

HANNS-DIETRICH VON SEYDLITZ

Selbstverständlichkeiten sind Gedankenlosigkeiten.

PETER BENARY

Glauben

Es gehört viel Wissen zum Glauben.

Deutsches Sprichwort

Man denkt, wenn man glaubt. Ohne Glauben ist kein Denken; nur wer Glauben hat, hat Denken.

UPANISHADEN

Wer glaubt, der flieht nicht.

JESAJA 28,16

In der Furcht des Herrn liegt ein starker Verlaß; noch den Kindern ist er eine Zuflucht.

SPRÜCHE 14,26

Man darf den Menschen nicht den Glauben lassen, daß irgendeine Ursache zu ihrem Schaden oder Heil in Gott liege.

EPIKUR

Der Glaube ist bei einem jeden seiner Wesenheit entsprechend. Wie einer glaubt, so ist er.

BHAGAVADGITA

Gläubig sind wenige unter den Menschenkindern.

PSALMEN 12,2

Die Menschen glauben gern, was sie zu glauben wünschen.

CAESAR

Wer den Glauben verloren hat, wofür lebt er weiter?

PUBLILIUS SYRUS

Glaube nicht übereilt.

OVID

Euch geschehe nach eurem Glauben!

MATTHÄUS 9,29

Selig sind die, die nicht sehen und doch glauben.

JOHANNES 20,29

Der Tag des Herrn wird kommen wie ein Dieb in der Nacht.

1 THESSALONICHERBRIEF 5,2; 2 PETRUS 3,10

Ohne Glauben ist's unmöglich, Gott zu gefallen.

HEBRÄERBRIEF 11,6

Du glaubst, daß nur einer Gott ist?

JAKOBUSBRIEF 2,19

Ich glaube, weil es widersinnig ist.

TERTULLIAN

Das Gebot wird Knechten gegeben; der Glaube wird von Freunden gefordert.

ORIGENES

Ich glaube, weil ich es nicht begreife.

AUGUSTINUS

Ich glaube, auf daß ich erkenne.

ANSELM VON CANTERBURY

Trost und Hoffnung brauche ich nicht. Mein Glaube genügt mir zum Leben und zum Sterben, denn mein Glaube ist ein Wissen.

PIERRE ABAILLARD

Der Sieg über die eigene Begierde ist das Kennzeichen wahren Glaubens.

ABU MUHAMMAD NIZAMI

Die menschliche Vernunft ist schwach und dem Irrtum verfallen; der wahre Glaube aber kann nicht irren.

THOMAS VON KEMPEN

Der Glaube ist nimmermehr stärker und herrlicher, denn wenn die Trübsal und Anfechtung am größten ist.

MARTIN LUTHER

Nichts wird so fest geglaubt wie das, was wir nicht wissen.

MICHEL DE MONTAIGNE

Wir sind alle in gleicher Weise Kinder Gottes, für uns alle, die wir in gleicher Weise in das Welttheater eingelassen worden sind, gilt das Wort: Kommet, zu sehen die Werke des Herrn.

JAN AMOS COMENIUS

Jeder glaubt gar leicht, was er fürchtet und was er wünscht.

JEAN DE LA FONTAINE

Glauben

Alles glauben ist Schwachheit, und nichts glauben ist Torheit.

CHRISTINE VON SCHWEDEN

Der Glaube kann uns niemals von etwas überzeugen, was unserer Erkenntnis zuwiderläuft.

JOHN LOCKE

Um mit Sicherheit zu glauben, müssen wir mit dem Zweifeln beginnen.

STANISLAW LESZCYNSKI

Glaube wird nicht Glaube bei dem Menschen, wenn er nicht geistig wird; und er wird nicht geistig, wenn er nicht Sache der Liebe wird; und er wird alsdann Sache der Liebe, wenn der Mensch es liebt, das Wahre und Gute ins Leben übergehen zu lassen, das heißt, zu leben gemäß dem, was im Worte geboten ist.

EMANUEL VON SWEDENBORG

Kein Priester ist, wofür das Volk ihn hält. Nur weil wir glauben, sind wir weise.

VOLTAIRE

Die Pflicht zu glauben, setzt die Möglichkeit dazu voraus.

JEAN-JACQUES ROUSSEAU

Ich glaube alles, was ich in der Religion verstehen kann, und ich achte den Rest, ohne ihn abzulehnen.

JEAN-JACQUES ROUSSEAU

Der Glaube ist Unglücklichen Trost und der Glücklichen Schrecken.

VAUVENARGUES

Es ist nur eine (wahre) Religion; aber es kann vielerlei Arten des Glaubens geben.

IMMANUEL KANT

Der Glaube ist kein Werk der Vernunft und kann daher auch keinem Angriff derselben unterliegen, weil Glauben so wenig durch Gründe geschieht wie Schmecken und Sehen.

JOHANN GEORG HAMANN

Stolz, Selbstsucht und Eigendünkel sind dem Glauben zuwider; er kann nicht hinein, weil das Faß schon voll ist.

MATTHIAS CLAUDIUS

Es gibt Leute, die können alles glauben, was sie wollen; das sind glückliche Geschöpfe.

GEORG CHRISTOPH LICHTENBERG

Ach, das waren noch gute Zeiten, als ich noch alles glaubte, was ich hörte!

GEORG CHRISTOPH LICHTENBERG

Bei den meisten Menschen gründet sich der Unglaube in einer Sache auf blinden Glauben in einer andern.

GEORG CHRISTOPH LICHTENBERG

Einfalt und Unschuld, reines menschliches Gefühl für Dank und Liebe ist Quelle des Glaubens.

HEINRICH PESTALOZZI

Glauben kann ein jeder von euch, was er will, aber einen andern mit eurem Glauben zu kränken und ihm Unrecht zu tun, davor will ich euch bewahren.

HEINRICH PESTALOZZI

Der Mensch muß bei dem Glauben verharren, daß das Unbegreifliche begreiflich sei; er würde sonst nicht forschern.

JOHANN WOLFGANG VON GOETHE

Das eigentliche, einzige und tiefste Thema der Welt- und Menschheitsgeschichte, dem alle anderen untergeordnet sind, bleibt der Konflikt des Unglaubens und Glaubens.

JOHANN WOLFGANG VON GOETHE

Glaube ist Liebe zum Unsichtbaren, Vertrauen aufs Unmögliche, Unwahrscheinliche.

JOHANN WOLFGANG VON GOETHE

Alles wankt, wo der Glaube fehlt.

FRIEDRICH VON SCHILLER

Die Demut ist Aliment des Glaubens.

FRANZ VON BAADER

Der Glaube ist die unbefriedigte Sehnsucht der Vernunft nach der Phantasie.

FRIEDRICH SCHLEIERMACHER

An das Göttliche glauben die allein, die es selber sind.

FRIEDRICH HÖLDERLIN

Glauben

Glaube kann nie geboten werden, so wenig als Liebe. Er muß freiwillig und aus eigenem Triebe sein.

FRIEDRICH HÖLDERLIN

Wer glaubt, bloß weil ihm sein Nachbar sagt, glaube, der ist ein Hornochse.

STENDHAL

Wenn die Frommen ihren Glauben wie einen Orden umhängen, der sie vom gottlosen Pöbel unterscheide, widern sie mich an.

JACOB GRIMM

Glaube ist groß, beseelend. Die Geschichte eines Volkes wird fruchtbar, geisterhebend, groß, sobald es glaubt.

THOMAS CARLYLE

Der Glaube war zu allen Zeiten die Stärke der Schwachen und das Heil der Unglücklichen.

ALEXANDRE VINET

Die Freiheit ohne Glauben hat schon Völker zusammenbrechen lassen. Wenn es heute freie Völker gibt, die ihre Freiheit ertragen können, sie genießen, unaufhörlich ihre Kräfte daran stählen und nichts zu befürchten brauchen, dann sind es gläubige Völker.

ALEXANDRE VINET

Glaube und Gewohnheit bewirken Besseres als Studium und Grübelei.

HONORÉ DE BALZAC

Glauben heißt leben.

HONORÉ DE BALZAC

Der Mensch glaubt, was er hofft, glaubt, was er fürchtet!

DIETRICH CHRISTIAN GRABBE

Es gibt einen Glauben, dessen wir zu sehr bedürfen, um ihn den Chancen eines Examens zu unterwerfen.

JOHANN NESTROY

Der einzige Prüfstein wahren Glaubens ist seine Macht, die Seelen zu bezaubern und zu beherrschen, wie die Gesetze der Natur das Tun unserer Hände regieren – und so zu beherrschen, daß das Gehorchen uns eine Ehre und eine Lust ist.

RALPH WALDO EMERSON

Die Krankheit, an der das menschliche Hirn leidet, ist mangelnder Glaube.

RALPH WALDO EMERSON

Herr, gib allem Glauben seine Freiheit und mache die Freiheit zum Glauben aller.

ADOLF GLASSBRENNER

Der Glaube ist der beste, bei welchem der Mensch am meisten gewinnt und Gott am meisten verliert.

FRIEDRICH HEBBEL

Manche Menschen glauben nur darum an Gott, eine Unsterblichkeit, weil sie sich so ungeheueren Ideen nicht zu opponieren wagen.

FRIEDRICH HEBBEL

Wer immer das Beste hofft, der wird alt, vom Leben betrogen; und wer immer auf das Schlimmste vorbereitet ist, der wird zeitig alt; aber wer glaubt, der bewahrt eine ewige Jugend.

SØREN KIERKEGAARD

Wenn jemand auf seinem Pfade zögert, so drängt ihn nicht zum Weitergehen. Laßt ihn seine Zweifel ehren, denn auch im Zweifel kann eine Gottheit sein. Daß wir wenig Glauben haben, ist nicht traurig, wohl aber, daß wir wenig Gläubigkeit haben. Durch Gläubigkeit wird Glaube verdient.

HENRY DAVID THOREAU

Der Glaube findet – wie ein Schakal – noch in Gräben, was ihn nährt, und gewinnt aus tödlichen Zweifeln die gewisse Zuversicht des Lebens.

HERMANN MELVILLE

Ein Glaube ist nicht wahr, nur weil er nützlich ist.

HENRI FRÉDÉRIC AMIEL

Wer sich durch den Glauben regieren läßt, braucht durch den Aberglauben nicht kuriert zu werden.

EMIL FROMMEL

Das menschliche Leben ohne Glauben ist ein Tierleben.

LEW N. GRAF TOLSTOJ

Glauben

Der Glaube ist das Bewußtsein des Menschen von seiner Beziehung zur unendlichen Welt, aus welchem die Richtung seines Tuns entspringt.

LEW N. GRAF TOLSTOJ

Der Gläubige, der nie gezweifelt hat, wird schwerlich einen Zweifler bekehren.

MARIE VON EBNER-ESCHENBACH

Wenn es einen Glauben gibt, der Berge versetzen kann, so ist es der Glaube an die eigene Kraft.

MARIE VON EBNER-ESCHENBACH

Nicht großen Glauben brauchen wir, sondern Glauben an einen großen Gott.

J. HUDSON TAYLOR

Glaube beruht auf Ursachen, nicht auf Gründen.

WILHELM BUSCH

Behalte deinen Glauben und deine Gefühle für dich. Sprächest du von ihnen, würdest du viel verlieren.

SRI RAMAKRISHNA

Glauben – damit kann man wenig tun, doch ohne ihn kann man nichts tun.

SAMUEL BUTLER

In der Religion und in der Medizin kommt es hauptsächlich auf den Glauben an.

DANIEL SPITZER

Was gestern absurd schien, wird heute allgemein geglaubt und ist morgen banal.

DANIEL SPITZER

Angewöhnung geistiger Grundsätze ohne Gründe nennt man Glauben. Denn die Menschen glauben an die Wahrheit dessen, was ersichtlich stark geglaubt wird.

FRIEDRICH NIETZSCHE

Du sollst nur an Gott glauben. Ein Glaube an die Menschenkinder ist nicht möglich.

AUGUST STRINDBERG

Was den Glauben betrifft, so vermag ich alles zu glauben, vorausgesetzt, daß es ganz und gar unglaublich ist.

OSCAR WILDE

Es ist einfach – schrecklich einfach – den Glauben eines Mannes an sich selbst zu erschüttern. Das auszunutzen, um den Geist eines Menschen zu brechen, ist Teufelswerk.

GEORGE BERNARD SHAW

Der Glaube schwindet, wenn unsere Handlungen ihn nicht mehr betätigen.

M. HERBERT

Nur wer an den Sieg glaubt, wird richtig glauben.

HEINRICH LHOTZKY

Der Mensch ist, was er glaubt.

ANTON P. TSCHECHOW

Der Glaube ist eine Fähigkeit des Geistes. Tiere haben keine, Wilde und unentwickelte Menschen haben Angst und Zweifel. Er ist nur hohen Organisationen zugänglich.

ANTON P. TSCHECHOW

Ein Glaube ist freilich nicht zu begreifen, außer dadurch, daß man ihn mit den Gläubigen teilt.

GERHART HAUPTMANN

Wer nicht an sich selbst glaubt, kann auch niemals an Gott glauben.

SWAMI VIVEKANANDA

Der Glaube ist die schöpferische Fähigkeit im Menschen. Der Glaube erschafft in gewissem Grade seinen Gegenstand; der Gottesglaube erschafft darum Gott; und da dieser Gottesglaube in uns von Gott selbst herrührt, so schafft Gott sich beständig in uns!

MIGUEL DE UNAMUNO

Der Mensch muß glauben – ob Gott ist oder nicht.

RUDOLF G. BINDING

Meine Religion kennt keine Landesgrenzen. Wenn der Glaube in mir lebendig ist, wird er selbst meine Liebe zum Vaterland übertreffen.

MAHATMA GANDHI

Ein Glaube kommt an Intimität nur unserem Tode gleich.

ANNETTE KOLB

Glauben

Glauben heißt: rechnen mit Gott.

JEANNE WASSERZUG

Seit die Menschen nicht mehr an Gott
glauben, glauben sie nicht etwa an nichts,
sondern an alles.

GILBERT KEITH CHESTERTON

Der Glaube ist die Leistung der gesammelten
Seelenkraft.

JOSEPH KÜHNEL

Wenn der Glaube an Gott erloschen ist, wird
sich die Welt vor nichts mehr fürchten.

GERTRUD VON LE FORT

Glauben ist Vertrauen, nicht Wissenwollen.

HERMANN HESSE

Die Gleichgültigkeit bei Gläubigen ist eine
weit schrecklichere Sache als die Tatsache,
daß es Ungläubige gibt.

ALEXANDR ELTSCHANINOW

Gegen alles Gift der Welt gibt es nur ein
Gegengift: Glauben.

RUDOLF ALEXANDER SCHRÖDER

Keine Brücke ist vom Glauben zum Wissen
gespannt.

E. G. KOLBENHEYER

Das Hadern mit Gott kann der Anfang oder
das Ende des Glaubens sein. In jedem Fall
setzt es einen Ansatz von Glauben schon
voraus.

THEODOR HAECKER

Es ist leichter zu glauben als zu zweifeln.

EVERETT D. MARTIN

Um an die Welt zu glauben, muß man an
Gott glauben.

TEILHARD DE CHARDIN

Etwas glauben heißt, innerlich damit in
jedem Augenblick rechnen.

FERDINAND EBNER

Der Glaube an den Menschen setzt voraus
den Glauben an die Gottheit, durch die er ist.

KARL JASPERS

Die Ideen hat man – in den
Glaubensgewißheiten lebt man.

JOSÉ ORTEGA Y GASSET

Denken gefährdet jeden Glauben.

FRITZ DE CRIGNIS

Der Gläubige ist der edelste Alchimist: alle
Dinge der Welt macht er zu Gott.

ERNST BERTRAM

Wenn es wahr ist, daß der Glaube eine Gnade
ist, ein Geschenk Gottes, so ist er doch auch
eine Tugend und hängt – zu einem Teil – von
unserem Wollen ab.

FRANÇOIS MAURIAC

Ich bin noch nicht ungläubig, aber ich bin auf
der Seufzerbrücke, die zwischen Glauben und
Unglauben sich düster spannt.

ERNST WIECHERT

Glauben heißt kämpfen.

GOTTLIEB DUTTWEILER

Man kann ohne Gott auskommen, aber nicht
ohne Glauben.

HANS KRAILSHEIMER

Die Sichtbarkeit des Glaubens ist die Liebe,
die Unsichtbarkeit der Liebe ist der Glauben.

EMIL BRUNNER

Jeder Glaube ist auch ein Glaube an den
Erfolg.

BLAISE GALL

Glaube ohne Duldsamkeit ist ein Weinstock
ohne Reben.

OTTO MICHEL

Jeder Glaube ist Imitation oder
Rechtfertigung einer vorherrschenden
Stimmung.

LUDWIG MARCUSE

An Gott glauben, will das unbedingt besagen,
an das Gute glauben?

KURT GUGGENHEIM

Im Glauben liegt ein Willensakt.

FRANZ WERFEL

Glauben

Glauben ist das Verantwortlichkeitsgefühl den Dingen gegenüber, weil man sie für bestehend erachtet. Je mehr, vor allem je heftiger wir glauben, um so wirklicher ist unsere Welt.

FRANZ WERFEL

Gleichwie der Akt des Glaubens der freieste Akt ist, so ist die Äußerung des Glaubens die persönlichste Äußerung.

HENRI DE LUBAC

Das erschöpfendste aller unserer Abenteuer ist die Wanderung durch die langen Gänge unseres Denkens zu den weiten Hallen, wo der Glaube thront.

THORNTON WILDER

Die meisten Leute glauben an Gott, aber das ist gewöhnlich alles, was sie in der Sache tun.

KARL HEINRICH WAGGERL

Heilige These des Volkes: Was ich nicht verstehe, darf ich nicht glauben!

HEINZ STEGUWEIT

Nicht was man glaubte, war wichtig, sondern was man wußte; man glaubte viel zu viel und wußte viel zu wenig.

BERT BRECHT

Ich glaube, denn ich habe mich meiner Zukunft erinnert.

ELISABETH LANGGÄSSER

Alles glauben ist leicht, einiges glauben schwer.

CHARLES TSCHOPP

Kirchtürme und Fabrikkamine – alter und neuer Glaube.

CHARLES TSCHOPP

In Glaubensdingen gibt es keine Monopole.

OTHMAR CAPELLMANN

Glauben heißt: offen sein für das Wunder.

OTHMAR CAPELLMANN

Der Glaube hat als alles durchdringende, einigende, steigernde Kraft die Geschichte des Abendlandes bewirkt, diesem seine Gestalt und seinen Inhalt gegeben.

REINHOLD SCHNEIDER

Glauben – das heißt: nicht zweifeln!

DAG HAMMARSKJÖLD

Blinder Glaube hat einen bösen Blick.

STANISLAW JERZY LEC

Ein Mensch ohne Glauben hat niemals Kultur.

THOMAS NIEDERREUTHER

Der Glaube ist dehnbar, ziehe ihn auf die Zerreißprobe.

FLORENCE SCOVEL SHINN

Ich wäre eher bereit, mein Leben herzugeben als meinen Glauben.

MUTTER TERESA

Wie schade, daß man, um zu Gott zu gelangen, durch den Glauben hindurch muß!

É. M. CIORAN

Glauben heißt nichts anderes als: für wirklich halten.

WOLFGANG STRUVE

Glauben: Weitersehen, durch die Dinge hindurch, auf ihn, der dahinter steht.

PHIL BOSMANS

Immer ist man gespannt, ob das Geglaubte wahr ist.

GÜNTHER SIBURG

Der Mensch wagt nie zu glauben, was er schon weiß, er glaubt nur, was er nicht wissen kann.

FRIEDRICH DÜRRENMATT

Der Glaube verhält sich zur Moral wie die Liebe zum Gesetz: Wer die vollkommene Liebe hätte, könnte das Gesetz vergessen.

KARL THEODOR VON UND ZU GUTTENBERG

Das Denken ist fortgeschritten. Der Glaube tritt am Ort.

HEINRICH WIESNER

Für einen Ungläubigen stellt sich das Problem natürlich nicht. Deshalb scheint uns das Drama des Gläubigen beklemmender und seine Erschütterung tiefer zu sein.

ELIE WIESEL

Glauben

Es fällt mir schwer, an Gott zu glauben. Noch schwerer fällt mir, nicht an ihn zu glauben.

KURTMARTIN MAGIERA

Glaube ist das allseitige Sichöffnen für den göttlichen Einfluß.

MARTIN LUTHER KING

Auch der Glauben kostet was. Manchem das Leben.

GERHARD UHLENBRUCK

Was an die Stelle des Credo getreten ist – der Kredit.

HELLMUT WALTERS

Es gibt Menschen, die glauben alles, aber Glauben haben sie keinen.

FRANZISKA MAIER-HÖFFERN

Wer weniger glaubt, hält mehr für möglich.

PETER BENARY

Blinder Glaube verursacht blinden Eifer.

RUPERT SCHÜTZBACH

Der im Glauben Gehorsame erfährt eine Freiheit, von der der fromme Eigenwille, wie vielversprechend er sich auch gibt, nichts weiß.

HORST ZENTGRAF

Noch jeder totalitäre Glaube hat schließlich Berge versetzt: Leichenberge.

FELIX RENNER

Wer an Gott glaubt, muß auch mit dem Teufel rechnen.

WERNER MITSCH

Ich kenne fromme Leute, die hat ihr Glaube so stark gemacht, daß sie eher an Gott zweifeln als an sich.

NIKOLAUS CYBINSKI

Der Glaube duldet keine Überzeugung neben sich.

ELAZAR BENYOÊTZ

Der Glaube ist das Universum des menschlichen Geistes.

ELISABETH HABLÉ

Wo der Glaube versagt, hilft die Statistik.

WERNER EHRENFORTH

Glaube ist der Sinnentwurf des Lebens.

URSULA HETTICH

Der Glaube kommt vom Hören, die Liebe vom Sehen.

TORSTI LEHTINEN

Der Glaube macht selig, aber nicht satt.

VOLKER ERHARDT

Je grundloser der Glaube, desto zweifelsfreier.

MICHAEL RUMPF

Gegen den Glauben ist kein Gott gewachsen.

MATHIAS RICHLING

Der Mensch ist der Gott seines Glaubens.

THOMAS SCHMITZ

Glaubenskriege sind der beste Beweis dafür, daß durchaus mehrere Parteien im Unrecht sein können.

WOLFGANG MOCKER

Glauben schenken kostet viel.

RONALD JANNASCH

Gleichgültigkeit

Steinerne Herzen machen keine nassen Augen.

Deutsches Sprichwort

Zerreißt eure Herzen und nicht eure Kleider!

JOEL 2,13

Das höchste Gut ist die Gleichgültigkeit: sie behandelt das Gleichgültige schlechthin als gleichgültig.

ARISTON

Es ist leicht, den Haß, schwer die Liebe, am schwersten die Gleichgültigkeit zu verbergen.

LUDWIG BÖRNE

Gleichgültigkeit

Gleichgültigkeit gegen Gut und Böse ist das gewöhnliche Ergebnis einer sozusagen versteinerten Zivilisation. Diese Gleichgültigkeit aber ist ein weit stärkeres Argument gegen das angeborene Gewissen, als es die groben Verstöße der Wilden sind.

GERMAINE (MADAME) DE STAËL

Die Schwester der Gleichgültigkeit ist entsetzliche Langeweile, ihr Bruder der Müßiggang; eine furchtbare Sippschaft

ERNST VON FEUCHTERSLEBEN

Anerkennung braucht jedermann. Alle Eigenschaften können durch totale Gleichgültigkeit der Umgebung zugrunde gerichtet werden.

KARL IMMERMANN

Die Gleichgültigkeit ist wie das Eis an den Polen: sie tötet alles!

HONORÉ DE BALZAC

Die Frauen schmerzt nichts tiefer als Gleichgültigkeit; Haß ertragen sie leichter.

KARL JOHANN BRAUN VON BRAUNTHAL

Die größte Sünde, die wir unseren Mitmenschen antun können, ist nicht, sie zu hassen, sondern ihnen gegenüber gleichgültig zu sein. Das ist absolute Unmenschlichkeit.

GEORGE BERNARD SHAW

Die Gleichgültigkeit als eine Art Lähmung. Ein vorzeitiger Tod.

ANTON P. TSCHECHOW

Auf alles Schöne federleicht zu antworten, alles Häßliche aber wie Wasser an mir ablaufen zu lassen, soll mein Ziel sein.

OTTO BRAUN

Gleichgültigkeit ist der Tod des Geistes.

HEINRICH GERLAND

Nur ein vollkommen unbedeutender Mensch, eine unverbesserliche Null, wird sich damit begnügen, im Leben immer ein und dieselbe Rolle zu spielen, immer den gleichen Platz in der Gesellschaft einzunehmen und dieselben Dinge zu tun.

BORIS PASTERNAK

Jemand, den nichts mehr an diese Welt bindet, wird nur durch den Wechsel der Jahreszeiten berührt.

YOSHIDA KENKO

Nichts ist erstaunlicher als die Gleichgültigkeit der Menschen gegenüber den Dingen, die in ihrem eigenen Namen verkündet und auf ihrem eigenen Rücken ausgetragen werden.

SIGMUND GRAFF

Gleichgültigkeit macht mehr Verbrecher als Leidenschaft.

FRIEDRICH GEORG JÜNGER

Es gehört zu den aufreizendsten Erlebnissen, die man haben kann: die Gleichgültigkeit der Umwelt zu spüren.

ERICH KÄSTNER

Gleichgültigkeit ist oft Verächtlichkeit, etwas Unmenschliches.

OTTO ROMBACH

Gelassenheit ist nicht gleich Gleichgültigkeit.

BERNHARD POLLAK

Gleichgültigkeit ist eine Krankheit, die zum Tode führen kann.

FRIDEL MARIE KUHLMANN

Gleichgültigkeit gegenüber der Angst des anderen ist verbrecherisch, da sie dessen Angst nur weiter verstärkt. Im äußersten Fall zehrt die Gleichgültigkeit ihr Subjekt wie auch ihr Objekt auf.

ELIE WIESEL

Das Gegenteil von Liebe ist nicht Haß, sondern Gleichgültigkeit.

RUPERT SCHÜTZBACH

Die Gleichgültigkeit ist auch ein legitimes Kind der Toleranz.

NIKOLAUS CYBINSKI

Die Gleichgültigkeit maskiert sich gern als Toleranz und die Angst als Fürsorge.

TORSTI LEHTINEN

Das Gleichgültige ist endgültig.

MICHAEL RUMPF

391

Gleichheit

Beides sind Menschen: die in der Sänfte sitzen und die sie tragen.

Chinesisches Sprichwort

Gleich und gleich gesellt sich gern.

HOMER

Ich will gleich sein dem Allerhöchsten.

JESAJA 14,14

Von Natur aus sind die Menschen fast gleich; erst die Gewohnheiten entfernen sie voneinander.

KONFUZIUS

Wenn zwei dasselbe tun, so ist es nicht dasselbe.

TERENZ

Mit einem, der uns gleich ist, sich einzulassen, ist eine unsichere Sache; mit einem Stärkeren, das ist Unsinn; mit einem Schwächeren, das bringt keine Ehre.

SENECA

Der Knecht ist nicht größer als sein Herr.

JOHANNES 13,16

Die Sonne scheint über Bösen und Guten.

MATTHÄUS 5,45

In bescheidenen Verhältnissen ist es leicht, Gleichheit walten zu lassen.

TACITUS

Ein Mann ist nicht mehr als der andere, wenn er nicht mehr vollbringt als der andere.

MIGUEL DE CERVANTES

Gleiches mit Gleichem zahl' ich, Maß für Maß.

WILLIAM SHAKESPEARE

Zwischen Holz und Holz ist Unterschied.

MOLIÈRE

Das Bestehen völliger Gleichheit oder Gemeinschaft der Güter setzt immer ein Sklavenvolk voraus.

VOLTAIRE

Ein himmelweiter Unterschied herrscht zwischen dem Geist der echten Gleichheit und dem der extremen Gleichmacherei. Jener besteht keineswegs darin, daß alle Welt kommandiert oder niemand kommandiert wird, sondern darin, daß man seinesgleichen gehorcht und befiehlt.

MONTESQUIEU

In der Republik sind alle Menschen gleich; ebenso sind sie es in der Despotie; in der ersteren, weil sie alles, in der letzteren, weil sie nichts gelten.

MONTESQUIEU

Gleichheit ist kein Naturgesetz. Die Natur hat nichts gleich gemacht. Ihr höchstes Gesetz ist Unterordnung und Abhängigkeit.

VAUVENARGUES

Die Gleichheit, die wir verlangen, ist der erträglichste Grad von Ungleichheit.

GEORG CHRISTOPH LICHTENBERG

Die Menschen werden ungleich geboren. Der große Segen der Gesellschaft besteht darin, diese Ungleichheit soweit wie möglich durch die Beschaffung von Sicherheit, des erforderlichen Eigentums, der Ausbildung und des Beistands für einen jeden zu mindern.

JOSEPH JOUBERT

Gleichheit ist immer der Probestein der Gerechtigkeit, und beide machen das Wesen der Freiheit.

JOHANN GOTTFRIED SEUME

Je mittelmäßiger Menschen sind, desto mehr streben sie nach Gleichschaltung.

GERMAINE (MADAME) DE STAËL

Die Voraussetzung der natürlichen Gleichheit aller Menschen drängt mit einer gewissen Folgerichtigkeit zu dem Versuch, die historisch gebildeten Einrichtungen zu durchbrechen und von Grund aus umzugestalten. Tendenzen dieser Art sind vielleicht unvermeidlich: in Schranken gehalten können sie sogar zur lebendigen Fortbildung der Gesellschaft beitragen.

LEOPOLD VON RANKE

Gleichheit

Wenn wir über bürgerliche Ungleichheit klagen, so sind alsdann unsere Augen nach oben gerichtet; wir sehen nur diejenigen, die über uns stehen, und deren Vorrechte uns beleidigen; abwärts sehen wir nie bei solchen Klagen.

HEINRICH HEINE

Gleichheit mag vielleicht ein Recht sein, aber keine menschliche Macht vermag sie in die Tat umzusetzen.

HONORÉ DE BALZAC

Eine Königin darf nur mit Königen spielen.

VICTOR HUGO

Gleichheit ist immer das festeste Band der Liebe.

GOTTHOLD EPHRAIM LESSING

Köpft nur alles, was überragt, nivelliert, eine Herde und ein Stall sei euer Ziel, und sprecht von Fortschritt, indem ihr zu den Urzuständen drängt und treibt!

MARIE VON EBNER-ESCHENBACH

In seiner majestätischen Gleichheit verbietet das Gesetz den Reichen wie den Armen, unter Brücken zu schlafen, in den Straßen zu betteln und Brot zu stehlen.

ANATOLE FRANCE

Seicht und seicht gesellt sich gern.

ELEONORE VAN DER STRATEN-STERNBERG

Gleichheit tötet, Ungleichheit belebt.

SALOMON BAER-OBERDORF

Die Gleichheit ist eine leere Phrase, wenn man unter Gleichheit nicht die Abschaffung der Klassen versteht.

WLADIMIR I. LENIN

Eine über die Gleichheit der Chancen hinausgehende Gleichmachung der Menschen ist die höchste Ungerechtigkeit.

KARL JASPERS

Auch zwei Nullen sind sich nicht gleich.

PAMPHILIUS PFYFFER

Wenn jeder Stein eine Statue sein will, so gibt es keine Tempel. – Aber schlechte Statuen.

GEORG STAMMLER

Allgemeine Gleichheit bedeutet nicht, daß alles gleich vulgär sein müsse. Der niedrige Stand der Massenseele ist für das Entstehen von Tyrannenherrschaften verantwortlich.

SARWAPALLI RADHAKRISHNAN

Vollkommene Gleichförmigkeit ist dem Leben entgegengesetzt. Nur die Toten sind (sich) gleich.

SARWAPALLI RADHAKRISHNAN

In dieser Welt, wo alles gleich gilt, wird alles bald gleich-gültig sein.

CURT GOETZ

Die meisten Menschen wünschen die Gleichheit nur mit jenen, die mehr sind oder mehr haben als sie selbst.

HENRY DE MONTHERLANT

Die Natur fragt nicht danach, ob die Malariamücke einen König oder einen Bettler sticht.

PETER BAMM

Vor Gott sind alle Menschen gleich, aber geschaffen hat er sie ungleich.

MAX RYCHNER

Wir sind alle gleich, weil uns die gleichen Gefahren drohen.

PETER MAX BOPPEL

Lassen wir doch den Irrtum, daß alles für alle sei.

ERNST WILHELM ESCHMANN

Chancengleichheit gibt es auch aus erbbiologischen Gesetzen nie. Vor einer Forderung steht immer die Leistung.

WERNER FREYTAG

Alle Menschen sind gleich. Wieviel Servilität liegt doch in diesen Worten! So ein Satz erniedrigt gleichzeitig sich selbst und die Menschen; es fehlt ihm an Stolz und führt letzten Endes dazu, alle Bemühungen sinnlos zu machen.

OSAMU DAZAI

Unter Blinden wird auch der Einäugige blind.

STANISLAW JERZY LEC

Gleichheit

Genau besehen spricht man nur unter Gleichaltrigen dieselbe Sprache. Jahrgänge sind geschlossene Gesellschaften.

HANS KASPER

Gerecht ist, wer nicht gleichsetzt.

HANS LOHBERGER

Wird Gleichheit mit Gerechtigkeit identifiziert, so fordert die Gerechtigkeit: lieber alle gleich ungebildet als Bildungsunterschiede; lieber allgemeine Unfreiheit als freie und unfreie Völker nebeneinander; lieber alle gleich arm als ungleich reich.

WALTER SCHMITHALS

Das Gleichheitsideal bedeutet den Übergang vom Almosen zum Versuch, gerechtere Bedingungen zu schaffen, die dem Benachteiligten die Freiheit geben, keiner Almosen mehr zu bedürfen.

ALFRED GROSSER

Wenn zwei das gleiche wollen, will der eine es immer besser als der andere.

GERHARD UHLENBRUCK

Ungleich und ungleich gesellt sich gern.

GERHARD UHLENBRUCK

Was das für ein Gedrängel gäbe, wenn alle auf einer Stufe stünden!

RUPERT SCHÜTZBACH

Die Menschen waren zuerst Brüder, später wurden sie gleich...

BRANA CRNČEVIĆ

Wären alle Menschen gleich, würde einer im Prinzip genügen.

WERNER MITSCH

Vor dem Fernseher sind alle gleich.

HANS-HORST SKUPY

Alle Menschen sind gleich. Es sei denn, sie sind Politiker.

HANS-HORST SKUPY

Proporzdenken ist keine Funktion der Köpfe, nein – ganz im Gegenteil.

HANS-HORST SKUPY

Nach dem Tode sind alle Menschen gleich: die einen haben marmorne Gräber, die anderen liegen in Straßengräben.

ŽARKO PETAN

Jeder ist vor dem Gesetz gleich. Das Nähere regeln Ausländergesetz, Parteibuch, Geschlecht, Alter und Dienstgrad.

GERD WOLLSCHON

Wir haben das gleiche Niveau, nur die Tiefe ist verschieden.

RADIVOJE DANGUBIĆ

Vor Gott waren alle Menschen gleich, nach ihm gibt es Unterschiede.

VOLKER ERHARDT

Daß die Menschen alle gleich sind, heißt nicht, daß wir mit allen tauschen möchten.

MICHAEL RUMPF

Nach dem Schiffbruch sitzen wir im selben Boot.

PETER GRUBER

Das Gleiche wird nicht dasselbe.

SULAMITH SPARRE

Wo alles über einen Kamm geschoren wird, tummeln sich die Läuse.

THOMAS SPANIER

Glück

Suche das Glück nicht mit dem Fernrohr.

Isländisches Sprichwort

Vor seinem Tode ist niemand glücklich zu preisen.

SOLON

Wer ständig glücklich sein möchte, muß sich oft verändern.

KONFUZIUS

Ein Tropfen Glück ist mehr als ein Faß Geist.

DIOGENES

Glück

Kein Sterblicher fühlt an des Glückes Genuß
sich gesättigt.

AISCHYLOS

Das Geheimnis des Glückes ist die Freiheit,
deren Geheimnis aber ist der Mut.

PERIKLES

Wer im Glücke lebt, bewache drum sein
Leben desto mehr; sonst merkt er's nicht und
ist bereits verdorben.

SOPHOKLES

Kein Mensch von allen ist auf Erden stets
beglückt.

EURIPIDES

Glücklich ist ein Mensch, der sowohl Geld als
auch Verstand hat; denn er weiß, wie er sein
Vermögen anlegen muß.

DEMOKRITOS

Das Glück besteht im schönen Fluß des
Lebens.

ZENON

Ihr Glück steht nicht in ihren Händen.

HIOB 21,16

Das Glück gehört denen, die sich selber
genügen.

ARISTOTELES

Glück zu ertragen ist nicht jedermanns
Sache.

ARISTOTELES

Glückseligkeit ist die vollkommene Tugend in
einem vollkommenen Leben.

ARISTOTELES

Höchstes Glück ist: kein Glück kennen.

DSCHUANG DSE

Jeder ist seines Glückes Schmied.

APPIUS CLAUDIUS

Ein böses Maul wird kein Glück haben auf
Erden.

PSALMEN 140,12

Schätze niemanden vor seinem Tode
glücklich.

BEN SIRA 11,36

Man darf sich's zum Glück rechnen, wenn
man nicht immer glücklich ist.

DIONYSOS CASSIUS

Das Bewußtsein eines wohlverbrachten
Lebens und die Erinnerung vieler guter Taten
sind das größte Glück auf Erden.

CICERO

Das Glück ist blind.

CICERO

Ein glückliches Leben besteht in erster Linie
aus Freiheit von Sorgen.

CICERO

Wozu soll mir das Glück, wenn es nicht zu
nutzen erlaubt ist?

HORAZ

Wem wäre Hektor bekannt, wenn Troja
glücklich gewesen?

OVID

Solange du glücklich bist, wirst du viele
Freunde zählen.

OVID

Glücklich, wer – was er liebt – voll Mut zu
verteidigen wagt.

OVID

Glücklich ist nicht, wer anderen so
vorkommt, sondern wer sich selbst dafür hält.

SENECA

Glückselig kann auch der genannt werden,
der – von der Vernunft geleitet – nichts mehr
wünscht und nichts mehr fürchtet.

SENECA

Ein glücklicher Mensch ist seltener als eine
weiße Krähe.

JUVENAL

Jede Zeit ist um so kürzer, je glücklicher man
ist.

PLINIUS D. J.

Das Glück deines Lebens hängt von der
Beschaffenheit deiner Gedanken ab.

MARC AUREL

Glück

Vergiß nicht: man benötigt nur wenig, um ein glückliches Leben zu führen!

MARC AUREL

Glücklich bin ich, wenn einer glücklich ist, den ich liebe.

SEI SHONAGON

Es ist weise, das Glück wahrzunehmen, das unser Herrgott einem zuschickt.

GIOVANNI BOCCACCIO

Fortuna ist ein Weib; um es unterzukriegen, muß man es schlagen und stoßen. Man sieht auch, daß es sich leichter von Draufgängern bezwingen läßt als von denen, die kühl abwägend vorgehen.

NICCOLÒ MACHIAVELLI

Glück kommt nie zu spät.

MICHAEL DRAYTON

Narr des Glückes.

WILLIAM SHAKESPEARE

Das Glück liegt im Geschmack, nicht in der Sache; und der Besitz dessen, was man selbst gerne hat, nicht dessen, was andere gern haben, macht glücklich.

LA ROCHEFOUCAULD

Die glücklichen Leute bessern sich kaum; sie glauben stets recht zu haben, wenn das Schicksal ihr schlechtes Betragen unterstützt.

LA ROCHEFOUCAULD

Das Glück lenkt alles zum Vorteil seiner Günstlinge.

LA ROCHEFOUCAULD

Niemandem erscheint das Glück so blind wie denen, denen es keine Gunst gezeigt hat.

LA ROCHEFOUCAULD

Nur weise, gerechte und gesetzte Leute können glücklich sein.

CHRISTINE VON SCHWEDEN

Wenn das Glück die Menschen verläßt, so verläßt sie alles.

CHRISTINE VON SCHWEDEN

Man würde gar zu glücklich sein, wenn man gleichzeitig verliebt und verheiratet sein könnte.

CHRISTINE VON SCHWEDEN

Man schämt sich irgendwie, glücklich zu sein, wenn man fremdes Elend mitansehen muß.

JEAN DE LA BRUYÈRE

Unter allen Mitteln, sein Glück zu machen, ist das kürzeste und das beste das: die Leute klar erkennen zu lassen, daß es in ihrem Interesse liege, euch Gutes zu erweisen.

JEAN DE LA BRUYÈRE

Wer sein Glück nicht in sich selber finden kann, wird es unnötigerweise anderswo suchen.

LISELOTTE VON DER PFALZ

Die Macht des Glückes wird nur von den Elenden zugegeben, denn die Glücklichen schreiben alles der Klugheit und dem Verdienst zu.

JONATHAN SWIFT

Wer selig werden will, muß seine Sünden bekennen und Buße tun.

EMANUEL VON SWEDENBORG

Die Leute glücklich machen hieße, einen ansehnlichen Teil ihrer Krankheit zum Verschwinden bringen. Ein kleines Glück täglich ist mehr wert als alle Tabletten.

MONTESQUIEU

Wenn man nur glücklich sein wollte, wäre es bald getan: aber man will ja glücklicher als die anderen sein, und das ist fast immer schwierig, weil wir die anderen für glücklicher halten, als sie wirklich sind.

MONTESQUIEU

Glück wird vom Magen hervorgerufen.

VOLTAIRE

In dieser Welt gibt es nur zwei Sorten von Glück: das der Dummköpfe, die sich stupid an ihren fanatischen Illusionen berauschen, und das der Philosophen. Einem denkenden Wesen ist jene erste Sorte von Glück, die eine völlige Verblödung voraussetzt, für immer unerreichbar.

VOLTAIRE

Glück

Das vollkommene Glück ist unbekannt; für den Menschen ist es nicht geschaffen.

VOLTAIRE

Um glücklich zu sein, muß man seine Vorurteile abgelegt und seine Illusionen behalten haben.

GABRIELLE MARQUISE DU CHATELET

Es ist das wahre Glück an keinen Stand gebunden.

FRIEDRICH VON HAGEDORN

Glücklichsein: ein gutes Bankkonto, eine gute Köchin und eine gute Verdauung.

JEAN-JACQUES ROUSSEAU

Es gibt Menschen, die glücklich leben, ohne es zu wissen.

VAUVENARGUES

Wer glücklich ist, kann glücklich machen; wer's tut, vermehrt sein eigenes Glück.

JOHANN WILHELM LUDWIG GLEIM

Der Mensch nimmt nicht eher Anteil an anderer Glück oder Unglück, als bis er sich selbst zufrieden fühlt. Machet also, daß er mit wenigem zufrieden sei, so werdet ihr gütige Menschen machen.

IMMANUEL KANT

Das verdammte Glück! Ohne das kann man nicht einmal ein guter Spitzbube sein.

GOTTHOLD EPHRAIM LESSING

Das Glück verbessern.

GOTTHOLD EPHRAIM LESSING

Mir gefallen so wenig wie dem Eulenspiegel die großen Glücksfälle. Wenn man ein Bein bricht – ist's ein großes Glück, daß es der Hals nicht war...

KATHARINA ELISABETH GOETHE

Darf man von der Liebe auch das Glück erwarten? Von einem Gefühl, das weder der zu meistern vermag, der es einflößt, noch der, der es empfindet?

JULIE JEANNE DE LESPINASSE

Man ist selten glücklich, wenn man von sich selbst spricht.

WILHELM LUDWIG WEKHRLIN

Man ist nie allein glücklich.

WILHELM LUDWIG WEKHRLIN

Der Anblick des Glücklichen macht froh, das Bewußtsein, einen glücklich gemacht zu haben, macht selig.

THEODOR GOTTLIEB VON HIPPEL

Sich recht anschauend vorstellen zu lernen, daß niemand vollkommen glücklich ist, ist vielleicht der nächste Weg, vollkommen glücklich zu werden.

GEORG CHRISTOPH LICHTENBERG

Ein langes Glück verliert schon bloß durch seine Dauer.

GEORG CHRISTOPH LICHTENBERG

Ich wäre heute nicht so glücklich, wenn ich gestern nicht so unglücklich gewesen wäre.

HEINRICH PESTALOZZI

Das höchste Glück ist das, welches unsere Mängel verbessert und unsere Fehler ausgleicht.

JOHANN WOLFGANG VON GOETHE

Dem Greifenden ist meist Fortuna hold.

JOHANN WOLFGANG VON GOETHE

Es gibt kein Glück ohne den Glauben, daß wir es auch verdienen.

JOSEPH JOUBERT

Glück hängt mehr von Gefühlen als von Ereignissen ab.

JEANNE MANON ROLAND

Nach langem Unglück verkennt man das sich bietende Glück und begegnet ihm mit Mißtrauen.

JEANNE MANON ROLAND

Alle Gelegenheit, glücklich zu werden, hilft nichts, wer den Verstand nicht hat, sie zu benutzen.

JOHANN PETER HEBEL

Wären die Menschen mit ihrem Glück so zufrieden wie mit ihrem Verstande –, welche Millionen Glücklicher!

KARL JULIUS WEBER

Glück

Es ist eine sehr gewisse Sache im Leben, daß das Glück am meisten unberufen kommt, je mehr man es gleichsam zurückstößt.

WILHELM VON HUMBOLDT

Das wahre Glück baut sich jeder nur dadurch, daß er sich durch seine Gefühle unabhängig vom Schicksale macht.

WILHELM VON HUMBOLDT

Der innere Friede hängt immer vom Menschen selbst ab: Der Mensch braucht zu seinem Glück im wahren Verstande nichts als ihn und braucht, um ihn zu besitzen, nichts als sich.

WILHELM VON HUMBOLDT

Ich laß es mir nicht ausreden: Glückseligkeit ist in, außer, neben uns, durch uns und ohne uns zu finden.

RAHEL VARNHAGEN

In dieser Welt laufen viele dem Glück nach wie ein Geistesabwesender, der nach seinem Hut jagt, während er ihn die ganze Zeit auf dem Kopf oder in der Hand hat.

SYDNEY SMITH

Glück ist Talent für das Schicksal.

NOVALIS

Glücklich sein und andere glücklich machen – das ist die Aufgabe des Menschen.

BERNARD BOLZANO

Wer das Glück genießen will, muß es teilen, denn es wurde als Zwilling geboren.

LORD BYRON

Ganz glücklich, in der Gegenwart, hat sich noch kein Mensch gefühlt – er wäre denn betrunken gewesen.

ARTHUR SCHOPENHAUER

Das Glück ist eine leichtfertige Person, die sich stark schminkt und von ferne schön ist.

FERDINAND RAIMUND

Kannst du das Glück nicht fassen und erringen, so lerne, es zu entbehren.

FRANZ GRILLPARZER

Ich dächte, jeder müsse bei sich selber anfangen und zunächst sein eigenes Glück machen, woraus denn zuletzt das Glück des Ganzen unfehlbar entstehen wird.

JOHANN PETER ECKERMANN

Das ist groß und schön, von Kleinem glücklich zu werden.

JEREMIAS GOTTHELF

Wir wissen, daß ein Glück, das wir der Lüge verdanken, kein wahres Glück ist.

HEINRICH HEINE

Einigkeit und Recht und Freiheit sind des Glückes Unterpfand.

HOFFMANN VON FALLERSLEBEN

Wenn es dem Dummen geglückt, dann sieht man in ihm den Gescheiten; und wenn das Glück ihn verläßt, gilt der Gescheite für dumm.

HOFFMANN VON FALLERSLEBEN

Glück ist die Poesie der Frauen.

HONORÉ DE BALZAC

Jedes Glück ist von Mut und Arbeit abhängig. Ich habe viel Elend erlebt, aber mit Energie und vor allem mit Illusionen habe ich es immer überwunden.

HONORÉ DE BALZAC

Glück hat auf die Dauer nur der Tüchtige.

HELMUTH VON MOLTKE

Wie albern der Grundsatz über die Unbeständigkeit des Glücks: es gibt gar nichts Beständigeres.

JOHANN NESTROY

Um glücklich zu sein, muß man sich unabhängig von anderen machen; nicht außer sich nach einem Objekt suchen, sondern im Innern sich eins verschaffen.

EDWARD EARL BULWER-LYTTON

Trotz aller unserer Wanderungen ist das Glück stets nur in einem engen Kreis und mitten unter Gegenständen zu finden, welche in unserem unmittelbaren Bereich liegen.

EDWARD EARL BULWER-LYTTON

Glück

Das wäre ja nichts Rechtes, wenn man schon wüßte, wo das Glück liegt, und nur hingehen dürfte, um es aufzuheben.

ADALBERT STIFTER

Den Schmerz vertraut man nur dem Freund; das Glück teilt man mit jedem.

OTTO LUDWIG

Nur das Glück ist ein Glück, das man sich selber denkt.

OTTO LUDWIG

Das Glück ist die Ausnahme von Regel und Gesetz und widerlegt darum keine und keins.

FRIEDRICH HEBBEL

Schöner selbst als der vollste Besitz ist die Erwartung des Glücks.

EMANUEL GEIBEL

Es ist eine Unwahrheit, wenn man das Nichterreichen eines Unerreichbaren für einen Verlust des Lebensglückes ansieht; denn die Fähigkeit unseres Herzens für das Glück ist eine unermeßliche.

THEODOR STORM

Wer ist glücklich in der Welt? Nur der, der sich für glücklich hält.

DANIEL SANDERS

Wenn man glücklich ist, soll man nicht noch glücklicher sein wollen.

THEODOR FONTANE

Vielleicht kann man glücklich sein, wenn man es sein will, und ich hab' einmal gelesen, man könne das Glück auch lernen.

THEODOR FONTANE

Nimmt man einem Durchschnittsmenschen die Lebenslüge – und man raubt ihm zugleich das Glück.

HENRIK IBSEN

Das größte Glück, das der Mensch kennt, der freieste, der glücklichste Zustand, ist der der Selbstverleugnung und der Liebe. Die Vernunft entdeckt den einzigen für den Menschen gangbaren Weg zum Glück – und das Gefühl treibt ihn dahin.

LEW N. GRAF TOLSTOJ

Vermehrung des menschlichen Glücks wird nur durch Vermehrung der Liebe möglich.

LEW N. GRAF TOLSTOJ

Ruhige Kontinuität ist das Prinzip der menschlichen Glückseligkeit.

GUSTAV ADOLPH LINDNER

Das wahrste, schönste Glück der Menschenseele besteht in der Freude an dem Glück anderer. Der Neidische aber sucht sein eigenes Glück darin, andere ihres Glückes beraubt zu sehen. Das ist von allen denkbaren Gemütsverfassungen die elendeste.

CARL SCHURZ

Das wahre Glück kann nichts anderes sein, als sich hinzugeben, ohne sich zu verlieren, weil man sich wiederfindet in etwas Besserem, als man selber ist.

PAUL HEYSE

Du kannst dem Glück nicht ein Pförtchen öffnen, ohne zugleich vor der Sorge ein Tor aufzureißen.

MARIE VON EBNER-ESCHENBACH

Der Glückliche geht mit einer offenen und einer geschlossenen Hand.

PAOLO MANTEGAZZA

Das Glück ist ein Mosaikbild, das aus lauter unscheinbaren, kleinen Freuden zusammengesetzt ist.

DANIEL SPITZER

Das Glück kommt nie zweifach, aber das Unheil selten allein!

MEISTER DSI

Nicht das, was wir sind und haben, bestimmt unser Glück, sondern das, was wir glauben zu sein und zu haben.

PETER ROSEGGER

Glücklich sein und andere glücklich machen, sonst hast du auf Erden nichts zu tun.

PETER ROSEGGER

Zum Glück gehört ein starker und guter Menschenschlag.

AUGUST STRINDBERG

Glück

Glück – ein Wohlgefühl, das sich einstellt, wenn man das Elend eines anderen betrachtet.

AMBROSE BIERCE

Immer wieder lesen wir die Überschrift in den Zeitungen: Das Geheimnis des Glücks. Ein solches Geheimnis gibt es nicht.

EDGAR W. HOWE

Wenn du glücklich sein willst, so mache, daß du unglücklich scheinst.

ARMANDO PALACIO VALDÉS

Nur das Glück, das man anderen bereitet, führt zum eigenen Glück.

E. PAILLERON

Die Absicht, daß der Mensch glücklich sei, ist im Plan der Schöpfung nicht enthalten.

SIGMUND FREUD

Für anderer Leute Glück zu sorgen, ist eine undankbare und gefährliche Sache.

GEORGE BERNARD SHAW

Das Glück hat ein großes Gefolge, das Unglück kaum einen Gefährten.

M. HERBERT

Man sucht das Glück immer außer sich, statt es in die eigene Brust zu verlegen.

NATALIE BAUER-LECHNER

Je größer ein Glück, desto kürzer soll und muß es sein.

A. O. WEBER

Die schlimmste Art, ein Glück zu versäumen, ist, es nicht glauben, da man es erlebt.

ARTHUR SCHNITZLER

Es gibt kein Glück ohne Freiheit.

HEINRICH FEDERER

Glück heißt, seine Grenzen kennen und sie lieben.

ROMAIN ROLLAND

Darin besteht das Glück, daß, was du wünscht, du ebenso leicht entbehren kannst.

CARLOS VON TSCHUDI

Das Glück ist nur für bescheidene Menschen bestimmt, darum warten die Unverschämten auch ihr ganzes Leben darauf.

WILHELM WEBER-BRAUNS

Die Tage, die uns Glück geben, geben uns Weisheit.

JOHN MASEFIELD

Glücklichsein ersetzt mit Höhe, was ihm an Länge mangelt.

ROBERT FROST

Glück ist meistens nur ein Sammelbegriff für Tüchtigkeit, Klugheit, Fleiß und Beharrlichkeit.

CHARLES F. KETTERING

Glück kann man nur besitzen, solange man es nicht sieht.

HERMANN HESSE

Nur das Glück, das in uns wohnt, ist dauernd.

OSWALD BUMKE

Zum Trost: Glück strengt genauso an wie Unglück.

ROBERT MUSIL

Glücklich oder unglücklich sind wir nicht durch unsere Lebenslage, sondern durch unsere Einstellung zum Leben.

HAZRAT INAYAT KHAN

Da man die Menschen mit Gewalt unglücklich gemacht hat gegen ihren Willen, muß man sie auch gegen ihren Willen glücklich machen, und sei es mit Gewalt.

EHM WELK

Ich glaube, daß die höchste Tugend darin besteht, glücklich zu sein.

D. H. LAWRENCE

Die Mehrheit, nicht der kleinere Teil der Menschheit, hat glücklich zu sein; währenddessen ist die Mehrheit der Menschen unglücklich; glücklich ist vielleicht nur ein kleiner Ausnahmebruchteil. Das, wozu man beiläufig Glück sagt, besteht nicht im Wohlstand; es ist enthalten in Zufriedenheit.

JOSEF ČAPEK

Glück

Seine Freude in der Freude des anderen finden können: das ist das Geheimnis des Glücks.

GEORGES BERNANOS

Das Glück ist kein Selbstziel; es ist das Resultat aus einem richtigen Leben. Wenn das Leben gut eingerichtet ist, gibt es auch Glück; das richtige Leben aber ist das gerechte Leben.

ALEXANDR ELTSCHANINOW

Manche von uns würden das Glück finden, wenn wir aufhörten, so verzweifelt darum zu kämpfen.

WILLIAM FEATHER

Man sollte nicht beneidet werden um Glück, sondern um die Fähigkeit, glücklich sein zu können.

FRIEDL BEUTELROCK

Glück ist der Zustand, den man nicht spürt, sagt der Weise.

KURT TUCHOLSKY

Viele Menschen versäumen das kleine Glück, während sie auf das große vergebens warten.

PEARL S. BUCK

Glück ist ein Abfallprodukt des Strebens nach Vollendung. Wer es sucht, kann es nie finden.

RICHARD N. GRAF COUDENHOVE-KALERGI

Alles Glück, das wir empfangen, soll uns unverdient vorkommen, denn woher beziehen wir die Anmaßung, es als verdient zu betrachten?

FRIEDRICH WITZ

Am Unheil der Welt leiden und zu gleicher Zeit glücklich sein: eine jener absurden Gleichungen, deren ich mich stets befleißigt habe.

HENRY DE MONTHERLANT

Das Glück ist ein viel edlerer und viel verfeinerterer Zustand als das Leid: als die Menschen noch ein gesundes Hirn hatten, stellten sie sich die Götter, die sie sich schufen, nur glücklich vor.

HENRY DE MONTHERLANT

Glück ist die Fähigkeit zu lieben.

ZENTA MAURINA

Glück – das ist ganz einfach gute Gesundheit und ein schlechtes Gedächtnis.

ERNEST HEMINGWAY

Man müßte versuchen, glücklich zu sein, und sei es auch nur, um ein Beispiel zu geben.

JACQUES PRÈVERT

Glück und Heiterkeit sind Geschwister. Ein dumpfer, verdrossener, düsterer Mensch wird nie Glück haben.

OTTO HEUSCHELE

Unser Glück besteht nicht zuletzt in der Kraft, die wir haben, unser Unglück zu ertragen.

ALBERT JENNY

Glück ist eigentlich nur der Wille zum Glücklichsein.

WILHELM LICHTENBERG

Glück ist das einzige Kapital, das größer wird, wenn man es teilt.

OTHMAR CAPELLMANN

Glück haben bedeutet auch: kein Unglück haben. Man vergißt das so oft.

ANITA

Das große Unglück ist leider sichtbar. Das große Glück ist leider unsichtbar.

ANITA

Glück ist ein Effekt, den man nicht haschen kann, da gibt es keine „Effekthascherei".

VIKTOR E. FRANKL

Die meisten Menschen wären glücklich, wenn sie sich das Leben leisten könnten, das sie sich leisten.

DANNY KAYE

Wahrscheinlich bin ich deswegen sehr glücklich, weil ich nie zufrieden bin.

SIR PETER USTINOV

Glücksgefühl setzt Ahnungslosigkeit voraus.

PAUL BOCKELMANN

Glück

Ob es Glück war, erkennst du am
Nachgeschmack.

HEINRICH WIESNER

Wer vom Glück keine allzu hohe Meinung
hat, ist demselben schon ziemlich nahe.

HELMUT LAMPRECHT

Ein Glück kommt selten allein.

SIEGFRIED & INGE STARCK

Es genügt nicht, Glück zu haben; man muß
es auch zu meistern wissen.

ROBERT EMANUEL LOOSEN

Das Glück ist nicht blind, es ist aber
manchmal sehr kurzsichtig.

RUTH LEUWERIK

Das Glück unterscheidet sich vom Unglück
vor allem durch die kurze Dauer.

GERHARD UHLENBRUCK

Ein Sinn unseres Lebens ist: Glücklich zu
sein, ohne andere unglücklich zu machen.

OSKAR KUNZ

Glück ist die angenehmste Art des Zufalls.

WERNER MITSCH

Man darf nicht mehr Glück verbrauchen, als
man erzeugt.

GLENN CLOSE

Es ist eine Tatsache, daß das Glück viel
häufiger auf Irrtümern als auf Wahrheiten
beruht.

EMMERICH LANG

Jeder ist seines Glückes Schmied. Die
meisten von uns sind der Amboß.

HANS-HORST SKUPY

Mein Glück ist zerbrochen: Scherben bringen
Glück.

DIETER FRINGELI

Frau Fortuna schenkt nicht, sie borgt nur.

KLAUS KOCH

Bist du glücklich, Fortuna?

SIEGFRIED NUCKE

Gott

Nur das Lebendige vermag Gott zu
preisen.

Ukrainisches Sprichwort

Gott schuf den Menschen nach seinem Bilde,
zum Bilde Gottes schuf er ihn.

1 MOSE 1,27

Gott ist nicht ein Mensch, daß er lüge.

4 MOSE 23,19

Sollte Gott wirklich auf Erden wohnen?

1 KÖNIGE 8,27

Wie kann ein Mensch gerecht sein vor Gott?

HIOB 4,17

Man sollte sich vor keinem Gott fürchten,
sondern sich frei machen vom Wahnglauben.

EPIKUR

Gott ist die Seele der Welt.

KLEANTHES

Man weiß weder, ob Gott eine Gestalt noch
ob er ein Gefühl hat; ja, man kann zweifeln,
ob Gott lebendig ist oder nicht.

ARISTON VON CHIOS

Gott verläßt die Seinigen nicht.

PSALMEN 37,28

Gott legt uns eine Last auf; aber er hilft uns
auch.

PSALMEN 68,20

Lebe so mit den Menschen, als ob Gott es
sähe; sprich so mit Gott, als ob die Menschen
es hörten.

SENECA

Wer Gott kennt, verehrt ihn.

SENECA

Es ist lächerlich zu glauben, daß sich das
große Haupt über den Dingen, was es auch
sein mag, um menschliche Angelegenheiten
bekümmert.

PLINIUS D. Ä.

Gott

Ist Gott für uns, wer mag wider uns sein?

RÖMERBRIEF 8,31

Vor Gott gilt kein Ansehen der Person.

APOSTELGESCHICHTE 10,34

Warum Gott gütig ist? Weil er gerecht ist. Und warum ist Gott gerecht? Weil er gütig ist – denn er zeigt den Sündern den Weg zur Buße.

TALMUD – MAKKOT

Gottes Wesenheit ist Wollen und Wirken.

PLOTIN

Der kennt Gott besser, der ihn nicht zu kennen bekennt.

AUGUSTINUS

Dir wird Gott neu, indem du zu ihm zurückkehrst.

AUGUSTINUS

Es gibt keinen Gott außer Gott.

KORAN

Gott ist allwissend und allweise. Oder glaubt ihr, daß ihr verlassen seid und daß Gott diejenigen unter euch nicht kenne, welche für seine Religion gekämpft und keinen andern, außer Gott und seinen Gesandten, anerkannten?

KORAN

Was im Himmel und was auf Erden, gehört Gott; er verzeiht, wem er will, und bestraft, wen er will. Gott ist versöhnend und barmherzig.

KORAN

Wer Gott und seinem Gesandten gehorcht und Gott fürchtet und ihn verehrt, der wird glückselig sein.

KORAN

Gott ist das, wovon etwas Größeres nicht gedacht werden kann.

ANSELM VON CANTERBURY

Gott verbirgt sich dem Geist des Menschen; aber er offenbart sich seinem Herzen.

SOHAR

Wer Gott liebt, hat keine Religion außer Gott.

RUMI

Es ist notwendig, daß der Mensch alle seine Seelenkräfte nach vernünftigem Ermessen wirksam sein läßt und sich ein Ziel vor Augen setzt, nämlich: Gott den Allmächtigen und Erhabenen zu erfassen, soweit es dem Menschen möglich ist.

MAIMONIDES

Die Schönheit Gottes ist die Ursache von allem, was ist.

THOMAS VON AQUIN

Nichts hindert die Seele so sehr, Gott zu erkennen, als Zeit und Raum! Zeit und Raum sind immer Stückwerk, Gott aber ist Eins!

MEISTER ECKEHART

Gott will uns locken aus uns selber, daß wir in uns selber nicht bleiben mögen.

MEISTER ECKEHART

Jedes Volk glaubt, Gottes Erbschaft, sein wahres Gesetz und seine Gebote zu haben, damit es sie befolge. Wer es aber wirklich hat, darüber ist die Frage noch unentschieden.

GIOVANNI BOCCACCIO

Gott gibt oft in einem einzigen Augenblick, was er lange versagt hat. Denn der Herr spendet dort seinen Segen, wo er leere Gefäße findet.

THOMAS VON KEMPEN

Gott ist der Atem in allem, was atmet.

KABIR

Gesetz ist, was wir tun sollen; Evangelium aber, was Gott geben will.

MARTIN LUTHER

Es dürfte wohl mancher sagen, was wäre das für ein Gott, dessen Leib, Wesen und Kraft in Feuer, Licht, Wasser und Erde stünde?

JAKOB BÖHME

Gottes Mühlen mahlen langsam, mahlen aber trefflich klein.

FRIEDRICH VON LOGAU

Gott

Ich bin Gott, der mir nie was schuldig war, zu Dank verpflichtet für das, was er mir schenkte, und ich darf nicht etwa meinen, er habe mir das vorenthalten, was er mir nicht gab, oder er habe es mir weggenommen.

RENÉ DESCARTES

Es gibt zwei Arten vernünftiger Menschen: diejenigen, die Gott von ganzem Herzen dienen, weil sie ihn kennen. Und die, die Gott von ganzem Herzen suchen, weil sie ihn noch nicht gefunden haben.

BLAISE PASCAL

Wer die Rollen in der Welt verteilt, gibt auch die nötige Begabung, sie nach seinem Gefallen zu spielen.

CHRISTINE VON SCHWEDEN

Alles, was ist, ist in Gott, und nichts kann ohne Gott sein oder begriffen werden.

BARUCH DE SPINOZA

Das Wort Gottes ist eine beständige Warnung vor dem Betrug unseres eigenen Herzens.

JOHANN ALBRECHT BENGEL

Ich will mir Gott nicht als Gladiator vorstellen, der sich ewig mit einem bösen Tier herumschlägt.

VOLTAIRE

Gott hat uns nicht entdeckt, wie er die menschliche Natur richte, und wir dürfen nicht so frevelhaft sein, seinem Urteile vorzugreifen.

IMMANUEL KANT

Gott ist nicht ein Gott der Toten, sondern ein Gott der Lebendigen.

JOHANN GEORG HAMANN

Das Wort Gottes ist die Schöpfung, die wir erblicken, und mit diesem Worte, das keine menschliche Erfindung fälschen oder ändern kann, spricht Gott überall zu den Menschen.

THOMAS PAINE

Es ist unmöglich, daß einer und derselbe Mensch dieser Welt und zugleich Gott diene.

MATTHIAS CLAUDIUS

Gerade da, wo die Philosophie scheitert und die Vernunft sich hinter den Ohren kratzen muß, wo man ein Sausen hört, aber nicht weiß, woher es kommt und wohin es fährt, gerade da vermute ich Gottes Finger.

MATTHIAS CLAUDIUS

Gott schuf den Menschen nach seinem Bilde, das heißt vermutlich, der Mensch schuf Gott nach dem seinigen.

GEORG CHRISTOPH LICHTENBERG

Über viele Dinge kann ich nur mit Gott reden.

JOHANN WOLFGANG VON GOETHE

Wer kann der Allmacht Grenzen setzen?

FRIEDRICH VON SCHILLER

Ohne Gott ist das Ich einsam durch die Ewigkeiten hindurch; hat es aber seinen Gott, so ist es wärmer, inniger, fester vereinigt als durch Freundschaft und Liebe.

JEAN PAUL

Niemand ist gnädig gegen uns als Gott und unser Gewissen. Weil kein anderer uns und die Weise, wie etwas in uns vorgeht, kennt. Auch wir lieben nur die, welche wir kennen.

RAHEL VARNHAGEN

Wer Gott einmal suchen will, der findet ihn überall.

NOVALIS

Wo keine Götter sind, walten Gespenster.

NOVALIS

Gott ist mächtig in den Schwachen.

ADELBERT VON CHAMISSO

Gott ist der Inbegriff alles unbedingt Wirklichen.

BERNARD BOLZANO

Die höchste Idee, die Idee aller Ideen, Gott, wird nie vom Verstande in ihrer Notwendigkeit bewiesen werden können.

CARL GUSTAV CARUS

Die Ordnung Gottes läßt sich nicht ungestraft verkehren.

JEREMIAS GOTTHELF

Gott

Gott wird mir die Torheiten verzeihen, die ich über ihn vorgebracht, wie ich meinen Gegnern die Torheiten verzeihe, die sie gegen mich geschrieben, obgleich sie geistig so tief unter mir standen, wie ich unter dir stehe, o mein Gott!

HEINRICH HEINE

Ohne offenkundig verehrte Gottheit gibt es weder eine Religion, noch eine Wirksamkeit menschlicher Gesetze.

HONORÉ DE BALZAC

Es gibt einen Gott, und er hat eine bessere Welt geschaffen, in der diese Erde ein Unfug ist.

HONORÉ DE BALZAC

Gott gebraucht seine Werkzeuge, wie er will.

JOHN HENRY KARDINAL NEWMAN

Der Mensch schuf Gott nach seinem Bilde.

LUDWIG FEUERBACH

Unter den Menschen sind es nur einzelne, die – ohne an sich zu denken – die reine Freude an dem haben, was Gott selbst im Kleinsten so schön geschaffen hat.

ADALBERT STIFTER

Was Gott fordert, dazu gibt er auch Kraft.

SAMSON R. HIRSCH

Der Herrgott muß die einfachen Menschen lieben. Er hat so viele geschaffen.

ABRAHAM LINCOLN

Gegen Gott haben wir immer Unrecht; dieser Gedanke hält den Zweifel auf und beruhigt seine Besorgnis; er ermuntert und begeistert zum Handeln.

SØREN KIERKEGAARD

Gottes bedürfen ist des Menschen höchste Vollkommenheit.

SØREN KIERKEGAARD

Man kann das Böse leugnen, aber nicht den Schmerz; nur der Verstand kann Gott beweisen, das Gefühl empört sich dagegen.

GEORG BÜCHNER

Gott ist allein – aber der Teufel, der ist fern vom Alleinsein: er sieht Gesellschaft in Menge; er ist Legion.

HENRY DAVID THOREAU

Das Unbewußte im Menschen ist das Bewußtsein Gottes.

HENRY DAVID THOREAU

Gott ist ein Skandal, ein Skandal, der etwas einbringt.

CHARLES BAUDELAIRE

Gott ist das einzige Wesen, das selbst dann herrschte, wenn es gar nicht vorhanden wäre.

CHARLES BAUDELAIRE

Wenn ein Wilder an seinen hölzernen Gott zu glauben aufhört, so heißt das nicht, daß es keinen Gott gibt, sondern nur, daß er nicht aus Holz ist.

LEW N. GRAF TOLSTOJ

Gott betätigt sich in mir durch das Streben nach dem Guten.

LEW N. GRAF TOLSTOJ

Je weiter unsere Erkenntnis Gottes dringt, desto weiter weicht Gott von uns zurück.

MARIE VON EBNER-ESCHENBACH

Soviele Seelen, soviele Pfade zu Gott.

SRI RAMAKRISHNA

Der Herr ist einer, aber er hat tausend Namen.

SRI RAMAKRISHNA

Gott schuf den Menschen, weil er vom Affen enttäuscht war; dann hat er auf weitere Experimente verzichtet, zumal er bereits müde war.

MARK TWAIN

Wenn man Gott zu weiter nichts bräuchte, so müßte man ihn haben, um ihm danken zu können.

ROSALIE PERLES

Die ganze Welt, wohlverstanden, klagt Gott an.

LÉON BLOY

405

Gott

Gott ist handelnde Liebe.

J. HUDSON TAYLOR

Die Gottheit bedarf ebenso des Menschen, wie der Mensch der Gottheit bedarf.

ISOLDE KURZ

Gott ist überall, das ist wahr, aber ich habe das Unglück, ihn nur in den Seelen der edlen Wesen zu sehen.

ARMANDO PALACIO VALDÉS

Die Gottheit ist in der Ehre und im Gemeingut, nicht in dem Credo oder Non credo des Mundes.

GEORGE BERNARD SHAW

Für die Religion steht Gott am Anfang, für die Naturwissenschaft am Ende allen Denkens.

MAX PLANCK

Gott hat an einem Menschen genau so viel Freude wie der Mensch an Gottes Schöpfung.

MAX BEWER

Gott denkt in den Genies, träumt in den Dichtern und schläft in den übrigen Menschen.

PETER ALTENBERG

Gott spricht zu uns durch gute Menschen.

M. HERBERT

Es gibt Frauen, die aus lauter Gottesliebe die Menschenliebe vergessen – das sind die, welche Gott lieben, ohne ihn zu kennen.

M. HERBERT

Gott will nur ganz freie selbstbestimmte Leute haben, und sein Tun macht er durchaus abhängig von der Haltung der Menschen.

HEINRICH LHOTZKY

Gott macht ein großes Mosaikbild, in dem wir jeder ein kleines Steinchen sind.

CARL LUDWIG SCHLEICH

Gott schämt sich, wenn der Erfolgreiche sich seiner besonderen Gunst rühmt.

RABINDRANATH TAGORE

Gott findet sich selbst, indem er erschafft.

RABINDRANATH TAGORE

Man fürchtet vielleicht einen unsichtbaren Gott, aber man liebt ihn nicht.

GERHART HAUPTMANN

Ob einer Gott anbetet oder lästert, beides bedeutet den Glauben und die Anerkennung seiner Existenz.

AUGUST LÄMMLE

Wollt ihr Gott finden, so dienet den Menschen.

SWAMI VIVEKANANDA

Nur die Gewißheit, daß Gott alle Seelen, früher oder später, zu sich erheben, erhöhen und vollenden wird, gibt Freude am Menschendasein.

GUSTAV FRENSSEN

Gott gebe dir keinen Frieden, doch seine Herrlichkeit!

MIGUEL DE UNAMUNO

Gott glauben heißt ihn lästern.

EMIL GÖTT

Der einzige Weg zu Gott ist der Mensch.

HERMANN STEHR

Man holt nicht Gott herab aus seinen Himmeln.

RICHARD BEER-HOFMANN

Gott wandelt sich nicht; es wandeln sich nur die Bilder, unter welchen er den Menschen erscheint, und die Gefühle, mit denen er aufgenommen wird.

PAUL ERNST

Ich glaube, daß der Sinn des Lebens sein sollte: Gott nicht zu widerstreben.

PAUL ERNST

Gott ist das Leben und nicht die Liebe, auch dies ist ein Zugeständnis an unsere Vorstellung, Erfahrung und Hoffnung.

RUDOLF G. BINDING

Gäbe es einen Moment, wo wir Gott ganz und durchaus lieben könnten, so bräche die Welt zusammen.

WALTHER RATHENAU

Gott

Die Menschen reden; aber Gott spricht zu der Menschen Herzen durch Schweigen.

CARLOS VON TSCHUDI

Gott sucht die Welt. Gottes Herrschaft ist das Ziel, nicht egoistische Seligkeit und Heiligkeit.

LEONHARD RAGAZ

Wer Freund mit Gott sein will, muß entweder allein bleiben oder sich die ganze Welt zum Freunde machen.

MAHATMA GANDHI

Man sucht Gott nicht mehr, weil man nicht merkt, daß man arm ist.

ANDRÉ GIDE

Es ist mißlich zu glauben, der Mensch brauche eine Tradition, eine Geschichte, um einen ewigen Gott zu verstehen. Die Geschichte Gottes kann nur die Geschichte dessen sein, was die Menschen geglaubt haben.

ANDRÉ GIDE

Gott ist unser eigenes Ideal, Satan hingegen alles, was uns von ihm abzulenken sucht.

PAUL VALÉRY

Ich denke, daß Gott existiert und der Teufel auch; aber in uns. Der Kult, den wir dieser latenten Göttlichkeit schulden, ist nichts anderes als die Achtung, die wir uns selber schulden, und ich verstehe darunter: die Suche nach dem Besseren durch unseren Geist, im Sinne seiner natürlichen Anlagen.

PAUL VALÉRY

Gott ist jeglicher Macht Ursprung und Urheber. Deshalb wird er bis ans Ende der Zeiten gegen allen Machtmißbrauch durch Menschen angerufen werden.

WILLIBRORD VERKADE

Es gibt Leute, die gewissenhaft ihre Rechnungen bezahlen, dagegen niemals daran denken, was sie Gott schuldig sind.

WILLIBRORD VERKADE

Ein Blitzableiter auf einem Kirchturm ist das denkbar stärkste Mißtrauensvotum gegen den lieben Gott.

KARL KRAUS

Gott erscheint mir als das größte Abenteuer der Weltgeschichte. Seine kleinste Wirklichkeit ist größer als unsere kühnste Illusion.

GILBERT KEITH CHESTERTON

Die Rätsel Gottes sind befriedigender als die Lösungen der Menschen.

GILBERT KEITH CHESTERTON

Selbst Gott kann nicht gedeihen in einer seelisch unterernährten Menschheit.

C. G. JUNG

Dem Schaffenden ist Gott die letzte, tiefste Erfüllung.

RAINER MARIA RILKE

Vor Gott gibt es keine großen Männer.

GERTRUD VON LE FORT

Gott um Waffenglück angehen ist Blasphemie.

LISA WENGER

Wer zu sich selber nein sagt, kann nicht zu Gott ja sagen.

HERMANN HESSE

Gott: der über allen Bildern und Vielheiten in sich einige Geist.

HERMANN HESSE

Der Mensch ist ein ewiger Gottsucher. Was man auch sonst von ihm aussagen wollte, wäre sekundär. Denn aus dieser einen Quelle strömt alles, was er tut und unterläßt.

EGON FRIEDELL

Gott ist das beladenste aller Menschenworte. Keines ist so besudelt, so zerfetzt worden. Die Geschlechter der Menschen haben die Last ihres geängstigten Lebens auf dieses Wort gewälzt und es zu Boden gedrückt; es liegt im Staub und trägt ihrer aller Last. – Wir müssen die achten, die es verpönen, weil sie sich gegen das Unrecht und den Unfug derer auflehnen, die sich so gern auf die Ermächtigung durch Gott berufen; aber wir dürfen es nicht preisgeben.

MARTIN BUBER

407

Gott

Gott ist kein komischer Page, den man mit einer Klingel herbeirufen kann, damit er etwas bringt.

HARRY EMERSON FOSDICK

Die Schöpfung ist Gottes Sündenfall.

LUDWIG GOLDSCHEIDER

Gott schuf die Welt und stellte sie zur Diskussion.

FRANZ MARC

Gottesbeweise sind Gotteslästerung.

OSWALD SPENGLER

Tatsächlich gibt es keine durchdringendere und wahrere Sicht der heutigen Welt als diese: ein Brodeln des Denkens, das versucht, sich in einem gemeinsamen Ideal zu gruppieren. Wir wissen, daß dieses Zentrum unser Herr ist.

TEILHARD DE CHARDIN

Man kann das Unsichtbare nicht besiegen! Man kann Menschen töten, aber nicht den Gott, der in ihnen lebt.

STEFAN ZWEIG

Gott ist in der Freude. Freude ist klares Licht. Lust und Gelüste sind schwelender Brand. Der Wille zur Freude ist Wille zu Gott!

BO YIN RA

Nur wer von Gott ausgeht, kann ihn suchen.

KARL JASPERS

Gott und Auschwitz lassen sich nicht vereinigen.

KARL JASPERS

Wir haben nicht über Gott zu denken, sondern von Gott her. Er ist absoluter Anfang. Es gibt kein Zurückgehen hinter ihn.

ROMANO GUARDINI

Es ist schwer, im Schweigen Gottes zu leben.

INA SEIDEL

Gott ist kein Moralist. Und auch kein Ablaßverkäufer.

INA SEIDEL

Gott ist Form.

GOTTFRIED BENN

Gott ist die gute Versuchung, der die Menschen schließlich unterliegen.

FRANÇOIS MAURIAC

Wunderbar verflochten ist das Leben derer, die Gott lieb hat.

KURT KLUGE

Das ist eben Gott und sonst nichts: du magst ihn umreißen, wie du willst, er ragt über den Umriß hinaus. Mehr läßt sich von ihm nicht sagen; aber darinnen liegt schon jeder Inhalt.

GEORG STAMMLER

Die Diktaturen waren ein Zeichen, die Atombombe war ein Zeichen, und weshalb sollte der Mensch, der reif ist, die Natur zu zertrümmern, nicht reif sein, Gott zu zertrümmern? Wenn die Dämonen aufstehen, geht es niemals um kleine Dinge.

ERNST WIECHERT

Die heutige Gesellschaft kann ihren Herrn verleugnen, dennoch ist auch sie erlöst worden.

GEORGES BERNANOS

Je mehr man vordringt im Wissen und Gott nicht versteht, desto größerer Platz ist für Gott.

MAX PICARD

Leiden, Erleiden – das ist Gott im entscheidendsten seiner Beistände.

ALBERT TALHOFF

Gott ist das vollkommene Werk der Ordnungen, der Weltenordnung. Das Leben ist vorgeordnet, die Zeiten sind vorgeordnet, und was der Mensch erkennen kann, sind die Taten dieser Ordnungen.

ALBERT TALHOFF

Das Gottesreich ist keine Demokratie, sondern eine Monarchie. Unter Menschen mag die Demokratie die beste Staatsordnung sein oder auch nicht – darüber sagt uns die Bibel nichts, da sollen wir selbst zum Rechten sehen. Aber im Gottesreich gilt nur ein Wille. Hier ist Gott unbeschränkter, absoluter König.

EMIL BRUNNER

Gott

Die Krisis der menschlichen Lage, der Grund unserer Not, ist Gott.

EMIL BRUNNER

Gott ist wie die Luft – man kann ihn auch nicht sehen, aber ohne ihn müßte man ersticken.

SIGISMUND VON RADECKI

Der Weg zu Gott ist nicht der Weg der Wunder, sondern der Weg der Läuterung.

JOHANN ANDREAS BLAHA

Gott spricht aus vielen Dingen, aus den größten aber schweigt er.

HORST WOLFRAM GEISSLER

Wer den Grundsatz vergißt, daß Gott in jedem lebendigen Wesen wohnt, hat Gott verloren.

VINOBA BHAVE

Gott spricht, aber er antwortet nicht.

ERNST JÜNGER

Ein Gott braucht keine Ironie.

ERNST JÜNGER

Nicht die Philosophie führt zu Gott, sondern die Naturwissenschaft.

KURT GUGGENHEIM

Gottes Mühlen mahlen um so langsamer, je länger man lebt.

PETER BAMM

Wenn Gott zu dir kommen will, verläßt er dich.

KARL HEINRICH WAGGERL

Früher fürchtete, heute sucht man Gott.

CHARLES TSCHOPP

Der größte Forscher auf dieser Erde macht keine so langen Reisen wie derjenige, der auf den Boden seines Herzens hinabsteigt und sich über die Abgründe neigt, wo sich das Antlitz Gottes inmitten der Sterne spiegelt.

JULIEN GREEN

Die Schöpfung beweist den Schöpfer, das Geschöpf beweist ihn zum zweiten Mal.

OTHMAR CAPELLMANN

Haben wir einmal Gott gefunden, dann müssen wir alles Fragen vergessen und nur noch seine Antwort hören.

PETER MAX BOPPEL

Gott ist Gesetz, Gott ist Ordnung.

PETER MAX BOPPEL

Wer Gott sucht, hat ihn bereits gefunden.

GRAHAM GREENE

Gott möchte nicht geliebt werden, wie wir wollen, sondern wie er will.

MADELEINE DELBREL

Im Religiösen muß jeder Begriff menschlicher Gemeinschaft ausgeschaltet werden. Hier dürfen wir nur allein vortreten: Gott verhandelt nicht mit Ausschüssen.

ERNST WILHELM ESCHMANN

Gott ist die Sehnsucht aller Menschen, auch jener, die nicht den Mut haben, es zu sagen.

GERTRUD MAASSEN

Gott war ein Fehler. Aber es ist schwer zu entscheiden, ob er zu früh oder zu spät war.

ELIAS CANETTI

Gott will von uns das Ja zur Vergänglichkeit ohne ihn.

JOACHIM GÜNTHER

Gott ist allein. Er hat keine angemessene Gesellschaft.

JOSEF VITAL KOPP

Wir sind ein Zeugnis Gottes.

GUY DE LARIGAUDIE

Religiöse Snobs sprechen von Gott, als ob niemand überhaupt je von ihm gehört hätte.

RUSSELL LYNES

Mein Bankier ist Gott. Er sorgt dafür, daß immer etwas da ist.

MUTTER TERESA

Herr, bist du etwa nur ein Irrtum des Herzens, wie die Welt ein Irrtum des Geistes ist?

É. M. CIORAN

Gott ist Mann-und-Frau.

LUISE RINSER

Gott

Es gibt nur wenige Menschen, die von Gott allein und mit Gott allein auf dieser Welt leben können.

HEINRICH BÖLL

Der Mensch denkt, daß Gott lenkt.

WALTER HILSBECHER

Jesus ist das Wort Gottes. Alles, was Gott den Menschen zu sagen hat, ist: Jesus.

PHIL BOSMANS

Ein Seufzer ist oft das erste Gespräch mit Gott.

GÜNTHER SIBURG

Wenn man sieht, was der liebe Gott auf der Erde alles zuläßt, hat man das Gefühl, daß er immer noch experimentiert.

SIR PETER USTINOV

Wo Gott kein Fest mehr wird, hat er aufgehört, Alltag zu sein.

KURT MARTI

In den letzten Jahrzehnten stand Gott fast immer auf der Seite seiner Gegner.

ENZIO HAUSER

Gott ist ein hinweisendes Fürwort.

HEINRICH WIESNER

Bei mir waren alle Sicherungen durchgebrannt. Ich war sehr traurig, dachte, ich wäre verloren, und bat Gott um Hilfe. Und Gott schickte mit einen Monteur. Und der Monteur hat die Sicherungen repariert.

ABRAM TERZ (SINJAWSKIJ)

Gott antwortet nur, wenn wir ihn fragen.

ERNST R. HAUSCHKA

Es gibt Frauen, die nur deshalb an Gott glauben, weil er ein Mann ist.

GERHARD BRANSTNER

Gott ist Gott, und der Mensch ist nur sein Werkzeug, aber Gott braucht den Menschen, um sich zu offenbaren, ebenso wie der Mensch Gott braucht, um zu dieser Erkenntnis zu gelangen.

ELIE WIESEL

Es gibt nur die eine Gotteslästerung: Gott habe den Menschen nach seinem Ebenbilde geschaffen.

OSCAR HERBERT PFEIFFER

Gott hat immer Sprechstunde, und die Ewigkeit hat immer Saison.

HELLMUT WALTERS

Gott wollte etwas mehr über sich erfahren, und er erschuf die Theologen.

HELLMUT WALTERS

Alles ist relativ. Außer Gott.

RUPERT SCHÜTZBACH

Man sollte der Gnade Gottes nie Grenzen setzen.

NORBERT BLÜM

Wir sind nicht Gott, wir sind aber mit ihm verwandt. Der Affe bleibt auf der Strecke.

JEAN APATRIDE

Von Gott weggehen, heißt Tod. Zu Gott hingehen, heißt Leben.

URSULA HETTICH

Gott schweigt. Deswegen gilt er als guter Zuhörer.

EMIL BASCHNONGA

Du bist so fern, Gott, wie einsam muß du sein. So viel einsamer als ich.

STEPHAN SULKE

Gott ist das Sein für den Hausgebrauch.

ROBERT MESSMER

Daß manche Gott anrufen, das schreit zum Himmel.

MANFRED BOSCH

Gott ist nicht tot. Er hat nie gelebt.

ULRICH ERCKENBRECHT

Gott ist vollkommen. Also konkurrenzlos.

MICHAEL RUMPF

Gott ist in allem, was nicht ist.

GUDRUN PIOTROWSKI

Größe

Der gilt dir nicht als großer Mann,
mit dem du zusammen
aufgewachsen bist.

Äthiopisches Sprichwort

Groß ist unser Herr und reich an Macht.

PSALMEN 147,5

Große Ereignisse müssen nicht immer von
großen Kräften getragen sein.

CORNELIUS NEPOS

Nichts ist groß, was nicht zugleich auch
leidenschaftslos ist.

SENECA

Da ich gegen außerordentliche Größen
immer auf der Hut bin, habe ich gefunden,
daß sie, insgesamt, Menschen wie andere
sind.

MICHEL DE MONTAIGNE

Überwirft sich Größe mit dem Glück, wird ihr
die Welt auch feind.

WILLIAM SHAKESPEARE

Wahrhaft groß sein heißt, nicht ohne großen
Gegenstand sich regen.

WILLIAM SHAKESPEARE

Nichts ist groß, was nicht wahr ist.

GOTTHOLD EPHRAIM LESSING

Es ist nichts groß, was nicht gut ist.

MATTHIAS CLAUDIUS

Die Neigung der Menschen, kleine Dinge für
wichtig zu halten, hat sehr viel Großes
hervorgebracht.

GEORG CHRISTOPH LICHTENBERG

Alles, was selbst groß ist oder groß werden
will und kann, hängt sich nicht an anderes.

WILHELM HEINSE

Wer etwas Großes will, der muß sich zu
beschränken wissen.

GEORG WILHELM FRIEDRICH HEGEL

Die wahre Größe besteht in der
Herablassung, in der Fähigkeit, bis zu den
tiefsten Standpunkten herabzusteigen, ohne
seiner Hoheit zu vergeben.

FRIEDRICH VON SCHELLING

Der Gedanke. Welch ein großes Wort! Was
denn anderes als der Gedanke macht die
Größe des Menschen aus?

ALEXANDR S. PUSCHKIN

Es ist natürlich, an große Männer zu glauben;
die Natur scheint gemacht zu sein für den,
der hervorragt.

RALPH WALDO EMERSON

Größe ist Verbindung eines bestimmten
Geistes mit einem bestimmten Willen.

JACOB BURCKHARDT

Alles wahrhaft Große geht in der Welt nicht
unter, und ob es schon scheinbar unterginge,
es senkt wie die Pflanze, wenn sie abstirbt,
das Samenkorn in die Erde, aus der es
seinerzeit verjüngt wieder hervorgeht.

RUDOLF VON IHERING

Das Große spricht für sich selbst; es bedarf
keiner künstlerischen Behandlung, um zu
wirken.

THEODOR FONTANE

Große Zeit ist es immer nur, wenn es
beinahe schiefgeht, wenn man jeden
Augenblick fürchten muß: jetzt ist alles
vorbei.

THEODOR FONTANE

Für uns, die wir von Christus den Maßstab
des Guten und Bösen erhalten haben, gibt es
nichts Unmeßbares. Und es gibt keine Größe,
wo nicht Schlichtheit, Herzensgüte und
Wahrhaftigkeit vorhanden ist.

LEW N. GRAF TOLSTOJ

Der Beginn der Größe ist die Einsicht der
eigenen Kleinheit.

JOHANNES COTTA

Das Größte und Wunderbarste ist das
Einfachste.

WALTHER RATHENAU

Größe

Alles Große in dieser Welt stammt von Neurotikern. Sie allein haben unsere Religionen begründet und unsere Meisterwerke geschaffen.

MARCEL PROUST

Alle großen Dinge sind einfach, und viele können mit einem einzigen Wort ausgedrückt werden: Freiheit, Gerechtigkeit, Ehre, Pflicht, Gnade, Hoffnung.

SIR WINSTON S. CHURCHILL

Wir können nicht alle großartig sein. Aber wir können uns immer mit etwas verbinden, das großartig ist.

HARRY EMERSON FOSDICK

Alles Große ist einsamkeitgeboren.

HENRIETTE BREY

Die beiden bestimmenden Faktoren eines großen Menschen sind: Charakter und Schicksal.

WILHELM PINDER

Daß der Mensch für sich selber etwas sein will, das macht ihn klein. Überall, wo er Weg oder wo er Beauftragter ist, gewinnt er Größe.

GEORG STAMMLER

Wer ein Großes nur bemißt und nicht liebt, der zeigt, daß er ihm nicht angehört.

GEORG STAMMLER

Was ist Größe? Ist sie nicht relativ? Nein. Denn Größe ist dort, wo einer gegen tausend steht. Und eins gegen tausend: das ist ein Relativum. Größe ist Einsamkeit – Einsamkeit Stärke und Wesen. Masse ist Schwäche, Schwäche verbündet sich.

JOSEF WEINHEBER

Groß ist nicht alles, was ein großer Mann tut.

BERT BRECHT

Größe heißt in Deutschland: Tiefe.

OLIVER HASSENCAMP

Größe besteht darin, klein beigeben zu können.

GERHARD UHLENBRUCK

Größe arbeitet ohne Netz.

HELLMUT WALTERS

Die Größe eines Flusses wird erst an seiner Mündung begriffen, nicht an seiner Quelle.

FRITZ SCHMID

Bedauerlicherweise wird sich der „kleine Mann" seiner wahren Größe nicht bewußt.

HANS-HORST SKUPY

Gunst

Die erste Gunst ist Gunst, die zweite Pflicht.

Deutsches Sprichwort

Will ich diesem Volk Gunst verschaffen...

2 MOSE 3,21

Hauch der Volksgunst *(aura popularis)*.

CICERO

Die Gunst der Großen wird nicht selten bloß dadurch verloren, daß man ihnen sich zu ähnlich stellt.

HORAZ

Laß dich nicht durch Vorurteile bestimmen und begünstige keinen.

1 TIMOTHEUS 5,21

Gunstbezeugungen sind in der Liebe wie Feldzeichen im Krieg: Wahrzeichen des Sieges.

MADELEINE DE SCUDÉRY

Mit der Gunst darf man nicht Kurzweil treiben. Ist sie echt, so kann man sie nicht zu sehr ausnützen, ist sie verstellt, so kann man sich nicht sorgfältig genug vor ihrer Lockung hüten.

JEAN FRANÇOIS KARDINAL DE RETZ

Bei der Welt gilt oft mehr ein Pfund Gunst als ein Zentner Kunst.

ABRAHAM A SANCTA CLARA

Protektion ist eine Leiter ohne Sprossen.

GEORG CHRISTOPH LICHTENBERG

Das Volk schenkt seine Gunst, doch es bleibt wandelbar.

ANTOINE DE RIVAROL

Gönnen können ist Kunst.

MARGARETE SEEMANN

Eine Gunst hört auf, eine Gunst zu sein, wenn Bedingungen an sie geknüpft sind. Großmut treibt keinen Handel mit ihrer Macht.

THORNTON WILDER

Güte

Güte steht über dem Gesetz.

Chinesisches Sprichwort

Güte erzeugt immer Güte.

SOPHOKLES

Der Gütige läßt die Art, wie er einen geliebten Menschen behandelt, auch den Ungeliebten zuteil werden.

MENG DSE

Nichts ist so beliebt wie Güte.

CICERO

Güte ist mehr wert als Schönheit.

JEAN D'ARRAS

Nichts ist seltener als wahre Güte; selbst jene, welche glauben, sie zu besitzen, besitzen in der Regel nichts als Gefälligkeit und Schwäche.

LA ROCHEFOUCAULD

Herzensgüte bedeutet zum Teil, die Menschen mehr zu lieben, als sie wert sind.

JOSEPH JOUBERT

Was ein Schwert ausrichten mag, tut auch ein Wort der Güte.

FRIEDRICH VON SCHILLER

Wie dem Geiste nichts zu groß ist, so ist der Güte nichts zu klein.

JEAN PAUL

In jedem auch selbst unbedeutenden Menschen liegt im Grunde ein tieferer und edlerer verborgen, wenn der wirklich erscheinende nicht viel taugt, oder noch edler, wenn er in sich gut ist.

WILHELM VON HUMBOLDT

Wie Fackel und Feuerschein vor der Sonne blaß und unscheinbar werden, so wird Geist, ja Genie und ebenfalls die Schönheit überstrahlt und verdunkelt von der Güte des Herzens. Der beschränkteste Verstand wie auch die Häßlichkeit werden – sobald die ungemeine Güte des Herzens sich in ihrer Begleitung kundgetan – gleichsam verklärt von einer Schönheit höherer Art, indem jetzt eine Weisheit aus ihr spricht, vor der jede andere verstummen muß.

ARTHUR SCHOPENHAUER

Güte ist für die Seele dasselbe, was Gesundheit für den Leib ist. Sie ist unmerklich, wenn du sie besitzt; sie zeitigt den Erfolg aller Arbeit.

LEW N. GRAF TOLSTOJ

Nichts ziert das Leben mehr als zur Gewohnheit gewordene Güte.

LEW N. GRAF TOLSTOJ

Das Kostbarste auf der Welt sind Beziehungen der Güte zwischen den Menschen.

LEW N. GRAF TOLSTOJ

Erst im Alter wird man gut, erst spät, erst wenn die Reue kommt, merkt man, daß man es an Güte so oft hat fehlen lassen.

MARIE VON EBNER-ESCHENBACH

Oft nennt man Güte, was nur ein Mangel an Geistesgegenwart ist.

CARMEN SYLVA

Ein bißchen Güte von Mensch zu Mensch ist besser als alle Liebe zur Menschheit.

RICHARD DEHMEL

An die Güte mancher Menschen ist deshalb nicht zu glauben, weil sie darüber Buch führen.

SALOMON BAER-OBERDORF

Güte

Daß Güte nicht Schwäche sein könne, behauptet niemand; daß sie es sei – nur ein Tor.

CHRISTIAN MORGENSTERN

Gerade erst seitdem wir wissen, daß wir Tiere sind, können wir ganz tief gütig sein.

RUDOLF VON DELIUS

Man muß immer zeigen, daß man Güte und Entgegenkommen entbehren kann.

ROBERT WALSER

Güte ist, wenn man das leise tut, was die anderen laut sagen.

FRIEDL BEUTELROCK

Güte erspart dir oft Strenge; aber Strenge darf dir nie Güte ersparen.

MARGARETE SEEMANN

Verwechseln wir Güte nicht mit einem der billigsten Gefühle, mit Gutmütigkeit. Der Gutmütige leiht dem Brandstifter seinen Benzinkanister, weil er niemandem eine Bitte abschlagen kann. Der Gütige baut, eigenes Wohl und Wehe nicht achtend, an der Herberge des Unbehausten.

ZENTA MAURINA

Güte ist zweckfreie Tat.

ZENTA MAURINA

Güte ist die Höflichkeit der Seele.

CHARLES TSCHOPP

Gutmütigkeit ist Schwäche – Güte ist Kraft.

ANITA

Güte ist stabilisierte Liebe.

ANITA

Güte ist etwas so Einfaches: immer für andere da sein, nie sich selber suchen.

DAG HAMMARSKJÖLD

Warte nicht auf jemanden, der dir Anweisungen erteilen soll, oder auf einen Vorgesetzten: tu das Gute allein, von Mensch zu Mensch.

MUTTER TERESA

Für Güte schreibt man keine Rechnung.

SIEGFRIED & INGE STARCK

Güte ist die Sentimentalität des Guten.

GERHARD UHLENBRUCK

Güte entspringt der Überlegenheit des Herzens; wer sie mit Nachgiebigkeit, die aus Schwäche entsteht, verwechselt, ist im Irrtum.

ELIZABETH SCHULER

Güte ohne Stärke des Herzens führt zu Bitterkeit.

PETER HORTON

Gutes

Gut machen ist besser als gut meinen.

Deutsches Sprichwort

Lernt Gutes tun – trachtet nach Recht!

JESAJA 1,17

Suchet das Gute und nicht das Böse.

AMOS 5,14

Alles Gute ist schön, Schönes aber gibt es nicht ohne inneres Maß.

PLATON

Nicht in dem Großen liegt das Gute, sondern in dem Guten das Große.

ZENON

Wer des Guten nicht mehr gedenkt, das ihm geworden, der ist in seinem Herzen ein Greis.

EPIKUR

Deine Güte ist besser als Leben.

PSALMEN 63,4

Friede allen denen, die da Gutes tun.

RÖMERBRIEF 2,10

Die Unterlassung des Guten verursacht nicht weniger Unruhe und Verdruß als die Ausübung des Bösen.

PLUTARCH

Gutes

Ein guter Mensch bleibt immer ein Anfänger.
MARTIAL

Armut und Reichtum, Ehre und Unehre, Erniedrigung und Auszeichnung, kurz alles Indifferente und Neutrale, erhält erst durch den freiwilligen Gebrauch den Charakter von Gut und Böse.
GREGOR VON NAZIANZ

Reichtum und Macht sind nur Gaben des blinden Glücks, das Gutsein entspringt dem eigenen Verdienst.
PIERRE ABAILARD

Kein Mensch wird plötzlich besonders gut oder ungewöhnlich schlecht.
SIR PHILIP SIDNEY

Durch Bessern wird gar oft das Gute schlecht.
WILLIAM SHAKESPEARE

Das Gute ist noch einmal so gut, wenn es kurz ist; und selbst das Schlimme, wenn es wenig ist, ist nicht so schlimm.
BALTAZAR GRACIÁN

Es reicht nicht aus, gute Eigenschaften zu besitzen. Man muß sie auch richtig nutzen.
LA ROCHEFOUCAULD

Das Bessere ist der Feind des Guten.
VOLTAIRE

Wer abwartet, viel Gutes auf einmal zu tun, wird nie etwas tun.
SAMUEL JOHNSON

Ich kann niemand besser machen als durch den Rest des Guten, das in ihm ist.
IMMANUEL KANT

Das Beste ist der größte Feind des Guten.
WILHELM LUDWIG WEKHRLIN

Ich habe auch, wenn man andere gut machen will, keinen anderen Rat, als daß man erst selbst gut sei.
MATTHIAS CLAUDIUS

Tue das Gute vor dich hin, und kümmere dich nicht, was daraus wird.
MATTHIAS CLAUDIUS

Demut ist der Grundstein alles Guten, und Gott baut auf keinen anderen.
MATTHIAS CLAUDIUS

Wem die Götter Reichtum und Verstand geben, der ist glücklich, denn er kann viel Gutes machen.
MATTHIAS CLAUDIUS

Ein Mensch ohne geistigen Aufschwung kann nicht gut sein.
CHAMFORT

Das Gute ist überall und allezeit selten.
JOHANN GOTTFRIED HERDER

Die Stätte, die ein guter Mensch betrat, ist eingeweiht; nach hundert Jahren klingt sein Wort und seine Tat dem Enkel wieder.
JOHANN WOLFGANG VON GOETHE

Um Gutes zu tun, braucht's keiner Überlegung.
JOHANN WOLFGANG VON GOETHE

Wirke gut, so wirkst du länger, als es Menschen sonst vermögen.
JOHANN WOLFGANG VON GOETHE

Alles ist gut. Nur nicht immer, nur nicht überall, nur nicht für alle.
NOVALIS

Wer recht wirken will, muß nie schelten, sich um das Verkehrte nicht bekümmern, sondern nur immer das Gute tun.
JOHANN PETER ECKERMANN

Das Gute allein ist auf die Dauer beachtenswert.
KARL IMMERMANN

Das Gute ist dadurch, daß ich es will, und sonst ist es gar nicht: es ist der Ausdruck der Freiheit.
SØREN KIERKEGAARD

Sei nicht zu moralisch. Du könntest dich dadurch um ein gut Teil Leben betrügen. Ziele über die Moral hinaus. Sei nicht einfach gut, sei gut für etwas!
HENRY DAVID THOREAU

Gutes

Das Gute wird immer den Sieg über das Schöne behaupten.

HEINRICH HEINE

Studiere die Menschen: nicht um sie zu überlisten und auszubeuten, sondern um das Gute in ihnen aufzuwecken und in Bewegung zu setzen.

GOTTFRIED KELLER

Alles Gute muß aus einem selbst kommen, sonst bringt man es über einen bloßen Anfall nicht hinaus.

THEODOR FONTANE

Gutes tun, weil nur dafür der Mensch ins Leben gesandt ist. – Nur die leben, die Gutes tun.

LEW N. GRAF TOLSTOJ

Nichts verschönt das eigene wie das Leben der Mitmenschen so sehr, wie das zur Gewohnheit gewordene Bestreben, gut zu sein.

LEW N. GRAF TOLSTOJ

Man begehrt, regt sich auf, leidet um des Bösen willen; das Gute vollzieht sich ohne Aufregung.

LEW N. GRAF TOLSTOJ

Das Gute, welches du andern tust, tust du immer dir selbst.

LEW N. GRAF TOLSTOJ

Gutes tut man nur, wenn man nicht weiß, daß man es tut.

LEW N. GRAF TOLSTOJ

Wie weise muß man sein, um immer gut zu sein?

MARIE VON EBNER-ESCHENBACH

Das Gute, dieser Satz steht fest, ist stets das Böse, das man läßt.

WILHELM BUSCH

Es ist ein richtiges Urteil der Gelehrten, daß die Menschen aller Zeiten zu wissen glauben, was gut und böse, lobens- und tadelnswert sei. Aber es ist ein Vorurteil der Gelehrten, daß wir es jetzt besser wüßten als irgendeine Zeit.

FRIEDRICH NIETZSCHE

Was ist gut? Alles, was das Gefühl der Macht, den Willen zur Macht, die Macht selbst im Menschen erhöht.

FRIEDRICH NIETZSCHE

Hätten wir halb so viele gute Menschen wie fromme – die Welt wäre ein Paradies!

OTTO WEISS

Wir haben die Pflicht, jeden Menschen für gut zu halten, solange er uns nicht das Gegenteil beweist.

LUDWIG GANGHOFER

Je mehr Gutes man anderen erweist, desto mehr Gutes erweist man sich selber.

EMIL COUÉ

Es ist das beste, auf gewöhnlichem Wege ein guter Mensch zu werden.

M. HERBERT

Man hält den Gutmütigen leichter für dumm als den Boshaften.

ELEONORE VAN DER STRATEN-STERNBERG

Wer zu geschäftig Gutes tut, hat nicht die Zeit, gut zu sein.

RABINDRANATH TAGORE

Wer Gutes tun möchte, klopft ans Tor; wer liebt, findet das Tor offen.

RABINDRANATH TAGORE

Gut und Böse sind die Vorder- und Rückseite der gleichen Münze. Wie könnte man das Gute ohne das Böse erhalten, da sie doch eine untrennbare Einheit bilden?

SWAMI VIVEKANANDA

Wenn der Mensch nichts Gutes in sich fühlt, verfällt er bisweilen darauf, mit seiner Schlechtigkeit aufzutrumpfen.

MAKSIM GORKIJ

Niemand ist zu gut für diese Welt, Menschen, von denen dies gesagt wird, sind vielmehr in irgendeinem Betrachte nicht gut genug.

CHRISTIAN MORGENSTERN

Das Gute, nicht das Nützliche, muß Grundprinzip und Richtschnur des Guten sein.

SRI AUROBINDO

Gutes

Jeder Sieg des Guten in einem Menschen hilft von selbst dem anderen.

OTTO WEININGER

Ich glaube an das Gute! Ich sehe es überall im Kampf. Die Welt wäre schon lange durch menschliche Torheit vernichtet, hätte nicht immer wieder das Gute geeinigt und gesiegt.

WALTER VON MOLO

Das Gute ist in gewissem Sinne trostlos.

FRANZ KAFKA

Wenn wir einmal nicht grausam sind, dann glauben wir gleich, wir seien gut.

KURT TUCHOLSKY

Das Gute zu schaffen braucht unendliche Zeit, das Böse zu tun einen Augenblick.

CARL J. BURCKHARDT

Ein guter Mensch ist das Echo Gottes.

MARGARETE SEEMANN

Das ist freilich auch wahr: ein vollkommen guter Mensch wäre für nichts zu gebrauchen.

KARL HEINRICH WAGGERL

Das Gute wird erst gut durch Güte.

KARL HEINRICH WAGGERL

Das Böse, das wir tun, wird uns vielleicht verziehen werden. Aber unverziehen bleibt das Gute, das wir nicht getan haben.

KARL HEINRICH WAGGERL

Wir wären gut – anstatt so roh, doch die Verhältnisse, sie sind nicht so.

BERT BRECHT

Das Siegel des Guten ist seine Begabung für ein schlechtes Gewissen.

HANS KUDSZUS

Das Gute überdauert das Große.

KARL THEODOR MARX

Gutsein ist oft nur ein Gutschein.

ANITA

Warum sind nicht mehr Leute aus Trotz gut?

ELIAS CANETTI

Das Gute erkennt man am Widerstande, den es weckt.

ERNST JUCKER

Alle Menschen sind gut, und außerdem muß es auch böse Menschen geben.

HANS WEIGEL

Die Erfahrung des Guten gewinnt man nur, indem man es vollbringt.

SIMONE WEIL

Denke gleich beim Erwachen: Heute habe ich Bereitschaftsdienst zum Guten.

FRIDEL MARIE KUHLMANN

Man kommt sich gut vor für das, was man andern nicht angetan hat.

HERBERT EISENREICH

Alles ist nur so gut, wie es besser nicht sein kann.

GUIDO HILDEBRANDT

Man soll des Guten nie zu wenig tun.

GERHARD UHLENBRUCK

Die geschickte Tarnung des Bösen nennen wir das Gute.

GERHARD UHLENBRUCK

Die heutige Form des Gutseins ist das Guthaben.

HELMUT ARNTZEN

Alle Tage etwas Gutes tun heißt, alle Tage glücklich sein.

ELIZABETH SCHULER

Wo steht geschrieben, daß die Guten siegen?

STEPHAN SULKE

Das Gute ist eine Schrift, die sich selbst schreibt.

ACHIM CHRISTIAN SCHELLER

Handeln

Handeln

Wem es am Morgen nicht gelang, dem gelingt es auch am Abend nicht; wem es aber am Abend nicht gelang, dem gelingt es nie.
Tatarisches Sprichwort

Meine Vorschriften sollt ihr einhalten, und meine Satzungen sollt ihr beachten und befolgen.
3 MOSE 18,4

Immer handle man maßvoll.
HOMER

Wer nicht handelt, dem wird der Himmel nie helfen.
SOPHOKLES

Sprich langsam, aber handle schnell.
MENG DSE

Bei allen Dingen liegt der letzte Maßstab für die Beurteilung nicht in den Handlungen selbst, sondern in den Motiven und Absichten der Handelnden.
POLYBIOS

Niemand kann einen gerechten Grund haben, zum Schaden des Gemeinwesens zu handeln.
CICERO

Alles Handeln gipfelt in der Selbst-Verwirklichung.
BHAGAVADGITA

Du hast ein Recht zum Handeln nur; das Recht auf deines Handelns Früchte hast du nicht.
BHAGAVADGITA

Mit ihren Zungen handeln sie trüglich.
RÖMERBRIEF 3,13

Für eines Mannes Handeln ist das eigene Ich ein dürftiger Ausgangspunkt.
FRANCIS BACON

Man muß die Tugend eines Menschen nicht nach seinen außergewöhnlichen, sondern nach seinen gewöhnlichen Handlungen messen.
BLAISE PASCAL

Der Handelnde wirkt dadurch, was er hat, der Leidende leidet durch das, was er nicht hat.
BARUCH DE SPINOZA

Die Menschen müssen zu Handlungen getrieben und zum Nachdenken nur veranlaßt werden.
BARUCH DE SPINOZA

Nur der Beweggrund gibt den Handlungen der Menschen ihren Wert – Selbstlosigkeit adelt sie.
JEAN DE LA BRUYÈRE

Leben heißt nicht atmen, sondern – handeln.
JEAN-JACQUES ROUSSEAU

Handle so, daß du die Menschheit, sowohl in deiner Person, als in der Person eines jeden andern, jederzeit zugleich als Zweck, niemals bloß als Mittel brauchtest.
IMMANUEL KANT

Handle nur nach derjenigen Maxime, durch die Du zugleich wollen kannst, daß sie ein allgemeines Gesetz werde.
IMMANUEL KANT

Handeln

Handeln schafft mehr Vermögen als Vorsicht.
VAUVENARGUES

Wer seinen wahren Interessen gemäß
handelt, ist tugendhaft.
WILHELM LUDWIG WEKHRLIN

Handeln ist leicht, Denken schwer, nach dem
Gedanken handeln unbequem.
JOHANN WOLFGANG VON GOETHE

Ein jeder leidet, der nicht für sich selbst
handelt. Man handelt für andere, um mit
ihnen zu genießen.
JOHANN WOLFGANG VON GOETHE

Willst du wissen, was in dir ist, so handle!
JOHANN WOLFGANG VON GOETHE

Handeln, das ist es, wozu wir da sind.
JOHANN GOTTLIEB FICHTE

Man soll nicht bloß handeln, sondern es auch
mit der Zuversicht tun, als hänge der Erfolg
lediglich von einem selbst ab.
WILHELM VON HUMBOLDT

Es gibt zwei Motive der menschlichen
Handlungen: Eigennutz und Furcht.
NAPOLEON BONAPARTE

Zum Handeln gehört wesentlich Charakter,
und ein Mensch von Charakter ist ein
verständiger Mensch, der als solcher
bestimmte Zwecke vor Augen hat und diese
mit Festigkeit verfolgt.
GEORG WILHELM FRIEDRICH HEGEL

Nicht durch Wort, aber durch Handlungen
zeigt sich wahre Treue und wahre Liebe.
HEINRICH VON KLEIST

Die Ruhe tötet; nur wer handelt, lebt.
THEODOR KÖRNER

Die Wissenschaft führt zur Voraussicht;
Voraussicht führt zum Handeln.
AUGUSTE COMTE

Der Mensch ist nur wirklich groß, wenn er
aus Leidenschaft handelt.
BENJAMIN DISRAELI

Wer am besten dulden kann, kann am besten
handeln.
SAMUEL SMILES

Handeln ist höchster Egoismus.
FRIEDRICH HEBBEL

Frei von Schwächen ist kein Mensch; allein
wer nur eine wahrhaft große Handlung
vollbracht hat, dem dürfen tadelnswerte, die
er begangen, nicht angerechnet werden.
ADOLF FRIEDRICH GRAF SCHACK

Vertraue keiner Zukunft, wie immer
angenehm! Lasse die tote Vergangenheit ihre
Toten begraben! Handle – handle in der
lebenden Gegenwart – mit dem Herzen und
von Gott geleitet.
SAMUEL LONGFELLOW

Bevor man handelt, muß man einen
unbeschwerten Kopf haben und frei von
Zweifeln sein.
FJODOR M. DOSTOJEWSKIJ

Das Motiv einer guten Handlung ist
manchmal nichts anderes als zur rechten Zeit
eingetretene Reue.
MARIE VON EBNER-ESCHENBACH

Ein Mensch, der von der Notwendigkeit zu
handeln überzeugt sein muß, bevor er es tut,
ist kein Mensch der Tat. Es ist, als ob sich ein
Tennisspieler, bevor er den Ball
zurückschlägt, fragt: was ist der physische
und moralische Wert des Tennisspiels? Man
muß genau so handeln, wie man atmet.
GEORGES CLÉMENCEAU

Jeder Tätige, Handelnde muß auf ein Ganzes
verzichten und kann nur im einzelnen
beginnen.
KONRAD FIEDLER

Man wird selten irren, wenn man extreme
Handlungen auf Eitelkeit, mittelmäßige auf
Gewöhnung und kleinliche auf Furcht
zurückführt.
FRIEDRICH NIETZSCHE

Nicht der Wille ist der Antrieb unseres
Handelns, sondern die Vorstellungskraft.
EMIL COUÉ

419

Handeln

Für seine Handlungen sich allein
verantwortlich fühlen und allein ihre Folgen,
auch die schwersten, ertragen, das macht die
Persönlichkeit aus.

RICARDA HUCH

Es gibt Augenblicke, wo wir handeln müssen,
auch wenn unsere besten Freunde nicht
mitgehen wollen. Die leise innere Stimme
muß bei einem Widerstreit der Pflichten
immer die letzte Entscheidung treffen.

MAHATMA GANDHI

Wir haben die Pflicht, stets die Folgen unserer
Handlungen zu bedenken.

MAHATMA GANDHI

Man hat nie nur einen Grund zu einer
Handlung, sondern hundert und tausend.

CHRISTIAN MORGENSTERN

Die Strafe für ungerechtes Handeln ist oft
eine ungerechte Behandlung.

WILLIBRORD VERKADE

Der Mensch handle so, daß in jedem Moment
seine ganze Individualität liege.

OTTO WEININGER

Sich vor der Welt rechtfertigen ist meist nur
üble Zeitverschwendung. Wir sollten uns
immer mehr angewöhnen, mit Handlungen zu
reden und übers Warum die andern grübeln
zu lassen.

GEORG STAMMLER

Handlungen, die für böse und asozial
angesehen werden, wenn sie ein Individuum
tut, können nicht moralisch und gerecht sein,
wenn sie der Staat begeht.

SARWAPALLI RADHAKRISHNAN

Der Mensch ist ein Werk der höchsten
Erlaubnisse, und nie und in keinem Handeln
ist er für sich selber da.

ALBERT TALHOFF

Handle in deinem Leben so, daß du nach
deinem Tode unsterblich bist.

JAKOW TRACHTENBERG

Es ist schwer, etwas zu wissen und zu
handeln, als wüßte man's nicht.

LUDWIG WITTGENSTEIN

Dem Handeln zu entsagen, ist unmöglich.
Denn Entsagung ist selbst ein Handeln.

VINOBA BHAVE

Kleine Geister handeln, große wirken.

KARL HEINRICH WAGGERL

Wer immer falsch handelt, hat keinen Grund,
vorher nachzudenken.

DUŠAN RADOVIĆ

Ohne Rücksicht handelt man oft auch ohne
Vorsicht.

GERHARD UHLENBRUCK

Wer nach oben will, muß etwas in Bewegung
setzen.

ALFRED RADEMACHER

Handeln. Dem Schicksal eine Richtung
geben.

WERNER MITSCH

Er kam nicht zu eigenem Leben: er hatte
genug damit zu tun, korrekt zu handeln.

SULAMITH SPARRE

Harmonie

Je länger das Gold schmilzt, desto
teurer wird es; je länger die Liebe
dauert, desto stärker wird sie.

Mongolisches Sprichwort

Schlechte Zeugen sind des Menschen Augen
und Ohren, wenn die Seele deren Sprache
nicht versteht.

HERAKLIT

Harmonie ergibt sich aus der Analogie der
Gegensätze.

SOHAR

Zweifellos ist es eine wunderschöne
Harmonie, wenn das Gesagte und die Taten
übereinstimmen.

MICHEL DE MONTAIGNE

Harmonie

Was bedingt den Frieden und die Ruhe eines Landes? Die Eintracht ist es, jenes Bindemittel der Geister, das alle Glieder der Gesellschaft in Einmütigkeit zusammenhält.

JAN AMOS COMENIUS

Wer zur Einigung auffordert, muß die Interessen der Parteien verachten.

JAN AMOS COMENIUS

Wir stehen in Gottes Hand, und das eigene Leben geht zuletzt auf, auch nicht allein in den großen Weltbegebenheiten, sondern in der ewigen Harmonie der Schöpfung, zu der der Schmerz gehört wie die Freude, der Tod mit dem Leben verschlungen ist.

KAROLINE VON HUMBOLDT

Nur wer einig ist mit der Welt, kann einig sein mit sich selbst.

FRIEDRICH VON SCHLEGEL

Je mehr der Mensch seinen Sinn fürs Leben künstlerisch ausbildet, um so mehr interessiert ihn auch die Disharmonie – wegen der Auflösung.

NOVALIS

Ein eigentümlicher Zauber umgibt das Erkennen von Maß und Harmonie.

CARL FRIEDRICH GAUSS

Viele, verschieden gestimmte Saiten geben erst Harmonie.

JOSEPH VON EICHENDORFF

Im harmonisch gebildeten Menschen reimt sich alles zur Harmonie, während im Narren auch die Weisheit zum Aberwitz wird.

BOGUMIL GOLTZ

Ja, es muß Dissonanzen geben, der ewigen Harmonie wegen.

KARL JOHANN BRAUN VON BRAUNTHAL

Anmut ist ein Ausströmen der inneren Harmonie.

MARIE VON EBNER-ESCHENBACH

Wir lieben jene Menschen, die frisch heraussagen, was sie denken. Falls sie das gleiche denken wie wir...

MARK TWAIN

Die Harmonie, die Schönheit liegt nicht in der Welt da draußen, sie ist nur eine Fähigkeit der Seele, das zu empfangen, was die Sinne ihr zuführen.

HANS THOMA

Schönheit ist nicht der Ausgangspunkt, sondern das Ziel; ein Ding kann nur schön sein, wenn es wahr ist. Wahrheit ist an sich nichts anderes als vollständige Harmonie, und Harmonie ist letzten Endes nur ein Bündel nützlicher Dinge.

AUGUSTE RODIN

Wenn Leute mit mir übereinstimmen, habe ich immer das Gefühl, ich muß mich irren.

OSCAR WILDE

Ein Abend, an dem sich alle Anwesenden einig sind, ist ein verlorener Abend.

ALBERT EINSTEIN

Wir müssen danach streben, Natur, Gebäude und Menschen in einer höheren Einheit zusammenzubringen.

LE CORBUSIER

Der harmonische Mensch imponiert zwar nicht besonders, aber er leistet viel für das Gemeinschaftsleben und genießt selbst die kleinen Freuden des Daseins.

ARTUR HOFFMANN

Wenn nicht einmal zwei Menschen harmonieren – wie soll es die ganze Menschheit?

HANS BRÄNDLI

Jede Zerstörung der Lebensharmonie ist Diebstahl an kommenden Generationen, ist Diebstahl an der Schöpfung und damit ein Verbrechen.

GÜNTHER SCHWAB

Über unsere Zweifel sind wir uns im allgemeinen einig. Was uns trennt, sind unsere Überzeugungen.

SIR PETER USTINOV

Eintracht in der Ehe ist das Haus, in dem Liebe wohnen kann.

ERNST R. HAUSCHKA

Harmonie

Herz und Verstand sind sich selten einig.

JOSEF VIKTOR STUMMER

Worüber man sich nicht einigen kann, darüber kann man nicht streiten.

GERHARD BRANSTNER

Die Harmonie im täglichen Leben und im Umgang mit unseren Mitmenschen ist ein Gradmesser für das Voranschreiten auf dem Pfad des inneren Lebens.

R. F. VON SCHOLTZ

Oft fällt es schwer, das gesunde Gleichgewicht zu halten zwischen Zweifel und Selbstsicherheit.

OSKAR KUNZ

Jubel ist keine Zustimmung.

BERND WEINKAUF

Für Harmonie muß man streiten.

WITTA POHL

Haß

Aus altem Groll wird Haß.

Deutsches Sprichwort

Haß erregt Hader.

SPRÜCHE 10,12

Haß kann nie durch Haß besiegt werden – nur durch Liebe.

KONFUZIUS

Menschliche Wertschätzung kann sogar infolge kleinlicher Ursachen eines Tages in Haß umschlagen, göttliche Liebe jedoch ist unveränderlich, nur der Tod vermag sie aufzuheben.

KONFUZIUS

Nicht mitzuhassen, mitzulieben bin ich da.

SOPHOKLES

Sie erweisen mir Haß für Liebe.

PSALMEN 109,5

Wenn ich kann, will ich sie hassen, wenn nicht, wider Willen sie lieben.

OVID

Es ist der menschlichen Anlage eigentümlich zu hassen, wen man verletzt.

TACITUS

Bei den Weisen bleibt überhaupt kein Platz für Haß. Denn wer – außer ganz großen Dummköpfen – haßt wohl die Guten? Die Schlechten aber zu hassen, ist sinnlos.

BOËTHIUS

Sich selbst zu hassen und zu verachten ist eine Krankheit, unter der nur die Menschen leiden und die man in keinem anderen Geschöpf beobachtet.

MICHEL DE MONTAIGNE

Wer von allen gehaßt wird, kann nicht erwarten, lange zu leben.

PIERRE CORNEILLE

Du mußt den Mann, den du haßt, umarmen, wenn du nicht berechtigt bist, ihn niederzuschlagen.

EARL OF CHESTERFIELD

Es ist unmöglich, Haß mit Liebe zu erwidern.

VITTORIO ALFIERI

Ein Kerl, den alle Menschen hassen, der muß was sein.

JOHANN WOLFGANG VON GOETHE

Selig, wer sich vor der Welt ohne Haß verschließt.

JOHANN WOLFGANG VON GOETHE

Bezwingt des Herzens Bitterkeit! Es bringt nicht gute Frucht, wenn Haß dem Haß begegnet.

FRIEDRICH VON SCHILLER

Menschenhaß, ein verlängerter Selbstmord.

FRIEDRICH VON SCHILLER

Der größte Haß ist, wie die größte Tugend und die schlimmsten Hunde, still.

JEAN PAUL

Haß

Nichts erbittert mehr, als ein besonnenes, stilles Hassen; das leidenschaftliche viel weniger.

JEAN PAUL

Die Menschen hassen und merken in der Liebe leicht das Gefühl der Unabhängigkeit.

JEAN PAUL

Wer sagt, er verachte, fängt's kaum an und haßt noch.

JEAN PAUL

Wenn man ein Kind einen Menschen hassen lehrt, der ihm nichts getan, so lernt es die übrigen Menschen daran hassen.

JEAN PAUL

Ein wirklicher Mann haßt niemand.

NAPOLEON BONAPARTE

Haß, der alle anderen Gefühle bald überflügelt, zerstört mehr als alles andere das ruhige und gedeihliche Leben eines Staates, das auf der inneren Gesinnung der Menschen beruht, nicht auf Bajonetten.

WILHELM GRIMM

Jede Stunde, dem Hasse vergeudet, ist eine Ewigkeit, der Liebe entzogen.

LUDWIG BÖRNE

Anstatt der Liebe, dieser Vision, habt ihr den Haß nicht als solide Feuerung? Haß ist die längste Freude, die es gibt; gehaßt wird langsam, aber schnell geliebt.

LORD BYRON

Die Menschheit fliehen heißt noch nicht, sie zu hassen; nicht jeder ist geschickt, mit ihr zu gehen.

LORD BYRON

Haß ist Sache des Herzens; Verachtung des Kopfes.

ARTHUR SCHOPENHAUER

Der Haß schadet niemand, aber die Verachtung ist es, was den Menschen stürzt.

JOHANN PETER ECKERMANN

Der Haß verblendet selbst die Klügsten.

HEINRICH HEINE

Die Menschen hassen nie so sehr den, der Böses tut, noch das Böse selbst, wie den, der es beim Namen nennt.

GIACOMO GRAF LEOPARDI

Haß ohne das Verlangen nach Rache ist wie ein Saatkorn auf Granit.

HONORÉ DE BALZAC

Wenn man etwas recht gründlich haßt, ohne zu wissen warum, so kann man überzeugt sein, daß man davon einen Zug in seiner eigenen Natur hat.

FRIEDRICH HEBBEL

Der Haß ist ein ebenso großer Lebenserhalter wie die Liebe.

OTTO FÜRST BISMARCK

Es gibt so viele Menschen, die haben einen natürlichen Haß gegen alles, was liebenswürdig ist, weil sie selber unliebenswürdig sind.

THEODOR FONTANE

Wer liebt, ist blind; wer haßt, sieht Gespenster.

MÓR JÓKAI

Wisset: die euch Haß predigen, erlösen euch nicht.

MARIE VON EBNER-ESCHENBACH

Haß – Gefühl, das sich angesichts der Überlegenheit eines anderen einstellt.

AMBROSE BIERCE

Auch im Hasse gibt es Eifersucht: wir wollen unseren Feind für uns allein haben.

FRIEDRICH NIETZSCHE

Der wildeste Haß ist noch lange nicht so häßlich wie Lieblosigkeit.

ISOLDE KURZ

Wo der Haß anfängt, beginnt auch der Irrtum.

ARMANDO PALACIO VALDÉS

Haß ist die Rache des Feiglings dafür, daß er eingeschüchtert wird.

GEORGE BERNARD SHAW

Haß

Haß ist ein Unkraut, das tief wurzelt, ein Unkraut, das nicht ausgerissen werden kann. Es muß langsam verdorren dadurch, daß man ihm keinen Dünger mehr gibt. Der Boden, in dem es wuchert, wird dann langsam verarmen, und das Unkraut selbst wird absterben.

ROBERT BOSCH

Der Haß ist wahrscheinlich ein ebenso mächtiger Urtrieb wie Liebe und Hunger.

ARTHUR SCHNITZLER

Wenn der Haß feige wird, geht er maskiert in Gesellschaft und nennt sich Gerechtigkeit.

ARTHUR SCHNITZLER

Überwinden wird den Haß nur, wer sich ihm mit unbewehrter Liebe stellt!

HERMANN BAHR

Was du auch tust, hüte dich zu hassen.

ROMAIN ROLLAND

Haß frißt den Hassenden, nicht den, der gehaßt wird.

RUDOLF G. BINDING

Man haßt um so gründlicher, je weniger tief man geliebt.

SALOMON BAER-OBERDORF

Sei sparsam! Hasse nicht, wo du mit Verachtung auskommst.

RODA RODA

Haß ist ein Schwert der Macht, aber immer ein zweischneidiges. Er ist wie der Zauberfluch der alten Magier, der im Zorn auf den zurückfällt, der ihn ausgeschickt hat, wenn er sich seiner Beute beraubt sieht.

SRI AUROBINDO

Der Haß des Menschen konzentriert sich immer auf das Etwas, das ihm seine (eigenen) schlechten Eigenschaften zum Bewußtsein bringt.

C. G. JUNG

Menschen zu hassen ist, als ob man sein eigenes Haus abbrennt, um eine Ratte loszuwerden.

HARRY EMERSON FOSDICK

Der Haß kann Großes nicht schaffen, er muß von einer geheimen Liebe begleitet sein.

GUSTAV RADBRUCH

Ein Mensch, der Kinder und Hunde haßt, kann nicht ganz schlecht sein.

W. C. FIELDS

Am leichtesten kann der Fanatismus seine frevlerische Flamme am Haß entzünden.

STEFAN ZWEIG

Haß und Liebe brennen aus einem Holz.

ADOLF REITZ

Jeder Groll, jede Bitterkeit, jeder Haß ist eine Selbstvergiftung.

W. J. OEHLER

Unser Herrgott fordert, daß wir unsere Feinde lieben. Das ist oft leichter, als die nicht zu hassen, die wir lieben.

FRANÇOIS MAURIAC

Auch gerechter Haß vergiftet seinen Träger.

ERICH BROCK

Selbsthaß ist der erste Schritt zur Besserung.

KURT TUCHOLSKY

Haß ist oft die stärkste Anerkennung, deren ein niedriger Mensch fähig ist.

MICHAEL JOSEF EISLER

Haß macht häßlich.

CHARLES TSCHOPP

Man kann wohl nur dort richtig hassen, wo man geliebt hat und es – wenn man das auch ableugnen möchte – immer noch tut.

KONRAD LORENZ

Wo man nicht lieben kann, da soll man auch nicht hassen.

ERNST WILHELM ESCHMANN

Mein Haß ist gealtert – nun ist er Verachtung.

STANISLAW JERZY LEC

Im Feind haßt man nicht selten sein eigenes Spiegelbild oder die Verkörperung irgendeiner der verschiedenen Seelen, die einen bewohnen.

LÉOPOLD HOFFMANN

Haß ist stets Selbsthaß. Man haßt seine Ohnmacht.

WALTER HILSBECHER

Haß ist zeitraubend. Eine Intrige braucht Zeit. Wir haben sie nicht mehr.

WILLY STAEHELIN

Wir werden um alles ärmer, was wir hassen. Haß enteignet.

HANS LOHBERGER

Haß nährt sich vom Zustrom enttäuschter Liebe.

HEINRICH WIESNER

Wer liebt, der hat den Schlüssel zur letzten Wahrheit gefunden; wer haßt, steht vor dem Nichts.

MARTIN LUTHER KING

Haß wurzelt in der Furcht, und die Liebe ist das einzige Mittel gegen Haß und Furcht.

MARTIN LUTHER KING

Haß verletzt die Seele und zerstört die Persönlichkeit.

MARTIN LUTHER KING

Haß ist die unbefriedigte Habgier der Liebe.

GERHARD UHLENBRUCK

Haß ist frustierter Neid.

GERHARD UHLENBRUCK

Zynismus ist der Humor des Hassenden, Haß ist der Schmerz eines seelisch Schwerverwundeten.

GERHARD UHLENBRUCK

Hasse deinen Nächsten wie dich selbst! – Eine Maxime, die hinreichend Anhänger hat.

JOHANNES GROSS

Der enorme Haß der Biedermänner auf die Intellektuellen, als auf Leute, die ihren Beruf genießen, sich frei fühlen und sich alles herausnehmen, obendrein noch ein Ansehen haben und für sich nicht viel weniger Geld als der dumpfe Fabrikant. – Der Haß hat unedle Motive, aber auch ein Recht.

JOHANNES GROSS

Haß ist nichts anderes als Liebe, die sauer geworden ist.

HELLMUT WALTERS

Haß ist ein krimineller Akt der Seele.

RUPERT SCHÜTZBACH

Der Haß ist einer der stärksten Beweise der Liebe, denn man muß gewaltig lieben, um diese Bosheit aushalten zu können. Je größer der Haß, desto mächtiger die Liebe. So gesehen, ist der Haß sogar eine Form der Liebe.

GERD BERGFLETH

Ein Mensch kann sich nichts Schlimmeres antun, als einen Mitmenschen zu hassen.

WERNER MITSCH

Im Haß versteinert die Seele.

HANS-HORST SKUPY

Sind immer zu hoch gebaut: die Mauern des Hasses.

HANS-HORST SKUPY

Haßt du was, bist du was.

HANS-HORST SKUPY

Heimat

Wer einmal vom Wasser im Norden getrunken hat, wird immer dorthin zurückkehren.

Indianer-Weisheit

Es ist einerlei Volk und einerlei Sprache.

1 MOSE 11,6

Bleibe im Lande und nähre dich redlich.

PSALMEN 37,3

Wenn jemand auch die Heimat verloren hat, so hat er darum doch nicht die Fähigkeit verloren, die Verbannung tapfer zu ertragen.

MUSONIOS VON VOLSINII

Unsere Heimat ist im Himmel.

PHILIPPERBRIEF 3,20

Heimat

Wenn ein Untertan wirtschaftlich zurückgeblieben ist und Vieh und Saatgut braucht, soll man ihm Geld vorschießen und ihn unbelastet lassen, damit er auf seiner Scholle bleibe und nicht aus seiner Heimat weg in die Fremde wandere.

NIZAM UL-MULK

Fürwahr, ich zittere um mein Land, wenn ich bedenke, daß Gott gerecht ist.

THOMAS JEFFERSON

Wer seine Heimat nicht liebt, kann nichts lieben.

LORD BYRON

Das beste, was man in der Welt haben kann, ist, daheim zu sein.

BERTHOLD AUERBACH

Wer unter Heimatliebe nur die Zuhausehockerei versteht, wird der Heimat nie froh werden, und sie wird ihm leicht nur zu einem Sauerkrautfaß.

GOTTFRIED KELLER

Wer mein Land lobt und rühmt, dem kann ich nicht böse sein.

GOTTFRIED KELLER

Die Heimat kann man nicht hassen, dessen ist der Mensch überhaupt nicht fähig.

MÓR JÓKAI

Der Mensch soll nicht Allerwelt Kind, der Mensch soll das Kind seiner Heimat sein. Und dort soll er zu Hause sein.

KNUT HAMSUN

Das Gelobte Land ist dort, wohin wir es tragen.

THEODOR HERZL

Die Füße eines Menschen sollten in seinem Lande verwurzelt sein. Mit seinen Augen aber sollte er die Welt überblicken.

GEORGE DE SANTAYANA

Ich bin dafür, daß jeder Mensch eine liebe Heimat haben soll, aber keine Nation.

HEINRICH FEDERER

Der Heimatlose ist jener, dessen Heimat sich in Fremde verwandelte.

ELEONORE VAN DER STRATEN-STERNBERG

Nur dem, der die Welt kennt, wird die Heimat fruchtbar!

STEFAN GEORGE

Nicht da ist man daheim, wo man seinen Wohnsitz hat, sondern wo man verstanden wird.

CHRISTIAN MORGENSTERN

Der Klassiker ordnet, zivilisiert das wilde Land, den jungfräulichen Boden, auf dem der Romantiker als Pirat gelandet ist und den er ungestüm erobert hat.

PAUL VALÉRY

Ein Volk, das keine Heimat hat, muß durch ein lebendiges Band von gemeinsamem, bedeutungsvollem Erleben die heimatliche Einheit ersetzt sehen, wenn es ein Volk bleiben soll. Rein geistige Güter sind kein solches Band: man sieht sie nicht, hat kein Bild von ihnen, hält sie nicht. Organische Einheit kommt nur von sichtbaren, greifbaren Dingen, die in das ursprüngliche Sinnenleben des Volkes sich stark hineinweben.

MARTIN BUBER

Man fühlt sich nur dort zu Hause, wo man begraben sein möchte.

C. F. RAMUZ

Gerade der Heimatlose wird in einem neuen Sinne frei, und nur der mit nichts mehr Verbundene braucht auf nichts mehr Rücksicht zu nehmen.

STEFAN ZWEIG

Heimat ist nicht immer dort, wo wir zur Welt kamen – Heimat ist, wo wir lieben.

EHM WELK

Die Grenze, die uns die Sprache setzt, ist Heimat.

HUGO SONNENSCHEIN

Der Staat schere sich fort, wenn wir unsere Heimat lieben. Warum gerade sie – warum nicht eines von den anderen Ländern?

KURT TUCHOLSKY

Heimat

Im Patriotismus lassen wir uns von jedem übertreffen – wir fühlen international. In der Heimatliebe von niemand – nicht einmal von jenen, auf deren Namen das Land grundbuchlich eingetragen ist. Unser ist es.

KURT TUCHOLSKY

Wer die eigene Heimat liebt, achtet die Heimat der anderen.

FRANK THIESS

Heimweh ist ein Kranksein an den Wurzeln.

MARGARETE SEEMANN

Der Staat ist Vaterland, die Heimat Mutterland.

ERNST JÜNGER

Heimweh hat man nie nach verlorenen Orten, man hat es immer nur nach einer verlorenen Zeit.

ALEXANDER LERNET-HOLENIA

Man sagt Heimat und meint die Bequemlichkeit des Altgewohnten.

WILHELM LICHTENBERG

Dem Heimatlosen kann die ganze Welt zur Heimat werden.

HANS-HASSO VON VELTHEIM-OSTRAU

Alle großen geistigen Leistungen sind aus der Heimatlosigkeit entstanden.

LUDWIG HOHL

Es muß gewußt werden, was Heimat und Landschaft sind, was Menschenschlag und Sonderheit.

KURT GEORG KIESINGER

Er hatte immer Heimweh, denn er hatte nie eine Heimat gehabt.

ERWIN CHARGAFF

Ein Mensch ohne Heimat hat keine Sprache.

THOMAS NIEDERREUTHER

Heimat ist unerläßlich, aber sie ist nicht an Ländereien gebunden. Heimat ist der Mensch, dessen Wesen wir vernehmen und erreichen. Insofern ist sie vielleicht an die Sprache gebunden. Vielleicht.

MAX FRISCH

Heimat ist nicht dort, wo man wohnt, sondern wo man liebt und geliebt wird.

KARLHEINZ DESCHNER

Das Leben ohne Heimat gleicht einer gesprungenen Glocke; sie schlägt, aber sie klingt nicht.

FRANZ PETER KÜNZEL

Die Heimat zu verlieren, ist furchtbar; keine neue zu finden, ist fürchterlich.

ERNST R. HAUSCHKA

Jeder hat eine Heimat – in sich selbst. Und ist dort ein privilegierter Ausländer.

GABRIEL LAUB

Das Gegenteil von Heimat: Das Unheimliche.

GERHARD UHLENBRUCK

Wer Heimat in der Sprache hat, kann nicht vertrieben werden.

HELLMUT WALTERS

Jede Fremde bringt die Heimat in die Schönfärberei.

HELLMUT WALTERS

Heimweh meint oft, daß jemand lieber gepeinigt als unbeachtet sein will. Wo ist einer daheim oder zu Hause? Da, wo er ausgeschimpft wird.

JOHANNES GROSS

Er sagte Heimat – und schon stiegen die Grundstückspreise.

WERNER MITSCH

Sie sagen Heimat und meinen Bauerwartungsland.

NIKOLAUS CYBINSKI

Als ich meine Heimat verließ, nahm ich von mir für immer Abschied.

JEAN APATRIDE

Heimweh – Schmerz über Versäumtes.

HANS-HORST SKUPY

Exil: Weltbürger werden.

HANS-HORST SKUPY

Bleibe im Lande und wehre dich redlich.

MANFRED HAUSIN

Heiterkeit

Heiterkeit erhält Gesundheit.

Deutsches Sprichwort

Soll die Stadt Gottes fein lustig bleiben.

PSALMEN 46,5

Wollen wir fröhlich sein unser Leben lang.

PSALMEN 90,14

Die wahre Heiterkeit ist eine ernste Sache.

SENECA

Heiterkeit kann kein Übermaß haben; sie ist
immer vom Guten, so wie sie hin und wieder
immer vom Bösen ist.

BARUCH DE SPINOZA

Wir sind nie ganz allein, wenn wir uns zu
erheitern verstehen.

CARL GOTTLOB SCHELLE

Heiterkeit hat nur der Mensch, Genuß auch
das Tier.

JEAN PAUL

Heiterkeit und Freudigkeit ist der Himmel,
unter dem alles gedeiht, Gift ausgenommen.

JEAN PAUL

Wer sich heiter zu erhalten sucht, der sorgt
nicht bloß für sein Glück, sondern er übt
wirklich eine Tugend. Denn die Heiterkeit,
selbst die wehmütige, macht zu allem Guten
aufgelegter und gibt dem Gemüt Kraft, sich
selbst mehr aufzuerlegen und mehr für
andere zu leisten.

WILHELM VON HUMBOLDT

Die Heiterkeit allein ist gleichsam die bare
Münze des Glückes und nicht, wie alles
andere, bloß der Bankzettel; weil nur sie
unmittelbar in der Gegenwart beglückt.

ARTHUR SCHOPENHAUER

Der ernste Mensch ist es, der im Leben
triumphiert; aber der nicht ernste Mensch ist
es, der über das Leben triumphiert.

ARMANDO PALACIO VALDÉS

Nichts ist so heiter und so erheiternd wie das
Schöne und die Kunst – wenn wir nämlich
dem Schönen und der Kunst so hingegeben
sind, daß wir darüber uns selbst und das
brennende Leid der Welt vergessen.

HERMANN HESSE

Alles wirklich Schöne beschenkt uns ja in der
Tat mit einer Heiterkeit, die wir sogleich
verstehen.

ROBERT WALSER

Etwas Heiterkeit in der Familie ist ein großer
Trost für alle.

PAPST JOHANNES XXIII.

Die wirklich heiteren Naturen sind selten
Optimisten.

HANS KRAILSHEIMER

Die Heiterkeit ist die Distanz, die man sich zu
den Unbilden des Lebens erarbeitet hat.

CURT GOETZ

Die Heiterkeit ist ein Fenster des Menschen
nach dem Ewigen.

LUDWIG REINERS

Das Gegenteil von Heiterkeit ist nicht
Melancholie, sondern Trübsinn,
Seelenschlaffheit, die über kleinste
Hindernisse stolpert und zu keiner
schöpferischen Tat fähig ist.

ZENTA MAURINA

Heiterkeit ist immer das Anzeichen der
Freiheit.

FRIEDRICH GEORG JÜNGER

Eine Kraft ohne Heiterkeit von innen her ist
nur rohe Gewalt.

PETER MAX BOPPEL

Heiterkeit und Appetit sind dasselbe.

THOMAS NIEDERREUTHER

Heiterkeit und Güte grenzen nahe
aneinander.

EDGAR SCHUMACHER

Wo es wenig zu lachen gibt, wird die
Heiterkeit zur Witwe.

JUPP MÜLLER

So schwer das Leichte fällt, so ernst ist das Heitere.

PETER BENARY

Auch die heiteren Leute wollen ernst genommen werden.

HORST FRIEDRICH

Manch einer ist gar nicht so ernst, wie er heiter tut.

MARKUS M. RONNER

Heiteren Zeiten entgegen: Jugendliche vereinigen sich unter der Fahne des Alkoholismus.

HANS-HORST SKUPY

Heldentum

Töte einen – bist du ein Mörder; töte Tausende – du bist ein Held.

Indisches Sprichwort

Wie sind die Helden gefallen im Streit!

2 SAMUEL 1,19

Ein Orden und der Galgen werden manchmal auf demselben Wege verdient.

JUVENAL

Wer ist ein Held? Der sich seinen Feind zum Freunde macht.

TALMUD – ABOT

Unerschrockenheit macht Helden.

CHRISTINE VON SCHWEDEN

Der das verficht, woran wir glauben, der ist ein Held in unseren Augen.

JONATHAN SWIFT

Ein unverzagter Held siegt auch mit schwachen Händen.

JOHANN CHRISTOPH GOTTSCHED

Im Kriege Heldentum erwerben ist leicht: Man braucht ja nur zu sterben.

JOHANN WILHELM LUDWIG GLEIM

Ein Held ist, wer sein Leben Großem opfert.

FRANZ GRILLPARZER

Ein heldischer Mann gleicht einem Mausoleum.

KOSMA PRUTKOW

Eine Heldentat ist unendlich leichter als ein ganzes Leben voll Selbstbezwingung.

ADALBERT STIFTER

Heldentum ist Ausnahmezustand und meist Produkt einer Zwangslage.

THEODOR FONTANE

Heldentum ist der strahlende Triumph des Geistes über den Körper und über die Angst.

HENRI FRÉDÉRIC AMIEL

Der Anfang alles Heldentums ist, daß ein Mensch auf sich selber steht.

GUSTAV FRENSSEN

Shakespeares Helden – Vorbilder aller Menschlichkeit: feiern nicht Feste, wenn sie die furchtbaren Feinde niedergeschmettert und den Sieg davongetragen haben; sie fühlen sich vielmehr von Schwermut durchdrungen, und ihre Lippen bewegen sich fast nur, um des Menschen, der ihr Gegner gewesen und dessen Tod sie selbst herbeigeführt, zu gedenken und sein Lob zu verkünden!

BENEDETTO CROCE

Heldentum ist Dienst.

RENÉ QUINTON

Die Geschichte besingt so manchen als Helden, der im Grunde nur ein Opfer war.

SALOMON BAER-OBERDORF

Es gibt keine Helden der Tat, sondern nur Helden des Verzichtens und des Leidens.

ALBERT SCHWEITZER

Alles Heldentum ist göttlichen Ursprungs: es gibt keine Helden der Materie, sondern nur Helden des Geistes.

ROBERT SAITSCHICK

Der moderne Mensch ist feig, aber er läßt sich gern zum Heroismus zwingen.

ROBERT MUSIL

Heldentum

Der edelste Mut des Geistes ist immer ein Heldentum ohne Brutalität.

STEFAN ZWEIG

Zu Gewalt, List, Hinterlist, Nichtswürdigkeit, Niederträchtigkeit bedarf es keines Heroismus; aber man bedarf des Heldentums allzusehr zur Wahrheit und zum Recht.

JOSEF ČAPEK

Jede Glorifizierung eines Menschen, der im Krieg getötet worden ist, bedeutet drei Tote im nächsten Krieg.

KURT TUCHOLSKY

Wenn die Helden fallen, steigen die Maulhelden empor.

FRANK THIESS

Ich halte nicht viel vom Heldentum. Wieviel Verstand hat auf einer Schwertspitze Platz?

KARL HEINRICH WAGGERL

Wenn es heroische Leidenschaften gibt, so muß es auch heroische Dummheiten geben.

HORST GEYER

Unglücklich das Land, das Helden nötig hat.

BERT BRECHT

Kein Volk und keine Elite dürfen die Hände in den Schoß legen und darauf hoffen, daß im Ernstfall – im ernstesten Falle – genügend Helden zur Stelle sein werden.

ERICH KÄSTNER

Ich verneige mich vor Märtyrern, Helden liebe ich nicht.

ATANAS DALTSCHEW

Helden sind immer allein.

LUDWIG HOHL

Nach dem Krieg findet jeder Soldat den Marschallstab im Tornister.

STANISLAW JERZY LEC

Helden können sich nie mehr an den Zufall erinnern.

ERNST KAPPELER

Die wahren Helden sehen selten wie Helden aus.

TENNESSEE WILLIAMS

Der Krieg erschließt brachliegendes Heldentum.

HEINRICH WIESNER

Ein Mord macht dich zum Mörder. Tausend Morde zum Helden.

HEINRICH WIESNER

Die neuen Helden besiegen den Drachen vor aller Öffentlichkeit.

HEINRICH WIESNER

Manchmal braucht man viel Mut dazu, kein Held zu werden.

GABRIEL LAUB

Der Feigling braucht kein Publikum. Der Held schon.

WERNER MITSCH

Für Helden gilt die umgekehrte Perspektive: sie werden immer kleiner, je näher man kommt.

NIKOLAUS CYBINSKI

Auch Heldenfriedhöfe sind nur Stätten des Todes.

HANS-HORST SKUPY

Herz

Ein reines Herz hat keine dunklen Stellen.

Usbekisches Sprichwort

Das Herz ist ein trotzig und verzagt Ding; wer kann es ergründen?

JEREMIAS 17,9

Ein verständig Herz erwirbt Einsicht.

SPRÜCHE 18,15

Kein Reichtum geht über die Gesundheit des Leibes, und kein Frohsinn geht über die Herzensfreude.

BEN SIRA 30,16

Wes das Herz voll ist, des geht der Mund über.

MATTHÄUS 12,34

Herz

Gegen das Herz anzukämpfen ist schwer; denn was es auch will, erkauft es um die Seele.

PLUTARCH

Als die Natur dem Menschen die Tränen schenkte, hat sie ihn damit als weichherzig bekanntgegeben. Ein weiches Herz zu besitzen, ist die beste Eigenschaft des Menschen.

JUVENAL

Das Herz wurde eigentlich erschaffen, die Liebe Gottes zu umkreisen.

MOIN-UD-DIN-CHISHTI

Im edlen Herzen nur wohnt wahre Liebe.

GUIDO GUINIZELLI

Das Herz ist das Haus der Seele.

MICHELANGELO

Des Menschen Herz ist gleich wie Quecksilber, das jetzt da, bald anderswo ist, heut also, morgen anders gerinnt.

MARTIN LUTHER

Wenn das Auge nicht sieht, bricht das Herz nicht.

MIGUEL DE CERVANTES

Freude öffnet, Traurigkeit verschließt das Herz. Weniger harte Strenge gegen den Körper, aber mehr zarte Liebe im Herzen.

FRANZ VON SALES

Der Kopf wird immer vom Herzen zum Narren gehalten.

LA ROCHEFOUCAULD

Das Herz hat seine Gründe, die die Vernunft nicht kennt. Man fühlt das in tausend Dingen.

BLAISE PASCAL

Die Herzen werden nicht durch Waffen, sondern durch Liebe und Edelmut gewonnen.

BARUCH DE SPINOZA

Das Menschenherz besteht aus Gefäßen: eines für die Freude, das andere für den Schmerz. Sie füllen und leeren sich abwechselnd.

FRANÇOISE DE MAINTENON

Des Menschen Herz ist unerforschlich.

CHRISTINE VON SCHWEDEN

Das Ohr ist der Weg zum Herzen.

VOLTAIRE

Das Herz der Frau ist wie jene unentdeckten Länder, wo man landet, ohne einzudringen.

MARIE JEANNE DE RICCOBONI

Wer ist der listigste Betrüger? Ist's nicht des Menschen eignes Herz?

CHRISTIAN FÜRCHTEGOTT GELLERT

Der Kopf weiß nicht, was das Herz vorhat.

VAUVENARGUES

Güte des Herzens ohne Weisheit ist ebenso wenig Tugend wie Wissenschaft ohne Tugend Weisheit.

CHRISTOPH MARTIN WIELAND

Die Falten des Herzens sind noch nicht ganz erforscht.

WILHELM LUDWIG WEKHRLIN

Hänge dein Herz an kein vergänglich Ding.

MATTHIAS CLAUDIUS

Das Ohr und der Geist kennen Wiederholungen, das Herz nicht.

CHAMFORT

Einen Mann zu sehen, der Kopf und Herz hätte – die seltenste Erscheinung.

GEORG CHRISTOPH LICHTENBERG

Was sie Herz nennen, liegt weit niedriger als der vierte Westenknopf.

GEORG CHRISTOPH LICHTENBERG

Daß unser Herz lebe, wirke, bleibe, daran liegt alles, nicht, daß es glänze.

HEINRICH PESTALOZZI

Der Mittelpunkt alles Menschenverderbens ist Verhärtung des Herzens.

HEINRICH PESTALOZZI

Doch werdet ihr nie Herz zu Herzen schaffen, wenn es euch nicht von Herzen geht.

JOHANN WOLFGANG VON GOETHE

Herz

Das Herz adelt den Menschen.

WOLFGANG AMADEUS MOZART

Der Zug des Herzens ist des Schicksals Stimme.

FRIEDRICH VON SCHILLER

Nur die Verbesserung des Herzens führt zur wahren Freiheit.

JOHANN GOTTLIEB FICHTE

Reinen Herzens zu sein, das ist das Höchste, was Weise ersannen, Weisere taten.

FRIEDRICH HÖLDERLIN

Unser Herz hält die Liebe zur Menschheit nicht aus, wenn es nicht auch Menschen hat, die es liebt.

FRIEDRICH HÖLDERLIN

Die Natur hat nie das Herz verraten, das sie geliebt hat.

WILLIAM WORDSWORTH

Das Herz ist die große Uhr, die auf Wohl und Weh zeigt.

RAHEL VARNHAGEN

Je weniger ein Mensch selber zärtlich sein kann, je nötiger hat er's, daß man's mit ihm sei: aber nur Herzen erschließen Herzen; und wo Mangel ist, ist wohl Not; nur das Lebendige aber fühlt, was es nötig hat. Doch haben alle Sterbliche Momente von Leben.

RAHEL VARNHAGEN

Das Herz eines jeden steht weit offen, der kürzlich schwere Schmerzen überwunden hat oder die Gesundheit wieder zu genießen beginnt.

JANE AUSTEN

Man soll sein Herz an nichts hängen, sein Gemüt nicht hingeben dem Eindruck fremder Erregung.

E. T. A. HOFFMANN

Im Spiel des Lebens ist der höchste Trumpf das Herz.

JOHANN WILHELM RITTER

Ihr müßt Herzen säen, wollt ihr Herzen ernten.

LUDWIG BÖRNE

Nicht der Geist, das Herz macht frei.

LUDWIG BÖRNE

Man kann den Weg vom Herzen zum Kopfe auch ohne Landkarte finden.

LUDWIG BÖRNE

Im Herzen steckt der Mensch, nicht im Kopf.

ARTHUR SCHOPENHAUER

Es ist nichts groß, als was aus einem einfältigen Herzen kommt.

JOSEPH VON EICHENDORFF

Wofür das Herz entbrennt, das führt es hinaus.

KARL IMMERMANN

Das Herz ist das Organ der Seele, so wie der Geist das Organ des Verstandes ist.

JOUFFROY

Wenn eine Frau einem Mann ihr Herz schenkt, so schenkt sie ihm auch ihren Geldbeutel.

HONORÉ DE BALZAC

Wenn das Glück in das Herz eines Menschen einzieht, macht es ihn auch gut.

ALEXANDRE DUMAS D. Ä.

Reichtum, Ansehen, Macht, alles ist unbedeutend und nichtig gegen die Größe des Herzens – das Herz allein ist das einzige Kleinod auf der Welt!

ADALBERT STIFTER

Es ist eine der traurigsten Wahrheiten der unerläßlichen Weltmoral, daß man nicht jeder Regung seines guten Herzens Gehör schenken darf.

KARL GUTZKOW

Ein Herz hat nur, wer es hat für andere.

FRIEDRICH HEBBEL

Über alles hat der Mensch Gewalt, nur nicht über sein Herz. Er kann nicht lieben, wann er will.

FRIEDRICH HEBBEL

Das Herz ist erfindungsreicher als der Kopf.

ADOLF KOLPING

Herz

Während man dem Geist immer mehr
Nahrung gibt und die Köpfe erhellt, läßt man
nicht selten das Herz erkalten.

GOTTFRIED KELLER

Des Lebens höchste Offenbarung blüht doch
immer aus dem Herzen.

THEODOR FONTANE

Ein Herz ist keine Geldbörse, die leer wird, je
nachdem man ausgibt.

MULTATULI

So mancher meint ein gutes Herz zu haben
und hat nur schwache Nerven.

MARIE VON EBNER-ESCHENBACH

Bei Herzeleid hilft keine Philosphie und kein
Denken. Was dem Gemüte angetan wird, das
findet nur Heilung durch das Gemüt.

GEORG EBERS

Stein – häufig für Herzen verwendetes
Material.

AMBROSE BIERCE

Es ist gut, wenn das Herz naiv ist, aber nicht
der Kopf.

ANATOLE FRANCE

Wer ein zartes Herz hat, muß auch ein
starkes Herz haben. Sonst hat er keins von
beiden.

JULIUS LANGBEHN

Herzen sind dazu da, gebrochen zu werden.

OSCAR WILDE

Dem Blick des Herzens ist das Ferne weithin
sichtbar.

RABINDRANATH TAGORE

Einem Menschen kann man nicht tiefer ins
Herz blicken, als wenn man seine Träume
und Wünsche erforscht und deutet.

WALTHER RATHENAU

Der verkehrteste Weg, die Herzen der
Menschen zu gewinnen, ist, sie zu lieben. Am
leichtesten gewinnt man die Herzen der
Menschen, wenn man ihre Vergnügungen
teilt.

ERNST HOHENEMSER

Alle lieben, was ihnen nahe ist; einem großen
Herzen ist aber auch das Ferne nahe!

MAKSIM GORKIJ

Was du auf dem Herzen hast, ist dort am
besten aufgehoben.

RICHARD VON SCHAUKAL

Ein Mensch, dessen Herz nicht gewandelt ist,
wird das Herz keines anderen Menschen
verändern.

C. G. JUNG

Von zwei gleich gescheiten Menschen wird
derjenige den weiteren Horizont haben, der
mehr Herz hat. Mit anderen Worten: Wärme
dehnt aus.

EGON FRIEDELL

Nur aus eigenem Erleben vermag das Herz
das Wesentliche des Gefühls zu erlernen.

STEFAN ZWEIG

Auch die Gründe des Herzens müssen geprüft
und gerechtfertigt, manchmal auch korrigiert
werden.

PAPST JOHANNES XXIII.

Ein zerrissenes Herz kann nichts Vollendetes
leisten, nur Stückwerk.

HENRIETTE BREY

Das Herz ist ein Laboratorium, in dem sich
Süßigkeit in Bitterkeit und umgekehrt
verwandelt.

JAKOW TRACHTENBERG

Wenn Herz und Schöpfung auseinanderfallen,
wisse, daß nur du es bist, der es zuläßt!

ALBERT TALHOFF

Menschen sterben an gebrochenem Herzen.

HUGO SONNENSCHEIN

Die gefährlichsten Herzkrankheiten sind
immer noch Neid, Haß, Geiz.

PEARL S. BUCK

Ich grüßte die Trikolore mit einem russischen
Wort – Verloren war Unverloren, das Herz ein
befestigter Ort.

PAUL CELAN

Herz

Nichts ist schwerer, als ein menschliches Herz zu erschüttern.

FRITZ USINGER

Der Mensch, schlimm genug für ihn, hat ein Herz.

PETER BAMM

Geliehene Bücher stillen ebensowenig den Hunger des Herzens wie geliehene Freunde.

ZENTA MAURINA

Man sieht nur mit dem Herzen gut. Das Wesentliche ist für die Augen unsichtbar!

ANTOINE DE SAINT-EXUPÉRY

Herzen wollen nicht durchschaut, sondern erhört werden.

HANS KUDSZUS

Wenn dir das Herz in den Kopf steigt, dann hast du zuviel Gemüt.

MADELEINE DELBREL

Man würde sein Herz weniger oft verschenken, wenn man darüber verfügen könnte.

HERBERT A. FRENZEL

Ein Mensch mit einem großen Herzen muß an Gleichgewichtsstörungen leiden.

STANISLAW JERZY LEC

Herzinfarkt: der Generalvertreter des Todes.

HANS ARNDT

Es ist nicht wahr, daß das Herz sich abnutzt – sondern der Körper, der dann zur Täuschung wird.

ALBERT CAMUS

Lebensimpuls als Todesursache: Herzschlag.

WOLFDIETRICH SCHNURRE

Sich zu oft ein Herz fassen, führt zum Infarkt.

OLIVER HASSENCAMP

Mag es immerhin den Kopf kosten, wenn es nur nicht das Herz kostet.

ILSE AICHINGER

Wie viele Organe nennt man Herz?

MIROSLAV HOLUB

Wer sein Herz auf der Zunge trägt, dem ist es nicht viel wert.

JO SCHULZ

Früher schenkte man sein Herz, heute spendet man es.

HEINRICH WIESNER

Voraussetzung für die Ungeduld des Herzens ist ein geduldiges Hirn.

HELMUT LAMPRECHT

Es sind weniger die großen, blumigen Behauptungen als die kleinen, stacheligen Bemerkungen, die zu Herzen gehen.

ERNST R. HAUSCHKA

Wer sein Herz verschenkt, muß sich nicht wundern, wenn er Kreislaufbeschwerden bekommt.

GERHARD UHLENBRUCK

Gemalte Herzen schlagen nicht.

SILVIA SCHUBERT

Herzspende kann man nicht mehr steuerlich absetzen.

HANS-HORST SKUPY

Gib und nimm nach Herzenslust, denn das Herz kennt das richtige Maß.

ULRIKE KUNOW

Heuchelei

Heuchelei bekommt das Geld, und Wahrheit geht betteln.

Deutsches Sprichwort

Du Heuchler, zieh du zuerst den Balken aus deinem Auge!

MATTHÄUS 7,5

Inwendig seid ihr voller Heuchelei.

MATTHÄUS 23,28

Die Heuchelei und der Mammon sind zwei verbündete Götzen.

MARTIN LUTHER

Wir sind es so gewohnt, uns vor anderen zu verstellen, daß wir am Ende uns vor uns selbst verstellen.

LA ROCHEFOUCAULD

Durch Heuchelei huldigt das Laster der Tugend.

LA ROCHEFOUCAULD

Heuchelei und Scheinheiligkeit sind das Verderben der Welt.

CHRISTINE VON SCHWEDEN

Der Heuchler schadet auf die nämliche Weise wie ein still wirkendes Gift, dessen Zerstörungen nicht in die Augen fallen.

CHRISTOPH MARTIN WIELAND

Heuchelei ist der Tribut, den das Laster der Tugend zollen muß.

FJODOR M. DOSTOJEWSKIJ

Zu versuchen, netter zu sein als man ist, ist der größtmögliche Fehler.

WALTER BAGEHOT

Die Heuchelei ist die Wiege aller Übel.

HENRY JAMES

Selbsterkenntnis ist der erste Schritt zur Heuchelei.

ERNST HOHENEMSER

Die Heuchelei ist um Ehrlichkeit nie verlegen.

EUGEN BÖHLER

Das größte Verbrechen ist die Heuchelei.

WALTER-GERD BAUER

Niemand wird so gestreichelt wie das Opferlamm auf dem Weg zur Schlachtbank.

JOHANNES GROSS

Heuchelei ist die Korruption des kleinen Mannes; die großen kommen ohne sie aus. Sie sind guten Gewissens korrupt.

NIKOLAUS CYBINSKI

Wie man pharisäet, so erntet man.

HANS-HORST SKUPY

Viele machen Tartüfferie zu ihrem Beruf.

HANS-HORST SKUPY

Hilfe

Wer keinen Esel findet, muß selber die Säcke tragen.

Arabische Weisheit

Ein Wort, das hilft, ist nie ein schlimmes Wort.

SOPHOKLES

Nicht die Hilfe unserer Freunde hilft uns, sondern das Vertrauen auf ihre Hilfe.

EPIKUR

Töricht ist es, von den Göttern zu erbitten, was man sich selbst verschaffen kann.

EPIKUR

Erwarte nicht von Fremden, daß sie das für dich tun, was du selbst tun kannst.

ENNIUS

Ich schreie, aber meine Hilfe ist ferne.

PSALMEN 22,2

Meine Hilfe kommt vom Herrn.

PSALMEN 121,2

Die erste Hilfe ist zwar die nützlichere für den Staat, aber die letzte wird besser gedankt.

CICERO

Wer einem Menschen gegen seinen Willen hilft, begeht das gleiche wie Mord.

HORAZ

Glaub mir, es ist eine königliche Handlung, Gefallenen zu helfen.

OVID

Kommet her zu mir alle, die ihr mühselig und beladen seid, ich will euch erquicken.

MATTHÄUS 11,28

Einer trage des andern Last.

GALATERBRIEF 6,2

Es darf, wer anderen hilft, nicht sich selbst vergessen; es darf nicht fallen, wer andere aufrichtet.

PAPST GREGOR DER GROSSE

Hilfe

Wenn der Mensch unterläßt zu tun, was er vermag, und einzig Hilfe erwartet von Gott, dann scheint er Gott zu versuchen.

THOMAS VON AQUIN

Wer eine Not erblickt und wartet, bis er um Hilfe gebeten wird, ist ebenso schlecht, als ob er sie verweigert hätte.

DANTE ALIGHIERI

Ja, da hilft nun kein Beten mehr.

WILLIAM SHAKESPEARE

Wenn jemand für die Plagen des Nächsten Hilfe weiß, so gebietet ihm die Menschlichkeit, diese Hilfe auch zu bringen; besonders wenn es nicht um die Sache eines oder einzelner Menschen, sondern um die vieler, um Städte, Provinzen, Reiche, ja um die ganze Menschheit geht.

JAN AMOS COMENIUS

Hilf dir – und der Himmel wird dir helfen.

JEAN DE LA FONTAINE

Mit dem kleinsten Hirsekorn wäre mir mehr geholfen.

JEAN DE LA FONTAINE

Gefälligkeit ist eine Münze, mit der auch der Ärmste zahlen kann.

MARQUISE DE DUDEFFANT

Die schlechteste Münze, mit der man seine Freunde bezahlen kann, sind Ratschläge. Nur die Hilfe ist die einzig gute.

ABBÉ GALIANI

Menschenhilfe ist eine lose Wand: wer sich an sie lehnt, mit dem fällt sie übern Haufen.

CHRISTIAN FRIEDRICH DANIEL SCHUBART

Wer sich nicht selbst helfen will, dem kann niemand helfen.

HEINRICH PESTALOZZI

Jeder Mensch ist ein Despot; und keiner hilft dem andern so sehr, wenn er nicht muß, daß er ihn von sich unabhängig macht.

WILHELM HEINSE

Elende Helfer, die nicht helfen können, ohne zugleich zu schaden.

JOHANN WOLFGANG VON GOETHE

Wer nicht im Augenblick hilft, scheint mir nie zu helfen.

JOHANN WOLFGANG VON GOETHE

Sobald der Mensch der Hilfe anderer in sich wahrhaft entsagt, gewinnt er ihre Hilfe.

FRIEDRICH FRÖBEL

Was hilft mir ein Freund, wenn er mir nicht hilft?

JACOB GRIMM

Sorge dafür, daß dich jemand braucht. Mache niemand das Leben schwer.

RALPH WALDO EMERSON

Die Menschen helfen lieber dem, der ihrer Hilfe nicht bedarf, als dem, welchem sie nötig ist.

FRIEDRICH HEBBEL

Man soll im Leben nicht auf fremde Hilfe vertrauen, und man soll Freundlichkeit anderen nicht erweisen, damit sie vergolten wird. Es ist ja eine besondere Freude, wenn ein Ton, den man in die Welt gerufen hat, als Echo wieder herzlich zu uns zurückklingt, aber man soll nicht darauf vertrauen.

GUSTAV FREYTAG

Wenn einer Sache nicht zu helfen ist, so ist es eine Schande, sich mit ihr abzugeben.

IWAN S. TURGENJEW

Gott gibt jedem Vogel seine Nahrung, wirft sie ihm aber nicht ins Nest.

JOSUAH G. HOLLAND

Heil dem Menschen, der anderen notwendig ist, der aber keines Gefährten bedarf!

LEW N. GRAF TOLSTOJ

Den Gebrauch der Kräfte, die man hat, ist man denen schuldig, die sie nicht haben.

CARL SCHURZ

Man kann nicht allen helfen – sagt der Engherzige und hilft keinem.

MARIE VON EBNER-ESCHENBACH

Wenn jeder dem andern helfen wollte, wäre allen geholfen.

MARIE VON EBNER-ESCHENBACH

Hilfe

Der errichten will, braucht Mitarbeiter, der zerstören will braucht Helfershelfer.

MARIE VON EBNER-ESCHENBACH

Tu nicht für andere, was du nicht auf die Idee gekommen wärst, sie zu bitten, für dich zu tun.

JOSH BILLINGS

Mancher ertrinkt lieber, als daß er um Hilfe ruft.

WILHELM BUSCH

Helfende Hände sind heiliger als betende Lippen.

ROBERT G. INGERSOLL

Die mitleidigen, im Unglück jederzeit hilfreichen Naturen sind selten zugleich die sich mitfreuenden: beim Glück der anderen haben sie nichts zu tun, sind überflüssig, fühlen sich nicht im Besitz ihrer Überlegenheit und zeigen deshalb leicht Mißvergnügen.

FRIEDRICH NIETZSCHE

Wenn man im Leben vorwärtskommen will, so muß man es trotz der Bemühungen anderer tun, die einen herunterziehen wollen. Es stimmt nicht, daß es Menschen gibt, die bereit sind, denen zu helfen, die sich selbst helfen. Menschen sind bereit, einem Mann zu helfen, der sich nicht selbst helfen kann. Sobald er aber in der Lage ist, sich selbst zu helfen, und es tut, vereinen sie sich, um sein Leben so ungemütlich wie möglich zu machen.

EDGAR W. HOWE

Menschen helfen ist doch der einzige Gottesdienst, den es gibt. Mit nichts kann der Mensch sonst Gott einen Dienst erweisen. Aber damit kann er's wirklich.

HEINRICH LHOTZKY

Es ist keine Höflichkeit, einem Lahmen den Stock tragen zu wollen.

ARTHUR SCHNITZLER

Nimm niemanden in Anspruch, wenn du allein mit etwas fertig werden kannst!

JOHANNES MÜLLER

Wer helfen kann: ein Riese; wer geholfen hat: ein Zwerg.

SALOMON BAER-OBERDORF

Es herrscht vielfach mehr Hilfsbereitschaft unter Armen als unter Reichen. Not vereint!

WILLIBRORD VERKADE

Ist nicht ein helfendes Leben ein zehnfaches?

RAINER MARIA RILKE

Man hilft den Menschen am besten, wenn man der Wahrheit dient.

CARL SONNENSCHEIN

Wenn man helfen kann, soll man vor einer Sünde nicht zurückschrecken.

FERENC MOLNÁR

Hilf und geh zugrunde dabei und wisse, daß du noch immer zu wenig geholfen hast.

MAX BROD

Nicht wer Grundsätze weiß, wird uns helfen, sondern wer Maße kennt.

LUDWIG STRAUSS

Vergessen wir nie, daß wir auf diesem seltsamen Planeten leben, nicht um Weltreiche zu erobern oder um Vermögen zu erraffen – sondern um einander zu helfen, die schwere Bürde des Daseins zu tragen.

RICHARD N. GRAF COUDENHOVE-KALERGI

In den meisten Fällen erweist man uns Dienste, die uns so teuer zu stehen kommen, daß es besser wäre, ohne sie auszukommen.

HENRY DE MONTHERLANT

Wer einem hilft, hat allen geholfen.

KARL HEINRICH WAGGERL

Am treuesten hilft den anderen, wer sich selbst nicht helfen kann.

CHARLES TSCHOPP

Uns hilft nicht, wer uns Krücken leiht, sondern wer uns Gehen lehrt.

CHARLES TSCHOPP

Es ist kein Zweifel, daß es Zeiten gibt, wo ein Strohhalm weit mehr zu leisten vermag als eine Säule.

MARTIN KESSEL

Hilfe

Man sieht es täglich: daß die Menschen darum nicht helfen, weil sie nicht helfen wollen.

LUDWIG HOHL

Entwicklungshilfe ist gut, besser ist, arbeiten zu lehren!

WERNER FREYTAG

Notleidende wird es solange geben, als wir meinen, daß Helfen ein Verdienst und nicht eine selbstverständliche Pflicht sei.

JOSEF VIKTOR STUMMER

Zwei seelisch Hilfsbedürftige werden leicht aus Verständnis Feinde.

HANS ARNDT

Wenn eine freie Gesellschaft nicht den vielen helfen kann, die arm sind, kann sie auch nicht die wenigen retten, die reich sind.

JOHN F. KENNEDY

Unterlassene Hilfsbereitschaft: Gäbe es ein Weltgericht, sie rangierte gleich hinter Mord.

WOLFDIETRICH SCHNURRE

Wo wir hinspenden, wächst kein Gras mehr.

WOLFGANG NEUSS

Schaulustige leisten Erste Hilfe in Mitleid.

WOLFRAM WEIDNER

Wie viele einem helfen wollen, wenn man gerade nichts zu tun hat!

MICHAIL M. GENIN

Hilf dir selbst, sonst hilft dir der Teufel.

GERHARD UHLENBRUCK

Wirklich zurechthelfen kann nur der, der die Last, die der andere trägt oder die er sich selbst ist, wie die eigene übernimmt.

HORST ZENTGRAF

Aus einem Sumpf kann dich nur einer herausholen, der sich nicht von dir hineinziehen läßt.

HANS KRUPPA

Jemand ruft um Hilfe, damit er nicht hören kann, wie jemand um Hilfe ruft.

WOLFGANG BAUR

Himmel

Wer nur nach dem Himmel sieht, fällt leicht mit der Nase auf die Erde.

Deutsches Sprichwort

Menschen, die mich kennen, gibt es nicht. Nur einer kennt mich: der Himmel.

KONFUZIUS

Hat der Himmel je gesprochen? Die vier Jahreszeiten vollenden ihren Kreislauf, und die Dinge werden hervorgebracht. Wann also sprach der Himmel?

KONFUZIUS

Der Himmel schützt die mit seiner Liebe, die er nicht vernichtet sehen will.

LAO DSE

Himmel und Erde sind dein.

PSALMEN 89,12

Ist das ewige Leben nicht wert, jede Mühe und Plage auf sich zu nehmen? Es ist doch wahrhaftig kein geringer Unterschied, ob man den Himmel gewinnt oder verliert.

THOMAS VON KEMPEN

Ich mag nicht in den Himmel, wenn es dort keine Weiber gibt. – Was soll ich mit bloßen Flügelköpfchen?

ALBRECHT DÜRER

Keine Erfindung ist wohl dem Menschen leichter geworden als die eines Himmels.

GEORG CHRISTOPH LICHTENBERG

Ich glaube, sehr viele Menschen vergessen über ihrer Erziehung für den Himmel die für die Erde.

GEORG CHRISTOPH LICHTENBERG

Der Himmel hat uns die Erde verdorben.

JOHANN GOTTFRIED SEUME

Es ist doch eine köstliche Gabe, die der Himmel uns verliehen hat, zu lieben und zu verehren; dieses Gefühl schmelzt unser ganzes Wesen um und bringt das wahre Gold daraus zutage.

WILHELM FRIEDRICH WACKENRODER

Der Weg zum Himmel ist die Erfüllung der Pflichten der Erde.

HEINRICH PESTALOZZI

Am Ende ist das, was wir Himmel nennen, nichts anderes als das Weiterleben unserer vervollkommneten Fähigkeiten und die Hölle das Nichts, in dem unsere unfertigen Fähigkeiten sich auflösen.

HONORÉ DE BALZAC

Der Himmel ist das eigentliche Brot der Augen.

RALPH WALDO EMERSON

Es gibt Menschen, die – falls sie je den Himmel erreichen – sofort damit beginnen, ihresgleichen zu suchen.

JOSH BILLINGS

Die Pfaffen haben dem Volk den Himmel genommen.

OSCAR WILDE

Der Geist baut das Luftschiff, die Liebe aber macht gen Himmel fahren.

CHRISTIAN MORGENSTERN

Passionsspiele brauchen einen Himmel, um gehört zu werden.

BORIS PASTERNAK

Nicht nur die Reichen haben es schwer, in den Himmel zu kommen, auch die Berühmten.

JOACHIM GÜNTHER

Je älter man wird, um so mehr denkt man: Ich habe so viele Freunde im Himmel, was will ich eigentlich noch hier auf der Erde?

ERNST R. HAUSCHKA

Nur in der jüdischen Tradition ist es dem einzelnen Menschen erlaubt, sich gegen den Himmel zu erheben.

ELIE WIESEL

Der Himmel gehört allen, die Erde wenigen.

KLAUS STAECK

Es ist noch kein Filmstar vom Himmel gefallen.

HANS-HORST SKUPY

Hoffnung

Wer von der Hoffnung lebt, fliegt ohne Flügel.

Portugiesisches Sprichwort

Hoffnung ist das Brot der Armen.

THALES VON MILET

Hoffnung erhält den größten Teil der Menschhheit.

SOPHOKLES

Die Hoffnungen haben stets in Nöten wunderbaren Reiz.

EURIPIDES

Aus der Not wird der Mensch durch die Hoffnung gerettet.

MENANDER

Wie trügerisch ist die Hoffnung der Menschen!

CICERO

Die Kürze des Lebens verbietet uns, lange Hoffnungen zu hegen.

HORAZ

Es ist noch nicht aller Tage Abend.

LIVIUS

Es ist die Hoffnung, die den schiffbrüchigen Matrosen mitten im Meer veranlaßt, mit seinen Armen zu rudern, obwohl kein Land in Sicht ist.

OVID

Wem Unverhofftes zuteil ward, den treibt sein Hoffen bis zur Unverschämtheit.

SENECA

Der da pflügt, soll auf Hoffnung pflügen.

1 KORINTHERBRIEF 9,10

Die Hoffnung ist das Gemeinste; wer auch sonst nichts hat, hat doch wenigstens diese.

PLUTARCH

Erfüllte Hoffnungen lindern den Schmerz der Trennung.

PO CHÜ-I

Hoffnung

Hoffnung ist ein gutes Frühstück, aber ein schlechtes Abendbrot.

FRANCIS BACON

Im Elend bleibt kein andres Heilungsmittel als Hoffnung nur.

WILLIAM SHAKESPEARE

Hoffnung ist oft ein Jagdhund ohne Spur.

WILLIAM SHAKESPEARE

Wir versprechen nach dem Maße unserer Hoffnungen und halten nach dem Maße unserer Befürchtungen.

LA ROCHEFOUCAULD

Menschen sollten ihre Hoffnungen wie zahmes Geflügel behandeln: ihnen die Flügel beschneiden, damit sie nicht fortfliegen.

LORD HALIFAX

Hoffnung ist das einzige Gut, das der Überdruß noch achtet.

VAUVENARGUES

Hoffnung ist das nützlichste oder verderblichste aller Güter.

VAUVENARGUES

Teure Hoffnung, du bist schon am Anfang der Glückseligkeit, die du versprichst!

CHRISTOPH MARTIN WIELAND

Hoffnung ist die zweite Seele der Unglücklichen.

JOHANN WOLFGANG VON GOETHE

Wir hoffen immer – und in allen Dingen ist Hoffen besser als Verzweifeln.

JOHANN WOLFGANG VON GOETHE

Wer hofft, hat schon gesiegt und siegt weiter.

JEAN PAUL

Geben und nehmen kann uns das Glück, was wir hoffen und lieben; aber die Hoffnung beherrscht, so wie die Liebe, das Glück.

FRIEDRICH BOUTERWEK

Es wäre gut, wenn die Hoffnung etwas seltener wäre im Gemüte der Menschen. Er waffnete sich dann zu rechter Zeit gegen die Zukunft.

FRIEDRICH HÖLDERLIN

Ein sehr geringer Grad von Hoffnung genügt zur Entstehung der Liebe.

STENDHAL

Die Hoffnung ist die Blüte des Wunsches, der Glaube die Frucht der Gewißheit.

HONORÉ DE BALZAC

Die Hoffnung ist zur Hälfte Mut.

HONORÉ DE BALZAC

Wer oft gehofft hat, lernt fürchten.

DIETRICH CHRISTIAN GRABBE

Die Hoffnung trügt das Urteil, aber sie stärkt die Ausdauer.

EDWARD EARL BULWER-LYTTON

Was man kräftig hofft, das geschieht. Ein keckes Wort, was aber wunderbar tröstet.

ERNST VON FEUCHTERSLEBEN

Der ernste Mann hat, wenn ihm eine Hoffnung fehlschlägt, nur eine Freude weniger, keinen Schmerz mehr.

FRIEDRICH HEBBEL

Hoffen heißt: die Möglichkeit des Guten erwarten; die Möglichkeit des Guten aber ist das Ewige.

SØREN KIERKEGAARD

Nicht der Besitz des Guten, sondern die Hoffnungen sind am verlockendsten.

HEINRICH MARTIN

Je törichter dein Hoffen, um so fester.

MARIE VON EBNER-ESCHENBACH

Entferne die Hoffnung aus dem Herzen des Menschen, und du machst ihn zum wilden Tier.

OUIDA

Hoffnung – die Verquickung von Wunsch und Erwartung.

AMBROSE BIERCE

Die Verzweiflung ist noch erträglich, weil sie eine Empörung, eine Tat ist; aber Hoffnungslosigkeit ist fast der Tod.

CARMEN SYLVA

Hoffnung

Zugleich seinem höchsten Leide und seiner höchsten Hoffnung entgegengehen.

FRIEDRICH NIETZSCHE

Die Hoffnung ist ein viel größeres Stimulans des Lebens als irgendein Glück.

FRIEDRICH NIETZSCHE

Die Ohnmacht, die aus der Hoffnungslosigkeit hervorgeht, ist ebenso grausam wie die Hoffnung selbst.

LU XUN

Die Hoffnungslosigkeit ist schon die vorweggenommene Niederlage. Sie ist nicht erlaubt, solange der Mensch noch etwas zu tun vermag.

KARL JASPERS

Es kommt darauf an, das Hoffen zu lernen.

ERNST BLOCH

Ein Leben in Lüge, ohne Freiheit, ohne Rechte und Gerechtigkeit ist nur im Zeichen des Glaubens an ein besseres und würdigeres Leben erträglich.

JOSEF ČAPEK

Die Hoffnung ist kläglich, die sich auf den Stern des Zufalls verläßt.

GOTTLIEB DUTTWEILER

Auch die schwerste Bürde des Elends kann den Menschen nicht erdrücken, wenn eine noch so winzig kleine Hoffnung in seinem Herzen glimmt.

JAKOW TRACHTENBERG

Die Hoffnung ist der Wille der Schwachen.

HENRY DE MONTHERLANT

Hoffnung: Das Leben ist eine Frage, auf die der Tod die Antwort gibt.

HANS KUDSZUS

Eine Hoffnung gibt mehr Kraft als zehn Erinnerungen.

HANS KUDSZUS

Nur der Glaube kann halten, was die Hoffnung verspricht.

ADRIENNE VON SPEYR

Hoffnung ist die Notbremse in allen Lebenslagen.

ANITA

Man sollte immer Hoffnung bringen – und so wenig Entmutigung wie möglich.

MAHARISHI MAHESH YOGI

Hoffen heißt: die Zukunft dementieren.

É. M. CIORAN

Es gibt Fälle, wo die Hoffnung zur schlechten Gewohnheit wird.

HANS ARNDT

Wer nicht hofft, wird nie dem Unverhofften begegnen.

JULIO CORTÁZAR

Hoffen heißt wünschen, daß alles doch nicht so sei, wie es ist.

OLIVER HASSENCAMP

Hoffnung – ob christlich, ob sozialistisch: wenn zahnlos geworden, setzt sie ein Dogma als Kunstgebiß ein und säubert es täglich im Wasserglas der Ideologie.

KURT MARTI

Unsere Fähigkeit, dennoch zu hoffen, ist der beste Beweis unseres Jungseins.

HEINRICH WIESNER

Hoffnung ist die Zwillingsschwester der Lüge – aber die charmantere.

WOLFRAM WEIDNER

Wir müssen Enttäuschungen hinnehmen, aber wir dürfen niemals die Hoffnung aufgeben.

MARTIN LUTHER KING

Wer eine Hoffnung begräbt, hat auch eine Zukunft beerdigt.

GERHARD UHLENBRUCK

Hoffnung ist ein Fesselballon, an dessen Seile wir uns klammern.

GERHARD UHLENBRUCK

Hoffen heißt, den Glauben an Enttäuschungen langsam verlieren.

GERHARD UHLENBRUCK

Hoffnung

Ich glaube, daß die Hoffnung immer über die Erfahrung triumphiert.

ROBERT FULGHUM

Wäre die Hoffnung doch wie eine Sanduhr! Umkippen – und wieder hoffnungsvoll.

VYTAUTAS KARALIUS

Wenn die Wurzeln nicht vertrocknet sind, ist der Baum noch nicht tot.

XIV. DALAI LAMA

Hoffnung entsteht aus Interesse am Leben.

HARTMUT LANGE

Der Hoffende ist ein aufmerksam Wartender, Hörender und Bereiter.

URSULA HETTICH

Hoffnung – eine Tochter der Liebe und eine Schwester der Erinnerung – hat Appetit; nähre sie.

PETER HORTON

Die Hoffnung ist zurückgekehrt – ganz erschöpft.

MILOVAN VITEZOVIĆ

Wo tragen Hoffnungsträger eigentlich die Hoffnung hin?

ERNST DITTRICH

Höflichkeit

Viel Höflichkeit beleidigt niemanden.
Chinesisches Sprichwort

Höflichkeit glättet Runzeln.

JOSEPH JOUBERT

Höflichkeit ist die Blüte der Menschheit. Wer nicht höflich genug ist, ist nicht menschlich genug.

JOSEPH JOUBERT

Wahrhaft artig oder höflich ist nur die Liebe, wogegen die Lieblosigkeit immer grob ist, sie mag noch so höflich und artig tun wollen.

FRANZ VON BAADER

Menschen müssen sich nun einmal aneinander reiben. Höflichkeit aber ist das Fett, welches das Unangenehme des Reibens vermindert oder erleichtert.

KARL JULIUS WEBER

Höflichkeit ist das Staatspapier des Herzens, das oft um so größere Zinsen trägt, je unsicherer das Kapital ist.

LUDWIG BÖRNE

Je vornehmer einer ist, je höflicher behandelt er den Niedrigen.

LUDWIG BÖRNE

Höflichkeit ist wie ein Luftkissen; es mag wohl nichts drin sein, aber es mildert die Stöße des Lebens.

ARTHUR SCHOPENHAUER

Die Höflichkeit, diese chinesische Kardinaltugend, ist eine stillschweigende Übereinkunft, gegenseitig die moralisch und intellektuell elende Beschaffenheit voneinander zu ignorieren.

ARTHUR SCHOPENHAUER

Gegen Geringere sei höflicher als gegen Höhere.

AUGUST GRAF PLATEN

Das Leben ist kurz, aber man hat immer Zeit für Höflichkeit.

RALPH WALDO EMERSON

Es gibt keinen besseren Grund, höflich zu sein, als die Überlegenheit.

MARIE VON EBNER-ESCHENBACH

Man kann unterscheiden zwischen einer Höflichkeit, die anzieht, und einer Höflichkeit, die fernhält.

MARIE VON EBNER-ESCHENBACH

Ich bin immer sehr höflich gegen die Dummköpfe: ich lebe ja von ihnen.

DANIEL SPITZER

Höflichkeit zwingt uns bisweilen, Zugeständnisse zu machen, die der Verstand nicht rechtfertigen kann.

FRANZ SERAPHION HUEMER

Höflichkeit – die angenehmste Form der
Heuchelei.

AMBROSE BIERCE

Die beste Waffe gegen Grobheit ist
Höflichkeit.

CARLOS VON TSCHUDI

Höflichkeit gegen jedermann ist eine große
soziale Tugend.

CARLOS VON TSCHUDI

Wir müssen immer höflich und geduldig mit
den anderen umgehen, die die Dinge nicht so
sehen wie wir.

MAHATMA GANDHI

Es gibt Leute, die einen nicht zu grüßen
wagen, weil sie denken, es könnte möglich
sein, man erwidere etwa ihre Höflichkeit
nicht.

ROBERT WALSER

Die Höflichkeit ist immer noch das beste
Schutzmittel im Verkehr mit Dummköpfen.

WLADIMIR VON HARTLIEB

Während man das Schöne oft schon auf den
ersten Blick erkennt, ist es äußerst schwierig,
sich hinsichtlich des Reichtums oder der
menschlichen Größe nicht zu irren. Es ist
deshalb am besten, das Brot der Höflichkeit
an alle Welt zu verteilen. Verteile es ohne
Unterschied, ein bißchen mürrisch, aber mit
großer Geste.

SIR HAROLD NICOLSON

Höflichkeit ist die große Erzieherin zur
Menschlichkeit. Sie gewöhnt den Menschen
an Form, Takt, Rücksicht. So gestaltet und
verfeinert sie seine Seele.

RICHARD N. GRAF COUDENHOVE-KALERGI

Die wenigsten Menschen kennen das
Geheimnis, zu sich selbst höflich zu sein.

PETER BAMM

Höflichkeit erleichtert den Verkehr und die
Heuchelei zwischen den Menschen.

SIGMUND GRAFF

Besser eine aufrichtige Grobheit als eine
lügnerische Höflichkeit.

JOSEF VIKTOR STUMMER

Die Höflichkeit steht heute hoch im Kurs. Sie
hat Seltenheitswert.

ERNST KAPPELER

Manche Höflichkeit geschieht nicht, um sich
in der Gesellschaft zu etablieren, sondern um
sich in ihr zu tarnen.

SULAMITH SPARRE

Humanität

Dienen ist Größe.

Sprichwort aus Kaschmir

Menschlichkeit ist Menschenart.
Menschlichkeit ist der Weg des Menschen.

MENG DSE

Du bist ein Mensch – erwäge und bedenke es
stets!

PHILEMON

Ist's denn ganz und gar aus mit seiner Güte?

PSALMEN 77,9

Menschlichkeit ist die erste Tugend.

VAUVENARGUES

Die Linien der Humanität und Urbanität fallen
nicht zusammen.

GEORG CHRISTOPH LICHTENBERG

Je besser ein Staat ist, desto angelegentlicher
und glücklicher wird in ihm die Humanität
gepflegt, je inhumaner, desto unglücklicher
und ärger. Dies geht durch alle Glieder
desselben von der Hütte an bis zum Throne.

JOHANN GOTTFRIED HERDER

Das Wesen der Menschlichkeit entfaltet sich
nur in der Ruhe. Ohne sie verliert die Liebe
alle Kraft ihrer Wahrheit und ihres Segens.

HEINRICH PESTALOZZI

Das Schild der Humanität ist die beste,
sicherste Decke der niederträchtigsten
öffentlichen Gaunerei.

JOHANN GOTTFRIED SEUME

Humanität

Wer die Menschen nicht mehr liebt, findet wieder Liebe und Interesse an einem, der leidet. Der Schmerz führt uns die alte Liebe des ganzen Geschlechts zurück.

JEAN PAUL

Es ist ohne Menschenliebe gewiß kein Glück möglich, und ein so liebloses Wesen wie ein Menschenfeind ist auch keines wahren Glückes wert.

HEINRICH VON KLEIST

Der deutsche Soldat weiß Tapferkeit mit Menschlichkeit zu paaren.

OTTO FÜRST BISMARCK

Menschliche Behandlung kann sogar einen solchen zum Menschen machen, in dem Gottes Ebenbild längst erloschen ist.

FJODOR M. DOSTOJEWSKIJ

Wir lieben Menschen nicht so sehr wegen des Guten, das sie uns getan haben, als für das Gute, das wir ihnen getan haben.

LEW N. GRAF TOLSTOJ

Humanität ist nicht identisch mit Pazifismus um jeden Preis, mit passivem Pazifismus. Der Verteidigungskrieg ist sittlich erlaubt und notwendig. Humanität schließt nur den Angriffskrieg aus.

TOMÁŠ G. MASARYK

Humanität ist das Waschweib der Gesellschaft, das ihre schmutzige Wäsche in Tränen auswindet.

KARL KRAUS

Menschlich denken und betrachten heißt unpolitisch denken und betrachten, ein Satz, mit dem man freilich sofort in schärfsten Widerspruch zur Demokratie gerät. Diese nämlich dringt im Namen der entschlossenen Menschenliebe darauf, daß alles Menschliche politisch betrachtet werde.

THOMAS MANN

Das Gebot der Liebe heißt im letzten Grunde: Es gibt für dich keine Fremden, sondern nur Menschen, deren Wohl und Wehe dir angelegen sein muß.

ALBERT SCHWEITZER

Humanität besteht darin, daß nie ein Mensch einem Zweck geopfert wird.

ALBERT SCHWEITZER

Das Menschliche ist das einzige, das über die Furchtbarkeit der Weltgeschichte triumphieren kann.

GERTRUD VON LE FORT

Es ist uns das Menschliche aufgetragen. Und menschlich werden heißt, den Passionsweg gehen, den Weg, der mit Leiden läutert.

ALBERT TALHOFF

Humanitas – dies eben heißt: Menschliches menschlich tun mit Geist.

JOSEF WEINHEBER

Mensch sein ist erster Gottesdienst.

MARGARETE SEEMANN

Humanitas allein ist kein Ersatz für Religion.

PETER BAMM

Mehr Menschlichkeit und weniger Moral!

CHARLES TSCHOPP

Unmenschlichkeit geht in vielen Verkleidungen durch unsere Zeit.

OTTO HEUSCHELE

Der ärgste Feind der Humanität ist ihre Idee.

HANS KUDSZUS

Ein Ohnmachtsanfall in unserer Nähe beunruhigt uns mehr als tausend Morde in der Ferne. Humanität als Provinzialismus.

HANS KUDSZUS

Man darf keine Zuneigungen haben für Menschen, oder besser: man muß jede Seele lieben wie sein eigenes Kind. Der leidenschaftliche Wunsch zu beschützen, muß sich über die ganze Welt verbreiten.

GRAHAM GREENE

Die Ideologen der Menschlichkeit zeichnen sich selten durch feiner entwickelte Menschlichkeit aus.

JOACHIM GÜNTHER

Menschliche Ziele können nicht durch unmenschliche Mittel erreicht werden.

RICHARD VON WEIZSÄCKER

Mit humanistisch gepflegtem Innenleben allein ist in sozialen Katastrophenfällen die Feuerprobe kaum zu bestehen.

PATER LEPPICH

Wer die Welt und die Menschen genug liebt, muß mithelfen, die Menschen vor sich selbst zu retten.

LEONARD BERNSTEIN

Vielleicht kann nur ein Mensch, der sich nie Sorgen um ein Kind gemacht, der die Liebe zum Kinde verloren oder nie besessen hat, meinen, daß unser immerwährendes Streben nach mehr Menschlichkeit eine törichte Illusion, eine Utopie ohne jegliche Aussicht auf Erfolg sei.

HERMANN GMEINER

Meine Kollegen halten mich für einen Humanisten, das heißt für einen Menschen, der die Welt mit freundlicher Abscheu betrachtet.

WIESLAW BRUDZINSKI

Du mußt der Barmherzigkeit außerhalb der Praxis den Puls fühlen, ganz intim; die Internisten äußern bloß Halbheiten.

HANS PETER KELLER

Jedes Tier ist ohne weiteres animalisch; der Mensch nur mit Mühe human.

HANNS-HERMANN KERSTEN

Was nottut – mehr Tierliebe für den Menschen.

GOTTFRIED EDEL

Es fehlt uns nicht an Humanität, nur an der Zeit dafür.

GERHARD UHLENBRUCK

In den Kliniken ist Humanität zu einem Kaum-Zeitproblem geworden.

GERHARD UHLENBRUCK

Die Wunden eines Menschenfreundes rühren von den Lanzen her, die er für andere bricht.

HELLMUT WALTERS

Wer für die Menschlichkeit kämpft, ist gezwungen, einen Teil der Menschheit zu bekämpfen.

RUPERT SCHÜTZBACH

Er ließ seine Barmherzigkeit abbuchen.

NIKOLAUS CYBINSKI

Besonders geschätzt wird die Menschlichkeit dort, wo man keine erwartet.

ELISABETH HABLÉ

Wer das Menschsein eines anderen Menschen ignoriert, verneint das eigene.

BREYTEN BREYTENBACH

Wir brauchen eine Zivilisation der Barmherzigkeit.

ELEONORE VON ROTENHAN

Humanisierung: Im Gefängnis gibt es einen Fernseher.

WOLFGANG BITTNER

Die Quelle der Menschlichkeit ist eine gute Familie.

ALEXANDRA VON PIPAL

Humanität: Rettet den Menschen vor den Menschen!

MILOVAN VITEZOVIĆ

Humanität: Strapaziertes Wort, das von Menschlichkeit und Würde handelt, dessen Sinn jedoch mehr auf die eigene Persönlichkeit als auf die anderen bezogen wird.

KONRAD GERESCHER

Die sicherste Verkleidung für einen Menschen ist Menschlichkeit.

SULAMITH SPARRE

Humor

Wer immerzu lacht – ein Dummkopf, wer aber niemals lacht – ein Unglücklicher.

Russisches Sprichwort

Gold und Lachen können das Alter zur Jugend machen.

TALMUD

Humor

Immer ist die Albernheit des Narren der
Schleifstein der Witzigen.

WILLIAM SHAKESPEARE

Verstand und Genie rufen Achtung und
Hochschätzung hervor; Witz und Humor
erwecken Liebe und Zuneigung.

DAVID HUME

Nur wenige Menschen werden humorvoll
geboren. Die meisten leben von der
Heiterkeit anderer.

VAUVENARGUES

Witz tötet, Humor macht lebendig! Er führt
zum Nachdenken, während jener alles
Denken wie durch einen scharfen Blitz
beendet.

GEORG CHRISTOPH LICHTENBERG

Der Humor ist das umgekehrte Erhabene.

JEAN PAUL

Es gibt einen Ernst für alle, aber nur einen
Humor für wenige.

JEAN PAUL

Echter Humor gebraucht nie seine Kraft
gegen Wehrlose.

KARL JULIUS WEBER

Wo Phantasie und Urteilskraft sich berühren,
entsteht Witz; wo sich Vernunft und Willkür
paaren, Humor. Persiflage gehört zum
Humor, ist aber um einen Grad geringer.

NOVALIS

Humor ist keine Gabe des Geistes, er ist eine
Gabe des Herzens.

LUDWIG BÖRNE

Humor ist in seiner höchsten Form eine Art
umgekehrter Erhabenheit, welche das, was
unter uns ist, in unseren Empfindungen
emporhebt, während die andere in unseren
Empfindungen hinabzieht, was über uns ist.

THOMAS CARLYLE

Der Witz macht immer nur einzelne Witze;
der Humor ist eine Weltanschauung, ein
Geist.

FRIEDRICH THEODOR VISCHER

Der Humor ist nie humoristischer, als wenn er
sich selbst erklären will.

FRIEDRICH HEBBEL

„Dem Mutigen gehört die Welt"; ich sage –
dem Humor.

THEODOR FONTANE

Der Humor trägt die Seele über Abgründe
hinweg und lehrt sie mit ihrem eigenen Leid
spielen.

ANSELM FEUERBACH

Humor ist der Schwimmgürtel auf dem Strom
des Lebens.

WILHELM RAABE

Nur der Mensch hat Humor, und einziger
Gegenstand des Humors ist wiederum der
Mensch. Indem der Mensch über den anderen
lacht, lacht die Menschheit über sich selber.

ISOLDE KURZ

Der Humor ist der Modelleur der Welt.

PETER HILLE

Der Humor ist die genügsamste unter den
Arten des Komischen; sein Vorgang vollendet
sich bereits in einer einzigen Person, die
Teilnahme einer anderen fügt nichts Neues zu
ihm hinzu.

SIGMUND FREUD

Der Weise ohne Humor ist undenkbar, weil er
weiß, daß es Wissen über dem Verstande
gibt.

CARL LUDWIG SCHLEICH

Humor ist immer dämonischer Natur; das
Reich von Witz, Ironie, Satire, dieser
gefallenen Engel des Geistes, ist innerhalb
des Satanischen beschlossen.

ARTHUR SCHNITZLER

Wer Humor hat, der hat beinah schon Genie.
Wer nur Witz hat, der hat meistens nicht
einmal den.

ARTHUR SCHNITZLER

Humor ist Erkenntnis der Grenze, verbunden
mit grenzenloser Erkenntnis.

GERHART HAUPTMANN

Humor

Humor ist, wenn man trotzdem lacht.

OTTO JULIUS BIERBAUM

Menschen werden sich zu Verrat, Mord, Brandstiftung, falschen Zähnen oder einer Perücke bekennen. Wie viele von ihnen werden aber zugeben, daß sie humorlos sind?

FRANK MOORE COLBY

Der Humor ist eine Eigenschaft des Herzens – wie die Liebe. Es gibt Menschen, die nicht lieben können; wahrscheinlich sind es dieselben, die keinen Humor haben.

RUDOLF G. BINDING

Witz liegt auf der Zunge, Humor im Herzen.

CARLOS VON TSCHUDI

Je intelligenter ein Humorist ist, desto weniger hat er es nötig, die Wirklichkeit zu deformieren, um sie bedeutsam zu machen.

ANDRÉ GIDE

Der echte Humor ist Herzblut, nicht Galle.

SALOMON BAER-OBERDORF

Humor ist äußerste Freiheit des Geistes. Wahrer Humor ist immer souverän.

CHRISTIAN MORGENSTERN

Humor ist die Verdauung der Satten, Satire der Schrei der Hungrigen.

RODA RODA

Humor: die Satire von gestern.

RODA RODA

Das höchste Glück und der tiefste Schmerz sind ohne Humor. Wo sie zu lächeln anfangen, haben Furcht und Hoffnung schon ihr Werk begonnen.

RUDOLF ALEXANDER SCHRÖDER

Auch in der wirklichen Welt ist es nie völlig dunkel. Humor ist künstliche Beleuchtung.

LUDWIG GOLDSCHEIDER

Humoristen sind keine Spaßmacher. Der Humor ist ein König, die Spaßmacher tragen ihm nur die Schleppe oder benutzen seinen alten Schlafrock als Krönungsmantel.

EHM WELK

Sinn für Humor ist Sinn für ein Maß.

KAHLIL GIBRAN

Humor ist auch entwaffnend, er ist ein Zeichen der Kraft.

GOTTLIEB DUTTWEILER

Humorlosigkeit ist Mangel an Herzensgüte und unheilbar.

CURT GOETZ

Humor ist, mit einer Träne im Auge lächelnd dem Leben beipflichten.

FRIEDL BEUTELROCK

Falls ein häßlicher Mensch Humor hat, wird er ihn lieber auf seine Wissenschaft als auf seinen Leib zurückführen.

BLAISE GALL

Humor ist ein Element, das dem deutschen Menschen abhanden gekommen ist.

KURT TUCHOLSKY

Das ist Humor: durch die Dinge durchsehen, wie wenn sie aus Glas wären.

KURT TUCHOLSKY

Die Welt verachten – das ist sehr leicht und meist nur ein Zeichen schlechter Verdauung. Aber die Welt verstehen, sie lieben und dann, aber erst dann, freundlich lächeln, wenn alles vorbei ist – das ist Humor.

KURT TUCHOLSKY

Humor heißt nicht lachen, sondern besser wissen.

VLADISLAV VANČURA

Furchtlosigkeit – die erhabenste Tugend des Humors.

ERNST PENZOLDT

Echte Elemente des Humors: Geist, Freiheit des Herzens und Melancholie.

ERNST PENZOLDT

Der Humor ist allgegenwärtig und souverän, den lebendigen Wesen und den Dingen gleich eigentümlich. Niemand entrinnt ihm, er ist das himmlische Maß, mit dem alle Würde und Eitelkeit gemessen wird. In ihm durchschaut die Welt sich selbst.

ERNST PENZOLDT

Humor

Die einen nennen ihn golden, andere gottbegnadet oder unsterblich, was nichts anderes sagen will, als daß er unabhängig von der Menschen Witz und Willen in der Welt wirkt als Elementargesetz: der Humor.

ERNST PENZOLDT

Der echte Humor ist der Feind von unechtem Ernst.

WILLY REICHERT

Humor ist ein stiller Helfer in allen Nöten, sogar in der Liebe, denn er schlägt die Augen nieder und sieht mit dem Herzen.

KARL HEINRICH WAGGERL

Humor ist selbstgekelterte seelische Widerstandskraft.

SIGMUND GRAFF

Humor setzt Wunden voraus. Er ist eine Vernarbungserscheinung.

SIGMUND GRAFF

Der Humor macht den Menschen dadurch groß, daß er ihn bagatellisiert.

SIGMUND GRAFF

In einem Land leben, wo es keinen Humor gibt, ist unerträglich, aber noch unerträglicher ist es in einem Land, wo man Humor braucht.

BERT BRECHT

Der Humor ist der Regenschirm der Weisen.

ERICH KÄSTNER

Der wahre Humor weiß ganz genau, daß man im Grunde nichts zu lachen hat.

ERNST HEIMERAN

Humor ist die Bereitschaft, über das Törichte der eignen Schwäche zu spotten und zu lächeln.

GERHARD SCHÄKE

Wo der Spaß aufhört, beginnt der Humor.

WERNER FINCK

Humor ist das einzige Gebiet des Schöpferischen, das einen physiologischen Reflex auslöst.

ARTHUR KOESTLER

Witz tötet, Humor macht lebendig.

ERNST JUCKER

Unter einem Regime der Unterdrückung verwandelt sich der Humor in List.

OTTO F. BEER

Wahrer Humor ist ein unentbehrlicher Notgroschen für die sonderbare Haushaltung, die wir zwischen Erde und Himmel führen.

MAX DESSOIR

Wer hierzulande das Wort Humor in die Debatte wirft, wird zweifellos sofort der Etappenhasenkomik verdächtigt; aber Klamottenscherze haben nichts mit Humor zu tun...

HEINRICH BÖLL

Humor und Geduld sind die Kamele, mit denen wir durch jede Wüste kommen.

PHIL BOSMANS

Humor ist eine Art, die Wahrheit zu sehen.

SIR PETER USTINOV

Wahrer Humor kennt keinen Spaß.

VASKO POPA

Er besitzt Humor. Er hat ihn auch bitter nötig.

HEINRICH WIESNER

Nur der Philanthrop ist des Humors fähig.

SIEGFRIED & INGE STARCK

Ich warne vor jeder Ankündigung, in der die Formulierung „Mit Humor gewürzt" vorkommt

HEINZ KNOBLOCH

Im Humor liegt der tiefste Sinn des Ernstes.

FRITZ RÖTHLISBERGER

Humor hat, wer gleich lacht; später lachen ist keine Kunst.

GERHARD BRANSTNER

Wer seinen Humor verliert, beweist, daß er nur Witz gehabt hat.

GERHARD BRANSTNER

Humoristen haben keinen Humor. Sie verkaufen ihn.

HANNS-HERMANN KERSTEN

Durch Humor kann man sich ebenso als Mensch erweisen wie durch Geist.

SIEGFRIED THOMAS

Humor ist das Lächeln Gottes.

THEODOR KAPPSTEIN

Humor ist eine Art von Denken.

MIROSLAV BARTÁK

Es ist ein teurer Spaß, in einer Welt voller Narren keinen Humor zu haben.

WERNER MITSCH

Der Galgenhumor ist ein Spaß für den Ernstfall.

WERNER MITSCH

Humor ist etwas, das vielen nicht in den Gram paßt.

WERNER MITSCH

Den Ernst des Humors erkennt man an seiner Notwendigkeit.

ELISABETH HABLÉ

Humor steckt an. Aber nur die, die schon von ihm infiziert sind.

WERNER EHRENFORTH

Je teurer das Leben, um so billiger der Humor.

PAJO KANIŽAJ

Manche scheinen den Humor gepachtet zu haben. Zinslos.

HANS-HORST SKUPY

Hunger

Man lernt Lehm essen, bevor man Hungers stirbt.

Lettisches Sprichwort

Die Hunger litten, hungern nicht mehr.

1 SAMUEL 2,5

Hunger ist der beste Koch.

CICERO

Hungert jemand, der esse daheim.

1 KORINTHERBRIEF 11,34

Ist sieben Jahre Hungersnot, die Türe des Handwerks erreicht sie nicht.

TALMUD – SANHEDRIN

Bei leerem Magen sind alle Übel doppelt schwer.

CHRISTOPH MARTIN WIELAND

Sie sagen: Wer nicht arbeitet, der soll auch nicht essen, und wissen gar nicht, wen sie alles mit diesem Ausspruch zum Hungertod verurteilen.

JOHANN NESTROY

Ich will nicht verhungern, ich bin noch nicht genug unsterblich dazu.

DANIEL SPITZER

Dem Arbeiter, der kein Brot hat, ist es ganz einerlei, nach welcher Definition er verhungert.

DANIEL SPITZER

Der Hunger schafft Köche und bisweilen Künstler.

M. HERBERT

Wenn es Hunger hat, mordet sogar das Tier, der Mensch bedarf dazu so entscheidenden Anlaß nicht.

MAX JACOB FRIEDLÄNDER

Hunger tut am wehesten denen, die gestern gut gegessen haben.

SALOMON BAER-OBERDORF

Oft geben die Menschen einem Hungernden zu essen, damit sie durch nichts im Genuß einer guten Mahlzeit gestört werden.

WILLIAM SOMERSET MAUGHAM

Der Hungrige will keine Ratschläge, sondern Brot.

FRANZ CARL ENDRES

Man sollte Hunger stillen im Stillen – Appetit in Gesellschaft.

ANITA

Hunger

Allein wer gehungert hat, kann der
Menschheit sagen, was Hauptsache auf
Erden ist.

EHM WELK

Je hungriger du bist, desto munterer spiele
den Satten. Dem Hungernden offeriert man
Brot, dem Satten Soupers.

GÜNTHER ANDERS

Um die Sattheit zu schätzen, muß man
wissen, wie der Hunger schmeckt.

HERBERT A. FRENZEL

Solange einer hungert, weiß er, was ihm
fehlt.

THOMAS NIEDERREUTHER

Es gibt einen Hunger nach dem täglichen
Brot und einen Hunger nach Liebe,
Freundlichkeit und gegenseitiger Achtung.
Eben dies ist die große Armut, unter der die
Menschen heute so leiden.

MUTTER TERESA

Hunger ist der Feind aller Grundsätze.

JAKOB STEBLER

Es gibt kein Empfinden für Hunger, wenn alle
immer essen.

PETER SELLERS

Kostspielige Speisung von Millionen:
Hungernde werden mit Dogmen und
Ideologien gefüttert.

HANS-HORST SKUPY

An Bildern hungernder Kinder haben wir uns
allmählich sattgesehen.

HANS-HORST SKUPY

Mal bist du Jäger, mal bist du Beute. Aber
Hunger haben beide.

FRANCIS LOUIS BANDELIER

Satt macht nur der Hunger.

THOMAS SCHMITZ

Ideal

Alles wirkt und webt die Nadel,
selbst aber bleibt sie nackt und
bloß.

Tadschikisches Sprichwort

Wir tragen alle ein Ideal in und mit uns, was
wir sein sollten und nicht sind; die Schlacken,
die wir ablegen, die Form, die wir erlangen
sollen, kennen wir alle.

JOHANN GOTTFRIED HERDER

Nur wer irgendein Ideal, das er ins Leben
ziehen will, in seinem Innern hegt und nährt,
ist dadurch gegen die Gifte und Schmerzen
der Zeit verwahrt.

JEAN PAUL

Die idealen Verhältnisse wollen frisch
angepackt sein, wenn sie sich bequemen
sollen, unter uns zu wohnen.

PHILIPP OTTO RUNGE

Das ewige Idealisieren erzeugt schließlich
einen Heißhunger nach der Wirklichkeit.

KARL GUTZKOW

Ideal

Ein Schelm gibt mehr als er hat. Das sind in der Literatur und Kunst die falschen Idealisten.

BERTHOLD AUERBACH

Am letzten Ende pflegen die Idealisten doch recht zu behalten, wenn auch mitunter vielleicht hundert Jahre, nachdem sie begraben sind.

THEODOR STORM

In dem Glauben an die Ideale ist alle Macht wie alle Ohnmacht der Demokratie begründet.

THEODOR MOMMSEN

Schlimm ist's, wenn der Mensch nichts hat, wofür er bereit wäre zu sterben.

LEW N. GRAF TOLSTOJ

Ideale sind wie Sterne; man kann sie nicht erreichen, aber man kann sich nach ihnen orientieren.

CARL SCHURZ

Ein Hauptmittel, um sich das Leben zu erleichtern, ist das Idealisieren aller Vorgänge desselben.

FRIEDRICH NIETZSCHE

Kinder haben ihre Puppen und Erwachsene ihre Ideale.

ADOLF SCHAFHEITLIN

Die weltlichen Zwecke reißen die Menschen auseinander, die geistigen verbinden sie. Nur in Zeiten, wo der Idealismus herrscht, gibt es die großen Freundschaften.

ISOLDE KURZ

Ein Idealist muß nicht dumm sein, aber enttäuscht wird er immer sein.

OSCAR WILDE

An seinen Idealen zugrundegehen können, heißt lebensfähig sein.

PETER ALTENBERG

Der Idealismus äußert sich verschieden: die einen wollen ihn in ihrem Leben, in ihrer Umgebung ausdrücken, die anderen vergessen über ihm, was um sie her vorgeht.

M. HERBERT

Ein Idealist ist ein Mensch, der anderen Menschen dazu verhilft, zu Wohlstand zu gelangen.

HENRY FORD

Wer ein Ideal verwirklicht hat, ist um ein Ideal ärmer geworden.

STANLEY BALDWIN

Der Idealismus nimmt zu im Quadrat der Entfernung zum Problem.

JOHN GALSWORTHY

Beendigung der Kriege, Friede unter den Völkern, Aufhören von Raub und Gewalt – das ist fürwahr unser Ideal.

WLADIMIR I. LENIN

Der Idealist geht glatt durch Mauern und stößt sich wund an der Luft.

ALFRED POLGAR

Ideal nennt sich die Glorifizierung aller untauglichen Versuche.

OSCAR A. H. SCHMITZ

Das Ideal darf nicht zum Idol gemacht werden.

HAZRAT INAYAT KHAN

Es gehört zum Wesen des Ideals, daß es sich nicht verwirklichen läßt; seine Rolle besteht darin, daß es sich jenseits der Wirklichkeit erhebt.

JOSÉ ORTEGA Y GASSET

Ideale sind Bluthunde; sie schnappen einem nach den Fersen. Armer Kerl, hinter dem sie her sind!

GEORG STAMMLER

Idealismus ist die Fähigkeit, die Menschen so zu sehen, wie sie sein könnten, wenn sie nicht wären, wie sie sind.

CURT GOETZ

Sobald die Wirklichkeit mit einem Ideal verschmolzen wird, verdeckt es sie.

LUDWIG MARCUSE

Der ideale Mensch ist der unabhängige Mensch. Unabhängig von seinen körperlichen Empfindungen und Begierden. Unabhängig von seinem Verlangen nach Macht und Besitz. Unabhängig von den Objekten dieser

Ideal

verschiedenen Wünsche. Unabhängig von seinem Zorn und Haß; unabhängig von seiner Vorliebe. Unabhängig von Reichtum, Ruhm, gesellschaftlicher Stellung. Unabhängig selbst von Wissenschaft, Kunst, spekulativem Denken, Menschenliebe.

ALDOUS HUXLEY

Wer nicht bereit ist, für seine höchsten Ideale zu sterben – der hat keine höchsten Ideale.

RICHARD N. GRAF COUDENHOVE-KALERGI

An zu viel Idealismus kann man ersticken wie an zu viel Kleidern.

EUGEN GÜRSTER

Ein Idealist ist ein Mann, der aus der Tatsache, daß die Rose besser riecht als der Kohl, darauf schließt, eine Suppe aus Rosen müsse auch besser schmecken.

ERNEST HEMINGWAY

Idealisten fallen immer wieder vom Pferd.

HASSO HEMMER

Idealismus ist oft nur feige Flucht vor der Wirklichkeit.

ERNST JUCKER

Der Idealismus der Jugend ermöglicht die Weisheit des Alters.

HANS ARNDT

Wer keine Ideale hat – hat keine Enttäuschungen.

MAX SCHWARZ

Wirklicher Idealismus ist eine Handlungsweise auf eigene Gefahr.

GÜNTHER MICHEL

Angewandte Ideale entarten leicht zu fixen Ideen.

HANS KASPER

Ideale sind unausgereifte Gedanken und Taten. Die meisten Menschen bleiben in der Pubertät stecken.

HANS LOHBERGER

Von den Idealen redet man so viel, weil sie nichts kosten.

FRIEDRICH DÜRRENMATT

Er war Idealist. Er glaubte an sich.

BOGUSLAW WOJNAR

Früher hatte er Ideale, heute studiert er Börsenkurse.

HUGO ERNST KÄUFER

Wo das Ideal herrscht in den Seelen, herrscht auch der Terror und der Verrat.

JOHANNES GROSS

Das gefährliche am Idealismus ist seine Tendenz, in Fanatismus umzuschlagen.

EMMERICH LANG

Idealisten – Idealobjekte für Ausbeuter.

HANS-HORST SKUPY

Für deine Ideale bringst du Opfer, für dein Prestige Ideale.

DANIEL TEXTOR

Idee

Neue Ideen bringen neuen Wandel.
Deutsches Sprichwort

Tritt eine Idee in einen hohlen Kopf, so füllt sie ihn völlig aus, weil keine andere da ist, die ihr den Rang streitig machen könnte.

MONTESQUIEU

Nicht die Klügsten allein haben die besten Einfälle. Gute Einfälle sind Geschenke des Glückes; und das Glück, weißt du wohl, beschenkt den Jüngling oft lieber als den Greis.

GOTTHOLD EPHRAIM LESSING

Man ist immer fähiger, eine gute Idee zu fassen, als sie auszubilden.

WILHELM LUDWIG WEKHRLIN

Neue Ideen mißfallen den alten Leuten, sie gefallen sich in der Überzeugung, daß die Welt nur verloren und nicht gewonnen habe, seit sie aufgehört haben, jung zu sein.

GERMAINE (MADAME) DE STAËL

Idee

Man ist noch kein geistvoller Mensch, wenn man viele Ideen hat. Ein General mit vielen Soldaten ist noch kein guter Feldherr.

CHAMFORT

Die Gelehrtesten sind nicht immer die Leute, die die neuesten Ideen haben.

GEORG CHRISTOPH LICHTENBERG

Man kann die Nützlichkeit einer Idee anerkennen und doch nicht recht verstehen, sie vollkommen zu nutzen.

JOHANN WOLFGANG VON GOETHE

Hat man sich einmal an dies Leben in Ideen gewöhnt, so verlieren Kummer und Unglücksfälle ihren Stachel. Man ist wohl wehmütig und traurig, aber nie ungeduldig noch ratlos.

WILHELM VON HUMBOLDT

Ideen sind das einzig wahrhaft Bleibende im Leben.

WILHELM VON HUMBOLDT

Nur die Weisen sind im Besitz von Ideen; die meisten Menschen sind von Ideen besessen.

SAUMEL TAYLOR COLERIDGE

Man kann in der Spannung und vollen Lebendigkeit der Phantasie und Empfindung wohl recht gute und große Ideen haben, aber zur Ausführung derselben gehört doch eine ganz ruhige Stimmung und viel Geduld.

PHILIPP OTTO RUNGE

Beschränkten Menschen ist es eigen, daß sie die wenigen Ideen, die in dem engen Kreise ihrer Fassungskraft liegen, mit einer Klarheit ergreifen, die uns in der Schätzung ihres Geistes oft irre macht. Sie sind wie Bettler, die das Gepräge und die Jahreszahl jedes ihrer Kreuzer kennen.

LUDWIG BÖRNE

Einfälle sind keine Gedanken. Der Gedanke kennt die Schranken, der Einfall setzt sich darüber hinweg und kommt in der Ausführung nicht vom Fleck.

FRANZ GRILLPARZER

Man darf den Groll gegen eine Idee nicht die Diener derselben entgelten lassen.

HEINRICH HEINE

Neben jeder Krippe, worin ein Heiland, eine welterlösende Idee den Tag erblickt, steht auch der Ochse, der ruhig frißt.

HEINRICH HEINE

An Ideen fehlt es nicht, aber an Männern, sie auszuführen!

HONORÉ DE BALZAC

Daß es der Zweck des Menschen ist, Ideen hervorzubringen, ist nicht erstaunlicher als Duft und Farbe bei den Pflanzen. Vielleicht sind die Düfte Ideen!

HONORÉ DE BALZAC

Je tiefer ich in meinen Ideen das Senkblei auswerfe, desto mehr finde ich in mir den Abgrund der Widersprüche.

JOHANN NESTROY

Keine Armee kann eine Idee aufhalten, deren Zeit gekommen ist.

VICTOR HUGO

Über den Menschen, den Parteien stehen die hellen, leuchtenden Ideen.

EDUARD VON BAUERNFELD

Eine Idee muß Wirklichkeit werden können – oder sie ist eine eitle Seifenblase.

BERTHOLD AUERBACH

Ein halber Sieg der Idee ist schlimmer als eine völlige Niederlage.

FRIEDRICH HEBBEL

Wie oft verwechselt man Einfälle mit Ideen!

FRIEDRICH HEBBEL

Von einer Idee besessene Menschen gehen nicht auf Vernunft ein.

JAMES ANTHONY FROUDE

Ideen können überhaupt nichts ausführen. Zum Ausführen der Ideen bedarf es der Menschen, welche eine praktische Gewalt aufbieten.

FRIEDRICH ENGELS & KARL MARX

Die herrschenden Ideen einer Zeit waren stets nur die Ideen der herrschenden Klasse.

FRIEDRICH ENGELS & KARL MARX

Idee

Für eine Idee braucht man keinen Krieg zu führen: Ideen kommen ohne Pulver und Blei durch die Welt.

PAUL DE LAGARDE

Es sind immer die einfachsten Ideen, die außergewöhnliche Folgen haben. Meine ganze Idee besteht darin, daß, wenn alle sündhaften Menschen sich untereinander verbänden und eine Macht bildeten, die ehrlichen Menschen dasselbe tun müßten.

LEW N. GRAF TOLSTOJ

Wer für hohe Ideen lebt, muß vergessen, an sich selbst zu denken.

ANSELM FEUERBACH

Ein Mann mit einer neuen Idee ist unausstehlich, bis er der Idee zum Erfolg verholfen hat.

MARK TWAIN

Eine Idee, die nicht gefährlich ist, ist nicht wert, eine Idee genannt zu werden.

OSCAR WILDE

Eine Idee wird darum noch nicht wahr, weil jemand sich dafür geopfert hat.

OSCAR WILDE

Dem Morgenrot einer neuen Idee geht es wie dem Morgenrot überhaupt: die meisten Menschen findet es schlafend.

PETER SIRIUS

Die Idee ist eine Seifenblase: ein Sandkorn Wahrheit läßt sie platzen.

CARL LUDWIG SCHLEICH

Besser gute Einfälle als viele.

JOHN GALSWORTHY

Wo Ideen sind, da sind auch Ideale.

SALOMON BAER-OBERDORF

Was sind Ideen – wenn nicht der sie hat, der die Macht hat?

HEINRICH MANN

Der Mensch ist bereit, für eine Idee zu sterben, vorausgesetzt, daß sie ihm nicht ganz klar ist.

GILBERT KEITH CHESTERTON

Eine elementare und notwendige Idee ist der Grundstein jeder Größe.

ANGELO GATTI

Die Art Mensch, der von der Regierung verlangt, daß sie seine Ideen annimmt und durchführt, hat immer nur idiotische Ideen.

HENRY L. MENCKEN

Immer erscheinen die entscheidenden Ideen nachträglich als einfache und selbstverständliche.

STEFAN ZWEIG

Die Idee ist ein Schach, das man der Wahrheit bietet.

JOSÉ ORTEGA Y GASSET

Die Ideen entspringen aus dem Zweifel, das heißt, aus einem Hohlraum oder einer Lücke in unserem Glauben.

JOSÉ ORTEGA Y GASSET

Wenn wir keine Ideen haben, kommt das daher, daß es uns an Verantwortungsgefühl und an Liebe mangelt.

W. J. OEHLER

Ideen ersetzen Schlagworte nur unvollkommen.

HANS KRAILSHEIMER

Wer Ideen pflanzen will, der darf ihr freies Wachstum nicht fürchten.

ALBERT TALHOFF

Im Gefolge jeder Idee, die viel kostet, kommen eine Menge billiger; darunter auch einige, die nützlich sind.

LUDWIG WITTGENSTEIN

Wenn bei uns die Ideen populär werden, dann bleibt die Popularität; die Idee geht gewöhnlich zum Teufel.

KURT TUCHOLSKY

Die Ideen verhalten sich zu den Dingen wie die Sternbilder zu den Sternen; sie sind weder deren Begriffe noch deren Gesetze.

WALTER BENJAMIN

Diese Krankheit, seine Ideen mit anderen teilen zu wollen. Und diese Geißel!

HENRY DE MONTHERLANT

Idee

Keine große Idee ist je auf einer Konferenz geboren, aber viele dumme Gedanken sind dort gestorben.

F. SCOTT FITZGERALD

Die Geschichte der Menschheit ist ein stetiger Kampf zwischen den Ideen und den Interessen; für den Augenblick siegen immer die letzteren, auf die Dauer aber immer die Ideen.

EMILIO CASTELAR

Hüte dich auch im Kleinen vor unkontrollierbaren Ideen, denn sie gehen als Drachensaat auf.

HANS DOMIZLAFF

Er folgte seiner Idee. Es war eine fixe Idee, und er wunderte sich, daß er nicht vorwärtskam.

JACQUES PRÈVERT

Die Ideen sind nicht verantwortlich dafür, was die Menschen aus ihnen machen.

WERNER HEISENBERG

Es gibt nur wenige Ideen, die von vornherein falsch sind.

PETER MAX BOPPEL

Nicht sich zum Kampffeld der Ideen machen lassen.

ERNST WILHELM ESCHMANN

Jeder Beginn einer Idee entspringt einer unmerklichen Verletzung des Geists.

É. M. CIORAN

Wenn man plötzlich erwacht und wieder einschlafen möchte, muß man jede Anwandlung von Gedanken, jeden Ansatz einer Idee zurückweisen. Die formulierte Idee, die überdeutliche Idee ist nämlich der ärgste Feind des Schlafs.

É. M. CIORAN

Es ist die Idee und nicht der Schweiß, die Menschen und Nationen vorwärtsbringt.

EMIL OESCH

Jede Idee ist in Litern meßbar. Wieviel Blut hat sie gekostet?

HANS KASPER

Die in uns wohnende Idee zu Ende leben.

HANNS CIBULKA

Man muß die Ideen in Schutz nehmen vor Ideologen und Idealisten.

KARL THEODOR VON UND ZU GUTTENBERG

Eine gute Idee erkennt man daran, daß sie geklaut wird.

GERHARD UHLENBRUCK

Man sollte nur Vorkämpfer solcher Ideen sein, die andere bereits erfolgreich durchgesetzt haben.

RAIMUND VIDRÁNYI

Auf Ideen kommt man nur, wenn man etwas will.

KASIMIR M. MAGYAR

Eine fixe Idee kann auch ein langsamer Denker haben.

HORST FRIEDRICH

Große Ideen werden nicht kleiner, wenn jeder von ihnen zehrt, sondern wenn jeder noch etwas hinzufügt.

KURT TACKMANN

Die Idee ist das rechtzeitige Abfangen eines ungewöhnlichen Gedankens.

ELISABETH HABLÉ

Wenn Idee gegen Idee steht, so sind stets Menschen dazwischen.

HANS-HORST SKUPY

Intrigen können wichtiger sein als Ideen.

HANS-HORST SKUPY

Man sollte keine Idee verwerfen. Sie könnte als Bumerang wiederkehren.

HANS-HORST SKUPY

Gefährlicher als eine fixe Idee ist eine fixe Ideologie.

ŽARKO PETAN

Alles ruht auf der Idee.

RADIVOJE DANGUBIĆ

Es baut sich viel Mittelmäßiges auf einer guten Idee auf.

SULAMITH SPARRE

Ideologie

Wer gehört zur Innung, der hat auch
die rechte Gesinnung.

Deutsches Sprichwort

Jede ideologische Herrschaft wird zur
Theokratie.

CARL J. BURCKHARDT

Je simpler die offizielle Ideologie, um so
komplizierter heute ihre Ableitung. Diese
Einsicht besagt, daß das Denken aus der
Mode kommt.

MAX HORKHEIMER

Ideologien sind der Unterschlupf für alles
Böse.

FRANZ SLOVENČIK

Verrennen wir uns nur noch in Ideologien,
hassen wir nur noch die Andersdenkenden,
mit einem Wort: gewinnen wir nicht mehr die
Ehrfurcht vor dem Menschenleben zurück,
dann wird unsere Krise, unser Krebsgeschwür
weiterfressen, wir werden uns dann
gegenseitig auffressen.

WERNER BUKOFZER

Ich glaube an die Wiederfleischwerdung der
Ideologie.

STANISLAW JERZY LEC

Eine Ideologie ist keine Wissenschaft.

FRIEDRICH DÜRRENMATT

Zwischen sozialistischen und
kapitalistischen Strukturen gibt es
Kompromisse, Brücken, Übergänge,
aber es gibt keine Mischform zwischen
Knechtschaft und Freiheit.

KARL THEODOR VON UND ZU GUTTENBERG

Ideologie: Impfstoff, der gegen das Denken
immunisiert.

RON KRITZFELD

Jeder -ismus ist lächerlich, der Anti-ismus
aber auch.

PAUL BOCKELMANN

Wo sich Ideologie darauf beschränkt,
dagegen zu sein, wirkt sie staatserhaltend.

RENÉ & DENISE DAVID

Eine Ideologie ist ein Vorurteil, welches
öffentlich im Namen des Volkes gefällt wird.

GERHARD UHLENBRUCK

Ideen kommen aus vollen Köpfen, Ideologien
gehen in leere Köpfe.

GERHARD UHLENBRUCK

Auch Ideologen sind Künstler –
Feindbildhauer.

PAUL MOMMERTZ

Die Begriffe Ideologie und Freiheit schließen
einander aus.

FRITZ VAHLE

„Verkaufe Villa mit Blick auf die
Arbeiterklasse."

VLADA BULATOVIC-VIB

Ideologen. Das sind Leute, die sich an die
Fakten halten.

AUREL SCHMIDT

Ideolügen.

HANS-HORST SKUPY

„Brot für die Welt" – gefressen von
Ideologien.

HANS-HORST SKUPY

Von der Ideologie kommt man nur mit Hilfe
der Verzweiflung los.

TORSTI LEHTINEN

Für den Import von Ideologien zahlt man
einen hohen Zoll.

ŽARKO PETAN

Die Schöpfer der Ideologien können
unmöglich die Funktionäre gekannt haben.

BIRGIT BERG

Es braucht keine neuen Ideologien, wie man
die Menschen glücklicher macht. Mit den
vorhandenen machen sie sich unglücklich
genug.

BIRGIT BERG

Illusion

Der ist leicht zu täuschen, der leicht glaubt.

Deutsches Sprichwort

Was die richtigen Götzen zu bieten haben – Holz ist es.

JEREMIAS 10,8

Aus nichts wird nichts.

PERSIUS

Gesetzgeber oder Revolutionäre, die Gleichsein und Freiheit zugleich versprechen, sind Phantasten oder Scharlatane.

JOHANN WOLFGANG VON GOETHE

Man nehme dem General seine blitzende Uniform, dem Bischof seinen Ornat – und was sind sie? Menschen, bloße Menschen. Würde und bisweilen sogar Heiligkeit hängen mehr von Röcken und Mänteln ab, als viele Menschen sich träumen lassen.

CHARLES DICKENS

Wenn du Schlösser in die Luft gebaut hast, so braucht deine Arbeit nicht umsonst zu sein; dort gehören sie nämlich hin. Jetzt gehe daran, die Fundamente unter sie zu bauen.

HENRY DAVID THOREAU

Wer einmal Luftschlösser baut, kann nicht kühn genug sein.

GOTTFRIED KELLER

Raube dem Durchschnittsmenschen die Illusion seines Lebens, und du hast ihn auch seines Glückes beraubt.

HENRIK IBSEN

Die ewige Illusion, daß das Leben noch vor einem liege. Das Leben liegt immer hinter einem.

WILHELM RAABE

Die Menschen leben in der Illusion, daß jeder das, was er tut, für sich tut; und das ist der größte der Uirrtümer der Individuen.

WILHELM RAABE

Trenne dich nicht von deinen Illusionen. Wenn sie verschwunden sind, wirst du weiter existieren, aber aufgehört haben, zu leben.

MARK TWAIN

Er pflegte seine Luftschlösser so verschwenderisch einzurichten, daß seine Phantasie endlich Konkurs machen mußte.

DANIEL SPITZER

Alle Illusionen sterben, aber nur Schwächlinge sterben mit ihnen.

EDWARD MORGAN

Das Grab der Illusionen ist ein Massengrab.

ELEONORE VAN DER STRATEN-STERNBERG

Die Luftschlösser der Armen sind weit prachtvoller als die der Reichen.

SALOMON BAER-OBERDORF

Der Bau von Luftschlössern kostet nichts, aber ihre Zerstörung ist sehr teuer.

FRANÇOIS MAURIAC

Wolken kann man nicht bauen. Und darum wird die erträumte Zukunft nie wahr.

LUDWIG WITTGENSTEIN

Was ist eine Illusion? Ein Seufzer der Phantasie.

RAMÓN GÓMEZ DE LA SERNA

Es ist oft klüger, sich den Vorstellungen anzupassen, welche die Leute von uns haben, als ihnen ihre Illusionen zu nehmen.

SIGMUND GRAFF

Eine der Signaturen unserer Zeit ist die andauernde Zunahme von Illusionen auf allen Gebieten.

HANS-HASSO VON VELTHEIM-OSTRAU

Luftschlösser sind auf Superlativen aufgebaut.

ANITA

Nichts ist trauriger als der Tod einer Illusion.

ARTHUR KOESTLER

Wer das Böse leugnet, lebt in Illusionen, wer das Gute nicht wahrnimmt, im Nichts.

GUNTER GROLL

Illusion

Keine Statistik kann berechnen, wie viele Illusionen ein durchschnittlicher Erdenbürger bei all seinen täglichen Demütigungen braucht, um zu überleben.

LÉOPOLD HOFFMANN

Die Illusion ist der Dilettantismus der Gefühle.

HANS KASPER

Utopie hat goldenen Boden.

GÜNTHER NENNING

Der Philanthrop hält seinem Traum vom Menschen die Treue.

HEINRICH WIESNER

Illusionen sind vielversprechende Kinder, die es zu nichts bringen.

WOLFRAM WEIDNER

Der Aussteiger baut seine Zelte ab, um sie in der Nähe von Luftschlössern wieder aufzubauen.

GERHARD UHLENBRUCK

Ohne Luftschloß kein Schloß.

HELLMUT WALTERS

Illusion: Glauben, daß man dort wieder ankommt, von wo man abgefahren ist.

HELLMUT WALTERS

Die meisten Menschen halten ihre Illusionen für ihre Gefühle.

SIEGFRIED THOMAS

Manche Begegnung ist eine Fata Morgana, wenn wir näher kommen, erkennen wir die Illusion.

ALFRED RADEMACHER

Heil von einem Höhenflug zurückkommen ist nicht die schlechteste Art von Comeback.

RUPERT SCHÜTZBACH

Wer sich keine Illusionen macht, kann es sich leisten, welche zu besitzen.

RUPERT SCHÜTZBACH

Die Illusion ist eine die Wirklichkeit zart berührende Scheinwelt.

ELISABETH HABLÉ

Der Bau von Luftschlössern ist billiger als ihr Unterhalt.

MARKUS M. RONNER

Die Illusion ist die leichtfertige Halbschwester der Hoffnung.

WOLFGANG BAUR

Wo werden Baugenehmigungen für Illusionen erteilt?

ŽARKO PETAN

Mit den Illusionen verliert man die Skrupel.

MICHAEL RUMPF

Individuum

Jeder weiß am besten, wo ihn der Schuh drückt.

Schottisches Sprichwort

Eine Lilie unter Disteln ist meine Freundin unter den Mädchen.

HOHES LIED 2,2

Die Menge ist groß, aber der Menschen sind wenige.

DIOGENES

Alles ist in uns selbst vorhanden.

MENG DSE

Befreien muß man sich aus dem Kerker des Alltags- und des Staatslebens.

EPIKUR

Ein Denkmal habe ich mir gesetzt, dauernder als Erz.

HORAZ

Für die eigene Sache ist wohl ein jeder beredt.

OVID

Zeichen der Überlegenheit ist die Entfernung von der Masse in allem Denken und Handeln.

DVAGPO-LHARJE

Individuum

Geh deinen Weg und laß die Leute reden.
DANTE ALIGHIERI

Höhepunkt des Glücks ist es, wenn der
Mensch bereit ist, das zu sein, was er ist.
ERASMUS VON ROTTERDAM

Wer sich vollkommen erfüllt, der gehöre
keinem andern.
PARACELSUS

Ausleihen sollten wir uns an andere,
hingeben aber nur an uns selbst.
MICHEL DE MONTAIGNE

Es gibt kein zweites Ich auf der Welt.
MIGUEL DE CERVANTES

Man ist so geschaffen wie seine Liebe.
CHRISTINE VON SCHWEDEN

Je mehr man das Ich versteckt, je mehr Welt
hat man.
THEODOR GOTTLIEB VON HIPPEL

Die ungeheuerste Kultur, die der Mensch sich
geben kann, ist die Überzeugung, daß die
anderen nicht nach ihm fragen.
JOHANN WOLFGANG VON GOETHE

Es ist wohl angenehm, sich mit sich selbst
beschäftigen, wenn es nur so nützlich wäre.
JOHANN WOLFGANG VON GOETHE

Keiner sei gleich dem andern, doch gleich sei
jeder dem Höchsten! Wie das zu machen? Es
sei jeder vollendet in sich.
FRIEDRICH VON SCHILLER

Gegen den Strom der Zeit kann zwar der
einzelne nicht schwimmen; aber wer Kraft
hat, hält sich und läßt sich von demselben
nicht mit fortreißen.
JOHANN GOTTFRIED SEUME

Aus der freien Narrheit der Individuen kann
für den Staat große Weisheit gedeihen.
JOHANN GOTTFRIED SEUME

Individualität ist überall zu schonen und zu
ehren als Wurzel jedes Guten. Ich bin, was ich
bin, und werde schwerlich anders.
JEAN PAUL

Je mehr man Menschen kennt, desto weniger
schildert man Individuen.
JEAN PAUL

Es hat immer einen unendlichen Nutzen, sich
so zu gewöhnen, daß man sich selbst zu
einem beständigen Gegenstand seines
Nachdenkens macht.
WILHELM VON HUMBOLDT

Jeder muß seine Eigentümlichkeit aufsuchen
und diese reinigen, das Zufällige absondern.
Es bleibt dennoch immer Eigentümlichkeit;
denn ein Teil des Zufälligen ist an das
Individuum unauflöslich gebunden, und dies
kann und darf man nicht entfernen. Nur
dadurch ist eigentlich Charakter möglich und
durch Charakter allein Größe.
WILHELM VON HUMBOLDT

Durch die Individualität des Menschen ist das
Maß seines möglichen Glückes zum voraus
bestimmt.
ARTHUR SCHOPENHAUER

Der Adler fliegt allein, der Rabe
scharenweise.
FRIEDRICH RÜCKERT

Die einzigen Wesen sind eine Einbildung. Die
tägliche Erfahrung zeigt, daß unser Herrgott
die Menschen dutzendweis' erschafft.
JOHANN NESTROY

Das Individuum ist der Gesellschaft für seine
Handlungen nicht verantwortlich, soweit
diese lediglich seine Person berühren. Rat,
Unterweisung, Überredung und Vermeidung
des Umgangs mit ihm, insofern die anderen
dies zu ihrem eigenen Besten für notwendig
halten, sind die einzigen Maßnahmen, durch
die die Gesellschaft ihr Mißfallen oder die
Mißbilligung seines Verhaltens auszudrücken
berechtigt ist.
JOHN STUART MILL

Wer keine Grenzen hat, rechnet das
Universum leicht mit zu seinem Individuum.
FRIEDRICH HEBBEL

Nie wird es einen wirklich freien und
aufgeklärten Staat geben, solange sich der
Staat nicht bequemt, das Individuum als

Individuum

größere und unabhängige Macht
anzuerkennen, von welcher all seine Macht
und Gewalt sich ableiten, und solange er den
Einzelmenschen nicht entsprechend
behandelt.

HENRY DAVID THOREAU

Am größten ist die Macht der Gesellschaft
über das Individuum bei den tiefer stehenden
Völkerschaften. Es ist somit ein Zeichen von
zunehmender Zivilisation, wenn das
Individuum sich vom Despotismus der
Gesamtheit lossagt.

HERBERT SPENCER

Wer allein ist, ist am stärksten.

HENRIK IBSEN

Wer sich an andere hält, dem wankt die Welt;
wer auf sich selber ruht, steht gut.

PAUL HEYSE

Die meisten Menschen sind Münzen, die
wenigsten Prägestücke.

WILHELM RAABE

Einzig die ursprünglichen Individuen sind es,
die dauernd zu erschüttern vermögen,
niemand sonst.

BJØRNSTJERNE BJØRNSON

Du mußt die Menschen sehr genau kennen,
bevor du den Mut gewinnst, nur du selbst
zu sein.

CARMEN SYLVA

Freiheit, Gleichheit, Brüderlichkeit bedeuten
nicht Nivellierung, sondern Individualisierung
und daher auch Qualifizierung.

TOMÁŠ G. MASARYK

Es heißt: Sei kurz und bündig! Ich würde
vorschlagen: Sei kurz und mündig.

PETER ALTENBERG

Individualität ist das, was mich von der Welt
absondert, Liebe das, was mich mit ihr
verbindet. Je stärker die Individualität, desto
stärker erfordert sie Liebe.

WALTHER RATHENAU

Wir selbst haben in uns den Kern der Welt,
das Wesen der Dinge herauszuschälen.

ROBERT REININGER

Säe, was du willst, es sieht dir immer ähnlich.

WILHELM WEBER-BRAUNS

Der Individualismus sieht den Menschen nur
in der Bezogenheit auf sich selbst; aber der
Kollektivismus sieht den Menschen
überhaupt nicht, er sieht nur die
„Gesellschaft". Dort ist das Antlitz des
Menschen verzerrt, hier ist es verdeckt.

MARTIN BUBER

Alles wirklich Große und Erhabene wird vom
Einzelnen geschaffen, der in Freiheit wirken
kann. Einschränkungen sind nur insoweit
berechtigt, als sie zur Sicherung seiner
Existenz unerläßlich sind.

ALBERT EINSTEIN

Die Eitelkeit des kollektivistischen Menschen
hat sich zur Masse geschlossen, um das
Individuum zu töten.

MAX BECKMANN

Einer ist immer mehr als zwei.

KURT KLUGE

Der Staat besteht um der Freiheit und des
verantwortlichen Lebens der Individuen
willen. Er besteht aus und existiert für die
einzelnen. Leben tut sich im Individuum
kund. Der Brennpunkt der Welt liegt im
Individuum.

SARWAPALLI RADHAKRISHNAN

Der Individualist ist seinem Wesen nach ein
Ketzer. Er entgeht dem Scheiterhaufen nur,
wenn er stark genug ist, mit seiner Häresie
einen Kult zu begründen.

JEAN COCTEAU

Der Herdentrieb ist immer die letzte Zuflucht
für Unbegabte. Wer die Wahrheit sucht, muß
allein bleiben und mit all denen brechen, die
sie nicht genügend lieben.

BORIS PASTERNAK

Politik besteht nicht darin, Unrecht zu leiden;
und so wenig wie ein Einzelner darf ein Staat
sein Mißgeschick anderen zur Last legen.
Glück, Leben und Gestalt schmiedet sich
jeder selbst.

WALTHER RATHENAU

Der Mensch kann nicht ein Leben lang auf seiner eigenen Höhe sein.

PETER BAMM

Um bestehen zu können, hilft nur eins: vollkommen natürlich zu sein. Vollkommen man selbst.

ELISABETH LANGGÄSSER

Das maßlose Individuum in der zügellosen Gesellschaft kann nur Unheil anrichten.

PAUL GROSSMANN

Die Individuation des Menschen beginnt damit, daß er alle andern für Esel hält.

ERWIN CHARGAFF

Reif sein heißt, in einer Isolierung leben, die sich selbst genügt.

CESARE PAVESE

Die Demokratie proklamiert die Würde des Individuums. Sie behauptet keineswegs, alle Individuen seien gleich. Nur die eigentlich Mißratenen behaupten, es seien alle Menschen gleich.

OSAMU DAZAI

Man soll nicht *ich* sein, aber man soll noch weniger *wir* sein.

SIMONE WEIL

Durch die eigene Brille sieht man alles besser.

ROBERT SCHALLER

Man hat im Leben die Wahl, entweder mit der Masse mitzulaufen oder vor ihr davonzulaufen.

INGRID BERGMAN

Ich glaube, in dieser barbarischen Zeit muß man sich selber ganz treu bleiben und Zeugnis ablegen von dieser Dekadenz, dasein und versuchen zu sagen, was man im Rahmen seiner Bildung, seiner Generation sagen kann.

FEDERICO FELLINI

Grundgesetzlich jedem das Gleiche, aber grundsätzlich jedem das Seine.

LISELOTTE RAUNER

Es gibt keine Grenze der Nachsicht mit sich selbst.

MARTIN WALSER

Wer abseits steht, wird zurückgepfiffen.

HELLMUT WALTERS

Das Ich hört doch nicht an den Grenzen des Hemdes auf!

KLAUS MICHAEL MEYER-ABICH

Es gibt kaum einen Sonderling, der sich nicht für einen Individualisten hielte.

WERNER MITSCH

Individualismus ist nicht jedermanns Sache.

WERNER MITSCH

Einer holte das Letzte aus sich heraus. Ein Raubmörder seiner selbst.

WERNER SCHNEYDER

Durch Mengenlehre zum Individualismus erziehen?

HANS-HORST SKUPY

Intelligenz

Kluge Menschen sagen dumme Sachen – und dumme Leute tun sie.
Spanisches Sprichwort

Sage mir's, wenn du so klug bist!

HIOB 38,4

Diese Worte bedeuten etwas.

GALATERBRIEF 4,24

Die Intelligenz besteht darin, daß wir die Ähnlichkeit der verschiedenen Dinge und die Verschiedenheit der ähnlichen erkennen.

MONTESQUIEU

Die politische Unbeweglichkeit ist unmöglich, man muß mit der menschlichen Intelligenz vorwärts gehen.

CHATEAUBRIAND

Intelligenz

Die Intelligenz, für sich und wo ihr nicht eine gleichstarke Willenskraft zur Seite steht, ist gar nichts wert, weil sie nirgends lebendig an die Tiefe des Gewissens reicht.

JOSEPH VON EICHENDORFF

Durch Einpauken von Kunstintelligenz können wir das Publikum nur vollends stupid machen.

RICHARD WAGNER

Die Veränderung der Natur durch den Menschen, nicht die Natur als solche allein, ist die wesentlichste und nächste Grundlage des menschlichen Denkens, und in dem Verhältnis, wie der Mensch die Natur verändern lernte, in dem Verhältnis wuchs die Intelligenz.

FRIEDRICH ENGELS

Der Nachteil der Intelligenz besteht darin, daß man ununterbrochen gezwungen ist, dazuzulernen.

GEORGE BERNARD SHAW

Intelligenz ist die menschliche Art zu denken. Sie ist uns gegeben, wie der Instinkt der Biene, um unser Handeln zu leiten. Sie ist ursprünglich auf Konstruktion und Fabrikation angelegt.

HENRI BERGSON

Menschen, die darauf verzichten, intelligent zu erscheinen, sind sehr sympathisch.

GUSTAV HILLARD

Man mag sich Intelligenz mitunter aus dem Grunde wünschen, um endlich das größte Wunder erschauen zu können: wie dumm nämlich die Dummköpfe wirklich sind.

HEIMITO VON DODERER

Intelligenz ist die Fähigkeit, seine Umgebung zu akzeptieren.

WILLIAM FAULKNER

Es gibt einen Intellektualismus, der kippt um in Idiotie.

LUDWIG ERHARD

Die in den Dienst der Affekte gestellte Intelligenz: das ist die Formel für leidenschaftliche Torheit.

HORST GEYER

Manche Menschen benutzen ihre Intelligenz zum Vereinfachen, manche zum Komplizieren.

ERICH KÄSTNER

Intelligenz wirkt auf mittelmäßige Menschen wie Impertinenz.

CHARLES TSCHOPP

Intelligenz wird grundsätzlich übel genommen. Wer sie also schon besitzt, tut klug daran, soviel zu haben, daß man sie nicht bemerkt.

HERBERT MÜLLERSEN

Große Intelligenz macht immer heitern Himmel.

LUDWIG HOHL

Die Intelligenz eines Menschen bewährt sich am zuverlässigsten in der Trunkenheit.

JOACHIM GÜNTHER

Gewisse Leute gelten nur deshalb als besonders intelligent, weil sie tiefsinnig zu schweigen verstehen. Ich habe den Verdacht, manche schweigen so klug, weil sie nichts zu sagen haben.

HANS HABE

Wieso haben die Intellektuellen, wenn sie scharenweise vorkommen, unweigerlich etwas Komisches?

MAX FRISCH

Die allen intelligenten Menschen gemeinsame Versuchung: der Zynismus.

ALBERT CAMUS

Intellekt kann nie göttlich sein, aber Intelligenz.

JULIANE BÖCKER

Intelligenz ist Güte. Schönheit ist Intelligenz; die eine wie die andere bringt eine Befreiung aus dem kulturellen Gefängnis mit sich.

FEDERICO FELLINI

Es sieht aus wie Intelligenz, ist in Wirklichkeit aber nur ein Zitier-Gedächtnis.

HERBERT EISENREICH

Die reine Intelligenz wird oft durch eine selbstgefällige Spottsucht verunreinigt.
ERNST R. HAUSCHKA

Ein intelligenter Mensch weiß etwas, ein gebildeter ist etwas.
HELLMUT WALTERS

Was hat die Intelligenz zu verteidigen? Sich selbst.
GYÖRGY KONRÁD

Intelligenz ist oft nichts anderes als fahrlässiger Verschleiß, Dummheit nichts anderes als künstliche Verknappung geistiger Energie.
FELIX RENNER

Manche Intelligenz ist eine dauernde Resignation.
SULAMITH SPARRE

Interesse

Zu große Neugier treibt den Vogel in die Schlinge.
Deutsches Sprichwort

Anderes lesen sich Jünglinge, anderes Männer, anderes Greise heraus.
TERENZ

So wahr ist's, daß das Interesse die vornehmste Religion der Menschen ist.
WILHELM LUDWIG WEKHRLIN

Die Leute, die einem aus Interesse gut sind, sind es auch aus Hoffnung auf Vorteil.
GEORG CHRISTOPH LICHTENBERG

Aufopferung eigener Interessen ist ein Talent, das den Priestern der Liebe ebenso sehr abgeht wie den sündigen Laien.
HEINRICH HEINE

Die politischen Völker, die herrenlos sind, können über vermeintliche Interessen streiten, über ihr wahres Interesse, die Freiheit, werden sie einig sein und die

Ausbildung der Freiheit als ihre gemeinsame Aufgabe anerkennen. Solch eine Gemeinschaft wäre die Aufhebung des Patriotismus.
ARNOLD RUGE

Wo es keine Gemeinsamkeit der Interessen gibt, da kann es auch keine Gemeinsamkeit der Ziele, geschweige des Handelns geben.
FRIEDRICH ENGELS

Überall gibt es Zuschauer – Menschen, die an etwas interessiert sind, das sie gar nicht interessiert.
PETER ALTENBERG

Es gibt nichts Uninteressantes, es gibt nur uninteressierte Menschen.
GILBERT KEITH CHESTERTON

Interesse ist unermeßlich besser und wichtiger als Schönheit.
GILBERT KEITH CHESTERTON

Jeder Mensch, der sich nur für eine Sache interessiert, ist gefährlich.
GILBERT KEITH CHESTERTON

Durchschnittsmenschen sind begabt in dem, was sie interessiert. Es handelt sich nur darum, sie für Geistiges zu interessieren.
ROBERT MUSIL

Das Interesse ist eine Brille, die blind macht.
PAMPHILIUS PFYFFER

Gleichmäßiges Interesse für alle Probleme gibt den abgeklärten Aspekt.
BLAISE GALL

Das Interesse ist der Feind der Wahrheit.
OTTO MICHEL

Jeder, der ein Interesse einem Ideal opfert, handelt heroisch. Je größer das Interesse, desto größer das Heldentum.
RICHARD N. GRAF COUDENHOVE-KALERGI

Das Interesse der Menschen gilt stets den Lebenden, selbst bei der Totenehrung.
HANS BRÄNDLI

Die Summe der Einzelinteressen ergibt nicht Gemeinwohl, sondern Chaos.
MANFRED ROMMEL

Intoleranz

Man muß oft dulden, was man nicht will, um zu bekommen, was man will.

Deutsches Sprichwort

Keine menschliche Eigenschaft verdient im gewöhnlichen Leben weniger Duldung und wird auch tatsächlich weniger geduldet als die Unduldsamkeit.

GIACOMO GRAF LEOPARDI

Die Intoleranz ist die leibliche Tochter des Teufels, die Lehre des bösen Prinzips, die Lehre der Lüge.

LUDWIG FEUERBACH

Die Unbescheidenheit ist die Mutter der Unduldsamkeit.

GOTTFRIED KELLER

Die große Bekämpferin der Unduldsamkeit ist nicht die Humanität, sondern die Wissenschaft. Der Verbreitung der Wissenschaft – und ihr allein – verdanken wir das allmähliche Aufhören des zweifellos größten Übels, welches die Menschen je ihrem eigenen Geschlechte zugefügt haben.

HENRY THOMAS BUCKLE

Obwohl die gesamte Gesellschaft auf Unduldsamkeit begründet ist, ist jede Verbesserung auf Duldsamkeit begründet.

GEORGE BERNARD SHAW

Intoleranz selbst ist eine Form des Egoismus. Den Egoismus unduldsam verdammen, bedeutet, daran teilnehmen.

GEORGE DE SANTAYANA

Unduldsam sollte man, nach meinem Gefühl, nur gegen sich selber sein, nicht gegen andere.

HERMANN HESSE

Demokratie ist tolerant gegen alle Möglichkeiten, muß aber gegen Intoleranz selber intolerant werden können.

KARL JASPERS

Duldsamkeit allein hat noch nie eine fruchtbare Gemeinschaft erbaut; Unduldsamkeit allein auch nie.

ERICH BROCK

Unduldsamkeit ist eine Sache des Scharfblicks. Nur die Menschen, die besser als andere sehen, wo das Übel steckt, besitzen diese Intoleranz.

LIN YUTANG

Die Menschen sind so tolerant, wie sie müssen; und so intolerant, wie sie dürfen.

CHARLES TSCHOPP

Intoleranz ist die Rüstung der eigenen Unsicherheit.

JOSEF MEIER O'MAYR

Intoleranz gedeiht durch Toleranz.

ELISABETH HABLÉ

Intoleranzedikt.

HANS-HORST SKUPY

Ironie

Sprich mit der Türe, damit das Fenster es höre.

Albanisches Sprichwort

Wohl dem, der nicht im Kreis der Spötter sitzt.

PSALMEN 1,1

Aus Spöttern werden oft Propheten.

WILLIAM SHAKESPEARE

Spötteleien sind Blitze, die blenden, ohne zu zünden.

MADELEINE DE FONTAINE

Spottlust ist oft nichts anderes als Armut des Geistes.

JEAN DE LA BRUYÈRE

Man kann über alles spötteln, weil alles eine Kehrseite hat.

MONTESQUIEU

Ironie

Die feine Ironie ist eine Mischung von Lob und Tadel. Sie rührt leicht an kleine Fehler, um die großen Eigenschaften besser zu unterstreichen.

ANNE THÉRÈSE DE LAMBERT

Sitze nicht, wo die Spötter sitzen, denn sie sind die elendesten unter allen Kreaturen.

MATTHIAS CLAUDIUS

Aus den lustigen Schriften kluger Köpfe läßt sich sehr oft mehr lernen als aus sehr vielen ernsthaften. Sie tragen manches mit einer lachenden Miene vor, was sie im Ernst meinen.

GEORG CHRISTOPH LICHTENBERG

Wie kann es in einer Gesellschaft Grazie und Charme geben, wenn man nicht die süße kleine Spötterei billigt, die den Geist anregt und selbst dem Wohlwollenden eine reizvolle Ausdrucksart gestattet?

GERMAINE (MADAME) DE STAËL

Ironie ist die Form des Paradoxen. Paradox ist alles, was zugleich gut und groß ist.

FRIEDRICH VON SCHLEGEL

Ironie ist oft die Koketterie geistvoller und empfindsamer Frauen, genau wie die Schwermut oft ein kokettes Spiel der Lieblosen ist.

DELPHINE DE GIRARDIN

Mit Spott verscheuchen wir die Toren, aber auch unsere Freunde.

HEINRICH MARTIN

Wenigstens Selbstironie sollte der Sünder haben – also jedermann.

WILHELM BUSCH

Zum Trotzen gehört Charakter – zum Spotten Talent.

FRANZ VON SCHÖNTHAN

Das Weib ist ohne Ironie – fast immer.

ADOLF SCHAFHEITLIN

Spott mag lustig klingen und lustig aufgenommen werden, aber im tiefsten Innern hat er noch keinem wohlgetan.

M. HERBERT

Die Spötter sind im gesellschaftlichen Leben die richtigen Bazillenträger der Unkultur; sie vergiften den Organismus der Schwachen und Wehrlosen.

ELEONORE VAN DER STRATEN-STERNBERG

Der Spott ist der Halbbruder des Witzes, seine Mutter ist die Gemeinheit.

ELEONORE VAN DER STRATEN-STERNBERG

Der Ironiker bedient sich der Lüge als einer Kunstform.

ERNST HOHENEMSER

Ironie: die Tochter des Hasses und der Grazie.

RODA RODA

Der souveräne Mensch durchschaut das ganze Leben als belanglose Komödie, die man von oben herab kalt und lächelnd zu betrachten hat. Aber dieser überlegene Standpunkt muß aus der Güte hervorgehen, aus dem liebevollen Verstehen, nicht aus bornierter Mißgunst und kleinlichem Mißtrauen. Das ist die richtige Ironie, die das gutmütige, das verstehende, das liebevolle Lachen auslöst. Aber eine Ironie, die das freche Hohnlachen der Schadenfreude auslöst, ist ein gefährliches Giftattentat, das den Haß unter den Menschen noch mehr befördert.

EGON FRIEDELL

Ironie ist die Sache von Untertanen.

JÜRGEN FEHLING

Eine durchwegs ironische Haltung ist ein Zeichen von Schwäche.

INA SEIDEL

Die Ironie gedeiht in den mittleren, liberalen, humanen, temperierten Lagen, wo es zwar Unterschiede im Gefälle, doch weder Sümpfe noch Katarakte gibt.

ERNST JÜNGER

Die Ironie ist reflektierend; es müssen immer Spiegel vorhanden sein. Der Ironiker mißt sich am anderen, ist also auf ihn angewiesen und zudem auf ein Publikum, das seine Überlegenheit konstatiert.

ERNST JÜNGER

Ironie

Die Ironie verkümmert in den Diktaturen; sie wird für den Unterdrückten gefährlich und für den Unterdrücker unnötig. Sie ist dagegen ein vorzügliches Mittel gegen geistige und gesellschaftliche Anmaßung unter Gleichen und daher in geistreicher Gesellschaft in ihrem besten Flor.

ERNST JÜNGER

Die Ironie ist Männersache wie das Schachspiel oder die Philosophie... Den Frauen steht sie nicht zu und nicht an. Sie haben andere Mittel und sind umso stärker, je mehr sie die Macht auf das Geschlecht gründen. Die Macht der Ironie liegt im Geist. Sie geht auf Kosten des Eros, und die beiden sind in kein Bett zu zwingen oder höchstens in ein sehr künstliches.

ERNST JÜNGER

Ein ironisches Lächeln ist ein Quell des Unbehagens.

ANITA

In der Ironie vernichtet der Mensch das, was er setzt, in ein und demselben Akte; er veranlaßt zu glauben, damit man ihm nicht glaubt; er bestätigt, um zu leugnen, und er leugnet, um zu bestätigen; er schafft einen positiven Gegenstand, der aber kein anderes Sein hat, als sein Nichts.

JEAN-PAUL SARTRE

Humor achtet, Ironie verachtet.

HERBERT A. FRENZEL

Ironie ist die Grobheit der Gebildeten.

ROBERT LEMBKE

Ironie ist zumindest genau so oft verkappte Rechtfertigung wie überzeugte Aggression.

LÉOPOLD HOFFMANN

Ironie ist, jemanden auf den Arm nehmen und in den Himmel heben.

WOLFRAM WEIDNER

Spott ist der Humor der Chancenlosen.

GERHARD UHLENBRUCK

Ironie ist die Kunst der maßvollen Übertreibung.

ULRICH ERCKENBRECHT

Ernst ist ein Käfig. Wer sich hinter seinen Stäben fängt, versucht nicht einmal, ob sie nicht vielleicht so weit auseinanderstehen, daß er hinauskann; er ist sein eigener Gefängniswärter. Ironie aber biegt auch die stärksten Gitter auseinander.

BERND KOLF

Irrtum

Der Sklave, der Ostern gekauft wurde, meint, es bleibe immer Ostern.

Äthiopisches Sprichwort

Irren ist menschlich, doch wer – nachdem er einen Irrtum begangen hat – nicht daran festhält, sondern ihn bereut und Besserung sucht, ist kein Lump.

SOPHOKLES

So trage ich meinen Irrtum selbst.

HIOB 19,4

Ein jeder Mensch kann irren; im Irrtum verharren kann nur ein Tor.

CICERO

Niemand irrt nur für sich allein, sondern er ist auch Ursache und Urheber fremden Irrtums.

SENECA

Irren und Nicht-Irren sind zutiefst eine Einheit.

PADMA SAMBHAVA

Die Erfahrung irrt nie, nur euer Urteil irrt.

LEONARDO DA VINCI

Richter irren, Gelehrte irren, Vollziehungsbeamte irren sich nie.

WU CHENG-EN

Zum Verirren gibt es in der Einsamkeit ebenso gut Wege wie in der Gesellschaft.

MICHEL DE MONTAIGNE

Irrtum

Die Vielen können sich genauso irren wie die Wenigen.

JOHN DRYDEN

Irrtümer schwimmen wie Stroh auf der Oberfläche. Wer nach Perlen sucht, muß tief tauchen.

JOHN DRYDEN

Der Mensch sollte sich niemals genieren, einen Irrtum zuzugeben. Zeigt er doch damit, daß er sich entwickelt, daß er heute gescheiter ist als gestern.

JONATHAN SWIFT

Oft ist der Irrtum das größte Glück.

PHILIPPE DESTOUCHES

Ein ehrlicher Irrtum muß Mitleid hervorrufen, nicht Spott.

EARL OF CHESTERFIELD

Der große Haufe kriecht immer in dem Schlamme der Vorurteile. Der Irrtum ist sein Erbteil.

FRIEDRICH II. VON PREUSSEN

Der Irrtum und das Verbrechen – beide suchen die Dunkelheit.

HELVÉTIUS

Das Unverständliche ist das Reich des Irrtums.

VAUVENARGUES

Niemand will seiner Irrtümer wegen bedauert werden.

VAUVENARGUES

Ein Irrtum stellt kein Unrecht mehr dar, sobald er eingestanden wird...

MELCHIOR VON GRIMM

Man verirrt sich niemals leichter, als wenn man allein ist.

WILHELM LUDWIG WEKHRLIN

Allgemeine Regeln und Bedingungen der Vermeidung des Irrtums überhaupt sind: selbst zu denken, sich in der Stelle eines andern zu denken und jederzeit mit sich selbst einstimmig zu denken.

IMMANUEL KANT

Die Sinne betrügen nicht. Nicht, weil sie immer richtig urteilen, sondern weil sie gar nicht urteilen; weshalb der Irrtum immer nur dem Verstande zur Last fällt.

IMMANUEL KANT

Je gröber der Irrtum, desto kürzer und gerader der Weg zur Wahrheit.

GOTTHOLD EPHRAIM LESSING

Mancher hat, aus Furcht zu irren, sich verirrt.

GOTTHOLD EPHRAIM LESSING

Wir irren allesamt, nur jeder irrt anders.

GEORG CHRISTOPH LICHTENBERG

Der Irrtum ist recht gut, solange wir jung sind; man muß ihn nur nicht mit ins Alter schleppen.

JOHANN WOLFGANG VON GOETHE

Der Irrtum ist viel leichter zu erkennen als die Wahrheit zu finden; jener liegt auf der Oberfläche, damit läßt sich wohl fertig werden; diese ruht in der Tiefe, danach zu forschen, ist nicht jedermanns Sache.

JOHANN WOLFGANG VON GOETHE

Die Irrtümer des Menschen machen ihn liebenswürdig.

JOHANN WOLFGANG VON GOETHE

Eine nachgesprochene Wahrheit verliert schon ihre Grazie, aber ein nachgesprochener Irrtum ist ganz ekelhaft.

JOHANN WOLFGANG VON GOETHE

Es irrt der Mensch, so lang er strebt.

JOHANN WOLFGANG VON GOETHE

Man muß seine Irrtümer teuer bezahlen, wenn man sie loswerden will, und dann hat man noch von Glück zu sagen.

JOHANN WOLFGANG VON GOETHE

Wenn du nicht irrst, kommst du nicht zu Verstand!

JOHANN WOLFGANG VON GOETHE

Wenn weise Männer nicht irrten, müßten die Narren verzweifeln.

JOHANN WOLFGANG VON GOETHE

Irrtum

Das Wahre fördert; aus dem Irrtum entwickelt sich nichts, es verwickelt uns nur.

JOHANN WOLFGANG VON GOETHE

Die Wahrheit gehört dem Menschen, der Irrtum der Zeit an.

JOHANN WOLFGANG VON GOETHE

Mit den Irrtümern der Zeit ist schwer sich abzufinden: widerstrebt man ihnen, so steht man allein; läßt man sich davon befangen, so hat man auch weder Ehre noch Freude davon.

JOHANN WOLFGANG VON GOETHE

Es gibt Menschen, die gar nicht irren, weil sie sich nichts Vernünftiges vorsetzen.

JOHANN WOLFGANG VON GOETHE

In der ganzen Geschichte des Menschen ist kein Kapitel unterrichtender für Herz und Geist als die Annalen seiner Verirrungen.

FRIEDRICH VON SCHILLER

Menschen irren, aber nur große Menschen erkennen ihren Irrtum.

AUGUST VON KOTZEBUE

Sage dem Menschen, daß er irrt und worin, aber schmähe nicht sein Herz, und sprich ihm deswegen nicht allen Verstand ab.

NIKOLAJ M. KARAMSIN

Es gibt nur einen angeborenen Irrtum, und es ist der, daß wir da sind, um glücklich zu sein.

ARTHUR SCHOPENHAUER

Die Möglichkeit eines Irrens ist der erste Schritt zur Erkenntnis der Wahrheit; wir lernen die Welt nur kennen durch vieles Irren.

CARL GUSTAV CARUS

Unsere Irrtümer sind Wegweiser; mag sein. Das Unglück ist nur, daß wir in jedem so gern ein Ziel erblicken.

CARL GUSTAV JOCHMANN

Jeder Irrtum hat drei Stufen: Auf der ersten wird er ins Leben gerufen, auf der zweiten will man ihn nicht eingestehen, auf der dritten macht nichts ihn ungeschehen.

FRANZ GRILLPARZER

Einem ehrlichen Manne bleibt aber unter allen Umständen das unveräußerliche Recht, seinen Irrtum offen zu gestehen.

HEINRICH HEINE

Die Erfahrung ist nur die Frucht begangener Irrtümer, darum muß man sich etwas verirren.

JOHANN NESTROY

Ein charmant eingestandener Irrtum ist ein errungener Sieg.

CAROLINE L. GASCOIGNE

Die tödliche Neigung der Menschheit, über eine Sache nicht mehr nachzudenken, wenn sie nicht mehr zweifelhaft ist, ist die Ursache der Hälfte der Irrtümer.

JOHN STUART MILL

Von einem Irrtum erlöst, aber auch so recht von ihm erlöst sein, gewährt größere Freude, als eine Wahrheit gefunden zu haben.

KARL GUTZKOW

Aller Irrtum ist maskierte Wahrheit.

FRIEDRICH HEBBEL

Die Menschheit läßt sich keinen Irrtum nehmen, der ihr nützt, sie würde an Unsterblichkeit glauben, selbst wenn sie das Gegenteil wüßte.

FRIEDRICH HEBBEL

Ich halte es für männlich und offen, einen Irrtum anzuerkennen, aber nicht das halte ich für männlich, dem einen Vorwurf darüber zu machen, der von seinem Irrtum zurückgekommen ist.

OTTO FÜRST BISMARCK

Ein Irrtum ist um so gefährlicher, je mehr Wahrheit er enthält.

HENRI FRÉDÉRIC AMIEL

Den Hungrigen versorgen, den Nackten bekleiden, den Kranken besuchen – das alles sind gute Worte, doch ein gutes Werk, das unvergleichlich höher steht als alles dies, ist: den Bruder vom Irrtum befreien.

LEW N. GRAF TOLSTOJ

Irrtum

Irrtum ist die Macht, die die Menschen zusammenschweißt.

LEW N. GRAF TOLSTOJ

Jene Irrtümer, die sich noch als die praktisch zweckmäßigsten und brauchbarsten erwiesen haben, nennt man Wahrheit.

PETER ROSEGGER

Wer meint, er habe die Lebensaufgaben erledigt, der ist erledigt.

OSCAR WILDE

Wer tiefer irrt, der wird auch tiefer weise.

GERHART HAUPTMANN

Ein aufrichtiger Irrtum ist keine Lüge; er ist nur ein Schritt auf die Wahrheit zu.

ROMAIN ROLLAND

Es ist ein Gesetz des menschlichen Geistes, daß man einen Irrtum nur dadurch überwinden kann, daß man ihn an sich erfährt, erlebt und wenigstens als vorläufige Annahme sich zu eigen macht.

BENEDETTO CROCE

Irrtümer haben ein zähes Leben, aber die Wahrheit frißt immer an ihnen.

RUDOLF G. BINDING

Ein Bekennen des Irrtums ist einem Besen vergleichbar, der den Schmutz wegfegt und den Boden reiner zurückläßt, als er gewesen.

MAHATMA GANDHI

Freiheit ist wertlos, wenn sie nicht auch Freiheit zum Irren bedeutet.

MAHATMA GANDHI

Will der Irrtum Orgien feiern, so geht er unter die Gelehrten.

SALOMON BAER-OBERDORF

Menschsein ist irrig.

KARL KRAUS

Die Persönlichkeit hat ein Recht zu irren. Der Philister kann irrtümlich recht haben.

KARL KRAUS

Der Irrtum ist eines unserer wichtigsten und unbestreitbarsten Rechte.

WILHELM VON SCHOLZ

Selbst der Irrtum erweist sich ja so oft als Stufe einer kleinen Plattform, auf der sich dann fußen läßt.

RAINER MARIA RILKE

Es liegt nicht in unserer Macht, Irrtümer wie Kleider abzulegen, weil wir lieber andere tragen möchten; wir finden erst die Kraft, Irrtümer loszuwerden, wenn wir sie nicht mehr verwerten können, weil sie wirklich völlig abgenutzt sind.

EGON FRIEDELL

In der Natur des Menschen geht nie die Fähigkeit verloren, sich vom Irrtum freizumachen und den Weg zur Wahrheit zu suchen.

PAPST JOHANNES XXIII.

Soll Geschichte einen Sinn haben, so muß es der sein, unsere Irrtümer zu erkennen und sie zu überwinden.

STEFAN ZWEIG

Irren ist menschlich. Aber der Mensch pflegt das Recht zum Irrtum nur sich selber, selten dem andern, nie dem Staate zuzubilligen.

ADOLF SPEMANN

Wer groß denkt, muß groß irren.

MARTIN HEIDEGGER

Wie oft ist erst der Irrtum der Durchbruch zu neuem Wissen.

K. H. BAUER

Der Irrtum ist weiter von der Wahrheit entfernt als die Lüge, weil sich Lügen am vorteilhaftesten an die Wahrheit anlehnen.

SIGMUND GRAFF

Viele Irrtümer übertreiben nur eine Wahrheit, doch ist es fast immer auch um die Wahrheit geschehen, wird mit den Irrtümern aufgeräumt.

LUDWIG FRIEDRICH BARTHEL

Irrtümer haben ihren Wert, jedoch nur hie und da. Nicht jeder, der nach Indien fährt, entdeckt Amerika.

ERICH KÄSTNER

Irrtum

Echte Mißverständnisse vervielfältigen sich durch Zellteilung. Der Kern des Irrtums spaltet sich, und neue Mißverständnisse entstehen.

ERICH KÄSTNER

Man irrt so hartnäckig, weil man selten gänzlich irrt.

KARL HEINRICH WAGGERL

Vielleicht sind die größten Verirrungen notwendig, damit die letzten Kräfte der Wahrheit dagegen aufstehen.

ALICE MORAWITZ-CADIO

Geklaute Weisheiten sind billiger als teuer bezahlte eigene Irrtümer.

JUPP MÜLLER

Wie es unverrückbare Wahrheiten gibt, so gibt es auch unverrückbare Irrtümer.

ROBERT MUTHMANN

Irrtum – Lüge in Vollnarkose.

HELMUT LAMPRECHT

Je lächerlicher unsere früheren Irrtümer uns erscheinen, desto inbrünstiger halten wie die gegenwärtigen für schiere Wahrheit.

HERBERT EISENREICH

Irrtümer vertragen sich eher miteinander als einseitige Wahrheiten.

GERHARD BRANSTNER

Es gibt Irrtümer, die nicht auf der Höhe ihrer Zeit stehen.

GERHARD BRANSTNER

Mit Computern irrt man viel genauer.

GABRIEL LAUB

Nur wer denkt, irrt auch.

HORST FRIEDRICH

Betrachte den Irrtum als einen Wegweiser zum Richtigen.

ELISABETH HABLÉ

Auch Irrtümer haben ihr Gutes: sie führen die Einsichtsvollen zusammen.

ELISABETH HABLÉ

Gewißheit macht den Irrtum so fürchterllich.

AUREL SCHMIDT

Irren kann in Wahrheit nur jemand, der versucht, es recht zu tun.

PETER HORTON

Irrtum ist fehlgeleitete Hoffnung.

PETER HORTON

In einer inhumanen Gesellschaft ist auch das Irren nicht menschlich.

HANS-HORST SKUPY

Man lebt so lange im Irrtum, wie man unbeirrbar ist.

BEAT LÄUFER

Alle Irrtümer sind gleichberechtigt.

MICHAEL RUMPF

Der Unbeirrbare gibt zu, wenn er geirrt hat.

ECKHARD BAHR

Jugend

Ein ernster junger Mensch ist mir lieber, als einer, der heiter ist und den die Gesellschaft liebenswürdig findet. Denn der Wein wird gut, der neu herb und rauh schmeckt; der, welcher gleich vom Faß weg mundet, hält nicht auf die Dauer.
ARISTON VON CHIOS

Das einzige Gut ist die Jugend, die zwischen Glück und Unglück einherwandelt und beide verachtet.
SENECA

Fliehe die Lüste der Jugend.
2 TIMOTHEUS 2,22

Dies ist das ehrwürdigste: man muß junge Leute gewöhnen, die Wahrheit zu sagen.
PLUTARCH

Ein junger Mensch ist wie ein junger Most – der läßt sich nicht halten, er muß gären.
MARTIN LUTHER

Jugend

Das Mädchen sucht den klugen Mann, der Jüngling – die schöne Frau.
Vietnamesisches Sprichwort

Du sollst vor grauem Haar aufstehen.
3 MOSE 19,32

Die Jugend ist mit Achtung zu betrachten; denn wie kann man wissen, ob die Künftigen nicht besser als die Heutigen sein werden?
KONFUZIUS

Stärke und Schönheit sind Vorzüge der Jugend, des Alters Blüte aber ist die Besonnenheit.
DEMOKRIT

Ein junger Mensch, der sich mit kostbaren Speisen, Getränken und Liebesgeschichten abgibt, merkt nicht, daß er seinen Mantel im Sommer verbraucht.
METRODOROS

Besserwisserische Jugend, die älteren Leuten ihren Tadel anhängt, stirbt oft eines frühen Todes. Das ist nur allzu natürlich. Da sie am Alter so viel auszusetzen findet, warum sollte Gott sie erst alt werden lassen?
TSCHEN TSCHIJU

Ein Mann, der jung an Jahren ist, mag alt an Stunden sein, wenn er keine Zeit verloren hat.
FRANCIS BACON

Jugend ist beständige Trunkenheit; sie ist das Fieber des Verstandes.
LA ROCHEFOUCAULD

Die Jugend ist so liebenswürdig, daß man sie anbeten müßte, wenn Seele und Geist ebenso vollkommen wären als der Körper.
MARQUISE DE SÉVIGNÉ

Keineswegs ist es die junge Generation, die entartet; diese verdirbt nur, wenn die Erwachsenen schon verdorben sind.
MONTESQUIEU

Jugend und Schönheit sind gern von sich selbst recht eingenommen.
DENIS DIDEROT

Jugend

Jugend hat mehr Tugend als das Alter.

SAMUEL JOHNSON

Die Alten und die Weisen haben unrecht; man muß jung und glühend sein, um zu urteilen, besonders über die Freuden des Lebens.

VAUVENARGUES

Die jungen Leute leiden weniger an ihren Fehlern als an der Klugheit der Alten.

VAUVENARGUES

Es ist der Fehler des Jünglings, sich immer für glücklicher oder unglücklicher zu halten, als er ist.

GOTTHOLD EPHRAIM LESSING

In der Jugend bald die Vorzüge des Alters gewahr werden, im Alter die Vorzüge der Jugend zu erhalten, beides ist nur ein Glück.

JOHANN WOLFGANG VON GOETHE

In seiner Jugend glaubt jeder, daß die Welt eigentlich erst mit ihm angefangen habe und daß alles eigentlich um seinetwillen da sei.

JOHANN WOLFGANG VON GOETHE

Was bildet man nicht immer an unserer Jugend! Da sollen wir bald diese, bald jene Unart ablegen, und doch sind Unarten meist ebensoviel Organe, die dem Menschen durch das Leben helfen.

JOHANN WOLFGANG VON GOETHE

Wie kann ein junger Mann sich bilden, der nicht eitel ist?

JOHANN WOLFGANG VON GOETHE

Wenn auch die Welt im ganzen fortschreitet, die Jugend muß doch immer wieder von vorne anfangen.

JOHANN WOLFGANG VON GOETHE

Wenn die Jugend ein Fehler ist, so legt man ihn sehr bald ab.

JOHANN WOLFGANG VON GOETHE

Schnell fertig ist die Jugend mit dem Wort, das schwer sich handhabt wie des Messers Schneide.

FRIEDRICH VON SCHILLER

Die Jugend ist die Periode der Nachahmung.

JEAN PAUL

In der Jugend kann man gegen niemand gleichgültig sein – Haß oder Liebe.

JEAN PAUL

Das reife Alter kann sich den jeweiligen Lebenslagen fügen; beim Eintritt aber ins Leben muß der junge Mensch zumindest seine Ideen aus einer ungetrübten Quelle schöpfen.

GERMAINE (MADAME) DE STAËL

Es ist nicht übel, wenn man in der Jugend oben hinaus will; aber das reifere Leben neigt sich wieder zum Menschlichen und Stillen.

FRIEDRICH HÖLDERLIN

Die Heiterkeit und der Lebensmut unserer Jugend beruhen zum Teil darauf, daß wir bergauf gehen, den Tod nicht sehen, weil er auf der anderen Seite des Berges liegt. Solange wir jung sind, mag man uns sagen, was man will, halten wir das Leben für endlos, und gehen danach mit der Zeit um.

ARTHUR SCHOPENHAUER

Ein Hauptstudium der Jugend sollte sein, die Einsamkeit ertragen zu lernen, weil sie eine Quelle des Glückes und der Gemütsruhe ist.

ARTHUR SCHOPENHAUER

Die Jugend kapituliert nicht und kennt noch keine Konzessionen.

JOSEPH VON EICHENDORFF

Die Jugend ist die Poesie des Lebens.

JOSEPH VON EICHENDORFF

Die Jugend ist uneigennützig im Denken und Fühlen und denkt und fühlt deshalb die Wahrheit am tiefsten.

HEINRICH HEINE

Ihr Götter, ich bitte euch nicht, mir die Jugend zu lassen, aber laßt mir die Tugenden der Jugend – den uneigennützigen Groll, die uneigennützige Träne!

HEINRICH HEINE

Jugend ist wie Sauerteig, aber Sauerteig ist noch nicht das ganze Brot.

ALEXANDR S. PUSCHKIN

Jugend

Die Jugend neigt immer zu einer gewissen Raschheit im Urteilen, die ihr Ehre macht, ihr aber auch schaden kann.

HONORÉ DE BALZAC

Jugend ist die Zeit des Lebensgenusses, die Triumphe des Mannesalters und des Reichtums vorgerückter Jahre bieten keinen Ersatz für eine in genußloser Anstrengung vergeudete Jugend.

JOHANN NESTROY

Die Fehler der Jugend fressen das Glück des Alters.

ADOLF KOLPING

Der Jugend kann ich nur drei Worte des Rates erteilen: arbeite, arbeite, arbeite.

OTTO FÜRST BISMARCK

Wenn es für unser Leben etwas Ewiges geben soll, so sind es die Erschütterungen, die wir in der Jugend empfangen.

THEODOR STORM

Wenn Jugend einen Fehler darstellt, so ist es einer, dem wir nur zu bald entwachsen.

JAMES R. LOWELL

Man bleibt jung, solange man noch lernen, neue Gewohnheiten annehmen und Widerspruch ertragen kann.

MARIE VON EBNER-ESCHENBACH

Es ist schlimm um die Generation bestellt, in der die Jugend konservativer ist als das Alter.

HEINRICH VON TREITSCHKE

Das ist das Schöne an der Jugend, daß sie mit ebensoviel Hoffnungen operiert wie das Alter mit Erinnerungen.

BERTHA VON SUTTNER

Jugend ist eine wunderbare Sache. Wie schade, daß sie an die Kinder verschwendet wird.

GEORGE BERNARD SHAW

Die Jugend hat in der Regel Unrecht in dem, was sie behauptet; aber recht darin, daß sie es behauptet.

GEORG SIMMEL

Jugend! Jugend! Es gibt einfach nichts auf der Welt als Jugend!

OSCAR WILDE

Die Jugendschriften großer Männer sind fast alle Bekenntnisse.

M. HERBERT

Jugend berauscht sich gern in einem Schwall von Worten.

M. HERBERT

Die Jugend ist in ihren Urteilen fast immer maßlos.

ROMAIN ROLLAND

Die Jugend legt die Fundamente aller unserer künftigen Werke in unseren Geist.

GERHART HAUPTMANN

Die Jugend empfindet immer noch nicht tief genug die Poesie der Arbeit.

MAKSIM GORKIJ

Wenn man der Jugend doch klarmachen könnte, daß es nicht darauf ankommt, dies oder jenes zu sein, sondern: zu sein!

ANDRÉ GIDE

Jugend kennt kein Erinnern, Jugend kennt nur ein Vorwärts, ein hastendes, nie rastendes Vorwärts, kaum ein Atemholen.

RICHARD VON SCHAUKAL

Die Jugend prägt dem Universum ihr Alter auf.

ANGELO GATTI

Die Jugend schreckt nicht so sehr der Kampf und die Entsagung, die die Tugend fordert, als vielmehr das feierliche Gesicht, das wir ihr geben.

HELENE HALUSCHKA

Was mir seit Jahrzehnten widerlich ist, das ist erstens die blöde Anbetung der Jugend und Jugendlichkeit und dann noch mehr die Etablierung der Jugend als Stand, als Klasse, als ‚Bewegung'.

HERMANN HESSE

Es dauert sehr lange, bis man jung wird.

PABLO PICASSO

Jugend

Eine schöne und heitere Jugend rechtfertigt, verteidigt und entschuldigt ein ganz häßliches und böses späteres Leben.

ROBERT WALSER

Die Jugend kennt nur den Glauben an ihre Kraft und an ihr Gewissen. Wehe, wer an diesem Glauben tastet!

E. G. KOLBENHEYER

Nichts ist dem vergeßlichen Wesen, dem Menschen, vielleicht so fremd wie die eigene Jugend.

STEFAN ZWEIG

Ohne Gebote, die uns zu gewissen Lebensweisen verpflichten, verharrt unser Leben in bloßer Bereitschaft. Das ist die furchtbare innere Lage, in der sich heute unsere beste Jugend befindet. Rein, weil sie sich frei, der Fesseln ledig fühlt, fühlt sie sich leer.

JOSÉ ORTEGA Y GASSET

Ewige Jugend ist unmöglich; selbst wenn kein anderes Hindernis wäre, die Selbstbeobachtung machte sie unmöglich.

FRANZ KAFKA

Die Jugend ist glücklich, weil sie fähig ist, Schönheit zu erkennen. Jeder, der sich die Fähigkeit erhält, Schönes zu erkennen, wird nie alt werden.

FRANZ KAFKA

Die Jugend will das Leben kennenlernen und es verstehen – mit dem heutigen Datum.

JOSEF ČAPEK

Die Jugend trachtet nach dem Unmöglichen, und nur aus dem Unmöglichen ist das Mögliche geworden.

ERNST WIECHERT

Jung sein heißt – Flügel haben, aber Flügel hat man, um zum Ziele zu fliegen und dabei alle Kräfte auszubilden: Geist und Liebe und Leistung und Sinn für die Schönheit des Lebens.

ARNOLD ZWEIG

Das Fieber der Jugend hält den Rest der Welt auf Normaltemperatur.

GEORGES BERNANOS

Jugend und Alter: Das sind Phänomene an sich, unabhängig vom Menschen. Alles Jugendhafte, der Morgen, das Erste, alles sind Erscheinungen der Jugend, rein als Phänomene. Je mehr das Jugendhafte als Phänomen da ist, desto deutlicher ist das Leben überhaupt. Und genau so ist es mit dem Alter.

MAX PICARD

Nur auf dem Gebiete der Zeugungsfähigkeit hat die Jugend den unwiderlegbaren Vorzug.

JAKOW TRACHTENBERG

Auch Jungsein will gelernt werden. Manche werden alt, bis sie es können.

HANS KRAILSHEIMER

Die Jugend wäre eine noch viel schönere Zeit, wenn sie erst später im Leben käme.

CHARLIE CHAPLIN

Die Jugend weiß, was sie nicht will, bevor sie sich darüber im klaren ist, was sie haben möchte.

JEAN COCTEAU

Die Jugend ist an dem Tag zu Ende, wo wir begreifen, daß keine Wunder mehr geschehen, sondern daß das Leben – genau wie es ist – zu Ende gelebt sein muß.

ERICH BROCK

Jugend hat immer Grund zum Lachen. Sie ist ihr eigener Grund.

SIGMUND GRAFF

Unter alten Jugendfreunden entdeckt man bisweilen auch einen alten Jugendfeind.

SIGMUND GRAFF

Bündig erklärt die Jugend, was alte Leute sich kaum zu fragen getrauen.

LUDWIG FRIEDRICH BARTHEL

Die Jugend bedarf des Verständnisses und des Mitdenkens der Älteren. Derselben Jugend aber sage ich, daß sie ihre Ziele verfehlt, wenn sie ihre Eltern und ihre Lehrer oder das sogenannte Establishment wie Feinde behandeln und demütigen will.

GUSTAV W. HEINEMANN

Wer Jugend spart, hat nichts im Alter.
GEORG OPITZ

Dein Alter sei nicht Verrat an deiner Jugend.
CHARLES TSCHOPP

Sich mit dem Zeitlosen verbünden, heißt jung bleiben.
OTTO HEUSCHELE

Von der Jugend wird noch nichts gefordert – aber ihr wird alles zugetraut, und sie zehrt fröhlich von diesem Kredit, ohne Angst, am Zahlungstage insolvent befunden zu werden.
H. VON BEAULIEU

Blind wird die Jugend, die kein Vorbild sieht.
HERBERT BÖHME

Wer sich seine Jugend lang bewahren will, muß ein wenig altklug sein.
HANS F. GEYER

Man hört auf, jung zu sein, wenn man die Gesellschaft der anderen nicht mehr benötigt.
CESARE PAVESE

Irrtum der Jugend: Sie mißt der Zahl ihrer Erlebnisse mehr Gewicht zu als ihrer Tiefe.
HANS HABE

Jugend ist kein Verdienst, Alter ist kein Verdienst. Jugend ist ein Kredit, der jeden Tag kleiner wird.
WILLY BRANDT

Niemand kann so amüsant arrogant sein wie ein junger Mann, der gerade einen alten Gedanken entdeckt hat und ihn für seinen eigenen hält.
SYDNEY J. HARRIS

Die Weisheit des Alters ist für die Jugend Gift. Sie könnte Fehler verhindern, die unerläßlich sind – für die Weisheit des Alters.
OLIVER HASSENCAMP

Ginge es nach der Jugend, wäre das Abitur mit Pension verbunden.
OLIVER HASSENCAMP

Jugend ist kein Argument; Alter noch viel weniger.
MIROSLAV HOLUB

Bei großen Sprüchen junger Leute nur lächeln: Wir haben alle mal groß angefangen.
HANNS-HERMANN KERSTEN

Aus der Tatsache, daß man selbst einmal jung war, kann man allenfalls die Erkenntnis gewinnen, wie rasch die Zeit vergeht, nicht aber die Überzeugung ableiten, die Jugend zu verstehen.
HELLMUT WALTERS

ein junger mensch muss davon ausgehen dass alles was er sieht das werk von idioten ist.
OSWALD WIENER

Die Welt gehört der Jugend, wenn man sie ihr nicht schenkt.
PETER HORTON

Man überschätzt die Jugend, wenn man sie nicht gelebt hat.
GERT UDO JERNS

Die junge Gähneration.
HANS-HORST SKUPY

Die Jugend gehört zu den leicht brennbaren Stoffen.
ŽARKO PETAN

Wir sind die Typen, vor denen uns unsere Eltern immer gewarnt haben.
SPONTI-SPRUCH

Justiz

Fürchte nicht das Gesetz, sondern den Richter.
Russisches Sprichwort

Keine Person sollt ihr im Gericht ansehen, sondern den Kleinen hören wie den Großen.
5 MOSE 1,17

Von Juristerei verstehe ich sowenig wie irgendwer. Aber die Prozeßursachen möchte ich ausschalten können!
KONFUZIUS

475

Justiz

Ermesset die Tat an dem Maße des Täters!

PINDAR

Geschworen hat nur meine Lippe, nicht das Herz...

EURIPIDES

Wer fällt ein Urteil oder kennt den Sachverhalt, bevor er beide Teile klar vernommen hat?

EURIPIDES

Vier Eigenschaften gehören zu einem Richter: höflich anzuhören, weise zu antworten, vernünftig zu erwägen und unparteiisch zu entscheiden.

SOKRATES

Wer Unrecht tut und das Gesetz übertritt, lebt die ganze Zeit unglücklich und angstvoll... Auf ihm lastet immer die Furcht vor der Zukunft, und sie läßt ihn der Gegenwart nicht froh und getrost werden.

EPIKUR

Übertriebene Belohnungen verderben das Volk; übertriebene Strafen büßen ihre Wirkung ein.

HAN FEI-DSE

In nichts unterscheiden sich die Vergehen im Privatleben von denen in der großen Politik, es sei denn durch ihre Menge und Größe. Gauner und Diebe pflegen darüber zu straucheln, daß sie die gegenseitigen Verpflichtungen nicht einhalten.

POLYBIOS

Die Zunge schwor, was sein Geist nicht verantwortet.

CICERO

Einen Bösewicht nicht anklagen ist ratsamer, als ihn loszusprechen.

LIVIUS

Du bist selbst eines Verbrechens schuldig, wenn du ein Verbrechen nicht bestrafst.

PUBLILIUS SYRUS

Auch die andere Partei werde gehört.

SENECA

Richtet nicht, auf daß ihr nicht gerichtet werdet!

MATTHÄUS 7,1

Wie darf jemand sein Recht suchen vor den Ungerechten?

1 KORINTHERBRIEF 6,1

Die das Gesetz tun, werden gerecht sein.

RÖMERBRIEF 2,13

Anklagen ist in demselben Maße leichter als Verteidigen, wie es leichter ist, Wunden beizubringen, als zu heilen.

QUINTILIAN

Den Eid lehne womöglich ganz ab; geht dies nicht an, soweit du kannst.

EPIKTET

Kaum gibt's einen Prozeß, wo den Streit nicht ein Weib begonnen hätte.

JUVENAL

Unsere Justiz spricht die Krähe frei und verurteilt die Tauben.

JUVENAL

Ein Richter, der ein gerechtes Urteil fällt, ist gleichsam ein Mitarbeiter Gottes am Schöpfungswerk.

TALMUD – SABBAT

Läßt man den Prozeß übernachten, so wird er ganz beigelegt.

TALMUD – SANHEDRIN

Das Recht scheut die Macht nicht. Nur einer ist König vor Gericht: derjenige, der sich mit den besseren Gründen durchsetzt.

HELIODOR

Nicht der Erfolg der Tat unterliegt der Ahndung, sondern das Fühlen und Wollen des Täters; und ein billig denkender Richter wertet die Gesinnung, nicht den Vorgang.

PIERRE ABAILLARD

Man steht sich manchmal besser dabei, seinen Weinberg zu verlieren, als um ihn zu prozessieren.

MICHEL DE MONTAIGNE

Justiz

Die Juristen wollen haben, man soll ihr Ding für das höchste haben.

MARTIN LUTHER

Es ist besser, daß ein Richter zum Mitgefühl neigt als zur Strenge.

MIGUEL DE CERVANTES

Justiz, die schont, nährt Ungerechtigkeit.

FRANCIS BACON

Richter sollen gelehrter als weise sein, ehrfurchtsvoller als glaubwürdig und mehr beratend als vertrauend. Vor allem kommt es ihnen zu, redlich zu sein, und das ist ihre richtige Tugend.

FRANCIS BACON

Wenn Gnade Mörder schont, verübt sie Mord.

WILLIAM SHAKESPEARE

Ein Eid gilt nichts, wenn er nicht geleistet wird vor einer wahren, rechten Obrigkeit.

WILLIAM SHAKESPEARE

Drei Tribunale gibt es, die fast niemals einig sind: das der Gesetze, das der Ehre und das der Religion.

MONTESQUIEU

Welchen Weg mußte die Menschheit machen, bis sie dahin gelangte, auch gegen Schuldige gelind, gegen Verbrecher schonend, gegen Unmenschliche menschlich zu sein. Gewiß waren es Männer von göttlicher Natur, die dies zuerst lehrten.

JOHANN WOLFGANG VON GOETHE

Ein Schwur ist etwas mehr als das Herz, denn das Herz vermag ich nicht zu zügeln. Meines Eides jedoch bin ich Herr.

JÓZEF IGNACY KRASZEWSKI

Die Justiz ist in Deutschland seit Jahrhunderten die Hure der deutschen Fürsten. Jeden Schritt zu ihr müßt ihr mit Silber pflastern, und mit Armut und Erniedrigung erkauft ihr ihre Sprüche.

GEORG BÜCHNER

Kläger – ehemaliger Freund; meist jemand, dem man einen Gefallen erwiesen hat.

AMBROSE BIERCE

Rechtsanwalt – gesetzlich bestellte Person zur ungeschickten Verwaltung von Geschäften, die man selber nicht gehörig vermasseln kann.

AMBROSE BIERCE

Amnestie: Edelmut des Staates gegenüber Missetätern, die zu bestrafen zu kostspielig wäre.

AMBROSE BIERCE

Geständnisse werden meist von denen gemacht, die ihre Bedeutung nicht kennen.

CHARLES J. DARLING

Wir leben unter einer Verfassung, aber die Verfassung ist so, wie die Richter sagen, daß sie es sei.

CHARLES EVANS HUGHES

Was macht der Untersuchungsrichter? Das Vorurteil.

CONSTANTIN BRUNNER

Begreiflich, daß man Juristen im höheren Postdienst verwendet. Ich vestehe am Ende noch, daß man ihnen die leitenden Stellen im Sanitätswesen einräumt. Die richterliche Laufbahn aber sollte den Juristen bestimmt verschlossen sein.

RODA RODA

Die Justiz im Staate hat mit Gerechtigkeit so viel zu tun wie der Beischlaf im Bordell mit der Liebe.

ERICH MÜHSAM

Wer da glaubt, daß Justiz und Gerechtigkeit irgend etwas miteinander zu tun hätten, ist ein Knabe. Aber durch solche Knaben erhält sich die Welt.

ERNST BERTRAM

Die militärische Justitia hat nicht nur verbundene Augen, sondern auch verstopfte Ohren und ein gepanzertes Herz.

CARL VON OSSIETZKY

Wenn schon die Justiz in der einen Hand eine Waage hält, dann soll es eine Apothekerwaage sein, und wenn sie in der anderen ein Schwert hält, dann soll es so scharf sein wie ein Rasiermesser.

KAREL ČAPEK

Justiz

Jedes Volk hat die Richter, die es verdient.
KURT TUCHOLSKY

Es gibt unendlich mehr Richter in Deutschland, die Unrecht tun, indem sie die Gesetze ausführen, als solche, die Unrecht tun, indem sie sie verletzen.
BERT BRECHT

Die viel vom Leben wissen, sind milde Richter.
HANS MARGOLIUS

Vor Prozessen sollte man nicht seinen gesunden Menschenverstand, sondern einen Juristen fragen.
ROBERT LEMBKE

Der Verteidiger baut auf der Wahrheit seines Klienten Lügen auf.
HEINRICH WIESNER

Kaution ist das Lösegeld, das die Justiz für ihre Geiseln verlangt.
WOLFRAM WEIDNER

Was sind das für Richter, die erst zweifeln müssen, ehe sie für den Angeklagten sind?
NIKOLAUS CYBINSKI

Manche treiben die Selbstverleugnung bis zum Meineid.
BERT BERKENSTRÄTER

Justiz ist die Fortsetzung der Sozialpolitik mit anderen Mitteln.
WOLFGANG BITTNER

Warum sagen vor Gerichten Sach- und nicht Menschenverständige aus?!
HANS-HORST SKUPY

Justitia – immer noch mit Blindheit beschlagen?!
HANS-HORST SKUPY

Justizmord: Ein Fall, der vom Jüngsten Gericht bevorzugt behandelt werden dürfte.
KONRAD GERESCHER

Nicht überreden, überzeugen will der Angeklagte.
SULAMITH SPARRE

Kampf

Das größte Unglück ist eine verlorene Schlacht, das zweitgrößte eine gewonnene.
Englisches Sprichwort

Über die Kraft kann keiner kämpfen, auch nicht der Tapferste.
HOMER

Kämpfen muß das Volk für sein Gesetz wie für die Mauer.
HERAKLIT

Ein steter Kampf ist unser Leben.
EURIPIDES

Nicht ihr kämpft, sondern Gott.
2 CHRONIK 20,15

Ein Kampf ist des Menschen Leben auf Erden.
HIOB 7,1

Leben ist kämpfen.
SENECA

478

Kampf

Die Ersten werden die Letzten und die Letzten werden die Ersten sein.

MATTHÄUS 19,30

Man muß kämpfen, dann schenkt Gott den Sieg.

JEANNE D'ARC

Wer mit Dummköpfen kämpft, kann keine großen Siege erringen.

MICHELANGELO

Ein Weiser hält es für besser, sich nicht in einen Kampf einzulassen, als ihn zu gewinnen.

LA ROCHEFOUCAULD

Ohne Kampf und Entbehrung ist kein Menschenleben, auch das glücklichste nicht, denn gerade das wahre Glück baut sich jeder nur dadurch, daß er sich durch seine Gefühle unabhängig vom Schicksale macht.

WILHELM VON HUMBOLDT

Jede Zeit glaubt, ihr Kampf sei vor allen der wichtigste.

HEINRICH HEINE

Das Leben des Okzidents ist der Kampf.

JACOB BURCKHARDT

Nur durch Kampf gewinnt man Siege.

FRIEDRICH VON BODENSTEDT

Besser ist's, man hat in der Jugend zu kämpfen als im Alter.

GOTTFRIED KELLER

Der Zweifel an dem Siege entschuldigt nicht das Aufgeben des Kampfes.

MARIE VON EBNER-ESCHENBACH

Ein vernünftiger Mensch muß vor allem wissen, wann er geschlagen ist, um den Kampf sofort aufzugeben.

SAMUEL BUTLER

Die Natur kennt keinen Kampf ums Dasein, sondern nur den aus der Fürsorge für das Leben. Was ein Tier das andre jagen und töten läßt, ist das Bedürfnis des Hungers, nicht Erwerbssinn, Ehrgeiz, Machtgelüste.

LUDWIG KLAGES

Das Wichtigste im Leben ist nicht der Triumph, es ist der Kampf; das Wesentliche ist nicht, gesiegt, sondern sich wacker geschlagen zu haben. Diese Regel weit verbreiten heißt, die Menschheit tapferer und stärker – und dennoch edelmütiger und feinfühliger zu machen.

PIERRE DE COUBERTIN

Man kämpft nicht nur mit dem Schwert, sondern auch mit dem Herzen.

GUSTAV STRESEMANN

Es gibt keinen Kampf ums Dasein. Es gibt nur Kämpfe um größeren Profit.

FRANZ CARL ENDRES

Eines der wirksamsten Verführungsmittel des Bösen ist die Aufforderung zum Kampf.

FRANZ KAFKA

Der Kampf ist wahrer als die Versöhnungen.

ERNST BERTRAM

Der Kampf ist der Vater aller Dinge, die zur Harmonie nicht taugen.

MAX RYCHNER

Nur Mächte, nicht Menschen bekämpfen!

OTTO BUCHINGER

Ein Kampf, der nicht mit geistigen Waffen allein geführt wird, ekelt mich. Der tote Gegner bezeugt nichts als seinen Tod.

ELIAS CANETTI

Der Eitle taugt nicht zum Kampf – er ist zu verletzlich.

ROCHUS SPIECKER

Am schlimmsten sind alte Kämpfer mit dem Eifer von Novizen.

WIESLAW BRUDZINSKI

Wer mit dem Rücken an der Wand kämpft, tut sich mit dem Zurücktreten schwer.

DIETER HÖSS

Geh nie entrüstet in den Kampf.

BERT BERKENSTRÄTER

Wie militant darf der Kampf für den Frieden sein?

HANS-HORST SKUPY

Kapitalismus

Mein und dein trennt die Welt.

Polnisches Sprichwort

Welchem viel gegeben ist, bei dem wird man viel suchen.

LUKAS 12,48

Habsucht ist eine Wurzel alles Übels.

1 TIMOTHEUS 6,10

Das Kapital, dessen wir bedürfen, ist völlige Unabhängigkeit von jeglichem Kapital, außer von reinem Gewissen und entschlossenem Willen.

HENRY DAVID THOREAU

Wohl das stärkste moralische Bollwerk des Kapitalismus ist der Glaube an die Wirklichkeit individueller Rechtschaffenheit.

GEORGE BERNARD SHAW

Die demokratische Republik ist die denkbar beste politische Hülle des Kapitalismus.

WLADIMIR I. LENIN

Die Zivilisation, die Freiheit und der Reichtum im Kapitalismus erinnern an den Reichen, der sich überfressen hat, der bei lebendigem Leibe verfault und nicht leben läßt, was jung ist. Aber das Junge wächst und wird siegen – trotz alledem.

WLADIMIR I. LENIN

Achtung und Liebe sind ein Kapital, das man unbedingt anlegen muß. Also gibt man sie dem ersten besten auf Kredit.

KAROL IRZYKOWSKI

Die gegen den Faschismus sind, ohne gegen den Kapitalismus zu sein, die über die Barbarei jammern, die von der Barbarei kommt, gleichen Leuten, die ihren Anteil vom Kalb essen wollen, aber das Kalb soll nicht geschlachtet werden. Sie wollen das Kalb essen, aber das Blut nicht sehen. Sie sind zufriedenzustellen, wenn der Metzger die Hände wäscht, bevor er das Fleisch aufträgt.

BERT BRECHT

Der Kapitalismus verdient an der Rüstung wie an der Zerstörung und am Wiederaufbau. Er ist nicht schuld an den Kriegen, aber immer ihr größter Nutznießer.

SIGMUND GRAFF

Was Kapitalisten zu Vorbildern macht, ist ihr Klassenbewußtsein.

LISELOTTE RAUNER

Leider ist die Ausbeutung schon lange nicht mehr das alleinige Vorrecht der Kapitalisten.

FRIEDRICH DÜRRENMATT

Wenn ihm das anvertraute Volk sein Wohltun so verteuert, schifft sich das arme Kapital zu ärmeren Völkern ein.

OTMAR LEIST

Der Sturz des kapitalistischen Systems ist unvermeidlich. Er wird durch die Einkommensteuer erreicht werden.

EPHRAIM KISHON

Als der Kapitalismus schon betagt war, zeugte er noch zwei Söhne: den Marxismus und den Sozialismus.

SIEGFRIED & INGE STARCK

Kapitalisten sind Menschen, die etwas Gewinnendes an sich haben.

HANNS-DIETRICH VON SEYDLITZ

Die schlimmste Wirkung des Kapitalismus: daß man glaubt, alles, was man bezahlen könne, gehöre einem.

MARTIN WALSER

Kapitalismus ist das schlechteste aller Gesellschaftssysteme – für Leute, die kein anderes erlebt haben.

GABRIEL LAUB

Die Alternative der Zukunft heißt nicht Kapitalismus oder Sozialismus. Diese Schlacht ist geschlagen. Den Kapitalismus haben wir überwunden.

HELMUT KOHL

Kapitalismus: Die einen arbeiten für ihr Geld, die anderen lassen ihr Geld für sich arbeiten.

GERHARD UHLENBRUCK

Kapitalismus: Wer an ihn glaubt, wird
habselig.

GERHARD UHLENBRUCK

Das Kapital hat schon immer eine Schwäche
für die Politik der Stärke.

HORST FRIEDRICH

Stehvermögen – Kapital der Arbeitnehmer.

HANS-HORST SKUPY

Karriere

Eher müssen die Männer ihr Brot
kriegen als eine Braut.

Irisches Sprichwort

Lieber der Erste hier als der Zweite in Rom.

PLUTARCH

Wir können groß wirken in einer Stellung, die
unter unserem Niveau ist, aber wir wirken
klein in einer, die größer ist als wir.

LA ROCHEFOUCAULD

Um es in der Welt zu etwas zu bringen,
tut man, als habe man es zu etwas
gebracht.

LA ROCHEFOUCAULD

Man kann nicht anders groß werden als auf
Kosten eines anderen.

CHRISTINE VON SCHWEDEN

Man wechselt Diebe, wenn man Minister
wechselt.

CHRISTINE VON SCHWEDEN

Am sichersten macht man Karriere, wenn
man anderen den Eindruck vermittelt, es sei
für sie von Nutzen, einem zu helfen.

JEAN DE LA BRUYÈRE

Von einem hohen und verantwortungsvollen
Amt darf man wohl sagen: man steigt leichter
dazu auf, als man sich darin erhält.

JEAN DE LA BRUYÈRE

Je höher man steigt, je mehr findet man
Zwang und Langeweile.

LISELOTTE VON DER PFALZ

Ehrgeiz führt Menschen oft dazu, die
niedrigsten Arbeiten zu verrichten; der
Aufstieg erfolgt dann in der gleichen Stellung
wie das Kriechen.

JONATHAN SWIFT

Eines sollte alle Minister in den meisten
Staaten erzittern machen: die Leichtigkeit,
mit der man sie ersetzen kann.

MONTESQUIEU

Mancher glänzt an zweiter Stelle, dessen
Licht an der ersten erlischt.

VOLTAIRE

Früher steuerte jeder seinen kleinen Kahn;
heute möchten alle das Staatsschiff lenken.

SUZANNE NECKER

Kein Mensch will etwas werden, ein jeder will
schon etwas sein.

JOHANN WOLFGANG VON GOETHE

Mit den Jahren steigern sich die Prüfungen.

JOHANN WOLFGANG VON GOETHE

Oft besteht die größere Kraft eines Mannes
weniger darin, wie er ein Amt verwaltet, als
wie er in dasselbe gelangte.

JEAN PAUL

Das recht ernstliche Streben ist ein halbes
Erreichen.

WILHELM VON HUMBOLDT

Man kann auch in die Höhe fallen, so wie in
die Tiefe.

FRIEDRICH HÖLDERLIN

Für des Menschen Aufstieg ist keine Grenze,
und jedem ist das Höchste offen. Hier waltet
allein deine Wahl.

RABBI NACHMAN BEN SIMCHA

Es gibt keinen fataleren Stümper als den, der
den größeren Teil seines Lebens damit
verbringt, seinen Lebensunterhalt zu
verdienen.

HENRY DAVID THOREAU

Karriere

Minister fallen wie Butterbrote: Immer auf die gute Seite.

LUDWIG BÖRNE

Der rechte Mann an der rechten Stelle.

SIR AUSTEN HENRY LAYARD

Wer aus armen, niederen Häusern kommt, dem darf man es nicht vorwerfen, wenn er die erste Strecke seines Weges nur scheu und zögernd zurücklegt, wenn ihn Nichtigkeiten blenden, wenn ihn falsche Trugbilder verwirren, wenn ihn Irrlichter verlocken.

WILHELM RAABE

Wie tief sinken viele, um zu steigen.

DANIEL SPITZER

Was ein Streber werden will, krümmt sich beizeiten.

PETER HILLE

Manche Laufbahn wird zur Rutschbahn.

ELEONORE VAN DER STRATEN-STERNBERG

Viele Menschen bringen es lediglich deshalb zu nichts, weil sie sich mehr um die Angelegenheiten ihrer Mitmenschen bekümmern, als um die eigenen.

HENRY FORD

Viele Menschen werden immer kleiner, je mehr sie in die Höhe kommen.

SALOMON BAER-OBERDORF

Karriere ist ein Pferd, das ohne Reiter vor dem Tor der Ewigkeit anlangt.

KARL KRAUS

Der Lohn unseres Emporsteigens ist nicht selten unsere Strafe, und wir dürfen nicht vergessen, daß Menschen in großen und verantwortlichen Positionen vielfach Sklaven ihrer Verpflichtungen sind.

BRUNO H. BÜRGEL

Es gibt zwei Wege für den politischen Aufstieg: Entweder man paßt sich an, oder man legt sich quer.

KONRAD ADENAUER

Die Karriere manchen Mannes ist der Charme seiner Frau.

FRIEDL BEUTELROCK

Alle Frauen in kleinen Lebensumständen werden berechnend, wenn sich ihnen die Aussicht bietet, aufzusteigen.

OTTO FLAKE

Gewisse Leute wollen groß sein, indem sie anderen den Kopf abhacken.

PARAMHANSA YOGANANDA

Wir haben uns doch ganz schön von Katastrophe zu Katastrophe heraufgerappelt.

LUDWIG ERHARD

Es gibt Leute, die ihre hohe Stellung nur der Unfähigkeit ihrer Vorgesetzten, Menschen beurteilen zu können, verdanken.

HANS BRÄNDLI

Karriere macht man mit den Bonmots, die man unterdrückt.

ROGER PEYREFITTE

Manche Karrieristen gleichen Faltern, die auf eine Glühbirne zufliegen, sich die Flügel sengen und zu Kriechtieren mutieren.

LÉOPOLD HOFFMANN

Nonkonformistische Karriere: durch die Hintertür hereinkommen und durch den Haupteingang hinausfliegen.

WIESLAW BRUDZINSKI

Formel für Karriere: die rechte Phrase am rechten Platz.

WIESLAW BRUDZINSKI

Wirksamer Schutz vor Herzinfarkt: rechtzeitig versagen.

OLIVER HASSENCAMP

Gipfel werden nicht erstürmt, sie werden erstiegen.

SIEGFRIED & INGE STARCK

Wir wären gesünder, wenn wir weniger Laufbahnen und mehr Spazierwege hätten.

HELLMUT WALTERS

Je höher man steigen will, um so mehr Ballast muß man abwerfen.

HELLMUT WALTERS

Jeder Aufsteiger braucht seine Seilschaft.

HORST FRIEDRICH

Wer sich die Butter vom Brot nehmen läßt,
dem ist es ernst mit seiner Fastenkur.

RUPERT SCHÜTZBACH

Wenn Karrieren schwindelnde Höhen
erreichen, ist der Schwindel häufig nicht
mehr nachzuweisen.

WERNER SCHNEYDER

Wenn man sieht, wie Minister von heute auf
morgen in ein anderes, völlig fremdes Ressort
wechseln, kommt man unwillkürlich zu dem
Schluß, daß ein Minister der einzige
hochbezahlte Posten ist, den Ungelernte
ausüben können.

CARLO FRANCHI

Wer auf andere hinabsieht, sollte wenigstens
schwindelfrei sein.

THOMAS SPANIER

Es gibt zwei Arten, Karriere zu machen:
durch das eigene Können oder durch das
Nichtkönnen der andern.

MARKUS M. RONNER

Karriere – Belohnung fürs Mitmachen.

AUREL SCHMIDT

Bei einer Karriere ist die persönliche
Ausstrahlung das Wichtigste; noch wichtiger
als Talent.

ELKE SOMMER

Ich habe Kollegen, die machen Karriere. Und
sonst nichts.

WOLFGANG ESCHKER

Sein beruflicher Aufstieg führte ihn so hoch
empor, daß er dabei seine Familie aus den
Augen verlor.

CHARLOTTE SEEMANN

Infarkt – Höhepunkt einer Karriere.

HANS-HORST SKUPY

Karrieristen spannen gewöhnlich Ochsen vor
ihren Karren.

HANS-HORST SKUPY

Man erklimmt keine Gipfel, nur um das
Erlebnis eines Abstieges zu haben.

CHRIS HORNBOGEN

Kenntnis

Wer sich auf viel versteht,
mißversteht viel.

Armenisches Sprichwort

Gott kennt euere Herzen.

LUKAS 16,15

Der Erwerb irgendwelcher Kenntnisse ist
stets von Nutzen für den Verstand, denn er
vermag dann alles Unnützige abzuweisen und
lediglich das Beste zu bewahren.

LEONARDO DA VINCI

Man kann etwas erst lieben oder hassen,
wenn man genaue Kenntnis davon hat.

LEONARDO DA VINCI

Kenntnisse bedeuten nichts ohne Macht.

TAUSENDUNDEINE NACHT

Es gibt Leute, welche den Vogel ganz genau
zu kennen glauben, weil sie das Ei gesehen
haben, woraus er hervorgekrochen.

HEINRICH HEINE

Aus den Dingen erkennt der Mensch sein
eigenes Wesen. Jede Erkenntnis ist Erlösung.
System und Begründung ist Sühne. Jede
Erkenntnis ist Wiedergeburt.

OTTO WEININGER

Von vielen Dingen kennen wir zwar ihren
Namen, aber sonst nichts.

JOSEF ČAPEK

Seit wann kommt Philosophie aus Büchern!

MAO ZEDONG

Wer Gott und die Welt kennt, kennt beide
nicht.

KARL HEINRICH WAGGERL

Die Ansichten des Menschen wachsen
schneller als die Kenntnisse.

BENJAMIN KORN

Hundert Kenntnisse brauchen nicht eine
Erkenntnis zu bedeuten.

HANS KASPER

Kind

Tu einem Kind Ehre an, und es wird auch dir Ehre antun.

Sprichwort aus Zimbabwe

Läßt sich für die Sterblichen größeres Leid erdenken, als die Kinder sterben zu sehen?

EURIPIDES

Wer Kinder hat, ist allen Kindern gut.

EURIPIDES

Weit ab von Glück sind des Toren Kinder.

HIOB 5,4

Was die größte Nachlässigkeit sei? Wenn man nicht für seine Kinder sorgt und sie nicht auf jede Weise zu erziehen sucht.

ARISTEAS

Groß ist das Lob für Kinder, den Eltern zu willfahren.

PHAEDRUS

Wenn wir nur nicht selbst die Sitten unserer Kinder verderben würden! Gleich die Kindheit lösen wir auf in Genüssen; jene weichliche Erziehung, die wir Nachsicht nennen, stumpft alle Nerven des Geistes und des Körpers ab.

QUINTILIAN

Wir übersehen Fehler unserer Freunde; sollte man es uns verargen, wenn wir Fehler unserer Kinder übersehen?

PLUTARCH

Man verspreche nicht einem Kinde ein Geschenk, ohne das Versprechen zu erfüllen, da man dadurch in dessen sowohl für Gutes wie für Böses empfindliche Herz den Keim der Lüge streut.

TALMUD – SUKKA

Auch in der Liebe zu Kindern soll der Mensch maßhalten. Die Liebe darf nicht zur Verhätschelung des Kindes führen, insbesondere wenn dadurch seine Erziehung und Unterricht leiden.

JUDA DER FROMME

Ein jeglich Kind schlägt in die Art seines Vaters.

PARACELSUS

Das Kind gleicht einem Spiegel, der das wiedergibt, was vor ihm steht.

BOKHARI VON JOHOR

Will einer ergründen, warum Gott die Kinder so hoch stellt und so preist, so wird er keinen anderen Grund finden als den, daß die Kinder in allem einfacher sind und besser befähigt, die Arznei, welche die göttliche Barmherzigkeit der traurigen menschlichen Situation darbietet, aufzunehmen.

JAN AMOS COMENIUS

Die Kindheit zeigt den Menschen, wie der Morgen den Tag.

JOHN MILTON

Ach, es gibt keine Kinder mehr!

MOLIÈRE

Kinder kennen weder Vergangenheit noch Zukunft, aber sie genießen die Gegenwart, was uns nicht gelingt.

JEAN DE LA BRUYÈRE

Kinder sind der Reichtum der Armen.

THOMAS FULLER

Die einzige Moral, die man ein Kind lehren kann – die wichtigste Lektion für sein ganzes Leben – ist: Verletze nie jemand.

JEAN-JACQUES ROUSSEAU

Ein Kind, das nur seine Eltern kennt, kennt auch die nicht recht.

JEAN-JACQUES ROUSSEAU

Die Kinder werden so schlecht gemacht, man meint, die Leute lernten es aus dem Zeichenbuch.

GEORG CHRISTOPH LICHTENBERG

Die Seele eines Kindes ist heilig, und was vor sie gebracht wird, muß wenigstens den Wert der Reinigkeit haben.

JOHANN GOTTFRIED HERDER

Wüchsen die Kinder in der Art fort, wie sie sich andeuten, so hätten wir lauter Genies.

JOHANN WOLFGANG VON GOETHE

Kind

Wer viel mit Kindern lebt, wird finden, daß keine äußere Einwirkung auf sie ohne Gegenwirkung bleibt.

JOHANN WOLFGANG VON GOETHE

Und was kein Verstand der Verständigen sieht, das übt in Einfalt ein kindlich Gemüt.

FRIEDRICH VON SCHILLER

Kinder und Uhren dürfen nicht beständig aufgezogen werden, man muß sie auch gehen lassen.

JEAN PAUL

Mit einer Kindheit voll Liebe kann man ein halbes Leben hindurch für die kalte Welt haushalten.

JEAN PAUL

Nicht für die Gegenwart ist das Kind zu erziehen – denn diese tut es ohnehin unaufhörlich und gewaltsam, sondern für die Zukunft, ja oft noch wider die nächste. Man muß aber den Geist kennen, den man fliehen will.

JEAN PAUL

Schafft die Tränen der Kinder ab! Das lange Regnen in die Blüten ist so schädlich.

JEAN PAUL

Das Kind hält das, was es heftig begehrt, und das, was ihm gehört, für eins.

JEAN PAUL

An Kindern sieht man am öftesten und stärksten, wie wenig die Vorstellung der Zukunft über die anreizende Gegenwart siegt.

JEAN PAUL

Je mehr wir unsere Kinder lieben, um desto weniger kann uns das genügen, daß sie nur in Fußtapfen treten; sondern die Kinder sollen besser werden, als die Eltern waren, und so ein jedes heranwachsende Geschlecht sein erziehendes überragen zu seiner Zeit.

FRIEDRICH SCHLEIERMACHER

Je länger der Mensch Kind bleibt, desto älter wird er.

NOVALIS

Ein Kind ist eine sichtbar gewordene Liebe.

NOVALIS

Wo Kinder sind, da ist ein goldenes Zeitalter.

NOVALIS

Wehe dem, der kein Kind sein konnte, er kann nicht Jüngling, nicht Mann werden.

CLEMENS BRENTANO

Man versteht die Kinder nicht, ist man nicht selbst kindlichen Herzens; man weiß sie nicht zu behandeln, wenn man sie nicht liebt, und man liebt sie nicht, wenn man nicht liebenswürdig ist.

LUDWIG BÖRNE

Wer nicht zeitlebens gewissermaßen ein großes Kind bleibt, sondern ein ernsthafter nüchterner, durchweg gesetzter und vernünftiger Mann wird, kann ein sehr nützlicher und tüchtiger Bürger dieser Welt sein, nur nimmermehr ein Genie.

ARTHUR SCHOPENHAUER

Wer einen Sohn versäumt zum Freunde zu erziehen, hat ihn – wenn er aufhört, Kind zu sein – verloren.

FRIEDRICH RÜCKERT

Ohne Kinder wäre die Welt eine Wüste.

JEREMIAS GOTTHELF

In jedem Kinde liegt eine wunderbare Tiefe.

ROBERT SCHUMANN

Jedes Baby, das das Licht der Welt erblickt, ist schöner als das vorhergehende.

CHARLES DICKENS

Kleine Kinder sind noch immer das Symbol einer ewigen Vereinigung von Liebe und Pflicht.

GEORGE ELIOT

Die Kinder schlagen sich gerade dann herum, wenn sie noch nicht gelernt haben, ihre Gedanken auszudrücken; genau so wie wir.

FJODOR M. DOSTOJEWSKIJ

Mit den Kindern muß man zart und freundlich verkehren. Das Familienleben ist das beste Band. Kinder sind unsere besten Richter.

OTTO FÜRST BISMARCK

Kind

Mit Kindern kann man alles tun, wenn man nur mit ihnen spielt.

OTTO FÜRST BISMARCK

Kinder sind besonders deswegen liebenswert, weil sie immer in der Gegenwart leben.

LEW N. GRAF TOLSTOJ

Wenn Menschen erbost untereinander streiten, erkennt ein Kind die Situation sofort richtig: Es prüft nicht, wer recht, wer unrecht hat, sondern flieht mit Angst und Abneigung vor solchen Menschen.

LEW N. GRAF TOLSTOJ

Wer in Gegenwart von Kindern spottet oder lügt, begeht ein todeswürdiges Verbrechen.

MARIE VON EBNER-ESCHENBACH

Verwöhnte Kinder sind die unglücklichsten; sie lernen schon in jungen Jahren die Leiden der Tyrannen kennen.

MARIE VON EBNER-ESCHENBACH

Kindheit: Ein Abschnitt des menschlichen Lebens zwischen dem Schwachsinn des Säuglings und der Torheit der Jugend, zwei Schritte entfernt von der Sünde des Erwachsenenlebens und drei von der Reumütigkeit des Alters.

AMBROSE BIERCE

Das Kind will ernst genommen werden, es will wachsen, das heißt sich erhöhen, vergrößern, es will sich nähren, begehrt also in der Wissenschaft Tatsachenstoff, in der Kunst Fülle und Reichtum.

CARL SPITTELER

Kinder sind der Höhepunkt menschlicher Unvollkommenheit. Sie weinen, sie stellen ärgerliche Fragen, sie erwarten, daß man sie ernährt, wäscht, erzieht und ihnen die Nase putzt. Und im gegebenen Augenblick brechen sie uns das Herz, genauso wie man ein Stück Zucker bricht.

ROBERT LOUIS STEVENSON

Zuerst ist Liebe der Kinder eine blinde Liebe; später beginnen sie, ihre Eltern zu beurteilen, manchmal verzeihen sie ihnen sogar ihre Fehler.

OSCAR WILDE

Das unterhaltsamste Spielzeug eines Kindes ist ein anderes Kind.

GEORGE BERNARD SHAW

Was ist ein Kind? Ein Experiment. Ein neuer Versuch, den zur Vollkommenheit gereiften, gerechten Menschen hervorzubringen, das heißt, die Menschheit zu vergöttlichen.

GEORGE BERNARD SHAW

Kinder? Die reinsten Wunder. Und wenn das Alter kommt – die einzige Freude, die letzte Freude.

KNUT HAMSUN

Das erste Lachen des Kindes enthält das erste Urteil des Menschen über die Welt. Das erste Lachen ist das Erwachen der bewußten Seele, das Siegel des Göttlichen.

HEINRICH LHOTZKY

Ein Kind ist schnell und beweglich wie ein dahineilender Bach, und man braucht sich daher nicht um jede kleine Trübung zu beunruhigen, denn die Schnelligkeit des Laufes selbst ist das beste Korrektiv. Erst wenn Stagnation eintritt, kommt die Gefahr.

RABINDRANATH TAGORE

Gott wartet, daß der Mensch seine Kindheit wiederfinde in Weisheit.

RABINDRANATH TAGORE

Ich habe meine Kinder zu lieb, um sie in die Welt zu setzen.

CONSTANTIN BRUNNER

Kinder richten ihr Verhältnis zu den Menschen nur nach ihrer Furcht ein; merken sie, daß jemand gut ist und sich scheut, ihnen wehe zu tun, und sie sich also sicher vor ihm glauben dürfen, so benützen sie dies immer nur, um sich ungestraft gegen ihn zu vergehen.

HERMANN BAHR

Du sollst deine Kinder ehren, denn sie überleben dich!

EMIL GÖTT

Viel mehr Kinder leiden an einem Zuviel als an einem Zuwenig.

JOHANNES MÜLLER

Kind

Kinder sind gedankenlos, aber nicht berechnend böse; das lernen sie erst von den Erwachsenen.

MARTIN ANDERSEN NEXÖ

Unglück mit Kindern beginnt meistens schon eine Generation vorher.

SALOMON BAER-OBERDORF

Ein Kind, das in seiner Jugend an der Natur sich nicht freuen konnte, hat keine Jugend gehabt, weil es die seligste Freude nicht gehabt hat.

REINHOLD BRAUN

Kindspech ist eben das, womit man auf die Welt kommt.

KARL KRAUS

Jetzt haben die Kinder in dem Alter, in welchem sie ehedem die Masern hatten, Symphonien. Ich glaube nicht, daß sie davonkommen werden.

KARL KRAUS

Traditionen werden in den Wind geschlagen, das Kind will seine Erfahrungen selbst machen. Und es hat recht; denn wo bliebe sonst der Reiz des Lebens?

HEINRICH GERLAND

Kinder aus unglücklichen Ehen werden die besten Seelenkenner.

HERBERT EULENBERG

Dein Kind ist dir für dein Verstehen dankbarer als für deine Fürsorge.

LISA WENGER

Ohne eine heitere, vollwertige Kindheit verkümmert das ganze spätere Leben. Das Kind wird nicht erst ein Mensch – es ist schon einer.

JANUSZ KORCZAK

Kinder sind nicht dümmer als Erwachsene; sie haben nur weniger Erfahrung.

JANUSZ KORCZAK

Indem man Kinder – ehe sie selbst fühlen – lehrt, wie man früher gefühlt hat, geht das Abc der Menschlichkeit verloren.

OSCAR A. H. SCHMITZ

Zu Kindern soll man nicht kindlich reden, das ist kindisch.

ROBERT WALSER

Je älter der Mensch wird, desto mehr blickt er in die Zukunft, nicht nur in die Vergangenheit. Das Kind hat gar kein Verhältnis zu seiner Zukunft.

OTTO WEININGER

Als Kind ist jeder ein Künstler. Die Schwierigkeit liegt darin, als Erwachsener einer zu bleiben.

PABLO PICASSO

Was ein Mensch in seiner Kindheit aus der Luft der Zeit in sein Blut genommen, bleibt unausscheidbar.

STEFAN ZWEIG

Wer zu den Kindern kommt, kommt von Gott.

ERNST WIECHERT

Kinder, die man nicht liebt, werden Erwachsene, die nicht lieben.

PEARL S. BUCK

Allzuviel Freiheit und Verantwortung empfinden viele Kinder als eine qualvolle und sogar ihre Kräfte übersteigende Belastung. Von Ausnahmen abgesehen, lieben die Kinder Sicherheit, lieben es, Halt im Rahmen unumstößlicher moralischer Gesetze und sogar Anstandsregeln zu finden.

ALDOUS HUXLEY

Kinder, in deren Dasein die Sorgen Erwachsener einbrechen, verlieren vorzeitig die Illusionen der Jugend. Nur die Starken erstarken an den Widerständen, andere geraten unters Rad, werden böse und verbittert oder allzufrüh stumpf und resigniert.

FRIEDRICH WITZ

Ein Kind zeugen ist ein Abschieben der Tat auf die Natur.

FRITZ USINGER

Das Kind fällt von der Familie ab wie eine Frucht vom Baum.

KURT GUGGENHEIM

Kind

In jedem Kinde steckt ein Erwachsener, der will ernst genommen werden.

RUDOLF NAUJOK

Gut erzogene sind im Grunde gut geartete Kinder.

HORST GEYER

Schau in die Augen von Kindern, die sich als Erwachsene gebärden müssen: sie sind wie erblindete Perlen.

ERNST G. MOSER

Das Kind ist das Teuerste, was eine Nation hat...

BERT BRECHT

Daß wir wieder werden wie die Kinder, ist eine unerfüllbare Forderung. Aber wir können zu verhindern suchen, daß die Kinder werden wie wir.

ERICH KÄSTNER

Kindertränen sind, bei Gott, nicht kleiner und wiegen oft genug schwerer als die Tränen der Großen.

ERICH KÄSTNER

Die Kindheit verjährt nie.

CHARLES TSCHOPP

Kluge Kinder sind oft nur verfrühte Durchschnittserwachsene.

ANITA

Altkluge Kinder sind genau so unsympathisch wie kindische Erwachsene.

ANITA

Vielleicht ist kein einziger Mensch es wert, ein Kind zu haben.

ELIAS CANETTI

Gewöhnt beizeiten die Kinder daran, daß sie ihre Bitten in Wärme kleiden.

HASSO HEMMER

Es gibt etwas Traurigeres als alt werden, und das ist: Kind bleiben.

CESARE PAVESE

Klärt euere Kinder auf, damit sie nicht später aus dem Paradies vertrieben werden können.

STANISLAW JERZY LEC

Die Kinder, die wir nicht haben, machen uns die größte Freude.

OTTO F. BEER

Habt haufenweise Kinder!

MUTTER TERESA

Je weniger man von seiner Kindheit hatte, desto kindischer wird man im Alter.

HANS HABE

Aus den Kindern schaut immer ein Sonnenaufgang.

ERNST KAPPELER

Der kindliche Mensch ist die Krone der Schöpfung.

ERWIN STRITTMATTER

Laß deine Kinder gehen, wenn du sie nicht verlieren willst.

MALCOLM FORBES

Millionen grob vernachlässigter und im Stich gelassener Kinder in aller Welt sind das Resultat der Unfähigkeit des Menschen, in ausreichendem Maße für das körperliche, geistige und seelische Gedeihen seiner Kinder zu sorgen.

HERMANN GMEINER

Das sicherste Mittel, Kinder zu verlieren ist, sie immer behalten zu wollen.

ADOLF SOMMERAUER

Aus Kindern, die zu viel dürfen, werden Erwachsene, die zu wenig können.

OLIVER HASSENCAMP

Nur unfolgsame Kinder können besser werden als ihre Eltern.

DUŠAN RADOVIČ

Je stärker die Liebe ist, desto schöner die Kinder.

RASSUL GAMSATOW

Wunderkinder sind nicht erzogen, sie sind gezüchtet worden.

JAKOB STEBLER

Wer keine Kinder hat, ist erblich entlastet.

GERHARD UHLENBRUCK

Was braucht ein Kind? Die Nähe des Vaters und der Mutter. Sehnt sich unsere Seele nicht ebenso danach – aber wann und wie?

ABRAM TERZ (SINJAWSKIJ)

Ungeratene Kinder sind die Nägel zu der Eltern Särge – und die geratenen holen brav den Hammer.

HELLMUT WALTERS

Die Zeit, die die Kindheit dehnt, muß das Alter raffen.

HELLMUT WALTERS

Früher wuchsen die Kinder behutsam in die Erwachsenenwelt. Heute werden sie unvermittelt hineingestoßen – durch das Fernsehen.

NEIL POSTMAN

Kinder können sehr grausam sein. Was ist da von den Erwachsenen zu erwarten?

BRUNO HORST BULL

Bedenke bei deinem Kinde vom ersten Tage an, daß es dich einst mit Erwachsenen-Augen ansehen wird.

OSKAR KUNZ

Mit Mißtrauen kann man eine Kinderseele erschlagen.

GERHARD FABIAN

Kinder sind keine Koffer.

SAMY MOLCHO

Die Kinder von Rabeneltern nennt man Pechvögel.

WERNER MITSCH

Die Reichen wohnen meist beengt, besonders die Kinderreichen.

WINFRIED THOMSEN

Kinder sind Menschen. Später werden sie Erwachsene.

GERT UDO JERNS

Was soll aus Kindern werden, die im Gitterbett aufwachsen?

HANS-HORST SKUPY

Ein Kind aufziehen und ablaufen lassen.

WOLFGANG BAUR

Das Innenleben der Kinder spielt sich in den Geldbörsen ihrer Eltern ab.

DIETER LEISEGANG

Kinder spüren es gleich, wenn wir ihnen unsere Gefühle nur vortäuschen.

JOHANNA FÜRST-RIEDER

An Kindern gefällt mir der Produktionsprozeß am besten.

ŽARKO PETAN

Kirche

Neue Kirchen und neue Wirtshäuser stehen selten leer.

Deutsches Sprichwort

Auf diesen Felsen will ich bauen meine Gemeinde.

MATTHÄUS 16,18

Das Weib schweige in der Gemeinde.

1 KORINTHERBRIEF 14,34

Nicht an einem Orte soll das Heilige gesucht werden, sondern in Taten und Leben und Sitten.

ORIGENES

Ketzereien erregen die Kirche so wie Bürgerkriege.

AUGUSTINUS

Bringt man den Priestern Geld, so weiß Gott allein, was sie damit tun.

MICHELANGELO

Wenn es Kunst wäre, mit Feuer Ketzer zu überwinden, so wären die Henker die gelehrtesten Doctores auf Erden.

MARTIN LUTHER

Ein Prediger ist gut, wenn seine Gemeinde beim Fortgehen nicht sagt: Welch herrliche Predigt! – sondern: Ich werde etwas tun.

FRANZ VON SALES

Kirche

Der Spötter wird sagen, ich verachte die steinerne Kirche, da die Gemeinde zusammenkommt; dazu sage ich Nein. Sondern ich weise auf die heuchlerische babylonische Hure, die mit der steinernen Kirche nur Hurerei treibt, nennt sich einen Christen, ist aber nur ein Hurenbalg.

JAKOB BÖHME

Man soll lebenden Heiligen mißtrauen.

CHRISTINE VON SCHWEDEN

Duldung erachte ich für das hauptsächlichste Kennzeichen der wahren Kirche.

JOHN LOCKE

Die Kirche ist innerhalb des Menschen, nicht außerhalb; jeder Mensch, in dem der Herr gegenwärtig ist, ist eine Kirche.

EMANUEL VON SWEDENBORG

Die Kirchengeschichte stört die Verdauung.

VOLTAIRE

Politik und die Kanzel haben wenig miteinander zu schaffen. In einer Kirche muß kein anderer Schall zu hören sein als die trostreiche Stimme christlicher Liebe.

EDMUND BURKE

So lange die Kirche Krieg hatte, so lange war sie bedacht, durch ein unsträfliches und wunderbares Leben ihrer Religion diejenige Schärfe zu geben, der wenig Feinde zu widerstehen fähig sind. Sobald sie Frieden bekam, sobald fiel sie darauf, ihre Religion auszuschmücken, ihre Lehrsätze in eine gewisse Ordnung zu bringen und die göttliche Wahrheit mit menschlichen Beweisen zu unterstützen.

GOTTHOLD EPHRAIM LESSING

Daß in den Kirchen gepredigt wird, macht deswegen die Blitzableiter auf ihnen nicht unnötig.

GEORG CHRISTOPH LICHTENBERG

Glaubt ihr denn, daß der liebe Gott katholisch ist?

GEORG CHRISTOPH LICHTENBERG

In einer ewigen Meßstadt würde alle Menschenliebe aufhören.

JEAN PAUL

Die goldne Zeit der Geistlichkeit fiel immer in die Gefangenschaft des menschlichen Geistes.

FRIEDRICH VON SCHILLER

Nicht der Priester, die Anbetung schafft den Götzen.

LUDWIG BÖRNE

Religiosität ist die Weingärung des sich bildenden und die faule Gärung des sich zersetzenden Geistes.

FRANZ GRILLPARZER

Der Staat ist schuld daran, daß die Kirche ein Staat im Staate ist.

HONORÉ DE BALZAC

Männer der Welt haben die Waffen der Welt; sie haben das Schwert, sie haben Heere, sie haben Gefängnisse, sie haben Ketten, sie haben wilde Leidenschaften. Die Kirche hat nichts davon und beansprucht trotzdem das Recht zu herrschen, zu lenken, zu tadeln, zu ermahnen, anzuklagen, zu verurteilen. Sie verlangt den Gehorsam der Mächtigen.

JOHN HENRY KARDINAL NEWMAN

Die Welt begnügt sich damit, die Oberfläche in Ordnung zu bringen; die Kirche will gerade die Tiefen des Herzens erneuern.

JOHN HENRY KARDINAL NEWMAN

Vorurteil stützt die Throne, Unwissenheit die Altäre.

MARIE VON EBNER-ESCHENBACH

Fragen, auf die es keine Antwort gibt, sollen auf der Kanzel gar nicht aufgeworfen werden.

ROSALIE PERLES

Zu allen Zeiten verstand es die Kirche, sich vor den Verhältnissen zu beugen, ohne im geringsten auf ihre Unumschränktheit zu verzichten: sie behält ihre Alleinherrschaft, sie duldet bloß, was sie nicht hindern kann, und wartet geduldig – wenn es auch Jahrhunderte dauern sollte – auf die Stunde, da sie wieder die Herrin der Welt werden wird. Sollte diese Stunde nicht jetzt, in der nahenden Krisis, schlagen?

ÉMILE ZOLA

Kirche

Eine einzige Seele ist mehr wert als das ganze Heilige Land und als die Gesamtheit aller Geschöpfe, wenn sie sinnlos zusammengehäuft sind. Man muß nicht dahin gehen, wo die Erde am heiligsten ist, sondern wo die Seelen in größter Bedrängnis sind.

CHARLES DE FOUCAULD

Nichts ist falscher, als die Heiligen zu Weltbürgern, zu frommen Kosmopoliten zu machen.

HEINRICH FEDERER

Die Kirche ist die Gemeinschaft der Heiligen. Wäre es nicht möglich, daß unbemerkt die wahre geistige Gemeinschaft und Gemeinde eine andere geworden ist als die der Kirche? Daß sie seit hundert Jahren neben der Kirche hergeht? Wer bürgt dafür, daß die Kirchen den lebendigen religiösen Geist unserer Zeit noch umschließen?

WALTHER RATHENAU

Alle Religiosität ist ein Künstlerisches, ein Suchen und Mühen, daß das eigene gegebene Leben geprägt und verwirklicht werde.

LEO BAECK

Alle Ketzerei ist ein Versuch gewesen, die Kirche zu verengern.

GILBERT KEITH CHESTERTON

Die Kirche ist am mächtigsten, wenn sie segnet und verzeiht – im Segnen und Verzeihen kommt sie Gott am nächsten.

GERTRUD VON LE FORT

Für den erwachsenen Mann ist heute die Kirche keine Gewalt mehr, die über ihm steht, sondern nur eine Gemeinschaft, der er freiwillig angehört. Seine Grenzen sind nur seine eigenen Fähigkeiten und das Gesetz.

A. J. COLDFIRE

Eines steht doch fest: die Kirche ist eine kämpfende Kirche – unablässig muß sie innerhalb ihrer eigenen Pforten Seelen zurückerobern und muß hinausgehen, um die draußenstehenden Seelen zu erobern – und jeder neue Mensch, der geboren wird, muß für sich allein erlöst werden.

SIGRID UNDSET

Daß unsere Kirche nicht weiter gekommen ist, kommt nicht daher, daß es in ihr an der Verkündigung gefehlt hätte, sondern daher, daß es am Gehorsam und an der Liebe mangelte.

W. J. OEHLER

Es gibt Ärzte, die Krankheit nie am eigenen Leibe erfahren – Pfarrer, die niemals gesündigt oder gelitten zu haben scheinen.

INA SEIDEL

Religiosität ist großes, tiefes Wissen. Je mehr du weißt, desto religiöser bist du.

JAKOW TRACHTENBERG

Je öfter der Pharisäer in die Kirche geht, desto öfter sündigt er.

JAKOW TRACHTENBERG

Was die Kirche nicht verhindern kann, das segnet sie.

KURT TUCHOLSKY

Religiöse Seelsorge ist eine Kunst. Religiöses Politisieren ist entartete Kunst.

HEINZ STEGUWEIT

Die Kirchen glauben, daß sich das Böse in der Welt wegbeten läßt.

SIGMUND GRAFF

Der Vatikan ist eine Warze im Gesicht der Kirche.

PAULUS GORDAN

Ich glaube, man versteht eine Kirche nur, wenn man in ihr kniet.

REINHOLD SCHNEIDER

Das einzige Ziel der Kirche, dem jedes andere untergeordnet ist, ist die Versöhnung der Seele mit Gott.

GRAHAM GREENE

Manche Priester leben gern über ihre geistlichen Verhältnisse.

JERZY PACZKOWSKI

Die Priester sind zu wenig Menschenkenner: Das ist das Grundübel der Kirche.

WALTER-GERD BAUER

Kirche

Nicht Gott streitet, nur die Priester.

THOMAS NIEDERREUTHER

Die Kirche ist ein Vermittler zwischen dem Tod und dem Menschen. Das ist ein Amt; eine Institution, die sich einfach mit Vermittlung beschäftigt. Wenn man das mit unserer Zivilisation vergleicht, ist es eine geistige Vermittlung.

TADEUSZ KANTOR

Geschiedene Ehen fallen den Kindern, geschiedene Kirchen den Kindern Gottes zur Last.

WERNER JETTER

Religion übt man aus. Religiosität hat man.

HEINRICH WIESNER

Je mehr Licht man in die Kirchengeschichte bringt, desto dunkler wird's.

HEINRICH WIESNER

Manche Kirchenglocke würde verstummen, wenn sie wüßte, wie oft sie vergebens geläutet hat.

ERNST R. HAUSCHKA

Wenn die christliche Kirche nicht den Heiligen Geist wiedergewinnen kann, der die frühere Kirche beseelte, so wird sie ihre Glaubwürdigkeit verlieren und abgetan werden als ein für das 20. Jahrhundert bedeutungsloser geselliger Verein.

MARTIN LUTHER KING

Will die Kirche ihrem Auftrag treu sein, so muß sie das Ende des Wettrüstens fordern.

MARTIN LUTHER KING

Heute läßt man die Kirche auf dem Dorfe.

GERHARD UHLENBRUCK

Wer sich über die Privilegien der Priester ärgert, kämpfe für die Abschaffung des Zölibats.

J. R. GENDWER

Mit der Bergpredigt kann man keine Politik machen? Die Urkirche eroberte damit ein Weltreich.

PAUL MOMMERTZ

Der Zölibat hat aus der Tugend eine Not gemacht.

RUPERT SCHÜTZBACH

Die Kirche ist nur der Ort des Durchbruchs: wo er nicht mehr stattfindet, darf sie abtreten.

LORENZ MÖSENLECHNER

Die Kirche befördert das Glück ins Jenseits.

BERT BERKENSTRÄTER

Die Kirche hält sich übers Weihwasser.

HANS-HORST SKUPY

Die Kirche stützt sich auf den Opferstock.

HANS-HORST SKUPY

Militärgeistlichkeit bis in alle Ewigkeit? Na dann, Amen!

HANS-HORST SKUPY

Kirche – Glaubensfiliale. Macht meist Prunksitzungen für die Armen. Geistliche, die das stört, sind Radikale.

GERD WOLLSCHON

Kirche – Abonnement auf Gott?

BIRGIT BERG

Laßt die Kirche im Dorf. Die Leute ziehen in die Stadt.

VOLKER ERHARDT

Kritik an der Kirche trifft immer ins Schwarze.

MANFRED BOSCH

Klage

Wer um ein Schaf klagt, wird eine Kuh verlieren.

Niederländisches Sprichwort

Du sollst nicht klagen und nicht weinen.

HESEKIEL 24,16

Was bringt ihr für Klagen wider diesen Menschen?

JOHANNES 18,29

Das Klagen schadet stets unserem Ansehen.
BALTAZAR GRACIÁN

Verteidige oder entschuldige dich nie, bevor du angeklagt wirst.
CHARLES I. VON ENGLAND

Die Klage ist der häufigste Zoll, der dem Himmel entrichtet wird, und der aufrichtigste Teil unserer Frömmigkeit.
JONATHAN SWIFT

Selbstanklage ist Luxus. Wenn wir uns selbst Vorwürfe machen, meinen wir, kein anderer habe das Recht, es zu tun.
OSCAR WILDE

Der Mensch führt ewig Klage gegen Unbekannt.
PAUL VALÉRY

Wenn dir dein tägliches Leben armselig erscheint, klage es nicht an. Klage dich selbst an, sage dir selbst, daß du kein ausreichend guter Dichter bist, um all seinen Reichtum herbeizurufen. Denn für den Schöpfer gibt es keine Armut und keinen armseligen oder unwichtigen Platz.
RAINER MARIA RILKE

Es gibt Leute, die der Welt nicht zu klagen vermögen – keineswegs aus Stolz und Kraft, sondern aus Feigheit.
JOSEF ČAPEK

Wer viel klagt und jammert, ist ein böser Langweiler.
GOTTLIEB DUTTWEILER

Wenn die Menschen nicht stöhnen würden, würde die Welt ersticken.
JULIAN TUWIM

Es ist so: Die Vornehmen sind voll Klagen und die Geringen voll Freude. Jede Stadt sagt: Laßt uns die Starken aus unserer Mitte vertreiben.
BERT BRECHT

Wer viel über das Leben jammert, jammert gewöhnlich noch mehr über den Tod.
CHARLES TSCHOPP

In der Klage geht der Schmerz unter sein Niveau. Wer klagt, kann nur klagen, nicht leiden.
HANS KUDSZUS

Leute, die auf Rosen gebettet sind, verraten sich dadurch, daß sie immerzu über die Dornen jammern.
FRANÇOISE SAGAN

Klugheit

Es ist leicht, für gestern klug zu sein.
Russisches Sprichwort

Der Kluge tut alles mit Vorbedacht.
SPRÜCHE 13,16

Klugheit ist ein Brunnen des Lebens.
SPRÜCHE 16,22

Suchst du etwas Kluges, so bedenk' es in der Nacht.
EPICHARMOS

Aus der Klugheit erwachsen drei Früchte: wohl denken, wohl reden, recht handeln.
EURIPIDES

Wie die Medizin die Kunst ist, die Gesundheit zu erhalten, das Steuern die Kunst, ein Schiff zu lenken, so ist die Klugheit die Kunst zu leben.
KARNEADES

Klug sind alle, die danach tun.
PSALMEN 111,10

Seid klug wie die Schlangen und ohne Falsch wie die Tauben.
MATTHÄUS 10,16

Haltet euch nicht selbst für klug.
RÖMERBRIEF 12,16

Den Frauen wird die Klugheit schon bei der Geburt geschenkt. Wir Männer werden erst durch Bücherwissen klug.
SHUDRAKA

Klugheit

Geld wird leicht aufgebraucht, Rat läßt sich nicht erschöpfen. Der reiche Strom der Klugheit fließt in sich zurück, und je mehr Dürftigen er strömt, um so kräftigere Wogen schlägt der ganze Strom, der zurückflutet.

AMBROSIO DI MILANO

Ein kluger Mann sieht so viel, wie er muß, nicht so viel wie er kann.

MICHEL DE MONTAIGNE

Ein Gran Klugheit ist besser als ein Zentner Spitzfindigkeiten.

BALTAZAR GRACIÁN

Es ist eine Regel der Klugen, die Dinge zu verlassen, ehe sie uns verlassen.

BALTAZAR GRACIÁN

Der Wunsch, klug zu erscheinen, hindert einen oft daran, es zu sein.

LA ROCHEFOUCAULD

Das beste Mittel, um getäuscht zu werden, ist, sich für schlauer zu halten als andere.

LA ROCHEFOUCAULD

Alles, was gewagt scheint und es doch nicht ist, das ist fast immer klug.

JEAN FRANÇOIS KARDINAL DE RETZ

Sei klüger als andere, wenn du kannst, aber sag's ihnen nicht.

EARL OF CHESTERFIELD

Ich kann niemand klüger machen als durch den Rest der Klugheit, die in ihm ist.

IMMANUEL KANT

Ein kluger Mann sagt öfter erst mit Lachen, was er hernach im Ernste wiederholen will.

GOTTHOLD EPHRAIM LESSING

Die Superklugheit ist eine der verächtlichsten Arten von Unklugheit.

GEORG CHRISTOPH LICHTENBERG

Die Klugheit eines Menschen läßt sich aus der Sorgfalt ermessen, womit er das Künftige oder das Ende bedenkt.

GEORG CHRISTOPH LICHTENBERG

In der Welt kommt's nicht drauf an, daß man die Menschen kenne, sondern daß man im Augenblick klüger sei als der vor uns Stehende. Alle Jahrmärkte und Marktschreier geben Zeugnis.

JOHANN WOLFGANG VON GOETHE

Man hört zuzeiten Welt-, Hof- oder Geschäftsleute sagen: Der Mann ist mir zu gescheit!, das heißt: Er ist kein Werkzeug!

FRIEDRICH MAXIMILIAN KLINGER

Große Klugheit ohne Erfahrung ist Maulwitz.

CHRISTIAN GODFRIED LEHMANN

Klugheit ist oft lästig wie ein Nachtlicht im Schlafzimmer.

LUDWIG BÖRNE

Um die Menschen klug zu machen, muß man klug sein; sie dumm zu machen, muß man dumm scheinen.

LUDWIG BÖRNE

Die gescheiten und die dummen Leute erkennt man unter anderem auch daran, daß die dummen das verehren, was in ihrer eigenen Richtung liegt, die gescheiten aber, was sie fühlen, daß ihnen abgeht.

FRANZ GRILLPARZER

Klug sind wir alle. Es ist weniger die Klugheit, als die Art ihrer Anwendung, die uns unterscheidet.

RALPH WALDO EMERSON

Klug zu reden ist oft schwer, klug zu schweigen meist noch mehr.

FRIEDRICH VON BODENSTEDT

Um klug zu handeln, ist Klugheit allein zu wenig.

FJODOR M. DOSTOJEWSKIJ

Wenn es nicht so viele Dummköpfe auf dieser Welt gäbe, hätten die Klugen keinen Erfolg.

MARK TWAIN

Klugheit, die sich nicht auf Einfalt gründet, ist keinen Groschen wert.

JULIUS LANGBEHN

Klugheit

Die Klugen sind nicht treu.
MARIE VON EBNER-ESCHENBACH

Klugheit ist eine Geisteseigenschaft im
Gegensatz zur Weisheit.
WILHELM WEBER-BRAUNS

Der Kluge hört keinem umsonst zu.
SALOMON BAER-OBERDORF

Gott sei Dank, die Menschheit ist doch nicht
gänzlich versumpft: kluge Schurken bringen
es immer noch zu etwas.
RODA RODA

Klug sein heißt: das Wichtige vom
Unwichtigen unterscheiden können.
RODA RODA

Klugheit tötet Weisheit; das ist eine der
wenigen zugleich traurigen und wahren
Tatsachen.
GILBERT KEITH CHESTERTON

Man kann nicht alle Tage der Klügere sein.
PAMPHILIUS PFYFFER

Das heißt klug sein: man soll die Wahrheit so
sprechen, daß sie nicht zerstört, sondern
aufbaut. Und man soll die Wahrheit dann
sprechen, wenn sie am Platz ist.
ROMANO GUARDINI

Damit es klug hergehe, bedarf es junger
Hände und alter Köpfe.
TADEUSZ KOTARBINSKI

Klugheit äußert sich nicht in Sätzen und
Definitionen; eher in den Beziehungen.
JOSEF ČAPEK

Wer nicht so klug ist, daß er sich nicht auch
einmal richtig dumm stellen kann, der ist gar
nicht klug.
FELICITAS VON REZNICEK

Schlauheit kommt vom Tiere, Klugheit vom
Menschen, Weisheit von Gott.
OTTO BUCHINGER

Es gibt reizende Dummheiten und
unausstehliche Klugheiten.
ANITA

Von einem bestimmten Alter ab erscheint
jeder kluge Mensch gefährlich.
ELIAS CANETTI

Jeder hat die Chance, mit sechzig so klug zu
werden, wie er mit zwanzig gewesen ist.
JEAN-LOUIS BARRAULT

Cleverness ist gut, Klugheit besser.
SIEGFRIED & INGE STARCK

Wie lange noch beabsichtigen Klügere
nachzugeben?
MILAN RŮŽIČKA

Mit dem zunehmenden Alter wird man nicht
klug – man weiß nur genauer, daß es die
anderen auch nicht sind.
GABRIEL LAUB

Der Klügere gibt vor nachzugeben.
GERHARD UHLENBRUCK

Der Klügere gibt nach – im dümmsten
Augenblick.
GERHARD UHLENBRUCK

Der Klügere gibt nicht nach.
GERHARD UHLENBRUCK

Ein Intellektueller ist jemand, der glaubt,
er könne im Dunkeln mit Brille besser
sehen.
GERHARD UHLENBRUCK

Klugheit und Liebe sind nicht füreinander
gemacht. Wächst die Liebe, so schwindet die
Klugheit.
FRANÇOIS DUC

Die Fähigkeit, heute auch einmal anders zu
denken als gestern, unterscheidet den Klugen
vom Starrsinnigen.
PIGAULT LEBRUN

Der Klügere gibt so lange nach, bis er der
Dumme ist.
WERNER MITSCH

Der Klügere gibt nach. Die Hoffnung der
Dummköpfe.
HANS-HORST SKUPY

Klugheit

Klug ist, wer erkennt, wann der Klügere nachzugeben hat.

HANS-HORST SKUPY

Der Klügere zählt nach.

JOACHIM SCHWEDHELM

Klug ist erst jener zu nennen, der den Verstand nicht als Knüppel benützt, um seine Gefühle zu erschlagen.

CHRIS HORNBOGEN

Komik

Lachen ohne Grund zeugt von geringer Bildung.

Arabische Weisheit

Lächerliche Fürsten geben anderen Leuten viel zu lachen und zu weinen.

CHRISTINE VON SCHWEDEN

Das Lächerliche liegt in der Abweichung vom allgemeinen Menschenverstand und wird vergrößert durch die Kontraste.

WILHELM HEINSE

Das Komische ist der ertappte Mensch.

FRIEDRICH THEODOR VISCHER

Sag nichts Gutes über dich selbst. Man wird dir nur mißtrauen. Sag nichts Schlechtes über dich selbst. Man wird dich beim Worte nehmen.

JOSEPH ROUX

Vor der Komik des Wahnsinns verstummt das Gelächter.

RUDOLF ALEXANDER SCHRÖDER

Alles ist komisch, was ein abgeblitzter Liebhaber tut, mit Ausnahme des Selbstmordes.

FERENC MOLNÁR

Es gibt keine Komik außer in der menschlichen Sphäre. Der Mensch ist das einzige Lebewesen, das lachen kann und das auch andere zum Lachen bringen kann.

HENRI BERGSON

Alles ist komisch, solange es jemandem anderen passiert.

WILL ROGERS

Die Komik eines Menschen haben wir entdeckt, sobald wir seine Einseitigkeit entdeckt haben. Alles Einseitige ist komisch, weil es ungeschmeidig und dadurch der Vielfalt der Erscheinungen und Erfordernisse nicht gewachsen ist. Jeder Automat ist komisch.

SIGMUND GRAFF

Ein klein wenig Komik bei unzulänglichen Menschen verringert sofort die Ärgerlichkeit ihrer Fehler.

OTTO BUCHINGER

An der Fratze und Grimasse der Komik erkennt man deren Beziehung zum Schmerz.

MARTIN KESSEL

Vom Erhabenen zum Lächerlichen ist es oft nur ein Schritt.

JOSEF RECLA

Das Komische ist etwas Ernstes, das schiefgegangen ist.

SIR PETER USTINOV

Komisch ist alles, was scheitert.

LORIOT

Kommerz

Gute Ware kehrt nicht vom Markt.

Togoisches Sprichwort

Wer die Geschäfte vertagt, wird immer mit Ungemach ringen.

HESIOD

Ein Kaufmann macht durch allzu vieles Rühmen die Ware, die ihm feil ist, nur verdächtig.

VERGIL

Kommerz

Jeder Krämer lobt seine Ware.

HORAZ

Machet nicht das Haus meines Vaters zu einem Kaufhause.

JOHANNES 2,16

In der Stunde, in der der Mensch zur Rechenschaft gezogen wird, wird er gefragt werden: Bist du redlich gewesen in Handel und Wandel?

TALMUD – SABBAT

Schnelle Erledigung ist die Seele des Geschäfts.

EARL OF CHESTERFIELD

Geduld ist eine der wichtigsten Eigenschaften eines Geschäftsmannes. Viele ziehen es vor, daß man ihre Geschichte anhört, als daß man ihre Bitte erfüllt.

EARL OF CHESTERFIELD

Kein Volk ist je durch Handel verdorben worden.

BENJAMIN FRANKLIN

Treibe dein Geschäft, sonst wird es dich treiben.

BENJAMIN FRANKLIN

Der Mensch ist das einzige Tier, das feilscht – kein Tier tut das: kein Hund tauscht Knochen mit einem anderen Hund.

ADAM SMITH

Es liegt im Interesse der kaufmännischen Welt, daß überall Reichtümer zu finden sind.

EDMUND BURKE

Der Kaufmann hat keine Heimat.

THOMAS JEFFERSON

Nacht ist die schönste Beruhigung von Geschäften.

WILHELM HEINSE

Geschäft ist Geschäft.

GRAF MIRABEAU

Kein Mensch ist unersetzbar in Geschäften.

WILHELM VON HUMBOLDT

Der Handelsgeist ist der Geist der Welt. Er ist der großartige Geist schlechthin. Er setzt alles in Bewegung und verbindet alles. Er weckt Länder und Städte, Nationen und Kunstwerke. Er ist der Geist der Kultur, der Vervollkommnung des Menschengeschlechts.

NOVALIS

Das Leben will Gemüt, dem Geschäfte ist es unnütz, ja schädlich.

J. ST. ZAUPER

Vornehme Naturen sind schlechte Geschäftsleute.

HONORÉ DE BALZAC

Das Leben ist für die meisten ein Geschäft.

FRIEDRICH HEBBEL

Ein Ding ist die Freundschaft, und das Geschäft ein ander' Ding.

LÓPEZ DE AYALA

Eine anständige Art der Geschäftsführung ist auf die Dauer das Erträglichste.

ROBERT BOSCH

Ein Geschäft, das nichts als Geld einbringt, ist kein Geschäft.

HENRY FORD

Das glänzendste Geschäft in dieser Welt ist die Moral.

FRANK WEDEKIND

Wenn man einen freien Markt vernichtet, schafft man einen Schwarzmarkt. Wenn man zehntausend Vorschriften erläßt, vernichtet man jede Achtung für das Gesetz.

SIR WINSTON S. CHURCHILL

Es gibt Situationen im Geschäftsleben, wo etwas Tollheit nützlicher ist als Klugheit.

PAMPHILIUS PFYFFER

Wenn die Laune ins Geschäft Einzug hält, wird alles verrückt.

PAMPHILIUS PFYFFER

Human relation nennt sich eine Wissenschaft mit geschäftsförderndem Charakter. Solange es sie wirklich gab, die menschliche Verbindung, bedurfte man der Wissenschaft

Kommerz

nicht. Heute aber wird es immer notwendiger, Kontakt mit den Menschen, menschlichen Kontakt zu schaffen mit jenen, mit denen man ins Geschäft kommen will. Ganze Dissertationen werden sogar darüber verfaßt.

FRIEDRICH WITZ

Anständigkeit ist das beste Geschäft, wenn man es erlebt.

HERBERT MÜLLERSEN

Die schlechtesten Geschäfte macht man mit den Selbstlosen.

WIESLAW BRUDZINSKI

Unsere Zeit kennt keinen schöneren Satz als den Umsatz.

HELLMUT WALTERS

Unter Karnevalsmasken von Niemands, Landfahrern, Wanderern zwischen allen Welten, Träumern, Detektiven nach sich selbst befinden sich auch die Klabautermänner des Business, die den Eintritt für das ganze Treiben abkassieren. Ob als Gurus verkleidet oder als Heilslehrer, sie haben eines gemeinsam: Sie wissen, wo es langgeht, und für manche ist auch das liebe Geld nicht so alt, als daß sie es nicht für ihre neuen Spiele mißbrauchen könnten.

NORBERT BLÜM

Geschäftsleuten muß man den Schneid abkaufen.

BERT BERKENSTRÄTER

Kommunikation

Frage, damit du weißt.

Türkisches Sprichwort

Der Grund, warum wir zwei Ohren und nur einen Mund haben: Damit wir mehr zuhören und weniger plaudern.

ZENO

Frag nur vernünftig, und du hörst Vernünftiges.

EURIPIDES

Im Gespräch allein springt der Funke der Wahrheit unversehens in die Seele.

PLATON

Antworte nicht, bevor du gehört hast – und falle niemandem ins Wort.

BEN SIRA 11,8

Entfliehe weder dem Gespräch noch verschließe ihm deine Tür.

OVID

Jeder soll stets bereit sein zu hören, aber sich Zeit lassen, bevor er redet.

JAKOBUS 1,19

Ein kluges Gespräch – das ist der Garten Edens.

KALIF ALI BEN ALI THALEB

Schweigen und Bescheidenheit sind wertvolle Eigenschaften für die Kunst der Unterhaltung.

MICHEL DE MONTAIGNE

Weil es besser wirkt, wenn etwas mit Fragen aus dir herausgeholt wird, als wenn du es selber vorbringst, so wirf einen Köder für die Frage aus, indem du ein anderes Gesicht und Benehmen zeigst, als man an dir gewohnt ist, und zwar zu dem Zweck, um den anderen Teil zu der Frage zu veranlassen, was denn diese Veränderung zu bedeuten.

SIR FRANCIS BACON

Vertrauen trägt mehr zur Unterhaltung bei als Geist.

LA ROCHEFOUCAULD

Geist und Empfinden bildet man sich durch Gespräche, Geist und Empfinden verdirbt man sich durch Gespräche. Also bilden oder verderben den Geist und das Empfinden die richtigen oder die falschen Gespräche.

BLAISE PASCAL

Es ist ein großes Unglück, nicht Geist genug zu besitzen, um gut zu sprechen, noch Verstand genug, um zu schweigen.

JEAN DE LA BRUYÈRE

Nur wenigen ist es gegeben, eine Leuchte der Gesellschaft zu werden. Die meisten Menschen haben es aber in ihrer Macht,

Kommunikation

angenehm zu wirken. Der Grund, warum wir uns so schlecht unterhalten, ist nicht Mangel an Einsichten, sondern Stolz, Eitelkeit, schlechte Veranlagung, Anstellerei, Eigenheit, Selbstüberzeugtheit oder irgendein anderes Laster als Ergebnis einer falschen Erziehung.

JONATHAN SWIFT

Jedes Thema muß auf eine angenehme Art zum Vortrag kommen.

JOHANN CHRISTOPH GOTTSCHED

Sage nicht alles, was du weißt, aber wisse alles, was du sagst!

MATTHIAS CLAUDIUS

Wer aufmerksam zuhört, vernünftig fragt, gelassen antwortet und zu sprechen aufhört, wenn er nichts mehr zu sagen hat, ist im Besitze der nötigsten Eigenschaft, die das Leben erheischt.

JOHANNN CASPAR LAVATER

Es gibt manche Leute, die nicht eher hören, als bis man ihnen die Ohren abschneidet.

GEORG CHRISTOPH LICHTENBERG

Es ist besser, eine Frage zu diskutieren, ohne sie zu regeln, als sie ohne Diskussion zu regeln.

JOSEPH JOUBERT

Gar oft erkennt man ohne Mühe den einfältigen Menschen am Fragen und den verständigen am Schweigen.

JOHANN PETER HEBEL

Der eine sagt gerne, was er weiß, der andere, was er denkt.

JEAN PAUL

Der Geist der Unterhaltung hat manchmal den Nachteil, die Aufrichtigkeit des Charakters zu trüben: kein beabsichtigter Trug, doch eine improvisierte Betrügerei, wenn man es so nennen will.

GERMAINE (MADAME) DE STAËL

Unterhaltung ist die Arena, in der sich wie nirgends sonst alle Arten menschlicher Eitelkeit zeigen.

GERMAINE (MADAME) DE STAËL

Ich finde den ganzen Unterschied in der Menschen Geister nur beim Fragen; antworten können sie alle nur auf dieselbe Weise.

RAHEL VARNHAGEN

Der Strom der Meinungen muß eine gewisse Breite haben, innerhalb der sich die Diskussion frei bewegt.

JOSEPH VON GÖRRES

Eine Magenverstimmung bietet zwei Menschen, die sich nie zuvor begegnet sind, einen ausgezeichneten Unterhaltungsstoff.

WILLIAM HAZLITT

Unsere Zeit kann sich in den schwersten Gesetzen bewegen, nur nicht unschuldig und grad erzählen.

WILHELM GRIMM

Bemerke, höre, schweige, urteile wenig, frage viel.

AUGUST GRAF PLATEN

Folgendes scheint mir schwer zu entscheiden zu sein: ob es anstößiger sei, ununterbrochen und gewohnheitsmäßig von sich selber zu reden oder ob es schwieriger sei, einen Menschen zu finden, der von diesem Laster frei ist.

GIACOMO GRAF LEOPARDI

Nicht jeder weiß, mit welcher Kunst in der großen Welt das Ja gehandhabt wird, wenn man Nein sagen will – und umgekehrt.

HONORÉ DE BALZAC

Rede wie du willst, etwas anderes als du bist, kommt nicht dabei heraus!

RALPH WALDO EMERSON

Interessant spricht der Mensch über vieles, aber mit wirklichem Appetit nur über sich selbst.

IWAN S. TURGENJEW

Die Gewohnheit, gewöhnlich und dauernd zu reden, ist ein Zeichen geistiger Unzulänglichkeit. Ihr Ursprung liegt in dem Unwissen, was in den Köpfen anderer vor sich geht.

WALTER BAGEHOT

Kommunikation

Zuhören können. Es gehört dazu die Fähigkeit der Selbstentäußerung und Aufnahmefähigkeit, und wenn es sich um ernste Dinge handelt, Wissensdurst. In vielen Fällen aber braucht man, um einen guten Zuhörer abzugeben, etwas schauspielerisches Talent.

MARIE VON EBNER-ESCHENBACH

Die gute Unterhaltung besteht nicht darin, daß man selbst etwas Gescheites sagt, sondern daß man etwas Dummes anhören kann.

WILHELM BUSCH

Es gibt Schwätzer, die sich selbst nicht zu Wort kommen lassen.

FRANZ VON SCHÖNTHAN

Es lohnt sich immer, eine Frage zu stellen, wenn es sich auch nicht immer lohnt, eine Frage zu beantworten.

OSCAR WILDE

Aus Mangel an Gesprächsstoff begeht man die gemeinsten Taktlosigkeiten und Indiskretionen.

PETER ALTENBERG

Gut auseinandersetzen hilft zum guten Zusammensitzen.

EMIL GÖTT

Eine Diskussion ist unmöglich mit jemandem, der vorgibt, die Wahrheit nicht zu suchen, sondern sie schon zu besitzen.

ROMAIN ROLLAND

Manche Leute kann man nur unterhalten, indem man ihnen zuhört.

KIN HUBBARD

Nach manchem Gespräch mit einem Menschen hat man das Verlangen, einen Hund zu streicheln, einem Affen zuzunicken und vor einem Elefanten den Hut zu ziehen.

MAKSIM GORKIJ

Alles ist schon einmal gesagt worden, aber da niemand zuhört, muß man es immer wieder von neuem sagen.

ANDRÉ GIDE

Ich fürchte die, welche nicht sagen, was sie denken; und ich fürchte die, welche nicht denken, was sie sagen.

PAUL VALÉRY

Die Menschheit zerfällt in zwei Teile: der erste drückt sich falsch aus, und der zweite mißversteht es.

RODA RODA

Wer alles sagen könnte, würde schweigen.

WALDEMAR BONSELS

Warum ist das Fragen sinnlos? Klagen heißt: Fragen stellen und warten, bis Antwort kommt. Fragen aber, die sich nicht selbst im Entstehen beantworten, werden niemals beantwortet. Es gibt keine Entfernungen zwischen Fragesteller und Antwortgeber. Es sind keine Entfernungen zu überwinden. Daher Fragen und Warten sinnlos.

FRANZ KAFKA

Konversation ist ein Zwiegespräch, in dem man sich selbst zurückbehält, statt sich dem andern zu schenken.

W. J. OEHLER

Der Mensch hat es so gern, wenn man über ihn spricht, daß ihn sogar eine Unterhaltung über seine Fehler entzückt.

ANDRÉ MAUROIS

Wir haben uns manches zu erzählen, aber nichts zu sagen.

INA SEIDEL

Der Wunsch nach einem guten Gespräch ist oft nichts anderes als der Wunsch nach einem guten Zuhörer.

ADOLF SPEMANN

Die Menschen reden im allgemeinen zu viel, das Wort ist zu geläufig geworden in ihrem Munde und in ihrer Schrift, es macht ihnen zu wenig Mühe, so sind sie freigebig, ja verschwenderisch damit. Beinahe können alle zu allem reden, wieviele können zu einzelnem schweigen? Sie müssen es wieder lernen, in einem gewissen Augenblick in vollkommene Stille zurückzufallen.

JOSEF FRIEDRICH PERKONIG

Kommunikation

Schweigen ist Stärke und Reden Schwäche.
Das sieht man auch daran, daß Alte und
Kinder gern erzählen.

IVO ANDRIĆ

Die gute Meinung, die einer von sich hat, ist
das Geländer, über das er auf seine lieben
Mitmenschen hinunterschaut. Darum reden
die Menschen so grauenhaft aneinander
vorbei, weil sich meist jeder auf einer
höheren Ebene dünkt als der andere.

FRIEDRICH WITZ

Ein wirkliches Gespräch kann nicht zustande
kommen, sofern man nicht aus dem Zentrum
des eigenen Wesens spricht. Was nicht aus
dem Zentrum kommt, kann auch nicht ins
Zentrum treffen.

JOHANNES URZIDIL

Um wirksame Mitarbeiter zu werden, müssen
wir das rechte Zuhören lernen, damit wir
dadurch anderen helfen können.

TO-SHENG NEE

Ich kenne Menschen, für die der Brief das
tägliche Brot, das Fenster in die Welt ist.

ZENTA MAURINA

Alles wahrhaftige Verstehen ist Gespräch.

ANTON FRANKE

Man kann ja alles sagen, was man denkt,
man muß nur das Richtige denken.

WERNER FINCK

„Warum" ist die erste und die letzte Frage des
Menschen.

ANITA

Kommunikation ist ein Austausch von
Gedanken zwischen zwei Wesen, die sich der
Gegenwart des anderen bewußt sind.

L. RON HUBBARD

Das echte Gespräch bedeutet: Aus dem Ich
heraustreten und an die Türe des Du klopfen.

ALBERT CAMUS

Er würdigte ihn keiner Antwort, schlimmer
noch: Er würdigte ihn keiner Frage.

GÜNTHER CWOJDRAK

Mühe dich nicht zu schweigen, hör lieber zu.

MADELEINE DELBREL

Willst du Unruhe in deinem Leben haben,
mußt du viel fragen!

D. M. FRANK

Wir haben einen Überschuß an einfachen
Fragen und einen Mangel an einfachen
Antworten.

LOTHAR SCHMIDT

Die Frage nach dem Wie ist in der Regel eine
Frage nach dem Was.

HERBERT ARNOLD

Wer nicht antworten will, sollte den anderen
ausfragen.

GERHARD UHLENBRUCK

Wenn zwei einander nicht verstehen, liegt die
Vermutung nahe, daß sie
Kommunikationstheorie studiert haben.

HELLMUT WALTERS

Die Kommunikation ist der Dialog zwischen
denen, die zu sagen haben, aber nichts
mitzuteilen, und denen, die zuhören müssen.

JOHANNES GROSS

Unterhaltungskunst – den Monolog
überwinden und den Dialog fördern.

HORST FRIEDRICH

Ab einem gewissen Alter fängt man an, die
richtigen Fragen zu stellen.

SHIRLEY MACLAINE

Man fragt immer zuviel und nie genug.

PETER TILLE

Was nutzt es, Gespräche abzuhören, wenn
man nichts daraus lernt?

MANFRED STRAHL

Die meisten Fragen werden erst durch die
Antwort indiskret.

FAYE DUNAWAY

Am Ende einer langen Leitung zündet nicht
selten ein Kurzschluß.

GÜNTER BARUDIO

501

Kommunikation

Ein Toter belebt das Gespräch.
RAINER MALKOWSKI

Ein Demagoge wird heiser vom Zuhören.
HANS-HORST SKUPY

Das Schwierigste am Fragen ist das Denken der Antworten.
HANS-HORST SKUPY

Lieber im Gespräch sein, als ins Gerede kommen.
HANS-HORST SKUPY

Wo Diskussionen nicht vorgesehen sind, fällt die Erinnerung daran schwer, daß in jeder Debatte etwas unterdrückt wird. Es wird beinahe unmöglich, sich das vorzustellen, was unterdrückt wird. Dann liegt es nahe, das Unterdrückte als wertlos oder so gefährlich anzusehen, daß es unterdrückt werden muß.
SALMAN RUSHDIE

Die beste Informationsquelle sind Leute, die versprochen haben, nichts weiterzuerzählen.
MARCEL MART

Viele Antworten können uns deshalb nicht befriedigen, weil wir die Fragen falsch stellten.
HEIDRUN JAEKEL

Kommunismus

Der Markt ist der schönste Garten.
Englisches Sprichwort

Die Hoffnung der Elenden wird nicht ewig verloren sein.
PSALMEN 9,19

Die Kommunisten hegen einen achselzuckenden Widerwillen gegen Patriotismus, Ruhm und Krieg.
HEINRICH HEINE

Die Kommunisten verschmähen es, ihre Ansichten und Absichten zu verheimlichen.

Sie erklären es offen, daß ihre Zwecke nur erreicht werden können durch den gewaltsamen Umsturz aller bisherigen Gesellschaftsordnung. Mögen die herrschenden Klassen vor einer kommunistischen Revolution zittern. Die Proletarier haben nichts in ihr zu verlieren als ihre Ketten. Sie haben eine Welt zu gewinnen. – Proletarier aller Länder vereinigt euch!
KARL MARX

Kommunismus ist eine Gesellschaft, in der die Gemeinschaft der Interessen zum Grundprinzip erhoben ist, in dem das öffentliche Interesse sich nicht mehr von dem jedes einzelnen unterscheidet.
FRIEDRICH ENGELS

Wink für Nicht-Kommunisten: Alles ist gemeinsam, selbst Gott.
CHARLES BAUDELAIRE

Der Kommunismus ist die Urform der Gesellschaft, aus welcher die Zivilisation die Menschen herausgeführt hat, nicht die Form, zu der, wie die modernen Kommunisten lehren, die Zivilisation hinführt. Er bildet das tiefste, nicht das höchste Niveau menschlicher Gesittung.
FRIEDRICH VON HELLWALD

Wir kommen vom Kommunismus her, der Weg dahin ist also Reaktion. Das Ziel des Kommunismus ist also der letzte reaktionäre Schritt.
SILVIO GESELL

Der Kommunismus widerspricht der Natur des Menschen.
SILVIO GESELL

Die herrschende Klasse in einem kommunistischen Staat ist sogar noch mächtiger als die kapitalistische Klasse in einem demokratischen Staat.
BERTRAND EARL RUSSELL

Der Bolschewismus ist keine politische Richtung, er ist eine Krankheit. Er ist keine Schöpfung, er ist eine Pestilenz.
SIR WINSTON S. CHURCHILL

Kommunismus – das ist Sowjetmacht plus Elektrifizierung des ganzen Landes.

WLADIMIR I. LENIN

Ausgedehnte Verhandlungen zu führen ist eine kommunistische Methode der Kriegsführung.

TSCHIANG KAI-SCHEK

Es gibt eine kommunistische Theologie, die so unleidlich zu werden beginnt wie die der katholischen Theologen: Mißbrauch des Verstandes, um einen Glauben zu rechtfertigen.

KURT TUCHOLSKY

Wir Kommunisten sind wie Samenkörner, das Volk ist wie der Erdboden. Wohin wir auch kommen, wir müssen uns mit dem Volk vereinigen, in ihm Wurzeln schlagen und aufblühen.

MAO ZEDONG

Die Kommunistische Partei fürchtet keine Kritik, denn wir sind Marxisten; die Wahrheit ist auf unserer Seite, und die Grundelemente der Volksmassen, die Arbeiter und Bauern, sind auf unserer Seite.

MAO ZEDONG

Jeder Kommunist muß diese Wahrheit begreifen: Aus dem Gewehr entsteht politische Macht.

MAO ZEDONG

Der Kommunismus ist im letzten fehlgeleitete Religiosität.

PATER LEPPICH

Am Ende unserer Generation darf es keinen Kommunismus mehr geben.

FRANZ JOSEF STRAUSS

Der Kommunismus ist eine großartige Theorie. Das Unglück besteht darin, daß er sich in die Praxis umsetzen läßt.

EPHRAIM KISHON

Es gab für den Kommunismus schöne Zeiten, als nur die Antikommunisten versuchten, ihn kaputt zu machen.

GABRIEL LAUB

Kommunismus ist eine besonders zeitraubende Umleitung zum Kapitalismus.

WOLFRAM WEIDNER

Wirkliche Kommunisten hatten es bisher überall schwer – aber nirgendwo werden sie so unerbittlich verfolgt wie in den Ländern, die sich mit der Fahne des Kommunismus schmücken.

WOLF BIERMANN

Kommunismus – Schreckgespenst der Armen, an Minderbemittelte verteilt zu werden.

ROLF F. SCHÜTT

Ende des Kommunismus: Alles löst sich in Wohlgefallen auf.

WOLFGANG ESCHKER

Kommunisten sollen unsere Kinder nicht zu Kommunisten erziehen, sagen jene, die von Nazis zu Demokraten erzogen wurden.

WINFRIED THOMSEN

Achtung: Ausverkauf des Kommunismus – günstige Preise, einmalige Gelegenheit!

ŽARKO PETAN

Eine Leiche geht um in Europa, der es schmeicheln würde, wenn man sie noch als Gespenst beargwöhnte. Es ist der Kommunismus.

ULRICH ERCKENBRECHT

Kompromiß

Nimm den Kaufpreis, dann liefere die Ware.

Jüdisches Sprichwort

Ein Kompromiß ergibt einen guten Regenschirm, aber ein schlechtes Dach.

JAMES RUSSELL LOWELL

Konzessionen haben nur Sinn, wenn man sie schweigend macht. Sonst werden sie zu Präzedenzfällen.

FELICITAS VON REZNICEK

Kompromiß

Ein Kompromiß ist die Kunst, einen Kuchen so zu teilen, daß jeder meint, er habe das größte Stück bekommen.

LUDWIG ERHARD

Schlag die Tür nicht ein, sie läßt sich leicht mit dem Schlüssel öffnen.

RASSUL GAMSATOW

Gott lenkt, der Mensch lenkt ein.

GERHARD UHLENBRUCK

Ein Kompromiß ist ein totes Rennen zwischen zwei sehr lebendigen Gegnern.

NORMAN LORD TEBBIT

Wer die Mitte sucht, muß wissen, daß jede Mitte zwei Seiten hat.

WERNER SCHNEYDER

Manche verstehen unter einem Kompromiß einen Tausch, bei dem sie einen Obstgarten für einen Apfel haben wollen.

THEO WAIGEL

Das Leben besteht nicht aus faulen, sondern fleißigen Kompromissen.

DANIEL TEXTOR

Konkurrenz

Ein Mann ist dem anderen ein Hindernis.

Sudanesisches Sprichwort

Ich sah, daß alles Mühen und alles Gelingen nur Eifersucht des einen gegen den andern ist.

PREDIGER 4,4

Eisen wird durch Eisen geschärft; so schärft ein Mann den andern.

SPRÜCHE 27,17

Wer als Meister ward geboren, der hat unter Meistern den schlimmsten Stand.

RICHARD WAGNER

Es ist gefährlich, eine Persönlichkeit dadurch darzustellen, daß man sie mit anderen vergleicht.

THEODOR STORM

Das Bestreben, es den andern gleichtun zu wollen, ist die Quelle des Ruins vieler Familien.

FRANZ SERAPHION HUEMER

Wenn die Konkurrenz zu loben beginnt, ist Vorsicht am Platz.

PAMPHILIUS PFYFFER

Wer der Beste ist, hat immer im vermeintlich Besten einen erbitterten Feind.

K. H. BAUER

Keine Frau glaubt bei ihrer Rivalin an Liebe.

SIGMUND GRAFF

Die Asiaten haben den Weltmarkt mit unlauterem Wettbewerb erobert – sie arbeiten während der Arbeitszeit.

EPHRAIM KISHON

Falsches Konkurrenz-Denken verendet im Konkurs.

SIEGFRIED & INGE STARCK

Konkurrenz schläft nicht. Es sei denn mit den schönsten Frauen.

RUPERT SCHÜTZBACH

Können

Jeder kann, soviel er tut.

Deutsches Sprichwort

Niemand weiß, was er kann, bevor er es versucht.

PUBLILIUS SYRUS

Über das Können wird niemand verpflichtet.

CELSUS

Einer kann nicht alles, und wenn er klug ist, so will er nichts, als was er kann.

CHRISTOPH WILLIBALD VON GLUCK

Wer sich nicht schämt, etwas nicht zu können, und sich nicht ärgert, etwas nicht zu können, der kommt voran.

LÜ BU WE

Wenn Dichter oder Redner in Superlative verliebt sind, wollen sie mehr, als sie können.

GEORG CHRISTOPH LICHTENBERG

Nur klugtätige Menschen, die ihre Kräfte kennen und sie mit Maß und Gescheitigkeit benutzen, werden es im Weltwesen weit bringen.

JOHANN WOLFGANG VON GOETHE

Was ich gut kann, mache ich sehr gut; was ich nicht kann, mache ich gut.

ADOLPH VON KNIGGE

Alles kann man, alles, wenn man das größte Glück, wenn man das größte Unglück nicht erlebt hat.

RAHEL VARNHAGEN

Etwas zu lernen ist ein sehr schöner Genuß, und etwas wirklich zu können ist die Quelle des Wohlbehagens.

NOVALIS

Wer ehrlich will, was er soll, der kann auch, was er will.

JOSEPH VON EICHENDORFF

Wenn jemand etwas kann, was gewöhnliche Menschen nicht können, so trösten diese sich damit, daß er gewiß von allem, was sie können, nichts kann.

MARIE VON EBNER-ESCHENBACH

Wo der Geist fehlt, ist das Können Mechanik und die Freude und Ausübung seines höchsten Grades um seiner selbst willen: Virtuosität.

RICHARD WOLLASCHEK

Das Können in allen Formen schafft mit Herz und Hand und stolzem Selbstgefühl am Reichtum der Zeit.

MAX VON EYTH

Keine Schule und keine Universität ist etwas wert, wenn das praktische Können fehlt.

WLADIMIR I. LENIN

Es gibt keine Kleinigkeit für den Könner.

SALOMON BAER-OBERDORF

Fähigkeiten sind unfruchtbar ohne einen Glauben.

MARTIN BUBER

Ich tue nicht, wie ich will, sondern wie ich kann.

GEORGES BRAQUE

Das Talent macht, was es will; das Genie macht, was es kann.

EDGAR VARÈSE

Wohl hat das Wissen hohen Wert, doch deinen Wert gibt dir dein Können.

EMANUEL RITTERSHAUSEN

Man muß schon sehr viel können, um nur zu merken, wie wenig man kann.

KARL HEINRICH WAGGERL

Zu allem fähig – für nichts geeignet.

CHARLES TSCHOPP

Vermögen ist noch lange kein Können.

HERBERT A. FRENZEL

Deine Fähigkeiten sind bei weitem besser, als es dir jemals einer zu glauben erlaubte.

L. RON HUBBARD

Übung macht den Meister überflüssig.

WERNER MITSCH

Konsequenz

Kein Fluß fließt zu den Quellen zurück.

Thailändisches Sprichwort

Wer Wind sät, wird Sturm ernten.

HOSEA 8,7

Wenn ein Herrscher auf Lügen hört, so werden alle seine Diener zu Schurken.

SPRÜCHE 29,12

Konsequenz

Über einen Berg kann der Mensch nicht
stolpern.

LÜ PU WE

Du hast es eingerührt; du mußt es auch ganz
aufessen.

TERENZ

Aus einem kleinen Funken entsteht ein
großer Brand.

BEN SIRA 11,32

Wer Pech anfaßt, besudelt sich.

BEN SIRA 13,1

Lange wird neues Geschirr noch danach
riechen, womit man's zuerst füllte.

HORAZ

Wenn ihr beharrt, werdet ihr euer Leben
gewinnen.

LUKAS 21,19

Wenn es irgendwo brennt, so sind die
benachbarten Scheunen nicht weit vom
Entzünden.

WILHELM LUDWIG WEKHRLIN

Wer das erste Knopfloch verfehlt, kommt mit
dem Zuknöpfen nicht zu Rande.

JOHANN WOLFGANG VON GOETHE

Wer mit täppischer Hand nach einer Rose
greift, darf sich nicht beklagen, daß ihn die
Dornen verletzen.

HEINRICH HEINE

An kleinen Dingen muß man sich nicht
stoßen, wenn man zu großen auf dem Wege
ist.

FRIEDRICH HEBBEL

Es gibt keinen Weg zum Z, der nicht am A
vorbeiführte.

FRIEDRICH HEBBEL

Geburt und Tod gehören zum Leben, wie das
Heben und Senken des Fußes zum Gehen
gehört.

RABINDRANATH TAGORE

Bleibe jeder bei dem, was sich ihm bewährt
hat!

HERMANN HESSE

Logische Folgerungen sind die
Vogelscheuchen der Dummen und die
Leitsterne der Weisen.

JULIAN HUXLEY

Wenn sich einer uns zu Ehren betrinkt, dürfen
wir ihm das zerschlagene Geschirr nicht
ankreiden.

ERNST JÜNGER

Die Wunden heilen aus den Wunden heraus.

FRITZ USINGER

Es lernt keiner schwimmen, der nicht ans
Ertrinken glaubt.

JACOB LORENZ

Schlichtheit setzt Kompliziertheit voraus.

VITĔZSLAV NEZVAL

Um die Windrichtung zu beurteilen, genügt
es, einen einzigen Grashalm anzusehen.

DAISEZ TEITARO SUZUKI

Machen können wir zwar die
Wasserstoffbombe; uns aber die
Konsequenzen des Selbstgemachten
auszumalen, reichen wir nicht hin. – Und auf
gleiche Weise humpelt unser Fühlen unserem
Tun nach: Zerbomben können wir zwar
Hunderttausende; sie aber beweinen nicht.

GÜNTHER ANDERS

Konsequenz ist mehr wert als Strenge.

HASSO HEMMER

Auch bekehrte Schafe werden geschoren.

WIESLAW BRUDZINSKI

Je tiefer man gräbt, um so schmutziger kann
man herauskommen.

KARL THEODOR VON UND ZU GUTTENBERG

Eine Waffe, die du einmal brauchst, mußt du
dein Leben lang bei dir tragen.

RASSUL GAMSATOW

Unbeirrt seinen Weg gehen heißt, sich
fortwährend ändern.

HERBERT EISENREICH

Nur in einem hohlen Kopfe hat vieles Platz.

HERBERT EISENREICH

Wer einen Stein ins Wasser wirft, verändert das Meer.

PAUL MOMMERTZ

Am konsequentesten wird Inkonsequenz betrieben.

GERD W. HEYSE

Wenn jemanden der Schuh drückt, sind meistens seine Füße daran schuld.

RUPERT SCHÜTZBACH

Gepfefferte Rechnungen sind die Folge gesalzener Preise.

WERNER MITSCH

Wer sich auf Rosen bettet, darf Dornen nicht verschmähen.

HANS-HORST SKUPY

Wenn ein Kartenhaus einfällt, werden auch die Joker begraben.

GABRIELE BERTHEL

Es ist leicht, den Braten zu riechen, wenn man den Spieß dreht.

RALPH GRÜNEBERGER

Man muß die Konsequenzen ziehen, von allein kommen sie nicht.

KLAUS BERNHARDT

Wer heute den Kopf in den Sand steckt, knirscht morgen mit den Zähnen.

SPONTI-SPRUCH

Konzentration

Im Versteck hustet man nicht.

Sudanesisches Sprichwort

Wenn du unter der Menge sein mußt, dann besonders ziehe dich in dich selbst zurück.

EPIKUR

Wer das liest, der merke auf!

MATTHÄUS 24,15

Glücklich, wer alles von sich weist, was ihn hindert und zerstreut, und wer sich in eins zu sammeln vermag.

THOMAS VON KEMPEN

Die Menschen kommen mir so unaussprechlich zerstreut vor; alle reden und keiner horcht.

JOHANN GEORG JACOBI

Wer Großes will, muß sich zusammenraffen.

JOHANN WOLFGANG VON GOETHE

Konzentration ist das Geheimnis der Stärke in der Politik, im Krieg, im Handel, kurz gesagt in der Handhabung aller menschlichen Angelegenheiten.

RALPH WALDO EMERSON

Nichts ermüdet den Geist so sehr wie zerstreutes Arbeiten. Man muß die Kräfte in eins zusammenfassen, wenn Arbeit erquicken soll.

OTTO VON LEIXNER

An ein einziges denken, das macht zerstreut.

SALOMON BAER-OBERDORF

Das einzig Weise im Leben ist die Konzentration; das einzige Übel die Zerstreutheit.

ALEXIS CARREL

Der Mensch braucht Stunden, wo er sich sammelt und in sich hineinlebt.

ALBERT SCHWEITZER

Nur völlige Zusammengefaßtheit in eine Richtung schafft vollendete Leistung.

STEFAN ZWEIG

Schrecklich, was das Leben einem alles an Zerstreuendem und Ablenkendem auferlegt, statt daß man immer konzentriert sein kann.

GOTTFRIED BENN

Diejenigen verlangen am lautesten nach Zerstreuung, die den Versuch, sich zu sammeln, nie gemacht haben.

EUGEN GÜRSTER

Krankheit zerbricht die zur Arbeit notwendige Konzentration.

ZENTA MAURINA

Körper

Wer seinem Leibe gar zu wohltut,
macht selten alte Beine.

Deutsches Sprichwort

Wohlbeleibte Leute sterben eher eines
schnellen Todes als magere.

HIPPOKRATES

Den Leib soll man nicht schlechter behandeln
als die Seele.

HIPPOKRATES

Was dem Teile nützt, nützt auch dem
Ganzen; und was dem Leibe zuträglich ist,
frommt auch der Seele.

ARISTOTELES

Läuterung ist's für den Geist, wenn du den
Körper reinbewahrst.

PHOKYLIDES

Selig ist der Leib, der dich getragen hat.

LUKAS 11,27

Nur in einem gesunden Körper entwickelt
sich ein gesunder Geist.

JUVENAL

In der Haltung des Körpers verrät sich der
Zustand des Geistes. Durch die
Körperbewegung spricht gleichsam des
Geistes Stimme.

AMBROSIO DI MILANO

Der Körper ist nur ein Instrument für die
Erfahrung des menschlichen Geistes.

SHANKARA

Der Leib ist das Königreich des Herzens.

AL-GHAZALI

Zucht und Tugend sind ein Schmuck der
Seele, ohne den der Leib nicht als schön
gelten darf, wenn er es auch ist.

MIGUEL DE CERVANTES

Elegante Haltung ist für den Körper, was
gesunder Menschenverstand für den Geist.

LA ROCHEFOUCAULD

Wenn ein Mensch lange Zeit stocksteif
dasitzt, Kopf und Brust raus, so ist dies ein
warnendes Zeichen dafür, daß er
geradenwegs dem Grabe zusteuert. Er sitzt
für sein Denkmal Porträt.

LI LIWENG

Die Übel des Leibes sind eine Strafe und ein
Abbild für die Übel der Seele.

BLAISE PASCAL

Wie unglücklich ist die Natur des Menschen!
Kaum ist der Geist zur Reife gelangt, so
beginnt der Körper dahinzuwelken.

MONTESQUIEU

Das Gewissen ist die Stimme der Seele, die
Leidenschaften sind die Stimme des Leibes.
Ist es zu verwundern, daß diese beiden
Sprachen sich oft widersprechen?

JEAN-JACQUES ROUSSEAU

Wie zerbrechlich ist unser Körper, wie leicht
zerstörbar unsere Gesundheit, unser Leben!
Und wir sollten nicht vorsichtig, nicht weise
damit umgehen?

CHRISTIAN FÜRCHTEGOTT GELLERT

Man kann den Geist wie den Körper lebhafter
und geschmeidiger machen; beide bedürfen
der Übung.

VAUVENARGUES

Schlankheit gefällt wegen des besseren
Anschlusses im Beischlaf und der
Mannigfaltigkeit der Bewegung.

GEORG CHRISTOPH LICHTENBERG

Der Magen ist der König im Schachspiel des
menschlichen Lebens.

WILHELM HEINSE

Der Leib ist ein Zelt, in dem wir kampieren.

JOSEPH JOUBERT

Das Vergnügen, ihre Schönheit zu zeigen, ist
besonders den Frauen angeboren, deren
Gestalt schöner ist als ihr Gesicht.

JOSEPH JOUBERT

Es kommt uns leichter an, die beleidigten
Augen zu schließen, als die mißhandelten
Ohren mit Baumwolle zu verstopfen!

FRIEDRICH VON SCHILLER

Körper

Dem Geist die Wahrheit, das Wollen – dem Leibe das Vermögen, die Lust.

FRANZ VON BAADER

Der Leib ist nur die Erscheinung der Seele.

CARL GUSTAV CARUS

Wäre der Körper ein Gefängnis, wir verbrächten unser Leben damit, die Mauern dieses Kerkers instandzuhalten.

JOUFFROY

Ja, ja – der Körper ist ein hartnäckiger Anbeter des Lebens und lehnt sich auf gegen den Grabesentschluß des Geistes.

JOHANN NESTROY

So lange man körperlich nicht ganz gebrochen ist, sollte man eigentlich nicht klagen.

THEODOR FONTANE

Wenn wir wüßten, wie unser Körper gebaut ist, wir wagten keine Bewegung.

GUSTAVE FLAUBERT

Gesunder Magen bleibt unbeachtet. Viel Arbeit, wenig Dank.

WILHELM BUSCH

Wer zwischen Seele und Körper irgendeinen Unterschied sieht, besitzt keines von beiden.

OSCAR WILDE

Erinnere dich daran, daß Gott dir damals deinen Leib auf Lebenszeit geliehen hat und daß es an dir liegt, den besten Gebrauch von ihm zu machen.

ROBERT BADEN-POWELL

Seinen Organismus als ein lebendig gewordenes, edles Kunstwerk behandeln, betreuen, ist Kultur.

PETER ALTENBERG

Die Funktion der Milz muß ähnlich sein wie die der Notare im Staate: notwendig, aber überflüssig.

KARL KRAUS

Unser Körper ist ein Organ der Wahrheit.

STANISLAW BRZOZOWSKI

Wer Leib und Seele trennt, hat keins von beiden.

OSWALD SPENGLER

Der Körper ist nicht der Feind der Seele. Die seelenlosen Dämonen sind's.

RUDOLF PANNWITZ

Der Körper ist morbider geworden, die moderne Medizin weist ihn ja geradezu auf tausend Krankheiten hin, sie brechen mit wissenschaftlicher Gewalt aus ihm hervor.

GOTTFRIED BENN

Ich finde schon Gehen eine unnatürliche Bewegungsart; Tiere laufen, aber der Mensch soll reiten oder fahren.

GOTTFRIED BENN

Unser armseliges Fleisch verschlingt den Schmerz wie die Freude mit der gleichen maßlosen Gier.

GEORGES BERNANOS

Der Tod des Körpers ist Beginn einer neuen Lebensphase der Seele.

JAKOW TRACHTENBERG

Dick sein ist keine physiologische Eigenschaft – das ist eine Weltanschauung.

KURT TUCHOLSKY

Der Körper ist ein ungetreuer Freund. Gib ihm, was er braucht, aber nicht mehr.

PARAMHANSA YOGANANDA

Auch die schönsten Beine sind irgendwo zu Ende.

JULIAN TUWIM

Die Seele ist nicht im Körper, sondern der Körper ist in der Seele.

FRITZ USINGER

Die Menschen erfinden die tollsten Dinge, sie begeistern sich für alles Mögliche, nur ihren eigenen Körper behandeln sie als Nebensache.

HANS LUDWIG

Wie sollten denn die Ärzte mehr Verfügungsrecht über deinen Körper haben als du?

LUDWIG HOHL

509

Körper

In seinem Spiel kann der Körper das Muster lernen für die Tat. Seine Lust kann den Weg zum Leiden weisen.

DAG HAMMARSKJÖLD

Kann man aus dem Körperbau des Menschen schließen, wozu er eigentlich erschaffen wurde?

STANISLAW JERZY LEC

Unser Körper ist unser Garten – und unser Wille der Gärtner.

WILLIAM SHAKESPEARE

Mancher Leib ist vernünftiger als der dazugehörige Geist.

WALTER HILSBECHER

Bei Differenzen mit dem Körper gehen wir den Arzt um Vermittlerdienste an.

HEINRICH WIESNER

Es gibt Menschen, die nackt so aussehen wie gerupft.

HERBERT EISENREICH

Der Kopf ist jener Teil unseres Körpers, der uns am häufigsten im Wege steht.

GABRIEL LAUB

Hart war sein Schädel; weich sein Hirn.

HANS LEOPOLD DAVI

Gott hat uns den Verstand zum Denken und den Leib zum Arbeiten gegeben.

MARTIN LUTHER KING

In einem gesunden Körper eine heile Welt?

GERHARD UHLENBRUCK

No body is perfect.

GERHARD UHLENBRUCK

Hohlköpfe sind ein guter Resonanzboden.

GERHARD UHLENBRUCK

Der Blick kann unseren Körper und unsere Seele berühren.

ALFRED RADEMACHER

Ohne Herz kann man leben. Paßt auf den Kopf auf!

BRANA CRNČEVIĆ

Wußten sie schon, daß in manchem gesunden Körper ein ziemlicher Blödian steckt?

DIETER HÖSS

Der Hintern ist die Allegorie des Todes – darum ist er so vollkommen.

GERD BERGFLETH

Die Anatomie der Frau unterscheidet sich von der des Mannes dadurch, daß sie schöner ist.

MARKUS M. RONNER

Dein Körper spiegelt das wider, was du selbst bist.

GABRIELE WITTEK

Ein voller Magen ist keine Entschuldigung für ein leeres Hirn.

WOLFGANG ESCHKER

Der Körper versteht keinen Spaß.

TORSTI LEHTINEN

Manche Köpfe sind bereits durch Hintergedanken vollends ausgefüllt.

J. F. BLOBERGER

Leere Köpfe sind weitaus gefährlicher als gefüllte Patronen.

FRANCIS LOUIS BANDELIER

Korruption

Der Weise kümmert sich nicht um das, was er nicht haben kann.

Chinesisches Sprichwort

Bestechung macht die Augen des Weisen blind und verdreht die Sache dessen, der im Recht ist.

5 MOSE 16,19

Sie nahmen Geschenke und beugten das Recht.

1 SAMUEL 8,3

Korruption

Eine Hand wäscht die andere.

EPICHARMOS

Feuer frißt die Zelte der Bestechung.

HIOB 15,34

Man verdient kein Lob fürs Ehrlichsein, wenn niemand versucht, einen zu bestechen.

CICERO

Keine Festung ist so stark, daß Geld sie nicht einnehmen kann.

CICERO

Durch Bestechungen gewonnene Treue wird von Bestechungen überwunden.

SENECA

Je korrupter der Staat, desto vielfacher seine Gesetze.

TACITUS

Die Welt betrachtet die Verächter des Geldes als Narren. Darum nimmt die Bestechung so überhand.

SCHU SCHUEHMOU

Wenn die Menschen rein sind, sind Gesetze nutzlos; wenn die Menschen korrupt sind, werden die Gesetze übertreten.

BENJAMIN DISRAELI

Es ist ein merkwürdiges Phänomen, daß immer, wenn eine Hand die andere wäscht, beide Hände noch schmutziger werden.

DANIEL SPITZER

Wenn eine Hand die andere wäscht, werden beide schmutzig.

SIGMUND GRAFF

In konformistischen Gesellschaften gilt der Unbestechliche als verdächtig. Nicht nur des Hochmuts. Sondern des Verrats.

GÜNTHER ANDERS

Das Geld geht von Hand zu Hand, bis es schmutzig ist.

HERBERT A. FRENZEL

Meide unbestechliche Menschen. Sie könnten Fanatiker sein.

OLIVER HASSENCAMP

Geld korrumpiert – vor allem jene, die es nicht besitzen.

SIR PETER USTINOV

Mit der Bestechlichkeit der eigenen Gedanken fängt die Korruption an.

ARMIN RIESEN

Politiker sind nicht bestechlicher als andere Leute, aber bei den anderen lohnt es sich nicht.

WOLFRAM WEIDNER

Korrumpieren ist immerhin die mildere Form der Vergewaltigung.

GABRIEL LAUB

Was Korruption sei, bestimmen die Korrumpierten.

HELMUT ARNTZEN

Eine große Rutschgefahr – Schmiergelder.

HORST FRIEDRICH

Politiker zu kaufen ist altmodisch; in der modernen Demokratie kauft man Wähler.

JOHANNES GROSS

Man müßte sich die Unbestechlichkeit bezahlen lassen.

WERNER SCHNEYDER

Korruption: Anpassung an die Inflation.

HANS-HORST SKUPY

Politiker haben sich meist große (Neben-) Verdienste erworben.

HANS-HORST SKUPY

Wenn eine Hand die andere wäscht, ist das noch lange kein sicheres Zeichen für saubere Verhältnisse.

GÜNTER BARUDIO

Aus einem Volk von Dienern wurde ein Volk von Selbstbedienern.

BIRGIT BERG

Korruption: Eine weitverbreitete Krankheit, gegen die nur regelmäßige Impfung mit kleinen Aufmerksamkeiten immunisierend wirkt.

KONRAD GERESCHER

Korruption

Unbestechlichkeit ist heutzutage ein teures Gut, das sich manche Politiker mit hohen Diäten bezahlen lassen.

BERND DREISSEN

Korruption: alles läuft wie geschmiert.

OLIVER TIETZE

Krankheit

Den Kranken kuriert die Arbeit, den Reichen der Doktor.

Polnisches Sprichwort

Das Leben ist kurz, die Kunst lang, die Gelegenheit flüchtig, die Erfahrung trüglich und die Beurteilung schwer. Es muß aber nicht nur der Arzt das Nötige tun, sondern es müssen auch der Kranke und die Umgebung sowie die äußeren Umstände mitwirken.

HIPPOKRATES

Bei langwierigen Krankheiten ist es gut, den Ort zu verändern.

HIPPOKRATES

Unsere Krankheiten entsprechen an Zahl den Abwechslungen in unserem Leben.

SENECA

Diese Krankheit führt nicht zum Tode, sondern dient der Verherrlichung Gottes.

JOHANNES 11,4

Vorbeugen muß man, eh die Krankheit kommt. Ist sie erst da, dann ist es zu spät, dann frommt es nicht mehr, wenn man dem großen Zauberer, dem Arzte, goldne Berge verspricht.

PERSIUS

Mit kranken und irrenden Menschen soll man Geduld haben.

MARTIN LUTHER

Keine Krankheit hat den Mut, sich an einem Arzt zu vergreifen.

MOLIÈRE

Es ist ein trostloses, unheilbares Übel, welches alle ansteckt, die sich dem Kranken nähern, und alle zur Flucht zwingt: Gleichgestellte, Untergebene, Verwandte, Freunde und selbst die Ärzte. Sie alle sind außerstande, den Kranken zu heilen, solange sie ihm nicht die Einsicht vermitteln können, welche Krankheit er hat und welche Heilmittel anzuwenden wären – nämlich zuzuhören, zu zweifeln, sich zu unterrichten und aufklären zu lassen.

JEAN DE LA BRUYÈRE

Krankheit ist fühlbar, aber Gesundheit gar nicht.

THOMAS FULLER

Der Kranke ändert oft seinen Charakter, der Gesunde hat oft keinen.

MONTESQUIEU

Körperliche Krankheiten sind die diesem kläglichen Leben auferlegten Steuern. Manche werden höher besteuert, manche niedriger, aber jeder zahlt etwas.

EARL OF CHESTERFIELD

Alle Welt maßt sich Recht über einen Kranken an. Priester, Ärzte, Diener, Fremde und Freunde – ja bis herunter zu den Wärtern glaubt jeder, ihn beherrschen zu können.

VAUVENARGUES

Die Krankheiten heben unsere Tugenden und Laster auf.

VAUVENARGUES

Und was ist Kränklichkeit – nicht Krankheit – anderes als innere Verzerrung?

GEORG CHRISTOPH LICHTENBERG

Krankheit ist das größte Gebrechen des Menschen.

GEORG CHRISTOPH LICHTENBERG

Wir müssen aus den Krankheiten, die unvermeidlich sind, das Beste herausholen.

ALEXANDER HAMILTON

Und wie viele Krankheiten könnten wir uns nicht aus dem Sinne schlagen oder vergehen, verfasten, verschlafen und verbeißen, wie die Soldaten auf der Parade den Husten...

KARL JULIUS WEBER

Krankheit

Krankheiten zeichnen den Menschen vor den Tieren und Pflanzen aus. Zum Leiden ist der Mensch geboren. Je hilfloser, desto empfänglicher für Moral und Religion.

NOVALIS

Krankheiten, besonders langwierige, sind Lehrjahre der Lebenskunst und der Gemütsbildung. Man muß sie durch tägliche Bemerkungen zu benutzen suchen.

NOVALIS

Unter allen uns bekannten Geschöpfen hat der Mensch das traurige Vorrecht, die größte Mannigfaltigkeit von Erkrankungen aufzeigen zu können.

CARL GUSTAV CARUS

Kranke Menschen sind immer wahrhaft vornehmer als gesunde; denn nur der kranke Mensch ist ein Mensch, seine Glieder haben eine Leidensgeschichte, die sind durchgeistet.

HEINRICH HEINE

Die Krankheit selbst ist eine Erscheinung des Lebens; die Toten sind nicht mehr krank, nur die Lebendigen.

FRIEDRICH HEBBEL

Einen Kranken, der sich für gesund hält, kann man nicht heilen.

HENRI FRÉDÉRIC AMIEL

Will man die Moral eines Kranken heben, so lache man sein Leiden aus und bestreite ihm die Schmerzen.

GUSTAVE FLAUBERT

Nicht tödlich, aber unheilbar, das sind die schlimmsten Krankheiten.

MARIE VON EBNER-ESCHENBACH

Die Phantasie des Kranken beruhigen, daß er wenigstens nicht, wie bisher, mehr von seinen Gedanken über seine Krankheit zu leiden hat als von der Krankheit selber – ich denke, das ist etwas. Und es ist nicht wenig!

FRIEDRICH NIETZSCHE

Es will mir scheinen, als ob ein Kranker leichtsinniger sei, wenn er einen Arzt hat, als wenn er selber seine Gesundheit besorgt.

FRIEDRICH NIETZSCHE

Etwas Gesundheit ab und zu ist das beste Heilmittel des Kranken.

FRIEDRICH NIETZSCHE

Wer einem Kranken seine Ratschläge gibt, erwirbt sich ein Gefühl von Überlegenheit über ihn, sei es, daß sie angenommen oder daß sie verworfen werden. Deshalb hassen reizbare und stolze Kranke die Ratgeber noch mehr als ihre Krankheit.

FRIEDRICH NIETZSCHE

Manche Krankheit ist ein Mahnbrief Gottes.

ELEONORE VAN DER STRATEN-STERNBERG

Wenn sich der Tod, zwar unaufhaltsam wie stets, doch mit abgewandtem Antlitz uns nähert, so sprechen wir von Genesung.

ARTHUR SCHNITZLER

Ich glaube, daß die Krankheiten Schlüssel sind, die uns gewisse Tore öffnen können.

ANDRÉ GIDE

Gelobt sei die Krankheit, denn die Kranken sind ihrer Seele näher als die Gesunden.

MARCEL PROUST

Gesunde sind leichtfertig, Kranke sind unvernünftig, Genesene weise.

RODA RODA

Krankheiten sind erträglicher als das zu ihrer Diagnostizierung eingeschlagene Verfahren.

RODA RODA

Die Majorität der Kranken bettet sich geistig das Krankenlager in mühsamer, jahrelanger Vorarbeit.

PRENTICE MULFORD

Eine der am meisten verbreiteten Krankheiten ist die Diagnose.

KARL KRAUS

Der Ungesunde ist der Entrechtete – nicht der, der von geringer Abkunft ist.

ROBERT WALSER

Genesen heißt: Mit dem All sich wieder verbinden. Krankheit heißt Einsamkeit.

OTTO WEININGER

Krankheit

Der Mensch ist die Sammelstelle aller Gebrechen auf dieser Erde.

JAKOW TRACHTENBERG

Die Krankheit ist die Schlinge des Todes.

JAKOW TRACHTENBERG

Der Kranke ist das taktische, die Krankheit das strategische Objekt der Medizin.

ERNST JÜNGER

Es gibt nur eine Krankheit, wie es nur eine Gesundheit gibt.

ERNST JÜNGER

Ein Glückspilz ist, wer irgendein physisches Gebrechen hat, das er für die schwachen Stellen seiner Seele verantwortlich machen kann.

HENRY DE MONTHERLANT

Krankheit hat im Rahmen der Natur Funktionen, die durchaus nicht nur negativen Charakters sind.

PETER BAMM

Es gibt Kranke, die erst unglücklich sind, wenn sie genesen.

HANS BRÄNDLI

Der Sinn der Krankheit ist die Überwindung.

ZENTA MAURINA

Der Kranke, der sich seine eigene Welt schafft, ist gerettet.

ZENTA MAURINA

Wenn es an der Zeit ist, wird jede Krankheit geheilt, durch Ärzte, von Priestern, durch Kurpfuscher, durch den Tod.

HANS-HASSO VON VELTHEIM-OSTRAU

Krankheit verschafft Befriedigungen, die es dem Kranken oft verwehren, gesund zu werden.

NATHALIE SARRAUTE

Der Wert ist weder in der Gesundheit noch in der Krankheit, sondern in der Überwindung der Krankheit, im Weg zur Gesundheit.

LUDWIG HOHL

Krankheiten sind Höflichkeitsbesuche des Todes.

HANS KUDSZUS

Einer wird zum Massenmörder, weil eine Krankheit, an der sein liebster Mensch starb, kurze Zeit nach dessen Tode heilbar wird.

ELIAS CANETTI

Die furchtbarste Krankheit ist die Angst.

ERNST JUCKER

Größenwahn: Kinderkrankheit der Zwerge.

STANISLAW JERZY LEC

Die Krankheiten der Menschen verwandeln sich in schreckliche Untugenden oder wunderbare Tugenden.

HANS HABE

Glücklich die vor der Wissenschaft Geborenen, denen es vergönnt war, gleich an ihrer ersten Krankheit zu sterben!

É. M. CIORAN

Bist du krank, kommen alle Heuchler.

MAX SCHWARZ

Man spricht so gern über seine eigene Krankheit und ist ganz entsetzt, wenn der andere dasselbe versucht.

MAX SCHWARZ

So lange uns unser Arzt etwas verbietet, ist alles in Ordnung. Ernst wird die Lage, wenn er uns plötzlich alles erlaubt.

ROBERT LEMBKE

Nicht die Krankheit, sondern deren Überwindung sollte uns beschäftigen.

GÜNTHER MICHEL

Krankheit im Alter ist natürlich wie Gesundheit in der Jugend.

HANS KASPER

Eine Genesung, die ein Leben kosten kann, ist eine Genesung zum Tode.

WOLFDIETRICH SCHNURRE

Hat Krebs Sinn? Als Krebs ja.

WOLFDIETRICH SCHNURRE

Krankheiten sind Hinweise: Dieses Leben ist ein Geschenk. Was das Rückgaberecht allerdings in keiner Weise berührt.

WOLFDIETRICH SCHNURRE

Manche Ärzte meinen, um eine Epidemie zu vermeiden genüge es, mehrere Namen für dieselbe Krankheit zu erfinden.

WIESLAW BRUDZINSKI

Manche haben – bevor sie krank werden – kein Thema.

RUDOLF ROLFS

Alle Organe betrachtet, bestehe ich aus vielen Gesundheiten. So krank ich auch bin.

HEINRICH WIESNER

Krankheiten sind ein Luxus, den sich bald nur noch Ärzte leisten können.

WOLFRAM WEIDNER

Erst wenn man die Geschlechtskrankheit bekommt, fängt man an zu verstehen, daß alle Menschen rein sind.

ABRAM TERZ (SINJAWSKIJ)

Ohne Nahrung geht jedes Lebewesen zugrunde, auch Krebs.

SIEGFRIED & INGE STARCK

Mancher Kranke stirbt an Herzversagen – seiner Mitmenschen.

HANNS-HERMANN KERSTEN

Krankheit macht einsam, und Einsamkeit macht krank.

GERHARD UHLENBRUCK

Patienten sind auch Menschen – und das ist das einzige, was in vielen Krankenhäusern den Betrieb stört.

GERHARD UHLENBRUCK

Die meisten Krankheiten lassen sich auf eine zurückführen: Rückgratschwund.

HELLMUT WALTERS

Der Mensch gleicht sich immer mehr seinen Maschinen an. Aus seinen Krankheiten sind mit der Zeit richtige Defekte geworden.

WERNER MITSCH

Nur die überwundenen Krankheiten haben einen Sinn.

WERNER MITSCH

Kleine Gebrechen erhalten die Demut.

GUNTER STEINBACH

Alle Krankheiten haben ihren Ursprung in einer falschen Lebensanschauung. Sie entstehen durch falsches Denken, Reden und Handeln.

GABRIELE WITTEK

Wenn man aus seinem Leben eine einzige lange Krankheit macht, ist die Endlösung der Tod.

ERICA JONG

Der beste Weg ist der der Besserung.

BERND DREISSEN

Auf dem Gipfel seiner Krankheit befindet sich, wer glaubt, genesen zu sein.

BERND MATTHEUS

Kreativität

Kriech nicht in ein Faß, wenn eine Zündholzschachtel dich fassen kann.

Sprichwort aus Jamaika

Jetzt wird ihnen nichts mehr unerreichbar sein, was sie sich auch vornehmen.

1 MOSE 11,6

Gott schafft nichts als einfache Wesen, und das Zusammengesetzte ist nichts als eine Folge seiner Schöpfung.

GOTTHOLD EPHRAIM LESSING

Gott macht die Tiere; der Mensch macht sich selber.

GEORG CHRISTOPH LICHTENBERG

Die schönen Werke berauschen nicht, aber sie entzücken.

JOSEPH JOUBERT

Kreativität

Wirke Gutes, du nährst der Menschheit göttliche Pflanze; bilde Schönes, du streust Keime des Göttlichen aus.

FRIEDRICH VON SCHILLER

Geschaffen wird nichts mehr, und was nun Neues wird, wird es nur durch Entwicklung.

FRIEDRICH VON SCHILLER

Wer nichts fröhlich beginnt, kann auch nichts Fröhliches schaffen.

JEAN PAUL

Der menschliche Genius ist schöpferisch, wenn er die Natur nachempfindet; er ist nur nachschaffend, wenn er Natur zu erfinden glaubt.

GERMAINE (MADAME) DE STAËL

Das Genie ist seinem Wesen nach schöpferisch; es trägt den menschlichen Charakter dessen, der es besitzt.

GERMAINE (MADAME) DE STAËL

Es ist, als wenn die Weiber alles mit eigenen Händen machten und die Männer mit dem Handwerksgerät.

AUGUST WILHELM VON SCHLEGEL

Der Witz ist schöpferisch – er macht Ähnlichkeiten.

NOVALIS

Der Trieb zum Arbeiten, zu schaffenden Leistungen ist so hohen Ursprungs wie die Liebe und läßt sich ebensowenig erzwingen.

CARL MARIA VON WEBER

Wen das Wahre nicht erleuchtet und das Gute nicht erlöst von des alten Übels Banden, der wird nie das Schöne schaffen.

FRANZ GRILLPARZER

Stehenbleiben: es wäre der Tod; Nachahmen: es ist schon eine Art von Knechtschaft; eigene Ausbildung und Entwicklung: das ist Leben und Freiheit.

LEOPOLD VON RANKE

Jede schaffende Kraft ist verloren, wenn sie sich nicht den Schlüssel zu einer Bank zu gewinnen weiß.

JOHANN NESTROY

Zwischen Wissen und Schaffen liegt noch eine ungeheuere Kluft, zwischen den sich oft erst nach harten Kämpfen eine vermittelnde Brücke aufbaut.

ROBERT SCHUMANN

Nur wer wirklich was schafft, hat ein Recht, darüber zu reden. Man geht mit Interesse in die Ateliers, wahrer Künstler, aber man besucht keinen Flickschneider, um sich den neuesten Boden anzusehen, den er einer alten Hose eingesetzt hat.

THEODOR FONTANE

Wisset, daß man nichts Herrliches aus Wetteifer, nichts Edles aus Hochmut schaffen kann.

LEW N. GRAF TOLSTOJ

Die Kleinen schaffen, der Große erschafft.

MARIE VON EBNER-ESCHENBACH

Die Vielwisserei ist noch nicht Vielseitigkeit; die wahre Vielseitigkeit bedeutet schöpferisches Gleichgewicht in der Weltanschauung.

PETER ROSEGGER

Um das Schöne zu schaffen, muß man das Wahre kennen.

ISOLDE KURZ

Der Sinn einer schönen Schöpfung liegt zumindest so sehr bei dem Betrachter wie in der Seele dessen, der sie schuf.

OSCAR WILDE

Der an der Zeit Kranke, der Halbgebrochene, schafft das Zeitgemäße, wie der Hypochonder die zeitgemäßen Kuren. Der Starke schafft das Zukünftige.

CARL HAUPTMANN

Die schöne Tat, das schöne Werk ist nur die Erscheinung des schönen Menschen. Die Form nur der Schatten des Wesens.

HERMANN BAHR

Die Aufgabe des Schaffenden besteht darin, Gesetze aufzustellen, und nicht – Gesetzen zu folgen. Wer gegebenen Gesetzen folgt, hört auf, ein Schaffender zu sein.

FERRUCCIO BUSONI

Kreativität

Alles Schaffen ist Wirkungs- und Verewigungsdrang.

KURT WILHELM GOLDSCHMIDT

Das schöpferische Leben geht in den unbewußten Tiefen hinter dem Verstand vor sich.

PAUL ERNST

Der Schaffende muß eine Welt für sich sein und alles in sich finden und in der Natur, an die er sich angeschlossen hat.

RAINER MARIA RILKE

Zur Produktivität gehört Selbstliebe und Menschenliebe.

LUDWIG GOLDSCHEIDER

Der Wille zum Gelingen, eine gewisse leidenschaftliche Liebe zum hervorzubringenden Werk sind integrierender Teil unserer geschöpflichen Treue.

TEILHARD DE CHARDIN

Nie entscheidet bei einem schöpferischen Menschen, von wo er ausgegangen, sondern einzig, wohin und wie weit er gelangt ist.

STEFAN ZWEIG

Alles Schaffende bleibt in der Stille.

BO YIN RA

Liebe ist die einzige Kraft, die erschafft, die erschaffen kann.

HAZRAT INAYAT KHAN

Schöpferisches Leben ist straffes Leben, und das ist nur unter zwei Bedingungen möglich: entweder man herrscht selber... oder man gehorcht.

JOSÉ ORTEGA Y GASSET

Die Ruhe ist für das Werk, was die stille Erde für die Pflanzen ist. Sie gibt Kraft und Fülle und Dauer. Sie ist die Seele des Schaffens, macht es reich und fruchtbar.

ROMANO GUARDINI

Nach Thesen und Regeln läßt sich wohl lehren, wirtschaften, fabrizieren, judizieren und im Notfall auch regieren, aber nie und nimmer kunstschöpferisch gestalten, denn das ist ein Zeugungsvorgang.

ANTON FAISTAUER

Man schafft nicht aus flüchtiger Inspiration – sondern aus ständiger Spannung.

JOSEF ČAPEK

Alles wahre Schaffen ist geistig; die gestaltende Hand ist das Werkzeug des Geistes.

EUGEN WYLER

Aus jedem Schaffen sollst du beschämt hervorkommen: denn es reichte nicht heran an die Höhe deines Traumes.

GABRIELA MISTRAL

Dem schöpferischen Menschen ist gegeben, seine Schwächen, seine Versager auszuwerfen, umzusetzen in sein Werk.

HANNAH HÖCH

Gott hat das Triebwerk der Schöpfung unserer Torheit entrückt.

KARL HEINRICH WAGGERL

Wir sind ein erfinderisches, kein schöpferisches Geschlecht. Was wir hervorbringen, wird nicht alt, sondern schäbig.

KARL HEINRICH WAGGERL

Nur der Geist, wenn er den Lehm behaucht, kann den Menschen erschaffen.

ANTOINE DE SAINT-EXUPÉRY

Der Mensch muß lernen, vom Geschöpf zum Schöpfer zu werden.

HANS-HASSO VON VELTHEIM-OSTRAU

Alles ist Fragment gewesen, was je geschaffen worden ist.

LUDWIG HOHL

Entfaltung ist der Sinn des Lebens.

JOSEF VIKTOR STUMMER

Offenbart sich in dem Schaffenden nicht Religion, so wird er sich nie zum wahren Künstler aufschwingen.

PAUL E. MAXHEIMER

Kreativität soll nicht nur neue Ideen hervorbringen, sondern auch ermöglichen, den alten zu entrinnen.

EDWARD DE BONO

Kreativität

Alle Menschen haben die Anlage, schöpferisch zu arbeiten. Nur merken es die meisten nie.

TRUMAN CAPOTE

Nur der Schöpferische schöpft aus dem Vollen.

SIEGFRIED & INGE STARCK

Kreativität: Logik, die Mut hat.

GABRIEL LAUB

Kreativität: Gut Ding will Langeweile haben.

GERHARD UHLENBRUCK

Kreativität ist produktive Faulheit.

GERHARD UHLENBRUCK

Es entsteht nur etwas, wo es nicht steht.

WOLFGANG RIHM

Krieg

Wer nicht weiß, was Krieg ist, der gehe in den Krieg.

Spanisches Sprichwort

Der Krieg ist aller Dinge Vater, aller Dinge König. Die einen macht er zu Göttern, die anderen zu Menschen, die einen zu Sklaven, die anderen zu Freien.

HERAKLIT

Wer ist wohl so unverständig, daß er den Krieg statt des Friedens wählte? Im Frieden werden die Väter von ihren Kindern begraben, im Krieg aber die Kinder von ihren Vätern.

HERODOT

Sich an der Eroberung zu ergötzen bedeutet, sich am Verlust menschlichen Lebens zu erfreuen.

LAO DSE

Wo Heerhaufen lagern, gehen Disteln und Dornen auf.

LAO DSE

Die Aufwendungen für den Krieg entziehen den Menschen die Grundlagen für das gesamte Leben, und unendlich ist der Verbrauch der Vorräte des Volkes.

MO-TI

Ein kluger Mensch muß alles versuchen, bevor er zu den Waffen greift.

TERENZ

Selbst wenn jemand am Sabbat zum Kriege gegen uns kommt, so wollen wir gegen ihn streiten.

1 MAKKABÄER 2,41

Besser ist es, daß wir im Kriege sterben, als daß wir das Unglück unseres Volkes und unseres Heiligtums sehen.

1 MAKKABÄER 3,59

Wenn die Waffen sprechen, schweigen die Gesetze.

CICERO

Krieg darf nur so geführt werden, um zu zeigen, daß sein alleiniger Zweck die Wiederherstellung des Friedens ist. Die einzige Entschuldigung für Krieg ist, daß wir unverletzt in Frieden leben mögen.

CICERO

Ich bin gewiß nicht gegen den Frieden. Aber vor einem in das Wort Frieden eingewickelten Krieg schrecke ich zurück.

CICERO

Gegen Totschlag und Mord einzelner schreiten wir ein; aber wie steht's mit den Kriegen und dem verbrecherischen Ruhm, ganze Völker hingeschlachtet zu haben? Was für den einzelnen verboten ist, wird von staatswegen befohlen. Was – heimlich begangen – den Täter den Kopf kosten würde, das loben wir, wenn es im Feldherrnmantel geschieht.

SENECA

Schlimmer als der Krieg ist die Furcht vor dem Krieg.

SENECA

Woher kommen Streit und Krieg unter euch?

JAKOBUSBRIEF 4,1

Krieg

Der Friede erwirbt und erhält den Besitz, der Krieg dagegen verzehrt und verschwendet ihn.

DIONYSIUS CASSIUS

Nur für einen kranken Staat heißt die Medizin: Soldat.

LÜ PU WE

Krieg erscheint denen schön, die ihn nicht erfahren haben.

ERASMUS VON ROTTERDAM

Man soll nie einem Übelstand seinen Lauf lassen, um einen Krieg zu vermeiden; denn man vermeidet ihn nicht; man schiebt ihn nur auf zu seinem eigenen Nachteil.

NICCOLÒ MACHIAVELLI

Krieg erfordert drei Dinge – Gold, Gold, Gold.

LAZARUS VON SCHWENDI

Im Kriege sei dein ständiges Anliegen, anderer Leben zu retten.

TSCHEN TSCHIJU

Wären sie rechte Menschen und Gotteskinder, so bedürften sie keines Kriegs; denn der Heilige Geist kriegt nicht, sondern er liebt und gibt alleine, aber nach des Zornes Eigenschaft frißt er alle gottlose Wesen auf.

JAKOB BÖHME

Man kann nicht leugnen, daß der natürliche Zustand der Menschen, bevor sie zur Gesellschaft zusammentraten, der Krieg gewesen ist, und zwar nicht der Krieg schlechthin, sondern der Krieg aller gegen alle.

THOMAS HOBBES

Man muß stets vollkommen zum Kriege gerüstet sein, um nie in die traurige Notwendigkeit versetzt zu werden, ihn zu fürchten.

FRANÇOIS DE FÉNELON

Gerechter Krieg ist ein Widerspruch in sich. Es kann nur Offensivkriege geben. Die Offensive ist nichts als eine Notwehr gegen bewaffnete Banden.

VOLTAIRE

Gott ist immer mit den stärksten Bataillonen.

FRIEDRICH II. VON PREUSSEN

Alle Schätze der Welt könnten mich nicht dazu bringen, einen Angriffskrieg zu befürworten, denn ich halte ihn für Mord.

THOMAS PAINE

Geborgte Soldaten taugen nichts.

WILHELM LUDWIG WEKHRLIN

Der Gedanke, den Krieg unter Geschöpfen, die zur Gesellschaft geboren, abzuschaffen, ist der Philosophie unseres Zeitpunkts würdig.

WILHELM LUDWIG WEKHRLIN

Krieg bestraft Strafende und Bestrafte.

THOMAS JEFFERSON

Nicht Krieg, sondern Friede ist der Naturzustand des unbedrängten menschlichen Geschlechts; denn Krieg ist ein Stand der Not, nicht des ursprünglichen Genusses.

JOHANN GOTTFRIED HERDER

Der Krieg ist in Wahrheit eine Krankheit, wo die Säfte, die zur Gesundheit und Erhaltung dienen, nur verwendet werden, um ein Fremdes, der Natur Ungemäßes, zu nähren.

JOHANN WOLFGANG VON GOETHE

Wo die Armee vom Volk abhängt, wird schließlich die Regierung von der Armee abhängen.

ANTOINE DE RIVAROL

Im längsten Frieden spricht der Mensch nicht so viel Unsinn und Unwahrheit wie im kürzesten Krieg.

JEAN PAUL

Kriegsmut ist nur in Verbindung mit den schönsten friedlichen Tugenden, Kriegszucht nur in Verbindung mit dem höchsten Freiheitsgefühl ehrwürdig.

WILHELM VON HUMBOLDT

Du darfst nicht zu oft mit einem Feinde kämpfen, denn sonst lehrst du ihn deine gesamte Kriegskunst.

NAPOLEON BONAPARTE

Krieg

Der Krieg ist die alleinige Sache des Volkes, und die Sache desselben muß daher notwendig unterschrieben werden vom Interesse der Regierenden.

HEINRICH ZSCHOKKE

Es wird eine Zeit kommen, wo Nationalstolz eben so angesehen werden wird wie Eigenliebe und andere Eitelkeit; und Krieg wie Schlägerei.

RAHEL VARNHAGEN

Wer gegen andere Krieg führt, lebt nicht in Frieden mit sich selbst.

WILLIAM HAZLITT

Es ist etwas Entsetzliches in einer Zeit, wo nur die Idee siegt, mit den Waffen in der Hand zu sterben.

CLEMENS BRENTANO

Der Krieg ist die Fortsetzung der Politik mit anderen Mitteln.

CARL VON CLAUSEWITZ

Der Krieg ist nie ein isolierter Akt. Der Krieg entsteht nicht urplötzlich; seine Verbreitung ist nicht das Werk eines Augenblicks; es kann also jeder der beiden Gegner den andern großenteils schon aus dem beurteilen, was er ist, was er tut, nicht nach dem, was er, strenggenommen, sein und tun müßte.

CARL VON CLAUSEWITZ

Der Krieg einer Gemeinschaft – ganzer Völker, und namentlich gebildeter Völker – geht immer von einem politischen Zustande aus und wird nur durch ein politisches Motiv hervorgerufen. Er ist also ein politischer Akt.

CARL VON CLAUSEWITZ

Würde der Krieg nicht durch Menschenhände, bloß durch Staatsstreiche geführt, so würde er dem Volke ganz gleichgültig sein.

JACOB GRIMM

Der Ursprung allen Krieges ist Diebsgelüst.

ARTHUR SCHOPENHAUER

Alles in dieser Welt geht nach Kriegsrecht, die Stärke – richtig verstanden – ist der Maßstab alles Wertes.

THOMAS CARLYLE

Selbst der erfolgreichste Krieg ist ein nationales Unglück.

HELMUTH GRAF MOLTKE

Die Hauptsache ist, daß eine bewaffnete Menschenmenge noch lange keine Armee ist, und es ist eine Barbarei, sie in die Schlacht zu führen.

HELMUTH GRAF MOLTKE

Wann wird jene Zeit kommen, in der ein Krieg ebenso ein Unding der Vernunft sein wird, wie ein Trugschluß schon heute ein logisches Unding ist?

ADALBERT STIFTER

Auch ein siegreicher Krieg ist an sich immer ein Übel, welches die Staatskunst den Völkern zu ersparen bemüht sein muß.

OTTO FÜRST BISMARCK

Jeder Krieg, auch der siegreiche Krieg, ist immer ein großes Unglück für das Land, das ihn führt.

OTTO FÜRST BISMARCK

Mit Reden und Schützenfesten und Liedern macht die Politik sich nicht, sie macht sich nur durch Blut und Eisen.

OTTO FÜRST BISMARCK

Man sagt uns vor allem, Kriege seien notwendig, indem die Völker im Frieden verfaulen, die mächtigsten Kräfte nicht mehr zur Darstellung gelangen würde. Und so gewinnt denn der Sieger allerdings ein erhöhtes Gefühl des Lebens. Vom Besiegten und seinem Jammer spricht man nicht; warum ist er nicht der Stärkere gewesen?

JACOB BURCKHARDT

Ich bin zutiefst überzeugt, daß Wissenschaft und Frieden über Unwissenheit und Krieg trimphieren werden, und daß sich die Völker der Erde einigen werden, nicht zu zerstören, sondern aufzubauen.

LOUIS PASTEUR

Der Krieg hat nur einen Zweck: das Volk zu vermindern.

MÓR JÓKAI

Krieg

Ist es in einer Epoche, wo man soviel von Fortschritt und Zivilisation spricht, nicht dringend nötig, da nun einmal unglücklicherweise Kriege nicht immer verhindert werden können, darauf zu bestehen, daß man im Sinne wahrer Menschlichkeit und Zivilisation einen Weg sucht, um wenigstens seine Schrecken etwas zu mildern?

HENRI DUNANT

Der Krieg ist keine liebenswürdige Plänkelei, sondern das Scheußlichste, was es im Leben gibt. Das muß man einsehen und darf nicht mit dem Krieg spielen.

LEW N. GRAF TOLSTOJ

Nur ein Unmensch oder einer, der von dem gewissenlosesten Ehrgeiz beherrscht wird, kann – wenn er die Schrecken des Krieges einmal gesehen hat – bestreiten wollen, daß ein ohne die absoluteste Notwendigkeit begonnener oder herbeigeführter Krieg das größte und unverzeihlichste Verbrechen auf Erden ist.

CARL SCHURZ

Die Viecherei bleibt dieselbe, ob man sich heute mit Gewehr und Chassepot zu Leibe geht oder wie vor längeren Jahren und Jahrtausenden seinen Stein in die Schleuder legt und sich den an die Köpfe wirft.

WILHELM RAABE

Bekanntlich brauchen wir immer einen großen Krieg, um uns von den tiefen Wunden, die uns der Friede geschlagen, zu erholen.

DANIEL SPITZER

Die Kriege sind heute schon notwendig, damit gewisse Machthaber jeden Augenblick ein Mittel zur Hand haben, die Aufmerksamkeit der Massen von den inneren Angelegenheiten und den sozialen Mißständen abzulenken.

AUGUST BEBEL

Krieg – Nebenprodukt der Friedenskunst.

AMBROSE BIERCE

Der Krieg zwischen zwei gebildeten Völkern ist ein Hochverrat an der Zivilisation.

CARMEN SYLVA

Die Waffen nieder!

BERTHA VON SUTTNER

Der Krieg und die Romantik, schreckliche Geißeln! Und was für ein erbarmungswürdiger Anblick, die rasende, kindische Liebe dieser Leute für Gewehre und Trommeln zu sehen! Sie verstehen nicht, daß der Krieg, der die Herzen unwissender und barbarischer Völker bildete und ihre Städte gründete, heute dem Sieger selbst nur Verfall und Elend bringt und zugleich ein grauenhaftes und blödes Verbrechen ist, heute, wo die Völker durch die Gemeinsamkeit von Kunst und Wissenschaft, Handel und Verkehr miteinander verbunden sind. Sinnlose Europäer, die daran denken, sich gegenseitig zu erwürgen, wo doch die gleiche Zivilisation sie einhüllt und vereint.

ANATOLE FRANCE

Der Mann soll zum Kriege erzogen werden und das Weib zur Erholung des Kriegers: alles andere ist Torheit.

FRIEDRICH NIETZSCHE

In der Zeit, in der wir leben, kann es einem passieren, daß man aus einer Schlacht zurückkehrt und sich schämt, gekämpft zu haben.

VINCENT VAN GOGH

Wenn wir versucht sind, einer anderen Nation den Krieg zu erklären, werden wir uns erinnern, daß wir im Begriff stehen, einen Teil unserer eigenen Kultur zu zerstören und vielleicht ihren wichtigsten Teil. Solange man den Krieg als etwas Böses ansieht, wird er seine Anziehungskraft behalten. Erst wenn man ihn als Niedertracht erkennt, wird er seine Popularität verlieren.

OSCAR WILDE

Es gibt keinen unvermeidlichen Krieg. Wenn Krieg ausbricht, ist es auf das Versagen der menschlichen Weisheit zurückzuführen.

ANDREW B. LAW

Im Frieden war man überrascht, daß dieser oder jener gestorben ist. Im Krieg ist man überrascht, daß dieser oder jener noch lebt.

ELEONORE VAN DER STRATEN-STERNBERG

Krieg

Der Weltkrieg ist das Paradeunglück der Weltgeschichte.

ELEONORE VAN DER STRATEN-STERNBERG

Krieg und Hetzerei jeglicher Sorte ist Heimweh nach dem Wüsten.

PETER HILLE

Jeder Krieg wird unter den nichtigsten Vorwänden begonnen, aus guten Gründen weitergeführt und mit den verlogensten Ausreden beschlossen.

ARTHUR SCHNITZLER

Wo ein Richter ist, gibt es keine Gewaltakte, wo Überlegung herrscht, gibt es keinen Krieg. Was bei einer Kriegserklärung so schrecklich ist? Daß die Regierungen nicht mehr Herren der Lage bleiben. Ein Ereignis tritt ein; ausgebeutet von Zeitungen, die den Patriotismus der Völker und ihre Eigenliebe aufstacheln. Die Mystik erwacht, und die Regierungen sind machtlos.

ARISTIDE BRIAND

Ich will vom Kriege nichts, auch keinen Lehrstoff geschenkt erhalten.

SILVIO GESELL

In der Tiefe des Gewissens warnt eine Stimme vor dem Glauben, daß der Krieg aus der Welt geschafft werden könne. So kann man nicht vermeiden, immer für alle Fälle in Bereitschaft zu sein, so wie man Ärzte und Arzneien und chirurgische Instrumente bereithält, wenn man eine Krankheit befürchtet, die immer wiederkehren kann.

BENEDETTO CROCE

Im Krieg gibt es weder Verleumdung noch Neid. Jeder achtet sich selbst.

RENÉ QUINTON

Man kann Völker mit Friedensformeln zum Kriege treiben. Die Völker merken es nicht; und die, welche die bösen Formeln im Munde führen, wollen es nicht wahr haben.

RUDOLF G. BINDING

Worüber soll man weinen? Über die Politik? Über das Volk? Ein Monat Kriegskosten hätte alles Elend aus der Welt geschafft. Ein weiterer Monat hätte alle geistigen Menschen auf Ewigkeit sichergestellt. Ein dritter hätte aus den Städten Paradiese gemacht. Ein vierter hätte die Forschung, ein fünfter die Kunst von jeder materiellen Bande befreit. Das war für die Dämonen zu viel.

WALTHER RATHENAU

Wann werden wir aufhören, zu töten und abzuschlachten?

MAKSIM GORKIJ

Das kriegerische Ideal ist das Knabenideal der Menschheit.

LEONHARD RAGAZ

Der Charakter eines Krieges wird dadurch bestimmt, welche Politik der Krieg fortsetzt, welche Klasse den Krieg führt und welche Ziele sie dabei verfolgt.

WLADIMIR I. LENIN

Der Krieg war in der ganzen Geschichte nicht wirklich verboten.

HEINRICH MANN

Einen Krieg beginnen, heißt nichts weiter, als einen Knoten zu zerhauen, statt ihn aufzulösen.

CHRISTIAN MORGENSTERN

Krieg ist ein gefährlicher Lehrer; Sieg im leiblichen führt häufig zu einer Niederlage im moralischen Bereich.

SRI AUROBINDO

Krieg ist zuerst die Hoffnung, daß es einem besser gehen wird, hierauf die Erwartung, daß es dem anderen schlechter gehen wird, dann die Genugtuung, daß es dem anderen auch nicht besser geht, und hernach die Überraschung, daß es beiden schlechter geht.

KARL KRAUS

Nein, der Seele bleibt keine Narbe zurück. Der Menschheit wird die Kugel bei einem Ohr hinein und beim anderen herausgezogen sein.

KARL KRAUS

Wie wird die Welt regiert und in den Krieg geführt? Diplomaten belügen Journalisten und glauben es, wenn sie's lesen.

KARL KRAUS

Krieg

Ein kluger Mensch kann Pläne aufstellen, um einen Krieg zu gewinnen, wenn er nicht die Verantwortung für ihre Durchführung trägt.

SIR WINSTON S. CHURCHILL

Die Kriege der Völker werden schrecklicher sein als die der Könige.

SIR WINSTON S. CHURCHILL

Die Zeit ist ein kostbares Geschenk, uns gegeben, damit wir in ihr klüger, besser, reifer, vollkommener werden. Sie ist der Friede selbst, und Krieg ist nichts als das wilde Verschmähen der Zeit, ein Ausbruch aus ihr in sinnloser Ungeduld.

THOMAS MANN

Stoff zu künftigen Kriegen bleibt da erhalten, wo bei einer Neugestaltung der Verhältnisse nach einem Kriege nicht das geschichtlich Gegebene in Betracht gezogen und eine im Sinne desselben sachliche und gerechte Lösung erstrebt wird. Denn nur diese kann die Gewähr des Dauerhaften in sich tragen. Über das geschichtlich Gegebene setzt man sich hinweg, wenn man in dem Falle, wo zwei Völker miteinander geschichtliches Recht auf ein Land haben, nur das des einen anerkennt.

ALBERT SCHWEITZER

Weltgier macht arm. Warum wollt ihr siegen, hassen, töten? Lernt lieben, danken und bewundern. Lechzt nicht nach gebeugten Knien, sondern erfleht von eurem Gott, daß er eure Knie sich beugen lehre.

EGON FRIEDELL

Wir dürfen nicht zulassen, daß unsere Gedanken und Bemühungen von konstruktiver Arbeit abgehalten und für die Vorbereitung eines neuen Krieges mißbraucht werden. Wir müssen uns stellen, für die Sache des Friedens die gleichen Opfer zu bringen, die wir widerstandslos für die Sache des Krieges gebracht haben.

ALBERT EINSTEIN

Für manchen ist der Krieg ein erfolgreiches Alibi vor der Welt, wenn auch nicht vor seinem Gewissen oder gar vor Gott.

THEODOR HAECKER

Die Diplomatie schützt ebenso wirksam vor Kriegen wie Gebete.

JANUSZ KORCZAK

Krieg läßt sich mit Vernunft und gerechtem Gefühl nicht koordinieren.

STEFAN ZWEIG

Der Krieg ist eine Seuche. Er kann Staaten und Völker verschlingen, die vom ursprünglichen Schauplatz der Feindseligkeiten weit entfernt sind.

FRANKLIN D. ROOSEVELT

Wer einen kommenden Krieg für sicher hält, wirkt gerade durch diese Gewißheit mit, daß er entsteht. Wer den Frieden für sicher hält, wird unbesorgt und treibt ohne Absicht in den Krieg. Nur wer die Gefahr sieht und keinen Augenblick vergißt, kann sich vernünftig verhalten und tun, was möglich ist, um sie zu beschwören.

KARL JASPERS

Die Wehrpflicht ist das legitime Kind der Demokratie.

THEODOR HEUSS

Jeder, der im Kriege war, weiß, warum es leichter ist, an Kanonen zu glauben als an den Geist! Stahl und Eisen sprechen zur Materie, der Geist zum Geist.

FRITZ VON UNRUH

Nur durch Lügen ist es je gelungen, den Krieg zwischen Völkern fortzuführen.

SALVADOR DE MADARIAGA

Krieg: Mühsam bestellen die Menschen Felder, bauen Häuser, Städte, Straßen, Brücken, Bahnen, damit sie Felder, Häuser, Straßen, Brücken, Bahnen mit allem Nachdruck zerstören. Werden die kommenden Generationen, so wie wir die Ruinen alter Burgen anschauen, die Betontrümmer betrachten?

JOSEF ČAPEK

Nicht das Volk selbst bereitet den Bürgerkrieg vor, sondern seine Staatsmänner.

JAKOW TRACHTENBERG

523

Krieg

Wer einen Staat verteidigen will, muß ihn verteidigungswürdig machen.

JEAN MONNET

Auch der Krieg ist ein Wesen, und zwar eines, das sich zusammensetzt aus dämonischen Kräften, die aus jenem Schöpfungsgrunde heraufkommen, der in allen Mythen das Bildnis des Drachen darstellt.

ALBERT TALHOFF

Wir müssen Krieg und Klasse abschaffen, und das sofort; schrecken wir davor zurück oder scheitern wir daran, so würden sie einen Sieg über den Menschen davontragen, der diesmal entscheidend und endgültig wäre.

ARNOLD J.TOYNBEE

Dieselben Kartoffeln; dieselben Kapitalisten. Aber andere Röcke. Das ist der Krieg.

KURT TUCHOLSKY

Noch nie hat ein Vok einem andern Volk den Krieg erklärt. Es sind die Regierungen, die dies besorgen. Keine Nation kennt wirklich eine andere Nation, es sind seltene Einzelne, die diese Kenntnis erwerben.

CARL J. BURCKHARDT

Zum Friedenmachen gehören zwei, zum Kriegmachen genügt einer.

SIGISMUND VON RADECKI

Ein auf breiter Basis geführter Krieg zerstört mehr als das Leben einzelner Männer und Frauen; er erschüttert das Gesamtgefüge der Sitte, des Rechts und des gegenseitigen Vertrauens, des gedankenlosen und gewohnheitsmäßigen Anstandes und der Menschenfreundlichkeit, worauf alle Formen des erträglichen sozialen Lebens aufgebaut sind.

ALDOUS HUXLEY

Wenn Krieg ist, denkt man über ein besseres Leben nach. Wenn Frieden ist, über ein bequemeres.

THORNTON WILDER

Die Vorkehrungen für einen Krieg werden durch die gegen ihn getarnt.

SIGMUND GRAFF

Wir sind für die Abschaffung des Krieges, wir wollen ihn nicht; aber man kann den Krieg nur durch den Krieg abschaffen; wer das Gewehr nicht will, der muß zum Gewehr greifen.

MAO ZEDONG

Der Krieg ist weniger die Schande der Männer, die ihn führen, als die der Frauen, die ihn dulden.

SIGMUND GRAFF

In früheren Zeiten sagte man: es ist süß und notwendig, fürs Vaterland zu sterben. Im modernen Krieg jedoch gibt es fürs Sterben nichts Süßes und Notwendiges. Man krepiert wie ein Hund und ohne guten Grund.

ERNEST HEMINGWAY

Eifer baut Brücken, Wetteifer macht Krieg!

OTTO BUCHINGER

Kennst du das Land, wo die Kanonen blühn?

ERICH KÄSTNER

Der Friede war die Ursache aller Kriege.

CHARLES TSCHOPP

Der Krieg ist nur noch eine Chirurgie, bei der ein Insekt seine Stiche an den Nervenknoten des Gegners anbringt.

ANTOINE DE SAINT-EXUPÉRY

Der Krieg wäre ein Geschenk der Götter, brächte er nur die Berufsmilitärs um.

JACQUES PRÈVERT

Störenfriede sollen wir sein? Kriegsstörer sind wir.

GÜNTHER ANDERS

Der Krieg spielt sich immer so ab, als wäre die Menschheit auf den Begriff der Gerechtigkeit noch überhaupt nie gekommen.

ELIAS CANETTI

Die Wurzel des Krieges ist die Angst.

ERNST JUCKER

Krieg: Der Kontrapunkt der Geschichte.

ERNST KAPPELER

Krieg

Krieg – ultima irratio.

WILLY BRANDT

Die heuchlerische Ungerechtigkeit ruft die Kriege hervor. Die gewalttätige Gerechtigkeit überstürzt sie.

ALBERT CAMUS

Krieg – das ist die Wunde, die das Sein sich selbst zufügt.

WOLFGANG ENGEL

Man sollte vom Krieg stets wie von seinem eigenen Tod sprechen.

GÜNTHER MICHEL

Blut ist kein Benzin für den Motor der Moderne.

HANS KASPER

Die großen Schlachten werden im Kleinen geschlagen – und oft verloren, weil der Mensch nicht merkt, um was es bereits geht: um das Ganze.

FRIEDRICH HEER

In den Kriegen hat der Mensch es gelernt, mit seinem Leben zu geizen.

LUDWIG BARBIAN

Niemand in der Welt zieht Kinder groß, um sie später, wenn sie erwachsen sind, Kriege führen und im Krieg umkommen zu lassen.

HERMANN GMEINER

Der Krieg langweilt mich sogar im Kino.

FEDERICO FELLINI

Im Krieg sind alle Mittel erlaubt. Nur Selbstverstümmelung ist eine strafbare Handlung.

LISELOTTE RAUNER

Kriegs-Handwerk hat goldenen Boden...

ERNST DITTRICH

Moderne Waffen sind immer wissenschaftliche Waffen.

MAX THÜRKAUF

Soldaten haben kurze Beine; der Tod holt sie ein.

KURTMARTIN MAGIERA

Der Krieg wird nicht mehr erklärt, sondern fortgesetzt. Das Unerhörte ist alltäglich geworden. Der Held bleibt den Kämpfen fern.

INGEBORG BACHMANN

Der Krieg amüsiert sich. Er wirft die Gesetze über den Haufen, schüttelt die Bäume und sagt zu den Menschen: seht zu, wie ihr zurechtkommt. Von einem Tag auf den anderen sind die Kinder älter als ihre Eltern, er sagt zu den einen wie den anderen: los, blickt einander gut in die Augen, und wir werden sehen, was geschieht! Nichts geschieht, denn Väter und Söhne begnügen sich damit, einander zu mustern und sterben, ohne das Spiel zu verstehen, an dem sie teilgenommen haben. Dann lacht der Krieg.

ELIE WIESEL

Kriegsvorbereitungen werden ab und zu unterbrochen. Durch Kriege.

GABRIEL LAUB

Die Kirche darf angesichts der drohenden der nuklearen Selbstvernichtung nicht schweigen. Wenn die Kirche ihrer Bestimmung gerecht werden will, muß sie die Beendigung des Wettrüstens fordern.

MARTIN LUTHER KING

Die Angst vor dem Krieg läßt keinen in Frieden.

GERHARD UHLENBRUCK

Gibt es einen schrecklicheren Orden als einen Kriegsverdienstorden?

HELLMUT WALTERS

Was vom Krieg zu halten ist, frage nicht die Generäle, sondern die Gefallenen.

PAUL MOMMERTZ

Der Krieg ist ausgebrochen! Und kaum einer fragt: Wer hat die Käfigtür aufgemacht?

NIKOLAUS CYBINSKI

Kriegskunst hinterläßt die meisten Denkmäler.

EMIL BASCHNONGA

Dummheit ist schlimmer als ein Atomkrieg. Sie macht ihn.

PETER HORTON

525

Krieg

Der Weltkrieg Nummer drei wird uns allen eine Nummer zu groß sein...

HANS-HORST SKUPY

Defensivblitzkrieg?

HANS-HORST SKUPY

Auch der Zahn der Zeit hat Zahnfleischbluten: Kriege.

HANS-HORST SKUPY

Wenn das Paradies so schön ist, wieso ist dann der Pfarrer gegen den dritten Weltkrieg?

STEPHAN SULKE

Krieg – Fortsetzung der Politik mit mehr Mitteln.

GERD WOLLSCHON

Im Krieg der Zukunft gibt es keine Gewinner mehr. – Aber Gewinnler.

BIRGIT BERG

Krieg ist nie Höhere Gewalt. Er ist die Friedensarbeit, die wir unterlassen.

BIRGIT BERG

Jede Armee ist eine Verteidigungsarmee. Das beste Mittel zur Verteidigung ist der Angriff.

JÜRG MOSER

So viel trennt uns gar nicht von den Neandertalern. Nur unsere Keulen sind heute chemisch.

RALF BÜLOW

Kriminalität

Ein Dieb bestiehlt nicht den anderen.

Persisches Sprichwort

Für freie Menschen sind Drohungen wirkungslos.

CICERO

Das Hinabsteigen in die Unterwelt ist leicht.

VERGIL

Jeder, der seinem Bruder auch nur zürnt, soll dem Gericht verfallen sein.

MATTHÄUS 5,22

Nicht die Maus ist der Dieb, sondern das Mauseloch.

TALMUD – KIDDUSCHIN

Drohungen bedeuten nur Waffen für den Bedrohten.

LEONARDO DA VINCI

Den Redlichsten macht reicher Raub zum Diebe.

FRANCIS BACON

Die Schurken sind immer praktischer, tüchtiger als die ehrlichen Leute, weil ihnen die Mittel gleichgültig sind.

FRANZ GRILLPARZER

Bis man den Täter gefesselt hat, ist der Schuldige oft nicht mehr erreichbar.

SALOMON BAER-OBERDORF

Nicht der Mörder, der Ermordete ist schuldig.

FRANZ WERFEL

Die menschliche Psychologie neigt seltsamerweise dazu, den Diebstahl von Provinzen als ehrenhafter und diskutierbarer zu betrachten als den Diebstahl einer Damenhandtasche.

LIN YUTANG

Seinen Mörder spricht der Mensch wie seinen Gott mit du an.

JOACHIM GÜNTHER

Gesucht werden immer die Täter. Darum findet man nie den Schuldigen.

LISELOTTE RAUNER

Die sich rechtschaffen nennen, verschaffen sich ihr Recht; die Missetäter tun nur, was ihnen angetan wird.

OTMAR LEIST

Die Humanität schafft es schon, einen Mörder am Leben zu erhalten – die Ermordeten noch nicht.

GABRIEL LAUB

Auch der Dieb weiß, was Unrecht ist, wenn er bestohlen wird.

GERHARD BRANSTNER

das recht ist eine vogelscheuche. die sicherheit, der grundsatz: mildernde umstände des mordes.

OSWALD WIENER

Der Staat, der am besten vor der individuellen Kriminalität schützt, ist der Terror-Staat, der Psychosen- und Gedankensteuerung an all seinen beschützten Bürgern praktiziert. Draußen vor der Tür der offene Abgrund, in den wir stürzen – der Mensch.

GUIDO CERONETTI

Ein Verdachtsmoment bleibt oft ein Leben lang haften.

HANS-HORST SKUPY

Das Format einer Regierung erkennt man an den Proportionen ihrer Gefängnisse.

HANS-HORST SKUPY

Krise

Wenn die Liebe erkaltet, erwärmt sich der Zank.

Bulgarisches Sprichwort

Ich habe das Elend meines Volks gesehen.

2 MOSE 3,7

Aufrichtige Männer in Zeiten politischer Krisen sind vom Übel, wenn ihr Verstand von falschen Ideen verblendet ist.

NAPOLEON BONAPARTE

Allein es gibt Perioden im menschlichen Leben, die wollen überstanden sein.

RICHARD BENZ

Schlechte Zeiten sind von wissenschaftlichem Wert. Sie sind Gelegenheiten, die ein Gelehriger nicht missen möchte.

RALPH WALDO EMERSON

Ewig wird es unmöglich sein, Grad und Werk einer Krisis und besonders ihre Verbreitungsfähigkeit beim Beginn richtig zu schätzen.

JACOB BURCKHARDT

In den Krisen kulminiert in den großen Individuen zusammen das Bestehende und das Neue.

JACOB BURCKHARDT

Der Mensch in der Krisis, das ist der Mensch, der seine Sache nicht mehr dem Gespräch anvertraut, weil ihm dessen Voraussetzung, das Vertrauen, verlorengegangen ist.

MARTIN BUBER

Jede Krise ist ein Geschenk des Schicksals an den schaffenden Menschen.

STEFAN ZWEIG

Hinter den Krisen steht, gerade so wie hinter den Kriegen und Revolutionen, das Gemeinschaftsproblem.

EMIL BRUNNER

Eine Krise besteht darin, daß das Alte stirbt und das Neue nicht geboren werden kann.

ANTONIO GRAMSCI

Große Erschütterungen gefährden den harmonischen und gesicherten Menschen mehr als den, der geübt ist, sich im Zwiespalt einzurichten.

LUDWIG STRAUSS

Die großen inneren Krisen gehen, mit wenigen Ausnahmen, auf Erschütterungen des Vertrauens zurück.

JOSEF SELLMAIR

Beachte die Krisen nicht; dann werden sie an dir vorübergehen.

MADELEINE DELBREL

In persönlichen Krisenzeiten werden im Menschen neue, starke Kräfte wach, die niemals zutage treten, wenn die Gedanken feiern.

JACK THOMMEN

Gott ist tot, Marx ist tot, und ich selber fühle mich nicht sehr gut.

EUGÈNE IONESCO

Krise

Das erste Anzeichen einer schlechtgehenden
Ehe sind zeitlich getrennte Erkältungen.

ROBERT LEMBKE

Krisen meistert man am besten, indem man
ihnen zuvorkommt.

WALT W. ROSTOW

Midlife-crisis: Man probiert noch einmal die
Fehler aus seiner Jugend und wünscht sich,
sie wären es.

GÜNTER RADTKE

Eine Krise fördert die Kreativität, viele Krisen
zerstören sie.

GERHARD UHLENBRUCK

Manche nervöse Regierung reagiert in
Krisensituationen wie halbverhungerte
Schiffbrüchige in einem überlasteten Boot:
der Schwächste fliegt über Bord.

HIDEKI SHIKAZE

Krisen: Entwöhnungskuren für Profitsüchtige.

HANS-HORST SKUPY

Krisensicherer Job. Je größer die Krise, desto
sicherer der Job?

HANS-HORST SKUPY

Immer, wenn die Krise am schönsten ist,
müssen die Arbeiter gehen.

GERD WOLLSCHON

Kritik

Wirf in die Gosse keinen Stein, sonst
wirst du schmutzig werden.

Türkisches Sprichwort

Bessere dich zuerst, ehe du andere bessern
willst!

KONFUZIUS

Ein unvoreingenommener Kritiker sollte den
Autor nicht danach einschätzen, was er
fortläßt, sondern nach dem, was er berichtet.

POLYBIOS

Wider den Stachel löcken.

TERENZ

Wer es sich herausnimmt, den Lebenswandel
anderer zu kritisieren und ihre Sünden an den
Pranger zu stellen, wo sollte der Verzeihung
erlangen, wenn er selber auch nur einen
Augenblick von dem strengen Pfade der
Pflichten abbog?

CICERO

Sie lästerten ihn und schüttelten ihre Köpfe.

MATTHÄUS 27,39

Wer sich über Kritik ärgert, gibt zu, daß er sie
verdient hat.

TACITUS

Alles verzeihen die Krittler den Raben und
peinigen die Tauben.

JUVENAL

Verdamme keinen Armen, verspotte keinen
Einfältigen, etwas, das stolze Narren gern
tun. Kritisiere deine eigenen Fehler und nicht
die der anderen.

ROGER ASCHAM

Glücklich sind diejenigen, die erfahren, was
man an ihnen aussetzt, und die sich danach
verbessern können.

WILLIAM SHAKESPEARE

Nach der strahlenden Sonne sieht keiner,
aber alle nach der verfinsterten. Die gemeine
Kritik der Welt wird dir nicht, was dir
gelungen, sondern was du verfehlt hast,
nachrechnen.

BALTAZAR GRACIÁN

Nur diejenigen haben ein Recht zu kritisieren,
die zugleich ein Herz haben zu helfen.

WILLIAM PENN

Das Gefallen an der Kritik beraubt uns der
Freude, von großen Schönheiten eines
Schriftwerkes lebhaft ergriffen zu werden.

JEAN DE LA BRUYÈRE

Kritik ist die Steuer, die ein Mensch der
Öffentlichkeit entrichtet, damit sie ihm
erlaubt, außergewöhnlich zu sein.

JONATHAN SWIFT

Kritik

Wenn die Männer von Geist und Genie beschließen würden, sich in ihren Werken niemals über Kritiker und Verleumder zu beklagen, wüßte das nächste Zeitalter nicht einmal, daß es welche gegeben hat.

JONATHAN SWIFT

Die edle Kritik zeigt der Welt an, wie man mit Recht bewundern kann.

ALEXANDER POPE

Ist es nicht sonderbar, daß man das Publikum, das uns lobt, immer für einen kompetenteren Richter hält, aber sobald es uns tadelt, es für unfähig erklärt, über Werke des Geistes zu urteilen?

GEORG CHRISTOPH LICHTENBERG

Unter die größten Entdeckungen, auf die der menschliche Verstand in der neuesten Zeit gefallen ist, gehört meiner Meinung nach wohl die Kunst, Bücher zu beurteilen, ohne sie gelesen zu haben.

GEORG CHRISTOPH LICHTENBERG

Durch das Vergrößerungsglas betrachtet man die Vorzüge derer, die man liebt, und die Fehler derer, die man nicht liebt.

JOHANN GOTTFRIED HERDER

Gegen die Kritik kann man sich weder schützen noch wehren; man muß ihr zum Trutz handeln, und das läßt sie sich nach und nach gefallen.

JOHANN WOLFGANG VON GOETHE

Wir können einem Widerspruch in uns selbst nicht entgehen; wir müssen ihn auszugleichen suchen. Wenn uns andere widersprechen, das geht uns nichts an, das ist ihre Sache.

JOHANN WOLFGANG VON GOETHE

Empfänglichkeit für Urteile, Ansichten und Meinungen anderer ist eine der besten Eigenschaften für den Umgang.

ADOLPH VON KNIGGE

Kritiker sind meist Leute, die Dichter, Historiker, Biographen geworden wären, wenn sie könnten. Sie haben sich auf dem einen oder anderen Gebiet versucht und versagt. Darum sind sie Kritiker geworden.

SAMUEL TAYLOR COLERIDGE

Ein Mensch muß, um Kritiker zu sein, nicht unbedingt ein guter Dichter sein. Um aber ein guter Kritiker zu sein, darf er kein schlechter Dichter sein.

WILLIAM HAZLITT

Wer sich für unfehlbar hält, ist ein eingebildeter Narr.

CARL MARIA VON WEBER

Die Erfahrung hat gelehrt, daß die Gesamtstimme des Publikums beinahe immer gerecht sei.

CARL MARIA VON WEBER

Alle Kritik ist an sich unfruchtbar, wenn sie sich mit der bloßen Negation begnügt, ohne zugleich produktiv und gleichsam weissagend in eine neue Ära hinüberzugreifen.

JOSEPH VON EICHENDORFF

Die Kritik ist etwas Wandelbares: sie geht hervor aus den Ansichten der Zeit.

HEINRICH HEINE

Die Kritik ist eine Bürste, die man bei leichten Stoffen nicht verwenden darf, weil sie da alles wegnehmen würde.

HONORÉ DE BALZAC

Der letzte Beweis von Größe liegt darin, Kritik ohne Groll zu ertragen.

VICTOR HUGO

Es ist leichter kritisch als korrekt zu sein.

BENJAMIN DISRAELI

Verneinen darf und kann man eigentlich gar niemanden, man muß jeden zu erklären suchen. Und das ist die wahre Kritik.

ERNST VON FEUCHTERSLEBEN

Kritiker und Rezensent ist zweierlei: jener steht dem Künstler, dieser dem Handwerker näher.

ROBERT SCHUMANN

Die meisten unserer Kritiker sind nur deshalb Scharfrichter geworden, weil sie keine Könige werden konnten.

FRIEDRICH HEBBEL

Kritik

Künstler, nie mit Worten, mit Taten begegne
dem Feinde! Schleudert er Steine nach dir,
mache du Statuen daraus.

FRIEDRICH HEBBEL

Es gibt Leute, die nur aus dem Grunde in
jeder Suppe ein Haar finden, weil sie, wenn
sie davorsitzen, so lange den Kopf schütteln,
bis eins hineinfällt.

FRIEDRICH HEBBEL

Nichts ist seltener als eine Kritik, die nicht
mit der Linken wieder nimmt, was sie mit der
Rechten gab.

THEODOR FONTANE

Rücksichtslose Kritik ist allein der freien
Wissenschaft würdig – und jeder
wissenschaftliche Mann muß sie willkommen
heißen, auch wenn sie auf ihn selbst
angewendet wird.

FRIEDRICH ENGELS

Ein Übermaß von Kritik zeugt von
Unverständnis.

GUSTAVE FLAUBERT

Die Kritik ist von geringer Qualität, die meint,
ein Kunstwerk nur dann richtig beurteilen zu
können, wenn sie die Verhältnisse kennt,
unter denen es entstanden ist.

MARIE VON EBNER-ESCHENBACH

Du sollst nicht sagen: es ist nicht gut. Du
sollst sagen: Es gefällt mir nicht. Dann weißt
du, daß du dich keiner Gefahr aussetzt.

JAMES A. MCNEIL WHISTLER

Wissense, det sieht alles jut aus, aber et is
nich jut!

MAX LIEBERMANN

Kritik ist die Voraussetzung und die Methode
der Wissenschaft und der
Wissenschaftlichkeit; Kritik ist die
Voraussetzung und die Methode der
demokratischen Politik.

TOMÁŠ G. MASARYK

Die höchste und die niedrigste Form der
Kritik ist eine Art Selbstbiographie.

OSCAR WILDE

Der Kritiker ist selbst etwas – der Kritikaster
ist nur eine Laus auf den Werken anderer.

OTTO ERNST

Nur gegen absolute Unfähigkeit, gegen
gespreizte Dummheit und unverbesserliche
Faulheit hat eine gesunde Kritik
schonungslos Front zu machen.

ADOLPH VON WOLZOGEN

Wo Kritik nicht erlaubt ist oder sich nicht
hervorwagt, muß die Selbstkritik an ihre
Stelle treten.

RUDOLF G. BINDING

Die Menge verhöhnt den Aufgebrachten und
ruft, er sei außer sich.

WALTHER RATHENAU

Wir sollten immer nur charakterisieren
wollen, nie kritisieren.

CHRISTIAN MORGENSTERN

Konventionelle Menschen bringt das
Abweichen vom Herkömmlichen in Aufruhr,
hauptsächlich, weil sie ein solches
Abweichen als Kritik ihrer selbst betrachten.

BERTRAND EARL RUSSELL

Ein Rezensent, der zu den passenden Worten
immer ein Urteil findet.

KARL KRAUS

Wie häufig haben wir ein schlechtes
Schauspiel wütend gesteinigt gesehen von
einer Kritik, die noch viel schlechter war als
das Schauspiel!

ANTONIO MACHADO

Die Kritiker sind wie die Einsager in den
Schulbänken; sie lachen in sich, wenn der
Nachbar Publikum ihre leichtsinnig falschen
Einflüsterungen dummen Vertrauens
wiederholt.

RAINER MARIA RILKE

Man muß die Kritik begrüßen, sie
aufmerksam anhören und ihren gesunden
Kern berücksichtigen.

JOSSIF W. STALIN

Ein Kritiker ist ein Mensch ohne Beine, der
andere laufen lehrt.

CHANNING POLLOCK

Kritik

Man kann sich unmöglich einen Menschen mit tatsächlicher Stärke und Originalität vorstellen, der sich sein ganzes Leben mit der Beurteilung und Beschreibung der Werke anderer beschäftigt hat.

HENRY L. MENCKEN

Der Maler kennt die Dinge vom Sehen, der Schriftsteller, der sie nur dem Namen nach kennt, profitiert vom günstigen Vorurteil. Darum ist Kritik so leicht.

GEORGES BRAQUE

Ein Werk, das beunruhigt, das vielleicht verwirrt, darf nicht deshalb schon verurteilt werden. Es gibt eine gute Beunruhigung, einen heilsamen inneren Aufruhr.

FRANÇOIS MAURIAC

Der unfähige Kritiker verrät sich, wenn er anfängt, den Dichter statt des Gedichtes zu besprechen.

EZRA POUND

Es ist der Irrtum, daß man glaubt, die Kritik wäre dazu da, um Recht zu haben. Sie ist da, um zu diskutieren. Wo nicht diskutiert werden kann, kann sich keine Meinung bilden, die einen Wert hat.

WILHELM FURTWÄNGLER

Manche Menschen lesen überhaupt keine Bücher, sondern kritisieren sie.

KURT TUCHOLSKY

Der Kritiker ist wie das fünfte Rad am Wagen.

HENRY MILLER

Übst du Kritik an den Menschen, übe sie an Einzelnen, sonst nimmt sich jeder aus.

HEINRICH LEXA

Der Kritiker lebt vom Autor, nicht umgekehrt.

ERNST JÜNGER

Die Kritik an anderen hat noch keinem die eigene Leistung erspart.

NOEL COWARD

Wir kritisieren mehr: gerade da, wo wir lieben.

HANS MARGOLIUS

Echte Kritik ist Hoffnung.

RUDOLF NAUJOK

Kritik verpflichtet. Niemand hat das Recht, selbst wenn er im Recht wäre, sich Angriff oder Ablehnung leicht zu machen.

GERHARD SCHÄKE

Wo ein Buckel ist, da findet sich immer ein Knüppel.

ERWIN CHARGAFF

Kritiker – ein Experte, den seine Arbeit nach der Veranstaltung nötigt, bis tief in die Nacht aufzubleiben, weshalb er zum Vorrats-Schlaf während der Veranstaltung neigt.

HANS WEIGEL

Ein Kritiker ist eine Henne, die gackert, wenn andere legen.

GIOVANNI GUARESCHI

Sie beobachten mich durch ein Vergrößerungsglas: um mich kleinzukriegen.

STANISLAW JERZY LEC

Kritiker stehen im Verdacht gewerbsmäßiger Unzucht.

MAX HOGREFE

Wir sollten weder Zeit noch Energie in der Kritik an andere verschwenden.

MAHARISHI MAHESH YOGI

Wenn du deine Zeit damit verbringst, immer nur zu kritisieren, wird dir zum Handeln keine Zeit mehr bleiben.

MICHEL QUOIST

Wer Ja oder Nein sagt, riskiert immer den Irrtum. Man erkennt die großen Kritiker an ihren Irrtümern. Nur wer dauernd Jein sagt, irrt nie.

MARCEL REICH-RANICKI

Kritiker sind Leute, die den schöpferischen Künstler dahingehend zu beeinflussen versuchen, daß er so schreiben, so spielen oder so inszenieren soll, wie sie, die Kritiker, es täten, wenn sie schreiben, spielen oder inszenieren könnten.

EPHRAIM KISHON

Kritik

Noch immer hilft mir die Kritik von
Dummköpfen nicht.

ERWIN STRITTMATTER

Kritik wird lieber geübt als Toleranz, weil
Toleranz mehr Übung erfordert.

WOLFRAM WEIDNER

Kritiker sind heute nur noch Wracks, traurig
und desillusioniert.

PETER ZADEK

Die Dekadenz nimmt zu, weil die Institutionen
ihre Kritiker auszeichnen.

DIETER HILDEBRANDT

Soll die Kritik uns nützen – sie zeige mit
Strenge den Irrtum, zeige die Wege zugleich,
wie man zum Wahren gelangt.

A. J. BECHER

An die Stelle des Rezensenten, der immer
noch liest und schreibt, obwohl ihm weder
das eine noch das andere gelingen will, treten
andere Zirkulationsagenten, denen diese
Qual erspart bleibt, als da sind:
Medienkontakter, Showmaster,
Videodesigner – Leute, die instinktiv erkannt
haben, was das Störende, das eigentlich
Lästige am Literaturgeschäft ist – nämlich der
Text, das Buch, die Literatur.

HANS MAGNUS ENZENSBERGER

Mit dem erhobenen Zeigefinger sollte man
lieber in der eigenen Nase bohren.

GERHARD UHLENBRUCK

Kritiker sind Leute, die ursprünglich Henker
werden wollten, diesen Beruf aber knapp
verfehlt haben.

HAROLD PINTER

Wer andern den Spiegel vorhält, braucht
selbst nicht hineinzuschauen.

JOHANNES GROSS

Abkanzeln. Mißbrauch von Kritik.

HORST FRIEDRICH

Kritiker sind Leute, die ihre Arbeit einen Tag
zu spät verrichten.

MARTY FELDMAN

Die größten Feinde einer kritischen
Betrachtung sind Liebe und Gewohnheit.

ELISABETH HABLÉ

Ein Zustand, der Kritik verbietet, ist doppelt
kritisch.

BERND KOLF

Das Zersetzende an Kritik ist ihre
Berechtigung.

THOMAS SCHMITZ

Um einen Menschen zu zerstören, genügt es,
ihn verbessern zu wollen.

SULAMITH SPARRE

Kultur

Der Analphabet – ein Vogel ohne
Flügel.

Udmurtisches Sprichwort

Niemand ist so barbarisch, daß er nicht
zivilisiert werden kann, wenn er der Kultur ein
geduldiges Ohr leiht.

HORAZ

Der Mensch lebt nicht vom Brot allein.

MATTHÄUS 4,4

Wie unser Gang ein beständiges Fallen ist zur
Rechten und zur Linken, so der Fortschritt
der Völker zur Kultur.

JOHANN GOTTFRIED HERDER

Die höchste Kultur erhebt den Menschen über
das Nationale und macht ihn ganz einfach.

JAKOB GRIMM

Der Taufzettel ist das Entréebillet zur
europäischen Kultur.

HEINRICH HEINE

Die Höhe der Kultur ist die einzige, zu der
viele Schritte hinaufführen und nur ein
einziger herunter.

FRIEDRICH HEBBEL

Kultur

Der Standpunkt einer Kultur ist immer der Standpunkt ihrer Menschlichkeit.

ADALBERT STIFTER

Wenn wir Kultur nötiger haben als Kartoffeln und Erleuchtung nötiger als Zuckerpflaumen, dann werden die großen Hilfsquellen einer Welt geschätzt und entwickelt, und das Ergebnis oder die Haupterzeugung besteht nicht in Sklaven oder Fabrikarbeitern, sondern in Menschen – jenen seltenen Früchten, die man Helden, Heilige, Dichter, Philosophen und Erlöser nennt.

HENRY DAVID THOREAU

Kultur bedeutet, das Beste zu kennen, das in der Welt gesagt und gedacht worden ist.

MATTHEW ARNOLD

Glücklicherweise ist es nur eine alte, überkommene Volkslüge, daß die Kultur demoralisiere. Nein, die Verdummung der Armut, die Elendigkeit der Lebensverhältnisse, die sind es, die dieses Teufelswerk verrichten! Der Mangel an Sauerstoff entkräftet das Gewissen.

HENRIK IBSEN

Das Kulturleben, die Kulturentwicklung eines Volkes kann sich nur auf dem Boden voller Freiheit und Unabhängigkeit durch das Hilfsmittel der Muttersprache entwickeln.

AUGUST BEBEL

Kunst, Wissenschaft und die stets irrende, dogmatische Religion sind nicht ein von Gott gewollter Zustand, sondern das Resultat menschlichen Strebens und – Irrens.

RICHARD FUGMANN

Konventionelle Lügen der Kulturmenschheit...

MAX NORDAU

Der Staat, die Literatur, die Wissenschaft, die Philosophie, die Schule und Erziehung, die Gesundheit und Sittlichkeit der Nation, kurzum die ganze Geisteskultur, ist nicht durch die wirtschaftlichen Verhältnisse gegeben, sondern muß neben ihnen erarbeitet werden; die Kultur sichert und ermöglicht auch die wirtschaftliche Entwicklung und – das Brot.

TOMÁŠ G. MASARYK

Man soll den Wert eines Menschen objektiv beurteilen nach den Kulturwerten, die er seiner Mit- und Nachwelt gegeben hat, und – will man ihn wohlwollend richten – nach dem, was er ernstlich zu geben bemüht war.

MAX VERWORN

Einfachheit ist keine Frage des Besitzes, sondern der Kultur.

BERTHA PAPPENHEIM

Rücksicht gegen andere als Selbstverständlichkeit auffassen ist Kultur.

ELEONORE VAN DER STRATEN-STERNBERG

Der Osten verliert sein Östliches, der Westen sein Westliches; beide ihr Köstliches.

GERHART HAUPTMANN

Zivilisation ist Zwang, Kultur Freiheit.

GERHART HAUPTMANN

Kultur ist ihrem Wesen nach etwas, was erspart werden muß, was überhaupt nur aus dem Verzicht auf den Augenblick, was nur mit dem Blick auf die Erben entstehen kann; Kultur ist immer Sorge für die Nachkommen.

HERMANN BAHR

Lüge und Neid äußern sich im Stande der Kultur als Finesse und Kritik.

WALTHER RATHENAU

Das Volk schafft nicht aus dem Nichts heraus, sondern nur aus dem Erbe der gegenwärtigen und der vergangenen Kultur.

WLADIMIR I. LENIN

Religion hat nicht Kultur zum Zweck, sondern umgekehrt. Zugleich aber wird alle wahre Kultur aus der Religion geboren.

KITARO NISHIDA

Kultur ist die Befreiung des inneren Menschen auf Kosten seiner äußeren Freiheit.

JULIAN PRORÓK

Kein Mensch, wie gelehrt er auch sein mag, kann als kultiviert bezeichnet werden, so lange er nicht die Lücke zwischen seinem Lesen und seinem Leben überbrückt hat.

JOHN COWPER POWYS

Kultur

Das Genie will den Widerstand, und der Widerstand macht das Genie. Was das Talent betrifft, so haben wir davon gar zu viele. Unsere Kultur stinkt von vollkommen unnützen, ja sogar vollkommen schädlichen Talenten.

ROMAIN ROLLAND

Kultur wäre nicht Kultur, wenn sie nicht ein erworbener Geschmack wäre.

JOHN COWPER POWYS

Kultur bedeutet ein Beherrschen von Natur. Das reiche Wort Natur bedeutet aber auch menschliche Natur, und auch diese will beherrscht werden.

JOHAN HUIZINGA

Eine ausgeglichene Kultur kann nur auf zwei Pfeilern ruhen: auf dem Glauben an Gott und der Einigkeit unter den Menschen.

MAULANA MUHAMMAD ALI

Der Furchtlose ist der Kulturschaffende. In Angstzuständen wächst keine Kultur.

JOSEPH KÜHNEL

Das Wesentliche der Kultur besteht nicht in materiellen Errungenschaften.

ALBERT SCHWEITZER

Kultur ist nicht eine Erscheinung einer Weltrevolution, sondern ein Erlebnis des Willens zum Leben in uns.

ALBERT SCHWEITZER

Alle Kultur ist Erweiterung unseres Bewußtseins.

C. G. JUNG

Frieden, Freiheit und gegenseitige Hilfe sind die Grundlagen jeder kulturerfüllten Gemeinschaft.

FRANZ CARL ENDRES

Es gibt keine menschliche Kultur ohne Erbarmen.

FRANZ CARL ENDRES

Die Kultur: Gras, das immer wieder niedergetreten wird und sich wieder aufrichtet.

ROBERT MUSIL

Niemals noch gab es Kultur ohne Religion.

GUSTAV RADBRUCH

Kultur ist Tradition. Je tiefer eine Form, desto langsamer reift sie. Ohne Tradition ist man Barbar.

OSWALD SPENGLER

Das Radio ist Zivilisation. Wenn man es abstellt, ist das Kultur.

FRITZ DE CRIGNIS

Man soll oder muß die Kultur betrachten, wie man sein Leben betrachtet: vergänglich und vergehend, unwiederbringlich – und deshalb der Verewigung bedürftig.

RICHARD BENZ

Kultur erwerben ist weder schwierig noch schmerzhaft. Man braucht dazu kein Studium verschiedener Wissenschaften. Wir müssen uns nur versenken in Bücher, Bilder und Töne, die unzählige Generationen von Männern und Frauen vor uns geliebt und bewundert haben.

ANDRÉ MAUROIS

Letzten Endes ist der Sinn der Kultur die Kraft der Seele.

JOSEF ČAPEK

Jede Kultur ist der Ausdruck einer Religion; denn Religion bedeutet Glaube an absolute Werte und den Weg zu ihrer Verwirklichung.

SARWAPALLI RADHAKRISHNAN

Kultur ist nicht nur die Fertigung von Kulturgütern, sondern – und das ist das wichtigste – deren Gebrauch.

KAREL ČAPEK

Sage mir, wie ein Land mit seinen schlimmsten politischen Gegnern umgeht, und ich will dir sagen, was es für einen Kulturstandard hat.

KURT TUCHOLSKY

Kultur, wie wir sie verstehen, ist eine Bewegung – kein Zustand; eine Reise – kein Hafen. Keine bekannte Kultur hat bisher noch das Kulturziel erreicht.

ARNOLD J. TOYNBEE

Kultur

Eine Kultur ist ein Lebewesen, das danach strebt, sich selbst wiederzugebären.
ARNOLD J. TOYNBEE

Der Rückfall in die alte Barbarei kann der Anfang einer neuen Kultur sein.
MICHAEL JOSEF EISLER

Die Kultur ist kein Ziel der Natur, sie ist nur ihr Spielzeug, dessen Pflege mit dem Ernst eines Kindes besorgt wird.
EUGEN BÖHLER

Die revolutionäre Kultur ist für die breiten Volksmassen eine machtvolle Waffe der Revolution. Vor der Revolution ist sie eine ideologische Vorbereitung für die Revolution; während der Revolution ist sie ein notwendiger und wichtiger Abschnitt innerhalb der allgemeinen revolutionären Front.
MAO ZEDONG

Der sicherste Maßstab der Kultur eines Menschen oder eines Volkes ist ihr Sinn für Wertunterschiede, ihr Sinn für Formen, ihre Verachtung der Mengen. Das sicherste Zeichen der Barbarei und Primitivität ist der Kult der Zahl und der Quantität.
RICHARD N. GRAF COUDENHOVE-KALERGI

Eine fremde Kultur kennenzulernen, dazu gehört Hochachtung, Bescheidenheit, Unvoreingenommenheit und viel Fleiß.
PETER BAMM

Kultur besitzt, wer das Fremde mit dem Herzen versteht.
ZENTA MAURINA

Die Kultur ist das Gewissen des Fortschritts.
SIGMUND GRAFF

Kultur ist die Widerstandsbewegung gegen die Tyrannei der Zivilisation.
WILHELM LICHTENBERG

Kultur ist die Fähigkeit, das öffentlich Vorhandene privat zu genießen.
ERWIN CHARGAFF

Eine Kultur besteht aus einer Reihe sinnlicher Vorlieben.
MARSHALL MCLUHAN

Eine Kultur beruht auf dem, was von den Menschen gefordert wird, und nicht auf dem, was sie geliefert erhalten.
ANTOINE DE SAINT-EXUPÉRY

Es gibt im Strudel dieser Jahre Strömungen, die man getrost verschlafen darf.
GUNTER GROLL

Die modernen Kulturanalysen sind Bilanzen, die mit Verlust abschließen; diese Buchhalter haben sich nicht verrechnet, sondern sie haben übersehen, daß Schrott aktiv werden kann, indem man ihn einschmilzt.
C. W. CERAM

Kultur ist die Summe der Bejahungen der Interessen, die ein Volk ausfüllen.
FRANZ JOHANNES SCALA

Ein Premierenabonnement ist noch kein Anzeichen von Kultur.
OLIVER HASSENCAMP

Einen Edelstein betrachtet man in seiner Fassung, einen Menschen in seinem Haus.
RASSUL GAMSATOW

Kultur ist ganz gewiß nicht das, was gemeinhin als schöner Schein bezeichnet wird. Kultur ist eine Lebensform, ein Lebensprozeß, Kultur bringt Kommunikationsfiguren hervor, schafft Beziehungsgeflechte zu Menschen und ihrer Umwelt, zu ihrer Natur, zu ihrer Gestaltung von Städten und Landschaften, weist auf die Zukunft hin – und das immer mit dem Blick auf die Vergangenheit. Kultur ist Lebensform, Gestaltung und Aneignung.
HILMAR HOFFMANN

Die Kultur ist nicht das einzige, aber ein Mittel, um einer wachsenden Zahl von Menschen dazu zu verhelfen, einen Lebensinhalt zu finden.
MANFRED ROMMEL

Das Bedürfnis nach Kultur wird nicht aufgezehrt, nur bildet es sich jetzt freiwillig.
HANS MAGNUS ENZENSBERGER

Kultusministerium: Kult zum Amt gemacht.
HANS-HORST SKUPY

Kultur

Den kulturellen Standard eines Landes mißt man nicht in seinen Opernhäusern, sondern auf seinen Bahnhofstoiletten.

BERND WEINKAUF

Die Grundlage aller Kultur ist Bewunderungsfähigkeit.

PETER HORTON

Die Kultur ist tot. Es lebe der Kult!

GUDRUN PIOTROWSKI

Kummer

Weck nicht den Kummer, er schläft nur.

Englisches Sprichwort

Bei Kummer im Herzen ist der Geist gedrückt.

SPRÜCHE 15,13

Vergeude keine frischen Tränen für alten Kummer.

EURIPIDES

Der Kummer hat viele getötet; kein Nutzen ist in ihm.

BEN SIRA 30,23

Kummer mach alt vor der Zeit.

BEN SIRA 30,24

Wenn du willst, daß ich weine, mußt du selbst Kummer empfinden.

HORAZ

Jeder kann den Kummer meistern, nur der nicht, der ihn hat.

WILLIAM SHAKESPEARE

Kummer macht eine Stunde zu zehn.

WILLIAM SHAKESPEARE

Kein Kummer ohne seinen Trost. Für die Dummen und Häßlichen ist es einer, daß sie Glück haben.

BALTAZAR GRACIÁN

Die Beschäftigung mit geistigen Dingen ist für mich das unübertreffliche Heilmittel gegen alle Widrigkeiten des Lebens gewesen, da ich niemals einen Kummer hatte, den eine Stunde Lesens mir nicht verscheucht hätte.

MONTESQUIEU

Tränen sind die stumme Sprache des Kummers.

VOLTAIRE

Der Zwang zu sterben ist unser bitterster Kummer.

VAUVENARGUES

Viel Kummer bereitet es meinem Herzen, wenn ich daran denke, was der Mensch aus dem Menschen gemacht hat.

WILLIAM WORDSWORTH

Es gibt keinen Kummer auf Erden, den der Himmel nicht heilen kann.

THOMAS MORUS

Kummer ist Wissen.

LORD BYRON

Warum erntet man Kummer, wenn man Liebe sät?

HEINRICH HEINE

Wer Kummer gekannt hat, scheint selten traurig zu sein.

BENJAMIN DISRAELI

Die Hälfte der Kümmernisse dieses Lebens kann darauf zurückgeführt werden, daß man zu schnell Ja oder nicht früh genug Nein sagte.

JOSH BILLINGS

Die Menschen denken, daß Kummer Schmerz sei; aber dem ist nicht so. Kummer, das Sich-Versenken in eine stille Erinnerung an das, was war, aber nicht mehr ist, ist eine Freude, ein Trost, ein Segen.

F. MAX MÜLLER

Wer glaubt, man könne seinen Kummer im Wein ertränken, der irrt (sich); nur mit einsamen warmen Tränen kann er wie eine köstliche Blume begossen werden.

AUGUST STRINDBERG

Der schwerste Kummer ist der, der sich nicht mitteilen kann; die heißesten Tränen sind die ungeweinten.
DAGOBERT VON GERHARDT AMYNTOR

In der Jugend hat man Tränen ohne Kummer, im Alter Kummer ohne Tränen.
JOSEPH ROUX

Der Kummer darf sich nicht in unserem Herzen ansammeln wie Wasser in einem trüben Tümpel.
VINCENT VAN GOGH

Gäbe es weniger Teilnahme, so würde es auch auf der Welt weniger Kummer geben.
OSCAR WILDE

Je mehr der Mensch leidensfähig, das heißt tieferen Kummers fähig ist, desto mehr ist er Mensch.
MIGUEL DE UNAMUNO

Glück ist gut für den Körper, aber Kummer stärkt den Geist.
MARCEL PROUST

Die Art, einen Kummer zu verringern, ist, recht viel daraus zu machen.
GILBERT KEITH CHESTERTON

Ich habe nichts anzubieten außer Blut, Plagen, Tränen und Schweiß.
SIR WINSTON S. CHURCHILL

Die Seele voll Kummer ist Blei auf den Füßen.
JAKOW TRACHTENBERG

Kummer ist eine private Angelegenheit.
MARLENE DIETRICH

Man kann sich den Kummer nicht aus den Augen reiben.
JOSEF VITAL KOPP

Bitternis der Stunde ist die Würze jeden Lebens.
PETER CORYLLIS

Man würde sich leicht an die Kümmernisse gewöhnen, wenn die Vernunft oder die Leber ihnen nicht erlägen.
É. M. CIORAN

Kunst

Jede Kunst gilt, wenn man ihrer bedarf.
Tschechisches Sprichwort

Alle Menschen aber sind Toren mit ihrer Kunst.
JEREMIAS 10,14

Die Form ist Wesen, das Wesen ist Form.
KONFUZIUS

Wer nicht die Künste versteht, umgrabe das Land mit der Hacke; allerlei gibt es zu tun, wenn nur tätig du sein willst.
PHOKYLIDES

In der Kunst bedeutet Lebendigmachen alles.
LI TAI PO

Das Leben hat ein Ende, die Kunst hat keine Grenze.
SEAMI MOTOKIYO

In allen Künsten ist der Weg der: Lernen und Üben, Innewerden und dann Verwirklichen.
SEAMI MOTOKIYO

Nur wer die Kunst über alles stellt, wer in ganzer Hingabe seiner selbst nur für diese Kunst lebt, wird zur Vollkommenheit gelangen.
SEAMI MOTOKIYO

Die Kunst steckt wahrhaftig in der Natur: Wer sie herausreißen kann, der hat sie.
ALBRECHT DÜRER

Kunst und Werkschaft müssen aus der Liebe entspringen, sonst ist nichts Vollkommenes da.
PARACELSUS

Mehr Inhalt, weniger Kunst!
WILLIAM SHAKESPEARE

Wem die Kunst das Leben ist, dessen Leben ist eine große Kunst.
JOHANN SEBASTIAN BACH

Kunst

Alle Kunstgattungen sind gut, mit Ausnahme der langweiligen.

VOLTAIRE

Man muß einzig den Fortschritt der Kunst zum Ziele haben.

CHRISTOPH WILLIBALD GLUCK

Durch das Genie gibt die Natur der Kunst die Regel.

IMMANUEL KANT

Der Endzweck der Künste ist: Vergnügen.

GOTTHOLD EPHRAIM LESSING

Die Künste sind das, wozu wir sie machen wollen. Es liegt nur an uns, wenn sie uns schädlich sind.

GOTTHOLD EPHRAIM LESSING

Kunst kann nie Regeln aufstellen, die eine Kunst erbringen.

EDMUND BURKE

Die Kunst ist die Dienerin der Natur, das Genie und das Talent sind die Gehilfen der Kunst.

HEINRICH FÜSSLI

Kunst ist weiter nichts als hinzugetane Volikommenheit der Natur.

WILHELM HEINSE

Wenn es eine Freude ist, das Gute zu genießen, so ist es eine größere, das Bessere zu empfinden, und in der Kunst ist das Beste gut genug.

JOHANN WOLFGANG VON GOETHE

Man weicht der Welt nicht sicherer aus als durch die Kunst, und man verknüpft sich nicht sicherer mit ihr als durch die Kunst.

JOHANN WOLFGANG VON GOETHE

Die Kunst ist eine Sprache der Empfindung, die da anhebt, wo der Ausdruck mit Worten aufhört.

ASMUS JAKOB CARSTENS

Die Menschheit hat ihre Würde verloren, aber die Kunst hat sie gerettet und aufbewahrt in bedeutenden Steinen.

FRIEDRICH VON SCHILLER

Alle Kunst ist der Freude gewidmet, und es gibt keine höhere und ernsthaftere Aufgabe, als die Menschen zu beglücken.

FRIEDRICH VON SCHILLER

Die Kunst ist zwar nicht das Brot, aber der Wein des Lebens.

JEAN PAUL

Wenn du innerlich nicht hörst, kannst du äußerlich nicht sprechen; wenn du innerlich nicht siehst, kannst du äußerlich nicht sichtbar machen.

FRANZ VON BAADER

Jede Kunst erfordert ein ganzes Menschenleben.

FRIEDRICH HÖLDERLIN

Wahre Kunst bleibt unvergänglich, und der wahre Künstler hat inniges Vergnügen an großen Geistesprodukten.

LUDWIG VAN BEETHOVEN

Wer versteht die Kunst? Mit wem kann man sich bereden über diese große Göttin?

LUDWIG VAN BEETHOVEN

Kunst erfordert das gesündeste, vollständigste Naturgefühl, ungeschwächte Sinne und ein reges, bewegliches Gemüt.

RAHEL VARNHAGEN

Liebe und Kunst leben gegenseitig ineinander, wie Gehirn und Herz, beide einander zur Wechselstärkung eingeimpft.

E. T. A. HOFFMANN

Die Kunst hat kein Vaterland, alles Schöne sei uns wert, welcher Himmelsstrich es auch erzeugt haben mag.

CARL MARIA VON WEBER

Die falschen Theorien verderben eigentlich die Kunst nicht, sie kommen erst, wenn sie bereits verdorben ist.

FRANZ GRILLPARZER

Wer durch eine Kunst ausdrücken will, was dieser Kunst versagt ist, der hat keine Ordnung in seinem Kopf, der ist ein Narr.

FRANZ GRILLPARZER

Kunst

Die Kunst verhält sich zur Natur wie der Wein zur Traube.

FRANZ GRILLPARZER

Das Höchste der Kunst ist überall nicht für den Künstler und Kunstkenner ausschließlich da, sondern für den Menschen.

MORITZ HAUPTMANN

Die Kunst kann nur von Künstlern gelehrt werden, nicht von Kunstgelehrten.

LUDWIG BISCHOFF

In der Kunst will jedes Werk aus sich selber beurteilt werden; ein äußerlich Messen, das darauf hinauskommt, ein Werk gegen das andere schöner oder größer oder origineller zu befinden, ist unfruchtbar und im Grunde unkünstlerisch.

ADOLF BERNHARD MARX

Die Kunst ist nur um ihrer selbst willen da und sich selber Gesetz, sie kann nur das als Gesetz und Regel auf sich nehmen, was aus ihrem eigenen Wesen folgt.

ADOLF BERNHARD MARX

Die Künste sind der Spiegel des Lebens.

HEINRICH HEINE

Es ist nicht die Aufgabe der Kunst, die Natur zu kopieren, sondern sie auszudrücken!

HONORÉ DE BALZAC

Kunst, das ist vor allem der Mut, von dem der gewöhnliche Mensch keine Ahnung hat. Diese Arbeit ist ein ermüdendes Ringen.

HONORÉ DE BALZAC

Alle Kunst: mit sinnlichen Mitteln den Geist zu erheben.

DIETRICH CHRISTIAN GRABBE

Die Kunst ist und bleibt einmal eine Leidenschaft.

JOHANN NESTROY

Die Kunst ist nur Kunst, wo sie sich Selbstzweck, wo sie absolut frei, sich selbst überlassen ist, wo sie keine höheren Gesetze kennt als ihre eigenen, die Gesetze der Wahrheit und Schönheit.

LUDWIG FEUERBACH

Alle wahre Kunst ist Erlösung von den Einseitigkeiten, zu denen uns die Lebensverhältnisse verdammen.

BOGUMIL GOLTZ

Die Kunst hat es eigen, daß sie den Menschen stille, ruhig und friedlich macht.

GEORG GOTTFRIED GERVINUS

Die Kunst kann nicht trösten; sie verlangt schon Getröstete.

ERNST VON FEUCHTERSLEBEN

Wo immer die Kunst blühte, ruhte sie auf dem fruchtbaren Boden des Handwerks.

FRIEDRICH THEODOR VISCHER

Wer fühlt, die Kunst sei aus, der lasse sie doch um Gottes willen ruhen.

FELIX MENDELSSOHN-BARTHOLDY

Die Gesetze der Moral sind auch die der Kunst.

ROBERT SCHUMANN

Man soll in Sachen der Kunst nicht vergleichen, sondern alles Gute und Schöne in seiner Weise würdigen und genießen.

FERDINAND VON HILLER

Die Kunst hat es mit dem Leben, dem inneren und äußeren, zu tun, und man kann wohl sagen, daß sie beides zugleich darstellt, seine reinste Form und seinen höchsten Gehalt.

FRIEDRICH HEBBEL

Die Kunst ist das Gewissen der Menschheit.

FRIEDRICH HEBBEL

Alle Teilnahme an der Kunst beruht auf der Teilnahme an fremden Existenzen.

FRIEDRICH HEBBEL

Nicht was der Mensch soll, was und wie er es vermag, zeige die Kunst.

FRIEDRICH HEBBEL

Wo die Wissenschaft ihr Ende findet, im Erkennen des Notwendigen, des Wahren, da tritt die Kunst als tätige Wirksamkeit der Wahrheit ein, denn sie ist das Bild des Wahren, des Lebens.

RICHARD WAGNER

539

Kunst

Kunst ist eine unumschränkte Geliebte. Sie läßt sich keine Koketterie oder Vernachlässigung gefallen. Sie fordert vollständige Selbstaufopferung und zahlt mit Riesentriumphen zurück.

CHARLOTTE CUSHMAN

Kunstlosigkeit ist die Grundbedingung aller Kunst.

HENRY DAVID THOREAU

Die Kunst soll leben! Mit ihr wird das Gute besser, und das Schlimmere nimmt man schon hin.

IWAN S. TURGENJEW

Ohne ein Maß von Weisheit und Gerechtigkeit gibt es keine Kunst.

GOTTFRIED KELLER

Das Wesen der Kunst ist Kontrast. Kunst, welcher Art sie auch sei, erfordert geeignete Entgegensetzung – große, geringere und ganz kleine Kontraste; und in der Plastik – Kontraste der Form, Kontraste von Licht und Schatten, Kontraste der Farbe.

HERBERT SPENCER

Ist es nicht Zeit, die Gerechtigkeit in die Kunst einzuführen? Die Unparteilichkeit des Gemäldes reichte dann an die Majestät des Gesetzes – und an die Präzision der Wissenschaft heran!

GUSTAVE FLAUBERT

Der Mensch wird blind geboren und, wenn nicht ein Ereignis eintritt, bleibt er es sein Leben lang für die Kunst.

EDMOND & JULES DE GONCOURT

Die Kunst allein ist es, die die Blüte der Völker bezeichnet.

HERMAN GRIMM

Niemals wurde mehr von Kunst gesprochen und niemals wurde sie weniger empfunden als in unseren Tagen. Starken und treuen Seelen geht man aus dem Wege, und die Geschmacksepidemien brechen sonderbarerweise in verschiedenen Ländern zu gleicher Zeit aus.

ANSELM FEUERBACH

Was ist Kunst? Prostitution.

CHARLES BAUDELAIRE

Ernst ist das Leben, heiter ist die Kunst – für das Publikum; heiter ist das Leben, ernst ist die Kunst – für den Künstler.

ANTON RUBINSCHTEJN

Wenn der Kunst kein Tempel mehr offen steht, dann flüchtet sie in die Werkstatt.

MARIE VON EBNER-ESCHENBACH

Es ist der Kunst zu eng geworden im Bereich des Schönen: sie hat sich ein ungeheures Gebiet erobert, in dem sie nun schwelgt – das Gebiet des Häßlichen.

MARIE VON EBNER-ESCHENBACH

Natur ist Wahrheit, Kunst die höchste Wahrheit.

MARIE VON EBNER-ESCHENBACH

Der es in der Kunst weit gebracht hat, ohne je einem Beispiel sklavisch zu folgen, wird gewiß ein Beispiel werden.

MARIE VON EBNER-ESCHENBACH

Die Kunst ist im Niedergang begriffen, die sich von der Darstellung der Leidenschaft zu der des Lasters wendet.

MARIE VON EBNER-ESCHENBACH

Der Kunst täte not: weniger Schulen und mehr Schule.

MARIE VON EBNER-ESCHENBACH

Die Kunst kennt keine Mittelstraße, sie kennt nur vollendete oder verfehlte Werke.

HEINRICH VON TREITSCHKE

Es ist doch der klare Verstand, der das Höchste in der Kunst hervorbringt; aber der Verstand müßte so verständig werden, daß er sich immer vom lebendigen Gefühl leiten läßt.

HANS THOMA

Man sagt: Die Kunst geht nach Brot. Aber ich sage: Die Kunst ist selber Brot, eine der Menschheit zu ihrem geistigen Bestehen notwendige Nahrung.

HANS THOMA

Kunst

Die Kunst verkündet den Menschen ihre Daseinsberechtigung. Sie enthüllt ihnen den Sinn des Lebens, klärt sie über ihre Bestimmung auf, läßt sie in ihrer Existenz sich zurechtfinden.

AUGUSTE RODIN

Malerei, Skulptur, Literatur, Musik stehen einander viel näher, als man im allgemeinen glaubt. Sie drücken alle Gefühle der menschlichen Seele der Natur gegenüber aus.

AUGUSTE RODIN

Wenn Gott nicht die Brüste geschaffen hätte, hätte ich nicht gemalt...

AUGUSTE RENOIR

Kunst ist nicht mehr als der Schatten der Menschheit.

HENRY JAMES

Man muß der Kunst ihre edle Nacktheit lassen. Der Reichtum der Kostüme und der Glanz der Dekorationen ersticken das Drama, das zum Schmuck nur die Größe der Handlung und die Wahrheit der Charaktere will.

ANATOLE FRANCE

Ich bin immer noch der Meinung, daß Kunst von Können herkommt; käme sie von Wollen, hieße sie Wulst.

MAX LIEBERMANN

Die Kunst ist die edelste Form, sich selbst zu leben. Aus diesem Grunde vermag uns auch die Kunst nicht das Glück zu verleihen.

ARMANDO PALACIO VALDÉS

Alle schlechte Kunst hat ihren Ursprung in der Rückkehr zum Leben und zur Natur und darin, daß man diese beiden zum Ideal erhebt. Das Leben und die Natur mögen als ein Stück künstlerischen Rohmaterials zur Verwendung gelangen, doch eh sie der Kunst wirklich von Nutzen sein können, müssen sie in künstlerische Formen gebracht werden. In dem Augenblick, wo die Kunst sich der Phantasie entäußert, gibt sie sich selbst völlig auf.

OSCAR WILDE

Kunst ist Tat, nicht Kontemplation.

STANISLAW WITKIEWICZ

Die Kunst ist die stärkste Form des Individualismus, welche die Welt kennt. Der Künstler allein kann ohne Rücksicht auf seine Mitmenschen, ohne irgendwelches Dazwischentreten etwas Schönes gestalten; und wenn er nicht allein zu seiner eigenen Freude formt, so ist er überhaupt kein Künstler.

OSCAR WILDE

Die Kunst spiegelt den, der sie ansieht, nicht das Leben.

OSCAR WILDE

Ziel der Kunst ist, einfach eine Stimmung zu erzeugen.

OSCAR WILDE

Das letzte Geheimnis der Kunst wird denen immer verborgen sein, die die Wahrheit mehr lieben als die Schönheit.

OSCAR WILDE

Wir bringen hervor, was wir sehen. Möge es kein Mensch wagen, in der Kunst ein Ding zu schaffen, das er im Leben nicht sehen möchte.

GEORGE BERNARD SHAW

Die Malerei ist rein sinnliche Empfindungskunst, die mit keinen textlichen Erklärungen verquickt werden soll.

LOVIS CORINTH

Was sich in dem Künstler am mächtigsten und besten bewährt, ist die spontane Regung.

M. HERBERT

In Kriegszeiten legt man die Kunst in die dunkle Rüstkammer, wo im Frieden die Waffen ruhen.

ELEONORE VAN DER STRATEN-STERNBERG

Die Kunst könnte eine Weltsprache sein, wären wir selbst in unseren Gefühlen universell.

KAKUZO OKAKURA

Kunst ist die Religion der gebildeten Klasse geworden.

MAX WEBER

Kunst

Die Zukunft wird lachen über die
Unfruchtbarkeit unserer Kunst. Wir sind
dabei, mit der Vernichtung des Schönen im
Leben auch die Kunst zu zerstören.

KAKUZO OKAKURA

Kunst macht gerecht.

GERHART HAUPTMANN

Jedes Kunstwerk ist Überwindung.

GERHART HAUPTMANN

Die Kunst entsteht nur da, wo Menschen zur
Ruhe kommen, und blüht nur da, wo viele der
Ruhe sich freuen.

GUSTAV FRENSSEN

Das Leben läßt sich stets nur stückweise
erfassen; Kunst will ein Ganzes ahnen lassen.

RICHARD DEHMEL

Das Volk versteht nichts von der Kunst; das
ist auch nicht nötig zum Kunstgenuß.

RICHARD DEHMEL

Die Kunst ist das Heimweh Gottes.

ALEXEJ VON JAWLENSKY

Kunst muß gelebt werden können, sonst
ist's – Handwerk oder Schwindel!

CÄSAR FLAISCHLEN

Der künstliche, krankhafte und unfruchtbare
Charakter der heutigen Kunst liegt daran,
daß sie keine Wurzeln mehr im Leben der
Erde hat; sie ist nicht mehr das Werk
lebender Menschen von Fleisch und Blut,
sondern von Büchermenschen und
Papiermenschen, die von Worten, Farben,
Bildern, instrumentalen Klängen, von in
Fläschchen gefüllten Gefühlsextrakten
genährt sind.

ROMAIN ROLLAND

Die Heroen der Kunst sind zugleich auch ihre
Tyrannen: ihr Ruhm tötet. Je größer, desto
stärker sind sie zu fürchten, denn sie legen
allen Menschen die Gesetze einer einzigen
Persönlichkeit auf, die nur einmal war und nie
mehr sein wird. Sie sind verzehrende Kräfte;
sie hellen auf, aber sie versengen auch. Ihre
einzige Daseinsberechtigung ist ihr Wesen
und ihr Werk.

ROMAIN ROLLAND

Die Kunst ist ein kompliziertes Phänomen.

WASSILY KANDINSKY

Nach meiner Überzeugung soll alle Kunst zur
Verherrlichung Gottes, der sie den Menschen
geschenkt, dienen, auch wenn das Religiöse
darin nicht unmittelbar zur Geltung kommt.

RUDOLF VON TAVEL

Kunst steht nicht unter oder über, sondern
jenseits von Richtigkeit und Fehler.

EMIL NOLDE

Die Kunst bedarf der Schranken; und ihre
vornehmste Schranke ist das Volk und
dessen natürlicher Geschmack.

WALTHER RATHENAU

Die Kunst hat vom Baum der Erkenntnis
nicht genossen. Sie lehrt uns die unendlichen
Gesetze der Welt fühlen und ahnen, aber
nicht erkennen.

WALTHER RATHENAU

Sei gewarnt vor trister Kunst! Sie ist die Kunst
der Zweckmenschen. Da ihre
Lebensbestimmung trübsinnig ist, können sie
allein derlei Künste schaffen und ertragen.

WALTHER RATHENAU

Die Größe und Vollkommenheit der Kunst
hängt nicht von der Größe und
Vollkommenheit der Mittel, sondern von der
des Künstlers ab.

HANS PFITZNER

Die Menschen würden mehr Freude an der
Kunst haben, wenn sie mehr Naturfreude
besäßen.

REINHOLD BRAUN

Wenn die Kunst ihren Tempel verläßt und auf
die Gasse geht, dann stirbt sie.

SALOMON BAER-OBERDORF

Zu jeder Kunst gehören zwei: einer, der sie
macht, und einer, der sie braucht.

ERNST BARLACH

Ein Künstler, der seinem Weltschmerz
erschütternden Ausdruck gibt, spricht aus,
was wir alle fühlen. Das ist viel, doch für
einen Künstler zu wenig.

JULIUS TOLDI

Kunst

Mit den Werken der Kunst setzt der Mensch nur seiner eigenen Göttlichkeit ein Denkmal.

KARL SONNEN

Die Kunst wird, geht es so weiter, weniger poetisch als die Religion und weniger interessant als die Politik...

HEINRICH MANN

Gott hat die Welt erschaffen, aber der Mensch hat sich eine zweite Welt geschaffen – die Kunst.

MAX REINHARDT

Aus dem Nichts ein Etwas machen: Urgrund und Gipfel zugleich wahrer Kunst.

FRIEDRICH KAYSSLER

Kunst ist Geist, und der Geist braucht sich ganz und gar nicht auf die Gesellschaft, die Gemeinschaft verpflichtet zu fühlen. Eine Kunst, die 'ins Volk geht' geht, die Bedürfnisse der Menge, des kleinen Mannes, des Banausentums zu den ihren macht, gerät ins Elend.

THOMAS MANN

Die ganze Lebensstimmung der Kunst wird sich ändern. Es ist unvermeidlich, und es ist ein Glück. Viel melancholische Ambition wird von ihr abfallen. Wir stellen es uns nur mit Mühe vor, und doch wird es das geben und wird das Natürliche sein: eine Kunst ohne Leiden, seelisch gesund, eine Kunst, mit der Menschheit auf du und du.

THOMAS MANN

Die Kunst geht von Einsamen zu Einsamen in hohem Bogen über das Volk hinweg.

RAINER MARIA RILKE

Der Anfang der Kunst ist Frömmigkeit.

RAINER MARIA RILKE

Kunst ist Konzentration des Gefühls, nicht Übertreibung.

RUDOLF VON DELIUS

Die Kunst gehört zu den Funktionen der Menschheit, die dafür sorgen, daß Menschlichkeit und Wahrheit fortbestehen, daß nicht die ganze Welt und das ganze Menschenleben in Haß und Partei zerfällt.

HERMANN HESSE

Der Anfang aller Kunst ist die Liebe. Wert und Umfang jeder Kunst werden vor allem durch des Künstlers Fähigkeit zur Liebe bestimmt.

HERMANN HESSE

Der Künstler, der nicht hoffen kann, ist verdorben. Unter der Sehnsucht wächst die Kunst.

E. G. KOLBENHEYER

Kunst ist Naturerfassung durch das Temperament einer Persönlichkeit.

MAX GLASS

Kunst gibt nicht das Sichtbare wieder, sie macht sichtbar.

PAUL KLEE

Die Kunst ist der Kult des Irrtums.

FRANCIS PICABIA

Die kommende Kunst wird die Formwerdung unserer wissenschaftlichen Überzeugung sein.

FRANZ MARC

Die Kunst duldet keine Vorbehalte, sondern fordert und ist ein einziges großes, freudig-schmerzliches und immer bedingungsloses Opfer.

ANTON WILDGANS

Es gibt Maler, die die Sonne in einen gelben Fleck verwandeln. Es gibt aber andere, die dank ihrer Kunst und Intelligenz einen gelben Fleck in die Sonne verwandeln können.

PABLO PICASSO

Museen sind nichts weiter als ein Haufen Lügen, und die Leute, die aus der Kunst ein Geschäft machen, sind meistens Betrüger.

PABLO PICASSO

Wir wissen alle, daß Kunst nicht Wahrheit ist. Kunst ist eine Lüge, die uns die Wahrheit begreifen lehrt, wenigstens die Wahrheit, die wir als Menschen begreifen können.

PABLO PICASSO

Die Sprache der Kunst wird überall verstanden.

LU XUN

Kunst

Es gibt Volkskunst und Kunst für das Volk;
letztere wurde von den Intellektuellen
erfunden.

GEORGES BRAQUE

Die Kunst hat Schwingen, die Wissenschaft
gibt Krücken.

GEORGES BRAQUE

Mit dem Alter werden Kunst und Leben eins.

GEORGES BRAQUE

Man kann auch in der Kunst wie in allen
Dingen nur auf festem Grund bauen.

IGOR STRAWINSKY

Innerstes Wollen des Geschöpfs ist Freude;
die Kunst ist wie nichts sonst imstande, sie zu
erheben und zu veredeln und nicht zuletzt das
Gefühl für die Heiligkeit des Lebens zu
erwecken und zu schärfen.

MAX MELL

Kunst hört auf, Kunst zu sein, wenn sie nichts
anderes ist als interessant. Kunst soll uns
erfreuen, soll uns erschüttern.

HANS A. MOSER

Die Menschheit muß periodisch den Baum
der Kunst schütteln, damit die verfaulten
Früchte abfallen. Zum Besten der Kunst
selbst ist Strenge gefordert.

JOSÉ ORTEGA Y GASSET

Die neue Kunst trägt dazu bei, daß im
eintönigen Grau der vielen die wenigen sich
selbst und einander erkennen und ihre
Mission begreifen; sie heißt – wenige sein und
gegen viele kämpfen.

JOSÉ ORTEGA Y GASSET

Kunst wird nicht aus der Ratio geboren. Der
Schatz ist im Unbewußten vergraben – in
jenem Unbewußten, das mehr Verstand hat
als unser Scharfsinn. In der Kunst ist ein
Übermaß an Vernunft tödlich. Schönheit
resultiert nicht aus einer Formel.

EDGAR VARÈSE

Kunst ist eine grausame Angelegenheit,
deren Rausch bitter bezahlt werden muß.

MAX BECKMANN

Alle wirkliche Kunst ist einfach.

WILHELM FURTWÄNGLER

Wenn die Menschen wirklich wüßten, was
wahre Kunst ist, würden sie sich gerne jeder
Mühe unterziehen, um zu ihr zu gelangen.

WILHELM FURTWÄNGLER

Die Kunst ist eine undemokratische Sache.
Und doch wendet sie sich ans Volk. Das
Geheimnis ist, daß das Einfachste nur der
Größte aussprechen kann – und das
Komplizierte auf der Straße liegt. Die Größe
liegt in der Seele.

WILHELM FURTWÄNGLER

Niemand kann Kunst umbringen, wo sie
wirklich Gestalt annimmt, lebt sie weiter und
überlebt die Politik und die geschichtliche
Situation.

GOTTFRIED BENN

Kunst ist etwas (so) Körperliches wie der
Fingerabdruck.

GOTTFRIED BENN

dada ist für den unsinn, das bedeutet nicht
blödsinn. dada ist unsinnig wie die natur und
das leben. dada ist für die natur und gegen
die kunst. dada will die natur, jedem ding
seinen wesentlichen platz geben.

HANS ARP

Die Kunst ist eine schöne Wahrheit –
wahrhaftig nicht eine schöne Lüge.

JOSEF ČAPEK

Friede und Versöhnung sind die höchsten
Gaben der Kunst.

SARWAPALLI RADHAKRISHNAN

Das Handwerk hat Grenzen, die Kunst keine.

WALDEMAR SEUNIG

Die Kunst ist nur dann von Bedeutung, wenn
sie als Projektion einer Moral in Erscheinung
tritt. Der Rest ist dekorativ.

JEAN COCTEAU

Die Lüge ist die einzige Form der Kunst, die
das Publikum billigt und instinktiv der
Wirklichkeit vorzieht.

JEAN COCTEAU

Kunst

Kunst ist fleischgewordene Wissenschaft.

JEAN COCTEAU

Wenn es scheint, daß ein Werk seiner Zeit voraus ist, so nur deshalb, weil seine Zeit hinter ihm zurück ist.

JEAN COCTEAU

Die Entscheidung über Wert und Unwert, Kunst und Pseudokunst liegt bei der Intensität des Erlebnisses, das dem Werk zugrunde liegt, und bei der Erlebnisfähigkeit des Künstlers.

JOSEF DOBROVSKÝ

Es gibt keine gottlose Kunst. Auch wenn du den Schöpfer nicht lieben solltest, wirst du ihn bezeugen durch dein Schaffen nach seiner Art.

GABRIELA MISTRAL

Kunst ist Ordnung und Rebellion: sie entspringt der Tiefe ihrer Zeit und überwindet gleichzeitig das, was in ihr klein und begrenzt, nicht mit Leben erfüllt ist; gerade die Kunst übersteigt, was durch Zeit und Gesellschaft gegeben ist.

KAREL ČAPEK

In der Kunst gibt es nur ein Kriterium: die Gänsehaut. Man hat es, oder man hat es nicht.

KURT TUCHOLSKY

Die Kunst interessiert sich nicht für den Menschen, sondern für das Bild vom Menschen. Das Bild des Menschen ist, wie sich erweist, größer als der Mensch.

BORIS PASTERNAK

In der Kunst schweigt der Mensch, und das Bild spricht.

BORIS PASTERNAK

Nicht die Erschauung der Wirklichkeit, sondern die Selbstverherrlichung des Menschen ist der Antrieb der Kunst.

FRANZ WERFEL

Kunst ist: Weisung, Deutung, Preisung der Tiefe des Lebens!

FRANZ WERFEL

Das Leben ist ein Geldschrank, die Kunst sollte ihn knacken.

TADEUSZ PEIPER

Wir brauchen der Kunst keinen Zweck zu setzen, aber wir müssen ihr einen Ort finden.

LUDWIG STRAUSS

Die Aufgabe der Kunst und der Literatur ist bisher stets die Enthüllung gewesen.

MAO ZEDONG

Unsere Literatur und Kunst dienen den Volksmassen, vor allem den Arbeitern, Bauern und Soldaten...

MAO ZEDONG

Kunst ist die in Materie geformte innerste Schönheit eines Menschen.

MARGARETE SEEMANN

In der Kunst ist Aufrichtigkeit keine Frage des Willens, einer moralischen Wahl zwischen Ehrlichkeit und Unaufrichtigkeit. Sie ist hauptsächlich eine Frage der Begabung.

ALDOUS HUXLEY

Nur wenn der Geist des Spiels bewahrt bleibt, entgeht die Kunst der Gefahr der Industrialisierung.

LIN YU-TANG

Die Kunst ist in steter Wandlung begriffen. Zeitlose Kunst gibt es nicht, aber die Zeit umspannt das Gestern und das Morgen.

ERNST VON DOMBROWSKI

Die Kunst ist jenseits aller Sentimentalität.

KURT GUGGENHEIM

Es erhebt sich die Frage, ob Kultur oder Kunst ohne Religion überhaupt denkbar ist. Denn richtig verstanden ist Religion nicht nur die Verehrung eines höheren Wesens über uns, sondern auch des höchsten Wesens in uns selbst, und aus nichts anderem als aus diesen unseren eigenen, uns selbst unbegreiflichen Tiefen speist sich unsere Kunst.

ALEXANDER LERNET-HOLENIA

Der Erbfeind aller Kunst? Die Routine!

HEINZ STEGUWEIT

Kunst

Kunst ist nicht Fülle, sondern der Eindruck von Fülle. Kunst ist Fülle in der Phantasie.

SIGMUND GRAFF

Die Kunst als Selbstzweck und rein ästhetischer Kunstgenuß wird scharf abgelehnt.

HANNS EISLER

Wer in der Malerei nur will oder sucht, was er sich wünscht, wird niemals etwas finden, was seine Vorlieben überschreitet.

RENÉ MAGRITTE

Es gibt auch in der Kunst Konfektionäre.

FRANZ SLOVENČIK

Die Kunst sollte nie mit der Zeit gehen, sondern gegen sie.

FRANZ SLOVENČIK

Was uns an der Kunst besonders fesselt, ist ihre Zeitgebundenheit.

VITĚZSLAV NEZVAL

Kunst ist nicht Spaß (Spiel). Kunst ist eine einsame Realisierung trotz aller Welt.

LUDWIG HOHL

Eine Vergünstigung nur ist uns mit dem Tode gegeben: Kunst zu schaffen, bevor er kommt.

RENÉ CHAR

Kunst ist keine Zuflucht, sondern stellt einen Anspruch.

WOLFGANG FORTNER

Die Kunst steht auf dem einen Ufer – auf dem anderen Ufer steht die Technik, das Atom. Gibt es eine Brücke?

HANS WIMMER

Kunst wird nie etwas anderes sein als eine Forderung nach Höchstentwicklung: daß jeder Einzelne alles versteht, bleibt Utopie. Daher der Abgrund zwischen dem, wovon man spricht, und dem, wovon man lebt.

HAP GRIESHABER

In der Kunst suchen wir uns eine Formel zu entreißen, nach der wir beten können.

THOMAS NIEDERREUTHER

In der Kunst wie im Leben hat nur das Bestand, was gut ist.

PAUL E. MAXHEIMER

Die Kunst ist unnütz, aber der Mensch kann auf das Unnütze eben nicht verzichten.

EUGÈNE IONESCO

Menschen, in denen die Erlebnisse ihrer Kindheit noch wach sind, erreicht die Kunst am leichtesten.

ERWIN STRITTMATTER

Kunst muß anstößig sein; sie muß Denkanstöße geben.

HENRI NANNEN

Die Größe der Kunst besteht nicht darin, über alles erhaben zu sein. Sie ist im Gegenteil an allem beteiligt.

ALBERT CAMUS

Heimatkunst ist Kultur im kleinen; fehlt sie im Volk, wie soll es kulturbildend sein im großen, im Orchester der Menschheit?

JULIANE BÖCKER

Wo die Kunst sich von Gott trennt, hat sie ihren eigentlichen Sinn verloren.

PATER LEPPICH

Alte Kunst bestaunen, über neue den Kopf schütteln, oder umgekehrt – beides gilt als Kunstverstand.

OLIVER HASSENCAMP

Die Wissenschaft beleuchtet, die Kunst erhellt den Gegenstand.

HERBERT EISENREICH

Kunst ist die Fortsetzung des Lebens mit anderen Mitteln.

HERBERT EISENREICH

Die Kunst ist das Spiel des Erwachsenen.

GERHARD BRANSTNER

Wenn du mit deiner Arbeit kein Geld machen kannst, dann mußt du sagen, daß es Kunst ist; und wenn du Geld machst, sagst du, daß es etwas ganz anderes ist.

ANDY WARHOL

Es herrscht vielfach die Meinung, Kunst sei das, was man bezahlt, wenn man Geld übrig hat.

MANFRED ROMMEL

Keine echte Liebe zur Kunst ohne heiße Liebe zur Menschheit.

FRIEDRICH HORN

Die Kunst strebt Unsterblichkeit an: Insofern ist es nicht unrichtig, von der ärztlichen Kunst zu reden.

GERHARD UHLENBRUCK

Kunst ist, was den Künstler überlebt.

GERHARD UHLENBRUCK

Kunst braucht, um zu entstehen, nicht immer ein Gegen, auch ein Gegenüber kann inspirieren.

REINER KUNZE

Kunst ist eine Sprache, die keinen Dolmetscher braucht.

ANDREJ BAKANOW

Kunst und Therapie: Aus beiden ist die Einsicht zu schöpfen, daß Überleben erst dann keine Sorge mehr sein wird, wenn wir leben gelernt haben.

ADOLF MUSCHG

Kunst ist subventionierte Opposition.

HANSGÜNTHER HEYME

Die Frage nach der Kunst ist für die einen eine Preisfrage, für die anderen eine Frage des Preises.

WERNER SCHNEYDER

Kunst soll der Wirklichkeit nicht mehr geben, als der Wirklichkeit ist.

BERND KOLF

Die Kunst verhungert, wenn sie nach Brot geht.

ANDRÉ BRIE

Kunst kommt zur Wirklichkeit nicht durch Abbilden dessen, was wirklich ist; sie hat ihre eigene Wirklichkeit.

SULAMITH SPARRE

Kunstkritik

Nur wer keinerlei Fehler hat, stirbt nie.

Senegalesisches Sprichwort

Wer ein Gemälde nach der getreuen Wiedergabe seines Gegenstandes beurteilt, befindet sich auf der geistigen Stufe eines Kindes.

SU TUNGPO

Sprich über die Modernen ohne Verachtung und über die Alten ohne Vergötterung. Beurteile sie alle aufgrund ihrer Verdienste, nicht wegen ihres Alters.

EARL OF CHESTERFIELD

Nicht jeder Kunstrichter ist ein Genie, aber jedes Genie ist ein geborener Kunstrichter. Der wahre Kunstrichter folgert keine Regeln aus seinem Geschmacke, sondern hat seinen Geschmack nach den Regeln gebildet, welche die Natur der Sache erfordert.

GOTTHOLD EPHRAIM LESSING

Die größte Deutlichkeit war mir immer auch die größte Schönheit.

GOTTHOLD EPHRAIM LESSING

Es gehört sehr wenig Talent dazu, mehr gelesen zu haben als andere. Deswegen, vielleicht, ist die Rezensentenkunst in den Händen jener Klasse, welche, am Schulstaub klebend, von der Natur zum Lesen verdammt wurde, nicht zum Denken.

WILHELM LUDWIG WEKHRLIN

Ich habe noch niemand über Kunst elender sprechen hören als gerade Künstler; was der eine himmelhoch erhob, das verwarf der andere hinunter in die Hölle: und beide machten erträgliche und zuweilen gute Arbeit; eben deswegen betrachten sie auch alles einseitig.

WILHELM HEINSE

Ein Kritiker ist ein Mann, der in der Literatur und in den Künsten bankrott gemacht hat.

BENJAMIN DISRAELI

Kunstkritik

Kunstbewertung ist sicherlich ebenso wie die Frauenkleidung eine Sache der Mode.

HERBERT SPENCER

Wer öffentliche Kritik ausübt, nimmt ein großes Recht für sich in Anspruch. Große Rechte, ohne durch große Pflichten balanciert zu werden, haben etwas Unmoralisches. Die Kritik hat nicht das Recht, den Künstler persönlich zu beleidigen oder so herunterzusetzen, daß er dadurch zu Schaden kommt.

HANS THOMA

Die Kunst kann nie irgendein anderes Ziel haben als ihre eigene Vollkommenheit; des Kritikers Aufgabe ist es, der Kunst auch ein soziales Ziel zu schaffen, indem er die Menschen lehrt, in welchem Geiste sie an alles künstlerische Werk herantreten, wie sie es lieben, wie sie eine Lehre daraus ziehen sollen.

OSCAR WILDE

Je mehr die Kritiken auseinandergehen, umso mehr ist der Künstler mit sich selbst im Einklang.

OSCAR WILDE

Je ferner ein Mensch der Kunst steht, sei es der Malerei, der Musik oder der Dichtkunst, desto ungerechter und schärfer ist seine Kritik.

ELEONORE VAN DER STRATEN-STERNBERG

Trübsinn und Feierlichkeit sind auch in der fachgerechten Untersuchung einer Kunst fehl am Platze, die ursprünglich bestimmt war, dem Herzen des Menschen Freude zu bringen.

EZRA POUND

Es gibt enttäuschte Titanen und titanisierende Schwachköpfe, die heute die Berechtigung der Kunst anzweifeln.

LAJOS KASSÁK

Kunstbegeisterung ist dem Kritiker fremd. Das Kunstwerk ist in seiner Hand die blanke Waffe in dem Kampfe der Geister.

WALTER BENJAMIN

Künstler

Er ist ein Gaukler: Er vermag mit dem einen Auge zu weinen und mit dem anderen zu lachen.

Zulu-Weisheit

Weder Talent ohne Wissenschaft, noch Wissenschaft ohne Talent kann einen vollendeten Künstler schaffen.

VITRUVIUS

Solange der Künstler arbeitet, um ein reicher Mann zu werden, wird er immer ein armseliger Künstler bleiben.

MICHELANGELO

Man lobt den Künstler dann erst recht, wenn man über sein Werk sein Lob vergißt.

GOTTHOLD EPHRAIM LESSING

Selbst im Augenblick des höchsten Glücks und der höchsten Not bedürfen wir des Künstlers.

JOHANN WOLFGANG VON GOETHE

Der Künstler ist zwar der Sohn seiner Zeit, aber schlimm für ihn, wenn er zugleich ihr Zögling oder gar noch ihr Günstling ist.

FRIEDRICH VON SCHILLER

Wenn der große Künstler nicht immer auch ein großer Mensch ist, so ist es nur, weil er nicht in allen Punkten seines Wesens und in allen Augenblicken seines Lebens Künstler ist.

WILHELM VCN HUMBOLDT

Die Kunst vereinigt alle Welt, wieviel mehr wahre Künstler.

LUDWIG VAN BEETHOVEN

Wie die Menschen lieber groß handeln mögen als gerecht, so wollen auch die Künstler veredeln und belehren.

FRIEDRICH VON SCHLEGEL

Der Künstler, der nicht sein ganzes Selbst preisgibt, ist ein unnützer Knecht.

FRIEDRICH VON SCHLEGEL

Künstler

Nur ein Künstler kann den Sinn des Lebens erraten.

NOVALIS

Die ausgezeichneten Künstler sind es, die die Kunst verderben, wenn sie sich individuellen Richtungen mit zu großer Vorliebe hingeben.

FRANZ GRILLPARZER

Das Beste, das Feste und Letzte im Künstler bleibt doch das Unbewußte, Instinktartige.

MORITZ HAUPTMANN

Es ist ja doch nur ein ewiges Suchen in der Kunst – und der Künstler ist verloren, ist tot für die Kunst, sobald er sich dem Wahne hingibt, am Ziele zu sein.

WILHELMINE SCHRÖDER-DEVRIENT

Der Künstler findet mit seinen Formen auch seine Stoffe, und er findet sie sehr leicht, weil sie ihm überall begegnen.

ADALBERT STIFTER

Licht senden in die Tiefe des menschlichen Herzens – des Künstlers Beruf!

ROBERT SCHUMANN

Der Künstler darf die Bildung und Anschauungsweise einer Zeit nicht ignorieren.

AUGUST WILHELM AMBROS

Der Künstler muß mit Gelassenheit arbeiten; zu viel Teilnahme verdirbt das Werk.

HENRY DAVID THOREAU

Fleiß ist das Glück, das der Künstler in unermüdlicher Vervollkommnung seiner Werke sucht; es ist nicht anhaltende Tätigkeit, die sich keine Ruhe im allgemeinen gönnt, sondern Versenkung in das Eine, das vollendet werden soll.

HERMAN GRIMM

Es kann niemand Künstler werden aus freier Macht, sondern nur, wenn er von der Natur dazu berufen ist. Von den wirklich Auserwählten ist noch keiner zugrunde gegangen. Die regelrechte Schulung und die beständige Übung macht schließlich den Meister.

FRIEDRICH SPIELHAGEN

Der Künstler darf in seinem Werk so wenig sichtbar werden wie Gott in der Natur.

GUSTAVE FLAUBERT

Es gehört Mut dazu, ein Künstler zu sein. Er muß darauf gefaßt sein, auch von den unberufensten und bedenklichsten Schwätzern jede Schmähung, jede Verunglimpfung zu ertragen.

PETER CORNELIUS

Der deutsche Künstler fängt mit dem Verstande und mit leidlicher Phantasie an, sich einen Gegenstand zu bilden, und benützt die Natur nur, um seinen Gedanken, der ihm höher dünkt als alles äußerlich Gegebene, auszudrücken. Dafür nun rächt sich die Natur, die ewig schöne, und drückt einem solchen Werke den Stempel der Unwahrheit auf.

ANSELM FEUERBACH

Nichts Besseres kann der Künstler sich wünschen als grobe Freunde und höfliche Feinde.

MARIE VON EBNER-ESCHENBACH

Künstler haben gewöhnlich die Meinung von uns, die wir von ihren Werken haben.

MARIE VON EBNER-ESCHENBACH

Im Augenblick, wo der echte Künstler schafft, hat er weder Weib noch Kind und am allerwenigsten Freunde.

WILHELM RAABE

Künstler wird nur, wer sich vor seinem eigenen Urteil fürchtet.

LUDWIG ANZENGRUBER

Die schlechten Künstler sehen immer durch anderer Leute Brillen. Es kommt darauf an, bewegt zu sein, zu lieben, zu hoffen, zu schaudern, zu leben. Mensch zu sein, ehe man Künstler ist!

AUGUSTE RODIN

Ein Künstler, der darauf verzichtet, das Unsichtbare, das, was hinter der Erscheinung liegt – nennen wir es Seele, Gemüt, Leben – vermittels der Darstellung der Wirklichkeit auszudrücken, ist kein Künstler.

MAX LIEBERMANN

Künstler

Der Künstler ist sich selbst Gesetz.

MODEST P. MUSSORGSKIJ

Die Aufgabe des Künstlers ist zu erdichten, nicht zu berichten.

OSCAR WILDE

Die Moral im Leben des Menschen ist ein Hauptgegenstand künstlerischer Betätigung, aber die Moral der Kunst besteht darin, diesem unvollkommenen Gegenstand eine vollkommene Form zu geben.

OSCAR WILDE

Kein Künstler wünscht irgend etwas zu beweisen. Beweisen kann man schließlich alles, selbst Dinge, die wahr sind.

OSCAR WILDE

Ein wahrer Künstler wird eher seine Frau hungern, seine Kinder barfuß gehen, seine Mutter mit Siebzig ihr Leben verdienen lassen, als an etwas anderem als an seiner Kunst zu arbeiten.

GEORGE BERNARD SHAW

Der Künstler ist der Liebhaber der Natur, daher ist er ihr Sklave und ihr Gebieter.

RABINDRANATH TAGORE

Ein Künstler ist ein Träumer, der sich darauf einläßt, von der wirklichen Welt zu träumen.

GEORGE DE SANTAYANA

Das Leben ist größer und muß immer größer bleiben als alle Kunst zusammen. Der größte Künstler ist der, der das vollkommenste Leben führt. Denn was ist Kunst ohne den sicheren Grund und Rahmen eines edlen Lebens? Die Kunst hat nur dann einen Wert, wenn sie das Leben veredelt.

MAHATMA GANDHI

Jeder Künstler, der seine persönliche Stimmung vorzieht und ihr die Form opfert, gibt seiner Bequemlichkeit nach und trägt bei zum Verfall der Kunst.

ANDRÉ GIDE

Der Fluch des Künstlers: sein Leben lang beurteilt zu werden von Leuten, die weniger Phantasie, Geschmack und Herz haben als er.

RODA RODA

Schönheit ist etwas Herrliches und Eigenartiges, das der Künstler aus dem Chaos der Welt in seiner Seelenqual bildet.

WILLIAM SOMERSET MAUGHAM

Der Künstler ist ein Diener am Wort.

KARL KRAUS

Jeder Künstler sollte sein Morgengebet an die Gesellschaft mit folgenden Worten beginnen: Vergib uns unser Talent und unsere Intelligenz, wie wir unseren Kritikern den Mangel derselben vergeben!

ADOLF NOWACZYNSKI

Der Künstler wird oft von seiner Kunst überrumpelt, ehe er Zeit hatte, seine Entwicklung als Mensch zu vollenden. Daher sein teilweiser Infantilismus.

LISA WENGER

Beneide den Künstler um sein Können, nicht um seinen Erfolg.

LISA WENGER

Es soll Künstler geben, die ihre Werke lieben, auch dann noch, wenn sie fertig sind. Ist das möglich?

HERMANN HESSE

Der Künstler muß sein Publikum entzücken oder quälen. Er muß es zum Weinen oder zum Lachen bringen.

ROBERT WALSER

Was nützt dem Künstler sein Talent, wenn ihm die Liebe fehlt?

ROBERT WALSER

Die Erfolglosigkeit ist eine bitterböse, gefährliche Schlange. Sie versucht, unbarmherzig das Echte und Originelle im Künstler abzuwürgen.

ROBERT WALSER

Ein kleinerer Künstler zeigt seine Weltanschauung, ein großer Künstler seine Welt.

LUDWIG GOLDSCHEIDER

Der Künstler darf eher etwas Minderwertiges schaffen als der Philosoph. Denn er ist vom Moment abhängiger als dieser.

OTTO WEININGER

Künstler

Auch schlechte Künstler haben gute Gründe und Absichten.

ROBERT MUSIL

Der Künstler liebt alles um seiner Kunst willen, und alle menschlichen Gefühle erlebt er, um groß und reif und tief in seinen Werken sein zu können. Denn um ein Künstler zu sein, muß man zuerst ein Mensch sein und sich entfalten dürfen in der Liebe und im Leben.

ANTON WILDGANS

Die Kunst ist Dichtung. Der Künstler muß es verstehen, die andern von der vollkommenen Wahrheit seiner Dichtung zu überzeugen.

PABLO PICASSO

Nur wo wahrer Enthusiasmus für die Kunst besteht, fühlt sich der Künstler wohl; nur wo man von der Kunst viel fordert, gibt sie viel.

STEFAN ZWEIG

Der Künstler adelt die Lüge, der Lügner entweiht eine Kunst.

PAUL GRAF THUN-HOHENSTEIN

Künstler sind die Fühlhörner der Gattung.

EZRA POUND

Mit einem Volk, das die Wahrnehmungen seiner Künstler mißachtet, geht es abwärts. Nach einer Weile hört es auf zu wirken und vegetiert nur dahin.

EZRA POUND

Was den großen Künstler macht, ist nicht nur der intuitive Geist, das große Herz, sondern vor allem die erhabene Ordnung der Gedanken. Die Harmonie seiner Gedanken muß ein Abbild der Harmonie des Kosmos sein.

WILHELM FURTWÄNGLER

Der Künstler – mit Ausnahme des Literaten – ist in dem Augenblick, da er über seine Kunst redet, in einer ihm völlig fremden Sphäre.

WILHELM PINDER

Jeder Künstler ist ein Verkünder, oder er hat umsonst die gewaltige Bemühung begonnen. Verkünden aber heißt: das Vernommene bekennen.

ALBERT TALHOFF

Es wird nicht jeder Künstler unsterblich, weil er stirbt.

FRIEDL BEUTELROCK

Je größer die Zahl glücklicher Menschen ist, desto leichter wird es sein, ein Künstler zu werden.

BORIS PASTERNAK

Ein wahrer Künstler malt nicht, was er sieht, sondern was er fühlt.

JAN ZRZAVÝ

Das künstlerische Schaffen ist aristokratisch, weil es stets das Vorrecht einer kleinen Anzahl Menschen sein wird. Könnte es demokratisiert werden, verlöre es seine künstlerische Qualität, sänke zu einem Handwerk ab und endete als Industrie.

PAUL HINDEMITH

Drei Dinge sind es, die die Weiterentwicklung eines Künstlers bedrohen: Selbstzufriedenheit, Resignation und Verbitterung.

ZENTA MAURINA

Am Charakter erkennt man den Künstler.

FRANZ SLOVENČIK

In der Sprache der Form offenbart sich des Künstlers ureigenste Existenz, seine Vitalität, die Tiefe seines Gemütes und seine Stellung zu Gott.

PHILIPP HARTH

Gewöhnlich bedarf der schwache Künstler einer Ideologie, um seinen Werken damit einen Wert zu verleihen, den sie von selbst nicht besitzen.

ATANAS DALTSCHEW

Wir Leute der Kunst haben es allzu gefügig zugelassen, daß uns Philosophen und andere Wissenschaftler an der Nase führen. Wir haben es nicht verstanden, genügend eigenartig zu sein. Übermäßige Ehrerbietung für wissenschaftliche Wahrheit hat uns die eigene Wahrheit überschattet... Wir haben vergessen, daß wir nicht dazu da sind, die Wahrheit zu verstehen, sondern nur dazu, sie auszudrücken.

WITOLD GOMBROWICZ

Künstler

Ursinn der künstlerischen Unrast ist nicht die Befriedigung des schon Gekonnten, schon Dagewesenen in souveräner, virtuoser Weise, sondern vielmehr das mühselige Suchen eines neuen Weges neben den vielen ausgefahrenen, als Bestätigung der eigenen Notwendigkeit und Nützlichkeit innerhalb der schöpferischen Ganzheit.

FRITZ WOTRUBA

Eine künstlerische Idee spiegelt sich lediglich in der Wucht des Kunstwerkes wider. Die Sprache kündet nur Details.

PAUL E. MAXHEIMER

Es gibt für den Künstler nur eine Tradition: ein anderer zu werden.

SAUL STEINBERG

Der Künstler stirbt oft. Denn er wandelt sich.

GUNTER GROLL

Der abstrakt Schaffende muß aufhören, sich als Original zu betrachten.

C. W. CERAM

Einen etablierten Künstler gibt es nicht, es sei denn, er hätte es aufgegeben, Künstler zu sein.

LÉOPOLD HOFFMANN

Ein Künstler darf alles, nur nicht sich selber untreu werden.

ELISABETH MARIA MAURER

Dem Künstler ist die Gnade des Verweilenkönnens gegeben, für ihn gibt es keine bedeutungslosen Dinge.

MAX THÜRKAUF

So lieb ist der liebe Gott nun auch wieder nicht, daß er dem, der keinen Inhalt hat, die Form schenkt.

ALFRED HRDLICKA

Viele Künstler leben in dem Irrtum, modern zu sein, nur weil sie Moden mitmachen.

HELLMUT WALTERS

Bildende Künstler schießen aus der Erde wie Pilze. Unter diesen wie jenen gibt es ungenießbare.

RUPERT SCHÜTZBACH

Dem Künstler fehlt das Talent zum Durchschnittsmenschen.

WERNER MITSCH

Ich bin Handwerker, weil mir das Wort Künstler verdächtig ist.

VOLKER SCHLÖNDORFF

Alle künstlerische Aktivität läuft darauf hinaus, das Chaos zu organisieren.

PETER GREENAWAY

Sicheres Zeichen, daß einer kein Künstler ist: wenn er das Gerede von der Endzeit mitmacht.

PETER HANDKE

Jeder Künstler ist ein Erfinder, jeder Erfinder ein Künstler.

SULAMITH SPARRE

Kunstwerk

Es ist keine Kunst, den Kalender zu machen, wenn's Jahr vorbei ist.
Wendisches Sprichwort

Ein Bild ist ein Gedicht ohne Worte.

CORNIFICIUS

Die Freunde dieser Welt lieben mehr die Werke als den Künstler und die Kunst, darum werden sie mit dem Irrtum bestraft, daß sie in den Werken den Künstler und die Kunst suchen.

AUGUSTINUS

Unter Porträts verstehe ich nicht den Umriß und die Farben einer menschlichen Figur, sondern das Innere des Herzens und des Geistes eines Menschen.

EARL OF CHESTERFIELD

In einem religiösen Volk erzeugt die Kunst Heiligtümer, in einem militärischen Trophäen, in einem kaufmännischen Handelsobjekte.

HEINRICH FÜSSLI

Kunstwerk

Die Bilder gelten deswegen so viel, weil die meisten Menschen nur auf die Oberfläche sehen und dadurch glauben, die Sache zu kennen.

WILHELM HEINSE

Jedes Kunstwerk darf nur sich selbst, das heißt seiner eigenen Schönheitsregel, Rechenschaft geben und ist keiner anderen Forderung unterworfen.

FRIEDRICH VON SCHILLER

Kunstwerke kann man nur deuten, wenn man das Land und die Zeit genau kennt, in denen sie ihr Leben empfingen.

GERMAINE (MADAME) DE STAËL

Je größere Fortschritte in der Kunst man macht, desto weniger befriedigen einen seine älteren Werke.

LUDWIG VAN BEETHOVEN

Ein Kunstwerk muß nur das ausdrücken, was die Seele erhebt und edel ergötzt, und nicht mehr. Die Empfindung des Künstlers muß allein darauf gerichtet sein, das übrige ist falsch.

BETTINA VON ARNIM

Es ist gewiß, daß keine Musik komponiert, kein Gemälde gemalt und kein Gedicht gedichtet werden würde, wenn nicht der Trieb, auf andere zu wirken, im Menschen läge.

CARL MARIA VON WEBER

Ein Kunstwerk muß, was zu seinem Verständnis gehört, in sich tragen, muß sich selbst darstellen durch die ihm eigentümlichen Mittel, eine Sinfonie durch Töne, ohne Wortkommentar.

MORITZ HAUPTMANN

Überschriften sind als erster Fingerzeig wichtig, sie geben die Voraussetzungen zum Inhalt des Kunstwerkes; nur muß dies selber nachkommen.

ADOLF BERNHARD MARX

Man betrachtet Jugendwerke von gewordenen Meistern mit ganz anderen Augen als die, die – an sich ebenso gut – nur versprachen und nicht hielten.

ROBERT SCHUMANN

Beim Porträtmalen gibt es nur zwei Stilarten: die ernste und die gezierte.

CHARLES DICKENS

Mag sein, daß alle Kunstwerke in erster Linie nach ihren künstlerischen Qualitäten beurteilt werden müssen, nach ihrer Gestaltungskraft, ihren dramatischen oder malerischen Fähigkeiten, ihrer Kunst, eine Handlung zu schüren. Aber wenn sie den Anspruch erheben, Werke ersten Ranges zu sein, so müssen sie streng und scharf danach beurteilt werden, ob sie – im höchsten Sinn und immer nur mittelbar – in den ethischen Prinzipien wurzeln und deren Ausstrahlung sind und ob sie Kraft haben, zu befreien, zu erheben, zu erweitern.

WALT WHITMAN

Das Kunstwerk, das nach den Bedürfnissen der Zeit konstruiert ist, verliert seine höhere Bedeutung, und die Kunst sinkt herab zum niederen Handwerk.

AUGUST REISSMANN

Das, was ein Kunstwerk zum geistigen Eigentum seines Urhebers macht, ist der Stempel seiner eigenen Persönlichkeit, den er dem Werke aufdrückt.

HENRIK IBSEN

Von einem Kunstwerk zu sagen, daß es gut, aber für die meisten Menschen unverständlich ist, ist so, als ob man von einer Speise sagte, daß sie sehr gut sei, die meisten Menschen sie aber nicht essen können.

LEW N. GRAF TOLSTOJ

Ein klassisches Kunstwerk – man sieht die Fäden nicht heraushängen, an denen die Puppen gezogen werden.

WILHELM RAABE

Ein Kunstwerk geht an den Menschen vorüber, und an einem Kunststück gehen die Menschen vorüber.

WILHELM RAABE

Kunstwerke sollen der Menschheit weiterhelfen, sie nicht zurückdrücken.

WILHELM RAABE

Kunstwerk

Es gibt Kunstwerke, zu denen die Fehler als ihre liebenswürdigsten Ingredienzien gehören.

WILHELM RAABE

Ein Kunstwerk ist ein durch die Brille eines Temperaments gesehenes Stück Schöpfung.

ÉMILE ZOLA

Das Kunstwerk ist die Umwandlung einer Erschütterung, die der Künstler weitergibt. Das Publikum verfügt darüber, doch Liebe ist nötig.

ODILON REDON

Nicht jedes Verbrechen in Marmor ist ein Standbild.

PETER HILLE

Das Kunstwerk soll den Betrachter meistern, nicht der Betrachter das Kunstwerk. Der Betrachter soll empfänglich sein. Er soll die Geige sein, auf der der Meister spielen soll.

OSCAR WILDE

Jedes mit Gefühl gemalte Porträt ist ein Porträt des Künstlers, nicht des Modells.

OSCAR WILDE

Alle wahren Kunstwerke wirken, als ob sie aus Freude hergestellt worden wären.

ROBERT HENRI

Das weiß das Publikum nicht und mag es nicht wissen, daß – um ein Kunstwerk zu empfangen – die halbe Arbeit an demselben vom Empfänger selbst verrichtet werden muß.

FERRUCCIO BUSONI

Das Charakteristische an genialen Kunstleistungen ist, daß einem das fertig Vorliegende ebenso selbstverständlich vorkommt, als es unbegreiflich bleibt, wie es entstehen konnte.

HANS PFITZNER

Große Kunstwerke entstehen aus dem Unbewußtsein, nicht aus dem Bewußtsein.

HANS PFITZNER

Das Kunstwerk ist eine Idee, die übertrieben wird.

ANDRÉ GIDE

Gehört es nicht zum Wesen eines vollkommenen Kunstwerks, daß es erlaubt, darin noch mehr zu sehen, als hineinzulegen in der Absicht des Künstlers lag?

ANDRÉ GIDE

Malen heißt nicht Formen färben, sondern Farben formen.

HENRI MATISSE

Ein Kunstwerk ist gut, wenn es aus Notwendigkeit entstand. In dieser Art ihres Ursprungs liegt sein Urteil; es gibt kein anderes.

RAINER MARIA RILKE

Bei jedem Kunstwerk von Bedeutung bedenke, daß wahrscheinlich ein Bedeutenderes hat aufgegeben werden müssen.

PAUL KLEE

Je größer das Kunstwerk, desto weniger Zufall darf darin sein.

OTTO WEININGER

Große Kunstwerke sind wie kostbare Gefäße, sie wandern von Zeitalter zu Zeitalter, von Völkern zu Völkern. Sie würden veralten und niemals die Grenzen ihres Sprachgebietes verlassen, wenn nicht immer wieder neue Zeiten, neue Generationen, neue Völker ihren geistigen Fassungsraum, ihre ästhetische, aber durch Zeit und Persönlichkeit bedingte Form mit neuem Herzblut füllen.

ANTON WILDGANS

Nicht Umfang und Gewicht verleihen Kunstwerken ihre innere Beständigkeit.

STEFAN ZWEIG

In der Kunst ist alles erlaubt, was Talent und Phantasie vermögen... Nur das Werk allein entscheidet; die Richtung kommt bei objektiver Wertbestimmung nicht so sehr in Frage. Zeigt sich darin eine originelle Persönlichkeit, um so besser!

JOSEPH MARX

Ein Kunstwerk zu verstehen ist schwer und nur wenigen gegeben; die meisten begeistern sich lieber dafür.

EMIL PREETORIUS

Alle Kunstgestaltung ist nicht vom Stofflichen her bestimmt, sondern ist Überwältigung des Materiellen vom Geistigen.
THEODOR HEUSS

Die Ergriffenheit, die von einem Kunstwerk herrührt, ist nur dann wesentlich, wenn sie nicht durch Gefühlserpressung erreicht wird.
JEAN COCTEAU

Dessen Werk wird Bestand haben, der nicht darauf aus war zu gefallen, sondern dem nur eines am Herzen lag: wahr zu sein.
JEAN COCTEAU

Ein Kunstwerk entsteht nicht, indem es gemacht wird, sondern indem es wirkt.
KARL HEINRICH WAGGERL

Kunstwerke sind Zeitraffer.
SIGMUND GRAFF

Die großen Kunstwerke grenzen einerseits an das Reich der Liebe, andererseits an das des Todes.
OTTO HEUSCHELE

Nur Kunstwerke, die als Verhaltensweise zu spüren sind, haben ihre *raison d'è tre*.
THEODOR W. ADORNO

Jedes Kunstwerk ist eine abgedungene Untat.
THEODOR W. ADORNO

Wenn ich nur keine Angst vorm Malen hätte...!
SALVADOR DALI

Zeichnen ist eine Möglichkeit, auf dem Papier zu denken.
SAUL STEINBERG

Was ist Kitsch? Produkte eines ungebundenen, vagabundierenden Gefühls.
KARL THEODOR VON UND ZU GUTTENBERG

Ein Kunstwerk, das mitten aus dem Leben gegriffen ist, fehlt dort.
WERNER SCHNEYDER

Ein Bild kann nicht schrecklich oder heiter sein; es kann rot sein oder schwarz.
GEORG BASELITZ

Lächeln

Das Leben ist kurz, aber ein Lächeln ist nur die Mühe einer Sekunde.
Kubanisches Sprichwort

Weiber lächeln, wenn sie grüßen.
JEAN PAUL

Man grinst immer, wenn man neue Bekanntschaften macht.
JOHANN NESTROY

Eine Frau kann ihr Gesicht mit einem Lächeln verschleiern.
KAHLIL GIBRAN

Wie das Gestirn des Guten im Lächeln eines Menschengesichts aufgeht, das ist schöner als Schönheit.
LUDWIG STRAUSS

Wenn dem Menschen am Ende seines Lebens ein Lächeln übrigbleibt, so ist das ein sehr anständiger Reingewinn!
HORST WOLFRAM GEISSLER

Lächeln

Im Lächeln liegt Weisheit; denn das Lächeln der Lippen weckt das Lächeln der Seele.

RICHARD N. GRAF COUDENHOVE-KALERGI

Wer viel lächelt, verlernt das Lachen.

FRIEDRICH GEORG JÜNGER

Dieses seltsame Lächeln auf den Gesichtern der Toten gibt mir zu denken.

HERMANN FERDINAND SCHELL

Ich hasse gelegentlich seltenes Lächeln; ich liebe Gelächter.

WILLIAM BLAKE

Ein Lächeln ist oft das Wesentliche. Man wird mit einem Lächeln belohnt oder belebt.

ANTOINE DE SAINT-EXUPÉRY

Lächeln ist der Regenbogen zwischen Lachen und Weinen.

ANITA

Wer mit einem Lächeln einschläft, wird mit Lachen aufwachen.

GERHARD SCHÄKE

Lächeln meint die Welt, die anderen.

ELISE BACH

Wer nurmehr lächelt, dem kam das Lachen abhanden.

HEINRICH WIESNER

Im Lächeln liegt Weisheit.

SIEGFRIED & INGE STARCK

Der kürzeste Weg zwischen zwei Menschen ist ein Lächeln.

HENRY SOKAL

Lächeln heißt, die Gegenwart begrüßen.

PETER HORTON

Lächeln ist die beste Art, sich einander vorzustellen.

J. F. BLOBERGER

Lächeln erntet die Wahrheit oft vor der Bewunderung.

FRANK EDINGER

Lachen

Es lacht mancher, der beißen will.
Deutsches Sprichwort

Auch beim Lachen kann das Herz trauern.

SPRÜCHE 14,13

Es lacht der Tor, auch wenn es nichts zu lachen gibt.

MENANDER

Allzu teuer ist das Lachen erkauft, wenn es auf Kosten der Ehrbarkeit geht.

QUINTILIAN

Lache nicht oft, nicht über viele Dinge und nicht übermäßig.

EPIKTET

Man darf nicht deswegen, weil der Mensch ein Lebewesen ist, zu dessen wesentlichen Merkmalen das Lachen gehört, immerfort lachen, denn auch das Pferd, dessen Kennzeichen das Wiehern ist, wiehert nicht immerfort.

CLEMENS VON ALEXANDRIEN

Das Lachen ist nichts anderes als ein wetterleuchtendes Aufblitzen der Seelenfreude, ein Aufzucken des Lichtes nach draußen, sowie es innen strahlt.

DANTE ALIGHIERI

Der Mensch soll nicht lachen, wenn die ganze Welt weint.

MICHELANGELO

Lachen ist nichts anderes, als ein plötzliches Triumphgefühl, das uns ergreift, wenn wir mit einem Male unserer eigenen Überlegenheit innewerden im Vergleich mit der Schwachheit der anderen oder unserer eigenen früheren Schwachheit.

THOMAS HOBBES

Man muß lachen, bevor man glücklich ist, weil man sonst sterben könnte, ohne gelacht zu haben.

JEAN DE LA BRUYÈRE

Lachen

Schlage man mich lieber, aber lasse man mich lachen.

MOLIÈRE

Wer andere zum Lachen bringt, erwirbt sich selber meistens wenig Achtung.

JEAN DE LA BRUYÈRE

Männer sind zufrieden, wenn man über ihren Witz, aber nicht, wenn man über ihre Torheit lacht.

JONATHAN SWIFT

Die Hälfte der Menschen lacht auf Kosten der anderen.

PHILIPPE DESTOUCHES

Ich mußte lachen und bin nun entwaffnet...

ALEXIS PIRON

Sie lacht über alles, was du sagst. Warum? Weil sie schöne Zähne hat.

BENJAMIN FRANKLIN

Das Lachen hält uns vernünftiger als der Verdruß.

GOTTHOLD EPHRAIM LESSING

Kann man denn nicht auch lachend ersthaft sein? Das Lachen erhält uns vernünftiger als der Verdruß.

GOTTHOLD EPHRAIM LESSING

Man muß nicht über alles lachen, worüber man lachen kann.

WILHELM LUDWIG WEKHRLIN

Der verlorenste aller Tage ist der, an dem man nicht gelacht hat.

CHAMFORT

Lachen ist gesund, Freude ist Balsam: aber Seelenruhe ist des Lachens Quelle und der Freude Balsambüchse.

HEINRICH PESTALOZZI

Oft habe ich in Gesellschaft oder in Theatern Männer von berühmten Namen beobachtet, worüber sie lachten oder nicht lachten, und mich selten in ihrem wahren Charakter geirrt.

KARL JULIUS WEBER

Es gibt Menschen, deren Lachen so unwahr ist wie alles an ihnen, Menschen, die nicht lachen können.

THOMAS CARLYLE

Wer nicht lachen kann, ist nicht nur des Verrats, der List und des Raubes fähig, sondern sein gesamtes Leben ist bereits ein Verrat und eine List.

THOMAS CARLYLE

Weiterlachen ist leichter als aufhören zu lachen.

KOSMA PRUTKOW

Eine Welt, wo soviel gelacht wird, kann so schlecht nicht sein.

FRIEDRICH THEODOR VISCHER

Zum Lachen braucht es immer ein wenig Geist; das Tier lacht nicht.

GOTTFRIED KELLER

Lachen: Ausdruck der gekitzelten Eitelkeit.

WILHELM BUSCH

Nichts amüsiert mich mehr, als wenn ich über mich selbst lache.

MARK TWAIN

Lustige Leute lachen machen ist kein Verdienst, aber die Falten ernster Stirnen glätten halte ich für eines.

LUDWIG ANZENGRUBER

Das Lachen ist eine Macht, vor der die Größten dieser Welt sich beugen müssen.

ÉMILE ZOLA

Die Anfälligkeit für Lachattacken ist einer der Hauptunterschiede zwischen Mensch und Tier.

AMBROSE BIERCE

Nicht durch Zorn, sondern durch Lachen tötet man.

FRIEDRICH NIETZSCHE

Zehnmal mußt du lachen am Tage und heiter sein: sonst stört dich der Magen bei Nacht – dieser Vater der Trübsal.

FRIEDRICH NIETZSCHE

Lachen

Schön ist es, miteinander zu schweigen,
schöner – miteinander zu lachen.

FRIEDRICH NIETZSCHE

Fröhliches Lachen ist eine der schönsten
Künste von allen, die man üben kann. Wer es
verstände, sie gut zu lehren, wäre einer der
größten Wohltäter der erwachsenen
Menschheit.

OTTO VON LEIXNER

Lachen ist durchaus kein schlechter Beginn
für eine Freundschaft und ihr bei weitem
bestes Ende.

OSCAR WILDE

Im Lachen verrät sich eine derbe Seele am
leichtesten.

ELEONORE VAN DER STRATEN-STERNBERG

Weib, in deinem Lachen hast du die Musik
der Bronnen des Lebens!

RABINDRANATH TAGORE

Lachen und Lächeln sind Tor und Pforte,
durch die viel Gutes in den Menschen
hineinhuschen kann.

CHRISTIAN MORGENSTERN

Lachen hat etwas mit den alten Stürmen des
Glaubens und der Begeisterung gemeinsam;
es taut den Stolz auf und öffnet die
Verschlossenheit; es läßt die Menschen sich
selbst vergessen vor etwas Höherem, vor
etwas, dem sie nicht widerstehen können, wie
man von einem Witz sagt, daß er
unwiderstehlich sei.

GILBERT KEITH CHESTERTON

Das Lachen – nicht das Lächeln – schwächt
den Menschen geistig.

ALEXANDR ELTSCHANINOW

Wer zu lachen weiß, kann richtig weinen;
erkennst du das, so bist du bald im Reinen.

WALTER VON MOLO

Lachen ist Gegengift gegen moralische und
seelische Fäulnisbazillen und
Krankheitserreger, gleichzeitig ein
Charakterstärkungsmittel für jedermann.

FRIEDRICH SCHRÖDER-SONNENSTERN

Im Lachen lösen wir uns von den Dingen, mit
Humor setzen wir uns unter geringem
Kraftaufwand über irdische Beschränkungen
hinweg.

HELMUTH PLESSNER

Traut den Lachenden nicht! Hinter ihrem
lauten Gelächter fiebert das Leid, geistert der
Gram über so viel Unerfülltes; in den
Schattenwinkeln und wenn es niemand sieht,
gehen sie hin und weinen ins Nichts.

FRIEDRICH WITZ

Das Lachen vergeht einem sofort, wenn man
es erklären soll.

FRITZ USINGER

Wer über sich selbst lachen kann, nimmt
seinen Feinden die Möglichkeit, ihn
auszulachen.

EUGEN GÜRSTER

Gelobt sei, wer über sich selber lacht, ohne
es darauf anzulegen, dem Lachen der
anderen zuvorzukommen.

HENRY DE MONTHERLANT

Wenn mein Leib zu drei Vierteln in der Grube
liegen wird, werde ich immer noch über all
das lachen, was nur ein Lachen wert ist.

HENRY DE MONTHERLANT

Albernheit ist die Fähigkeit, über die
allerdümmste Sache das allergroßartigste
Gelächter anstimmen zu können. Gewiß
gehört Sinn für Humor dazu, über eine
komische Sache zu lachen. Zum Albernsein
gehört mehr, es bedarf keines Grundes. Erst
wenn man die Souveränität und Freiheit
besitzt, da zu lachen, wo überhaupt kein
Grund vorliegt, dann erst ist man albern. Die
Albernheit ist ein Protest gegen die
festgefügte und stumpfsinnige Ordnung der
Welt, ein Aufstand der menschlichen Seele
gegen das Gefängnis, das sie sich selber
gebaut hat.

PETER BAMM

Wer nicht mit dir aus demselben Grund
herzlich lachen kann, wird kaum je dein
Freund werden.

SIGMUND GRAFF

Lachen

Unser Lachen nähert sich der höchsten Stufe, wenn wir über Dinge lachen, über die man ebensogut weinen könnte.

SIGMUND GRAFF

Lachen erhält jung – und es wird aus eben diesem Grund mit dem Alter immer kostbarer.

SIGMUND GRAFF

Das Lachen sprengt mehr Hindernisse als der Widerspruch.

OTTO BUCHINGER

Das Lachen lernt der Mensch später als das Weinen und verlernt es früher.

CHARLES TSCHOPP

Gelächter ist niemals unbegründet, höchstens bei Verrückten. Ein normaler Mensch muß einen Grund haben, wenn er über etwas lacht.

JAN WERICH

Für Optimisten und Pessimisten: Lacht bis zu Tränen.

STANISLAW JERZY LEC

Viele haben ihren Körper, ihren Gesichtsausdruck oder ihre Worte in der Gewalt, sie können sich beherrschen, nicht aber ihr Lachen. Schadenfrohes oder hinterhältiges oder rohes Lachen verrät ihre wahre Gesinnung.

KURT HÖLLRIGL

Sage mir, worüber du gelacht, und ich sage dir, wann du gelebt hast.

JERZY JURANDOT

Nur der Sterbliche hat was zu lachen.

WOLFDIETRICH SCHNURRE

Das Lachen ist das einzige, was uns vom Tier unterscheidet.

SIR PETER USTINOV

Lachen kann man nur in Freiheit. Aber diese Freiheit ist selten geworden.

JÜRGEN MOLTMANN

Im Gelächter liegt der höchste Ausdruck des Zweifels.

DARIO FO

Das Lachen der Schadenfreude entspringt oft weniger der Genugtuung über den Schaden des anderen als vielmehr der Freude über das eigene Davongekommensein.

GERHARD BRANSTNER

Sage mir, über wen du lachst, und ich sage dir, was dich erwartet.

MICHAIL M. GENIN

Wir lachen nicht, wenn wir uns selbst kitzeln. Wir lachen, wenn wir gekitzelt werden.

ROBERT ROETSCHI

Wer zuletzt lacht, ist nicht der Bessere.

GERHARD UHLENBRUCK

Beim Lachen entblößt man die Zähne, beim Lächeln die Seele, beim Grinsen den Charakter.

GERD W. HEYSE

Die sich totlachen können, werden sich nicht totschlagen.

PETER BENARY

Das Lachen schnellt die Seele ins Gleichgewicht zurück.

CLEMENS WEBER

In vielen Festsälen herrscht während der närrischen Zeit zwar Wein-, aber keinerlei Lachzwang.

DIETER HÖSS

Er lacht den ganzen Tag. Hoffentlich ist es nichts Ernstes.

WERNER MITSCH

Wer über sich selbst lachen kann, stiehlt seinen Mitmenschen die Schadenfreude.

WERNER MITSCH

Wir empfinden zu oft Genugtuung und zu selten Freude. Man hört es an unserem Lachen.

NIKOLAUS CYBINSKI

Menschen, die nicht lachen, haben etwas von schweigenden Kanonen an sich.

WERNER EHRENFORTH

Lachen

Lachen – Fortsetzung des Denkens mit anderen Mitteln.

HANS-HORST SKUPY

Lachen können nur, die nichts verstehen.

THOMAS SCHMITZ

Landwirtschaft

Wo der Bauer arm ist, ist das ganze Land arm.

Polnisches Sprichwort

Wer sein Feld bebaut, der hat Brot genug.

SPRÜCHE 12,11

Glücklich jener, der fern von Geschäften sein vom Vater ererbtes Land mit eigenen Rindern pflügt.

HORAZ

Süß ist's, auf die Bearbeitung der Äcker die Zeit zu verwenden.

OVID

Die Zufriedenheit der Bauern ist die Grundlage für die Wohlfahrt im Staate.

MAHABHARATA

Die Ernte ist groß, aber es gibt nur wenig Arbeiter.

MATTHÄUS 9,37

Der Ackermann soll die Früchte als erster genießen.

2 TIMOTHEUS 2,6

Wer pflügt und erntet, soll damit rechnen können, selbst einen Teil vom Ertrag zu bekommen.

1 KORINTHERBRIEF 9,10

Wer zwei Ähren oder zwei Grashalme auf einem Flecken lassen könnte, auf dem zuvor nur eines stand, dem würde die Menschheit mehr verdanken, und der würde seinem Land einen besseren Dienst erweisen als alle Politiker zusammen.

JONATHAN SWIFT

Der wahre Philosoph ist derjenige, der unbebauten Grund rodet, die Zahl der Pflüge und damit die Zahl der Einwohner vermehrt.

VOLTAIRE

Man ist kein Eigentümer des Ackers mehr, wenn man es nicht von der Frucht ist.

WILHELM LUDWIG WEKHRLIN

Das Glück ist hinter dem Pfluge!

FRIEDRICH HÖLDERLIN

Der Bauer ist kein Spielzeug.

ADELBERT VON CHAMISSO

Das Leben auf dem Lande ist ein reich belohnendes. Seid ihr auch abgeschieden von der Welt und kommt wenig mit fremden Menschen zusammen, so findet ihr doch in eurer nutzenbringenden Tätigkeit, im engen Verkehr mit euren Angehörigen, ein Glück, das nicht genug zu schätzen ist.

ADALBERT STIFTER

Was wären wir ohne die Bauern?

GUSTAVE FLAUBERT

Die Bauern: und wenn die Roggen- und Weizenernte noch so glänzend ausgefallen ist, dann ist ihnen natürlich das Stroh nicht lang genug.

WILHELM RAABE

Nach dem Priester kommt niemand der Göttlichkeit näher als der Bauer.

JOSEPH ROUX

Kein Volk kann gedeihen, so lange es nicht lernt, daß das Pflügen eines Feldes genauso viel Würde in sich birgt wie das Schreiben eines Gedichtes.

BOOKER T. WASHINGTON

Das reine, unverfälschte Landleben. Sie stehen früh auf, weil sie so viel zu tun haben, und gehen früh zu Bett, weil sie so wenig zu denken haben.

OSCAR WILDE

Wo Proletarier vorwiegen, ist ein Volk krank und zwar landkrank. Gebt dem Volk Land, dann bedarf es keiner sozialen Hilfe mehr, sondern wird in sich selbst gesunden.

HEINRICH LHOTZKY

Die Bauern werden verstehen, daß die
Rettung für die Bauernschaft nur im Bündnis
mit den Arbeitern liegt.

WLADIMIR I. LENIN

Eine Stallmagd kann Königin oder doch eines
Königs Mätresse werden. Bauer bleibt Bauer.

CARL HAGEMANN

Im Bauerntum liegt der Keim unserer
Wiedergeburt.

LUDWIG FINCKH

Ich habe die Beobachtung gemacht, daß
geistig orientierte und belastete Menschen
das Landleben als Kontrast ersehnen; das
Land, die Erde, die Natur aber ist spröde und
spendet Entzückungen zwar, doch nicht
dauernde Erfüllung und Befriedigung, wofern
man sich ihr nicht völlig hinzugeben vermag.
Und dies ist schwer, gelingt nicht von heute
auf morgen. Das Gehirn läßt sich nicht so
leicht umschalten. Das Land als Umgebung
für geistige Arbeit ist natürlich unendlich
segensreich.

ANTON WILDGANS

Die Kriege der Mächtigen haben seit
Jahrhunderten die reifen Weizenfelder
zerstört und die Äcker mit Disteln verwuchern
lassen; doch stets hat der Pflug die Erde tiefer
gezeichnet als das Geschütz, ist der Bauer
stärker gewesen als der Soldat.

EHM WELK

Wer Korn sät, kann nicht unfromm werden.

ERNST BERTRAM

Die Landwirtschaft sichert das Notwendige
für das Leben, die Industrie macht es
bequem.

JAKOW TRACHTENBERG

Ich weiß, daß nicht derjenige die Wahrheit
besitzt, der „heute, heute, heute" sagt und
dabei sein Brot direkt am Backofen verzehrt,
sondern der, der mit heiterer Ruhe in der
Ferne das erste Leuchten des Tagesanbruchs
auf den Feldern sieht.

FEDERICO GARCIA LORCA

„Time is money." Keinem pflügenden Bauern
ist es jemals eingefallen, daß er durch das
Pflügen Zeit verliere oder daß er etwa deshalb
Zeit verliere, weil er etwas Monotones tut,
etwas, was er auch gestern schon ebenso
getan hatte und morgen ebenso tun wird;
oder gar deshalb, weil er, wenn er Feierabend
macht, keinen neuen Gedanken oder
Erlebnisertrag heimbringt; oder schließlich
gar deshalb, weil er sich in den Stunden
seiner Arbeit überhaupt nicht
selbstverwirklicht hat. Da lachen die Hühner.
Nichts dergleichen alteriert ihn. Und mit
Recht nicht.

GÜNTHER ANDERS

Landarbeit: das beste Gesundungsmittel. Man
kann die Tabletten wegschmeißen, den
Zivilisationsbedarf.

WERNER BUKOFZER

Der Wirklichkeitssinn des Bauern beruht auf
der Grausamkeit der Natur.

THOMAS NIEDERREUTHER

Enteigne den Bauern, und er verlangt den
Achtstundentag.

HEINRICH WIESNER

Was der Bauer nicht frißt, das kennt er.

NIKOLAUS CYBINSKI

Langeweile

Je mehr Narren, je mehr Kurzweil.
Französisches Sprichwort

Es ist besser, allein zu sein als unter
Langweilern.

MICHEL DE MONTAIGNE

Es ist besser, kurz als langweilig zu sein.

WILLIAM SHAKESPEARE

Uns langweilen immer die, die wir langweilen.

LA ROCHEFOUCAULD

Wir verzeihen oft denen, die uns langweilen,
aber niemals denen, die wir langweilen.

LA ROCHEFOUCAULD

Langeweile

Nichts ist dem Menschen unerträglicher als völlige Untätigkeit, als ohne Leidenschaften, ohne Geschäfte, ohne Zerstreuungen, ohne Aufgabe zu sein. Dann spürt er sein Nichts, seine Verlassenheit, sein Ungenügen, seine Ohnmacht, seine Leere. Bald wird dem Grund seiner Seele Langeweile entsteigen und Düsternis, Trauer, Kummer, Verdruß und Verzweiflung.

BLAISE PASCAL

Es gehört zu der Rolle eines Albernen, beschwerlich zu sein. Ein gewandter Mensch fühlt, ob er gelegen ist oder ob er langweilt: er weiß sich in dem Augenblick unsichtbar zu machen, welcher dem vorhergeht, in dem er irgendwo überflüssig sein würde.

JEAN DE LA BRUYÈRE

Wer jeglicher Eigenart ermangelt, ist ein sehr fader Mensch.

JEAN DE LA BRUYÈRE

Das Geheimnis zu langweilen besteht darin, alles zu sagen.

VOLTAIRE

Unser größter Feind ist die Langeweile.

VOLTAIRE

Der Langeweile Rezept ist: laß nichts ungesagt!

VOLTAIRE

Er war auf eine neue Art langweilig, was dazu führte, daß ihn viele für groß hielten.

SAMUEL JOHNSON

Tätige Menschen ertragen die Langeweile ungeduldiger als die Arbeit.

VAUVENARGUES

Wenn die Affen es dahin bringen könnten, Langeweile zu haben, so könnten sie Menschen werden.

JOHANN WOLFGANG VON GOETHE

Die Langeweile wartet auf den Tod.

JOHANN PETER HEBEL

Ein Zeitalter, das der Idee entbehrt, muß daher notwendig eine große Leere empfinden, die sich als unendliche, nie gründlich zu hebende und immer wiederkehrende Langeweile offenbart; es muß Langeweile so haben wie machen.

JOHANN GOTTLIEB FICHTE

In Frauen wird man oft aus Langeweile verliebt – man weiß nichts mit ihnen weiter anzufangen.

JEAN PAUL

Langweilig zu sein ist die ärgste Sünde des Unterrichts.

JOHANN FRIEDRICH HERBART

Das einzige Unglück ist ein Leben der Langeweile.

STENDHAL

Kommt zu einem schmerzlosen Zustand noch die Abwesenheit der Langeweile, so ist das irdische Glück im wesentlichen erreicht: denn das übrige ist Chimäre.

ARTHUR SCHOPENHAUER

Ob einer mehr Ursache hat, die Menschen zu suchen oder zu meiden, hängt davon ab, ob er mehr die Langeweile oder den Verdruß fürchtet.

ARTHUR SCHOPENHAUER

Die Langeweile gleicht der Luft, welche alle Zwischenräume zwischen den Gegenständen ausfüllt und deren Platz einnimmt, wenn sie ihn freigeben und kein anderer Gegenstand an ihre Stelle tritt.

GIACOMO GRAF LEOPARDI

Wenn dich etwas langweilt, tu's nicht. Bemühe dich nicht um eine fruchtlose Vollkommenheit.

EUGÈNE DELACROIX

Du hast Langeweile? Mußt nach Unterhaltung jagen? Hast du denn an dir gar keine Gesellschaft?

FRIEDRICH THEODOR VISCHER

Die Langeweile ist die Wurzel allen Übels, ist das, was man fernhalten muß. Müßiggang ist nicht das Übel. Man kann sogar behaupten: jeder Mensch, der keinen Sinn dafür hat, beweist damit, daß er sich noch nicht zur Humanität erhoben hat.

SØREN KIERKEGAARD

Langeweile

Was die Leute nicht alles aus Langeweile treiben! Sie studieren aus Langeweile, sie beten aus Langeweile, sie verlieben, verheiraten und vermehren sich aus Langeweile und sterben endlich aus Langeweile, und – und das ist der Humor davon – alles mit den wichtigen Gesichtern, ohne zu merken, warum, und meinen Gott weiß was dazu.

GEORG BÜCHNER

Langeweile ist die beste Krankenwärterin.

ROBERT HAMERLING

Langeweile ist eine Halbschwester der Verzweiflung.

MARIE VON EBNER-ESCHENBACH

Es gibt keinen größeren Langweiler als einen klugen Menschen.

SAMUEL BUTLER

Langweiler: Ein Mensch, der redet, wenn du wünschst, daß er zuhört.

AMBROSE BIERCE

Das einzige Schreckliche auf der Welt ist Langeweile. Das ist die einzige Sünde, für die es keine Vergebung gibt.

OSCAR WILDE

Wie viele Leute gibt es doch, die uns für genug halten, ihre Langeweile zu kürzen.

EMIL GÖTT

Eintönigkeit ist ein Naturgesetz. Betrachte die Eintönigkeit, mit der die Sonne aufgeht. Die Eintönigkeit einer notwendigen Beschäftigung ist erheiternd und lebensspendend.

MAHATMA GANDHI

Die guten Menschen langweilen sich nicht so viel und leicht wie die bösen.

SALOMON BAER-OBERDORF

Die Langeweile hat kein Gesicht.

PAUL VALÉRY

Mach den Leser lachen, und er wird dich für einen primitiven Gesellen halten, langweile ihn in der richtigen Weise, und dein Ansehen ist gesichert.

WILLIAM SOMERSET MAUGHAM

Nichts erinnert in seiner Langeweile so sehr an feierliche Dummheit wie prahlende Tugendhaftigkeit.

HELENE HALUSCHKA

Sich langweilen heißt scheintot sein.

LISA WENGER

Der Mensch ist niemals langweiliger und geistloser, als wenn er glücklich ist.

WALTER HUECK

Manche Langweiler sind so offensichtlich glücklich, daß es ein Vergnügen ist, sie zu beobachten.

ROBERT LYND

Diejenigen, die ihre eigene Gesellschaft nicht ertragen können, haben meistens recht.

COCO CHANEL

Langeweile? Eine moderne Pest! Sie bricht jedesmal aus, wenn die anderen kurzweilig werden.

WALDEMAR SEUNIG

Langweilig ist noch nicht ernsthaft.

KURT TUCHOLSKY

Ein langweiliger Mensch: jemand, der redet, wenn ich gerade sprechen will.

JULIAN TUWIM

Alle, die uns langweilen, unterhalten sich dabei trefflich.

SIGMUND GRAFF

Wer sich langweilt, der langweilt alle Welt.

FRIEDRICH GEORG JÜNGER

Wer sich langweilt, hat Zeit, den Tod zu fürchten.

CHARLES TSCHOPP

Was in der Jugend Langeweile ist, intensiviert sich im Alter zu Elend.

JOACHIM GÜNTHER

Unsere Zeit ist so aufregend, daß man die Menschen eigentlich nur noch mit Langeweile schockieren kann.

SAMUEL BECKETT

Langeweile

Sich langweilen heißt Zeit zerkauen.

É. M. CIORAN

Langeweile ist ein Abstrich vom Leben.

ELISABETH MARIA MAURER

Die größte Steigerung der Langeweile ist erreicht, wenn sogar Krankheit als angenehme Abwechslung empfunden wird.

GERHARD UHLENBRUCK

Langeweile: Man vertreibt sich die Zeit mit Zeitvertreib.

GERHARD UHLENBRUCK

Die Langeweile ist dort am größten, wo die kleinsten Interessen zu finden sind.

HORST FRIEDRICH

Langeweile kann ein Paradies zur Hölle machen.

WERNER MITSCH

Wer sich allein langweilt, ist auch zu zweit nicht sehr unterhaltend.

BEN KINGSLEY

Laster

Wenn jedes Laster bemerkt wird, hört der Umgang bald auf.

Südindisches Sprichwort

Die Gott verderben will, verblendet er vorher.

SOPHOKLES

Kopfweh, Hohn und Schimpf bringt Wein, getrunken in Erregung und Zorn.

BEN SIRA 31,29

Der Geist ist willig, aber das Fleisch ist schwach.

MATTHÄUS 26,41

Alle Sünden werden vergeben, auch die Lästerung.

MARKUS 3,28

Zuchtlosigkeit streitet am meisten wider des Menschen Klarheit und Schönheit.

THOMAS VON AQUIN

Das Laster lebt und wächst unter der Decke.

POLYDORE VERGIL

Aller Laster Laster ist: sich vor keinem Laster scheuen, sich mit den Lastern rühmen und sie nicht bereuen.

FRIEDRICH VON LOGAU

Im Laufe des Lebens gefallen wir öfter durch unsere Laster als durch unsere Tugenden.

LA ROCHEFOUCAULD

Was uns hindert, einem einzigen Laster nachzuhangen, sind mehrere.

LA ROCHEFOUCAULD

Wenn uns unsere Laster verlassen, schmeicheln wir uns mit der Leistung, sie aufgegeben zu haben.

LA ROCHEFOUCAULD

Ein angenehmes Laster ist einer langweiligen Tugend bei weitem vorzuziehen.

MOLIÈRE

Die Laster der Menschen grenzen oft an Tugenden.

VOLTAIRE

Mit den Kosten für ein Laster kann man zwei Kinder aufziehen.

BENJAMIN FRANKLIN

Verstellung ohne Not ist ein Laster und eine Niederträchtigkeit. In Not, wenn man sich und andere dadurch erhält oder glücklicher macht, ist sie eine Tugend.

EWALD VON KLEIST

Unter den drei Lastern Faulheit, Feigheit und Falschheit scheint das erstere das verächtlichste zu sein.

IMMANUEL KANT

Es ist wahr – man darf die Tugend nur kennen, um sie zu lieben; aber um sie recht feurig zu lieben, muß man noch mehr, muß man auch noch das Laster kennen.

JOHANN JAKOB ENGEL

Laster

Eine lasterhafte hübsche Frau ist eine schöne Frucht mit faulem Kern.

SOPHIE DE ARNOULD

Die Welt verzeiht dir eher, wenn du lasterhaft, als wenn du lächerlich bist, und – es ist fürchterlich wahr! – fast jeder Mensch gilt lieber für lasterhaft als für lächerlich, wenn er nur die Wahl zwischen beiden hat.

AUGUST VON KOTZEBUE

Man kann gegen ein Laster mit dem größten Nachdruck predigen und es doch ausüben, ohne zu heucheln.

JEAN PAUL

Die Geschichte lehrt uns Tugend, aber die Natur predigt unaufhörlich das Laster.

LUDWIG BÖRNE

Ein großes Laster ist die Arbeitsscheu, und ein ebenso großes Laster ist die Sucht, es recht gut zu haben, ehe man etwas verdient.

JEREMIAS GOTTHELF

Wenn das Laster großartig, wird es minder empörend.

HEINRICH HEINE

Das Fehlen großer Laster ist die kleine Tugend gar vieler Leute.

JEAN PETIT-SENN

Die Vorurteile sind Diebe, die Laster Mörder.

VICTOR HUGO

Die Menschen wünschen, von dem Unheil ihrer Laster gerettet zu werden, aber nicht von ihren Lastern.

RALPH WALDO EMERSON

Leute ohne Laster haben auch sehr wenige Tugenden.

ABRAHAM LINCOLN

Das Laster reizt den Unschuldigen, die Unschuld den Lasterhaften.

DANIEL SPITZER

Wer das Laster nicht kennt, braucht auch von der Tugend nichts zu wissen.

LUDWIG ANZENGRUBER

Das schlimmste Laster ist die Seichtheit.

OSCAR WILDE

Es gibt nur eine Perversität: sein Lebenskapital schwächen, verringern.

PETER ALTENBERG

Es ist rührend, wie unsere kleinen Laster die Nachbarn anheimeln.

EMIL GÖTT

Die größte Gefahr, in die ein Mensch sich begeben kann, ist das Laster.

CARLOS VON TSCHUDI

Man kann wohl sagen, daß die Menschen häufig aus Langeweile lasterhaft sind.

MAKSIM GORKIJ

Gute Menschen bitten um Nachsicht für ihre Tugend, das Gesindel will gelobt sein für seine Laster.

SALOMON BAER-OBERDORF

Keine Zuflucht am Südpol oder auf dem Gipfel des Mont Blanc trennt uns wirksamer von anderen, als die Ausübung eines verborgenen Lasters.

MARCEL PROUST

Die meisten Menschen geben ihre Laster erst dann auf, wenn sie ihnen Beschwerden bereiten.

WILLIAM SOMERSET MAUGHAM

Auch ein Lebemann kann ein anständiger Mensch sein, eine Lebefrau nie.

HELENE HALUSCHKA

Die Laster der Großen nennt man Allüren.

FRIEDL BEUTELROCK

Wenn ein Mann keine Laster hat, so besteht die Gefahr, daß seine Tugenden in Laster verwandelt werden.

THORNTON WILDER

Die Laster der Mehrheit nennt man Tugenden.

JEAN GENET

Jedes Laster belastet – zumindest das Konto.

GERHARD UHLENBRUCK

Laster

Es gibt kaum ein Laster, das nicht mit einer anderen Torheit bemäntelt werden könnte.

OSKAR KUNZ

Laster ist Moral im Hemd.

OLAF TRUNSCHKE

Laune

Je edler Roß, je ärger Laune.

Jüdisches Sprichwort

Trotz ist ebenso eine Sünde wie Zauberei, Widerspenstigkeit ist ebenso schlimm wie Götzendienst.

1 SAMUEL 15,23

Launen sind eine Art von guten oder bösen Feen, die durch die bloße Magie des Colorits und Helldunkels aus den Dingen, die vor uns stehen, machen können, was sie wollen.

CHRISTOPH MARTIN WIELAND

Gute Laune ist die Würze aller Wahrheit.

HEINRICH PESTALOZZI

Laune löst, was Laune knüpft.

FRIEDRICH VON SCHILLER

Will man liebenswert erscheinen, so empfiehlt sich ein liebenswürdiger Ausdruck, ganz gleich, wie es einem ums Herz ist; der eigene Gesichtsausdruck wirkt nach und nach auch auf das zurück, was man selbst empfindet, und wenn man sich Mühe gibt, anderen zu gefallen, wird man bald selbst guter Laune sein.

GERMAINE (MADAME) DE STAËL

Worte, so schön sie auch sein mögen, können unsere Stimmung nie so schnell ändern wie die Musik.

GERMAINE (MADAME) DE STAËL

Der Mensch ist nicht jeden Augenblick aufgelegt, die Psalmen oder den Homer zu lesen.

ANTON FRIEDRICH THIBAUT

In jedem Einzelnen stecken zehn Menschen, und unter gewissen Umständen zeigen sie sich häufig innerhalb einer Stunde.

EUGÈNE DELACROIX

Man darf die Verdrießlichkeit mit Recht eine Sünde wider den heiligen Geist im Menschen nennen.

ERNST VON FEUCHTERSLEBEN

Die Verdrießlichkeit ist allen Zaubers bar; sie ist die eigentliche Prosa des Lebens, die Schwester der Langeweile, dieser langsam tötenden Giftmischerin.

ERNST VON FEUCHTERSLEBEN

Die Stimmung ist alles im menschlichen Leben. Sie macht aus Steinen Gold und aus Gold Steine.

HEINRICH LAUBE

Von guter Laune kann man sagen, daß sie eines der besten Kleidungsstücke ist, die man in Gesellschaft tragen kann.

WILLIAM THACKERAY

Ein schöner, gerechter und vornehmer Ausgleich der Dinge besteht darin, daß – wie Krankheit und Kummer übertragbar sind – nichts in der Welt so ansteckend wirkt wie Gelächter und gute Laune.

CHARLES DICKENS

Weiche Menschen sind leichter verstimmt. Öl gefriert leichter als Wasser.

BERTHOLD AUERBACH

Gute Laune ist ein philosophischer Geisteszustand. Er scheint der Natur zu sagen, daß wir sie nicht ernster nehmen, als sie uns nimmt.

ERNEST RENAN

Der einzige Unterschied zwischen einer Laune und einer lebenslänglichen Leidenschaft ist der, daß die Laune ein wenig länger vorhält.

OSCAR WILDE

An der Launenhaftigkeit eines Menschen erkennt man den Grad seiner Unkultur. Denn Selbstdisziplin ist der Grundstein der Kultur, ohne den alles andere nur Tünche ist.

ELEONORE VAN DER STRATEN-STERNBERG

Launen kann man bekämpfen, Stimmungen aber nicht.

HANS FEHR

Ein launischer Mensch ist niemals weise.

LISA WENGER

Hartnäckige Übellaunigkeit ist ein allzu klares Symptom dafür, daß ein Mensch gegen seine Bestimmung lebt.

JOSÉ ORTEGA Y GASSET

Gute Laune ist ein Kapital, das man sich nicht nehmen lassen darf.

WALTER SCHEEL

Launenhafte Menschen wissen nicht um die Gnade des Lebens.

ELISABETH MARIA MAURER

Ob der Tag schön wird, läßt sich an den Mundwinkeln besser ablesen als am Barometer.

MARGRET GENTH

Die schlechte Laune ist eine Ohrfeige ins eigene Gesicht.

WERNER MITSCH

Schlechtgelaunte Zeitgenossen sollten öfter in einen Spiegel schauen.

J. F. BLOBERGER

Leben

Der Kluge lebt heute, der Narr will morgen leben.

Deutsches Sprichwort

Erträglich wird das Leben nur, wenn man lernt, Verluste hinzunehmen.

BABYLONISCHER HYMNENGESANG

Wer weiß, ob nicht das, was wir Leben nennen, Sterben heißt und Sterben Leben bedeutet.

EURIPIDES

Das ungeprüfte Leben ist nicht lebenswert.

SOKRATES

Was man zum Leben braucht, verschaffen sich die Menschen, nicht aber, was man braucht, um gut zu leben.

DIOGENES VON SINOPE

Unser Leben auf Erden ist wie ein Schatten.

1 CHRONIK 29,15

Alles, was ein Mann hat, läßt er für sein Leben.

HIOB 2,4

Güte und Huld werden mir folgen mein Leben lang, und im Haus des Herrn darf ich wohnen für lange Zeit.

PSALMEN 23,6

Wissenswerter als das meiste Wissen wäre die Antwort eines Toten auf die Frage, ob es ihm leid tue, daß er gelebt hat.

DSCHUANG DSE

Gesundheit und Verstand – das sind die beiden Lebensgüter.

MENANDER

Nicht wie wir wollen – wie wir können, leben wir!

MENANDER

Der das Leben hat, hält sich an seine Verpflichtung; der nicht das Leben hat, hält sich an die Forderung.

LAO DSE

Das höchste Gut ist ein den Naturtrieben entsprechendes Leben.

PANAITIOS VON RHODOS

Keiner erhält das Leben zum Eigentum, alle zum Nießbrauch.

LUKREZ

Allzulang leben ist Qual.

OVID

Mit dem Leben ist es wie mit einem Theaterstück: es kommt nicht darauf an, wie lang es ist, sondern wie bunt.

SENECA

Leben

Das Leben war das Licht der Menschen.

JOHANNES 1,4

Wie du am Ende deines Lebens wünschst gelebt zu haben, so kannst du jetzt schon leben.

MARC AUREL

Die Dauer des menschlichen Lebens ist nur ein Augenblick, sein Wesen ist wie ein beständiger Strom.

MARC AUREL

Es heißt mit Recht, daß wir unseren Dämon selbst wählen; denn durch die Art unserer Lebensführung wählen wir die höhere leitende Macht.

PLOTIN

Ein Tag Leben ist wertvoller als ein Berg Gold.

YOSHIDA KENKO

Wir lieben das Leben nur, weil es uns ungewiß ist.

YOSHIDA KENKO

Wer das Leben nicht schätzt, hat es nicht verdient.

LEONARDO DA VINCI

Gut vollbrachtes Leben ist lang.

LEONARDO DA VINCI

Die Nützlichkeit des Lebens liegt nicht in seiner Länge, sondern in seiner Anwendung.

MICHEL DE MONTAIGNE

Leben und leben lassen ist die Regel der allgemeinen Gerechtigkeit.

SIR ROGER L'ESTRANGE

Das Leben gleicht einer schönen Musik, die uns einnimmt, uns gefällt, die aber nicht lange dauert.

CHRISTINE VON SCHWEDEN

Ein langes Leben ist nichts weiter als eine lange Erwartung des Todes.

CHRISTINE VON SCHWEDEN

Dasjenige, worum es sich im Leben am meisten handelt und was die Menschen, wie ihre Taten zeigen, als höchstes Gut ansehen, läßt sich auf diese drei zurückführen: nämlich auf Reichtum, Ehre und Sinnenlust. Durch diese drei wird der Geist so sehr in Anspruch genommen, daß er an ein anderes Gut nicht denken kann.

BARUCH DE SPINOZA

Man klagt über die Kürze des Lebens, und doch tut man alles, damit es rasch vergehe.

FRANÇOISE DE MAINTENON

Der größte Teil der Menschen verwendet die erste Hälfte des Lebens darauf, die zweite elend zu machen.

JEAN DE LA BRUYÈRE

Es gibt nichts, was die Menschen lieber erhalten zu sehen wünschen und doch weniger schonen, als ihr Leben.

JEAN DE LA BRUYÈRE

Man ist mit dem Leben nicht zufrieden, wenn man über den Tod unzufrieden sein wollte.

PRINZ EUGEN VON SAVOYEN

Gesundheit, gute Laune und Reichtum sind alles, was in diesem Leben wertvoll ist, und die letzteren beiden tragen zu der ersteren bei.

JONATHAN SWIFT

Mögest du alle Tage deines Lebens leben.

JONATHAN SWIFT

Jeder möchte lange leben, aber keiner möchte alt werden.

JONATHAN SWIFT

Das ist ein Leben! Man verbringt es hoffend, um es mit einem Tode zu beschließen, an den man wieder Hoffnungen knüpft.

VOLTAIRE

Fast das ganze menschliche Leben ist von Wahrscheinlichkeiten abhängig.

VOLTAIRE

Das Leben ist ein Schiffbruch; rette sich wer kann!

VOLTAIRE

Leben

Ich hätte nichts gegen eine Wiederholung des gleichen Lebens – von Anfang an. Ich würde nur den Vorteil erbitten, den Schriftsteller bei der zweiten Auflage genießen: einige Fehler in der ersten zu verbessern.

BENJAMIN FRANKLIN

Es ist erlaubt, das Leben zu lieben, wenn man es um seiner selbst willen liebt und nicht aus Angst vor dem Tod.

VAUVENARGUES

Nichts verfälscht so sehr das Urteil über das Leben wie der Tod.

VAUVENARGUES

Die kurze Dauer des Lebens kann uns seine Freuden nicht verleiden und uns über seine Leiden nicht trösten.

VAUVENARGUES

Das Leben ist für Denkende eine Komödie und für Fühlende eine Tragödie.

HORACE WALPOLE

Was der feinere Teil der Menschen Leben nennt, ist ein wunderliches Gewebe von langweiligen Zeitverkürzungen, noch mehreren Plagen der Eitelkeit und einem ganzen Schwarm alberner Zerstreuungen.

IMMANUEL KANT

Laßt uns unser Leben wie ein Kinderspiel ansehen, in welchem nichts ernsthaft ist als die Redlichkeit.

IMMANUEL KANT

Die Menschen denken über die Vorfälle des Lebens nicht so verschieden, wie sie darüber sprechen.

GEORG CHRISTOPH LICHTENBERG

Es ist wohl ausgemacht, daß nächst dem Wasser das Leben das beste ist, was der Mensch hat.

GEORG CHRISTOPH LICHTENBERG

Der Mensch ist genugsam ausgestattet zu allen wahren irdischen Bedürfnissen, wenn er seinen Sinnen traut und sie dergestalt ausbildet, daß sie des Vertrauens wert bleiben.

JOHANN WOLFGANG VON GOETHE

Das Leben gleicht jener beschwerlichen Art zu wallfahrten, wo man drei Schritte vor und zwei zurück tun muß.

JOHANN WOLFGANG VON GOETHE

Der Zweck des Lebens ist das Leben selbst.

JOHANN WOLFGANG VON GOETHE

Ein unnütz Leben ist ein früher Tod.

JOHANN WOLFGANG VON GOETHE

Greift nur hinein ins volle Menschenleben!

JOHANN WOLFGANG VON GOETHE

Wer lebt, verliert. Aber er gewinnt auch.

JOHANN WOLFGANG VON GOETHE

Das Leben lehrt uns, weniger mit uns und anderen strenge sein.

JOHANN WOLFGANG VON GOETHE

Wer lange gelebt hat, hat alles gesehen und auch das Gegenteil davon.

TALLEYRAND

Du kannst dein Leben weder verlängern noch verbreitern, nur vertiefen.

JOSEPH JOUBERT

Sehnsucht, Liebe, Hoffnung, Verlangen, das ist wahres Leben.

AUGUST VON KOTZEBUE

Wer aus sich herauslebt, tut immer besser, als wer in sich hineinlebt.

JOHANN GOTTFRIED SEUME

Das Beste vom Leben ist, daß man niemand zwingen kann zu leben. Wer durch eigene Niederträchtigkeit dazu gezwungen wird, ist sein eigener moralischer Büttel und Scharfrichter.

JOHANN GOTTFRIED SEUME

Einige leben vor ihrem Tode, andere nach ihrem Tode. Die meisten Menschen leben aber weder vor noch nach demselben; sie lassen sich gemächlich in die Welt herein und aus der Welt hinaus vegetieren.

JOHANN GOTTFRIED SEUME

Leben wir allein für dieses Leben, so sind wir die elendesten aller erschaffenen Wesen.

WILHELM VON HUMBOLDT

Leben

Das Leben ist immer ein Fortschreiten, und wenn man auch allgemein Kindheit, Jugend, Reife und Alter unterscheidet, so gibt es unendlich mehr Stufen, die der Mensch durchwandert, die sich nur nicht so recht bezeichnen lassen.

WILHELM VON HUMBOLDT

Im Grunde sind es doch die Verbindungen mit Menschen, welche dem Leben seinen Wert geben.

WILHELM VON HUMBOLDT

Leben ist ein Feuerprozeß. Je reiner der Geist ist, desto heller und feuriger das Leben.

NOVALIS

Unser Leben ist kein Traum, aber es soll und wird vielleicht einer werden.

NOVALIS

Leben ist eine Krankheit des Geistes, ein leidenschaftliches Tun.

NOVALIS

Das Leben ist das einzige Eigentum, das nur dann etwas wert ist, wenn wir es nicht achten. Verächtlich ist es, wenn wir es nicht leicht fallen lassen können, und nur der kann es zu großen Zwecken nutzen, der es leicht und freudig wegwerfen könnte.

HEINRICH VON KLEIST

Leben lebt allein durch die Liebe.

CLEMENS VON BRENTANO

Das Leben ist ein ABC-Buch. Ein bißchen Goldschaum auf dem Einbande ist all unser Glück, unsere Weisheit nichts als ba, be, bi, und sobald wir buchstabieren gelernt, müssen wir sterben, und die Unwissenheit fängt von neuem an.

LUDWIG BÖRNE

Gewisse Leute leben, als wüßten sie, daß sie am andern Morgen gehängt werden.

LUDWIG BÖRNE

Vom Standpunkt der Jugend aus gesehen, ist das Leben eine unendlich lange Zukunft. Vom Standpunkt des Alters aus eine sehr kurze Vergangenheit.

ARTHUR SCHOPENHAUER

Das Buch des Lebens versteht doch nur, wer um Gottes willen lernt und nicht um der Welt Gunst.

JOSEPH VON EICHENDORFF

Leben ist ja doch des Lebens höchstes Ziel.

FRANZ GRILLPARZER

Das Leben gilt nur großen Männern viel; im Staube kriechen heißt ja: so nicht leben. – Das Leben gilt nichts, wo die Freiheit fällt.

THEODOR KÖRNER

Man verbringt die eine Hälfte des Lebens damit, sich das Glück zu erhoffen, und die andere, eine Hoffnung zu vermissen.

JOUFFROY

Leben heißt nichts anderes als lieben.

ALEXANDRE VINET

Das Leben ist eine Flamme Gottes.

JEREMIAS GOTTHELF

Schmerzlicher als der Verlust durch den Tod ist der Verlust durch das Leben.

HEINRICH HEINE

Es gibt Lebensläufe, denen jeder Zufall fehlt.

HONORÉ DE BALZAC

Fürchte nicht, daß dein Leben enden wird, sondern fürchte lieber, daß es nie beginnen wird.

JOHN HENRY KARDINAL NEWMAN

Das ganze Leben ist ein Versuch. Je mehr Versuche du durchführst, desto besser.

RALPH WALDO EMERSON

Das Leben muß wie ein kostbarer Wein mit gehörigen Unterbrechungen Schluck für Schluck genossen werden. Auch der beste Wein verliert für uns allen Reiz, wir wissen ihn nicht mehr zu schätzen, wenn wir ihn wie Wasser hinunterschütten.

LUDWIG FEUERBACH

Das ganze Geheimnis, sein Leben zu verlängern, besteht darin: es nicht zu verkürzen.

ERNST VON FEUCHTERSLEBEN

Leben

Das Leben ist kein Traum. Es wird nur zum Traume durch die Schuld des Menschen, dessen Seele dem Ruf des Erwachens nicht folgt.

ERNST VON FEUCHTERSLEBEN

Kleinigkeiten machen die Summe des Lebens aus.

CHARLES DICKENS

Das Leben ist mehr als Philosophieren.

MOSES HESS

Das Leben ist ein Verbrennungsprozeß.

FRIEDRICH HEBBEL

Das Leben ist nie etwas, es ist nur die Gelegenheit zu etwas.

FRIEDRICH HEBBEL

In die Hölle des Lebens kommt nur der hohe Adel der Menschheit. Die andern stehen davor und wärmen sich.

FRIEDRICH HEBBEL

Das ganze Leben ist ein verdaulicher Widerspruch.

FRIEDRICH HEBBEL

Das Leben kann nur rückblickend verstanden werden. Es muß aber vorausschauend gelebt werden.

SØREN KIERKEGAARD

Viele Menschen ziehen ihre Schlüsse über das Leben wie Schulknaben: sie betrügen ihre Lehrer, indem sie die Antworten aus einem Buch abschreiben, ohne die Addition selbst ausgerechnet zu haben.

SØREN KIERKEGAARD

Der ist des Lebens nicht wert, für den es keinen Reiz hat.

RICHARD WAGNER

Unser Leben ist der Mord durch Arbeit; wir hängen sechzig Jahre lang am Strick und zappeln.

GEORG BÜCHNER

Das Leben besteht nicht darin, daß man gute Karten hält, sondern, daß man mit denen spielt, die man für gut hält.

JOSH BILLINGS

Nicht das Bewußtsein bestimmt das Leben, sondern das Leben bestimmt das Bewußtsein.

KARL MARX

Das Öl der Lebenslampe ist die Lust am Leben.

WILHELM JORDAN

Alles hängt immer an einem Faden, und daß ein hoher Rätselwille alles Irdische leitet, jedenfalls aber, daß sich alles unserer menschlichen Weisheit entzieht, das muß auch dem Ungläubigen klar werden.

THEODOR FONTANE

Es kommt immer nur darauf an, daß, wie und wo man auch marschiert, man allerorten die Musik des Lebens hört. Die meisten hören nur die Dissonanzen.

THEODOR FONTANE

Leichtes Leben verdirbt die Sitten, aber die Tugendkomödie verdirbt den ganzen Menschen.

THEODOR FONTANE

Leben, von seinen niedrigsten bis zu seinen höchsten Formen, ist nichts anderes als die normale Daseinsweise der Eiweißkörper.

FRIEDRICH ENGELS

Das Leben ist ein Krankenhaus, in dem jeder Patient den Wunsch hat, sein Bett zu wechseln. Der Eine möchte lieber nahe dem Feuer leiden, und der Andere ist überzeugt, daß er nahe dem Fenster gesund werden würde.

CHARLES BAUDELAIRE

Unser Leben hat die Aufgabe, dem Schöpfer nachzuweisen, daß wir seinem Willen nachgekommen sind.

SEBASTIAN KNEIPP

Das Leben lebt nicht.

FERDINAND KÜRNBERGER

Das Leben lieben heißt: Gott lieben. Das Schwierigste und Seligste von all dem ist, dieses Leben in den eigenen Leiden, in dem unschuldigen Leiden zu lieben.

LEW N. GRAF TOLSTOJ

571

Leben

Das Leben ist ständige Schöpfung. – Solange Leben ist, ist Glück.

LEW N. GRAF TOLSTOJ

Gut leben heißt gut sterben.

LEW N. GRAF TOLSTOJ

Das gesunde Leben ist nur eine Form, das kranke eine andere, in der wir Gott und den Menschen dienen.

LEW N. GRAF TOLSTOJ

Abgeschrieben kann das Leben nie werden, dazu ist es zu reich.

MARIE VON EBNER-ESCHENBACH

Die ewige Illusion, daß das Leben noch vor einem liege. Das Leben liegt immer hinter einem.

WILHELM RAABE

Es tötet nichts so sicher wie das Leben.

WILHELM RAABE

Das ist es eben; man denkt nicht nur – man will auch leben.

WILHELM BUSCH

Das Problem des Lebens gleicht einem Meer, in dem wir untergehen, wenn wir entweder zuviel darüber nachdenken oder zu wenig.

SAMUEL BUTLER

Ist das Leben lebenswert? Das ist eine Frage für einen Embryo, nicht für einen Erwachsenen.

SAMUEL BUTLER

Leben ist die Kunst, aus falschen Voraussetzungen die richtigen Schlüsse zu ziehen.

SAMUEL BUTLER

Das Leben verlängern heißt, es nicht zu verkürzen.

CHRISTOPH WILHELM HUFELAND

Der Durchschnittsmensch, der nicht weiß, was er mit diesem Leben anfangen soll, wünscht sich ein anderes, das ewig dauern soll.

ANATOLE FRANCE

Die Wahrheit ist: das Leben ist entzückend, schrecklich, charmant, grauenvoll, süß, bitter, und das ist alles.

ANATOLE FRANCE

Das Leben verachten – und den Tod fürchten, das ist die breite Straße zum Tollhaus.

FRANZ VON SCHÖNTHAN

Leben heißt leiden.

AUGUST STRINDBERG

Das Leben besteht aus den verschiedenartigsten Dingen, den unvorhergesehensten, den widersprechendsten, den am wenigsten zueinander passenden; es ist gnadenlos, ohne Folge oder Zusammenhang, voll des Unerklärlichen, des Unlogischen und der widersprechendsten Katastrophen, wie man es nur unter verschiedenen Tatsachen eingruppieren kann.

GUY DE MAUPASSANT

Es lebt der Mensch, so lang er irrt.

PETER HILLE

Das Leben ist zu wichtig, um darüber ernsthaft zu sprechen.

OSCAR WILDE

Das Leben, ob glücklich oder unglücklich, ob erfolgreich oder erfolglos, ist ungewöhnlich interessant.

GEORGE BERNARD SHAW

Was ist das Leben anderes als eine Kette von künstlich hervorgerufenen Dummheiten?

GEORGE BERNARD SHAW

Das Leben stimmt nicht mit der Philosophie überein: es gibt kein Glück ohne Müßiggang, und nur das Nutzlose bereitet Vergnügen.

ANTON P. TSCHECHOW

Das Leben besteht aus schlechten Zeiten und aus schönen Augenblicken.

ELEONORE VAN DER STRATEN-STERNBERG

Das Leben ist reicher geworden durch die Liebe, die verloren ist.

RABINDRANATH TAGORE

Leben

Das Leben findet seinen Reichtum durch die Forderungen der Welt und seinen Wert durch die Forderungen der Liebe.

RABINDRANATH TAGORE

Und wenn man nicht mehr lieben und hassen darf – wo bleibt dann der Reiz des Lebens?

ARTHUR SCHNITZLER

Den Wert eines Menschenlebens bestimmt nicht seine Länge, sondern seine Tiefe.

GUSTAV FRENSSEN

Das Leben ist kein Schauspiel und kein Festessen. Es ist eine Verlegenheit.

GEORGE DE SANTAYANA

Die Stunde ist lang, das Leben kurz.

A. BERTHOLD

Das Leben besteht im wesentlichen aus Glauben und Geduld. Wer diese besitzt, kommt zu einem herrlichen Ziel.

RUDOLF VON TAVEL

Das Leben ist ein ewig sich erneuernder, sich ewig fortreißender, endloser Strom. Die Menschen möchten ihn aufhalten, eindämmen, in kleine sumpfige Teiche zerteilen. Das Leben ist der Wind, ist das Meer, das Leben ist das Feuer; nicht die Erde, die sich verdichtet und Form annimmt.

LUIGI PIRANDELLO

Die Hauptdimension des Lebens ist seine Tiefe.

CARLOS VON TSCHUDI

Man muß dem Leben fest im Sattel sitzen, wenn man von ihm nicht abgeworfen werden will.

CARLOS VON TSCHUDI

Es gibt Wichtigeres im Leben, als beständig dessen Geschwindigkeit zu erhöhen.

MAHATMA GANDHI

Das Leben ist eine Tatsache, es bedarf weder einer Erklärung noch einer Bestätigung. Erklären heißt rechtfertigen, und warum wollten wir das Leben rechtfertigen? Zu leben – ist das nicht genug?

DAISEZ TEITARO SUZUKI

Um das Leben schön zu finden wie einen Traum, muß man arbeiten, nicht schlafen.

SALOMON BAER-OBERDORF

Das Einzige, das noch schwieriger ist, als ein geordnetes Leben zu führen: es anderen nicht aufzuzwingen.

MARCEL PROUST

Nichts Schönes läßt sich vom Leben abtrennen. Das Leben ist das, was stirbt.

PAUL VALÉRY

Das Leben ist ein Witzblatt: bunt und langweilig.

RODA RODA

Das Leben ist eine Schmierenaufführung; vorher nicht geprobt und elend ausgestattet.

RODA RODA

Unser Leben besteht aus lauter Tagen, die zu lang oder zu kurz sind.

RODA RODA

Den meisten Menschen bedeutet das Leben ein lange während Zweitbestes, einen dauernden Kompromiß zwischen dem Ideal und dem Möglichen.

BERTRAND EARL RUSSELL

Wo Leben ist, besteht auch immer die Hoffnung auf eine Besserung der Dinge.

SRI AUROBINDO

Das Leben hat, in sich selbst, keinen ausreichenden Sinn; man muß ihn außerhalb des Lebens suchen.

ALEXIS CARREL

Alles Gelebte schmeckt sonderbar und gräßlich wie Brackwasser: Tod und Leben gemischt.

HUGO VON HOFMANNSTHAL

Der Überschuß ist das Leben – im Übermaß sein Feind.

KARL FOERSTER

Worte sind selten abenteuerlich genug, dem Abenteuer Leben zu geben, was ihm gebührt und frommt.

KARL FOERSTER

Leben

Leben heißt: die Bestimmung einer jeden
Stunde fühlen und danach handeln.

FRIEDRICH KAYSSLER

Das Leben ist eine Anstrengung, die einer
besseren Sache würdig wäre.

KARL KRAUS

Man lebt nicht einmal einmal.

KARL KRAUS

Das Leben erscheint nur dem kurz, der lange
gelebt hat.

WILHELM VON SCHOLZ

Das Leben fängt erst mit Erinnerungen an.

WILHELM VON SCHOLZ

Die Herrlichkeit des Lichts kann ohne seine
Schatten nicht existieren. Das Leben ist ein
Ganzes, und Gutes und Böses müssen
zusammen hingenommen werden.

SIR WINSTON S. CHURCHILL

Alles geistige Leben tritt uns im natürlichen
entgegen.

ALBERT SCHWEITZER

Was Leben ist, vermag keine Wissenschaft zu
sagen.

ALBERT SCHWEITZER

Das Leben ist und bleibt ein Schlachtfeld;
wenn dem nicht so wäre, würde nichts mehr
existieren können.

C. G. JUNG

Menschen, die nur für die Arbeit leben,
brauchen Träume; Menschen, die das Leben
als Vergnügen betrachten, brauchen sie
nicht.

JULIE ELIAS

Das Ziel des Lebens kann gar nichts anderes
sein als möglichst gesteigertes Leben.

RUDOLF VON DELIUS

Das Leben als solches hat keinen Sinn,
vielmehr hat es genau so viel Sinn, wie wir
selber ihm zu geben imstande sind. Wir
geben Sinn, und zwar als Liebe und Hingabe.
Je mehr wir zu lieben und hinzugeben fähig
sind, desto sinnvoller wird unser Leben.

HERMANN HESSE

Hätte das Leben keinen tieferen Sinn, als
unser kleiner Verstand zu fassen vermag, so
lohnte es nicht, dieses Leben zu leben.

OSWALD BUMKE

Man lebt nicht, wenn man nicht für etwas
lebt.

ROBERT WALSER

Welches ist der Sinn unseres Lebens, welches
der Sinn des Lebens aller Lebewesen
überhaupt? Eine Antwort auf diese Frage
wissen, heißt religiös zu sein. – Wer sein
eigenes Leben und das seiner Mitmenschen
als sinnlos empfindet, der ist nicht nur
unglücklich, sondern kaum lebensfähig.

ALBERT EINSTEIN

Je mehr ein Mensch seiner Zeit lebt, um so
mehr stirbt er mit ihr.

STEFAN ZWEIG

In der völligen Entfaltung der menschlichen
Natur liegt die Erfüllung des Lebenszweckes.

HAZRAT INAYAT KHAN

Die Wahrheit des Lebens bewährt sich im
Leben und im Sterben, denn die Liebe
überwindet auch den Tod.

FERDINAND EBNER

Manche Menschen richten ihr Leben so ein,
daß sie von Vorspeisen und Beilagen leben.
Das Hauptgericht lernen sie nie kennen.

JOSÉ ORTEGA Y GASSET

Das Leben ist eine fortwährende Ablenkung,
die nicht einmal zur Besinnung darüber
kommen läßt, wovon sie ablenkt.

FRANZ KAFKA

Doch was ist denn schon das Leben, wenn
man es nicht durchlebt auf der Schneide, die
in das Unbekannte hineinstößt, auf dem
Gipfel zwischen Wahnsinn und Weisheit?

STANISLAW IGNACY WITKIEWICZ

Unser Leben ist immer zu lang für den uns
zugewiesenen Vorrat an Kraft.

INA SEIDEL

Zwischen dem, was wir wollen und was wir
müssen, bewegt sich unser ganzes Leben.

JOSEF ČAPEK

Leben

Was wir heute am meisten brauchen, sind natürliche Bedingungen im menschlichen Leben.

LE CORBUSIER

Der Mensch lebt nicht vom Brot allein, er lebt auch von den Täuschungen seiner Seele.

HENRYK ELZENBERG

Bei manchen Menschen kommt erst am Schluß das dunkle, wilde Leben heraus, erst am Tod.

MAX PICARD

Wer nicht hart genug ist, dem Leben seine Bedingungen aufzuprägen, der muß die Bedingungen hinnehmen, die es ihm bietet.

T. S. ELIOT

Das menschliche Leben, wie es sich uns darbietet, ist nur der Rohstoff für das Leben, wie es sein könnte.

SARWAPALLI RADHAKRISHNAN

Die kostbarste Gabe des Lebens ist der Traum von einem höheren Leben.

SARWAPALLI RADHAKRISHNAN

Je reicher an Erfahrung das Leben wird, umso einsichtiger wird es in die Tatsache, daß nichts für sich selbst besteht, sondern, daß alles und auch das Geringste, zusammengefügt ist von bewußten und unbewußten Vorgängen, von unscheinbaren Rinnsalen umwelthafter Mächte.

ALBERT TALHOFF

Niemand kann sinnlos leben. Der Versuch ist gemacht, die Antwort redet in Trümmern.

ALBERT TALHOFF

Leben heißt, das Sterben begreifen.

MAX PULVER

Vielleicht ertragen wir das Leben nur deshalb, weil wir noch immer hoffen, uns einmal grandios selbst überraschen zu können.

FRANZ WERFEL

Unser Leben besteht hauptsächlich aus Fotos, die man nachher zeigt.

SIGISMUND VON RADECKI

Der Mensch ist der Gestalter seines Lebens. Von ihm hängt es ab, ob die Scheunen seines Lebens mit köstlichen Früchten gefüllt werden oder nur mit leerem Stroh.

JOHANN ANDREAS BLAHA

Ein Mensch, dem es immer wichtiger bleibt, wie er lebt, als daß er lebt, steht mit großer Freiheit im Schicksal.

LUDWIG STRAUSS

Man macht das Leben nicht leichter, wenn man es seichter macht.

MARGARETE SEEMANN

Das Leben nimmt immer dann Vernunft an, wenn einem die Geduld reißt und man es satt hat, sich ewig unterkriegen zu lassen.

HORST WOLFRAM GEISSLER

Das Leben: ein immerwährendes Todesurteil.

JULIAN TUWIM

Müßte man nicht gerade des Todes wegen sich dem Leben umso heftiger hingeben?

FRIEDRICH WITZ

Manchmal überfällt mich die Frage: lebe ich oder werde ich gelebt?

FRIEDRICH WITZ

Wenn man lange lebt, erlebt man alles und auch das Gegenteil.

ERNST JÜNGER

Das Leben ist eine Randerscheinung.

FRITZ USINGER

Der Sinn des Lebens ist nicht Protest, sondern Anerkenntnis.

FRITZ USINGER

Von einem gewissen Alter ab verteilt das Leben nur noch Trostpreise.

EUGEN GÜRSTER

Ein Lebensplan auf Liebe aufgebaut muß scheitern, weil Liebe immer vergeht.

KURT GUGGENHEIM

Das Leben zieht an – wie die Freude.

HENRI DE LUBAC

Leben

Wäre das Leben nur eine moralische Provinz,
dann gäbe es kaum noch Tragik.

JOSEF SELLMAIR

Wer sein Leben nach einer Idee zu ordnen
strebt, wird jede andere Idee als eine Macht
der Unordnung betrachten.

MAX RYCHNER

Man muß das Leben lieben, um es zu leben,
und man muß das Leben leben, um es zu
lieben.

THORNTON WILDER

Das Leben ist eine langatmige Angelegenheit
und Geduld die stärkste aller Waffen.

PETER BAMM

Das Leben ist, wie jedermann weiß, von
notwendigen, wie überflüssigen Dingen in
gleicher Weise erfüllt.

PETER BAMM

Des Lebens höchste Gnade liegt in seiner
zeitlichen Beschränkung.

HANS BRÄNDLI

Leben ist nicht Essen, Trinken und Schlafen;
Leben ist Lieben, Wirken, Ausstrahlen.

ZENTA MAURINA

Leben heißt: Eine Aufgabe zu erfüllen
suchen.

OTTO BUCHINGER

Nicht die Jahre in unserem Leben zählen,
sondern das Leben in unseren Jahren zählt.

ADLAI E. STEVENSON

Leben heißt Erleben.

WILHELM WEYDANZ

Niemand lebt davon, daß er das Leben
verneint.

ANDRÉ MALRAUX

Wach leben heißt den Tod verschlafen.

HANS KUDSZUS

Immer, wenn man glaubt, mit der Schule des
Lebens fertig zu sein, wird einem irgendein
Sonderkurs offeriert.

HEINZ RÜHMANN

Leben – einzeln und frei wie ein Baum und
brüderlich wie ein Wald. Das ist unsere
Sehnsucht.

NAZIM HIKMET

Das wahre Leben ist dort, wo Liebe Opfer
bringt.

OTHMAR CAPELLMANN

Das Leben ist ein Vorgaberennen, bei dem
man vom Schicksal eingeholt wird.

JOHANNES HEESTERS

Es gibt nur ein Leben, und wenn es nicht ist –
warum an ihm hängen?

LUDWIG HOHL

Wird dann, bei sehr verlängertem Leben, der
Tod als Ausweg verschwinden?

ELIAS CANETTI

Gefahr des langen Lebens: daß man vergißt,
wofür man gelebt hat.

ELIAS CANETTI

Die wahre Tiefe des Lebens ist seine Länge.

JOACHIM GÜNTHER

Es ist nicht das einfache, sondern das
vielfache Leben, vor dem uns die Weisen
warnen. Es führt nicht zur Sammlung,
sondern zur Zersplitterung, es zerstört die
Seele.

ANNE MORROW-LINDBERGH

Ach, sähen wir doch das Leben und nicht die
Situationen!

STANISLAW JERZY LEC

Das Leben ist gefährlich. Wer lebt, stirbt.

STANISLAW JERZY LEC

Ich glaube an das Ende des organischen
Lebens auf Erden – aber nicht an das des
organisierten.

STANISLAW JERZY LEC

Das Leben formt uns, auch wenn wir meinen,
daß wir es gestalten.

ROLF LIEBERMANN

Je mehr man lebt, desto weniger erscheint es
angebracht, gelebt zu haben.

É. M. CIORAN

576

Leben

Leben heißt Boden verlieren.

É. M. CIORAN

In der Spannung zwischen dem Ziel und der Wirklichkeit entdecken wir den Sinn unseres Lebens.

HANS G. ADLER

Je länger wir leben, desto kürzer leben wir.

ERNST KAPPELER

Wo und wie ihr euch auch verstecken möget, dem Leben entgeht ihr nicht!

ERWIN STRITTMATTER

Das Leben ist das süßeste Geschenk und der Tod die bittere Bezahlung für dieses trügerische Geschenk.

MAX SCHWARZ

Das Leben ist eine Nuß; sie läßt sich zwischen zwei weichen Kissen nicht knacken.

ARTHUR MILLER

Müdigkeit nach einem langen Leben ist normal. Dies bedacht, gewinnen die nachlassenden Kräfte Natur.

HANS KASPER

Alle Schönheit des Lebens wurzelt im Geheimnis des Weibes und in der Neugier des Mannes.

JURIJ BREZAN

Die Patina des Gelebten hat nicht ihresgleichen.

HANS KASPER

Natürlich ist Lebenswitz noch längst nicht Lebensweisheit.

LOTHAR KUSCHE

Das Leben als Theater endet im inszenierten Tod: im Selbstmord.

HERBERT EISENREICH

Manchmal hat man das Gefühl, man lese ein Buch, und auf der letzten Seite – wenn man zurückblickt – ist das Leben vorbei.

ABRAM TERZ (SINJAWSKIJ)

Manche leben über ihre Verhältnisse, andere denken über sie.

GERHARD BRANSTNER

Der Mensch verpatzt schon so manches im Leben, aber nichts so vollkommen wie das Leben selbst.

GABRIEL LAUB

Einzig und allein das Leben lohnt die Mühe, sich seinetwegen ein Leben lang abzuquälen.

GABRIEL LAUB

Ich liebe das Leben, weil ich darin auftreten darf.

PAVEL KOHOUT

Beim Lebenshunger mancher Leute kann einem schon der Appetit vergehen.

GERHARD UHLENBRUCK

Der Puls des Lebens kommt vom Herzen, der Impuls kommt vom Kopf.

GERHARD UHLENBRUCK

Die intensivste Form des Lebens heißt Lieben.

GERHARD UHLENBRUCK

Wer sein Leben in Frage stellt, muß nach Antworten suchen.

GERHARD UHLENBRUCK

Das Leben ist die – meist verpaßte – Gelegenheit, normal zu werden.

GOTTFRIED EDEL

Der Mensch möchte zunächst leben, später überleben.

HELLMUT WALTERS

Es gibt Lebenslinien, die nur aus Fluchtpunkten bestehen.

HELLMUT WALTERS

Was man gemeinhin das Leben nennt, ist nichts als die Ablenkung davon.

HERMANN SCHWEPPENHÄUSER

Man soll das Leben nicht noch absurder darstellen, als es ohnehin ist.

SIEGFRIED THOMAS

Man sollte werden wie das Leben: unauslotbar.

CLEMENS WEBER

577

Leben

In jedem Lebensweg ist mindestens eine
Umleitung.

HORST FRIEDRICH

Das Leben ist unzufrieden mit den Menschen.

BRANA CRNČEVIĆ

Wem mein Leben nicht gefällt, der soll
gefälligst sein eigenes leben.

BRANA CRNČEVIĆ

Es gibt ein Leben vor dem Tod.

WOLF BIERMANN

Freut euch des Lebens. Aber freut euch nicht
zu früh!

WERNER MITSCH

Wir leben! Vor uns die Sintflut.

NIKOLAUS CYBINSKI

Leben – das ist etwas, das passiert, während
du Pläne schmiedest.

JOHN LENNON

Der Sinn des Lebens ist, es aus der
Sinnlosigkeit zu erlösen.

PETER HORTON

Die Lebenserwartung wächst. Uns allen über
den Kopf.

WOLFGANG ESCHKER

Ein Schritt im Leben ist einer gegen den Tod.
Das hält uns in Gang.

EMIL BASCHNONGA

Leben nach dem Tod? Leben vor dem Tod!

EMIL BASCHNONGA

Man kann das Leben fragen. Die Antwort
muß man erleben.

GERT UDO JERNS

Es müßte ein grenzenlos heiteres Leben sein
als Einwohner im Niemandsland!

HANS-HORST SKUPY

Der Lebenslauf verschweigt jene Stationen
des Lebens, denen man vergebens nachläuft.

HANS-HORST SKUPY

Viele gehen am eigenen Leben zugrunde.

HANS-HORST SKUPY

Leben. Umständehalber.

HANS-HORST SKUPY

Mein Wunsch: ein ungewöhnliches Leben,
das mit einem gewöhnlichen Tod endet.

ŽARKO PETAN

Leben wir am Fuße des Vulkans? Oder leben
wir ihm zu Füßen?

BIRGIT BERG

Manchmal hängt man am Leben wie an
einem Strick.

ANDRÉ BRIE

Leben und leben lassen – und dann auch
noch überleben.

GERLIND FISCHER-DIEHL

Leben – Bluten aus einer Wunde, die nicht
heilt. Nur die Toten haben keinen Feind im
Rücken.

SULAMITH SPARRE

Nehmt euch das Leben – es gehört euch!

SPONTI-SPRUCH

Lebenskunst

Bevor wir recht wissen, was Leben
heißt, ist es schon halb vorbei.

Englisches Sprichwort

Der sichere Weg, der günstig und fröhlich zu
wandeln ist: das ist rechte Erkenntnis, rechte
Gesinnung, rechte Rede, rechtes Handeln,
rechtes Wandeln, rechtes Mühen, rechte
Einsicht, rechte Eignung.

GAUTAMA BUDDHA

Beobachte Tun und Lassen, Freude und
Mißstimmung der Menschen, ergründe
die Ursachen dieser Tätigkeiten und
Zustände. Dann wirst du keinem zum
Werkzeug, und niemand betrügt und täuscht
dich mehr.

KONFUZIUS

Lebenskunst

Nicht das Leben ist das höchste Gut, sondern das gute Leben. Gut leben ist soviel wie edel und gerecht leben.

PLATON

Welches ist die richtige Lebensweise? Das Leben muß wie ein Theaterstück gelebt werden. Man muß Spiele spielen, Opfer bringen, singen und tanzen. Dann kann ein Mensch die Götter besänftigen, sich gegen seine Feinde verteidigen und den Wettstreit gewinnen.

PLATON

Lebe, Mensch, nicht um nur zu essen und zu trinken, sondern um das Leben für ein gutes Leben auszunützen.

ZENON

Für die Lebensführung brauchen wir Vernunft oder Zügel.

DIOGENES

Lebe heute, vergiß die Sorgen der Vergangenheit.

EPIKUR

Lebe in der Verborgenheit!

EPIKUR

Eifersucht und Zorn mindern die Tage, Sorge bringt vorzeitiges Alter.

BEN SIRA 30,24

Gut lebte derjenige, der im Verborgenen gelebt hat.

OVID

Wenn dem Wort die Gesinnung und den Gedanken die Handlungsweise entspricht, ist das Leben lebenswert und vollkommen.

PHILO

Soll man am Sabbat Leben erhalten oder töten?

MARKUS 3,4

Eine schöne Lebensweise einhalten heißt: sich so geben, wie es seinem Geschlecht und seiner Person ziemt. Ahmen wir die Natur nach! Ihr Bild spiegelt die Norm der Zucht, die Norm der Ehrbarkeit wider.

AMBROSIO DI MILANO

Weise Lebensführung gelingt keinem Menschen durch Zufall. Man muß, solange man lebt, lernen, wie man leben soll.

SENECA

Stolz sein auf seine Lebensart, was ist das anderes als Mangel an Lebensart?

DIGHA-NIKAYA

Mein Gewerbe und meine Kunst sind zu leben.

MICHEL DE MONTAIGNE

Wenn du weise bist, lebe wie du kannst, wenn du nicht so leben kannst, wie du willst.

BALTAZAR GRACIÁN

Gut leben und selig sterben, das ist die Wissenschaft aller Wissenschaften.

CHRISTINE VON SCHWEDEN

Man sollte nur eine einzige Liebe und eine einzige Freundschaft im Leben haben; es ist zu kurz für zwei.

CHRISTINE VON SCHWEDEN

Jeder Mensch, der nach Lust, Ruhm oder Geld jagt, ist ruhelos und unzufrieden, bis er sein Wild ergattert hat. Das ist nicht nur sehr natürlich, sondern auch sehr vernünftig, denn ein heftiger Wunsch ist nicht viel besser als eine geistige Störung; und die Menschen sind daher nicht zu tadeln, wenn sie nach Abhilfe streben.

JONATHAN SWIFT

Ein geordnetes Leben leistet bessere Dienste als die Medizin. Jeder Mensch sollte sein eigener Arzt sein. Er sollte der Natur helfen und sie nie zwingen. Vor allem sollte er aber lernen, Schmerzen zu ertragen, wie man altert und – wie man stirbt.

VOLTAIRE

Die Politik sagt: Seid klug wie die Schlangen! Die Moral setzt hinzu: Und ohne Falsch wie die Tauben!

IMMANUEL KANT

Eigenschaften sind keine Talente; sie müssen aber alle dazu gemacht werden können, sonst ist man noch gar nicht gebildet.

RAHEL VARNHAGEN

Lebenskunst

Der Selbstmord ist das größte Verbrechen. Welchen Mut kann derjenige besitzen, der vor einem Wechsel des Glücks zittert? Der wahre Heldenmut besteht darin, über das Elend des Lebens erhaben zu sein.

NAPOLEON BONAPARTE

Man lernt spät lügen und spät die Wahrheit sagen.

RAHEL VARNHAGEN

Die Kraft zu lieben, die Gesundheit, sich, das Leben, Freundschaft und Geist zu genießen und zu erwidern, ist der Zauber, der alles bezwingt. Grübeln, Angst, Zweifel sind Kinder des Todes und Geschwister des Elends.

LUDWIG TIECK

Der wahre Lebenskünstler muß knapp, klar und illusionslos sein.

STENDHAL

Viele leben zu sehr in der Gegenwart: die Leichtsinnigen; andere zu sehr in der Zukunft: die Ängstlichen und Besorglichen. Selten wird einer genau das rechte Maß halten.

ARTHUR SCHOPENHAUER

Ich möcht' so leben können, wie ich leb'!

JOHANN NESTROY

Eine Kunst, das Leben zu verlängern? Lehrt den, der es kennengelernt hat, lieber die Kunst, es zu ertragen!

ERNST VON FEUCHTERSLEBEN

Dieselbe Art des Lebens kann für den einen eine heilsame Anregung sein, die alle seine Fähigkeiten kräftig und gesund erhält, für den anderen jedoch eine erdrückende Last, die sein ganzes Inneres lähmt und ermattet.

JOHN STUART MILL

Es läßt sich im Leben doch nichts, gar nichts nachholen, keine Arbeit, keine Freude, ja, sogar das Leid kann zu spät kommen. Jeder Moment hat seine eigentümlichen, unabweisbaren Forderungen. Die Kunst zu leben besteht in dem Vermögen, die Reste der Vergangenheit zu jeder Zeit durchstreichen zu können.

FRIEDRICH HEBBEL

Wie niedrig auch dein Leben ist, geh ihm entgegen und lebe es, weich ihm nicht aus, und gib ihm keine Schimpfnamen. Es ist nicht so schlecht, wie du bist. Der Nörgler wird sogar im Paradies allerlei Fehler finden. Liebe dein Leben, mag es noch so armselig sein.

HENRY DAVID THOREAU

Leicht zu leben ohne Leichtsinn, heiter zu sein ohne Ausgelassenheit, Mut zu haben ohne Übermut, Vertrauen und freudige Ergebung zu zeigen ohne tückischen Fatalismus – das ist die Kunst des Lebens.

THEODOR FONTANE

Zu wissen, wie man altert, ist das Meisterwerk der Weisheit und eines der schwierigsten Kapitel aus der großen Kunst des Lebens.

HENRI FRÉDÉRIC AMIEL

Ein Wissen ist besonders wichtig und zuverlässig: das Wissen, wie man leben soll. Und gerade dieses Wissen wird geringgeschätzt und als unwichtig und unzuverlässig angesehen.

LEW N. GRAF TOLSTOJ

Man erlebt nicht das, was man erlebt, sondern wie man es erlebt.

WILHELM RAABE

Zuzeiten ist die Lebensführung von sehr kleinen Dingen abhängig.

J. HUDSON TAYLOR

Der Mensch wird erst seines Geistes, seines Körpers und seiner Zeit Herr, wenn er sich an die mäßigstmögliche Lebensart gewöhnt hat.

CARL HILTY

Du hast das Leben damit begonnen, daß du alles bejahst; dann fuhrst du damit fort, daß du grundsätzlich alles verneintest. Beende das Leben jetzt damit, daß du zusammenfaßt! Also sag nicht: entweder – oder, sondern: sowohl – als auch! Mit einem Wort oder zweien: Humanität – Resignation!

AUGUST STRINDBERG

Wie man das Leben leben soll? – Für sein Land soll man arbeiten, ohne zu vergessen, daß man ein Weltbürger ist. Der Klasse, in

Lebenskunst

der man geboren ist, soll man dienen. Aber bist du Dichter oder Künstler, sollst du außerhalb der Klassen und Stände leben, außerhalb der Parteien, doch sollst du für deine Berufsgenossen eintreten, sollst Gerechtigkeit suchen und deinem Genius folgen. Als Dichter hast du ein Recht, mit Gedanken zu spielen, mit Standpunkten Versuche anzustellen, Ansichten zu erproben, jedoch ohne dich an etwas zu binden; denn Freiheit ist die Lebensluft des Dichters.

AUGUST STRINDBERG

Des Mannes Träume sind weder Freude noch Leid, sondern das Leben an sich. Das Leben ganz und gar in aller Fülle, in aller Tiefe auszuleben. Wer dies vermag, ohne andere oder sich selbst zu unterdrücken, wer durch seine Lebenstätigkeit freudige Bestärkung findet, ist wahrhaft gesund und kultiviert.

OSCAR WILDE

Die meisten Menschen leben für Liebe und Bewunderung. Noch schöner aber wäre es, durch Liebe und Bewunderung zu leben.

OSCAR WILDE

Das Geheimnis des Lebens liegt im Suchen nach Schönheit.

OSCAR WILDE

Du kannst nicht Schlittschuhlaufen lernen, ohne dich lächerlich zu machen. Auch das Eis des Lebens ist glatt.

GEORGE BERNARD SHAW

Ich habe gelernt, vom Leben nicht viel zu erwarten. Das ist das Geheimnis aller echten Heiterkeit und der Grund, warum ich immer angenehme Überraschungen statt trostloser Enttäuschungen erlebe.

GEORGE BERNARD SHAW

Es gehört nicht nur Robustheit, sondern wahre Brutalität dazu, durchs Leben zu gelangen.

NATALIE BAUER-LECHNER

Lebe jeden Tag, als ob er dein erster und dein letzter wäre!

GERHART HAUPTMANN

Alle, die behaupten, nach gewissen Lebensregeln zu handeln – wie schön diese Regeln auch sein mögen – scheinen mir Narren zu sein oder zumindest Tölpel, unfähig, das Leben auszunutzen – das heißt, vom Leben zu lernen.

ANDRÉ GIDE

Ich beginne, eins in der Welt zu lernen: die Menschen mit ihrem Leben genauso umgehen zu lassen, wie ich mit meinem umgehe.

DAVID GRAYSON

Habt das Leben bis in seine unscheinbaren Äußerungen hinab lieb, und ihr werdet bis in eure unscheinbaren Bewegungen hinab unbewußt von ihm zeugen.

CHRISTIAN MORGENSTERN

Einmal sollte man nur so zur Probe leben dürfen; und dann noch einmal – richtig.

RODA RODA

Wir dürfen nicht vergessen, daß die wenigsten Menschen Lebenskünstler sind und daß zudem die Lebenskunst die vornehmste und seltenste aller Künste ist. Den ganzen Becher in Schönheit zu leeren – wem ge das?

C. G. JUNG

Von der Lebensmitte an bleibt nur der lebendig, der mit dem Leben sterben will.

C. G. JUNG

Lebenskunst ist die Kunst, über den Mitteln den Zweck nicht aus dem Gedächtnis zu verlieren.

ROBERT SAITSCHICK

Die schönste Kunst, die schwierigste zu erlernen, ist die Kunst zu leben.

JOHN ALBERT MACY

Lebenskünstler sein heißt, seine Hemmungen kultivieren. Kultur haben heißt, Umwege machen.

WALTER HUECK

Lebe, wie wenn du schon gestorben wärest. Ein anderer Rat läßt sich nicht ersinnen.

RUDOLF ALEXANDER SCHRÖDER

Lebenskunst

Gegen die Infamitäten des Lebens sind die besten Waffen: Tapferkeit, Eigensinn und Geduld. Die Tapferkeit stärkt, der Eigensinn macht Spaß, und die Geduld gibt Ruhe.

HERMANN HESSE

Im Gang des Lebens ist mir eines immer klarer geworden: es kommt für den Menschen vor allem darauf an, daß er seine Aufgeschlossenheit nicht verliere. Die rechte Aufgeschlossenheit ist das kostbarste menschliche Gut.

MARTIN BUBER

Lebenskunst: Die Fähigkeit, sich zur rechten Zeit und im rechten Maße zu verheimlichen und zu offenbaren.

LUDWIG GOLDSCHEIDER

Die wahren Lebenskünstler vergleichen sich grundsätzlich nur mit Leuten, denen es schlechter geht als ihnen.

ANDRÉ MAUROIS

Jeder Mensch muß die Bedingungen seiner eigensten Lebenskraft ergründen, als eine geheime Formel, die einzig für ihn gilt.

INA SEIDEL

Wenn wir glauben, das Leben meistern zu können, ist es zu Ende.

INA SEIDEL

Man kann sein Leben nicht neu beginnen, darum darf man es nicht verfehlen.

FRANÇOIS MAURIAC

Wer ist ein Lebenskünstler? Ein Mensch, der immerhin so viel an die anderen Menschen denkt, daß er ihre Eitelkeiten berücksichtigt.

WILHELM FURTWÄNGLER

Lebenskünstler sind Menschen, welche nicht nur Zeit für das Notwendige, sondern für das scheinbar Überflüssige haben.

FRIEDL BEUTELROCK

Leben ist aussuchen. Und man suche sich das aus, was einem erreichbar und adäquat ist, und an allem andern gehe man vorüber.

KURT TUCHOLSKY

Der Mensch wird geboren, um zu leben, und nicht etwa, um sich auf das Leben vorzubereiten.

BORIS PASTERNAK

An den Menschen zweifeln und verträglich auskommen mit ihnen, ist der Anfang aller Lebenskunst.

MICHAEL JOSEF EISLER

Das Leben ist eine Kunst; um sie gut auszuführen, brauchen die Menschen nicht nur erworbene Fähigkeiten, sondern auch angeborenen Takt und Geschmack.

ALDOUS HUXLEY

Der Mensch wird ganz von selber konservativ, wenn er sich im Besitze eines brauchbaren, eines – wie man sagt – wahren Lebensinhaltes weiß.

LIN YUTANG

Lebensmeisterung heißt Annehmen des Unabwendbaren.

ZENTA MAURINA

Zu wissen, was nottut und sich von Störungen fernzuhalten: das ist Lebenskunst.

OTTO HEUSCHELE

Zu erkennen, was uns gemäß ist, das ist ein Stück Lebenskunst.

OTTO HEUSCHELE

Lebenskunst ist nicht zuletzt die Fähigkeit, auf etwas Notwendiges zu verzichten, um sich etwas Überflüssiges zu leisten.

VITTORIO DE SICA

Wir wissen wenig vom Sinn des Lebens, vom Sinn der Welt. Umso mehr können wir hoffen.

HANS MARGOLIUS

Das Wichtigste im Leben ist zu wissen, was das Wichtigste ist.

OTTO MILO

Alles hat man herausgefunden, nur nicht, wie man lebt.

JEAN-PAUL SARTRE

Leben ist Kunst in Lebenskunst.

PETER CORYLLIS

Einige leben mit einer so erstaunlichen Routine, daß es schwerfällt zu glauben, sie lebten zum ersten Male.

STANISLAW JERZY LEC

Vernünftiges, sinnvolles Leben bedeutet: verzichten können, vereinfachen, Ballast abwerfen, um höhersteigen zu können.

JACK THOMMEN

Die wahren Lebenskünstler sind bereits glücklich, wenn sie nicht unglücklich sind.

JEAN ANOUILH

Alles durchschaut haben und dennoch am Leben bleiben – es gibt keinen unmöglicheren Zustand.

É. M. CIORAN

Das Leben ist ein Spiel. Ein Spiel besteht aus Freiheit, Schranken und Zielen.

L. RON HUBBARD

Lebe weniger, und du lebst länger.

MALCOLM FORBES

In der Lebenskunst gibt es nur wenige Meister.

GERMUND FITZTHUM

Da der Sinn des Lebens nicht zu ergründen ist, muß der Tod einen begründeten Sinn haben.

GERHARD UHLENBRUCK

Leben ist eine Kunst, die viele Sonntagskünstler hat.

PETER TILLE

Der Tiefgründige hat mehr vom Leben, der Oberflächliche lebt länger.

CHARLOTTE SEEMANN

Auch Lebenskunst sollte subventioniert werden.

HANS-HORST SKUPY

Lebenskünstler nehmen von allem, jedoch nur das Beste.

BERNARD TAPIE

Lebenskünstler arbeiten mit Tricks.

HEIDRUN JAEKEL

Leid(en)

Der Frost setzt den Ohren zu, die Liebe – der Seele.

Baschkirisches Sprichwort

Die Tage deines Leidens sollen ein Ende haben.

JESAJA 60,20

Es wird dem Gerechten kein Leid geschehen.

SPRÜCHE 12,21

Leiden sind Lehren.

AESOP

Keiner der Sterblichen wurde erzogen, ohne zu leiden.

SOPHOKLES

Die meisten seiner Leiden schafft der Mensch sich selbst.

EURIPIDES

Viel Leid der Menschen kommt nur daher, daß sie sich zu Lehrmeistern der anderen aufspielen wollen.

MENG DSE

Sie hatte viel erlitten von vielen Ärzten.

MARKUS 5,26

Leide und meide!

EPIKTET

Wenn der Mensch sieht, daß Leiden über ihn kommen, so soll er in sich gehen und sein Tun untersuchen.

TALMUD – BERACHOT

Das ist die hohe Wahrheit vom Leiden: Leidvoll sind Geburt, Alter, Krankheit, Tod, Kummer, Jammer, Schmerz, Gram und Verzweiflung. Mit Unlieben vereint sein, vom Lieben getrennt sein und nicht erlangen, was man begehrt, ist leidvoll.

SAMYUTTA-NIKAYA

Ein Mensch, der lieber andere als sich selbst leiden läßt, ist nicht tapfer.

YOSHIDA KENKO

Leid(en)

Stell dich auf dein Leid, dann wirst du größer.
NICCOLÒ MACHIAVELLI

Wer aus seinen kleinen Leiden viel Wesens macht, den schlägt Gott mit seinen großen.
TAUSENDUNDEINE NACHT

Wenn die Leiden kommen, so kommen sie nicht wie einzelne Späher, nein – in Geschwadern.
WILLIAM SHAKESPEARE

Was für Gründe wir auch unseren Leiden unterschieben – stets sind es Eigennutz und Eitelkeit, die sie hervorbringen.
LA ROCHEFOUCAULD

Im Leiden beginnt das Religiöse zu atmen.
BLAISE PASCAL

Es tun mir viele Sachen weh, die andern nur leid tun.
GEORG CHRISTOPH LICHTENBERG

Das Auge des Leidenden ist für die Wahrheit immer am meisten offen.
HEINRICH PESTALOZZI

Und wenn der Mensch in seiner Qual verstummt, gab mir ein Gott zu sagen, was ich leide.
JOHANN WOLFGANG VON GOETHE

Große Seelen dulden still.
FRIEDRICH VON SCHILLER

Die Leiden sind wie Gewitterwolken: in der Ferne sehen sie schwarz aus, über uns kaum grau.
JEAN PAUL

Nicht die Freuden, sondern die Leiden verbergen die Leere des Lebens.
JEAN PAUL

Nichts zeigt die Menschen falscher und schöner als die Leiden; im Glück werfen sie die Schleier weg.
JEAN PAUL

Weiber halten die Leiden besser aus als Männer; nur die der Liebe schlechter.
JEAN PAUL

Ein tief' Gemüt bestimmt sich selbst zum Leid.
FERDINAND RAIMUND

Das Leid geht auf Umwegen.
HONORÉ DE BALZAC

Ohne Leiden bildet sich kein Charakter.
ERNST VON FEUCHTERSLEBEN

Alle Leiden der Junggesellen sind auf ihre Ausschweifungen zurückzuführen.
GUSTAVE FLAUBERT

Wie tief ein Mensch leidet, kann der andere nie erfahren.
FJODOR M. DOSTOJEWSKIJ

Suche in den Leiden die Bedeutung, die sie für dein geistiges Gedeihen haben, und die Bitterkeit deiner Leiden wird vergessen.
LEW N. GRAF TOLSTOJ

Leid enthält immer geistigen Lohn. Leid heißt: Gott hat dich heimgesucht, sich deiner erinnert.
LEW N. GRAF TOLSTOJ

Was ist das für ein armes Leben, das nicht reich an Leiden war!
MARIE VON EBNER-ESCHENBACH

Das Leid ist ein Egoist. Für ihn sind keine anderen auf der Welt, oder sie sind ihm im Wege.
BJØRNSTJERNE BJØRNSON

Das Leid muß darin aufgehen, was weiter will.
BJØRNSTJERNE BJØRNSON

Steht uns eine leidende Person sehr nahe, so nehmen wir durch Ausübung mitleidvoller Handlungen uns selbst ein Leid ab.
FRIEDRICH NIETZSCHE

Höchste Leidensweisheit ist: Leiden aus Liebe, und: aus Leiden Liebe. Leiden aus Liebe zu Gott und zu Christus und aus dem eigenen Leiden Liebe lernen und Liebe quellen lassen für andere.
PAUL WILHELM VON KEPPLER

584

Leid(en)

Das Glück trennt die Menschen, aber das Leid macht sie zu Brüdern.

PETER ROSEGGER

Das Leid ist – so wunderlich das klingen mag – das Mittel, durch das wir existieren, weil es das einzige Mittel ist, das uns die eigene Existenz noch bewußt macht. Die Erinnerung an frühere Leiden brauchen wir als Gewähr, als Beweis dafür, daß wir noch immer wir selbst sind.

OSCAR WILDE

Bei allem Reichtum der Sprache gibt es für tiefes Leid keine Ausdrucksmöglichkeit.

BERTHA PAPPENHEIM

Man muß gelitten haben, um gut zu sein; aber vielleicht muß man Leiden verursacht haben, um besser zu werden.

MAURICE MAETERLINCK

Das Leid löst uns vom Bösen.

A. G. SERTILLANGES

Wer nicht leiden will, muß auch auf Freude verzichten.

A. BERTHOLD

Wenn du das Leid kelterst – wird es süß.

RUDOLF G. BINDING

Stummes Leiden, das mit Würde und Demut getragen wird, zeugt eindringlicher als viele Worte. Es ist von dauernder Wirkung, weil ihm nicht Äußerliches anhaftet. Es ist immer echt und wahr, und man kann sich dabei nicht verrechnen.

MAHATMA GANDHI

Ich glaube, daß freiwilliges Leiden am sichersten und schnellsten zur Beseitigung von Mißbräuchen und Ungerechtigkeiten führt.

MAHATMA GANDHI

Leiden ist nicht ein Durchgang zu größerer Vollkommenheit, ein Weg zu Vollendung. Das kann es nicht sein; denn es verwirrt und schwächt und lenkt den Geist ab, drückt die vitalen Kräfte herab, verdunkelt den Geist.

SRI AUROBINDO

Es ist etwas Fürchterliches um einen Menschen, der leidet, ohne Tragik empfinden zu lassen.

CHRISTIAN MORGENSTERN

Wir alle glauben heute noch an viele Unwahrheiten. Wir glauben unbewußt. Der Irrtum wird nicht offenbar. So fahren wir fort, unseren unbewußten Fehlern gemäß zu leben – und die Leiden unseres Lebens fließen aus diesen unbewußten Fehlern.

PRENTICE MULFORD

Leiden sind zum Händereichen da.

KARL FOERSTER

Aus dem Kern des Leidens selbst werden wir die Mittel zur Inspiration und zum Überleben nehmen.

SIR WINSTON S. CHURCHILL

Die Verfeinerung durch Leiden ist höher und menschlicher, als die durch Glück und Wohlleben.

THOMAS MANN

Leid ist auch nur Liebe – warte eine kleine Weile, und du wirst es erfahren.

GERTRUD VON LE FORT

Das Leid ist der Ballast deines Lebensschiffes, ohne ihn schwankt es.

LISA WENGER

Es ist herrlich, gleichgültig gegen Leid zu sein, aber nur gegen eigenes Leid.

ROBERT LYND

Es gibt Menschen, die eines großen Leids nicht würdig sind.

OSWALD SPENGLER

Wir können dieser Welt niemals anders Herr werden, als indem wir sie ganz erleiden.

WALDEMAR BONSELS

Nur als Überwinder deines Leides kannst du in den Geist gelangen.

BO YIN RA

Ohne Leiden bleibt der Mensch flach. Tiefe gibt ihm die durchlebte Qual, selten das durchlebte Glück.

EDUARD SPRANGER

Leid(en)

Nicht jedes Leiden verdient den erhabenen Namen einer Passion. Passion ist das Leiden, das um anderer willen durchgestanden wird.

INA SEIDEL

Mehr als der Tod kann ja keinem von uns zustoßen. Innerhalb dieser Grenze: Welche Spielarten des Leidens!

INA SEIDEL

Leiden heißt, an Bewußtsein leiden – nicht an Todesfällen.

GOTTFRIED BENN

Leiden? Jawohl! Aber immer wenigstens für etwas Besseres und Höheres, nicht umsonst. Damit auch das Leiden zu einem Werk wird.

JOSEF ČAPEK

Auch die Leidenden hätten kein Recht, Leid zu bereiten.

ERNST WIECHERT

Die Welt wäre viel gleichförmiger, wenn das Leid nicht wäre. Der Mensch liebt das Leid, das in seinem Innern ist.

MAX PICARD

Ein Vor-Leiden ist in der Welt; der Mensch setzt dieses große Leiden fort, er leidet am Leiden, mit ihm, an ihm, an seiner Seite.

MAX PICARD

Wer wahrhaft erleidet, der vollbringt.

ALBERT TALHOFF

Ist schuldbewußtes Leiden schlimmer oder unschuldbewußtes?

ERICH BROCK

Wer ein schweres Leben hatte, mag vielleicht wenigstens denken: Ich habe mein eingeplantes Soll an Leiden erfüllt und erledigt.

ERICH BROCK

Wenn das Leiden den Menschen wirklich so zuträglich wäre, wie die Theologen behaupten, so müßte die Menschheit bereits phantastische Höhen des Wertes erklommen haben.

ERICH BROCK

Die Zahl der Leidenden ist bedeutungslos. Einer kann für Millionen eintreten.

ERNST JÜNGER

Man leidet weniger unter seinen Leiden selber als unter der Art, wie man sie aufnimmt. Die Ereignisse sind weniger wichtig als die Art, wie man sich zu ihnen einstellt.

HENRY DE MONTHERLANT

Der Mensch verfügt über das Mittel der Sprache. Ein Gott gab ihm zu sagen, was er leide.

PETER BAMM

Geteiltes Leid kann auch doppeltes Leid sein, wenn wir den, der es mit uns teilen muß, überaus lieben.

SIGMUND GRAFF

Alles Leid ist von gleichem Rang; aber keine zwei Leidenden.

HANS KUDSZUS

Die froheste aller Freiheiten ist die Freiheit zum eigenen Leid.

HANS KUDSZUS

Und wären wir Genies der Entsagung – einem können wir nicht entsagen: dem Leid. Denn Entsagung ist Leid.

HANS KUDSZUS

Wer das Leid bejaht, verneint es.

HANS KUDSZUS

Leiden ohne Glauben wäre wie Liebe ohne Hoffnung.

ADRIENNE VON SPEYR

Teilnahme im Leiden heißt nicht, daß man einen Teil übernehme: sondern Überwindung bzw. Verminderung des Leidens durch etwas Größeres.

LUDWIG HOHL

Was man nennt geteiltes Leid ist keineswegs geteiltes Leid, sondern durch eine Freude vermindertes Leid.

LUDWIG HOHL

Leid gräbt die tiefsten Seelenbrunnen auf.

AMANDA SCHÄFER

Leid veredelt nur den guten Menschen.

ERNST JUCKER

Leid ist ein Sprungbrett zur Vollkommenheit, soweit es Vollkommenheit im Menschlichen gibt.

PETER CORYLLIS

Leid, das gemeinsam angenommen und getragen wird, ist Freude.

MUTTER TERESA

Aus Gedankenlosigkeit wird uns mehr Leid zugefügt als mit Vorbedacht.

JOSEF VIKTOR STUMMER

Da niemand an seinem Mangel an Leiden Genuß hat, kann man ohne Übertreibung von einer gerechten Strafe für die Gesunden sprechen.

É. M. CIORAN

Leiden heißt Erkenntnis produzieren.

É. M. CIORAN

Man muß bis zum Ende leiden, bis zum Augenblick, in dem man aufhört, an das Leiden zu glauben.

É. M. CIORAN

Wer seine Leiden bürokratisch registriert, wird zur eigenen Ablage.

HANS KASPER

Viele, die am Bewußtsein zu leiden vermeinen, leiden an ihren falsch eingepaßten Instinkten.

WALTER HILSBECHER

Das Leid kann sehr menschenwürdig sein, und es hat seine Berechtigung wie Liebe und Freude.

MARIA SPORER

Frühes Leid hat stets gereut.

GUIDO HILDEBRANDT

Leid zu ertragen wird oft zum Anlaß, alte Meinungen zu korrigieren.

GERHARDT KITTA

Alles Leiden kommt aus Nichtwissen.

XIV. DALAI LAMA

Leid als Strafe für irgend etwas – haben himmlische Mächte einen derart höllischen Unterbau nötig?

HELLMUT WALTERS

Jeder leidet unter seinem Niveau.

ELAZAR BENYOËTZ

Solange ein Mensch das Leid als persönliche Ungerechtigkeit empfindet, wird er es nicht überwinden.

IRENE JUSTI

Es ist eine teure Speise, sein Leid in sich hineinzufressen.

HANS-HORST SKUPY

Wir sehen es täglich: Leiden im Fernsehen sind uns fern.

HANS-HORST SKUPY

Eine Welt ohne Leiden – das Wachsfigurenkabinett.

TORSTI LEHTINEN

Was für eine Zeit! Selbst das Leid verweigert sich einem.

DIETER LEISEGANG

Leidenschaft

Zwei Herzen, die eins sind, reißen ein Gebirge nieder.

Persisches Sprichwort

Leidenschaft ist unwiderstehlich wie das Totenreich.

HOHES LIED 8,6

Leidenschaft ist Wurmfraß in den Gebeinen.

SPRÜCHE 14,30

Die Natur ist schwach gegenüber dem Übel, nicht gegenüber dem Guten: durch Lust erhält sie sich, durch Schmerz reibt sie sich auf.

EPIKUR

Leidenschaft

Jeden reißt seine Leidenschaft hin.

VERGIL

Abwesenheit vernichtet kleine Zuneigungen und entfacht große Leidenschaften, genau wie der Wind eine Kerze verlöschen läßt und der Sturm ein Feuer entfacht.

LA ROCHEFOUCAULD

Alle Leidenschaften sind nichts anderes als die verschiedenen Grade der Wärme und Kälte des Blutes.

LA ROCHEFOUCAULD

Die Jugend wechselt ihre Neigungen aus Heißblütigkeit, und das Alter bewahrt die seinen aus Gewohnheit.

LA ROCHEFOUCAULD

Leidenschaft ist der einzige Redner, der immer überzeugt.

LA ROCHEFOUCAULD

Wenn wir unsere Leidenschaften besiegen, so ist das mehr auf ihre Schwäche als auf unsere Stärke zurückzuführen.

LA ROCHEFOUCAULD

Mit unseren Leidenschaften ist es wie mit dem Wasser und dem Feuer: sie sind gute Diener, aber schlechte Herren.

SIR ROGER L'ESTRANGE

Damit die Leidenschaften uns nicht schaden, sollen wir handeln, als ob wir nur acht Tage zu leben hätten.

BLAISE PASCAL

Wo Leidenschaft herrscht, wie schwach erweist sich dort die Vernunft!

JOHN DRYDEN

Unter den Leidenschaften ist keine, die so wie die Liebe Seele und Herz veredelt.

CLAUDINE DE TENCIN

Große Leidenschaften sind stumm.

CHRISTINE VON SCHWEDEN

Eitelkeit und Eigennutz verbergen zwar die Leidenschaften, aber sie zähmen sie nicht.

CHRISTINE VON SCHWEDEN

Eine Leidenschaft besiegt die andere.

CHRISTINE VON SCHWEDEN

Wenn du die vorherrschendste Leidenschaft eines Menschen ausfindig gemacht hast, vergiß nicht, ihm nie zu trauen, wenn es sich um diese Leidenschaft handelt.

EARL OF CHESTERFIELD

Das größte Verdienst des Menschen besteht darin, dem Triebe seiner Natur Widerstand zu leisten.

SAMUEL JOHNSON

Leidenschaften zu haben oder nicht zu haben, liegt nicht in unserer Hand; aber es liegt an uns, über sie zu herrschen.

JEAN-JACQUES ROUSSEAU

Wehe dem, der sich heftigen Leidenschaften überläßt! Er kann nicht glücklich sein; und eine unfehlbare Verzweiflung ist endlich, über lang oder kurz, das Ende seines Unglücks.

EWALD VON KLEIST

Die Leidenschaften der Menschen sind Wege, um zu ihnen zu gelangen.

VAUVENARGUES

Wir verdanken den Leidenschaften vielleicht die größten Vorzüge des Verstandes.

VAUVENARGUES

Affekten und Leidenschaften unterworfen zu sein, ist wohl immer Krankheit des Gemüts, weil beides die Herrschaft der Vernunft ausschließt.

IMMANUEL KANT

Leidenschaft wünscht sich kein Mensch. Denn wer will sich in Ketten legen lassen, wenn er frei sein kann?

IMMANUEL KANT

Alle Leidenschaften übertreiben. Sie wären keine Leidenschaften, wenn sie nicht maßlos wären.

CHAMFORT

In der Vernunft ist der Mensch, in den Leidenschaften Gott.

GEORG CHRISTOPH LICHTENBERG

Leidenschaft

Große Leidenschaften sind Krankheiten ohne Hoffnung. Was sie heilen könnte, macht sie erst recht gefährlich.

JOHANN WOLFGANG VON GOETHE

Neigung besiegen ist schwer; gesellt sich aber Gewohnheit, wurzelnd, allmählich zu ihr, ist sie unüberwindlich.

JOHANN WOLFGANG VON GOETHE

Unsere Leidenschaften sind wahre Phönixe. Wie der alte verbrennt, steigt der neue sogleich wieder aus der Asche hervor.

JOHANN WOLFGANG VON GOETHE

Die Leidenschaft macht die besten Beobachtungen und die elendsten Schlüsse.

JEAN PAUL

In der Leidenschaft richtet sich alle unsere Kraft gegen uns selbst.

GERMAINE (MADAME) DE STAËL

Leidenschaftliche Menschen verraten sich auf tausendfache Art, und was zurückbehalten wird, ist nur schwach empfunden.

GERMAINE (MADAME) DE STAËL

Die Leidenschaft kann listig sein, aber nie klug. Und das hat sie mit der Dummheit gemein.

FRIEDRICH SCHLEIERMACHER

Neigungen zu haben und sie zu beherrschen ist rühmlicher als Neigungen zu meiden.

NOVALIS

Es ist eigenartig, daß wir mehr daran interessiert sind, unsere besten Leidenschaften als unsere schlechtesten zu verbergen.

WALTER SAVAGE LANDOR

Stößt echte Leidenschaft auf Widerstand, bringt sie wahrscheinlich mehr Unglück als Glück hervor.

STENDHAL

Man heilt Leidenschaften nicht durch Verstand, sondern nur durch andere Leidenschaften.

LUDWIG BÖRNE

Die Liebe ist die einzige Leidenschaft, die sich mit selbstgeprägter Münze belohnt.

STENDHAL

Die Leidenschaft verschlechtert, aber sie erhebt auch.

ALPHONSE DE LAMARTINE

Menschliche Leidenschaft wird von kleinen Dingen genauso stark erregt wie von großen.

HONORÉ DE BALZAC

Leidenschaften gleichen Blendlaternen; sie werfen alles Licht nach einer Richtung, während alles andere rings im Dunkel bleibt.

PETER SIRIUS

Im Alter haben die Leidenschaften ihren Zweck erfüllt.

RALPH WALDO EMERSON

Die Leidenschaften vernichten das Beste und die Besten.

HEINRICH LAUBE

Die Leidenschaft macht immer aus dem Menschen das Gegenteil von dem, was er sein soll.

ADOLF KOLPING

Leidenschaften sind nichts anderes als Ideen auf ihrer ersten Entwicklungsstufe; sie sind ein Attribut des jungen Herzens, und nur ein Narr glaubt, sie könnten ihn sein ganzes Leben lang bewegen; viele ruhige Ströme fangen als brausende Wasserfälle an, doch keiner springt und schäumt bis zum Meere. Aber diese Ruhe ist häufig das Zeichen einer großen, wenn auch verborgenen Kraft.

MICHAIL J. LERMONTOW

Leidenschaften sind die Quelle des größten Elends. Wir verkleinern, dämpfen sie nicht etwa, nein, wir entfachen sie auf jede Weise, und dann beklagen wir uns, daß wir leiden.

LEW N. GRAF TOLSTOJ

Die Leidenschaft, die uns nicht hinreißt, widert uns an.

MARIE VON EBNER-ESCHENBACH

Ein in Leidenschaft entflammter Mensch reitet ein Pferd, das mit ihm durchgeht.

CHARLES H. SPURGEON

Leidenschaft

Es kann Leidenschaft ohne Achtung geben, dann bleibt sie ohne Zärtlichkeit.

SULLY PRUDHOMME

Es gibt keine bösen Leidenschaften im Menschen, es gibt nur Triebkräfte; denn die Leidenschaften sind nur machtvolle Triebe, die man nur bemüht sein muß, zum Besten der einzelnen und der Gesamtheit wirken zu lassen. Es gibt keine aufbrausenden, keine geizigen, keine lügnerischen, gefräßigen, faulen, neidischen, hochmütigen Menschen; es gibt nur Menschen, deren innere Triebe, deren regellose Kräfte, deren Bedürfnis nach Tätigkeit, nach Kampf und Sieg nicht in die richtigen Bahnen gelenkt worden sind. Einen Menschen einer Leidenschaft berauben, heißt, ihn verstümmeln: er ist nicht mehr ganz, er ist ein Krüppel, man hat ihm etwas von seinem Blut, von seiner besten Kraft geraubt.

ÉMILE ZOLA

Die Beherrschung unserer Leidenschaften ist der wahre Fortschritt in der Freiheit.

JOHN LOCKE

Man beschuldigt die Ehe, der Tod der Leidenschaft zu sein, als hätte diese ohne sie weitergelebt.

JEAN ROSTAND

Die großen Leidenschaften charakterisieren sich dadurch, daß sie unsere geistigen und sinnlichen Fähigkeiten in gleichem Maße gefangennehmen.

M. HERBERT

Wer innerlich wirklich reich und frei ist, kann sich doch jederzeit natürlich geben und von seiner Leidenschaft mit fortreißen lassen, ohne sich untreu zu werden.

ROSA LUXEMBURG

Leidenschaft, die nicht geduldig ist, kann nie Liebe werden.

OTTO FLAKE

Leidenschaften machen abhängig.

OSWALD SPENGLER

Der Leidenschaftliche ist immer unweise.

STEFAN ZWEIG

Es ist der Sinn aller Leidenschaften, daß sie einmal ermüden.

STEFAN ZWEIG

Es liegt im Wesen aller echten Leidenschaft, daß sie ihren Träger am wenigsten schont.

WALDEMAR BONSELS

Große Leidenschaften sind wie Naturkräfte; ob sie nützen oder schaden, hängt bloß von der Richtung ab, die sie nehmen.

JOHANNES JAKOB MOHR

Eine Leidenschaft ist erst dann tot, wenn sie ihren Herrn nicht mehr nährt: die Einbildungskraft, deren Glanz allein all unsere Irrtümer rechtfertigt.

MARCEL JOUHANDEAU

Jede Leidenschaft grenzt ans Chaos, die sammlerische aber an das der Erinnerungen.

WALTER BENJAMIN

Der Mensch unterwirft alles seinem Willen: mit Ausnahme der Triebe, die mit ihm ihr Spiel treiben.

SIGMUND GRAFF

Gegen tobende Leidenschaften gibt es als wirksamste Waffe die aus erkalteten Leidenschaften geschmiedete.

FRITZ DIETTRICH

Wer die Leidenschaften in sich nicht meistert und nicht beherrscht – den meistern und beherrschen die Leidenschaften.

PETER MAX BOPPEL

Was ist Leidenschaft? Sie ist nichts als ein Angebot, eine Chance zur Liebe. Leidenschaft allein führt immer zur Katastrophe.

LUISE RINSER

Die Leidenschaft ist die luxuriöseste Form des Egoismus.

GÜNTHER MICHEL

Leidenschaften, die keine Leiden schaffen: Glaube, Hoffnung, Liebe.

SIEGFRIED & INGE STARCK

Auch das Fieber der Leidenschaft dient der Heilung.

GERHARD UHLENBRUCK

Je heftiger eine Leidenschaft ist, desto schneller verbrennt sie sich.

SULAMITH SPARRE

Leistung

Viel tadeln und wenig leisten können die meisten.

Deutsches Sprichwort

Für Geld wenig leisten ist Diebstahl.

TSENG DSE

Die Himmel sind deiner Hände Werk.

PSALMEN 102,26

Die Leistung, nicht das Glück, ist der Maßstab historischer Größe.

CORNELIUS NEPOS

Keiner soll sich vor Gott auf seine Leistungen berufen können.

EPHESERBRIEF 2,9

Bezüglich einer unmöglichen Leistung besteht kein rechtlicher Verpflichtungsgrund.

JUSTINIAN

Die Hand, die dem Intellekt folgt, kann Leistungen vollbringen.

MICHELANGELO

Die Welt belohnt öfter den Schein von Verdienst als das Verdienst selbst.

LA ROCHEFOUCAULD

Verdienste sind höher zu schätzen als Glück und Throne.

CHRISTINE VON SCHWEDEN

Verdienste bestehen in guten Gedanken, guten Reden und guten Werken.

CHRISTINE VON SCHWEDEN

Außergewöhnliche Verdienste sind Laster, die nicht verziehen werden.

CHRISTINE VON SCHWEDEN

Nur deren Leben gehört in die Gesellschaft der Humanisten, die zum Besten der Menschen wirklich beigetragen haben. Tatsachen sprechen für sich selbst; sie ermahnen, lehren, trösten.

FRIEDRICH II. VON PREUSSEN

Um große Dinge zu leisten, müssen wir leben, als ob wir nie sterben würden.

VAUVENARGUES

Wenn der Mensch alles leisten soll, was man von ihm fordert, so muß er sich für mehr halten, als er ist.

JOHANN WOLFGANG VON GOETHE

Leiste deinen Zeitgenossen, was sie bedürfen, nicht, was sie loben.

FRIEDRICH VON SCHILLER

Wie wenig ist am Ende der Lebensbahn daran gelegen, was wir erlebten, und wie unendlich viel, was wir daraus machten.

WILHELM VON HUMBOLDT

Der Trieb zum Arbeiten, zu schaffenden Leistungen ist so hohen Ursprungs wie die Liebe und läßt sich ebensowenig erzwingen.

CARL MARIA VON WEBER

Wenn ein Mensch nicht mehr interessiert ist, Besseres als Gutes zu leisten, dann ist er am Ende.

BENJAMIN R. HAYDON

Das Produzieren ist alles, der Ruhm ist nur die Austernschale.

RICHARD WAGNER

Es hat noch niemand etwas Ordentliches geleistet, der nicht etwas Außerordentliches leisten wollte.

MARIE VON EBNER-ESCHENBACH

Alles Große, das Menschen je geleistet, geht aus der Einsamkeit, aus der Vertiefung geistigen Schauens hervor.

PETER ROSEGGER

Leistung

Gegen Leistungen kommt man nur mit Leistungen auf.

ROBERT BOSCH

Es gibt für ein starkes und edles Volk nur immer die eine und höchste und letzte Pflicht, durch Leistungen für die gesamte Menschheit seiner Stärke würdig zu sein.

GERHART HAUPTMANN

Wer Großes leisten will, läßt nur die Taten sprechen.

CARLOS VON TSCHUDI

Jugend schützt vor Reife nicht, Alter nicht vor schöpferischem Jugendfeuer – Eitelkeit vor Leistung nicht!

KARL FOERSTER

Mancher unterschätzt seine Leistungen, weil er seine Fähigkeiten überschätzt.

MAXIMILIAN EICHBAUM

Die Wurzel aller Leistung liegt im Bewußtsein, nie das letzte Ziel zu erreichen. Ihr Wachstum in der dauernden Hoffnung, daß sich unser Bewußtsein irrt.

FRANK THIESS

Jede Leistung, jedes Werk ist das Ergebnis eines Willensaktes, der ein gewisses Maß von Widerstand, bestehend aus Elementen der Trägheit und Unlust, zu überwinden hat.

FRIEDRICH WITZ

In der Jugend überschätzt man seine Fähigkeiten, im Alter seine Leistungen.

FRANZ LANDSBERGER

Die Leistungen der Menschen sind bemerkenswerter, wenn man die Beschränkungen betrachtet, unter denen sie sich mühen.

THORNTON WILDER

Leute, die im Kleinen nichts leisten, bilden sich gerne ein, sie seien für was Größeres geboren.

KARL HEINRICH WAGGERL

Mir ist an jeder achtbaren Leistung das ehrwürdig, was daran fehlt.

KARL HEINRICH WAGGERL

Der Mensch erträgt unglaubliche Dinge, verwirklicht große Taten, wenn er sich als Werkzeug eines Höheren fühlt.

ZENTA MAURINA

Man muß von jedem fordern, was er leisten kann.

ANTOINE DE SAINT-EXUPÉRY

Wirklich gute Leistung wird von guter Gesinnung getragen.

MAX HOGREFE

Das Humane an der Leistungsgesellschaft ist: Man hat lebenslänglich Bewährungsfrist.

LISELOTTE RAUNER

Bei allem müssen wir bedenken, daß die Leistungen unserer heimatverbundenen Kunst und Wissenschaft nicht Anlaß zu falschem Patriotismus geben sollten, daß sie vielmehr dem Hohen und Guten der ganzen Welt angehören.

FRANZ PETER KÜNZEL

Leistungs-Gesellschaft, wie und wo hast du Krankheit und Armut untergebracht?!

HEINRICH NÜSSE

Verdienste sind Leistungen, an denen man nichts verdient.

GERHARD UHLENBRUCK

Von der Leistungsgesellschaft zur Sozialleistungsgesellschaft.

GERHARD UHLENBRUCK

Der leistungsgesellschaftliche Imperativ heißt: Du darfst nie krank sein!

GERHARD UHLENBRUCK

Was leistet eine Leistungsgesellschaft, die man sich nicht mehr leisten kann?

PAUL MOMMERTZ

Unsere Leistungsgesellschaft kann sich den Tod nicht leisten. Da stirbt der Mensch nicht, sondern er scheidet aus.

PETER HÄRTLING

Leistungsgesellschaft: Wo auch Fehler perfekt sein müssen.

HANS-HORST SKUPY

Lernen

Lernen im hohen Alter – das ist in den Sand geschrieben; Lernen in früher Jugend – das ist in Stein gemeißelt.

Arabische Weisheit

Sie werden nicht mehr lernen, Krieg zu führen.

JESAJA 2,4

Lernen, ohne zu denken, ist verlorene Mühe. Denken, ohne etwas gelernt zu haben, ist gefährlich.

KONFUZIUS

Bemühe dich nicht, alles wissen zu wollen, sonst lernst du nichts.

EURIPIDES

Aus dem den Kindern zu erteilenden Unterricht soll man kein Spiel machen; denn das Lernen ist kein Spiel für sie. Es ist mit Mühe und Unlust verbunden.

ARISTOTELES

Durch Lehren lernen wir.

SENECA

Nicht für die Schule, sondern für das Leben lernen wir.

SENECA

Ein Mensch, der nichts gelernt hat, altert wie ein Ochse. Sein Fleisch nimmt zu, sein Wissen nicht.

DHAMMAPADA

Ich lerne immer noch.

MICHELANGELO

Mensch lerne, lerne, frage, frage und schäm dich nicht, zu lernen und zu fragen.

PARACELSUS

Lerne als Junger, als Erwachsener handle!

WU CHENG-EN

Wer was gelernt, scheut keine Waffen.

SIMON DACH

Man muß lernen, was zu lernen ist, und dann seinen eigenen Weg gehen.

GEORG FRIEDRICH HÄNDEL

Wir lernen durch Irren und Fehlen und werden Meister durch Übung, ohne zu merken, wie es zugegangen ist.

CHRISTOPH MARTIN WIELAND

In älteren Jahren nichts mehr lernen können, hängt mit dem in älteren Jahren sich nichts mehr befehlen lassen wollen zusammen, und zwar sehr genau.

GEORG CHRISTOPH LICHTENBERG

Man sollte sich nicht schlafen legen, ohne sagen zu können, daß man an dem Tage etwas gelernt habe.

GEORG CHRISTOPH LICHTENBERG

Alles gelernt, nicht um es zu zeigen, sondern um es zu nutzen.

GEORG CHRISTOPH LICHTENBERG

In der Welt lernt der Mensch nur aus Not oder Überzeugung.

HEINRICH PESTALOZZI

Ein jeder lernt nur, was er lernen kann.

JOHANN WOLFGANG VON GOETHE

Wir lernen nur von denen, die wir lieben.

JOHANN WOLFGANG VON GOETHE

Für einen Lehrer der Jugend ist es gar heilsam, wenn er sich von Zeit zu Zeit wieder die eigene Erfahrung macht, daß es doch schwerer sei, etwas Unbekanntes zu lernen, als etwas Bekanntes zu lehren.

JOHANN PETER HEBEL

Was ich nicht erlernt habe, habe ich mir erwandert.

WILHELM VON HUMBOLDT

Wer nicht mehr strebt, wer nicht mehr lernt, der lasse sich begraben!

ERNST VON FEUCHTERSLEBEN

Tiefe kann sich freilich niemand geben, aber lernen und streben soll man immer.

ROBERT SCHUMANN

Lernen

Es ist des Lernens kein Ende.

ROBERT SCHUMANN

Es ist der größte Übelstand, daß es in
unseren Zeiten keinen Dummkopf mehr gibt,
der nicht etwas gelernt hätte.

FRIEDRICH HEBBEL

Die Jugend kann vom Alter lernen, das Alter
von der Jugend noch viel mehr.

MARIE VON EBNER-ESCHENBACH

Er war ein Lebemann, das heißt, er hatte nie
etwas gelernt.

DANIEL SPITZER

Ich bin immer bereit zu lernen, aber nicht
immer, mich belehren zu lassen.

OSCAR WILDE

Das Lernen erhält die Irrtümer der
Vergangenheit wie auch ihre Weisheiten.

ALFRED NORTH WHITEHEAD

Sobald man in einer Sache Meister geworden
ist, soll man in einer neuen Schüler werden.

GERHART HAUPTMANN

Man kann das Lernen niemand aufzwingen.

ROBERT HENRI

Meiner Ansicht wird das Lernen stark
überschätzt. Zumindest hat man es in der
Schule nie ernst genommen, wo alles getan
wurde, um einen deutlich darauf aufmerksam
zu machen. Alles Wissenswerte bringt man
sich eigentlich selbst bei, und der Rest gerät
früher oder später in Vergessenheit.

SAKI

Lerne nicht mehr als du unbedingt brauchst,
um durchs Leben zu kommen.

KARL KRAUS

Der Mensch, der zu alt zum Lernen ist, war
wahrscheinlich immer zu alt zum Lernen.

HENRY S. HASKINS

Der Schüler darf den Meister treulos
verlassen, der Meister den Schüler jedoch
nie.

ERNÖ OSVÁT

Nur wer etwas gelernt hat, kann dienen.

TO-SHENG NEE

Es gibt wenige Freuden gleich der, einem
gierig Lernenden das Wissen mitzuteilen,
über dessen Erwerbung man alt und müde
geworden ist.

THORNTON WILDER

Der Lernende ist wichtiger als die Lehre.

BERT BRECHT

Lehren kann nur, wer nicht aufhört zu lernen.

OTTO HEUSCHELE

Lernen ist wie Rudern gegen den Strom.
Sobald man aufhört, treibt man zurück.

BENJAMIN BRITTEN

Diese jungen Leute heutzutage! Die helfen
einem nicht mal bei den Schulaufgaben, die
man für sie macht.

ALBERTO SORDI

Wer lernen will, muß vergessen können.

HERBERT EISENREICH

Lernen heißt gar nichts anderes als: heute zu
korrigieren, was gestern Gewißheit gewesen.

HERBERT EISENREICH

Die Zutat des Lernens: das Tun.

SIEGFRIED & INGE STARCK

Menschen, von denen wir nichts lernen
können, sollen von uns etwas lernen.

ERNST R. HAUSCHKA

Wer die Jugend nicht lehrt, ist sein Alter nicht
wert.

GUIDO HILDEBRANDT

Der Mensch lernt sein Leben lang, mit
Ausnahme der Schuljahre.

GABRIEL LAUB

Wenn die Aufgabe gelernt ist, ändert sie sich.

R. F. VON SCHOLTZ

Seitdem ich nicht mehr zur Schule gehe,
lerne ich dauernd dazu.

MANFRED HAUSIN

Lesen

Wer lesen kann, hat vier Augen.

Serbisches Sprichwort

Wie sie der Leser versteht, so haben die Büchlein ihr Schicksal.

TERENZ

Wer wird das Zeug lesen?

LUCILIUS

Selig der, der liest, und die, welche hören.

OFFENBARUNG 1,3

Ich wünsche mich nie mit einem Menschen zu unterhalten, der mehr geschrieben als gelesen hat.

SAMUEL JOHNSON

Zu viel Lesen verhindert Wissen. Wir glauben, das zu wissen, was wir gelesen haben, und halten uns vom Lernen befreit.

JEAN-JACQUES ROUSSEAU

Viel muß man lesen, nicht vielerlei. Ich meine nicht Vieles, sondern viel: ein Weniges, aber mit Fleiß.

GOTTHOLD EPHRAIM LESSING

Wenig und gut lesen ist großen Köpfen eigen.

THEODOR GOTTLIEB VON HIPPEL

Es gibt wirklich sehr viele Menschen, die bloß lesen, damit sie nicht denken dürfen.

GEORG CHRISTOPH LICHTENBERG

Lesen heißt Borgen, daraus erfinden Abtragen.

GEORG CHRISTOPH LICHTENBERG

Das viele Lesen hat uns eine gelehrte Barbarei zugezogen.

GEORG CHRISTOPH LICHTENBERG

Für einen Autor ist es eine tröstliche Aussicht, daß alle Tage neue künftige Leser geboren werden.

JOHANN WOLFGANG VON GOETHE

Es ist ein großer Unterschied, ob ich lese zu Genuß und Belebung oder zu Erkenntnis und Belehrung.

JOHANN WOLFGANG VON GOETHE

Darum hilft alles Schreiben nicht mehr, weil niemand mehr lesen kann.

JOHANN GOTTLIEB FICHTE

Vom Schlechten kann man nie zu wenig und das Gute nie zu oft lesen.

ARTHUR SCHOPENHAUER

Zu verlangen, daß einer alles, was er je gelesen, behalten hätte, ist wie zu verlangen, daß er alles, was er je gegessen hatte, noch bei sich trüge.

ARTHUR SCHOPENHAUER

Lesen ist ein bloßes Surrogat des eigenen Denkens. Man läßt dabei seine Gedanken von einem andern am Gängelband führen. Zudem taugen viele Bücher bloß zu zeigen, wieviel Irrwege es gibt und wie arg man sich verlaufen könnte, wenn man von ihnen sich leiten ließe.

ARTHUR SCHOPENHAUER

Man sollte eigentlich immer nur das lesen, was man bewundert.

JOHANN PETER ECKERMANN

Schöpferisch muß einer sein, der richtig lesen will.

RALPH WALDO EMERSON

Jemand, der alles gelesen und es im Kopf behalten hat, ist ein gelehrter Narr.

JOSH BILLINGS

Da das Leben kurz ist und die ruhigen Stunden selten sind, möchte ich keine mit dem Lesen wertloser Bücher vergeuden.

JOHN RUSKIN

Lesen ist nur ein Vergnügen, wenn man ganz frisch ist und jede Schönheit und jede Dummheit gleich voll genießen kann; aber gelangweilt lesen ist ein Hundevergnügen und strapaziös.

THEODOR FONTANE

Lesen

Erst durch Lesen lernt man, wieviel man ungelesen lassen kann.

WILHELM RAABE

Gute Leser machen ein Buch immer besser, und gute Gegner klären es ab.

FRIEDRICH NIETZSCHE

Ich würde nie ein Buch lesen, wenn ich die Gelegenheit hätte, mich eine halbe Stunde mit dem Mann zu unterhalten, der es geschrieben hat.

WOODROW WILSON

Lesen, ohne zu denken, ist dasselbe, wie wenn man Baustoffe anhäuft, ohne etwas damit zu bauen.

RABINDRANATH TAGORE

Um ein einziges wirkliches Buch richtig lesen zu können, dazu reicht ein ganzes Menschenleben kaum.

HERMANN BAHR

Das Buch ist der Freund des Lesers; aber der Leser ist der Feind des Buches.

ERNST HOHENEMSER

Über jedem guten Buche muß das Gesicht des Lesers von Zeit zu Zeit hell werden. Die Sonne innerer Heiterkeit muß sich zuweilen von Seele zu Seele grüßen, dann ist auch im schwierigsten Falle vieles in Ordnung.

CHRISTIAN MORGENSTERN

Beim Bücherlesen blicke man dem Verfasser über die Schulter.

PAUL VALÉRY

Junge Leute sollten bei ihrer Lektüre so vorsichtig sein wie alte Menschen bei ihrer Ernährung. Sie sollten nicht zuviel essen. Und sie sollten gut kauen.

SIR WINSTON S. CHURCHILL

Durch vieles Lesen können wir zwar allerlei Kenntnisse ansammeln, niemals aber Einsichten gewinnen, da diese nicht von der Außenwelt, sondern aus Selbsterkenntnis kommen.

ROBERT SAITSCHICK

Wo nehme ich nur all die Zeit her, so viel nicht zu lesen?

KARL KRAUS

Ich rate ab, viel Weises zu lesen, weil dadurch der Eifer, weise zu werden, erschlaffen kann. Das Leben macht uns gut, nicht die Bücher. Diese seien möglichst unterhaltend. Sich gut unterhalten, sollte das etwa keine Weisheit sein?

ROBERT WALSER

Ich glaube, man sollte überhaupt nur solche Bücher lesen, die einen beißen und stechen. Wenn das Buch, das wir lesen, uns nicht mit einem Faustschlag auf den Schädel weckt, wozu lesen wir es dann? Damit es uns glücklich macht?

FRANZ KAFKA

Was der Leser auch kann, das überlaß dem Leser.

LUDWIG WITTGENSTEIN

Der Leser hat es gut: er kann sich seine Schriftsteller aussuchen.

KURT TUCHOLSKY

Wer einer Geschichte zuhört, der ist in Gesellschaft des Erzählers; selbst wer liest, hat an dieser Gesellschaft teil.

WALTER BENJAMIN

Manche bezeichnen das Lesen als ein Laster; wir hätten dann ein ideales Laster, das mehr Genüsse als Schaden bringt. Es unterscheidet sich vom Opium nicht nur dadurch, daß sich im Lauf des Lebens die Dosen verringern lassen, sondern auch dadurch, daß es von der Quantität zur Qualität fortschreitet. Zuletzt leben wir mit einem Dutzend Bücher als eiserner Ration.

ERNST JÜNGER

Bücher, die dir nicht gefallen, laß ruhig liegen – die sollen andere lesen.

LIN YUTANG

Lesen ist Denken mit fremdem Gehirn.

JORGE LUIS BORGES

Gerade für die guten Bücher muß der Leser sein Teil mitbringen.

OTTO HEUSCHELE

Lesen ist Mühsal, Schreiben daneben reinstes Vergnügen.

GÜNTHER ANDERS

Ich schreibe, also bin ich. Ich werde gelesen, also bin ich nicht allein.

KURT MARTI

Lesen hat einen großen Nachteil: man vergißt sich selbst. Und einen großen Vorteil: denselben.

KARLHEINZ DESCHNER

Wenn schon sogar das Lesen von Büchern eine Art Diebstahl ist, muß man da nicht ein klein wenig romantisch sein?

ABRAM TERZ (SINJAWSKIJ)

Zwischen Lesen und Schmökern besteht der gleiche Unterschied wie zwischen Schmecken und Abschmecken.

ERNST R. HAUSCHKA

Natürlich muß man lesen, was man nicht versteht, um zu verstehen, was man lesen kann.

MARTIN WALSER

Es wird zwar immer weniger gelesen, aber der Trend zum Zweitbuch setzt sich ganz stark durch.

WERNER REMMERS

Nicht beim Kauf, beim Lesen gehen Bücher in unser Eigentum über.

RUPERT SCHÜTZBACH

Mein zweites Leben ist erlesen.

JORG SCHRÖDER

Gute Schreiber sind eher selten, gute Leser vielleicht noch seltener.

HANS DERENDINGER

Lesen – Fernseh-Entwöhnungskur.

HANS-HORST SKUPY

Lesen schwächt die Sehkraft und erweitert den Horizont.

MILOVAN VITEZOVIĆ

Die Belesenheit weicht der Belehrkassettung.

M. OLAF KURTZ

Liebe

In der Liebe versteht man einander nur, wenn man nichts zueinander sagt.

Schwedisches Sprichwort

Er führte mich in das Weinhaus, und des Hauses Fahne über mir war die Liebe.

HOHES LIED 2,4

Nicht mitzuhassen, mitzulieben bin ich da.

SOPHOKLES

Wo Liebe zum Menschen vorhanden, da ist auch Liebe zur Kunst vorhanden.

HIPPOKRATES

Die Liebe ist ein Zeugen im Schönen, sei es im Leibe oder in der Seele.

PLATON

Liebe macht blind.

PLATON

Wenn man liebt, altert man an einem Tag.

THEOKRIT

In der Liebe sich entzwein – die Liebe heißt's erneuern!

TERENZ

Verliebt, verdreht.

TERENZ

Laß uns leben, Geliebte, laß uns lieben.

CATULL

Amor besiegt die Welt; und auch wir weichen der Liebe.

VERGIL

Lieben und vernünftig sein ist kaum einem Gotte möglich.

PUBLILIUS SYRUS

Liebe verreist wohl einmal, aber sie wandert nicht aus.

PROPERZ

Liebenden hilft kein Kraut.

PROPERZ

Liebe

Jede Liebe wird von der folgenden Liebe besiegt.

OVID

Können macht Liebe immerwährend.

OVID

Gesetzen widersteht man; Liebe zwingt.

PHAEDRUS

Angetan mit dem Panzer des Glaubens und der Liebe.

1 THESSALONICHERBRIEF 5,8

Das Wissen bläst auf, aber die Liebe baut auf.

1 KORINTHERBRIEF 8,1

Die Liebe tut dem Nächsten nichts Böses.

RÖMERBRIEF 13,10

Kein Mensch soll glauben, daß ihn jemand liebt, wenn er niemanden liebt.

EPIKTET

Die Liebe ist der beste Lehrer.

PLINIUS D. J.

Solange Liebende ihr Geheimnis gewahrt glauben, halten sie sich schamhaft zurück; sehen sie sich durchschaut, so werfen sie alle Scheu beiseite. Unbemerkte Liebe ist furchtsam; der Ertappte wird dreist.

HELIODOR

Verletzte Liebe hat ein Recht zu zürnen.

HIERONYMUS

Der Preis deiner Liebe bist du selbst.

AUGUSTINUS

Die Macht der Liebe wächst immerdar, weil sie durch die Übung größer und durch Freigebigkeit reicher wird.

AUGUSTINUS

Die Liebe ist eine unheilbare Krankheit. Aber wer von ihr befallen ist, verlangt nicht nach Genesung, und wer daran leidet, wünscht nicht zu gesunden.

IBN HAZM AL-ANDALOZI

Geprüft wird die Liebe durch den Wettstreit mit dem eigenen Vorteil.

AL-GHAZALI

Es gibt keinen besseren Maßstab der Liebe als das Vertrauen. Wenn man einen anderen herzlich und hingegeben liebt, so ist damit das Vertrauen von selber gesetzt. Liebe kann nicht mißtrauen – sie gewärtigt nur Gutes.

MEISTER ECKEHART

Die Liebe zwang noch stets zur Gegenliebe.

DANTE ALIGHIERI

Wer klug ist in der Liebe, verlangt nicht so sehr nach der Gabe des Liebenden wie nach der Liebe des Gebenden.

THOMAS VON KEMPEN

Die Liebe erfordert eine Ordnung, daß ein Teil dem andern sein Kreuz tragen helfe und mitleidig sei.

PARACELSUS

Wenn sie gut ist, ist die Liebe der Wunsch nach dem Besseren, wenn dieser fehlt, ist sie zügellose Begier.

MIGUEL DE CERVANTES

Die Liebe hält ihr Fest, wo zwei nur sind.

FRANCIS BACON

Ist Liebe Zwang, so schafft der Zwang doch keine rechte Liebe.

LOPE DE VEGA

Die Liebe ist nur eine Aufwallung des Blutes und eine Nachgiebigkeit des Willens.

WILLIAM SHAKESPEARE

Man sagt, jeder Liebhaber schwöre mehr zu vollbringen, als ihm möglich ist.

WILLIAM SHAKESPEARE

Verliebte laufen stets der Zeit voraus.

WILLIAM SHAKESPEARE

Wo Liebe rechnet, ist sie bettelarm.

WILLIAM SHAKESPEARE

Wo man Liebe aussät, da wächst Freude empor.

WILLIAM SHAKESPEARE

Zur Grausamkeit zwingt bloße Liebe mich.

WILLIAM SHAKESPEARE

Liebe

Wer liebte je und nicht beim ersten Blick?

CHRISTOPHER MARLOWE

Ich liebe und werde geliebt, also bin ich!

FRANZ VON SALES

Auf Schönheit aufgebaute Liebe stirbt so schnell wie die Schönheit.

JOHN DONNE

Es gibt kein Wesen ohne Liebe, keine vollkommene Liebe ohne Eifersucht, keine Eifersucht frei von Täuschungen, keine Täuschungen ohne Grund.

TIRSO DE MOLINA

Liebe regiert ihr Königreich ohne ein Schwert.

GEORGE HERBERT

Liebe und Husten lassen sich nicht verbergen.

GEORGE HERBERT

Liebe, die nicht Wahnsinn ist, ist keine Liebe.

CALDERÓN DE LA BARCA

Das große Wunder der Liebe ist, daß sie die Koketterie heilt.

LA ROCHEFOUCAULD

Das Vergnügen der Liebe liegt im Lieben. Wir sind viel glücklicher in der Leidenschaft, die wir empfinden, als in jener, die wir hervorrufen.

LA ROCHEFOUCAULD

Es gibt Menschen, die sich nie verliebt hätten, wenn sie nie Gespräche über Liebe gehört hätten.

LA ROCHEFOUCAULD

Wenn wir die Liebe aufgrund der meisten Ergebnisse beurteilen, dann ähnelt sie mehr dem Haß als der Freundschaft.

LA ROCHEFOUCAULD

Die Liebe wird nicht von Vernunft regiert.

MOLIÈRE

Zu leben, ohne zu lieben, ist kein richtiges Leben. Nimm dem Leben die Liebe, und du nimmst ihm sein Vergnügen.

MOLIÈRE

Nichts ist der Liebe so ähnlich wie die Begierde, und nichts ist ihr so entgegengesetzt.

BLAISE PASCAL

Ein Tropfen Liebe ist mehr als ein Ozean an Wille und Verstand.

BLAISE PASCAL

Wenn wir lieben, erscheinen wir uns selbst ganz anders, als wir früher gewesen.

BLAISE PASCAL

Die wahre Liebe will nichts als lieben.

CHRISTINE VON SCHWEDEN

Die wahre Liebe ist beständig, sei sie glücklich oder unglücklich.

CHRISTINE VON SCHWEDEN

So wie wir selbst beschaffen sind, ist auch unsere Liebe beschaffen.

CHRISTINE VON SCHWEDEN

Lebt die Liebe nur als Pflicht, ist sie tot.

CHRISTINE VON SCHWEDEN

Vernünftig lieben wollen heißt, die Vernunft verlieren.

LOUIS FRANÇOIS DE BOUFFLEURS

Die Liebe beginnt gerne von vorn und wird nicht müde, sich zu wiederholen.

GRAF BUSSY-RABUTIN

Liebe, die mit der Galle übermäßiger Vorsicht durchsetzt ist, ist tausendmal schlimmer als überhaupt keine Liebe.

JONATHAN SWIFT

In der Liebe kann selbst Schweigen beredt sein.

WILLIAM CONGREVE

Das Wesen aller Liebe besteht in der Verbindung. Die Liebe besteht darin, daß das Eigene Teil des anderen werde und daß man dessen Lust als Lust in sich empfindet.

EMANUEL VON SWEDENBORG

Die Freundschaft und die Liebe sind zwei Pflanzen aus einer Wurzel. Die letztere hat nur einige Blumen mehr.

FRIEDRICH GOTTLIEB KLOPSTOCK

Liebe

Die Liebe besteht zu drei Vierteln aus Neugier(de).

GIACCOMO CASANOVA

Es ist kein Verbrechen, geliebt zu haben; noch viel weniger ist es eines, geliebt worden zu sein.

GOTTHOLD EPHRAIM LESSING

Man muß ganz uneigennützig lieben.

GOTTHOLD EPHRAIM LESSING

Wer aus Liebe närrisch wird, der wäre es früher oder später auch ohne Liebe geworden.

GOTTHOLD EPHRAIM LESSING

Auf Schwächen und Blößen gründet sich die Liebe und auf diese die Fruchtbarkeit.

JOHANN GEORG HAMANN

Das große Glück in der Liebe besteht darin, Ruhe in einem anderen Herzen zu finden.

JULIE JEANNE DE LESPINASSE

Des Weibes Liebe hat ein Falkenauge.

CHRISTOPH MARTIN WIELAND

Liebe läßt sich nicht gebieten.

WILHELM LUDWIG WEKHRLIN

Die Liebe ist der Hauptschlüssel, der alles beim Menschen aufschließt.

THEODOR GOTTLIEB VON HIPPEL

Liebe ist das Band, das den Erdkreis verbindet.

HEINRICH PESTALOZZI

Der Glaube ist Liebe, und wo Liebe ist, da hat Gott sein Heiligtum in unserer Mitte.

HEINRICH PESTALOZZI

Liebe kritisiert nie. Sie nimmt das Gute, wie's kommt, und entschuldigt das Böse ohne Vorbedacht.

WILHELM HEINSE

Abhängigkeit ist der schönste Zustand – und wie wäre er möglich ohne Liebe?

JOHANN WOLFGANG VON GOETHE

Das ist die wahre Liebe, die immer sich gleich bleibt, wenn man ihr alles gewährt, wenn man ihr alles versagt.

JOHANN WOLFGANG VON GOETHE

Der Haß ist parteiisch, aber die Liebe ist es noch mehr.

JOHANN WOLFGANG VON GOETHE

Der liebt nicht, der die Fehler des Geliebten nicht für Tugenden hält.

JOHANN WOLFGANG VON GOETHE

Die Liebhaber sind so pünktlich wie die Sonne.

JOHANN WOLFGANG VON GOETHE

Gegen große Vorzüge eines andern gibt es kein Rettungsmittel als die Liebe.

JOHANN WOLFGANG VON GOETHE

In der Liebe mag man nie Helfer und Gesellen.

JOHANN WOLFGANG VON GOETHE

In einem Augenblick gewährt die Liebe, was Mühe kaum in langer Zeit erreicht.

JOHANN WOLFGANG VON GOETHE

Man muß nur ein Wesen recht von Grund aus lieben, da kommen einem die übrigen alle liebenswürdig vor.

JOHANN WOLFGANG VON GOETHE

Wer keine Liebe fühlt, muß schmeicheln lernen, sonst kommt er nicht aus.

JOHANN WOLFGANG VON GOETHE

Wer nicht mehr liebt und nicht mehr irrt, der lasse sich begraben!

JOHANN WOLFGANG VON GOETHE

Die Tat allein beweist der Liebe Kraft.

JOHANN WOLFGANG VON GOETHE

Liebe zielt nach Einheit.

FRIEDRICH VON SCHILLER

Liebe ist die Leiter, worauf wir emporklimmen zur Gottähnlichkeit. Ohne Anspruch, uns selbst unbewußt, zielen wir dahin.

FRIEDRICH VON SCHILLER

Liebe

Wenn ich hasse, so nehme ich mir etwas;
wenn ich liebe, so werde ich um das reicher,
was ich liebe.

FRIEDRICH VON SCHILLER

Die Liebe ist der Liebe Preis.

FRIEDRICH VON SCHILLER

Mit der Liebe ist's wie mit den Pocken: wer
sie in seiner Jugend nicht gehabt hat,
bekommt sie selten oder nie, und wenn er sie
bekommt, sind sie desto gefährlicher.

AUGUST VON KOTZEBUE

Wer über die Liebe nachdenkt, der liebt nicht
mehr.

AUGUST VON KOTZEBUE

Liebe macht, wie listig, so kühn gegen jeden
und nur gegen das Geliebte scheuer und
einfacher.

JEAN PAUL

Bei der Geliebten nur darf man von sich
reden.

JEAN PAUL

Liebe ist ein Auszug aus allen Leidenschaften
auf einmal.

JEAN PAUL

Die höchste Liebe glaubt und fordert höchste
Vollkommenheit, daher ist sie ihrem Ende am
nächsten.

JEAN PAUL

Die körperliche Liebe begehrt Wechsel, die
geistige dieselbe Person.

JEAN PAUL

Zur sinnlichen Liebe ist bei den meisten leicht
zu gelangen; aber schwer bei wenigen ist die
rechte zu erwerben.

JEAN PAUL

Ein Narr ist eher von der Narrheit zu kurieren
als ein Liebhaber von der Liebe.

CHRISTIAN GODFRIED LEHMANN

Liebe ist Ordnung und verlangt Ordnung.
Man verlangt nicht, ohne verlangt zu werden.

FRANZ VON BAADER

Die Liebe allein hat Respekt für Freiheit, weil
sie nur in dieser lebt, und wo die Liebe
weicht, tritt die Despotie ein.

FRANZ VON BAADER

Die Liebe sei blind – das ist die gemeine
Rede, deren Stempel nicht zu verkennen ist;
aber ist sie nicht im Gegenteil allein sehend
und allein wahr?

FRIEDRICH SCHLEIERMACHER

Liebe ist die Synthesis zwischen Phantasie
und Vernunft.

FRIEDRICH SCHLEIERMACHER

Der einzige Sieg über Liebe ist Flucht.

NAPOLEON BONAPARTE

Das macht uns arm bei allem Reichtum, daß
wir nicht allein sein können, daß die Liebe in
uns, solange wir leben, nicht erstirbt.

FRIEDRICH HÖLDERLIN

Immer dasselbe oder immer etwas anderes
lieben heißt beständig lieben. Nichts lieben
können ist unbeständig sein.

RAHEL VARNHAGEN

In der Liebe sind alle Männer fortgeschrittene
Anfänger.

MADAME DE PONTIGNY

Das Erste in der Liebe ist der Sinn
füreinander und das Höchste der Glauben
aneinander. Hingebung ist der Ausdruck des
Glaubens, und Genuß kann den Sinn beleben
und schärfen, wenn auch nicht
hervorbringen, wie die gemeine Meinung ist.
Darum kann die Sinnlichkeit schlechte
Menschen auf eine kurze Zeit täuschen, als
könnten sie sich lieben.

FRIEDRICH VON SCHLEGEL

Man ist allein mit allem, was man liebt.

NOVALIS

Die Liebe ist eine ewige Wiederholung.

NOVALIS

Die Liebe ist der Endzweck der
Weltgeschichte – das Amen des Universums.

NOVALIS

Liebe

Vertrauen und Achtung, das sind die beiden unzertrennlichen Grundpfeiler der Liebe, ohne welche sie nicht bestehen kann; denn ohne Achtung hat die Liebe keinen Wert und ohne Vertrauen keine Freude.

HEINRICH VON KLEIST

Wir alle bedürfen der Liebe.

CLEMENS BRENTANO

Alles andere ist klein gegen die Liebe.

CLEMENS BRENTANO

Lieben heißt, sich mit allen Dingen ins Gleichgewicht setzen wollen.

CLEMENS BRENTANO

Man kehrt doch immer zur ersten Liebe zurück.

CHARLES GUILLAUME ÉTIENNE

Liebe ist das Vergnügen an der Vorstellung eines Gegenstandes, ohne uns immer erst des Grundes, warum wir dieses Vergnügen empfinden, deutlich bewußt zu werden.

BERNARD BOLZANO

In der Liebe genießt man immer nur die Illusion, die man sich selbst schafft.

STENDHAL

Die Liebe ist eine köstliche Blume, aber man muß den Mut haben, bis an den Rand eines schauerlichen Abgrunds zu gehen, wenn man sie pflücken will.

STENDHAL

Die Liebe aus Wohlgefallen entflammt sich an Geständnissen, die Liebesleidenschaft hingegen kühlt sich daran ab.

STENDHAL

Die wahre Liebe würdigt ihren Gegenstand; aber das ist die wahre Liebe nicht, die nur das Würdige liebt.

LUDWIG BÖRNE

Liebe ist klüger als Ehrgeiz.

BRYAN W. PROCTER

Wer liebt, rast.

LORD BYRON

Eine rechte Liebe ist einfältig und sorglos.

JOSEPH VON EICHENDORFF

Hätte ich alle Weisheit und hätte die Liebe nicht, so wäre ich nichts nütze.

FRIEDRICH RÜCKERT

Liebe ward von Gott der Welt verliehen, um zu Gott die Seele zu erziehen.

FRIEDRICH RÜCKERT

Die Liebe ist des Argwohns Schmied.

SILVIO PELLICO

Wenn die Liebe zu zahlen aufhört, dann macht die ganze Welt bankrott.

FERDINAND RAIMUND

Nicht, wie der Mann von seiner Liebe spricht, sondern wie er von ihr schweigt, spricht für seine Liebe.

MORITZ GOTTLIEB SAPHIR

Verliebte sehen in der Welt nur sich; doch sie vergessen, daß die Welt sie sieht.

AUGUST GRAF PLATEN

Die Liebe wird weder durch Schönheit noch Talent noch selbst Achtbarkeit bedingt, sondern liegt einzig in den eigenen Augen und im eigenen Herzen, und wo diese nicht das gewisse Unbeschreibliche finden, was sie gerade anspricht, da hilft alle Engelhaftigkeit nichts.

ANNETTE VON DROSTE-HÜLSHOFF

Wenn wir lieben, ist alles erfüllt. Die Liebe ist das höchste Gut; sie ist auch der beste Trost im Unglück, ja sie ist es noch mehr als der Glaube und die Hoffnung.

ALEXANDRE VINET

Was Prügel sind, das weiß man schon, was aber Liebe ist, das hat noch keiner herausgebracht.

HEINRICH HEINE

Die Liebe ist das Bewußtsein, Freude zu geben und – zu empfangen, die Liebe ist ein ewig wechselndes Verlangen, ewig befriedigt und ewig unersättlich.

HONORÉ DE BALZAC

Liebe

Die Liebe ist der einzige Weg, auf dem selbst die Dummen zu einer gewissen Größe gelangen können.

HONORÉ DE BALZAC

In der Liebe überredet nichts mehr als mutige Dummheit.

HONORÉ DE BALZAC

Liebe bedeutet der moralischen Natur genau das, was die Sonne der Erde bedeutet.

HONORÉ DE BALZAC

Wenn ein Unglücklicher geliebt wird, so weiß er wenigstens sicher, daß man ihn liebt.

HONORÉ DE BALZAC

Mögen auch die Dummköpfe noch so oft behaupten, das Wesen der Liebe lasse sich nicht erklären, so kann man doch für die Liebe ebenso unfehlbare Grundsätze aufstellen wie für die Geometrie.

HONORÉ DE BALZAC

Gleich dem Genie hat die Liebe ihre Eingebungen. Sie hat wie das Leben eine Zeit des Reifwerdens, während sie sich selber genügt.

HONORÉ DE BALZAC

Geistige Liebe bedeutet den männlichen und strengen Genuß der großen Seelen.

HONORÉ DE BALZAC

Liebe ist Religion, ihr Kultus fordert mehr als der anderer Religionen: sie geht schnell vorüber, und Trümmer bezeichnen ihren Weg.

HONORÉ DE BALZAC

Wenn Liebe das Schulmeistern anfängt, hat sie bald Ferien.

PETER SIRIUS

Die Liebe ist des Menschen Dummheit und Gottes Weisheit.

VICTOR HUGO

Die Liebe ist das Licht und der Trost des Lebens.

RALPH WALDO EMERSON

Alle Welt liebt einen Liebenden.

RALPH WALDO EMERSON

Die Liebe ist unter den Gefühlen, was das Dichten unter den Geistesäußerungen.

KARL JOHANN BRAUN VON BRAUNTHAL

Der tödlichste Feind der Liebe ist die Gewohnheit.

EDWARD EARL BULWER-LYTTON

Liebe ist ein ganz willkürliches Ding, eine Krankheit der Seele, gegen die kein kluger Einwand etwas vermag.

GEORGE SAND

Wer Liebe sucht, findet sie nicht; sie überfällt uns, wenn wir sie nicht erwarten.

GEORGE SAND

Die Liebe ist eine freiwillige Sklaverei, nach der die Natur des Weibes sich sehnt.

GEORGE SAND

Je mehr du von deinem Selbst aufgibst, desto größer und wahrer ist deine Liebe.

LUDWIG FEUERBACH

Der Zauber der ersten Liebe liegt darin, daß man sich nicht vorzustellen vermag, daß sie jemals aufhören könnte.

BENJAMIN DISRAELI

Wir sind alle zum Lieben geboren. Es ist der Sinn unseres Seins und sein einziger Zweck.

BENJAMIN DISRAELI

Muß die Liebe nicht mit jedem neuen Morgen über sich selber, als über ein Wunder, erstaunen und freudig zusammenschrecken?

EDUARD MÖRIKE

In der Liebe dominiert dauernd immer derjenige, der am wenigsten liebt; mehr noch, der vielleicht gar nicht liebt und sich nur mit Grazie lieben läßt. Wo die Leidenschaft ist, ist nie die Herrschaft; bei der Berechnung ist sie.

IDA GRÄFIN HAHN-HAHN

Nur der ist reich, der geliebt wird und lieben darf.

ADALBERT STIFTER

Der Gedanke der Trennung ist das Bindende in der Liebe. Zu besitzen ist nichts; aber zu verlieren ist alles.

KARL GUTZKOW

Liebe

Es gibt nur da Liebe und Freundschaft, wo sich einer dem anderen beugt. Und nicht immer das Schwache vor dem Starken – auch das Starke vor dem Schwachen.

KARL GUTZKOW

Wer nie liebte, kann sich leicht einbilden, er liebte stets.

FRIEDRICH HEBBEL

Wenn ein Paar Liebende einander versprechen, daß sie aneinander denken wollen, so versprechen sie sich eigentlich, daß sie atmen wollen.

FRIEDRICH HEBBEL

Lieben heißt: in dem anderen sich selbst erobern.

FRIEDRICH HEBBEL

Abwesenheit tötet den Liebenden oder die Liebe.

QUITARD

Die Gewaltsamkeit der Liebe ist ebensosehr zu fürchten wie die des Hasses.

HENRY DAVID THOREAU

Es gibt kein Mittel gegen die Liebe, als noch mehr zu lieben.

HENRY DAVID THOREAU

Das ist das Größte, was dem Menschen gegeben ist, daß es in seiner Macht steht, grenzenlos zu lieben.

THEODOR STORM

Ich frage mich: Was bedeutet die Hölle? Ich behaupte: die Unfähigkeit zu lieben.

FJODOR M. DOSTOJEWSKIJ

Der größte Feind der Liebe ist die grübelnde Vernunft, die in kleinmütige Zweifel verfällt.

HEINRICH MARTIN

Es ist nicht genug, wenn man Grund hat zu lieben.

MÓR JÓKAI

Zu lieben ist Segen, geliebt zu werden – Glück.

LEW N. GRAF TOLSTOJ

In der Liebe und im Krieg ist alles gestattet.

FRANCIS EDWARD SMEDLEY

An Rheumatismen und wahre Liebe glaubt man erst, wenn man davon befallen wird.

MARIE VON EBNER-ESCHENBACH

Die Liebe hat nicht nur Rechte. Sie hat auch immer recht.

MARIE VON EBNER-ESCHENBACH

Es ist Frevel und Wahnsinn, zu kränken, was man liebt, wie es Frevel und Wahnsinn ist, um jeden Preis besitzen zu wollen, was man liebt.

MARIE VON EBNER-ESCHENBACH

Die meisten Menschen brauchen mehr Liebe, als sie verdienen.

MARIE VON EBNER-ESCHENBACH

Die Summe unseres Lebens sind die Stunden, in denen wir liebten.

WILHELM BUSCH

Amor ist ein von Dichtern verzogenes Kind.

SAMUEL BUTLER

Die Liebe gleicht jenen Krankheiten, die gefährlich sind, wenn sie die befallen, den sie in der Jugend verschont haben.

FRANZ SERAPHION HUEMER

Lieben ist nichts Besonderes, sich gegenseitig lieben, sehr selten. Die Liebe ist ein Gesetz, die Gegenseitigkeit der Liebe ein Zufall.

SULLY PRUDHOMME

Um Liebe zu gewinnen, laufen wir Gefahr, sie zu verlieren.

THOMAS HARDY

Glückliche Liebe: Ein Krug, der solange zum Freudenbrunnen geht, bis er bricht.

BERTHA VON SUTTNER

Die Hindernisse sind das, was die Liebe erst interessant macht.

SARAH BERNHARDT

Wo man nicht mehr lieben kann, da soll man vorübergehen.

FRIEDRICH NIETZSCHE

Liebe

Liebe, die in Haß umschlagen kann, ist niemals echte Liebe gewesen, denn sie wollte nur besitzen.

OTTO VON LEIXNER

Die Liebe ist der Quell der Einfalt, diese des Glaubens, dieser des Gehorsams, dieser der Seligkeit.

JULIUS LANGBEHN

Der wildeste Haß ist noch lange nicht so häßlich wie Lieblosigkeit.

ISOLDE KURZ

Die Menschen sind der Liebe nur wert, wenn sie leiden.

ARMANDO PALACIO VALDÉS

Es ist schwer, nicht ungerecht zu dem zu sein, den man liebt.

OSCAR WILDE

Liebe ist nur wie Liebe, sie ist mit nichts zu vergleichen.

OSCAR WILDE

Wie oft ist die Liebe nichts als Eigenliebe, mit Wollust gewürzt.

PAUL MANTEGAZZA

Die Gottheit bedient sich der Liebe als einer List, um zwei Menschen zur höchsten Entwicklung ihres Wesens hinaufzuführen.

SIEGFRIED LIPINER

Liebe ist die einzige Sklaverei, die als Vergnügen empfunden wird.

GEORGE BERNARD SHAW

Liebe auf den ersten Blick ist ungefähr so zuverlässig wie Diagnose auf den ersten Händedruck.

GEORGE BERNARD SHAW

Die Ähnlichkeit ist der Maßstab der Liebe.

CHARLES DE FOUCAULD

Des Mannes Liebe ist ein versprühender Funke; das ganze Leben der Frau verglüht an der entzündeten Flamme.

CARL LUDWIG SCHLEICH

Der Tod der Liebe ist das traurigste Sterben.

M. HERBERT

Die Liebe ist entweder ganz blind, oder sie drückt gern ein Auge zu.

ELEONORE VAN DER STRATEN-STERNBERG

Man liebt nie, wenn man seiner Sache ganz gewiß ist.

A. O. WEBER

Liebe ist das berauschende Gefühl, das man vor der Befriedigung seiner Neugierde hatte. Liebe ist also Neugierde. Wer also sehr neugierig ist, wird sich oft verlieben.

A. O. WEBER

In der Liebe versinken und verlieren sich alle Widersprüche des Lebens. Nur in der Liebe sind Einheit und Zweiheit nicht in Widerstreit.

RABINDRANATH TAGORE

Wen immer wir lieben, in dem haben wir unsere eigene Seele im höchsten Sinn gefunden.

RABINDRANATH TAGORE

Daß Liebe je verloren gehen kann, ist eine Tatsache, die wir nicht als Wahrheit hinnehmen können.

RABINDRANATH TAGORE

Du hast verstanden? Du hast verziehen? Du hast vergessen? Welch ein Mißverständnis – du hast nur aufgehört zu lieben.

ARTHUR SCHNITZLER

Liebe ist nicht Zutat zum Leben, sie ist das Leben selbst.

HERMANN KUTTER

Liebe hat Geduld, denn sie weiß, daß an ihrer stillen, ausharrenden Kraft alle Gewalt doch schließlich zergehen muß.

HERMANN BAHR

Ewigkeit. Dieses ist unser Streben; der Durst nach Ewigkeit ist es, den die Menschen unter sich Liebe nennen. Wer liebt, der will sich in dem andern verewigen. Was nicht ewig ist, das ist auch nicht wirklich.

MIGUEL DE UNAMUNO

Liebe ist das einzige, was nicht weniger wird, wenn wir es verschwenden.

RICARDA HUCH

605

Liebe

Liebe ohne Sinnlichkeit – ein Bad ohne Wasser, ein Sonnenbad ohne Sonne.
JOHANNES COTTA

Liebe ist Last – gesegnet, wer schwer trägt.
RICHARD BEER-HOFMANN

Liebe muß regelmäßig erworben sein.
WILHELM WEBER-BRAUNS

Quellen der Liebe sind Quellen des Leids.
SALOMON BAER-OBERDORF

Liebe ergänzt nicht, sondern verdoppelt.
KURT REICHL

Der Geist baut das Luftschiff, die Liebe aber macht gen Himmel fahren.
CHRISTIAN MORGENSTERN

Der Mensch hat die Liebe als Lösung der Menschheitsfrage einstweilen zurückgestellt und versucht es augenblicklich zunächst mit der Sachlichkeit.
CHRISTIAN MORGENSTERN

Nichtverliebte Menschen können nicht verstehen, wieso ein intelligenter Mann wegen einer ganz gewöhnlichen Frau leiden kann. Das ist, als ob man überrascht ist, daß jemand der Cholera zum Opfer fällt wegen einer so unbedeutenden Kreatur wie es der *comma bazillus* ist.
MARCEL PROUST

Es ist ein großes Ding um die Liebe.
ENRICA VON HANDEL-MAZZETTI

Das Glück der Liebe ist zu lieben, nicht geliebt zu werden.
FRANZ BLEI

Liebe zu fürchten bedeutet, das Leben zu fürchten, und wer das Leben fürchtet, ist bereits drei Viertel tot.
BERTRAND RUSSELL

Die Liebe weiß mit Charaktereigenschaften nichts anzufangen.
PAUL LÉAUTAUD

Liebe – eine der größten Banalitäten des Lebens.
COLETTE

Die Liebe hat kein Maß der Zeit; sie keimt und blüht und reift in einer schönen Stunde.
THEODOR KÖRNER

Liebe: ein privates Weltereignis.
ALFRED POLGAR

Eine Flaumfeder kann einen Kieselstein rund schleifen, sofern sie von der Hand der Liebe geführt wird.
HUGO VON HOFMANNSTHAL

Eine Geliebte aufgeben zeugt von erlahmter Phantasie.
HUGO VON HOFMANNSTHAL

Liebe läßt sich nicht widerlegen.
RICHARD VON SCHAUKAL

Hier ist das Wunder, das allen immer widerfährt, die wirklich lieben; je mehr sie geben, desto mehr besitzen sie von der kostbaren erhaltenden Liebe, die Blumen und Kindern ihre Stärke verleiht und die allen Menschen helfen könnte, wenn sie sie ohne Zweifel hinnähmen.
RAINER MARIA RILKE

In der Liebe kostet ein Fehler weniger als eine Lächerlichkeit.
HELENE HALUSCHKA

Liebe kennt kein Ehrenwort.
LISA WENGER

Ohne Persönlichkeit gibt es keine Liebe, keine wirklich tiefe Liebe.
HERMANN HESSE

Es gibt keine wahre Liebe ohne die Angst.
OSWALD BUMKE

Liebe ist zumeist ein Kontrakt, den zwei Eitelkeiten miteinander schließen; wobei gewöhnlich eine Partei die überfordernde ist.
EGON FRIEDELL

Das Gesetz ist nicht der Zweck des Lebens; der Zweck des Lebens ist die Liebe. Das Ziel der Menschen ist, selbst ein Gesetz zu sein. Die Schöpfung dauert heute fort; der Mensch nimmt an der Schöpfung teil. Es gibt keine Sünde, die uns von Gott trennen könnte.

Liebe

Alles Körperliche, das reines Herzens geschieht, ist Gottesdienst. Askese ist Verwirrung. Alle Lebensfreude ist die Offenbarung der göttlichen Liebe.

MARTIN BUBER

Liebe ist ein zu schönes Wort, als daß ich es leichtsinnig in den Mund nähme; ich möchte – was es bedeutet – lieber nur empfinden.

ROBERT WALSER

Die, die etwas lieben, tun dies im Bestreben, sich selbst Gutes zu gönnen.

ROBERT WALSER

Nicht nur für den Künstler, auch für den Menschen überhaupt, gibt es ein: *amo, ergo sum* (ich liebe, also bin ich).

OTTO WEININGER

Liebe ist Mut. Sie fragt nicht, sie sieht nicht, sie will und drängt.

OTTO FLAKE

Was dich die Liebe nicht lehrt, das sollst du nicht wissen.

WALDEMAR BONSELS

Nein, nicht die Gesunden, die Sicheren, die Stolzen, die Frohen lieben – die brauchen es nicht! Die nehmen Liebe nur als gebotene Huldigung hin, hochmütig und gleichgültig. Einzig denen, die das Schicksal benachteiligt hat – den Zurückgesetzten, den Unsicheren, den Unschönen, den Gedemütigten kann man wahrhaft helfen durch Liebe. Wer ihnen sein Leben hingibt, entgilt, was das Leben ihnen genommen.

STEFAN ZWEIG

Niemand ist fort, den man liebt. Liebe ist ewige Gegenwart.

STEFAN ZWEIG

Liebe ist die gangbarste Münze aller Völker und aller Zeiten.

HAZRAT INAYAT KHAN

Wer nicht lieben kann, kann auch nicht glauben.

EDUARD SPRANGER

Seit zwei Jahrhunderten spricht man viel vom Lieben und wenig von Liebe.

JOSÉ ORTEGA Y GASSET

In der Liebe gibt es weder Verbrechen noch Vergehen. Es gibt nur Geschmacksverirrungen.

PAUL GÉRALDY

Es ist nicht die schlechteste Sache, die Glut unter der Asche einer noch nicht erloschenen Liebe neu anzufachen.

TANJA BLIXEN

Man sollte die Liebe ernst nehmen, aber nicht tragisch.

ANDRÉ MAUROIS

Jemanden lieben heißt, als Einziger ein für die Anderen unsichtbares Wunder sehen.

FRANÇOIS MAURIAC

Keine Liebe ist größer als die, in der man seine Schwächen zeigen darf.

ERNST WIECHERT

Die Liebe bricht alle Gewalt.

ERNST WIECHERT

Die Liebe auf den ersten Blick in dieser Welt ist ein unvollkommener Versuch, sofort und gemeinsam zu erlöschen.

ALBERT PARIS GÜTERSLOH

Das ist das große Haben der Liebe selbst; sie kann sich, wo je sie war, nicht verloren gehen.

ALBERT TALHOFF

Nur das liebt man, worüber zu spotten man nicht wagen würde.

MARCEL JOUHANDEAU

Die echte Liebe besteht aus Loben und Tadeln.

JAKOW TRACHTENBERG

Liebe löst alle Rätsel.

M. A. NAILIS

Liebe ist gemeinsames Schicksal.

HUGO SONNENSCHEIN

Liebe

Liebe ist, wenn sie dir die Krümel aus dem Bett macht.

KURT TUCHOLSKY

Liebe ist: Erfüllung, Last und Medizin.

KURT TUCHOLSKY

Laß die Liebe aus dem Spiel, wenn du liebst!

KURT TUCHOLSKY

Liebe – der größte Fehlbetrag unserer Zeit.

FRANZ WERFEL

Liebe ist nichts anderes als ein Boogie-Woogie der Hormone.

HENRY MILLER

In de Liebe sind wir am wirklichsten.

SIGISMUND VON RADECKI

Die Liebe verändert die Menschen. Männer werden verrückt, Frauen werden normal.

FELICITAS VON REZNICEK

Strenge und ganze Wahrheit unter Liebenden zerstört die zum Untergang, vollendet die zum Leben berufene Liebe.

LUDWIG STRAUSS

Liebe ist die Feder im Uhrwerk des Lebens.

MARGARETE SEEMANN

Liebe muß sich erst am Menschen entzünden, bevor sie zu Gott emporlodern kann.

B. WARTH

Klugheit und Liebe sind nicht füreinander gemacht. Wächst die Liebe, so schwindet die Klugheit.

FRANÇOIS DUC

Der zynische Volksmund behauptet, Liebe sei blind. In Wirklichkeit sind aber vielleicht diejenigen blind, die da nicht lieben und die daher nicht erkennen, wie schön und wie liebenswert die Welt ist.

ALDOUS HUXLEY

Es ist nicht wahr, daß Liebe blind macht: Liebe, Liebe allein macht sehend, hellsehend. Haß blendet.

RICHARD N. GRAF COUDENHOVE-KALERGI

Liebe ist eine unsterbliche Wunde, die sich nicht schließt. Wir verlieren etwas, wenn wir lieben – einen Teil unserer Seele. Und wir suchen unablässig danach, denn ohne diesen Teil unserer Seele können wir nicht zur Ruhe kommen.

LIN YUTANG

Wenn man über die Liebe spricht, kann man nur Unsinn sagen.

MARCEL PAGNOL

Wer Liebe gibt, bleibt immer reicher an dem zurück, was er gab: an Liebe. Je mehr er gibt, um so reicher wird er. Ein Millionär an Liebe zu sein, das ist Reichtum.

FRITZ USINGER

Nie könnte ich mir eine Liebe vorstellen, die fähig wäre, ihr eigenes Ende vorauszusehen. Liebe ist ihre eigene Ewigkeit. Liebe ist, in jedem Augenblick ihres Seins: alle Zeit. Sie ist der einzige Blick, den wir darauf werfen dürfen, was die Ewigkeit ist.

THORNTON WILDER

Viele, die ihr ganzes Leben auf die Liebe verwendeten, können uns weniger über sie sagen als ein Kind, das gestern seinen Hund verloren hat.

THORNTON WILDER

Liebe immer, wenn nicht jemand, so doch etwas.

KARL HEINRICH WAGGERL

Es gäbe wenig Liebe in der Welt, wenn sie nur dem geschenkt werden könnte, der sie verdient.

KARL HEINRICH WAGGERL

Wie leicht wird Liebe lästig, manchmal schon, wenn sie beginnt, und immer, wenn sie endet.

KARL HEINRICH WAGGERL

Wer eine Liebe, und sei es auch eine gestorbene, schmäht, erniedrigt sich selbst.

ZENTA MAURINA

Alles, was wir Liebe nennen, sind Ausbruchsversuche aus der Einsamkeit.

SIGMUND GRAFF

Liebe

Liebe ist eine schwere Krankheit, von der man aber nicht geheilt sein will.

CHARLES TSCHOPP

Verwechsle nicht die Liebe mit dem Rausch des Besitzes, der die schlimmsten Leiden mit sich bringt. Denn du leidest nicht unter der Liebe, wie die Leute meinen, sondern unter dem Besitztrieb, der das Gegenteil der Liebe ist... Die wirkliche Liebe beginnt, wo keine Gegengabe mehr erwartet wird.

ANTOINE DE SAINT-EXUPÉRY

Liebe besteht nicht darin, in den anderen hineinzustarren, sondern gemeinsam nach vorn zu blicken.

ANTOINE DE SAINT-EXUPÉRY

Nur der liebende Mensch kennt die Glückseligkeit des Nehmens und Gebens.

OTTO HEUSCHELE

Es gibt nur eine wirkliche Sünde in der Liebe: Wenn wir nämlich daraus etwas Unverbindliches zu machen bestrebt sind.

ALBERT JENNY

Falsche Liebe macht die Hölle.

G. E. SCHNEIDER

Wenn die Liebe aufhört zu wachsen, beginnt sie zu sterben.

HANS-HASSO VON VELTHEIM-OSTRAU

Zunehmend bleiben die Menschen mit ihrer Liebe allein.

HANS-HASSO VON VELTHEIM-OSTRAU

Große Philosophen, große Dichter haben versucht, Liebe zu erklären. Wer bin ich schon, daß ich es besser könnte?!

MARLENE DIETRICH

Eigenliebe ist Liebe, die sich ermißt; Nächstenliebe ist Liebe, die sich verschenkt. Von der Gottesliebe kann man nur sagen: sie hinterläßt verbrannte Erde.

ADRIENNE VON SPEYR

Liebe ist niemals blind – sie sieht nur mit anderen Augen.

ANITA

Jede Liebe ist eine erste Liebe.

OTHMAR CAPELLMANN

Liebe ruft Liebe hervor: unendliches Wachstum.

HANS MARGOLIUS

Die Liebe verteidigt sich, indem sie sich opfert.

REINHOLD SCHNEIDER

Die Liebe braucht kein Obdach, sie ist selber eins.

ARTHUR HAFINK

Die Liebe will keine Lügen. Sie verlangt nur gewisse Formen...

DOMINIQUE LE BOURG

Der Unterschied zwischen einer Liaison und der ewigen Liebe besteht darin, daß die Liaison im allgemeinen länger dauert.

KARL SCHÖNBÖCK

Die Liebe ist das einzige Spiel, bei welchem beide Partner gleichzeitig gewinnen oder verspielen.

GEORGES KRASSOVSKY

Die stille Kraft der Liebe kennt keine Grenzen.

MAHARISHI MAHESH YOGI

Einen Menschen lieben heißt einwilligen, mit ihm alt zu werden.

ALBERT CAMUS

Nicht die Zukunft ist die Zeit der Liebe. Was der Mensch wirklich will, will er jetzt.

OCTAVIO PAZ

Ohne die Nabelschnur der Liebe würden wir an uns selbst ersticken.

WOLFGANG ENGEL

Lieblosigkeit macht immer Fehler, wissende Liebe nie.

JULIANE BÖCKER

Das erste und das letzte Werk der Liebe ist die Aufmerksamkeit.

ROCHUS SPIECKER

Liebe

Wahre Liebe verlangt Opfer.

MUTTER TERESA

In der Liebe ist es meistens die Festung, die den Belagerer erobert.

PETER PASETTI

Frisch erhält sich nur eine Liebe, der ein bißchen Kühle beigemischt ist.

MICHÈLE MORGAN

Liebe ist die Kraft zur Vereinigung.

SUN MYUNG MOON

Tod jeder Liebe: Begriffsstutzigkeit.

WOLFDIETRICH SCHNURRE

Dünne Liebe sieht überall dicke Fehler.

PHIL BOSMANS

Liebe macht nicht blind. Der Liebende sieht weit mehr als da ist.

OLIVER HASSENCAMP

Liebe macht wehrlos.

ENZIO HAUSER

Liebe ist die wunderbare Gabe, einen Menschen so zu sehen, wie er nicht ist.

HANNELORE SCHROTH

Die Liebe hat nicht nur Rechte, sie hat noch viel mehr Pflichten.

ELISABETH MARIA MAURER

Man spricht von der Macht der Liebe und meint die Macht der Gewohnheit.

JO SCHULZ

Liebe beginnt häufig mit einem Irrtum, an dem sie eines Tages scheitert.

MICHAEL SCHIFF

Liebe ist eine besonders hübsche Form von Gewaltverzicht.

WOLFRAM WEIDNER

Es gibt viele Gründe, sich zu verlieben, aber keinen vernünftigen.

GERMUND FITZTHUM

Liebe, die Krankheit, die gepflegt, nicht geheilt werden will.

GUIDO HILDEBRANDT

Liebe erscheint als enthüllende Phantasie und ist in ihrem Wesen intimste Ehrlichkeit.

GERHARD BRANSTNER

Die Liebe ist eine Gleichung mit zwei Unbekannten.

GERHARD BRANSTNER

Liebe ist mehr als nackte Beine im Bett.

OSWALT KOLLE

Ohne Liebe wird Mildtätigkeit zum Egoismus, Märtyrertum zu geistlicher Überheblichkeit.

MARTIN LUTHER KING

Liebe ist die einzige Kraft, die einen Feind in einen Freund verwandelt.

MARTIN LUTHER KING

In dem Maße, wie man liebt, verliert man die Furcht vor dem Tode.

GOTTFRIED EDEL

Lieben und Leiden sind der einzige wirklich untrennbare Bund – alle Welt besingt ihn, obwohl niemand ihn mag.

GOTTFRIED EDEL

Die Liebe ist die einzige Krankheit, welche durch Ansteckung des anderen geheilt werden kann.

GERHARD UHLENBRUCK

In der Liebe sollte man das letzte Wort behalten.

GERHARD UHLENBRUCK

Man sollte mitleidlos lieben.

GERHARD UHLENBRUCK

Liebende sind die schnellsten Hindernisläufer der Welt.

HELLMUT WALTERS

Die Liebe ist so ideal, daß die Ehe die Realität nachliefern muß.

HELLMUT WALTERS

So sehr ein Mensch sich entfaltet, wenn er geliebt wird, viel schöner noch entfaltet sich der liebende Mensch.

HORST ZENTGRAF

Ich glaube, daß die Liebe stärker ist als der Tod.

ROBERT FULGHUM

Unsere Flüsse bewahren wir eifrig vor dem Verschlammen – ist die Liebe ein minder kostbarer, ja minder notwendiger Besitz, daß wir um ihre Tiefen und ihre Bewegung nicht ebenso unablässig bemüht sein müßten?

HANNA-HEIDE KRAZE

Liebe ist unteilbar – durch zwei.

JORG SCHRÖDER

Liebe ist jener seltsame Zustand, den alle belächeln, bevor sie von ihm befallen werden.

VIRNA LISI

Lieben, sich begreifen lassen.

ELAZAR BENYOËTZ

Meist hält die Liebe auf den ersten Blick dem zweiten gar nicht mehr stand.

ELISABETH HABLÉ

Lieben heißt – keine Wahl zu haben.

LIV ULLMANN

Liebe ist die Fähigkeit, Namen zu geben.

JEANNINE LUCZAK

Alles kann warten, nur die Liebe nicht. Wer die Liebe warten läßt, beleidigt den wichtigsten Gast seines Lebens – und verstößt ihn vielleicht auf Nimmerwiedersehen.

HANS KRUPPA

Große Liebe schenkt auch kleinen Leuten große Kräfte.

CHARLOTTE SEEMANN

Liebe ist ein Zivilisationsschaden.

ROSA VON PRAUNHEIM

Das Gegenteil von Liebe ist nicht Haß, sondern Angst.

TORSTI LEHTINEN

Liebe auf den ersten Blick ist ein harmloser Herzinfarkt.

ŽARKO PETAN

Liebe ist Nehmen und Gehen.

ŽARKO PETAN

Liebe ist rigoros. Vor allem am Ende.

BERND-LUTZ LANGE

Es gibt keine unglückliche Liebe. Schon die Tatsache, daß man liebt, macht glücklich.

EDITH WELLS

Liebe tut Not.

PETER GRUBER

Die Liebe ist eine Revolution zu zweit.

ULRICH BECK

Wer in der Liebe spart, trägt keine Zinsen davon.

ROLF SEIFFERT

Man hat ihm die Liebe versagt. Jetzt versagt er in der Liebe.

GÜNTHER SCHATZDORFER

Literatur

Liest du ein Buch zum erstenmal, lernst du einen neuen Freund kennen; liest du es ein zweites Mal, begegnet dir ein alter.

Chinesisches Sprichwort

Er soll darin lesen sein Leben lang.

5 MOSE 17,19

Die Demokratie führt notgedrungen dazu, daß in der Literatur mittelmäßige, einseitige und flache Köpfe die Vorherrschaft haben.

STENDHAL

Von allen Werken der Literatur Schönheit oder ein moralisches Ziel zu verlangen, wäre dasselbe, wie von jedem Staatsbürger makellosen Lebenswandel und Bildung zu erwarten.

ALEXANDR S. PUSCHKIN

Literatur

Das Leben gleicht öfter einem Roman als die Romane dem Leben.

GEORGE SAND

Die Geschichte einer Menschenseele, auch der kleinsten, ist fast fesselnder und nützlicher als die eines ganzen Volkes, besonders wenn sie das Ergebnis der Beobachtungen ist, die ein reifer Geist an sich vornimmt, und wenn sie ohne den eitlen Wunsch, Teilnahme oder Bewunderung zu wecken, geschrieben ist.

MICHAIL J. LERMONTOW

Diese moderne Literatur mit ihrem Feuilletonsgeruch!

WILHELM RAABE

Der Unterschied zwischen Literatur und Journalismus: Journalismus ist unlesbar, und die Literatur wird nicht gelesen.

OSCAR WILDE

Die Literatur ist das Modeblatt des Zeitgeistes.

ELEONORE VAN DER STRATEN-STERNBERG

Wie die Literatur sein mag, sie ist stets schöner als das Leben.

JULES RENARD

Die Literatur: ein Konzert der Blinden für die Taubstummen.

RODA RODA

Die Literatur von heute sind Rezepte, die die Kranken schreiben.

KARL KRAUS

Die Literatur sollte dem Wandel der Gesittung vorauseilen und die Kerkermauern des Gestern sprengen, in denen das Heute erstickt.

TADEUSZ BOY ZELENSKI

Viele Gelehrte vergessen, daß unser Genuß an den großen Werken der Literatur mehr von der Tiefe unseres Mitempfindens als von der Schärfe unseres Verstandes abhängt.

HELEN KELLER

Alles Geschriebene kann warten.

ERNST WIECHERT

Es gibt Zeitgenossen, die von der ganzen deutschen Literatur bloß das Zitat aus dem Götz von Berlichingen kennen.

WILHELM ALTMANN

Literatur ist Sprache, die mit Sinn geladen ist. Große Literatur ist einfach Sprache, die bis zur Grenze des Möglichen mit Sinn geladen ist.

EZRA POUND

Echte Literatur ist eigentlich nur ein Staunen über das Weltall und das menschliche Leben.

LIN YUTANG

Natürlich basiert so ziemlich jede Blütezeit der Literatur auf der Kraft und Unschuld ihrer Plagiate.

BERT BRECHT

Die deutsche Literatur ist einäugig. Das lachende Auge fehlt.

ERICH KÄSTNER

Unter Weltliteratur stellen sie sich etwas vor, was sie zusammen vergessen dürfen.

ELIAS CANETTI

Die ganze Literatur scheint mir vor allem Ausdruck des einzelnen Lebens zu sein, des geschichtlichen Lebens, des Lebens in der Zeit, oder dann ist sie Ausdruck des Sündenfalls.

EUGÈNE IONESCO

Die ganze Wahrheit in der Literatur liegt nicht in den Fakten, sondern in den Menschen.

JURIJ BRĚZAN

Die Literatur muß so leicht werden, daß sie auf der Waage der heutigen Literaturkritik nichts mehr wiegt: nur so wird sie wieder gewichtig.

FRIEDRICH DÜRRENMATT

Literatur darf keinen Trost geben. Literatur darf nur beunruhigen. Ich darf nicht mehr geben, als ich geben kann. Wenn ich Trost hätte, könnte ich ihn geben. Also: Meine Produktion ist mein Trost, mein aktives Handeln, mein Mich-Ausdrücken, das Formulieren der Trostlosigkeit ist mein Trost.

FRIEDRICH DÜRRENMATT

An ihren Lesefrüchten sollt ihr sie erkennen.

GÜNTHER CWOJDRAK

Mein Vertrauen in die Zukunft der Literatur beruht auf dem Wissen, daß es Dinge gibt, die einzig die Literatur mit ihren spezifischen Mitteln zu geben vermag.

ITALO CALVINO

Verkommt die Literatur zum Anachronismus? Wird Schreiben gegen den Tod unmöglich?

GÜNTER GRASS

Die eigentliche Aufgabe der Literatur: die Wirklichkeit, so wie sie ist, unmöglich zu machen.

HEINER MÜLLER

Literatur entsteht überhaupt nur aus Widersprüchen, sonst entsteht Langeweile.

CHRISTA WOLF

Literatur hat einen Protheseneffekt. Sie ist Ersatz für nicht gelebtes Leben.

GÜNTER KUNERT

Schriftsteller sind nicht besser als andere Leute, aber Literatur ist besser als Schriftsteller.

SUSAN SONTAG

Gute Literatur verdirbt den schlechten Geschmack.

RUPERT SCHÜTZBACH

Literatur, die einen Sinn hat, gehört allen, die menschliche Erfahrungen besitzen; sie kann nicht durch einen engen Rahmen politischer und nationalistischer Vorurteile begrenzt werden.

RICHARD RIVE

Literaturpreis: Jedes Wort für bare Münze nehmen.

HANS-HORST SKUPY

Als Autor unverkäuflich, aber nicht käuflich.

HANS-HORST SKUPY

Schöngeistige Literatur: Schönheit vergeht, Geist wird klassisch.

HANS-HORST SKUPY

Lob

Vor den Augen schmeichelt er in den süßesten Tönen, aus den Augen – schmäht er mit gespaltener Zunge.

Tuwinisches Sprichwort

Wer das Lob liebt, der muß auch den Grund dazu erwerben.

XENOPHON

Es liegt in der Natur des Menschen, Verleumdungen und Anklage gern zu hören, aber verdrießlich zu sein, wenn einer sich selbst lobt.

DEMOSTHENES

Es ist natürlich, daß ein Mensch für überragende Leistungen Anerkennung erwartet.

ARISTOTELES

Alles, was Odem hat, lobe den Herrn!

PSALMEN 150,6

Das Werk lobt den Meister.

BEN SIRA 9,17

Ein solches Lob ist nicht von Menschen.

RÖMERBRIEF 2,29

Alles Schöne ist an und für sich schön und in sich selbst vollendet. Das Lob bildet keinen Bestandteil seines Wesens. Durch das Lob wird ein Gegenstand weder schlechter noch besser.

MARC AUREL

Du bist nicht besser, wenn man dich lobt, und nicht schlechter, wenn man dich lästert. Was du bist, das bist du, und alle Worte der Menschen können dich nicht größer reden, als du im Urteil Gottes wirklich bist.

THOMAS VON KEMPEN

Lobe einen Menschen hinter seinem Rücken und nicht offen ins Gesicht; nur dann wird er es wirklich zu schätzen wissen, wenn er davon erfährt.

SCHU SCHUEHMOU

Lob

Über jedes Lob erhaben ist, wer gut redet von dem, der von ihm schlecht spricht.

BALTAZAR GRACIÁN

Die Welt begünstigt weit häufiger falsche Verdienste, als sie echten Anerkennung zollt.

LA ROCHEFOUCAULD

Gewöhnlich lobt man nur, um gelobt zu werden.

LA ROCHEFOUCAULD

Wenn man jemandes Tugenden lobt, die er nicht besitzt, so macht man ihm nur ungestraft Vorwürfe.

LA ROCHEFOUCAULD

Lob ablehnen heißt: zweimal gelobt werden wollen.

LA ROCHEFOUCAULD

Der Beifall, der neuen Größen gespendet wird, entstammt nur zu oft dem heimlichen Neid auf die bereits anerkannten.

LA ROCHEFOUCAULD

Willst du, daß man Gutes von dir sage, sag es nicht selbst.

BLAISE PASCAL

Lob macht gute Menschen besser und schlechte schlauer.

THOMAS FULLER

Das Lob ist die Tochter der gegenwärtigen Macht.

JONATHAN SWIFT

Alle Lobpreisungen sind mit Opium vermischt.

JONATHAN SWIFT

Lob gleicht dem Amber: ein wenig daran riechen und ein kleines Stück davon ist sehr angenehm, hält man aber einen ganzen Klumpen vor die Nase, so stinkt es und streckt einen zu Boden.

ALEXANDER POPE

Mit der Kunst des Lobens begann die Kunst des Erfreuens.

VOLTAIRE

Manchmal ist ein Lob für die Menschen beleidigend, weil es die Grenzen ihres Wertes bezeichnet.

VAUVENARGUES

Das Gewicht eines Lobs hängt vom Wert des Lobenden ab.

JULIE JEANNE DE LESPINASSE

Wenn man alles lobt, so lobt man eigentlich nichts.

WILHELM LUDWIG WEKHRLIN

Mir ist wenig an dem Lobe der Leute gelegen; ihr Neid wäre allenfalls das Einzige, was mich noch freuen würde.

GEORG CHRISTOPH LICHTENBERG

Das Lob der Unwissenden ist jedem Ehrliebenden verächtlich.

JOHANN GOTTFRIED HERDER

Wen jemand lobt, dem stellt er sich gleich.

JOHANN WOLFGANG VON GOETHE

Leichter gönnen sogar gute Menschen dem andern jedes Glück, sogar das unverdiente; aber nie das unverdiente Lob.

JEAN PAUL

Es gibt Menschen, die mit keinem Lobe zufrieden, weder mit dem zu großen – das sie sogleich erkennen – noch mit dem gerechten, weil sie nach einem höheren streben.

JEAN PAUL

Es ist ein krankhafter, schwächlicher Geisteszustand, auf Lob und nicht auf Inhalt des Lobes zu achten.

RAHEL VARNHAGEN

Es würde mich unglücklich machen, irgend etwas Vortreffliches nicht anzuerkennen.

CLEMENS BRENTANO

Erwarte kein Lob ohne Neid, bevor du tot bist.

CHARLES C. COLTON

Lob hat von der Wollust das an sich, daß Ekel und Reiz dicht beisammen sind.

KARL AUGUST VARNHAGEN

Lob

Wenn das Lob der Freunde immer ein sehr zweideutiges bleibt, so darf man dagegen dem Neide der Feinde vertrauen.

KARL IMMERMANN

Was soll mir das Lob von Menschen, welche nicht tadeln können?

ANNETTE VON DROSTE-HÜLSHOFF

Er lobt sich so stark, daß die Räucherkerzchen im Preise steigen.

HEINRICH HEINE

Übermäßiges Lob ist wie zehn Stück Zucker im Kaffee, niemand kann das schlucken.

ABRAHAM LINCOLN

Es kann einem nichts Schlimmeres passieren, als von einem Halunken gelobt zu werden.

ROBERT SCHUMANN

Nur dem nützt das Lob, der den Tadel zu schätzen versteht.

ROBERT SCHUMANN

Tadeln ist leicht, deshalb versuchen sich so viele darin. Mit Verstand loben ist schwer, darum tun es so wenige.

ANSELM FEUERBACH

Dafür, daß uns am Lobe nichts liegt, wollen wir besonders gelobt sein.

MARIE VON EBNER-ESCHENBACH

Von einem guten Kompliment kann ich zwei Monate leben.

MARK TWAIN

Das Lob des Mittelmäßigen läßt den Enthusiasmus für das Große nicht aufkommen.

DANIEL SPITZER

Das Kompliment eines Eitlen ist nur ein Darlehen.

SULLY PRUDHOMME

Die einen werden durch großes Lob schamhaft, die anderen frech.

FRIEDRICH NIETZSCHE

Im Lob ist mehr Zudringlichkeit als im Tadel.

FRIEDRICH NIETZSCHE

Das Gelobtwerden für eine Eigenschaft, die man nicht hat, wird häufig zum Sporn, sich diese Eigenschaft zu erwerben.

ISOLDE KURZ

Frauen werden nie durch Komplimente entwaffnet. Männer immer.

OSCAR WILDE

Komplimente sind wie Parfüm. Sie dürfen duften, aber nie aufdringlich werden.

OSCAR WILDE

Wenn jemand mir eine Lobrede am offenen Grabe halten sollte, springe ich aus dem Sarg heraus und haue ihm eine herunter.

WASSILIJ W. ROSANOW

Lob beschämt mich, denn heimlich bettle ich darum.

RABINDRANATH TAGORE

Unverdientes Lob opfere den Göttern, zum Lohn dafür wirst du gefeit gegen unverdienten Tadel.

ROBERT GERSUNY

Niemand stört eine Unterbrechung, wenn es Beifall ist.

KIN HUBBARD

Soll das Werk den Meister loben, so muß der Meister schweigen.

SALOMON BAER-OBERDORF

Loben ist wie eine Art Lieben; wer möchte das abschütteln?

ROBERT WALSER

Schäm dich, wenn ein schlechter Kerl dich lobt!

FRANZ CARL ENDRES

Große Menschen prahlen nicht.

HEINRICH SCHOLZ

Es ist eine nie versagende Bosheit, das Werk statt den Meister zu loben.

KARL HEINRICH WAGGERL

Lob kann ein heilsames Gift sein, Gift ist es.

LUDWIG FRIEDRICH BARTHEL

Lob

Die feinsten und doch zähesten Fesseln spinnt man aus Lob.

CHARLES TSCHOPP

Wenn man vom Kontrahenten gelobt wird, hat man etwas falsch gemacht.

AMINTORE FANFANI

Eigenlob ist das ehrlichste Lob.

JAKOB STEBLER

Schimpf und Lob sterben schnellen Tod.

GERHARD BRANSTNER

Manches Lob ist nur die intelligente Form des Tadels.

HORST FRIEDRICH

Lob – Auszeichnung in Ermangelung materieller Mittel.

MANFRED STRAHL

Lüge

Ein Lügner ist in Eile; nimm einen Stuhl – und setz dich.

Kenianisches Sprichwort

Du sollst kein falsch Zeugnis reden wider deinen Nächsten!

2 MOSE 20,16

Sie schießen mit ihren Zungen lauter Lügen.

JEREMIAS 9,2

Wer die Angewohnheit hat, seinen Vater zu belügen und zu betrügen, wird es noch viel wagemutiger gegenüber anderen versuchen.

TERENZ

Die Lügenmäuler sollen verstopft werden.

PSALMEN 63,12

Alle Menschen sind Lügner.

PSALMEN 116,11

Einem Lügner glaubt man nicht, wenn er auch die Wahrheit spricht.

CICERO

Ein Lügner muß ein gutes Gedächtnis haben.

QUINTILIAN

Alles hat Gott ins Leben gerufen mit Ausnahme der Lüge und der Falschheit; diese haben die Menschen erfunden.

TALMUD – MIDRASCH PESIKTA RABBATI

Gott und die Natur sind keiner Lüge fähig. Um wiederum den Glauben an die Natur und Gott zu finden, glaube der Seele. So wird es geschehen, daß du endlich – auch dir selbst glaubst.

TERTULLIAN

Manchmal ist auch die Lüge berechtigt, wenn sie dem nützt, der sie vorbringt, und sie dem nicht schadet, der sie vernimmt.

HELIODOR

Eine Lüge ist wie ein Schneeball: je länger man ihn wälzt, desto größer wird.

MARTIN LUTHER

Hohe Schwüre zeigen tiefe Lügen an.

MARTIN LUTHER

Das Lügen ist wahrlich ein verdammtes Laster. Sind wir doch Menschen und gesellige Wesen nur durch die Sprache. Würden wir die Tragweite und Scheußlichkeit dieses Lasters recht einsehen, wir würden es mit Feuer und Schwert verfolgen mit mehr Recht als andere Verbrechen.

MICHEL DE MONTAIGNE

Die Lüge ist ein Winkelgang, von dem man durch eine Hintertreppe zur Wahrheit gelangen kann.

MICHEL DE MONTAIGNE

Alles Unwahre ist gleichzeitig lächerlich.

CHRISTINE VON SCHWEDEN

Wer eine Lüge ausspricht, ist sich nicht bewußt, welch große Aufgabe er damit unternimmt; um diese eine Lüge aufrechtzuerhalten, wird er gezwungen sein, zwanzig zu erfinden.

ALEXANDER POPE

Die Lüge ist der eigentlich faule Fleck an der menschlichen Natur.

IMMANUEL KANT

Lüge

Die Lüge ist durch die bloße Form ein Verbrechen des Menschen an seiner eigenen Person und eine Nichtswürdigkeit, die den Menschen in seinen eigenen Augen verächtlich machen muß.

IMMANUEL KANT

„Man sagt" ist eine halbe Lüge.

SAMUEL PALMER

Nicht die Lügen, sondern die sehr feinen falschen Bemerkungen sind es, die die Läuterung der Wahrheit aufhalten.

GEORG CHRISTOPH LICHTENBERG

Wenn ich irre, kann es jeder bemerken, wenn ich lüge – nicht.

JOHANN WOLFGANG VON GOETHE

Wenn mancher sich nicht verpflichtet fühlte, das Unwahre zu wiederholen, weil er's einmal gesagt hat, so wären es ganz andere Leute geworden.

JOHANN WOLFGANG VON GOETHE

Die Lüge, der fressende Lippenkrebs des innern Menschen, wird vom Gefühle der Völker schärfer gerichtet und bestimmt als von den Philosophen.

JEAN PAUL

Der lügt am sichersten, der die Wahrheit nur verfälscht und keine ganze Lüge erdichten darf; bei jedem nimmt er ein andres Stück Wahrheit weg und setzt eine andre Lüge hinzu.

JEAN PAUL

Manche können nur lügen, nicht sich verstellen. Die Lüge ist Schwäche.

JEAN PAUL

Lügen ist und bleibt eines der ekelhaftesten Laster, das zuletzt um alle Achtung und allen Kredit bringt.

KARL JULIUS WEBER

Der Geist der Lüge kann nur vernichtet werden durch den Geist der Wahrheit.

JOSEPH VON EICHENDORFF

Aus der Lüge kann kein Leben erblühen.

HEINRICH HEINE

Jeder ernstliche Kampf findet seine Versöhnung. Nur die Lüge, die innere Unwahrheit, ist zur ewigen Qual verdammt.

FRIEDRICH SCHELLING

Lügen siegen oft sehr schnell, meist aber sind es nur die Triumphe eines Tages.

THOMAS LORD MACAULAY

Es gibt keine Lüge, die nicht viele Menschen glauben werden. Es gibt keinen Menschen, der nicht viele Lügen glauben wird. Und es gibt keinen Menschen, der nur Lügen glauben wird.

JOHN STERLING

Man kann einige Menschen die ganze Zeit und alle Menschen eine Zeitlang zum Narren halten; aber man kann nicht alle Menschen allezeit zum Narren halten.

ABRAHAM LINCOLN

Der eine lügt mit Worten und schafft sich einen schlechten Ruf; der andere lügt in seinem Benehmen und genießt den besten.

HENRY DAVID THOREAU

Weder Verleumdung noch Verrat richten den meisten Schaden in der Welt an, weil sie fortwährend niedergekämpft werden. Es ist die glitzernde und sanft ausgesprochene Lüge; die freundliche Ungenauigkeit; der einschmeichelnde Trugschluß; die patriotische Lüge des Historikers; die vorsorgliche Lüge des Staatsmannes; die eifernde Lüge des Parteipolitikers; die barmherzige Lüge des Freundes und die leichtfertige Lüge jedes Menschen gegen sich selbst, die den schwarzen, geheimnisvollen Trauerflor über die Menschheit breiten.

JOHN RUSKIN

Das Tüttelchen Wahrheit, das in mancher Lüge enthalten ist, das macht sie furchtbar.

MARIE VON EBNER-ESCHENBACH

Jeder Narr kann die Wahrheit sagen, aber nur ein verhältnismäßig intelligenter kann gut lügen.

SAMUEL BUTLER

Je boshafter eine Lüge ist, für desto wahrscheinlicher hält man sie.

DANIEL SPITZER

Lüge

Ich liebe die Wahrheit. Ich glaube, die Menschheit braucht sie, sicher aber braucht sie noch viel mehr die Lüge, die ihr schmeichelt, Trost spendet und ihr endlos Hoffnung macht. Ohne Lüge würde sie umkommen vor Verzweiflung und Langeweile.

ANATOLE FRANCE

Wer keinen Anlaß zum Lügen hat, ist stolz darauf, kein Lügner zu sein.

FRIEDRICH NIETZSCHE

Wenn sich jemand selbst belügen will, so gelingt es ihm sehr bald.

KARL EMIL FRANZOS

Sage selten die Wahrheit – aber lüge nie!

FRANZ VON SCHÖNTHAN

In der Todesstunde lügt niemand: dann hat es aber auch wirklich keinen Zweck mehr.

OTTO WEISS

Worin besteht denn das Wesen der schönen Lüge? Einfach darin, daß sie den Beweis in sich trägt. Ist einer so arm an Phantasie und muß seine Lüge beweisen, sollte er lieber gleich die Wahrheit sprechen.

OSCAR WILDE

Die Strafe des Lügners ist keineswegs, daß man ihm nicht glaubt, sondern daß er niemand anders glauben kann.

GEORGE BERNARD SHAW

Besser an der Wahrheit sterben, als in der Lüge leben.

M. HERBERT

Es gibt Leute, die sehen aus wie die menschgewordene Lüge.

ELEONORE VAN DER STRATEN-STERNBERG

Die Lüge ist Diebstahl an der Wahrheit.

ELEONORE VAN DER STRATEN-STERNBERG

Die Lüge kann nie zu Wahrheit werden dadurch, daß sie an Macht gewinnt.

RABINDRANATH TAGORE

Lüge ist, vor der Wahrheit Angst haben und sie ersticken wollen.

ROMAIN ROLLAND

Eine besonders törichte Form der Lüge ist die Prahlerei. Nur wo der Verstand zu kurz ist, geht die Rede auf Stelzen.

AUGUST LÄMMLE

Das Gift der Lüge ist, daß sie glaubhaft lügt.

CARLOS VON TSCHUDI

Nur ein Weiser kann mit einer Lüge umgehen. Ein Narr tut gut, ehrlich zu bleiben.

GEORGE NORMAN DOUGLAS

Oft zeigt die Lüge deutlicher als die Wahrheit, was in einem Menschen vorgeht.

MAKSIM GORKIJ

Der für uns lügt – ein Ehrenmann, der gegen uns lügt – ein Schuft.

SALOMON BAER-OBERDORF

Ein Mensch, der zuweilen lügt, ist viel sympathischer als einer, der nie die Wahrheit sagt.

WALTER HUECK

Wer lügt, ist nicht.

OTTO WEININGER

Lügen ist ein ermüdendes Unternehmen, das große Anforderungen an das Gedächtnis stellt.

SIR HAROLD NICOLSON

Ein halbleeres Glas Wein ist zwar zugleich ein halbvolles, aber eine halbe Lüge ist mitnichten eine halbe Wahrheit.

JEAN COCTEAU

Wenn man die Menschen um ihrer höheren Zwecke willen notwendige Lügen lehrt, so lügen sie am Ende auch gegen einen selber um ihrer geringeren Zwecke willen.

ERICH BROCK

Das Lügen läßt sich überhaupt nicht vermeiden, am ehesten noch die Gelegenheit dazu.

KARL HEINRICH WAGGERL

Lügen haben kurze Beine, aber eine sehr kräftige Stimme.

ERWIN CHARGAFF

Lüge

Auch die Lüge ist Wahrheit.

FRITZ USINGER

Die ungeschickte Lüge fügt der Schuld noch die Beleidigung hinzu und läßt den Kelch der Bitterkeit überlaufen.

DOMINIQUE LE BOURG

Lügen mit glücklichen Umständen ergeben Legenden.

STANISLAW JERZY LEC

Die Wahrheit findet mündlich Verbreitung, zur Popularisierung der Lüge bedient man sich gewöhnlich eines Apparats.

STANISLAW JERZY LEC

Warum lügt, wer die Wahrheit nicht kennt?

STANISLAW JERZY LEC

Wahrheit berichtet. Lüge ist schöpferisch.

WOLFDIETRICH SCHNURRE

Man kann auch schweigend lügen.

JUPP MÜLLER

Man hat längst gelernt, ehrlich zu lügen.

ARMIN RIESEN

Die Lüge folgt uns noch hinab ins Grab.

GIUSEPPE NICCOLORI

Die Lüge hat kurze Beine, rennt aber schneller als die Wahrheit.

ANTONI MARIANOWICZ

Der Lügner entschädigt sein schlechtes Gewissen durch schöpferische Lust an der Verteidigung seiner Fiktion.

HEINRICH WIESNER

Lügen sind meistens hübscher als Wahrheiten.

WOLFRAM WEIDNER

Im Bett wird gelogen wie gedrückt.

HERBERT EISENREICH

Die Lüge des Stärkeren wird als Wahrheit anerkannt.

JAKOB STEBLER

Wenn alle recht haben, so lügt jemand.

MILAN RŮŽIČKA

Wenn Lügen kurze Beine haben, muß die Wahrheit doch nicht auf Stelzen gehen.

GERHARD BRANSTNER

Es ist schwer zu lügen, ohne die ganze Wahrheit zu kennen.

MICHAIL M. GENIN

Lügen haben kurze Beine, aber weiche Knie.

GERHARD UHLENBRUCK

Auch die Lüge hat einen technischen Notdienst: die Notlüge.

HELLMUT WALTERS

Lügen haben kurze Beine, aber einen langen Atem.

HELLMUT WALTERS

Notlügen haben auch keine längeren Beine.

GERD W. HEYSE

Wer einmal lügt, dem glaubt man nicht. Wer aber immer lügt, hat ganz gute Chancen.

JOHANNES GROSS

Seit ich mich bei der Lüge ertappt habe, traue ich niemandem mehr.

BRANA CRNČEVIĆ

Die Lüge, mit dem Makel der kurzen Beine behaftet, ist aus Überlebensgründen zum Tausendfüßler geworden.

WERNER MITSCH

Lügen haben kurze Beine, aber Rückenwind.

WERNER MITSCH

Eine Lüge lebt von dem Glauben, den man ihr schenkt.

JAKOB TERNAY

Wer einmal lügt, dem glaubt man immer wieder, auch wenn er zwischendurch mal die Wahrheit spricht.

BERNHARD KATSCH

Weh dem, der nicht lügt!

ELISABETH HABLÉ

Eine gutgemeinte Lüge stellt höhere Ansprüche an das Wahrheitsempfinden als die Wahrheit selbst.

ELISABETH HABLÉ

Lüge

Der Weg zur Lüge ist auch mit Wahrheiten gepflastert.

WERNER EHRENFORTH

Nicht die Lüge macht den Lügner aus, sondern: du hast nicht täglich widersprochen.

GERT UDO JERNS

Manche lügen schon beim Denken.

HANS-HORST SKUPY

Lügen haben kurze Beine. Eine Legislaturperiode lang.

HANS-HORST SKUPY

Die Historiker verfälschen die Vergangenheit, die Ideologen die Zukunft.

ŽARKO PETAN

Die Lüge ist deshalb so primitiv, weil sie für Unwissende erdacht wurde.

ROLF SEIFFERT

Lust

Lust lehrt pfeifen.

Deutsches Sprichwort

Iß freudig dein Brot, und trink vergnügt deinen Wein.

PREDIGER 9,7

Des Lebens Lust genießen darfst doppelt du im Alter, je näher dir der Tod.

ANAKREON

Die Verachtung der Lust ist – wenn man sich einmal darin geübt hat – selbst die größte Lust.

DIOGENES VON SINOPE

Die zur Unzeit genossene Lust bringt nur Unbehagen hervor.

MENANDER

Um schrankenlos sich ausleben zu können, müßte alle sinnliche Lust auch in ihrer Dauer unbegrenzt sein.

EPIKUR

Die Lust ist das erste und unserer Natur gemässe Gut, sie ist uns der Anfang jedes Strebens und Meidens, und auf sie läuft unser ganzes Tun hinaus, nach ihr beurteilen wir jegliches Gut.

EPIKUR

Das höchste Gut ist die Lust, das höchste Übel der Schmerz. In der Freiheit vom Schmerz wird der höchste Grad der Lust erreicht.

EPIKUR

Keine Lust ist an sich ein Übel, aber die Wirkungen mancher Lüste bringen vielfache Störungen der Lust.

EPIKUR

Wenn die Lust das höchste Gut ist, dann ist den Menschen die Vernunft von einer bösen Macht gegeben.

KLEANTHES

Es gibt eine naturgemäße und eine – widernatürliche Lust.

PANAITIOS VON RHODOS

In allen Dingen ist der größten Lust der Ekel benachbart.

CICERO

Das höchste Gut ist die Lust.

AENESIDEMOS

Die Menschen werden... die Lust mehr lieben als Gott.

2 TIMOTHEUS 3,2–4

Alle Lust der Welt ist kurzer Traum nur!

FRANCESCO PETRARCA

Bei Nacht sieht Liebeslust am besten.

FRANCIS BACON

Die Götter sind gerecht: aus unseren Lüsten erschaffen sie das Werkzeug, uns zu geißeln.

WILLIAM SHAKESPEARE

Ich nenne das Weib darum die Bewahrerin der Liebe, weil bekanntlich beim Manne nicht die Liebe, sondern die Lust die Initiative hat, welcher Lust die Liebe nur folgt, wogegen beim Weibe die Lust der Liebe folgte.

FRANZ VON BAADER

Lust

Wahre Lust ist nur in der Arbeit.

FRIEDRICH THEODOR VISCHER

Die Lust der Zerstörung ist eine schaffende Lust.

MICHAIL A. BAKUNIN

Alle Lust will Ewigkeit.

FRIEDRICH NIETZSCHE

Wie wenig Lust genügt den meisten, um das Leben gut zu finden, wie bescheiden ist der Mensch!

FRIEDRICH NIETZSCHE

Des Weibes höchste Lust offenbart sich dem Kinde, nicht dem Mann.

SALOMON BAER-OBERDORF

Wer da ausgeht, ein Weib zu trösten, der bereite sich auf Lust vor.

SALOMON BAER-OBERDORF

Die Lust einer Nacht ist eine Niete, welche das Herz gezogen hat.

FRANZ BLEI

Die Lust ernährt die Liebe. Wenn jene aufhört, stirbt diese ab.

PAUL LÉAUTAUD

Die Sitte verlangt, daß ein Lustmörder den Mord zugebe, aber nicht die Lust.

KARL KRAUS

Lust: sie ist der Köder, mit dem das Leben die höheren Tiere und auch uns Menschen zu seinen Zielen lockt.

ERNST G. MOSER

Die Hure tritt gern als Dame auf, um ihre Fallhöhe zu steigern, nach der ihr Lustwert abgeschätzt wird.

SIGMUND GRAFF

Alle Lust kommt aus dem Leib, auch die des Geistes.

JOACHIM GÜNTHER

Frauen haben mehr Lust zur Liebe, während die Männer mehr Liebe zur Lust haben.

GERHARD UHLENBRUCK

Wer Lust hat, hat auch Zeit.

GERHARD BRANSTNER

Alle Lust ist Verschwendungslust: Lust am Verlust, und aller Gewinn, alle Lustaneigung und -ansammlung ist nur der Umweg zum Verlieren. Alle Lust will Ewigkeit: will ewigen Verlust.

GERD BERGFLETH

Letzte Steigerung der Lust: Unzucht mit Unabhängigen!

NIKOLAUS CYBINSKI

Die Tragik der Liebe: der Lustgewinn liegt im Lustverlust.

WERNER SCHNEYDER

Lebensfreude ist meßbar geworden: in Kauflust.

MICHAEL RUMPF

Lieber die Unschuld als die Lust verlieren.

GÜNTER HARTMANN

Der Frevler wird auftreten mit der Macht des Satans.
2 THESSALONICHERBRIEF 2,9

Machtgelüste sind die entsetzlichsten aller Leidenschaften.
TACITUS

Der Mensch strebt von Macht zu Macht.
THOMAS HOBBES

Macht und Eitelkeit machen uns beredt.
CHRISTINE VON SCHWEDEN

Macht weiß sich Gehorsam und Furcht zu verschaffen.
CHRISTINE VON SCHWEDEN

Macht korrumpiert weniger in dem Sinn, daß man sich unerlaubte Befugnisse anmaßt, sondern die erlaubten mißbraucht.
EARL OF CHESTERFIELD

Das Bewußtsein unserer Macht verstärkt sie.
VAUVENARGUES

Je größer die Macht, desto gefährlicher ihr Mißbrauch.
EDMUND BURKE

Die Macht als Macht ist auf der ganzen Erde gesetzlos, und die gesetzlose Macht ist wie das Schlagen der Welle im Sturm, die selber vergeht, indem sie eine andere verschlingt.
HEINRICH PESTALOZZI

Man muß der Macht immer mißtrauen, in wessen Hand sie auch liegt.
SIR WILLIAM JONES

Kein Abschied auf der Welt fällt schwerer als jener von der Macht.
TALLEYRAND

Die Macht kann nicht milde genug aussehen.
JEAN PAUL

Wenn der Mensch nicht weiterkommen kann, so hilft er sich mit einem Machtspruche oder einer Machthandlung, einem raschen Entschluß.
NOVALIS

Macht

Macht kennt kein Recht.
Tschechisches Sprichwort

Unmöglich ist es, daß der Ungerechte, der Meineidige, der Lügner eine dauerhafte Macht besitze; eine solche Macht hält für einmal und auf kurze Zeit; sie blüht, wenn es glückt, in Hoffnung auf, aber, von der Zeit belauert, fällt sie von selbst zusammen.
DEMOSTHENES

Keine Macht darf über dem Gesetz stehen.
CICERO

Keine Macht ist stark genug, um von Dauer zu sein, wenn sie unter Furcht wirkt.
CICERO

Weißt du denn nicht, daß die Hände der Könige weit reichen?
OVID

Habe ich nicht Macht zu tun, was ich will?
MATTHÄUS 20,15

Macht

Das Geheimnis jeder Macht besteht darin, zu wissen, daß andere noch feiger sind als wir.

LUDWIG BÖRNE

Nicht darauf kommt es an, daß die Macht in dieser oder jener Hand sich befinde: die Macht selbst muß vermindert werden, in welcher Hand sie sich auch befinde.

LUDWIG BÖRNE

Die Freiheit kann reden, denn ihr ist das Wort zugleich Waffe und Beute; die Macht aber ist verloren, sobald sie anfängt, sich zu rechtfertigen.

LUDWIG BÖRNE

Wer von Macht spricht, spricht von Gewalt.

HONORÉ DE BALZAC

Wer den Daumen auf dem Beutel hat, hat die Macht.

OTTO FÜRST BISMARCK

Macht macht schlecht. Absolute Macht macht absolut schlecht.

LORD JOHN E. ACTON

Man überzeugt am besten von seiner Macht, wenn man sie mißbraucht.

DANIEL SPITZER

Der Blick der Menschheit war bisher zu stumpf, zu erkennen, daß die mächtigsten Menschen große Schauspieler waren.

FRIEDRICH NIETZSCHE

Wer leicht die Geduld verliert, verliert leicht die Macht.

ELEONORE VAN DER STRATEN-STERNBERG

Die Macht ist ein wissenschaftliches Produkt geworden, das in dem politischen Laboratorium erzeugt wird durch Einschmelzung der menschlichen Persönlichkeit.

RABINDRANATH TAGORE

Nicht die Armut und die Unterwerfung muß man suchen, sondern umgekehrt den Wohlstand, um ihn zur Bereicherung des menschlichen Geistes zu verwenden. Und auch Macht sollte man aus dem gleichen Grunde anstreben.

MIGUEL DE UNAMUNO

Die guten Mächte sagen: Ich will schaffen und sein; die bösen sagen: Ich will haben und scheinen.

WALTHER RATHENAU

Die Macht der Liebe und des Mitleids ist unendlich stärker als die Macht der Waffen.

MAHATMA GANDHI

Macht ohne Mißbrauch verliert ihren Reiz.

PAUL VALÉRY

Macht allein ist blind gegen alle Werte, blind gegen Wahrheit und Recht und, wo sie diese noch zulassen muß, ganz gewiß blind gegen Schönheit und Leben.

LUDWIG KLAGES

Die Zeitgenossen verwechseln häufig Macht mit Größe.

ANGELO GATTI

Macht dankt nur ab unter dem Druck einer Gegen-Macht.

MARTIN BUBER

Nicht die Macht, die Machthysterie ist böse.

MARTIN BUBER

Dem Streben, Weisheit und Macht zu vereinigen, war nur selten und nur auf kurze Zeit Erfolg beschieden.

ALBERT EINSTEIN

Rechthaben ist ein Ausdruck von Macht.

OSWALD SPENGLER

Die einmal an der Macht waren, wünschen sich die Vergangenheit herbei. Die gerade an der Macht sind, wollen den gegenwärtigen Zustand erhalten. Die nicht an der Macht sind, verlangen, daß es anders werde. So ist es wohl immer.

LU XUN

Es gibt Machtstreben aus Überschwang an Naturkraft und ausdehnungswilligem Gefühl, und es gibt Machtstreben aus Dürftigkeit und Lieblosigkeit.

ERICH BROCK

Der Mächtige muß dem Schwachen dienen.

HUGO SONNENSCHEIN

Macht

Machtmenschen tun alles nur Erdenkliche, um der Wahrheit den Rücken zu kehren, weil sie an den Mythos von der eigenen Unfehlbarkeit glauben.

BORIS PASTERNAK

Wer nicht versteht, daß die Macht das stärkste Erotikum der Menschheit ist, wird niemals Politik und Geschichte verstehen.

FRANZ WERFEL

Es kann in unserer Welt erst besser werden, wenn die Leute einsehen lernen, daß der ehrgeizige, nach Macht strebende Mensch ebenso ekelerregend ist wie der Vielfraß oder der Geizhals.

ALDOUS HUXLEY

Macht verführt zum Handeln.

PETER BAMM

Die Staatsgewalt geht vom Volke aus, aber wo geht sie hin?

BERT BRECHT

Macht haben verpflichtet, Gerechtigkeit zu üben.

ERICH LIMPACH

Es ist der Wille zur Macht in allen nur denkbaren Formen, der heute alles und jedes Seelische vernichtet.

HANS-HASSO VON VELTHEIM-OSTRAU

Eine Macht, die nicht auf Herrlichkeit beruht, verfällt der Gewalt.

MARTIN KESSEL

Jetzt und hier, so sagt uns die Pflicht, sollen wir unsere Macht zügeln, also unseren Genuß kürzen, um einer zukünftigen Menschheit willen.

HANS JONAS

Die Macht hat nur ein Gesetz: sich immerfort zu mehren.

REINHOLD SCHNEIDER

Nur der verdient Macht, der sie täglich rechtfertigt.

DAG HAMMARSKJÖLD

Macht bewegt, ist aber unbeweglich.

FLORENCE SCOVEL SHINN

Auch der Mächtigste strauchelt, wenn er die ihm gesetzten Grenzen überschreitet.

C. C. BERGIUS

Es gibt keine Macht ohne Heer, kein Heer ohne Geld, kein Geld ohne Landwirtschaft, keine Landwirtschaft ohne Gerechtigkeit.

MOHAMMED REZA PAHLEWI

Macht nutzt den ab, der sie nicht besitzt.

GIULIO ANDREOTTI

Macht, sobald sie Verantwortung wird, bekommt veränderte Inhalte.

RUDOLF RISCH

Vor den Türen der Macht ist das Gedränge am größten.

SIEGFRIED & INGE STARCK

Macht ohne Verantwortung ist wie ein Feuer außer Kontrolle.

ERNST R. HAUSCHKA

Macht ist in dem Maße schlimm, wie sie unkontrollierbar ist – egal wer sie ausübt.

MARTIN WALSER

Alle Macht geht vom Volke aus und kommt nie wieder zurück.

GABRIEL LAUB

Macht macht Angst, Angst macht Ohnmacht.

GERHARD UHLENBRUCK

Es nützt nichts, an den Hebeln der Macht zu sitzen, wenn sie fernbedient sind.

DIETER HÖSS

Die Macht lebt von der Macht der Ohnmächtigen.

VÁCLAV HAVEL

Das Ziel der Macht ist des Opfers Ohnmacht.

ELISABETH HABLÉ

Dann beginnt die totale Finsternis, wenn die Sonne einer Supermacht gehören wird.

HANS-HORST SKUPY

Wo Macht allein nicht ausreicht, müssen Vollmachten her.

HANS-HORST SKUPY

Macht ist biegsam wie der Gummiknüppel.
MILOVAN VITEZOVIĆ

Alle Macht geht dem Volke aus.
RIO REISER

Keine Macht für niemand!
SPONTI-SPRUCH

Mädchen

Sogar der Teufel bittet um Schutz
vor den Mädchen.
Indisches Sprichwort

Was gut ist, wenn es kurz ist: das Plaudern
junger Mädchen.
SEI SHONAGON

Ich bin der unvorgreiflichen Meinung, daß
kein Mädchen völlig häßlich ist.
THEODOR GOTTLIEB VON HIPPEL

Es gibt eine gewisse Jungfernschaft der Seele
bei den Mädchen und eine moralische
Entjungferung; diese findet bei vielen schon
sehr frühzeitig statt.
GEORG CHRISTOPH LICHTENBERG

Selbst die sanftesten, bescheidensten und
besten Mädchen sind immer sanfter,
bescheidener und besser, wenn sie sich vor
dem Spiegel schöner gefunden haben.
GEORG CHRISTOPH LICHTENBERG

Ein Mädchen darf nicht suchen, es darf nur
finden, und, lieber Gott, wie selten findet der,
der nicht sucht.
AUGUST VON KOTZEBUE

Unter allen Torheiten, die ein Mädchen
begeht, ist immer ihre erste Liebe eine der
größten.
AUGUST VON KOTZEBUE

Mädchen, wie Perlen und Pfauen, schätzt
man nach keiner anderen Farbe als der
weißesten.
JEAN PAUL

Im richtigen und tiefen Seelengefühl des
Wahren übertreffen die Frauen, welche
unverdorben und zum Guten und Schönen
gebildet sind, bei weitem die meisten Männer.
AUGUST WILHELM VON SCHLEGEL

Ein blühendes Mädchen ist das reizendste
Symbol vom reinen, guten Willen.
FRIEDRICH VON SCHLEGEL

Kinder sind Hoffnungen, Mädchen sind
Wünsche und Bitten.
NOVALIS

Ein Mädchen vor dem Spiegel ist die Frucht,
die sich selber ißt.
FRIEDRICH HEBBEL

Man muß einem jungen Mädchen seine
Freiheit lassen; nur soll man ihr keine
Gelegenheit geben, sie zu benutzen.
SØREN KIERKEGAARD

Auch ein ungelehrtes, einfaches Mädchen
kann, wenn es sich zusammennimmt und
den richtigen Führer findet, so weit kommen,
die Größe der Lebensaufgabe zu verstehen
und seine Kraft daran zu üben.
PAUL HEYSE

Es gibt Mädchen, die ihre Liebe durch das
Leben, und solche, die ihr Leben durch Liebe
bezahlen.
HERMANN STEHR

Das junge Mädchen empfindet, auch bei
stärkster Verliebtheit, zunächst keine
fleischliche Begierde. Es ist nur neugierig,
und das maßlos.
CARL HAGEMANN

Ich sehe keinerlei Unterschied zwischen den
Mädchen aus meiner Jugendzeit und den
Mädchen heute. Sie sehen ihn.
ANTONI SLONIMSKI

Heute sehen viele Mädchen aus wie Männer,
die wie Mädchen aussehen.
JOHN WAYNE

Junge Mädchen verlängern dem älteren
Mann nicht die Jugend. Nur die Unreife.
OLIVER HASSENCAMP

Mädchen

Flittchen: Junge Dame, die – nachdem sie sich mit mir getroffen hat – einen anderen vorzieht.

ALFREDO LA MONT

Hin und wieder verlieren junge Mädchen ihren besten Freund. Dann, wenn sie ihn heiraten.

FRANÇOISE SAGAN

Mann

Die Frau ist das Bier, der Mann die Hefe darin.

Redewendung auf Bali

So sei getrost, und sei ein Mann!

1 KÖNIGE 2,2

Eines Mannes Kleidung und sein Gang zeigen, was an ihm ist.

BEN SIRA 19,27

Wer ehelos bleibt, der ist kein wahrer ganzer Mann.

TALMUD – JEBAMOT

Wer ohne Frau weilt, weilt ohne Segen.

TALMUD – JEBAMOT

Der Mensch kann ohne Weib an seiner Seit' sich nie zur Höhe rechten Wertes schwingen.

LUDOVICO ARIOSTO

Wenn ein Mann in mich drängte, ihm einen Grund anzugeben, warum ich ihn liebe, könnte ich nur folgende Antwort geben: weil er es ist, weil ich es bin.

MICHEL DE MONTAIGNE

Du konntest mehr der Mann sein, der du bist, wenn du es weniger zeigtest.

WILLIAM SHAKESPEARE

Ein Mann darf niemals seine Freunde aus der Zeit der Armut vergessen, ein Mann im Glück niemals seine Frau, die seine Not mit ihm geteilt, verlassen.

KIN-KU KI-KUAN

Wer nicht einmal ein vollkommenes Kind war, der wird schwerlich ein vollkommener Mann.

FRIEDRICH HÖLDERLIN

Das ist ein ganzer Mann, der auf jedem Boden den gleichen Schritt geht, in allen Sätteln festsitzt, in allen Lagen und Ländern das gleiche Herz hat.

JEREMIAS GOTTHELF

Die Grundbedingung eines guten Mannes ist, daß er Religion habe.

ADOLF KOLPING

Männer, die behaupten, sie seien die uneingeschränkten Herren im Haus, lügen auch bei anderer Gelegenheit.

MARK TWAIN

Wenn ein Mann ein Mann ist, kann man es nicht aus ihm herausprügeln.

MARK TWAIN

Im echten Manne ist ein Kind versteckt; das will spielen.

FRIEDRICH NIETZSCHE

Gibt es etwas Dümmeres als das Protzen auf sein Geschlecht? Kann sich ein geistreicher Mann auf eine Eigenschaft etwas einbilden, die er mit unzähligen Nullen gemein hat?

ISOLDE KURZ

Von allen Erfindungen, die der Frau die Arbeit erleichtern oder ersparen, ist der Mann die beliebteste.

OSCAR WILDE

Männer werden im Liebesleben gewöhnlich erst dann raffiniert, wenn es keinen Zweck mehr hat.

A. O. WEBER

Es gibt kein Volk, bei dem der Spiegel das bevorzugte Instrument des Mannes wäre.

RUDOLF G. BINDING

Es gibt einen unfehlbaren Test, Männer zu bewerten: Jene, die häßlich werden, wenn sie lächeln, sind böse.

COLETTE

Mann

Die Männer sind alle verschieden, aber die Ehemänner sind alle gleich.

WILLIAM SOMERSET MAUGHAM

Der Mann wird zum Menschen erst durch die Frau.

OSWALD BUMKE

Der Mann wird zum ersten Male von der Mutter, zum zweiten Male von der Geliebten geboren.

LUDWIG GOLDSCHEIDER

Hängt es mit der Kraft eines Mannes zusammen, ob er Söhne oder Töchter bekommt?

OTTO WEININGER

Ein Junggeselle ist ein Mann, dem zum Glück die Frau fehlt.

WILHELM SCHLICHTING

Ein Mann, der seine Kräfte fühlt, ist ein Narr, wenn er nach seinem Alter fragt.

WALDEMAR BONSELS

Es ist schon möglich, daß man im Laufe der Zeit an mehrere falsche Frauen gerät. Bei der Wahl seiner Witwe sollte man aber keinen Fehler mehr machen.

SASCHA GUITRY

Was ist der wirkliche Mann und seine Liebe? Der unglaubliche Sieg des Alters über die Jugend beiderlei Geschlechts.

ALBERT PARIS GÜTERSLOH

Wenn ein Mann weiß, daß die Epoche seiner stärksten Potenz nicht die ausschlaggebendste der Weltgeschichte ist – das ist schon sehr viel.

KURT TUCHOLSKY

Alle großen Verführer wissen, daß man Frauen erst die Augen öffnen muß, damit sie sie schließen können.

HENRY MILLER

Männer, die einer Frau zeigen, daß sie sich als das schwache Geschlecht fühlen, sind gefährlich.

FELICITAS VON REZNICEK

Ein Bigamist hat zur Strafe zwei Frauen.

FRITZ DE CRIGNIS

Männer machen nicht immer Geschichte, wohl aber Geschichten.

WERNER KOLLATH

Alle Männer sind gleich – bis auf den, den man gerade kennengelernt hat.

MAE WEST

Ein Mann steht gewöhnlich sehr lange unter dem Eindruck, den er auf eine Frau gemacht hat.

JULIAN TUWIM

Ein Mann ist alt, wenn er seine Komplimente nicht mehr in die Tat umsetzen kann.

CHARLES BOYER

Ein Gentleman ist genau das, was das Wort besagt: ein Mann, der vornehm, milde und ruhig ist, der gute Manieren hat, dem man vertrauen kann; ein Mann, der einen nie enttäuschen wird.

MARLENE DIETRICH

Männer sind zwar oft so jung, wie sie sich fühlen, aber niemals so bedeutend.

SIMONE DE BEAUVOIR

Niemand ist den Frauen gegenüber aggressiver oder herablassender als ein Mann, der seiner Männlichkeit nicht ganz sicher ist.

SIMONE DE BEAUVOIR

Männer wollen aus der Liebe keine große Geschichte machen. Sie machen lieber Anekdoten daraus, wollen aber die einzigen sein, die darüber lachen.

DOMINIQUE LE BOURG

Die besten Jahre eines Mannes erkennt er nur rückblickend.

ROBERT LEMBKE

Zum Gentleman gehört auch die Fähigkeit, sich mit Würde betrügen zu lassen.

SIR ALEC GUINNESS

Die Männer ahnen nicht, wieviel Verstand man braucht, sich dumm zu stellen.

JAN CZARNY

Mann

Jeder Mann besitzt zwei Charaktere: den wirklichen – und jenen, den er nach Meinung seiner Frau hat.

PAUL GUTH

Junggesellen sind Männer, die wissen, wie klein die Chance ist, daß man in einer Auster eine Perle findet.

AVA GARDNER

Die Männer haben oft recht, aber die Frauen behalten recht – das ist viel wichtiger.

JEANNE MOREAU

Viele Männer suchen eine Frau mit Geld. Aber die meisten suchen Geld mit Frau.

JEANNE MOREAU

Männer wollen erobern und nicht ständig übergabebereite Festungen stürmen.

OSWALT KOLLE

Für das Kind im Manne gibt es leider kein Kindergeld.

GERHARD UHLENBRUCK

Einen Mann, den man bis ans Lebensende behalten will, übernimmt man am besten aus zweiter Hand. Gebrannte Kinder sind die besten Ehemänner.

SIMONE BICHERON

Ich mag Männer, die sich wie Männer benehmen – stark und kindisch.

FRANÇOISE SAGAN

Alle Männer sind auf der Suche nach der idealen Frau – vor allem nach der Hochzeit.

HELEN ROWLAND

Man sollte meinen, die Männer stammten nicht von Adam ab, sondern von Don Quichotte.

BIRGIT BERG

Vielleicht sind sie nur die Herren der Wortschöpfung?

BIRGIT BERG

Männer beherrschen die Welt, und das ist der Grund, weshalb es so ein beschissenes Durcheinander gibt.

STING

Märchen

Klatsch gibt es jeden Tag, aber hörte keiner zu, so hört' er auf.

Chinesisches Sprichwort

Diese Worte erschienen ihnen, als wären's Märchen.

LUKAS 24,11

Nicht die Kinder bloß speist man mit Märchen ab.

GOTTHOLD EPHRAIM LESSING

Ein Kind, dem nie Märchen erzählt worden sind, wird ein Stück Feld in seinem Gemüt vorfinden, das in späteren Jahren nicht mehr angebaut werden kann.

JOHANN GOTTFRIED HERDER

Keine andere Dichtung versteht dem menschlichen Herzen so feine Dinge zu sagen wie das Märchen.

JOHANN GOTTFRIED HERDER

Märchen: das uns unmögliche Begebenheiten unter möglichen oder beinahe unmöglichen Bedingungen als wirklich darstellt.

JOHANN WOLFGANG VON GOETHE

Tiefere Bedeutung liegt in den Märchen meiner Kinderjahre als in der Wahrheit, die das Leben lehrt.

FRIEDRICH VON SCHILLER

Die Märchen verdienen eine bessere Aufmerksamkeit, als man ihnen bisher geschenkt, nicht nur ihrer Dichtung wegen, die eine eigene Lieblichkeit hat und die einem jeden, der sie in der Kindheit angehört, eine goldene Lehre und eine heitere Erinnerung daran durchs ganze Leben mit auf den Weg gibt, sondern auch, weil sie zu unserer Nationalpoesie gehören, indem sie schon mehrere Jahrhunderte hindurch unter dem Volke gelebt.

WILHELM GRIMM

Das Leben ist das schönste Märchen.

HANS CHRISTIAN ANDERSEN

Bei Bilderbuch, Lied und Märchen liegt der Anfang aller Kultur. Götter und Heroen sind zu Spielkameraden der Kindheit eben gut genug.

ISOLDE KURZ

Die eifrige Lektüre von Märchen und die Freude an ihnen machte Don Quijote zu einem Ritter; doch da er buchstäblich an sie glaubte, wurde aus ihm ein Narr, der die Lämmer erschlug, statt sie zu füttern.

GEORGE BERNARD SHAW

Märchen sind allemal dramatisch. Denn ihre Voraussetzung ist: das Böse. Seine Existenz erscheint notwendig, damit Phantasie-Siege über es errungen werden können. Das Märchen lebt vom Bösen, wie der Held von den Feinden, das happy end vom schlechten Anfang, der Arzt von der Krankheit, der Erlöser von den Übeln. Märchen sind pessimistisch. Sie lehren, daß ohne Geister, Feen, Zauberer, kurz, ohne übernatürliche Protektion, gegen die Mächte der Finsternis und Bosheit nicht aufzukommen ist.

ALFRED POLGAR

Märchen kann man in seinem Leben zweimal und zweifach lesen. Zuerst einfältig, als Kind... und dann, viel, viel später, mit dem vollen Bewußtsein seiner Erfindung.

STEFAN ZWEIG

Im Märchen wird Staat gemacht, nämlich mit Kleidern, und Staat ausgeübt, hier durchs Verhältnis der Menschen zu Riesen, Geistern und Zwergen. Das Weibliche hat seine Politik wie das Männliche. Die Zwerge aber sind dienstwillig nur kraft eigenen Gehorsams. Wer sie verletzt oder mißbraucht, erlebt, daß sie streiken.

MARTIN KESSEL

In allen Märchen steckt Wahrheit – die tiefste Wahrheit steckt in den Märchen des Glaubens.

ANITA

Ich glaube, daß uns allen ein immer neues Eindringen in die symbolreiche, zauberhafte Welt der Märchen guttut.

RICHARD VON WEIZSÄCKER

Märchenmacher sind zuerst Verhaltensforscher gewesen.

WOLFDIETRICH SCHNURRE

Das Märchen, das der Dichter nicht zu erzählen wagt, erzählt das Leben.

HELLMUT WALTERS

Märchen sollten auch von Erwachsenen gelesen werden, denn sie haben versteckte Botschaften für uns alle.

PETRA KELLY

Das Märchen ist ein Gleichnis über den unwissenden Menschen.

SULAMITH SPARRE

Materialismus

Verstand ist das größte Kapital.
Deutsches Sprichwort

Wie schwer ist's doch, zum Bauche zu sprechen, der keine Ohren hat.

CATO D. Ä.

Wer nicht arbeiten will, soll auch nicht essen.

2 THESSALONICHERBRIEF 3,10

Bei allen Völkern ist der Materialismus eine gefährliche Krankheit des menschlichen Geistes, besonders aber ist er bei einem demokratischen Volk zu fürchten, da er sich so leicht mit dem Hauptfehler eines solchen Volkes, der Vorliebe für materielles Wohlergehen, verbindet.

ALEXIS DE TOCQUEVILLE

Der Kommunismus ist keine Doktrin, sondern eine Bewegung; er geht nicht von Prinzipien, sondern von Tatsachen aus... Der Kommunismus ist der theoretische Ausdruck der Stellung des Proletariats in diesem Kampfe und die theoretische Zusammenfassung der Bedingungen der Befreiung des Proletariats.

FRIEDRICH ENGELS

Materialismus

Es ist entsetzlich, fürchterlich und sinnlos, sein Glück an materielle Bedingungen zu knüpfen.

LEW N. GRAF TOLSTOJ

Wie die Natur Materie ist, die sich zum Geist durchgerungen hat, so ist Kunst Geist, der im Gewand der Materie erscheint.

OSCAR WILDE

Die Lehre von Marx ist allmächtig, weil sie wahr ist.

WLADIMIR I. LENIN

Der Marxismus ist eine jüdische Interpretation der Geschichte. Dennoch wird der Marxismus die Bankiers aufhängen und die Juden verfolgen. Um irrezuführen?

ANTONIO MACHADO

Unter Menschen, die in der Schule von Marx abgerichtet worden sind, ist man wie in einer Welt von Papageien. Sie wiederholen immer dieselben Sätze.

GUSTAV HILLARD

Der Materialismus ist nie etwas anderes als die Nebenerscheinung einer Lebensanschauung, die ihrem Wesen nach Menschenkultus ist.

SIGRID UNDSET

Der Sieg der Materie über die Menschlichkeit ist das Grundübel unserer Kultur.

SARWAPALLI RADHAKRISHNAN

Marx macht aus der Tugend eine Not.

HUGO SONNENSCHEIN

Manche Leute glauben, der Marxismus sei eine Art Zauber, mit dem man jedes Übel heilen kann. Ihnen sollten wir entgegnen, daß ein Dogma weniger Wert hat als Kuhmist. Mit Mist kann man wenigstens düngen.

MAO ZEDONG

Ihr Materialisten! Eure Weltanschauung ist ein Haus ohne Dach!

OTHMAR CAPELLMANN

Marx hat dem Menschen die Maske mit der Haut abgerissen. Ob diese ihm jemals nachwachsen wird?

ERWIN CHARGAFF

Das Malheur mit den Marxisten ist nicht, daß sie Marx, sondern daß sie nur Marx gelesen haben.

HANS HABE

Marxismus – das Bedürfnis, die Menschheit zu retten, notfalls auch gegen ihren Willen.

EPHRAIM KISHON

Vor reifem Denken kann der Materialismus nicht bestehen.

MARTIN LUTHER KING

Der Marxismus ist weder etwas Endgültiges noch etwas Unantastbares.

MICHAIL S. GORBATSCHOW

Wenn Marx auferstünde von den Toten – das wäre ein Wunder.

BRANA CRNČEVIĆ

Für den Materialisten ist die Seele ein Fremdkörper.

WERNER MITSCH

Marx und andere diesseitsbezogene Heilslehrer scheitern daran, daß der unfertige Zustand der Menschen den hoch angesiedelten Vorstellungen einer besseren Welt entgegensteht.

THOMY NIEDERREUTHER

Vor Marx sind wir alle gleich.

MILOVAN VITEZOVIĆ

Medien

Die Glocke ist laut, weil sie leer ist.

Polnisches Sprichwort

Die Bundesurkunde: steinerne Tafeln, auf die der Finger Gottes geschrieben hatte.

2 MOSE 31,18

Mehr als das Gold hat das Blei die Welt verändert. Und mehr als das Blei in der Flinte, das Blei im Setzkasten.

GEORG CHRISTOPH LICHTENBERG

Medien

Dafür sind die Zeitungen bestellt, daß sie aussprechen, worüber alle einverstanden sind.

JOSEPH VON GÖRRES

Zeitungen sollen der Mund des Volkes und das Ohr des Fürsten sein.

JOSEPH VON GÖRRES

Eine Folge der Notwendigkeit der Tagespresse in den Großstädten ist die traurige Notwendigkeit der Scharlatanerie, der Hauptreligion unserer Zeit.

STENDHAL

In meinen Augen ist die Journalistik eine große Nationalvergiftung. Die Folgen derselben werden schrecklich sein, denn sie wird – je mehr sie sich verbreitet – um so schlechter und ist schon jetzt fast ganz entsittlicht.

FRIEDRICH HEBBEL

Im Journalismus ist ein Ehrenmann jener, der sich die Meinung, die er hegt, bezahlen läßt; ein Schurke der, den man dafür bezahlt, eine Meinung zu haben, die er nicht hat.

EDMOND & JULES DE GONCOURT

Bücher regieren die Welt, die Tinte ist das fünfte Element und die Presse die Artillerie der Gedanken.

GOTTHOLD EPHRAIM LESSING

Ihr jubelt über die Macht der Presse – graut euch nie vor ihrer Tyrannei?

MARIE VON EBNER-ESCHENBACH

Wenn unsere Minister aufmerksame Zeitungsleser sind, so werden sie bereits darüber unterrichtet sein, was sie im Schilde führen.

DANIEL SPITZER

Der Journalist ist ja endlich, obwohl es von vielen bezweifelt wird, auch ein Mensch.

DANIEL SPITZER

Von Journalen soll man nur so viel in sein Haus kommen lassen, um sich auf dem Laufenden zu erhalten. Man steige zu den Originalwerken der Forscher, Denker und Dichter hinab.

EDUARD VON HARTMANN

Niemand weiß, welche Nachricht von Bedeutung ist, bevor hundert Jahre vergangen sind.

FRIEDRICH NIETZSCHE

In früheren Jahren bediente man sich der Folter, jetzt bedient man sich der Presse. Das ist sicherlich ein Fortschritt. Aber es ist auch ein großes Übel; es schädigt und demoralisiert uns.

OSCAR WILDE

Was den modernen Journalismus angeht, so ist es nicht meine Aufgabe, ihn zu verteidigen. Er rechtfertigt seine Existenz nach dem großen Darwinschen Prinzip vom Überleben der Niedrigsten.

OSCAR WILDE

Wenn man Zeitungsenten braten könnte, wäre die Fleischnot bald behoben.

ELEONORE VAN DER STRATEN-STERNBERG

Manche Journalisten sind verbissene literarische Hofhunde, die von ihrer Kette nicht loskönnen und nun von dort aus die Welt betrachten.

A. O. WEBER

Der Journalist hat zwei Augen und zwei Ohren, um doppelt soviel zu sehen und zu hören wie geschieht.

RODA RODA

Früher ging die Krankheit zum Arzt. Jetzt, da er krank ist, schmiert sie sich Druckerschwärze auf.

KARL KRAUS

Journalisten schreiben, weil sie nichts zu sagen haben, und haben etwas zu sagen, weil sie schreiben.

KARL KRAUS

Den Leuten ein X für ein U vormachen – wo ist die Zeitung, die diesen Druckfehler zugibt?

KARL KRAUS

Mit kleinen Jungen und Journalisten soll man vorsichtig sein. Die schmeißen immer noch 'nen Stein hinterher.

KONRAD ADENAUER

Medien

Die abscheulichste Sache in bewegten Zeiten ist die Lektüre alter Zeitungen. Was vor drei Wochen eine Nachricht war, ist heute ein zum Himmel schreiender Unsinn; was eine Behauptung war, ist heute eine Peinlichkeit; was ein Standpunkt war, ist vom Gegenteil abgelöst, was verehrt wurde, wird durch den Dreck gezogen. Es gibt kein ausdrucksvolleres (Ab)Bild der menschlichen Unbeständigkeit, Unwissenheit, Torheit, Albernheit, Charakterlosigkeit und Niederträchtigkeit, als es gerade Zeitungen darstellen.

JOSEF ČAPEK

Das Fernsehen ist eine Art Unterhaltung, bei der Millionen Menschen zur gleichen Zeit über den gleichen Witz lachen und dennoch allein bleiben.

T. S. ELIOT

Wahr ist natürlich nicht, was geschieht, sondern wie es am nächsten Tag in der Zeitung geschildert wird.

HUGO SONNENSCHEIN

Wesentlich an einer Zeitung ist zunächst und vor allem, was sie bringt und was sie nicht bringt.

KURT TUCHOLSKY

Der beste Filmtext ist: gar keiner.

KURT TUCHOLSKY

Sie wissen nicht, wo Gott wohnt, aber sie haben ihn alle schon interviewt.

ANTON KUH

Ein Journalist ist ein Mensch, der immer Wichtigeres zu tun hat und daher nie zum Wichtigsten kommt.

HEIMITO VON DODERER

Es gibt mehr Kinos als Theater, weil es mehr Menschen ohne Vorstellungskraft als mit Vorstellungskraft gibt.

SIGMUND GRAFF

Die Zeitungen machen alles Neue wichtig, aber durch das Neueste sofort wieder unwichtig.

SIGMUND GRAFF

Fernsehen ist das einzige Schlafmittel, das mit den Augen eingenommen wird.

VITTORIO DE SICA

Beim Film ist es wie im Leben: Man beginnt als jugendlicher Liebhaber, dann wird man Charakterdarsteller und endet als komischer Alter.

JEAN GABIN

Zeitungen, zum Vergessen des Vortages.

ELIAS CANETTI

Ein Journalist ist nicht dazu da, ein Rad zu schlagen wie ein Pfau und zu sagen: Seht her, wie schön hab ich das gemacht!

MARION GRÄFIN DÖNHOFF

Ein Medium ist immer dann am besten, wenn es anfängt. Da es das Fernsehen schon gibt, kann es bestenfalls so bleiben, wie es ist.

WERNER HÖFER

Es gibt Illustrierte, die sich so viel mit Problemen der Medizin beschäftigen, daß sie längst rezeptpflichtig sein sollten.

ROBERT LEMBKE

Fernsehunterhaltung ist die Kunst, die Spreu vom Weizen zu trennen und dann zu senden.

ROBERT LEMBKE

Man sollte den Tag nicht vor dem Abendprogramm loben.

ROBERT LEMBKE

Nicht die Pille – das Fernsehen ist die wirksamste Methode zur Geburtenbeschränkung.

ROBERT LEMBKE

Das Fernsehen hat feste Regeln. Bei den Western gewinnen immer die Guten, bei den Nachrichten immer die Bösen.

ROBERT LEMBKE

Die Filmkunst ist kein Traum.

GUNTER GROLL

Die großen Illustrierten überleben durch Werbung für Luxusartikel und mit Reportagen über das Elend in der Welt.

LÉOPOLD HOFFMANN

Medien

Kino ist nichts anderes, als der Traum, den jeder von uns kurz vor und kurz nach dem Einschlafen träumt.

FEDERICO FELLINI

Fernsehen ist die Rache des Theaters an der Filmindustrie.

SIR PETER USTINOV

Das Fernsehen ist eine Geltungsbedürfnisanstalt des öffentlichen Rechts.

OLIVER HASSENCAMP

Journalisten sind Schriftsteller, die keine Geduld haben.

EPHRAIM KISHON

Es ist gut, daß alles in der Zeitung stehen kann. Es ist nicht gut, daß alles in der Zeitung steht.

PAUL BOCKELMANN

Das Fernsehen hat die Erde wieder zur Scheibe gemacht.

HERBERT EISENREICH

Es dauert nicht mehr lange, bis mehr gedruckt als geschrieben wird.

HERBERT EISENREICH

Fernsehen – nicht nur eine optische Täuschung.

HELMUT LAMPRECHT

Das Fernsehen rettet weit mehr Ehen, als es zerstört, schon allein dadurch, daß die Partner interessiert schweigen, statt sich gegenseitig durch langweilige Konversation anzuöden.

GEORGES LACOMBE

Die Presse ist die Artillerie der Freiheit.

HANS-DIETRICH GENSCHER

Manche Filme verkürzen unser Leben um anderthalb Stunden.

MICHAIL M. GENIN

Die Journalisten sind die Sekundenzeiger der Weltgeschichte.

JOACHIM KAISER

Was uns das Fernsehen zumutet, geht auf keine Netzhaut.

HANNS-HERMANN KERSTEN

Papier ist geduldig. Es könnte sogar die Wahrheit ertragen.

GABRIEL LAUB

Was ich schade finde, ist, daß heute im Film wie überall alles so totalitär ist.

JEAN-LUC GODARD

Ein Buch ist ein Werk, ein Film doch nur Maskerade.

SIEGFRIED THOMAS

Das Fernsehen bildert uns.

BENJAMIN KORN

Ein neuer Zeitungstyp: die Karzinompresse.

WERNER SCHNEYDER

Manche Zeitungen sind an und für sich ein Druckfehler.

WERNER SCHNEYDER

Es gibt keine Menschen mehr, nur noch Fernsehzuschauer.

AUREL SCHMIDT

Massenmedien finden Medienmassen.

EMIL BASCHNONGA

Der Horizont der breiten Massen variiert. Je nach Bildschirmgröße.

HANS-HORST SKUPY

Showinismus.

HANS-HORST SKUPY

Filmdrohbuch.

HANS-HORST SKUPY

Gestochen scharfe Bilder. Ehrverletzend.

HANS-HORST SKUPY

Setzt das Fernsehen matt!

HANS-HORST SKUPY

Das Abendland gibt an Abenden den Geist auf.

HANS-HORST SKUPY

Medien

Das Fernsehprogramm wird über Gebühr strapaziert.

HANS-HORST SKUPY

Viele Nachrichten enden im Maulkorb der Weltpresse.

HANS-HORST SKUPY

Ohne Öl wird es einmal gehen müssen, aber ohne Fernsehen?!

HANS-HORST SKUPY

Wer nicht hören will, muß fernsehen.

BRIGITTE XANDER

Filme zu machen ist mindestens so riskant wie Poker.

MICHAEL DOUGLAS

Das Fernsehen ist eine Krankheit, die von der Krankenkasse finanziert werden müßte.

OTTO WAALKES

Journalismus definiert sich als Versuch, den Zeitgeist auf Flaschen zu ziehen.

MICHAEL RUMPF

Fernsehen ist die aktive Form des Faulenzens.

HENNING VENSKE

Eine freie Tageszeitung. Frei wovon?

GÜNTHER SCHATZDORFER

Medizin

Wenn die Wunde verheilt ist, verschwinden auch die Fliegen.
Weisheit aus Senegal

Ein fröhlich Herz ist die beste Arznei.

SPRÜCHE 17,22

Die Arzneikunde umfaßt drei Stücke: die Krankheit, den Kranken und den Arzt. Der Arzt sei ein Diener der Heilkunst; der Kranke soll zugleich mit ihm der Krankheit entgegenwirken.

HIPPOKRATES

Was die Arzneien nicht heilen, heilt das Messer. Was das Messer nicht heilt, heilt das Feuer.

HIPPOKRATES

Was nicht zu heilen ist, soll man wegschneiden, damit die gesunden Teile nicht angesteckt werden.

OVID

Du solltest nicht nur Wasser trinken, sondern auch ein wenig Wein nehmen wegen deines Magens.

1 TIMOTHEUS 5,23

Der höchste Grund der Arznei ist die Liebe. – Was ist die Hilfe der Arznei anders als die Liebe?

PARACELSUS

Keine Krankheit ist so groß, daß Gott nicht eine Arznei wider sie geschaffen hätte.

PARACELSUS

Das Heilmittel ist schlimmer als die Krankheit.

FRANCIS BACON

Man hat's leicht, über die Medizin herzuziehen, wenn man kerngesund ist.

MOLIÈRE

Die meisten Menschen sterben an ihren Arzneien und nicht an ihren Krankheiten.

MOLIÈRE

Wenn eine Medizin nicht schadet, soll man froh sein und nicht obendrein noch verlangen, daß sie etwas nütze!

CARON DE BEAUMARCHAIS

Hier, wo die Krankheiten so wohlfeil und die Arzneien so teuer sind...

GEORG CHRISTOPH LICHTENBERG

Ich halte es für sehr möglich, daß die Medizin dereinst alle Krankheiten heilen und daß der Mensch nur noch am Leben, an dem allmählichen Verschwinden aller Kräfte, sterben wird.

FRIEDRICH HEBBEL

Die Natur ist die beste Apotheke.

SEBASTIAN KNEIPP

Medizin

Die Medizin beschäftigt den ganzen Menschen, weil sie sich mit dem ganzen Menschen beschäftigt.

JOHANN WOLFGANG VON GOETHE

Medizin ist lächerlich zu machen, wenn man sich wohlfühlt.

GUSTAVE FLAUBERT

Der Unheilbare hat keine Achtung vor der Medizin.

MARIE VON EBNER-ESCHENBACH

Sei vorsichtig beim Lesen von Gesundheitsbüchern: Ein Druckfehler könnte deinen Tod bedeuten.

MARK TWAIN

Rezept – eine ärztliche Vermutung darüber, was den Krankheitszustand mit dem mindesten Schaden für den Patienten am besten verlängert.

AMBROSE BIERCE

Je mehr ein Psychologe – ein geborener, ein unvermeidlicher Psychologe und Seelen-Errater – sich den ausgesuchteren Fällen und Menschen zukehrt, um so größer wird seine Gefahr, am Mitleiden zu ersticken: Er hat Härte und Heiterkeit nötig, mehr als ein andrer Mensch.

FRIEDRICH NIETZSCHE

Die Psychologen sind die Spione unserer Empfindungen.

OSCAR BLUMENTHAL

Mit der Heilkunde haben die Krankheiten zugenommen, weil die Furcht nachgelassen hat. Doch die Gefahren haben sich vermindert.

PETER HILLE

Medizinalrezepte sind oft die Mißverständnisatteste zwischen der Wissenschaft und der menschlichen Natur.

ELEONORE VAN DER STRATEN-STERNBERG

Die Medizin: Geld her und Leben!

KARL KRAUS

Er starb, von der Äskulapschlange gebissen.

KARL KRAUS

In der Jugend sollte die Medizin der Natur helfen, im Alter ihr entgegenwirken.

TADEUSZ KOTARBINSKI

Die Medizin hat nicht das Ziel, den Tod zu besiegen, sondern nur den Menschen vor seiner Umarmung für kurze Zeit zu befreien.

JAKOW TRACHTENBERG

Die Medizin macht sich anheischig, in hundert Jahren die zu heilen, die jetzt im Sterben liegen.

RAMÓN GÓMEZ DE LA SERNA

Chirurgie ist eine Wissenschaft, ihre Ausübung ein Handwerk.

PETER BAMM

An der Diagnose erkranken die meisten Leute.

CHARLES TSCHOPP

Ärztlicher Kunstfehler: Äskulapsus.

THOMAS NIEDERREUTHER

Der Arzt behandelt die physischen Wunden, der Schriftsteller die psychischen.

MAX SCHWARZ

Chirurgie ist fortschrittlicher als Medizin.

PIERRE DANINOS

Sie mögen alle die Wahrheit nicht so recht leiden: Die Patienten schon gar nicht – aber auch nicht die Ärzte.

WOLFDIETRICH SCHNURRE

Aufgeklärte Patienten klären ihren Psychiater auf.

RUDOLF ROLFS

Das Ergebnis des Fortschritts im Gesundheitswesen: Die Schein-Behandlung.

GABRIEL LAUB

Die Fortschritte der Medizin sind ungeheuer. Man ist sich seines Todes nicht mehr sicher.

HANNS-HERMANN KERSTEN

Intensivstation. Die Wissenschaft fällt für kurze Zeit dem Tod in den Rücken.

HANS LEOPOLD DAVI

Medizin

Vor der Operation: In wenigen Stunden weiß ich mehr oder alles.

GOTTFRIED EDEL

Ärztliche Standespolitik: Kassenkampf.

GERHARD UHLENBRUCK

Für die Krise in der Humanmedizin gibt es nur eine Medizin: das Humane.

GERHARD UHLENBRUCK

Krankenzimmer: Von Mitleidsbesuchen bitten wir abzusehen.

GERHARD UHLENBRUCK

Medizin-Studium: Man zieht aus, das Lernen zu fürchten.

GERHARD UHLENBRUCK

Schulmedizin heißt: lebenslänglich lernen.

GERHARD UHLENBRUCK

In der Medizin ist zur Zeit die Halbgötterdämmerung angebrochen.

GERHARD UHLENBRUCK

Medizinischer Kongreß: Wissen ist Pracht.

GERHARD UHLENBRUCK

Die Medizin hat mächtig aufgeholt. Aber das letzte Wort haben noch immer die Geistlichen.

WERNER MITSCH

Medizin in Illustrierten: die weiße Bemäntelung.

WERNER SCHNEYDER

Die Medizin ist auch nicht mehr, was sie nie war.

GERHARD KOCHER

Die Menschheit hat alle bisherigen Katastrophen überlebt. Sie wird auch die moderne Medizin überleben.

GERHARD KOCHER

Kassenschein: der Schein trügt nicht; die Kasse stimmt.

GERT UDO JERNS

Oft ist der Kurschatten der einzige Lichtblick des Heilverfahrens.

HANS-HORST SKUPY

Die bitterste Medizin schmeckt, wenn sie nur teuer ist.

JOACHIM SCHWEDHELM

Die Äskulapschlange sieht aus wie ein Ausrufezeichen, um das sich ein Fragezeichen schlängelt.

ULRICH ERCKENBRECHT

Mehrheit

Zwei gegen einen sind bereits eine Kriegsmacht.

Lakischisches Sprichwort

Wollte ich sie zählen, so wären sie mehr als der Sand.

PSALMEN 139,18

So sehr wirkt die Menge fast wie Größe, daß zehn Schubkärrner hintereinander schon einen bedeutenden Eindruck machen.

JEAN PAUL

Seit Adams Zeiten sind die Dummen in der Mehrheit.

JEAN DELAVIGNE

Die Majorität ist stärker als alles. Stelle zehn Philosophen auf die eine Seite und elf Dummköpfe auf die andere; die Dummköpfe werden siegen.

CLAUDE TILLIER

Das Volk, das die Macht ausübt, ist nicht immer identisch mit dem, über das Macht ausgeübt wird. Was man Volkswille nennt, bedeutet praktisch den Willen des zahlreichsten oder rührigsten Teils des Volkes, der Mehrheit oder derer, denen es glückt, sich als Mehrheit durchzusetzen.

JOHN STUART MILL

Ein Mann, der rechtlicher ist als seine Nachbarn, bildet bereits eine Majorität von einer Stimme.

HENRY DAVID THOREAU

Meinung

Die Majorität hat viele Herzen, aber ein Herz hat sie nicht.

OTTO FÜRST BISMARCK

Der gefährlichste Feind der Wahrheit und Freiheit bei uns – das ist die kompakte Majorität.

HENRIK IBSEN

Die Demokratie setzt die Wahl durch die beschränkte Mehrheit an Stelle der Ernennung durch die bestechliche Minderheit.

GEORGE BERNARD SHAW

Größere Mehrheiten verleiten zu größeren Dummheiten.

WOLFGANG MISCHNICK

Zur Mehrheit gehören mehr Dummköpfe als zur Minderheit.

HANNS-DIETRICH VON SEYDLITZ

Es ist nicht ausgeschlossen, daß auch die Mehrheit manchmal recht hat.

PETER THORNEYCROFT

Die Herrschaft der Mehrheit ist kein Trost für die Minderheiten.

BIRGIT BERG

Meinung

Viel Meinung bricht Einung.

Deutsches Sprichwort

Erhebe deine Stimme mit Macht!

JESAJA 40,9

Nicht die Dinge verwirren die Menschen, sondern die Ansichten über die Dinge.

EURIPIDES

Hast du deine Meinung schon durch die drei Siebe gegossen: jenes der Wahrheit, jenes der Güte, jenes der Notwendigkeit?

SOKRATES

Wenn man nach der Natur lebt, wird man niemals arm, wenn nach der allgemeinen Meinung, niemals reich sein.

EPIKUR

Man kann nichts erkennen, aber doch eine Meinung haben, das heißt – etwas für wahrscheinlich halten.

KARNEADES

Soviele Leute, ebensoviele Ansichten.

TERENZ

So viele Köpfe, so viele Sinne.

HORAZ

Es bedarf des Alters, um eine volkstümliche Ansicht zu zerstören.

VOLTAIRE

Keine noch so große Macht kann Menschen zwingen, ihre Meinung zu ändern.

BENJAMIN FRANKLIN

Kein Mensch ist, der nicht das schwere Joch der Meinung fühlte, und keiner schafft es ab.

IMMANUEL KANT

Man ist nur einmal in der Welt und ist nicht darin, ihr nach dem Sinn zu reden.

MATTHIAS CLAUDIUS

Es gibt Zeiten, wo die öffentliche Meinung die schlechteste aller Meinungen ist.

CHAMFORT

Die Menschen können nicht sagen, wie sich eine Sache zugetragen, sondern nur, wie sie meinen, daß sie sich zugetragen hätte.

GEORG CHRISTOPH LICHTENBERG

Eine goldene Regel: Man muß die Menschen nicht nach ihren Meinungen beurteilen, sondern nach dem, was diese Meinungen aus ihnen machen.

GEORG CHRISTOPH LICHTENBERG

Die gemeinsamsten Meinungen und was jedermann für ausgemacht hält, verdienen oft am meisten untersucht zu werden.

GEORG CHRISTOPH LICHTENBERG

Meinung

Nichts kann mehr zu einer Seelenruhe beitragen, als wenn man gar keine Meinung hat.

GEORG CHRISTOPH LICHTENBERG

Die gesündesten und schönsten, regelmäßigst gebauten Leute sind die, die sich alles gefallen lassen. Sobald einer ein Gebrechen hat, so hat er seine eigene Meinung.

GEORG CHRISTOPH LICHTENBERG

Zwar hören wir gern, was unsre Meinung bestätigt, aber das Hören bestimmt die Meinung.

JOHANN WOLFGANG VON GOETHE

Die niemals ihre Meinung zurücknehmen, lieben sich mehr als die Wahrheit.

JOSEPH JOUBERT

Die Wahrheit gleicht dem Himmel und die Meinung den Wolken.

JOSEPH JOUBERT

Über Sachen kann man leicht die fremde Meinung borgen und glauben, aber nicht über Personen.

JEAN PAUL

Manche können nur fremde Meinungen, nicht ihre eignen berichtigen.

JEAN PAUL

Jeder muß den Mut seiner Meinung haben.

ALEXANDER VON HUMBOLDT

Die Menschen sind durch nichts als Meinungen beschränkt. Daher ließe sich durch Meinung jeder Mensch erheben und erniedern. Wahrhafte Menschenliebe.

NOVALIS

Wir alle sind mehr oder weniger die Sklaven der Meinung.

WILLIAM HAZLITT

Eine falsche Ansicht zu widerrufen erfordert mehr Charakter, als sie zu verteidigen.

ARTHUR SCHOPENHAUER

Viel zu viel Wert auf die Meinung anderer zu legen, ist ein allgemein herrschender Irrwahn.

ARTHUR SCHOPENHAUER

In gewissen Ländern scheint man der Meinung: drei Esel machten zusammen einen gescheiten Menschen aus. Das ist aber grundfalsch. Mehrere Esel in concreto geben den Esel in abstracto – und das ist ein furchtbares Tier.

FRANZ GRILLPARZER

Frei und ungeschminkt – das ist der richtige Weg, wenn man seine eigene Meinung zu verheimlichen und die anderen zu verwirren wünscht.

BENJAMIN DISRAELI

Die Nützlichkeit einer Meinung ist selbst Meinungssache.

JOHN STUART MILL

Wir können nie sicher sein, daß eine Meinung, die wir zu unterdrücken suchen, wirklich falsch ist; und selbst wenn wir sicher wären, wäre ihre Unterdrückung noch immer ein Übel.

JOHN STUART MILL

Die Meinungen der Menschen über das, was Lob oder Tadel verdient, werden von all den mannigfachen Einflüssen berührt, die ihre Wünsche hinsichtlich des Verhaltens anderer bestimmen.

JOHN STUART MILL

Ich brauche Informationen. Eine Meinung bilde ich mir selbst.

CHARLES DICKENS

Wenn Männer von hoher Stellung den Mut ihrer Meinung nicht haben, was läßt sich da von Männern in niedriger Stellung erwarten?

SAMUEL SMILES

Es gehört oft mehr Mut dazu, seine Meinung zu ändern, als ihr treu zu bleiben.

FRIEDRICH HEBBEL

Nur Narren und Tote ändern nie ihre Meinung.

JAMES R. LOWELL

Das muß ein Esel sein, der mit fünfzig Jahren noch dieselben Anschauungen hat wie vor zwanzig Jahren.

OTTO FÜRST BISMARCK

Meinung

Verfallen wir nicht in den Fehler, bei jedem Andersmeinenden entweder an seinem Verständnis oder an seinem guten Wissen zu zweifeln!

OTTO FÜRST BISMARCK

Meinungen durch Gesetze ändern zu wollen ist schlimmer als nutzlos; es schlägt nicht nur fehl, sondern verursacht eine Reaktion, welche die Meinungen stärker als zuvor zurückläßt.

HENRY THOMAS BUCKLE

Wir sind so eitel, daß uns sogar an der Meinung der Leute, an denen uns nichts liegt, etwas gelegen ist.

MARIE VON EBNER-ESCHENBACH

Ein stark beschäftigter Mensch ändert seine Ansichten selten.

FRIEDRICH NIETZSCHE

Neue Meinungen werden immer verdächtigt und abgelehnt, und zwar nur aus dem Grund, daß sie nicht bereits allgemein sind.

JOHN LOCKE

Der Mensch ist das einzige Lebewesen, das von sich eine schlechte Meinung hat.

GEORGE BERNARD SHAW

Ich habe keine fertige Meinung. Ich höre gern die Meinung der nächsten Generation, um mich daran zu messen.

THEODOR FISCHER

Es gibt Menschen, die sich immer angegriffen wähnen, wenn jemand eine Meinung ausspricht.

CHRISTIAN MORGENSTERN

Wenn zwei Menschen immer wieder die gleichen Ansichten haben, ist einer von ihnen überflüssig.

SIR WINSTON S. CHURCHILL

Ansichten können nicht überleben, wenn man nicht die Möglichkeit hat, für sie zu kämpfen.

THOMAS MANN

Es ist schwieriger, eine vorgefaßte Meinung zu zertrümmern als ein Atom.

ALBERT EINSTEIN

Wer seine Meinung anderen gewaltsam aufdrängt, tut der Wahrheit keinen Dienst. Es kann nur einer, der über sich selbst und seine Angelegenheit Herr ist, anderen etwas sein, andere regieren.

TOYOHIKO KAGAWA

Keine Meinung zu haben – das kann sich nur der ganz Unabhängige leisten.

HANS KRAILSHEIMER

Viele meinen, sie stünden über anderen, wenn sie eine andere Meinung haben.

FRIEDL BEUTELROCK

Man macht oft eine Bemerkung und sieht erst später, wie wahr sie ist.

LUDWIG WITTGENSTEIN

Man muß sich nicht um die Meinung der Leute kümmern, sondern um die Leute.

LUDWIG STRAUSS

Ich warne, vor der Meinung der Leute Angst zu haben. Wehe dem, der nicht verleumdet werden will!

HENRY DE MONTHERLANT

Wir äußern gern die Meinung, die uns im Augenblick die geringsten Unannehmlichkeiten bereitet. Meinungen sind Töchter der Situation.

SIGMUND GRAFF

Man macht sich nicht viel aus der Meinung der Masse, wenn man sie nicht gemacht hat.

SIGMUND GRAFF

Die Meinungsforschung beruht auf der irrigen Annahme, daß die Leute überhaupt eine Meinung haben.

TOTO

Die Ohnmacht des Staates: wenn bei Todesstrafe keiner sagen darf, was jeder sich denkt.

FRANZ SLOVENČIK

Man altert nicht von ungefähr, man rennt nicht ungestraft ein Leben lang mit demselben Kopf gegen dieselben Wände.

ERICH KÄSTNER

Meinung

Besonders abstoßend ist das Lauwarme.
Wenn man etwas zu vertreten hat, soll man
dazu stehen, und man soll es mit
Leidenschaft vertreten.

WERNER BUKOFZER

Die meisten bekommen eine Meinung, wie
man einen Schnupfen bekommt: durch
Ansteckung.

AXEL VON AMBESSER

Die Einzahl von Meinungsvielfalt ist
Meinungseinfalt.

ALBERT MATHIAS KEUELS

Meinungen unterscheiden sich oft. Von
denen, die sie verkünden.

WIESLAW BRUDZINSKI

Auf jeden Fall weiß ich mehr von einer
Sache, wenn ich zwei Meinungen über sie
habe.

WOLFDIETRICH SCHNURRE

Der Rechthaberische missioniert in eigener
Meinung.

HEINRICH WIESNER

Seltsam, immer wenn sie sich ihrer Meinung
nicht sicher sind, sagen sie zu ihrer
Sicherheit: wir meinen!

KURTMARTIN MAGIERA

Meinungsfreiheit: Er hätte sich denken
können, daß er das nicht sagen darf.

ERNST R. HAUSCHKA

Die Meinung soll frei sein, das Eigentum
geschützt. Wo alles jemand gehört, ist auch
die Meinung Eigentum. Deshalb haben die
meisten keine eigene.

MARTIN WALSER

Lache nicht über eine verkehrte Meinung,
wenn du eine noch verkehrtere für die
richtige hältst.

GERHARD BRANSTNER

Wer sonst nicht viel in der Welt
zu bestellen hat, hat wenigstens
Meinungen.

JOHANNES GROSS

Man kann sich auch eine Meinung einbilden.

GERD W. HEYSE

Sagt mir, was ich sagen soll, und ich sage
euch, warum ich nicht will.

BRANA CRNČEVIĆ

Auch fehlende Meinungen können falsch
sein.

WERNER MITSCH

Er ist ein schwieriger Mensch. Er hat eine
eigene Meinung.

WERNER MITSCH

Die einen dürfen ihre Meinung sagen, die
anderen setzen die ihre durch.

AUREL SCHMIDT

Man kann nicht immer seiner eigenen
Meinung sein.

WERNER EHRENFORTH

Wer keine Meinung hat, braucht sie
wenigstens nicht laufend zu ändern.

MANFRED STRAHL

Wenn alle keine Meinung haben, ist es leicht,
einer Meinung zu sein.

WOLFGANG ESCHKER

Gleiche Gesinnung verbindet mehr als
gleiche Sprache.

HANS-HORST SKUPY

Es gibt Menschen, die erst im hohen Fieber
ihre Meinung sagen.

HANS-HORST SKUPY

Die Erfahrung lehrt: Die richtige Meinung ist
besser als die eigene.

DANIEL TEXTOR

Jeder kann seine Meinung frei äußern. Es sei
denn, er hat eine.

GERD WOLLSCHON

Nichts teilt man lieber als die eigene
Meinung.

MICHAEL RUMPF

Teile die Meinung – und herrsche.

KLAUS BERNHARDT

Mensch

Der Mensch ist sein eigener Teufel.

Indisches Sprichwort

Der Mensch lebt durch Geradheit. Ohne sie lebt er von glücklichen Zufällen und vom Ausweichen.

KONFUZIUS

Der überlegene Mensch lebt still und ruhig. Er wartet auf den Willen des Himmels. Der niedrige Mensch begibt sich in Gefahr und hofft auf die Wendung des Glücks.

KONFUZIUS

Was ist die Natur des Menschen? – Aufgeblasene Bälge.

EPICHARMOS

Vieles Gewaltige lebt, und nichts ist gewaltiger als der Mensch.

SOPHOKLES

Der Mensch – geschaffen als Spielzeug Gottes.

PLATON

Der Mensch, vom Weibe geboren, knapp an Tagen, unruhvoll, geht wie die Blume auf und welkt...

HIOB 14,1/2

Es ist schwer, den Menschen ganz auszuziehen.

PYRRHON VON ELIS

Der Mensch ist das große Fragezeichen im Buch der Natur.

MENG DSE

Der menschlichen Natur allein kommt die Eigenschaft zu, nicht umsonst zu lieben und nicht ohne Nutzen Freundschaft zu schließen.

EPIKUR

Ich bin Mensch; daher erachte ich nichts Menschliches als fremd.

TERENZ

Alle Menschen sind Lügner.

PSALMEN 116,11

Ist doch der Mensch gleichwie nichts.

PSALMEN 144,4

Das Wahre, Einfache und Aufrichtige sagt der menschlichen Natur am meisten zu.

CICERO

Oft ist der Mensch selbst sein größter Feind!

CICERO

Lebende Geschöpfe dürfen wir nicht wie Schuhe oder Töpfe und Pfannen behandeln, die wir fortwerfen, wenn sie vom Gebrauch abgenutzt und abgetragen sind.

PLUTARCH

Man darf an dem Menschen nicht die Materie schätzen, das bißchen Fleisch, sondern das Wesentliche. Was ist das? Für seine Mitbürger tätig sein, heiraten, Kinder zeugen, Gott ehren, für die Eltern sorgen, kurz, Streben und Meiden, Tun und Lassen.

EPIKTET

Deshalb nur wurde ein Mensch geschaffen, damit man nicht sage, es gäbe zwei Gottheiten im Himmel.

TALMUD – SANHEDRIN

Wer den Menschen in sich bewahrt hat, wird wieder ein Mensch. Wer sich nur den sinnlichen Empfindungen überlassen hat, wird ein Tier, und zwar ein wildes Tier, wenn seine sinnlichen Empfindungen mit Zorn gepaart waren.

PLOTIN

Wo der Mensch gefallen ist, dort muß er sich auch aufrichten, um wieder hochzukommen.

AUGUSTINUS

Ein Dreifaches ist dem Menschen notwendig zum Heile: zu wissen, was er glauben, zu wissen, wonach er verlangen, und zu wissen, was er tun soll.

THOMAS VON AQUIN

Die höchste Stufe der gesamten Schöpfung ist die menschliche Seele, und zu ihr hin strebt die Materie wie in ihre äußerste Form... Der Mensch nämlich ist das Ziel der gesamten Schöpfung.

THOMAS VON AQUIN

Mensch

Der Mensch ist das Ziel der gesamten
Schöpfung.

THOMAS VON AQUIN

Von den Menschen kann man im allgemeinen
das sagen, daß sie undankbar, wankelmütig,
heuchlerisch, Gefahren fliehend, nach
Gewinn begierig sind.

NICCOLÒ MACHIAVELLI

In aller Vielfalt ist der Mensch das A und das
O der gegenständlichen Schöpfung.

PARACELSUS

Zwei Welten sind im Menschen: die Frau und
der Mann.

PARACELSUS

Der Mensch ist unter allen Werken Gottes der
edelste und sichtbarste Beweis seiner
Gerechtigkeit, Weisheit und Güte.

JEAN CALVIN

Der Mensch kann keinen Wurm erschaffen,
aber er schafft sich Dutzende von Göttern.

MICHEL DE MONTAIGNE

Kein Mensch ist so gut, daß er, wenn er alle
seine Gedanken und Handlungen dem Gesetz
vorlegen würde, nicht verdiente, zumindest
zehnmal in seinem Leben gehängt zu werden.

MICHEL DE MONTAIGNE

Jeder Mensch ist der Sohn seiner eigenen
Werke.

MIGUEL DE CERVANTES

Jeder Mensch ist, wie der Himmel ihn
gemacht hat – und manchmal eine gehörige
Portion schlechter.

MIGUEL DE CERVANTES

Der Mensch ist das, was er sein kann; aber er
ist nicht alles das, was er sein kann.

GIORDANO BRUNO

Gott schuf ihn, also laßt ihn für einen
Menschen gelten!

WILLIAM SHAKESPEARE

Es ist leichter, die Menschen kennenzulernen,
als einen einzigen Menschen.

LA ROCHEFOUCAULD

Es ist ein jeder Mensch sein eigener Gott und
auch sein eigener Teufel: zu welcher Qual er
sich neigt und ergibt, die ihn treibt und führt,
derselben Werkmeister wird er.

JAKOB BÖHME

Alle, die als Menschen geboren sind, müssen
auf dasselbe Ziel – den Ruhm Gottes und ihre
eigene Seligkeit hingelenkt werden, und
niemand darf ausgeschlossen sein, kein
Mann, keine Frau, kein Kind, kein Greis, kein
Adeliger, kein Plebejer, kein Handwerker,
kein Bauer.

JAN AMOS COMENIUS

Der Zustand des Menschen: Unbeständigkeit,
Langeweile, Unruhe.

BLAISE PASCAL

Der Mensch ist nichts als ein Geschöpf, das
von Haus aus ohne die Gnade unauslöschlich
voller Irrtum ist.

BLAISE PASCAL

Das größte Wunderding ist doch der Mensch
allein, er kann – nach dem er's macht – Gott
oder Teufel sein.

ANGELUS SILESIUS

Ein jeder Mensch hat seinen Preis.

SIR ROBERT WALPOLE

Das eigentliche Studium der Menschen ist der
Mensch.

ALEXANDER POPE

Das menschliche Gemüt ist wie ein Erdreich,
das so beschaffen ist, wie es angebaut wird.

EMANUEL VON SWEDENBORG

Wille und Verstand machen auch den Geist
des Menschen aus, denn seine Weisheit und
Einsicht haben in ihnen ihren Sitz, und im
Allgemeinen sein Leben; der Körper ist nur
Gehorsam.

EMANUEL VON SWEDENBORG

Da die Natur überall dieselbe ist, so haben
die Menschen in allen den Dingen, die dem
Leben am wichtigsten sind und die die
Einbildungskraft am heftigsten bewegen,
allerorten dieselben Wahrheiten annehmen
und dieselben Irrtümer begehen müssen.

VOLTAIRE

Mensch

Der Mensch wird nicht schlecht geboren. Er wird es, wie er krank wird.

VOLTAIRE

Nach Leiden und Verlusten werden die Menschen bescheidener und weiser.

BENJAMIN FRANKLIN

Alles ist gut, wie es hervorgeht aus den Händen des Schöpfers; alles entartet unter den Händen des Menschen.

JEAN-JACQUES ROUSSEAU

Von der Zeit und von den Menschen müssen wir alles erwarten und alles fürchten.

VAUVENARGUES

Der Mensch ist zwar unheilig genug, aber die Menschheit der Person muß ihm heilig sein.

IMMANUEL KANT

Fragt man, ob die Menschengattung als eine gute oder schlimme Rasse anzusehen sei, so muß ich gestehen, daß nicht viel damit zu prahlen sei.

IMMANUEL KANT

Die größte Angelegenheit des Menschen ist, zu wissen, wie er seine Stellung in der Schöpfung gehörig erfülle und recht verstehe, was man sein muß, um ein Mensch zu sein.

IMMANUEL KANT

Der Mensch ist so von sich selbst eingenommen, daß er sich lediglich als das einzige Ziel der Anstalten Gottes ansieht.

IMMANUEL KANT

Es ist Pflicht, von der menschlichen Natur gut und groß zu denken: aber wer von den Menschen, die er vor und um sich hat, immer das Beste denkt, läuft Gefahr, der Narr seiner guten Meinung zu werden.

CHRISTOPH MARTIN WIELAND

Jeder Mensch hat, um einen gerechten Anspruch auf Wohlwollen, Mitleiden und Hilfe von seiten eines jeden Menschen zu haben, keinen anderen Titel vonnöten, als daß er ein Mensch ist.

CHRISTOPH MARTIN WIELAND

Dem Menschen ist ein Mensch noch immer lieber als Engel.

GOTTHOLD EPHRAIM LESSING

In jedem Menschen ist etwas von allen Menschen.

GEORG CHRISTOPH LICHTENBERG

Daß der Mensch das edelste Geschöpf sei, läßt sich auch schon daraus abnehmen, daß es ihm noch kein anderes Geschöpf widersprochen hat.

GEORG CHRISTOPH LICHTENBERG

Eine schöne Menschenseele finden, ist Gewinn; ein schönerer Gewinn ist, sie erhalten, und der schönste und schwerste, sie, die verloren war, zu retten.

JOHANN GOTTFRIED HERDER

Die Gestalt des Menschen ist aufrecht; er ist hierin einzig auf der Erde.

JOHANN GOTTFRIED HERDER

Der Mensch ist ein kleines Ding, man hat ihn bald auswendig gelernt, wenn man mit ihm vertraut wird.

WILHELM HEINSE

Die Menschen fürchtet nur, wer sie nicht kennt, und wer sie meidet, wird sie bald verkennen.

JOHANN WOLFGANG VON GOETHE

Die Menschen sind, trotz all ihren Mängeln, das Liebenswürdigste, was es gibt.

JOHANN WOLFGANG VON GOETHE

Es ist ganz einerlei, vornehm oder gering zu sein: das Menschliche muß man immer ausbaden.

JOHANN WOLFGANG VON GOETHE

Je mehr du fühlst, ein Mensch zu sein, desto ähnlicher bist du den Göttern.

JOHANN WOLFGANG VON GOETHE

Das letzte Produkt der sich immer steigernden Natur ist der schöne Mensch.

JOHANN WOLFGANG VON GOETHE

Nicht allein das Angeborene, sondern auch das Erworbene ist der Mensch.

JOHANN WOLFGANG VON GOETHE

Mensch

Glaube immer – und du wirst wohl dabei fahren, daß die Menschen nicht halb so gut sind, wie ihre Freunde sie schildern, und nicht halb so böse, wie ihre Feinde sie beschreiben.

ADOLPH VON KNIGGE

Ein jeder Mensch hat seine Geschichte, die es wert ist, gekannt zu sein.

FRIEDRICH MAXIMILIAN KLINGER

Der Mensch ist das einzige Lebewesen, das Feuer machen kann; das hat ihm die Herrschaft über die Welt verliehen.

ANTOINE DE RIVAROL

Alle Dinge der Erde sind für den Menschen gemacht, der Mensch aber für Gott.

BERNARD OVERBERG

Wer sich zum eigentlichen Beobachter des Menschen bilden wollte, der müßte von sich selber ausgehen.

KARL PHILIPP MORITZ

Millionen beschäftigen sich, daß die Gattung bestehe; aber durch wenige nur pflanzt die Menschheit sich fort.

FRIEDRICH VON SCHILLER

Alle Menschen werden Brüder.

FRIEDRICH VON SCHILLER

Die Menschen gehen wie Schießkugeln weiter, wenn sie abgeglättet sind.

JEAN PAUL

Die Menschen lieben ihre Freuden mehr als ihr Glück, einen guten Gesellschafter mehr als den Wohltäter, Papageien, Schoßhunde und Affen mehr als nützliche Haustiere.

JEAN PAUL

Man kann vom Menschengeschlechte zu schlecht denken und doch vom Einzelnen immer zu gut.

JEAN PAUL

Die Mixtur, Mensch genannt, ist wohl das tollste Ragout, welches je einem himmlischen Kochbuch entschlüpfte.

CHRISTIAN GRAF BENTZEL-STERNAU

Was kann der Mensch auf Erden Besseres tun, als zu lernen, Mensch zu sein?

WILHELM VON HUMBOLDT

Zwei Hebel setzen Menschen in Bewegung – Interesse und Furcht.

NAPOLEON BONAPARTE

Ein Gott ist der Mensch, wenn er träumt, ein Bettler, wenn er nachdenkt.

FRIEDRICH HÖLDERLIN

Jeder Mensch ist nur ein Stück von sich selbst.

FRIEDRICH VON SCHLEGEL

Nur durch die Liebe und durch das Bewußtsein der Liebe wird der Mensch zum Menschen.

FRIEDRICH VON SCHLEGEL

Der Mensch ist ein schaffender Rückblick der Natur auf sich selbst.

FRIEDRICH VON SCHLEGEL

Der Mensch ist durch viele Stricke oder Reize ans Leben gebunden, niedrige Naturen durch wenigere.

NOVALIS

Die Steine und Stoffe sind das Höchste; der Mensch ist das eigentliche Chaos.

NOVALIS

Mensch werden ist eine Kunst.

NOVALIS

Der Mensch ist eine Sonne – seine Sinne sind seine Planeten.

NOVALIS

Jeder Mensch hat seinen individuellen Rhythmus.

NOVALIS

Der Mensch ist unter den Tieren, was der fliegende Fisch unter den übrigen ist. Er kann sich bisweilen über das Wasser erheben, immer aber fällt er bald wieder herunter.

JOHANN WILHELM RITTER

Auf den Menschen reimt sich die ganze Natur.

JOHANN WILHELM RITTER

Mensch

Die Menschen sind doch das Herrlichste auf der Welt.

CLEMENS BRENTANO

Alles, was vom Menschen kommt, Gutes wie Böses, ist eine unendliche Saat ins Leben oder in den Tod.

CLEMENS BRENTANO

Der Mensch ist ein verkörpertes Paradoxon, ein Bündel von Widersprüchen.

CHARLES C. COLTON

Alles, was die Menschen sind, haben sie von Gott, alles, was sie überhaupt erringen in Gutem und Bösem, haben sie sich selbst zu danken.

JACOB GRIMM

Vieles kann der Mensch entbehren – nur den Menschen nicht.

LUDWIG BÖRNE

Der Arzt sieht den Menschen in seiner ganzen Schwäche; der Jurist in seiner ganzen Schlechtigkeit; der Theolog' in seiner ganzen Dummheit.

ARTHUR SCHOPENHAUER

Der Mensch ist die Sprache Gottes.

RABBI MENACHEM MENDEL VON WITEBSK

Wenn der Mensch der Körper wäre, so gäbe es keine andere Moral als die Hygiene.

JOUFFROY

Wohin geht die Menschlichkeit? Wohin geht der Mensch? Dieselbe Frage in zwei verschiedenen Formen.

JOUFFROY

Nichts ist seltener auf Erden als ein Mensch, der auf die Dauer erträglich ist.

GRAF GIACOMO LEOPARDI

Der Mensch ist weder gut noch schlecht.

HONORÉ DE BALZAC

Der Mensch ist eine Retorte.

HONORÉ DE BALZAC

Wozu Mensch, wenn du nach Übermenschlichem nicht strebst?

CHRISTIAN DIETRICH GRABBE

Man glaubt nicht, was jeder Mensch glaubt, was er für ein Mensch ist.

JOHANN NESTROY

Der Mensch besitzt in sich alles, was seine Führung gewährleistet. Er ist geschaffen als das Gesetz über sich selbst.

RALPH WALDO EMERSON

Des Menschen Aufgabe ist, das Chaos zu zähmen und, solange er lebt, auf allen Seiten die Saat des Wissens und des Gesanges auszustreuen, auf daß Klima, Frucht und Getier milder werden und der Same der Liebe und des Wohltuns sich mehre.

RALPH WALDO EMERSON

Die Lebensgeschichte eines jeden Menschen ist ein Märchen, das von Gottes Hand geschrieben wurde.

HANS CHRISTIAN ANDERSEN

Die Klarheit seines Innern ist für den Menschen das höchste Gut.

ADALBERT STIFTER

Der Mensch sollte sich immer als ein Experiment der Natur betrachten.

FRIEDRICH HEBBEL

Die Freude allgemeinert, der Schmerz individualisiert den Menschen.

FRIEDRICH HEBBEL

Der Mensch ist ein Blinder, der vom Sehen träumt.

FRIEDRICH HEBBEL

Der Mensch tritt die Erde, die ihn zeugt und ernährt, mit Füßen; wie sollte er dankbar sein?

FRIEDRICH HEBBEL

Jeder Mensch ist ein Abgrund; es schwindelt einem, wenn man hinabsieht.

GEORG BÜCHNER

Ein einziges Menschenexemplar genügt, um alle anderen zu beurteilen. Die Menschen sind wie die Birken des Waldes; keinem Botaniker wird es einfallen, jedes Muster besonders zu studieren.

IWAN S. TURGENJEW

645

Mensch

Der Mensch gibt ebenso schwer eine Furcht auf wie eine Hoffnung.

OTTO LUDWIG

Der Mensch sollte lernen, mit dem Herzen zu denken und mit dem Verstand zu fühlen.

THEODOR FONTANE

Der Mensch ist ein gefallenes Geschlecht, aber der Mensch ist auch ein begnadetes Geschlecht.

SEBASTIAN KNEIPP

Der Idealist und der Realist haben, wenn sie nur ehrlich und edel sind, das gleiche Wesen: die Liebe zur Menschheit, und das gleiche Objekt: den Menschen. Nur die Formen, in denen sie sich das Objekt vorstellen, sind verschieden.

FJODOR M. DOSTOJEWSKIJ

Der Mensch kennt keine quälendere Sorge als die, jemanden zu finden, dem er möglichst schnell jenes Geschenk der Freiheit, womit er als ein unglückliches Geschöpf geboren wird, übergeben kann. Aber die Freiheit der Menschen beherrscht nur derjenige, der ihr Gewissen beruhigt.

FJODOR M. DOSTOJEWSKIJ

Des Menschen Gemüt ist sein Geschick.

FERDINAND LASSALLE

Die Mehrzahl der Menschen sind Märtyrer der Welt.

LEW N. GRAF TOLSTOJ

Der einfachste Mensch ist immer noch ein sehr kompliziertes Wesen.

MARIE VON EBNER-ESCHENBACH

Der Mensch ist nicht in dem Sinne der Günstling der Natur, daß die Natur alles für ihn getan hätte, sondern in dem Sinne, daß sie ihm die Macht verliehen hat, alles für sich selbst zu tun.

KARL VON LINGENTHAL

Was ist der Mensch? Jedenfalls nicht das, was er sich einbildet zu sein – nämlich die Krone der Schöpfung.

WILHELM RAABE

Es gehört nicht zu den Plänen Gottes, daß ein großer Teil der Menschen in dieser Welt gut, weise und wohlhabend sein soll. Wenn das der Fall wäre, hätte er dafür gesorgt, daß es der Fall ist.

SAMUEL BUTLER

Es gibt liebenswürdige Menschen, die niemals jemanden betrübt oder ihm etwas zuleide getan haben, nicht einmal durch ihren Tod.

DANIEL SPITZER

Die Menschen sollen Menschen bilden, indem sie sie als Menschen behandeln.

ÉMILE ZOLA

Mensch – ein Tier, das so in die verzückte Betrachtung dessen versunken ist, wofür es sich selber hält, daß es übersieht, was es zweifellos sein sollte. Seine Hauptbeschäftigung ist die Ausrottung anderer Tiere und seiner eigenen Art, die sich jedoch mit einer so hartnäckigen Geschwindigkeit vermehrt, daß sie die gesamte bewohnbare Erde verseucht.

AMBROSE BIERCE

Der Mensch ist in seinem Dasein nur zweimal ein völlig Ganzes: im gedankenlosen Genusse der Jugend und in der bedingungslosen Ergebung des Alters.

PETER ROSEGGER

Der ist kein ganzer Mensch, der nicht lachen und nicht weinen kann zur rechten Zeit.

PETER ROSEGGER

Der Mensch ist ein Seil, das Tier und Übermensch verbindet – ein Seil über einem Abgrund. Das Große am Menschen ist, daß er eine Brücke, nicht ein Ziel darstellt.

FRIEDRICH NIETZSCHE

In der Leutseligkeit ist nichts von Menschenhaß, aber eben darum allzuviel von Menschenverachtung.

FRIEDRICH NIETZSCHE

Viele Menschen sind Pausen in der Symphonie des Lebens.

FRIEDRICH NIETZSCHE

Mensch

Es ist albern, Menschen in gut und schlecht zu gruppieren. Menschen sind entweder charmant oder langweilig.

OSCAR WILDE

Jeder von uns trägt Himmel und Hölle in sich.

OSCAR WILDE

Kein Mensch ist es wert, daß man ihn lobt. Jeder Mensch ist es wert, daß man sich seiner erbarmt.

WASSILIJ W. ROSANOW

Die Naturwissenschaft braucht der Mensch zum Erkennen. Die Religion aber braucht er zum Handeln.

MAX PLANCK

Der Mensch: das verlogene Tier *par excellence*. Und das größenwahnsinnige.

KURT WILHELM GOLDSCHMIDT

Der Mensch kann in sich ein Göttliches finden, weil sein ureigenstes Wesen dem Göttlichen entnommen ist.

RUDOLF STEINER

Die Menschen sind grausam, aber der Mensch ist gütig.

RABINDRANATH TAGORE

Der Mensch errichtet Barrikaden gegen sich selbst.

RABINDRANATH TAGORE

Der Mensch ist Mensch, solange er darum ringt, sich über die Natur zu erheben; und diese Natur ist sowohl außerhalb wie inwendig.

SWAMI VIVEKANANDA

Wie könnte man als Mensch leben, wenn man nicht zuweilen ein Gott wäre?

ARTHUR SCHNITZLER

Der Mensch ist des Menschen Zeuge und Zeugnis.

GERHART HAUPTMANN

Der moderne Mensch kann sich seine Bedeutung meist nur durch Negation sichern.

GERHART HAUPTMANN

Nur das Menschliche ist es, darin der Mensch das Göttliche fassen kann.

GERHART HAUPTMANN

Alles Menschliche will Dauer, Gott will Verwandlung.

RICARDA HUCH

Jeder Mensch ist ein neues Gottes-, Welt- und Menschengericht.

HERMANN STEHR

Bei allen Menschen ist wichtig zu wissen, ob sie aus Not, aus Eitelkeit, aus Langeweile oder aus Liebe schaffen.

WALTHER RATHENAU

Der Mensch muß irgendwie und von etwas getragen sein über den Abgrund der Zeit einem Ziele zu.

HANS PFITZNER

Mensch ist nur ein Relativbegriff. Ohne Menschen wäre der Affe der Mensch.

KARL SONNEN

Nur wer den Menschen liebt, wird ihn verstehen, wer ihn verachtet, ihn nicht einmal sehen.

CHRISTIAN MORGENSTERN

Der Mensch – ein Exempel der beispiellosen Geduld der Natur.

CHRISTIAN MORGENSTERN

Die meisten Menschen verdunsten einem wie ein Wassertropfen in der flachen Hand.

CHRISTIAN MORGENSTERN

Der Mensch, das unbekannte Wesen.

ALEXIS CARREL

Wo das Bewußtsein schwindet, daß jeder Mensch uns als Mensch etwas angeht, kommen Kultur und Ethik ins Wanken.

ALBERT SCHWEITZER

Die Heiligung des Menschen ist sein eigenes Werk.

MAX DIENEMANN

Nehmen Sie die Menschen, wie sie sind; andere gibt's nicht.

KONRAD ADENAUER

647

Mensch

Es gibt Menschen, die von allen Männern beneidet und von allen Frauen bedauert sein möchten.

WALTER HUECK

Nichts kann so schön sein wie der Mensch; nichts so häßlich!

OTTO WEININGER

Der Mensch ist dem Menschen Umweg und Weg zu Gott.

FERDINAND EBNER

Um Mensch zu werden, dürfen wir uns an kein Bild vom Menschen binden.

KARL JASPERS

Prüfe dich an der Menschheit. Den Zweifelnden macht sie zweifeln, den Glaubenden glauben.

FRANZ KAFKA

Im Glauben an sich selbst rechtfertigt der Mensch erst die Tatsache, daß er geboren wurde.

CARL TILLY LINDNER

Das ganze Unglück des Menschen kommt daher, daß er sich selbst nicht mehr als einen Endzweck betrachtet. Jeden Tag dringt er weiter vor in der Erkenntnis der Materie – aber er glaubt, nur noch Materie zu sein. Warum sollte er Mitleid haben mit den Atomen, aus denen er sich zusammensetzt?

FRANÇOIS MAURIAC

Das, was wir „Mensch sein" nennen, ist nur ein Augenblick unseres Lebens.

FRANÇOIS MAURIAC

Der Mensch: eine Knospe von Wesen und damit Schicksalen. Eins schält sich aus dem andern, und das tiefste wird zur Frucht.

GEORG STAMMLER

Der Mensch hat ein hartes Herz und gefühlvolle Eingeweide.

GEORGES BERNANOS

Augenblickshaft wie eine Photographie, so ist der Mensch heute. Das bestimmte Innere bleibt heute nicht, weil im Äußeren die bestimmte, fixierte Entsprechung fehlt.

MAX PICARD

Die meisten Menschen leben im Niemandsland zwischen Gut und Böse.

HANS KRAILSHEIMER

Die Natur wiederholt das Vollendete – der Mensch muß sich aber in ständiger Verwandlung des Niemehrwiederkehrenden in seinen Sinn hineinentwickeln. Er ist noch nicht, wofür er konzipiert ward.

ALBERT TALHOFF

Menschen, die nicht groß sind, machen sich gerne breit.

FRIEDL BEUTELROCK

Das beste Mittel, in die Menschen hineinzusehen, ist, sie um etwas bitten.

DHAN GOPAL MUKERDSHI

Der Mensch krankt am meisten an sich selbst.

K. H. BAUER

Mensch sein heißt, dem Leben ein Gleichnis entgegensetzen.

FRANZ WERFEL

Der Mensch ist Geist – und der Geist triumphiert über die Materie. Das ist alles, was der Mensch wissen muß.

WHITE EAGLE

Das Geheimnisvolle am Menschen ist, daß er einen Anfang hat, aber kein Ende.

SIGISMUND VON RADECKI

Der Mensch ist im Grunde seines Wesens nichts als Hoffnung.

FRITZ USINGER

Im Leben lernt der Mensch zuerst gehen und sprechen. Später lernt er dann, stillzusitzen und den Mund zu halten.

MARCEL PAGNOL

Lässigkeit, Unwissenheit und Zynismus sind die drei großen Feinde des Menschen.

VINOBA BHAVE

Die Besonnenheit ist die kleine menschliche Schwester der Vorsehung.

HENRY DE MONTHERLANT

Mensch

Mir gefallen auch unter Menschen die Ruinen besser als die Museen.

KARL HEINRICH WAGGERL

Das höchste Kunstwerk ist und bleibt der lebendige Mensch.

ZENTA MAURINA

Der Mensch ist nur da ein Ganzes, wo er lieben darf.

OTTO HEUSCHELE

Der Mensch ist das einzige Wesen, das sich selber nicht gewachsen ist.

HANS KUDSZUS

Nicht was einer glaubt, macht ihn zum guten oder schlechten Menschen, sondern was er denkt und tut.

OTHMAR CAPELLMANN

Erst mit dem Denken fängt der Mensch an, wirklich Mensch zu sein.

OTHMAR CAPELLMANN

Der Weg vom Menschen zum Mob führt über die Masse.

ANITA

Ich habe, glaube ich, die Zwischenstufe zwischen Tier und Homo sapiens gefunden. Wir sind es.

KONRAD LORENZ

Wir finden, daß auch der verkehrteste Mensch noch interessanter ist als die orthodoxeste Grammophonplatte.

GEORGE ORWELL

Der Mensch macht sich zum Menschen, um Gott zu sein, könnte man sagen.

JEAN-PAUL SARTRE

Der Mensch ist nichts anderes, als was er selber aus sich macht.

JEAN-PAUL SARTRE

So entscheiden wir uns denn dafür, weder Heilige noch Weise noch Helden zu sein; das heißt, daß man bei sich wie bei anderen die menschlichen Unzulänglichkeiten als eine Tatsache hinnimmt. Denn wer die Menschheit nicht mit der liebevollsten Geduld betrachtet, der hat nichts von ihr verstanden und wird unausweichlich ihr Feind werden.

MANÈS SPERBER

Rassen sind Kinder einer Familie.

JOSEPHINE BAKER

Vielleicht gehen die Menschen deswegen zugrunde, weil sie nicht imstande sind, den Anfang mit dem Ende zu verknüpfen.

GUSTAV RENÉ HOCKE

Der Mensch ist das einzige Tier, das sich für einen Menschen hält.

THOMAS NIEDERREUTHER

Der Humanismus wird die Menschheit überdauern.

STANISLAW JERZY LEC

Seit der Erfindung des Menschen vervollkommnet man ihn lediglich mit Prothesen.

STANISLAW JERZY LEC

Wir alle sind nur Menschen, keiner von uns mehr.

PETER CORYLLIS

Der Mensch ist ein Ei ohne Schale: zart, beeindruckbar und höchst empfindsam.

JACK THOMMEN

Wir sind Menschen des Umweges.

JACK THOMMEN

Die Überschätzung eines Menschen kann von allem Luxus der teuerste sein.

HANS ARNDT

Überhaupt der ganze Mensch! – als Konstruktion möglich, aber das Material ist verfehlt: Fleisch ist kein Material, sondern ein Fluch.

MAX FRISCH

Die beste Konstitution haben Menschen mit guter Verdauung und schlechtem Gedächtnis.

ROBERT LEMBKE

Kein Mensch würde sich nach der Beschreibung seines Psychiaters erkennen.

ROBERT LEMBKE

Mensch

Wer keine Geschichten von Menschen sich anhören will, ist mir verdächtig.

ALFRED ANDERSCH

Seltsamerweise muß man die Leute daran erinnern, daß sie nicht nur biochemische Gefüge sind.

SAUL BELLOW

Eine Definition des Menschen: das Lebewesen, das ganz allein sein kann.

WOLFGANG STRUVE

Der Mensch muß Vorrang vor dem Kapital haben.

PAPST JOHANNES PAUL II.

Jeder ist auch nur ein Mensch.

OLIVER HASSENCAMP

Dem Menschen ist nichts Unmenschliches fremd.

PAUL BOCKELMANN

Der Mensch – ein genetischer Code. Noch nicht entschlüsselt.

HEINRICH WIESNER

Der Mensch lernt das Gehen erst spät. Dann aber hat er sich auf die Hinterbeine zu stellen.

HEINRICH WIESNER

Wir suchen überall das Menschliche, obwohl es uns schon gibt. Wann sind wir an uns vorübergegangen?!

GÜNTER RADTKE

Der Mensch im Gefängnis entspricht dem Begriff Mensch am meisten. Er ist der natürliche Mensch, der elementare Mensch sozusagen. Einfach deshalb, weil er im Gefängnis abgeschieden, ausgeschieden ist. Weil dort, hinter den Gittern – die Freiheit liegt.

ABRAM TERZ (SINJAWSKIJ)

Gebt endlich den Menschen, was des Menschen ist!

KURTMARTIN MAGIERA

Ohne Gott bleibt sich der Mensch ein unauflösbares Rätsel.

ERNST R. HAUSCHKA

Der Mensch war nie so schwach und krank wie heute im Zeitalter der modernen Medizin und der Politik der Stärke.

FRITZ RÖTHLISBERGER

Die meiste Zeit des Lebens verbringt der Mensch liegend; im Bett oder im Sarg.

GUIDO HILDEBRANDT

Der Mensch: Ein durch die Zensur gerutschter Affe.

GABRIEL LAUB

Man muß vom Menschen alles verlangen, wozu er fähig ist, und ihn dabei doch so akzeptieren, wie er ist.

ELIE WIESEL

Die Gattung Mensch ist so unartig gegenüber der Natur, die Natur würde ihm keinen Artenschutz gewähren.

GERHARD UHLENBRUCK

Die Welt leidet an Überbevölkerung einerseits und an einem Mangel an Menschen andererseits.

GERHARD UHLENBRUCK

Jeder ist gleich einem Faden im unendlichen Gewebe der geistigen Einheit.

R. F. VON SCHOLTZ

Manche Menschen besitzen schon mehr einen Selbsterhaltungsbetrieb.

GERD W. HEYSE

Die meisten Menschen bewegen sich auf dem goldenen Mittelweg und wundern sich, wenn er verstopft ist.

HELLMUT WALTERS

Mensch – ideale Zukunft eines jeden Affen.

MILOVAN ILIĆ

Wenn aus dem Menschen eine Rippe gemacht wird, ist jeder ein Gott.

BRANA CRNČEVIĆ

Was ist der Mensch? Nirgendwo ein Zahnrad, nirgends eine Nockenwelle. Und er bewegt sich doch.

WERNER MITSCH

Menschenkenntnis

Gold wird durch Feuer geprüft, der Mensch durch Gold.

Chinesisches Sprichwort

Mit zunehmendem Alter wird sich der Mensch immer ähnlicher.

WERNER MITSCH

Der Mensch ist der strafende Blick der Natur auf sich selbst.

FELIX RENNER

Wo ein Mensch ist, ist auch ein Labyrinth. Im Labyrinth ein Klopfzeichen von draußen hören.

EGBERT SCHEESKRACH

Mensch: ein Wort, das sich auf nichts reimt.

JEANNINE LUCZAK

Jeder Mensch ist für sich die vierte Dimension der Welt.

KLAUS D. FRANK

Der Mensch ist ein Fehler der Natur, der sich selbst ausbügeln muß.

WERNER EHRENFORTH

In jedem Menschen stirbt eine Welt.

FRITZ SCHMID

Als Gott sah, daß es gut war, konnte er noch nicht beim Menschen angelangt sein.

CHARLOTTE SEEMANN

Der Mensch steht bei uns im Mittelpunkt. Allen Übels.

HANS-HORST SKUPY

Der Mensch schafft sich selbst. Darin ist er zu unterstützen.

BERND KOLF

Humanist – ein Mensch, der Unrecht am eigenen Leib nur schwer ertragen kann.

ŽARKO PETAN

Überall, wo der Mensch Zielscheibe ist, ist der Mensch auch Schütze.

MILOVAN VITEZOVIĆ

Bevölkerung: Mensch en gros.

BIRGIT BERG

Es ist nicht gut, daß der Mensch allein sei. Aber müssen es denn gleich vier Milliarden sein?

ROLAND THEIN

Es hat nie ein Mensch so geredet wie dieser Mensch.

JOHANNES 7,46

Welcher Mensch weiß, was im Menschen ist?

1 KORINTHERBRIEF 2,11

Es ist leichter, die Menschen im allgemeinen zu kennen, als einen bestimmten Menschen zu kennen.

LA ROCHEFOUCAULD

Der Mensch kennt alle Dinge der Erde, aber den Menschen kennt er nicht.

JEREMIAS GOTTHELF

Willst du das Weinen eines Menschen erkennen, so siehe, womit du ihn zum Lachen bringst und wie er lacht.

DAGOBERT VON GERHARDT AMYNTOR

Es ist immer gewagt, Menschenkenner zu sich zu Gaste zu laden, und es ist immer lohnend für Menschenkenner, in eines Nachbarn Haus zu treten. Völker wie Personen verkörpern in ihren Wohnräumen ihren Charakter.

PETER ROSEGGER

Was lehrt die Geschichte? Menschenkenntnis; Politik setzt sie voraus.

ADOLF SCHAFHEITLIN

Zur Menschenkenntnis gehört nichts als ehrliche Selbstbeobachtung. Kennt man sich selbst, so kennt man alle Menschen, die guten wie die schlechten.

ISOLDE KURZ

Es ist fast so, daß wir, je näher wir uns kennen, einander um so geheimnisvoller werden.

ALBERT SCHWEITZER

Menschenkenntnis

Menschenkenntnis ist eine traurige Wissenschaft.
ELEONORE VAN DER STRATEN-STERNBERG

Es gibt keine Menschenkenntnis: Es ist gut, sich zeitweilig vor Augen zu halten, daß einen Menschen erkennen nichts anderes ist, als in einer ganz bestimmten Weise psychisch auf ihn zu reagieren.
ROBERT MUSIL

Was wir voneinander wissen, wir wissen es doch immer nur durch Liebe.
STEFAN ZWEIG

Einen Menschen kennt einzig nur der, welcher ohne Hoffnung ihn liebt.
WALTER BENJAMIN

Ein Mensch wird einem erst richtig teuer, wenn er seine offiziellen Merkmale abstreift: den Beruf, den Namen, das Alter. Wenn er sogar aufhört, Mensch genannt zu werden, und sich einfach als der erste beste erweist.
ABRAM TERZ (SINJAWSKIJ)

Die wichtigste Sachkenntnis ist heute die Menschenkenntnis.
SIEGFRIED & INGE STARCK

Gute Menschenkenntnis kann ein schreckliches Schicksal sein.
GERHARD UHLENBRUCK

Menschheit

Alle Menschen innerhalb der vier Meere sind Brüder.
Chinesisches Sprichwort

Von der Menschheit sollten wir das Beste und das Schlechteste erwarten – genau wie vom Wetter.
VAUVENARGUES

Ein Mensch kann sowenig den ganzen Geschmack haben wie *ein* Mensch die Wahrheit – die Menschheit hat beides.
JEAN PAUL

Es gibt Zeiten, wo das Schicksal der Menschheit von einem einzigen Manne abhängt, und das sind unglückliche Zeiten; denn nichts ist dauerhafter, als was durch die Mitwirkung aller geschieht.
GERMAINE (MADAME) STAËL

Es ist unendlich schöner, sich zehnmal betrügen zu lassen, als einmal den Glauben an die Menschheit zu verlieren.
HEINRICH ZSCHOKKE

Es ist der Menschheit eigen, daß sie sich über die Menschheit erheben muß.
FRIEDRICH VON SCHLEGEL

Menschheit ist eine humoristische Rolle.
NOVALIS

Auch die Menschheit bewegt sich nach den Gesetzen von Ebbe und Flut.
HEINRICH HEINE

Die Menschheit fährt besser, wenn sie jedem so zu leben gestattet, wie es ihm gutdünkt, als wenn sie jeden zwingt, nach dem Gutdünken der anderen zu leben.
JOHN STUART MILL

Wer nie *einem* Menschen in Liebe zugetan war, kann nicht die Menschheit lieben.
HENRIK IBSEN

Die Menschheit ist eine Organisation von Nationen. Je nationaler, desto menschlicher, je menschlicher, desto nationaler; Humanität fordert positive Liebe zu Volk und Vaterland, sie verwirft den Haß gegen andere Nationen.
TOMÁŠ G. MASARYK

Die Menschheit kann an das Unmögliche glauben, aber an das Unwahrscheinliche wird sie nie glauben.
OSCAR WILDE

Die Menschheit ehrt ihre Zerstörer, verfolgt ihre Wohltäter, baut lebenden Räubern Paläste und Gräber für längst tote Propheten.
DEAN W. INGE

Das kleine Wort „warum" ist der Fluch der Menschheit.
A. O. WEBER

Menschheit

Die Menschheit offenbart sich nicht in ihrer Geschichte, sondern ringt sich durch sie empor.

RABINDRANATH TAGORE

Willst du für die Menschheit kämpfen, zieh dir ein stählernes Hemd an.

KARL HENCKELL

Die Rassen sind die Farben im Prisma des Lebens; erst aus ihrem leuchtenden Zusammenspiel entsteht das Licht.

ROMAIN ROLLAND

Mancher geht völlig auf in der Schwärmerei für die Menschheit, die nicht das Geringste übrig hat für den Menschen.

SALOMON BAER-OBERDORF

Die Frage heute ist, wie man die Menschheit überreden kann, in ihr eigenes Überleben einzuwilligen.

BERTRAND EARL RUSSELL

Im sozialen Gedanken werden die Menschen zur Menschheit.

LEO BAECK

Die Menschheit ist zu weit vorwärts gegangen, um sich zurückzuwenden, sie bewegt sich zu rasch, um anzuhalten.

SIR WINSTON S. CHURCHILL

Die Menschheit hat kein Menschheitsziel. Sie weiß noch nicht, was aus ihr werden soll.

ADOLF SCHRIEFER

Immer müssen Millionen müßige Weltstunden verrinnen, ehe eine wahrhaft historische, eine Sternstunde der Menschheit in Erscheinung tritt.

STEFAN ZWEIG

Man vergißt immer mehr, daß die Menschheit in erster Linie Kreatur und erst in zweiter Linie Gesellschaft ist.

WLADIMIR VON HARTLIEB

Die Menschheit hat vergessen, daß sie selbst Gott ist, und betet daher den Fußball und das Kino an.

MAX BECKMANN

Wir können von der Menschheit nichts erwarten, was wir nicht bis zur letzten Kraft selbst versuchen.

JOSEF LUITPOLD STERN

Die Menschheit ist fortgeschritten – der Mensch ist dahin.

KURT TUCHOLSKY

Der ganze Kampf der Menschheit spielt sich zwischen denen ab, die etwas sein, und denen, die etwas gelten wollen.

ANTON KUH

Unsicher und gefährdet treibt die Menschheit der einzigen Möglichkeit gesunden, glücklichen Fortbestandes zu. Ihr Floß, unser Planen und Entwerfen, ist noch recht behelfsmäßig zusammengezimmert, ja, erschreckend leck.

RICHARD NEUTRA

Der Mensch wird dümmer, die Menschheit klüger.

CHARLES TSCHOPP

Die Menschheit als Ganzes wird sich nie wieder bescheiden können.

ELIAS CANETTI

Die Menschheit besteht zum größten Teil aus Kammerdienern.

LUDWIG WINDER

Die Zehn Gebote sind noch älter als die Schlußakte von Helsinki, und die Menschheit erzielt auch dort nur Annäherungswerte bei ihrer Erfüllung.

WILLY BRANDT

Wenn wir an das Lebensrecht der Menschheit glauben, müssen wir eine Alternative zu Krieg und Zerstörung finden.

MARTIN LUTHER KING

Es ist viel einfacher, sich um die Menschheit zu sorgen als um den Menschen.

HELLMUT WALTERS

Die Menschheit kam immer noch einmal davon. Die Opfer nicht eigerechnet.

HANS-DIETER SCHÜTT

Minderheit

**Auch wenig Schwerter sind genug,
eine gerechte Sache zu verfechten.**
Deutsches Sprichwort

Viele sind berufen, aber nur wenige sind
auserwählt.

MATTHÄUS 22,14

Was ist Mehrheit? Mehrheit ist Unsinn,
Verstand ist stets bei wenigen nur
gewesen.

FRIEDRICH VON SCHILLER

In jedem Lande ist die geistige und seelische
Oberschicht überaus dünn – gerade
deswegen trägt sie ja auch den Namen
„höchste Schicht". Um sich ein Urteil über
den Charakter einer Nation zu bilden, muß
man jedoch die breite Masse studieren, denn
geistig hochstehende Menschen sind samt
und sonders miteinander verwandt.

GERMAINE (MADAME) DE STAËL

Eine Minderheit ist machtlos, solange sie sich
der Mehrheit anpaßt; sie ist dann nicht
einmal eine Minderheit; aber sie ist
unwiderstehlich, wenn sie mit ihrem ganzen
Gewicht drückt. Wenn der Staat nur noch die
Wahl hat, ob er alle gerechten Männer
gefangenhalten oder den Krieg und die
Sklaverei aufgeben soll, so wird er mit seiner
Entscheidung nicht zögern.

HENRY DAVID THOREAU

Ohne die Fügung der Minderheit unter die
Beschlüsse der Mehrheit ist ein Parteileben
unmöglich.

AUGUST BEBEL

Ein Mann, dessen Bewußtsein
nicht mit der Mehrheit übereinstimmt,
ist ein Verrückter.

GEORGE BERNARD SHAW

Es gibt nur zwei Typen: die, die Angst haben,
die Majorität zu kränken, und die, die Angst
haben, sie nicht zu kränken.

PETER ALTENBERG

Demokratie für eine verschwindende
Minderheit, Demokratie für die Reichen – so
sieht der Demokratismus der kapitalistischen
Gesellschaft aus.

WLADIMIR I. LENIN

Der Appell an die Minderheit findet stets
Widerhall bei der Menge.

ERNST HOHENEMSER

Wer sich im kleinsten Lager befindet, der ist
in der stärksten Schule.

GILBERT KEITH CHESTERTON

Wie sehr eine Minderheit, die zur Mehrheit
wird und die Macht ergreift, die Minderheit
haßt...!

LEONARD ROBBINS

Die großen Entscheidungen der
Menschheitsgeschichte sind immer von
Minderheiten ausgegangen.

GÜNTHER SCHWAB

Minderheiten – die Mehrheiten der nächsten
Generation.

JEAN-PAUL SARTRE

Totale Minderheit: wo alle alles können, kann
keiner nichts.

HELMUT LAMPRECHT

Die Mehrheit hat immer recht. Ein triftiger
Grund, bei der Minderheit zu sein.

JAKOB STEBLER

Die einzige Wirtschaft, die immer Konjunktur
hat, ist die Cliquenwirtschaft.

GERHARD UHLENBRUCK

Die Minderheit, der man das Recht nimmt,
recht zu haben.

EDWIN WOLFRAM DAHL

Minderheiten vergrößern die Probleme.

HANS-HORST SKUPY

Eine hauchdünne Minderheit: die
Machthaber.

BIRGIT BERG

Die Minderheit kennt die Mehrheit besser als
sie sich selbst.

DAN DINER

Mißerfolg

Wer zu schnell ißt, beißt sich in den Finger.

Sprichwort aus Zaire

Es gibt Erfolg, der einem Mann zum Unheil ausschlägt, und es gibt Gewinn, der zum Schaden gereicht.

BEN SIRA 20,9

Ein jedes Werk, das nicht auf Liebe gegründet ist, trägt den Keim des Todes in sich.

HEINRICH PESTALOZZI

Unermüdliche Streber dürfen kein Gedächtnis haben für die Mißerfolge von gestern.

MARIE VON EBNER-ESCHENBACH

Ein ehrlicher Mißerfolg ist keine Schande; Furcht vor Mißerfolgen dagegen ist eine Schande.

HENRY FORD

Mißerfolg verbittert Menschen und macht sie grausam.

WILLIAM SOMERSET MAUGHAM

Wem der Mißerfolg den Mut stählt, nur der ist der wahre Streiter.

HEINRICH GERLAND

Ich kann dir keine Erfolgsformel, aber eine Mißerfolgsformel geben, die lautet: Versuche, allen zu gefallen.

HERBERT SWOPE

Was der Mensch ist, verdankt er weniger seinen Erfolgen als seinen Enttäuschungen und Mißerfolgen.

HASSO HEMMER

Es gibt nur eine Sünde: den Mißerfolg.

PAUL BOCKELMANN

Und wenn das Gericht noch so mißrät, das Kochbuch hat immer recht.

JAKOB STEBLER

Auch der Mißerfolg ist eine Chance.

SIEGFRIED & INGE STARCK

Mißerfolg ist ausdauernder als Erfolg.

HANNS-DIETRICH VON SEYDLITZ

Ein gebranntes Kind holt keine Kastanien mehr aus dem Feuer.

GERHARD UHLENBRUCK

Erfolge schlagen oft durch, Mißerfolge an.

HORST FRIEDRICH

Auch der Mißerfolg kann einem recht geben.

MANFRED STRAHL

Mißtrauen

Erst das Kind sehen, bevor man der Hebamme Trinkgeld gibt.

Niederländisches Sprichwort

Es gibt eine Schutzmaßname, die den Weisen allgemein bekannt ist und die allen Vorteil und Schutz bietet, vor allem Demokratien gegen Tyrannen – Argwohn.

DEMOSTHENES

Wo das Vertrauen fehlt, spricht der Verdacht.

LAO DSE

Mangelndes Vertrauen ist nicht das Ergebnis von Schwierigkeiten. Sie haben ihren Ursprung in mangelndem Vertrauen.

SENECA

Darum rühme sich niemand eines Menschen.

1 KORINTHERBRIEF 3,21

Die Erfahrung zeigt, daß jener, der niemals vertraut, betrogen wird.

LEONARDO DA VINCI

Dem traue nie, der einmal Treue brach!

WILLIAM SHAKESPEARE

Argwohn ist eher eine Tugend als ein Fehler, so lange er sich wie ein Hund verhält, der wacht, aber nicht beißt.

LORD HALIFAX

Mißtrauen

Argwohn folgt auf Mißtrauen.

GOTTHOLD EPHRAIM LESSING

Wer allen alles traut, dem kann man wenig trauen.

GOTTHOLD EPHRAIM LESSING

Man muß keinem Menschen trauen, der bei seinen Versicherungen die Hand auf das Herz legt.

GEORG CHRISTOPH LICHTENBERG

Mißtrauen kommt nie zu früh, aber oft zu spät.

JOHANN GOTTFRIED SEUME

Man darf immer Mißtrauen haben, nur keines zeigen.

JEAN PAUL

Zuviel Vertrauen ist häufig eine Dummheit, zuviel Mißtrauen ist immer ein Unglück.

JOHANN NESTROY

Menschen, die einander ohne tatsächlich klaren Grund nicht trauen, trauen sich selber nicht.

FRIEDRICH THEODOR VISCHER

Wer damit anfängt, daß er allen traut, wird damit enden, daß er einen jeden für einen Schurken hält.

FRIEDRICH HEBBEL

Wir mißtrauen immer zu sehr oder zu wenig.

JOSEPH ROUX

Mißtraue allen Menschen mit einem starken Trieb zur Bestrafung.

FRIEDRICH NIETZSCHE

Mißtraue immer einem Untergebenen, der seine Vorgesetzten nie bemängelt.

JOHN CH. COLLINS

Vertraue nie einem Menschen, der über alle gut spricht.

JOHN CH. COLLINS

Den Mißtrauischen mißtraue, sie argwöhnen meist das, was sie selbst zu tun imstande wären.

ELEONORE VAN DER STRATEN-STERNBERG

Wer mißtrauisch ist, schüchtert sich selbst ein.

JOHANNES MÜLLER

Mißtrauen ist ein Zeichen von Schwäche. – Was soll Mißtrauen dem, der den Gegner nicht vernichten, sondern zu sich hinüberziehen will?

MAHATMA GANDHI

Mißtrauen wir den Vordergründen; alles, was uns da groß erscheint, wechselt rasch.

ANDRÉ GIDE

Wer Mißtrauen erträgt, erträgt jede Schande.

SALOMON BAER-OBERDORF

Mißtrauen kann nicht die Voraussetzung aller Menschenkenntnis sein, denn es ist kein positives Instrument zu dieser.

KURT REICHL

Vorsicht und Mißtrauen sind gute Dinge, nur sind auch ihnen gegenüber Vorsicht und Mißtrauen nötig.

CHRISTIAN MORGENSTERN

Mißtraue dem Menschen, der niemals scheiterte oder litt; folge weder seinem Glück noch kämpfe unter seiner Fahne.

SRI AUROBINDO

Mißtraue jeder Freude, die nicht auch Dankbarkeit ist!

THEODOR HAECKER

Mißtrauen gegen sich selbst ist die Bedingung alles anderen Mißtrauens.

OTTO WEININGER

Niemand ist einsamer als der, der niemandem mehr vertraut.

W. J. OEHLER

Ich würde niemals einem Verein beitreten, der mich als Mitglied aufnähme.

GROUCHO MARX

Mißtraue dem Wort Prestige!

RICHARD KATZ

Gefährlich ist es auch, keinem zu trauen.

FRIEDRICH GEORG JÜNGER

Wie beängstigend ist doch eine gläubige Jugend! Die Staaten sollten Mißtrauen säen an Stelle von Vertrauen.

HEINRICH BÖLL

Der Mißtrauische mißt dem andern die eigene Ehrlichkeit zu.

HEINRICH WIESNER

Mißtrauen ist Vertrauen im Erfahrungsformat.

WOLFRAM WEIDNER

Die Lüge baut dem Mißtrauen eine Stufe – das Mißtrauen der Lüge ganze Treppen.

JOACHIM SCHIRMER

Mißtrauen ist die bequemste Art von Kritik: es bedarf keiner Anstrengung.

HELMUT LAMPRECHT

Der Mensch ist zu allem fähig! Das ist es, was mich so mißtrauisch macht.

MICHAIL M. GENIN

Mißtraue dem, der sich von dir betrügen läßt.

MICHAIL M. GENIN

Es ist nicht immer gut, alle Bedenken zu äußern; es ist besser, alle Äußerungen zu bedenken.

GERHARD UHLENBRUCK

Mißtrauen ist Beleidigung ohne Worte.

SIEGFRIED THOMAS

Wie einem Menschen glauben, der auf einem Käfig sitzt?

BRANA CRNČEVIĆ

Mißtrauen ist der Abgrund, in den man seine Freunde stürzt, nicht seine Feinde.

KURT TACKMANN

Mißtrauen – der Krebs der Seele.

JORG SCHRÖDER

Glaub nicht dem Strick, auch wenn alle an ihm ziehen.

HANS-HORST SKUPY

Im Erfinden von Bedenken sind wir immer noch Weltspitze.

ERICH HÄUSSER

Mitleid

Pflege den kranken Knecht, nicht den faulen.

Chinesisches Sprichwort

Mein Auge soll ohne Mitleid auf dich blicken.

HESEKIEL 5,11

Mitleid ist eine Art Krankheit der Seele.

ZENON

Wer hat Mitleid mit dem Beschwörer, den die Schlange beißt?

BEN SIRA 12,13

Ich habe mehr Mitleid mit dem, der in Lüsten und Schanden sich freut, als mit dem, der Hartes zu erdulden scheint.

AUGUSTINUS

Mache dir, wenn du siehst, daß es einem Kranken irgendeine Erleichterung verschaffen kann, nichts daraus, deine Andacht aufzugeben, nimm teil an seinem Schmerz.

THERESIA VON ÁVILA

Mitleid ist die Tugend des Gesetzes; nur Tyrannei braucht es zur Grausamkeit.

WILLIAM SHAKESPEARE

Man muß Mitleid haben mit den einen und mit den anderen; aber für die einen muß man ein Mitleid haben, das der Zärtlichkeit, und für die anderen ein Mitleid, das der Verachtung entspringt.

BLAISE PASCAL

Wer mit den anderen Mitleid hat, bemitleidet sich selber.

MONTESQUIEU

Bei anderen bemitleiden wir nur die Übel, die wir selbst erfahren haben.

JEAN-JACQUES ROUSSEAU

Mitleid ist nicht so zärtlich wie Liebe.

VAUVENARGUES

Wenn man Mitleid fühlt, so fragt man nicht erst andere Leute, ob man es fühlen soll.

GEORG CHRISTOPH LICHTENBERG

Mitleid

Sehr zu beneiden ist niemand, sehr zu beklagen Unzählige.

ARTHUR SCHOPENHAUER

Mitleid. Immer davor auf der Hut sein!

GUSTAVE FLAUBERT

Mit-Leiden ist mehr als Mitleid.

EMIL FROMMEL

Mitleid ist die wahre Grundlage des Charakters.

ANATOLE FRANCE

Es gibt Fälle, wo das Mitleiden stärker ist als das eigentliche Leiden.

FRIEDRICH NIETZSCHE

Abgesehen von einigen Philosophen, so haben die Menschen das Mitleid in der Rangfolge moralischer Empfindungen immer ziemlich tief gestellt: mit Recht.

FRIEDRICH NIETZSCHE

In der vergoldeten Scheide des Mitleids steckt mitunter der Dolch des Neides.

FRIEDRICH NIETZSCHE

Dem unerbittlichen Unglück magst du entfliehen, das unerbetene Mitleid holt dich ein.

FRANZ VON SCHÖNTHAN

Mitleid ist vielleicht nicht Liebe, aber es kann dennoch sehr tief gehen.

VINCENT VAN GOGH

Erspartes Mitleid ist eine der häufigsten Quellen der humoristischen Lust.

SIGMUND FREUD

Mitleid ist das Verbundenheitgefühl der Kranken.

GEORGE BERNARD SHAW

Das Leben ist so, daß es für reines Mitleid keinen Platz mehr hat: Mitleid existiert in unserer Zeit anscheinend nur noch als eine Maske der Scham.

MAKSIM GORKIJ

Mitleid ist öfter platonisch als die Liebe.

ELEONORE VAN DER STRATEN-STERNBERG

Mitleid ist Herzensalmosen.

ELEONORE VAN DER STRATEN-STERNBERG

Mitleid ist weder Tugend noch Mangel, sondern ein unwillkürliches Gefühl wie Schadenfreude.

RICHARD VON SCHAUKAL

Wer viel Schönes im Leben erhalten hat, muß entsprechend viel dafür hingeben. Wer von eigenem Leid verschont ist, hat sich berufen zu fühlen, zu helfen, das Leid der anderen zu lindern. Alle müssen wir an der Last von Weh, die auf der Welt liegt, mittragen.

ALBERT SCHWEITZER

Der Mann schämt sich keiner anderen Regung so sehr wie des Mitleidens mit sich selbst.

OTTO WEININGER

Mitleid ist nur halbe Gerechtigkeit.

KAHLIL GIBRAN

Mitleid ist das tödlichste Gefühl, das man einer Frau anbieten kann.

VICKI BAUM

Nur ein sehr unglücklicher Mensch hat das Recht, einen anderen zu bedauern.

LUDWIG WITTGENSTEIN

Das Mitleid des Henkers liegt im sicheren Hieb.

ERNST JÜNGER

Es ist ganz unglaublich, was für Mengen von Mitleid ein kranker Mann vertragen kann.

PETER BAMM

Mitleid ist der Lebensnerv der christlichen Religion, der Religion der Liebe.

ZENTA MAURINA

Mitleid ist Almosen. Es beruhigt das Gewissen des Gebenden, selten das Leid des Empfangenden.

ANITA

Mitleid ist schwerer zu ertragen als Leid. Leid erhebt, Mitleid erniedrigt.

ANITA

Jedes Mitleid leitet ein Wohlwollen ein.
HANS MARGOLIUS

Die großartigste Schwäche des Menschen ist sein Mitleid.
THOMAS NIEDERREUTHER

Mitleid ist ohne Neid.
GERHARD UHLENBRUCK

Mitleid ist eine nützliche Waffe des Mannes; unverständlicherweise gibt es Frauen, die darauf gar nicht hereinfallen.
HEINZ WEDER

Statt mitzuleiden, sind wir betroffen. Das erlaubt es uns, kühlen Kopfes unsere Kontostände und die Aktienkurse im Auge zu behalten.
NIKOLAUS CYBINSKI

Das Mitleid ist der billigste Ersatz für Menschlichkeit.
RICHARD MUNK

Nur der Leidende hat das Recht, eine andere Person zu bemitleiden.
SULAMITH SPARRE

Mode

Jede Mode kommt aus der Mode
Japanisches Sprichwort

Schläfrigkeit kleidet in Lumpen.
SPRÜCHE 23,21

Warum sorget ihr für die Kleidung?
MATTHÄUS 6,28

Niemand flickt ein altes Kleid mit neuem Tuch.
MATTHÄUS 9,16

Kleider machen Leute.
QUINTILIAN

Sogar das Wissen muß nach der Mode sein.
BALTAZAR GRACIÁN

Sind neue Moden noch so lächerlich, ja, selbst unmännlich, dennoch befolgt man sie.
WILLIAM SHAKESPEARE

Die Kleider müssen so zum Menschen passen, wie der Mensch zur Landschaft passen muß.
LI LIWENG

Eine elegante Frau ist immer verliebt – in sich selbst.
LA ROCHEFOUCAULD

Das Kleid langweilt in Kürze den Betrachter.
JEAN DE LA FONTAINE

Die Natur macht die Frauen verschieden – die Mode macht sie gleich.
CHRISTINE VON SCHWEDEN

Es ist nicht die Mode von vor siebzig Jahren, die lächerlich wirkt – es ist die Mode von vor sieben Jahren.
CHRISTINE VON SCHWEDEN

Eine Mode schließt die andere aus; die Menschen sind zu engherzig, um mehrere Dinge zugleich zu schätzen.
VAUVENARGUES

Der Wechsel der Mode ist die Steuer, welche die Betriebsamkeit des Armen, der Eitelkeit des Reichen auferlegt.
CHAMFORT

Die meisten Menschen leben mehr nach der Mode als nach der Vernunft.
GEORG CHRISTOPH LICHTENBERG

Die Modeerscheinungen werden gewöhnlich erst dann geprüft und richtig beurteilt, wenn sie nicht mehr Mode sind.
HEINRICH PESTALOZZI

Die einzigen Arzneien, die Weibern mehr nützen als schaden, sind höchstens Kleider.
JEAN PAUL

Jeder modisch Gekleidete hält sich für den Repräsentanten des Jahrhunderts oder Dezenniums.
JEAN PAUL

Mode

Dürfte es wohl eine Dame geben, die sich aus echter Liebe zum Putz, aus uneigennützigem Geschmack gut anzöge?

NOVALIS

Nach meiner Ansicht ist der Herr am besten gekleidet, dessen Kleidung niemand bemerkt.

ANTHONY TROLLOPE

Jede Generation lacht über alte Moden, aber folgt den neuen treu.

HENRY DAVID THOREAU

Sobald eine Mode allgemein geworden ist, hat sie sich überlebt.

MARIE VON EBNER-ESCHENBACH

Man darf anders denken als seine Zeit, aber man darf sich nicht anders kleiden.

MARIE VON EBNER-ESCHENBACH

Kleider machen Leute, sagen die Leute, die Kleider machen.

DANIEL SPITZER

Die Mode liebt zwar das Unechte, aber sie wechselt damit.

ISOLDE KURZ

Die Mode der Frauen kann sich ändern, ihre Absicht bleibt die gleiche.

OSCAR WILDE

Mode – jene kurze Zeitspanne, in der das völlig Verrückte als normal gilt.

OSCAR WILDE

Mode ist so unerträglich häßlich, daß wir sie alle Halbjahre ändern müssen.

OSCAR WILDE

Die Neuheiten der einen Generation sind nur die aufgefrischten Moden der vorletzten.

GEORGE BERNARD SHAW

Moden sind eigentlich überhaupt nur eingeführte Epidemien, was beweist, daß Epidemien durch Geschäftsleute, also auch durch Ärzte, eingeführt werden können.

GEORGE BERNARD SHAW

Die Welt muß alt werden, glaube ich. Sie kleidet sich jetzt so nüchtern.

JEROME K. JEROME

Die Frauen tragen selbst den Witwenschleier so, daß er ihnen gut steht.

ELEONORE VAN DER STRATEN-STERNBERG

Religion, Moral, bunte Socken, Philosophie, Bügelfalten, Kunst, freie Liebe, seidene Nachthemden usw. usw. – alles ist Modesache.

A. O. WEBER

Jede Mode ist schön, die der Frau erlaubt, ihr Herz am rechten Fleck zu tragen.

RUDOLF R. BINDING

Immer hat mir diejenige Frau am besten gefallen, die durch Kleidung beweist, daß sie sich selbst versteht.

FELIX SALTEN

Schmuck soll einen nicht wohlhabend erscheinen lassen, sondern schmücken. Deshalb habe ich immer gerne falschen Schmuck getragen.

COCO CHANEL

Die Mode schafft Schönes, das häßlich werden wird, und die Kunst Häßliches, das schön werden wird.

COCO CHANEL

Mode modert schnell.

ADOLF SPEMANN

Es gibt keine Mode, welche durchzusetzen die Frauen nicht die Macht hätten.

PETER BAMM

Die Mode ist die Wissenschaft des Charmes.

PETER BAMM

Man sollte in modischen Dingen Stil haben, aber nicht seinen Stil einer Mode unterwerfen.

SIGMUND GRAFF

Die größte Sorge der Mode ist, daß kein Kleid wieder Mode wird.

SIGMUND GRAFF

Frauen unterwerfen sich willig der Mode, denn sie wissen, daß man die Verpackung wechseln muß, wenn der Inhalt interessant bleiben soll.

SIR NOEL COWARD

Sich geschmackvoll anzuziehen, ist immer eine Sache des Instinkts, vielleicht auch der Erziehung, aber niemals eine Sache des Geldes.

MAGGY ROUFF

Mode ist im Grunde nur eine bedauernswerte Schaustellung und hat nichts mit *Fashion* zu tun.

MARLENE DIETRICH

Kleider machen Leute – aber sie machen nicht den Menschen.

OTHMAR CAPELLMANN

Chic ist Mode, bevor sie modern wird.

ANITA

Versuche nicht, modern zu sein, denn das kannst du gar nicht vermeiden, ganz gleich, was du unternimmst.

SALVADOR DALI

Die Mode wechselt, solange der Wechsel Mode ist.

HERBERT A. FRENZEL

Die Mode ist die älteste Vergnügungssteuer der Welt.

HANS KASPER

Nichts fürchtet eine Frau so sehr, wie am richtigen Abend falsch angezogen zu sein.

CHARLES AZNAVOUR

Mode ist eine Tarnkappe, mit der man gesehen werden will.

WOLFRAM WEIDNER

Mode hebt sich selber auf.

ROBERT EMANUEL LOOSEN

Die Mode ist die perfekteste Diktatur.

FRANZISKA MAIER-HÖFFERN

Je mehr Raffinement eine Frau aufs Anziehen verwendet, um so mehr tut sie es auch beim Ausziehen.

JEWGENIJ JEWTUSCHENKO

Die Mode ist eine Vergnügungssteuer, die mindestens zweimal jährlich fällig wird.

FRANÇOISE SAGAN

Mode ist die Uniform der Zivilisten.

WERNER MITSCH

Der letzte Schrei ist nichts, als die Ankündigung des nächsten.

WERNER SCHNEYDER

Aus der Mode kommt nur das Eva-Kostüm nie.

PAJO KANIŽAJ

Moden sind dazu da, daß man ihnen ausweicht.

JOSEPH VON WESTPHALEN

Die neueste Mode: innen ohne.

BIRGIT BERG

Mode ist gelegentlich eine andere Bezeichnung für kollektive Dummheit.

SULAMITH SPARRE

Möglichkeit

Nichts ist möglich – so ist das Leben.

Japanisches Sprichwort

Bei Gott sind alle Dinge möglich.

MATTHÄUS 19,26

Alle Dinge sind möglich dem, der da glaubt.

MARKUS 9,23

Was unmöglich ist bei den Menschen, ist möglich bei Gott.

LUKAS 18,27

Die Idee des Möglichen ist uns allen die gefährlichste, sie hat es mit der Einbildungskraft zu tun, die nicht immer Freuden bereitet.

J. ST. ZAUPER

Man muß das Unmögliche fordern, damit das Mögliche erreicht wird.

HELMUTH GRAF MOLTKE

Möglichkeit

Es ist gesünder, nichts zu hoffen und das Mögliche zu schaffen, als zu schwärmen und nichts zu tun.

GOTTFRIED KELLER

Wir können stets fühlen, was recht, aber nicht immer wissen, was möglich ist.

JOHN RUSKIN

Alles Große ist notwendig, alles Kleine möglich.

SALOMON BAER-OBERDORF

Damit das Mögliche entsteht, muß immer wieder das Unmögliche versucht werden.

HERMANN HESSE

Das ärztlich Mögliche wird versäumt, das seelisch Begehrte nicht erreicht.

KARL JASPERS

Zwei Möglichkeiten: sich unendlich klein machen oder es sein. Das zweite ist Vollendung, also Untätigkeit, das erste Beginn, also Tat.

FRANZ KAFKA

Kenntnis und Beherrschung von Naturgesetzen machten etwas möglich, was dem Menschen von Natur nicht gegeben ist.

PETER BAMM

Wir leben immer vom Vielleicht.

OTTO ROMBACH

Man kann sich doch nicht vor allem Schlimmen fürchten, bloß deswegen, weil es im Bereich der Möglichkeit liegt!

ERIKA MITTERER

Von der Politik haben wir Vernunft, von den einzelnen Liebe zu fordern. Es ist Sache der Politik, dafür zu sorgen, daß aus der Chance einzelner die Chance der einzelnen wird.

FRIEDRICH DÜRRENMATT

Im Widerspiel des Unmöglichen mit dem Möglichen erweitern wir unsere Möglichkeiten.

INGEBORG BACHMANN

Die Möglichkeit ist das Maß der Wirklichkeit.

GERHARD BRANSTNER

Ohne das Unmögliche zu wollen, ist das Mögliche nicht zu erreichen.

GERHARD BRANSTNER

Nicht die Zeit ist das kostbarste Gut des Menschen, sondern die Möglichkeit, mit der Zeit etwas Sinnvolles anzufangen.

HELLMUT WALTERS

Vieles ist wahrscheinlich, denn fast alles ist möglich.

WERNER MITSCH

Der Unmöglichkeit sind keine Grenzen gesetzt, der Möglichkeit gar viele.

ELISABETH HABLÉ

Irgendwann werden wir dafür bestraft, daß wir die Grenzen unserer Möglichkeiten überschreiten.

HANS-HORST SKUPY

Wenn jemand nichts über mich weiß, ist alles möglich.

SULAMITH SPARRE

Moral

Der schlimmste Teufel ist einer, der betet.

Polnisches Sprichwort

Ein schönes Weib ohne Zucht ist wie eine Sau.

SPRÜCHE 11,22

Nichts, dem Gerechtigkeit mangelt, kann moralisch richtig sein.

CICERO

Was das Gesetz nicht verbietet, verbietet der Anstand.

SENECA

Durch zerlumpte Kleider sieht man die kleinsten Laster, lange Röcke und Pelzmäntel verbergen alles.

WILLIAM SHAKESPEARE

Moral

Eine Moral für die Gesunden und eine Moral für die Kranken.

MONTESQUIEU

Die Moral ist dieselbe bei allen Menschen, also kommt sie von Gott. Der Kultus ist verschieden, also ist er Menschenwerk.

VOLTAIRE

Es gibt nur eine Moral, genau wie es nur eine Geometrie gibt.

VOLTAIRE

Der moralische Zustand eines Volkes ergibt sich weniger aus dem absoluten Zustand seiner Mitglieder als aus ihren Beziehungen untereinander.

JEAN-JACQUES ROUSSEAU

Alles Gute, das nicht auf moralisch gute Gesinnung gepfropft ist, ist nichts als Schein und schimmerndes Elend.

IMMANUEL KANT

Die moralische Bildung des Menschen darf nicht von der Besserung der Sitten, sondern muß von der Umwandlung der Denkungsart und von der Gründung eines Charakters anfangen.

IMMANUEL KANT

Zwei Dinge erfüllen den Verstand immer wieder mit neuer und steigender Überraschung und mit Ehrfurcht: der Sternenhimmel über mir und das moralische Gesetz in mir.

IMMANUEL KANT

Alle Moral muß aus der Fülle des Herzens kommen.

GOTTHOLD EPHRAIM LESSING

Wenn unser Herz uns nicht wider Willen unserer Köpfe zu besseren Leuten machte, so wäre die Moral aller Erdenbewohner äußerst eigennützig.

CHRISTOPH MARTIN WIELAND

Man muß seine moralische Ökonomie vereinfachen.

CARL GOTTLOB SCHELLE

Die Moral ist für alle Menschen nur eine.

JOHANN JAKOB ENGEL

Jeder Mensch hat auch seine moralische backside, die er nicht ohne Not zeigt und die er solange als möglich mit den Hosen des guten Anstandes zudeckt.

GEORG CHRISTOPH LICHTENBERG

Jede vermehrte sittliche Aufklärung erleichtert den bürgerlichen Regierungen die Sorge für die öffentliche Glückseligkeit.

JOHANN GOTTFRIED HERDER

Wer von seinem Verstande zum Schaden anderer Gebrauch macht oder diese auch nur dadurch einschränkt, ist insofern unmoralisch.

JOHANN WOLFGANG VON GOETHE

Die große Moral schließt die kleine in sich.

GRAF MIRABEAU

Es gibt in der moralischen Welt nichts, was nicht gelänge, wenn man den rechten Willen dazu mitbringt.

WILHELM VON HUMBOLDT

Kraft ist die Moral der Menschen, die sich vor anderen auszeichnen, und sie ist auch die meinige.

LUDWIG VAN BEETHOVEN

Moral ist die Grammatik der Religion; es ist leichter gerecht als schön zu handeln.

LUDWIG BÖRNE

Strenge Moralisten sagen: um glücklich zu sein, muß man alle Leidenschaften aus sich verdammen. Dieser Rat ist ungefähr so gut, als wie wenn man einem, der über enge Stiefel klagt, sagt, er soll sich beide Füß' amputieren lassen, damit er kein' Verdruß mehr mit dem Schuster hat.

JOHANN NESTROY

Das Volk muß physisch beim G'nack gepackt und moralisch mit der Nase draufgestoßen werden.

JOHANN NESTROY

Sich zum Rechten gewöhnen ist der Inbegriff der ganzen Moral und zugleich der Seelendiätetik.

ERNST VON FEUCHTERSLEBEN

Moral

Es gibt eine Sittlichkeit auch in den gemeinen Verhältnissen des Weltverkehrs. Man nennt sie Diskretion.

ERNST VON FEUCHTERSLEBEN

Nicht eine kränkelnde Moral – uns frommt eine robuste Sittlichkeit.

ERNST VON FEUCHTERSLEBEN

Das Moralische versteht sich doch immer von selbst.

FRIEDRICH THEODOR VISCHER

Erst beweist ihr Gott aus der Moral und dann die Moral aus Gott!

GEORG BÜCHNER

Es gibt viele Religionen, aber nur eine Moral.

JOHN RUSKIN

Die einfachste und kürzeste moralische Formel ist, sich von anderen so wenig wie möglich bedienen zu lassen und den anderen so viel wie möglich zu dienen. Von den anderen so wenig wie möglich zu fordern und ihnen so viel wie möglich zu geben.

LEW N. GRAF TOLSTOJ

Die Moral, die gut genug war für unsere Väter, ist nicht gut genug für unsere Kinder.

MARIE VON EBNER-ESCHENBACH

Je lockerer die Moral, je fester muß der Charakter sein.

MARIE VON EBNER-ESCHENBACH

Die moralisierende Frau ist ohne jeden Reiz.

OSCAR WILDE

Die Moral ist immer die letzte Zuflucht der Leute, welche die Schönheit nicht begreifen.

OSCAR WILDE

Die Bücher, die von der Welt unmoralisch genannt werden, sind Bücher, die der Welt ihre eigene Schande zeigen.

OSCAR WILDE

Moral ist einfach die Haltung, die wir gegen Leute einnehmen, von denen wir persönlich nicht erbaut sind.

OSCAR WILDE

Der Bourgeois behauptet nie, er sei der heilige Franziskus, sondern er möchte immer für einen Casanova gehalten werden, der zu monogamer Anständigkeit gezähmt und gebändigt worden ist.

GEORGE BERNARD SHAW

Eine der Aufgaben der Frau im öffentlichen Leben ist, immer den Kompaß der Anständigkeit in der Hand zu haben.

BERTHA PAPPENHEIM

Nicht das äußerlich, sondern das innerlich anerkannte Gesetz gibt uns moralischen Halt.

M. HERBERT

Gäbe es Moralthermometer, wie es Fieberthermometer gibt, würden sich viele Menschen nicht gern messen lassen.

ELEONORE VAN DER STRATEN-STERNBERG

Die Gesetze unserer Moral sind erzeugt von den Bedürfnissen der Gesellschaft von gestern.

KAKUZO OKAKURA

Wo immer man einen Verstoß gegen die Moral zu sehen glaubte, ist es einer gegen den Geschmack, gegen die Logik oder gegen die Wahrhaftigkeit gewesen.

ARTHUR SCHNITZLER

Ich will keine Moral mehr verstehen, die nicht die größte, die schönste, die freieste Anwendung und Entwicklung unserer Kräfte lehrt.

ANDRÉ GIDE

Vieler Menschen Moral: ihr Mangel an Sinnlichkeit.

SALOMON BAER-OBERDORF

Die Sittlichkeit vieler ehrbarer Menschen ist nicht größer als ein Feigenblatt.

SALOMON BAER-OBERDORF

Kraft macht keinen Lärm. Sie ist da und wirkt. Wahre Ethik fängt an, wo der Gebrauch der Worte aufhört.

ALBERT SCHWEITZER

Der große Feind der Sittlichkeit ist die Abstumpfung.

ALBERT SCHWEITZER

Moral

Moral hat immer einen Hang zur Bilderstürmerei. Herrschaft der Gesinnung führt leicht zur Kultur- und Kunstfeindlichkeit. Man kennt die Abneigung der Tugend gegen Schönheit, Form, Glanz, Eleganz – dergleichen gilt ihr als frivol.

THOMAS MANN

Große Moralisten waren meistens auch große Sünder.

THOMAS MANN

Ich bin der Auffassung, daß das moralisch Gebotene mindestens so verpflichtend ist wie das juristisch Gebotene.

KONRAD ADENAUER

Wenn der Mann fällt, so fällt nur der Mann, aber wenn die Frau fällt, so fällt ein ganzes Volk.

GERTRUD VON LE FORT

Die Moral ist das Rückgrat der Schwachsinnigen.

FRANCIS PICABIA

Vollendet wird die sittliche Freiheit darin, daß der Mensch das Gute nicht nur von Fall zu Fall tut, sondern daß es ihm zur Haltung wird; wenn er das Sittliche nicht tut; sondern sittlich ist.

ROMANO GUARDINI

Mit beginnendem Alter verliert sich die Abhängigkeit von Sympathie oder Antipathie. Dafür stellt sich eine stärkere Empfindlichkeit für die moralische Atmosphäre eines Menschen ein.

INA SEIDEL

Nur das moralische Gesetz kann der Grundsatz, das Grundgesetz der menschlichen Entwicklung sein.

JOSEF ČAPEK

Manche Moral ist nur Bequemlichkeit.

FRIEDL BEUTELROCK

Die Moral haben immer nur die Revolutionäre auf ihrer Seite. Sie ist das Instrument ihrer Aggressionen.

EUGEN BÖHLER

Keuschheit ist die notwendige Vorbedingung jedes moralischen Lebens, das dem des Tieres überlegen ist.

ALDOUS HUXLEY

Schon der Hammer konnte ebensogut dazu benutzt werden, Eisen zu schmieden, wie dazu, einen Schädel einzuschlagen. Die Moral steckt nicht in dem Hammer, sondern in dem Menschen, der ihn führt.

PETER BAMM

Die Moral der Frauen hat Form.

SIGMUND GRAFF

Alles, was die Frau aus Liebe tut, ist für sie auch moralisch.

SIGMUND GRAFF

Auch die Moral hat ihr Gesetz der Schwere.

ERICH KÄSTNER

Jede echte Moral, im höchsten, menschlichen Sinn verstanden, setzt geistige Leistungen voraus, zu welchen kein Tier imstande ist.

KONRAD LORENZ

Der moralische Zustand eines Volkes zeigt sich am besten darin, wie es seine Bäume behandelt.

ERWIN CHARGAFF

Moralisten sind Menschen, die sich dort kratzen, wo es andere juckt.

SAMUEL BECKETT

Männer neigen zu sehr dazu, nicht nur die Moral, sondern auch die Unmoral zu ihren Gunsten auszulegen.

DOMINIQUE LE BOURG

Die Kinder haben mehr für die Entwicklung der Moral getan als alle Prediger zusammen.

THOMAS NIEDERREUTHER

Um die Moral zu heben, muß man die Ansprüche senken.

STANISLAW JERZY LEC

Moraltheologen machen nicht selten aus der Tugend eine Not.

BERNHARD POLLAK

Moral

Die Moral sinkt mit der Sonne.

HANS KASPER

Moral ist nicht zum Wächter, sondern zum Hüter der Sinnlichkeit bestellt.

ANTON NEUHÄUSLER

Moral ist der ständige Kampf gegen die Rebellion der Hormone.

FEDERICO FELLINI

Moral ist immer noch der einzige Maßstab für die Berechenbarkeit des Menschen.

THEODOR NASEMANN

Moral ist ein Kompromiß zwischen Trieb und Geist.

JAKOB STEBLER

Wir leben heutzutage in einem moralischen Niemandsland.

OSWALT KOLLE

Gott hat absolute moralische Gesetze in sein Weltall eingebaut. Wir können sie nicht ändern. Gehorchen wir ihnen nicht, so zerbrechen sie uns.

MARTIN LUTHER KING

Stelle die alten Sprichwörter auf den Kopf, und du hast die neue Moral.

HELLMUT WALTERS

Vergnügungssteuer ist die amoralischste aller Steuern.

HANS-HORST SKUPY

Moralapostel sind intolerant.

STEPHAN SULKE

Moralapostel sind Menschen, die neidisch sind, wenn andere Menschen das tun, was sie selber nicht tun. Oder wenn andere Menschen das nicht tun, was sie selber tun.

STEPHAN SULKE

Wenn man seine Moral verdoppelt, negiert man sie.

ANDRÉ BRIE

Die Moral kommt nach dem Essen. Also immer zu kurz.

WOLFGANG MOCKER

Musik

Musik heilt kein Zahnweh.

Schottisches Sprichwort

Die Musik zielt darauf hin, das Herz mit edlen Gefühlen zu erfüllen.

KONFUZIUS

Pflege der Musik – das ist die Ausbildung der inneren Harmonie.

KONFUZIUS

Alle Musik muß in der Liebe endigen, zum Schönen.

PLATON

Die musikalische Erziehung ist von höchster Bedeutung, weil Rhythmus und Harmonie am tiefsten in das Innere der Seele eindringen und sie am stärksten ergreifen, die schöne Form schon mit sich bringen und der Seele die Schönheit mitteilen.

PLATON

Die Musik vermag unseren Charakter zu bilden. Ist dem aber so, so ist es klar, daß wir unsere jungen Leute darin unterrichten müssen.

ARISTOTELES

Es genügt, die Musik eines Landes zu beobachten, um seine Sitten zu kennen.

LÜ BU WE

Singen will ich dem Herrn, weil er mir Gutes getan hat.

PSALMEN 13,6

Von der Musik wird alles erfaßt, was Leben hat, da sie die Seele des Himmels ist.

CICERO

Die Musik ist Wirkung, die Sitten sind Rückwirkung.

DSCHENG HÜAN

Die Musik ist imstande, bei Unglück in der Liebe zu trösten.

DIOGENES

Musik

Einige von den Alten nannten den Rhythmus das männliche, die Melodie das weibliche Prinzip.

ARISTIDES QUINTILIANUS

Die Musik ist von Natur an dergestalt mit uns verbunden, daß wir sie, auch wenn wir wollten, nicht entbehren können.

BOËTHIUS

Alles, was sich im Himmel und auf Erden ereignet, ist musikalischen Gesetzen unterworfen.

CASSIODOR

Der geeignete Zeitpunkt für ein Konzert ist die Nacht, wenn man die Gesichter der Leute nicht sieht.

SEI SHONAGON

Von der Erde aufwärts bis zum Firmament wird die himmlische Musik gemessen, nach deren Vorbild unsere Musik erfunden wurde.

ANSELM VON CANTERBURY

Es fließt mir das Herz über vor Dankbarkeit gegen die Musik, die mich so oft erquickt und aus großen Nöten errettet hat.

MARTIN LUTHER

Musica ist das beste Labsal eines betrübten Menschen, dadurch das Herze wieder zufrieden, erquickt und erfrischt wird.

MARTIN LUTHER

Musicam habe ich allezeit liebgehabt. Wer diese Kunst kann, der ist guter Art.

MARTIN LUTHER

Musik ist eine Gabe und ein Geschenk Gottes, nicht ein Menschengeschenk, nahe der Theologie. Ich gebe nach der Theologia der Musica den höchsten Platz und höchste Ehre.

MARTIN LUTHER

Wenn die Musik der Liebe Nahrung ist, spielt weiter, gebt mir volles Maß!

WILLIAM SHAKESPEARE

Zu welchem Zweck ward uns Musik gegeben? Ist's nicht, des Menschen Seele zu erfrischen nach ernstem Studium und der Arbeit Mühe?

WILLIAM SHAKESPEARE

Im Takt besteht gleichsam die Seele und das Leben aller Musik.

HEINRICH SCHÜTZ

Die Musik der heutigen Zeit besteht lediglich in der Kunst, Schwierigkeiten auszuführen; aber was nur schwierig ist, kann auf die Dauer nicht gefallen.

VOLTAIRE

Einer der erhabensten Zwecke der Tonkunst ist die Ausbreitung der Religion und die Beförderung und Erbauung unsterblicher Seelen.

CARL PHILIPP EMANUEL BACH

Aus der Seele muß man musizieren und nicht wie ein abgerichteter Vogel.

CARL PHILIPP EMANUEL BACH

Ich betrachte die Musik nicht nur als eine Kunst, das Ohr zu ergötzen, sondern als eines der größten Mittel, das Herz zu bewegen und Empfindungen zu erregen.

CHRISTOPH WILLIBALD GLUCK

Die Absichten eines Tonkünstlers merken heißt, ihm zugestehen, daß er sie erreicht hat. Sein Werk soll kein Rätsel sein, dessen Deutung ebenso mühsam wie schwankend ist.

GOTTHOLD EPHRAIM LESSING

Erfindet eine schöne Melodie, und eure Musik, welcher Art sie auch sei, wird schön sein und gefallen.

JOSEPH HAYDN

Keine Kunst, auch nicht die Poesie, verbindet sich so innig mit der Religion wie die Musik.

LUDWIG ECKARDT

Dem Menschen ist das musikalische Genie angeboren; nur von der Kultur hängt es ab, wie weit dies sein musikalisches Genie kreisen soll.

CHRISTIAN FRIEDRICH DANIEL SCHUBART

Die Musik weilt nicht gern unter einem Volke, das Unterdrückung, Mangel, Elend und Schmach zur Erde beugt.

CHRISTIAN FRIEDRICH DANIEL SCHUBART

667

Musik

Musik, auch in wortlosen Tönen, hat ein Erhabenes, das keine andere Kunst hat, als ob sie, eine Sprache der Genien, nur unmittelbar an unser Innerstes, als einen Mitgeist der Schöpfung, spräche.

JOHANN GOTTFRIED HERDER

Gerade die Musik leidet und fordert unter allen Künsten am meisten Wiederholung.

JOHANN GOTTFRIED HERDER

Ton ist die sinnlichste Darstellung der Seele und gleichsam das wahrste Bild ihres reinen, sich in sich selbst regenden Wesens. Veränderung desselben, Melodie, Harmonie, Disharmonie zeigt ihr Leben.

WILHELM HEINSE

Ein Akkord, ein Ton Musik tötet mit seiner seelenergreifenden Bewegung alle bildende Kunst sogleich, als er sich hören läßt.

WILHELM HEINSE

Das musikalische Talent kann sich wohl am frühesten zeigen, indem die Musik ganz etwas Angeborenes, Inneres ist, das von außen keiner großen Nahrung und keiner aus dem Leben gezogenen Erfahrung bedarf.

JOHANN WOLFGANG VON GOETHE

Die Tonkunst ist das wahre Element, woher alle Dichtungen entspringen und wohin sie zurückkehren.

JOHANN WOLFGANG VON GOETHE

Die Würde der Kunst erscheint bei der Musik vielleicht am eminentesten, weil sie keinen Stoff hat, der abgerechnet werden müßte. Sie ist ganz Form und Gehalt und erhöht und veredelt alles, was sie ausdrückt.

JOHANN WOLFGANG VON GOETHE

Musik im besten Sinne bedarf weniger der Neuheit, ja vielmehr, je älter sie ist, je gewohnter man sie ist, desto mehr wirkt sie.

JOHANN WOLFGANG VON GOETHE

Wer Musik nicht liebt, verdient nicht, ein Mensch genannt zu werden, wer sie liebt, ist ein halber Mensch; wer sie aber treibt, der ist ein ganzer Mensch.

JOHANN WOLFGANG VON GOETHE

Es gibt keine angenehmere Musik als die Variationen bekannter Melodien.

JOSEPH JOUBERT

Bei der Oper muß schlechterdings die Poesie der Musik gehorsame Tochter sein.

WOLFGANG AMADEUS MOZART

Man irrt, wenn man denkt, daß mir meine Kunst so leicht geworden ist. Es gibt nicht leicht einen berühmten Meister in der Musik, den ich nicht fleißig, oft mehrmals, studiert hatte.

WOLFGANG AMADEUS MOZART

Melodie ist das Wesen der Musik.

WOLFGANG AMADEUS MOZART

Musik ist der Schlüssel zum weiblichen Herzen.

JOHANN GOTTFRIED SEUME

Die Musik ist unter allen Künsten die rein menschlichste, die allgemeinste.

JEAN PAUL

Die Tonkunst ist die Heilige, die Madonna unter den Künsten; sie kann nichts gebären und darstellen als das Sittliche.

JEAN PAUL

Eigentlich versteht niemand als nur Gott unsere Musik; wir machen sie wie taubstumme Schüler Worte und verstehen selber die Sprache nicht, die wir reden.

JEAN PAUL

Wer Musik macht, erzeugt sie nicht, sondern öffnet nur mehr oder minder die Türe, durch welche wir die immerwährende Ur-Musik hören.

FRANZ VON BAADER

Nichts bringt uns die Vergangenheit so zurück wie die Musik.

GERMAINE (MADAME) DE STAËL

Musik ist die wahre allgemeine Menschensprache. Mit Hilfe der göttlichen Tonkunst läßt sich mehr ausdrücken und ausrichten als mit Worten.

KARL JULIUS WEBER

Musik

Wer die Musik geringschätzt, ist mir einmal verdächtig und sicher ohne Herzlichkeit.

KARL JULIUS WEBER

Ich kann mir bei der Musik nichts denken.

GEORG WILHELM FRIEDRICH HEGEL

Es gehört Rhythmus des Geistes dazu, um Musik in ihrer Wesenheit zu fassen – sie gibt Ahnung, Inspiration himmlischer Wissenschaften, und was der Geist sinnlich von ihr empfindet, das ist die Verkörperung geistiger Erkenntnis.

LUDWIG VAN BEETHOVEN

Musik ist der einzige unverkörperte Eingang in eine höhere Welt des Wissens.

LUDWIG VAN BEETHOVEN

Musik ist höhere Offenbarung als alle Weisheit und Philosophie.

LUDWIG VAN BEETHOVEN

Wem sich meine Musik auftut, der muß frei werden von all dem Elend, womit sich die anderen Menschen schleppen.

LUDWIG VAN BEETHOVEN

Nur die Harmonie vermag die Leidenschaften zu erwecken. Die Melodie entnimmt ihr alle Kräfte!

LUDWIG VAN BEETHOVEN

Musik ist die Weltsprache, die alle Lebensgefühle harmonisch erzählt.

MARIE COTTIN

Die Musik ist wie ein geistiges, himmlisches Bad; die kranke Seele taucht sich selbst verlierend in den Strom der holden Töne unter und tritt genesen und verklärter wieder hervor.

HEINRICH ZSCHOKKE

Die Musik ist eine allegorisierende Kunst.

JOSEPH VON SCHELLING

Das ist das wunderbare Geheimnis der Tonkunst, daß sie da, wo die arme Rede versiegt, erst eine unerschöpfliche Quelle der Ausdrucksmittel öffnet.

E. T. A. HOFFMANN

Die Musik bleibt allgemeine Sprache der Natur; in wunderbaren, geheimnisvollen Anklängen spricht sie zu uns, vergeblich ringen wir danach, diese in Zeichen festzubannen, und jenes künstliche Anreihen der Hieroglyphe enthält uns nur die Andeutung dessen, was wir erlauscht.

E. T. A. HOFFMANN

Das ist das wunderbarste Geheimnis der Tonkunst, daß sie da, wo die arme Rede versiegt, erst eine unerschöpfliche Quelle der Ausdrucksmittel eröffnet.

E. T. A. HOFFMANN

Die Musik schließt dem Menschen ein unbekanntes Reich auf, eine Welt, die nichts gemein hat mit der äußeren Sinnenwelt, die ihn umgibt und in der er alle bestimmten Gefühle zurückläßt, um sich einer unaussprechlichen Sehnsucht hinzugeben.

E. T. A. HOFFMANN

Keine Kunst geht so rein aus der inneren Vergeistigung des Menschen hervor, keine Kunst bedarf so nur einzig reingeistiger, ätherischer Mittel wie die Musik. Die Ahnung des Höchsten und Heiligsten, der geistige Macht, die den Lebensfunken in der ganzen Natur entzündet, spricht sich hörbar aus im Ton – und so wird Musik, Gesang, der Ausdruck der höchsten Fülle des Daseins: Schöpferlob!

E. T. A. HOFFMANN

Wo die Sprache aufhört, fängt die Musik an.

E. T. A. HOFFMANN

Musik ist die Kunst des Gemüts, welche sich unmittelbar an das Gemüt wendet.

JOHANN FRIEDRICH HERBART

Ich betrachte die Musik als die Wurzel aller übrigen Künste.

HEINRICH VON KLEIST

Musik, bei deinen Zauberklängen erscheint uns Sprache arm und kalt!

THOMAS MOORE

Musik ist die Vermittlung des geistigen Lebens zum sinnlichen.

BETTINA VON ARNIM

Musik

Musik ist Gebet.

LUDWIG BÖRNE

Die Musik beantwortet die Frage, was das Leben sei, tiefer als alle anderen Künste, indem sie in einer ganz unmittelbar verständlichen Sprache, die jedoch nicht in die der Vernunft übersetzbar ist, das innerste Wesen alles Lebens und Daseins ausspricht.

ARTHUR SCHOPENHAUER

Die Musik überhaupt ist die Melodie, zu der die Welt der Text ist.

ARTHUR SCHOPENHAUER

Eben dadurch schmeichelt die Musik sich so in unser Herz, daß sie ihm stets die vollkommene Befriedigung seiner Wünsche vorspiegelt.

ARTHUR SCHOPENHAUER

Die Musik ist viel mächtiger als das Wort. Musik und Worte sind die Vermählung eines Prinzen mit einem Bettlermädchen.

ARTHUR SCHOPENHAUER

Für mich hat die Musik als solche, bloß den Gesetzen ihrer Wesenheit und den Einflüssen einer begrifflosen Begeisterung gehorchend, immer etwas unendlich Heiliges, Überirdisches gehabt.

FRANZ GRILLPARZER

Die Musik liegt ebenso im Argen wie die Poesie, und zwar aus dem nämlichen Grunde: dem Mißkennen des Gebiets der verschiedenen Künste. Die Musik strebt, um sich zu erweitern, in die Poesie hinüber.

FRANZ GRILLPARZER

Wo kein Herz ist, ist keine Musik.

MORITZ HAUPTMANN

Der Geist soll mehr üben als die Finger! Das ist die Hauptsache. – Die Seele muß durch die Finger zum Herzen reden.

IGNAZ MOSCHELES

Musik ist die Kunst, das Ohr zu vergnügen, das Herz zu rühren, den Verstand in angenehme Tätigkeit zu versetzen und die Einbildungskraft mit mannigfaltigen Vorstellungen zu versehen.

JOHANN CHRISTIAN LOBE

Was ist die Musik? Sie steht zwischen Gedanken und Erscheinung; als dämmernde Vermittlerin steht sie zwischen Geist und Materie; sie ist beiden verwandt und doch von beiden verschieden; sie ist Geist, aber ein Geist, welcher eines Zeitmaßes bedarf; sie ist Materie, aber Materie, die des Raumes entbehren kann.

HEINRICH HEINE

Das Wesen der Musik ist Offenbarung – es läßt sich keine Rechenschaft davon geben.

HEINRICH HEINE

Von allen Künsten ist die Musik am besten geeignet, einen Schmerz zur Erstarrung zu bringen oder einzuschläfern. Sie allein vermag es, die Seele wieder zu erhellen und sie aus sich selbst herauszuheben.

GIACOMO GRAF LEOPARDI

Es gibt gewisse, für alle fühlbare und ersichtliche musikalische Schönheiten, die durchaus nicht derart sind, daß sie laute Beifallsbezeugungen hervorrufen können.

HECTOR BERLIOZ

Man muß mit den Instrumenten und Stimmen, durch ihre Schwingungen erregt, gleichsam selbsttönend mitschwingen, um wahrhaft musikalische Eindrücke zu erhalten.

HECTOR BERLIOZ

Die Musik allein hat die Macht, uns in uns selbst zurückzuführen: alle anderen Künste leihen uns nur exzentrische Freuden.

HONORÉ DE BALZAC

Man hat mit Recht gesagt, daß die Musik es sich zum Ziele setzt, das Gemüt zu erregen. Keine andere Kunst weckt so mächtig das Gefühl im Busen des Menschen auf, keine andere Kunst malt vor den Augen der Seele so holdselig die Zauber der Natur und die Wonnen der Vertiefung in Gedankenwelten und den Geist der Völker und die Stürme ihrer Leidenschaften und die Tiefen ihrer Qualen. Schmerz, Hoffnung, Angst, Entschluß, Begeisterung, Schrecken, Glaube, Verzweiflung, Herrlichkeit und Stille, das alles und weit mehr gibt und nimmt uns die Musik je nach Gefallen ihres Geistes und Empfänglichkeit des unsrigen.

GEORGE SAND

Musik

Kein Bild, kein Wort kann das Eigenste und Innerste des Herzens aussprechen wie die Musik; ihre Innigkeit ist unvergleichlich, sie ist unersetzlich.

FRIEDRICH THEODOR VISCHER

Tonkunst – sie ist die reichste Kunst, sie spricht das Innigste aus, sagt das Unsagbare, und sie ist die ärmste Kunst, sagt nichts.

FRIEDRICH THEODOR VISCHER

Es wäre ein Wunder, wenn es irgendwo eine Musik geben könnte, wo keine Gesinnung ist.

FELIX MENDELSSOHN-BARTHOLDY

Auf welche Weise die Kompositionen entstehen, ob von innen nach außen oder umgekehrt, macht nichts zur Sache und vermag niemand zu entscheiden. Die Komponisten wissen das meist selbst nicht, eins wird so, das andere so.

ROBERT SCHUMANN

Ich halte die Musik noch für die veredelte Sprache der Seele; andere finden in ihr einen Ohrenrausch, andere ein Rechenexempel – und üben sie in dieser Weise aus.

ROBERT SCHUMANN

Musik redet die allgemeinste Sprache, durch welche die Seele frei, unbestimmt angeregt wird; aber sie fühlt sich in ihrer Heimat.

ROBERT SCHUMANN

Die Musik ist als die universelle Sprache der Menschheit zu bezeichnen, durch welche das menschliche Gefühl sich einst allen Herzen in gleich verständlicher Weise mitteilen kann, während sie außerdem den verschiedenen Nationen die mannigfaltigsten Dialekte darbietet, je nachdem deren Ausdrucksweise dem Geist der einen oder anderen besser entspricht.

FRANZ LISZT

Gefühl selbst lebt und leuchtet in der Musik ohne bildliche Hülle, ohne Vermittlung der Tat, des Gedankens.

FRANZ LISZT

Die Musik ist Hauch von Mund zu Mund, strömendes Blut in den Adern des Lebens!

FRANZ LISZT

Die wirkliche Aufgabe eines Kapellmeisters besteht darin, sich augenscheinlich überflüssig zu machen und mit seiner Funktion möglichst zu verschwinden. Wir Kapellmeister sind Steuermänner und keine Ruderknechte.

FRANZ LISZT

Die Musik wechselt wie die Architektur ihre Stile, und eine Form verdrängt die andere in dem Grade, wie die Gesellschaft ihr Ideal, ihren geistigen Gehalt ändert.

FRANZ LISZT

Die Tonkunst hätte gar keine Berechtigung zu existieren, wenn man das, was sie ausspricht, ins klare Wort übersetzen oder in Öl malen könnte.

FERDINAND VON HILLER

Die Befreiung der Seele vom Alltäglichen, das ist das einzige Programm für alle Instrumentalmusik; es ist ebenso edel wie unendlich.

FERDINAND VON HILLER

Die rein musikalische Phantasie wird auf ebenso unerklärliche Weise geweckt, wie sie unerklärlich in ihren Wirkungen ist. Das eine nur steht fest, daß aus dem Herzen kam, was zu dem Herzen spricht.

FERDINAND VON HILLER

Die Vermählung von Rede und Ton ist die edelste Ehe, die je geschlossen worden.

FERDINAND VON HILLER

Es steht fest, daß keine geistige Begabung sich früher zeigt und entwickelt als die musikalische.

FERDINAND VON HILLER

Die Musik geht fehl, wenn sie die Objektivität der Malerei erreichen, durch getreue Nachbildung von Äußerlichkeiten allein das Innere wecken will.

FRANZ BRENDEL

Die Musik gibt Stimmungen und Situationen über alles greifbare und sichtbare Dasein hinaus und läßt uns wach träumen.

BERTHOLD AUERBACH

671

Musik

Musik allein ist die Weltsprache und braucht nicht übersetzt zu werden; da spricht Seele zu Seele.

BERTHOLD AUERBACH

Unter allen entsetzlichen Dingen das entsetzlichste ist Musik, wenn sie erst erlernt wird.

FRIEDRICH HEBBEL

Die Musik ist eine Kunst, über die man ohne einen hohen Grad von Erfahrung keine rechte Meinung haben kann.

SØREN KIERKEGAARD

Das, was die Musik ausspricht, ist ewig, unendlich und ideal; sie spricht nicht die Leidenschaft, die Liebe, die Sehnsucht dieses oder jenes Individuums in dieser oder jener Lage aus, sondern die Leidenschaft, die Liebe, die Sehnsucht selbst, und zwar in den unendlich mannigfaltigen Motivierungen, die in der ausschließlichen Eigentümlichkeit der Musik begründet liegen, jeder anderen Sprache aber fremd und unausdrückbar sind. Jeder soll und kann nach seiner Kraft, seiner Fähigkeit und seiner Stimmung aus ihr genießen, was er zu genießen und zu empfinden fähig ist.

RICHARD WAGNER

Die einzige Form der Musik ist die Melodie; ohne Melodie ist die Musik gar nicht denkbar; Musik und Melodie sind untrennbar.

RICHARD WAGNER

Die Musik kann nie und in keiner Verbindung, die sie eingeht, aufhören, die höchste, die erlösendste Kunst zu sein.

RICHARD WAGNER

Die Tonsprache gehört der ganzen Menschheit gleichmäßig zu, und die Melodie ist die absolute Sprache, durch welche der Musiker zu jedem Herzen redet.

RICHARD WAGNER

Die Tonsprache ist Anfang und Ende der Wortsprache.

RICHARD WAGNER

Ich kann den Geist der Musik nicht anders fassen als in der Liebe.

RICHARD WAGNER

Die Musik ist eine zweite Offenbarung der Welt, das unaussprechliche tönende Geheimnis des Daseins.

RICHARD WAGNER

Die Oper ist ein Irrtum, denn in diesem Kunstgenre ist ein Mittel des Ausdrucks – die Musik – zum Zweck, der Zweck des Ausdrucks – das Drama – aber zum Mittel gemacht.

RICHARD WAGNER

Melodie und Harmonie dürfen in der Hand des Künstlers nur Mittel sein, um Musik zustandezubringen.

GIUSEPPE VERDI

Dem Künstler soll die Kunst Bedürfnis, nicht Beschäftigung sein, er soll Musik erleben, nicht machen.

ROBERT FRANZ

Das Wort soll im Ton zur vollen Blüte aufbrechen.

ROBERT FRANZ

Musik ist die größte Malerin von Seelenzuständen und die allerschlechteste für materielle Gegenstände.

AUGUST WILHELM AMBROS

Musik ist der Klang der Weltgesetze in ihrer Verkündigung.

HENRY DAVID THOREAU

Ist doch Musik die Kunst, in der sich alle Menschen als Kinder eines Sterns erkennen sollen!

THEODOR STORM

Ziehn die Lieder in die Weite, muß der Spielmann hinterdrein.

THEODOR STORM

Wie sich der Geist des Menschen im Auge abspiegelt und der Blick im Moment zündet, so ist die Melodie die Seele der Musik und offenbart sich auf der Stelle.

KARL KÖSTLIN

Ein Unmusikalischer ist nur ein halber Mensch.

CHLODWIG FÜRST ZU HOHENLOHE

Musik

Die Musik höhlt den Himmel aus.

CHARLES BAUDELAIRE

Musik sagt das Unsagbare.

BEDŘICH SMETANA

Eigentlich habe ich – was meine Freunde
jetzt „groß" nennen – nur fertiggebracht, weil
ich von Jugend an Ehrfurcht gehabt habe vor
allem Echten und Heiligen.

ANTON BRUCKNER

Publikum wie Künstler fühlen einen
berechtigten Trieb nach Neuem in der Musik,
und eine Kritik, welche nur Bewunderung für
das Alte hat und nicht auch den Mut der
Anerkennung für das Neue, untergräbt die
Produktion.

EDUARD HANSLICK

Was die Instrumentalmusik nicht kann, von
dem darf nie gesagt werden, die Musik könne
es; denn nur sie ist reine, absolute Tonkunst.

EDUARD HANSLICK

Dadurch, daß wir auf musikalische Schönheit
dringen, haben wir den geistigen Gehalt nicht
ausgeschlossen, sondern ihn vielmehr
bedingt. Denn wir anerkennen keine
Schönheit ohne Geist.

EDUARD HANSLICK

Jedes große und allgemein verständliche
Kunstwerk muß auf dem goldenen Grunde
der Heiterkeit, durchsichtiger Klarheit und
individueller Lebendigkeit ruhen.

KARL FRIEDRICH CHRYSANDER

Musik ist die Stenographie des Gefühls.

LEW N. GRAF TOLSTOJ

Die Musik ist eine aristokratische Kunst.

ANTON RUBINSCHTEJN

Im Anfang war der Rhythmus.

HANS VON BÜLOW

Lob und Tadel gewinnen ihre Bedeutung erst
durch den, der sie ausspricht. Das ist in der
Musik ganz besonders zu beachten, weil hier
jeder zum Urteilen sich berufen fühlt.

OTTO KLAUWELL

Musik wird oft nicht schön empfunden, weil
sie stets mit Geräusch verbunden.

WILHELM BUSCH

Ich denke nur Musik. Ich bin verliebt in die
Musik – ich liebe die Musik, ich denke nichts
als sie und an anderes nur, wenn es mir
Musik schöner macht.

JOHANNES BRAHMS

Eine schöne Melodie bleibt nicht lange ein
Geheimnis.

DANIEL SPITZER

Wer glaubt, daß der schaffende Künstler im
Augenblick des Affekts fähig sei,
Empfindungen auszudrücken, der irrt. Sowohl
freudige als auch traurige Gefühle lassen sich
nur rückblickend wiedergeben.

PJOTR I. TSCHAIKOWSKIJ

Die Musik vermittelt das innerste Seelenleben
von einem Gemüte zum andern am
unmittelbarsten.

HERMANN RITTER

Die Tonkunst hat sich ganz allein aus sich
selbst gebildet, denn sie hat nicht
ihresgleichen in der Natur; diese stellt ihr kein
Vorbild zur Nachahmung auf, wie dies bei
den Bildenden Künsten der Fall ist.

JOSEF MARIA SÖLTL

Die guten Musiker sind alle Einsiedler und
außer der Zeit.

FRIEDRICH NIETZSCHE

Es kommt mir alles wie tot vor, wo ich nicht
Musik höre.

FRIEDRICH NIETZSCHE

Mir hat eigentlich nichts im Leben soviel
Freude gemacht wie Musik.

FRIEDRICH NIETZSCHE

Bei Bachs Musik ist uns zumute, als ob wir
dabei wären, wie Gott die Welt erschuf.

FRIEDRICH NIETZSCHE

Ein Volk, dem Musik ein und alles,
versimpelt. Denn Musik steht in ständigem
Kampf mit dem Geist.

ADOLF SCHAFHEITLIN

Musik

Wenn ich auch viel von der Musik erlernt habe und so gern ich auch die Romantik dem Musiker abtrete, muß ich doch behaupten, daß es nicht nur eine Musik der Töne, sondern auch eine Musik der Worte gibt.

GEORGE BERNARD SHAW

Musik ist die Beschreibung der Welt ohne Worte und Begriffe. Sie ist eine Philosophie der Gefühle.

CARL LUDWIG SCHLEICH

Keine Musik ist etwas wert, von der man dem Hörer zuerst berichten muß, was darin erlebt ist, was er zu erleben hat. Man muß Ohren und ein Herz mitbringen und – nicht zuletzt – sich willig dem Rhapsoden hingeben. Ein Rest Mysterium bleibt immer – selbst für den Schöpfer.

GUSTAV MAHLER

Das Wesen eines Musikers ist kaum in Worten auszudrücken. So ist es auch mit seinen Zielen. Er wandelt ihnen wie ein Nachtwandler zu – er weiß nicht, welchen Weg er schreitet, aber er geht dem fernen Lichte zu – ob dies das ewig strahlende Gestirn oder ein lockendes Irrlicht ist.

GUSTAV MAHLER

Alles ist die Deutlichkeit in der Musik.

GUSTAV MAHLER

Das Wichtigste in der Musik steht nicht in den Noten.

GUSTAV MAHLER

Nur eine Art des musikalischen Genusses ist die wahre: sie besteht in der aufmerksamen Beobachtung der Töne sowie in der völligen Hingabe der Seele in diesen fortreißenden Strom von Empfindungen.

RABINDRANATH TAGORE

Überdies bin ich immer fester davon überzeugt, daß die Musik ihrem Wesen nach nichts ist, was man in eine traditionelle und festgelegte Form gießen könnte. Sie setzt sich aus Farben und Rhythmen zusammen.

CLAUDE DEBUSSY

Rhythmus allein kann schon als Musik erscheinen.

THEODOR BILLROTH

Wunder der Musik, das auf dem Wege der Vernunft nicht zu begreifen ist. Wer die Musik in sich hat, trägt das Wunder in sich. Wem sie ferner steht, der muß Brücken zu ihr suchen. Musik zu erklären ist irrational – wie sie selbst.

OSCAR BIE

Musik! Dies Kind – es schwebt! Es berührt nicht die Erde mit seinen Füßen. Es ist nicht der Schwere unterworfen. Es ist fast unkörperlich. Seine Materie ist durchsichtig. Es ist tönende Luft... Es ist frei.

FERRUCCIO BUSONI

Musik ist ein Teil des schwingenden Weltalls.

FERRUCCIO BUSONI

Ich bin kein Genie. Ich habe nichts geschaffen. Ich spiele nur die Musik anderer Leute.

ARTURO TOSCANINI

Nirgends kann das Leben so roh wirken, wie konfrontiert mit edler Musik.

CHRISTIAN MORGENSTERN

Erhabene Musik ist die Schrift des ganzen Menschen.

PAUL VALÉRY

Nur ein wahrhaft frommer Mensch vermag echte Musik zu schreiben.

MAX REGER

Es gibt relativ wenig Menschen, die imstande sind, rein musikalisch zu verstehen, was Musik zu sagen hat. Die Annahme, ein Tonstück müsse Vorstellungen irgendwelcher Art erwecken, und wenn solche ausbleiben, sei das Tonstück nicht verstanden worden oder es tauge nichts, ist so weit verbreitet, wie nur das Falsche und Banale verbreitet sein kann.

ARNOLD SCHÖNBERG

Musik spricht die unbewußte Natur dieser und anderer Welten aus.

ARNOLD SCHÖNBERG

Der Jazz ist eine lebendige Inspirationsquelle für alle heutigen Komponisten.

MAURICE RAVEL

Musik

Der Dirigent muß ... bei seinen Musikern die Frische des künstlerischen Gefühls erhalten, damit die Technik ganz in den Dienst des höchsten Zweckes gestellt wird: die Musik sprechend zu machen.

PABLO CASALS

In der Musik ist es leicht, mit Hilfe von aufgeregten Gesten und Narreteien den Eindruck von Originalität hervorzurufen; schwer ist es aber, einem Werk persönliche Prägung zu geben, indem man sich nur der üblichen faßlichen Ausdrucksweise bedient.

PABLO CASALS

Jeder Mensch, der Freude daran empfindet, im Gleichschritt nach der Musik zu marschieren, hat sein Gehirn aus Versehen bekommen.

ALBERT EINSTEIN

Wir haben heute unter den Komponisten viel zu viele gescheite Musiker und viel zu wenig Musikanten.

JOSEPH HAAS

Eine Frau soll sich nicht rühmen, daß sie kein Ohr für Musik hat. Es ist ein Defekt.

OTTO FLAKE

Die Musik ist unendlich, sie ist aber auch allmächtig – kurz, sie ist auch alles das, was und wie ein Geist ist. Solange irgendein Wesen existieren wird, solange wird auch Musik bestehen, solange wird sie auch Wunder wirken.

ROBERT MUSIL

Musik ist die reinste und schönste Freude, die der Mensch im Leben hat. Besonders aber ist die Musik eine Freude und Freundin, die einem immer treu bleibt, während alle anderen Freuden mehr oder weniger vergänglich sind und einen im Alter verlassen.

ANTON WILDGANS

Auch die Pause gehört zum Rhythmus.

STEFAN ZWEIG

Es ist nicht erforderlich, Musik zu verstehen. Man braucht sie nur zu genießen.

LEOPOLD STOKOWSKI

Meine Musik wird am besten von Kindern und Tieren verstanden.

IGOR STRAWINSKY

Wer Interpret sagt, sagt Übersetzer, und nicht ohne Grund verbindet ein berühmtes italienisches Sprichwort als Wortspiel Übersetzung mit Verrat.

IGOR STRAWINSKY

Ich verabscheue die Musik als Weltanschauung und rate, die Musik um ihrer selbst willen zu lieben und nicht der Gefühle wegen, die sie im Hörer hervorruft.

IGOR STRAWINSKY

Bei der Musik wie bei der Liebe ist die Lust das Abfallprodukt der Schöpfung.

IGOR STRAWINSKY

Musik ist wesentlich zur Charaktererziehung; sie gehört zu den vielen besonders wichtigen Erziehungsmitteln, deren Wirkung nicht stündlich unmittelbar an einem Pegel der Humanität abgelesen werden kann. Daher verkennt man oft ihre tiefwirkende Kraft.

EDUARD SPRANGER

Das musikalische Schaffen vollzieht sich in Sphären, die wir nur ehrfürchtig erahnen, aber niemals verstandesmäßig erfassen können.

ELLY NEY

Musik bringt Ordnung ins Geräusch der Welt.

INA SEIDEL

Mit Chopin kommt man bei Frauen ziemlich weit.

ARTUR RUBINSTEIN

Wille und Wesen der Musik ist: Leben zu künden, Leben zu offenbaren, Leben schlechthin: Gott.

HEINRICH KAMINSKI

Musik war immer eine Sprache des Herzens, und die Subjektivität ist nur insofern modern, als man heute im eigenen Namen spricht, während man vordem mit seinem Gefühl seiner ganzen Zeit inkognito – anonym – seine Zunge lieh.

EDWIN FISCHER

Musik

Musik – die einzigen Zeichen, die der Mensch ohne Sünde geschrieben hat.

ERNST WIECHERT

Nur Musik, die den Atem beschleunigt, ist wahre Kunst.

JAKOW TRACHTENBERG

Musiker sind nicht eitel – sie bestehen aus Eitelkeit.

KURT TUCHOLSKY

Musik ist nicht Reflex einer wie das Meer auf und ab wogenden Gefühlswelt, auch wenn sie von der Mehrzahl der Hörer als solche erlebt wird. Es wäre sinnlos, um bloße Gefühle Musik zu machen, da Gefühle nur durch Menschen, zu denen sie gehören, Anteil erwecken können. Die vielgeliebte Gefühlswelt der Musik ist ihre sensuelle Schale, in der etwas verborgen liegt, das in seiner objektiven Strenge eher das Gegenteil aller Gefühle ist.

FRANK THIESS

Daß Musik Magie ist, war schon den ältesten Kulturvölkern bekannt; mit ihrer Hilfe hatte man es verstanden, die unbewußten Kräfte aller Kreatur heraufzuheben aus der Nacht, in der sie wirken. Daher die Verzauberung von Tier und Mensch durch den Ton, der älter ist als das Wort.

FRANK THIESS

Gelingt es, eine Melodie im Gedächtnis festzuhalten, so wird jedes Mal die Zeit selbst überwunden: ein einmaliger Lebensvorgang wurde der Vergänglichkeit entrissen!

HERMANN SCHERCHEN

Die Komponisten sollten nur Musik schreiben, in der man wohnen kann.

DARIUS MILHAUD

Früher rasierte man sich, wenn man Beethoven hören wollte, jetzt hört man Beethoven, wenn man sich rasieren will.

PETER BAMM

Was einem Musikstück die Geschlossenheit gibt, ist die Gesamtheit der melodischen und rhythmischen Beziehungen.

ARTHUR HONEGGER

Nicht die Musik ist die Hauptsache, sondern die Virtuosität der Aufführung. Wir leben heute in einer Zeit, da man ein sechsjähriges Mädchen vor ein Orchester stellt und seine unbeherrschten Gebärden bewundert.

ARTHUR HONEGGER

Am tiefsten offenbart sich die Freude in der Musik, in der absoluten Kunst, in der die Gefühle nicht ihr Abbild, sondern ihren unmittelbaren Ausdruck finden.

ZENTA MAURINA

Musik – ein Bad der Seele.

ZENTA MAURINA

Die einzige Art von Musik, die Bestand hat, ist jene, die im allumfassenden Sinn der Volksmusik Gestalt besitzt. Alles andere geht unter.

GEORGE GERSHWIN

Jazz ist das Ergebnis der Energie, die in Amerika aufgebracht wurde. Er ist eine sehr energische Musik – laut, grob und auch vulgär. Eines aber ist sicher: Jazz hat in Amerika einen dauernden Wert bekommen, weil er dieses Land selbst ausdrückt. Er ist eine original amerikanische Errungenschaft, die andauern wird, nicht als Jazz vielleicht, aber er wird in der zukünftigen Musik seine Spuren in irgendeiner Form hinterlassen.

GEORGE GERSHWIN

Melodie ist das, was immer vermißt wird.

HANNS EISLER

Mit der Krise der Bourgeoisie, mit der allgemeinen Krise des Kapitalismus, setzt auch eine neuerliche Krise der Musik ein, beginnt das Kapitel: Moderne Musik.

HANNS EISLER

Die Musik ist das Esperanto unserer Seele.

CHARLES TSCHOPP

Ich halte es für eine ausgezeichnete Übung für jeden Komponisten ernster Richtung, gelegentlich zu versuchen, eine Schlagermelodie zu schreiben. Nirgends wird der Sinn für Präzision, gut sitzende, klare, eindeutige, unverwaschene und einprägsame Formulierung eines Gedankens so geschärft.

ERNST KŘENEK

Musik ist nie ganz irdisch, immer ist in ihr ein Letztes, das sich aus der irdischen Sphäre nicht voll erklären läßt.

OTTO HEUSCHELE

Die Musik ist die höchste aller Künste, keine hat so viel Welt in sich aufgenommen wie sie, und keine hat diese Welt so sehr ins unsichtbare Element der Kunst verwandelt wie sie.

OTTO HEUSCHELE

Orchester: Ein unschätzbares Modell der Demokratie.

HANS WEIGEL

Musik ist mehr und mehr zu einer Spezialwissenschaft geworden, die schon längst an den Technischen Hochschulen gelehrt werden sollte, statt an einem Konservatorium. Auch die Ausdrücke, die man zur Erklärung oder Schilderung von Musikwerken verwendet – es gibt fast nur noch fremdsprachige Formulierungen – stammen kaum noch aus dem Sprachschatz des Musikalischen oder Musischen.

LUDWIG KUSCHE

Könnte man die Menschen nicht einteilen nach dem Grade, wie sie auf Musik reagieren? Liegt nicht in der Musik ein ideeller Wertmesser für die seelischen Qualitäten der Menschen?

WALTHER DAHMS

Die einzige menschliche Ausdrucksform mit Überlebenschance ist die Musik.

ENZIO HAUSER

Du glaubst, diese Melodien entspringen den Saiten? Es sind Klänge, die aus dem Herzen tönen.

RASSUL GAMSATOW

Der Jazz ist eine neue Kunst, die die alte nicht nötig hat. Die Faszination liegt im Gegeneinander, nicht im Durcheinander.

HANS WERNER HENZE

In der Oper werden Seelenprobleme akustisch gelöst.

ERNST R. HAUSCHKA

Ein Konzert soll auch für den Zuhörer eine gewisse Anstrengung sein.

GILEAD MISHORY

Ehe wir das wahre Musizieren lernen, verbrüdern wir uns mit Lautstärke.

PETER HORTON

Musik verbindet Völker. Violinunterricht entzweit Nachbarn.

HANS-HORST SKUPY

Muße

Gehst du im Sommer allzuviel spazieren, wirst du im Winter um so mehr dann frieren.

Mongolisches Sprichwort

Und Gott ruhte am siebenten Tage von all seinem Werke, das er gemacht hatte.

1 MOSE 2,2

Muße ist der schönste Besitz von allen.

SOKRATES

Der Genuß des Wohlstands und die vom Frieden begleitete Muße machen die Menschen zu übermütigen Gesellen.

ARISTOTELES

Nichtstun erquickt.

CICERO

Muße mit Würde.

CICERO

Nimm, der ernsten Arbeit entladen, froher Stunden Geschenk an!

HORAZ

Träger Müßiggang pflegt zum Haß gegen das Leben zu führen.

SENECA

...jenes süße Nichtstun.

PLINIUS D. J.

Muße

Sind geschäftig die Hände, bleibt ohne
Weisheit das Herz.

PO CHÜ-I

Ein Gott schuf uns diese Muße.

POLYDORE VERGIL

Man soll nicht so ganz der Muße leben, daß
man in seiner Zurückgezogenheit auf die
Förderung des Nächsten gar nicht Bedacht
nimmt, noch auch so völlig im öffentlichen
Dienste aufgehen, daß man die Betrachtung
der göttlichen Dinge nicht für nötig hält.

AUGUSTINUS

Nichtstun liegt in der Macht eines jeden.

SAMUEL JOHNSON

Ein Mensch, dem nicht an jedem Tag eine
Stunde gehört, ist kein Mensch.

MAGGID

Nichtstun ist halber Tod; das Leben äußert
sich nur in der Tätigkeit.

FRIEDRICH II. VON PREUSSEN

Alles in der Welt läßt sich ertragen, nur nicht
eine Reihe von schönen Tagen.

JOHANN WOLFGANG VON GOETHE

Könnte man Zeit wie bares Geld beiseite
legen, ohne sie zu benutzen, so wäre dies
eine Art von Entschuldigung für den
Müßiggang der halben Welt – aber keine
völlige.

JOHANN WOLFGANG VON GOETHE

Die Weltleute nützen besser ihre Muße als
ihre Zeit; die Armen haben keine Muße.

ANTOINE DE RIVAROL

Man genießt die Natur auf keine andere
Weise so schön als bei dem langsamen,
zwecklosen Gehen. Denn das gehört
namentlich zum Begriff selbst des
Spazierengehens, daß man keinen
ernsthaften Zweck damit verbindet. Seele und
Körper müssen in vollkommener und
ungehemmter Freiheit bleiben, man muß
kaum einen Grund haben, auf die eine oder
die andere Seite zu gehen.

WILHELM VON HUMBOLDT

In einem arbeitsreichen Leben gibt es einen
Ratschlag, dem niemand widersprechen wird,
nämlich: gelegentlich völlig untätig zu sein.

SYDNEY SMITH

Das ist der große Vorteil der Beschäftigung,
daß sie unseren Geist reift, wenn sie gleich in
sich selbst oft keinen großen Wert hat. Die
meisten Menschen wissen immer nicht, was
sie mit ihrer Zeit anfangen sollen, wenn sie
nicht von einer geordneten Tätigkeit
mitgenommen werden; sie werden dann nur
gar zu leicht auch im Geiste müßig und faul
und so nachher für jede Arbeit unbrauchbar,
wenn sie auch gerne arbeiten wollten, ihr
Dasein wird dann durch ewige unbedeutende
Zerstreuungen zerschnitten, und sie werden
sich selbst zur Last.

LUDWIG TIECK

Es ist Torheit zu glauben, es stünde jemand
still; in der Richtung, in welcher einer sich
bewegt, wird er fortgetrieben.

JEREMIAS GOTTHELF

Ein breiter Rand von Muße ist im Leben eines
Menschen ebenso schön wie in einem Buch.

HENRY DAVID THOREAU

Der genießt wahre Muße, der Zeit hat, den
Zustand seiner Seele zu fördern.

HENRY DAVID THOREAU

Nichtstun ist die Weisheit derjenigen, die den
Untergang von Narren miterlebt haben.

GEORGE MEREDITH

Die Seele eines Volkes erlauscht man an
seinen Feierabenden.

ISOLDE KURZ

Laß mein Nichtstun, wenn nichts zu tun ist,
voll ungetrübten tiefen Friedens sein wie der
Abend am Strande, wenn die See schweigt.

RABINDRANATH TAGORE

Die Fähigkeit, seine Muße klug auszufüllen,
ist die letzte Stufe der persönlichen Kultur,
und bislang haben sich nur wenige zu dieser
Höhe emporgeschwungen. Zudem ist die
Qual der Wahl schon unangenehm.

BERTRAND EARL RUSSELL

Um mit Anmut und Geschmack nichts zu tun, dazu gehört Geld und Geist.
SALOMON BAER-OBERDORF

Ohne Muße kann sich das Schöpferische im Menschen weder entwickeln noch verwirklichen.
WILLIBRORD VERKADE

Die kostbarste, die am meisten tröstende, die reinste und heiligste ist die edle Gewohnheit des Nichtstuns.
GILBERT KEITH CHESTERTON

Nur Müßiggänger haben keine Zeit. Je beschäftigter jemand ist, desto besser weiß er auch seinen Tag einzuteilen und Minuten einzusparen.
MAX KEMMERICH

Begehe nicht den Irrtum, eine Menge von Großverdienern für Müßiggänger zu halten.
CLIVE BELL

Müßiggang ist aller Laster Anfang, aller Tugenden Krönung.
FRANZ KAFKA

Man wird ausdauernder für das tätige, nach außen gerichtete Dasein, wenn man sich von Zeit zu Zeit ganz in sich selbst zurückzieht.
ANDRÉ MAUROIS

Dösen, Lesen, Denken, Warten – damit kann sich ein Sonntag füllen, wenn die Sonne brennt und man ihr stundenlang den nackten Körper aussetzt. Immerhin: die Döserei ist ein Schweifen im Vielerlei. Man betupft da Gewesenes, Seiendes, künftig Mögliches.
FRIEDRICH WITZ

Nichts erfordert mehr Geist, als nichts zu tun zu haben und trotzdem nichts zu tun.
KARL HEINRICH WAGGERL

Muße ist Voraussetzung zur inneren Reife, zum Wachstum, zur Ich-Du-Wechselwirkung, mit einem Wort: zum erfüllten Leben. Ein Höchstmaß an Muße kennen hochkultivierte Menschen und Vögel.
ZENTA MAURINA

Die Muße will vom Muß nichts wissen.
GEORG OPITZ

Müßiggang ist Mißbrauch der Muße.
CHARLES TSCHOPP

Nichtstun ist von allen Tätigkeiten die ermüdendste.
WILHELM WEYDANZ

Es gibt kein müßiges Meisterwerk.
SALVADOR DALI

Das Pendel muß zwischen Einsamkeit und Gemeinsamkeit, zwischen Einkehr und Rückkehr schwingen. Ich muß irgendwie einen Ausgleich finden oder einen Rhythmus, der zwischen diesen beiden Extremen abwechselt.
ANNE MORROW-LINDBERGH

Nichtstun macht nur dann Spaß, wenn man eigentlich viel zu tun hätte.
GEORGE MIKES

Müßiggang ist aller Ideen Anfang.
GERHARD UHLENBRUCK

Ohne Muße keine Musen.
HELLMUT WALTERS

Die Muße bedeutet für den Tätigen Glück, für den Müßigen Langeweile.
SIEGFRIED THOMAS

Dem Zuwachs an Freiheit geht oftmals der Verlust an Muße parallel.
IVO FRENZEL

Mut

Sind viele Hunde beisammen, so bellen sie sogar den Tiger an.
Kirgisisches Sprichwort

Ich will meinen Mut an ihnen kühlen.
2 MOSE 15,9

Das Rechte erkennen und es nicht tun ist Mangel an Mut.
KONFUZIUS

Mut

Ein einziger Grundsatz wird dir Mut geben,
nämlich der, daß kein Übel ewig währt.

EPIKUR

Mut ist die Tugend, die für Gerechtigkeit
eintritt.

CICERO

Dem Mutigen lächelt das Glück.

VERGIL

Mehr Mut hat, wer die Gefahr bringt, als wer
sie abwehrt. Zudem ist der Schrecken vor
unbekannten Dingen größer.

LIVIUS

Mut erobert alle Dinge. Er gibt sogar dem
Körper Kraft.

OVID

Wer nichts verlieren kann, darf etwas wagen.

PETRONIUS

Auf daß ihr nicht in eurem Mute ablasset.

HEBRÄERBRIEF 12,3

Dem Mutigen ist jeder Weg der rechte.

TORQUATO TASSO

Vollkommener Mut und vollständige Feigheit
sind zwei Extreme, die selten vorkommen.

LA ROCHEFOUCAULD

Die Kastanien aus dem Feuer holen.

JEAN DE LA FONTAINE

Es erfordert mehr Mut, sich zu verheiraten,
als ins Feld zu ziehen.

CHRISTINE VON SCHWEDEN

In großer Not zeigt sich der große Mut.

JEAN-FRANÇOIS REGNARD

Ein kecker Mut ist ein guter Harnisch.

ANDREAS SUTOR

Der höchste Mut ist Unerschrockenheit
angesichts des sicheren Todes.

VAUVENARGUES

Zu allem Großen ist der erste Schritt der Mut.

JOHANN WOLFGANG VON GOETHE

Die schwach sind an Mut, sind stark an
Schläue.

WILLIAM BLAKE

Mut besteht nicht darin, daß man die Gefahr
blind übersieht, sondern daß man sie sehend
überwindet.

JEAN PAUL

Mut gleicht der Liebe. Er bedarf der Hoffnung
als Nahrung.

NAPOLEON BONAPARTE

Mit Mut gewinnt man allenthalben, wenn er
gerecht ist.

RICHARD BENZ

Angst schadet – Mut stärkt.

NOVALIS

Zur Unzeit Mut zeigen, das taugt
ebensowenig, als ob man in einem Korbe
Wasser tragen wollte.

HONORÉ DE BALZAC

Mut ist der vollkommene Wille, den kein
Schrecken erschüttern kann.

RALPH WALDO EMERSON

Mut ist der richtige oder gesunde Zustand
eines jeden Menschen, wenn er Freiheit hat,
das zu tun, was ihm durch seine Konstitution
vorgeschrieben ist.

RALPH WALDO EMERSON

Der sittliche Mut ist es, der die höchste Stufe
der Menschlichkeit kennzeichnet: der Mut, die
Wahrheit zu suchen und zu äußern; der Mut,
gerecht zu sein; der Mut, rechtschaffen zu
sein; der Mut, der Versuchung zu
widerstehen; der Mut, seine Pflicht zu erfüllen.

SAMUEL SMILES

Der Mut wächst immer mit dem Herzen und
das Herz mit jeder guten Tat.

ADOLF KOLPING

Zwischen Hochmut und Demut steht ein
Drittes, dem das Leben gehört – und das ist
einfach der Mut.

THEODOR FONTANE

Ein guter Mut ist ein tägliches Wohlleben.

CHARLES KINGSLEY

Mut

Die Sehenden sind es nicht, die sich für sehend halten, immer nur die Blinden.

MARIE VON EBNER-ESCHENBACH

Was ist der Tod gegen ein Leben ohne den Mut zum Leben?

BJØRNSTJERNE BJØRNSON

Mut ist so schön wie er selten ist.

DETLEV VON LILIENCRON

Ich habe Löwenbändiger nie für besonders mutig gehalten, denn im Löwenkäfig sind sie ja sicher vor den Menschen.

GEORGE BERNARD SHAW

Der Mutige weiß oft erst nach vollbrachter Tat, daß er mutig war.

ELEONORE VAN DER STRATEN-STERNBERG

Die Feigheit ist unbegrenzt in ihren Möglichkeiten, der Mut ist einseitiger.

ELEONORE VAN DER STRATEN-STERNBERG

Der Mut, der Lächerlichkeit zu trotzen, ist es, den wir am meisten brauchen.

MIGUEL DE UNAMUNO

Treue und Aufrichtigkeit sind die steten Begleiter des Mutes.

WALTHER RATHENAU

Die Politiker leiden fast alle unter Mangel an Mut.

KONRAD ADENAUER

Mut ist keine Tugend; mutig sein ist ein Glück.

LISA WENGER

Der Mut bedarf der Vernunft, aber er ist nicht ihr Kind, er kommt aus tieferen Schichten.

HERMANN HESSE

Mutige Frauen, die den Einsatz wagen, haben viel mehr Aussicht, vorausgesetzt, daß sie nicht gar zu leichtfertig sind.

OTTO FLAKE

Es gehört mehr Mut zur Unauffälligkeit als zur Auffälligkeit.

GUSTAV HILLARD

Mut ist das Ei des Kolumbus.

MAXIMILIAN EICHBAUM

Man muß immer noch mehr wagen, auch wenn man sich dabei das Genick bricht.

PABLO PICASSO

Man muß wissen, bis wohin man zu weit gehen kann.

JEAN COCTEAU

Jedes Leiden, das den Mut zerstört, ist zuviel; jedes Leiden, das den Mut anstachelt, ist soweit gerechtfertigt.

ERICH BROCK

Jene Art Weisheit, die uns keinen Mut verleiht, ist nicht des Besitzes wert.

LIN YUTANG

Der Mutige und Entschlossene hat nur wenige Fragen.

HANS BRÄNDLI

Männer sind mutig in der Tat, Frauen in der Meinung.

SIGMUND GRAFF

Ohne Furcht kann es keinen Mut geben.

BRUCE MARSHALL

Mut ist bewußt ertragene Angst.

ANITA

Wer mutig ist, wird bewundert, aber er steht allein.

JOSEF RECLA

Sein Mut reicht nur bis zu einem bestimmten (Dienst-)Grad.

WIESLAW BRUDZINSKI

Es bedarf des Mutes, um ihn zu haben.

HEINRICH WIESNER

Die Maßeinheit für den Mut ist ein Herz.

FRANZ HANNEMANN

Mut: Die Bitte der Augen um Angst vor Blindheit.

HELMUT LAMPRECHT

Übrigens, man trägt wieder Mut.

SIEGFRIED & INGE STARCK

Mut

Wer sich Mut antrinken muß, ist ihn bald wieder los.

GERMUND FITZTHUM

Dreistigkeit ist nicht Mut.

MILAN RŮŽIČKA

Mut ist das Übertreten der sich selbst gesteckten Grenzen.

ELISABETH HABLÉ

Unmut ist einfach fehlender Mut.

MANFRED KUBOWSKY

Mut ist, wenn man's trotzdem macht.

RONALD JANNASCH

Mutter

Glücklich die Mutter, die eine Tochter geboren hat; ein Junge ist der Sohn der Schwiegermutter.

Bantu-Weisheit

Verdopple das Brot, das du deiner Mutter gibst, und trage sie, wie sie dich trug.

ANII

Kann eine Frau ihr Kindlein vergessen?

JESAJA 49,15

Verachte deine Mutter nicht, wenn sie alt wird.

SPRÜCHE 23,22

Muttertränen um verlorene Kinder sind die bittersten.

EURIPIDES

Wie das Schaf, so das Lamm, wie die Werke der Mutter, so jene der Tochter.

TALMUD – KETUBBOT

Für die vorzüglichste Frau wird diejenige gehalten, welche ihren Kindern den Vater, wenn er abgeht, zu ersetzen imstande wäre.

JOHANN WOLFGANG VON GOETHE

Die Mutter trägt im Herzen die Kinder immerdar.

FRIEDRICH VON LOGAU

In der Natur ist keine Freude so erhaben rührend wie die Freude einer Mutter über das Glück eines Kindes.

JEAN PAUL

Das zukünftige Geschick des Kindes ist immer das Werk der Mutter.

NAPOLEON BONAPARTE

Sollte sich eine Inspiration bei einer Frau nicht durch eine Schwangerschaft äußern können?

NOVALIS

Daß das Weib das Gebärende in der Natur ist, zeigt die höhere Stufe an, auf der es steht. Das Weib eigentlich ist die letzte Grenze der Erde, und der Mann steht durchaus eine Stufe niedriger.

JOHANN WILHELM RITTER

Es findet selbst ein blindes Kind die Brust der Mutter, deren Schoß es barg.

CLEMENS BRENTANO

Ein Einziges auf Erden ist nur schöner und besser als ein Weib... Das ist die Mutter.

LEOPOLD SCHEFER

Eine rechte Mutter sein, das ist ein schweres Ding, ist wohl die höchste Aufgabe im Menschenleben.

JEREMIAS GOTTHELF

Die Ehrenrettung einer Mutter ist überall an ihrem Platze.

HEINRICH HEINE

Der Verzicht einer Mutter ist eine entsetzliche oder eine erhabene Tat.

HONORÉ DE BALZAC

Stets hat die erste, von einer zärtlichen und tugendhaften Mutter geleitete Erziehung auf unsere Zukunft ebensoviel Einfluß wie die trefflichste natürliche Anlage.

NAPOLEON III.

Heuchlerische Mütter erziehen falsche Kinder.

ADOLF KOLPING

Mutter

Gott hat den Kindern keine Magd, sondern eine Mutter gegeben.

ADOLF KOLPING

Frauen: Mutterschaft ist ihr eigentliches Leben und eine erhabene Sache.

LEW N. GRAF TOLSTOJ

Es gibt nur eine ganz selbstlose, ganz reine, ganz göttliche Liebe – das ist die der Mutter für ihr Kind.

GEORG EBERS

Mütterlichkeit ist göttlich erhaben im Leiden, rührend in ihrem Entzücken, langweilig in beschaulichem Glück.

CARMEN SYLVA

Eine Mutter, die keine Löwin ist, wird leicht zur Äffin.

JULIUS LANGBEHN

Eine Mutter – auch wenn sie schon ganz schwach und hilflos ist – hat noch immer die Kraft, ihres Kindes Glück zu schaffen.

THEODOR HERZL

Eine Mutter muß zweimal im Leben das Kind lehren, auf eigenen Füßen zu stehen: einmal physisch, einmal moralisch.

ELEONORE VAN DER STRATEN-STERNBERG

Deine Mutter kennt dich, aber du kennst nicht sie.

PAUL ERNST

Wo eine Mutter ihr Kind nicht mehr segnet, ist der Eingang zur Hölle.

CARLOS VON TSCHUDI

Gehst du zum Weibe, vergiß deine Mutter nicht.

SALOMON BAER-OBERDORF

Hysterie ist die geronnene Milch der Mutterschaft.

KARL KRAUS

Der Beruf der Mutter: Sorgen und sorgen.

JULIE ELIAS

Die Hand, die die Wiege bewegt, bewegt die Welt.

GERTRUD VON LE FORT

Eine Mutter ist immer so jung wie der jüngste Sohn.

LUDWIG FINCKH

Die sublimierteste Form des Egoismus heißt Mutterliebe.

HEINRICH WOLFGANG SEIDEL

Man sollte es schon den jungen Müttern sagen, daß ihre Töchter den Vater eines Tages mehr lieben werden als sie.

OSWALD BUMKE

Die absolute Mutter, der es nur auf das Kind ankommt, wird Mutter durch jeden Mann. Wenn sie Mutter geworden ist, bekümmert sie sich im Idealfall um keinen anderen Mann mehr.

OTTO WEININGER

Eine rechte Mutter ist aller Söhne Mutter.

WALDEMAR BONSELS

Die Mutter, das ist die erste Welt, in der das Kind zu Hause ist.

LOTHAR SCHREYER

Es gibt keine Ewigkeit ohne die Mutter.

ERNST WIECHERT

Jede Mutter ist befähigt mit einer Macht, die über alles Zeitliche hinausweist. Es ist ein kosmisches Sakrament: die Opferung. Darum ist wahre Liebe ohne Verlangen. Sie liebt, weil sie gibt.

ALBERT TALHOFF

Die Frauen sind deshalb so verliebt in Kinder, weil sie den künftigen Menschen in ihnen nicht zu sehen vermögen.

FRITZ USINGER

Keine Mutter hat Hunger, während sie ihr Kind füttert.

LIN YUTANG

Vom Muttersöhnchen führt ein schnurgerader Weg zum Pantoffelhelden.

ERICH KÄSTNER

Die Wichtigkeit von Geburtstagen habe ich nie eingesehen: Das ist doch wohl mehr ein Verdienst der Mütter als der Kinder.

CARL HEINZ SCHROTH

683

Mutter

Mütter sind Brot im Hunger der Welt.
PETER CORYLLIS

Wenn dir die Seele deines Kindes verschlossen bleibt, hast du als Mutter versagt.
ELISABETH MARIA MAURER

Mutterliebe ist ein Quell aus Gottestiefen.
JOHANNES DIERKES

Mütter sind Pufferzonen zwischen Vater und Sohn.
HELLMUT WALTERS

Warum ist kein Geburtshelfer mehr da, wenn die Mütter sich von den Kindern abnabeln müssen?
NIKOLAUS CYBINSKI

Dem Mutterwerden allein kommt noch kein Verdienst zu.
ELISABETH HABLÉ

Nachahmung

Wer nachahmt, macht sich zum Sklaven.
Deutsches Sprichwort

Gott sprach: Laßt uns Menschen machen als unser Abbild, uns ähnlich.
1 MOSE 1,26

Wenn du einen guten Menschen siehst, denk daran, ihn nachzuahmen; wenn du einem Schlechten begegnest, prüfe dein eigenes Herz.
KONFUZIUS

Glaubst du, man könne in Bewunderung mit etwas verkehren, ohne es nachzuahmen?
SOKRATES

O Nachahmer, sklavisches Gezücht!
HORAZ

Ich schreibe nicht, um meine Fehler zu entschuldigen, sondern um meine Leser daran zu hindern, sie nachzuahmen.
JEAN-JACQUES ROUSSEAU

Nachahmung

Die Nachahmer wissen selten, wieviel Kunst und welch ein hartnäckiger Fleiß oft unter dem Anschein der äußersten Leichtigkeit versteckt ist. Aber sollte man nichts Neues wagen dürfen, damit diesen Leuten die Veranlassung benommen würde, Ausschweifungen zu begehen?

CHRISTOPH MARTIN WIELAND

Die Nachahmung scheint dort ein Ende zu nehmen, wo das Ideale anfängt.

HEINRICH FÜSSLI

Gerade das Gegenteil tun, heißt auch nachahmen; es heißt nämlich, das Gegenteil nachahmen.

GEORG CHRISTOPH LICHTENBERG

Die einfache Nachahmung leicht faßlicher Gegenstände kann schon auf einen hohen Grad gebracht werden.

JOHANN WOLFGANG VON GOETHE

Die wahre Stärke eines Landes besteht in seinem natürlichen Charakter; die Nachahmung des Fremden, wie sie sich auch immer gibt, zeigt einen Mangel an Patriotismus.

GERMAINE (MADAME) DE STAËL

Die großen Männer, die auf der Erde eine sehr kleine Familie bilden, finden leider nur sich selbst zum Nachahmen.

CHATEAUBRIAND

Nachahmung fremder Eigenschaften und Eigentümlichkeiten ist viel schimpflicher als das Tragen fremder Kleider; denn es ist das Urteil der eigenen Wertlosigkeit von sich selbst ausgesprochen. Kenntnis seiner eigenen Gesinnung und seiner Fähigkeiten jeder Art und ihrer unabänderlichen Grenzen ist in dieser Hinsicht der sicherste Weg, um zur möglichsten Zufriedenheit mit sich selbst zu gelangen.

ARTHUR SCHOPENHAUER

Nachahmen oder anfeinden ist der Charakter der Menge.

FRANZ GRILLPARZER

Nachahmung ist Selbstmord.

RALPH WALDO EMERSON

Von allen Arten des Selbstmordes ist die Nachahmung die traurigste.

ELIZABETH C. STANTON

Nur Handwerker und Stümper reden von gestohlenen Ideen. Das geistige Eigentum besteht nicht in dem, was sich einem Meister nehmen läßt, sondern in dem, was ihm niemand rauben kann, und wenn er es selber gestatten wollte.

HERMAN GRIMM

Imitiere immer das Verhalten des Siegers, wenn du verlierst.

GEORGE MEREDITH

Der Mensch besitzt einen großen Nachahmungstrieb, und man könnte sagen, je tiefer seine Kulturstufe, je größer der Nachahmungstrieb.

PETER ROSEGGER

Alle Nachahmung in Dingen der Moral und im Leben ist von Übel.

OSCAR WILDE

Wenn man liebt, ahmt man nach.

CHARLES DE FOUCAULD

Unecht sind zuletzt auch die echtesten Nachahmungen, diese gerade vielleicht am widerwärtigsten.

THEODOR FISCHER

Die Routine wandelt den Tempel der Kunst um in eine Fabrik. Sie zerstört das Schaffen. Denn Schaffen heißt: aus Nichts erzeugen. Die Routine aber gedeiht im Nachbilden.

FERRUCCIO BUSONI

Nachahmung ist manchmal ein gutes Schulschiff; es wird aber niemals die Flagge des Admirals tragen.

SRI AUROBINDO

Die Dummheit des Klugen, die Plumpheit des Feinen: wo wurzelt sie? In ungezügelter Nachahmungslust.

HUGO VON HOFMANNSTHAL

Man darf nicht nachahmen, was man erschaffen will.

GEORGES BRAQUE

Nachahmung

Nachahmung ist der Schatten des Echten.

HANS OSSENBACH

Die Werke der Natur haben den Menschen zunächst zur Nachahmung inspiriert, und dann hat er ihnen mit ein wenig Magie nachgeholfen.

RICHARD NEUTRA

Lieber es darauf ankommen lassen, mit einem bedeutenden Vater auf Kriegsfuß zu leben, anstatt als Sohn ein schwächlicher Kopist seiner Vorzüge zu sein.

FRITZ DIETTRICH

Das Plagiat ist eine bewußte Reminiszenz.

KONSTANTY ILDEFONS GALCZYNSKI

Es kommt ein Augenblick, wo man sich nur noch selbst nachäfft.

É. M. CIORAN

Epigonen wuchern mit einem Pfund, das sie nie besessen haben.

RUDOLF HARTUNG

Ein Epigone, der den Meister überflügelt, ist obendrein noch undankbar.

WIESLAW BRUDZINSKI

Man imitiert den anderen nur, um ihn zu übertreffen.

GERHARD UHLENBRUCK

Das Plagiat sieht dem Vorbild enttäuschend ähnlich.

GERHARD UHLENBRUCK

Plagiat: Man nimmt eine Masche auf und strickt sie weiter.

GERHARD UHLENBRUCK

Das ist kein Plagiat – das ist ein Beleg!

JOHANNES GROSS

Wiederholung ist die Mutter der Weisheit. Und der Tod der Kunst.

JORG SCHRÖDER

Auch Epigonen sind nützlich: Sie zeigen die Meisterschaft ihrer Vorlage auf.

WOLFGANG ESCHKER

Denken kann niemals epigonal sein.

HANS-HORST SKUPY

Ahmt der Mund nach, gilt der Künstler als Imitator. Tut es die Feder, gilt er als Plagiator.

HANS-HORST SKUPY

Kunst ist das Nachahmen von Trugbildern.

TORSTI LEHTINEN

Epigone. Der sich sucht und andere findet.

SULAMITH SPARRE

Nachbar

Kein Mensch ist so reich, daß er nicht einen Nachbarn brauchte.
Ungarisches Sprichwort

Du sollst nicht begehren deines Nächsten Haus.

5 MOSE 5,21

Eine Last bin ich geworden meinen Nachbarn.

PSALMEN 31,12

Es kann der Frömmste nicht im Frieden bleiben, wenn es dem bösen Nachbar nicht gefällt.

FRIEDRICH VON SCHILLER

Jeder Mensch sorgt dafür, daß ihn sein Nachbar nicht betrügt. Doch kommt der Tag, an dem er sich zu sorgen beginnt, daß er seinen Nachbarn nicht betrügt. Dann ist alles gut.

RALPH WALDO EMERSON

Man kann nicht die Rechte seines Nachbars verletzen, ohne gegen die eigenen einen gefährlichen Streich zu führen. Gleichheit der Rechte, in allgemeiner Selbstregierung verkörpert, ist das große moralische Element wahrer Demokratie; sie ist das einzige zuverlässige Sicherheitsventil in der Maschinerie der modernen Gesellschaft.

CARL SCHURZ

Nächstenliebe

Nachbar – jemand, den wir lieben sollen wie uns selber und der alles tut, uns ungehorsam werden zu lassen.

AMBROSE BIERCE

Keine Staatsgrenzen können uns hindern, unseren Dienst auf unsere Nachbarn auszudehnen; diese Grenzen hat nicht Gott gezogen.

MAHATMA GANDHI

Befrage deinen Nachbarn nur über Dinge, die du besser weißt. Sein Rat könnte wertvoll sein.

KARL KRAUS

Humor und Weltklugheit helfen einem auch über die Unannehmlichkeiten eines Kleinkrieges mit dem bösen, bösen Nachbarn hinüber.

KURT TUCHOLSKY

Man würde sich gern zum Besseren bekehren, wenn nicht der Nachbar seinen Vorteil davon hätte.

KARL HEINRICH WAGGERL

Nachbarn wohnen nicht immer nebenan.

ERNST KAPPELER

Schallmauer: Etwas, was zwischen Nachbarn errichtet werden sollte.

ALFREDO LA MONT

Nächstenliebe

Wer die Tür nicht auftut, um Almosen zu geben, wird sie für den Arzt aufmachen.

Indisches Sprichwort

Du sollst deinen Nächsten lieben wie dich selbst.

3 MOSE 19,18

Barmherzigkeit will ich – und nicht Opfer.

MATTHÄUS 9,13

Man soll von seinem Nächsten immer nur Gutes sagen und auch dessen Vermögen schützen, wie man sein eigenes schützt.

MAIMONIDES

Achte nur darauf, was Christus für dich und für alle getan hat, damit du auch lernst, was du für andere zu tun schuldig bist.

MARTIN LUTHER

Die Nächstenliebe gebietet uns, der Menschheit nichts vorzuenthalten von dem, was Gott uns zum Wohl unseres Geschlechts gelehrt hat, sondern es vielmehr vor aller Welt auszubreiten. Das nämlich ist das Wesen alles Guten, daß es allen mitgeteilt werden soll und daß es um so mehr und um so beser allen zugute kommt, je mehr Menschen daran teilhaben können.

JAN AMOS COMENIUS

Fremdes Mißgeschick zu tragen sind wir alle stark genug.

LA ROCHEFOUCAULD

Kinder, liebet einander, denn wer zum Teufel liebt euch sonst?!

VOLTAIRE

Wenn es also heißt: du sollst deinen Nächsten lieben als dich selbst, so heißt das nicht: du sollst unmittelbar (zuerst) lieben und vermittels dieser Liebe (nachher) wohltun, sondern tue deinem Nebenmenschen wohl, und dieses Wohltun wird Menschenliebe in dir bewirken.

IMMANUEL KANT

Tätige Menschenliebe ohne Verstand verfehlt so gut ihren Zweck wie Menschenhaß ohne Macht.

GEORG CHRISTOPH LICHTENBERG

Liebe den Nächsten, aber lasse dich nicht von ihm betrügen.

KOSMA PRUTKOW

Ein Mensch, der einem anderen dient, soll wissen, daß er sich nicht unterwirft, daß er keine Wohltaten erweist, sondern seine Pflicht tut.

LEW N. GRAF TOLSTOJ

Nächstenliebe

Echte Liebe ist nur die Nächstenliebe – gleiche, unterschiedslose Liebe für alle.

LEW N. GRAF TOLSTOJ

Fremde Fehler verheimlichen und fremde Tugenden loben ist ein Zeichen von Liebe und das beste Mittel, um die Liebe der Mitmenschen zu gewinnen.

LEW N. GRAF TOLSTOJ

Nächster. Jemand, den wir lieben sollen wie uns selbst und der alles in seiner Macht Stehende tut, uns ungehorsam zu machen.

AMBROSE BIERCE

Je mehr ich darüber nachdenke, desto mehr fühle ich, daß es nichts gibt, was wahrhaft künstlerischer wäre, als die Menschen zu lieben.

VINCENT VAN GOGH

Die Nächstenliebe ruft eine Menge Unheil hervor. Das bloße Vorhandensein des Gewissens, dieser Fähigkeit, von der die Menschen heutzutage so töricht daherreden und auf die sie aus Unwissenheit so stolz sind, ist ein Zeichen unserer unvollkommenen Entwicklung.

OSCAR WILDE

Nächstenliebe ist Realpolitik.

FRIDTJOF NANSEN

Liebe deinen Fernsten, wie du deinen Nächsten nicht leiden magst, dann wird vielleicht einmal Friede in der Welt werden.

ARTHUR SCHNITZLER

Das Gebot der Nächstenliebe ist im Grunde ein Gebot der Eigenliebe: Liebe deinen Nächsten wie dich selbst, weil du dann erst, nur an deinem Nächsten erst, zu dir selbst kommst!

HERMANN BAHR

Die Nächstenliebe ist nicht die beste, aber immerhin die bequemste.

KARL KRAUS

Liebe deinen Nächsten wie dich selbst. Denn: Jeder ist sich selbst der Nächste.

KARL KRAUS

Eines weiß ich: Die einzig wahrhaft Glücklichen unter uns werden diejenigen sein, die den Weg zum Dienst an anderen gesucht und gefunden haben.

ALBERT SCHWEITZER

Fühle mit allem Leid der Welt, aber richte deine Kräfte nicht dorthin, wo du machtlos bist, sondern zum Nächsten, dem du helfen, den du lieben und erfreuen kannst.

HERMANN HESSE

Nächstenliebe: edelste Form des Egoismus.

INA SEIDEL

Nächstenliebe findet man zum Beispiel bei Menschen, die Dienstvorschriften nicht einhalten.

EZRA POUND

Nächstenliebe ist Ertragen des Bösen.

SARWAPALLI RADHAKRISHNAN

Man will ja gern seinen Nächsten lieben, aber doch nicht den Nächstbesten!

K. H. BAUER

Der Kult des Altruismus ist eine bestimmte ängstliche, rückversichernde Form des Egoismus. Eigenliebe und Gemeinsinn, darüber läßt sich nachdenken. Daß jeder den Nächsten mehr lieben soll als sich selbst und der Nächste wieder den Nächsten und so fort, das ist das beste Mittel, um eine Gemeinschaft zu schaffen, in welcher keiner über seine eigenen Interessen nachdenkt und welche man infolgedessen am besten in die Hand bekommt.

CARL J. BURCKHARDT

Der Liebe liebstes Kind heißt: Liebe weitergeben.

MARGARETE SEEMANN

Liebe deinen Nächsten – und wenn er zufällig groß, galant und charmant ist, wird es dir umso leichter fallen.

MAE WEST

Liebe deinen Jetzigen und nicht erst den Nächsten.

JULIAN TUWIM

Nächstenliebe

Ehe ich die erste Note lesen lernte, habe ich gelernt, meinen Nächsten zu lieben.

DIMITRI MITROPOULOS

Der höchste Dienst am Nächsten ist Selbstüberwindung: denn du ersparst es ihm, daß er dich überwinde.

G. E. SCHNEIDER

Der Nächste ist der, an dessen Leid wir schwerer tragen als an unserem eigenen.

HANS KUDSZUS

Der Nächste ist der, den wir nicht so schlecht wie uns selbst behandeln dürfen.

HANS KUDSZUS

Das ist der Witz ihrer Nächstenliebe: nie den zu lieben, der da ist, sondern immer nur den Nächsten, der kommen soll.

MARTIN KESSEL

Bin ich der Hüter meines Bruders? Ja, ich bin es. Aber ist er mein Bruder?

WERNER BUKOFZER

Unsere Nächstenliebe wird durch die Massen der Nächsten, der Allzunahen, so verdünnt, daß sie schließlich nicht einmal mehr in Spuren nachweisbar ist.

KONRAD LORENZ

Nächstenliebe ist größer als Vaterlandsliebe. Diese macht vor Grenzen halt – jene nicht.

JOSEF VIKTOR STUMMER

Unsere Arbeit ist nur der Ausdruck unserer Liebe zu Gott. Wir müssen unsere Liebe den anderen ausschütten. So sind die Menschen das Mittel, unserer Liebe zu Gott Ausdruck zu geben.

MUTTER TERESA

Ich verachte die Christen, weil sie imstande sind, ihre Nächsten aus der Nähe zu lieben. Ich bedarf, um den Menschen neu zu entdecken, der Sahara-Wüste.

É. M. CIORAN

Der theoretische Humanismus ist eine Übernächstenliebe.

HANS KASPER

Nächstenliebe ist größer als Vaterlandsliebe. Diese macht vor Grenzen halt – jene nicht.

JOSEF VIKTOR STUMMER

Eigenliebe und Nächstenliebe sind große Rivalen.

ELISABETH MARIA MAURER

Liebe deine Nächste.

HANNS-DIETRICH VON SEYDLITZ

Nächstenliebe ist eine Form der Einsamkeit.

GERHARD UHLENBRUCK

Altruismus: Nächstenliebe nützt der Eigenliebe.

GERHARD UHLENBRUCK

Auch die Nächstenliebe hat ihre Grenzen, sonst wird sie zur Nächstenqual.

HELLMUT WALTERS

Der Mangel an Nächstenliebe hat seinen Grund darin, daß man zuviel fern- und zu wenig nahsieht.

HELLMUT WALTERS

Nächstenliebe ist Menschlichkeit ohne Formalitäten.

WERNER MITSCH

Nächstenliebe – das ist sicher auch wieder so eine kommunistische Schweinerei, wie?

WINFRIED THOMSEN

Telefonseelsorge: entfernte Nächstenliebe.

HANS-HORST SKUPY

Ich liebe meinen Nächsten unter der Bedingung, daß er mir nicht zu nah kommt.

ŽARKO PETAN

Altruismus: Geschieht dem Nächsten ganz recht, wenn ich ihn liebe.

ROBERT MESSMER

Unter dem Mantel der Nächstenliebe ist schon mancher erstickt.

GABRIELE BERTHEL

Liebe deinen Nächsten – aber laß dich nicht erwischen dabei.

SPONTI-SPRUCH

Narr

Gelehrte Narren sind die besten.
Schwedisches Sprichwort

Der Mund der Narren ist auf Torheit aus.
SPRÜCHE 15,14

Es ist besser, einer Bärin zu begegnen, der die Jungen geraubt sind, als einem Narren in seiner Narrheit.
SPRÜCHE 17,12

Nachher ist sogar ein Narr klug.
HOMER

Narren haben die merkwürdige Eigenschaft, die Fehler anderer zu entdecken und die eigenen zu vergessen.
CICERO

Ein Narr, der seine Torheit erkennt, ist zumindest bis zu diesem Grade weise. Ein Narr, der sich aber selbst für weise hält, den kann man wirklich einen Narren nennen.
DHAMMAPADA

Nichts ähnelt einem Weisen mehr als ein Narr, der den Mund hält.
FRANZ VON SALES

Niemand ist immer ein Narr, jeder gelegentlich.
GEORGE HERBERT

Der ist der größte Narr, der glaubt, daß er keiner ist und daß alle anderen es sind.
BALTAZAR GRACIÁN

Wer einen Narren nicht erkennt, wenn er ihm begegnet, ist selber einer.
BALTAZAR GRACIÁN

Alles und nichts ergötzt den Narren.
CARL GOTTLOB SCHELLE

Es gibt ein Sprichwort im Englischen, das heißt: Er ist zu dumm, um ein Narr zu werden. Es steckt sehr viel feine Bemerkung hierin.
GEORG CHRISTOPH LICHTENBERG

Unter allem Diebesgesindel sind die Narren die schlimmsten: sie rauben euch beides: Zeit und Stimmung.
JOHANN WOLFGANG VON GOETHE

Vieles, was Dummheit scheint, ist Narrheit, die gemeiner ist, als man denkt. Narrheit ist absolute Verkehrtheit der Tendenz, gänzlicher Mangel an historischem Geist.
FRIEDRICH VON SCHLEGEL

Wer junge Narren braucht am Tisch, der gönne den alten ihren Sitz!
ACHIM VON ARNIM

Alle Narrheit erschöpfen – so gelangt man zum Boden der Weisheit.
LUDWIG BÖRNE

Eine Narrheit, die uns der liebe Gott aufgelegt hat, ist doch immer nicht so schlimm wie eine, die wir uns selbst zugezogen haben.
ANNETTE VON DROSTE-HÜLSHOFF

Wer Dinge erwartet, die nie geschehen können, ist ein Narr oder ein Idiot.
GEORGE ELIOT

Nichts kennzeichnet einen Menschen besser als sein Verhalten gegenüber Narren.
HENRI FRÉDÉRIC AMIEL

Was liegt dem Narren an einem vernünftigen Menschen? Die wichtige Person für ihn ist der andere Narr, der ihn gelten läßt.
MARIE VON EBNER-ESCHENBACH

Seien wir den Narren dankbar. Ohne sie könnten wir anderen keinen Erfolg haben.
MARK TWAIN

Jedermann ist zumindest fünf Minuten am Tag ein verdammter Narr; Weisheit besteht darin, die Grenze nicht zu überschreiten.
ELBERT G. HUBBARD

Es gibt zwei Arten von Narren. Die einen sagen: Das ist alt, daher ist es gut. Die anderen: Das ist neu, daher ist es besser.
DEAN W. INGE

Kein Narr in der Welt, der nicht Narren macht.
GERHART HAUPTMANN

Auch einem entschlossenen Narren kann man mit Verstand imponieren, wenn man ihn nur ausreden läßt.

ADOLF NOWACZYNSKI

Narren allein sind würdig, der Weisheit die Schleppe zu tragen.

PETER BAMM

Verrückte sind fast alle guter Laune.

PETER BAMM

Die Albernheit hat nichts mit der Narrheit zu tun. Die Narrheit ist für andere, eine Schutzhülle gegen die Umwelt. Die Albernheit ist für einen selber, eine Erholung von der Umwelt.

PETER BAMM

Wenn die Narrheit nicht dafür sorgt, daß die Welt bunter wird, dann wird sie vor Vernunft so grau werden, daß sie keinem Weisen mehr gefallen kann.

PETER BAMM

Der Narr steht dem Weisen deshalb ganz besonders nahe, weil allein der Weise ein Quentchen Narrheit als Unweises in seine große Weisheit einzubeziehen vermag.

HANS-HASSO VON VELTHEIM-OSTRAU

Mit Narren muß man närrisch reden.

MARTIN KESSEL

Wenn Narren nicht auf den Markt kämen, würden gesprungene Töpfe niemals verkauft werden.

ORSON WELLES

Narren werden deswegen isoliert, weil sie die Wahrheit sagen.

HELLMUT WALTERS

Es ist gefährlich, einen Narren mit dem Fallschirm springen zu lassen: Er kann auf dem Thron landen.

VYTAUTAS KARALIUS

Sie sind die Dümmsten nicht: die Büchernarren.

HANS-HORST SKUPY

Nation

Eine Fahne braucht nicht viel zu denken.

Französisches Sprichwort

Eine Nation, die durch die Bildung auf den höchsten Gipfel der Nationalglückseligkeit gekommen, ist eben dadurch in Gefahr, zu stürzen, weil sie nicht mehr steigen kann.

MOSES MENDELSSOHN

Mit Nationen geht man nicht zu Gericht; Kanonen sind die Advokaten der Kronen, und das Schwert, nicht jenes der Gerechtigkeit, sondern des Krieges, entscheidet den Prozeß.

THOMAS PAINE

Ekel an der Wiederholung, insofern Wiederholung die Idee verstärkt, ist fast ein untrügliches Kennzeichen vom Verfall des Geschmackes einer Nation.

CHRISTIAN FRIEDRICH DANIEL SCHUBART

Kein größerer Schaden kann einer Nation zugefügt werden, als wenn man ihr den Nationalcharakter, die Eigenheit ihres Geistes und ihrer Sprache raubt.

JOHANN GOTTFRIED HERDER

Die Art ihrer Ernährung beeinflußt das Schicksal der Nationen entscheidend.

BRILLAT-SAVARIN

Nur wo Nationen sind, gibt es Taten; sonst ist es nichts als despotische Maschinerie.

JOHANN GOTTFRIED SEUME

Oft müssen Nationen ganz so wie Individuen für ihre Tugenden büßen.

GERMAINE (MADAME) DE STAËL

Man kann als Wahrheit aussprechen, daß ungerechte Nationen nach einer Zahl von Jahren an dem Haß zugrunde gehen, den ihre Ungerechtigkeiten säten, wenn auch mehrere Generationen vorübergehen können, ehe so schlimme Fehler bestraft werden.

GERMAINE (MADAME) DE STAËL

Nation

Eine Nation, die es nicht wagt, kühn zu sprechen, wird es noch viel weniger wagen, kühn zu handeln.

CARL VON CLAUSEWITZ

Die vollkommene Nation – nicht die vollkommene Menschheit – ist die Aufgabe, die von der gegenwärtigen Zeit zu lösen ist.

FRIEDRICH LIST

Zum Opfertode für die Freiheit und für die Ehre seiner Nation ist keiner zu gut, wohl aber sind viele zu schlecht dazu.

THEODOR KÖRNER

Nation werden heißt: darauf verzichten, ein übernationales Reich zu sein.

HONORÉ DE BALZAC

Nationen sind auch Individuen, nicht weiser und nicht stärker als der Einzelne und gleichem Schicksal unterworfen.

HONORÉ DE BALZAC

Die Nationen sind wie die einzelnen Menschen, sie haben es noch lieber, daß man ihren Gefühlen schmeichelt, als daß man sich um ihre Interessen verdient macht.

ALEXIS DE TOCQUEVILLE

Eine Nation muß zusammenhalten, was ihr von Rechts wegen gehört. Sich selbst ehren und hochhalten, dieser großartige Egoismus, ist die erste Tugend einer Nation; erst in zweiter Linie kommt die Gerechtigkeit gegen andere Nationen.

FRIEDRICH THEODOR VISCHER

Eine Nation, der Gefühl nichts bedeutet, ist auf dem Wege aufzuhören, eine Nation zu sein.

JAMES ANTHONY FROUDE

Jede Nation hat ihre Aufgaben und ihre Vorzüge, und das beste ist, daß man da bleibt, wo man durch Gott hingestellt wurde.

THEODOR FONTANE

Eine Nation kann nicht frei werden und zugleich fortfahren, andere Nationen zu unterdrücken.

FRIEDRICH ENGELS

Die Nationen, große Kollektivwesen, sind denselben Gesetzen unterworfen wie die Individuen. Wie die Kinder schreien und lallen sie und werden dicker und größer. Wie die Tugend und das reife Mannesalter bringen sie kluge und kühne Werke hervor. Wie das Alter schlummern sie auf erworbenem Reichtum ein. Und man muß nicht glauben, daß die Neukommenden unverändert von den Alten erben und daß sie eine vollendete Lehre von ihnen empfangen. Oft geschieht, daß alles verloren ist und alles neu geschaffen werden muß.

CHARLES BAUDELAIRE

Die erste Lebensbedingung für jedes Volk ist seine nationale Unabhängigkeit, und daher sind nationale Befreiungskriege und daraus folgende nationale Unabhängigkeit die erste Vorbedingung für jede höhere und eigenständige Kulturentwicklung eines Volkes.

AUGUST BEBEL

Nation: Eine Gruppe von Menschen, die eine Sprache spricht und die gleichen Zeitungen liest.

FRIEDRICH NIETZSCHE

Nationen sind die natürlichen Organe der Menschheit.

TOMÁŠ G. MASARYK

Keine Nation ist fähig, über eine andere Nation zu urteilen.

WOODROW WILSON

Was ist eine Nation? – Es ist die Erscheinung eines ganzen Volkes als organisierte Macht.

RABINDRANATH TAGORE

Verletzung ihrer Interessen verzeiht eine Nation, nicht aber Verletzung ihrer Ehre.

MAX WEBER

Nationen sind groß geworden, indem sie Schritt für Schritt ihre Selbstachtung steigerten. Selbstachtung bedeutet nicht Eitelkeit oder Überheblichkeit: Selbstachtung ist jene Geistesverfassung, die nicht gewillt ist, aus Furcht oder Trägheit auf Rechte zu verzichten, die einem zustehen.

MAHATMA GANDHI

Nation

Wer die Gleichberechtigung der Nationen und Sprachen nicht anerkennt und nicht verteidigt, wer nicht jede nationale Unterdrückung oder Rechtsungleichheit bekämpft, der ist kein Marxist, der ist nicht einmal ein Demokrat.

WLADIMIR I. LENIN

Wer in seiner Selbstachtung tödlich getroffen ist, denkt nicht mehr wie ein geistig gesunder, vernünftiger Mensch; und diejenigen, die eine Nation vorsätzlich demütigen, haben es sich selbst zuzuschreiben, wenn daraus eine Nation von Irren wird.

BERTRAND EARL RUSSELL

Nationen werden geboren in den Herzen von Dichtern; sie gedeihen und sterben in den Händen von Politikern.

MUHAMMAD IQBAL

Die Seele einer Nation sind niemals Gesetze und Verfügungen, sondern es ist der Mensch in seiner Gesamtheit.

ERNST DÜBI

Das souveräne Recht, über sich selbst zu verfügen, ruht bei der Nation.

KEMAL ATATÜRK

Ich sehe in jedem Nationalismus die Gefahr der Entzweiung, des Stolzes, der Eingrenzung und der Eitelkeit.

STEFAN ZWEIG

Die Nationen sterben wie die Menschen an unmerklichen Unhöflichkeiten. An ihrer Art zu niesen oder die Absätze schief zu treten, erkennt man die verurteilten Völker.

JEAN GIRAUDOUX

Der Nationalismus gilt uns als die gewaltige feindselige Macht, wo immer er auftritt. Er macht den Frieden und die innere Freiheit unmöglich.

KARL JASPERS

Nicht an Tugend, sondern an Macht mangelt es kleinen Nationen zur Verteidigung der Freiheit.

JOSEF ČAPEK

Als ob zwischen national und übernational ein Widerspruch bestünde! Jeder, der je Grenzpfähle kleinerer Gebiete niederriß, um sie aufzulösen in größerer Gemeinschaft, der handelte übernational und ist dem kleineren Gemeinwesen zunächst immer als ein Verräter erschienen.

FRITZ VON UNRUH

Neutralität gründet sich auf die Annahme, daß freie Nationen in Frieden und Gedeihlichkeit nebeneinander leben können. Neutralismus ist eine kommunistische Entstellung davon.

TSCHIANG KAI-SCHEK

Nation ist der Kosmos, in dem der Himmelsauftrag eines Volkes erscheint. Je mehr Eingebung seine Seele widerspiegelt, um so mehr Göttlichkeit kennzeichnet seine Werke.

ALBERT TALHOFF

Die Nation ist das achte Sakrament – Gott segne diesen Kontinent.

KURT TUCHOLSKY

Je kleiner das Land, desto größer und stärker das Nationalgefühl.

KURT TUCHOLSKY

Eine Politik reiner nationaler Autarkie betreiben wollen, bedeutet eine Katastrophengefahr.

ENGELBERT DOLLFUSS

Eigenlob der eigenen Nation strömt einen betäubenden Wohlgeruch aus.

RICHARD FRIEDENTHAL

Die heiligsten Güter der Nation sind jene, die sie am schnellsten und leichtesten preisgibt.

MAX RYCHNER

Man muß sich der nationalen Kräfte bedienen, auch wenn sie noch so reaktionär sind.

FRANZ JOSEF STRAUSS

Nationalhymnen sagen viel über den Charakter eines Volkes aus; Nationalgerichte nicht weniger.

GÜNTHER CWOJDRAK

Nation

Nationalhymnen sind in Töne gegossene Kriegerdenkmäler.

OLIVER HASSENCAMP

Nationale Eigenschaften sind verbindliche Vorurteile eines Volkes über sich selbst.

GABRIEL LAUB

Der Nationalismus hält unsere Nächstenliebe in Grenzen.

WERNER MITSCH

Große Nationen sind besonders kleinlich.

HANS-HORST SKUPY

Chauvinismus: Die Lehre, die zu den liebsten jeder Nation gehört, besagt sie doch viel über Leistung und Tüchtigkeit desjenigen Volkes, dem man selbst das Glück hat, anzugehören.

KONRAD GERESCHER

Natur

Die Nachtigall preist die Rose, ein Armenier die Kräuter.

Kaukasisches Sprichwort

Nicht wir – die Naturkräfte sind die Ärzte.

HIPPOKRATES

Alle Menschen auf Erden, die von der Natur reden, verstehen darunter einfach das Regelmäßige.

MENG DSE

Was ich gut nenne, ist nicht, was man Moral nennt; das Gute liegt allein darin, dem Wirken der Natur zu folgen.

DSCHUANG DSE

Alles geschieht nach Naturnotwendigkeit, nach Vorsatz, nach Zufall.

EPIKUR

Tiere und kleine Kinder sind ein Spiegel der Natur.

EPIKUR

Den Menschen vernachlässigen und über die Natur grübeln heißt, den Sinn des Alls nicht verstehen.

HSÜN-DSE

Die Natur ist die beste Führerin des Lebens.

CICERO

Alles, was der Natur gemäß geschieht, geschieht richtig.

EPIKTET

Die Natur unterwirft die Schwachen den Starken.

SENECA

Glücklich leben und naturgemäß leben ist eines.

SENECA

Natur betrachtet man als Grund der Entstehung von Ursache und Wirkung, den Geist als Grund des Erlebens von Freude und Leid.

BHAGAVADGITA

Lehrt euch nicht auch die Natur selbst, daß es für den Mann eine Schande, für die Frau aber eine Ehre ist, lange Haare zu tragen?

1 KORINTHERBRIEF 11,14/15

Die ewige Natur ist das ursprünglich Schöne, und alles, was von ihr ausgeht, ist ebenfalls schön.

PLOTIN

Gott ist nicht ein Zerstörer der Natur, er vollbringt sie vielmehr.

MEISTER ECKEHART

Das Wasser ist das Blut der Berge.

LEONARDO DA VINCI

Wir können nicht fehlgehen, wenn wir der Natur folgen.

MICHEL DE MONTAIGNE

Der Mensch, Diener und Erklärer der Natur, schafft und begreift nur so viel, als er von der Ordnung der Natur durch die Sache oder den Geist beobachten kann; mehr weiß oder vermag er nicht.

FRANCIS BACON

Natur

Man kann die Natur nur dadurch beherrschen, indem man sich ihren Gesetzen unterwirft.

FRANCIS BACON

Die Natur ist unerbittlich und unveränderlich, und es ist ihr gleichgültig, ob die verborgenen Gründe und Arten ihres Handelns dem Menschen verständlich sind oder nicht.

GALILEO GALILEI

Wenn der Baum gefällt wird, fliegen die Vögel davon.

KIN-KU KI-KUAN

Die Natur ist gegen die Menschen viel freigebiger, als sie glauben.

CHRISTINE VON SCHWEDEN

Unter Naturrecht verstehe ich die Naturgesetze selbst oder die Regeln, nach denen alles geschieht, d. h. eben die Macht der Natur. Danach erstreckt sich also das natürliche Recht der gesamten Natur und folglich auch jedes einzelnen Individuums so weit wie seine Macht.

BARUCH DE SPINOZA

Alles geht stufenweise in der Natur und nichts sprungweise.

GOTTFRIED WILHELM LEIBNIZ

Vertreibe die Natur: sie kehrt im Galopp zurück.

PHILIPPE DESTOUCHES

Die Natur kann nicht Recht von Unrecht unterscheiden.

VOLTAIRE

Die Natur macht keinen Sprung.

CARL VON LINNÉ

Die Natur betrügt uns nie. Wir sind es immer, die wir uns selbst betrügen.

JEAN-JACQUES ROUSSEAU

In der Natur gibt es keine Widersprüche.

VAUVENARGUES

Alles, was die Natur selbst anordnet, ist zu irgend einer Absicht gut.

IMMANUEL KANT

Nichts ist züchtiger und anständiger als die simple Natur.

GOTTHOLD EPHRAIM LESSING

Natur tut allzeit mehr als Demonstration.

GOTTHOLD EPHRAIM LESSING

Die Natur gibt Illusionen den Weisen und den Narren mit, auf daß die Weisen durch ihre Weisheit nicht zu unglücklich würden.

CHAMFORT

Selig sind, die reinen Herzens sind, denn sie können Gott in der Natur schauen.

THEODOR GOTTLIEB VON HIPPEL

Die Natur ist das Laufseil, woran unsere Gedanken geführt werden, daß sie nicht ausschweifen.

GEORG CHRISTOPH LICHTENBERG

Die Natur ist kein selbständiges Wesen, sondern Gott ist alles in seinen Werken.

JOHANN GOTTFRIED HERDER

Die Natur enthüllt alle Kräfte der Menschheit durch Übung, und ihr Wachstum gründet sich auf Gebrauch.

HEINRICH PESTALOZZI

Der Mensch ist allen Gesetzen unterworfen, die in der Natur sind.

WILHELM HEINSE

Die Natur bekümmert sich nicht um irgendeinen Irrtum; sie selbst kann nicht anders, als ewig recht handeln, unbekümmert, was daraus erfolgen möge.

JOHANN WOLFGANG VON GOETHE

Die Natur hat jederzeit recht, und das gerade am gründlichsten, wo wir sie am wenigsten begreifen.

JOHANN WOLFGANG VON GOETHE

Die Natur ist das einzige Buch, das auf allen Blättern großen Gehalt bietet.

JOHANN WOLFGANG VON GOETHE

Natur und Kunst, sie sind nicht mehr zu trennen.

JOHANN WOLFGANG VON GOETHE

Natur

Natur und Idee läßt sich nicht trennen, ohne daß die Kunst sowie das Leben zerstört werde.

JOHANN WOLFGANG VON GOETHE

Die Natur ist ein unendlich geteilter Gott.

FRIEDRICH VON SCHILLER

Ein großes Lebendiges ist die Natur: alles ist Frucht, alles ist Samen.

FRIEDRICH VON SCHILLER

In der ganzen Natur ist kein Lehrplatz, lauter Meisterstücke.

JOHANN PETER HEBEL

Warum soll die Natur mit Untergängen geizen, da sie mit Aufgängen und Schöpfungen wuchert?

JEAN PAUL

Die Natur bestraft alles, an den Besten auch die kleinsten Fehler und gerade diese am härtesten.

JEAN PAUL

Die Natur gefällt, reißt an sich, begeistert, bloß weil sie Natur ist.

WILHELM VON HUMBOLDT

Alles Unnatürliche ist unvollkommen.

NAPOLEON BONAPARTE

Die Natur ist das Ideal. Das wahre Ideal ist möglich, wirklich und notwendig zugleich.

NOVALIS

Die vollendete Spekulation führt zur Natur zurück.

NOVALIS

Die Natur wäre nicht die Natur, wenn sie keinen Geist hätte.

NOVALIS

Leben wir der Natur gemäß, so werden sich alle unseren Kräfte gerade in einem solchen Verhältnisse entwickeln, wie es für die Erreichung unserer Bestimmung, für unsere Tugend und Glückseligkeit das allerzuträglichste ist.

BERNARD BOLZANO

Habt Ehrfurcht vor dem Baum, er ist ein einziges großes Wunder; euren Vorfahren war er heilig. Die Feindschaft gegen den Baum ist ein Zeichen der Minderwertigkeit eines Volkes und von niederer Gesinnung des einzelnen.

ALEXANDER VON HUMBOLDT

Wer die Natur nicht durch die Liebe kennenlernt, der wird sie nie kennenlernen.

FRIEDRICH VON SCHLEGEL

Wo der Glaube und der Sinn für das Übernatürliche aufhört, da fängt der Aberglaube an die Natur an.

JOSEPH VON EICHENDORFF

Die Liebe zur Natur ist die einzige, welche die Hoffnungen der Menschen nicht trügt. Hier gibt es keine Enttäuschungen!

HONORÉ DE BALZAC

Wie nennt man alles Erschaffene mit einem Namen? – Man nennt es die Natur, und deswegen kann es auch keine Kunst gewesen sein, alles zu erschaffen, denn wenn es ein Kunstwerk wäre, so wär' es keine Natur!

JOHANN NESTROY

Die Natur kennt das große Geheimnis und – lächelt.

VICTOR HUGO

Wir können uns mit dem festen Glauben trösten, daß der Krieg der Natur nicht ununterbrochen andauert, daß kein Geschöpf Furcht vor ihm empfindet, daß der Tod gewöhnlich rasch kommt und daß der Kräftigste, Gesundeste und Glücklichste die anderen überlebt und sich fortpflanzt.

CHARLES DARWIN

Wir wissen, wie die Natur mit den Individuen umspringt: früher oder später, ohne Opfer oder über Haufen von Leichnamen – das ist ihr alles einerlei, sie setzt ihren Weg fort oder setzt fort, was ihr einfällt; sie baut Zehntausende von Jahren an einem Korallenriff und gibt die Reihen, welche sich zu weit vorgeschoben haben, dem Tode preis. Die Polypen sterben, ohne zu ahnen, daß sie dem Fortschritt des Riffs gedient haben.

ALEXANDR HERZEN

Natur

Die Natur hätte den Menschen nicht hervorbringen können, wenn sie sich seinen Hoffnungen und Wünschen nicht gewachsen fühlte. Die gehören zu ihm wie das Wasser zum Fisch.

FRIEDRICH HEBBEL

Die Natur wiederholt ewig in weiterer Ausdehnung denselben Gedanken; darum ist der Tropfen ein Bild des Meeres.

FRIEDRICH HEBBEL

Der Mensch kann die Natur nicht erreichen, nur übertreffen; er ist entweder über ihr oder unter ihr.

FRIEDRICH HEBBEL

Auch die Natur vermag uns nichts zu geben, als was wir selber ihr entgegenbringen.

THEODOR STORM

Natur ist höhere und vollkommenere Kunst, die Kunst Gottes; auf sich selbst bezogen ist sie jedoch Genie. Sie hat sich vervollkommnet durch Übung von Ewigkeit her.

HENRY DAVID THOREAU

Wir haben nur das bißchen Kunst und Wissenschaft, das uns, in ehrlicher Arbeit, über uns erhebt, und haben als Bestes – die Natur.

THEODOR FONTANE

Glaubt mir: Der Herrgott hat in seinen Naturgesetzen gut gesorgt, wenn der Mensch nur danach lebt!

SEBASTIAN KNEIPP

Die Natur ist immer neu, wenn das Auge frisch bleibt.

MAX VON EYTH

Es gibt eigentlich keine Gegenden, die nicht schön sind.

HANS THOMA

Das Meer setzt der Hoffnung keine Schranke und der Verzweiflung kein Maß.

KARL STIELER

Wir sind so gerne in der freien Natur, weil sie keine Meinung über uns hat.

FRIEDRICH NIETZSCHE

Die Natur hat leicht verschwenden; auch das scheinbar ganz nutzlos Verstreute fällt zuletzt doch in ihren Schoß.

MARIE VON EBNER-ESCHENBACH

Die Natur kennt das Zeitwort *sollen* nicht; das stammt aus der Sozialgrammatik der Menschen.

CARL SPITTELER

Keine andere Tür führt zum Wissen als die Tür, die die Natur öffnet. Es gibt keine Wahrheit außer jener Wahrheit, die wir in der Natur entdecken.

LUTHER BURBANK

Wir haben Naturgefühl, die Alten aber hatten die Natur.

SIEGFRIED LIPINER

In der Natur triumphiert überall das Leben über den Tod.

JOHANNES MÜLLER

Wen die Natur ergreift, der ist von Gott ergriffen.

CARLOS VON TSCHUDI

Religion allein ist imstande, alle Gefahren, die dem Geiste drohen, abzuwenden. Überall soll man und kann man denken. Aber der passendste Ort, um großen Gedanken und Gefühlen nachzuhängen, ist die Natur.

ROBERT REININGER

Es gibt Blinde, die sehen die Natur besser als mancher Sehende.

REINHOLD BRAUN

Durch die Natur beruhigt sich Gott selbst immer wieder. Wehe, wenn er als Mensch in dem unseligen Fieber der Zivilisation sich selbst als Natur zerstört haben wird.

CHRISTIAN MORGENSTERN

Der Mensch – ein Exempel der beispiellosen Geduld der Natur.

CHRISTIAN MORGENSTERN

Die Schönheiten der Natur können nur durch die Augen eines Liebenden wirklich bemerkt werden. Daher die Wichtigkeit einer echten Ehe.

MUHAMMAD IQBAL

Natur

Die Natur steckt voll unentsiegelter Gnaden.

KARL FOERSTER

Die Natur ist nur in Ordnung, wenn sie im Licht der höchsten Ordnung gesehen wird, ob diese nun, wie die Humanisten sagen, im Geist des Menschen oder – wie die Christen sagen – im Geist Gottes ist.

GILBERT KEITH CHESTERTON

Das Antlitz der Natur ist der Mensch.

GEORG KAISER

Die Natur braucht sich nicht anzustrengen, bedeutend zu sein. Sie ist es.

ROBERT WALSER

Es müssen die meisten die Natur geschenkt bekommen, die wenigsten können sie selbst erfassen.

E. G. KOLBENHEYER

Wir zerlegen heute die keusche, immer täuschende Natur und fügen sie nach unserem Willen wieder zusammen. Wir blicken durch die Materie, und der Tag wird nicht ferne sein, an dem wir durch ihre Schwingungsmasse hindurchgreifen wie durch Luft. Stoff ist etwas, das der Mensch höchstens noch duldet, aber nicht anerkennt.

FRANZ MARC

Die Natur läßt sich weder im guten noch im bösen um ihre Rechte bringen. Wer die Rechnung seines Lebens macht, ohne ihr ihr volles Recht einzuräumen, an dem rächt sie sich mit jenem Gleichmut, nach dessen Gesetzen das Leben fortschreitet, ohne sich um unsere Irrtümer zu kümmern.

WALDEMAR BONSELS

Nicht nach der Natur arbeite ich, sondern vor der Natur, mit ihr.

PABLO PICASSO

Die Natur erweckt nicht den Sinn für Vollkommenheit. Sie ist weder besser noch schlechter zu denken.

GEORGES BRAQUE

Nur die Natur verlangt für ihre Gaben kein Entgelt.

JAKOW TRACHTENBERG

Wo die Natur einsam erscheint, geschieht nichts anderes, als daß sie versenkt bleibt in sich selbst. Denn die Stille ist ihr frucht- und blütenträchtigstes Tun.

ALBERT TALHOFF

Die Gesetze der Natur und die Gottes sind Synonyme.

JAKOW TRACHTENBERG

Die einzige Welt, in der einer ganz er selbst sein kann, ist die Natur.

BORIS PASTERNAK

Die höchsten Empfindungen sind Religion und Kunst. Natur ist Zweck; aber dort ist Gott, und ich empfinde ihn stark, sehr stark, am stärksten...

EGON SCHIELE

Wer sich mit der Natur verträgt, dem tut sie nichts.

HENRY MILLER

Die Natur ist uns stets überlegen. Die großen Gesetzmäßigkeiten finden sich in der Natur, nicht in den Lehrbüchern.

WERNER KOLLATH

Es gibt in der Natur keine Anomalien.

HENRY DE MONTHERLANT

Das größte Problem der Natur ist ihre Einfachheit.

HEINZ STEGUWEIT

Die Natur hat keinen moralischen Charakter.

PETER BAMM

Blumen sind Sendboten Gottes aus einer anderen, vollkommenen Welt.

ZENTA MAURINA

Ein beständiger Umgang mit der Natur muß noch lange kein Naturgefühl erzeugen; es kommt ganz allein darauf an, wie man die Natur sieht.

ELISABETH LANGGÄSSER

Jedes Erleben der Natur bildet dem Künstler eine neue Gegebenheit zur Auslösung der eigenen Erfindungsgabe.

PHILIPP HARTH

Die Landschaft ist ein Zustand der Seele.

SALVADOR DALI

Das Wasser ist das Blut der Natur.

JOSEF VIKTOR STUMMER

Die Natur ist nie böse; nur ist der Mensch
zu schwach, immer ihre Ordnung
zu ertragen.

FRANZ JOHANNES SCALA

Pausiert der Wille, atmet die Natur.

HANS KASPER

In der Liebe zur Theorie steckt eine
gefährliche Lust, die Natur zu vergewaltigen.

HANS KASPER

Allein in der Natur erkennt der Mensch den
Geist urwahrer Gottheit.

BRUNO ALEXANDER SCHULTZE

Was man Naturgesetz nennt, sind
mathematisch formulierte Beschreibungen
unserer Erfahrungen.

WOLFGANG H. LOHMANN

Naturschutzgebiete entstehen durch
Zweitwohnsitze einflußreicher Bürger.

OLIVER HASSENCAMP

In der Natur gibt es keine Maschinen.

MAX THÜRKAUF

Die Natur stirbt am grünen Tisch.

GERHARD UHLENBRUCK

Alle wollen zurück zur Natur. Aber keiner zu
Fuß.

WERNER MITSCH

Erkenn deine Natur und gieß sie!

GERHARD JASCHKE

Die Natur kennt viele Tricks, aber sie ist kein
Falschspieler.

ROLF SEIFFERT

Ich liebe das stille Leben der Pflanzen: sie
schimpfen nicht, sie lügen nicht, sie zetteln
keine Kriege an.

OLIVER SACKS

Neid

Wer neidet, ist blind.

Griechisches Sprichwort

Sei nicht neidisch auf böse Menschen!

SPRÜCHE 24,1

Der Neid steht außerhalb des göttlichen
Chores.

PLATON

Der Hang der menschlichen Natur zu Neid
und Mißgunst ist so groß, daß man sich über
die Vorzüge, die andere besitzen, mehr
betrübt, als über seine eigenen freut.

PLUTARCH

Unter allen Dingen entgeht allein die
Erbärmlichkeit dem Neide.

GIOVANNI BOCCACCIO

Das sicherste Zeichen, mit großen
Eigenschaften geboren zu sein, ist, keinen
Neid zu kennen.

LA ROCHEFOUCAULD

Die Neider sterben wohl, doch niemals stirbt
der Neid.

MOLIÈRE

Neid ist der Schatten des Ruhmes, wie der
Ruhm der Schatten der Tugend ist.

ANNE THÉRÈSE DE LAMBERT

Ein neidischer Mensch ist ein schielender
Narr.

THOMAS FULLER

Wer an den Neid der Menschen appelliert,
findet fast immer Gehör.

JONATHAN SWIFT

Kleine Fehler in einem großen Werk sind die
Brosamen, die man dem Neid hinwirft.

HELVÉTIUS

Jemanden beneiden heißt, seine
Überlegenheit eingestehen.

JULIE JEANNE DE LESPINASSE

Neid

Der Haß ist ein aktives Mißvergnügen, der Neid ein passives; deshalb darf man sich nicht wundern, wenn der Neid so schnell in Haß übergeht.

JOHANN WOLFGANG VON GOETHE

Der geschwätzige Neid ist immer ungeschickt. Gefährlich ist der Neid, der schweigt.

ANTOINE DE RIVAROL

Der Neid des Menschen zeigt an, wie unglücklich sie sich fühlen, und ihre beständige Aufmerksamkeit auf fremdes Tun und Lassen, wie sehr sie sich langweilen.

ARTHUR SCHOPENHAUER

Neid ist dem Menschen natürlich; dennoch ist er ein Laster und ein Unglück zugleich. Der Neid der Menschen zeigt an, wie unglücklich sie sich fühlen; und ihre beständige Aufmerksamkeit auf fremdes Tun und Lassen, wie sehr sie sich langweilen.

ARTHUR SCHOPENHAUER

Der Neid ist die Seele des überall florierenden, stillschweigend und ohne Verabredung zusammenkommenden Bundes aller Mittelmäßigen gegen den einzelnen Ausgezeichneten in jeder Gattung.

ARTHUR SCHOPENHAUER

Der Neid löst die Zungen, die die Bewunderung erstarren macht.

HONORÉ DE BALZAC

Keine Berichte finden bereitwilligeren Glauben als die, die die Größe herabsetzen und dem Neid der Mittelmäßigen schmeicheln.

THOMAS LORD MACAULAY

Der Hochmut reizt den Neid.

ADOLF KOLPING

Der Neid ist die aufrichtigste Form der Anerkennung.

WILHELM BUSCH

Das ist ein Neidbold – dem muß man keine Kinder wünschen; er würde auf sie neidisch sein, weil er nicht mehr Kind sein kann.

FRIEDRICH NIETZSCHE

Neid ist die aufrichtigste Form der Schmeichelei.

JOHN CH. COLLINS

Neid ist eine Säure, die nach innen frißt.

MAX BEWER

Neid ist die erbärmlichste und plebejischste, die ekelhafteste und roheste und die allerhäufigste Schwäche der Menschen.

M. HERBERT

Neidlosigkeit ist die Genialität dessen, der von Schicksals Gnaden aus niemanden zu beneiden hat.

PETER ALTENBERG

Neid ist das zerfressendste aller Laster und auch die größte Macht im Land.

SIR JAMES M. BARRIE

Um große Verdienste webt der Neid die dichtesten Schleier, die Spinnweben der Mißgunst.

ELEONORE VAN DER STRATEN-STERNBERG

Der Neid stammt aus mangelnder Selbstachtung.

RENÉ QUINTON

Das ist die Strafe des Neides, daß er sich selbst zerfrißt.

CARLOS VON TSCHUDI

Neid richtet sich stets nur auf die Ergebnisse, nie auf die Voraussetzungen.

HEINRICH WOLFGANG SEIDEL

Geiz ist ein Zwerg gegenüber dem Riesen Neid.

LISA WENGER

Die Menschen hassen immer am meisten, was sie beneiden.

HENRY L. MENCKEN

Nicht das Geld, der Neid regiert die Welt.

CURT GOETZ

Neid ist ein unselig Auge: bald trüb, bald blind, bald feuersprühend – aber immer krank.

MARGARETE SEEMANN

Oft wäre der Neid grausam gestraft, wenn man ihm das überlassen könnte, was er einem mißgönnt.

KARL HEINRICH WAGGERL

Es fällt uns schwer, den Neid ganz zu verurteilen: wir verdanken ihm zuviel Angenehmes.

SIGMUND GRAFF

Dem Neidlosen neidet die Welt.

FRANZ SLOVENČIK

Die einzige der sieben Todsünden, die ich wirklich verabscheue, ist der Neid. Alles andere sind individuelle Sünden, die niemandem wehtun, mit Ausnahme des Zorns. Der Neid aber ist die einzige Sünde, die unweigerlich dahin führt, den Tod eines anderen zu wünschen, dessen Glück einen unglücklich macht.

LUIS BUÑUEL

Neid ist eine Erfindung des Spiegels.

HANS KUDSZUS

Möchte man nicht neidisch sein, so schaffe man selbst etwas. Untätigkeit nährt den Neid.

ATANAS DALTSCHEW

Neid zersetzt sich selbst.

WALTER NENZEL

Kollektiven Neid in aktivster Form nennt man Krieg.

JACK THOMMEN

Der Neid findet seine Strafe in sich selbst.

JOSEF VIKTOR STUMMER

Der Neid ist die negative Art der Bewunderung.

GÜNTHER MICHEL

Neider machen Leute.

CURTH FLATOW

Neid ist genau so alt wie Unfähigkeit.

MILAN RŮŽIČKA

Neid muß man sich sehr hart erarbeiten.

EDZARD REUTER

Der Neid beneidet sogar das Leid um die Erfahrungen, die er nicht machen darf.

HELLMUT WALTERS

Neider sind eine untrügliche Erfolgsbestätigung.

ELISABETH HABLÉ

Neid macht erfinderisch.

JOACHIM SCHWEDHELM

Neugierde

Lieber Freundschaft mit einem wilden Tier als Freundschaft mit einem neugierigen Menschen.

Tunesisches Sprichwort

Belaure nicht die Wohnstatt des Frommen, verstöre sein Ruhelager nicht!

SPRÜCHE 24,15

Von Unerzogenheit zeugt es, wenn ein Mensch an der Türe horcht; der Gesittete macht seine Ohren taub.

BEN SIRA 21,24

Zur Redseligkeit gehört noch eine andere Plage – Neugier. Denn Plauderer möchten viel hören, damit sie viel zu sagen haben.

PLUTARCH

Neugierde wird aus Eifersucht geboren.

MOLIÈRE

Hauptkrankheit des Menschen ist die Unruhe, die Neugierde nach den Dingen, die er nicht wissen kann; und es ist nicht so schlimm für ihn, in diesem Irrtum zu sein, wie in dieser sinnlosen Neugierde.

BLAISE PASCAL

Neugier ist nichts als Eitelkeit. Meist will man nur wissen, um davon reden zu können. Allein aus Freude am Sehen und ohne Hoffnung, seine Eindrücke und Erlebnisse mitteilen zu dürfen, würde niemand übers Meer fahren.

BLAISE PASCAL

701

Neugierde

Pünktlich sind die Gewissenhaften und die Neugierigen.

ARTHUR SCHOPENHAUER

Die Teilnahme der meisten Menschen besteht aus einer Mischung von Neugier und Wichtigtuerei.

MARIE VON EBNER-ESCHENBACH

Wenn die Neugier sich auf ernsthafte Dinge richtet, dann nennt man sie Wissensdrang.

MARIE VON EBNER-ESCHENBACH

Der Dirne Neugier leistet Magddienste die Dirne Geschwätzigkeit.

MARIE VON EBNER-ESCHENBACH

Die Neugier lehrt reden, die Wißbegier schweigen.

GEORG VON OERTZEN

Die Öffentlichkeit hat eine unersättliche Neugier, alles zu wissen, nur nicht das Wissenswerte.

OSCAR WILDE

In aller Neugier steckt ein Gran Gottlosigkeit.

RUDOLF KASSNER

Die weibliche Neugierde wird von der Mode beständig in Atem gehalten.

JULIE ELIAS

Neugier ist die gespannte Angst, daß es Wunder geben könnte.

ANTON KUH

Neugierde. In diesem Wort ist mit Recht das Wort Gier enthalten. Sie ist eine richtige Leidenschaft. Gier nach Neuem, nicht nur Wunsch nach Information.

KURT GUGGENHEIM

Die Neugier ist ein Surrogat der Leidenschaft.

GEORG OPITZ

Die Neugier läßt nach, jetzt könnte er zu denken beginnen.

ELIAS CANETTI

Neugier ist der Trieb des Gehirns.

HANS KASPER

Geschenk im Alter: Die Neugier bescheidet sich, ohne zu erlahmen.

HANS KASPER

Neue Leute dürfen nicht Bäume ausreißen, nur um nachzusehen, ob die Wurzeln noch dran sind.

HENRY A. KISSINGER

Neugier ist, wenn Klatschmäuler nach Futter schnappen.

WOLFRAM WEIDNER

Die Neugierde ist die Freßlust der Sinne.

ERNST R. HAUSCHKA

Neugierde ist auch eine Form der Selbstbestätigung.

GERHARD UHLENBRUCK

Niemandem, einige wenige echte Idioten ausgenommen, fehlt die Neugier, etwas Neues zu erfahren, und die Lust am Erzählen.

ANTONIO MUÑOZ MOLINA

Ich bin nicht neugierig, wie es in anderen Menschen aussieht. Ich habe schon mal neun Monate in einem zugebracht.

RALF BÜLOW

Niederlage

Manch einer geht auf Wolle aus – und kommt geschoren heim.

Spanisches Sprichwort

Wehe den Besiegten!

BRENNUS

Sie gehen unter und nehmen ein Ende mit Schrecken.

PSALMEN 73,19

Alles hat seine Zeit, auch das Nachgeben. Und besser ist es, ehrlich zu unterliegen, als einen unsicheren, unehrlichen Sieg zu erringen.

GREGOR VON NAZIANZ

Es gibt Niederlagen, die ein größerer Triumph als Siege sind.

MICHEL DE MONTAIGNE

Durch Demütigungen habe ich mehr gelernt als durch meine Siege.

KAISER WILHELM I.

Überall, wo Völker zugrunde gegangen und Reiche gestürzt sind, sind sie es durch Unverstand und Schlechtigkeit der Sitten, und überall, wo sie mächtig und glücklich waren, waren sie es durch Verstand und Güte.

ADALBERT STIFTER

Was hat man nach einem Fall zu tun? Was die Kinder tun: wieder aufstehen!

FRIEDRICH HEBBEL

Jedem Besiegten wird es schwer, den Grund seiner Niederlage an der einzig richtigen Stelle, nämlich in sich selbst, zu suchen.

THEODOR FONTANE

Eine Niederlage nach schwerem Kampf ist eine Tatsache von ebenso großer revolutionärer Bedeutung wie ein leicht errungener Sieg.

FRIEDRICH ENGELS

Das Unrecht kann sich keine Niederlage leisten, aber das Recht kann es.

RABINDRANATH TAGORE

Erst durch unsere Schiffbrüche und Einstürze wird uns klar, was wir Unverlierbares und Unverwüstliches an und in uns haben.

EMIL GÖTT

Wenn man nachgeben muß, ist es eine Zeitvergeudung, es nicht mit soviel Anmut wie möglich zu tun.

SIR WINSTON S. CHURCHILL

Die Niederlage verbraucht mehr Kraft als der Sieg. Nichts verbraucht mehr Kraft als die Kraftlosigkeit.

ERICH BROCK

Der göttliche Sinn jeder Niederlage ist es, unsere irdische Vermessenheit in kosmischer Zuversicht aufzulösen.

FRANZ WERFEL

Sieger kommen an. Nach Niederlagen strandet man.

PETER BAMM

Das Leben sprengt immer die Formen. Die Niederlage kann sich als der einzige Weg zur Erneuerung erweisen – trotz ihrer Häßlichkeiten. Um einen Baum zu schaffen, verurteilt man ein Samenkorn zum Verderben.

ANTOINE DE SAINT-EXUPÉRY

Wir haben uns dadurch ungefährlich gemacht, daß wir unsere Verdammung verstanden haben.

ABRAM TERZ (SINJAWSKIJ)

Wer sich abgefunden hat, dem steht das Schlimmste erst bevor.

GERHARD BRANSTNER

Man kann den Sieg verschenken, aber Niederlagen muß man selbst einstecken.

GERHARD UHLENBRUCK

Besser als der Sieg um jeden Preis ist die Niederlage zu einem vernünftigen.

HELLMUT WALTERS

Siege sind vergänglich. Niederlagen selten.

HANS-HORST SKUPY

Wer nach Niederlagen die Kampfmethode nicht ändert, muß die Gegner wechseln.

KLAUS BERNHARDT

Not

Not ist der Dummheit Nachbar.

Tschechisches Sprichwort

Vor dem Zwang der Not stehen selber die Götter machtlos.

SIMONIDES VON KEOS

Die Not des Lebens macht den Menschen schneller reif.

MENANDER

Not

Unter dem Diktat der Not entsteht viel Unheil.
MENANDER

Warum verbirgst du dich in Zeiten der Not?
PSALMEN 10,1

Was dir die Gottheit gab, das teile mit dem, der in Not ist.
PHOKYLIDES

Wenn du Not hast, so klage sie dir und keinem anderen.
TIBERIUS CLAUDIUS

Es ist glatter Wahnsinn, in Not zu leben, um reich zu sterben.
JUVENAL

Not lehrt beten.
TITUS LIVIUS

Elend, an das wir gewöhnt sind, stört uns nicht.
CLAUDIAN

Arzt ist, der die Not wendet.
PARACELSUS

Die Not bringt einen zu seltsamen Schlafgesellen.
WILLIAM SHAKESPEARE

Elend macht einen Menschen weise, wenn auch nicht reich.
THOMAS FULLER

Not ist von jeher als der Zustand erkannt worden, in dem sich ein Mensch mit sich selbst anfreundet, da er frei von Schmeichlern ist.
SAMUEL JOHNSON

Wo Not uns drängt und Hang uns zieht, wie leicht nicht da ein Ding geschieht.
FRIEDRICH (MALER) MÜLLER

Neben der Not steht der Engel.
CLEMENS BRENTANO

In Zeiten der Not das Rechte zu tun, hat auch der Unbefugte Gewalt.
J. ST. ZAUPER

Die Not ist noch ein Genuß gegen die Notwendigkeit, die Not zu verbergen.
JOHANN NESTROY

Not heißt die Amme, Arbeit die Lehrerin der wahrhaft großen und guten Menschen.
JOHANNES SCHERR

Weh der Frau, die nicht im Falle der Not ihren Mann zu stellen vermag!
MARIE VON EBNER-ESCHENBACH

Es kann keine Not geben, der Gott nicht begegnen könnte.
J. HUDSON TAYLOR

Not, die Charakter hat, bleibt lange Not.
SALOMON BAER-OBERDORF

Eine Frau, die aus der Not keine Tugend machen kann, ist keine echte Frau.
HELENE HALUSCHKA

Je größer die Not der Armen, desto größer die Niedertracht der Reichen.
JAKOW TRACHTENBERG

Die Not macht vornehme Menschen noch vornehmer, gewöhnliche noch niedriger: sie treibt jeden zu seinem Extrem.
SIGMUND GRAFF

Not lehrt betteln.
HANS KUDSZUS

Leihe nur dem Geld, der sich in Not befindet. Wenn es dir möglich ist, schenke es ihm. Fühle seine Bedrängnis und nicht deine Großmut.
FRIDEL MARIE KUHLMANN

Wählt stets das kleinere Übel, hebt euch das größere auf für den Notfall.
WIESLAW BRUDZINSKI

Ein Bettler, der in Not gerät, ist ein Dilettant.
FRIEDRICH DÜRRENMATT

Notstand: jemand ließ sich sein gesundes Bein amputieren, um im Notfall das kranke mit einer Prothese unterstützen zu können.
HELMUT LAMPRECHT

Wem alle Felle weggeschwommen, erst der entdeckt die Haut, die es zu retten gilt.

OTMAR LEIST

Heute macht man aus der Hilfe in der Not schon eine Tugend.

GERHARD UHLENBRUCK

In der Not ist Wendigkeit Notwendigkeit.

BURCKHARD GARBE

Notfalls schaffe man sich ein Hilfsalphabet!

HANS-HORST SKUPY

In der Not tragen alle Menschen das gleiche Gesicht.

KURT SCHNURR

Notwendigkeit

Wer das Feuer nötig hat, sucht es in der Asche.

Deutsches Sprichwort

Der Mangel an Notwendigkeiten wird immer von der neidischen Sehnsucht nach Überflüssigem begleitet.

SOLON

Notwendigkeit ist bei weitem stärker als die Kunst.

AISCHYLOS

Nichts ist schrecklich, was notwendig ist.

EURIPIDES

In der Zeit meiner Not suche ich den Herrn.

PSALMEN 77,3

Der Notwendigkeit muß nachgegeben werden.

CICERO

Das Notwendige ist nie zu teuer bezahlt.

CICERO

Du kannst Notwendigkeiten nicht entfliehen. Du kannst sie aber besiegen.

SENECA

Die Notwendigkeit kennt keine Gründe.

CURTIUS RUFUS

Die überwiegende Mehrheit unserer Worte und Taten ist unnötig. Merze sie aus; wieviel Arbeit und Ärger wird mit ihnen verschwinden! Darum sollten wir uns bei jeder Gelegenheit fragen: Ist das nötig?

MARC AUREL

Mit der Notwendigkeit, der Ausrede des Tyrannen, entschuldigt er seine Teufelstaten.

JOHN MILTON

Alle Dinge geschehen aus Notwendigkeit; es gibt in der Natur kein Gutes und kein Schlechtes.

BARUCH DE SPINOZA

Notwendigkeit befreit von der Pein der Wahl.

VAUVENARGUES

Notwendigkeit lindert mehr Leiden als die Vernunft.

VAUVENARGUES

Wer der Vernunft dient, kommt der Notwendigkeit zuvor.

JOHANN GOTTFRIED HERDER

Die Notwendigkeit ist der beste Ratgeber.

JOHANN WOLFGANG VON GOETHE

Wenn ich mich in das Notwendige fügen muß, so nehme ich mir das Angenehme heraus und gehe leicht über das Lästige hinweg.

WILHELM VON HUMBOLDT

Was von selbst ist, ist weder gut noch übel, sondern notwendig.

FRIEDRICH THEODOR VISCHER

Den Hund umbringen heilt nicht den Biß.

ABRAHAM LINCOLN

Der Mensch hat freien Willen, das heißt, er kann einwilligen ins Notwendige.

FRIEDRICH HEBBEL

Angesichts der Notwendigkeit ist jeder Idealismus falsch.

FRIEDRICH NIETZSCHE

Notwendigkeit

Naturwissenschaft geht auf die mögliche Notwendigkeit, Religion auf die notwendige Möglichkeit.
GEORG SIMMEL

Die Notwendigkeit verschwindet nicht, indem sie Freiheit wird.
WLADIMIR I. LENIN

Es ist sinnlos, zu sagen: Wir tun unser Bestes. Es muß dir gelingen, das zu tun, was erforderlich ist.
SIR WINSTON S. CHURCHILL

Das Notwendige von heute kann zum Überflüssigen von morgen werden.
JULIE ELIAS

Die Menschen überlegen eher unter dem Druck der Notwendigkeit als aus purem Bedürfnis heraus.
JOSEF ČAPEK

Das Mögliche und Unmögliche wird letzten Endes immer dem Notwendigen gehorchen.
IVO ANDRIĆ

Uns sind nur diejenigen wirklich nötig, die auch uns brauchen.
GEORGES KRASSOVSKY

Nur was von Nutzen ist, ist vonnöten.
GERHARD UHLENBRUCK

Notwendig ist eigentlich nur eines: Not zu wenden.
HELLMUT WALTERS

Offenheit

Offene Hand macht offene Hand.
Deutsches Sprichwort

So offenbare dich vor der Welt.
JOHANNES 7,4

Nacktheit ist ebenso unziemlich für den Geist wie für den Leib, und es erhöht das Ansehen von Benehmen und Handeln eines Menschen nicht wenig, wenn er sich nicht allzu offenherzig zeigt.
FRANCIS BACON

Viele Leute sind im geselligen Verkehr liebenswürdig und höflich; aber sehr wenige sind offenherzig.
SUZANNE NECKER

Das Streben nach Wahrheit macht uns zu sehr offen für jede neue Ansicht.
JEAN PAUL

Es gibt eine schöne Offenheit, die sich öffnet wie die Blume, nur um zu duften.
FRIEDRICH VON SCHLEGEL

Öffentlichkeit

Ich bin nicht wohl, ja, ich möchte fliehen, wo ich nicht offen sein darf.

CLEMENS BRENTANO

Es gibt Fälle, wo Offenheit Klugheit ist.

FRIEDRICH THEODOR VISCHER

Offenheit verdient immer Anerkennung.

OTTO FÜRST BISMARCK

Offenheit will man genießen, aber sie muß maßvoll sein, sonst wirkt sie brutal und abstoßend.

ELEONORE VAN DER STRATEN-STERNBERG

Ich kann ungeklärte Verhältnisse einfach nicht ertragen. Warum können die Menschen nicht offen gegeneinander sein? Reine Luft zwischen uns!

CHRISTIAN MORGENSTERN

Vergiß nie, daß Offenheit und Schwatzhaftigkeit etwas ganz Verschiedenes sind.

FELICITAS VON REZNICEK

Offene Worte verschließen manche Tür.

MILAN RŮŽIČKA

Gerade die vertraulichen Gespräche müssen offen geführt werden.

HORST FRIEDRICH

Wer mit offenen Karten spielt, gilt nicht selten als Spielverderber.

HANS-DIETER SCHÜTT

Öffentlichkeit

Was einer öffentlich nicht tun mag, das soll er auch heimlich lassen.

Deutsches Sprichwort

Du wirst nicht leicht einen finden, der bei geöffneter Tür leben könnte. Wir leben so, daß plötzlich erblickt zu werden soviel heißt wie ertappt zu werden.

SENECA

Zeiget den Beweis eurer Liebe – auch öffentlich.

2 KORINTHERBRIEF 8,24

Die öffentliche Wahrheit muß uns einig machen und nicht die Eigensinnigkeit.

MARTIN LUTHER

Öffentliche Angelegenheiten gehören in die Öffentlichkeit. Was alle in gleichem Maße angeht, mögen alle ausrichten oder – wenigstens davon wissen.

JAN AMOS COMENIUS

Die Nachrede ist die Steuer, die der Mensch der Öffentlichkeit für eine hervorragende Stellung bezahlt.

JONATHAN SWIFT

Es gibt Gesetze, die nicht in Erz und Marmor, sondern in die Herzen der Staatsbürger eingegraben werden; die den eigentlichen Kern der Staatsverfassung ausmachen; die von Tag zu Tag neue Kraft gewinnen; die – wenn die anderen Gesetze veralten oder verlöschen – neue beleben oder ersetzen, das Volk in dem Geiste seiner Verfassung erhalten und an die Stelle der Macht der öffentlichen Gewalt unmerklich die Macht der Gewohnheit setzen. Ich spreche von den Sitten, den Gebräuchen und vor allem – von der öffentlichen Meinung.

JEAN-JACQUES ROUSSEAU

Wenn alles, was man sagt, wahr sein muß, so ist darum nicht auch Pflicht, alle Wahrheit öffentlich zu sagen.

IMMANUEL KANT

Wo ein jeder mit sich selbst beschäftigt ist, da muß das öffentliche Interesse nachstehen.

WILHELM LUDWIG WEKHRLIN

Die öffentliche Meinung übt eine Rechtsprechung, die ein ehrenhafter Mann niemals vollkommen anerkennen, aber auch nie ganz ablehnen sollte.

CHAMFORT

Die Öffentlichkeit! Wie vieler Narren bedarf es, um eine Öffentlichkeit zu ergeben?

CHAMFORT

Öffentlichkeit

Wer dem Publikum dient, ist ein armes Tier;
er quält sich ab, niemand bedankt sich dafür.

JOHANN WOLFGANG VON GOETHE

Jeder hat etwas in seiner Natur, das – wenn
er es öffentlich aussprüche – Mißfallen
erregen müßte.

JOHANN WOLFGANG VON GOETHE

Wir haben siebentausend Schriftsteller – und
noch gibt es in Deutschland keine öffentliche
Meinung.

GEORG FORSTER

Der Schwache zittert vor der öffentlichen
Meinung, der Narr bietet ihr die Stirn, der
Weise richtet sie, und der Geschickte wird ihr
Lenker.

JEANNE MANON ROLAND

Seine Schmutzwäsche wäscht man zu Hause,
nicht in der Öffentlichkeit.

NAPOLEON BONAPARTE

Das Publikum ist eine unendlich große,
mannigfache, interessante Person – eine
geheimnisvolle Person von unendlichem
Wert, der eigentliche absolute Reiz des
Darstellers.

NOVALIS

Es gibt kein gemeineres, dümmeres,
heimtückischeres, mitleidsloseres,
egoistischeres, nachtragenderes,
neidischeres, undankbareres Tier als die
Öffentlichkeit.

WILLIAM HAZLITT

So lange ein Mensch mit sich selbst und
seinen eigenen Mitteln zufrieden ist, ist alles
in Ordnung. Wenn er eine Rolle auf der
Bühne übernimmt, um die Welt zu überreden,
mehr von ihm zu halten als von sich selbst,
begibt er sich auf einen Weg, auf dem er
nichts als Dornen, Verdruß und
Enttäuschungen finden wird.

WILLIAM HAZLITT

Die öffentliche Meinung ist ein See, der, wenn
man ihn dämmt und aufhält, so lange steigt,
bis er schäumend über seine Schranken
stürzt, das Land überschwemmt und alles mit
sich fortreißt.

LUDWIG BÖRNE

Die öffentliche Meinung ist eine Ansicht, der
es an Einsicht mangelt.

ARTHUR SCHOPENHAUER

Zum Teufel mit der Öffentlichkeit!

CORNELIUS VANDERBILT

Wenn das Volk keinen anderen Tyrannen hat,
wird es seine eigene öffentliche Meinung.

EDWARD EARL BULWER-LYTTON

Die Öffentlichkeit ist ihrem Wesen nach
despotisch. Sie ist imstande, selbst die
billigste Gerechtigkeit zu verwehren, wird
diese allzu nachdrücklich als ein Recht
verlangt.

NATHANIEL HAWTHORNE

In öffentlichen Dingen wiegen große
Verrechnungen so schwer wie moralische
Fehltritte im Privatleben.

FRIEDRICH THEODOR VISCHER

Die Kränze, die das Publikum flicht, zerrupft
es selbst wieder, sie in anderer Weise einem
andern darzubringen, der sich auf besseres
Amüsement versteht.

ROBERT SCHUMANN

Das Publikum beklatscht ein Feuerwerk,
doch keinen Sonnenaufgang.

FRIEDRICH HEBBEL

Der Druck öffentlicher Meinung gleicht dem
atmosphärischen Druck. Man kann ihn nicht
sehen – trotzdem wirkt er.

JAMES R. LOWELL

Wir stecken bereits tief in der Dekadenz; das
Sensationelle gilt, und nur einem strömt die
Menge noch begeisterter zu: dem baren
Unsinn.

THEODOR FONTANE

Die öffentliche Meinung wird verachtet von
den erhabensten und von den am tiefsten
gesunkenen Menschen.

MARIE VON EBNER-ESCHENBACH

Wer an die Öffentlichkeit tritt, hat keine
Nachsicht zu erwarten und keine zu fordern.

MARIE VON EBNER-ESCHENBACH

Öffentlichkeit

Der Mittelstand haßt jede offene gewalttätige Tyrannei, doch er ist sehr geneigt, durch den Bannstrahl der öffentlichen Meinung alles zu ächten, was sich über ein gewisses Durchschnittsmaß der Bildung, des Seelenadels, der Kühnheit emporhebt.

HEINRICH VON TREITSCHKE

In unserer Zeit ist ja alles öffentlich, auch das Geheimnis.

DANIEL SPITZER

Laß einen Menschen einen neuen Grundsatz verkünden. Die öffentliche Meinung wird bestimmt auf der Gegenseite stehen.

THOMAS B. REED

Ein Buch, das über öffentliche Dinge geschrieben ist, soll wie eine Rede, die über öffentliche Angelegenheiten gehalten wird, zur Parteinahme zwingen.

AUGUST BEBEL

Die Öffentlichkeit denkt laut.

GEORG VON OERTZEN

Öffentlichkeit – Nebensache bei Fragen der Gesetzgebung.

AMBROSE BIERCE

Die öffentliche Meinung ist ein vulgärer, unverschämter, anonymer Tyrann. Sie macht jedem absichtlich das Leben unerträglich, der sich nicht damit zufriedengibt, ein Durchschnittsmensch zu sein.

DEAN W. INGE

Es ist eine Kunst, Publikum zu sein.

HANS PFITZNER

Die Kunst des öffentlichen Lebens besteht zum größten Teil darin, zu wissen, wann man aufhören muß, und dann ein wenig weiter zu gehen.

SAKI

Von einem Mann der Öffentlichkeit, insonderheit vom Politiker, muß man verlangen, daß er die Tugenden besitzt, die zum öffentlichen Wirken gehören und die alle auf einen Nenner zu bringen sind: seiner eigenen Maske treu bleiben.

ANTONIO MACHADO

Für mich existiert das Volk in dem Moment, wo es Publikum wird.

RICHARD STRAUSS

Ein Mann bietet der öffentlichen Meinung Trotz, eine Frau unterwirft sich ihr.

OTTO FLAKE

Ein Skandal fordert die öffentliche Meinung heraus. Aber die öffentliche Meinung ist heute selber ein Skandal.

WILHELM ALTMANN

Die Öffentlichkeit ist der Gestank einer Senkgrube und die Politik das Gebiet von Reduzierten.

GOTTFRIED BENN

Das Publikum gebraucht das Gestern nur als Waffe gegen das Heute.

JEAN COCTEAU

Wer in der Öffentlichkeit Kegel schiebt, muß nachzählen lassen, wie viele er getroffen hat.

KURT TUCHOLSKY

Die öffentliche Meinung ist heruntergekommene Wahrheit oder Lüge.

JACOB LORENZ

Die öffentliche Meinung gleicht einem Schloßgespenst: niemand hat es je gesehen, aber alle lassen sich von ihm terrorisieren.

SIGMUND GRAFF

Die Öffentlichkeit ist ein Moloch, der von der Presse überfüttert wird.

FRANZ SLOVENČIK

Die neue Wollust: Ablehnung jeder Öffentlichkeit.

ELIAS CANETTI

Wer im Namen der öffentlichen Meinung auftritt, ist ein Rechtsanwalt ohne Mandat.

HANS HABE

Wer ins Rampenlicht tritt, kann doch nicht ungeschminkt die Wahrheit sagen.

EDITH ENGELKE

Publicity macht ebenso viele Namen zunichte, wie sie hervorbringt.

MALCOLM FORBES

709

Öffentlichkeit

Wenn wir heute die öffentlichen
Hinrichtungen nicht haben, so haben wir zum
Ersatz die öffentlichen Autounfälle.

GOLO MANN

Das Publikum ist unerbittlich, wenn auch
nicht unbestechlich. Sensationen können es
verführen, Posen begeistern, Moralien rühren,
Konventionen blind machen, Neues
abschrecken. Seine Ungerechtigkeit ist sein
Recht, seine Gerechtigkeit immer wieder
erstaunlich.

FRIEDRICH DÜRRENMATT

Die öffentliche Meinung ist eine von der
Presse hochgespielte Seifenblase.

ENZIO HAUSER

Je mehr Menschen zu einem Publikum
werden, um so tiefer sinkt sein Niveau.

ROBERT EMANUEL LOOSEN

Die öffentliche Meinung, auf die die
Zeitungen sich berufen, ist die Meinung derer,
die sie aus den Zeitungen beziehen.

HELMUT ARNTZEN

Öffentliche Meinung: Falsche Perlen vor
echte Säue werfen.

JOHANNES GROSS

Öffentlich bloßstellen dürfen wir nur
solche Täter, die selbst das Licht der
Öffentlichkeit suchen und dabei lächelnd
weiterlügen.

WOLF BIERMANN

Dieben wurde früher öffentlich die Hand
abgeschlagen. Daher also: Öffentliche Hand.

WOLFGANG ESCHKER

Keine Hand streckt ihre Finger so weit aus
wie die sogenannte Öffentliche.

HANS-HORST SKUPY

Das Licht der Öffentlichkeit blendet.

ANDRÉ BRIE

Mancher steht mit seiner Meinung allein da
und fühlt sich trotzdem als Träger der
öffentlichen Meinung.

BERND DREISSEN

Opfer

Wer das Große will, muß das Kleine
opfern.

Deutsches Sprichwort

Opfert was recht ist, und hoffet auf den
Herrn.

PSALMEN 4,6

Diese arme Witwe hat mehr geopfert als
alle.. Denn alle haben aus ihrem Überfluß
eingelegt; diese aber hat alles geopfert, was
sie hatte.

MARKUS 12,43/44

Ein angenehmes Opfer, Gott gefällig.

PHILIPPERBRIEF 4,18

Wert und Unwert eines Menschen tritt immer
erst zutage, wenn ihm Opfer abverlangt
werden.

THEODOR GOTTLIEB VON HIPPEL

Es ist leichter, sich für die Menschen
aufzuopfern, als sie zu lieben.

JEAN PAUL

Seine Grenze wissen heißt, sich aufzuopfern
wissen.

GEORG WILHELM FRIEDRICH HEGEL

Große Opfer sind Kleinigkeiten; die kleinen
sind es, die schwer sind.

HEINRICH VON KLEIST

Ein Held ist, wer sein Leben Großem opfert,
wer's für ein Nichts vergeudet, ist ein Tor.

FRANZ GRILLPARZER

Das höchste Opfer, was die Liebe und die
Freundschaft bringen kann, ist nicht das
Leben, sondern die Überzeugung.

FRANZ H. HOFFMANN

Das wenige, was ich mir durch mannigfaltige
Staats- und Geschichtsstudien eigen
gemacht habe, möchte ich gerne als Gabe
auf den Altar des Vaterlandes niederlegen.

ADALBERT STIFTER

Opfer

Gute Manieren bestehen aus lauter kleinen Opfern.

RALPH WALDO EMERSON

Der größte Dienst verlangt das größte Opfer; aber er empfängt den größten Segen.

J. HUDSON TAYLOR

Der Altruist findet, ohne zu suchen, was der Egoist sucht, ohne es zu finden.

EMIL COUÉ

Alles, was man mit einem Menschenleben erkaufen muß, ist überzahlt.

ELEONORE VAN DER STRATEN-STERNBERG

Das Leben ist ein Geschenk, das wir verdienen, indem wir es hingeben.

RABINDRANATH TAGORE

Wenn du nicht dein Leben als Opfer bringst, ist deine Seelsorge nicht viel wert.

JEANNE WASSERZUG

Kein Einsatz ist zu groß, wo es gilt, die Ehre zu wahren, besonders die religiöse Ehre. Nur wer es aus innerem Drang tut, bringt ein Opfer. Erzwungenes Opfer ist kein Opfer. Es ist nicht von Dauer.

MAHATMA GANDHI

Im allgemeinen ist Altruismus nichts anderes als die sublimste Form des Egoismus.

SRI AUROBINDO

Zum Märtyrer wird nur der, der vom Rückzug nicht mehr weiß, dessen Handeln aus innerer Notwendigkeit kommt.

JOSEPH KÜHNEL

Das Opfer erst segnet die Tat.

EHM WELK

Nur wenige Träumer opfern heute noch ihr Leben, um nach dem rechten Weg zu suchen.

HANS ARP

Nichts Großes ist in dieser Welt ohne Opfer entstanden. Wo der Mensch dem Menschen nichts mehr opfert, hört das Mysterium des Lebens auf, und Gott wendet sein Antlitz von ihm ab.

KONSTANTIN RAUDIVE

Ohne Opfer kann die Gesellschaft nicht bestehen.

ALBERT SCHWEITZER

Wenn du ein Opfer bringst und dann darauf eitel bist, so wirst du mit samt deinem Opfer verdammt.

LUDWIG WITTGENSTEIN

Opfere das Sichtbare, um das Unsichtbare zu gewinnen.

FRANK THIESS

Zum geschichtlichen Opfer eines Witzes wird häufig nicht derjenige, über den er erzählt wird, sondern der, der ihn erzählt.

TADEUSZ PEIPER

Nicht die Tat macht groß, sondern das Opfer.

OTTO MICHEL

Das Opfer ist es, das uns erhöht.

JOSEF SELLMAIR

Wie könnte je einer dazu taugen, Menschen zu retten, der sie überhaupt nicht liebt?

TO-SHENG NEE

Welch ein tragischer Irrtum, für eine Sache zu sterben, statt für sie zu leben!

KARL HEINRICH WAGGERL

Wenn ein Individuum so weit ist, daß es nur dadurch gerettet werden kann, daß ein anderes sich ändert, dann soll es kaputtgehen.

BERT BRECHT

Der Krieg hat einen sehr langen Arm. Noch lange, nachdem er vorbei ist, holt er sich seine Opfer.

MARTIN KESSEL

Die Pyramide der Märtyrer lastet auf der Erde.

RENÉ CHAR

Man muß sich entwurzeln. Den Baum fällen und ein Kreuz daraus zimmern und dieses dann alle Tage tragen.

SIMONE WEIL

711

Opfer

Opfer ist das Soll der Liebe.

GEORG OPITZ

Alles sollte man dem Menschen opfern. Nur nicht den Menschen.

STANISLAW JERZY LEC

Ohne Opfer kann der Wille Gottes nicht erfüllt werden.

SUN MYUNG MOON

Die Liebe erkennt man an den Opfern, die ein Mensch zu bringen bereit ist.

ENZIO HAUSER

Die Menschheit kam immer noch einmal davon. Die Opfer nicht eingerechnet.

HEINRICH WIESNER

Kein Opfer kann zurück an den Ort des Verbrechens.

HELMUT LAMPRECHT

Mein Leben hat sich für andere gelohnt.

GERHARD UHLENBRUCK

Opfer bedeutet heute weithin: Überfluß abstoßen.

HELLMUT WALTERS

Wenn jeder das täte, was er ohne Opfer tun kann, so würde alles ohne Opfer gehen.

SIEGFRIED THOMAS

Wenn es einmal keine Opfer mehr gibt, werden sich die Henker gegenseitig umbringen.

BRANA CRNČEVIĆ

Wo es Menschenopfer gibt, müssen auch Götzen sein.

KURT TACKMANN

Ich will mich nicht opfern für eine Idee. Ich will sie verwirklichen.

OSKAR KUNZ

Zum Opfer taugen nur die Besten.

MAILA TALVIO

Der Wolf würde sein letztes Schaf hergeben.

HANS-HORST SKUPY

Opportunismus

Wer vor jedem Unbedeutenden den Hut zieht, wird bald kahl.

Serbisches Sprichwort

Eure Rede sei „Ja, ja – Nein, nein"; jeder weitere Zusatz ist von Übel.

MATTHÄUS 5,37

Warum stehen wir alle Stunde in Gefahr?

1 KORINTHERBRIEF 15,30

Wer bei einem Lahmen wohnt, lernt hinken.

PLUTARCH

Schmeichler, Ja-Herren nähren die Ehrsucht und sind die Verderber der Großen und Mächtigen.

IMMANUEL KANT

Wenn der Teufel und ein Eremit lange beisammenleben, so wird entweder der Teufel ein Eremit oder der Eremit ein Teufel werden.

GOTTHOLD EPHRAIM LESSING

Mit euch, Herr Doktor, zu spazieren, ist ehrenvoll und ist Gewinn.

JOHANN WOLFGANG VON GOETHE

Offen gestanden: Nein! – Aber unter uns gesagt: Ja!

DANIEL SPITZER

Man muß den schlechten Geschmack abtun, mit vielen übereinstimmen zu wollen.

FRIEDRICH NIETZSCHE

Höchste Lebenskunst: sich anpassen, ohne Konzessionen zu machen. Unglückseligste Naturanlage: immerzu Konzessionen zu machen und doch damit keine Anpassung zu erreichen.

GEORG SIMMEL

Der Opportunist ist jener, der sein Zelt stets dort aufschlägt, wo die Sonne am grellsten hinscheint, und weder die Mühe der Übersiedlung scheut, noch die verlassene

Opportunismus

Scholle beweint, weil er stets die neue, die er gegen die alte vertauscht, für die bessere hält.

ELEONORE VAN DER STRATEN-STERNBERG

Das Übliche im Menschen ist die Tendenz, alles für wahr zu halten, was ihm irgendeinen Nutzen einbringt. Daher gibt es so viele Einfaltspinsel.

ANTONIO MACHADO

Wer mit den Wölfen heult, wird über kurz oder lang von ihnen zerrissen.

ADOLF SPEMANN

Was macht es, daß diese Geliebte schlechter als jene Geliebte war.

BERT BRECHT

Gefängnisse finden immer ihre Wächter.

JACQUES PRÈVERT

Der Gesellschaftshund maskierte sich als Lamm – und versuchte, mit den Wölfen zu jagen.

DAG HAMMARSKJÖLD

Auf den Knien kommt man unter Umständen sehr weit.

WIESLAW BRUDZINSKI

Wer sich überall geschickt anpaßt, verdient zunächst mehr. Später sein Arzt.

OLIVER HASSENCAMP

Das Rollenstudium beginnt schon in der Wiege.

OLIVER HASSENCAMP

Der Opportunist besitzt eine reiche Garderobe.

HEINRICH WIESNER

Einigen Tieren dient der Farbwechsel zum Schutz, einigen Leuten zum Nutzen.

HEINRICH WIESNER

Ich möchte schon, aber der Wind weht von der anderen Seite.

JAKOB STEBLER

Opportunisten sind Prinzipienreiter, die leicht umsatteln.

LOTHAR SCHMIDT

Setzt sie nur in die erste Reihe – sie werden jedem und allem applaudieren.

GABRIEL LAUB

Opportunisten sind Raubvögel, die die für sie entscheidende Strecke zur Not auch kriechen...

BERT KÜPPER

Glauben heißt: Seine Fahne gegen den Wind wehen lassen.

GERHARD UHLENBRUCK

Wer sich anpaßt, wird solange fertiggemacht, bis er paßt oder paßt.

GERHARD UHLENBRUCK

Die zynischste Form des Opportunismus heißt Freundschaft.

GERHARD UHLENBRUCK

Ich kenne Musiker, die spielen, wie die andern tanzen.

BRANA CRNČEVIĆ

Der Weg des geringsten Widerstandes endet oft in einer Sackgasse.

SILVIA SCHUBERT

Opportunist: Ich habe gute Hintergründe, dafür zu sein.

HANS-HORST SKUPY

Man kann nicht bis in alle Ewigkeit mit der Zeit gehen.

HANS-HORST SKUPY

Mit leerem Kopf nickt es sich leichter.

ŽARKO PETAN

Opportunismus – häßliche Umschreibung für Taktik.

GERD WOLLSCHON

Nach neueren Erfahrungen haben die Zuschauer der Hexenverbrennungen überhaupt keinen Scheiterhaufen gesehen. Sie erinnern sich höchstens, daß sie etwas wärmte.

BIRGIT BERG

Anpassung tarnt sich: Flexibilität.

MICHAEL RUMPF

Opportunismus

Wenn große Worte fallen, bücken sich viele.
KLAUS BERNHARDT

Der Opportunist tut so, als ob. – Der Idealist
denkt so, als ob.
WOLFGANG MOCKER

War der Präsident schlecht aufgelegt,
brachten sich einige Leute um.
STEPHAN EIBEL

Opposition

Wer nicht widerspricht, stimmt zu
Deutsches Sprichwort

Er wiegelt das Volk auf, indem er lehrt im
ganzen jüdischen Land.
LUKAS 23,5

Ich sehe das Gute, aber ich folge dem
Gegenteile.
JEAN-FRANÇOIS REGNARD

Wenn du das Gegenteil von dem tust, was die
Menge tut, tust du fast immer recht.
J. ST. ZAUPER

Jede Opposition ist der Anfang einer
Trennung.
HONORÉ DE BALZAC

Keine Regierung kann sich lange ohne eine
mächtige Opposition in Sicherheit befinden.
BENJAMIN DISRAELI

Die Opposition ist eine sehr schlechte Schule
für die Regierung, und die Politiker, die sich
auf diesem Wege durchsetzen, regieren,
wenn sie klug sind, wohlweislich mit dem
genauen Gegenteil der Grundsätze, die sie
früher vertraten.
ANATOLE FRANCE

Die Bedeutung des Lebens kann bloß in
Widerstand und Revolte bestehen,
ausgedrückt mit der ganzen Kraft der
Verzweiflung.
COLETTE PEIGNOT

Drachen steigen am stärksten gegen den
Wind – nicht mit ihm.
SIR WINSTON S. CHURCHILL

Nichts ist schwerer und nichts erfordert mehr
Charakter, als sich in offenem Gegensatz zu
seiner Zeit zu befinden und laut zu sagen:
Nein.
KURT TUCHOLSKY

Eine wichtige Rolle im Staatsleben von heute
könnte eine politische Opposition spielen, die
sich wirklich der körperlichen und geistigen
Unantastbarkeit des Individuums annimmt.
Dazu ist allerdings eine Erneuerung von
innen her nötig und der Wille, sich von dem
oberflächlichen parteipolitischen Streit zu
lösen.
GÜNTHER SCHWAB

Eine Demokratie, in der es keine Opposition
gibt, ist ein totalitärer Staat mit gefälschtem
Ausweis.
INDRO MONTANELLI

Wer grundsätzlich widerspricht, ist oft
gezwungen, völlig abwegige Ansichten zu
vertreten.
JOSEF VIKTOR STUMMER

Ich meine, es ist notwendig, daß wir alle den
Mächtigen immer wieder zeigen und sagen:
So nicht! So nicht!
ROBERT JUNGK

Oppositionell zu sein ist ein Vorrecht, das der
Jugend niemand streitig machen sollte.
WILLY BRANDT

Nur Lebendiges schwimmt gegen den Strom.
KARLHEINZ DESCHNER

Die Opposition unterstützt die Regierung am
liebsten, wenn sie Fehler macht.
WOLFRAM WEIDNER

Kinder und Narren seichen gegen den Wind.
GERHARD BRANSTNER

Widerstand leisten ist eine Leistung, die sich
nur wenige leisten können.
RAIMUND VIDRÁNYI

Wer keinen Widerspruch verträgt, wird auch keinen lösen.

HORST FRIEDRICH

Demonstranten aller Länder – verzettelt euch nicht!

HANS-HORST SKUPY

Selbst in stehenden Gewässern schwamm er gegen den Strom.

GUDRUN PIOTROWSKI

der kriminelle, der revolutionär, der anarchist verhalten sich der logik des systems konform, selbst wenn sie diese gelegentlich parodieren. sie sind das nötige pendant der ordnung, die ohne ihre erklärten feinde der legitimation beraubt wäre.

BERND MATTHEUS

Optimismus

Wende dein Gesicht immer der Sonne zu, dann fallen die Schatten hinter dich.

Thailändisches Sprichwort

Seid fröhlich in der Hoffnung, geduldig in der Trübsal, beharrlich im Gebet!

RÖMERBRIEF 12,12

Wenn ich wüßte, daß morgen die Welt untergeht, würde ich heute noch mein Apfelbäumchen pflanzen.

MARTIN LUTHER

Optimismus ist die Torheit zu behaupten, daß alles gut sei, wenn alles schlecht ist.

VOLTAIRE

Die Gewohnheit, alle Dinge von der Lichtseite zu betrachten, ist mehr wert, als ein Einkommen von Tausenden.

DAVID HUME

Vergiß nicht, daß jede Wolke, so schwarz wie sie ist, dem Himmel zugewandt, doch ihre Sonnenseite hat.

FRIEDRICH WILHELM WEBER

Ein Optimist ist ein Mann, der – ohne einen Pfennig Geld in der Tasche – Austern bestellt in der Hoffnung, mit der Perle bezahlen zu können.

JEAN PAUL

Der Ausgangspunkt des Optimismus ist schiere Angst.

OSCAR WILDE

Wenn du Optimist werden und das Leben begreifen willst, dann hör auf, daran zu glauben, was gesagt und geschrieben wird, sondern beobachte und forsche selbst.

ANTON P. TSCHECHOW

Optimismus ist ein Frohsinnsfieber, welches – unbekümmert um die Temperatur – steigt.

ELEONORE VAN DER STRATEN-STERNBERG

Optimistisch sein, nachdem man alles hat, was man sich wünscht, zählt nicht.

KIN HUBBARD

Wo Licht in den Menschen ist, scheint es aus ihnen heraus.

ALBERT SCHWEITZER

Mangel an Optimismus ist Mangel an Wunschkraft.

FRANZ MARC

Optimistisch sein heißt nicht, sich etwas vormachen, die Dinge zu sehen, wie man sie sich wünscht, sondern die Dinge sehen, wie sie sind, aber gleichwohl an den Sieg des Guten glauben.

HANS A. MOSER

Optimist: ein Mensch, der die Dinge nicht so tragisch nimmt, wie sie in Wirklichkeit sind.

KARL VALENTIN

Ein Optimist ist in der Regel ein Zeitgenosse, der ungenügend informiert ist.

JOHN B. PRIESTLEY

Der Optimismus ist ein unmittelbares Zeichen der Gesundheit und ist um so verdienstvoller, je schärfer er die Gefahr ins Auge faßt. Auf alle Fälle führt die Hoffnung weiter als die Furcht.

ERNST JÜNGER

Optimismus

Für den Optimisten ist das Leben kein
Problem, sondern bereits die Lösung.
MARCEL PAGNOL

Ein Mensch, der sehen kann, wie schön die
Welt ist, muß ihr optimistisch
gegenüberstehen.
KONRAD LORENZ

Optimismus ist ein Begriff aus dem Bereich
der Propaganda.
ATANAS DALTSCHEW

Ein Hahn besingt sogar den Morgen, an dem
er in den Suppentopf wandert.
STANISLAW JERZY LEC

Optimismus korrumpiert die klügsten
Menschen.
MAX SCHWARZ

Heute muß man Optimist sein – das ist das
schlimmste.
GABRIEL LAUB

Der Optimismus, der über Leichen geht.
PETER RÜHMKORF

Optimismus ist eine eigenhändig gebaute
Pyramide.
VYTAUTAS KARALIUS

Billiger Optimismus kann teuer werden.
HORST FRIEDRICH

An schlechten Tagen ist die Aussicht auf
bessere Tage besser als an guten.
WERNER MITSCH

Die Lage ist katastrophal. Aber nicht ernst.
AUREL SCHMIDT

Optimismus. Auf ein Zirkuspferd setzen.
HANS-HORST SKUPY

Wem das Wasser bis zum Halse steht, darf
den Kopf nicht hängen lassen.
GÜNTER BARUDIO

Optimismus war schon immer jenen
Seiltänzern vorbehalten, die ohne Netz
arbeiten.
GERLIND FISCHER-DIEHL

Ordnung

Ein Fluß läuft nicht über den anderen.
Pygmäen-Weisheit

Seid untertan jeglicher menschlichen
Ordnung.
1 PETRUS 2,13

Die ganze Erde hat kein dümmeres und
hochmütigeres Tier als den Pedanten.
CHRISTINE VON SCHWEDEN

Aus der Ordnung kommt alle Schönheit her,
und diese Schönheit erweckt Liebe.
GOTTFRIED WILHELM LEIBNIZ

Nur durch Mut kann man Ordnung in sein
Leben bringen.
VAUVENARGUES

Ordnung führt zu allen Tugenden! Aber was
führt zur Ordnung?
GEORG CHRISTOPH LICHTENBERG

Ordnung der Dinge ist's, daß törichte
Übertreibungen der Menschen gerade das
Gegenteil dessen, was sie wollen, befördern.
JOHANN GOTTFRIED HERDER

Mit den Worten Ordnung und Freiheit wird
man immer wieder das Menschengeschlecht
von der Despotie zur Anarchie führen und
von der Anarchie zur Despotie zurück.
ANTOINE DE RIVAROL

Ordnung und Unordnung kann man lernen –
es ist Gewohnheit.
JEAN PAUL

Ohne Religion ist Ordnung in einem Staate
unmöglich.
NAPOLEON BONAPARTE

Jedes System ist ein System der Freiheit und
der Notwendigkeit zugleich.
GEORG WILHELM FRIEDRICH HEGEL

Nur auf dem Begriff von Ordnung kann jener
der Freiheit ruhen.
CLEMENS FÜRST METTERNICH

Ordnung

Es gibt nichts Pedantischeres als vorzugeben, daß man nicht pedantisch ist.

WILLIAM HAZLITT

Sei pünktlich! Laß nie Unordnung in deinen Papieren und Habseligkeiten einreißen. Mustere alle von Zeit zu Zeit, vernichte die unnützen.

AUGUST GRAF PLATEN

Bei den Leuten, die nichts haben, ist immer alles in Ordnung.

HONORÉ DE BALZAC

Pedanterie ist ein Insektenauge, welches nur das Nächste und Kleinste unendlich vergrößert sieht und nie viel, geschweige ein Ganzes, übersehen kann.

WILHELM WAIBLINGER

In einem aufgeräumten Zimmer ist auch die Seele aufgeräumt.

ERNST VON FEUCHTERSLEBEN

Suchet nicht, so werdet ihr finden!

FRIEDRICH THEODOR VISCHER

Vom höchsten Ordnungssinn ist nur ein Schritt zur Pedanterie.

CHRISTIAN MORGENSTERN

Die Ordnung dieser Welt ruht auf dem Verzicht, sie vollkommen machen zu wollen.

GUSTAV HILLARD

Ordnung kommt erst in unser Leben, wenn wir die Ordnungen Gottes respektieren.

W. J. OEHLER

Ordnung muß man machen, Unordnung entsteht von selbst.

TADEUSZ KOTARBINSKI

Wo ein Mensch sich hinstellt, um Ordnung zu gebieten, steht er für Gott. Diese Platzhalterschaft muß er im Gewissen tragen, oder er wirkt Verhängnis.

GEORG STAMMLER

Die Seele jeder Ordnung ist ein großer Papierkorb.

KURT TUCHOLSKY

Wo schlechte Wirtschaft im Staat ist, wird auch schlechte Wirtschaft in den Familien begünstigt. Der jederzeit zum Streike bereite Arbeiter wird auch seine Kinder nicht zur Ordnung erziehen.

LUDWIG WITTGENSTEIN

Die Unordnung ist das Geheimnis in der Ordnung.

FRITZ USINGER

Jede übersteigerte Ordnung deutet auf Anarchie.

RUDOLF NAUJOK

Die Albernheit ist ein Protest gegen die festgefügte Ordnung der Welt, ein Aufstand der menschlichen Seele gegen das Gefängnis, das sie sich selber gebaut hat.

PETER BAMM

Alte Ordnung ist mir lieber als neue Unordnung. Was man hat, weiß man. Was man kriegt, weiß man nie.

ERICH KÄSTNER

Die Ordnung ist die Wirkung des Lebens und nicht seine Ursache. Ordnung ist Zeichen eines starken Gemeinwesens und nicht Ursprung seiner Stärke. Das Leben und die Inbrunst sowie das Streben nach etwas erschaffen die Ordnung. Die Ordnung aber erschafft weder Leben noch Inbrunst noch Streben nach etwas.

ANTOINE DE SAINT-EXUPÉRY

Der Gelehrte soll ordnen, und der Künstler soll schaffen, wobei keine ordentliche Ordnung und keine rechtschaffende Schöpfung herausspringt, wenn beides gleichzeitig betrieben werden soll.

HERMANN NEUBERT

Wandspruch fürs Arbeitszimmer: Ordnung kann auch zur Folter werden.

FRITZ DIETTRICH

Ordnung ist das Keimbett des Lebens, des Schaffens und des Ruhmes.

PAUL GROSSMANN

Der Geist schätzt Ordnung. Der Sinnlichkeit steht sie oft im Wege.

GÜNTHER SIBURG

Ordnung

Wären in einer Ehe sowohl der Mann als auch die Frau Ordnungsfanatiker, würde ihnen mancher Gesprächsstoff fehlen.
DOMINIQUE LE BOURG

Wenn man abreist (oder stirbt), ist es gut, einen sauberen Platz zu hinterlassen.
ABRAM TERZ (SINJAWSKIJ)

Das Ordnungmachen ist die Ausrede derer, die zu bequem sind, Ordnung zu halten.
HERBERT EISENREICH

Pedanterie ist tiefgekühlter Fanatismus.
JAKOB STEBLER

Ordnung: angewandte Intelligenz.
GUIDO HILDEBRANDT

Die perfekte Ordnung verbirgt Unordnung.
HEINRICH NÜSSE

Ordnung läßt atmen, Pedanterie erstickt.
HELLMUT WALTERS

Zu viele verstehen unter Ordnung Unterordnung.
SILVIA SCHUBERT

Je mehr wir planen, ordnen, regeln, reglementieren, desto mehr nimmt das Chaos zu. Das müßte man einmal einsehen: das Chaos – das ist die Ordnung.
AUREL SCHMIDT

Ordnung – Heiligtum des Staates.
HANS-HORST SKUPY

Etwas wird wiederholt, um Ordnung zu suggerieren. Ordentlich ist, was sich wiederholt.
WOLFGANG BAUR

Ordnung ist das halbe Leben. Unordnung die andere Hälfte.
VOLKER ERHARDT

Absolute Ordnung ist steril, weil man da nichts wiederfinden kann.
KLAUS KOCH

Keine Ordnung ohne Rangordnung.
JÜRGEN KÖDITZ

Originalität

Wer in allen Farben spielt, ist in keiner echt.
Deutsches Sprichwort

Bei dir ist die Quelle des Lebens.
PSALMEN 36,10

Je mehr Geist man hat, desto mehr originelle Menschen entdeckt man. Alltägliche Leute finden bei den Menschen keine Unterschiede.
BLAISE PASCAL

Bei der größten Originalität ist man nichts als Plagiar.
WILHELM LUDWIG WEKHRLIN

Was nicht originell ist, daran ist nichts gelegen, und was originell ist, trägt immer die Gebrechen des Individuums an sich.
JOHANN WOLFGANG VON GOETHE

Der törichteste von allen Irrtümern ist, wenn junge gute Köpfe glauben, ihre Originalität zu verlieren, indem sie das Wahre anerkennen, was von andern schon anerkannt worden.
JOHANN WOLFGANG VON GOETHE

Sucht nach Originalität ist gelehrter, großer Egoismus. Wer nicht jeden fremden Gedanken wie einen seinigen und einen eigentümlichen wie einen fremden Gedanken behandelt, ist kein echter Gelehrter.
NOVALIS

Original ist, wovon man die Möglichkeit erst zugibt, wenn man die Wirklichkeit vor Augen hat.
FRIEDRICH SCHELLING

Der Wert der Originalität liegt nicht in der Neuheit, sondern in der Aufrichtigkeit. Der glaubende Mensch ist ein origineller Mensch.
THOMAS CARLYLE

Der ist groß, der das, was er ist, von Natur aus ist und uns nie an andere erinnert.
RALPH WALDO EMERSON

Originalität

Alles Gute, das besteht, ist die Frucht der Originalität.

JOHN STUART MILL

Je ursprünglicher ein Mensch, um so tiefer die Angst.

SØREN KIERKEGAARD

In welch glücklicher Lage sich Adam befand! Wenn er etwas Kluges sagte, wußte er, daß es niemand vor ihm ausgesprochen hatte.

MARK TWAIN

Ohne die Vergeßlichkeit gäbe es keine Originalität mehr.

DANIEL SPITZER

Man fürchtet die Originalität wie ein allzu neues Kleid und macht die größten Anstrengungen, so zu sein wie jedermann.

CARMEN SYLVA

In Kunst und Literatur will man immer Originale, aber lebendige Menschenoriginale will man nicht.

PETER ROSEGGER

Die Menschen wissen nichts. Darum sind Theaterstücke beliebt, und darum können die uralten Geschichten immer wieder aufgewärmt werden. Sie alle wenden sich gegen originelle Gedanken.

GEORGE BERNARD SHAW

Originalität ist, befürchte ich, allzu häufig unentdecktes und oft unbewußtes Plagiat.

DEAN W. INGE

Originalität ist Selbständigkeit: Man kann alte Gedanken originell und neue sehr unselbständig vortragen.

ERNST HOHENEMSER

Niemand kann mit Absicht originell sein.

WILLIAM SOMERSET MAUGHAM

In der Politik, wie in der Kunst, steinigen die Neuerer die originalen Köpfe.

ANTONIO MACHADO

Das Verlangen, um jeden Preis originell zu sein, ist das Gegenteil wahrer Originalität.

ROBERT SAITSCHICK

Unter den Menschen gibt es viel mehr Kopien als Originale.

PABLO PICASSO

Stille und Einsamkeit sind Voraussetzungen der Originalität.

OTTO BUCHINGER

Sehr geistvolle Leute sind nur selten originelle Leute. Genies haben keine Zeit, geistvoll zu sein.

HERMANN NEUBERT

Originalität: Einen Gedanken denken, den irgendeiner vor tausend Jahren gedacht hat, einen Satz schreiben, den irgendjemand in tausend Jahren aufschreibt.

HANS KASPER

Originale sind so selten, daß man heute schon Imitationen kopiert.

GERHARD UHLENBRUCK

Nur wenige Menschen sind Originale, die meisten sind Abziehbilder.

HELLMUT WALTERS

Wir sind die mißglückten Faksimiles der Originale, die wir sein könnten.

BEAT LÄUFER

Paradies

Ich kann mir das Paradies nicht denken, es wären keine Kinder darin. Wenn Eva im Paradies ein Kind gehabt hätte, die Schlange würde sie gescheut und nicht verlockt haben.
MORITZ GOTTLIEB SAPHIR

An einem offenen Paradiesgärtlein geht der Mensch gleichgültig vorbei und wird erst traurig, wenn es verschlossen ist.
GOTTFRIED KELLER

Auf einer Leiter steigt man nicht über die Mauer des verlorenen Paradieses.
WILHELM BUSCH

Wenn die Menschen könnten, was sie wollten, wenn die Woge des Gefühls hochgeht, sie erreichten das Paradies auf Erden.
M. HERBERT

Der Mensch kann es nicht ertragen, im Paradies zu wohnen. Aber es darf nicht ganz außer Sicht liegen.
GUSTAV FRENSSEN

Das Paradies besteht nicht in einem besonderen Inhalt des Lebens, sondern in einer neuen Art des Lebens.
JOHANNES MÜLLER

Weil ihnen das Paradies verschlossen, rächen sich viele dadurch, daß sie Steine hineinwerfen.
SALOMON BAER-OBERDORF

Wir sind nie wirklich aus dem Paradies vertrieben worden. Wir leben und weben mitten im Paradies wie je, wir sind selbst Paradies, nur seiner unbewußt, und damit mitten im – Inferno.
CHRISTIAN MORGENSTERN

Das Paradies pflegt sich erst dann als Paradies zu erkennen zu geben, wenn wir aus ihm vertrieben sind.
HERMANN HESSE

Wenn das, was im Paradies zerstört worden sein soll, zerstörbar war, dann war es nicht entscheidend; war es aber unzerstörbar, dann leben wir in einem falschen Glauben.
FRANZ KAFKA

Paradies

Das Leben ist eine Quarantäne fürs Paradies.
Arabisches Sprichwort

Heute wirst du mit mir im Paradies sein.
LUKAS 23,43

Man sollte den ewigen Müßiggang unter die Höllenstrafen gesetzt haben; statt dessen scheint es, daß man ihn zu den Freuden des Paradieses rechnet.
MONTESQUIEU

Noch immer haben die die Welt zur Hölle gemacht, die vorgeben, sie zum Paradies zu machen.
FRIEDRICH HÖLDERLIN

Jeder geliebte Gegenstand ist der Mittelpunkt eines Paradieses.
NOVALIS

Wenn man nicht mehr an den Teufel glaubt, so ist auch das Paradies verloren.
HONORÉ DE BALZAC

Paradies

Wir wurden geschaffen, um im Paradies zu leben, das Paradies war bestimmt, uns zu dienen. Unsere Bestimmung ist geändert worden; daß dies auch mit der Bestimmung des Paradieses geschehen wäre, wird nicht gesagt.

FRANZ KAFKA

Der paradiesische Blick der Seele auf die Welt ist das Paradies.

RUDOLF PANNWITZ

Wer schuf denn die Schlange im Paradies?

ERNST BERTRAM

Es ist noch niemand mit Eisenschuhen ins Paradies gekommen.

ERNST WIECHERT

Die Rückkehr ins Paradies wäre zugleich das Ende der Kleidermode, für Frauen ein ernstzunehmendes Dilemma.

MAURICE CHEVALIER

Besser in der Hölle zu lieben als ohne Liebe im Paradies zu sein.

MARCEL JOUHANDEAU

Das Paradies der Zukunft läßt sich nicht durch Putsche erschleichen – sondern nur durch Arbeit erobern.

RICHARD N. GRAF COUDENHOVE-KALERGI

Bei den Christen ist in der Geschichte vom Paradies die Erbsünde die Hauptsache, bei den Juden die Vertreibung und der Wunsch nach Rückkehr.

MAX HORKHEIMER

Es gibt keine irdischen Paradiese, höchstens himmlische Illusionen.

RICHARD EURINGER

Der Mensch ist besser dran, als er glaubt: Er hat nur das halbe Paradies verloren, denn er vermag zu schlafen.

HANS KUDSZUS

Das Leben wäre ein Paradies, wenn wir schon dort Frieden finden, wo wir Frieden machen.

HANS KUDSZUS

Das Paradies ist immer gestern oder morgen.

ANITA

Schade, daß man ins Paradies mit einem Leichenwagen fährt.

STANISLAW JERZY LEC

Das Paradies ist eine runde, in sich geschlossene, ganze Welt, in der alles da ist, wo es weder Endlichkeit noch Unendlichkeit gibt, in der sich das Problem Endlichkeit-Unendlichkeit überhaupt nicht stellt.

EUGÈNE IONESCO

Der Mensch ist und bleibt in seinem tiefsten Wesen ein Sucher, aber meistens wagt er nicht, weit genug zu gehen. Meistens folgt er falschen Göttern, die ihm ein glänzendes Paradies versprechen. Aber wenn er dann hineintritt, zerplatzt es wie eine Seifenblase.

PHIL BOSMANS

Nur primitive Gemüter verwechseln das Paradies mit dem Schlaraffenland.

KARL THEODOR VON UND ZU GUTTENBERG

Wir können unser Paradies auf Erden gar nicht verlieren, wenn wir bescheiden bleiben und für jeden Tag dankbar sind.

ELISABETH MARIA MAURER

Was ist das Paradies? Eine Landschaft, in der nicht gebaut wird.

PAUL BOCKELMANN

Was für ein Paradies, das den Apfel mit einem Verbot belegte?!

HEINRICH WIESNER

Bei dem Versuch, das Paradies auf Erden zu schaffen, machen wir uns das Leben zur Hölle.

GERHARD UHLENBRUCK

Der Utopist sieht das Paradies, der Realist das Paradies plus Schlange.

HELLMUT WALTERS

Aus Paradiesen vertrieben werden: das ist der Weg des Menschen; daher das Sich-Klammern an das letzte.

HELLMUT WALTERS

Ist einmal ein Gott gedacht worden, der ein Paradies für Nichtgläubige, zur Überraschung, bereithält?

JOHANNES GROSS

Paradies

Das Paradies ist eine Erfindung des Teufels.
WERNER EHRENFORTH

Hoffentlich ist das Paradies nicht gitterumzäunt!
HANS-HORST SKUPY

Paradies und das.
HANS-HORST SKUPY

Ich schaffe mein paradiesseits.
HANS-HORST SKUPY

Vom Paradies ist nur eins mit Sicherheit überliefert: das Verbot.
WOLFGANG MOCKER

Partei

Wie die Gemeinde beschlossen, so werden die Glocken gegossen.
Deutsches Sprichwort

Gedenke an den Bund.
PSALMEN 74,20

Die beste Partei ist nur eine Art Verschwörung gegen den Rest der Nation. Unwissenheit veranlaßt die Menschen, einer Partei beizutreten, und Scham hindert sie am Austritt.
LORD HALIFAX

Der Parteigeist erniedrigt die größten Menschen bis zu den Kleinlichkeiten der großen Masse.
JEAN DE LA BRUYÈRE

Parteiwut ist die Tollheit vieler zum Nutzen weniger.
JONATHAN SWIFT

Mir scheint, wir haben alle eine natürliche Neigung zum Zusammenschluß, zum Parteigeist. Wir suchen darin eine Stütze für die eigene Schwäche.
VOLTAIRE

Der Mensch ist immer parteiisch und tut sehr recht daran. Selbst Unparteilichkeit ist parteiisch.
GEORG CHRISTOPH LICHTENBERG

Dem Menschen ist verhaßt, was er nicht glaubt, selbst getan zu haben; deswegen der Parteigeist so eifrig ist. Jeder Alberne glaubt, ins Beste einzugreifen, und alle Welt, die nichts ist, wird zu was.
JOHANN WOLFGANG VON GOETHE

Wenn die Parteien einander überstürzt ablösen, dann ist die Staatsgemeinschaft nur noch ein Maskenball.
JEANNE MANON ROLAND

Es gibt noch etwas Fürchterlicheres als den Kampf der Parteien – ihren Sieg. Daß jede von ihnen stark genug ist, um ihn der andern streitig zu machen, ist unser Glück, solang keine von ihnen gut genug ist, um seiner würdig zu sein.
CARL GUSTAV JOCHMANN

Eine Partei übernimmt immer eine Regierung mit Sonderschulden; denn als Partei muß sie bestimmte, bislang verletzte Interessen und nichtanerkannte Bedürfnisse vertreten. Wo gäbe es die nicht?
HONORÉ DE BALZAC

Die Parteiführer besitzen die wertvolle und in der Politik manchmal unerläßliche Gabe, ihre Überzeugungen ihren augenblicklichen Begierden und Interessen anzupassen; so gelangen sie dazu, auf verhältnismäßig anständige Weise ziemlich unehrenhaft zu handeln.
ALEXIS DE TOCQUEVILLE

Wer einer geschlagenen Partei beitritt, hat entweder Charakter oder keinen Verstand.
WILLIAM GLADSTONE

Politische Parteien gedenken einander nicht das Gute, aber das Böse.
BERTHOLD AUERBACH

Wer aufhört, der Sklave der Partei zu sein, wird ihr untreu.
JULES SIMON

Partei

Leben heißt parteiisch sein.

FRIEDRICH HEBBEL

Ein großer Staat regiert sich nicht nach Parteiansichten.

OTTO FÜRST BISMARCK

Im allgemeinen kommt es weniger auf das offizielle Programm einer Partei an als auf das, was sie tut. Aber ein neues Programm ist doch immer eine öffentlich aufgepflanzte Fahne, und die Außenwelt beurteilt danach die Partei.

FRIEDRICH ENGELS

Der Despotismus der Parteiorganisation ist eine der größten und tückischsten Gefahren, welche die Lebensfähigkeit freier Institutionen bedrohen.

CARL SCHURZ

Der Ignorant weiß nichts, der Parteimann will nichts wissen.

MARIE VON EBNER-ESCHENBACH

Der Parteigeist ist nur gut für Leute, die sonst keinen Geist haben.

DANIEL SPITZER

Wer etwas zu sagen hat, was mehr als Parteipolitik ist, der findet dazu keine Presse im demokratischen Staate.

SILVIO GESELL

Unsere Parteien sind nichts als kümmerliche Überbleibsel aus geschichtlich längst vergangenen Zeiten, die zu den heutigen Verhältnissen überhaupt keine Beziehungen mehr haben.

PAUL ERNST

Die Partei ist der Vortrupp der Klasse, und ihre Aufgabe besteht keineswegs darin, den durchschnittlichen Zustand der Masse widerzuspiegeln, sondern darin, die Massen zu führen.

WLADIMIR I. LENIN

Der vollendetste, stärkste und klarste Ausdruck des politischen Kampfes der Klassen ist der Kampf der Parteien.

WLADIMIR I. LENIN

Welchen Wein die Parteien uns auch immer verheißen: wenn sie zur Regierung kommen, verdünnen sie ihn immer mit demselben Wasser.

RODA RODA

Keine politische Partei ohne eigene Phraseologie, aber das Schema der Phraseologien ist immer dasselbe: das läßt auf gleiche Methoden, auf gleiche Zwecke schließen.

WLADIMIR VON HARTLIEB

Parteien bilden sich infolge der Scheu des einzelnen, Stellung zu nehmen, und die Scheu des einzelnen, Stellung zu nehmen, wird dadurch verstärkt, daß sich Parteien bilden.

SIGMUND GRAFF

Nicht die Parteien haben versagt, sondern der Mensch. Es ist ziemlich gleichgültig, welche Form ein Gefäß hat, es kommt auf den Inhalt an.

GÜNTHER SCHWAB

Das gefährlichste an einer Partei, die an der Regierung ist, ist Selbstgefälligkeit.

BRUNO KREISKY

Wer sich nicht mit Politik befaßt, hat die politische Parteinahme, die er sich sparen möchte, bereits vollzogen: er dient der herrschenden Partei.

MAX FRISCH

Der Politik ist eine bestimmte Form der Lüge zwangsläufig zugeordnet: das Ausgeben des für eine Partei Nützlichen als das Gerechte.

CARL FRIEDRICH VON WEIZSÄCKER

Das Parteibuch kann sich zu einer Aktie entwickeln.

GÜNTHER MICHEL

Die Apparate der politischen Parteien sind größer geworden, als dies ihnen guttut.

RUDOLF KIRCHSCHLÄGER

Mit einer Partei läßt sich Staat machen, kein Stil.

KARLHEINZ DESCHNER

Partei

Politische Parteien versprechen uns vor den Wahlen einen Teil von dem, was sie uns hinterher abnehmen.

WOLFRAM WEIDNER

Koalition: eine Partei wäscht die andere.

LOTHAR SCHMIDT

Mit den Parteiprogrammen verhält es sich wie mit den Theaterprogrammen: Es steht sehr viel drin, was hinterher nicht vorkommt.

ACHIM STRIETZEL

Er ist der Vordenker seiner Partei. Er denkt nie nach.

RUPERT SCHÜTZBACH

Es geht in einer politischen Partei nicht darum, die eigene schöne Seele reinzuhalten; wer Harmonie will, soll in einen Gesangverein gehen.

NORBERT BLÜM

Die Partei hat immer recht. Darum ist sie nicht lernfähig.

BERND WEINKAUF

Die Politik und die Politiker haben an Attraktivität verloren. Die Jugend fühlt sich offenbar von Feuerwehr, Trachtenkapellen und anderen Organisationen stärker angezogen als von den politischen Parteien.

FRANZ VRANITZKY

Übrigens gibt es bei uns noch immer nicht genug Parteien, um allen Funktionären eine Perspektive zu bieten.

MANFRED STRAHL

Parteiwechsel: Rückgratwanderung.

HANS-HORST SKUPY

Die Parteien blasen wieder zum Wahlkampf. Sprechblasen.

HANS-HORST SKUPY

Auf Parteitagsprogrammen steht Zukunftsmusik.

HANS-HORST SKUPY

Parteichroniken bestehen aus Denkzetteln.

HANS-HORST SKUPY

Abgeordneter: Parteimarionette mit Fernsteuerung.

KONRAD GERESCHER

Parteibücher sind das beste Düngemittel für eine berufliche Karriere.

BERND DREISSEN

Wo früher ein Genosse war, sind jetzt zehn Parteien.

OLIVER TIETZE

Partner

Deinen Freund wähle eine Stufe über dir, deine Frau eine Stufe unter dir.

Deutsches Sprichwort

Gefährte und Freund stehen zur Seite, wenn's nottut, aber mehr als beide ist eine verständige Frau.

BEN SIRA 40,23

Weder Gegenwärtiges noch Zukünftiges kann uns scheiden.

RÖMERBRIEF 8,38

Kein Händeklatschen ertönt nur von einer Hand ohne die andere.

RUMI

Aus Gegensätzen erwachsen mehr intime Bindungen als aus Gemütsverwandtschaft.

FRANÇOISE DE GRAFIGNY

Dazu leben wir, daß einer des andern Last trage.

JOHANN GEORG HAMANN

Wenn zwei Wesen, die miteinander durchs Leben gehen wollen, nichts als ihr Liebesgefühl haben, so sind ihre Quellen schnell erschöpft, und bald stellen sich Gleichgültigkeit, Übersättigung, Widerwille ein.

HONORÉ DE BALZAC

Partner

Der Mann sucht in der Welt sein Emporkommen, das Weib sucht sein Unterkommen. Der Mann heiratet, um sich niederzulassen, das Weib, um sich zu erheben; er wird durch die Ehe gefesselt, sie frei. Für den Mann ist die Ehe ein Band, für das Weib auch: ihm bindet das Band die Hände, ihr die Haube.

KARL JOHANN BRAUN VON BRAUNTHAL

Glücklich die Verbindungen von Charakteren, die auf der höchsten Stufe stehen.

RALPH WALDO EMERSON

Zwei Menschen sind immer zwei Extreme.

FRIEDRICH HEBBEL

Warum haben die Menschen gegen die Verbindung mit einem Mädchen, das ein anderer schon bis in die tiefste Seele hinein besaß, so wenig Abneigung, und warum wird diese Abneigung gleich so groß, wenn der Körper mit ins Spiel gekommen ist?

FRIEDRICH HEBBEL

Man sollte wirklich nur die zusammen leben lassen, die ohne einander sterben würden.

LUDWIG ANZENGRUBER

Das Verhältnis zwischen zwei Menschen wird in dem Maße intensiver, in dem sie gemeinschaftlich hervorbringen.

CARMEN SYLVA

Ohne ein Bündnis mit Nichtkommunisten auf den verschiedenartigen Tätigkeitsgebieten kann von einem erfolgreichen kommunistischen Aufbau keine Rede sein.

WLADIMIR I. LENIN

Dem Bündnis von Wissenschaft, Proletariat und Technik wird keine noch so finstere Gewalt widerstehen können.

WLADIMIR I. LENIN

Er lebt in Furcht vor ihrem Grauen, wenn sein Gefühl ihn überschwemmt.

BERT BRECHT

In der Liebe schenken sich die beiden Geschlechter das, was jedem von ihnen fehlt.

SIGMUND GRAFF

Ein Mensch für sich allein ist nichts. Zwei Menschen, die zusammengehören, sind eine Welt.

HANS MARGOLIUS

Er teilte mit ihr Bett und Tisch. Den Nachtisch nahm er woanders.

HEINRICH WIESNER

Partnerwahl: Eltern haften für ihre Kinder.

GERHARD UHLENBRUCK

Eine Zweierbeziehung bezieht sich meist nur auf einen.

GERHARD UHLENBRUCK

Seine Blöße bedeckt man – mit dem Partner.

GERHARD UHLENBRUCK

Aller Anhang ist schwer.

RAIMUND VIDRÁNYI

Armut und Hunger wären längst beseitigt, wenn die Menschen es machten wie die primitivsten Organismen: einfache Teilung.

HELLMUT WALTERS

Der Kunde ist nicht mehr König. Er ist jetzt Partner! Und Partnerschaft ist, wenn der Partner schafft!

KASIMIR M. MAGYAR

Wenn sich das eigene Ich im anderen auflöst, sollte die Persönlichkeit nicht verlorengehen.

HORST FRIEDRICH

Gefühlsunsicherheiten halten Partnerschaften nicht nur aufrecht, sondern lassen sie auch besser gedeihen.

ELISABETH HABLÉ

Allein hält man das Leben zu zweit nicht lange aus.

WERNER EHRENFORTH

Um bessere Partner zu finden, muß ich besser werden.

PETER HORTON

Wir wollten uns Freud und Leid teilen. Ich entschied mich für die Freude.

MANFRED BOSCH

Patriotismus

Jedes Land ist Vaterland.

Griechisches Sprichwort

Wie schön sind deine Zelte, Jakob, deine Wohnungen, Israel!

4 MOSE 24,5

Halte fest am Vaterland!

EURIPIDES

Wo es einem gut geht, dort ist sein Vaterland.

ARISTOPHANES

Der Mensch ist nicht für sich allein geboren, sondern für sein Land.

PLATON

Nichts kann größeren Genuß noch Ruhm bringen, und nichts ist unter allen menschlichen Dingen erhabener, als um das Vaterland sich wohl verdient gemacht zu haben.

CICERO

Der Boden des Vaterlandes ist allen teuer.

CICERO

Glorreich und süß ist's, für das Vaterland zu sterben.

HORAZ

Vaterland und Heim vergehen wie die Lagerzelte der Nomaden.

PHADAMPA SANGAY

Nichts ist beschämender als Unkenntnis des Vaterlands.

GABRIEL HARVEY

Man darf niemals gegen sein Vaterland Partei nehmen.

CHRISTINE VON SCHWEDEN

Unser Vaterland ist die Stelle, an die unser Herz gebunden ist.

VOLTAIRE

Was ist Vaterlandsliebe? Ein Gemisch von Eigenliebe und Vorurteilen.

VOLTAIRE

Wahre Vaterlandsliebe gehört keiner Partei an.

TOBIAS G. SMOLLETT

Wenn wir unser Land lieben sollen, so muß es schön sein.

EDMUND BURKE

Sein Vaterland muß man niemals vergessen. Keine schönere Krankheit in meinen Augen als das Heimweh.

JOHANN GEORG HAMANN

Die einzige und die beste Religion, die der Staat von uns verlangen kann, ist Vaterlandsliebe.

WILHELM LUDWIG WEKHRLIN

Das Vaterland verleiht die allerbesten Gaben.

JOHANN WOLFGANG VON GOETHE

Es gibt keine patriotische Kunst und keine patriotische Wissenschaft. Beide gehören, wie alles hohe Gute, der ganzen Welt und können nur durch allgemeine freie Wechselwirkung aller zugleich Lebenden gefördert werden.

JOHANN WOLFGANG VON GOETHE

Der Patriot will, daß der Zweck des Menschengeschlechts zuerst in derjenigen Nation erreicht werde, deren Mitglied er ist.

JOHANN GOTTLIEB FICHTE

Die wahre Kraft eines Landes besteht in dessen natürlichem Charakter; die Nachahmung des Auslandes – sei's worin es wolle – zeugt von einem Mangel an Patriotismus.

GERMAINE (MADAME) DE STAËL

Je mehr ich von anderen Ländern sehe, desto mehr liebe ich mein eigenes.

GERMAINE (MADAME) DE STAËL

Vaterlandsliebe ist die erste Tugend des zivilisierten Menschen.

NAPOLEON BONAPARTE

Nationalstolz und Nationalhaß sind Bastarde der Vaterlandsliebe und Barbarei.

HEINRICH ZSCHOKKE

Patriotismus

Ein Mann ohne Vaterland – entsetzlicher Gedanke! Sein Leben ist der Faden eines aufgelösten Gewebes, zu nichts mehr tauglich.

CARL VON CLAUSEWITZ

Dieser so hochgepriesene Nationalstolz – was ist er anders, als eine Art von Schwärmerei? Der Schwärmer geht in seiner blinden Vorliebe so weit, daß er sich für berechtigt hält, das Wohl der Gesellschaft, die er die seinige nennt, selbst mit Beeinträchtigung des Wohles aller übrigen zu befördern. Daher denn wechselseitige Übervorteilungen, daher die offenbarsten Verletzungen, wodurch der eine die rechte des anderen kränkt, daher Befehdungen und Kriege ohne Ende.

BERNARD BOLZANO

Die wohlfeilste Art des Stolzes ist der Nationalstolz.

ARTHUR SCHOPENHAUER

Nicht für den Nutzen und den Erfolg ihrer Taten muß das Vaterland seinen großen Männern danken, sondern für den Willen und die Aufopferung, die sie dabei bekundet haben.

HEINRICH HEINE

Der einzelne ist nur noch etwas, indem er sich am großen Ganzen mitwirkend beteiligt, für des Vaterlandes Einheit und Freiheit sein Bestes tut.

HOFFMANN VON FALLERSLEBEN

Patriotismus ist ein augenblickliches Vergessen der persönlichen Interessen.

HONORÉ DE BALZAC

Der Patriotismus flößt nur Gefühle ein, die der Vergänglichkeit unterworfen sind, die Religion erst verleiht ihnen Dauerhaftigkeit.

HONORÉ DE BALZAC

Wer das Vaterland verläßt, steht in der Luft, hat keinen Boden unter sich, der ihn trägt.

BERTHOLD AUERBACH

Ein braver Mann wird für sein Vaterland alles ertragen, aber nicht alles tun.

JÓZSEF VON EÖTVÖS

Im Dienste des Vaterlandes verzehre ich mich.

OTTO FÜRST BISMARCK

Das Vaterland will bedient sein, nicht beherrscht.

OTTO FÜRST BISMARCK

Die Arbeiter haben kein Vaterland. Man kann ihnen nicht nehmen, was sie nicht haben.

KARL MARX

Es würde vieles erträglicher werden, wenn man weniger selbstzufrieden wäre und die Vaterlandsliebe nicht immer mit der Selbstbewunderung verwechselte.

GOTTFRIED KELLER

Achte jedes Mannes Vaterland, aber das deinige – liebe!

GOTTFRIED KELLER

Von allen Ursachen des Nationalhasses ist die Unwissenheit die mächtigste; wenn der Verkehr zunimmt, nimmt die Unwissenheit ab, und so vermindert sich der Haß.

HENRY THOMAS BUCKLE

Ich nenne das Nationalitätsprinzip ein Phantom erfunden von Schwindlern, um Narren an der Nase herumzuführen.

WILHELM LIEBKNECHT

Von Leben kann man erst reden, wenn man für andere lebt oder sich zumindest darauf vorbereitet, zu einem Leben für andere fähig zu sein.

LEW N. GRAF TOLSTOJ

Vaterlandsliebe ist erweiterte Familienliebe.

MARIE VON EBNER-ESCHENBACH

Chauvinisten sind Leute, die immerfort ihren nationalen Nabel beschauen.

DANIEL SPITZER

In Kriegszeiten sind die lautesten Patrioten die größten Profiteure.

AUGUST BEBEL

Wir bekämpfen den Patriotismus nicht an und für sich, sondern nur insofern, als dieser als Hetzmittel gegen fremde Nationalitäten dient,

Patriotismus

der dazu benützt wird, den Chauvinismus, den Nationalitätenhaß und die Nationaleitelkeit großzuziehen, um mit Hilfe dieser Eigenschaften beliebig Krieg entzünden zu können, die nur dazu dienen sollen, die Ketten, die das Volk trägt, weniger fühlbar zu machen...

AUGUST BEBEL

Die Politik ist oft nur ein Bastard der Vaterlandsliebe.

GEORG VON OERTZEN

Patriotismus ist eine Art Religion; es ist das Ei, aus dem Kriege gebrütet werden.

GUY DE MAUPASSANT

Einen Menschen mag man nur mit Liebe lieben, aber das Vaterland? Dem wir viel mehr verdanken als dem Vater und der Mutter?

EDUARD ENGEL

Der nationale Haß ist immer dort am stärksten, wo's um die Kultur am schwächsten bestellt ist.

OSCAR WILDE

Unbegrenzt sind die edlen Bestrebungen, die die Worte „meine Heimat" hervorrufen können.

DEAN W. INGE

Der Chauvinist ist der Trunkenbold unter den Patrioten.

ELEONORE VAN DER STRATEN-STERNBERG

Der Nationalstolz ist der billigste Stolz, den ich mir denken kann. Auch die edelste Nation besteht zum größten Teil aus Menschen, auf die man keinen Grund hat, stolz zu sein.

A. O. WEBER

Mir erscheint es schrecklich unwürdig, wenn die Seele von der Geographie beherrscht wird.

GEORGE DE SANTAYANA

Die Vaterlandsliebe hat ihre Rechtfertigung und ihren sittlichen Wert nur, wenn sie auf dem Grunde der größeren Einheit der Menschheit entsteht und lebt.

BENEDETTO CROCE

Unser Patriotismus ist zu einer reinen Selbstbehauptung, einer fahnenwehenden Sentimentalität ohne konstruktive Pflichten geworden.

HERBERT G. WELLS

Wer hilft unserem Lande? Jeder, der die Wahrheit sucht, und jeder, der sie nicht verleugnet, wenn sie ihm begegnet.

WALTHER RATHENAU

Ihr habt gehört: Es ist süß und ehrenvoll, für das Vaterland zu sterben. Ich aber sage euch: Es ist süß und ehrenvoll, für das Vaterland zu leben!

MICHAEL KARDINAL FAULHABER

Die Vaterlandsverteidigung ist eine Lüge im imperialistischen Krieg, aber durchaus keine Lüge in einem demokratischen und revolutionären Krieg.

WLADIMIR I. LENIN

Seinem eigenen Volk in wahrer Liebe zugeneigt ist nur der Mensch, der auch zwischen den Völkern von Güte weiß.

HEINRICH MANN

Für mich ist das, was die Leute Vaterland nennen, nicht in den Falten einer Fahne versteckt, noch ist es überhaupt ein begrenztes Land. Mein Vaterland: das sind meine Gedanken und Träume; sie nur sind meine Landsleute; zu denen gehöre ich.

PAUL VALÉRY

Der fieberhafte Nationalismus, der seit 1848 ständig zugenommen hat, ist eine Form des Kults der Unvernunft.

BERTRAND EARL RUSSELL

Gut und Blut fürs Vaterland! Aber die Nerven?

KARL KRAUS

Die Selbstsucht wird nur dann bekämpft, wenn sie als seelische Erkrankung einzelner zutagetritt; wird sie aber zur Epidemie, welche ein ganzes Volk erfaßt, dann feiert man dasselbe Laster als große nationale Tugend.

MAULANA MUHAMMAD ALI

Patriotismus

Den Erfolg der Mittelmäßigen nennt man nationalen Ruhm.

ADOLF NOWACZYNSKI

Soldaten kämpfen, Kaufleute handeln – irgendwo treffen wir uns in einem Punkte: Vaterland.

LUDWIG FINCKH

Sein Vaterland lieben heißt, ihm durch Taten Ehre machen.

LISA WENGER

Vaterland? Vielleicht war es niemals mehr als das Stück Erde, das jeder gerade für sich bewohnt! Vielleicht ist das alles Wahn. Ein Stück Geschichte, von uns zum Teil erlebt, zum Teil von Vätern und Großvätern überliefert – vielleicht war das alles. Eine wahre Menschenbrüderschaft innerhalb der Grenzen eines sogenannten Vaterlandes hat es wohl niemals gegeben.

ANTON WILDGANS

Zunehmende Barbarei: Nationalismen sind eigentlich eine Lösung, wie man leicht und rasch ohne Kultur auskommen kann.

JOSEF ČAPEK

Ich hatte die Gesetze niemals anerkannt, die einen Menschen unlöslich an sein Vaterland binden, weil ich so lange im Vaterland der Menschlichkeit und nicht in dem des Staatsbürgers gelebt hatte.

ERNST WIECHERT

Nationalismus ist kein natürlicher Instinkt. Er ist ein erworbenes künstliches Gefühl. Der Patriotismus hat die Frömmigkeit und Leidenschaft der Vernunft gemordet.

SARWAPALLI RADHAKRISHNAN

Waren die Dummen früher konfessionslos gefärbt, so schimmern sie heute in allen Farben der Nationalfahnen, die den Kontinent bis zur Geistesschwäche verdummen.

KURT TUCHOLSKY

Wesen des Nationalismus ist es, die eigene Sinnesverwirrung bei anderen nicht verstehen zu können.

FRANZ WERFEL

Wissenschaft gehört der Welt, der Wissenschaftler seinem Vaterland.

K. H. BAUER

Was ist Patriotismus anderes als Liebe für die guten Dinge, die wir in unserer Kindheit gegessen haben?

LIN YUTANG

Nicht Phrasendrescher sind gute Patrioten, sondern diejenigen, die nach den gegebenen Möglichkeiten handeln und sie nicht überschätzen.

KURT GEORG KIESINGER

Der Chauvinismus eines Volkes ist die große Mehrzahl von Hochmut, Dummheit und Egoismus.

JOSEF VIKTOR STUMMER

Über Vaterlandsliebe kann man nicht streiten. Man hat sie oder hat sie nicht.

FRIDEL MARIE KUHLMANN

Frage nicht, was dein Land für dich tun kann. Frage, was du für dein Land tun kannst.

JOHN F. KENNEDY

Wenn Vaterlandsliebe blind macht, braucht man einen Führer.

LISELOTTE RAUNER

Große Patrioten bauen große Wirtschaftsprojekte und die kleinen decken die Verluste.

DUŠAN RADOVIĆ

Fahne: Sie ist nicht mehr wert als ein Schluck Genever. Wer den hat, der hat sie, und wer davon zuviel bekommt, dem kommt es hoch.

OSWALD ANDRAE

Der Chauvinist denkt bei der Zeugung seiner Kinder zuerst ans Vaterland.

HEINRICH WIESNER

Patrioten sind Nationalisten, die gute Laune haben.

WOLFRAM WEIDNER

Es ist notwendig, dem Vaterland Maß und Mitte zurückzugeben.

HELMUT KOHL

Patriotismus

Ubi bene, ibi patria heißt richtig: Wo Freiheit,
da Vaterland.

JOHANNES GROSS

Vaterland, das ist das Land, das uns den
Vater nahm.

GERT UDO JERNS

Wenn die Volksseele kocht, sind
Kesseltreiber nicht weit.

HANS-HORST SKUPY

Am Altar des Vaterlandes lodert das Feuer
der Begeisterung. Und des Hasses.

HANS-HORST SKUPY

Wenn es keine Vaterländer mehr geben wird,
wofür werden dann Menschen sterben
müssen?

HANS-HORST SKUPY

Chauvinismus – grenzenlose Vaterlandsliebe.

HANS-HORST SKUPY

Auch unter den Söhnen des Vaterlandes gibt
es Bastarde.

RADIVOJE DANGUBIĆ

Kritik am eigenen Land ist Selbstkritik.

BIRGIT BERG

Perfektion

Es ist nichts vollkommen auf der
Welt.

Nepalesisches Sprichwort

Kannst du alles so vollkommen treffen wie
der Allmächtige?

HIOB 11,7

Aller Vollkommenheit sah ich ein Ende; aber
dein Gebot ist unendlich.

PSALMEN 119,96

Gut ist das, was von Natur vollkommen ist.

DIOGENES

Wer im Wort nicht fehlet, der ist ein
vollkommener Mann.

JAKOBUSBRIEF 3,2

Die einzige Vollkommenheit der Menschen
besteht darin, daß sie sich ihrer
Unvollkommenheit bewußt werden.

HIERONYMUS

Alles, was in irgendeiner Art eine
Unvollkommenheit ist, ersehnt die
Vollkommenheit.

THOMAS VON AQUIN

Wie das Wort *gut* das Vollkommene meint, so
das Wort *böse* nichts anderes als den Verlust
des Vollkommenseins.

THOMAS VON AQUIN

Je vollkommener man ist, um so viel mehr
empfindet man auch Lust und Plage.

DANTE ALIGHIERI

Kleinigkeiten gereichen zur Vollkommenheit,
aber Vollkommenheit ist keine Kleinigkeit.

MICHELANGELO

Beschreiben kann man das Faßliche, aber
nicht das Vollkommene.

LI LIWENG

Manches Schöne hat mehr Reiz, wenn es
unvollkommen, als wenn es allzu vollendet
ist.

LA ROCHEFOUCALD

Verwesung bringt Vollkommenheit.

JOHANN CHRISTIAN GÜNTHER

In der Einheit des Charakters besteht die
Vollkommenheit des Menschen.

IMMANUEL KANT

Das Vollkommenste ist er selbst; und also hat
Gott von Ewigkeit her nur sich selbst denken
können.

GOTTHOLD EPHRAIM LESSING

Unzufrieden mit Gott hieße unzufrieden mit
allem zu sein, was vollkommen und gut ist;
und wie kann das eine denkende Seele?

JOHANN JAKOB ENGEL

Perfektion

Die Liebe ist das erste Gesetz der menschlichen Vollkommenheit.

WILHELM LUDWIG WEKHRLIN

Die letzte Hand an sein Werk legen, das heißt, es verbrennen.

GEORG CHRISTOPH LICHTENBERG

Vollkommenheit einer Sache kann nichts sein, als daß das Ding sei, was es sein soll und kann.

JOHANN GOTTFRIED HERDER

Derjenige, der sich mit Einsicht für beschränkt erklärt, ist der Vollkommenheit am nächsten.

JOHANN WOLFGANG VON GOETHE

Alles kann die Menschheit entbehren, alles kann man ihr rauben, ohne ihrer wahren Würde zu nahe zu treten, nur nicht die Möglichkeit der Vervollkommnung.

JOHANN GOTTLIEB FICHTE

Je edler und vollkommener eine Sache ist, desto später und langsamer gelangt sie zur Reife.

ARTHUR SCHOPENHAUER

Das ist, man möchte sagen, das Charakteristische der großen Naturen: sie begründen wohl, aber sie vollenden nicht.

LEOPOLD VON RANKE

Gut ist alles, was zur Vervollkommnung deiner Seele und deines Körpers beiträgt.

AUGUST GRAF PLATEN

Was kann man aber nicht alles, wenn man sich einbildet, vollendet zu sein, und kühn weiterstrebt?

DIETRICH CHRISTIAN GRABBE

Das Schöne wird nie fertig, immer könnte es noch schöner sein. Und Ihr, ein Künstler, sprecht von Fertigsein?

OTTO LUDWIG

Der Wunsch nach Vollkommenheit ist die schrecklichste Krankheit, die je den menschlichen Geist befallen hat.

THEODOR FONTANE

Das Streben nach Vervollkommnung ist nicht ein Gebot der Vernunft, sondern eine dem Menschen angeborene Eigenschaft. Jeder Mensch strebt jederzeit bewußt oder unbewußt danach.

LEW N. GRAF TOLSTOJ

Bei einer Vereinigung des Schönen mit dem Häßlichen triumphiert am Ende immer das Schöne; die Natur kommt aufgrund eines göttlichen Gesetzes stets auf das Bessere zurück, strebt unaufhörlich nach Vollkommenheit.

AUGUSTE RODIN

Wenn das, was fertig ist, nur immer auch vollendet wäre!

PETER ROSEGGER

Vollkommene Dinge lehren Hoffnung.

FRIEDRICH NIETZSCHE

Das Wort Vollendung paßt nicht in diese Welt, um so mehr Entwicklung, Vervollkommnung und Entfaltung.

RICHARD FUGMANN

Die Seele des Menschen ist nicht an eine Erscheinungsform gebunden. Es gibt so viele Möglichkeiten der Vollkommenheit, wie es unvollkommene Menschen gibt.

OSCAR WILDE

Wer von den Menschen, die ihn umgeben, Vollkommenheit verlangt, muß die Liebe drangeben.

M. HERBERT

Die Vollkommenheit verfehlt, ebenso wie die höchste Reife, ihre Wirkung, da sie dem Wachstum eine Grenze setzt.

KAKUZO OKAKURA

Nach meiner Ansicht bedarf es eines Lebens vollständiger Enthaltsamkeit in Gedanken, Worten und Werken, um geistige Vollkommenheit zu erlangen.

MAHATMA GANDHI

Alles Vollkommene in Wort und Tat stammt aus der Tiefe ewigen Schweigens.

SRI AUROBINDO

Perfektion

Vollkommenheit scheint nichts anderes zu sein als vollständige Anpassung an die Umgebung: die Umgebung verändert sich jedoch ständig, so daß Vollkommenheit immer nur vorübergehend sein kann.
WILLIAM SOMERSET MAUGHAM

Zur Vollkommenheit der Frau gehört auch eine kleine Schwäche.
HELENE HALUSCHKA

Dies ist nicht eine Zeit, um irgend etwas zu vollenden. Dies ist eine Zeit für Fragmente.
MARCEL DUCHAMP

Die Vollkommenheit besteht nicht in den Tugenden, die jeder erkennen kann, sondern in denjenigen, welche Gott gutheißt.
MARCEL JOUHANDEAU

Es ist das tragische Schicksal des Menschen im Maschinenzeitalter, daß er sehr viel machen muß und nichts vollbringen darf.
WILHELM LICHTENBERG

Wir leiden alle an der Vollkommenheit, die wir vor uns sehen.
G. E. SCHNEIDER

Das Einfache setzt alles voraus, sonst ist es nur simpel.
MARTIN KESSEL

Fürchte nicht die Vollkommenheit, du wirst sie nie erreichen.
SALVADOR DALI

Vollendung ist immer das, was vor uns liegt.
WALTER-GERD BAUER

Der Tod ist ein Zustand der Vollkommenheit, der einzige, der für einen Sterblichen erreichbar ist.
É. M. CIORAN

Die Sehnsucht nach Vollendung bringt uns täglich zur Strecke.
HANS PETER KELLER

Zur Vollkommenheit gehören auch die Mängel.
HANNS-DIETRICH VON SEYDLITZ

Je perfekter sie wurde, desto mehr langweilte sie.
HUGO ERNST KÄUFER

Der Perfekte muß lernen, wie man einen Fehler macht.
RUPERT SCHÜTZBACH

Schon mancher, der die Vollkommenheit suchte, landete im Perfektionismus.
WERNER MITSCH

Vielleicht ist der Hermaphrodit der vollkommene Mensch?
HANS-HORST SKUPY

Nichts ist vollkommen. Alles läßt sich mißbrauchen.
BERND-LUTZ LANGE

Persönlichkeit

Jeder Kopf ist eine Welt.
Kubanisches Sprichwort

Wer ein großer Mann werden will, darf weder in sich noch in seine eigenen Sachen verliebt sein, sondern in das, was recht ist.
PLATON

Der große Mann bewahrt sein kindlich Herz.
MENG DSE

Große Leute täuschen auch.
PSALMEN 62,10

Nichts bekommt einem großen Menschen besser als Höflichkeit und Duldsamkeit.
CICERO

Wer sich selbst erhöht, der wird erniedrigt; und wer sich selbst erniedrigt, der wird erhöht.
MATTHÄUS 23,12

Die Vernunft sagt, zur Erwählung des Besten sei nicht hinreichend, daß wir alles mit eigenen Augen sehen und untersuchen, sondern es gehöre dazu ein großer Vorrat an

Persönlichkeit

Kritik und Untersuchungsgabe und Scharfsinn und ein durchdringender, von allem Wahn und Vorurteil gereinigter Verstand.

LUKIAN

Wünsche nicht, etwas anderes zu sein als du bist, und versuche, das vollkommen zu sein.

FRANZ VON SALES

Um ein großer Mann zu sein, muß man von seinem ganzen Glück Vorteil zu ziehen verstehen.

LA ROCHEFOUCAULD

In einer großen Seele ist alles groß.

BLAISE PASCAL

Man muß Glück und Verdienste haben, um groß und heiter zu sein.

CHRISTINE VON SCHWEDEN

Alle Jahrhunderte und alle Länder bringen große Männer hervor, aber das Glück und die Gelegenheit ist ihnen nicht immer so günstig, daß sie bekannt werden.

CHRISTINE VON SCHWEDEN

Alle großen Menschen haben Undank und Unrecht erlitten.

CHRISTINE VON SCHWEDEN

Es sind immer die Abenteurer, die große Dinge vollbringen.

MONTESQUIEU

Daß große Leute nur in der Ferne schimmern und daß ein Fürst vor seinem Kammerdiener verliert, kommt daher, weil kein Mensch groß ist.

IMMANUEL KANT

Zu einem großen Mann gehört beides: Kleinigkeiten als Kleinigkeiten und wichtige Dinge als wichtige Dinge behandeln.

GOTTHOLD EPHRAIM LESSING

So gewiß ist der allein glücklich und groß, der weder zu herrschen noch zu gehorchen braucht, um etwas zu sein.

JOHANN WOLFGANG VON GOETHE

Der Charakter ruht auf der Persönlichkeit, nicht auf den Talenten.

JOHANN WOLFGANG VON GOETHE

Große Männer sind wie Meteore, die bestimmt sind zu glänzen, um ihr Jahrhundert zu erhellen.

NAPOLEON BONAPARTE

Kein wirklich großer Mensch hat sich je selbst dafür gehalten.

WILLIAM HAZLITT

Es gibt wenig ganz außerordentliche Menschen, aber ein jeder hat einen Zeitpunkt des Lebens, wo er sich selbst übertrifft, und von diesem muß man Gebrauch machen.

CARL VON CLAUSEWITZ

Nicht allein die allgemeinen Tendenzen entscheiden in dem Fortgang der Geschichte; es bedarf immer großer Persönlichkeiten, um sie zur Geltung zu bringen.

LEOPOLD VON RANKE

Was gibt überhaupt einer bedeutenden Persönlichkeit ihren Charakter? Das Verhältnis der ihr auferlegten oder von ihr übernommenen Verpflichtungen mit den angeborenen Eigenschaften. Das Zusammentreffen von beiden bildet die großen Männer.

LEOPOLD VON RANKE

Große Männer schaffen ihre Zeiten nicht, aber sie werden auch nicht von ihnen geschaffen. Es sind originale Geister, die in den Kampf der Ideen selbständig eingreifen, die mächtigsten derselben, auf denen die Zukunft beruht, zusammenfassen, sie fördern und durch sie gefördert werden.

LEOPOLD VON RANKE

Durch die Persönlichkeit wird entschieden, was gut und böse, dumm und gescheit, schön und häßlich, heilig und unheilig ist.

BOGUMIL GOLTZ

Dies ist es, was wir Persönlichkeit nennen – eine aufgespeicherte Kraft, die unmittelbar und durch ihre bloße Gegenwart wirkt.

RALPH WALDO EMERSON

Persönlichkeit

Es schadet nichts, in einem Entenhofe geboren zu sein, wenn man nur in einem Schwanenei gelegen hat!

HANS CHRISTIAN ANDERSEN

Meiner Ansicht nach ist es auch eine wirkliche Handlung, eine echte Tat, der Mittelpunkt eines Kreises von Menschen zu sein, besonders in einer Gesellschaft, die ohnmächtig an Händen und Füßen gefesselt, in der jeder isoliert und vereinzelt ist.

ALEXANDR HERZEN

Die Sucht, ein großer Mann zu werden, macht manchen zum kleinsten Mann auf Erden.

FRIEDRICH HEBBEL

Große Menschen sind Inhaltsverzeichnisse der Menschheit.

FRIEDRICH HEBBEL

Das Große ist nicht, daß einer dies oder jenes ist, sondern daß er selbst es ist; und das kann jeder Mensch sein, wenn er will.

SØREN KIERKEGAARD

Ein Mann, der dieses Namens wahrhaftig würdig ist, dürfte sich um das, was man von ihm denkt, nicht kümmern; der wahre Mann ist der, der anderen nichts zu denken gibt, sondern sie zwingt, ihm zu gehorchen oder ihn zu verabscheuen.

IWAN S. TURGENJEW

Die Nationen haben große Männer nur gegen ihren Willen. Der große Mann ist demnach der Überwinder seiner ganzen Nation.

CHARLES BAUDELAIRE

Eine verwundbare Ferse macht noch keinen Achilles.

HENRIK IBSEN

Es gibt Naturen, die durch das groß sind, was sie erreichen, andere durch das, was sie verschmähen.

HERMAN GRIMM

Mancher große Mann hätte nie an sich geglaubt, wenn ihn nicht gute Freunde entdeckt hätten.

PAUL HEYSE

Große Männer sind wie große Zeiten: Explosivstoffe, in denen eine ungeheure Kraft aufgehäuft ist.

FRIEDRICH NIETZSCHE

Starke Persönlichkeiten entstehen oft durch Feindschaft. Sie gleichen Drachen, die gegen den Wind aufsteigen.

JOEL HARRIS

Mancher ist eine ganze Sammlung schätzenswerter Eigenschaften und ist doch keine Persönlichkeit.

ISOLDE KURZ

Jeder große Mensch ist ein Rätsel, das erst von der Nachwelt gelöst wird.

ISOLDE KURZ

Persönlichkeiten, nicht Prinzipien bringen die Zeit in Bewegung.

OSCAR WILDE

Die Persönlichkeit ist das lebendige Feuer, worin immer wieder alle Lebenswerte jung geglüht werden.

CARL HAUPTMANN

Eine Sache gewinnt oder verliert durch den Mann, der sich für sie einsetzt, auch ein Gedanke und eine Meinung.

GERHART HAUPTMANN

Die bedeutende Persönlichkeit entwickelt sich nach Gesetzen, die uns ewig unbekannt sein werden.

PAUL ERNST

Die Persönlichkeit bestätigt sich dadurch, daß sie sich Grenzen setzt.

ANDRÉ GIDE

Historische Verdienste werden nicht danach beurteilt, was historische Persönlichkeiten, gemessen an den heutigen Erfordernissen, nicht geleistet haben, sondern danach, was sie im Vergleich zu ihren Vorgängern Neues geleistet haben.

WLADIMIR I. LENIN

Persönlichkeit ist vom Geiste gebundene Seele.

LUDWIG KLAGES

Persönlichkeit

Das Wesen der Persönlichkeit liegt in der jeweils eigentümlichen Form des Zusammenhanges unwiederholbar einziger Seelen mit dem wechsellos beharrenden Geist: Persönlichkeit ist vom Geiste gebundene Seele.

LUDWIG KLAGES

Jeder große Mann ist ein Staat im Staat.

ANGELO GATTI

Alles, was mehr aus uns macht, ist Gnade für uns.

RAINER MARIA RILKE

Persönlichkeiten werden nicht durch schöne Reden geformt, sondern durch Arbeit und eigene Leistung.

ALBERT EINSTEIN

Ein Mensch ist umso bedeutender, je mehr alle Dinge für ihn bedeuten.

OTTO WEININGER

Die Grundlage der Persönlichkeit ist die Entflammbarkeit des Gemütes.

EDUARD SPRANGER

Ungleichheit, Freiheit und Kampf sind der Boden, auf dem Persönlichkeit gedeiht. In der Freiheit entfaltet sie sich – im Kampf setzt sie sich durch.

RICHARD N. GRAF COUDENHOVE-KALERGI

Stirbt die Persönlichkeit, so stirbt auch die Kultur. Denn Kultur ist etwas persönlich Hervorgebrachtes. Auch sie bedarf des inneren Reifens und damit der Zeit.

AUREL WOLFRAM

Man darf, um richtig gekleidet zu sein, niemals vergessen, wer und was man ist. Besser noch: wer und was man nicht ist.

MAGGY ROUFF

Wenn wir tief in das Persönliche gehen, gehen wir über das Persönliche hinaus. Wir erreichen das, was uns allen gemeinsam ist.

ANAÏS NIN

Die Elite von morgen wird die Elite der Askese sein.

ARNOLD GEHLEN

Die innerlich freie Persönlichkeit wirkt wie ein Magnet: sie zieht die positiven Kräfte der Umwelt in starkem Maße an.

JACK THOMMEN

Charisma: Ersatz der Persönlichkeit durch Aberglauben.

HANS HABE

Man hat nur dann das Gefühl, wer zu sein, wenn man irgendeine Missetat ausheckt.

É. M. CIORAN

Daß Alexander der Große den Gordischen Knoten mit einem Schwertstreich zertrennt hat, hat schwerlich allein seine Größe begründet.

WERNER JETTER

Er verwechselt Eitelkeit mit Persönlichkeit.

SIEGFRIED & INGE STARCK

Wir sind verantwortliche menschliche Wesen, nicht blinde Automaten. Wir sind Persönlichkeiten, nicht Puppen.

MARTIN LUTHER KING

Viele wollen die Freiheit der Selbstverwirklichung, ohne sich selbst von der Wirklichkeit befreit zu haben.

GERHARD UHLENBRUCK

Der Titel ist das Make-up einer schwachen Persönlichkeit.

HELLMUT WALTERS

Große Gestalten, über die man nicht lächeln kann, sind gefährlich.

TOM WOLFE

Noch der Pedant, der die Zumessung „der Größte" mit Gründen bemäkelt, bringt sich in Verdacht, das Außerordentliche nirgends erkennen zu wollen. Wer Größe nicht ertragen kann, wird unter die Kleinen gerechnet.

JOHANNES GROSS

Jeder hat das Recht auf die freie Entfaltung seiner Persönlichkeit. Alles Nähere regelt die Klassenzugehörigkeit.

MANFRED BOSCH

735

Pessimismus

Was man durchs Lachen verliert,
findet man nicht durchs Heulen
wieder.

Georgisches Sprichwort

Wer ängstlich ist und verzagt, der kehre um.

RICHTER 7,3

Mein Herz ist verzagt.

PSALMEN 40,13

Die edelste Nation unter allen Nationen ist
die Resignation.

JOHANN NESTROY

Unter jenen Lebensbetrachtungen, die uns in
späterem Alter zum Pessimismus führen, ist
das Mißverhältnis zwischen Verdienst und
Belohnung eine der schwerwiegendsten. Die
Welt ist in solche Menschen eingeteilt, die
vermöge ihres Lebenswandels wenig
verdienten und viel einheimsen, und in
solche, die viel verdienen würden und wenig
ernten.

HERBERT SPENCER

Die glücklichen Pessimisten! Welche Freude
empfinden sie, sooft sie bewiesen haben, daß
es keine Freude gibt.

MARIE VON EBNER-ESCHENBACH

Der Pessimist wider Willen, das ist der echte.

MARIE VON EBNER-ESCHENBACH

Es gibt keinen traurigeren Anblick als einen
jungen Pessimisten – mit Ausnahme eines
alten Optimisten.

MARK TWAIN

Der Pessimismus ist nichts als ein
gescheiterter Idealismus.

DANIEL SPITZER

Ein Nihilist ist ein Mensch, welcher von der
Welt, wie sie ist, urteilt, sie sollte nicht sein,
und von der Welt, wie sie sein sollte, urteilt,
sie existiere nicht.

FRIEDRICH NIETZSCHE

Optimismus gilt oft als Dummheit. Dümmer
ist Pessimismus, der sich als Vernunft
gebärdet.

HENRYK SIENKIEWICZ

Ein Pessimist ist ein Mensch, dem nicht wohl
zumute ist, wenn er sich wohl fühlt, weil er
befürchtet, daß er sich schlechter fühlen wird,
wenn er sich besser fühlt.

GEORGE BERNARD SHAW

Der Pessimist ist der Sämann der
Verzweiflung.

ELEONORE VAN DER STRATEN-STERNBERG

Der Optimist hält den Menschen für gut, doch
der Pessimist sieht richtiger.

CARLOS VON TSCHUDI

Pessimismus ist genauso angenehm wie
Optimismus, wenn man sich erst einmal
daran gewöhnt hat.

ARNOLD BENNETT

Zeige mir einen Menschen mit viel Sorgen
und Kummer, und ich werde dir einen
Menschen zeigen, der – was er auch sein
mag – kein Pessimist ist.

GILBERT KEITH CHESTERTON

Der Pessimismus ist der auf das Ganze
bezogene leidende Egoismus.

HEINRICH GERLAND

Der Optimist verkündet, daß wir in der besten
aller Welten leben; und der Pessimist
befürchtet, daß es zutrifft.

JAMES B. CABELL

Der Pessimist: Ich werde also eines Tages
sterben. Natürlich – das kann auch nur mir
passieren!

KURT TUCHOLSKY

Pessimismus ist eine Katastrophe, wenn er
nur verstärkt, was uns das Leben ohnehin
schon antut.

LUDWIG MARCUSE

Alle großen Pessimisten haben tief innen die
Hoffnung gehabt, daß sie sich irren.

JEAN GIONO

Der Pessimist bezeichnet den naiven Glauben des Optimisten als grobe Fahrlässigkeit.
HEINRICH WIESNER

Der Pessimist sammelt Sackgassen.
GERHARD BRANSTNER

Wer nichts zu verlieren hat, hat keinen Grund zum Pessimismus.
GABRIEL LAUB

Der Pessimist lebt von der Hoffnung, daß er sich auch einmal geirrt haben könnte.
GERHARD UHLENBRUCK

Pessimismus darf heute nicht die einzige Wachstumsbranche sein.
NORBERT BLÜM

Pessimismus: eine Weltanschauung aus der Pechvogelperspektive.
WERNER MITSCH

Ich bin nicht mehr zählbar.
DIETER FRINGELI

Pessimist: ein aus Erfahrung zu klug Gewordener.
KLAUS BERNHARDT

Der Pessimist: Mal sehn, was sich nicht tun läßt.
OLIVER TIETZE

Pflicht

Erst die Pflicht, dann das Gedicht.
Deutsches Sprichwort

Die Pflicht sehen und nicht tun, ist Mangel an Mut.
KONFUZIUS

Zwei große Gebote gibt es auf Erden: das Gebot der Natur und das Gebot der Pflicht. Groß nenne ich die Gebote, weil man sich ihnen nirgends auf der ganzen Welt entziehen kann.
DSCHUANG DSE

Besser ist es, seine eigene Pflicht, wenn auch mit schwachen Kräften, zu erfüllen, als die Pflicht eines andern, wenn auch noch so vortrefflich, zu tun. Besser ist es, in der Erfüllung der eigenen Pflicht zu sterben, als in Furcht vor derselben zu leben.
BHAGAVADGITA

Der Mann leiste der Frau die schuldige Pflicht und ebenso die Frau dem Mann.
1 KORINTHERBRIEF 7,3

Es ist ein großes Unglück, wenn unsere Pflicht unsere Kräfte übersteigt.
CHRISTINE VON SCHWEDEN

Keine Rücksicht kann mächtig genug sein, einen ehrlichen Mann zu veranlassen, sich von seiner Pflicht zu entfernen.
FRIEDRICH II. VON PREUSSEN

Nur eine Wissenschaft – und sie ist unteilbar – hat man den Kindern beizubringen: das ist die Kenntnis der Menschenpflichten. Ich nenne den, der in ihr unterrichtet, lieber Erzieher als Lehrer, weil es sich für ihn weniger um die Lehre als um die Leitung handelt. Er soll keine Vorschriften geben, sondern sie finden lassen.
JEAN-JACQUES ROUSSEAU

Pflicht ist die Notwendigkeit einer Handlung aus Achtung fürs Gesetz.
IMMANUEL KANT

Wer seinen Pflichten entsagt, verliert seine Rechte.
JOHANN GOTTFRIED HERDER

Es kommt in der Welt alles darauf an, daß der Mensch, der etwas tun soll, seine Pflicht als seine Angelegenheit ansehen lerne.
HEINRICH PESTALOZZI

Das Muß ist hart – aber beim Muß kann der Mensch allein zeigen, wie's inwendig mit ihm steht. Willkürlich leben kann jeder.
JOHANN WOLFGANG VON GOETHE

Wenn man von den Leuten Pflichten fordert und ihnen keine Rechte zugestehen will, muß man sie gut bezahlen.
JOHANN WOLFGANG VON GOETHE

Pflicht

Versuche, deine Pflicht zu tun, und du weißt gleich, was an dir ist. Was ist deine Pflicht? Die Forderung des Tages.

JOHANN WOLFGANG VON GOETHE

Nur zu leicht glaubt man, man habe alles getan, wenn man die ernsten Gebräuche der Religion beobachtete. Darin kann das Wesen der Religion allein nicht liegen. Aber in uns flammt eine Vorschrift, und die muß göttlich sein, weil sie ewig und allgemein ist – sie heißt: erfülle deine Pflicht.

HEINRICH VON KLEIST

Tue die Pflicht, die dir am nächsten liegt, die du als eine Pflicht erkennst. Die zweite Pflicht wird dann bereits klarer werden.

THOMAS CARLYLE

Deine erste Pflicht ist, dich selbst glücklich zu machen. Bist du glücklich, so machst du auch andere glücklich. Der Glückliche kann nur Glückliche um sich sehen.

LUDWIG FEUERBACH

Geschichte und Erfahrung lehren, daß die leidenschaftlichsten Charaktere gleichzeitig die fanatisch strengsten in ihrem Pflichtgefühl sind, sobald ihre Leidenschaft angehalten wurde, sich nach dieser Seite hin zu entfalten.

JOHN STUART MILL

Was wäre die Erfüllung der Pflicht, wenn sie keine Opfer kostete?

BERTHOLD AUERBACH

Der Mensch ist nicht auf der Welt, um glücklich zu sein, sondern um seine Pflicht zu tun.

OTTO FÜRST BISMARCK

Der Mensch lebt, um seine Pflicht zu tun und zu sterben. Und das Zweite beständig gegenwärtig zu haben, erleichtert einem das Erste.

THEODOR FONTANE

Es ist oft schwerer, seine Pflicht zu erkennen, als sie zu erfüllen.

JOSEPH UNGER

Tue deine Pflicht so lange, bis sie deine Freude wird.

MARIE VON EBNER-ESCHENBACH

Mach es dir zur Gewohnheit, täglich etwas zu tun, was du nicht gern tust. Das ist die goldene Regel, die es dir ermöglicht, deine Pflicht schmerzlos zu erfüllen.

MARK TWAIN

Du hörst auf, ein Kind zu sein, an dem Tage, da du das Wort Pflicht verstanden hast.

CARMEN SYLVA

Wir unterschätzen keine Pflicht so sehr wie die Pflicht, glücklich zu sein.

ROBERT LOUIS STEVENSON

Die erste Pflicht im Leben besteht darin, so künstlich wie möglich zu sein. Worin die zweite Pflicht besteht, hat noch niemand herausgefunden.

OSCAR WILDE

Pflicht ist das, was man von anderen erwartet, nicht, was man selbst tut.

OSCAR WILDE

Das einzige, was wir mit Sicherheit als unser Eigentum beanspruchen dürfen, das höchste Gut, was uns keine Macht der Welt rauben kann und was uns wie kein anderes auf die Dauer zu beglücken vermag, das ist eine reine Gesinnung, die ihren Ausdruck findet in gewissenhafter Pflichterfüllung.

MAX PLANCK

Mut und Freude – es ist, als seien diese beiden die ersten Pflichten des Landes.

SELMA LAGERLÖF

Die Menschen wissen mehr von ihren Rechten als von ihren Pflichten.

M. HERBERT

Wer seine Pflicht für aufschiebbar hält, kennt nicht den hohen Wert der rasch erfüllten Pflicht.

ELEONORE VAN DER STRATEN-STERNBERG

Das Maß der Pflichterfüllung ist das Maß von Menschenglück und -größe.

HERMANN STEHR

Pflichtgefühl ist die edelste Form des Ehrgefühls.

ROBERT GERSUNY

Menschen, die im tiefsten Innern ihres Herzens Menschen bleiben, wissen, daß man die Pflichten der Pflicht unterordnen soll.

BENEDETTO CROCE

Über der Pflicht gegen das Vaterland steht die Pflicht gegen die Wahrheit, die alles andere in sich begreift und rechtfertigt.

BENEDETTO CROCE

Pflicht ist erstarrte, „kalt"-gewordene Liebe; Festigkeit darin als Halt in bösen Stunden. Nicht das „Was", sondern das „Daß" des guten Willens entscheidet.

ROBERT REININGER

Wenn ein Mensch wirklich sparsam ist, kann er mit einem lächerlichen Minimum von Pflichtgefühl durchs Leben kommen.

RODA RODA

Es gibt eine Flucht in große Pläne, um Pflichtmäßigem auf noble Weise zu entrinnen.

WILLIBRORD VERKADE

Unglück ist: keine Pflichten zu haben.

MAXIMILIAN EICHBAUM

Erhebt sich der Mensch über das Pflichtgefühl, wird ihm die Pflicht zur Freude.

HAZRAT INAYAT KHAN

Man hat gedacht, die Pflicht sei größer als die Liebe, aber das ist nicht wahr. Mit der Liebe steht es sich leichter auf als mit der Pflicht.

ERNST WIECHERT

Pflicht muß man wie Brot nehmen: täglich essen!

MARGARETE SEEMANN

Die Pfade des Ruhmes führen wenigstens ins Grab; die Pfade der Pflicht aber führen womöglich nirgendwohin.

JAMES THURBER

Pflicht ist vor allem, das zu tun, was man nur selber tun kann.

WILHELM PLEYER

Die Erfüllung äußerer Pflichten ist die große Rettung für viele, die nicht die Kraft zur Erfüllung innerer Pflichten hätten.

ANITA

Wer von seiner Pflicht spricht, soll gleich sagen, was er ungern tut.

THOMAS NIEDERREUTHER

Die Hochzeit ist gefeiert, nun muß das Heim gerichtet werden.

RASSUL GAMSATOW

Wer seine Pflicht kennt, kann ihr rechtzeitig aus dem Wege gehen.

RAIMUND VIDRÁNYI

Unentwegte Pflichterfüllung ist häufig nichts anderes als die Flucht vor der eigentlichen Aufgabe.

HELLMUT WALTERS

Wer seine Pflicht erfüllt, hat Charakter; wer nur seine Pflicht erfüllt, hat keinen.

HELLMUT WALTERS

Das ist das Paradoxe an der Pflicht in Deutschland: Jedesmal, wenn wir sie nicht erfüllen, haben wir sie hinterher alle erfüllt.

NIKOLAUS CYBINSKI

Nur einer kann dir alle deine Pflichten nennen: du.

PETER TILLE

Der Pflichtbewußte übersieht gern die Rechte der anderen.

HANS-HORST SKUPY

Phantasie

Der Dichter hat gesehen, was die Sonne nicht sah.

Indisches Sprichwort

Hätten wir keine Vorstellungskraft, würde sich ein Mann in den Armen eines Hausmädchens genauso glücklich fühlen wie in denen einer Herzogin.

SAMUEL JOHNSON

Er kann sich einen ganzen Tag in einer warmen Vorstellung sonnen.

GEORG CHRISTOPH LICHTENBERG

Phantasie

Wer Vorstellungsvermögen ohne Wissen hat, hat Flügel und keine Füße.

JOSEPH JOUBERT

Die Phantasie ersetzt mir, was der Wirklichkeit gebricht; jedes Verhältnis, worin ich einen anderen erblicke, mach ich mir durch sie zum eigenen: es bewegt sich innerlich der Geist, gestaltet's seiner Natur gemäß und bildet, wie er handeln würde, mit sicherem Gefühle vor.

FRIEDRICH SCHLEIERMACHER

Die menschliche Rasse wird von ihrer Vorstellungskraft regiert.

NAPOLEON BONAPARTE

Die Phantasie kann alles. Sie ist ein mutwilliges Geschöpf.

FERDINAND RAIMUND

Alle Unruhe im Menschen entspringt aus der Phantasie; denn selbst das Gewissen, wenn es auch seinen Stoff aus dem moralischen Sinne zieht, nimmt doch wenigstens seine Form aus ihr.

FRANZ GRILLPARZER

Halte die Phantasie sauber – eine Vorbedingung, um die Verbindung mit dem Himmel zu erhalten.

NATHANIEL HAWTHORNE

Im Kampf gegen die Wirklichkeit hat der Mensch nur eine Waffe: die Phantasie.

THEOPHILE GAUTIER

Alles, was ein Mensch sich vorstellen kann, werden andere Menschen verwirklichen.

JULES VERNE

Wir sind nicht kurzsichtig genug, um zu wissen, was geschehen wird.

DANIEL SPITZER

Phantasie ist das, wodurch sich der Mensch von den Tieren unterscheidet.

JAKUB ARBES

Sehr phantastische Künstler haben oft nur eine geringe künstlerische Einbildungskraft.

KONRAD FIEDLER

Die Phantasie ist der mächtigste Despot.

BERTHOLD AUERBACH

Alle feine Arbeit der Phantasie ist bewußt und überlegt. Kein Dichter singt, weil er singen muß, wenigstens kein großer Dichter. Ein großer Dichter singt, weil er singen *muß*.

OSCAR WILDE

Böse Menschen reizen die Phantasie.

OSCAR WILDE

Es scheint mir, daß die Phantasie Einsamkeit um sich verbreitet oder verbreiten sollte; sie schafft am besten in der Stille und Abgeschiedenheit.

OSCAR WILDE

Phantasie ist ein schlechter Ersatz für Erfahrung.

HENRY HAVELOCK ELLIS

Phantasie ist ein Göttergeschenk, aber Mangel an Phantasie auch. Ich behaupte, ohne diesen Mangel würde die Menschheit den Mut zum Weiterexistieren längst verloren haben.

CHRISTIAN MORGENSTERN

Mangelnde Vorstellungskraft hindert einen Menschen häufig daran, zu sehr zu leiden.

MARCEL PROUST

Gold kann, wenn es eine Verbindung mit der Vorstellungskraft eingeht, die lebhaftesten Tugenden des Geistes annehmen.

PAUL VALÉRY

Leute ohne Phantasie erleben nichts.

RODA RODA

Von allen Gaben des Menschen ist die Phantasie die gefährlichste.

HEINRICH GERLAND

Phantasie haben heißt nicht, sich etwas ausdenken, es heißt, sich aus den Dingen etwas machen.

THOMAS MANN

Die Phantasie erlöst uns, und der Traum ist unser Befreier.

ROBERT WALSER

Phantasie

Menschen, die Phantasie haben und Gebrauch davon machen, gelten leicht als Spitzbuben.

ROBERT WALSER

Die Wahrheit ist oft phantastischer als die Phantasie der Dichter.

ROBERT WALSER

Phantasie ist wichtiger als Wissen.

ALBERT EINSTEIN

Imagination gibt Träumen die Form.

EDGAR VARÈSE

Ohne Phantasie gäbe es keine Verbrecher und keine Dichter.

CURT GOETZ

Phantasie ist nicht, sich etwas vorzustellen, was die Dinge nicht sind, sondern etwas zu tun, was sie sein könnten.

KAREL ČAPEK

Phantasie haben doch nur die Geschäftsleute, wenn sie nicht zahlen können.

KURT TUCHOLSKY

Die größte Gefahr für die Menschheit bilden Fantasten mit ungewöhnlichem Selbstgefühl. Sie sind das Gegenstück für den fantasielosen Konformismus. Die Fantasie ist der Scheinwerfer der Instinkte und des Geistes.

EUGEN BÖHLER

Zum Mitleid wie zur Grausamkeit gehört Phantasie. Der Mitleidige empfindet das Leiden seines Mitmenschen wie sein eigenes, der Grausame genießt es, daß er über den anderen Leiden verhängen kann.

EUGEN GÜRSTER

Ohne Phantasie vertrocknet der Morgentau der Güte.

ZENTA MAURINA

Zu den wichtigsten Geschlechtsorganen gehört unsere Phantasie.

SIGMUND GRAFF

Das Phantastische blättert ab.

MAX HOGREFE

Phantasie ist die Möglichkeit, sich die phantastischen Möglichkeiten der Wirklichkeit vorzustellen.

ANITA

Generationen, die die Jugend zum Fetisch machen, mangelt es peinlich an Phantasie.

HANS KASPER

Ein Mensch ohne Phantasie ist so wertlos wie ein blinder Spiegel.

LEO LOHBERGER

Phantasie allein genügt nicht.

FRANZ PETER KÜNZEL

Die Realität der Phantasie ist echter als die Realität ohne Phantasie.

RAYMOND FEDERMAN

Phantasie ist etwas, was sich manche Menschen einfach nicht vorstellen können.

GABRIEL LAUB

Es gibt Dinge, die kann man nicht erfinden, die muß man erleben.

BERT KÜPPER

Die Träume der Gefühle nennt man Phantasie.

GERHARD UHLENBRUCK

Die Lüge ist die primitivste Form der Phantasie.

GERHARD UHLENBRUCK

Nichts schadet der menschlichen Phantasie mehr als eine gesicherte Existenz.

WERNER MITSCH

Nur ein Mensch mit Phantasie kann über einer Sache stehen, von der er nicht die geringste Ahnung hat.

WERNER MITSCH

Manche sagen nur aus Einfallslosigkeit die Wahrheit.

KLAUS LETTKE

Ein Mensch ohne Phantasie ist wie ein Tier ohne Instinkt.

WERNER EHRENFORTH

741

Phantasie

Phantasievolle Leute wirken dadurch
tröstlich, daß sie sich die Welt ohne ihren
Beitrag vorstellen können.

BEAT SCHMID

Er träumte, daß er Zeit hatte, und sah sich
als lange gerade Straße.

PETER HANDKE

Sein Kapital war sein Vorstellungsvermögen.

HANS-HORST SKUPY

Ohne Phantasie lassen sich Realitäten nicht
begreifen.

ANDRÉ BRIE

Philosophie

Mit Philosophie stillt man Zahnweh
nie.

Deutsches Sprichwort

Vernichten werde ich die Weisheit der
Weisen, und die Einsicht der Einsichtigen
werde ich verwerfen.

JESAJA 29,14

Ich verachte den Philosophen, der für sich
selbst nicht weise ist.

EURIPIDES

Wenn du geschwiegen hättest, wärest du ein
Philosoph geblieben.

BOËTHIUS

Eitel ist das Wort des Philosophen, das kein
menschliches Leiden heilt. Denn genau wie
die Medizin keinen Nutzen bringt, wenn sie
nicht die körperlichen Krankheiten vertreibt,
so bringt auch die Philosophie keinen Nutzen,
wenn sie nicht die seelischen Leiden
vertreibt.

EPIKUR

Man muß der Philosophie dienen, um die
wahre Freiheit zu erlangen.

EPIKUR

Philosophie ist Tätigkeit in Gedanken und
Reden, die ein glückliches Leben schafft.

EPIKUR

Die Philosophie kann nie so sehr gelobt
werden, wie sie es verdient, denn sie
ermöglicht es jedem Menschen, der ihren
Grundsätzen gehorcht, jede Zeit seines
Lebens sorgenfrei zu verbringen.

CICERO

Die wahre Medizin des Geistes ist die
Philosophie.

CICERO

Es gibt auch eine Philosophie ohne Worte,
die sich mit dem Lebenswandel begnügt.

TERTULLIAN

Philosophie ist liebevoller Umgang mit der
Weisheit.

DANTE ALIGHIERI

Philosophie ist Verstand im Frack.

OLIVER BRASTON

Philosophie bedeutet Zweifel.

MICHEL DE MONTAIGNE

Nichts ist heiterer, munterer und fröhlicher,
ja, scherzhafter als die philosophischen
Untersuchungen.

MICHEL DE MONTAIGNE

Ein wenig Philosophie führt zu Atheismus,
aber tiefe Philosophie bringt den Menschen
wieder zur Religion.

FRANCIS BACON

Es hat noch nie einen Philosophen gegeben,
der Zahnschmerzen geduldig ertragen
konnte.

WILLIAM SHAKESPEARE

Sich über die Philosophie lustig machen
heißt, wahrhaft philosophieren. – Lache über
die Philosophen, und du bist ein wahrer
Philosoph.

BLAISE PASCAL

Der Prüfstein jeglicher Philosophie ist ihre
Stellung zur Persönlichkeit Gottes.

ANGELUS SILESIUS

Philosophie

Philosophie hebt uns über jede Machtstellung hinaus. Nichts aber enthebt uns der Langeweile, die solche hohe Stellung mit sich bringt.

FRANÇOISE DE MAINTENON

Es ist nicht die Pflicht eines Philosophen, die Unglücklichen zu bemitleiden – er muß ihnen nützlich sein.

VOLTAIRE

Nichts ist in philosophischen Streitfällen gebräuchlicher und doch tadelnswerter als der Versuch, eine Behauptung dadurch zu widerlegen, daß man sagt, sie sei von gefährlichen Folgen für Religion und Moral.

DAVID HUME

Ich liebe die Philosophie, weil sie meine Leidenschaften mäßigt und mir Gleichgültigkeit gegen meine Auflösung und gegen die Vernichtung meines Geistes gibt.

FRIEDRICH II. VON PREUSSEN

Der erste Schritt zur Philosophie ist der Unglaube.

DENIS DIDEROT

Philosophie ist nicht Sache der Notdurft, sondern der Annehmlichkeit.

IMMANUEL KANT

Das Werk eines Philosophen ist viel leichter zu verbrennen als – zu widerlegen.

WILHELM LUDWIG WEKHRLIN

Philosophie ist Festung; aber wo ist eine, die unüberwindlich wäre?

THEODOR GOTTLIEB VON HIPPEL

In der Philosophie gibt es, wie in der Medizin, vielerlei Drogen, aber recht wenig gute Mittel und fast gar keine Spezifika.

CHAMFORT

Ein Philosoph sollte nie etwas aus dem Grunde tun, weil es jedermann tut.

JOHANN JAKOB ENGEL

Sei aufmerksam, empfinde nichts umsonst, messe und vergleiche; das ist das ganze Gesetz der Philosophie.

GEORG CHRISTOPH LICHTENBERG

Ich bin überzeugt, wenn Gott einmal einen solchen Menschen schaffen wollte, wie ihn sich die Magister und Professoren der Philosophie vorstellen, er müßte den ersten Tag ins Tollhaus gebracht werden.

GEORG CHRISTOPH LICHTENBERG

Was bin ich? Was soll ich tun? Was kann ich glauben und hoffen? Hierauf reduziert sich alles in der Philosophie.

GEORG CHRISTOPH LICHTENBERG

Nicht, was er treibt, sondern, wie er das, was er treibt, behandelt, unterscheidet den philosophischen Geist.

FRIEDRICH VON SCHILLER

In dem, was man Philosophie der Kunst nennt, fehlt entweder die Philosophie oder die Kunst oder beides.

FRIEDRICH VON SCHLEGEL

Philosophie – die eigentliche Heimat der Ironie.

FRIEDRICH VON SCHLEGEL

Man kann nur Philosoph werden, nicht es sein. Sobald man es zu sein glaubt, hört man auf, es zu werden.

FRIEDRICH VON SCHLEGEL

Die Philosophie ist eigentlich Heimweh, ein Trieb, überall zu Hause zu sein.

NOVALIS

Das ist das Ende der Philosophie, zu wissen, daß wir glauben müssen.

EMANUEL GEIBEL

Das ganze Wesen der Welt abstrakt, allgemein und deutlich in Begriffen zu wiederholen und so als reflektiertes Abbild in bleibenden und stets bereitliegenden Begriffen der Vernunft niederzulegen: Dieses und nichts anderes ist Philosophie.

ARTHUR SCHOPENHAUER

Eine Philosophie, in der man zwischen den Seiten nicht die Tränen, das Heulen und Zähneklappern und das furchtbare Getöse des gegenseitigen allgemeinen Mordens hört, ist keine Philosophie.

ARTHUR SCHOPENHAUER

Philosophie

Nichts schadet der Philosophie mehr als die besoldeten Professoren derselben, welche glauben, von Amts wegen eigene Gedanken haben zu müssen.

ARTHUR SCHOPENHAUER

Schon dreitausend Jahr' lebt die Philosophie davon, daß ein Philosoph das behauptet, was der andere verwirft, daß einer gegen alle und alle gegen einen sind und keiner sich vor der Gefahr des Unsinns fürchtet.

JOHANN NESTROY

Der tiefe Denker hegt immer den Verdacht, daß er oberflächlich ist.

BENJAMIN DISRAELI

Ein Philosoph zu sein bedeutet nicht nur, scharfsinnige Gedanken zu haben oder selbst eine Schule zu begründen, sondern die Weisheit so zu lieben, daß man entsprechend ihren Vorschriften ein Leben der Einfachheit, der Unabhängigkeit, der Großzügigkeit und des Vertrauens führt.

HENRY DAVID THOREAU

Die Philosophen haben die Welt nur verschieden interpretiert; es kommt darauf an, sie zu verändern.

KARL MARX

Eine Flasche Wein enthält mehr Philosophie als alle Sachbücher.

LOUIS PASTEUR

Volkstümliches Ansehen geht selten zusammen mit dem Namen eines Philosophen. Die Philosophie ist nicht gemacht, die Menge zu gewinnen.

KUNO FISCHER

Es ist leichter, zehn Bände über Philosophie zu schreiben, als einen Grundsatz in die Tat umzusetzen.

LEW N. GRAF TOLSTOJ

In den Lehrgebäuden der Philosophen kommen immer blinde Fenster vor.

ROBERT HAMERLING

Der philosophische Ballon steigt nicht über die irdische Atmosphäre hinaus.

WILHELM BUSCH

Die Philosophie gibt den Zusammenhang der Dinge nicht wie er ist, sondern wie er sein könnte.

FRANZ SERAPHION HUEMER

Ich schätze einen Philosophen nur in dem Maß, in dem er ein Vorbild sein kann.

FRIEDRICH NIETZSCHE

Mancher wird nur deshalb kein Denker, weil sein Gedächtnis zu gut ist.

FRIEDRICH NIETZSCHE

Philosophie ist Vernunft. Wenn sie nicht vernünftig ist, ist sie keine Philosophie.

EDGAR W. HOWE

Philosophie setzt dort ein, wo die exakte Wissenschaft aufhört; vielleicht wird sie einmal überflüssig.

JOSEF KAINZ

Philosophie ist ein Gebiet, wo jeder Laie ebenso sicher auftreten kann wie der Fachgelehrte.

CARL LUDWIG SCHLEICH

Die Philosophie hilft wohl gegen die Todesangst, aber nicht gegen Flohstiche.

ARTHUR SCHNITZLER

Niemand würde einem Menschen böse sein, weil er unabsichtlich einen Irrtum über eine Tatsache begeht. Wenn er aber eigensinnig darauf besteht, die Pointe deiner Erzählung zu verderben, möchtest du ihn schlagen. Das ist der Grund, warum sich jeder Philosoph und jeder Theologe mit Recht über jeden anderen ärgert.

GEORGE DE SANTAYANA

Philosophien sind Schwimmgürtel, gefügt aus dem Korb der Sprache.

CHRISTIAN MORGENSTERN

Philosophie sind Gedanken, die zu Ende gedacht sind. Das ist oft langweilig. Aber der Mensch hat nur die Wahl, sich von zu Ende gedachten Gedanken beeinflussen zu lassen oder von nicht zu Ende gedachten. Das Letztere nennt man Kultur und Aufklärung.

GILBERT KEITH CHESTERTON

Philosophieren ist Deutungsversuch der
Wortmagie.

LUDWIG KLAGES

Die großen Philosophen sind die
Spaßmacher der Gottheit.

ANTONIO MACHADO

Er dachte, wenn je Philosophieren nötig sei,
wolle er es mit Frauen tun.

OTTO FLAKE

Philosophieren heißt eigentlich nicht leben,
leben heißt eigentlich nicht philosophieren.

JOSÉ ORTEGA Y GASSET

Philosophie leitet nicht ab, sondern
Philosophie verändert den Menschen!

KARL JASPERS

Das Philosophieren steht jedem frei. Vom
Philosophen ist ein Philosophieren zu fordern,
das den ganzen Menschen in Anspruch
nimmt.

HEINRICH SCHOLZ

Man darf keiner Philosophie folgen. Mit
Philosophie gibt es keine Bäume: nur Ideen.

FERNANDO PESSOA

Wer heute Philosophie lehrt, gibt dem
anderen Speisen, nicht, weil sie ihm
schmecken, sondern um seinen Geschmack
zu ändern.

LUDWIG WITTGENSTEIN

Ein Philosoph, den ich nicht verstehe, ist ein
Schuft.

ANDRÉ BRETON

Angeln ist die einzige Art von Philosophie,
von der man satt werden kann.

PETER BAMM

Philosophien: Variationen über das Zeitgefühl.

ANTON FRANKE

Wenn schon philosophiert werden muß, dann
Tag um Tag, heute ohne Rücksicht darauf,
was man gestern gesagt hat... Die
Philosophie muß irre sein, wie unser ganzes
Leben!

LEW I. SCHESTOW

Philosophie ist letzten Endes der Versuch, mit
Hilfe der Logik solide Häuser auf Sand zu
bauen.

CHARLES TSCHOPP

Philosophen sind wie Zahnärzte, die Löcher
aufbohren, ohne sie füllen zu können.

GIOVANNI GUARESCHI

Die Philosophen schreiben für die
Professoren; die Denker für die Schriftsteller.

É. M. CIORAN

Die Philosophien sind so viel wert wie die
Philosophen. Je größer der Mensch, desto
wahrer seine Philosophie.

ALBERT CAMUS

Kein Philosoph weiß, was das Gewöhnliche
ist; er ist nie tief genug hineingestürzt.

SAUL BELLOW

Ein Philosoph ist ein Mensch, der in
Gedanken ist.

GERHARD UHLENBRUCK

Die Philosophie ist ein Schiff, das zuweilen
Land sichtet, aber nie das Ufer erreicht.

RICHARD MUNK

Alptraum eines Denkers: Sich im eigenen
Labyrinth verirren.

HANS-HORST SKUPY

Plan

Junge Leute reden von dem, was
sie tun, alte davon, was sie getan
haben – und Narren von dem, was
sie tun wollen.

Französisches Sprichwort

Ohne Ratschlag mißlingen die Pläne.

SPRÜCHE 15,22

Wer bei Kleinigkeiten keine Geduld hat, dem
mißlingt der große Plan.

KONFUZIUS

Plan

Wem planvolles Handeln fehlt, der wird zur Beute seiner Triebe.

MENANDER

Wer einem Stern folgt, kehrt nicht um.

LEONARDO DA VINCI

Wir leben so, daß wir auch nicht einen Augenblick sicher sind unserer eigenen guten Vorsätze.

MARTIN LUTHER

Ein schöner Rückzug ist ebensoviel wert wie ein kühner Angriff.

BALTAZAR GRACIÁN

Das große Geheimnis unseres Lebens besteht darin, daß wir einen einmal gefaßten Vorsatz nie aufgeben.

CHRISTINE VON SCHWEDEN

Die Hölle ist mit guten Vorsätzen gepflastert.

SAMUEL JOHNSON

Die Wissenschaft der Planung besteht darin, den Schwierigkeiten der Ausführung zuvorzukommen.

VAUVENARGUES

Das Wichtige bedenkt man nie genug.

JOHANN WOLFGANG VON GOETHE

Anders ist der Studienplan, den sich der Brotgelehrte, anders derjenige, den der philosophische Kopf sich vorzeichnet.

FRIEDRICH VON SCHILLER

Strategie ist die Wissenschaft des Gebrauchs von Zeit und Raum. Ich bin weniger geizig auf diesen als auf jene. Raum mögen wir wiedergewinnen; verlorene Zeit nie wieder.

AUGUST GRAF NEITHARDT VON GNEISENAU

Zur Sicherung großer Erfolge gehört, daß eine Seele den Plan entwerfe, den Entschluß fasse und diesen selbst ausführe.

AUGUST GRAF NEITHARDT VON GNEISENAU

Gegen eine Fehlschlagung eines Plans gibt es keinen besseren Trost, als auf der Stelle einen neuen zu machen oder bereitzuhalten.

JEAN PAUL

Ohne Lebensplan leben heißt vom Zufall erwarten, ob er uns so glücklich machen werde, wie wir es selbst nicht begreifen.

HEINRICH VON KLEIST

Ich rechne nie! Auf die Art kann das Schicksal mir auch nie einen Strich durch die Rechnung machen.

JOHANN NESTROY

Gute Vorsätze sind grüne Früchte, die abfallen, ehe sie reif sind.

JOHANN NESTROY

Wer wirken will, muß sich Rechenschaft geben, ob das Objekt, auf welches er zu wirken vorhat, überhaupt die beabsichtigte Wirkung zuläßt. In morsches Holz nagelt niemand.

PAUL DE LAGARDE

Von einem Kehrichthaufen aus kann man nicht weit über die Welt hinaussehen.

AUGUST STRINDBERG

Gute Vorsätze sind Schecks, auf eine Bank gezogen, bei der man kein Konto hat.

OSCAR WILDE

Wo zu viele Pläne geschmiedet werden, herrscht Planlosigkeit.

ELEONORE VAN DER STRATEN-STERNBERG

Alle, die nach festen Plänen leben, bringen sich um die freie Entfaltung ihrer Lebensbahn.

JOHANNES MÜLLER

Wer einen Plan stört, stört immer einen Nutzen.

SALOMON BAER-OBERDORF

Pläne tragen ja nichts, und voreilig Gesätes geht nicht auf. Geduld und Arbeit aber sind wirklich und können sich jeden Augenblick in Brot verwandeln.

RAINER MARIA RILKE

Gebt uns ein Atom Gewißheit, sagen die modernen Archimedesse, und wir wollen euch den Plan der Welt auf einen Fingernagel zeichnen.

GEORG STAMMLER

Das Alter hat keine Zukunft; der nächste Tag
sei dein Ziel.

LISA WENGER

Was Vorsatz bleibt, ist genau so wertlos, als
ob es nie gedacht worden wäre.

ALBERT JENNY

Es ist notwendig, den Widerspruch zwischen
Produktion und Bedarf der Gesellschaft durch
staatliche Pläne zu regulieren.

MAO ZEDONG

Wer sich darauf kapriziert, nur in reinstem
Wasser zu baden, der wird verschmutzen.

GÜNTHER ANDERS

Strategie ist die eine Seite, die Wege Gottes
die andere.

MADELEINE DELBREL

Absichten, über die man spricht, werden oft
allein schon durch dieses Sprechen
geschwächt.

KURT HÖLLRIGL

Je mehr ich plane, desto härter trifft mich die
Wirklichkeit.

FRIEDRICH DÜRRENMATT

Manche Menschen sehen die Dinge, wie sie
sind – und sagen: Warum? Ich träume von
einigen, die es nie gab und sage: Warum
nicht?!

ROBERT F. KENNEDY

Viele Pläne machen noch keinen Plan.

SIEGFRIED & INGE STARCK

Gute Vorsätze sterben früh.

JAKOB STEBLER

Gute Vorsätze sind sehr beliebt. Sie lassen
sich immer wieder verwenden.

LOTHAR SCHMIDT

Solange man Pläne schmiedet, gehört man
nicht zum alten Eisen.

WERNER MITSCH

Vor lauter guten Vorsätzen in die Ecke
gedrängt, beschloß er, sie zu ändern.

REINHARD GUNDELACH

Politik

Verachte dein eigenes Leben – und
du bist Herr über das Leben
anderer.

Tibetanisches Sprichwort

Der Mensch ist von Natur ein nach der
staatlichen Gemeinschaft strebendes Wesen –
ein *zóon politikón.*

ARISTOTELES

Wer gescheit ist, treibt keine Politik.

EPIKUR

Der Weise wird sich nicht an der Politik
beteiligen und nicht Herrscher sein wollen.

EPIKUR

Der Weise wird sich an der Politik beteiligen,
wenn kein Hindernis im Wege steht.

CHRYSIPPOS

Laß kein Unrecht über mich herrschen.

PSALMEN 119,133

Die Regierenden erfüllen einen Auftrag
Gottes, indem sie ständig über dem Rechten
wachen.

RÖMERBRIEF 13,6

Übermaß ist in allen Dingen schädlich, aber
verderblich geradezu, wenn es sich um
politischen Ehrgeiz handelt. Er verführt die
Ehrgeizigen, wenn sie zur Macht gelangen, zu
unverhüllter Raserei und Tollheit.

PLUTARCH

Es ist bezeichnend, daß die politische
Beredsamkeit im alten Rom am meisten
florierte, als es dem Staat am schlechtesten
ging.

MICHEL DE MONTAIGNE

Politik besteht darin, Gott so zu dienen, daß
man den Teufel nicht verärgert.

THOMAS FULLER

Politiker lieben nicht und hassen nicht. Das
Interesse, nicht das Gefühl, beherrscht sie.

EARL OF CHESTERFIELD

Politik

Politik ist die größte Wissenschaft von allen.
VAUVENARGUES

Alle Politik muß ihre Knie vor dem Recht beugen.
IMMANUEL KANT

Das gesamte Glück der Gesellschaft, das am besten durch die Ausübung einer guten Politik gefördert wird, ist oder sollte der Zweck jeder Regierung sein.
GEORGE WASHINGTON

Die Grundlage unseres politischen Systems ist das Recht des Volkes, seine Regierung zu wählen und zu ändern.
GEORGE WASHINGTON

Ich weiß wohl, daß Politik selten Treu und Glauben halten kann, daß sie Offenheit, Gutherzigkeit, Nachgiebigkeit aus unseren Herzen ausschließt.
JOHANN WOLFGANG VON GOETHE

Einzig politische Institutionen formen den Charakter einer Nation.
GERMAINE (MADAME) DE STAËL

Wo Politik ist oder Ökonomie, da ist keine Moral.
FRIEDRICH VON SCHLEGEL

Aus dem Geist einer mächtigen Volkserhebung muß auch die Form, die ihn fassen soll, geschaffen werden.
LUDWIG UHLAND

Je mehr ich von den Vertretern des Volkes sehe, desto mehr bewundere ich meine Hunde.
ALPHONSE DE LAMARTINE

Jede politische Freundschaft hat ihren Zweck; nach Erreichung derselben löst sie sich auf, und aus den veränderten Umständen bilden sich andre Kombinationen.
LEOPOLD VON RANKE

Von allen politischen Unternehmungen ist es vielleicht die schwerste, eine Linie zu verlassen, auf der man sich bisher bewegt, Erfolge rückgängig zu machen, die man selber hervorgerufen.
LEOPOLD VON RANKE

Bei Beurteilung der politischen Ereignisse kann als Regel dienen, daß hinter allem, was den Anschein des Unverfänglichen hat, ein geheimer Plan steckt, wogegen das, was planmäßig zu sein scheint, gewöhnlich keinen Hintergrund hat, als die vollkommenste Gedankenlosigkeit.
FRANZ GRILLPARZER

Der Politiker sieht in seinem Eifer für die Bildung nur den Bürger, den Staat, die politische Freiheit; der Menschenfreund das Gebot, die Ruhe, das Wohlbefinden und allerhöchstens noch einige soziale Tugenden.
ALEXANDRE VINET

Die Ordnung und den Fortschritt betrachtete man im Altertum als miteinander unverträglich. Die moderne Zivilisation hat daraus zwei gleiche herrschende Prinzipien für jedes politische System gemacht. Jetzt kann keine gesellschaftliche Ordnung entstehen, wenn sie nicht mit dem Fortschritt im Einklang steht. Ein Fortschritt wiederum kann nur erfolgen, wenn er sich auf die Befestigung der Ordnung richtet. In der positiven Politik sind Ordnung und Fortschritt die beiden untrennbaren Seiten desselben Prinzips.
AUGUSTE COMTE

In der Politik übertreffen die von den Umständen geforderten Maßregeln die hohen Eingebungen schlecht begründeter Theorien.
AUGUSTE COMTE

Es ist unmöglich, an die Politik zu rühren, ohne sich mit Moral zu beschäftigen, und die Moral ihrerseits hängt mit allen wissenschaftlichen Fragen zusammen. Ich habe den Eindruck, als seien wir am Vorabend eines großen Menschheitskampfes angelangt; die Kräfte sind da; nur sehe ich keinen Führer.
HONORÉ DE BALZAC

Es ist ein gewöhnlicher Irrtum in der Politik, Mittel und Zwecke zu verwechseln.
THOMAS LORD MACAULAY

In der Politik bedeuten Experimente Revolutionen.
BENJAMIN DISRAELI

Politik

Der Gang der Politik gleicht dem Fluge eines Drachens, dessen Bahn von dem Winde, der ihn treibt, und der Schnur, die ihn hält, abhängig ist.

ALEXIS DE TOCQUEVILLE

In der Politik ist das persönliche Gefühl, das uns die Menschen einflößen, ein schlechter Wegweiser.

ALEXIS DE TOCQUEVILLE

Was den allergrößten Schaden bringt, sind die unreifen Politiker, die in Träumen, Deklamationen und Phantasien herumirren, und doch so drängen, daß nur das Ihrige geschehe.

ADALBERT STIFTER

Politik ist die Wissenschaft von den Erfordernissen.

THEODORE PARKER

Die Politik ist keine Wissenschaft, wie viele der Herren Professoren sich einbilden, sondern eine Kunst.

OTTO FÜRST BISMARCK

In der Politik tut niemand etwas für den anderen, wenn er nicht zugleich auch sein Interesse dabei findet.

OTTO FÜRST BISMARCK

Politik ist eben an sich keine Logik und keine exakte Wissenschaft, sondern es ist die Fähigkeit, in jedem wechselnden Moment der Situation das am wenigsten Schädliche oder das Zweckmäßigste zu wählen.

OTTO FÜRST BISMARCK

In der Politik wie in der Wissenschaft muß man doch lernen, die Sachen objektiv aufzufassen.

FRIEDRICH ENGELS

Jeder wahre Politiker muß beides sein: Jesuit und Revolutionär.

CHARLES BAUDELAIRE

Freiheit ist kein Mittel zu einem höheren politischen Ziel. Sie ist selbst das höchste politische Ziel.

JOHN E. LORD ACTON

Politische Freiheit ist politisch beschränkte Freiheit – dieser Satz, vor wenigen Jahrzehnten noch knechtisch gescholten, wird heute von jedem anerkannt, der eines politischen Urteils fähig ist.

HEINRICH VON TREITSCHKE

Denken und zugleich reden ist außerordentlich schwierig. Politiker beispielsweise entscheiden sich meistens für eines von beiden.

MARK TWAIN

Selbst die intimste politische Freundschaft besteht nur darin, daß die eine Hand die andere wäscht, ohne sie naß zu machen.

DANIEL SPITZER

Praktische Politik besteht im Nichtbeachten der Tatsachen.

HENRY ADAMS

Politik verdirbt den Charakter.

BERNHARD BRIGL

Wenn Politik und Patriotismus im Streit liegen, hat immer die Politik Unrecht.

GEORG VON OERTZEN

Politik ist der Streit der Interessen, der sich als Wettstreit der Prinzipien maskiert hat.

AMBROSE BIERCE

Das politische Wörterbuch ist sehr beschränkt: das Wort Mitleid kommt u. a. nicht darin vor.

CARMEN SYLVA

Ein Politiker teilt die Menschheit in zwei Klassen ein: in Werkzeuge und Feinde. Das bedeutet, daß er nur eine Klasse kennt: Feinde.

FRIEDRICH NIETZSCHE

Große Politiker können ganz leere Menschen sein.

FRIEDRICH NIETZSCHE

Gelehrten, welche Politiker werden, wird gewöhnlich die komische Rolle zuteil, das gute Gewissen einer Politik sein zu müssen.

FRIEDRICH NIETZSCHE

Politik

Die sittliche Grundlage aller Politik ist die Humanität – und die Humanität ist ein internationales Programm.

TOMÁŠ G. MASARYK

Ich liebe politische Gesellschaften. Das ist der einzige Ort, der uns geblieben ist, wo die Leute nicht über Politik reden.

OSCAR WILDE

Für einen Politiker ist es gefährlich, die Wahrheit zu sagen. Die Leute könnten sich daran gewöhnen, die Wahrheit hören zu wollen.

GEORGE BERNARD SHAW

Der erfolgreichste Politiker ist derjenige, der das sagt, was alle denken und – der es am lautesten sagt.

THEODORE ROOSEVELT

Auf zehn politische Irrtümer kommen neun, die darin bestehen, daß man einfach das noch für wahr hält, was aufgehört hat, wahr zu sein. Aber der zehnte Irrtum, der der schwerste sein kann, wird darin bestehen, nicht mehr für wahr zu halten, was es trotzdem noch ist.

HENRI BERGSON

Der Mangel an Hemmungen und das Überschreiten der Grenzen wird in der Politik nicht Sünde oder Verbrechen genannt, sondern Irrtum.

BENEDETTO CROCE

Es gibt welche, die für die Politik leben, und solche, die von ihr leben.

MAX WEBER

Man kann sagen, daß drei Qualitäten vornehmlich entscheidend sind für den Politiker: Leidenschaft – Verantwortungsgefühl – Augenmaß.

MAX WEBER

Politik wird mit dem Kopfe gemacht, nicht mit anderen Teilen des Körpers oder der Seele. Und doch kann die Hingabe an sie, wenn sie nicht ein frivoles intellektuelles Spiel, sondern menschlich echtes Handeln sein soll, nur aus Leidenschaft geboren und gespeist werden.

MAX WEBER

Wer Politik treibt, erstrebt Macht. Macht entweder als Mittel im Dienst anderer Ziele – idealer oder egoistischer – oder Macht um ihrer selbst willen: um das Prestigegefühl, das sie gibt, zu genießen.

MAX WEBER

Politik ohne Richtung und Ziel ist Opportunismus und Wurstelei; sie beschränkt sich auf eine verlegene Abwehr und unwilliges Abarbeiten der Tagesschwierigkeit; sie gleicht der planlosen Schachführung, die Figur um Figur, Stellung um Stellung opfern und schließlich in verzweifelter Lage unfreiwillig und verhängnisvoll handeln muß.

WALTHER RATHENAU

In der Politik ist Ehrlichkeit Resultat der Stärke, Heuchelei Resultat der Schwäche.

WLADIMIR I. LENIN

Politik ist Teilnahme an den Staatsgeschäften, Richtung des Staates, Festlegung der Formen, der Aufgaben, des Inhalts der staatlichen Tätigkeit.

WLADIMIR I. LENIN

Die Politik ist das Verhältnis zwischen den Klassen – das entscheidet das Schicksal der Republik.

WLADIMIR I. LENIN

Die Politik ist wie ein Rennpferd. Ein guter Jockei muß sich beim Fallen so wenig wie möglich verletzen.

EDOUARD HERRIOT

Man wähle von zwei Politikern das kleinere Übel.

RODA RODA

Politik: Fortsetzung des Krieges mit gefährlichen Drohungen.

RODA RODA

In der Politik ist es wie in der Malerei: Der gute Wille ist keine Entschuldigung für schlechte Arbeit.

SIR WINSTON S. CHURCHILL

Politik ist notwendig der Wille zur Vermittlung und zum positiven Ergebnis, ist Klugheit, Geschmeidigkeit, Höflichkeit, Diplomatie und

Politik

braucht bei alledem der Kraft keineswegs zu entbehren, um immer das Gegenteil ihres Gegenteils zu bleiben: der vernichtenden Unbedingtheit, des Radikalismus.

THOMAS MANN

Der Politiker ist der Mensch, der am häufigsten auf der gleichen Fliese ausrutscht, der Mensch, der niemals durch eigenen Schaden klug wird.

ANTONIO MACHADO

In der Politik handelt es sich gar nicht darum, recht zu haben, sondern recht zu behalten.

KONRAD ADENAUER

Unsere auswärtigen Angelegenheiten sind ein offenes Buch – im allgemeinen ein Scheckbuch.

WILL ROGERS

Politik im höchsten Sinne ist Leben, und Leben ist Politik. Jeder Mensch, er mag wollen oder nicht, ist Glied dieses kämpfenden Geschehens, als Subjekt oder Objekt; etwas drittes gibt es nicht.

OSWALD SPENGLER

Von zehn Menschen, die sich mit Politik beschäftigen, wollen neun nur ihre Grundsätze verwirklichen und nicht das politische Leben, wie es wirklich ist, vorwärts bringen.

OSWALD SPENGLER

Politik ist ein nicht konzessionspflichtiges Gewerbe.

ADOLF SCHRIEFER

Das Politische ist mit Recht des Bürgers Domäne: dumm und pathetisch zugleich ist der vernagelte Kopf.

WLADIMIR VON HARTLIEB

Das Gesetz der öffentlichen Meinung ist das allgemeine Gravitationsgesetz der politischen Geschichte.

JOSÉ ORTEGA Y GASSET

Wahre Politik auch der Kleinsten ist heute Weltpolitik oder an der Wirklichkeit der Weltpolitik orientiert.

KARL JASPERS

Politik ist Zucht. Ist die hohe Kunst, entschlossen und zäh, zugleich aber in Ehrfurcht vor der fremden Überzeugung für das Wohl aller zu arbeiten. Politik ist die Kunst, alle lebendigen Kräfte zu sehen, die da sind, und sie zu verbinden.

ROMANO GUARDINI

Das politische Genie gelangt zu einem gewissen Gleichgewicht zwischen dem menschlichen Wollen und den Anforderungen der Wirklichkeit. Es vergewaltigt nicht die Natur der Dinge.

FRANÇOIS MAURIAC

Politik ist die Wissenschaft davon, wie wer was wann und warum bekommt.

SIDNEY HILLMAN

Die Politik bedient sich oft der Wissenschaft, wie eine Dirne ihres Zuhälters.

JAKOW TRACHTENBERG

Die Politik kann die Wunde nicht heilen, es braucht mehr. Es braucht die geänderte Gesinnung, von jedem. Dann erst wird die Rede der Gräber an die Menschheit zum Maße aller.

ALBERT TALHOFF

Die Politik muß mit Mitteln arbeiten, die nicht mehr zum menschlichen Maß gehören, weil die Instanzen der überpolitischen Geistigkeit ihre Kraft zur Überzeugung und den Gehorsam zu dienen verloren haben.

ALBERT TALHOFF

Politik ist etwas sehr Trauriges, aber man kann sie nicht ernst nehmen.

CURT GOETZ

Unter der politischen Schicht die menschliche Schicht. Unsinn.

HUGO SONNENSCHEIN

Die Politik ist ein Gewerbe wie jedes andere auch.

KURT TUCHOLSKY

Politik ist zum Gezänk geworden. Opposition zum einflußlosen Krakeelertum.

KURT TUCHOLSKY

Politik

In der Politik liegen das „Hosiannah" und „Crucifige" sehr nahe beieinander.

JULIUS RAAB

Keine Politik ist gut, die unter dem Deckmantel und hinter dem Aushängeschild des Christentums egoistische Politik treibt. Das ist ein Kulturschandfleck ohnegleichen.

FRIEDRICH SCHRÖDER

Keinen richtigen politischen Standpunkt haben bedeutet, keine Seele haben.

MAO ZEDONG

In der Politik ist es immer für irgendetwas zu früh oder zu spät. Die Wahl des richtigen Zeitpunkts gehört zu den großen Kunststücken.

HAROLD EARL MACMILLAN

Politik ist ein Kompromiß oder eine Schriftstellerei.

LUDWIG MARCUSE

Innenpolitik ist die Kunst, verschiedene Meinungen unter einen Hut zu bringen, der kein Helm ist.

HANS HENNY JAHNN

Politik ist Kunst – nicht Wissenschaft; ihr Schwerpunkt liegt mehr im Instinkt als im Verstande, mehr im Unbewußten als im Bewußten. Darum läßt sich politische Begabung wecken und ausbilden – aber nie erlernen.

RICHARD N. GRAF COUDENHOVE-KALERGI

Politiker sind Männer, die das Fell des Bären teilen, den sie uns aufgebunden haben.

WILLY REICHERT

Die Erfolge großer Politiker gehen nicht darauf zurück, daß sie die Politik, sondern daß sie die Menschen kennen.

ALEXANDER LERNET-HOLENIA

In der Politik ist vornehme Gesinnung kaum je eine gängige Währung gewesen.

PETER BAMM

Politik – Sinn für das Zumutbare.

SIGMUND GRAFF

Politik ist der Umgang mit Massen, Rivalen und Vereinfachungen.

SIGMUND GRAFF

Viele glauben, der Politiker müßte mit Taktiken und Praktiken arbeiten und müßte mit allen Schlichen bewandert sein.

LUDWIG ERHARD

Oh, diese Politiker! Jeder verspricht, uns vom Regen ins Trockene zu führen. Und wenn er uns unter die Traufe gelockt hat, predigt er, daß an allem nur das schlechte Wetter schuld sei.

CHARLES TSCHOPP

In der Politik gibt es Lügner, denen nicht einmal so sehr daran gelegen ist, daß man ihnen glaubt, als daß man dazu schweigt.

WILHELM WEYDANZ

Es ist ein Trugschluß der Politik, daß sie uns einreden will, die Rose sei die Sklavin des Dorns.

MARTIN KESSEL

Politik hat mehr mit Kunst als mit Kalkül zu tun.

KURT GEORG KIESINGER

Politik ist die vornehmste Aufgabe jedes Bürgers.

GÜNTHER SCHWAB

In der Politik wird Ratlosigkeit oft mit Geduld verwechselt.

ROGER PEYREFITTE

Bewegung in der Politik kann man auch vortäuschen, indem man schneller als sonst auf der Stelle tritt.

ROGER PEYREFITTE

Politik besteht nicht selten darin, einen einfachen Tatbestand so zu komplizieren, daß alle nach einem neuen Vereinfacher rufen.

GIOVANNI GUARESCHI

In der Politik ist alles möglich und auch das Gegenteil von allem.

ANDRÉ KOSTOLÁNY

Politik

Politik ist so beschaffen, daß faule Früchte nur vom Baum fallen, wenn darunter ein Korb steht, der sie auffängt.

HANS HABE

Der Politik ist eine bestimmte Form der Lüge zwangsläufig zugeordnet: das Ausgeben des für eine Partei Nützlichen als das Gerechte.

CARL FRIEDRICH VON WEIZSÄCKER

Die politische Freundschaft hat eine andere Qualität als die private.

WILLY BRANDT

Beliebtheit sollte kein Maßstab für die Wahl von Politikern sein. Wenn es auf Popularität ankäme, so säßen Donald Duck und die Muppets längst im US-Senat.

ORSON WELLES

Die Politik ist zum Lügenspiel um die angebliche Wohlfahrt der Menschheit geworden. Sie predigt Humanität und tätigt Geschäfte.

FRANZ JOHANNES SCALA

Angeschlagene Politiker sind wie angeschlagene Boxer: doppelt gefährlich.

SIR EDWARD HEATH

Vollblutpolitiker sind Leute, deren Fingerspitzengefühl sich in die Ellenbogen zurückgezogen hat.

ALBERT MATHIAS KEUELS

Es kann nicht die Aufgabe eines Politikers sein, die öffentliche Meinung abzuklopfen und dann das Populäre zu tun. Aufgabe des Politikers ist es, das Richtige zu tun und es populär zu machen.

WALTER SCHEEL

Manche Politiker sind ganz besonders moralisch – sie haben sogar eine doppelte Moral.

ALBERTO SORDI

Von der Politik haben wir Vernunft, von den einzelnen Liebe zu fordern. Es ist Sache der Politik, dafür zu sorgen, daß aus der Chance einzelner die Chance der einzelnen wird.

FRIEDRICH DÜRRENMATT

Je öfter sich ein Politiker widerspricht, desto größer ist er.

FRIEDRICH DÜRRENMATT

Die Politik erlaubt fragwürdige Prognosen.

FRIEDRICH DÜRRENMATT

Politisches Theater: auf einen Darsteller zehn Souffleure.

WIESLAW BRUDZINSKI

Alles politische Handeln muß einem Ziele dienen: die Voraussetzungen für die Freiheit zu schaffen und die einmal geschaffenen Voraussetzungen zu sichern.

KARL THEODOR VON UND ZU GUTTENBERG

Das Schöne an der Politik ist, daß man da noch echte Feinde hat.

HENRY A. KISSINGER

Keine Politik ist besser als die Ziele, die sie setzt.

HENRY A. KISSINGER

Ich liebe Politiker auf Wahlplakaten. Sie sind tragbar, geräuschlos und leicht zu entfernen.

LORIOT

Politik ist, wenn man trotzdem nicht lacht.

FRIEDRICH ZIMMERMANN

Gegen Politiker keinen Argwohn bitte. Sie spielen ihre gezinkten Karten doch offen aus.

HEINRICH WIESNER

Politiker besitzen die Fähigkeit, mit viel mehr Worten nichts zu sagen als andere Leute.

WOLFRAM WEIDNER

Politik ist gewöhnlich die Geschicklichkeit, infam zu handeln, ohne infam zu erscheinen.

ROBERT EMANUEL LOOSEN

Politik verdirbt den Charakter, kann aber das Bankkonto vergolden.

JAKOB STEBLER

Politische Illusionisten glauben auch dann noch an die ehrlichen Absichten eines Straßenräubers, wenn er ihre Brieftasche zu sehen wünscht.

JACQUES CHABAN-DELMAS

Politik

Politik ist der Kampf um den Gesetzgeber.

LOTHAR SCHMIDT

Die bescheidenen Menschen wären die berufenen Politiker, wenn sie nicht so bescheiden wären.

ERNST R. HAUSCHKA

Politik ist Geschichte, die gerade gemacht wird.

GERHARD BRANSTNER

Abgeordnete sind Menschen, die vom Volk unterhalten werden.

HUGO ERNST KÄUFER

Ein tugendhafter Politiker ist lobenswert, aber kaum brauchbar.

GABRIEL LAUB

Ein Politiker sollte nicht ständig seine Grundüberzeugungen ändern. Erfolgreiche Politik setzt den Mut voraus, langweilig zu sein.

MANFRED ROMMEL

Politik ist die Kunst, die Stärke des Gegners richtig einzuschätzen und mit seinen Schwächen angemessen umzugehen.

GOTTFRIED EDEL

Es gehört zu den Merkmalen eines Politikers, sich grundsätzlich an nichts erinnern zu können.

EBERHARD VON BRAUCHITSCH

Eine gute Politik sieht über den Tellerrand des morgigen Abends.

HELMUT KOHL

Beim Durchschnitt der Politiker gilt es eher Ich-Schwächen zu kompensieren, als Kraftüberschüsse zu regulieren.

HANS MAIER

In der Politik ist es wie in der Mathematik: Alles was nicht ganz richtig ist, ist falsch.

EDWARD M. KENNEDY

Kleine Kriminalität und große Dummheit – eine hochexplosive Mischung, besonders in der Politik.

JOHANNES GROSS

Die Schwierigkeit der Politiker besteht darin, daß sie zuviel reden, zuwenig zuhören und kaum zum Denken kommen.

HEINZ RIESENHUBER

Der Politiker. Durch diese hohle Phrase muß er kommen.

WERNER MITSCH

Mag sein, daß in anderen Ländern die Politik den Charakter verdirbt. In Deutschland verdirbt der Charakter die Politik.

NIKOLAUS CYBINSKI

Keine Politik kann nur von der Realpolitik leben, in der es keine menschlichen Träume mehr gibt.

RITA SÜSSMUTH

Es gibt Politiker, die meinen, von nichts etwas verstehen zu müssen, weil man nur so unbefangen über alles mögliche reden könne.

LOTHAR SPÄTH

Politisches Bewußtsein: Sie stecken den Kopf in den Sand – ihres Getriebes.

WERNER SCHNEYDER

Politiker: Als Spitzenmodelle sind sie Glücksfälle für Karikaturisten; ihre Photos und Filme gehören aber nicht auf den Bildschirm, sondern in den Tresor.

ALBRECHT LOMMER

Die Demoskopie ist ein Wetterbericht für Politiker.

DAVID FROST

Politiker benützen die Statistik oft wie einen Laternenpfahl – nämlich nicht, um sich davon erleuchten zu lassen, sondern sich im Rausch daran zu klammern.

DAVID FROST

Auch Politiker haben Träume; sie sehen manchmal das Volk hinter sich.

WERNER EHRENFORTH

Politik – die Kunst, vollendete Tatsachen zu schaffen, damit man nachher um so leichter verhandeln kann.

AUREL SCHMIDT

Politiker. Wenn sie auch nichts zu sagen haben, so haben sie doch immer etwas, wovor sie warnen können.

AUREL SCHMIDT

Politiker ohne Profil hinterlassen die tiefsten Spuren.

PAJO KANIŽAJ

Die Politik ist keine Hure, sondern ein Playgirl. Die Unmoral findet auf einer höheren Ebene statt.

RICHARD MUNK

Kein Kompliment. Er ist ein blendender Politiker.

BERT BERKENSTRÄTER

Die Ergüsse von Spitzen-Politikern nennt man Top-Sekret.

WINFRIED THOMSEN

Wenn nach Goethe die Politik „eine Hure" ist, was ist dann ein ganzes Parlament?

HANS-HORST SKUPY

Bannmeile – Entfernung der Volksvertretung vom Volk.

HANS-HORST SKUPY

Leidenschaftliche Politiker schaffen es gelegentlich, Leiden zu schaffen.

HANS-HORST SKUPY

Die Politik der kleinen Mittel führt oft zum großen Chaos.

BERND KOLF

Überall, wo die Politiker nicht weiterkommen, appellieren sie an den gesunden Menschenverstand.

HANS-DIETER SCHÜTT

Einige Politiker arbeiten mit derartigem Eifer an der Zerstörung der Welt, als fürchteten sie, dies nicht mehr zu erleben.

HANS-DIETER SCHÜTT

Koalition ist die intimste Form der politischen Gegnerschaft.

WERNER BIRKEMAIER

Politiker mischen die Karten, nachdem sie verteilt sind.

ŽARKO PETAN

Es stimmt nicht, daß Politiker nur an die nächste Wahl denken. Sie denken auch an die übernächste.

RALF BÜLOW

Es gibt Politiker, die sind zu nichts fähig. Es gibt andere, die sind zu allem fähig.

WERNER GRUNERT

Praxis

Die goßen Redner sind nicht die großen Macher.

Französisches Sprichwort

Ist das der Mann, der die Welt zittern machte?

JESAJA 14,16

Alle Theorien und alle Praxis sollte auf den praktischen Nutzen gerichtet sein. – Dinge, die sich nicht miteinander vertragen, sollen auch nicht nebeneinander bestehen.

HAN FEI-DSE

Praxis ohne Theorie leistet immer noch mehr als Theorie ohne Praxis.

QUINTILIAN

Theorie und Praxis wirken immer aufeinander. Aus den Werken kann man sehen, wie es die Menschen meinen, und aus den Meinungen voraussagen, was sie tun werden.

JOHANN WOLFGANG VON GOETHE

Wenn man sagt, daß man einer Sache grundsätzlich zustimmt, so bedeutet es, daß man nicht die geringste Absicht hat, sie in der Praxis durchzuführen.

OTTO FÜRST BISMARCK

Praxis – der Theorie überlegen.

GUSTAVE FLAUBERT

Praxis

Die Praxis sollte das Ergebnis unseres Nachdenkens sein, nicht umgekehrt.

HERMANN HESSE

Praktiker, die nicht weiterkommen, werden Theoretiker.

HANS LEOPOLD DAVI

Seine Praxis leuchtet ein, niemand darf seiner Theorie widersprechen.

HELMUT LAMPRECHT

Alle eigensinnigen Praktiker wünschen sich folgsame Theoretiker.

KURTMARTIN MAGIERA

Die verkehrte Praxis kann nicht Prüfstein der Wahrheit sein.

GERHARD BRANSTNER

Theorie und Praxis verhalten sich zueinander wie Gut und Böse.

GERHARD UHLENBRUCK

Die Praxis ist das Schaufenster der Theorie.

WERNER EHRENFORTH

Grau ist alle Theorie – aber selbst darin wird sie häufig noch von der Praxis übertroffen.

GUDRUN PIOTROWSKI

Eine schlechte Praxis kann schon mal eine gute Theorie wegstecken.

KLAUS BERNHARDT

Prinzip

Ein Löwe leiht dem andern nicht die Zähne.

Südafrikanisches Sprichwort

Ihr richtet nach dem Fleisch, ich richte niemand.

JOHANNES 8,15

Es gibt bereits alle guten Grundsätze. Wir brauchen sie nur anzuwenden.

BLAISE PASCAL

Gute Grundsätze – zum Extrem geführt – verderben alles.

JACQUES-BÉNIGNE BOSSUET

Sehr wenige Frauen haben Grundsätze. Die meisten werden nur von ihrem Herzen geleitet, und ihre Tugend hängt von der Gesinnung ihrer Liebhaber ab.

JEAN DE LA BRUYÈRE

Der Mensch wird ohne Grundsätze, jedoch mit der Fähigkeit geboren, sie alle in sich aufzunehmen.

VOLTAIRE

Die Grundsätze der Menschen enthüllen ihre Charaktere.

VAUVENARGUES

Eigentlich kommt alles auf die Gesinnungen an: wo diese sind, treten auch die Gedanken hervor, und nach dem sie sind, sind auch die Gedanken.

JOHANN WOLFGANG VON GOETHE

Wer ohne Grundsatz handelt, ist wie einer, der nach der Uhr schaut, deren Zeiger er aufs Geratewohl gestellt hat.

JEANNE MANON ROLAND

Selbst zur Erlösung der Menschheit würde ich mein Wort nicht brechen.

JOHANN GOTTLIEB FICHTE

Fern von Menschen wachsen Grundsätze; unter ihnen Handlungen.

JEAN PAUL

Unser Wort soll feststehen wie die Berge Gottes, nicht sowohl um anderer als um unserer selbst und des Charakters willen, gerecht um anderer, wahr um unsretwillen; dann erst kann man sagen: das ist ein Mann!

KARL JULIUS WEBER

Hoch steht über aller Begeisterung, über allem Enthusiasmus, selbst über allem Genie und Talent – die Gesinnung.

RAHEL VARNHAGEN

Je weniger Grundsätze, desto höher die Wissenschaft.

NOVALIS

Prinzip

Prinzipien beeinflussen nicht einmal deren Verkünder; wir sprechen von Prinzipien, aber wir handeln aus Interesse.

WALTER SAVAGE LANDOR

Niemand hat je etwas sehr Dummes getan, es sei denn aus irgendeinem Prinzip, von dem er überzeugt war.

WILLIAM MELBOURNE

Lieber zehnmal leiden, als Wort, Treue und Ehre aufgeben.

JACOB GRIMM

Wie Geizige Schätze sammeln, ohne sie zu gebrauchen, so häufen die Deutschen Grundsätze auf, ohne sie anzuwenden.

LUDWIG BÖRNE

Grundsätze sind enge Kleider, die einen bei jeder freien Bewegung genieren.

JOHANN NESTROY

Nichts ist letzten Endes so heilig wie die Redlichkeit unserer Gesinnung.

RALPH WALDO EMERSON

An Grundsätzen hält man nur fest, solange sie nicht auf die Probe gestellt werden; geschieht das, so wirft man sie fort wie der Bauer die Pantoffeln und läuft, wie einem die Beine von Natur gewachsen sind.

OTTO FÜRST BISMARCK

In der Aufstellung unserer Grundsätze sind wir strenger als in ihrer Betätigung.

THEODOR FONTANE

Personen, denen irgend etwas absolut feststeht, sind keine Genossen für mich; nichts steht fest, auch nicht einmal in Moral- und Gesinnungsfragen und am wenigsten in sogenannten Tatsachen.

THEODOR FONTANE

Mir sind Menschen lieber als Grundsätze, und Menschen ohne Prinzipien sind mir lieber als sonst etwas auf der Welt.

OSCAR WILDE

Bosheit und Selbstsucht der klugen Leute nennen sich gerne Prinzip.

SALOMON BAER-OBERDORF

Prinzipien kann man leichter bekämpfen als nach ihnen leben.

ALFRED ADLER

Grundsätze hat jedermann dort, wo er Herr ist.

RICHARD VON SCHAUKAL

Jedes überspannte Prinzip muß versagen, weil es das Gegenteil befördert.

HEINRICH GERLAND

Es ist besser, hohe Grundsätze zu haben, die man befolgt, als höhere, die man außer acht läßt.

ALBERT SCHWEITZER

Wer Grundsätze hat, darf auch einmal einen fallenlassen.

OTTO FLAKE

Prinzip Hoffnung.

ERNST BLOCH

Der Mensch kann die Welt in Prinzipien auseinanderlegen, aber nicht wieder aus ihnen zusammenfügen. Es fehlt ihm Verfügung über das, was die Welt im Innersten zusammenhält.

ERICH BROCK

Frauen haben selten Grundsätze, doch in der Liebe stellen sie sie auf.

FELICITAS VON REZNICEK

Prinzipien sind diejenigen Gesetze, welche gebrochen werden dürfen.

PETER BAMM

Gebildete haben Grundsätze, Halbgebildete Rezepte.

SIGMUND GRAFF

Nicht von Zuständen und deren Nutzen oder Nachteil soll das Verhalten des Menschen sich herleiten, sondern von Grundsätzen.

REINHOLD SCHNEIDER

Man muß seine Prinzipien für die großen Sachen einsetzen. Für die kleinen genügt das Erbarmen.

ALBERT CAMUS

Prinzip

Mit Gefängnisaufsehern diskutiere ich nicht über Freiheit.

ANTONI MARIANOWICZ

Wahrhafte Grundsätze kommen ohne große Worte aus.

HORST FRIEDRICH

Von Grundsätzen kann man nicht, aber mit ihnen muß man leben.

HORST FRIEDRICH

Der Charakter hat Prinzipien, die Sturheit reitet sie.

JOSEF MEIER O'MAYR

Prinzipien sind dazu da, um durchbrochen zu werden.

MARKUS M. RONNER

Faustregel: Sackgassen können niemals Einbahnstraßen sein.

HANS-HORST SKUPY

Problem

Wollten wir alle Herren sein, wer sollte da die großen Säcke tragen?
Dänisches Sprichwort

Ich habe eine schwere Sprache und eine schwere Zunge.

2 MOSE 4,10

Je größer die Schwierigkeit, desto größer der Sieg.

CICERO

Nichts ist Sterblichen allzuschwer.

HORAZ

Die besten Dinge sind die schwersten.

PLUTARCH

Wer die Welt nicht leicht nimmt, dem macht sie Schwierigkeiten.

HAFIS

Das Wort Schwierigkeit muß gar nicht für einen Menschen von Geist als existent gedacht werden. Weg damit!

GEORG CHRISTOPH LICHTENBERG

Widerwärtigkeiten sind Pillen, die man schlucken muß – und nicht kauen.

GEORG CHRISTOPH LICHTENBERG

Unreine Lebensverhältnisse soll man niemand wünschen; sie sind aber für den, der zufällig hineingerät, Prüfsteine des Charakters und des Entschiedensten, was der Mensch vermag.

JOHANN WOLFGANG VON GOETHE

Wenn ich die Meinung eines anderen anhören soll, so muß sie positiv ausgesprochen werden; Problematisches habe ich in mir selbst genug.

JOHANN WOLFGANG VON GOETHE

Wer keine Gelegenheit auslassen kann, etwas Kluges zu sagen, dem kann man die Behandlung eines großen Problems nicht anvertrauen.

WILLIAM HAZLITT

Die Mehrzahl der Männer hat immer ein wenig von dem Verstand, den eine schwierige Lage erfordert, wenn sie nicht allen Verstand für diese Lage haben.

HONORÉ DE BALZAC

Mißklänge gibt es überall, und nur unser ist die Schuld, wenn wir sie übermäßig empfinden.

GUSTAV FREYTAG

Schwierigkeiten sind der Boden, auf dem Gott sich offenbaren kann.

J. HUDSON TAYLOR

Das Glück des Lebens besteht nicht sowohl darin, wenig oder keine Schwierigkeiten zu haben, sondern sie alle siegreich und glorreich zu überwinden.

CARL HILTY

Nichts in der Welt ist schwer, wenn man ein Vorwärts kennt.

HEINRICH LHOTZKY

Problem

Nie dürfen wir abgestumpft werden. In der Wahrheit sind wir, wenn wir die Konflikte immer tiefer erleben.

ALBERT SCHWEITZER

Die meisten Menschen verschwenden die meiste Zeit darauf, Probleme zu wälzen, anstatt sie zu lösen.

CURT GOETZ

Ich brauche keine Bücher zu lesen, um zu wissen, daß das Grundthema unseres Lebens Konflikt ist; alle meine Clownereien entspringen dieser Erkenntnis.

CHARLIE CHAPLIN

Hierin ist das Geheimnis der Inspiration: sage dir, daß Tausende und Zehntausende nicht sehr intelligente Menschen, bestimmt nicht intelligenter als wir anderen, Probleme gemeistert haben, die genauso schwierig sind wie die, die dich jetzt verwirren.

WILLIAM FEATHER

Es ist ein großer Irrtum zu glauben, daß Menschheits-Probleme gelöst werden. Sie werden von einer gelangweilten Menschheit liegen gelassen.

KURT TUCHOLSKY

Die Dinge in der Welt sind kompliziert, sie werden von allen möglichen Faktoren bestimmt. Man muß die Probleme von allen Seiten betrachten und nicht nur von einer einzigen.

MAO ZEDONG

Ganze Sachen sind immer einfach, wie die Wahrheit selbst. Nur die halben Sachen sind kompliziert.

HEIMITO VON DODERER

Wer mißlichen Zuständen auf den Grund geht, stößt auf Menschen.

SIGMUND GRAFF

Probleme sind Gelegenheiten zu zeigen, was man kann.

DUKE ELLINGTON

Man kann sich auch an offenen Türen den Kopf einrennen.

ERICH KÄSTNER

Ich weiß, daß es nicht immer geschätzt wird, wenn man zu Problemen Stellung nimmt, deren Erörterung die Gesellschaft allzugern ausweicht.

GUSTAV W. HEINEMANN

Die Probleme der Menschheit werden ganz im Stillen gelöst. Zwischen dir und mir.

ALBERT JENNY

Wo wir die Nerven verlieren, gewinnen uns die Nerven.

HANS KUDSZUS

Und wenn wir uns beim Betrachten der Probleme, die uns täglich bedrängen, nur auf eine Fußbank stellen, ist schon was getan, uns ihrer Herrschsucht zu entziehen.

ERWIN STRITTMATTER

Die Menschen haben Gott vergessen, und das ist der Grund für die Probleme des 20. Jahrhunderts. Wir werden keine Lösungen finden ohne die Umkehr des Menschen zum Schöpfer aller Dinge.

ALEXANDR SOLSCHENIZYN

Wir sollten uns mit großen Problemen beschäftigen, solange sie noch ganz klein sind.

JADWIGA RUTKOWSKA

Die Probleme werden von denen gelöst, die sie geschaffen haben. Das ist zwar eine gerechte, aber nicht die beste Lösung.

DUŠAN RADOVIĆ

Die einfachste Art, ein Problem zu lösen, ist die, darüber einzuschlafen.

JAKOB STEBLER

Wer ein Rätsel gelöst hat, sucht sich ein neues.

ERNST R. HAUSCHKA

Das Einfache schwerverständlich zu machen ist die Genialität der Dummköpfe.

GERHARD BRANSTNER

Probleme verstecken heißt Probleme hecken.

GERHARD BRANSTNER

Ein Problem stellt sich, wie man es anpackt.

GERHARD BRANSTNER

Problem

Wer ein heißes Eisen anpackt, verbrennt sich den Mund.

GERHARD UHLENBRUCK

Die heißen Eisen werden angepackt – und fallengelassen.

HELLMUT WALTERS

Wo Probleme alt werden, ist nicht selten die Initiative jung gestorben.

HORST FRIEDRICH

Meistens löst man ein Problem dadurch, daß man sich ein anderes vornimmt.

RAINER MALKOWSKI

Solange denken, bis das Problem erkannt ist.

PETER H. ENGEL

Der Weitblick mancher Leute besteht darin, die nächsten Probleme zu übersehen.

WOLFGANG ESCHKER

Problemlösung: Von Falle zu Falle.

HANS-HORST SKUPY

Man kann Probleme auch unter einen Bombenteppich kehren.

HANS-HORST SKUPY

Man stolpert nur über das, was man vor sich hat.

ROLF NEUPARTH

Die Probleme stellt nicht der Mensch. Die Probleme stellen den Menschen.

SULAMITH SPARRE

Prophet

Kleine Städte haben oft große Propheten.

Arabisches Sprichwort

Die Propheten weissagen Lügen.

JEREMIAS 5,31

Der Menschen Seherkunst ist eitles Nichts.

EURIPIDES

Es ist erstaunlich, daß ein Wahrsager einen Wahrsager ohne zu lächeln ansehen kann.

CICERO

Kann jemand voraussagen, in welchem Zustand sich sein Körper befinden wird – ich sage nicht in einem Jahr, sondern heute abend?

CICERO

Wer am besten raten kann, den werde ich immer für den besten Propheten halten.

CICERO

Ein Prophet ist nirgendwo verachtet, außer in seiner Vaterstadt und in seinem Hause.

MATTHÄUS 13,57

Wenn der Berg nicht zum Propheten kommt, muß der Prophet zum Berge kommen.

MOHAMMED

Die beste Eigenschaft eines Propheten ist es, ein gutes Gedächtnis zu haben.

LORD HALIFAX

Wenn Bücher und Gesetze sich so vermehren wie in den letzten fünfzig Jahren, habe ich Sorge für künftige Jahrhunderte. Wie soll da noch einer Gelehrter oder Jurist werden können?

JONATHAN SWIFT

Erfahrene Propheten warten die Ereignisse ab.

HORACE WALPOLE

Irrt der Blinde, so zeigt jeder mitleidig den Weg ihm; stürzt der Seher herab, wird er von allen verlacht.

JOHANN GOTTFRIED HERDER

Die Kunst der Seher ist ein eitles Nichts; Betrüger sind sie oder sind betrogen.

FRIEDRICH VON SCHILLER

Das Zukünftige voraussagen und die Notwendigkeit des Vergangenen verstehen zu wollen ist ein und dasselbe, und es ist nur Modesache, daß einem Geschlecht das eine plausibler erscheint als das andere.

SØREN KIERKEGAARD

Prophet

Echte Propheten haben manchmal, falsche Propheten haben immer fanatische Anhänger.

MARIE VON EBNER-ESCHENBACH

Der nächste Krieg wird, so haben sich die Verhältnisse allmählich zugespitzt, ein europäischer Krieg werden, in dem bei dem ersten Anlauf mindestens 12 bis 15 Millionen waffengeübter Männer – mit den furchtbarsten Mordwerkzeugen ausgerüstet – gegeneinander ins Feld rücken...

AUGUST BEBEL

Wenn sich die Leute einmal an all dem Fahren und Reiten und Gleiten und Fliegen sattgetummelt haben, dann werden sie wieder anfangen, zu Fuß zu gehen.

PETER ROSEGGER

Es ist das traurige Geschick eines Propheten, daß, wenn er nach zwanzigjähriger Arbeit seine Zeitgenossen überzeugt, seine Gegner auch Erfolg haben und er selbst nicht mehr überzeugt ist.

FRIEDRICH NIETZSCHE

Wenn kein Mensch mehr die Namen meiner Richter kennen wird, wird man meinen Ruhm bewundern.

OSCAR WILDE

Weltanschauung war immer das Kennzeichen des Großen, das Grundwesen des Sehers.

CARL HAUPTMANN

Noch einige Jahre dieser Erbärmlichkeit, ein entschlossener Führer der Gegenrevolution, und das entmannte Land gehorcht ihm. Gelingt es nicht, die Revolution aus den Fesseln der Interessen, des Wahns und der Schlagwörter zu reißen, so erleben wir eine aufgeklärte Demokratie der Verlogenheit, des bösen Gewissens und der Unterdrückung, die alles übertrifft, was der alte Westen an verhülltem und beschönigtem Klassen- und Cliquenwesen geschaffen hat.

WALTHER RATHENAU

Ich vermeide es immer, Voraussagen zu machen, denn es ist eine viel bessere Politik, etwas zu prophezeien, nachdem das Ereignis bereits eingetreten ist.

SIR WINSTON S. CHURCHILL

Ein Prophet ist nur ein praktischer Poet.

MUHAMMAD IQBAL

Wir werden im 20. Jahrhundert zwischen fremden Gesichtern, neuen Bildern und unerhörten Klängen leben. Viele, die innere Glut nicht haben, werden frieren und nichts fühlen als eine Kühle und in die Ruinen ihrer Erinnerungen flüchten. Wehe den Demagogen, die sie daraus hervorzerren wollen! Alles hat seine Zeit, und die Welt hat Zeit.

FRANZ MARC

Wer nichts in seinem Vaterland gilt, tut gut daran, sich für einen Propheten zu halten.

ADOLF SPEMANN

Gar mancher fühlt sich als Prophet, nur weil er im eigenen Lande wenig gilt.

EUGEN GÜRSTER

Prophetie ist eine prolongierte Vergangenheitsschau.

FRITZ USINGER

Falsche Propheten schicken uns gerne in Sackgassen.

FRANZ SLOVENČIK

Wo die echten Leitbilder fehlen, haben die falschen Propheten ein leichtes Spiel.

ERICH LIMPACH

Der Ruhm vieler Propheten beruht auf dem schlechten Gedächtnis ihrer Zuhörer.

IGNAZIO SILONE

Es kann passieren, was will: Es gibt immer einen, der es kommen sah.

FERNANDEL

Was ist entsetzlicher als eine Kassandra, die nicht auf sich selbst hört?

ERWIN CHARGAFF

Die Prophetie hat den Vorsprung verloren: es ist soweit.

HANS KASPER

Gelegentlich werden falsche Propheten in staatlichen Münzanstalten geprägt.

WIESLAW BRUDZINSKI

Prophet

Der Prophet wird verlacht, wenn er Voraussagen macht, doch man wird ihn ignorieren, wenn sie sich realisieren.
GERHARD UHLENBRUCK

Die schlimmsten Propheten – diejenigen, die nicht glauben, die besten – denen nicht geglaubt wird.
VYTAUTAS KARALIUS

Propheten sind Menschen, denen die Vergangenheit so in die Knochen gefahren ist, daß daraus die Zukunft blüht.
HANS W. KOPP

Ich ahne, daß eines Tages ein Mensch dem anderen nichts sein wird.
BRANA CRNČEVIĆ

Der Prophet, der im eigenen Land ankommen will, macht noch immer am besten den Umweg über ein fremdes.
WOLFGANG BEUTIN

Prophetie – Erinnerung an die Zukunft.
HANS-HORST SKUPY

Nichts gilt der Prophet im eigenen Lande. Aber da draußen weist er sich mit der Heimat aus.
HANS-DIETER SCHÜTT

Der falsche Prophet gilt sogar im eigenen Lande.
MICHAEL RUMPF

Qualität

Was gut ist, holt der Teufel zuerst.
Deutsches Sprichwort

Der Arme wählt für ein Weihegeschenk ein Holz, das nicht fault; er sucht einen fähigen Meister, der ihm das Götterbild aufstellt, daß es nicht wackel.
JESAJA 40,20

Alles Vortreffliche ist selten.
CICERO

Jeder Mensch sollte sich an seinem eigenen Maßstab messen.
HORAZ

Das ist die Sklaverei der höchsten Größe, daß man nicht kleiner werden kann.
SENECA

Wird ein Mann schon kurz nach der Übernahme eines Amtes reich, kann er nicht viel taugen. Hat er aber jahrelang seinen Posten inne und ist immer noch nicht reich, ist es mit ihm auch nicht weit her.
SCHU SCHUEHMOU

Qualität

Wenn wir aufhören besser zu werden, werden wir bald nicht mehr gut sein.

OLIVER CROMWELL

Es gibt gewisse Dinge, in denen Mittelmäßigkeit unerträglich ist – Poesie, Musik, Malerei und öffentliche Rede.

JEAN DE LA BRUYÈRE

Man brauchte einen Rechner, ein Tänzer erhielt die Stelle.

PIERRE DE BEAUMARCHAIS

Ist es nicht sonderbar, daß man zu den höchsten Ehrenstellen in der Welt ohne Examen gelangt, das man von jedem Stadtphysikus fordert?

GEORG CHRISTOPH LICHTENBERG

Bemühe dich, nicht unter deiner Zeit zu sein.

GEORG CHRISTOPH LICHTENBERG

Er war einer von denen, die alles besser machen wollen, als man es verlangt. Dies ist eine abscheuliche Eigenschaft in einem Bedienten.

GEORG CHRISTOPH LICHTENBERG

Wir bleiben nicht gut, wenn wir nicht immer besser zu werden trachten.

GOTTFRIED KELLER

Die Mittelmäßigkeit wägt richtig, nur ihre Waage ist falsch.

ANSELM FEUERBACH

Nur die oberflächlichen Qualitäten überdauern. Die tiefere Natur des Menschen wird bald entlarvt.

OSCAR WILDE

Ich habe nie einsehen mögen, warum mittelmäßige Menschen deshalb aufhören sollten, mittelmäßig zu sein, weil sie schreiben können.

CHRISTIAN MORGENSTERN

In der Diplomatie und in der Kunst ist die Mittelmäßigkeit gleich Nichtigkeit; in jedem Stadtrat und bei allen Wahlen – eine Tugend.

ADOLF NOWACZYNSKI

Wehe allem Besseren, sowohl in der Politik als auch in der Kultur, wenn profitsüchtiger Durchschnitt triumphiert!

JOSEF ČAPEK

Man achte immer auf Qualität. Ein Sarg zum Beispiel muß fürs Leben halten.

KURT TUCHOLSKY

Qualität war einst Rarität, aber im industriellen Zeitalter ist Qualität nicht mehr aristokratisch; die Schönheit führt heute einen Zweifrontenkrieg: gegen das Ungeheuer der Monotonie und gegen all die Neuerungssucht der Vertriebsfachleute.

RICHARD NEUTRA

Bücher sind wie Weinflaschen: der Staub darauf spricht für Qualität.

ERNST HEIMERAN

Was die Elite von der Masse scheidet, ist nur die Forderung nach Qualität. Und dies in einer Verantwortung für alle allen gegenüber und für die Vergangenheit der Zukunft gegenüber, eine Verantwortung, welche eine demütige und spontane Integration im Leben spiegelt – in dessen unendlicher Perspektive und niemals wiederkehrendem Jetzt.

DAG HAMMARSKJÖLD

Qualitätsgefühl ist eben zunächst Gefühlssache.

ALBERT MATHIAS KEUELS

Provinziell sein ist nicht eine Frage der Geographie, sondern der Gesinnung.

WILLY STAEHELIN

Das Niveau der Predigt hängt nicht von der Höhe der Kanzel ab.

WIESLAW BRUDZINSKI

Als das Wort Lebensqualität publik wurde, merkten viele, was sie nicht haben.

OLIVER HASSENCAMP

Mit Qualität hat man immer Erfolg. Die Frage ist, ob man ohne Qualität Erfolg haben kann.

HANNS JOACHIM FRIEDRICHS

Nicht immer ist das Hervorragende auch die Spitze.

HORST FRIEDRICH

Qualität

Man muß qualitätsbewußt sein: Man darf sich nicht mit jedem minderwertigen Knebel den Mund verstopfen lassen.

JACEK WEJROCH

Manche Menschen haben mehr Niveau, als sie sich finanziell leisten können.

WERNER MITSCH

Vor Mittelmaß ist keine Größe sicher.

PETER TILLE

Er war ein großer Geist. Sogar seine Irrtümer hatten Niveau.

MANFRED STRAHL

Qualitätslosigkeit ist meist eine Maske der Schamlosigkeit.

PETER HORTON

Der Maßstab an uns müßte täglich höher geschraubt werden.

HANS-HORST SKUPY

Die Menschen sind heute nicht schlechter als eh und je. Aber es ist heute gefährlicher, nicht besser zu sein.

BIRGIT BERG

Jeder ist besser, als andere ihn schlecht machen.

FRANCIS LOUIS BANDELIER

Rache

Wenn der Arme Dorfrichter wird, so ist es für den Reichen Zeit, die Gemeinde zu verlassen.

Tatarisches Sprichwort

Auge um Auge, Zahn um Zahn.

2 MOSE 21,24

Wer andern eine Grube gräbt, fällt selbst hinein.

SPRÜCHE 26,27

Nichts rächt unerbittlicher als die Zeit, denn die Zeit ist die Folge. Aber es hat nicht jeder die Zeit, darauf zu warten – und auch nicht das Gedächtnis.

FU-KIANG

Was du nicht willst, daß man dir tu, das füg auch keinem andern zu!

ISOKRATES

Es ist der größte Schimpf für einen Mann, erlittene Kränkung nicht zu rächen.

SALLUST

Rache

Vergeltet niemand Böses mit Bösem.
RÖMERBRIEF 12,17

Wenn man jemanden, der einen gebissen hat, wieder beißt, handelt man wie ein wildes Tier, nicht wie ein Mensch.
MUSONIUS

Rache ist süßer als das Leben – glauben die Narren.
JUVENAL

Die beste Art, sich zu rächen, ist die, nicht Gleiches mit Gleichem zu vergelten.
MARC AUREL

Man muß die Menschen entweder mit Freundlichkeit behandeln oder unschädlich machen; denn wegen geringfügiger Kränkungen nehmen sie Rache, wegen schwerer Schädigungen können sie es nicht.
NICCOLÒ MACHIAVELLI

Wer auf Rache sinnt, der reißt seine eigenen Wunden auf. Sie würden heilen, wenn er es nicht täte.
FRANCIS BACON

Wer sich rächt, gleicht seinem Feinde – läßt man die Gelegenheit vorübergehen, ist man ihm überlegen.
FRANCIS BACON

Man darf nicht Untreue mit Untreue vergelten.
CHRISTINE VON SCHWEDEN

Ein Rachgieriger lernt denjenigen bald verachten, den er hassen gelernt hat.
EWALD VON KLEIST

Ich möchte lieber gerächt als gelobt werden. Dieses ist das Vergnügen der Lebenden, jener der Trost der Toten.
ABBÉ GALIANI

Die Rache ist keine Zierde für eine große Seele.
GOTTHOLD EPHRAIM LESSING

Schelme muß man mit Schelmen fangen.
WILHELM LUDWIG WEKHRLIN

Witz als Werkzeug der Rache ist so schändlich wie Kunst als Mittel des Sinneskitzels.
FRIEDRICH VON SCHLEGEL

So lange man sich nicht gerächt, bleibt immer eine Bitterkeit im Herzen zurück.
HEINRICH HEINE

Für jemand, der sich rächen will, gibt es keine Gefahr.
HONORÉ DE BALZAC

Durch seine Töchter nimmt das Volk an den Reichen Rache.
EDMOND & JULES DE GONCOURT

Böses mit Gutem vergelten ist natürlicher, auch leichter und vernünftiger, als Böses mit Bösem vergelten.
LEW N. GRAF TOLSTOJ

Rache und immer wieder Rache! Keinem vernünftigen Menschen wird es einfallen, Tintenflecken mit Tinte, Ölflecken mit Öl wegputzen zu wollen – nur Blut, das soll immer wieder mit Blut ausgewaschen werden!
BERTHA VON SUTTNER

Schwache Naturen rächen gern die Folgen ihrer Fehler an anderen.
M. HERBERT

Die wirksamste Form der Rache ist die, sich nicht zu rächen.
AUGUST LÄMMLE

Das Übel nährt sich nur von seinesgleichen. Weise Menschen vergalten daher nicht Böses mit Bösem, sondern immer nur mit Gutem und brachten dadurch das Böse zu Fall.
MAHATMA GANDHI

Was du andern zufügst, das fügst du dir zu.
CHRISTIAN MORGENSTERN

Wer andern keine Grube gräbt, fällt selbst hinein.
KARL KRAUS

Rache kann man kalt genießen.
KONRAD ADENAUER

Rache

Was du nicht willst, daß man dir tu, das füge flugs dem andern zu.

RICHARD VON SCHAUKAL

Es gibt keine edlere Rache, als den Feinden wohlzutun.

GERTRUD VON LE FORT

Alles Böse ist Rache.

OTTO WEININGER

Selbstlose Rache hat auch ihre gewisse Würde.

HUGO DIONIZY STEINHAUS

Wenn man Böses mit Gutem vergilt, womit will man dann Gutes vergelten?

ERICH BROCK

Wir könnten uns alle Zeit lassen, um uns in Muße zu rächen, wenn wir unsterblich wären. Aber das Leben ist kurz, und wir haben Besseres zu tun.

HENRY DE MONTHERLANT

Es gibt keine schönere Rache als diejenige, die die andern deinem Feinde zufügen. Das hat sogar den Vorzug, dir die Rolle des Edelmütigen zu lassen.

CESARE PAVESE

Rache geht warm ein, wenn sie kalt genossen wird.

MAX HOGREFE

Keine Rache auszuüben, schmeichelt uns nur zur Hälfte, denn wir werden nie wissen, ob unser Verhalten auf Edelmut oder auf Feigheit beruht.

É. M. CIORAN

Die Leute, die ständig auf Rache sinnen, wissen leider nie, wann sie ihre Rachegefühle befriedigt haben. Um ganz sicher zu gehen, setzen sie daher ihre Rache bis in alle Ewigkeit fort.

SIR PETER USTINOV

Der alte Grundsatz Auge um Auge macht schließlich alle blind.

MARTIN LUTHER KING

Er wünscht sich mein Ende, weil ich seine Anfänge kenne.

VLADA BULATOVIĆ -VIB

Rache ist ausgleichende Ungerechtigkeit.

WERNER MITSCH

Vergilt man Gleiches mit Gleichem, wird der Vorwurf zum Bumerang.

ELISABETH HABLÉ

Die großzügigste und kleinlichste Art der Rache heißt: Verzeihen.

PETER TILLE

Auge um Auge – die Kultur der Blinden.

ANDRÉ BRIE

Rat

Nicht die alten Leute frage um Rat, sondern die, die gelitten haben.

Ukrainisches Sprichwort

Wo viele Rat wissen, da ist Erfolg.

SPRÜCHE 15,22

Leicht mag, wer selbst den Fuß vom Netze frei, wohl dem Verstrickten Rat und Lehre geben.

AISCHYLOS

Beim Ratgeben sind wir alle weise, aber blind bei den eigenen Fehlern.

EURIPIDES

Fürwahr, wie ist oft unerforschlich Gottes Rat.

EURIPIDES

Gute Medizin schmeckt bitter, aber ein weiser Mensch nimmt sie, wenn sie ihm verordnet wird; ehrliche Worte sind dem Ohr unangenehm, aber ein Erleuchteter hört auf sie.

HAN FEI-DSE

Gesunde haben es einfach, Kranken mit gutem Rat beizustehen.

TERENZ

Rat

Kurz sei dein Rat, wann immer du einen gibst.

HORAZ

Man muß den, der rät, kritisch prüfen, ob er auch sein eigenes Risiko mit seinem Rat verbindet.

TACITUS

Es zeugt von Geistesschwäche, in den Geschäften keinen Rat einzuholen.

NIZAM UL-MULK

Was unter vier Augen sorgende Liebe und guter Rat ist, wird in Gegenwart anderer zu Beschimpfung und Beschämung. Öffentliche Ermahnung bedeutet Bloßstellung.

AL-GHAZALI

Ein Vernünftiger verbirgt seinen Rat auch vor dem Feinde nicht, der seine Hilfe sucht.

PANTSCHATANTRA

Frage deine Kinder nicht um Rat, wenn du dich zur Ruhe setzen willst, besonders nicht die jüngeren. Und frage dein Weib nicht, wenn du dir eine Konkubine anschaffen willst, besonders nicht kurz nach der Hochzeit.

SCHU SCHUEHMOU

Wer wohl gedeiht, hört auf der Freunde Rat.

FRANCIS BACON

Ein guter Rat in spaßiger Form ist oft besser als eine ernste Belehrung.

BALTAZAR GRACIÁN

Mit vielen in den Krieg, mit wenigen in den Rat.

CHRISTOPH LEHMANN

Mit nichts ist man so freigebig wie mit seinem Rat.

LA ROCHEFOUCAULD

Wir geben Rat, aber wir können nicht die Weisheit geben, den Nutzen daraus zu ziehen.

LA ROCHEFOUCAULD

Wenige Leute haben Mut genug, unangenehme Ratschläge zu geben.

CHRISTINE VON SCHWEDEN

Wenn ein Mann gern Rat erteilt, ist es ein sicheres Zeichen, daß er ihn selbst braucht.

LORD HALIFAX

Wenn der Rat gut ist, spielt es keine Rolle, wer ihn erteilt hat.

THOMAS FULLER

Wie kann man erwarten, daß die Menschheit auf guten Rat hört, wenn sie sich nicht einmal warnen läßt?

JONATHAN SWIFT

Niemand nimmt einen guten Rat, aber jeder nimmt Geld an: darum ist Geld besser als guter Rat.

JONATHAN SWIFT

Rat ist selten willkommen. Die ihn am dringendsten benötigen, denen gefällt er immer am wenigsten.

EARL OF CHESTERFIELD

Wer sich nicht raten läßt, dem ist nicht zu helfen.

BENJAMIN FRANKLIN

Auf Rat tut man nicht viel Gutes.

VAUVENARGUES

Die Ratschläge der Alten spenden Licht, ohne zu wärmen – wie die Wintersonne.

VAUVENARGUES

Die Ratschläge, die man für die weisesten hält, sind unserer Lage am wenigsten angemessen.

VAUVENARGUES

Wer den Beistand eines ebenbürtigen Geistes borgt, der verdoppelt seinen eigenen; wer einen überlegenen zu Rate zieht, erhebt sich selbst zu seiner Höhe.

EDMUND BURKE

Wenn der Rat eines Toren einmal gut ist, so muß ihn ein gescheiter Mann ausführen.

GOTTHOLD EPHRAIM LESSING

Zum Hängen und zum Freien muß niemand Rat verleihen.

GOTTHOLD EPHRAIM LESSING

Rat

Raten macht Schuld, und du stellst Wechsel aus, wenn du Rat gibst.

THEODOR GOTTLIEB VON HIPPEL

Wenn Menschen einen guten Rat kostenlos geben, werden sie verlacht. Wenn sie ihn gegen teueres Geld abgeben, werden sie geachtet.

GEORG CHRISTOPH LICHTENBERG

Wer für andere nur Rat weiß, der trägt wie ein Blinder die Fackel, leuchtet voran und geht selber in ewiger Nacht.

JOHANN GOTTFRIED HERDER

Man sollte nur Rat geben in Dingen, in denen man selber mitwirken will.

JOHANN WOLFGANG VON GOETHE

Vom sichern Port läßt sich's gemächlich raten.

FRIEDRICH VON SCHILLER

Hat einer Verstand genug, einen guten Rat zu geben, so hat er meist auch Verstand genug, ihn für sich zu behalten.

JEAN PAUL

Wenn der Mensch keinen Rat mehr weiß, fangen die Wege der Vorsehung an.

JEAN PAUL

Rat ist wie Schnee; je weicher er fällt, desto länger bleibt er liegen, und desto tiefer sinkt er ins Hirn.

SAMUEL TAYLOR COLERIDGE

Guter Rat gehört zu den Kränkungen, die ein guter Mensch, wenn möglich, verzeihen sollte, aber auf jeden Fall sofort vergessen muß.

HORACE SMITH

Wer uns vor nutzlosen Wegen warnt, leistet uns einen ebenso guten Dienst wie derjenige, der uns den rechten Weg anzeigt.

HEINRICH HEINE

Kein Mann hat das Mittel entdecken können, einer Frau einen freundschaftlichen Rat zu geben, nicht einmal der eigenen.

HONORÉ DE BALZAC

Der Rat, den dir ein weibliches Herz erteilt, wird immer der klügste sein.

KARL GUTZKOW

Nimm einen Rat an. Diesen: nimm keinen Rat an!

MULTATULI

Vor Erteilung eines Rates müssen wir seine Annahme gesichert haben, oder, besser ausgedrückt, wir müssen das Verlangen danach erzeugt haben.

HENRI FRÉDÉRIC AMIEL

Gibt dir jemand einen sogenannten guten Rat, so tue gerade das Gegenteil, und du kannst sicher sein, daß es in neun von zehn Fällen das Richtige ist.

ANSELM FEUERBACH

Er besaß nur eine Eitelkeit: er glaubte, Ratschläge besser als irgendein anderer Mensch erteilen zu können.

MARK TWAIN

Die guten Ratschläge verdanken ihren ausgezeichneten Ruf dem Umstand, daß sie niemals befolgt werden.

DANIEL SPITZER

Ratschläge mißfallen uns, doch stimmen sie nachdenklich.

ODILON REDON

Einen guten Rat gebe ich immer weiter. Es ist das einzige, was man damit machen kann.

OSCAR WILDE

Seid giftig wie die Pilze, dann frißt euch niemand.

A. O. WEBER

Eine unfehlbare Art, jemanden loszuwerden ist, ihm etwas zu seinem eigenen Guten zu sagen.

KIN HUBBARD

Man fragt den Reichen immer lieber um Rat als den Armen.

SALOMON BAER-OBERDORF

Höre auf jeden Rat – und befolge keinen. Also auch diesen nicht.

RODA RODA

Ein guter Rat macht Toren nur wütend.
WILLIBRORD VERKADE

Kleine Leute, zufällige Bemerkungen und Geringfügigkeiten formen unser Leben oft mit größerer Kraft als der wohlüberlegte feierliche Rat bedeutender Menschen in kritischen Augenblicken.
SIR WINSTON S. CHURCHILL

Hinweis ist fruchtbarer als Beweis.
RUDOLF ALEXANDER SCHRÖDER

Einen Rat befolgen heißt, die Verantwortung verschieben.
JOHANNES URZIDIL

Denke schlecht, dann wirst du nicht fehlgehen.
CESARE PAVESE

Der Dumme versteht keinen Rat, und der Kluge akzeptiert keinen.
MAX SCHWARZ

Hätte man mir nicht geraten, es nicht zu tun, ich hätte manches nicht getan.
OLIVER HASSENCAMP

Mancher Rat dient nur dem, der ihn gibt.
GERHARD BRANSTNER

Keinen Rat einzuholen, ist entweder Mangel an Kraft oder Mangel an Größe.
R. F. VON SCHOLTZ

Die meisten Ratschläge erhalten die Schwimmer von Nichtschwimmern.
HELLMUT WALTERS

Ratschläge können sehr weh tun.
RUPERT SCHÜTZBACH

Die meisten Leute stehen gern mit Rat und Tat beiseite.
BERT BERKENSTRÄTER

Mit Rat und Zitat beiseite stehen.
HANS-HORST SKUPY

Verkommt Zeit, verkommt Rat.
KLAUS BERNHARDT

Recht

Wo das Recht nicht hilft, wird das Unrecht nicht helfen.
Serbisches Sprichwort

Einerlei Recht soll unter euch gelten; für den Fremdling wie für den Einheimischen.
3 MOSE 24,22

Achte das Recht und meide den Frevel.
HESIOD

In großen Dingen ist es schwer, es allen recht zu machen.
SOLON

Das Rechte sehen und es nicht tun ist Feigheit.
KONFUZIUS

Rechtschaffenheit läßt in keinem Falle die mindeste Mischung mit Ungerechtigkeit zu.
XENOPHON

Das Richtige ist wohl noch mehr wert als das Recht.
MENANDER

Das größte Recht ist oft die größte Schlechtigkeit.
TERENZ

Denn Recht muß doch Recht bleiben, und dem werden alle frommen Herzen zufallen.
PSALMEN 94,15

Wie dem Entmannten, der bei einer Jungfrau nächtigt, so geht es dem, der das Recht mit Gewalt durchsetzen will.
BEN SIRA 20,4

Rechtschaffenheit wird gelobt und friert dabei.
JUVENAL

Sogar die allumfassende Staatsgewalt hat allein vor dem Rechte zu ruhen.
CICERO

Das höchste Recht ist das höchste Unrecht.
CICERO

Recht

Nicht nur edel ist es, bisweilen ein bißchen von seinem Rechte abzustehen, sondern manchmal auch vorteilhaft.

CICERO

Wer das Recht eines Fremdlings beugt, hat gleichsam das Recht Gottes gebeugt.

TALMUD – CHAGIGA

Treibe das Recht auf die äußerste Spitze, und es wird zum Unrecht: presse allen Saft aus einer Apfelsine, und sie wird bitter.

BALTAZAR GRACIÁN

Es gibt Zeiten, wo gewisse Leute immer recht haben.

JEAN FRANÇOIS KARDINAL DE RETZ

Jeder hat soviel Recht, wie er Macht hat.

BARUCH DE SPINOZA

Recht ist die Einschränkung der Freiheit eines jeden auf die Bedingung ihrer Zusammenstimmung mit der Freiheit von jedermann, insofern diese nach einem allgemeinen Gesetze möglich ist.

IMMANUEL KANT

Der einfältige Mensch hat sehr früh eine Empfindung von dem, was recht ist, aber sehr spät oder gar nicht einen Begriff davon.

IMMANUEL KANT

Den wahren Weg einschlagen, ist oft nur bloßes Glück; um den rechten Weg bekümmert zu sein, gibt allein Verdienst.

GOTTHOLD EPHRAIM LESSING

Der Mensch muß um seiner selbst, und nicht um anderer Leute willen recht tun!

HEINRICH PESTALOZZI

Wer das Falsche verteidigen will, hat alle Ursache, leise aufzutreten und sich zu einer feinen Lebensart zu bekennen. Wer das Recht auf seiner Seite fühlt, muß derb auftreten; ein höfliches Recht will gar nichts heißen.

JOHANN WOLFGANG VON GOETHE

Setzet immer voraus, daß der Mensch im ganzen das Rechte will; im einzelnen nur rechnet mir niemals darauf!

FRIEDRICH VON SCHILLER

Der Begriff des Rechts ist der Begriff von dem notwendigen Verhältnisse freier Wesen zueinander.

JOHANN GOTTLIEB FICHTE

Das Brot ist das Recht des Volkes.

ANTOINE SAINT-JUST

Im Recht ist der Inhalt die persönliche Freiheit.

GEORG WILHELM FRIEDRICH HEGEL

Das Recht ist neben den geistlichen Dingen dem Volk das Heiligste.

JACOB GRIMM

Recht und Freiheit sind ein paar bedeutungsvolle Worte, aber nur in der einfachen Zahl unendlich groß, drum hat man sie uns auch immer nur in der wertlosen vielfachen Zahl gegeben.

JOHANN NESTROY

Recht ist ein solches Verhalten der Menschen, wodurch alle als Personen, das heißt nach höchster sittlicher Vollkommenheit strebende Wesen, nebeneinander bestehen können. Als oberstes Rechtsgebot könnte man es so sagen: Enthalte dich jeder Haltung, wodurch ein anderer in seiner Persönlichkeit, das heißt in seinem Streben nach sittlicher Vollkommenheit, gestört werden würde.

ADALBERT STIFTER

Die Unterscheidung, ob etwas recht oder unrecht ist, ist ein rein philosophischer Gegenstand, der von den Anhängern der verschiedenen Systeme bald so und bald so ausgelegt wird, stets aber auf das entschiedenste und unwiderleglichste.

CHARLES DICKENS

Völkerrecht: Das gegebene Wort war ein Bedürfnis der Vergangenheit – das gebrochene Wort ist ein Bedürfnis der Gegenwart.

JOSEPH UNGER

Das Recht des Stärkeren ist das stärkste Unrecht.

MARIE VON EBNER-ESCHENBACH

Alle historischen Rechte veralten.

MARIE VON EBNER-ESCHENBACH

Recht

Man kann nicht jedes Unrecht gut, wohl aber jedes Recht schlecht machen.

MARIE VON EBNER-ESCHENBACH

In der wahren Zivilisation gibt jeder jedem anderen jedes Recht, das er für sich beansprucht.

ROBERT G. INGERSOLL

Recht und Unrecht liegen in der Natur der Dinge. Etwas ist weder richtig, weil es befohlen wird, noch falsch, weil es verboten ist.

ROBERT G. INGERSOLL

Bestehe nie auf einem Recht, das du durch Bitten erlangen kannst.

JOHN C. COLLINS

Das Recht ist nichts anderes, als das ethische Minimum.

GEORG JELLINEK

Unsere eigenen Rechte sind die natürlichen, die Rechte anderer sind die heiligen Rechte.

M. HERBERT

Alles Recht wird zuletzt aus der Vernunft geschöpft; daher die Empörung der Vernunft über das Unrecht.

CONSTANTIN BRUNNER

Sein Recht begründen heißt, seine Schwäche erkennen.

SILVIO GESELL

Wenn du im Recht bist, kannst du dir leisten, die Ruhe zu bewahren; und wenn du im Unrecht bist, kannst du dir nicht leisten, sie zu verlieren.

MAHATMA GANDHI

Das Fundament des Rechts ist Humanität.

ALBERT SCHWEITZER

Natürlich achte ich das Recht; aber auch mit dem Recht darf man nicht so pingelig sein.

KONRAD ADENAUER

Gleiches Recht für alle gibt es nur bei Toten und für Tote.

RUDOLF ALEXANDER SCHROEDER

Recht ist der Wille zur Gerechtigkeit.

GUSTAV RADBRUCH

Es gibt Rechte, die man nicht ausüben darf, weil sie Unrecht werden, sobald man sie ausübt.

OTTO FLAKE

Recht ist das Ergebnis von Pflichten; Pflicht ist das Recht anderer auf uns.

OSWALD SPENGLER

Heute sind die Menschenrechte, die faktisch weniger als jemals gelten, zugleich dringlicher als je geworden.

KARL JASPERS

Das größte Recht in der Welt ist das Recht, Unrecht zu haben.

HARRY WEINBERGER

Ein Recht, das einem zusteht und von dem man keinen Gebrauch macht, wird auch nicht geachtet.

ERNST REUTER

Wenn das Recht, das objektive Recht, soweit es Menschen zu finden wissen, nicht mehr oberste Richtschnur ist – dann fängt ein Volk an zu faulen.

KURT TUCHOLSKY

Recht ist der Schutz des Menschen vor dem Menschen durch den Menschen um Gottes Willen.

FRANZ WERFEL

Und das Recht ist eine Katze im Sack.

BERT BRECHT

Es gibt Leute, die selbst dann, wenn sie recht haben, ihre Sache so verzwickt und so peinlich vorbringen, als hätten sie unrecht.

WERNER BUKOFZER

Das Recht ist unerschütterlich als die vom lebendigen Gott ausgehende Macht.

REINHOLD SCHNEIDER

Sei überzeugt, daß du recht hast, glaub es nicht nur!

MADELEINE DELBREL

Recht

Wer nicht meint, daß er von allen denkenden Menschen recht bekommen wird, hat nicht recht.

LUDWIG HOHL

Wenn zwei Generationen zusammenstoßen, die sich beide auf Recht und Rechthaberei getrimmt haben, gerät meist das Recht ins Abseits.

LÉOPOLD HOFFMANN

Der Rechtsstaat muß Zähne und Klauen haben.

FRANZ JOSEF STRAUSS

Recht, von dem man keinen Gebrauch macht, stirbt ab.

HEINRICH BÖLL

Wer im Recht ist, wird sich auch schweigend durchsetzen.

YUKIO MICHIMA

Recht haben die Überlebenden.

JAKOB STEBLER

Wer auf sein Recht pocht, ohne seine Pflicht zu erfüllen, dem werden bald die Hände weh tun.

HORST FRIEDRICH

Im Recht ist nur der, der es nicht beweisen muß.

BRANA CRNČEVIĆ

Wer seine Rechte nicht wahrnimmt, verletzt seine Pflichten.

WERNER EHRENFORTH

Recht und Gerechtigkeit. Das sind oft zwei Paar Stiefel.

AUREL SCHMIDT

Unser Recht ist so kompliziert, weil unsere Gesetze so kompliziert sind. Unsere Gesetze sind so kompliziert, weil manche besondere Rechte haben.

WOLFGANG BITTNER

Welches Recht wird eigentlich in Unrechtsstaaten gelehrt?

HANS-HORST SKUPY

Rechthaberei

Rechten ist recht, aber unfreundlich.

Niederländisches Sprichwort

Kommt her, wir wollen sehen, wer von uns recht hat, spricht der Herr.

JESAJA 1,18

Zuweilen ist's ein Unglück, recht zu haben.

SOPHOKLES

Wer recht behält, wird von den meisten gelobt und angesehen, als ob er auch recht habe.

MATTHIAS CLAUDIUS

Eigensinn ist ungefähr gerade soviel Charakter, wie bloßes Temperament Liebe ist.

CHAMFORT

Wir alle sind so borniert, daß wir immer glauben, recht zu haben.

JOHANN WOLFGANG VON GOETHE

Wir Menschen haben darum so oft recht, weil wir so selten ganz recht haben.

FRIEDRICH HEBBEL

Ein Mensch weiß, wann er recht hat, und die Klügsten der Welt können ihn darüber nicht aufklären.

HENRY DAVID THOREAU

Wenn zwei Menschen in Zwietracht leben, sind immer beide schuld daran.

LEW N. GRAF TOLSTOJ

Vom weltlichen Standpunkt kann man keinen größeren Fehler haben, als immer recht zu haben.

SAMUEL BUTLER

Viele werden einst recht haben – es wird aber Recht von dem Unrecht sein, das ich heute habe.

KARL KRAUS

Recht haben ist halbe Schuld, recht haben wollen mehr als die Schuld selbst.

FRIEDRICH KAYSSLER

Niemand von uns besitzt ein Patent auf Rechthaben.

MILLARD E. TYDINGS

Immerfort recht zu behalten ist das sicherste Mittel, sich unbeliebt zu machen.

ALEXANDER LERNET-HOLENIA

Es gibt Leute, die ein Leben lang auf das falsche Pferd gesetzt hatten und die es in einem zweiten Leben wieder tun würden, weil sie darauf bestehen, recht zu bekommen.

LÉOPOLD HOFFMANN

Die meisten von uns sind wie Litfaßsäulen. Wer zuletzt was draufklebt, hat recht.

PATER LEPPICH

Wer immer recht haben will, muß oft seine Meinung wechseln.

DUŠAN RADOVIĆ

Rein intellektuell Gebildete haben oft so schrecklich recht; wie Alkoholiker oft so schrecklich gesund aussehen.

HORST DRESCHER

Wer recht behalten will, bleibt allein. Erst recht, wenn er wirklich recht hat.

LIV KORTINA

Wahrheit macht frei, nicht Rechthaben.

TORSTI LEHTINEN

Reden

Vom Schwatzen wird der Reis nicht gar.

Nigerianisches Sprichwort

Die Kraft eines Menschen ist die Zunge. Reden ist bezwingender als Kämpfen.

MERIKARE

Er ist verständig in seinen Reden und schön gestaltet.

1 SAMUEL 16,18

Eines Redners Tugend ist, die Wahrheit zu sprechen.

PLATON

Das Schönste auf der Welt ist die Redefreiheit.

DIOGENES

Aus dem Klang eines Gefäßes kann man entnehmen, ob es einen Riß hat oder nicht. Genauso erweist sich aus den Reden der Menschen, ob sie weise oder dumm sind.

DEMOSTHENES

Wenig reden ist natürlich.

LAO DSE

Die Narren haben ihr Herz im Maul; aber die Weisen haben ihren Mund im Herzen.

BEN SIRA 21,26

Es ist ein Riesenunterschied, ob ein Gott oder ein Held spricht.

HORAZ

Den Menschen fällt es leicht, anders zu denken, als sie reden.

PUBLILIUS SYRUS

Wenn ich mit Menschen- und Engelzungen redete, hätte aber die Liebe nicht, wäre ich dröhnendes Erz.

1 KORINTHERBRIEF 13,1

Sinn und Kraft des Geistes sind es, die den Redner machen.

QUINTILIAN

Der Gebrauch ist der sicherste Meister im Sprechen. Man muß es mit der Rede gerade so halten wie mit der Münze, die das Gepräge des Staates trägt.

QUINTILIAN

Eine der schwersten und hartnäckigsten Krankheiten, deren Kur die Philosophie übernimmt, ist die Geschwätzigkeit; denn der Unterricht, als das einzige Mittel dagegen, läßt sich nur bei solchen gebrauchen, die hören; Schwätzer aber hören niemanden an, sondern reden immer. Das Unvermögen, zu hören, ist das erste Übel, das dem Unvermögen, zu schweigen, entspringt.

PLUTARCH

Reden

Mancher redet nur, weil er nicht zu schweigen versteht. Wie selten kommt es vor, daß einer schweigt, wo ihm reden frommen würde!

AMBROSIO DI MILANO

Reden wollen, aber nicht reden, das hat schon viele gereut.

KALIDASA

Weil er schweigt, sitzt der Falke auf der Hand des Königs. Weil die Nachtigall singt, ist sie im Käfig eingesperrt.

FERID UD DIN ATTAR

Man braucht nicht immer alles zu sagen – das wäre Tölpelei. Aber was man sagt, soll so sein, wie man es denkt. Lieber will ich taktlos und unhöflich sein, als schmeicheln und mich verstellen.

MICHEL DE MONTAIGNE

Jeder spricht Unsinn. Ein Unglück ist nur, wenn man es feierlich tut.

MICHEL DE MONTAIGNE

Wenn man alles zusammenfaßt, so verliert der Mensch immer, wenn er über sich selbst spricht. Seine Selbstbeschuldigungen werden immer geglaubt, sein Selbstlob nicht.

MICHEL DE MONTAIGNE

Die Rede ist wie ein Pfeil; wenn er abgeschossen ist, so kann niemand ihn zurückbringen.

TAUSENDUNDEINE NACHT

Vorsicht im Reden geht über Beredsamkeit.

FRANCIS BACON

Leih jedem dein Ohr, doch wenigen deine Stimme.

WILLIAM SHAKESPEARE

Man muß denken wie die wenigsten und reden wie die meisten.

BALTAZAR GRACIÁN

Wer im Sprechen leichtfertig ist, wird bald überwunden oder überführt sein.

BALTAZAR GRACIÁN

Wer viel redet, redet viel Unfug.

PIERRE CORNEILLE

Wie es das Zeichen großer Köpfe ist, viel mit wenigen Worten zu sagen, ist es das Zeichen kleiner, viel zu reden und nichts zu sagen.

LA ROCHEFOUCAULD

Ein Meister der Beredsamkeit ist der, der alles Nötige sagt – und nur dies.

LA ROCHEFOUCAULD

Wer so spricht, daß er verstanden wird, spricht immer gut.

MOLIÈRE

Beredsamkeit ist die Kunst, die Dinge so auszudrücken, daß die, zu denen wir sprechen, mit Vergnügen zuhören.

BLAISE PASCAL

Es genügt nicht, daß eine Rede schön sei, sie muß auch dem Gegenstand angemessen sein, so daß nichts zu viel ist und auch nichts fehlt.

BLAISE PASCAL

Wer gut sprechen will, muß wenig reden.

CHRISTINE VON SCHWEDEN

Die Erfahrung lehrt über und über, daß die Menschen nichts weniger in der Gewalt haben als ihre Zunge.

BARUCH DE SPINOZA

Was den Rednern an Tiefe mangelt, ersetzen sie durch Weitschweifigkeit.

MONTESQUIEU

Von einem Ausgleiten des Fußes wirst du dich schnell erholen, ein Ausgleiten der Zunge wirst du nie überwinden.

BENJAMIN FRANKLIN

Der Narr sagt, was er weiß; der Kluge weiß, was er sagt.

MAGGID

Wie die Natur, benutzen große Menschen einfache Worte.

VAUVENARGUES

Wenn man kleine Fische zum Reden bringen könnte, würden sie wie Walfische sprechen.

OLIVER GOLDSMITH

Reden

Der Sprachwirrwarr und der Lärm kommen daher, daß ein jeder für die Sache der anderen redet und niemand für seine eigene.

ABBÉ GALIANI

Es scheint, daß man zuerst reden können müsse, bevor man sich ausdrücken will.

WILHELM LUDWIG WEKHRLIN

Gehe beiseite, wenn man zu laut oder zu leise redet.

HEINRICH PESTALOZZI

Man muß bedenken, daß unter den Menschen gar viele sind, die doch auch etwas Bedeutendes sagen wollen, ohne produktiv zu sein, und da kommen die wunderlichsten Dinge an den Tag.

JOHANN WOLFGANG VON GOETHE

Wer vor anderen lange allein spricht, ohne den Zuhörern zu schmeicheln, erregt Widerwillen.

JOHANN WOLFGANG VON GOETHE

Sprachkürze gibt Denkweite.

JEAN PAUL

Wenn man zuviel wichtige Dinge zu sagen hat, fängt man mit den unwichtigen an.

JEAN PAUL

In der Regel sind Schwätzer leere Flaschen; volle klingen nicht.

KARL JULIUS WEBER

Wir sprechen nur soviel, weil wir uns nicht ausdrücken können; könnten wir das, so würden wir nur eins sagen.

RAHEL VARNHAGEN

Sprechen und Hören ist Befruchten und Empfangen.

NOVALIS

Keine Rede, die je gehalten wurde oder werden könnte, ist des Vergleiches mit dem Schweigen wert.

THOMAS CARLYLE

Aufmerksam zuhören ist das beste Kompliment für den Redner.

THOMAS CARLYLE

Wer zu den Köpfen redet, muß viele Sprachen verstehen, und man versteht nur eine gut; wer mit dem Herzen spricht, ist allen verständlich.

LUDWIG BÖRNE

Um eine gut improvisierte Rede halten zu können, braucht man mindestens drei Wochen.

MARK TWAIN

Leute, die wie der Donner reden, handeln selten wie der Blitz.

FRANZ VON SCHÖNTHAN

Wer den Mund hält, wenn er merkt, daß er unrecht hat, ist weise. Wer den Mund hält, obwohl er recht hat, ist verheiratet.

GEORGE BERNARD SHAW

Je weniger einer von der Sache versteht, desto ungehemmter kann er darüber sprechen; aber was man aus dem Ärmel schüttelt, kommt vom Ellbogen her.

AUGUST LÄMMLE

Rede weder von dir noch von andern, lieber von was anderem!

EMIL GÖTT

Redekunst ist die Macht, Menschen ihre klaren und natürlichen Meinungen auszureden.

HOBARD D. CHATFIELD-TAYLOR

Wer verstanden werden will, bemüht sich klar zu reden.

ERNST HOHENEMSER

Eine gute Rede soll das Thema erschöpfen, nicht die Zuhörer.

SIR WINSTON S. CHURCHILL

Alle menschlichen Organe werden irgendwann einmal müde, nur die Zunge nicht.

KONRAD ADENAUER

Einfach denken ist eine Gabe Gottes. Einfach denken und einfach reden ist eine doppelte Gabe Gottes.

KONRAD ADENAUER

Reden

Der Weise spricht. Der Kluge redet. Der Dumme schwatzt.

LISA WENGER

Ich sage, was ich sehe, was ich weiß, was wahr ist.

PAUL ÉLUARD

Am entzückendsten spricht der Verschwiegenste: seine Rede hat, was jede Kunstleistung auszeichnet – sie ist indirekt.

HEIMITO VON DODERER

Das Triviale ist nur aus dem Munde derer unerträglich, die ihm Bedeutung beimessen.

THORNTON WILDER

Gott redet durch Menschen, Menschen reden durch Bücher.

OTTO BUCHINGER

Sprich weise, der Feind hört mit.

STANISLAW JERZY LEC

Er spricht so schnell, daß er mit dem Denken nicht mehr nachkommt.

BERNHARD POLLAK

Wer zuviel redet, verliert ganz sicher das Ziel.

MAHARISHI MAHESH YOGI

Man spricht entweder zum Volk oder zur Sache.

HANS KASPER

Eine schöne Rede weist auf eine Absicht.

GERHARD BRANSTNER

Wer kurz spricht, dem glaubt man.

WERNER HERING

Wer Phrasen redet, zahlt mit Schecks, die nicht gedeckt sind.

HELLMUT WALTERS

Die reden können, rücken nicht immer mit der Sprache heraus.

HORST FRIEDRICH

Nicht jeder, der viel redet, will mit der Sprache heraus.

JAKOB TERNAY

Könnte man alles sagen, dann könnte man auch alles wissen.

ELAZAR BENYOËTZ

Mit leerem Kopf spricht man nicht.

WERNER EHRENFORTH

Gemessen an mancher Feierrede wirkt das Alphabet wie eine Ode.

HANS-HORST SKUPY

Leere Reden lassen sich am besten aufblasen.

MILOVAN VITEZOVIĆ

Unter den Nichtssagenden ist der Eintönige König.

JOACHIM SCHWEDHELM

Je mehr man sagt, desto mehr ist es nichts.

SULAMITH SPARRE

Ein Schwätzer stellt niemals den Gegenstand seines Geschwätzes bloß, sondern immer sich selber.

BERND MATTHEUS

Der Mund ist die Wunde des Alphabets.

BLIXA BARGELD

Reform

Wer etwas reformieren will, sollte bei sich selbst anfangen.

Deutsches Sprichwort

Bessert euer Leben und euer Tun!

JEREMIAS 7,3

Warum Zeit vergeuden mit der Reform von Dingen, die der Reform nicht wert sind?

YOSHIDA KENKO

Nicht jedermann kommt es zu, die Menschen, namentlich die große Menge, bessern zu wollen.

GIORDANO BRUNO

Reform

Reform muß von innen kommen, nicht von außen. Man kann für die Tugend keine Gesetze erlassen.

EDWARD GIBBON

Allein die größten Genies – unter den glücklichsten Zufällen in Wirksamkeit gesetzt – reformieren die Nation.

GEORG CHRISTOPH LICHTENBERG

Jede Reform, wie notwendig sie auch sein mag, wird von schwachen Geistern so übertrieben werden, daß sie selbst der Reform bedarf.

SAMUEL TAYLOR COLERIDGE

Solange Kopf und Herzen vom Alten besetzt sind, findet das Neue keinen Platz.

LUDWIG BÖRNE

Uns müssen wir reformieren, nicht die Religion.

LEOPOLD ZUNZ

Die Weltverbesserung geht einen sehr langsamen Gang.

AUGUST GRAF PLATEN

Reformiert die Gesellschaft – und es gibt keine Krankheiten mehr!

IWAN S. TURGENJEW

Jede große Reform hat nicht darin bestanden, etwas Neues zu tun, sondern etwas Altes abzuschaffen. Die wertvollsten Gesetze sind die Abschaffung früherer Gesetze gewesen, und die besten Gesetze, die gegeben worden sind, waren jene, die alte Gesetze aufhoben.

HENRY THOMAS BUCKLE

Nichts bedarf so sehr der Reform wie die Gewohnheiten anderer Leute.

MARK TWAIN

Einen Mann, der glaubt, Hummern innerhalb eines Jahres das Fliegen beibringen zu können, nennt man einen Verrückten. Aber ein Mann, der glaubt, daß die Menschen durch eine Wahl in Engel verwandelt werden, ist ein Reformator, und er bleibt frei.

FINLAY PETER DUNNE

Am Rande einer Reformbewegung stehen Narren.

THEODORE ROOSEVELT

Das sind keine Reformer, die auf die Gegner keine Rücksicht nehmen, sondern die Gefühle der konservativen Menschen verletzen – statt mit dem Besten, was jene haben, zu wetteifern.

MAHATMA GANDHI

Es ist das ganze Wesen und die Würde der Menschheit, daß wir in sozialen Dingen tatsächlich erst die Kur finden müssen, ehe wir die Krankheit finden.

GILBERT KEITH CHESTERTON

Nur durch eine der größten und innersten Erneuerungen, die sie je durchgemacht hat, wird die Welt sich retten und erhalten können.

RAINER MARIA RILKE

In der Politik ist es niemals zu spät; es ist immer Zeit für einen neuen Anfang.

KONRAD ADENAUER

Niemand richtet in der Welt größeres Unheil an als der Weltverbesserer.

WALTER HUECK

Jeder hat ein Rezept, sofort die Welt zu verbessern, ausgenommen nur der, der ihre Triebfedern kennt.

WLADIMIR VON HARTLIEB

Gewisse Dinge reformieren wollen verrät Oberflächlichkeit, wenn sie von der Art sind, daß sie sich von selber bessern würden, wenn das ganze kulturelle Niveau sich hebt.

RICHARD BENZ

Schulreform ohne Gesellschaftsreform ist ein Unding.

KURT TUCHOLSKY

Reform hat keine Lieder.

HANS HABE

Leider wollen selbst die Progressiven zumeist nicht, daß der Mensch aufwacht, sondern nur, daß er anders träumt.

HANS KASPER

777

Reform

Die meisten Reformer führen eine Unmenge wilder Bewegungen aus, ohne sich von der Stelle zu rühren, genau wie ein paar Hosen an einer Wäscheleine im Wind.

AUSTIN O'MALLEY

Zuerst weht der neue Wind nur in großen Höhen.

WIESLAW BRUDZINSKI

Wenn ich für einen Tag König wäre, würde ich alle Reformen auf morgen verschieben.

SIR PETER USTINOV

Reformen kommen immer von den Benachteiligten. Wer vier Asse in der Hand hat, verlangt nicht, daß neu gegeben wird.

WILHELM HENNIS

Reform: Es tut sich was. Ohne daß etwas passiert.

WOLFGANG MOCKER

Weltverbesserer haben immer Konjunktur, weil das Geschäft mit Hoffnung auf Besseres sich niemals verschlechtern wird.

GERLIND FISCHER-DIEHL

Regierung

Niemand ist klüger als der Kaiser, niemand ist gewitzter als der erste Minister.

Chinesisches Sprichwort

Wer sich selbst nicht zügeln kann, ist zum Regieren unfähig.

KONFUZIUS

Ein wohlregierter Staat ist die großartigste Einrichtung; denn alles ist darin beschlossen: gedeiht er, gedeiht alles; stürzt er zusammen, stürzt alles zusammen.

EURIPIDES

Regieren ist kein Ding für Leute von Charakter und Erziehung.

ARISTOPHANES

Ist die Regierung maßvoll, so ist das Volk bieder und einfach; ist die Regierung scharf, so schafft sie ein Scherbenvolk.

LAO DSE

Regiere ein großes Volk, wie du kleine Fische brätst.

LAO DSE

Durch einen glücklichen Zufall kann ein Mann die Welt eine Zeitlang, aber dank der Liebe kann er sie für immer beherrschen.

LAO DSE

Bei der Besorgung seiner Regierungsgeschäfte hat sich der Herrscher nicht darum zu kümmern, ob das Volk ihm gut gesinnt ist, sondern nur darum, daß es gewaltsam verhindert wird, Übles ins Werk zu setzen.

HAN FEI-DSE

Es gibt keine unabänderliche Methode der Regierungskunst. Das, was wirkt, ist das Gesetz. Wenn die Gesetze der Zeit angepaßt sind, ist die Regierung gut; wenn die Regierung dem Leben der Menschen angepaßt ist, wird sie Erfolg haben.

HAN FEI-DSE

Gestrenge Herren regieren nicht lange.

SENECA

Versucht nicht, die, die euch anvertraut sind, zu beherrschen.

1 PETRUS 5,3

Regiert jemand, so regiere er sorgfältig.

RÖMERBRIEF 12,8

Große Reiche werden nicht durch Zaghaftigkeit aufrechterhalten.

TACITUS

Besser ist die schlechte Herrschaft mehrerer als die schlechte Herrschaft eines Tyrannen. Um einen solchen gesellen und schließen sich in würdelosem Einvernehmen alle Verderbten und zugleich auch die Guten, die von Angst getrieben werden.

GIROLAMO SAVONAROLA

Regieren heißt Widerstand leisten.

PÁNFILO DE NARVAEZ

Regierung

Heil und Verderb von Herrscher und Reich hängen am Kanzler.

NIZAM UL-MULK

Obrigkeit ändern und Obrigkeit bessern sind zwei Dinge, soweit von einander wie Himmel und Erde.

MARTIN LUTHER

Der Könige Missetat verbirgt kein Staub.

FRANCIS BACON

Da die Großen der Erde weder Gesundheit des Körpers noch Ruhe des Geistes geben können, erkauft man das Gute, das sie tun können, stets zu teuer.

LA ROCHEFOUCAULD

Die Fürsten sind viel betrügerischer als ihre Höfe.

CHRISTINE VON SCHWEDEN

In der Kunst des Regierens bleibt man immer Schüler.

CHRISTINE VON SCHWEDEN

Laß Toren streiten, welche Verfassung die beste sei; wo am besten regiert wird, ist die Verfassung die beste.

ALEXANDER POPE

Das göttliche Recht der Könige – schlecht zu regieren.

ALEXANDER POPE

Es kann keine vollkommene Regierung geben, weil die Menschen Leidenschaften haben; hätten sie aber keine, dann wäre eine Regierung unnötig.

VOLTAIRE

Jedes Land, in dem Betteln ein Beruf ist, wird schlecht regiert.

VOLTAIRE

Wenn die Fürsten um Provinzen spielen, bilden die Untertanen den Einsatz.

FRIEDRICH II. VON PREUSSEN

Weise Regierungen haben zwar jederzeit eingeräumt, daß vor Alters Wunder geschehen wären, neue Wunder aber nicht erlaubt.

IMMANUEL KANT

Eine weise Regierung hat mehr Macht als das Klima, den Charakter einer Nation zu veredeln.

JOHANN GEORG HAMANN

Das Wesen einer freien Regierung besteht in einer wirksamen Kontrolle der Rivalitäten.

JOHN ADAMS

Eine Verfassung ist für eine Regierung das, was die Gesetze für einen Gerichtshof sind. Das Gericht erläßt weder Gesetze, noch kann es sie ändern; es kann nur im Einklang mit den gegebenen Gesetzen handeln; und ebenso wird die Regierung von der Verfassung regiert.

THOMAS PAINE

Die Regierung, sogar die beste, ist nichts anderes als ein notwendiges Übel; die schlechteste ist unerträglich.

THOMAS PAINE

Es kann nicht alles ganz richtig sein in der Welt, weil die Menschen noch mit Betrügereien regiert werden müssen.

GEORG CHRISTOPH LICHTENBERG

Das ganze Regieren besteht aus der Kunst, ehrlich zu sein.

THOMAS JEFFERSON

Die Pflege menschlichen Lebens und Glückes, nicht ihre Vernichtung, ist das einzig zulässige Ziel einer guten Regierung.

THOMAS JEFFERSON

Welche Regierung die beste sei? Diejenige, die uns lehrt, uns selbst zu regieren.

JOHANN WOLFGANG VON GOETHE

Die wahre Regierung muß einem fruchtbaren Sommerregen gleichen, der das trockene Land befeuchtet, ohne daß man ihn hört.

FRIEDRICH MAXIMILIAN KLINGER

Eine Regierung, die sich für unfehlbar hielte, müßte sich gleich in die despotische Form kleiden.

ANTOINE DE RIVAROL

Die Kunst des Regierens ist, die Menschen nicht schal werden zu lassen.

NAPOLEON BONAPARTE

779

Regierung

Die Schwäche der obersten Gewalt ist das gräßlichste Unglück der Völker.

NAPOLEON BONAPARTE

Vergehungen der Regierung dürfen nicht den Völkern aufgebürdet oder diese für jene gestraft werden.

HEINRICH ZSCHOKKE

Eine Regierung, die maßlos wird, setzt sich gegen sich selbst in Aufstand und Widerspruch, und nach kurzem Taumeln spricht sie sich das eigene Urteil.

JOSEPH VON GÖRRES

Man darf von keiner Regierung Heldentum erwarten.

STENDHAL

Die Regierungen tun öfter Böses aus Feigheit denn aus Übermut.

LUDWIG BÖRNE

Wenn Regierungen krank sind, müssen die Völker das Bett hüten.

LUDWIG BÖRNE

Es wird zu viel regiert – hier ist das Übel.

LUDWIG BÖRNE

Regieren ist eine Kunst, keine Wissenschaft; und ein Schneiderjunge, der lesen und schreiben gelernt hat, versteht darum noch keinen Rock zu machen.

LUDWIG BÖRNE

Jetzt ist es doppelte Pflicht der Regierung, von ihrem Rechte keine Linie zurückzuweichen, jeder Anmaßung mit Kraft und ohne Zaudern entgegenzutreten, jede Unordnung, von welcher Seite sie komme, ohne weichliche Nachsicht zu strafen. Hört und bewilligt sie ebenso rasch jede gerechte und billige Forderung, so wird der Kraft auch schnell das Vertrauen zuwachsen. Eine solche rühmliche Unabhängigkeit, soll sie bestehen, so darf keinem Stande geschmeichelt, keinem ein Vorzug eingeräumt werden. Gerade in doppeltem Maße wird sich, was dem einen vorausgewährt, als Haß bei dem Zurückgestellten ansetzen.

WILHELM GRIMM

Die wohlfeilsten Regierungen sind vielleicht nicht die, die am wenigsten kosten, sondern die am wenigsten tun.

CARL GUSTAV JOCHMANN

Wir könnten uns damit abfinden, unter einem Lüstling oder einem Tyrannen zu leben; aber von einem Vielgeschäftigen regiert zu werden ist mehr, als die menschliche Natur ertragen kann.

THOMAS LORD MACAULAY

Parlamentarische Regierungen sind Regierungen durch die Rede.

THOMAS LORD MACAULAY

Das eben ist das Unglück der Könige, daß sie die Wahrheit nicht hören wollen.

JOHANN JACOBY

Eine schlechte Regierung erreicht den Moment der höchsten Gefahr, wenn sie versucht, sich zu bessern. Nur die höchste Staatskunst kann den Thron des Königs retten, wenn er sich nach langer Unterdrückung auf den Weg macht, das Los seiner Untertanen zu erleichtern.

ALEXIS DE TOCQUEVILLE

Herr, gib den Regierungen ein besseres Deutsch und den Deutschen dafür bessere Regierungen.

ADOLF GLASSBRENNER

Mit dem Belagerungszustand kann jeder Esel regieren.

CAMILLO GRAF CAVOUR

Die Regierungen sind gewöhnlich nicht besser als die Regierten.

SAMUEL SMILES

Alle Regierungen fordern blinden Glauben, sogar die göttliche.

FRIEDRICH HEBBEL

Es gibt Epochen, in denen es den Anschein hat, als ob zum Regieren gar nichts weiter notwendig wäre, als die Menschen gründlich zu verachten.

JÓZSEF VON EÖTVÖS

Es ist leichter zu kritisieren als zu regieren.

OTTO FÜRST BISMARCK

Regierung

Es gibt Zeiten, wo man liberal regieren muß, und Zeiten, wo man diktatorisch regieren muß; es wechselt alles, hier gibt es keine Ewigkeit.

OTTO FÜRST BISMARCK

Von ganzem Herzen begrüße ich den Leitsatz: Die Regierung ist am besten, die am wenigsten regiert. Wenn durchgeführt, läuft es auf folgendes heraus, woran ich auch glaube: Die Regierung ist am besten, die gar nicht regiert; und wenn die Menschheit dafür reif ist, wird das die Art ihrer Regierung sein.

HENRY DAVID THOREAU

Keine Regierung vermag Recht und Freiheit zu schützen, wo der Bürger nicht imstande ist, selber vor die Haustür zu treten und nachzusehen, was es gibt.

GOTTFRIED KELLER

Jeder Mann von Bedeutung, über den die Geschichte richtet, empfängt ein Gefolge, ohne das er nicht auftritt.

HERMAN GRIMM

Mit Beredsamkeit allein läßt sich ein Staat nicht regieren.

JOSEPH UNGER

Die Regierung wird vom Volke, nicht das Volk von der Regierung bestimmt. Das Volk hat stets die Regierung, die es verdient.

FRIEDRICH VON HELLWALD

Die Geschäfte eines Staates sind so umfangreich, daß ein Menschengeist sie nicht umspannt; man muß es den Ministern also zugute halten, daß sie blindlings führen.

ANATOLE FRANCE

Die Regierungen sind wie die Weine, die mit der Zeit milder und klarer werden. Auch die strengsten verlieren auf die Dauer etwas von ihrer Härte. Ich fürchte einen Staat in seiner ersten Jugendkraft.

ANATOLE FRANCE

Jede Regierung macht Mißvergnügte.

ANATOLE FRANCE

Die Regierung ist nicht das Volk.

AUGUST STRINDBERG

Wenn die Völker wüßten, mit wie wenig Verstand sie regiert werden, könnten sie keine Nacht mehr ruhig schlafen.

GEORGE BERNARD SHAW

Regieren heißt Einheit schaffen.

M. HERBERT

Die Regierenden dürfen sich immer auf das schlechte Gedächtnis der Völker verlassen.

MAXIMILIAN HARDEN

Wenn man ein Ministerium bildet, muß man immer ein Portefeuille für den größten der Minister reservieren – den der Zeit.

ARISTIDE BRIAND

Gegen den Untergang der Völker gibt es eben nur ein Mittel: daß die Guten herrschen und nicht die Feigen, Schlechten und Dummen.

PAUL ERNST

Die Regierung, außerstande, jedem das Seine zu geben, gibt allen dasselbe.

MAX JACOB FRIEDLÄNDER

Seit undenklichen Zeiten ist es das Recht des Untertanen, einer Obrigkeit, die schlecht regiert, die Mitwirkung zu versagen.

MAHATMA GANDHI

Jeder Arbeiter muß von dem Bewußtsein durchdrungen sein, daß er das Land regiert.

WLADIMIR I. LENIN

In manchen Ländern sind Satiriker überflüssig; die Regierung macht sich selbst lächerlich.

RODA RODA

Die Welt erstickt an der Herzlosigkeit und Naturlosigkeit derer, von denen sie regiert wird.

HERMANN HESSE

Manche regieren die Welt, andere sind die Welt.

FERNANDO PESSOA

Zwischen zwei Regierungen gilt von vornherein als ausgemacht, daß Falschheit und Verrat gerechtfertigt sind, solange sie unentdeckt bleiben.

JAWAHARLAL NEHRU

Regierung

Die Geschichte entscheidet sich stets für den,
der das Schicksal einer Nation aus ihrem
Charakter heraus erschafft.

FRANK THIESS

Es gibt keine Regierung, die nicht schuldig
ist: durch das, was sie deckt.

HENRY DE MONTHERLANT

Das Volk sieht die demokratischen Gesten
der Diktatur, aber nicht die autoritären
Praktiken der Demokratie: es glaubt von
jedem Regime das Beste.

SIGMUND GRAFF

Regieren heißt denken, entscheiden, handeln.

KURT GEORG KIESINGER

Immer schon hatten die Narren am Sockel
des Throns gesessen. Deshalb sahen sie
auch als erste, wenn er zu wackeln anfing.

STANISLAW JERZY LEC

Es ist herzzerreißend, daß die Welt noch
immer von Politikern regiert wird, wo doch
die Politik noch weiter hinter der
Wissenschaft zurückgeblieben ist als die
Literatur. Der geringste wissenschaftliche
Forscher ist unendlich viel wichtiger als der
größte Staatschef oder sonst ein berühmter
Mann.

EUGÈNE IONESCO

Die Menschheit ist nur noch durch
Massendruck auf die Regierungen zu retten,
anders nicht.

STEPHAN HERMLIN

So lange Regierungen häufig wechseln,
haben wir die beruhigende Gewißheit, in
keiner großen Zeit zu leben.

OLIVER HASSENCAMP

Die Welt wird nicht von Historikern regiert.
Wer könnte sich auch einen solchen Luxus
leisten?

SIR PETER USTINOV

Regierungen vergessen manchmal, daß sie
nicht die Hausbesitzer, sondern nur die
Hausmeister sind.

WOLFRAM WEIDNER

Es ist beruhigend festzustellen, daß die, die
uns regieren, eigentlich gar kein Volk
brauchen.

DIETER HILDEBRANDT

Geld regiert nicht die Welt, sondern die
Regierungen der Welt.

GERHARD UHLENBRUCK

Eine Regierung, die nichts weiter fürchten
muß als das Volk, kann lange dauern,
solange das Volk nichts weiter fürchtet als die
Regierung.

WOLF BIERMANN

In alten Märchen steckt oft mehr Wahrheit als
in neuen Regierungserklärungen.

WERNER MITSCH

Regierungen können sich nie irren, weil sie
immer an das Wohl des Volkes denken.

AUREL SCHMIDT

Regierungserklärung: es ist viel zu ändern.
Packen wir's weg.

WINFRIED THOMSEN

Regierungserklärung: Ausrede an die Nation.

HANS-HORST SKUPY

Man kann nicht mit Schlagstöcken regieren.

LECH WALESA

Reichtum

Wer vom Wein trunken ist, wird
wieder nüchtern; wer vom Reichtum
trunken ist, wird es nicht.

Sprichwort aus Sansibar

Oft sind die Bösen mit Reichtum beglückt,
und die Redlichen darben; aber um redlichen
Sinn tauschen den Reichtum wir nicht.

SOLON

Fehlt rechter Sinn, ist Reichtum kein
unschädlicher Hausgenosse.

SAPPHO

Reichtum

Schon manche sind durch Reichtum
zugrunde gegangen...

ARISTOTELES

Reichtum ist ein blinder Gast, er blendet
jenen, der stier auf ihn das Aug geheftet hat.

MENANDER

Ein großer Reichtum ist eine nach dem
Naturgesetz sich richtende Armut.

EPIKUR

Mit tierischer Geschäftigkeit häuft man einen
Berg von Reichtum an, das Leben aber bleibt
dabei arm.

EPIKUR

Fällt euch Reichtum zu, so hängt euer Herz
nicht daran.

PSALMEN 62,11

Keine Staatsform bietet ein Bild häßlicherer
Entartung, als wenn die Wohlhabendsten für
die Besten gehalten werden.

CICERO

Reich ist derjenige, der einen so großen
Besitz hat, daß er nichts mehr wünscht.

CICERO

Bei dem Weisen ist der Reichtum ein Diener;
bei dem Toren spielt er den Herrn.

SENECA

Es ist leichter, daß ein Kamel durch ein
Nadelöhr gehe, denn daß ein Reicher ins
Reich Gottes komme.

MATTHÄUS 19,24; LUKAS 18,25

Den Reichen gebiete, daß sie nicht stolz
seien.

1 TIMOTHEUS 6,17

Der Reichtum scheint mir einer Schlange zu
gleichen: Wenn man es bei dieser nicht
versteht, wie man sie ohne Gefahr anfassen
kann, indem man nämlich das Tier, ohne
gefährdet zu werden, von fern am Ende des
Schwanzes packt und herabhängen läßt, so
wird sie sich um die Hand herumwinden und
beißen.

CLEMENS VON ALEXANDRIEN

Den Charakter reicher Leute kann man
danach beurteilen, wofür sie Geld übrig
haben.

LÜ PU WE

Wenn der reich ist, der Wein besitzt, wie reich
ist derjenige, der den Wein macht!

AUGUSTINUS

Setze deinen Reichtum nicht auf den Rat
eines Armen.

JUAN MANUEL VON KASTILIEN

Wer in einem Tag reich werden will, der wird
in einem Jahr gehängt werden.

LEONARDO DA VINCI

Wenn ich alle Staaten im Geiste betrachte
und darüber nachsinne, so stoße ich auf
nichts anderes, so wahr mir Gott helfe, als
auf eine Verschwörung der Reichen, die den
Namen und Rechtstitel des Staates
mißbrauchen, um für ihren eigenen Vorteil
zu sorgen.

THOMAS MORUS

Fürsten sind reich, wenn ihre Untertanen es
sind.

CHRISTINE VON SCHWEDEN

Der Narr lebt arm, um reich zu sterben.

BARTHOLD HINRICH BROCKES

Nicht Geld bereichert ein Land, sondern der
Geist, der der Arbeit gebietet.

VOLTAIRE

Der Weg zum Reichtum liegt hauptsächlich in
zwei Wörtern: Arbeit und Sparsamkeit.

BENJAMIN FRANKLIN

Reich ist man nicht durch das, was man
besitzt, sondern mehr noch durch das, was
man mit Würde zu entbehren weiß; und es
könnte sein, daß die Menschheit reicher wird,
indem sie ärmer wird, und gewinnt, indem sie
verliert.

IMMANUEL KANT

Man muß nicht reicher scheinen wollen, als
man ist.

GOTTHOLD EPHRAIM LESSING

Reichtum

Es gehört schon etwas dazu, wenn ein einziger Mensch klug und reich werden soll, und meistens wird er es auf Unkosten der anderen.

JOHANN WOLFGANG VON GOETHE

Man kann Reichtum ohne Glück haben, wie man Frauen ohne Liebe hat.

ANTOINE DE RIVAROL

Reiche Menschen haben keine Leidenschaften mit Ausnahme verletzter Eitelkeit.

STENDHAL

Reichtum macht das Herz schneller hart als kochendes Wasser ein Ei.

LUDWIG BÖRNE

Der Reichtum gleicht dem Seewasser; je mehr man davon trinkt, desto durstiger wird man.

ARTHUR SCHOPENHAUER

Prozesse sind die Blumen, die am üppigsten auf den Gräbern reicher Leute blühen.

JOHANN NESTROY

Der Reichtum eines Menschen steht im Verhältnis zu den Dingen, die er sich leisten kann, außer acht zu lassen.

HENRY DAVID THOREAU

Immer und immer wieder hört man von den Übeln des Reichtumes und von der sündlichen Liebe zum Gelde, und doch hat sicherlich, nächst dem Wissenstriebe, keine andere Leidenschaft der Menschheit soviel Gutes getan.

HENRY THOMAS BUCKLE

Die Sünde des Reichtums besteht, abgesehen von der Nutznießung fremder Arbeit, auch darin, daß er Neid und Mißgunst weckt.

LEW N. GRAF TOLSTOJ

Wird der Reiche wahrhaft barmherzig, so hört er bald auf, reich zu sein.

LEW N. GRAF TOLSTOJ

Wer reich stirbt, stirbt entehrt.

ANDREW CARNEGIE

Überschüssiger Reichtum ist ein anvertrautes Heiligtum. Sein Besitzer ist verpflichtet, es zu Lebzeiten zum besten der Allgemeinheit zu verwalten.

ANDREW CARNEGIE

Menschen, die nach immer größerem Reichtum jagen, ohne sich jemals Zeit zu gönnen, ihn zu genießen, sind wie Hungrige, die immerfort kochen, sich aber nie zu Tisch setzen.

MARIE VON EBNER-ESCHENBACH

Wie die reichen Leute behaupten, dauert die Geldnot bei ihnen noch immer an.

DANIEL SPITZER

Der Reichtum ist eine Quelle nicht nur der Gesittung, sondern auch der Macht. Der Machtbesitz leitet, wie die Geschichte deutlich lehrt, unfehlbar zum Mißbrauche – bei Staaten, Völkern und einzelnen Individuen.

FRIEDRICH VON HELLWALD

Geistreich und wortarm – das sind die wohlhabendsten Leute!

FRANZ VON SCHÖNTHAN

Was dieses Jahrhundert anbetet, ist Reichtum. Der Gott dieses Jahrhunderts ist der Reichtum. Um Erfolg zu haben, muß man Reichtum besitzen; Reichtum um jeden Preis.

OSCAR WILDE

Menschen, die hart, habgierig und stets bereit sind, ihre Nachbarn auszunutzen, werden sehr reich.

GEORGE BERNARD SHAW

Reiche Männer ohne Überzeugung sind gefährlicher für die moderne Gesellschaft als arme Frauen ohne Keuschheit.

GEORGE BERNARD SHAW

Die meisten reichen Leute fürchten sich so vorm Sterben. Sie sind doch schon alle tot bei Lebzeiten, was gibt's da noch für ein Sterben?

PETER ALTENBERG

Reich und reich gesellt sich gern.

ELEONORE VAN DER STRATEN-STERNBERG

Reichtum beglückt, wenn wir ihn besitzen, und macht tief unglücklich, wenn er uns besitzt.

HEINRICH LHOTZKY

Reichtum ist die Bürde der Größe, Wohlfahrt die Fülle des Seins.

RABINDRANATH TAGORE

Es gibt keinen Ärmeren als den Reichen, der nicht weiß, wie zu verschwenden.

ARTHUR SCHNITZLER

Wenn ein Mann klug ist, wird er reich, und wenn er reich wird, wird er närrisch oder – seine Frau wird es.

FINLAY PETER DUNNE

Ein trauriger Reichtum, der zu nichts anderem dient, als vor Armut zu schützen.

SALOMON BAER-OBERDORF

Reichtum hat Vasallen, keine Kameraden.

LISA WENGER

Die Reichen sind meistens unzufrieden und unglücklich. Die reichen Leute von heutzutage: sie haben nichts mehr. Das sind die wahren Verhungerten.

ROBERT WALSER

Wenn du in einem Zitatenlexikon nachschlägst, wirst du wenig Gründe finden, warum ein vernünftiger Mensch den Wunsch hegen soll, reich zu werden.

ROBERT LYND

Armut ist keine Schande, Reichtum auch nicht.

CURT GOETZ

Der sicherste Reichtum ist die Armut an Bedürfnissen.

FRANZ WERFEL

So anständig, wie man arm bleibt, kann man nicht reich werden.

WILHELM PLEYER

Reichtum schenkt sich nicht dem ersten Blick.

PETER MAX BOPPEL

Reichtum ohne Grazie ist eine Form von komfortabler Barbarei.

OTTO ROMBACH

Der größte Luxus des Reichtums ist es, daß er dich in die Lage versetzt, vielen guten Ratschlägen zu entgehen. Die Reichen beraten die Armen fortwährend, aber die Armen erlauben sich selten, das Kompliment zu erwidern.

SIR ARTHUR HELPS

Oft ist es der Reichtum, der dem Menschen ein Armutszeugnis ausstellt.

GERHARD UHLENBRUCK

Die Reichen haben eine ebenso lebhafte wie unbegreifliche Leidenschaft für Sonderangebote.

FRANÇOISE SAGAN

Das wirkliche Drama der reichen Leute ist, daß es immer noch reichere gibt.

KARL LAGERFELD

Wer bläst schon ins Füllhorn, um seinen Reichtum hinauszuposaunen?

HANS-HORST SKUPY

Reise

Es liegt kein Segen auf der Frau, die reist, und es liegt kein Segen auf dem Mann, der nicht reist.

Afrikanische Weisheit

Er wollte sehen, ob der Herr zu seiner Reise Gnade gegeben hätte.

1 MOSE 24,21

Der echte Reisende ist immer ein Landstreicher, mit den Freuden und Versuchungen und der Abenteuerlust.

KONFUZIUS

Was wunderst du dich, daß deine Reisen dir nichts nützen, da du dich selbst mit herumschleppst?

SOKRATES

Reise

Man soll nur soviel auf die Reise mitnehmen, wie bei einem Schiffbruch mitschwimmen kann.

ANTISTHENES

Eine Reise von tausend Meilen beginnt mit einem (ersten) Schritt.

LAO DSE

Wie Blinde zu scharf Sehenden, so verhalten sich solche, die nie eine Reise gemacht haben, zu Vielgereisten.

PHILO VON ALEXANDRIA

Was kann das bloße Reisen einem schon nützen? Es befreit unsere Seele nicht von ihren Leidenschaften. Das bloße Hin und Her der Reiseeindrücke macht uns seelisch noch labiler und oberflächlicher. So kommt es, daß die Menschen die Reiseorte, nach denen sie mit aller Gewalt wollten, noch eilfertiger wieder verlassen; sie erledigen alles wie im Fluge – wie die Vögel, reisen schneller ab, als sie kamen.

SENECA

Nirgends ist, wer überall ist. Die ihr Leben auf Reisen verbringen, haben viele Gastfreunde, aber keine Freunde.

SENECA

Für eine kleine Belohnung wird ein Mensch auf eine lange Reise eilen, während viele kaum einen Schritt für das ewige Leben unternehmen.

THOMAS VON KEMPEN

Ich möchte Weltbürger sein, überall zu Hause und – was noch entscheidender ist – überall unterwegs.

ERASMUS VON ROTTERDAM

Es ist seltsam, daß Leute auf Seereisen, wo sie nichts als Himmel und Wasser erblicken, Tagebücher führen, auf Landreisen dagegen, wo es so viel zu beobachten gibt, es meistens unterlassen. Als ob Zufälligkeiten sich besser zum Aufzeichnen eigneten als sorgfältige Beobachtungen.

FRANCIS BACON

Das Reisen dient in jüngeren Jahren der Erziehung, in reiferen der Erfahrung.

FRANCIS BACON

Wer in ein Land reist, bevor er einigermaßen in dessen Sprache eingedrungen ist, sollte lieber zur Schule gehen, aber nicht auf Reisen.

FRANCIS BACON

Was gilt bei uns ein Mann, der nicht weit gereiset hat?

PAUL FLEMING

Ein Mensch lernt seinen Begleiter auf einer langen Reise und in einem kleinen Gasthaus genau kennen.

THOMAS FULLER

Der Sinn des Reisens besteht darin, die Meinung mit der Realität auszugleichen, und – anstatt zu denken, wie die Dinge sein könnten – sie so zu sehen wie sie sind.

SAMUEL JOHNSON

Wenn man nur anlangen will, so mag man in einer Postchaise rennen, aber wenn man reisen will, muß man zu Fuß gehen.

JEAN-JACQUES ROUSSEAU

Unter tausend Reisenden sind nicht neunhundertneunundneunzig, die wahr erzählen.

JOHANN CASPAR LAVATER

Niedrige und spießbürgerliche Geister bleiben im Lande und sitzen da fest – höhere aber reisen.

JOHANN GOTTFRIED HERDER

Die beste Bildung findet ein gescheiter Mensch auf Reisen.

JOHANN WOLFGANG VON GOETHE

Das ist das Angenehme auf Reisen, daß auch das Gewöhnliche durch Neuheit und Überraschung das Ansehen eines Abenteuers gewinnt. Man reist ja nicht, um anzukommen, sondern um zu reisen.

JOHANN WOLFGANG VON GOETHE

Wir lernen die Menschen nicht kennen, wenn sie zu uns kommen; wir müssen zu ihnen gehen, um zu erfahren, wie es mit ihnen steht.

JOHANN WOLFGANG VON GOETHE

Reise

Um zu begreifen, daß der Himmel überall blau ist, braucht man nicht um die Welt zu reisen.

JOHANN WOLFGANG VON GOETHE

Zum Reisen gehört Geduld, Mut, guter Humor, Vergessenheit aller häuslichen Sorgen und daß man sich durch widrige Zufälle, Schwierigkeiten, böses Wetter, schlechte Kost und dergleichen nicht niederschlagen läßt.

ADOLPH VON KNIGGE

Manche Leute reisen, um Neues zu sehen; aber sie sehen das Neue leider immer mit alten Augen.

CHARLOTTE VON KALB

In den besten Reisebeschreibungen interessiert uns doch der Reisende am meisten, wenn er sich nur zeigen mag. Wer eine Reise beschreibt, beschreibt damit sich immer auch selber.

JEAN PAUL

Der Reisende ist wie ein Historiker, wie dieser hat er getreulich von dem zu berichten, was er gesehen oder gehört hat, und nichts darf er erfinden, aber auch nichts übergehen.

CHATEAUBRIAND

Welche Lust gewährt das Reisen!

FRANÇOIS ADRIENNE BOIELEDIEU

Wer auf Wanderschaft gehen will, muß erst in der Heimat flügge geworden sein. Nur der Wanderreife ist reiserecht. Kleider und Schuh, Geld und Paß machen nicht allein reisefertig.

FRIEDRICH LUDWIG JAHN

Was ich beim Reisen am meisten liebe, ist das Erstaunen bei der Rückkehr. Es verklärt die albernsten Menschen und die nichtigsten Dinge.

STENDHAL

Wenn wir kein anderes Volk sehen als nur unser eigenes, so bleiben wir der Menschheit etwas schuldig, über die wir aus eigenen Erfahrungen und nicht aus Büchern uns unser Urteil bilden sollten. Nichts kommt der persönlichen Untersuchung der Dinge und unseren eigenen Wahrnehmungen gleich.

LORD BYRON

Das Nomadenleben, welches die unterste Stufe der Zivilisation bezeichnet, findet sich auf der höchsten im allgemein gewordenen Touristenleben wieder. Das erste ward von Not, das zweite von der Langeweile herbeigeführt.

ARTHUR SCHOPENHAUER

Wem Gott will rechte Gunst erweisen, den schickt er in die weite Welt...

JOSEPH VON EICHENDORFF

Reisen ist das Zusammenraffen eines langen Lebens in die Spanne weniger Jahre und darum eine der heilsamsten Übungen für des Menschen Herz und Hirn.

ALPHONSE DE LAMARTINE

Glücklich ist, wer vom Reisen als beste Beute den Spruch heimbringt: Gottlob, daß ich wieder zu Hause bin.

JEREMIAS GOTTHELF

Hier eine Erfindung, um noch schneller zu reisen, immer noch schneller: Man setze die Reisenden bequem in eine Kanone und versende sie von dort aus so schnell wie Kanonenkugeln nach jeder ihnen beliebigen Richtung der Welt. Zweifellos hätte damit die Zivilisation einen großen Fortschritt gemacht. Wir gehen dieser glücklichen Zeit entgegen, die den trennenden Raum wird besiegt haben, aber nicht besiegt haben wird die Langeweile, wächst doch dann täglich die Notwendigkeit, die leeren Stunden auszufüllen, die bisher durch das Kommen und Gehen einigermaßen ausgefüllt worden sind.

EUGÈNE DELACROIX

Oh, reisen, reisen! – Das ist doch das glücklichste Los! Und deshalb reisen wir auch alle, alles reist im ganzen Universum. Selbst der ärmste Mensch besitzt das geflügelte Pferd des Gedankens, und wenn er schwach und alt wird, dann nimmt ihn der Tod doch mit auf die Reise, wir reisen.

HANS CHRISTIAN ANDERSEN

Reisen heißt jeden Tag sterben und wiedergeboren werden!

VICTOR HUGO

Reise

Die Entfernungen nehmen ab, die Menschen kommen sich näher.

VICTOR HUGO

Wie schön ist eine lange, lange Reise! Wie oft habe ich danach wie nach einem Rettungsanker gegriffen! Und wie oft hat mich so eine Reise errettet!

NIKOLAJ W. GOGOL

Reisen ist das beste, ja das einzige Heilmittel gegen Kummer.

ALFRED DE MUSSET

Eine Reise ist ein Trunk aus der Quelle des Lebens.

FRIEDRICH HEBBEL

Wenn es Zweck des Reisens ist, sich zu enthusiasmieren und innerhalb des Enthusiasmus sich glücklich zu fühlen, so kann man nicht früh genug auf Reisen gehen. Handelt es sich umgekehrt um jene gerechte Würdigung, die verständig gewissenhaft abwägt zwischen Daheim und Fremde, zwischen Altem und Neuem, so kann man seinen Wanderstab nicht spät genug in die Hand nehmen.

THEODOR FONTANE

Wenn du reisen willst, mußt du die Geschichte dieses Landes kennen und lieben.

THEODOR FONTANE

Es ist immer schmerzlich, einen Ort zu verlassen, an den man nie wieder zurückkehren wird. Das gehört zu jenen Melancholien, die vielleicht der Reisen beste Frucht sind.

GUSTAVE FLAUBERT

Wenn der Mensch noch so gerne immer in das Fernste schweifen möchte, er wird doch immer wieder mit der Nase auf das Nächstliegende gestoßen. Schön ist es freilich nicht immer.

WILHELM RAABE

Das Wichtigste für einen Reisenden ist der Weggenosse: in Gesellschaft eines guten und verständigen Gefährten lassen sich selbst Kälte und Hunger leichter ertragen.

NIKOLAJ S. LESKOW

Der hauptsächlichste Nutzen des Reisens besteht darin, die zahllosen Methoden kennenzulernen, wie man am unpraktischsten Fenster verschließt.

DANIEL SPITZER

Reisen ist tödlich für Vorurteile.

MARK TWAIN

Jeder trägt sein eigenes Zentimetermaß des Geschmacks mit sich und amüsiert sich, es trimphierend anzulegen, wo immer er reist.

HENRY ADAMS

Reisen heißt, Fühlung nehmen mit gewissen Stätten, die unser eigenes Leben wachrufen.

ODILON REDON

Reisen heißt, Ungewohntes sehen und Gewohntes entbehren.

ELEONORE VAN DER STRATEN-STERNBERG

Unsere modernen Reisebücher sind geschrieben, als gäbe es nichts als Kunstwerke und schöne Landschaften, von denen man die ersteren am Sonntag anschaut, wo der Eintritt frei ist, die letzteren hingegen auch am Werktag, weil sie immer gratis sind.

JOSEF HOFMILLER

Wird das Reisen zu leicht und zu bequem gemacht, so geht sein geistiger Sinn verloren. Allein ein gewisses Gefühl der Einsamkeit, das auf der Reise entsteht, führt den Menschen zum Nachdenken über den Sinn des Lebens; denn das Leben ist schließlich auch eine Reise von einem Unbekannten zum andern.

DAISEZ TEITARO SUZUKI

Reiseerfahrung: Jede Reise ist um die letzte Stunde zu lang.

ALFRED POLGAR

Das Reisen ist ein Handwerk: Wer es am besten beherrscht, den freut es am meisten.

WILLIAM SOMERSET MAUGHAM

Die Leidenschaft des Reisens ist das weiseste Laster, welches die Erde kennt.

BRUNO H. BÜRGEL

Reise

Reisen? Dieser Augenzwang!

PAUL VALÉRY

Der Weltenbummler: manche Leute brauchen Zeit, um den Raum zu überwinden; andere Leute brauchen den Raum, um die Zeit totzuschlagen.

WALTER HUECK

Der Reisende sieht sich die Welt an: aber das hat zur Folge, daß er sich die einzige Welt, die wirklich ist, nämlich seine eigene, niemals ansieht!

EGON FRIEDELL

Wichtig ist nur die Reise zu sich selbst.

ROBERT WALSER

Manche Menschen reisen hauptsächlich in den Urlaub, um Ansichtskarten zu kaufen, obwohl es doch vernünftiger wäre, sich diese Karten kommen zu lassen.

ROBERT MUSIL

Der Sinn des Reisens ist, an ein Ziel zu kommen, der Sinn des Wanderns, unterwegs zu sein.

THEODOR HEUSS

Motiv für die Apologie des Reisenden: Fremder Alltag ist süß.

INA SEIDEL

Nur langsame Reisen lohnen. Die Reisezeit verhält sich zum Reiseziel wie die Hoffnung zur Enttäuschung.

RICHARD KATZ

Welche harmlose Freude ist es doch immer, wenn man auf Reisen sein Gepäck wiedersieht.

CURT GOETZ

Ein Mensch reist, um zu empfinden und zu leben. In dem Maße, als er das Land sieht, ist er es selber, der vielmehr die Mühe lohnt, gesehen zu werden. Er macht sich mit jedem Tag reicher mit all dem, was er entdeckt.

ANDRÉ SUARÉS

Der Morgen ist voll von Touristen auf der Suche nach Wechselstuben.

RAMÓN GÓMEZ DE LA SERNA

Entwirf deinen Reiseplan im großen – und laß dich im einzelnen von der bunten Stunde treiben. Die größte Sehenswürdigkeit, die es gibt, ist die Welt: sieh sie dir an.

KURT TUCHOLSKY

Das Reisen ist eine Sache des Herzens. Und wie das Herz unendlich ist, so ist es das Reisen: Diese Unendlichkeit steht jedem zu erfahren offen.

WERNER BERGENGRUEN

Reisen sollte nur ein Mensch, der sich ständig überraschen lassen will.

OSKAR MARIA GRAF

Reisen war früher ein Vergnügen; heute ist es ein Gewerbe.

LIN YUTANG

Ein guter Reisender ist ein Mensch, der nicht weiß, wohin die Reise geht.

LIN YUTANG

Es ist kein Reisen mit Frauen, denen es nur darauf ankommt, an anderen Orten ihre neuesten Moden vorzuführen.

LEÓN BLANCHARD

Man sieht oft mit den Fuß-Sohlen besser als mit den Augen. So, wenn man sich mit einer fremden Stadt bekannt machen will.

RICHARD FRIEDENTHAL

Das Salz des Reisens sind die glücklichen Zufälle.

PETER BAMM

Eine Reise ist, wie die Liebe, eine Fahrt ins Unbekannte.

PETER BAMM

Die Sehenswürdigkeiten gehören zu den härtesten Pflichten, die die Kultur dem europäischen Reisenden auferlegt.

PETER BAMM

Auf Reisen begreifen wir am leichtesten den Satz: Schönes, allein genossen, schmerzt.

SIGMUND GRAFF

Reisen ist: die Flucht vom Alltag ins All.

ANITA

Reise

Der Reiz des Reisens beruht auf dem Zauber des Überflüssigen und dem Neid der Daheimgebliebenen.

SIGMUND GRAFF

Reisen veredelt den Geist und räumt mit allen unseren Vorurteilen auf.

OSCAR WILDE

Wir reisen von Hause fort, um – reicher an Leben – heimzukehren.

HANS MARGOLIUS

Der Tourismus ist die Völkerwanderung der Neuzeit.

HALLDÓR LAXNESS

Die Männer haben ihre Reisen, die Frauen haben ihre Geliebten.

ANDRÉ MALRAUX

Der Fremdenverkehr und das Reisen fördern den Frieden. Es ist beinahe unmöglich, ein Volk zu hassen, das man näher kennengelernt hat.

JOHN STEINBECK

Unterwegs sein ist etwas anderes als auf dem Weg sein.

PETER MAX BOPPEL

So schön sind die Reisen niemals gewesen, wie sie in den Augenblicken des Heimkommens sind.

ERHART KÄSTNER

Zwei Dinge sind notwendig, damit man gut reist: ein Smoking und ein Schlafsack.

GUY DE LARIGAUDIE

Man reist nicht mehr, man wird befördert.

ROBERT LEMBKE

Über das Reisen ist schon so viel Gutes gesagt worden – nur nicht von denen, die dauernd reisen müssen.

MALCOLM FORBES

Neue Entfernungsmaße: Bis 200 km – Besuch; bis 500 km – Ausflug; ab 1000 km – Urlaub.

OLIVER HASSENCAMP

Reisende reisen; Touristen werden gereist.

GÜNTHER CWOJDRAK

Ob die weite Welt wirklich weit ist, das liegt an jedem Menschen.

ILSE AICHINGER

Reisefertig: Erschöpfungszustand nach Urlaubsreise.

RON KRITZFELD

Auslandsreisen gehören schon deshalb zu den Freuden des Bürgers, weil sie ihm immer wieder, immer aufs neue, die unbeschreiblichen Wonnen der Heimkehr vermitteln.

EPHRAIM KISHON

Touristen sind Urlauber auf Tournee.

WOLFRAM WEIDNER

Touristen sind Leute, die an den Äquator fahren, um nach einer schattigen Stelle zu suchen.

WOLFRAM WEIDNER

Man soll reisen, bevor man einen Medikamentenkoffer braucht.

WALTER SEDLMAYR

Durch den Tourismus erfahren die Menschen, wie weit sie sich voneinander entfernt haben.

ERNST R. HAUSCHKA

Wer die Fremde entdecken will, muß sie mit der Heimat vergleichen.

ERNST R. HAUSCHKA

Touristen sind eine unbewaffnete Besatzungsarmee auf Zeit.
Wer unablässig unterwegs ist, sollte einmal überprüfen, ob sein Ziel nicht vielleicht der Horizont ist.

HORST DRESCHER

Reisen heißt, die Wahrscheinlichkeit von Zufällen vergrößern.

GERHARD UHLENBRUCK

Das Reisen ist wichtig, wenn man sich zu Hause wohl und zufrieden fühlen soll.

SIEGFRIED THOMAS

Strandbekanntschaften sind meistens auf Sand gebaut.

GERD W. HEYSE

Eine Frau reist mit Gefühl, ein Mann mit Foto- und Filmapparat.

HEINZ WEDER

Fazit einer Reise: endlich wieder im eigenen Bett.

HEINZ WEDER

Mit dem Reisen ist es so: Wer Kenntnisse von seinen Reisen nach Hause bringen will, muß schon Kenntnisse mit sich führen, wenn er abreist.

JAMES BOSWELL

Was liegt beim Reisen näher als die Ferne?

WERNER MITSCH

Mit aufwendigen Reisen versuchen viele Menschen, etwas Vakuum in ihre Inhaltslosigkeit zu pumpen.

WERNER MITSCH

Auch glücklich landende Reisegesellschaften kann man Flugkatastrophen nennen.

WERNER SCHNEYDER

In Gedankenschnelle reist man am kürzesten.

EGBERT SCHEESKRACH

Reisen: das ist ein Flirt mit der fremden Landschaft.

RICHARD MUNK

Urlaubsgepäck – gebündelte Illusionen.

HANS-HORST SKUPY

Wichtigstes Reisegepäck: Sein Zuhause mitnehmen.

HANS-HORST SKUPY

Reisen bilden. Cliquen.

HANS-HORST SKUPY

Touristen – laufendes Kapital.

HANS-HORST SKUPY

Touristen sind unbewaffnete Okkupanten.

ŽARKO PETAN

Religion

Wer dem Altar dient, lebt vom Altar.

Italienisches Sprichwort

Wer dem Gebot der Götter gehorcht, den hören sie wieder.

HOMER

Mach dir deine eigenen Götter, und unterlasse es, dich mit einer schnöden Religion zu beflecken.

EPIKUR

Wer nun mich bekennt vor den Menschen, zu dem will ich mich auch bekennen vor meinem himmlischen Vater.

MATTHÄUS 10,32; LUKAS 12,8

Zieht in den Kampf, leicht und schwer, und kämpft mit Gut und Blut für die Religion Gottes; dies wird besser für euch sein, wenn ihr es nur einsehen möget.

KORAN

Das Kleid macht nicht den Mönch – Gott verlangt von uns nur das Herz religiös.

DANTE ALIGHIERI

Religion ist nicht Philosophie, sondern in jedem Staate Gesetz; und darum ist sie nicht zu erörtern, sondern zu erfüllen.

THOMAS HOBBES

Jeder Mensch, sei es zu seinem Entsetzen oder zu seinem Trost, hat ein gewisses religiöses Gefühl.

JAMES HARRINGTON

Jede Religion ist falsch, die in ihrem Glauben nicht einen Gott als Grund aller Dinge verehrt.

BLAISE PASCAL

Religion hat nichts mehr zu fürchten, als unzureichend verstanden zu werden.

STANISLAW LESZCZYNSKI

Wir haben gerade Religion genug, um einander zu hassen, aber nicht genug, um einander zu lieben.

JONATHAN SWIFT

Religion

Die Religion scheint mit zunehmendem Alter wieder zum Kind geworden zu sein. Wie in ihrer Kindheit braucht sie Wunder zur Pflege.

JONATHAN SWIFT

Es gibt eine Sache, die man bisweilen dem Willen des Herrschers entgegenstellen kann: die Religion.

MONTESQUIEU

Die Menschen sind noch nicht vernünftig genug. Sie begreifen nicht, daß Religion jeder Art und Staatsgewalt ebenfalls jeder Art streng zu trennen sind; daß Religion ebenso Privatsache sein muß wie das, was man kocht und wie man es kocht; daß es ebenso erlaubt sein muß, dem Herrgott auf seine Art zu dienen wie zu essen, was einem schmeckt; und daß, wenn man sonst die Gesetze befolgt, der Magen und das Gewissen sich völliger Freiheit erfreuen müssen.

VOLTAIRE

Wenn die Menschen trotz der Religion so schlecht sind, wie würde es ohne sie sein?

BENJAMIN FRANKLIN

Jede Religion muß geduldet werden, denn in diesem Lande muß jedermann auf seine Weise in den Himmel kommen.

FRIEDRICH II. VON PREUSSEN

Jede falsche Religion steht mit der Natur im Konflikt.

JEAN-JACQUES ROUSSEAU

Die Religion hat viel Schlechtes und nur wenig Gutes hervorgebracht.

HELVÉTIUS

Religion ist die Erkenntnis aller unserer Pflichten als göttliche Gebote.

IMMANUEL KANT

Der Mensch ist seiner Beschaffenheit nach ein religiöses Tier.

EDMUND BURKE

Wir wissen – und was noch besser ist, wir fühlen, daß Religion die Grundlage der bürgerlichen Gesellschaft und die große Quelle allen Segens und allen Trostes in jeder menschlichen Verbindung ist.

EDMUND BURKE

Eine einzige Religion zusammenflicken, ehe man bedacht ist, die Menschen zur einmütigen Ausübung ihrer Pflichten zu bringen, ist ein leerer Einfall. Macht man zwei böse Hunde gut, wenn man sie in eine Hütte sperrt?

GOTTHOLD EPHRAIM LESSING

Jede Religion ist gut, die die Menschheit lehrt, gut zu sein.

THOMAS PAINE

Die Geschichte lehrt, daß übertriebener Religionseifer der größte Fallstrick der Menschen gewesen ist.

WILHELM LUDWIG WEKHRLIN

Erwarte keine Religion in Zeiten, in denen es leichter ist, einem Heiligen zu begegnen als einem Menschen.

HEINRICH FÜSSLI

All die verschiedenen Religionen sind nur so viele religiöse Dialekte.

GEORG CHRISTOPH LICHTENBERG

Die geschnitzten Heiligen haben in der Welt mehr ausgerichtet als die lebendigen.

GEORG CHRISTOPH LICHTENBERG

Ist es nicht sonderbar, daß die Menschen so gerne für die Religion fechten und so ungerne nach ihren Vorschriften leben?

GEORG CHRISTOPH LICHTENBERG

Die Religion ist die höchste Humanität des Menschen.

JOHANN GOTTFRIED HERDER

Die Religion ward, wahr oder falsch, recht oder irre geführt, die Belehrerin der Menschen, die ratgebende Trösterin ihres so dunklen, so gefahr- und labyrinthvollen Lebens.

JOHANN GOTTFRIED HERDER

Es gibt nur zwei wahre Religionen: die eine, die das Heilige, das in und um uns wohnt, ganz formlos, die andere, die es in der schönsten Form anerkennt und anbetet. Alles, was dazwischenliegt, ist Götzendienst.

JOHANN WOLFGANG VON GOETHE

Religion

Wer Wissenschaft und Kunst besitzt, hat auch Religion; wer jene beiden nicht besitzt, der habe Religion.

JOHANN WOLFGANG VON GOETHE

Im Unglück klammert sich auch wohl der Schlechteste an Religion und Moral. Er will uns dann glauben machen, er gehöre ihnen an, habe sein Schicksal nicht so verdient, wie es ihn getroffen. Darum zeigen wir auch nur im Glück recht aufrichtig, wie wir es mit beiden meinen.

FRIEDRICH MAXIMILIAN KLINGER

Religion ist die einzige Philosophie, die das Durchschnittshirn verstehen und annehmen kann.

JOSEPH JOUBERT

Wenn die Religion in einem Lande wankt, so wankt sie nicht allein.

FRIEDRICH VON SCHILLER

Kraft und Liebe sind zwei Gegensätze des inneren Menschen; aber Religion ist die göttliche Gleichsetzung beider und der Mensch im Menschen.

JEAN PAUL

Wo Religion ist, werden Menschen geliebt sowie Tiere und das All. Jedes Leben ist ja ein beweglicher Tempel des Unendlichen.

JEAN PAUL

Die Religion ist die Wurzel menschlichen Daseins. Wäre es dem Menschen möglich, alle Religion, auch die unbewußte und unwillkürliche, zu verleugnen, so würde er ganz Oberfläche werden, und kein Inneres wäre dabei.

AUGUST WILHELM VON SCHLEGEL

Religion ist Liebe der Schönheit.

FRIEDRICH HÖLDERLIN

Alle Religion ist egoistisch und fängt mit der Unsterblichkeit an.

FRIEDRICH VON SCHLEGEL

Das sind glückliche Leute, die überall Gott vernehmen, überall Gott finden. Diese Leute sind eigentlich religiös.

NOVALIS

Die Religion ist nicht die Kunst; die Religion ist die höchste Gabe Gottes; sie kann nur von der Kunst herrlicher und verständlicher ausgesprochen werden.

PHILIPP OTTO RUNGE

Die Religionen sind wie die Leuchtwürmer: sie bedürfen der Dunkelheit, um zu leuchten.

ARTHUR SCHOPENHAUER

Religion ist die Metaphysik des Volkes.

ARTHUR SCHOPENHAUER

Religion ist die Poesie der unpoetischen Menschen.

FRANZ GRILLPARZER

Die Irreligiösen sind religiöser, als sie selbst wissen, und die Religiösen sind's weniger, als sie meinen.

FRANZ GRILLPARZER

An die Wahrheit der geistigen Welt glauben: das ist Religion.

LEOPOLD VON RANKE

Selbst der harmlose Gläubige wird mißtrauisch, wenn er in der Religion auch politische Absicht wittert.

HEINRICH HEINE

Was ist jetzt die Religion der Welt? Sie hat die lichtere Seite des Evangeliums aufgegriffen, seine Botschaft des Trostes, seine Gebote der Liebe; alle dunkleren, tieferen Ansichten von der Lage des Menschen und seinen Aussichten sind vergleichsweise vergessen. Das ist die einem zivilisierten Zeitalter natürliche Religion, und gut hat Satan sie aufgezogen und vollendet zu einem Trugbild der Wahrheit.

JOHN HENRY KARDINAL NEWMAN

Wenn die Religion von dem vielen Dampf, den sie machen muß, nur nicht bald selbst verdampft...

CHRISTIAN DIETRICH GRABBE

Eine Religion, die sich vor der Wissenschaft fürchtet, schändet Gott und begeht Selbstmord.

RALPH WALDO EMERSON

793

Religion

Der Ursprung, ja das eigentliche Wesen der Religion, ist der Wunsch. Hätte der Mensch keine Wünsche, so hätte er auch keine Götter. Was der Mensch sein möchte, aber nicht ist, dazu macht er seinen Gott.

LUDWIG FEUERBACH

Die Religion ist die beste, welche die Vielen eint, den Einzelnen kräftigt, den Stolzen beugt, die uns das Leben lieben und den Tod mit Ergebung erwarten macht.

ERNST VON FEUCHTERSLEBEN

Religion ist das tiefste und letzte Bedürfnis des hochgebildeten Menschen. Er fühlt, daß er verehren und anbeten muß, und sucht sich dieses Gefühl zu deuten, um ergeben und klar im Lichte der Gottheit zu wandeln.

ERNST VON FEUCHTERSLEBEN

Die Religion für sich allein bildet den Menschen nicht zum ganzen Menschen wie das Schöne; sie ist tiefer, aber einseitiger.

FRIEDRICH THEODOR VISCHER

Alle Religionen sind schön, die uns zu guten Menschen machen.

BERTHOLD AUERBACH

Es ist am Ende an der Religion das beste, daß sie Ketzer hervorruft.

FRIEDRICH HEBBEL

Man sagt gewöhnlich, die Religion sei nur für denjenigen ein Bedürfnis, der sich nicht glücklich fühlt. Aber wer könnte sich denn glücklich fühlen in dieser Welt, wo nichts sicher ist und der nächste Augenblick uns alles rauben kann, woran unsere Seligkeit hängt?

JÓZSEF VON EÖTVÖS

Eben die ausgezeichnetsten Menschen bedürfen der Religion am meisten, weil sie die engen Grenzen unseres menschlichen Verstandes am lebhaftesten empfinden.

JÓZSEF VON EÖTVÖS

Konfessionell kann eine Regierung nur dann auftreten, wenn sie eine Staatsreligion hat. Eine solche haben wir nicht.

OTTO FÜRST BISMARCK

Es gibt nur einen einzigen, mächtigen Hebel der Zivilisation: die Religion.

JOHANN JAKOB BACHOFEN

Die Religion ist der Seufzer der bedrängten Kreatur, das Gemüt einer herzlosen Welt, wie sie der Geist geistloser Zustände ist. Sie ist das Opium des Volkes.

KARL MARX

Jeder Mensch soll sich seine religiösen Bedürfnisse selbst ordnen und befriedigen, und dazu sollen Aufklärung und Bildung ihm verhelfen.

GOTTFRIED KELLER

Die Religion, einmal gebildet, enthält stets einen überlieferten Stoff, wie denn auf allen ideologischen Gebieten die Tradition eine große konservative Macht ist.

FRIEDRICH ENGELS

Selbst wenn es keinen Gott gäbe, wäre die Religion noch immer heilig und göttlich.

CHARLES BAUDELAIRE

Es ist eine überall bestätigte Wahrheit, daß im Gehirn der Nationen der kindischste Aberglaube mit den reinsten religiösen Empfindungen verschmilzt.

CHARLES BAUDELAIRE

Wissenschaft und Kunst ohne religiöse Grundlage sind Unfug und ein Übel.

LEW N. GRAF TOLSTOJ

Die Religion besteht aus einer Reihe von Dingen. Der Durchschnittsmensch denkt, daß er an sie glaubt, und wünscht, daß er sicher wäre.

MARK TWAIN

Die Religion ist eine Straße zu Gott. Eine Straße ist kein Haus.

SRI RAMAKRISHNA

Genau wie man die Spitze eines Hauses mittels einer Leiter oder eines Bambusstabes oder einer Treppe oder eines Seiles erreichen kann, so verschieden sind die Mittel und Wege, mit denen man sich Gott nähern kann, und jede Religion in der Welt zeigt einen dieser Wege.

SRI RAMAKRISHNA

Religion

Durchschnittsmenschen reden stundenlang über Religion, handeln aber nicht eine Sekunde lang dementsprechend. Der Kluge spricht wenig, sein ganzes Leben aber ist eine in die Tat umgesetzte Religion.

SRI RAMAKRISHNA

Eine Religion, die sich gegen die Wissenschaft stemmt, degradiert sich selbst zu einer Einrichtung für den unwissenden Troß.

ROSALIE PERLES

Es ist Religion, an keinen Gott zu glauben – ihn glauben heißt, ihn lästern.

LUDWIG ANZENGRUBER

Religion heißt die Philosophie, die zu Gott führt.

GEORG VON OERTZEN

Religion ist die Tochter von Hoffnung und Furcht, die der Unwissenheit das Unerkennbare erklärt.

AMBROSE BIERCE

Es gibt Menschen, welche aus Mitgefühl und Sorge für eine andere Person hypochondrisch werden; die dabei entstehende Art des Mitleidens ist nichts anderes als eine Krankheit. So gibt es auch eine christliche Hypochondrie, welche jene einsamen, religiös bewegten Leute befällt, die sich das Leiden und Sterben Christi fortwährend vor Augen stellen.

FRIEDRICH NIETZSCHE

In der Tat besteht zwischen der Religion und der wirklichen Wissenschaft nicht Verwandschaft, noch Freundschaft, noch selbst Feindschaft: sie leben auf verschiedenen Sternen.

FRIEDRICH NIETZSCHE

Die Religion ist nichts oder sie ist das Erste.

JULIUS LANGBEHN

Religion: das heißt Verehrung! Kann Religion je verschwinden?

ADOLF SCHAFHEITLIN

Die Religion? Der beliebte Ersatz für den Glauben.

OSCAR WILDE

Es gibt nur eine Religion, obwohl sie hundert verschiedene Fassungen hat.

GEORGE BERNARD SHAW

Religion ist die Bindung des Menschen an Gott. Sie beruht auf der ehrfurchtsvollen Scheu vor einer überirdischen Macht, der das Menschenleben unterworfen ist und die unser Wohl und Wehe in ihrer Gewalt hat.

MAX PLANCK

Die religiösen Industrieritter sind die allerunerträglichsten Leute.

M. HERBERT

Ein wenig Wissen entfremdet Menschen oft von der Religion, tieferes Wissen bringt sie zu ihr zurück.

DEAN W. INGE

Welche Religion ist die wahre? Für die Masse jede, für den denkenden Menschen nur die, die er sich selbst aufbaut.

A. O. WEBER

Religion ist der Ausdruck einer Not, in der ein Mensch sich keinen Rat mehr gewußt hat und in der ihm doch von innen her wunderbar geholfen worden ist; was er da dann findet, ist Religion. Das Gefühl, niemals dem Zufall preisgegeben zu sein, immer zum Notwendigen gelenkt zu werden, einen unbekannten Plan auszuführen, ist Religion.

HERMANN BAHR

Philosophie und Religion sind Feinde und können eben darum ohne einander nicht lange Zeit bestehen. Es gibt weder eine Religion ohne philosophische Grundlagen, noch eine Philosophie ohne religiöse Wurzeln; jede der beiden lebt von der Gegnerin.

MIGUEL DE UNAMUNO

Man kann sehr viel Religion haben und fern von Gott sein, ja eigentlich recht gottlos sein.

LEONHARD RAGAZ

Nach langem Studium und langer Erfahrung bin ich zu folgenden Schlüssen gekommen: daß jede Religion wahr ist; daß jede Religion Irrtümer in sich birgt und daß mir jede Religion fast so teuer ist wie mein eigener Hinduismus.

MAHATMA GANDHI

795

Religion

Religion ist Herzenssache. Äußerer Druck berechtigt nicht zur Aufgabe einer angestammten Religion.

MAHATMA GANDHI

Die Todesangst muß aufrechterhalten werden, wenn man den Menschen die Religion bewahren will.

HERMANN STEHR

Wer seine Religion lobt, der hat keine.

SALOMON BAER-OBERDORF

Alle Religion, alle Form ist nur Sprache, nur ein Versuch, das Weltgefühl aus uns herauszustellen. Daher hat jeder auf seine Weise recht.

ERNST BARLACH

Was ist Religion? Sich in alle Ewigkeit weiter und höher entwickeln wollen.

CHRISTIAN MORGENSTERN

Wieviel Haß und Dummheit die Menschen doch – elegant verpackt – Religion nennen können!

SRI AUROBINDO

Theologie ist das Element der Vernunft in der Religion; der Vernunft, die verhindert, daß sie nur Gefühl ist.

GILBERT KEITH CHESTERTON

In religiösen Dingen kann man bekanntlich nichts verstehen, das man nicht innerlich erfahren hat.

C. G. JUNG

Religion ist Feigheit vor dem Schicksal. Nichts weiter.

RUDOLF VON DELIUS

Wenn ein Mensch sagt, er kann ohne Religion auskommen, bedeutet es nur, daß er eine Art Religion hat, ohne die er auskommen kann.

HARRY EMERSON FOSDICK

Religion bedeutet uns den letzten Rückhalt da, wo es ums Ganze geht.

GUSTAV RADBRUCH

Religion ist Lebenswandel.

RUDOLF PANNWITZ

Die Religion ist in allen Teilen der Erde zuerst zur Tröstung der Priester da. Deshalb treten diese allerorten so entschieden für ihre Erhaltung ein.

EHM WELK

Religion ist die Tochter der Ehrfurcht.

W. J. OEHLER

Die Wirklichkeit der Religion ist das Entsetzen des Menschen vor sich selbst.

KARL BARTH

Rechtschaffen handeln, die Schönheit lieben, demütig im Geiste der Wahrheit dahinwandern, dies ist die höchste Religion.

SARWAPALLI RADHAKRISHNAN

Religion ist, was wir tun, wenn wir allein mit uns sind.

SARWAPALLI RADHAKRISHNAN

Trennung von Religion und Leben ist der Hauptirrtum der heutigen Kulturwelt.

M. A. NAILIS

Religion als Wahnsinn ist Wahnsinn aus Irreligiosität.

LUDWIG WITTGENSTEIN

Die Frömmigkeit einer Frau kann ganze Dörfer bekehren, die Frömmigkeit eines Mannes ganze Städte.

MARGARETE SEEMANN

Alle Religionen sind teilweise Verkörperungen der Wahrheit.

VINOBA BHAVE

Jede Religion hat die Ungläubigen, die sie verdient.

CHARLES TSCHOPP

Für manchen ist Religion eine poetische Angelegenheit.

JOSEF VIKTOR STUMMER

Religion ist nicht ein Zeichen minderer Kapazität, wie manche uns so gerne infiltrieren wollen. Wissenschaftliche und technische Tüchtigkeit, künstlerische Genialität vertragen sich durchaus mit Frömmigkeit.

PATER LEPPICH

Was ist Religion? Der Extrakt des Guten;
ohne ihn gibt es kein reines Glück.
JULIANE BÖCKER

Wie der Mensch ist auch Gott zur Ware
geworden: Religion ist die Branche, die sie
umsetzt.
KURT MARTI

Religion ist das Werk Gottes, das durch den
Teufel seine Perfektion erhielt.
SIR PETER USTINOV

Religionen sind Philosophien um Gott.
HEINRICH WIESNER

Religion ohne Humanität ist Bestialität.
GOTTFRIED EDEL

Die Unterschiede zwischen den Religionen
und allen großen Wahrheiten dieser Welt sind
so klein, daß man sie – von der Ewigkeit aus
betrachtet – kaum wahrnehmen kann.
OSKAR KUNZ

Heil im Heiligen Krieg suchen?
HANS-HORST SKUPY

Manche machen die Religion zur Gewissen-
schaft.
HANS-HORST SKUPY

Eins haben alle Religionen gemein: nichts mit
dem Leben.
WOLFGANG MOCKER

Respekt

Wölfe fressen einander nicht
gegenseitig.
Belgisches Sprichwort

Von Toten soll man nur Gutes reden.
CHILON

Es kommt aber einer, stärker als ich, und ich
bin es nicht wert, ihm die Schuhe
aufzuschnüren.
LUKAS 3,16

Beim Menschen muß die Demut angefangen
werden und danach vor Gott auch. Der den
Menschen verachtet, der verachtet auch Gott.
PARACELSUS

Einem Untergeordneten ist es niemals
erlaubt, so wie derjenige zu reden, dem er
Ehrerbietung schuldig ist, wohl aber, so zu
handeln.
JEAN FRANÇOIS KARDINAL DE RETZ

Es ist unerträglich, diejenigen
hochzuschätzen, die es nicht verdienen.
CHRISTINE VON SCHWEDEN

Menschen ohne Verdienst erkennen auch die
Verdienste anderer nicht an.
CHRISTINE VON SCHWEDEN

Die Lebensweise ist die glücklichste, die uns
die meisten Gelegenheiten bietet, unsere
eigene Hochachtung zu gewinnen.
SAMUEL JOHNSON

Wenn ein Mensch sehr hoch über den
anderen steht, so muß er deshalb nicht
geachtet sein; was er über ihren Köpfen
erblickt, wird von ihnen nicht gesehen.
HELVÉTIUS

Unser Ergötzen am Geist anderer dauert
selten lange.
VAUVENARGUES

Man ist noch nicht glücklich, so lange man
nicht von denjenigen geschätzt wird, welche
gleiche Ansprüche mit uns haben.
WILHELM LUDWIG WEKHRLIN

Es ist keine Kunst, geistreich zu sein, wenn
man vor nichts Respekt hat.
JOHANN WOLFGANG VON GOETHE

Es liegt in meiner Natur, das Große und
Schöne willig und mit Freuden zu verehren.
Diese Anlage an so herrlichen Gegenständen
Tag für Tag, Stunde für Stunde auszubilden,
ist das seligste aller Gefühle.
JOHANN WOLFGANG VON GOETHE

Die wahre Liberalität ist Anerkennung.
JOHANN WOLFGANG VON GOETHE

Respekt

Man ist nur eigentlich lebendig, wenn man sich des Wohlwollens anderer erfreut.

JOHANN WOLFGANG VON GOETHE

Vom Erhabenen zum Lächerlichen ist nur ein Schritt.

NAPOLEON BONAPARTE

Die niederträchtigen Menschen sind die, welche, was sie in sich loben, nicht auch in anderen ehren.

RAHEL VARNHAGEN

Am andern schätzen wir immer nur uns selber.

STENDHAL

Die Völker haben mit dem religiösen Glauben auch die Ehrfurcht verlernt.

JOSEPH VON EICHENDORFF

Anerkennung ist das Wort eines Idioten, man findet sie im Lexikon, aber nicht im menschlichen Herzen.

HONORÉ DE BALZAC

Eigentlich läuft doch alles bloß darauf hinaus, wie hoch man sich selber einschätzt.

THEODOR FONTANE

Alternde Menschen sind wie gebrauchte Bücher: sie haben keinen glänzenden Einband mehr, man schätzt sie nach dem, was sie enthalten.

M. HERBERT

Fremdes Verdienst hochachten ist eine bessere Demut als sich selbst geringschätzen.

OTTO ERNST

Man ist dort, wo man sich aufhält, klein. Nur wo man uns entbehrt, können wir viel bedeuten.

ROBERT WALSER

Was man verachtet, das unterschätzt man.

ROBERT WALSER

Ich kann doch nicht Respekt fordern für einen, vor dem ich selbst keinen Respekt habe.

W. J. OEHLER

Was einer von mir hält, daran erkenne ich ihn.

KARL HEINRICH WAGGERL

Nur die wahrhaft Großen achten das Kleine. Die aber nur groß zu sein scheinen, die zerbrechen es.

GERTRUD MAASSEN

Wenn man einen Menschen nicht verlieren will, muß man seine verwundbare Stelle respektieren.

ELISE PINTER

Ich bin sehr für gegenseitigen Respekt – wenn er mir nicht schadet.

ERNST R. HAUSCHKA

Menschenverachtung ist die schlimmste Form der Gotteslästerung.

WERNER MITSCH

Die Mißachtung ist die Ursache zu allen Auswüchsen menschlicher Auseinandersetzungen.

ELISABETH HABLÉ

Wer sich selbst nicht respektiert, kann nicht erwarten, daß andere ihn achten.

LIV ULLMANN

Wenn wir Einfluß auf andere ausüben wollen, müssen wir den Menschen respektieren.

ESTHER GUT

Reue

Reue für Schweigen ist besser als Reue für Reden.

Marokkanisches Sprichwort

Mein Herz kehrt sich um in mir, weil ich so trotzig war.

KLAGELIEDER 1,20

Die größte Strafe eines begangenen Unrechts ist, daß man es getan hat. Keiner wird schwerer bestraft, als wer der Folter der Reue übergeben wird.

SENECA

Wer keine Reue und kein Leid kennt, der kann auch dem Teufel keinen Widerstand leisten.

PARACELSUS

Geständnis ist der erste Schritt zur Reue.

EDMUND GAYTON

Die Reue macht Gott zur Tugend der Sterblichen.

VOLTAIRE

Verzage nicht, wenn du einmal fehltest, und deine ganze Reue sei eine schönere Tat.

JEAN PAUL

Reue ist jener höchst schmerzliche Unwille über sich selbst, der aus dem Bewußtsein, entweder töricht oder böse gehandelt zu haben, entspringt.

BERNARD BOLZANO

Nichts bereuen ist aller Weisheit Anfang.

LUDWIG BÖRNE

Deine Reue sei lebendiger Wille, fester Vorsatz. Klage und Trauer über begangene Fehler sind zu nichts nütze.

AUGUST GRAF PLATEN

Es gibt Dinge, die man bereut, bevor man sie tut, und doch tut.

FRIEDRICH HEBBEL

Nichts ist seltener als Reue; jeder ist schließlich mit seinem Tun zufrieden und würde es, wenn es ginge, wieder so machen...

THEODOR FONTANE

Wenn du einmal bereust, daß du nicht gesprochen hast, so bereust du es hundertmal, daß du nicht geschwiegen hast.

LEW N. GRAF TOLSTOJ

Was ist Reue? Eine große Trauer darüber, daß wir sind, wie wir sind.

MARIE VON EBNER-ESCHENBACH

Was man mit der Reue bezahlen muß, ist immer überzahlt, denn sie ist eine lebenslängliche Ratenzahlung.

ELEONORE VAN DER STRATEN-STERNBERG

Bekehrung ist Heimkehr auf dem Wege über Golgatha.

JEANNE WASSERZUG

Die Reue eines Menschen muß nicht nur gehört, sie muß gespürt werden!

CARLOS VON TSCHUDI

Mit der Reue wird nur der Starke fertig.

LISA WENGER

Schritte, die man getan hat, und Tode, die man gestorben ist, soll man nicht mehr bereuen.

HERMANN HESSE

Reue wird sinnlos, wenn man weiß, in gleicher Lage handelte man wieder gleich.

HANS A. MOSER

Reue ist der feste Vorsatz, beim nächsten Mal keine Fingerabdrücke zu hinterlassen.

MARCEL ACHARD

Reue ist Treppenmoral.

CHARLES TSCHOPP

Liebe ist der schönste Ersatz für Reue.

ANITA

Das Schönste im Leben ist die Reue. Man bleibt ein anständiger Kerl, aber man versäumt nichts.

BENITO WOGATZKI

Revolution

Hüte dich vor dem Zorn der Taube.
Französisches Sprichwort

Revolutionen finden nicht wegen Nebensächlichkeiten statt. Doch ihr Anlaß rührt von Nebensächlichkeiten her.

ARISTOTELES

Von der Hand der Ausbeuter geht Gewalt aus.

PREDIGER 4,1

Revolution

Oft große Flam von Fünklin kam.

ULRICH VON HUTTEN

Diejenigen, die einen Staat aus den Fugen
heben, sind gemeinhin die ersten, denen er
auf den Kopf stürzt.

MICHEL DE MONTAIGNE

Die Aufrührer, die sich gegen die absolute
Herrschaft äußern, streben nicht so sehr
danach, sie aufzuheben, als sie nur auf einen
anderen zu übertragen.

THOMAS HOBBES

Erst werden sie gehängt, dann hängen sie
auf.

VOLTAIRE

Witz und Landessprache sind die Mistbeete,
in welchen der Same der Rebellion so gern
und so geschwind reift.

GOTTHOLD EPHRAIM LESSING

Krieg den Schlössern, Friede den Hütten!

CHAMFORT

Die Generation, die eine Revolution beginnt,
vollendet sie selten.

THOMAS JEFFERSON

Er fiel, nicht weil er Rebell war, sondern er
rebellierte, weil er fiel.

FRIEDRICH VON SCHILLER

Zur Beurteilung einer Revolution können nur
zwei Fragen aufgeworfen werden: die eine
über die Rechtmäßigkeit, die zweite über die
Weisheit derselben.

JOHANN GOTTLIEB FICHTE

Alle Revolutionen kommen aus dem Magen.

NAPOLEON BONAPARTE

Eitelkeit machte die Revolution. Freiheit war
nur ein Vorwand.

NAPOLEON BONAPARTE

Revolutionen lassen sich so wenig machen,
ehe die Umstände sie erzwingen, als Kinder
sich gebären lassen, ehe sie gezeugt wurden.
Ist aber die Frucht reif, so kommt sie in
beiden Fällen auch ohne Geburtshelfer
zur Welt.

CARL GUSTAV JOCHMANN

Der Beginn von Reformen ist der Beginn der
Revolution.

DUKE OF WELLINGTON

Krieg den Palästen, Tod der Not und dem
Müßiggange!

SPONTI-SPRUCH VON 1789

Der Neuerer will nicht das Bestehende
gewaltsam umstürzen, sondern nur die
Befürchtungen der oberen Mächte und die
Hoffnungen der unteren für sich selber
ausbeuten.

HEINRICH HEINE

Wir beklagen die Gewalttaten, welche
Revolutionen begleiten. Aber je heftiger die
Gewalttaten sind, desto mehr erhellt es für
uns, daß eine Revolution notwendig war.

THOMAS LORD MACAULAY

Vergnügen kosten Geld: der Arme hat kein
Geld, folglich hat er kein Vergnügen. Kein
Wunder, wenn der Arme ein Mißvergnügter
ist. Mißvergnügter, Verschworener und
Revolutionär – das sind Geschwisterkinder.
Revolutionäre stürmen in der Regel gegen die
irdischen Regierungen an. Das ist mir zu
geringfügig, ich suche das Übel tiefer oder
eigentlich höher: ich revoltiere gegen die
Weltregierung, das heißt gegen das, was man
eigentlich Schicksal nennt.

JOHANN NESTROY

Jede Revolution war zuerst ein Gedanke im
Hirn eines Menschen.

RALPH WALDO EMERSON

Jede gelungene Revolution führt zu einer
Stärkung der staatlichen Macht.

ALEXIS DE TOCQUEVILLE

Die Revolution... frißt ihre eigenen Kinder.

GEORG BÜCHNER

Wenn eine Revolution verunglückt, so
verunglückt ein ganzes Jahrhundert, denn
dann hat der Philister einen Sachbeweis.

FRIEDRICH HEBBEL

Die Revolution ist eine Krankheit des Volkes;
aber eine solche, an der die Könige sterben.

FRIEDRICH HEBBEL

Revolution

Die Krankheiten, die das Wachstum der Menschheit bezeichnen, nennt man Revolutionen.

FRIEDRICH HEBBEL

Durch das absolut zentralistische Verfahren bereitet die Regierung die Revolution vor.

JACOB BURCKHARDT

Nur bei einer Ordnung der Dinge, wo es keine Klassen und keinen Klassengegensatz gibt, werden die gesellschaftlichen Evolutionen aufhören, politische Revolutionen zu sein.

KARL MARX

Jede Revolution löst die alte Gesellschaft auf – insofern ist sie sozial. Jede Revolution stürzt die alte Gewalt – insofern ist sie politisch.

KARL MARX

Revolutionen sind die Lokomotiven der Geschichte.

KARL MARX

Jede wirkliche Revolution ist eine soziale, indem sie eine neue Klasse zur Herrschaft bringt und dieser gestattet, die Gesellschaft nach ihrem Bilde umzugestalten.

FRIEDRICH ENGELS

Durch das Opfer bestätigt die Revolution den Aberglauben.

CHARLES BAUDELAIRE

Der Jammer mit den Weltverbesserern ist, daß sie damit nicht bei sich selber anfangen; das ist lästig.

MARK TWAIN

Die wahren Revolutionäre, die wahren Männer der Tat, diejenigen, die für die Zukunft die meiste Wahrheit, die meiste Gerechtigkeit aufspeichern, das sind zweifellos die Gelehrten.

ÉMILE ZOLA

Revolutionen haben noch niemals das Joch der Tyrannei abgeschüttelt; sie haben es bloß auf eine andere Schulter gewälzt.

GEORGE BERNARD SHAW

Jeder gewaltsame Umsturz ist ein Beweis für die Geschichtsunwissenheit der Regierer.

EDUARD ENGEL

In der Revolution lebt keine Freude. Und wird auch nie in ihr leben. Die Freude ist ein zu königliches Gefühl, als daß sie diesem Lakaien je in die Arme sinken könnte.

WASSILIJ W. ROSANOW

Man kann keine Revolution aus der Welt schaffen, da es kluge und dumme Menschen gibt, vornehme und gemeine, starke und schwache, herrschaftliche und dienende. Man kann nichts verlangen, als daß jeder an der Stelle steht, an die er gehört.

PAUL ERNST

Revolutionen, die programmäßig verlaufen, sind keine Revolutionen.

SALOMON BAER-OBERDORF

Alle früheren Revolutionen haben die Staatsmaschinerie vervollkommnet; man muß sie aber zerschlagen, brechen.

WLADIMIR I. LENIN

Eine Revolution ist nur dann etwas wert, wenn sie sich zu verteidigen versteht...

WLADIMIR I. LENIN

Revolutionen sind Festtage der Unterdrückten und Ausgebeuteten. Nie vermag die Volksmasse als ein so aktiver Schöpfer neuer gesellschaftlicher Zustände aufzutreten wie während einer Revolution. Gemessen an dem engen, kleinbürgerlichen Maßstab des allmählichen Fortschritts, ist das Volk in solchen Zeiten fähig, Wunder zu wirken.

WLADIMIR I. LENIN

Ich verstehe unter Revolution die Überwindung von Mißbräuchen zugunsten der tiefsten Tradition.

RAINER MARIA RILKE

Revolutionen werden immer nur bedingt durch Mißwirtschaft und Fehler des Systems verursacht, diese lösen sie vielmehr nur aus: ihr eigentliches Wesen ist der Ausbruch der Todesangst einer zu Ende gehenden Epoche.

GERTRUD VON LE FORT

Revolution

Wir müssen unser Denken revolutionieren, unser Tun revolutionieren und den Mut haben, auch die Beziehungen unter den Völkern zu revolutionieren. Klischees von gestern genügen heute nicht mehr und werden morgen hoffnungslos aus der Mode sein.

ALBERT EINSTEIN

Es bedarf keiner Mehrheit, um eine Revolution zu machen. Es bedarf nur einiger entschlossener Führer und einer guten Sache.

HENRY L. MENCKEN

Eine Revolution, die nicht auf dem Blut begründet ist, wird nie Bestand haben.

KEMAL ATATÜRK

Revolution ist keine Entwicklung und wird es niemals werden. Heute, wo wir mit Revolutionen saturiert sind, wissen wir, wie langweilig sie sind. Sie leben vom Neinsagen.

WILHELM FURTWÄNGLER

Revolutionär wird der sein, der sich selbst revolutionieren kann.

LUDWIG WITTGENSTEIN

Die Reinheit einer Revolution kann vierzehn Tage lang anhalten.

JEAN COCTEAU

Verärgerte Bürgerliche sind noch keine Revolutionäre.

KURT TUCHOLSKY

Es hat sich herausgestellt, daß die Führer der Revolution nichts auf der Welt so sehr lieben wie das Chaos und den dauernden gewaltsamen Wechsel. Sie fühlen sich da in ihrem Element. Sie wollen sich nicht von Brot ernähren wie jedermann. Sie wollen die Erdkugel umgestalten.

BORIS PASTERNAK

Wer Revolution sagt, hat mehr ausgesprochen, als er denkt und sagen wollte, oder viel weniger, als er vorsehen kann. Das hängt davon ab, auf welcher Seite der Barrikade er steht.

IVO ANDRIĆ

Wieviel bequemer ist es, die gescheiterten Revolutionen zu lieben als die geglückten!

LUDWIG STRAUSS

Die demokratische Revolution ist die notwendige Vorbereitung zur sozialistischen Revolution.

MAO ZEDONG

Die Revolution ist kein Festmahl, kein literarisches Schaffen, kein Malen oder keine Feinstickerei. Die Revolution – das ist ein Gewaltakt, das sind erbarmungslose Aktionen einer Klasse, die die Macht einer anderen Klasse stürzt.

MAO ZEDONG

Der revolutionäre Krieg ist ein Krieg der Massen; er kann nur durch Mobilisierung der Massen und im Vertrauen auf die Massen geführt werden.

MAO ZEDONG

Es ist der Typ des Liberalen in Vollendung, der stets davor zittert, als Reaktionär zu gelten, und der seinerseits alles tut, um die Revolution zu entfachen und die Brandstifter zu schützen.

PIERRE GAXOTTE

Aufstände der Jugend sind überall da verständlich, wo die Alten sitzengeblieben sind.

SIGMUND GRAFF

Was man von Revolutionen fürchten muß, ist nicht die Ungerechtigkeit – es ist die Gerechtigkeit.

ARLETTY

Die größte und dauerhafteste Revolution, die wir kennen, fand statt, als der Mensch seine Seele entdeckte und lernte, daß jede Seele für sich allein einen individuellen Wert hat.

JOHN STEINBECK

In neun von zehn Fällen ist ein Revolutionär bloß ein Aufsteiger mit einer Bombe in der Tasche.

GEORGE ORWELL

Nicht jede Salve verkündet eine Revolution.

STANISLAW JERZY LEC

Revolution

Revolution und Liebe sind wirklich die wertvollsten und köstlichsten Dinge dieser Welt; aber gerade weil sie so herrlich sind, hat man uns vorgelogen, es seien nichts als unreife, saure Trauben.

OSAMU DAZAI

Die Kunst und die Revolte werden erst mit dem letzten Menschen sterben.

ALBERT CAMUS

Leider wurden die revolutionärsten Forderungen der Weltgeschichte vielfach harmlosen Bibelkränzchen überlassen und mit dem öligen Pathos sanfter Losungsworte eines Jungfrauenzirkels präpariert.

PATER LEPPICH

Revolutionäre haben so viele Gefühle für die Menschheit, daß keines mehr bleibt für den Menschen.

HANS KASPER

Die Weltrevolution wird nicht gemacht – sie geschieht. Auch Revolutionäre sind deswegen vor Überraschungen nicht sicher.

WALTER HILSBECHER

Die Revolution ist ein Volksfest, auf dem auch die Ärmsten Staat machen können.

LISELOTTE RAUNER

Der Revolutionär setzt seinen Kopf aufs Spiel, um andere Köpfe zu gewinnen.

LISELOTTE RAUNER

Der traurigste Beruf in der Welt? Ein alternder Revolutionär.

SIR PETER USTINOV

Der Revolutionär emigriert in die Zukunft.

HEINRICH WIESNER

Revolutionäre schneiden die Reifen durch, damit man sie ans Steuer läßt.

WOLFRAM WEIDNER

Revolution: Reform ohne Form.

SIEGFRIED & INGE STARCK

Eine Revolution löst nichts. Am Morgen danach beginnt wieder der Alltag der Probleme.

OLOF PALME

Revolutionen gelingen, wenn sie dem Volk aufs Maul schauen.

HEINRICH NÜSSE

Wie bei der Liebe mit Macht, so ist bei der Revolution mit Flirt nichts zu machen.

GERHARD BRANSTNER

Revolution ist Opium für das Volk.

HANS KÜNG

Revolutionen sind jene skandalösen Zeitabschnitte, in denen die Wahrheit nackt durch die Straßen geht und die Polizei nicht einzuschreiten wagt.

GABRIEL LAUB

Revolutionen stürzen nicht die schlimmsten Unterdrücker, sondern die schwächsten.

GABRIEL LAUB

Revolutionen, jene kurzfristigen, umwälzenden Veränderungen der politischen und moralischen Landschaften, von denen unsere Geschichtsbücher erzählen, sind Meere des Leidens.

GÜNTHER F. P. ELB

Konterrevolution – ein Falschmünzerwort. Die Revolution hat immer das gleiche Contra: die Macht, die sich als Legalität ausgibt.

JOHANNES GROSS

Die Revolution frißt ihre Kinder nicht, aber die Erwachsenen sollten aufpassen.

BRANA CRNČVIĆ

revolution ist machtergreifung von prinzipien, ihre grundsätze werden eure gesetze sein.

OSWALD WIENER

Auch der Rebell ist ein Anpasser: an die Zukunft.

LIV KORTINA

Revolution heißt jene Fehlkalkulation der Zukunft, die sich aus der Abrechnung mit der Vergangenheit ergibt.

JEANNINE LUCZAK

Das Los der rechten Proletarier: Ihnen fehlen die Mittel, eine Revolution zu starten.

PAJO KANIŽAJ

Revolution

Die Opfer versäumter Revolutionen sind
größer als die vollzogener.

WERNER EHRENFORTH

Wenn eine Revolution auf Eis gelegt wird,
wird sie zum heißen Eisen.

WERNER EHRENFORTH

Revoluzzerrbild.

HANS-HORST SKUPY

Revolutionäre hoffen auf die Fehler der
Vergangenheit.

HANS-HORST SKUPY

Revolutionen, die auf günstige Gelegenheiten
warten, finden nie statt.

MILOVAN VITEZOVIĆ

Revolutionäres Bewußtsein entstand oft aus
Elend und Hunger, und manches, was wir
heute etwas grandios geistige Revolution
nennen, verdankte sich einem leeren Magen.
Wobei sich die Revolutionäre dadurch
unterschieden, ob ihnen auch der leere
Magen anderer Hungerempfindungen
vermittelte oder nicht.

BERND KOLF

Rebellen stürzen Throne, Paläste,
Standbilder – das Rednerpult lassen sie
immer stehen.

BIRGIT BERG

Ruf

Wer einen schlechten Namen hat,
ist halb gehangen.

Galizisches Sprichwort

Ich kenne dich mit Namen.

2 MOSE 33,12

Dem guten Ruf zuliebe sollte man – vom
Nutzen abgesehen – auch nicht einen Finger
rühren.

DIOGENES

Ein guter Ruf ist besser als großer Reichtum.

SPRÜCHE 22,1

Sogar die besten Namen werden durch
Nichtnennen schlecht.

HORAZ

Den Ruf verliert, wer sich Unwürdigen
gleichstellt.

PHAEDRUS

Mach dir keine Sorge um den Klang eines
großen Namens und um die Freundschaft der
Menge. Daraus entsteht nur Ablenkung vom
Ziel und Finsternis im Herzen.

THOMAS VON KEMPEN

Der gute Name ist bei Mann und Frau das
eigentliche Kleinod ihrer Seelen.

WILLIAM SHAKESPEARE

Das Ansehen ist der Zinsertrag eines
verdienstreichen Lebens.

ANNE THÉRÈSE DE LAMBERT

Bei jedem Wort stirbt ein guter Ruf.

ALEXANDER POPE

Beachte den kleinsten Umstand, der deinem
Kredit schaden könnte. Der Lärm deines
Hammers, den dein Gläubiger um fünf Uhr
morgens und um neun Uhr abends vernimmt,
kann ihn vielleicht bestimmen, sich sechs
Monate länger zu gedulden. Sieht er dich
aber beim Spiel, hört er deine Stimme in der
Schenke, während du noch an der Arbeit sein
solltest, so wird er am nächsten Morgen sein
Geld zurückverlangen.

BENJAMIN FRANKLIN

Der Ruf muß dem Namen nicht bloß
Unverweslichkeit, sondern Wohlgeruch
schenken.

JEAN PAUL

Die große Schwierigkeit besteht erst darin,
sich einen Ruf zu schaffen; dann, ihn zu
behalten, während man lebt; und danach, ihn
zu bewahren, nachdem man tot ist.

BENJAMIN R. HAYDON

Je mehr man über dich redet, desto
machtloser bist du.

BENJAMIN DISRAELI

Man hat einen zu guten oder einen zu schlechten Ruf; nur den Ruf hat man nicht, den man verdient.

MARIE VON EBNER-ESCHENBACH

Eine gute Methode, im Ansehen eines Menschen zu sinken: wiederhole seine Geschichte genau, wie du sie gehört hast.

MARK TWAIN

Die Unverdorbenen kommen leicht in den Ruf, unverbesserlich zu sein.

DANIEL SPITZER

In unserer Zeit, die auf Geld und materielle Mittel sieht, beugt man sich weit bereitwilliger vor dem Manne mit dem großen Geldbeutel, als vor dem Manne von Wissen und großen Geistesgaben, namentlich, wenn dieser das Unglück hat, arm zu sein und keinen Rang zu besitzen.

AUGUST BEBEL

Der Nachruf eines Menschen ist meist besser, als sein Ruf war.

ELEONORE VAN DER STRATEN-STERNBERG

Manche kommen durch persönliche Leistung zur Geltung. Andere brauchen Geld dazu.

AUGUST LÄMMLE

Wo Name ist, ist Streit; wo Streit ist, ist Partei; Partei zeugt Haß und Haß Unfruchtbarkeit.

FRIEDRICH KAYSSLER

Wer einen Namen hat, ist noch nicht. Gefäß ist noch kein Trank.

HANS OSSENBACH

Weniges ist dümmer, als um seinen guten Ruf besorgt zu sein. Den Köpfen der Kleinen erscheint der Größte klein. Zudem lassen die Kleinen auch den Kleinen keinen guten Ruf, da sie ja doch alle klein sind.

WALTER SERNER

Die meisten Menschen betrachten sich selbst aus der Vogelperspektive, die andern jedoch aus nächster Nähe. Und somit verpassen sie viele Chancen zu schweigen.

LÉOPOLD HOFFMANN

Um populär zu werden, kann man seine eigene Meinung behalten. Um populär zu bleiben, weniger.

KURT TUCHOLSKY

Es ist besser, angesehen als übersehen zu werden.

MAE WEST

Einen schönen Namen hat er, doch was für ein Mensch wird aus ihm?

RASSUL GAMSATOW

Wer den Wind im Rücken hat, dem eilt sogar sein Ruf voraus.

GERHARD UHLENBRUCK

Einmal kommt man garantiert gut weg: im Nachruf. Und den kann man nicht hören.

HELLMUT WALTERS

Den Ruf verantworten wir, nicht den Widerhall.

PETER BENARY

Sein Ruf zieht immer weitere Kreise. Immer größere Nullen.

JEANNINE LUCZAK

Ruhe

Ein geschwätziger Vogel baut kein Nest.

Sprichwort aus Kamerun

Am siebten Tag ruhte Gott, nachdem er das ganze Werk der Schöpfung vollendet hatte.

1 MOSE 2,3

Es ist besser, frohen Mutes auf Stroh zu liegen, als auf goldenem Stuhl an üppiger Tafel seine Ruhe zu verlieren.

EPIKUR

Die größte Offenbarung ist die Stille.

LAO DSE

Ruhe

Wenn man seine Ruhe nicht in sich findet, ist es zwecklos, sie anderswo zu suchen.

LA ROCHEFOUCAULD

Zu unserer Natur gehört die Bewegung; die vollkommene Ruhe ist der Tod.

BLAISE PASCAL

Die Menschen sind so töricht, daß sie unter den Tugenden jener den Vorzug geben, welche die größte Feindin ihrer Ruhe ist.

CHRISTINE VON SCHWEDEN

Ruhe ist die allerstärkste Beschäftigung.

CHRISTINE VON SCHWEDEN

Wenn man Ruhe sucht, findet man sie niemals.

· CHRISTINE VON SCHWEDEN

Es gibt wenig Dinge in der Welt, bei denen ein charakterfester Mensch seine Seele oder sein Denken ruhen lassen kann.

CHAMFORT

Unser Lebensweg steht auf beiden Seiten so voll Bäumchen und Ruhebänkchen, daß ich mich wundere, wenn einer müde wird.

JEAN PAUL

Der Weg zur Ruhe geht nur durch das Gebiet der allumfassenden Tätigkeit.

NOVALIS

Doppelte Art, sich zu erholen: durch Ruhe und neue Anstrengung – Mangel und Reiz.

NOVALIS

Ruhe ist Glück, wenn sie ein Ausruhen ist, wenn wir sie gewählt, wenn wir sie gefunden, nachdem wir sie gesucht; aber Ruhe ist kein Glück, wenn sie unsere einzige Beschäftigung ist.

LUDWIG BÖRNE

Die innere Ruhe ist das einzige wahre Glück, wonach man ringen soll; wie oft habe ich mich mit wundem Herzen danach gesehnt, wenn vereitelte Wünsche, Kränkungen und Feindschaft allen Lebensmut niederdrückten. Aber erst nach überstandenem Sturm kann die Ruhe beglücken.

HELMUTH GRAF MOLTKE

Schlimmer als Sterben ist schimpfliche Ruhe.

NICCOLÒ TOMMASEO

Wenn wir die ersehnte Ruhe endlich haben werden, werden wir nichts mehr von ihr haben.

MARIE VON EBNER-ESCHENBACH

Erholung. – Eine Kur, die eine allgemeine Erschöpfung durch einen besonderen Trübsinn bekämpft.

AMBROSE BIERCE

Der Ausdruck der vollkommenen Persönlichkeit ist nicht Empörung sondern Ruhe.

OSCAR WILDE

Arbeit und Ruhe gehören zusammen wie Auge und Lid.

RABINDRANATH TAGORE

Wäre ich Mediziner, würde ich jedem Patienten, der seine Arbeit für bedeutend hält, Urlaub verschreiben.

BERTRAND EARL RUSSELL

Der beste Platz für das Ausruhen ist die Seele.

JAKOW TRACHTENBERG

Ruhe ist des Spießbürgers erste Pflicht.

CHARLES TSCHOPP

Die Kunst des Ausruhens ist ein Teil der Kunst des Arbeitens.

JOHN STEINBECK

Die Schwäche des Alters kann die Energie der Ruhe freisetzen.

HANS KASPER

In der Ruhe liegt die Kraft.

WILLY STAEHELIN

Ein Irrtum zu glauben, durch die Nichterzeugung von Lärm Ruhe produzieren zu können.

HELMUT LAMPRECHT

Ohne Ruhe ist die beste Bewegung nichts wert.

GERHARD BRANSTNER

Häufig wird man in den Ruhestand getreten.
GERHARD UHLENBRUCK

Ein in Ruhe gelassener Mensch wird in Ruhe ein gelassener Mensch.
GERHARD UHLENBRUCK

Als meine Nervosität zum Dauerzustand wurde, hatte ich meine Ruhe wiedergefunden.
WERNER SCHNEYDER

Ausruhen kann ich mich, wenn ich tot bin.
WOLFGANG BAUR

Ruhe wird oft mit Langeweile verwechselt.
FRANK EDINGER

Ruhm

In meiner eigenen Stadt gilt mein Name, in einer fremden mein Kleid.
Jüdisches Sprichwort

Das Volk soll meinen Ruhm verkünden.
JESAJA 43,21

Ruhm ist das Parfüm heldenhafter Taten.
SOKRATES

Ruhm ist ein Lärm, den rasende Menschen machen.
DIOGENES

Mir ist es lieber, daß man fragt, warum man mir kein Denkmal gesetzt hat, als daß man sich erkundigt, warum man es getan hat.
CATO

Du brachtest einen Fleck auf deinen Ruhm.
BEN SIRA 47,20

Des Ruhmes Begleiter ist der Neid.
CORNELIUS NEPOS

Das Verdienst weist sich selbst zur Genüge aus.
SALLUST

Ruhm wächst wie ein Baum mit verborgenem Leben.
HORAZ

Wenn das Glück uns begünstigt, wird es von Popularität begleitet.
PUBLILIUS SYRUS

Wer sich rühmen will, der rühme sich des Herrn.
1 KORINTHERBRIEF 1,31

Die Beliebtheit eines schlechten Menschen ist so falsch wie er selbst.
PLINIUS D. J.

Ruhm kann sich's leisten, geduldig zu sein.
WU CHENG-EN

Eine Person, die mit großen Namen um sich wirft, kann die Einfältigen hinters Licht führen, nicht aber einsichtige Leute.
SCHU SCHUEHMOU

Der Ruhm ist wie ein Fluß, der leichte und angeschwollene Dinge trägt und die schweren und soliden ertrinken läßt.
FRANCIS BACON

Der Ruhm ist wie ein Ring im Wasserspiegel, der niemals aufhört, selbst sich zu vergrößern – bis er zuletzt sich in ein Nichts verliert.
WILLIAM SHAKESPEARE

Mit erborgten Verdiensten kann man nicht lange prahlen.
CHRISTINE VON SCHWEDEN

Der Ruhm eines Freundes muß uns so lieb sein wie unser eigenes Leben.
CHRISTINE VON SCHWEDEN

Ruhm hat auch folgenden großen Nachteil: wenn wir ihn weiter pflegen, müssen wir unser Leben so führen, daß es den Vorstellungen der Menschen entspricht. Wir haben zu meiden, was ihnen mißfällt, und erstreben, was ihnen behagt.
BARUCH DE SPINOZA

Jeder Ruhm ist gefährlich. Guter bringt Neid, schlechter Scham.
THOMAS FULLER

Ruhm

Der Ruhm ist der lebendigste und dauerhafteste Lebensreiz, das letzte Gefühl, dem wir uns ergeben.

ANNE THÉRÈSE DE LAMBERT

Der Ruhm, der uns nicht glücklich macht, ist nichts als ein Wort; und der Ruhm, der unsere Untertanen nicht glücklich macht, ist eine Schmach.

FRIEDRICH II. VON PREUSSEN

Was bedeutet Ruhm für die Menschen, verglichen mit ihrem Glück?

HORACE WALPOLE

Berühmtheit: das Vorrecht, von Leuten gekannt zu sein, die man selber nicht kennt.

CHAMFORT

Ich bin ganz unschuldigerweise berühmt geworden: bloß durch mein Leben...

DOROTHEA VON SCHLEGEL

Der Ruhm ist für eine Frau nur das prunkvolle Trauerkleid des Glücks.

GERMAINE (MADAME) DE STAËL

Wer nicht den Neid ertragen kann, muß auch den Ruhm nicht wollen.

ERNST RAUPACH

Von Ruhm und Ehre wird das Herz durchaus nicht satt.

FRIEDRICH RÜCKERT

Ruhm ist verhüllte Liebe.

PERCY B. SHELLEY

Suchet euren Ruhm darin, eure Arbeit gefunden zu haben. Mit der Arbeit ist ihm ein Lebenszweck geworden, für den er seine ganze Kraft einsetzen kann.

THOMAS CARLYLE

Auf den Ruhm seiner Vorfahren stolz zu sein, ist nicht nur erlaubt, sondern sogar geboten; ihn nicht zu achten, ist schändlicher Kleinmut.

ALEXANDR S. PUSCHKIN

Der Ruhm ist ein vergöttlichter Egoismus!

HONORÉ DE BALZAC

Popularität ist in Kupfer umgemünzter Ruhm.

VICTOR HUGO

Wo die Popularität gewonnen wird, indem man der Menge schmeichelt, ihr die Wahrheit vorenthält, im Sprechen und Schreiben sich zu dem niedrigsten Geschmack herabläßt oder gar den Klassenhaß zu erwecken sucht, da muß die Popularität in den Augen aller ehrlichen Leute verächtlich sein.

SAMUEL SMILES

Bei Berühmtheiten empfiehlt es sich, zunächst Kleinigkeiten aus ihrem Privatleben zu kritisieren, um sie endlich ganz und gar zu verdammen.

GUSTAVE FLAUBERT

So manches papierne Denkmal hat mehr Bestand als ein Denkmal von Erz.

MARIE VON EBNER-ESCHENBACH

Ruhm ist: mitgedacht zu werden, wenn an ein ganzes Volk gedacht wird.

WILHELM RAABE

Auch der Ruhm ist nur ein goldener Lichtstrahl, der im Nebel der Vergessenheit erlischt.

DANIEL SPITZER

Je kleiner der Souverän, desto größer der Orden.

DANIEL SPITZER

Mancher rühmt sich seines Reichtums und seiner Macht, seines Namens, seines Rufes und seiner hohen Stellung in der Gesellschaft. Aber all diese Dinge sind nur für kurze Zeit. Nichts von alledem folgt ihm im Tode nach.

SRI RAMAKRISHNA

Der Ruhm ist ein Ziel, zu dem kein betretener Pfad führt.

FRANZ SERAPHION HUEMER

Ruhm währt nur einen Tag, sagt man. Doch im Herzen des Volkes zu leben, hat Wert.

OUIDA

Aller Ruhm stammt vom Mut zu beginnen.

EUGENE F. WARE

Ruhm

Der sogenannte Glanz ist wie eine alte Rüstung, in die man hineinkriechen muß, wenn sie auch eng und schwer ist.

CARMEN SYLVA

Noch nie ist der Ruhm so wohlfeil gewesen wie in unserer Zeit. Bald wird unberühmt zu sein für eine Auszeichnung gelten.

ISOLDE KURZ

Ruhm ist nicht nur Größe; Ruhm ist auch der erste Schritt zum Sturz der Größe.

WASSILIJ W. ROSANOW

Man wird leichter durch schöne Worte als durch gute Handlungen berühmt.

M. HERBERT

Wieviel Unrühmliches wird doch des Ruhmes wegen begangen!

CARLOS VON TSCHUDI

Der größte Vorteil des Ruhms besteht vielleicht darin, daß man ungestraft die größten Dummheiten sagen darf.

ANDRÉ GIDE

Ruhm gleicht dem Geschenk einer Perlenkette. Es ist angenehm, aber nach einer Weile, wenn man überhaupt darüber nachdenkt, fragt man sich nur, ob sie echt oder künstlich ist.

WILLIAM SOMERSET MAUGHAM

Frauen haben ein zartes Organ, den Ruhm rein aufzunehmen wie einen Duft des Himmels.

HUGO VON HOFMANNSTHAL

Der Weg zu einem Orden ist so steil, daß man ihn auf allen Vieren zurücklegen muß.

ADOLF NOWACZYNSKI

Berühmtheit hat fast ausnahmslos Spitzenleistungen auf irgendeinem beschränkten Gebiete zur Voraussetzung. Um so größer ist die Wahrscheinlichkeit, daß der Gefeierte als Mensch ein Torso blieb.

MAX KEMMERICH

Das Beste am Ruhm ist das Streben danach. Diese Erkenntnis kann auf manche anderen Gebiete ausgedehnt werden.

C. F. RAMUZ

Die Ehre ist der Feind des Ruhms.

FRANCIS PICABIA

Was ist Nachruhm? Im Grunde genommen, der Phrase entkleidet, nur die Freude darob, daß der Gigant nicht mehr lebt.

WLADIMIR VON HARTLIEB

Der Ruhm holt nicht die Toten ein, sondern nur ihre Namen und ihr Grab.

ERNST WIECHERT

Geltungsdrang ist einer der Kulturschöpfer, aber seid wachsam: auch zum Verbrechen führt er und zur Lächerlichkeit.

DALE CARNEGIE

Ruhm bringt immer Einsamkeit. Erfolg ist so eiskalt und einsam wie der Nordpol.

VICKI BAUM

Ruhm nicht abzugeben setzt Schimmel an.

JOHANNES R. BECHER

Wir wissen, daß wir nur Vorläufer sind, und nach uns wird kommen – nichts Nennenswertes.

BERT BRECHT

Der Ruhm ist launisch. Man betrachte ihn nicht als Gradmesser wahrer Künstlerschaft. Er ist ein Allerweltslächler von mittelmäßigem Gehör. Dort wo er hingehört, kommt er meist zu spät; er verschwätzt sich gerne bei Tagesgrößen.

FRIEDRICH WITZ

Prominenz ist Ruhm von der Stange.

WILLY REICHERT

Wir haben einen Namen, wenn uns unsere Titel zu stören beginnen.

SIGMUND GRAFF

Einseitigkeit erleichtert es den anderen, unseren Ruhm zu verkünden.

SIGMUND GRAFF

Der Ruhm der meisten Zeitgenossen beruht auf Papierwährung.

CHARLES TSCHOPP

Brauchst du *publicity*, reize den Staatsanwalt.

TRUMAN WHITLEY

Ruhm

Ruhm: wenn dich diejenigen kennen, die du nicht kennst, und die du kennst, dich nicht kennen wollen.
WIESLAW BRUDZINSKI

Es gibt nichts Schöneres, als im Theater gegrüßt zu werden.
HUGO ERNST KÄUFER

Es ist sehr leicht, berühmt zu werden, wenn man sehr bekannt ist.
GABRIEL LAUB

Heutzutage muß man etwas gelden.
HELLMUT WALTERS

Man braucht einen Hohlkopf nur mit Zement auszugießen, und schon hat man ein Denkmal.
WERNER MITSCH

Sie hefteten ihm den Orden an die Stelle, wo früher das Herz war.
NIKOLAUS CYBINSKI

Rang entzieht sich Listen.
WERNER SCHNEYDER

Der Herzinfarkt: auch so ein Statussymbol.
RENÉ FLUM

Posthumanität.
HANS-HORST SKUPY

Wichtige Prominente können ebensogut prominente Wichtigtuer sein.
MICHAEL JÜRGS

Früh berühmt zu sein heißt, auf einem Fünftausender zu stehen, ohne je geklettert zu sein.
MARIA SCHNEIDER

Satire

Spötter essen auch Brot.
Deutsches Sprichwort

Satiren belehren, wenn sie wahr sind; sie trösten, wenn sie unwahr sind.
CHRISTINE VON SCHWEDEN

Die Satire ist ein Spiegel, in dem man alle möglichen Gesichter sieht, nur nicht das eigene.
JONATHAN SWIFT

Viele Spötter meinen, reich an Geist zu sein, und sind doch arm an Takt.
GEORG CHRISTOPH LICHTENBERG

Viele glauben, die Satire sei aus Tränen gemacht, sie sei eine Verdichtung glitzernder Tränen. Ist dem so, dann seien die Tränen gesegnet, die Gelegenheit zum köstlichen, so seltenen Lachen bieten und deren Hervorströmen übrigens von der vollkommenen Gesundheit des Autors Zeugnis gibt.
CHARLES BAUDELAIRE

Satire

Es ist schwer, eine Satire nicht zu schreiben – und doch wissen die meisten, diese Schwierigkeit zu überwinden.

DANIEL SPITZER

In unserer Ära der Unbedeutenden wird die Satire immer schwieriger. Was sind das für Menschen, die sich heute blamieren!

DANIEL SPITZER

Die Satire ist die Sonne, welche die Butter auf den Köpfen der Frechen bescheint.

DANIEL SPITZER

Unter Umständen ist die Satire gewiß eine gute Sache, allein sie versengt die Herzlichkeit und ist in Gesellschaft, wo das Gemütsleben vorherrschen soll, nicht immer gut angebracht.

PETER ROSEGGER

Satire: Weisheit, die sich geärgert hat.

RODA RODA

Der rechte Satiriker zieht, was er ins Lächerliche zieht, mit dem gleichen Griff auch ins Ernsteste.

ALFRED POLGAR

Ein Satiriker ist ein Irrer, der dem Elefanten Mausefallen stellt.

ADOLF NOWACZYNSKI

Die echte Satire ist blutreinigend: und wer gesundes Blut hat, der hat auch einen reinen Teint. Was darf die Satire? Alles.

KURT TUCHOLSKY

Der Satiriker ist ein gekränkter Idealist.

KURT TUCHOLSKY

Die letzte Satire schreibt immer die Wirklichkeit.

FRANZ SLOVENČIK

Ein Satiriker, der Erfolg hat, hat seinen Beruf verfehlt.

ERWIN CHARGAFF

Daß der Satiriker lachend die Wahrheit sagt, ist ein alter Irrtum: wenn er lacht, ist es nicht die Wahrheit.

ERWIN CHARGAFF

Eine Satire muß nicht humoristisch und nicht witzig sein. Aber ihr Autor muß über Humor und Witz verfügen. Nur wer zu lachen vermag, dem kann das Lachen vergehen.

HANS WEIGEL

Auch die Ansprüche der Satire wachsen: sie möchte immer raffiniertere Verbrechen verspotten.

STANISLAW JERZY LEC

Gelobt sei der Staat, welcher Satiriker vor den Mächtigen schützt – und nicht umgekehrt.

JUPP MÜLLER

Witz lacht. Humor lächelt. Satire kennt keinen Spaß.

HEINRICH WIESNER

Satiriker sind die schlimmsten Konkurrenten der Wissenschaftler – sie wissen alles früher.

GABRIEL LAUB

Satire ist der aussichtslose Versuch, die Wirklichkeit übertreffen zu wollen.

GERHARD UHLENBRUCK

Unbequeme Wahrheiten versieht man mit dem Stempel Satire und legt sie ad acta.

HELLMUT WALTERS

Wenn die Satire auf Halbmast steht, ist es ein Zeichen, daß die Freiheit gestorben ist.

VLADA BULATOVIĆ -VIB

Honorar des Satirikers: Spottgeld.

RUPERT SCHÜTZBACH

Der erzieherische Wert der Satire beschränkt sich zuweilen darauf, daß man beginnt, an Fehlern Freude zu haben.

KURT TACKMANN

Satire ist Humor, der ernstgenommen werden will.

WERNER MITSCH

Ein satirischer Roman ist keine Gefälligkeit.

VOLKER BRAUN

Satire: zwischen den Zeilen denken.

HANS-HORST SKUPY

Satire

Satiriker sind Schriftsteller, die es abgelehnt haben, als Fremde in ihrer Zeit zu leben.
MILOVAN VITEZOVIĆ

Ein Satiriker ist ein Mensch, der das, was alle meinen, ironisch meint.
BIRGIT BERG

Satire ist, wenn man trotzdem nicht lacht.
ULRICH ERCKENBRECHT

Ein' feste Burg ist unser Spott.
ANDRÉ BRIE

Satire darf man nie auf die Spitze treiben. Dann könnte man ja gleich ernst machen.
WOLFGANG MOCKER

Satire: das lachende Auge der Tragödie.
OLAF TRUNSCHKE

Schaden

Nach dem Schaden macht auch der Narr Frieden.
Deutsches Sprichwort

Es ist übel, wenn einer einen Armseligen schädigt.
PTAHHOTEP

Dein Schaden ist verzweifelt böse.
JEREMIAS 30,12

Des Gottlosen Lust ist, Schaden zu tun.
SPRÜCHE 12,12

Der Schadenfrohe wird verachtet.
BEN SIRA 19,5

Die Konsuln mögen dafür sorgen, daß die Republik keinen Schaden erleidet.
CICERO

Nicht nur Lob, sondern auch Tadel zur Unzeit bringt Schaden.
PLUTARCH

Nichts gereicht einem Staate mehr zum Schaden, als daß die Schlauen für klug gelten.
FRANCIS BACON

Die Vernunft flieht das, was Schaden bringt.
WILLIAM SHAKESPEARE

Ich könnte nicht an Vorhaben arbeiten, die nur deshalb für einige nützlich sind, weil sie anderen schaden.
RENÉ DESCARTES

Wenige können uns Gutes antun, aber fast jeder kann uns Schaden zufügen.
BALTAZAR GRACIÁN

Beide schaden sich selbst: der zuviel verspricht und der zuviel erwartet.
GOTTHOLD EPHRAIM LESSING

Wer den Schaden hat, darf für den Spott nicht sorgen.
WILHELM HEINSE

Unsere eigenen Fehler sind der Grund, warum andere uns Schaden zufügen können. Denn wo keine Türe ist, da ist auch kein Eingang.
HERMANN STEHR

Durch Schaden wird man klug; aber in der Regel bleibt man lieber ohne Schaden dumm.
A. BERTHOLD

In jedem Schaden ist Nutzen für die Zukunft.
JAKOW TRACHTENBERG

Es gibt ein altes Wort: Wenn der Deutsche hinfällt, steht er nicht auf, sondern sieht sich um, wer ihm schadenersatzpflichtig ist.
KURT TUCHOLSKY

Die Fähigkeit und Neigung, Schaden zu stiften, steht bei höheren Tieren leider in geradem Verhältnis zu ihrer geistigen Höhe.
KONRAD LORENZ

Handwerker machen mit ihrer Arbeit einen Teil des Schadens wieder gut, den sie dabei anrichten.
WOLFRAM WEIDNER

Nicht jeder kann dir nützen, aber jeder kann
dir schaden – vergiß das nicht.
PAUL BOCKELMANN

Schadenfreude macht dumme Leute.
GERHARD BRANSTNER

Durch die Schadenfreude wird man nicht
klug.
GERHARD UHLENBRUCK

Werden wir je so klug sein, den Schaden zu
beheben, durch den wir es wurden?
NIKOLAUS CYBINSKI

Ein häufiger Arbeitsunfall: in Ungnade fallen.
MANFRED STRAHL

Wer den Schaden hat, soll wenigstens für den
Spott sorgen.
HANS-HORST SKUPY

Scham

Besser die Scham im Gesicht als die Wunde im Herzen.
Spanisches Sprichwort

Du hast ein Hurenweib, du willst dich nicht
mehr schämen.
JEREMIAS 3,3

Dann will ich aufdecken ihre Scham vor den
Augen ihrer Liebhaber.
HOSEA 2,10

Die Scham fängt in den Augen an.
EURIPIDES

Der Mensch kann nicht ohne Scham sein.
Wer sich der Schamlosigkeit schämt, braucht
sich nicht zu schämen.
MENG DSE

Wer keine Scham kennt, den zähle ich zu den
Verlorenen.
PLAUTUS

Mancher richtet sich zugrunde aus falscher
Scham, und vor lauter Rücksichtnahme
kommt er um.
BEN SIRA 20,22

Ein Brief errötet nicht.
CICERO

Es ist niemals schwieriger, das rechte Wort
zu finden, als wenn man sich schämt.
LA ROCHEFOUCAULD

Ich wundere mich niemals, boshafte
Menschen anzutreffen, aber ich wundere
mich oft, daß sie sich nicht schämen.
JONATHAN SWIFT

Die Scham liegt im Verbrechen, nicht in der
Strafe.
VOLTAIRE

Nichts erkältet Liebe so leicht als
Beschämung.
JEAN PAUL

Der Einfluß des Schamgefühls geht soweit,
daß eine feinfühlige Frau sich ihrem
Geliebten schließlich eher durch Handlungen
verrät als durch Worte.
STENDHAL

Scham ist der Anfang der Besserung und
ansteckend wie Lachen und Gähnen.
JOSEPH VON EICHENDORFF

Eine Nation verkommt, wenn die Scham
ausstirbt.
FRIEDRICH THEODOR VISCHER

Scham bezeichnet im Menschen die innere
Grenze der Sünde; wo er errötet, beginnt
eben sein edleres Selbst.
FRIEDRICH HEBBEL

Die Scham vor den Leuten ist ein gutes
Gefühl, aber am besten ist die Scham vor
sich selbst.
LEW N. GRAF TOLSTOJ

Der Mensch ist das einzige Tier, das errötet
oder erröten sollte.
MARK TWAIN

Scham

Was ist dir das Menschlichste? – Jemandem
Scham ersparen.
FRIEDRICH NIETZSCHE

Erröten ist kleidsam.
OSCAR WILDE

Der Wert eines Menschen hängt von der Zahl
der Dinge ab, für die er sich schämt.
GEORGE BERNARD SHAW

Zum Schutze gegen die Gefahren der
Vernunft gab uns Mutter Natur die Scham.
SALOMON BAER-OBERDORF

Das Schöne, auch in der Kunst, ist ohne
Scham nicht denkbar.
HUGO VON HOFMANNSTHAL

Das Schamgefühl ist der Paprika der Liebe
und Ehe.
MAX KEMMERICH

Die weibliche Schamhaftigkeit ist nichts
anderes als Prüderie, das heißt, eine
demonstrative Verleugnung und Abwehr der
eigenen Unkeuschheit.
OTTO WEININGER

Die falsche Scham ist häßliche Schminke.
JAKOW TRACHTENBERG

Scham ist der Anfang des Pflichtbewußtseins.
HANS OSSENBACH

Normalerweise empfindet der Mensch
Scham, seinen Körper vor Fremden zu
entblößen; der junge, weil derselbe schön ist,
der alte, weil er häßlich ist.
ERICH BROCK

Es ist schwer, seine Scham zu überwinden,
ohne in ihr Gegenteil zu verfallen.
BLAISE GALL

Liebende erröten, weil sie sich bei sich selbst
ertappen.
SIGMUND GRAFF

Scham schützt besser als Kleider.
CHARLES TSCHOPP

Scham ist die andere Seite der Schöpfung.
WOLFGANG ENGEL

Schein

Sein geht über Schein.
Mexikanisches Sprichwort

Gott fängt die Klugen im Netz ihrer eigenen
Schlauheit.
1 KORINTHERBRIEF 3,19

Man soll sich nicht an glatte Reden und
Schmeicheleien gewöhnen, man soll nicht
anders scheinen wollen, als man ist.
MAIMONIDES

Man sollte das sein, was man scheint.
WILLIAM SHAKESPEARE

Die Menschen sind nicht immer, was sie
scheinen. Doch selten etwas Besseres.
GOTTHOLD EPHRAIM LESSING

Halbe Wahrheit ist gefährlicher als eine ganze
Lüge; diese ist leichter zu erkennen als jene,
welche sich in Schein zu kleiden pflegt, um
doppelt zu betrügen.
THEODOR GOTTLIEB VON HIPPEL

Kluge Leute glauben zu machen, man sei,
was man nicht ist, ist in den meisten Fällen
schwerer, als wirklich zu werden, was man
scheinen will.
GEORG CHRISTOPH LICHTENBERG

Daß die Menschen mehr sein wollen, als sie
sind, ist eine der stärksten Quellen unseres
Elends.
WILHELM HEINSE

Die Welt urteilt nach dem Scheine.
JOHANN WOLFGANG VON GOETHE

Die Gewalt des Scheins ist allmächtig über
die Menge.
JOHANNES VON MÜLLER

Alle Menschen wollen amüsiert sein, ist das
Prinzip des Scheins.
FRIEDRICH SCHLEIERMACHER

Wer möchte nicht wenigstens so gut
erscheinen, wie er wirklich ist?
RICHARD BENZ

Wir sind eigentlich, wie wir sein möchten, und nicht so, wie wir sind.

RAHEL VARNHAGEN

Jener bemühte sich mehr Mensch zu sein als zu scheinen; die Welt aber verlangt, ein guter Mensch zu scheinen, aber nicht zu sein.

GIACOMO GRAF LEOPARDI

Das Streben, etwas zu besitzen, was wir nicht haben, um etwas zu sein, was wir nicht sind, ist die Wurzel aller Unsittlichkeit.

SAMUEL SMILES

Vor allem suche dich zu heilen von einer furchtbaren Krankheit: such Rettung vor deiner Neigung, dich darum zu sorgen, wie du den anderen erscheinst. Sorge dich nur darum, wie du Gott erscheinst – und darum, was Gott für eine Idee von dir hat.

SØREN KIERKEGAARD

Man ist allemal fast gerade das, was man nicht scheint.

PETER HILLE

Der Mensch unterscheidet sich vom Tier hauptsächlich dadurch, daß er mehr scheinen möchte, als er ist.

A. O. WEBER

Alle leiden an dem Hang, etwas mehr als menschliche Wesen sein oder doch scheinen zu wollen.

CONSTANTIN BRUNNER

Das Bestreben, besser zu scheinen als sie sind, haben die meisten Menschen gegenüber sich selbst in noch höherem Maße als gegenüber den anderen.

MAXIMILIAN EICHBAUM

Sich zu verkleiden ist eine aufregende Sache. Jeder sollte es einmal tun, weil es einem einen Einblick in ein anderes Leben erlaubt. Als Arbeiter bekommt man zum Beispiel automatisch die billigsten Streichhölzer angeboten. Niemand läßt einem den Vortritt. Die Mädchen sehen einen nicht an. Die Welt gehört den anderen.

LUIS BUÑUEL

Der Schein haftet am Sein, und nur der Schmerz kann eins vom anderen ablösen. Wer das Sein hat, kann nicht den Schein haben. Der Schein fesselt das Sein. Der Lauf der Zeit trennt das Scheinen vom Sein und das Sein vom Scheinen mit Gewalt. Die Zeit macht offenbar, daß sie nicht die Ewigkeit ist.

SIMONE WEIL

Am Ende zählt, ob einer ist, was er vorgibt zu sein.

KARL THEODOR VON UND ZU GUTTENBERG

Der Schein trügt, deshalb ist alles in Ordnung.

MANFRED HAUSIN

Scherz

Langer Scherz tut niemals gut.

Deutsches Sprichwort

Wenn etwas im Scherz gesagt wird, ist es unfein, es ernst zu nehmen.

PLAUTUS

Sittenlosigkeit und albernes oder zweideutiges Geschwätz schickt sich nicht.

EPHESERBRIEF 5,4

Es ist mit Gottes Wort nicht zu scherzen. Kannst du es nicht verstehen, so ziehe den Hut vor ihm ab.

MARTIN LUTHER

Einen gelungenen Streich, der niemand schadet und über den sich alles freut, verzeiht man am besten sofort, sonst macht man sich lächerlich.

SAINT SIMON

Ich habe durch mein ganzes Leben gefunden, daß sich der Charakter eines Menschen aus nichts so sicher erkennen läßt, wenn alle Mittel fehlen, als aus einem Scherz, den er übelnimmt.

GEORG CHRISTOPH LICHTENBERG

Scherz

Die Scherze reicher Leute sind immer witzig.
OLIVER GOLDSMITH

Mit Frauen soll man sich nie unterstehn zu scherzen.
JOHANN WOLFGANG VON GOETHE

Der Scherz ist eine Art Zweikampf ohne Blutvergießen; er kann, was der Zweikampf hat oder tun sollte: die Menschen geschliffener und gemessener machen.
KARL JULIUS WEBER

Scherz ist eine gewisse verkehrte Darstellung einer Sache, nicht um zu betrügen, sondern um durch die Bemerkung des Abstandes, der zwischen der Sache selbst und der Darstellung derselben herrscht, jenes eigene Vergnügen zu erregen, das – wo es in einem höheren Grade vorhanden ist – Lachen hervorbringt.
BERNARD BOLZANO

Gott sei Dank, daß der Spaß nicht totzukriegen ist auf dieser so sehr mürrischen Welt!
WILHELM RAABE

Der Scherz ist das Lieblingskind des ausruhenden Ernstes.
GEORG VON OERTZEN

Meine Art des Scherzens ist, die Wahrheit zu sagen. Das ist der komischste Witz in der Welt.
GEORGE BERNARD SHAW

Schicksal

Niemand kennt sein Los, wenn er für den nächsten Tag Pläne macht.
Ägyptische Weisheit

Wer aber kann sein Geschick ermessen?
JESAJA 53,8

Deine Bosheit ist schuld, daß du so geschlagen wirst.
JEREMIAS 2,19

Segelnd im Glücke zerschellt Menschengeschick an verborgner Klippe.
AISCHYLOS

Der Mensch ist ein Sklave des Geschicks, beraubt des klaren Zukunftsblicks.
SOPHOKLES

Seinem Geschick kann niemand entfliehen, selbst ein Gott nicht.
HERODOT

Du darfst niemals denken, du seist durch die Waffen des Schicksals geschützt; kämpfe vielmehr dagegen mit deinen eigenen. Das Schicksal verleiht keine Waffen.
POSEIDONIOS

Das Schicksal eines jeden Menschen wird von seinem Charakter geprägt.
CORNELIUS NEPOS

Es rollt das Schicksal nach Ordnung der Dinge.
VERGIL

Das Schicksal erschöpft seine Kraft darin, Unglück zu stiften, damit es sich besser mit unserem Werte messen kann.
HORAZ

Das Schicksal sucht die Stärksten, ihm Gewachsenen auf; an manchen geht es mit Ekel vorüber.
SENECA

Schicksale sind nicht so wichtig wie ihre Entstehung.
LÜ PU WE

Wie im gleichen Feuer das Gold glänzt und der Schaum rußt, so erprobt, reinigt und klärt ein und dasselbe Geschick die Guten und verdammt, vernichtet und verscheucht die Bösen.
AUGUSTINUS

Alles Geschick ist von Grund auf gut.
BOËTHIUS

Was nützt es, gegen das Geschick sich aufzulehnen?
DANTE ALIGHIERI

Schicksal

Selten entgeht ein Mensch seinem Schicksal.

LUDOVICO ARIOSTO

Das Schicksal heilt uns von vielen Fehlern, die die Vernunft nicht kurieren konnte.

LA ROCHEFOUCAULD

Glück und Unglück der Menschen hängen nicht weniger von ihrem Gemüt als vom Schicksal ab.

LA ROCHEFOUCAULD

Keinem erscheint das Schicksal so blind wie jenem, den es nicht begünstigt.

LA ROCHEFOUCAULD

Mit dem Schicksal muß man es halten wie mit der Gesundheit: es genießen, wenn es gut, und Geduld haben, wenn es böse ist; zu starken Mitteln nur im äußersten Notfall greifen.

LA ROCHEFOUCAULD

So düster unser Los auch erscheine, wir müssen hoffen, daß Gott es für uns zu einem Quell der Freude mache, wenn wir ihm die Führung überlassen.

BLAISE PASCAL

Große Menschen ahnen ihr Schicksal voraus und irren sich selten darin.

CHRISTINE VON SCHWEDEN

Das Schicksal hält es immer mit den Kühnen.

PHILIPPE DESTOUCHES

Wir sind die Maschinen der Vorsehung.

VOLTAIRE

Auch wenn das Schicksal feindlich ist, kann ein Weiser immer noch das Glück erstreben und gegen den Wind segeln, um es zu erreichen.

JEAN-JACQUES ROUSSEAU

Ob arm oder reich, niemand ist tugendhaft und glücklich, wenn ihn das Schicksal nicht an den richtigen Platz gestellt hat.

VAUVENARGUES

Des Schicksals Zwang ist bitter.

CHRISTOPH MARTIN WIELAND

Jedermann hat seine Eigenheiten und kann sie nicht los werden; und doch geht mancher an seinen Eigenheiten, oft an den unschuldigsten, zugrunde.

JOHANN WOLFGANG VON GOETHE

Du wirst keine deiner Torheiten bereuen und keine zurückwünschen: kein glücklicheres Schicksal kann einem Menschen zuteil werden.

JOHANN WOLFGANG VON GOETHE

Glücklich sind diejenigen, deren sich das Schicksal annimmt, das jeden nach seiner Weise erzieht.

JOHANN WOLFGANG VON GOETHE

Wie von unsichtbaren Geistern gepeitscht, gehen die Sonnenpferde der Zeit mit unseres Schicksals leichtem Wagen durch; und uns bleibt nichts, als mutig gefaßt die Zügel festzuhalten und bald rechts, bald links, vom Steine hier, vom Sturze da die Räder wegzulenken. Wohin es geht, wer weiß es? Erinnert er sich doch kaum, woher er kam.

JOHANN WOLFGANG VON GOETHE

Das Los des Menschen scheint zu sein, nicht Wahrheit, sondern Ringen nach Wahrheit, nicht Freiheit und Gerechtigkeit und Glückseligkeit, sondern Ringen danach.

JOHANN GOTTFRIED SEUME

Gib mir reges Leben und rüstige Kraft in mir, und jedes Schicksal ist nur ein Stoff, an dem meine Seele sich übt.

WILHELM VON HUMBOLDT

Gewiß ist es fast noch wichtiger, wie ein Mensch sein eigenes Schicksal in die Hand nimmt, als wie sein Schicksal ist.

WILHELM VON HUMBOLDT

Unschuld und Stärke sind unüberwindlich vor allen Schlägen des Schicksals.

ZACHARIAS WERNER

Die Vorsehung ist immer auf seiten der letzten Reserven.

NAPOLEON BONAPARTE

Ich will dem Schicksal in den Rachen greifen, niederzwingen soll es mich gewiß nicht.

LUDWIG VAN BEETHOVEN

Schicksal

Nichts ist romantischer, als was man gewöhnlich Welt und Schicksal nennt.

NOVALIS

Es amüsiert mich immer, wenn Menschen all ihr Unglück dem Schicksal, dem Zufall oder dem Verhängnis zuschreiben, während sie ihre Erfolge oder ihr Glück mit ihrer eigenen Klugheit, ihrem Scharfsinn oder ihrer Einsicht begründen.

SAMUEL TAYLOR COLERIDGE

Ein freier, denkender Mensch bleibt da nicht stehen, wo der Zufall ihn hinstößt; oder wenn er bleibt, so bleibt er aus Gründen, aus Wahl des Besseren. Er fühlt, daß man sich über das Schicksal erheben könne, ja, daß es im richtigen Sinne selbst möglich sei, das Schicksal zu leiten.

HEINRICH VON KLEIST

Auf der Weltbühne ist das Schicksal der Souffleur, der das Stück ruhig und leise abliest, ohne Gebärden, ohne Deklamation und ganz unbekümmert, ob es ein Lustspiel oder ein Trauerspiel ist. Das Zappeln, das Schreien und übriges tun die Menschen hinzu.

LUDWIG BÖRNE

Wenn das Schicksal ruft: Feuer! – so achten das die wenigsten; erst wenn sie hören: *Rien ne va plus!* bekommen sie Lust, aber zu spät.

LUDWIG BÖRNE

Das Schicksal mischt die Karten, und wir spielen.

ARTHUR SCHOPENHAUER

Was die Leute gemeiniglich das Schicksal nennen, sind meistens nur ihre eigenen dummen Streiche.

ARTHUR SCHOPENHAUER

Das ist nun einmal das Schicksal der Menschen: im Streit miteinander bilden sie sich aus.

LEOPOLD VON RANKE

Wenn der Unglückliche sich in sein Schicksal ergeben hat, dann hat er seinem Unglück bereits eine Grenze gesetzt.

HONORÉ DE BALZAC

Mancher Mensch kann sein Schicksal nicht erwarten.

JOHANN NESTROY

Sehen wir uns selbst vom Schicksal rauher behandelt als die anderen Menschen um uns her, so werden wir nur zu geneigt, die Welt für unsere Feindin zu halten, uns in Trotz zu hüllen und bösen Leidenschaften zu frönen.

EDWARD EARL BULWER-LYTTON

Der Mensch rechnet immer das, was ihm fehlt, dem Schicksale doppelt so hoch an, als das, was er wirklich besitzt.

GOTTFRIED KELLER

Eine Gabe der Vorsehung bei den Menschen, besonders bei einem intelligenten Menschen, ist seine Verachtung für Fähigkeiten, die er nicht besitzt.

EDMOND & JULES DE GONCOURT

Wir werden vom Schicksal hart oder weich geklopft; es kommt auf das Material an.

MARIE VON EBNER-ESCHENBACH

Schuld haben sie beide nicht, weder der Mensch noch das Schicksal; sie passen nur immer ganz genau aufeinander.

WILHELM RAABE

Die Vorsehung will versucht werden. Das ist das Geheimnis jedes Erfolgs.

GEORGE BERNARD SHAW

Die Welt ist zuweilen zu klein, als daß man auch nur einem einzigen Menschen entfliehen könnte.

M. HERBERT

Man liefert sich dem Schicksal nur dann aus, wenn man Böses tut.

MAURICE MAETERLINCK

Starke Schicksale sind starkes Leben: deshalb drängt sich das Volk zur Tragödie und zur Leidensgeschichte Jesu.

GERHART HAUPTMANN

Wer sich dem Schicksal überläßt, der braucht nicht zu fragen.

HERMANN STEHR

Schicksal

Unser Schicksal kommt aus unserem Innern, und deshalb gibt es keinen Zufall im Leben.

PAUL ERNST

Nicht was wir erleben, ist unser Schicksal, sondern wie wir es ertragen.

SALOMON BAER-OBERDORF

Was immer uns widerfährt, ist die Folge einer langgehegten Stimmung.

PRENTICE MULFORD

Es ist gut, das Schicksal mit heiter bewundernder Ruhe anzuschauen, das eigene auch.

THOMAS MANN

Jeder Mensch, der ärmste und der reichste, erlebt, meist in der Kindheit, wo die Welt noch als Wunder erfaßt wird, das sie ist, jenen größten Augenblick, wo ihn der Ewigkeit mit leisem Schauer und warmem Segen berührt, ihm strahlend gegenübertritt und ihn ein für allemal fühlen und wissen läßt, daß über ihm Dinge, Mächte, Menschen, Götter walten, nach denen seine Sehnsucht zeit seines Lebens ihre Hände emporstrecken muß. Die Ewigkeit hat ihn erweckt. Wer sie je vergäße, der hätte seiner selbst und der Menschheit in sich vergessen.

OTTO STOESSL

Man wird allmählich erkennen lernen, daß das, was wir Schicksal nennen, aus den Menschen heraustritt, nicht von außen her in sie hinein.

RAINER MARIA RILKE

Ist Schicksal heilbar?

GERHARD GUTHERZ

Unser Schicksal hängt davon ab, worauf sich unser Bewußtsein festgelegt hat.

HANS A. MOSER

Das Schicksal sitzt im Souffleurkasten und liest das Stück unbeirrbar, ruhig und leise. Wir – auf der Bühne – machen erst einen Schwank, eine Tragödie oder gar eine Komödie daraus.

CURT GOETZ

Man sollte die Dinge so nehmen, wie sie kommen. Aber man sollte auch dafür sorgen, daß sie so kommen, wie man sie nehmen möchte.

CURT GOETZ

Wer achtsam ist, bei sinnvollen Anlässen dem Schicksal zu danken, dem wird immer wieder Gelegenheit zu solchem Dank gegeben werden.

ERICH BROCK

Das Schicksal kann mir einen Weg aufzwingen, aber niemals ein Ziel.

MARGARETE SEEMANN

Man soll das Schicksal nicht mit Vorschlägen verärgern, es legt zuviel Wert auf seine eigenen Einfälle.

KARL HEINRICH WAGGERL

Nicht von der Größe einer Sache ist dein Schicksal bedingt, sondern von deiner Kraft, dich über sie zu erheben.

KARL HEINRICH WAGGERL

Was man als Blindheit des Schicksals bezeichnet, ist in Wirklichkeit bloß die eigene Kurzsichtigkeit.

WILLIAM FAULKNER

Geschick ist eine Erfindung der Feigen und Resignierten.

IGNAZIO SILONE

In dieser Welt, deren Daseinsgrund uns dunkel bleibt, folgt jeder blind einem geheimen Schicksal, das er vielleicht nie kennen wird.

JULIEN GREEN

Die Schicksale der Menschen sind die Bücher des Himmels.

G. E. SCHNEIDER

Über das Leben läßt sich angemessen nur in Schicksalen reden.

MARTIN KESSEL

Schicksal ist dort, wo ein Mensch kraft dessen, was er seiner tiefsten Wesensart nach ist und sein muß, einer Gewalt begegnet, die mächtiger ist als er.

REINHOLD SCHNEIDER

819

Schicksal

Politik bestimmt unser Schicksal von außen,
Erziehung von innen her.

PAUL GROSSMANN

Wer vom Schicksal herausgefordert wird,
entrüstet sich nicht über die Bedingungen.

DAG HAMMARSKJÖLD

Nenne nie Schicksal, was du aus Feigheit zu
tun unterläßt.

HASSO HEMMER

Der Mensch hat so viele Schicksale, als es
Mitmenschen gibt, die ihn beobachten.
Schicksal ist nichts Zuverlässiges!

ERWIN STRITTMATTER

Man sollte sich dem Schicksal fügen;
allerdings nicht unbedingt bedingungslos
kapitulieren.

WIESLAW BRUDZINSKI

Ein Mensch ist groß, wenn er über sein
Schicksal hinauswächst.

ELISABETH MARIA MAURER

Das Schicksal tut so, als wäre es nicht von
dieser Welt.

HELMUT LAMPRECHT

Alles, was uns geschieht, kann der ganzen
Menschheit geschehen.

ELIE WIESEL

Wenn etwas auf einen zukommt, soll man es
darauf ankommen lassen, und wenn es
darauf ankommt, soll man es auf sich
zukommen lassen.

GERHARD UHLENBRUCK

Schicksalsschläge sind der
Vorschlaghammer des Todes.

HELLMUT WALTERS

Wenn wir unser Schicksal selbst bestimmen
könnten, würde unser Leben eintönig, da es
ohne Überraschungen wäre.

BRUNO HORST BULL

Wenn du dein Schicksal nicht in die Hand
nimmst, nimmt es dich.

PETER TILLE

Schlaf

Lache – und die Welt lacht mit dir,
schnarche – und du schläfst allein.

Irisches Sprichwort

Wache haben eine einzige gemeinsame Welt,
im Schlafe wendet sich jeder der eigenen zu.

HERAKLIT

Wenn sie das Maß überschreiten, sind beide
böse: der Schlaf und das Wachen.

HIPPOKRATES

Den Menschen ist eine so kurze Lebenszeit
gegeben, und der Schlaf nimmt – wie ein
Zolleinnehmer – die Hälfte davon weg.

ARISTON

Seinen Freunden gibt es der Herr im Schlaf.

PSALMEN 127,2

Der Schlaf ist das Bild des Todes.

CICERO

Überlaß der Nacht die Stimme, überlaß ihr
Rat und Heil.

PLUTARCH

Heil dem Mann, der den Schlaf erfand, diesen
Mantel, der alle Sorgen zudeckt, diese
Speise, die den Hunger stillt, diesen Trunk,
der den Durst vertreibt!

MIGUEL DE CERVANTES

Eines verständigen Menschen Schlaf ist
verdienstlicher als eines Dummen Gebet.

BOKHARI VON JOHOR

Der Schlaf deutet das Doppelleben im
Menschen an; er offenbart zum mindesten die
häufige Trennung unserer beiden Naturen.

HONORÉ DE BALZAC

Schlaf ist ein Hineinkriechen des Menschen in
sich selbst.

FRIEDRICH HEBBEL

Der Schlaf sei das tägliche Brot deiner Seele.

CARL LUDWIG SCHLEICH

Mit einem leeren Magen und einem leeren
Kopf schläft es sich am besten.

ELEONORE VAN DER STRATEN-STERNBERG

Der Traum ist ein Weib, das schwatzen muß,
der Schlaf ist ein Gatte, der schweigend
duldet.

RABINDRANATH TAGORE

Das ist ein gefährlicher Narr, der einen
Schlafenden mit dem Dolch in der
Herzgegend kitzelt, um ihn aufzuwecken.

ARTHUR SCHNITZLER

Schlaf ist das einzige Glück, das man erst
recht genießt, wenn es vorüber ist.

ALFRED POLGAR

Der Schlaf hat innere Augen.

ROBERT WALSER

Schlafen ist bequem, aber Erwachen ist
interessant.

HAZRAT INAYAT KHAN

Schlafmittel: der allabendliche Selbstmord.

INA SEIDEL

Gebt den Leuten mehr Schlaf – und sie
werden wacher sein, wenn sie wach sind.

KURT TUCHOLSKY

Es ist erstaunlich, wie wenige Menschen sich
der Kunst, im Bett zu liegen, bewußt sind.

LIN YUTANG

Durch Schlafen wird man müde.

FRITZ USINGER

Genosse, schlaf schneller!

MICHAIL SOSTSCHENKO

In einer fremden Sprache schlafen – wie in
einem fremden Zimmer.

KURT GUGGENHEIM

Ein guter Schlaf kommt nicht immer vom
reinen Gewissen. Oft ist er die Folge eines
schlechten Gedächtnisses.

HEINZ STEGUWEIT

Wer einzuschlafen wagt, hat die Todesangst
verleugnet oder überwunden.

HANS KUDSZUS

Der Schlaf ist ein Zustand des
Gleichgewichts, eine Art Ungeheuer, in dem
der Körper verschwindet.

SALVADOR DALI

Wen man schlafen sah, den kann man nie
mehr hassen.

ELIAS CANETTI

Was ist eine einzige Kreuzigung verglichen
mit jener täglichen, die der Schlaflose
erleidet?

É. M. CIORAN

Zusammen schlafen, getrennt träumen.

GERHARD UHLENBRUCK

Auf dem Schlafott des Weckergerassels
werden die süßesten Morgenträume
guillotiniert.

RAIMUND VIDRÁNYI

Schlaf ist zuweilen der schlimmste Verrat.

BERT BERKENSTRÄTER

Ist es pervers, mit Büchern zu schlafen?

HANS-HORST SKUPY

Schlaf – Fortsetzung des Denkens mit
anderen Mitteln.

HANS-HORST SKUPY

Schmeichelei

Diejenigen, die für Schmeicheleien
empfänglich sind, werden
schließlich um ihren Besitz
beschwindelt.

Bantu-Weisheit

Wir sind nie mit Schmeichelworten
umgegangen.

1 THESSALONICHERBRIEF 2,5

Es gibt kein anderes Mittel, sich vor
Schmeichelei zu hüten, als daß die Menschen
einsehen, daß sie dich nicht beleidigen, wenn
sie dir die Wahrheit sagen.

NICCOLÒ MACHIAVELLI

Schmeichelei

Wer das Schmeicheln liebt, ist des Schmeichlers würdig.

WILLIAM SHAKESPEARE

Wir hätten nur wenig Vergnügen, wenn wir uns nie selbst schmeichelten.

LA ROCHEFOUCAULD

Jeder Schmeichler lebt auf Kosten seines Zuhörers.

JEAN DE LA FONTAINE

Schmeichelei belehrt, ermuntert, regt auf und beschämt.

CHRISTINE VON SCHWEDEN

Alle Menschen schmeicheln dem Glück und der Macht.

CHRISTINE VON SCHWEDEN

Die Vorliebe für Schmeichelei kommt bei den meisten Männern aus der geringen Meinung, die sie von sich selbst haben; bei den Frauen ist es umgekehrt.

JONATHAN SWIFT

Ein Schmeichler kann sich bei großen Persönlichkeiten alles erlauben.

ALAIN RENÉ LE SAGE

Hast du nicht festgestellt, daß jede Frau unfehlbar durch jede Art von Schmeichelei gewonnen werden kann und jeder Mann durch die eine oder die andere?

EARL OF CHESTERFIELD

Schmeichle niemand, und laß dir nicht schmeicheln.

MATTHIAS CLAUDIUS

Wer keine Liebe fühlt, muß schmeicheln lernen, sonst kommt er nicht aus.

JOHANN WOLFGANG VON GOETHE

Es ist dem Menschen leichter und geläufiger zu schmeicheln als zu loben.

JEAN PAUL

Ein Schmeichler ist es selten aus bloßem Eigennutz, sondern aus Charakter; denn er schmeichelt Niedrigen wie Hohen.

JEAN PAUL

Fürsten belohnen ihre Schmeichler und verachten sie. Völker beten die ihrigen an.

FRIEDRICH VON GENTZ

Soll Schmeichelei nur allein ein Vorrecht der Paläste sein? Sie stammt von Bettlern ab, weil sie von Geistesarmut zeugt.

FERDINAND RAIMUND

Die Schmeichelei geht niemals von großen Seelen aus, sie ist das Erbteil kleiner Geister, denen es gelingt, sich noch zu verkleinern, um besser in die Lebenssphäre der Personen einzudringen, um die sie kreisen.

HONORÉ DE BALZAC

Herren, die Schmeicheleien fordern, werden gewöhnlich nur von schlechten Menschen bedient, und so ergeht es leider manchmal auch dem Volke.

JÓZSEF VON EÖTVÖS

Hinter Schmeichelei verbergen sich oft die meisten Lügen, während sich Wahrheit zumeist rückhaltslos und oft in Grobheit offenbart.

HEINRICH MARTIN

Hört niemals auf diejenigen, die von anderen Böses und von euch Gutes reden.

LEW N. GRAF TOLSTOJ

Hüte dich vor dem Schmeichler; wo die Seife ist, die dich einseift, da ist auch das Rasiermesser nicht fern, das dir den Hals abschneidet!

EMIL FROMMEL

Wenn wir auch der Schmeichelei keinen Glauben schenken, der Schmeichler gewinnt uns doch.

MARIE VON EBNER-ESCHENBACH

Schmeicheleien sind verächtlich – besonders wenn sie anderen gesagt werden.

FRANZ VON SCHÖNTHAN

Sag mir alle meine Fehler, von Mann zu Mann. Ich kann alles ertragen – außer Schmeichelei.

GEORGE BERNARD SHAW

Wer schmeichelt, verleumdet auch.

M. HERBERT

Es gibt gute, edle Menschen, die mit dem Gold der Liebe für die Falschmünzerei der Schmeichler danken.

M. HERBERT

Die Massenschmeichelei hat eine noch verheerendere Wirkung als das Umwedeln des Thrones, auf dem nur ein Einzelner sitzt.

MAXIMILIAN HARDEN

Schmeicheleien ist man in dem Maß zugänglich, wie man sich selber schmeichelt.

PAUL VALÉRY

Wahrhaft kluge und zugleich stolze Menschen nehmen Schmeicheleien wie eine Beleidigung auf, weil sie recht gut wissen, daß man um so stärkere Farben aufträgt, je mehr man den Geist des anderen unterschätzt.

LUDWIG HABICHT

Schmeichelhaftes mit Würde kann nur ein Mann in mittleren Jahren aussprechen.

HUGO VON HOFMANNSTHAL

Einen Prominenten anzusprechen, der einen selbst nicht kennt, kann sich nur ein Künstler der Schmeichelei erlauben.

JOACHIM GÜNTHER

Der Schmeichler kultiviert die Lüge.

HEINRICH WIESNER

Jedermann hat's gern, wenn man ihm wortlos recht gibt.

ABRAM TERZ (SINJAWSKIJ)

Schmeichelei schadet nur dem Eitlen.

ROBERT EMANUEL LOOSEN

Schmeichelei ist Aggression auf Knien.

GERHARD BRANSTNER

Ein Vorzug der Schmeichelei: Sie korrumpiert, ohne etwas zu kosten.

MANFRED STRAHL

Des Schmeichlers Lohn: er nimmt unseren Dank als bare Münze.

HANS-HORST SKUPY

Schmerz

Eine Lüge kann mehr Schmerz verursachen als ein Speer.

Nigerianisches Sprichwort

Unter Schmerzen gebierst du Kinder.

1 MOSE 3,16

Mache nicht unerträglich den Schmerz durch ewige Klagen!

SOPHOKLES

Der leibliche Schmerz währt nicht lange, sein höchster Grad dauert nur kurze Zeit; auch wenn er nur derart ist, daß er die leibliche Lust überwiegt, hält er nicht viele Tage an. Langwierige Krankheiten aber bringen immer noch mehr leibliche Lust als Schmerz mit sich.

EPIKUR

Schmerz und Kummer über wichtige Erlebnisse kommen nur daher, daß sie uns unerwartet treffen.

KARNEADES

Wer Schmerz erlitten, erinnert sich daran.

CICERO

Es kann unter Menschen kein gerechterer Grund zum Schmerz entstehen, als wenn sie von einer Seite, von der sie mit Recht Dankbarkeit und Wohlwollen erwarten müßten, Kränkungen und Schaden erleiden.

FRANÇOIS RABELAIS

Mit Schmerz bezahlt man alles Köstliche.

FRANCIS BACON

Jeder kann den Schmerz bemeistern, nur der nicht, der ihn fühlt.

WILLIAM SHAKESPEARE

Narben verhöhnt, wer Wunden nie gefühlt.

WILLIAM SHAKESPEARE

Der Schmerz ist der Stachel der Tätigkeit, und in dieser fühlen wir allererst unser Leben.

IMMANUEL KANT

823

Schmerz

Das Peinlichste am körperlichen Schmerz ist das Unkörperliche, nämlich unsere Ungeduld und unsere Täuschung, daß er immer währe.

JEAN PAUL

Es gibt nur 3 Schmerzen: a) Vergangenheit b) Gegenwart c) Zukunft.

JEAN PAUL

Wenn man einen einzigen Schmerz empfunden hat, so versteht man alle anderen Leiden.

JEAN PAUL

Der Genius des Schmerzes ist der fruchtbarste von allen!

GERMAINE (MADAME) DE STAËL

Schmerz sollte eigentlich der gewöhnliche Zustand und Freude das sein, was jetzt Schmerz und Not ist.

NOVALIS

Man sollte stolz auf den Schmerz sein; jeder Schmerz ist eine Erinnerung unseres hohen Ranges.

NOVALIS

Im höchsten Schmerz tritt zuweilen eine Paralysis der Empfindsamkeit ein. Die Seele zersetzt sich. Daher der tödliche Frost, die freie Denkkraft, der schmetternde unaufhörliche Witz dieser Art von Verzweiflung. Keine Neigung ist mehr vorhanden; der Mensch steht wie eine verderbliche Macht allein.

NOVALIS

Ich weiß mir kein schöneres Gebet als das, womit die alt-indischen Schauspiele schließen. Es lautet: „Mögen alle lebenden Wesen von Schmerzen frei bleiben".

ARTHUR SCHOPENHAUER

Dem Himmel sag für Schmerz, der dich veredelt, Dank.

FRIEDRICH RÜCKERT

Nichts in der Welt versteht sich so gut wie zwei Träger gleicher Schmerzen.

HONORÉ DE BALZAC

Der Schmerz ist die Hohe Schule der Empfindung wie des Gefühls.

BOGUMIL GOLTZ

Der Schmerz ist ein heiliger Engel, und durch ihn sind Menschen größer geworden als durch alle Freuden der Welt.

ADALBERT STIFTER

Ich gebe den Schmerz nicht her, weil ich sonst auch das Göttliche hergeben müßte.

ADALBERT STIFTER

Daß die Schmerzen miteinander abwechseln, macht das Leben erträglich.

FRIEDRICH HEBBEL

Den Schmerz wie einen Mantel um sich schlagen.

FRIEDRICH HEBBEL

Der Schmerz ist ein Eigentum – wie Glück und Freude.

FRIEDRICH HEBBEL

Was das Schmerzlichste ist, ist zugleich auch das Alltäglichste und Gleichgültigste.

THEODOR FONTANE

Der heftigste Ausdruck von Schmerz ist Sarkasmus.

MULTATULI

Schmerz hat immer einen Sinn. Der wahre ist verhalten.

GUSTAVE FLAUBERT

Unglücklich ist nicht, wem Schmerz zugefügt wird, sondern wer einem anderen Schmerz zufügen will.

LEW N. GRAF TOLSTOJ

Gehabte Schmerzen – die hab' ich gern!

WILHELM BUSCH

Nur nie – nie jemandem wehe tun!

BERTHA VON SUTTNER

Der Schmerz ist etwas anderes als die Lust – ich will sagen, er ist nicht deren Gegenteil.

FRIEDRICH NIETZSCHE

Tue niemandem zufällig weh, sondern nur, wenn du es willst und mußt.

PETER ALTENBERG

Der Hochofen des Herzens ist der Schmerz.

ELEONORE VAN DER STRATEN-STERNBERG

Schmerz

Der Schmerz ist für eine tiefe Seele wie ein Stein, der in einen Brunnen fällt; er wird nie mehr herausgehoben.

ELEONORE VAN DER STRATEN-STERNBERG

Denn je kleiner und ärmer ein Mensch ist, desto größer ist sein Schmerz.

HERMANN STEHR

Der Schmerz wird zur Geburtsstätte des Menschen, der Geschichte will. Nur der Mensch, der sich innerlich dem Unheil aussetzt, kann erfahren, was ist, und den Antrieb gewinnen, es zu ändern.

KARL JASPERS

Vielen bereitet die Torheit Schmerzen, vielen die Klugheit.

JAKOW TRACHTENBERG

Der Schmerz verschenkt seine Heilkraft dort, wo wir sie nicht vermuten.

MARTIN HEIDEGGER

Nirgends bist du so allein mit Gott wie tief im Schmerz.

MARGARETE SEEMANN

Schmerz macht den Menschen aufnahmefähiger für das Glück.

LUDWIG REINERS

Das reine Glück ist Verneinung des Schmerzes, allen Schmerzes, und sei es nur die Befürchtung des Schmerzes.

GEORGES BATAILLE

Der körperliche wie auch der seelische Schmerz entblößt den Menschen: das Urgestein tritt zutage.

ZENTA MAURINA

Je näher dir jemand steht, desto tödlicher kann er dich verwunden.

ZENTA MAURINA

Frauen können mehr Schmerzen ertragen als Männer. Vor allem mehr fremde Schmerzen.

SIGMUND GRAFF

Wir fürchten die Schmerzen und befreien uns vor ihnen. Ahnen wir, daß wir uns damit einer Lebensquelle eigener Art berauben?

OTTO HEUSCHELE

Wer dem Schmerz ausweicht, begegnet auch nicht dem Glück.

GEORG SCHULZ

Der Verbitterte rächt den Schmerz, den ihm die anderen zugefügt haben, an sich selber.

ANTON FRANKE

Seinen tiefsten Schmerz halte jeder geheim.

ELIAS CANETTI

Schreien ist Selbstbedienung des Schmerzes und erübrigt deshalb das Mitgefühl.

JOACHIM GÜNTHER

Wenn es wahr ist, daß man sich an den Schmerz gewöhnt – wie kommt es dann, daß man im Lauf der Jahre immer mehr leidet?

CESARE PAVESE

Nur wer Narben trägt, weiß, daß Wunden auch schmerzen können.

PETER CORYLLIS

Der Schmerz ist immer größer, als es die Freude wäre oder gewesen wäre.

JOSEF VIKTOR STUMMER

Die eingebildeten Schmerzen sind weitaus die wahrhaftigsten, da man ihrer ständig bedarf und sie ständig erfindet; weil man unmöglich auf sie verzichten kann.

É. M. CIORAN

Körperlicher Schmerz läutert, seelischer beugt.

ELISABETH MARIA MAURER

Der Schmerz hat eine Vorliebe für Selbstlaute.

HEINRICH WIESNER

Der Schmerz ist das Wahrheitsmoment des Körpers.

HEINRICH WIESNER

Schmerz muß da sein, damit er vergehen und volle, befreiende Seligkeit zurücklassen kann.

ABRAM TERZ (SINJAWSKIJ)

Schmerz ist dazu da, um an ihm die Freude zu messen.

XIV. DALAI LAMA

Schmerz

Wir sehen den Schmerz des andern, aber wir fühlen nur den eigenen.

NIKOLAUS CYBINSKI

Ist es etwa keine Ironie, daß nur das Gehirn des Menschen schmerzunempfindlich ist?

RAINER MALKOWSKI

Schönheit

Wer das Häßliche liebt, dem scheint es schön.

Portugiesisches Sprichwort

Was schön ist, ist gut, und wer gut ist, wird auch bald schön sein.

SAPPHO

Die versteckte Schönheit ist reizvoller als eine für alle Augen präsentierte.

HERAKLIT

Schönheit regiert nur kurz.

SOKRATES

Schönheit bietet eine natürliche Überlegenheit.

PLATON

Der König verlangt nach deiner Schönheit; er ist ja dein Herr, verneig dich vor ihm!

PSALMEN 45,12

Es gibt zwei Arten des Schönen: in der einen liegt Anmut, in der anderen Würde. Anmut müssen wir für etwas Weibliches, Würde für etwas Männliches halten.

CICERO

Schöner Knabe, verlaß dich nicht zu sehr auf deine Schönheit!

VERGIL

Die Erkenntnis des Schönen, das Staunen und das Erwachen des Triebes nach Schönheit kommt den Menschen erst, wenn sie bereits gleichsam Wissende und Wachende sind.

PLOTIN

Immer wo Schönheit ist, folgt ihr böses Geschwätz.

PROPERZ

Schönheit ist der Glanz der Wahrheit.

AUGUSTINUS

Das Schöne ist der Glanz des Wahren.

THOMAS VON AQUIN

Die Schönheit ist ein gewisser Zusammenklang, Harmonie der einzelnen Teile und Glieder, so daß ohne Schaden nichts hinzugefügt, nichts weggenommen werden kann.

LEON BATTISTA ALBERTI

Das Schöne, eine natürliche Sache, gesehen in einem groß gearteten Spiegel.

LEONARDO DA VINCI

Die Schönheit sterblicher Dinge vergeht, die Schönheit der Kunst nicht.

LEONARDO DA VINCI

Schönheit – was das ist, weiß ich nicht, wiewohl sie vielen Dingen anhängt.

ALBRECHT DÜRER

Das ist das Vorrecht der Schönheit, daß man ihr unter allen Umständen Achtung zollt.

MIGUEL DE CERVANTES

Der beste Teil der Schönheit ist der, den ein Bild nicht wiedergeben kann.

FRANCIS BACON

Schönheit ist ein kurzbefristeter Empfehlungsbrief.

NINON DE LENCLOS

In Gegenden, wo die Künste geblüht haben, sind auch die schönsten Menschen erzeugt worden.

JOHANN JOACHIM WINCKELMANN

Das Schöne besteht in der Mannigfaltigkeit des Einfachen; dieses ist der Stein der Weisen, den die Künstler zu suchen haben.

JOHANN JOACHIM WINCKELMANN

Die höchste Schönheit ist in Gott.

JOHANN JOACHIM WINCKELMANN

Schönheit

Das Kennzeichen der griechischen Meisterstücke ist eine edle Einfalt und eine stille Größe sowohl in der Stellung als im Ausdruck.

JOHANN JOACHIM WINCKELMANN

Schönheit ist ein mißliches Geschenk. Sie macht den Liebling eitel – und wenn sie entflieht, läßt sie ihn traurig und leer.

JOHANN GOTTFRIED HERDER

Die Schönheit der Welt ist nur für den ruhigen Genuß geschaffen. Mittelst seiner allein teilt sie sich dem Menschen mit und verkörpert sich in ihm.

JOHANN GOTTFRIED HERDER

Schönheiten, an die man nicht mit seinem Verstand oder seiner Empfindung reicht, sieht man fast immer für Fehler an.

WILHELM HEINSE

Schönheit ist überall ein gar willkommener Gast.

JOHANN WOLFGANG VON GOETHE

Die Schönheit kann nie über sich selbst deutlich werden.

JOHANN WOLFGANG VON GOETHE

Das Schöne ist eine Manifestation geheimer Naturgesetze, die uns ohne dessen Erscheinung ewig verborgen geblieben wären.

JOHANN WOLFGANG VON GOETHE

Einmal für allemal bleibt die Schönheit unerklärlich; sie erscheint uns wie ein Traum, wenn wir die Werke der großen Dichter und Maler, kurz, aller empfindenden Künstler betrachten; es ist ein schwimmendes, glänzendes Schattenbild, dessen Umriß keine Definition hascht.

JOHANN WOLFGANG VON GOETHE

Das Schöne! Es ist Schönheit mit dem Auge der Seele gesehen.

JOSEPH JOUBERT

Was wir als Schönheit hier empfunden, wird einst als Wahrheit uns entgegengehen.

FRIEDRICH VON SCHILLER

Die Schönheit ist für ein glückliches Geschlecht, aber ein unglückliches muß man erhaben zu rühren suchen.

FRIEDRICH VON SCHILLER

Der Mensch soll mit der Schönheit nur spielen, und er soll nur mit der Schönheit spielen.

FRIEDRICH VON SCHILLER

Bilde Schönes, du streust Keime des Göttlichen aus.

FRIEDRICH VON SCHILLER

Schönheit ist wie eine Leibrente; wenn die Schönheit stirbt, so hört die Zahlung auf, und sie stirbt immer jung.

AUGUST VON KOTZEBUE

Die Schönheit ist nichts anderes als die Verheißung des Glücks.

STENDHAL

Wie ein Gesicht schön wird dadurch, daß es Seele, so die Welt dadurch, daß sie einen Gott durchscheinen läßt.

WILHELM VON HUMBOLDT

Schönheit ist der Ausdruck des Charakters oder – besser – Ausdruck der seelischen Gewohnheiten, und folglich ist sie frei von aller Leidenschaft.

STENDHAL

Das Schönste ist auch das Heiligste.

FRIEDRICH HÖLDERLIN

Friede der Schönheit! Göttlicher Friede! Wer einmal an dir das tobende Leben und den zweifelnden Geist besänftigt, wie kann dem anderes helfen?

FRIEDRICH HÖLDERLIN

Wir haben in uns ein Urbild alles Schönen, dem kein einzelner gleicht. Vor diesem wird der echt vortreffliche Mensch sich beugen und die Demut lernen, die er in der Welt verlernt.

FRIEDRICH HÖLDERLIN

Es ist unglaublich, daß der Mensch sich vor dem Schönsten fürchten soll; aber es ist so.

FRIEDRICH HÖLDERLIN

Schönheit

Das erste Kind der menschlichen, der göttlichen Schönheit ist die Kunst. In ihr verjüngt und wiederholt der göttliche Mensch sich selbst. Er will sich selber fühlen, darum stellt er seine Schönheit gegenüber sich. – Der Schönheit zweite Tochter ist Religion.

FRIEDRICH HÖLDERLIN

Schön ist, was zugleich reizend und erhaben ist.

AUGUST WILHELM VON SCHLEGEL

Schönheit erzeugt Begeisterung, aber Begeisterung für Schönheit ist die höchste Schönheit selbst. Sie spricht erhöht das verklärte Ideal des Geliebten durch sich selbst aus.

BETTINA VON ARNIM

Schönheit ist ein offener Empfehlungsbrief, der die Herzen zum voraus für uns gewinnt.

ARTHUR SCHOPENHAUER

Die Schönheit ist die vollkommene Übereinstimmung des Sinnlichen mit dem Geistigen.

FRANZ GRILLPARZER

Die Schönheit strahlt nur aus dem inneren Leben.

THEODOR KÖRNER

Schönes und Tüchtiges nimmt sich am besten im einfachen Gewande aus.

DIETRICH CHRISTIAN GRABBE

Liebe zur Schönheit ist Geschmack. Das Schaffen von Schönheit ist Kunst.

RALPH WALDO EMERSON

Nichts im menschlichen Leben, zu allerletzt in der Religion, ist je richtig, bis es schön ist.

RALPH WALDO EMERSON

Schönheit ist die Tugend des Körpers, genau wie Tugend die Schönheit der Seele ist.

RALPH WALDO EMERSON

Schönheit gleicht einem Tempel, an dem profane Augen nur den äußeren Glanz bemerken.

GEORGE SAND

Das Schöne ist das Sittengesetz in seiner Entfaltung und durch sinnliche Mittel wahrnehmbar.

ADALBERT STIFTER

Es ist ein sanftes Gesetz der Schönheit, das uns zieht. Aber ich mußte die ganze Welt durchziehen, bis ich lernte, daß sie im Herzen liegt.

ADALBERT STIFTER

Halte dich an das Schöne! Vom Schönen lebt das Gute im Menschen und auch seine Gesundheit.

ERNST VON FEUCHTERSLEBEN

Das Schöne ist immer Mikrokosmos.

FRIEDRICH THEODOR VISCHER

Die einzige angeborene Eigenheit der Dichtkunst ist Schönheit.

EDGAR ALLAN POE

Eine Schönheit soll den Menschen durch das ganze Leben begeistern, wahr ist es; doch soll der Schimmer dieser Begeisterung alles andere erhellen.

FRANZ SCHUBERT

Schönheit ist die angenehme Gaunerei, die die halbe Welt betrügt.

MARTIN TUPPER

Schönheit: das Genie der Materie.

FRIEDRICH HEBBEL

Wer ein Herz hat für das Schöne, der findet bald überall Schönes.

GUSTAV FREYTAG

Alle Schönheit macht den Eindruck, sich selbst zu genügen.

HENRY DAVID THOREAU

Die schönsten Dinge in der Welt sind die nutzlosesten, wie Pfauen und Lilien.

JOHN RUSKIN

Was ist das Schöne? Eine reiche Idee, dargestellt mit Zweckmäßigkeit, Klarheit, gelungener Absicht.

GOTTFRIED KELLER

Schönheit

Das Wesen der Schönheit ist das Maß, das in einer Art Gegensatz zum Großartigen steht.

THEODOR FONTANE

Das Schöne ist nichts anderes als die absolute Tugend.

ERNEST RENAN

Welch seltsame Illusion ist die Annahme, Schönheit bedeute Güte!

LEW N. GRAF TOLSTOJ

Schönheit, unabhängig vom Guten, ist abscheulich. Das Gute ohne Schönheit ist qualvoll.

LEW N. GRAF TOLSTOJ

Ohne die Schönheit ist das Gute nicht gut, das Wahre nicht wahr, das Heilige selbst nicht heilig.

HERMAN GRIMM

Menschlich und edel ist das Gute, göttlich und unsterblich aber das Schöne.

ROBERT HAMERLING

Was uns an der sichtbaren Schönheit entzückt, ist ewig nur die unsichtbare.

MARIE VON EBNER-ESCHENBACH

Verständnis des Schönen und Begeisterung für das Schöne sind eins.

MARIE VON EBNER-ESCHENBACH

Zur Schönheit, sowie sie zum Bewußtsein kommt, gesellt sich die Eitelkeit hinzu.

FRANZ SERAPHION HUEMER

Schönheit ist überall. Nicht sie fehlt unsren Augen, sondern unsere Augen sehen oft daran vorbei. Schönheit ist Charakter und Ausdruck. Und nichts in der Natur hat wohl mehr Charakter als der menschliche Körper.

AUGUSTE RODIN

Wenn ich zwischen Schönheit und Wahrheit zu wählen hätte, würde ich nicht zögern. Ich würde Schönheit in dem Vertrauen den Vorzug geben, daß sie höhere und tiefere Wahrheit in sich birgt als Wahrheit selbst. Ich gehe so weit zu behaupten, daß es außer Schönheit nichts Wahres in der Welt gibt.

ANATOLE FRANCE

Die in schönen Dingen eine schöne Bedeutung entdecken, sind die Kultivierten. Für sie besteht Hoffnung.

OSCAR WILDE

In das sichere und heilige Haus der Schönheit läßt der wahre Künstler nichts Rauhes oder Mißtönendes ein, nichts, das Schmerz verursacht, nichts Umstrittenes, nichts, worüber die Menschen disputieren.

OSCAR WILDE

Wem schöne Dinge nichts als Schönheit bedeuten, der ist auserwählt.

OSCAR WILDE

Wer häßlichen Sinn in schönen Dingen findet, ist verderbt, ohne zu bezaubern. Das ist ein Fehler. Wer schönen Sinn in schönen Dingen findet, der hat Kultur. Für ihn ist Hoffnung. Die Auserwählten sind die, denen schöne Dinge nichts sonst bedeuten als Schönheit.

OSCAR WILDE

Die Schönheit offenbart alles, weil sie nichts ausdrückt.

OSCAR WILDE

Die Schönheit hat so viele Bedeutungen, wie der Mensch Stimmungen hat. Sie ist das Symbol der Symbole.

OSCAR WILDE

Schönheit steht höher als Genie, denn sie verlangt keine Erklärung.

OSCAR WILDE

Schönheit steht in keinem Verhältnis zu Preis, Seltenheit oder Alter.

JOHN COTTON DANA

Schönheit wirkt auf den ersten Blick angenehm, aber wem fällt sie auf, wenn sie drei Tage im Hause ist?

GEORGE BERNARD SHAW

Die Schönheit des Mannes ist sein geistiges Gepräge, und die der Frau ist es nicht minder.

M. HERBERT

O Schönheit, erkenne dich in der Liebe, nicht im Schmeichelbilde deines Spiegels.

RABINDRANATH TAGORE

Schönheit

Schönheit ist das Siegel, das der Schöpfer unter seine Werke setzt, wenn er mit ihnen zufrieden ist.

RABINDRANATH TAGORE

Schönheit ist nicht am anfang und nicht am ende: sie ist höhepunkt. Die kunst ergreift am meisten, in der man das atemholen neuer noch schlafender geister spürt.

STEFAN GEORGE

Wirklich schön ist nur das, was die Torheit diktiert und die Vernunft niederschreibt.

ANDRÉ GIDE

Schön ist eigentlich alles, was man mit Liebe betrachtet.

CHRISTIAN MORGENSTERN

Denn wessen Geist das Schöne überhaupt erfaßt, der kann auch nicht an irgendeiner Art des Schönen stumpf vorübergehen.

HUGO VON HOFMANNSTHAL

Schönheit hat mit Weisheit zu tun, nämlich durch das Mittel des Lichts. Denn das Licht ist das Mittel und ist die Mitte, von wo Verwandtschaft strahlt nach drei Seiten hin: zur Schönheit, zur Liebe und zur Erkenntnis der Wahrheit. Diese sind eins in ihm, und das Licht ist ihre Dreieinigkeit.

THOMAS MANN

Schönheit ist eine Bürde, die, je mehr sie abnimmt, umso schwerer zu tragen ist.

LISA WENGER

Schönheit beglückt nicht den, der sie besitzt, sondern den, der sie lieben und anbeten kann.

HERMANN HESSE

Die wahre Schönheit entdeckt man immer erst langsam. Züge, die rasch als schön auffallen, verlieren gewöhnlich bald.

WALDEMAR BONSELS

Manche reagieren auf Schönheit, als wäre sie ihnen eine persönliche Beleidigung.

EDGAR VARÈSE

Schönheit ist ein Magnet für den Blitz.

ERNST BERTRAM

Das Schöne ist am nächsten einer beseligenden Trauer.

ERNST BERTRAM

Die Schönheit ergreift am tiefsten die Unseligen...

ERNST BERTRAM

Schönheit ist ganz einfach, und die Tatsache, daß sie existiert, ist in sich ausreichend und geht allem vor.

CHARLES DU BOS

Die Schönheit ist ein Letztes, das die Wahrheit sowohl wie die Güte voraussetzt.

ROMANO GUARDINI

Die Schönheit der Welt ist kein Rückhalt.

HENRYK ELZENBERG

Schaffen des Schönen und Freude am Schönen sind keine Taten des Intellektes.

SARWAPALLI RADHAKRISHNAN

Du sollst die Schönheit nicht den Sinnen als Köder hinwerfen, sondern sie als der Seele natürliche Nahrung spenden.

GABRIELA MISTRAL

Wenn die Schönheit ausstirbt, wird darum die Armut geringer?

FRANK THIESS

Schönheit darf viel kosten, wenn man nichts davon merkt.

FELICITAS VON REZNICEK

Schönheit ist nicht nur eine Gabe Gottes, sondern eine Kunst.

FELICITAS VON REZNICEK

Tugend ist menschlich – Schönheit göttlich.

RICHARD N. GRAF COUDENHOVE-KALERGI

Schönes ohne Besitz – das ist der Sinn der Museen.

KURT GUGGENHEIM

Schönheit? Das will nichts heißen. Was etwas bedeutet, ist Verführen, Esprit haben, Charme. Schönheit geht vorbei – warum sich festklammern?

ARLETTY

Die Schönheit des Mannes ist noch nie
besungen worden. Die Dichter können es
nicht, weil sie Männer sind – die Dichterinnen
wollen es nicht, weil sie Frauen sind.
SIGMUND GRAFF

Was ist der schöne Mensch? Gnadenhafter
Ausgleich zwischen Seele und Leib. Sein Leib
ist ganz Seele; seine Seele ist ganz Leib.
OTTO HEUSCHELE

Die schönen Dinge geben ihren Geist denen,
die sie besitzen.
ANTOINE DE SAINT-EXUPÉRY

Wen vergängliche Schönheit nicht schmerzt,
der beschönigt sie.
HANS KUDSZUS

Die Ästhetik ist das größte irdische
Mysterium.
SALVADOR DALI

Niemand wird durch Vergrößerung schöner.
ERNST WILHELM ESCHMANN

Man wird um so schweigsamer, je besser
man eine Schönheit begreift.
BERNT VON HEISELER

Schönheit ist nicht eine menschliche
Erfindung.
SAUL BELLOW

Schönheit ist selten allein.
FRANZ JOHANNES SCALA

Schönheit heiligt die Mittel.
HANNS-DIETRICH VON SEYDLITZ

Der Nutzen des Schönen besteht darin, daß
es schön ist.
GERHARD BRANSTNER

Die Schönheit ist wie die Wahrheit: Keiner
kann sie genau definieren, und jeder kann
glauben, daß er sie besitzt.
GABRIEL LAUB

Jede Schönheit braucht einen Spiegel.
HELLMUT WALTERS

Schönheit ist niemals zu berechnen.
BRUNO HORST BULL

Täglich lehrt uns die Natur, daß auch das
Zweckmäßige schön sein kann.
WERNER MITSCH

Schönheit macht auf sich aufmerksam. Sie
ist eine Notlage.
SULAMITH SPARRE

Schrecken

Kinder erschreckt man mit Teufeln,
Erwachsene mit Menschen.
Jüdisches Sprichwort

Schrecken und große Finsternis überfiel ihn.
1 MOSE 15,12

Es ist kein Zweifel, daß größere Gewalt
demjenigen angetan wird, dessen Seele in
Schrecken versetzt, als dem, dessen Leib
verletzt wird.
CICERO

Selbst die Tapfersten erschrecken vor
plötzlichem Grauen.
TACITUS

Wer Gott lobt bei den Wundern seiner
Wohltaten, lobe ihn auch bei den Schrecken
der Vergeltung.
AUGUSTINUS

Wenn der Schrecken einen gewissen Grad
erreicht hat, so erzeugt er die nämlichen
Wirkungen wie Verwegenheit.
JEAN FRANÇOIS KARDINAL DE RETZ

Es gibt im Leben Dinge, die noch
fürchterlicher sind als der Tod.
CHRISTINE VON SCHWEDEN

In einem Tag kann man die Schrecken der
Hölle erleben; es ist reichlich genug Zeit
dazu.
LUDWIG WITTGENSTEIN

Ich erschrecke vor Menschengesichtern wie
vor einem Spiegel.
HUGO SONNENSCHEIN

Schrecken

Man kann nicht den Schrecken abschaffen und die Zivilisation übrigbehalten.

MAX HORKHEIMER

Unsere Zeit ist so aufregend, daß man die Menschen eigentlich nur noch mit Langeweile schockieren kann.

SAMUEL BECKETT

An einem tiefen Schrecken muß man lange abbezahlen, bis er sich zum Rückzug entschließt.

HANS ARNDT

Solange man diesseits des Schrecklichen lebt, findet man Worte, um es auszudrücken; kennt man es einmal von innen, findet man kein einziges mehr.

É. M. CIORAN

Man kann sich nicht erlauben, schockiert zu sein, denn dann hört man auf zu reagieren.

SIR PETER USTINOV

Bilder des Schreckens entstehen, wenn Wunschbilder verwirklicht werden.

HELLMUT WALTERS

Abschreckung: Bis sich der Schrecken nicht mehr abwenden läßt.

AUREL SCHMIDT

Nach Bestätigung der Katastrophe beruhigte sich die Bevölkerung sofort.

HEINZ JACOBI

Schriftsteller

Wer schreibt, der bleibt.

Deutsches Sprichwort

Schreibe dies zum Gedächtnis in ein Buch.

2 MOSE 17,14

Es nimmt kein Ende mit dem vielen Bücherschreiben, und viel Studieren ermüdet den Leib.

PREDIGER 12,12

Dies ist der Jünger, der dies geschrieben hat.

JOHANNES 21,24

Um Geschichten und Bücher gleich welcher Art zu verfassen, ist ein gutes Urteil und ein reifer Verstand vonnöten. Charmantes und Witziges zu schreiben ist Sache großer Geister. Dennoch gibt es Schriftsteller, die Bücher schreiben und auf den Markt werfen, als wären es Windbeutel.

MIGUEL DE CERVANTES

Nur ein Schafskopf schreibt nicht für Geld.

BEN JONSON

Jede Art zu schreiben ist erlaubt – nur eine langweilige nicht.

VOLTAIRE

Selbst die besten Schriftsteller reden zu viel.

VAUVENARGUES

Als wenn man nur, die Leser klug zu machen, schriebe! Genug, wenn man zeigt, daß man selbst klug ist.

GOTTHOLD EPHRAIM LESSING

Ein Schriftsteller, der eilt, heute oder morgen verstanden zu werden, läuft Gefahr, übermorgen vergessen zu sein.

JOHANN GEORG HAMANN

Ein guter Schriftsteller hat Gegner und Feinde auch nötig, muß gegen solche dankbarer sein als gegen die blinden Bewunderer.

JOHANN GEORG HAMANN

Es ist fast nicht möglich, etwas Gutes zu schreiben, ohne daß man sich dabei jemanden oder auch eine gewisse Auswahl von Menschen denkt, die man anredet.

GEORG CHRISTOPH LICHTENBERG

Ein Schriftsteller, der zu seiner Verewigung eine Bildsäule nötig hat, ist auch dieser nicht wert.

GEORG CHRISTOPH LICHTENBERG

Empfindsam zu schreiben, dazu ist mehr nötig als Tränen und Mondschein.

GEORG CHRISTOPH LICHTENBERG

Schriftsteller

All die seichten großen Schriftsteller unserer Zeit.

GEORG CHRISTOPH LICHTENBERG

Geschichten schreiben ist eine Art, sich das Vergangene vom Halse zu schaffen.

JOHANN WOLFGANG VON GOETHE

Die originalsten Autoren der neuesten Zeit sind es nicht deswegen, weil sie etwas Neues hervorbringen, sondern allein, weil sie fähig sind, dergleichen Dinge zu sagen, als wenn sie vorher niemals wären gesagt gewesen.

JOHANN WOLFGANG VON GOETHE

Wer aber nicht eine Million Leser erwartet, sollte keine Zeile schreiben.

JOHANN WOLFGANG VON GOETHE

Es ist ein großer Irrtum, das Bücherschreiben für eine Hauptsache zu halten.

JOHANNES VON MÜLLER

Wer doch so da sitzen und sein Luftschlößchen recht gemächlich nach Herzens Gefallen ausbauen kann.

FRIEDRICH (MALER) MÜLLER

Solange ein Mensch ein Buch schreibt, kann er nicht unglücklich sein.

JEAN PAUL

Wieviel Autoren gibt es wohl unter den Schriftstellern? Autor heißt Urheber.

FRIEDRICH VON SCHLEGEL

Es gibt so viele Schriftsteller, weil Lesen und Schreiben jetzt nur dem Grade nach verschieden sind.

FRIEDRICH VON SCHLEGEL

Eins von beiden ist fast immer herrschende Neigung jedes Schriftstellers: entweder manches nicht zu sagen, was durchaus gesagt werden müßte, oder vieles zu sagen, was durchaus nicht gesagt zu werden brauchte.

FRIEDRICH VON SCHLEGEL

Es ist traurig, für ein nicht lesendes Publikum zu schreiben.

JACOB GRIMM

Die Menschen verdienen keine guten Schriftsteller – sie sind mit den schlechten vollauf zufrieden.

RALPH WALDO EMERSON

Die echten Schriftsteller sind Gewissensbisse der Menschheit.

LUDWIG FEUERBACH

Ich möchte kein Arzt sein und von den Krankheiten der Menschen leben; auch kein Pfarrer – und mich von ihren Sünden ernähren; auch kein Anwalt – und aus ihrem Streit profitieren. So scheint mir nichts anderes übrig zu bleiben, als Schriftsteller zu sein.

NATHANIEL HAWTHORNE

Ich glaube, daß die Politik in unserer Zeit ein großes Unglück für manche Dichter ist; Frau Politika ist die Venus, welche sie in ihren Berg verlockt, wo sie zugrunde gehen.

HANS CHRISTIAN ANDERSEN

Der große Schriftsteller wird vor allen anderen kenntlich sein an seiner heiteren Einfachheit, seinem Festhalten an natürlichen Maßstäben, seinem unbegrenzten Glauben an Gott, seiner Ehrfurcht daran, daß in ihm kein Raum ist für Zweifel, Blasiertheit, Parodie, Spottsucht und irgendwelche unnatürliche und flüchtige Mode.

WALT WHITMAN

Ein Romanschriftsteller hat nicht das Recht, seine Meinung über irgend etwas auszusprechen. Hat der liebe Gott sie je gesagt – seine Meinung?

GUSTAVE FLAUBERT

Je mehr geschrieben wird, je weniger wird der Schriftsteller geschätzt.

MARIE VON EBNER-ESCHENBACH

Ja, mein lieber Schriftsteller, gelesen mußt du haben, recht viel gelesen und gelernt. Aber weh dir, wenn man es merkt! Das ist nur beim Journalisten erlaubt.

MARIE VON EBNER-ESCHENBACH

Man muß Bücher schreiben, die gewinnen, wenn das Geschlecht, das sie später liest, andere Röcke und Hosen trägt.

WILHELM RAABE

Schriftsteller

Ist es nicht idiotisch, sieben oder acht Monate an einem Roman zu schreiben, wenn man in jedem Buchladen für ein paar Dollar einen kaufen kann?

MARK TWAIN

Jeder Deutsche, wenn er nicht weiß, was er mit sich anfangen muß, schreibt ein Buch.

MAX VON EYTH

Ein Schriftsteller ist selten so beredt, als wenn er über sich selbst spricht.

ANATOLE FRANCE

Wer in Blut und Sprüchen schreibt, der will nicht gelesen, sondern auswendig gelernt werden.

FRIEDRICH NIETZSCHE

Leute, die schreiben können, heißen Schriftsteller. Leute, die nicht schreiben können, heißen ebenso.

OSCAR BLUMENTHAL

Derjenige, der über sich selbst und seine eigene Zeit schreibt, ist der einzige Mensch, der über alle Menschen und alle Zeiten schreibt.

GEORGE BERNARD SHAW

Die Schriftsteller beim Ohr zu nehmen ist mehr als angebracht.

WASSILIJ W. ROSANOW

Wenn ein Schriftsteller sich jederzeit der Macht bewußt wäre, die in seine Hand gegeben ist, würde ein ungeheures Verantwortlichkeitsgefühl ihn eher lähmen als beflügeln. Auch das Bescheidenste, was er veröffentlicht, ist ein Same, den er streut und der in anderen Seelen aufgeht, je nach seiner Art.

CHRISTIAN MORGENSTERN

Die großen Schriftsteller haben immer nur ein einziges Werk geschaffen oder vielmehr ein und dieselbe Schönheit, die sie der Welt bringen, gebrochen durch verschiedene Medien, uns vor Augen geführt.

MARCEL PROUST

Schreiben heißt voraussehen.

PAUL VALÉRY

Ein Schriftsteller braucht kein ganzes Schaf zu essen, um schildern zu können, wie Hammel schmeckt. Es genügt, wenn er ein Kotelett ißt. Das aber sollte er tun.

WILLIAM SOMERSET MAUGHAM

Eine gute Regel für Schriftsteller: erkläre nicht zu viel.

WILLIAM SOMERSET MAUGHAM

Es gibt zweierlei Schriftsteller: solche, die so geläufig, belanglos und reichlich schreiben, wie Redelustige in der Gesellschaft zu reden pflegen, und solche, die in ihrem Schreiben ganz andere Leute sind als im Konversieren.

ROBERT WALSER

Man darf nur schreiben, wenn einem danach zumute ist. Es muß wie das Sonnenlicht sein, das aus einer unendlichen Lichtquelle kommt, nicht wie die Funken, die ein Stahl aus dem Steine schlägt.

LU XUN

Dieses ganze Schreiben ist nichts als die Fahne des Robinson auf dem höchsten Punkt der Insel.

FRANZ KAFKA

Selbstvergessenheit – nicht Wahrheit, Selbstvergessenheit ist die erste Voraussetzung des Schriftstellertums.

FRANZ KAFKA

Schriftsteller reden Gestank.

FRANZ KAFKA

Zustand mancher Autoren dieser Tage: Aus Unreife in Fäulnis übergegangen.

INA SEIDEL

Schriftsteller, die ihrem Weltbild sprachlich nicht gewachsen sind, nennt man in Deutschland Seher.

GOTTFRIED BENN

Es ist kein Ehrentitel, Schriftsteller zu sein; so wenig, wie es ein Ehrentitel ist, Richter zu sein oder Arzt. Nicht die Standeszugehörigkeit legitimiert den Mann; seine Leistung legitimiert ihn.

KURT TUCHOLSKY

Schriftsteller

Ich kann nicht schreiben ohne zu lügen.

KURT TUCHOLSKY

Schreiben ist, wie mir scheint,
Kraftüberschuß.

KURT TUCHOLSKY

Auch unter den Schriftstellern gibt es
Schauspieler, nämlich solche, die so tun als
ob..., die den Schriftsteller spielen.

JOHANNES R. BECHER

Schriftsteller sein ist eine Lebensweise. – Ein
engagierter Schriftsteller ist genau so zu
werten wie ein Moralschriftsteller.

KURT GUGGENHEIM

Im Anfang war das Wort. Wir kommen von
dort und gehen dorthin. Die Existenz eines
Schriftstellers ist daher nur als universal
denkbar.

HEIMITO VON DODERER

Der Berufsschriftsteller macht seine Muse zur
Prostituierten und wird dann ihr Strizzi.

HEIMITO VON DODERER

Wer heute die Lüge und Unwissenheit
bekämpfen und die Wahrheit schreiben will,
hat zumindest fünf Schwierigkeiten zu
überwinden. Er muß den Mut haben, die
Wahrheit zu schreiben, obwohl sie
allenthalben unterdrückt wird; die Klugheit,
sie zu erkennen, obwohl sie allenthalben
verhüllt wird; die Kunst, sie handhabbar zu
machen als eine Waffe; das Urteil, jene
auszuwählen, in deren Händen sie wirksam
wird; die List, sie unter diesen zu verbreiten.

BERT BRECHT

Schreiben – um Wahrheit sich mühen,
erzählen, mit seinen Figuren sprechen, die
Welt beschreiben und vielleicht einmal
beschreibend verändern, ist eine
Wollust – wie Zeugen, wie einen Menschen
umarmen.

HERMANN KESTEN

Schreiben – ein merkwürdiges Tun mitten in
unserer schnellebigen, geschäftigen und
muselosen Epoche, deren Rhythmus vom
Rhythmus der Maschine bestimmt zu sein
scheint.

OTTO HEUSCHELE

Ein Schriftsteller schreibt nicht, um der
Menschheit zu helfen, sondern um sich selbst
zu helfen.

GRAHAM GREENE

Wehe dem Schriftsteller, der nach Gehalt
strebt!

LUDWIG HOHL

Kein Schriftsteller räumt sich mehr Freiheit
zum Lügen ein als jener, der ein intimes
Tagebuch schreibt, ein angebliches
Bekenntnis seiner Gedanken und Gefühle.

DENIS DE ROUGEMONT

Schreiben, um nicht zu sterben, ist
wahrscheinlich eine Beschäftigung, die so alt
ist wie das Wort.

MAURICE BLANCHOT

Schriftsteller sein heißt, die Welt als Sprache
sehen.

GÜNTHER EICH

Wenn ich die Feder in der Hand habe,
schrecke ich vor nichts zurück.

SIMONE DE BEAUVOIR

Man muß über ewige Dinge schreiben, um
mit Sicherheit aktuell zu sein.

SIMONE WEIL

Was ein Schriftsteller wirklich tun sollte, ist:
Bücher schreiben und die Klappe halten.

WILLIAM GOLDING

Warum schreiben Weiber nicht? Weil sie
jederzeit weinen können.

É. M. CIORAN

Muß ich, der Aufschreiber, selber glücklich
sein, um andere glücklich zu machen? Ich
weiß es nicht, aber eines weiß ich, ich muß
lachen, und ich muß weinen, um andere
lachen und weinen zu machen.

ERWIN STRITTMATTER

Manche Schriftsteller haben das Glück, daß
die Klischees, die sie ohne viel Skrupel
verwenden, der Wirklichkeit entsprechen.
Eine Art prästabilierte Harmonie.

RUDOLF HARTUNG

Schriftsteller

Es gibt Autoren, die sich selbst so entfremdet sind, daß sie nur noch das schreiben, was das zahlende Publikum gerade erwartet.

LÉOPOLD HOFFMANN

Unsere modernen Schriftsteller zeigen wie Seismographen an, welche Abgründe uns heute von Gott trennen. Sie sprechen kaum von Gott, dafür um so mehr von der Hölle.

PATER LEPPICH

Schriftsteller sein ist keine Lebensentscheidung, sondern ein Schicksal auf Zeit.

WOLFGANG HILDESHEIMER

Ein Schriftsteller mag die wunderbarste Botschaft unter der Sonne zu verkünden haben, das nützt absolut nichts, wenn er nicht auch die Gabe zu unterhalten und zu vergnügen besitzt.

MURIEL SPARK

Für den tätigen Schriftsteller kann nur ein menschliches Verhältnis zu den Klassikern von Nutzen sein. Er will keine Götzen in ihnen sehen, nicht die heiligsten Güter der Nation, keine unerreichbaren Vorbilder, sondern Freunde, Anreger, Gesprächspartner; oder auch – mit der gleichen Legitimität – Feinde, Schöpfer von oft langweiligen Romanen und pathetischen Theaterstücken. Er will sich ihnen nähern und sich wieder von ihnen entfernen.

FRIEDRICH DÜRRENMATT

Für einen Schriftsteller ist auch das Sterben nützlich!

ABRAM TERZ (SINJAWSKIJ)

Schreibend verstößt der Schriftsteller gegen die Gesetze der Realität. Wir müssen begreifen, wie unannehmbar er für die Wirklichkeit ist; vielleicht sollte man ihn grundsätzlich beseitigen.

ABRAM TERZ (SINJAWSKIJ)

Der Schriftsteller als Zeitgenosse wird immer verquer zum Zeitgeist liegen.

GÜNTER GRASS

Ein Schriftsteller, der das Einverständnis mit den Herrschenden sucht, ist verloren.

GÜNTER GRASS

Er ist fast schon ein Klassiker. Er wird kaum noch gelesen.

GABRIEL LAUB

Die Todsünde des Schriftstellers: die Isolation,

HANS MAGNUS ENZENSBERGER

Ich behaupte, daß der Romanautor es darauf anlegt, das Zweideutige darzustellen, weil im täglichen Leben so vieles uninteressant und trivial geworden ist.

MILAN KUNDERA

Wer schreibt, setzt sich zur Unruhe.

GERHARD UHLENBRUCK

Ein Schriftsteller ist ein Mensch, dessen Erfindungen wahr sind. So wenig Schriftsteller gibt es!

HORST DRESCHER

Schlechte Schreiber vertrauen der Interpunktion mehr als dem Wort.

HELLMUT WALTERS

Schreiben: Das Abwerfen der Last der Erkenntnis.

HERMANN SCHWEPPENHÄUSER

Die Schriftsteller sind Übertreibungsspezialisten.

THOMAS BERNHARD

Der einzige Patient, den der Schriftsteller behandelt, ist er selbst.

PHILIP M. ROTH

Das ist die Schwierigkeit: die Rechte zur Faust ballen – und trotzdem leserlich schreiben.

WERNER SCHNEYDER

Schriftsteller ist jemand, der einen Großteil seines Lebens in Einzelhaft am Schreibtisch verbringt.

BARBARA FRISCHMUTH

Eine schriftstellerische Unternehmung müßte etwas von einem Handstreich haben; in jedem Sinn.

PETER HANDKE

Der Beruf des Schriftstellers hat mit einem Traumberuf höchstens etwas im Traum zu tun.

HERMANN BURGER

Sich schriftstellern.

HANS-HORST SKUPY

Dichter und Schriftsteller sind die indiskretesten Wesen, verraten sie doch, hinter vorgehaltenem Wort, ihre intimsten und geheimsten Gedanken.

BERND KOLF

Der Schriftsteller schreibt sein ganzes Leben an seinem Testament.

ŽARKO PETAN

Als Schreiber atmet man das Leben durch den Satz.

SULAMITH SPARRE

Schuld

War es deine Schuld, so trag es mit Geduld.

Deutsches Sprichwort

Schuld, die nicht in der Zeit liegt, wird nicht gerächt. Denn solche Schuld ist fruchtbar.

FU-KIANG

Es ist ein großer Trost, frei von Schuld zu sein.

CICERO

Woran du selbst schuldig bist, das schiebe nicht auf die Verhältnisse.

CATO D. J.

Eine kleine Schuld macht dir einen Menschen zum Schuldner, eine große zum Feind.

SENECA

Nur dem Menschen gegenüber kann der Mensch schuldig sein.

VOLTAIRE

Alle Schuld rächt sich auf Erden!

JOHANN WOLFGANG VON GOETHE

An einem Glück oder Unglück ist man nie schuld, aber am wiederkehrenden.

JEAN PAUL

Schmach bringt allein die Schuld und nicht das Blutgerüst.

CHARLOTTE DE CORDAY

Die meisten Menschen sind nur so lange gut, als sie andere für gut halten; sie wollen nicht geben, sie wollen nur eine Schuldigkeit abtragen.

FRIEDRICH HEBBEL

Wenn zwei Menschen in Zwietracht leben, sind immer beide schuld daran.

LEW N. GRAF TOLSTOJ

Elend und Schuld verketten sich wie Glück und Verdienst.

ROSALIE PERLES

Jede Schuld ist verständlich, wenn man ihr Werden gesehen hat.

OTTO ERNST

Neunmal Pech mag neunmal Pech sein, aber zehnmal Pech ist Schuld.

ALFRED KERR

Es gibt Dummheiten, an die man nicht einmal denken darf, ohne sich ihrer schon halb schuldig gemacht zu haben.

RODA RODA

Eine große Schuld lastet auf unserer Kultur. Wir sind gar nicht frei, ob wir an den Menschen draußen Gutes tun wollen oder nicht, sondern wir müssen es. Was wir ihnen Gutes erweisen, ist nicht Wohltat, sondern Sühne.

ALBERT SCHWEITZER

Das ist das Wissen der Tapferen: wer der Schuld entfliehen will, der entflieht dem Leben. Wer sie aber sühnt und hindurchlebt und die Ewigkeit in ihr findet, der wird in ihr neu.

GEORG STAMMLER

Schuld

Schuld und Strafe sind nicht zweierlei,
sondern eins.

OTTO WEININGER

Gab es jemals einen Krieg, an dem jemand
die Schuld gehabt hätte? Nein, schuld sind
immer die anderen.

HORST WOLFRAM GEISSLER

Was die Menschen sich am meisten
mißgönnen, ist die Schuldlosigkeit; jeder
möchte, daß der andere auch schuldig
werde.

KURT GUGGENHEIM

Wir gelten lieber für einen Verbrecher als für
einen Tölpel.

HENRY DE MONTHERLANT

Die Schuld des Menschen beginnt da, wo er
wissend anderen Leid bringt.

JOSEF SELLMAIR

Jede Schuld rächt sich, wenn auch nicht
immer am Schuldigen.

LUDWIG FRIEDRICH BARTHEL

An allem Unfug, der geschieht, sind nicht nur
die schuld, die ihn begehen, sondern auch
diejenigen, die ihn nicht verhindern.

ERICH KÄSTNER

Schuld verlängert alle Wege.

HANS KUDSZUS

Aus dem Zirkel der Schuld befreit allein
schonungslose Wahrheit.

REINHOLD SCHNEIDER

Es gibt auch ein Kokettieren mit Schuld.

LUDWIG HOHL

Schuld ist unabhängig vom Bewußtsein.

GÜNTHER SCHWAB

Wer vom Tod besessen ist, wird durch ihn
schuldig.

ELIAS CANETTI

Sich trotz seiner Schuld schuldlos zu
fühlen – das ist der Mensch.

GÜNTHER MICHEL

Schuld sagt gar nichts, Schuldgefühl alles.
Nur darauf beruht unsere Ethik.

WOLFDIETRICH SCHNURRE

Unschuldig kann auch ein Totschläger sein;
schuldlos ist niemand.

WOLFDIETRICH SCHNURRE

Wir haben den Schuldigen gefunden; dieser
ist die Gesellschaft, also jedermann, also
niemand.

MANFRED ROMMEL

Alle Schuld auf sich zu nehmen ist die
gewiegteste Art, andere abhängig zu machen.

HEINRICH NÜSSE

Unser Gewissen liefert uns Schuldgefühle,
unser Wissen liefert uns die passenden
Entschuldigungen.

GERHARD UHLENBRUCK

Seid gerecht! Sucht nicht Schuldige, sondern
Ursachen.

WERNER MITSCH

Wir waschen unsere Hände in Mitschuld.

WERNER SCHNEYDER

Ohne Schuldgefühl kein
Verantwortungsbewußtsein.

ELAZAR BENYOËTZ

Schulden

Dem Armen versprich nie etwas,
und dem Reichen sei nie etwas
schuldig.

Brasilianisches Sprichwort

Sei nicht unter denen, die Bürgschaft leisten
für Schulden; wenn du nicht zahlen kannst,
nimmt man dein Bett unter dir weg.

SPRÜCHE 22,26/27

Schulden und Lügen sind im allgemeinen
vermischt.

FRANÇOIS RABELAIS

Schulden

Borge nur, was du dir zu verlieren leisten kannst.

GEORGE HERBERT

Gehe lieber ohne Abendbrot zu Bett, als daß du mit Schulden aufstehst.

BENJAMIN FRANKLIN

Gläubiger haben ein besseres Gedächtnis als Schuldner.

BENJAMIN FRANKLIN

Kleine Schulden gleichen einem Schrotschuß; sie rasseln auf allen Seiten, und man kann ihnen kaum unverletzt entgehen; große Schulden gleichen einer Kanone; geräuschvoll, aber wenig gefährlich.

SAMUEL JOHNSON

Man ist niemandem in der Welt etwas schuldig als sich selber.

GOTTHOLD EPHRAIM LESSING

Borgen ist viel besser nicht als Betteln: so wie Leihen, auf Wucher leihen, nicht viel besser ist als Stehlen.

GOTTHOLD EPHRAIM LESSING

Die beste Theorie, die ich über die menschliche Rasse aufstellen kann, ist, daß sie in zwei ganz verschiedene Gruppen fällt: Menschen, die borgen, und Menschen, die verleihen.

CHARLES LAMB

Schulden, ebenso wie Vaterlandsliebe, Religion, Ehre usw. gehören zwar zu den Vorzügen des Menschen – denn die Tiere haben keine Schulden –, aber sie sind auch eine ganz vorzügliche Qual der Menschheit.

HEINRICH HEINE

Je mehr man Schulden hat, desto mehr Kredit hat man; je weniger Gläubiger man hat, desto weniger Hilfsmittel stehen einem zu Gebote.

HONORÉ DE BALZAC

Bekanntlich steht die glänzende Situation eines Staates immer in einem gerechten Verhältnis zur Höhe seiner Schulden.

HONORÉ DE BALZAC

Wer es auf andere Weise nicht schafft, sollte sich durch seine Schulden berühmt machen.

HONORÉ DE BALZAC

Sich umbringen, weil man seine Schulden nicht zahlen kann und trotzdem die Absicht dazu hat, ist von allem, was man tun kann, das törichste. Wenn es nämlich wahr ist, daß man Verpflichtungen gegen seine Gläubiger hat, so muß man vielmehr für sie leben, nicht für sie sterben.

HONORÉ DE BALZAC

Wir müssen damit umzugehen wissen: wenn wir Geld haben, lernen wir rechnen und können prahlen: seht, ich mache keine Schulden. Wenn wir arm sind, sind alle Ermahnungen zum Haushalten dummes Zeug.

DETLEV VON LILIENCRON

Nur wer seine Rechnungen nicht bezahlt, darf hoffen, im Gedächtnis der Kaufleute weiterzuleben.

OSCAR WILDE

Ehrenschulden machen nur unehrenhafte Leute.

JOHANNES COTTA

Man zahlt leichter bar als durch Akzept.

CARLOS VON TSCHUDI

Wer alles mit Geld bezahlt, bleibt vieles schuldig.

SALOMON BAER-OBERDORF

Nur die Schulden, die man bezahlen kann, sind langweilig.

FRANCIS PICABIA

Bist du Gläubiger, so meide das Gesetzbuch.

PAMPHILIUS PFYFFER

Schulden: Anerkannte Methode, Vermögenssteuer zu sparen.

MICHAEL SCHIFF

Schulden werden durch Tilgung erst schön.

SIEGFRIED & INGE STARCK

Fersengeld ist nicht selten das einzige Geld, das der Schuldner dem Gläubiger gibt.

HELLMUT WALTERS

Schwäche

Willst du stark sein, so erkenne
deine Schwächen.

Deutsches Sprichwort

Vereinigte Kräfte sind selbst bei Schwachen
noch wirksam.

HOMER

Nur die Hälfte des Weges zurückzulegen und
dann schwach zu werden, das ist das, was du
am meisten fürchten sollst.

KUANG DSE

Immer sind es die Schwächeren, die nach
Recht und Gleichheit suchen, die Stärkeren
aber kümmern sich nicht darum.

ARISTOTELES

Verlaß mich nicht, wenn ich schwach werde.

PSALMEN 71,9

Es ist doch eine allgemein menschliche
Schwäche, sich von unsicheren und
unbekannten Dingen allzu sehr in Hoffnungen
zu wiegen und in Schrecken setzen zu lassen.

CAESAR

Roheit ist ein Zeichen von Schwäche.

SENECA

Nehmt euch der Schwachen an.

1 THESSALONICHERBRIEF 5,14

Eitelkeit, Kleinmut und Leichtsinn sind die
drei schrecklichsten Schwächen des
Menschengeschlechtes.

DANTE ALIGHIERI

Zwei Schwächen, die sich gegeneinander
lehnen, machen eine Stärke.

LEONARDO DA VINCI

Schwache Menschen können nicht aufrichtig
sein.

LA ROCHEFOUCAULD

Schwachheit ist das größte Unglück und der
größte Fehler.

CHRISTINE VON SCHWEDEN

Auch der Klügste handelt gelegentlich
schwach und der Schwächste weise.

EARL OF CHESTERFIELD

Alles Böse stammt von der Schwäche.

JEAN-JACQUES ROUSSEAU

Die menschliche Schwäche ist so groß, daß
man das Vermeiden des Bösen, zu dem man
sich versucht fühlt, schon unter die guten
Handlungen rechnen muß.

JEAN-JACQUES ROUSSEAU

Die Mäßigung der Schwachen ist nichts als
Mittelmäßigkeit.

VAUVENARGUES

Die Schwachen wollen in Abhängigkeit sein,
um beschützt zu werden; wer die Menschen
fürchtet, liebt die Gesetze.

VAUVENARGUES

Kein Mensch ist auf eigenen Wunsch
schwach.

VAUVENARGUES

Die Weichlichkeit rottet mehr die Tugend
aus, als die Liederlichkeit.

IMMANUEL KANT

Schwächlinge sind die leichten Truppen der
Armee der Bösen. Sie richten mehr Unheil an
als diese selbst.

CHAMFORT

Die Schwachheiten großer Leute bekannt zu
machen ist eine Art von Pflicht; man richtet
damit Tausende auf, ohne jenen zu schaden.

GEORG CHRISTOPH LICHTENBERG

Es gibt eine Schwäche des Körpers, die aus
der Stärke des Geistes kommt, und eine
Schwäche des Geistes, die aus der Stärke
des Körpers kommt.

JOSEPH JOUBERT

Verbunden werden auch die Schwachen
mächtig.

FRIEDRICH VON SCHILLER

Aus Kraftmangel scheint alle Unzufriedenheit
und mancher andere Fehler zu entstehen.

NOVALIS

Schweigen

Die ewige Zuflucht der Schwäche ist, sich zu sich selbst zu bekennen.

KARL IMMERMANN

Die Schwäche der Menschen wird immer verführerisch für den Übermut der Kraft.

RALPH WALDO EMERSON

Es gibt zwei Arten von Schwäche; die, die bricht, und die, die sich beugt.

JAMES R. LOWELL

Stumme Verachtung eines unwürdigen Angreifers gilt allzuleicht für Schwäche.

JOSEPH VON SCHEFFEL

Habt ihr von den Schwächen eines Menschen erfahren, so teilt sie niemandem mit.

LEW N. GRAF TOLSTOJ

Die Willenskraft der Schwachen heißt Eigensinn.

MARIE VON EBNER-ESCHENBACH

Unbewußte Kraft ist halbe Kraft; unbewußte Schwäche ist doppelte Schwäche.

OSCAR BLUMENTHAL

Schwach ist der Mensch, der lieber das eigene Gewissen verletzt als die Meinung anderer.

HANS FEHR

Es sind immer nur die Schwachen, welche die Schwachen verachten.

GERTRUD VON LE FORT

Wer keine Schwäche kennt, der kennt auch keinen Gott.

ROBERT WALSER

Die eigenen Schwächen nicht für Leidenschaften halten!

JOSEF ČAPEK

Wer in allem schwach ist, leidet nicht an seiner Schwäche.

ERICH BROCK

Das festeste Bindemittel der Ehe sind gemeinsame Schwächen.

SIGMUND GRAFF

Die Schwächen bedeutender Menschen – welche Genugtuung für eine Umgebung kleineren Formates! Welch merkwürdiger Trost für jeden Schwachkopf!

OTTO BUCHINGER

Schwäche verbirgt sich oft unter der Tarnkappe der Gewalt.

HANS-HASSO VON VELTHEIM-OSTRAU

Gefahr: mit seinen Schwächen kokettieren.

ROCHUS SPIECKER

Erst wenn wir unsere Schwächen erkannt haben, sind wir erwachsen.

ELISABETH MARIA MAURER

Die eigenen Schwächen sollte man erkennen, bevor andere es getan haben.

GERHARD UHLENBRUCK

Die Schwächen, deren wir um unserer Selbstachtung willen bedürfen.

PETER BENARY

Die meisten können ihre Schwächen nie schlechter überwinden als im Vollbesitz der Kräfte.

HANS JÖRG WÜGER

Gott liebt die Schwachen, aber er hilft den Starken.

WERNER MITSCH

Schweigen

Einen Narren, wenn er schweigt, hält man für weise.

Serbisches Sprichwort

Schweigen bedeutet für einen großen Teil der Menschheit Gewinn.

AISCHYLOS

Dein Schweigen allein bedeutet Geständnis.

EURIPIDES

Du hast es gesehen, o Herr, schweige nicht!

PSALMEN 35,22

Schweigen

Schweigen bedeutet Stärke.

OVID

Wenn diese schweigen, so werden die Steine schreien.

LUKAS 19,40

Wer schweigt, gibt damit keineswegs unter allen Umständen etwas zu; sicher ist nur, daß er nicht bestreitet.

JUSTINIAN

Im Schweigen mag der Mensch am ehesten seine Lauterkeit bewahren.

MEISTER ECKEHART

Übertriebene Schweigsamkeit läßt auf hinterhältige Gesinnung schließen.

SCHU SCHUEHMOU

Der Rest ist Schweigen.

WILLIAM SHAKESPEARE

Schweigen kann Gutes tun und wenig Schaden anrichten.

RICHARD BRAITHWAITE

Schweigende Menschen sind gefährlich.

JEAN DE LA FONTAINE

Ein Tor, der kein Wort sagt, unterscheidet sich nicht von einem Gelehrten, der still ist.

MOLIÈRE

Wünscht du, daß die Leute gut über dich denken? Sprich nicht.

BLAISE PASCAL

Stillschweigen steht Narren und Klugen wohl an.

CHRISTINE VON SCHWEDEN

Schweigen kann so laut sein, daß es nicht zu überhören ist.

JOHANN WOLFGANG VON GOETHE

Worte verzeiht man allenfalls, Vorwürfe werden rückgegeben, widerlegt, beschwichtigt. Aber der stillschweigende Vorwurf, der aus dem Wesen eines Menschen hervorgeht, der erbittert die Schurken, und da ist keine Verzeihung.

FRANZ GRILLPARZER

Schweigende Pein ist noch gefährlicher.

JEAN-BAPTISTE RACINE

Das Talent des Schweigens ist unser Grundtalent.

THOMAS CARLYLE

Schweigen, das Verdienst als die natürlichste Sache in der Welt aufnimmt, ist der höchste Beifall.

RALPH WALDO EMERSON

Es gibt schweigsame Menschen, die interessanter sind als die besten Redner.

BENJAMIN DISRAELI

Schweigen ist die Mutter der Wahrheit.

BENJAMIN DISRAELI

Gesegnet sind die, die nichts zu sagen haben und die sich nicht überreden lassen, es zu tun.

JAMES R. LOWELL

Worte lassen sich bestreiten, das Stillschweigen ist unwiderleglich.

ROBERT HAMERLING

Nicht alle Leute, die wenig reden, verdienen, daß man sie Schweiger nenne.

FRANZ VON SCHÖNTHAN

Häufig ist Reden Tat und Schweigen Verbrechen.

KAZIMIERZ BARTOSZEWICZ

Gutmütige Menschen schweigen gern über die kleinen Niederträchtigkeiten ihrer Nächsten. Es wird ihnen niemals an Stoff zum Schweigen fehlen.

OSCAR BLUMENTHAL

Nur eine Sache in der Welt ist schlimmer als beredet zu werden: wenn niemand über einen redet.

OSCAR WILDE

Wer den Mund hält, weil er unrecht hat, ist ein Weiser. Wer den Mund hält, obwohl er recht hat, ist – verheiratet oder Pfeifenraucher.

GEORGE BERNARD SHAW

Schweigen

Ich kenne die Disziplin des Schweigens; ich könnte stundenlang darüber reden.

GEORGE BERNARD SHAW

Der Dumme, der schweigt, beschämt den gescheiten Schwätzer.

CARLOS VON TSCHUDI

Das Schweigen kann viel beredter sein als das Sprechen. Schweigen ist oft die Ausdrucksform des Mutigen; viel Reden aber zeugt von Feigheit und Angst.

WILHELM NEUMANN

Wenn man sich nicht äußert, wird man nicht gebeten, es zu wiederholen.

CALVIN COOLIDGE

Schweigen ist die unerträgliche Entgegnung.

GILBERT KEITH CHESTERTON

Fürchte die Schweigenden! Sie sind Dampfkessel ohne Ventil. Was nicht Wort wird, wird umso rascher, umso gewaltsamer – Tat.

WILHELM VON SCHOLZ

Das Schweigen der Frau enthält Groll, das des Mannes meist nur Resignation.

HELENE HALUSCHKA

Je lauter unsere heutige Welt wird, je tiefer scheint Gott zu schweigen. Schweigen ist die Sprache der Ewigkeit, Lärm geht vorüber.

GERTRUD VON LE FORT

Der Schweigende imponiert immer. Man glaubt schwerlich, daß jemand nicht mehr Geheimnisse zu verbergen hätte als seine eigene Ignoranz.

ADOLF NOWACZYNSKI

Dem Schweigsamen traut man zu, daß er Schätze der Weisheit hüte, auch wo er nur leere Scheunen bewacht.

LISA WENGER

Stummheit gehört zu den Attributen der Vollkommenheit.

FRANZ KAFKA

Wenn der Kluge schweigt, benützt der Dumme die Stille, um wichtig zu tun.

CARL TILLY LINDNER

Mit wem man nicht schweigen kann, mit dem soll man auch nicht reden.

GEORG STAMMLER

Der Schwätzer bekommt als Austausch wieder Geschwätz; nur dem Schweigsamen öffnen sich goldene Türen des Vertrauens.

RICHARD KATZ

Bei manchen Menschen verbirgt sich hinter Stille nur – Leere.

FRIEDL BEUTELROCK

Es ist schön, mit jemand schweigen zu können.

KURT TUCHOLSKY

Schweigen und vorübergehen ist auch eine schöne Losung.

KURT TUCHOLSKY

Schweigen ist die Sprache der Weisen.

MARGARETE SEEMANN

Schweigen – das einzige Argument, das sich nicht widerlegen läßt.

THORNTON WILDER

Schweigen ist ein köstlicher Genuß, aber um ihn ganz auszuschöpfen, muß man einen Gefährten haben. Allein ist man nur stumm.

KARL HEINRICH WAGGERL

Es läßt sich soviel Schönes über das Schweigen sagen: das Schönste aber läßt sich nur verschweigen.

ADRIENNE VON SPEYR

Die Art des Schweigens in unserer Seele entscheidet über unseren innersten Wert.

PETER MAX BOPPEL

Die Schweigsamkeit ist keine Dumpfheit, keine Verlegenheit, sondern die Erkenntnis selbst. Sie bildet das höchste Stadium, in dem alle ostasiatischen Ideale zusammenfließen. Im Anfang war das Wort, aber am Ende ist kein Wort.

YUNYU KITAYAMA

Das wahre Schweigen ist nie gegen die Liebe gerichtet.

MADELEINE DELBREL

Schweigen

Ich leiste mir eine Halblüge – ich sage nichts.

ERWIN STRITTMATTER

Es gibt Umstände, wo das Schweigen zur lautesten Antwort wird.

JUPP MÜLLER

Manchmal ist Reden Gold und Schweigen ein Verbrechen.

ERNST DITTRICH

Wie es Redensarten gibt, so gibt es auch Schweigensarten.

GERHARD BRANSTNER

Wer vom Schweigen nichts versteht, soll den Mund halten.

GERHARD BRANSTNER

Schweigepflicht ist mehr als Redeverbot.

HORST FRIEDRICH

Stummheit ist ein Leiden, Schweigen eine Philosophie.

RUPERT SCHÜTZBACH

Man kann sich auch in Wut schweigen.

KURT TACKMANN

Nicht jeder, der schweigt, denkt sich etwas dabei.

WERNER MITSCH

Das Schweigen klingt in jeder Sprache anders.

WERNER MITSCH

Wer schweigt, verrät nichts außer sich.

WERNER SCHNEYDER

Es gibt eine Art zu schweigen, die zum Volksmund gehört.

PETER TILLE

Schweigen – Volkes Stimme.

HANS-HORST SKUPY

Sprechen lernt der Mensch in zwei Jahren, und dann lernt er ein Leben lang schweigen.

ŽARKO PETAN

Es gibt auch ein authentisches Schweigen.

HANS-DIETER SCHÜTT

Reden ist Silber. Schweigen ist Gold. Es zahlt sich aus.

ANDRÉ BRIE

Schweigen: oft Furcht, selten Ehrfurcht.

THOMAS SCHMITZ

Seele

Deine Seele ähnelt einem Glas: ist es einmal gebrochen, so kannst du es nicht wieder zusammenfügen.

Armenisches Sprichwort

Der Mensch soll tun, was seiner Seele nützt.

MERIKARE

Wir sahen die Angst seiner Seele.

1 MOSE 42,21

Die Seele des Menschen ist in drei Teile geteilt: in Intelligenz, Vernunft und Leidenschaft. Auch andere Tiere besitzen Intelligenz und Leidenschaft, der Mensch allein Vernunft. Vernunft ist unsterblich, alles andere sterblich.

PYTHAGORAS

Gegen Schmerzen der Seele gibt es nur zwei Arzneimittel: Hoffnung und Geduld.

PYTHAGORAS

Der Seele Grenzen kannst du nicht ausfinden, und ob du jeglichen Weg abschreiten würdest: so tiefen Grund hat sie.

HERAKLIT

Man soll sich mehr um die Seele als um den Körper kümmern; denn Vollkommenheit der Seele richtet die Schwächen des Körpers auf, aber geistlose Kraft des Körpers macht die Seele nicht besser.

DEMOKRIT

Rhythmus und Harmonie dringen am tiefsten in das Innere der Seele ein und ergreifen sie am stärksten.

PLATO

Seele

Körperliche Anstrengungen, mit Zwang
verrichtet, machen den Körper um nichts
schlechter; aber in einer Seele ist keine mit
dem Stocke beigebrachte Kenntnis von
Dauer.

PLATO

Nichts ist der Seele schädlicher als der
Versuch, gegen Gefühle anzukämpfen, über
die sie keine Herrschaft hat.

DSCHUANG DSE

Die Seele ist vergänglich und vergeht mit
dem Körper.

EPIKUR

Seelenfriede und Freisein von Beschwerden
sind Lust in der Ruhe; Vergnügen und Freude
aber sind Erregungen, die die Seele in
Tätigkeit versetzen.

EPIKUR

Wer den Frieden der Seele hat, beunruhigt
weder sich selbst noch einen anderen.

EPIKUR

Die Seele sehnt sich immer danach, etwas zu
tun.

CICERO

Es ist schwer zu sagen, in welchem Ausmaß
das Gemüt der Menschen durch eine gütige
Art und milde Reden verschönt wird.

CICERO

Bewahre deine Seelenruhe auch den
Widerwärtigkeiten des Lebens gegenüber!

HORAZ

Dann erwächst der Seele heil, wenn auch das
Gemüt von der Vernunft gelenkt wird.

PHILO

Es ist die Eigenschaft einer großen Seele,
große Dinge zu verachten und Mäßigkeit dem
Übermaß vorzuziehen.

SENECA

Krankheit der Seele ist die starr festgehaltene
irrige Meinung, man müsse mit aller Kraft
erstreben, was nur in einem sehr geringen
Grad erstrebenswert ist.

SENECA

Häßlichkeit des Leibes schändet nicht
die Seele, aber eine schöne Seele adelt
den Leib.

SENECA

Was hülfe es dem Menschen, so er die ganze
Welt gewönne, und nähme doch Schaden an
seiner Seele?

MATTHÄUS 16,26

Der Bogen bricht, wenn er zu sehr gespannt
wird; aber die Seele verliert ihre Kräfte durch
untätige Ruhe.

PLUTARCH

Der Leib ist das Werkzeug der Seele, die
Seele aber das Werkzeug Gottes.

PLUTARCH

Es ist eine Schande, daß in einem Leben, in
dem dein Körper noch nicht versagt, die
Seele vorher versagt.

MARC AUREL

Werkzeuge der Seele sind die Leiber der
Menschen. Wenn die Seele befiehlt, gehorcht
der Leib, und sie bedient sich seiner, wozu
sie will.

ORIGENES

Die Seele ist im Körper gegenwärtig wie das
Licht in der Luft.

PLOTIN

Die Seele nährt sich von dem, woran sie sich
freut.

AUGUSTINUS

Wenn Heilkundige sähen, daß eine Wunde
aufgeschnitten werden muß, und sie
weigerten sich dennoch zu schneiden, so
machten sie sich schon wegen dieser
Nachlässigkeit des Brudermordes schuldig.
Die also die Seelenwunden kennen und sie
durch ihre Worte nicht heilen wollen, mögen
zusehen, was für eine Schuld sie auf sich
laden.

PAPST GREGOR DER GROSSE

Jede Seele ist ein Pfand für das, was sie
verdient hat.

KORAN

Seele

Wie der Körper erschlafft, wenn er immer nur mühsame Arbeiten verrichtet und erst durch Ruhe und Erholung wieder in die behagliche Stimmung zurückkehrt, ebenso bedarf die Seele der Erholung, indem sich die Sinne mit Betrachtung der Kunstgebilde und zierlicher Gegenstände unterhalten, bis sie sich erholt hat. Wisse, daß die Seele des Menschen eine Einheit ist.

MAIMONIDES

Unter allen Leidenschaften der Seele bringt die Traurigkeit am meisten Schaden für den Leib.

THOMAS VON AQUIN

Die geistige Schönheit der Seele ist darin gelegen, daß der Wandel und das Tun des Menschen gemäß und wohl angepaßt sei der geistigen Klarheit und Vernunft.

THOMAS VON AQUIN

Der Mensch findet in seiner Seele das Vermögen, innerhalb der ihm möglichen Dinge das Böse zu tun und zu lassen.

KUSARI

Es gibt keinen schlimmeren und lästigeren Feind der Seele, als du selbst es bist, wenn dein Inneres in Unordnung ist.

THOMAS VON KEMPEN

Kein Tier ist so wild, daß nicht menschliche Mühe es zähmen könnte; und die Seele, die alles zu zähmen vermag, soll nicht zu zähmen sein?

ERASMUS VON ROTTERDAM

Was wäre der Mensch, wenn keine Seele in ihm wäre? Durch die Seele ist er erfüllt.

PARACELSUS

Größe der Seele besteht nicht so sehr darin, sich hoch emporzuschwingen und vorwärts zu drängen, als aus der Kenntnis, wie man sich anzupassen und zu begrenzen hat.

MICHEL DE MONTAIGNE

Gott wirft keine Seele weg, sie werfe sich denn selber weg: eine jede ist sich selbst Gericht.

JAKOB BÖHME

Gebrechen der Seele sind wie Wunden des Körpers; so sorgfältig man sie auch heilen möchte, Narben bleiben immer, und jeden Augenblick sind sie in Gefahr, wieder aufzubrechen.

LA ROCHEFOUCAULD

Für unser Seelenheil ist es auch bestimmt nicht nötig, an die ärztliche Wissenschaft zu glauben.

MOLIÈRE

Das Meer ist das Sinnbild großer Seelen; diese mögen noch so bewegt scheinen, ihr Grund ist dennoch immer ruhig.

CHRISTINE VON SCHWEDEN

Es ist wahr, daß die Seele kein Geschlecht hat.

CHRISTINE VON SCHWEDEN

Die Seele wird nicht mit Waffen, sondern mit Liebe und Großzügigkeit erobert.

BARUCH DE SPINOZA

Seele wie Körper müssen behutsam mit ihrem Wesen umgehen.

MONTESQUIEU

Die Seele befindet sich nie übel, als wenn sie außer ihrem Wirkungsbereich ist.

VOLTAIRE

Die Seele ist nichts als eine unaufhörliche Reihe von Vorstellungen und Gefühlen, die aufeinander folgen und sich gegenseitig zerstören.

VOLTAIRE

Für die Krankheiten der Seele gibt es kein wirksameres Mittel als ernsthafte und angestrengte Beschäftigung des Geistes mit anderen Gegenständen.

VOLTAIRE

Wer die Seele kennenlernen will, muß den Körper studieren.

JULIEN OFRRAY DE LAMETTRIE

Unsere Seele bedarf der Erschütterung durch einen stechenden Schmerz oder eine lebhafte Lust.

MARIE JEANNE DE RICCOBONI

Seele

Die höchste Vollkommenheit der Seele ist ihre Fähigkeit zur Freude.

VAUVENARGUES

Es ist eine schwere Krankheit, ein Leben, das so kurz ist und nicht zweimal kommt, nicht zu genießen. Glücklich, die an Seelenwanderung glauben!

ABBÉ GALIANI

Mit guten Nerven und gesunder Vernunft hat eine Seele immer so viel Federkraft, als sie braucht, um sich so viel drücken zu lassen und so viel zurückzudrücken, als zu ihrem Wohlbefinden nötig ist; ohne diese beiden Requisiten weiß ich ihr keinen Rat.

CHRISTOPH MARTIN WIELAND

Der kranken Seele geht es genau wie dem kranken Körper. Sie quält sich, erregt sich und beruhigt sich schließlich. Zu guter Letzt bleibt sie bei den Gefühlen und Gedanken stehen, die sie für ihre Ruhe am nötigsten hat.

CHAMFORT

Krankheiten der Seele können den Tod nach sich ziehen, und das kann Selbstmord werden.

GEORG CHRISTOPH LICHTENBERG

Seelenadel ist gerade so ein Ding wie der Geburtsadel.

GEORG CHRISTOPH LICHTENBERG

Lachen ist gesund, Freude ist Balsam; aber Seelenruhe ist des Lachens Quelle und der Freude Balsambüchse.

HEINRICH PESTALOZZI

Der Zustand des größten Seelenschmerzes ist zugleich der Zustand der größten körperlichen Krankheit.

FRIEDRICH VON SCHILLER

Seelenruhe, Heiterkeit und Zufriedenheit sind die Grundlagen allen Glücks, aller Gesundheit und langen Lebens.

CHRISTOPH WILHELM HUFELAND

Wer die Seele einer Frau sucht, ist nicht immer enttäuscht, ihren Körper zu finden.

JEAN PAUL

Die Seele schaut durch den Geist, dieser fühlt durch sie.

FRANZ VON BAADER

Unwahrheit und Spott von Menschen verletzen die Seele am übelsten.

GERMAINE (MADAME) DE STAËL

Es ist unglaublich, wieviel Kraft die Seele dem Körper zu verleihen vermag.

WILHELM VON HUMBOLDT

Der Sitz der Seele ist da, wo sich Innenwelt und Außenwelt berühren.

NOVALIS

Ist die Seele ruhig, so wird auch der Körper bald beruhigt.

NOVALIS

Die Seele bekommt alles Einförmige satt, selbst das vollkommene Glück.

STENDHAL

Die Hauptsache ist, daß man eine Seele habe, die das Wahre liebt und die es aufnimmt, wo sie es findet.

JOHANN PETER ECKERMANN

Eine Seele verrät niemals beser ihr Geheimnis, als wenn sie es nicht weiß.

JOUFFROY

Außer Gott gibt es nichts, was die Seele wirklich sättigen kann; Gott ist das Brot der Seele, wird ihr dies genommen, so verhungert sie.

ALEXANDRE VINET

Es gibt Wunden, die ausbluten, auseitern müssen, wenn sie gut heilen sollen. So ist es auch mit den Seelenwunden.

JEREMIAS GOTTHELF

Das Grab ist die Wiege der Seele.

HONORÉ DE BALZAC

Die Gerichtshöfe erwägen nur die Verletzungen, die der Chirurg als dem Körper beigebracht ausweist. Die tödlichen Wunden, die dem Geist beigebracht werden, überläßt man der Beurteilung einer andern Welt.

JOHANN NESTROY

Seele

Gewisse Gedanken sind Gebete. Es gibt Augenblicke, in denen – welche Stellung auch der Körper einnimmt – die Seele kniet.

VICTOR HUGO

Die Klarheit seines Innern ist für den Menschen das höchste Gut.

ADALBERT STIFTER

Die Seele weiß nichts von einer angeerbten, angeborenen Sündhaftigkeit.

SAMSON RAPHAEL HIRSCH

Die Seele der willensschwachen Menschen ist wie eine Tafel, auf der man mit jedem Griffel schreiben und ebenso auslöschen kann.

SAMUEL SMILES

Unsere Seele muß, wenn sie nicht verkommen will, jeden Tag ihre Wäsche wechseln.

GOTTFRIED KELLER

Tränen sind eine Erholung für die Seele.

FJODOR M. DOSTOJEWSKIJ

Jener Körper leidet nicht, aus dem die Seele nicht Nutzen zieht.

GEORGE MEREDITH

Alle Kunst ist ein Abbild dessen, was die Seele des Menschen erfüllt.

HERMAN GRIMM

Wo ist der, der endlich auch einmal die Gegenmittel gegen diese Leiden ernst nimmt und die unerhörte Quacksalberei an den Pranger stellt, mit der, unter den herrlichsten Namen, bis jetzt die Menschheit ihre Seelenkrankheiten zu behandeln gewöhnt ist?

FRIEDRICH NIETZSCHE

Mir ist es unmöglich, mir so etwas wie eine Seele vorzustellen. Ich mag mich irren, und der Mensch mag eine Seele haben. Aber ich glaube es einfach nicht.

THOMAS ALVA EDISON

Die Hölle ist kein Ort, sondern ein Zustand des Gemüts, der alles um sich her in ein Inferno verwandelt.

AUGUST STRINDBERG

Die Seele bleibt ein ewiges Rätsel.

MAX VON EYTH

Noch immer bleibt auf dem Gebiet der Seelenforschung viel zu tun. Wir haben nur die Oberfläche der Seele berührt, nichts weiter. In einer einzigen Gehirnzelle sind schönere und schrecklichere Dinge bewahrt, als selbst jene sich erträumen ließen.

OSCAR WILDE

Das Erleben wurzelt in einer tieferen seelischen Schicht als das Handeln.

KURT WILHELM GOLDSCHMIDT

Die Gehschule der Seele ist die Religion.

ELEONORE VAN DER STRATEN-STERNBERG

Seelenmörder verschiedener Art, zynische und sentimentale.

ARTHUR SCHNITZLER

Wissen, Sein und Glückseligkeit sind keine Eigenschaften der Seele, sie sind ihr Wesen.

SWAMI VIVEKANANDA

In der Tiefe seiner Seele erlebt der Mensch alles, das ganze Weltall, den ganzen Gott mit all seinen Geheimnissen, weil dieser unser Grund auch der Grund Gottes ist.

HERMANN STEHR

Die meisten Menschen verkaufen ihre Seele und leben mit gutem Gewissen von dem Erlös.

LOGAN P. SMITH

Die Kräfte der Seele sind dreifach: Phantasie, Liebe und Ehrfurcht.

WALTHER RATHENAU

Die Seele hat keine Lust an Dogmen, Mythen, Symbolen und Wundern.

WALTHER RATHENAU

Große Seelen werden durch das Leid geboren.

CARLOS VON TSCHUDI

Seele ist all das, was fähig ist, die Materie durchsichtig zu machen.

PAUL CLAUDEL

Seele

Die menschliche Seele ist der interessanteste Gegenstand auf Erden. Wer sie kennt, kennt die Welt. Wer kennt die Welt?

ERNST HOHENEMSER

Es gibt einen schönen Teil der Seele, der genießen kann, ohne zu verstehen.

PAUL VALÉRY

Das Leben und nicht der Tod trennt die Seele vom Körper.

PAUL VALÉRY

Bringt auch die Seele keine Eindrücke mit auf die Welt, so doch Anlagen zur Deutung von Eindrücken, und eben diese sind es, die man angeborene Instinkte zu nennen pflegt.

LUDWIG KLAGES

Reichtum der Seele beruht auf Gegensätzlichkeiten in vielfacher Nuance.

WILLIBRORD VERKADE

Die an der Seele Defektuösen kennen und wittern einander.

HUGO VON HOFMANNSTHAL

Menschen führen einander durch ihre Seele wie Potemkin die Kaiserin Katharina durch Taurien.

HUGO VON HOFMANNSTHAL

Man kleidet nicht nur Körper, sondern Seelen.

KARL FOERSTER

Kostümierte Affekte sind Snobismen der Seele.

RICHARD VON SCHAUKAL

Kein materieller Fortschritt kann der Seele Ruhe bringen. Diese Tatsache, etwas Wunderbareres als alles, was die Wissenschaft offenbaren kann, ist es, was uns die schönste Hoffnung darauf gibt, daß alles gutgehen wird.

SIR WINSTON S. CHURCHILL

Psychologie ist Philosophie nach dem Sündenfalle.

RUDOLF ALEXANDER SCHRÖDER

Seele und Unsterblichkeit ist das Auge des Menschen.

MAX GLASS

Leben ist Tun und Leiden. Je wissender ein Mensch, desto tiefer sein seelisches Leid.

OSWALD SPENGLER

Der Glaube an die Seele des Menschen bildet die Brücke zum Glauben an Gott.

HAZRAT INAYAT KHAN

Die Verwissenschaftlichung der Seele. Etwas Ähnliches wie die Folter.

HANS A. MOSER

Der Geist ist das Gemeinsame; das Seelische ist das – viel schwerer zugängliche – Einsame.

EDUARD SPRANGER

Die Seele hat einen anderen Zeitbegriff als der Körper.

INA SEIDEL

Der beste Platz für das Ausruhen ist die Seele.

JAKOW TRACHTENBERG

Wir lagen auf der Wiese und baumelten mit der Seele...

KURT TUCHOLSKY

Die Kinderkrankheiten der Seele brechen erst bei den Erwachsenen aus.

HANS WEIGEL

Der Mensch ist das beste Bild der menschlichen Seele.

LUDWIG WITTGENSTEIN

Deine Seele ist die Wiege deiner Seligkeit.

MARGARETE SEEMANN

Liebe ist die Phantasie der Seele – Gerechtigkeit deren Logik.

RICHARD N. GRAF COUDENHOVE-KALERGI

Die anmaßende Haltung mancher Seelen-Experten läßt an einen Mann denken, der sich darauf verläßt, daß das Meer nicht tiefer ist als die Schnur lang, an der sein Senkblei hängt.

EUGEN GÜRSTER

849

Seele

Einmal wünschtest du dir eine Seele, die nicht spurlos sei wie das Meer.

HANS LEIP

Jedermann ist in der Tat mit einer Seele ausgestattet. Aber selten ist einer, der vom Wissen der Seele beherrscht wird.

VINOBA BHAVE

Je älter der Mensch wird, umso wichtiger wird seine seelische Hygiene.

KURT GUGGENHEIM

Zwei Gemütszustände sind bei jedem Menschen, auch dem Gutmütigsten, zu fürchten: seine Verzweiflung und sein Zorn.

HENRY DE MONTHERLANT

Viele meinen, sie tun schon genug für ihre Seele, wenn sie zum Analytiker gehen.

THORNTON WILDER

Seelenmorde sind gesetzlich straflos, obwohl es Morde sind.

HANS BRÄNDLI

Vielleicht bessert sich die Menschheit, wenn die Seelen-Chirurgie erfunden wird.

HANS BRÄNDLI

Seelisch gesund lebt, wer in Gegenwert, Vergangenheit und Zukunft lebt und aus den Enttäuschungen der Vergangenheit festere und zuverlässigere Stege in die Zukunft baut.

ZENTA MAURINA

Man kann keine Seelsorge treiben, wenn man nicht die ganze Sorge für die eigene Seele Gott übergeben hat.

ADRIENNE VON SPEYR

An der Psychoanalyse ist nichts wahr als ihre Übertreibungen.

THEODOR W. ADORNO

Die Seele des Menschen ist auf das Leid fein abgestimmt.

PETER MAX BOPPEL

Die Seele ist unsterblich. Leider nicht in uns, sondern außerhalb.

STANISLAW JERZY LEC

Jeder Mensch muß ein seelisches Zuhause haben.

JACK THOMMEN

Es gibt Psychologen, die in einer kurzen weißen Jacke arbeiten – hinter einer Bar.

ROBERT LEMBKE

Wer die Seele tötet, weckt die Dämonen.

SAUL BELLOW

Gehabt haben und gewesen sein machen Seelenruhe möglich.

OLIVER HASSENCAMP

Die Tiefe einer Seele ist nicht auslotbar.

ELISABETH MARIA MAURER

Frustration – Seelenkälteschock.

MICHAEL SCHIFF

Psychologie gehört unter Rezeptpflicht gestellt.

HEINRICH NÜSSE

Sie kennen Ihre Kragenweite, Ihre Hut- und Schuhnummer. Welche Seelengröße haben Sie?

HANNS-HERMANN KERSTEN

Wenn die Seele in ihre wahre Heimat zurückkehrt, herrscht immer Freude.

MARTIN LUTHER KING

Herzlosigkeit ist oft ein Mangel an Einsicht in das Psychopathische.

GOTTFRIED EDEL

Komplexe verliert man weder auf der Couch noch im Bett, sondern erst auf der Bahre.

GERHARD UHLENBRUCK

Bei seelischen Wunden helfen keine Trostpflaster.

GERHARD UHLENBRUCK

Es gibt nicht nur Körperbehinderte. Die meisten Menschen sind seelenbehindert.

GERHARD UHLENBRUCK

Vor dem Abgrund einer Seele warnt kein Schild.

GERD W. HEYSE

Selbstbeherrschung

Ein Körper ohne Geist sei tot, sagt man. Wie tot muß dann ein Geist ohne Seele sein?

OSKAR KUNZ

Wissenschaftliches Brachland: die nicht angewandte Psychologie.

FELIX RENNER

Es geht um die Seele unseres seelenlosen Planeten.

ANDRÉ GLUCKSMANN

Die Psyche des Patienten ist gut erforscht. Jetzt müssen wir nur noch die Psyche des Arztes erforschen.

GERHARD KOCHER

Lange muß einer durch die Seelenlandschaft wandern, bis er aus den Hügeln zu den Bergen kommt.

EMIL BASCHNONGA

Psychoanalyse: Traum-Haft.

BURCKHARD GARBE

Schafft Seismographen für Seelenerschütterungen!

HANS-HORST SKUPY

Traumberuf Psychiater.

HANS-HORST SKUPY

Nur wer die Sehnsucht kennt, weiß, was ich leide.

JOHANN WOLFGANG VON GOETHE

Die große Traurigkeit der Welt besteht aus Sehnsucht nach vollkommener Liebe.

M. HERBERT

Es ist immer seltsam, wenn eine Sehnsucht in Erfüllung geht. Denn es geht ja damit immer eine Sehnsucht verloren.

HERMANN BAHR

Sehnsucht ist der Trieb des Sinnlichen nach dem Übersinnlichen.

HANS BAER

Meine Sehnsucht nach der Wahrheit ist mein einziges Gebet.

EDITH STEIN

Es gibt Holz, das von Früchten träumt, und Holz, das von Flammen träumt.

LUDWIG STRAUSS

Liebe ist die Verwandlung von Einsamkeit in Sehnsucht.

SIGMUND GRAFF

Seine Sehnsucht lernt man in der Liebe bisweilen erst durch ihre Erfüllung kennen.

SIGMUND GRAFF

Sehnsucht

Wenn man sich lang genug gesehnt hat, bekommt man endlich einen Zipfel von der Wurst.

Englisches Sprichwort

Des Menschen Sehnsucht geht dahin, ein Ganzes und Vollkommenes zu erkennen.

THOMAS VON AQUIN

Die Deutschen können das Glück und die Größe nicht recht vertragen. Ihre Art Idealität beruht auf Sehnsucht.

FRIEDRICH THEODOR VISCHER

Selbstbeherrschung

Warum nicht einem nachgeben und dessen Unmut hinnehmen – aus Selbstbeherrschung, nicht aus Schwäche?

Chinesisches Sprichwort

Besser sich selbst beherrschen als Städte bezwingen.

SPRÜCHE 16,32

Wie eine Stadt mit durchbrochenem Wall ist der Mann, der sich selbst nicht beherrscht.

SPRÜCHE 25,28

851

Selbstbeherrschung

Ich schätze den als tapferer, der sein
Verlangen überwindet, als jenen, der seine
Feinde besiegt. Denn der schwerste Sieg ist
der Sieg über sich selbst.

ARISTOTELES

Es gibt nichts Besseres als
Selbstbeherrschung. Wer andere besiegt, ist
stark. Wer sich selbst besiegt, ist mächtig.

LAO DSE

In all deinem Tun bleibe Herr der Lage.

BEN SIRA 33,23

Alles beruht darauf, daß du dir selbst
gebietest.

CICERO

Der Feind befindet sich in unseren Mauern.
Gegen unseren eigenen Luxus, unsere eigene
Dummheit und unsere eigene Kriminalität
müssen wir kämpfen.

CICERO

Niemand betrüge sich selbst.

1 KORINTHERBRIEF 3,18

Vergiß nicht, wenn du wütend bist, nichts zu
tun oder zu sagen, bevor du dir das Alphabet
aufgesagt hast.

PLUTARCH

Wer nicht sein eigener Meister, ist nicht frei.

EPIKTET

Es ward nie größere Mannhaftigkeit noch
Streit noch Kampf, als wenn einer sich selbst
vergißt und verleugnet.

MEISTER ECKEHART

Wie kann ich über andere herrschen, wenn
ich nicht die volle Gewalt und Herrschaft über
mich selbst habe?

FRANÇOIS RABELAIS

Wer seine Gedanken nicht beherrschen kann,
wird bald die Herrschaft über seine
Handlungen verlieren.

THOMAS WILSON

Beobachtung seiner selbst ist eine Schule der
Weisheit.

BALTAZAR GRACIÁN

Unsere Eigenliebe verträgt Kritik an unseren
Neigungen weniger als Kritik an unseren
Überzeugungen.

LA ROCHEFOUCAULD

Wer sich überwindet, besiegt seinen
mächtigsten Feind.

CHRISTINE VON SCHWEDEN

Das Übergewicht der Neigungen entschuldigt
den Menschen nicht, daß er nicht Herr seiner
selbst ist; er soll seine Kraft gebrauchen
lernen, die in der Vernunft besteht.

GOTTFRIED WILHELM LEIBNIZ

Handle nie in Wut. Es bedeutet, im Sturm in
See stechen.

THOMAS FULLER

Verfechte eine Behauptung nie mit Hitze und
Lärm, obwohl du glaubst oder sogar weißt,
daß du recht hast.

EARL OF CHESTERFIELD

Wir sind ebensowenig Herren unserer
Träume, wie unserer Gedanken.

VOLTAIRE

Niemand ist frei, der über sich selbst nicht
Herr ist.

MATTHIAS CLAUDIUS

Nichts verleiht mehr Überlegenheit, als ruhig
und unbekümmert zu bleiben.

THOMAS JEFFERSON

Was ist das höchste Glück des Menschen, als
daß wir ausführen, was wir als recht und gut
einsehen, daß wir wirklich Herren über die
Mittel zu unseren Zwecken sind?

JOHANN WOLFGANG VON GOETHE

Alle Kraft des Menschen wird erworben durch
Kampf mit sich selbst und Überwindung
seiner selbst.

JOHANN GOTTLIEB FICHTE

Ich behaupte nicht, Ereignisse in der Gewalt
gehabt zu haben, sondern gebe ohne weiteres
zu, daß die Ereignisse mich in der Gewalt
hatten.

ABRAHAM LINCOLN

Selbsterkenntnis

Bei allen Dingen liebe die Mäßigung, eine Tugend, die schwerer ist, als sie scheint, aber notwendiger als irgendeine.

AUGUST GRAF PLATEN

Kannst du dich selbst nicht halten, so wirst du auch kaum jemand finden, der dich zu halten vermöchte.

SØREN KIERKEGAARD

Nur derjenige ist vollständig frei, der sich selbst vollständig zu beherrschen vermag.

JÓZSEF VON EÖTVÖS

So weit deine Selbstbeherrschung geht, so weit geht deine Freiheit.

MARIE VON EBNER-ESCHENBACH

Mäkle nicht an deiner Speise, weil es dir an Appetit fehlt.

RABINDRANATH TAGORE

Der Mensch ist nur dann wahrhaftig Mensch, wenn er der Selbstbeherrschung fähig ist, und selbst dann nur, soweit er sie ausübt.

MAHATMA GANDHI

Die Menschen können sehr gut ohne Eisenbahn, Telefon, Gasofen und elektrisches Licht leben – aber ohne Selbstbeherrschung nicht.

FRIEDRICH WILHELM FOERSTER

Wir sind oft wie störrisches Vieh, das aus dem brennenden Stall nicht herauszubringen ist.

WILLIBRORD VERKADE

Nichts ist so schwer, als sich nicht zu betrügen.

LUDWIG WITTGENSTEIN

Selbstbeherrschung hat nur soviel Wichtigkeit wie das, was sie beherrscht.

ERICH BROCK

Selbstbeherrschung ist der beste Weg, auch den Gegner zu entwaffnen.

MICHAEL JOSEF EISLER

Die Strenge gegenüber anderen verpflichtet zur Strenge gegenüber sich selbst.

FRIEDRICH WITZ

Wer sich gehen läßt, verliert sich, wer sich beherrscht, findet sich. Wer sein Gesicht wahrt, wahrt seine Seele.

RICHARD N. GRAF COUDENHOVE-KALERGI

Sobald der Mensch glaubt, allein und ausschließlich Herr zu sein, erwachen sofort seine schlimmsten Instinkte.

HANS F. GEYER

Die Selbstzucht ist der Kampf gegen die Selbstsucht und ihr Sieg über sie. Denn die Aufgabe deiner Selbstzucht ist die Aufgabe deiner Selbstsucht.

PETER MAX BOPPEL

Wieviele rühmen sich der Selbstbeherrschung, und dabei ist es nur Mangel an Temperament.

HASSO HEMMER

Es gibt eine Niederlage, welche ein Sieg ist: Der Sieg über sich selbst.

GERHARD UHLENBRUCK

Der Mensch hat im Laufe der Zeit gelernt, auch sich selbst so sehr zu beherrschen, daß es oft schwerfällt – ihn wirklich zu erkennen.

OSKAR KUNZ

Man muß sich beherrschen. Lassen?

HANS-HORST SKUPY

Selbstbeherrschung zeugt unter Umständen von mangelnder Souveränität.

ANDRÉ BRIE

Selbsterkenntnis

Es liegt nicht am Spiegel, es liegt an dir selber.

Portugiesisches Sprichwort

Worüber soll klagen der Mensch, der da lebt? Ein jeder klage über seine Sünde!

KLAGELIEDER 3,39

Erkenne dich selbst!

THALES

Selbsterkenntnis

Wer andre kennt, ist klug, wer sich selbst kennt, ist weise.

LAO DSE

Am wenigsten kennt man sich selber, und am schwersten fällt es jedem, über sich zu urteilen.

CICERO

Suche deine eigene Weisheit in dir selbst.

PADMA SAMBHAVA

Möge Gott mich vor mir selbst beschützen!

MICHEL DE MONTAIGNE

Der Anfang der Selbstbesserung ist die Selbsterkenntnis.

BALTAZAR GRACIÁN

Das berühmte „Erkenne dich selbst!", aus dem man die Quelle der menschlichen Weisheit ableiten wollte, ist nichts weiter als die Quelle des menschlichen Elends.

CHRISTINE VON SCHWEDEN

Im Unglück lernt man sich selbst am besten kennen, weil man nicht mehr durch Freunde abgelenkt wird.

SAMUEL JOHNSON

Mensch, lerne dich selbst erkennen, das ist der Mittelpunkt aller Weisheit.

GOTTHOLD EPHRAIM LESSING

Wer sich selbst recht kennt, kann sehr bald alle anderen Menschen kennen lernen. Es ist alles Zurückstrahlung.

GEORG CHRISTOPH LICHTENBERG

Die Existenzen fremder Menschen sind die besten Spiegel, worin wir die unsrige erkennen können.

JOHANN WOLFGANG VON GOETHE

Nichts ist leicht ganz unparteiisch wieder dargestellt. Man könnte sagen, hiervon mache der Spiegel eine Ausnahme, und doch sehen wir unser Angesicht niemals ganz richtig darin; ja, der Spiegel kehrt unsere Gestalt um und macht unsere linke Hand zur rechten. Dies mag ein Bild sein für alle Betrachtungen über uns selbst.

JOHANN WOLFGANG VON GOETHE

Wie kann man sich selbst kennen lernen? Durch Betrachten niemals, wohl aber durch Handeln.

JOHANN WOLFGANG VON GOETHE

Selbsterkenntnis führt zur Demut und zur Gerechtigkeit.

JOHANN PETER HEBEL

Der Mensch kann nichts Nützlicheres und Besseres kennen lernen als sich selbst und seine Natur.

JOHANN PETER HEBEL

Es ist schlecht um die Menschen bestellt, die es durch andere erst erfahren müssen, was sie wollen und sollen, und viel besser, wenn einer das selbst weiß.

PHILIPP OTTO RUNGE

Weder Mann noch Frau können etwas wert sein, bis sie entdeckt haben, daß sie Narren sind. Das ist der erste Schritt, um geschätzt oder angenehm zu werden; bis er getan wird, besteht keine Hoffnung. Je eher man das entdeckt, desto besser.

WILLIAM MELBOURNE

Ich glaube von jedem Menschen das Schlechteste, selbst von mir, und ich hab mich noch selten getäuscht.

JOHANN NESTROY

Ob du dich selber erkennst? Du tust es sicher, sobald du mehr Gebrechen an dir als an den andern entdeckst.

FRIEDRICH HEBBEL

Wenn es nur immer gelänge, zur rechten Zeit den Balken im eigenen Auge zu sehen, wieviel besser wären wir!

LEW N. GRAF TOLSTOJ

Wenn es keine Leiden gäbe, würde der Mensch in sich keine Schranken kennen, er würde sich selbst nicht kennen.

LEW N. GRAF TOLSTOJ

Die Erkenntnis seiner eigenen Kraft macht bescheiden.

PAUL CÉZANNE

Nur die Oberflächlichen kennen sich selbst.

OSCAR WILDE

Selbsterkenntnis

Erkenne dich selbst! Das scheint mir freilich ein zweischneidiger Ausdruck zu sein, und es ist gut, daß das nicht so leicht möglich ist, sonst würde man gar oft dazu kommen zu sagen: Nun fürchte ich mich vor niemand mehr als vor mir selber.

HANS THOMA

Selbsterkenntnis ist unser Maß für unser Weltverständnis.

EMIL GÖTT

Zu jeder Stunde kannst du dich selbst erkennen: Wage es, die Quellen deines Wollens zu erforschen.

WALTHER RATHENAU

Selbsterkenntnis dient nur dem allerpersönlichsten Gebrauch.

ERNST HOHENEMSER

Manche Selbsterkenntnis geht uns als Entschluß auf.

WILHELM VON SCHOLZ

Das einzige, was wirklich hilft, ist die Selbsterkenntnis und die dadurch bewirkte Änderung der geistigen und moralischen Einstellung.

C. G. JUNG

Selbsterkenntnis ist ein Abenteuer, das in unerwartete Weiten und Tiefen führt.

C. G. JUNG

Eine auf ihre Schönheit bedachte Frau ist sich selbst gegenüber stets sehr ehrlich. Sie schaut in den Spiegel und entdeckt mit Sicherheit das kleinste unerwünschte Fältchen, die kleinste Patrouille des kommenden Alters. So ehrlich aber sind die Menschen nie, wenn sie ihr eigenes Wesen im Spiegel einer Selbstbetrachtung prüfen. Da sehen sie die größten Flecken, die häßlichsten Entstellungen nicht.

FRANZ CARL ENDRES

Warum willst du wissen, was du sein wirst, wenn du stirbst, bevor du weißt, was du jetzt bist? Warum willst du von Gott wissen, ehe du von dir weißt? Zuvor suche zu erfahren, was du bist!

SRI RAMANA MAHARSHI

Wer sich in Selbsterkenntnis übt, der wird auch eher die Kraft finden, mit Sorgen und mit Schicksalsschlägen fertig zu werden.

ARTUR HOFFMANN

Selbstkritik ist nicht Selbstvernichtung, wie manche meinen. Im Gegenteil, Selbstvernichtung hebt Selbstkritik auf. Selbstkritik besteht darin, daß man sich selber korrigiert in ganz bestimmten, konkreten Fällen und daß man ernsthaft gewillt und bestrebt ist, aus der Kritik die entsprechenden praktischen Schlußfolgerungen zu ziehen...

JOHANNES R. BECHER

Im Umgang mit Männern lernt der Mann sich selber kennen, im Umgang mit Frauen die Welt.

LUDWIG STRAUSS

Selbsterkenntnis ist meistens nur Selbstbestätigung. In den eigenen Abgrund will niemand steigen oder höchstens symbolisch.

EUGEN BÖHLER

Erst im Spiegel des anderen erkennt man sein eigenes Ich.

ZENTA MAURINA

Es gibt keine Selbsterkenntnis ohne die vorherige Erkenntnis Gottes.

HUGO RAHNER

Die längste Reise ist die zu sich selbst.

DAG HAMMARSKJÖLD

Richtige Schlüsse zieht nur der, der sich selbst richtig kennt.

GUSTAV RENÉ HOCKE

Selbstkritik ist, wenn man den Nagel auf den Daumen trifft.

GERHARD UHLENBRUCK

Eine Sündermiene ist noch keine Selbstkritik.

HORST FRIEDRICH

Wir fliehen vor der Selbsterkenntnis, um das Bild, das wir uns von uns gemacht haben, nicht zerstören zu müssen.

JEAN APATRIDE

Selbsterkenntnis

Die Selbsttäuschung ist eine ganz persönliche Wahrheit.

ELISABETH HABLÉ

Wer zu sich selber finden will, darf andere nicht nach dem Weg fragen.

PETER TILLE

Selbstvertrauen

Besser der eignen Kraft vertrauen als auf fromme Fürbitte bauen.

Spanisches Sprichwort

Worauf vertraust du denn, daß du dich so sicher fühlst?

2 KÖNIGE 18,19

Wer mit sich selbst sprechen kann, wird das Gespräch mit dem anderen nicht vermissen.

CICERO

Die Versprechungen dieser Welt sind größtenteils Trugbilder. Sich selbst vertrauen und etwas Wertvolles werden, ist die beste und sicherste Lebensregel.

MICHELANGELO

Wer sich selbst nicht vertraut, der vertraut Gott nicht, denn Gott hat ihm das gegeben, worin er vertrauen soll, aus demselbigen zu lernen.

PARACELSUS

Das Vertrauen, das wir zu uns selbst haben, bewirkt den größten Teil des Vertrauens, das wir in andere setzen.

LA ROCHEFOUCAULD

Selbstvertrauen ist die erste Voraussetzung für große Vorhaben.

SAMUEL JOHNSON

Darin sind sich die Menschen aller Zeiten ähnlich gewesen, daß sie hartnäckig an sich selbst geglaubt haben.

FRIEDRICH HEINRICH JACOBI

Wer sich selbst imponiert, gefällt auch anderen.

VAUVENARGUES

Glaube an dich selbst, Mensch, glaube an den inneren Sinn deines Wesens, so glaubst du an Gott und an die Unsterblichkeit.

HEINRICH PESTALOZZI

Sobald du dir vertraust, sobald weißt du zu leben.

JOHANN WOLFGANG VON GOETHE

Man wird nie betrogen, man betrügt sich selbst.

JOHANN WOLFGANG VON GOETHE

Man kann viel, wenn man sich nur recht viel zutraut.

WILHELM VON HUMBOLDT

Die Seele aller gelingenden Tätigkeit ist doch das tiefe Selbstvertrauen. Mit diesem sinkt alles hin.

WILHELM VON HUMBOLDT

Der Mensch soll von oben das nicht erwarten, was er selbst vermag.

ZACHARIAS WERNER

Was du tust, vertraue auf die Vorsehung, und vertraue auf dich selbst. Eines von diesen – ohne das andere – wird dir selten frommen, aber beide vereinigt retten dich aus jeder Lage, ermuntern dich in jedem Unternehmen.

AUGUST GRAF PLATEN

Sei niemals schüchtern und befangen ohne Ursache. Alle, mit denen du zu tun haben kannst, sind Menschen wie du, haben wie du ihre Schwächen und Torheiten.

AUGUST GRAF PLATEN

Ein Spiegel ist besser als eine ganze Reihe Ahnenbilder.

WOLFGANG MENZEL

Wenn es einen Glauben gibt, der Berge versetzen kann, so ist es der Glaube an die eigene Kraft.

MARIE VON EBNER-ESCHENBACH

Wer hat nicht schon das, was er sich zutraut, für das gehalten, was er vermag?
MARIE VON EBNER-ESCHENBACH

Von allen Menschen traue dir am wenigsten.
WILHELM RAABE

Je weniger ich über ein Thema weiß, desto größeres Selbstvertrauen habe ich und desto mehr neues Licht werfe ich darauf.
MARK TWAIN

Wenn man das Vertrauen auf die Welt mit den Jahren verliert, so muß man dafür ein immer wachsendes Vertrauen auf sich selbst gewinnen.
KONRAD FIEDLER

„Erkenne dich selbst!" stand am Eingang der antiken Welt geschrieben. Über dem Eingang der neuen Welt wird geschrieben stehen „Sei du selbst!"
OSCAR WILDE

Starkes Selbstbewußtsein und echte Bescheidenheit schließen sich nicht aus, sondern bedingen sich.
KURT WILHELM GOLDSCHMIDT

Der Glaube an sich selbst ist bei vielen Menschen ein Irrglaube.
ELEONORE VAN DER STRATEN-STERNBERG

In den Stromschnellen der Zeit ist ein starker Glaube an sich der beste Schwimmgürtel.
KARL HENCKELL

Kümmere dich nicht um Zeit und Erfolg. Spiele deine Rolle ohne Rücksicht auf Niederlage oder Sieg.
SRI AUROBINDO

Bleibe dir selbst treu. Versuche nie, es den anderen gleichzutun. Nichts kann dir den Frieden bringen als der Sieg der Prinzipien.
ALEXIS CARREL

Wann wirst du lernen, nicht auf einen glücklichen Zufall zu warten, sondern darauf zu bauen, was du hast, und jeden Tag dazu zu verwenden, deine Stellung zu festigen?
THORNTON WILDER

Jeder hat Zeiten, wo er sich selber günstig gesinnt ist.
KURT GUGGENHEIM

Die Komplizierten sind sich ihrer selbst am unsichersten.
HEINZ STEGUWEIT

Sag nicht zu viel Schlechtes über dich.
MADELEINE DELBREL

Setze nie dich selbst herab, rede nie geringschätzig über deine Kraft oder Fähigkeiten.
L. RON HUBBARD

Fehlendes Selbstvertrauen wirkt oft wie Arroganz.
LEO LOHBERGER

Es ist viel leichter, andere an sich glauben zu machen, als an sich selbst zu glauben.
CHRIS HORNBOGEN

Sexualität

Eine schöne Frau gehört der Welt, eine häßliche dir allein.
Indisches Sprichwort

Ihre Liebe soll dich allezeit sättigen, an ihrer Liebkosung magst du dich immer berauschen.
SPRÜCHE 5,19

Die Frauen sollten gemeinsamer Besitz der Weisen sein, so daß jeder Beliebige jeder Beliebigen beiwohnen könnte.
ZENON

Diese schönen, sanften und wohltuenden Erregungen des Fleisches laden von selbst, ohne Lehrer, ein.
EPIKUR

Schwanger werden die Dummen, nicht die Galanten.
TERENZ

Sexualität

Aus dem Herzen kommen Ehebruch, Unzucht...

MATTHÄUS 15,19

Wer an der Hure hangt, der ist ein Leib mit ihr.

1 KORINTHERBRIEF 6,16

Der Mann soll seine Frau nicht vernachlässigen, und die Frau soll sich ihrem Mann nicht versagen. Die Frau verfügt nicht über ihren Körper, sondern der Mann; ebenso verfügt der Mann nicht über seinen Körper, sondern die Frau.

1 KORINTHERBRIEF 7,3/4

An öffentlichen Dirnen soll Überfluß sein, für alle und insbesondere für die, welche sich keine privaten halten können. Riesenpaläste, herrlich geschmückt, sollen gebaut, schwelgerische Gelage daselbst veranstaltet werden, wo jeder, der will und kann, Tag und Nacht spielen, trinken, speien und sich ausleben mag. Rauschende Tanzmusik soll aller Orten ertönen. Die Theater sollen widerhallen von den Ausbrüchen unzüchtiger Freude und von dem Lärm jeglicher Sorte grausamster und schändlichster Vergnügungen.

AUGUSTINUS

Man pflegt zu sagen, die beste Zeit, eine Frau zu verführen, sei, wenn sie sich mit ihrem Manne überworfen hat.

WILLIAM SHAKESPEARE

Viele Eroberungen scheitern mehr an der Ungeschicklichkeit der Männer als an der Tugend der Frauen.

NINON DE LENCLOS

Viele Männer kenne ich, die Weiber sind in diesem Punkt.

JEAN DE LA FONTAINE

Wollüstige Leute haben gemeiniglich nur so viel Verstand, als sie zu ihrer Wollust gebrauchen.

EWALD VON KLEIST

Der Trieb, unser Geschlecht fortzupflanzen, hat noch eine Menge anderes Zeug fortgepflanzt.

GEORG CHRISTOPH LICHTENBERG

Ihre körperlichen Reize befanden sich gerade in dem sonderbaren Zeitpunkt, wo sie anfangen, ihre anziehende Kraft mit der abstoßenden zu vertauschen.

GEORG CHRISTOPH LICHTENBERG

Weder für die Wollüste des Geistes noch für die Wollüste des Körpers ist der Mensch allein geschaffen; in beiden stürzt Übermaß ihn ins Elend.

JOHANN JAKOB ENGEL

Gewisse Frauen gleichen jenen Wesen, die jeder kosten will, keiner aber täglich auf dem Tisch haben möchte.

SOPHIE DE ARNOULD

Neben einer perversen Frau bleibt der verführerischste und schurkischste Lüstling immer nur ein Schulbub.

STEPHANIE DE GENLIS

Das Ewig-Weibliche zieht uns hinan.

JOHANN WOLFGANG VON GOETHE

Gefängnisse werden aus den Steinen der Gesetze errichtet, Bordelle aus den Ziegeln der Religion.

WILLIAM BLAKE

Zwischen Mann und Frau soll vor allem enge seelische Gemeinschaft bestehen. Ist die Verbindung allein körperlicher Art, wird sie eine Quelle steter Unzufriedenheit auf beiden Seiten sein.

JEAN PAUL

Keine Frau könnte durch das Ankleiden so viel gewinnen, wie sie verliert, wenn man ihr dabei zusieht.

JEAN PAUL

Sagt mir einer, meine Geliebte sei prüde, gebe ich ihm zur Antwort, die seine sei eine Dirne.

STENDHAL

Wenn man die wichtige Rolle betrachtet, welche die Geschlechtsliebe spielt, da wird man veranlaßt, auszurufen: Wozu der Lärm? Wozu das Drängen, Toben, die Angst und die Not? Es handelt sich ja bloß darum, daß jeder Hans seine Grete finde.

ARTHUR SCHOPENHAUER

Sexualität

Ein Mannweib ist überall ebenso lächerlich wie ein weibischer Mann.

JOSEPH VON EICHENDORFF

Eine Stadt, worin gar keine Notzucht verübt werden kann, weil alle Mädchen einwilligen...

FRIEDRICH HEBBEL

Die Prostitution degradiert unter den Frauen nur die Unglücklichen, die ihr verfallen, und auch diese bei weitem nicht in dem Grad, wie gewöhnlich geglaubt wird. Dagegen erniedrigt sie den Charakter der gesamten Männerwelt.

FRIEDRICH ENGELS

Homosexualität: Leiden, das alle Männer in einem bestimmten Alter befällt.

GUSTAVE FLAUBERT

Der Liebesakt hat eine große Ähnlichkeit mit der Folter oder einer chirurgischen Operation.

CHARLES BAUDELAIRE

Der Kampf gegen die geschlechtliche Wollust ist der schwerste Kampf. Wenn du fühlst, daß du den Kampf nicht bewältigen kannst, so verheirate dich, und wenn du fallen mußt, so falle nur mit dieser deiner Frau.

LEW N. GRAF TOLSTOJ

Kokotten sind Falschspielerinnen der Liebe.

DANIEL SPITZER

Die Ehe stellt eine Seite des Geschlechtslebens der bürgerlichen Welt dar, die Prostitution die andere. Die Ehe ist der Avers, die Prostitution der Revers der Medaille.

AUGUST BEBEL

Der Unterleib ist der Grund dafür, daß der Mensch sich nicht so leicht für einen Gott hält.

FRIEDRICH NIETZSCHE

Grad und Art der Geschlechtlichkeit eines Menschen reicht bis in den letzten Gipfel seines Geistes hinauf.

FRIEDRICH NIETZSCHE

Wehe dem Weibe, welches in gewissen Dingen verrät, daß es mehr weiß als der Mann! Er will stets der Lehrer, aber nicht der Schüler sein.

PAUL MANTEGAZZA

Sexuell gesehen ist die Frau von der Natur erfunden, um ihrem höchsten Produkt Dauer zu verleihen. Sexuell gesehen ist der Mann die Erfindung der Frau, um das Geheiß der Natur auf die ökonomischste Weise zu erfüllen.

GEORGE BERNARD SHAW

Sexuelle Dinge nicht besprechen?!? Wie wenn ein Botaniker sagte: Wir wollen uns auf das Wurzelleben der Pflanze nicht weiter einlassen...

PETER ALTENBERG

Ein kleines Glied hat der Mensch: sättige es, es ist hungrig; laß es hungern, es ist satt.

CONSTANTIN BRUNNER

Sexuelle Aufklärung besteht im wesentlichen aus der Beantwortung von Fragen. Zwei Regeln erfassen das Gebiet: Erstens, man muß auf jede Frage ehrlich antworten. Zweitens, man muß genau die gleiche Einstellung zu sexuellem Wissen haben wie zu jedem anderen Wissen.

BERTRAND EARL RUSSELL

Die schlecht verdrängte Sexualität hat manchen Haushalt verwirrt; die gut verdrängte aber die Weltordnung.

KARL KRAUS

Es ist höchste Zeit, daß die Kinder die Eltern über die Geheimnisse des Geschlechtslebens aufklären.

KARL KRAUS

Hüte dich vor Frauen! Du kannst dir eine Weltanschauung holen, die dir das Mark zerfressen wird.

KARL KRAUS

Man muß endlich wieder dahin kommen, daß man nicht mehr an der Krankheit, sondern an der Gesundheit einer Frau zugrunde geht.

KARL KRAUS

Sexualität

Perversität ist entweder eine Schuld der Zeugung oder ein Recht der Überzeugung.

KARL KRAUS

Vieles, was bei Tisch geschmacklos ist, ist im Bett eine Würze. Und umgekehrt. Die meisten Verbindungen sind darum so unglücklich, weil diese Trennung von Tisch und Bett nicht vorgenommen wird.

KARL KRAUS

Die Wollust liebt die Mittel, nicht den Zweck.

HUGO VON HOFMANNSTHAL

Früher sprach man von den Sünden des Fleisches, von Fleischeslust. Das heutige Frauenideal der Spindeldürre scheint uns zur Knochenlust bekehren zu wollen.

MAX KEMMERICH

Die Männer, welche Wert auf Weiber legen, tun dies leider meist der Leiber wegen.

ERICH MÜHSAM

Was wäre der Geschlechtsakt ohne die Leidenschaft, die ihn überflutet, oder ohne den Rausch der Phantasie, welcher die Wollust begleitet!

MARCEL JOUHANDEAU

Die Pornographie hat die Funktion, die Phantasie so zu stacheln, daß eine Triebbefriedigung zustandekommt.

LUDWIG MARCUSE

Es ist ein Glück, daß das Bestehen der Menschenrasse ans sexuelle Vergnügen gefesselt ist; man hätte es sonst längst aus der Welt hinausmanipuliert.

LUDWIG MARCUSE

Der Spießer benützt den Geschlechtsverkehr als Schlafmittel.

SIGMUND GRAFF

Der Sex macht die Person zur Sache.

SIGMUND GRAFF

Die körperliche Vereinigung von Mann und Frau ist doch das tiefste, das heiligste Geheimnis des Lebens und seine größte schöpferische Tat.

ALBERT JENNY

Die Zwischenstufe zwischen Schönheit und Häßlichkeit ist der Sexappeal.

HEINZ STEGUWEIT

Der größte Irrtum junger Menschen ist ihre Vorstellung vom Alter. Ein gesunder alter Mann liebt wie mit zwanzig.

HERMANN KESTEN

In angelsächsischen Ländern sehen die Dirnen aus, als ob sie mit der Sünde zugleich die Höllenstrafe mitlieferten.

THEODOR W. ADORNO

Das Geschlechtliche fragt nicht nach Verdienst, es hat nur Hunger nach dem Geschlechtlichen, nur danach fragt es. Die Liebe ist viel anspruchsvoller und viel seltener.

WERNER BUKOFZER

Perversitäten und Pornographie sind bis zu einer gewissen Grenze Aufrichtigkeit, darüber hinaus Krankheit – aber wer bestimmt diese Grenze?

MAX SCHWARZ

Sex ist nicht immer Liebe – aber immer Neugierde.

MAX SCHWARZ

Philosophie im Bett macht impotent.

JURIJ BRĚZAN

Prüderie ist eine Perversion, eine besonders unangenehme dazu.

HANS KASPER

Sex appeal ist die Kunst, die Männer auf das neugierig zu machen, was sie ohnehin kennen.

ZSA ZSA GÁBOR

Homosexualität – einer der Prüfsteine dieser Gesellschaft.

RUDOLF ROLFS

Die einzige Konstante im Leben nistet im Becken.

OLIVER HASSENCAMP

Sie fiel auf dem Felde der Verehrer.

WALTER MEUSEL

Sexualität

Sex ist Charme, über den ganzen Körper verteilt.

WOLFRAM WEIDNER

Prostitution ist tätige Nächstenliebe.

WOLFRAM WEIDNER

Der Geschlechtsverkehr als bargeldloser Zahlungsverkehr.

HERBERT EISENREICH

Die Sexualität ist ein Löwe, den man ernähren, pflegen und dressieren kann, der uns aber auch anfallen, zerkratzen, entstellen und das Fleisch von den Knochen reißen kann, daß von uns selber nicht mehr viel übrig bleibt.

ERNST R. HAUSCHKA

Nymphomanin: Bettseller.

HANNS-DIETRICH VON SEYDLITZ

Liebesakt: Ein geistiges Spiel, bei dem Körper keine unbedeutende Rolle spielen.

GABRIEL LAUB

Manche fortschrittliche Frauen verwechseln Erektion mit Reaktion – weil sie beides nur aus den Büchern kennen.

GABRIEL LAUB

Was ist heute noch von der Venus geblieben? Der Venusberg und venerische Krankheiten...

GABRIEL LAUB

Sex ist die größte Nichtigkeit aller Zeiten.

ANDY WARHOL

Mancher hat nur Sex im Kopf. Mancher hat Sex nur im Kopf.

HANS LEOPOLD DAVI

Das wirkliche Neuland heißt ja doch Sexualität.

OSWALT KOLLE

Sex ist das gesunde Bedürfnis nach einer ungesunden Moral.

GERHARD UHLENBRUCK

Make love not war. Sexbombe sucht Sprengmeister zwecks Entschärfung.

HELLMUT WALTERS

Ich denke, es gibt keinen großen Unterschied zwischen männlicher und weiblicher Sexualität. Schließlich haben sich unsere Geschlechtsorgane aus den gleichen Zellen entwickelt.

GLORIA STEINEM

Sex ist nur schmutzig, wenn er richtig gemacht wird.

WOODY ALLEN

Sex will einen Körper, Liebe einen Menschen.

JORG SCHRÖDER

Die Sexualität ist die unaufhörliche Erneuerung der ursprünglichen Unschuld, die Wiedergeburt des Lebens aus dem Tod. Im Orgasmus blickt der Tod auf seine eigene Nacht.

GERD BERGFLETH

Die Pornographie gibt unserer Sehnsucht Flügel, aber es ist kein Himmel da, um aufzufliegen.

NIKOLAUS CYBINSKI

Das Ungesunde an der Selbstbefriedigung ist, daß es sie nicht gibt.

WERNER SCHNEYDER

Aufgeklärt. Die Liebe reibt sich den Schlaf aus den Augen und erwacht zur Sexualität.

HEINZ JACOBI

Der Nabel der Welt liegt etwas tiefer.

WOLFGANG ESCHKER

Die Ursache vieler Frauenkrankheiten ist der Mann.

BURCKHARD GARBE

Im Leben wie in der Kunst hat keine Lebenslüge solche Lebensdauer wie die Verklärung der Sexualität.

MICHAEL SCHARANG

Bettkomplexe auf der Couch behandeln?

HANS-HORST SKUPY

Impotenz ist noch immer die beste Form der Empfängnisverhütung.

ŽARKO PETAN

Sexualität

Seitensprung: Wie man sich bettet, so lügt man.

GABRIELE BERTHEL

Wer an Impotenz leidet, hat mehr Zeit für andere Dinge.

M. OLAF KURTZ

Zur Potenz des Mannes muß man heutzutage im allgemeinen die PS-Zahl seines Wagens hinzurechnen.

MARY SAUNDERS

Aids ist nicht wirklich eine Krankheit, es ist ein Zustand von Schwäche und Ergebung, welcher dem Tier, das man in sich trug, den Käfig öffnet.

HERVÉ GUIBERT

Sicherheit

Lege das Ruder erst dann nieder, wenn das Boot am Ufer ist.

Sprichwort aus Gabun

Sicherheit schafft Gott meinem Leben.

PSALMEN 55, 19

Das Werk der Gerechtigkeit wird Friede sein und die Frucht des Rechtes Sicherheit auf ewig.

JESAJA 32, 17

Ein Königtum ohne Leibwache ist ein Geschenk Gottes.

KARNEADES

Nichts ist dem Menschen sicher.

OVID

Die einzige Gewißheit ist, daß nichts gewiß ist.

PLINIUS D. Ä.

Wer meint, daß er sicher steht, soll aufpassen, daß er nicht fällt.

1 KORINTHERBRIEF 10, 12

Ich erhalte meine Sicherheit besser durch Unschuld als durch Beredsamkeit.

TACITUS

Sicherheit macht Frieden krank.

WILLIAM SHAKESPEARE

Zwei Sicherungen nützen mehr als eine, und besser ist zuviel als keine.

JEAN DE LA FONTAINE

Geistesfreiheit oder Geisteskraft sind Privattugenden, Sicherheit jedoch ist die Tugend des Staates.

BARUCH DE SPINOZA

Sache des Staates ist die Sicherheit seiner Bürger und nichts anderes.

BARUCH DE SPINOZA

Nichts in dieser Welt ist sicher außer dem Tode und den Steuern.

BENJAMIN FRANKLIN

Wer grundlegende Freiheit aufgeben würde, um ein wenig vorübergehende Sicherheit zu erkaufen, verdient weder Freiheit noch Sicherheit.

BENJAMIN FRANKLIN

Man ist immer sicherer in Gesellschaft eines Mächtigen als alleine.

WILHELM LUDWIG WEKHRLIN

In jedem Land genießen die Grenzstädte geringere Freiheit als jene, die im Inneren liegen: die Sicherheit geht der Freiheit vor.

ANTOINE DE RIVAROL

Jeder unbestrafte Mord raubt jedem Menschen einen Teil seiner Sicherheit.

DANIEL WEBSTER

Man ist um so sicherer, je weniger man von sich reden macht.

J. ST. ZAUPER

Jede Religon und jede Regierung soll mir recht sein, wenn nur kein Schutzmann hinter ihr steht.

STENDHAL

Sicherheit

Man läßt sich gern schützen, aber man zahlt nicht gern.

OTTO FÜRST BISMARCK

Jeder Staat, dem seine Ehre und Unabhängigkeit lieb ist, muß sich bewußt sein, daß sein Frieden und seine Sicherheit auf seinem eigenen Degen beruhen.

OTTO FÜRST BISMARCK

Zwei Stricke halten besser als einer!

PETER ALTENBERG

Wer den sicheren Weg abkürzen will, läuft immer Gefahr.

WILLIBRORD VERKADE

Die beste Lebensversicherung ist die Gemeinschaft mit Jesus Christus.

W. J. OEHLER

Der Augenschein kann ebenso trügerisch sein wie die Sicherheit, in der man sich wiegt.

JAMES THURBER

Wenn wir unsicher sind, sind wir am Leben.

GRAHAM GREENE

Das Wort und das Schweigen. Man fühlt sich eher in Sicherheit bei einem Irren, der redet, als bei einem Irren, der den Mund nicht auftun kann.

É. M. CIORAN

unsicherheit, kennzeichen des tölpels, ist das ehrenzeichen der intelligenz.

OSWALD WIENER

Sicherheit gibt es nicht auf Aktienbasis. Es bedeutet, daß jemand sich um dich kümmert, im Leben wie im Sterben.

MALCOLM FORBES

Sei mutig, leiste dir feige Berater: zur eigenen Sicherheit.

WIESLAW BRUDZINSKI

Sicherheit fordern heißt Unsicherheit fördern.

OLIVER HASSENCAMP

Arroganz ist immer ein Zeichen von Unsicherheit.

SIEGFRIED & INGE STARCK

Was den Wolf sympathisch macht: man weiß, wie man dran ist.

HELLMUT WALTERS

Es gibt Leute, die alles, was sie tun, so absichern, bis sie nichts mehr bewegen können.

HORST FRIEDRICH

Illusionen gefährden die soziale Sicherheit.

NORBERT BLÜM

Die Ratten verlassen sich auf das sinkende Schiff.

WERNER EHRENFORTH

Er versicherte sich. Dabei hätte er sich bloß zu vergewissern brauchen.

EMIL BASCHNONGA

Wer sich auf andere verlassen muß, erfährt, wie zuverlässig er selbst ist.

HANS-HORST SKUPY

Telefonvorsorgeuntersuchung.

HANS-HORST SKUPY

Sicherheitsmaßnahmen wurden getroffen. Die Sicherheit freilich auch.

HANS-HORST SKUPY

Geheimpolizei: das Hühnerauge des Gesetzes.

HANS-HORST SKUPY

Es gibt nur eine Chance für Sicherheit: das Glück der anderen.

BIRGIT BERG

Rechtssicherheit ist die beste Staatssicherheit.

GREGOR GYSI

Nicht mal der Mensch ist vor sich sicher.

KLAUS KOCH

Wer sich in Sicherheit wiegt, wird verschaukelt.

GUDRUN PIOTROWSKI

Man kann auch den doppelten Boden unter den Füßen verlieren.

KLAUS BERNHARDT

Sieg

Der Geduldige wird Sieger.

Sprichwort aus Kamerun

Der Sieg kommt vom Herrn.

SPRÜCHE 21,31

Es siegt, was man auch tut, nur das Glück, nicht die Kraft.

PINDAR

Die Möglichkeit des Sieges darf man nicht bei anderen suchen, sondern muß sie in sich selber finden.

LÜ BU WE

Ein guter Mensch erringt einen Sieg und beläßt es dabei. Er geht nicht zu Gewalttaten über.

LAO DSE

Tod, wo ist dein Sieg?

1 KORINTHERBRIEF 15,55

Du kannst unbesiegbar sein, wenn du dich nie auf einen Wettstreit einläßt, dessen Sieg nicht in deiner Macht liegt.

EPIKTET

Wo Vertrauen ist, da stellt sich auch der Sieg ein.

SEAMI MOTOKIYO

Immer heißt der Besiegte Verräter und der Sieger treu.

CALDERÓN DE LA BARCA

Vermeide Siege über Überlegene.

BALTAZAR GRACIÁN

Jene, die Glückliche machen, sind die wahren Sieger.

VOLTAIRE

Es siegt immer und notwendig die Begeisterung über den, der nicht begeistert ist. Nicht die Gewalt der Armee noch die Tüchtigkeit der Waffen, sondern die Kraft des Gemüts ist es, welche Siege erkämpft.

JOHANN GOTTLIEB FICHTE

Noch niemals hat ein Sieger Neigung oder Kunde genug gehabt, um die Überwundenen gerecht zu beurteilen. Je mehr er sie herabwürdigt, desto gerechter steht er selbst da.

JOHANN GOTTLIEB FICHTE

Wohl euch, daß ihr den reinen Sieg mit Blute nicht geschändet!

FRIEDRICH VON SCHILLER

Der gefährlichste Augenblick kommt mit dem Sieg.

NAPOLEON BONAPARTE

Es ist in der Regel das Schicksal der zum Siege gelangten Parteien, über den Sieg zu zerfallen.

LEOPOLD VON RANKE

Siege werden bald erfochten. Ihre Erfolge zu befestigen, das ist schwer.

LEOPOLD VON RANKE

Sieger zu sein ist wenig; doch groß zu bleiben alles.

VICTOR HUGO

Nur Demut führt zum Siege, Überhebung, Selbstüberschätzung zum Gegenteil.

OTTO FÜRST BISMARCK

Es ist eine Täuschung, in irgendeinem Sieg dauernde Zufriedenheit zu erwarten, wozu das Organ überhaupt im Menschen nicht liegt.

JACOB BURCKHARDT

Rebell ist man, wenn man unterliegt. Die Sieger sind nie Rebellen.

ANATOLE FRANCE

Wehe dem, der siegen muß, um auf seinem Platz weiterleben zu können!

MAXIMILIAN HARDEN

Teilnehmen ist wichtiger als Siegen.

PIERRE DE COUBERTIN

Kein Volk und kein Mensch soll sich eines Sieges rühmen dürfen, ehe dieses Volk und dieser Mensch nicht das Äußerste von Wohltat für den Besiegten daraus gemacht hat.

RUDOLF G. BINDING

Der moralische Sieg ist es, der sich am leichtesten zu Tode siegt.

HUGO VON HOFMANNSTHAL

Nur der triumphiert, der sein Segel dorthin stellt, wo der Wind bläst; niemals der, welcher des Glaubens ist, der Wind bliese dort, wo er sein Segel hinstellt.

ANTONIO MACHADO

Im Sieg offenbart sich der Sieger.

ERNST BERTRAM

Die Siegesgöttin ist nach verlorenen Kriegen ein Friedensengel.

KURT TUCHOLSKY

Siegen ist schwer; schwerer, des Sieges würdig zu sein.

CHARLES TSCHOPP

Schon mancher Besiegte hat dem Sieger die Augen geöffnet.

MARTIN KESSEL

Es sind Fälle denkbar, in denen ein halber Sieg so viel ist wie eine ganze Niederlage.

ROBERT MUTHMANN

Jede Sieg ist ein Pyrrhussieg.

PAUL BOCKELMANN

Wer im Krieg verliert, kann im Frieden siegen.

SIEGFRIED THOMAS

Siegreiche Völker brauchen in der Regel sehr lange, um sich von ihren Siegen zu erholen.

WERNER EHRENFORTH

Intriganten siegen. Ihnen stehen mehr Kampfmethoden zur Verfügung.

STEPHAN KURELLA

Wer Sieger ist, zeigt sich in der Niederlage.

HANS-HORST SKUPY

Dem Sieger wird jedes Ding zum Spiegel.

HARALD MEHLHORN

Er trug seinen Sieg mit Fassung.

THOMAS SCHMITZ

Sitte

In deinen Diensten beschäftige keine hübschen Mägde. Jene Familie ist sittsam, in der keine hübschen Mägde gehalten werden.

Chinesisches Sprichwort

Wo das Alter keine sittliche Scheu mehr hat, da muß notwendig die Jugend vollends das sittliche Gefühl verlieren.

PLATON

Wie die Menschen sind, so beurteile deren Gebräuche.

TERENZ

O tempora! O mores! (Oh Zeiten, oh Sitten!)

CICERO

Böse Geschwätze verderben gute Sitten.

1 KORINTHERBRIEF 15,33

Die Wissenschaft von den äußeren Dingen wird mich in der Zeit der Betrübnis über die Unwissenheit in der Moral nicht hinwegtrösten; aber die Wissenschaft von den Sitten wird mich stets über die Unwissenheit in den äußeren Wissenschaften hinwegtrösten.

BLAISE PASCAL

Der Reiz des Familienlebens ist das beste Gegengift gegen der Verfall der Sitten.

JEAN-JACQUES ROUSSEAU

Sittenstrenge ist der Prunk der Tugend.

MARIE JEANNE DE RICCOBONI

Die Bauernmädchen gehen barfuß und die vornehmen barbrust.

GEORG CHRISTOPH LICHTENBERG

Das Ganze unserer Sittlichkeit besteht in unserem vollendeten Kennen, Können und Wollen des Guten.

HEINRICH PESTALOZZI

Der Umgang mit Frauen ist das Element guter Sitten.

JOHANN WOLFGANG VON GOETHE

Sitte

Unarten, die in der Jugend oft sogar interessant, in mittlerem Alter noch erträglich sind, werden ganz einfach unleidlich, wenn man sie ins Alter herübernimmt.

JOHANN WOLFGANG VON GOETHE

Wo ich aufhören muß, sittlich zu sein, habe ich keine Gewalt mehr.

JOHANN WOLFGANG VON GOETHE

Die Sitten sind oft grausamer als die Gesetze.

HONORÉ DE BALZAC

Die Sittlichkeit einer Frau wird oft durch ein einziges Abirren von der Tugend mehr geschwächt als die eines Mannes durch zwanzig Jahre voll galanter Händel.

THOMAS LORD MACAULAY

Der Despotismus der Sitte ist überall das dauernde Hindernis jeder menschlichen Entwicklung, da er in unablässigem Gegensatz zu jeder Neigung und jedem Wunsche steht, etwas Besseres als das Gewöhnliche zu erreichen.

JOHN STUART MILL

Nicht die Sittlichkeit regiert die Welt, sondern die verhärtete Form derselben: die Sitte.

BERTHOLD AUERBACH

Wohl den Zeiten und Völkern, denen Sitte und Sittlichkeit noch eines sind!

BERTHOLD AUERBACH

Menschliches Leben ohne sittliches Bemühen ist kein Leben, sondern Traum.

LEW N. GRAF TOLSTOJ

Skeptizismus in sittlichen Angelegenheiten ist ein tatkräftiger Bundesgenosse der Unsittlichkeit.

WILLIAM JAMES

Wenn du eine schlechte Gesellschaft fliehen willst, brauchst du nicht deine Tür zu schließen. Nimm nur gute Sitten an, und deine Stallbrüder werden dich scheuen wie die Pest.

AUGUST STRINDBERG

Manche Sitten sind arrivierte Laster.

HENRY MILLER

Sittlich sein heißt durchaus nicht, das tun, jenes lassen. Regeln machen gewalttätig oder bequem. Es heißt Kräfte ausströmen, die nach oben führen.

GEORG STAMMLER

Lächeln, nicht Rebellion tötet die Sitten.

CHARLES TSCHOPP

Verstöße gegen das Sittengesetz werden mit entsprechendem Verlust des Geistes bestraft.

JOACHIM GÜNTHER

Andere Länder, andere Unsitten.

HANS-HORST SKUPY

Sklaverei

Man soll sich nicht selber zum Sklaven machen.

Deutsches Sprichwort

Nicht sagen dürfen, was man denkt, ist Sklavenlos.

EURIPIDES

Kein Mensch ist von Natur Sklave.

CHRYSIPPOS

Niemand ist von Natur Knecht.

PHILO

Alle, die das Joch der Sklaverei zu tragen haben, sollen ihrem Herren alle Ehre erweisen.

1 TIMOTHEUS 6,1

Es ist der Könige Fluch, von Sklaven bedient zu werden, die Vollmacht sehen in ihren Launen.

WILLIAM SHAKESPEARE

Knechtschaft erniedrigt die Menschen so weit, daß sie sie schließlich lieben.

VAUVENARGUES

Es sind nicht alle frei, die ihrer Ketten spotten.

GOTTHOLD EPHRAIM LESSING

Sklaverei

Man war Mensch, ehe man Untertan wurde.
WILHELM LUDWIG WEKHRLIN

Nur der Feige ist ein geborener Knecht.
JOHANN GOTTFRIED HERDER

Mit der Furcht fängt die Sklaverei an, aber auch mit Zutrauen und Sorglosigkeit.
JOHANN GOTTFRIED SEUME

Es ist keine Sklaverei, das zu tun, was zwar der andre, aber auch die Pflicht befiehlt.
JEAN PAUL

Es ist ein Triumph für den Sklaven, wenn er sich nicht zu seinem Herrn erheben kann, ihn zu sich herabzuziehen.
JOHANN NESTROY

Sklaven wären Tyrannen, wenn sich ihnen die Gelegenheit bieten würde.
VICTOR HUGO

Die sanften, resignierten Seelen des Volkes unterhalten den Dünkel und die Roheit der großen Herren.
GEORGE SAND

Der Mensch kann nicht bloß, er muß auch frei sein. Er ist insofern unfrei, als er sich, ein tierisches Leben lebend, der Knechtschaft anheimgibt.
LEW N. GRAF TOLSTOJ

Die glücklichen Sklaven sind die erbittersten Feinde der Freiheit.
MARIE VON EBNER-ESCHENBACH

Die abstumpfenden Wirkungen der Sklaverei auf die sittlichen Vorstellungen des Sklavenhalters sind auf der ganzen Welt bekannt. Und eine privilegierte Klasse ist nur eine Bande von Sklavenhaltern unter anderem Namen... Das Widerwärtige der Sklaverei liegt in der Sache, nicht im Namen.
MARK TWAIN

Wir sind für die demokratische Republik als die für das Proletariat unter dem Kapitalismus beste Staatsform, aber wir dürfen nicht vergessen, daß auch in der allerdemokratischsten bürgerlichen Republik Lohnsklaverei das Los des Volkes ist.
WLADIMIR I. LENIN

Sei niemandes Sklave, am wenigsten dein eigener!
ELEONORE VAN DER STRATEN-STERNBERG

Unter den Sklaven gibt es die meiste Herrenmoral.
JOHANNES NACHT

Der unerträglichste Sklavenhalter in der Welt ist der gierige Wunsch, da er nicht nur den Körper, sondern auch die Seele unterjocht.
ROBERT SAITSCHICK

Die schöne Sklavin – der unbewußte Wunsch des Mannes.
LISA WENGER

Der Sklavenhandel ist abgeschafft. Wer befreit uns vom Sklavensinn?
LISA WENGER

Einen innerlich freien und gewissenhaften Menschen kann man zwar vernichten, aber nicht zum Sklaven oder zum blinden Werkzeug machen.
ALBERT EINSTEIN

Ein geknechtetes Volk wird nur frei, wenn es unzufrieden mit seinem Schicksal ist. Für den geborenen Sklaven sind die Ketten Lebensbedingung.
CARL TILLY LINDNER

Ein Krieg ist schrecklich, unstatthaft, aber noch schrecklicher und unstatthafter ist – Sklaverei.
JOSEF ČAPEK

Ein statistisches Büro als Kriterium der Wahrheit – so weit haben wir's erkrochen.
STANISLAW IGNACY WITKIEWICZ

Der Sklave hat Anlage zum Sklavenhalter und umgekehrt.
ERICH BROCK

Die Rüstungsbetriebe bereiten fieberhaft den Krieg vor; ihre Aktien gehen sprunghaft in die Höhe; die Sklavenpreise ziehen an...
BERT BRECHT

Leicht wird der Mensch Sklave dessen, was ihm dient.
CHARLES TSCHOPP

Sklaverei

Ein Sklave sieht mehr als sein Gebieter.
ROBERT SCHALLER

Moses brauchte 40 Jahre, um die Juden nach Palästina zu führen. Die Strecke ist kurz, man kann sie in fünf Tagen zurücklegen. Warum hat Moses 40 Jahre für diesen Weg gebraucht? Damit diejenigen, die Sklaven waren, sterben und eine neue, freie Generation in Palästina einzieht. Man braucht also Zeit, um den Sklaven in sich loszuwerden. Auch wir brauchen Zeit.
BULAT OKUDSCHAWA

Sklaverei ist kein Rechts-, sondern ein Geisteszustand.
GABRIEL LAUB

Seit der Sklavenbefreiung ist der Mensch frei. Zu kaufen.
HANS-HORST SKUPY

Snobismus

Adamskinder sind wir alle, aber die Seide unterscheidet uns.
Englisches Sprichwort

Vulgäre Leute sind mir lieber als Snobs.
KONFUZIUS

Schäm dich, friedlichen Gruß zu überhören!
BEN SIRA 41,20

Mich muß man mit dem Hirn in der Hand grüßen!
FERNÁNDEZ Y GONZÁLEZ

Der Narr wirft bei der ersten Wärme hinweg sein altes Winterkleid. Vergiß nicht, wenn das Glück dir dämmert, den guten Freund aus böser Zeit.
WILHELM MÜLLER

Der Snob ist unverläßlich. Das Werk, das er lobt, kann gut sein.
KARL KRAUS

Snobs sind Männer, die behaupten, es gäbe etwas Interessanteres als Frauen.
EDGAR WALLACE

Einen wahren Snob erkennt man daran, daß er seinen Kindern zuerst beibringt, die Nase zu rümpfen statt zu putzen.
LEO SUCHAREWICZ

Der Gipfel des Snobismus besteht darin, durch Unauffälligkeit aufzufallen.
GEORGE MIKES

Snobs sind Parvenüs, denen es gelang, die Spuren ihrer Herkunft hinter sich zu verwischen.
ALBERT MATHIAS KEUELS

Snobismus heißt, gegen den Strom schwimmen, wo keiner ist.
OLIVER HASSENCAMP

Snobismus – eine Mutation der Überheblichkeit.
ARMIN RIESEN

Sorgen

Die Sorgen der anderen sind der Trost der Narren.
Spanisches Sprichwort

Es ist besser für dich, frei von Furcht auf einem Strohlager zu liegen, als ein goldenes Bett und eine beladene Tafel zu besitzen und voller Sorgen zu sein. Reichsein ist kein Ziel, sondern bedeutet nur eine Veränderung der Sorgen.
EPIKUR

Ich schätze dich, wenn du die Sorgen deiner Freunde als deine eigenen betrachtest.
PLAUTUS

Vor der Zeit macht die Sorge alt.
BEN SIRA 30,24

Alle Sorge hat ein Ende, wenn wir entweder einen festen Entschluß gefaßt haben oder mit all unserem Denken nicht ins Klare kommen können.

CICERO

Verscheucht mit Wein jetzt die Sorgen!

HORAZ

Sorgen vergessen ist der Weg, sie zu heilen.

PUBLILIUS SYRUS

Jeder muß sich seinen eigenen Sorgen zuwenden.

OVID

Ladet alle eure Sorgen auf Gott ab, denn er sorgt für euch.

1 PETRUS 5,7

Die Voraussicht schenkte uns Hoffnung und Schlaf als Ausgleich für die vielen Sorgen des Lebens.

VOLTAIRE

Wer viel weiß, hat viel zu sorgen.

GOTTHOLD EPHRAIM LESSING

Sorgt immer für den Augenblick, und Gott läßt für die Zukunft sorgen.

CHRISTOPH MARTIN WIELAND

Ich habe das Register der Krankheiten angesehen und habe die Sorgen und traurigen Vorstellungen nicht darunter gefunden, das ist sehr unrecht.

GEORG CHRISTOPH LICHTENBERG

Die Sorge geziemt dem Alter, damit die Jugend eine Zeitlang sorglos sein könne.

JOHANN WOLFGANG VON GOETHE

Kleine Sorgen machen zärtlich, große machen hart und wild.

ANDRÉ-MARIE CHÉNIER

Es ist ein Brauch von alters her: Wer Sorgen hat, hat auch Likör.

WILHELM BUSCH

Sorgen bringen mehr Menschen um als Arbeit, weil sich mehr Menschen damit beschäftigen.

ELBERT G. HUBBARD

Eine Veränderung meiner Sorgen bekommt mir so wohl wie ein Urlaub.

DAVID LLOYD GEORGE

Der kluge Mensch denkt nur über seine Sorgen nach, wenn es Zweck hat. Zu anderen Zeiten denkt er an andere Dinge.

BERTRAND EARL RUSSELL

Um dich aufzuheitern, mein Freund, will ich dir von meinen neuen Sorgen erzählen.

KAROL IRZYKOWSKI

Die Sorgen lieben dich nicht. Wie oft erdrücken sie dich!

JAKOW TRACHTENBERG

Wenn einer trinkt, um seine Sorgen zu ersäufen, dann merkt er erst hinterher, daß sie schwimmen können.

WILLY REICHERT

Wie einfach wäre das Leben, wenn sich die unnötigen Sorgen von den echten unterscheiden ließen!

KARL HEINRICH WAGGERL

Wie der Mensch beschaffen ist, lautet sein klügstes Gebet immer noch: Unsere tägliche Sorge gib uns heute!

SIGMUND GRAFF

Sozialismus

Zu zweit ist es immer besser denn allein: fällt der eine, so richtet ihn der andere wieder auf.

Madagassisches Sprichwort

Ein Arbeiter bekommt seinen Lohn nicht als Geschenk, sondern weil er einen Anspruch darauf hat.

RÖMERBRIEF 4,4

Der moderne Sozialismus ist nur Ausdruck des Bewußtseins, das so alt wie das Bewußtsein des Lebens ist. Er ist Ausdruck der Empfindung dessen, was in unserem

Sozialismus

Leben unvollkommen, eng und anomal und infolgedessen unglücklich ist. Das sozialistische Bewußtsein ist das Streben des Geistes nach einem besseren, nicht individuellen, sondern gemeinsamen und solidarischen Dasein.

ADAM MICKIEWICZ

Der christliche Sozialismus ist nur das Weihwasser, womit der Pfaffe den Ärger der Aristokraten einsegnet.

KARL MARX

Der Sozialismus ist nicht nur eine Arbeiterfrage, sondern hauptsächlich die Frage der gegenwärtigen Inkarnation des Atheismus, die Frage des babylonischen Turmes, der ausdrücklich ohne Gott gebaut wird – nicht zum Erreichen des Himmels von der Erde aus, sondern zur Niederführung des Himmels auf die Erde.

FJODOR M. DOSTOJEWSKIJ

Dem Sozialismus gehört die Zukunft: das heißt in erster Linie – dem Arbeiter und der Frau.

AUGUST BEBEL

Sache des Sozialismus ist es, dem ruhigen, friedlichen, ungehinderten und unausgesetzten Fortschritt der Menschheit die Bahnen zu ebnen.

AUGUST BEBEL

Der Sozialismus betrachtet die Religon als Privatsache, mit der weder der Staat noch die Kommune das geringste zu tun haben. Beides sind Organisationen, die sich mit dem Wohlbefinden der Menschen im Diesseits zu befassen haben; die Religion befaßt sich mit dem Jenseits. Wer für letzteres sorgen will, dem bleibt es unbenommen; nur soll der Staat dazu nicht verpflichtet werden.

AUGUST BEBEL

Der Sozialismus ist die auf allen Gebieten menschlicher Tätigkeit angewandte Wissenschaft.

AUGUST BEBEL

Ich werde meinen Sohn enterben, wenn er mit 20 noch nicht und mit 30 immer noch Sozialist ist.

GEORGE CLÉMENCEAU

Die soziale Lösung des medizinischen Problems hängt von jener großen, langsam fortschreitenden Erneuerung der Gesellschaft ab, der man sich eigensinnig widersetzt und die gewöhnlich Sozialismus genannt wird.

GEORGE BERNARD SHAW

Ein echtes Verhältnis hat jeder nur zu sich selbst. Selbst der Sozialist ist nicht ganz ehrlich in seinem Verhältnis zum Sozialismus, und zwar einfach, weil der Sozialismus Objekt für ihn ist. Erst dort, wo Subjekt und Objekt eins werden, verschwindet alles Falsche.

WASSILIJ W. ROSANOW

Der Sozialismus wird als Disharmonie vorübergehen. Jede Disharmonie geht vorüber. Der Sozialismus aber – das ist Sturm, Regen, Wind...

WASSILIJ W. ROSANOW

Wir wollen den Sozialismus mit den Menschen errichten, die der Kapitalismus erzogen, die er verdorben und demoralisiert, dafür aber auch zum Kampf gestählt hat.

WLADIMIR I. LENIN

Der Sozialismus ist nichts anderes als staatskapitalistisches Monopol, das zum Nutzen des ganzen Volkes angewandt wird und dadurch aufgehört hat, kapitalistisches Monopol zu sein.

WLADIMIR I. LENIN

Der lebendige, schöpferische Sozialismus ist das Werk der Volksmassen selbst.

WLADIMIR I. LENIN

Sozialismus ist undenkbar ohne großkapitalistische Technik, die nach dem letzten Stand modernster Wissenschaft aufgebaut ist, ohne planmäßige staatliche Organisation, die Dutzende Millionen Menschen zur strengsten Einhaltung einer einheitlichen Norm in der Erzeugung und Verteilung der Produkte anhält.

WLADIMIR I. LENIN

Mit Religion hat der Sozialismus nichts zu tun. Er ist eine Wirtschaftslehre, und jeder Christ, jeder Mohammedaner, Buddhist oder Anhänger Brahmas kann ohne jegliche logische Inkonsequenz Sozialist sein.

BERTRAND EARL RUSSELL

Wenn wir nicht in die Welt hinausgehen und jeden Menschen unseren Bruder nennen, werden andere kommen und ihn Genosse nennen.

RUTH FISCHER

Der Sozialismus bedeutet den Einmarsch der Vernunft in die Gesellschaft.

HANNS EISLER

Die Idee des Sozialismus ist die größte Idee der Menschheitsgeschichte. Sie ist edler, tiefer und bedeutender als alles, was uns die Vergangenheit zu bieten hatte. Und das haben wir unseren jungen Menschen zu erklären.

HANNS EISLER

Die Maßlosigkeit des Kapitalismus gebar den Sozialismus. Der rasende Sozialissimus wird die Renaissance des Individualismus bringen.

HERBERT MÜLLERSEN

Ein Säulenheiliger des sozialistischen Realismus...

GÜNTHER CWOJDRAK

Der Kapitalismus hat seinen Preis. Der Sozialismus ist unbezahlbar.

HERBERT EISENREICH

Man muß spät ins Bett gehen und früh aufstehen, wenn man den Sozialismus besiegen will.

HELMUT KOHL

Der Himmel der Sozialisten ist die Zukunft.

KURT TACKMANN

Sozialismus bedeutet Zunahme der guten Widersprüche.

WERNER EHRENFORTH

Der Sozialismus hat das allerbeste Rezept für die Verteilung aller Güter, die der Kapitalismus produzieren kann.

HEINRICH LAUER

Ich bin Anhänger des Surrealsozialismus.

ŽARKO PETAN

Sozialismus ist Opium fürs Proletariat.

SPONTI-SPRUCH

Sparsamkeit

Was man spart vom Mund, frißt Katz' oder Hund.

Deutsches Sprichwort

Spare in der Zeit, so hast du in der Not.

THEOPHRAST

Wenn du in der Jugend nicht sammelst, wie willst du im Alter etwas haben?

BEN SIRA 25,3

Warum hast du mein Geld nicht zur Bank gebracht? Dann hätte ich es mit Zinsen abheben können.

LUKAS 19,23

Wer gut wirtschaften will, sollte nur die Hälfte seiner Einnahmen ausgeben; wenn er reich werden will, sogar nur ein Drittel.

FRANCIS BACON

Gib dein Geld nie aus, bevor du es hast.

THOMAS JEFFERSON

Wer zuviel ausgibt, ist nie reich.

HONORÉ DE BALZAC

Eine richtige Sparsamkeit vergißt nie, daß nicht immer gespart werden kann; wer immer sparen will, der ist verloren, auch moralisch.

THEODOR FONTANE

Gelegentlich werden die Armen gelobt, weil sie sparsam sind. Doch den Armen Sparsamkeit zu raten, ist sowohl grotesk wie beleidigend. Es ist das Gleiche, als ob man einem Hungernden rät, weniger zu essen.

OSCAR WILDE

Es gibt Städte, die niedergebrannt sind, weil die Bürgerschaft die Kosten einer Feuerspritze sparen wollte.

SILVIO GESELL

Sparsamkeit ist die Lieblingsregel aller halblebendigen Menschen. Zweifellos ist Sparsamkeit besser als Verschwendung, aber ebenso sicher ist sie weniger wert als der nutzbringende Verbrauch.

HENRY FORD

Sparsamkeit

Sparen ist die richtige Mitte zwischen Geiz
und Verschwendung.

THEODOR HEUSS

Der Geiz wird oft mit Sparsamkeit
umschrieben. Sie ist das Feigenblatt des
Lasters.

FRANZ SLOVENČIK

Sparsamkeit ist geordnete Armut. Wer die
Sparsamkeit eines Armen rühmt, verhöhnt
ihn eigentlich.

SIGMUND GRAFF

Sparen ist der Versuch, sich an den eigenen
Einkünften zu bereichern.

WOLFRAM WEIDNER

Wir müssen sparen, koste es, was es wolle.

SIEGFRIED & INGE STARCK

Spare in der Zeit, damit du in der Not weißt,
was du gehabt hast.

HELLMUT WALTERS

Die meisten sind nur solidarisch auf Kosten
anderer: Sparen ja! Aber beim Nachbarn.

NORBERT BLÜM

Sparsamkeit: Die Kehrseite der Medaille.

HANS-HORST SKUPY

Kaufkraftschwund. Nichts bleibt uns erspart.

MANFRED BOSCH

Spiel

Wer ins Spiel eintritt, muß spielen.

Türkisches Sprichwort

Sei nicht feiger als die Kinder, sondern so wie
diese sagen, wenn ihnen die Sache nicht
mehr gefällt: Ich will nicht mehr mitspielen,
so sage auch du, wenn dir etwas in der Art
erscheint: Ich spiele nicht mehr mit – und
geh. Wenn du aber bleibst, so weine nicht.

EPIKTET

Ein einziges Glück im Leben, im Spiel
gewinnen, und ein zweites, im Spiel sogar
verlieren.

KARDINAL RICHELIEU

Die ihre Zeit und ihr Geld verspielen,
verdienen beides nicht.

CHRISTINE VON SCHWEDEN

Alle großen Erfolge müssen beim Spiel
anfangen.

WILHELM LUDWIG WEKHRLIN

Die Ordnung des Spiels bringt's mit sich, daß
die Kleinen die Kegel aufsetzen, wenn die
Großen miteinander kugeln.

WILHELM LUDWIG WEKHRLIN

Der Mensch spielt nur, wo er in voller
Bedeutung des Wortes Mensch ist, und er ist
nur da ganz Mensch, wo er spielt.

FRIEDRICH VON SCHILLER

Spiele, das heißt Tätigkeit, nicht Genüsse,
erhalten die Kinder heiter.

JEAN PAUL

Spielen ist Experimentieren mit dem Zufall.

NOVALIS

Nicht in jedem Spiel gewinnen die Asse.

KOSMA PRUTKOW

Spielende Kinder sind lebendig gewordene
Freuden.

FRIEDRICH HEBBEL

Das Leben hat nur einen wirklichen Charme:
den Reiz des Spiels. Aber wenn es einem
gleichgültig ist, zu verlieren oder zu
gewinnen?

CHARLES BAUDELAIRE

Das Schachbrett ist die Welt, die Steine sind
die Erscheinungen im Weltall, und die
Spielregeln heißen Naturgesetze.

THOMAS HENRY HUXLEY

Etwas Gescheiteres kann einer doch nicht
treiben in dieser schönen Welt, als zu spielen.
Mir kommt das ganze Leben wie ein Spiel
vor.

HENRIK IBSEN

Spiel

Wir bleiben immer Kinder, und so klug wir auch werden mögen, wir behalten immer die Lust, mit scharfen Messern und spitzen Scheren zu spielen.

WILHELM RAABE

Wer zusieht, sieht mehr, als wer mitspielt.

WILHELM BUSCH

Zweierlei will der echte Mann: Gefahr und Spiel. Deshalb will er das Weib, als das gefährlichste Spielzeug.

FRIEDRICH NIETZSCHE

Man ist sozusagen selbst nur ein Instrument, auf dem das Universum spielt.

GUSTAV MAHLER

Olympische Spiele feiern heißt, sich auf die Geschichte berufen... Von den Völkern verlangen, sich gegenseitig zu lieben, ist eine Art Kinderei; sie aufzufordern, einander zu achten, ist keine Utopie; aber um sich zu achten, muß man sich zunächst kennen.

PIERRE DE COUBERTIN

Ich spiele natürlich nur zum Vergnügen. Wenn ich aber nicht gewinne, macht es mir kein Vergnügen.

RODA RODA

Gerade das ist es, das Leben, wenn es schön und glücklich ist: ein Spiel!

HERMANN HESSE

Spiel ist die heiterste Form von Verzweiflung.

LUDWIG GOLDSCHEIDER

Wer nicht verrät, wie er seiner Gegner Spiel durchkreuzen will, gewinnt in der Regel das seine.

WALDEMAR SEUNIG

Spiel ist Blüte, Arbeit ist Frucht.

FRANK THIESS

Das Schachspiel ist auch für den Künstler eine großartige Erziehungsmethode. Er lernt nämlich, daß Fehler gemacht werden müssen, was nicht heißt, daß sie gemacht werden sollen. Für einen Schachspieler ist es unausdenkbar, Fehler nicht einzugestehen, muß er sich doch Zug für Zug von seinen

Fehlern überzeugen oder sich anstrengen, den Gegner von den seinen zu überzeugen. – Ein ernstes, tiefes – ein Lebensspiel.

JOHANNES R. BECHER

Es ist grausam, mit dem Tode zu spielen. Es ist kühn, mit dem Leben zu spielen.

PETER BAMM

Alles, was die Kunst hervorbringt, das Heiterste wie das Ernsteste, entsteht aus Spieltrieb.

SIGMUND GRAFF

Einem spielenden Menschen kann man tief in die Seele blicken.

JOSEF RECLA

Man muß die Karten aufnehmen, die man kriegt.

JOSEF VITAL KOPP

Schach – Spiel der Stillvergnügten.

MAX HOGREFE

Ein Mann, der Freude am Spiel hat, ist in Gesellschaft von Frauen immer glücklich. Die Frau ist ein gutes Publikum.

ALBERT CAMUS

Die Askese, die du dir auferlegen sollst: Beim Mitspielen nicht mitagieren.

GREGOR VON REZZORI

Wer mit dem Teufel Skat spielt, muß sich seine Kontras genau überlegen.

JUPP MÜLLER

Was im Krieg der Kampf, ist im Frieden das Spiel.

HEINZ KÖRBER

Das Spiel des Erwachsenen, will es nicht kindisch sein, muß Humor haben; ebenso die Kunst.

GERHARD BRANSTNER

Wer das Spiel nicht mitmacht, hat eben ausgespielt.

GERHARD UHLENBRUCK

Ich bin einverstanden mit *panem et circenses*: Mehr Brot, weniger Spiele.

BRANA CRNČEVIĆ

Spiel

Wer immer Glück im Spiel hat, der mogelt auch in der Liebe nicht.

WERNER MITSCH

Spieler sind Menschen, die dem Glück eine Chance geben.

WERNER MITSCH

Wer die Spielregeln aufstellt, gewinnt auch. Das ist der Sinn der Spielregeln.

AUREL SCHMIDT

Ein Kind, das unfähig ist zu spielen, dessen Seele hat Schaden bekommen.

PETER GERT BÜTTNER

Manche Menschen spielen nicht einmal in ihrem eigenen Leben die Hauptrolle.

WOLFGANG ESCHKER

Schach – ein Rassespiel.

HANS-HORST SKUPY

Beim Fair play gewinnen regelmäßig die Schurken.

ŽARKO PETAN

Sport

Einer tanzt – und neune klatschen in die Hände.

Kaukasisches Sprichwort

Jeder, der an einem Wettlauf teilnehmen will, nimmt harte Einschränkungen auf sich. Er tut es für einen Siegeskranz, der verwelkt.

1 KORINTHERBRIEF 9,25

Ich züchtige meinen Leib und zähme ihn.

1 KORINTHERBRIEF 9,27

Unverständig sind Staaten, bei denen auch das Spaßmachen mit Eifer betrieben wird; denn kein Spaß mehr sind Wettkämpfe, die so erbarmungslos sind, daß sie zum Tode führen.

CLEMENS VON ALEXANDRIEN

Unsere Natur ist in der Bewegung; völlige Ruhe ist der Tod.

BLAISE PASCAL

Alles, was den freien Gebrauch des Körpers in unsere Gewalt bringen hilft, das befördert den Anstand. Das Nützlichste für den Körper gibt ihm auch den meisten Anstand.

CHRISTIAN FÜRCHTEGOTT GELLERT

Es gibt einen olympischen Neid oder Eifersucht. Dieser Neid schadet den andern nicht, sondern ist nur bemüht, sich nicht zuvorkommen zu lassen.

THEODOR GOTTLIEB VON HIPPEL

Wer nicht läuft, gelangt nie ans Ziel!

JOHANN GOTTFRIED HERDER

Leidenschaft des Geistes und Ehrgeiz des Körpers bieten dem Aufmerksamen zwei entsetzliche Entstellungen.

JOSEPH JOUBERT

Das Ziel muß man früher kennen als die Bahn.

JEAN PAUL

Nur die Ruhe in der Bewegung hält die Welt und macht den Mann.

GOTTFRIED KELLER

Läufer sind schlechte Geher.

MARIE VON EBNER-ESCHENBACH

Ein ungeübtes Gehirn ist schädlicher für die Gesundheit als ein ungeübter Körper.

GEORGE BERNARD SHAW

Sport ist etwas für Leute, die weder lesen noch denken können. Politik und Geschäfte nehmen die Männer auf die leichte Schulter, aber ihren Sport nie.

GEORGE BERNARD SHAW

Jeder Sport macht aus der romantischen Natur eine Zirkusmanege!

PETER ALTENBERG

Mancher ist besser für den Sport ausgerüstet als für das Leben.

ELEONORE VAN DER STRATEN-STERNBERG

Sport

Vergeßt nicht, daß es der Geist ist, um dessentwillen der Körper gestählt wird!

THEODOR FISCHER

Der größte Dienst, den der Sport der Jugend erweisen kann, ist, das Vagabundieren der Phantasie zu verhindern und sie in einem Zustande, nicht der Unwissenheit, aber der Gleichgültigkeit gegen alles das zu erhalten, was in ihr eine vorzeitige Sinnlichkeit erwecken könnte.

PIERRE DE COUBERTIN

Der moderne Athlet hat durch die aufreibende Zivilisation, in deren Mitte er lebt, zwei Feinde, die ihm gefährlicher sind als seinen Vorgängern: die Hast und die Menge. Davor muß er sich hüten.

PIERRE DE COUBERTIN

Markt oder Tempel! Die Sportsleute haben zu wählen. Sie können nicht beides wollen, sie müssen sich für eines entscheiden.

PIERRE DE COUBERTIN

Das Spazierengehen war ein Sport der vorigen Generation. Der moderne Mensch geht nicht mehr spazieren. Wenn er sich Bewegung machen will, spielt er Tennis. Wenn er die Natur genießen will, macht er eine Autotour.

WALTER HUECK

Ich liebe nur die größte Kraftentfaltung. Ich liebe die geringen Anstrengungen nicht: Sport, Militarismus, Kegelschieben.

GEORG KAISER

Man sollte über dem Rekord nicht den Sport und über dem Sport nicht das Spiel vergessen.

CARL DIEM

Wer vorangeht, kehrt den Nachläufern den Rücken; wie es diese nicht anders verdienen.

GEORGES BRAQUE

Fußballspiel – eines der beliebtesten Kampfspiele der Spätzeit. Es wurde zwischen zwei Mannschaften ausgefochten und bestand darin, einen großen Ball durch Fußtritte ins sogenannte Goal des Gegners hineinzubefördern. Es wird erzählt, daß die

Fußballmannschaften zu internationalen Turnieren reisten, von den Behörden fremder Länder empfangen wurden und daß an den den Spielen folgenden Banketten Reden zum Preise der Völkerverständigung gewechselt wurden. Da mit Kanonen eine Verständigung schwer zu erzielen war, so versuchte man es mit Fußtritten.

HANS A. MOSER

Was die Menge am Ziel, erkennt der Weise beim Start.

FRITZ DE CRIGNIS

Der Sportidiot ist die Seele des kollektiven Menschen.

MAX BECKMANN

Im Stadion werden nicht nur die Schlachten des Friedens gewonnen, sondern das Volk lernt auch dort, mutig und ausdauernd zu sein, Bescheidenheit im Sieg und Festigkeit in der Niederlage zu zeigen.

ANDRÉ MAUROIS

Körperliche Bewegung ist eine Nutzlosigkeit, vom Standpunkt des Geistes gesehen.

GOTTFRIED BENN

Wandern, sich abmühen, klettern, rutschen, klimmen, herausholen, was in einem Körper drinsteckt, auch das ist Reisen.

KURT TUCHOLSKY

Golf ist ein verdorbener Spaziergang.

KURT TUCHOLSKY

Der Sport der Nationen ist kein Krieg, sondern ein Kampfspiel, das nur unter Voraussetzung der Hochachtung des Gegners durchgeführt werden kann.

FRANK THIESS

Die Lebensweise des Sportlers in seinem Training, in seiner harten Arbeit an sich selbst und in seiner menschlichen Disziplin wird weitgehend den Lebensstil einer neuen Generation bestimmen, in der sich der Traum von der Einheit des Körpers und des Geistes und von der Schönheit und der Allmacht des Menschen erfüllt.

JOHANNES R. BECHER

Sport

Beim Wettkampf ist nicht mehr der Mensch, sondern sind Uhren des Menschen Maß. Dem Griechen lag der Gedanke fern, daß Sekunden Wert haben. Er wollte sich mit Menschen, vielleicht sogar mit Göttern messen, nicht aber gegenüber der abstrakten Zeit.

ERNST JÜNGER

Eine gleichbleibende Körperhaltung ist gut für die Meditation. Bewegung ist gut für das Denken.

VINOBA BHAVE

Für sich allein kann der Sport nicht die erzieherische Rolle spielen, die mancher ihm zuschreiben möchte. Der Sport ist das, was die Sitten aus ihm machen. Und die Sitten sind das, was die staatlichen Gewalten aus ihnen machen oder was sie ihnen zu sein ermöglichen.

HENRY DE MONTHERLANT

Der Sport ist deshalb etwas jedermann Befriedigendes, weil er Gelegenheit bietet, lauten Beifall zu bezeugen für Tugenden, welche auszuüben man selber zu faul ist.

PETER BAMM

Der Sport ist ein sehr vernünftiger Versuch des modernen Zivilisationsmenschen, sich die Strapaze künstlich zu verschaffen.

PETER BAMM

Das gemeinsamste Kennzeichen aller Sportarten dürfte die Übertreibung sein.

SIGMUND GRAFF

Der Sport ist das Vergnügen und die Entlarvung der Masse. Je feiner eine Sportart ist, um so weniger hat und braucht sie Publikum.

SIGMUND GRAFF

Der Sport liefert den Völkern die Zankäpfel, über denen sie ihre Streitigkeiten vergessen.

SIGMUND GRAFF

Im Sport spielen jetzt die Vereinskassen gegeneinander.

SIGMUND GRAFF

Der große Sport fängt da an, wo er längst aufgehört hat, gesund zu sein.

BERT BRECHT

Ich weiß sehr gut, warum die Damen der Gesellschaft heute Sport treiben: weil ihre Männer in ihrem erotischen Interesse nachgelassen haben. Ohne diesen Damen besonders wohl zu wollen – je mehr sie Sport treiben, desto mehr werden diese Herren nachlassen.

BERT BRECHT

Ich bin gegen alle Bemühungen, den Sport zu einem Kulturgut zu machen, schon darum, weil ich weiß, was diese Gesellschaft mit Kulturgütern alles treibt, und der Sport dazu wirklich zu schade ist. Ich bin für den Sport, weil und solange er riskant (ungesund), unkultiviert (also nicht gesellschaftsfähig) und Selbstzweck ist.

BERT BRECHT

Ein Fußballmatch wiegt alle Katastrophen auf.

FRANZ SLOVENČIK

Die Dezimalstelle und die Leistung, die Zahl und das Vorbild sind grundverschiedene Dinge. Sie sind voneinander so verschieden, wie Sportfeste und die Olympischen Spiele es immer mehr werden sollten.

ERICH KÄSTNER

Er wurde der berühmteste Mensch seiner Zeit, weil er fast so stark wie ein Gorilla war...

CHARLES TSCHOPP

Es ist die Sehnsucht jeder Leistung, aufgestellt und, ist sie aufgestellt, überboten zu werden. Sie frönt einem Hang in die Selbstaustilgung und Selbstüberbietung, und insofern steckt sie insgeheim voller Anreiz und Stachel.

MARTIN KESSEL

Auf internationaler Ebene ist der Sport ein Kriegsspiel. Aber das Wesentliche ist nicht das Verhalten der Spieler, sondern die Haltung der Zuschauer; und, hinter den Zuschauern, der Nationen, die sich wegen dieser absurden Wettkämpfe in Wutanfälle

Sport

hineinsteigern und im Ernst glauben –
zumindest für kurze Zeitabschnitte –,
daß Wettlaufen, Springen und Balltreten
Kriterien der nationalen Tugend sind.

GEORGE ORWELL

Der Sport ist ein Bewährungsfeld. Echter
Sport ist praktische Lebensphilosophie.

JOSEF RECLA

Die Österreicher beginnen einen Rohstoff
auszubeuten, der ihnen bald Milliarden
einbringen wird: Schnee.

BRUNO KREISKY

Am Anfang sportlicher Leistung stand immer
der Kampf. Zunächst der mit der Natur und
ihren Elementen, dann der mit dem Rivalen.
Ohne Leistung gab es zwar keinen Sieg, aber
der Sieg war das eigentlich Entscheidende.
Die bis auf das Hundertstel der Sekunde, auf
Millimeter und Gramm gemessene Leistung,
die mit der jeweils besten, der Höchstleistung
also, das Richtmaß setzt, ist die
Errungenschaft der Neuzeit.

OLIVER HAGELSTANGE

Mens sana in corpore sano? – Wieviel
Dürftigkeit kann zwischen prallen Muskeln
wohnen, welche Kraft in einem
geschundenen Leib?

HANS KASPER

Breit muß das Kreuz des Spitzensportlers
sein – wegen der Werbefläche.

ULRICH HOPPE

Der Leistungssport simuliert Anstrengungen
und Gefahren, wie sie noch vor hundert
Jahren zum Alltag gehörten.

OLIVER HASSENCAMP

Trimm den Körper fürs Leben und den Geist
fürs Sterben.

OLIVER HASSENCAMP

Es gibt zur Zeit keine exklusivere Sportart als
Fairplay.

OLIVER HASSENCAMP

Es geht im Sport nicht nur ums Geschäft. Es
geht auch darum, daß die Fans nichts davon
merken.

EPHRAIM KISHON

Olympische Spiele: immer schneller, immer
höher, immer weiter so.

HELMUT LAMPRECHT

Bewegung ohne Ruhe kommt leicht ins
Stolpern.

GERHARD BRANSTNER

Jedes Spiel ist ein Schlüsselspiel, erklärte der
Trainer. Psychologen sprechen von
Spielnarzißmus.

BERT KÜPPER

Rekordleistungen des Leibes und der Seele
verkürzen das Leben.

GERHARD VENZMER

Sport fördert den Gesundheitsneid.

GERHARD UHLENBRUCK

Ohne Schweiß kein Preis: Spitzensportler,
nicht Spritzensportler.

GERHARD UHLENBRUCK

Sport und Grundgesetz haben viel
miteinander zu tun.

HELMUT KOHL

Sport ist die Methode, langsame Krankheiten
durch schnelle Unfälle zu ersetzen.

HANS W. KOPP

Auffälliges Merkmal am Hochleistungssport:
Vergötzung der Jugend.

RUPERT SCHÜTZBACH

Die Zeiten der Wettkämpfer sind die einzigen
Zeiten, die immer besser geworden sind.

WERNER SCHNEYDER

Es gibt immer weniger Menschengegenden
und immer mehr Schigebiete.

WERNER SCHNEYDER

Du kannst nicht schneller laufen als dein
linker Fuß.

PETER TILLE

Die Überrundeten sind der Zeit voraus.

WERNER EHRENFORTH

Gut trainiert ist halb krepiert.

AUREL SCHMIDT

877

Sport

Doping: Siech durch Spritzensport.
WINFRIED THOMSEN

Er hat neue Muskelpakete erworben – auf Kosten seines Hirns.
WOLFGANG ESCHKER

Der Sport basiert auf einem Funktionährsystem.
HANS-HORST SKUPY

Das olympische Feuer verbrannte so manch ein Ideal.
HANS-HORST SKUPY

Der Wettkampf macht das Laufen schön und das Gehen häßlich.
TORSTI LEHTINEN

Nähe Stadion. Den ganzen Tag über Startschüsse. Es ist zum Davonlaufen.
MANFRED BOSCH

Medaillen haben immer zwei Seiten. Oft aber auch nur eine, und dann ausgerechnet die andere.
HANS-DIETER SCHÜTT

Sport hält jung. Ja, die Überlebenschance ist gering.
ANDRÉ BRIE

Auf der Zielgeraden sind die Mitläufer stark im Kommen.
KLAUS BERNHARDT

Sprache

Es ist eine schlechte Sprache, die niemand versteht.
Dänisches Sprichwort

Des Menschen Sprache gleicht seinem Leben.
SOKRATES

Sie wurden alle mit dem heiligen Geist erfüllt und fingen an, in andern Zungen zu reden.
APOSTELGESCHICHTE 2,4

Stimmt die Sprache nicht, so ist das, was besagt wird, nicht das, was gemeint ist, so kommen die Werke nicht zustande. Entstehen die Werke nicht, so gedeihen Moral und Kunst nicht. Gedeihen Moral und Kunst nicht, so funktioniert die Rechtspflege nicht. Trifft die Rechtspflege nicht, so weiß die Nation nicht, wohin Hand und Fuß setzen. Also dulde man keine Willkür in den Worten.
LI TAI-PEH

Die Sprachen sind die Scheiden, darin die Schwerter des Geistes verborgen stecken.
MARTIN LUTHER

Die Sprache gehört zum Charakter des Menschen.
FRANCIS BACON

Wenn die in einem Lande allgemein gebräuchliche Sprache verdorben wird, folgt dem die Erniedrigung nach.
JOHN MILTON

Die Sprache wurde uns gegeben, um die Gedanken auszudrücken.
MOLIÈRE

Die Sprache ist die Kleidung der Gedanken.
SAMUEL JOHNSON

Der wahre Zweck der Sprache besteht nicht darin, unsere Wünsche auszudrücken, sondern sie zu verbergen.
OLIVER GOLDSMITH

Die Sprache kann alles ausdrücken, was wir deutlich denken; daß sie aber alle Nuancen der Empfindung sollte ausdrücken können, das ist ebenso unmöglich, als es unnötig sein würde.
GOTTHOLD EPHRAIM LESSING

Ohne Sprache hätten wir keine Vernunft, ohne Vernunft keine Religion und ohne diese drei wesentlichen Bestandteile unserer Natur weder Geist noch Band der Gesellschaft.
JOHANN GEORG HAMANN

Wer fremde Sprachen nicht kennt, weiß nichts von seiner eigenen.
JOHANN WOLFGANG VON GOETHE

Sprache

Der Deutsche soll alle Sprachen lernen, damit ihm zu Hause kein Fremder unbequem, er aber in der Fremde überall zu Hause ist.

JOHANN WOLFGANG VON GOETHE

Die Sprache ist dem Menschen gegeben, um seine Gedanken zu verbergen.

TALLEYRAND

So lange der Mensch noch ohne Sprache war, muß die Welt gleichsam ein Chaos für ihn gewesen sein.

KARL PHILIPP MORITZ

Man denkt vom Verstand eines Menschen zu hoch, dessen Idiom man nur halb versteht.

JEAN PAUL

Die deutsche Sprache ist die Orgel unter den Sprachen.

JEAN PAUL

Ein Mann, der vier Sprachen kann, hat den Wert von vier Menschen.

GERMAINE (MADAME) DE STAËL

Die Sprache ist gleichsam die äußere Erscheinung des Geistes der Völker. Man kann sich beide nicht identisch genug denken.

WILHELM VON HUMBOLDT

Die Sprache eines Volkes ist der hellste Spiegel seines Gemütes und seines geistigen Lebens; wer sich der Sprache seines Volkes entfremdet, entfremdet sich seinem Volke selbst.

ERNST MORITZ ARNDT

Wohl unserer Sprache, daß sie ungelenk ist! Der Starke zwingt sie, und den Schwachen zwingt sie; dort wird die Erscheinung der Kraft sichtbarer, schöner, hier das Unvermögen auffallender, und so bleibt das Reich der Schönheit reiner, adeliger, unvermischter.

NOVALIS

Die Sprache kümmert sich um nichts als um ihre eigene wunderbare Natur.

NOVALIS

Jeder Mensch hat seine eigene Sprache. Sprache ist Ausdruck des Geistes.

NOVALIS

Die Sprache zeigt sich überall haushälterisch, sie wendet die kleinsten, unscheinlichsten Mittel auf und reicht damit doch zu großen Dingen hin.

JACOB GRIMM

Keine andere Sprache befindet sich in einem so erbarmungswürdigen Zustand wie die deutsche.

WILHELM GRIMM

Sprache soll dem reinen, durchsichtigen Wasser gleichen, durch das wir die Gebilde auf dem Grunde sehen.

FRIEDRICH THEODOR VISCHER

Eine fremde Sprache lernen und gut sprechen gibt der Seele eine innere Toleranz; man erkennt, daß alles innerste Leben sich auch noch anders fassen und darstellen lasse; man lernt fremdes Leben achten.

BERTHOLD AUERBACH

Ist eine reine, einfache Sprache nicht etwas Schönes, Edles?

THEODOR STORM

Selbst unter der Hand des Henkers will ich noch die Rechtschreibung einhalten!

THEOPHILE GAUTIER

Erst in der Sprache nimmt die Welt ihre geistige Gestalt an.

KARL VOSSLER

„Er beherrscht die deutsche Sprache" – das gilt vom Kommis. Der Künstler ist ein Diener am Wort.

KARL KRAUS

Wer nichts der Sprache vergibt, vergibt nichts der Sache.

KARL KRAUS

Die Poesie soll dazu verhelfen, nicht nur die Sprache der Zeit zu verfeinern, sondern ihrem allzu raschen Wechsel vorzubeugen.

T. S. ELIOT

Sprache

Mit Recht nennen wir unsere Sprache die Muttersprache: sie lehrt uns wie die Mutter das Kind durch Märchen und Gleichnis, denn sie hat die Träume und die Erfahrungen vorangegangener Geschlechter in sich aufgenommen.

ISOLDE KURZ

Man muß manchmal einen Ausdruck aus der Sprache herausziehen, ihn zum Reinigen geben – und kann ihn dann wieder in den Verkehr einführen.

LUDWIG WITTGENSTEIN

Die Sprache wurde dem Menschen gegeben, um zu widersprechen.

KAREL ČAPEK

Es kann wohl angenommen werden, daß verschiedene Landschaft (ihr Klima, ihre Gegebenheiten im menschlichen Daseinskampf) verschiedene Sprache schafft. Heroische Landschaft bildet heroisches Volk, heroisches Volk heroischen Sprachton.

JOSEF WEINHEBER

Sprachunsicherheit ist immer ein Zeichen dafür, daß etwas nicht stimmt.

KURT GUGGENHEIM

Je einfacher die Sprache, um so schwieriger ihre Deutung.

KURT GUGGENHEIM

Ich halte die Symbolsprache für die einzige Fremdsprache, die jeder von uns lernen sollte.

ERICH FROMM

Unser Dilemma ist so alt wie die Menschheit. Es hat die Fortschritte des Menschen begleitet. Eine Gesellschaftsordnung entwickelt sich; man versucht aber noch, die Realitäten der Gegenwart mit Hilfe einer überholten Sprache zu erfassen. Mag sie nun gültig sein oder nicht: man ist Gefangener einer Sprache und der Bilder, die sie mit sich führt.

ANTOINE DE SAINT-EXUPÉRY

In Dingen der Sprache gilt Sorgfalt, nicht Gewandtheit.

FRITZ DIETTRICH

In schöner Sprache ist der Ausgleich hergestellt zwischen Natur und Geist, zwischen Sinnlichkeit und Seele.

OTTO HEUSCHELE

Fremdwörter sind die Juden der Sprache.

THEODOR W. ADORNO

Die Sprache gewisser Leute ist ein Versuch, mit immateriellen Mitteln den Geruch von Weihrauch zu erzeugen.

RUDOLF HARTUNG

Jargon: die Sprache krempelt die Hemdsärmel hoch.

RUDOLF HARTUNG

Hüte dich vor den Sprachdealern. Sie drehen dir für deine kostbare Zeit literarische Windeier an.

LÉOPOLD HOFFMANN

Unsere Sprache ist so reich. Warum fangen wir gerade hier an zu sparen?

FRIDEL MARIE KUHLMANN

Das Bonmot entspringt nicht der Langeweile der Gedanken, sondern dem phantasievollen Geist der Sprache.

BEATE RISTA

Sprachen sind die Nationalisten unter den Geräuschen.

WOLFRAM WEIDNER

Hätten wir das Wort, hätten wir die Sprache, wir bräuchten die Waffen nicht.

INGEBORG BACHMANN

Der Volksmund ist zur Zeit geschminkt.

HELLMUT WALTERS

Wem es die Sprache plötzlich verschlägt, der streichelt danach jedes Wort.

HORST FRIEDRICH

Sprache ist das Bild und der Spiegel der Gedanken.

MARK HOPKINS

Philosophen sind Leute, die von den Grenzen der Sprache zurückkehren. Dichter bleiben dort.

JEANNINE LUCZAK

Staat

Wer die Sprache am meisten beherrscht, ist auch ihr devotester Sklave.

WERNER EHRENFORTH

Die Sprache muß wieder leben dürfen. Sie tut es nur, wenn die, die sie schreiben, leben.

WOLF WONDRATSCHEK

Die Kraft der Sprache spürt man am stärksten, wenn einem Schweigen auferlegt wurde.

REINHARD GUNDELACH

Die Sprache ist das Spiegelbild der Zeit.

THOMAS SCHMITZ

Wer in der Sprache wohnt, ist deshalb noch nicht in ihr zu Hause; er hat lediglich Asylrecht.

SULAMITH SPARRE

Staat

Je weniger Dienstboten, um so besser.

Chinesisches Sprichwort

Der Staat hat aufgehört zu sein, sobald er Eigentum Eines ist.

SOPHOKLES

Unser Ziel beim Aufbau eines Staates ist das größtmögliche Glück des Ganzen, nicht das einer bestimmten Klasse.

PLATON

Die Grundlage eines jeden Staates ist die Ausbildung seiner Jugend.

DIOGENES

Der Staat ist ein Naturprodukt, und der Mensch ist von Natur ein politisches Wesen.

ARISTOTELES

Der Zweck des Staates ist die Verschönerung des Lebens.

ARISTOTELES

In dem Staat, wo die Guten nichts voraus haben wollen und die Schlechten nichts voraus haben können, sind Friede und Eintracht.

ARISTOTELES

Die Krone des Seelenfriedens ist unvergleichbar wertvoller als leitende Stellungen im Staate.

EPIKUR

Was ist es, das den Staat schädigt? Wenn Gemeine das Volk regieren und Macht besitzen.

HSÜN-DSE

Jeder Staat ruht auf zwei Fundamenten, an denen es liegt, ob seine Ordnung und sein Charakter zu bejahen ist oder abzulehnen und zu verwerfen: Sitte und Gesetz.

POLYBIOS

Der beste Staat ist eine Mischung aus Demokratie, Monarchie und Aristokratie.

PANAITIOS VON RHODOS

Der Haushalt muß ausgeglichen, der Staatsschatz aufgefüllt, die Staatsverschuldung vermindert, die Überheblichkeit der Bürokratie gedämpft und überwacht, die Unterstützung fremder Länder eingeschränkt werden, damit der Staat nicht bankrott geht. Das Volk muß gezwungen werden zu arbeiten, statt seinen Lebensunterhalt vom Staat zu erwarten.

CICERO

Kein großer Staat kann lange ruhen. Hat er keinen Feind auswärts, so findet er ihn im Inneren; so wie ein überstarker Körper von äußeren Zufällen gesichert scheint, aber mit eigenen Kräften überladen ist. Natürlich fühlen wir vom Unglück des Staates gerade nur soviel, wie uns selbst betrifft, und hierbei ist nichts empfindlicher als Einbuße an unserem Gelde.

LIVIUS

Die Regierenden sind ein Gegenstand der Furcht nicht für den, der Gutes tut, sondern für den Bösen.

RÖMERBRIEF 13,3

Staat

Dem König gehört nicht der Staat, sondern dem Staat der König.

SENECA

Diejenige Staatsverfassung ist die beste, in welcher die Gesetze am meisten und die Redner am wenigsten Gehör finden.

PLUTARCH

Die wichtigsten Grundlagen, die alle Staaten haben müssen, sowohl die neugegründeten als auch die altererbten oder die aus beiden Arten gemischten Staaten, sind gute Gesetze und ein gutes Heer.

NICCOLÒ MACHIAVELLI

In der Jugendzeit eines Reiches werden die Waffenkünste am höchsten bewertet, in seinem Mannesalter die Wissenschaften und darauf beide eine Zeitlang im Verein; im Abstieg seines Lebens jedoch Technik und Handel.

FRANCIS BACON

Nichts gereicht dem Staat mehr zum Schaden, als daß die Schlauen für klug gelten.

FRANCIS BACON

Der Staat bin ich!

LOUIS XIV.

Bei allen Staatsangelegenheiten ist da der Ruhm, wo der Nutzen ist.

VOLTAIRE

Staat – ein Volk, das sich selbst beherrscht.

IMMANUEL KANT

Die hohen Staatsposten sind wie Felsengipfel; nur Adler und Reptilien können sie erreichen.

SUZANNE NECKER

In einem Staate, wo das Geld alles ist, ist die Tugend nichts.

WILHELM LUDWIG WEKHRLIN

Jedem menschlichen, von einem ganzen Staat gebilligten Gebrauch liegt immer etwas zugrunde, was sich, wo nicht rechtfertigen, doch entschuldigen läßt.

GEORG CHRISTOPH LICHTENBERG

Zwei auf einem Pferd bei einer Prügelei: ein schönes Bild für eine Staatsverfassung.

GEORG CHRISTOPH LICHTENBERG

Wir wollen nicht die Verstaatlichung des Menschen, sondern die Vermenschlichung des Staates.

HEINRICH PESTALOZZI

Der Staat selbst ist niemals Zweck, er ist nur wichtig als eine Bedingung, unter welcher der Zweck der Menschheit erfüllt werden kann, und dieser Zweck der Menschheit ist kein anderer als Ausbildung aller Kräfte des Menschen, Fortschreitung. Hindert eine Staatsverfassung, daß alle Kräfte, die im Menschen liegen, sich entwickeln, hindert sie die Fortschreitung des Geistes, so ist sie verwerflich und schädlich, sie mag übrigens noch so durchdacht und in ihrer Art noch so vollkommen sein.

FRIEDRICH VON SCHILLER

Ein Staat, der die Krücke der Religion borgt, zeigt uns nichts weiter, als daß er lahm ist; wer uns um Gottes und um unserer Seligkeit willen beschwört, seinen Befehlen zu gehorchen, der gesteht uns, daß er selbst nicht Kraft habe, uns zum Gehorsam zu nötigen; sonst würde er es tun, ohne Gott zu Hilfe zu rufen.

JOHANN GOTTLIEB FICHTE

Der Staat muß einem jeden erlauben, wovon er leben will, weil nur er übersehen kann, ob er davon werde leben können.

JOHANN GOTTLIEB FICHTE

Der Staat sollte vorzüglich für die Ärmeren sorgen, die Reichen sorgen leider nur zu sehr für sich selbst.

JOHANN GOTTFRIED SEUME

Wo ein einziger Mann den Staat erhalten kann, ist der Staat in seiner Fäulnis kaum der Erhaltung wert.

JOHANN GOTTFRIED SEUME

Die Staatsweisheit ist verschieden von Staatsklugheit; dieser ist jedes Mittel gleichviel, das zum Zweck führt, jener aber nur das richtige Mittel zu heiligen Zwecken.

KARL JULIUS WEBER

Staat

Wahre Staatsweisheit läßt sich nicht ohne selbstgemachte Erfahrungen und Übung eines Geschäftsmannes von Kopf und Herzen denken.

KARL JULIUS WEBER

Was im Menschen gedeihen soll, muß aus seinem Inneren entspringen, nicht ihm von außen gegeben werden; und was ist ein Staat, als eine Summe menschlicher, wirkender und leidender Kräfte?

WILHELM VON HUMBOLDT

Der Staat enthalte sich aller Sorgfalt für den positiven Wohlstand der Bürger und gehe keinen Schritt weiter, als zu ihrer Sicherstellung gegen sich selbst und gegen auswärtige Feinde notwendig ist; zu keinem Endzweck beschränke er ihre Freiheit.

WILHELM VON HUMBOLDT

Immerhin hat das den Staat zur Hölle gemacht, daß ihn der Mensch zu seinem Himmel machen wollte.

FRIEDRICH HÖLDERLIN

Gerichtshöfe, Theater, Hof, Kirche, Regierung, öffentliche Zusammenkünfte, Akademien, Kollegien usw. sind gleichsam die speziellen inneren Organe des mystischen Staatsindividuums.

NOVALIS

Die Staaten müssen endlich gewahr werden, daß die Erreichung aller ihrer Zwecke bloß durch Gesamtmaßregeln möglich ist.

NOVALIS

Was ist der Staat dem Volke? Ein herrischer Sklavenhändler, der Tauschhandel mit ihm treibt, den Knechtsinn ihm einquält und Machtansprüche verhängt.

BETTINA VON ARNIM

Der echte Staatsmann ist, wer die Ideen seiner Zeit aufzufassen und anzuwenden versteht; wer dieses nicht vermag, taugt selbst zum Gehorchen nicht; um so weniger zum Gesetzgeber.

LUDWIG BÖRNE

Der Staat ist heute jedermann, und jedermann kümmert sich um niemanden.

HONORÉ DE BALZAC

Das Recht an sich selbst ist machtlos; von Natur herrscht die Gewalt. Diese nun zum Rechte hinüberzuziehen, so daß mittels der Gewalt das Recht herrsche, dies ist das Problem der Staatskunst.

ARTHUR SCHOPENHAUER

Der Staat kann nichts geben als das Recht, denn sein einziges Mittel ist der Zwang. Das Gesetz straft die Verbrechen, die Natur die Ungeschicklichkeit.

FRANZ GRILLPARZER

Der Staat ist nichts als die multiplizierte Urhorde. Jede Ordnung in ihr, jede Religion hat mit einer Skandalgeschichte angefangen.

JOHANN NESTROY

Es ist die erste und heiligste Pflicht des Staates, daß er die Menschen zu eigentlichen Menschen mache.

ADALBERT STIFTER

Denn darum haben wir ja den Staat, daß wir in ihm Menschen seien, und darum muß er uns zu Menschen machen, daß er Staatsbürger habe und ein Staat sei, keine Strafanstalt.

ADALBERT STIFTER

Ein Staat, der seine Menschen zu Zwergen macht, damit sie fügsamere Werkzeuge in seinen Händen werden, wobei er keinen Unterschied macht, ob das für gute oder schlechte Dinge geschieht – ein solcher Staat wird einsehen müssen, daß man mit kleinen Menschen keine großen Aufgaben verrichten kann.

JOHN STUART MILL

Die Natur sorgt allerhöchst unmittelbar dafür, daß der Mensch Atem holt, aber sie überläßt es ihm selbst, ob er sich auch waschen und sich die Nägel putzen will. Der Staat sollte sie hierin zum Vorbild nehmen.

FRIEDRICH HEBBEL

Die Staatsform muß ein durchsichtiges Gewand sein, das sich dicht an den Leib des Volkes schmiegt. Jedes Schwellen der Adern, jedes Spannen der Muskeln, jedes Zucken der Sehnen muß sich darin abdrücken. Die Gestalt mag nun schön oder häßlich sein, sie

883

Staat

hat einmal das Recht, zu sein, wie sie ist; wir sind nicht berechtigt, ihr ein Röcklein nach Belieben zuzuschneiden.

GEORG BÜCHNER

Die Wohltat des Staates besteht darin, daß er der Hort des Rechtes ist.

JACOB BURCKHARDT

Der Staat ist keineswegs eine der Gesellschaft nach außen aufgezwungene Macht; ebensowenig ist er „die Wirklichkeit der sittlichen Idee", „das Bild und die Wirklichkeit der Vernunft", wie Hegel behauptet. Er ist vielmehr ein Produkt der Gesellschaft auf bestimmter Entwicklungsstufe; er ist das Eingeständnis, daß diese Gesellschaft sich in einen unlösbaren Widerspruch mit sich selbst verwickelt, sich in unversöhnliche Gegensätze gespalten hat, die zu bannen sie ohnmächtig ist.

FRIEDRICH ENGELS

Staatsangehörigkeit und Nationalität sind zwei sehr verschiedene Dinge. Jene erwirbt sich auf dem Wege Rechtens, diese, wenn nicht durch die Geburt, nur durch die neue Geburt, den Geist.

PAUL DE LAGARDE

Der Staat ist sich selbst Zweck wie alles Lebendige: denn wer darf leugnen, daß der Staat ein ebenso wirkliches Leben führt wie jeder seiner Bürger?

HEINRICH VON TREITSCHKE

Der Staat ist eine kluge Veranstaltung zum Schutze der Individuen gegeneinander.

FRIEDRICH NIETZSCHE

Nicht umsonst führen die Staaten mit Vorliebe ein Raubtier im Wappen.

CARL SPITTELER

Der Staat hat mit der Familie nichts Gemeinsames, er ist aus anderen Kräften entstanden als die Familie: der Staat ist nur ein Organisator des gesellschaftlichen Zusammenlebens, und das ist im Wesen etwas anderes als das Zusammenleben der Familie.

TOMÁŠ G. MASARYK

Die Grundlage des Staates ist die Gerechtigkeit, und die Gerechtigkeit ist die Arithmetik der Liebe.

TOMÁŠ G. MASARYK

Der Staat soll ein unabhängiger Erzeuger und Verteiler lebensnotwendiger Waren sein. Sache des Staates ist es, das Nützliche zu schaffen. Sache des Individuums ist es, das Schöne hervorzubringen.

OSCAR WILDE

Ein Politiker ist ein Mensch, mit dessen Politik du nicht übereinstimmst; wenn du es tuts, dann ist er ein Staatsmann.

LLOYD GEORGE

Staat ist seinem Wesen nach etwas, womit Geist seinem Wesen nach nichts gemein haben kann; sie sind elementar unverträglich. Wo der Geist beginnt, hört der Staat von selber auf. Nur in einer Theokratie könnte der Geist am Staatsgeschäft teilnehmen.

HERMANN BAHR

Staat ist diejenige menschliche Gemeinschaft, welche innerhalb eines bestimmten Gebietes das Monopol legitimer physischer Gewaltsamkeit für sich – mit Erfolg – beansprucht.

MAX WEBER

Solange es einen Staat gibt, gibt es keine Freiheit.

WLADIMIR I. LENIN

Der Einzelne kennt eigentlich nur zwei Beziehungen zum Staate: Protektion und Beschwerde.

RICHARD VON SCHAUKAL

Staatskunst ist, einen Willen ins Volk zu gießen.

LUDWIG FINCKH

Die Welt muß begreifen, daß Staatsmoral ebenso lebenswichtig ist wie Privatmoral.

FRANKLIN D. ROOSEVELT

Das ist die größte Gefahr, die heute die Zivilisation bedroht: die Verstaatlichung des Lebens, die Einmischung des Staates in alles, die Beanspruchung jedes spontanen sozialen

Staat

Antriebs durch den Staat; das heißt die
Unterdrückung der historischen Spontaneität,
die letzten Endes das Schicksal der
Menschheit trägt, nährt und vorwärtstreibt.

JOSÉ ORTEGA Y GASSET

Der Staat ist die immer wechselnde Form,
unter der die Zeit sich Schritt für Schritt der
Ewigkeit zubewegt. Aber der Staat ist der
notwendig immer zu erneuernde Versuch,
den Völkern in der Zeit Ewigkeit zu geben.

FRANZ ROSENZWEIG

Leute in Dreizimmerwohnungen erhalten den
Staat. Die drunter und drüber nutzen ihn aus.

GOTTFRIED BENN

Ich erkannte, daß eher das Vaterland als die
Menschlichkeit untergehen dürfte, und ich
erkannte die verhängnisvolle
Gewissenlosigkeit, mit der in Zeiten der
verschuldeten oder unverschuldeten Not der
Staat sich seiner Untertanen bedient.

ERNST WIECHERT

Der Staat bestraft die Verbrechen gegen das
keimende Leben, aber die Verbrechen gegen
das erwachsene Leben, die er selbst begeht,
bestraft er nicht.

FRANZ WERFEL

Der Staat ist eben auch nur ein Mensch und
kann verlangen, daß wir ein bißchen
nachsichtig mit ihm sind.

LUDWIG MARCUSE

Sich mit dem Staat abfinden, ist so
notwendig wie: sich mit dem Scheißen
abfinden. Aber den Staat lieben ist nicht so
notwendig.

BERT BRECHT

Der Staat ist die sichtbar gewordene Ordnung
eines Volkes, darin es Staat macht.

HERBERT BÖHME

Allzuleicht wird aus einem Rechtsstaat ein
Faustrechtsstaat.

OTHMAR CAPELLMANN

Wer mit der Bestie Staat schmust, wird
bevorzugt von ihr gefressen.

FRITZ DIETTRICH

Staaten sind geschichtliche Gebilde, die mit
dem Willen der Natur so gut wie gar nichts zu
tun haben.

GOLO MANN

Was gibt mir der Staat? Er gibt mir zu
denken.

LISELOTTE RAUNER

Nur so hat die Demokratie noch einen Sinn:
im Kampf gegen den Staat für den Staat, in
der Auseinandersetzung mit der Institution für
die Institution, als Versuch, den Staat zu
vermenschlichen. Mehr, als den Staat zu
humanisieren, vermag keine Politik, sonst
wird sie zum Abenteuer.

FRIEDRICH DÜRRENMATT

Staatsverdrossenheit bezieht sich meist auf
den Staat, den die Verwaltung mit sich
macht.

WOLFRAM WEIDNER

Nicht jeder Staat, der eine Verfassung hat,
befindet sich in guter Verfassung.

HELLMUT WALTERS

Die Medizin mißt den Blutdruck mit einem
Apparat. Der Staat ist fortschrittlicher: er
kann ihn mit einem Apparat erhöhen.

VLADA BULATOVIĆ -VIB

der staat eine firma, die öffentlichkeit eine
juristische persönlichkeit mit
handlungsbevollmächtigten, die gesellschaft
eine mit beschränkter haftung.

OSWALD WIENER

Bestimmt wäre es für die Staaten besser, sie
hätten einen Kopf und kein Oberhaupt.

NIKOLAUS CYBINSKI

Staaten – Formationen oder Gebilde, die
putschenden Generälen und Diktatoren die
Möglichkeit geben, zum Rechten zu schauen.

AUREL SCHMIDT

Mit manchen Völkern ist kein Staat zu
machen.

WOLFGANG ESCHKER

Vater Staat behandelt uns stiefmütterlich.

HANS-HORST SKUPY

Staat

Der Staat zeigt sein wahres Amtlitz.
HANS-HORST SKUPY

Der Staat zeigt seine Goldzähne.
DIETER FRINGELI

Der Rechtsstaat muß über Personen importiert werden.
WOLFGANG THIERSE

Wir leben allmählich eher in einer Demoskopie. Von wem geht da die Gewalt aus?
VOLKER ERHARDT

Vater Staat bringt uns noch unter Mutter Erde.
THOMAS C. BREUER

Unser Staat muß lernen, daß er nicht nur hoheitliche Funktionen hat, sondern Service-Betrieb für uns alle ist.
KLAUS LUFT

Staatsmann

Der Mann ehrt das Amt, nicht das Amt den Mann.
Deutsches Sprichwort

Mit meinem Gott überspringe ich Mauern.
2 SAMUEL 22,30

Klugheit und Gerechtigkeit müssen sich mit Macht und Glück einen, wenn staatsmännische Tätigkeit Schönheit und Größe erreichen soll.
PLUTARCH

Von einem Staatsmann verlange ich, daß er auch für seine Gegner Zeugnis ablegt, wenn sie im Recht sind, und sie vor Gericht gegen Denunzianten verteidigt, wie er auch den Verleumdungen kein Ohr leihen sollte, wenn sie den bekannten Grundsätzen seiner Gegner widersprechen.
PLUTARCH

Neigung zum Erhalten und Geschicklichkeit zum Verbessern sind die beiden Elemente, deren Vereinigung in meinen Augen den Charakter des großen Staatsmannes bildet.
EDMUND BURKE

Der gebildete Staatsmann muß den drängenden Fortschritt und die notwendige Beschränkung gemeinschaftlich in sein Inneres und in seine Tätigkeit aufnehmen und mit einer Hand entwickeln, was er kann, mit der anderen hemmen, was er soll.
FRIEDRICH VON GENTZ

Die Welt ist müde von Staatsmännern, welche die Demokratie zu Politikern degradiert hat.
BENJAMIN DISRAELI

Ein Politiker denkt an die nächste Wahl; ein Staatsmann an die nächste Generation.
JAMES F. CLARKE

Ein Staatsmann ist im allgemeinen ein Mann mit gewöhnlichen Meinungen und außergewöhnlichen Fähigkeiten.
WALTER BAGEHOT

Ein Staatsmann ist ein erfolgreicher Politiker, der tot ist.
THOMAS B. REED

Immer stand der Schaffende im Nachteil gegen den, der nur zusah und nicht selbst die Hand anlegte; wie zu allen Zeiten der politische Kannegießer klüger, gerechter und überlegsamer war als der regierende Staatsmann.
FRIEDRICH NIETZSCHE

Staatsmänner pflegen, wie Chirurgen, nach der Arbeit die Hände zu waschen, zu desinfizieren.
MAXIMILIAN HARDEN

Je weniger Bedeutung ein Staatsmann hat, desto mehr liebt er die Fahne.
KIN HUBBARD

Ein guter Staatsmann weiß wie eine Haushälterin, daß man jeden Morgen saubermachen muß.
ANDRÉ MAUROIS

Der Staatsmann ist ein Politiker, der
aufrechtgehalten wird durch gleichen Druck
von allen Seiten.

ERIC ALLEN JOHNSTON

Die meisten Staatsmänner von heute leben in
dem Irrtum, daß die Natur außerhalb der
Politik stehe.

GÜNTHER SCHWAB

Einbildungskraft ist das, was manchen
Politiker glauben macht, er sei ein
Staatsmann.

ROBERTA TENNES

Der Politiker gewinnt oft ein hohes Amt
aufgrund von Charaktereigenschaften,
welche die Ursache dafür sind, daß er es
wieder verliert.

LOTHAR SCHMIDT

Staatsmann: der Politiker, der sich seinen
Rubikon dort gräbt, wo er ihm dient.

HANS W. KOPP

Stadt

Weise und Narren machen die Stadt.

Deutsches Sprichwort

Wohlauf, laßt uns eine Stadt bauen!

1 MOSE 11,4

Deine Frau wird in der Stadt zur Hure werden.

AMOS 7,17

Durch einen Gottesfürchtigen wird eine Stadt
bevölkert, aber durch ein Volk von
Abtrünnigen wird sie zur Wüste.

BEN SIRA 16,4

Eine Stadt, die keine Schule besitzt, verdient
zerstört zu werden.

TALMUD – SABBAT

Jede Stadt hat ihr besonderes Schicksal.

ABRAHAM IBN ESRA

Das größte Zeichen der Verderbnis in großen
Städten sind nicht die Laster, die man
wirklich begeht: sondern daß man sich laut
und öffentlich derer rühmt, die man nicht
begangen, die zu begehen man die Kraft, den
Mut nicht hat.

FRIEDRICH MAXIMILIAN KLINGER

Je größer die Stadt, desto mehr
Enthusiasmus für einzelne individuelle Fälle
sowie desto mehr Kräfte für allgemeine.

JEAN PAUL

Bei Völkern und in Städten, wo der Strom des
Lebens so laut und lärmend ist, gewöhnt man
sich leicht ans Schreien, an den Reklamen-
Ton, um gehört zu werden.

BERTHOLD AUERBACH

Einige wenige Personen brauchen ihrem
Berufe nach die große Stadt, das ist
zuzugeben; aber sie sind doch verloren,
speziell für ihren Beruf verloren, wenn sie
nicht die schwere Kunst verstehen, in der
großen Stadt zu leben und wiederum auch
nicht zu leben.

THEODOR FONTANE

Wenn man in der Stadt ist, vertreibt man sich
die Zeit. Ist man auf dem Land, vertreibt man
anderen Leuten die Zeit. Das ist in höchstem
Grade langweilig.

OSCAR WILDE

Fabriken in Städten sind Verbrechen am
Volke.

CARL LUDWIG SCHLEICH

Jeder Großstädter ist ein Kleinstädter, denn
er hält die trotzdem kleine Stadt für die große
Welt.

PETER ALTENBERG

Alle Form im gesunden und guten Städtebau
ist Ergebnis und Spiegel des Lebens.

THEODOR FISCHER

Das kleinstädtische Cliquenwesen ist geistige
Inzucht.

JULIAN PRORÓK

Lauter Türme bilden noch keine Stadt.

WILLIBRORD VERKADE

Stadt

Die Großstadt von heute ist Sünde am Menschen. Zerstörer des Organischen. Entfesselung des Triebhaften, Zertrümmerung der Kultur. So baut sie um! Zerschlagt sie! Durchsetzt sie! Umrandet sie mit neuem Leben.

CARL SONNENSCHEIN

Die Gefahren der Großstadt sind ein Altweibermärchen. Aber die Gefahren der Kleinstadt sind eine schreckliche Realität.

WALTER HUECK

Der Reiz der Großstadt ist, daß sie für einen arbeitet und in einem selbst die Illusion der Vitalität und des Arbeitsrhythmus erweckt.

RICHARD BENZ

Ein Volk erzeugt sich auf dem Lande und stirbt in den Städten, stirbt schließlich auch auf dem Lande aus durch Einwirkung städtischen Geistes und Ungeistes auf die ländliche Seele.

EUGEN WYLER

Die Luft der Großstädte ist von hemmungsloser Ichsucht erfüllt.

JAKOW TRACHTENBERG

Auch im Städtebau gibt es Kompositionsgesetze, wie in der Dichtung, wie in der Musik. Der Vollzug des Tagwerks einer Stadt muß sein wie eine Fuge.

CARL OSKAR JATHO

Stadtplanung ist eine Kunst. Doch sie bedarf eines umfangreichen wissenschaftlichen Beirates, unter dem Vorsitz eines Biologen von weitem Horizont.

RICHARD NEUTRA

Alles, was die Welt vergiftet, kommt aus den Städten. In den Steinen, in den Dünsten der Stadt verliert der Mensch jene Instinktsicherheit, die ihn in eine ungeschriebene, aber alles Geschriebene mächtig überragende Gesetzmäßigkeit hinein stellt. Zwischen ihn und die Erde schiebt sich der Asphalt. Diese Isolierschicht unterbricht seine natürlichen Beziehungen zur Erde, es vollzieht sich eine langsame Abspaltung mit allen damit verbundenen Tücken und Gefahren.

FRIEDRICH WITZ

Die Schwärmerei für die Natur kommt von der Unbewohnbarkeit der Städte.

BERT BRECHT

Je größer die Stadt, desto weniger Nachbarn.

FRIEDRICH GEORG JÜNGER

Großstädte sind die zoologischen Gärten der Menschheit.

CHARLES TSCHOPP

Nirgends sind wir verlorener, verlassener, einsamer als in den Straßen der großen Städte.

OTTO HEUSCHELE

Es ist ungewiß, ob der Duft der Felder dich sicherer zu Gott führt als der Lärm der Großstadt.

MADELEINE DELBREL

Gibt es etwas Fürchterlicheres, als in einer kleinen Stadt verzweifelt zu sein?

ERWIN CHARGAFF

Es ist der Traum des modernen Menschen, vom Land in die Stadt zu ziehen, damit er später die Chance hat, von der Stadt aufs Land zu ziehen.

SIR ALEC GUINNESS

Eine moderne, nach den Gesichtspunkten der Technokraten gebaute Stadt ist ein Antlitz des Materialismus.

MAX THÜRKAUF

Gegenden ohne Landschaft nennt man Städte.

WERNER MITSCH

Was aus den Potemkinschen Dörfern wurde? Städte!

MANFRED STRAHL

Städte – steingewordene Fehlpläne.

HANS-HORST SKUPY

Wir haben die Potemkinschen Dörfer urbanisiert.

ŽARKO PETAN

Kleinstadt: alles ist hier viel kleiner, bis auf die Vorurteile.

MANFRED HAUSIN

Star

Man kann noch so sehr mit Ruhm
bedeckt sein, im Winter friert man
ohne Pelz.
Norwegisches Sprichwort

Saul hat Tausende geschlagen, David aber
Zehntausende.
1 SAMUEL 18,7

Lauter Eintagsfliegen – was rühmt und was
gerühmt wird!
MARC AUREL

Popularität wird in dem Augenblick zu einem
Vergehen, in dem man sie sucht. Sie ist nur
eine Tugend, wenn Menschen sie besitzen, ob
sie wollen oder nicht.
LORD HALIFAX

Wahre Popularität erfordert viele praktische
Welt- und Menschenkenntnis, Kenntnis von
den Begriffen, dem Geschmacke und den
Neigungen der Menschen.
IMMANUEL KANT

Um populär zu werden, muß man
von Kindern, Soldaten, Studenten und
Betrunkenen besungen werden und nicht an
Weltschmerz leiden.
CARMEN SYLVA

Popularität ist ein Lorbeerkranz, den die Welt
schlechter Kunst aufsetzt.
OSCAR WILDE

Menschen, die allzu allgemein beliebt sind,
werden selten vom einzelnen wirklich geliebt.
HELENE HALUSCHKA

Früher träumte jede einigermaßen begabte
Schauspielerin davon, eines Tages ein Star
zu werden. Heute ist es umgekehrt: Wir
haben eine Unmenge von Stars, aber kaum
eine von ihnen denkt auch nur im Traum
daran, Schauspielerin zu werden.
SIR LAURENCE OLIVIER

Filmsternchen: Eine junge Dame, die man in
bekleidetem Zustand nicht wiedererkennt.
ROBERT LEMBKE

Sport – eine Betätigung der überschüssigen
körperlichen Kräfte. In der Spätzeit eine
geschäftliche Angelegenheit wie alles. Die
Sportgrößen (Sportkanonen genannt) sind
vielgefeierte Männer, nur solche Männer
haben Aussicht, berühmt zu werden, die auf
Gebieten arbeiten, die maximale Leistungen
unter minimaler Hirntätigkeit ermöglichen,
also Sport- und Filmgrößen. Folgerichtig sind
die „Sportkanonen" der stupidesten
Sportarten die allerberühmtesten.
HANS A. MOSER

Stars sind Leute, die hart gearbeitet haben,
um berühmt zu werden, und die dann dunkle
Brillen tragen, um nicht erkannt zu werden.
KIRK DOUGLAS

Popularität ist eine Strafe, die wie eine
Belohnung aussieht.
INGMAR BERGMAN

Wer als Idol geliebt wird, kann sich nicht
mehr verstecken, er kann sich nur noch
zerstören.
GERHARD UHLENBRUCK

Publicity ist der Dauerkomponist an den
Intimsphärenklängen.
HELLMUT WALTERS

Die Populären im Land sind jene, die über
keine Sprache mehr verfügen.
MICHAEL KRÜGER

Stärke

Besser der eignen Kraft vertrauen,
als auf fromme Fürbitte bauen.
Spanisches Sprichwort

Ein Starker rühme sich nicht seiner Stärke!
JEREMIAS 9,23

Nur mit den Starken kann der Kleine
bestehen; doch den Starken schützen die
Schwachen.
SOPHOKLES

Stärke

Auf der Welt hat nichts größere Kraft als die Zeit.

OVID

Die Starken bedürfen des Arztes nicht, sondern die Kranken.

MATTHÄUS 9,12

Nur Menschen, welche Festigkeit besitzen, sind wahrer Sanftmut fähig; die da sanft scheinen, sind gewöhnlich bloß schwach und werden leicht verbittert.

LA ROCHEFOUCAULD

Alles Schwache ist alt, alles Starke ist jung.

CHRISTINE VON SCHWEDEN

Die Stärke rechtfertigt alle Ansprüche.

CHRISTINE VON SCHWEDEN

Manche Menschen beschuldigt man, daß sie ihre Schwächen nicht einsehen wollen, vielleicht aber gibt es genauso wenig Menschen, die ihre wahre Kraft kennen.

JONATHAN SWIFT

Das Gefühl unserer Kraft vergrößert sie.

VAUVENARGUES

So oft die Menschen sich stark zeigen wollen, zeigen sie sich gemeinhin in ihrer Schwäche, und oft sind sie stark, wenn sie schwach sind.

THEODOR GOTTLIEB VON HIPPEL

Ein Starker weiß mit seiner Kraft hauszuhalten. Nur der Schwache will über seine Kraft hinaus wirken.

GEORG CHRISTOPH LICHTENBERG

Nach der Kraft gibt es nichts so Hohes als ihre Beherrschung.

JEAN PAUL

Wer sich keine moralische Stärke zutraut, büßt sie am Ende wirklich ein.

JEAN PAUL

Der Staat braucht starke Männer; dem Staate ist nicht mit Männern gedient, welche – wie man zu sagen pflegt – den Finger im Reisbrei abbrechen.

FRIEDRICH THEODOR VISCHER

Ein Mann ist stark, wenn er sich seine Schwäche eingesteht.

HONORÉ DE BALZAC

Kein Stoff ohne Kraft! Keine Kraft ohne Stoff!

LUDWIG BÜCHNER

Das ist der Fels des Atheismus. Das leiseste Zucken des Schmerzes, und regte es sich nur in einem Atom, macht einen Riß in der Schöpfung von oben bis unten.

GEORG BÜCHNER

Kraft ohne Liebe verletzt, Liebe ohne Zucht verwildert.

EMIL FROMMEL

Der Starke kann fallen, aber er strauchelt nicht.

MARIE VON EBNER-ESCHENBACH

Die Stärke der Frau liegt ja gerade darin, daß man sie nicht erklären kann.

OSCAR WILDE

Die geistige Kraft steigt und sinkt oft mit der moralischen.

M. HERBERT

Die Kraft irgendeines Dinges und so auch die Kraft einer Seele, eines Irrtums, eines Wahnes entwickelt sich an seinem Widerstand.

GERHART HAUPTMANN

Der Weg, auf dem die Schwachen sich stärken, ist der gleiche, wie der, auf dem die Starken sich vervollkommnen.

MARIA MONTESSORI

Den Starken gelingt es, ihren schönsten Traum wirklich zu machen.

FRANZ BLEI

Nicht alles, was heftig auftritt, beweist Stärke.

HEINRICH GERLAND

Alle Starken sind barmherzig.

JOSEPH KÜHNEL

Die Kraft des Mannes heißt Ausdauer, die der Frau Geduld.

LISA WENGER

Jeder Mensch sollte das, was die Mitmenschen an ihm auszusetzen haben, sorgfältig entwickeln. Es ist wahrscheinlich seine stärkste Seite.

JEAN COCTEAU

Stärke ist hemmungslose Liebe.

HUGO SONNENSCHEIN

Menschen mit starker Seele vergeben der Stärke alles.

HENRY DE MONTHERLANT

Wir alle haben Kräfte, aber nur wenige die Kraft, von ihren Kräften Gebrauch zu machen.

HANS KUDSZUS

Stärker als der, der zuschlägt, ist der, der's aushält.

JOSEF VIKTOR STUMMER

Ich begreife nicht, warum man Angst davor haben sollte, stark zu sein. Ich würde mich eher davor fürchten, schwach zu sein.

CASPAR W. WEINBERGER

Die Stärke der Frau liegt in der Passivität, im Empfangen, nicht im Angreifen.

FEDERICO FELLINI

Die Stärke der Millionen beruht auf den Nullen.

GABRIEL LAUB

Wer seiner Stärke erliegt, offenbart seine Schwäche.

HELLMUT WALTERS

Das Recht des Stärkeren heißt Macht.

WERNER MITSCH

Unglück und Leid geben mir Gelegenheit, widerstandsfähiger zu werden.

ESTHER GUT

Ich fühle mich heute so stark; ich könnte Bäume pflanzen.

INGRID ANNEL

Es gibt offenbar auch ein Völkerrecht des Stärkeren.

BERND JUDS

Sterben

Willst du gescholten werden, so heirate; willst du gepriesen werden, so stirb.

Irisches Sprichwort

Wen die Götter lieben, der stirbt jung.

MENANDER

Ein guter Mensch stirbt nie.

KALLIMACHOS

Juble nicht, wenn einer stirbt; bedenke: wir alle müssen dahin.

BEN SIRA 8,7

Es ist besser, ein für allemal zu sterben, als in dauernder Erwartung des Todes zu leben.

CAESAR

Zum selben Ort hin müssen wir alle.

HORAZ

Leben muß man das ganze Leben hindurch lernen, und was dir vielleicht noch sonderbarer klingt: all seine Lebtage muß man sterben lernen.

SENECA

Sterben ist mein Gewinn.

PHILIPPERBRIEF 1,21

Niemand kann vom Papst eine Bulle erhalten, daß er nie sterben solle.

THOMAS VON KEMPEN

Während ich glaubte, ich würde lernen, wie man leben soll, habe ich gelernt zu sterben.

LEONARDO DA VINCI

Wenn du nicht weißt, wie zu sterben, mach dir keine Sorgen. Die Natur wird es dich zur rechten Zeit lehren. Sie wird diese Arbeit für dich ausführen. Kümmere dich nicht selbst darum.

MICHEL DE MONTAIGNE

Glücklich ist der, der stirbt, bevor er den Tod gerufen hat.

FRANCIS BACON

Sterben

Wer da stirbt, zahlt alle Schulden.
WILLIAM SHAKESPEARE

Der Feige stirbt schon vielmal, ehe er stirbt,
die Tapferen kosten einmal nur den Tod.
WILLIAM SHAKESPEARE

Ihr müßt dann sterben, wenn Gott will.
CALDERÓN DE LA BARCA

Wenige Menschen kennen den Tod.
Gewöhnlich erleidet man ihn nicht
entschlossen, sondern stumpfsinnig
brauchgemäß; und die meisten Menschen
sterben, weil man zu sterben nicht umhin
kann.
LA ROCHEFOUCAULD

Man stirbt nur einmal und für so lange.
MOLIÈRE

Es ist nicht wichtig, unter welchen
Umständen man geboren wird, aber sehr
wichtig, unter welchen man stirbt.
CHRISTINE VON SCHWEDEN

Der Mensch ist so geschaffen, daß er seinem
Innern nach nicht sterben kann; denn er kann
an Gott glauben und auch Gott lieben und so
mit Gott verbunden werden durch Glauben
und Liebe; und mit Gott verbunden werden
heißt, ewig leben.
EMANUEL VON SWEDENBORG

Wer vor vielen Zeugen stirbt, stirbt immer
mutig.
VOLTAIRE

Um froh zu sterben, will ich leben.
CHRISTIAN FÜRCHTEGOTT GELLERT

Man kann sich noch so sehr auflehnen gegen
das gemeinsame Gesetz aller Lebewesen. Wir
sterben doch, wir und unsere Physiognomien,
unsere Witze, unsere Bilder, die Erinnerung
an uns, alles schwindet.
ABBÉ GALIANI

Wenn Jugend, Schönheit, Herzensgüte durch
Leiden heimgesucht werden, so neigt sich der
reine Geist gern der ewigen Heimat zu – und
darum scheiden die Edelsten und Schönsten
so oft in ihrer Blüte dahin.
CHARLES DICKENS

Man braucht so gute Gründe zum Leben, daß
man keine zum Sterben braucht.
ANTOINE DE RIVAROL

Es ist der Gewinn derer, die früh sterben, daß
sie den späteren Zeiten in jugendlicher
Gestalt vor den Augen stehen.
HERMAN GRIMM

Zum Sterben gehört nicht minder Glück wie
zum Leben.
JOSEPH UNGER

Man muß zum Sterben bereit sein. Wahre
Liebe findet sich nur dort, wo des Opferns bis
zum Tode kein Ende ist.
LEW N. GRAF TOLSTOJ

Sterben müssen, ist eine Auszeichnung, auf
die kein Mensch stolz ist.
ALEXANDER SMITH

Wir müssen immer lernen, zuletzt auch noch
sterben lernen.
MARIE VON EBNER-ESCHENBACH

Willst du Leben erwecken, so stirb dafür! Das
Christentum empfing sein Leben durchs
Kreuz, das Vaterland durch die Gefallenen.
Keine Erneuerung – es sei denn durch den
Tod.
BJØRNSTJERNE BJØRNSON

Der Sarg, das sind die Bretter, welche die
andere Welt bedeuten.
DANIEL SPITZER

Nicht das Sterben, das Überleben ist hart.
PETER ROSEGGER

Es gibt ein Recht, wonach wir einem
Menschen das Leben nehmen, aber keines,
wonach wir ihm das Sterben nehmen; dies ist
nur Grausamkeit.
FRIEDRICH NIETZSCHE

Wer mehr als ein Leben lebt, muß mehr als
einen Tod sterben...
OSCAR WILDE

Die nicht zu leben verstehen, müssen aus
dem Sterben eine Tugend machen.
GEORGE BERNARD SHAW

Sterben

Nicht vorzeitig zu sterben, wäre geradezu eine natürliche Genialität, wenn nicht gerade Intelligenz dazu gehörte, die man eben zufällig nicht hat.

PETER ALTENBERG

Wenn Menschen im Sterben liegen, glauben die Gesunden, sie müssen ihnen ein Märchen erzählen – das Märchen vom Genesen.

ELEONORE VAN DER STRATEN-STERNBERG

Sterben ist das Auslöschen der Lampe im Morgenlicht, nicht das Auslöschen der Sonne.

RABINDRANATH TAGORE

Ich werde wieder und wieder sterben, um zu wissen, daß das Leben unerschöpflich ist.

RABINDRANATH TAGORE

Wir wissen nicht, was Sterben ist, weil uns das Wesen dessen verborgen ist, was wir Leben nennen.

HERMANN STEHR

Die Form ist der Tod. Tod ist alles, was wir in eine Form gebannt, vom rastlosen Wandel des Lebens getrennt haben. Wir alle, sofern wir Menschen sind, sind auch einer Form, und mit ihr dem Tod verfallen. Sobald wir zu leben beginnen, beginnen wir auch zu sterben.

LUIGI PIRANDELLO

Wenn der Mensch für nichts mehr wird sterben dürfen, dann wird alle menschliche Größe von ihm genommen sein.

RUDOLF G. BINDING

Das Tier stirbt nicht, es endet bloß; der Mensch aber stirbt, weil ihn auf Schritt und Tritt der Gedanke des Endenmüssens begleitet: *das* ist der Verlust des ewigen Lebens!

LUDWIG KLAGES

Wenn ein Mensch stirbt, stirbt er nicht nur an der Krankheit, die er hat. Er stirbt an seinem ganzen Leben.

CHARLES PÉGUY

Er starb, von der Äskulapschlange gebissen.

KARL KRAUS

Mit jedem Menschen stirbt eine Welt.

RUDOLF VON DELIUS

Im Alter stirbt es sich nicht mehr so leicht wie in der Jugend.

GERTRUD VON LE FORT

Was das Leben nicht vollbrachte, schafft auch das Sterben nicht.

MARTIN BUBER

Die meisten Menschen sterben in ärztlicher Behandlung, nur die Selbstmörder sterben eines natürlichen Todes.

WILHELM SCHLICHTING

Wer das Leben voll begreift, hat keine Angst vor dem Sterben. Todesangst ist nur das Ergebnis eines nicht erfüllten Lebens. Es ist eine Äußerung der Untreue.

FRANZ KAFKA

Weil wir nicht mehr zu leben verstehen, verstehen wir auch nicht mehr zu sterben.

W. J. OEHLER

In schlechteren Zeiten wäre eher Optimismus nötig, der zu sterben lehrte.

JOSEF ČAPEK

Man möchte zuweilen sterben, aber nicht für immer tot sein.

FRIEDL BEUTELROCK

Jeder hat die moralische Verpflichtung auszusterben.

WALTER SERNER

Wer nicht leben kann, kann auch nicht sterben. Der Starke stirbt leichter als der Schwache.

ERICH BROCK

Warum sterben die Völker so leicht für eine Macht- und Herrschaftsidee, die sie nichts angeht? Warum ist noch keines für eine höhere Erkenntnis gestorben oder für ein Sonett?

FRANZ WERFEL

Ich weiß nicht, was in der Welt vorgeht: Jetzt beginnen Menschen zu sterben, die früher niemals gestorben sind.

JULIAN TUWIM

Sterben

Nur nie sagen: Ich bin fertig. Man ist im Grunde nie fertig. Die Schulbank ist so lang wie das lebendige Leben. Am Schluß muß man noch zu sterben lernen.

FRIEDRICH WITZ

Niemand stirbt vor der Erfüllung seiner Aufgabe; viele aber überleben sie.

ERNST JÜNGER

Wo die große Liebe lebte, sterben die Toten nicht von uns fort, sondern in uns hinein.

FRITZ USINGER

Die alten Leute sterben, weil sie nicht mehr geliebt werden.

HENRY DE MONTHERLANT

Es gibt Schlimmeres als Sterben: vor allem, ein niedriges Leben zu bejahen.

HENRY DE MONTHERLANT

Sterben allein ist genug, man braucht nicht noch obendrein Angst zu haben.

HENRY DE MONTHERLANT

Wir sterben viele Tode, solang wir leben; der letzte ist nicht der bitterste.

KARL HEINRICH WAGGERL

Wenn man nicht den Schmerz erleiden will, Freunde, die man geliebt hat, zu verlieren, sollte man am besten vor ihnen sterben.

NOEL COWARD

Am Sterben ängstigt uns allein der Tod des Gehirns.

STEFAN NAPIERSKI

Sterben heißt, dem Leben unerträglich werden.

HANS KUDSZUS

Wer nicht zu sterben versteht wählt den Freitod.

HANS KUDSZUS

Wer stirbt, ist endlich außerhalb der Lüge.

HANS KUDSZUS

Wer vom Sterben weiß, holt sich den Tod; die anderen holt er.

HANS KUDSZUS

Wir sterben nicht, weil wir altern, sondern wir altern, weil wir sterben.

HANS KUDSZUS

Es wäre noch schwerer zu sterben, wenn man wüßte, man bleibt; aber zum Schweigen verpflichtet.

ELIAS CANETTI

Ist jeder gut zum Sterben? Man kann es nicht sagen. Es müßte jeder erst länger leben.

ELIAS CANETTI

Daß er starb, ist noch kein Beweis dafür, daß er gelebt hat.

STANISLAW JERZY LEC

Hätte der Tod nur negative Seiten, so wäre Sterben eine undurchführbare Leistung.

É. M. CIORAN

Jahrtausende lang waren wir nur Sterbliche, endlich sind wir zum Rang von Sterbenden befördert worden.

É. M. CIORAN

Was für ein Glück, daß wir alle sterben müssen! Stände es jedem frei, zu bleiben oder zu gehen, würde wohl allein einigen Gescheiten auf die Dauer das Leben über werden, die Dummköpfe würden ewig sein wollen, die Angsthasen sich vor dem Tode drücken und die Faulen zu faul sein, zu sterben.

HANS KASPER

Das Empörende am Sterben ist nicht das Umgebrachtwerden. Das Empörende sind die Warnungstafeln, die uns von eins bis achtzig darauf aufmerksam machen.

WOLFDIETRICH SCHNURRE

In einer deutschen Klinik zu sterben heißt eher, von Badewannenarmaturen, Putzeimern und funkelnden Kacheln als von schluckenden Angehörigen Abschied zu nehmen. Erst recht kein Grund, sich affektiert und überlegen zu geben, wo einzig Bescheidung, Einsicht und Trauer angebracht wären.

WOLFDIETRICH SCHNURRE

Sterben ist eine der wenigen Disziplinen, die der Laie genauso gut wie der Fachmann beherrscht. Ein Studium, das man sich sparen kann also.

WOLFDIETRICH SCHNURRE

Das eigentliche Abenteuer beginnt erst auf dem Sterbebett.

OLIVER HASSENCAMP

Sterben – das ist Artistik, pausenlos wird gestümpert.

HANS PETER KELLER

Jeder stirbt für sich allein.

HANS FALLADA

Man müßte so sterben, daß man vor dem Tod rufen (flüstern) könnte: Hurra! Wir laufen aus!

ABRAM TERZ (SINJAWSKIJ)

Die meisten Menschen sterben früher oder später. Oft lange vor dem Tod.

GUIDO HILDEBRANDT

Wer nicht für etwas sterben könnte, ist auch nicht fähig zu leben.

MARTIN LUTHER KING

Das Sterben ist kein Kampf mit dem Tode, sondern mit den Resten des Lebens.

GOTTFRIED EDEL

Zum Sterben gehört viel Phantasie.

GOTTFRIED EDEL

Sterbehilfe: Irren ist human?

GERHARD UHLENBRUCK

Auch dem Sterben kann man etwas Gutes abgewinnen: Es ist das letzte Müssen in unserem Leben.

GERHARD UHLENBRUCK

Da wir sterblich sind, nennen wir uns Lebewesen.

GERHARD UHLENBRUCK

Was hat er davon zu sterben, wenn er unsterblich ist?

MILOVAN ILIĆ

Tot sein ist leicht. Aber sterben ist schwer.

CLEMENS WEBER

Solange wir noch sterben, brauchen wir den Tod.

KONRAD BAYER

Wir sterben jeden Tag, bis wir eines Tages ganz tot sind.

WERNER EHRENFORTH

Wer nicht sterben will, muß fühlen.

DIETER FRINGELI

Stirbt einer, stirbt jedesmal auch eine Zeit.

HEINRICH WIESNER

Sterben geht ruckzuck, vorher gehts lange.

STEPHAN SULKE

Schade, daß wir nur einmal sterben – beim zehnten Mal ginge es viel leichter.

ŽARKO PETAN

Steuern

Auch wenn die Boa eine Hose trägt, bleibt sie doch eine Schlange.

Sprichwort aus Surinam

Die Einkunftschätzung bringt Ehren.

OVID

Von wem nehmen die Könige auf Erden Steuern, von ihren Söhnen oder von den Fremden?

MATTHÄUS 17,25

Die Not ist die Mutter der Habsucht und die Habsucht die Mutter der Kriege. Der Krieg aber ist der Vater der Steuern, der schwersten Last in diesem verfluchten Leben.

GREGOR VON NAZIANZ

Steuern erheben heißt, die Gans so zu rupfen, daß man möglichst viele Federn mit möglichst wenig Gezische bekommt.

JEAN BAPTISTE COLBERT

Steuern

Narrheit, Torheit und Laster machen
allerorten einen Teil der öffentlichen
Einkünfte aus.

VOLTAIRE

Ihr klagt über die vielen Steuern? Unsere
Trägheit nimmt uns zweimal, unsere Eitelkeit
dreimal soviel und unsere Torheit viermal
soviel ab.

BENJAMIN FRANKLIN

Das arme, Steuer zahlende Volk...

MARIA THERESIA

Es gibt Leute, die gut zahlen, die schlecht
zahlen, die prompt zahlen, die nie zahlen,
Leute, die schleppend zahlen, Leute, die bar
zahlen, die abzahlen, draufzahlen,
heimzahlen – nur Leute, die gern zahlen, die
gibt es nicht.

GEORG CHRISTOPH LICHTENBERG

Steuern werden nicht aus Patriotismus,
sondern aus Zwang gezahlt.

OTTO FÜRST BISMARCK

Wer ist der wahre Fachmann in allen Fragen
öffentlicher Mißstände? Der darunter leidet. In
Steuerfragen z.B. ist der Steuerzahler ein
besserer Fachmann als der Finanzminister.

EDUARD ENGEL

Nicht umsonst setzt die Gesellschaft immer
die höchste Luxussteuer auf die idealen
Bedürfnisse.

ISOLDE KURZ

Wer Deutschlands, Europas Not mit
Steuerhäufung und Finanzministerialkniffen
lindern zu können wähnt, mag auf dem Mars
eine erste Hypothek erwerben.

MAXIMILIAN HARDEN

Für den Fiskus spart kein Mensch.

SILVIO GESELL

Der heutige Mensch ist um ein Merkmal
seines Erfolges bemüht. Wenn er keine
Furcht vor der Steuer hätte, würde er sich die
Zahl seines Umsatzes auf die Autoscheibe
kleben.

FRIEDRICH SIEBURG

Erst beim Abfassen der
Einkommenssteuererklärung kommt man
dahinter, wieviel Geld man sparen würde,
wenn man gar keines hätte.

FERNANDEL

Fabrikarbeiter und Arme zu besteuern, damit
der Reiche noch reicher wird, ist Tyrannei.

LEONARD BERNSTEIN

Steuerberater hinterziehen legal.

WOLFRAM WEIDNER

Steuerreformen dienen dazu, die Steuerzahler
so zu entlasten, daß die Staatskasse sich
dabei füllt.

WOLFRAM WEIDNER

Steuerhinterziehung: Kavaliersdelikt.

MICHAEL SCHIFF

Die Zigarettensteuer trifft den Sargnagel auf
den Kopf.

GERHARD UHLENBRUCK

Der Mensch ist gut in seinen Taten,
vorausgesetzt, er kann sie von der Steuer
abziehen.

GERHARD UHLENBRUCK

Bei der Steuererklärung lügt man sich in die
eigene Tasche.

GERHARD UHLENBRUCK

Zum Verständnis des Bürgers fällt beim Staat
nur der Steuergroschen.

GERHARD UHLENBRUCK

Steuerhinterziehung ist der Vorwurf
von Leuten, die keine Steuern bezahlen,
gegenüber Leuten, die auch keine
bezahlen.

HANS W. KOPP

Regierungen nehmen Steuern wie Imker den
Honig und teilen ihren Völkern Zuckerwasser
zu.

MARGRET GENTH

Steuern müssen sein. Aber bei der
Vergnügungssteuer hört der Spaß auf.

WERNER MITSCH

Das Wort Kirchensteuer suchte ich bisher in der Heiligen Schrift vergebens.

WERNER MITSCH

Steueroasen spenden nur Reichen Schatten.

HANS-HORST SKUPY

Der Staat erhebt die Kirchensteuer guten Glaubens.

HANS-HORST SKUPY

Wie humorlos der Staat ist, mag man an der Vergnügungssteuer ersehen.

HANS-HORST SKUPY

Steuer: Ein Status-Symbol unseres Jahrhunderts, in dem die Steuererklärung längst dem Adelstitel den Rang abgelaufen hat.

KONRAD GERESCHER

Stil

Der Bock läßt wohl vom Bart, jedoch nicht von der Art.

Deutsches Sprichwort

Meine Zunge ist der Griffel eines gewandten Schreibers.

PSALMEN 45,2

Um ein umfassendes Wissen klar darzulegen, muß man dazu fähig sein, sich kurz und treffend auszudrücken.

MENG DSE

Ein großer Mann ist, wer Tongeschirr so benutzt, als sei es Silber. Nicht weniger groß ist aber auch, wer Silber so benutzt, als sei es Tongeschirr.

SENECA

Dieser Brief ist länger geworden als üblich, weil mir die Zeit fehlte, ihn kürzer zu fassen.

BLAISE PASCAL

Die Schönheit des Stils ist ein Werk des Fleißes, nicht des Talentes.

ALEXANDER POPE

Der Stil ist das Kleid der Gedanken.

EARL OF CHESTERFIELD

Wie der Stil, so der Mensch.

GEORGES GRAF BUFFON

Die besten Sachen schlecht ausgeführt, werden nur desto unerträglicher.

CHRISTOPH WILLIBALD VON GLUCK

Jeder Mensch hat seinen eigenen Stil so wie seine eigene Nase; und es ist weder artig noch christlich, einen ehrlichen Mann mit seiner Nase zum besten zu haben, wenn sie auch noch so sonderlich ist.

GOTTHOLD EPHRAIM LESSING

Schreibe, wie du redest, so schreibst du schön!

GOTTHOLD EPHRAIM LESSING

Stil durchdringt den Gegenstand, Manier schwimmt auf der Oberfläche.

HEINRICH FÜSSLI

Will jemand einen klaren Stil schreiben, so sei es ihm zuvor klar in seiner Seele, und will jemand einen großartigen Stil schreiben, so habe er einen großartigen Charakter.

JOHANN WOLFGANG VON GOETHE

Den höheren Stil lehret die Liebe dich nur.

JOHANN WOLFGANG VON GOETHE

Jeden anderen Meister erkennt man an dem, was er ausspricht; was er weise verschweigt, zeigt mir den Meister des Stils.

FRIEDRICH VON SCHILLER

Nur im Wegwerfen des Zufälligen und im reinen Ausdruck des Notwendigen liegt der große Stil.

FRIEDRICH VON SCHILLER

Stil ist der äußere Ausdruck einer inneren Harmonie der Seele.

WILLIAM HAZLITT

Nichts ist leichter, als so zu schreiben, daß kein Mensch es versteht; wie hingegen nichts schwerer ist, als bedeutende Gedanken so auszudrücken, daß jeder sie verstehen muß.

ARTHUR SCHOPENHAUER

Stil

Der Stil ist die Physiognomie des Geistes...
Fremden Stil nachahmen heißt eine Maske
tragen.

ARTHUR SCHOPENHAUER

Gute Schriftsteller sind stets eifrig bemüht,
ihren Leser zu nötigen, genau eben das zu
denken, was sie selbst gedacht haben, denn
wer etwas Rechtes mitzuteilen hat, wird sehr
darauf bedacht sein, daß es nicht
verlorengehe. Deshalb beruht der gute Stil
hauptsächlich darauf, daß man wirklich
etwas zu sagen habe.

ARTHUR SCHOPENHAUER

Von gemeinen Menschen, von Leuten ohne
Erziehung halte dich in kalter, obgleich nicht
stolzer Entfernung. Denn, wie ein
morgenländischer Spruch sagt, Kälte nur
bändigt den Schlamm, damit er den Fuß
nicht beschmutze.

AUGUST GRAF PLATEN

Ein Stil bildet sich nicht durch Absicht und
Reflexion, sondern durch einen leitenden
Instinkt der Zeit.

FRIEDRICH THEODOR VISCHER

Jede Gelegenheit, den Stil zu
verbessern, sollte man ergreifen,
als wäre sie die letzte.

HENRY DAVID THOREAU

Kürze erfordert immer mehr Mühe als
Weitschweifigkeit.

CHARLES BAUDELAIRE

Drücke das, was gesagt werden muß,
auf solche Weise aus, daß du zu jedem
Wort einem Kreuzverhör standhalten
kannst.

THOMAS HENRY HUXLEY

Stil ist richtiges Weglassen des
Unwesentlichen.

ANSELM FEUERBACH

In jeder Kunst sollte der Stil eines Menschen
seiner Kleidung gleichen – er sollte so
wenig Aufmerksamkeit wie möglich auf
sich lenken.

SAMUEL BUTLER

Kürze ist nicht nur die Seele des Verstandes,
sondern die Seele der Beliebtheit, des
Auskommens mit Menschen und wirklich von
allem, was das Leben lebenswert macht.

SAMUEL BUTLER

Auf leisen Sohlen wandeln die Schönheit, das
wahre Glück und das echte Heldentum.

WILHELM RAABE

Denker tragen die Hände auf dem Rücken,
Fromme auf dem Bauch.

DANIEL SPITZER

Den Stil verbessern heißt, den Gedanken
verbessern und gar nichts weiter. Wer dies
nicht sofort zugibt, ist auch nie davon zu
überzeugen.

FRIEDRICH NIETZSCHE

Wie de Bejabung uffhört, gleich jeht der Stil
los!

MAX LIEBERMANN

Stil ist der dem Geist – eines Menschen oder
einer Zeit – naturgemäße Ausdruck. Er ist die
sich von selbst und natürlich einstellende
Formgewalt, in der sich der Geist ausdrückt.
Der Stil oder die Stillosigkeit einer Zeit
(Nachahmung, Manier, Mißverständnis, leere
Applikation des Fremden oder
Anempfundenen) enthüllen den Geist dieser
Zeit ganz.

RUDOLF G. BINDING

Wo man dir die Form übelnimmt, ist man mit
dem Inhalt noch weniger zufrieden.

SALOMON BAER-OBERDORF

Wer nicht täuschen kann, soll nicht Politiker
werden.

KONRAD ADENAUER

Je pessimistischer ein Künstler ist, um so
mehr Stil hat er. Stil ist Entwirklichung; Tat
wider Gott, wie das Wunder.

LUDWIG GOLDSCHEIDER

Wenn ich einen schriftstellerischen Stil
pflegen wollte, würde ich versuchen, ihn so
einfach wie möglich und direkt zu halten und
die Tatsachen so ausdrücken, wie sie sind.

HARRY S. TRUMAN

Stil ist der Wahrheit überlegen, er trägt in sich den Beweis der Existenz. Form: in ihr ist Ferne, in ihr ist Dauer.

GOTTFRIED BENN

Echter Stil empfindet sich als die Sache selbst.

ERICH BROCK

Es ist mit den Büchern wie mit den Menschen: sie können noch so wunderbare Eigenschaften haben, wenn ihnen aber eine gute Konstitution fehlt, so gehen sie zu Grund. Was nun die Konstitution betrifft, so liegt sie in der Sprache, in der allgemeinen stilistischen Haltung. Niemals hat ein schlecht geschriebenes Buch seinen Autor überlebt.

CARL J. BURCKHARDT

Guter Stil ist unauffällig wie gute Kleidung.

LUDWIG REINERS

Stil enthält ein Element des Unbewußten.

PETER BAMM

Stil ist Bezogenheit auf das Ganze. Stil haben heißt, das Ganze auch nicht in der kleinsten Einzelheit vergessen.

SIGMUND GRAFF

Der Stil ist nicht der Mensch, sondern sein Ideal.

SIGMUND GRAFF

Fürchte die Worte, sie wollen deinen Stil zerschlagen.

PAUL LA COUR

Wie einer geht und steht, zeigt oft mehr sein Wesen als alles, was er sagt.

ALOIS JOHANNES LIPPL

Unterhaltung muß etwas mit Haltung zu tun haben.

VICTOR DE KOWA

Stil ist eine Form der Lüge. Er ist das Ornament, das die Struktur verdeckt.

SIR PETER USTINOV

Viele schreiben nicht mehr, sondern treiben Stil.

FRIEDRICH DÜRRENMATT

Stolz

Himmel und Erde, Menschen und Geister – alles liebt den Geringen, nicht den Stolzen.

Chinesisches Sprichwort

Der Herr reißt weg das Haus der Stolzen.

SPRÜCHE 15,25

Sei nicht stolz, sondern fürchte dich.

RÖMERBRIEF 11,20

Alle Laster haben nur in bösen Taten Kraft, vor dem Hochmut allein muß man sich auch bei guten Taten hüten.

AUGUSTINUS

Es ist eine viel schlimmere Art des Stolzes, andere zu verkleinern, als sich selbst zu erheben.

FRANCESCO PETRARCA

Wer stolz ist, verzehrt sich selbst; Stolz ist sein eigner Spiegel, seine eigne Trompete, seine eigene Chronik.

WILLIAM SHAKESPEARE

Stolz ist Freude, die dem Mann entspringt, der zu viel von sich hält.

BARUCH DE SPINOZA

Vielleicht ist keine unserer natürlichen Leidenschaften so schwer zu überwinden wie der Stolz. Verhülle ihn, kämpfe mit ihm, schlage ihn nieder, ersticke ihn, demütige ihn soviel wie du willst – er ist immer tätig und wird immer hier und da hervorbrechen und sich fühlbar machen.

BENJAMIN FRANKLIN

Je weniger jemand ist, je mehr Stolz wird er haben und je geneigter wird er sein, an anderen Fehler, gute Eigenschaften aber nicht zu bemerken.

EWALD VON KLEIST

Die meisten Menschen sind zu verderbt, als daß ihnen die Anwesenheit eines Wohltäters nicht höchst beschwerlich sein sollte. Sie scheint ihren Stolz zu erniedrigen.

GOTTHOLD EPHRAIM LESSING

Stolz

Unser Stolz beruht meistens auf unserer Unwissenheit.

GOTTHOLD EPHRAIM LESSING

Es gehört Stolz zum Beten, es gehört Stolz zum Arbeiten. Ein eitler Mensch kann weder eins noch das andere.

JOHANN GEORG HAMANN

Denn was die Natur am Verdienst versagt hat, ersetzt sie reichlich mit dürftigem Stolz.

WILHELM LUDWIG WEKHRLIN

Die kleinsten Unteroffiziere sind die stolzesten.

GEORG CHRISTOPH LICHTENBERG

Der Stolz, eine edle Leidenschaft, ist nicht blind gegen eigene Fehler, aber der Hochmut ist es.

GEORG CHRISTOPH LICHTENBERG

Zu strenge Forderung ist verborgner Stolz.

JOHANN WOLFGANG VON GOETHE

Setzt dem stolzen Manne Gleichgültigkeit entgegen, und ihr nehmt seiner Macht den Stachel.

FRIEDRICH MAXIMILIAN KLINGER

Der echte weibliche Stolz will sich vielleicht in der Größe der verursachten Empfindungen wiederfinden.

STENDHAL

Ich hasse nicht das Einzelne, ich hasse alles, wo sich die Erbärmlichkeit auf Kosten des Verdienstes erheben will, es heiße Geldstolz, Adelstolz, Gelehrten- oder Künstlerstolz.

JOHANN NESTROY

Der wahre Stolz ergreift für sich nicht selbst das Wort.

KARL GUTZKOW

Dem Gelehrten ist der Stolz verzeihlich, dem Weisen jedoch unmöglich.

HEINRICH MARTIN

Der rechte Stolz erhebt uns über die Gemeinheit, der falsche wirft uns ihr zu Füßen.

ROSALIE PERLES

Man muß stolz sterben, wenn es nicht mehr möglich ist, stolz zu leben.

FRIEDRICH NIETZSCHE

Wer stolz ist, muß entbehren können.

M. HERBERT

Die Augen sind nicht stolz auf ihre Sehkraft, sondern auf ihre Brille.

RABINDRANATH TAGORE

Stolz muß sich im Ertragen bewähren, nicht in der Auflehnung.

KARL HEINRICH WAGGERL

Am Frost des Stolzes gehen die himmlischsten Blüten der Liebe ein.

ANTON NEUHÄUSLER

Stolz ist das erhebende Gefühl erhabener Eitelkeit.

GERHARD UHLENBRUCK

Man erkennt stolze Menschen an den demütigen Gesten.

HERMANN SCHWEPPENHÄUSER

Im Stolz versteckt man seine Fehler am besten.

SULAMITH SPARRE

Strafe

Sieh dir nicht an, wie Diebe ihr Mahl verzehren, sondern wie sie ihre Strafe erleiden.

Chinesisches Sprichwort

Die Strafe liegt auf ihm zu unserem Heil.

JESAJA 53,5

In jener Stadt lebt man am besten, in der sich die Bürger, denen kein Unrecht zugestoßen ist, genauso wie die ungerecht behandelten Bewohner bemühen, einen Übeltäter zu bestrafen.

SOLON

Strafe

Die Rute gehört auf den Rücken des Toren.
SPRÜCHE 10,13

Der Zweck der Strafen ist, die Anwendung der Strafen überflüssig zu machen.
KONFUZIUS

Die größte Strafe böser Taten ist, daß man schlechten Menschen gleich wird.
PLATON

Für die Frechheit liegt der große Reiz zur Sünde in der Hoffnung auf Straflosigkeit.
CICERO

Wer die Schlechten schont, verletzt die Guten.
PUBLILIUS SYRUS

Ohne Haß und Eifer *(sine ira et studio)*.
TACITUS

Reue und gute Werke sind ein Schild gegen Strafe.
TALMUD – MISCHNA

Strenge und Milde verlieren ihren Wert, sobald die eine ohne die andere angewendet wird.
PAPST GREGOR DER GROSSE

Strafe muß sein wie eine vom Arzte gereichte bittere Medizin.
JAN AMOS COMENIUS

Strafe soll sein wie Salat, der mehr Öl als Essig hat.
FRIEDRICH VON LOGAU

Strenge ist zulässig, wo Milde vergebens ist.
PIERRE CORNEILLE

Fürsten sollen wie Fürsten strafen und nicht wie Büttel.
CHRISTINE VON SCHWEDEN

Man darf weder im Zorn strafen noch in der Freude belohnen.
CHRISTINE VON SCHWEDEN

Menschen werden nicht gehängt, weil sie Pferde gestohlen haben, sondern damit die Pferde nicht gestohlen werden.
LORD HALIFAX

Ein Bürger verdient den Tod, wenn er die öffentliche Sicherheit bis zu dem Punkt gefährdet hat, daß er jemand das Leben genommen oder ihm danach getrachtet hat. Diese Todesstrafe ist gleichsam ein Heilmittel für die kranke Gesellschaft.
MONTESQUIEU

Es haben die Strafen, wenn sie zahlreich sind, geringeres Ansehen.
PIETRO ANTONIO METASTASIO

Strafen können zum Schweigen bringen, aber sie können nicht überzeugen.
SAMUEL JOHNSON

Ohne Notwendigkeit zu strafen heißt, sich in die Milde Gottes einmischen.
VAUVENARGUES

Wenn physische Strafen oft wiederholt werden, bilden sie einen Starrkopf; strafen Eltern ihre Kinder des Eigensinns wegen, so machen sie sie nur noch eigensinniger.
IMMANUEL KANT

Zu schwer bezahlt man oft ein leicht Vergehn.
JOHANN WOLFGANG VON GOETHE

Die richtigsten Strafen der Eltern bei Kindern sind die, wo die Eltern fast mehr Schmerzen fühlen als geben, mehr moralische als diese physische.
JEAN PAUL

Wenn man eine Sache gewährt und eine abschlägt, so kommt es auf die Zeitfolge dabei an; die gewährte verliert durch die spätere abgeschlagene; diese gewinnt durch die spätere gewährte.
JEAN PAUL

Wenn etwas hart bestraft wird, so beweist das gar nicht, daß es unrecht ist; es beweist bloß, daß es dem Vorteil der Machthaber nachteilig ist. Oft ist gerade die Strafe der Stempel der schönen Tat.
JOHANN GOTTFRIED SEUME

Strafe heißt die Unglückseligkeit, die einem freien Wesen um seiner bösen Handlungen willen zuteil wird.
BERNARD BOLZANO

Strafe

Die Menschheit verurteilt den einzelnen zur Todesstrafe und begeht dadurch gegen ihn ein größeres Verbrechen, als er gegen sie begangen hat, indem sie ihm die Besserung unmöglich macht.

FRIEDRICH HEBBEL

Es ist ein bedeutender tragischer Zug des Lebens, daß derjenige, der ein Verbrechen straft, dadurch meistens selbst Verbrecher wird.

FRIEDRICH HEBBEL

Wenn man den Menschen vollkommen niederdrücken, vernichten, ihn mit der schrecklichsten Strafe belegen wollte, so daß der schlimmste Mörder vor dieser Strafe zittern und sie im voraus fürchten würde, brauchte man der Strafe nur den Charakter völliger Nutzlosigkeit und Unsinnigkeit zu geben.

FJODOR M. DOSTOJEWSKIJ

Für einen Mord getötet zu werden ist eine unvergleichlich größere Strafe, als das begangene Verbrechen groß ist. Laut Urteil getötet zu werden ist unvergleichlich schrecklicher, als durch Räuberhand umzukommen.

FJODOR M. DOSTOJEWSKIJ

Die Strafe ist ein Begriff, aus dem die Menschheit herauszuwachsen beginnt.

LEW N. GRAF TOLSTOJ

Früher kam man an den Pranger, heute in die Zeitung.

CARMEN SYLVA

Henkerarbeit könnten wir wirklich der Natur überlassen.

SILVIO GESELL

Welchem Individuum oder welchem Volke steht das Recht zu, als Richter und Strafer einem anderen Volke gegenüber aufzutreten? Gerichtet und gestraft werden darf nur im Bereich der einzelnen Staaten auf Grund der sie lenkenden Gesetze, jedoch nicht in jener Sphäre, wo kein anderes Gesetz waltet als Kampf um Vorherrschaft und die gegenseitigen Zugeständnisse unter den Stärkeren.

BENEDETTO CROCE

Strafe, die lähmt und tötet, statt zu beleben, hat ihren Zweck verfehlt.

SALOMON BAER-OBERDORF

Irren ist menschlich, darum sollte auch das Strafen menschlich sein.

SALOMON BAER-OBERDORF

In der heutigen Gesellschaftsordnung schändet nicht das Verbrechen, sondern die Strafe.

WALTER HUECK

Kein Verbrecher hat noch wirklich geglaubt, daß ihm Unrecht geschehen sei durch die Strafe.

OTTO WEININGER

Daß es die Todesstrafe gibt, ist weniger bezeichnend für unsere Gesittung, als daß sich Henker finden.

FRANZ WERFEL

Wer von gerechter Strafe redet, lästert die Gerechtigkeit; denn er schreibt ihr seinen eigenen Rachedurst zu.

LUDWIG STRAUSS

Der liebe Gott hätte längst wieder eine Sintflut geschickt, wenn die erste was genützt hätte.

WILLY REICHERT

Das Böse tut man am raffiniertesten, indem man straft.

FRITZ GAFNER

Auf Selbstmord steht Todesstrafe.

HEINRICH WIESNER

Humaner Vollzug: an die Stelle der Todesstrafe ist der Bau von Atomkraftwerken getreten.

WINFRIED THOMSEN

Dieses Jahrhundert verbrennt seine Hexen nicht. Es verfilmt sie.

BIRGIT BERG

Der Geprügelte, der die Schläge zählt, hat noch mehr verdient.

REINHARD GUNDELACH

Streit

Wenn einer nicht will, können zwei nicht miteinander streiten.

Spanisches Sprichwort

Streitbare Antworten haben Stöcke.

ANII

Der Jähzornige erregt Zank.

SPRÜCHE 15,18

Wer während eines Wortwechsels in Zorn gerät, streitet nicht mehr um der Wahrheit willen, sondern nur noch um seiner eigenen Eitelkeit willen.

LUN YÜ

Die Göttin Zwietracht fordert stets das letzte Wort.

AISCHYLOS

Wer nicht streitet, mit dem kann niemand in der Welt streiten.

LAO DSE

Die Streitigkeiten der Liebenden erneuert die Liebe.

TERENZ

Sich um des Kaisers Bart streiten.

HORAZ

Wer sich mit einem Betrunkenen streitet, kränkt einen Abwesenden.

PUBLILIUS SYRUS

Die Zwietracht der Stände ist das Gift des Staates.

LIVIUS

Gib der Streitenden nach; Nachgeben macht dich zum Sieger.

OVID

Auswendig Streit, inwendig Furcht.

2 KORINTHERBRIEF 7,5

Tut nichts aus Zank oder um eitler Ehre willen.

PHILIPPERBRIEF 2,3

Hat man sich mit jemand entzweit, so soll man vor Sonnenuntergang wieder Frieden schließen.

BENEDIKT VON NURSIA

Der Mensch darf nicht hart und unversöhnlich sein, sondern er muß schwer zu erzürnen und leicht zu versöhnen sein.

MAIMONIDES

Händel sind am besten sorgsam und unauffällig zu umgehen; gewöhnlich drehen sie sich um Weiber, Saufereien, Vorrangstreitigkeiten und Geschwätz. Im Umgang mit jähzornigen und streitsüchtigen Menschen muß man besonders behutsam sein, denn sonst ziehen sie einen in ihre eigenen Zwistigkeiten hinein.

FRANCIS BACON

Kein Streit würde lange währen, wenn sich nur eine Partei im Unrecht befände. In jedem Streit wird man von demjenigen glauben, daß er Unrecht hat, der den Zwist vorausgesagt hat.

LA ROCHEFOUCAULD

Zeit heilt Schmerzen und Streitigkeiten, weil man sich ändert: Man ist nicht mehr der, welcher man war, weder der Beleidiger noch die Beleidigten sind die gleichen, die sie waren.

BLAISE PASCAL

Die unbekannteste, am schlechtesten ausgeübte aller Künste ist die Kunst des Meinungsstreites.

MELCHIOR VON GRIMM

Ich begehe nie den Fehler, mich mit Menschen zu streiten, deren Ansichten ich nicht achte.

EDWARD GIBBON

Klare und richtige Bestimmungen beugen dem Zank vor.

WILHELM LUDWIG WEKHRLIN

Diejenigen, welche widersprechen und streiten, sollten mitunter bedenken, daß nicht jede Sprache jedem verständlich ist.

JOHANN WOLFGANG VON GOETHE

Streit

Gegner glauben uns zu widerlegen, wenn sie ihre Meinung wiederholen und auf die unsrige nicht achten.

JOHANN WOLFGANG VON GOETHE

Wer streiten will, muß sich hüten, bei dieser Gelegenheit Sachen zu sagen, die ihm niemand streitig macht.

JOHANN WOLFGANG VON GOETHE

Wir sind nie so sehr geneigt mit anderen zu streiten, als dann, wenn wir mit uns selber unzufrieden sind.

WILLIAM HAZLITT

Eine edle Seele erträgt so wenig anhaltende Dissonanzen wie das Ohr das Gekritzel eines Messers auf Glas.

ERNST B. RAUPACH

Haß und Zank zu hegen oder zu erwidern ist Schwäche – sie zu übersehen und mit Liebe zurückzuzahlen ist Stärke.

ADALBERT STIFTER

Wunderbar! Wenn die Menschen in Zank und Streit geraten sollen, da werden die Zaghaftesten beredt; wenn es aber gilt, ein Liebeswort, ein versöhnendes, zu sagen, da krümmen und winden sie sich wie Stotternde.

BERTHOLD AUERBACH

Ein Streit zwischen wahren Freunden, wahren Liebenden bedeutet gar nichts. Gefährlich sind nur Streitigkeiten zwischen Menschen, die einander nicht ganz verstehen.

MARIE VON EBNER-ESCHENBACH

Nicht jene, die streiten, sind zu fürchten, sondern jene, die ausweichen.

MARIE VON EBNER-ESCHENBACH

Theorie und Praxis sind eins wie Seele und Leib, und wie Seele und Leib liegen sie großenteils miteinander im Streit.

MARIE VON EBNER-ESCHENBACH

Nur geistig Verirrte streiten.

OSCAR WILDE

Man streitet ja meistens nicht zu dem Zweck, die Wahrheit zu finden, sondern um sie zu verbergen.

MAKSIM GORKIJ

Alle Menschen sind Brüder. Daher der ewige Zank unter ihnen.

RODA RODA

Die schlimmsten Streitigkeiten entstehen erst dann, wenn beide Seiten gleichermaßen im Recht und im Unrecht sind.

SIR WINSTON S. CHURCHILL

Wenn zwei sich streiten, so behält immer der schweigsamere Teil die Oberhand. Alle Angriffe und Vorwürfe kann man abwehren, aber gegen die furchtbare Waffe des Schweigens ist man wehrlos.

WALTER HUECK

Wenn wir uns bei einem Streit nicht einigen können, pflegen wir den andern einen Rechthaber zu nennen.

ADOLF SPEMANN

Beim Streit sind fehl die Temperamente, da lob ich mir die Argumente.

ARTUR HOFFMANN

Am ältesten werden die Streitlustigen. Zank und Polemik sind wunderbare Arzneien für ältere Herrschaften.

JEAN COCTEAU

Der Streit: eine Methode, den Gegner in seinem Irrtum zu bestärken.

JULIAN TUWIM

Die Menschen streiten oft um Dinge, die gar nicht ihr Verdienst sind.

PETER MAX BOPPEL

Die echte Polemik ist nicht Streit, sondern eine Kunstgattung.

LUDWIG HOHL

Wenn sich Gleichgesinnte streiten, sollte es einzig um die Wahrheit gehen.

JURIJ BRĚZAN

Jeder Streit hat seine Zeit.

GERHARD BRANSTNER

Wer Streit sucht, kann in der Wahl seiner Worte nicht unvorsichtig genug sein.

WERNER MITSCH

Streß

Jeden Tag ein Fluch erhöht das
Glück und die Lebensdauer.
Chinesisches Sprichwort

Unstet und flüchtig sollst du sein auf Erden.
1 MOSE 4,12

Männer werden müde und matt.
JESAJA 40,30

So ergeht es allen, die nach Gewinn jagen: er
nimmt seinem Besitzer das Leben.
SPRÜCHE 1,19

Der Mensch lebt kurze Zeit und ist voll
Unruhe.
HIOB 14,1

Sie machen sich viel vergebliche Unruhe.
PSALMEN 39,7

Bei den meisten Menschen wird Ruhe zur
Starrheit, Beweglichkeit zur Ausgelassenheit.
EPIKUR

Geister, die ruhelos sind, zittern vor Hoffnung
und Furcht.
OVID

Es ist einerlei, wieviel Zeit den
Vielgeschäftigen gegeben sein mag, wenn
kein Punkt da, wo sie haften bleibt; durch
schadhafte und durchlöcherte Seelen rinnt sie
hindurch.
SENECA

Wir sollen nicht in unserem Tagewerk
ertrinken.
PARACELSUS

Das Lächerlichste vom Lächerlichen auf
dieser Welt sind mir die Leute, die es eilig
haben, die nicht schnell genug essen und
arbeiten können. Was richten sie aus, diese
ewig Hastenden? Ergeht es ihnen nicht wie
jener Frau, die aus ihrem brennenden Haus in
der Verwirrung die Feuerzange rettete?
SØREN KIERKEGAARD

Geschäftige Torheit ist der Charakter unserer
Gattung.
IMMANUEL KANT

Die Vielbeschäftigten haben keine Zeit für
Tränen.
LORD BYRON

Nur in der Bewegung, so schmerzlich sie sei,
ist Leben.
JACOB BURCKHARDT

Ruhe zieht das Leben an, Unruhe verscheucht
es.
GOTTFRIED KELLER

Wieviel Bewegung wird hervorgebracht durch
das Streben nach Ruhe!
MARIE VON EBNER-ESCHENBACH

Die Menschen wähnen, wo Geschäftigkeit sei,
da geschehe auch etwas.
ADOLF SCHAFHEITLIN

Nichts bezeichnet den Menschen mehr als
das, wofür er niemals Zeit findet.
ISOLDE KURZ

Der rastlose Arbeitsmensch von heute hat
tagsüber keine Zeit, sich Gedanken zu
machen – und abends ist er zu müde dazu.
Alles in allem hält er das für Glück.
GEORGE BERNARD SHAW

Es ist in den Menschen ebensoviel
unbegreifliche Trägheit, wie schädliche
Aktivität zur unrechten Zeit und am
unrechten Punkt.
HUGO VON HOFMANNSTHAL

Immer ist Lebensunruhe das erste
Wetterzeichen des Dämonischen, Unruhe des
Blutes, Unruhe der Nerven, Unruhe des
Geistes.
STEFAN ZWEIG

Alles, was von Herzen kommt, ist Unruhe und
Qual; dagegen ist alles, was von den Sinnen
kommt, Friede.
HENRY DE MONTHERLANT

Streß ist die moderne Form des Selbstmords.
WALTER HENKELS

Streß

Managerkrankheit ist eine Epidemie, die durch den Uhrzeiger hervorgerufen und durch den Terminkalender übertragen wird.

JOHN STEINBECK

Eine der bösesten Auswirkungen der Hast oder vielleicht unmittelbar der Hast erzeugenden Angst ist die offenkundige Unfähigkeit moderner Menschen, auch nur kurze Zeit mit sich selbst allein zu sein.

KONRAD LORENZ

Aller Lärm und alle Unrast sind kulturfeindlich.

JOSEF VIKTOR STUMMER

Jede Art von Hast, sogar zum Guten, offenbart irgendeine geistige Störung.

É. M. CIORAN

Nichtstun ist der größte Streß.

WOLF MÜLLER-LIMMROTH

Streß ist ein Bazillus, der von Unsicheren in leitenden Stellungen auf die Mitarbeiter übertragen wird.

OLIVER HASSENCAMP

Nirgends steht geschrieben: einer trage des andern Hast.

HANS LEOPOLD DAVI

Manche halten einen ausgefüllten Terminkalender für ein ausgefülltes Leben.

GERHARD UHLENBRUCK

Streß ist immer noch der größte Herzensbrecher!

GERHARD UHLENBRUCK

Der Mensch wehrt sich gegen eine Erniedrigung mit einer Erhöhung von Blutdruck und Puls. Freude bewirkt zwar das gleiche, aber das schadet nicht, da sie nie lange dauert.

GERHARD UHLENBRUCK

Wenn einer selber sein Grab sich schaufelt, kann man das auch Vorsorge nennen.

PETER WEINGARTNER

Meßeinheit des Streß: Infarkt.

HANS-HORST SKUPY

Großstadtbewohner sind Menschen, die die Stille oft mehr aus der Ruhe bringt als der Lärm.

WERNER MITSCH

Hasten ist das sinnlose Bemühen, rascher als die Zeit zu sein.

ELISABETH HABLÉ

Lösche nie ein Feuer, bevor es brennt.

JÜRG MOSER

Sünde

Des Mannes Sünde bleibt auf der Schwelle, die der Frau kommt ins Haus hinein.

Russisches Sprichwort

Mein Sohn, wenn die Sünder dich locken, so folge nicht.

SPRÜCHE 1,10

Wir haben gesündigt von unsrer Jugend an.

JEREMIAS 3,25

Vergessen der eigenen Sünden erzeugt Frechheit.

EURIPIDES

Gedenke nicht der Sünden meiner Jugend und meiner Übertretung.

PSALMEN 25,7

Der Löwe lauert der Beute auf, desgleichen die Sünde denen, die Unrecht tun.

BEN SIRA 27,10

Wer Sünde tut, ist seines eignen Lebens Feind.

TOBIAS 12,10

Auch der vollkommen Geborene entflieht der Sünde nicht.

PHILON

Sollen wir denn in der Sünde verharren?

RÖMERBRIEF 6,1

Sünde

Wer etwas Sündhaftes tut und sich dessen schämt, dem werden alle seine Sünden vergeben.

TALMUD – BERACHOT

Die Sünde eines anderen muß man auf sich beruhen lassen.

MARC AUREL

Ein Mensch, der die Sünde wegen der Hölle fürchtet, fürchtet nicht das Sündigen, sondern das Brennen.

AUGUSTINUS

Man kann nur dann ohne Sünde sein, wenn man die Kenntnis des Gesetzes hat.

PELAGIUS

Sündigen ist menschlich; sich der begangenen Sünden rühmen ist teuflisch.

GIROLAMO SAVONAROLA

Wenn Teufel ärgste Sünde fördern wollen, so locken sie zuerst durch frommen Schein.

WILLIAM SHAKESPEARE

Die Sünde macht sich nicht selber, sondern der Wille macht die.

JAKOB BÖHME

Es gibt zwei Arten von Menschen: die Rechtschaffenen, die sich für Sünder halten. Die übrigen, die Sünder, die sich für rechtschaffen halten.

BLAISE PASCAL

Nach uns die Sündflut!

MARQUISE DE POMPADOUR

Wir erschrecken über unsere eigenen Sünden, wenn wir sie an anderen erblicken.

JOHANN WOLFGANG VON GOETHE

Es ist eine abgeschmackte Verleumdung der menschlichen Natur, daß der Mensch als Sünder geboren werde.

JOHANN GOTTLIEB FICHTE

Wir halten die Leichtigkeit zu sündigen für die Erlaubnis dazu.

JEAN PAUL

Dem echt Religiösen ist nichts Sünde.

NOVALIS

Auch der reuigste Sünder will bei seinem Bekenntnis geschont sein.

NOVALIS

Wir können uns von der Sünde ebensowenig frei machen wie von dem Gesetz der Schwere.

VICTOR HUGO

Leidenschaft begeht keine Sünde, nur die Kälte.

FRIEDRICH HEBBEL

Es gehört zu den Unvollkommenheiten unseres Wesens, daß wir erst durch den Gegensatz hindurch müssen, um zu erreichen, was wir erstreben. Erst durch die Sünde hindurch schauen wir die Seligkeit.

SØREN KIERKEGAARD

Wir können ohne unsere Sünden nicht auskommen; sie sind Weg und Bahn unserer Tugend.

HENRY DAVID THOREAU

Schmähe die Sünde, mit dem Sünder söhne dich aus.

LEW N. GRAF TOLSTOJ

Fremde Sünden sieht man vor sich, aber die eigenen hat man hinter dem Rücken.

LEW N. GRAF TOLSTOJ

Die Leute erheben ihr Geschrei wider den Sünder, doch ist es nicht der Sünder, sondern der Dummkopf, der uns zur Schande gereicht. Es gibt keine andere Sünde als die Dummheit.

OSCAR WILDE

Schon mancher Sünder hat sich mit der Posaune in den Himmel hineingespielt.

GEORGE BERNARD SHAW

Leidenschaften werden durch Leidenschaften bekämpft. Die größten Sünden durch die tiefste Reue.

M. HERBERT

Wir verzeihen anderen Leuten die Sünde nicht, auf der sie uns ertappen.

M. HERBERT

907

Sünde

Sünde ist in erster Linie die Darstellung unserer Unvollkommenheit, also auch unserer Werdemöglichkeit.

HEINRICH LHOTZKY

Die Frau, die die Sünde erfunden hat, soll leben!

A. O. WEBER

Von Grund aus ist die Seele gut. Alle Sünde ist Krankheit.

HERMANN STEHR

Vor dem Sündenfall gab es kein Paradies.

SALOMON BAER-OBERDORF

An jeder Sünde sind zwei beteiligt.

SALOMON BAER-OBERDORF

Wer sündigt, soll es wenigstens mit Anstand tun.

FRANZ BLEI

Der Psychoanalytiker ist ein Beichtvater, den es gelüstet, auch die Sünden der Väter abzuhören.

KARL KRAUS

Das ist das Verhängnis aller Idealisten, daß sie mehr die Sünde als den Sünder sehen.

GILBERT KEITH CHESTERTON

Die Sünde macht die Seele wehrlos.

JOSEPH KÜHNEL

Groß ist immer nur die Gnade. Die Sünde selbst ist klein und gewöhnlich. Sie ist das, was alle Tage geschieht, sie ist die furchtbare Kraft gerade dessen, was doch eben gar keine Kraft hat.

GERTRUD VON LE FORT

Die Sünde ist eine zerstörende Kraft – vor allem für ihren Träger; sogar physisch verfinstert, entstellt die Sünde das Antlitz des Menschen.

ALEXANDR ELTSCHANINOW

Jeder Sündenfall treibt uns aus einem Paradies. Sünde ist eine Erfüllung, die wir nehmen, obwohl sie unseren höchsten Wünschen nicht entspricht.

LUDWIG GOLDSCHEIDER

Von einem gewissen Alter an bedauert man nur noch die Sünden, die man nicht mehr begehen kann.

SASCHA GUITRY

Die Sünde entzweit das Ich.

JAKOW TRACHTENBERG

Die schlimmste Sünde ist die Unehrlichkeit in der Liebe.

ZENTA MAURINA

Eine Jugendsünde ist, wenn man jung ist und es verpaßt.

ERICH MARIA REMARQUE

Die Sünden der Jugend sind die Gebresten des Alters.

CHARLES TSCHOPP

Todsünden sind lebensgefährlich.

WALTER WEBER

Die Sünden der anderen können nie zum Maßstab werden für deine eigenen.

ADRIENNE VON SPEYR

Es werden Sünden bereut – oder ihre Unterlassung.

ANITA

Die meisten Menschen beichten am liebsten die Sünden anderer Leute.

GRAHAM GREENE

Ein Heiliger, der nie sündigen will, ist keiner.

HASSO HEMMER

Jede Sünde muß Antrieb zu noch größerer Liebe sein.

GUY DE LARIGAUDIE

Wenn ein Leben, das völlig frei wäre von jedem Gefühl für Sünde, realisierbar wäre, so würde es so leer sein, daß man sich davor entsetzte.

CESARE PAVESE

Das Schlimmste sind die nicht gründlich begangenen Sünden.

ALEKSANDER ZIEMNY

Erbsünde? Erblust.

HEINRICH WIESNER

Man errötet nur über nicht begangene
Sünden.
HERBERT EISENREICH

Sündenböcke werden öfter gebraucht als
Helden.
GERHARD BRANSTNER

Wir besiegen die Sünde nur, wenn wir uns
ganz Gott überantworten und zu seinen
Werkzeugen werden.
MARTIN LUTHER KING

Manche sagen: ich hasse die Sünde, doch in
Wirklichkeit fürchten sie nur gewisse Folgen.
GOTTFRIED EDEL

„Wer unter Euch ohne Sünde ist, der werfe
den ersten Stein!" Das ist das Ende von
Recht und Gerechtigkeit.
JOHANNES GROSS

Braucht die Sünde das düstere Licht des
Beichtstuhls?
HANS-HORST SKUPY

Feigheit schützt vor vielen Sünden.
J. F. BLOBERGER

Tadel

Tadle an dir, was du an anderen
tadelst, und entschuldige an
anderen, was du an dir
entschuldigst.
Chinesisches Sprichwort

Beim Verständigen wirkt der Tadel tiefer als
hundert Stockschläge beim Toren.
SPRÜCHE 17,10

Wohl denen, die ohne Tadel leben!
PSALMEN 119,1

Stelle deinen Nächsten zur Rede, bevor du
schiltst.
BEN SIRA 19,17

Keiner läßt sich lieber tadeln, als wer am
meisten Lob verdient.
PLINIUS D. Ä.

Kein Mensch kann einen anderen gerecht
tadeln oder verdammen, denn kein Mensch
kann einen anderen richtig kennen.
SIR THOMAS BROWNE

Tadel

Nur wenige Menschen sind klug genug, hilfreichen Tadel nichtssagendem Lob vorzuziehen.

LA ROCHEFOUCAULD

Kein Tadel ist empfindlicher als der, welchen man einem gutgemeinten, aber übertriebenen Lobe gleich an die Seite stellt.

GOTTHOLD EPHRAIM LESSING

Ehe man tadelt, sollte man immer erst versuchen, ob man nicht entschuldigen kann.

GEORG CHRISTOPH LICHTENBERG

Ich empfinde den Schmerz eines kleinen Tadels, selbst wenn er unberechtigt ist, stärker, als das Vergnügen vieler Lobe.

THOMAS JEFFERSON

Man sagt: eitles Eigenlob stinkt; das mag sein. Was aber fremder und ungerechter Tadel für einen Geruch haben, dafür hat das Publikum keine Nase.

JOHANN WOLFGANG VON GOETHE

Das Tadeln ist immer ein dankbarerer Stoff als das Loben.

FRIEDRICH VON SCHILLER

Vor Großen muß man sich niemals tadeln, sie glauben zu leicht, man sage des Bösen zu wenig.

JEAN PAUL

Das Lob darf man nicht hinter dem Rücken des Gegenstands ändern, aber den Tadel.

JEAN PAUL

Nicht zu viel tadeln, sondern ermutigen.

CHARLES KINGSLEY

Tadeln ist leicht; deshalb versuchen sich so viele darin.

ANSELM FEUERBACH

Bitter ist der Tadel, aus dem wir mit dem besten Willen keinen Nutzen ziehen können.

MARIE VON EBNER-ESCHENBACH

Wir sind leicht bereit, uns selbst zu tadeln, unter der Bedingung – daß niemand einstimmt.

MARIE VON EBNER-ESCHENBACH

Der herbste Tadel läßt sich ertragen, wenn man merkt, daß der Tadelnde lieber loben würde.

MARK TWAIN

Tadeln können alle Toren, aber besser machen nicht.

JULIUS LANGBEHN

Es liegt eine gewisse Wollust in der Selbstanklage. Wenn wir uns selbst tadeln, so mit dem Gefühl, daß kein anderer das Recht habe, uns zu tadeln. Es ist die Beichte, die Absolution erteilt, nicht der Priester.

OSCAR WILDE

Solange uns Lob erfreut, wird uns Tadel verdrießen.

SWAMI VIVEKANANDA

Ungerechter Tadel kränkt unser Selbstgefühl, unverdientes Lob droht, es zu fälschen.

ROBERT GERSUNY

Empfindsame Kinder und bedeutende Männer ertragen Tadel nur in Lob eingewickelt.

WALTHER VON HOLLANDER

Wer sich lobt, meint es gewöhnlich ehrlicher, als wer sich tadelt.

CHARLES TSCHOPP

Oft schlägt Tadel zu mit einem dicken Lob.

PETER TILLE

Takt

Verdecke das Furzen durch Räuspern!

Jemenitisches Sprichwort

Hohen Sinn bekundet es, Taktlosigkeit gelassen zu ertragen.

EURIPIDES

Takt ist die Kunst, einen Erfolg zu erzielen, ohne sich einen Feind zu machen.

SIR ISAAC NEWTON

Takt bedeutet die gerechte Ausgleichung zwischen dem eigenen Gefühl und dem des andern – mit der Maßgabe, daß im Zweifel das Recht des eigenen Ich dem Recht des anderen zu weichen hat.

LUDWIG BAMBERGER

Takt ist meistens nichts als eine den Umständen angemessene Unaufrichtigkeit.

DANIEL SPITZER

Das Leben ist eine Taktfrage.

OSCAR WILDE

Nur gutherzige Menschen können wirklich taktvoll sein.

M. HERBERT

Takt ist, es immer instinktiv zu spüren, was die anderen noch von dir vertragen.

PETER ALTENBERG

Takt hat nur, wer fühlt, wie andern zumute ist.

ROBERT GERSUNY

Takt erfordert vor allem Phantasie. Man muß viele Möglichkeiten der fremden Seele überschauen, viele Empfangsmöglichkeiten, und danach, was man geben kann, einrichten.

CHRISTIAN MORGENSTERN

Takt ist Freundlichkeit mit Geist.

LIL DAGOVER

Takt ist die Fähigkeit, einem anderen auf die Beine zu helfen, ohne ihm auf die Zehen zu treten.

CURT GOETZ

Takt ist etwas nicht Erlernbares, der steckt im kleinen Finger oder nirgends.

FRIEDRICH WITZ

Was das Gesetz nicht verbietet, verbieten Takt und Anstand.

GUSTAV W. HEINEMANN

Stattest du einen Beileidsbesuch ab, bestehe nicht auf einem Gegenbesuch.

WIESLAW BRUDZINSKI

Takt ist lautloser Gleichklang.

HANNS-DIETRICH VON SEYDLITZ

Einem Kahlkopf schenkt man keinen Kamm.

GERHARD BRANSTNER

Der Taktvolle schämt sich über die Taktlosigkeit anderer.

SIEGFRIED THOMAS

Talent

Du läufst zu schnell, du bist zweimal gelaufen.

Karibisches Sprichwort

Talent haben, das ist das Beste; das zweite, etwas lernen.

EPICHARMOS

Wenn auch die Geschicklichkeit noch so groß ist, so ersetzt sie doch selten den Mangel an Macht.

CHRISTINE VON SCHWEDEN

Die Reichen reden sich ein, Talent lasse sich kaufen wie ein Kleiderstoff.

CLAUDINE DE TENCIN

Das Talent ist eine Gabe, die Gott uns heimlich gegeben hat und die wir, ohne es zu wissen, offenbaren.

MONTESQUIEU

Das Talent ordnet, entwickelt und verfeinert die Entdeckungen des Genies.

HEINRICH FÜSSLI

Mir tut es allemal weh, wenn ein Mann von Talent stirbt, denn die Welt hat dergleichen nötiger als der Himmel.

GEORG CHRISTOPH LICHTENBERG

Große Talente sind das schönste Versöhnungsmittel.

JOHANN WOLFGANG VON GOETHE

Talent

Man soll sich vor einem Talente hüten, das man in Vollkommenheit auszuüben nicht Hoffnung hat.

JOHANN WOLFGANG VON GOETHE

Wer mit einem Talent, zu einem Talent geboren ist, findet darin sein schönstes Dasein.

JOHANN WOLFGANG VON GOETHE

Bescheidenes Mißtrauen zu sich selbst ist zwar immer das Kennzeichen des wahren Talents, aber auch der Mut steht ihm gut an.

FRIEDRICH VON SCHILLER

Geist schärft sich im Kampf – Talent dagegen hat Vertrauen nötig.

GERMAINE (MADAME) DE STAËL

Die Grenzen sind noch nicht gesteckt, die dem Talent und Fleiß entgegenriefen: bis hierher und nicht weiter!

LUDWIG VAN BEETHOVEN

Talent überzeugt, aber Genie nicht; dem, dem es sich mitteilt, gibt es die Ahnung vom Ungemessenen, Unendlichen, während Talent eine genaue Grenze absteckt und so, weil es begriffen ist, auch behauptet wird.

BETTINA VON ARNIM

Dem eigentlichen Talent kommt der wahre Ausdruck meistens zugleich mit dem wahren Gedanken.

FRANZ GRILLPARZER

Es ist nicht genug, daß man Talent habe, es gehört mehr dazu, um gescheit zu werden; man muß auch in großen Verhältnissen leben und Gelegenheit haben, den spielenden Figuren der Zeit in die Karten zu sehen und selber zu Gewinn und Verlust mitzuspielen.

JOHANN PETER ECKERMANN

Mein Trost ist nur, daß ein wirklich großes Talent nicht irre zu leiten und nicht zu verderben ist.

JOHANN PETER ECKERMANN

Das erste Zeichen von Talent ist vor allem Trieb zur Sache.

ADOLF BERNHARD MARX

Darf sich das Talent die Freiheit nehmen, die sich das Genie nimmt? Ja; aber jenes verunglückt, wo dieses triumphiert.

ROBERT SCHUMANN

Gegen Talente soll man nicht höflich sein.

ROBERT SCHUMANN

Große Talente kommen von Gott, geringe vom Teufel.

FRIEDRICH HEBBEL

Wenn keine Talente vorhanden sind und daher von den Unberufenen, die sich an ihre Stelle setzen, die alten Kniffe, dies zu verbergen, angewandt werden, so nennt die Tageskritik das: neue Wege einschlagen.

FRIEDRICH HEBBEL

Das Genie schenkt Gott, aber das Talent ist unsere Sache.

GUSTAVE FLAUBERT

Hart und sauer ist der Weg, den das Talent erklimmen muß, hart und sauer jeder Tritt, der ihm vorwärts zu gehen erlaubt ist und bei dem die Frage ihn ewig quälen muß, ob es kein Fehltritt war.

EMIL BRACHVOGEL

Das Leben rüstet eine Natur oft mit den schönsten Mitteln aus, ohne ihr Gelegenheit zu bieten, diese Mittel voll zu gebrauchen.

HERMAN GRIMM

Es darf so mancher Talentlose von dem Werke so manches Talentvollen sagen: Wenn ich das machen könnte, würde ich es besser machen.

MARIE VON EBNER-ESCHENBACH

Talente, die keine Möglichkeit haben, sich zu zeigen, verderben wie stehende Gewässer.

FRANZ SERAPHION HUEMER

Weil dein Talent dir ohne Anstrengung kommt, verachtest du es – bis deine Freunde und noch mehr deine Feinde es dir enthüllen.

CARMEN SYLVA

Das Genie ist der reißende Wildbach, das Talent der reißende Strom.

ELEONORE VAN DER STRATEN-STERNBERG

Unzufriedenheit mit sich selbst bildet ein Grundelement eines jeden echten Talents.

ANTON P. TSCHECHOW

Es kommt gar nicht so sehr darauf an, was für ein Talent einer hat, als darauf, was er aus seinem Talent macht.

HERMANN BAHR

Es kann jemand eine große Begabung, das heißt eine sogenannte große Begabung, haben und dabei doch stumpfsinnig im Gefühl, ja sogar ein moralischer Idiot sein.

MIGUEL DE UNAMUNO

Alle glauben, Talent zu haben, sei eine Frage des Glücks. Niemand glaubt, daß Glück eine Frage des Talents sei.

JACINTO BENAVENTE

Wer angeborener Talente sich rühmt, ist undankbar.

CARLOS VON TSCHUDI

Der Geniale lernt aus der Natur, aus seiner Natur, der Talentierte aus der Kunst.

ARNOLD SCHÖNBERG

Alle echte Begabung beginnt und wurzelt im Sinnlichen, in einer guten Mitgift an Körper und Sinnen.

HERMANN HESSE

Wer seine Talente als Gaben betrachtet und nicht als Aufgaben, ist ihrer nicht wert.

CURT GOETZ

Wer mit seiner Begabung vertraut wird, muß auch ihre Bedingungen respektieren, nämlich den ruhelosen Fleiß. Fleiß aber ist aus dem tiefsten Ernst des Lebens gemacht. Er ist die Religion des erforschenden Geistes.

ALBERT TALHOFF

Nur wo das Genie dünn ist, kann man das Talent sehen.

LUDWIG WITTGENSTEIN

Begabt sein heißt irregehen, wenn man nicht zur rechten Zeit genügend achtsam ist, um seine Neigungen zu zügeln und nicht allen nachzugeben.

JEAN COCTEAU

Das Talent kann in einem Menschen vielleicht so einsam sein wie der Schaffende unter allen Menschen.

BLAISE GALL

Das echte Talent erkennt man weniger an seinen erstaunlichen Anlagen als in der selbstlosen Fähigkeit, die überlegene Leistung eines anderen glühend zu verehren. Das ist die Noblesse der Ebenbürtigkeit.

FRANZ WERFEL

Zuviel Begabung ist Beschränkung.

HEINRICH LEXA

Das Genie entdeckt die Frage. Das Talent beantwortet sie.

KARL HEINRICH WAGGERL

Den Mangel an Talent gleicht er mit dem Mangel an Charakter aus.

STANISLAW JERZY LEC

Während das Genie verhungert, tafelt das Talent mit dessen Gedankenmüll.

HELLMUT WALTERS

Eine Begabung ist ein Geschenk Gottes. Daß du daraus etwas machst, ist deine Pflicht.

FRANZISKA MAIER-HÖFFERN

Talentlosigkeit wird am besten durch Zeitmangel erklärt.

PETER TILLE

Tapferkeit

Suche den Tapferen im Gefängnis und den Dummen unter der Geistlichkeit.

Russisches Sprichwort

Dem Tapferen hilft das Glück.

SIMONIDES VON KEOS

Gold wird durch Feuer geprüft, tapfere Menschen durch Not.

SENECA

Tapferkeit

Der bessere Teil der Tapferkeit ist Vorsicht.
WILLIAM SHAKESPEARE

Vollendete Tapferkeit besteht darin, ohne
Zeugen zu tun, was man vor aller Welt zu tun
vermöchte.
LA ROCHEFOUCAULD

Tapferkeit ist nur dann eine Tugend, wenn sie
von der Klugheit bedingt ist. Andernfalls ist
sie eine sinnlose Verachtung des Lebens.
FRANÇOIS DE FÉNELON

Die Tapferkeit gibt erst den Schlüssen Kraft.
JOHANN CHRISTOPH GOTTSCHED

Die Tapferkeit gar vieler Leute ist nur ein
Rechnen mit der Furchtsamkeit des Gegners.
HONORÉ DE BALZAC

Tapferkeit wird nie unmodern.
WILLIAM THACKERAY

Es war tiefe Weisheit, wenn die Römer
Tapferkeit und Tugend mit einem und
demselben Wort bezeichneten. Es gibt in der
Tat keine Tugend, die mit Recht so genannt
wird, ohne Sieg über uns selbst; und was
nichts kostet, ist auch nichts wert.
SAMUEL SMILES

Tapferkeit ist ein Anfall, der bei den meisten
Menschen schnell vorübergeht.
MARK TWAIN

Wenn Menschen nur des Ruhmes wegen
tapfer handeln, sind sie doch nur
Dummköpfe.
ROBERT LOUIS STEVENSON

Die Tapferen sind bereit, ihr Leben zu opfern.
Die Helden bieten das ihre an.
RENÉ QUINTON

Das Grundelement der Tapferkeit ist Angst.
PETER BAMM

Echte Tapferkeit setzt eine richtige
Einschätzung der Dinge voraus: sowohl
derer, die man riskiert, als auch derer, die
man durch den Einsatz zu bewahren oder zu
gewinnen hofft.
JOSEF PIEPER

Die Tugend der Tapferkeit bewahrt den
Menschen davor, sein Leben auf solche
Weise zu lieben, daß er es verliert.
JOSEF PIEPER

Wenn man tapfer in die Hölle hineingeht, ist
sie nicht halb so heiß.
GEORG STAMMLER

Tapferkeit gehört nicht in den Krieg, da wird
sie nur erschossen.
ALBERT MATHIAS KEUELS

Der Rückzug des Tapferen besitzt das Format
seiner Tapferkeit.
HEINRICH WIESNER

Tapferkeit besteht darin, den Gegner so nahe
an sich herankommen zu lassen, bis man ihn
nicht mehr sieht.
HELLMUT WALTERS

Die Tapferkeit wird auf dieser Welt stets
schlecht bezahlt.
BRUNO HORST BULL

Tapferkeit und Leben vertragen sich schlecht.
HANS-HORST SKUPY

Wen interessiert die Kehrseite der
Tapferkeitsmedaille?
HANS-HORST SKUPY

Tat

Absicht ist die Seele der Tat.
Deutsches Sprichwort

Ich erlebe nicht, sondern erleide meine Taten.
SOPHOKLES

Jede Rede erscheint eitel und nichtig,
solange die Tat ihr nicht Nachdruck gibt.
DEMOSTHENES

Wer kann die großen Taten alle erzählen?
PSALMEN 106,2

Tat

Die Tat wird vergessen, doch das Ergebnis bleibt bestehen.

OVID

Mit Taten war mein Leben gefüllt, nicht mit untätigen Jahren.

OVID

Seid aber Täter des Worts und nicht Hörer allein, dadurch ihr euch selbst betrügt.

1 JAKOBUS 22/23

Führe jede Tat deines Lebens so aus, als ob sie deine letzte sei.

MARC AUREL

Der Lohn einer guten Tat ist eine andere gute Tat, die Strafe für eine Übertretung ist ein anderes Vergehen.

TALMUD – MISCHNA

Eine Tat, die am falschen Ort vollbracht wird, trägt nie Frucht.

HITOPADESHA

Jede Tat schlägt ihren Täter.

AL-HARIRI

Große Taten bleiben großen Menschen vorbehalten.

MIGUEL DE CERVANTES

Die Durchführung einer Tat ohne Zeugen, die man vor der ganzen Welt tun könnte, beweist wahre Tapferkeit.

LA ROCHEFOUCAULD

Kein Mensch ist so weise, daß er all seine schlechten Taten erkennt.

LA ROCHEFOUCAULD

Wer arm an Taten ist, schmäht fremde Tapferkeit.

JOHANN CHRISTOPH GOTTSCHED

Taten lehren den Menschen, und Taten trösten ihn – fort mit den Worten!

HEINRICH PESTALOZZI

Der schlimmere Mensch hat eine größere Freude über eine sich abgerungene gute Tat als der bessere.

JEAN PAUL

Nur Taten geben dem Leben Stärke.

JEAN PAUL

Im Anfang war die Tat!

JOHANN WOLFGANG VON GOETHE

Die Tat ist alles, nichts der Ruhm.

JOHANN WOLFGANG VON GOETHE

Jede gute Tat bringt uns der Tugend näher.

ZACHARIAS WERNER

Tätigkeit verlangt ein Opfer, ein Opfer verlangt Liebe, und so muß sich die Tätigkeit auf wahre innige Menschenliebe gründen.

HEINRICH VON KLEIST

Jede große innerliche Tätigkeit macht äußerlich still.

JOSEPH VON EICHENDORFF

Mehr Worte, weniger Taten!

GOTTLIEB THEODOR PILZ

Die Betrachtung tötet, weil sie die Persönlichkeit aufhebt; die Bemerkung erfrischt, denn sie erregt und unterstützt die Tätigkeit. Mitten zwischen beiden durch wäre der wahre Weg.

FRANZ GRILLPARZER

An unseren Taten sieht man, ob und wieviel wir geglaubt haben.

ALEXANDRE VINET

Es ist Sache der Männer, große Taten zu tun, Sache der Frauen, sie dazu zu begeistern.

SOPHIE DE SÉGUR

Nur Frauen inspirieren uns zu großen Taten, jedoch sie hindern uns daran, sie auszuführen.

ALEXANDRE DUMAS D. Ä.

Unsere Taten sind manchmal besser als unsere Gedanken.

PHILIP JAMES BAILEY

Es prägt sich eine Tat mehr ein als tausendfacher Rat.

HENRIK IBSEN

Tat

Lebe so, daß du die Taten deines Lebens nicht zu verheimlichen brauchst, aber auch kein Verlangen hast, sie zur Schau zu tragen.

LEW N. GRAF TOLSTOJ

Ziere jeden dahineilenden Tag mit einer guten Tat.

LEW N. GRAF TOLSTOJ

Menschen der Tat mischen sich erst ein, wenn die Redner schweigen.

EMILE GABORIAU

Taten, nicht Tinte!

MAX VON EYTH

Der großen Tat pflegt das große Wort zu folgen, nicht vorauszueilen.

SALOMON BAER-OBERDORF

Ganz große Taten entstehen immer unbewußt, unter kleinen Vorwänden. Der Mensch ist nicht Gott genug, Geschichte zu wollen. Aber er macht sie.

FRANZ MARC

Es ist so einfach, Tatkraft zu haben – und so schwierig, einen Tatsinn zu suchen.

ROBERT MUSIL

Gute Taten sind nicht billig!

GOTTLIEB DUTTWEILER

Eine Tat ist praktisch umgesetzte Phantasie.

GERHARD UHLENBRUCK

Daß nicht die Worte, sondern Taten zählen, muß alle freuen, die nichts zu sagen haben.

BEAT SCHMID

Die reifste Frucht des Gedankens ist die Tat.

HANS-HORST SKUPY

Es ist keine Schande, auf frischer Tat ertappt zu werden. Wenn es eine gute ist.

VOLKER ERHARDT

Manche Taten zeigen, wie wenig von ihrer Idee übrigblieb.

SULAMITH SPARRE

Was helfen alle großen Worte, wenn die Tat sie Lügen straft?

ULRIKE KUNOW

Tatsache

Tatsachen sind harte Nüsse.

Sorbisches Sprichwort

Es ist lästig, bei selbstverständlichen Dingen noch Beweise zu liefern.

DANTE ALIGHIERI

Unter den großen Völkern sprechen allein die Tatsachen. Die öffentliche Meinung allein ist maßgebend.

NAPOLEON BONAPARTE

Bei einem unglücklichen Ereignis, welches bereits eingetreten, also nicht mehr zu ändern ist, soll man sich nicht einmal den Gedanken, daß dem anders sein könnte, noch weniger den, wodurch es hätte abgewendet werden können, erlauben: denn gerade er steigert den Schmerz ins Unerträgliche, so daß man damit zum Selbstpeiniger wird.

ARTHUR SCHOPENHAUER

Das Beweisfordern ist eine wahre Malträtierung der Menschheit. Wie schön könnte man sich ausreden, wenn das nicht wäre!

JOHANN NESTROY

Man muß die Tatsachen kennen, bevor man sie verdrehen kann.

MARK TWAIN

Tatsachen haben bei mir immer gestimmt.

PAUL EHRLICH

Eine schlecht beobachtete Tatsache ist tückischer als ein falscher Schluß.

PAUL VALÉRY

Große Irrtümer und große Wahrheiten bedürfen nur für die erste Generation eines Beweises.

RODA RODA

Tatsachen sind hauptsächlich dazu da, daß man sie leugnet. Wirkliches wirkt leicht aufdringlich.

ROBERT WALSER

Wenn man sich einmal klar geworden ist – unabänderliche Tatsachen schaffen!

KURT KLUGE

Es gibt eine Tatsachenwelt, die gerade durch das Tatsächliche märchenhaft wirkt.

FRIEDRICH WITZ

Tatsachen schafft man nicht dadurch aus der Welt, daß man sie ignoriert.

ALDOUS HUXLEY

Tatsachen sind Rohmaterial. Auf die Bearbeitung kommt es an.

EUGEN GÜRSTER

Erkenntnisse verändern die Tatsachen nicht – aber sie klären und erhellen sie.

HANS MARGOLIUS

Der Beweis zerstört. Selbst das Wahrste zerstört der Beweis. – Der Beweis ist das Erb-Unglück des Denkens.

ELIAS CANETTI

Vor Tatsachen sollte man Respekt haben.

WILLY BRANDT

Auch aufgrund von ein paar verdrehten Tatsachen kann man zu richtigen Schlußfolgerungen gelangen.

WIESLAW BRUDZINSKI

Tatsachen sollte man nicht schlecht behandeln – und schon gar nicht übersehen; sie sind sehr nachtragend.

ROBERT MUTHMANN

Die Neigung ist groß, die Tatsachen aufzufordern, sich nach der Theorie zu richten.

MANFRED ROMMEL

Wer sich eines Tages auf dem Boden der Tatsachen wiederfindet, macht seinen schönsten Bodenfund.

HELLMUT WALTERS

Was wir im allgemeinen als Vorspiegelung falscher Tatsachen bezeichnen, könnten wir im besonderen auch Nachspiegelung wahrer Träume nennen.

NIKOLAUS CYBINSKI

Fakten sind auch deshalb so gefährlich, weil man sie sich gern als vollendete Tatsachen vorstellt.

ULRICH ERCKENBRECHT

Resultatsache.

HANS-HORST SKUPY

Nackte Tatsachen wirken immer etwas anzüglich.

GÜNTER BARUDIO

Technokratie

Die eine Generation baut die Straße, auf der das nächste Geschlecht fährt.

Chinesisches Sprichwort

Der Geist der Lebewesen war in den Rädern.

HESEKIEL 1,20

Die Rechenmaschine zeigt Wirkungen, die dem Denken näher kommen als alles, was Tiere vollbringen; aber keine, von denen man sagen muß, daß sie Willen habe wie die Tiere.

BLAISE PASCAL

Die Erfindung von Maschinen, welche die Handarbeit überflüssig machen sollen, wird zuletzt die Bevölkerung und den Handel zerstören, und die Methoden, die man ersonnen hat, um die Lehrzeit der Künstler abzukürzen, werden die Kunst vernichten.

HEINRICH FÜSSLI

Es werden jetzt Produktionen möglich, die Null sind, ohne schlecht zu sein: Null, weil sie keinen Gehalt haben; nicht schlecht, weil eine allgemeine Form guter Muster den Verfassern vorschwebt.

JOHANN WOLFGANG VON GOETHE

Das Laute übertönt das Schöne, doch dieses überdauert das Laute, und was laut anfängt, kann ja nicht laut enden.

GUSTAV THEODOR FECHNER

Technokratie

Wenn es mit Eisenbahnen und Dampfschiffen so fort geht, so wird man in künftigen Zeiten einen Schimmel durch die Lupe betrachten müssen, wenn man sich vergegenwärtigen will, wie ein Wald ausgesehen hat.

FRIEDRICH HEBBEL

Der Realismus ist seinem Wesen nach demokratische Kunst. Die Monumentalmalerei, die wir haben, steht im Widerspruch zu den sozialen Zuständen, die kirchliche Malerei zum Geist des Jahrhunderts. Statt dessen bemale man die Bahnhöfe mit den Ansichten der Gegenden, durch die man fährt, mit Maschinenhallen, Bergwerken, Fabriken – das sind die Heiligen und Wunder des Jahrhunderts.

GUSTAVE COURBET

Der Maßstab für den Geist eines Mannes ist die Größe seines Abscheus vor überflüssigem Lärm.

HERBERT SPENCER

Hat die Gesellschaft ein technisches Bedürfnis, so hilft das der Wissenschaft mehr voran als zehn Universitäten.

FRIEDRICH ENGELS

Ob Kardinäle fahren oder Fürsten, ob Freimaurer reiten oder Sozialisten, immer werden die Fahrenden und Reitenden eine Gefahr für die Fußgänger bedeuten.

MARIE VON EBNER-ESCHENBACH

Maschinen sind es, die auf den Menschen einwirken und ihn zum Menschen machen, ebenso wie der Mensch auf die Maschinen einwirkte und sie machte.

SAMUEL BUTLER

In der Technik selbst, in diesem Ringen des Geistes mit der Materie, liegt genug Idealismus, genug Poesie, um unser ganzes Zeitalter für künftige Geschlechter zu vergolden.

MAX VON EYTH

Ich habe viele Ergebnisse erzielt; ich kenne Tausende von Sachen, die nicht funktionieren.

THOMAS ALVA EDISON

Der Karren der Freiheit führt zur Guillotine, der Karren der Wahrheit nach Golgatha, zur Hölle fährt man auf Gummi.

MAX BEWER

Kraft und Maschine, Geld und Güter sind nur insofern nützlich, als sie zur Lebensfreiheit beitragen.

HENRY FORD

Das Telefon gehört zu den Unentbehrlichkeiten, die nicht gekannt zu haben, ein rohes Zeitalter adelt.

RICHARD VON SCHAUKAL

Es gibt keine Technik ohne Erfindung, dagegen Erfindung, die sich ihre Technik erst schaffen wird. Der Glaube an die alleinseligmachende Technik müßte unterdrückt, das Streben nach Wahrhaftigkeit gefördert werden.

ARNOLD SCHÖNBERG

Die Quantität siegt über die Qualität, die Mechanik über das Leben.

OSWALD SPENGLER

Eine auf Weltvernichtung hinarbeitende Technik läßt sich nicht durch brauchbare Nebenprodukte rechtfertigen.

GUSTAV HILLARD

Die letzte Auswirkung der Technik ist der berechenbare Mensch – man verläßt sich auf rationale Gesetze bei einem nicht bloß rationalen Wesen, behandelt nach dem Mechanismus des naturwissenschaftlich erkannten Geschehens ein Geschöpf, das an dem nie Berechenbaren von Geist und Seele Anteil hat.

RICHARD BENZ

Was heute die moderne Kultur und Technik tun, ist weiter nichts als die Ausführung des gewaltigen Arbeitsbefehls, den Gott selber im Paradies der Menschheit gegeben hat.

M. A. NAILIS

Es besteht eine Verschwörung des Lärms. Dem Schweigen kann man nur durch Lärm entfliehen; aber wie flieht man den Lärm? Nur durch Schweigen.

JEAN COCTEAU

Technokratie

Die Maschinen und amerikanischen Bauwerke ähneln der griechischen Kunst in dem Sinne, daß ihnen die Nützlichkeit eine Schlichtheit und von jedem Überfluß befreite Größe verleiht. Aber das ist noch keine Kunst. Die Rolle der Kunst besteht darin, den Sinn ihrer Epoche zu erfassen und in der Zurschaustellung jener praktischen Schlichtheit über ein Mittel gegen die Schönheit des Unnützen, das den Überfluß fördert, zu verfügen.

JEAN COCTEAU

Es ist ein Charakteristikum des Maschinenzeitalters, daß die meisten Menschen glauben, etwas Gutes geleistet zu haben, wenn sie etwas geleistet haben. Sind die Regeln erfüllt, so sind alle befriedigt.

KURT TUCHOLSKY

Technik diente bisher weithin Verwilderten und Zuchtlosen. Inskünftige diene sie und werde beherrscht von Lebenskünstlern, von sozial sich in Zucht Nehmenden.

CARL OSKAR JATHO

Der Zukunftsmensch wird nur noch den Maschinensaal ausfegen.

SIGISMUND VON RADECKI

Technik und Kunst schließen sich aus, wie Geschäft und Religion.

OTTO MICHEL

Dienlichkeitsgarantien contra Qualitätsbegriff. Die Formen um uns werden nun durch industrielle Technisierung diktiert und damit gerechtfertigt, daß sie funktionieren.

RICHARD NEUTRA

Die Maschine trägt einen Januskopf: geistvoll gehandhabt, wird sie Sklave des Zukunftsmenschen sein und ihm Macht, Freiheit, Muße und Kultur sichern – geistlos gehandhabt, wird sie den Menschen versklaven und ihm den letzten Rest seiner Macht und Freiheit, seiner Muße und Kultur rauben. Gelingt es nicht, die Maschine in ein Organ des Menschen zu wandeln – so muß der Mensch zu einem Bestandteil der Maschine herabsinken.

RICHARD N. GRAF COUDENHOVE-KALERGI

Die Technik ist das Kind eines wilden Zufalls, eines Konkubinats von Naturwissenschaft und Wirtschaft.

PETER BAMM

Computer sind schnell. Gute Gedanken sind langsam.

PETER BAMM

Die Technik ist sich selbst im Wege.

GEORG OPITZ

Den modernen Rechenmaschinen eine außermenschliche Intelligenz zuzuschreiben besteht kein Anlaß. Es handelt sich bei den Elektronengehirnen sozusagen um komplette Idioten mit Spezialbegabungen; wie das auch beim Menschen vorkommt.

HORST GEYER

Die Faulen treiben die Technik vorwärts.

SIGMUND GRAFF

Der Computer fängt schon an, uns zu dirigieren. Wir müssen schreiben, wie er will.

FRANZ SLOVENČIK

Indem die Technik unsere Hoffnungen, Sehnsüchte, Wünsche zu befriedigen scheint, verwandelt sie diese in verfluchte, lästige Bedürfnisse.

CHARLES TSCHOPP

Dem Auto und der Spinnmaschine verdanken wir die Poesie der Postkutsche und des Spinnrades.

CHARLES TSCHOPP

Wo die Technik im Spiel ist, tritt die Katastrophe in Galauniform auf.

MARTIN KESSEL

Ein vertrautes Verhältnis zwischen Mensch und Technik gibt es nicht. Am wenigsten für den Fachmann, der von ihr dressiert wird und nur meint, er wäre ihr Herr.

FRITZ DIETTRICH

Automobilitis: eine Krankheit, die durch Benzindunst übertragen wird und nur durch den Kauf eines Wagens geheilt werden kann.

HANS F. GEYER

919

Technokratie

Dringlicher als im Maschinenzeitalter wurde wohl nie vom Menschen verlangt, daß er Mensch sei; daß er sein Herz lebendig erhalte und täglich und stündlich seiner Seele gedenke. Er wird um so mehr Liebe aufbringen müssen, je kälter sein Arbeitsraum ist.

REINHOLD SCHNEIDER

Technisiert die Welt so vollkommen, wie sie nur technisiert werden könnte, und es wird, wohin ihr euch auch wendet, eine Maschine geben, die euch die Möglichkeit versperrt, zu arbeiten – das heißt, zu leben.

GEORGE ORWELL

Kommerztechnokraten haber immer neue faszinierende Ideen. An das Leben und an den Menschen denken sie nicht.

GÜNTHER SCHWAB

Das Gefährlichste an der Technik ist, daß sie ablenkt von dem, was den Menschen wirklich ausmacht, von dem, was er wirklich braucht.

ELIAS CANETTI

Der Weg zur Hölle ist mit den guten Vorsätzen der Gentechnologie gepflastert.

ERWIN CHARGAFF

Vor dem Telephon ist jeder nur – Nummer.

HERBERT A. FRENZEL

Erst wenn die Straßen hoffnungslos verstopft sind, wird sich der Mensch wieder an seine Beine erinnern.

CYRIL N. PARKINSON

Das Übel kommt nicht von der Technik, sondern von denen, die sie mißbrauchen – mutwillig oder auch nur fahrlässig.

JACQUES-YVES COUSTEAU

Es bedarf kluger Köpfe, um das Maß der technischen Evolution so festzusetzen, daß sie sich nicht gegen den Menschen richtet.

ERWIN STRITTMATTER

Mechanik war fachlich begrenzt. Erst die Technik fraß die abseitigen Disziplinen: Physik, Mathematik, Chemie, heute schon Biologie und experimentelle Psychologie.

C. W. CERAM

Kratz die Rakete – und die Romantik kommt zum Vorschein.

HANS KASPER

Es ist ein Unterschied, ob man Weizen liefert oder elektronische Präzisionsgeräte. Mit Weizenkörnern lassen sich keine Raketen steuern.

CASPAR W. WEINBERGER

Rechenmaschinen: geistlose Intelligenz.

WOLFGANG STRUVE

Die Technik bedarf der Bedienung des Menschen, den sie verbraucht.

WOLFGANG STRUVE

Nur im Auto kann ein Mensch der total organisierten Gesellschaft noch eigene Entschlüsse fassen und sein eigener Herr sein.

HELMUT SCHMIDT

Welchen Zweck hätten sonst all die Kabel, Netze und die künstliche Intelligenz, wenn nicht den, uns aus der Entfremdung heraus- und näherzubringen?

VILÉM FLUSSER

Nur durch eine vollkommene Automation kann sich der Mensch vom Kampf ums Dasein befreien, nur durch Maschinen wird er frei. Der Mensch wird der totale Konsument, der Konsument, der für sein Konsumieren nicht zu arbeiten braucht.

FRIEDRICH DÜRRENMATT

Mehr und mehr wird es jetzt offensichtlich, daß Gott nicht länger bei uns weilt. Bisher wurde der Mensch durch Fragen gepeinigt, für die es keine Antworten gab. Durch die Computer werden wir jetzt mit Antworten überschüttet, für die wir nicht einmal die Fragen stellen können.

SIR PETER USTINOV

Computer werden statistisch gefüttert und ziehen Statistiker groß.

WERNER JETTER

Jedes Zeitalter hat seine Genies. Wir haben unsere Computer.

HEINRICH WIESNER

Technokratie

Die Technik zog sich Siebenmeilenstiefel an.
Das Bewußtsein hat normale Schrittlänge.
HEINRICH WIESNER

Computer machen Statistiker zu Statisten.
WOLFRAM WEIDNER

Was über den Verstand geht, geht durch den Computer.
HELMUT LAMPRECHT

Jeder technologische Gigantismus ist eine im Denken der Technokraten verwurzelte Geisteskrankheit.
MAX THÜRKAUF

Dem Computer genügt Information, weil er nicht frei ist...
MAX THÜRKAUF

Das einzig Sichere einer Zukunft aus dem Computer ist die Katastrophe, da der Computer das Wesentliche unserer Zukunft, das Leben, nicht zu berechnen vermag.
MAX THÜRKAUF

Wer sich von der Technik beherrschen läßt, wird nicht lange herrschen.
SIEGFRIED & INGE STARCK

Wozu brauchen wir Roboter, wo doch die meisten Menschen ihre Funktionen sowieso mechanisch ausüben?
BOGUSLAW WOJNAR

Solange der Roboter nur den besseren Kopf hat und nicht den besseren Charakter, bringt er uns nicht in Verlegenheit.
GERHARD BRANSTNER

Der Roboter wird immer einen Nachteil haben: man kann ihn nicht überzeugen. Wem macht es da schon Spaß, mit ihm zu diskutieren?
GERHARD BRANSTNER

Die Technokraten sind manchmal noch schlimmer als die Bürokraten.
RUDOLF HANS FÜRRER

Der Computer ist die logische Fortentwicklung des Menschen: Intelligenz ohne Moral.
JOHN OSBORNE

Der computerisierte Patient: Welche Karteizugehörigkeit?
GERHARD UHLENBRUCK

In Verkehrsadern kann nichts anderes fließen als Blut.
HELLMUT WALTERS

Computerkrieg. Elektronische Soldatenverarbeitung.
PAUL MOMMERTZ

Die Technik wird ihren Höhepunkt erreichen, wenn ein defekter Roboter anstatt in die Werkstatt ins Gefängnis kommt.
MILOVAN ILIĆ

Die Technik spart uns zwar keine Technik, aber sie verteilt sie anders.
HELMAR NAHR

Die moderne Guillotine ist das Telephon.
BRANA CRNČEVIĆ

Das Unsympathische an den Computern ist, daß sie nur Ja oder Nein sagen können, aber nicht Vielleicht.
BRIGITTE BARDOT

Eine Energie, die uns keinen Fehler erlaubt, gibt zu verstehen, daß der Herrschaftsanspruch, der sie entfesselte, selbst ein Fehler war.
ADOLF MUSCHG

Wenn die Maschine billiger ist als die Arbeitskraft, hat die Maschine mehr Chancen, Menschen zu ersetzen.
NORBERT BLÜM

Der Computer ist ein Rechner, kein Denker.
WERNER MITSCH

Der Computer mit der Fähigkeit zum Wahnsinn. Das könnte die Vollendung der Technik sein.
NIKOLAUS CYBINSKI

Wir machen zu viel Nichts um den Lärm.
WERNER EHRENFORTH

Sehen wir zu, daß wir in dieser technisierten Welt nicht selbst zu Maschinen werden!
ESTHER GUT

921

Technokratie

Gefährlich sind also nicht die Atomkraftwerke, sondern ihre Gegner. Um uns zu schützen, zahlen wir gerne den Preis der Freiheit: Sicherheit.

WINFRIED THOMSEN

Diese Reaktoren sind oft ganz schön gerissen.

WINFRIED THOMSEN

Wird es dereinst bei den Robotern auch einen Klassenkampf geben?

HANS-HORST SKUPY

Auch Roboter werden ihr Babylon erleben!

HANS-HORST SKUPY

Welcher Gewerkschaft müßten Roboter angehören?

HANS-HORST SKUPY

Wozu eigentlich Computer? Es gibt Menschen, die viel berechnender sind.

ANDRÉ BRIE

Nostalgie: Heimweh nach der Zeit, als Computer noch Röhren hatten.

RALF BÜLOW

Wir sollten weniger die seelenlosen Roboter von morgen fürchten, als vielmehr die seelenlosen Menschen von heute.

RALF BÜLOW

Glücklich ist derjenige, dessen Lebensumstände seinem Temperament angepaßt sind; höher noch steht aber derjenige, der sein Temperament allen Lebensumständen anzupassen vermag.

DAVID HUME

Die Bösartigkeit als Temperamentsanlage ist doch weniger schlimm als die Gutartigkeit der letzteren ohne Charakter; denn durch den letzteren kann man über die erstere die Oberhand gewinnen.

IMMANUEL KANT

Das wahre Temperament hat lebenerzeugenden Einfluß.

RALPH WALDO EMERSON

Ob man die Menschen liebt oder haßt, ist viel weniger Sache der Lebenserfahrung als des Temperaments.

OSWALD BUMKE

Von unserem Temperament hängt es ab, welche unserer Eigenschaften zuerst zum Zuge gelangen. Es ist unser halber Charakter.

SIGMUND GRAFF

Manche Menschen haben eine so virtuose Nervosität, daß man diese für Temperament halten könnte.

PETER HORTON

Temperament

Man kann im Scherz auch ein Auge ausstechen.

Ossetisches Sprichwort

Da überlief es Kain ganz heiß...

1 MOSE 4,5

Ein unbesonnenes Temperament kann der Deckmantel heimlicher Gier sein. Unterwürfiges, schmeichlerisches Auftreten hilft, den Mangel an Geist zu verbergen.

SCHU SCHUEHMOU

Theater

Ist auch der Dichter gestorben, seine Zunge verfault nicht.

Sudanesisches Sprichwort

Man spiele von der Seele her, mit dem Körper geizend.

SEAMI MOTOKIYO

Laßt die Schauspieler gut behandeln, denn sie sind der Spiegel und die abgekürzte Chronik des Zeitalters.

WILLIAM SHAKESPEARE

Theater

Das Theater bekräftigt die Sitten oder wandelt sie um. Es muß notwendig Lächerliches beseitigen oder Propaganda dafür machen.

CHAMFORT

Für gute Schauspieler gibt es keine schlechten Rollen.

HONORÉ DE BALZAC

Das Theater ist die einzige öffentliche, unmittelbar mit den verschiedenartigsten Kräften, allen Mitteln wirkende Kunstanstalt. Es entfaltet bei uns mehr als irgendwo die besten, die edelsten Werke, und das vor allem durch die Macht der Rede. Die Rede aber ist uns Menschen die Seele des Schauspiels so wie der Welt, und alles übrige muß sich nach ihr emporbilden, sonst würd' es verachtet oder nicht verstanden.

DIETRICH CHRISTIAN GRABBE

Es ist ein eigenes Volk, das Theatervolk, ebenso verschieden von anderen wie Beduinen von Deutschen. Von dem ersten Statisten bis zum ersten Liebhaber setzt jeder einzelne sich in der Regel in die eine Waagschale und legt die ganze übrige Welt in die andere.

HANS CHRISTIAN ANDERSEN

So steht's mit den großen Häusern, sie ruinieren das Schauspiel.

HEINRICH LAUBE

Gewisse moderne Autoren machen Toilette vor dem Publikum und bilden sich ein, diese große Unverschämtheit sei eine große Tat.

FRIEDRICH HEBBEL

Das Kunstwerk, welches allen Zeiten als das vollendetste gelten muß, ist das Drama, weil hierin die höchste und tiefste künstlerische Absicht sich am deutlichsten und allgemeinverständlichsten kundgeben kann.

RICHARD WAGNER

Die Zuhörer im Theater sind einem Autor niemals dankbarer, als wenn er ihnen Grobheiten sagt – denn er kann nur ihre Nachbarn gemeint haben.

OSCAR BLUMENTHAL

Das einzige Bindeglied zwischen Literatur und Theater, das wir heute noch haben, ist das Programmheft.

OSCAR WILDE

Schnarchen – eine Form der Kritik, vor allem im Theater.

GEORGE BERNARD SHAW

Schlechte Theater sind ebenso schädlich wie schlechte Schulen oder schlechte Kirchen; denn die moderne Zivilisation vervielfältigt rasch die Zahl derer, für die das Theater beides, Schule und Kirche, bedeutet.

GEORGE BERNARD SHAW

Das Theater wird solange nicht zu seiner vollen und tiefen Wirkungskraft gelangen, bis es bei uns wie in Griechenland die Sanktion eines Gottesdienstes hat. Es ist bei uns kräftig aus sich, aber nur geduldet, nicht kultiviert. Es steht unter dem Druck eines feindlichen Vorurteils, nicht unter dem Schutze der Heiligung.

GERHART HAUPTMANN

Manche Schauspieler sind so begabt, daß sie selbst im Leben wie echt wirken.

RODA RODA

In den meisten Bühnenstücken fußt der Dialog auf der falschen Annahme, daß die Menschen einander ausreden lassen. Wo gibt es das im Leben?

ALFRED POLGAR

Völker ohne Führer entladen ihre Liebe (Bedürfnisse) an Schauspielern.

ROBERT MUSIL

In modernen Theaterstücken kann man die Schönheiten eines so gewaltigen Werkes das erste Mal gar nicht fassen. Und zum zweiten Mal sieht man sich so etwas nicht an.

CURT GOETZ

Das Theater ist immer verdorben.

JEAN COCTEAU

Im Theater finden die Menschen die Wildheit der Kinder wieder, doch haben sie deren Klarsicht verloren.

JEAN COCTEAU

Theater

Das Theater ist ein Schmelzofen. Den, der sich dessen nicht versieht, verzehrt es auf die Dauer, wenn es ihn nicht auf einen Schlag ausbrennt. Es dämpft den Übereifer, es greift mit Feuer und Wasser an.

JEAN COCTEAU

Kein Theaterbesucher kann so aus voller Seele gähnen und so überschwenglich klatschen wie ein guter Theaterkritiker.

LUDWIG MARCUSE

Das abendländische Theater verdirbt, weil es sich mit dem Menschen beschäftigt, während sich das orientalische Theater mit dem Universum befaßt.

ANTONIN ARTAUD

Was man am seltensten auf der Bühne sehen darf, ist Einmütigkeit. Theater entsteht durch Meinungsverschiedenheiten.

SIGMUND GRAFF

Das Theater, wie wir es vorfinden, zeigt die Struktur der Gesellschaft (abgebildet auf der Bühne) nicht als beeinflußbar durch die Gesellschaft (im Zuschauerraum).

BERT BRECHT

Sobald er aus dem Theater kommt, beginnt der Schauspieler wieder seine Rolle als Schauspieler zu spielen.

RENÉ MAGRITTE

Schauspielerei ist die Kunst, die Menschen in einem Theater vom Husten abzuhalten.

RALPH RICHARDSON

Wenn du Begabung zum Komödianten hast, mißtraue dem schönen Dekor.

MADELEINE DELBREL

Massenmedien: Faule Ausrede für schlechten Besuch von Theatern und Konzerten.

HANS WEIGEL

Jeder Zuschauer bringt seine eigene Akustik ins Theater mit.

STANISLAW JERZY LEC

In jeder Gesellschaft gibt es ein schlechtes Theater, das die Gunst des Publikums genießt.

EUGÈNE IONESCO

Triumph des zeitgenössischen Theaters: daß seinen Star-Regisseuren zu ihren Szenarien so viel Ausgefallenes einfällt.

WALTER HILSBECHER

Wer ein Theater füllen will, bediene sich der Dramaturgie. Um es zu lernen, genügt Ideologie.

OLIVER HASSENCAMP

Es gibt keine unbedeutenden Rollen. Es gibt nur unbedeutende Autoren.

EPHRAIM KISHON

Voraussetzung für lebendiges Theater ist ein gewisser Überschuß an krimineller Energie.

HEINER MÜLLER

Die Staatstheater sind die Bedürfnisanstalten der Kulturverbraucher.

WERNER MITSCH

Auch die Bretter, die die Welt bedeuten, haben Nägel.

HANS-HORST SKUPY

Das engagierte Theater ist das schlechte Gewissen der Zuschauer.

ŽARKO PETAN

Die größten Tragödien werden von einem Clown gespielt.

SIEGFRIED NUCKE

Theorie

Gute Lehren muß man nicht bloß hören.

Deutsches Sprichwort

Meine Lehre rinne wie der Regen.

5 MOSE 32,2

Er hat eine Lehre, er hat Offenbarung.

1 KORINTHERBRIEF 14,26

Es gibt nichts Praktischeres als eine gute Theorie.

IMMANUEL KANT

Theorie

Ohne Praxis ist alle Theorie eine taube Nuß.
JOHANN GEORG HAMANN

Bei einer neuen Theorie kommt alles darauf
an, daß man den Lachern keine Blöße gibt.
WILHELM LUDWIG WEKHRLIN

Grau, teurer Freund, ist alle Theorie und grün
des Lebens goldner Baum.
JOHANN WOLFGANG VON GOETHE

Die Theorie wird in einem Volke immer nur
so weit verwirklicht, als sie die
Verwirklichung seiner Bedürfnisse ist... Es
genügt nicht, daß der Gedanke zur
Verwirklichung drängt, die Wirklichkeit muß
sich selbst zum Gedanken drängen.
KARL MARX

Theorien müssen – ebenso wie
Lebewesen – geeignete Vorbedingungen
vorfinden, um zu wachsen und zu gedeihen.
HERBERT SPENCER

Eine Nation, die auf der Höhe der
Wissenschaft stehen will, kann nun einmal
ohne theoretisches Denken nicht
auskommen.
FRIEDRICH ENGELS

Theorien zu verwirklichen ist deshalb
so schwer, weil es sich dabei um etwas
Rationales und Gegebenes handelt, während
das Leben irrational ist.
WILLIBRORD VERKADE

Theorie kann nur der Praktiker lehren.
MAX REGER

Nichts beweist mehr gegen eine Theorie als
ihre Durchführbarkeit.
KARL KRAUS

Nicht das Gute, sondern das Schlechte ist der
Gegenstand der Theorie. Ihr Element ist die
Freiheit, ihr Thema die Unterdrückung.
MAX HORKHEIMER

Die Theorie ist die nachgelieferte
Voraussetzung der Kunst.
CHARLES TSCHOPP

Theorie ist der Beginn aller Praxis.
HANS MARGOLIUS

Aus einer Theorie kann man aufwachen wie
aus einer Krankheit.
HANS KASPER

Das Ansehen einer Theorie zu untergraben,
braucht es kaum mehr, als sie perfekt zu
praktizieren.
HANS KASPER

Der Theoretiker bleibt immer Außenseiter.
GÜNTHER SIBURG

Auch Theoretiker arbeiten gern mit
praktischen Beispielen.
ROBERT MUTHMANN

So hohl ist selten ein Kopf, daß er nicht voll
wäre von einer Lehre.
HELMUT LAMPRECHT

Bleibt die Theorie unter ihren Möglichkeiten,
gibt's eine unpraktische Wirklichkeit.
GERHARD BRANSTNER

Die Theorie sollte nie vergessen, daß sie
nichts weiter ist als angewandte Praxis.
GABRIEL LAUB

Eine richtige Theorie ist etwas Großartiges:
man kann mit ihr jede Praxis begründen.
GABRIEL LAUB

Gefährlicher als eine falsche Theorie ist eine
richtige in falschen Händen.
GABRIEL LAUB

Theorien sind Spielereien für Menschen, die
mit der Praxis nicht in Einklang kommen.
RENÉ & DENISE DAVID

Eine gute Theorie wird in Ehren grau.
GERHARD UHLENBRUCK

Eine richtige Theorie entsteht oft aufgrund
falscher Hypothesen.
GERHARD UHLENBRUCK

Alle Theorie ist grau, außer in der Politik, wo
sie auch rot, schwarz oder grün sein kann.
RUPERT SCHÜTZBACH

Die reine Theorie schneidet sich ins eigene
Sitzfleisch.
ULRICH ERCKENBRECHT

Tier

Die Hündin bellt nicht des Dorfes, sondern ihretwegen.

Serbisches Sprichwort

Von den reinen und unreinen Tieren... kamen immer zwei zu Noah in die Arche, Männchen und Weibchen.

1 MOSE 7,8/9

Viel weiß der Fuchs, der Igel eins – das wichtigste.

ARCHILOCHOS

Dem Fuchs sind die Trauben zu sauer.

ÄSOP

Jedes Tier liebt sich selbst.

CICERO

Kein Tier ist wilder als der Mensch, wenn sich Leidenschaft und Macht einen.

PLUTARCH

Mit Raben übt der Tadel Nachsicht, schilt aber die Tauben.

JUVENAL

Der Fuchs wechselt den Balg, nicht die Sitten.

SUETON

Eine Krähe hackt der anderen kein Auge aus.

MACROBIUS

Es weiß immer ein Esel einen anderen zu schätzen.

MEISTER ECKEHART

Man muß eine Fliege opfern, um eine Forelle zu fangen.

GEORGE HERBERT

Unrecht hat der Wolf nur, wenn er nicht der Stärkste ist.

JEAN DE LA FONTAINE

Die Katze in Handschuhen fängt keine Mäuse.

BENJAMIN FRANKLIN

Nicht alle Schlangen, welche starren, sind tot.

WILHELM LUDWIG WEKHRLIN

Wer ein Tiger in seinem Hause ist, pflegt ein Schaf außer demselben zu sein.

THEODOR GOTTLIEB VON HIPPEL

Die Fliege, die nicht geklappt sein will, setzt sich am sichersten auf die Klappe selbst.

GEORG CHRISTOPH LICHTENBERG

Die Klassen der Geschöpfe erweitern sich, je mehr sie sich vom Menschen entfernen; je näher ihm, desto weniger werden die Gattungen der sogenannten vollkommeneren Tiere.

JOHANN GOTTFRIED HERDER

Ein schäbiges Kamel trägt immer noch die Lasten vieler Esel.

JOHANN WOLFGANG VON GOETHE

Das Lämmergeschlecht zeugt und gebiert sich wenigstens nicht selbst den Wolf zum Wächter; auch darin kann sich der Mensch des Vorzugs über die Tiere der Erde rühmen.

FRIEDRICH MAXIMILIAN KLINGER

Der Fuchs verdammt die Falle, nicht sich selbst.

WILLIAM BLAKE

Der Adler hat nie so viel Zeit vergeudet wie in jenem Moment, in dem er sich dazu herabließ, von der Krähe zu lernen.

WILLIAM BLAKE

Nur das feurige Roß, das mutige, stürzt auf der Rennbahn, mit bedächtigem Paß schreitet der Esel daher.

FRIEDRICH VON SCHILLER

Die Katze läßt das Mausen nicht, auch wenn sie eine schöne Prinzessin geworden.

LUDWIG BÖRNE

Kein Tier tut Unvernünftiges, denn dazu gehört Verstand.

PETER SIRIUS

Dem Tiere ist der Mensch sein Gott.

FRIEDRICH THEODOR VISCHER

Tier

Welch angenehme Freunde die Tiere sind: sie stellen keine Fragen, und sie kritisieren nicht.

GEORGE ELIOT

Tierärzte haben es leichter. Die werden wenigstens nicht durch Äußerungen ihrer Patienten irregeführt.

LOUIS PASTEUR

Der gemeine Gaul spannt aus, das edle Roß bricht nieder.

MARIE VON EBNER-ESCHENBACH

Die blinde Henne, die ein Körnlein gefunden hat, verachtet tief alle sehenden Hennen.

MARIE VON EBNER-ESCHENBACH

Sonderbar, daß der Affe das häßlichste und zugleich das menschenähnlichste Tier ist!

ROBERT HAMERLING

Wo das Tier zum Vorschein kommt, bleibt dem Menschen nichts weiter übrig, als unendlich geduldig zu werden.

WILHELM RAABE

Das einzige, was den Menschen wirklich vom Tier unterscheidet, ist, daß er errötet – oder erröten sollte.

MARK TWAIN

Es ist besser, ein junger Spatz zu sein als ein alter Paradiesvogel.

MARK TWAIN

Nie hat man ein Tier entdeckt, das auch nur das einfachste Werkzeug hergestellt hätte.

MAX VON EYTH

Der Affe ist eben ein armer Verwandter des Menschen, darum schämt sich der letztere seiner.

LUDWIG ANZENGRUBER

Kriech nie vor dem Tier: dann kommt es nicht über dich!

AUGUST STRINDBERG

Tiere haben beständig das Bestreben, ein Geheimnis zu entdecken, daher bei den Menschen die Achtung vor einem fremden Geheimnis, als Kampf gegen den tierischen Instinkt.

ANTON P. TSCHECHOW

Der Vogel glaubt, er tut dem Fisch etwas Gutes, wenn er ihn in die Luft hebt.

RABINDRANATH TAGORE

Affe: Tier, das sich auf Stammbäumen zu Hause fühlt.

AMBROSE BIERCE

Auf das Ewig-Animalische darf nur eine Menschheit verzichten, die sich selbst verneint und in frommer Ekstase des Weltunterganges harrt.

MAXIMILIAN HARDEN

Da das Tier den Tod nicht kennt, leidet es nicht an seinem Leben.

HERMANN STEHR

Wenn die Wissenschaft den Menschen zum besseren Tier degradiert, ist es doch kein Wunder, wenn brutale Tiereigenschaften sich bei den Menschen zeigen.

OSCAR SCHELLBACH

Katzen, die gar so freundlich sind, mit gehobenem Schwanz jedem schöntun, sind meistens schlechte Mäusefänger.

WILLIBRORD VERKADE

In das Dunkel der Tierseele leuchtet der Mensch mit dem Licht, das ihm sein Wissen um die Mensch-Seele angezündet hat. Was beiläufig so ist, als wollte sich einer anhand des Stadtplans von Paris in London zurechtfinden.

ALFRED POLGAR

Wenn Tiere gähnen, haben sie ein menschliches Gesicht.

KARL KRAUS

Es ist nur verständlich, daß die Wölfe die Abrüstung der Schafe verlangen, denn deren Wolle setzt dem Biß einen gewissen Widerstand entgegen.

GILBERT KEITH CHESTERTON

Den Menschen sollte der Affe nicht nachahmen.

LISA WENGER

Die Furcht vor Mücken ist die Kehrseite der Liebe zum Vogel.

OTTO WEININGER

Tier

Die Schlange weiß immer, an wen sie sich wenden muß, um ein Paradies zu zerstören.

ERNST BERTRAM

Tiere kommen auf den Zuruf ihres Namens. Ganz wie Menschen.

LUDWIG WITTGENSTEIN

Die Katze ist das einzige vierbeinige Tier, das dem Menschen eingeredet hat, er müsse es erhalten, es brauche aber dafür nichts zu tun.

KURT TUCHOLSKY

Es gibt auch Hunde, die bellen, um dich glauben zu machen, daß sie nicht beißen werden.

LUDWIG STRAUSS

Menschen sollen die Schutzengel der Tiere sein.

MARGARETE SEEMANN

Nichts ist so lauernd wach im Menschen wie das Tier.

MARGARETE SEEMANN

Tiere zögern nie; sie wissen immer, was sie unternehmen wollen.

KURT GUGGENHEIM

Zu Tieren soll man immer lieb sein, es gibt ja genug Menschen, an denen man sein Mütchen kühlen kann.

WILLY REICHERT

Was wir tierisch nennen, ist im Grunde nur Allzu-Menschliches, das uns bei den Tieren auffällt.

HEIMITO VON DODERER

Selbst die Raubtiere sind besser als wir Menschen, denn ihre Raubgier ist beschränkt.

HANS BRÄNDLI

Katzen erreichen mühelos, was uns Menschen versagt bleibt: durchs Leben gehen, ohne Lärm zu machen.

ERNEST HEMINGWAY

Wenn dir eine Frau sagt, sie sei tierliebend, kaufe ihr keinen Hund, sondern einen Nerzmantel.

WILHELM LICHTENBERG

Alle Tiere sind gleich, aber einige Tiere sind gleicher als andere.

GEORGE ORWELL

Wer Katzen kennenlernt, diese Juden unter den Tieren, diese am meisten mißverstandenen, auch der, der bisher keine Beziehung zu ihnen hatte, muß sich in sie verlieben.

WERNER BUKOFZER

Erst die Arbeit macht uns aus einem Weichtier zum Wirbeltier.

JOACHIM GÜNTHER

Mein größer Wunsch ist es zu sehen, wie eine Maus eine Katze bei lebendem Leibe frißt. Sie soll aber auch lange genug mit ihr spielen.

ELIAS CANETTI

Der Mensch ist das einzige Tier, das sich für einen Menschen hält.

THOMAS NIEDERREUTHER

Falsche Katzen wurden falsch behandelt.

MAX HOGREFE

Unmöglich, sich ein degradiertes Tier, ein Untertier vorzustellen.

É. M. CIORAN

Das Schönste an einer Katze: sie ruht in sich selbst.

HANNS CIBULKA

Jeden Hund schützt irgendein Tierschutzverein. Und wer uns?

JURIJ BŘEZAN

Kein Esel, der nicht glaubt, ein neuer Herr schlüge ihn weniger als der alte.

HANS KASPER

Tiere sind wortlos, nicht aber sprachlos.

WOLFGANG STRUVE

Der Mensch hat das Schwein zur Sau gemacht!

HORST STERN

Viele Menschen wissen von ihren Hunden nicht viel mehr, als was sie gekostet haben.

HORST STERN

Tiere sind auch nur Menschen.
WOLFRAM WEIDNER

Auch in einem Schaf kann ein Wolf stecken.
SIEGFRIED & INGE STARCK

Das Tier kann nicht bereuen.
GERHARD BRANSTNER

Tiere sind Lebewesen, die von den Menschen enttäuscht sind, sie aber dennoch nicht verachten.
GERHARD UHLENBRUCK

Wer als Zugpferd dient, ist ein Esel.
GERHARD UHLENBRUCK

Die Wölfe verhindern die Tyrannei der Lämmer.
HELLMUT WALTERS

Wenn die Katze auf Mäuse lauert, vergißt sie ihr Miauen.
FRITZ VAHLE

Die Höflichkeit der Chamäleons: die Augen zuzumachen, wenn der Freund die Farbe wechselt.
VYTAUTAS KARALIUS

Eine besonders ekelhafte Barbarei des heutigen Menschen ist seine Tierliebe.
HELMUT ARNTZEN

Einem Kamel macht es nichts aus, wenn man es in die Wüste schickt...
RUPERT SCHÜTZBACH

Je größer ein Tier ist, desto weniger Mut braucht es – zum Überleben.
OSKAR KUNZ

Mit den Wölfen heulen nur die Schafe.
JORG SCHRÖDER

Pferde, die arbeiten, nennt man Esel.
WERNER MITSCH

Viele Hunde sind des Rasens Tod.
KLAUS LETTKE

Nun haben wir bald keinen Hunger mehr, sagte die Katze zur Maus.
PETER TILLE

Das Raubtier hält Frieden, wenn es satt ist.
WERNER EHRENFORTH

Wölfe im Schafspelz hab ich nie gesehen, aber Menschen.
STEPHAN SULKE

Was nützt der Tiger im Tank, wenn der Esel am Steuer sitzt?
PETER GAUWEILER

Der Mensch ist ein Herdentier. Selbst darin, sich sein Grab zu schaufeln.
FRANCIS LOUIS BANDELIER

Wir brauchen Zugtiere und keine Paradepferde.
KLAUS BERNHARDT

Zuweilen wird auch der Jäger von den Wölfen gejagt.
JÜRGEN KÖDITZ

Timing

Die Zeit wartet auf niemand.
Deutsches Sprichwort

Ein jegliches hat seine Zeit, und alles Vornehmen unter dem Himmel hat seine Stunde.
PREDIGER 3,1

Wer Großes vorhat, läßt sich gerne Zeit.
SOPHOKLES

Wage es, weise zu sein: beginne! Wer die Stunde, richtig zu leben, aufschiebt, gleicht dem Bauern, der darauf wartet, daß der Fluß austrocknet, bevor er ihn überquert. Doch er fließt weiter und wird es ewig tun.
HORAZ

Lieblich ist's, zur rechten Zeit ein Narr zu sein.
HORAZ

Meine Zeit ist nahe.
MATTHÄUS 26,18

Timing

Es wird aber die Zeit kommen.

LUKAS 17,22

Meine Zeit ist noch nicht da.

JOHANNES 7,6

Aufgeschoben ist nicht aufgehoben.

ARNOBIUS

Wartet nicht auf die Zeit, denn die Zeit wartet nicht auf euch!

KATHARINA VON SIENA

Oft raubt die Langsamkeit die Gelegenheit, die Schnelligkeit die Kraft.

NICCOLÒ MACHIAVELLI

Wer eine Stunde versäumt, versäumt auch wohl einen ganzen Tag.

MARTIN LUTHER

Benutze die Zeit, laß keinen Vorteil aus!

FRANCIS BACON

Zu hastig und zu träge kommt gleich spät.

WILLIAM SHAKESPEARE

Wer vor der Zeit beginnt, der endigt früh.

WILLIAM SHAKESPEARE

Du selber machst die Zeit, das Uhrwerk sind die Sinnen, hemmst du die Unruh nur, so ist die Zeit von hinnen.

ANGELUS SILESIUS

Was Hänschen versäumt, holt Hans nicht mehr ein.

GOTTFRIED AUGUST BÜRGER

Alles hat seine Zeit! Ein Spruch, dessen Bedeutung man bei längerem Leben immer mehr anerkennen lernt; diesem nach gibt es eine Zeit zu schweigen, eine andere zu sprechen.

JOHANN WOLFGANG VON GOETHE

Ein Koch muß pünktlich sein. Aber den Gästen sei die gleiche Tugend anempfohlen.

BRILLAT-SAVARIN

Zeit hinter uns, Zeit vor uns, mit uns ist sie nicht.

LEW N. GRAF TOLSTOJ

Denke immer daran, daß es nur eine allerwichtigste Zeit gibt, nämlich: sofort!

LEW N. GRAF TOLSTOJ

Lieber zu spät als nie, doch lieber nie zu spät.

CHARLES H. SPURGEON

Verschiebe nicht auf Morgen, was genauso gut auf Übermorgen verschoben werden kann.

MARK TWAIN

Zu allen Dingen lasse man sich Zeit; nur nicht zu den ewigen.

KARL KRAUS

Die Zeit ist immer reif; es fragt sich – wofür.

FRANÇOIS MAURIAC

Wer seiner Zeit voraus ist, den holt sie einmal ein.

LUDWIG WITTGENSTEIN

Alles Echte hat seine Zeit.

KARL HEINRICH WAGGERL

Die Zeit einer reinen Seele ist immer.

REINHOLD SCHNEIDER

Timing ist money.

ANDRÉ KOSTOLÁNY

Viele, die ihrer Zeit vorausgeeilt waren, mußten auf sie in sehr unbequemen Unterkünften warten.

STANISLAW JERZY LEC

Der Luftzug der Zeit hebt den Vorhang des Ungeklärten – nicht der Wille zu wissen.

HANS ARNDT

Man versäumt immer nur sich selbst.

ILSE AICHINGER

Wenn du zu spät kommst, ist es gut, den Schritt etwas zu verlangsamen.

ABRAM TERZ (SINJAWSKIJ)

Ein Clown, der sich die besten Sachen bis zum Schluß aufbewahrt, kann noch nicht lange im Geschäft sein.

BERT KÜPPER

Mit der Zeit gehen heißt auch, beizeiten gehen.

SIEGFRIED & INGE STARCK

Es ist nicht zu spät zur Umkehr.

MARTIN LUTHER KING

Wer zu spät kommt, den bestraft das Leben.

MICHAIL S. GORBATSCHOW

Das Leben bestraft den keineswegs, der zu spät kommt; in aller Regel wird auf ihn gewartet. Gegen den, der zu früh kommt, ist das Leben unnachsichtig.

JOHANNES GROSS

Glück ist, wenn man zusieht, wie die Zeit vergeht, und hofft, daß sie für einen arbeitet.

WERNER SCHNEYDER

Wer hinter der Zeit geht, der holt sie ein.

SULAMITH SPARRE

Tod

Es blieb uns nichts, als der Schmutz unserer Füße.

Arabisches Sprichwort

Die Toten haben an nichts mehr teil von allem, was unter der Sonne geschieht.

PREDIGER 9,6

Wir verstehen das Leben nicht: Wie sollen wir dann das Wesen des Todes erfassen?

KONFUZIUS

Gegen alles andere kann man sich Sicherheit verschaffen; aber dem Tod gegenüber bewohnen wir Menschen alle eine unbefestigte Stadt.

METRODOROS

Wie kann der Tod schlecht sein, wenn wir uns in seiner Anwesenheit nicht darüber klar sind?

DIOGENES

Der Tod geht mich eigentlich nichts an, denn wenn er ist, bin ich nicht mehr, und solange ich bin, ist er nicht.

EPIKUR

Es ist lächerlich, aus Überdruß am Leben sich dem Tod in die Arme zu werfen, wenn man es durch die Art seines Lebens so weit gebracht hat, daß man sich dem Tod in die Arme werfen muß.

EPIKUR

Es ist ratsam, über den Tod nachzudenken.

EPIKUR

Der Tod ist ein Ausruhen von Not und Elend.

CICERO

Rasch holt der Tod auch flüchtige Männer ein.

HORAZ

Hütten der Armen und Königschlösser betritt mit gleichem Fuße der bleiche Tod...

HORAZ

Und so heilen im Tod wir mit Tränen die Liebe des Lebens.

PROPERZ

Bereite dich auf den Tod vor, das will besagen: bereite dich auf die Freiheit vor.

SENECA

Laßt die Toten ihre Toten begraben.

MATTHÄUS 8,22

Der Tod ist das Ende aller Dinge des menschlichen Lebens, nur des Aberglaubens nicht.

PLUTARCH

Es ist viel dringender erforderlich, die Seele als den Körper zu heilen, denn Tod ist besser als ein schlechtes Leben.

EPIKTET

Nicht die Dinge selbst beunruhigen die Menschen, sondern die Vorstellungen von den Dingen. So ist der Tod nichts Furchtbares – nein, die Vorstellung vom Tode, er sei etwas Furchtbares, das ist das Furchtbare.

EPIKTET

Tod

Niemand darf freiwillig in den Tod gehen in der Absicht, zeitlichen Beschwerden zu entgehen, da er dadurch ewig dauernden anheimfällt.

AUGUSTINUS

Jeden wird der Tod treffen, und wir wollen euch prüfen durch Böses und Gutes, das als Versuchung euch diene, und zu uns werdet ihr dann zurückkehren.

KORAN

Wo ihr auch sein möget, wird euch der Tod erreichen, und wärt ihr auch auf dem höchsten Turme.

KORAN

Nichts ist gewisser als der Tod, nichts ungewisser als seine Stunde.

ANSELM VON CANTERBURY

Wie ein gut verbrachter Tag einen glücklichen Schlaf beschert, so beschert ein gut verbrachtes Leben einen glücklichen Tod.

LEONARDO DA VINCI

Ich habe oft über den Tod nachgedacht, und ich finde ihn das geringste aller Übel.

FRANCIS BACON

Den Tod kann jeder Mensch nur einmal zahlen.

WILLIAM SHAKESPEARE

Der ist elend, der den Tod wünscht; noch elender aber der, der ihn fürchtet.

JULIUS WILHELM ZINCGREF

Der Tod, wenn man nicht an ihn denkt, ist leichter zu ertragen als der Gedanke an den Tod, wenn man gar nicht in Gefahr ist.

BLAISE PASCAL

Die Stunde des Todes ist die Stunde der Wahrheit.

CHRISTINE VON SCHWEDEN

Der freie Mensch denkt über nichts weniger nach als über den Tod: seine Weisheit ist nicht ein Nachsinnen über den Tod, sondern über das Leben.

BARUCH DE SPINOZA

Der Tod ist gar nichts; nur der Gedanke an ihn ist traurig.

VOLTAIRE

Der Gedanke an den Tod betrügt uns, denn er läßt uns vergessen zu leben.

VAUVENARGUES

Festigkeit oder Schwäche im Tod hängt von der letzten Krankheit ab.

VAUVENARGUES

Den Tod fürchten die am wenigsten, deren Leben den meisten Wert hat.

IMMANUEL KANT

Wenn der Tod uns ein langes Leben vergönnt, holt er sich zuvor als Geiseln alle, die wir geliebt.

SUZANNE NECKER

Je mehr wir dem Glück eines anderen geopfert haben, um so teurer ist er uns. Der Tod raubt uns dann mehr als unser eigenes Glück; er raubt uns das seine.

SUZANNE NECKER

Wenn der Schlaf ein Stiefbruder des Todes ist, so ist der Tod ein Stiefbruder des Teufels.

GEORG CHRISTOPH LICHTENBERG

Gäbe es keinen Schlaf und Ohnmacht, wir hätten keinen Begriff vom Tod.

JEAN PAUL

Wer den Tod fürchtet, hat das Leben verloren.

JOHANN GOTTFRIED SEUME

Der Tod ist der einzige wahre Jakobiner, der alle gleich macht.

KARL JULIUS WEBER

Die Vorbereitung zum Tode muß das ganze Leben sein, so wie das Leben selbst.

WILHELM VON HUMBOLDT

Jedem Sterblichen, der etwas Ernstes mit Ernst will, ist gegeben, groß zu sein; jeder, der treu in einem beharrt, erreicht seinen Zweck bis in den Tod. Dem Edlen und Tapfern ist auch der Tod Zweck des Lebens.

ERNST MORITZ ARNDT

Tod

Durch den Tod wird das Leben verstärkt.

NOVALIS

Leben ist der Anfang des Todes. Das Leben ist um des Todes willen. Der Tod ist Endigung und Anfang zugleich, Scheidung und nähere Selbstverbindung zugleich.

NOVALIS

Flucht des Gemeingeistes ist Tod.

NOVALIS

Der Tod ist Endigung und Anfang zugleich.

NOVALIS

Den Tod fürchten heißt, dem Leben zuviel Ehre erweisen.

JOUFFROY

An einem Orte, wo das Leben nichts bietet, kann der Tod nicht besonders schwer sein.

JOHANN NESTROY

Der Tod ist nicht nur das Ende, sondern auch das Heilmittel des Lebens. Man ist nirgends so gut aufgehoben wie im Sarg.

CLAUDE TILLIER

Der Tod begeht keinen Fehler, wenigstens macht er keinen wieder gut.

FRIEDRICH HEBBEL

Die Welt verliert im Toten nur einen Menschen; aber der Mensch verliert die Welt.

FRIEDRICH HEBBEL

Der Tod ist kein Unglück für den, der stirbt, sondern für den, der überlebt.

KARL MARX

Leichensezierung – Majestätsbeleidigung des Todes.

GUSTAVE FLAUBERT

Gegen den Tod ist allerdings noch kein Kräutlein erfunden, und auch das Wasser hat kein Privilegium.

SEBASTIAN KNEIPP

Im Tode gibt es nichts Schreckliches. Das, was schrecklich daran ist, hängt vom Leben ab.

LEW N. GRAF TOLSTOJ

Nichts ist gewiß im Leben eines Menschen, außer, daß er es verlieren muß.

GEORGE MEREDITH

Beim Tode eines geliebten Menschen schöpfen wir eine Art Trost aus dem Glauben, daß der Schmerz über unseren Verlust sich nie vermindern wird.

MARIE VON EBNER-ESCHENBACH

Der Tod macht das Leben zu einer ernsten Sache.

ROBERT HAMERLING

Über den Tod kommt jeder leicht hinweg, aber mit dem Sterben ist's eine andere Sache.

WILHELM RAABE

Das Grab trennt Freunde und vereinigt Feinde.

DANIEL SPITZER

Die ganze Art, wie ein Mensch während seines vollen Lebens, seiner blühenden Kraft an den Tod denkt, ist freilich sehr sprechend und zeugnisgebend für das, was man seinen Charakter nennt; aber die Stunde des Sterbens selber, seine Haltung auf dem Totenbette ist fast gleichgültig dafür.

FRIEDRICH NIETZSCHE

Ich habe keine Angst vor dem Tod. Das Nahen des Todes ist es, wovor mir graust.

OSCAR WILDE

Selbstmord ist das größte Kompliment, das man der Gesellschaft machen kann.

OSCAR WILDE

Ich ließ mein Leben nicht von Todesfurcht beherrschen – und mein Lohn war, daß ich mein Leben lebte.

GEORGE BERNARD SHAW

Nur wer den Tod fürchtet, darf sich seines Mutes rühmen.

ARTHUR SCHNITZLER

Das größte der körperlichen Übel, an dem alle andern hängen, ist der Tod.

A. G. SERTILLANGES

933

Tod

Niemand ist nicht selbst irgendwie schuld an seinem stets vorzeitigen Tode. Jeder ist ein dummer Sünder. Am allerwenigsten versteht das der Arzt, denn es ist direkt sein Beruf, es eben nicht zu verstehen.

PETER ALTENBERG

Der Tod: dieses urgeheime Glück.

HERMANN STEHR

Der Tod bedeutet nichts anderes als Leben in rein geistigem, geläutertem, glückseligem Zustand, Befreiung der Seele vom erdenschweren Leid.

RUDOLF VON TAVEL

Der Tod ist ein großer Herr auf dieser Welt, und unter den Menschen hat er viele Gehilfen.

FERDINAD SAUERBRUCH

Der Tod ist seelisch ebenso wichtig wie die Geburt und wie diese ein integrierender Bestandteil des Lebens.

C. G. JUNG

Gegen den Tod brauche ich keine Waffe, weil es keinen Tod gibt. Es gibt aber eines: Angst vor dem Tode; die kann man heilen.

HERMANN HESSE

Der Tod ist kein Ziel.

E. G. KOLBENHEYER

Der Leichnam gehört Gott und nicht dem Teufel.

OTTO WEININGER

Die Moral des modernen Zeitalters hat eine windige Sentimentalität gezüchtet, die als der Übel größtes den Tod hinstellt. Warum das, wenn das Leben so schlecht ist?

JOSÉ ORTEGA Y GASSET

Das Grausame des Todes liegt darin, daß er den wirklichen Schmerz des Endes bringt, aber nicht das Ende.

FRANZ KAFKA

Nicht deshalb ist der Tod so traurig, weil mit ihm alles endet, sondern weil nach ihm nichts beginnt.

TADEUSZ KOTARBINSKI

Wie könnten wir den Tod verstehen, wenn wir nicht einmal das Leben ausreichend verstehen können?

JOSEF ČAPEK

Alles Schwere am Tod ist immer eine Sache der andern, nicht unsere eigene.

ERNST WIECHERT

Der Tod ebnet dem Leben den Weg.

JAKOW TRACHTENBERG

Die Furcht vor dem Tode ist unvernünftig: denn solange wir leben, ist er noch nicht da, und wenn er endlich kommt, sind wir schon weg.

CURT GOETZ

Mit dem Tode ist alles aus. Auch der Tod?

KURT TUCHOLSKY

Immer geht der Mensch dem Tod entgegen, zum Arzt geht er um des Aufschubs willen.

K. H. BAUER

Man soll gegen jeden Menschen so handeln, wie man wünschte, gestern gehandelt zu haben, wenn heute die Nachricht von seinem Tod käme.

FRANZ WERFEL

Freitod und Selbstmord sind nicht Synonyma.

LUDWIG MARCUSE

Vielleicht ist die wesentlichste Geschichte des Menschen als eine Geschichte seiner Wiegenlieder gegen den Tod zu schreiben.

LUDWIG MARCUSE

Wir müssen damit rechnen, daß der Tod uns in unserer schwächsten Verfassung entgegentritt.

ERNST JÜNGER

Die Möglichkeit des Selbstmordes gehört zu unserem Kapital.

ERNST JÜNGER

Der Tod kann nicht durch das Denken erfaßt werden. Er ist vielmehr der große Riß, der durch alles Denken geht.

EUGEN GÜRSTER

Tod

Vor der Unendlichkeit gibt es kein Lachen.
Sie ist die Todfeindin der Heiterkeit.
FRITZ USINGER

Wozu die Toten kränken, wenn sie doch nicht
mehr darunter leiden?
HENRY DE MONTHERLANT

Das Tröstlichste am Tode ist seine
Ausnahmslosigkeit.
HANS BRÄNDLI

Es ist ein feiner Trick der Natur, daß man
nach seinem Tode nicht mehr am Leben ist.
PETER BAMM

Wer den Tod nicht fürchtet, ist mächtig in
einer Welt der Angst. Die Furchtlosigkeit ist
der Lohn der Wahrheit. Ihr Preis ist der Tod.
PETER BAMM

Die Menschen, die viel vom Tod sprechen,
kennen ihn noch nicht, denn der Tod fordert
Schweigen.
OTTO HEUSCHELE

Der natürliche Tod ist eine gelungene Flucht
vor dem Selbstmord.
HANS KUDSZUS

Der Tod ist der *Dernier cri* des Lebens.
HANS KUDSZUS

Der Wunsch zu überleben, die Angst vor dem
Tode sind künstlerische Empfindungen.
SALVADOR DALI

Ich hänge am Tod.
SALVADOR DALI

Der Tod wird zum Sinn des Lebens wie der
auflösende Akkord zum Sinn der Melodie...
JEAN-PAUL SARTRE

Die größte Anstrengung des Lebens ist, sich
nicht an den Tod zu gewöhnen.
ELIAS CANETTI

Es ist nicht abzusehen, was die Menschen zu
glauben imstande sein werden, sobald sie
einmal den Tod aus der Welt geschafft
haben.
ELIAS CANETTI

Es wird sich noch einmal herausstellen, daß
die Menschen mit jedem Tod schlechter
werden.
ELIAS CANETTI

Der Tod Gleichaltriger ist für alte Menschen
die ansteckendste Krankheit.
JOACHIM GÜNTHER

Der Tod, als Teil des Opfers, ist wohl
Erfüllung, doch meist Erniedrigung und nie
Erhöhung.
DAG HAMMARSKJÖLD

Die eigentliche Antwort ist immer der Tod.
GÜNTER EICH

Niemand kann mich von meinem Tod
überzeugen.
STANISLAW JERZY LEC

Die Wahrheit lieben heißt, die Leere ertragen
und also den Tod hinnehmen. Die Wahrheit
ist auf seiten des Todes.
SIMONE WEIL

Der Tod ist die kostbarste Gabe, die der
Mensch empfangen kann. Darum ist es der
ärgste Frevel, ihn schlecht zu gebrauchen.
SIMONE WEIL

Der Tod, der dem Spiel und dem Heldentum
seinen wahren Sinn verleiht.
ALBERT CAMUS

Eine der schmerzhaftesten Todesarten ist das
Totgeschwiegenwerden.
ROBERT LEMBKE

Tote belasten oder entlasten die
Überlebenden. Meistens jeweils die falschen.
LÉOPOLD HOFFMANN

Das Sterben ist die persönlichste Sache von
der Welt. Jeder Mensch stirbt seinen Tod, in
ihm wird ihm alles präsent, was er war, ist
und sein wird.
FRIEDRICH HEER

Zu denken: daß der Tod mit zu mir gehört.
Ich bin sozusagen auch mein Nichtsein.
WOLFGANG STRUVE

Tod

Der Tod ist einsilbig, aber er hat immer das letzte Wort.

LISELOTTE RAUNER

Daß man sich auch durch den Tod aus dem Staube machen kann, ist manchmal ungerecht.

FRIEDRICH DÜRRENMATT

Der Tod hat an Stellenwert eingebüßt. Er kommt als letzter.

HEINRICH WIESNER

Das Gute am Tode ist, daß er jeden von uns an seinen Platz stellt.

ABRAM TERZ (SINJAWSKIJ)

Lauf um dein Leben, auch wenn der Tod noch weit ist.

GERHARD BRANSTNER

Mancher würde die Hälfte seines Lebens hingeben, wenn ihm der Tod erspart bliebe.

GERHARD BRANSTNER

Der Tod ist nur eine Art, nicht zu leben.

GUIDO HILDEBRANDT

Jeder Tod hinterläßt eine Schürfwunde, und jedes Mal, wenn ein Kind vor Freude lacht, vernarbt sie.

ELIE WIESEL

Das Recht auf Selbstmord hat nur, wer Respekt vor dem Tode hat, wer ihn nicht als Lückenbüßer mißbraucht.

GOTTFRIED EDEL

Der Tod ist jedermanns eigene, aber nicht Privatsache.

GOTTFRIED EDEL

Raucherbein: Er steht mit einem Fuß im Grabe.

GERHARD UHLENBRUCK

Der Tod ist die Intensivstation des Lebens.

HELLMUT WALTERS

Was eindeutig und endgültig ist, hat etwas Beruhigendes, so auch der Tod.

HELLMUT WALTERS

Der Tod müßte kürzer sein. Es zahlt sich nicht aus, für immer zu sterben.

BRANA CRNČEVIĆ

Der Tod spielt in unserem Leben eine undankbare Rolle. Immer darf er nur im letzten Akt auftreten.

WERNER MITSCH

In der deutschen Sprache ist der Tod trotz allem ein vornehmer Besucher geblieben. Er tritt immer noch ein.

NIKOLAUS CYBINSKI

Der Tod ist die Unfähigkeit zu lieben.

TORSTI LEHTINEN

Mitten im Tod sind wir vom Leben umfangen.

DIETER FRINGELI

Das Leben wird erst handlich und verfügbar, wo der Tod als das Eigentliche der Existenz akzeptiert wird. Solange der Tod etwas Tabuisiertes ist, solange ist auch das Leben eines, das nicht interessiert.

RAINER WERNER FASSBINDER

Der Tod ist so etwas wie das letzte große Abenteuer. Da muß man ganz allein durch. Da zeigt sich, was man während des Lebens wirklich begriffen hat.

ANDREAS LUKOSCHIK

Toleranz

Wer dem Bösen verzeiht, schadet dem Guten.

Italienisches Sprichwort

Gebt dem Kaiser, was des Kaisers ist, und Gott, was Gottes ist!

MATTHÄUS 22,21

Wir wollen aufhören, uns gegenseitig zu verurteilen. Denkt lieber darüber nach, wie ihr alles vermeiden könnt, was eure Brüder verwirrt oder ihren Glauben in Gefahr bringt.

RÖMERBRIEF 14,13

Toleranz

Wer gegen sich selbst unerbittlich und gewohnt ist, hart zu arbeiten und jede Mühe zu ertragen, ist gegen andere nur dann nachsichtig, wenn er sehr weise ist.

JEAN DE LA BRUYÈRE

Ich mißbillige, was du sagst, aber bis in den Tod werde ich dein Recht verteidigen, es zu sagen.

VOLTAIRE

Die Toleranz muß in einem Staate jedem Freiheit geben, alles zu glauben, was er will, aber sich nicht so weit erstrecken, daß sie die Frechheit und Ausgelassenheit junger unbesonnener Leute autorisiert, die dem kühn Hohn sprechen, was das Volk verehrt.

FRIEDRICH II. VON PREUSSEN

Toleranz sollte eigentlich nur eine vorübergehende Gesinnung sein: sie muß zur Anerkennung führen. Dulden heißt beleidigen.

JOHANN WOLFGANG VON GOETHE

Je älter man wird, desto toleranter gegen das Herz und intoleranter gegen den Kopf.

JEAN PAUL

Die toleranten Menschen haben nicht die meiste Liebe.

JEAN PAUL

Um zur Wahrheit zu gelangen, sollte jeder die Meinung seines Gegners zu verteidigen suchen.

JEAN PAUL

Man wird zuletzt tolerant, denkt man, gegen die Menschen; aber man ist nur gleichgültig.

JEAN PAUL

Seid ganz tolerant oder gar nicht, geht den guten Weg oder den bösen; um am Scheideweg zagend stehen zu bleiben, dazu seid ihr zu schwach.

HEINRICH HEINE

Das Kriechen ist unter all den diversen Fortbewegungsarten wohl in seiner Art eine prächtige Sache. Aber müssen wir deswegen, weil die Schildkröte einen sicheren Gang besitzt, die Flügel der Adler beschneiden?

EDGAR ALLAN POE

Je näher die Menschen der Wahrheit sind, um so toleranter sind sie.

LEW N. GRAF TOLSTOJ

Man verdirbt einen Jüngling am sichersten, wenn man ihn verleitet, den Gleichdenkenden höher zu achten als den Andersdenkenden.

FRIEDRICH NIETZSCHE

Duldsamkeit ist die Religion der Zukunft. Der tolerante Chinese sagt: „Bruder, wie schön ist deine Religion."

GERHART HAUPTMANN

Toleranz, das Geltenlassen des Andersgearteten, wird nur dort geübt, wo die verschieden gearteten Kräfte oder Kräftegruppen sich das Gleichgewicht halten, sonst ist, wenn es zuweilen auch anders schien, Intoleranz die Regel, die keine Ausnahme kennt. Toleranz ist nie Ausdruck der Groß- und Weitsinnigkeit, sondern immer nur Ausdruck der Angst oder der Lebensklugheit. Sie existiert auf dem Papier, aber nicht in den Köpfen.

HANS A. MOSER

Toleranz darf nicht bestehen gegenüber der Intoleranz, wenn diese nicht als ungefährliche, private Verschrobenheit gleichgültig behandelt werden darf. Es darf keine Freiheit geben zur Zerstörung der Freiheit.

KARL JASPERS

Toleranz ist ein Beweis von Charakterstärke, denn sie zeugt von Selbstüberwindung, die jeder Nachgiebigkeit mehr oder weniger vorausgeht.

ARTUR HOFFMANN

Duldsam kannst du aus Skepsis sein oder aus reifer Gläubigkeit.

LUDWIG STRAUSS

Wenn man jung ist, neigt man zu einer Großmut, von der man im Alter einsieht, wie wenig sie der Welt bedeutet.

PETER BAMM

Man soll die Toleranz nie so weit treiben, daß die Intoleranten daraus Vorteil ziehen können.

ERICH LIMPACH

Toleranz

Toleranz ist ein gutes Heilmittel für die Nerven – steht aber nicht jedem zur Verfügung.

HERMIEN MANGER

Nur wo wir verwurzelt sind, sind wir wahrhaft tolerant.

PETER MAX BOPPEL

Der Duldsame toleriert unter Vorbehalt eigener Stärke.

HEINRICH WIESNER

Toleranz ist das Vergnügen, dem Leerlauf des politischen Gegners nichts in den Weg zu legen.

WOLFRAM WEIDNER

Ein jeder ist für Toleranz – nur wenn's darauf ankommt, nicht so ganz.

GERHARD BRANSTNER

Toleranz. Oder Wurstigkeit?

HANS LEOPOLD DAVI

Demokratie ist, wenn man den anderen ausreden läßt. Toleranz ist, wenn man dabei auch noch zuhört.

GERHARD UHLENBRUCK

Toleranz ist oft nichts anderes als der Mantel, mit dem die Feigheit sich zudeckt.

HELLMUT WALTERS

Toleranz macht Spatzen zu Singvögeln.

WERNER MITSCH

Toleranz ist weniger Sache der Aufklärung als der Liebesfähigkeit.

ELAZAR BENYOËTZ

Toleranz ist immer eine Unterstellung.

PETER TILLE

Toleranz: sich selbst untreu werden.

HANS-HORST SKUPY

Toleranz – besonders schönes Fremdwort.

GERD WOLLSCHON

Toleranz ist manchmal Feigheit, aber Intoleranz deswegen noch kein Zeichen von Mut.

GERLIND FISCHER-DIEHL

Torheit

Besser als der Weise spielt niemand den Toren.

Englisches Sprichwort

Das Herz des Toren schreit seine Torheit hinaus.

SPRÜCHE 12,23

Ein törichter Mensch verachtet seine Mutter.

SPRÜCHE 15,20

Dem Toren ist die Torheit eine Freude.

SPRÜCHE 15,21

Ein Tor erkennt, was er in Händen hielt, als trefflich erst, wenn es verloren ist.

SOPHOKLES

Den Toren mordet sein Unmut, den Albernen tötet sein Eifern.

HIOB 5,2

Die Torheit hat unter anderen Fehlern auch den: sie fängt immer erst an zu leben.

EPIKUR

Das Laster meiden ist schon Tugend, frei von Torheit sein, der Weisheit erste Stufe.

VERGIL

Wer sich in seiner Torheit liebt, wird nicht zur Weisheit vordringen.

AUGUSTINUS

Torheit weislich angewandt wird – Witz.

WILLIAM SHAKESPEARE

Wenn Torheit täte weh, o welch erbärmlich Schrein würde in der ganzen Welt in allen Häusern sein...

FRIEDRICH VON LOGAU

Gekünstelte Einfalt ist eine feine Heuchelei.

LA ROCHEFOUCAULD

Man leistet einem anderen einen wichtigen Dienst, wenn man ihn hindert, eine Torheit zu begehen.

CHRISTINE VON SCHWEDEN

Manche Leute geben sich mehr Mühe, ihre Weisheit zu verbergen als ihre Torheit.

JONATHAN SWIFT

Torheit, du regierst die Welt, und dein Sitz ist ein schöner weiblicher Mund.

EWALD VON KLEIST

Lustige Leute begehen mehr Torheiten als traurige; aber traurige begehen größere.

EWALD VON KLEIST

Die Torheit will zwar immer reden, hat aber niemals etwas zu sagen; deshalb macht sie so viele Scherereien.

HELVÉTIUS

Die Torheiten geistreicher Menschen sind das Guthaben der Alltagsköpfe.

GERMAINE (MADAME) DE STAËL

Der Leichtsinn ist ein Schwimmgürtel für den Strom des Lebens.

LUDWIG BÖRNE

Wer nie im Leben töricht war, ein Weiser war er immer.

HEINRICH HEINE

Die Toren wissen gewöhnlich das am besten, was der Weise zweifelt, jemals in Erfahrung zu bringen.

MARIE VON EBNER-ESCHENBACH

Klugen Menschen glaubt man ihre Torheiten nicht: welche Einbuße an Menschenrechten.

FRIEDRICH NIETZSCHE

Ich weiß nicht, wie das Bewußtsein eines Toren sein mag, doch das Bewußtsein eines Menschen von Geist scheint mir voller Torheiten zu sein.

PAUL VALÉRY

Leichtsinn ist die Kurzsichtigkeit der Seele.

MARGARETE SEEMANN

Torheit schützt vor Alter nicht.

HANS HABE

Torheiten schützen nicht vorm Altern.

GERHARD UHLENBRUCK

Tradition

Es ist besser, daß das Dorf zugrundegehe, als im Dorfe die Sitten und Gebräuche.

Serbisches Sprichwort

Nie hat je ein Mann seine eigene Herkunft gekannt.

HOMER

Sind wir aber Kinder, so sind wir auch Erben.

RÖMERBRIEF 8,17

Man ehrt seine eigene Tugend, wenn man den Ruhm seiner Vorgänger ehrt.

WILHELM LUDWIG WEKHRLIN

Die Tugenden der Vorfahren zu vernachlässigen ist strafbar.

WILHELM LUDWIG WEKHRLIN

Altes und Bewährtes werde beibehalten, solange man nichts Neues und zuverlässig Besseres an des Alten Stelle zu setzen hat.

THEODOR GOTTLIEB VON HIPPEL

Der oft unüberlegten Hochachtung gegen alte Gesetze, alte Gebräuche und alte Religion hat man alles Übel in der Welt zu danken.

GEORG CHRISTOPH LICHTENBERG

Konservativ sein ist nicht ein Hängen an dem, was gestern war, sondern ein Leben aus dem, was immer gilt.

ANTOINE DE RIVAROL

Glaubt nicht jede neue Generation, die von der Welt Besitz nimmt, daß alles Unglück von der Schwäche ihrer Vorfahren kam?

GERMAINE (MADAME) DE STAËL

Tradition ist die Wurzel, aus der unser Fortschritt entspringt.

JACOB & WILHELM GRIMM

Der Geist des Menschen und der Gang der Welt ist sich unter allen Umständen und zu allen Zeiten so gleich, daß selten ein Wahres ganz neu und selten ein Neues ganz wahr sein wird.

FRANZ GRILLPARZER

Tradition

Die Tradition aller toten Geschlechter lastet wie ein Alp auf dem Gehirne der Lebenden.

KARL MARX

Die Tradition ist eine große hemmende Kraft, sie ist die Trägheitskraft der Geschichte. Aber sie ist bloß passiv und muß deshalb unterliegen.

FRIEDRICH ENGELS

Wenn man nur die Alten liest, ist man sicher, immer neu zu bleiben.

MARIE VON EBNER-ESCHENBACH

Jeder von uns trägt alle Jahrhunderte in sich.

JOHN MORLEY

Je länger ich lebe, desto deutlicher kommt in mir das Gefühl auf, daß, was für unsere Väter gut genug war, für uns nicht gut genug ist.

OSCAR WILDE

Tradition ist Schlamperei!

GUSTAV MAHLER

Edle Menschen fragen auch ihre Toten.

SALOMON BAER-OBERDORF

Menschen und Staaten, die Tradition haben und sie verehren, sind in Zeiten der Gefahren und Stürme an einen Anker gebunden.

ERNST DÜBI

Das Bisherige versperrt dem Kommenden den Weg.

ROBERT WALSER

Tradition verhält sich zur Kunst wie das Werk zu seinem Schöpfer. Das Werk legt Zeugnis vom Geiste seines Schöpfers ab. Traditionen sind eine schöne Sache; aber nur das Traditionenschaffen, nicht: von Traditionen leben.

FRANZ MARC

Tradition ist steinerne Grenze von Vergangenheiten um die Gegenwart: wer ins Zukünftige will, muß sie überschreiten. Denn die Natur will kein Innehalten im Erkennen.

STEFAN ZWEIG

Tradition ist lediglich eine Sammlung schlechter Angewohnheiten.

ARTHUR SCHNABEL

Die Toten regieren uns. Ihr Leben und ihre Schicksale, ihre Gesetze, ihre Traditionen, ihre Worte lasten auf uns, vergiften uns und werfen uns nieder. Angst, die Herrscherin der Massen, beugt alle unter die abgetanen Befehle dieser Toten, stärkt ihre Macht und läßt alle individuellen Revolten unfruchtbar werden.

EDGAR VARÈSE

Tradition ist im Geschäft wertvoller als jede Neuerung.

PAMPHILIUS PFYFFER

Das Publikum gebraucht das Gestern nur als Waffe gegen das Heute.

JEAN COCTEAU

Soll der Fluß der Tradition bis zu uns kommen, so muß sein Bett dauernd entsandet werden.

HENRI DE LUBAC

Auf ein und derselben Stufe verharren heißt, bei lebendigem Leibe sterben.

ZENTA MAURINA

Tradition ist das Ruhekissen der Urteilskraft.

SIGMUND GRAFF

Traditionen sind keineswegs das Privileg konservativer Kräfte. Noch weniger gehören sie in die alleinige Erbpacht von Reaktionären, obgleich diese am lautstärksten von ihnen reden. Es kann nicht um die Frage gehen: Tradition ja oder nein? Die Alternative besteht vielmehr darin, an welche Traditionen angeknüpft werden soll und in welchem Sinn eines historischen Vorganges gedacht wird.

GUSTAV W. HEINEMANN

Begeistert von den Tugenden der Tradition wiederhole ich, daß alles, was nicht dieser Überlieferung entspringt, Plagiat ist. Nur die Tradition bringt uns Originelles.

SALVADOR DALI

Niemand weiß, wohin er geht, wenn er nicht weiß, woher er kommt. Geschichte und Traditionen lehren uns, daß Neues nur aus zutiefst Bekanntem geschaffen wird, das man beherrschen muß.

CLAUDE LÉVI-STRAUSS

Tradition: Erbadel des Plagiats.
STANISLAW JERZY LEC

Kein Volk darf ohne seine guten Traditionen leben, aber niemand darf auf seinen Lorbeeren einschlafen.
WILLY BRANDT

Tradition hält die Zukunft auf Distanz.
HEINRICH WIESNER

Folgten wir der Tradition, lebten wir noch in Höhlen; folgten wir nur dem Fortschritt, wäre dies bald wieder der Fall.
LESZEK KOLAKOWSKI

Die von den Traditionalisten gesetzten Maßstäbe werden von der Avantgarde als Brennholz verwendet.
RUPERT SCHÜTZBACH

Tradition ist kein Museum und die christliche Soziallehre keine Trophäensammlung von Wahrheiten.
NORBERT BLÜM

Auch Kannibalismus ist eine Form der Tradition.
HANS-HORST SKUPY

Tradition: Die Degeneration schreitet von Generation zu Generation fort.
HANS-HORST SKUPY

Trauer

Große Trauer ist nie von Dauer.
Deutsches Sprichwort

Trauern ist besser als Lachen.
PREDIGER 7,3

Weinen ist ein gewisses Vergnügen.
OVID

Wir haben Trübsal, aber wir ängstigen uns nicht.
2 KORINTHERBRIEF 4,8

Trauer darf nie die angemessenen Grenzen überschreiten, sondern muß im Verhältnis zu dem Schlage stehen.
JUVENAL

Niemand ist so vollkommen und den Seinen so unentbehrlich, daß er nicht auch Fehler hätte, welche das Bedauern über sein Hinscheiden mindern.
JEAN DE LA BRUYÈRE

Es ist nur ein einziges Stück, worüber sich der Mensch zu betrüben hat, nämlich die Sünde. Über was man sich sonst betrübt, ist nicht der Rede wert.
JOHANN ALBRECHT BENGEL

Leute, denen unsere Trauer nicht nahegeht, verzeihen uns selten die Langeweile, die wir ihnen damit bereiten.
MARIE JEANNE DE RICCOBONI

In aller Trauer ist etwas Göttliches, denn die Trauer ist ein Streit gegen das, was der leiblichen oder geistlichen Vollkommenheit wehe tut.
CLEMENS BRENTANO

Wenn immer getrauert und immer geklagt wird, ohne daß man sich zur Resignation erhebt und ermannt, so hat man Erde und Himmel zugleich verloren und wässerige Sentimentalität übrig behalten.
ARTHUR SCHOPENHAUER

Trauer hat nie gebrochene Knochen geflickt.
CHARLES DICKENS

Man kann den Tod eines geliebten Menschen tief und innig beklagen und doch in Hoffnung und selbst in Heiterkeit weiterleben.
THEODOR FONTANE

Auf jedes Leben muß etwas Regen fallen. Manche Tage müssen dunkel und trübe sein.
SAMUEL LONGFELLOW

Die traurigsten Menschen sind diejenigen, welche keine Güte vertragen können.
M. HERBERT

Die Traurigkeit ist die Nacht des Herzens.
ELEONORE VAN DER STRATEN-STERNBERG

Trauer

Im Winter empfindet man die Traurigkeit anders als im Sommer, denn im Sommer legt die Natur mit ihrer Wunderpracht besänftigend ihre Hände auf das verwundete Herz und trachtet Heilung zu bringen. Der Winter läßt dich allein mit deinem Leid. Er ist ein kalter Barbar.

ELEONORE VAN DER STRATEN-STERNBERG

Die traurig veranlagten Menschen machen oft den Eindruck, klüger, besonnener zu sein als die stets heiteren; aber schon allein im grundlosen Traurigsein liegt so viel Unklugheit.

ELEONORE VAN DER STRATEN-STERNBERG

Auch das traurigste Gesicht ist nicht ein Beweis der Trauer; zeige deine Seele!

WILHELM WEBER-BRAUNS

Es gibt viel Trauriges in der Welt und viel Schönes. Manchmal scheint das Traurige mehr Gewalt zu haben, als man ertragen kann, dann stärkt sich indessen leise das Schöne und berührt wieder unsere Seele.

HUGO VON HOFMANNSTHAL

Trauer ist nicht schlimm; schrecklich ist nur die Hoffnungslosigkeit.

JOSEF ČAPEK

Nichts wäre gefährlicher als die Selbstbetrauerung. Erleiden nämlich heißt: den Sinn bestehen, begehen, gewinnen.

ALBERT TALHOFF

Es könnte eine Zeit kommen, da der leidende, trauernde Mensch zum Störungsfaktor wird, der im Interesse einer gut funktionierenden Arbeitswelt in mehr oder weniger komfortable Asyle verbannt wird.

EUGEN GÜRSTER

Seit meiner Kindheit habe ich nur vor einer ansteckenden Krankheit Angst – vor der Melancholie.

ZENTA MAURINA

Die Trauer: ein Appetit, den kein Unglück sättigt!

É. M. CIORAN

Wozu in einem Haus weinen, in dem niemand gestorben ist?

RASSUL GAMSATOW

Auch die Furcht, die Angst, die Traurigkeit können zu Gott führen.

ELIE WIESEL

Traurigkeit kommt aus der Gewißheit des Unwiederbringlichen.

GERHARD UHLENBRUCK

Es gibt Trauer, die tränenlos ist, wie es Heiterkeit gibt ohne Lächeln.

NIKOLAUS CYBINSKI

Traum

Wer in einem silbernen Bett schläft, hat goldene Träume.

Livländisches Sprichwort

Ich habe heute viel erlitten im Traum...

MATTHÄUS 27,19

Träume entspringen wachen Gedanken.

WU CHENG-EN

Wenn wir allnächtlich den gleichen Traum hätten, hätte er die gleiche Wirkung auf uns wie die Dinge, die wir jeden Tag sehen. Und wenn ein Arbeiter mit Sicherheit allnächtlich zwölf Stunden lang träumte, daß er ein König wäre, würde es ihn, glaube ich, fast so glücklich wie einen König machen, der jede Nacht zwölf Stunden hintereinander träumen sollte, daß er ein Arbeiter wäre.

BLAISE PASCAL

Wenn die Leute ihre Träume aufrichtig erzählen wollten, da ließe sich der Charakter eher daraus erraten als aus dem Gesicht.

GEORG CHRISTOPH LICHTENBERG

Ich weiß aus unleugbarer Erfahrung, daß Träume zur Selbsterkenntnis führen.

GEORG CHRISTOPH LICHTENBERG

Traum

Wer wagt, durch das Reich der Träume zu schreiten, gelangt zur Wahrheit.

E. T. A. HOFFMANN

Sich schöne Träume zu bilden, mögen diese nun Realität haben oder nicht, ist doch immer ein herrliches Vermögen der Menschheit.

FRIEDRICH HEBBEL

Alle Träume sind vielleicht nur Erinnerungen.

FRIEDRICH HEBBEL

Der Traum ist der beste Beweis dafür, daß wir nicht so fest in unsere Haut eingeschlossen sind, als es scheint.

FRIEDRICH HEBBEL

Nenne dich nicht arm, weil deine Träume nicht in Erfüllung gegangen sind; wirklich arm ist nur, der nie geträumt hat.

MARIE VON EBNER-ESCHENBACH

Die Geschichte der Menschheit wie des einzelnen beginnt mit einem Traum.

WILHELM RAABE

Es bleibt ein unangenehmes Gefühl, die Träume jüngerer Jahre verduften zu sehen.

MAX VON EYTH

Nur im Traum ist jemand der, für den er selbst sich hält.

GEORG VON OERTZEN

Das Leben wäre unerträglich, wenn wir nie träumten.

ANATOLE FRANCE

Ich bin ein Träumer. Denn ein Träumer ist einer, der seinen Weg nur bei Mondlicht findet, und seine Strafe ist, daß er den Morgen vor der übrigen Welt dämmern sieht.

OSCAR WILDE

Du siehst Dinge und du sagst: Warum? Aber ich träume von Dingen, die es nie gegeben hat, und ich sage: Warum nicht?

GEORGE BERNARD SHAW

Betrachte den Traum wie das Gebet deiner dir selbst entflohenen Seele.

CARL LUDWIG SCHLEICH

Der Traum bringt weder etwas hervor noch wärmt er. Er ist irgendwie tot und entweicht, ohne Freiheit, in den Weltenraum wie der Mond.

JULES RENARD

Träume verhauchen – und nackte, geschundene Menschen erwachen.

EMIL GÖTT

Wenn du träumen kannst – und dich von den Träumen nicht meistern läßt, wenn du jede unnachgiebige Minute ausfüllen kannst mit sechzig Sekunden Langstreckenlauf, sodann ist die Erde und alles, was sie enthält, dein.

RUDYARD KIPLING

Wie viele unserer Tagträume würden zu Alpträumen werden, sollte die Gefahr bestehen, daß sie eintreffen.

LOGAN P. SMITH

Sie greifen in unseren Traum, als ob's unsere Tasche wäre.

KARL KRAUS

Je mehr ein Mensch träumt, desto weniger glaubt er.

HENRY L. MENCKEN

Der Traum ist das Leben ohne Zeugen.

JAKOW TRACHTENBERG

In den schlechtesten Betten hat man oft die besten Träume.

WALDEMAR SEUNIG

Wenn Nachtträume eine ähnliche Funktion haben wie Tagträume, so dienen sie zum Teil dazu, den Menschen auf jede Möglichkeit vorzubereiten – auch die schlimmste.

LUDWIG WITTGENSTEIN

Was der Traum uns lehrt, ist die bittere Einsicht in unsere Begrenztheit.

JEAN COCTEAU

Woher stammt die Schöpferkraft der Träume, woher ihre Dramatik, woher ihr unvergleichliches Glück und Unglück, ihre Logik, ihre innere Stimmigkeit, die das Kleine durchziseliert und das Große dem chaotischen Unsinn überantwortet?

ERICH BROCK

Traum

Daß der Künstler den Traum liebt, ist ein bißchen wahr; daß er aber auch die Wirklichkeit liebt, ist noch mehr wahr.

KAREL ČAPEK

Ich reiste im Traum nach Kottbus und ließ dortselbst meine Handtasche stehen. Jetzt muß ich zurückträumen und sie holen.

KURT TUCHOLSKY

Man soll den Träumen nur insofern Bedeutung zuerkennen, als man selber auf halbbewußten Wegen der Traumfabrikant ist.

FRIEDRICH WITZ

Gegen Träume ist auch der Tapferste wehrlos.

EUGEN GÜRSTER

Es ist notwendig, daß der Mensch träumt; aber ebenso notwendig ist es vielleicht, daß er über seine Träume lachen kann.

LIN YUTANG

Nicht immer schläft, wer träumt.

GEORG OPITZ

Ich glaube, für alle Menschen in der Welt ist es das Wichtigste im Leben, den Mut zu großen Träumen aufzubringen.

GOLDA MEIR

Träume sind der Mut zu einer Phantasie, den man im Wachsein nicht hat.

WILHELM LICHTENBERG

Endlich verstand ich, was meistens der Grund davon ist, daß man nicht einschlafen kann: Man hat keine Träume bereit.

LUDWIG HOHL

Nichts sieht hinterher so einfach aus wie eine verwirklichte Utopie.

WERNHER VON BRAUN

Im Paradies kann es Träume geben, in der Hölle muß es sie geben.

LJUBIŠA MANOJLOVIĆ

Wandle mit offenen Augen und feinem Gehör: Unter allen Träumen sind gefährlich die, welche sich verwirklichen lassen.

GREGOR VON REZZORI

Die den Traum verachten, werden sich an Illusionen verlieren.

HANS KASPER

Träume verwirklichen sich nie, und kaum haben sie sich verflüchtigt, erkennen wir jäh, daß wir die größeren Freuden unseres Lebens außerhalb der Wirklichkeit zu suchen haben.

NATALIA GINZBURG

Traum und Wirklichkeit. – Ein Traum kann nie Wirklichkeit werden.

WOLFGANG STRUVE

Große Träume: ich kenne keine, die nicht im Morgengrauen enden.

WIESLAW BRUDZINSKI

Um uns aus der Apathie zu wecken, müßte man uns die Träume erlauben.

WIESLAW BRUDZINSKI

Träume sind normalerweise Stummfilme.

SIR PETER USTINOV

Tagträume erhalten unser seelisches Gleichgewicht.

ELISABETH MARIA MAURER

Traum ist, was die Existenz überragt und was den Träumenden überragt.

MIROSLAV HOLUB

Vergiß nicht, daß deinen Traum nur du kennst.

MILAN RŮŽIČKA

Das Träumen mit dem Erwachen bezahlen.

HANS LEOPOLD DAVI

Zerbrochene Träume sind Kennzeichen unseres irdischen Lebens.

MARTIN LUTHER KING

Manche Träume verraten das Schlafmittel.

GERHARD UHLENBRUCK

Ich glaube, daß Träume mächtiger sind als Tatsachen.

ROBERT FULGHUM

Wenn Träume nicht umsonst wären, würden alle im Rahmen ihrer Möglichkeiten träumen.

MILOVAN ILIĆ

Gestern habe ich meine Träume zur Kontrolle gebracht, die Hälfte war nicht in Ordnung.

VLADA BULATOVIĆ-VIB

In den Träumen webt die Seele an den Lösungsmöglichkeiten unserer Lebensprobleme.

HELMUT HARK

Wer seine Träume verwirklichen will, muß wach sein.

MICHAEL PFLEGHAR

Mit zwanzig sagt man, daß man etwas träumt. Ab dreißig träumt man, daß man etwas sagt.

WERNER SCHNEYDER

Die Männer träumen, wenn sie schlafen. Die Frauen träumen, wenn sie nicht schlafen können.

ISA MIRANDA

Träumt bewußter!

HANS-HORST SKUPY

Manchmal erwachte ich aus einem Traum und dachte: das hätte schon längst geträumt werden müssen.

WOLFGANG BAUR

Man läuft oft einem Traum nach, und wenn man ihn trifft, erkennt man ihn nicht.

NACER KHEMIR

Treue

Entfernungen bezeugen eines Pferdes Leistung, lange Dienste künden eines Mannes Seele.

Chinesisches Sprichwort

Es ist keine Treue, keine Liebe im Lande.

HOSEA 4,1

Mit Treulosen Treueverpflichtungen eingehen, ergibt treulose Verpflichtungen.

DSCHUANG DSE

Ich verhehle deine Güte und Treue nicht!

PSALMEN 40,11

Es will viel heißen, wenn man einen Freund, der zu hohen Ehren gelangt ist, noch zu seinen Bekannten zählen darf.

JEAN DE LA BRUYÈRE

Treue ist eine Frucht vieler Erfahrung und entsteht nicht im Augenblick.

WILHELM HEINSE

Es gibt in der Untreue der Geschlechter tatsächlich einen Unterschied, so daß eine leidenschaftlich liebende Frau eine Untreue verzeihen kann, während solches für einen Mann unmöglich ist.

STENDHAL

Treue, was bist du für ein armer Hund, daß Undank dich mit Füßen treten darf!

FERDINAND RAIMUND

Wüßte ich nicht, daß die Treue so alt ist wie die Welt, so würde ich glauben, ein deutsches Herz habe sie erfunden.

HEINRICH HEINE

Treue üben ist Tugend, Treue erfahren Ehre.

MARIE VON EBNER-ESCHENBACH

Treue und alles, was einen Menschen darin festigen kann, ist das Mittel, unser Gemüt und unseren Charakter zu erweitern. Nichts bringt so großes Leid, aber auch nichts so große Freuden; deshalb führt auch nichts so viel der Seele eines Künstlers und dem Willen eines Menschen zu. Halte an der Treue fest, sie ist die Krone des Lebens!

BJØRNSTJERNE BJØRNSON

Es stimmt nicht, daß Ehemänner vergessen, daß sie verheiratet sind, wenn sie ein besonders schönes Mädchen sehen. Im Gegenteil, gerade dann werden sie besonders schmerzlich daran erinnert.

MARK TWAIN

Es gibt Frauen, die sind so treu, daß sie jedesmal Gewissensbisse haben, wenn sie ihren Mann betrügen.

GUY DE MAUPASSANT

Treue

Es ist besser treu als berühmt zu sein.
THEODORE ROOSEVELT

Wir leiden an der Treue der Frauen.
A. O. WEBER

Eine untreue Ehefrau ist ein großes kaltes Kotelett, das man ungern anfaßt, weil es schon ein anderer in der Hand gehabt hat.
ANTON P. TSCHECHOW

Wenn Treue nicht ein Gegengeschenk ist, dann ist sie die törichteste aller Verschwendungen.
ARTHUR SCHNITZLER

Wer sich selbst treu bleiben will, kann nicht immer anderen treu bleiben.
CHRISTIAN MORGENSTERN

Die Frau ist in ihren Gefühlen treuer als der Mann, der Mann ist treuer in seiner Gesinnung.
HELENE HALUSCHKA

Treulosigkeit ist sittlich viel wertvoller als sentimentales Anhängen und Treubleiben.
ROBERT WALSER

Untreue ist tatgewordene Phantasielosigkeit.
LUDWIG GOLDSCHEIDER

Die Treue einer Frau ist vollständig unabhängig von den Vorschriften der Schule, der Gesellschaft und selbst der Kirche.
OTTO FLAKE

Treue ist der Adel des Charakters.
MARGARETE SEEMANN

Wer Treue fordert, erfüllt ein tiefes und oft verhängnisvolles Bedürfnis zahlloser Menschen.
SIGMUND GRAFF

Treusein heißt, sich selber die Treue halten.
ANTOINE DE SAINT-EXUPÉRY

Treue ist die Sprache, die nur die Seele zu sprechen vermag.
PETER MAX BOPPEL

Treue ist durch Dankbarkeit gefestigte Liebe.
WALTER NENZEL

Treue kann man lernen. Durch Üben.
SIEGFRIED & INGE STARCK

Wenn einer die Wahrheit sagt über Treue und Untreue, ist er ein Zyniker. – Das Schönste an der Treue ist, wenn man daran glaubt.
JAKOB STEBLER

Die einzige Art von Treue, die Sinn hat: Sich selbst treu zu bleiben.
GABRIEL LAUB

Oft ist Treue nichts anderes als Mangel an Mut vor dem nächsten Schritt.
HELLMUT WALTERS

Ohne Treue ist die Liebe nur ein Experiment.
HORST FRIEDRICH

Wenn du trotzdem mit beiden Füssen auf dem Boden stehst, obwohl man ihn dir schon lange unter den Füssen weggezogen hat...
AUREL SCHMIDT

Trinken

Trink Wasser wie ein Ochse, Wein jedoch wie ein König.
Französisches Sprichwort

Ist's euch nicht genug, klares Wasser zu trinken?
HESEKIEL 34,18

Von den Männern verdient der ein besonderes Lob, der nach dem Trunk edle Gesinnung offenbart, wie sein Sinnen und Trachten der Tugend gilt.
XENOPHANES

Wer nicht am Trinken Freude hat, der ist ein Narr.
EURIPIDES

Es ist leichter, sich mit Trank als mit Speise zu erquicken.
HIPPOKRATES

Trunkenheit ist ein kurz dauernder Wahnsinn.
CHRYSIPPOS

Daß der Wein erfreue des Menschen Herz.
PSALMEN 104,15

Der Wein ist unter den Getränken das nützlichste, unter den Arzneien die schmackhafteste und unter den Nahrungsmitteln das angenehmste.
PLUTARCH

Der hat nicht wohl getrunken, der sich übertrinkt.
WALTHER VON DER VOGELWEIDE

Zu viel kann man trinken, doch nie trinkt man genug.
GOTTHOLD EPHRAIM LESSING

Die Kultur der Seelen, wozu auch das Branntweintrinken mit gehört, hat viele Spuren ausgelöscht, dereinst zu finden, was der Mensch ursprünglich war und sein sollte.
GEORG CHRISTOPH LICHTENBERG

Die Trunkenheit vermehrt schön zwei schöne Dinge – Mut und Liebe.
JEAN PAUL

Je mehr man getrunken, desto mehr lobt man den Wirt und sein Bier.
JEAN PAUL

Der Wahlspruch des Ästhetikers lautet: *In vino veritas.*
SØREN KIERKEGAARD

Wir trinken auf die Gesundheit anderer und verderben unsere eigene.
JEROME K. JEROME

Sauffreiheit, die einzige Freiheit, die dem Deutschen nie verkümmert wurde.
SILVIO GESELL

Wenn man nach ein Uhr nachts trinkt, sagt man Dinge, die sich herumsprechen und die man später bereut.
KONRAD ADENAUER

Wissensdurst kann Trunksucht werden.
MAX HOGREFE

Man braucht Ballast, um nicht zu schwanken, darum säuft man sich voll und geht senkrecht unter.
HERBERT EISENREICH

Die Trunkenheit muß sich immer wieder auf große Dinge festlegen, damit die Nüchternheit die kleinen tut.
HELLMUT WALTERS

Biertrinker: Bei ihm sind Hopfen und Malz nicht verloren.
GERD W. HEYSE

Die Entziehungskur hat geholfen. Doch wohin jetzt mit den weißen Mäusen?
DIETER HÖSS

Das Eis macht Flüsse im Winter begehbar und Whisky im Sommer trinkbar.
WERNER MITSCH

Leider sind die Zeiten nun auch endgültig vorbei, in denen man den Leuten noch reinen Wein einschenken konnte.
WERNER MITSCH

Viele Menschen trinken, um ihre Nüchternheit besser ertragen zu können.
WERNER MITSCH

Bei Trunkenheit am Steuer muß der bittere Kelch der Wahrheit bis zur bitteren Neige geleert werden.
HANS-HORST SKUPY

Trost

Der Geschwätzige tröstet sich schnell.
Spanisches Sprichwort

Dein Wort ist meines Herzens Freude und Trost.
JEREMIAS 15,16

Die Unglücklichen schöpfen Trost aus den schlimmeren Leiden anderer.
AESOP

Trost

Es ist noch nicht aller Tage Abend.

TITUS LIVIUS

Nichts ist so bitter, daß ein geduldiges Gemüt keinen Trost dafür finden kann.

SENECA

Willst du getröstet werden, so vergiß derer, denen es besser geht, und denke immer an die, denen es schlimmer ist.

MEISTER ECKEHART

Eine Kleinigkeit tröstet uns, weil eine Kleinigkeit uns betrübt.

BLAISE PASCAL

Der Trost in diesem Leben ist, zu sagen, was man denkt.

VOLTAIRE

Einen, der untröstlich sein will, zu trösten versuchen, heißt, ihm den einzigen Trost rauben, der ihm verbleibt.

MARQUISE DE DUDEFFANT

Die kurze Dauer des Lebens kann uns nicht von seinen Freuden abbringen, noch über seine Mühsal trösten.

VAUVENARGUES

Trost ist's doch allemal, wenn die Leute, die man liebhat, noch mit uns von einer Sonne beschienen werden.

KATHARINA ELISABETH GOETHE

Belehrung findet man öfter in der Welt als Trost.

GEORG CHRISTOPH LICHTENBERG

Schwache Menschen bedürfen des Trostes. Starke haben dessen nie bedurft; sie wissen von selbst, ob ein Unglück vollkommen ist oder nicht, und schmiegen sich unter die Notwendigkeit.

WILHELM HEINSE

Gegen die Erde gibt es keinen Trost als den Sternenhimmel.

JEAN PAUL

Am unerträglichsten von allen Grausamkeiten sind jene, die unter den Titel Beileid und Trost fallen.

WALTER SAVAGE LANDOR

Trost gibt der Himmel, von einem Menschen erwartet man Beistand.

LUDWIG BÖRNE

Das Leben tröstet uns über den Tod und der Tod über das Leben.

JOUFFROY

Die Tür des Arztes soll niemals verschlossen, die des Geistlichen immer offen sein.

VICTOR HUGO

Niemand ist nutzlos auf der Welt, der einem anderen die Bürde leichter macht.

CHARLES DICKENS

Alle mit Naturnotwendigkeit eintretenden Ereignisse tragen ihren Trost in sich, sie mögen noch so furchtbar sein.

FRIEDRICH ENGELS

Binsenwahrheit – nie etwas Neues, aber immer trostreich.

GUSTAVE FLAUBERT

Humor ist eine der wenigen Tröstungen, die dem Menschen treu bleiben bis an das Ende.

ANSELM FEUERBACH

Es muß sein! – grausamster Zwang. Es hat sein müssen! – bester Trost.

MARIE VON EBNER-ESCHENBACH

Ein alberner Trost beleidigt.

MARIE VON EBNER-ESCHENBACH

Es kommt immer anders! Das ist das wahrste Wort und im Grunde auch zugleich der beste Trost, der dem Menschen in seinem Erdenleben mit auf den Weg gegeben worden ist.

WILHELM RAABE

Die meisten Menschen haben mehr Ermutigung nötig als Strafreden.

J. HUDSON TAYLOR

Trost – das Wissen, daß ein besserer Mensch schlechter dran ist als man selber.

AMBROSE BIERCE

Suchet nur in unsterblichen Dingen Trost: in der Natur und im Gedanken.

CARMEN SYLVA

Trost

Der Gedanke an den Selbstmord ist ein starkes Trostmittel: mit ihm kommt man gut über manche böse Nacht hinweg.

FRIEDRICH NIETZSCHE

Von allen Trostmitteln tut Trostbedürftigen nichts so wohl, als die Behauptung, für ihren Fall gebe es keinen Trost. Darin liegt eine solche Auszeichnung, daß sie wieder den Kopf erheben.

FRIEDRICH NIETZSCHE

Gute Worte geben dem Menschen Kraft für den Versuch, so zu werden, wie er gern sein möchte.

AUGUST STRINDBERG

Die besten Tröster sind jene, welche selbst gefehlt, gelitten und erfahren haben.

M. HERBERT

Es gibt keine noch so schlimme Lage für den Menschen, die nicht durch eine noch schlimmere abgelöst werden könnte.

MAKSIM GORKIJ

Wer viel tröstet, muß viel lachen.

SALOMON BAER-OBERDORF

Wie die Weinenden trösten? Mit ihnen weinen.

ALEXANDR ELTSCHANINOW

Trost suchen heißt: dieser Arbeit sein Leben widmen, am Rande seiner Existenz, fast außerhalb ihrer immer zu leben, kaum mehr zu wissen, für wen man Trost sucht, und daher nicht einmal imstande zu sein, wirksamen Trost zu finden, wirksamen, nicht etwa wahren, den es nicht gibt.

FRANZ KAFKA

Zeige einem Menschen wie er fruchtbar sein kann, und du hast ihn getröstet.

W. J. OEHLER

Wenn zwei sich zu gut kennen, können sie einander nicht gut trösten.

INA SEIDEL

Nicht das Verletztwerden ist es, was man fürchtet, sondern das Gefühl der Trostlosigkeit hinterher.

T. S. ELIOT

Trösten ist eine Kunst des Herzens. Sie besteht oft nur darin, liebevoll zu schweigen und schweigend mitzuleiden.

OTTO VON LEIXNER

Gut, wenn Gott einem von uns manchmal die Zunge löst, daß er den Menschenbrüdern etwas zum Trost sagen kann. Aber in uns allen ist das Beste stumm.

KARL HEINRICH WAGGERL

Der beste Freund ist selten auch der beste Tröster.

KARL HEINRICH WAGGERL

Nichts kann euch trösten, außer: die Liebe.

KARL HEINRICH WAGGERL

Es gibt ein untröstbares Leid, das sich nicht mitteilen und bemitleiden läßt.

ZENTA MAURINA

Eigenartig: Wer uns um Trost bittet, tröstet uns.

HANS KUDSZUS

Trost zu spenden vermag selbst der Liebende nicht; er vermag aber mehr: Trost zu sein.

HANS KUDSZUS

Wer Trost sucht, kann nicht trösten.

HANS KUDSZUS

Ein Trost, daß man zum Sterben wenigstens keine Kraft mehr braucht.

JOACHIM GÜNTHER

Gerechterweise sollte man aber auch die Hoffnung auf Trost in der Gier nach den letzten Worten erkennen. Denn näher dem Tode als der Sterbende jetzt hat ja noch niemand Posten bezogen. Warum also nun nicht noch eine Losung, eine Besänftigungsformel, einen Freispruch, eine Verhaltensregel erwarten?

WOLFDIETRICH SCHNURRE

Trost des Ertrinkenden: Endlich bekomme ich Boden unter die Füße.

WIESLAW BRUDZINSKI

Das natürlichste Psychopharmakon: Streicheln.

OLIVER HASSENCAMP

949

Trost

Geht der Trost zu weit, ist er schlimmer als das Leid.

GERHARD BRANSTNER

Habe den Mut zu trösten.

GOTTFRIED EDEL

Der schlechteste Trost ist das Vertrösten.

GERHARD UHLENBRUCK

Jedes Ende ist tröstlich; trostlos ist nur Endlosigkeit.

PETER BENARY

Trost ist der Atem der Liebe. Findest du nirgends Trost, geh zu einem Trostlosen und richte ihn auf.

PETER HORTON

Spendet Trost – ist steuerfrei!

HANS-HORST SKUPY

Wenn alle Stricke reißen, bleibt uns der Galgenhumor.

HANS-HORST SKUPY

Generationsunterschied: Die Alten brauchen Trost, um nicht an der Wahrheit zugrunde zu gehen, die die Jungen brauchen, um nicht am Trost zugrunde zu gehen, den die Alten brauchen.

BERND KOLF

Tüchtigkeit

Glück hat auf die Dauer nur der Tüchtige.

Deutsches Sprichwort

Kontrolliere eine Frau nicht in ihrem eigenen Hause, wenn du weißt, daß sie tüchtig ist. Blicke hin und schweige, damit du ihre guten Werke kennst. Wie herrlich ist's, wenn deine Hand in ihrer Hand ruht.

ANII

Vor die Tugend setzten den Schweiß die unsterblichen Götter.

HESIOD

Ein tüchtiger Mann muß immer beides sein: leidenschaftlich und nachsichtig.

PLATON

Nichts ohne große Mühe gab den Sterblichen das Leben.

HORAZ

Nicht darum ist einer tüchtig, daß er sich selbst lobt.

2 KORINTHERBRIEF 10,18

Das Weib ist von Natur von geringerer Tüchtigkeit und Würde als der Mann.

THOMAS VON AQUIN

Man soll sich immer mehr auf die eigene Tüchtigkeit als auf die Zuneigung anderer verlassen.

NICCOLÒ MACHIAVELLI

Die tüchtige Frau spinnt, schließt sich in ihr Haus ein, schweigt, glaubt und gehorcht; sie streitet nicht wider die Kirche.

FRANÇOIS DE FÉNELON

Alle Menschen sind gleich; nicht die Geburt, nur die Tüchtigkeit macht einen Unterschied.

VOLTAIRE

Die Menge kann tüchtige Menschen nicht entbehren, und die Tüchtigen sind ihnen jederzeit zur Last.

JOHANN WOLFGANG VON GOETHE

Alle, die mit dem einmal Gelernten fertig zu sein glaubten, sind klein geblieben; alle, die immer wieder zu den Urprinzipien zurückkehrten und Kenntnisse und Fertigkeiten beobachtend, lernend, übend ausbildeten, sind tüchtig geworden.

FRIEDRICH VON SCHLEGEL

Tüchtige Menschen fragen nicht, worin ein Mensch tüchtig ist, wenn er nur tüchtig ist.

RALPH WALDO EMERSON

Die tüchtigen Männer machen die Welt gesund.

RALPH WALDO EMERSON

Jedes tüchtige Volk wie jedes tüchtige Individuum hat eine Spezialität.

MOSES HESS

Tugend

Ein tüchtiges Leben endet auf Erden nicht mit dem Tode. Es dauert in Gemüt und im Tun der Freunde, wie in den Gedanken und in der Arbeit des Volkes.

GUSTAV FREYTAG

Menschen, die auf ihre Emsigkeit stolz sind, pflegen oft grausam zu sein.

LEW N. GRAF TOLSTOJ

Tüchtiges schaffen, das hält auf die Dauer kein Gegner aus.

PETER ROSEGGER

Der Tüchtige wird durch Neid und Argwohn nicht ungehalten, sondern tapfer.

ADOLF SCHAFHEITLIN

So lange sein Maß an Tüchtigkeit wächst, wächst der Mensch.

CARL HAUPTMANN

Die Tüchtigkeit der Untergebenen hat manchem Vorgesetzten eine hohe Tribüne gebaut.

ELEONORE VAN DER STRATEN-STERNBERG

Tüchtig ist auf die Dauer nur der Glückliche.

ALBERT MATHIAS KEUELS

Ein Tüchtiger wird in schlechten Zeiten Hungertuchhändler.

HANS-HORST SKUPY

Tugend

Wenn einer so besonders tugendhaft ist, laßt ihn zum Einsiedler werden!

Philippinisches Sprichwort

Die Lüste sind vergänglich, die Tugenden unvergänglich.

PERIANDER

Tugend werde von uns nimmer vertauscht für Gold!

SOLON

Die größten Tugenden müssen diejenigen sein, welche den Nebenmenschen am nützlichsten sind.

ARISTOTELES

Es gibt kein angenehmes Leben ohne die Tugend.

EPIKUR

Es gibt zwei Arten von Tugend: die theoretische und die praktische.

PANAITIOS VON RHODOS

Die oberste aller Tugenden ist die Weisheit; unter Einsicht ist etwas anderes zu verstehen: nämlich das Wissen davon, was zu erstreben und was zu meiden ist.

POSEIDONIOS

Nichts ist liebenswürdiger als die Tugend.

CICERO

Der Lohn der Tugend liegt im Bewußtsein der guten Tat selbst.

CICERO

Verbindet mit eurem Glauben die Tugend, mit der Tugend die Erkenntnis.

2 PETRUS 1,5

Wenn man bei der Tugend die freiwillige Betätigung aufhebt, so hebt man auch ihr Wesen auf.

ORIGENES

Wenn man alles genau betrachtet, so wird man finden, daß manches, was als Tugend gilt, zum Untergang führt und daß manches, was als Laster gilt, Sicherheit und Wohlstand bringt.

NICCOLÒ MACHIAVELLI

Man verachtet nicht alle, welche Laster haben, aber alle, die nicht eine einzige Tugend haben.

LA ROCHEFOUCAULD

Keine Eigenschaft ist unbedingt tadelnswert oder unbedingt löblich; es kommt immer auf ihren Stärkegrad an. Die richtige Mitte ist das charakteristische Kennzeichen der Tugend. Diese Mitte wird aber in erster Linie durch die Nützlichkeit bestimmt.

DAVID HUME

Tugend

Das Ausmaß der Tugend eines Menschen darf nicht an seinen Bemühungen gemessen werden, sondern an seinem täglichen Leben.

BLAISE PASCAL

Nichts ist liebenswürdiger als Tugend.

JEAN-JACQUES ROUSSEAU

Das Volk und die Großen haben weder dieselben Tugenden noch dieselben Laster.

VAUVENARGUES

Der Geist entwirft das Glück, das die Tugend vollendet.

HELVÉTIUS

Gott ist das heiligste Wesen und will nur das, was gut ist, und verlangt, daß wir die Tugend ihres innern Wertes wegen ausüben sollen und nicht deswegen, weil er es verlangt.

IMMANUEL KANT

Die Tugend ist immer im Fortschreiten und hebt doch auch immer von vorne an.

IMMANUEL KANT

Die Tugend, die stets bewacht werden muß, ist kaum der Schildwache wert.

OLIVER GOLDSMITH

Man spricht selten von der Tugend, die man hat; aber desto öfter von der, die uns fehlt.

GOTTHOLD EPHRAIM LESSING

Wenn die Menschen plötzlich tugendhaft würden, so müßten viele Tausende verhungern.

GEORG CHRISTOPH LICHTENBERG

Mut und Bescheidenheit sind die unzweideutigsten Tugenden; denn sie sind von der Art, daß Heuchelei sie nicht nachahmen kann.

JOHANN WOLFGANG VON GOETHE

Was ist Tugend anderes als das wahrhaft Passende in jedem Zustand?

JOHANN WOLFGANG VON GOETHE

Immer Gerechtigkeit für andere, Mut für uns selbst: das sind die zwei Tugenden, worin alle andern bestehen.

RAHEL VARNHAGEN

Tugend ist die Gesundheit der Seele.

JOSEPH JOUBERT

Die zwei unentbehrlichsten von allen Tugenden sind Mäßigung und Klugheit, ohne welche alle Unternehmungen umschlagen, alle Früchte des mühsamsten Fleißes verderben.

FRIEDRICH VON SCHILLER

Tugend ist zur Energie gewordene Vernunft.

FRIEDRICH VON SCHLEGEL

Keine Tugend ist doch weiblicher als Sorge für das Wohl anderer.

HEINRICH VON KLEIST

Tugend ist vielleicht nichts anderes als die Höflichkeit der Seele.

HONORÉ DE BALZAC

Die einzige Belohnung der Tugend ist Tugend.

RALPH WALDO EMERSON

Es gibt keine letzte Tugend; sie alle sind im Werden. Die Tugenden der Gesellschaft sind Laster der Heiligen.

RALPH WALDO EMERSON

Tugend ist Tauglichkeit, Tüchtigkeit zu einem edlen, guten Endzweck.

SAMUEL SMILES

Die Resignation ist die schlimmste der Tugenden.

GUSTAVE FLAUBERT

Was die Theologen auch sagen mögen, die Menschheit hat im ganzen viel mehr Tugenden als Laster.

HENRY THOMAS BUCKLE

Wenn die Tugend geschlafen hat, wird sie frischer aufstehen.

FRIEDRICH NIETZSCHE

Tugendhaftigkeit ist nicht immer Ausdruck der Kraft, sondern oft der Feigheit.

HEINRICH LHOTZKY

Tugenden sind ebenso anstrengend wie Laster.

INAZO NITOBÉ

Tugend – Mangel an Gelegenheit, ein
Gemeinplatz, der nur die Unseligkeit des
üblichen Tugendbegriffes verrät, als etwas
durchaus Negatives.

CHRISTIAN MORGENSTERN

Wirkliche Tugenden stören immer und
erregen Haß.

HERMANN HESSE

Zuviel Tugend ist auch ein Laster.

WILHELM ALTMANN

Ich glaube, daß die höchste Tugend darin
besteht, glücklich zu sein.

D. H. LAWRENCE

Die Frauen sind nicht tugendsam, aber sie
selbst haben uns die Vorstellung von den
Tugenden eingegeben.

PAUL GÉRALDY

Es gibt von jeher böse Menschen, deren
Lieblingsbeschäftigung es ist, die Tugend
anderer zu bezweifeln.

HORST WOLFRAM GEISSLER

Die Tugenden, die du vor allem
festigen sollst, sind Mut, Gemeinsinn, Stolz,
Gradlinigkeit, Verachtung, Uneigennützigkeit,
Höflichkeit, Dankbarkeit und überhaupt alles,
was man unter Edelmut versteht.

HENRY DE MONTHERLANT

Es gibt Leute, die aus der Tugend eine Not
machen.

JACOB LORENZ

Die Güte ist edler als die Gerechtigkeit.
Mögen auch beide Gaben Gottes sein, die
Güte steht dem Herzen näher, denn sie ist
eine Schwester der Liebe. Die Gerechtigkeit
aber ist nur eine Schwester des Geistes.

MAX STEBICH

Tugenden gibt es, weil es Laster gibt; nicht
etwa umgekehrt: also rühme man sich seiner
Tugenden nicht allzu sehr.

WOLFGANG STRUVE

Tugendhaft! Wer möchte das nicht gerne
sein ? Wäre man damit nicht immer so allein.

ROBERT MUTHMANN

Vor die Tugend haben die Spötter den Hohn
gesetzt.

RUPERT SCHÜTZBACH

Tugendbolde sind kaum einer Besserung
fähig.

WERNER EHRENFORTH

Pfad der Tugend: Sackgasse.

HANS-HORST SKUPY

Tun

Der Kluge bemüht sich, alles richtig zu machen. Der Weise, so wenig wie möglich falsch zu machen.
Türkisches Sprichwort

Was ich geplant habe, das tue ich auch.

JESAJA 46,11

Das Getane zeugt für oder gegen dich.

KONFUZIUS

In allem Tun ist schlimme Genossenschaft
das Schlimmste.

AISCHYLOS

Angenehm ist am Gegenwärtigen die
Tätigkeit, am Künftigen die Hoffnung
und am Vergangenen die Erinnerung. Am
angenehmsten und im gleichen Maße
liebenswert ist das Tätigsein.

ARISTOTELES

Tue nichts, was dir nicht entspricht zu tun;
wünsche nichts, was dir nicht entspricht zu
wünschen.

MENG DSE

Tue nichts im Leben, was dir Angst machen
muß, wenn es dein Nächster bemerkt.

EPIKUR

Da du genug zu tun hast, kümmere dich nicht
um Nebendinge.

BEN SIRA 3,22

Tun

Der Anfang jedes Tuns ist das Wort, und
jedem Werk geht das Denken voran.

BEN SIRA 37,16

Stets sei tätig, damit vom eigenen Geschäft
du lebst, denn aus diebischer Hand lebt
jeglicher Mann, der nichts tut.

PHOKYLIDES

Etwas gerne tun, macht jede Last leichter.

OVID

Man muß alle Dinge bis auf einen gewissen
Rest tun.

MAHABHARATA

Man muß das eine tun und das andere nicht
lassen.

MATTHÄUS 23,23

Was soll ich tun, daß ich gerettet werde?

APOSTELGESCHICHTE 16,30

Wir müssen alles zugleich vorsichtig und
zuversichtlich tun.

EPIKTET

Es ist gleich, ob man viel oder wenig tut,
wenn man es nur um Gottes Willen tut.

TALMUD – BERACHOT

Alles, was ihr tut, sollt ihr nur aus Liebe tun.

MAIMONIDES

Schnell kommt man dazu, etwas zu tun, was
nicht erlaubt ist, wenn man alles tut, was
erlaubt ist.

CLEMENS VON ALEXANDRIEN

Ist man im Zweifel, ob man etwas tun oder
unterlassen soll, dann ist es meist besser, es
nicht zu tun.

YOSHIDA KENKO

Wenn wir vor dem letzten Gericht stehen,
wird man uns nicht fragen, was wir gelesen,
sondern was wir getan haben.

THOMAS VON KEMPEN

Lehren und nicht tun, das ist klein; lehren
und tun, das ist groß und ganz.

PARACELSUS

All unser Tun soll auf ein langes Leben
ausgerichtet sein.

PARACELSUS

Im allgemeinen wissen wir nur zu gut, was wir
tun sollten, aber wir wissen nicht, was wir tun
würden. Es ist ein Zeichen der Anmaßung,
wenn wir glauben, heiße Kohle anfassen zu
können, ohne uns zu verbrennen.

FRANZ VON SALES

Wir dürfen ja nicht alles durch die Zeit
bewirken lassen; etwas müssen wir auch tun.

CALDERÓN DE LA BARCA

Wir sind nicht nur für unser Tun
verantwortlich, sondern auch für das, was wir
nicht tun.

MOLIÈRE

Was sich zu tun lohnt, lohnt sich, gut zu tun.

EARL OF CHESTERFIELD

Die Menschen sind nur dann glücklich, wenn
sie das, was sie tun müssen, gerne tun. Auf
diesem Prinzip beruht aber nicht die
Gesellschaft.

HELVÉTIUS

Der Mensch ward zum Tun und nicht zum
Vernünfteln erschaffen. Aber eben deswegen,
weil er nicht dazu erschaffen ward, hängt er
diesem mehr als jenem nach.

GOTTHOLD EPHRAIM LESSING

Nichts halb zu tun ist edler Geister Art.

CHRISTOPH MARTIN WIELAND

Tue was du für recht hältst, wenn du auch
deswegen nicht öffentlich gelobt würdest;
denn die Welt ist ein schlechter Richter über
gute Taten.

MATTHIAS CLAUDIUS

Frage dich immer: wie kann man das besser
machen?

GEORG CHRISTOPH LICHTENBERG

Man wirft oft den Großen vor, daß sie sehr
viel Gutes hätten tun können, das sie nicht
getan haben. Sie könnten antworten: Bedenkt
einmal das Böse, das wir hätten tun können
und nicht getan haben.

GEORG CHRISTOPH LICHTENBERG

Tun

Das Tun interessiert, das Getane nicht.
JOHANN WOLFGANG VON GOETHE

Es ist nicht genug zu wissen, man muß auch anwenden; es ist nicht genug zu wollen, man muß auch tun.
JOHANN WOLFGANG VON GOETHE

Unbedingte Tätigkeit, von welcher Art sie sei, macht zuletzt bankrott.
JOHANN WOLFGANG VON GOETHE

Alles, was wir treiben und tun, ist ein Abmüden; wohl dem, der nicht müde wird.
JOHANN WOLFGANG VON GOETHE

Dem tätigen Menschen kommt es darauf an, daß er das Rechte tue; ob das Rechte geschehe, soll ihn nicht kümmern.
JOHANN WOLFGANG VON GOETHE

Tätig zu sein ist des Menschen erste Bestimmung.
JOHANN WOLFGANG VON GOETHE

Der Verstand kann uns sagen, was wir unterlassen sollen. Aber das Herz kann uns sagen, was wir tun müssen.
JOSEPH JOUBERT

Was heiter und selig macht und erhält, ist bloß Tätigkeit.
JEAN PAUL

Alles Tun ist zeugend – oder tötend.
FRANZ VON BAADER

Alles, was ist, hält der Mensch für getan, gewirkt. Er begreift aber nur sein eigen Tun.
FRANZ VON BAADER

Nur wenige Menschen werfen sich der Tätigkeit aus inneren, moralischen Bedürfnissen in die Arme. Erhebt nicht die Not ihre eiserne Rute, bellt nicht der Hunger des niederen Bedürfnisses, so bleibt der gewöhnliche Mensch ein ächzendes Faultier, das kauert oder schleicht.
CHRISTIAN GRAF BENTZEL-STERNAU

Tätigkeit ist der wahre Genuß des Lebens, ja das Leben selbst.
AUGUST WILHELM VON SCHLEGEL

Wer still steht, geht zurück; wer auf Lorbeeren ruht, die er nicht braucht, liegt nur auf einer schöneren Bärenhaut. Nur wer immer mehr tun will, als schon getan ist, wird das tun, was er kann.
ERNST MORITZ ARNDT

Nichts bewahrt gewiß so sicher vor Unsinn als Tätigkeit.
NOVALIS

Was den Berufenen zu tun als Tugend angerechnet wird, ist für den Unberufenen zu tun oft ein Laster.
CASPAR DAVID FRIEDRICH

Arbeit ist, was man nicht gern tut. Tun, was man gern tut, heißt müßig gehen.
JOHANN WILHELM RITTER

Das ganze All ist eine unendliche Abwandlung des Zeitwortes tun.
THOMAS CARLYLE

Lege den Gehalt einer Gesinnung in das kleinste Tun.
KARL IMMERMANN

Zwei Arten Menschen gibt es, aus denen nie etwas Richtiges wird: diejenigen, die nie tun, was man ihnen sagt, und diejenigen, die nichts weiter tun.
ABRAHAM LINCOLN

Nicht was der Mensch ist, nur was er tut, ist sein unverlierbares Eigentum.
FRIEDRICH HEBBEL

Schreiben und Klatschen kann das Volk, auch allenfalls hundert und tausend Ratschläge geben. Etwas tun – tun aber nur die Gerechten.
RICHARD WAGNER

Wer gerne tut, was anderen Freude macht, erreicht, daß andere tun, was ihm Freude macht.
DON BOSCO

Tu, was keiner für dich tun kann; alles andere unterlasse.
HENRY DAVID THOREAU

Tun

Nicht das, was ein Mensch tut, sondern wie er es tut, ist profan oder heilig.

HEYMANN STEINTHAL

Das größte Vergnügen im Leben bereitet es, das zu tun, wovon die Leute behaupten, daß man es nicht tun kann.

WALTER BAGEHOT

Die Menschen leben in der Illusion, daß jeder das, was er tut, für sich tut; und das ist der größte der Irrtümer der Individuen.

WILHELM RAABE

Die Quelle der Glückseligkeit des Menschen liegt nicht in seinen Empfindungen, sondern in seiner Tätigkeit. Und so ist sie auch die einzig sichere, dem Menschen nicht verderbliche Quelle des Reichtums.

CARL HILTY

Tu immer das Rechte. Das wird einige Menschen erfreuen und die übrigen erstaunen.

MARK TWAIN

Tätigkeit ist die Triebfeder der Lebensuhr. Man kann sich überarbeiten, aber noch weit leichter kann man sich überfaulenzen.

PETER ROSEGGER

Man soll nie etwas tun, worüber man nach Tisch nicht plaudern kann.

OSCAR WILDE

Tätigsein ist der letzte Ausweg jener, die nicht verstehen zu träumen.

OSCAR WILDE

Tu, wo du bist, was du kannst, mit dem, was du hast.

THEODORE ROOSEVELT

Man soll nicht immer tun, was man tun sollte; aber man sollte das, was man soll, immer tun.

WILHELM VON SCHOLZ

Es hat keinen Sinn zu tun, was einem gefällt; man muß Gefallen finden an dem, was man tut.

SIR WINSTON S. CHURCHILL

Ich frage schon längst nicht mehr: Was soll ich da tun? Ich frage nur noch: Was wird da jetzt mit mir geschehen? Und erst, wenn sich mir dies dann deutlich angekündigt hat, setzt mein eigener Wille mit seiner Kraft ein, um mitzuhelfen.

HERMANN BAHR

Alles wertvolle Wirken ist Tun auf Glauben.

ALBERT SCHWEITZER

Wenn man etwas für recht hält, muß man es auch tun.

HERMANN HESSE

Wenn einer etwas tut, tut er es immer auch an unserer Stelle, und wir sollten nicht hochmütig sein und versichern, wir täten es nie.

OTTO FLAKE

Was man gerne tut, dazu hat man immer Zeit.

ADOLF SCHRIEFER

Man soll den Menschen nie sagen, wie sie etwas tun sollen, sondern nur, was sie tun sollen. Dann wird ihr Einfallsreichtum einen verblüffen.

GEORGE PATTON

Man soll nichts tun, was einem nicht gemäß ist.

KURT TUCHOLSKY

Auch die Tätigkeit des Henkers ist eine Arbeit.

HANS BRÄNDLI

Will man Schweres bewältigen, muß man es sich leicht machen.

BERT BRECHT

Wenn man nichts tut, fühlt man sich für alles verantwortlich.

JEAN-PAUL SARTRE

Im Leben zählen die furchtlos getanen Werke.

FLORENCE SCOVEL SHINN

Oft wissen die Leute nur, was sie zu tun haben, aber nicht, was sie tun.

WERNER JETTER

Übel

Was immer die andern tun, stets haben wir den Eindruck, daß wir es besser machen könnten. Leider empfinden wir gegenüber dem, was wir selber tun, nicht das gleiche.
É. M. CIORAN

Tun hat mit Machen wenig zu tun.
SIEGFRIED & INGE STARCK

Es wird immer schwerer, etwas zu tun, und immer leichter, etwas zu verhindern.
MANFRED ROMMEL

Wenn man keinen Grund hat, eine Sache zu tun, hat man allen Grund, sie zu unterlassen.
HANS HOLLMANN

Man sieht nur die Folgen seines Tuns, nicht die Erfolge seines Lassens.
ELAZAR BENYOËTZ

Was man selbst tut, kann kein anderer verkehrt machen.
CHRIS HORNBOGEN

Übel

Wer das Übel flieht, dem läuft es nach.
Deutsches Sprichwort

Von zwei Übeln wird niemand das größere wählen, wenn er das kleinere wählen kann.
PLATON

Übles erwächst dem Menschen aus Güte, wenn einer sich nicht darauf versteht, das Gute zu lenken und gehörig zu tragen.
DEMOKRIT

Der Arzt aller notwendigen Übel ist die Zeit.
MENANDER

Behalte, was du hast. Das Übel, das man kennt, ist das erträglichste.
PLAUTUS

Von zwei Übeln das kleinere wählen.
CICERO

Das ist Gnade, wenn jemand um Gottes willen das Übel erträgt...
1 PETRUS 2,19

Übel

So wenig wie ein Ziel aufgestellt wird, damit man es verfehle, so wenig hat das Übel von Natur einen Platz in der Welt.

EPIKTET

Wer ein Übel nicht bestraft, läßt zu, daß es geschehe.

LEONARDO DA VINCI

In allen menschlichen Dingen zeigt sich bei genauer Prüfung, daß man nie einen Übelstand beseitigen kann, ohne daß daraus ein anderer entsteht.

NICCOLÒ MACHIAVELLI

Kein Übel wird beweint, dem man entrann.

WILLIAM SHAKESPEARE

Was den Menschen hindert, die Vernunft zu vervollkommnen und ein vernünftiges Leben zu führen, dies allein ist ein Übel.

BARUCH DE SPINOZA

Wärst du so klug, die kleinen Plagen des Lebens willig auszustehen, so würdest du dich nicht so oft genötigt sehen, die großen Übel zu ertragen.

CHRISTIAN FÜRCHTEGOTT GELLERT

Genauso selbstverständlich wie die Tatsache, daß Gott gut ist, so fest steht es, daß es so etwas wie ein notwendiges Übel nicht gibt.

ROBERT SOUTHEY

Wer das Jucken ein Übel nennt, der denkt gewiß nicht ans Kratzen.

FRIEDRICH HEBBEL

Wir schließen die Augen beim Beginn des Übels, weil es uns gering erscheint. Aber in dieser Schwäche liegt der Keim unserer Niederlage.

HENRI FRÉDÉRIC AMIEL

Je mehr die Menschen das Übel verfolgen, desto mehr Übel schaffen sie. Man darf also nicht das Übel durch ein anderes ausrotten wollen.

LEW N. GRAF TOLSTOJ

Eingebildete Übel gehören zu den unheilbaren.

MARIE VON EBNER-ESCHENBACH

Von zwei Übeln wähle keines.

CHARLES H. SPURGEON

Von zwei Übeln wähle man stets das kleinere, hierüber herrscht Einmütigkeit. Die mitleidvollsten Seelen bringen es nicht fertig zu leugnen, daß das Übel des Nächsten immer das kleinere ist und daß man es folglich wählen muß. Schon seit langer Zeit haben die Moralisten festgestellt, daß es einem nie an Kraft fehlt, die anderen leiden zu sehen.

LÉON BLOY

Das schlimmste Übel, woran die Welt leidet, ist nicht die Stärke der Bösen, sondern die Schwäche der Besseren.

ROMAIN ROLLAND

Die Menschheit hat sich die größten Übel selbst auferlegt, weil Menschen etwas für richtig halten, was falsch war.

BERTRAND EARL RUSSELL

Alles Übel ist Furcht.

BO YIN RA

Von zwei Übeln wähle ich immer das, das ich noch nicht ausprobiert habe.

MAE WEST

Es ist durchaus nicht immer klug, von zwei Übeln das kleinere zu wählen.

KARL HEINRICH WAGGERL

Zwei Übel ertragen sich leichter als eins.

JOACHIM GÜNTHER

Die kleineren Übel sind meist von längerer Dauer.

WIESLAW BRUDZINSKI

Gut ist nicht der Staat, in dem nichts Übles vorkommen kann, gut ist der Staat, in dem das Üble, das vorkommt, auch aufkommt.

PAUL BOCKELMANN

Jedes Übel trägt die Saat der eigenen Zerstörung in sich. Auf die Dauer ist das geschlagene Recht stärker als das triumphierende Böse.

MARTIN LUTHER KING

Überfluß

In der Lüge und im Nichtausgesprochenen
hat alles Übel seinen Ursprung.
HEINZ KÖRBER

Auch die Quelle allen Übels mündet in den
Fluß der Zeit.
KLAUS BERNHARDT

Man sollte stets bedenken, daß auch das
kleinere Übel über sich hinauswachsen kann.
WOLFGANG MOCKER

Überfluß

Was wir teuer bezahlen müssen,
halten wir für Leckerbissen.
Deutsches Sprichwort

Um die Abendzeit werdet ihr Fleisch zu essen
bekommen und am Morgen Brot die Fülle.
2 MOSE 16,12

Wer gesättigt ist, der zertritt Honigwaben.
SPRÜCHE 27,7

Wie zahlreich sind doch die Dinge, deren ich
nicht bedarf!
SOKRATES

Was nicht nötig ist, ist umsonst zu teuer.
CATO

Man muß nur das Überflüssige weglassen.
MICHELANGELO

Nicht der Mangel, sondern vielmehr der
Überfluß gebiert die Habsucht.
MICHEL DE MONTAIGNE

Menschen, die einen Überfluß an freier Zeit
haben, denken zumeist auf Böses.
BARUCH DE SPINOZA

Das Überflüssige ist das Notwendige.
VOLTAIRE

Schafft man den Luxus ab, so zerstört man
eine Menge Existenzen.
OTTO FÜRST BISMARCK

Durch verständige, geeignete Gesetze kann
in den fruchtbarsten Teilen der Erde jede
Bevölkerung dazu gebracht werden, in Glück
und Überfluß zu leben ohne die hemmenden
Einflüsse von Laster und Elend.
ROBERT DWEN

Luxus treibt den Menschen zu keiner einzigen
Tugend, sondern erstickt meist alle besseren
Gefühle in ihm.
FRIEDRICH II. VON PREUSSEN

Überfluß hat erst Wert, wenn wir ihn zum
Wohle anderer benutzen.
CARL HILTY

Alles, was uns wirklich nützt, ist für wenig
Geld zu haben. Nur das Überflüssige kostet
viel.
AXEL MUNTHE

Man gönnt dir jeden Überfluß, wenn dir das
Nötige fehlt.
SALOMON BAER-OBERDORF

Alle bestehenden Dinge sind nur dazu da,
damit wir lernen, ohne sie auszukommen.
MAX BECKMANN

Wer die Notwendigkeit des Überflüssigen
begriffen hat, der wird auch das Maßhalten
nicht bis ins Maßlose treiben.
LUDWIG STRAUSS

Schon mancher Überfluß hat die Nachwelt
mit müden Söhnen entschädigt.
HANS KASPER

Luxus ist die teuerste Form von Primitivität.
OLIVER HASSENCAMP

Wer alles Überflüssige eliminiert,
dem wird am Ende auch keine Lupe
mehr helfen.
HELMUT LAMPRECHT

Jeder Überfluß hat die Armut als Nebenfluß.
HELLMUT WALTERS

Die Überflußgesellschaft spiegelt sich in ihren
Flüssen.
HANS-HORST SKUPY

Überzeugung

Augen überzeugen besser als
Ohren.

Chinesisches Sprichwort

Nur der Weise kann eine unwiderlegbare
Überzeugung haben.

EPIKUR

Weil du mich gesehen hast, bist du
überzeugt. Selig sind die, die nicht gesehen
und doch geglaubt haben.

JOHANNES 20,29

Leicht lassen wir uns von Dingen überzeugen,
die uns Freude machen.

MADELEINE DE FONTAINE

Man läßt sich gewöhnlich lieber durch
Gründe überzeugen, die man selbst erfunden
hat, als durch solche, die anderen in den Sinn
gekommen sind.

BLAISE PASCAL

Die Stärke unserer Überzeugung ist
schlechterdings kein Beweis für ihre
Richtigkeit.

JOHN LOCKE

Wie glücklich sind die, deren Überzeugungen
mit der allgemeinen Meinung
übereinstimmen!

LORD HALIFAX

Steinigen ist freilich ein gut Teil leichter als
überzeugen.

WILHELM LUDWIG WEKHRLIN

Die Überzeugung ist das Gewissen des
Geistes.

CHAMFORT

Wen die Furcht und mehr noch die Hoffnung
dauernd in Bewegung hält, wechselt leicht
seine Überzeugungen, wenn er sich davon
einen Vorteil verspricht.

GERMAINE (MADAME) DE STAËL

Jeder muß den Mut der Überzeugung haben.

ALEXANDER VON HUMBOLDT

Es ist gleich vergebliche Arbeit, Mohren
zu waschen und Leute, die einmal Partei
genommen, auf andere Gedanken zu bringen.

JOHANN JAKOB ENGEL

Wer nicht zweifelt, wird nicht überzeugt.

FRIEDRICH HÖLDERLIN

Jeder, der nur einmal seine Überzeugung
in sich zum Schweigen bringt, ist unrein,
geistlos, zu allem Schlechten fähig; denn die
Möglichkeit und der Anfang sind da!

RAHEL VARNHAGEN

Der Mensch besteht in der Wahrheit. Gibt er
die Wahrheit preis, so gibt er sich selbst
preis. Wer die Wahrheit verrät, verrät sich
selbst. Es ist hier nicht die Rede vom Lügen,
sondern vom Handeln gegen Überzeugung.

NOVALIS

Wer nach seiner Überzeugung handelt, und
sei sie noch so mangelhaft, kann nie ganz
zugrunde gehen, wogegen nichts
seelentötender wirkt, als gegen das innere
Rechtsgefühl das äußere Recht in Anspruch
nehmen.

ANNETTE VON DROSTE-HÜLSHOFF

Willst du einen Menschen überzeugen, daß er
unrecht tut, dann tue recht! Aber bemühe
dich nicht, ihn zu überzeugen. Menschen
glauben, was sie sehen. Laß sie sehen!

HENRY DAVID THOREAU

Man überzeugt sich leider von dem Erfolg,
den man hat, nur durch die Feinde, die man
sich macht.

DANIEL SPITZER

Du hast einen Menschen nicht überzeugt, weil
du ihn zum Schweigen gebracht hast.

JOHN MORLEY

Es ist nicht der Kampf der Meinungen,
welcher die Geschichte so gewalttätig
gemacht hat, sondern der Kampf des
Glaubens an die Meinungen, das heißt
der Überzeugungen.

FRIEDRICH NIETZSCHE

Eine Sache, die keiner glaubt, kann nicht zu
oft bewiesen werden.

GEORGE BERNARD SHAW

Überzeugung

Der Staat der heutigen herrschenden Klassen benutzt natürlich Kirche, Schule und alle Mittel, um das Volk im Glauben zu erhalten, der Klassenstaat, wie er besteht, wäre eine Notwendigkeit, und daher kommt es, daß so viele Proletarier, deren Interessen sie zu uns ziehen müßten, noch in den Reihen der Gegner gegen uns kämpfen. Wir müssen diese Schwierigkeiten zu überwinden suchen...

AUGUST BEBEL

Es gibt Menschen, die haben den Mut ihrer Überzeugung, aber nicht immer dieselbe Überzeugung.

ELEONORE VAN DER STRATEN-STERNBERG

Jeder wird, wo immer er geht, von einer Wolke beruhigender Überzeugungen begleitet, die ihm wie Fliegen an einem Sommertage folgen.

BERTRAND EARL RUSSELL

Die Frömmsten haben überhaupt keine Überzeugungen.

GILBERT KEITH CHESTERTON

Jede Überzeugung ist eine Krankheit.

FRANCIS PICABIA

Bescheiden wir uns, das Nachdenken anzuregen, versuchen wir nicht zu überzeugen.

GEORGES BRAQUE

Überzeugungen sind oft nur Schwimmwesten, die sich die Menschen schon umlegen, wenn ihr Lebensschiff noch ganz intakt ist, aus Angst, es könnte doch mal mit einem anderen Schiff zusammenstoßen.

EHM WELK

Einen Gescheiten kann man überzeugen, einen Dummen muß man überreden.

CURT GOETZ

Es gibt Leute, die ihren Überzeugungen so nachtrauern wie andere ihren Schätzen.

BLAISE GALL

Die Überzeugung von heute ist der Irrtum von morgen.

K. H. BAUER

Der Mensch hat zwei Beine und zwei Überzeugungen: eine, wenns ihm gut geht, und eine, wenns ihm schlecht geht. Die letztere heißt Religion.

KURT TUCHOLSKY

Überzeugen ist unfruchtbar.

WALTER BENJAMIN

Man kann die Menschen nur von ihren eigenen Meinungen überzeugen.

CHARLES TSCHOPP

Ein echter Einfall ist der Einsturz einer bisherigen Überzeugung.

ARTHUR HAFINK

Es ist heutzutage ein großes Wagnis, das auszusprechen, wovon die meisten überzeugt sind.

HANS HABE

Der Applaus verklingt mit dem Tag. Was bleibt, sind die Überzeugungen.

LADY MARGARET THATCHER

Überzeugungen sind Vorurteile, die man sich selbst erarbeitet hat.

WOLFRAM WEIDNER

Überzeugung ist vielfach Glaube ohne Notbremse.

JAKOB STEBLER

Ja, ja, ich weiß, viele würden mein Leben für ihre Überzeugungen geben.

BRANA CRNČEVIĆ

Die Welt ist voller Menschen, die von allem überzeugt sind, aber an nichts glauben.

BRANA CRNČEVIĆ

Die tiefste Überzeugung erwächst oft aus der größten Dummheit.

BERND WEINKAUF

Der gute Ton in allen Lebenslagen ist der Brustton der Überzeugung.

BIRGIT BERG

Neidvoll blickt die Fähigkeit zu überzeugen auf die Gabe zu verzaubern.

MICHAEL RUMPF

Umwelt

Wer mit unsauberen Leuten umgeht,
lernt bald stinken.

Niederländisches Sprichwort

Tut nicht Schaden der Erde noch dem Meer
noch den Bäumen.

OFFENBARUNG 7,3

Wer anders ist der Feind der Natur, als der
sich klüger dünkt denn sie, obwohl sie unsere
allerhöchste Schule ist?

PARACELSUS

Wir dürfen nicht annehmen, daß alle Dinge
unsretwegen geschaffen worden sind.

RENÉ DESCARTES

Sorglos eilen wir in den Abgrund, nachdem
wir etwas aufgebaut, was uns hindert, ihn zu
sehen.

BLAISE PASCAL

Der Schmutz ist glänzend, wenn die Sonne
scheinen mag.

JOHANN WOLFGANG VON GOETHE

Laßt uns nie vergessen, daß die Pflege der
Erde die wichtigste Arbeit der Menschen ist.

DANIEL WEBSTER

Es ist nicht genug, der Natur die
Daumenschrauben anzulegen. Man
muß auch hinhören, wenn sie aussagt.

ARTHUR SCHOPENHAUER

Die Natur in ihrer Wahrheit bleibt für die
Schlechten, für die Selbstsüchtigen und
Feiglinge stets ein Buch mit sieben Siegeln;
was sie von der Natur wissen können, ist
wenig, seicht, gering, alltäglich. Die Natur
läßt keine Lügen zu.

THOMAS CARLYLE

Im Anschauen der Natur tritt die Dummheit
am meisten hervor; denn da muß der Mensch
etwas aus sich herausgeben, wenn er davon
reden will, etwas Eigenes, ein Gefühl.

NIKOLAUS LENAU

Ob es für diese Krankheit ein Heilmittel gibt,
weiß ich nicht; das weiß ich: der Doktor, der
mich kurieren will, muß vorher die ganze
Welt kurieren, und dann bin ich gleich kuriert.

FRIEDRICH HEBBEL

Die Natur hat mit dem Menschen in die
Lotterie gesetzt und wird ihren Einsatz
verlieren.

FRIEDRICH HEBBEL

Wir zerstören Millionen Blüten, um Schlösser
zu errichten, dabei ist eine einzige Distelblüte
wertvoller als tausend Schlösser.

LEW N. GRAF TOLSTOJ

In der Natur gibt es weder Belohnungen noch
Strafen. Es gibt Folgen.

ROBERT G. INGERSOLL

Eines Tages wird der Mensch den Lärm
ebenso unerbittlich bekämpfen müssen wie
die Cholera und die Pest.

ROBERT KOCH

Unreine Luft sollte man wie ein moralisches
Unrecht, das einem angetan wird, empfinden.
Ventilierte Räume haben etwas Heiliges.

CARL LUDWIG SCHLEICH

Jedes Jahrhundert weiter wird neue Zauber
der reinen Luft entdecken und wird sie
wachsend verehren.

CARL LUDWIG SCHLEICH

Wir Menschen sollen doch das All glückvoll
besitzen in schuldloser Freude.

HERMANN STEHR

Der Mensch ist ein Teil der Natur und nicht
etwas, das zu ihr im Widerspruch steht.

BERTRAND EARL RUSSELL

Wir graben den Schacht von Babel.

FRANZ KAFKA

Was mich anlangt, ich bin nur ein Zeuge, ich
lege Zeugenschaft ab, von dem, was ich
sehe. Ich sehe eine Welt erstehen, von der
man leider nicht oft genug sagen kann, der
Mensch werde nicht darin leben können; er
wird darin leben können, aber unter der
Bedingung, immer weniger Mensch zu sein.

GEORGES BERNANOS

Umwelt

Ein Mensch und eine häßliche Landschaft: immer hat der Mensch die Schuld.

RAINER MARIA RILKE

Im übrigen gilt ja hier derjenige, der auf den Schmutz hinweist, für viel gefährlicher als der, der den Schmutz macht.

KURT TUCHOLSKY

Wenn einer glaubt, die Welt ins Reine führen zu können dadurch, daß er den Dreck in gesteigerter Potenz darstellt, dann ist er auf dem Holzweg oder besser: auf dem Weg schamloser Spekulation.

FRIEDRICH WITZ

Wenn große Bäume fallen, stieben die Affen auseinander.

LIN YUTANG

Die Erde ist ein gebildeter Stern mit sehr viel Wasserspülung.

ERICH KÄSTNER

Während wir Philosophen noch streiten, ob die Welt überhaupt existiert, geht um uns herum die Natur zugrunde.

SIR KARL RAIMUND POPPER

Wir haben durch den ganz unschuldigen, jedenfalls keineswegs auf Zerstörung angelegten Gebrauch unserer Wohlfahrt – ich nenne dies die „schleichende Apokalypse" – einen langsamen Tod der Biosphäre eingeleitet.

HANS JONAS

Die heutige Menschheit verhält sich konsequent so, als würde sie vom Teufel getrieben, dessen einziges Ziel es ist, alles Leben auf unserem Planeten zu vernichten.

KONRAD LORENZ

Längst ist unsere Welt zu einem einzigen Riesensystem kommunizierender Röhren geworden, nichts kann irgendwo geschehen oder gedacht werden, was sich nicht früher oder später weltweit auswirkt, uns alle beeinflußt. Ob wir es wollen oder nicht, wir müssen global denken lernen, sonst ist es um uns geschehen.

ANTON ZISCHKA

Ich würde lachen, wenn sie mit der Vernichtung der Welt vor dem Weltende nicht fertig werden würden.

STANISLAW JERZY LEC

Umweltfanatiker würden einen nicht einmal ein Haus bauen lassen. Es sei denn, es sieht wie ein Vogelnest aus.

RONALD REAGAN

Auch der Sinn für die Natur ist zum Geschäftssinn geworden.

LISELOTTE RAUNER

Der Nachweis wird der Industrie gelingen: Auch die Natur ist umzubringen.

LISELOTTE RAUNER

Solange noch ein Mensch lebt, hat der Umweltschutz wenig Chancen.

OLIVER HASSENCAMP

Mit der Zerstörung unserer Umwelt nehmen wir der nächsten Eiszeit viel Arbeit ab.

OLIVER HASSENCAMP

Seit wir gelernt haben, das Gleichgewicht der Natur zu stören, sind Kriege überflüssig geworden.

OLIVER HASSENCAMP

Das einzige, was heute zurück zur Natur geht, ist der Giftmüll...

ERNST DITTRICH

Wir spülen unseren Unrat ins Klosettbecken und glauben, daß wir gerettet sind.

ABRAM TERZ (SINJAWSKIJ)

Je verschmutzter die Luft, desto schöner das Rot der Abendsonne.

HELMUT LAMPRECHT

Der Mond hat Geduld. Nur die Erde kann nicht auf Antwort warten.

KURTMARTIN MAGIERA

Entwickelt heißt jener Teil der Welt, wo der Dreck zu einem Problem geworden ist.

HEINRICH NÜSSE

Es ist wirklich die letzte Sekunde vor zwölf.

HANS-DIETRICH GENSCHER

Umwelt

Was der Natur angetan wird, geht auf keine Menschenhaut.

HUGO ERNST KÄUFER

Die Umweltschützer können der Regierung nicht das Abwasser reichen.

HANNS-HERMANN KERSTEN

Umweltschutz: Natur auf dem Weg in die Allee.

RENÉ & DENISE DAVID

An der Quelle ist alles rein, aber wehe, wenn die Dinge mal im Fluß sind!

GERHARD UHLENBRUCK

Die Industrie tut gegenüber der Umwelt so, als wäre sie staubdumm.

GERHARD UHLENBRUCK

Inzwischen wissen wir, was uns noch blüht – nämlich immer weniger!

GERHARD UHLENBRUCK

Zurück zur Natur – solange noch etwas davon übrig ist.

GERHARD UHLENBRUCK

Der wirksamste Umweltschutz wäre die Abschaffung der Menschheit.

RAIMUND VIDRÁNYI

Süßstoff gibt es genug; woran es mangelt, ist Sauerstoff.

HELLMUT WALTERS

So kurios es klingt: die Hauptschuld an der Umweltverschmutzung tragen die vielen Saubermacher.

HELLMUT WALTERS

Die Wasserverschmutzung hat ihren Grund darin, daß so viele Menschen ihre Hände in Unschuld waschen.

HELLMUT WALTERS

Generationenbetrug. Für uns die Atomkraft – für sie den Müll.

PAUL MOMMERTZ

Umweltbelastung ist die Summe der Unarten unserer Nachbarn.

HANS W. KOPP

Wir alle sind Passagiere an Bord des Schiffes Erde, und wir dürfen nicht zulassen, daß es zerstört wird. Eine zweite Arche Noah wird es nicht geben.

MICHAIL S. GORBATSCHOW

Mit dem Umweltschutz ist der Schutz vor dem Menschen zu einer seiner Hauptbeschäftigungen geworden. Das ist bei den alten Geboten herausgekommen – „Seid fruchtbar und mehret euch!" – und „Macht euch die Erde untertan!". Kein Gebot, auch das göttliche nicht, darf mit zu großem Eifer befolgt werden.

JOHANNES GROSS

Ich frage mich: werden in Zukunft wieder nur die Wälder sterben oder werden es unsere Kinder?

MARILIES FLEMMING

Auch die Natur ist neurotisch geworden.

RUPERT SCHÜTZBACH

Heutzutage gehen die Bewohner mit der Erde um, als ob sie noch eine in Reserve hätten.

WERNER MITSCH

Umweltschutz. Die einen reden, und die anderen roden.

WERNER MITSCH

Werden wir je so klug sein, den Schaden zu beheben, durch den wir es wurden?

NIKOLAUS CYBINSKI

Den Weg allen Fleisches hätten wir gehen sollen. Den Weg allen Mülls gehen wir.

WERNER SCHNEYDER

Die neue Romantik: der Umweltschmerz.

WERNER SCHNEYDER

Vor dem Gerichtspsychiater murmelte ein Massenmörder etwas von Umweltschutz.

WERNER SCHNEYDER

Während der ersten Sintflut retteten sich Menschen vor der Natur. Während der zweiten Sintflut versucht sich die Natur vor den Menschen zu retten.

WERNER SCHNEYDER

Wir gehen mit dieser Welt um, als hätten wir noch eine zweite im Kofferraum.

JANE FONDA

Umwelt weltweit zu schützen verlangt, Armut weltweit zu bekämpfen.

KLAUS TÖPFER

Im Verhältnis zur Natur ist der Mensch über den Kannibalismus nicht hinausgekommen.

WERNER EHRENFORTH

Das Wasser wird von Tag zu Tag eine kompliziertere chemische Formel.

MICHAEL SCHULTE

Es fehlt nicht viel, und aus Umwelt wird Unwelt.

WOLFGANG ESCHKER

Bei Konkurrenzkampf zwischen Technik und Natur steht letztere vor dem Konkurs.

WOLFGANG ESCHKER

Die Dunstglocken schlagen... Alarm.

HANS-HORST SKUPY

Zuallererst müßte man die politischen Brunnenvergifter in Umweltschutzhaft nehmen.

HANS-HORST SKUPY

Wir leben in einer atemraubenden Zeit.

HANS-HORST SKUPY

Am Brunnen vor dem Tore – da gibt es auch kein Trinkwasser mehr.

BERND-LUTZ LANGE

Im Zeichen des wachsenden Umweltbewußtseins brauchen wir keine Verpackungskünstler, sondern im Gegenteil Verpackungsvermeidungskünstler.

RALPH BOLLER

Ein Umweltminister, der raucht, ist wie ein Staatsanwalt, der klaut.

JOSCHKA FISCHER

Die sogenannten zivilisierten Länder versauen unsere Welt am meisten. Folglich sind sie die unzivilisiertesten.

J. F. BLOBERGER

Den Krieg gegen die Natur verliert der Mensch.

JÜRGEN KÖDITZ

Wir können kein Wässerchen mehr trüben.

LUTZ HÄSCHEL

Weg mit den Klassen und Schichten! Mit der Ozonschicht fangen wir an.

THOMAS SPANIER

Heute kommen nicht einmal mehr die Bäume auf einen grünen Zweig.

ERNST DITTRICH

Undank

Kauf einen Dieb vom Galgen los, und er wird helfen, dich zu hängen.

Schottisches Sprichwort

Das Gute nehmen wir an von Gott, und das Böse sollen wir nicht annehmen?

HIOB 2,10

Du liebst ein Nichts, wenn du einen Undankbaren liebst.

PLAUTUS

Die Schlechten sind immer undankbar.

MIGUEL DE CERVANTES

Undank ist die Tochter des Stolzes.

MIGUEL DE CERVANTES

Die große Eile, die man zeigt, um sich einer Verpflichtung zu entledigen, ist eine Art von Undank.

LA ROCHEFOUCAULD

Der Undank darf uns nicht hindern, Gutes zu tun.

CHRISTINE VON SCHWEDEN

Der Mensch neigt sehr dazu, sich über die Undankbarkeit derer zu beschweren, die ihn weit überflügelt haben.

SAMUEL JOHNSON

Undank

Welcher Undankbare hätte sich nicht zu entschuldigen gewußt!

GOTTHOLD EPHRAIM LESSING

Wenn du einmal von einem außerordentlichen Undanke hören solltest, so untersuche ja alle Umstände genau, bevor du einen Menschen mit einem so abscheulichen Schandflecke brandmarken läßt.

GOTTHOLD EPHRAIM LESSING

Der Undank ist immer eine Art Schwäche. Ich habe nie gesehen, daß tüchtige Menschen undankbar gewesen wären.

JOHANN WOLFGANG VON GOETHE

Ich verachte die Undankbaren. Sie beweisen, daß sie ohne Seele sind.

NAPOLEON BONAPARTE

Schwache und begrenzte Menschen sind ganz notwendig oft undankbar.

RAHEL VARNHAGEN

Wo kein Dank beim Empfänger ist, da ist in der Gabe kein Segen.

JEREMIAS GOTTHELF

Die beste Beschreibung des Menschen ist meiner Ansicht nach: der undankbare Zweifüßler.

FJODOR M. DOSTOJEWSKIJ

Viel getan haben heißt oft Undank ernten; zu viel getan haben heißt immer Undank ernten.

MARIE VON EBNER-ESCHENBACH

Undank macht die Wohltat zur Pessimistin.

GEORG VON OERTZEN

Schweigender Dank ist nicht Undank.

ERNST BERTRAM

Auf den Undank kann man sich fast immer mit Sicherheit verlassen.

HERBERT MÜLLERSEN

Lieber Undank als Sold.

JOSEF VITAL KOPP

Auf dem Gipfel des Erfolges gelingt es manchem, der dank einer Seilschaft hochgekommen ist, diese abzuhängen.

ARMIN RIESEN

Ungeduld

Ungeduld hilft dem Übel nicht ab.
Deutsches Sprichwort

Sei nicht ungeduldig, wenn du zurechtgewiesen wirst.

SPRÜCHE 3,11

Ist man in kleinen Dingen nicht geduldig, bringt man die großen Vorhaben zum Scheitern.

KONFUZIUS

Mancher sieht ein Ei an und möchte es schon krähen hören.

DSCHUANG DSE

Geduld verlieren heißt – Würde verlieren.

TIRUVALLUVAR

Die Ungeduld, die Mutter der Torheit, preist die Kürze.

LEONARDO DA VINCI

Wie arm sind die, die keine Geduld haben.

WILLIAM SHAKESPEARE

Die Ungeduld des Alters ist etwas, das die Jugend nicht versteht.

ABBÉ GALIANI

Immer eilt den Sterblichen das ungeduldige Wort voraus und läßt die Stunde des Gelingens nicht unbetastet reifen.

FRIEDRICH HÖLDERLIN

Ich glaube, daß die Ungeduld, womit man seinem Zwecke zueilt, die Klippe ist, woran gerade oft die besten Menschen scheitern.

FRIEDRICH HÖLDERLIN

Geduld ist die Wurzel aller Freuden und aller Fähigkeiten. Die Hoffnung selbst hört auf, ein Glück zu sein, wenn sich die Ungeduld zu ihr gesellt.

JOHN RUSKIN

Die Ungeduld ist das *enfant terrible* der Nerven.

ELEONORE VAN DER STRATEN-STERNBERG

Ungerechtigkeit

Wer nicht Geduld haben will mit anderer
Schwächen, wird mit anderer Bosheit
gestraft.

EMIL FROMMEL

Ungeduld ist ein zerbrochenes Ei.

JULIUS LANGBEHN

In der Kraft liegt auch die Geduld.
In der Ungeduld offenbart sich die
Schwäche.

GERHART HAUPTMANN

Der Ungeduldige lebt vorweggenommene
Zukunft. Er lebt in Bildern der Zukunft, denen
die Wirklichkeit einer Gegenwart nie
entsprechen wird. Er ist ein ewig
Enttäuschter.

GUSTAV RADBRUCH

Alle menschlichen Fehler sind Ungeduld, ein
vorzeitiges Abbrechen des Methodischen, ein
scheinbares Einpfählen der scheinbaren
Sache.

FRANZ KAFKA

Es gibt zwei menschliche Hauptsünden, aus
welchen sich alle anderen ableiten: Ungeduld
und Lässigkeit. Wegen der Ungeduld sind sie
aus dem Paradiese vertrieben worden, wegen
der Lässigkeit kehren sie nicht zurück.
Vielleicht aber gibt es nur eine Hauptsünde:
die Ungeduld. Wegen der Ungeduld kehren
sie nicht zurück.

FRANZ KAFKA

Ungeduld ist die einzige Eigenschaft der
Jugend, deren Verlust man im Alter nicht
beklagt.

FRANK THIESS

Ungeduld hat ihre Wurzeln in der
Denkfaulheit.

ERNST JUCKER

Wie oft schlägt Ungeduld Türen zu, die sich
eben auftun wollten.

LOUISE HODEK

Ungeduld, Tochter der Hoffnung, erschlägt
ihre Mutter.

HARALD MEHLHORN

Ungerechtigkeit

Wer Ungerechtigkeit sucht, braucht
keine Laterne.

Deutsches Sprichwort

Ein ungerechtes Geschlecht nimmt ein
schlimmes Ende.

BUCH DER WEISHEIT 3,19

Der Gerechte ist am friedvollsten, der
Ungerechte aber ist voll Unfriedens.

EPIKUR

Wie bei den Einzelnen, so ist es bei den
Völkern: es gibt keinen Staat, der so töricht
wäre, daß er nicht lieber mit ungerechten
Mitteln herrschen, als unter Wahrung der
Gerechtigkeit Sklave eines andern sein
wollte.

KARNEADES

Die äußerste Ungerechtigkeit ist: gerecht zu
scheinen, während man es nicht ist.

PLATON

Wer im Kleinsten ungerecht ist, der ist auch
im Großen ungerecht.

LUKAS 16,10

Die Nase rümpft oft vor verblühten Rosen,
wer vor der Knospe kniete.

WILLIAM SHAKESPEARE

Diese traurige Welt bekleidet den, der schon
bekleidet ist, und entblößt den Nackten.

CALDERÓN DE LA BARCA

Alles Ungerechte verletzt uns, wenn es uns
nicht unmittelbar Nutzen einbringt.

VAUVENARGUES

Die Teilnahme an anderer natürlichem
Unglücke ist nicht notwendig, wohl aber an
anderer erlittenen Ungerechtigkeiten.

IMMANUEL KANT

Wie bald wird man des Mantels überdrüssig
bei Sonnenschein, der uns bei Sturm und
Ungewitter, Wind und Regen vortreffliche
Dienste getan.

JOHANN GEORG HAMANN

Ungerechtigkeit

Wer die Krankheit hat, keine Ungerechtigkeit ertragen zu können, darf nicht zum Fenster hinaussehen und muß die Stubentür zuschließen. Vielleicht tut er auch wohl, wenn er den Spiegel wegnimmt.

JOHANN GOTTFRIED SEUME

Wer keine Ungerechtigkeiten vertragen kann, gelangt selten zu Ansehen in der Gegenwart, und wer es kann, verliert den Charakter für die Zukunft.

JOHANN GOTTFRIED SEUME

Eine Welt, worin ein Hund auch nur ein einzigesmal Prügel bekommen hat, ohne sie verdient zu haben, kann keine vollkommene Welt sein.

FRIEDRICH HEBBEL

Unter einer Regierung, die irgend jemand ungerechterweise einkerkert, ist der wahre Ort für einen gerechten Mann auch ein Gefängnis.

HENRY DAVID THOREAU

Wenn du gezwungen werden sollst, an der Ungerechtigkeit gegen einen anderen mitzuwirken, dann brich das Gesetz! Laß dein Leben einen Reibungwiderstand sein, der die Maschine zum Stehen bringt.

HENRY DAVID THOREAU

Die meisten glauben, wenn sie sich als Laien bekennen, hätten sie das Recht, ungerecht zu sein.

DANIEL SPITZER

Die soziale Ungerechtigkeit sät den ewigen Haß und erntet das allgemeine Leiden.

ÉMILE ZOLA

Ungerechtigkeit ist verhältnismäßig leicht zu ertragen. Es ist die Gerechtigkeit, die schmerzt.

HENRY L. MENCKEN

Geschickte Menschen begehen kleine Ungerechtigkeiten; sie verdecken die großen.

SINCLAIR LEWIS

Die ungleiche Verteilung der Güter dieser Welt unter einer bevorrechteten Minderheit und einer entrechteten Mehrheit wurde durch die jüngsten technischen Erfindungen des westlichen Menschen aus einem unvermeidlichen Übel zu einer unerträglichen Ungerechtigkeit.

ARNOLD J. TOYNBEE

Durch gewaltlosen Widerstand können wir dem ungerechten System widerstehen und doch zugleich seine Verfechter lieben.

MARTIN LUTHER KING

Ungerechtigkeit: das andere Ende des Stocks.

HANS-HORST SKUPY

Unglück

Jedes Unglück will Zugabe.

Italienisches Sprichwort

Wer sein Herz verhärtet, gerät ins Unglück.

SPRÜCHE 28,14

Nichts vermag uns zu erziehen als eigenes Unglück.

MENANDER

Eine kleine Seele wird durch Glück übermütig, durch Unglück niedergeschlagen.

EPIKUR

Mich hat das Unglück gelehrt, mit Unglücklichen zu fühlen.

VERGIL

Sei darauf bedacht, im Unglück Gleichmut zu bewahren.

HORAZ

Lerne im Unglück anderer die Übel zu erkennen, die du vermeiden mußt.

PUBLILIUS SYRUS

Es ist närrisch, heute unglücklich zu sein, nur weil du es in der Zukunft vielleicht einmal sein wirst.

SENECA

Unglück

Noch keinen hat das Unglück gebeugt, außer wen das Glück getäuscht hat.

SENECA

Nicht durch sich selbst unglücklich sein, ist keine geringe Erleichterung des Unglücks.

KRANTOR

Gräme dich nicht über das Unglück von morgen, denn du weißt nicht, was der Tag gebiert; morgen bist du vielleicht nicht mehr da, und du grämst dich über eine Welt, die nicht dein.

TALMUD – SANHEDRIN

Auch durch den kleinsten Riß kann Unglück eindringen.

KALIDASA

Wen das Glück zum Freunde macht, den macht Unglück zum Feinde.

BOËTHIUS

Die Hoffart mißt ihr Glück nicht am eigenen Vorteil, sondern am fremden Unglück.

THOMAS MORUS

Dem Unglücklichen scheint es, daß das Glück und der Tod sich verschworen haben, ihn zu vergessen.

BALTAZAR GRACIÁN

Indem wir über unser Unglück sprechen, erleichtern wir es oft.

PIERRE CORNEILLE

Kein Unfall ist so unglückselig, daß der Kluge nicht einen Narren daraus ziehen wird, noch so erfreulich, daß ihn der Narr nicht als Kränkung auslegen wird.

LA ROCHEFOUCAULD

Man ist niemals so unglücklich, wie man sich einbildet, noch so glücklich, wie man erhofft hatte.

LA ROCHEFOUCAULD

Glück und Unglück kommen gewöhnlich zu denen, die schon am meisten davon haben.

LA ROCHEFOUCAULD

Man bedarf weit größerer Tugenden, das Glück zu ertragen als das Unglück.

LA ROCHEFOUCAULD

Man tröstet sich oft, wenn man unglücklich ist, durch ein gewisses Vergnügen, das man darin findet, unglücklich zu erscheinen.

LA ROCHEFOUCAULD

Trost für jeden Unglücklichen ist, Leidensgefährten zu haben.

BARUCH DE SPINOZA

Unsere Fehler und dummen Gewohnheiten machen uns lächerlich und verhaßt – also: unglücklich.

JEAN DE LA BRUYÈRE

Nichts macht einen Mann zu klugem Handeln unfähiger als ein Unglück, das mit Schande und Schuld verbunden ist.

JONATHAN SWIFT

Im Unglück gewinnt unsere ganze Umgebung Gewalt über uns.

CLAUDINE DE TENCIN

Menschen im Unglück glauben nie, daß man ausreichend mitempfindet.

SAMUEL JOHNSON

Wer beständig auf der Hut vor sich selbst ist, macht sich aus Furcht, einmal ins Unglück zu geraten, dauernd unglücklich.

HELVÉTIUS

Unter den Unglücklichen beklagt man die am wenigsten, die es durch ihre Schuld geworden sind; sie sind aber am meisten zu beklagen. Der Trost eines guten Gewissens fehlt ihnen.

EWALD VON KLEIST

Es gibt keine unbiegsameren und härteren Menschen als die, die immer mit Betrachtung ihres Unglücks beschäftigt sind.

EWALD VON KLEIST

Nur nicht verzagt im Unglück! Wenn Gott einen Baum umhauen läßt, so sorgt er schon dafür, daß seine Vögel auf einem andern nisten können.

JOHANN CASPAR LAVATER

Wer andere unglücklich macht, gibt gewöhnlich vor, ihr Bestes zu wollen.

VAUVENARGUES

Unglück

Wir haben kein Recht, diejenigen unglücklich zu machen, die wir nicht bessern können.

VAUVENARGUES

Gibt's doch Leute, die über einen Strohhalm stolpern!

WILHELM LUDWIG WEKHRLIN

Glücklicherweise kann der Mensch nur einen gewissen Grad des Unglücks fassen; was darüber hinausgeht, vernichtet ihn oder läßt ihn gleichgültig.

JOHANN WOLFGANG VON GOETHE

Erfahrung und Übung im Unglück lehrt schweigen.

JOHANN PETER HEBEL

Im Schoße des Unglücks wird man inniger vereint als Zwillingsbrüder im Schoß einer Mutter.

AUGUST VON KOTZEBUE

Großes Glück ist die Feuerprobe des Menschen, großes Unglück nur die Wasserprobe.

JEAN PAUL

Manchen erhabenen Geist zertrümmerten Stürme des Unglücks, schöne Ruinen jedoch ließen sie immer zurück.

KARL GUSTAV VON BRINCKMANN

Zwei Drittel des menschlichen Unglücks kommen der menschlichen Schwäche, das letzte Drittel halb der menschlichen Geselligkeit und die andere Hälfte dem Streben nach Glück auf Rechnung.

CHRISTIAN GRAF BENTZEL-STERNAU

Zwischen Unglück haben und Unglücklichsein ist, gottseidank, ein himmelweiter Unterschied.

KARL JULIUS WEBER

Das Unheil, das dich irgend einmal trifft, kommt aus einer Stunde, die du versäumt hast.

NAPOLEON BONAPARTE

Die meisten unserer Unglücksfälle sind leichter zu ertragen als die Bemerkungen unserer Freunde.

CHARLES C. COLTON

Ratten und Eroberer dürfen im Unglück keine Gnade erwarten.

CHARLES C. COLTON

Da hat ein Gott im Menschen sich verkörpert, wo man das Unglück trägt mit Heiterkeit.

ERNST RAUPACH

Was auch dein Unglück sei, du mußt es tragen; Fluch und Trotz sind nutzlos.

LORD BYRON

Nichts wird uns zum gelassenen Ertragen der uns treffenden Unglücksfälle besser befähigen als die Überzeugung von der Wahrheit.

ARTHUR SCHOPENHAUER

Im Alter versteht man besser, die Unglücksfälle zu verhüten, in der Jugend – sie zu ertragen.

ARTHUR SCHOPENHAUER

Es ist ein guter Ausweg, sich zu töten, wenn man unglücklich ist; aber es ist ein auswegloser Ausweg.

JOUFFROY

Unser Unglück ist, daß unsere Gegner, indem sie uns schwächer glauben, als wir sind, uns nicht fürchten und daß unsere Freunde, die zuweilen schmollen, uns eine größere Stärke zumuten, als wir in Wirklichkeit besitzen.

HEINRICH HEINE

Die Lehren des Unglücks sind nicht immer heilsam; zuweilen mildern und bessern sie, ebenso oft aber verhärten und verderben sie auch.

EDWARD EARL BULWER-LYTTON

Das Unglück kann die Weisheit nicht, doch Weisheit kann das Unglück tragen.

FRIEDRICH VON BODENSTEDT

Im Unglück finden wir meistens die Ruhe wieder, die uns durch die Furcht vor dem Unglück geraubt wurde.

MARIE VON EBNER-ESCHENBACH

Eine unglückliche Neigung treibt die Mädchen zum Heiraten ohne Liebe, die Männer zu Freuden ohne Liebe.

CARMEN SYLVA

Unglück

Wer einmal zusammen an den Abgründen des Lebens gewandelt, der ist unauflöslich hinfort verbunden, denn das Unglück verbündet die Seelen.

JULIUS GROSSE

Der Unglückliche gewinnt eine Art von Lust in diesem Gefühl der Überlegenheit, welches das Bezeugen des Mitleids ihm zum Bewußtsein bringt; seine Einbildung erhebt sich, er ist immer noch wichtig genug, um der Welt Schmerzen zu machen.

FRIEDRICH NIETZSCHE

Die Auszeichnung, welche im Unglück liegt, als ob es ein Zeichen von Flachheit, Anspruchslosigkeit, Gewöhnlichkeit sei, sich glücklich zu fühlen – ist so groß, daß, wenn jemand einem sagt: „Aber wie glücklich Sie sind!" – man gewöhnlich protestiert.

FRIEDRICH NIETZSCHE

Wir mögen noch so sehr an einem Unglücklichen Anteil nehmen: In seiner Gegenwart spielen wir immer etwas Komödie, wir sagen vieles nicht, was wir denken und wie wir es denken, mit jener Behutsamkeit des Arztes am Bette von Schwerkranken.

FRIEDRICH NIETZSCHE

Der Mensch wird mit der Neigung geboren, ein Höchstmaß eigenen Verschuldens an dem Unglück anderer zu entdecken, aber nur den blinden Zufall an seinem eigenen.

ARTHUR SCHNITZLER

Wenn dir ein Unglück widerfährt, so wird die erste Regung deines Freundes nicht etwa Mitgefühl sein oder gar das Bedürfnis, dir zu helfen, sondern die Befriedigung darüber, daß er für seinen Teil dein Unglück längst kommen sah – und seine nächste: die Überzeugung, daß du selber daran schuld bist.

ARTHUR SCHNITZLER

Glück und Unglück sind Ketten, die eine aus Gold, die andere aus Eisen, aber beide fesseln uns mit gleicher Stärke und hindern uns, unser wahres Wesen zu erkennen.

SWAMI VIVEKANANDA

Unglück haben kann jeder Esel. Es kommt lediglich darauf an, was er daraus macht.

FRANK WEDEKIND

Was der Mensch innerlich bedeutet, zeigt sich darin, welche Kräfte ihm aus seinem Unglück lebensvoll erwachsen.

JULIUS BRODNITZ

In vielen Fällen wäre der gerade Weg der kürzeste – zum Verderben.

CHRISTIAN MORGENSTERN

Das Glück ist gut für den Leib, das Unglück für die Kunst.

MARCEL PROUST

Jedes Unglück birgt einen Tropfen Gift, der es obendrein abstoßend macht.

KAROL IRZYKOWSKI

Wer Unglück erwartet, bittet darum und wird es auch zweifellos erfahren.

PRENTICE MULFORD

Mit nichts findet man sich leichter ab als mit fremdem Unglück.

JANUSZ KORCZAK

Wie wohl tut dem Menschen das Unglück, wenn er sich ihm nicht verschließt und mürrisch vor ihm davonläuft, statt sein Opfer der Stimme zu öffnen, die zu ihm spricht.

ALFRED DÖBLIN

Offenbar ist man in der Tat unglücklich, sobald man es sich einbildet.

ROBERT WALSER

Es ist das Unglück vieler Menschen, daß sie ein Glück wollen, das nicht zu ihnen paßt.

GUSTAV HILLARD

Es ist keine Größe, wenn man bloß im Glück groß ist; im Unglück groß zu sein ist die wahre Größe.

EGON ERWIN KISCH

Geliebt werden eigentlich nur die Glücklichen. Die Unglücklichen werden bloß ausgebeutet.

HENRYK ELZENBERG

Unglück

Das Unglück wird mit dem gleichen Maß gemessen wie das Glück.
HUGO DIONIZY STEINHAUS

Die Guten bekommen das Unglück. Die Guten bleiben trotzdem gut und bewahren das Unglück bei sich. Die Bösen werden noch böser und lassen das Unglück als das noch Bösere in die Welt.
MAX PICARD

Die Unglücklichen sind nicht mehr geduldet, denn Menschsein ist eine große Sache.
BERT BRECHT

Vergangenheit und Zukunft erschweren die heilsame Wirkung des Unglücks, indem sie imaginären Erhebungen unbegrenzten Spielraum bieten. Deshalb ist der Verzicht auf Vergangenheit und Zukunft als erster zu leisten.
SIMONE WEIL

Ein Ruin kann drei Ursachen haben: Frauen, Wetten oder die Befragung von Fachleuten.
GEORGES POMPIDOU

Hat eine Tragödie Takt, passiert sie in gehöriger Entfernung.
HANS KASPER

Das meiste Unglück in der Welt kommt daher, daß es Menschen gibt, die anderen ihr Glück aufzwingen wollen.
HELLMUT WALTERS

Ein gut Teil Unglück der Menschen kommt von offenen Türen und offenen Aussprachen.
JOHANNES GROSS

In glücklichen Ländern hat der Mensch das Recht, unglücklich zu sein.
BRANA CRNČEVIĆ

Unglückliche Menschen tragen oft schwer am Glück ihrer Mitmenschen.
ELISABETH HABLÉ

Sie klebten im Pech wie Schwefel aneinander.
HANS-HORST SKUPY

Jeder ist seines Unglücks Schmied.
TORSTI LEHTINEN

Unmöglichkeit

Unmöglich ist härter als Fels.
Albanisches Sprichwort

Sollte dem Herrn etwas unmöglich sein?
1 MOSE 18,14

Bei Gott ist kein Ding unmöglich.
LUKAS 1,37

Etwas für unmöglich halten führt dazu.
THOMAS FULLER

Man muß einzeln versuchen, was im ganzen unmöglich werden möchte.
JOHANN WOLFGANG VON GOETHE

Aus dem Unmöglichen kann man kein Recht ableiten.
ANTOINE DE RIVAROL

Das Wort unmöglich steht nur im Lexikon von Narren.
NAPOLEON BONAPARTE

Es ist den Leuten so vieles unmöglich, wenn sie nur ernstlich wollen.
OTTO WEISS

Mit einer Lawine kann man nicht diskutieren.
KURT KLUGE

Das Leben eines Abenteurers ist die Kunst, Unmögliches zu tun.
WILLIAM BOLITHO

Nicht das Unmögliche vom Leben fordern? Warum nicht? Seine Möglichkeiten sind sowieso begrenzt.
STANISLAW JERZY LEC

Wenn einer ein Ziel erreichen will, sollte er zuerst ein Wort aus seinem Wortschatz streichen: unmöglich.
PETER CORYLLIS

Wir sollten das Unmögliche verlangen, damit wenigstens ein Teil davon ermöglicht wird.
ROBERT JUNGK

Die Unmöglichkeit von gestern ist der Luxus von heute und die Notwendigkeit von morgen.

SIR HAROLD WILSON

Um Unmögliches zu erreichen, muß man alles Mögliche versuchen.

GERHARD UHLENBRUCK

Die Wissenschaftler bemühen sich oft, das Unmögliche möglich zu machen. Die Politiker bemühen sich manchmal, das Mögliche unmöglich zu machen.

WERNER REMMERS

Unrecht

Selbstrecht ist Unrecht.

Deutsches Sprichwort

Mißachtete Bettler mögen sich schämen, wo längst lauteres Recht besteht, wo aber Unrecht regiert, da sollen die sich schämen, die reich und geachtet sind.

KONFUZIUS

Unrecht ertragen ist leicht – es sei denn, du denkst stets daran.

KONFUZIUS

Wer altes Unrecht vergißt, spart sich Klagen über die Welt.

KONFUZIUS

Für erlittenes Unrecht haben die Menschen ein besseres Gedächtnis als für empfangene Wohltaten.

LYSIAS

Gott tut niemals Unrecht.

HIOB 34,12

Das Unrecht ist nicht an sich ein Übel, sondern nur insofern ihm die Angst vor der Entdeckung innewohnt, es könnte den für solche Fälle aufgestellten Zuchtmeistern nicht verborgen bleiben.

EPIKUR

Wie es da am meisten Krankheiten gibt, wo viele Heilmittel und viele Ärzte sind, so gibt es auch da am meisten Unrecht, wo die meisten Gesetze sind.

ARKESILAOS

Heute ist eine große Nachfrage nach Menschen, die Unrecht so erscheinen lassen, als wäre es das Recht.

TERENZ

Laß kein Unrecht über mich herrschen!

PSALMEN 119,133

Privatdiebe fesselt man auf Lebenszeit im Kerker, und öffentliche Diebe gehen in Gold und Purpur.

CATO D. Ä.

Wer sündigt, der sündigt zu seinem eigenen Schaden; wer Unrecht tut, der tut sich selber Unrecht, denn er macht sich selber schlecht.

MARC AUREL

Du tust unrecht, wenn du das lobst, was du nicht recht verstehst; aber es ist noch unrichtiger, wenn du es tadelst.

LEONARDO DA VINCI

Tue das Rechte, und du tust es allein. Begehst du irgendein Unrecht, brauchst du eine Bande von Mithelfern. Darum stellt selbst ein Dieb einen anderen auf, der ihn bewacht.

SCHU SCHUEHMOU

Beharrlichkeit im Unrecht macht das Unrecht nicht geringer.

WILLIAM SHAKESPEARE

Es ist weniger gefährlich, den Menschen Unrecht zu tun, als ihnen zuviel Gutes zu tun.

LA ROCHEFOUCAULD

Kinder und Untertanen haben viel seltener Unrecht als Eltern und Könige.

EARL OF CHESTERFIELD

Es kommt nicht darauf an, daß man absichtlich Unrecht tut, sondern, daß man es niemals versehentlich tun darf.

JUNIUS

Unrecht

Um recht zu tun in der Welt, braucht man nur sehr wenig zu wissen, aber um mit Sicherheit unrecht tun zu können, muß man die Rechte studieren.

GEORG CHRISTOPH LICHTENBERG

Wäre es Gott darum zu tun gewesen, daß die Menschen in der Wahrheit leben und handeln sollten, so hätte er seine Einrichtungen anders machen müssen.

JOHANN WOLFGANG VON GOETHE

Man ist nie geneigter unrecht zu tun, als wenn man unrecht hat. Recht ist gut beweisen; aber für das Unrecht braucht man schon Ohrfeigen und Drohungen zum Beweistum.

JOHANN PETER HEBEL

Das Unrecht, das dir geschieht, treibe rächend ab, aber nicht als Individuum, sondern als Menschheit; diese soll sich nichts gefallen lassen.

JEAN PAUL

Wenn die Männer Unrecht tun, geschieht es aus Härte, bei den Frauen geschieht es aus Schwäche.

GERMAINE (MADAME) DE STAËL

Hundert Jahre Unrecht machen nicht ein Jahr Recht.

HEINRICH HEINE

Die traurige Stimmung, in die uns das Gefühl eines Unrechts versetzt, ist schauerlich; sie hüllt das ganze Leben ein und läßt uns an allem zweifeln.

HONORÉ DE BALZAC

Sein Herz war so groß wie die Welt, aber es enthielt keinen Platz, die Erinnerung an ein Unrecht festzuhalten.

RALPH WALDO EMERSON

Rechtlosigkeit – das ist die Unglückswolke über dem Menschentum.

SÁNDOR PETÖFI

Unrecht ist das, was einem anderen Menschen schadet.

LEW N. GRAF TOLSTOJ

Nichts lernen wir so spät und verlernen wir so früh wie zuzugeben, daß wir unrecht haben.

MARIE VON EBNER-ESCHENBACH

Ich sehe kein Ende des Unrechts, als nur durch eine neue Menschenart, die nicht mehr vergelten will, sondern verzeihen.

HERMANN BAHR

Durch das Unrecht, das wir anderen zufügen, entehren wir uns selbst.

HERMANN STEHR

Vergeltung eines Unrechtes macht unversöhnlich.

ROBERT GERSUNY

Wenn wir erlittenes Unrecht so bald beiseite legen wie getanes, sind wir weise.

CARLOS VON TSCHUDI

Jedes aus Selbstsucht begangene Unrecht, ob es sich nun bis zur Tötung versteigt oder nicht, ist unzweifelhaft Gewalttat.

MAHATMA GANDHI

Unrecht dulden schmeichelt nur kranken, nicht gesunden Seelen.

SALOMON BAER-OBERDORF

Unrecht ertragen ist vielleicht eine noch verwerflichere Eigenschaft als Unrecht zufügen.

PRENTICE MULFORD

Wie er ein erlittenes Unrecht entschuldigt und zu erklären versucht, auch daran erkennt man den vornehmen Menschen.

JULIE ELIAS

Unrecht tun ist ein Fluch, der andere streift und dich trifft!

MARGARETE SEEMANN

Unrecht wird nur bitter, wenn man es selber tut.

ERNST JUCKER

Der Chor der Stimmen wächst, die den Friedensstörer nicht in dem erblicken, der das Unrecht geschaffen hat, sondern in dem, der es ändern will.

KARL THEODOR VON UND ZU GUTTENBERG

Unschuld

Unschuld muß viel leiden.
Deutsches Sprichwort

Ich wasche meine Hände in Unschuld.
PSALMEN 26,6

Laßt uns alle sterben in unserer Unschuld!
1 MAKKABÄER 2,37

Ein sich der Unschuld bewußtes Gemüt lacht über falsche Gerüchte.
OVID

Unschuld hat nichts zu befürchten.
JEAN-BAPTISTE RACINE

Unschuld ist kein Schutz.
THOMAS FULLER

Besser, daß zehn Schuldige entkommen, als daß ein Unschuldiger leidet.
SIR WILLIAM BLACKSTONE

Nichts ist billiger, als daß sich die Unschuld wehrt.
WILHELM LUDWIG WEKHRLIN

Ein Mensch sollte lieber gleich hungern, als seine Unschuld beim Broterwerb verlieren.
HENRY DAVID THOREAU

Unschuld läßt sich leicht aus der Fassung bringen.
ANATOLE FRANCE

Wir können jeden Tag wieder unschuldig leben.
JOHANNES MÜLLER

Ein Unschuldiger, gegen den irgendwelche Indizien sprechen, benimmt sich meist schuldiger als ein Schuldiger.
CURT GOETZ

Unschuld ist aller Laster Anfang.
OLIVER HASSENCAMP

Sie verlor ihre Unschuld an einen ehrlichen Finder.
GERD W. HEYSE

Unschuld ist, nichts von Schatten zu wissen.
MARGRET GENTH

Moralisten nennen die Unerfahrenheit Unschuld.
WERNER MITSCH

Unsterblichkeit

Unsterblichkeit erwirbt man nicht im Federbette...
Deutsches Sprichwort

Würden die Menschen soviel Sinn für Gutes haben, wie sie mit regem Eifer nach Fremdartigem und Unnützem, ja oft selbst Gefährlichem trachten, so würden sie nicht sowohl von zufälligen Ereignissen beherrscht werden, als vielmehr dieselben beherrschen und sich zu einer Stufe und Größe aufschwingen, wo sie aus Sterblichen durch Ruhm zu Unsterblichen würden.
SALLUST

Freundschaften müssen unsterblich sein, Feindschaften sterblich.
LIVIUS

Zu dem Wesen der Unsterblichen gehört, daß sie gut sind.
SENECA

Dies Sterbliche muß anziehen die Unsterblichkeit.
1 KORINTHERBRIEF 15,53

Das Leben wäre geringer, und der Tod wäre nichts, wenn die Seele nicht unsterblich wäre.
CHRISTINE VON SCHWEDEN

Nicht sich, nur andere hält man stets für sterblich.
EDWARD YOUNG

Diese sogenannte Unsterblichkeit ist nur ein Land, das mit der Vergeßlichkeit kämpft, doch ohne Erfolg.
ABBÉ GALIANI

Unsterblichkeit

Bei Lebzeiten und ein halbes Jahrhundert nach dem Tode für einen großen Geist gehalten zu werden, ist ein schlechter Beweis, daß man es ist; durch alle Jahrhunderte aber hindurch dafür gehalten werden ist ein unwidersprechlicher.

GOTTHOLD EPHRAIM LESSING

Vollkommenheit muß mit Mühe, Unsterblichkeit mit großen Opfern an Zeit bezahlt werden.

HEINRICH FÜSSLI

Zu leben, wenn man nicht will, ist abscheulich, aber noch entsetzlicher wäre es, unsterblich zu sein, wenn man nicht wollte.

GEORG CHRISTOPH LICHTENBERG

Die Unsterblichkeit ist nicht jedermanns Sache.

JOHANN WOLFGANG VON GOETHE

Der Gedanke der Unsterblichkeit ist ein leuchtendes Meer, wo der, der sich darin badet, von lauter Sternen umgeben ist.

JEAN PAUL

Bestünde das Sterben nur in Geitesaufgabe, so könnten Millionen unsterblich sein.

KARL JULIUS WEBER

Die Menschheit ist die Unsterblichkeit der sterblichen Menschen.

LUDWIG BÖRNE

Für die, welche an keine Unsterblichkeit glauben, gibt es auch keine.

LUDWIG BÖRNE

Eine wohlgebildete Seele kümmert sich wenig um die Unsterblichkeit.

RALPH WALDO EMERSON

Die Menschheit läßt sich keinen Irrtum nehmen, der ihr nützt. Sie würde an Unsterblichkeit glauben, wenn sie das Gegenteil wüßte.

FRIEDRICH HEBBEL

Liebe zum Guten – das heißt zu Gott – und Unsterblichkeitsglauben sind ein und dasselbe.

LEW N. GRAF TOLSTOJ

Der Durchschnittsmensch eines Landes ist letzten Endes das einzig Wichtige. Er bleibt in diesen Staaten der unsterbliche Eigentümer und Meister.

WALT WHITMAN

Sag etwas, was sich von selbst versteht, zum erstenmal, und du bist unsterblich.

MARIE VON EBNER-ESCHENBACH

Ich weiß nicht, wie man diesen Zustand nennen mag: vom Tod getroffen sein und von der Unsterblichkeit.

VINCENT VAN GOGH

Wer nicht an die Unsterblichkeit glaubt, gleicht jemand, der den Sonnenaufgang leugnet, weil er erblindet ist.

CARL LUDWIG SCHLEICH

Unsterblich kann ein jeder sein, es kommt nur darauf an, für wen.

ELEONORE VAN DER STRATEN-STERNBERG

Unsterblich sein heißt, selbst im Grabe noch der Kritik ausgesetzt zu sein.

ELEONORE VAN DER STRATEN-STERNBERG

Die Seele ist die Brücke, die zur Unsterblichkeit führt.

RABINDRANATH TAGORE

Zwischen die gleich grausamen Wahrheiten Leben und Tod haben wir die tröstliche Lüge der Unsterblichkeit gesetzt.

ARTHUR SCHNITZLER

Zur Unsterblichkeit gehört außer Genie auch ein wenig Charakter.

SALOMON BAER-OBERDORF

Unsterblichkeit? Es ist wie auf der Straßenbahn: sehr wenige Passagiere fahren bis zur Endstation mit.

RODA RODA

Die Unsterblichkeit ist das einzige, was keinen Aufschub verträgt.

KARL KRAUS

Es ist noch keiner unsterblich geworden, der nicht lediglich darauf ausgegangen war, ganz ein ordentlicher Sterblicher zu sein.

MAXIMILIAN EICHBAUM

Unwissenheit

Unsterblich sind nur tote Dinge.

TADEUSZ KOTARBINSKI

Kein Arzt kann dich unsterblich machen – nur du selbst.

JAKOW TRACHTENBERG

Es gibt Millionen von Menschen, die sich nach Unsterblichkeit sehnen, die aber nicht wissen, was sie an einem verregneten Sonntagnachmittag anfangen sollen.

MAURICE CHEVALIER

Die Unsterblichkeit, dieses andere, ein wenig stärker akzentuierte Wort für Leben...

BORIS PASTERNAK

Die Kunst der Lebensverlängerung scheint gleichen Schritt zu halten mit der Abnahme des Glaubens an die Unsterblichkeit.

EUGEN GÜRSTER

Mancher hat so viel mit der Ewigkeit zu tun, daß er für die Zeit keine Zeit hat.

FRITZ USINGER

Einen Glauben gibt es, eine Zuversicht – den Glauben an das Leben. Das ist des Menschen Ruhm, sein Triumph und seine Unsterblichkeit. Der Mensch liebt das Leben und weil er das Leben liebt, haßt er den Tod; darum ist er groß, ruhmreich und schön, deshalb kann seine Schönheit niemals vergehen.

THOMAS WOLFE

Wer Unsterblichkeit ersehnt, will den Tod mit dem Leben betrügen.

HANS KUDSZUS

Die erste Vorbedingung für die Unsterblichkeit ist das Sterben.

STANISLAW JERZY LEC

Unsterblichkeit ist keine Garantie für ein ewiges Leben.

HERBERT EISENREICH

Der Ruhm der Unsterblichkeit ist ein undankbarer Lohn, wird er doch gewöhnlich erst nach dem Tode ausgezahlt.

GERHARD BRANSTNER

Weil wir sterblich sind, läßt uns der Gedanke an die Unsterblichkeit nicht los.

GERHARD UHLENBRUCK

Unsterbliche pflegen die größten Grabmäler zu haben.

MILOVAN ILIĆ

Ich kenne Leute, die waren bis gestern unsterblich.

BRANA CRNČEVIĆ

Ein Weiterleben nach dem Tode halte ich allein deshalb schon für gesichert, weil ich kaum glauben kann, daß sich das Unglück so schnell zur Ruhe setzt.

DIETER LEISEGANG

Der Tod ist der Preis der Unsterblichkeit.

ŽARKO PETAN

Unwissenheit

Munter tummelt sich die Krabbe im Wasser, in dem sie gekocht werden soll, solange dieses noch nicht heiß geworden.

Sprichwort aus Sri Lanka

Es gibt nur ein Gutes, das ist Wissen. Es gibt nur ein Übel, das ist Unwissenheit.

SOKRATES

Die Wissenschaft führt zum Wissen, die Einbildung zum Nichtwissen.

HIPPOKRATES

Wir sind von gestern her und wissen nichts.

HIOB 8,9

Sie sind fremd geworden dem Leben durch die Unwissenheit.

EPHESERBRIEF 4,18

Wer selbst unwissend, aber vermögend ist, der bemühe sich wenigstens, Gelehrte zu unterstützen.

TALMUD – BERACHOT

Unwissenheit

Besser gläubiges Unwissen als anmaßendes Wissen.

AUGUSTINUS

Man muß die Unwissenden belehren, nicht züchtigen, wie wir ja auch die Blinden nicht strafen, sondern sogar an der Hand führen.

DIONYSIUS AREOPAGITA

Meiner Meinung nach ist die Überzeugung von unserer Unwissenheit das Gewisseste, was wir im Leben haben können.

MICHEL DE MONTAIGNE

Der Dicke weiß nicht, was der Magere denkt.

GEORGE HERBERT

Wer wenig weiß, wiederholt es oft.

THOMAS FULLER

Sei ehrlich und bescheiden; lerne unwissend zu sein, dann wirst du dich und andere nie täuschen.

JEAN-JACQUES ROUSSEAU

Wo Nichtwissen Seligkeit, ist es Torheit, klug zu sein.

THOMAS GRAY

Welch eine Menge Bücher – und wie wenig wissen wir!

MOSES MENDELSSOHN

Für den Unwissenden ist alles möglich.

CHRISTOPH MARTIN WIELAND

Der Tag weiß nicht, was die Nacht bringt.

WILHELM LUDWIG WEKHRLIN

Wir, der Schwanz der Welt, wissen nicht, was der Kopf vorhat.

GEORG CHRISTOPH LICHTENBERG

Unwissenheit ist vor dem Tode Tod.

JOHANN GOTTFRIED HERDER

Aber die Menschen vermögen nicht leicht, aus dem Bekannten das Unbekannte zu entwickeln; denn sie wissen nicht, daß ihr Verstand ebensolche Künste wie die Natur treibt.

JOHANN WOLFGANG VON GOETHE

Es ist nichts schrecklicher als eine tätige Unwissenheit.

JOHANN WOLFGANG VON GOETHE

Unwissende werfen Fragen auf, welche von Wissenden vor tausend Jahren schon beantwortet sind.

JOHANN WOLFGANG VON GOETHE

Nehmt euch in acht, Ihr, die Ihr das Volk in Unwissenheit erhalten wollt, seid am meisten bedroht; seht Ihr denn nicht, mit welcher Leichtigkeit man ein unvernünftiges Tier zum reißenden Tiere macht?

GRAF MIRABEAU

Aus dem, was jemand weiß, kann man nicht auf das schließen, was er nicht weiß.

JEAN PAUL

Unwissenheit über seine Unwissenheit ist das Leiden des Unwissenden.

AMOS B. ALCOTT

Bekämpft die Unwissenheit, die in den unteren Schichten der Gesellschaft herrscht, so wird es keine Verbrecher mehr geben.

VICTOR HUGO

Unwissen hat noch nie ein Problem beseitigt.

BENJAMIN DISRAELI

Die Erkenntnis der eigenen Unwissenheit ist der erste Schritt zum Wissen.

BENJAMIN DISRAELI

Die Unwissenheit ist die größte und bitterste Armut.

PAOLETTI

Nicht dein Nichtwissen gibt dir den Schein der Ignoranz, sondern nur die Art, wie du dein Nichtwissen zu verdecken suchst.

KARL GUTZKOW

Es ist besser, nichts zu wissen, als etwas, was nicht zutrifft.

JOSH BILLINGS

Wir können oft Menschen etwas nicht sagen, was sie wissen sollten, weil sie etwas anderes wissen wollen.

GEORGE MACDONALD

Unwissenheit

Ich besitze lieber mein Unwissen als das Wissen eines anderen, denn ich habe viel mehr davon.

MARK TWAIN

Im Leben braucht man nur Unwissenheit und Vertrauen. Dann ist der Erfolg gesichert.

MARK TWAIN

Weisheit führt zur Einheit, Unwissenheit zur Vielfalt.

SRI RAMAKRISHNA

Unwissen ist die Vorbedingung, ich sage nicht zum Glück, sondern zum Leben selbst. Wenn wir alles wüßten, könnten wir das Leben nicht eine Stunde ertragen.

ANATOLE FRANCE

Unwissen und Irren sind lebensnotwendig – wie Wasser und Brot.

ANATOLE FRANCE

Wissen wäre fatal. Die Ungewißheit ist es, die uns reizt. Ein Nebel macht die Dinge wunderschön.

OSCAR WILDE

Das Rezept für dauerndes Unwissen ist: sei mit deinen Ansichten und deinem Wissen zufrieden.

ELBERT G. HUBBARD

Unwissen ist die einzige Tragödie des Daseins. Es gibt keine andere.

PETER ALTENBERG

Jeder Unwissende ist ein Feind des Staates.

SILVIO GESELL

Nur wer wenig von etwas weiß, glaubt es zu kennen.

MAX JACOB FRIEDLÄNDER

All unsere Liebe, all unsere Heldenverehrung, all unsere Träume von bevorstehendem Frieden, all unsere Hoffnungen auf Vermögen sind die Früchte des Unwissens.

HILLAIRE BELLOC

Um überhaupt etwas zu erreichen, bedarf ein Mensch einer bestimmten Menge intelligenter Unwissenheit.

CHARLES F. KETTERING

Jeder direkte Angriff auf die Unwissenheit muß versagen, weil die Menge jederzeit bereit ist, ihr kostbarstes Eigentum zu verteidigen – ihre Unwissenheit.

HENDRIK WILLEM VAN LOON

Wissen macht den Menschen stumm, Unwissen laut.

JAKOW TRACHTENBERG

Das Vergnügen des Unwissens ist auf seine Weise genau so groß wie das Vergnügen des Wissens.

ALDOUS HUXLEY

Unwissenheit bei starkem Charakter ist ein doppelter Fluch; Dummheit Hand in Hand mit Eigensinn ergibt zweimal Dummheit.

LIN YUTANG

Es gibt nur ein Elend, und das ist Unwissenheit. Nicht zu wissen, welchen Sinn unser Leben hat, das ist Elend und Verzweiflung.

THORNTON WILDER

Wer wenig weiß, muß viel erahnen.

FRANZ SLOVENČIK

Der Wissende wandert, der Unwissende bewegt sich.

OTTO BUCHINGER

Was ich nicht weiß, macht mich heiß.

GUIDO HILDEBRANDT

Welche Unannehmlichkeiten einem Kenntnisse bereiten können, über die man nicht verfügt!

MICHAIL M. GENIN

Die Steigerung der Unwissenheit ist Besserwisserei.

GERHARD UHLENBRUCK

Unwissenheit schützt vor Belohnung nicht.

GERD W. HEYSE

Das Kennzeichen deiner Unwissenheit ist die Stärke deines Glaubens an Ungerechtigkeit und Unglück.

RICHARD BACH

979

Unwissenheit

Unwissenheit schützt vor Glaubensverlust.

ELISABETH HABLÉ

Je weniger man weiß, desto leichter kann man dem anderen Unwissenheit vorwerfen.

AUREL SCHMIDT

Unzufriedenheit

Nichts wird den befriedigen, der nicht auch mit wenig zufrieden ist.

Griechisches Sprichwort

Mich verdrießt zu leben.

1 MOSE 27,46

In Rom sehnst du dich nach deinem Landhaus. Bist du auf dem Lande, gibt's keinen schöneren Platz als Rom.

HORAZ

Aller Gestürme Unfried kommt zumal vom Eigenwillen, man merke es oder merke es nicht.

MEISTER ECKEHART

Der unzufriedene Mensch findet keinen bequemen Stuhl.

BENJAMIN FRANKLIN

Die meisten Leute machen sich selbst bloß durch übertriebene Forderungen an das Schicksal unzufrieden.

WILHELM VON HUMBOLDT

Der Mensch ist vorzüglich dann unzufrieden, wenn er seinen Beruf nicht ausfüllt.

GEORG WILHELM FRIEDRICH HEGEL

Die meisten Menschen sind unzufrieden, weil die wenigsten wissen, daß der Abstand zwischen Eins und Nichts größer ist als der zwischen Eins und Tausend.

LUDWIG BÖRNE

Daß die Menschen so ungern sich mit dem befriedigen, was sie vor sich haben.

GOTTHOLD EPHRAIM LESSING

Wer mit sich unzufrieden ist, ist fortwährend bereit, sich dafür zu rächen.

FRIEDRICH NIETZSCHE

Durch Unzufriedenheit mit dir selbst adelst du dich; sei darum zuweilen unzufrieden, und gib dich der Verzweiflung hin, dann brechen die Felsschichten auf, die Erzgänge überdecken. Durchwandere sieben brennende Höllen, und komme auf der anderen Seite, ohne versengt zu sein, daraus hervor!

AUGUST STRINDBERG

Die Unzufriedenheit ist der erste Schritt zum Fortschritt: für den einzelnen wie für die Nation.

OSCAR WILDE

Die Butterbrote anderer Leute schmecken besser als die eigenen.

WILLIAM SOMERSET MAUGHAM

Wenn du mit anderen unzufrieden bist, suche die Schuld bei dir selbst. Dann wird es besser.

INA SEIDEL

Ein Kolumbus begnügt sich nicht mit der Insel der Hoffnung.

FRANZ HANNEMANN

Ursache

Kleine Ursachen, große Wirkungen.

Deutsches Sprichwort

Glücklich, wer die Ursachen der Dinge zu erkennen vermag.

VERGIL

Dem Widersacher keine Ursache geben zu lästern.

1 TIMOTHEUS 5,14

Man riskiert Ekel, sähe man, wie Politik, Gerechtigkeit und das eigene Abendessen zustandekommen.

CHAMFORT

Urteil

Ursache ist ein Grund, welcher in der Zeit wirkt.

BERNARD BOLZANO

Wenn du dich unfrei fühlst, suche die Ursache in dir.

LEW N. GRAF TOLSTOJ

Sind wir einen Schritt weiter gekommen, weil wir an die Stelle des Wortes Ursache das Wort Zufall gesetzt haben?

MARIE VON EBNER-ESCHENBACH

Vor der Wirkung glaubt man an andere Ursachen als nach der Wirkung.

FRIEDRICH NIETZSCHE

Der Mensch neigt seit jeher dazu, Symptome zu schlagen und Ursachen ungeschoren zu lassen.

MANFRED ROMMEL

Ein Anlaß ist schneller gefunden, als eine Ursache erkannt.

HORST FRIEDRICH

Wer die Ursache nicht kennt, nennt die Wirkung Zufall.

WERNER MITSCH

Nichts stößt uns zu, was wir nicht selbst verursacht haben.

GABRIELE WITTEK

Skepsis: Die Ursache suchen. In anderen.

HANS-HORST SKUPY

Urteil

Urteile nicht über Dinge, von denen du nur Echo und Schatten kennst.

Japanisches Sprichwort

Das Urteil stellt nicht nur fest, sondern es wertet auch. Darum ist jedes Urteil ungerecht, und nur der Grad der Ungerechtigkeit macht es erträglich oder unerträglich.

FU-KIANG

Jeder beurteilt dasjenige richtig, was er kennt – und ist darin ein guter Richter.

ARISTOTELES

Wärst du an meiner Stelle, du würdest anders denken.

TERENZ

Tadle nicht, bevor du untersucht hast, prüfe erst – und dann urteile.

BEN SIRA 11,7

Nicht nach ihrer Zahl, sondern nach ihrem Gewicht sollen sie beurteilt werden.

CICERO

Nichts ist so ungewiß oder so wertlos wie das Urteil des Pöbels.

LIVIUS

Richtigem Urteil ist schädlich die Nacht und der Wein.

OVID

Ich unterscheide Menschen nicht mit dem Auge, sondern mit dem Hirn als dem geeigneten Richter.

SENECA

Richtet nicht, auf daß ihr nicht gerichtet werdet!

MATTHÄUS 7,1

Urteilt nicht nach dem, was vor Augen ist, sondern urteilt gerecht.

JOHANNES 7,24

Man darf als Richter weder über einen Freund noch über einen Feind ein Urteil fällen.

TALMUD – KETUBBOT

Rom hat gesprochen, die Sache ist erledigt.

AUGUSTINUS

Vertraue auf Gott, und versteife dich nicht auf dein eigenes Urteil. Dann kann dich nichts schrecken.

THOMAS VON KEMPEN

Man soll niemand verurteilen, sondern zuvor den anderen Teil auch hören.

MARTIN LUTHER

Urteil

Ein älterer Mensch maßt sich kein leichtfertiges Urteil an über einen andern, der ihm wirklich überlegen ist. – Den einfachen Menschen beurteile danach, wie er sich in wichtigen Angelegenheiten verhält, den Hochgestellten danach, wie er bei geringen Anlässen handelt.

TSCHEN TSCHIJU

Miß nicht den Nächsten nach dem eignen Maß.

WILLIAM SHAKESPEARE

Das Urteil unserer Feinde über uns kommt der Wahrheit näher als unser eigenes.

LA ROCHEFOUCAULD

Jeder klagt über sein Gedächtnis, aber niemand klagt über seine Urteilskraft.

LA ROCHEFOUCAULD

Die meisten beurteilen Menschen nur nach ihrem Erfolg oder ihrem Glück.

LA ROCHEFOUCAULD

So lange du lebst, hüte dich davor, Menschen auf Grund ihres Aussehens zu beurteilen.

JEAN DE LA FONTAINE

Den Gerechtesten ist es nicht gestattet, in eigener Sache zu richten.

BLAISE PASCAL

Urteile sind wie Uhren; es geht keine der anderen gleich, doch recht scheint jedem seine.

ALEXANDER POPE

Es kommt mir vor, als ob sich in den Urteilen der Menschen häufig nur Einbildung, Nachbeterei oder Laune äußerte.

VOLTAIRE

Frauen täuschen sich oft, weil sie Einbildungskraft und Gefühl an Stelle des Urteils setzen.

MARQUISE DE DUDEFFANT

Zum Urteilen gehört, daß man jeden nach seinen eigenen Grundsätzen prüft und sich selbst in die Stelle des Autors setzen kann. Wer ein Richter der Menschen sein will, muß selbst ein Mensch werden.

JOHANN GEORG HAMANN

Urteile von einem Menschen lieber nach seinen Handlungen als nach seinen Worten; denn viele handeln schlecht und sprechen vortrefflich.

MATTHIAS CLAUDIUS

Je mehr man urteilt, desto weniger liebt man.

CHAMFORT

Habe keine künstliche Idee vom Menschen, sondern urteile natürlich von ihm; halte ihn weder für zu gut noch für zu böse.

GEORG CHRISTOPH LICHTENBERG

Die Welt ist immer in ihren Urteilen zu gütig oder unbillig.

GEORG CHRISTOPH LICHTENBERG

Zu frühe Urteile sind Vorurteile, aus denen der Irrtum emporsteigt wie der Nebel aus dem Meere.

HEINRICH PESTALOZZI

Welch ein Unterschied ist es, ob man sich oder andere beurteilt!

JOHANN WOLFGANG VON GOETHE

Wahre, in alle Zeiten und Nationen eingreifende Urteile sind sehr selten.

JOHANN WOLFGANG VON GOETHE

Die Sinne trügen nicht, das Urteil trügt.

JOHANN WOLFGANG VON GOETHE

Beurteile die Menschen nicht nach dem, was sie reden, sondern nach dem, was sie tun.

ADOLPH VON KNIGGE

Frauen, richtet mir nie des Mannes einzelne Taten; aber über den Mann sprecht das richtende Wort.

FRIEDRICH VON SCHILLER

Männer richten nach Gründen; des Weibes Urteil ist seine Liebe; wo es nicht liebt, hat das Weib schon gerichtet.

FRIEDRICH VON SCHILLER

Die Urteile der Männer über Menschen wägen den Gehalt bloß ab, um Kenntnis zu haben; die der Weiber, um zu lieben oder zu hassen; daher jene vielseitiger sind.

JEAN PAUL

Urteil

Im Urteil über andere spricht der Mensch sich immer sein eigenes.

JEAN PAUL

Alles beurteilen zu wollen, ist eine große Verirrung oder eine kleine Sünde.

FRIEDRICH VON SCHLEGEL

Der platte Mensch beurteilt alle anderen Menschen wie Menschen, behandelt sie aber wie Sachen und begreift es durchaus nicht, daß sie andre Menschen sind als er.

FRIEDRICH VON SCHLEGEL

Die gedankenlose Anbetung ist leichter als das durchdachte Urteil.

ANTON FRIEDRICH THIBAUT

Ich werde nie ein Urteil über Handlungen fällen, die außer meiner Erinnerung und außer meinem Stolze liegen.

CLEMENS BRENTANO

Das Urteil der Menge mache dich immer nachdenkend, aber niemals verzagt.

AUGUST GRAF PLATEN

Niemand urteilt schärfer als der Ungebildete. Er kennt weder Gründe noch Gegengründe und glaubt sich immer im Recht.

LUDWIG FEUERBACH

Urteile können irrig sein; heuchelnd dürfen sie nie sein.

ADALBERT STIFTER

Eher soll man nicht urteilen, ehe man ein Stück nicht in seiner vollkommensten Ausführung sich denken kann oder es so gehört hat.

ROBERT SCHUMANN

Je gereifter das Urteil, desto einfacher und bescheidener wird es sich aussprechen.

ROBERT SCHUMANN

Ein jeder werde beurteilt nach dem Maßstabe, den er im eigenen Gemüte mit sich trägt.

MULTATULI

Urteilen heißt, Blinde sehend machen.

FRANZ SERAPHION HUEMER

Man braucht über andere überhaupt nicht zu urteilen, wenn es nicht für Gottes Werk erforderlich ist.

LEW N. GRAF TOLSTOJ

Man lobt und tadelt je nach der Gelegenheit, seine Urteilskraft leuchten zu lassen.

FRIEDRICH NIETZSCHE

Wir wollen nicht über andere urteilen, denn das ist ebenso töricht wie unrecht; wir wollen lieber an unserer eigenen Vervollkommnung arbeiten.

RALPH WALDO TRINE

Man muß der Gesellschaft das Ihre geben, aber gleichzeitig sich absolut frei fühlen, nicht an sein eigenes Urteil glauben, sondern an die Vernunft und daran glauben, daß mein Gewissen der Kompaß ist, der mir den Weg zeigt, wiewohl ich weiß, daß er nicht ganz akkurat arbeitet (mein Urteil ist menschlich, die Vernunft ist göttlich, aber da ist ein Bindeglied zwischen den beiden).

VINCENT VAN GOGH

Wir bewegen uns unter und auf Porzellan, nirgends dürfen wir anstoßen. So vorsichtig sei unser Urteil.

PETER HILLE

Der nur richtet schnell, der wenig vom Leben weiß.

M. HERBERT

Es gibt Menschen, die glauben, Beurteilen muß Verurteilen sein.

ELEONORE VAN DER STRATEN-STERNBERG

Die Erfahrungen des Alters stimmen milde im Urteil gegen andere.

CARLOS VON TSCHUDI

Nur vergleichende Urteile haben einen Wahrheitswert.

WALTHER RATHENAU

Um richtig zu urteilen, muß man sich von dem, was man beurteilt, etwas entfernen, nachdem man es geliebt hat. Das gilt von den Ländern, den Menschen und von einem selbst.

ANDRÉ GIDE

Urteil

Man muß sehr zurückhaltend sein mit seinem Urteil, wenn man Geschmack hat.

SALOMON BAER-OBERDORF

Die Größten haben es gewagt, auf das eigene Urteil zu bauen – und ebenso die Dümmsten.

PAUL VALÉRY

Nicht steht mir zu, über eines andern Leben zu urteilen. Einzig für mich, für mich allein muß ich urteilen, muß ich wählen, muß ich ablehnen.

HERMANN HESSE

Wer das Urteil der Menge und nicht die Stimme seines Gewissens als höchste Instanz gelten läßt, ist ein Herdentier.

MAX KEMMERICH

Wenn Menschen über Menschen richten dürfen, so sollten sie stets der Grenzen ihres Erkenntnisvermögens eingedenk sein.

ALBERT EINSTEIN

Nur wer sich selbst richtet, lernt Gerechtigkeit, nicht wer andere richtet.

HAZRAT INAYAT KHAN

Prüfen soll man am Reinsten. Hände, die ein Glas trüben, trüben auch eine Hand.

GEORG STAMMLER

Die Welt kann nur von denen aus beurteilt werden, die sich mit dem Einsatz von Liebe und Schmerz in sie verflechten.

ERICH BROCK

Wenn man einen Menschen richtig beurteilen will, so frage man sich immer: Möchtest du den zum Vorgesetzten haben?

KURT TUCHOLSKY

Wer Wahrheit liebt, der urteilt scharf, vorausgesetzt, daß er das darf.

EUGEN ROTH

Bei den meisten Menschen reift das Urteil schneller als das eigene Können.

KURT GUGGENHEIM

Worüber du auch urteilst, es ist immer ein Urteil über dich selbst.

KARL HEINRICH WAGGERL

Der Splitter in deinem Auge ist das beste Vergrößerungsglas.

THEODOR W. ADORNO

Mißtraue deinem Urteil über die, die sich deiner Wertschätzung nicht erfreuen.

MADELEINE DELBREL

Es gibt eine Menge Leute auf der Welt, die in der Hölle sind, weil sie zu sehr vom Urteil anderer abhängen.

JEAN-PAUL SARTRE

Rechte nicht, sonst verlierst du den Schwung.

FLORENCE SCOVEL SHINN

Urteile fehlen oft, Fehlurteile nie.

GERHARD BRANSTNER

Nur vom Hörensagen ist schon manch vernichtendes Urteil zustandegekommen.

ESTHER GUT

Auch Urteile können mit der Axt gefällt werden.

BEAT SCHMID

Vater

Ein Vater ist mehr als hundert Schulmeister.
GEORGE HERBERT

Wer die Pflichten eines Vaters nicht zu erfüllen vermag, hat auch kein Recht, es zu werden. Keine Armut, keine Arbeit, keine menschliche Rücksicht irgendwelcher Art kann ihn davon lossprechen, seine Kinder zu ernähren und sie selbst zu erziehen.
JEAN-JACQUES ROUSSEAU

Wenn ein Vater Kinder erzeugt und ernährt, so erfüllt er damit erst ein Drittel seiner Aufgabe. Er ist dem Menschengeschlecht Menschen schuldig, den Gemeinschaften sozial denkende Menschen und dem Staate Bürger.
JEAN-JACQUES ROUSSEAU

Wer als Vater herrschen will, ehe er als Bruder geliebt hat, der herrscht nicht als Vater.
HEINRICH PESTALOZZI

Lobe keines Menschen Weisheit und Tugend bis du siehst, wie er für seine Kinder gesorgt und wie diese der Sorgfalt ihres Vaters für sie entsprochen.
HEINRICH PESTALOZZI

So ein ungezogener Vater von einem so braven Sohn!
JOHANNES GEORG AUGUST GALLETTI

Vater

Wenn der Mittelpfeiler gebrochen ist, halten die Seitenpfeiler nicht mehr stand.
Samoanisches Sprichwort

Keine Freude erlebt der Vater eines Toren.
SPRÜCHE 17,21

Unmündige Kinder sind des alten Vaters Pein.
EURIPIDES

Die Pflicht eines Vaters ist es, seinen Sohn daran zu gewöhnen, aus eigenem Antrieb richtig zu handeln und nicht aus unnatürlicher Furcht.
TERENZ

In meines Vaters Hause sind viele Wohnungen.
JOHANNES 14,2

Man kann den Sohn zwingen, daß er seinen armen Vater ernähre.
TALMUD – PEA

Nicht Fleisch und Blut, das Herz macht uns zu Vätern und Söhnen.
FRIEDRICH VON SCHILLER

Über den Vater zu richten ist schon ein moralischer Vatermord.
HONORÉ DE BALZAC

Die Menschen sind ihrer Zeit ähnlicher als ihren Vätern.
HEINRICH FLEISCHER

Vater werden ist nicht schwer, Vater sein dagegen sehr.
WILHELM BUSCH

Mann, bist du Vater und lachen deine Kinder? Dann bist du im Himmel. Denn wenn Kinder lachen, steht die Welt stille.
HERMANN STEHR

Vater

Der grundlegende Fehler von Vätern besteht darin, von ihren Kindern zu erwarten, daß sie ihnen Ehre machen.

BERTRAND EARL RUSSELL

Die Familienväter werden die großen Abenteuerer des zwanzigsten Jahrhunderts sein.

CHARLES PÉGUY

Es gibt einen Mißbrauch der Vatersgewalt, der heißt: Das Eigene, das sich in einem Kind regt, erdrücken.

LUDWIG FINCKH

Ein Vater kann seinem Kinde die Nase und die Augen und sogar den Verstand zum Erbe mitgeben, aber nicht die Seele. Die ist in jedem Menschen neu.

HERMANN HESSE

Der einzige mildernde Umstand für die Schuld der Väter sind ihre Kinder.

WINCENTY RZYMOWSKI

Kein Mensch ist für seinen Vater verantwortlich. Das ist einzig und allein Sache seiner Mutter.

MARGARET TURNBULL

Zeigt das Kind dem Vater zum erstenmal ein Loch in der Schuhsohle, zeigt es die erste Wunde seines Lebens.

RAMÓN GÓMEZ DE LA SERNA

Vorsicht vor dem, der schlecht vom Vater und vom Vaterlande spricht!

ERNST JÜNGER

Dem Sohne ist aufgegeben, seinen Vater zu suchen.

MAX RYCHNER

Das Verhältnis von Vätern und Söhnen ist eine Frage des Gewissens.

WILLY BRANDT

Wir Väter, dazu verdammt, unseren Kindern ihr Über-Ich aufzubürden: deswegen sind wir so unentbehrlich für Staat und Gesellschaft.

KURT MARTI

Veränderung

Je weniger sich ändert, um so mehr bleibt alles beim alten.

Sizilianisches Sprichwort

Nur die Allerklügsten und die Allerdümmsten ändern sich nie.

KONFUZIUS

Es gibt nichts Dauerhaftes außer der Veränderung.

HERAKLIT

Einem Menschen bereitet es Freude, sein Land zu verbessern, einem anderen, seine Pferde. Mein Vergnügen liegt darin, zu beobachten, daß ich selbst von Tag zu Tag besser werde.

SOKRATES

In der Erinnerung erkennen wir unsere Änderung.

DSCHUANG DSE

Was nicht zu ändern ist, wird durch Geduld erleichtert.

HORAZ

Das Klima, aber nicht die Seele verändert diejenigen, die übers Meer gehen.

HORAZ

Glück und Glas, wie bald bricht das.

PUBLILIUS SYRUS

Jegliches wechselt, doch nichts geht unter!

OVID

Der Verlauf der Zeit ändert den Grund, der eigene Vorteil folgt ihm nach. Ein Kluger kennt seinen Vorteil, und die Welt folgt dem Klugen.

MAHABHARATA

Abwechslung ergötzt.

PHAEDRUS

So leget nun ab alle Bosheit und Heuchelei.

1 PETRUS 2,1

Veränderung

Es zeugt von guter Bildung und Besonnenheit, wenn Männer sich bei anscheinendem Glück in ihrem Wesen nicht ändern und im Unglück ihre volle Würde bewahren.

PLUTARCH

Merke dir vor allem zwei Wahrheiten: Erstens, daß die Außenwelt deine Seele nicht berühren kann, sondern immer unbeweglich draußen steht, also Störungen deines inneren Friedens nur aus deiner Einbildung entstehen; zweitens, daß alles, was du siehst, sich schnell verändert und nicht mehr sein wird. Und wie vieler Veränderungen bist du nicht selbst schon Augenzeuge gewesen! Die Welt ist ein ewiger Wechsel, das Leben ein Wahn!

MARC AUREL

Sich zum Besseren zu wenden, dazu hat nicht jeder aus sich selbst die Macht; aber schlechter zu werden, daran wird keiner gehindert.

PLOTIN

Zeiten verändern sich stets, wie wir uns verändern mit ihnen!

LOTHAR I.

Abwechslung ist mein Wahlspruch.

JEAN DE LA FONTAINE

Die Welt verändert sich, und die Menschen verändern sich mit ihr. Es geht jedoch nichts Neues vor: Menschen und Zeiten sind einander ziemlich ähnlich.

CHRISTINE VON SCHWEDEN

Was nicht zu ändern steht, das soll man jederzeit vergnügt geschehen lassen.

JOHANN CHRISTOPH GOTTSCHED

Es ist ein großer Trost in Widerwärtigkeiten, wenn man sich immer einige Jahre älter denkt. Wer die Welt kennt, weiß, was einige Jahre für Veränderungen machen.

EWALD VON KLEIST

Mehr als das Gold hat das Blei in der Welt verändert. Und mehr als das Blei in der Flinte das Blei im Setzkasten.

GEORG CHRISTOPH LICHTENBERG

Ihr müßt die Menschen lieben, wenn ihr sie ändern wollt!

HEINRICH PESTALOZZI

Das Glück des Lebens besteht in der Abwechslung; die größte Mühseligkeit selbst wird dadurch zum Vergnügen. Immerwährende einerlei Freude wird bald Pein. Der Urquell unseres Lebens will immer neue Formen; er behilft sich mit den albernsten Fabeln und Märchen, wenn die Wirklichkeit um ihn stillesteht.

WILHELM HEINSE

Abwechslung ohne Zerstreuung wäre für Lehre und Leben der schönste Wahlspruch.

JOHANN WOLFGANG VON GOETHE

Die Gedanken kommen wieder, die Überzeugungen pflanzen sich fort; die Zustände gehen unwiederbringlich vorüber.

JOHANN WOLFGANG VON GOETHE

Ein jeder Wechsel schreckt den Glücklichen.

FRIEDRICH VON SCHILLER

Manche halten ihre veränderte Ansicht eines Menschen für eine Veränderung desselben.

JEAN PAUL

Wandelbarkeit ist gerade ein Vorzug höherer Naturen.

NOVALIS

Nichts ist dauernd als der Wechsel, nichts beständig als der Tod.

LUDWIG BÖRNE

Die Menschen ändern Gesinnung und Betragen ebenso schnell, wie ihr Interesse sich ändert.

ARTHUR SCHOPENHAUER

Leben heißt – sich ändern. Und der erreichbaren Perfektion nahe zu sein heißt – sich oft geändert zu haben.

JOHN HENRY KARDINAL NEWMAN

Umändern kann sich niemand, bessern kann sich jeder.

ERNST VON FEUCHTERSLEBEN

Veränderung

Es ist nicht gut, die Pferde zu wechseln, während man den Fluß überquert.

ABRAHAM LINCOLN

Manche Menschen sind die Zifferblätter der Zeit. Aber es ändert die Zeit nicht, wenn man ihr Zifferblatt zerschlägt.

FRIEDRICH HEBBEL

Glücklich ist, wer vergißt, was nicht mehr zu ändern ist.

RICHARD VON GENÉE

Nicht von außen wird die Welt umgestaltet, sondern von innen.

LEW N. GRAF TOLSTOJ

Auf zweierlei Dinge soll der Mensch niemals erzürnt sein: auf die, welche er ändern kann, und auf die, welche er nicht ändern kann.

LEW N. GRAF TOLSTOJ

Im Laufe der Zeit lernen wir die Dinge lieben, die wir einst gehaßt haben, und die Dinge ablehnen, die wir einst verehrt haben.

ROBERT LOUIS STEVENSON

Was wir nicht ändern können, müssen wir ertragen lernen. Was wir nicht ertragen wollen, müssen wir ändern lernen.

HERMANN BAHR

Der Krieg wird die Menschen nicht ändern, der Friede wird sie nicht ändern, Glück ändert sie nicht, Not ändert sie nicht, nichts ändert sie, von außen sind sie nicht zu heilen, und was immer sich mit ihnen begibt, sie bleiben unabänderlich dieselben, solange nicht innen das Wunder geschieht, in ihnen selbst. Sobald aber erst das innere Wunder in ihnen selbst geschieht, dann ist's auch wieder gleich, was sich außen mit ihnen begibt.

HERMANN BAHR

Jeder Mensch braucht dann und wann ein bißchen Wüste!

SVEN HEDIN

Bevor man die Welt verändert, wäre es vielleicht wichtiger, sie nicht zugrunde zu richten.

PAUL CLAUDEL

Was man am wenigsten wechselt, sind – neben der Behausung – die Gedanken.

ANDRÉ GIDE

Die meiste Mühe gilt dem, was nicht zu ändern ist.

RICHARD VON SCHAUKAL

Die einzige Möglichkeit für einen Mann, inmitten sich wandelnder Umstände konsequent zu bleiben, ist es, sich mit ihnen zu wandeln, während er demselben, alles beherrschenden Ziel treu bleibt.

SIR WINSTON S. CHURCHILL

Kann man die Welt verbessern? Niemals. Man kann sie nur verändern.

HANS FEHR

Die entfesselte Macht des Atoms hat alles verändert, nur nicht unsere Denkweise. Wir brauchen eine wesentlich neue Denkungsart, wenn die Menschheit am Leben bleiben soll.

ALBERT EINSTEIN

Nicht die Umgebung, sondern Kräfte, die in ihm zur Wirkung kommen, wandeln den Menschen. Man kann sein Leben so gestalten, daß man dabei dem Ziel seiner Wünsche näher kommt, gleichgültig, unter welchen äußeren Umständen man leben muß.

HELEN KELLER

Nichts vergessen, alles verwandeln.

ERNST BLOCH

Der einzig mögliche Weg, die Gesellschaft zu ändern, ist der harte und mühsame Weg, den einzelnen Menschen zu ändern.

SARWAPALLI RADHAKRISHNAN

Habe keine Angst, solange du noch in dir selbst den Weg der Wandlung gehen kannst.

ALBERT TALHOFF

Aus seiner Haut kann keiner – aus ihrer Klasse heraus können nur wenige.

KURT TUCHOLSKY

Das Gewehr gebiert die Macht. Man kann die Welt nur mit Hilfe des Gewehrs umgestalten.

MAO ZEDONG

Veränderung

Gesellschaftliche Veränderungen. Die Menschheit muß von Zeit zu Zeit die Schulter wechseln, auf der sie die Last trägt, die Leben heißt.

IVO ANDRIĆ

Man spricht immer nur von Leuten, die in Häuser einbrechen wollen. Aber es gibt mehr Leute auf der Welt, die aus Häusern ausbrechen wollen.

THORNTON WILDER

Daß nichts beständig ist – wie traurig, wie tröstlich!

KARL HEINRICH WAGGERL

Die Leute, die bei dem kleinsten Anlaß aus der Haut fahren, ändern sich am wenigsten.

SIGMUND GRAFF

Wandlung kann sich nur aus der Mitte vollziehen, niemals aus der Peripherie.

OTTO HEUSCHELE

Die meisten Frauen nehmen sich vor, ihren Mann zu ändern. Und wenn sie ihn geändert haben, gefällt er ihnen nicht mehr.

MARLENE DIETRICH

Es ändern sich die Dinge, die Umwelt; der Mensch bleibt der gleiche.

ATANAS DALTSCHEW

Die Welt verändern wird nur, wer selber anders wird.

WALTER NENZEL

Wer die Welt verändern will, muß sich zuerst selbst einmal ändern. Die eigene Bekehrung, die eigene Nachfolge, das eigene Engagement ist das Thema Nummer eins.

HELMUT THIELICKE

Ich möchte, daß die Welt sich nicht verändert, damit ich mir erlauben kann, gegen die Welt zu sein.

JEAN GENET

Wie soll man eigentlich die Welt verwandeln, wenn man einmal gelernt hat, wie schwer es ist, einen Menschen zu verändern?

CARL FRIEDRICH VON WEIZSÄCKER

Die Menschen verändern sich wenig, ihre Einbildungen sehr.

ERWIN STRITTMATTER

Nur wer verantwortungsbewußt zu verändern versteht, kann bewahren, was sich bewährt hat.

WILLY BRANDT

Nur weil man anders ist, muß man nicht ändern wollen.

WOLFGANG ENGEL

Der ganze Mensch muß gewandelt werden, oder er wird untergehen.

FRANZ JOHANNES SCALA

Der eine wechselt die Predigt, der andere die Kanzel.

WIESLAW BRUDZINSKI

Wollen wir überleben, dann müssen wir anders leben. Andere Werte wichtiger nehmen als Geld und Bequemlichkeit, einen neuen Lebensstil entwickeln. Wir werden erst brüderlich teilen, wenn wir brüderlich leben können.

PHIL BOSMANS

Glücklich ist, wer nicht vergißt zu ändern, was zu ändern ist.

RON KRITZFELD

Mir san, wia ma san, des laßt si leider net ändern.

HERBERT SCHNEIDER

Es gibt Gedanken, die du nicht begreifen kannst, ohne dein Leben zu verändern.

WERNER SPRENGER

Die entschiedenen Veränderer der Welt sind immer gegen den Strom geschwommen.

WALTER JENS

Wir müssen nicht die Welt verändern; wir müssen uns ändern. Weil der Friede dort anfängt, wo die Ohrfeige aufhört.

FRITZ GAFNER

Die großen Veränderungen der Welt wurden durch Große bewirkt. Die größten durch Wahnsinnige.

HEINRICH WIESNER

Veränderung

Veränderung an sich ist kein Wertbegriff; der Mensch kann sich durchaus auch zum Schlechteren verändern.

ERNST R. HAUSCHKA

Nicht die Zeiten, sondern die Menschen haben sich geändert.

FRITZ RÖTHLISBERGER

Der Mensch ändert sich ununterbrochen. Die Menschheit bleibt immer gleich.

GABRIEL LAUB

Der Mensch ändert sich nicht, er verändert sich nur.

GERHARD UHLENBRUCK

Was wir nicht ändern können, muß uns ändern.

PAUL MOMMERTZ

Alles verändert sich, sobald man sich selber verändert.

WERNER MITSCH

Die Welt ändert sich nicht, es ändern sich nur die Wünsche, sie zu verändern.

ELAZAR BENYOËTZ

Wie soll sich in unserer Gesellschaft jemals etwas ändern, wenn schon die Erwachsenen verdorben sind?

WOLFGANG BITTNER

Wenn man an einem schön gedeckten Tisch sitzt, ist man gegen soziale Änderungen.

STEPHAN SULKE

Wir leben in der besten aller Welten – und die wollen wir verändern!

MILOVAN VITEZOVIĆ

Die Welt läßt sich leichter verändern als erklären. Deshalb übersehen wir oft auch die vielen grundgängigen Analogien in der Geschichte.

BERND KOLF

Wir wollen unsere alten Träume nicht aufgeben aus Angst vor Veränderung.

SULAMITH SPARRE

Verantwortung

Wenn zwei Verantwortung tragen, ist keiner verantwortlich.

Portugiesisches Sprichwort

Die Verantwortung für sich selbst ist die Wurzel jeder Verantwortung.

MENG DSE

Leute nehmen ihre Worte leicht, wenn sie keine Verantwortung zu tragen haben.

MENG DSE

Laßt's euch nicht verdrießen, das Gute zu tun!

2 THESSALONICHERBRIEF 3,13

Die Flüchtlinge vor dem Bewußtsein wollen uns einreden, daß, wer die Augen schließt, rascher schreite und sicherer greife.

DAVID FRIEDRICH STRAUSS

Erst die Verantwortung gibt Segen und wahre Freude.

SØREN KIERKEGAARD

Jeder ist der menschlichen und göttlichen Gerechtigkeit nur für das verantwortlich, was er selbst getan hat... Aber die Nationen haben ihre Verantwortlichkeit wie die Individuen.

ERNEST RENAN

Warum klagen wir andere so gern an und tun es mit solch erbitterter Ungerechtigkeit? Weil die Beschuldigung anderer uns von Verantwortung befreit.

LEW N. GRAF TOLSTOJ

Ein Weib möchte immer alles gern selber verrichten, aber zugleich einen haben, dem es die Verantwortung dafür in die Schuhe schieben könnte.

WILHELM RAABE

Verantwortung – Last, die sich leicht auf die Schultern Gottes, des Schicksals, des Zufalls, des Glücks oder des Nachbarn abwälzen läßt.

AMBROSE BIERCE

Es gibt viele Wege, einer Verantwortung zu entkommen; Flucht in den Tod; Flucht in Krankheit und Flucht in Dummheit. Der letztere ist der sicherste und einfachste, denn selbst intelligente Menschen sind diesem Ziel meist näher, als sie selbst annehmen möchten.

ARTHUR SCHNITZLER

Der Preis der Größe ist Verantwortung.

SIR WINSTON S. CHURCHILL

Keiner mache sich die Last seiner Verantwortung leicht.

ALBERT SCHWEITZER

Ethik ist ins Grenzenlose erweiterte Verantwortung gegen alles, was lebt.

ALBERT SCHWEITZER

Verantwortlichkeit ist etwas anderes und Höheres als Machtinstinkte, die sich mit politischen Ideologien umhüllen.

EDUARD SPRANGER

Widerstehe der uralten Versuchung, immer wieder die Verantwortung für deine Taten auf jemanden anderen abzuwälzen. Du bist dir selber verantwortlich! In dir selber! Für dich selber! Du fang an!

FRITZ VON UNRUH

Sich nur um fremdes Gut zu kümmern, ist der Beruf des Nachtwächters.

HANS OSSENBACH

Die Verantwortung leugnen, heißt, den Menschen nicht zur Verantwortung ziehen.

LUDWIG WITTGENSTEIN

Der Proletarier, der einen Lastwagen umschmeißt, fliegt ins Loch. Der Staatsmann, der ein Volk ins Verderben chauffiert, schreibt Memoiren. Der Lokomotivführer hat die Verantwortung. Der Staatsmann trägt sie.

KURT TUCHOLSKY

Die Verantwortung trägt jeder einzelne oder niemand.

ZENTA MAURINA

Du bist zeitlebens für das verantwortlich, was du dir vertraut gemacht hast.

ANTOINE DE SAINT-EXUPÉRY

Der verantwortliche Mensch – das ist der Mensch in der Antwort.

PETER MAX BOPPEL

Es ist gleichgültig, was du tust, aber unverantwortlich, nichts zu tun.

HASSO HEMMER

Wer fordert, muß auch Verantwortung und Leistung erbringen.

WERNER FREYTAG

Ich glaube, es ist reizvoller, in Alaska eine Ananasfarm aufzubauen, als in Deutschland das Bundeskanzleramt zu übernehmen.

FRANZ JOSEF STRAUSS

Verantwortung ist die einzige Kompetenz, die eine Behörde freiwillig abgibt.

WOLFRAM WEIDNER

Das Wort hat eine Mutter: die Verantwortung. Aber in unserer Zeit gehen die Kinder grundsätzlich ohne die Mutter aus.

HELLMUT WALTERS

Man kann mit dem Leben nicht spielen; das Leben ist nicht lustig. Man muß Verantwortung tragen.

MERCEDES SOSA

Verbot

Das Auge kennt kein Verbot.

Deutsches Sprichwort

Immer neigen wir zu dem Verbotenen und begehren Versagtes.

OVID

Warum hungert den Menschen so sehr nach verbotener Speise?

OVID

991

Verbot

Je mehr er verbot, desto mehr breiteten sie (es) aus.

MARKUS 7,36

Freilich wünscht man im Lande der Blinden, daß alle Laternen verboten wären.

WILHELM LUDWIG WEKHRLIN

Verbote wirken nichts, aber Beispiele der Milde tun alles.

JEAN PAUL

Schade, daß es keine Sünde ist, Wasser zu trinken; wie gut würde es schmecken!

GIACOMO GRAF LEOPARDI

Die sich am meisten erlauben, möchten anderen am meisten verbieten.

M. HERBERT

Nichts ist menschlicher als zu überschreiten, was ist.

ERNST BLOCH

Wer den Menschen alles erlaubt, verdirbt ihnen einen Hauptspaß: den an verbotenen Früchten.

EUGEN GÜRSTER

Den Reiz des Verbotenen kann man nur auskosten, wenn man es sofort tut – morgen ist es vielleicht schon erlaubt.

JEAN GENET

Verbote produzieren Lügen.

MAX SCHWARZ

Merkwürdig: Bittere Früchte sind nie verboten.

MICHAIL M. GENIN

Ich werde schweigen, solange ihr mir das Reden nicht verbietet.

MILOVAN ILIĆ

Wo das Reden nicht erlaubt ist, wird auch das Schweigen immer leiser.

WERNER EHRENFORTH

Dem Volk aufs Maul schauen. Schließlich soll der Maulkorb passen.

HANS-HORST SKUPY

Verbrechen

Je größer das Verbrechen, desto weniger glaubt man's.

Deutsches Sprichwort

Es gibt kein Naturrecht; Verbrechen sind zu meiden, weil sonst die Furcht sich nicht vermeiden läßt.

EPIKUR

Wer ein Verbrechen nicht verhütet, wenn er kann, fördert es.

SENECA

Habt nichts gemein mit den Werken der Finsternis, die keine Frucht bringen, sondern deckt sie auf!

EPHESERBRIEF 5,11

Früher litten wir an Verbrechen, heute an Gesetzen.

TACITUS

Das Verbrechen wagen nur wenige; mehr wollen es; und alle dulden es.

TACITUS

Hast du je einen Menschen gesehen, der sich mit einem Verbrechen zufrieden gegeben hat?

JUVENAL

Menschen begehen die gleichen Verbrechen mit verschiedenem Geschick: der eine erhält den Galgen, der andere eine Krone.

JUVENAL

Da die Welt nicht richtig regiert wird, da Hunger und Kälte Leiden schaffen, wird es immer wieder Verbrecher geben. Ist es nicht herzlos, die Menschen in ihrer Not zu belassen, so daß sie die Gesetze übertreten, und dann strenge Strafen über sie zu verhängen?

YOSHIDA KENKO

Leicht vergessen wir die Verbrechen, die nur uns selbst bekannt sind.

LA ROCHEFOUCAULD

Verbrechen

Manche Verbrechen sind so großartig, zahlreich oder übermäßig durchgeführt, daß sie harmlos, ja sogar glorreich werden. So geschieht es, daß man öffentlichen Raub als Finanzgenie und ungerechtes Erbeuten einer Provinz als Eroberung bezeichnet.

LA ROCHEFOUCAULD

Wenn Armut die Mutter von Verbrechen ist, dann ist mangelnder Verstand dessen Vater.

JEAN DE LA BRUYÈRE

Die großen Verbrechen sind fast immer nur von berühmten Nichtskennern verübt worden.

VOLTAIRE

Überall sieht man Verbrechen durch andere Verbrechen bestraft.

VOLTAIRE

Die Gerechtigkeitskunst besteht nicht darin, daß man das Verbrechen zu bestrafen, sondern daß man es zu verhüten weiß.

WILHELM LUDWIG WEKHRLIN

Der Himmel sorgt dafür, daß sich kein Mensch sein Glück durch Verbrechen sichert.

VITTORIO ALFIERI

Verbrechen sind so ansteckend wie die Pest.

NAPOLEON BONAPARTE

Wo immer ein Mensch ein Verbrechen begeht, findet Gott einen Zeugen. Jedes geheime Verbrechen hat seinen Berichterstatter.

RALPH WALDO EMERSON

Es gibt Verbrechen, die von selbst straflos werden, wenn Tugenden sie begehen.

FRIEDRICH HEBBEL

Das Verbrechen ist die einzige Zuflucht der talentlosen, ungeduldigen und gierigen Bedeutungslosigkeit.

FJODOR M. DOSTOJEWSKIJ

Verbrechen, die vom Staat begangen werden, sind unvergleichlich schlimmer und grausamer als alle Verbrechen, die einzelne Menschen begehen.

LEW N. GRAF TOLSTOJ

In Not werden weniger Verbrechen begangen, die meisten geschehen aus Übermut, Interessenkollision etc., kurz, bei einigem Wohlstande.

LUDWIG ANZENGRUBER

Das Verbrechen ist ausschließlich Sache der niederen Klassen. Ich tadle sie deswegen nicht im geringsten. Ich möchte meinen, das Verbrechen ist für sie das, was für uns die Kunst ist, einfach eine Methode, außergewöhnliche Gemütsbewegungen hervorzurufen.

OSCAR WILDE

Der Hunger, nicht die Sünde, ist in unserer Zeit die Ursache des Verbrechens. Darum sind unsere Verbrecher – als Klasse – vom psychologischen Standpunkt aus völlig uninteressant. Sie sind keine erstaunlichen Charaktere, sie sind nur, was die gewöhnlichen achtbaren Spießbürger wären, wenn sie nicht genug zu essen hätten.

OSCAR WILDE

Niemand begeht je ein Verbrechen, ohne etwas Dummes zu tun.

OSCAR WILDE

Erkenne dich selbst, und du wirst jeden Verbrecher verstehen können.

A. O. WEBER

Von Natur sind wir alle Verbrecher, das heißt Egoisten. Das Kind nimmt, was ihm gefällt, offen oder heimlich, von Schwächeren sogar mit Gewalt. Die anders waren, sind keine Vollmenschen. Erst die Erziehung ändert die Naturtriebe in uns.

A. O. WEBER

Die größten Verbrecher sitzen nicht in den Gefängnissen. Sie gehören einer höheren Gesellschaftsschicht an. Bei ihnen, wie bei den Idioten, sind gewisse Funktionen des Gewissens unterentwickelt geblieben.

ALEXIS CARREL

Jede Zeit hat die Verbrecher, die sie verdient.

GUSTAV RADBRUCH

Der Verbrecher überwindet durch den Haß, nicht durch die Liebe, die Furcht.

OTTO WEININGER

Verbrechen

Weil Schuld und Strafe nicht wirklich verschieden sind, darum mag man darüber beruhigt sein: Kein Verbrecher geht wirklich straflos aus.

OTTO WEININGER

Jedes Verbrechen hat zwei Grundlagen: die biologische Veranlagung eines Menschen und das soziale Milieu, in dem er lebt.

KURT TUCHOLSKY

Das Verbrechen ist nicht der letzte, sondern der erste Ausweg, der sich uns anbietet; es entspringt oft einem Mangel an Phantasie.

ERNST JÜNGER

Dummheit ist die Mutter des Verbrechens, doch sind seine Väter manchmal genial.

STANISLAW JERZY LEC

Die Verbrecher, das sind die paar Menschen, die all uns andern das Leben erleichtern, indem sie überproportional viel Schuld auf sich laden.

HERBERT EISENREICH

Es ist ein Fluch und eine Gefahr unserer Zeit, ganzen Völkern die Schuld für Verbrechen zu geben, die von einzelnen begangen worden sind.

XIV. DALAI LAMA

Alibi: Deliquentchen-Glück.

HANS-HORST SKUPY

Vergangenheit

Der um ein Jahr älter, weiß mehr um hundert Jahre.

Maltesisches Sprichwort

Nichts ist geeigneter, uns den rechten Weg zu weisen, als die Kenntnis der Vergangenheit.

POLYBIOS

Geschehene Dinge sind nicht mehr zu ändern.

TERENZ

Ich gedenke der alten Zeit, der vergangenen Jahre.

PSALMEN 77,6

Lobredner der Zeiten, die vergangen.

HORAZ

Nichts ist gewiß – außer der Vergangenheit.

SENECA

Das Vergangene kennen nützt dem Künftigen.

CHRISTINE VON SCHWEDEN

Wir alle leben vom Vergangenen und gehen am Vergangenen zu Grunde.

JOHANN WOLFGANG VON GOETHE

Nur was die Vergangenheit gewährt, ist ewig und unveränderlich wie der Tod und zugleich wie das Leben, warm und beglückend.

WILHELM VON HUMBOLDT

Man betrachtet die Geschichte der Vergangenheit nicht als ein düsteres *Memento mori*, sondern als ein freundliches Vergißmeinnicht, dessen Lehre man sich mit Liebe erinnern soll.

LUDWIG BÖRNE

Die guten alten Zeiten. Alle Zeiten – wenn alt – sind gut.

LORD BYRON

Keine Verdrehung der Wahrheit durch die Phantasie hat so viel Unheil gestiftet wie der übertriebene Respekt vor vergangenen Zeiten. Diese Verehrung des Altertums streitet mit aller Vernunft und ist nur ein Schwelgen in poetischen Gefühlen zugunsten des Entfernten und Unbekannten.

HENRY THOMAS BUCKLE

Nur durch seine Gegenwart und seine Zukunft kann der Mensch seine Vergangenheit sühnen.

HENRIK IBSEN

Es ist meist gut, die Vergangenheit ruhen zu lassen und nicht mit Bitterkeit zu überlegen, was hätte sein können und doch nicht ist.

M. HERBERT

Vergangenheit

Man schildert die gegenwärtige Zeit, indem man die vergangene malt.
FRANZ SERAPHION HUEMER

Die Schatten der Vergangenheit sind auch die Verheißungen der Zukunft. Die Kraft des Baumes ist nicht größer als die seines Samens. Das Leben stellt stets eine Rückkehr zu seinem Ausgangspunkte dar.
KAKUZO OKAKURA

Menschen denken zu historisch. Sie leben immer zur Hälfte auf dem Friedhof.
ARISTIDE BRIAND

Wer sich an die Vergangenheit nicht erinnern kann, ist dazu verdammt, sie zu wiederholen.
GEORGE DE SANTAYANA

Alle unsere Handlungen nach der Vergangenheit werten heißt, immer in der Nacht bei Lampenlicht arbeiten.
HERMANN STEHR

Eine ehrenvolle Vergangenheit vergessen die Menschen leicht, eine bemakelte kaum.
ROBERT GERSUNY

Ich hasse alle Traurigkeit und verstehe nicht, daß das Vertrauen in die Schönheit der Zukunft nicht die Anbetung der Vergangenheit überwiegt.
ANDRÉ GIDE

Wo es keine Vergangenheit gibt, da gibt es auch keine Zukunft. Daher liegt unserem Handeln notwendig die Vergangenheit zugrunde.
KITARO NISHIDA

Die Stimmen der Vergangenheit wollen nicht zur Ruhe kommen, weil wir in so mancher Sache nicht so leicht zur Ruhe kommen sollen – und weil sie immer bessere Antwort von uns erwarten.
KARL FOERSTER

Wir besitzen von der Vergangenheit nur das, was wir lieben.
RAINER MARIA RILKE

Es gibt keine Vergangenheit ohne Zukunft.
EGON FRIEDELL

Es gibt keinen erkennbaren Weg vor uns, sondern nur hinter uns.
WALDEMAR BONSELS

Die Vergangenheit sollte ein Sprungbrett sein, nicht ein Sofa.
HAROLD MACMILLAN

Manche Menschen sind so arm, daß sie nichts besitzen als eine tadellose Vergangenheit. Dies ist der einzige Ausweg, mit dem sie reich zu werden hoffen.
CARL TILLY LINDNER

Die Sehnsucht nach der Vergangenheit ist eine umgestülpte Angst vor der Zukunft.
FRANK THIESS

Alt ist man dann, wenn man an der Vergangenheit mehr Freude als an der Zukunft hat.
JOHN KNITTEL

Man kann sogar die Vergangenheit ändern. Die Historiker beweisen es immer wieder.
JEAN-PAUL SARTRE

Die Gegenwart hält uns in Fesseln. Die Zukunft ist ein Gemächt unserer Einbildungskraft. Die Vergangenheit allein, wenn wir sie nicht verfälschen und umerfinden, ist reine Wirklichkeit.
SIMONE WEIL

Wer nicht um seine Herkunft weiß, hat keine Zukunft.
GOLO MANN

Das Schöne an der Vergangenheit ist das Schöne.
GERHARD UHLENBRUCK

Gewissen Politikern ist die Vergangenheitsbewältigung überraschend rasch vergangen.
HANS-HORST SKUPY

Die Vergangenheit hat Zukunft, wenn sie alles aushält.
RADIVOJE DANGUBIĆ

Jede Epoche schafft sich ihre Vergangenheiten neu.
TIMOTHY GARTON ASH

Vergänglichkeit

Des Menschen Leben ist so vergänglich wie des Morgens Tau.
Japanisches Sprichwort

Bedenke, Mensch, daß du Staub bist und zu Staub wieder werden wirst.

1 MOSE 3,19

Glaubt ihr nicht, so bleibt ihr nicht.

JESAJA 7,9

Die Klugen wissen das Leben zu genießen, solange es dauert; sie sind bereit es aufzugeben, wenn der Tod herannaht.

SHIH-NAN I-LIAO

Aus Erde ist alles, und zu Erde wird alles am Ende.

XENOPHANES

Das Feste und Starke gehört dem Tode. Das Weiche und Schwache gehört dem Leben.

KONFUZIUS

Das Leben lieben und ihm doch alles zuleidtun; den Tod hassen und ihm doch alles zuliebtun; das ist menschlicher Irrtum. Ihr hängt am Leben und kürzt es durch euren unvernünftigen Lebenswandel ab. Ihr scheut den Tod und zerrt ihn durch Unmaß im Genießen nahe heran!

KONFUZIUS

Das Leben ist kurz, die Kunst lang, die Gelegenheit vorübergehend, die Erfahrung verräterisch, die Beurteilung schwierig.

HIPPOKRATES

Manche Leute treffen das ganze Leben hindurch Vorbereitungen auf das Leben, als ob sie nach dem sogenannten Leben erst recht leben würden: sie bemerken nicht, daß uns allen das tödliche Gift des Werdens eingegeben worden ist.

METRODOROS

Den Weg gehen, den man nicht wiederkommt.

HIOB 16,22

Der Mensch gleicht einem Hauch, seine Zeit fährt dahin wie ein Schatten.

PSALMEN 144,4

Alles, was aus der Erde kommt, muß wieder zur Erde werden.

BEN SIRA 40,11

Allgemeines Mitleid verdient, wer viele triftige Gründe hat, aus dem Leben zu scheiden.

EPIKUR

Ihr meint, das Feuer sei ausgegangen? Aber es hat nur die Scheiter verbrannt, und selber brennt es stets irgendwo. Seht – mit dem Leben ist es ebenso!

DSCHUANG DSE

Jedem steht sein bestimmter Tag bevor.

VERGIL

Staub und Schatten sind wir.

HORAZ

Allen bleibt ein und dieselbe Nacht.

HORAZ

Klatscht Beifall, Freunde, die Komödie ist zu Ende!

KAISER AUGUSTUS

Weder kann die Welle, die vorbei ist, zurückgerufen werden; noch kann die Stunde, die entschwunden ist, zurückkehren.

OVID

Nichts ist schneller als die Jahre.

OVID

Du warst einmal nicht und wirst einmal nicht sein; beides ist gleich. Vergangenheit und Zukunft gehen uns nichts an.

SENECA

Dem Geborenen ist der Tod gewiß, dem Gestorbenen die Geburt; darum darfst du über eine unvermeidliche Sache keine Trauer empfinden.

BHAGAVADGITA

Das irdische Leben ist nur vergänglicher Trug.

KORAN

Vergänglichkeit

Was der Zeit unterworfen ist, das gebrauche;
was ewig ist, danach strebe.

THOMAS VON KEMPEN

Flüchtig und wie ein Schatten vergeht das
Leben des Menschen. Sammle dir darum
unvergängliche Schätze, solange du Zeit
hast. Sorge dich um das, was Gottes ist.

THOMAS VON KEMPEN

Unsere Leben sind Ströme, die sich ins Meer
ergießen.

JORGE MANRIQUE

Dulden muß der Mensch sein Scheiden aus
der Welt, wie seine Ankunft; reif sein ist alles.

WILLIAM SHAKESPEARE

Sind wir doch allhier in diesem Leben nur
fremde Gäste und dazu Pilgersleute, die alle
Stunden warten müssen, wenn dieses Leben
endet.

JAKOB BÖHME

Sich selbst überleben ist ein Unglück,
worüber man sich wie über alles übrige
trösten muß.

CHRISTINE VON SCHWEDEN

Alles vergeht wie ein Blitz. Das Gute wie das
Böse dauert so kurze Zeit, daß es fast nicht
der Mühe wert ist, sich darüber zu freuen oder
zu betrüben.

CHRISTINE VON SCHWEDEN

Das Leben mag so angenehm und so herrlich
sein, wie es will, es wäre dennoch sehr
unglücklich, wenn es kein Ende gäbe.

CHRISTINE VON SCHWEDEN

Der menschliche Geist kann mit dem Körper
nicht völlig zerstört werden, es bleibt von ihm
etwas, was ewig ist.

BARUCH DE SPINOZA

Wer lebt, verzeiht den Menschen, die sich das
Leben nehmen, so wenig wie die Gesunden
den Kranken.

MONTESQUIEU

Wie schade, daß so wenig Raum ist zwischen
der Zeit, wo man jung ist, und der, wo man zu
alt ist.

MONTESQUIEU

Der Mensch kann nur eine bestimmte Anzahl
Zähne, Haare und Einfälle haben. Es kommt
unweigerlich die Zeit, wenn er seine Zähne,
seine Haare und seine Einfälle verliert.

VOLTAIRE

Nicht der Mensch hat am meisten gelebt,
welcher die höchsten Jahre zählt, sondern
derjenige, welcher sein Leben am meisten
empfunden hat.

JEAN-JACQUES ROUSSEAU

Ängstliche und um des geringsten Vorteils
willen zitternde Menschen tun so, als ob sie
den Tod nicht fürchteten.

VAUVENARGUES

Was kann, wenn man nahe daran ist, diese
Welt zu verlassen, tröstender sein, als zu
sehen, daß man nicht umsonst gelebt habe,
weil man einige, wenngleich nur wenige, zu
guten Menschen gebildet hat?

IMMANUEL KANT

Ein Grab ist doch immer die beste
Befestigung wider die Stürme des Schicksals.

GEORG CHRISTOPH LICHTENBERG

Sobald wir uns hienieden einzurichten
anfangen, müssen wir wieder weiter.

JOHANN WOLFGANG VON GOETHE

Alles Vergängliche ist nur ein Gleichnis.

JOHANN WOLFGANG VON GOETHE

Anfang und Ende des Lebens sind das Beste
oder Verehrungswürdigste, denn jenes ist das
Alter der Unschuld, dieses das der Vernunft.

JOSEPH JOUBERT

Es ist erschreckend, aber es kann wahr sein:
die Greise lieben es, zu überleben.

JOSEPH JOUBERT

Der Mensch hat dritthalb Minuten: eine zu
lächeln, eine zu seufzen und eine halbe zu
lieben; denn mitten in dieser Minute stirbt er.

JEAN PAUL

Nach innen geht der geheimnisvolle Weg, in
uns oder nirgends ist die Ewigkeit mit ihren
Welten, die Vergangenheit und Zukunft.

NOVALIS

Vergänglichkeit

Nur die Toten kehren nicht zurück.
BERTRAND BARÈRE

Es ist nicht genug, daß man im rechten Wege sei, sondern es ist auch wesentlich anzukommen, und bei der Spanne der Zeit, die uns hier auf Erden zugemessen ist, heißt langsamgehen oft soviel, als gar nicht gehen.
CARL VON CLAUSEWITZ

Es war ein heiterer, der Menschheit würdiger Gedanke, ihre Toten der hellen und reinen Flamme statt der trägen Erde zu überlassen.
JACOB GRIMM

Der letzte Zusammenhang der Dinge muß dem Menschen, als weit über seine Vernunft reichend, absurd vorkommen. Warum man aber von den vielen möglichen Absurditäten gerade die eine mehr als die anderen glauben soll, wird nicht entschieden.
FRANZ GRILLPARZER

Selbstmord ist ein schlecht gebildetes Wort: was tötet, ist nicht identisch mit dem, was getötet wird.
JOUFFROY

Wenn ich nach einigen Jahren eine Person wiedersah, die ich jung gekannt hatte, kam es mir beim ersten Blick immer so vor, als begegnete ich jemand, der irgendein großes Unglück erlitten hätte.
GIACOMO GRAF LEOPARDI

Es gibt wohl viele, die ganz stolz den Selbstmord eine Feigheit nennen; sie sollen's erst probieren, nachher sollen's reden.
JOHANN NESTROY

Ich hör schon das Gras wachsen, in welches ich beißen werde.
JOHANN NESTROY

Das ganze Geheimnis, sein Leben zu verlängern, besteht darin, es nicht zu verkürzen.
ERNST VON FEUCHTERSLEBEN

Das Leben ist wie ein geschicktes Zahnziehen. Man denkt immer, das Eigentliche solle erst kommen, bis man plötzlich sieht, daß alles vorbei ist.
OTTO FÜRST BISMARCK

Soll ich zu Wasser in den Himmel fahren, wenn ich's im Feuer kann?
GEORG HERWEGH

Unsere Leute gefallen sich nun mal in der Idee, sie hingen mit dem Fortbestande der göttlichen Weltordnung zusammen. In Wahrheit liegt es so, daß wir sämtlich abkommen können.
THEODOR FONTANE

Kann man im Ewigen einen Anachronismus begehen?!
CHARLES BAUDELAIRE

Es ist etwas so Natürliches um den Tod. Wir kommen und wir gehen; eins bedingt das andere.
F. MAX MÜLLER

Die Zeiten gehen hin, und für jeden kommen einmal die Jahre, wo er merkt, daß sie hingegangen sind, und er sich wundert, daß er nichts getan hat, sie aufzuhalten.
WILHELM RAABE

Es geht ewig zu Ende und im Ende keimt ewig der Anfang.
PETER ROSEGGER

Alt und jung, wir alle befinden uns auf unserer letzten Reise.
ROBERT LOUIS STEVENSON

Man beginnt immer deutlicher zu erkennen: das Leben ist nur eine Zeit der Aussaat, und die Ernte ist nicht hier.
VINCENT VAN GOGH

Seichte Trauer und seichte Liebe leben lange. Große Liebe und große Schmerzen vernichten sich durch ihre eigene Fülle.
OSCAR WILDE

Der Tod ist schrecklich, aber schrecklicher noch wäre das Bewußtsein, man würde ewig leben und nie sterben.
ANTON P. TSCHECHOW

Das Tragische des Menschenlebens liegt in dem Versuch, durch Verlängerung der Leiter des Endlichen das Unendliche zu erklimmen.
RABINDRANATH TAGORE

Vergänglichkeit

Ewigkeit ist die Korrektur der Weltgeschichte.
HERMANN VON BEZZEL

Alle Dinge, die Namen und Formen besitzen, sind vergänglich, also auch Erde und Himmel.
SWAMI VIVEKANANDA

Alle Erfahrungen, die wir sammeln, und alle Überlegungen, die wir anstellen, sind zu klein, um dem unermeßlichen Rätsel gleichzukommen.
A. G. SERTILLANGES

Eine Zeit stirbt.
GEORG HERMANN

Wer die Vergänglichkeit der Welt erkennen will, sollte alte Zeitungen lesen. Wie unwichtig ist hinterher alles, was einmal so wichtig gewesen ist.
WILLIAM SOMERSET MAUGHAM

Alles Gelebte schmeckt sonderbar und gräßlich wie Brackwasser: Tod und Leben gemischt.
HUGO VON HOFMANNSTHAL

Die entscheidende Frage für den Menschen ist: Bist du auf Unendliches bezogen oder nicht? Das ist das Kriterium seines Lebens.
C. G. JUNG

Je näher man seiner Zeit ist, desto näher ist man auch der Ewigkeit.
HERMANN HESSE

Alles geistige Bemühen des Menschen läuft im Grunde darauf hinaus, den Tod aus der Welt zu schaffen.
RUDOLF ALEXANDER SCHRÖDER

Es hat nie einen Anfang gegeben, und nie kann ein Ende dieses urewigen Lebens sein.
BO YIN RA

Wenn der Mensch glaubt, es sei Zeit für ihn, seßhaft zu werden, ist es in vielen Fällen Zeit für ihn, weiterzugehen.
EHM WELK

Wer im Spiel des Lebens verloren hat, kann im Ernst des Todes Gewinner sein.
PAUL GRAF THUN-HOHENSTEIN

Zeit und Stunde sind umso mächtiger, je weniger der Mensch sie weiß.
FRANZ ROSENZWEIG

Alles wird vorübergehen: Leiden, Qualen, Hunger, Blut und Massensterben. Das Schwert wird verschwinden, aber die Sterne werden auch dann noch da sein, wenn von unseren Leibern und Taten auf Erden kein Schatten mehr übrig ist. Es gibt keinen Menschen, der dies nicht wüßte. Warum also wollen wir unseren Blick zu den Sternen nicht erheben? Warum?
MICHAIL A. BULGAKOW

Lebe das Leben und trete – wenn die Stunde da ist – stolz beiseite.
ERICH KÄSTNER

Alle Fragen nach letzten Dingen enden zuletzt im Unerforschlichen.
HANS MARGOLIUS

Die Natur begreift das kosmische Gesetz des Wandels besser als der Mensch. Kein Baum versucht, sich gegen die Vergänglichkeit zu wehren, er steht unmittelbar im Wandel der Natur.
YUNYU KITAYAMA

Bisher mußte der Mensch mit dem Gedanken an seinen sicheren persönlichen Tod leben. Jetzt hat er sich auch noch mit dem Gedanken an den möglichen Untergang der ganzen Menschheit abzufinden.
ARTHUR KOESTLER

Wir haben, als wir geboren wurden, soviel verloren, wie wir beim Sterben verlieren werden. Alles.
É. M. CIORAN

Einigen wird man schon fehlen, andern wiederum weniger, als sie meinen.
MAX FRISCH

Auf der Ebene der letzten Wirklichkeit, der Einheit des Lebens, lösen sich alle Verschiedenheiten.
MAHARISHI MAHESHI YOGI

Wer nichts mehr ernst nimmt, kommt dem Diktat des Vergänglichen noch am nächsten.
HANS ARNDT

Vergänglichkeit

Das Leben verlieren ist keine große Sache;
aber zusehen, wie der Sinn des Lebens
aufgelöst wird, das ist unerträglich.
ALBERT CAMUS

Die Trauer über das Vergehen des
Vergänglichen ist groß; größer sollte die
Freude über die Erhaltung des
Unvergänglichen sein.
JULIANE BÖCKER

Die ein Leben lang alt gewesen sind, maulen
gegen Schluß am meisten.
HANS KASPER

Keiner will aufhören, eine Rolle zu spielen,
solange das Stück nicht zu Ende ist.
MALCOLM FORBES

Wir alle – Täter und Opfer und Schweiger,
Blinde und Taube, den Kopf in der Asche
unserer Brüder und Schwestern – wissen, wir
alle sind Brennstoff.
RICHARD EXNER

Die unterschiedlichsten Lebenswege haben
das gleiche Ende.
RASSUL GAMSATOW

Unsere Betroffenheit am Grab ist echt; wir
sind die Nächsten.
FRITZ GAFNER

Wenn der Moment gekommen ist, hat die
Stunde geschlagen.
RAYMOND BARRE

Selbstmord: Das verhinderte Erstaunen
darüber, daß man lebte.
HELMUT LAMPRECHT

Es kommen härtere Tage. Die auf Widerruf
gestundete Zeit wird sichtbar am Horizont.
INGEBORG BACHMANN

Ob ein Mensch wirklich gelebt hat, erweist
sich bestenfalls nach seinem Tod.
MICHAIL M. GENIN

Für eure Sehnsucht gibt es die billigsten
Fahrkarten. Euer Wohlergehen kommt euch
aus eurer Brutalität. Eure Dummheit ist aus
tausend Intelligenzen zusammengestohlen.

Eure Heuchelei ist total. Eventuelle Ängste
sind unnötig, denn ihr werdet alle Prozesse
gewinnen – den letzten nicht.
HORST JANSSEN

Das „Jüngste Gericht" vertagte sich.
HANS-HORST SKUPY

Der Lauf der Welt überholt uns alle.
HANS-HORST SKUPY

Der Zahn der Zeit wird schärfer, je älter er ist.
THOMAS TRAUTMANN

Vergessen

Der Schmerz vorüber, die
Hebamme vergessen.
Italienisches Sprichwort

Vergessen der eigenen Sünden
erzeugt – Frechheit.
EURIPIDES

Warum hast du mich vergessen?
PSALMEN 42,10

Manchmal ist es angebracht, selbst das zu
vergessen, was man weiß.
PUBLILIUS SYRUS

Die Menschen vergessen rascher den Tod
ihres Vaters als den Verlust ihres väterlichen
Erbes.
NICCOLÒ MACHIAVELLI

Wenn man glaubt, etwas zu vergessen,
vergißt man es.
JEAN PAUL

Zehn Küsse werden leichter vergessen als ein
Kuß.
JEAN PAUL

Vergeben und Vergessen heißt gemachte
kostbare Erfahrungen zum Fenster
hinauswerfen.
ARTHUR SCHOPENHAUER

Es gibt nichts Neues, mit Ausnahme dessen,
was vergessen worden ist.

ROSE BERTIN

Ein übergroßer Teil der Allgemeinheit ist zu
gemein, um was Gemeines jemals zu
vergessen.

JOHANN NESTROY

Jeder hat im Leben Dinge, die er von sich
abschütteln und vergessen muß, und je eher
man das tut, um so gescheiter ist es.

FANNY LEWALD

Wer nicht vergessen kann, aus dem wird
nichts Gescheites.

SØREN KIERKEGAARD

Es ist für unsere Seelenruhe ebenso
notwendig, vergessen können wie nicht
vergessen können.

MARIE VON EBNER-ESCHENBACH

Vergessen können, was sich nicht sofort in
eigene Tat umsetzen läßt, ist eine
Vorbedingung schaffenden Lebens.

HERMANN BAHR

Wer vergeßlich ist, hat auch kein Herz.

ERNST HOHENEMSER

Es gibt zwei schöne Dinge auf der Welt:
Erinnern und Vergessen. – Und zwei häßliche:
Erinnern und Vergessen.

RODA RODA

Es ist ein Segen, vergessen zu können.

LU XUN

Ich kann wirklich nicht sagen, was schöner
ist: das Vergessen oder das Erinnern.

IGOR STRAWINSKY

Vergeßlichkeit ist eine Form der Freiheit.

KAHLIL GIBRAN

Vergessen ist ein Mangel an Treue.

GABRIEL MARCEL

Vergessenkönnen ist das Geheimnis ewiger
Jugend. Wir werden alt durch Erinnerung.

ERICH MARIA REMARQUE

Unsere Gefahr ist – da wir etwas ganz Neues
wollen und für was Neues kämpfen –, daß wir
das Alte vergessen, das Alte, Kritische, von
dem wir wissen. Das klingt wie eine banale
Phrase – ist leider die Wahrheit.

HANNS EISLER

Es gibt Leute, die nicht nur vergaßen, was sie
einst lernten, sie vergaßen leider auch,
wenigstens etwas daraus zu lernen. Es sind
unentwegte Verbraucher.

MARTIN KESSEL

Je stärker die Kraft des Vergessens, desto
stärker die Kraft des Gedächtnisses.

WOLFGANG STRUVE

Das Leben vergißt viele. Der Tod keinen.

HANNS-HERMANN KERSTEN

Aus den Augen, aus den Sinnen.

GERHARD UHLENBRUCK

Über der Wohltat zu vergessen, steht nur
noch eine: nicht erinnert werden.

HARALD MEHLHORN

Vergessen als eine besonders diskrete
Todesart.

SULAMITH SPARRE

Vergnügen

Es ist gut tanzen, wenn das Glück
aufspielt.

Skandinavisches Sprichwort

Freut euch und seid fröhlich immerdar!

JESAJA 65,18

Unter Leuten, die alles auf ihr eigenes
Vergnügen beziehen, kann nichts
Gemeinsames sein.

CICERO

Wohl niemand tanzt, wenn er nüchtern ist, er
müßte denn den Verstand verloren haben.

CICERO

Vergnügen

Nichts schafft hienieden dauerndes Ergötzen.
FRANCESCO PETRARCA

Das Alter ist ein Tyrann, der bei Todesstrafe alle Vergnügen der Jugend verbietet.
LA ROCHEFOUCAULD

Eine Frau, die sich amüsieren will, braucht als Vorwand einen Ehemann.
CHRISTINE VON SCHWEDEN

Vergnügungen, die zu lange dauern, werden ekelhaft.
CHRISTINE VON SCHWEDEN

Tanzen ist die Poesie des Fußes.
JOHN DRYDEN

Das Vergnügen ist niemals zu teuer bezahlt.
VOLTAIRE

Viele Menschen glauben, Vergnügen zu kaufen, wenn sie sich ihm in Wirklichkeit als Sklaven verkaufen.
BENJAMIN FRANKLIN

Was ist schöner als Vergnügungen des Geistes?
FRIEDRICH II. VON PREUSSEN

Ein Vergnügen erwarten ist auch ein Vergnügen.
GOTTHOLD EPHRAIM LESSING

Muß man sich denn vergnügen wie ein Tier, um sich angenehm zu zerstreuen?
CARL GOTTLOB SCHELLE

Mich dünkt, ich möchte lieber eine Stunde in dieser Welt vergnügt leben, als eine Ewigkeit in jener.
WILHELM LUDWIG WEKHRLIN

Ist ein Vergnügen größer, als von dem zu sprechen, was man liebt?
JOHANNES VON MÜLLER

Sich amüsieren heißt etymologisch: die Muße loswerden. Amüsement wäre also das Vergnügen der Plattköpfe.
JOHANN GOTTFRIED SEUME

Ohne Vergnügen bildet sich kein Geist.
ERNST VON FEUCHTERSLEBEN

Die Natur hat dem Menschen doch wenig vertraut, als sie es für notwendig fand, selbst die Zeugung und das Essen und Trinken mit Vergnügen zu verbinden, um ihm einen Sporn zu geben, beides nicht zu verabsäumen.
FRIEDRICH HEBBEL

Das Leben wäre um vieles angenehmer, wenn die Vergnügungen nicht wären.
OTTO FÜRST BISMARCK

Am reichsten ist der Mensch, dessen Vergnügungen am billigsten sind.
HENRY DAVID THOREAU

Wo die Übung und die Begabung so weit reichen, daß man nicht nur sich, sondern auch anderen Vergnügen macht, da ist kein Grund zum Aufhören.
GOTTFRIED KELLER

Wer gerne tanzt, dem ist leicht gepfiffen.
THEODOR FONTANE

Die Vergnügungssucht ist unersättlich und frißt am liebsten – das Glück.
MARIE VON EBNER-ESCHENBACH

Man tanzt in unserer Zeit nicht nur, weil einem zu wohl ist, sondern auch, weil es anderen zu schlecht geht.
DANIEL SPITZER

Viele sind auf Vergnügungen so erpicht, daß sie das Vergnügen dabei übersehen.
ROSALIE PERLES

Vergnügen – die angenehmste Form der Niedergeschlagenheit.
AMBROSE BIERCE

Manches Vergnügen besteht darin, daß man mit Vergnügen darauf verzichtet.
DETLEV VON LILIENCRON

Vergnügen ist das einzige, wofür man leben sollte. Nichts altert so schnell wie das Glück.
OSCAR WILDE

Vergnügen, Vergnügen! Was sonst sollte einen irgendwohin führen?
OSCAR WILDE

Verhältnismäßigkeit

Ein ideales Vergnügen, wie es sich die Phantasie vorstellt, kann nie so intensiv sein wie ein erlebtes Vergnügen.

WILLIAM SOMERSET MAUGHAM

Das Beste, was man vom mittleren Alter sagen kann, ist: ein Mann in mittleren Jahren hat wahrscheinlich gelernt, wie er sich trotz seiner Sorgen ein wenig amüsieren kann.

DONALD R. MARQUIS

Ein Mensch, der bestrebt ist, sich amüsieren zu gehen, hat es stets furchtbar eilig.

ROBERT WALSER

Im Tanz ist Freude, aber nicht um der Freude willen ist er da. Nicht einmal um des Guten oder um der Liebe willen. Er ist die Liebe selbst und das Gute selbst und darum selig. Er ist nicht für uns, wir sind für ihn da.

CLARENCE I. LEWIS

Vergnügen hat nur Rechte.

EDGAR VARÈSE

Dort, wo das Wissen um die Dinge aufhört, wo nur das Erlebnis Gesetz ist, dort beginnt der Tanz.

MARY WIGMAN

Leichtfertigkeit ist Flucht, die sich als Tanz ausgibt.

JEAN COCTEAU

Nie zuckt der deutsche Mensch so zusammen, wie wenn man ihn fragt, welchem Zweck denn der vielzitierte Spektakel in seiner Seele eigentlich diene.

KURT TUCHOLSKY

Wo alles auf Leistung eingestellt ist, wird selbst das Vergnügen zur Schwerarbeit.

MARTIN KESSEL

Wenn du selbst nicht tanzen kannst, dann laß deine Seele tanzen.

MADELEINE DELBREL

Vergnügen ist durchaus nicht ein untrügliches Kriterium, aber es ist das am wenigsten fehlbare.

W. H. AUDEN

Nach Vergnügen rennt, wer keine Freude kennt.

HANS ARNDT

Welch eine Lust, die Unternehmungslust!

ROBERT SCHALLER

Im Tanz wird der lebendige Mensch zum Kunstwerk.

KARL MARIA WINGLER

Niemand trägt auf einer Party soviel zur Unterhaltung bei wie jene, die abwesend sind.

AUDREY HEPBURN

Unterhaltung nennt man alles, was unter der Ebene von Haltung möglich ist.

WERNER SCHNEYDER

Verhältnismäßigkeit

Gehe mit Menschen um wie mit Holz: Um eines wurmstichigen Stückchens willen würdest du nie den ganzen Stamm wegwerfen.

Chinesisches Sprichwort

Zuviel ist gerade so falsch wie zuwenig.

KONFUZIUS

Das Maß der Dinge zu finden ist die feinste Wissenschaft.

PINDAR

Maß ziemt überall.

SOPHOKLES

Es gibt nichts Gutes ohne Schlechtes in der Welt. Aber alles ist im richtigen Verhältnis gemischt.

EURIPIDES

Alles Übermäßige verstößt gegen die Natur.

HIPPOKRATES

Mäßigkeit erhält die Freuden und erhöht das Behagen.

DEMOKRITOS

Verhältnismäßigkeit

Das Maß liegt im eigenen Selbst; das Richten liegt bei den Menschen.

LIEH-DSE

Bei allem ist der Mittelweg der beste. Jedes Übermaß bringt der Menschheit Sorgen.

PLAUTUS

Wer im Essen maßhält, hat gedeihlichen Schlaf; steht er am Morgen auf, so fühlt er sich frisch.

BEN SIRA 31,20

Halte Maß in allen Dingen!

BEN SIRA 33,30

Maß ist den Dingen bestimmt; und es gibt feststehende Grenzen.

HORAZ

Ihr werdet mit demselben Maß gemessen werden, das ihr bei andern anlegt.

MATTHÄUS 7,2

Der Maßstab des Lebens ist das Wohlverhalten, nicht aber die Länge der Zeit.

PLUTARCH

Mit dem Maße, mit dem der Mensch mißt, wird ihm gemessen.

TALMUD – SANHEDRIN

Ein Strohhalm schwimmt auf der Oberfläche des Wassers, aber ein Kleinod sinkt unter.

SAKYA PANDITA

Das Gute ist nicht minder kräftig zu dem Guten wie das Böse zu dem Bösen.

MEISTER ECKEHART

Alles was sein Maß überschreitet, bringt Verderben.

PARACELSUS

Zu viel Vergnügen ist lästig, ein Übermaß an Wohlleben macht reizbar. Ins Maßlose gesteigert, sind uns alle Dinge und Erscheinungen feindlich: wir fühlen sie nicht mehr, wir erleiden sie.

BLAISE PASCAL

Man könnte noch mehr, ja das Unglaubliche tun, wenn man mäßiger wäre.

JOHANN WOLFGANG VON GOETHE

Elefanten werden immer kleiner, Flöhe immer größer gezeichnet, als sie in Wirklichkeit sind.

JONATHAN SWIFT

Jeder Mensch schafft sich seine eigene Größe. Zwerge bleiben Zwerge, wenn sie auch auf Alpen sitzen.

AUGUST VON KOTZEBUE

Vom Triumph zum Verderben, vom Erhabenen zum Lächerlichen ist nur ein Schritt.

NAPOLEON BONAPARTE

Maßhalten ist die Grundlage der Sittlichkeit und die erste Tugend des Menschen. Ohne sie ist er ein wildes Tier.

NAPOLEON BONAPARTE

Bei allen Dingen liebe die Mäßigung, eine Tugend, die schwerer ist, als sie scheint, aber notwendiger als irgendeine. Glaube aber nicht, daß das Schlimme durch Mäßigung geadelt werden könne.

AUGUST GRAF PLATEN

Untergehenden Völkern verschwindet zuerst das Maß.

ADALBERT STIFTER

Ist ein Müßiggänger da, so ist stets ein anderer da, der über seine Kräfte arbeiten muß. Ist ein Übersättigter da, so ist ein anderer da, der hungert.

LEW N. GRAF TOLSTOJ

Der Maßstab, den wir an die Dinge legen, ist das Maß unseres eigenen Geistes.

MARIE VON EBNER-ESCHENBACH

Wenn ein Mensch einen Tiger töten will, nennt er es Sport. Wenn ein Tiger ihn ermorden will, nennt er es Grausamkeit.

GEORGE BERNARD SHAW

Der Zustand des Gleichgewichts ist nur auf dem gespannten Seil schön. Auf dem Boden sitzend hat er nichts Glorreiches mehr.

ANDRÉ GIDE

Verhältnisse können begünstigen, sie dürfen aber nicht beherrschen.

HEINRICH GERLAND

Es ist Unsinn, den Pianisten zu erschießen,
wenn der Flügel verstimmt ist.
RENÉ COTY

Aus großen Dingen kann man kleine Dinge
machen; aus kleinen Dingen aber wird nichts
mehr, sagt das Sprichwort.
LIN YUTANG

Man hat kein Maß mehr, für nichts, seit das
Menschenleben nicht mehr das Maß ist.
ELIAS CANETTI

Der Mensch, der sein Maß gefunden hat,
kann nichts Besseres mehr finden.
THOMAS NIEDERREUTHER

Je höher man einen Zwerg hebt, desto
kleiner wirkt er.
LJUBIŠA MANOJLOVIĆ

Welches Maß hat der Mensch, der das Maß
aller Dinge sein soll?
OLIVER HASSENCAMP

Auf schmalem Pfad zu gehen, lehrt uns das
Gleichgewicht zu halten.
ELISABETH MARIA MAURER

Mancher Mensch wird, unter der Lupe
betrachtet, nicht größer, sondern kleiner.
ERNST R. HAUSCHKA

Das wichtigste Maß: Der prozentuale Anteil
des Menschen in einem Menschen.
GABRIEL LAUB

Der Mensch – ein übergeschnapptes
Millimeter, das sich für größer hält als den
ganzen Maßstab.
HANNS-HERMANN KERSTEN

Der Mensch ist das Maß aller Mittel.
GERHARD UHLENBRUCK

Vergleiche können nur dort sich einstellen,
wo es nicht um das Wesentliche geht.
HELLMUT WALTERS

Goldener Mittelweg – das Mittelmaß aller
Dinge.
HANS-HORST SKUPY

Verleumdung

Ist die Zunge auch ohne jeden
Knochen, so hat sie doch gar
manches schon gebrochen.
Gagausisches Sprichwort

Ein Verleumder verrät, was er heimlich weiß.
SPRÜCHE 11,13

Es gibt nichts Ärgeres als Verleumdung; denn
sie macht zwei Menschen zu Verbrechern und
läßt einen dritten leiden.
HERODOT

Deine Zuge trachtet nach Schaden wie ein
scharfes Messer, du Ränkeschmied!
PSALMEN 52,4

Der Verleumder verdreht Gutes in Böses, und
deine Lieben reizt er zum Aufruhr.
BEN SIRA 11,31

Wer bösartiges Gerede ausgräbt, zerstört
seinen eigenen Frieden.
SENECA

Kühn verleumden – etwas bleibt immer
hängen.
PLUTARCH

Zu Verleumdungen schweigen, das heißt
ausliefern und im Stich lassen.
AL-GHAZALI

Niemals rede von dem Nächsten Übles! Hörst
du selber von einem andern Übles reden, so
verbirg es in deinem Herzen.
KAIBARA EKKEN

Nur durch Verachtung besiegt man die
Verleumdung.
FRANÇOISE DE MAINTENON

Ein großzügiges Geständnis entwaffnet
etwaige Verleumdung.
THOMAS FULLER

Seine Pflichten weiter auszuführen und zu
schweigen, ist die beste Antwort auf
Verleumdung.
GEORGE WASHINGTON

1005

Verleumdung

Verleumdung unterscheidet sich von allen anderen Kränkungen durch folgenden entsetzlichen Umstand: wer sie begeht, kann sie nie wieder gutmachen.

SAMUEL JOHNSON

Die Verleumdung breitet sich aus wie ein Ölfleck. Man versucht ihn wegzuwischen, aber die Spur bleibt.

JULIE JEANNE DE LESPINASSE

Durch Gegenverleumdung widerlegt man nicht.

WILHELM LUDWIG WEKHRLIN

Die Verleumdung ist eine Wespe, die uns belästigt und gegen die man keine Bewegung machen darf, wenn man nicht sicher ist, sie zu töten, weil sie sonst ihre Angriffe mit doppelter Wut wiederholt.

CHAMFORT

Es ist jetzt so in Mode, den Fürsten Schlechtes nachzusagen, daß man in den Verdacht kommt, sie intim zu kennen, wenn man sie lobt.

ANTOINE DE RIVAROL

Verleumder gleichen Hornissen; schlägt man nach ihnen, so werden sie nur frecher, und man muß sich ganz ruhig verhalten, bis der Augenblick da ist, sie für immer aufs Maul zu schlagen.

KARL JULIUS WEBER

Üble Nachrede ist die Erleichterung der Bösartigkeit.

WILLIAM WORDSWORTH

Die Verleumdung, das freche Gespenst, setzt sich auf die edelsten Gräber.

HEINRICH HEINE

Der größte Lump im ganzen Land, das ist und bleibt der Denunziant.

HOFFMANN VON FALLERSLEBEN

Der Verleumder ist der Brandleger, der vom Hinterhalt aus das verheerende Flammenmeer mit Wohlbehagen beobachtet. Die Flammen sieht man, den Brandleger nicht.

ELEONORE VAN DER STRATEN-STERNBERG

So ungläubig ist fast niemand, daß er nicht eine Verleumdung glauben würde.

ELEONORE VAN DER STRATEN-STERNBERG

Man muß in homöopathischen Dosen verleumden, wenn man wirken will.

DANIEL SPITZER

Die hinterhältigste Art der Verleumdung ist: jemand über seine Verhältnisse zu loben.

WALTER HUECK

Kann man nicht auch durch das Schweigen verleumden?

ROBERT WALSER

Gegen den Tiger und die Wanze kann man sich wehren, nicht aber gegen üble Nachrede.

KAREL ČAPEK

Verleumdung ist wie Steinwurf aus sicherem Versteck.

MARGARETE SEEMANN

Manche üble Nachrede geht auf das Alte Testament zurück. So leidet die Schlange noch heute unter ihrem schlechten Image aus der Bibel.

GIORGIO PINELLI

Verleumdungen, die kein Gehör finden, zerfressen die Zunge.

PETER TILLE

Verlust

Was du gewonnen, davon sprichst du nie, du redest nur davon, was du verloren.

Sumerische Weisheit

Ist einer Welt Besitz für dich zerronnen, sei nicht im Leid darüber, es ist nichts.

PLATON

Ich habe das Öl und die Mühe vergebens verschwendet.

PLAUTUS

Verlust

Manchmal bringt's Gewinn, nimmt man zur rechten Zeit Verlust in Kauf.

TERENZ

Ihr habt Christus verloren.

GALATERBRIEF 5,4

Um verlorenes Geld und Gut werden die aufrichtigsten Tränen geweint.

JUVENAL

Verlust ist nichts anderes als Verwandlung.

MARC AUREL

Ein Mensch kann gegen seinen Willen die zeitlichen Güter einbüßen, niemals aber verliert er die ewigen Güter, es sei denn mit seinem Willen.

AUGUSTINUS

Alles ist verloren, nur die Ehre nicht.

FRANÇOIS I. VON FRANKREICH

Ein Geizhals kann ansehnliche Reichtümer zusammenscharren, aber laß irgendetwas geschehen, und er gleicht einer erschlagenen Ratte auf der Straße. Auch ein großzügiger Mensch kann sein Vermögen verlieren, und dennoch bleibt er munter wie ein Tausendfüßler, der nur ein paar Beine verlor.

SCHU SCHUEHMOU

Kein Weiser jammert um den Verlust; er sucht mit freudigem Mut ihn zu ersetzen.

WILLIAM SHAKESPEARE

Oft büßt das Gute ein, wer Bess'res sucht.

WILLIAM SHAKESPEARE

Wenn der Bestohlene das Gut nicht vermißt, sagt ihr's ihm nicht, so ist er nicht beraubt.

WILLIAM SHAKESPEARE

An einem Tage der Lustlosigkeit kann man mehr verlieren, als man an allen Tagen der Ehrbarkeit gewonnen hat.

BALTAZAR GRACIÁN

Viel haben, macht nicht reich. Der ist ein reicher Mann, der alles, was er hat, ohne Leid verlieren kann.

ANGELUS SILESIUS

Was man nicht zu verlieren fürchtet, hat man zu besitzen nie geglaubt, und nie gewünscht.

GOTTHOLD EPHRAIM LESSING

Eher schätzt man das Gute nicht, als bis man es verloren.

JOHANN GOTTFRIED HERDER

Fürchterlich ist einer, der nichts zu verlieren hat!

JOHANN WOLFGANG VON GOETHE

Was man nicht aufgibt, hat man nie verloren.

FRIEDRICH VON SCHILLER

Man verliert leichter soundsoviele Freuden als Geld. Den Geldverlust stelle man sich also als den Verlust der entbehrlichen Freuden vor, die man dafür hätte kaufen können.

JEAN PAUL

Der erste Gedanke eines Menschen, der etwas vermißt, ist stets, es sei ihm gestohlen, sooft er es auch nachher wiederfand.

JEAN PAUL

Ich bin fest überzeugt, daß man in der Welt mehr verlieren kann als das Leben.

NOVALIS

Denn uns besitzt, was wir verloren wähnen.

CLEMENS BRENTANO

Meistens belehrt erst der Verlust uns über den Wert der Dinge.

ARTHUR SCHOPENHAUER

Kein Geld ist vorteilhafter angewandt als das, um welches wir uns haben prellen lassen; denn wir haben dafür unmittelbar Klugheit eingehandelt.

ARTHUR SCHOPENHAUER

Viel besser, nie besitzen, als verlieren.

FRIEDRICH HEBBEL

Kein Wort und keine Tat geht verloren. Alles bleibt und trägt Früchte.

CARL HILTY

Die Menschen verlieren zuerst ihre Illusionen, dann ihre Zähne und ganz zuletzt ihre Laster.

HANS MOSER

Verlust

Dem, der alles zu verlieren vermag, wird alles
Gewinn, und das Leiden läutert sich seiner
Seele zu schöpferischer Macht.

STEFAN ZWEIG

Schlimmster Verlust aller Verluste, die dem
Menschen widerfahren können, ist der Verlust
des Vertrauens zu den Menschen.

OTTO HEUSCHELE

Wenn du dein Gesicht verlierst, mach weiter;
verlierst du den Kopf, hör auf.

MADELEINE DELBREL

Was wir nicht mehr vermissen, haben wir
verloren.

ERWIN CHARGAFF

Wenn wir etwas verlorengeben, so ist uns die
Macht des Gedankens abhanden gekommen.

HANS ARNDT

Wer aus seinem Leben einen einzigen
Theaterauftritt macht, der wird bei seinem
Abgang niemandem abgehen.

MALCOLM FORBES

Es gehen mehr Fragen verloren, als
Antworten gefunden werden.

LISELOTTE RAUNER

Der Weise teilt, was ihm zuteil wird,
so, daß der Verlust ihn nicht mehr treffen
kann.

HELLMUT WALTERS

Wenn man nicht verlieren kann, verdient man
auch nicht zu gewinnen.

EDWARD M. KENNEDY

Manchmal sind das die schmerzhaftesten
Verluste, bei denen wir keine Trauer
empfinden.

NIKOLAUS CYBINSKI

Er hatte nichts zu verlieren, aber Angst,
es könnte ihm trotzdem weggenommen
werden.

AUREL SCHMIDT

Keiner ist mehr, als er verloren hat.

FRIEDER SCHULLER

1008

Vernunft

Es hat keinen Sinn, eine Lampe für
eine Moschee zu stiften, wenn sie
zu Hause dringend benötigt wird.

Persisches Sprichwort

Ein Kluger tut alles mit Vernunft.

SPRÜCHE 13,16

Jeder Mensch ist seinem Geiste nach der
göttlichen Vernunft verwandt.

PHILO

Vernunft ist nur ein Teil des göttlichen
Geistes, in einen menschlichen Körper
gesetzt.

SENECA

Ruhe, verbunden mit leichter Beweglichkeit,
Heiterkeit, die des Ernstes nicht entbehrt –
das ist das Wesen des Mannes, der in allem
der Vernunft folgt.

MARC AUREL

Nichts kann von Dauer sein, wenn die
Vernunft nicht herrscht.

CURTIUS RUFUS

Die Vernunft ist dem Menschen Natur. Was
immer also wider die Vernunft ist, das ist
wider des Menschen Natur.

THOMAS VON AQUIN

Es gibt zwei gleich gefährliche Abwege: die
Vernunft schlechthin zu leugnen und außer
der Vernunft nichts anzuerkennen.

BLAISE PASCAL

Es gibt eine Vernunft des Herzens, die der
Verstand nicht kennt. Man erfährt es bei
tausend Dingen.

BLAISE PASCAL

Die wahre Tugend ist das Leben unter
Leitung der Vernunft.

BARUCH DE SPINOZA

Nichts bringt dem Menschen mehr Gewinn,
als nach den Grundsätzen der Vernunft zu
leben.

BARUCH DE SPINOZA

Vernunft

Nichts erscheint uns häßlicher als die Vernunft, wenn sie sich nicht auf unserer Seite befindet.

LORD HALIFAX

Wo es an Vernunft fehlt, fehlt es an allem.

LORD HALIFAX

Zwischen Vernunft und gutem Geschmack liegt der Unterschied zwischen Ursache und Wirkung.

JEAN DE LA BRUYÈRE

Man kann die Menschen zur Vernunft bringen, indem man sie dazu verleitet, daß sie selbst denken. Man muß dann so tun, als zweifle man mit ihnen.

VOLTAIRE

Die weisesten Männer müssen einigen unvernünftigen Dingen zustimmen, damit vernünftige Dinge von größerer Tragweite erreicht werden können.

BENJAMIN FRANKLIN

Unsere Vernunft kann ohne Hilfe der Erfahrung keinen Schluß auf das wirkliche Dasein und auf Tatsachen machen.

DAVID HUME

Wenn die Vernunft ihre Stimme häufig gegen den Fanatismus erhebt, dann kann sie die künftige Generation vielleicht toleranter machen als die gegenwärtige ist; und damit wäre schon viel gewonnen.

FRIEDRICH II. VON PREUSSEN

Die Vernunft quält das Herz, ohne es zu überzeugen.

MARIE JEANNE DE RICCOBONI

Die Menschen sind immer dann gegen die Vernunft, wenn die Vernunft gegen sie ist.

HELVÉTIUS

Vernünftig denken heißt für die meisten Menschen, gegen die Natur verstoßen.

HELVÉTIUS

Kann das Alter das Recht geben, die Vernunft zu beherrschen?

VAUVENARGUES

Die Vernunft errötet über die Neigungen, über die sie nicht Rechenschaft ablegen kann.

VAUVENARGUES

Die Vernunft täuscht uns öfter als die Natur.

VAUVENARGUES

Die Natur hat gewollt, daß der Mensch keiner anderen Glückseligkeit oder Vollkommenheit teilhaftig werde, als die er sich selbst, frei vom Instinkt, durch eigene Vernunft verschafft hat.

IMMANUEL KANT

Die Vernunft ist des Herzens größte Feindin.

GIACOMO GRAF CASANOVA

Es ist wider die Vernunft, sich mit Narren und Rasenden ins Spiel einzulassen.

WILHELM LUDWIG WEKHRLIN

Unsere Vernunft macht uns oft unglücklicher als unsere Leidenschaften, und man kann sagen, daß der Mensch dem Kranken gleicht, den sein Arzt vergiftet hat.

CHAMFORT

Es ist ja doch nun einmal nicht anders: Die meisten Menschen leben mehr nach der Mode als nach der Vernunft.

GEORG CHRISTOPH LICHTENBERG

Das Gewebe dieser Welt ist aus Notwendigkeit und Zufall gebildet; die Vernunft stellt sich zwischen beide und weiß sie zu beherrschen.

JOHANN WOLFGANG VON GOETHE

Jede Fertigkeit der Vernunft, auch im Irrtum, vermengt ihre Fertigkeit zum Empfängnis der Wahrheit.

JOHANN WOLFGANG VON GOETHE

Vernünftiges und Unvernünftiges haben gleichen Widerspruch zu erleiden.

JOHANN WOLFGANG VON GOETHE

Die Vernunft hat geleistet, was sie leisten kann, wenn sie das Gesetz findet und aufstellt; vollstrecken muß es der mutige Wille und das lebendige Gefühl.

FRIEDRICH VON SCHILLER

1009

Vernunft

Die Vernunft umfaßt die Wahrheiten, die man aussprechen, und solche, die man verschweigen muß.

ANTOINE DE RIVAROL

Wer bei gewissen Anblicken nicht die Vernunft verliert, muß wenig zu verlieren haben.

JOHANN GOTTFRIED SEUME

Ob die Weiber so viel Vernunft haben wie die Männer, mag ich nicht entscheiden; aber sie haben gewiß nicht so viel Unvernunft.

JOHANN GOTTFRIED SEUME

Es ist nur ein Despotismus erträglich: der Despotismus der Vernunft – wenn wir nur erst über die Vernunft einig wären.

JOHANN GOTTFRIED SEUME

Die Geschichte scheint mir fast zu bürgen, daß die Menschen keine Vernunft haben.

JOHANN GOTTFRIED SEUME

Die Vernunft zieht stets den Kürzeren im Kampf mit den leidenschaftlichen Gefühlen.

GERMAINE (MADAME) DE STAËL

Am stillsten und wirksamsten geht Vernunft verkleidet einher wie die Kalifen in *Tausend und Eine Nacht.*

CHRISTIAN GRAF BENTZEL-STERNAU

Was vernünftig ist, das ist wirklich; und was wirklich ist, das ist vernünftig.

GEORG WILHELM FRIEDRICH HEGEL

Vernunft ist der einzige wahrhafte Despot.

RAHEL VARNHAGEN

Wenn nur ein Punkt Freiheit auf der Erde ist, wo Vernunft eingestanden wird, eingestanden werden darf, so wird sie sich von da aus schon Platz machen, wenn es auch langsam ginge und lange dauern sollte.

RAHEL VARNHAGEN

Vernunft ist das Vermögen – oder besser ausgedrückt die Regel – in unserem Geiste, nach welcher wir jedesmal von neuem die Regel zum Verstehen erfinden können.

RAHEL VARNHAGEN

Es ist der Fluch der Menschen, daß sie nie freiwillig vernünftig werden; man muß sie mit der Peitsche dazu treiben.

LUDWIG BÖRNE

Vernunft ist nichts anderes als die Analyse des Glaubens.

FRANZ SCHUBERT

Einmal gewonnen, sind die Siege der Vernunft für die Ewigkeit gewonnen.

THOMAS LORD MACAULAY

Die Vernunft ist durchaus souverän, sie erkennt keine Autorität über sich; keine Gewalt kann sie zwingen, für unrichtig anzunehmen, was sie als wahr erkannt hat.

HEINRICH GRAF MOLTKE

Es ist endlich Zeit einzusehen, daß es in Natur und in der Geschichte viel Zufälliges, Törichtes, Mißlungenes, Verworrenes gibt. Die Vernunft, der Gedanke – liegt am Ende, das ist der Weisheit Schluß; alles fängt mit dem Stumpfsinn des neugeborenen Kindes an.

ALEXANDR HERZEN

Ein Narr! Ein Narr! Wer will mir seine Narrheit gegen meine Vernunft verhandeln?

GEORG BÜCHNER

Die Popularität einer Sache macht mich viel eher zweifelnd; sie nötigt mich, mein Gewissen noch einmal zu fragen: Ist sie auch wirklich vernünftig?

OTTO FÜRST BISMARCK

Die Vernunft drückt das Gesetz der Notwendigkeit aus, das Bewußtsein das Wesen der Freiheit.

LEW N. GRAF TOLSTOJ

Vernunft annehmen kann niemand, der nicht schon welche hat.

MARIE VON EBNER-ESCHENBACH

Das Vernünftige ist durchaus nicht immer das Gute, das Vernünftigste jedoch muß auch das Beste sein.

MARIE VON EBNER-ESCHENBACH

Vernunft

Es gibt Fälle, in denen vernünftig sein feige sein heißt.

MARIE VON EBNER-ESCHENBACH

Es liegt in der menschlichen Natur, vernünftig zu denken und unvernünftig zu handeln.

ANATOLE FRANCE

Es ist mehr Vernunft in deinem Leibe, als in deiner besten Weisheit.

FRIEDRICH NIETZSCHE

Der Mensch ist alles andere eher als vernünftig.

OSCAR WILDE

Der vernünftige Mensch paßt sich der Welt an, der unvernünftige besteht auf dem Versuch, die Welt sich anzupassen.

GEORGE BERNARD SHAW

Vernunft ist notwendigerweise vom Irrtum begleitet; aber gerade das Ringen darum, den Irrtum zu besiegen, macht uns zu Göttern.

SWAMI VIVEKANANDA

Die Vernunft ist eine strenge Sonne: sie erleuchtet, aber sie macht blind. In diesem kalten Licht ohne Tau und Regen und ohne Schatten wachsen die Seelen farblos auf, ihr Herzblut wird aufgesogen.

ROMAIN ROLLAND

Um uns zu einer ganz besonderen, exquisiten Dummheit zu verleiten, legt man uns zuweilen nahe, Vernunft anzunehmen.

SALOMON BAER-OBERDORF

Wenn Vernunft auf die Kanzel steigt, um der Liebe zu predigen, bleibt die Kirche leer.

LISA WENGER

Die Vernunft ist ein Licht, das mich die Dinge so sehen läßt, wie sie nicht sind.

FRANCIS PICABIA

Vernunft wirkt durch Überzeugung, nicht durch Gewalt. Da aber durch Handlungen von Menschen die Gewalt wirklich da ist, muß Vernunft zur Selbstbehauptung gegen Gewalt auch Gewalt anwenden.

KARL JASPERS

Alle Werkzeuge, mit denen die Menschheit an ihrem Schicksal arbeitet, sind stumpf; das schärfste unter ihnen aber ist die Vernunft.

CARL VAN DOREN

Nicht die Vernunft erhebt alle Kreatur über das Tierische, sondern die Fähigkeit, lieben zu können.

FRANK THIESS

Man setze die Vernunft nicht damit herab, daß man zu törichten Leuten vernünftig redet.

MICHAEL JOSEF EISLER

Vernunft muß sich jeder selbst erwerben, nur die Dummheit pflanzt sich gratis fort.

ERICH KÄSTNER

Nur wer vernünftig ist, ist nicht vernünftig.

CHARLES TSCHOPP

Wo die Unvernunft anfängt, beginnt die Hysterie.

HASSO HEMMER

Die Vernunft – das ist so etwas wie ansteckende Gesundheit.

ALBERTO MORAVIA

Die Vernunft steht über allen Regeln.

JOSEF VIKTOR STUMMER

Nichts macht weniger Eroberungen als die Vernunft. Mit wissenschaftlicher Bedachtsamkeit macht man keine Geschichte.

ALBERT CAMUS

Wenn die Leute jemanden zu einer Dummheit verleiten wollen, dann sagen sie: Sei doch vernünftig!

ARTHUR MILLER

Vernunft ist das höchste, das vornehmste Vermögen des menschlichen Ichs.

ROLF VORNDRAN

Rationalisieren kann auch mit Ausschließen von Liebe definiert werden.

MAX THÜRKAUF

Ein vernünftiger Mensch kann unmöglich an die Vernunft glauben.

GABRIEL LAUB

Vernunft

Wer die Leidenschaft als Jugendsünde abtut, degradiert die Vernunft zur Altersschwachheit.

HANS KASPER

Die Vernunft ist die Opposition innerhalb des Verstandes.

GERHARD UHLENBRUCK

Vernunft hilft nur bei Vernünftigen.

WERNER MITSCH

Ist es nicht die Unvernunft, die den Menschen auf den Weg der Vernunft verhilft?

ELISABETH HABLÉ

Sogenannten Rationalisierungsmaßnahmen fällt oft die Ratio selbst zum Opfer.

HANS-HORST SKUPY

Sei vernünftig und denke nicht!

MILOVAN VITEZOVIĆ

Der Intellektuelle stellt seiner Vernunft den Gewerbeschein aus.

MICHAEL RUMPF

Verrat

Verrat lauert im Verborgenen.

Deutsches Sprichwort

Die dein Brot essen, werden dich verraten.

OBADJA 7

Augenblicksschwäche und Dummheit sind öfter schuld an einem Verrat als Berechnung und Schlechtigkeit.

MENG DSE

Ich liebe den Verrat, aber ich hasse den Verräter.

JULIUS CAESAR

Hinter der Schmeichelei eines schlechten Menschen versteckt sich Verrat.

PHAEDRUS

Verräter sind selbst denen, deren Sache sie dienen, verhaßt.

TACITUS

Man liebt den Verrat, nicht den Verräter.

WILLIAM SHAKESPEARE

Verrat wird häufiger aus Schwäche als vorsätzlich begangen.

LA ROCHEFOUCAULD

Wenn ein Tor ein Geheimnis erfährt, verrät er es, weil er ein Tor ist. Wenn ein Schurke etwas erfährt, verrät er es, wann immer es in seinem Interesse liegt. Aber Frauen und junge Menschen neigen zum Verrat von Geheimnissen aus Eitelkeit darüber, daß man ihnen vertraut hat.

EARL OF CHESTERFIELD

Hochverrat ist eine Frage des Datums.

TALLEYRAND

Die Sonne bringt es an den Tag.

ADELBERT VON CHAMISSO

Ein noch weit böseres Geschöpf als selbst der Mörder ist der Verräter an der Menschheit. Er weiß es, daß es der Menschheit heiligste und unveräußerlichste Rechte sind, die er mit Füßen tritt; er weiß es – und dennoch tut er es.

BERNARD BOLZANO

Wer in einer Revolution eine entscheidende Stellung befehligt und sie dem Feind übergibt, statt ihn zu zwingen, einen Sturm auf sie zu wagen, verdient unter allen Umständen, als Verräter behandelt zu werden.

FRIEDRICH ENGELS

Verrat ist die zweite Natur der Frauen.

PAUL LÉAUTAUD

Man hat nicht einmal das Recht, Verräter zu verraten. Die Verräter muß man bekämpfen, aber nicht verraten.

CHARLES PÉGUY

Nur einer kann uns wirklich verraten – derjenige, der für uns wichtig ist.

FRANCIS PICABIA

Wer spricht, verrät die anderen, wer schweigt,
verrät sich selbst.

PAUL GRAF THUN-HOHENSTEIN

Wer überall Verrat wittert, geht seinen
Freunden auf die Nerven.

WILLY BRANDT

In Deutschland hat noch niemand lange nach
Verrätern suchen müssen.

JOHANNES GROSS

Guter Verrat ist teuer.

HANS-HORST SKUPY

Versprechen

Wer schnell verspricht, bald vergißt.
Japanisches Sprichwort

Ich will einen Bund des Friedens schließen.

HESEKIEL 37,26

Denke an das Wort, das du gabst.

PSALMEN 119,49

Gelübde beginnen, wenn die Hoffnung tot ist.

LEONARDO DA VINCI

Die Schwüre und Versprechungen, die ein
Gefangener abgibt, um dafür die Freiheit zu
erlangen, werden selten gehalten.

MIGUEL DE CERVANTES

Der Männer Schwüre sind der Frauen
Verräter.

WILLIAM SHAKESPEARE

Weder die Vernunft noch die Schrift lehrt, daß
man jedes gegebene Versprechen halten
müsse.

BARUCH DE SPINOZA

Wer sein Wort leicht gibt, bricht es leicht.

VAUVENARGUES

Versprich nichts Großes, tue was Großes.

MATTHIAS CLAUDIUS

Die Hindus der Wüste geloben, keine Fische
zu essen.

JOHANN WOLFGANG VON GOETHE

Es gibt fast keine größere Sünde, als nicht
Wort zu halten, eigentlich gar keine andere,
denn daraus entspringt jede andere.

PHILIPP OTTO RUNGE

Versprechen füllen den Magen nicht.

CHARLES H. SPURGEON

Ich liebe den, welcher goldne Worte seinen
Taten voraus wirft und immer noch mehr
hält, als er verspricht.

FRIEDRICH NIETZSCHE

Gute Vorsätze sind Schecks, auf eine Bank
gezogen, bei der man kein Konto hat.

OSCAR WILDE

Der Arme schenkt, der Reiche leiht und
der Vornehme verspricht oder revanchiert
sich.

SALOMON BAER-OBERDORF

Versprich lieber zu wenig als zuviel – und
halte lieber mehr, als du versprochen hast.

ALBERT SCHWEITZER

Die Kunst, sein Wort zu halten, besteht darin,
es selten zu geben.

WILLY REICHERT

Die Welt verspricht, was sie nicht hält.

GEORG OPITZ

Wehe, wenn nicht das Leben eure Schwüre
hält.

WILHELM PLEYER

Versprechungen rennen offene Ohren ein.

GERHARD UHLENBRUCK

Viele Versprechen werden eher faul als reif.

PAJO KANIŽAJ

JA-Versager.

HANS-HORST SKUPY

Versprechen sind Gefängnisse aus Worten.

SULAMITH SPARRE

Verstand

Selten kommen großes Glück und
Verstand zusammen.

Kroatisches Sprichwort

Wer den, der sich einbildet, Verstand zu
haben, zu Verstand bringen will, vergeudet
seine Zeit

EURIPIDES

Der Blick des Verstandes fängt an scharf zu
werden, wenn der Blick der Augen an Schärfe
verliert.

PLATON

Den Verstand der Verständigen will ich
verwerfen.

1 KORINTHERBRIEF 1,19

Doppelten Verstand hat man nötig bei denen,
die keinen haben.

BALTAZAR GRACIÁN

Viele verlieren den Verstand deshalb nicht,
weil sie keinen haben.

BALTAZAR GRACIÁN

Es ist besser, wir brauchen unseren Verstand,
um gegenwärtiges Mißgeschick zu ertragen,
als kommendes zu erforschen.

LA ROCHEFOUCAULD

Der Verstand des Menschen ist ebenso
unterschiedlich organisiert wie ihr Gaumen;
und wer meint, die gleiche Wahrheit werde in
der gleichen Einkleidung jedermann gleich
schmackhaft erscheinen, darf ebensogut
hoffen, jeden mit der gleichen Art von
Kochkunst befriedigen zu können.

JOHN LOCKE

Ein bißchen gesunder Menschenverstand
würde viel sogenannten Geist zum
Verschwinden bringen.

VAUVENARGUES

Der Verstand will belehrt, die Sinnlichkeit
belebt sein; der erste begehrt Einsicht, die
zweite Faßlichkeit.

IMMANUEL KANT

Habe Mut, dich deines eigenen Verstandes zu
bedienen, ist der Wahlspruch der Aufklärung.

IMMANUEL KANT

Der Verstand und die Natur kommen sehr
leicht in richtigen Einklang.

THEODOR GOTTLIEB VON HIPPEL

Der Mann hatte so viel Verstand, daß er fast
zu nichts mehr in der Welt zu gebrauchen
war.

GEORG CHRISTOPH LICHTENBERG

Der Verstand zeigt sich unter den Menschen
unendlich mehr bei Unglück als im Glück.

WILHELM HEINSE

Der gesunde Menschenverstand ist der
Menschheit Genie.

JOHANN WOLFGANG VON GOETHE

Wo die Menschen an Verstand übertroffen
werden, glauben sie, es sei nur an
Wissenschaft.

JEAN PAUL

Jeder große Mann scheint in seinem Verstand
an irgendeiner Stelle scheckig zu sein, so wie
ein schöner Apfel eine schlechte Stelle hat.

ALEXANDER VON HUMBOLDT

Klarer Verstand mit warmer Phantasie
verschwistert, ist die echte, Gesundheit
bringende Seelenkost. Der Verstand tut
lauter vorhergesehene bestimmte Schritte.

NOVALIS

Die Schlauheit, die ein Teil des Verstandes
ist, wird sehr häufig dazu angewendet, den
Mangel an Verstand zu ergänzen und den
größeren Verstand der anderen zu besiegen.

GIACOMO GRAF LEOPARDI

Man war lange Zeit der Meinung, daß es in
der Natur keinen leeren Raum gäbe.
Diese Behauptung jedoch wurde durch
verschiedene Menschenköpfe widerlegt, in
denen sich ganz leerer Raum vorgefunden.

JOHANN NESTROY

Wenn der Verstand alles vermöchte, so
hätten wir weder Gefühls- noch
Einbildungsvermögen.

ERNST VON FEUCHTERSLEBEN

Verstand

Es gibt auf Erden nichts Widerwärtigeres, als mit dem Unverstand kämpfen zu müssen; der Kampf mit der Bosheit ist nichts dagegen.

FRIEDRICH HEBBEL

In vielen Menschen ist ihr bißchen Verstand eine kümmerliche Leuchte, die nichts als ihre eigene Kläglichkeit bescheint.

FRIEDRICH HEBBEL

Der Unverstand ist die unbesiegbarste Macht auf der Erde.

ANSELM FEUERBACH

Mit dem Hunger nach der Unendlichkeit wird der Mensch geboren; er spürt ihn früh: aber wenn er in die Jahre des Verstandes kommt, erstickt er ihn meistens leicht und schnell.

WILHELM RAABE

Wer sich aufs Gebiet des Verstandes begibt, muß sich den Gesetzen des Landes fügen.

WILHELM BUSCH

Der Mensch hat nicht nur keinen Verstand, er hat auch Gemüt.

DANIEL SPITZER

Ein gesunder Menschenverstand begreift alles, nur begreift er oft nicht, daß es Dinge geben soll, die er nicht begreift.

HANS THOMA

Gesunder Menschenverstand ist Urteilsfähigkeit, auch ohne jede Bildung und mittels einer etwas alltäglichen Reihenfolge der Wahrheiten. Diese Fähigkeit dient vor allem den Menschen, die nur und unmittelbar mit den Realitäten des Lebens umgehen.

ODILON REDON

Alle körperlichen Gebrechen entstehen dadurch, daß der Verstand nur zur Hälfte benutzt wird: denn der Geist macht den Körper: das ist mein Geheimnis und das Geheimnis aller wahren Heilkünstler.

GEORGE BERNARD SHAW

Die Dummen glauben entweder alles, was sie hören, oder nichts, denn es fehlt ihnen der nötige Intellekt, das Glaubwürdige vom Unglaubwürdigen zu unterscheiden.

ELEONORE VAN DER STRATEN-STERNBERG

Auch der Schaffende muß wie der Liebende zuerst seinen Verstand verlieren.

CARL HAUPTMANN

Der Verstand kann verneinen, erschaffen kann er nichts.

HERMANN BAHR

Der Verstand feiert jedesmal einen kleinen Triumph, wenn er eine Wahrheit ausdrücken kann.

GEORGE DE SANTAYANA

An etwas zu glauben, was wir nicht lieben können, ist die größte Tragödie unseres Verstandes.

JACINTO BENAVENTE

Der Intellekt ist eine so biegsame und verwandlungsfähige Waffe, daß die damit beschenkte Menschheit sozusagen aller anderen Waffen beraubt ist; aber gegen den Instinkt vermag diese Waffe wenig auszurichten.

WILLIAM SOMERSET MAUGHAM

Die gefährlichste Sorte von Dummheit ist ein scharfer Verstand.

HUGO VON HOFMANNSTHAL

Der Glaube geht nicht durch den Verstand, so wenig wie die Liebe.

HERMANN HESSE

Die höchste Stufe des Geizes ist es, wenn einer niemals seinen Verstand gebraucht.

ALBERT EINSTEIN

Der Verstand ist grausamer als die Triebe, weil er sich besser in den Künsten der Folter auskennt.

EUGEN BÖHLER

Keiner sollte mehr Macht haben als Verstand; keiner mehr Verstand als Charakter.

CHARLES TSCHOPP

Immerhin ein Trost: Wer in der Jugend keinen Verstand hat, kann ihn im Alter nicht verlieren.

ROBERT LEMBKE

Verstand

Der Verstand ist ein Mittel, um sich vor Überlegungen zu schützen.

ROBERT LEMBKE

Der Intellekt sollte sich jeden Morgen als Frühgymnastik erst einmal selbst ad absurdum führen.

HANS KASPER

Wo der kritische Verstand die Schärfe des Skalpells besitzt, sollte er den Eid des Hippokrates leisten.

HANS KASPER

Das Gerede vom gesunden Menschenverstand ist Ideologie.

ALBERT MATHIAS KEUELS

Die Intellektuellen nehmen die Welt gleich zweimal in Anspruch: so wie sie ist und so wie sie sein sollte. Von der Welt, wie sie ist, leben sie, von der Welt, wie sie sein sollte, nehmen sie die Maßstäbe, die Welt zu verurteilen, von der sie leben.

FRIEDRICH DÜRRENMATT

Es ist schon eine Auszeichnung, wenn man zwischen Betonköpfen einen Holzkopf hat – denn Holz arbeitet.

RAINER BARZEL

Je schärfer ein Verstand, desto verständnisloser oft.

KARLHEINZ DESCHNER

Was über den Verstand geht, geht durch den Computer.

HELMUT LAMPRECHT

Der Verstand ist ein schlechter Wagenlenker, wenn ihm die Zunge davongaloppiert.

ERNST R. HAUSCHKA

Ein scharfer Verstand ohne ein weiches Herz ist kalt und läßt ein Leben in ständigem Winter erstarren, dem die Wärme des Frühlings und die Hitze des Sommers fehlt.

MARTIN LUTHER KING

Wer den Verstand verliert, riskiert seinen Kopf.

GERHARD UHLENBRUCK

Verstand schafft Leiden. Aber nicht durch Mangel an Partnerschaft. Am meisten leidet der Verständige unter jenen, die gerade soviel Verstand haben, daß sie stolz darauf sind.

HARTMUT LANGE

Je geringer der Verstand, um so besser reicht er aus.

PETER TILLE

Ich habe von Frauen gehört, die lassen sich am Körper liften, warum nicht am Verstand?

CHARLOTTE SEEMANN

Wir kranken am „gesunden Menschenverstand".

HANS-HORST SKUPY

Gott gab uns den Verstand. Leider vergaß er die Gebrauchsanweisung.

RALF BÜLOW

Verständnis

An Hochzeiten und Beerdigungen fällt es schwer, richtige Antworten zu finden.

Chinesisches Sprichwort

Mißverständnis kann nur behoben werden durch Verständnis der Denkweise anderer.

KONFUZIUS

Was mein Herz sagt, soll verständig sein.

PSALMEN 49,4

Ein Barbar bin ich hier, weil mich niemand versteht.

OVID

Sobald die Menschen einander verstehen, können sie arbeiten.

JOHANN GEORG HAMANN

Es ist leicht zu verachten, verstehen ist viel besser.

MATTHIAS CLAUDIUS

Verständnis

Es hört doch jeder nur, was er versteht.
JOHANN WOLFGANG VON GOETHE

Man spricht vergebens viel, um zu versagen;
der andere hört von allem nur das Nein.
JOHANN WOLFGANG VON GOETHE

Was man nicht versteht, besitzt man nicht.
JOHANN WOLFGANG VON GOETHE

Es gibt viele Menschen, die sich einbilden,
was sie erfahren, das verstünden sie auch.
JOHANN WOLFGANG VON GOETHE

Alles verstehen macht einen sehr
nachsichtig.
GERMAINE (MADAME) DE STAËL

Die Menschen verstehen einander nicht. Sie
lieben sich zu ungleichen Stunden.
RAHEL VARNHAGEN

Das Nichtverstehen kommt meistens gar
nicht vom Mangel an Verstand, sondern vom
Mangel an Sinn.
FRIEDRICH VON SCHLEGEL

Ohne vollendetes Selbstverständnis wird man
nie andere wahrhaft verstehen lernen.
NOVALIS

Je dümmer jemand ist, um so näher steht er
dem Verständnisse der Allgemeinheit.
STENDHAL

Große Menschen sind allzuoft unbekannt
oder, was noch schlimmer ist unverstanden.
THOMAS CARLYLE

Ein Mensch ist fähig zu verstehen, wie der
Äther schwingt und was auf der Sonne
vorgeht, aber wie sich ein anderer die Nase
anders putzen kann als er – da ist er unfähig
zu verstehen.
IWAN S. TURGENJEW

Besser nicht verstanden, als mißverstanden
zu werden.
HEINRICH MARTIN

Die verstehen sehr wenig, die nur das
verstehen, was sich erklären läßt.
MARIE VON EBNER-ESCHENBACH

Das Verständnis reicht oft viel weiter als der
Verstand.
MARIE VON EBNER-ESCHENBACH

Wenn eine Frau sagt „Jeder", meint sie:
jedermann. Wenn ein Mann sagt „Jeder",
meint er: jeder Mann.
MARIE VON EBNER-ESCHENBACH

Mangel an Verständnis ist eine große Macht.
Manchmal versetzt es Menschen in die Lage,
die Welt zu erobern.
ANATOLE FRANCE

Die gleichen Affekte sind bei Mann und Weib
doch im Tempo verschieden: deshalb hören
Mann und Weib nicht auf, sich
mißzuverstehen.
FRIEDRICH NIETZSCHE

Verstanden zu werden bedeutet heutzutage,
ertappt zu sein.
OSCAR WILDE

Wenn wir einen Menschen begreifen, tragen
wir in uns die Fähigkeit, ihn zu erreichen.
M. HERBERT

Das Verständnis für menschliches Glück und
Leid kann man nicht erlernen, das muß man
haben.
M. HERBERT

Alles verstehen heißt nicht, alles verzeihen,
sondern alles vermeiden.
CARL LUDWIG SCHLEICH

Nur gegenseitiges Verständnis kann ein
erträgliches Verhältnis schaffen. Dem, der
aufrichtig seinen Standpunkt vertritt, muß
auch Glauben geschenkt werden.
ROBERT BOSCH

Wo viel Verständnis, ist oft wenig Verstand.
JOHANNES NACHT

Es gibt in Wahrheit kein letztes Verständnis
ohne Liebe.
CHRISTIAN MORGENSTERN

Kein Mensch kann das beim andern sehen
und verstehen, was er nicht selbst erlebt hat.
HERMANN HESSE

Verständnis

Einen Menschen verstehen heißt, auch er sein.

OTTO WEININGER

Jeder möchte die Kunst verstehen. Warum versucht man nicht, die Lieder eines Vogels zu verstehen? Warum liebt man die Nacht, die Blumen, alles um uns her, ohne es durchaus verstehen zu wollen? Aber wenn es um ein Bild geht, denken die Leute, sie müssen es verstehen.

MAX PICARD

Die einzige Möglichkeit, eine Frau zu verstehen, ist, sie zu lieben. Aber dann ist es auch nicht mehr nötig, sie zu verstehen.

CURT GOETZ

Das tiefste Verständnis ist etwas Lebendiges, Vollzug, Worte können auf die Wirklichkeit nur hindeuten.

ANTON FRANKE

Um einen Menschen zu verstehen, muß man ihm ähnlich sein.

HANS MARGOLIUS

Ich versuche die Wahrheit zu verstehen, selbst wenn sie meine eigene Ideologie bloßzustellen droht.

GRAHAM GREENE

Verständnis nimmt uns das Schwert aus der Hand.

WALTER NENZEL

Ich hätte viele Dinge begriffen, hätte man sie mir nur nicht erklärt.

STANISLAW JERZY LEC

Verstand und Verständnis sind nur entfernte Verwandte.

ERNST KAPPELER

Wir müßten den Zeitteil lernen, um Jahrtausende zu begreifen.

WOLFGANG ENGEL

Politiker und Journalisten teilen das traurige Schicksal, daß sie oft heute schon über Dinge reden, die sie erst morgen ganz verstehen werden.

HELMUT SCHMIDT

Voraussetzung dafür, daß jemand bei anderen Verständnis findet, ist, daß er es bei sich selber gesucht hat.

ERNST R. HAUSCHKA

Jeder pflegt ein Narr zu sein, den wir nicht verstehen.

MILAN RŮŽIČKA

Verständnis haben ist mehr als verstehen können.

GERHARD UHLENBRUCK

Brücken, die zum Verstehen führen, für das Verständnis halten, heißt Weg und Ziel verwechseln.

PETER BENARY

Gut gewußt ist nicht immer besser verstanden.

HORST FRIEDRICH

Kein Geschenk vermag eine Menschenseele mehr zu erfreuen als Verständnis.

ELISABETH HABLÉ

Versuchung

Eine offene Tür führt auch die Heiligen in Versuchung.

Deutsches Sprichwort

Ihr sollt den Herrn, euren Gott, nicht auf die Probe stellen.

5 MOSE 6,16

Ihr Heuchler, was versucht ihr mich?

MATTHÄUS 22,18

Es ist weniger schlimm mit den Füßen als mit den Augen auszugleiten.

CLEMENS VON ALEXANDRIEN

Wer ist so fest, daß ihn nichts verführen kann?

WILLIAM SHAKESPEARE

Versuchung

Die Versuchung geschieht zum Guten und zum Bösen.

FRANZ VON BAADER

Die Geschichte lehrt uns Tugend; aber die Natur predigt unaufhörlich das Laster.

LUDWIG BÖRNE

Einer großen Versuchung erliegt am ehesten, wer schon mal einer kleinen nachgegeben hat.

RICHARD WAGNER

Wir wollen unsere Blicke zur Klarheit und nicht in diese Gespensterwelt der Versuchung und Verführung wenden.

CONRAD FERDINAND MEYER

Wer die Versuchung sucht, findet sie, selbst wenn er Purpur trägt.

MÓR JÓKAI

Eine der gewöhnlichsten und zu den größten Drangsalen führende Versuchung ist die, welche durch die Worte ausgedrückt wird: Alle machen es so.

LEW N. GRAF TOLSTOJ

Es gibt eine Reihe guter Schutzmaßnahmen gegen die Versuchung. Doch die sicherste ist Feigheit.

MARK TWAIN

Versuchungen sind wie Vagabunden: Wenn man sie freundlich behandelt, kommen sie wieder und bringen andere mit.

MARK TWAIN

Ich bin mir nur weniger Dinge in dieser Welt sicher. Die Versuchung ist stark, hinter alles, was ich schreibe, alles, was ich sage, und alles, was ich denke, große Fragezeichen zu setzen.

ANATOLE FRANCE

Ich kann allem widerstehen – außer der Versuchung.

OSCAR WILDE

Es gibt schreckliche Versuchungen, und es erfordert Kraft, Kraft und Mut, ihnen nachzugeben.

OSCAR WILDE

Das einzige Mittel gegen die Versuchungen der Welt ist Demut.

HERMANN VON BEZZEL

Eine Frau widersteht entweder aus Moral oder aus Raffinement. Die ersteren sind langweilig.

A. O. WEBER

Alle Versuchungen kommen aus den Neigungen des Ichs.

JOHANNES MÜLLER

Was vermehrt in uns die geistige Kraft? Die überwundene Versuchung.

ALEXANDR ELTSCHANINOW

Hüte dich vor der Versuchung der Eigenliebe!

STANISLAW BRZOZOWSKI

Jeder normale Mensch muß sich gelegentlich in der Versuchung befinden, in die Hände zu spucken, die schwarze Fahne zu hissen und sich in die Gurgel zu schneiden.

HENRY LOUIS MENCKEN

Die Verharmlosung ist die beste Waffe des Versuchers.

W. J. OEHLER

Im seidenen Bett bleibt keiner fromm.

HANS KASPER

Die Pflicht ruft, die Versuchung wispert.

ROLF HALLER

Ob man eine Chance ergreift oder einer Versuchung erliegt, verlangt viel Unterscheidungskunst.

LOTHAR SCHMIDT

Wenn der Mensch zehn Versuchungen widerstanden hat, glaubt er gerne, der elften als Belohnung erliegen zu dürfen.

OSKAR KUNZ

Einst hat Gott die Menschen in Versuchung geführt. Heute ist das nicht mehr nötig.

MILOVAN VITEZOVIĆ

Frauen warten auf die Versuchung, Männer gehen ihr entgegen.

CATHERINE SPAAK

Vertrag

Kauf kein Salz, bevor du daran geleckt hast.

Kongolesisches Sprichwort

Wir haben mit dem Totenreich einen Vertrag gemacht.

JESAJA 28,15

Der Wert eines guten Abkommens beruht auf seiner Dauer.

DSCHUANG DSE

Bei Abschlüssen von Verträgen muß man mehr den Willen der Vertragsteile beachten als die gebrauchten Worte.

JUSTINIAN

Eine Regelung sollte sich nur mit dem Notwendigen befassen, aber nicht mit dem Erläßlichen.

PIERRE ABAILLARD

Verträge bricht man um des Nutzens willen.

NICCOLÒ MACHIAVELLI

Der Eigennutz schließt und bricht Staatsverträge.

CHRISTINE VON SCHWEDEN

Alles ist Übereinkunft oder – Gewalt.

VOLTAIRE

Alle Bündnisse, selbst mit den rohesten Nationen, müssen den Rechten der Menschheit und dem höchsten Staatszweck gemäß geschlossen und gehalten werden.

HEINRICH ZSCHOKKE

Verträgen halte Treu'! Was du bist, bist du nur durch Verträge.

RICHARD WAGNER

In der Politik darf man sich, um ein bestimmtes Ziel zu erreichen, mit dem Teufel selbst verbünden – nur muß man die Gewißheit haben, daß man den Teufel betrügt und nicht umgekehrt.

KARL MARX

Wenn ein Starker und ein Schwacher einen Vertrag schließen, dann ist für dessen Auslegung der Starke zuständig.

GEORGES CLEMENCEAU

Einen Vertrag abschließen ohne Hintergedanken, ihn aufs pünktlichste zu erfüllen, ist eine Tat von höchster geschäftlicher Klugheit.

ROBERT BOSCH

Briefliche Verhandlungen führen in verwickelten Dingen nie zum Ziel. Das geschriebene Wort macht mißtrauisch: den Schreiber, weil es unwiderruflich bindet, den Empfänger, weil es nüchtern, berechnet und verklauselt klingt.

WALTHER RATHENAU

Man kann die Welt nicht dadurch täuschen, daß man aggressive Absichten in den Mantel eines Friedensvertrages kleidet.

KONRAD ADENAUER

Es ist eine alte Sache: Eine persönliche Besprechung führt weiter als drei Jahre Verhandlung.

OTTO FLAKE

Der Vertrag ist ein System, unter dem die Treuen immer gebunden, die Treulosen immer frei sind.

ROBERT LORD VANSITTART

Staaten werden heute gezwungen, mit Verbrechern zu verhandeln. Es könnte dazu führen, daß sich innerhalb der Staaten ein internationaler Verbrecherstaat bildet und anerkannt werden muß...

HANS A. MOSER

Wenn man einem Menschen trauen kann, erübrigt sich ein Vertrag. Kann man ihm nicht trauen, ist ein Vertrag ohnehin nutzlos.

JEAN PAUL GETTY

In manchen Bündnissen klopfen die Partner einander so lange auf die Schultern, bis es wehtut.

MALCOLM MUGGERIDGE

Verbündeter ist der diplomatische Ausdruck für Komplize.

WOLFRAM WEIDNER

Vertrauen

Verträge sind nie die Wirklichkeit selbst. Verträge stellen lediglich fest, was sein soll und was sein kann. Es kommt also darauf an, was man daraus macht.

WILLY BRANDT

Ein arabisches Sprichwort sagt: Der Frieden kommt durch Verständigung, nicht durch Vereinbarung. – Vereinbarungen werden leichter gebrochen als getroffen, aber Verständigung hat Bestand.

KÖNIG HUSSEIN VON JORDANIEN

Wer seine Schwächen leugnet, dem glaube ich die Stärken nicht.

STEPHAN DETTMEYER

Vertrauen

Glaube nicht dem, der von weither kommt, sondern dem, der von dort zurückkehrt.

Spanisches Sprichwort

Man vertraut auf Nichtiges.

JESAJA 59,4

Vertraue einem edlen Charakter mehr als einem Eid.

SOLON

So wie die Seele kehrt Vertrauen nie zurück, wenn es einmal entschwunden ist.

PUBLILIUS SYRUS

Es ist schlecht, dem Feind zu vertrauen.

OVID

Vertrauen stellt sich bei Fragen großer Bedeutung nur langsam ein.

OVID

Es ist gleich falsch, allen oder keinem zu trauen.

SENECA

Warum habt ihr solche Angst? Ihr habt zuwenig Vertrauen!

MARKUS 4,40

Lieben soll man alle Menschen, aber vertraut sein mit jedermann – das taugt nichts.

THOMAS VON KEMPEN

Wir sollen unseren Mitmenschen so offen und ehrlich begegnen, daß sie uns ihr Vertrauen beinahe schenken müssen.

CHRISTINE VON SCHWEDEN

Wenn ein kluger Mensch einem anderen vertraut, darf er sich nicht auf ein Versprechen verlassen, das gegen dessen Natur geht.

LORD HALIFAX

Wir neigen dazu, Unbekannten zu glauben, weil sie uns noch nie betrogen haben.

SAMUEL JOHNSON

Was jedermann für ausgemacht hält, verdient am meisten, untersucht zu werden.

GEORG CHRISTOPH LICHTENBERG

Mit dem Vertrauen ist es eine wunderliche Sache. Hört man nur einen: der kann sich irren oder sich betrügen; hört man viele, die sind in demselbigen Falle, und gewöhnlich findet man da die Wahrheit gar nicht heraus.

JOHANN WOLFGANG VON GOETHE

Freundschaft und Liebe bedürfen des Vertrauens, des tiefsten und eigentlichsten, aber bei großartigen Seelen nie der Vertraulichkeiten.

WILHELM VON HUMBOLDT

Vertrauen ist die größte Selbstaufopferung.

FRIEDRICH HEBBEL

Nichts Größeres kann ein edler Mensch schenken als sein ganzes Vertrauen. Keine Gabe erhöht so sehr den Geber und den Empfänger.

HENRY DAVID THOREAU

Gewiß ist, daß eine einzige Stunde vertraulicher Mitteilung zwei fremde Menschen einander näherbringt als ganze Jahre gewöhnlichen Beisammenlebens.

FRIEDRICH VON BODENSTEDT

Vertrauen zu genießen ist ein größeres Kompliment, als geliebt zu werden.

GEORGE MACDONALD

Vertrauen

Nichts kann den Menschen mehr stärken als das Vertrauen, das man ihm entgegenbringt.
ADOLF VON HARNACK

Man soll keinem Menschen vertrauen, wie man Gott vertraut.
M. HERBERT

Ein Vertrauensbruch kann dich zum Seelenkrüppel machen.
ELEONORE VAN DER STRATEN-STERNBERG

Man muß im ganzen an jemanden glauben, um ihm im einzelnen wahrhaft Zutrauen zu schenken.
HUGO VON HOFMANNSTHAL

Wenn du Vertrauen hast: öffne dich. Aber enthülle dich nicht.
FRIEDRICH KAYSSLER

Vertrauen ist für alle Unternehmungen das große Betriebskapital, ohne welches kein nützliches Werk auskommen kann. Es schafft auf allen Gebieten die Bedingungen gedeihlichen Geschehens.
ALBERT SCHWEITZER

Intellektuelle Erkenntnisse sind Papier. Vertrauen hat immer nur der, der von Erfahrenem redet.
HERMANN HESSE

Die Menschen sind selten, die an uns glauben zu einer Zeit, wo wir uns selbst aufgeben.
HENRIETTE BREY

Nie ist man mehr bereit, einem Menschen hoffend sich hinzugeben, als wenn man kurz vorher von einem andern verraten wurde.
WALTER SERNER

Vertrauen ist eine Blume, die man zart behandeln muß.
RUTH SCHAUMANN

Ich habe den Eindruck, daß wir zu sehr den Vorschriften und den Gerichten vertrauen und zu wenig den Menschen.
MANFRED ROMMEL

Sie haben mich überzeugt, aber ich glaube ihnen nicht.
BRANA CRNČEVIĆ

Vertrauen ist immer ein ungedeckter Scheck.
PETER TILLE

Sich einem anderen Menschen zu öffnen bedeutet, ihn in sich leben zu lassen – in der Hoffnung, daß er sich auch darauf versteht.
HANS KRUPPA

Verwandtschaft

Brüder lieben einander, wenn einer so reich ist wie der andere.
Sprichwort aus Uganda

Meine Verwandte sind mir fremd geworden.
HIOB 19,13

Ein milder Mann ist jedermanns Verwandter.
ABI MUHAMMAD NIZAMI

Eitles Vornehmtun unter Brüdern ist manchmal ärger als unter Freunden.
SCHU SCHUEHMOU

Der Mensch, der sich nur seiner berühmten Vorfahren brüsten kann, gleicht einer Kartoffel – sein einzig Gutes ist unter der Erde.
SIR THOMAS OVERBURY

Nicht nur gegen die Fremden, auch gegen den eigenen Gatten und gegen die Brüder soll eine Frau Distanz wahren.
KAIBARA EKKEN

Besuche deine Tante, aber nicht jeden Tag. Geh zu deinem Bruder, aber nicht jeden Abend.
BENJAMIN FRANKLIN

Reiche Leute haben Vettern und Muhmen in jedem Winkel der Welt; der Arme ist nur mit dem Elend verwandt.
AUGUST VON KOTZEBUE

Die Verwandtenliebe ist noch das Heiligste auf der Welt.
JACOB GRIMM

Ein Bruder ist ein Freund, den die Natur gegeben.

ERNEST LEGOUVE

Ich weiß nicht, wer mein Großvater war. Mich interessiert es weit mehr, zu wissen, was sein Enkel sein wird.

ABRAHAM LINCOLN

Eine traurige Wahrheit: selbst große Menschen haben arme Verwandte.

CHARLES DICKENS

Ich verabscheue meine Verwandten. Das kommt vermutlich daher, daß unsereins es nicht ausstehen kann, wenn andere Leute dieselben Fehler haben wie wir.

OSCAR WILDE

Die Menschen sprechen lieber von ihrem entfernten Vetter Baron als von ihrem Bruder Holzhacker.

M. HERBERT

Aller Anhang ist schwer.

ELEONORE VAN DER STRATEN-STERNBERG

Der reiche Verwandte ist nie so nah mit dem armen verwandt wie der arme mit dem reichen.

ELEONORE VAN DER STRATEN-STERNBERG

Die einzige wahre Verwandtschaft ist die Wahlverwandtschaft.

NATALIE BAUER-LECHNER

Niemand kann uns größere Qualen bereiten als die Angehörigen der eigenen Familie.

KURT GUGGENHEIM

Gegensätze zwischen Verwandten lassen sich so schwer überbrücken, weil sie zu gering sind.

SIGMUND GRAFF

Seit Kain und Abel wissen wir, daß alle Menschen Brüder sind.

RAINER MALKOWSKI

Verwandte eignen sich nicht als Vorbilder. Man kennt sie zu genau.

MANFRED STRAHL

Das Kind fremdelt; Erwachsene befremden.

EMIL BASCHNONGA

Der Vater-Sohn-Konflikt ist spätestens nach zwei Generationen gelöst...

HANS-HORST SKUPY

Leute, die keine Verwandten mögen, sollten bedenken, daß sie selbst welche sind.

J. F. BLOBERGER

Verzeihung

Verzeihen ist die wirksamste Rache.

Slowakisches Sprichwort

Deinen Mitmenschen darfst du vieles verzeihen, dir selber aber nichts.

KONFUZIUS

Vergib ihnen, denn sie wissen nicht, was sie tun.

LUKAS 23,34

Verzeihen ist besser als Rache. Denn Verzeihen ist das Zeichen einer milden Natur, Rache aber verrät eine brutale Natur.

EPIKTET

Wenn sich jemand diese zwei Worte zu Herzen nimmt und sie als Richtlinie und Vorschrift beachtet, wird er fast sündenfrei und sehr friedlich leben. Diese beiden Worte sind: ertrage und verzeihe.

EPIKTET

Wer die Vergehen seines Nächsten verzeiht, dem wird verziehen.

TALMUD – JOMA

Wer anderen verzeiht, der ist durchaus kein Dummkopf; ein Dummkopf versteht es nicht, anderen zu verzeihen.

TSCHEN LJANG

Verstockten kann man nicht verzeihen.

DANTE ALIGHIERI

Verzeihung

Verzeih deinen Dienern, wenn sie dich beleidigen, doch vergib ihnen nicht, wenn sie andere kränken.

TSCHEN TSCHIJU

Man verzeiht im gleichen Ausmaß, in dem man liebt.

LA ROCHEFOUCAULD

Man muß viel eher anderen alles vergeben als sich selbst.

CHRISTINE VON SCHWEDEN

Ein tapferer Mensch hält niemanden für überlegen, der ihm eine Kränkung zufügt. Denn es liegt in seiner Macht, dem anderen selbst überlegen zu werden, indem er sie vergibt.

ALEXANDER POPE

Guter Charakter und guter Verstand müssen sich immer vereinen. Irren ist menschlich, Verzeihen göttlich.

ALEXANDER POPE

Liebe die Wahrheit, doch verzeihe den Irrtum.

VOLTAIRE

Unseren Feinden ihre Tugenden zu verzeihen, das ist ein wahres Wunder.

VOLTAIRE

Ältere Bekanntschaften und Freundschaften haben vor neuen hauptsächlich das voraus, daß man sich schon viel verziehen hat.

JOHANN WOLFGANG VON GOETHE

Der Siege göttlichster ist das Vergeben.

FRIEDRICH VON SCHILLER

Verzeihung ist das Wiederfinden eines veräußerten Eigentums.

FRIEDRICH VON SCHILLER

Ich möchte dabeistehen können bei allen Aussöhnungen in der Welt, weil uns keine Liebe so tief bewegt wie die wiederkehrende.

JEAN PAUL

Die starke Liebe will für große Fehler nur bestrafen und dann doch vergeben.

JEAN PAUL

Wem nicht verziehen ward, der kann auch nicht verzeihen.

FRANZ VON BAADER

Der Großmütige, welcher dem Feinde verzeiht und das Böse mit Gutem erwidert, ist erhaben und erhält das höchste Lob, weil er sein selbsteigenes Wesen auch da noch erkannte, wo es sich entschieden verleugnete.

ARTHUR SCHOPENHAUER

Vergib so viel du kannst und gib so viel du kannst.

FRIEDRICH RÜCKERT

Man kann erst dann sagen, daß man einem Feinde vergeben habe, wenn man für ihn gebetet hat.

ALEXANDRE VINET

Seit ich selbst der Barmherzigkeit Gottes bedürftig, habe ich allen meinen Feinden Amnestie erteilt.

HEINRICH HEINE

Verzeihen ist schon Gleichgültigkeit. Wenn man liebt, verzeiht man nicht.

CARMEN SYLVA

Die Liebe verzeiht alles – besonders die Eigenliebe.

FRANZ VON SCHÖNTHAN

Gott hat dir verziehen, die Menschen werden es nie tun!

AUGUST STRINDBERG

Wer alles verzeihen kann, ist entweder ein Gott oder ein Lump.

M. HERBERT

Was unsere Seele am schnellsten und am schlimmsten abnützt, das ist: Verzeihen, ohne zu vergessen.

ARTHUR SCHNITZLER

Wer verzeiht, gewinnt wieder, was er verloren hatte.

AUGUST LÄMMLE

Wie leicht verzeihen wir Sünden, wie schwer – Eigenschaften.

EMIL GÖTT

Verzeihung

Was einen Menschen interessant macht, das müssen wir ihm verzeihen.

SALOMON BAER-OBERDORF

Es ist leicht zu verzeihen, es ist schwer zu vergessen.

JULIE ELIAS

In der Verzeihung des Unverzeihlichen ist der Mensch der göttlichen Liebe am nächsten.

GERTRUD VON LE FORT

Verzeihen-können ist meist eine Frage der Zeit.

LISA WENGER

Verzeihe deinen Nebenmenschen ihre Dummheiten, wie du wünschest, daß sie dir die deinen verzeihen.

FRANZ CARL ENDRES

Wenn sich jeder des Vergangenen erinnerte, würde kein Mensch jemals jemandem etwas verzeihen.

ROBERT LYND

Die menschlichste Regung des Daseins heißt Mitgefühl. Darum ist ein Unmensch, wer nicht verzeihen kann.

CARL TILLY LINDNER

Wer nicht verzeihen will, ist ein armer Schwächling; wer nicht verzeihen kann, ist ein armer Narr. Gott allein ist kein Schwächling und kein Narr.

PAUL GRAF THUN-HOHENSTEIN

Gott verzeiht nicht, was die Menschen verzeihen. Die Menschen verzeihen nicht, was Gott verzeiht.

FRANZ WERFEL

Wer seinen Nächsten verurteilt, der kann irren. Wer ihm verzeiht, der irrt nie.

KARL HEINRICH WAGGERL

Nur wer vergißt, hat wirklich verziehen.

CHARLES TSCHOPP

Wenn wir wirklich Liebe üben möchten, ist es klar, daß wir lernen müssen zu vergeben.

MUTTER TERESA

Sich selbst verzeihen? Nein, das geht nicht: uns muß verziehen werden. Aber wir können an Verzeihung nur glauben, wenn wir selber verzeihen.

DAG HAMMARSKJÖLD

Niemals kann die Welt jenen vergeben, die nichts verschuldet haben.

STANISLAW JERZY LEC

Weil die Menschen so schlecht sind, verzeihen sie sich alles.

THOMAS NIEDERREUTHER

Das Urteil trifft dich, die Gnade erfaßt dich.

MAX HOGREFE

Nur wer das Fallen selber kennt, verzeiht.

VIKTOR SUCHY

Am meisten verzeihen wir uns selbst und dann denen, vor denen wir uns fürchten.

DUŠAN RADOVIĆ

Im Vergeben liegt die menschliche Größe, im Vergessenkönnen die göttliche Gnade.

ELISABETH MARIA MAURER

Wer nicht vergeben kann, der kann auch nicht lieben.

MARTIN LUTHER KING

Verzeihen ist keine gelegentliche Handlung; es ist eine grundsätzliche Haltung.

MARTIN LUTHER KING

Männer verzeihen aus Großmut, Frauen aus Mitleid.

OSCAR HERBERT PFEIFFER

Gute Menschen verzeihen viel, schlechte alles.

HELLMUT WALTERS

Verzeihung muß in sich schließen, daß man sich lieber hat rächen wollen.

HERMANN SCHWEPPENHÄUSER

Viele können denen nicht verzeihen, denen sie Unrecht zugefügt haben.

KURT TACKMANN

Verzicht

Laß dich nicht darauf ein, einen Lahmen heilen zu wollen.

Arabisches Sprichwort

Wer verzichtet, der gewinnt.

LAO DSE

Ein angenehmes Opfer, Gott gefällig.

PHILIPPERBRIEF 4,18

Ein Verzicht auf das Wirken ist unter Umständen ebenso verdienstlich wie das Wirken selbst.

MICHEL DE MONTAIGNE

Die wahre Philosophie besteht darin, den Mißbrauch zu verdammen, ohne den Gebrauch zu untersagen. Man muß alles entbehren können, aber auf nichts prinzipiell verzichten.

FRIEDRICH II. VON PREUSSEN

Die wertvollste aller Fähigkeiten ist jene, auf ein zweites Wort verzichten zu können, wo eines genügt.

THOMAS JEFFERSON

Nichts ist erbärmlicher als die Resignation, die zu früh kommt.

MARIE VON EBNER-ESCHENBACH

Erst der Verzicht lehrt die Menschen, an die sieghafte Kraft des Glaubens – glauben.

RUDOLF VON TAVEL

Verzichten schafft weniger Leid als erzwingen.

FRANZ CARL ENDRES

Machen wir aus unserem Leben eine äußerste Anstrengung, auf nichts zu verzichten.

JOSÉ ORTEGA Y GASSET

Man kann den Menschen nach dem beurteilen, auf was zu verzichten er bereit ist.

FRIEDL BEUTELROCK

Verzichte auf das Unnötige, damit es dir nicht nötig werde.

CHARLES TSCHOPP

Zum Wesentlichen des Lebens stoßen wir nur durch den Verzicht vor.

PETER MAX BOPPEL

Der Werdende ist auch stets der Verzichtende.

JACK THOMMEN

Im Verzicht liegt die Größe des Herzens, wenn er aus der Liebe kommt.

HERMI LEOPOLD

Resignation ist die passivste Form der Anpassung.

GERHARD UHLENBRUCK

Manches, was wir uns versagen, schlägt uns auf den Magen.

GERHARD UHLENBRUCK

Am Verzicht interessiert nicht, wer ihn, sondern was er leistet.

PETER BENARY

Resignation: Hoffnung auf Tauchstation.

RUPERT SCHÜTZBACH

Stehende Wasser sind nur deshalb abgestanden, weil keiner dran rührt.

LUTZ HÄSCHEL

Verzweiflung

Wer verzagt ist in der Jugend, verzweifelt im Alter.

Deutsches Sprichwort

Wer sich selbst wegwirft, dem ist nicht zu helfen.

MENG DSE

Kraftlos bin ich und ganz zerschlagen; ich schreie in der Qual meines Herzens.

PSALMEN 38,9

Schimpflich ist es, daran, was möglich ist, zu verzweifeln.

QUINTILIAN

Verzweiflung

Führe einen Verzweifelten nicht in Versuchung.

WILLIAM SHAKESPEARE

Man muß an seinem Glück zweifeln, darf aber niemals verzweifeln.

CHRISTINE VON SCHWEDEN

Es hat Verzweiflung oft die Schlachten schon gewonnen.

VOLTAIRE

Verzweiflung vergrößert nicht nur unseren Kummer, sondern auch unsere Schwäche.

VAUVENARGUES

Die Verzweiflung ist ein vorübergehender Unsinn eines Hoffnungslosen.

IMMANUEL KANT

Verzweiflung und Wirrwarr sind niemals die Bürgen sicherer Erfolge.

WILHELM LUDWIG WEKHRLIN

Dem Übermut folgt das Verzagen auf dem Fuße.

HEINRICH HEINE

Verzweiflung ist der Narren Schlußfolgerung.

BENJAMIN DISRAELI

Der Tag ist verloren, ausgebrochen aus der Kette deines Lebens, den du in Trübsinn und tatenloser Verzweiflung hinstarrst.

BERTHOLD AUERBACH

Jede ästhetische Lebensanschauung ist Verzweiflung.

SØREN KIERKEGAARD

Die Verzweiflung ist ein Sichselbstverzehren, doch ein ohnmächtiges Sichselbstverzehren, das nicht kann, was es will.

SØREN KIERKEGAARD

Was man Resignation nennt, ist zugestandene Verzweiflung. Sie versteckt sich beständig und bewußt sogar in den sogenannten Unterhaltungen und Spielen.

HENRY DAVID THOREAU

Die Verzweiflung ist die Krone aller Sünden.

SÁNDOR PETÖFI

Kein Volk verzweifelt, und sollt' es auch lange Zeit nur aus Dummheit hoffen, so erfüllt es sich doch nach vielen Jahren einmal aus plötzlicher Klugheit alle seine frommen Wünsche.

KARL MARX

Verzweiflung ist, an die Erinnerung sich nicht heranzuwagen.

CARMEN SYLVA

Der Selbstmord ist der Sieg der Verzweiflung über den Selbsterhaltungstrieb.

ELEONORE VAN DER STRATEN-STERNBERG

Nicht die Angst um die Dauer, sondern um den Sinn unseres individuellen Lebens führt zur Verzweiflung.

OSWALD SPENGLER

Verzweiflung ist ebenso grundlos wie Ehrgeiz.

LU XUN

In der Realität des Weltseins ist die Verzweiflung an der Grenze unausweichlich.

KARL JASPERS

Höflinge sind geübt in lächelnder Verzweiflung.

ERNST BERTRAM

Die Verzweiflung kann ein Zustand werden, dessen Bewußtsein man verliert.

FRANÇOIS MAURIAC

Die Verzweiflung kommt, um nicht allein zu lassen. Sie ist wie ein Pflug, der den Boden der Tiefe aufreißt, den einen Boden hinab zum anderen Boden, bis das Grundwasser in seinem letzten Geheimnis erscheint: das Gewissen.

ALBERT TALHOFF

Der Mut der Verzweiflung: ungeahnt angesammelte Kraft, die zum vulkanischen Ausbruch kommt.

ANITA

Nur der Stolz verzweifelt; die Demut kann nicht verzweifeln. Und oft ist es nicht einmal Stolz! Nihilismus ist die verzweifelte Hoffart oder die Eitelkeit der Verzweiflung.

REINHOLD SCHNEIDER

Verzweiflung

Verzweiflung ist auch Mangel an Dankbarkeit.

HANS KUDSZUS

Hinter der gespielten Verzweiflung verbirgt sich eine echte Verzweiflung.

SULAMITH SPARRE

Volk

Streitet sich das Volk, triumphiert der Feind.

Kirgisisches Sprichwort

Ihr tolles Volk, das keinen Verstand hat!

JEREMIAS 5,21

Das Volk ist die Summe dessen, was ein gemeinsames Nichtverstehen hat.

FU-KIANG

Jedes Volk ist überzeugt, daß seine Lebensformen die besten sind. Wie kann daher ein Mensch mit gesunden Sinnen über solche Dinge spotten?

HERODOT

Gerne tadelt das Volk die Herren.

AISCHYLOS

Das Volk wird durch Zuneigung verdorben, während es sich vor der Autorität verneigt.

HAN FEI-DSE

Das Heil des Volkes sei das vornehmste Gebot.

CICERO

Der große Haufe besitzt keine Überlegung, keine vernünftige Erwägung, kein Unterscheidungsvermögen, keine genaue Auswahl; und immer waren weise Männer der Ansicht, man müsse das, was das Volk getan hat, ertragen, aber nicht immer loben.

CICERO

Gelegentlich sieht das gewöhnliche Volk richtig; gelegentlich irrt es sich.

HORAZ

Das Schweigen des Volkes ist eine Lehre für die Könige.

VINCENTE DE BEAUVAIX

Völkerschaften, Reiche und Bürgerschaften haben Eigentümlichkeiten, die nicht durch gleiche Gesetze geregelt werden müssen.

DANTE ALIGHIERI

In dem Gewissen eines Volkes liegt seine Macht.

JOHN DRYDEN

Glücklich jenes Volk, dessen Geschichte sich langweilig liest.

MONTESQUIEU

Des Volkes Schweigen ist eine Lehre für die Könige.

JEAN B. BEAUVAIS

Die Volksstimme ist der Richter der Könige, die einzige Macht, die über ihnen ist.

WILHELM LUDWIG WEKHRLIN

Keinem Volk ist es gestattet, ungestraft in Unwissenheit zu leben. Wenn ein Volk erwartet, unwissend und frei zu sein, erwartet es etwas, was es nie gab und nie geben wird.

THOMAS JEFFERSON

Wer das Volk nicht liebt, der ist seiner nicht wert. Wer das Volk verachtet, der regiert es nicht wohl.

HEINRICH PESTALOZZI

Jedes Volk hat die Regierung, die es verdient.

JOSEPH DE MAISTRE

Nur gegenwärtige Vorteile oder gegenwärtige Übel sind es, welche das Volk in Handlung setzen, und diese darf eine gute Staatskunst nicht abwarten.

FRIEDRICH VON SCHILLER

Kein Volk kann von einem andern – als Eigentum – geerbt, verschenkt oder verkauft werden. Denn Menschen sind keine Sachen, können also kein Eigentum sein.

HEINRICH ZSCHOKKE

Was das Volk nicht weiß, macht das Volk nicht heiß.

HEINRICH VON KLEIST

Volk

Da ist kein Volk, wo sich die Leute nicht durch gleiche Muttersprache verstehen.

FRIEDRICH LUDWIG JAHN

Die Völker könnten Doktoren sein, und sie sitzen noch immer in der Klasse der Quartaner. Doch ist es töricht und ungerecht, die Fortführung der Vormundschaft, nachdem diese rechtlich abgelaufen, dem Zwange der Regierungen allein zuzuschreiben. Die Völker dulden sie gern, ja sie haben sie oft gefordert.

LUDWIG BÖRNE

Es gibt nachtwandelnde Völker; aber die Nacht eines Volkes ist lang, sehr lang; sie zählt Tage und Jahre und Jahrhunderte; und besser, daß man solch ein nachtwandelndes Volk anrufe, und könnte es auch geschehen, daß es den Hals darüber bräche, als es so fortdämmern zu lassen, in schwankender Mitte zwischen Tier und Pflanze, in schwankender Mitte zwischen Schlaf und Tod.

LUDWIG BÖRNE

Regierungen sind Segel, das Volk ist Wind, der Staat ist Schiff, die Zeit ist See. Ist das Volk dazu da, daß sich die Regierungen blähen?

LUDWIG BÖRNE

Das Volk ist der beste Freund seiner Feinde und der schlimmste Feind seiner Freunde.

HEINRICH HEINE

Die Völker haben Zeit genug, sie sind ewig; nur die Könige sind sterblich.

HEINRICH HEINE

Völker sind wie große Kinder; die Staatskunst sollte ihre Mutter sein.

HONORÉ DE BALZAC

Völker sterben nicht – sie sind Sklaven oder frei; das ist alles!

HONORÉ DE BALZAC

Es gibt kein kleines Land. Die Größe eines Volkes wird genauso wenig von der Zahl seiner Einwohner beeinflußt, wie man die Größe eines Menschen an seiner Länge mißt. Wer ein großes Beispiel bietet, ist groß.

VICTOR HUGO

Das Volk muß in kleinen Dosen genossen werden.

RALPH WALDO EMERSON

Stets hat Böses Böses geboren, und doch greifen Menschen, denen, obwohl ihr Verstand sehr beschränkt ist, doch wie als lächerlicher Hohn Staaten folgen müssen, wieder zu bösen Mitteln und auch zu törichten. Wann werden Völker Völker sein?

ADALBERT STIFTER

Man kann einen Teil des Volkes die ganze Zeit zum besten haben, und man kann das ganze Volk zeitweise zum besten haben, aber man kann nicht das gesamte Volk die ganze Zeit zum besten haben.

ABRAHAM LINCOLN

Warum soll man nicht geduldiges Vertrauen zu der endgültigen Gerechtigkeit des Volkes haben? Gibt es eine bessere oder gleichberechtigtere Hoffnung in der Welt?

ABRAHAM LINCOLN

Regierung des Volkes durch das Volk für das Volk.

THEODORE PARKER

Das Volk ist wie ein Kind – es muß alles zerbrechen, um zu sehen, was darin steckt.

GEORG BÜCHNER

Aus der Völkerdummheit werden die Skorpionengeißeln geflochten, womit die Völkerdummheit gezüchtigt wird.

JOHANNES SCHERR

Ein Volk, dem seine Gegenwart nichts, seine Zukunft hingegen alles gilt, das gleichsam von Hoffnung lebt, ist eben deswegen schon ewig wie die Hoffnung.

HEINRICH GRAETZ

Die Menschheit hat immer danach gestrebt, sich unbedingt welteinheitlich einzurichten. Es hat viele große Völker mit großer Geschichte gegeben, aber je höher diese Völker standen, um so unglücklicher waren sie, denn um so stärker erkannten sie die Notwendigkeit der weltumfassenden Vereinigung der Menschen.

FJODOR M. DOSTOJEWSKIJ

Volk

Man muß das Volk vor sich selbst
erschrecken lehren, um ihm Courage zu
machen.

KARL MARX

Die Masse ist nur der Rohstoff, aus dem man
das Volk machen will.

HENRIK IBSEN

Vom Charakter eines Volkes zeugen seine
Taten, von seiner Seele seine Dichter.

ISOLDE KURZ

Kraft und Rettung des Volkes liegen in seiner
Intelligenz, in der, die ehrenhaft denkt, fühlt
und zu arbeiten versteht.

ANTON P. TSCHECHOW

Das Volk denkt nur, soweit es fühlt.

SILVIO GESELL

Auch ich vermag mir ein Volk ohne diesen
Glauben, daß in ihm und nur in ihm allein die
Rettung der Welt liegt, nicht vorzustellen.
Auch ich kann die Rettung der Welt nur von
meinem Volke, vom deutschen, erwarten.

HERMANN BAHR

Je mehr Geduld und Leidensfähigkeit ein
Volk hat, desto mehr Jugend und Zukunft hat
es, weil es desto bildungsfähiger und
entwicklungsfähiger ist.

RICARDA HUCH

Auch für ein Volk lohnt's nicht, bloß sich zu
leben.

RICHARD BEER-HOFMANN

Jeder spricht vom Volke, rechnet sich selbst
aber nicht dazu.

KURT REICHL

Geschichte zu erwerben, Geschichte zu
haben, ist die Aufgabe eines jeden Volkes.
Und wenn ein Volk dann eine Idee, einen
bestimmenden, echten Gedanken in sich
entdeckt und ihn festhält, dann hebt die
Zeit einer großen Geschichte an – auch die
kleinen Völker, ja meist sie, sie mehr als die
großen Völker, haben große Geschichte zu
eigen gewonnen, von ihnen ist
Weltgeschichte ausgegangen.

LEO BAECK

Völker und Menschen halten sich für
auserwählt; ein Jugendfehler.

ERNST HOHENEMSER

Die Völker, bei denen der Charakter die
Oberhand über die Intelligenz behält, haben
weniger große Männer als diejenigen, bei
denen die Intelligenz den Sieg über den
Charakter davonträgt.

ANGELO GATTI

Die Größe der Völker liegt im Erdulden, nicht
im Lernen.

HERMANN HESSE

Die Arbeit der Staatsmänner kann nur
Erfolg haben, wenn sie vom ernsten und
entschlossenen Willen der Völker getragen
wird.

ALBERT EINSTEIN

Völker sind große Kinder, sagt man. Wohl,
aber böse! Mit Neigungen zu großen
Verbrechen, weshalb sie so oft großen
Verbrechern folgen. Sie sind natürlich-dumm,
vor großer Klugheit fühlen sie sich fremd.
Ihre Lieblinge müssen zwar schlau, aber auch
dumm sein.

THEODOR HAECKER

Ich glaube, daß kein Volk auf Kosten eines
anderen gelobt werden sollte.

STEFAN ZWEIG

Die Kunst für das Volk und die Kunst des
Volkes sind einander ausschließende
Begriffe.

EMIL PREETORIUS

Das Volk muß wissen, was gut und böse ist,
nicht fühlen. Was der Gesamtheit frommt, ist
gut.

EHM WELK

Ein Volk, das sich an schlampigen Stil
gewöhnt, ist ein Volk, das im Begriff steht,
seinen inneren Halt und die Gewalt über sein
Reich zu verlieren.

EZRA POUND

Auch das Volk hat seine Peripherie, auch die
Nation ihre Unterwelt.

JOSEF ČAPEK

Vorsicht

Für ein Volk ist nicht nur die Tatsache
lebensnotwendig, daß es seine großen
Männer hat; mehr noch liegt daran, was
es sich von ihnen nimmt, was es aus ihnen
macht.
KAREL ČAPEK

Das Volk versteht das meiste falsch; aber es
fühlt das meiste richtig.
KURT TUCHOLSKY

Jeder Einzelne, auch der Unbedeutende,
Unbekannte, Unwissende, repräsentiert
überall dort, wo er sich bekennt, das ganze
Volk.
FRANK THIESS

Man sagt immer, die Völker müßten sich
kennenlernen. Je näher sie sich kennen,
desto mehr gehen sie sich auf die Nerven.
CARL J. BURCKHARDT

Ein Volk, sofern es einfach lebt, ist einfach
liebenswert. Ein Volk, sofern es organisiert
handelt, ist zu allem Großen und zu allen
Greueln fähig.
LUDWIG STRAUSS

Das Volk hat Heimat, die Nation Gebiet. Das
sind verschiedene Einbettungen. Das Volk
hat noch nicht Grenzen in unserem Sinn.
ERNST JÜNGER

Wenn man der Masse schmeichelt, nennt
man sie Volk: wenn man das Volk regiert,
behandelt man es als Masse.
SIGMUND GRAFF

Wäre es nicht einfacher, die Regierung löste
das Volk auf und wählte ein anderes?
BERT BRECHT

Sage mir, worüber ein Volk lacht, und ich
sage dir, wofür es sein Blut zu vergießen
bereit ist.
STANISLAW JERZY LEC

Völker sind Herden auf einer stets zu kargen
Weide.
THOMAS NIEDERREUTHER

An kalten Duschen, die seine Politiker
abbekommen, erkältet sich das Volk.
HANS KASPER

Kleine Völker brauchen große Freunde.
RASSUL GAMSATOW

Jedes Volk hat seine eigene Art zu denken.
Alle Völker haben die gleiche Art, nicht zu
denken.
GABRIEL LAUB

Nicht jedes Volk läßt sich mit Zuckerbrot
füttern und durch Peitschenhiebe zähmen.
HANS LEOPOLD DAVI

Jede Familie hat ihr schwarzes Schaf, jedes
Volk seinen Sündenbock.
HELLMUT WALTERS

Wenn man sich mit dem Volk einläßt, kommt
man um das Volk nicht herum.
WERNER SCHNEYDER

„Im Namen des Volkes ergeht folgendes
Vorurteil."
HANS-HORST SKUPY

Das Vok schweigt immer lauter.
ŽARKO PETAN

Jedes Volk hat die Regierung, für die es
verdient.
ULRICH ERCKENBRECHT

Die Volksmassen: das Schwungrad der
Geschichte.
WOLFGANG MOCKER

Vorsicht

Gib nie dem Wolf den Hammel zum
Hüten.
Schottisches Sprichwort

Wehe denen, die Böses gut und Gutes böse
nennen.
JESAJA 5,20

Klug ist, wer ruhig sich verhält zur rechten
Zeit; und diese Vorsicht ist es, die den Mann
bewährt.
EURIPIDES

Vorsicht

Vorsicht ist die rechte Tapferkeit.

EURIPIDES

Überhebe dich nicht, damit du nicht fallest.

BEN SIRA 1,30

Eines Vorsichtigen Mutter braucht nicht zu weinen.

CORNELIUS NEPOS

Hütet eure Zungen!

HORAZ

Vorsicht ist die halbe Geschicklichkeit.

TAUSENDUNDEINE NACHT

Hüte dich vor gezuckerten Zungen und gepfefferten Herzen.

JULIUS WILHELM ZINCGREF

Vorsicht verhindert selten eine Gefahr, fördert sie aber häufig.

CHRISTINE VON SCHWEDEN

Es ist besser, den Wolf der Herde fernzuhalten, als sich darauf zu verlassen, ihm die Zähne zu ziehen und die Klauen zu beschneiden, nachdem er in sie eingefallen ist.

THOMAS JEFFERSON

Die Vorsicht ist einfach, die Hinterdreinsicht vielfach.

JOHANN WOLFGANG VON GOETHE

Von Leuten, die schweigen, und Hunden, die nicht bellen, wenn sie getroffen werden, hat man sich wohl fürzusehen.

CHRISTIAN GODFRIED LEHMANN

Um durch die Welt zu kommen, ist es zweckmäßig, einen großen Vorrat von Vorsicht und Nachsicht mitzunehmen: durch erstere wird man vor Schaden und Verlust, durch letztere vor Streit und Händeln geschützt.

ARTHUR SCHOPENHAUER

Vorsicht im Vertrauen ist notwendig, aber noch notwendiger Vorsicht im Mißtrauen.

JÓZSEF VON EÖTVÖS

Allzuviel Vorsicht verbittert das Dasein mit trüben Gedanken.

WILHELM JORDAN

Wer rechnet, ist immer in Gefahr, sich zu verrechnen.

THEODOR FONTANE

Gebranntes Kind scheut das Feuer bis zum nächsten Tag.

MARK TWAIN

Lege all deine Eier in einen Korb – und beaufsichtige ihn.

MARK TWAIN

Hüte dich vor dem Menschen, dessen Gott im Himmel ist.

GEORGE BERNARD SHAW

Gegenüber Leuten, die unbedingt Kassierer werden wollen, ist Vorsicht angebracht.

ARTHUR CONAN DOYLE

Vorsicht vor dem Burschen, der dich unentwegt reden läßt!

KIN HUBBARD

Nimm dich in acht vor denen, die deinen Spaß nicht verstehen; sie verstehen gewiß noch weniger deinen Ernst.

SALOMON BAER-OBERDORF

Vorsicht und Mißtrauen sind gute Dinge, nur sind auch ihnen gegenüber Vorsicht und Mißtrauen nötig.

CHRISTIAN MORGENSTERN

Bleib in deinen Ufern, wenn du nicht genug Wasser hast.

PAUL VALÉRY

Wenn jemand dir die Stiefelsohlen leckt, setze den Fuß auf ihn, bevor er anfängt, dich zu beißen.

PAUL VALÉRY

Hüte dich, getäuscht zu werden. Du brauchst dich nicht vor denen zu hüten, die sich selber Diebe nennen, weil sie im Grunde gute Menschen sind. Aber hüte dich vor denen, die sich Edle nennen, weil sie im Grunde Diebe sind.

LU XUN

1032

Vorsicht ist die Weisheit der Mutter.

JULIE ELIAS

Vorsicht wirkt leicht wie ein
Vergrößerungsglas: Man sieht besser und
falscher.

HEINRICH LEXA

Vorsicht im Umgang mit Köpfen, in denen
nicht viel steckt – sie wissen das wenige zu
schätzen.

LUDWIG FRIEDRICH BARTHEL

Glaubst du das Risiko nicht eingehen zu
können, dann sollst du nicht König werden,
sondern Beamter.

HANS DOMIZLAFF

Auf einem sauberen Kleid stört der kleinste
Fleck. In großer Höhe kann ein Augenblick
der Nachlässigkeit den Tod bedeuten.

DAG HAMMARSKJÖLD

Wer seine Rolle im Leben begriffen hat, sucht
sich beizeiten ein Double.

STANISLAW JERZY LEC

Sei vorsichtig, was dir die Welt bedeutet:
denn so ist sie.

ERICH HELLER

Rede nicht in den Wind, wenn du dessen
Richtung nicht kennst.

WIESLAW BRUDZINSKI

Öffne keine Tür, die du hernach nicht zu
schließen vermagst.

RASSUL GAMSATOW

Vor Halsabschneidern den Kopf nicht
verlieren.

HEINRICH WIESNER

Vorsicht mit Selbstverständlichkeiten!

MAX THÜRKAUF

Vorsicht ist die Mutter der Grundsätze.

JAKOB STEBLER

Am Tage unserer Geburt sollte uns eine
Stimme sagen: Von nun an kann alles, was
du sagst, gegen dich verwendet werden.

HORST DRESCHER

Vorsicht – auch gegenüber der Vorsicht.

GERHARD BRANSTNER

Stehvermögen des Vorsichtigen: Niemals vor
der eigenen Feigheit kneifen.

RAIMUND VIDRÁNYI

Weitsicht ist die beste Vorsicht.

HORST FRIEDRICH

Ohne Herz kann man leben. Hütet den Kopf!

BRANA CRNČEVIĆ

Vorsicht vor denen, die für Anregungen
immer dankbar sind. Sie vertragen keine
Kritik.

NIKOLAUS CYBINSKI

Vorsicht ist Wappnung gegen Rücksichtslose.

MANFRED KUBOWSKY

Rede nicht in den Wind, wenn du nicht weißt,
woher er weht.

MILAN KUPECKY

Einen Kopf darf man nie auf die leichte
Schulter nehmen.

ULLI HARTH

Vorteil

Vorteil hat bald Feierabend.

Deutsches Sprichwort

Was Vorteil bringt, das tut man unverzagt.

SOPHOKLES

Wer ... ohne seinen Vorteil zu erkennen,
seinen Sinn auf Freundschaft richtet, gleich,
ob bei Freund oder Feind, ist verwirrten
Sinnes.

MAHABHARATA

Verkauf alles, was du hast, und gib es den
Armen, und du wirst einen Schatz im Himmel
haben.

MARKUS 10,21

Vorteil

Die mit ihm sind, sind Berufene und Auserwählte.

OFFENBARUNG 17,14

Die Vorzüge, die Menschen einander geben, sind nicht immer ein sicheres Kennzeichen für ihre Verdienste.

CHRISTINE VON SCHWEDEN

Wenn Vorteile die Fürsten einigen, so ist das Bündnis schon geschlossen.

CHRISTINE VON SCHWEDEN

Alle Menschen erkennen ihre Vorteile: der eine früher, der andere später.

CHRISTINE VON SCHWEDEN

Einigen Leuten ist alles erlaubt und alles anständig.

CHRISTINE VON SCHWEDEN

Menschen, denen das Leben alle Vorteile gegeben hat, können durch viele Ereignisse gestört und geärgert, aber nur durch wenige erfreut werden.

JONATHAN SWIFT

Ich finde nichts vernünftiger in der Welt, als von den Torheiten anderer Vorteil zu ziehen.

JOHANN WOLFGANG VON GOETHE

Was ist unser höchstes Gesetz? Unser eigener Vorteil!

JOHANN WOLFGANG VON GOETHE

Es gibt Menschen, die auf die Mängel ihrer Freunde sinnen; dabei ist nichts zu gewinnen. Ich habe immer auf die Verdienste meiner Widersacher achtgehabt und davon Vorteil gezogen.

JOHANN WOLFGANG VON GOETHE

Das erste Privilegium ist der erste Ansatz zum Krebs des Staatskörpers.

JOHANN GOTTFRIED SEUME

Wer die Privilegien tötete, wäre der Weltheiland.

JOHANN GOTTFRIED SEUME

Wenn man erst die Freiheiten, das heißt die Privilegien, wird getötet haben, nur dann erst ist etwas für die Freiheit zu tun.

JOHANN GOTTFRIED SEUME

Nach der Erkenntnis, wann man eine Gelegenheit beim Schopfe packen muß, ist das Wichtigste im Leben zu wissen, wann man einen Vorteil nicht ausnutzen soll.

BENJAMIN DISRAELI

Der größte Vorteil von allen ist es, keine Vorteile zu genießen.

HENRY DAVID THOREAU

Gib den Vorzug einem fremden Mann, der die Wahrheit liebt, vor deinen Vertrauten, die sie nicht achten.

LEW N. GRAF TOLSTOJ

Der größte Feind des Rechts ist das Vorrecht.

MARIE VON EBNER-ESCHENBACH

Man muß seine Vorzüge zu verbergen wissen, um vorwärtszukommen.

DANIEL SPITZER

Privileg – das Recht zu atmen, ohne vorher jemanden zu bestechen.

AMBROSE BIERCE

Politik: Leitung der öffentlichen Angelegenheiten zu privatem Vorteil.

AMBROSE BIERCE

Es gibt Menschen, die vor lauter Vortrefflichkeit unausstehlich sind.

GEORGE BERNARD SHAW

Man bekämpft heutzutage mehr das Vorrecht als das Unrecht.

ELEONORE VAN DER STRATEN-STERNBERG

Fromme Fürsten erwarten doch eine Loge im Himmel.

ERNST BERTRAM

Es gibt Leute, die wollen lieber einen Stehplatz in der ersten Klasse als einen Sitzplatz in der dritten. Es sind keine sympathischen Leute.

KURT TUCHOLSKY

Es ist das Vorrecht der Dummköpfe, die klugen Leute auszulachen.

JEAN DE LA BRUYÈRE

Vorurteil

Die Privilegien der Jugend, vom Alter beansprucht, rangieren unter Laster.
HANS ARNDT

Ein richtiger Politiker paßt seine Grundsätze dem eigenen Vorteil an.
JAKOB STEBLER

Aus seinen Vorzügen sollte man lernen.
GERHARD UHLENBRUCK

Alles hat er von der Regierung bekommen, auch die Angina.
BRANA CRNČEVIĆ

Die gefährlichste aller Verweigerungen: Privilegien ausschlagen.
BERND WEINKAUF

Vorrecht geht oft vor Recht.
SILVIA SCHUBERT

Privilegien sind fast völlig verschwunden. Aus dem Wortschatz. Das ist zuviel.
PETER TILLE

Wo es ein Überangebot an reservierten Plätzen gibt, ist stets Reserve geboten.
HANS-HORST SKUPY

Die Populären im Land sind jene, die über keine Sprache mehr verfügen.
MICHAEL KRÜGER

Vorurteil

Wer von einer Wespe gestochen wurde, fürchtet sich vor der Motte.
Albanisches Sprichwort

Verwirf nichts, ehe du es untersucht hast; erst prüfe – dann magst du's bestreiten.
BEN SIRA 11,7

Was siehst du aber den Splitter in deines Bruders Auge und wirst nicht gewahr des Balkens in deinem eigenen Auge?
MATTHÄUS 7,3; LUKAS 6,41

Wenn du Vorurteile zur Tür hinausjagst, kehren sie durchs Fenster zurück.
FRIEDRICH II. VON PREUSSEN

Das Vorurteil ist recht für den Menschen gemacht, es tut der Bequemlichkeit und der Eigenliebe Vorschub, zwei Eigenschaften, die man nicht ohne die Menschheit ablegt.
IMMANUEL KANT

Vorurteile und eine unglückliche Liebe sind zwei Stücke, deren eines schon ausreicht, einen Mann zu etwas ganz anderem zu machen, als er ist.
GOTTHOLD EPHRAIM LESSING

Der Stoß zwischen der Vernunft und dem Vorurteil schadet immer der Wahrheit.
WILHELM LUDWIG WEKHRLIN

Die Vorurteile hängen dem Menschen an wie das Moos den Bäumen. Wer sie mit Gewalt auskratzen wollte, würde dem Baume schaden.
KARL LUDWIG VON KNEBEL

Daß irgend ein Mensch auf Erden ohne Vorurteil sein könne, ist das größte Vorurteil.
AUGUST VON KOTZEBUE

Vorurteil ist das Kind der Unwissenheit.
WILLIAM HAZLITT

Man muß die Menschen in ihren Vorurteilen und Schwächen nicht unterstützen, aber schonen.
J. ST. ZAUPER

Der Vorteil übt eine geheime Macht über unser Urteil aus; was ihm gemäß ist, erscheint uns alsbald billig, gerecht, vernünftig; was ihm zuwiderläuft, stellt sich uns, im vollen Ernst, als ungerecht und abscheulich, oder zweckwidrig und absurd dar. Daher so viele Vorurteile des Standes, des Gewerbes, der Nation, der Sekte, der Religion.
ARTHUR SCHOPENHAUER

Das Vorurteil ist eine Mauer, von der sich noch alle, die dagegen angerannt sind, mit blutigen Köpfen zurückgezogen haben.
JOHANN NESTROY

Vorurteil

Wir alle verachten Vorurteile, aber wir sind alle voreingenommen.

HERBERT SPENCER

Ein Urteil läßt sich widerlegen, aber niemals ein Vorurteil.

MARIE VON EBNER-ESCHENBACH

Das Vorurteil ist die bequemste Art der Kritik, aber sie ist das Talent des Pöbels.

DANIEL SPITZER

Man unterscheidet überall die Gebildeten von den Ungebildeten, die Guten von den Schlechten. Nur bei den Juden heißt es: der Jud!

· DANIEL SPITZER

Die menschlichen Vorurteile sind wie jene bissigen Hunde, die nur den Furchtsamen angreifen.

ISOLDE KURZ

Vorurteil ist schon der Beginn einer Ungerechtigkeit.

CARLOS VON TSCHUDI

Vorurteile sind die Stützen der Zivilisation.

ANDRÉ GIDE

Die Menge hat immer schon ein Urteil, lange, ehe sie eine Ursache hat.

SALOMON BAER-OBERDORF

Frei sein von Vorurteilen bedeutet oft nichts anderes als keine Grundsätze haben.

SALOMON BAER-OBERDORF

Vorurteilslosigkeit ist die Atmosphäre der Wahrheit.

ROBERT SAITSCHICK

Es gibt Menschen, die selbst für Vorurteile zu dumm sind.

EGON FRIEDELL

Vorurteile sind anerzogene Unwissenheit.

OSCAR A. H. SCHMITZ

Welches Urteil wäre schwerer umzustoßen als ein Vorurteil?

STEFAN ZWEIG

Die Vorurteile meinen adelig zu sein, weil sie so sehr alter Herkunft sind.

LUDWIG STRAUSS

Jedes unkritisch übernommene Vorurteil ist ein äußerer Zwang. Jedes dem eigenen Ich entsprungene Gebot ist eine innere Bindung – ein Baustein der Persönlichkeit.

RICHARD N. GRAF COUDENHOVE-KALERGI

Das Vorurteil ist die hochnäsige Empfangsdame im Vorzimmer der Vernunft.

KARL HEINRICH WAGGERL

Vorurteile sind zäh und geben ihren Besitzern einen knochensteifen Rückhalt; die allerdings sprechen von Überzeugungen.

LUDWIG FRIEDRICH BARTHEL

Wo Vorurteile herrschen, kann sich keine Geistesfreiheit entfalten.

OTHMAR CAPELLMANN

Der Antisemitismus ist das Gerücht über die Juden.

THEODOR W. ADORNO

Ein Vorurteil ist eine Sache des Willens, nicht des Verstandes.

KARL THEODOR VON UND ZU GUTTENBERG

Vorurteil: unvergorener Wein in schlechten Schläuchen.

SIEGFRIED & INGE STARCK

Das Urteil richtet; das Vorurteil verdammt.

JAKOB STEBLER

Urteile können revidiert oder aufgehoben werden. Vorurteile bleiben meistens bestehen.

JAKOB STEBLER

Wenn ein Vorurteil beseitigt ist, werden andere erkennbar.

GERHARD BRANSTNER

Vorurteile haben keine Bewährungsfrist.

GERHARD UHLENBRUCK

Vorurteile sind Fertigteile: damit kann man sich die Welt leicht und schnell zusammenbauen.

HELLMUT WALTERS

Vorurteile fallen oft härter aus als
Gerichtsurteile.
PETER TILLE

Je älter der Mensch wird, desto
mehr Vorurteile baut er auf. Aber nicht
aus Erfahrung, sondern durch bloße
Verkehrung seiner Haltung aus der Jugend.
BERND KOLF

Die Vorurteile von gestern sind die Nachteile
von heute.
KLAUS BERNHARDT

Vorurteile sind Bewährungsstrafen der
öffentlichen Meinung.
THOMAS TRAUTMANN

Wachstum

Rasch gewachsen, schnell verblüht.
Niederländisches Sprichwort

Durch Eintracht wachsen die kleinen Dinge,
durch Zwietracht zerfällt oft das Größte.
SALLUST

Wachsen können – das Merkmal des
Unvollkommenen!
SENECA

Jeder Baum, der keine guten Früchte trägt,
wird umgehauen und verbrannt.
MATTHÄUS 7,19

Der Frauen Blüte ist, wenn sie empfängt. In
dieser Stunde ist das Blühen da, und auf die
Blüte folgt die Frucht, das heißt: das Kind.
PARACELSUS

Es ist nicht eine Seele und es ist nicht ein
Körper, was wir aufziehen, sondern ein
Mensch, und wir dürfen ihn nicht teilen.
MICHEL DE MONTAIGNE

Wachstum

Die Zeit reift alles. Kein Mensch wird weise geboren.

MIGUEL DE CERVANTES

Was nur sich selbst lebt, ist des Wachstums Mißbrauch.

FRANCIS BACON

Am meisten Unkraut trägt der fetteste Boden.

WILLIAM SHAKESPEARE

Alles, was der Mensch erfährt, ist nur die Anschauung seines Wachstums.

JOHANN WILHELM RITTER

Ohne Blüte keine Frucht.

JOSEPH VON EICHENDORFF

Soll ein Baum kräftig und sicher zum Himmel gedeihen, so muß er fest und beharrlich im Boden wurzeln.

NIKOLAUS LENAU

Nicht im Mai, sondern im März wurzelt der Baum am tiefsten.

EMIL FROMMEL

Der Mensch wächst, bis er verwächst.

MARIE VON EBNER-ESCHENBACH

Fehler sind Werdespuren. Mit dem Fortschreiten des Werdens werden sie abgelegt.

HEINRICH LHOTZKY

Die Nacht öffnet heimlich die Blüten und läßt den Tag den Dank davontragen.

RABINDRANATH TAGORE

Der Mensch wächst mit seinen höheren Zielen. Der Wachsende hat immer etwas zu geben.

RUDOLF VON TAVEL

Die Menschheitsentwicklung – ein Wachsen der Sterbenskraft.

FRANZ KAFKA

Jeder Same birgt eine Sehnsucht.

KAHLIL GIBRAN

Wenn sie blühen, erkennt man die Pflanzen und verkennt man die Menschen.

PAUL GRAF THUN-HOHENSTEIN

Was später reift, verwelkt später.

JAKOW TRACHTENBERG

Organisch wachsen heißt, sich harmonisch organisieren.

KURT GUGGENHEIM

Nie wuchsen die starken Bäume im Treibhaus.

HEINZ STEGUWEIT

Das Wachstum soll man nicht zupfen.

FRIEDRICH GEORG JÜNGER

Jeder Naturwissenschaftlicher weiß: Wachsende Gewebe sind zart.

CHARLES TSCHOPP

Das Wachstum ist die Uhr des Lebens.

OTHMAR CAPELLMANN

Eine einzige, wirklich durchlebte Stunde kann dem Menschen mehr Wachstum geben, als viele Tage und Jahre, die ohne reine Tiefe waren.

GERTRUD MAASSEN

Wer mit der Natur wächst, muß mit der Natur verwelken.

ERWIN CHARGAFF

Kinder wachsen auch im Schlaf.

JOSEF VITAL KOPP

Spät reifen die, deren Wurzeln tief hinunter reichen.

WALTER NENZEL

Alle Bäume wachsen in den Himmel. Bäume, die nicht in den Himmel wachsen, gehen ein.

KURT SCHWAEN

Wunden vernarben, aber die Narben wachsen zusammen mit uns.

STANISLAW JERZY LEC

Ohne Wachstum ist keine Größe.

PETER CORYLLIS

Von selbst entwickelt sich nur der Dschungel.

WILLY BRANDT

Wahl

Wachstum kennt kein Tempo.
FRIDEL MARIE KUHLMANN

Kein Tier und keine Pflanze, die selbst ihr
eigenes Wachstum verhinderten.
WERNER SPRENGER

Lawinen fangen klein an.
BIRGIT BERG

Wahl

Es ist das Brot, das einen warmhält,
nicht der Pelz.
Russisches Sprichwort

Erhebe deine Stimme wie eine Posaune!
JESAJA 58,1

Wähle das Beste, Gewohnheit wird es
angenehm und leicht machen.
PYTHAGORAS

Wer nicht mit mir ist, der ist wider mich.
MATTHÄUS 12,30; LUKAS 11,23

Was ist euch lieber? Soll ich mit dem Stock
zu euch kommen oder mit Liebe und
Nachsicht?
1 KORINTHERBRIEF 4,21

Wer zwischen Geist und Schönheit wählen
kann, muß zur Dame die Schöne, zum Weib
die Kluge wählen.
CALDERÓN DE LA BARCA

Errate, wenn du kannst, und wähle, wenn
du's wagst.
PIERRE CORNEILLE

Der Geschmack hängt nicht an unseren
Bedürfnissen. Der Mann muß schon sehr
gesittet sein, wenn er eine Frau nach
Geschmack wählen soll.
IMMANUEL KANT

Schlechte Kandidaten werden gewählt von
guten Bürgern, die nicht zur Wahl gehen.
THOMAS JEFFERSON

Frei sein kann gar nichts anderes heißen,
als seiner innersten Natur sklavisch folgen
dürfen. Absolute Freiheit, absoluter Wille ist
etwas Unmenschliches. Eine Wahl ohne
Bewegungsgrund ist Unsinn.
RAHEL VARNHAGEN

Es ist besser, ein unbefriedigter Sokrates zu
sein als ein befriedigtes Schwein.
JOHN STUART MILL

Für jeden Menschen und jede Nation kommt
einmal der Augenblick der Wahl im Kampf
zwischen Wahrheit und Lüge, sich für das
Gute oder Böse zu entscheiden.
JAMES RUSSELL LOWELL

Wenn man die Wahl hat zwischen Austern
und Champagner, so pflegt man sich in der
Regel für beides zu entscheiden.
THEODOR FONTANE

Es ist schon ein großer Trost bei Wahlen, daß
von mehreren Kandidaten nur einer gewählt
werden kann.
MARK TWAIN

Es gibt gar keinen größeren Hohn als diesen:
die Masse eines guten und tapferen Volkes zu
Wählern dritter Klasse zu machen. Das sieht
nach Bürgerrechten aus und ist doch nichts.
Das ist ein gemaltes Essen, macht nicht satt.
FRIEDRICH NAUMANN

Ich kann das Beste nicht wählen. Das Beste
wählt mich.
RABINDRANATH TAGORE

Wählen heißt nicht Bekennen, sondern
Entscheiden, welche Partei regieren soll.
GUSTAV RADBRUCH

Sag mir, was dir wichtig ist, und ich werde dir
sagen, wer du bist.
JOSÉ ORTEGA Y GASSET

Wir wählen unsere Freuden und Leiden lange
aus, bevor wir sie erproben.
KAHLIL GIBRAN

Bewahre dir die Unabhängigkeit deiner Wahl.
PAUL GÉRALDY

Wahl

Kratze das Heiligenbildchen, und du findest den Stimmzettel.

KURT TUCHOLSKY

Zwischen zwei Wegen hast du die Wahl? Du hast keine Wahl. Der härtere ist der deine.

WILHELM SCHLOZ

Es genügt nicht, daß man das Volk einmal im Jahr an die Wahlurne führt und verführt.

LUDWIG ERHARD

Nur zwei Dinge vermag der Mensch zu wählen: das Opfer oder die Schuld.

REINHOLD SCHNEIDER

Das Problem der Demokratie liegt darin, außergewöhnliche Menschen von gewöhnlichen wählen zu lassen.

GOLO MANN

Wahlen: Veranstaltungen zur Überprüfung der demoskopischen Vorhersagen.

ROBERT LEMBKE

Wahlkampf ist Kampf, aber keine Nationalmeisterschaft im Maulheldentum.

WILLY BRANDT

Die letzte Entscheidung hat in unserer freien rechtsstaatlichen Demokratie – Gott sei Dank – der Wähler.

FRANZ JOSEF STRAUSS

Wir haben die Wahl. Die Wahl der Methode: Gebiß oder Gehirn.

HANS KASPER

Tatmenschen sagen: entweder – oder. Geistmenschen: sowohl – als auch.

GÜNTHER SIBURG

Wahlkampf – Bauboom für Potemkinsche Dörfer.

RON KRITZFELD

Das Land, von Wahlen bedroht, wurde in letzter Minute durch Militärputsch gerettet.

HEINRICH WIESNER

Alles oder nichts, das ist keine Frage, das ist schon die Antwort.

HERBERT EISENREICH

Wenn uns die Mächtigen ihre Zuneigung bekunden, dann ist Wahlzeit.

LOTHAR SCHMIDT

Wer die Qual hat, hat keine Wahl.

GUIDO HILDEBRANDT

Wahlveranstaltungen: Schon jetzt fühlt man sich wie geredert.

RAIMUND VIDRÁNYI

Wir haben nur die Wahl: Verändern oder verenden.

NORBERT BLÜM

Er haßte nichts so sehr wie den Zwang der freien Wahl.

WERNER MITSCH

Nur wer wirklich allein sein kann, kann wählen, der andere muß.

PETER HORTON

Zu Wahlen bekommen Politiker die Quittung, die Wähler die Rechnung präsentiert.

HANS-HORST SKUPY

Gerade bei Wahlen muß man wählerisch sein.

HANS-HORST SKUPY

Wahn

Wo viel Wahn, da ist wenig Wahrheit.

Deutsches Sprichwort

Wen die Götter vernichten wollen, den machen sie zuerst wahnsinnig.

EURIPIDES

Das Ziel des Lebens ist Freiheit von Wahn.

ANTISTHENES

Es hat keinen großen Geist ohne eine Beimischung von Wahnsinn gegeben.

SENECA

Wahn

Mancher Mensch ist unter gewissen Umständen wahnsinnig und geht durchs Leben, ohne es zu merken.

SAMUEL JOHNSON

Meine Hypochondrie ist eigentlich eine Fertigkeit, aus jedem Vorfalle des Lebens, er mag Namen haben, wie er will, die größtmögliche Quantität Gift zu eigenem Gebrauch auszusaugen.

GEORG CHRISTOPH LICHTENBERG

Wenn einmal eine Schwäche in den Nerven so weit gediehen ist, daß ein Entschluß, etwas zu seiner eigenen Besserung anzufangen, unmöglich wird, so ist der Mensch verloren.

GEORG CHRISTOPH LICHTENBERG

In jeder großen Trennung liegt ein Keim von Wahnsinn; man muß sich hüten, ihn nachdenklich auszubrüten und zu pflegen.

JOHANN WOLFGANG VON GOETHE

Verrücktsein hat seine Freuden, die nur die Verrückten kennen.

WILLIAM HAZLITT

Einen Wahn verlieren macht weiser als eine Wahrheit finden.

LUDWIG BÖRNE

Sinnliche Ausschweifung ist viel öfter die Folge als die Ursache einer zerrütteten Gesundheit.

LUDWIG BÖRNE

Üblicherweise war er wahnsinnig, aber er hatte lichte Momente, in denen er nur dumm war.

HEINRICH HEINE

Hypochondrie ist es nicht bloß, sich ein Leiden, das man nicht hat, einzubilden, sondern Leiden, die man hat, zu aufmerksam zu beschauen.

ERNST VON FEUCHTERSLEBEN

In der Brust eines jeden Menschen schläft ein entsetzlicher Keim von Wahnsinn. Ringt mittels aller heiteren und tätigen Kräfte, daß er nie erwache!

ERNST VON FEUCHTERSLEBEN

Selbst die Verrücktheit begabter Menschen ist anders als die der Narren oder Nichtsnutze.

HONORÉ DE BALZAC

Es ist noch die Frage, ob Wahnsinn nicht die höchste Form von Intelligenz ist: Wieviel Herrliches und Gewaltiges kann ein krankes Gehirn infolge einer besonderen Befähigung erzeugen, die über gewöhnliche und alltägliche Vernunft erhaben ist!

EDGAR ALLAN POE

Die Vernunft des Irrenhauses ist, daß die Menschen darin verrückt sind.

FRIEDRICH HEBBEL

Einen Kranken, der sich für gesund hält, kann man nicht heilen.

HENRI FRÉDÉRIC AMIEL

Das Leben heilt die Krankheiten der Phantasie.

MÓR JÓKAI

Nervosität ist ein Produkt langen Kulturlebens bei bedrängter Bevölkerung.

HERMAN GRIMM

Wenn wir bedenken, daß wir alle verrückt sind, verschwinden die Mysterien und das Leben ist erklärt.

MARK TWAIN

Wahnsinnig – davon überzeugt, daß andere verrückt sind.

AMBROSE BIERCE

Alle sind Irre; aber wer seinen Wahn zu analysieren versteht, wird Philosoph genannt.

AMBROSE BIERCE

An einem Verrückten erschrickt uns am meisten die vernünftige Art, in der er sich unterhält.

ANATOLE FRANCE

Es ist immer etwas Wahnsinn in der Liebe. Es ist aber immer auch etwas Vernunft im Wahnsinn.

FRIEDRICH NIETZSCHE

Wahnsinn bei Individuen ist selten, aber in Gruppen, Nationen und Epochen die Regel.

FRIEDRICH NIETZSCHE

1041

Wahn

Der Hypochonder ist ein Mensch, der gerade genug Geist und Lust am Geiste besitzt, um seine Leiden, seinen Verlust, seine Fehler gründlich zu nehmen; aber sein Gebiet, auf dem er sich nährt, ist zu klein; er weidet es so ab, daß er endlich die einzelnen Hälmchen suchen muß. Dabei wird er endlich zum Neider und Geizhals – und dann erst ist er unausstehlich.

FRIEDRICH NIETZSCHE

Der Größenwahn ist der Wahn der Kleinen.

ELEONORE VAN DER STRATEN-STERNBERG

Die schönsten Dinge sind die, welche der Wahnsinn einbläst, die Vernunft niederschreibt. Man muß zwischen beiden weilen, ganz nah dem Wahnsinn, wenn man träumt, ganz nah der Vernunft, wenn man schreibt.

ANDRÉ GIDE

Der ich bin, grüßt wehmütig den, der ich sein möchte.

CHRISTIAN MORGENSTERN

Größenwahn ist nicht, daß man sich für mehr hält als man ist, sondern für das, was man ist.

KARL KRAUS

Psychoanalyse ist jene Geisteskrankheit, für deren Therapie sie sich hält.

KARL KRAUS

Nicht, wie man eine Neurose los wird, hat der Kranke zu lernen, sondern wie man sie trägt.

C. G. JUNG

Der Irre ist hauptsächlich von der Zwangsvorstellung besessen, er sei keiner.

ADOLF NOWACZYNSKI

Nur Wahnsinn oder Verbrechen kann diese Wand der Gewöhnlichkeit durchschlagen...

STANISLAW IGNACY WITKIEWICZ

Falsche Lehren können sogar den Wahnsinn als normalen Geisteszustand beweisen.

JAKOW TRACHTENBERG

Nichts ist gefährlicher als die Großmannssucht der Kleinen.

STEFAN ZWEIG

Den Wahnsinn muß man nicht als Krankheit ansehen. Warum nicht als eine mehr oder weniger plötzliche Charakteränderung?

LUDWIG WITTGENSTEIN

Wenn wir im Leben vom Tod umgeben sind, so auch in der Gesundheit des Verstands vom Wahnsinn.

LUDWIG WITTGENSTEIN

Freud hat uns durch seine phantastischen Pseudo-Erklärungen – gerade weil sie geistreich sind – einen schlimmen Dienst erwiesen.

LUDWIG WITTGENSTEIN

Welch eine herrliche Entdeckung – die Psychoanalyse! Sie gibt einfachen Menschen das Gefühl, daß sie komplizierte Wesen sind.

SAMUEL N. BEHRMANN

Formen des Wahnsinns: künstlerische Besessenheit, Verlorenheit ans Werk, Ausdauer bis zur Vollendung. Der Künstler ist der adlige, der vornehme Ritter unter den Wahnsinnigen.

FRIEDRICH WITZ

Der Masochist besteht darauf, daß jede Arznei bitter und jede Wahrheit unangenehm sei.

EUGEN GÜRSTER

An Größenwahn kann nur ein Kleiner leiden.

WILLY REICHERT

Größenwahn ist kein Wahn der Größen, sondern der Gernegrößen.

HEINZ STEGUWEIT

Hypochondrie als schlechtes (Ge)Wissen, das dann die Symptome verdächtigt.

RICHARD EURINGER

Wer nie in die Möglichkeit des Wahnsinns geschaut hat, ist kein großer Geist.

LUDWIG HOHL

Größenwahn: Kinderkrankheit der Zwerge.

STANISLAW JERZY LEC

Wahrheit

Der Wahnsinn wäre unser Los, wenn wir nur die Augen öffnen wollten.

SALVADOR DALI

Die Erde krankt am Menschengrößenwahn.

PETER CORYLLIS

Man kann nicht ungestraft an der Grenze des Wahnsinns leben – noch dazu in gutnachbarlichen Beziehungen.

WIESLAW BRUDZINSKI

Oft gehen zwei Idioten eine Vernunftehe ein.

WIESLAW BRUDZINSKI

Neurotiker halten alle Leute für Neurotiker, außer sich selber.

WOLFRAM WEIDNER

Der Hypochonder wirkt beim Schmerzerlebnis gestaltend mit.

HEINRICH WIESNER

Wahnvorstellung. Eintritt frei.

HEINRICH WIESNER

Der Hypochonder stirbt an der eingebildeten Krankheit, die er sich ausreden läßt.

HERBERT EISENREICH

Wenn ein Masochist darunter leidet, daß er Masochist ist – ist das für ihn ein Vergnügen?

GABRIEL LAUB

Wahnsinn ohne Methode ist verboten.

GABRIEL LAUB

Ein richtiger Hypochonder begleitet seinen Arzt in den Urlaub.

GERHARD UHLENBRUCK

Manche bringen es vom Hypochonder bis zum Fachpatienten.

GERHARD UHLENBRUCK

Größenwahn erniedrigt den Menschen.

GERHARD UHLENBRUCK

Es gilt als taktlos, einem Hypochonder Gesundheit zu wünschen.

WERNER MITSCH

Größenwahn ist Krankheit einzelner. Woran kranken dann ganze Völker?

HANS-HORST SKUPY

Seid menschlich zu den Irren!

HANS-HORST SKUPY

Was wären wir nur ohne unsere Neurosen? Höchstwahrscheinlich neurotisch.

RALF BÜLOW

Wahrheit

Die Wahrheiten, die wir am wenigsten gern hören, sind diejenigen, die wir am nötigsten kennen sollten.

Chinesisches Sprichwort

Die Wahrheit ist immer das Rechte.

SOPHOKLES

Die Sprache der Wahrheit ist einfach.

EURIPIDES

Wahrheit ist eine gerechte und dauerhafte Sache. Sie ist der angenehmste aller Töne.

PLATON

Wahrheit schafft Haß.

TERENZ

Wer seine Ohren für die Wahrheit verschlossen hat, so daß er auch vom Freunde das Wahre nicht hören mag, an dessen Rettung muß man die Hoffnung aufgeben.

CICERO

Die nackte Wahrheit.

HORAZ

Nichts hindert jemanden, die Wahrheit mit einem lächelnden Gesicht zu sagen.

HORAZ

Was ist Wahrheit?

JOHANNES 18,38

Wahrheit

Die Gemeinde des lebendigen Gottes ist ein Pfeiler und eine Grundfeste der Wahrheit.

1 TIMOTHEUS 3,15

Während wir alles untersuchen, entdecken wir gelegentlich eine Wahrheit, wo wir sie am wenigsten vermuten.

QUINTILIAN

Das Streben nach Wahrheit ist eine Begierde nach der Göttlichkeit selbst.

PLUTARCH

Das Leben dem Wahren widmen.

JUVENAL

Es gibt freilich nur einen einzigen Weg zur Wahrheit, aber in ihn münden wie in einen unversiegbaren Strom die Gewässer von allen Seiten ein.

CLEMENS VON ALEXANDRIEN

Gut ist es, von der Wahrheit besiegt zu werden. Wer sich von der Wahrheit nicht besiegen lassen will, der wird vom Irrtum besiegt.

AUGUSTINUS

Wenn jemand an einer Wahrheit Ärgernis nehmen sollte, so ist es besser, man läßt das Ärgernis zu, als daß der Wahrheit Eintrag geschieht.

PAPST GREGOR DER GROSSE

Die Wahrheit war von je nur die Tochter der Zeit.

LEONARDO DA VINCI

Was ist das für eine Wahrheit, welcher Berge Grenzen setzen und die jenseits zur Lüge wird?

MICHEL DE MONTAIGNE

Es ist nicht verständig, eine unbezweifelte Wahrheit erst noch erproben zu wollen.

MIGUEL DE CERVANTES

Wahrheit ist ein Hund, der ins Loch muß und hinausgepeitscht wird, während Madame Schoßhündin am Feuer stehen und stinken darf.

WILLIAM SHAKESPEARE

Wenn es nicht wahr ist, so ist es doch gut erfunden.

GIORDANO BRUNO

Zwei Wahrheiten können sich nie widersprechen.

GALILEO GALILEI

Wahrheit, die nicht aus der Liebe rührt, ist Liebe, die nicht wahrhaftig ist.

FRANZ VON SALES

Wahr ist alles das, was ich ganz klar und deutlich sehe.

RENÉ DESCARTES

Wahrheit tut nicht so viel Gutes in der Welt wie ihr Schein Unheil anrichtet.

LA ROCHEFOUCAULD

Wir erkennen die Wahrheit nicht nur mit dem Verstand, sondern auch mit dem Herzen.

BLAISE PASCAL

Alle Menschen, welche die Wahrheit bekämpfen, sind der gleichen Unbeständigkeit des Denkens unterworfen, und alle, die einer solchen Wankelmütigkeit verfallen, stehen in dem Verdacht, der Wahrheit zu widersprechen.

BLAISE PASCAL

Schwäche und Unwissenheit machen die Menschen zu Feinden der Wahrheit.

CHRISTINE VON SCHWEDEN

Oft kommt die Wahrheit uns recht unwahrscheinlich vor.

NICOLAS BOILEAU-DESPRÉAUX

Die Wahrheit leidet oft mehr unter der Hitze ihrer Verteidiger als unter den Behauptungen ihrer Gegner.

WILLIAM PENN

Die Menschen sind verschieden, doch die Wahrheit ist Eines, und alle, die sie suchen, auf welchem Gebiete es sei, helfen einander.

GOTTFRIED WILHELM LEIBNIZ

Hüte dich, eine unwahrscheinliche Wahrheit zu erzählen.

THOMAS FULLER

Wahrheit

Das Wahre ist nur eines, das Wahrscheinliche vieles, das Falsche grenzenlos.

GIAMBATTISTA VICO

Jedermann sucht nach Wahrheit, doch Gott allein weiß, wer sie gefunden hat.

EARL OF CHESTERFIELD

Es gibt Wahrheiten, die nicht für alle Menschen und nicht für alle Zeiten bestimmt sind.

VOLTAIRE

Wahrheit ist eine Frucht, die nur recht reif gepflückt werden soll.

VOLTAIRE

Wahrheiten lassen sich nicht immer leicht sagen; aber sie anzuhören ist Gewinn.

MARQUISE DE DUDEFFANT

Eine halbe Wahrheit ist häufig eine große Lüge.

BENJAMIN FRANKLIN

Die größte Freude, die ein Mensch in der Welt haben kann, besteht in der Entdeckung neuer Wahrheiten.

FRIEDRICH II. VON PREUSSEN

Der Charakter der Wahrheit bedarf keiner Waffen, um sich zu verteidigen. Sie braucht sich nur zu zeigen, und sobald ihr lebhaftes Licht die Wolken zerstreut hat, worin sie verhüllt war, so ist sie ihres Triumphes sicher.

FRIEDRICH II. VON PREUSSEN

Durch Vernunft, nicht aber durch Gewalt soll man die Menschen zur Wahrheit führen.

DENIS DIDEROT

Williger glauben wir die Lügen, die uns behagen, als die Wahrheiten, die uns mißfallen.

MARIE JEANNE DE RICCOBONI

Es kann sein, daß nicht alles wahr ist, was ein Mensch dafür hält, denn er kann irren; aber in allem, was er sagt, muß er wahrhaft sein – er soll nicht täuschen.

IMMANUEL KANT

Nichts ist groß, was nicht wahr ist.

GOTTHOLD EPHRAIM LESSING

Der die Wahrheit sucht, darf nicht die Stimmen zählen.

GOTTHOLD EPHRAIM LESSING

Ich weiß nicht, ob es Pflicht ist, Glück und Leben der Wahrheit zu opfern. Aber das ist Pflicht, wenn man Wahrheit lehren will: sie ganz oder gar nicht zu lehren.

GOTTHOLD EPHRAIM LESSING

So wie es selten Komplimente gibt ohne alle Lügen, so finden sich auch selten Grobheiten ohne alle Wahrheit.

GOTTHOLD EPHRAIM LESSING

Man ist in Gefahr, sich auf dem Wege zur Wahrheit zu verirren, wenn man sich um gar keine Vorgänger bekümmert; und man versäumt sich ohne Not, wenn man sich um alle bekümmern muß.

GOTTHOLD EPHRAIM LESSING

Wahrheit macht frei und überwindet alles.

JOHANN GEORG HAMANN

Süß ist's und ehrenvoll, fürs Vaterland zu sterben, doch auch die Wahrheit kann Unsterblichkeit erwerben.

CHRISTOPH MARTIN WIELAND

Man benimmt der Wahrheit ihren Reiz und ihre Kraft, wenn man sie zu häufig wiederholt.

CARL GOTTLOB SCHELLE

Wahrheiten, die zur Unzeit kommen, können unmöglich nützen.

WILHELM LUDWIG WEKHRLIN

Die Wahrheit verletzt tiefer als jede Verleumdung.

MARQUIS DE SADE

Wahrheit hat ihren eigenen unabhängigen Wert in sich selbst.

JOHANN JAKOB ENGEL

Einseitige Wahrheit ist die ergiebigste Quelle des Irrtums.

JOHANN CASPAR LAVATER

Welch ein Unterschied: die Wahrheit aussprechen und die Wahrheit empfinden.

JOHANN CASPAR LAVATER

1045

Wahrheit

Die gefährlichsten Unwahrheiten sind
Wahrheiten mäßig entstellt.
GEORG CHRISTOPH LICHTENBERG

Die Wahrheit finden wollen ist ein Verdienst,
auch wenn man auf dem Wege irrt.
GEORG CHRISTOPH LICHTENBERG

Es ist fast unmöglich, die Fackel der
Wahrheit durch ein Gedränge zu tragen, ohne
jemandem den Bart zu sengen.
GEORG CHRISTOPH LICHTENBERG

Nicht die Lügen, sondern die sehr feinen
falschen Bemerkungen sind es, die die
Läuterung der Wahrheit aufhalten.
GEORG CHRISTOPH LICHTENBERG

Vom Wahrsagen läßt's sich wohl leben in der
Welt, aber nicht vom Wahrheit sagen.
GEORG CHRISTOPH LICHTENBERG

Selbst die Wahrheit bedarf zu andern Zeiten
wieder einer anderen Einkleidung, um
gefällig zu sein.
GEORG CHRISTOPH LICHTENBERG

Es gibt Wahrheiten, die so ziemlich
herausgeputzt einhergehen, daß man
sie für Lügen halten sollte, und die
nichtsdestoweniger reine Wahrheiten sind.
GEORG CHRISTOPH LICHTENBERG

Alle Menschheit ist in ihrem Wesen sich
gleich und hat zu ihrer Befriedigung nur eine
Bahn. Darum wird die Wahrheit, die rein aus
dem Innersten unseres Wesens geschöpft ist,
allgemeine Menschenwahrheit sein.
HEINRICH PESTALOZZI

Die Wahrheit ist eine Arznei, die angreift.
HEINRICH PESTALOZZI

Das Wahre ist eine Fackel, aber eine
ungeheure; deswegen suchen wir alle nur
blinzelnd so daran vorbeizukommen, in
Furcht sogar, uns zu verbrennen.
JOHANN WOLFGANG VON GOETHE

Die Menschen verdrießt's, daß das Wahre so
einfach ist; sie sollten bedenken, daß sie
noch Mühe genug haben, es praktisch zu
ihrem Nutzen anzuwenden.
JOHANN WOLFGANG VON GOETHE

Die Wahrheit widerspricht unserer Natur,
der Irrtum nicht, und zwar aus einem sehr
einfachen Grunde: Die Wahrheit fordert, daß
wir uns für beschränkt erkennen sollen; der
Irrtum schmeichelt uns, wir seien auf ein oder
die andere Weise unbegrenzt.
JOHANN WOLFGANG VON GOETHE

Einer neuen Wahrheit ist nichts schädlicher
als ein alter Irrtum.
JOHANN WOLFGANG VON GOETHE

Es ist ganz einerlei, ob man das Wahre oder
das Falsche sagt: Beidem wird
widersprochen.
JOHANN WOLFGANG VON GOETHE

Wer gegen sich selbst und andere wahr ist
und bleibt, besitzt die schönste Eigenschaft
der größten Talente.
JOHANN WOLFGANG VON GOETHE

Wahrheitsliebe zeigt sich darin, daß man
überall das Gute zu finden und zu schätzen
weiß.
JOHANN WOLFGANG VON GOETHE

Das Falsche hat den Vorteil, daß man immer
darüber schwätzen kann; das Wahre muß
gleich genutzt werden, sonst ist es nicht da.
JOHANN WOLFGANG VON GOETHE

Der Irrtum wiederholt sich immerfort in der
Tat. Deswegen muß man die Wahrheit
unermüdlich in Worten wiederholen.
JOHANN WOLFGANG VON GOETHE

Das Volk bedarf anschaulicher und nicht
begrifflicher Wahrheiten.
ANTOINE DE RIVAROL

Was einer im Reiche der Wahrheit erwirbt,
hat er allen erworben.
FRIEDRICH VON SCHILLER

Wir gelangen nur selten anders als durch
Extreme zur Wahrheit.
FRIEDRICH VON SCHILLER

Wahrheit ist eine widerliche Arznei; man
bleibt lieber krank, ehe man sich entschließt,
sie einzunehmen.
AUGUST VON KOTZEBUE

Wahrheit

Wer reine Wahrheit zu reden wagt, sollte sogleich seinen Stockknopf mit Gift füttern.
JOHANN GOTTFRIED SEUME

Wahrheit allein verwundet.
NAPOLEON BONAPARTE

Alle Wahrheit ist uralt.
NOVALIS

Der Mensch besteht in der Wahrheit. Gibt er sie preis, so gibt er sich selbst preis.
NOVALIS

Was man dem Volk dreimal sagt, hält das Volk für wahr.
HEINRICH VON KLEIST

Ein ehrlicher Mensch spricht die Wahrheit, obwohl sie verletzen mag; ein eitler, damit sie es tut.
WILLIAM HAZLITT

Nichts ist so mächtig wie die Wahrheit, und nur selten ist etwas so eigenartig.
DANIEL WEBSTER

Wer die Bettdecke von der schlummernden Wahrheit wegzieht, den nennt man einen Ruhestörer.
LUDWIG BÖRNE

Wie glücklich wäre ich, wenn ich die Wahrheit oder das, was ich dafür halte, verbreiten könnte, ohne einem Menschen dadurch wehe zu tun! Aber wie vermöchte ich das?
LUDWIG BÖRNE

Die Wahrheit ist keine Dirne, die sich denen an den Hals wirft, welche ihrer nicht begehren; vielmehr ist sie eine so spröde Schöne, daß selbst wer ihr alles opfert, noch nicht ihrer Gunst gewiß sein darf.
ARTHUR SCHOPENHAUER

Jede Wahrheit kommt dem zu früh, der jede zu spät erkennt.
CARL GUSTAV JOCHMANN

Der Wein und die Wahrheit sind sich nur insofern ähnlich, als man mit beiden anstößt.
MORITZ GOTTLIEB SAPHIR

Man muß das Wahre immer wiederholen, weil auch der Irrtum um uns herum immer wieder gepredigt wird, und zwar nicht von einzelnen, sondern von der Masse.
JOHANN PETER ECKERMANN

Die Wahrheit ist nie trostlos.
LEOPOLD VON RANKE

Mit dem besten Willen der Treuherzigkeit kann kein Mensch über sich selbst die Wahrheit sagen.
HEINRICH HEINE

Es gibt Wahrheiten, die können durch das Wort weitergegeben werden. Bei anderen, die tiefer sind, ist das niemals möglich, nicht einmal durch das Schweigen.
RABBI PINCHAS VON KOZK

Das Äußerste, was man von einem Gentleman verlangen kann, ist, daß er einer Lüge unfähig ist. Er meint stets, was er sagt, und sagt, was er meint, wenn auch immer in höflicher Form. Weder Messer und Pistole noch Geschenke und Schmeicheleien werden je auch nur den geringsten Eindruck auf sein Votum oder sein Wort machen; denn er ist ein Mann der Wahrheit und wird wahrheitsgetreu reden und handeln bis zu seinem Tode.
RALPH WALDO EMERSON

Zeit ist kostbar, aber Wahrheit ist kostbarer als Zeit.
BENJAMIN DISRAELI

Die Wahrheit gewinnt mehr durch die Irrtümer eines Menschen, der mit gebührendem Studium und gewissenhafter Vorbereitung für sich selber denkt, als durch die richtigen Meinungen derer, die an ihnen nur festhalten, weil sie sich nicht zu denken gestatten.
JOHN STUART MILL

In den großen praktischen Angelegenheiten des Lebens ist die Wahrheit so sehr eine Frage der Versöhnung und Vereinigung von Gegensätzen, daß nur sehr wenige Geister genügend weit und unparteiisch sind, um bei der Ausgleichung annähernd das Richtige zu treffen.
JOHN STUART MILL

Wahrheit

Wahrheit geht über Rücksicht.

FRIEDRICH THEODOR VISCHER

Der Geist und nicht der Buchstabe ist die Wahrheit.

FRIEDRICH THEODOR VISCHER

Lernt das Volk die Wahrheit kennen, so wird es frei.

ABRAHAM LINCOLN

Man kann ebenso gut zu tief als zu oberflächlich sein und vergessen, daß die Wahrheit nicht immer in einem tiefen Brunnen, sondern oft dicht vor unseren Augen liegt und daß man durch ein allzu eifriges Sich-Verbohren in einen Gegenstand seinen Gedanken die Kraft nimmt.

EDGAR ALLAN POE

Wahrheit verletzt nie den, der sie spricht.

ROBERT BROWNING

Wer die Wahrheit liebhat, der wird doch nicht jeden ersten besten nach seiner Meinung fragen. Hätten wohl Kolumbus oder Kopernikus die Existenz Amerikas oder die Umdrehung der Erde von einer Abstimmung abhängig gemacht?

ALEXANDR HERZEN

Niemand spricht eine Wahrheit aus, die er nicht mit einem Irrtum verzollen müßte.

FRIEDRICH HEBBEL

Nur die Wahrheit, die dich erbaut, ist Wahrheit für dich.

SØREN KIERKEGAARD

Die lautere Wahrheit sprechen ist so wie einen klaren Stil schreiben; weniger eine Sache des Wollens als der Gewöhnung, der Übung und der Vervollkommnung einer Naturanlage.

JOHN RUSKIN

Es bleibt jedermann anheimgestellt, dasjenige zum Ausdruck zu bringen, was er als Wahrheit erkannt hat. Jeder steuere sein Körnchen Erkenntnis bei und überlasse es den verschiedenen zusammenwirkenden Faktoren, ihre Resultate zu zeitigen.

HERBERT SPENCER

Unwahrheit ist so einfach, Wahrheit so schwierig.

GEORGE ELIOT

Was die Menschen beherrscht, ist die Furcht vor der Wahrheit.

HENRI FRÉDÉRIC AMIEL

Wahrheit wird den Menschen nur übermittelt, wenn sie in die Tat umgesetzt wird.

LEW N. GRAF TOLSTOJ

Das Leben ist ein und dasselbe in allem was lebt, und du selbst stellst nur einen Teil dieses einen Lebens dar. Und nur in diesem einen Teil des Lebens, in dir selbst, kannst du das Leben schlechter oder besser machen, größer oder kleiner.

LEW N. GRAF TOLSTOJ

Die einfachste und bekannteste Wahrheit erscheint uns augenblicklich neu und wunderbar, sobald wir sie zum ersten Mal an uns selbst erleben.

MARIE VON EBNER-ESCHENBACH

Wir suchen die Wahrheit, finden wollen wir sie aber nur dort, wo es uns beliebt.

MARIE VON EBNER-ESCHENBACH

Manche Wahrheiten sollen nicht gesagt werden, manche brauchen's nicht, manche müssen es.

WILHELM BUSCH

Die Wahrheit ist nicht eine Lehre, ein Wissen, sondern ein Weg und ein Leben.

CARL HILTY

Kein wahrer Gentleman wird die reine Wahrheit in Anwesenheit von Damen sprechen.

MARK TWAIN

Wahrheit ist unser kostbarster Besitz. Laßt uns sparsam mit ihm umgehen.

MARK TWAIN

Eine alte Wahrheit läßt die Menschen gleichgültig, und gegen eine neue sträuben sie sich.

DANIEL SPITZER

Wahrheit

Wahrheiten werden, solange man sie nicht begreift, Dummheiten genannt.

DANIEL SPITZER

Die Wahrheit im gewöhnlichen Sinne gibt keinen Maßstab für die künstlerische Wahrheit.

KONRAD FIEDLER

Der Besitz der Wahrheit ist keineswegs Selbstzweck, sondern ein Mittel zur Befriedigung irgendeines Lebensbedürfnisses.

WILLIAM JAMES

Es ist nicht die Wahrheit, welche den Menschen beglückt, sondern der Grad des Vertrauens, den er auf eine vermeintliche Wahrheit setzt.

FRIEDRICH VON HELLWALD

Nicht alles, was wahr ist, müssen wir sagen, aber alles, was wir sagen, muß wahr sein.

PETER ROSEGGER

Der Besitz der Wahrheit ist nicht schrecklich, sondern langweilig – wie jeder Besitz.

FRIEDRICH NIETZSCHE

In den Bergen der Wahrheit kletterst du nie vergebens.

FRIEDRICH NIETZSCHE

Niemand stirbt jetzt an tödlichen Wahrheiten: es gibt zu viele Gegengifte.

FRIEDRICH NIETZSCHE

Was sind denn zuletzt die Wahrheiten des Menschen? Es sind die unwiderlegbaren Irrtümer des Menschen.

FRIEDRICH NIETZSCHE

Viele Menchen sagen die Wahrheit nur dann, wenn sie damit eine Bosheit verknüpfen können.

OTTO VON LEIXNER

Man feilscht nicht um der Wahrheit!

AUGUST STRINDBERG

Wahrheiten, die man behalten will, muß man recht oft ausgeben.

FRANZ VON SCHÖNTHAN

Eine Wahrheit hört auf, wahr zu sein, wenn sie von mehr als einer Person geglaubt wird.

OSCAR WILDE

Die reine Wahrheit wird häufiger als alles andere der Übertreibung beschuldigt.

JOSEPH CONRAD

In toten Buchstaben lebt die Wahrheit nie, nur im lebendigen Wesen. Und auch da ist sie flüchtig, wie Glück und Jugend.

CARL HAUPTMANN

Die Wahrheit triumphiert nie; ihre Gegner sterben nur aus.

MAX PLANCK

Es ist immer die beste Politik, die Wahrheit zu sagen, es sei denn, daß man ein ungewöhnlich guter Lügner ist.

JEROME K. JEROME

Die Wahrheit hat ein großes und anspruchsvolles Gefolge. Wer sie einläßt, muß auch ihre Begleiter bewirten.

M. HERBERT

An der ganzen Wahrheit stirbt man nicht – aber an der halben.

M. HERBERT

Weshalb sind die Menschen so renitent gegen Wahrheiten? Damit sie nicht bei den vielen Unwahrheiten, die man ihnen als Wahrheit auftischt, Schaden leiden.

PETER ALTENBERG

Die nackte und ungenierte Wahrheit ist immer unerfreulich.

JAMES GIBBONS HUNEKER

Sei ein Wahrheitsfelsen, an dem sich die Lüge bricht!

ELEONORE VAN DER STRATEN-STERNBERG

Es ist mir nicht um der Wahrheit wegen um die Wahrheit zu tun, sondern meinetwegen.

ALFRED NORTH WHITEHEAD

In Tatsachen gekleidet fühlt die Wahrheit sich eingeengt. Im Gewande der Dichtung bewegt sie sich leicht und frei.

RABINDRANATH TAGORE

Wahrheit

Der Strom der Wahrheit fließt durch Kanäle von Irrtümern.

RABINDRANATH TAGORE

Der Mensch schreitet nicht vom Irrtum zur Wahrheit fort, sondern von Wahrheit zu Wahrheit, von der tieferen zur höheren Wahrheit.

SWAMI VIVEKANANDA

Wir können uns nur dann schmeicheln, eine Wahrheit verstanden zu haben, wenn wir nicht anders können, als unser ganzes Leben nach ihr zu gestalten.

MAURICE MAETERLINCK

Wahrheit ist ein Kleinod, das nicht übermalt werden darf. Sie kann aber vorteilhaft eingefaßt und in gutes Licht gesetzt werden.

GEORGE DE SANTAYANA

Die Wahrheit aller Länder ist nur in Dachkammern vorhanden.

HERMANN BAHR

Die Wahrheit muß von Anbeginn in jedem Menschen sein, da sie sonst nie von jemand hätte erkannt werden können.

HERMANN STEHR

Das ist das Furchtbare an der Wahrheit: daß man sie mit Lügen nähren kann.

RUDOLF G. BINDING

Wir haben fast den Zustand erreicht, in dem man nicht die Wahrheit sagen kann, ohne indiskret zu sein.

KIN HUBBARD

Alle meine Erfahrungen haben mich davon überzeugt, daß es keinen anderen Gott gibt als die Wahrheit.

MAHATMA GANDHI

Schädliche Wahrheit, ich ziehe sie dem nützlichen Irrtum vor. Wahrheit heilt den Schmerz, den sie vielleicht in uns erregt.

ANDRÉ GIDE

Die Wahrheit ist verschieden, nicht an sich, aber für verschiedene Zeitalter ebenso wie für verschiedene Menschen und verschiedene Perioden im Leben eines Individuums.

ROBERT REININGER

Die Wahrheit wird nur von Charaktermenschen gern angenommen, anderen bereitet sie Schmerzen. Sie lassen sich lieber belügen.

WILHELM WEBER-BRAUNS

Eine Wahrheit kann erst wirken, wenn der Empfänger für sie reif ist. Nicht an der Wahrheit liegt es daher, wenn die Menschen noch so voller Unweisheit sind.

CHRISTIAN MORGENSTERN

Fluch der Wahrheit: gewaltige Urheber zu haben und die denkbar ungeschicktesten Verbreiter.

RODA RODA

Den Geistern unserer Epoche kann Wahrheit nur durch die Wissenschaft übermittelt werden.

ALEXIS CARREL

Was nicht auf Wahrheit aufgebaut ist, kann sich nur durch Gewalt und Tücke aufrechterhalten.

HENRI BARBUSSE

Wahrheitsliebe ist die seltenste aller amourösen Bindungen.

ALFRED POLGAR

Anfang alles wertvollen geistigen Lebens ist der unerschrockene Glaube an die Wahrheit und das offene Bekenntnis zu ihr. Auch die tiefste religiöse Erkenntnis liegt nicht außerhalb des Denkens.

ALBERT SCHWEITZER

Nicht auf das, was geistreich, sondern auf das, was wahr ist, kommt es an.

ALBERT SCHWEITZER

So stark wie der Wille zur Wahrheit muß der zur Wahrhaftigkeit sein. Nur eine Zeit, die den Mut der Wahrhaftigkeit aufbringt, kann Wahrheit besitzen, die als geistige Kraft in ihr wirkt.

ALBERT SCHWEITZER

Die Wahrheit würde beliebter werden, wenn sie nicht immer unangenehme Tatsachen ausdrückte.

HENRY S. HASKINS

Wahrheit

Die Wissenschaft sucht die Wahrheit, weil sie sich nicht im Besitze derselben fühlt. Die Kirche hat die Wahrheit, und darum sucht sie sie nicht.

C. G. JUNG

Der Schönheit öffnet sich jede Türe, vor der Wahrheit schlägt man sie zu.

LISA WENGER

Von jeder Wahrheit ist das Gegenteil ebenso wahr.

HERMANN HESSE

Wenn die Stunde der Wahrheit kommt, gibt es nur eines: lügen, lügen, lügen.

FERENC MOLNÁR

Man ist immer unartig, wenn man die Wahrheit sagt.

ROBERT WALSER

Einer, dem es an Mut zur Wahrheit mangelt und der stets bereit ist, an die Unwahrheit Zugeständnisse zu machen, ist niemals ein Mann, der neue Straßen ins Leben sprengt.

LU XUN

Niemand hat die Wahrheit. Wir alle suchen sie.

KARL JASPERS

Wahrheit und Freiheit gehören zusammen wie Lüge und Gewalt. Nur Wahrhaftigkeit kann die freie Welt verbinden. Ohne Wahrhaftigkeit ist sie verloren. Freiheit und Lüge schließen sich aus.

KARL JASPERS

Die Wahrheit beginnt zu zweien.

KARL JASPERS

Die Wahrheit muß stets gegenwärtig sein, um manchmal geäußert zu werden.

KAHLIL GIBRAN

Es gehören zwei dazu, die Wahrheit zu entdecken; einer, der sie ausspricht, und einer, der sie versteht.

KAHLIL GIBRAN

Wer immer die Wahrheit sagt, kann es sich leisten, ein schlechtes Gedächtnis zu haben.

THEODOR HEUSS

Das beste Heil- und Stärkungsmittel gegen alle seelischen Gebrechen ist die Liebe zur Wahrheit.

JAKOW TRACHTENBERG

Wer nach der Wahrheit lechzt, lechzt nach dem Schmerz.

JAKOW TRACHTENBERG

Die Wahrheit ist zu nackt; sie erregt die Menschen nicht.

JEAN COCTEAU

Man darf die Wahrheit nicht mit der Mehrheit verwechseln.

JEAN COCTEAU

Die besten Wahrheiten sind die leisesten.

KAREL ČAPEK

Die Unfähigkeit, die Wahrheit nicht zu finden und sie nicht auszusprechen, ist ein Mangel, der sich auch mit der größten Kunst nicht verdecken läßt, die Unwahrheit zu sagen.

BORIS PASTERNAK

Die Wahrheit ist bei Gott, die Wahrhaftigkeit beim Menschen.

FRANK THIESS

Alle klugen Leute wissen, daß die Wahrheit keine Hauptspeise ist, sondern ein Gewürz.

CHRISTOPHER MORLEY

Wer die Wahrheit nicht wohl zu empfangen bereit ist, der wundere sich nicht, wenn die Lüge ihn heimsucht.

LUDWIG STRAUSS

Wer mit der Wahrheit prahlt, hat sie schon verraten.

OTTO MICHEL

Groß ist die Wahrheit, größer jedoch – vom praktischen Gesichtspunkt – deren Verschweigen.

ALDOUS HUXLEY

Das Wahre bleibt immerdar wahr und wird sich auch gegen die gescheitesten Auffassungen behaupten.

LIN YUTANG

Wahrheit

Eine Wahrheit kann nicht erschaffen, sondern nur wahrgenommen werden.

PARAMHANSA YOGANANDA

Wer die Wahrheit liebt, der urteilt scharf, vorausgesetzt, daß er das darf.

EUGEN ROTH

Die Wahrheit ist kein Wissen, sondern ein Zustand.

FRITZ USINGER

Man soll keine neuen Dinge sagen wollen; man muß wahre Dinge sagen und wäre es Wiederholung.

HENRY DE MONTHERLANT

Die Gefahr bei der Suche nach Wahrheit liegt darin, daß man sie manchmal findet.

WILLIAM FAULKNER

Die Wahrheit ist nicht darauf angewiesen, von uns entdeckt zu werden.

KARL HEINRICH WAGGERL

Wenn die Wahrheit zu schwach ist, sich zu verteidigen, muß sie zum Angriff übergehen.

BERT BRECHT

Es ist List nötig, damit die Wahrheit verbreitet wird.

BERT BRECHT

Wahrheit, in Pfennige umgetauscht – ein Haufen Kleingeld.

LUDWIG FRIEDRICH BARTHEL

Mach dich gegen den Sturm klein, aber bring deine Wahrheit durch.

HANNS EISLER

Alte Wahrheiten wirklich verstehen heißt, sie neu entdecken.

CHARLES TSCHOPP

Wahrheit liegt in Mitte und Maß – nur nicht im Mittelmaß.

PETER MAX BOPPEL

Wir lieben die Wahrheit, solange sie uns gleichgültig läßt.

SIMONE WEIL

Wer andere von einer Wahrheit überzeugen will, der muß mit den Suchenden suchen und leiden.

LUISE RINSER

Die Wahrheit über einen Menschen liegt in der Regel halbwegs zwischen seinem Ruf und seinem Nachruf.

ROBERT LEMBKE

Die Wahrheit ist keine Tugend, sondern eine Leidenschaft. Deshalb ist sie niemals barmherzig.

ALBERT CAMUS

Die alte Wahrheit ist zerschlissen worden, so daß man sie gewendet hat.

LJUBIŠA MANOJLOVIĆ

Reinen Wein einschenken; die Wahrheit panschen.

GÜNTHER CWOJDRAK

Man kann die Wahrheit nicht ins Feuer werfen – sie ist das Feuer.

FRIEDRICH DÜRRENMATT

Jeder hat nur seine eigene Wahrheit.

KARL THEODOR VON UND ZU GUTTENBERG

Die Fackeln der Wahrheit haben im Laufe der Geschichte schon manchen Flächenbrand verursacht.

ROBERT MUTHMANN

Wahrheiten sind Lügen mit sehr langen Beinen.

WOLFRAM WEIDNER

Wahrheiten, bei denen sich kein Balken biegt, sind Lügen.

HELMUT LAMPRECHT

Damit sie ihm nicht glaubten, sagte er kompromißlos die Wahrheit.

KURTMARTIN MAGIERA

Die Wahrheit ist einfallslos.

HANNS-DIETRICH VON SEYDLITZ

Wahrheit ist Lüge genug.

GUIDO HILDEBRANDT

Wahrheit

Wer die Wahrheit hören will, den sollte man vorher fragen, ob er sie ertragen kann.

ERNST R. HAUSCHKA

Auch die Wahrheit kann in schlechte Gesellschaft kommen.

GERHARD BRANSTNER

Die Wahrheit fängt man nicht mit Speck.

GERHARD BRANSTNER

Wenn es gegen die Wahrheit geht, sind sich alle Lügen einig.

GERHARD BRANSTNER

Der Mensch lebt nicht vom Brot allein. Wie wahr! Aber kann man von der Wahrheit leben?

GABRIEL LAUB

Die nackte Wahrheit umkleiden wir immer mit schönen Worten.

GERHARD UHLENBRUCK

Das wahre Glück ist die Wahrheit mit der kürzesten Lebensdauer.

GERHARD UHLENBRUCK

Aus einem Körnchen Wahrheit kann schnell Sand im Getriebe werden.

GERHARD UHLENBRUCK

Alles hat seinen Preis auf Erden, die Wahrheit hat einen besonders hohen Preis, und wer auf sie angewiesen ist hier auf Erden, der muß eben bezahlen.

HORST DRESCHER

Die gebräuchlichste Waffe, mit der man sich gegen die Wahrheit zur Wehr setzt, ist das Vorurteil.

HELLMUT WALTERS

Bei der Sezierung einer Wahrheit wurden zwei große Lügen entdeckt.

MILOVAN ILIĆ

Die Wahrheit kann eine präzise Lüge sein.

VYTAUTAS KARALIUS

Doppelzüngler teilen jede Wahrheit.

HORST FRIEDRICH

Manche Geschichten sind so wahr, daß man sie nicht glauben möchte.

BERND WEINKAUF

Die Wahrheit kann man nicht bemänteln; sie erscheint nackt oder im Narrenkostüm.

WOLFGANG PAULICK

Auch bei Wahrheiten lohnt es sich, auf das Verfallsdatum zu achten.

WERNER MITSCH

Bedenke bei der Suche nach der Wahrheit, daß du den Glauben an sie auf dem Weg dorthin verlieren könntest.

ELISABETH HABLÉ

Irgendwo hat alles ein Ende, auch die Wahrheit.

EGBERT SCHEESKRACH

Wer sich widerspricht, kommt der Wahrheit näher.

HARTMUT LANGE

Es stimmt, nun prüfe, ob es auch wahr ist.

PETER TILLE

Solange die Löwen nicht ihre eigenen Historiker haben, werden die Jagdgeschichten weiterhin den Jäger verherrlichen.

EDUARDO GALEANO

Die Halbwahrheit ist die große Schwester der Lüge.

MANFRED STRAHL

Die Wahrheit liegt in der Mitte. Begraben.

HANS-HORST SKUPY

Nur die nackte Wahrheit geht mit keiner Mode.

ANDRÉ BRIE

Die Wahrheit lügt in der Mitte.

ANDRÉ BRIE

Wer eine Wahrheit sagen will, muß lügen lernen; zumal es kein Beweis von Größe ist, niemals zu lügen, indem man es gar nicht kann.

ROLF NIEDERHAUSER

Weisheit

Weisheit

Weisheit ist keine Medizin zum Hinunterschlucken.

Sprichwort aus Zaire

Jugend und Schönheit besitzen selten Weisheit.

HOMER

Für zu viel Weisheit zahlt der Mensch mit zu viel Schmerz.

EURIPIDES

Große Weisheit macht sicher und frei, kleine Weisheit ist Tyrannei.

DSCHUANG DSE

Nicht durch Alter, sondern durch Fähigkeit erreicht man Weisheit.

PLAUTUS

Der Stein, den die Bauleute verworfen haben, der ist zum Eckstein geworden.

PSALMEN 118,22

Die Weisheit ist immer mit dem zufrieden, was da ist, sie ist sich ihrer nie überdrüssig.

CICERO

Weisheit ist die Kenntnis menschlicher und göttlicher Dinge und der Ursachen, durch die sie im Zaume gehalten werden.

CICERO

Niemand war je durch Zufall weise.

SENECA

Nur die Menschen, die für die Weisheit Zeit haben, sind frei von Unruhe. Sie allein leben.

SENECA

Weisheit kann Angst nicht bannen, Angst jedoch kann Weisheit bannen.

MAHABHARATA

Klugheit betrachtet die Wege zur Glückseligkeit; Weisheit aber betrachtet den Inbegriff der Glückseligkeit selbst.

THOMAS VON AQUIN

Große Weisheit ist es, sich im Handeln nicht zu überstürzen und nicht hartnäckig auf der eigenen Meinung zu bestehen.

THOMAS VON KEMPEN

All unsere Weisheit, sofern sie wirklich den Namen Weisheit verdient und wahr und zuverlässig ist, umfaßt im Grunde eigentlich zweierlei: Die Erkenntnis Gottes und unsere Selbsterkenntnis.

JEAN CALVIN

Ein Bücherwurm gibt oft angelesene Weisheit als seine eigene aus.

SCHU SCHUEHMOU

Das deutlichste Anzeichen von Weisheit ist anhaltende gute Laune.

MICHEL DE MONTAIGNE

Rückzug ist nicht Flucht; Abwarten, wenn Gefahr die Hoffnung übertrifft, ist nicht Weisheit. Es ist Aufgabe der Weisen, sich für den Morgen zu erhalten und nicht alles an einem Tage zu wagen.

MIGUEL DE CERVANTES

Weise sein und lieben vermag kein Mensch, nur Götter können's üben.

WILLIAM SHAKESPEARE

Besser ein weiser Tor als ein törichter Weiser.

WILLIAM SHAKESPEARE

Die höchste Weisheit ist, nicht stets weise zu sein.

MARTIN OPITZ

Weisheit ist für die Seele, was Gesundheit für den Körper bedeutet.

LA ROCHEFOUCAULD

Der Weise ist auf alle Ereignisse vorbereitet.

MOLIÈRE

Es ist nicht weise, von anderen mehr Treue zu erwarten als von sich selbst.

CHRISTINE VON SCHWEDEN

Die Weltweisheit ändert und bessert die Menschen nicht.

CHRISTINE VON SCHWEDEN

Weisheit

Ein kluger Mensch kann einen Teil seiner Weisheit am nützlichsten dafür einsetzen, daß er mehr oder weniger errät, was andere über ihn denken. Es ist gefährlich, etwas teilweise zu erraten, und bedrückend, richtig zu raten.

LORD HALIFAX

Weisheit ist nichts anderes als die Wissenschaft der Glückseligkeit, so uns nämlich zur Glückseligkeit zu gelangen lehrte.

GOTTFRIED WILHELM LEIBNIZ

Erfahrung ist der Vater der Weisheit und Erinnerung ihre Mutter.

THOMAS FULLER

Vor nichts habe ich mich mein Leben lang mehr gescheut, als allein weise zu sein, worin ich immer die gefährliche Alternative sah, entweder Gott zu werden oder ein Narr.

GIAMBATTISTA VICO

Weise sein heißt, die Narren und Bösen meiden.

VOLTAIRE

Die Jugend ist die Zeit, Weisheit zu lernen. Das Alter ist die Zeit, sie auszuüben.

JEAN-JACQUES ROUSSEAU

Der Mensch ist nicht im Besitz der Weisheit, die allein bei Gott ist, sondern schätzt sie allenfalls, ohne sonderlich nach ihrem Besitz zu streben, weil sie für ihn unerreichbar ist.

IMMANUEL KANT

Ich nehme auch Weisheit nicht ohne Mißtrauen an. Die Schrift sagt: Gottesfurcht ist aller Weisheit Anfang. Ich meine: Menschenfurcht.

CHAMFORT

Wir haben keine Worte, mit dem Dummen von Weisheit zu sprechen. Der ist schon weise, der den Weisen versteht.

GEORG CHRISTOPH LICHTENBERG

Er verschluckte viel Weisheit, es war aber, als wenn ihm alles in die unrechte Kehle gekommen sei.

GEORG CHRISTOPH LICHTENBERG

Die Weisheit ist nur in der Wahrheit.

JOHANN WOLFGANG VON GOETHE

Die schönste Weisheit selbst wird in dem Munde eines erfahrenen Alten lästig, wenn er bei seinen Sprüchen, Ermahnungen und Urteilen vergißt, wie vielen Anteil sein Alter daran hat.

FRIEDRICH MAXIMILIAN KLINGER

Die Straße der Maßlosigkeit führt zum Palast der Weisheit.

WILLIAM BLAKE

Die größte Weisheit verrät sich in der einfachen und natürlichen Einrichtung der Dinge, und man erkennt sie nicht, eben weil alles so einfach und natürlich ist.

JOHANN PETER HEBEL

Der Gehorsam ist der Anfang der Weisheit.

GEORG WILHELM FRIEDRICH HEGEL

Der Weise ist sein eigener bester Gehilfe.

SIR WALTER SCOTT

Der Schmerz ist der Vater und die Liebe die Mutter der Weisheit.

LUDWIG BÖRNE

Ich liebe die Weisheit mehr als sie mich liebt.

LORD BYRON

Die Weisheit wird nicht angeboren, sondern erworben.

JEREMIAS GOTTHELF

Wenn man die Weisheit in der Schule des Unglücks lernt, da setzt es harte Prüfungen ab.

JOHANN NESTROY

Weise will ein jeder sein, niemand will es werden.

ERNST VON FEUCHTERSLEBEN

Nicht durch Zwang oder Strenge wirst du die wahre Weisheit erlangen, sondern durch Hingabe und kindlichen Frohsinn.

HENRY DAVID THOREAU

Ein einziges Tischgespräch mit einem Weisen ist besser als zehnjähriges Bücherstudium.

SAMUEL LONGFELLOW

Weisheit

Es gibt keine neue Weisheit, und der ist der Weiseste, der dies weiß und danach handelt.

THEODOR FONTANE

Die menschliche Weisheit besteht nicht im Wissen der Dinge, sondern darin, die Ordnung der Dinge zu kennen, die zu wissen gut ist, sie besteht darin, seine Kenntnisse nach ihrer Wichtigkeit einteilen zu können.

LEW N. GRAF TOLSTOJ

Das Höchste menschlicher Weisheit ist, einzusehen, daß alle Behauptungen nur bedingt und relativ, nur unter Umständen wahr sind.

ROBERT HAMERLING

Der Weise ist selten klug.

MARIE VON EBNER-ESCHENBACH

Man kann weise sein aus Güte und gut aus Weisheit.

MARIE VON EBNER-ESCHENBACH

Die Schwelle zum Tempel der Weisheit ist die Erkenntnis unserer eigenen Unwissenheit.

CHARLES H. SPURGEON

Klugheit erwirbt auch das Tier, Weisheit ist die Klugheit der Hochgesinnten.

GEORG EBERS

Die Kunst der Weisheit besteht darin, zu wissen, was man übersehen muß.

WILLIAM JAMES

Langsam aber sicher verwirklicht die Menschheit die Träume der Weisen.

ANATOLE FRANCE

Wie der Mond zeigt der Weise der Welt nur seine leuchtende Seite.

JOHN CHURTON COLLINS

Die Wohlerzogenen widersprechen anderen; die Weisen widersprechen sich selbst.

OSCAR WILDE

Die Weisheit eines Menschen mißt man nicht nach seiner Erfahrung, sondern nach seiner Fähigkeit, Erfahrungen zu machen.

GEORGE BERNARD SHAW

Der Weise stirbt nicht, er löscht aus, er verlöscht.

PETER ALTENBERG

Erst wenn die Klugheit ihre Verschlagenheit verliert, wird sie zur Weisheit.

RABINDRANATH TAGORE

Die Weisheit liegt im Ohr – und nicht im Munde.

ERNST HOHENEMSER

Weisheit ist nicht so sehr das Wissen darum, was schließlich zu tun ist, sondern darum, was zunächst getan werden soll.

HERBERT HOOVER

Weisheit kann auch geistige Erkenntnis genannt werden.

HAZRAT INAYAT KHAN

Weisheit sind weder Sätze noch Definitionen; eher Beziehungen.

JOSEF ČAPEK

Die Weisheit ist Grabstätte für die Dummheit.

JAKOW TRACHTENBERG

Es gibt keine neuen Weisheiten, es gibt nur alte Weisheiten in neuer Form.

FRIEDL BEUTELROCK

Weise sein heißt, vor allem sich klar sehen.

HUGO SONNENSCHEIN

Unbeugsamkeit und Güte sind gleich wirksam, wenn sie mit Weisheit angewendet werden.

PARAMHANSA YOGANANDA

Auch der Weiseste ist nur ein oft gebrannter Narr.

KARL HEINRICH WAGGERL

Weisheit und Wissen – welcher Unterschied! Das erste kommt von Gott, das zweite aus den Büchern.

HEINZ STEGUWEIT

Es gibt Leute, die weiser werden, wenn man ihnen den Kopf abschlägt.

HANS BRÄNDLI

Mir will scheinen, daß der Weise immer mehr zu fragen als zu sagen hat.

HANS-HASSO VON VELTHEIM-OSTRAU

Was ich die Sünde wider den heiligen Geist nenne – die Anmaßung des Dreiviertelgebildeten –, das ist das Phrasendreschen, das Vorgeben einer Weisheit, die wir nicht besitzen.

SIR KARL RAIMUND POPPER

Der Mensch braucht nur zu sammeln, was die Leute wegwerfen oder nicht beachten, und er kann die Weisheit säckeweise von der Straße hereintragen.

FRITZ DIETTRICH

Weisheit ist eher Kraftlosigkeit als Erfahrung oder aber das eine wie das andere: konstatierte Kraftlosigkeit.

ATANAS DALTSCHEW

Der Weise sagt niemals, was er tut, aber er tut niemals etwas, was er nicht sagen könnte.

JEAN-PAUL SARTRE

Weisheit und Einfalt sind Schwestern.

JOSEF VIKTOR STUMMER

Weisheit ist nicht die Vollendung, sondern die Resignation der Klugheit.

HANS HABE

Die Weisheit ist ein Hut, zu Haus setzt man ihn ab.

HANS KASPER

Weisheit: Einmal besteht sie im Schweigen, dann wieder im Reden. Da soll sich einer auskennen, der kein Weiser ist.

ROBERT MUTHMANN

Der Weise geht sparsam mit der Narrheit um.

GERHARD BRANSTNER

Die Wahrheit kann traurig sein, die Weisheit nicht.

GERHARD BRANSTNER

Narrenweisheit ist immer noch besser als intellektuelle Dummheit.

MANFRED ROMMEL

Altersweisheit kommt nicht von selbst. Wer im Alter weise wird, muß in der Jugend gescheit gewesen sein.

GABRIEL LAUB

Weisheit ist, wenn man sich nichts mehr weismacht.

GERHARD UHLENBRUCK

Weisheit ist die Gelassenheit der Vernunft.

GERHARD UHLENBRUCK

Weisheit – das Gefühlsleben des Verstandes.

GERHARD UHLENBRUCK

Weisheit besteht darin, daß man die Dinge braucht, wenn sie da sind.

HELLMUT WALTERS

Vom Alter wird Weisheit vorausgesetzt, von der Jugend erhofft.

HORST FRIEDRICH

Meist kommt die Altersweisheit zu spät. Die Dummheiten des Lebens sind begangen.

NIKOLAUS CYBINSKI

So mancher Weise wurde mit dem Stein erschlagen, den er mühsam fand.

HANS-HORST SKUPY

Weisheit ja – aber warum gleich die Löffel mitfressen?

GÜNTER HARTMANN

Welt

Drei Freunde gibt es auf dieser Welt: Mut, Vernunft und Einsicht.

Nigerianisches Sprichwort

Wie ein wüst hingeschütteter Misthaufen ist die schönste, vollkommenste Welt.

HERAKLIT

Die ganze Welt ist die Heimat einer edlen Seele.

DEMOKRITOS

Welt

In der Welt habt ihr Angst, aber seid getrost, ich habe die Welt überwunden.

JOHANNES 16,33

Wir erkennen nur ein einziges Gemeinwesen für alle an: die Welt.

TERTULLIAN

Was häufig gesagt wird, ist durchaus richtig: die eine Hälfte der Welt weiß nicht, wie die andere lebt.

FRANÇOIS RABELAIS

Große Geister lesen die Welt wie ein Buch.

CHRISTINE VON SCHWEDEN

Die Welt lügt; sie verspricht, was sie nicht geben kann.

CLAUDINE DE TENCIN

Die Welt ist unser, weil wir sind.

JOHANN CHRISTOPH GOTTSCHED

Die Welt ist ein wunderschönes Buch, doch von geringem Nutzen für den, der nicht lesen kann.

CARLO GOLDONI

Wir leben in einer Welt, worin ein Narr viele Narren, aber ein weiser Mann nur wenige Weise macht.

IMMANUEL KANT

Die Welt will betrogen sein; es ist nicht jedermanns Sache, sich diesem Verlangen zu bequemen.

JOHANN GEORG HAMANN

Eine Welt ohne Gott ist ein Mensch ohne Kopf – ohne Herz, ohne Eingeweide, ohne Zeugungsteile.

JOHANN GEORG HAMANN

Die Welt ist gleich unschuldig, wenn du sie für schöner, als wenn du sie für häßlicher hältst, als sie ist. Nimm sie für das, was sie ist!

CHRISTOPH MARTIN WIELAND

Die Welt vor ihrem Gift zu warnen ist Pflicht, nicht Verdienst.

WILHELM LUDWIG WEKHRLIN

Wir sind nicht umsonst in diese Welt gesetzt; wir sollen hier reif für eine andere werden.

MATTHIAS CLAUDIUS

Die Welt muß noch nicht sehr alt sein, weil die Menschen noch nicht fliegen können.

GEORG CHRISTOPH LICHTENBERG

Die Welt ist eine Glocke, die einen Riß hat; sie klappert, aber klingt nicht.

JOHANN WOLFGANG VON GOETHE

Die Welt ist so leer, wenn man nur Berge, Flüsse und Städte darin denkt; aber hier und da jemand zu wissen, der mit uns übereinstimmt, mit dem wir auch stillschweigend fortleben, das macht dieses Erdenrund erst zu einem bewohnten Garten.

JOHANN WOLFGANG VON GOETHE

Wir mögen die Welt kennenlernen, wie wir wollen, sie wird immer eine Tag- und Nachtseite behalten.

JOHANN WOLFGANG VON GOETHE

Die Welt ist nicht schlimmer und nicht besser, als sie vor tausend Jahren war und nach tausend Jahren sein wird.

AUGUST VON KOTZEBUE

Man muß die Welt fliehen oder sich ihr nur triumphierend zeigen!

GERMAINE (MADAME) DE STAËL

Wie ein Gesicht schön wird dadurch, daß es Seele, so die Welt dadurch, daß sie einen Gott durchscheinen läßt.

WILHELM VON HUMBOLDT

Im Grunde kehrt alles Große in der Welt auch im Kleinen wieder, wenn man es nur erkennen will.

WILHELM VON HUMBOLDT

Die Liebe gebar die Welt, die Freundschaft wird sie wiedergebären.

FRIEDRICH HÖLDERLIN

Die Welt als Musik betrachtet, ist ein ewiger Tanz aller Wesen, ein allgemeines Lied alles Lebendigen und ein rhythmischer Strom von Geistern.

FRIEDRICH VON SCHLEGEL

Welt

Die äußere Welt liegt vor uns aufgeschlagen, um in ihr die Geschichte unseres Geistes wiederzufinden.

FRIEDRICH SCHELLING

Es gibt zwei Welten: Die Welt, die wir mit dem Lineal messen können, und die Welt, die wir mit unserem Herzen und unserer Phantasie empfinden.

LEIGH HUNT

Wer in der wirklichen Welt arbeiten und in der idealen leben kann, der hat das Höchste errungen.

LUDWIG BÖRNE

Die Welt ist ein Buch, und jeder Schritt, den wir auf ihr tun, öffnet uns darin eine neue Seite. Wer aber nur eine davon gelesen hat: was weiß der?

ALPHONSE DE LAMARTINE

Die Herrlichkeit der Welt ist immer adäquat der Herrlichkeit des Geistes, der sie betrachtet.

HEINRICH HEINE

Die Welt ist ein Geheimbund von Schurken gegen die wackeren Leute, von Gemeinen gegen die Edlen.

GIACOMO GRAF LEOPARDI

Ich bin über den Erdball gegangen wie durch den Garten eines Wohnanwesens, das mir gehört.

HONORÉ DE BALZAC

Die Welt ist die wahre Schule, denn da lernt man alles von selbst.

JOHANN NESTROY

Viele Weltverleumder sagen: Die Welt tät's, aber es gibt zu viele durch und durch schlechte Menschen drauf.

JOHANN NESTROY

Das Weib sieht tief, der Mann sieht weit. Dem Manne ist die Welt das Herz, dem Weibe ist das Herz die Welt.

CHRISTIAN DIETRICH GRABBE

Nur für die Erbärmlichsten ist die Welt erbärmlich, nur für die Leeren leer.

LUDWIG FEUERBACH

Der Jugend wird oft der Vorwurf gemacht, sie glaube immer, daß die Welt mit ihr erst anfange. Aber das Alter glaubt noch öfter, daß mit ihm die Welt aufhöre.

FRIEDRICH HEBBEL

Der Blick über die Welt hinaus ist der einzige, der die Welt versteht.

RICHARD WAGNER

Die Welt ist einmal, wie sie ist, und die Dinge verlaufen nicht, wie wir sie wollen, sondern wie die anderen wollen.

THEODOR FONTANE

Schön hat Gott die Welt gemacht, der Mensch soll sie gut machen.

ROBERT HAMERLING

Das Beste, was der Mensch aus der Welt mit nach Hause bringen kann, ist doch nur seine Bekanntschaft mit ihr.

WILHELM RAABE

Es ist merkwürdig: die Welt ist das größte Wunder und gerade an dieses wollen die Frommen nicht glauben.

DANIEL SPITZER

Die Welt ist dein Spiegel, und du bist der Spiegel der Welt.

CARMEN SYLVA

Die Welt ist mit so vielen Dingen gefüllt, daß wir alle glücklich wie Könige sein sollten.

ROBERT LOUIS STEVENSON

Die Welt ist ein Spiegel, worin ein jeder nur die eigene Seele sieht.

ISOLDE KURZ

Jeder von uns ist sein eigener Teufel, und wir machen uns diese Welt zur Hölle.

OSCAR WILDE

Vielleicht würde es um die Welt besser stehen, wenn die Menschen Maulkörbe und die Hunde Gesetze bekämen.

GEORGE BERNARD SHAW

Der Mensch erlitt die Welt, und die Mehrheit erleidet sie heute noch.

HEINRICH LHOTZKY

Welt

Wir leben in dieser Welt, solange wir sie lieben.

RABINDRANATH TAGORE

Weltschmerz? Nein, Weltironie.

ARTHUR SCHNITZLER

Die Welt hat nirgendwo Stillstand, außer in unserem Verstande.

CONSTANTIN BRUNNER

Das Weltbild eines jeden ist das Maß seiner Seele.

WALTHER RATHENAU

Der Erdball – ein Apfel, den man in der Hand halten kann.

PAUL CLAUDEL

Die Welt ist in Wirklichkeit völlig durchgeistigt; alles bis ins Kleinste wird von erstaunlichen Prinzipien und magischen Forderungen regiert und gerichtet.

KARL FOERSTER

Wer sich ein Bild von der Welt macht, der besitzt sie auch.

GILBERT KEITH CHESTERTON

Auf die Füße kommt unsere Welt erst wieder, wenn sie sich beibringen läßt, daß ihr Heil nicht in Maßnahmen, sondern in neuen Gesinnungen besteht.

ALBERT SCHWEITZER

Welt ist die ironische Selbstdarstellung Gottes.

LUDWIG GOLDSCHEIDER

Es zieht das Weltenuhrwerk sich von selber auf, es ist um uns, in uns, ein dauerndes Ab und Auf.

WALTER VON MOLO

Alles in der Welt ist merkwürdig und wunderbar für ein paar wohlgeöffnete Augen.

JOSÉ ORTEGA Y GASSET

Man kann über die Welt lachen, sie verachten, sie hassen; aber man darf sich mit ihr nicht entzweien.

JOHANNES JAKOB MOHR

Wie kann man sich über die Welt freuen, außer wenn man zu ihr flüchtet?

FRANZ KAFKA

Die Welt, aufgeteilt nach Weltmachtinteressen und durch Weltmachtinteressen parzelliert, kann freilich nichts anderes sein als Gegenstand von Intrigen, Schacher und letztendlich auch von Kriegen.

JOSEF ČAPEK

Das Weltgeschehen wird uns in dem Ausmaße verständlich, in dem wir es als ein Ganzes zu erfassen vermögen.

ARNOLD J. TOYNBEE

Die Welt gibt es gar nicht. Es gibt vielmehr vielerlei Welten: eine Sportwelt; eine politische Welt; eine Kunstwelt; eine Papageienliebhaberwelt; eine medizinische Welt; früher hat es auch einmal eine Halbwelt gegeben, die ist inzwischen um fünfzig Prozent aufgewertet worden... viele Welten gibt es. Jede Welt ist überzeugt, daß sie die eigentliche, die richtige, die Originalwelt sei.

KURT TUCHOLSKY

Wir sollten die Welt nicht begreifen wollen. Das ist unmöglich. Dafür hat die Schlange im Paradies gesorgt.

HORST WOLFRAM GEISSLER

Die Welt ist gestaltete Kraft. Die Welt ist krafterfüllte Form.

RICHARD N. GRAF COUDENHOVE-KALERGI

Eine Welt, in der der Dummheit eine so machtvolle Dauerposition eingeräumt ist, kann keine heile sein.

EUGEN GÜRSTER

Wer sich nicht nach der Welt richtet, wird von ihr gerichtet.

JACOB LORENZ

Auf dem Markt der Welt kann jeder billig kaufen, der sich mit dem Unbezahlbaren begnügt.

KARL HEINRICH WAGGERL

Welt ist Weite und langer Weg.

PETER CORYLLIS

Welt

Die Toten fehlen in der Welt so wenig wie die Ungeborenen.

KARL HEINRICH WAGGERL

Eine Welt, in der die Freude keinen Platz hat, muß untergehen.

ZENTA MAURINA

Der Mensch wird nur die Welt gewahr, die er schon in sich trägt.

ANTOINE DE SAINT-EXUPÉRY

Die Welt will, daß man ihr nach dem Munde redet – auch auf Kosten der Wahrheit.

JOSEF PIEPER

Die Welt ist nicht verrückt: nur ungeeignet für normale und sehr wohl geeignet für normalisierte Menschen.

STANISLAW JERZY LEC

Die Welt ist voller Geheimnisse. Wenn ich älter bin, werde ich sie ergründen.

ERWIN STRITTMATTER

Diese Welt ist absurd.

ALBERT CAMUS

Elend und Größe dieser Welt: Sie bietet keine Wahrheiten, sondern Liebesmöglichkeiten. Es herrscht das Absurde, und die Liebe errettet davor.

ALBERT CAMUS

Wird dem Wissenschaftler die Welt zum Rätsel, so wird sie dem Künstler zum Wunder. Er empfängt sein Weltbild aus dem überwältigenden Staunen vor dem Unfaßbaren.

JEANNIE EBNER

Der große Irrtum. Chaos war nicht Beginn. Chaos ist Ende.

WOLFDIETRICH SCHNURRE

Weder hat es gestern die gute alte Zeit gegeben, noch wird es morgen die bessere Welt geben.

KARL THEODOR VON UND ZU GUTTENBERG

Man sieht die Welt so, wie man ist.

WENDELIN SCHLOSSER

Auf der Bühne der Welt sind wir alle Debütanten.

SIEGFRIED LENZ

Die Welt ist eng geworden: dauernd stößt man auf sich selber.

MICHAIL M. GENIN

Im Festglanz erscheint die Welt denen, die sie wunschlos betrachten.

ELIE WIESEL

Gott schuf die Welt aus dem Nichts. Der Mensch befördert sie dorthin zurück.

HANNS-HERMANN KERSTEN

Beim Anblick der Welt fassen sich zwei an die Nase. Der eine wegen des Geruchs, der andere, weil er wissen will, ob er träumt.

WERNER SCHNEYDER

Viele verwechseln heile Welt mit heiler Provinz.

WERNER SCHNEYDER

Nicht die Welt macht diese Menschen, sondern die Menschen machen diese Welt.

ELISABETH HABLÉ

Die Welt als Fotolabor: während der Denkende sich ständig entwickelt, ist der Dumme sofort fixiert.

RICHARD MUNK

Die Welt ist in Ordnung. Das Tohuwabohu wurde zum Tabu erklärt.

HANS-HORST SKUPY

In Lexika ist die Welt von A bis Z in Ordnung.

HANS-HORST SKUPY

Weltschmerz ist eine Krankheit für Privatpatienten.

JOACHIM SCHWEDHELM

Man muß kein Surrealist sein, um die Welt merkwürdig zu finden.

LAURIE ANDERSON

Es geht heute nicht mehr darum, die Welt aus den Angeln zu heben, sondern sie wieder einzurenken...

ERNST DITTRICH

1061

Wert

Umgekehrt ist auch was wert.

Deutsches Sprichwort

Ein anmutiges Weib ist mehr wert als Perlen.

BEN SIRA 7,19

Ich bin nicht wert, daß du unter mein Dach gehst.

MATTHÄUS 8,8

Du muß doch begreifen, daß jeder so viel wert ist wie das, worum er sich abmüht.

MARC AUREL

Frage nach des Mannes Wert und nicht nach seinen Eltern.

AL-HARIRI

Wo es noch Privatbesitz gibt, wo alle Menschen alle Werte am Maßstab des Geldes messen, da wird es kaum jemals möglich sein, eine gerechte und glückliche Politik zu treiben.

THOMAS MORUS

Die höchste Klugheit besteht darin, den Wert der Dinge genau zu kennen.

LA ROCHEFOUCAULD

Die Dinge haben nur den Wert, den man ihnen verleiht.

MOLIÈRE

Wer eine feine und zarte Unterscheidungskraft besitzt, der hat ein feines Empfinden, um jede Sache nach ihrem wahren Wert einzuschätzen.

CHRISTINE VON SCHWEDEN

Die Jugend ist zu allem gut, das Alter taugt zu gar nichts.

CHRISTINE VON SCHWEDEN

Mit zunehmendem Alter erhält der Mensch etwas, das besser als Bewunderung ist: die Fähigkeit, Dinge entsprechend ihres eigenen Wertes zu beurteilen.

SAMUEL JOHNSON

Es ist schwer, einen Menschen so hoch einzuschätzen, wie er es selbst wünscht.

VAUVENARGUES

Der wahre Wert des Menschen kann bei keiner Wahrheit verlieren.

GOTTHOLD EPHRAIM LESSING

Menschen sind wie Geldstücke. Man nehme sie nach Wert, was auch immer ihre Prägung sei.

SUZANNE NECKER

Mit dem Werte der Menschen ist es wie mit dem der Diamanten, die bei einer gewissen Größe, Reinheit und Vollkommenheit ihren festen und bestimmten Preis haben, darüber hinaus aber unschätzbar sind und keine Käufer finden.

CHAMFORT

Man ergötzt sich über das, was man hat, durch den Wert, den man ihm gibt, und tröstet sich über das, was man nicht hat, durch den eingebildeten Unwert.

JOHANN JAKOB ENGEL

Wenn dem Menschen nicht immer etwas teurer ist als das Leben, so ist das Leben nicht viel wert. Ich pflege zu sagen: Das Leben ist mir nicht so viel wert, um mich deswegen übel zu befinden.

JOHANN GOTTFRIED SEUME

Etwas Wertvolles ist nicht neu, und etwas Neues ist nicht wertvoll.

DANIEL WEBSTER

Geistige Werte müssen uns ansprechen wie Könige, sie dürfen nicht aufgedrängt werden wollen.

ARTHUR SCHOPENHAUER

Um fremden Wert willig und frei anzuerkennen und geltenzulassen, muß man eigenen haben.

ARTHUR SCHOPENHAUER

Alles, was dem menschlichen Leben Wert verleiht, beruht darauf, daß man die Handlungen in Schranken weist.

JOHN STUART MILL

Wert

Gute Zähne sind mindestens soviel wert wie das Assessorexamen.

THEODOR FONTANE

Die Frau verliert in der Liebe zu einem ausgezeichneten Manne das Bewußtsein ihres eigenen Wertes; der Mann kommt erst recht zu Bewußtsein des seinen durch die Liebe einer edlen Frau.

MARIE VON EBNER-ESCHENBACH

Dieses verdammte Leben ist wahrhaftig nicht soviel wert, daß man sein Selbstbewußtsein einen Augenblick länger festhält, als es unbedingt nötig ist.

WILHELM RAABE

Abseits vom Markte und Ruhme begibt sich alles Große; abseits vom Markte und Ruhme wohnen von je die Erfinder neuer Werte.

FRIEDRICH NIETZSCHE

Wert ist das höchste Quantum Macht, das der Mensch sich einzuverleiben vermag.

FRIEDRICH NIETZSCHE

Die Menschen sind genau so viel wert, wie sie freiwillig zu leiden vermögen.

LÉON BLOY

Wer genau wissen will, was er selber wert ist, braucht nur zu beobachten, was er tut und denkt, wenn er mit sich allein ist.

FRANZ VON SCHÖNTHAN

Soll man einen Menschen schätzen können, so darf er sich nicht selbst allzusehr schätzen.

ARMANDO PALACIO VALDÉS

Ich mache mir immer Vorwürfe, daß meine Malerei nicht wert ist, was sie kostet.

VINCENT VAN GOGH

Jeder Mensch hält sich für so wichtig, wie ihm seine Umgebung sich einzubilden gestattet. Es gibt daher immer nur relative Wertmesser für Menschen.

MAX VERWORN

Am Anfang steht die Gesinnung, am Ende erst der Wert.

THEODOR FISCHER

Nicht das, was der Mensch tut und vollbringen kann, macht den Wert seines Daseins aus, sondern das, was er ist.

HERMANN STEHR

Den Wert der Dinge kennen die Reichen, den Wert der Menschen die Armen besser.

SALOMON BAER-OBERDORF

Wenn du ein Geldstück von Wert bist, so briefwechsle dich nicht zu oft.

CHRISTIAN MORGENSTERN

Selbst wenn Kunst und Poesie keinen Nutzen haben, folgt daraus nicht, daß sie keinen Wert haben.

GILBERT KEITH CHESTERTON

Wisse, was du wert bist, aber lasse niemanden merken, daß du es weißt.

LISA WENGER

Der Wert eines Mannes sollte darin bestehen, was er gibt, und nicht in dem, was er zu erlangen vermag.

ALBERT EINSTEIN

Wir empfinden unsere Kräfte am deutlichsten, wenn wir dem Wert eines unserer Mitmenschen gerecht werden.

WALDEMAR BONSELS

Ich bin immer mehr davon überzeugt, daß nichts Wert hat oder aufgebaut werden kann außer durch den Geist und im Glauben an ihn.

TEILHARD DE CHARDIN

Ein Wert ist nicht dadurch ein Wert, daß er etwas verheißt, sondern daß er es auch hält; so wie eine Banknote nicht das wert ist, was auf ihr steht, sondern das, was man für sie kaufen kann.

KAREL ČAPEK

Alles Zeitgebundene betet die Zahl an. Aber tausend Nullen ergeben erst dann einen Wert, wenn die Eins sich voranstellt. Große Leistung kann nur von Großen, edle Leistung nur von Edlen begriffen werden. Die Nullen schreien nach dem Niveau. Das Niveau aber ist die Zeitung und ihre Leser, der Tag und die Stunde.

JOSEF WEINHEBER

Wert

Erhalten zu bleiben, ist kein Zeichen von
Wert.

KURT TUCHOLSKY

Edelsteine verlieren nichts an Wert, wenn sie
auch im Staube liegen.

JOHANN ANDREAS BLAHA

Den substantiellen Wert eines Menschen
entscheidet seine Fähigkeit zu lieben.

ZENTA MAURINA

Wert und Wirkung sind unterschiedlichen
Ranges und können nicht aneinander
gemessen werden.

REINHOLD SCHNEIDER

Den Wert einer Stunde ermessen können wir
nicht; denn wenn dies so wäre, wir wären
Eiferer des Großen und Größten, wir wären
starke, gewandelte Menschen.

GERTRUD MAASSEN

Wer das Kleine sehr ehrt, ist das Große nicht
wert.

ANDRÉ KOSTOLÁNY

Wer hoch spielt, kennt den wahren Wert der
Dinge nicht.

LEO LOHBERGER

Der Wert eines Menschen wird oft mit seiner
Verwertbarkeit verwechselt.

HEINZ KÖRBER

Wer zuviel Wert auf's Äußere legt, wird
inneres Defizit erleiden.

SIEGFRIED & INGE STARCK

Wer sich überbewertet, zahlt drauf.

MILAN RŮŽIČKA

Kostenlos macht mißtrauisch.

HORST FRIEDRICH

Echte Überlebens-Chancen hat nur das
Kleine, das vom Menschen übersehen wird.

WERNER MITSCH

Oft sind die billigsten Uhren sogar die
schnellsten.

WERNER MITSCH

Der Weizen wird wertlos, wenn die Müller
glänzend von der Spreu leben.

NIKOLAUS CYBINSKI

Ein Werturteil wächst mit dem
Erfahrungswert.

ELISABETH HABLÉ

Niemand ist minderwertig. Der
Minderwertigkeitskomplex ändert diesen
Sachverhalt.

HARTMUT LANGE

Die Prostituierten verkaufen sich immer
möglichst teuer, die Wissenschaftler meist
möglichst billig.

BRUNO HORST BULL

Preiswert, aber wertlos.

AUREL SCHMIDT

Was ist mehr wert: stabile Mieten oder stabile
Häuser?

BERND WEINKAUF

Kopfgeld: Beweis der Wertschätzung, die
Menschen sich entgegenbringen.

MANFRED BOSCH

Wetter

Wie das Wetter, so die Leute.

Walisisches Sprichwort

Du Elende, über die alle Wetter gehen.

JESAJA 54,11

Die Wechsel der Jahreszeiten erzeugen
besonders Krankheiten, und während
der Jahreszeiten sind es die großen
Wetterumschläge von Kälte zu Wärme oder
von Wärme zu Kälte und die sonstigen
Veränderungen ebenso.

HIPPOKRATES

Wer vermöchte die Sonne zu täuschen?

OVID

Der liebe Gott muß uns doch recht lieb
haben, daß er immer in so schlechtem Wetter
zu uns kommt.

GEORG CHRISTOPH LICHTENBERG

Der Frühling rezensiert den Winter, ihm folgt
der Sommer auf der Spur. Wo jener endet, da
beginnt er: Das heißt Kritik in der Natur.

ROBERT SCHUMANN

Was bedeutet unser ganzes Wissen? Wir
wissen nicht einmal, wie das Wetter morgen
sein wird.

BERTHOLD AUERBACH

Der Winter lächelt, wenn der Herbst vom
Sterben spricht.

MARIE VON EBNER-ESCHENBACH

Der Weise äußert sich vorsichtig, der Narr
mit Bestimmtheit über das kommende
Wetter.

WILHELM BUSCH

Man konnte sich kein günstigeres Wetter
denken, um zu Hause zu bleiben.

DANIEL SPITZER

Wenn Leute mit mir über das Wetter reden,
habe ich immer das ganz sichere Gefühl, daß
sie etwas anderes sagen wollen.

OSCAR WILDE

Der Nebel ist die üble Laune in der Natur;
gegen die ist oft sogar die allgewaltige Sonne
ohnmächtig.

ELEONORE VAN DER STRATEN-STERNBERG

Ein Sommerregen ist erfreulich, ein
Regensommer ganz abscheulich.

EUGEN ROTH

Das viele schlechte Wetter soll von den
Sonnenflecken kommen. Hat denn nicht
einmal die Sonne mehr eine weiße Weste?

WILLY REICHERT

Die Meteorologen haben das Wetter völlig
ruiniert.

PETER BAMM

Der Regen zeugt die neuen Nationen.

LUIS BUÑUEL

Ein allzu milder Winter stiehlt den Zauber der
Frühlingssehnsucht.

WERNER FREYTAG

Wir leiden darunter, daß wir uns auf eine
Jahreszeit nicht mehr einstellen können. Der
Reiche, der so manches ausgleichen kann,
wechselt den Erdteil, weil er sich das
unangemeldete Hin und Her verbittet.

HANS JOACHIM SELL

Alles Gute kommt von oben. Solche und
ähnliche Sprichwörter entstehen häufig in
Gegenden ohne Hagelschlag und
Wolkenbruch.

WERNER MITSCH

Seit der Mensch Uhren hat, braucht er die
Sonne nur noch fürs Wetter.

WERNER MITSCH

Der Provinzregen fiele auch gern zentral.

RYSZARD MAREK GRONSKI

Die Gespräche übers Wetter bestätigen meist,
daß man weit auseinander wohnt.

HEIDRUN JAEKEL

Wille

Stahl kann man zwar brechen, aber
nicht biegen.

Aserbaidschanisches Sprichwort

Man kann die Befehlshaber von
drei Armeen gefangennehmen, aber
man kann den Willen eines Menschen
nicht brechen.

KONFUZIUS

Wollen und Vollbringen können nicht immer
Hand in Hand gehen.

MO-TI

Da man nicht tun kann, was man will, muß
man das wollen, was man tun kann.

TERENZ

Wille

Gib mich nicht preis dem Willen meiner
Feinde!

PSALMEN 27,12

Das widerfährt allein dem Weisen, daß er
nichts wider Willen tut.

CICERO

Wer etwas will, muß auch die Mittel wollen.

VERGIL

Uns genügt, gewollt zu haben.

TIBULLUS

Wenn man Großes beginnt, ist schon der
Wille genug.

PROPERTIUS

Wenn auch die Kräfte fehlen, ist dennoch der
Wille zu loben.

OVID

Den Willigen führt das Schicksal, den
Nichtwilligen aber reißt es mit sich fort.

SENECA

Unglücklich ist nicht, wer etwas auf Befehl
tut, sondern wer es widerwillig tut. Wir sollten
daher die innere Einstellung gewinnen, daß
wir wollen, was die Umstände von uns
verlangen.

SENECA

Nicht mein, sondern dein Wille geschehe.

LUKAS 22,42

Dein Wille geschehe auf Erden wie im
Himmel.

MATTHÄUS 6,10

Dem, der es so haben will, geschieht kein
Unrecht.

ULPIAN

Alles steht unter der Herrschaft des eigenen
Willens.

PELAGIUS

Vorbedachtes Wollen bezeichne ich als Tat:
denn wenn man etwas gewollt hat, handelt
man mit dem Leibe, mit der Rede oder mit
dem Geiste.

ANGUTTARA-NIKAYA

Nicht der ist ein guter Mensch, der eine gute
Erkenntniskraft, sondern der einen guten
Willen hat.

THOMAS VON AQUIN

Alle Dinge müssen; der Mensch allein ist das
Wesen, welches will.

MEISTER ECKEHART

Die Willensfreiheit haben viele im Munde, im
Geiste aber wenige.

DANTE ALIGHIERI

Es gibt Menschen, die die Willensfreiheit
leugnen. Solche aber verwerfen nicht nur die
Religion, sondern jedes sittliche Handeln
überhaupt.

JOSEPH ALBO

Der gute Wille ist die Hauptsache.

WILLIAM SHAKESPEARE

Der Wille ist das eigentliche Haus, in dem der
Mensch wohnt; der Verstand ist der Vorhof,
durch den er ein- und ausgeht.

EMANUEL VON SWEDENBORG

Es ist überall nicht in der Welt zu denken
möglich, was ohne Einschränkung für gut
könnte gehalten werden, als allein der gute
Wille.

IMMANUEL KANT

Man kann alles, was man will, sobald man
nichts will, als was man kann.

CHRISTOPH MARTIN WIELAND

Es ist schon viel getan, wenn man zu wollen
weiß.

WILHELM LUDWIG WEKHRLIN

Des Menschen Wille ist sein Himmelreich.

WILHELM HEINSE

Der Mensch ist rechtlos und zerrüttet, weil er
sich aus Wahrheit und Recht nichts macht.
Aber er findet Wahrheit, wenn er Wahrheit
sucht. Er hat ein Recht, wenn er eines will.
Der Mensch ist also durch seinen Willen frei
und durch seinen Willen Sklave. Er ist durch
seinen Willen redlich und durch seinen Willen
ein Schurke.

HEINRICH PESTALOZZI

Wille

Nach Freiheit strebt der Mann, das Weib nach Sitte.

JOHANN WOLFGANG VON GOETHE

Wenn Gott will, dann will ich auch!

WOLFGANG AMADEUS MOZART

Den Menschen macht sein Wille groß und klein.

FRIEDRICH VON SCHILLER

Wille – auf den kommt alles an, er kann zum Gott uns adeln und zum Tier entwürdigen.

ZACHARIAS WERNER

Der Mensch kann alles dadurch adeln, seiner würdig machen, daß er es will.

NOVALIS

Man muß anfangen und aufhören können, wann man will. Wenn man erst will, dann kann man auch.

NOVALIS

Wollen heißt Mut haben, sich Mißlichem auszusetzen.

STENDHAL

Der gute Wille ist in der Moral alles; aber in der Kunst ist er nichts: da gilt, wie schon das Wort angedeutet, allein das Können.

ARTHUR SCHOPENHAUER

Ein rechter, fester Wille tut überall Wunder.

JOSEPH VON EICHENDORFF

Dem Menschen fehlt es nicht an Stärke, sondern an Willensstärke.

VICTOR HUGO

Das Wollen ist das Himmelreich der Menschen, das Vollbringen das der Götter.

ADALBERT STIFTER

Der alleredelste Zustand ist: Nichts wollen können.

ERNST VON FEUCHTERSLEBEN

Ich muß wollen, ich will müssen. Wer das eine begreifen, das andere üben gelernt hat, der hat die ganze Diätetik der Seele.

ERNST VON FEUCHTERSLEBEN

Energischer Wille ist auch Philosophie.

FRIEDRICH THEODOR VISCHER

Der Mensch hat freien Willen – das heißt, er kann einwilligen ins Notwendige.

FRIEDRICH HEBBEL

Einen Menschen erziehen heißt, seinen Willen bestimmen; ihn gut erziehen heißt, seinen Willen gewöhnen, stets nur das Gute zu erstreben.

PAUL DE LAGARDE

Daß du nicht kannst, wird dir verziehen, doch nimmermehr, daß du nicht willst.

HENRIK IBSEN

Gewolltes wirkt oft fast noch reizender als Erreichtes.

HERMAN GRIMM

Wer an die Freiheit des menschlichen Willens glaubt, hat nie geliebt und nie gehaßt.

MARIE VON EBNER-ESCHENBACH

Sei deines Willens Herr und deines Gewissens Knecht.

MARIE VON EBNER-ESCHENBACH

Wer das Gefühl hat, keinen freien Willen zu haben, ist verrückt: wer es ableugnet, ist töricht.

FRIEDRICH NIETZSCHE

Was du willst, daß man dir tu, das füge keinem andern zu; der Geschmack ist verschieden.

GEORGE BERNARD SHAW

Richte jede deiner Taten, jedes deiner Worte so ein, daß durch dich in keines Menschen freien Willensentschluß eingegriffen wird.

RUDOLF STEINER

Guter Wille gehört zu den wenigen wirklich wichtigen Dingen des Lebens.

HENRY FORD

All unser Wille, soweit er nicht animalisch ist, entspringt den Quellen der Seele.

WALTHER RATHENAU

Wille

Es braucht oft mehr Willenskraft zu unterlassen als zu handeln.

CARLOS VON TSCHUDI

Bei vielen Menschen tritt der Wille erst in Erscheinung, wenn sie gebunden sind.

CARLOS VON TSCHUDI

Die glücklichsten Menschen sind nicht diejenigen, die erreicht haben, was sie gewollt, sondern die gewollt, was sie erreicht haben.

SALOMON BAER-OBERDORF

Der Wille des Mannes verhält sich zum Willen der Frau wie eine Fliege, die in Honig gefallen ist und gern herausmöchte.

RODA RODA

Das Bedeutsamste und Mächtigste in der Natur ist der Wille. Die Gesellschaft ist unterwürfig aus Willenlosigkeit, deshalb braucht die Welt Religionen und Erlöser.

ALEXIS CARREL

Die Menschen sind oft die Sklaven ihrer Willkür, auch in sich selber; aber es ist erstaunlich, wie selten sie ihren Willen anzusetzen wissen.

HUGO VON HOFMANNSTHAL

Man darf einen anderen Menschen seines Willens nie berauben.

OTTO WEININGER

Willensfreiheit ist keine Tatsache, sondern ein Gefühl.

OSWALD SPENGLER

Es genügt nicht, neue Institutionen zu finden; uns selbst, unsere Gesinnung, unseren sittlich-politischen Willen müssen wir verwandeln.

KARL JASPERS

Der Wille ist die Leiter, die überallhin reicht.

MARGARETE SEEMANN

Der freie Wille – das ist eine kapitalistische Erfindung.

BERT BRECHT

Von unserem Wollen und von unserer inneren Kraftentfaltung hängt unser geistiges Leben ab, unser Siegen oder Unterliegen.

GERTRUD MAASSEN

Das einzige Kapital ist der Wille.

HASSO HEMMER

Ohne Wille kein Konflikt; mit den Willenlosen ist jede Tragödie ausgeschlossen. Dennoch kann der Mangel an Willen schmerzlicher empfunden werden als ein tragisches Schicksal.

É. M. CIORAN

Der Wille allein ersetzt noch nicht die Tat.

ELISABETH MARIA MAURER

Willenskraft ist das Sammeln mehrerer schwächerer Motive gegen ein einzelnes starkes.

HERBERT EISENREICH

Der Wille hetzt oft das Gefühl zu Tode.

ERNST R. HAUSCHKA

Bevor man weiß, was man will, muß man wissen, was man nicht will.

GERHARD UHLENBRUCK

Machmal muß die Wand zum Kopf kommen, damit der Mensch überhaupt etwas will.

HELLMUT WALTERS

Des Menschen Wille ist sein Himmelreich. Und seine Hölle.

HELLMUT WALTERS

Kaum hat einer einen eigenen Willen, schon wird ihm Eigenwilligkeit vorgeworfen.

WERNER MITSCH

Lebenswille sollte nicht der Wille zum richtigen Leben überhaupt sein, vielmehr der zu einem aufrichtigen Leben.

KLAUS D. FRANK

Geh mit der Zeit, aber vergiß nicht, wohin du willst!

HANS-HORST SKUPY

Wo schon ein Weg ist, kann man bequem guten Willen zeigen.

GUDRUN PIOTROWSKI

Wirklichkeit

Man soll nicht das Kind ins Buch eintragen, ehe es geboren ist.

Norwegisches Sprichwort

Die Ohren der Leute sind ungläubiger als ihre Augen.

HERODOT

Wer sich über die Wirklichkeit nicht hinauswagt, der wird nie die Wahrheit erobern.

FRIEDRICH VON SCHILLER

Im Alter liebt man Personalien, in der Jugend Realien.

JEAN PAUL

Man sagt immer, die Wirklichkeit sei langweilig und eintönig; um sich zu zerstreuen, greift man zur Kunst, zur Phantasie und liest Romane. Was kann phantastischer und unerwarteter sein als die Wirklichkeit? Was kann sogar unwahrscheinlicher sein als die Wirklichkeit?

FJODOR M. DOSTOJEWSKIJ

Der Mann von Geist drückt dem Volke seinen Stempel auf, und der Seher schafft die Wirklichkeit.

CHARLES BAUDELAIRE

Die Angst des Menschen vor der Wirklichkeit ließ ihn drei Auswege finden: die Trunkenheit, die Liebe und die Arbeit.

EDMOND & JULES DE GONCOURT

Glück, Freiheit: Negationen der Wirklichkeit.

WILHELM BUSCH

In der Wirklichkeit gibt es nichts, das ganz logisch ist.

FRIEDRICH NIETZSCHE

Man träumt gar nicht oder interessant. Man muß lernen, ebenso zu wachen – gar nicht oder interessant.

FRIEDRICH NIETZSCHE

Ideale sind gefährlich. Realitäten sind besser.

OSCAR WILDE

Das einzig wahrhaft Wirkliche ist nur, was man fühlt, leidet, mitleidet, liebt und sehnlichst wünscht: das Bewußtsein.

MIGUEL DE UNAMUNO

Vielen Menschen muß man es ausdrücklich sagen: das Wirkliche ist immer auch möglich.

ROBERT GERSUNY

Es fehlt uns so oft der Blick für die Realität der Ewigkeit.

JEANNE WASSERZUG

Die Realität entträumt alle Träume.

CARLOS VON TSCHUDI

Laßt mich in Ruhe mit eurer abscheulichen Wirklichkeit! Ohne Gedanken nichts Großes! Ohne Größe nichts Schönes! Der Olymp ist ein Berg! Das kühnste Denkmal bleiben immer die Pyramiden. Besser Überschwang als Geschmack, besser die Wüste als ein Trottoir, besser ein Wilder als ein Friseur.

HEINRICH MANN

Unter den die Wirklichkeit gestaltenden Kräften ist die Sittlichkeit die erste.

ALBERT SCHWEITZER

Wirklichkeit ist noch keine Wahrheit.

E. G. KOLBENHEYER

Die Wahrheit ist einmalig und absolut, die Wirklichkeit ist relativ und vielfältig.

EHM WELK

Es gibt Druckfehler der Weltgeschichte, die sich hartnäckig als Wirklichkeit behaupten.

ANTON KUH

Es ist nicht gut, vor Wirklichkeiten zu tun, als ob sie nicht wären, sonst rächen sie sich.

ROMANO GUARDINI

Wirklichkeit ist die volle Deckung zwischen Innenwelt und Außenwelt.

HEIMITO VON DODERER

Die genialen Träumer haben die Welt am weitesten gebracht. Von ihren Träumen leben viele Realisten.

ANITA

Wirklichkeit

Die Dinge immer sehen wie am ersten Tag.
VITĚZSLAV NEZVAL

Die Flucht vor der Wirklichkeit endet im
Wesenlosen oder im Wahn.
OTHMAR CAPELLMANN

Eines Tages wird man offiziell zugeben
müssen, daß das, was wir Wirklichkeit
getauft haben, eine noch größere Illusion
ist, als die Welt des Traumes.
SALVADOR DALI

Wer von der Wirklichkeit zu wenig oder zu
viel hat, sehnt sich nach dem Unwirklichen.
OTTO ROMBACH

Wir alle sind heute sehr gewandt und sehr
rasch im Formulieren, aber nach wie vor
bestimmt der Grad der Wirklichkeitsnähe
den Wahrheitsgehalt unserer Worte.
PAUL GROSSMANN

Alles ist wirklich – außer der Wirklichkeit.
ERNST WILHELM ESCHMANN

Unser wirkliches Leben setzt sich zu mehr als
drei Vierteln aus Einbildung und Fiktion
zusammen. Die wahren Berührungen mit
dem Guten und dem Bösen sind selten.
SIMONE WEIL

Die Situation so nehmen wie sie ist, nur die
Einstellung zu ihr ändern.
MAHARISHI MAHESH YOGI

Zum Realismus gehört auch, daß man
Schwarz schwarz nennt und Weiß weiß und
daß man nicht versucht, ein indifferentes
Grau daraus zu machen.
RONALD REAGAN

Jeder flieht gern aus der Realität.
RONALD REAGAN

Die Flucht vor der Wirklichkeit ist lediglich
eine Flucht vor der Gegenwart.
L. RON HUBBARD

Den Weg in eine neue Wirklichkeit sollte man
mit keinem der alten Fehler pflastern.
RUDOLF RISCH

Die Wirklichkeit, das ist der Traum aller.
WALTER HILSBECHER

Die Wirklichkeit ist eine Sense für Ideale.
HELMUT QUALTINGER

Realität ist das Gegenteil von dem, was wir
uns vorstellen.
GERHARD UHLENBRUCK

Die Dinge nehmen, wie sie sind, ist das Motto
von Dieben.
JOHANNES GROSS

Man verwechsle nicht die Idealisierung der
Wirklichkeit mit der Verwirklichung von
Idealen.
KURT TACKMANN

Geist hat die Neigung, die sogenannte
Wirklichkeit zu negieren. Weil er ahnt, was
sie sein könnte.
FELIX RENNER

Mein Kopf begreift alles, nun wollen es auch
meine Hände.
STEPHAN KURELLA

Wenn es dir gelingt, die Wirklichkeit als Fata
Morgana zu sehen, kannst du sie verändern.
ANGELA BAUMANN

Entweder wir schaffen uns unsere
Wirklichkeit, oder die Wirklichkeit schafft
uns.
CHRIS HORNBOGEN

Wirtschaft

Verlust kommt vom Profit.
Chinesisches Sprichwort

Wir wollen uns selbst ernähren und kleiden.
JESAJA 4,1

Mancher kauft viel für wenig und muß es
siebenfach bezahlen.
BEN SIRA 20,12

Wirtschaft

Die Philosophie kann kein Brot backen, aber sie kann uns Gott, Freiheit und Unsterblichkeit verschaffen. Welche ist nun praktischer – Philosophie oder Ökonomie?

NOVALIS

Ich behaupte dreist: Jede Industrie im Staate, die der Staat selbst nicht lenkt, ist der Beginn des Untergangs dieses Staates selbst.

FRIEDRICH LIST

Wir glauben, daß für die Fragen, die die Menschheit bewegen, andere Mittel notwendig sind als Hypothekenbanken, Kreditverkehr, Arbeitssyndikat, Mustergemeinden. Jedes System bleibt solange leere Utopie, wie es bemüht sein wird, soziale Fragen auf friedlichem Wege zu lösen und niemanden dabei zu verletzen.

ADAM MICKIEWICZ

Daß jede Nation verrecken würde, die, ich will nicht sagen für ein Jahr, sondern für ein paar Wochen die Arbeit einstellte, weiß jedes Kind.

KARL MARX

Die Ökonomie handelt nicht von Dingen, sondern von Verhältnissen zwischen Personen und in letzter Instanz zwischen Klassen; diese Verhältnisse sind aber stets an Dinge gebunden und erscheinen als Dinge.

FRIEDRICH ENGELS

Das Warum ist die Mutter aller Wissenschaften, nur nicht der Börsenwissenschaft.

DANIEL SPITZER

Disziplin und Ordnung und Gehorsam; ohne das lassen sich Großbetriebe nicht in der Welt denken, auch in keiner Zukunft und in keiner Gesellschaftsordnung, man mag sie sich ausphantasieren, wie man will. Aber bei vollem Zugeständnis der Notwendigkeit der Ordnung und der Einordnung ist es eine der ersten Aufgaben, darüber nachzudenken, wie man der Einzelpersönlichkeit auch innerhalb des Dienstes ihren gewissen Spielraum läßt.

FRIEDRICH NAUMANN

Ein Industrievolk wie das deutsche, das nur etwa zwei Drittel seiner Einwohnerschaft durch die Landwirtschaft ernähren kann, und das als Industrievolk Rohstoffe einführen muß, muß ausführen, um diese Einfuhr bezahlen und das weitere Drittel seiner Bevölkerung ernähren zu können. Für Deutschland gibt es nur Weltwirtschaft.

ROBERT BOSCH

Wer aufhört zu werben, um Geld zu sparen, kann ebenso seine Uhr anhalten, um Zeit zu sparen.

HENRY FORD

Nicht die Welt ist unser Schicksal, sondern die Wirtschaft.

WALTHER RATHENAU

Manche halten den Unternehmer für einen räudigen Wolf, den man totschlagen müsse; andere meinen, er sei eine Kuh, die man ununterbrochen melken könne; nur wenige sehen in ihm ein Pferd, das den Karren zieht.

SIR WINSTON S. CHURCHILL

Der Zwang zum wirtschaftlichen Zusammenleben genügt allein nicht, soll es in der Welt vorwärts gehen; es gehören auch glückliche und zufriedene Menschen dazu.

ERNST DÜBI

Die Börse reguliert die Preise, nicht der Tempelvorplatz.

JANUSZ KORCZAK

Nicht nur in der Wirtschaft sind Aufblühen und Aufblähen zweierlei.

ADOLF SPEMANN

Nationalökonomie ist, wenn die Leute sich wundern, warum sie kein Geld haben. Das hat mehrere Gründe, die feinsten sind die wissenschaftlichen.

KURT TUCHOLSKY

Wir müssen von allen Fachleuten lernen, die Wirtschaft zu handhaben. Wir müssen bei ihnen in die Lehre gehen und von ihnen respektvoll und gewissenhaft lernen. Wenn wir etwas nicht wissen, müssen wir das zugeben, dürfen nicht so tun, als wüßten wir es.

MAO ZEDONG

Wirtschaft

In dem Begriff soziale Marktwirtschaft liegt die Betonung auf dem Wort sozial.

JULIUS RAAB

Nationale Planlosigkeit in Wirtschaftsangelegenheiten ergibt internationale wirtschaftliche Zusammenarbeit.

ALDOUS HUXLEY

In ihren Reaktionen benimmt sich die Börse oft wie ein Betrunkener; sie weint bei guten Nachrichten und lacht bei den schlechten.

ANDRÉ KOSTOLÁNY

Bilanz: Unzucht mit Zahlen.

ROBERT LEMBKE

Die Indifferenten von heute sind die Insolventen von morgen.

EMIL OESCH

Verstaatlichung ist passive Wirtschaft mit aktivem Kapital.

FRANZ JOHANNES SCALA

Der Unternehmer trägt das Risiko meistens zur Bank.

LISELOTTE RAUNER

Schicksal in Zahlen – Bilanz.

SIEGFRIED & INGE STARCK

Wir dürfen nicht so tun, als wäre unsere Volkswirtschaft eine Kuh, die im Himmel gefüttert und auf Erden gemolken werden kann.

MANFRED ROMMEL

In der Wirtschaft kämpft man um jeden Preis.

GERHARD UHLENBRUCK

Von jedem Wirtschaftswunder bleibt am Ende nicht das Wunder, sondern die Wirtschaft übrig.

HELLMUT WALTERS

Schon das Wort Null-Wachstum ist verräterisch! Null ist kein Wachstum, und Minus ist auch kein Wachstum. Ich sage ja auch nicht zur Krankheit Minus-Gesundheit.

NORBERT BLÜM

Zwei Bosse. – Sie glichen sich wie ein Hai dem anderen.

WOLFGANG BEUTIN

Wer nicht investiert, ist ein Sparschwein.

HARDY SCHARF

Unsere Wirtschaft blüht. – Warten wir die Früchte ab!

WOLFGANG ESCHKER

Wirtschaftsverbrecher riskieren weniger den Kopf als den weißen Kragen.

HANS-HORST SKUPY

Konkurs – in Richtung Steuerparadies.

HANS-HORST SKUPY

Börse – Balzplatz der Profitgeier.

GERD WOLLSCHON

Wir haben die Marktwirtschaft eingeführt: Die Politiker sind schon käuflich.

ŽARKO PETAN

Die Ökonomie geht vor, das Leben dahinter.

LUTZ HÄSCHEL

Wissen

Je mehr man weiß, desto rascher altert man.

Turkmenisches Sprichwort

Törichte, die nicht wissen, daß mehr als das Ganze die Hälfte ist!

HESIOD

Wenn du etwas weißt, behaupte, daß du es weißt. Und wenn du etwas nicht weißt, gib zu, daß du es nicht weißt; das ist Wissen.

KONFUZIUS

Vielwisserei bringt noch keinen Verstand.

HERAKLIT

Ich weiß, daß ich nichts weiß.

SOKRATES

Wissen

Wissen ist Verknüpfen.

MO-TI

Was weißt du doch, das wir nicht wüßten?
Was verstehst du, was uns verborgen wäre?

HIOB 15,9

Der weiseste Ausspruch von allen: die einzig
wahre Weisheit liegt darin, nicht zu glauben,
daß man weiß, was man nicht weiß.

CICERO

Es ist nicht recht, alles zu wissen.

HORAZ

Was ich nicht weiß, macht mich nicht heiß.

OVID

Die Natur hat uns den Samen des Wissens
geschenkt, aber nicht das Wissen selbst.

SENECA

Mehr wissen zu wollen, als man braucht, ist
eine Art Völlerei.

SENECA

Das große Wissen macht dich rasend.

APOSTELGESCHICHTE 26,24

Dein Wissen hat keine Bedeutung, wenn
niemand anders weiß, daß du weißt.

PERSIUS

Wissen, wo einen der Schuh drückt.

PLUTARCH

Du besitzt alles, so du Wissen besitzt; dir fehlt
alles, wenn dir Wissen fehlt.

TALMUD – NEDARIM

Das einzig Sichere in der Welt ist das Wissen,
und die Wahrheit ist, was aus der Weisheit
kommt.

ORIGENES

Durch Wissen kommt der Mensch zur
Menschlichkeit.

HAFIS

Solang du das Wissen suchst, mußt du die
Weisheit missen.

HAFIS

Nicht das Vielwissen sättigt die Seele und
gewährt ihr Befriedigung, sondern das innere
Fühlen und Verkosten der Dinge.

IGNATIUS VON LOYOLA

Wissen selbst ist Macht.

FRANCIS BACON

Was wir wissen ist ein Tropfen, was wir nicht
wissen – ein Ozean.

SIR ISAAC NEWTON

Alles ist schwer, bevor es leicht ist.

THOMAS FULLER

Das Wissen ist ein Schatz, aber dessen
Ausübung ist der Schlüssel dazu.

THOMAS FULLER

Trage dein Wissen wie deine Uhr in einer
verborgenen Tasche, und ziehe sie nicht
hervor, nur um zu zeigen, daß du eine besitzt.

EARL OF CHESTERFIELD

Investierung in Wissen zahlt die besten
Zinsen.

BENJAMIN FRANKLIN

Das Einzige, was wir nie wissen, ist, wie man
das unbeachtet läßt, was man nicht wissen
kann.

JEAN-JACQUES ROUSSEAU

Wer vielerlei weiß, ist biegsam; wer einerlei
weiß, ist stolz. Jener sieht ein, wieviel ihm
fehlt, dieser ist ein Hahn auf dem Miste.

THEODOR GOTTLIEB VON HIPPEL

Die Klugen kennen ihre Schwächen zu gut,
um Unfehlbarkeit anzunehmen. Wer am
meisten weiß, weiß am besten, wie wenig er
weiß.

THOMAS JEFFERSON

Eigentlich weiß man nur, wenn man wenig
weiß.

JOHANN WOLFGANG VON GOETHE

Nichts im Leben, außer Gesundheit und
Tugend, ist schätzenswerter als Kenntnis und
Wissen.

JOHANN WOLFGANG VON GOETHE

Wissen

Was ich recht weiß, weiß ich nur mir selbst; ein ausgesprochenes Wort fördert selten, es erregt meistens Widerspruch, Stocken und Stillstehen.

JOHANN WOLFGANG VON GOETHE

Die Pflege unseres Hirns ist von größerer Bedeutung als sein Fortschritt.

JOSEPH JOUBERT

Man weiß nicht, was genug ist, bevor man weiß, was mehr als genug ist.

WILLIAM BLAKE

Wer alles wissen will, dem ist schlecht zu trauen.

JOHANN PETER HEBEL

Denken und Wissen sollten immer gleichen Schritt halten. Das Wissen bleibt sonst tot und unfruchtbar.

WILHELM VON HUMBOLDT

Unser Wissen muß mit dem Gewissen nie getrennt sein, sonst ist es unrecht.

ZACHARIAS WERNER

Es ist nicht das Wissen allein, was uns glücklich macht, es ist die Qualität des Wissens, die subjektive Beschaffenheit des Wissens. Vollkommenes Wissen ist Überzeugung; und sie ist's, die uns glücklich macht und befriedigt. Totes – lebendiges Wissen.

NOVALIS

Der Wissenstrieb ist aus Geheimnis und Wissen wunderbar gemischt oder zusammengesetzt.

NOVALIS

Das Wissen macht uns weder besser noch glücklicher.

HEINRICH VON KLEIST

Der Baum des Wissens ist nicht der des Lebens.

LORD BYRON

Wissen, das den Geist beschwert, ist nichts nutz.

FRIEDRICH RÜCKERT

Die auf dem Ozean des menschlichen Wissens rudern wollen, kommen nicht weit, und die die Segel aufziehen, verschlägt der Sturm.

FRANZ GRILLPARZER

Der sicherste Weg, anderen die Grenzen deines Wissens zu verbergen, ist der, sie nicht zu überschreiten.

GIACOMO GRAF LEOPARDI

Wissen macht schrittweise, nicht sprunghaft Fortschritt.

THOMAS LORD MACAULAY

Wissen heißt, die Welt verstehen.

FRIEDRICH WILHELM WEBER

Ein Mensch kann nicht alles wissen, aber etwas muß jeder haben, was er ordentlich versteht.

GUSTAV FREYTAG

Was wir nicht wissen können, geht uns nichts an.

JOHN RUSKIN

Wenn wenig Wissen gefährlich ist, wo ist der Mensch, der so viel hat, daß er außer Gefahr ist?

THOMAS HENRY HUXLEY

Alles Wissen geht aus einem Zweifel hervor und endigt in einem Glauben.

MARIE VON EBNER-ESCHENBACH

Genug weiß niemand, zuviel so mancher.

MARIE VON EBNER-ESCHENBACH

Dem Wissen ist nicht die Sache, sondern das Wissen um die Sache wertvoll.

KONRAD FIEDLER

Der höchste Gipfel des Menschenwissens spaltet sich in zwei Spitzen: Gewissen und Bescheidenheit.

OTTO VON LEIXNER

Der Streit um Glauben oder Wissen ist der dümmste Wortstreit, der je geführt ist, und eine Schande für die Menschheit.

AUGUST STRINDBERG

Wissen

Alles wahre Wissen widerspricht dem gesunden Menschenverstand.

MANDELL CREIGHTON

Es gibt nur zwei Arten von Menschen, die wirklich fesseln: Leute, die alles wissen, und Leute, die überhaupt nichts wissen.

OSCAR WILDE

Man weiß in Wirklichkeit nur soviel, als man erlebt hat.

M. HERBERT

Wir wissen nicht einmal, was wir sind, geschweige was wir werden können.

GERHART HAUPTMANN

Die Wissenden wissen nichts, wenn sie die Kraft der Liebe nicht besitzen; denn der wahre Weise ist nicht der, welcher sieht, sondern der, welcher am weitesten sieht und die Menschen am meisten liebt. Aber sehen, ohne zu lieben, heißt ins Finstere blicken.

MAURICE MAETERLINCK

Wir wissen mehr, als uns bewußt wird.

HERMANN STEHR

Vollständiges Wissen muß auch Verständnis für die Tiefe unseres Unwissens einschließen. Diese Einstellung fördert Bescheidenheit und Ehrfurcht.

ROBERT A. MILLIKAN

Ohne Wissen sind die Arbeiter wehrlos. Wenn sie aber über Wissen verfügen, dann sind sie eine Macht.

WLADIMIR I. LENIN

Wissen ist oberflächlich, solange es sich nicht mit persönlichen Erfahrungen verbindet. Und Erfahrung heißt Sehen. Ohne Sehen hat Wissen keine Tiefe, kann es die Realitäten nicht erfassen.

DAISEZ TEITARO SUZUKI

Wir wissen nichts, wenn wir nur wissen, was andere auch wissen.

ERNST HOHENEMSER

Wissen muß aggressiv sein, wenn es überleben und sich erhalten will.

SRI AUROBINDO

Wissen ist Macht; aber die Macht selbst wird erstrebt aus jenem dunklen Drange, der tief verborgen alle höchsten Ziele in uns weckt.

HANS BAER

In einen hohlen Kopf geht viel Wissen.

KARL KRAUS

Leute, die über den Wissensdurst getrunken haben, sind eine gesellschaftliche Plage.

KARL KRAUS

Wissen ist Glückseligkeit; denn der Besitz von Wissen, umfassendem tiefem Wissen, ist gleichbedeutend mit der Fähigkeit, wahre Zwecke von falschen und erhabene Dinge von niedrigen zu unterscheiden.

HELEN KELLER

Wissen ohne Liebe ist leblos.

HAZRAT INAYAT KHAN

Je mehr das profane Wissen zunimmt, um so höher rücken die ewigen Geheimnisse hinauf.

INA SEIDEL

Wer zu viel weiß, für den ist es schwer, nicht zu lügen.

LUDWIG WITTGENSTEIN

Wo das Wissen endigt, beginnt die Forschung.

K. H. BAUER

Man weiß nicht, was man weiß, oder auch nur, was man zu wissen wünscht, bevor man nicht herausgefordert wird und einen Einsatz leisten muß.

THORNTON WILDER

Nicht was man glaubte, war wichtig, sondern was man wußte; man glaubte viel zu viel und wußte viel zu wenig.

BERT BRECHT

Das Wissen ist neu, die Weisheit alt.

CHARLES TSCHOPP

Komisch, was wir eigentlich alles ganz genau wissen – ohne im Leben den geringsten Gebrauch davon zu machen.

ALBERT JENNY

1075

Wissen

Nach Wissen verlangen heißt im tiefsten Grunde immer: nach einem Sinn des Lebens suchen.

HANS MARGOLIUS

Nur wer zu den Quellen zurückkehrt, kann den Wissensdurst löschen.

ANITA

Früher war der Mensch Herr seines Wissens. Heute ist das Wissen sein Gebieter.

JOHN STEINBECK

Alles Wissen hat etwas Puritanisches; es gibt den Worten eine Moral.

ELIAS CANETTI

Es fällt immer auf, wenn jemand über Dinge redet, die er versteht.

HELMUT KÄUTNER

Man soll nicht alles wissen, man muß alles verstehen.

ANDRÉ KOSTOLÁNY

Je mehr wir wissen, desto unheimlicher wird uns Gott.

THOMAS NIEDERREUTHER

Was man weiß, kann man korrigieren. Was verborgen bleibt, ist eine glimmende Zeitbombe.

CARL FRIEDRICH VON WEIZSÄCKER

Wer alles zu wissen vorgibt, handelt sich nicht Vertrauen, sondern Mißtrauen ein.

JURIJ BŘEZAN

Wissen ist auch Ohnmacht.

GÜNTHER SIBURG

Man kann nicht alles wissen, aber man kann sich über alles belehren lassen.

HERBERT EISENREICH

Information ist Energie. Bei jeder Weitergabe verliert sie etwas davon.

WOLFGANG HERBST

Wer mit seinem erlernten Wissen prahlt, ist oft ein Dummkopf.

HERMI LEOPOLD

Viel wissen heißt wenig wagen.

GERHARD UHLENBRUCK

Wissen ist Erziehungsmacht.

GERHARD UHLENBRUCK

Wissen ist Macht. Macht ist mehr als Wissen.

RAIMUND VIDRÁNYI

Wer alles weiß ist ein Alleswisser. Wer weiß, worauf es ankommt, ist ein Weiser.

HELLMUT WALTERS

Die es nachher schon immer vorher gewußt haben, wissen meist gar nicht viel.

HORST FRIEDRICH

Wissen ist zeitlicher Bildungsendstand mangels neuerer Erkenntnisse.

WERNER MITSCH

Was ich weiß, macht andere heiß.

SILVIA SCHUBERT

Menschen, welche die meisten Antworten nötig hätten, stellen die wenigsten Fragen.

ELISABETH HABLÉ

Wissen ist Macht. Schlimm ist derjenige, der um seine Macht weiß.

HANS-HORST SKUPY

Wissen ist Macht. Wenn man das Wissen zum Machtwissen macht.

ULRICH ERCKENBRECHT

Was ich nicht weiß, macht mich heiß. Was jeder weiß, läßt mich kalt.

STEPHAN DETTMEYER

Wissen ist etwas, woran manche Leute nicht einmal glauben können.

THOMAS SCHMITZ

Wissen ist Ohnmacht.

THOMAS SCHMITZ

Was keiner so recht glauben will: was im Grunde alle wissen.

WOLFGANG MOCKER

Wer in Kulissen lebt, sollte wissen, was gespielt wird.

OLIVER TIETZE

Wissenschaft

Nicht wissen, aber Wissen
vortäuschen, ist ein Laster. Wissen,
sich aber dem Nichtwissenden
gleich verhalten, ist Weisheit.

Chinesisches Sprichwort

Nur durch Forschen wird die Überlegung
unseres Tuns befestigt.

SOPHOKLES

Ein Staat, in welchem Gelehrte keine Stätte
finden, ist im Niedergang.

MO-TI

Wissenschaft ohne Handeln – ich weiß nicht,
ob es nicht mehr Ballast ist.

AMBROSIO DI MILANO

Wissenschaft ist Macht.

ROGER BACON

Die Wissenschaft ist der auserlesenste Weg,
um das Menschengemüt heroisch zu
gestalten.

GIORDANO BRUNO

Bücher sollen den Wissenschaften folgen,
nicht die Wissenschaft den Büchern.

FRANCIS BACON

Die Wissenschaft ist das Abbild der
Wirklichkeit.

BACO VON VERULAM

Die Wissenschaft, die sich gegen den
Gemeinverstand und gegen die Natur der
Menschen richtet, ist die einzige, die immer
unter den Menschen vorhanden war.

BLAISE PASCAL

Die Wissenschaften sind nichts als prächtige
Ehrentitel der menschlichen Unwissenheit;
wenn man sie gleich versteht, ist man
deswegen noch nicht gelehrt.

CHRISTINE VON SCHWEDEN

Die Wissenschaft verdirbt nicht die
Menschen, sondern diese verderben die
Wissenschaft.

CHRISTINE VON SCHWEDEN

Man soll sich der Gelehrten als lebender
Bibliotheken bedienen, sie respektvoll und
freigebig behandeln, Nutzen aus ihnen ziehen
und sie auf ihrem eigenen Gebiet um Rat
fragen, doch, davon abgesehen, muß man
wissen, daß sie sich in weltlichen und
praktischen Zusammenhängen meist sehr
simpel ausnehmen.

CHRISTINE VON SCHWEDEN

Darin besteht eigentlich der Unterschied
zwischen Wissenschaft und Klugheit, daß in
der Wissenschaft diejenigen groß sind, die
von einer einzigen Ursache möglichst viele
Wirkungen in der Natur ableiten, in der
Klugheit aber diejenigen Meister sind, die für
eine Tatsache möglichst viele Ursachen
aufsuchen, um dann zu erschließen, welche
die wahre ist. Und das ist so, weil die
Wissenschaft auf die obersten, die Klugheit
auf die untersten Wahrheiten blickt.

GIAMBATTISTA VICO

Die Wissenschaften sind das Meisterwerk des
Genies und der Vernunft.

JEAN-JACQUES ROUSSEAU

Der Blick des Forschers fand nicht selten
mehr, als er zu finden wünschte.

GOTTHOLD EPHRAIM LESSING

Der Endzweck der Wissenschaft ist:
Wahrheit.

GOTTHOLD EPHRAIM LESSING

Lehre und Leben müssen in die Hand
arbeiten.

THEODOR GOTTLIEB VON HIPPEL

Der gesunde Gelehrte, der Mann, bei dem
Nachdenken keine Krankheit ist.

GEORG CHRISTOPH LICHTENBERG

Ein Mitarbeiter von der Gelehrtenbank.

GEORG CHRISTOPH LICHTENBERG

Man macht jetzt so junge Doktoren, daß
Doktoren und Magister fast zur Würde der
Taufnamen gediehen sind. Auch bekommen
die, denen diese Würden erteilt werden, sie
oft wie die Taufnamen, ohne zu wissen, wie.

GEORG CHRISTOPH LICHTENBERG

Wissenschaft

Gelehrte sollten sich mehr darauf legen,
Empfindungen und Beobachtungen zu Buch
zu bringen.

GEORG CHRISTOPH LICHTENBERG

Nichts setzt dem Fortgang der Wissenschaft
mehr Hindernis entgegen, als wenn man zu
wissen glaubt, was man noch nicht weiß.

GEORG CHRISTOPH LICHTENBERG

Wo die Menschen nicht mehr hinsehen, was
jedermann für fertig erklärt hält, verdient am
meisten erforscht zu werden.

GEORG CHRISTOPH LICHTENBERG

Wissenschaften allein haben die Welt
erleuchtet.

JOHANN GOTTFRIED HERDER

Wissenschaft ist eine Sammlung klarer
Begriffe aus vielen lebhaften Erfahrungen
über eine Sache.

WILHELM HEINSE

Der Mensch muß bei dem Glauben verharren,
daß das Unbegreifliche begreiflich sei; er
würde sonst nicht forschen.

JOHANN WOLFGANG VON GOETHE

Das schönste Glück des denkenden
Menschen ist, das Erforschliche erforscht zu
haben und das Unerforschliche ruhig zu
verehren.

JOHANN WOLFGANG VON GOETHE

Die Gelehrten sind meist gehässig, wenn sie
widerlegen; einen Irrenden sehen sie gleich
als ihren Todfeind an.

JOHANN WOLFGANG VON GOETHE

Die Wissenschaft hilft uns vor allem, daß sie
das Staunen, wozu wir von Natur berufen
sind, einigermaßen erleichtere; sodann aber,
daß sie dem immer gesteigerten Leben neue
Fertigkeiten erwecke zur Abwendung des
Schädlichen und Einleitung des Nutzbaren.

JOHANN WOLFGANG VON GOETHE

Wissenschaften entfernen sich im ganzen
immer vom Leben und kehren nur durch
einen Umweg wieder dahin zurück.

JOHANN WOLFGANG VON GOETHE

In der Wissenschaft ist die absoluteste
Freiheit nötig.

JOHANN WOLFGANG VON GOETHE

Die Deutschen, und sie nicht allein, besitzen
die Gabe, die Wissenschaften unzugänglich
zu machen.

JOHANN WOLFGANG VON GOETHE

Die Geschichte der Wissenschaften ist eine
große Fuge, in der die Stimmen der Völker
nach und nach zum Vorschein kommen.

JOHANN WOLFGANG VON GOETHE

Der Aufklärung unseres Jahrhunderts scheint
es unwürdig, daß gelehrte Streitigkeiten zu
persönlicher Verbitterung führen. Wie lange
wird diese Intoleranz, die gehässigste von
allen, noch andauern?

GEORG FORSTER

Man verschließe die Wissenschaft denen, die
keine Tugend besitzen.

JOSEPH JOUBERT

Wo die Menschen an Verstand übertroffen
werden, glauben sie, es sei nur an
Wissenschaft.

JEAN PAUL

Die wichtigsten wissenschaftlichen
Entdeckungen sind philosophische Bonmots.
Das sind sie durch die überraschende
Zufälligkeit ihrer Entstehung, durch das
Kombinatorische des Gedankens und selbst
durch das Barocke des hingeworfenen
Ausdrucks. Die besten sind Ausblicke ins
Unendliche.

FRIEDRICH VON SCHLEGEL

Zur Wissenschaft ist der Mensch nicht allein
bestimmt, der Mensch muß Mensch sein, zur
Menschheit ist er bestimmt; Universaltendenz
ist dem eigentlichen Denken unentbehrlich.

NOVALIS

Das Beste an den Wissenschaften ist ihr
philosophisches Ingredienz wie das Leben am
organischen Körper. Man dephilosophiere die
Wissenschaften: was bleibt übrig? Erde, Luft
und Wasser.

NOVALIS

Wissenschaft

Jede Wissenschaft ist politisch, denn Wissenschaft ist ein zusammenhängendes Wissen vom Werden und Fortgang eines schöpferischen Gedankens und von dem, was dieser Gedanke in der menschlichen Gesellschaft hervorgebracht hat.

LEOPOLD ZUNZ

Die Wissenschaft ist nur für das Genie eine Religion.

JOUFFROY

Sehen, um vorauszusehen, so lautet der Spruch der wahrhaften Wissenschaft.

AUGUSTE COMTE

Der Naturwissenschaftler betrachtet die vor ihm liegenden Tatsachen; der Theologe gibt die Gründe an für diese Tatsachen. Jener handelt von Wirkursachen, dieser von Ziel- und Zweckursachen. Der Naturforscher berichtet von Gesetzen, der Theologe von deren Urheber, Erhalter und Herrn; von ihrem Zweck, von ihrer zeitweiligen Aufhebung – falls es diese gibt; von ihrem Anfang und ihrem Ende.

JOHN HENRY KARDINAL NEWMAN

Die Wissenschaft ist ein Ozean. Der eine fährt mit einer Ladung wertvoller Güter über ihn dahin, der andere gondelt und angelt nach Heringen.

EDWARD EARL BULWER-LYTTON

Der wahre und vernünftige Zweck der Wissenschaft ist, dem menschlichen Leben Nutzen zu bringen, es mit neuen Erfindungen und Schätzen zu bereichern.

LUDWIG FEUERBACH

Das Reich jener Welt und das Reich dieser Welt stehen einander nicht feindlich gegenüber, sondern sind freundliche Nachbarreiche; kein Streit kommt zwischen sie. Die Naturwissenschaft reißt die Wurzeln des Aberglaubens aus dem Acker der Religion!

HANS CHRISTIAN ANDERSEN

Für die Wissenschaft existiert überhaupt kein Heiliges, sondern nur ein Wahres; dieses aber verlangt keine Weihrauchwolke der Andacht, sondern Klarheit des Denkens und der Rede.

DAVID FRIEDRICH STRAUSS

Die Naturwissenschaften sind ein unentbehrlicher Bestandteil der Bildung eines modernen Menschen. Ohne diese gesunde Nahrung, diese strenge Schulung des Denkens durch die Tatsachen, ohne diese Vertrautheit mit dem uns umgebenden Leben und ohne diese resignierte Unterwerfung unter ihre strenge Notwendigkeit bleibt in unserer Seele stets eine dunkle Klosterzelle zurück, in der sich irgendwo ein mystischer Keim versteckt, der plötzlich zu einer dunklen, trüben Flut zerfließen und unser ganzes Gemüt durchdringen kann.

ALEXANDR HERZEN

Wissenschaft ist das Gedächtnis des Menschengeschlechts, sie ist der Sieg über die Natur; die Befreiung.

ALEXANDR HERZEN

Die Naturwissenschaft gibt den besten Maßstab für die Fortschritte der Menschheit ab: nur so weit sie die Natur kennt, kennt sie sich selbst.

FRIEDRICH HEBBEL

Die Wissenschaft hat nur solange Macht und Interesse, als in ihr geirrt wird; sobald in ihr das Wahre gefunden ist, hört sie auf: sie ist daher das Werkzeug, das nur solange von Wichtigkeit ist, als der Stoff, auf dessen Gestaltung es nur ankommt, dem Werkzeuge noch nicht widersteht.

RICHARD WAGNER

Aller Anfang ist schwer, gilt in jeder Wissenschaft.

KARL MARX

Es gibt keine Landstraße für die Wissenschaft, und nur diejenigen haben Aussicht, ihre lichten Höhen zu erreichen, die die Mühe nicht scheuen, ihre steilen Pfade zu erklimmen.

KARL MARX

Die Wissenschaft kann nur in der Republik der Arbeit ihre wahre Rolle spielen.

KARL MARX

Die Forschung ist immer auf dem Wege, nie am Ziel.

ADOLF PICHLER

Wissenschaft

Allein der gesunde Menschenverstand, ein so respektabler Geselle er auch in dem hausbackenen Gebiet seiner vier Wände ist, erlebt ganz wunderbare Abenteuer, sobald er sich in die weite Welt der Forschung wagt.

FRIEDRICH ENGELS

Der Hauptfeind der Wissenschaft ist nicht der Irrtum, sondern die Faulheit.

HENRY THOMAS BUCKLE

Ohne Wissenschaft bleibt der Aussätzige ungereinigt und der Sklave unbefreit.

HENRY THOMAS BUCKLE

Diplom – Merkmal der Wissenschaft; beweist gar nichts.

GUSTAVE FLAUBERT

Gnade, Humanität, Gefühl, Ideal haben uns so viele häßliche Streiche gespielt, daß man es mit dem Recht und der Wissenschaft versuchen sollte.

GUSTAVE FLAUBERT

Nur die Wissenschaft ist rein; denn sie hat nichts Praktisches; sie berührt die Menschen nicht; Propaganda geht sie nichts an. Ihre Pflicht ist zu beweisen, nicht zu überzeugen und zu bekehren.

ERNEST RENAN

Die große Tragödie der Wissenschaft: die Ersetzung einer schönen Hypothese durch eine häßliche Tatsache.

THOMAS HENRY HUXLEY

Die Wissenschaft kennt keine Nationalität.

WILHELM LIEBKNECHT

Die Wissenschaft wollen wir zum Gemeingut aller machen.

WILHELM LIEBKNECHT

Aufgabe der Wissenschaft muß die Erkenntnis dessen sein, was sein soll, und nicht dessen, was ist. Die heutige Wissenschaft hingegen macht es sich zur Hauptaufgabe, die Menschen von dem abzulenken, was sein soll, und sie dafür zu interessieren, was ist und was daher niemand zu wissen braucht.

LEW N. GRAF TOLSTOJ

Was man in unserer Welt Wissenschaft und Kunst nennt, ist nur ein unermeßlicher Humbug, ein großer Aberglaube, dem wir gewöhnlich verfallen, sobald wir uns von dem alten Aberglauben der Kirche frei machen.

LEW N. GRAF TOLSTOJ

Es gibt keine trockene Wissenschaft: es gibt nur trockene Gelehrsamkeit und trockene Gelehrte.

JOSEPH UNGER

Sooft eine neue überraschende Erkenntnis durch die Wissenschaft gewonnen wird, ist das erste Wort der Philister: es sei nicht wahr; das zweite: es sei gegen die Religion; und das dritte: so etwas habe jedermann schon lange vorher gewußt.

WILHELM RAABE

Die moderne Wissenschaft hat als Ziel: so wenig Schmerzen wie möglich, so lange leben wie möglich – also eine Art von ewiger Seligkeit, freilich eine sehr bescheidene im Vergleich mit den Verheißungen der Religionen.

FRIEDRICH NIETZSCHE

Nicht Sieg der Wissenschaft „Wissenschaft" ist das, was unser Jahrhundert auszeichnet, sondern der Sieg der wissenschaftlichen Methode über die Wissenschaft.

FRIEDRICH NIETZSCHE

Volksmedizin und Volksmoral gehören zusammen und sollten nicht mehr so verschieden abgeschätzt werden, wie es immer noch geschieht: Beides sind die gefährlichsten Scheinwissenschaften.

FRIEDRICH NIETZSCHE

Nie kann die Wissenschaft das Irrationale bewältigen. Darum hat sie auf dieser Welt auch keine Zukunft.

OSCAR WILDE

Die Wissenschaft muß auf Magie verzichten und dennoch an Wunder glauben.

GEORGE BERNARD SHAW

Die Wissenschaft wird nur gefährlich, wenn sie sich einbildet, daß sie ihr Ziel erreicht hat.

GEORGE BERNARD SHAW

Wissenschaft

In jeder Wissenschaft steckt nur soviel Wert, wieviel sie zur menschlichen Kulturentwicklung beizutragen vermag, denn keine Wissenschaft kann und darf etwas anderes sein als ein Stück Kulturgeschichte.

MAX VERWORN

Man muß auch selbst in der wissenschaftlichen Arbeit, wie überall im Leben, den Mut haben, gelegentlich einen Fehler zu machen, sonst wird man niemals die Erkenntnis wirklich fördern.

MAX VERWORN

Auch die strenge wissenschaftliche Forschung kann ohne das freie Spiel der Einbildungskraft nicht vorwärtskommen. Wer nicht gelegentlich auch einmal kausalwidrige Dinge zu denken vermag, wird seine Wissenschaft nie um eine neue Idee bereichern können.

MAX PLANCK

Wissenschaft in Büchern ist Wissenschaft in Kompottform. Nur das Allerbeste hält sich über eine gewisse Zeit.

ELEONORE VAN DER STRATEN-STERNBERG

Wissenschaft und Religion sind zwei parallele Versuche, aus der Knechtschaft herauszukommen.

SWAMI VIVEKANANDA

Wer glaubt, seine Methode gefunden zu haben, mag in sich gehen und gründlich nachforschen, ob nicht ein Teil seines Gehirns eingeschlafen ist.

HENRY FORD

Die Wissenschaft ist die erlesenste Schule der bescheidenen Demut; sie lehrt uns, uns auch den dem Anschein nach geringfügigsten Tatsachen zu beugen. Die Wissenschaft ist auch die Vorhalle der Religion; doch in dem Tempel selbst hat sie freilich nichts zu sagen.

MIGUEL DE UNAMUNO

Der Mann der Wissenschaft darf nicht mit den Leidenschaften wetteifern, wenn diese am Werk sind, Trugbilder von Liebe und Haß zu schaffen.

BENEDETTO CROCE

Dem Unerforschlichen gegenüber gibt es keine Schuld und keinen Irrtum mehr.

JAKOB WASSERMANN

Die Wissenschaft überbrückt nicht die Abgründe des Denkens, sie steht bloß als Warnungstafel davor. Die Zuwiderhandelnden haben es sich selbst zuzuschreiben.

KARL KRAUS

Ein guter Forscher muß nach der Wahrheit streben und wissen, daß er ihr immer nur nahe kommen kann. Er muß Tatsachen anerkennen, gleichgültig, ob diese seinem Denken und seinen Wünschen entgegenkommen oder nicht, das heißt, er muß selbstlos sein. Und er muß die Fähigkeit haben, sich über das Naturgeschehen zu wundern und es zu bewundern.

LISE MEITNER

Naturwissenschaft ohne Religion ist lahm; Religion ohne Naturwissenschaft ist blind.

ALBERT EINSTEIN

Auch die Wissenschaft ist nicht ein Ziel, sondern eine Art unseres Geistes.

FRANZ MARC

Die Wissenschaft wächst, um sich die Erde untertan zu machen.

ALEXANDR BLOK

Ideen wie absolute Gewißheit, absolute Genauigkeit, endgültige Wahrheit und so fort sind Erfindungen der Einbildungskraft und haben in der Wissenschaft nichts zu suchen.

MAX BORN

Die Kunst ist da, um zu alarmieren, die Wissenschaft sichert.

GEORGES BRAQUE

Die moderne Forschung wird sich in Zukunft noch mehr als bisher am menschlichen Gewissen zu orientieren haben.

VICTOR FRANZ HESS

In der Wissenschaft wissen wir sehr klar, daß der Fortschritt des einen sich aufbaut auf den Schultern der Arbeit des anderen.

ARNOLD ZWEIG

Wissenschaft

Forschen heißt gesteigert erleben.

WILHELM PINDER

Die populärwissenschaftlichen Schriften unserer Wissenschaftler sind nicht der Ausdruck der harten Arbeit, sondern der Ruhe auf ihren Lorbeeren.

LUDWIG WITTGENSTEIN

Jeder Fortschritt in der Wissenschaft beginnt damit, daß irgendeiner in einer Überzeugung ein Vorurteil vermutet.

K. H. BAUER

Die gesamte Wissenschaft fußt auf einem Glauben – dem Glauben an die Gültigkeit der logischen, geistigen Vorgänge, dem Glauben an die letzte Deutbarkeit der Welt, dem Glauben, daß die Gesetze des Denkens auch die Gesetze der Dinge sind.

ALDOUS HUXLEY

Die Naturwissenschaften haben nicht die Kraft, eine neue Weltanschauung zu schaffen; aber sie haben die Macht, jede neue Weltanschauung zu ersticken, die sich ihnen entgegenstellt.

RICHARD N. GRAF COUDENHOVE-KALERGI

Der moderne Mensch hat sich auf den Operationstisch der Wissenschaft geschnallt; er ist jetzt Operierter und Operateur zugleich.

EUGEN GÜRSTER

Das jeweils vorliegende System von Deutungen ist das, was man "den Stand der Wissenschaft" nennt.

PETER BAMM

Die höchste Wissenschaft ist diejenige, die den Menschen lehrt zu leben, ohne dem anderen Leid zuzufügen.

ZENTA MAURINA

Wissenschaft macht keine Augen, sondern Brillen.

FRIEDRICH GEORG JÜNGER

Erst der Mut zum Irrtum macht den Forscher.

CHARLES TSCHOPP

Die Gelehrten sind sich immer uneins; die Weisen immer eins.

HANS KUDSZUS

Heutzutage haben die Wissenschaftler mehr Phantasie als die Verfasser von Kriminalromanen.

WERNER HEISENBERG

Am Ende alles Forschens steht ein Fragezeichen.

OTHMAR CAPELLMANN

Auch der Wissenschaftler ist ein Kind seiner Zeit und seiner Kultur.

KONRAD LORENZ

Die spezialisierten Wissenschaften von heute befassen sich vor allem mit der Erforschung der drei Konstanten des Lebens: dem Sexualtrieb, dem Todesbewußtsein, der Angst vor der Raumzeit.

SALVADOR DALI

Wissenschaft ist geklärtes Nichtwissen.

ERNST WILHELM ESCHMANN

Die großen Gelehrten stehen über ihrer Wissenschaft, die kleinen werden von ihr erzeugt. Jene wissen mehr als sie sagen, diese viel weniger.

ERWIN CHARGAFF

Wissenschaft lehrt nicht zu antworten; sie lehrt zu fragen.

ERWIN CHARGAFF

Oft hat es in der Wissenschaft die zweite Generation am leichtesten.

ERWIN CHARGAFF

Die Dummheiten der Epoche sind für die Wissenschaft der folgenden genauso wichtig wie ihre Weisheit.

STANISLAW JERZY LEC

Die Wissenschaft hat unsere falschen Vorstellungen bestätigt.

STANISLAW JERZY LEC

Die Wissenschaft ist die Bemühung der Menschen, nicht Mensch zu sein.

OSAMU DAZAI

Was die Wissenschaft als Erklärung nimmt, wird für die Moral zur Entschuldigung.

WLADIMIR WEIDLÉ

Science fiction – als ob wir mit den
Wirklichkeiten der Wissenschaften nicht
schon genug zu tun hätten.
ROBERT MUTHMANN

Früher versetzte der Glaube die Berge. Heute
besorgt es die Wissenschaft.
HEINRICH WIESNER

Leerformeln sind frei von jener Substanz,
ohne die sie nicht möglich wären.
HELMUT LAMPRECHT

Keine Gnade mehr mit denen, die nicht
geforscht haben und doch reden!
MANFRED EIGEN

Für den Wissenschaftler ist des Rätsels
Lösung immer noch ein Rätsel.
GERHARD UHLENBRUCK

Wissenschaftliches Plagiat: Man kann sich
zwar mit fremden Federn schmücken, aber
man kann nicht mit ihnen fliegen.
GERHARD UHLENBRUCK

Wissenschaft befriedigt die Neugierde – des
eigenen Ehrgeizes.
GERHARD UHLENBRUCK

Was wir Wissenschaft nennen, ist oftmals
bloß unser rational begründeter Aberglaube.
NIKOLAUS CYBINSKI

Wissenschaft – dressiertes Wissen.
AUREL SCHMIDT

Manches Examen besteht nur aus zwei
Teilen: aus „Ex" und „Amen".
WOLFGANG ESCHKER

Wissenschaftler, die ihr Wissen nur aus
Büchern haben, sollte man ins Regal stellen.
WOLFGANG ESCHKER

Die Wissenschaft käme auf dem sogenannten
Goldenen Mittelweg wahrhaftig nicht sehr
weit.
HANS-HORST SKUPY

Im allgemeinen gilt: Alles, was
durchschaubar ist, ist für Gelehrte noch
zuwenig transparent.
BEAT LÄUFER

Die Wissenschaft unterscheidet zwischen
läßlichen und unerläßlichen Sünden.
ROBERT MESSMER

Wissenschaft, die nur Fakten sieht, ist mit
Blindheit beschlagen.
ULRICH ERCKENBRECHT

Witz

Witz muß unangemeldet kommen.
Niederländisches Sprichwort

Lieber einen Freund verlieren als einen Witz.
QUINTILIAN

Witz mit Maß ergötzt, mißfällig wird er im
Unmaß.
PHAEDRUS

Witz dient der Furcht.
FRANCIS BACON

Was die Zeit dem Menschen an Haar entzieht,
das ersetzt sie ihm an Witz.
WILLIAM SHAKESPEARE

Kürze ist des Witzes Seele.
WILLIAM SHAKESPEARE

Witzbold – ein schlechter Charakter!
BLAISE PASCAL

Diejenigen, welche lieber dem Rufe oder
dem Glücke anderer schaden, als daß sie
einen Witz unterdrücken, verdienen eine
entehrende Strafe; das ist noch nicht gesagt
worden, und darum wage ich es zu sagen.
JEAN DE LA BRUYÈRE

Witz ohne Wissen ist ein Rahm, der über
Nacht nach oben steigt und sich von
geschickter Hand leicht zu Schaum schlagen
läßt. Wenn er aber einmal abgeschäumt ist,
dann taugt der Rückstand nur mehr als
Schweinefutter.
JONATHAN SWIFT

Witz

Wenn man dem Witz nachjagt, erwischt man eine Dummheit.

MONTESQUIEU

Es läßt sich ohne sonderlich viel Witz so schreiben, daß ein anderer sehr viel haben muß, es zu verstehen.

GEORG CHRISTOPH LICHTENBERG

Der Witz setzt immer Publikum voraus. Darum kann man den Witz auch nicht bei sich behalten. Für sich allein ist man nicht witzig.

JOHANN WOLFGANG VON GOETHE

Witzige Einfälle sind die Sprichwörter der gebildeten Menschen.

FRIEDRICH VON SCHLEGEL

Nichts ist verächtlicher als ein trauriger Witz.

FRIEDRICH VON SCHLEGEL

Witz ist eine Explosion von gebundenem Geist.

FRIEDRICH VON SCHLEGEL

In heiteren Seelen gibt's keinen Witz. Witz zeigt ein gestörtes Gleichgewicht an: er ist die Folge der Störung und zugleich das Mittel der Herstellung.

NOVALIS

Das Unbedeutende, Gemeine, Rohe, Häßliche, Ungesittete wird durch Witz allein gesellschaftsfähig.

NOVALIS

Hast du Witz gesprochen, so vergiß ihn nur gleich; er wird albern, so du ihn wiederholst.

J. ST. ZAUPER

Witz ohne Ernst ist nur ein Niesen des Verstandes.

HEINRICH HEINE

Witz ist das Aufsprudelnde, Leichtbewegliche, das über der Welt Schwebende und sie nach seinem Sinne verwendende im Geist. Der Witz läßt die Welt nicht bestehen, sondern er kombiniert die Dinge nach seinem Belieben. Witz ist Sache der Phantasie. Er läßt sein Licht auf die Dinge fallen, wie der Blitz in der Nacht.

MORITZ CARRIÈRE

Der Witz ist das einzige Ding, was um so weniger gefunden wird, je eifriger man es sucht.

FRIEDRICH HEBBEL

Ein guter Witz reist inkognito.

MARIE VON EBNER-ESCHENBACH

Der Witz ist ein brillanter Emporkömmling von zweifelhafter Abstammung.

MARIE VON EBNER-ESCHENBACH

Nur gemütsarme Zeiten sind sehr witzig.

OTTO VON LEIXNER

Kant könntest du allein lesen, wenn du willst. Einen Witz mußt du aber mit jemand teilen.

ROBERT LOUIS STEVENSON

Wortwitze sind nicht etwas, was einer Sache helfen soll, sondern dem, der sie macht.

PETER ALTENBERG

Humor hat Logik, Witz scheinbar.

A. O. WEBER

Wer Humor hat, der hat beinahe schon Genie. Wer nur Witz hat, der hat meistens nicht einmal den.

ARTHUR SCHNITZLER

In der Natur des Witzes offenbart sich der Charakter der Nationen.

ARTHUR SCHNITZLER

Humor fühlt das Lächerliche, Witz erkennt es.

MAX JACOB FRIEDLÄNDER

Ein immer witziger Mensch ist etwas so Unausstehliches und Unappetitliches wie ein Kerl, der einen chronischen Schnupfen hat, aber kein Taschentuch.

ALFRED POLGAR

Witz ist das Niesen des Gehirns.

ALFRED POLGAR

Das Kleinbürgertum hält nur zwei extreme Gesellschaftstypen für witzig: den Impertinenten und den Schmeichler. Einen witzigen Menschen hält es nur für– gefährlich.

ADOLF NOWACZYNSKI

Den Witz eines Witzigen erzählen heißt bloß:
einen Pfeil aufheben. Wie er abgeschossen
wurde, sagt das Zitat nicht.

KARL KRAUS

Die Witze, die hübsch klingen, wenn sie aus
dem Munde kommen, nehmen sich nur
selten auch auf dem Papier gut aus.

ROBERT WALSER

Der Sinn des Witzes ist, vor anderen Dingen
die Wirklichkeit um den Kredit zu bringen.
Indem er lächelnd zeigt, was alles möglich
wäre, bricht er das Pathos der realen Sphäre.

OTTO WEININGER

Humor verzeiht. Satire verachtet. Witz ist nur
intellektuelles Spiel.

OSWALD SPENGLER

Ohne ein bißchen Bosheit kann man
unmöglich witzig sein.

ROSE MACAULAY

Humor liebäugelt mit den Schwächen der
Welt und stirbt wie diese deshalb nie. Witz übt
Kritik an der Zeit und wird deshalb mit der
Zeit von ihr umgebracht.

CURT GOETZ

Wenn einer bei uns einen guten politischen
Witz macht, dann sitzt halb Deutschland auf
dem Sofa und nimmt übel.

KURT TUCHOLSKY

Traue einem Witzigen nicht über den Weg,
denn wer dich an einen Kalauer verrät, der ist
zu jeder Denunziation fähig.

FRANZ WERFEL

Je mehr Witz einer hat, umso weniger
Wirklichkeit hat er.

FRITZ USINGER

Wer immer witzig sein will, wird rasch
verächtlich.

FRIEDRICH GEORG JÜNGER

Ein Mann von vielen Witzen ist selten ein
Mann von vielem Witz.

CHARLES TSCHOPP

Jeder Witz ist eine winzige Revolution.

GEORGE ORWELL

Wer einen Witz macht, ist witzig. Wer einen
Witz unterdrückt, hat Humor.

WILHELM LICHTENBERG

Im Witz kommt das Spiel zum Wort, nicht das
Wort zum Spiel.

ERWIN CHARGAFF

Witz ist der als Vorhut reitende Hinterhalt.

ERWIN CHARGAFF

Witze von Irren, von ihnen selbst erzählt,
haben beunruhigend nüchterne Pointen.

STANISLAW JERZY LEC

Wer keinen Spaß versteht, dem fehlt der
Witz.

GERHARD UHLENBRUCK

Der Witz kommt weiter herum als eine
Weisheit.

RUPERT SCHÜTZBACH

Nur nicht witzig sein, man könnte dich für
geistlos halten.

PETER TILLE

Wohlstand

Nutzen ist der größte Reichtum.

Deutsches Sprichwort

Ihr habt wohlgelebt auf Erden.

JAKOBUSBRIEF 5,5

Wohlstand kann eines Menschen Charakter
verändern. Nur selten ist jemand so
vorsichtig, daß er dem Einfluß eines gütigen
Schicksales widersteht.

CURTIUS RUFUS

Kaviar für das Volk!

WILLIAM SHAKESPEARE

Nichts hält länger vor als bescheidener
Wohlstand. Wann großer Reichtum einmal zu
Ende ist, sieht man meistens deutlich voraus.

JEAN DE LA BRUYÈRE

Wohlstand

Des Volkes Wohlfahrt ist die höchste Pflicht.

FRIEDRICH VON SCHILLER

Wohlhabend nenne ich jeden, der noch ein mehreres hat, als er zur Stillung seiner wesentlichen Bedürfnisse benötigt; der einen Überfluß hat, durch den er instandgesetzt wird, ein oder das andere auch für sein Vergnügen zu tun.

BERNARD BOLZANO

Für ein gemeinsames Blühen zu leben, also nicht für Arbeit, Wirtschaft, Prosperität, Macht, Vorteil, Wucher, sinnlosen Wettlauf: das wäre die Aufgabe des Lebens. Das ist auch – immer – das höchste Ziel eines Staates.

RUDOLF G. BINDING

Die Hebung des Wohlstandes ist Sache der Wirtschaftsordnung. Die Verteilung des Wohlstandes ist Sache der Gesetzgebung. Die Hebung der Verantwortung ist Sache der Wirtschaftsverfassung und im weiteren Sinne der Staatsverfassung.

WALTHER RATHENAU

Wohlstand ist nur ein Instrument, das benutzt werden muß, kein Gott, zu dem man betet.

CALVIN COOLIDGE

Die Freiheit, die Wohlstand mit sich bringt, wird selten gut benützt.

WILLIBRORD VERKADE

Nur wer im Wohlstand lebt, schimpft auf ihn.

LUDWIG MARCUSE

Am leichtesten kauft man den Völkern die Freiheit mit dem Wohlstand ab.

SIGMUND GRAFF

Nur wer im Wohlstand lebt, lebt angenehm.

BERT BRECHT

Es muß aufhören, daß sich unsere Wohlstandsgesellschaft in die Gerechten und die Gerichteten teilt.

GUSTAV W. HEINEMANN

Heute will man besser leben mit weniger Wohlstand.

WILLY STAEHELIN

Das endlose Wachstum materiellen Wohlstandes, von dem wir uns die Lösung aller Probleme erhoffen, ist selbst zum Hauptproblem geworden.

JOHN KENNETH GALBRAITH

Als Arzt würde ich unserer Wohlstandsgesellschaft mehr Todesangst verordnen.

OLIVER HASSENCAMP

Der Wohlstand beginnt genau dort, wo der Mensch anfängt, mit dem Bauche zu denken.

NORMAN MAILER

Wohlstand ist der Überfluß des Notwendigen.

LOTHAR SCHMIDT

Wohlstandsgesellschaft: Der vergoldete Mittelweg.

GERHARD UHLENBRUCK

Wohlstand: Mangel an Mangel.

RUPERT SCHÜTZBACH

Wohlstand ist, wenn die Menschen mehr Uhren haben als Zeit.

WERNER MITSCH

Mir reicht's. Diese Maxime hat unter Wohlhabenden Seltenheitswert.

WERNER MITSCH

Die Wohlstandskonsumgesellschaft droht an appetitlosem Verhalten zu ersticken.

HANS-HORST SKUPY

Wohltat

Wohltat bedeutet nicht Herrschaft.

Deutsches Sprichwort

Wohltun errettet vom Tode.

SPRÜCHE 10,2

Wohltun bringt mehr Lust, als sich wohltun zu lassen.

EPIKUR

Wohltat

Die Annahme einer Wohltat bedeutet den Verkauf der Freiheit.

PLAUTUS

Wohltätigkeit beginnt im eigenen Heim.

TERENZ

Das wird mir wohltun wie Balsam auf dem Haupte.

PSALMEN 141,5

Wohltätigkeit rettet vom Tode.

TOBIAS 4,10

Die Menschen kommen durch nichts den Göttern näher als durch die Wohltaten, die sie ihren Mitmenschen erweisen.

CICERO

Wohltat am falschen Orte ist gleich einer Übeltat.

CICERO

Es ist wahr, was nicht ohne Grund einer der Alten ausgesprochen hat, daß die Menschen nur dann gottähnlich handeln, wenn sie wohltun.

PHILO

Eine Wohltat wird mit Absicht und Urteilskraft durchgeführt. Es ist eine freiwillige nützliche Handlung, die dem Spender durch den dem Empfänger gewährten Trost Freude bereitet.

SENECA

Tut wohl denen, die euch hassen.

LUKAS 6,27

Das Wohltun ist nur dann von Wert, wenn es mit Wohlwollen und Güte geübt wird.

TALMUD – SUKKA

Ein guter Mensch geht lautlos über eine gute Tat hinweg, genau wie die Rebe zur rechten Jahreszeit wieder Trauben trägt.

MARC AUREL

Das allein sei deine Freude und Erholung, im Gedanken an Gott von einer gemeinnützigen Tat zur anderen fortzuschreiten.

MARC AUREL

Es gibt keine anderen guten Werke als allein die, welche durch Glaube und Liebe getan werden.

AUGUSTINUS

Die größte Wohltat, die man einem Menschen erweisen kann, besteht darin, daß man ihn vom Irrtum zur Wahrheit führt.

THOMAS VON AQUIN

Gewalttaten müssen alle auf einmal angewandt werden, damit sie weniger gespürt werden und deshalb weniger verletzen. Wohltaten dagegen soll man nur nach und nach erweisen, damit sie besser empfunden werden.

NICCOLÒ MACHIAVELLI

Ich liebe die guten Taten nicht, die aus Interesse geschehen.

VOLTAIRE

Leute, die eine große Wohltat gleich, ohne Bedenken, annehmen können, sind der Wohltat selten würdig. Die sie am meisten verdienen, haben auch immer das meiste Mißtrauen gegen sich selbst.

GOTTHOLD EPHRAIM LESSING

Wohltaten hören auf, Wohltaten zu sein, wenn man sucht, sich für sie bezahlt zu machen.

GOTTHOLD EPHRAIM LESSING

Wohltaten verlieren ihren ganzen Wert, wenn ihr Beweggrund unedel ist.

WILHELM LUDWIG WEKHRLIN

Zum Tun gehört Talent, zum Wohltun Vermögen.

JOHANN WOLFGANG VON GOETHE

Tue nicht zuviel für deine Mitmenschen. Sie fliehen den überschwenglichen Wohltäter, wie man einen Gläubiger flieht, den man nie bezahlen kann. Hüte dich, zu groß zu werden in deiner Brüder Augen. Auch fordert jeder zuviel von dir, und eine einzige abgeschlagene Wohltat macht tausend wirklich erzeigte in einem Augenblick vergessen.

ADOLPH VON KNIGGE

Wohltat

Wirke Gutes, du nährst der Menschheit göttliche Pflanze.

FRIEDRICH VON SCHILLER

Man liebt die Menschen mehr, wenn man den Entschluß faßt, ihnen eine Wohltat zu erweisen, als nachdem er ausgeführt ist.

JEAN PAUL

Kann man denn nicht Gutes wirken, wenn man auch nicht eben dafür besoldet wird?

HEINRICH VON KLEIST

Eine Wohltat wird in des Schlechten Herz zu Gift.

LORD BYRON

Die größten Wohltaten Gottes achtet man zumeist am wenigsten.

JEREMIAS GOTTHELF

Die Menschen vergessen nur zu leicht die Namen ihrer Wohltäter; die Namen des Guten und Edlen, der für das Heil seiner Mitbürger gesorgt, finden wir selten im Munde der Völker, und ihr dickes Gedächtnis bewahrt nur die Namen ihrer Dränger und grausamen Kriegshelden.

HEINRICH HEINE

Tu soviel Gutes, wie du kannst, und rede so wenig wie möglich darüber.

CHARLES DICKENS

Lerne es, an guten Taten deine Freude zu haben. Tue das Gute im Geheimen und erröte, wenn man es erfährt.

LEW N. GRAF TOLSTOJ

Wohltätigkeit ist nur dann eine Wohltat, wenn sie ein Opfer darstellt.

LEW N. GRAF TOLSTOJ

Man muß das Gute tun, damit es in der Welt sei.

MARIE VON EBNER-ESCHENBACH

Die Menschen fühlen es als eine so schwere Last, für empfangene Wohltaten dankbar zu sein, daß sie, um eine solche Verpflichtung von sich abzuwälzen, die Behauptung aufgestellt haben: Wohltun trägt Zinsen!

DANIEL SPITZER

Die richtige Wohltätigkeit kann nichts weiter anstreben, als sich selbst überflüssig zu machen.

ROSALIE PERLES

Man vergißt nie eine versäumte Wohltat.

CARMEN SYLVA

Keine menschliche Tugend ist so verbreitet wie der Sinn für Wohltätigkeit aus der Tasche anderer.

OTTO ERNST

Kein Mensch verträgt Hilfe ohne Liebe. Alle kalten Wohltaten sind unerträglich.

JOHANNES MÜLLER

Ich werde auf dieser Welt nur einmal wandern. Wenn ich etwas Gutes tun oder einem menschlichen Wesen oder stummen Tier etwas Liebes erweisen kann, soll es daher gleich geschehen.

JOHN GALSWORTHY

Nicht verletzen ist oft verdienstlicher als wohltun.

SALOMON BAER-OBERDORF

Es ist ein guter Grundsatz, von niemandem mehr zu erbitten, als er ohne Unbequemlichkeiten geben kann.

WILLIAM SOMERSET MAUGHAM

Wohlfahrt ist stets öffentlich. Sie kann niemals das Monopol einer Einzelperson sein.

VINOBA BHAVE

Gedächtnisschärfe ist rühmenswert, jedoch nicht in allen Fällen: eine gute Tat vollführt, wer sie vergißt.

ZENTA MAURINA

Alle guten Werke sind nur möglich, weil das Herz keine Vernunft kennt.

KARL HEINRICH WAGGERL

Da Wohltun Zinsen trägt, lehnen es viele Menschen ab, sich in dieses Wuchergeschäft einzulassen.

WILHELM LICHTENBERG

Die Wohltat verpflichtet mehr den Geber als den Beschenkten.

ERNST WILHELM ESCHMANN

Auch Schreibtischwohltäter sind nicht immer harmlos.

GABRIEL LAUB

Wiederholungswohltäter.

HANS-HORST SKUPY

Wort

Schöne Worte sind nicht wahr –
wahre Worte sind nicht schön.

Chinesisches Sprichwort

Nimm kein Wort weg, und füge keines hinzu,
und setze auch keines an die Stelle eines
anderen.

PTAHHOTEP

Ist mein Wort nicht wie ein Feuer?

JEREMIAS 23,29

Wo viel Worte sind, da geht's ohne Sünde
nicht ab.

SPRÜCHE 10,19

Worte sind die Ärzte eines erkrankten
Gemüts.

AISCHYLOS

Wen das Wort nicht schlägt, den schlägt auch
der Stock nicht.

SOKRATES

Zu mir ist heimlich ein Wort gekommen.

HIOB 4,12

Es gibt kein Wort, das nicht schon früher
gesagt worden ist.

TERENZ

Haltet euch an ihre Worte und nicht an
Werke, denn sie sagen es und tun es nicht.

MATTHÄUS 23,3

Worte bauen keine Mauern.

PLUTARCH

Worte erhalten oder stürzen Nationen.

FANG HSIAO-JU

Wo Worte selten, haben sie Gewicht.

WILLIAM SHAKESPEARE

Ein Wort nachzuschicken ist immer Zeit,
niemals aber, eines zurückzurufen.

BALTAZAR GRACIÁN

Es ist ebenso notwendig, bei wichtigen
Angelegenheiten seine Worte zu wählen, wie
es bei kleinen überflüssig ist.

JEAN FRANÇOIS KARDINAL DE RETZ

Glatte Wort', platte Wort', polierte Wort',
gezierte Wort', geschmierte Wort',
heuchlerische Wort', schmeichlerische Wort',
gelehrte Wort', bewährte Wort', gemütige
Wort', sanftmütige Wort' sind jetziger Zeit
gemeiniglich ein Deckmantel der Unwahrheit.

ABRAHAM A SANCTA CLARA

Ein Mensch, der viele Worte benutzt, um
seine Absicht auszudrücken, gleicht einem
schlechten Schützen, der – anstatt mit
einem Stein das Ziel zu treffen – eine ganze
Handvoll aufnimmt und sie in der Hoffnung
wirft, es zu erreichen.

SAMUEL JOHNSON

Ein geistreich-aufgeschlossenes Wort wirkt
auf die Ewigkeit.

JOHANN WOLFGANG VON GOETHE

Denn eben wo Begriffe fehlen, da stellt ein
Wort zur rechten Zeit sich ein.

JOHANN WOLFGANG VON GOETHE

Alle schönen Wörter schließen mehr als eine
Bedeutung in sich. Wenn ein schönes Wort
einen schöneren Sinn bietet, als den ihm der
Autor gab, so muß man ihn annehmen.

JOSEPH JOUBERT

Ehe man ein schönes Wort anwendet, muß
man ihm einen Platz bereiten.

JOSEPH JOUBERT

Oft kommt ein nützlich Wort aus schlechtem
Mund.

FRIEDRICH VON SCHILLER

Worte sind Taten – Samen. Man muß diesen
Samen nicht in den Wind säen, um Sturm zu
ernten.

FRANZ VON BAADER

Wort

Unser Wort soll feststehen wie die Berge
Gottes, nicht sowohl um anderer, als um
unserer selbst und des Charakters willen,
gerecht um anderer, wahr um unseretwillen;
dann erst kann man sagen: das ist ein Mann!

KARL JULIUS WEBER

Das sicherste Mittel, unverständlich oder
vielmehr mißverständlich zu sein, ist, wenn
man die Worte in ihrem ursprünglichen Sinne
braucht; besonders Worte aus den alten
Sprachen.

FRIEDRICH VON SCHLEGEL

Jedes Wort ist ein Wort der Beschwörung.
Welcher Geist ruft, ein solcher erscheint.

NOVALIS

Sogar das leere Schweigen ist gut, bei
Worten ist das nicht so, wenn sie leer sind,
bleiben sie es auch.

RABBI MENDEL VON RIMINOW

Unnütze Worte sprechen heißt, einen Mord
begehen.

RABBI MENDEL VON RIMINOW

Starke und bittere Worte sind Zeichen einer
schwachen Sache.

VICTOR HUGO

Es ist unglaublich, welche Gewalt Worte üben
können.

ADALBERT STIFTER

Was der Mensch fühlt und begreift, das
drückt er auch aus; die Worte fehlen
den Menschen nur dann, wenn sie das
ausdrücken wollen, was sie selbst nicht
gut begreifen.

WISSARION G. BELINSKIJ

Was uns heut' ein Schlagwort heißt, ist
morgen eine Phrase.

FRIEDRICH VON SALLET

Wörter sind Laternen: steckt ein Licht hinein,
und sie geben einen guten Schein.

FRIEDRICH HEBBEL

Das gesprochene Wort ist leer, das
empfundene wahr.

MÓR JÓKAI

Die Zeit vergeht. Das gesprochene Wort aber
bleibt.

LEW N. GRAF TOLSTOJ

Respekt vor dem Gemeinplatz! Er ist seit
Jahrhunderten aufgespeicherte Weisheit.

MARIE VON EBNER-ESCHENBACH

Nicht so große Worte! Sie besagen so wenig.

OSCAR WILDE

Leere schöne Worte sind wie abgeschnittene
Blumen in einem Wasserglas; um ihre
wurzellosen Stengel bildet sich gar bald die
trübe Lache der Enttäuschung.

M. HERBERT

Das Gefühlsleben der meisten Menschen ist
dermaßen verzerrt, daß ihnen nur die Phrase
imponiert.

M. HERBERT

Die Wahrheit scheint ihr letztes Wort zu
sprechen, aber das letzte Wort gebiert ein
neues.

RABINDRANATH TAGORE

Worte sind natürlich das stärkste Rauschgift,
das die Menschheit verwendet.

RUDYARD KIPLING

Wir sollen Tatsachen als Tatsachen
anerkennen und sollen wissen, daß Worte
Worte sind und weiter nichts.

DAISEZ TEITARO SUZUKI

Es gibt Menschen, welche Schlagworte wie
Münzen schlagen, und Menschen, welche
mit Schlagworten wie mit Schlagringen
zuschlagen. Nichts ist so verbreitet wie das
Schlagwort. Es wird bis in die höchsten
Geisteskreise hinauf gebraucht und hängt
oft noch dem Scharfsinnigen als Zöpfchen
hinten.

CHRISTIAN MORGENSTERN

Worte führen zu Mißverständnissen: Aber es
ist nicht alles Gold, was schweigt und
verschwiegen wird.

FRANZ BLEI

Ein Agitator ergreift das Wort. Der Künstler
wird vom Wort ergriffen.

KARL KRAUS

Wort

Aus dem Wort spricht Gott, der in unserm innersten Wesen wohnende Gedanke.
LUDWIG FINCKH

Auch bei den Worten gibt es Seelenwanderung.
LUDWIG GOLDSCHEIDER

Worte haben Leib und Seele.
LUDWIG GOLDSCHEIDER

Gewisse Worte sind in sich schön; durch ihren Bau, ihre Musik, ihre Assoziationen sind sie wesenhaft schön, das heißt: schön in ihrem Wesen.
CHARLES DU BOS

Menschen werden schlecht und schuldig, weil sie reden und handeln, ohne die Folgen ihrer Worte und Taten vorauszusehen.
FRANZ KAFKA

In den Worten liegt eine eigene Gewalt. Wenn sie ins Laufen kommen, dann rollen sie wie die Steine den Hang hinunter, ganz von selbst.
ROMANO GUARDINI

Das Wort ist der Phallus des Geistes.
GOTTFRIED BENN

Im Anfang war das Wort und nicht das Geschwätz, und am Ende wird nicht die Propaganda sein, sondern wieder das Wort der Genesis..., das Wort, das die Schöpfung trägt.
GOTTFRIED BENN

Worte sind Taten.
LUDWIG WITTGENSTEIN

Phrasen sind konsolidierte Lügen.
KAREL ČAPEK

Ein leeres Wort ist eine kalte Hand.
MARGARETE SEEMANN

Das Wort „sein" bedeutet im Deutschen beides: Dasein und Ihmgehören.
FRANZ KAFKA

Gegen die Phrase kämpfen Götter selbst vergebens.
HEINZ STEGUWEIT

Das einfachste Wort ist ein magisches Siegel, ist die denkbar konzentrierteste Ausdrucksform.
ELISABETH LANGGÄSSER

Vergiß nicht, daß dein Satz eine Tat ist.
ANTOINE DE SAINT-EXUPÉRY

Die schlimmen Worte wirken meist rascher als die guten; die guten aber manchmal doch nachhaltiger.
ADRIENNE VON SPEYR

Das schlagende Wort ist sinnlich und sensationell. Es läßt dem Geist keinen Zutritt.
PAUL LA COUR

Wo kein bindendes Verhältnis zur Wahrheit besteht, stirbt das Wort.
REINHOLD SCHNEIDER

Das Wort lebt vom Schweigen. Das Wort bedarf des Schweigens, um in sich selbst neu, lebendig, triebkräftig zu bleiben.
ALBRECHT GOES

Im Anfang war das Wort – am Ende die Phrase.
STANISLAW JERZY LEC

Suche nicht große Worte, eine kleine Geste genügt.
PHIL BOSMANS

Das Bonmot ist das flüchtigste der Wortgeschöpfe, es bekennt sich zum Augenblick.
BEATE RISTA

Worte voller Bedeutung sind sinnlos ohne Bekenntnis.
D. M. FRANK

Ein Satz kann einen großen Gedanken ausdrücken, ein Wort kann ein großes Gefühl umfassen.
RASSUL GAMSATOW

Fehlen uns Worte, applaudieren wir.
MIROSLAV HOLUB

Im Anfang war das Wort – bei Gott.
SIEGFRIED & INGE STARCK

Wort

Der Wahlslogan ist ein politischer Gemeinplatz. In manchen Wahlreden wird er auch noch parzelliert.

LOTHAR SCHMIDT

Worte sind wie Salz; auf die Menge kommt es an.

ERNST R. HAUSCHKA

Wörter reimen sich leichter als Gedanken.

GERHARD BRANSTNER

Worte finden als kürzeste Strecke von Mensch zu Mensch.

HUGO ERNST KÄUFER

Ein böses Wort kann gut sein, ein gutes Wort böse.

GERHARD UHLENBRUCK

Schlagwort – Rettungsanker für Einfallslose.

HORST FRIEDRICH

der staat schafft bilder, philosophie ist medium der politik. nur in der politik sind worte werkzeuge.

OSWALD WIENER

Phrasen verdreschen!

JORG SCHRÖDER

Errichtet Wortschutzgebiete!

STEPHAN KURELLA

Im Anfang war das Wort. Aber es ist noch kein Ende abzusehen.

WOLFGANG ESCHKER

An glatten Worten brach sich schon manch einer das Genick.

HANS-HORST SKUPY

Leere Worte wiegen schwer.

HANS-HORST SKUPY

Am Anfang war das Wort. – Und dann wurde es durch das Bild zerstört.

HANS-HORST SKUPY

In leeren Köpfen finden Phrasen stärkeren Widerhall.

ŽARKO PETAN

Viele Wörter sind der Gedanken Tod.

THOMAS SCHMITZ

Wovor sich die Phrase am meisten fürchtet: daß man sie beim Wort nimmt.

WOLFGANG MOCKER

Was ist die Macht des Wortes gegen ein Machtwort?

WOLFGANG MOCKER

Worte: alphabetische Prozessionen um einen Gedanken.

SULAMITH SPARRE

Wunder

Es ist kein Wunder, daß arme Leute nichts haben.

Niederländisches Sprichwort

Es gibt viele große Wunder der Welt, doch keines überragt jenes über den Menschen.

SOPHOKLES

Ich würde meine Sache vor Gott bringen, der große Dinge tut, unergründlich, wunderbar.

HIOB 5,8/9

Wie lächerlich und weltfremd ist der, der sich über irgend etwas wundert, was im Leben geschieht.

MARC AUREL

Über alles Wunder hinaus das größere Wunder ist der Mensch.

AUGUSTINUS

Wunder geschehen durch unser Unwissen über die Natur, nicht durch die Natur selbst.

MICHEL DE MONTAIGNE

Die Bestürzung schafft dem Wunder Glauben.

TORQUATO TASSO

Geheimnisse sind noch keine Wunder.

JOHANN WOLFGANG VON GOETHE

Wunder

Das Wunder ist des Glaubens liebstes Kind.

JOHANN WOLFGANG VON GOETHE

Wir müssen nicht glauben, daß alle Wunder der Natur nur in anderen Ländern und Weltteilen seien. Sie sind überall. Aber diejenigen, die uns umgeben, achten wir nicht, weil wir sie von Kindheit an und täglich sehen.

JOHANN PETER HEBEL

Das große unzerstörbare Wunder ist der Menschenglaube an Wunder.

JEAN PAUL

Wunder stehen mit naturgesetzlichen Wirkungen in Wechsel: sie beschränken einander gegenseitig und machen zusammen ein Ganzes aus. Sie sind vereinigt, indem sie sich gegenseitig aufheben. Kein Wunder ohne Naturbegebenheit und umgekehrt.

NOVALIS

Die Erde ist noch immer voll schöner Wunder, wir betrachten sie nur nicht mehr.

JOSEPH VON EICHENDORFF

Ein jeder wirkt sich das Wunder seines Lebens aufs neue.

ADALBERT STIFTER

Vom Arzt und vom Lehrer wird verlangt, daß er Wunder tue, und tut er sie – wundert sich niemand.

MARIE VON EBNER-ESCHENBACH

Wunderbar erscheint das Neue dem, dessen ganzes Denken hierdurch erschüttert wird und in gefährliches Schwanken gerät. Allein das Wunder liegt niemals in der Tatsache, sondern immer nur im Beobachter.

ERNST MACH

Ich glaube nicht an Wunder. Ich habe ihrer zu viele gesehen.

OSCAR WILDE

Wunder im Sinne von Phänomenen, die wir nicht erklären können, umgeben uns überall; das Leben selber ist das Wunder aller Wunder.

GEORGE BERNARD SHAW

Was nicht Wunder sein konnte, will Werk werden; was nicht Werk sein konnte, wird Tat.

LUDWIG KLAGES

Wenn schon etwas geglaubt werden soll, was man nicht sieht, so würde ich immerhin die Wunder den Bazillen vorziehen.

KARL KRAUS

Der perfekte Stoffel ist derjenige, der niemals über etwas in Erstaunen geraten ist: nicht einmal über seine eigene Dummheit.

ANTONIO MACHADO

Wunder enthüllen sich fast immer der Jugend.

ANGELO GATTI

An den Verlorenen tut Gott die größten Wunder. Ihretwegen sandte er Jesus in diese Welt.

FERDINAND EBNER

Jeder wünscht das Wunder, aber es muß wundern innerhalb der Grenzen der praktischen Vernunft.

KURT KLUGE

Der Blick in Gott geht durch das Wunder, darum hüte das Kind in dir.

ALBERT TALHOFF

Das Wunder ist, daß man immer wieder an Wunder glaubt.

FRIEDL BEUTELROCK

Das Wunder ist die Substanz, von der das Leben zehrt.

ERNST JÜNGER

Wer das Wundern nicht verlernt hat, braucht keinen Alltag zu fürchten.

ANITA

Jeder kann nur an die Wunder glauben, die ihm gefallen.

OTTO ROMBACH

Im Alter kann man sich auf keine Wunder verlassen.

HANS HABE

Wunder

Wir sind am Grund einer Hölle, von der jeder Augenblick ein Wunder ist.

É. M. CIORAN

Wunder finden nicht statt.

ERNST KAPPELER

Nie auf ein Wunder hoffen, immer an die Möglichkeit des Wunders glauben.

HERBERT EISENREICH

Wer Wunder erwartet, wird keine Initiativen auslösen.

HORST FRIEDRICH

Man wird aus Mücken Elefanten machen. Freilich: Man wird die Dressur anpassen müssen.

HANS-HORST SKUPY

Man soll sich wundern, aber nichts als Wunder ansehen.

ULRICH ERCKENBRECHT

Nach dem Wunder ist die Welt in ihre Ursächlichkeit entlassen.

SULAMITH SPARRE

Die Zeit heilt uns von allen Wundern.

RONALD JANNASCH

Wunsch

Wären Wünsche Pferde, dann würden Bettler reiten.

Englisches Sprichwort

Mit dem Gelüsten ist schwer streiten. Denn was es heischt, kauft es auf Kosten der Seele.

HERAKLIT

Jeden Wunsch erfüllt zu sehen ist nicht besser für die Menschen.

HERAKLIT

Was man wünscht, das glaubt auch jeder.

DEMOSTHENES

Du erfüllst ihm seines Herzens Wunsch.

PSALMEN 21,3

Nackend suche ich das Lager derjenigen auf, die wunschlos sind.

HORAZ

Am reichsten ist, wer arm an Begierden.

SENECA

Verlange nicht, daß die Dinge gehen, wie du es wünschest, sondern wünsche sie so, wie sie gehen, und du wirst dich wohl befinden.

EPIKTET

Je mehr die Menschen haben, umso mehr begehren sie.

JUSTINIAN

Die Wünsche der Frau ändern sich bei jedem Schritt.

MIGUEL DE CERVANTES

Fromme Wünsche.

HERMANN HUGO

Trachte nach dem Wohl anderer, aber lies ihnen auch nicht jeden Wunsch von den Augen ab; denn das nennt man Nachgiebigkeit und Schwäche.

FRANCIS BACON

Das Meer hat Grenzen, doch tiefer Wunsch hat keine.

WILLIAM SHAKESPEARE

Es ist gut, daß wir nicht alle unsere Wünsche kennen.

LA ROCHEFOUCAULD

Es ist nicht gut, alles zu besitzen, was man wünscht.

BLAISE PASCAL

Wer seine Wünsche zähmt, ist immer reich genug.

VOLTAIRE

Wenn einem Menschen die Hälfte seiner Wünsche in Erfüllung gingen hätte er zweimal so viel Sorgen.

BENJAMIN FRANKLIN

Wunsch

Es ist eine menschliche Schwachheit, sich dasjenige leicht überreden zu lassen, was man heftig wünscht.

GOTTHOLD EPHRAIM LESSING

Sehnsucht verwandelt oft Wunsch in Gewißheit.

WILHELM LUDWIG WEKHRLIN

Wie einer ist, so wünscht und hofft er.

JOHANN CASPAR LAVATER

Wer weniger hat, als er begehrt, muß wissen, daß er mehr hat, als er wert ist.

GEORG CHRISTOPH LICHTENBERG

Was man oft sehnlich gewünscht, trägt man mit Mühe zuletzt.

KARL LUDWIG VON KNEBEL

Dir scheint es möglich, weil der Wunsch dich trägt.

JOHANN WOLFGANG VON GOETHE

Wie selten ist der Mensch mit dem Zustande zufrieden, in dem er sich befindet! Er wünscht sich immer den seines Nächsten, aus welchem sich dieser gleichfalls heraussehnt.

JOHANN WOLFGANG VON GOETHE

Wir sind nie entfernter von unseren Wünschen, als wenn wir uns einbilden, das Gewünschte zu besitzen.

JOHANN WOLFGANG VON GOETHE

Wohin ich sehe, wie beschränkt ist der Mensch! Wie groß der Abstand zwischen seinen Ansprüchen und ihrer Erfüllung!

FRIEDRICH VON SCHILLER

Mein einziger Wunsch ist meiner Wünsche Ruh.

FRIEDRICH RÜCKERT

Man wünscht viel, was einem nicht recht wäre, wenn es nachher in Erfüllung ginge.

BERTHOLD AUERBACH

Nicht wechselnde Verhältnisse rauben uns die Ruhe, sondern unsere schwankenden Wünsche.

LEW N. GRAF TOLSTOJ

Kein Mensch ist reich, der mehr wünscht als er hat.

JOSH BILLINGS

Was des Menschen Herzenswunsch ist, dazu läßt er sich gern befehlen.

VIKTOR VON SCHEFFEL

Mehr noch als nach dem Glück unserer Jugend sehnen wir uns im Alter nach den Wünschen unserer Jugend zurück.

MARIE VON EBNER-ESCHENBACH

Unerreichbare Wünsche werden als fromm bezeichnet. Man scheint anzunehmen, daß nur die profanen in Erfüllung gehen.

MARIE VON EBNER-ESCHENBACH

Auf törichte Wünsche wartet zuweilen eine grausame Strafe: ihre Erfüllung.

ISOLDE KURZ

Es gibt zwei Tragödien im Leben. Die eine: daß dir dein Herzenswunsch nicht erfüllt wird. Die andere: daß er es wird.

GEORGE BERNARD SHAW

Wer sich selbst keinen Wunsch versagen mag, wird nie imstande sein, anderen viel zu gewähren.

M. HERBERT

Je weniger Wünsche du hast, desto mehr werden dir davon in Erfüllung gehen.

CARLOS VON TSCHUDI

Nicht der ist arm, der sich keinen Jugendtraum erfüllt hat, sondern der schon in der Kindheit nichts träumte.

ADOLF NOWACZYNSKI

Wunsch ist ein Wille, der sich selbst nicht ganz ernst nimmt; warum wohl?

ROBERT MUSIL

Wünsche haben Hunger und Durst, doch dürfen sie beide nicht stillen, sonst sterben sie.

WILHELM ALTMANN

Der Charakter eines Menschen läßt sich weniger daraus erkennen, was er wünscht, als wie er es wünscht.

JOHANNES JAKOB MOHR

Wunsch

Die menschlichen Wünsche sind unermeßlich. Sie machen nur vor dem Tode halt.

JAKOW TRACHTENBERG

Ich kann mir nicht vorstellen, daß es einen Menschen gibt, der nicht immer neue Bedürfnisse hat.

LUDWIG ERHARD

Es ist leicht, uns den Glauben an unsere Wünsche beizubringen.

SIGMUND GRAFF

Der Kranke kennt nur einen Wunsch: gesund zu sein. Den Gesunden plagen tausend Wünsche.

CHARLES TSCHOPP

Du wirst manche Frau beleidigen, wenn du ihren geheimen Wunsch – errätst.

CHARLES TSCHOPP

Wünsche können nur sein, wo Hoffnungen sind. In jedem Wünschen ist schon ein Schimmer von Glück.

HANS MARGOLIUS

Der niedrigste Mensch: der, dem alle Wünsche erfüllt worden sind.

ELIAS CANETTI

Es gibt ein erfülltes Leben trotz vieler unerfüllter Wünsche.

DIETRICH BONHOEFFER

Wünsche fesseln, Verzicht macht frei.

WALTER NENZEL

Unheilbar – ein ehrenvolles Eigenschaftswort, das nur einer einzigen Krankheit, der furchtbarsten von allen, gegönnt werden sollte: der Begierde.

É. M. CIORAN

Wenn eintrifft, was man wünscht, hat es doch nie den Glanz, den man sich vorgestellt hat.

KARIN HARDT

Der Mensch, der seine Wunschträume wahr machen will, muß aufwachen und handeln.

EMIL OESCH

Denke daran, daß die Erfüllung eines heißen Wunsches nicht immer Glück bedeutet.

HERMI LEOPOLD

Wenn Wunschträume abmagern, setzt die Erinnerung Speck an.

HELLMUT WALTERS

Wer seine Wünsche begräbt wie ein Samenkorn, dem erwachsen daraus Früchte.

RUPERT SCHÜTZBACH

Wer keine Wünsche hat, hat auch keine Träume.

RUPERT SCHÜTZBACH

Wunschlos glücklich zu sein, ist die positivste Form der Hoffnungslosigkeit.

WERNER MITSCH

Er verlangte, daß sein letzter Wunsch auf Raten erfüllt werde.

ŽARKO PETAN

Selbst im Märchen wird uns die Zahl unserer Wünsche beschränkt.

MICHAEL RUMPF

Würde

Würden ändern die Sitten.

Deutsches Sprichwort

Die Würde eines Mannes kann von dem Haus, in dem er lebt, verstärkt, aber nicht gesichert werden. Der Besitzer muß dem Haus Ehre machen, nicht das Haus dem Besitzer.

CICERO

Einem Kaiser geziemt es, stehend zu sterben.

VESPASIAN

Durch Schmerzen erreicht der Mensch größere Schmerzen, durch unwürdige Behandlung Würde.

FRANCIS BACON

Würde

Eine gewisse natürliche Erhabenheit macht sich alles unterwürfig.
CHRISTINE VON SCHWEDEN

Das Schöne ist nützlicher für die Kunst, aber das Erhabene nützlicher für die Sitten, weil es die Geister aufrichtet.
JOSEPH JOUBERT

So wie die Anmut der Ausdruck einer schönen Seele ist, so ist Würde der Ausdruck einer erhabenen Gesinnung.
FRIEDRICH VON SCHILLER

Stolz beruht auf der Meinung, die man von sich selbst hat; Würde aber im Respekt vor Menschenrechten.
GERMAINE (MADAME) DE STAËL

Wir kennen die Würde des Mannes: sie heißt Mut und Arbeit.
ERNST MORITZ ARNDT

Das Unvermeidliche mit Würde tragen.
KARL STRECKFUSS

Das Gräßlichste in der Gesellschaft ist für mich das Würdevolle.
STENDHAL

Bewahre die Würde!
HONORÉ DE BALZAC

Die Würde gehört dem Geiste an. Sie ist stets Ausdruck der Geistesfreiheit in ihrer Herrschaft über die Triebe; sie ist vorzugsweise in der Ruhe, im Ertragen des Leides, wenn der Geist dem Widerwärtigen die edle Fassung entgegenstellt.
MORITZ CARRIÈRE

Auch ein Dummkopf kommt zu Würden, wenn er zu Jahren kommt.
DAGOBERT VON GERHARDT AMYNTOR

Über des Menschen sittliche Würde entscheidet nicht, was er glaubt, sondern wie er glaubt.
HEINRICH VON TREITSCHKE

Er bleibt ein König auch in Unterhosen...
LUDWIG FULDA

Jedes Amt hat die Würde seines Trägers.
SALOMON BAER-OBERDORF

Das höchste Gut der Menschheit wären gerechte Ordnungen; das höchste Gut eines Volkes ist die Freiheit. Unfreiheit ist eine abscheuliche Beeinträchtigung nicht nur des Willens, sondern der Würde. Unfreiheit ist nicht Disziplin; sie ist Erniedrigung.
JOSEF ČAPEK

Jeder weiß, daß die verloren sind, die auf ihre Menschenwürde bedacht sind.
BERT BRECHT

Die Würde des Menschen bemißt sich danach, wie viel Wahrheit er verträgt.
CHARLES TSCHOPP

Schamlosigkeit bezeugt den Verlust der Menschenwürde.
ERICH LIMPACH

Innere Würde macht sich fühlbar. Äußere Würde macht sich merkbar.
ANITA

Jene Würde allein ist wirklich, die nicht verringert wird durch die Gleichgültigkeit der anderen.
DAG HAMMARSKJÖLD

Ach, wäre die höchste Staatswürde doch die menschliche!
STANISLAW JERZY LEC

Verschiedene Würden sind wie Krankheiten: entweder erblich oder ansteckend.
STANISLAW JERZY LEC

Erst wenn sie vollends dahin ist, wird die Würde des Menschen unantastbar sein.
HELMUT LAMPRECHT

Die Würde des Menschen ist verletzlich.
GERHARD UHLENBRUCK

Ein Würdenträger ist ein Mensch, der statt des Kopfes ein Haupt am Halse hat.
WERNER MITSCH

Ist es nicht seltsam, daß wir auf unsere Ehre viel mehr bedacht sind als auf unsere Würde?
NIKOLAUS CYBINSKI

Würde

Bitte nicht Würde mit Amt verwechseln!
HANS-HORST SKUPY

Der aufrechte Gang ist die moralische
Orthopädie der Menschenwürde.
JAN ROBERT BLOCH

Die Würde des Menschen ist unfaßbar.
SPONTI-SPRUCH

Die Würde des Menschen ist antastbar.
SPONTI-SPRUCH

Wut

Der Weise übersieht mitunter einen
Schlag ins Gesicht.
Chinesisches Sprichwort

Wenn die Tyrannen wüten wie ein Unwetter.
JESAJA 25,4

Jedermann kann wütend werden – das ist
leicht. Aber mit dem Richtigen wütend zu
sein, im richtigen Ausmaß, im richtigen
Augenblick, zum richtigen Zweck und auf die
richtige Weise – das liegt (nicht?) in
jedermanns Gewalt und ist nicht leicht.
ARISTOTELES

Vorsicht vor der Wut eines Geduldigen.
JOHN DRYDEN

Jeder Schlag, den unsere Wut austeilt, wird
uns letzten Endes selbst treffen.
WILLIAM PENN

Wut ist nicht Mut, und Keuchen ist nicht
Kunst.
CARL SPITTELER

Was lange gärt, wird endlich Wut.
WILLY REICHERT

In der Wut bekommt der Mensch ungeahnte
Kräfte.
KURT HÖLLRIGL

Zeit

Der Mensch baut Schlösser, die Zeit
zerstört sie.
Russisches Sprichwort

Trügerisch hängt über den Menschen die Zeit,
rollt mit sich dahin des Lebens Flut.
PINDAR

Die Zeit heilt alle Wunden.
MENANDER

Der Zahn der Zeit nagt alles an.
OVID

Die Zeit ist erfüllt, das Reich Gottes ist nahe.
MARKUS 1,15

Kein Ding ist Gott so sehr entgegengesetzt
wie die Zeit.
MEISTER ECKEHART

Die Klügsten trauern am meisten über
Zeitverlust.
DANTE ALIGHIERI

Zeit

Was ist der größte Zeitverlust? – Das Stundenzählen. Was hat es für einen Vorteil? Die gröblichste Torheit ist doch, sich nach einem Glockenschlag zu richten, statt nach Bedürfnis und Verstand.

FRANÇOIS RABELAIS

Wer selbstlos ist, hat Zeit zu allen Stunden.

TANG HSIÄN DSU

Die Zeit ist Amme und Mutter alles Guten.

WILLIAM SHAKESPEARE

Die Zeit ist neuigkeitenschwanger; stündlich gebiert sie eine.

WILLIAM SHAKESPEARE

Viele verderben Zeit und Geduld mit dem, was sie liegen lassen sollten, und beides fehlt ihnen nachher für das, was sie liegen gelassen haben.

BALTAZAR GRACIÁN

Die Zeit ist eine feine Herrin.

JULES KARDINAL MAZARIN

Es gibt kein Gegengift gegen das Opium der Zeit.

SIR THOMAS BROWNE

Die Zeit ist eine mächtige Meisterin; sie bringt vieles in Ordnung.

PIERRE CORNEILLE

Keiner kann seine Zeit gut einteilen, der nicht vorsichtig in der Wahl seiner Gesellschaft ist.

JEREMY TAYLOR

Verschwendete Zeit ist Dasein, gebrauchte Zeit ist Leben.

EDWARD YOUNG

Ist die Zeit das Kostbarste unter allem, so ist die Zeitverschwendung die allergrößte Verschwendung.

BENJAMIN FRANKLIN

Verlorene Zeit kann man nie wiederfinden.

BENJAMIN FRANKLIN

Zeit ist Geld.

BENJAMIN FRANKLIN

Wir haben nicht ausreichend Zeit, um nur vorsätzlich zu handeln.

VAUVENARGUES

Die Leute, die niemals Zeit haben, tun am wenigsten.

GEORG CHRISTOPH LICHTENBERG

Zeit urbar machen.

GEORG CHRISTOPH LICHTENBERG

Die Zeit verschiebt nicht nur die Zwecke, auch andre Mittel fordert sie.

JOHANN WOLFGANG VON GOETHE

Die Zeit ist Bewegung im Raum.

JOSEPH JOUBERT

Pünktlichkeit ist die Höflichkeit der Könige.

LOUIS XVIII.

Des Menschen Engel ist die Zeit.

FRIEDRICH VON SCHILLER

Die Uhr schlägt keinem Glücklichen.

FRIEDRICH VON SCHILLER

Es gibt Diebe, die von den Gesetzen nicht bestraft werden, obwohl sie dem Menschen das Kostbarste stehlen: die Zeit.

NAPOLEON BONAPARTE

Die Zeit ist edler als die Menschen. Denn sie macht die Geschichte, und die Menschen kompromittieren sich daran.

JOHANN WILHELM RITTER

Gewöhnliche Menschen überlegen nur, wie sie ihre Zeit verbringen. Ein intelligenter Mensch versucht, sie auszunutzen.

ARTHUR SCHOPENHAUER

Der Mensch ist immer von Gott, aber die Zeit ist des Teufels.

FRANZ GRILLPARZER

Der am meisten beschäftigte Mensch hat die meiste Zeit.

ALEXANDRE VINET

Jede Zeit ist eine Sphinx, die sich in den Abgrund stürzt, sobald man ihr Rätsel gelöst hat.

HEINRICH HEINE

Zeit

Die Zeit ist ein wunderlich Ding. Sie ist ein Tyrann, der seine Launen hat und der zu dem, was einer sagt und tut, in jedem Jahrhundert ein ander Gesicht macht.

JOHANN PETER ECKERMANN

Es ist eine schöne Zeit, wo man sich noch Mühe gibt, die Zeit zu töten, aber es kommt leider nur zu schnell die Zeit, wo man merkt, daß die Zeit einen selbst tötet.

JOHANN NESTROY

Kann man Zeit totschlagen, ohne die Ewigkeit zu verwunden?

HENRY DAVID THOREAU

Unsere Zeit hat eine zermürbende Kraft.

JACOB BURCKHARDT

Sofort ist die wichtigste Zeit, weil wir nur sofort noch über uns verfügen können.

LEW N. GRAF TOLSTOJ

Wenn die Zeit kommt, in der man könnte, ist die vorüber, in der man kann.

MARIE VON EBNER-ESCHENBACH

Es gibt nichts Gutes in dieser Welt, das die Zeit nicht verbessert.

ALEXANDER SMITH

Die Zeit ist der Stoff, aus dem die großen Unternehmungen gemacht werden.

ANATOLE FRANCE

Wenn man viel hineinzustecken hat, so hat ein Tag hundert Taschen.

FRIEDRICH NIETZSCHE

Die Zeit wird nicht nach der Länge, sondern nach der Tiefe gemessen.

ISOLDE KURZ

Die Zeiten leben in der Geschichte durch ihre Anachronismen.

OSCAR WILDE

Zeit ist Geld – das ist der vulgärste Ausspruch, den je ein Zeitalter oder ein Volk gekannt hat. Dreh ihn um, und du erhältst eine kostbare Wahrheit – Geld ist Zeit.

GEORGE GISLING

Es ist eine der hervorragendsten Forderungen der Höflichkeit, mit der Zeit unserer Mitmenschen sparsam umzugehen.

M. HERBERT

Wenn Zeit Geld ist, so lebt jeder über seine Verhältnisse.

LUDWIG FULDA

Die Zeit spielt auf den Menschen, die Melodie kommt aus dem Wesen des Einzelnen.

HERMANN STEHR

Man kann beobachten, daß Leute, die aus Verlegenheit Zeitmangel vorschützen, alsbald wirklich sich zu eilen anfangen und hastige Bewegungen machen: Sie wünschen, die Wahrheit gelogen zu haben.

ERNST HOHENEMSER

Auf den pünktlichen Menschen lastet ein Fluch: sie müssen auf die unpünktlichen warten.

RODA RODA

Die Zeit ist ein guter Arzt, aber ein schlechter Kosmetiker.

WILLIAM SOMERSET MAUGHAM

Nimm dir Zeit. Dann vergiß sie. So hast du Ewigkeit.

FRIEDRICH KAYSSLER

Wer Zeit zu verschwenden hat, weiß nicht, was sie bedeutet.

ROBERT WALSER

Man muß der Zeit Zeit lassen.

PAPST JOHANNES XXIII.

Wenn Wunden heilen sollen, muß man ihnen Zeit lassen, sich zu schließen.

STEFAN ZWEIG

Zeit ist Geld – kaum sind ruchlosere Worte aus Menschenmund gekommen. Wie ein wildes Gift ist dieser Geist uns in das Blut gedrungen.

ROMANO GUARDINI

Das Zeitliche braucht den Halt des Ewigen.

FRANZ ROSENZWEIG

Zeit

Zeit und Stunde sind um so mächtiger, je weniger der Mensch sie weiß.

FRANZ ROSENZWEIG

Die Zeit ist eine große Lehrmeisterin. Schade ist nur, daß sie alle ihre Schüler umbringt.

CURT GOETZ

Die Zeit ist die größte Gnade, die Gott uns erweist. Sie ist die Erscheinungsform seiner Langmut. Denke, wenn sie nicht wäre und all deine Worte und Taten nebeneinander und ineinander da wären – wenn niemand nichts vergessen könnte! Drum wirf auch du keinem sein Gestern vor!

FRANZ WERFEL

Die Zeit heilt nicht alles; aber rückt vielleicht das Unheilbare aus dem Mittelpunkt.

LUDWIG MARCUSE

Der Mensch, der keine Zeit hat, und das ist eines unserer Kennzeichen, kann schwerlich Glück haben. Notwendig verschließen sich ihm große Quellen und Mächte, wie die der Muße, des Glaubens, der Schönheit in Kunst und Natur. Damit entgeht ihm die Krönung, der Segen der Arbeit, der in Nicht-Arbeit, und die Ergänzung, der Sinn des Wissens, der im Nicht-Wissen liegt. Das wird im Absinken dessen, was wir Kultur nennen, unmittelbar anschaulich.

ERNST JÜNGER

Alles, was fortschreitet, wird älter, nur die Zeit wird jünger.

KURT GUGGENHEIM

Wenn man über ein gewisses Alter hinaus ist, gibt es nur noch ein Problem: das Problem der Zeit.

HENRY DE MONTHERLANT

Die Zeit ist unsere schwerste chronische Krankheit.

SIGMUND GRAFF

Tempo: Zeit, die vor sich selbst davonläuft.

LUDWIG FRIEDRICH BARTHEL

Man kann nicht aus seiner Zeit austreten.

HANNS EISLER

Wer Zeit hat, der ist schon überlegen.

FRIEDRICH GEORG JÜNGER

Wer keine Zeit mehr hat, will keine Zeit mehr haben.

CHARLES TSCHOPP

Wer Zeit hat, kommt immer zurecht.

HERBERT MÜLLERSEN

Man verliert die meiste Zeit damit, daß man Zeit gewinnen will.

JOHN STEINBECK

Die Zeit ereignet sich in uns. Darum müssen wir sie als unsere eigenste Sache verantworten.

REINHOLD SCHNEIDER

Durch die Erkenntnis, daß die Zeit ohne den Raum undenkbar ist, ist heute alles bewiesen.

SALVADOR DALI

Er war der Anachronist seiner Zeit.

ERWIN CHARGAFF

Zeit ist Geld. Aber nur, wenn man keine Zeit hat.

HERBERT A. FRENZEL

Zeit: der wichtigste Rohstoff.

STANISLAW JERZY LEC

Daß sie Zeit nicht mehr haben – ist ihre größte Schmach.

PETER CORYLLIS

Die innere Zeit hat einen anderen Sekundenzeiger als die äußere.

JACK THOMMEN

Wäre die Zeit ein Vermögen, ein Erbgut, so wäre der Tod die schlimmste Form der Plünderung.

É. M. CIORAN

Bewußtsein der Zeit: Attentat auf die Zeit.

É. M. CIORAN

Bald wird es gleichgültig sein, ob man glücklich oder unglücklich ist, weil man für keines von beiden Zeit haben wird.

TENNESSEE WILLIAMS

Zeit

Wir eilen unserer Zeit voraus – aus Angst vor ihr.

WIESLAW BRUDZINSKI

Zeit haben ist das Geheimnis disziplinierten Lebens.

RUDOLF RISCH

Wer mit der Zeit geht, bleibt sitzen: er sitzt ihr auf, er bleibt auf ihr sitzen.

HERBERT EISENREICH

Die Zeit heilt alle Wunden. Oft mit einem Schlag.

GUIDO HILDEBRANDT

Keine Zeit!!! – Das ist der eigentliche „U(h)rschrei".

HANNS-HERMANN KERSTEN

Das Mißverhältnis zwischen Arzt und Patient ist auch ein Zeitproblem: Man bedenke nur die Zeit, welche ein kranker Mensch für einen Arzt hat, und die Zeit, die sein Arzt für einen kranken Menschen hat.

GERHARD UHLENBRUCK

Die Not unserer Zeit besteht in unserer Zeitnot.

GERHARD UHLENBRUCK

Man gewinnt die meiste Zeit dadurch, daß man keine Zeit verliert.

GERHARD UHLENBRUCK

Die Zeit heilt alle Wunden – auch ohne medizinische Staatsexamen.

GERHARD UHLENBRUCK

Jede gute alte Zeit war einmal schlechte neue Zeit.

HELLMUT WALTERS

Alles Geistige ist zeitlos und das Materielle zeitlich.

FRANZISKA MAIER-HÖFFERN

Glück ist, wenn man zusieht, wie die Zeit vergeht, und hofft, daß sie für einen arbeitet.

WERNER SCHNEYDER

Der Mensch ist im Wettlauf mit der Zeit immer Zweiter.

ELISABETH HABLÉ

Zeit ist Geld. Eine harte Währung ohne Konvertibilität.

JEANNINE LUCZAK

Zeiteinteilung. Auf gut Deutsch heißt das Timing.

AUREL SCHMIDT

Wer stets zum richtigen Zeitpunkt Zeit verschenkt, wird mit der Zeit zeitlos.

PETER HORTON

Geh mit der Zeit, aber vergiß nicht, wohin du willst!

HANS-HORST SKUPY

Wenn du die Zeit totschlägst, schlägt sie dich tot.

TORSTI LEHTINEN

Die Zeit totzuschlagen ist ein Verbrechen, das nie verjährt.

JOACHIM SCHWEDHELM

Jeder Anachronismus ist bloß eine Frage der Zeit.

HANS-DIETER SCHÜTT

Man sollte der Zeit auf den Zahn fühlen, bevor dieser an einem nagt.

WOLFGANG MOCKER

Pünktlichkeit hat den Nachteil, daß keiner da ist, der sie würdigt.

GERD AHRING

Zeitgeist

Ein Heute ist besser denn zehn Morgen.

Deutsches Sprichwort

Ich habe überhaupt keine Hoffnung mehr in die Zukunft unseres Landes, wenn einmal unsere heutige Jugend die Männer von morgen stellt. Unsere Jugend ist unerträglich, unverantwortlich und entsetzlich anzusehen.

ARISTOTELES

Zeitgeist

Laßt andere die alten Zeiten preisen; ich bin froh, daß ich in dieser Zeit geboren bin.

OVID

Am Ende der Zeit wird es Spötter geben, die sich von ihren gottlosen Begierden leiten lassen.

JUDASBRIEF 18

Die Fäulnis ist das Zeichen dieser Welt. Wüste Zeit, aber wenn wir sie gut gebrauchen, werte Zeit. Sei uns diese Fäulnis die Zeit des Wachstums zur Frucht!

AUGUSTINUS

Die Zeit ist aus den Fugen.

WILLIAM SHAKESPEARE

Die Gier, die wir heute für neue Gedanken haben, ist eines der größten Zeichen für unsere Leichtfertigkeit und eines der größten Hemmnisse für die Wahrheit.

VAUVENARGUES

Glückselige Zeiten, als der Tugendhafteste der Gelehrteste war! Als alle Weisheit in kurzen Lebensregeln bestand! Sie war zu glückselig, als daß sie lange hätte dauern können.

GOTTHOLD EPHRAIM LESSING

Unsere Zeit ist ein großer Wecker. Die große alte Wanduhr rasselt und ruft mit gewaltigen Schlägen.

JOHANN GOTTFRIED HERDER

Die Menschen sind als Organe ihres Jahrhunderts anzusehen, die sich meist unbewußt bewegen.

JOHANN WOLFGANG VON GOETHE

Was ist das für eine Zeit, wo man die Begrabenen beneiden muß?

JOHANN WOLFGANG VON GOETHE

Was ihr den Geist der Zeiten heißt, das ist im Grund der Herren eigner Geist, in dem die Zeiten sich bespiegeln.

JOHANN WOLFGANG VON GOETHE

Es schmerzt, in einem so gar kraftlosen Jahrhundert zu leben.

JOHANNES VON MÜLLER

Der Charakter der Zeit muß sich also von seiner tiefen Entwürdigung erst aufrichten, dort der blinden Gewalt der Natur sich entziehen und hier zu ihrer Einfalt, Wahrheit und Fülle zurückkehren – eine Aufgabe für mehr als ein Jahrhundert.

FRIEDRICH VON SCHILLER

Lebe mit deinem Jahrhundert, aber sei nicht sein Geschöpf.

FRIEDRICH VON SCHILLER

Alle sauren Moralisten hielten ihr Zeitalter für das schändlichste, und sie haben alle recht; denn die gegenwärtige Schande ist immer die größte.

JOHANN GOTTFRIED SEUME

Das ganze Jahrhundert ist ein Wettrennen nach großen Zielen mit kleinen Menschen.

JEAN PAUL

Kein Mensch nennt sich dümmer als den andern; kein Zeitalter nennt ein voriges klüger.

JEAN PAUL

Die eine Zeit braucht Männer, um zu entstehen, die andere, um zu bestehen; die unsrige hat sie zu beiden nötig.

JEAN PAUL

Keine Zeit ist mit der Zeit zufrieden; das heißt, die Jünglinge halten die künftige für idealer als die gegenwärtige, die Alten die vergangene.

JEAN PAUL

Es muß mit dem Zeitgeschmack sein wie mit der Cholera: wer dafür empfänglich ist, der entgeht der Ansteckung nicht.

LOUIS SPOHR

Wir leiden an den Gebrechen unserer Zeit. Bescheidenheit tut mehr als je nötig, aber das leere Polemisieren, das an sich überaus leicht ist und dem nicht selten die Eitelkeit zu Grunde liegt, man sei imstande, das alles besser zu machen, ist das Allerverderblichste, denn es tritt auf die Keime, die redlicher und ehrlicher Wille legt.

WILHELM GRIMM

Zeitgeist

Habe ich nicht den Mut, besser zu sein als meine Zeit, so mag ich zerknirscht das Schimpfen lassen, denn keine Zeit ist durchaus schlecht.

JOSEPH VON EICHENDORFF

Wenn es absurd ist, vom Geist der Zeit keine Notiz zu nehmen, so ist es noch verwerflicher, den Geist einer absurden Zeit zu billigen.

FRANZ GRILLPARZER

Der Mensch soll nicht über seine Zeit klagen, dabei kommt nichts heraus. Die Zeit ist schlecht; wohlan, er ist da, sie besser zu machen!

THOMAS CARLYLE

Jedes Jahrhundert hat die Tendenz, sich als das fortgeschrittene zu betrachten und alle anderen nur nach seiner Idee abzumessen.

LEOPOLD VON RANKE

Jede Zeit hat ihre Aufgabe, und durch die Lösung derselben rückt die Menschheit weiter.

HEINRICH HEINE

Kein Jahrhundert reiner Barbarei hat sich je für barbarisch gehalten, sondern jedes hat noch immer geglaubt, die Blüte der Jahrhunderte und das vollkommenste Zeitalter des menschlichen Geistes und der Gesellschaft zu sein.

GIACOMO GRAF LEOPARDI

Wir sehen jetzt so viel Unglaubliches auf der Welt, daß die Glaubwürdigkeit und die Wahrscheinlichkeit gar nicht mehr unter die Maßstäbe gehören.

JOHANN NESTROY

Diese jetzige Zeit ist – wie alle Zeiten – eine sehr gute Zeit, wenn wir nur wissen, damit etwas anzufangen.

RALPH WALDO EMERSON

Kann sich irgendwer erinnern, daß die Zeiten einmal nicht hart waren und das Geld nicht knapp?

RALPH WALDO EMERSON

Unsere Zeit ist eine Parodie aller vorhergehenden.

FRIEDRICH HEBBEL

Die Zeit verzehrt die Kinder der Zeit; ein Kind der Zeit ist aber auch das Leid, und seine angemaßte Ewigkeit ist nur Betrug.

SØREN KIERKEGAARD

Nicht durch Reden und Majoritätsbeschlüsse werden die großen Fragen der Zeit entschieden, sondern durch Eisen und Blut.

OTTO FÜRST BISMARCK

Jede große Zeit erfaßt den ganzen Menschen.

THEODOR MOMMSEN

Es gehen jetzt in der Welt Dinge vor, welche man gehörig und kuhwarm studieren muß, auf daß man als alter Mann seinen Kindern etwas erzählen kann. Man muß jetzt die Nase hoch in die wehende Frühlingswitterung hinausrecken.

GOTTFRIED KELLER

Die neue Geschichte gleicht einem tauben Menschen, der Antworten auf Fragen gibt, die man gar nicht an ihn richtet.

LEW N. GRAF TOLSTOJ

Es kann eine Welt geben, in der es eine Ehre ist, gehängt zu werden.

WILHELM RAABE

Verstehen muß man seine Zeit, nicht bekritteln.

ROSALIE PERLES

Ein neues Jahrhundert pocht an die Pforten des alten. Das Jahrhundert der Arbeit und der Arbeiter.

AUGUST BEBEL

Wie dumpf ist die Luft der Museen, wie verdorben die der Theater! Materialismus, Specialismus, Mechanismus. Heilige Intuition, erhebende Anschauung im Geiste und der Natur, wo seid ihr geblieben?

RICHARD FUGMANN

Wir leben im Zeitalter der Überarbeiteten und der Untergebildeten, einem Zeitalter, in dem die Leute derart geschäftig sind, daß sie völlig verdummen. Und so hart es klingt: Solche Leute verdienen ihr Los. Das sicherste Mittel, nichts über das Leben zu erfahren, ist der Versuch, sich nützlich zu machen.

OSCAR WILDE

Zeitgeist

Die Welt von heute verletzt nur den innerlich leeren Menschen. Deshalb sind Klagen über die Welt von heute eitel.

WASSILIJ W. ROSANOW

Die Großtaten unserer Zeit sind unsere Passierscheine für die Ewigkeit.

PAUL NATHAN

Alle Zeiten hatten Stiefkinder, die ihnen von der Vergangenheit und der Zukunft in die Wiege gelegt wurden und die sie nicht liebten wie ihre eigenen.

M. HERBERT

Frühere Epochen schätzten die Meisterschaft, unsere sucht nach Persönlichkeit. Förderten die früheren die Mittelmäßigkeit, so züchtet die heutige den Dilettantismus.

WALTHER RATHENAU

Der Geist der Zeiten spiegelt sich wider in ihren Mittelmäßigkeiten, nicht in ihren genialen Köpfen.

SALOMON BAER-OBERDORF

Die Geschichte unserer Zeit ist von einer nie zuvor erreichten Unsinnigkeit. Erklärbar ist sie heute und für alle Zeiten nur dadurch, daß wir mit einer Kultur ohne Ethik auskommen wollen.

ALBERT SCHWEITZER

Stimmen der Zeit... sie vereinigen sich zum Lärm und nicht zur Musik, denn sie wissen nichts voneinander. Man muß sie trennen, muß sie gesondert hören, um klug aus ihnen zu werden.

THOMAS MANN

Die Lage war noch nie so ernst.

KONRAD ADENAUER

Wir leben in einer Zeit, die gewaltige Kräfte in sich spürt und die nicht weiß, was sie damit machen soll. Sie beherrscht die Welt, aber sich selbst nicht. Sie fühlt sich verloren in ihrem eigenen Überfluß. Mit mehr Mitteln, größerem Wissen, ausgebildeter Technik ist die gegenwärtige Generation unseliger als alle vergangenen, allen Winden preisgegeben.

JOSÉ ORTEGA Y GASSET

Unsere Zeit krankt daran, daß es zu wenige Menschen gibt und zu viele Leute.

JOSÉ ORTEGA Y GASSET

Eine Zeit, die vor dem Spiegel steht und ihre Größe bewundert, entbehrt der Größe.

MARTIN BUBER

Wir werden im zwanzigsten Jahrhundert zwischen fremden Gesichtern, neuen Bildern und unerhörten Klängen leben.

FRANZ MARC

Unser Gehirn ist gewachsen auf Kosten der Seele. Das ist die Krankheit unserer Zeit.

W. J. OEHLER

Was einigt uns? Vor welcher Macht beugt unser Jahrhundert sein Knie?

FRITZ VON UNRUH

Diese Zeit ist seelenfeindlich, sie meint die Sache, den Zweck – nicht das Organische, sondern das Organisatorische.

ALBERT TALHOFF

Das Zeitalter der Feigheit.

GOTTLIEB DUTTWEILER

Die Vulgarität unserer Epoche wird offenkundig in ihrer Ungeduld. Eine wiederholte Gebärde langweilt sie. Die Langsamkeit geht ihr auf die Nerven. Der Tod ist tot, das Vergnügen hat ihn getötet.

JEAN COCTEAU

Unsere Epoche ist, entgegen der allgemeinen Ansicht, keine Epoche des wirklichen Sehens. Zu eilig, zu zerstreut, zu störrisch gegen das Einzelwesen. Sie verweilt nicht bei einem Gesicht. Der Ausdruck rührt sie nicht. Die Liebe langweilt sie. Sie ist bösartig, zerstörerisch. Ihre Verehrung gilt nur Schattenrissen, nur Schießbudenfiguren.

JEAN COCTEAU

Wir müssen erkennen, daß unser tägliches Leben ununterbrochen beobachtet wird; wir müssen einsehen, daß unsere Worte für weniger wichtig gehalten werden als unsere Taten.

ERNST REUTER

Zeitgeist

Zeitgeist ist heutzutage der Geist, keine Zeit für andere zu haben.

FRIEDL BEUTELROCK

Man spricht so viel von Zeitgeist: Noch nie war die Zeit so ungeistig und der Geist so unzeitig.

WILLY REICHERT

Kaum ein Zeitalter ist seelisch so primitiv wie das unsere. Gleichgültigkeit ist das größte Laster unserer Zeit, die zivilisierte Form der Roheit.

ZENTA MAURINA

Was sind das für Zeiten, wo ein Gespräch über Bäume fast ein Verbrechen ist, weil es das Schweigen über so viele Untaten einschließt!

BERT BRECHT

Epochen, die nicht mehr an den großen Menschen glauben, gestehen sich ihre Schwäche selbst ein.

OTTO HEUSCHELE

Übel dran sind diejenigen, die ihre Zeit damit vergeuden, die Entwicklung anhalten zu wollen, denn sie können nur die Bitternis des Versagens erleben, niemals die Freude am Gelingen.

JOHN STEINBECK

Man tadelt die Zeit – und meint die Zeitgenossen.

ANITA

Das Credo des heutigen Menschen lautet: Ich glaube an das Image, an den Computer und an die Demoskopie.

VITTORIO DE SICA

Wir sind alle im gleichen Spital krank, das heißt im selben Jahrhundert.

HANS F. GEYER

Es ist sinnlos, die Zeit anzuklagen – sie ist gleichermaßen die wunderbarste und die verächtlichste Epoche, die es je gegeben hat.

MANÈS SPERBER

Man erkennt am Rückgrat, welcher Epoche ein Mensch angehört.

STANISLAW JERZY LEC

Selten stimmt der Rhythmus der Zeit mit unseren Herzschlägen überein.

STANISLAW JERZY LEC

Wer sich an das Absurde gewöhnt hat, findet sich in unserer Zeit gut zurecht.

EUGÈNE IONESCO

Wer seiner Zeit voraus ist, bleibt oft jahrelang außer Hörweite.

ROBERT JUNGK

Nicht die Revolte und ihre hohe Gesinnung glänzen heute über die Welt, sondern der Nihilismus.

ALBERT CAMUS

Elend unseres Jahrhunderts: Vor noch gar nicht so langer Zeit bedurften die schlechten Taten einer Rechtfertigung, heute die guten.

ALBERT CAMUS

Wir müssen die Zeit als Werkzeug (be)nutzen, nicht als Ruhebett.

JOHN F. KENNEDY

Ich bin sehr glücklich, in einer Zeit zu leben, in der alles scheitert. Es ist eine wunderbare Zeit, weil eben eine Reihe von Ideologien, Begriffen und Konventionen Schiffbruch erleiden.

FEDERICO FELLINI

Noch nie gab es soviel Freizeit, soviel Urlaub, soviel Entspannung. Noch nie gab es soviel Genußmittel, soviel Alkohol, soviel Drogen. Noch nie gab es so bequeme Verkehrsmittel, so gut eingerichtete Wohnungen, so hohen Lebensstandard. Und noch nie gab es soviel unglückliche Menschen, soviel gescheiterte Ehen, soviel zerrüttete Familien. Noch nie gab es so wenig Freude.

PHIL BOSMANS

Das totale Wegwerfzeitalter steht vor der Tür.

MAX THÜRKAUF

Wer nicht in seiner Zeit lebt, in dem lebt seine Zeit nicht.

GERHARD BRANSTNER

Derjenige, der den Zeitgeist heiratet, wird schnell Witwer sein.

AUGUST EVERDING

Lebensstandard. Kein Zeitalter hat das Überleben mit infamerer Ruhe für das Leben ausgegeben als dieses.

HERMANN SCHWEPPENHÄUSER

Der Wind des Zeitgeistes weht heute da und morgen da. Und wer sich danach richtet, der wird vom Winde verweht.

HELMUT KOHL

Unsere Generation hat gelernt zu ertragen. Vor allem was andern zustößt.

MARKUS M. RONNER

Der wichtigste Zug unserer Zeit: daß es der falsche ist.

JEANNINE LUCZAK

Das Jahrhundert ist das humanere, in dem man leben kann, ohne dafür sterben zu müssen.

WERNER EHRENFORTH

Grau ist die Farbe der Zeit; und die Garderobe der Zeit kennt hier nur sehr wenige Veränderungen.

JOSIF BRODSKIJ

Wir leben in einer atomberaubenden Zeit.

HANS-HORST SKUPY

Wir leben in einer Zeit, in der die Nachfrage nach dem Menschen größer ist als das Angebot.

ŽARKO PETAN

Zensur

Je mehr Aufsicht, desto mehr Einsicht.

Deutsches Sprichwort

Prüfet alles, und das Gute behaltet.

1 THESSALONICHERBRIEF 5,21

Prüfet, was da wohlgefällig sei dem Herrn.

EPHESERBRIEF 5,10

Für Kirche und Staat ist von größter Wichtigkeit, auf das Gebaren von Büchern so gut wie von Menschen ein wachsames Auge zu haben und sie danach einzuschränken, gefangen zu setzen und als Schuldige aufs strengste zu richten; denn Bücher sind nicht ganz leblose Dinge, sondern enthalten eine Nachkommenschaft in sich, die ebenso tatkräftig sein wird wie jene Seele, deren Nachkommenschaft sie sind.

JOHN MILTON

Gazetten, wenn sie interessant sein sollen, dürfen nicht geniret (behindert) werden.

FRIEDRICH II. VON PREUSSEN

Die Wahrheit, die man auf einem Bogen nicht sagen und erweisen kann, ist wohl nicht weit her – oder ist vielmehr zu weit her.

GOTTHOLD EPHRAIM LESSING

Alle Kochbücher über drei Bogen gehören in die Kataloge verbotener Bücher. Sie arbeiten dem Arzt in die Hand.

KARL JULIUS WEBER

Keine ängstlich furchtsame Zensur soll den allgemeinen Umlauf der Ideen hindern.

JOSEPH VON GÖRRES

Sollte wirklich jedermann das Recht haben, seine Meinung zu sagen? Auch wenn sie schädlich, zum Bösen verlockend, sittenverderbend, das Gute verlachend, heilsame Beschränkungen angreifend wäre? – Aber wäre es für die menschliche Gesellschaft nicht unendlich besser, wenn man die Tat verhüten könnte, statt sie zu bestrafen? – Sagt selbst: Wäre es nicht ein Glück für die Menschheit und die Literatur, wenn durch eine gute Zensur jedes unzweifelhaft schlechte, jedes verderbliche Werk vor der Verbreitung schon im Keime zerstört würde?

FRANZ GRILLPARZER

Die Mama Regierung sagte dem Schriftsteller: Ich habe eine schöne Tochter, meine älteste, die Zensur. Sie spricht alle Sprachen und spielt alle Streichinstrumente, sie ist sehr häuslich, weiß mit der Schere umzugehen, die geb' ich dir, daß sie dich

Zensur

wirtschaften lehre! Du verschwendest zu viel Geist, du gibt unnötig gute Gedanken aus, sie wird dir sparen helfen für die Zukunft.

MORITZ GOTTLIEB SAPHIR

Der Zensor ist ein Mensch gewordener Bleistift oder ein bleistiftgewordener Mensch, ein fleischgewordener Strich über die Erzeugung des Geistes, ein Krokodil, das an den Ufern des Ideenstromes lauert und den darin schwimmenden Literaten die Köpf' abbeißt.

JOHANN NESTROY

Die Zensur ist die jüngere von zwei schändlichen Schwestern, die ältere heißt Inquisition. Die Zensur ist das lebendige Geständnis der Großen, daß sie nur verdummte Sklaven treten, aber keine freien Völker regieren können. Die Zensur ist etwas, was tief unter dem Henker steht, denn derselbe Aufklärungsstrahl, der vor sechzig Jahren dem Henker zur Ehrlichkeit verholfen, hat der Zensur in neuester Zeit das Brandmal der Verachtung aufgedrückt.

JOHANN NESTROY

Satiren, die der Zensor versteht, werden mit Recht verboten.

KARL KRAUS

Zensur ist eine Machtfrage der jeweils herrschenden Partei – Nichtzensur aber ist die Machtfrage des Geistes!

FRITZ VON UNRUH

Sprich weise, der Feind hört mit.

STANISLAW JERZY LEC

Ein fleißiger Zensor wird auch in einer Pantomime ein unzulässiges Wort entdecken.

GABRIEL LAUB

Zensur: Zutreffendes bitte streichen!

HANNS-HERMANN KERSTEN

Gibt es Zensur? – Nein, so würde ich das nicht nennen dürfen.

WINFRIED THOMSEN

Alptraum der Zensoren: ein Buch mit sieben Siegeln.

WOLFGANG ESCHKER

Zensur – Racheakt lesekundiger Analphabeten.

HANS-HORST SKUPY

Wer mundtot ist, braucht keinen Maulkorb mehr zu tragen.

HANS-HORST SKUPY

Eine Zensur findet nicht statt, es sei denn, man merkt es.

GERD WOLLSCHON

Der Zensor: Henker des Verstandes.

MILOVAN VITEZOVIĆ

Die Zensur verfeinert den Stil.

ŽARKO PETAN

Die heimtückische Folge der Zensur besteht in der Abtötung der Phantasie. Wo Diskussionen nicht vorgesehen sind, fällt die Erinnerung daran schwer, daß in jeder Debatte etwas unterdrückt wird. Es wird beinahe unmöglich, sich das vorzustellen, was unterdrückt wird. Dann liegt es nahe, das Unterdrückte als wertlos oder so gefährlich anzusehen, daß es unterdrückt werden muß. Und damit hat der Zensor definitiv gesiegt.

SALMAN RUSHDIE

Die Zensur will den Künstler vor seinem Werk beschützen.

SLOBODAN ŠNAJDER

Ziel

Wenn die Schafe gezählt sind, frißt sie der Wolf.

Französisches Sprichwort

Über das Ziel hinausschießen ist ebenso schlimm, wie nicht ans Ziel kommen.

KONFUZIUS

Das Ziel ist ein Punkt des Weges. Wer geht, vergeht.

FU-KIANG

Ziel

Aller Eifer, etwas zu erreichen, nutzt freilich gar nichts, wenn du das Mittel nicht kennst, das dich zum erstrebten Ziele trägt und leitet.

CICERO

Der Ausgang krönt das Vollbrachte.

OVID

Das Ziel vor Augen, jage ich nach dem Siegespreis.

PHILIPPERBRIEF 3,14

Man darf nie seine Absicht zeigen, sondern man muß vorher mit allen Mitteln sein Ziel zu erreichen suchen.

NICCOLÒ MACHIAVELLI

Das fernste Ziel ist auch dem erreichbar, der mit Klugheit hofft.

LOPE DE VEGA

Ende gut, alles gut.

WILLIAM SHAKESPEARE

Man muß sich ein würdiges Ziel wählen und darf es niemals aus dem Auge verlieren.

CHRISTINE VON SCHWEDEN

Man kann nicht bergauf kommen, ohne bergan zu gehen.

MATTHIAS CLAUDIUS

Die Schwierigkeiten wachsen, je näher man dem Ziele kommt.

JOHANN WOLFGANG VON GOETHE

Es ist nichts als die Tätigkeit nach einem bestimmten Ziel, was das Leben erträglich macht.

FRIEDRICH VON SCHILLER

Wie wenig ist am Ende der Bahn daran gelegen, was wir erlebten, und wie unendlich viel, was daraus hervorging.

WILHELM VON HUMBOLDT

Daß der Mensch in seiner Jugend das Ziel so nahe glaubt! Es ist die schönste aller Täuschungen, womit die Natur der Schwachheit unseres Wesens aufhilft.

FRIEDRICH HÖLDERLIN

Jedes Ziel ist Tod.

CHRISTIAN DIETRICH GRABBE

Das Gelobte Land liegt immer jenseits der Berge.

WASHINGTON IRVING

Beim Beginne einer Unternehmung und unweit des Zieles ist die Gefahr des Mißlingens am größten. Wenn Schiffe scheitern, so geschieht es nahe am Ufer.

LUDWIG BÖRNE

Wer mutig ein hohes Ziel verfolgt, den Widerstand, den er findet, besiegt, wird schließlich eine Quelle von Segnungen daraus sprudeln sehen.

MARGARET FULLER

An kleinen Dingen muß man sich nicht stoßen, wenn man zu großen auf dem Wege ist.

FRIEDRICH HEBBEL

Wer nach den Sternen reisen will, der sehe sich nicht nach Gesellschaft um.

FRIEDRICH HEBBEL

Das erreichte Ziel bringt uns selten volle Befriedigung, unser bester Lohn liegt im Streben.

FRIEDRICH VON BODENSTEDT

Man muß es so einrichten, daß einem das Ziel entgegenkommt.

THEODOR FONTANE

Der Mensch kann und muß wissen: Das Glück seines Lebens liegt nicht in der Erreichung eines vor ihm stehenden Zieles, sondern in der Bewegung um des höchsten, ihm unzugänglichen Zieles willen.

LEW N. GRAF TOLSTOJ

Dem Menschen ist das Ziel seines Lebens unerforschlich. Der Mensch kann nur die Richtung kennen, welche zum Lebensziel führt.

LEW N. GRAF TOLSTOJ

Alles muß ein Ende haben.

FRÉDÉRIC MISTRAL

Am Ziel deiner Wünsche wirst du jedenfalls eins vermissen: dein Wandern zum Ziel.

MARIE VON EBNER-ESCHENBACH

Ziel

Alle Wege führen – nach Hause.

ROBERT HAMERLING

Das Wieso interessiert uns immer nur in Hinsicht auf das Wozu. Wir wollen nur darum unseren Ursprung kennen, um unser Ziel besser feststellen zu können.

MIGUEL DE UNAMUNO

Es gibt kein Ziel, als nur den Weg allein.

HERMANN STEHR

Ziele setzen heißt glauben. Doch ist kein echter Glaube, der, aus Wunschumkehrung einer zeitlichen Not stammend, das Bestehende verneint, um die Weltordnung in eine Maßregel zu verwandeln. Echter Glaube stammt aus der Schöpferkraft des Herzens, aus der Phantasie der Liebe; er schafft Gesinnung, und ihr folgt willenlos das Geschehen.

WALTHER RATHENAU

Der Mensch muß irgendwie und von etwas getragen sein über den Abgrund der Zeit – einem Ziele zu.

HANS PFITZNER

Wir müssen uns den Mut erringen, in Verfolgung unseres Zieles dem Tod ins Auge zu schauen, ohne auch nur zu wünschen, selber zu töten.

MAHATMA GANDHI

Weil sie kein Ziel haben, begnügen sich viele mit einer Richtung; im Leben und besonders in der Kunst.

SALOMON BAER-OBERDORF

Der Starke hat ein Ziel und dazu tausend Wege, der Schwache hat tausend Ziele und dazu einen Weg.

SALOMON BAER-OBERDORF

Wir alle eilen hinter Zielen her und wissen nicht, wie sehr auch der Weg zum Ziel gehört.

KARL FOERSTER

Wer fertig ist, wünscht anzufangen.

RICHARD VON SCHAUKAL

Die Ziele sind am ehesten auffindbar, wenn man gar nicht an sie denkt.

ROBERT WALSER

Kein Ziel ist so hoch, daß es unwürdige Methoden rechtfertigt.

ALBERT EINSTEIN

Wer sich Ziele setzt, geht am Zufall vorbei: jeder Künstler gestaltet zumeist immer nur, was er versäumte zu erleben.

STEFAN ZWEIG

Das Ziel ist das Geheimnis des Erfolges.

ADOLF SCHRIEFER

Es gibt ein Ziel, aber keinen Weg; was wir Weg nennen, ist Zögern.

FRANZ KAFKA

Am Ende seines Weges ist jeder einmal. Aber es kommt nicht darauf an, daß wir einmal am Ende sind, sondern daß wir dann am Ziel sind.

W. J. OEHLER

Auf die Haltung allein kommt es an. Denn nur sie allein ist von Dauer und nicht das Ziel, das nur ein Trugbild des Wanderers ist, wenn er von Grat zu Grat fortschreitet, als ob dem erreichten Ziel ein Sinn innewohnt.

ANTOINE DE SAINT-EXUPÉRY

Wenn wir unsere Ursprünge nicht kennen, werden wir unser Ziel nicht erfahren.

OTTO HEUSCHELE

Wo kein Weg ist, ist immer noch ein Ziel.

HANS KUDSZUS

Ist ein Werk vollendet, so gehört es der Vergangenheit an, gilt als gewesenes Leben.

PHILIPP HARTH

Wenn man es erreicht hat, scheint das Ziel plötzlich kein Ziel zu sein – nur eine Station.

ANITA

Je abstrakter das Ziel, um so unmenschlicher der Krieg.

JOSEF VITAL KOPP

Die Einfachheit steht am Ende, nicht am Anfang, sie ist Resultat, nicht Programm.

HANS WIMMER

Bleib deinen eigenen Zielen treu.

L. RON HUBBARD

Zitat

Menschliche Gradlinigkeit ist nicht immer der kürzeste Weg zum Ziel.

STANISLAW JERZY LEC

Selten ist der Mensch groß in seinem Wirken, doch vielfach riesenhaft in seinen Zielen.

LUN YÜ

Bei der Arbeit das Ziel anvisieren; du mußt aber auch warten können, bis das Ziel in dich eintritt.

HANNS CIBULKA

Das Ziel bestimmt die Art und Weise, wie man dahin gelangt.

JURIJ BRĚZAN

Je schneller wir ans Ziel kommen, desto mehr entgeht uns unterwegs.

OLIVER HASSENCAMP

Die erstrebenswertesten Ziele werden aus unseren Sehnsüchten geboren.

ELISABETH MARIA MAURER

Lebensziele? – Das Leben selbst ist das Ziel.

WERNER SPRENGER

Die meisten Menschen gehen den rechten Weg – in die falsche Richtung.

HERBERT EISENREICH

Wenn wir wissen, was wir nicht erreichen können, wissen wir schon viel.

HERMANN KANT

Wer den Gipfel erklommen hat, muß zusehen, wie er heil herunterkommt.

HELLMUT WALTERS

Erreichte Ziele vergessen die Wegstrecke.

HELLMUT WALTERS

Auf eingefahrenen Gleisen kommt man an kein neues Ziel.

PAUL MOMMERTZ

Haltet die Erde an: Ich will aussteigen!

MILOVAN ILIĆ

Mancher schießt nur deshalb übers Ziel, weil er keins hat.

HORST FRIEDRICH

Wer sein Ziel weit steckt, hat viel Raum zum Wachsen.

SILVIA SCHUBERT

Das Ziel gibt der Richtung einen Sinn.

WERNER MITSCH

Wer nur aufs Ziel blickt, stolpert leicht.

PETER TILLE

Manche haben gar kein Ziel im Leben, und auch dieses verfehlen sie.

PAJO KANIŽAJ

Jeder Abweg hat ein Ziel.

HANS-HORST SKUPY

Wer das Ziel erreicht hat, muß sich ein neues setzen.

HANS-HORST SKUPY

Wer kein Ziel hat, muß sich beeilen. Wenn es nirgends hin geht, dann wenigstens schnell.

WOLFGANG BAUR

In der Sackgasse: die Letzten werden die Ersten sein!

WOLFGANG MOCKER

Das erreichte Ziel ist ein Geschenk, das man sich erarbeitete.

SULAMITH SPARRE

Zitat

Sprichwörter sind die Weisheit der Straßen.

Deutsches Sprichwort

Sprüche aus Sammlungen sitzen wie eingetriebene Nägel.

PREDIGER 12,11

Nicht Sprüche sind es, woran es jetzt fehlt; die Bücher sind voller Sprüchlein. Woran mangelt es also? An jenen, die sie anwenden.

EPIKTET

Zitat

Selbst den guten Maximen bleibt es nicht erspart, trivial zu werden.

VAUVENARGUES

Mit einem Wort: mit Frohsinn weiß man ein Buch zu machen, ohne ihn schreibt man aus anderen zusammen und langweilt sich.

CARL GOTTLOB SCHELLE

Maximen bedeuten für die Lebensführung so viel wie Meisterregeln für die Kunst.

CHAMFORT

Keine Leserei fordert eine so strenge Diät wie das Lesen abgerissener, hingestreuter Gedanken.

JOHANN GOTTFRIED HERDER

Verschiedene Sprüche der Alten, die man sich öfters zu wiederholen pflegt, hatten eine ganz andere Bedeutung, als man ihnen in späteren Zeiten geben möchte.

JOHANN WOLFGANG VON GOETHE

Solche Sprüchlein, wenn man oft daran denkt und sie befolgt, sind gleich als leuchtende Sternlein, mit welchen wir auf guten Wegen bleiben und zu Gott kommen.

JOHANN PETER HEBEL

So ein paar grundgelehrte Zitate zieren den ganzen Menschen.

HEINRICH HEINE

In der Literatur ist Zitieren nur dann richtig, wenn der Schriftsteller, dem ich folge, denselben Weg geht und mich, da er mit einem besseren Gefährt versehen ist, aufsitzen läßt.

RALPH WALDO EMERSON

Wir alle zitieren – aus Not, aus Neigung und aus Freude daran. – Der Wert der Sprüche liegt in ihrer Schönheit und in ihrer gleichen Angemessenheit für jedes Verständnis.

RALPH WALDO EMERSON

Viele Worte sind lange zu Fuß gegangen, ehe sie geflügelte Worte wurden.

MARIE VON EBNER-ESCHENBACH

Ich zitiere mich oft selbst. Das würzt meine Unterhaltung.

GEORGE BERNARD SHAW

Sprichwörter sind ein öffentlicher Unterstützungsverein für Leute ohne eigene Gedanken.

WILHELM RAABE

Das Sprichwort ist Brot, der Aphorismus das Fleisch, das Aperçu das Dessert der Geistesnahrung. Alle drei haben etwas Pikantes und Knuspriges.

CARL LUDWIG SCHLEICH

Die meisten Menschen sprechen nicht, sie zitieren nur. Man könnte ruhig fast alles, was sie sagen, in Anführungsstriche setzen; denn es ist überkommen, nicht im Augenblick des Entstehens geboren.

CHRISTIAN MORGENSTERN

Geflügelte Worte haben etwas Ausgestopftes.

RICHARD VON SCHAUKAL

Die alten Wörter sind die besten und die kurzen die allerbesten.

SIR WINSTON S. CHURCHILL

Zitate in meiner Arbeit sind wie Räuber am Weg, die bewaffnet hervorbrechen und dem Müßiggänger die Überzeugung abnehmen.

WALTER BENJAMIN

Manche Leute braucht man nicht zu parodieren. Es genügt, daß man sie zitiert.

ROBERT NEUMANN

An ihren Zitaten sollt ihr sie erkennen!

WILHELM LICHTENBERG

Wer zitiert wird, ist selbst dran schuld.

HANS BENDER

Auch Zitaten sollte man ansehen, wer sie ausgewählt hat.

HANS BENDER

Ein Kompilator ist ein Autor von Büchern aus fremden Zitaten; ein Aphoristiker ist ein Autor von Zitaten für fremde Bücher.

WIESLAW BRUDZINSKI

Ein Dummkopf verblüfft durch sein Geschrei, der Weise durch ein Sprichwort am rechten Platz.

RASSUL GAMSATOW

Zivilisation

Zitate sind Sprechblasen zur
Wiederverwendung.

WOLFRAM WEIDNER

Geflügelte Worte sind nicht federleicht.

SIEGFRIED & INGE STARCK

Sprichwörter sind die Zitate des geistig
Genügsamen.

JAKOB STEBLER

Zitate sind besser als Argumente. Mit Zitaten
kann man einen Meinungsstreit gewinnen,
ohne den Gegner zu überzeugen.

GABRIEL LAUB

Sprichwörter sind die Langstreckenläufer
unter den geflügelten Worten.

GERHARD UHLENBRUCK

Sprichwörter sind oft Dummheiten, die im
Laufe der Jahrhunderte weise geworden sind.

PETER TILLE

Geflügelte Worte: Kenntnis aus Erkenntnis.

HANS-HORST SKUPY

Das Zitat ist der Sarg des Gedankens.

ANDRÉ BRIE

Zivilisation

Wer seine Waffe zerbricht, den tötet
man nicht.

Arabisches Sprichwort

Die Menschen sind, insgesamt, je zivilisierter
desto mehr Schauspieler.

IMMANUEL KANT

Was ist Zivilisation? Ich antworte: die Macht
guter Frauen.

RALPH WALDO EMERSON

Mehr Mittel und mehr Freiheit zivilisieren die
Menschheit.

BENJAMIN DISRAELI

Die Linie zwischen der Zivilisation und der
Barbarei ist feiner als man denkt, und keine
Barbarei ist gefährlicher als die gefirnißte.

FRIEDRICH HEBBEL

Ihr zivilisierten Völker, die ihr immer so
dünkelhaft von Wilden und Barbaren redet,
sehr bald schon werdet ihr unter das Niveau
von Götzendienern herabgesunken sein.

CHARLES BAUDELAIRE

Die halbgebildete Böswilligkeit, das
impotente Geifern der Nichtigkeit gegen das
Wahre und Schöne, gegen jede Hoffnung und
Opferlust, sind das Schrecklichste, was die
Zivilisation in ihrem Schoße erzeugt. Die
Menschheit schlägt sich darin selber ins
Gesicht, und der Gedanke, daß doch im
Grunde solche Leute den meisten Einfluß auf
die Masse und überall das erste und das
letzte Wort zu sprechen haben, reicht hin,
auch die Treuesten und Ehrlichsten zu
verbittern und in den tiefsten Ekel
hinabzujagen.

WILHELM RAABE

Die Geschichte der Zivilisation ist
die Geschichte der langsamen und
schmerzhaften Befreiung der Menschheit.

ROBERT G. INGERSOLL

Zivilisation ist nichts anderes, als die
Vermehrung unnötiger Notwendigkeiten.

MARK TWAIN

Lärm. – Ein Gestank im Ohr. Ungezähmte
Musik. Haupterzeugnis und Kennzeichen der
Zivilisation.

AMBROSE BIERCE

Die Konkurrenz in der gelehrten
Grausamkeit, die Menschen zu töten, ist
zur Triebfeder der ganzen Industrie in der
zivilisierten Welt geworden. So weit haben es
die Diplomaten und die Staatsmänner mit
ihrer Geistesfabrik gebracht, daß, weil ihre
Fabrik so schlecht gearbeitet hat, alle
anderen stillgelegt wurden bis auf diejenigen,
die Mordmaschinen bauen. Wir stehen nun in
der Hochkonjunktur der gelehrten
Grausamkeit.

ELEONORE VAN DER STRATEN-STERNBERG

Zivilisation

Reichtum, Nation und Staat haben den unbestrittenen Ehrenplatz im Seelenhaushalt eines zivilisierten Menschen. – Nation und Staat bilden gleichsam die Pforten, durch die man erst zum Hauptstück der materialistischen Dreieinigkeit gelangt: zum Mammon.

MAULANA MUHAMMAD ALI

Zivilisation ist einfach eine Reihe von Siegen über die Natur.

WILLIAM HARVEY

Die Zivilisation ist über weite Räume hin in vollständigem Aussterben begriffen, während die Bolschewisten wie Scharen wilder Tiere inmitten der Ruinen von Städten und der Leichname ihrer Opfer hüpfen und springen.

SIR WINSTON S. CHURCHILL

Erst wenn zum Intellekt des Mannes die seelische Tiefe der Frau sich gesellt, wird aus einer Zivilisation Kultur.

HELENE HALUSCHKA

Die Zivilisation hat das Verbrechen erfunden.

FRANCIS PICABIA

Historisches Wissen ist eine Technik ersten Ranges zur Erhaltung und Fortsetzung einer gereiften Zivilisation.

JOSÉ ORTEGA Y GASSET

Es gibt auch eine Barbarei der Zivilisation.

WILHELM ALTMANN

Zivilisation ist Zusammenzählung materieller Güter; Kultur ist ihre Steigerung durch Geist.

RICHARD KATZ

Zivilisation ist die Tendenz der menschlichen Spezies, sich selbst zu vernichten.

HANS BRÄNDLI

Die Zivilisation bedarf der Kultur, wenn sie leben will. Kultur dagegen kann auf die Zivilisation verzichten.

PETER BAMM

Kultur beginnt mit Versagungen, Zivilisation endet mit gewöhnlichen Befriedigungen.

CHARLES TSCHOPP

Die Zivilisation verwandelt Annehmlichkeiten in Notwendigkeiten.

CHARLES TSCHOPP

Zivilisation ist noch lange nicht – Kultur.

JOSEF VIKTOR STUMMER

Die Zivilisation besteht nicht in einem mehr oder weniger hohen Grad der Verfeinerung, sondern in dem gemeinsamen Bewußtsein eines ganzen Volkes. Und dieses Bewußtsein ist nie verfeinert. Es ist sogar ganz einfach. Wer die Zivilisation zum Werk einer Elite macht, setzt sie der Kultur gleich, die etwas völlig anderes ist. Andererseits: Zivilisation und Volk nicht verwechseln.

ALBERT CAMUS

Zivilisation mit Fortschritt zu verwechseln ist tödlich.

RUDOLF ROLFS

Die Zivilisation schreitet voran mit der Geschwindigkeit von einigen gordischen Knoten pro Jahr.

WIESLAW BRUDZINSKI

Hochzivilisation ist Barbarei mit synthetischen Mitteln.

OLIVER HASSENCAMP

Ein Gespenst geht um, nicht in Europa nur: das, was wir geschafffen haben, unsere Zivilisation.

KURT MARTI

Wenn es andere, entwickeltere Zivilisationen auf anderen Planeten gibt, ist die Erde für sie vielleicht die Hölle.

DUŠAN RADOVIĆ

Zivilisation. Die Natur gibt sich gesittet.

HEINRICH WIESNER

Zivilisation ist die Kunst, mehr Bedürfnisse zu schaffen als Mittel zu ihrer Befriedigung.

MICHAEL SCHIFF

Zivilisation redet, Kultur schweigt.

JAKOB STEBLER

Mehr Zivilisationskrankheiten als Zivilisation.

RAIMUND VIDRÁNYI

Zivilisationskrankheiten: In kranken Zeiten sind Menschen gesünder, in gesunden Zeiten kränker.

GERHARD UHLENBRUCK

Zivilisation wird gemacht. Kultur muß wachsen.

RICHARD MUNK

Folge der Zivilisation: Gar mancher Kreislauf wird zum Kreuzgang.

WOLFGANG ESCHKER

Evolutionäre aller Länder vereinigt euch!

HANS-HORST SKUPY

Unsere Zivilisation hat unsere angeborenen Anschauungsformen überrannt. Sie sind überfordert.

RUPERT RIEDL

Zögern

Wer zögert, hat das Spiel halb verloren.

Deutsches Sprichwort

Der Zaghafte sieht Gefahren, die überhaupt nicht bestehen.

PUBLILIUS SYRUS

Der größte Verlust fürs Leben ist das Hinausschieben; es verträumt immer den ersten Tag und entreißt die Gegenwart, indem es auf die Zukunft verweist. Aber alles, was kommen wird, steht unsicher: Lebe für den Augenblick!

SENECA

Nimm dir Zeit und Platz. Was die Vernunft nicht vermeiden konnte, hat die Verzögerung oft geheilt.

SENECA

Die Überhast erzeugt Verzögerung.

FRANCIS BACON

Der Aufschub ist der Dieb der Zeit.

EDWARD YOUNG

Es ist eine unbezweifelte Wahrheit: je weniger man zu tun hat, desto weniger Zeit findet man, es zu tun. Man gähnt, zaudert, kann es tun, wann man will, und daher tut man es oft gar nicht.

EARL OF CHESTERFIELD

Wer überlegt, der sucht Bewegungsgründe, nicht zu dürfen.

GOTTHOLD EPHRAIM LESSING

Das Aufschieben wichtiger Geschäfte ist eine der gefährlichsten Krankheiten der Seele.

GEORG CHRISTOPH LICHTENBERG

Es gibt Leute, die zu keinem Entschluß kommen können, sie müssen sich denn erst über die Sache beschlafen haben. Das ist ganz gut; nur kann es Fälle geben, wo man riskiert, mitsamt der Bettlade gefangen zu werden.

GEORG CHRISTOPH LICHTENBERG

Es ist nichts erbärmlicher in der Welt als ein unentschlossener Mensch, der zwischen zweien Empfindungen schwebt, gern beide vereinigen möchte und nicht begreift, daß nichts sie vereinigen kann als eben der Zweifel, die Unruhe, die ihn peinigen.

JOHANN WOLFGANG VON GOETHE

Was hilft es, viel von Stimmung reden? Dem Zaudernden erschien sie nie.

JOHANN WOLFGANG VON GOETHE

Das Schlimmste an allen Dingen ist die Unentschlossenheit.

NAPOLEON BONAPARTE

Dem Zaghaften und Zögernden ist alles unmöglich, weil es ihm so erscheint.

SIR WALTER SCOTT

Auch in dieser Hinsicht ist die Welt den Weibern ähnlich: Mit Schüchternheit und Zurückhaltung erreicht man nichts.

GIACOMO GRAF LEOPARDI

Indem man, was man zu tun hat, aufschiebt, läuft man Gefahr, es nie tun zu können.

CHARLES BAUDELAIRE

Zögern

In der Politik ist der schlimmste Entschluß der, keinen Entschluß zu fassen.

KARL VON LINGENTHAL

Unentschlossenheit ist auch eine Feigheit: Willensfeigheit.

CARL SPITTELER

Als ich jünger war, hatte ich die Gewohnheit, Schlüsse zu fassen, die ich für tugendhaft hielt. Ich war weniger interessiert, das zu sein, was ich war, als das zu werden, was ich zu sein wünschte. Heute glaube ich fast, daß in der Unschlüssigkeit das Geheimnis des Nichtalterns liegt.

ANDRÉ GIDE

Warten können ist etwas anderes als zögern.

WILLIBRORD VERKADE

Zum Glück und zu guten Taten gehört immer auch ein Stück Unverfrorenheit. Zaghaften Menschen gelingt nichts, was ihnen oder was andern heraushilft.

GEORG STAMMLER

Zu dem, der immer wartet, kommt gewöhnlich alles zu spät.

EMIL OESCH

Wer auf ein Jubeljahr wartet, kommt unversehens in die Jahre.

HANS-HORST SKUPY

Zorn

Zorn ist ein schlechter Ratgeber.
Deutsches Sprichwort

Ach Herr, warum will dein Zorn entbrennen?

2 MOSE 32,11

Verbirg dich, bis der Zorn vorübergehe.

JESAJA 26,20

Werde nie zornig, denn du begibst dich damit geistig in die Hand deines Gegners.

KUANG DSE

Im Zorne denke an Barmherzigkeit!

HABAKUK 3,2

Wer stark zum Zorn neigt, muß Buße zahlen.

SPRÜCHE 19,19

Ein unbezwingbares Übel ist der wilde Zorn.

EURIPIDES

Denn sein Zorn währet einen Augenblick, seine Huld aber lebenslang.

PSALMEN 30,6

Der Zorn ist eine kurze Raserei. Beherrsche ihn!

HORAZ

Wie schwach die Hand sein mag, Zorn verleiht ihr Kraft.

OVID

Das beste Mittel gegen den Zorn ist Aufschub; fordere vom Zorn anfänglich nicht, daß er verzeihe, sondern daß er nachdenke.

SENECA

Zorn ist der Würger der Menschen; er untergräbt jedes Glück. – Es gibt nichts Böses, was ein zorniger Mensch nicht zu tun imstande wäre.

MAHABHARATA

Wem, wenn er in Aufwallung gerät, die Leidenschaft der Seele den Verstand überwältigt, dem verschleiert der Zorn das Auge des Verstandes.

NIZAM UL-MULK

Wenn ein Grund vorhanden ist, kann Zorn angebracht sein, und man kann ihn besänftigen; aber wer könnte einen Menschen beruhigen, der ohne Grund zornig ist?

SAKYA PANDITA

Heil den Friedfertigen, die den Zorn besiegen!

DANTE ALIGHIERI

Zorn macht langweilige Menschen geistreich, er läßt sie aber arm bleiben.

FRANIS BACON

Der Zorn ist ein hitz'ges Roß, das, läßt man ihm den Lauf, sein eignes Feuer aufreibt.

WILLIAM SHAKESPEARE

Zorn

Verleihe deiner Weisheit, nicht dem Zorn Gehör.

WILLIAM SHAKESPEARE

Steck deine Ungeduld in die Scheide, gieß kaltes Wasser auf deinen Zorn.

WILLIAM SHAKESPEARE

Es zeugt von besonderer Klugheit, sich nie zu entrüsten. Es zeigt einen ganzen Mann von großem Herzen an: denn alles Große ist schwer zu bewegen. Affekte sind die krankhaften Säfte der Seele; an ihrem Übermaß erkrankt die Klugheit.

BALTAZAR GRACIÁN

Zorn ist nie ohne Grund, aber selten mit einem guten.

LORD HALIFAX

Ein Zorniger und alle Narren, zusammen gehören auf einen Karren!

ABRAHAM A SANCTA CLARA

Zorn mit Ohnmacht wird verspottet.

MAGNUS GOTTFRIED LICHTWER

Das Paradies ist für die bereitet, die ihren Zorn zurückhalten und ihn bemeistern und die denen, die sie beleidigt haben, verzeihen.

JOHANN GOTTFRIED HERDER

Die Tiger des Zorns sind weiser als die Pferde der Unterweisung.

WILLIAM BLAKE

In der höheren Liebe ist der Zorn nur Trauer über den Gegenstand.

JEAN PAUL

Man muß nie dem einen leidenschaftlichen Ausbruch zeigen, der dessen Ursache nicht kennt.

JEAN PAUL

Zorn ist ein Fehler des Temperaments, den oft die besten Menschen haben; aber fortgesetzter Zorn bis zur Rache und zum Verderben des Gegners durch Verleumdung, Aufstacheln und die niedrigsten Mittel ist eine der schändlichsten Erscheinungen in der Menschennatur.

KARL JULIUS WEBER

Zorn oder Haß in Worten oder Mienen blicken zu lassen, ist unnütz, ist gefährlich, ist unklug, ist lächerlich, ist gemein. Man darf also Zorn oder Haß nie anders zeigen als in Taten.

ARTHUR SCHOPENHAUER

Niemand ist so sehr in Gefahr, stumpf zu werden, wie der höchst Reizbare.

FRANZ GRILLPARZER

Wenn wir zürnen, hat unser Gegner seinen Zweck erreicht; wir sind in seiner Gewalt.

ERNST VON FEUCHTERSLEBEN

Man soll, wenn einen der Zorn überfällt, höflich bleiben.

OTTO FÜRST BISMARCK

Des Zornes Ende ist der Reue Anfang.

FRIEDRICH VON BODENSTEDT

Zorn ist ein teurer Luxus, den sich nur Menschen mit einem bestimmten Einkommen leisten können.

GEORGE W. CURTIS

Das, was im Zorn begonnen hat, endet in Scham.

LEW N. GRAF TOLSTOJ

Der Zorn ist meistens viel schädlicher als die Beleidigung, welche ihn hervorrief.

LEW N. GRAF TOLSTOJ

Nicht durch Zorn, sondern durch Lachen tötet man. Auf, laßt uns den Geist der Schwere töten!

FRIEDRICH NIETZSCHE

Der Zorn ist ein vorübergehender Wahnsinn.

JULIUS LANGBEHN

Ein heftiger Mensch, der im Zorn aufwallt, ist für mich ein Wahnsinniger, dessen Krankheit nur fallweise auftritt, aber immer mit ihm schlummert.

ELEONORE VAN DER STRATEN-STERNBERG

Wie viele würden gern aus ihrer Haut fahren, wenn sie nur wüßten, wohin!

EUGEN GÜRSTER

Zorn

Aus der Haut fahren will er – als ob das Mißgeschick in der Haut läge.

THOMAS NIEDERREUTHER

Wer aus seiner Haut fährt, muß sehen, wie er wieder hineinkommt.

HELLMUT WALTERS

Zorn härtet unser Herz.

BRUNO HORST BULL

Zufall

Der Zufall kann große Dinge tun.

Deutsches Sprichwort

Ich weiß, daß es nicht in des Menschen Gewalt steht, seinen Weg zu bestimmen, nicht bei dem Wandersmann, seinen Schritt zu lenken.

JEREMIAS 10,23

Der Zufall beherrscht die Menschen und nicht die Menschen den Zufall.

HERODOT

Der Zufall spielt bei dem Weisen eine unbedeutende Rolle; das Größte und Wichtigste ordnet er seine ganze Lebenszeit hindurch mit seinem Verstande.

EPIKUR

Wer sich vom Zufall leiten läßt, erreicht auch nur durch Zufälle etwas.

FRANCESCO GUICCIARDINI

Wer nichts dem Zufall überläßt, wird wenig schlecht verrichten, aber er wird auch wenig leisten.

LORD HALIFAX

Zufall ist ein Wort ohne Sinn. Nichts kann ohne Ursache bestehen.

VOLTAIRE

Das Wort Zufall ist Gotteslästerung; nichts unter der Sonne ist Zufall.

GOTTHOLD EPHRAIM LESSING

Je mehr man altert, desto mehr überzeugt man sich, daß Seine heilige Majestät der Zufall gut drei Viertel der Geschäfte dieses miserablen Universums besorgt.

FRIEDRICH II. VON PREUSSEN

Zufälle machen überall keine Regel.

WILHELM LUDWIG WEKHRLIN

Zufall ist der Spitzname für Vorsehung.

CHAMFORT

Sehr leicht zerstreut der Zufall, was er sammelt.

JOHANN WOLFGANG VON GOETHE

Den Zufall gibt die Vorsehung; zum Zwecke muß ihn der Mensch gestalten.

FRIEDRICH VON SCHILLER

Gepriesen sei mir der Zufall; er hat größere Taten getan als die klügelnde Vernunft und wird besser bestehen... als der Witz aller Weisen.

FRIEDRICH VON SCHILLER

Aller Zufall ist wunderbar.

NOVALIS

Der Mensch lebt in einem beständigen Krieg mit dem Zufall. Wir wandeln auf Glatteis und sind keinen Augenblick sicher, daß wir nicht fallen.

FRIEDRICH THEODOR VISCHER

Der Zufall ist ein Rätsel, welches das Schicksal dem Menschen aufgibt.

FRIEDRICH HEBBEL

Der Zufall ist die in Schleier gehüllte Notwendigkeit.

MARIE VON EBNER-ESCHENBACH

Es gibt einen Meister, der uns alle mühelos übertrifft, und dieser Meister ist der Zufall.

ÉMILE GABORIAU

Wir entscheiden unsere Taten nicht völlig allein. Sie hängen weniger von uns ab, als vom Zufall. Sie werden uns von allen Seiten geboten. Wir sind ihrer nicht immer würdig.

ANATOLE FRANCE

Zufriedenheit

Zufall ist vielleicht das Pseudonym Gottes, wenn er nicht unterschreiben will.

ANATOLE FRANCE

Zufall – ein unvermeidliches Vorkommen, das auf unabänderlichen Naturgesetzen beruht.

AMBROSE BIERCE

Ich glaube nicht an Zufall. Die Menschen, die in der Welt vorwärtskommen, sind Menschen, die aufstehen und nach dem von ihnen benötigten Zufall Ausschau halten.

GEORGE BERNARD SHAW

Ein Zufall, der Gutes bringt, wird als Vorsehung angesehen, ein Zufall jedoch, der böse ausgeht, ist Schicksal.

KNUT HAMSUN

Der glückliche Zufall wird gefeiert, der unglückliche gestraft.

SALOMON BAER-OBERDORF

Zufall ist Gottes Handschrift. Wer ihn nur für Zufall hält, dem wird nicht zufallen, was ihm zukommen sollte.

KARL FOERSTER

Zufall, Los, Glück, Schicksal, Geschick, Vorsehung – dies scheinen mir nur verschiedene Arten zu sein, dasselbe auszudrücken, daß das, was der Mensch zu seiner eigenen Lebensgeschichte beiträgt, ständig von einer äußeren, höheren Gewalt beherrscht wird.

SIR WINSTON S. CHURCHILL

Es gibt keinen Zufall in der Entwicklung eines Menschen oder seines Werkes.

ERNST WIECHERT

Gepriesen sei der Zufall. Er ist wenigstens nicht ungerecht.

LUDWIG MARCUSE

Man muß auch aus dem Zufall sein Schicksal machen.

FRITZ USINGER

Eine Häufung gleicher Tatbestände! Ein Zufall? Das Leben kennt keine Zufälle.

ERWIN STRITTMATTER

Der Zufall hat keine Moral.

HANS KASPER

Zufälle sind Wunder, die noch nicht getauft sind.

WOLFRAM WEIDNER

Glück ist die seltenste Form des Zufalls.

GERHARD UHLENBRUCK

Zufall: manchmal Einfall, selten Glücksfall, öfter Reinfall.

FRITZ VAHLE

Ereignisse, die er nicht begreift, nennt der Mensch Zufall.

WERNER MITSCH

Es gibt Zufälle, an denen sind noch die Fingerabdrücke Gottes.

NIKOLAUS CYBINSKI

Zufälle erfordern keine Einfälle.

ELISABETH HABLÉ

Wer an den Zufall glaubt, erhebt ihn zu einer Gesetzmäßigkeit und macht sich damit unglaubhaft. – Der Zufall geschieht als das Fällige, das uns zufällt.

SULAMITH SPARRE

Der organisierte Zufall: er fügt sich mit Notwendigkeit.

ECKHARD BAHR

Zufriedenheit

Es ist besser sein Kreuz zu tragen als zu schleppen.

Bretonisches Sprichwort

Sei nun wieder zufrieden, meine Seele!

PSALMEN 116,7

Das stärkste Hindernis für unseren Aufstieg bildet die Tatsache, daß wir zu schnell mit uns zufrieden sind.

SENECA

Zufriedenheit

Bewahre du zuerst Frieden in dir selbst, dann kannst du auch anderen Frieden bringen.

THOMAS VON KEMPEN

Leute, die mit sich selbst zufrieden sind, richten wenig aus.

CHRISTINE VON SCHWEDEN

Die Zufriedenheit mit sich selbst ist in Wahrheit das Höchste, was wir erhoffen können.

BARUCH DE SPINOZA

Die Zufriedenheit wandelt selten an der Seite des Glücks, aber sie folgt der Tugend bis ins Unglück.

CLAUDINE DE TENCIN

Der rohe Mensch ist zufrieden, wenn er nur etwas vorgehen sieht; der Gebildete will empfinden, und Nachdenken ist nur dem ganz Ausgebildeten angenehm.

JOHANN WOLFGANG VON GOETHE

Wenn ein paar Menschen recht miteinander zufrieden sind, kann man meistens versichert sein, daß sie sich irren.

JOHANN WOLFGANG VON GOETHE

Der Mensch ist mit nichts auf der Welt zufrieden, ausgenommen mit seinem Verstande; je weniger er hat, desto zufriedener.

AUGUST VON KOTZEBUE

Man kann die seligsten Tage haben, ohne etwas anderes dazu zu gebrauchen als blauen Himmel und grüne Frühlingserde.

JEAN PAUL

Gut ist man nur bedient, wenn man sich selbst bedient.

CHARLES GUILLAUME ÉTIENNE

Um zufrieden zu sein, das heißt über der Not zu stehen, kommt es nicht darauf an, was man hat, sondern darauf, was man ist.

JEREMIAS GOTTHELF

Wo Liebe und Treue ist, da wird die Bürde leicht und sanft das Joch.

JEREMIAS GOTTHELF

Der Mensch, welcher sich selbst nichts mehr wünscht und sich selbst nicht mehr liebt, taugt auch für andere nichts.

GIACOMO GRAF LEOPARDI

Wer nicht zufrieden ist mit dem, was er hat, der wäre auch nicht zufrieden mit dem, was er möchte.

BERTHOLD AUERBACH

Aus Hütten einzig kommt das Heil der Welt.

GEORG HERWEGH

Zufriedenheit ist der Weg, der zum Seelenfrieden hinleiten kann, aber auch schon unterwegs schöne Blumen und gute Früchte hervorbringen wird.

HANS THOMA

Es geht mit den Menschen wie mit den Büchern, viele unterhalten, aber wenige befriedigen.

M. HERBERT

Manchem könnte man einen Bezugsschein auf Zufriedenheit in die Hand drücken, er würde ihn gar nicht benützen.

ELEONORE VAN DER STRATEN-STERNBERG

Die Menschen sind nie zufrieden. Wenn sie vierzehn Kinder haben, können sie kaum das fünfzehnte erwarten.

A. O. WEBER

Jedes Tier ist mit sich selbst zufrieden. Nur der Mensch rauft um sein Los.

ADOLF REITZ

Zufriedenheit beruht gewöhnlich auf gesättigten materiellen Wünschen; die Seele ist niemals ganz gesättigt, denn ihre Wünsche sind nicht materiell. Eine nicht gesättigte Seele ist eine Seele in Spannung: lodernd, entflammbar, geflügelt.

JOSEF ČAPEK

Hat einer ein schlechtes Pferd, so kommen ihm alle anderen gut vor.

WALDEMAR SEUNIG

Auf seinen Lorbeeren auszuruhen ist so gefährlich, wie auf einer Schneewanderung ausruhen. Du nickst ein und stirbst im Schlaf.

LUDWIG WITTGENSTEIN

Wahrscheinlich ist es doch sehr anstrengend, auf die Dauer mit der Welt einverstanden zu sein.

HORST WOLFRAM GEISSLER

Die Welt ist so voll von allen erdenklichen Gütern, daß wir eigentlich alle glücklich und zufrieden wie die Könige leben müßten, und man weiß ja, wie glücklich und zufrieden Könige sind.

JAMES THURBER

Wenn Gesundheit ein großes Glück ist, so ist ein noch größeres der innere Friede.

ZENTA MAURINA

Zufriedene Menschen haben etwas Unheimliches. Man weiß so gar nicht, was man mit ihnen anfangen soll.

ERICH KÄSTNER

Der Kauf ist die schnellste und einfachste Art der Befriedigung.

HEINZ KÖRBER

Die meisten sind schon zufrieden, wenn eine Sache Hand und Fuß hat. Der Kopf ist halt Nebensache.

JOACHIM SCHWEDHELM

Der Mensch steckt in der Zufriedenheit, wenn er es nicht weiß.

SULAMITH SPARRE

Zukunft

Der Wahrsager weiß nichts von seiner eigenen Zukunft.

Japanisches Sprichwort

Rühme dich nicht des anbrechenden Tages, denn du weißt nicht, was heute sich begeben mag.

SPRÜCHE 27,1

Du weißt nicht, was der Tag bringt.

SPRÜCHE 27,1

Was nun einmal geschehen, kann ungeschehen nie wieder werden; aber für das, was kommt, wache und sorge zuvor!

THEOGNIS

Wer sich um das Morgen am wenigsten kümmert, geht ihm mit der größten Lust entgegen.

EPIKUR

Forsche nicht, was das zukünftige Morgen sein wird.

HORAZ

Was morgen sein wird, frage nicht.

HORAZ

Man kann den bevorstehenden Tag nicht richtig verleben, wenn man sich nicht vorstellt, er sei der letzte.

MUSONIUS RUFUS

Wenn du ein sorgenfreies Leben genießen möchtest, denke daran, was kommen wird, als ob es bereits geschehen ist.

EPIKTET

Die Rechtschaffenen aller Völker haben Anteil an der zukünftigen Welt.

TALMUD – TOSSEFTA SANHEDRIN

Die Zukunft allein ist unser Zweck, und so leben wir nie; wir hoffen nur zu leben.

BLAISE PASCAL

Die Gegenwart gehört den Reichen, aber die Zukunft den Tüchtigen und Gescheiten.

JEAN DE LA BRUYÈRE

Man muß die Zukunft im Sinn haben und die Vergangenheit in den Akten.

TALLEYRAND

Man kann die Zukunft nie im Lichte der Vergangenheit planen.

EDMUND BURKE

Nicht der Beifall des gegenwärtigen Jahrhunderts, das wir sehen, sondern des künftigen, das uns unsichtbar ist, soll uns begeistern. Wir wollen nicht nur unsere Vorgänger beschämen, sondern ein Muster für die Nachwelt werden.

JOHANN GEORG HAMANN

Zukunft

Der Mensch soll in seinen künftigen Zustand nicht hineinschauen, sondern sich hineinglauben.

JOHANN GOTTFRIED HERDER

Wenn doch der Mensch sich nicht vermessen wollte, irgend etwas für die Zukunft zu versprechen! Das Geringste vermag er nicht zu halten, geschweige wenn sein Vorsatz von Bedeutung ist.

JOHANN WOLFGANG VON GOETHE

Wir blicken so gern in die Zukunft, weil wir das Ungefähre, was sich in ihr hin und her bewegt, durch stille Wünsche so gern zu unseren Gunsten heranleiten möchten.

JOHANN WOLFGANG VON GOETHE

Die Vorzeit nimmt zu – die Zukunft ab.

NOVALIS

Künftige Ereignisse werfen ihre Schatten voraus.

THOMAS CAMPBELL

Ist es nicht eine Unart, nie den Augenblick der Gegenwart ergreifen zu können, sondern immer in der Zukunft zu leben?

HEINRICH VON KLEIST

Der beste Prophet der Zukunft ist die Vergangenheit.

LORD BYRON

In nächster Zukunft scheint das goldene Glück zu liegen, und wird sie Gegenwart, so sehen wir's weiterfliegen.

FRIEDRICH RÜCKERT

Die Zukunft riecht nach Juchten, nach Blut, nach Gottlosigkeit und nach sehr vielen Prügeln. Ich rate unseren Enkeln, mit einer sehr dicken Rückenhaut zur Welt zu kommen.

HEINRICH HEINE

Er hat eine große Zukunft, denn er begreift die Vergangenheit.

HEINRICH HEINE

Überall wird ein zur Dauer bestimmtes Werk vor der Zeit lange gehegt. Eine lange Zukunft fordert eine lange Vergangenheit.

HONORÉ DE BALZAC

Die Zukunft ist eine undankbare Person, die grad nur die quält, die sich recht sorgsam um sie bekümmern.

JOHANN NESTROY

Der Tag wird kommen, an dem diese beiden gewaltigen Bünde, die Vereinigten Staaten von Amerika und die Vereinigten Staaten von Europa, einander über den Ozean hinweg die Hände reichen werden zum Austausch ihrer Waren, ihres Handels, ihrer Industrie, ihrer Kunst, ihrer Kultur – um gemeinsam den Erdball urbar zu machen, die Wüsten zu bevölkern, die Schöpfung zu veredeln vor den Augen des Schöpfers und, zum Wohle aller, diese beiden unendlichen Kräfte miteinander zu verbinden: die Brüderlichkeit der Menschen und die Allmacht Gottes.

VICTOR HUGO

Die Zukunft gehört dem Buch – und nicht der Bombe, gehört dem Frieden – und nicht dem Krieg.

VICTOR HUGO

Die Zukunft hat viele Namen. Für die Schwachen ist sie das Unerreichbare. Für die Furchtsamen ist sie das Unbekannte. Für die Tapferen ist sie die Chance.

VICTOR HUGO

Jede Zeit ist ein Rätsel, das nicht sie selber, sondern erst die Zukunft löst.

RUDOLF VON IHERING

Blicke nicht klagend in die Vergangenheit, sie kehrt nicht zurück. Weise verbessere die Gegenwart, sie ist dein. Schreite vorwärts, um der nebligen Zukunft furchtlos und mit tapferem Herzen zu begegnen.

SAMUEL LONGFELLOW

Nur die Halbheit hat gar keine Zukunft.

GOTTFRIED KELLER

Wer von den ungewissen Ereignissen der Zukunft nichts erhofft und nichts befürchtet, ist wahrhaft klug.

ANATOLE FRANCE

Die Zukunft beeinflußt die Gegenwart genauso wie die Vergangenheit.

FRIEDRICH NIETZSCHE

Zukunft

Was wir unsere Zukunft nennen, das ist nur unsere Vergangenheit, die uns plötzlich ihr Gesicht wieder zuwendet.

OSCAR BLUMENTHAL

Ein Menschenkind, das seine eigene Zukunft als durch das Schicksal zwangsläufig vorherbestimmt ansieht, oder ein Volk, das den Prophezeiungen seines naturgesetzlich festgelegten Unterganges Glauben schenkt, bekundet damit in Wirklichkeit nur, daß es den rechten Willen zum Aufstieg nicht aufzubringen vermag.

MAX PLANCK

Es gibt keine bessere Vorbereitung auf die Zukunft als die richtige Ausnützung der Gegenwart.

M. HERBERT

Mein Vaterland ist nicht Gestern. Mein Vaterland ist Morgen.

ROMAIN ROLLAND

Jeder Gedanke baut etwas von unserer Zukunft auf oder reißt etwas von ihr nieder.

PRENTICE MULFORD

Es gibt eine Idee, die einst den wahren Weltkrieg in Bewegung setzen wird: daß Gott den Menschen nicht als Konsumenten und Produzenten erschaffen hat. Daß das Lebensmittel nicht Lebenszweck ist. Daß der Magen dem Kopf nicht über den Kopf wächst. Daß das Leben nicht in der Ausschließlichkeit der Erwerbsinteressen begründet sei. Daß der Mensch in der Zeit gesetzt sei, um Zeit zu haben, und nicht mit den Beinen irgendwo eher anzulangen als mit dem Herzen.

KARL KRAUS

Wir alle sollten uns um die Zukunft sorgen, denn wir werden den Rest unseres Lebens darin verbringen.

CHARLES F. KETTERING

Ich denke nie an die Zukunft. Sie kommt früh genug.

ALBERT EINSTEIN

Die Zukunft trägt uns in dem Maße unseres Glaubens an sie.

TEILHARD DE CHARDIN

Die Zukunft gibt immer den Schaffenden recht. Die Schaffenden geben immer der Zukunft recht, aber niemals der Gegenwart, die für sie immer schon Vergangenheit ist. Sie stürzen die Vergangenheit auch nicht mit frevelhaften Händen um, sondern mit feierlichen Werken.

FRANZ MARC

Man sollte sich nie von der Zukunft adoptieren lassen – sie ist eine zu gefährliche Pflegemutter.

ERNST BERTRAM

Jede Zeit ist ein Rätsel, das nicht sie selber, sondern erst die Zukunft löst.

RUDOLPH VON IHERING

Unsere eigenen Angelegenheiten behandeln wir nach dem Grundsatz: was geschehen wird, ist etwas Unerwartetes, und jede Sorge über die Zukunft ist eine Zeitvergeudung.

WILLIAM FEATHER

Die Utopie muß im Herzen des einzelnen emporblühen, bevor sie zur Tugend aller wird.

PARAMHANSA YOGANANDA

Die Zukunft: die Zeit, in der es uns gutgehen wird.

JULIAN TUWIM

Über die Zukunft soll man nur in Frageform reden.

LUDWIG MARCUSE

Das Gesicht der großen Sphinx der Zukunft ist undurchdringlich. Unbewegt blickt ihr Auge in die untergehende Sonne des Abendlandes. Von ihren Löwenpranken ruht die eine auf der Atombombe, die andere auf dem Stein der Weisen. Das Schicksal der Welt wird davon abhängen, welches dieser beiden Dinge das spielende Kind der Schöpfung sich nehmen wird. Niemals hat es eines Engels nötiger bedurft.

PETER BAMM

Wir trachten danach zu wissen, was werden wird, aber wissen wir denn, was gewesen ist?

OTTO HEUSCHELE

Zukunft

Wer in der Zukunft lesen will, muß in der Vergangenheit buchstabieren.

ANDRÉ MALRAUX

Heute ist immer der Tag, an dem die Zukunft beginnt.

HANS KUDSZUS

Sorge nicht, wohin dich der einzelne Schritt führt: nur wer weit blickt, findet sich zurecht.

DAG HAMMARSKJÖLD

Zukunft planen heißt, Ziele formulieren.

JOSEF RECLA

Wer mit seinen Erinnerungen lebt, wird alt. Wer mit Zukunftsplänen lebt, bleibt jung.

BRUNO MUNARI

Die Zukunft gehört der Jugend – sobald diese alt ist.

STANISLAW JERZY LEC

Jeder von uns sollte an eine große Zukunft glauben und danach handeln.

JACK THOMMEN

Hat das Gen alle Zukunft vorgezeichnet?

WOLFGANG ENGEL

Laßt uns die Zukunft voraussehen, damit sie nicht über uns hereinbricht!

JADWIGA RUTKOWSKA

Für eine bessere Zukunft, mehr noch: für eine gute Gegenwart.

GÜNTHER CWOJDRAK

Wer die Schatten der Vergangenheit und die Beschaffenheit der Gegenwart erkennt, dem bleibt die Zukunft nicht verborgen.

RALPH MAXWELL LEWIS

Unsere Zukunft besteht aus trüben Hoffnungen und klaren Befürchtungen.

HEINRICH WIESNER

Die Zukunft des Menschen liegt in ferner Zukunft.

HEINRICH WIESNER

Was wir heute denken, werden wir morgen sein.

MAX THÜRKAUF

Eigentlich haben wir keine Gegenwart. Wir haben nur eine Vergangenheit und hoffend eine Zukunft.

FRANZ PETER KÜNZEL

Um Zukunft zu haben, muß man Geschichte machen.

HERBERT EISENREICH

Zukunftsforschung ist die Kunst, sich zu kratzen, bevor es einen juckt.

PETER SELLERS

Auch die Zukunft ist vergänglich.

GERHARD BRANSTNER

Die Zukunft des Menschen ist der Mensch.

GERHARD BRANSTNER

Der Zukunft begegnet man nur in der Gegenwart.

GOTTFRIED EDEL

Nichts ist interessanter als die Betrachtung der Zukunft, sobald sie Vergangenheit geworden ist.

HELLMUT WALTERS

Zukunft ist die Gegenwart, die nicht gelebt wird.

HELLMUT WALTERS

Die Zukunft ist die Ausrede derer, die in der Gegenwart nichts tun wollen.

HAROLD PINTER

Machen wir uns auf den Weg ins 21. Jahrhundert: Ohne die alten Religionen, Ideologien und Traditionen, mit neuen Schuhen und Kleidern als Menschen eines neuen, besseren, selbstbewußteren Typs!

GÜNTHER F. P. ELB

Der Glaube an die Zukunft ist das Alibi der Verzweiflung über die Unabänderlichkeit der Gegenwart.

PETER BENARY

Die Zukunft hat zu allen Zeiten die Scharlatane angezogen.

JOHANNES GROSS

Früher hatten die Menschen Angst vor der Zukunft. Heute muß die Zukunft Angst vor den Menschen haben.

WERNER MITSCH

Die Zukunft ist das, was die Menschen immer vor sich herschieben.

WERNER MITSCH

Traumurlaub: Sich von seiner Zukunft zu erholen.

WERNER SCHNEYDER

Die Zukunft hat schon begonnen. Zu gären.

HANS-HORST SKUPY

Zukunft – die ungelösten Gegenwartsaufgaben.

AUREL SCHMIDT

Große Ereignisse werfen ihre Schattenseiten voraus.

MANFRED BOSCH

Das Beste an der Zukunft ist mitunter, daß sie auf sich warten läßt.

HANS-DIETER SCHÜTT

Zwang

Zwang ist kein Wille.

Deutsches Sprichwort

Zwang ist ein Übel; aber es besteht kein Zwang, unter Zwang zu leben.

EPIKUR

Nicht kann ich mit dir, nicht ohne dich leben.

MARTIAL

Freiwillig ist alles, was wir ohne Zwang, jedoch mit Bewußtsein tun.

PLOTIN

Wo man gezwungen geht, da bleibt man stets zurück.

JOHANN CHRISTOPH GOTTSCHED

Kein Mensch muß müssen.

GOTTHOLD EPHRAIM LESSING

So eigensinnig widersprechend ist der Mensch: zu seinem Vorteil will er keine Nötigung, zu seinem Schaden leidet er jeden Zwang.

JOHANN WOLFGANG VON GOETHE

Die Freiheit erhöht die Kraft und führt, wie immer die größere Stärke, allemal eine Art der Liberalität mit sich. Zwang erstickt die Kraft und führt zu allen eigennützigen Wünschen und allen niedrigen Kunstgriffen der Schwäche.

WILHELM VON HUMBOLDT

Jeder Zwang ist Gift für die Seele.

LUDWIG BÖRNE

Nur wenn man allein ist, ist man frei. Zwang ist der unzertrennliche Gefährte jeder Gesellschaft, und jeder fordert Opfer, die um so schwerer fallen, je bedeutender die eigene Individualität ist.

ARTHUR SCHOPENHAUER

Was wir am nötigsten brauchen ist ein Mensch, der uns zwingt, das zu tun, was wir können.

RALPH WALDO EMERSON

Bitter ist es, das heute zu müssen, was man gestern noch wollen konnte.

KARL GUTZKOW

Zwang – Beredsamkeit der Macht.

AMBROSE BIERCE

Es gibt Menschen, deren Gegenwart wir wie eine geistige Zwangsjacke ertragen.

M. HERBERT

Die ärgste Zwangsjacke ist die Not.

ELEONORE VAN DER STRATEN-STERNBERG

Jeder Zwang lockert sich selbst mit der Zeit oder wird gesprengt.

CARLOS VON TSCHUDI

Jeglicher Schulbetrieb hat etwas Gewalttätiges, und so atmet jeder auf, wenn er aus der Schule entlassen wird.

WILLIBRORD VERKADE

Zwang

Der Geist verlangt nach Freiheit, die Welt
nach Zwang.

HANS FEHR

Freiheit ist ein Zwang, den wir als Zwang
nicht erkennen.

KARL HEINRICH WAGGERL

Die Masse schreit nach Freiheit, aber hungert
nach Zwang.

SIGMUND GRAFF

Das ist uns noch geblieben: die Liebe kann
man gottseidank nicht erzwingen.

WERNER BUKOFZER

Im Zwang wird ein Engel zum Teufel.

GEORGES KRASSOVSKY

Das Herz in der Zwangsjacke schlägt flotter.

HANS PETER KELLER

Man darf sich weder von den Medien noch
von den Ereignissen drängen lassen.

VALÉRY GISCARD D'ESTAING

Zwang befreit. Von der Entscheidung.

HANS-HORST SKUPY

Zwangsjacken sollten nach Maß angefertigt
werden.

ŽARKO PETAN

Wer sich nicht bewegt, spürt seine Ketten
nicht.

SPONTI-SPRUCH

Zweck

Trage nicht Wasser zum Brunnen.
Russisches Sprichwort

Leer muß die Muschel sein, damit sie tönen
soll.

FU-KIANG

Das Hemd ist näher als der Rock.

PLAUTUS

Das Angenehme muß man mit dem
Nützlichen verbinden.

HORAZ

Ich bin das Brot des Lebens.

JOHANNES 6,35

Um des eigenen Nutzens willen achten sie
Persönlichkeiten.

JUDAS 16

Schönheit und Nützlichkeit gehen nicht
zusammen: das gewahrt man an den
Männern und an den Festungen.

LEONARDO DA VINCI

Mit einem Tropfen Honig kann man mehr
Mücken fangen als mit einem Faß voll Honig.

FRANZ VON SALES

Der Zweck heiligt die Mittel.

HERMANN BUSENBAUM

Wer sich alles zunutze machen kann, ist
weise und glücklich.

CHRISTINE VON SCHWEDEN

Ein Löffel voll Honig fängt mehr Fliegen als
ein Faß voll Essig.

BENJAMIN FRANKLIN

Es gibt Leute, die man betäuben muß, um sie
zu überreden.

HELVÉTIUS

Im Reiche der Zwecke hat alles entweder
einen Preis oder eine Würde.

IMMANUEL KANT

Man muß den Zweck, den man hat, so lange
und von so viel Seiten betrachten, bis man
ihn liebgewinnt.

FRIEDRICH GOTTLIEB KLOPSTOCK

Bei jeder Tat nur die Wirkung im Sinn haben,
macht den großen Menschen.

WILHELM HEINSE

Wer den Zweck will, muß die Mittel wollen,
sich über kleine Unannehmlichkeiten
hinwegsetzen und grandios genug denken,
sich selbst und der Macht seiner
Persönlichkeit zu vertrauen.

JOHANN WOLFGANG VON GOETHE

Zweck

Nur von Nutzen wird die Welt regiert.
FRIEDRICH VON SCHILLER

Man muß das Brett bohren, wo es am dicksten ist.
FRIEDRICH VON SCHLEGEL

Je großartiger und stärker die Motive des Krieges sind, je mehr sie das ganze Dasein der Völker umfassen, je gewaltsamer die Spannung ist, die dem Kriege vorhergeht, um so mehr wird der Krieg sich seiner abstrakten Gestalt nähern, um so mehr wird es sich um das Niederwerfen des Feindes handeln, um so mehr fallen das kriegerische Ziel und der politische Zweck zusammen, um so reiner kriegerisch, weniger politisch scheint der Krieg zu sein.
CARL VON CLAUSEWITZ

Nur wo die Fertigkeit höheren Zwecken dient, hat sie Wert.
ROBERT SCHUMANN

Setze ein Ding in den direktesten Widerspruch mit seinem Zweck: Du zerstörst es, und wäre das Ding eine Armee.
FRIEDRICH HEBBEL

Der Zweck ist der Schöpfer des ganzen Rechts.
RUDOLF VON IHERING

Wäre des Lebens Zweck nur das Leben, so könnte es einen erbärmlicheren nicht geben.
OTTO VON LEIXNER

Zwecken nachzujagen heißt, der Notdurft verfallen; Wachsen ist, sich zur Einheit ergänzen.
CARL HAUPTMANN

Ob Gift oder Arznei, darüber entscheidet oft nicht das Mittel, sondern der Geber.
SALOMON BAER-OBERDORF

Die Werkzeuge, mit denen reingemacht wird, pflegen schmutzig zu sein.
ERNST HOHENEMSER

Niemals heiligt der Zweck die Mittel, wohl aber können die Mittel den Zweck zuschanden machen.
MARTIN BUBER

Reibt man es auch noch so stark, fängt ein nasses Streichholz kein Feuer; es qualmt nur. Ein trockenes dagegen entzündet sich selbst bei der kleinsten Reibung sofort.
SRI RAMAKRISHNA

Es kommt alles auf das Benehmen an, wenn man seine Zwecke erreichen will.
ROBERT WALSER

Es ist besser, in einer Wüste wach zu sein, als in einem Paradies zu schlafen.
WALDEMAR BONSELS

Die Flamme verzehrt – aber sie leuchtet dabei!
HANS OSSENBACH

Wer wird in einen seichten Fluß noch Steine werfen?
BLAISE GALL

Gegen einen Ozean pfeift man nicht an.
KURT TUCHOLSKY

Der Zweck heiligt die Mittel so wenig, wie die Mittel den Zweck heiligen.
LUDWIG STRAUSS

Erst ergründe die Kluft, bevor du die Brücke schlägst.
HASSO HEMMER

Was für ein miserabler Zweck muß das sein, der die Mittel heiligt.
HANS KASPER

Ein einziges Wort, das keinem entwicklungsrichtigen Zweck dient, ist bereits zuviel.
TOMOTOM

Es gibt zuweilen mehr Meilensteine als Meilen.
WIESLAW BRUDZINSKI

Repariere nicht die Leiter, wenn einer drauf steht.
GERHARD BRANSTNER

Der Zweck beleidigt die Mittel.
HANS LEOPOLD DAVI

Zweck

Niemals weiß man, ob ein Stein zum Denkmal oder des Anstoßes werden wird.
MILOVAN ILIĆ

Wer Felsen bewegt, scheitert an Kieselsteinen.
PETER BENARY

Gebt mir die Mittel, den Zweck werde ich schon finden.
BRANA CRNČEVIĆ

Zum Hofnarren gehört Talent; zum König genügt Abstammung.
WERNER MITSCH

Manchmal entheiligt der Zweck die Mittel.
MARKUS M. RONNER

Wer Gold sucht, findet kein Silber.
WERNER EHRENFORTH

Eigennutz verpflichtet auch.
HANS-HORST SKUPY

Das Beischlafmittel heiligt den Zweck.
HANS-HORST SKUPY

Ein Nichtsnutz ist zu allem zu gebrauchen.
KLAUS KOCH

Der Zweck heiligt den Teufel.
ANDRÉ BRIE

Der Zweck – ein Universalmittel.
GUDRUN PIOTROWSKI

Zweifel

Wer nichts weiß, zweifelt an nichts.
Französisches Sprichwort

Kleinere Zweifel verändern die Ziele des Menschen; größere Zweifel verändern seinen Charakter.
DSCHUANG DSE

Glaubt ihr, daß ich euch solches tun kann?
MATTHÄUS 9,28

Selbst die Heilige Schrift wird Zweiflern zum Gift.
TALMUD – SCHEKALIM

In Zweifelsfällen ist immer die wohlwollendere Auslegung vorzuziehen.
JUSTINIAN

Der Zweifel zerfrißt ein jeglich Werk.
PARACELSUS

Wenn jemand mit Gewißheiten beginnen will, wird er in Zweifeln enden. Wenn er sich aber bescheidet, mit Zweifeln anzufangen, wird er zu den Gewißheiten gelangen.
FRANCIS BACON

Zweifel sind Verräter; sie führen zum Verlust des Guten, das wir gewinnen können, wenn wir nur einen Versuch wagten.
WILLIAM SHAKESPEARE

Zweifel ist der Weisheit Anfang.
RENÉ DESCARTES

Der Zweifel entsteht immer daraus, daß man die Dinge nicht der Ordnung nach erforscht.
BARUCH DE SPINOZA

Wie widerspruchsvoll ist doch der Mensch gegen sich selbst!
JONATHAN SWIFT

Der Zweifel ist kein angenehmer Zustand. Gewißheit jedoch ist ein lächerlicher Zustand.
VOLTAIRE

In allen Fragen, worüber man zweifelt, muß man sich zwischen die zwei äußersten Enden setzen.
WILHELM LUDWIG WEKHRLIN

Zweifel muß nichts weiter sein als Wachsamkeit, sonst kann er gefährlich werden.
GEORG CHRISTOPH LICHTENBERG

Zweifle an allem wenigstens einmal, und wäre es auch der Satz: zweimal zwei ist vier.
GEORG CHRISTOPH LICHTENBERG

Mit dem Wissen wächst der Zweifel.
JOHANN WOLFGANG VON GOETHE

Zweifel

Glaubet den Zweifelnden und zweifelt, wenn man Glauben gebietet.

LUDWIG BÖRNE

Der Boden, den der Skeptiker einnimmt, ist der Vorhof des Tempels.

RALPH WALDO EMERSON

Der Zweifel macht die Qual jedes nach Wahrheit Suchenden aus, aber wehe ihm, wenn die Quälerin ihn verläßt.

MARIE VON EBNER-ESCHENBACH

Im Zweifelsfalle sprich die Wahrheit.

MARK TWAIN

Mit dem Zweifel erwacht der Wissensdurst, somit die Wissenschaft; und umgekehrt erweckt die Wissenschaft den Zweifel.

FRIEDRICH VON HELLWALD

Zweifel ist der Erkenntnis Anfang.

AUGUST STRINDBERG

Skeptizismus ist der Beginn des Glaubens.

OSCAR WILDE

Skepsis, wenn sie der Vorsicht entspringt, ist ein Kompaß der Zivilisation. Die meisten gegenwärtigen akuten Wirrnisse der Welt entstehen aus dem Verfolgen neuer Ideen ohne vorhergehende sorgfältige Prüfung, ob diese Ideen auch gut sind.

HENRY FORD

Der Zweifel im Glauben ist wie der Wurm im Apfel.

CARLOS VON TSCHUDI

Die Stadt der Wahrheit kann nicht auf dem Sumpfboden des Skeptizismus erbaut werden.

ALBERT SCHWEITZER

Der moderne Mensch zweifelt an all seinen Überzeugungen. Er glaubt nur an seine Zweifel.

WALTER HUECK

Der Zweifel ist der Beginn der Wissenschaft. Wer nichts anzweifelt, prüft nichts. Wer nicht prüft, entdeckt nichts. Wer nichts entdeckt, ist und bleibt blind.

TEILHARD DE CHARDIN

Ob einer Skeptiker ist oder nicht, hängt wesentlich davon ab, ob ihm sein Leben gelungen ist oder mißlungen.

HANS A. MOSER

Nur für den Gläubigen hat der Zweifel, nur für den Zweifler hat der Glaube etwas Auszeichnendes.

HANS KRAILSHEIMER

Warum also sich vor Zweifeln fürchten? Es gibt etwas, das schlimmer ist als Zweifel – und das sind Ausflüchte.

THORNTON WILDER

Der Glaube versetzt Berge, der Zweifel erklettert sie.

KARL HEINRICH WAGGERL

Anständige Skepsis will glauben.

OTTO BUCHINGER

Ein einziger Zweifler hat oft mehr für die Zukunft der Menschheit getan als Millionen Gutgläubige.

ERICH LIMPACH

Ein einziger Funke Zweifel kann einen ganzen Berg Glaube zerstören.

PETER CORYLLIS

Im Zweifel spiele Trumpf, handle ohne Furcht.

FLORENCE SCOVEL SHINN

Ich habe versucht, den Zweifel als eine Arznei gegen das Bangen zu benützen. Die Arznei hat sich schließlich mit dem Übel verbündet.

É. M. CIORAN

Das Delirium ist gewiß schöner als der Zweifel, aber der Zweifel ist fester.

É. M. CIORAN

Die Skepsis ist der Glaube der schwankenden Geister.

É. M. CIORAN

Zweifel wird nie seinen Sinn verlieren, wenn er die eigene Selbstsicherheit revidiert, nachdem er die Selbstsicherheit der andern in Frage gestellt hat.

LÉOPOLD HOFFMANN

Zweifel

Der Zweifel ist's, der Gutes böse macht!

WILLI HEINRICH

Der Nährboden der Skepsis ist die Enttäuschung.

ARMIN RIESEN

Ohne Zweifel kein Mut.

GERHARD BRANSTNER

Ein Skeptiker träumt von seinem Grabstein: ein Fragezeichen aus weißem Marmor.

HANNS-HERMANN KERSTEN

Zweifel schläfert man ein, indem man Hoffnungen weckt.

GERHARD UHLENBRUCK

Wer ohne Zweifel, ist auch ohne Wissen.

HORST FRIEDRICH

Ein starker Glaube ist nötig, um alle seine Zweifel aufrecht zu erhalten.

ELAZAR BENYOËTZ

Skepsis heißt die Summe der Erfahrung.

EMIL BASCHNONGA

Überwinde alles durch den Zweifel, vor allem ihn selbst.

PETER HORTON

Zwischenmenschliches

Der Mensch ist dem Menschen nötig.

Türkisches Sprichwort

Auf Freundschaft sei Treue, auf Gutherzigkeit sei Güte, auf Recht und Unrecht die Gerechtigkeit die Antwort!

KONFUZIUS

Daß mich die Menschen nicht kennen, tut mir leid. Aber daß ich die Menschen nicht kenne, das kann mir leid tun.

KONFUZIUS

Die Masse haßt und liebt oft unbewußt. Wenn du aber einen Grund ihrer Liebe findest, der würdig ist, dann fördere die Liebe. Wenn du siehst, der Haß sei berechtigt, dann suche den Grund zu beheben.

KONFUZIUS

Worin besteht die allumfassende gegenseitige Liebe? Darin, daß man andere Staaten wie seinen eigenen ansieht, das Haus seines Nachbarn wie sein eigenes betrachtet, andere Persönlichkeiten seiner eigenen gleichsetzt.

MO-TI

Der Schlechteste ist, wer die Schlechtigkeit gegen sich selbst und gegen die Freunde anwendet, der Beste, wer die Tugend nicht nur gegen sich, sondern gegen den anderen anwendet.

ARISTOTELES

Wir bieten – einer dem andern – ein genügend interessantes Schauspiel.

EPIKUR

Nicht zu achten, was die Welt über uns denkt, ist nicht nur arrogant, sondern völlig schamlos.

CICERO

Behandelt die Menschen so, wie ihr selbst von ihnen behandelt werden wollt.

MATTHÄUS 7,12

Die Menschen sind füreinander geboren; belehre sie oder ertrage sie!

MARC AUREL

Hochmütig ist derjenige, der demütigt, wenn er ermahnt, und grob wird, wenn er ermahnt wird.

AL-GHAZALI

Willst du Frieden und Eintracht mit anderen bewahren, so bleibt dir kein Weg, als dich in tausend Dingen überwinden zu lernen.

THOMAS VON KEMPEN

Viele Leute würden verstummen, wenn Ihnen untersagt würde, sich zu rühmen und andere zu schmähen.

MADELEINE DE FONTAINE

Zwischenmenschliches

Es ist notwendiger, die Menschen als die Bücher zu studieren.

LA ROCHEFOUCAULD

Es gibt Personen, die eine heimliche Macht über ihre Mitmenschen haben; sie üben eine Art bezaubernder Tyrannei aus.

CHRISTINE VON SCHWEDEN

Man liebt die, denen man Gutes erweist; man haßt die, denen man Böses antut.

CHRISTINE VON SCHWEDEN

Wer nur mit höflichen und vernünftigen Leuten zu tun gehabt hat, kennt die Menschen entweder gar nicht oder nur zur Hälfte.

JEAN DE LA BRUYÈRE

Die Bösen schaden uns, und unter den Guten haben wir zu leiden.

JEAN DE LA BRUYÈRE

Wir haben gerade genug Religion in uns, um uns zu hassen, aber nicht genug, um einander zu lieben.

JONATHAN SWIFT

Zwischen den Menschen besteht für gewöhnlich so wenig Unterschied, daß kaum Grund zur Eitelkeit vorliegt.

MONTESQUIEU

Es ist Pflicht, von der menschlichen Natur gut und groß zu denken; aber wer von den Menschen, die er vor und um sich hat, immer das Beste denkt, läuft Gefahr, der Narr seiner guten Meinung zu werden.

CHRISTOPH MARTIN WIELAND

Man muß sich die Menschen nach ihrer Art verbindlich machen, nicht nach der unsrigen.

GEORG CHRISTOPH LICHTENBERG

Wie glücklich würde mancher leben, wenn er sich um anderer Leute Sachen so wenig bekümmerte als um seine eigenen.

GEORG CHRISTOPH LICHTENBERG

Ich bin überzeugt, man liebt sich nicht bloß in andern, sondern haßt sich auch in andern.

GEORG CHRISTOPH LICHTENBERG

Sage mir, mit wem du umgehst, so sage ich dir, wer du bist.

JOHANN WOLFGANG VON GOETHE

So eine wahre, warme Freude ist nicht in der Welt, als eine große Seele zu sehen, die sich gegen einen öffnet.

JOHANN WOLFGANG VON GOETHE

Man ist nur eigentlich lebendig, wenn man sich des Wohlwollens anderer freut.

JOHANN WOLFGANG VON GOETHE

Man kann nicht für jedermann leben, besonders für die nicht, mit denen man nicht leben möchte.

JOHANN WOLFGANG VON GOETHE

Wer mit vielen umgeht, treibt einen Kleinhandel, bei dem es zwar viel zu tun, aber wenig zu erwerben gibt.

ADOLPH VON KNIGGE

Die Kunst des Umgangs mit Menschen besteht darin, sich geltend zu machen, ohne andere unerlaubt zurückzudrängen.

ADOLPH VON KNIGGE

Gar zu leicht mißbrauchen und vernachlässigen uns die Menschen, sobald wir mit ihnen in Vertraulichkeit verkehren. Um angenehm zu leben, muß man fast immer als ein Fremder unter den Leuten erscheinen. Dann wird man geschont, geehrt, aufgesucht.

ADOLPH VON KNIGGE

Wer nur Schlechtes von den Menschen zu sagen weiß, der ist wenigstens insofern ehrlich, daß er uns zeigt, er rede nur nach Beobachtungen an sich selbst.

FRIEDRICH MAXIMILIAN KLINGER

Mittelmäßiger Umgang schadet mehr, als die schönste Gegend und die geschmackvollste Bildergalerie wieder gutmachen können.

FRIEDRICH VON SCHILLER

Nichts erkältet mehr die edelsten Teile des inneren Menschen als Umgang mit Personen, an denen man keinen Anteil nehmen kann.

JEAN PAUL

Zwischenmenschliches

Man verbindet sich oft einem Menschen, wenn man nach dem Namen seines Hundes fragt.

JEAN PAUL

Im Grunde sind es doch die Verbindungen mit den Menschen, welche dem Leben seinen Wert geben.

WILHELM VON HUMBOLDT

Der platte Mensch beurteilt alle anderen Menschen wie Menschen, behandelt sie aber wie Sachen und begreift es durchaus nicht, daß sie andere Menschen sind als er.

FRIEDRICH VON SCHLEGEL

Wenn uns die Menschen gefallen, die uns gerade umgeben, so gefällt uns die ganze Menschheit.

HEINRICH VON KLEIST

Solange der Mensch sich auf andere verläßt, verlassen ihn die anderen alle.

FRIEDRICH FRÖBEL

Wann werde ich einmal so reich sein, daß ich mit niemandem erzwungene Beziehungen zu unterhalten brauche?

STENDHAL

Man will an anderen niemals finden, was man selbst vermißt.

FERDINAND RAIMUND

Wenn man die Berge von ferne sieht, so hat man doch keinen Begriff von ihrer Majestät in der Nähe, es geht mit ihnen ganz umgekehrt als mit vielen, vielen Leuten, welche das Ansehen in der Nähe gar nicht vertragen mögen.

JEREMIAS GOTTHELF

Wer wenig Gemeinschaft mit den Menschen hat, ist selten ein Menschenfeind. Wirkliche Menschenfeinde findet man nicht in der Einsamkeit, sondern in der Welt, denn die Erfahrung des alltäglichen Lebens und nicht die Philosophie führen dazu, die Menschen zu hassen. Wenn sich ein solcher Mensch dann in die Einsamkeit zurückzieht, verliert er in der Zurückgezogenheit seinen Menschenhaß.

GIACOMO GRAF LEOPARDI

Er sieht die Leute an, als ob sie sich bei ihm entschuldigen müßten, daß sie auch aus Leib und Seele bestehen.

JOHANN NESTROY

Die Menschen muß man hassen, ehe man sie kennt, verachten, wenn man sie kennt.

JOHANN NESTROY

Jeder Mensch, den ich treffe, ist mir in irgend etwas überlegen. Und in diesem Punkt lerne ich von ihm.

RALPH WALDO EMERSON

Das Beste, was der Mensch für einen andern tun kann, ist doch immer das, was er für ihn ist.

ADALBERT STIFTER

Wie andere ihn betrachen und wofür sie ihn halten: das ist die Atmosphäre, worin der Mensch lebt, und der beste kann in der schlechtesten ersticken.

FRIEDRICH HEBBEL

Niemals werden Groß und Klein sich anziehen und ertragen.

FRIEDRICH HEBBEL

Alles, was die Menschen vereint, ist das Gute und Schöne, alles, was sie trennt, ist das Schlechte und Häßliche. Die ganze Welt kennt diese Formel – sie ist in unser Herz geschrieben.

LEW N. GRAF TOLSTOJ

Lebe in Frieden mit allen Menschen, halte nie deinen Zorn gegen die Menschen für gerecht, halte nie einen Menschen für einen Verlorenen oder für einen Narren.

LEW N. GRAF TOLSTOJ

Moderne Lebensregel: Ärgere dich nicht, ärgere die anderen; schone dich, schone nicht die anderen.

JOSEPH UNGER

Nichts bist du, nichts ohne die andern. Der verbissenste Misanthrop braucht die Menschen doch, wenn auch nur, um sie zu verachten.

MARIE VON EBNER-ESCHENBACH

Zwischenmenschliches

Die Menschen stellen sich im Verkehr mit den Menschen nur häufig auf den falschen Standpunkt: Sie ärgern sich, wo sie sich ergötzen sollten; sie erbosen sich, anstatt zu lernen.

WILHELM RAABE

Gute Menschen reizen die Geduld, böse die Phantasie.

OSCAR WILDE

Wir können immer liebenswürdig sein zu den Menschen, an denen uns nichts liegt.

GEORGE BERNARD SHAW

Mit Heruntergekommenen und mit Emporkömmlingen ist nicht gut verkehren. Diese sind empfindlich, jene rücksichtslos.

M. HERBERT

Schläge und Ratschläge teilen die Menschen gratis aus.

ELEONORE VAN DER STRATEN-STERNBERG

Mache es dem Schurken beinahe unmöglich, gegen dich Schurke zu sein, durch die edle Art, in der du ihm begegnest.

ELEONORE VAN DER STRATEN-STERNBERG

Sage mir, mit wem du umgehst, und ich sage dir, warum.

ELEONORE VAN DER STRATEN-STERNBERG

Die Anteilnahme der Nebenmenschen an unserem Schicksal ist Schadenfreude, Zudringlichkeit und Besserwisserei in wechselndem Gemisch.

ARTHUR SCHNITZLER

Menschen binden uns, und Menschen lösen uns. Wir werden von einigen gerichtet, von andern erhoben.

HERMANN STEHR

Über allen Segen thront noch ein Segen: anderen Segen sein.

RICHARD BEER-HOFMANN

Es gibt Menschen, deren einmalige Berührung mit uns für immer den Stachel in uns zurückläßt, ihrer Achtung und Freundschaft wert zu bleiben.

CHRISTIAN MORGENSTERN

Kein Mensch läßt den andern ungestört leuchten und ungestört erlöschen.

HEINRICH FEDERER

Wer sich nicht wohl fühlt bei seinesgleichen, der gehört weiter hinunter.

SALOMON BAER-OBERDORF

Kein Mensch behandelt sein Auto so töricht wie einen anderen Menschen.

BERTRAND EARL RUSSELL

Sympathie ist Kraft.

PRENTICE MULFORD

Fluch dem Gesetz! Die meisten meiner Mitmenschen sind traurige Folgen einer unterlassenen Fruchtabtreibung.

KARL KRAUS

Es gibt Menschen, die sich nur heißlaufen können wie Räder. Aber man kann nicht zu ihnen hingehen und sagen: wärme mich.

FRIEDRICH KAYSSLER

Wo das Bewußtsein schwindet, daß jeder Mensch uns als Mensch etwas angeht, kommen Kultur und Ethik ins Wanken.

ALBERT SCHWEITZER

Glücklich ist der Mensch, der den Zusammenhang mit allem Lebendigen fühlt und deshalb das Leben und die Menschen liebt.

ALBERT SCHWEITZER

Wieviel Entfremdung kommt daher, daß Menschen den Anspruch erheben, in der Seele der andern zu lesen wie in einem Buch, das ihnen gehört, und daß sie wissen und verstehen wollen, wo sie an den anderen glauben sollten.

ALBERT SCHWEITZER

Es gibt Menschen, mit denen zu leben nicht leicht und die zu lassen unmöglich ist.

THOMAS MANN

Manchmal meine ich, was zwischen zwei Menschen möglich ist, ist im Grunde doch nicht viel: alles Unendliche ist innerhalb des Einzelnen: dort sind die Wunder und die Leistungen und die Überwundenheiten.

RAINER MARIA RILKE

Zwischenmenschliches

Wer Menschen anbetet, verarmt.

LISA WENGER

Leute mit Mut und Charakter sind den andern Leuten immer sehr unheimlich.

HERMANN HESSE

Wer Menschen kennen lernen will, muß nur abwarten und zuhören können. Schließlich enthüllt jeder sich selbst.

OSWALD BUMKE

Der Weg zu uns selbst ist der einzige Weg, den wir gehen können, wenn wir wahre Gemeinschaft mit den Menschen finden sollen.

WALDEMAR BONSELS

Was wissen wir voneinander? Und doch ist voneinander zu wissen die erste und heiligste Pflicht für jenen, der unter Menschen und für Menschen lebt.

ANTON WILDGANS

Wer Kälte ausstrahlt, der kann nur Kälte erwarten.

STEFAN ZWEIG

Nebenmenschen und Mitmenschen – wir suchen alle den, mit dem wir Mensch sein können. Wir sollen nicht neben, sondern mit den Menschen leben. Oder noch besser ist es, wenn wir einander leben.

FERDINAND EBNER

Wer sucht, findet nicht, aber wer nicht sucht, wird gefunden.

FRANZ KAFKA

Verkehr mit Menschen verführt zur Selbstbeobachtung.

FRANZ KAFKA

Wer einen Menschen schätzt, kennt jeden seiner Vorzüge. Wer einen Menschen haßt, kennt jeden seiner Fehler. Aber nur wer einen Menschen liebt, kennt alle seine Schwächen.

PAUL VON THUN-HOHENSTEIN

Der Hauptteil menschlicher Erregung liegt nicht im Menschen, sondern zwischen den Menschen.

WILHELM FURTWÄNGLER

Glück und Schmerz und Elend bereitet dem Menschen nur der Mensch.

KURT KLUGE

Fast jeder Mensch ist der Despot eines anderen.

FRIEDL BEUTELROCK

Um sich auf einen Menschen zu verlassen, tut man gut, sich auf ihn zu setzen; man ist dann wenigstens für diese Zeit sicher, daß er nicht davonläuft. Manche verlassen sich auch auf den Charakter.

KURT TUCHOLSKY

Die Menschen sollten lernen, im Frieden miteinander auszukommen.

JOHANNES R. BECHER

Dem Mangel an Menschenfreundschaft bei deinem Mitmenschen hilfst du gewiß nicht ab, wenn du selber über ihm zum Menschenfeinde wirst.

LUDWIG STRAUSS

Alle Menschen sind nicht so schlecht, wie ein schlechter Mensch denkt.

IVO ANDRIĆ

Man sollte sich nicht alles, was geboten wird, bieten lassen.

JULIAN TUWIM

Die Menschen leben nebeneinander, nicht miteinander. Sie bewegen sich mit ihren Wünschen, Sorgen, Gelüsten, Geschmäckern, Vorlieben auf verschiedensten Ebenen und zwischen den Schichten mangelt es an Brücken.

FRIEDRICH WITZ

Wir müssen da und dort kleine Inseln bilden geistiger Beziehungen von Mensch zu Mensch. Diese Inseln müssen sich langsam zu Deichen und Dämmen zusammenschließen.

AUREL WOLFRAM

Der größte Reichtum des Lebens ist in der Beziehung von Mensch zu Mensch gegeben, aber auch der größte Schmerz.

ZENTA MAURINA

Zwischenmenschliches

Mitleben heißt Mitleiden, die Wünsche, die Sehnsüchte und Bedrängnisse des anderen als seine eigenen fühlen und dennoch das eigene Ich in seiner Einmaligkeit bewahren.

ZENTA MAURINA

Unsere Wirkung auf Menschen ist nahezu immer eine aufs Geratewohl.

HENRY DE MONTHERLANT

Der Mensch ist ein Gemeinschaftswesen, das ständig auf andere Rücksicht nehmen muß. Demzufolge ist – von wenigen Ausnahmen abgesehen – unser ganzes Leben eine einzige Kette von Kompromissen.

HANS LUDWIG

Je unerbittlicher wir gegen uns selbst werden, um so versöhnlicher sind wir gegen unsere Umwelt.

OTTO HEUSCHELE

Jeder Mensch ist dem anderen viel weniger ein Rätsel als sich selbst.

ANITA

Ein bißchen Güte von Mensch zu Mensch ist besser als alle Liebe zur Menschheit.

WALTER DEHMEL

In Gesellschaft lernt man die Menschen nicht kennen, eher schon im Beruflichen.

WERNER BUKOFZER

Einen Menschen ein ganzes Leben lang kennen und verschweigen.

ELIAS CANETTI

Die Wahrheit des Menschen liegt im Dialog. In den Behauptungen, Fragen oder Antworten, die er anderen, wirklichen Menschen vorsetzt.

DENIS DE ROUGEMONT

Es gibt keine neuen Richtungen – es gibt nur eine: von Mensch zu Mensch.

STANISLAW JERZY LEC

Umgang mit Zwergen krümmt das Rückgrat.

STANISLAW JERZY LEC

Immer sind Begegnende Schicksal und Brücke.

PETER CORYLLIS

Es gibt Gesten, die wirken augenblicklich distanzaufsaugend.

IRMGARD KEUN

Schenke nicht jedem das Du. Die Distanz reduziert Reibung.

LEO LOHBERGER

Ich sollte keine Insel sein in einem Meer von Menschen.

PHIL BOSMANS

Mitmenschen sind viel leichter zu unterdrücken als Schnupfen.

OLIVER HASSENCAMP

Die Treppen dieser Welt haben die gleichen Stufen: von Mensch zu Mensch.

D. M. FRANK

Der Misanthrop war einmal ein Philanthrop.

SIEGFRIED & INGE STARCK

Die Menschen haben gelernt, zu schwimmen wie die Fische und zu fliegen wie die Vögel, aber wie Brüder zusammenzuleben haben sie nicht gelernt. – Mehr als je zuvor sind Menschen aller Rassen und Völker aufgerufen, nachbarlich zu leben.

MARTIN LUTHER KING

Unser zwischenmenschliches Verhalten gleicht nicht selten einer Beihilfe zum Selbstmord.

GERHARD UHLENBRUCK

Die Steigerung von Utopie heißt – Frieden unter den Menschen.

GERHARD UHLENBRUCK

Das Zwischenmenschliche: Das Zwischendurch-Menschliche.

GERHARD UHLENBRUCK

Entweder den eigenen Kopf in den Sand stecken oder anderen Sand in die Augen streuen.

KLAUS D. FRANK

Hast du mit Menschen zu tun, dann sorge dafür, daß sie sich in deiner Gegenwart wohlfühlen.

ESTHER GUT

Zynismus

Zynismus

Spott tötet den Mann.

Deutsches Sprichwort

Zuschanden werden die leichtfertigen
Verächter.

PSALMEN 25,3

Geringe Kunst, humoristisch zu sein,
wenn man sich nicht scheut,
zynisch zu sein.

MARIE VON EBNER-ESCHENBACH

Ein Zyniker ist ein Mensch, der von jedem
Ding den Preis und von keinem den Wert
kennt.

OSCAR WILDE

Ich bin durchaus nicht zynisch, ich habe nur
meine Erfahrungen, was allerdings ungefähr
auf dasselbe herauskommt.

OSCAR WILDE

Der Wahrheit ins Gesicht zu blicken
und sie nicht zu verübeln, wenn sie wenig
schmackhaft ist, und menschliche Natur so
hinzunehmen, wie man sie findet – wenn das
Zynismus bedeutet, dann bin ich wohl ein
Zyniker.

WILLIAM SOMERSET MAUGHAM

Der Zyniker, der Schmarotzer der Zivilisation,
lebt davon, sie zu verneinen, gerade weil er
überzeugt ist, daß sie ihn nicht im Stich
lassen wird.

JOSÉ ORTEGA Y GASSET

Zynismus ist oft nur der Notverband eines
verwundeten Herzens.

ELEANOR ROOSEVELT

Zynismus mag in stillen Friedenszeiten
kurzweilig sein, in stürmischen
Revolutionszeiten kann er verdammt
kurzlebig sein.

EHM WELK

Zynisch: furchtlos ohne Ehrfurcht.

RICHARD EURINGER

Zynismus ist gewöhnlich nur ein
Ausweg – kein Komplex.

MAX SCHWARZ

Zynismus ist ziemlich oft das verkrampfte
Abwehrmittel der Schwächlinge. Menschen
mit starkem Herzen meistern das
Widerwärtige mit Humor.

LÉOPOLD HOFFMANN

Wer die Wahrheit im falschen Moment sagt,
gilt als Zyniker.

OLIVER HASSENCAMP

Zynismus ist die Fühllosigkeit der
Gefühlvollen.

HEINRICH WIESNER

Skepsis ist die Vorsicht des Zynikers.

GERHARD UHLENBRUCK

Zynisches Lachen wirkt im Gesicht eines
Menschen wie eine Selbstbeschädigung.

FRITZ VAHLE